審。聘請資深教授通審全稿，全面進行學術把關，消滅硬傷，寫出審稿意見。四、修改文稿。子海編纂中心及時把專家審稿意見反饋给整理者。整理者根據審稿意見修改，做出新文稿。五、終審文稿。待新文稿返回子海編纂中心後，總編纂作最後的學術質量把關。五步程序完成後，將文稿交付出版社。

五次校審的目的是爲了保證學術質量，提高整理水平，減少錯訛硬傷。但校書如掃塵埃落葉，隨掃隨有，《精華編》雖經多道程序嚴加把關，仍難免有錯，懇請方家不吝指教。子海編纂中心將及時總結經驗，吸取教訓，把工作做得更好，以實現課題設計的初衷。

目　録

第一册

《戰國策》雜志

《史記》雜志

第二册

《漢書》雜志

國家社科基金重大委托項目“《子海》整理與研究”成果

山東省社科規劃重大委托項目成果

子海精華編

主編 王承略 聶濟冬

讀書雜志 一

（清）王念孫 撰 竇秀艷 周明亮 點校

鳳凰出版社

圖書在版編目（CIP）數據

讀書雜志 / (清) 王念孫撰 ; 竇秀艷, 周明亮點校
. -- 南京 : 鳳凰出版社, 2021.7
(子海精華編 / 王承略, 聶濟冬主編)
ISBN 978-7-5506-3446-6

Ⅰ. ①讀… Ⅱ. ①王… ②竇… ③周… Ⅲ. ①古籍－研究－中國②訓詁－研究 Ⅳ. ①H131

中國版本圖書館CIP數據核字(2021)第101108號

書名 讀書雜志
著者 (清)王念孫 撰 竇秀艷 周明亮 點校
責任編輯 張永堃
特約編輯 孫思賢
裝幀設計 徐 慧
出版發行 鳳凰出版社(原江蘇古籍出版社)
發行部電話025-83223462
出版社地址 江蘇省南京市中央路165號,郵編:210009
出版社網址 http://www.fhcbs.com
照排 鳳凰零距離數字印前中心
印刷 揚州皓宇圖文印刷有限公司
江蘇省揚州市食品工業園連心路68號,郵編:225002
開本 890毫米×1240毫米 1/32
印張 80.75
字數 1680千字
版次 2021年7月第1版
印次 2021年7月第1次印刷
標準書號 ISBN 978-7-5506-3446-6
定價 600.00圓(全五册)
(本書凡印裝錯誤可向承印廠調换,電話:0514-87825262)

國家社科基金重大委托項目“《子海》整理與研究”成果之一

《子海精華編》

執行編纂(按姓氏筆畫排列)：

李　兵　李　博　宋恩來　尚　穎　柳春燕　柳湘瑜
畢研哲　徐慧月　陳肖杉　陳福盛　張　偉　歐劍文
劉迎秋　劉　博　劉　圓　錢永棒

編　　務(按姓氏筆畫排列)：

布吉帥　宋曉晨　高佳蕾　孫紅苑　張　荔　張　瑞
張　櫻　劉　端

本書審稿專家：晁岳佩

《子海精華編》出版説明

“子海”，即“子書淵海”的簡稱。“《子海》整理與研究”課題係國家社科基金重大委托項目、山東省社科規劃重大委托項目。該課題分《珍本編》、《精華編》、《研究編》、《翻譯編》四個版塊，力圖把子部珍稀文獻、精華文獻進行深層次的整理、研究和譯介，挖掘子部文獻的價值，促進子學研究的發展。

山東大學向來以文史見長。古籍整理與子學研究，是其中的傳統研究方向。“《子海》整理與研究”，是在山東大學前輩學者高亨先生積30年之力陸續做成的《先秦諸子研究文獻目録》的基础上，由已故著名古籍整理與研究專家董治安先生參與策劃、設計的大型綜合研究課題。課題立項後，得到了中宣部、教育部、財政部、山東省政府和山東大學的大力支持，學界同仁踴躍參與。《精華編》的整理研究團隊近200人，來自海内外48所高校和研究機構。在組織管理上，《精華編》努力探索傳統文化研究協同創新的新體制、新機制，現已呈現出活力和實效。

華夏文明是由多元文化構築而成的。中國古代子部典籍，以歷代士人個性化作品的形式，系統性地展示了華夏民族的世界觀和方法論，立體性地反映了中華民族對世界文明發展的貢獻。其中，無論是宏篇大論，還是叢殘小語，都激蕩著歷史的聲音,閃爍著智慧的光芒,構成中國古代思想、藝術、科技和生活方式的主體内容。《精華編》通過對子部最優秀的典籍的整理,一方面擷英取粹,爲華夏文明的傳播提供可靠的資源和文本;另一方面以古鑒今,爲當下社會的發展提供智力支持和精神支撑。并希望進而梳理中華傳統文化的多元結構,繼承中華優秀傳統文化的一貫文脈。

根據漢代以後子學發展和子部典籍的實際情況,參照官私目録的分類與著録,《精華編》選取先秦諸子、儒學、兵家、法家、農家、醫家、曆算、術數、藝術、雜家、小説家、譜録、釋道、類書十四個類目的要籍幾百種,編爲目録,作爲整理的依據,而在成果展現上則不出現具體的類目。爲統一體例,便於工作,《精華編》編有詳細的《整理細則》,并有簡明的《整理要則》,供整理者遵循使用。

《精華編》整理原則是,對每種子書的整理,突出學術性、資料性和創新性,力求吸納已有的整理成果,推出更具參考價值、更方便閲讀的整理文本。所採用的整理方式,大體有三種:一、部頭較大且前人未曾整理者,採用標點、校勘的方式整理;二、前人曾經標點、校勘者,或採用抽换更好或别具學術特色底本的方式整理,或採用集校、集注的方式整理,或採用校箋、疏證的方式整理,或綜合使用以上方式;三、前人已有較好的注本者,則採用集注、彙評、補正等方式整理。

《精華編》採用五次校審、遞進推動的管理程式,即:一、初校全稿。子海編纂中心組織碩、博研究生,修改文稿錯别字,規範異體字,調整格式,發現并標明校點中的不妥之處。二、初審文稿。子海編纂中心的編纂人員根據情況,解决初校時發現的問題,并判斷書稿的整體質量。三、匿名評

第三册

《管子》雜志

《晏子春秋》雜志

第四册

《墨子》雜志

《荀子》雜志

第五册

《淮南内篇》雜志

漢隸拾遺

讀書雜志・餘編

整理説明

《讀書雜志》是清代乾嘉時期著名樸學大師王念孫的一部校釋學巨著，全書八十二卷，另有《餘編》二卷，爲王引之於王念孫去世後從其遺稿中整理而成。

王念孫（1744—1832），字懷祖，號石臞，又作石渠，江蘇高郵人。自幼聰慧，"四歲而能讀《尚書》，矢口成誦"，"八歲而能屬文，學爲制義，操觚即作全篇"。十歲讀完十三經，旁及《史記》《資治通鑑》。十三歲，師從著名學者戴震，學習諸經及"聲音文字訓詁"之學，"稽古之學遂基於此矣"（王引之《石臞府君行狀》），後會試三戰皆落第，滯留京師期間與樸學家朱筠交游，在朱筠幕中先後又結識了張鳳翔、邵晉涵、章學誠、吴蘭庭、洪亮吉、汪中、武億、黄景仁等通儒，"俱以古經義、小學相切劘"（汪喜孫《容甫先生年譜》），人稱"高郵王懷祖神悟兩漢，儒者所無"（閔爾昌《王石臞年譜》引汪中語）。清乾隆四十年（1775），王念孫三十二歲時得中二甲七名進士，改翰林院庶吉士，歷任工部主事、工部郎中、陝西道御史、吏科給事中、山東運河道、直隸永定河道。雖"官務殷繁"，未嘗一日輟學。乾隆四十五年，受命出任《四庫全書》館篆隸校對官，館中"海内方聞綴學之士雲集"，"稽經考古，旦夕講論"（阮元《劉端臨先生墓表》），交游日廣，學業精進，時與錢大昕、盧文弨、邵晉涵、劉台拱有"五君子"之稱譽。嘉慶十五年(1810)休致後,鋭意著述,道光十二年(1832)正月二十日卒於北京寓所,年八十九。王念孫一生勤勉,筆耕不輟,專事文字、音韻、訓詁、校勘,著作等身,除《廣雅疏證》《讀書雜志》外,訓詁校勘文字著作尚有《方言疏證補》《爾雅郝注刊誤》《釋大》《雅詁表》《群經字類》《六書正俗》《説文考正》《讀説文札記》《説文段注簽記》;古韻研究著作有《毛詩群經楚辭古韻譜》《爾雅分韻》《方言廣雅小爾雅分韻》《古音義雜記》《雅詁纂》《疊韻轉語》《周秦韻譜》《兩漢合韻譜》《諧聲譜》《古音索隱》《雅音釋》《逸周書戰國策合韻譜》《説文諧聲譜》《諧聲表》;詩文集有《丁亥詩鈔》《王光禄遺文集》《王石臞先生遺文》《王石臞文集補編》,另外還有爲其父王安國所撰《春圃府君行狀》,共 30 種。

王引之(1766—1834)爲王念孫之長子,字伯申,號曼卿。嘉慶四年(1799)殿試以一甲三名高中進士榜,授翰林院編修,歷任河南學政、山東學政、大理寺卿、禮部左侍郎、吏部左侍郎、户部右侍郎等,官至工部尚書,卒謚文簡。王引之幼承家學,青少年時期即沉研於文字、聲韻、訓詁之學,亦是清代乾嘉學派的著名代表人物,與其父並稱"高郵二王"。代表作有《經義述聞》《經傳釋詞》《字典考證》《王文簡公遺文集》《石臞府君行狀》《王伯申文集補編》等。此外,其父王念孫所著《廣雅疏證》"自《釋草》以下諸篇,由引之續成之。而《讀書雜志》十種,復多録引之語"(張舜徽《清人文集别録》)。《讀書雜志》全書中有"引之曰"數百處。

《讀書雜志》全書約八十萬言,是王念孫晚年校勘古書的札記體學術著作,校釋了先秦至中古時期的重要典籍:《逸周書》《戰國策》《史記》《漢書》《管子》《晏子春秋》《墨子》《荀子》《淮南子》九種及《漢隸拾遺》《讀書雜志餘編》（八種：《後漢書》《老子》《莊子》《吕氏春秋》《韓子》《法言》《楚辭》《文選》）。全書 5800 餘詞條，十八種書籍依次分卷，每書、每卷條目不等，長短無定，短則十數字，長則上千言，主要内容大致分爲校勘、訓詁及校勘和訓詁相結合。

一、校勘，主要是糾正原書訛誤和注者訛誤。

（一）糾正原書訛誤。古籍在長期流傳過程中經過了無數次的抄寫、刊刻，魯魚豕亥在所難免，王念孫以其豐贍的學識，對群書訛誤一一辯證，詳加校勘，訂正了群書中不少訛字、脱字、衍文、倒文、壞字等訛誤，還古籍之本來面目。

（二）糾正古注訛誤。中國古籍基本上賴古注流傳，由於主客觀等原因，古注多有錯誤，如《管子》尹知章注、明劉績注疏漏較多，《讀書雜志》對九種古書舊注一一辨析，訂正了不少前人對古籍的誤解，闡幽抉微，使後代研究者少走了許多彎路。

二、訓詁。王念孫是訓詁大家，運用因聲求義、據古訓、破假借等訓詁方法，解决古籍中隱而不顯的疑難字詞，爲後人閲讀、研究掃清道路。《讀書雜志》訓詁工作包括解釋詞義、揭明文字通假、考證異文、定句讀等。

三、校勘與訓詁相結合。王念孫精於校勘，長於訓詁，校勘與訓詁相結合的實踐，幾乎貫穿於《讀書雜志》全書的始終。《清史稿》稱其“於古義之晦，於鈔之誤寫，校之妄改，皆一一正之。一字之證，博及萬卷，其精於校讎如此”。

王念孫識斷精審，見識卓絶，將周秦漢魏以來史部、子部、集部重要典籍的疑文晦義、校寫錯亂一一廓清，自《讀書雜志》問世後，其校勘成果及校勘方法一直成爲學者校勘、注釋古籍的重要參考依據和理論指導，中國古典文獻學、訓詁學、校勘學等學科無不從《讀書雜志》中汲取案例作爲理論依據，指導本學科的教學研究和實踐活動。《讀書雜志》也體現了王念孫父子深邃的語言學理論，對現代漢語詞義學、語法學、音韻學、文字學都有重要的指導意義。王念孫曾慨嘆"學者讀古人書，而不能正其傳寫之誤，又取不誤之文而妄改之，豈非古書之大不幸乎"，因此他結合大量的校勘實例，在《淮南内篇雜志》後寫了一篇較長的後記，分析了古籍出現訛誤的各種現象，以指導古籍校勘實踐。梁啓超先生在《清代學者整理舊學之總成績》中歸納清人校勘方法爲四種：一是兩本對校，擇善而從；二是據本書或他書旁證、反證，校正文句之原始訛誤；三是以原著著書體例刊正全書通有的訛誤；四是據别的資料校正原著錯誤和遺漏。他特别指出"石臞應用第二種校法爲最精最慎，隨校隨釋，妙解環生，實爲斯學第一流作品"(《中國近三百年學術史》)。王念孫的校勘成果在當時和後世被廣泛引用，戴望《管子校正》、孫詒讓《墨子閒詁》、劉文典《淮南鴻烈集解》、吴則虞《晏子春秋集釋》、郭沫若《管子集校》、黄懷信《逸周書彙校集注》等都大量汲取了王氏父子的校勘成果，作爲重要的依據。

《讀書雜志》現存多種版本，大致可分爲原刻本和重刻本。重刻本又有木刻本、石印本、鉛字排印本等。

一、原刻本

據王念孫《〈管子〉雜志序》"曩余撰《廣雅疏》成，則於家藏趙用賢本《管子》詳爲稽核"，《廣雅疏證》刻成於清嘉慶元年(1796)，則嘉慶初王念孫便開始了校勘《管子》的工作。又據王引之《餘編目録附記》云“先子所著《讀書雜志》十種，自嘉慶十七年以後陸續付梓，至去年仲冬甫畢”，“敬檢遺稿，十種而外，猶有手訂二百六十餘條，恐其久而散失，無以遺後學，謹刻爲《餘編》二卷，以附於全書之後”，末署“道光十二年(1832)四月朔日”。條列王氏父子所作各《雜志序》及其年譜、師友往來之語可知，《戰國策雜志》《淮南雜志》《史記雜志》《管子雜志》刻於嘉慶年間，《漢書雜志》《逸周書雜志》《荀子雜志》《晏子春秋雜志》《墨子雜志》《漢隸拾遺》等刻於道光年間。也就是説，自嘉慶十七年(1812)至道光十二年(1832)，歷經二十年，全套八十四卷之足本始刊刻完成，通稱道光十二年本，亦稱家刻本。據山東大學、遼寧大學等圖書館藏：《讀書雜志》八十二卷、《餘編》二卷，其中包括《逸周書雜志》四卷、《戰國策雜志》三卷、《史記雜志》六卷、《漢書雜志》十六卷、《管子雜志》十二卷、《晏子春秋雜志》二卷、《墨子雜志》六卷、《荀子雜志》八卷《補遺》一卷、《淮南内篇雜志》廿二卷《補遺》一卷、《漢隸拾遺》一卷、《餘編》二卷，共 24 册 4 函，每半葉 10 行 21 字，小字雙行同，白口，四周雙邊，單黑魚尾，版框 17 cm×12.7 cm。道光本成爲後世刻本之祖本，今國家圖書館、天津圖書館及北京大學、遼寧大學、中國人民大學、武漢大學、吉林大學等圖書館藏。

1984 年至 1985 年，江蘇古籍出版社出版《高郵王氏四種》本(簡稱家刻本)，係據家刻本影印，文字較清晰，當爲早期刻本。2002 年，上海古籍出版社據天津圖書館藏道光本影印，收入《續修四庫全書》，該本斷爛、漫漶處較多，當爲家刻本之後期刷印本(簡稱續修本)。

二、重刻本

（一）木刻本

清同治九年(1870)金陵書局據道光家刻本重新翻刻(簡稱同治本),版式、行款、卷册與道光本同,道光本有讀點斷版,同治本無,同治本有牌記"同治庚午十一月金陵書局重刊"十三字。同治本今國内收藏較多,僅公藏就有數十部。1991年,中華書局曾據同治本斷句影印。

（二）石印本

清光緒二十年(1894),上海醉六堂石印《讀書雜志》八十二卷、《餘編》二卷,8册1函,20行42字,小字雙行同,黑口,四周雙邊,單魚尾,内封牌記"光緒甲午中夏桐城張祖翼署檢上海醉六堂代印",今南京師範大學、北京大學、中山大學等圖書館藏。

清光緒二十一年(1895),上海鴻文書局石印《讀書雜志》十種八十二卷、《餘編》二卷,8册1函,28行56字,黑口,四周雙邊,單魚尾,牌記"光緒乙未上海鴻文書局印"。今河南大學、北京大學等圖書館藏。

清末民初上海文瑞樓石印《讀書雜志》十種,24册2函,書簽題"足本句讀《讀書雜志》",今北京大學、北京師範大學、吉林大學、浙江師範大學等圖書館藏。

民國十三年(1924)上海鴻章書局據文瑞樓藏版石印,此本15行31字,小字雙行同,小黑口,四周雙邊,單魚尾,牌記"文瑞樓藏版鴻章書局石印",是則文瑞樓本與鴻章書局本行款等應相同,内封面題"高郵王懷祖先生著足本句讀《讀書雜志》,鈕君宜題"。此本存世較多,遼寧大學、北京大學、中山大學等圖書館藏。

民國十三年(1924),上海掃葉山房石印《讀書雜志》八十二卷、《餘編》二卷,24 册 4 函,14 行 21 字,白口,左右雙邊。今北京大學、復旦大學等圖書館藏。

(三) 鉛字排印本

1930 年,上海商務印書館據道光家刻本重新排印,後收入《萬有文庫》,1933 年商務印書館《國學基本叢書》、1985 年中國書店皆據《萬有文庫》本影印。

另外,上海點石齋、鴻寶齋石印本及廣東學海堂、上海書局的刻本,並非全套《雜志》,此處不再贅言。

縱觀《讀書雜志》現存諸本,道光家刻本是早期刻本,寫刻較精,字跡清晰;同治九年金陵書局重刻本與道光家刻本文字出入不大,但刻印較晚;而《萬有文庫》本雖然是較晚的排印本,但改正了家刻本錯誤近二十處,補家刻本脱文一處。如,《史記雜志》第六"言吕后殺隱王如意",家刻本"言"作"吉",《萬有文庫》本回改作"言"。雖如此,《萬有文庫》本在排印過程中也産生了一些新的訛誤,如《墨子雜志》第四"'吾'讀爲'利御寇'之'御'",《萬有文庫》本改"利"爲"列","利御寇"出自《易・蒙卦》"上九。擊蒙。不利爲寇,利御寇",《萬有文庫》本所改非是。《史記雜志》第四"曷鼻"條"臼頭深目","臼",家刻本作"曰",《萬有文庫》本改作"白",皆非。等等。

續修本當爲家刻本後期刷印之本,雖然漫漶不清處較多,然而亦有可取之處,它修正了原刻的一些錯誤,如《墨子雜志》第二"《號令》篇",家刻本作"《號合》篇",續修本作"令"。《荀子雜志》第八"楊未省昭耳","昭"指上文"韋昭"而言,家刻本作"照",續修本刷印時拭去了"照"下"灬",痕跡尚存。《逸周書雜志》第三“□弗德”條，“□”，家刻本作“曰”，續修本作“□”，與王念孫所證同。《戰國策雜志》第三“商敵爲資”條“墧，堅不可拔也”，“墧”，家刻本作“瑀”，續修本作“墧”。等等。續修本也有訛誤之處，如《逸周書雜志》第二“城方千七百二十丈”，“丈”，續修本訛作“文”。

本次點校，以江蘇古籍出版社影印的道光家刻本爲底本，以續修本、《萬有文庫》本、同治本爲參校之本。

《雜志》博綜群籍，旁及金石，徵引先秦兩漢至乾嘉時期經史子集四部著作二三百種，引文精確，引證詳明，然百密一疏，本次點校對《雜志》引文一一核對，校出了諸傳本未指正的一些訛誤。如：《史記雜志》第四“即所謂‘革車三百兩，虎賁三十人’”，“十”當作“千”；又“桓惠王五年，秦拔我陘城汾旁”，“五”當作“九”；《史記雜志》第五“東龍殺且”，“龍殺”當作“殺龍”，誤倒。至於“汩”訛作“汨”、“對”訛作“封”、“木”訛作“本”、“于”訛作“干”、“枚”訛作“牧”之類，此類訛誤或出於王氏手稿，或出於刻者之手，有數十處。

在點校中，我們還對《讀書雜志》所用的古字、俗字、異體字等進行了適當地統一，有的做了注釋。從《雜志》用字可知，王念孫重視古文字形，依形説義，多遵從《説文》篆體，然此類字已非通行常見，本次點校除區別字形處外，此類字皆易爲通行字體。如《雜志》用篆文“㝵”，點校易爲今之通行隸變字“得”，此類字還有㬥與暴、衞與衛、叜與叟、𧶘與費、𣈆與普、陒與阨、寇與寇、昦與昊等。另外，本次點校對避諱字及一些古代通用字作了回改與統一。如所諱“玄”“弘”“丘”的“元”“宏”“邱”，均回改；通用字，除區別字形及詞義外，如“脩”“榦”“獘”等，統一作“修”“幹”“弊”“斃”。

《讀書雜志》卷帙浩繁，本人自 2012 年承擔此項目後，即開始了文字録入、標點、對校等工作，但期間諸事煩擾，以致拖延至今。由於水平所限，雖前後對校至少八遍，但仍難免有誤斷、誤校之處，還懇請各位專家學者給予批評指正！

《逸周書》雜志

《逸周書》弟一

政

《度訓》篇　力争則力政，力政則無讓。

【念孫案】"政"與"征"同。古字多以"政"爲"征"，不可枚舉。力征，謂以力相征伐。《吴語》曰："以力征一二兄弟之國。"《大戴記·用兵》篇曰："諸侯力政，不朝於天子。"皆是也。又，《大武》篇："武有七制：政、攻、侵、伐、陳、戰、鬭。"今本"七"誤作"六"，"陳"誤作"搏"，又脱"鬭"字，辯見本篇。"政"亦與"征"同，故與"攻、侵、伐、陳、戰、鬭"并列而爲七，而孔注云"政者，征伐之政"，則誤讀爲"政事"之"政"矣。

力竟

揚舉力竟。

盧氏抱經曰："'力竟'疑'力競'之訛。競，盛也，强也。"[1]【念孫案】"競"古通作"竟"，不煩改字。《史記》篇"竟

① "盧氏抱經曰"是王念孫援引盧文弨抱經堂《逸周書》校定本之校語，并與原文作了核對。

進争權”，盧改“竞”爲“競”。《墨子・旗幟》篇“竞士爲虎旗”，皆以“竞”爲“競”。

賞多則乏

罰多則困，賞多則乏。

【引之曰】“賞多則乏”當爲“賞少則乏”。“困”與“乏”皆謂民也。民衆而罰多，則民必困。民衆而賞少，則民必乏，故上文云“人衆，罰多賞少，政之惡也”。不得言“賞多則乏”明矣。此“多”字即涉上句“罰多”而誤。

成而生

長幼成而生曰順極。

【念孫案】此當作“長幼成而生義曰順極”，故孔注曰“使小人大人皆成其事上之心而生其義，順之至也”。今本蓋脱“義”字。

惠而不忍人

《命訓》篇　惠而不忍人，人不勝害，害不如死。

【念孫案】“惠而不忍人”當作“惠而忍人”，此反言之以申明上文也。上文言“惠不忍人”，故此言“惠而忍人”則“人不勝害”。下文“均一則不和”云云，皆是反言以申明上文也。今本作“惠而不忍人”，“不”字即涉上文“惠不忍人”而衍。

六極不嬴

《常訓》篇　六極不嬴，八政和平。

【念孫案】“嬴”與“贏”同。贏者，過也。言六極不過其度，則八政和平也。《廣雅》：“贏，過也。”《開元占經·順逆略例》篇引《七曜》曰“超舍而前，過其所當舍之宿以上謂之贏，退舍以下謂之縮”，班固《幽通賦》作“嬴縮”。項岱亦曰：“嬴，過也。縮，不及也。”《考工記·弓人》：“撟幹欲孰於火而無嬴。”鄭注曰：“嬴，過孰也。”皆其證。孔注以“嬴”爲“無常”，失之。

一人

古者明王奉法以明幽，幽王奉幽以廢法。奉則一人也而績功不同。

【念孫案】“一”下不當有“人”字，蓋衍文也。績、功，皆成也。《爾雅》：“功、績，成也。”説見《經義述聞》。明王奉法以成其治，幽王奉幽以成其亂，皆有所奉而其成也不同，故曰“奉則一也而績功不同”。

正民

《文酌》篇　發滯以正民。

趙氏敬夫曰：“‘正’疑當作‘振’。”【念孫案】“振”“正”古不同聲，則“正”非“振”之誤。“正”疑當作“匡”，字形相似而誤也。匡民，謂救民也。《後序》曰“文王遭大荒，謀救患分災，作《大匡》”是也。本書中言“匡”者多矣，《大聚》篇曰"秋發實蔬,冬發薪蒸,以匡窮困",即此所謂"發滯以匡民"也。僖二十六年《左傳》曰:"彌縫其闕而匡救其災。"成十八年《傳》曰:"匡乏困,救災患。"杜注:"匡,亦救也。"

美女破舌

《武稱》篇　美男破老,美女破舌。

盧曰:"今《戰國・秦策》引此'破舌'作'破少',唯高誘所注本與此同。"【念孫案】"美女破舌",於義亦不可通。"舌"當爲"后"。"美男破老,美女破后",猶《左傳》言"内寵并后,外寵二政"也。見閔二年《傳》。"政"非"政事"之"政",當讀爲"正",謂正卿也,説見《經義述聞》。隸書"后"字或作"𠯑",與"舌"相似而誤。東魏《敬史君碑》"女𠯑稱制",即"后"字。段氏若膺《説文注》曰:"舌、后字有互訛者,如《左傳》'舌庸'訛'后庸',《周書》'美女破后'訛'破舌'是也。"

舉旗以號令　無取侵暴

既勝人,案,自此以下皆四字爲句,此句内疑脱一字。舉旗以號令,命吏禁略,無取侵暴。

【念孫案】"取"字文義不明,"取"當爲"敢",字之誤也。"無敢侵暴",即所謂禁掠也,若《費誓》之言"無敢寇攘"矣。【引之曰】"舉旗以號"下,疑衍"令"字,"號",即令也。下句又有"命"字,則"令"爲贅文矣。且此以"號""暴"爲韻,下文以"虧""化"爲韻,"虧"古讀若"科","化"古讀呼禾反,説見《唐韻正》。若"號"下有"令"字,則失其韻矣。

收武釋賄

《允文》篇　收武釋賄，無遷厥里。

【念孫案】"收武"二字文義不明。"武"當爲"戎"，字之誤也。"收戎釋賄"者，謂勝敵之後，收其兵器，古謂兵器爲戎。《月令》："以習五戎。"鄭注："五戎謂五兵：弓矢、殳、矛、戈、戟也。"毋取財賄也。據孔注云"收其戎器"，則本作"收戎"明矣。

用損憂耻

命夫復服，用損憂耻。

【引之曰】"損"當爲"捐"，字之誤也。捐者，除也。謂捐除其憂耻，非徒損之而已也。孔注"損除憂耻"，亦是"捐除"之誤。

遷同氏姓

遷同氏姓，位之宗子。

【念孫案】"遷"本作"選"。言選其同氏姓之賢者而立以爲宗子也。今本"選"作"遷"，則文義不明，蓋涉上文"無遷厥里"而誤。《玉海》五十引此正作"選"。

武有六制至後動撚之

《大武》篇　武有六制：政、與"征"同，説見《度訓》篇。攻、侵、伐、搏、戰。善政不攻，善攻不侵，善侵不伐，善伐不搏，善搏不戰。政有四戚五和，攻有四攻五良，侵有四聚三斂，伐有四時三興，搏有三哀四赦，戰有六厲五衛、六庠五虞。四戚：一内姓，二外婚，三友朋，四同里。五和：一有天無惡，二有人無郤，三同好相固，四同惡相助，五遠宅不薄。此九者，政之因也。四攻者：一攻天時，二攻地宜，三攻人德，四攻行利。五良：一取仁，二取智，三取勇，四取材，五取藝。此九者，攻之開也。四聚：一酌之以仁，二懷之以樂，三旁聚封人，四設圍以信。三斂：一男女比，二工次，三祗人死。"祗"字，義見下條。此七者，侵之酌也。四時：一春違其農，二夏食其穀，三秋取其刈，四冬凍其葆。三興：一政以和時，二伐亂以治，三伐飢以飽。此七者，伐之機也。三哀：一要不羸，二喪人，三擯厥親。四赦：一勝人必羸，二取威信復，三人樂生身，四赦民所惡。此七者，搏之來也。六厲：一仁厲以行，二智厲以道，三武厲以勇，四師厲以士，五校正厲御，六射師厲伍。五衛：一明仁懷恕，二明智輔謀，三明武攝勇，四明材攝士，五明藝攝官。五虞：一鼓走疑，二備從來，三佐車舉旗，四采虞人謀，五後動撚之。

【念孫案】此篇文多訛脱，又經後人删改而諸家皆不能釐正。今據鈔本《北堂書鈔》所引正之如左。

"武有六制"，"六"本作"七"，"政、攻、侵、伐、搏、戰"本作"一曰政，二曰攻，三曰侵，四曰伐，五曰陳，六曰戰，七曰鬬"，祗因下文説鬬之事，已脱落不全，後人遂妄加删改矣。"善伐不搏，善搏不戰"本作"善伐不陳，善陳不戰"，俗書"陳"字作"陣"，因誤而爲"搏"。"善搏不戰"，則義不可通。莊八年《穀梁傳》亦云："善師者不陳，善陳者不戰。"下有"善戰不鬬，善鬬不敗"八字，亦經後人删去，《書鈔·武功部一》所引皆不誤。

"政有四戚五和",本作"政有九因,因有四戚五和",合四與五而爲九,故下文云"凡此九者,政之因也"。今本無"九因因有"四字,乃後人所删,《書鈔·武功部二》有,明陳禹謨又依今本删。

"攻有四攻五良",本作"攻有九開,開有四凶五良","凶"與"良"對文。故下文云"凡此九者,攻之開也"。今本無"九開開有"四字,且"四凶"誤作"四攻"。"攻有四攻",則文不成義,《書鈔·武功部六》所引皆不誤,陳依今本删改。

"侵有四聚三斂",本作"侵有七酌,酌有四聚三斂",合四與三而爲七,故下文云"凡此七者,侵之酌也"。此條《書鈔》雖未引,然以上下文相比,亦必有"七酌酌有"四字而後人删之。

"伐有四時三興",本作"伐有七機,機有四時三興",故下文云"凡此七者,伐之機也"。今本無"七機機有"四字,《書鈔·武功部二》有,陳依今本删。

"搏有三哀四赦",本作"陳有七來,來有三哀四赦",故下文云"凡此七者,陳之來也"。今本兩"陳"字皆誤作"搏",又無"七來來有"四字。《書鈔·武功部五》所引皆不誤,陳依今本改"陳"爲"搏",而"七來來有"四字尚未删。

"戰有六厲五衛",本作"戰有十一振,振有六厲五衛",今本無"十一振振有"五字,《書鈔·武功部六》有,陳依今本删。合六與五而爲十一,故下文云"凡此十一者,戰之振也"。今本無此九字,辯見下。

"六庠五虞",本作"鬭有十一客,客有六廣五虞",今本無"鬭有十一客客有"七字。"六廣"作"六庠",則義不可通。《書鈔·武功部六》所引皆不誤,陳依今本删改。故下文云"凡此十一者,鬭之客也"。今本無此九字,辯見下。

"四戚:一内姓,二外婚,三友朋,四同里。"《書鈔·武功部》引此一、二、三、四下皆有"曰"字。凡篇内之一、二、三、四、五、六，《書鈔》皆作：一曰、二曰、三曰、四曰、五曰、六曰，陳皆依今本删。“同里”作“同盟”，陳依今本改。皆於義爲長。“此九者，政之因也”，《書鈔》“此”上有“凡”字，篇内兩言“此九者”，三言“此七者”，《書鈔》“此”上皆有“凡”字，陳皆依今本删。亦於義爲長。

“四攻”，本作“四凶”，辯已見上。《書鈔·武功部六》所引不誤，陳依今本改。“凶”下本無“者”字。上下文皆無此例，《書鈔》亦無，陳依今本增。“一攻天時，二攻地宜，三攻人德，四攻行利”，《書鈔》“行利”作“兵利”，陳依今本改。亦於義爲長。

“三哀：一要不羸，今本“羸”誤作“贏”，梁氏處素已辯之。二喪人，三擯厥親”，“喪人”本作“喪民人”。今本脱“民”字，則句法參差，《書鈔·武功部五》有“民”字，陳未删。

“明藝攝官”，案，此下有“凡此十一者，戰之振也”九字而今本脱之。《書鈔·武功部六》有，陳依今本删。

“五虞”，案，此上有“六廣：一曰明令，二曰明醜，明醜，即明恥，故僖二十二年《左傳》曰“明恥教戰，求殺敵也”。《祭公》篇“厚顔忍醜”，即忍恥。高注《吕覽·節喪》篇及《秦策》并云“醜，恥也”。又，注《吕覽·不侵》篇云：“醜，或作恥。”“恥”“醜”聲近而義同，故古多通用，説見《漢書·賈誼傳》。三曰明賞，四曰明罰，五曰利兵，六曰競竟”，凡二十六字而今本皆脱之。《書鈔》有，陳依今本删。又，“後動撚之”下有“凡此十一者，鬭之客也”九字而今本亦脱之。《書鈔》有，陳依今本删。

案，上文云“戰有十一振，振有六厲五衛”，故此説“六厲五衛”既畢，而總言之曰“凡此十一者，戰之振也”。若“六廣五虞”，乃鬭之事，非戰之事，故曰“凡此十一者，鬭之客也”。“客”字之義未詳。衹因脱文甚多，遂致混戰、鬭爲一事，後人不知“五虞”爲鬭之事，非戰之事，遂據後以删前，存戰而去鬭。

去闕則七制缺其一，於是改爲六制矣。其餘以意删改者甚多，幸賴《書鈔》所引不誤，可以逐段校正，而陳禹謨不曉文義，又依俗本《周書》删改，故具論之。

祇人死　祇民之死

祇人死。

孔注曰："祇，敬。"又，《文政》篇"祇民之死"，注曰："敬死勸葬也。"【念孫案】"祇"之言"振"也。振，救也。見《説文》及《月令》《哀公問》注、昭十四年《左傳》注、《周語》《魯語》《吴語》注。言救人之死，救民之死，非"敬死"之謂也。《楚辭·離騷》："既干進而務入兮，又何芳之能祇？"祇，振也。言干進務入之人，委蛇從俗，必不能自振其芬芳也。王注亦云："祇，敬也。"辯見《楚辭》。"祇"与"振"，聲近而義同，故字亦相通。《皋陶謨》"日嚴祇敬六德"，《史記·夏本紀》"祇"作"振"。《費誓》"祇復之"，《魯世家》"祇"作"敬"，[①]徐廣曰"一作振"。《内則》："祇見孺子。"鄭注曰："祇，或作振。"

有功無敗

【念孫案】《爾雅》："功，勝也。"《周官·大司馬》"若師有功""若師不功"，鄭注与《爾雅》同。《燕策》亦云："轉禍而爲福，因敗而爲功。"

---

① "祇"，底本作"祗"，據同治本改。

强轉

《大明武》篇　藝因伐用，是謂强轉。

【念孫案】"强轉"二字，於義無取，且"轉"字與下文之"暑""處""賈""女""下"韻不相應，"轉"當爲"輔"，字之誤也。"藝"即上文"十藝"也。輔，助也。言用此十藝以伐人，則戰必勝，攻必取，寔爲我軍之强助也。

代興

《小明武》篇　五教允中，枝葉代興。

盧曰："'代興'當是'代舉'，方與上下韻協。"【念孫案】"舉"字古通作"與"，説見《經義述聞·禮運》。因訛而爲"興"。

不賓祭

《大匡》篇　祈而不賓祭，服漱不制。

孔注曰："不賓，殺禮。"【引之曰】"不賓祭"當作"不祭"。《糴匡》篇云"大荒有禱無祭"，正所謂"祈而不祭"也。襄二十四年《穀梁傳》亦云："大侵之禮，鬼神禱而不祀。""祈而不祭"爲句，"服漱不制"爲句，今本作"不賓祭"者，"賓"字涉下文"非公卿不賓"而衍。"祈"與"不賓"義不相屬，且下文云"賓不過具"，則不得言"不賓"明矣。孔注亦當作"不祭，殺禮"，《周官》"荒政有眚禮"，即孔所云"殺禮"也。今本"不祭"作"不賓"者，亦後人據已誤之正文改之。

登

哭不留日，登降一等。

【念孫案】"登降一等"，義不可通，"登"疑"祭"字之誤。自"哭不留日"以下三句，皆指喪事而言。言有喪事則哭不留日，而其祭亦降一等，所謂"凶荒殺禮"也，故孔注曰"降一等爲荒廢之"。

津不行火

《程典》篇　津不行火，藪林不伐。

【引之曰】津非行火之地，"津"疑當爲"澤"，草書相似而誤也。《管子·輕重甲》篇："齊之北澤燒，句。火光照堂下。"尹知章曰："獵而行火曰燒。"是"澤"爲行火之地。

六容

《酆保》篇　外用四蠹、五落、六容、七惡。下文云："六容：一游言，二行商工，三軍旅之庸，四外風之所揚，五困失而亡，"困"本或作"因"。作事應時，時乃喪，六厚使以往，來其所藏。"

【念孫案】四蠹、五落、六容、七惡，皆用之於敵國也。然"容"字，義無所取，疑是"客"字之誤。自"游言"以下，六事皆謂散游客於敵國，以陰取之也，故曰"六客"。"客"與"蠹""落""惡"爲韻，"客"古讀若"恪"，①説見《唐韻正》。"蠹"古音當各反，

① "若"，底本作"春"，據同治本改。

故《説文》"蠹"作"蠧",從蚰、橐聲。《周官》"翦氏掌除蠹物","故書蠹作橐"。①《商子·修權》篇"此民之蠹也",與"隙"爲韻。"隙"古讀若"卻"。《荀子·勸學》篇"魚枯生蠹",與"作"爲韻。《韓子·亡徵》篇"木之折也必通蠹",與"隙"爲韻。若作"容",則失其韻矣。上文之"五祥、六衛、七厲、十敗、四葛",亦以"衛""厲""敗""葛"爲韻。

適無見過過適

適無見過過適,無好自益,以明而迹。

【念孫案】此文本作"無見過適,無好自益,以明而迹",三句各四字而以"適""益""迹"爲韻。"適"讀爲"謫"。"無見過謫"者,無見責於人也。《廣雅》:"謫、過,責也。"《商頌·殷武》篇:"勿予禍適。"《毛傳》曰:"適,過也。"《吕氏春秋·適威》篇:"煩爲教而過不識,數爲令而非不從。"高注曰:"過,責也。"《史記·吴王濞傳》曰:"賊臣鼂錯,擅適過諸侯。"適過,猶過適也。今本"無見過"上衍一"適"字,"過"下又衍一"過"字,則文不成義。

兆墓

《大開》篇　兆墓九開,開厥後人。

【念孫案】"兆墓"二字,義不可通,當是"兆基"之誤。"九開"當爲"大開","九""大"字相似,《周官·大司樂》:"九磬之舞。"鄭注:"九磬,讀當爲大韶,字之誤也。"《管子·四時》篇"大暑乃至",今本

① 《雜志》凡引《周官》(或《周禮》)下之"故書"云云,皆爲注中語,王氏未明言。

"大"字亦誤作"九"。又涉前《九開》篇而誤也。"大開"二字，即指本篇篇名而言。"兆基大開，開厥後人"者，兆，始也。《爾雅》："肇，始也。"通作"兆"。哀元年《左傳》："能布其德而兆其謀。"杜注："兆，始也。"言始基此大開之謀，以開後人也。《後序》云"文啓謀乎後嗣，以修身敬戒，作《大開》《小開》二篇"，是其證。

禱無憂玉

【引之曰】"憂"字義不可通，當是"愛"字之誤。愛，吝惜也。禱神必用玉，無或吝惜其玉而不用，故曰"禱無愛玉"。哀二年《左傳》："衛大子禱曰：'佩玉不敢愛。'"杜注"不敢愛，故以祈禱"是也。

時維暮春

《文傳》篇　文王受命之九年，時維暮春。

【念孫案】"時維暮春"，《周書》文無此例，"時"字必後人所加也。《太平御覽》所引已與今本同，見盧注。《泰誓》正義引作"惟暮春"，《大雅·文王》正義引作"惟暮之春"，"之"字，蓋後人依《周頌·臣工》篇加之。皆無"時"字。

脱文十五　至無日矣

《夏箴》曰："小人無兼年之食，遇天饑，妻子非其有也。大夫無兼年之食，遇天饑，臣妾輿馬非其有也。"

【念孫案】此下有"國無兼年之食，遇天饑，百姓非其有也”十五字，而今本脱之。上文云“天有四殃，水旱饑荒，其至無時，非務積聚，何以備之”，是專指有國者而言，故此引《夏箴》以明家國一理之意。若無此十五字，則但言“家”而不及“國”，與上文不合矣。據孔注云“古者，國家三年必有一年之儲”，此正釋“國無兼年之食”以下十五字，若無此十五字，則又與注不合矣。《墨子·七患》篇引《周書》曰：“國無三年之食者，國非其國也。家無三年之食者，子非其子也。”即是約舉此篇之文，若無此十五字，則又與《墨子》不合矣。《群書治要》及《太平御覽·時序部二十》《文部四》、《玉海》三十一所引皆有此十五字。

戒之哉，弗思弗行，至無日矣。

【案】《群書治要》作“禍至無日矣”，今本脱“禍”字，則義不可通。

脱文十二　其如天下何

不明開塞禁舍者，其如天下何。

【念孫案】“不明”上有“明開塞禁舍者，其取天下如化”十二字，而今本脱之。其注文有“變化之頃謂其疾”七字，而今本亦脱之。“明開塞禁舍者”二句，正對下“不明者”而言，今脱此二句，則語意不完矣。下文“其如天下何”，本作“其失天下如化”，祇因上文及注皆已脱去，後人遂不解“如化”二字之意，而以意改之曰“其如天下何”，不知“如化”者，言其速也。明於開塞禁舍，則其取天下必速，故曰“取天下如化”。不明於開塞禁舍，則其失天下亦速，故曰“失天下如化”。兩“如化”上下相應，今改爲“其如天下何”，則失其旨矣。《小稱》篇曰“民服如化”,《小明武》篇曰“勝國若化”,《吕氏春秋·懷寵》篇曰“兵不接刃而民服若化”,皆言其速也,故孔注曰“變化之頃謂其疾”。《群書治要》作“明開塞禁舍者,其取天下如化。下引孔注“變化之頃”云云。不明開塞禁舍者,其失天下如化”,今據以補正。

王始

令行禁止,王始也。

盧曰:“‘王始’疑是‘王治’。”【念孫案】“王始也”本作“王之始也”,“王”讀“王天下”之“王”。令行禁止,則可以王天下,故曰“令行禁止,王之始也”。上文曰“能制其有者,則能制人之有”,即是此意。今本脱“之”字,則文義不明,《群書治要》正作“王之始也”。

成

《柔武》篇　以信爲動,以成爲心。

盧曰:“‘以成’,趙疑是‘以誠’。”【念孫案】“誠”古通作“成”,不煩改字。《大戴記·文王官人》篇“非誠質者也”,《周書》“誠”作“成”。《小戴記·經解》篇“衡誠縣”,注“誠或作成”。《墨子·貴義》篇“子之言則成善矣”,“成”即“誠”字。

以匩辛苦

和均□里,以匩辛苦。

孔注曰："匡，正也。"【念孫案】匡，救也。説見《文酌》篇。

靡適無□

靡適與"敵"同。無□。

【念孫案】闕文當是"下"字。"靡適無下"者，無，猶不也。見薛綜《東京賦》注，餘詳《釋詞》。此承上"以德爲本"云云而言，言如此，則靡敵不下也。"下"與"序""苦""鼓""武""下"爲韻。《允文》篇"靡適不下"，亦與"語""武""所""户""宇""輔""土"爲韻，以是明之。

告

《大開武》篇　告歲之有秋，今余不獲其落。

【念孫案】"歲之有秋"云云，乃取譬以明之，則"告"當爲"若"，下文"若農之服田，既秋而不獲，維禽其饗之"，即其證。"若"與"告"字相似而誤。

騰上

《寶典》篇　倫不騰上，上乃不崩。

孔注曰："不騰，不越。"【念孫案】"騰上"當爲"上騰"，"騰"與"崩"爲韻，"九德"皆用韻之文。

由禱

《酆謀》篇　由禱不德，不德不成。

【念孫案】"由禱不德"當爲"曲禱不德"，故孔注曰"曲爲非義，神不德之"，"曲"與"由"字相似而誤。

天下不虞周

《寤儆》篇　天下不虞周，驚以寤王。

【念孫案】"下"與"不"字形相似，"不"字蓋涉"下"字而誤衍也。"天下虞周，驚以寤王"者，孔注曰"虞，度"，言唯天下度周，故驚以寤王也。上文曰"今朕寤有商驚予"。① 若作"天下不虞周"，則義不可通。

無虎傅翼

無虎傅翼，將飛入邑，擇人而食。

【念孫案】《韓子・難勢》篇引此，"虎"上有"爲"字，而今本脱之，則文義不明。李善注《東京賦》引此亦有"爲"字。

---

① "予"，底本作"子"，據抱經堂本《逸周書》改。

《逸周書》弟二

比

《武順》篇　貌而無比，比則不順。

【引之曰】《比》彖傳曰："比，輔也，下順從也。"《祭統》曰："身比焉，順也。"《管子・五輔》篇曰："爲人弟者，比順以敬。"是"比"與"順"同義，不得言"比則不順"。"比"當爲"北"，字之誤也。"北"古"背"字。説見《漢書・高紀》。故曰"北則不順"。孔注"比者，比同也"，失之。

惟風行賄

《和寤》篇　后降惠于民，民罔不格，惟風行賄，賄無成事。

【念孫案】"惟風行賄"文不成義，"行"下當有"草"字，而今本脱之。言民之歸惠，如草之應風也。其"賄賄無成事"五字上仍有脱文，大意謂賄不可以致民，若用賄，則必無成事也。孔注曰："人之歸惠如草應風，如用賄，則無成事。"是其證。

合于四海

《武寤》篇　王克配天，合于四海。

孔注曰："德合四表。"【引之曰】配、合，皆對也。《爾雅》曰："妃、與"配"同。合，對也。""合于四海"，猶《大雅》言"對于天下"耳。"合"與"荅"古同義，宣二年《左傳注》："合，猶荅也。"荅，亦對也。

右擊之

《克殷》篇　乃右擊之以輕吕。

【念孫案】持劍必以右手，無須言"右擊之"。上文"擊之以輕吕"，不言"右"，《史記·周本紀》亦無"右"字，蓋衍文也。或以"右"爲"又"之誤，亦非。上文已言"王又射之三發"，則無庸更言"又"。《太平御覽·刑法部十二》引此無"右"字。

乃出場于厥軍

【念孫案】此下當有"明日修社及宫"之事，而今本脱之，孔注曰"治社以及宫"，是其證。《史記》曰："其明日，除道修社及商紂宫。"《太平御覽·皇王部九》引《帝王世紀》曰："明日王命除道修社。"皆本於《周書》也。又案，孔注"治社以及宫"下，又云"徹宜去者、宜居者，居，遷也"，注有脱文。則此處脱文尚多，然皆不可考矣。

奏王

泰顛、閎夭，皆執輕吕以奏王。

【念孫案】“奏王”當依《史記》作“衛王”。上文“周公把大鉞、召公把小鉞以夾王”，孔注曰“二公夾衛王也”。則此泰顛、閎夭，亦是執劍以衛王，不當言“奏王”也。“奏”字蓋涉上文“叔振奏拜假”而誤，注云“執王輕吕當門奏，太卒屯兵以衛”，失之。

振鹿臺之財巨橋之粟

【念孫案】此本作“振鹿臺之錢，散巨橋之粟”，故孔注曰“振，散之以施惠也”。今本“錢”作“財”，乃後人以晚出《古文尚書》改之，又脱去“散”字。《太平御覽·資産部》“錢類”引此作“發鹿臺之錢，散鉅橋之粟”，《史記》作“散鹿臺之錢，發鉅橋之粟”，而今本《史記》亦改“錢”爲“財”矣，辯見《史記》。

路徑

《文政》篇　七間不通徑，八家不開刑，九大禁不令路徑。

孔注曰：“刑，法也。不令，不宣令也。”【念孫案】“大禁不令”下不當有“路徑”二字。“路徑”當爲“徑路”，乃注文，非正文也。“徑，路”是釋“徑”字，“刑，法也”是釋“刑”字，“不令，不宣令也”是釋“不令”二字。

遠慎而近貇

【念孫案】《爾雅》:"慎,誠也。"《小雅・白駒》篇"慎爾優游"、《巧言》篇"予慎無罪",《毛傳》并與《爾雅》同。《禮器》説禮之以少爲貴者,曰:"是故君子慎其獨也。"鄭注曰:"少其牲物,致誠慤。"是古謂"誠"爲"慎"也。"貇"即"貌"字也。《史記・商君傳》曰:"貌言華也,至言實也。"孔注《周祝》篇曰"貌謂無實",是"貌"與"慎"意正相反。"遠慎而近貇"者,遠誠慤之士,而近虚誕之人也。盧謂"貇"與"藐"同,失之。

位長

位長以遵之。

【念孫案】"位長"本作"伍長",下文"什長以行之","什長"與"伍長"文正相對。《大聚》篇曰:"五户爲伍,以首爲長。十夫爲什,以年爲長。"此之謂也。今本"伍長"作"位長",則文義不明,蓋以"伍""位"字形相似而誤。《玉海》六十七引此正作"伍長"。

土地之宜

《大聚》篇　相土地之宜,水土之便。

趙曰:"'土地之宜','土'字疑衍,以下句言'水土之便'故也。"【念孫案】趙説非也。古人之文,不嫌於複。"土地之宜"與"水土之便"對文,删去一字,則句法參差矣,且注文有"土宜"二字,則正文本作"土地之宜"甚明。

闢開修道

【念孫案】“闢開修道”，文不成義。“開”本作“關”。闢關修道，皆所以來遠人，故下文言“遠旅來至，關人易資”也。俗書“關”字作“閞”，“開”字作“開”，二形相似而誤。説見《史記·西南夷傳》。《玉海》二十四、六十引此并作“闢關”。

畜五味以備百草

具百藥以備疾災，畜五味以備百草。

【念孫案】下句當作“畜百草以備五味”，“百草”與“百藥”對文。今本“百草”與“五味”互易，則義不可通。

有生而不失其宜　天不失其時

夫然則有生而不失其宜，萬物不失其性，人不失其事，天不失其時。

【念孫案】“有生而不失其宜”本作“土不失其宜”，上文曰“因其土宜，以爲民資”，《文傳》篇曰“土不失宜”，皆其證。今本“土”誤作“生”，又衍“有”“而”二字，則文義不明，且與下三句不類矣。“天不失其時”本作“天下不失其時”，王者因時布令，故天下不失其時，若云“天不失其時”，則非其旨矣。觀天之神道而四時不忒，則天之不失時，非因王政而致然也。《藝文類聚·帝王部二》《太平御覽·皇王部九》引此并作“土不失其宜，天下不失其時”。

農民

水性歸下，農民歸利。

【念孫案】此本作“水性歸下，民性歸利”。《漢書·食貨志》：“民趨利，如水走下。”“民性”與“水性”對文，“民”字總承上文士農商賈而言，非專指農民而言。今本作“農民”者，即涉上“農民歸之”而誤。《玉海》六十引此正作“民性歸利”。

求

王若欲求天下民，先設其利而民自至。

【念孫案】“求”當爲“來”，字之誤也，隸書“來”“求”相似，故書傳中“來”字多誤作“求”，辯見《楚策》。“來”如“修文德以來之”之“來”。下句“先設其利而民自至”，“至”與“來”正相應。又，下文“不召而民自來”，尤其明證也。今本“來”作“求”，則非其旨矣。《玉海》二十、六十引此并作“來”。又，《周祝》篇：“觀彼萬物，且何爲求？”“求”亦“來”之誤，盧已辯之。

舊玉億有百萬

《世俘》篇 凡武王俘商，舊玉億有百萬。

【念孫案】此文本作“凡武王俘商，得舊寶玉萬四千，佩玉億有八萬”，“億有八萬”乃佩玉之數，非舊寶玉之數。今本“舊”上脱“得”字，“舊”下脱“寶玉萬四千佩”六字，“八萬”又誤作“百萬”。鈔本《北堂書鈔·衣冠部二》引此正作“武王俘商，得舊寶玉萬四千，佩玉億有八萬”，陳禹謨本删去。《藝文類聚·寶部上》《太平御覽·珍寶部三》并同，今本《類聚》"佩"下脱"玉億"二字。《初學記·器物部》"佩"下亦引"武王俘商，得佩玉億有八萬"。

我北望過于有嶽丕願瞻過于河

《度邑》篇　我南望過于三塗，我北望過于有嶽丕，願瞻過于河，宛瞻于伊雒。

盧本依《史記·周本紀》改"丕"爲"鄙"，改"願"爲"顧"。【念孫案】《史記》作"北望嶽鄙，顧詹有河"，則此亦當作"我北望過于嶽鄙，顧瞻過于有河"。徐廣《史記音義》引此亦云"北詹望于有河"，今本"有"字誤入上句"嶽"字上，則與《史記》及徐廣所引皆不合。

曰

其曰兹曰度邑。

【念孫案】上"曰"字，義不可通，《玉海》十五引作"其名兹曰度邑"是也。"度邑"即本篇之篇名，故曰"名兹曰度邑"。

建蔡叔霍叔　三叔　囚蔡叔

《作雒》篇　建管叔于東，建蔡叔、霍叔于殷。又，下文云：三叔及殷東，徐、奄及熊、盈以略。汪氏容甫《述學》曰"略"疑當作"畔"。又云："降辟三叔。"又云："乃囚蔡叔于郭淩。"

【引之曰】“蔡叔”二字，乃後人依東晉《古文尚書》加之。下文“三叔”本作“二叔”，“囚蔡叔”本作“囚霍叔”，説見《經義述聞》“三監”下。

九畢

俘殷獻民，遷于九畢。

【念孫案】書傳皆言“畢”，無言“九畢”者，《玉海》十五引此作“九里”。據孔注以爲“成周之地近王化”，則作“九里”者是也。蓋“里”“畢”字相似，又涉上文“葬武王於畢”而誤。

同室克追

予畏同室克追。

孔注曰：“周公追畏尊王也。”謝氏金圃曰：“‘同室克追’當是‘周室克造’之訛。注‘追畏尊王’之語，殊不明。”案，注文蓋有脱誤。【念孫案】《初學記·居處部》引此，本作“予畏周室不延”，“延”誤爲“追”，後人因改爲“克追”耳。謝以“同”爲“周”之誤是也，而改“克追”爲“克造”，則與“畏”字義不相屬。

城方千七百二十丈郛方七十里

盧曰：“《水經注》《雒水》。‘城方七百二十丈’，脱一‘千’字，沈改‘七’爲‘六’，不知何据。‘郛方七十里’，宋本作‘七十二里’。”【念孫案】“城方七百二十丈”，《藝文類聚·居處部三》《初學記·居處部》《太平御覽·居處部二十》、《玉海》百七十三引此，“城”上皆有“立”字，蓋古本也。“七百”皆作“六百”，與《水經注》異，未知孰是。沈改“七”爲“六”，蓋本於此。“郛方七十里”，《類聚》《初學記》《御覽》《玉海》皆作“七十二里”，與宋本同，當據以訂正。

國西土

制郊甸方六百里，國西土爲方千里。

盧云：“《水經注》‘國’作‘因’。”【念孫案】《水經注》是也。上注云：“因，連接也。”謂連宗周爲方千里也。《漢書·地理志》曰：“雒邑與宗周通封畿爲千里。”是其證。《太平御覽·州郡部三》引此亦作“因”。

立城

大縣城方王城三之一，小縣立城方王城九之一。

盧曰：“‘立’字疑衍。《前編》‘大縣’下亦作‘立城’。”【念孫案】《玉海》十五引此，“大縣”“小縣”下皆作“立城”，正與《通鑑前編》同。且上文“城方千七百二十丈”，“城”上原有“立”字，辯見上。與此文同一例，則是今本“大縣”下脱“立”字，非“小縣”下衍“立”字。

日月星辰

乃設丘兆于南郊,[1]以祀上帝,配以后稷,日月星辰,先王皆與食。

【念孫案】"日月星辰"四字本作"農星"二字。《漢書·郊祀志》:"高祖制詔御史,其令天下立靈星祠。"《周頌·絲衣序》:"高子曰:'靈星之尸也。'"則靈星之祀,自古有之。張晏曰:"龍星左角爲天田,則農祥也,晨見而祭之。""靈星"蓋即《周書》所謂"農星"也,後人不解農星,而改爲"日月星辰",謬矣。《藝文類聚·禮部上》兩引此文,并作"農星,先王皆與食",《太平御覽·禮儀部》六及十一、《玉海》九十九所引并與《類聚》同。

以爲土封

燾以黄土,苴以白茅,以爲土封。

盧曰:"'以爲土封',本一作'以土封之'。"【念孫案】一本是也。"以土封之",謂各以一方之土封之,故下句云"受列土於周室"也。若云"以爲土封",則文義不明。《北堂書鈔·禮儀部八》《藝文類聚·禮部中》《初學記·禮部上》《太平御覽·地部二》《禮儀部十一》、《玉海》九十九并引作"以土封之"。

---

① "丘",底本作"邱",避孔子諱改,今回改爲本字。

復格

復格藻棁。

孔注曰："復格，累芝栭也。"惠氏半農曰："'復格'即'複笮'。"【引之曰】諸書無謂"笮"爲"格"者，"格"當爲"㮼"，音節。字或作楶，或作節，謂柱上方木也。《説文》"㮼，欂櫨也""櫨，柱上枅也"。《倉頡篇》曰："枅，柱上方木也。"見《文選·魯靈光殿賦》注。《爾雅》："栭謂之楶。"李巡曰："栭，今欂盧也。"見《明堂位》正義。《明堂位》"山節藻棁"，鄭注曰："山節，刻欂盧爲山也。""栭"或謂之"芝栭"，《魯靈光殿賦》："芝栭欑羅以戢孴。"張載曰："芝栭，柱上節，方小木爲之，長三尺。"故孔云"復㮼，累芝栭也"。"㮼""笮"一聲之轉，故《廣雅》云"㮼，謂之笮"。然則笮也、㮼也、栭也、芝栭也、枅也、欂櫨也，六者一物也。"㮼"爲柱上方木，"棁"爲梁上短柱，故以"復㮼""藻棁"連文，猶《禮記》《論語》之以"山節""藻棁"連文也。"㮼"與"格"字相似，世人多見"格"，少見"㮼"，故"㮼"誤爲"格"矣。

會群門

《皇門》篇　周公格于左閎門，今本脱"于"字，據《玉海》補。會群門。

【念孫案】"會群門"三字，義不可通，當爲"會群臣"。《後序》云："周公會群臣于閎門，以輔主之格言，"以"上疑脱"誥"字。作《皇門》。"是其證。今本"臣"作"門"者，涉上句"左閎門"而誤。《玉海》九十二、百六十九引此并作"會群臣"。

開告于予嘉德之説

維其開告于予嘉德之説。

【引之曰】此本作“維其開告予于嘉德之説”，故孔注曰“開告我於善德之説也”。《般庚》曰：“予告女于難。”彼以“告女于”連文，猶此以“告予于”連文也。下文“資告予元”，亦以“告予”連文。今本“予”字在“于”字下，則義不可通。

之不綏于恤

我聞在昔有國，誓與“哲”同。王之不綏于恤。

【引之曰】“哲王之不綏于恤”，文義不明。“之”疑當作“亾”，“亾”與“罔”同。綏，安也。恤，憂也。始於憂勤者，終於佚樂，哲王之憂，乃其所以得安也，故曰“在昔有國，哲王罔不綏于恤”。下文言“罔不”者多矣，“罔”與“亾”古同聲而通用。“亾”，隷或作“亡”，其草書與“之”字相似，因誤而爲“之”。《晏子春秋·雜》篇“播亾在於四方”，今本“亾”誤作“之”，是其證。

先用有勸

【引之曰】“先”字於義無取，疑“克”字之誤。“克用有勸”者，克用有勸於群臣也。《多方》曰：“明德慎罰，亦克用勸。要囚，殄戮多罪，亦克用勸。開釋無辜，亦克用勸。”文義并與此同。上文曰“用克和有成”，下文曰“戎兵克慎，軍用克多”，亦與此“克”字同義。“克”與“先”草書相似，故“克”誤爲“先”。

遠士

王用奄有四鄰遠士。

盧曰："'遠士'，卜本、何本作'遠土'。"【念孫案】作"遠土"者是也。上言"奄有"，故下言"遠土"，《魯頌·閟宫》篇"奄有下土"是也。《玉海》百六十九引此正作"遠土"。

維時及

至于厥後嗣，弗見先王之明刑，維時及胥學于非夷。

趙云："'及'疑是'反'字。"【引之曰】"及"當爲"乃"，言後嗣不見先王之明法，於是乃相學於非常也。"乃"字不須訓釋，若"及"字則費解矣。孔注但云"爲是相學於非常"，而不言"及"，故知"及"爲"乃"之誤。

以昏求臣至俾無依無助

以昏求臣，作威不詳，不屑惠聽無辜之亂，注："詳，善也。不察無罪以惡民也。"亂是羞于王。注："言順不進辭于王。"趙曰："或是言進不順辭于王。"案，趙説是。王阜良，乃惟不順之言，于是人斯乃非維直以應，維作誣以對，俾無依無助。注："阜，大。良，善也。王求善，而是人作誣以對，故王無依助也。"

【念孫案】此文顛倒錯誤，今改訂如左。

以昏臣，"昏臣"二字連讀，下文"譬若匹夫之有昏妻"，注曰"喻昏臣也"，是其證。"以昏臣"三字，上有脱文。作威不詳，不屑惠聽無辜之辭，乃惟不順之辭，是羞于王。"乃惟不順之"五字，本在"辭是羞于王”上，故注曰“言進不順辭于王”。王皐求良言，“皐求良言”，謂大求善言也，故注曰“皐，大。良，善也。王求善，而是人作誣以對”。據此則“皐”“良”二字之間，原有“求”字明矣。于是人斯乃非維直以應，維作誣以對，俾無依無助。今本“求”字誤入上文“昏臣”二字之間，兩“辭”字皆誤作“亂”，“乃惟不順之”五字，又誤入下文“良言”二字之間，則義不可通。盧改併上下文，又改下“亂”字爲“辭”，而以“亂辭”二字連讀，則愈不可通。

婚妻　自露厥家

是人斯乃讒賊娼嫉，以不利于厥家國，譬若匹夫之有婚妻，曰“予獨服在寢”，以自露厥家。

【念孫案】“婚妻”本作“昏妻”，此後人不曉文義而改之也。據孔注云“喻昏臣也”，則本作“昏妻”明矣。《方言》曰：“露，敗也。”昭元年《左傳》：“勿使有所壅閉湫底，以露其體。”謂敗其體也。《莊子·漁父》篇：“田荒室露。”《荀子·富國》篇：“田疇穢，都邑露。”《齊策》：“其百姓罷而城郭露。”露，皆謂敗也。字或作路。《管子·四時》篇：“不知五穀之故，國家乃路。”謂國家敗也。解者多失之。言讒賊娼嫉之人，專權以敗國，亦若昏妻之專寵以敗家也。孔云“言自露於家，謂美好”，蓋未解“露”字之義。

媚夫　食蓋

媚夫有邇無遠，乃食蓋善夫，俾莫通在于王所。

【引之曰】“媚”當爲“娼”，字之誤也。下“媚夫”同。《顏氏家訓·書證》篇曰：“太史公論英布曰：‘禍之興自愛姬，生於妒娼，以至滅國。’又,《漢書・外戚傳》亦云:‘成結寵妾妒媚之誅。’此二‘媚’并當作‘娼’。娼,亦妒也,義見《禮記》《三蒼》。且《五宗世家》亦云‘常山憲王后妒娼’,王充《論衡》云‘妒夫娼婦’,益知‘娼’是‘妒’之别名。原英布之誅,爲意賁赫耳,不得言媚。”案,《五宗世家》索隱亦云:“娼,鄒氏作媚。”《潛夫論・賢難》篇“妒娼之攻擊也,亦誠工矣”,今本“娼”字,亦誤作“媚”。《爾雅・釋宫》:“楣謂之梁。”《釋文》:“楣,或作相。”蓋隸書“眉”字,或作“肙”,與“冒”相似,故從冒、從眉之字,傳寫往往訛混。鄭注《大學》曰:“娼,妒也。”此“娼夫”二字,正承上文“讒賊娼嫉”言之,非謂其佞媚也,不當作“媚”明矣。“食蓋”二字,義不相屬,“食”當爲“弇”。《爾雅》:“弇,蓋也。”字通作“掩”。孔注云:“掩蓋善夫。”是其明證矣。“弇蓋善夫,俾莫通在于王所”,亦承上文“娼嫉”言之。《大學》引《秦誓》曰:“娼疾以惡之。”又曰:“而違之俾不通。”正此謂也。“弇”與“食”字相似,故“弇”誤爲“食”。盧云“食”猶“日月食”之“食”,失之。

兆厥工

《大戒》篇　朕聞維時兆厥工。

【念孫案】“兆厥工”三字,文義未明。孔注曰:“兆,始。工,官。言政治維是始正其官。”據此,則正文“兆”下當有“正”字。

慝

克禁淫謀,衆匿乃雍。

【念孫案】“匿”古“慝”字。説見《管子・七法》篇。慝,惡也。

言能禁淫謀,則衆惡皆塞也。

無□其信

無□其信,雖危不動。

【念孫案】闕文是“轉”字。轉者,移也。上守信而不移,則下親其上,雖危而不可動矣,故曰“無轉其信,雖危不動”。孔注曰“轉,移”,是釋正文“轉”字也。下文曰“上危而轉,下乃不親”,正與此文相應。

□□以昭

□□以昭,其乃得人。

【念孫案】闕文是“貞信”二字,此承上文“無轉其信”而言。信不轉,故曰“貞信”。“以”與“已”同,上之貞信已昭,則下莫不爲上用,故曰“貞信已昭,其乃得人”也。孔注曰:“貞信如此,得其用也。”是其證。

《逸周書》第三

有春夏秋冬

《周月》篇　凡四時成歲，有春夏秋冬。

【念孫案】"歲"下更有"歲"字，而今本脱之。《太平御覽・時序部二》引此正作"歲有春夏秋冬"。

中氣

中氣以著時應。

【念孫案】"中氣"上有"月有"二字，而今本脱之。"月有中氣以著時應"與上文"歲有春夏秋冬，各有孟仲季，以名十有二月"文同一例，下文十二月中氣皆承此"月有"二字言之。《文選・顔延之〈讌曲水詩〉》注及《太平御覽》并作"月有中氣"。

蜰奪后

《時訓》篇　螻蟈不鳴，水潦淫漫，蚯蚓不出，蜰奪后，王瓜不生，困於百姓。

【念孫案】“嬖奪后”下少一字，則文義不明，且韻與上下不協。《太平御覽·時序部八》引此作“嬖奪后命”是也。“命”與“漫”“姓”爲韻。“命”字古音本在鎮部，自周秦間始轉入静部。“漫”字古音在願部，願部之字，古或與静部通，故“漫”與“命”“姓”爲韻。《管子·内業》篇曰：“凡人之生也，必以平正。所以失之，必以喜怒憂患。”《淮南·原道》篇曰：“萬方百變，消揺而無所定。”《要略》曰：“埒略衰世古今之變，以褒先聖之隆盛，而貶末世之曲政。”《太玄·聚》：“《測》曰：‘鬼神無靈，形不見也。燕聚嘻嘻，樂淫衍也。宗其高年，鬼待敬也。’”①皆其例矣。

腐草化爲螢

大暑之日，腐草化爲螢。

【引之曰】“螢”本作“蛙”，後人習聞《月令》之“腐草爲螢”，故改“蛙”爲“螢”耳。“蛙”即“蠲”之借字，《説文》“蠲，馬蠲也”，引《明堂月令》曰“腐草爲蠲”。“蛙”從“圭”聲，“圭”“蠲”古同聲，故《小雅·天保》“吉蠲惟饎”之“蠲”，《釋文》：“蠲，古玄反，舊音圭。”鄭注《周官·蜡氏》《士虞禮記》并引作“圭”。“腐草爲蠲”之“蠲”作“蛙”，亦猶是也。唐段公路《北户録》引《周書》正作“腐草爲蛙”，公路誤解爲“蛙黽”之“蛙”，蓋不知爲“蠲”之借字。是其明證。乃《藝文類聚·歲時部上》《太平御覽·時序部七》并引作“螢”，蓋本作“蛙”字，後人以《月令》改之也。《吕氏春秋·季夏》篇：“腐草化爲蚈。”高注：“蚈，馬蚿也。”“蚈”讀如“蹊徑”之“蹊”，聲與“圭”亦相近，即“蠲”之或體也。而今本《吕氏春秋》作“腐草化爲螢蚈”，“螢”字亦後人所加，盧氏抱經已辯之。獨有公

---

① “玄”，《雜志》均作“元”，避清聖祖玄燁之諱，今皆回改。

路所引尚足見《周書》之舊，亦考古者之幸矣。

邪病

白露不降，民多邪病。

【念孫案】"邪病"二字，文義不明。《藝文類聚·歲時部上》《太平御覽·疾病部六》并引作"民多欬病"是也。鈔本《御覽·時序部十》作"劾病"，明是"欬病"之誤，而刻本《御覽》乃改爲"疾病"，謬矣。

下臣

群鳥不養羞，下臣驕慢。

【念孫案】"下臣"本作"臣下"，謂群臣也，《燕義》曰"臣下竭力盡能"是也。若倒言之，則文義不明。《士相見禮》曰："凡自稱於君，士大夫則曰下臣。"非此之用。《藝文類聚》《太平御覽》引此并作"臣下驕慢"。

雷始收聲　雷不始收聲

秋分之日，雷始收聲。

【引之曰】"雷始收聲"本作"雷乃始收"，此後人依俗本《月令》改之也。下文"雷不始收聲"亦本作"雷不始收"，說見《經義述聞·月令》。

淫佚　甲蟲

雷不始收聲，諸侯淫佚，蟄蟲不培户，民靡有賴，水不始涸，甲蟲爲害。

盧云："《御覽》'佚'作'汏'，或'泆'字之訛。"【念孫案】盧説非也。"汏""賴""害"三字，於古音屬祭部，轉入聲則入月部。"佚"字屬質部，轉去聲則入至部。至與祭、質與月，古音皆不相通，見段氏《六書音均表》。此唯精於周秦之音者，乃能辨之。下文"母后淫佚"，自與"一""嫉"爲韻，不得與"賴""害"爲韻也。昭元年《左傳》注曰："汏，驕也。"俗作"汰"，非。"諸侯淫汏"，猶言諸侯放恣耳。今本作"淫佚"，即涉下文"母后淫佚"而誤，《藝文類聚》引此亦作"淫汏"。

咎徵之咎

水不冰，是謂陰負。地不始凍，咎徵之咎。雉不入大水，國多淫婦。

【念孫案】"咎徵之咎"，文不成義，此後人妄改之以就韻也。不知"負""婦"二字，古皆讀如"否泰"之"否"，説見《唐韻正》。不與"咎"爲韻，《太平御覽・時序部十三》引作"災咎之徵"是也。"徵"轉上聲，爲"宫商角徵羽"之"徵"，故"徵驗"之"徵"，亦轉而與"負""婦"爲韻。古人不以兩義分兩音也，凡蒸、之二部之字，古音或相通，上、去二聲亦然，故《洪範》之"念用庶徵"，亦與"疑"爲韻，文十年《左傳》："秦伯伐晉取北徵。"《釋文》："徵，如字。《三蒼》云'縣屬馮翊'，音懲，一音張里反。"他若《鄭風》"雜佩以贈之"，與"來"爲韻。宋玉《神女賦》"復見所夢"，

“夢”古音莫登反，説見《唐韻正》。與“喜”“意”“記”“異”“識”“志”爲韻。《賈子·連語》篇“其離之若崩”，與“期”爲韻，皆其例也。《説文》：“郻，①從邑、崩聲，讀若陪。”“倗，從人、朋聲，讀若陪位。”又艿、訪、朷、仍、扔、孕六字，并從“乃”聲。又云“卤”讀若“仍”，即今之“迺”字。又，“冰”爲古“凝”字，從水、仌，而“凝”字則從“疑”聲。“繒”從“曾”聲，而籀文作“綷”，則從“宰”省聲。《周官·司几筵》“凶事仍几”，注“故書仍作乃”。《爾雅》“昆孫之子爲仍孫”，《汉书·惠帝紀》“仍”作“耳”。《墨子·尚賢》篇“守城則倍畔”，《非命》篇“倍”作“崩”。《楚策》“仰承甘露而飲之”，《新序·雜事》篇“承”作“時”。《史記·賈生傳》“品庶馮生”，《漢書》“馮”作“每”。《司馬相如傳》“葴橙若蓀”，《漢書》“橙”作“持”。此皆蒸、之二部相通之證。

鳴鳥

大雪之日，鳴鳥不鳴。

盧云：“鳴鳥，鶡旦也，《御覽》‘鳴’作‘鶡’，《時序十三》。亦可通。本或作‘鴇’，或作‘鶚’，皆誤。”【引之曰】書傳無謂“鶡旦”爲“鳴鳥”者。“鳴鳥”本作“鶡旦”，《唐月令》避睿宗諱，改“鶡旦”爲“鶡鳥”，校《逸周書》者，依《唐月令》亦改爲“鶡鳥”，《御覽》所引者是也。《藝文類聚》作於睿宗以前，而引《月令》亦作鶡鳥，則唐人依《唐月令》追改之。案，《説文》：“鳴，渴鳴也。”“渴鳴”與“鶡旦”同。又云“鶡，似雉，出上黨”，是“鶡旦”與“鶡”異。唐人改“鶡旦”爲“鶡鳥”，則與似雉之“鶡”無别。校《周書》者，依《唐月令》作“鶡鳥”，非也。今本作“鳴”、作“鴇”、作“鶚”，則又“鶡”之訛矣，當從《月令》原文作“鶡旦”，然後復

① “郻”，底本作“崩”，據《説文》改。

《周書》之舊。

仁義所在

《謚法》篇　仁義所在曰王。

孔注曰:"民往歸之。"盧曰:"'在',《史記正義》作'往',非。"【念孫案】"往"字是也。後人不解"仁義所往"之語,故改"往"爲"在"。予謂《廣雅》"歸,往也","迋,歸也","迋"與"往"同。仁義所往,猶言天下歸仁耳。古者"王""往"同聲而互訓,莊三年《穀梁傳》:"其曰王者,民之所歸往也。"《吕氏春秋·下賢》篇:"王也者,天下之往也。"《漢書·刑法志》:"歸而往之,是爲王矣。"《大雅·板》篇:"及爾出王。"《毛傳》:"王,往也。"《吕氏春秋·順説》篇:"桓公則難與往也。"高注:"往,王也。"是"王"與"往"聲同、義同而字亦相通。故曰"仁義所往曰王"。若云"仁義所在",則非古人同聲互訓之旨。天下皆以仁義歸之,則天下皆往歸之矣,故孔曰"民往歸之"。若云"仁義所在",則又與孔注不合。

長弟

愛民長弟曰恭。

孔注曰:"順長接弟。"【念孫案】孔言"順長接弟",則以"長弟"爲"長幼",失其旨矣。予謂"長弟"者,仁愛之意,《齊語》曰:"不慈孝於父母,不長弟於鄉里。"《吴語》曰:"將不長弟,以力征一二兄弟之國。"韋注:"弟,猶幼也。言晉不帥長幼之節。"亦失之。是"長弟"爲仁愛之義,故曰"愛民長弟曰恭"。倒言之,則曰"弟長"。《鄉飲酒義》曰:"焉知其能弟長而無遺矣。”“焉”字屬下讀,説見《釋詞》。“弟長而無遺”,言德厚之徧及於衆也。《正義》曰:“弟,少也。”亦失之,説見《經義述聞》。《墨子·非命》篇曰:“入則孝慈於親戚,出則弟長於鄉里。”《趙策》曰:“窮有弟長辭讓之節,通有補民益主之業。”

不二

純行不二曰定。

孔注曰:“行壹不傷。”【念孫案】“不傷”與“不二”異義,若正文作“不二”,則注不得訓爲“不傷”。今考“不二”本作“不爽”。《爾雅》曰:“爽,差也。爽,忒也。”《衛風·氓》篇“女也不爽”,《小雅·蓼蕭》篇“其德不爽”,《毛傳》并云:“爽,差也。”故曰“純行不爽曰定”。“定”即不爽之謂,而孔以“不爽”爲“不傷”者,本篇云“爽,傷也”。《淮南·精神》篇:“五味亂口,使口厲爽。”今本“厲爽”作“爽傷”,非,辯見《淮南》。高注云:“厲爽,病傷滋味也。”是“爽”又訓爲“傷”,與此“爽”字異義,孔以“不爽”爲“不傷”,其誤實由於此,然據此知正文之本作“爽”矣。後人改“爽”爲“二”,則與孔注不合。《史記正義》引此正作“純行不爽”。《後漢書·蔡邕傳》注:“純行不差曰定。”差,亦爽也,義即本於《周書》。

叡圉

叡圉克服曰莊。

孔注曰:“通邊圉,使能服也。”【念孫案】“叡”與“邊圉”,義不相屬,雖“叡”可訓爲“通”,而“通邊圉”不可謂之“叡圉”

也。予謂“圉”者,强也,下文曰“威德剛武曰圉”。《大雅·烝民》篇“不畏强禦”,《漢書·王莽傳》作“强圉”。《楚辭·離騷》:“澆身被服强圉兮。”王注曰:“强圉,多力也。”是“圉”與“强”同義。“叡圉克服”者,既叡智而又强圉,能服人也。叡、圉二字,兼智勇言之。《繫辭傳》曰:“聰明睿知,神武而不殺。”《楚語》曰:“謂之睿聖武公。”上文曰:“威强叡德曰武。”此文曰:“叡圉克服曰莊。”其義一也。“莊”之言“壯”也。“兵甲亟作曰莊”“叡圉克服曰莊”“勝敵志强曰莊”“死於原野曰莊”“屢征殺伐曰莊”,五“莊”字,并與“壯”同義,故“莊”“壯”古字通。《晉語》“趙簡子問於壯馳兹”,舊音“壯”,本或作“莊”。《檀弓》“衛有大史曰柳莊”,《漢書·古今人表》作“柳壯”。《莊子·天下》篇“不可與莊語”,《釋文》:“莊,一本作壯。”《鄘風·君子偕老》箋“顔色之莊”,《釋文》:“莊,本又作壯。”若斯之類,不可枚舉。

從處

恐懼從處曰悼。

孔注曰:“從處,言險圮也。”【念孫案】“險圮”二字與“從處”義不相近,未解注意云何。“從”疑當讀爲“聳”。聳,懼也。成十四年《左傳》曰:“大夫聞之,無不聳懼。”又,襄四年《傳》:“邊鄙不聳。”昭十九年《傳》:“駟氏聳。”杜注并曰:“聳,懼也。”《説文》本作“愯”,或作“㧐”,又作“悚”“竦”。“恐懼聳處”者,謂居處不安,聳然而懼也。作“從”者,借字耳。《漢紀·孝武紀》“一方有急,四面皆聳”,《漢書·嚴助傳》“聳”作“從”。《爾雅》:“竦、恐、慴,懼也。”郭注曰:“慴,即懾也。”《趙策》曰:“愁居懾處,不敢動摇,唯大王有意督過之也。”彼言“懾處”,猶此言

"聳處"矣。《説文》:"悼,懼也。陳楚謂懼曰悼。"《莊子·山木》篇曰:"振動悼慄。"《吕氏春秋·論威》篇曰:"敵人悼懼憚恐。"是"悼"亦"懼"也,故曰"恐懼聳處曰悼"。

肇敏行成曰直

【念孫案】《爾雅》:"肇,敏也。"郭注引《書》"肇牽車牛",是"肇"與"敏"同義。《論語》曰"敏於行",故曰"肇敏行成"。孔訓"肇"爲"始",云"始疾行成,言不深也",失之。

秉順也

盧曰:"'順'字可疑。"【念孫案】此釋上文之"秉德不回曰孝"也,孔彼注曰"順於德而不違",即用此訓。又,上文"秉德遵業曰烈","秉德"與"遵業"連文,亦謂順前人之德,遵前人之業,故此并釋之也。

率公卿士

《明堂》篇　天子之位,負斧扆,南面立。率公卿士侍於左右。

【念孫案】"率公卿士"本作"群公卿士"。"侍於左右",謂侍於周公之左右也。今本作"率公卿士"者,後人不曉文義而改之耳。上文既言周公攝政,君天下,大朝諸侯於明堂之位,則此"負扆南面立"者,即周公也。乃又言"率公卿士,侍於左右",則"率公卿士"者,果何人邪?此理之不可通者也。《玉海》九十五引此正作“群公卿士”。

宗周明堂之位也

【念孫案】《玉海》引“宗周”上有“此”字是也。今本脱“此”字，則文不足意。《明堂位》亦云“此周公明堂之位也”。

明堂明諸侯之尊卑也

【念孫案】“明堂”下有“者”字，而今本脱之，《文選·東都賦》注引有“者”字，《明堂位》亦云“明堂也者，明諸侯之尊卑也”。

明堂之制

明堂，方百一十二尺，高四尺，階廣六尺三寸。室居中，方百尺，室中方六十尺。户高八尺，廣四尺。東應門，南庫門，西皋門，北雉門。東方曰青陽，南方曰明堂，西方曰總章，北方曰玄堂，中央曰大廟，左爲左介，右爲右介。

右文八十一，今本脱去。盧據《太平御覽·禮儀部十二》及《隋書·宇文愷傳》補入，然《御覽》“室中方六十尺”下，無“户高八尺，廣四尺”七字，而《隋書》有之，其所引與《御覽》亦互有詳略。又，《藝文類聚·禮部上》《初學記·禮部上》引“室中方六十尺”下亦無“户高八尺”云云，而有“牖高三尺，門方十六尺”九字，亦互有詳略。

涿鹿之河

《嘗麥》篇　蚩尤乃逐帝，争于涿鹿之河。

盧曰："'河'或當作'阿'。"梁氏處素曰："據《史記·五帝紀》注：涿鹿，山名。阪泉，一名黄帝泉。至涿鹿與涿水合。蓋所謂'涿鹿之河'，'河'字似不誤。"【念孫案】盧説是也。涿鹿，山名。涿，水名。阪泉至涿鹿與涿水合，不得即謂之"涿鹿之河"也。《五帝紀》曰："黄帝邑于涿鹿之阿。"《正義》曰："涿鹿故城在涿鹿山下，即黄帝所都之邑。"《水經·灅水》注曰："涿水東北流，逕涿鹿縣故城南。黄帝與蚩尤戰于涿鹿之野，遷其民于涿鹿之阿，即於是處也。"則"河"字明是"阿"字之誤，且諸書皆言"戰於涿鹿之野"，不言戰於河也。

是威厥邑

是威厥邑，無類于冀州。

【念孫案】"威"字，義不可通，疑是"烕"字之誤，"烕"即"滅"字。《小雅·正月》篇"褒姒烕之"，昭元年《左傳》"烕"作"滅"。《史記·周本紀》"不顯亦不賓滅"，《逸周書》"滅"作"烕"。秦《詛楚文》"伐烕我百姓"，漢《成陽靈臺碑》"興烕繼絶"，并與"滅"同。類，種也。言國都既滅，無有種類也。

非不念而知故問伯父

《本典》篇　今朕不知明德所則，正教所行，字民之道，禮樂所生，非不念而知，故問伯父。

【念孫案】“非不念而知”，文義不明，當作“非不念，念而不知”。前《大戒》篇曰“非不念，念不知”，是其證。“故問伯父”，《文選・魏都賦》注、《新漏刻銘》注、《齊故安陸昭王碑》注并引作“敬問伯父”是也。下文又云：“幼愚敬守，以爲本典。”

能求士□者智也

【念孫案】“能求士者，智也。與民利者，仁也”，句法上下相同，則上句不當有闕文。下文“士有九等，皆得其宜”，正所謂“能求士者，智也”，其無闕文明矣。《玉海》六十七引此無闕文。

考言

《官人》篇　觀誠考言，視聲觀色，觀隱揆德。

【念孫案】“考言”當作“考志”，下文自“方與之言，以觀其志”以下，皆考志之事，非考言之事。又曰“弱志者也”“志治者也”，則當作“考志”明矣，今作“言”者，蓋因篇内多“言”字而誤。《大戴記・文王官人》篇正作“考志”。下文“此之謂考言”同。

醉之酒　從之色

醉之酒以觀其恭，從與“縱”同。之色以觀其常。

【念孫案】“酒”“色”二字，後人所加也。“醉之以觀其恭”，文義已明，無庸更加“酒”字。若“縱之以觀其常”，則非止一事，但言“色”，則偏而不具矣。且“喜之”“怒之”“醉之”“縱之”“遠之”“昵之”六者相對爲文，則原無“酒”“色”二字可知。《群書治要》作“醉之以觀其失，縱之以觀其常”，《大戴記》作“醉之以觀其不失，縱之以觀其常”，皆無“酒”“色”二字。

心遷移　氣慄懼

導之以利而心遷移，臨攝今本作“懾”，據《文選注》《後漢書注》引改。以威而氣慄懼。

盧曰：“李善注《東都賦》引‘慄懼’作‘慄慄’。”【念孫案】此文本作“導之以利而心移，臨攝以威而氣慄”。《玉篇》：“慄，徒頰切，恐懼也。”今本作“氣慄懼”者，閱者旁記“懼”字，而寫者因誤入正文，後人不知，又於上句加“遷”字，而以“遷移”對“慄懼”，斯爲謬矣。《後漢書·章德竇皇后紀》注引《周書》有“懼”字，亦後人依誤本加之。《班固傳》注引《周書》無“懼”字。案，上文云“深導以利而心不移”，此云“導之以利而心移”，“移”與“不移”正相對，不當增入“遷”字。上文云“臨攝以威而氣不卑”，此云“臨攝以威而氣慄”，“慄”與“不卑”亦相對。凡人懼，則其氣卑下，故《東都賦》言“慄然意下”也，若云“臨攝以威而氣慄懼”，則大爲不詞。《大戴記》作“示之以利而易移，臨攝舊本如是，盧本改爲“懾”。以威而易懾”，“懾”與“慄”同義，而上句無“遷”字，下句亦無“懼”字。李善注《東都賦》云：“《周書》曰‘臨攝以威而氣慄句’，慄，猶恐懼也。”則《周書》本無“懼”字明矣，盧引李注以“慄慄”連讀，失之。

難決以物

難決以物,難説以言。今本脱“言”字,盧已辯之。

【念孫案】“決”當爲“設”。“難設以物”正與上文“設之以物”相應。上文“設之以物而數決”,“數”與“速”同。言其智也。此云“難設以物,難説以言”者,設之以物而不能決,説之以言而不能喻,言其愚也。今本“設”作“決”,即涉上文“數決”而誤。《大戴記》作“難投以物”,“投”亦“設”之誤,則本作“設”明矣。

和氣

和氣簡備,勇氣壯力。

【引之曰】“和”當爲“知”,“知”與“智”同,“智氣”“勇氣”對文。“知”“和”字相似,又涉上文“温和”而誤,《大戴記》正作“智氣”。

以其隱觀其顯

【念孫案】此本作“以其顯觀其隱”,人之聲顯而易見,其心氣則隱而不可見,故曰“以其顯觀其隱”,即上文所云“聽其聲,處其氣”也。今本“顯”“隱”二字互易,則義不可通。《大戴記》作“以其見,占其隱”,見,亦顯也。

薦然

怒色薦然以侮。

【引之曰】"薦"字義不可通,"薦"當爲"茀",字形相近而誤也。"茀"與"艴"同。《孟子·公孫丑》篇:"曾西艴然不悅。"趙注曰:"艴然,愠怒色也。"《音義》:"艴,丁音勃,張音佛。"《楚策》曰:"王佛然作色。""佛"與"茀"皆"艴"之借字也。《莊子·人間世》篇:"獸死不擇音,氣息茀然。"義與"艴然"亦相近。《大戴記》作"怒色拂然以侮","拂"亦"艴"之借字,以是明之。

瞿然以静

憂悲之色,瞿然以静。

【念孫案】《玉藻》説喪之視容,曰"瞿瞿梅梅",則"瞿然"乃視容,非色容也。又案,經傳中凡言"瞿然"者,皆是驚貌,《説文》作"界",云"舉目驚界然也"。則又不得言"瞿然以静"矣。《大戴記》作"纍然以静"是也。《玉藻》:"喪容纍纍。"鄭注曰:"羸憊貌也。"《家語·困誓》篇注曰:"纍然,不得意之貌。"故曰"憂悲之色,纍然以静"。"纍"字上半與"瞿"略相似,因誤而爲"瞿"矣。

□貌而有餘

問則不對,佯爲不窮,□貌而有餘。

【引之曰】自"貌而有餘"以上五句,皆四字爲句,"貌"上本無闕文。"而"讀爲"如","貌如有餘",正承"佯爲不窮"而言。《大戴記》作"色示有餘",則本無闕文明矣。

懼不盡

心説而身弗近,身近而實不至,懼不盡。

【念孫案】"懼不盡"三字,義不可通,"懼"當爲"懽",字之誤也。此言心説賢者,而身不近之,雖近之,亦徒有虚名而實不至,又不盡其懽也。《大戴記》作"身近之而實不至,而懽忠不盡",是其證。

言弗發　□[①]弗德

有知而言弗發,有施而□弗德。

【念孫案】此文本作"有知與"智"同。而弗發,有施而弗德"。"發"讀曰"伐",上文"發其所能""發名以事親",《大戴記》作"伐"。《管子·四時》篇:"求有功發勞力者而舉之。"高注《淮南·修務》篇曰"伐,自矜大其善也","有知而弗伐,有施而弗德",皆五字爲句,上句本無"言"字,下句亦無闕文,後人於"弗發"上加"言"字,後人不知"發"與"伐"同,而誤以爲"發言"之"發",故加"言"字。則上句多一字矣。校書者不知"言"字爲後人所加,而以爲下句少一字,遂於下句内作空圍,以對"言"字,此誤之又誤也。《大戴記》正作"有知而不伐,有施而不置","置"與"德"同。《繫辭傳》:"勞而不伐,有功而不德。"《釋文》:"德,鄭、陸、蜀才作'置'。

---

① "□",底本作"曰",據王氏校語及《續修四庫全書》影家刻本(以下簡稱"續修本")改。下"有施而曰弗德"同。

鄭云:‘置,當爲德。’”《荀子·哀公》篇“言忠信而心不德,仁義在身而色不伐”,《大戴記·哀公問五義》篇“德”作“置”。

克易

言行亟變,從容克易,好惡無常,行身不篤。

【念孫案】“克易”二字,義不可通,“克”當爲“交”,隸書“交”作“交”,“克”作“克”,二形相似,故“交”誤爲“克”。上文“言行不類,終始相悖,外内不合”,《大戴記》“外内不合”上有“陰陽交易”四字,今本“交”字亦誤作“克”。從容,舉動也。《楚辭·九章》注曰:“從容,舉動也。”説見《廣雅疏證·釋訓》。“從容”與“言行”對文。“從容交易”,言其舉動之變易無常也。宣十二年《公羊傳》曰:“君之不令臣交易爲言。”義與此相近。“言行亟變”四句,大意相同,皆謂其性行之無常也。《大戴記》作“從容謬易”,義亦與“交易”同。

陰羽

《王會》篇　墠上張赤帟陰羽。

孔注曰:“陰,鶴也。”王應麟《補注》曰:“《易》曰‘鳴鶴在陰’。《相鶴經》曰:‘鶴,陽鳥也,而游於陰。’故以‘陰’爲‘鶴’。”【引之曰】古無謂鶴爲陰者。“鶴游於陰”,而謂鶴爲陰,雁爲隨陽之鳥,亦將謂雁爲陽乎?今案,“陰羽”與“赤帟”對文,謂淺黑色之羽也。《説文》:“陰,闇也。”闇謂之陰,故淺黑色亦謂之陰。《爾雅》馬“陰白雜毛,駰”,孫炎曰:“陰,淺黑也。”見《魯頌·駉》正義。是其證。下文“青陰羽”,亦謂青黑色之羽也，孔亦誤以爲鶴羽。

似騏背有兩角

白民乘黄，乘黄者似騏，背有兩角。

王云："《文選注》云'似狐'，見下。又引《山海經》《海外西經》。'白民之國有乘黄，其狀如狐，其背上有角'，《淮南子注》《覽冥》篇。'乘黄出西方，狀如狐，背上有角'。"【念孫案】此文本作"乘黄者似狐，其背有兩角"，傳寫脱去"狐"字，則"似其"二字相連，後人以"乘黄"是馬名，遂改"似其"爲"似騏"，而不知其謬以千里也。《山海經》注引此正作"似狐"，《文選·王融〈曲水詩序〉》注、《初學記·獸部》并引作"乘黄者似狐，其背有兩角"，今據以訂正。

翕其目

州靡費費，其形人身，反踵，自笑，笑則上脣翕其目，食人。

【念孫案】"翕"當爲"弇"，字之誤也，"翕"與"弇"不同義。翕，合也。弇，蔽也。此謂"上脣蔽其目"，非"合其目"之謂也。"費費"，《説文》作"𩀽𩀽"，云："周成王時，州靡國獻𩀽𩀽，人身，反踵，自笑，笑即上脣弇其目，食人。"又云"一名梟陽"。全用此篇之文，而其字正作"弇"。《海内南經》注引《周書》曰："州靡髴髴者，人身，反踵，自笑，笑則上脣掩其面。""掩""弇"古字通，則"翕"爲"弇"之誤，益明矣。又，《海内經》曰："南方有贛巨人，郭注"即梟陽也"。人面長脣，黑身有毛，反踵，見人則笑，脣蔽其面。"蔽，亦弇也。

鼩犬

渠叟以鼩犬，鼩犬者，露犬也，能飛，食虎豹。

王本"鼩"作"鼩"，云"鼩，權俱切。一作鼩，之若切"。盧曰："案，《廣韻》：'鼩，北教切，能飛，食虎豹。'正此是也。《説文》：'鼩，胡地風犬。'王從李善注《文選》作'鼩'，王融《三月三日曲水詩序》注。鼩乃小鼠，李注或字訛，不可從。"【念孫案】作"鼩"者是也。《海内北經》曰："蜪犬，如犬而青，食人從首始。"注曰："音陶，或作蚼，音鉤。"亦以作"蚼"者爲是。《説文》"蚼"字解曰"北方有蚼犬，食人，從虫、句聲"，徐鉉音"古厚切"。即本於《海内北經》也。彼言海内西北陬以東，此言渠叟。彼言食人，此言食虎豹，地與事皆相近。彼作"蚼犬"是本字，此作"鼩犬"是假借字，故李善引作"鼩犬"，而盧以爲字訛，則未達假借之旨也。"鼩""鼩"字形相似，故誤而爲"鼩"，"鼩"是鼠屬，與"蚼犬"無涉。《説文》："鼩，胡地風鼠。從鼠、勺聲。"不云"風犬"。《廣韻》："鼩，鼠屬。能飛，食虎豹，出胡地。"其云"鼠屬，出胡地"是也。而又云"能飛，食虎豹"，則惑於俗本《周書》之"鼩犬"而誤。盧引《廣韻》"能飛，食虎豹"，而删去"鼠屬"二字，又改《説文》之"風鼠"爲"風犬"，以牽合"鼩犬"，其失也誣矣。

吐嘍

北方謂之吐嘍。

【念孫案】"吐嘍"本作"土螻",此"螻"誤爲"嘍",而"土"因誤爲"吐"也。《爾雅疏》引此已誤,《説文》《廣韻》《爾雅釋文》及《太平御覽・獸部二十》皆作"土螻"。《西山經》云:"昆侖之丘,有獸焉,其狀如羊而四角,名曰土螻。"此與"費費"同名而異物,然其字亦作"土螻"。

獨鹿

獨鹿邛邛。

孔注曰:"獨鹿,西方之戎也。"【念孫案】上下文六國皆東北夷,則獨鹿亦東北夷,非西方之戎也。"獨"與"涿"古聲相近,獨鹿,即涿鹿也。《漢書・武紀》:"行幸歷獨鹿、鳴澤。"服虔曰:"獨鹿,山名,在涿郡。"《史記・五帝紀》:"黄帝與蚩尤戰于涿鹿之野。"《集解》亦引服虔曰:"涿鹿,山名,在涿郡。"《索隱》曰:"案,《地理志》上谷有涿鹿縣,然則服虔云'在涿郡'者,誤也。"是"獨鹿"即"涿鹿",其地在今宣化府保安州南,非"西方之戎"明矣。

古黄

文馬,赤鬣,縞身,目若黄金,名古黄之乘。

盧曰:"'古黄',《説文》作'吉皇',《海内北經》注引作'吉黄'。此從舊本作'古黄',與《初學記》所引亦合。"【念孫案】作"吉黄"者是也。王本作"吉黄",與《説文》《山海經》注合,《山海經圖讚》亦作"吉黄"。《文選・東京賦》注引《瑞應圖》云:"騰黄,神馬,一名吉光。""光""黄"古同聲,吉光,即吉黄也。《海内北經》作“吉量”，下字雖不同而上字亦作“吉”，則作“吉黄”者是也。《藝文類聚·祥瑞部下》《初學記·獸部》引此并作“古黄”，乃類書相沿之誤，不可從。

鸞楊

鸞楊之翟。今本“楊”作“揚”，非，辯見《漢書·天文志》。

【念孫案】“鸞楊”本作“楊鸞”，故孔注曰“楊州之鸞，貢翟鳥”。今本“楊鸞”二字倒轉，則義不可通，且與注不合。上文之“良夷山戎”，若倒言之曰“夷良戎山”，其可乎？“楊鸞”之誤爲“鸞楊”，猶《詩》“荆鸞”之誤爲“鸞荆”。段氏《詩經小學》已辯之。

四足果

狡犬者，巨身，四足果。

梁氏曜北曰：“‘四足果’，蓋足短之稱，若‘果下牛’‘果下馬’矣。”【念孫案】古無謂“短”爲“果”者，“果下馬”，謂馬高三尺，乘之可於果樹下行耳，見《魏志·東夷傳》注。非謂“短”爲“果”也，而以“四足果”爲“四足短”可乎？予謂“果”，疑即“裸”字。《周官·龜人》：“東龜曰果屬。”《釋文》：“果，魯火反。”“魯火”正切“裸”字，是“果”與“裸”同音，故“袒裼裸裎”之“裸”，亦通作“果”。范望注《大玄·玄數》曰：“裸，謂無鱗甲毛羽。”然則“四足果”者，四足無毛之謂與？

□鰂之醬

請令以魚皮之鞞，□鰂之醬，鮫瞂利劍爲獻。

孔注曰："鰂，魚名。"盧曰："'□'，疑是'烏'字。"【念孫案】《北堂書鈔·酒食部五》引作"鯸鰂之醬"，又引注云"鯸鰂，魚名"，《玉篇》："鯸，午胡切，魚名。"《廣韻》作"鋙"。未知其審。

代翟

正北空同、大夏、莎車、姑他、旦略、豹胡、代翟、匈奴、樓煩、月氏、孅犁、其龍、東胡。

《玉海》六十五、百五十二"代翟"并作"戎翟"。《補注》本作"代翟"，云"代，一作戎"。【念孫案】作"戎翟"者是也。孔注云："在西北，界戎狄之間，國名也。"則正文之作"戎翟"甚明，若古代翟之國，在今宣化府蔚縣東，則不得言在西北，又不得言"界戎狄之間"矣。然則正文、注文，皆作"戎翟"，作"代翟"者，誤也。

《逸周書》第四

文武之蔑

《祭公》篇　兹申予小子,追學於文武之蔑。

孔注曰:"言己追學文武之微德。"【念孫案】正文但言"蔑",不言"蔑德",與《君奭》之"文王蔑德"不同,不當加"德"字以釋之。予謂"蔑"與"末"同。穆王在武王後四世,故曰"追學於文武之末"。《小爾雅》曰:"蔑,末也。"《顧命》曰:"眇眇予末小子。"《漢書·韋玄成傳》曰:"於蔑小子。"蔑,即末也。《大雅·板》篇"喪亂蔑資",《潛夫論·叙録》"蔑"作"末"。《論語·子罕》篇"末由也已",《史記·孔子世家》"末"作"蔑"。

畢桓于黎民般

祭公拜手稽首,曰:"允乃詔句。《大開武》篇:"王拜曰:'格乃言。'"句法與此同。畢桓于黎民般。"

孔注曰:"般,樂也。言信如王告,盡治民樂政也。"【念孫案】孔訓"般"爲"樂",而加"政"字以增成其義,殊有未安。予謂"桓"疑"相"之誤、"般"疑"服"之誤。"服"本作"舨",與"般"相似而誤。《荀子·賦》篇:“讒人服矣。”“服”本或作“般”。《廣雅》:“慴,服也。”“服”,今本作“般”。《爾雅》:“服,事也。”《釋文》:“服,又作舨字。”今本“舨”作“般”。皆其證。“畢相于黎民服”者,畢,皆也。見《士冠禮》《月令》注。相,治也。昭九年《左傳》“楚所相也”,二十五年《傳》“相其室”,杜注并曰:“相,治也。”《小爾雅》同。服,事也。于,語助耳。相于黎民,即相黎民也。“于”“於”古字通,上文“付畀於四方”,即付畀四方,是其證。言王之所詔,皆治民之事也,據注云“信如王告,盡治民樂政也”,則孔所見本尚作“相”,故以“治民”解之,唯“服”字已誤作“般”,故訓爲“樂”耳。

大開方封于下土

自三公上下,辟于文武,文武之子孫,大開方封于下土。

【引之曰】當作“大開封方于下土”。“封”“邦”古字通,“方”“旁”古字通。旁者,溥也,遍也。説見《經義述聞》“旁通情也”及“湯湯洪水方割”二條。言大開我國之疆界,遍於下土也。今本“封方”二字倒轉,則義不可通。孔注“言我上法文武,大開國旁布於下土”,“國”字是釋“封”字,“旁”字是釋“方”字,以是明之。

固

女無以嬖御固莊后。

孔未解“固”字。【念孫案】“固”讀爲“婟”。音護。《説文》:“婟,嫪也。”《廣雅》作“嫭”,云“嫉、嫪、嫭,妒也”,是“婟”與“嫉”“妒”同義。言汝毋以寵妾嫉正后也。“婟”之通作

"固",猶"嫉"之通作"疾"。下文曰"女無以嬖御士疾莊士、大夫、卿士",疾,亦固也。《緇衣》引此作"毋以嬖御人疾莊后",是其證。

免没我世

昔在先王,我亦丕維,舊本"丕""維"二字倒,今依盧説乙正。以我辟險于難,不失于正,我亦以免没我世。

【念孫案】"免没我世",義不可通。"免"當爲"克",字之誤也。没,終也。言能終我世也。孔注云"能以善没世","能"字正釋"克"字。

疾大夫卿士

女無以嬖御士疾大夫、卿士。

【念孫案】"大夫"上有"莊士"二字,而今本脱之。上文注曰"莊,正也",上文之"莊后"對"嬖御"而言,此文之"莊士"對"嬖御士"而言,大夫、卿士又尊於莊士,故并及之。若無"莊士"二字,則失其本旨矣。《緇衣》引此正作"毋以嬖御士疾莊士、大夫、卿士"。

左史

《史記》篇　召三公、左史、戎夫。

盧曰:"案,《竹書紀年》'穆王二十四年,命左史戎夫作記',《古今人表》作'右史',訛。"【念孫案】鈔本《北堂書鈔·設官部七》出"右史朔望以聞"六字,注引《周書》"召三公、右史、戎夫"云云,陳禹謨本删去注文,而正文尚未删。《太平御覽·職官部三十二》同,是《周書》本作"右史、戎夫",而《漢書》即本於《周書》也。"左""右"字形相近,傳寫易訛,何必左史之是,而右史之非乎?

則哲士凌君政禁而生亂

信不行,義不立,則哲士凌君政禁而生亂。

孔讀"政"字上屬爲句,注曰"言君不行信義,信義由智生,故哲士凌君之政也"。"禁"字下屬爲句,注曰"禁義信則亂生"。【引之曰】孔讀非也。"則哲士凌君政禁而生亂"作一句讀。《曲禮》:"入竟而問禁。"鄭注曰:"禁謂政教。"《王制》"齊其政",注曰:"政,謂刑禁。"是"政"與"禁"義相因,故以"政禁"連文。下文"邪人專國政禁而生亂",讀與此同,孔亦誤以"政"字上屬,"禁"字下屬。

僞

昔有林氏再戰而勝,上衡氏僞義弗克,俱身死國亡。

【念孫案】"僞"讀曰"爲"。説見《史記·淮南衡山傳》。爲義而弗克,故注云"怠義",非"詐僞"之"僞"。

屈而無以賞

昔者西夏惠而好賞,屈而無以賞。

【念孫案】屈者，竭也。見《吕氏春秋·慎勢》篇注、《淮南·原道》篇注。“屈”上當有“財”字，故孔注曰“無財可用”。

嶽山

《職方》篇　其山鎮曰嶽山。

【引之曰】“嶽”下本無“山”字，故孔注曰“嶽，吴嶽也”，後人依俗本《周官》加“山”字，辯見《經義述聞·周官》。

彊蒲

其澤藪曰彊蒲。

【念孫案】“彊蒲”，《周官》及群書皆作“弦蒲”，蓋“弦”與“强”字形相似，“弦”誤爲“强”，又誤爲“彊”耳，當改正。

脱文十二

《芮良夫》篇　“芮伯若曰”云云。

【念孫案】《群書治要》“芮伯若曰”上有“厲王失道，芮伯陳誥，作《芮良夫》”十二字，而今本脱之。或曰，《後叙》云：“芮伯稽古作訓，納王于善，暨執政小臣，咸省厥躬，作《芮良夫》。”則本篇不當更有此數語。予謂，《大匡》篇曰：“維周王宅程三年，遭天之大荒，作《大匡》，以詔牧其方。”《程典》篇曰：“維三月既生魄，文王合六州之侯，奉勤于商。商王用宗讒，震怒無疆。諸侯不娱，逆諸文王。文王弗忍，乃作《程典》，以命三忠。”《謚法》篇曰：“維周公旦、大公望，開嗣王業，建功于牧之野，終將葬，乃制謚，遂叙謚法。”以上三篇，與本篇文同一例，則本篇亦當有此數語，不得以後有總叙，而謂此數語爲重出也。今從《治要》補。

稽道謀告

予小臣良夫，稽道謀告。

【念孫案】稽道，即稽首也。“道”從“首”聲，故與“首”字通用。《史記·秦始皇紀》會稽刻石文：“追首高明。”《索隱》曰：“今碑文‘首’字作‘道’。”是《史記》借“首”爲“道”也。前《周月》篇“周正歲道”，即“歲首”，是《逸周書》借“道”爲“首”也。“謀”當爲“謹”，字之誤也。《群書治要》正作“稽首謹告”，若作“謀告”，則義不可通。

否則民讎

德則民戴，否則民讎。

【念孫案】下句本作“否德民讎”。否德，不德也。《堯典》“否德忝帝位”是也。《正義》曰：“否、不，古今字。”《説文》：“否，不也。”“否德”與“德”正相對，今本作“否則”者，涉上句“則”字而誤，《群書治要》正作“否德民讎”。晚出《古文尚書·伊訓》篇“德惟治，否德亂”，即本於《逸周書》。

不道　肆我有家

商紂不道夏桀之虐，肆我有家。

【念孫案】“不道”本作“弗改”，此後人不曉文義而改之也。桀以虐失天下，是紂之所聞也，而其虐仍與桀同，故曰“弗改夏桀之虐”。下文云“爾聞爾知，弗改厥度”，正與此“弗改”相應。見下“脱文十二”一條内。《大戴記·少閒》篇曰：“紂不率先王之明德，乃上祖夏桀行，以爲民虐。”即此所謂“弗改夏桀之虐”也。若云“商紂不道”，則與“夏桀之虐”四字了不相涉矣。《群書治要》正作“商紂弗改夏桀之虐”。

肆我有家，亦當從《治要》作“肆我有周有家”。肆，故也。有家，有國家也。《般庚》曰：“亂越我家。”《金縢》曰：“昔公勤勞王家。”《周頌·桓》曰：“克定厥家。”言唯商紂弗改夏桀之虐，故我有周得有此國家也。

昏行□顧

惟爾執政小子，同先王之臣，昏行□顧，道王不若。

孔注曰：“同，爲。昏，闇。言教王爲不順。”注本作“同，謂位同也。昏，闇。言教王爲不順”。案，“同，謂位同也”是釋“同先王之臣”。“昏，闇”是釋“昏”字。“言教王爲不順”是釋“道王不若”。各本“同謂”誤作“同爲”，又脱“位同也”三字，今據《治要》訂正。【念孫案】“顧”上今本闕一字，《群書治要》作“昏行内顧”，“内顧”二字，與上下文義不合。【引之曰】“内”疑當作“罔”。昏，亂也。見昭十四年《左傳》注、《楚語》注、《吕氏春秋·貴直》篇注、《楚辭·九章》注。罔，無也。言爾執政小子，既亂行而無所顧忌，又導王爲不順之事也。下文“專利作威，佐亂進禍”，正所謂“昏行罔顧”也。“罔”字本作“网”，隸省作“冈”，俗作“冂”，與“内”字相似，因誤而爲“内”矣。前《皇門》篇“罔不茂揚肅德”，今本“罔”誤作“内”，即其證。

脱文十二

古人求多聞以監戒，不聞是惟弗知。

【念孫案】此下有“爾聞爾知，弗改厥度，亦惟艱哉”十二字，而今本脱之。案，上文言“不聞是惟弗知”，此文言既聞既知而不改，則末如之何也。若無此三句，則上文皆成不了語矣。下文云“其惟洗爾心，改爾行”，又云“爾乃瞶禍翫災，遂非弗悛”，并與此“弗改厥度”相應，今據《群書治要》補。《治要》又引孔注云“知而不改，無可如何，故曰難也”，今本亦脱之。

脱文二十二

烏呼，□□□如之。

孔注曰：“人養之，則擾服。雖家畜，不養則畏人。治民亦然也。”【念孫案】今本“烏呼”下闕三字，考其原文，本作“烏呼，野禽馴服于人，家畜見人而奔，非禽畜之性，實惟人民亦如之”，注文本作“雖野禽，人養之，則擾服。雖家畜，不養則畏人。治民亦然也”。今本正文脱去二十二字，僅存“烏呼如之”四字，則與注文全不相應，注首脱去“雖野禽”三字，則文義不明。《群書治要》注文已與今本同，而正文則一字不闕。

又案，正文當作“家畜馴服于人，野禽見人而奔”，蓋家畜爲人所養，則馴服于人，野禽非人所養，則見人而奔，故曰“非禽畜之性，實惟人”也。民之於君也，善之則如家畜，不善之則如野禽，故曰“民亦如之”也。《吕氏春秋·適威》篇引《周書》曰“民善之則畜也，不善則讎也”，語意正與此同。《治要》本“家畜”與“野禽”互誤，則義不可通，而孔本已如此，故不得其解而曲爲之詞。人未有不養家畜者,家畜亦未有見人而奔者,故知注爲曲説。

以貪諛爲事

今爾執政小子,惟以貪諛爲事。

【念孫案】“爲事”本作“事王”。貪,謂聚斂也。諛,謂諂言也。小人非此二者,則無以事君,故曰“惟以貪諛事王”。下文曰“惟爾小子,飾言事王”,是其證。今本“事王”作“爲事”,則非其旨矣。《群書治要》及《太平御覽·人事部三十三》并作“惟以貪諛事王”。

遂弗悛

爾乃聵禍翫災,遂弗悛。

【念孫案】“遂”下有“非”字,而今本脱之。“聵禍翫災,遂非弗悛”皆四字爲句,若無“非”字,則文義不明,而句法亦不協矣。《北堂書鈔·政術部四》引此正作“遂非弗悛”。

□不存焉

惟禍發于人之攸忽,于人之攸輕,《群書治要》“于人之攸輕”上,有“咎起”二字。□不存焉,變之攸伏。

【念孫案】《群書治要》作“心不存焉”是也。心所不存,即上文所謂“人之攸忽,人之攸輕”。

不圖善

爾執政小子,不圖善,偷生苟安。

【念孫案】“不圖善”本作“不圖大囏”。“囏”,籀文“艱”字。“大囏”即上所云國人爲患也。不圖大囏,則偷生苟安而已。若云“不圖善”,則與下句義不相屬矣。上文云“爾執政小子,不勤德以備難”,正所謂不圖大囏也。今本作“不圖善”者,“囏”字闕其半而爲“喜”,“喜”與“善”相似而誤,又脱去“大”字耳。《群書治要》正作“不圖大艱”。

其不遂

《大子晉》篇　逡巡而退,其不遂。

盧曰:“《御覽》百四十六‘其’下有‘言’字。”【念孫案】《御覽》是。

盡忘吾其度

吾年甚少,見子而懾,盡忘吾其度。

【念孫案】“忘”與“亡”同。說見《經義述聞》“曷維其亡”下。亡度,失度也。“其”字疑衍。《太平御覽·人事部》十三及百八引此皆無“其”字。

始

自晉始如周,身不知勞。

【念孫案】"自晉如周"句中不當有"始"字,蓋即"如"字之誤而衍者。

謂之曰伯

士率衆時作,謂之曰伯。

【念孫案】"曰"字涉下文而衍,"曰"與"謂之"同義。此文:謂之冑子、謂之士、謂之伯、謂之公、謂之侯、謂之君,言"謂之",則不言"曰"。下文:曰予一人、曰天子、曰天王,言"曰",則不言"謂之",故知"曰"爲衍字也。《北堂書鈔·封爵部上》《太平御覽·封建部二》引此皆無"曰"字。

非舜而誰能

穆穆虞舜,明明赫赫,立義治律,萬物皆作,分均天財,萬物熙熙,非舜而誰能。

盧《補校》曰:"'能'字疑衍,'誰'字與上'財''熙'韻協。"【念孫案】"師曠問曰:'自古誰?'王子答曰:'非舜而誰?'"兩"誰"字正相應,則"誰"下不當有"能"字。《文選·封禪文》注引此無"能"字,盧以"能"爲衍字是也,而謂"誰"與"財""熙"爲韻,則非。"誰"於古音屬脂部,"財""熙"於古音屬之部,兩部絶不相通,則"誰"與"財""熙"非韻也。説見《六書音均表》。此文以"赫""作"爲一韻,"財""熙"爲一韻,而末句不入韻。上文云:"温恭敦敏,方德不改,聞物□□,下學以起,尚登帝臣,乃參天子,自古誰。""誰"字亦不入韻也。

東躅

師曠東躅其足曰："善哉，善哉！"

【念孫案】"東躅"二字義不可通。"東"當爲"束"，字之誤也。"束躅"叠韻字。謂數以足踏地而稱善也，故王子曰"大師何舉足驟"。孔注"東躅，踏也"，"東"亦"束"之誤。《北堂書鈔·政術部四》《太平御覽·人事部十三》《樂部十四》引此并作"束躅其足"。

湯退再拜　湯以此讓三千諸侯莫敢即位

《殷祝》篇　湯退再拜，從諸侯之位。

【念孫案】此文本作"湯取天子之璽，置之天子之坐左，退而再拜，從諸侯之位"。上言"置璽於天子之坐左"，故下言"退從諸侯之位"。今本脱去"取天子之璽，置之天子之坐左"十二字，僅存"湯退"二字，"退"下又脱"而"字。則叙事不明。又案，蔡邕《獨斷》曰："璽者，印也。古者尊卑共之。《月令》曰'固封璽'，《春秋左氏傳》曰'魯襄公在楚，季武子使公冶問璽書，追而與之'，此諸侯大夫印稱璽者也。衛宏曰'秦以來，天子獨以印稱璽'。"以上《獨斷》。然則自周以前，璽爲上下通稱，故特别言之曰"天子之璽"，而今本無此文，則後人不知古義而删之也。鈔本《北堂書鈔·儀飾部一》"璽"下出"置天子坐"四字，注引《周書》曰"湯取天子之璽，置之天子之坐左，復古"退"字。而再拜，從諸侯之位"。《藝文類聚·帝王部二》《人部五》《太平御覽·皇王部八》《人事部六十四》所引并與《書鈔》同。

湯以此讓三千諸侯，莫敢即位。

案,《類聚》《御覽》并引作“湯以此三讓三千諸侯,諸侯莫敢即位”。今本“讓”上無“三”字,“諸侯”二字又不叠,皆寫者脱之。

朕則名女

《周祝》篇　朕則生女,朕則刑女,朕則經女,朕則亡女,朕則壽女,朕則名女。

【念孫案】名者,成也。《廣韻》引《春秋説題辭》曰:“名,成也。”《廣雅》同。《法言·五百》篇“或性或彊,及其名一也”,猶《中庸》言“及其成功一也”。李軌注以“名”爲“名譽”之“名”,失之。始言“生女”,終言“名女”,是“名”爲“成”也,孔云“名汝善惡”,失之。

在□言

石有玉而傷其山,萬民之患在□言。

【念孫案】此闕文本在“在”字上,今在“在”字下,誤也。考其原文,本作“石有玉而傷其山,萬民之患故在言”。言山之所以受傷者,以其有玉,人之所以致患者,故在言也。“故”今通作“固”。上文云“文之美而以身剥,自謂智者故不足”,各本“者”上衍“也”字,今删。文義正與此同。《文子·符言》篇:“石有玉,傷其山。黔首之患,固在言。”即用《周書》之文。

勤以徙

時之行也勤以徙,不知道者福爲禍。

【念孫案】“勤”當爲“動”，字之誤也。言時之行也，變動而遷徙，人不知變動以從時，則㱕之爲福者，今反爲禍也。今本“動”作“勤”，則非其旨矣，《文子》作“動以徙”，是其證。下文“時之徙也，勤以行”，“勤”亦“動”之誤。

焚其草木

故澤有獸而焚其草木，大威將至，不可爲巧。

【引之曰】“木”字後人所加，下文“焚其草木”同。獸依草而居，故曰“澤有獸而焚其草”，不當兼言“木”也，且“草”與“巧”爲韻，加一“木”字，則失其韻矣。上下文皆用韻，則此二句無不韻之理。

時之還

故時之還也無私貌，日之出也無私照。

孔注曰：“還，謂至也。”【念孫案】諸書無訓“還”爲“至”者，“還”當爲“遝”。“遝”與“逮”同。《爾雅》：“逮，及也。”及，亦至也，故孔云“遝，謂至也”。又云“時至并應，日出普照”，以日出比時至，則當言“時之逮”，不當言“時之還”也。古字多以“遝”爲“逮”，與“還”字相似，故諸書“遝”字多誤作“還”。説見《漢書・天文志》“大白還”之下。

須國　屠

故平國若之何，須國，覆國，事國，孤國，屠孔注：“屠，謂爲人分裂也。"皆若之何。

【念孫案】"須"字義不可通,疑"頊"字之誤。《荀子·性惡》篇:"天下之悖亂而相亡,不待頊矣。"楊注:"頊本或爲須。""頊"與"傾"同,傾,危也。見《晉語》《越語》注。"傾國"與"覆國"義相近,"屠"下亦當有"國"字。

剛柔

故惡姑幽,惡姑明,惡姑陰陽,惡姑短長,惡姑剛柔。

【念孫案】"剛柔"當爲"柔剛",此倒文以協韻也。正文用韻,故言"柔剛",注文不用韻,故言"剛柔",而後人遂以注文改正文矣。不知《説》卦傳之"迭用柔剛",《西山經》之"五色發作,以和柔剛",皆倒文協韻也。凡古書之倒文協韻者,後人多改之,説見《荀子》"有鳳有皇"下。

奚可刻

故海之大也,而魚何爲可得? 山之深也,虎豹貔貅何爲可服? 人智之邃也,奚爲可測? 跂動噦息,而奚爲可牧? 玉石之堅也,奚可刻?

【念孫案】末句亦當有"爲"字,而今本脱之,則文義不明,且與上文不協。

生事

故忌而不得是生事故,欲而不得是生詐。

孔注曰:“生事,謂變也。”【念孫案】此文本作“故忌而不得是生故句,欲而不得是生詐”,注本作“生故,謂生變也”。“忌而不得是生故”者,故,謂變故也,言忌人而不得逞,則變故從此而生,故注云“生故,謂生變也”。今本注文“變”上脱“生”字。後人誤以“故欲而不得”連讀,遂於上句加“事”字,并改注文之“生故”爲“生事”矣,不知“生故”與“生詐”對文,而下句内本無“故”字也。此篇之文皆以一“故”字統領下文,未有連用兩“故”字者,且“故”與“詐”爲韻,“詐”古音莊助反,説見《唐韻正》。若增入“事”字,而以“故”字屬下讀,則既失其句,而又失其韻矣。

以觀人情利有等

天爲古,地爲久,察彼萬物名於始,左名左,右名右,視彼萬物數爲紀,紀之行也,利而無方,行而無止,以觀人情利有等,維彼大道,成而弗改。

【念孫案】此文以“久”“始”“右”“紀”“止”“等”“改”爲韻。“久”“改”二字,古并讀若“紀”,“右”字古讀若“以”,“等”字古讀若“宫商角徵羽”之“徵”,并見《唐韻正》。“以觀人情利有等”二句連讀,孔以二句分屬上下節,而各自爲解,失之。

舉其脩

舉其脩,則有理。

孔注曰:“脩,長也,謂綱例也。”【念孫案】“脩”即“條”字也,條必有理,故曰“舉其條,則有理”。《漢書·高惠高后文功臣表》“脩侯周亞夫”，師古曰“脩讀曰條”，是“條”“脩”古字通。孔以“脩”爲“綱例”，義與“條”亦相近，而又訓爲“長”，則與“綱例”之義不合，此注疑經後人竄改也。

無咎

《武紀》篇　得之而無逆，失之而無咎，唯敬。

【念孫案】“無咎”當爲“有咎”。敬則無逆，不敬則有咎，故曰“得之而無逆，失之而有咎，唯敬”。今本“有”作“無”者，涉上文“無逆”而誤。

四棓禁豐一觴　甀迤　參冠一竽　蒲簞席皆素斧獨巾　桃枝獨蒲席皆素布獨巾　玄繢緌　象□□瑱　勤焚纓

《器服》篇脱誤不可讀，内有“四棓禁豐一觴”六字。【念孫案】“棓”蓋“梧”字之誤，“梧”“禁”“豐”皆飲酒所用。篆文“梧”“棓”二字相似，故“梧”誤爲“棓”。“觴”蓋“觴”字之誤，觴亦酒器，故曰“四梧禁豐一觴”。

又有“甀迤”二字。案，“迤”蓋“匜”字之誤，匜所以盛水，故次於“甀”下。草書“迤”字與“匜”相似，故“匜”誤爲“迤”。又有“參冠一竽”四字。案，冠非竽類，蓋涉下文“縞冠”“玄冠”而誤。《玉海》七十八引作“參笙一竽”是也。笙、竽皆樂器，故并言之，“參”與“三”同。

又有“蒲簞席皆素斧獨巾”八字。案，此當作“簞蒲席皆素獨斧巾”。“獨”蓋與“櫝”通，謂簞與蒲席皆以素櫝盛之也。上下文皆言“素獨”，此“素獨”連文之證，下句“斧巾”，别是一物。《周官·冪人》曰:“凡王巾皆黼。”《爾雅》曰:“斧謂之黼。”故有斧巾之名。“斧巾”之間不當有“獨”字,《玉海》引此無“獨”字,是其證。

又,下文有“桃枝獨蒲席皆素布獨巾”十字。案,此當作“桃枝蒲席皆素獨布巾”九字,謂桃枝席、見《周官·司几筵》注。①蒲席,皆以素櫝盛之也。“桃枝”“蒲席”之間不當有“獨”字,蓋涉上文“桃枝素獨”而衍。下句“布巾”,亦别是一物,《周官·冪人》“疏布巾”“畫布巾”是也。“布巾”之間亦不當有“獨”字。

又有“玄績緌”三字。案,“玄”下當有“冠”字,與下句“縞冠素紕”,文同一例。《玉藻》亦云:“玄冠朱組纓,緇布冠績緌,縞冠素紕。”

又有“象□□瑱”四字。《玉海》作“象琪績瑱”。案,“琪”與“璂”同。《説文》:“璂,弁飾,往往冒玉也。從玉、綦聲。或從基聲,作瑧。”《周官·弁師》:“王之皮弁,會五采玉璂。”《釋文》:“璂,音其,本亦作琪。”此言“象琪”,蓋謂以象骨爲飾也。“績”“瑱”未詳。

又有“勤焚纓”三字。案,“勤”蓋“勒”字之誤。“勒”上又脱一字。“焚纓”蓋“樊纓”之誤。《周官》巾車有“樊纓”,又有“龍勒”,是其證。“焚”本作“棥”,與“樊”相似而誤。

序德

《周書序》　文王告武王以序德之行,作《文傳》。

---

① “几”,底本作“凡”,據《周禮》改。

【念孫案】序德，順德也。《文傳》篇曰："厚德而廣惠，忠信而志愛，人君之行。"即此所謂"序德之行"也。"行"讀"言行"之"行"。《爾雅》曰："順，叙也。""叙"與"序"同。《周語》曰："文章比象，周旋序順。"序，亦順也。説見《經義述聞》。

評

武王評周公，維道以爲寶，作《寶典》。

【引之曰】"評"字義不可通，"評"當爲"誶"。《爾雅》："訊，告也。"《釋文》："訊，作誶，音粹。"《寶典》篇"武王告周公曰'有義是謂生寶'"，故言"武王誶周公，維道以爲寶"也。隸書"卒"字或作"卆"，見漢《北軍中候郭仲奇碑》。與"平"相似，故"誶"訛作"評"。

厥後

周室既寧，八方會同，各以其職來獻，欲垂法厥後，作《王會》。

盧曰："王本'後'作'世'。"【念孫案】作"世"者，古本。作"後"者，淺人不曉"世"字之義而改之也。今案，《晉語》："非德不及世。"韋注曰："世，嗣也。"《秦策》："澤可以遺世。"高注曰："世，後世也。"是古謂"後世"爲"世"，故曰"垂法厥世"。《玉海》百五十二及《補注》本并作"世"，而不云一作"後"，則今本作"後"者，必元以後人改之也。

於乎

周道於乎大備。

趙補“是”字於“於”字下。【念孫案】此本作“周道於焉大備”，於焉，即於是也，《小雅·白駒》篇：“於焉逍遥。”今本“焉”誤作“乎”，非脱去“是”字。《玉海》三十七、七十八引此并作“於焉”。

《戰國策》雜志

《戰國策》弟一

東周

客卽對曰

温人之周，周不内。客卽對曰："主人也。"

姚宏校本曰："一本'周不内。問曰：客邪？對曰：主人也。'"《韓非子》文與一本同。見《說林》篇。【念孫案】一本是也。俗書"邪"字作"耶"，"卽"字作"即"，二形相近，故"邪"訛爲"卽"，又脱去"問曰"二字耳。"問曰客邪"與"對曰主人也"，相對爲文，若無"問曰"二字，則"對"字之義不可通。

而又知趙之難子齊人戰恐齊韓之合

或爲周最謂金投曰："秦以周最之齊疑天下，而又知趙之難子齊人戰，恐齊韓之合，必先合於秦。"

鮑彪讀"而又知趙之難子"爲句，注曰"不敢違投"。又讀"齊人戰恐"爲句，注曰"秦既疑齊，投又不善齊，故齊懼伐"。姚曰："'子'，曾本作'予'。"【念孫案】作"予"者是也。"而又知趙之難予齊人戰"爲句，"恐齊韓之合"爲句，"予"讀爲

“與”,“與共”之“與”通作“予”,猶“賜予”之“予”通作“與”。《大雅・皇矣》篇“此維與宅”,《漢書・郊祀志》《谷永傳》并作“予”。《論語・顔淵》篇“君孰與足”,《漢書・谷永傳》作“予”。下文曰“秦知趙之難與齊戰也,將恐齊趙之合也”,是其明證矣。鮑説皆謬。

輕西周

昭翦與東周惡,或謂昭翦曰:“西周甚憎東周,嘗欲東周與楚惡,西周必令賊賊公,因宣言東周也,以惡之於王也。”舊本“惡”字訛作“西周”二字,今從鮑改。昭翦曰:“善。吾又恐東周之賊己而以輕西周,惡之於楚。”

鮑注曰:“翦惡東必善西,西善翦,則楚亦因重西矣,東欲壞其交,故賊翦。翦死,則西無内主於楚,東因得使楚惡之。”【引之曰】鮑説甚謬。“吾又恐東周之賊己而以輕西周,惡之於楚”者,“輕”當爲“誣”,謂恐東周殺翦,而因以殺翦之事誣西周,惡之於楚也。上文曰“西周必令賊賊公,因宣言東周也,以惡之於王”,亦謂西周殺翦以誣東周也。俗書“巫”字或作“巠”,“誣”字或作“誙”,《楚辭・招魂》“帝告巫陽”,“巫”,一作“巠”。《方言》:“誣、腌,與也。”今本“誣”作“誙”。《爾雅》:“莁荑,蔱藩。”《釋文》云:“莁,亡符反,讀者又户耕反。”蓋“莁”字或作“莖”,訛作“莖”,故讀者又“户耕反”也。其右畔與“輕”相似,因訛而爲“輕”。《大戴禮・曾子立事》篇“喜之而觀其不輕”,今本“輕”訛作“誣”。説見《經義述聞》。又,“執誣以强”,盧辯注曰“自執而誣於善”,今本“誣”訛作“輕”。“誣”“輕”二字,書傳往往相亂。

西周

攻魏將犀武軍

秦攻魏將犀武軍於伊闕,進兵而攻周。

【念孫案】上"攻"字當作"敗",今作"攻"者,因下"攻"字而誤也。秦既敗魏軍,乃進兵而攻周,若但言攻魏軍,則勝敗未可知,不得遽進兵而攻周也。《史記·周本紀》:"秦破韓魏,扑師武。"《集解》引此《策》曰"秦敗魏將犀武於伊闕",是其證。高注:"秦攻魏將犀武軍於伊闕,秦遂進攻周。"上"攻"字亦當作"敗"。下文:"犀武敗於伊闕。"注曰:"秦將白起敗魏將犀武於伊闕,遂進攻周。"是其證。

秦與天下俱罷

秦欲攻周,周最謂秦王曰:"爲王之國計者,不攻周。攻周,實不足以利國,而聲畏天下。天下以聲畏秦,必東合於齊,兵弊於周,而合天下於齊,則秦孤而不王矣。是天下欲罷秦,故勸王攻周。秦與天下俱罷,則令不横行於周矣。"

【念孫案】"秦與天下俱罷","俱"字後人所加也。"秦與天下罷"者,與,猶爲也,謂秦爲天下所罷也。此言天下欲以攻周罷秦,秦攻周,則爲天下所罷,非謂秦與天下俱罷也。古或謂"爲"爲"與"。《秦策》曰:"吴王夫差栖越於會稽,勝齊於艾陵,遂與句踐禽,死於干隧。"言爲句踐所禽也。《韓子·外儲説左》篇曰:"名與多與之,其實少。"言名爲多與之,而其實少也。"爲"謂之"與","與"亦謂之"爲"。《齊策》曰:"張儀以梁爲齊，戰於承匡。”言以梁與齊戰也。《孟子·公孫丑》篇曰“得之爲有財，古之人皆用之”，言得之與有財也。《史記·淳于髡傳》曰：“豈寡人不足爲言邪？”言不足與言也。是“爲”“與”二字，聲相轉而義亦相通也。後人未達“與”字之義，而以爲“秦與天下俱罷”，故加入“俱”字，不知秦攻周，而天下未攻秦，不得言“俱罷”也。《史記·周本紀》無“俱”字。鮑云：“天下合齊而與秦戰，戰則必罷。”此不得其解而爲之辭。

到秦

三國攻秦，高注：“三國，魏、韓、齊也。”反，西周恐魏之藉道也，爲西周謂魏王曰：“楚宋不利，秦之聽三國也，“聽”舊本訛作“德”，今從鮑改。彼且攻王之聚以到秦。”魏王懼，令軍設舍速東。

“到”，一本作“利”，鮑從一本。見吴師道校本。【念孫案】作“到”者，“勁”之訛。作“利”者，後人以意改之也。“攻王之聚以勁秦”者，秦聽三國，則三國强而害於楚宋，故楚宋攻魏以勁秦。勁者，强也。言弱魏以强秦也。《楚策》曰：“三國惡楚之强也，恐秦之變而聽楚也，必深攻楚以勁秦。”語意正與此同。《東周策》曰：“秦知趙之難與齊戰也，必陰勁之。”《秦策》曰：“楚攻魏，張儀謂秦王曰：‘不如與魏以勁之。’”又曰：“王破楚以肥韓魏於中國而勁齊。”《韓策》曰：“故不如出兵以勁魏。”并與此“勁秦”同義。凡隸書從“力”之字，或訛從“刀”，故“功”訛作“切”，漢《衛尉衡方碑》：“剋亮天切。”“勱”訛作“劆”，“劫”訛作“刦”。從“坙”之字，或書作“**乑**”，因訛而爲“至”，故“痙”訛作“痓”，《大荒南經》：“大荒之中有山，名曰去痓。”郭音“風痙”之“痙”，今本訛作“痓”。凡醫書内

“痓”字,多如此作。“輕”訛作“輊”。《楚辭・九辯》:“前輊輬之鏘鏘兮。”今本“輊”訛作“輕”。“力”與“刀”,“巠”與“至”,形并相近,故“勁”訛作“到”。《史記・韓世家》:“不如出兵以勁之。”“勁”訛作“到”,正與此同。後人不知“到”爲“勁”之訛,而以意改爲“利”,失其旨矣。

秦

八年

商君治秦,法令至行,公平無私。孝公行之八年,死,惠王代後莅政。

姚曰:“一本‘八’上有‘十’字。”【念孫案】一本是也。《史記・秦本紀》:孝公元年,衛鞅入秦。三年,説孝公變法。五年,爲左庶長。十年,爲大良造。二十二年,封爲商君。二十四年,孝公卒。計自爲左庶長至孝公卒時,已有二十年。又,《商君傳》:“商君相秦十年而孝公卒。”《索隱》曰:“案,《戰國策》云‘孝公行商君法十八年而死’,與此文不同者,蓋連其未作相之年説耳。”據此,則《策》文本作“十八年”明矣。

血流至足

引錐自刺其股,血流至足。

《史記・蘇秦傳》集解及《太平御覽・人事部》《器物部》引此并作“血流至踵”。【念孫案】作“踵”者是也。今本作“足”,傳寫脱其右畔耳。《曲禮》曰:“行不舉足,車輪曳踵。”

是“足”爲總名而“踵”爲專稱。踵著於地，故血流至踵而止，若泛言至足，則其義不明。《莊子》亦言汗流至踵，不言至足也。見《田子方》篇。

俱止於棲

諸侯不可一，猶連雞之不能俱止於棲，亦明矣。

姚曰：“李善引作‘俱上於棲’。”【念孫案】作“上”者是也。凡居於高處謂之棲，鳥宿曰棲，雞宿曰棲。《越語》：“越王句踐棲於會稽之上。”韦注：“山處曰棲。”因而所居之處，亦謂之栖。此云“俱上於棲”，《孟子・萬章》篇：“二嫂使治朕棲。”趙注：“栖，牀也。”雞之棲，必自下而上，故曰“上於棲”。若連雞，則互相牽制而不得上，故曰“不能俱上於棲”。若變“上”言“止”，則非其義矣。姚引《文選注》作“上”，而今本《文選・西征賦》注亦作“止”，則後人據誤本《戰國策》改之也。《藝文類聚・鳥部》引此《策》作“止”，亦後人所改。《後漢書・吕布傳》注及《太平御覽・羽族部》引此并作“上”，與姚所見《文選注》同。又，《孔叢子・論勢》篇：“連雞不能上棲。”即襲用此《策》之文，則《策》文之本作“上”益明矣。

比是也

頓足徒裼，犯白刃，蹈煨炭，斷死於前者，比是也。

鮑於“比”下增一“比”字，云：“比，次也。言如此者，相次不一。”吴曰：“《韓子》作‘皆是’，《初見秦》篇。‘比’蓋‘皆’之訛。”【念孫案】鮑、吴二説皆非也，比是，猶皆是也。《説文》：

"皆,俱詞也。從比、從白。"徐鍇曰:"比,皆也。"《廣雅》曰:"同、儕、等、比,輩也。"鄭注《樂記》曰:"比,猶同也。"義與"皆"并相近。《孟子・告子》篇:"比天下之所與我者,先立乎其大者,則其小者不能奪也。"比,猶皆也。言耳目與心皆天之所與我者,而心爲大。趙注以"比"爲"比方",謂"比方天所與人情性",非也。或改"比"爲"此",改趙注"比方"爲"此乃",尤非。《齊策》曰:"中山再戰比勝。"亦謂再戰皆勝也。

足以爲限

清濟濁河,今本作"濟清河濁"。姚曰:"一作'清濟濁河'。"吴曰:"《韓子》作'清濟濁河',與下文協。"【念孫案】《文選注》《初學記》引此并作"清濟濁河",今據改。足以爲限。長城鉅坊,足以爲塞。

高注曰:"限,難也。"難,乃旦反。【念孫案】諸書無訓"限"爲"難"者,"限"本作"阻"。今作"限"者,後人據《韓子》改之,因并改高注耳。《文選・謝朓〈始出尚書省詩〉》注、《初學記・地部》引此并作"阻"。《爾雅》及《邶風・雄雉》《谷風》傳并云:"阻,難也。"正與高注合。

是以弊邑之王不得事令而儀不得爲臣也

今齊王之罪,其於弊邑之王甚厚,弊邑欲伐之,而大國與之懽,是以弊邑之王不得事令而儀不得爲臣也。

高讀至"令"字絶句,注云"令,善也,不得善事於楚王也"。【念孫案】"不得事令"四字,文不成義。高訓"令"爲

“善”,非也。“不得事”下,當有“王”字,“令”字當在“而”字下。令者,使也。“是以弊邑之王不得事王”爲句,“而令儀不得爲臣也”爲句。《史記·楚世家》作“是以敝邑之王不得事王,而令儀亦不得爲門闌之厮也”,是其證。

計聽知覆逆者以下五十一字

此篇記齊伐楚,楚王使陳軫西講於秦之事,末云:“計聽知覆逆者,唯王可也。計者,事之本也。聽者,存亡之機也。計失而聽過,能有國者寡也。故曰計有一二者難悖,聽無失本末者難惑。”【念孫案】自“計聽”以下五十一字,與上文絶不相屬,此是著書者之辭,當在上篇“計失於陳軫,過聽於張儀”之下。上篇言楚所以幾亡者,由於計之失、聽之過,故此即繼之曰“計聽知覆逆者,唯王可也”。“唯”與“雖”同,上篇曰:“弊邑之王所甚説者,無大大王,唯儀之所甚願爲臣者,亦無大大王。弊邑之王所甚憎者,無先齊王,唯儀之所甚憎者,亦無先齊王。”《史記·張儀傳》兩“唯”字皆作“雖”。《表記》曰:“唯天子受命于天。”鄭注:“唯,當爲雖。”《墨子·尚同》篇曰:“唯欲毋與我同,將不可得也。”《荀子·性惡》篇曰:“今以仁義、法正爲固無可知、可能之理邪?然則唯禹不知仁義、法正,不能仁義、法正也。”《史記·淮陰侯傳》曰:“唯信,亦爲大王不如也。”“唯”并與“雖”同。“王”讀如“王天下”之“王”。言人主計聽能知覆逆者,雖王天下可也。下文云“計失而聽過,能有國者寡也”,亦承上篇而言。此篇所記陳軫之言,《史記·張儀傳》有之,而獨無“計聽”以下五十一字,則此五十一字,明是上篇之錯簡也。

公仲侈

是王欺魏而臣受公仲侈之怨也。

鮑改“侈”爲“朋”,云“朋、侈字近,故誤”。吴師道曰:“《史·田齊世家》‘韓馮’,徐廣云‘即公仲侈’。《甘茂傳》“公仲侈”,徐廣曰:“一作馮。”又有‘韓明’‘韓侈’,《秦》《楚策》作“韓侈”,《韓策》作“韓朋”,又作“韓明”,又作“公仲明”。‘馮’‘朋’音混,而‘侈’‘明’‘朋’字訛故也。且當各存舊文。”【引之曰】《史記》作“馮”,“馮”與“朋”聲相近,則作“朋”者是也。《藝文類聚·寶部下》引《六韜》曰“九江得大貝百馮”,《鴻烈·道應》篇作“大貝百朋”,是“朋”“馮”古字通也。“朋”之通作“馮”,猶“淜河”之“淜”通作“馮”。其作“侈”者,乃“倗”字之訛。“倗”“朋”古字亦通。《説文》:“倗,輔也。”字或作“傰”。《周官·士師》:“爲邦朋。”“故書朋作傰,鄭司農云:傰,讀如‘朋友’之朋”。古文“多”字作“夛”,形與“朋”相似,傳寫往往訛混。《莊子·徐無鬼》篇:“張若謵芻前馬。”《釋文》:“芻,崔本作㐱,本亦作朋。”《史記·五帝紀》:“鬼神山川封禪與爲多焉。”徐廣曰:“多,一作朋。”《漢書·霍去病傳》:“校尉僕多有功。”師古曰:“《功臣侯表》作‘僕朋’,今此作‘多’,轉寫者誤也。”《韓子·十過》篇及《漢書·古今人表》并作“公仲朋”。

蘇代僞爲齊王曰

甘茂亡秦之齊,秦王與之上卿,以相印迎之齊,甘茂辭不往。蘇代僞爲齊王曰:“甘茂,賢人也。今秦與之上卿,以相印迎之齊,茂德王之賜,故不往,願爲王臣,今王何以禮之?”

吴曰:“‘僞爲’二字,疑是‘爲謂’,蓋上卿之事誠有,何得言僞?‘爲’,一本作‘謂’。”【念孫案】僞爲,即“爲謂”也。“爲謂”之“爲”,讀去聲。“爲謂齊王”者,蘇代爲甘茂謂齊王也。《齊策》“公孫閈爲謂楚王曰”,《趙策》“蘇子爲謂齊王曰”,《韓策》“宋赫爲謂公叔曰”,《史記·楚世家》“張丑僞爲楚王曰”,并與此“僞爲齊王”同義。“僞”與“爲”古同字,“僞爲”之“爲”,古與“謂”同義,故一本作“謂”。《秦策》“秦令周最爲楚王曰”、《齊策》“淳于髡爲齊王曰”、《燕策》“蘇代爲燕爲惠王曰”、《墨子·魯問》篇“墨子爲魯陽君曰”、《韓子·内儲説》篇“嗣公爲關吏曰”“商臣爲其傅潘崇曰”,并與此“爲齊王”同義。又,宣二年《穀梁傳》:“孰爲盾而忍弑其君者乎?”孰爲,即孰謂。《楚策》:“賁諸懷錐刃而天下爲勇,西施衣褐而天下稱美。”爲勇,即謂勇。《孟子·公孫丑》篇:“管仲,曾西之所不爲也,而子爲我願之乎?”言子謂我願之也。《告子》篇:“爲是其智弗若與?曰:非然也。”言謂是其智弗若也。“爲”與“謂”同義,故二字可以互用。《文王世子》曰:“父在斯爲子,君在斯謂之臣。”《莊子·天地》篇曰:“四海之内共利之之謂悦,共給之之爲安。”《盜跖》篇曰:“今謂臧聚曰:‘女行如桀紂。’則有怍色,有不服之心。今爲宰相,曰:‘子行如仲尼、墨翟。’則變容易色,稱不足。”《楚策》曰:“今爲馬多力則有矣,若曰勝千鈞則不然者,何也?夫千鈞非馬之任也。今謂楚强大則有矣,若越趙魏而鬭兵於燕,則豈楚之任也?”“爲”與“謂”同義,故二字可以通用。《大戴禮·文王官人》篇“此之爲考志也”,《逸周書·官人》篇“爲”作“謂”。莊二十二年《左傳》“是謂觀國之光”,《史記·陳杞世家》“謂”作“爲”。《墨子·公輸》篇“宋所爲無雉兔、鮒魚者也”,《宋策》“爲”作“謂”。《莊子·讓王》篇“今某抱仁義之道,以遭亂世之患,其何窮之爲”,《吕氏春秋·慎人》篇“爲”作“謂”。吴謂上卿之事非僞,則誤讀“僞”爲“詐僞”之“僞”矣。

間有所立

秦王愛公孫衍,與之間有所立。

【引之曰】“間有所立”四字,文不成義。“立”當爲“言”。間,私也。謂與之私有所言也,《後漢書·鄧禹傳》注曰:“間,私也。”《史記·信陵君傳》曰“侯生乃屏人間語”是也。鮑以“間”爲暇隙,非是。故下文即云“因自謂之曰‘寡人且相子’”。篆文“言”字作“𧥢”,隸作“音”,因訛而爲“立”。《大戴禮·曾子立事》篇“君子未問則不言”,《荀子·大略》篇“言”訛作“立”。《韓子·外儲説右》篇正作“間有所言”。

挈領

臣戰載主契國以與王約,必無患矣,若有敗之者,臣請挈領。

鮑注曰:“領,項也。言欲請誅,持其項以受鈇鉞。”【念孫案】鮑訓“挈”爲“持”,“臣請持領”,斯爲不詞矣。今案,“挈”讀爲“栔”。栔,斷也。猶言臣請斷頸耳。《説文》:“栔,刻也。”《玉篇》苦結切。《爾雅》:“契,絶也。”郭注曰:“今江東呼刻斷物爲契斷。”《釋文》:“契,字又作挈。”《漢書·司馬相如傳》:“挈三神之歡。”應劭曰:“挈,絶也。”《宋策》:“鍥朝涉之脛。”亦謂斷其脛也。“栔”“挈”“契”“鍥”,并字異而義同。

若於除　齊怒須　莫如於陰

謂穰侯曰:“爲君慮封,若於除,宋罪重,齊怒須,殘伐亂宋,德强齊,定身封,此亦百世之一時也已。”

鮑改“若”爲“苦”,而斷“苦於除宋罪”爲句,“重齊怒”爲句,注曰:“宋,齊所惡也,故除宋罪則齊怒,齊怒則冉之封不定,故以爲苦。"【念孫案】鮑説甚謬。"若於除","若"上當有"莫"字,"除"當爲"陶",字之誤也。隸書"陶"字或作"陶",與"除"字相似。"須"當爲"深"。義見下。"莫若於陶"爲句,"宋罪重"爲句,"齊怒深"爲句。陶,宋邑也。伐宋以德齊,而取陶以定封,計之上者也,故曰"爲君慮封,莫若於陶"。上文"秦客卿造謂穰侯曰'秦封君以陶'"是也。《趙策》曰:"客謂奉陽君曰:'君之春秋高矣,而封地不定,不可不孰圖也。秦之貪,"之"當爲"人",義見下。韓魏危,衛楚正,"正"當爲"辟",義見下。鮑云:"蓋辟、匹聲近,'匹'又訛作'正'字。"中山之地薄,宋罪重,齊怒深,殘伐亂宋,定身封,德强齊,此百代之一時也。'"又曰:"臣爲足下使公孫衍説奉陽君,曰:'君之身老矣,封不可不早定也,爲君慮封,莫若於宋,他國莫可。夫秦人貪,韓魏危,燕楚辟,中山之地薄,莫如於陰,"陰"亦當爲"陶",隸書"陶"或作"陶","陰"或作"陰",二形相似,故"陶"誤爲"陰"。《太平御覽·學部十二》引劉向《七略》曰"古文或誤以'陶'爲'陰'"是也。《齊策》"有陰平陸,則梁門不啓",《史記·田完世家》"陰"作"陶"。《魏策》"陰必亡",《史記·穰侯傳》作"陶"。又,《穰侯傳》:"乃封魏冉於穰,復益封陶。"徐廣曰:"陶,一作陰。"《索隱》曰:"陶、陰字本易惑。王劭按,定陶見有魏冉冢,作'陰',誤也。"又,《建元以來侯者年表》"萩苴侯朝鮮相韓陰",《漢書·功臣表》作"韓陶"。又,《漢書·司馬相如傳》:"奏陶唐氏之舞。"師古曰:"陶唐,當爲陰康。"宋之罪重,齊之怒深,殘亂宋,得大齊,定身封,此百代之一時也。'"《楚策》曰:"虞卿謂春申君曰:'爲主君慮封者,莫如遠楚,今燕之罪大而趙怒深,故君不如北兵以德趙,踐亂燕,以定身封,此百代之一時也。'"以上三條,足與本條互相證明矣。

今者

范睢至，秦王庭迎，謂范睢曰："寡人宜以身受令久矣，今者義渠之事急，寡人日自請太后。今義渠之事已，寡人乃得以身受命。"

【念孫案】既云"今義渠之事已"，則上文"義渠之事急"二句，乃追叙之詞，不得言"今者"。《史記·范睢傳》作"會義渠之事急"是也。言適會義渠之事急，故寡人不得以身受命耳。"今者"二字，即一"會"字之訛。

請令廢之　請令罷齊兵　不如令殺之　臣請令發兵救韓

天下之士合從，相聚於趙而欲攻秦。秦相應侯曰："王勿憂也，請令廢之。"

【念孫案】"令"當爲"今"，字之誤也。今，猶即也。言請即廢之也。《史記·汲黯傳》索隱曰："今，猶即今也。"上文曰："臣今見王獨立於廟朝矣。"《魏策》曰："樓公將入矣，臣今從。"《燕策》曰："馬今至矣。"，"今"字并與"即"同義。又，《齊策》："齊舉兵伐梁，梁王大恐。張儀曰：'王勿患，請令罷齊兵。'""令"亦當爲"今"，言請即罷齊兵也。《史記·張儀傳》亦訛作"令"。凡《戰國策》《史記》"今""令"二字多互訛，不可枚舉。又，《趙策》："知過説知伯曰：'二主色動而意變，必背君，不如令殺之。'""令"亦當爲"今"，言不如即殺之也。又，《韓策》："穰侯謂田苓曰：'公無見王矣，臣請令發兵救韓。'""令"亦當爲"今"，言請即發兵救韓也。《史記·韓世家》作"今"，是其證。凡言"請今"者，皆謂"請即"也。《趙策》："秦王謂諒毅曰：'趙豹、平原君數欺弄寡人，趙能殺此二人則可,若不能殺,請今率諸侯受命邯鄲城下。'"《史記·項羽紀》:"韓信、彭越皆報曰:'請今進兵。'"皆其證也。

南攻楊越　過楚以攻韓

吴起爲楚悼南攻楊越,北并陳蔡。

《史記·蔡澤傳》"攻"作"收"。【念孫案】作"收"者是也。南收楊越,北并陳蔡,皆謂取其地也,若但言"攻",則非其指矣。《史記·南越傳》索隱曰:"案,《戰國策》云'吴起爲楚收楊越',是《策》文本作'收',與《史記》同也。"

又,《韓策》曰:"公何不以秦爲韓求潁川於楚?此乃韓之寄地也。公求而得之,是令行於楚,而以其地德韓也。公求而弗得,是韓楚之怨不解而交走秦也。韓楚争强而公過楚以攻韓,此利於秦。"

鮑注曰:"過,謂以攻韓爲楚罪。"【念孫案】鮑説非也。過楚,謂責楚也。《吕氏春秋·適威》篇注曰:"過,責也。"《趙策》曰:"唯大王有意督過之也。""攻"亦當爲"收"。"收韓",謂合韓於秦也。上文曰"今公徒收之甚難",下文曰"收楚韓以安之",皆其明證矣。《史記·甘茂傳》正作"過楚以收韓"。

棓而殺之

大夫種爲越王禽勁吴,成霸功,句踐終棓而殺之。

【念孫案】《史記·越世家》"越王賜大夫種劍,種自殺",不言"棓而殺之"。姚本作"棓",鮑本訛作"掊",注云"掊、戛同,轢也”,尤非。“棓”當爲“倍”,字之誤也。“倍”與“背”同。言越王背德而殺之也。《史記》作“句踐終負而殺之”,負,亦背也。《史記·魯世家》“南面倍依以朝諸侯”,倍依,即負依。《主父偃傳》“南面負扆”,《漢書》“負”作“背”。《漢書·高祖紀》“項羽背約”,《史記》“背”作“負”。“背”“倍”“負”三字,古同聲而通用。《鄭世家贊》曰:“甫瑕雖以劫殺鄭子,内厲公。厲公終背而殺之。”語意正與此同。

更與不如景鯉留

楚王使景鯉如秦。客謂秦王曰:“景鯉,楚王所甚愛,王不如留之以市地。楚王聽,則不用兵而得地。楚王不聽,則殺景鯉,更與不如景鯉留。”

姚曰:“‘留’,曾、劉一作‘者’。”【念孫案】“者”字是也。作“留”者,涉上下文“留”字而誤。“者”下當有“市”字,“更與不如景鯉者市”,即承上“市地”而言。上文:“范睢謂昭王曰:‘王攻韓,以張儀爲言,張儀之力多,且割地而以自贖於王。張儀之力少,則王逐張儀,而更與不如儀者市。’”語意正與此同,今脱去“市”字,則文不成義。

憚

王之威亦憚矣。

高注曰:“憚,難也。六國諸侯皆畏難秦王之威也。”【念孫案】憚者,盛威之名。《莊子·外物》篇曰:“白波若山,海水震蕩,聲侔鬼神,憚赫千里。”義與此“憚”字同。此言秦之威盛,非謂六國憚秦之威也。上文云“王之功亦多矣”,亦非謂六國多秦之功也。高以"憚"爲畏難,失之。《史記·春申君傳》"憚"作"單",古字假借耳。小司馬以"單"爲"盡",亦失之。盛威謂之憚,故威亦謂之憚。《賈子·解縣》篇曰"陛下威憚大信"是也。"信"與"伸"同。盛威謂之憚,故盛怒亦謂之憚。《大雅·桑柔》篇曰"逢天僤怒"是也。"僤"與"憚"同。司馬相如《上林賦》曰:"驚憚讋伏。"《鴻烈·覽冥》篇曰:"僤驚伏竄。"僤驚,即驚憚。

朝爲天子

魏爲逢澤之遇,乘夏車,稱夏王,朝爲天子,天下皆從。

【念孫案】"爲"與"于"同。"爲""于"二字,古同聲而通用。《聘禮記》:"賄在聘于賄。"鄭注曰:"于,讀曰爲。"莊二十二年《左傳》:"并于正卿。"《釋文》曰:"于,本或作爲。"《晉語》:"稱爲前世。"韋注曰:"言見稱譽於前世。"是"爲"即"于"也。僖二十年《穀梁傳》:"謂之新宫,則近爲禰宫。"亦謂近于禰宫也。《史記·孟嘗君傳》"君不如令弊邑深合於秦",《西周策》"於"作"爲","於"與"于"同。謂魏惠王朝于天子,而天下皆從也。《秦策》又曰:"梁君驅十二諸侯以朝天子於孟津。"《齊策》曰:"魏王從十二諸侯朝天子。"皆其證也。鮑讀"朝"爲"朝夕"之"朝",而於"朝"上增"一"字,謂魏王一朝爲天子而天下皆從,其失甚矣。吴讀"朝"爲"朝聘"之"朝"是也,而云"爲"字疑衍,則未知"于""爲"之通用也。

戰敗不勝　齊釋

齊戰敗不勝,謀則不得,使陳毛釋劍掫委,南聽罪,西説趙，北説燕，内喻其百姓，而天下乃齊釋。

【念孫案】“敗”與“不勝”詞意相複，“敗”當爲“則”，字之誤也。“戰則不勝”“謀則不得”相對爲文。“齊釋”當爲“釋齊”，上文“天下乃釋梁”，即其證。

太子爲糞矣

樓牾約秦魏，魏太子爲質，紛强欲敗之，謂太后曰：“國與還者也，敗秦而利魏，魏必負之。負秦之日，太子爲糞矣。”

鮑注曰：“即所謂糞之。”吴曰：“糞，棄除也。”【念孫案】鮑注不解“所謂”，吴以“糞”爲“棄除”，“太子爲棄除矣”，亦甚爲不詞。今案，“糞”下當有“土”字，下章吕不韋謂秦質子異人曰：“今子無母於中，外托於不可知之國，一日倍約，身爲糞土。”語意正與此同。

秦邑

子楚立，王后爲華陽太后，諸侯皆致秦邑。

【念孫案】“秦”當爲“奉”，字之誤也。奉邑，謂太后之養邑也。《魏策》曰：“王嘗抱葛、薛、陰、成以爲趙養邑。”養邑，猶奉邑也。《西周策》曰：“以應爲太后養地。”養地，猶養邑也。《史記·吴世家》曰：“吴予慶封朱方之縣以爲奉邑。”《越世家》曰：“句踐表會稽山以爲范蠡奉邑。”《趙世家》曰：“奉邑侔於諸侯。”

恐懼　木材

武安君曰:"繓病鉤,身大臂短,不能及地,起居不敬,恐懼死罪於前,故使工人爲木材以接手。"

【念孫案】《文選·謝靈運〈初發都〉詩》注引此,"懼"作"獲"、"材"作"杖",於義爲長。木杖必使工爲之,故曰"使工人爲木杖",若作"木材",則非其指矣。"獲"與"懼"、"杖"與"材",疑皆以形近而誤。

冠舞以其劍　冠舞其劍

乃資車百乘,金千斤,衣以其衣冠,舞以其劍。

鮑注曰:"古者飲則以劍舞,今以王劍賜之,使爲舞時用。"姚曰:"'舞',劉本作'帶'。"【念孫案】此文當作"衣以其衣,冠古亂反。以其冠,帶以其劍",謂衣以王之衣,冠以王之冠,帶以王之劍也。今本脱去"以其冠"三字,"帶"字又訛作"舞",隸書"帶"字或作"帯",又作"帶",漢《濟陰大守孟郁修堯廟碑》"雍徒帶衆",《竹邑侯相張壽碑》"爲冠帶禮義之宗",字并作"帶"。《雜記》"率帶"字作"帶",《五經文字》所謂"《禮記》作帶"者也。因訛而爲"舞"。鮑曲爲之説,非也。

又,《齊策》:"靖郭君衣威王之衣冠,舞其劍。"

姚曰:"'舞',劉作'帶'。"【念孫案】《吕氏春秋·知士》篇"靖郭君"下有"來"字,此亦當有。下文曰"宣王自迎靖郭君於郊",若無"來"字,則與下文義不相屬,且高注云"從薛至齊也",則有"來"字明矣。"冠"下亦當有"其冠"二字,"舞"亦當作"帶"。《吕氏春秋》正作"靖郭君來,衣威王之衣,冠其冠,帶其劍”。

齊

夫齊

靖郭君將城薛，齊人有請見者，靖郭君見之。客曰：“君不聞海大魚乎？今本脱“海”字，兹據《太平御覽·鱗介部》所引及《鴻烈·人間》篇、《新序·雜事》篇補。網不能止，鈎不能牽，蕩而失水，則螻蟻得意焉。今夫齊，亦君之水也，君長有齊，奚以薛爲？夫齊，雖隆薛之城到於天，猶之無益也。”

吴曰：“‘夫齊’，《新序》作“無齊”是。蓋‘夫’‘無’音訛，又因上‘夫齊’字混。”【念孫案】吴説非也。“夫齊”當爲“失齊”，字之誤也。此以大魚之失水，喻靖郭君之失齊。上文曰“蕩而失水，則螻蟻得意”，是其證也。《韓子·説林》篇及《鴻烈·人間》篇并作“失齊”。

信反　輕信

齊貌辨謂靖郭君曰：“太子相不仁，過頤豕視，若是者信反。”

鮑注曰：“始信後反。”【引之曰】鮑説甚謬。《吕氏春秋·知士》篇作“若是者倍反”，高注曰：“如此者倍反，不循道理也。”《説文》：“倍，反也。”《太平御覽·人事部》引此《策》作“背反”，“背”與“倍”古字通。則“信反”明是“倍反”之訛。凡隸書從言、從音之字多相似，故“倍”訛作“信”。篆文“言”字本作“[illegible]”，隸作

"音",又省而爲"音",與"倍""陪"等字之右畔相亂。若"耆"之爲"畚","詹"之爲"詹","善"之省爲"善",皆其例也。《魏策》:"輕倍楚趙之兵。""倍"字亦訛作"信"。《史記·穰侯傳》作"輕背楚趙之兵",故知"信"爲"倍"之訛。《墨子·貴義》篇"市賈倍徙",今本訛作"信"。《荀子·禮論》篇"大路之馬,必倍至教順",《史記·禮書》作"信"。

則我不利

弗救,則我不利。

【念孫案】"不利"上當有"且"字,故高注曰"且,將"。《史記·田完世家》作"不救,則不義且不利"。

專有齊國

韓自以專有齊國,五戰五不勝。

【念孫案】"專"當爲"恃",字之誤也。"專""寺"草書相近,又脱去"心"旁。高注曰:"自恃有齊國之助,故五與魏戰而五不勝。"則《策》文本作"恃"明矣。《田完世家》作"韓因恃齊,五戰不勝",即本於《策》文也。鮑本無"專"字,蓋不知其義而妄删之耳。

其見恩德亦甚大也

楚將伐齊,魯親之,齊王患之。張丏爲齊見魯君曰:"足下豈如全衆而合二國之後哉?楚大勝齊,其良士選卒必殪,齊爲勝,其良士選卒亦殪,而君以魯衆合戰勝後,此其爲德也亦大矣！高注曰："全衆，謂中立無以爲助也。觀二國交戰之後，勝者，其良士選卒殆盡，君以全衆助負敗者擊之。"其見恩德亦甚大也。"

【念孫案】"其見恩德亦甚大也"乃高注語，在"助負敗者擊之"下。今誤入正文，遂與上句相複。姚本作"其見恩德亦甚大也"，鮑改爲"其見恩德也亦甚大矣"，而於上句注云"德敗者"，於此句注云"敗者德之"，不得其解，而强爲區别，妄改原文，其失甚矣。

不察其至實

大王覽其説而不察其至實。

【念孫案】"至"即"實"字也。《雜記》"使某實"，鄭注曰："實，當爲至。此讀周秦之人聲之誤也。"《漢書・東方朔傳》"非至數也"，師古曰："至，實也。"是"實"與"至"聲相近而義亦相通。"至"字古讀若"質"，故聲與"實"相近。《豳風・東山》篇："我征聿至。"與"垤""室""窒"爲韻。《小雅・杕杜》篇"期逝不至"，《蓼莪》篇"入則靡至"，并與"恤"爲韻。《月令》"寒氣總至"，與"室"爲韻。《莊子・刻意》篇"道德之質"，《天道》篇"質"作"至"，皆其證也。"不察其至"，即不察其實也。今本作"不察其至實"者，一本作"至"，一本作"實"，而後人誤合之耳。《史記・張儀傳》作"大王賢其説而不計其實"，是其明證矣。

犀首欲敗

張儀以秦梁之齊合横親，犀首欲敗。

【念孫案】"欲敗"下當有"之"字。《秦策》曰："樓牾約秦魏，紛强欲敗之。"《趙策》曰："楚王令昭應奉太子以委和於薛公，主父欲敗之。"《魏策》曰："楚許魏六城，與之伐齊而存燕，張儀欲敗之。"皆其證也。若無"之"字，則文不成義。

卮酒

楚有祠者，賜其舍人卮酒。

【念孫案】"卮"上當有"一"字，以酒僅一卮，故下文曰"數人飲之不足，一人飲之有餘"也，若無"一"字，則文義不明。《藝文類聚·雜器物部》《鱗介部》《太平御覽·器物部》及《後漢書·袁紹傳》注引此并作"酒一卮"，《史記·楚世家》作"一卮酒"。

不果

或謂齊王曰："周韓西有强秦，東有趙魏。秦伐周韓之西，趙魏不伐周韓，爲割韓卻周害也。吴曰："害、割字，恐有誤混。"及韓卻周割之後，"後"字從鮑補，下文亦曰"趙魏亡之後"。趙魏亦不免與秦爲患矣。今齊應秦伐趙魏，"應"字從鮑補，下句亦有"應"字。則亦不果於趙魏之應秦而伐周韓。"

鮑注曰："趙魏近秦，其應秦不得不果。齊則遠矣，應秦必不果也。"【念孫案】鮑説甚謬。"果"當爲"異"，字之誤也。此言趙魏應秦而伐周韓，及韓卻周割之後，趙魏亦不免於秦患，今齊應秦而伐趙魏，則趙魏亡之後，齊亦不免於秦患，見下文。故曰"今齊應秦伐趙魏，則亦不異於趙魏之應秦而伐周韓也"。

土則復西岸耳

土偶曰:“吾西岸之土也,土則復西岸耳。”

姚曰:“一作‘吾殘則復西岸’。”【念孫案】“土則復西岸”,義不可通,此承上“則女殘矣”而言,則作“吾殘”者是也。《趙策》:“土梗謂木梗曰:‘使我逢疾風淋雨,壞沮乃復歸土。’”彼言“壞沮”,此言“殘”,其義一也。《風俗通義·祀典》篇、《藝文類聚·果部》《太平御覽·土部》引此并作“殘則復西岸”,《御覽·人事部》作“吾殘則復西岸”。

和其顔色

孟嘗君在薛,荆人攻之。淳于髡爲齊使於荆,還反,過薛。孟嘗君謂淳于髡曰:“荆人攻薛,夫子弗憂,文無以復侍矣。”淳于髡曰:“敬聞命。”至於齊,畢報。王曰:“何見於荆?”對曰:“荆甚固而薛亦不量其力。”王曰:“何謂也?”對曰:“薛不量其力而爲先王立清廟,荆固而攻之,清廟必危。”齊王和其顔色曰:“譆,先君之廟在焉。”疾興兵救之。

《吕氏春秋·報更》篇“齊王和其顔色”作“齊王知顔色”,高注曰:“知,猶發也。”【念孫案】作“知”者是也。高注訓“知”爲“發”,謂發動也。“知其顔色”者,急先君之廟,而顔色爲之動也,故下文曰“‘譆,先君之廟在焉’,疾興兵救之”。又曰:“善説者,陳其勢,言其方,人之急也,《吕氏春秋》作“見人之急也”。若自在隘窘之中。”蓋惟其急人之急,故顔色爲之動也。若云“和其顔色”,則與下意了不相涉矣。《齊策》又曰:“宣王大息,動於顔色。”高注曰:“動,猶發也。”《趙策》曰:“趙王不説，形於顔色。”或言“形”，或言“動”，或言“知”，皆發動之謂也，故高注曰“知，猶發也”。僖二十八年《左傳》：“晉侯聞之而後喜可知也。”杜注曰：“喜見於顔色。”《管子·心術》篇曰：“見於形容，知於顔色。”《内業》篇作“和於形容，見於膚色”，“和”亦“知”之誤。《吕氏春秋·自知》篇曰：“文侯不説，知於顔色。”高注曰：“知，猶見也。”《鴻烈·修務》篇曰：“奉一爵酒，不知於色。”并與此同意。

髮漂

孟嘗君出行五國，今本脱“五”字，兹據《初學記·器用部》所引補。下文“小國所以皆致相印於君者”，“小”亦“五”之誤。《太平御覽·人事部》引此正作“五國”。吴引《春秋後語》亦作“五國”。至楚，獻象牀。郢之登徒直送之，不欲行，今本“直”下有“使”字，因與高注内“登徒直使”四字相涉而衍。案，高注曰：“直當曰直使也，登徒直使不欲行送象牀也。”則正文内本無“使”字。下文“直送象牀”，“直”下亦無“使”字。今據《太平御覽·人事》《服用》二部所引删。見孟嘗君門人公孫戍曰：“臣，郢之登徒也，直送象牀，象牀之直千金，傷此若髮漂，賣妻子不足償之。”

鮑注曰：“漂、飄同。”姚曰：“‘漂’，别本作‘標’。”【引之曰】鮑讀“漂”爲“飄”，“傷此若髮飄”，甚爲不詞。今案，“漂”讀爲“秒”，“髮”“秒”皆言其微細也。《説文》曰：“律數十二秒而當一分，十分而寸。”又曰：“十髮爲程，十程爲分，①十分爲寸。”是“髮”“秒”皆至微之物，故《大戴禮·曾子天圓》篇“律厯迭相治也，其間不容髮”，

① “十”，底本作“一”，據《説文》改。

《史記·自序》作“間不容翲忽”,“翲”亦與“秒”同。《説文》:“秒,禾芒也。”字或作“標”,又作“蔈”,通作“翲”,又通作“票”。《鴻烈·天文》篇:“秋分蔈定,蔈定而禾孰,律之數十二,故十二蔈而當一粟,十二粟而當一寸。”高注曰:“蔈,禾穗蔈孚榆之芒也。”古文作“秒”。又,《主術》篇:“寸生於標。”今本譌作“稞”。注曰:“標,禾穗標孚榆頭芒也。十標爲一分,十分爲一寸。”《説苑·辨物》篇“標”作“票”。今本譌作“粟”。又,《史記·太史公自序》:“間不容翲忽。”《正義》曰:“翲,字當作秒。秒,禾芒表也。”然則今本作“漂”,别本作“標”,《鴻烈》作“蔈”,又作“標”,《史記》作“翲”,《説苑》作“票”,皆“秒”之異文耳。

封衛之東野

今又劫趙魏,疏中國,封衛之東野。

高注曰:“封,取。”鮑曰:“封,割也。”吴曰:“封,疆之也。”【念孫案】高注訓爲“取”,則“封”爲“割”之譌也。上文“然後王可以多割地”“可以益割於楚”,高注并曰:“割,取也。”是其證,鮑、吴注皆失之。

後期年下有脱文

後期年,齊王謂孟嘗君曰:“寡人不敢以先王之臣爲臣。”孟嘗君就國於薛。

【念孫案】《文選·答東阿王書》注引此曰“後有毁孟嘗君於湣王,孟嘗君就國於薛”,據此,則“後期年”下當有毁孟嘗君於湣王之事，而今本脱去也。蓋湣王聽讒，是以使孟嘗君就國。下文“湣王爲書謝孟嘗君曰：‘寡人沈於諂諛之臣，開罪於君。’”正謂此也。《史記・孟嘗君傳》載此事亦云“齊王惑於秦楚之毁，遂廢孟嘗君”。

歸反樸

蠲知足矣，歸反樸，則終身不辱。

鮑於“歸”下補“真”字。吴曰：“上言‘大樸不完’以喻士之形神不全，故曰‘歸反樸’云云，文意甚明，添字謬。”【念孫案】吴説是也。“足”“樸”“辱”爲韻。《後漢書・蔡邕傳》注引作“歸反於樸，則終身不辱”，句法較爲完善。

傳衛國城割平

昔者趙氏襲衛，車舍人不休，傳衛國，城割平，衛八門土而二門墮矣。

鮑讀“不休傳”爲句，“衛國城割平”爲句，注曰：“傳，驛遽也。平，成也。言城中割地求成。”【念孫案】鮑説甚謬。“傳”當爲“傅”，“割”當爲“剛”，皆字之誤也。草書“剛”字作“𠛱”，“割”字作“𠜹”，二形相似而誤。“傅衛國”爲句，“城剛平”爲句。“傅衛國”者，傅，附也，言兵附於國都，故下文曰“衛八門土而二門墮”也。隱十一年《左傳》曰“公會齊侯、鄭伯伐許。庚辰，傅于許”是也。“城剛平”者，剛平，邑名，城此邑以偪衛，若晉人城虎牢以偪鄭也。《秦策》曰：“趙築剛平，衛無東野，芻牧薪采，莫敢闚東門。”高注曰：“剛平，衛地，趙築之以爲邑。”是其證也。下文曰“衛君跣行,告遡於魏。魏王身被甲底劍,挑趙索戰。衛得是藉也,亦收餘甲而北面,殘剛平,墮中牟之郭”,是趙城剛平以偪衛,衛得魏之助,因收餘甲而殘剛平也。《史記·趙世家》曰“敬侯四年,築剛平以侵衛”,即此所謂“城剛平”也。又曰“五年,齊魏爲衛攻趙,取我剛平”,即下文所謂“殘剛平”也。

蹈足

有而與“能”同。案兵而後起,寄怨而誅不直,微用兵而寄於義,則亡天下可蹈足而須也。

鮑注曰:“蹈,不伸也。”【念孫案】訓“蹈”爲“不伸”,則與“而須”二字義不相屬。今案,“蹈”與“蹻”同,蹻足,舉足也。兵以義動則無敵於天下,故亡天下可舉足而待也。《一切經音義》十六引《三蒼解詁》曰:“蹻,舉足也。”《漢書·高祖紀》:“亡可蹻足待也。”文穎曰:“蹻,猶翹也。”《史記·高祖紀》作“翹足”,《商君傳》亦曰“亡可翹足而待”。晉灼曰:“許慎云‘蹻,舉足小高也’,音橋。”案,今《説文》作“舉足行高也”。楊雄《長楊賦》曰:“莫不蹻足抗首,請獻厥珍。”“蹻”“蹈”聲相近,故“蹻”通作“蹈”。《史記·河渠書》“山行即橋”,《漢書·溝洫志》“橋”作“梮”,是其例矣。

衍文十七

故夫善爲王業者,在勞天下而自佚,亂天下而自安。諸侯無成謀,則其國無宿憂也。何以知其然?自“諸侯”至此,凡十七字，皆涉下文而衍。佚治在我，勞亂在天下，則王之道也。鋭兵來則拒之，患至則趨之，使諸侯無成謀，則其國無宿憂矣，何以知其然也？

有十二諸侯

衛鞅謀於秦王曰："夫魏氏，其功大而令行於天下，有十二諸侯而朝天子，其與必衆。"

【念孫案】"有十二諸侯"，"有"下當有"從"字，"有"讀爲"又"，《戰國策》通以"有"爲"又"，《史記》《漢書》及諸子并同。上文云"又從十二諸侯朝天子"是也。下文亦云"今大王之所從十二諸侯"，今本無"從"字者，後人誤讀"有"爲"有無"之"有"，則與"從"字義不相屬，因删去"從"字耳。

制丹衣柱建九斿

魏王説於衛鞅之言也，故身廣公宫，制丹衣，柱建九斿，從七星之旟。此天子之位也，而魏王處之。

鮑讀"制丹衣柱"爲句，注曰"以丹帛爲柱衣"。吴曰："丹柱，猶衣之也。"【念孫案】鮑、吴二説皆謬。"制丹衣柱"，文不成義。"柱"當爲"旌"，字之誤也。"旌"字，隸書或作"拴"，與"柱"相似。"旌"字當在"建"字下，"制丹衣"爲句，"建旌九斿"爲句。《周官·大行人》曰："建常九斿。"若無"旌"字，則"建九斿"三字亦文不成義。《記》言"龍旂九斿"，而此言"旌"者，"旌""旂"對文則異，散文則通。《樂記》曰"龍旂九旒，天子之旌"是也。"廣公宫""制丹衣""建旌九斿""從七星之旟"，皆言其宫室、衣服、車旗之擬於天子也。吴曰:“案,《考工記》注:‘龍旂九斿,諸侯所建。鳥旟七斿,州里所建。’而此以天子言,戰國不可以古制準也。”

感忿

故去忿恚之心而成終身之名,除感忿之恥而立累世之功。

【念孫案】上既言“忿恚”,下不當復言“感忿”。《荀子·議兵》篇:“善用兵者,感忽悠闇,莫知其所從出。”楊倞曰:“感忽、悠闇,皆謂倏忽之間也。《魯連子》曰:‘棄感忽之恥,立累世之功。’”引《魯連子》,即是遺燕將書之文,然則“感忿”當是“感忽”之訛,“忿”字隸書或作“忩”,形與“忽”相近,故“忽”訛爲“忿”。《史記·魯仲連傳》作“去感忿之怨,立終身之名。棄忿悁之節,定累世之功”,“感忿”亦“感忽”之訛。考《正義》“忿,敷粉反”之音,不在“感忿”之下,而在下文“忿悁”之下,則上文之本作“感忽”明矣。《荀子·解蔽》篇:“凡人之見鬼也,必以其感忽之間。”《鴻烈·繆稱》篇:“説之所不至者,容貌至焉。容貌之所不至者,感忽至焉。”義與此“感忽”并相近。

單單

且自天地之闢,民人之治,爲人臣之功者,誰有厚於安平君者哉?而王曰“單單”。

【念孫案】此衍一“單”字。下文“今國已定,民已安矣,王乃曰單”，鮑於“單”下補一“單”字，吴謂“與前連舉不同”，皆非也。上文曰“周文王得吕尚以爲太公，齊桓公得管夷吾以爲仲父，今王得安平君而獨曰‘單’”，“單”字不連舉，此文即承上言之，亦不當連舉也。

攻狄不能下壘枯丘

大冠若箕，修劍拄頤，攻狄不能下，壘枯丘。

姚曰：“晁改作‘壘於梧丘’，《説苑》同。”《指武》篇。鮑曰：“大不能降一壘，小不能枯一丘，言無人物。”吴曰：“吴氏《韻補》‘能’叶年題反，‘丘’叶去其反，廬陵劉氏‘壘枯丘’，謂空守一丘爲壘。《説苑》‘攻狄不能下，壘於梧丘’‘齊景公田於梧丘’，地名也。一本引《北堂書鈔》同，《地理部》。《説苑》無‘能’字。一本‘壘枯骨成丘’，《通鑑》從之。各有不同，似‘梧丘’義長。”【念孫案】鮑、劉説皆謬，一本作“壘枯骨成丘”，亦後人臆改，此當從《説苑》作“攻狄不下，壘於梧丘”，於文爲順，於義爲長。今本《説苑》作“攻狄不能下”，“能”字亦後人據《齊策》加之。一本引《説苑》無“能”字者是。義見下。《北堂書鈔》引《策》文正與《説苑》同，今《策》文作“攻狄不能下”，“能”字因上文“將軍攻狄不能下”而誤衍耳，《韻補》以“能”字絶句，而以“下壘”連讀，則文不成義矣。

雍門司馬前

齊王建入朝於秦。雍門司馬前曰：“所爲立王者，爲社稷邪？爲王邪？”今本“爲王”下有“立王”二字，因與上下文相涉而衍，今删。王曰:“爲社稷。”司馬曰:“爲社稷立王,王何以去社稷而入秦?”齊王還車而反。

【念孫案】“雍門司馬前”本作“雍門司馬横戟當馬前”,今脱去“横戟當馬”四字。《北堂書鈔·武功部》“戟”類下出“横戟當馬”四字,下引《戰國策》曰“齊王建入朝於秦,雍門司馬横戟當馬前”,《太平御覽·兵部》“戟”類所引亦如此。司馬横戟當馬前而諫,故齊王還車而反,事相因而文亦相承也。

《戰國策》弟二

楚

虛辭

夫從人者，飾辯虛辭，高主之節行。

【念孫案】"虛辭"本作"曼辭"，後人據《史記·張儀傳》改之耳。《文選·報任少卿書》："今雖欲自雕琢曼辭以自飾。"李善注："如淳曰：'曼，美也。'《戰國策》蘇秦曰：當作張儀。'夫從人飾辯曼辭。'曼音萬。"據此，則《策》文本作"曼辭"，與《史記》異也。

兩虎相搏

楚與秦構難，此所謂兩虎相搏者也。

【引之曰】《太平御覽·兵部》引此，"搏"作"據"，"據"字是也。"據"讀若"戟"，謂兩虎相掮持也。《說文》曰："丮，持也。讀若戟。"《說文》："豦，鬭相丮不解也。從豕、從虍，虍、豕之鬭不相捨。"《玉篇》音竭於、居御二切。"豦"與"丮"聲近而義同。又曰："掮，戟持也。"哀二十五年《左傳》曰："褚師出，公戟其手。"

《史記·孫子傳》曰:“救鬭者不搏撠。”“玐”“撠”“戟”,字異而義同。又通作“據”。《文選·江淹〈雜體詩〉》:“幽并逢虎據。”李善注引此《策》“兩虎相據”,尤其明證矣。《史記·張儀傳》載此文,當亦作“兩虎相據”,《集解》引徐廣音“戟”,正是“據”字之音。《吕后紀》:“見物如蒼犬,據高后掖。”“據”字,徐廣音“戟”,正與此同。《漢書·五行志》“據”作“撠”,顔師古曰:“撠,謂挶持之也。”《老子》曰:“猛獸不據,玃鳥不搏。”《鹽鐵論·擊之》篇曰:“虎兕相據而螻蟻得志。”皆其證也。今本《史記》作“兩虎相搏”,蓋後人多聞“搏”,少聞“據”,故改“據”爲“搏”。若本是“搏”字,不得有“戟”音矣。《御覽》《文選注》引《楚策》并作“據”,今本作“搏”,亦是後人所改。學者據徐廣之音以正《史記》,并據《御覽》《文選注》所引以正《楚策》,可也。

遣使車　雞駭

乃遣使車百乘,獻雞駭之犀、夜光之璧於秦王。

【念孫案】“遣使車百乘”,文不成義,當作“遣車百乘”。今本有“使”字者,因上文“使使臣獻書”而誤衍也。《藝文類聚·寶部》引此有“使”字,亦後人依誤本《戰國策》加之,其《獸部》引此無“使”字。又,《北堂書鈔·政術部》《太平御覽·人事部》《珍寶部》《獸部》引此俱無“使”字。“雞駭之犀”當爲“駭雞之犀”。《楚辭·九嘆》:“棄駭雞於筐簏。”今本作“雞駭”,非。洪興祖《補注》曰:“一作駭雞。”案,《御覽·獸部》引《楚辭》正作“駭雞”。王注曰:“駭雞,文犀也。”《文選·吴都賦》“駭雞之珍”,李善注引《孝經援神契》曰:“神靈滋液則犀駭雞。”《後漢書·西域傳》大秦國有“駭雞犀”，注引《抱樸子》曰：“通天犀有白理如綖者，以盛米，置群雞中，雞欲往啄米，至輒驚卻，故南人名爲駭雞。”又，《書鈔·政術部》《類聚·獸部》引此《策》并作“駭雞”。舊本《書鈔》出“獻駭雞犀”四字，注曰“《戰國策》云‘楚王獻駭雞之犀於秦王’”，陳禹謨改注文爲“雞駭”，而正文尚未改。又，《御覽·人事部》《珍寶部》《獸部》引此《策》亦作“駭雞”，則北宋本尚不誤，至南宋本始誤爲“雞駭”，故《楚辭補注》所引與今本同。

寡君

昔吴與楚戰於柏舉，三戰入郢。寡君身出，大夫悉屬，百姓離散。

【念孫案】“寡君”當爲“君王”，此涉下“棼冒勃蘇”之詞而誤也。棼冒勃蘇對秦王言之，故稱寡君，此是子華述昭王出奔之事，當稱君王，不當稱寡君也。下文述蒙穀之事，正作“君王身出”。

雀立

棼冒勃蘇贏糧潛行，七日而薄秦王之朝，雀立不轉，晝吟宵哭。

鮑注曰：“雀立，踊也。”【引之曰】鮑説甚謬。“雀”當爲“隺”，字之誤也。“隺”與“鶴”同。《一切經音義》卷二曰：“鶴，古文作隺。”漢《酸棗令劉熊碑》“隺鳴一震”，即鶴鳴也。“鶴立”，謂竦身而立也。《文選·求通親親表》：“實懷鶴立企佇之心。"李善注引此《策》"鶴立不轉",《初學記·人事部》《太平御覽·人事部》引此并與《文選注》同。《鴻烈·修務》篇曰:"申包胥即棼冒勃蘇。鶴跱而不食,晝吟宵哭。"皆其明證也。

此蒙穀之功

此蒙穀之功多,與存國相若。

【念孫案】"此"當爲"比",言比校其功,與存國相等也。《後漢書·李通傳》注引此作"校蒙穀之功",是其證。

至今無冒

吴與楚戰於柏舉,三戰入郢。君王身出,大夫悉屬,百姓離散。蒙穀入宫,負離次之典,以逃於雲夢之中。昭王反郢,蒙穀獻典,五官得法而百姓大治。比蒙穀之功多,與存國相若,封之執珪,田六百畛。蒙穀怒曰:"穀非人臣,社稷之臣,苟社稷血食,余豈患無君乎?"遂自棄於磨山之中,至今無冒。

鮑注曰:"冒,謂犯法。"【引之曰】鮑説甚謬,"冒"當爲"胄",字之誤也。"冒"俗作"冐",比"胄"字只少一筆。無胄,謂無後也。《周語》:"晉懷公無胄。"韋注曰:"胄,後也。"

求反

寡人之得求反,主墳墓,復群臣,歸社稷也。

【念孫案】"求"當爲"來",謂得來反於楚也。隸書"來"字作“来”,“求”字或作“求”,漢《三公山碑》“乃求道要,本祖其原”,“求”字作“來”。《蕩陰令張遷碑》“紀行求本,蘭生有芬”,“求”字作“求”。二形相似,上下文又有“求”字,故“來”訛爲“求”。《逸周書·周祝》篇:“觀彼萬物,且何爲來。”《孟子·離婁》篇:“舍館定,然後來見長者乎?”《史記·李斯傳》:“來丕豹、公孫支於晉。”今本“來”字并訛作“求”。鮑云“求反國而得”,此曲爲之説也。《太平御覽·人事部》引此正作“來反”。

未涉

齊王大興兵,攻東地,句。伐昭常,句。未涉,疆秦以五十萬臨齊右壤。

【念孫案】“未涉”下當有“泗”字,寫者脱去耳。“疆”當爲“彊”,字之誤也。“彊秦”二字下屬爲句。若以“疆”字上屬爲句,則文不成義。此言齊興兵攻楚之東地,尚未涉泗,而彊秦已以五十萬臨其右壤也。《史記·楚世家》:“齊湣王謂其相曰:‘不若留太子以求楚之淮北。’”《齊策》作“蘇秦謂薛公曰:‘君何不留楚太子以市其下東國?’”高注:“下東國,楚東邑,近齊也。”然則“下東國”即淮北之地,亦即此篇所謂“東地五百里”也,地在淮北,則爲泗水所經,故齊攻楚之東地,必涉泗水也。

三日　因鬼見帝下有脱文

蘇秦之楚,三日,乃得見乎王。談卒,辭而行,曰:“楚國之食貴於玉,薪貴於桂,謁者難得見如鬼,王難得見如天帝。今令臣食玉、炊桂,因鬼見帝。”

【念孫案】"三日"當作"三月"。《藝文類聚·火部》《太平御覽·飲食部》及《文選·張協〈雜詩〉》注引此并作"三月"，據下文云"王難得見如天帝"，則當作"三月"明矣。下文"汗明見春申君，候間三月而後得見"，事與此同也。"今令臣食玉、炊桂，因鬼見帝"，語意未了，其下必有脱文。《類聚》《御覽》《文選注》引此并有"其可得乎"四字，當是也。

墨黑

彼鄭周之女，粉白墨黑。

鮑注曰："黑言其髮。"姚曰："别本作'黛黑'。"【念孫案】别本是也。《説文》："黱，畫眉也。"《玉篇》"黛"同"黱"。[①]《楚辭·大招》及《列子·周穆王》篇、《鴻烈·修務》篇并云"粉白黛黑"。郭璞《子虛賦注》《文選·西都賦》注、《史記·司馬相如傳》正義、《後漢書·班固傳》注、《藝文類聚·人部》《太平御覽·人事部》引《策》文并作"粉白黛黑"。

或謂楚王篇

或謂楚王曰"臣聞從者欲合天下以朝大王"云云。

【念孫案】此篇在第十七卷之首，而《文選·爲齊明帝讓宣城郡公表》注引此，"或謂楚王"作"唐睢謂楚王"，則合上卷末"唐且見春申君曰"云云爲一篇，是李善所見本此處不分卷，而"謂楚王"之上亦無"或"字也。

---

① "玉"，底本作"王"，據同治本改。

以其類爲招　倏忽之間墜於公子之手

黄雀俯噣白粒，仰棲茂樹，鼓翅奮翼，自以爲無患，與人無争也。不知夫公子王孫，左挾彈，右攝丸，將加己乎十仞之上，以其類爲招。晝游乎茂樹，夕調乎酸鹹，倏忽之間，墜於公子之手。

【念孫案】“以其類爲招”，“類”當爲“頸”，字之誤也。招，旳也。言以其頸爲凖旳也。《吕氏春秋・本生》篇曰：“萬人操弓，共射一招。”高注：“招，埻旳也。”《别類》篇曰：“射招者，欲其中小也。”《文選・阮籍〈詠懷詩〉》注引此作“以其頸爲旳”。《藝文類聚・鳥部》《太平御覽・羽族部》篇并引此云：“左挾彈，右攝丸，以加其頸。”姚曰：“《春秋後語》云‘以其頸爲旳’，旳或爲招。”以上姚校本語。“招”“旳”古聲相近，故字亦相通也。凡從“勺”聲之字，古音皆屬宵部，故“旳”從“勺”聲而通作“招”。《説文》“杓，從木、勺聲，甫摇切”，“尥，從尣、勺聲”。《玉篇》平交、力弔二切。皆其例也。

倏忽之間墜於公子之手。

姚云：“三同，集無此十字，曾云‘一本有’。”【念孫案】無此十字者是也。一本有者，後人妄加之耳。“夕調乎酸鹹”，謂烹之也。既烹之矣，何又言“倏忽之間墜於公子之手”乎？下文説黄鵠之事，至“晝游乎江河，夕調乎鼎鼐”，以下更不贅一語，此獨於“夕調乎酸鹹”之下，加二語以成蛇足，甚無謂也。《文選・詠懷詩》注及《藝文類聚》《太平御覽》引《戰國策》并無此十字，《新序・雜事》篇亦無此十字。

鯡鯉

黄鵠俯噣鯡鯉，仰嚙蔆衡。

鮑改“鯡”爲“鱔”，云“字書無鯡字”。【念孫案】“鯡鯉”，當從《新序》作“鰋鯉”。《小雅》《周頌》皆以“鰋鯉”連文，鮑失考而改“鯡”爲“鱔”，謬矣。《類聚·鳥部》《御覽·羽族部》引此并作“鰋鯉”。

褘布與縣　莫知媒兮　嫫母求之又甚喜之兮　詩曰上天甚神無自瘵也

荀子爲書謝春申君，[①]因爲賦曰：“寶珍隋珠，不知佩兮。褘布與縣，不知異兮。閭姝子奢，莫知媒兮。嫫母求之，又甚喜之兮。以瞽爲明，以聾爲聰，以是爲非，以吉爲凶。嗚呼上天，曷惟其同！《詩》曰：‘上天甚神，無自瘵也。’”

自“珍寶隋珠”至“曷惟其同”，皆出《荀子·賦》篇，《韓詩外傳》亦同。“褘布與縣”，姚云“褘，孫作‘襍’”。鮑改爲“褘衣與絲”，注云“《禮》‘后服褘衣’”。【念孫案】鮑説甚謬，孫朴本作“襍”是也。《荀子》及《外傳》并作“襍布與錦”，此《策》“錦”作“縣”，蓋“錦”訛爲“綿”，轉寫爲“緜”，又訛爲“縣”耳。隸書“縣”字或作“縣”，“緜”字或作“緜”，二形相似，故“緜”訛作“縣”。漢《緜竹令王君神道》“緜”字作“緜”，是其證也。《鴻烈·本經》篇“緜聯房植”，《史記·孝文紀》“歷日緜長”，今本“緜”字并訛作“縣”。“襍布與錦，不知別異”，言美惡不分也。“莫知媒”，當從《荀子》《外

① “荀子”，底本作“孫子”。按，此避漢宣帝劉詢之諱，今回改。

傳》作"莫之媒","之"與"知"聲相混,又與上文兩"不知"相涉而誤。言無人爲之媒也。"嫫母求之,又甚喜之",《荀子》《外傳》并作"嫫母、力父是之喜",《荀子》一本作"刁父"。此《策》"求之"二字,未詳何字之訛。"又"即"父"之訛也。篆文"父"字作"ヌ","又"字作"ヌ",二形相似。"甚喜之",當從《荀子》《外傳》作"是之喜",言惟嫫母、力父是喜也。"是"與"甚",字之誤。隸書"是"字作"是","甚"字或作"甚",二形相似,故"是"訛爲"甚"。《管子·小匡》篇"擇其寡功者而譙之",《齊語》"其"作"是"。此因"其"訛爲"甚",故又訛爲"是"也。《韓詩外傳》:"《詩》曰:'瞻彼日月,悠悠我思。道之云遠,曷云能來?'急時辭也,是故稱之日月也。"《説苑·辯物》篇作"甚焉,故稱日月也"。《漢書·司馬相如傳》"閑雅甚都",《史記》"甚"作"是"。《説文》:"尟,是少也。從是少。"今俗作"尠"。"是之喜"與"莫之媒"相對爲文,"喜"讀平聲,與"媒"爲韻也。《堯典》"庶績咸熙",楊雄《劇秦美新》及《膠東令王君碑》并作"庶績咸喜"。《家人》九三"婦子嘻嘻",《釋文》曰:"陸作喜喜。"《爾雅》:"廞、熙,興也。"《學記》正義引作"歆、喜,興也"。《晉語》"妹喜",《楚辭·天問》作"妹嬉"。《吕氏春秋·慎大》篇、《漢書·古今人表》并作"末嬉"。《荀子》無"《詩》曰"以下三句,《外傳》有之。《外傳》每章之末,必引《詩》爲證,若《戰國策》則無此例也。"《詩》曰"以下三句,蓋後人取《外傳》附益之耳。又案,《菀柳》之詩曰:"上帝甚蹈,無自瘵焉。"《毛傳》曰:"蹈,動也。"《正義》曰:"言王心無恒,數變動也。"此引《詩》"上帝"作"上天",因與上文"嗚呼上天"相涉而誤。"甚蹈"作"甚神",神者,"慆"之壞字,故《外傳》引《詩》作"上帝甚慆"。《一切經音義》五曰:"《詩》云'上帝甚陶'。"陶,變也。義與毛傳、孔疏同。"陶""慆""蹈"古同聲而通用也。"瘵焉"作"瘵也",亦是傳寫之誤。《外傳》亦作"瘵焉"。《集傳》據此

《策》,遂謂《詩》之“蹈”字當作“神”,竊所未安。

大息

汗明見春申君,談卒,春申君大説之。汗明欲復談,春申君曰:“僕已知先生,先生大息矣。”

鮑注曰:“異於小休。”【念孫案】鮑説甚謬。“先生息矣”,猶孟嘗君言“先生休矣”,“息”上不當有“大”字,此因上文“大”字而誤衍耳。《太平御覽・人事部》引此無“大”字。

楚君雖欲攻燕將道何哉

所道攻燕,非齊則魏。魏齊新怨楚,楚君雖欲攻燕,將道何哉?

鮑改“楚君”爲“楚軍”。【念孫案】“君”字因上下文而誤衍耳,鮑改非也。“將道何哉”當作“將何道哉”。道,從也。見《禮器》注。言楚欲攻燕,兵何從出也。置“道”字於“何”字之上,則文不成義矣。

趙

董閼安于

夫董閼安于,簡主之才臣也。

【念孫案】“閼”與“安”,一字也。定十三年《左傳》及《晉語》《吕氏春秋・愛士》篇、《史記・趙世家》《漢書・古今人表》并作“董安于”。《韓子·十過》篇及《鴻烈·道應》篇并作“董閼于”，是“閼于”即“安于”也。“安”與“焉”古同聲而通用。“閼于”之爲“安于”，猶“閼逢”之爲“焉逢”也。《爾雅》：“大歲在甲曰閼逢。”《釋文》：“閼，烏割反，又於虔反。”《史記·曆書》作“焉逢”。今作“董閼安于”者，一本作“閼”，一本作“安”，而後人誤合之耳。

君之不用也

知過見，君之不用也，言之不聽，出，更其姓爲輔氏。

【念孫案】“君之不用”“言之不聽”，語意相複。此本作“知過見，言之不聽”，其“君之不用也”五字衍文耳。《文選·爲曹公與孫權書》注、《後漢書·蘇竟傳》注引此并作“智果見，言之不聽”，《韓子·十過》篇作“智過見，其不言之聽也”，皆無“君之不用”句。

報知氏之讎

士爲知己者死，女爲悦己者容，吾其報知氏之讎矣。

【念孫案】“之讎”二字，後人所加也。“吾其報知氏”者，承上“爲知己者死”言之。謂報知氏之恩，非謂報知氏之讎也。下文曰“知伯以國士遇臣，臣故國士報之”，又曰“而可以報知伯矣”，并與此句同義。後人以下文多言爲知伯報讎，故加“之讎”二字，不知彼自言報讎，此自言報恩也。《史記·刺客傳》曰：“今智伯知我，我必爲報讎而死，以報智伯。”此雖兼報讎言之，而“報智伯”三字，仍謂報恩，非謂報讎也。《太平御覽·人事部》引此《策》有“之讎”二字,則所見本已誤。《文選·報任少卿書》注引此正作“吾其報知氏矣”。

吞炭爲啞

豫讓漆身爲厲,滅須去眉,自刑以變其容。又吞炭爲啞,變其音。

《史記》作“漆身爲厲,吞炭爲啞”。【念孫案】此《策》原文本作“又吞炭以變其音”,今本“爲啞”二字,乃後人據《史記》加之也。不知“爲啞”即是“變其音”,故《戰國策》言“變音”而不言“爲啞”,《史記》言“爲啞”而不言“變音”也。《史記索隱》引此《策》曰:“豫讓吞炭以變其音。”《吕氏春秋·恃君》篇曰:“豫讓滅須去眉,自刑以變其容。又吞炭以變其音。”《鴻烈·主術》篇曰:“豫讓漆身爲厲,吞炭變音。”皆其明證也。

曲吾

今魯句注“魯”字,義未詳,鮑據《史記》改爲“踰”。禁常山而守,三百里通於燕之唐、曲吾。

鮑改“曲吾”爲“曲遇”。吴曰:“‘吾’當作‘逆’。《史注》‘中牟、曲遇聚,鄭州縣’,非此所指。按,《齊策·權之難》章云:燕戰勝,具罷,趙可以取唐、曲逆。唐,即唐縣。曲逆,蒲陰縣,并屬中山。此‘曲’下必‘逆’字也。”【念孫案】吴説是矣,而未盡也。《釋名》曰:“逆,遻也。遻音寤。遻不從其理則生殿,遻不順也。”《韓詩外傳》曰:“孔子出衛之東門,逆姑布子卿。”“逆”與“遻”同,是“逆”字古讀若“遻”,“逆”從“屰”聲,

“屰”與“還”古亦同聲，故“睪”從“屰”聲，而“還”又從“睪”聲。“㡿”從“屰”聲，而“諦”“泝”又從“㡿”聲也。與“吾”聲相近，故“曲逆”或作“曲吾”，不煩改“吾”爲“逆”也。“逆”與“吾”形不相似，若非古聲相通，“逆”字無緣誤作“吾”也。

城市之邑七十

馮亭陰使人請趙王曰：“韓不能守上黨，今有城市之邑七十，願拜内之於王。”

吴曰：“‘七十’，《史》作‘十七’，下同。”【念孫案】作“十七”是也。《秦策》曰“上黨十七縣，皆秦之有也”，是其證。

未見一城

夫用百萬之衆攻戰，逾年歷歲，未見一城也。

【念孫案】“見”當爲“㝵”，㝵，古“得”字，形與“見”相近，因訛爲“見”。説見《經義述聞·周語》“見神”下。下句曰“今不用兵而得城七十”，即其證也。《史記·趙世家》正作“未得一城”。

外賓客

是以外賓客游談之士，無敢盡忠於前者。

鮑注曰：“外，疏之也。”姚曰：“錢、劉去‘賓’字。”【念孫案】“外賓客游談之士”，句法頗累，錢、劉去“賓”字是也。外客，謂外來之客，鮑云“疏之”，非是。《史記·蘇秦傳》作“賓客游士”,此作“外客游談之士”,文本不同。今本作“外賓客游談之士”者,後人據《史記》旁記“賓”字,因誤入正文耳。楊倞注《荀子·臣道》篇引此有“賓”字,則所見本已誤。《文選·蜀都賦》注、《上吴王書》注引此并無“賓”字,今據以訂正。

齊涉渤海

秦攻趙,則韓軍宜陽,楚軍武關,魏軍河外,齊涉渤海,燕出鋭師以佐之。

【念孫案】齊之救趙,無煩涉渤海,《史記》“渤海”作“清河”是也。蘇秦説齊王曰“齊西有清河”,説趙王曰“趙東有清河”,是“清河”在齊趙之間。齊趙相救,必涉清河。齊趙相攻,亦必涉清河。張儀説齊王曰“大王不事秦,秦悉趙兵涉清河,指博關”,説趙王曰“今秦告齊,使興師度清河,軍於邯鄲之東”皆是也。今作“渤海”者,因上文有“齊涉渤海”而誤。上文曰:“秦攻燕,則趙守常山,楚軍武關,齊涉渤海,韓魏出鋭師以佐之。”渤海在燕齊之間,故齊之救燕,必涉渤海也。

以王因饒中山

我約三國而告之以未構中山也。“構”與“講”同。三國欲伐秦之果也,必聽我,欲和我。中山聽之,是我以王因饒中山而取地也。

鮑改“王因”爲“三國”,注曰:“饒,益也。以三國欲和我,故益得取地於中山。”【念孫案】改“王因”爲“三國”是也。“饒中山”三字連文，若訓“饒”爲“益”，則是“以三國益中山”，斯爲謬矣。今案，“饒”當爲“撓”，字之誤也。“撓”如“撓亂我同盟”之“撓”，以三國撓中山而講，則中山不得不聽，不得不割地，故曰“中山聽之，是我以三國撓中山而取地也”。《魏策》曰：“今韓受兵三年矣，秦撓之以講，韓知亡，猶弗聽。”是其證。

馬服之子　趙以亡敗之餘衆收破軍之敝守

夫以秦將武安君公孫起乘七勝之威，而與馬服之子戰於長平之下。

【念孫案】“馬服之子”，本無“之”字，後人以趙括爲趙奢之子，因加“之”字耳。不知當時人稱趙括爲馬服子，沿其父號而稱之也。馬服子，猶言馬服君。《秦策》“君禽馬服君乎”，《史記・白起傳》作“馬服子”，《韓世家》曰“秦殺馬服子卒四十餘萬於長平”，皆其證也。《太平御覽・兵部》引此《策》，正作“馬服子”。又，下文“趙以亡敗之餘衆，收破軍之敝守”，“亡敗”當爲“七敗”。上言秦七勝，故此言趙七敗，下文曰“今七敗之禍未復”是也。“亡”“七”字相近，故“七”訛爲“亡”。此時趙猶未亡，不得言亡敗之餘衆也。“敝守”二字，文不成義，此本作“趙以七敗之餘，收破軍之敝”，敝，亦餘也。“收破軍之敝”，所謂收合餘燼也。《周官・職幣》：“掌式法以斂官府都鄙與凡用邦財者之幣。”鄭注曰：“幣，謂給公用之餘。”《齊語》：“戎車待游車之裂，戎士待陳妾之餘。”韋注曰：“裂，殘也。”謂殘餘也。《爾雅》：“烈，餘也。”“烈”與“裂”通。《管子・小匡》篇作“戎車待游車之弊”。“敝”“幣”“弊”，字異而義同。"守"字因下文數"守"字而衍，後人因於上句加"衆"字，以成對文耳。《御覽》引此作"趙以十敗之餘，上文"七勝"，《御覽》亦作"十勝"。收破軍之弊"，無"衆""守"二字。

與秦城何如不與何如

秦攻趙於長平，大破之，引軍而歸。因使人索六城於趙而講。趙王與樓緩計之曰："與秦城何如？不與何如？"

【念孫案】此以"與秦城"爲句，"何如不與"爲句，"不與"下本無"何如"二字。《齊策》："田侯召大臣而謀曰：'救趙，孰與勿救？'"猶此言"與秦城，何如不與"也。《廣雅》："與，如也。"孰與，猶何如也。故鄒忌對曰："不如勿救。"後人誤讀"與秦城何如"爲句，因於"不與"下加"何如"二字，而不知其謬也。《太平御覽·人事部》引此作"與秦地，何如勿與"。

久居若圍城之中

魯連見新垣衍，辛垣衍曰①："吾視居此圍城之中者，皆有求於平原君者也。今吾視先生之玉貌，非有求於平原君者，曷爲久居若圍城之中而不去也？"

鮑據上文及《史記·魯仲連傳》改"若"爲"此"。吴云："'若'疑'居'字訛衍。"【念孫案】鮑之改、吴之疑，皆非也。若，猶此也。隱四年《公羊傳》"公子翬恐若其言聞乎桓"，謂此其言也。莊四年《傳》"有明天子，則襄公得爲若行乎"，謂

① "辛"，同上文"新"。

此行也。《論語·公冶長》篇"君子哉！若人"，謂此人也。古字或兼數義，後人不能遍識，或改之，或删之，而古義浸亡矣。

魏魀

魏魀謂建信君。

吴曰："'魀'，一本作'魁'。《楚辭》'九魁'，北斗星名。"【念孫案】《説文》《玉篇》《廣韻》《集韻》《類篇》皆無"魀"字。"魀"當爲"魁"。"魁"，隸或作"魁"，漢《楊君石門頌》"奉魁承杓"，"魁"即"魁"字。"斗"字，隸書作"什"，或作"斤"，故"魁"字或作"魁"。其右畔與"介"字相近，故訛而爲"魀"。吴云"一本作魁"，《楚辭·九嘆》"訊九魁與六神"，"魁"，一作"魁"，皆其證也。《文選·陳琳〈檄吴將校部曲文〉》注引此正作"魏魁"，鮑不達而改爲"尬"字，斯爲謬矣。

孝成王方饋不墮食

齊人李伯見孝成王，成王説之，以爲代郡守。而居無幾何，人告之反。孝成王方饋，不墮食。

鮑注曰："饋，餽同。方食而祭，不墮失匕箸。"吴曰："墮祭食，猶放下也。見《儀禮》。墮，許規反。"【念孫案】鮑、吴二説，皆非也。高注《鴻烈·詮言》篇曰："饋，進食也。"又注《吕氏春秋·必己》篇及《鴻烈·説林》《修務》二篇并曰"墮，廢也"。此言孝成王方進食，聞告反之言而不爲之廢食耳。饋非謂祭，墮亦非《儀禮》"墮祭"之"墮"也。

秦按兵攻魏

臣謂奉陽君曰:“天下事秦,秦堅三晉之交攻齊,國破財屈而兵東分於齊,秦按兵攻魏,取安邑。”

【念孫案】“秦按兵攻魏”,“兵”字後人所加也。“秦按攻魏”者“按”,語詞,猶言於是也。言秦使三晉攻齊,國破財屈而兵分,秦於是攻魏,取安邑,則三晉不能救也。下文曰“秦行是計也,君按救魏,是以攻齊之已弊與秦爭戰也”,又曰“天下事秦,秦按爲義,存亡繼絶,固危扶弱”,“秦按攻魏”“君按救魏”“秦按爲義”,三“按”字義并同也。“按”字或作“案”,又作“安”,又作“焉”。《荀子·勸學》篇:“上不能好其人,下不能隆禮,安特將學雜識志,順詩書而已耳。”楊倞曰:“安,語助。或作安,或作案。《荀子》多用此字。《禮記·三年問》作‘焉’。《戰國策》謂趙王曰:‘秦與韓爲上交,秦禍案移於梁矣。秦與梁爲上交,秦禍案攘於趙矣。’見《趙策》。《吕氏春秋》吴起謂商文曰:‘今日置質爲臣,其主安重;釋璽辭官,其主安輕。’見《執一》篇。蓋當時人通以‘安’爲語助。”【念孫案】字之作“案”者,《戰國策》《荀子》而外,又見於《逸周書》。《武寤》篇曰:“約期于牧,案用師旅,商不足滅,分禱上下。”其作“安”者,《戰國策》《荀子》《吕氏春秋》而外,又見於《國語》《吴語》曰:“王安挺志,一日惕,一日留,以安步王志。”又曰:“王安厚取名而去之。”《管子》《大匡》篇曰:“必足三年之食,安以其餘修兵革。”《地員》篇曰:“其陰則生之查梨,其陽安樹之五麻。”又曰:“群木安逐,條長數大。”又曰:“群藥安生,薑與桔梗,小辛大蒙。”《墨子》。《非樂》篇曰:“然即當爲之撞巨鍾,擊鳴鼓,彈琴瑟,吹竽笙而揚干戚,民衣食之財,將安可得而具乎?即我以爲未必然也。”又曰:“然即當爲之撞巨鍾,擊鳴鼓,彈琴瑟,吹竽笙而揚干戚，天下之亂，將安可得而治與？即我以爲未必然也。”其作“焉”者，則《禮記・三年問》而外，見於經史、諸子者甚多，見《釋詞》。後人不知“按”爲語詞，而於“按”下加“兵”字，“按兵”與“攻魏”連文，而其義遂不可通矣。

燕郭之法　桑雍

燕郭之法，有所謂桑雍者。

吴曰：“一本標劉本作‘郭偃之法’。晉掌卜大夫郭偃，乃卜偃也。”【念孫案】“燕”字當在“郭”字下，“燕”“偃”聲相近。“郭燕之法”即“郭偃之法”，《商子・更法》篇引“郭偃之法”云云，是其證也。

桑雍。姚曰：“桑，曾作柔。”下文“所謂桑雍者，便辟左右之近者，及夫人優愛孺子也。此皆能乘王之醉昏，而求所欲於王者也”，姚曰：“桑雍，劉作柔癰。”【念孫案】作“柔癰”者是也。“癰”即“癰疽”之“癰”。便辟、左右、夫人、孺子，皆柔媚其君，以爲患於内，故曰“柔癰”。“癰”“雍”字之通，“柔”“桑”字之誤耳。鮑、吴説“桑雍”之義，皆不得其解而爲之辭。

觸讋　揖之

太后明謂左右，有復言令長安君爲質者，老婦必唾其面。左師觸讋願見太后。太后盛氣而揖之。

吴曰：“觸讋，姚云一本無‘言’字。《史》亦作‘龍’。案，《説苑》《敬慎》篇。魯哀公問孔子：‘夏桀之臣，有左師觸龍者，諂諛不正。’人名或有同者。此當從‘讋’以别之。”【念孫案】

吴説非也。此《策》及《趙世家》皆作“左師觸龍言願見太后”，今本“龍言”二字誤合爲“讋”耳。太后聞觸龍願見之言，故盛氣以待之，若無“言”字，則文義不明。據姚云“一本無‘言’字”，則姚本有“言”字明矣，而今刻姚本亦無“言”字，則後人依鮑本改之也。《漢書·古今人表》正作“左師觸龍”。又，《荀子·議兵》篇注曰：“《戰國策》趙有左師觸龍。”《太平御覽·人事部》引此《策》曰：“左師觸龍言願見。”皆其明證矣。又，《荀子·臣道》篇曰：“若曹觸龍之於紂者，可謂國賊矣。”《史記·高祖功臣侯者表》有“臨轅夷侯戚觸龍”，《惠景間侯者表》有“山都敬侯王觸龍”，是古人多以“觸龍”爲名，未有名“觸讋”者。

太后盛氣而揖之。

吴曰：“‘揖之’，《史》云‘胥之’，當是。”【念孫案】吴説是也。《集解》曰：“胥，猶須也。”《御覽》引此《策》作“盛氣而須之”。隸書“胥”字作“咠”，因訛而爲“咠”，後人又加“手”旁耳。下文言“入而徐趨”，則此時觸龍尚未入，太后無緣揖之也。

有所郤

而恐太后玉體之有所郤也，故願望見太后。

鮑注曰：“恐太后不能前。”【念孫案】鮑未解“郤”字之義。“郤”字本作“御”，讀如“煩劇”之“劇”，謂疲羸也。言恐太后玉體之疲羸，故願望見也。《廣雅》：“困、疲、羸、券、《考工記·輈人》注曰：“券，今倦字也。”御，極也。”皆謂困極也。《漢書·司馬相如傳〈子虛賦〉》“徼郤受詘”，蘇林曰：“郤，音倦郤之谻。"郭璞曰："谻，疲極也。"又，《上林賦》"與其窮極倦谻"，郭璞曰："窮極倦谻，疲憊也。"《方言》曰："㣪，傍也。""傍"亦與"倦"同。《説文》曰："御，徼御受屈也。""御""㣪""谻""卻"，并字異而義同。《趙世家》作"恐太后體之有所苦也"，"苦"與"卻"同義，則"卻"爲"倦御"之"御"明矣。

《戰國策》弟三

魏

適秦

夫虧楚而益魏，攻楚而適秦，内嫁禍安邦，《張儀傳》無“内”字。此善事也。

鮑解“適秦”曰“適，猶歸”。【念孫案】“攻楚而歸秦”，殊爲不詞，鮑説非也。今案，適者，悦也。言攻楚而悦秦也。《一切經音義》六引《三蒼》曰“適，悦也”。上文云“秦之所欲弱莫如楚，而能弱楚者莫如魏”，故魏攻楚，即所以悦秦。《韓策》張儀説韓王曰“夫攻楚而私其地，轉禍而説秦，計無便於此者”，是其證。

反於楚王

張儀惡陳軫於魏王曰：“軫善事楚，爲求壤埊也甚力。”左華謂陳軫曰：“公不如以儀之言爲資而反於楚王。”陳軫曰：“善。”因使人先言於楚王。

鮑解“反於楚王”，曰“反，言報之”。【念孫案】鮑説非也。“以儀之言爲資而反於楚”，“楚”下本無“王”字，此因下有“楚王”而誤衍耳。陳軫去楚適魏，而張儀惡之於魏王，謂其善事楚，爲之求地，軫即令人以此言聞於楚王，使楚王喜而復之，以上并見《楚策》。故曰“以儀之言爲資而反於楚”。“反”訓爲“歸”，非訓爲“報”。《楚策》記此事曰“公不如以儀之言爲資而得復楚”，是其證。

東夷之民不起

黄帝戰於涿鹿之野，而西戎之兵不至。禹攻三苗，而東夷之民不起。

鮑改“起”爲“赴”。【念孫案】鮑改非也。“不起”者，謂不起兵以應禹也。下文曰“以燕伐秦，黄帝之所難也，而臣以與“已”同。致燕甲而起齊兵矣”，即其證。

令儀狄

昔者帝女令儀狄作酒而美，進之禹。

姚曰：“一本無‘令’字。”【念孫案】一本是也。儀狄即帝女之名，不當有“令”字。《文選·七啓》《七命》注及《太平御覽·飲食部》引此皆無“令”字。

辠子

秦蠶食魏，盡晉國，戰勝辠子，割八縣。

《史記·穰侯傳》“辠子”作“暴子”，徐廣曰：“韓將暴鳶。”【念孫案】作“暴”者是也。《史記·秦本紀》昭襄王三十二年

"相穰侯攻魏，至大梁，破暴鳶"，《韓世家》釐王二十一年"使暴䳒救魏，"䳒"與"鳶"同。爲秦所敗"，即此所謂"戰勝暴子"者也。此《策》作"睾子"者，《説文》"暴，晞也"，"㬥，疾有所趣也"。此《策》"暴子"之"暴"，蓋本作"㬥"字，隸省作"㬥"，漢《武都太守李翕西狹頌》"强不㬥寡"，即"㬥"字也。"㬥"之省作"㬥"，猶"暴"之省作"暴"。又省作"皋"，形與"皋"字相似，俗書"皋"字作"睾"，故"暴子"訛爲"睾子"矣。

伐魏之事不便

伐魏之事不便，魏雖刺髡，于王何益？若誠不便，魏雖封髡，于王何損？

鮑注上三句曰："伐魏不便，魏所欲也，而髡止之，故魏刺之。雖刺髡而齊實不便，非益也。此設辭也。"吴曰："鮑强注，終不通。愚案，'伐魏之事不便'，當無'不'字，義乃通。"【念孫案】吴説是也。《藝文類聚·寶玉部》《太平御覽·珍寶部》引此并作"伐魏之事便，魏雖刺髡，於王何益"。

道涉山谷　危隘

伐楚，道涉山谷，行三千里而攻危隘之塞。

【念孫案】"道涉山谷"，"山"字後人所加也。"危"當爲"黽"，字之誤也。草書"危"字作"[illegible]"，"黽"字作"[illegible]"，二形相似，故"黽"誤爲"危"。涉谷，地名也。道，從也。上文曰"道河内，倍鄴朝歌"，下文曰"道河外，倍大梁"，義并與"道涉谷"同。《韓策》曰："道於南鄭、藍田以入攻楚。"《大荒西經》："風道北來。"郭璞曰："道，猶從也。"引

《韓子·十過》篇曰:“玄鶴二八,道南方來。”言秦師伐楚,從涉谷行三千里而攻黽隘之塞也。黽音盲。案,今之平靖關在信陽州應山縣之間,其地即古之黽隘也。定四年《左傳》作“冥阨”,《韓策》作“澠隘”,《燕策》作“鄳隘”,《楚策》謂之“黽塞”,并字異而義同。《史記·魏世家》曰:“伐楚道涉谷,汲古閣所刊《索隱》單行本如此,别本有“山”字,乃後人依誤本《戰國策》加之。考《索隱》《正義》皆無此字。行三千里而攻冥阨之塞。”《索隱》曰:“道,猶行也。涉谷,是往楚之險路。”《正義》引劉伯莊《音義》曰:“秦兵向楚有兩道,涉谷是西道,河外是東道。”皆其證也。後人不知“道”訓爲“從”,而誤以爲“道路”之“道”,又不知“涉谷”爲地名,而誤以“涉”爲“跋涉”之“涉”,故妄加“山”字,以增成其義耳。

王曰不敢　王曰不能

長平之役,平都君説魏王曰:“王胡不爲從?”魏王曰:“秦許吾以垣雍。”平都君曰:“臣以垣雍爲空割也。”魏王曰:“何謂也?”平都君曰:“秦趙久相持於長平之下而無決,天下合於秦則無趙,合於趙則無秦,秦恐王之變也,故以垣雍餌王也。秦戰勝趙,王敢責垣雍之割乎?王曰‘不敢’。秦戰不勝趙,王能令韓出垣雍之割乎?王曰‘不能’。臣故曰‘垣雍空割也’。”魏王曰:“善。”

【念孫案】“王曰不敢”“王曰不能”,兩“王”字皆後人所加也。“曰不敢”“曰不能”,皆平都君之語,與上文自爲問答,是以“秦戰不勝趙”上、“臣故曰”上,皆無“曰”字,而魏王答平都君之語,則必加“魏王曰”三字以别之也。後人誤以“不敢”“不能”爲魏王答語,故於“曰”上加“王”字耳。《論語》:“懷其寶而迷其邦，可謂仁乎？曰不可。好從事而亟失時，可謂知乎？曰不可。”皆陽貨自爲問答之語，是以“好從事”及“日月逝矣”之上，皆無“曰”字，而孔子答陽貨之語，則加“孔子曰”三字以别之，正與此同也。詳見《四書釋地》。《史記·孔子世家》：“楚昭王將以書社地七百里封孔子。令尹子西曰：‘王之使使諸侯有如子貢者乎？曰無有。王之輔相有如顏回者乎？曰無有。王之將率有如子路者乎？曰無有。王之官尹有如宰予者乎？曰無有。且楚之祖封於周，號爲子男五十里。今孔某述三五之法，明周召之業，王若用之，則楚安得世世堂堂方數千里乎？’”以上四問、四答及“且楚之始封”云云，皆子西一人之語。《留侯世家》張良對漢王曰：“昔者湯伐桀而封其後於杞者，度能制桀之死命也。今陛下能制項籍之死命乎？曰未能也。其不可一也。武王伐紂，封其後於宋者，度能得紂之頭也。今陛下能得項籍之頭乎？曰未能也。其不可二也。武王入殷，表商容之閭，釋箕子之拘，封比干之墓。今陛下能封聖人之墓，表賢者之閭，式智者之門乎？曰未能也。其不可三也。發鉅橋之粟，散鹿臺之錢，以賜貧窮。今陛下能散府庫以賜貧窮乎？曰未能也。其不可四矣。殷事已畢，偃革爲軒，倒置干戈，覆以虎皮，以示天下不復用兵。今陛下能偃武行文，不復用兵乎？曰未能也。其不可五矣。休馬華山之陽，示以無所爲。今陛下能休馬無所用乎？曰未能也。其不可六矣。放牛桃林之陰，以示不復輸積。今陛下能放牛不復輸積乎？曰未能也。其不可七矣。”以上七問、七答，皆張良一人之語，亦與此同也。《墨子·耕柱》篇：“和氏之璧，隋侯之珠，三棘六異，此諸侯之所謂良寶也，可以富國家，衆人民，治刑政，安社稷乎？曰不可。”《孟子·告子》篇：“爲是其智弗若與？曰非然也。”亦是一人之語，自爲問答。

衣焦不申頭塵不去

季梁衣焦不申，頭塵不去。

鮑注曰："行路犯風日故焦，焦故不申。"吴曰："焦，卷也。"【念孫案】吴説近之。"焦"讀爲"㸈"。《廣雅》："㸈，縮也。"曹憲音"子笑反"。謂衣縮而不申之也。

頭塵不去。

吴曰："《文選》'去'作'浴'。"阮籍《詠懷詩》注。【念孫案】作"浴"者是也。凡從谷、從去之字，隸書往往相亂。隸書"去"字或作"厺"，形與"谷"相似，易致訛舛。《廣雅》"渡，去也"，"去"訛作"谷"。"祛，開也"，"祛"訛作"裕"。皆其類也。此是"浴"字訛爲"法"，《列子·説符》篇"白公遂死於浴室"，《吕氏春秋·精諭》篇作"法室"。後人因改爲"去"耳。

請出西説秦

唐且謂魏王曰："老臣請出西説秦，令兵先臣出，可乎？"

【念孫案】"請"下不當有"出"字，此涉下文"出"字而誤衍耳。《史記·魏世家》《新序·雜事》篇俱無"出"字，《藝文類聚·人部》《太平御覽·人事部》引《策》文亦無。

誤

魏王與龍陽君共船而釣，龍陽君得十餘魚而涕下。王曰："何爲涕出？"對曰："臣之始得魚也，臣甚喜，後得又益大，今臣直欲棄臣前之所得矣。今以臣凶惡而得爲王拂枕席，今臣爵至人君，走人於庭，辟人於途。四海之内，美人亦甚多矣，聞臣之得幸於王也，必褰裳而趨王。臣亦猶曩臣之所得魚也，今本"所"上有"前"字。案，曩，即前也。上既言"曩"，下不得復言"前"，此因上文"臣前之所得"而誤衍耳。《藝文類聚·人部》《太平御覽·資産部》及《文選·阮籍〈詠懷詩〉》注、陸厥《中山王孺子妾歌》注引此并無"前"字。臣亦將棄矣，臣安能無涕出乎？"魏王曰："誤。有是心也，何不相告也？"

鮑注曰："以不告爲誤。"吴曰："'誤'字當句，然恐是'譆'字訛。"【引之曰】吴以"誤"爲"譆"之訛，近之。然"誤"與"譆"字不相似，"譆"字無緣訛作"誤"。"誤"當爲"誒"，形近而訛也。"矣"字隸或作"⿱厶天"，"吳"字隸或作"⿱口天"，二形相似，故"誒"訛爲"誤"。《漢書·韋賢傳》注曰："誒，嘆聲，音許其反。"是"誒"與"譆"同。

韓

大成午從趙來謂申不害於韓

大成午從趙來謂申不害於韓曰："子以韓重我於趙，請以趙重子於韓。"

【念孫案】"大成午從趙來"，"來"字後人所加也。"大成午從趙謂申不害於韓"作一句讀，謂大成午在趙，申不害在韓，而大成午寄言於申不害，非謂從趙來韓而與之言也。後人不曉文義，故於"從趙"下加"來"字耳。《韓子·内儲説》篇正作“大成午從趙謂申不害於韓”。

寧爲雞口無爲牛後

臣聞鄙語曰：寧爲雞口，無爲牛後。

姚曰：“《顔氏家訓》引作‘寧爲雞尸，不爲牛從’。”鮑曰：“沈括辨以爲‘雞尸牛從’。今案，秦稱‘牛後’，蓋以惡語侵韓，故昭王怒而從之。‘雞尸牛從’，誤也。”吴曰：“《索隱》引延篤云‘寧爲雞尸，不爲牛從’。尸，雞中主也。從，牛子也。沈説亦有所本。”【念孫案】《顔氏家訓·書證》篇曰：“《太史公記》曰：‘寧爲雞口，無爲牛後。’案，延篤《戰國策音義》曰：‘尸，雞中之主。從，牛子。’然則‘口’當爲‘尸’，‘後’當爲‘從’，俗寫誤也。”《文選·爲曹公與孫權書》：“昔蘇秦説韓，羞以牛從。”李善本如此，今本作“牛後”，乃後人依五臣本改之。李善注曰：“《戰國策》‘寧爲雞尸，不爲牛從’，延叔堅注曰：‘尸，雞中主也。從，牛子也。’‘從’或爲‘後’，非也。”是《策》文本作“寧爲雞尸，不爲牛從”，故顔、李、小司馬所引并同。而今本作“寧爲雞口，無爲牛後”，則後人依《史記》改之也。《史記》作“雞口牛後”，亦傳寫之誤，顔氏已辨之矣。又案，蘇秦説趙王曰：“臣人之與臣於人也，豈可同日而言之哉？”雞尸喻臣人也，牛從喻臣於人也，故下文曰“交臂而臣事秦，何以異於牛從乎”。而《史記正義》乃云“雞口雖小，猶進食。牛後雖大，乃出糞”，其説甚爲迂曲。鮑襲取其義，謂蘇秦“以惡語侵韓”，謬矣。

虎摯　貫頤

秦帶甲百餘萬，車千乘，騎萬匹，虎摯之士，跿跔科頭，貫頤奮戟者，至不可勝計也。

【念孫案】《史記·張儀傳》"虎摯"作"虎賁"是也。此蓋"賁"訛爲"贄"，又訛爲"摯"耳。《太平御覽·兵部》引此《策》正作"虎賁之士"，《楚策》亦云"秦虎賁之士百餘萬，車千乘，騎萬匹"。鮑、吴皆讀"摯"爲"前有摯獸"之"摯"，鮑又改"摯"爲"鷙"。望文生義，近於皮傅矣。

跿跔科頭，貫頤奮戟。《史記·索隱》曰："貫頤，謂兩手捧頤而直入敵。"鮑曰："貫人之頤。"吴曰："鮑説與上文不類。《索隱》以'貫頤'爲'捧頤'，亦不通。劉辰翁云：'貫頤，謂見射猶奮戟不顧死也。'則此連下文'奮戟'爲義。"【引之曰】諸説皆有未安。"貫"讀爲"彎弓"之"彎"。《史記·伍子胥傳》："伍胥貫弓執矢嚮使者。"《索隱》曰："劉氏音貫爲彎，謂滿張弓也。"《陳涉世家贊》"士不敢貫弓而報怨"，《漢書》作"彎"。是"貫"即"彎"也。頤，弓名也。《廣韻》作"弬"，音與"頤"同。云"弓名，出《韻略》"。古無"弬"字，借"頤"爲之耳。彎弓奮戟，事同一類。《史記集解》曰："跿跔，音徒俱，跳躍也。科頭，謂不著兜鍪入敵。"跿跔科頭而彎弓奮戟，言士之勇也。

馳南陽之地

秦攻陘，韓使人馳南陽之地。秦已馳，又攻陘。韓因割南陽之地，秦受地，又攻陘。陳軫謂秦王曰："國形不便故馳，交不親故割。今割矣而交不親，馳矣而兵不止，臣恐山東之無以馳割事王者矣。”

鮑解“馳南陽之地”，曰“馳，反走，示服也”。解“秦已馳”，曰“馳，進也。韓避之而秦進也”。【念孫案】鮑説甚謬。“馳”讀爲“移”。移，易也。謂以南陽之地易秦地也。下文曰“國形不便故馳”，謂兩國之地形不便，故交相易也。《竹書紀年》：“梁惠成王十一年，及鄭馳地，我取枳道，與鄭鹿。”馳地，謂易地也。“馳”字或作“施”，而皆讀爲“移”。《管子·國蓄》篇“今君鑄錢立幣，民庶之通施也”，《輕重甲》篇“施”作“移”。《荀子·儒效》篇“充虚之相施易也”，《漢書·衛綰傳》“劍人之所施易”，“施”字并讀爲“移”。下文曰“公戰勝楚，遂與公乘楚，易三川而歸”，《史記·韓世家》“易”作“施”，《正義》以“施”爲“張設”，非是。説見《史記》。《田完世家》曰：“請與韓地，而王以施三川。”“施”并與“移”同。字又作“弛”。《韓子·内儲説》篇曰：“應侯謂秦王曰‘上黨之安樂，其處甚劇，臣恐弛之而不聽，奈何’，王曰‘必弛易之矣’。”“弛”亦與“移”同。《集韻》：“弛，余支切，改易也。”

縱韓爲不能聽我

秦韓戰於濁澤。韓氏急，公仲朋謂韓王曰：“今秦之心欲伐楚，王不如因張儀爲和於秦，賂之以一名都，與之伐楚。此以一易二之計也。”韓王曰：“善。”乃儆公仲之行，將西講於秦。楚王聞之大恐，召陳軫而告之。陳軫曰：“王聽臣，爲之儆四竟之内，選師言救韓。令戰車滿道路，發信臣，多其車，重其幣，使信王之救己也。縱韓爲不能聽我，姚本如是。韓必德王也，必不爲雁行以來。是秦韓不和，兵雖至，楚國不大病矣。爲能聽我，絶和於秦，秦必大怒，以厚怨於韓。韓得楚救，必輕秦。輕秦，其應秦必不敬。是我因秦韓之兵，而免楚國之患也。”

【念孫案】“縱韓爲不能聽我”，鮑本無“縱”字是也。“韓爲不能聽我”“爲能聽我”，兩“爲”字并與“如”字同義。言韓如不能聽我，則韓必德我而不爲戎首。如能聽我而絶秦，則韓必代楚受兵也。古或謂“如”曰“爲”。《秦策》曰：“中國無事於秦，則秦且燒焫獲君之國。中國爲有事於秦，則秦且輕使重幣而事君之國。”言中國如有事於秦也。又曰：“爲我葬，必以魏子爲殉。”言如我葬也。《齊策》曰：“楚大勝齊，其良士選卒必殪。齊爲勝，其良士選卒亦殪。”言齊如勝也。《楚策》曰：“子爲見王，則必揜子鼻。”言子如見王也。《魏策》曰：“痤有御庶子公孫鞅，願王以國事聽之也。爲弗能聽，勿使出竟。”言如弗能聽也。《管子・戒》篇曰：“夫江黄之國近於楚，爲臣死乎，君必歸之楚而寄之。”言如臣死也。《吕氏春秋・異寶》篇曰：“爲我死，王則封女，女必無受利地。”言如我死也。姚本作“縱韓爲不能聽我”者，後人不解“爲”字之義，故據《史記》加“縱”字，不知“爲”與“如”同義。若加“縱”字，則與“爲”字義不相屬矣。《史記・韓世家》作“縱韓不能聽我”，無“爲”字，則“縱”字之義可通，然據《索隱》單行本，亦無“縱”字。

書報韓王

尚靳歸書報韓王。

鮑讀“尚靳歸書”爲句，注曰“以書歸”。【念孫案】鮑説非也。此本作“尚靳歸報韓王”，謂靳自秦歸，以宣太后之言報韓王也。“歸”下不當有“書”字。《太平御覽·兵部》《人事部》引此皆無“書”字。

因也

韓咎立爲君而未定也,其弟在周,周欲以車百乘重而送之,恐韓咎入韓之不立也。綦毋恢曰:“不如以百金從之,韓咎立,因也以爲戒。不立,則曰來效賊也。”

【念孫案】“因也”當爲“因曰”,與下文“則曰”相對爲文。《韓子·説林》篇作“得立,因曰爲戒”,是其證。

生得失

今殺人之相,相又國君之親,此其勢不可以多人。多人不能無生得失,生得失則語泄。

鮑解“生得失”云“謂相可否”。今本《史記·刺客傳》亦作“生得失”。【念孫案】《史記索隱》出“不能無生得”五字,解云:“《戰國策》作‘無生情’。言所將人多,或生異情,故語泄。此云‘生得’,言將多人往殺俠累,後又被生擒而事泄,亦兩通也。”據此,則《史記》本作“生得”,今本“得”下有“失”字,乃後人以意加之也。《戰國策》本作“生情”,而今本亦作“生得失”,則又後人據《史記》改之也。

位正

今王位正,張儀之貴,不得議公孫郝,是從臣不事大臣也。公孫郝之貴，不得議甘戊，則大臣不得事近臣矣。

鮑解“今王位正”句，曰：“言武王能正貴賤之位。”【念孫案】如鮑説，則當云“今王正位”，不當云“今王位正”也。今案，“位”讀爲“涖”，“正”讀爲“政”，言自今王涖政以來，從臣不事大臣，大臣不事近臣也。上言群臣比周以蔽其上，此言今王涖政以來，從臣不事大臣，大臣不事近臣，則群臣不得比周以蔽上矣，故下文曰“群臣之賢不肖，可得而知也”。僖三年《穀梁傳》曰：“莅者，位也。”“位”與“涖”義同而聲相近，故字亦相通。《周官·肆師》：“用牲於社宗則爲位。”“故書位爲涖”是也。《秦策》曰：“臣聞明主莅正。”即莅政也。“政”“正”古多通用，不煩覼縷。

燕

足下皆

足下皆自覆之君也，僕者進取之臣也。

【念孫案】“皆”字義不可通，“皆”當爲“者”，“足下者”與“僕者”相對爲文。今作“皆”者，因上文“皆自覆之術”而誤。

君人

臣聞古之君人，有以千金求千里馬者。

【念孫案】“君人”當依《新序·雜事》篇作“人君”。《藝文類聚·居處部》《太平御覽·資産部》及《文選·論盛孝章書》注引此并作“人君”。

黄金千溢

臣請獻白璧一雙,黄金千溢,以爲馬食。

【念孫案】《秦策》言"白璧百雙,黄金萬溢",此獻白璧一雙,則黄金不得有千溢之多,且與下"以爲馬食"之意不合。《太平御覽·獸部》引此,"千"作"十",於義爲長。

長驅至國

濟上之軍,奉令擊齊,大勝之。輕卒鋭兵,長驅至國。

姚曰:"'國',錢作'齊'。"【念孫案】作"齊"者原文。作"國"者後人據《史記·樂毅傳》改之也。後人以上文既言"擊齊",此不當復言"至齊",故改爲"至國"。不知"至齊"之"齊",與"擊齊"之"齊"異義。至齊,謂至齊都,猶言至國也。《齊策》云"馮煖自薛長驅到齊",亦謂到齊都也。《文選·東京賦》注、《爲曹洪與魏文帝書》注、《爲石仲容與孫皓書》注、《晉記·總論》注引《策》文并作"至齊",《新序·雜事》篇亦作"至齊"。又,《文選·天監三年策秀才文》注引《史記》"輕卒鋭兵,長驅至國",然則《史記》作"國",而《戰國策》作"齊"明矣。

舉王

臣聞當世之舉王,必誅暴正亂,舉無道,攻不義。

鮑解"舉王"二字曰"興起之王"。吴曰:"'舉'字恐因下誤衍。"【念孫案】吴説是也。"當世之王",謂受命之君也。

“王”上不當有“舉”字。《太平御覽·人事部》引此無“舉”字。

即有死蚌

蘇代爲燕爲趙惠王曰：“今者臣來，過易水，蚌方出暴，而鷸啄其肉，蚌合而拑其喙。鷸曰：‘今日不雨，明日不雨，即有死蚌。’蚌亦謂鷸曰：‘今日不出，明日不出，即有死鷸。’”

姚曰：“謡語、諺語皆叶，《後語》作‘必見死蚌脯’，即多一字。《藝文類聚》引云‘蚌將爲脯’，如此則叶韻，然不聞蚌、鷸得雨則解也。陸農師乃云：‘今日不兩，明日不兩，必有死蚌。兩，謂闢口，一本作雨，非。’是恐别有所據。”【念孫案】陸説甚爲紕謬，訓“兩”爲“闢口”，既屬無稽，謂“兩”與“蚌”爲韻，又於古音不合。凡平聲江韻之字，古音皆與東、冬通，而不與陽通，上、去聲亦然。“蚌”字古讀若“奉”，故其字從虫、丰聲。郭璞《山海經·毆野絲贊》曰：“女子鮫人，體近蠶蚌。出珠匪甲，吐絲匪蛹。化出無方，物豈有種。”則晉時“蚌”字尚讀若“奉”。陸佃不知古音，而謂“蚌”與“兩”爲韻，故有此謬説。吴棫《韻補》“蚌”叶彼五反，與“雨”爲韻，亦非。此當作“今日不雨，明日不雨，蚌將爲脯”。姚云“不聞蚌、鷸得雨則解”，非也。“蚌將爲脯”者，謂不雨則蚌將枯死，非謂蚌、鷸得雨則解也。今案，作“蚌將爲脯”者，《戰國策》原文也。《藝文類聚·人部》及《太平御覽·人事部》“諫諍”“游説”二類并引作“蚌將爲脯”，今據以訂正。《藝文類聚·鱗介部》及《御覽·羽族部》并引作“即見蚌脯”，又《御覽·兵部》引作“即有蚌脯”，皆後人據他書改之也。作“必見蚌脯”者，《春秋後語》文也。《御覽·鱗介部》及唐釋湛然《止觀輔行傳宏決》引《後語》并作“必見蚌脯”。姚所見本作“必見死蚌脯”，多一“死”字者，又宋人據誤本《戰國策》加之也。誤本《戰國策》作“即有死蚌”者，因下文“即有死鷸”而誤也。諸書所引皆無作“即有死蚌”者。陸所見本作“今日不兩，明日不兩”者，誤本之尤甚者也。諸書所引皆無作“兩”者。乃不知“兩”與“蚌”之非韻，而轉以作“雨”者爲非，又妄解“兩”爲“闢口”，以曲成其説，甚矣其謬也。而姚且疑其别有所據，毋亦眩於名而不知其實乎。

非君恐望之

燕王遺樂間書曰：“掩人之邪者，厚人之行也。救人之過者，仁者之道也。世有掩寡人之邪，救寡人之過，非君恐望之。”

姚本作“非君心所望之”。【念孫案】《新序·雜事》篇作“非君，惡所望之”是也。惡，何也。言非君，何所望之也。作“恐”者，“惡”之訛。作“心”者“惡”之脱耳。鮑不考而改“恐”爲“孰”，謬矣。“恐”與“孰”，形、聲俱不相近，若本是“孰”字，無緣誤爲“恐”。

君之所揣也

願君捐怨，追惟先王，復以教寡人。意君曰，鮑注以“意”爲“意度”，非也。意，詞也，讀與“抑”同。《論語·學而》篇“抑與之與”，漢石經“抑”作“意”。《大戴禮·武王踐阼》篇曰：“黄帝、顓頊之道存乎？意亦忽不可得見與？”《墨子·明鬼》篇曰：“豈女爲之與？意鮑爲之與？”《莊子·盜跖》篇曰：“知不足邪？意知而力不能行邪？”余且慝心以成而過，不顧先王以明而惡，使寡人進不得修功，退不得改過，君之所揣也，唯君圖之。

鮑解“君之所揣”句，云“言君量我也”。姚云：“‘揣’，曾作‘制’。”【念孫案】鮑説甚謬。揣者，“制”之訛。制者，“制”之訛。言君之幸教寡人與否，皆在於君，故曰“君之所制也，唯君圖之”。《新序·雜事》篇作“此君所制，唯君圖之”，是其明證也。篆文“制”字作“[illegible]”，隸作“𠛐”，形與“制”相近，因訛而爲“制”矣。《齊策》“夫制楚者，王也”，《鴻烈·主術》篇“其立君也，所以制有司使無專行也”，今本“制”字并訛作“制”。《大戴禮·五帝德》篇“依鬼神以制義”，《史記·五帝紀》訛作“制”，《正義》以“制”爲古“制”字，非也。

膝下行

太子再拜而跪，膝下行，流涕。

鮑注曰：“以膝行，不立行，故言下。”【念孫案】鮑説甚謬。“膝行”二字之間，不當有“下”字，此因上文“下”字而誤衍耳。《史記·刺客傳》無“下”字，《文選·四子講德論》注引《策》文亦無。①

宋

王之所憂　齊王　荊王

齊攻宋，宋使臧子索救於荊。荊王大説，許救甚勸。臧子曰：“宋小而齊大，夫救於小宋，而惡於大齊，此王之所憂

① “子”，底本作“字”，據同治本改。

也，而荆王説甚，必以堅我。我堅而齊弊，荆之利也。”

【念孫案】“王之所憂”，“王”當作“人”。今作“王”者，《戰國策》“人”字或作“𤯔”，因訛而爲“王”。下章墨子曰“吾欲藉子殺王”，“王”亦“𤯔”之訛也。吴曰：“一本‘殺王’作‘殺𤯔’，云‘人’‘𤯔’并而鄰反。《集韻》云：‘人，唐武后字作𤯔。’”《韓子·説林》篇作“夫救小宋而惡於大齊，此人之所以憂也”，是其證。下文“齊王果攻，拔宋五城，而荆王不至”，兩“王”字亦當作“人”。《韓子》作“齊人拔五城於宋，而荆救不至”，是其證。

設機

公輸般爲楚設機，將以攻宋。

【念孫案】“機”下當有“械”字，故高注曰“機械，雲梯之屬也”。莊三十二年《公羊傳》注曰：“有攻守之器曰械。”機械，機巧之械也。《文選·勸進今上箋》注、《辯亡論》注引《策》文并作“機械”。《墨子·公輸》篇亦云：“公輸般爲楚造雲梯之械。”

罵國老諫曰

宋康王射天笞地，斬社稷而焚滅之，罵國老諫曰。

鮑改“諫曰”爲“諫臣”。見吴校本。【念孫案】“曰”與“臣”，形、聲俱不相近，若本是“臣”字，無緣誤爲“曰”。考《太平御覽·人事部》引此作“罵國老諫者”，《賈子·春秋》篇、《新序·雜事》篇并作“罵國老之諫者”，則舊本“曰”字，乃“者”字脱去上半耳。且“諫者”即指“國老”而言，蓋群臣莫敢諫，唯國老尚有諫者，而康王罵之也。鮑不達，而以意改之，斯爲妄矣。

見祥而不爲

見祥而不爲，祥反爲禍。

【念孫案】“見祥而不爲”當作“見祥而爲不可”。爲不可，謂爲不善也。《吕氏春秋·制樂》篇曰：“見祥而爲不善，則福不至。”義與此同。“可”與“禍”爲韻。今本“爲不”二字誤倒，又脱去“可”字。《賈子》《新序》并作“故見祥而爲不可，祥反爲禍”。

衛

今蒲入於魏衛必折於魏

秦攻衛之蒲。胡衍謂樗里疾曰：“衛所以爲衛者，以有蒲也。今蒲入於魏，衛必折於魏。”

吴曰：“一本作‘蒲入於秦’。”【念孫案】《史記·樗里子傳》作“今伐蒲入於魏，衛必折而從之”，《索隱》曰：“《戰國策》云‘今蒲入於秦，衛必折而入於魏’，與此文相反也。”據此，則今本作“今蒲入於魏”，乃後人據《史記》改之。下句作“衛必折於魏”，“折”下又脱去“而入”二字也。《西周策》曰：“與之高都，則周必折而入於韓。”《齊策》曰：“晚救之，韓且折而入於魏。”《楚策》曰：“魏折而入齊秦，子何以救之。”《韓策》曰：“韓急，則折而入於楚矣。”其一本作“蒲入於秦”者是也。據高注云“衛知必失蒲，必自入於魏以求救”，則正文本作“今蒲入於秦，衛必折而入於魏”明矣。蓋攻蒲者，秦也，故言“蒲入於秦”，不得言“蒲入於魏”。史公未達其意而改之，故《索隱》有相反之語，而後人復據《史記》以改此《策》，弗思甚矣。鮑解“蒲入於魏”句云“衛恐秦取蒲，必自入之魏”，此不得其解而爲之詞。

衛使客事魏　衛客曰

衛使客事魏，三年不得見。

【念孫案】“衛使客”當作“衛客”，謂衛人之客於魏者也。衛客，猶言燕客。《秦策》曰“燕客蔡澤”是也。“衛”下不當有“使”字，“事魏”下當有“王”字，今本衍“使”字，脱“王”字，則文不成義。《藝文類聚・人部》《太平御覽・人事部》引此并作“衛客事魏王”。又，下文“衛客曰‘事王三年，不得見’”，衍“曰”字，《類聚》《御覽》皆無“曰”字。

中山

商敵爲資

司馬憙奏書中山王曰“臣聞弱趙强中山”。中山王説而見之，曰：“願聞弱趙强中山之説。”司馬憙曰：“臣願之趙，觀其地形險阻，人民貧富，君臣賢不肖，商敵爲資，未可豫陳也。”

【念孫案】“敵”當爲“敵”，字之誤也。“敵”即“商搉”之“搉”。“搉”音古學反。“商搉”之“搉”通作“敵”，猶“搉擊”之“搉”通作“敵”。《説文》：“搉，敵擊也。”《玉篇》：“苦角切。”定二年《左傳》“奪之杖以敵之”，《釋文》：“敵，苦孝反，又苦學反。《説文》：‘毃，擊頭也。’《玉篇》‘口交、口卓二切’。”“搉”“敵”“毃”三字，古同聲而通用。凡從高、從隺之字，古多通用。《説文》："塙，堅不可拔也。"[1]《玉篇》口角切，即"易確乎其不可拔"之"確"。《詩》"白鳥翯翯"，《孟子》作"鶴鶴"，皆其例也。言當觀其地形險阻，人民貧富，君臣賢不肖，商搉以爲資，未可豫陳其説也。商搉，猶商較也。"較"與"搉"古字通。《續漢書・律志》："其可以相傳者，唯大搉常數而已。"大搉，即大較。鮑彪解"商"字，云"商，較之"是也，但未知"搉"之借作"敲"，訛作"敵"耳。《太平御覽・人事部》引此作"商搉爲資"，是其明證矣。"搉"字古通作"敲"，因訛而爲"敵"。《荀子・儒效》篇"退編百姓而慤"，《新序・雜事》篇"慤"作"敲"，今本訛作"敵"。《莊子・徐無鬼》篇《釋文》引《三蒼》云"搉，敲也"，今本亦訛作"敵"。《漢書・李廣傳》"自負其能，數與虜确"，《史記》作"數與虜敲戰"，"敲"音古學反，故與"确"通，今本亦訛作"敵"。草書"敵"字作""，"敲"字作""，二形極相似。

不知者特以爲神力言不能及也

司馬憙見趙王曰："以臣所行多矣，周流無所不通，未嘗見人如中山陰姬者也，不知者特以爲神力，言不能及也。"

鮑改"力"爲"人"，吴以"力言"二字連讀，云"盡力言之"。【引之曰】鮑之改、吴之釋，皆非也。"力"字與上下文皆不相屬，當是"也"字之誤，"不知者特以爲神也"絶句。《楚策》曰："鄭周之女，粉白黛黑，立於衢閭，非知而見之者，以爲神。"其"言不能及也"五字，乃高注之誤入正文者耳。《太平御覽・人事部》引《策》文無此五字，是其明證矣。

① "塙"，底本作"墧"，據續修本改。

《史記》雜志

《史記》雜志序

《太史公書》，東漢以來注者無多，又皆亡逸，今見存者，唯裴駰《集解》、司馬貞《索隱》、張守節《正義》而已。宋本有單刻《集解》本，有兼刻《索隱》本。明季毛氏有單刻《索隱》本，而《正義》則唯附見於震澤王氏本，其單行者，不可得矣。是書傳寫或多脱誤，解者亦有踳駁，所亟宜辯正者也。近世錢少詹事大昕作《史記考異》，討論精核，多所發明，足爲司馬氏功臣。後有梁明經玉繩作《志疑》一書，所説又有錢氏所未及者，而校正諸表特爲細密。余歸好此學，研究《集解》《索隱》《正義》三家訓釋，而參考經史諸子及群書所引，以釐正譌脱，與錢氏、梁氏所説，或同或異。歲在丁丑，又從吴侍御榮光假宋本參校，因以付之剞劂。凡所説與錢、梁同者，一從刊削，尚存四百六十餘條。一勺之流，一卷之石，未足以言海嶽之大也。嘉慶二十二年冬十一月五日，高郵王念孫叙，時年七十有四。

《史記》第一

五帝本紀

西陵

黄帝居軒轅之丘，而娶於西陵之女。

【念孫案】“西陵”下脱“氏”字。下文“昌意娶蜀山氏女”“帝嚳娶陳鋒氏女”，皆有“氏”字。《太平御覽·皇王部》《皇親部》引此并作“西陵氏”。《大戴禮·帝繫》篇亦作“西陵氏”。

㓞

依鬼神以制義。

《正義》本“制”作“㓞”，云“㓞，古制字”。又，《論字例》云：“制字作㓞，緣古少字，通共用之。《史》《漢》本有此古字者，乃爲好本。”【念孫案】張説非也。“制”與“㓞”聲不相近，無緣通用“㓞”字。篆文“制”字作“[illegible]”，隸作“[illegible]”，形與“㓞”相似，因訛爲“㓞”，非古字通用也。

西至于

北至于幽陵,南至于交趾,西至于流沙,東至于蟠木。

【念孫案】"西至"本作"西濟",此涉上下三"至"字而誤也。《正義》曰:"濟,渡也。"則本作"濟"明矣。唐魏徵《群書治要》引此正作"濟",《大戴禮·五帝德》篇同。

小大

動静之物,小大之神。

【念孫案】"小大"當從宋本作"大小",此吴氏荷屋所藏單刻《集解》宋本也,其缺者,則以兼刻《索隱》本補之,是以二本各存其半。此之所有,即彼之所無,然皆係宋槧,故可寶也。① 寫者誤倒耳。《正義》先釋"大",後釋"小",則本作"大小"明矣。《群書治要》引此正作"大小",《大戴禮》同。

夏本紀

厥田斥鹵　厥貢鹽絺

其土白墳,海濱廣潟,厥田斥鹵。田上下,賦中上,厥貢鹽絺。

【念孫案】此文本作"其土白墳,海濱廣潟。田上下,賦中上,貢鹽絺"。凡《禹貢》"厥"字,史公皆以"其"字代之。"其

① "槧",底本作"塹",據同治本改。

土白墳”,“其”字統下土、田、賦、貢而言。“潟”即“斥”字也,故《集解》云“徐廣曰‘潟,一作澤,又作斥’,鄭玄曰‘斥,謂地鹹鹵’”。“潟”字又作“舄”。《河渠書》“溉澤鹵之地”,《索隱》曰:“澤,一作舄。本或作斥。”《吕氏春秋·樂成》篇“終古斥鹵”,《漢書·溝洫志》作“千古舄鹵”。後人不曉字義,乃於“海濱廣潟”下,加“厥田斥鹵”四字,上文有“廣潟”,則不得更言“斥鹵”。下文有“田上下”,則不得先言“厥田”。且樹穀曰田,斥鹵之地豈得謂之田乎?而移“鄭玄曰‘斥,謂地鹹鹵’”八字,於“厥田斥鹵”之下。且於“謂地鹹鹵”下,加“《索隱》曰‘鹵音魯’,《説文》云‘鹵,鹹地。東方謂之斥,西方謂之鹵’”二十二字。自“鹵音魯”以下,皆《索隱》單行本所無。又於“貢鹽絺”上加“厥”字,甚矣其謬也。《漢書·地理志》作“厥土白墳,海瀕廣潟。田上下,賦中上。貢鹽絺”,足正今本之謬。

逆河

北播爲九河,同爲逆河。

【念孫案】“逆河”本作“迎河”。《古文尚書》作“逆河”,今文作“迎河”。《漢書》皆用今文,《史記》雖多用古文,然用今文者亦不少。説見段氏《古文尚書撰異》。此篇及《河渠書》《漢書·地理志》之同爲“逆河”,皆後人依古文改之,《集解》引鄭注“下尾合名曰逆河”,則所見本已改爲“逆”。而《地理志》“勃海郡,莽曰迎河。南皮,莽曰迎河亭”,《溝洫志》同爲“迎河”,及《河渠書贊》“余東闚洛汭、大邳、迎河”,此四處仍作“迎河”,則改之未盡者也。蓋晉以後之治《尚書》者,皆傳古文而不傳今文,他書之同於今文者,皆以古文改之,故觀《地理志》之兩“迎河”，則知上文之“逆河”，爲後人所改。觀《河渠書贊》之“迎河”，則知上文之“逆河”，亦後人所改矣。“逆”字古讀若“御”，説見《唐韻正》。文多不録。而“迎”字亦有“御”音，《天官書》：“迎角而戰者不勝。”徐廣曰：“迎，一作御。”《楚辭·離騷》“九疑繽其并迎”，與“故”爲韻，則“迎”亦可讀若“御”。《莊子·應帝王》篇“不將不逆”，與“藏”“傷”爲韻，《淮南·覽冥》篇“逆”作“迎”，則“逆”又可讀若“迎”。“迎”古讀若“卬”，亦見《唐韻正》。“迎”“逆”“御”，古聲并相近，故古文作“逆河”，今文作“迎河”也。

太平治

天下於是太平治。

【念孫案】“太”當爲“大”。“大”“太”字相近，後人又習聞“天下太平”之語，故“大”誤爲“太”耳。《群書治要》引此正作“大平治”。①

殷本紀

炮烙

於是紂乃重刑辟，今本“刑辟”作“辟刑”，據宋本及明游明本改。有炮烙之法。

段氏若膺曰：“‘炮烙’本作‘炮格’，《江鄰幾雜志》引陳和

① “大”，底本作“太”，據同治本改。

叔云'《漢書》作炮格'。念孫案:此謂《谷永傳》"搒箠瘏於炮格"也,師古曰:"膏塗銅柱,加之火上。"此正釋"炮格"二字,而今本亦改爲"炮烙"矣。今案,《索隱》引鄒誕生云'格,今本訛"烙",下同。一音閣',又云'爲銅格,炊炭其下,使罪人步其上'。又,楊倞注《荀子·議兵》篇'音古責反'。觀鄒、楊所音,皆是'格'字無疑。鄭康成注《周禮·牛人》云'互,若今屠家縣肉格',意紂所爲,亦相似。'庋格''庋閣',兩音皆可通。《吕氏春秋·過理》篇云:'肉圃爲格。'高氏注:'格以銅爲之,布火其下,以人置上,人爛,墮火而死。'《列女傳》所説亦相類,是其爲'格'顯然,而不但以燔灼爲義。今諸書皆爲後人改作'炮烙'矣。"

【念孫案】段説是也。《韓子·喻老》篇曰:"紂爲肉圃,設炮格,登糟丘,臨酒池。""肉圃""炮格""糟丘""酒池",皆相對爲文,今改"炮格"爲"炮烙",則文不相對矣。《難勢》篇又云:"桀紂爲高臺深池,以盡民力,爲炮格以傷民性。"言"設"、言"爲",則必有所設所爲之物,今改"炮格"爲"炮烙",則不知爲何物矣。

周本紀

西伯曰文王

子昌立,是爲西伯。西伯曰文王。

【念孫案】"西伯曰文王"本作"西伯文王也"。今本既衍"曰"字,又脱"也"字。此是承上句而申明之,故曰"西伯文王也"。《五帝紀》曰:"文祖者,堯大祖也。"《項羽紀》曰:"亞父者,范增也。"語意并與此同。若云"西伯曰文王",則非其指矣。《文選·報任少卿書》注引此正作"西伯文王也"。

散鹿臺之財

命南宫括散鹿臺之財,發鉅橋之粟,以振貧弱萌隸。

【念孫案】"散鹿臺之財"本作"散鹿臺之錢"。今作"財"者,後人依晚出《古文尚書》改之也。請以十證明之。晚出《尚書·武成》篇"散鹿臺之財",《正義》引《周本紀》曰"命南宫括散鹿臺之錢",又曰"言鹿臺之財,則非一物也。《史記》作'錢',後世追論,以'錢'爲主耳"。是《史記》本作"錢",不作"財",一也。《樂記》正義引《史記》作"財"。案,孔氏一人所見之本,不得互異,明是後人依晚出《尚書》改之。《武成》正義獨不改者,以孔氏明言《史記》作"錢"故也。《群書治要》引《史記》亦作"散鹿臺之錢",是唐初人所見本皆作"錢",二也。《齊世家》曰"散鹿臺之錢,發鉅橋之粟",三也。《留侯世家》曰"發鉅橋之粟,散鹿臺之錢",《新序·善謀》篇同。《漢書·張良傳》《漢紀·高祖紀》并作"財"。案,此三書記張良諫立六國後事,并本《史記》,今《漢書》《漢紀》作"財",與《史記》《新序》不合,皆後人依晚出《尚書》改之耳。四也。《逸周書·克殷》篇曰"乃命南宫忽振鹿臺之錢,散巨橋之粟",孔晁注:"振,散之以施惠也。"今本脱去"散"字,"錢"字又改爲"財"。《太平御覽·資産部》"錢"類引《周書》曰:"武王克商,發鹿臺之錢,散鉅橋之粟。"足正今本之誤。又案,《武成》正義曰:"鹿臺之財非一物,後世追論,以錢爲主耳。"若《逸周書》果作"財",則孔氏必引以爲證。今不引,則《逸周書》本作"錢"可知。他如《管子》《吕覽》《淮南》諸書,亦皆作"錢",故皆不引也。《周本紀》即本於此,五也。《管子·版法解》篇曰"決鉅橋之粟,散鹿臺之錢",六也。《淮南·主術》篇、《道應》篇并曰"發鉅橋之粟，散鹿臺之錢"，七也。《殷本紀》曰："帝紂厚賦税以實鹿臺之錢。"是紂作鹿臺，本以聚錢，故《周本紀》言"散鹿臺之錢"，八也。《吕氏春秋·慎大》篇曰："發巨橋之粟，賦鹿臺之錢，以示民無私。高注："鹿臺，紂錢府。"出拘救罪，分財棄責，以振窮困。"是分財不專在鹿臺，而賦錢則專在鹿臺，故曰"賦鹿臺之錢"，九也。《説苑·指武》篇曰："武王上堂見玉，曰：'誰之玉也？'曰：'諸侯之玉也。'即取而歸之於諸侯。天下聞之曰：'武王廉於財矣。'入室見女，曰：'誰之女也？'曰：'諸侯之女也。'即取而歸之於諸侯。天下聞之曰：'武王廉於色矣。'於是發巨橋之粟，散鹿臺之金錢，以與士民。"今本作"散鹿臺之財金錢"，文不成義，"財"字明是後人所加。《藝文類聚·産業部》引《六韜》亦云："武王散鹿臺之金錢，以與殷民。"是玉與女皆在宫中，而金錢則在鹿臺，故曰"散鹿臺之金錢"，十也。自晚出《尚書》盛行於世，學者翫其所習，蔽所希聞，於是見古書中言"散鹿臺之錢"者，輒改"錢"爲"財"。其已改者，則有《漢書》《漢紀》。見上注。其已改而舊迹尚存者，則有《周本紀》《逸周書》《説苑》。其未改者，則有《殷本紀》《齊世家》《留侯世家》及《管子》《吕覽》《淮南》《新序》。其引《史記》而已改者，則有《樂記》正義。見上注。其未改者，則有《武成》正義、《群書治要》。幸其參差不一，猶可考見古書原文，故具論之。

誅武庚管叔　殺武庚禄父管叔

周公奉成王命，伐誅武庚、管叔，放蔡叔。

【念孫案】史公原文本作"伐誅武庚，殺管叔，放蔡叔"，今本無"殺"字者,後人以"殺"與"誅"意義相複而删之也,不知誅武庚、殺管叔、放蔡叔,相對爲文,古人之文,不嫌於複也。《衛將軍驃騎傳》:"殺折蘭王,斬盧胡王,誅全甲。"亦以"殺""斬""誅"并用。《藝文類聚·帝王部》《太平御覽·皇王部》引此并作"誅武庚,殺管叔,放蔡叔"。又,《魯世家》曰:"遂誅管叔,殺武庚,放蔡叔。"《管蔡世家》《宋世家》并曰:"誅武庚,殺管叔,放蔡叔。"皆其明證矣。又,《衛世家》:"殺武庚禄父、管叔,放蔡叔。""管叔"上亦本有"殺"字。《御覽·州郡部》引此正作"殺武庚禄父,殺管叔,放蔡叔"。

莫敢發之

比三代,莫敢發之。

【念孫案】"莫敢發之"本作"莫之敢發",淺學人改之耳。僖三年《左傳》"未之絶也",今本作"未絶之也",亦淺人所改。《鄭語》作"莫之發也"。《文選·幽通賦》注、《運命論》注引《史記》并作"莫之敢發",《列女傳·孽嬖傳》同。《論衡·異虚》篇作"皆莫之發"。

王用之又廢申后去太子也

幽王以虢石父爲卿,用事,國人皆怨。石父爲人佞巧,善諛好利,王用之。又廢申后,去太子也。申侯怒,與繒、西夷犬戎攻幽王。

【念孫案】"廢申后,去太子"一事,已見上文,此處不應重見。"王用之"三字,亦與上文"用事"相複。今案,"王用之,又廢申后，去太子也”本作“王之廢申后，去太子也”，乃復舉上文以起下文。申侯與犬戎攻周之事，與虢石父之事，各不相涉，祇因“王之廢申后，去太子”，“王”下衍一“用”字，因上文“用事”而衍。遂致不成文理。後人不得其解，遂於“廢申后”上加一“又”字，以曲爲彌縫耳。《群書治要》引此作“王之廢后，去太子也”，《太平御覽·皇王部十》引作“幽王之廢申后，去太子也”，今據以訂正。

樂及遍舞

立釐王弟穨爲王，樂及遍舞。

【念孫案】《太平御覽·皇王部》引此，“樂及遍舞”上有“遂享諸大夫”五字是也。今本脱此五字，則叙事不明。莊二十年《左傳》曰：“王子穨享五大夫，樂及遍舞。”《周語》曰：“王子穨飲三大夫酒，子國爲客，樂及遍儛。”皆其證。

秦本紀

雍廩

齊雍廩殺無知、管至父等。

【念孫案】“雍廩”本作“雍林人”，此後人依《左傳》改之也。《齊世家》曰：“齊君無知游於雍林。雍林人嘗有怨無知，及其往游，雍林人襲殺無知。”是史公誤以“雍林”爲邑名，故言“無知游於雍林，雍林人襲殺之”也。此文亦當云“齊雍林人殺無知”，故《正義》曰“雍林邑人”，此正釋“雍林人”三字也。今本《正義》曰:"是雍林邑人姓名也。"案,既云"雍林邑人",則不得又以雍林爲姓名。此句亦經後人改竄,惟"雍林邑人"四字尚未改耳。後人改"雍林"爲"雍廩",又删去"人"字,非史公之意矣。又案,《正義》内有"雍,於宫反。廩,力甚反"八字,亦後人所加。"雍"字不須作音,故《左傳》"雍廩"之"雍"無音。又,《齊世家》之"雍林"、《鄭世家》之"宋雍氏""雍糾",《正義》皆無音,此不當獨有音。且《正義》既作"雍林",則又不當有"廩,力甚反"之音,故知此八字皆後人所加也。

河西

出子二年,庶長改迎靈公之子獻公于河西而立之。《正義》曰:"西者,秦州西縣,秦之舊地。時獻公在西縣,故迎立之。"

【念孫案】如《正義》,則正文"西"上本無"河"字,蓋涉下文"奪秦河西地"而衍。《漢書・地理志》:"西縣屬隴西郡,故城在今秦州西南。"上文曰"宣王以莊公爲西垂大夫,居其故西犬丘",故《正義》曰"西者,秦之舊地"。

魏晉

與魏晉戰少梁,虜其將公孫痤。

【念孫案】"魏"字,後人所加也。"與晉戰少梁"者,晉即魏也。三家分晉,魏得晉之故都,故魏人自稱晉國,而韓趙則否。梁惠王曰:"晉國,天下莫强焉。"周霄曰:"晉國,亦仕國也。"周霄,魏人。《魏策》曰:"魏武侯與諸大夫浮於西河,稱曰:

'河山之險,豈不亦信固哉!'王鍾侍王曰:'此晉國之所以强也。'"是晉即魏也。上文云:"晉城少梁,秦擊之。"此云:"與晉戰少梁,虜其將公孫痤。"《魏世家》云:"與秦戰少梁,虜我將公孫痤。"此尤其明證也。後人不達,又於"晉"上加"魏"字,其失甚矣。

秦始皇本紀

遂定其荆地

荆王獻青陽以西,已而畔約,擊我南郡,故發兵誅得其王,遂定其荆地。

【念孫案】"荆地"上不當有"其"字,蓋涉上句"其"字而衍。

至千萬世

二世三世,至千萬世。

【念孫案】"至千萬世",當從宋本、游本作"至于萬世",字之誤也。《漢書·賈山傳》秦皇帝曰"以一至萬,則世世不相復也",是其證。舊本《北堂書鈔·禮儀部十五》《文選·過秦論》注、《太平御覽·皇王部十一》引此并作"至于萬世"。陳禹謨本《北堂書鈔》依俗本改"于"爲"千"。《資治通鑑·秦紀二》同。

置廷宫中

收天下兵，聚之咸陽，銷以爲鍾鐻，金人十二，重各千石，置廷宫中。

【念孫案】此當作"置宫廷中"，今本"廷"字誤在"宫"字之上，則文不成義。《文選·過秦論》注、《太平御覽·皇王部》引此并作"置宫廷中"。《通鑑·秦紀二》同。"庭""廷"古字通。

焉

始皇巡隴西北地，出雞頭山，過回中，句。焉作信宫渭南。

【念孫案】"焉"字下屬爲句。焉，猶於是也。於是作信宫於渭南也。今本以"焉"字絶句，非是。古或謂"於是"爲"焉"，故僖十五年《左傳》"晉於是乎作爰田""晉於是乎作州兵"，《晉語》作"焉作轅田""焉作州兵"。又，《刺客傳》："豫讓謂趙襄子曰：'願請君之衣而擊之，句。焉以志報讎之意，則雖死不恨。'""焉"字亦下屬爲句。焉，猶於也，於以志報讎之意也。古或謂"於"爲"焉"，故宣六年《公羊傳注》曰"焉者，於也"。詳見《釋詞》。

陶山

西北斥逐匈奴，自榆中并河以東屬之陰山，以爲三十四縣。城河上爲塞，又使蒙恬渡河，取高闕、陶山、北假中。

【念孫案】“陶山”之名不見於各史志，“陶”當爲“陰”。隸書“陶”字或作“陶”，“陰”字或作“陰”，二形相似，故“陰”訛爲“陶”。《水經·河水》注：“秦始皇逐匈奴，并河以東，屬之陰山。”今本“陰”訛作“陶”，即其證也。《穰侯傳》：“乃封魏冉於穰，復益封陶。”徐廣曰：“陶，一作陰。”《惠景閒侯者年表》“成陶夷侯周信”，《漢·表》作“成陰”。《漢書·司馬相如傳》：“奏陶唐氏之舞。”顏師古曰：“陶唐當爲陰康，傳寫字誤耳。”陰山已見上文，是以《集解》《索隱》《正義》皆不復作注，若此處作陶山，則必當有注，以是知“陶”爲“陰”之訛也。《集解》引徐廣曰“陰山在五原北”，又引晉灼曰：“《王莽傳》云：‘五原北假，膏壤殖穀。’北假，地名也。”《續漢書·郡國志》曰：“五原郡西，安陽北，有陰山。”《史記·匈奴傳》曰：“趙武靈王築長城，自代并陰山下，至高闕爲塞。”是高闕、陰山、北假，地皆相連，故此云“渡河取高闕、陰山、北假中”也。陰山或謂之陽山，故《匈奴傳》曰“蒙恬度河，據陽山、北假中”。《水經注》曰：“自高闕以東，夾山帶河。陽山以西，皆北假也。”《禹貢錐指》曰：“陽山，即陰山也。山在中國之北，故名陰山。水北曰陽，山在河水之北，故亦謂之陽山。徐廣云‘陰山在河南，陽山在河北’，非也。《漢書》侯應曰‘北邊塞至遼東，外有陰山，東西千餘里’，非河南所能容。”

若欲有學法令

若欲有學法令，以吏爲師。

【念孫案】“欲有”當爲“有欲”。“若有”二字連讀，“欲學法令”四字連讀，置“欲”字於“有”字之上，則文不成義。“法令”下當有“者”字，《李斯傳》作“若有欲學者”，是其證。《通鑑·秦紀二》正作"若有欲學法令者"。

使者從關東

使者從關東，夜過華陰平舒道。

【念孫案】"使者從關東"本作"鄭使者從關東來"。"鄭使者"，謂出使於鄭者也。鄭在關東，故曰"從關東來"。今本脱"鄭"字、"來"字，則文義不明。《文選·西征賦》注引此作"鄭使者從關東來"。《初學記·地部上》引作"鄭客從關東來"，《漢書·五行志》同。雖"客"與"使者"異文，而皆有"鄭"字、"來"字。

其賜死

更爲書賜公子扶蘇、蒙恬，數以罪，其賜死。

【念孫案】"賜死"上本無"其"字，後人據《李斯傳》加之耳。不知彼言"其賜死"，乃趙高所爲"始皇書"語。此言"賜死"，乃史公記事之文，不當有"其"字也。《太平御覽·皇王部》引此無"其"字。

奉酌

天子儀當獨奉酌祠始皇廟。

【引之曰】《説文》："酌，盛酒行觴也。"可言奉觴，不可言奉酌。"酌"當爲"酎"，字之誤也。《説文》："酎，三重醇酒也。"《漢書·景帝紀》"高廟酎"，張晏曰："正月旦作酒，八月成，名曰酎。至武帝時，因八月嘗酎，會諸侯廟中，出金助祭，所謂酎金也。”案，漢制以八月嘗酎，蓋本於秦制。祭廟時，天子率群臣奉酎酒以獻，故曰奉酎。《漢書·武五子傳》“何面目復奉齊酎，見高祖之廟”是也。而《集解》《索隱》《正義》“酎”字皆無音釋，蓋所見本已誤爲“酌”矣。

固不聞聲

趙高説二世曰：“天子稱朕，固不聞聲。”

《索隱》曰：“一作‘固聞聲’。單行本如是，各本無此五字，後人妄删之也。言天子常處禁中，臣下屬望，纔有兆朕，聞其聲各本無此三字，亦後人所删。耳，不見其形也。”【念孫案】一本及小司馬説是也。《李斯傳》記高之言曰“天子所以貴者，但以聞聲，群臣莫得見其面，故號曰朕”，是其證。《潛夫論·明闇》篇趙高要二世曰“天子稱朕，固但聞名”，即本於《史記》。

飯土塯

堯舜飯土塯，啜土形。

《集解》：“徐廣曰：‘吕静曰飯器謂之簋。’”《索隱》曰：“塯，如字，一音鏤，《玉篇》：“塯，力又切，瓦飯器也。”不作簋。”【念孫案】“不作簋”，乃“一作簋”之誤。徐廣本正作“簋”，故引《韻集》“飯器謂之簋”。小司馬本作“塯”，故云“塯，一作簋”。“塯”或作“溜”。“簋”古讀若“九”，説見《唐韻正》。聲與“塯”相近，故字亦相通。《李斯傳》“飯土匭，《説文》：“匭，古文簋。”啜土刑”，徐廣曰：“匭，一作溜。”《太史公自序》：“食土簋，啜土刑。”徐廣曰:“篕,一作溜。”皆其證矣。

不縠於此

雖監門之養,不縠於此。

《索隱》曰:“謂監門之卒。養,即卒也。縠音學,謂盡也,又古學反。”《正義》曰:“《爾雅》云:‘縠,盡也。’言雖監守門之人供養,亦不盡此之疏陋也。”【念孫案】《索隱》以“養”爲“卒”,以“縠”爲“盡”,皆非也。《正義》以“養”爲“供養”是也,而誤解“縠”字,則與《索隱》同。下文曰:“臣虜之勞,不烈於此矣。”言雖臣虜之勞,猶不酷烈於此也。此言“雖監門之養,不縠於此”,意亦與下文同。縠者,薄也。言雖監門者之供養,猶不薄於此也。《管子·地員》篇曰:“五粟之土,淖而不肕,剛而不縠。”尹知章曰:“縠,薄也。”故薄土謂之墝埆,“埆”與“縠”同義。《莊子·天下》篇曰:“其生也勤,其死也薄,其道大縠。”與此“縠”字同義。《韓子·五蠹》篇作“雖監門之服養,不虧於此矣”,“虧”與“縠”義亦相近。“不縠於此”“不烈於此”,皆言其自苦之已甚也。若訓“縠”爲“盡”,而謂“雖監門者之供養,亦不盡此之疏陋”,則“不盡於此”下,須加“疏陋”二字,且與下文之“不烈於此”,文義不相當矣。《李斯傳》索隱誤與此同。

或言鹿者

問左右,左右或默,或言馬,以阿順趙高。或言鹿者。

【念孫案】“或言鹿”下,不當有“者”字,此因下文“言鹿者”而誤衍耳。《群書治要》、《後漢書·文苑傳》注、《太平御覽·職官部》《獸部》引此并無“者”字。

變化有時

去就有序，變化有時。

【念孫案】“變化有時”，當從宋本作“變化應時”。今作“有時”者涉上句“有”字而誤也。《老子傳贊》曰：“虚無因應，變化於無爲。”《自序》曰：“與時遷移，應物變化。”即此所謂“變化應時”也。下文曰：“秦離戰國而王天下，其道不易，其政不改。”謂其不能變化應時也，故此言“君子爲國，察盛衰之理，審權勢之宜，去就有序，變化應時”，謂去彼就此，隨時變化也。若云“變化有時”，則詞不達意矣。《群書治要》引《史記》正作“變化應時”，《賈子·過秦》篇作“因時”，宋淳祐本作“應時”，與《群書治要》合。是古本《賈子》《史記》皆作“應”也。

翟景

齊明、周冣、陳軫、昭滑、樓緩、翟景、蘇厲、樂毅之徒。

《索隱》曰：“翟景，未詳。”《文選注》同。【念孫案】“翟景”，蓋即《戰國策》之“翟强”也。《楚策》曰：“魏相翟强死。”《魏策》曰：“魏王之所用者，樓痺、翟强也。”又曰：“翟强欲合齊秦外楚，以輕樓痺。樓痺欲合秦楚外齊，以輕翟强。”是翟强固爲魏相，而“合齊秦外楚”者也。“景”字古讀若“疆”，聲與“强”相近，故“翟强”或作“翟景”。《白虎通義》：“舜重瞳子，是謂玄景。”與“光”爲韻。《春秋考異郵》:“景風至。景者强也,强以成之。”《逸周書·謚法》篇曰:“布義行剛曰景。”又曰:“景,武之方也。”義與“强”并相近。《史記·高祖功臣侯者表》“杜衍彊侯王郢人”,徐廣曰:“彊,一作景。”是“景”“彊”聲相近,“景”與“彊”通,故又與“强”通也。

帶佗兒良

吴起、孫臏、帶佗、兒良、王廖、田忌、廉頗、趙奢之朋。

《索隱》曰:“《吕氏春秋》曰:‘王廖貴先,兒良貴後。’二人皆天下之豪士。”《文選注》與《索隱》同。又云:“帶佗,未詳。”【念孫案】“王廖貴先”以下,見《吕氏春秋·不二》篇,高注亦未言王廖、兒良爲何國之將。案,《易林·益之臨》曰:“帶季、兒良明知權兵,將師合戰,敵不能當,趙魏以强。”帶季蓋即帶佗。帶佗、兒良爲趙魏將,故曰“趙魏以强”,但未知其孰爲趙將,孰爲魏將耳。

是其所以取之守之者異也

秦離戰國而王天下,其道不易,其政不改,是其所以取之、守之者異也。

【念孫案】“異”上當有“無”字。上文言“取與守不同術”,今秦以不仁取天下,而又以不仁守之,則其所以守之者無異於其所以取之者矣,故曰“是其所以取之、守之者無異也”,脱去“無”字,則義不可通。

十三年

孝公十三年，始都咸陽。

《正義》曰："《本紀》云：'十二年作咸陽，築冀闕。'是十三年始都之。"

【念孫案】《秦本紀》孝公十二年"作爲咸陽，築冀闕，秦徙都之"，是"作爲咸陽"與"徙都咸陽"皆十二年之事，非至十三年始徙都也。《商君傳》孝公以鞅爲大良造，"居三年，作爲築冀闕宫庭於咸陽，秦自雍徙都之"，徙都與作冀闕，亦同在一年。又案，《秦本紀》"秦徙都之"下云："并諸小鄉聚集爲大縣，縣一令，四十一縣。爲田，開阡陌。"《商君傳》"秦自雍徙都之"下，所紀與此略同。考《六國表》聚小邑爲縣及開阡陌之事皆在十二年，而《秦本紀・商君傳》紀此二事，皆在徙都之後，則徙都之在十二年，斷然無疑。此云十三年始都咸陽，"三"即"二"字之誤，《正義》曲爲之説，非也。

項羽本紀

蠭起

楚蠭起之將。

《集解》："如淳曰：'蠭起，猶言蠭午也。'衆蠭飛起，交横若午，言其多也。"【念孫案】"蠭起"本作"蠭午"。《集解》引如淳《漢書注》本作"蠭午，猶言蠭起也"，蓋"蠭午"二字，必須訓釋，故曰"蠭午，猶言蠭起"。又曰"衆蠭飛起，交横若午"，皆是釋"蠭午"，非釋"蠭起"也。若正文本作"蠭起"，則無煩更以“鑫午”釋之,且不必如此詞費矣。《漢書·項籍傳》亦本作“鑫午”,故如淳以“交横若午”釋之。而今本《漢書》作“鑫起”,顔師古曰“鑫起,如鑫之起”,則師古所見本已誤作“鑫起”,《漢書》作“鑫起”,即涉如注“鑫起”而誤。是以即據誤本爲注,而不用“交横若午”之説。《漢紀》作“鑫起”,亦後人據《漢書》改之。今考《索隱》單行本出“鑫午”二字,而釋之曰:“凡物交横爲午,言鑫之起,交横屯聚也。故《劉向傳》注云:‘鑫午,雜沓也。’鄭玄云:‘一縱一横爲午。’”此《大射儀》注。據此,則小司馬本正作“鑫午”,故詳釋“午”字之義,并引《劉向傳》之“鑫午”爲證。裴本亦作“鑫午”,故引如淳“交横若午”之注,是《漢書》雖誤,而《史記》尚未誤也,乃後人又據《漢書》以改《史記》,且改如注爲“鑫起,猶言鑫午”以就之,其失甚矣。學者據如注以正《漢書》,并據《集解》《索隱》以正《史記》可也。

西北至定陶

項梁起東阿,西北至定陶,再破秦軍。

【念孫案】“西北至定陶”,《漢書》作“比至定陶”是也。考《水經·濟水》篇:“濟水自定陶縣東北,流至壽張縣西,與汶水會。又北過穀城西。”穀城故城,即今東阿縣治。東阿故城在其西北,而定陶故城在今定陶縣西北。是定陶在東阿之西南,不得言“西北至定陶”也。“比”“北”字相近,故“比”誤爲“北”,後人以上文云“項梁已破東阿下軍,數使使趣齊兵,欲與俱西”,因於“北”上加“西”字耳。《文選·王命論》注引《史記》無“西”字。

毋從俱死

項伯乃夜馳之沛公軍，私見張良，具告以事，欲呼張良與俱去。曰："毋從俱死也。"

【念孫案】"從"當爲"徒"。項伯以張良不去，則徒與沛公俱死，故曰"毋徒俱死也"。《漢書·高祖紀》作"毋特俱死"，蘇林曰："特，但也。"師古曰："但，空也。空死而無成名也。""特""但""徒"，一聲之轉，其義一也。隸書"從"字作"従"，形與"徒"相似，故"徒"誤爲"從"。《齊風·載驅》箋："徒爲淫亂之行。"《釋文》："徒，一本作從。"《列子·天瑞》篇："食於道徒。"《釋文》："徒，一本作從。"《吕氏春秋·禁塞》篇："承從多群。""從"，一本作"徒"。《史記·仲尼弟子傳》"壤駟赤，字子徒""鄭國，字子徒"，《家語·七十二弟子》篇"徒"，并作"從"。

部五諸侯兵

漢王部五諸侯兵。

徐廣曰："部，一作劫。"【念孫案】作"劫"者是也。《高祖紀》及《漢書·高祖紀》《項籍傳》并作"劫"。《陸賈傳》亦曰："漢王鞭笞天下，劫略諸侯。"隸書"劫""部"形相近，故"劫"誤爲"部"。

高祖本紀

泗水

爲泗水亭長。

【念孫案】“泗水”，當依《漢書》作“泗上”，此涉《正義》“泗水”而誤也。案，正文作“泗上”，故《正義》釋之曰“高祖爲泗水亭長也”。若本作“泗水”，則無庸更釋矣。《藝文類聚·帝王部》《太平御覽·皇王部》引《史記》并作“泗上”。

吕后本紀

犂明孝惠還

帝晨出射，趙王少，不能蚤起。太后聞其獨居，使人持酖飲之。犁明，孝惠還，趙王已死。

《集解》：“徐廣曰：‘犂，猶比也。’”【念孫案】帝晨出射，則天將明矣，及既射而還，則在日出之後，不得言“犂明孝惠還”也。“犂明孝惠還”當作“犂孝惠還”，犂，猶比也。言比及孝惠還而趙王已死也。《漢書·外戚傳》作“遲帝還，趙王死”。“遲”“犂”聲相近。遲帝還，比帝還也。凡《史記》言“犂明”，《漢書》言“遲明”者，皆謂比明也。説見《漢書·高祖紀》“遲明”下。“遲”下無“明”字，則《史記》亦無“明”字可知。後人不解“犂孝惠還”之意，故於“犂”下加“明”字，而不知與上文不合也。《晉世家》：“重耳謂其妻曰：‘待我二十五年，不來，乃嫁。’其妻笑曰：‘犂二十五年，吾冢上柏大矣。’”“犂二十五年”與“犂孝惠還”同義，故徐廣曰“犂，猶比也”。後人既於“犂”下加“明”字，又於《集解》内增注云“諸言犂明者，將明之時”，不知“將明”，乃帝晨出射之時，非還宫時也。

劉氏危

諸吕用事兮劉氏危，迫脅王侯兮强授我妃。

【念孫案】“危”本作“微”，謂劉氏衰微也。今作“危”者，後人以意改之耳。“微”字古今同音，故與“妃”爲韻。若“危”字，則古音魚戈反，不得與“妃”爲韻。《逸周書·本典》篇“其上乃不危”，與“宜”“和”爲韻。宜，古音俄。説見《唐韻正》。《管子·形勢》篇“雖安必危”，與“和”爲韻。《小問》篇“不得則危”，與“禾”爲韻。《淮南·説林》篇“讒賊間之，而父子相危”，與“和”爲韻。皆在歌部，不在脂部。又，《管子·侈靡》篇“重予之官而危之”，與“隨”爲韻。《版法解》篇“雖高不危”，與“墮”爲韻。《墨子·小取》篇“行而異，轉而危”，與“離”爲韻。《説苑·説叢》篇“非所言勿言，以避其患。非所爲勿爲，以避其危”，“言”“患”爲韻，“爲”“危”爲韻。《太玄釋》測“失下危也”，與“爲”爲韻。《莊子·漁父》篇：“苦心勞形以危其真。”《釋文》：“危，或作僞。”“隨”“墮”“離”“爲”“僞”五字，古音亦在歌部也。説見《唐韻正》。又案，《晉語》：“直不輔曲，明不規闇，榣木不生危，松柏不生埤。”“曲”“闇”非韻，則“危”“埤”亦非韻。《荀子·解蔽》篇引《道經》：“人心之危，道心之微。”“危”“微”亦非韻。《唐韻正》“危，音魚葵反”，引此二條爲證，其説疏矣。《漢書·高五王傳》正作“劉氏微”。

吕氏立三王

劉氏所立九王，吕氏立三王。

【念孫案】“吕氏”下脱“所”字。《索隱》本有“所”字，《漢書》《漢紀》并同。

孝文本紀

謂天下何

今縱不能博求天下賢聖有德之人而禪天下焉,而曰豫建太子,是重吾不德也,謂天下何。

《索隱》曰:"言何以謂於天下也。"【念孫案】謂,猶如也。言如天下何也。《禮書》曰:"典法不傳,謂子孫何?"《律書》曰:"謂百姓遠方何?"義并與此同。《禮書》又曰:"孝文以爲繁禮飾貌,無益於治,躬化謂何耳?"言禮貌不足恃,但問躬化如何耳?《正義》曰"躬化節儉,謂何嫌耳",非是。《儒林傳》:"申公對武帝曰:'爲治者不至多言,顧力行何如耳。'"語意與此同。古者謂"如何"爲"謂何"。《邶風·北門》篇:"天實爲之,謂之何哉?"言如之何也。僖二十八年《左傳》:"救而棄之,謂諸侯何?"言如諸侯何也。成二年《傳》:"以師伐人,遇其師而還,將謂君何?"言將如君何也。十七年《傳》:"君實有臣而殺之,其謂君何?"言其如君何也。《齊策》曰:"雖惡於後王,吾獨謂先王何乎?"言獨如先王何也。故高注曰:"謂何,猶奈何也。"奈,亦如也。《魏策》曰:"殺之亡之,無謂天下何!內之,無若群臣何!"言無如天下何、無如群臣何也。《漢書·禮樂志〈郊祀歌〉》:"遍觀是邪謂何?"晉灼曰:"謂何,當如之何也。"

申屠嘉

淮陽守申屠嘉等十人。

【念孫案】"屠"字,宋本、游本皆作"徒"。此本謂王延喆本。初刻作"徒",後改爲"屠","屠"字獨小於衆字,剜改之迹顯然。而各本皆從之,蓋未達假借之旨也。《酷吏傳》有"勝屠公",《索隱》引《風俗通義》曰"勝屠即申徒"。[1]《通志·氏族略》亦引《風俗通義》曰:"申徒氏,隨音改爲申屠氏。"

建國千餘歲

朕聞古者諸侯建國千餘歲,各守其地。

【念孫案】"歲"字因上文"治安皆千餘歲"而衍。此言千餘者,謂千餘國,非謂千餘歲也,下文"各守其地",即指千餘國而言,則"千餘"下本無"歲"字明矣。《漢書·文帝紀》無"歲"字。

置傳

大僕見馬遺財足,餘皆以給置傳。

【念孫案】"置傳"當爲"傳置"。《索隱》本出"傳置"二字,引如淳曰:"律,四馬高足爲傳置,四馬中足爲馳置,下足爲乘置,一馬二馬爲軺置。"則作"傳置"者是也。《漢書》亦作"傳置"。

---

① "申徒",今《史記索隱》引《風俗通義》作"申屠"。

歷日縣長

歷日縣長。

【念孫案】“縣”當爲“緜”，字之誤也。隸書“縣”字或作“縣”，“緜”字或作“緜”，二形相似，故“緜”誤爲“縣”。漢《緜竹令王君神道》“緜”字作“緜”，是其證也。《淮南·本經》篇“緜聯房植”，“緜”字亦誤作“縣”。《漢書》作“歷日彌長”，彌，亦緜也，故文十四年《穀梁傳》“緜地千里”，范甯注曰：“緜，猶彌漫也。”《賈子·壹通》篇“彌道數千”，猶緜道數千也。“緜”與“彌”聲近而義同，故“緜”或作“彌”。《賈生傳》“彌融爚”，《漢書》作“偭蟂獺”。“偭”“緜”古同聲，“彌”之通作“偭”，猶“彌”之通作“緜”也。若“縣”與“彌”，則聲遠而不可通矣。

孝景本紀

深者二尺

二年秋，衡山雨雹，大者五寸，深者二尺。

【念孫案】“深者二尺”，“者”字因上句而誤衍也。雹有大小，故言大者五寸。若深二尺，則平地皆然，不得言深者二尺也。《秦始皇紀》：“二十一年，大雨雪，深二尺五寸。”《漢書·五行志》：“宣帝地節四年五月，山陽濟陰雨雹如雞子，深二尺五寸。”皆不言深者二尺五寸也。又，《五行志》：“元帝建昭二年十一月，齊楚地大雪，深五尺。”不言深者五尺也。《初學記》《太平御覽·天部》引《史記》并無“者”字。

《史記》弟二

十二諸侯年表

介江淮

晉阻三河，齊負東海，楚介江淮。

《索隱》曰："介音界。言楚以江淮爲界。一云：介者，夾也。"【念孫案】二説皆非也。介者，恃也。言恃江淮之險也。襄二十四年《左傳》："以陳國之介恃大國而陵虐於敝邑。"介，亦恃也。《漢書·五行志》："虢介夏陽之阸，怙虞國之助。"介、怙，皆恃也。顏師古曰："介，隔也。"失之。《南粵傳》："欲介使者權。"顏師古曰："介，恃也。""阻""負""介"三字同義。隱四年《左傳》："夫州吁阻兵而安忍。"杜注訓"阻"爲"恃"。《説文》："負，恃也。"

弗生

穆侯弗生元年。

【念孫案】"生"上本無"弗"字，此後人依《晉世家》加之也。《索隱》本出"晉穆公生"四字，"公"字誤，當作"侯"。而釋之曰:"案,《世家》名費生,今《晉世家》訛作"費王"。或作潰生。《世本》名弗生,則'生'是穆公名。""費""潰""弗"不同耳。據此,則穆侯本名生,或作"弗生"者,弗,發聲耳,或作"費""潰",字異而義同也。"生"之爲"弗生",猶"降"之爲"不降",《夏本紀》"帝不降",《世本》作"帝降"。"閬"之爲"毋涼",《周本紀》"惠王閬",《世本》作"毋涼"。"涼""閬"古字通。毋,發聲。"皇"之爲"弗皇",《魯世家》"惠公弗皇",《漢書·律曆志》作"惠公皇"。上一字皆是發聲,故《索隱》以"生"爲穆侯名,無庸加"弗"字也。又,"穆侯"上脱去"晉"字,亦當依《索隱》補。

堵敖

堵敖囏元年。

【念孫案】"堵敖"本作"杜敖",此後人依《左傳》改之也。《索隱》本出"楚杜敖囏"四字,而釋之曰:"《世家》作莊敖,劉音壯。此作杜敖,今改爲"此作堵敖"。劉氏云亦作堵。今改爲"亦作杜"。'堵''杜'聲相近。與《世家》乖,不詳其由也。"據此,則《史記》本作"杜敖","杜""堵"聲相近,故《左傳》作"堵敖"。《莊十四年》。其作"莊敖"者,"杜"訛爲"壯",又訛爲"莊"耳。《左傳釋文》亦云《史記》作"杜敖",《漢書·古今人表》亦作"杜敖",不得以《左傳》改《史記》也。又案,《集解》引徐廣曰"囏,一作動","動"當爲"勤",字之誤也。《齊語》"夫爲其君勤也"、《淮南·原道》篇"四支不勤",今本"勤"字并誤作"動"。《説文》:"囏,籀文艱字。""艱"古讀若"根"。説見《古韻標準》。"根""勤"聲相近,故"囏"通作"勤"。若"動"與"囏",則聲遠而不可通矣。又,"杜敖"上脱"楚"字,亦當依《索隱》補。

晏嬰大破之

齊靈公二十七年，晉圍臨淄，晏嬰大破之。

【念孫案】《齊世家》曰："晉使中行獻子伐齊，齊師敗，靈公走入臨菑。晏嬰止靈公，靈公弗從。"此文"晉圍臨淄"下，傳寫殘缺，僅餘"晏嬰"二字，其"大破之"三字，則因下一行《晉表》内"圍齊大破之"而衍。《晉表》以晉爲主，故言圍齊大破之。《齊表》以齊爲主，齊爲晉所破，則不得言大破之。故知此三字爲衍文也。明程一枝《史詮》反以"晏嬰"二字爲衍文，謬矣。

立其弟

齊簡公四年，田常殺簡公，立其弟，爲平公。

【念孫案】"弟"下本有"驁"字。驁，平公名也。《索隱》本出"弟驁"二字，注曰"五高反，平公也"。《齊世家》《田完世家》并云"立簡公弟驁"，則有"驁"字明矣。今本脱去"驁"字，而移《索隱》於下文"齊平公驁元年"之下，又改其文曰"驁，音五高反"，而删去"平公也"三字，其失甚矣。

六國表

取小邑　令

秦孝公十二年，初取小邑爲三十一縣，句。令此字上有脱文。爲田，開阡陌。

【念孫案】"取小邑"當爲"聚小邑"，字之誤也。《秦本紀》

曰:"并諸小鄉聚,句。集爲大縣。"彼言"集",此言"聚",其義一也。"令"上有脱文,《秦本紀》曰:"集爲大縣,縣一令。"《商君傳》曰:"集小鄉邑聚爲縣,置令丞。""令"字絶句,不與下文連讀。下文"爲田,開阡陌",别爲一事。《秦本紀》曰"爲田,開阡陌"、《商君傳》曰"爲田,開阡陌,封疆","爲"上皆無"令"字。

高祖功臣侯者年表

率將

棘蒲剛侯陳武,以將軍,前元年,率將二千五百人起薛。

【念孫案】"率將二千五百人",當依《漢表》作"將卒二千五百人"。上文"陽夏侯陳豨,以特將將卒五百人",即其證。今本"將卒"二字誤倒,"卒"字又誤作"率"。隸書"率"字或作"卛",見漢《韓勑造孔廟禮器碑》。形與"卒"相似,因誤矣。《投壺》"卒投",《大戴禮》"卒"誤作"率"。《齊語》"十邑爲卒",《管子·小匡》篇誤作"率"。

蟲逢

曲城圉侯蟲逢。

【念孫案】"蟲逢",當依《漢表》作"蟲達",字之誤也。《春秋》成五年"同盟于蟲牢",《春秋繁露·竹林》篇"蟲"誤作"蟲"。《明堂位》注"刻之爲雲氣蟲獸",《晏子春秋·外篇》"東海有蟲,巢於蚊睫",《後漢書·馬融傳》"乃命壺涿驅水蟲",今本"蟲"字并誤作"蟲"。"達"字本作"逹","逢"隸或作"逹",二形相似。古有蟲姓,無蟲姓,《廣韻》:

“《漢功臣表》有曲成侯蟲達。”則“蠱”爲“蟲”之誤明矣。《索隱》本作“蟲達”，注曰：“蟲音如字。《楚漢春秋》云‘夜侯蟲達’，蓋改封也。”今本并注文亦改爲“蠱”，唯“達”字未改。且删去“蟲音如字”四字，其失甚矣。汲古閣所刻《索隱》單行本，初刻作“蟲”，後復依今本改爲“蠱”，并注内兩“蟲”字亦改爲“蠱”，而字體較大，筆畫較粗，剜改之迹顯然。

張越

任侯張越。

《索隱》本作“張成”，注云“《漢表》作張越”。【引之曰】《史記》作“成”者，“戉”之誤也。“戉”今作“鉞”。“戉”與“越”同音，故《漢表》作“越”。“戉”與“成”相似，故《史記》誤作“成”。隸書“戉”“成”二字極相似，説見《經義述聞·禮記》。若《史記》本是“越”字，不得誤作“成”矣。後人依《漢表》改“成”爲“越”，又删去《索隱》“《漢表》作張越”五字，而《史記》之原文，遂不可復考。

彭祖

戴敬侯彭祖。

【念孫案】“彭祖”上脱“秋”字。《廣韻》“秋”字注曰：“又姓，宋中書舍人秋當。”《索隱》本作“秋彭祖”，注曰：“《漢表》作祕，音轡。今檢《史記》諸本并作秋，今見有姓秋氏。”據此，則《史記》本作“秋”，與《漢書》不同。今本脱去“秋”字，又依《漢書》改《索隱》之“并作秋”爲“并作祕”、“秋氏”爲“祕氏”，斯爲謬矣。

惠景間侯者年表

侯劉揭

陽信侯劉揭。

【念孫案】"侯"上脱"夷"字。夷,謚也。《索隱》本有"夷"字,《漢表》同。

建元以來侯者年表

將卒 官卒將

將卒以次封矣。

【念孫案】"將卒"當爲"將率"。"率"即"帥"字也。又,《馮唐傳》:"臣大父在趙時,爲官卒將。""卒"亦"率"之譌。《集解》引晉灼曰:"百人爲徹行,亦皆帥將也。"《索隱》曰:"案,《國語》闔閭'卒百人爲徹行,行頭皆官帥'。賈逵云:'百人爲一隊,官帥,隊大夫也。'"舊本"帥"字并譌作"師",今據《索隱》單行本改正。是"官率"即"官帥"。《漢書·馮唐傳》正作"帥"也。隸書"率"字或作"𢙠",形與"卒"相近,因譌爲"卒"。《陸賈傳》"率不過再三過",《漢書》"率"作"卒"。《漢書·嚴助傳》"美將率之功",今本"率"譌作"卒"。又,《君奭》"率惟兹有陳",《史記·燕世家》"率"作"卒"。

建元以來王子侯者年表

侯劉章　侯劉忠　侯劉延年　侯劉買　侯劉成

【念孫案】"東野侯劉章","侯"上脱"戴"字。"繁安侯劉忠","侯"上脱"夷"字。"鄗侯劉延年","侯"上脱"安"字。"舂陵侯劉買","侯"上脱"節"字。"缾侯劉成","侯"上脱"敬"字。皆當依《漢表》及《索隱》本補。

漢興以來將相名臣年表

元鼎六年

【念孫案】此年缺御史大夫位,《漢書·百官表》《漢紀·孝武紀》并曰"元鼎六年,齊相卜式爲御史大夫"。《索隱》本出"御史大夫式"五字,注曰"卜式也",當據補。

禮書

疏房牀笫

疏房牀笫,所以養體也。

【念孫案】宋本、游本"牀笫"下并有"几席"二字。《荀子·禮論》篇作"疏房檖貌,越席牀笫几筵",則此當有"几席"二字。

臭茝

側載臭茝，所以養鼻也。

劉伯莊《音義》曰："臭，香也。"【引之曰】"臭"當爲"臭"，字之誤也。《説文》："臭，古文以爲'澤'字。"澤，謂澤蘭也。《士喪禮記》："茵著用茶，實綏澤焉。"鄭注曰："澤，澤蘭也，取其香。""澤"字古文作"臭"，故香草之"澤"亦作"臭"。上言"椒蘭芬茝，所以養鼻"，此言"側載臭茝，所以養鼻"。臭茝，即蘭茝也，《荀子》作"睪茝"，《正論》篇同。"睪"即"澤"之借字。

士出死要節

孰知夫士出死要節之所以養生也。

《索隱》曰："志士推誠守死，要立名節，仍是養生安身之本。"【念孫案】"士"即"出"字之譌。隸書"出"字或省作"士"，故"歖"字省作"款"，"敳"字省作"敖"，"賣"字省作"賣"。經傳中"士""出"二字，亦往往譌混。《夏本紀》"稱以出"，《大戴禮·五帝德》篇作"稱以上士"。《吕后本紀》"齊内史士"，徐廣曰"一作出"。僖二十五年《左傳》"諜出曰原將降矣"，《吕氏春秋·爲欲》篇"諜出"譌爲"謀士"。《荀子·大略》篇"君子聽律習容而後出"，今本"出"譌作"士"。此作"士出死要節"者，一本作"士"，一本作"出"，而後人誤合之耳。《荀子》無"士"字，是其明證矣。

垂涉

然而兵殆於垂涉。

《集解》："許慎曰'垂涉，地名也'。"【念孫案】"垂涉"，當依《荀子·議兵》篇作"垂沙"，字之誤也，《墨子·備城門》篇"城上沙"，今本"沙"誤作"涉"。《韓詩外傳》《淮南·兵略》篇并與《荀子》同。今本《淮南注》"垂沙，地名"，此即《集解》所引許注也。《楚策》亦云："垂沙之事，死者以千數。"

函及士大夫

郊疇乎天子，社至乎諸侯，函及士大夫。

《集解》曰："函音含。"《索隱》作"啗"，云："啗音含。含，謂包容。鄒誕生音'徒濫反'。今按《大戴禮》作'導及士大夫'，導，亦通也。今此爲'啗'者，當以'導'與'蹈'同，後其字'足'失'止'，唯有'口'存，故使解者穿鑿也。"錢氏曉徵《史記考異》曰："予謂'函及'者，覃及也。《説文》：'马，嘾也。讀若含。''函'從'马'得聲，亦與'嘾'同義。古文'導'與'禫'同。《士喪禮》'中月而禫'，古文'禫'作'導'。《説文》：'棪，讀若三年導服之導。'亦謂禫服也。'導'與'禫'通，則亦與'覃''嘾'通。而'啗'又與'嘾'同音，是文異而實不異。小司馬疑'啗'爲'蹈'之訛，由不知古音之變易也。""蹈"從舀，"啗"從臽，"舀""臽"形聲俱别。【念孫案】錢謂"導"與"覃"通，"導及士大夫"即"覃及士大夫"是也。《大雅·蕩》篇曰："覃及鬼方。"《爾雅》曰："覃，延也。"言社自諸侯延及士大夫也。"函"當爲"臽"，今作"陷"。"啗"字從"臽"得聲，是"臽"與"啗"古同聲，故鄒誕生本作"啗"，即"臽"之異文也。"啗"與"覃"古亦同聲，故鄒本之"啗及"，即《詩》之"覃及"也。錢以"函及"爲"覃及"，非也。"函"訓爲"容"，非"覃及"之義。"函"與"啗"亦不同聲,若本是"函"字,無緣通作"啗"也。"臽"字本作"臽",形與"函"相似,因訛爲"函"。裴駰、司馬貞音"含",又訓爲"包容",皆失之也。後人多見"函",少見"臽",故經史中"臽"字,或訛作"函"。説見《經義述聞》"若合而函吾中"下。

上大羹

故尊之上玄尊也,俎之上腥魚也,豆之上大羹,一也。

【念孫案】"上大羹"本作"先大羹",今作"上"者,涉上二句而誤也。《索隱》本正文作"先",注文亦作"先",今則并注文亦改爲"上"矣。《荀子・禮論》篇、《大戴禮・禮三本》篇并作"先"。上文云"大饗上玄尊,俎上腥魚,先大羹",此其明證矣。

廣鶩 不外是以 性守

步驟馳騁廣鶩不外是以,君子之性守宫庭也。

《索隱》《正義》皆斷"步驟馳騁廣鶩不外"爲句,"是以君子之性守宫庭也"爲句。《索隱》曰:"言君子之性守正,不慢遠行,如常守宫庭也。"《正義》略與《索隱》同。【念孫案】二説皆非也。"廣鶩"當爲"厲鶩",字之誤也。經傳中"厲""廣"二字,往往相亂。《月令》"天子乃厲飾",《吕氏春秋・季秋》篇作"厲服厲飭",《淮南・時則》篇作"厲服廣飾"。《莊子・大宗師》篇"厲乎其似世乎",崔譔本"厲"作"廣"。《史記・平津侯傳》"厲賢予禄",徐廣曰:"厲,一作廣。"《儒林傳》"以廣賢材",《漢書》"廣"作"厲"。《漢書・地理志》"齊郡廣",《説文・水部》注"廣"訛作"厲"。隸書"厲"字或作"厲",漢《議郎元賓碑》:"揚清廣於海内。"《執金吾丞武榮碑》:"蘔然高廣。"形與"廣"相近,因訛爲"廣"。"厲"字本作"𩧯"。《廣雅》曰:"𩧯、驟、馳、騖、騁,奔也。"《説文》:"𩧯,次弟馳也。"《玉篇》:"力世切,古通作厲。"《楚辭·遠游》"颯弭節而高厲"是也。步驟、馳騁、厲騖皆兩字平列,若作"廣騖",則非其指矣。"是以"當爲"是矣",聲之誤也。"是矣"二字,上屬爲句。是,謂禮也。言君子率禮不越,步驟、馳騁、厲騖皆不外乎此也。若讀至"外"字絶句,而以"是以"二字下屬爲句,則文不成義矣。"君子之性守宫庭也","性守"當爲"廛宇",亦字之誤也。隸書"廛"字或作"壥",《魏風·伐檀》釋文曰:"廛,本亦作壥。"《集韻》"廛"亦作"壥"。《管子·小匡》篇曰:"壥而不税。"形與"性"相近,"守""宇"形亦相近,故"廛宇"訛爲"性守"。"廛"與"壇"古字通。《周官》"廛人","故書廛作壇。杜子春讀壇爲廛"。又,《載師》"以廛里任國中之地","故書廛或作壇。鄭司農云:壇,讀爲廛"。廛宇,即壇宇也。壇,堂基也。《獨斷》曰:"壇,謂築土起堂。"宇,屋邊也。《荀子·儒效》篇曰:"君子言有壇宇,行有防表。"《漢書·禮樂志》,《郊祀歌》曰:"神之揄,臨壇宇。"《鹽鐵論·散不足》篇曰:"無壇宇之居,廟堂之位。"此言君子率禮不越,如在壇宇宫庭之中也。壇宇、宫庭,皆指宫室言之,若云"性守宫庭",則文不成義矣。"君子"上當有"是"字,今本脱去,則與上文義不相屬。《荀子·禮論》篇曰:"步驟馳騁厲騖,不外是矣,是君子之壇宇宫廷也。"足證今本之誤。《儒效》篇又曰:"高之下之,小之巨之,不外是矣。是君子之所以騁志意於壇宇宫庭也。"

曲直得其次序

於是中焉,房皇周浹,曲直得其次序。

【引之曰】“直”字後人所加。《索隱》曰“委曲得禮之序”，則“曲”下本無“直”字明矣。《荀子》正作“曲得其次序”。

樂書

樂之容

欣喜驩愛，樂之容也。

【念孫案】“容”，當依《樂記》作“官”，字之誤也。鄭注曰：“官，猶事也。”《正義》用鄭注爲解，又引賀瑒云“八音克諧，使物欣喜，此樂之事迹也”，則正文本作“官”明矣。今本《正義》亦誤作“容”，則與“猶事也”之訓不合。

知禮樂之道

知禮樂之道，舉而錯之天下，無難矣。

【念孫案】“知”，當依《樂記·祭義》作“致”，此後人妄改之也。《正義》曰“極致禮樂之道”，則本作“致”明矣。

何道出

師涓援琴鼓之，未終，師曠撫而止之，曰：“此亡國之聲也，不可聽。”平公曰：“何道出？”

【念孫案】此本作“是何道出”。是，此也。道，從也。言此聲何從出也。脱去“是”字，則文義不明。《太平御覽·地部》引此作“是何道出”。《韓子·十過》篇作“此奚道出”。舊本“奚道”訛作“道奚”，今據本書及《論衡》改。《論衡·紀妖》篇作“此何道出”，皆其證也。

律書

言陽氣之危垝

東至於危。危，垝也。言陽氣之危垝，故曰危，十月也。

【念孫案】“言陽氣之危垝”，“垝”上本無“危”字，此是訓“危”爲“垝”，故曰“危，垝也。言陽氣之垝”。《爾雅》曰：“垝，毁也。”言陽氣至十月而毁也。今本“垝”上有“危”字，即因上“危，垝也”而誤衍耳。

主風吹萬物而西之軫

清明風居東南維，主風吹萬物而西之軫。

【念孫案】“軫”上當有“至於”二字。“主風吹萬物而西之”爲句，“至於軫”爲句。上文云“東壁居不周風東，主辟生氣而東之，至於營室”，自此以下皆有“至於”二字。是其證。

曆書

又不由人

正不率天，又不由人，則凡事易壞而難成矣。

【念孫案】“正”與“政”同。“又不由人”本作“亦不由人”，今作“又”者，後人以意改之耳。《索隱》本作“亦不由人”，注云“此文出《大戴禮》”。今本《大戴禮・誥志》篇作“下不由人”，“下”即“亦”字之誤，則作“亦”者是也。

度驗

名察度驗，定清濁。

【引之曰】“名察度驗”，《漢志》作“名察發斂”，應劭曰：“名節會，察寒暑，致啓閉分至。”孟康曰：“春夏爲發，秋冬爲斂。”晉灼曰：“蔡邕《天文志》‘渾天名察發斂，以行日月，以步五緯’。”又，《周髀算經》：“冬至、夏至者，日道發斂之所生也。”趙君卿曰：“發，猶往也。斂，猶還也。”則當作“發斂”爲是。《史記》作“度驗”者，“發”字古通作“廢”，說見《平原君傳》。其草書與“度”相似，又涉上文“星度”而誤耳。“斂”“驗”聲相近，故字亦相通。下文曰：“今日順夏至，黄鍾爲宫，林鍾爲徵，太蔟爲商，南吕爲羽，姑洗爲角。自是以後，氣復正，羽聲復清，名復正變，以至子日當冬至，則陰陽離合之道行焉。”是律之清濁出於氣之發斂，故曰“名察發斂，定清濁”，無取於“度驗”也。薛瓚以爲“題名宿度，候察進退”，乃不得其解，而曲爲之說。

然

然蓋尚矣。

【念孫案】然，猶“是”也。此承上文言黄帝作曆之事如是。“是蓋尚矣”,《漢書》作“然則上矣”,亦謂“是則上矣”也。范望注《太玄·務·測》曰:“然,猶是也。”《傅靳蒯成傳贊》曰:“蒯成侯周緤操心堅正,身不見疑,上欲有所之,未嘗不垂涕,此有傷心者,然可謂篤厚君子矣。”亦謂“是可謂篤厚君子也”。

歲名焉逢攝提格月名畢聚

太初元年,歲名焉逢攝提格,月名畢聚,日得甲子,夜半朔旦冬至。

《索隱》曰:“聚音陬,謂月值畢及陬訾也。畢,月雄也。聚,月雌也。”錢氏《考異》曰:“《爾雅》‘月在甲曰畢’‘正月爲陬’‘十一月爲辜’,此冬至之月,建子月也。月陽在甲,當云‘畢辜’,而云‘畢聚’者,‘聚’與‘陬’古文通用。天正之月,亦可云陬也。《索隱》謂‘月值’‘陬訾’,則是建寅之月,非冬至矣。”【引之曰】此殷曆也。《續漢書·律曆志論》曰“《顓頊曆》元用乙卯”“殷用甲寅”,又載劉洪上言曰:“甲寅元天正,正月甲子朔旦冬至,七曜之起,始于牛初。乙卯之元人正,己巳朔旦立春,三光聚天廟五度。”是《顓頊曆》以乙卯年之立春爲元,而以其月爲正月。殷曆以甲寅年之冬至爲元,亦以其月爲正月也。正月爲陬,而在甲曰畢,故曰“月名畢陬”。《漢書·律曆志》曰:“太初元年,前十一月甲子朔旦冬至,歲在星紀婺女六度。”故《漢志》曰:“歲名困敦,困敦,太歲在子之名。殷曆之甲寅,即《顓頊曆》之丙子。説詳《太歲考》。正月歲星出婺女。”班氏引《漢志》以證十一月歲星在婺女,則所謂正月者,正謂十一月也。蓋漢初用《顓頊曆》,以建寅之月爲正月,曆元起於立春。至武帝太初元年改曆,《太史公自序》:“太初元年十一月甲子朔旦冬至,天曆始改。”而用殷曆建子之月爲正月,曆元起於冬至。是年五月正曆,仍用殷曆之十一月冬至爲元,而正月之在寅月,則又參以《顓頊曆》法,《漢書·武帝紀》:“太初元年,夏五月,正曆以正月爲歲首。”師古曰:“謂以建寅之月爲正也。”故太初元年之正月爲建子之月,而二年之正月,即爲建寅之月也。《漢書·武帝紀》:“太初元年,十一月甲子朔旦冬至。”不稱正月者,據《太初曆》追改之耳,唯《律曆志》所引《漢志》尚存正月之文。

焉逢攝提格太初元年

焉逢、攝提格。太初元年。

【引之曰】當作“端蒙單閼”,下文“端蒙單閼”當作“游兆執徐”。自此以下,皆後人所改,當以次更正,説見《太歲考》。

商横涒灘

商横涒灘。

單行《索隱》本作“商横赤奮若”,下文“尚章大淵獻”作“尚章困敦”、“焉逢困敦”作“焉逢大淵獻”、“端蒙赤奮若”作“端蒙汭漢”。【引之曰】此殷曆也,故與《爾雅》歲名不同,今本既以《爾雅》改《史記》,又并《索隱》而改之,大謬。説見《太歲考》。

祝犂大荒落四年建始四年。

祝犂大荒落四年。

【引之曰】此七字乃後人所加,説見《太歲考》。

端旃蒙

端旃蒙者,年名也。

【念孫案】《爾雅》之"旃蒙",《史記》作"端蒙"。此作"端旃蒙"者,後人旁記"旃"字,因誤入正文耳。

天官書

斗魁

在斗魁中,貴人之牢。

【念孫案】"魁"上本無"斗"字,此因《集解》内"在斗魁中"而誤衍也。此云"在魁中",下文云"魁下六星",皆承上"斗魁"而言,無庸更加"斗"字。《索隱》本無"斗"字,《漢書·天文志》亦無。

名曰三能

魁下六星,兩兩相比者,名曰三能。

【念孫案】"名"字後人所加,此書稱星名,皆言曰"某",無言"名曰某"者。《索隱》本無"名"字,《太平御覽·天部》引此亦無“名”字,《漢書・天文志》同。

順入軌道

月五星順入軌道。

《索隱》曰:“韋昭云:‘謂循軌道,不邪逆也。順入,從西入也。’”《正義》曰:“謂月五星順軌道入太微庭也。”【念孫案】“順入”一事也,“軌道”又一事也。“順入”者,韋氏以爲從西入是也。“軌道”者,軌,猶循也,謂月五星皆循道而行,不旁出也。《賈子・道術》篇曰:“緣法循理謂之軌。”是“軌”與“循”同義。《漢書・賈誼傳》“諸侯軌道”,謂循道也。《後漢書・襄楷傳》:“熒惑入太微,出端門,不軌常道。”謂不循常道也。下文曰“其逆入,若不軌道”,《索隱》引宋均云:“逆入,從東入。不軌道,不由康衢而入也。”“逆入”爲一事,“不軌道”又爲一事,此尤其明證矣。

水水

火入旱、句。金兵、句。水今本此下載《索隱》曰:“謂火金水入五潢,則各致此災也。宋均云:‘不言木土者,木土德星,於此不爲害故也。’”水,此字上屬爲句。中有三柱。句。

【念孫案】“火入旱、金兵、水水”者,謂火入五潢則爲旱,金則爲兵,水則爲水也。《漢書・天文志》曰:“辰星入五車大水。”“中有三柱”者,謂五潢中有三柱也。《索隱》謂“火金水”云云,本在“水水”之下,今本列入上“水”字之下,下“水”字之上,而讀“金兵水”爲句,“水中有三柱”爲句,大謬。

水患

五星犯北落入軍，軍起。火金水尤甚。火，軍憂，水患。

【念孫案】“水患”當作“水，水患”，言水犯北落入軍，則有水患也。上文“火入旱、金兵、水水”即其證。今本脱一“水”字，則文不成義。《漢書·天文志》正作“水，水患”。

可以重致天下

填星所居，五星皆從而聚于一舍，其下之國可以重致天下。今本脱“以”字，上文“歲星”云“可以義致天下”“熒惑”云“可以禮致天下”，下文“太白”云“可以兵從天下”“辰星”云“可以法致天下”。今據補。《正義》曰：“言五星皆從填星，其下之國，倚重而致天下。”《漢書·天文志》：“凡五星所聚宿，其國王天下。從歲以義，從熒惑以禮，從填以重，從太白以兵，從辰以法。”

韋昭解“從填以重”，曰“謂以威重得”。【念孫案】韋氏、張氏皆未曉“重”字之義，重，猶厚也。高誘注《秦策》及《吕氏春秋·振亂》篇并曰“厚，重也”，又注《吕氏春秋·盡數》篇及《淮南·俶真》篇并曰“重，厚也”。是“厚”“重”二字同義。填星爲土，土德厚重，虞翻注《復》卦曰“坤爲厚”，又注《繫辭傳》曰“坤爲重”。故五星從填星，則其下之國，可以厚重之德致天下也。《開元占經·五星占》引《春秋運斗樞》曰“填星帥五精聚于中央，黄帝以重厚賢聖起”，又引《石氏星經》曰“填星所在，五星皆從，而聚于一舍，其下之國，可以重德致天下”，《天官書》即本於此，“重”下無“德”字者，省文耳。上文曰“填星主德”，德，即重德也。皆其明證矣。

若水

木星與土合，爲内亂，饑，主勿用戰，敗。水則變謀而更事。火爲旱。金爲白衣會若水。

錢氏《考異》曰："'若水'當作'若木'。"【念孫案】錢説非也。"若水"二字，文與上屬，不與下屬。"金爲白衣會若水"者，水，謂水災也。《漢書・高祖紀》注曰："若，及也。"言木與金合，則爲白衣會及水災也。上文曰："填星失次下二三宿曰縮，有后戚，其歲不復，不乃天裂若地動。"下文曰："月蝕歲星，其宿地饑若亡。"文義并與此同。《漢書・天文志》作"歲與太白合，則爲白衣之會，爲水"，《開元占經・五星占》引巫咸曰"太白與歲星合，爲白衣之會，爲水"，此皆其明證矣。

爲北軍軍困舉事大敗

火與水合爲焠，與金合爲鑠、爲喪，皆不可舉事，用兵大敗。土爲憂，主孽卿，大饑，戰敗，爲北軍，軍困，舉事大敗。

【念孫案】上既言"戰敗"，下不當復言"北軍"。"爲北軍"上當有"水"字，言火與水合，則爲北軍，軍困，舉事大敗也。《漢書・天文志》："熒惑與辰合，則爲北軍，用兵舉事大敗。"《晉書・天文志》："火與水合，爲北軍，用兵舉事大敗。"皆其明證矣。

疾

太白所居久，其鄉利。疾，其鄉凶。

《集解》引蘇林《漢書注》曰“疾過也”。【念孫案】正文“疾”字本作“易”。《集解》引蘇林注是解“易”字之義，非解“疾”字之義。疾行而過謂之易，故蘇林訓“易”爲“疾過”。《漢書・天文志》：“太白所居久，其國利。易，其鄉凶。”蘇林解“易”字曰“疾過也”，是其明證矣。《開元占經・太白占》引《石氏星經》曰：“太白所居久，其鄉利。易，其鄉凶。”此即《天官書》所本。《天官書》又曰：“填星其居久，其國福厚。易，福薄。”徐廣曰：“易，猶輕速也。”《天文志》又曰：“歲星出而易，所當之國，是受其殃。”皆足與此“易”字互相證明矣。後人誤讀“疾過也”之注，遂改正文“易”字爲“疾”，不知蘇林自訓“易”爲“疾過”，非訓“疾”爲“過”也。

天矢

色白五芒，出蚤爲月蝕，晚爲天矢及彗星，將發其國。

【念孫案】“天矢”當從宋本作“天夭”，字之誤也。“夭”與“祆”同，字亦作“妖”。書傳中“祆祥”字多作“妖”。《周本紀》“後宫童妾所棄妖子”，徐廣曰：“妖，一作夭。”《莊子・大宗師》篇“善妖善老”，《釋文》：“妖，本又作夭。”《漢書・天文志》作“天祆”，《開元占經・太白占》引《甘氏占》曰“太白色白五芒，出早爲月食，晚爲天妖及彗星”，是其證。又，下文“辰星出，蚤爲月蝕，晚爲彗星及天矢”，《天文志》作“天妖”，則“矢”字亦是“夭”字之誤，宋本亦誤作“矢”。

而食益盡

而食益盡爲主位。

【念孫案】“而”讀曰“如”，“益”即“盡”字之誤而衍者也。《漢志》作“不然食盡爲主位”，“盡”上無“益”字是也。“不然”二字亦有誤。“而食盡爲主位”者，如日食盡，則其咎在主位也，故《漢書·天文志》引夏氏《日月傳》曰：“日食盡，主位也。不盡，臣位也。”或以“而”爲衍字，非是。

毛羽

枉矢類大流星，蛇行而倉黑，望之如有毛羽然。

【念孫案】“毛羽”本作“毛目”，後人以意改之耳。《漢書》《晉書》并作“毛目”。又，《開元占經·妖星占》引巫咸及《海中占》亦作“毛目”。又引《春秋合誠圖》曰：“枉矢者，射星也。水流蛇行含明，故有毛目。”《考工記·輈人》注：“妖星有枉矢者，蛇行有毛目。”《疏》引《考異郵》曰：“枉矢狀如流星，蛇行，有毛目。”今本“毛目”二字，并誤作“尾因”，據宋本、嘉靖本、十行本改。此皆其明證矣。《太平御覽·咎徵部二》引《史記》正作“毛目”。

前方而後高兑而卑

前方而後高，兑而卑者卻。“兑”與“鋭”同。

《漢書·天文志》作“前方而後高者，鋭。後鋭而卑者，卻”，《晉志》作“前方而高，後鋭而卑者卻”。武進顧子明曰：

"下文云'氣相遇者，卑勝高，兑勝方'，'卑'與'高'對，'兑'與'方'對，當依《晉志》作'前方而高，後兑而卑者卻'。"今本《史記》"高後"二字互易，《漢書》則"高"上衍"後"字，"高"下又衍"者鋭"二字。

卿雲見

卿雲見，喜氣也。

【念孫案】"卿雲"下本無"見"字，此涉下文"見"字而誤衍也。凡言"某星見""某氣見"者，其下文必有吉凶之事。見上下文。此是以"喜氣"釋"卿雲"，猶言"卿雲者，喜氣也"。"卿"與"慶"同，慶，即喜也。若加一"見"字，則隔斷上下文義。上文"景星者，德星也"，若改爲"景星見，德星也"，其可乎？《藝文類聚·祥瑞部》引此有"見"字，《漢書·天文志》有"見"字，皆後人依誤本《史記》加之。《初學記·天部》《太平御覽·天部》《人事部》《休徵部》引《史記》皆無"見"字。《晉書·天文志》曰："慶雲亦曰景雲，此喜氣也。"《書大傳》注曰："《天文志》曰：'若煙非煙，若雲非雲，郁郁紛紛，蕭索輪囷，是爲卿雲，此和氣也。'"此雖小變其文，而亦無"見"字。蓋"喜氣""和氣"，皆是釋"卿雲"二字，不當有"見"字也。

則

有日，無雲，不風，當其時者稼有敗。如食頃，小敗。熟五斗米頃，大敗。則風復起，有雲，其稼復起。

【念孫案】則者，若也。言若風復起有雲，則其稼復起也。

古者"則"與"若"同義。《高祖紀》曰:"今聞章邯降項羽,項羽乃號爲雍王,王關中。今則來,沛公恐不得有此。"言今若來也。《三年問》曰:"今是大鳥獸,則失喪其群匹,越月逾時焉,則必反巡。"言若失喪其群匹也。《荀子·議兵》篇曰:"大寇則至,使之持危城則必畔,遇敵處戰則必北。"言大寇若至也。《趙策》曰:"彼則肆然而爲帝,過而遂正於天下,則連有赴東海而死矣。"言彼若肆然而爲帝也。《燕策》曰:"誠得劫秦王,使悉反諸侯之侵地,則大善矣。則不可,因而刺殺之。"言若不可也。《韓詩外傳》曰:"臣之里,有夫死三日而嫁者,有終身不嫁者,則自爲娶,將何娶焉?"言若自爲娶也。《項羽紀》"項王謂曹咎等曰'謹守成皋,則漢欲挑戰,慎勿與戰'",《高祖紀》作"若漢挑戰",此尤其明證矣。《漢書·天文志》無"則"字者,省文耳。或以"則"爲衍字,失之。

占種其所宜

各以其時,用雲色占種其所宜。

顧子明曰:"下'其'字因上'其'字而衍,《漢志》無。"

鹿解角

鹿解角。

【念孫案】"鹿",當從《天文志》作"麋",字之誤也。夏至鹿解角,冬至麋解角,諸書皆然,《太平御覽·時序部》引《史記》亦作"麋解角"。

歲星所在五穀逢昌其對爲衝歲乃有殃

略以知日至,要決晷景。歲星所在,五穀逢昌。其對爲衝,歲乃有殃。

張守節斷"晷景歲星所在"爲一句,説曰:"言晷景歲星行不失次,則無災異,五穀逢其昌盛。若晷景歲星行而失舍,有所衝,則歲乃有殃禍災變也。"【念孫案】張説非也。"晷景"上屬爲句。"略以知日至,要決晷景"者,此言日至測晷景之事也。自"歲星所在"以下,别爲一事,與"晷景"無涉。《漢書·天文志》無"歲星所在"四句。"歲星所在"者,謂歲星所居之地,非謂晷景歲星行不失次也。"五穀逢昌"者,"逢"與"豐"古字通,《玉藻》"縫齊倍要",鄭注曰:"縫,或爲逢,或爲豐。"《周語》"道而得神,是謂逢福",《説苑·辨物》篇"逢"作"豐"。又,《淮南·天文》篇見下。逢昌,即豐昌,非謂逢其昌盛也。"其對爲衝"者,言與歲星所居之地,相對則爲衝。衝者,相對之名。上文曰:"國皇星所出,其下起兵,兵强,其衝不利。"又曰:"八風各與其衝對課。"假如歲在壽星,則降婁爲衝。歲在大火,則大梁爲衝,非謂晷景、歲星行而失舍,有所衝也,地當歲星之衝則有殃。襄二十八年《左傳》:"歲棄其次,而旅於明年之次,以害鳥帑,周楚惡之。"杜注曰:"歲星所在,其國有福,失次於北,禍衝在南。"《淮南·天文》篇曰:"歲星之所居,五穀豐昌,其對爲衝,歲乃有殃。"是其明證矣。

天道命

是以孔子論六經,紀異而説不書。至天道命,不傳。

【念孫案】"天道命"當作"天道性命"。《論語》曰:"夫子之言性與天道,不可得而聞也。"此本《論語》爲説,則"命"上當有"性"字。《正義》内兩言"天道性命",是其明證矣。《孔子世家》亦曰:"夫子言天道與性命,弗可得聞也已。"

河戒

朝鮮之拔,星茀于河戒。

單行《索隱》本及宋本、游本并如是,而王本則於"河"下缺一字,載《索隱》曰:"《天文志》:'武帝元封之中,星孛于河戍,束遇反,今本《漢志》誤作"戌亥"之"戌"。其占曰:南戍爲越門,北戍爲胡門。'"又曰:"其河戍即南河、北河也。"字并作"戍"。宋本、游本正文雖作"戒",而所載《索隱》皆作"戍",與王本同。若各本及毛刻單行《索隱》本,則盡改爲"戒"矣。【引之曰】作"戍"者是也。"戍"讀"戍申""戍甫"之"戍"。《説文》:"戍,守邊也。"戍訓"守邊",故南戍爲越門,北戍爲胡門。《晉書》《隋書·天文志》并云:"南河曰南戍,北河曰北戍。"《開元占經》南北河"戍"字前後凡百餘見,皆作"戍",不作"戒"。其《歲星》《熒惑》《太白》《辰星》四占,并引《石氏》曰:"守南河戍,蠻夷兵起,邊戍有憂。"《太白占》又引《甘氏》曰:"太白守北河戍,邊戍有謀。"《流星占》引巫咸曰:"流星犯南河,蠻夷兵起,防戍有憂。"《彗星占》引《海中占》曰:"彗星犯南河,蠻越兵起,邊戍有憂。"然則"河戍"之"戍",本作"邊戍"字明甚。上文"鉞北,北河。南,南河",《正義》曰:"南河三星,北河三星,分夾東井南北,置而爲戍。今本《正義》"戍"作"戒",後人所改也。"戍"可言"置","戒"不可言"置"。南河南戍,一曰陽門,亦曰越門。北河北戍，一曰陰門，亦曰胡門。”“置而爲戍”者，謂置守邊之亭障也。襄十年《左傳》注：“修其城而置戍。”故《開元占經·石氏中官占》引《黄帝占》曰“南北河戍，一名天高，一名天亭”，義取戍邊之人登亭障以候望也。《唐書·天文志》曰：“一行以爲天下山河之象，存乎兩戍。北戍，自三危、積石，負終南地絡之陰，東及太華，逾河并雷首、厎柱、王屋、太行，北抵常山之右，乃東循塞垣，至濊貊、朝鮮。是謂北紀，所以限戎狄也。南戍，自岷山、嶓冢，負地絡之陽，東及太華，連商山、熊耳、外方、桐柏，自上洛南逾江漢，携武當、荆山，至於衡陽，乃東循嶺徼，達東甌、閩中。是謂南紀，所以限蠻夷也。故《星傳》謂‘北戍爲胡門，南戍爲越門’。”以上《唐書·天文志》。一行所論，正取邊戍之義，其字亦當作“戍”。且一行開元中受詔治新曆，與司馬貞、張守節及作《開元占經》之瞿曇悉達皆同時人，斷無諸家“河戍”字不誤，而一行獨誤作“戒”之理，自傳寫者誤書作“戒”，而文義遂不可通。隸書“戒”字或作“戎”，與“戍”相似而誤。淺人襲謬承訛，反以作“戒”者爲正文，而改《史記》之“河戍”以從之，則惑矣。唯《漢》《晉》《隋志》未改。且“戒”“界”二字，古不同聲，自唐以前之書，無以此二字通用者，後人不知“戒”爲“戍”之訛，而以“兩戒”爲“兩界”，此誤之又誤也。“戒”於古音屬志部，“界”從“介”聲，於古音屬祭部。自韻書以“戒”“界”混爲一音，而宋人遂以“兩戒”爲“兩界”矣。志、祭二部，古不相通，説見《經義述聞》“終不可用也”下。錢氏《史記考異》誤從作“戒”之本，至作《養新録》，又謂“戒”當爲“戉”，“戉”古“鉞”字，而引“東井西曲星曰鉞，鉞北北河，南南河”爲證，并欲改《天文志》“星孛于河戍”之“戍”爲“戉”。案，北河在鉞北，南河在鉞南，則“鉞”非南北河，不得謂南北河爲河鉞也。《開元占經·石氏中官占》引郗萌曰“兩河戍與戉,俱爲帝闕”,上爲“邊戍”之“戍”,下爲“斧戉”之“戉”,較然甚明。若改作“兩河戉”,則不須更言“與戉”矣,且“鉞”只一星,何得稱“兩河鉞”乎? 錢説非也。

封禪書

遂覲東后

遂覲東后。東后者,諸侯也。

【念孫案】“覲”本作“見”,史公述《尚書》,每以詁訓之字相代,故《五帝紀》云“遂見東方君長”。此云“遂見東后,東后者,諸侯也”,以“遂”代“肆”,以“見”代“覲”,以“君長”代“后”,又以“諸侯”釋“后”,二篇之文可以互證矣。後人依《尚書》改“見”爲“覲”,不知《五帝紀》正作“見”,且上文“見四岳諸牧”,亦是以“見”代“覲”也。又案,《漢書·郊祀志》即本《史記》,而亦云“遂見東后”,則《史記》之本作“見”,益明矣。

羨門子高　最後

而宋毋忌、正伯僑、充尚、羨門子高、最後,皆燕人。

【念孫案】“羨門子高”,“高”上本無“子”字,此因《索隱》内“羨門子高”而誤衍也。《索隱》本出“羨門高”三字,注曰“秦始皇使盧生求羨門子高是也”,則正文内無“子”字明矣。《郊祀志》亦無“子”字。又案,《索隱》曰:“最後,猶言甚後也。服虔説止有四人是也。小顔云:‘自宋毋忌至最後,凡五人。’劉伯莊亦同此説。非也。”【念孫案】以“最後”

爲人名者是也。“皆燕人”三字，乃總承上文之詞，若以“最後”爲“甚後”，則與上下文義皆不相屬矣。“最”疑“冣”字之誤。《説文》：“冣，積也。”徐鍇曰：“古以聚物之聚爲冣。”《殷本紀》：“大冣樂戲於沙丘。”《集解》：“徐廣曰：‘冣，一作聚。’”《周本紀》：“則固有周聚以收齊。”《集解》：“徐廣曰：‘聚，一作冣。’”今本“冣”字并誤作“最”。又，《周本紀》之“周聚”，《東》《西周策》并誤作“周最”。《趙世家》之“顔聚”，《趙策》誤作“顔最”。又，《樂記》“會以聚衆”，鄭注：“聚或爲冣。”今本亦誤作“最”。《高唐賦》：“有方之士，羡門高谿，上成鬱林，公樂聚穀。”“聚”與“冣”古字通，“穀”有“彀”音，“彀”與“後”聲相近，疑《史記》之“最後”，即《唐高賦》之“聚穀”也。

黄金銀

其物禽獸盡白而黄金銀爲宫闕。

【念孫案】“銀”上本有“白”字，後人以金有五色，故言“黄金”以别之，銀唯一色，不須言白，故删去“白”字耳。不知書傳言白銀者多矣，且“黄金”“白銀”，相對爲文，少一“白”字，則文不成義。《世説·言語》篇注、《文選·思玄賦》注、《結客少年場行》注、《石闕銘》注、《藝文類聚·居處部》《靈異部》《初學記·地部》“山”類、“海”類俱引。《釋道部》《寶器部》《太平御覽·地部》《珍寶部》引此皆有“白”字。《郊祀志》無“白”字，亦後人所删。《秦始皇紀》正義引《郊祀志》亦有“白”字。

賽

冬賽禱祠。

【念孫案】"賽"本作"塞",古無"賽"字,借"塞"爲之。《説文》無"賽"字,新附有之。《急就篇》"謁禓塞禱鬼神寵",顔師古曰:"塞,報福也。"《管子·小問》篇:"令釁社塞禱。"《墨子·號令》篇:"寇去事已,塞禱。"《韓子·外儲説右》篇:"秦襄王病,百姓爲之禱。病愈,殺牛塞禱。"《漢書·武五子傳》亦云"殺牛塞禱"。《周官·都宗人》注:"祭,謂報塞也。"漢《無極山碑》:"各白羊塞神山。"又見下。《索隱》本出"冬塞"二字,注云:"塞,音先代反,與賽同。賽,今報神福也。"今本正文、注文俱改爲"賽",又删去"與賽同"三字,其失甚矣。《漢書·郊祀志》亦作"塞",篇内"賽"字并同。

熒惑太白歲星填星

熒惑、太白、歲星、填星。

【念孫案】"填星"下脱"辰星"二字,當依《郊祀志》補。

春三月及時臘

有司請令縣常以春三月及時臘,祠社稷以羊豕。

【念孫案】"三月",當從《郊祀志》作"二月"。"臘"上不當有"時"字,此因上文"歲時"字而衍,《郊祀志》無"時"字。

釋

古者先振兵釋旅。

【念孫案】“釋”本作“澤”，故徐廣《音義》曰：“古‘釋’字作‘澤’。”《高祖功臣侯者表》“張節侯毛澤之”，亦作“釋之”。《惠景間侯者表》“襄成侯韓澤之”，《漢表》作“釋之”。又，《周頌·載芟》篇“其耕澤澤”，《正義》引《爾雅》作“釋釋”。《夏小正》“農及雪澤”、《考工記》“水有時以凝，有時以澤”、《管子·形勢》篇“莫知其爲之，莫知其澤之”，并與“釋”同。《孝武紀》亦作“澤”，後人改“澤”爲“釋”，則與《音義》相左矣。下文“澤兵”作“釋兵”，亦是後人所改。

平準書

後絀恥辱

故人人自愛而重犯法，先行義而後絀恥辱焉。

【念孫案】“絀”上本無“後”字，後人以意加之耳。《漢書·食貨志》作“先行誼而黜愧辱”，師古曰：“以行誼爲先，以愧辱相黜也。”“黜”與“絀”同。“絀”上加一“後”字，則文不成義矣。

賈滅朝鮮

彭吴賈滅朝鮮，置滄海之郡。

《索隱》曰：“彭吴，人姓名。滅朝鮮，彭吴始開其道而滅之也。”《史記考異》曰：“案，《漢書·武帝紀》：元朔元年秋，‘東夷薉君南閭等口二十八萬人降，爲蒼海郡’，‘三年春，罷蒼海郡’。至元封三年滅朝鮮，相距二十年，不得并爲一事。且滅朝鮮者爲荀彘、楊僕，亦無‘彭吴賈’其人也。《漢書·食貨志》但云'彭吴穿穢貊朝鮮,置滄海郡',較之《史記》爲確,予又疑'滅'字當爲'濊'字之訛。'濊'與'薉''穢'同,'賈'讀爲'商賈'之'賈',謂彭吴與濊朝鮮貿易,因得通道置郡也。小司馬謂彭吴始開其道而滅之,非是。"【念孫案】錢以"滅"爲"濊"之訛是也。"賈"仍當依《漢書》作"穿"。顔師古曰"本皆荒梗,始開通之,故言穿"是也。上言唐蒙、司馬相如開路西南夷,鑿山通道,此亦言彭吴通道東夷,置滄海郡,非謂與濊朝鮮貿易也。隸書"穿"字或作"穽",形與"賈"相近,因誤爲"賈"。漢《張氏穿中記》本造此"穿"者,"穿"字作"穽",是其證也。

通適

故吏皆通適令伐棘上林,作昆明池。

【念孫案】"皆通適"三字,文不成義。"通"即"適"字之誤而衍者也。《索隱》本無"通"字,《食貨志》亦無。

吾有羊上林中

吾有羊上林中,欲令子牧之。

【念孫案】"羊"下脱去"在"字,當依《漢書·卜式傳》補。《藝文類聚》《太平御覽·獸部》引《史記》并有"在"字。

楊可

天子既下緡錢令而尊卜式,百姓終莫分財佐縣官,於是楊可告緡錢縱矣。

【念孫案】“楊可”二字，後人依下文加之也。《食貨志》作“於是告緡錢縱矣”，顔師古曰：“縱，放也，放令相告言也。”無“楊可”二字。《索隱》於此處無注。至下文“楊可告緡遍天下”，始云“楊，姓。可，名也”，則此處本無“楊可”二字明矣。

郡國

郡國多奸鑄錢。

【念孫案】“郡國”下脱“民”字。《索隱》本出“人多奸鑄錢”五字，“人”即“民”字也。《食貨志》作“郡國鑄錢，民多奸鑄”。是《史記》《漢書》皆有“民”字。

市列肆

今弘羊令吏坐市列肆，販物求利。

【念孫案】“市列”下本無“肆”字，此涉《索隱》内“市肆”而誤衍也。市列，即肆也，故襄三十年《左傳注》曰“羊肆，市列也”，無庸更加“肆”字。《索隱》本作“坐市列”，注曰：“謂吏坐市肆行列之中。”此是加“肆”字以申明其義，非正文内本有“肆”字也。《食貨志》亦作“坐市列”，顔師古曰：“市列，謂列肆。”是《史記》《漢書》皆無“肆”字也。《鹽鐵論·救匱》篇：“内無事乎市列，外無事乎山澤。”《漢書·西域傳》：“罽賓國有市列。”

《史記》第三

吴太伯世家

憾

見舞《象箾》《南籥》者，曰："美哉，猶有憾！"

【念孫案】"憾"本作"感"，後人依今本《左傳》改之耳。古無"憾"字，借"感"爲之。《説文》無"憾"字。昭十一年《左傳》"唯蔡於感"，《釋文》"感，户暗反"，即今"憾"字也。宣十二年"二憾往矣"、成二年"大國朝夕釋憾於敝邑之地"，唐石經并作"感"。宣二年"以其私憾"、襄十六年"以齊人之朝夕，釋憾於敝邑之地"，《釋文》并作"感"。《逸周書·大戒》篇曰："内姓無感，外姓無謫。"《韓策》曰："感忿睚眦之意。"《鹽鐵論·備胡》篇曰："士卒失職，而老母妻子感恨。"《漢書·張安世傳》曰："何感而上書歸衛將軍富平侯印？"《杜鄴傳》曰："内無感恨之隙。"字并與"憾"同，又見下。《索隱》本出"有感"二字，注曰："感，讀爲憾，字省耳，胡暗反。"今既改正文爲"憾"，又改注文曰"憾，或作感，字省耳。亦讀爲憾，又音胡暗反"，其失甚矣。襄二十九年《左傳》："美哉，猶有憾！"《釋文》正作"感"。

爾而

爾而忘句踐殺女父乎？

【念孫案】此當作“而忘句踐殺女父乎”，而，即爾也。定十四年《左傳》作“而忘越王之殺而父乎”，是其證。今作“爾而”者，後人依《五子胥傳》旁記“爾”字，因誤入正文也。董份謂上“爾”字呼之，下“而”字連下，則從爲之辭耳。

齊太公世家

崔杼歸

崔氏婦自殺，崔杼歸亦自殺。

【念孫案】“歸”上本有“毋”字，“毋”與“無”同。凡《史記》“有無”字，多作“毋”。《索隱》本出“崔杼毋歸”四字，注曰“毋，音無”。襄二十七年《左傳》：“至則無歸矣，乃縊。”《吕氏春秋·慎行》篇：“崔杼歸，無歸，因而自絞也。”皆其證。宋本“毋”作“無”，而删去《索隱》“毋，音無”之注，今本又脱“無”字。

魯周公世家

一飯三吐哺起以待士

然我一沐三捉髮，一飯三吐哺，起以待士。

【念孫案】此文當有二本：一本作“一飯三起”，一本作“一飯三吐哺”，而後人誤合之也。《太平御覽·人事部》“沐”類、“賢”類、“禮賢”類、“待士”類引此并作“一飯三起以待士”，而無“吐哺”二字，此一本作“三起”之證也。《後漢書·陳元傳》注引作“一飯三吐哺以待士”，而無“起”字，此一本作“三吐哺”之證也。考諸書所記，言“三起”者，則不言“吐哺”。言“吐哺”者，則不言“三起”。今既言“吐哺”，而又言“起”，則詞意重沓，且一本作“三起”者，本以“一飯三起”爲句，而“以待士”三字則總承上二句言之。今作“一飯三吐哺起以待士”，則當斷“一飯三吐哺”爲句，而以“起”字下屬爲句，“起以待士”，斯爲不詞矣。

所知

不干所問，不犯所知。

【念孫案】“知”當爲“咨”，聲之誤也。“所問”“所咨”，皆承上文而言。《周語》正作“所咨”。

哀姜

文公有二妃，長妃齊女哀姜。

【念孫案】《索隱》本“哀姜”上有“爲”字，於義爲長。

衢

遇孟武伯於衢。

【念孫案】“衢”本作“街”，此後人依《左傳》改之也。《索隱》本作"街",注曰"有本作'衛'者,非也。《左傳》'於孟氏之衢'"。案,"街""衛"字形相近,故"街"誤爲"衛"。《索隱》引《左傳》"孟氏之衢"者,以明其當作"街",不當作"衛",非正文本作"衢"也。若正文本作"衢",不得誤爲"衛"矣。又案,《爾雅》:"四達謂之衢。"《説文》:"街,四通道也。"則"街"即是"衢"。史公述《春秋傳》多以詁訓之字相代,後人改"街"爲"衢",失史公之意矣。

燕召公世家

恫恐

國大亂,百姓恫恐。《燕策》作"恫怨"。下文"衆人恫恐",《燕策》姚本作"恫怨",鮑本元作"恫恐",改爲"恫怨"。案,作"恫恐"者是也,作"恫怨"者,後人不曉"恫恐"之義,因據《大雅·思齊》篇改之耳。

《索隱》曰:"恫,痛也。恐,懼也。"【念孫案】小司馬分"恫恐"爲二義,非也。恫,亦恐也,與"神罔時恫"之"恫"異義。《蘇秦傳》:"秦恐韓魏之議其後也,是故恫疑虚喝,驕矜而不敢進。"小司馬以"恫"爲"恐懼"是也。疑,亦恐也。或言"恫恐",或言"恫疑",其義一也,説見後"洞疑"下。

北迫内措

燕北迫蠻貉,内措齊晉。

【念孫案】"北"當爲"外",字之誤也。隸書"外"字或作"外",見漢《司隸校尉魯峻碑》。形與"北"相近,因誤爲"北"。

“外迫”“内措”相對爲文。蠻貉故言外，齊晉爲中國諸侯，故言内，若云“北迫”，則與下句不對矣。又，《索隱》曰：“措，交雜也。又作錯。劉氏云：争陌反。”各本“争陌反”訛作“争錯也”，今據《索隱》單行本訂正。案，劉音是也。措者，迫也。字本作“笮”，《説文》：“笮，迫也。”《小雅·雨無正》箋曰：“甚急笮且危。”或作“筰”，《周官·典同》“侈聲筰”，鄭注曰：“聲迫筰。”又作“迮”，《文選·嘆逝賦》注引《聲類》曰：“迮，迫也。”《釋名》曰：“笮，迮也。編竹相連，迫迮也。”《史記》《漢書》通作“措”。《漢書·梁孝王傳》：“李太后與争門，措指。”《史記》同。晉灼曰：“措置字借以爲笮耳。”師古曰：“謂爲門扇所笮。”《王莽傳》：“迫措青徐盗賊。”師古曰：“措讀與笮同。”皆其證也。“外迫蠻貉，内措齊晉”，措，亦迫也。小司馬讀爲“交錯”之“錯”，失之。《風俗通義·皇霸》篇曰“燕外迫蠻貉，内笮齊晉”，即用《史記》之文。

曹叔世家

如公孫彊不修厥政叔鐸之祀忽諸

余尋曹共公之不用釐負羈，乃乘軒者三百人，知唯德之不建。及振鐸之夢，豈不欲引曹之祀者哉？如公孫彊不修厥政，叔鐸之祀忽諸。

《正義》解末二句曰：“至如公孫彊不修霸道之政，而伯陽之子立，叔鐸猶尚饗祭祀，豈合忽絶之哉？”【念孫案】張説甚謬。“如”讀爲“而”，言叔鐸非不欲引曹之祀，而無若公孫彊之不修國政，以致絶祀何也。文五年《左傳》：“臧文仲聞六與蓼滅，曰：‘皋陶、庭堅不祀忽諸，德之不建，民之無援，哀哉！’”此云“知唯德之不建”，又云“叔鐸之祀忽諸”，皆用臧文仲語。

宋微子世家

爲死

今誠得治國，國治身死，不恨。爲死，終不得治，不如去。

【念孫案】爲，猶如也。言如身死而國終不治，不如去也。古者或謂“如”曰“爲”，説見《韓策》“縱韓爲不能聽我”下。

爲桮

彼爲象箸，必爲玉桮。爲桮，則必思遠方珍怪之物而御之矣。

【念孫案】“爲桮”亦當作“爲玉桮”，此承上文言之，不當省“玉”字。《群書治要》引此正作“爲玉桮”。

晉世家

唐叔虞

唐叔虞者，周武王子而成王弟。

【念孫案】“唐”上本有“晉”字。後人以晉、唐不當并稱，故删去“晉”字也。今案，昭元年《左傳》：“遷實沈于大夏，唐人是因，以服事夏商，其季世曰唐叔虞。”杜注曰：“唐人之季世，其君曰叔虞。”下文“當武王邑姜方震大叔，夢帝謂己：‘余命而子曰虞。’”注曰：“取唐君之名。”是唐人之季世與周武王子封於唐者，皆謂之唐叔虞，而武王子封於唐者，寔爲晉之始祖，故言“晉唐叔虞”以别之。《索隱》本出“晉唐叔虞”四字，注曰“晉初封於唐，故稱晉唐叔虞”，則有“晉”字明矣。

文在其手

及生子，文在其手曰“虞”。

【念孫案】“文”上脱“有”字，當依《左傳》及《鄭世家》補。《初學記》《太平御覽·天部》引《晉世家》皆有“有”字。

有

尤而效之，罪有甚焉。

【念孫案】“有”讀爲“又”。僖二十四年《左傳》作“又”。又，《楚世家》：“處既形便，勢有地利。”“有”亦讀爲“又”。“又”與“既”文義相承。又，《樂毅傳》：“恐傷先王之明，有害足下之義。”“有”亦讀爲“又”。《燕策》作“傷先王之明，而又害於足下之義”。《廉頗藺相如傳》：“君有勢，我則從君。君無勢，則去。此固其理也，有何怨乎？”“有何怨”之“有”，亦讀爲“又”。《淮陰侯傳》：“項王不居關中而都彭城，有背義帝之約而以親愛王，諸侯不平。”“有”亦讀爲“又”。《漢書》作“又”。《吴王濞傳》：“大王誠幸而許之一言，則吴王率楚王略函谷關，守滎陽敖倉之粟，距漢兵，治次舍，須大王。大王有幸而臨之，則天下可并。”“有”亦讀爲“又”。凡經傳“又”字多作“有”，説見

《釋詞》。

此受次賞

夫導我以仁義,防我以德惠,此受上賞。輔我以行,卒以成立,此受次賞。矢石之難,汗馬之勞,此復受次賞。若以力事我,而無補吾缺者,此受次賞。

【念孫案】上既云“此復受次賞”,則此亦當然,若無“復”字,則文義不明。《太平御覽・治道部》引此正作“此復受次賞”。

楚世家

坼剖

陸終生子六人,坼剖而產焉。

【念孫案】“剖”本作“副”。《大雅・生民》篇:“不坼不副。”《釋文》:“副,孚逼反。”《正義》曰:“坼、副,皆裂也。”引《曲禮》“爲天子削瓜者副之”是也。後人誤讀“副”爲去聲,遂不得其解,又見《集解》有“簡狄胸剖生契”之語,因改“副”爲“剖”耳。《說文》:“副,判也。籀文作疈。”《太平御覽・人事部》引《史記》作“坼疈而生”,是其明證矣。

越章王

少子執疵爲越章王。

【念孫案】《大戴禮·帝繫》篇"越章"作"戚章"。《索隱》引《世本》作"就章"。"戚"字古聲與"蹵"相近，説見《唐韻正》。而"蹵"從"就"聲，"蹵然"或爲"蹙然"、"蹵芻"或爲"蹙芻"，見《曲禮》及《漢書·賈誼傳》。則作"戚"者是也。"戚"訛爲"戉"，即今"斧鉞"字。故又訛爲"越"，猶"甯戚"之訛爲"甯越"矣。見《淮南·道應》篇。

使棄疾殺之

於是靈王使棄疾殺之。

【念孫案】此當作"使疾殺之"。疾，速也。昭四年《左傳》作"王使速殺之"，是其證也。今本"疾"上有"棄"字者，因下文"公子棄疾"而誤。

卑梁

初，吴之邊邑卑梁與楚邊邑鍾離小童争桑。

【念孫案】《太平御覽·州郡部》引此，"卑梁"下有"女"字是也。《吴世家》曰："楚邊邑卑梁氏之處女與吴邊邑之女争桑。"《伍子胥傳》亦曰"兩女子争桑"，《吕氏春秋·察微》篇亦曰"楚邊邑卑梁處女"。

僞謂楚王

楚威王令齊必逐田嬰。田嬰恐。張丑僞謂楚王曰。

【念孫案】"僞"讀曰"爲人謀而不忠"之"爲"，言張丑爲田嬰謂楚王也。古“作爲”之“爲”通作“僞”，故“爲人謀”之“爲”亦通作“僞”。説見《秦策》“蘇代僞爲齊王曰”下。僞爲，即爲謂。

摶其士卒

盼子復摶其士卒以與王遇，必不便於王矣。

《索隱》曰：“摶，音膊。亦有作附讀。”【念孫案】“膊”“附”二音，皆非也。“摶”當爲“摶”，字之誤也。“摶”與“專”同。《田完世家》：“韓馮摶三國之兵。”《集解》：“徐廣曰：‘摶音專。專猶并合制領之謂也。’”《吴王濞傳》：“燕王摶胡衆入蕭關。”《索隱》曰：“摶音專。專謂專統領胡兵。”此言“摶其士卒以與王遇”，意亦同也。《齊策》作“整其士卒”，“整”與“摶”意亦相近。作“摶”，則非其指矣。

二十年

二十年，齊湣王欲爲從長。

【念孫案】《索隱》本出“二十六年”四字，注曰：“案，下文始言二十四年，又更有二十六年，則此云‘二十六年’，衍字也，當是二十年事。”據此，則正文本作“二十六年”，而小司馬以爲當作“二十年”。今本依小司馬改爲“二十年”，則與注内“此云二十六年”之語不合，故又於注首加八字云“俗本或作二十六年”，然後接以“案下文”云云，甚矣其謬也。

鄒

鄒費郯邳者，羅鸗也。

【念孫案】“鄒”本作“騶”，古多以“騶”爲“鄒”字。《封禪書》“祠騶嶧山”、《吴世家》“爲騶伐魯”、《陳杞世家》“滕、薛、騶，夏殷周之間封也”、《田完世家》“騶忌”“騶衍”、《孟子傳》“齊有三騶子”、《韓長孺傳》“嘗受《韓子》、雜家説於騶田生所”、《漢書·地理志》“魯國騶，故邾國”、《王吉傳》“能爲《騶氏春秋》”。又，漢有《騶氏二鏡銘》，《造孔廟禮器碑陰》有“騶韋仲卿”，《蕩陰令張遷碑陰》有“騶叔義”。《索隱》本出“騶費”二字，注曰“鄒祕二音”。今本改“騶”爲“鄒”，則小司馬無庸作音矣。下文“塞鄒魯之心”、《孟子傳》“孟軻，鄒人也”，《索隱》本并作“騶”。《班馬字類》及毛晃《增修禮部韻略》引《孟子傳》并作“騶”，宋本同。

必萬之於虎

若使澤中之麋，蒙虎之皮，人之攻之，必萬之於虎。

【念孫案】“必萬之於虎”，《索隱》本作“必萬於虎矣”，於義爲長。

越王句踐世家

怨伐

允常之時，與吴王闔廬戰而相怨伐。

【念孫案】“怨伐”二字，義不相屬，諸書亦無以“怨伐”連文者,“伐”字蓋因下文而誤衍也。《文選·鵩鳥賦》注引此無“伐”字。

鎮

鎮撫國家。

【念孫案】“鎮”本作“填”,古多以“填”爲“鎮撫”字。《小雅·采菽》篇:“殿天子之邦。”《毛傳》:“殿,鎮也。”《釋文》:“鎮,本作填。”《史記·高祖紀》:“鎮國家,撫百姓。”《漢書》作“填”。《孝文紀》:“填撫諸侯。”《天官書》:“填星歲填一宿。”《齊悼惠王世家贊》:“大封同姓,以填萬民之心。”《蕭相國世家》:“填撫諭告,使給軍食。”《平津侯傳》:“宜佐明主,填撫國家。”《太史公自序》:“蕭何填撫山西。”字并與“鎮”同。《索隱》本出“填撫”二字,注曰“鎮音”,今改“填”爲“鎮”,而删去其音,妄矣。

導諛

吴已殺子胥,導諛者衆。

【念孫案】導諛,即諂諛也。或作“道諛”。《莊子·天地》篇“道諛之人”是也,又曰“謂己道人”“謂己諛人”。道人,即諂人也。《漁父》篇曰:“希意道言謂之諂。”是“道”與“諂”同義。故《荀子·不苟》篇“非諂諛也”、《賈子·先醒》篇“君好諂諛而惡至言”,《韓詩外傳》并作“道諛”。“諂”與“導”,聲之轉,“諂諛”之爲“導諛”,“臽及”之爲“導及”,《禮書》“臽及士大夫”,《索隱》本作“啗及”,《大戴禮·禮三本》篇作“導及”,《荀子·禮論》篇作“道及”。案,“臽”字當讀爲“覃及鬼方”之“覃”。《集解》本“臽”訛作

"函",辯見《禮書》。"禫服"之爲"導服",《士虞禮記》"中月而禫",鄭注:"古文禫或爲導。"《喪大記》:"禫而内無哭者。"注:"禫,或作道。"《説文》"㐬""棪"二字,并讀若"三年導服"之"導"。《玉篇》"㐬"他念、他感二切。"棪"餘冉切。"禫"之或爲"導","㐬""棪"之讀若"導",其理一也。皆聲轉而字異也。

請成越

乃使人厚禮以請成越。

【念孫案】《文選·答蘇武書》注引此作"請成於越",今脱"於"字。

不貴 不見

吾不貴其用智之如目,見豪毛而不見其睫也。

【念孫案】此文本作"吾患其用智之如目,見豪毛而不自見其睫也"。祇因"患"訛作"貴",後人不得其解,遂於"貴"上加"不"字耳。《太平御覽》引此已誤。《大戴禮·曾子立事》篇:"既知之,患其不能行也。既能行之,患其不能以讓也。"今本作"貴其能以讓也",此亦是"患"訛作"貴",後人因删去"不"字也。或增"不"字,或删"不"字,皆由不知"貴"爲"患"之訛耳。"不自見其睫",今本脱"自"字,《太平御覽·人事部七》引此有"自"字。下文曰"今王知晉之失計,而不自知越之過",則有"自"字明矣。《韓子·喻老》篇:"杜子諫楚莊王曰:'臣患王之智如目也,今本"患"上有"愚"字,即"患"字之誤而衍者,又脱"王"字。能見百步之外,而不能自見其睫。'"語意正與此同。

職

殺人而死職也。

【念孫案】《爾雅》:"職,常也。"言殺人而死,固其常也。《五子胥傳》曰:"事成爲卿,不成而亨,固其職也。"《季布傳》曰:"季布爲項籍用,職耳。"定元年《左傳》曰:"爲宋役,亦其職也。"上文曰"故我常從宋"。義并與此同。

鄭世家

是率諸侯

齊强而厲公居櫟,即不往,是率諸侯伐我,内厲公。

【念孫案】"是"當爲"且",字之誤也。即,若也。古謂"若"爲"即",説見《匈奴傳》。言我若不往,則齊且率諸侯伐我而納厲公也。

甫瑕

使人誘劫鄭大夫甫瑕。

【念孫案】"瑕"本作"假"。《索隱》本出"甫假"二字,注曰:"《左傳》作傅瑕,此本多假借,亦依字讀。"是《史記》本作"假",不得以《左傳》改之也。"瑕""假"聲相近,故字亦相通。《淮南·精神》篇"審乎無瑕",《莊子·德充符》篇"瑕"作"假"。《檀弓》"公肩假",《漢書·古今人表》作"公肩瑕",是其證。

娠大叔

當武王邑姜方娠大叔。

【念孫案】上文“成王封叔虞於唐”,《索隱》引此“娠大叔”作“動大叔”。是《史記》舊本本作“動”,而今作“娠”者,後人不解“動”字之義,又以《左傳》作“震”,“震”與“娠”通,故改爲“娠”也。今案,娠、震,皆動也。《爾雅》:“娠、震,動也。”郭注曰:“娠,猶震也。”《説文》:“娠,女妊身動也。”《春秋傳》曰:“后緡方娠。”《哀元年》。《漢書·高祖紀》:“已而有娠。”應劭曰:“娠,動,懷任之意。”《左傳》曰:“邑姜方娠。”昭元年。今《左傳》作“震”。《大雅·生民》篇:“載震載夙。”《毛傳》曰:“震,動也。”《正義》曰:“動,謂懷任而身動也。”是娠、震皆動也。《周本紀》曰“身動如孕者”是也。凡史公述《尚書》《春秋傳》,多以詁訓之字相代。此言“方動大叔”,亦是以“動”代“震”也。至小司馬述本書之文例,不以詁訓之字相代,若本書作“娠”,小司馬無緣改爲“動”也。後人不知古訓,而輒改爲“娠”,失史公之意矣。

趙世家

五世而生趙夙

自叔帶以下,趙宗益興,五世而生趙夙。

【念孫案】“生”當爲“至”。言自叔帶以至趙夙,凡五世也。上文云“自造父已下,六世至奄父”,即其證。“至”與“生”草書相似,又涉上文“奄父生叔帶”而誤。《太平御覽·封建部三》引此正作"至"。

諸大夫朝

諸大夫朝,徒聞唯唯,不聞周舍之鄂鄂。

【念孫案】《文選·辯亡論》注引此,"朝"上有"在"字,於義爲長。

城不浸

引汾水灌其城,城不浸者三版。

【念孫案】"浸"當爲"没",字之誤也。《文選·辯亡論》注、《太平御覽·治道部》引此并作"没"。《魏世家》作"湛",與"沈"同。湛,亦没也。《秦策》及《韓子·難》篇并作"沈",《説苑·權謀》篇作"没",《趙策》作"沈",又作"没"。

異日

異日,王飲酒樂,數言所夢,想見其狀。

【念孫案】"異日"之文,與上"他日"相複。"異日"本作"旦日",字之誤也。"旦日",謂夢見美女之明日也。《漢書·高祖紀》注:"旦日,明日也。"夜夢美女鼓琴而歌,故明日數言所夢,而想見其狀,不待異日也。舊本《北堂書鈔·樂部二》引此正作"旦日",陳禹謨依俗本改爲"異日"。《太平御覽·樂部八》同。

序往古之勳

用力少而功多，可以毋盡百姓之勞，而序往古之勳。

《正義》曰："厚，重也。"【念孫案】張所見本作"厚往古之勳"，故訓"厚"爲"重"。今案，"厚"與"序"文義皆有未安，當依《趙策》作"享往古之勳"，字之誤也。漢《荆州刺史度尚碑》"厚"字作"㫗"。《三公山碑》作"𠪱"，并與"享"相似。享，受也。見僖二十三年《左傳》注、《晉語》注。言不勞百姓，而坐受往古之功也。

禮也　不必古

故禮也不必一道，而便國不必古。

【念孫案】此當依《趙策》作"理世不必一道，今本《趙策》"理"字亦訛作"禮"，姚本云一作"理"。而便國不必法古"。理世，治世也。"不必法古"，即承上文"何古之法"而言。《商君傳》亦云："治世不一道，便國不法古。"今本"理世"訛作"禮也"，隸書"世""也"相似。《太史公自序》"强弱之原云以世"，徐廣曰："一作云已也。""古"上又脱"法"字，則文不成義。

奇行

且服奇者志淫，則是鄒魯無奇行也。俗辟者民易，則是吴越無秀士也。

《索隱》解上二句曰："鄒魯好長纓，是奇服也。服非其志，皆淫僻也，而有孔門顔、冉之屬，豈是無奇行哉！"【念孫案】"服奇""奇行"兩"奇"字，皆讀爲"奇邪"之"奇"。《周官・宫正》“奇邪之民”，鄭注：“奇邪，譎觚非常。”《閽人》“奇服怪民”，注：“奇服，衣非常。”此言服正者志未必正，服奇者志未必淫。若謂服奇者志必淫，則是鄒魯之士，儒冠、儒服，必無奇邪之行也。中國未必無莠民，蠻夷未必無俊民。若謂俗辟者民必易，則是吳越風俗邪辟，必無秀異之士也。小司馬誤以“奇行”爲“善行”，故所説皆非。

鴟之塞

攻取丹丘、華陽、鴟之塞。

《正義》曰：“徐廣曰：‘鴟一作鴻。’鴻上故關今名鴻城，[①]在定州唐縣東北六十里，本晉鴻上關城也。又有鴻上水，源出唐縣北葛洪山，接北岳恒山，與鴻上塞皆在定州。”【念孫案】如《正義》，則“鴟之”二字乃是“鴻上”之訛。“鴻”與“鴟”草書相近，“之”本作“㞢”，與“上”字亦相近，故“鴻”訛作“鴟”，劉晝《新論·通塞》篇：“快若輕鴻之泛長風。”今本“鴻”訛作“鴟”。“上”訛作“之”耳。《水經·滱水》注曰：“滱水又東流，歷鴻山，世謂是處爲鴻頭，疑即《晉書·地道記》所謂鴻上關者也。關尉治北平，而畫塞於望都東北，去北平不遠，兼縣土所極也。滱水於是左納鴻上水，水出西北近谿，東南流注於滱水也。”以上《水經注》。鴻上關，即鴻上塞，故水亦有鴻上之名，今保定府唐縣西北七十里有鴻城社，即《正義》所云“鴻上故關，今名鴻城”者也。

---

① “鴻”，《史記正義》作“汝”，《資治通鑑》引同。

主父開之

公子章之敗,往走主父。主父開之。

《索隱》曰:"開,謂開門而納之。俗本亦作'聞'字者,非也。譙周及孔衍皆作'閉之'。閉,謂藏之也。"《正義》本作"閉之",云"謂容其入宫閉藏也"。【念孫案】此"閉"誤爲"開","開"又誤爲"聞"也。不言開門納之,而但言開之,則文義不明,當從《正義》本作"閉之"爲是,《列女傳·孽嬖傳》亦作"閉之"。

上佼

齊之事王,宜爲上佼,而今乃抵罪。

《索隱》曰:"佼,猶行也。"【念孫案】小司馬説非也。"佼"與"交"同。《説文》:"佼,交也。"《管子·形勢》篇:"烏集之佼,雖善不親。"《形勢解》篇曰:"與人佼,多詐僞,無情實,偷取一切,謂之烏集之佼。"《七臣七主》篇曰:"好佼友而行私請。"又,《明法》篇:"民務交而不求用。"《明法解》篇"交"作"佼"。上交,上等之交也。言齊之事王如此,當爲王之上交,而今反觸罪也。《趙策》作"宜爲上交",又曰"秦與韓爲上交""秦與梁爲上交",皆其證。

入之秦

入之秦,不聽主令。

【念孫案】"入之秦"當作"主入之秦",謂韓王入上黨於秦而馮亭不聽也。脱去"主"字,則文義不明。《趙策》作"主内之秦，不順主命”，是其證。

趙氏

趙氏壯者皆死長平。

【念孫案】“氏”當爲“民”，字之誤也。《燕世家》及《燕策》皆作“民”。

魏世家

無忌

無忌謂魏王曰。

楊倞注《荀子·强國》篇引此，“無忌”作“朱忌”。【念孫案】作“朱忌”者是也。作“無忌”者，後人以意改之耳。《史記》他篇中，或稱信陵君，或稱魏公子無忌，或稱魏將無忌，其但稱無忌者，則承上文而言，今無忌之名，不見於上文，上文范痤上書信陵君，但稱信陵君，不稱無忌。而忽云“無忌謂魏王曰”，則文義不明。假如平原君名勝，“勝”字未見於上文，而忽云“勝謂趙王曰”，其可乎？且下文稱“信陵君無忌矯奪晉鄙兵”，而此但稱“無忌”，則是詳於後而略於前，於理尤不可通。《魏策》作“朱己謂魏王曰”，“己”“忌”古同聲，《鄭風·大叔于田》箋：“忌，讀如‘彼己之子’之‘己’。”則《史記》之本作“朱忌”甚明。楊倞引作“朱忌”，則唐時本尚未誤。鮑彪注《魏策》云：“朱己，《史》作無忌。”《大事記》謂“信陵之言，深切綜練”，皆爲俗本所惑。

交强秦魏之兵

今韓氏以一女子奉一弱主，内有大亂，外交强秦魏之兵，王以爲不亡乎。

【念孫案】“交”當爲“支”，字之誤也。隸書“交”字或作“交”，形與“支”相近。言韓不能支秦魏之兵也。《魏策》作“外安能支强秦魏之兵”，是其證。

與强秦鄰之禍　天時

王速受楚趙之約，趙挾韓之質以存韓而求故地，韓必效之。此士民不勞而故地得，其功多於與秦共伐韓，而又與强秦鄰之禍也。夫存韓安魏而利天下，此亦王之天時已。

【念孫案】“與强秦鄰之禍”，當從《魏策》作“無與强秦鄰之禍”。此言魏與秦伐韓以求故地，韓亡則魏與秦鄰而受其禍。今魏存韓而求故地，則故地不勞而得，且韓存則魏無與秦鄰之禍，故曰“其功多於與秦共伐韓，而又無與强秦鄰之禍也”。“天時”，當從《魏策》作“大時”。言存韓安魏而利天下，王之時莫大於此也。《秦策》曰“今攻齊，此君之大時也”，是其證。

韓世家

不如出兵以到之　公待秦而到　施三川而歸

楚圍雍氏，韓求救於秦。秦未爲發，使公孫昧入韓。公仲曰："子以秦爲且救韓乎？"對曰："秦王之言曰'請道南鄭、藍田，出兵於楚以待公'，殆不合矣。"公仲曰："子以爲果乎？"對曰："秦王必祖張儀之故智。楚威王攻梁也，張儀謂秦王曰：'與楚攻魏，魏折而入於楚，韓固其與國也，是秦孤也。今本"秦孤"誤作"孤秦"，兹據宋本、游本及《韓策》改。下文曰"是齊孤也"，《楚世家》曰"是楚孤也"，文義并與此同。不如出兵以到之。魏楚大戰，秦取西河之外以歸。'今其狀陽言與韓，其實陰善楚。公待秦而到，必輕與楚戰。楚陰得秦之不用也，必易與公相支也。公戰而勝楚，遂與公乘楚，施三川而歸。公戰不勝楚，楚塞三川守之，下"楚"字疑衍，此謂秦塞三川而守之，非謂楚也。《韓策》無下"楚"字。公不能救也。"

《索隱》解"不如出兵以到之"，曰："到，欺也。猶俗云'張到'。然《戰國策》作'勁'，勁，强也。"【念孫案】小司馬訓"到"爲"欺"，而引俗語"張到"爲證，甚屬無稽，且與下文"公待秦而到"之語不合。其引《韓策》作"勁"，而訓爲"强"是也。"出兵以勁之"者，陽爲助魏，而實以虚聲勁之也。魏恃秦而勁，必與楚戰，楚魏相搏，秦因取西河之外以歸，故《韓策》曰"魏氏勁，威王怒，楚與魏大戰，秦取西河之外以歸也"。《秦策》記此事曰："楚攻魏。張儀謂秦王曰'不如與魏以勁之'。"則作"勁"者是也。高注曰："勁，强也。"《東周策》曰："秦知趙之難與齊戰也，將恐齊趙之合也，必陰勁之。"《楚策》曰："三國惡楚之强也，恐秦之變而聽楚也，必深攻楚以勁秦。"《韓策》曰："故王不如令韓中立以攻齊，王言救魏以勁之。"并與此"勁"字同義。下文"公待秦而到"，亦當依《韓策》作"公恃秦而勁"。謂韓恃秦而勁，必與楚戰，《楚策》曰："趙恃楚而勁，必與魏戰。"勝則秦與韓乘楚，施三川而歸，不勝則秦塞三川而守之，韓不能救也。凡隸書從"力"之字，或訛從"刀",故"功"訛作"㓛",漢《衛尉衡方碑》"尅亮天㓛"。"勴"訛作"劇","劫"訛作"刦"。從"巠"之字,或書作"坙",因訛而爲"至",故"痙"訛作"痓",《大荒南經》:"大荒之中有山,名曰去痙。"郭音"風痙"之"痙",今本訛作"痓"。凡醫書"内痙"字,多如此作。"輕"訛作"輊"。《楚辭·九辯》"前輕輬之鏘鏘兮",今本"輕"訛作"輊"。"力"與"刀""坙"與"至",形并相似,故"勁"訛作"到"。《西周策》:"楚宋不利秦之聽三國也,彼且攻王之聚以勁秦。"鮑彪本"勁"訛作"到",正與此同也。説見《西周策》"到秦"下。

又,《正義》解"施三川而歸",曰:"施,猶設也。三川,周天子都也。言韓戰勝楚,則秦與韓駕御於楚,即於天子之都,張設救韓之功,行霸王之迹,加威諸侯,乃歸咸陽也。"【念孫案】張説甚謬。"施"讀爲"移"。移,易也。言與韓乘楚,而因易三川以歸也。《韓策》作"易三川而歸",是其明證矣。《田完世家》曰"請與韓地而王以施三川",《蔡澤傳》曰"利施三川,以實宜陽",《秦策》同,張訓"施"爲"展",亦非。義并與此同。"施"與"移"古同聲而通用。《管子·國蓄》篇"今君鑄錢立幣,民庶之通施也",《輕重甲》篇"施"作"移"。《荀子·儒效》篇"充虚之相施易也",《漢書·衛綰傳》"劍,人之所施易","施"字并讀爲"移"。"施"又音以豉反,亦與"移"通。《大傳》"絶族無移服",《喪服傳》"移"作"施",《釋文》并"以豉反"。《莊子·人間世》篇"哀樂不易施乎前",崔譔云:"施,移也,音以豉反。"

田敬仲完世家

粟予民

其收賦税於民,以小斗受之。其粟予民,以大斗。

【念孫案】"粟予民,以大斗",文不成義,"粟"當爲"稟",音彼錦、力錦二反。稟予,猶給予也。謂以小斗收之而以大斗給之也。《説文》:"稟,賜穀也。"《廣雅》曰:"稟,予也。"《漢書·文帝紀》"吏稟當受鬻者",顏師古曰:"稟,給也。"《中庸》"既廩稱事",《釋文》"廩"作"稟"。彼錦反,一本又力錦反。《管子·五行》篇:"大常察乎地利,故使爲廩者。"尹知章曰:"廩,給也。""廩"與"稟",古同聲而通用。今本"稟"作"粟"者,"稟""粟"隸書相似,漢《楚相孫叔敖碑》"葬枯稟乏","稟"作"稾"。《郃陽令曹全碑》"以家錢糴米粟","粟"作"稟",二形相似。又涉下文"請粟"而誤耳。《太平御覽·器物部》引《史記》作"廩",是其證。

毁言　譽言

自子之居即墨也,毁言日至。又下文"自子之守阿,譽言日聞"。

【念孫案】兩"言"字,皆後人所加,毁、譽,皆言也,無庸更加"言"字。舊本《北堂書鈔·封爵部下》《刑法部下》、陳禹謨本并依俗本加"言"字。《藝文類聚·治政部上》《太平御覽·封建部一》《職官部六十四》《治道部四》《刑部十一》引此皆無兩"言"字。《通典·職官十五》同,唯《通鑑·周紀一》作"毁言日至,譽言日至",則所見《史記》本已有兩"言"字矣。

春温

夫大弦濁以春温者,君也。

【念孫案】“濁以春温”，文不成義。《索隱》本出“大弦濁以温者，君也”八字，注云：“案，《春秋後語》温字作春。春氣温，義亦相通也。”據此則小司馬本無“春”字，今本作“春温”者，一本作“温”，一本作“春”，而後人誤合之耳。《太平御覽·人事部》引此作“春”，從别本也。陳祥道《禮書》引作“春温”，則所見本已誤。

醳之愉

攫之深，醳之愉者，政令也。

《集解》：“徐廣曰：一作舒。”《索隱》曰：“醳音釋。《史記》“釋”字多作“醳”。與下文‘舍’字并同。愉音舒。”【念孫案】徐云“一作舒”者，謂“醳”一作“舒”，非謂“愉”一作“舒”也。“醳之愉”，下文作“舍之愉”，而“舍”字古讀若“舒”。《説文》：“舒，從予、舍聲。”《小雅·何人斯》篇“亦不遑舍”，與“車”“盱”爲韻。《左氏春秋》哀六年“齊陳乞弑其君荼”，《釋文》音“舒”，《公羊》“荼”作“舍”。《史記·律書》：“舍者，日月所舍。舍者，舒氣也。”《聘禮記》“發氣焉盈容”，鄭注：“發氣，舍氣也。”舍氣，即舒氣。“醳”通作“舍”，故又通作“舒”。若“愉”字，古音在侯部，“舒”字古音在魚部，兩字絶不相通，故書傳中“愉”字無通作“舒”者，而字書、韻書，“愉”字亦無“舒”音。《索隱》之“愉音舒”當作“愉音俞”，《淮南·本經》篇注曰：“愉，和也。”“攫之深，醳之愉”，喻政令之寬猛相濟。今作“音舒”者，即因《集解》内“舒”字而誤。

孔子世家

三人行

三人行必得我師。

【念孫案】"三人行"本作"我三人行"，今本無"我"字者，後人依俗本《論語》删之也。何晏注、皇侃義疏、《經典釋文》、唐石經、邢昺疏，皆有"我"字，説見《石經考文提要》。《集解》引何注"言我三人行"，則《史記》原文亦有"我"字，當補入。

景行行止

《詩》有之：高山仰止，景行行止。

【念孫案】宋本"行止"作"行之"。王應麟《詩考》引此亦作"行之"，今本仍作"行止"者，後人依《詩》文改之也。案《小雅·車舝》釋文曰："仰止，本或作仰之。"又，《表記》引《詩》"高山仰止，景行行止"，《釋文》曰："仰止，本或作仰之。行止，《詩》作'行之'。"是陸本《毛詩》上句作"止"，下句作"之"也。《詩正義》曰"仰之行之"，則上下句皆作"之"，未可輒據今本《毛詩》以改《史記》也。《三王世家》載武帝制曰："高山仰之，景行嚮之，朕甚慕焉。"雖"嚮"與"行"異文，而上下句亦皆作"之"。

陳涉世家

次近所旁

又間令吴廣之次近所旁叢祠中。

《索隱》本無"近"字。【念孫案】"近"即"所"字之誤而衍者也。次所,謂戍卒止次之所也,其旁有叢祠,故曰"次所旁叢祠"。加一"近"字,則文不成義矣,《漢書》亦無"近"字。

伍徐

銍人伍徐。

徐廣《音義》曰:"徐,一作逢。"《漢書·陳勝傳》作"五逢"。【引之曰】"徐"與"逢"聲不相近,"徐"當爲"徫",字之誤也。《説文》:"徫,讀若蜂。""徫"與"逢"聲相近,故字相通。趙氏雲崧《廿二史札記》謂《漢書》改"徐"爲"逢",非也。

外戚世家

寒卧岸下

爲其主入山作炭,寒卧岸下百餘人。

【念孫案】"寒",當從《漢書》作"暮",字之誤也。《太平御覽·火部》引《史記》亦作"暮"。

奇兩女

臧兒卜筮之，曰兩女皆當貴。因欲奇兩女。

《索隱》曰："奇者，異之也。《漢書》作倚。倚者，依也。"【念孫案】"奇"即"倚"字也。《説卦傳》"參天兩地而倚數"，《釋文》："倚，蜀才作奇。"《周官·大祝》"奇㨖"，杜子春云："或云奇讀曰倚。"是"倚"與"奇"通也，顔師古曰"冀其貴而依倚之，得尊寵"是也。小司馬訓"奇"爲"異"，失之。

身貌

視其身貌形狀。

【念孫案】古書無以"身貌"二字連文者，"身"當爲"體"，俗書作"軆"，因脱其右半耳。《藝文類聚·人部》《初學記·中宫部》《太平御覽·皇親部》《人事部》引此并作"體貌"。宋玉《登徒子好色賦》曰："體貌閑麗。"《漢書·五行志》曰："體貌不恭。"

蕭相國世家

乃令蕭何

於是乃令蕭何賜帶劍履上殿，入朝不趨。

【念孫案】"蕭何"下脱去"第一"二字，當依《漢書》《漢紀》補。上文是群臣以爲曹參位次當居第一，而高祖及鄂千秋皆以爲蕭何當第一。此處若不言"蕭何第一"，則上文全無收束矣。"蕭何第一"爲一事，"賜帶劍履"云云，又爲一事。《太平御覽·治道部》引《史記》正作“乃令蕭何第一”。

曹相國世家

東阿

北救東阿。

【念孫案】“阿”上本無“東”字，此後人依《漢書》加之也。東阿故城在今陽穀縣東北，本戰國時阿邑，《田完世家》所謂齊威王烹阿大夫者也。漢始置東阿縣，故《史記》中或謂之“阿”，或謂之“東阿”。《索隱》本出“北救阿”三字，注云：“阿，即東阿也。”《正義》曰：“今濟州東阿也。”則正文内無“東”字甚明。今本既加“東”字，又删去注内“阿，即東阿也”五字，其失甚矣。《絳侯世家》“擊秦軍阿下”，亦不稱東阿。

如齊故俗諸儒以百數

參盡召長老諸生，問所以安集百姓，如齊故俗諸儒以百數，言人人殊。

【念孫案】“如齊故俗諸儒以百數”本作“如齊故諸儒以百數”。“齊故諸儒”四字連讀，“如”與“而”同，言參問所以安集百姓，而齊之故儒以百數，言人人殊也。《漢書》作“而齊故諸儒以百數”，是其明證矣。今本《史記》“故”下有“俗”字者，後人不知“如”與“而”同，而以“如齊故”三字連讀，遂於“故”下加“俗”字，謂參之治齊，欲如其故俗，不事更張也。不知參問政於諸儒，而諸儒言人人殊，未知所定。及蓋公教以清淨無爲,然後用黄老之術,而齊國大治。若參之治齊,本欲行所無事,則不待蓋公教之矣。皆由不知"如"之讀爲"而",故文義失而句讀亦舛也。

顜若畫一

蕭何爲法,顜若畫一。《集解》:"徐廣曰:'顜,音古項反。一音較。'"古岳反。

《索隱》本"顜"作"覯",注曰:"《漢書》作講。文穎云:'講,一作較。'案,訓直,又訓明,言法明直若畫一也。覯音講,亦作講。小顔云:'講,和也。'"單行本如是。今本《史記》"覯"訛作"顜",故注文亦有改竄。【念孫案】《集韻》上聲"三講":"顜,古項切,明也,和也,直也。《史記》'顜若畫一',或作覯,通作講。"又入聲"四覺":"顜,訖岳切,明也,和也。《史記》'顜若畫一',或作覯,通作較。"《集韻》兩引《史記》,并云"或作覯",與小司馬本同。而《説文》《玉篇》《廣韻》皆無"顜"字,則"顜"即"覯"之訛也。《集解》同。凡從"見"之字,隸書或訛從"頁",《周官·大宗伯》"殷覜曰視",今俗本訛作"頫"。故"覯"訛作"顜"。"覯"從"冓"聲而讀若"港",猶"講"從"冓"聲而讀若"港"也。"覯"從"冓"聲而讀若"角",猶"斠"從"冓"聲而讀若"角"也。見《説文》。或謂"顜"爲"斠"之訛,非也。《説文》:"斠,平斗斛也。"即《月令》"角斗甬"之"角",與此義不同。且"斠"字從斗,"斗"與"頁"形不相近,若本是"斠"字,無緣訛爲"顜"也。《漢書》一本作"較","較"與"覯"聲亦相近。

留侯世家

直墮其履汜下今本及《漢書·張良傳》"汜"字皆作"圯"，乃後人所改，劉攽、宋祁已辯其誤。

良嘗閒從容步游下邳汜上，有一老父，衣褐，至良所，直墮其履汜下。顧謂良曰："孺子下取履。"

《索隱》曰："崔浩云：'直，猶故也。'亦恐不然，直言正也。謂至良所，正墮履。"【念孫案】老父墮其履於橋下，而使良取之，欲以觀其能忍與否耳，如小司馬説，則是墮履出於無意，失其指矣。但崔浩訓"直"爲"故"，望文生義，於古亦無據。案，"直"之言"特"也，謂特墮其履於橋下，而使良取之也。《韓詩外傳》："客謂匱生曰：臣里母相善婦，見疑盜肉，其姑去之。恨而告於里母。里母曰：'安行，今令姑呼女。'即束緼請火去婦之家，曰：'吾犬争肉相殺，請火治之。'姑乃直使人追去婦，還之。"此"直"字與"直墮其履"之"直"同義，亦謂特使人追還之也。《史記·梁孝王世家》："平王襄直使人開府取罍樽，賜任王后。"亦謂特使人取罍樽賜之也。"直"與"特"古同聲而通用。《祭義》曰："參直養者也，安能爲孝乎？"文十一年《穀梁傳》曰："不言帥師而言敗，何也？直敗一人之辭也。"《孟子·梁惠王》篇曰："直不百步耳，是亦走也。"《莊子·德充符》篇曰："某也直後而未往耳。"《齊策》曰："衍非有怨於儀，直所以爲國者不同耳。"義并與"特"同。《吕氏春秋·忠廉》篇："特王子慶忌爲之賜而不殺耳。"高誘注曰："特，猶直也。"《鄘風·柏舟》篇"實維我特"，《韓詩》"特"作"直"。《史記·叔孫通傳》"吾直戲耳"，《漢書》"直"作"特"。

具以酈生語告於子房曰何如

張良從外來謁。漢王方食，曰："子房前，客有爲我計橈楚權者。"具以酈生語告於子房曰何如。

【念孫案】此當從宋本作："具以酈生語告，句。曰：句。於子房何如。句。""於子房何如"者，猶言子房以爲何如也。《齊策》："王斗曰：'斗趨見王爲好勢，王趨見斗爲好士，於王何如？'"言王以爲當何如也。《趙策》："趙王謂虞卿曰：'今者平原君爲魏請從，寡人不聽，其於子何如？'"言子以爲何如也。《史記·叔孫通傳》："二世召博士諸儒生問曰：'楚戍卒攻蘄入陳，於公如何？'"《漢書》作"於公何如"。《吴王濞傳》上問袁盎曰："今吴楚反，於公何如？"皆謂公以爲何如也。語意正與此同。《漢書·張良傳》作"具以酈生計告良，曰'於子房如何'"，《新序·善謀》篇作"具以食其言告之，曰：'其於子房意如何？'"皆其明證矣。後人不解"於子房何如"之語，遂移"於子房"三字於"告"字之下，而讀"具以酈生語告於子房"爲一句，不知稱子房者，乃高祖之語，若史公記事之詞，則當稱張良，不當稱子房也，弗思甚矣。

釋箕子之拘

武王入殷，表商容之閭，釋箕子之拘，封比干之墓。

【念孫案】"釋箕子之拘"本作"式箕子之門"。今本"式"作"釋"、"門"作"拘"者，後人據《禮記》《逸周書》《荀子》及東晉《古文尚書》改之也。不知他書作"釋箕子之囚"，此獨作"式箕子之門"。《吕氏春秋·慎大》篇曰："武王封比干之墓，靖箕子之宫，高注："清淨其宫以異之。"表商容之閭，士過者趨，車過者下。"《淮南·道應》篇曰："武王封比干之墓，表商容之閭，柴箕子之門。"高注："柴，護之。"二書説武王禮箕子之事，與此文相近也。下文曰："今陛下能封聖人之墓，表賢者之閭，式智者之門乎？"封聖人之墓，即封比干之墓。表賢者之閭，即表商容之閭。式智者之門，即式箕子之門。若作"釋箕子之拘"，則與下文不合矣。徐廣《音義》曰："釋，一作式。拘，一作囚。"案，"拘，一作囚"當爲"拘，一作門"。蓋徐氏所見有二本，一作釋箕子之拘，一作式箕子之門也。今本則又改"門"爲"囚"矣，而"釋，一作式"，"式"字尚未改，則古本猶可考見也。《漢書·張良傳》《新序·善謀》篇并作"式箕子之門"。師古曰："式，亦表也。一説至其門而撫車式，所以敬之。"

并葬黄石冢

留侯死，并葬黄石冢。

【念孫案】"并葬黄石"下不當有"冢"字，此涉下文"上冢"而誤衍也。《漢書》作"并葬黄石"。《藝文類聚·地部》《太平御覽·時序部》"臘"類及《地部》引《史記》亦作"并葬黄石"。《初學記·歲時部》引作"并黄石葬"。《御覽·時序部》"伏"類引作"并黄石葬之"，皆無"冢"字。

陳丞相世家

長美色

平爲人長美色。

【念孫案】當從《漢書》作“長大美色”。下文人謂陳平“何食而肥”,“肥”與“大”同義,若無“大”字,則與下文義不相屬。《太平御覽·飲食部》引《史記》正作“長大美色”。

攻下殷王

漢王攻下殷王。

【念孫案】“殷”下“王”字,涉上文“殷王”而誤衍也。“攻下殷”者,謂攻下殷國,《項羽紀》:“立司馬卬爲殷王,王河内,都朝歌。”“殷”下不當有“王”字。下文“項王怒,將誅定殷者將吏”,亦但言“殷”,不言“殷王”也。《太平御覽·珍寶部》引此無“王”字,《漢書》亦無。

監護軍長者

諸將盡讙曰:“大王一日得楚之亡卒,未知其高下,而即與同載,反使監護軍長者。”

【念孫案】長者,諸將自謂,猶言使之監護我等也。“監護”下不當有“軍”字,此因上文“典護軍”而衍,《漢書》《漢紀》皆無“軍”字。

顧大王用之

誠臣計畫有可采者,顧大王用之。

【念孫案】“顧”當依《漢書》作“願”,草書之誤也。

絳侯世家

吏事

文帝既見絳侯獄辭，乃謝曰："吏事方驗而出之。"

【念孫案】此當作"吏方驗而出之"，不當有"事"字。蓋古文"事"字作"叓"，與"吏"相似，故"吏"誤爲"事"。今本作"吏事"者，一本作"吏"，一本作"事"，而後人誤合之耳。《漢書·周勃傳》無"事"字。

恨

自竇長君在時，竟不得侯，死，吾甚恨之。

【念孫案】恨，悔也。《商君傳》曰："寡人恨不用公叔痤之言也。"《范雎傳》曰："使臣卒然填溝壑，君雖恨於臣，無可奈何。"《晁錯傳》曰："公言善，吾亦恨之。"《李將軍傳》曰："將軍自念，豈嘗有所恨乎？"《漢書》同。師古曰："恨，悔也。"義并與此同。

三王世家

極臨　西湊

極臨北海，西湊月氏。

【念孫案】極，遠也。言遠臨北海也。《楚辭·九歌》："望涔陽兮極浦。"王注曰："極，遠也。"《廣雅》同。"湊"當爲

“溱”，故《正義》音“臻”，而訓爲“至”。《漢書·王褒傳》“萬祥畢溱”、《谷永傳》“暴風三溱”、《王莽傳》“聖瑞畢溱”，師古并云：“溱與臻同。”作“湊”者，字之誤耳。《班馬字類》十九臻韻有“湊”字，引《史記》“西湊月氏”，音“臻”，則所見本已誤。

俷

毋俷德。

《集解》：“徐廣曰：‘俷，一作菲。’”【念孫案】“俷德”本作“菲德”。徐廣《音義》本作“菲，一作俷”。今本“菲”作“俷”。“俷”作“菲”者，皆後人依下文褚先生語改之也。《索隱》本出“無菲德”三字，注曰：“蘇林云：‘菲，廢也。本亦作俷，俷，敗也。’孔文祥云：‘菲，薄也。’《漢書》作棐。”今改正文作“俷”，則與《索隱》本“亦作俷”之語不合。且正文本作“菲”，故孔文祥訓爲“薄”，若作“俷”，則當訓爲“敗”、訓爲“背”，不得訓爲“薄”矣。又，下文褚先生曰：“誡燕王以無俷德。”《索隱》曰：“案，上策云‘作菲德’，下云‘勿使王背德也’，則‘俷’當音扶味反。”據此，則下文自作“俷”，此文自作“菲”，不得據彼以改此，明矣。

《史記》第四

伯夷列傳

可謂善人者非邪

若伯夷、叔齊，可謂善人者，非邪？

《索隱》本作“可謂善人者邪，抑非也”，注曰：“若夷、齊之行如此，可謂善人者邪，又非善人者邪？”【念孫案】《淮南王傳》曰：“公以爲吴興兵是邪，非也？”《貨殖傳》曰：“豈所謂素封者邪，非也？”語意并與此同。疑《索隱》本是原文，而今本爲後人所改也。《老子》曰：“是以侯王自謂孤、寡、不穀，此其以賤爲本邪，非乎？”語意亦相似。

跖

盗跖日殺不辜。

《索隱》本“跖”作“蹠”，注曰：“蹠及注作跖，并音之石反。”據此，則正文本作“蹠”。《集解》内當有“蹠，一作跖”之語，故云“蹠及注作跖，并音之石反”也。今本正文作“跖”，又脱去《集解》，則與《索隱》不合，乃或改其文曰“蹠與跖同，并音之石反"，斯爲謬矣。《正義》述正文亦作"蹠"字。

老子韓非列傳

姓李氏名耳字伯陽謚曰聃

姓李氏，名耳，字伯陽，謚曰聃。

【念孫案】史公原文本作"名耳，字聃，姓李氏"。今本"姓李氏"在"名耳"之上，"字聃"作"字伯陽，謚曰聃"，此後人取神仙家書改竄之耳。案，《索隱》本出"名耳，字聃，姓李氏"七字，注云："案，許慎云：'聃，耳曼也。'故名耳，字聃。有本字伯陽，非正也。老子號伯陽父，此傳不稱也。"據此，則唐時本已有作"字伯陽"者，而小司馬引《説文》以正之，取古人名、字相配之義，而不從俗本，其識卓矣。又案，《經典釋文·序録》曰："老子者，姓李，名耳，字伯陽。《史記》云：'字聃。'"《文選·征西官屬送於陟陽候詩》注引《史記》曰："老子，字聃。"《游天台山賦》注及《後漢書·桓帝紀》注并引《史記》曰"老子，名耳，字聃，姓李氏"。則陸及二李所見本，并與小司馬本同，而今本云云，爲後人所改竄明矣。又案，《文選·反招隱詩》注引《史記》曰"老子名耳，字聃"，又引《列仙傳》曰"李耳，字伯陽"，然則"字伯陽"，乃《列仙傳》文，非《史記》文也。若史公以老子爲周之伯陽父，則不當列於管仲之後矣。

始秦與周合而離離五百歲而復合合七十歲而霸王者出焉

始秦與周合而離，離五百歲而復合，合七十歲而霸王者出焉。

【念孫案】此當從宋本作"始秦與周合,合五百歲而離,離七十歲而霸王者出焉"。今本"離""合"與宋本相反,此後人依《周》《秦》本紀改之也。《索隱》本出"始秦與周合,合五百歲而離"十一字,今本脱一"合"字,據宋本《史記》補。注曰:"案,《周》《秦》二本紀并云:'始周與秦國合而别,别五百載又合,合七十歲而霸王者出',與此傳離合正反。"蓋《周》《秦》二本紀皆言"離五百歲而復合",此言"合五百歲而離",故云"離合正反",若此文與《周》《秦》本紀同,則何相反之有?

離辭

然善屬書離辭,指事類情。

《正義》曰:"離辭,猶分析其辭句也。"【念孫案】離辭,陳辭也。昭元年《左傳》:"楚公子圍設服離衛。"杜注曰:"離,陳也。"是其證。枚乘《七發》云:"比物屬事,離辭連類。"亦與此同。

乃自以爲也故説者與知焉

彼顯有所出事,乃自以爲也故句,説者與知焉,則身危。

【念孫案】此當以"乃自以爲也故"爲句,"説者與知焉"爲句。爲,成也。《晉語》"黍不爲黍""稷不爲稷",韋注:"爲,成也。"《淮南·本經》篇"五穀不爲",高注:"不爲,不成也。"《孟子·萬章》篇:"莫之爲而爲者,天也。"言莫之爲而成也。《韓策》:"烏不爲烏,鵲不爲鵲。"言不成烏,不成鵲也。"也"讀爲"他",他故,他事也。《周官·占人》:

“以八卦占筮之八故。”鄭注：“八故，謂八事。”襄二十六年《左傳》“問晉故焉”，昭三十年《公羊傳》“習乎邾婁之故”，何、杜注并曰：“故，事也。”謂人主顯有所出事，而實自以成其他事，此唯恐人之知其謀也，而説者與知之，則身必危。《韓子·説難》篇作“彼顯有所出事，而乃以成他故。説者不徒知所出而已矣，又知其所以爲，如此者身危”，是其明證矣。“他”字，古或通作“也”。《墨子·備城門》篇：“城上皆毋得有室，若也可依匿者，盡除去之。”“也”與“他”同。《賈子·修政語》篇：“是以明主之於言也，必自也聽之，必自也擇之，必自也聚之，必自也藏之，必自也行之。”《説苑·君道》篇“自也”皆作“自他”。“他”字本作“佗”，“他”之通作“也”，猶“佗”之通作“它”耳。《索隱》《正義》皆讀“乃自以爲也”絶句，失之。

大忠

大忠無所拂悟，辭言無所擊排，今本“悟辭”二字互誤，《鍾山札記》已辯之。乃後申其辯知焉。

《韓子·説難》篇“大忠”作“大意”。【念孫案】作“意”者是也。“意”與“言”正相對，必二者皆當於君心，然後可以申其辯智也。小司馬以“大忠”爲“匡君”，不知《説難》一篇，皆謂進言者之宜順，不宜逆，意在得君，不在匡君也。蓋《史記》“意”字本作“蕙”，《説文》：“蕙，滿也。”《方言》作“臆”，漢《巴郡太守樊敏碑》作“億”。又，《説文》“十萬曰蕙”，今作“億”。《説文》“億，安也”，今亦作“億”。是從“蕙”之字，多與從“意”者相通。傳寫者脱其上半，因訛而爲“忠”矣。

孫子吴起列傳

坐爲計謀

於是乃以田忌爲將,而孫子爲師,居輜車中,坐爲計謀。

【念孫案】《文選·報任少卿書》注引此,"坐"作"主",於義爲長。

此子三者皆出吾下

此子三者皆出吾下,而位加吾上,何也?

【念孫案】"子"字本在"三者"下,今誤在"三者"之上,則文不成義。《後漢書·朱浮傳》注引此作"此三者子皆出吾下",《通鑑·周紀一》同。《吕氏春秋·執一》篇作"三者子皆不吾若也"。

自喜名

吴起爲人節廉而自喜名也。

【念孫案】"名"字後人所加。自喜,猶自好也。《孟嘗君傳贊》"好客自喜"、《田叔傳》"爲人刻廉自喜"、《鄭當時傳》"以任俠自喜",皆其證。加一"名"字,則非其指矣。《太平御覽·皇親部》引此無"名"字。

五子胥列傳

縣吴東門之上

抉吾眼，縣吴東門之上，以觀越寇之入滅吴也。

【念孫案】“縣吴東門之上”，“縣”本作“著”張略反。此後人依《吴語》改之也。《華嚴經音義上》引《廣雅》曰“置，著也”，是“著”與“置”同義。《吴世家》曰“抉吾眼，置之吴東門”、《越世家》曰“取吾眼，置吴東門”、此曰“抉吾眼，著吴東門之上”，其義一也。《説苑·正諫》篇曰“抉吾眼，著之吴東門”，語即本於《史記》。《吕氏春秋·知化》篇亦曰：“抉其目，著之東門。”後人據《吴語》改“著”爲“縣”，不知《吴語》自作“縣”，《史記》《吕覽》《説苑》自作“著”也。《匡謬正俗》八引《史記》作“抉吾目，著於東門”。《藝文類聚·人部》《初學記》《太平御覽·人事部》引《史記》并作“抉吾眼，著吴東門之上”，此皆其明證矣。

乃劫之

乃劫之王如高府。

【念孫案】“劫”下本無“之”字。哀十六年《左傳》曰“白公以王如高府”，《楚世家》曰“因劫惠王置之高府”，此曰“乃劫王如高府”，其義一也。“劫”下不當有“之”字。

仲尼弟子列傳

其地狹以泄

其城薄以卑，其地狹以泄。

《索隱》曰："《越絶書》泄字作淺。"《内傳陳成恒》篇。【念孫案】"泄"字於義無取，下文"地廣以深"，"深"與"淺"正相對，則作"淺"者是也。《吴越春秋·夫差内傳》亦作"淺"。蓋"泄"或作"洩"，形與"淺"相近，"淺"誤爲"洩"，又誤爲"泄"耳。又案，地可言廣狹，不可言深淺，"地"當爲"池"，字之誤也。上言城，故下言池，池有廣狹、深淺，故此言"狹以淺"，下言"廣以深"也。《越絶書》《吴越春秋》并作"池"字。

排藜藿

原憲亡在草澤中。子貢相衛，而結駟連騎，排藜藿，入窮閻，過謝原憲。

【念孫案】"藜藿"當爲"藜藋"徒弔反。字之誤也。藋，即今所謂灰藋也。《爾雅》："拜，蔏藋。"郭注曰："蔏藋似藜。"《莊子·徐無鬼》篇曰："藜藋柱乎鼪鼬之逕。"案，"藜""藋"皆生於不治之地，其高過人，必排之而後得進，故言"排"。《越世家》曰："莊生家負郭，披藜藋到門。"彼言"披藜藋"，此言"排藜藋"，其義一也。若"藿"，爲豆葉，豆之高不及三尺，斯不可以言"排"矣。《月令》曰："藜莠蓬蒿并興。"《管子·小匡》篇曰："蓬蒿藜藋并興。"昭十六年《左傳》曰："斬其蓬蒿藜藋。""藜藋"與"蓬蒿"皆是穢草,故云"排藜藋,入窮閻",若"藿"則非其類矣。《魏書・李騫傳》騫贈盧元明、魏收詩曰:"稍旅原思藋,坐夢尹懃荆。"則騫所見《史記》本,正作"藜藋"也。凡書傳言"藜藿"者,皆謂采以供食,故《大戴禮・曾子制言》篇曰:"聚橡栗藜藿而食之。"《墨子・魯問》篇曰:"短褐之衣,藜藿之羹。"《韓子・五蠹》篇曰:"糲粢之食,藜藿之羹。"此皆與言"藜藋"者異義,不可比而同之也。"藋""藿"字形相似,故"藜藋"多訛爲"藜藿"。《晏子春秋・外篇》曰:"晏子東畊海濱,堂下生藜藿,門外生荆棘。"《韓子・外儲説左》篇曰:"孟獻伯相魯,堂下生藿藜,門外長荆棘。"《淮南・修務》篇曰:"藜藿之生,蟆蟆然日加數寸,不可以爲櫨棟。"《晏子》《韓子》與"荆棘"并舉,《淮南》言不可爲"櫨棟",則"藿"字明是"藋"字之訛,詳見《淮南》。而校書者皆莫之或正,蓋世人多聞"藜藿",寡聞"藜藋",所以沿誤而不知也。

冉季字子産

冉季,字子産。

【引之曰】此本作"冉季産","字子"二字,則後人據《家語》增之也。單行《索隱》本出"冉季産"三字,注云:"《家語》冉季,字産。"《正義》曰:"《家語》云:冉季,字子産。"是《家語》以"産"爲字,不與《史記》同。《史記》原文無"字子"二字明矣。《唐書・禮樂志》作"冉季産",本於《史記》也。"冉季産"者,冉,其氏。季,其字。産,其名也。《左氏春秋・僖十六年》"公子季友卒",《正義》曰:"季是其字,友是其名。猶如仲遂、叔肸之類,皆名、字雙舉。"是其例也。《家語》改爲"冉季字產”，大誤。古人無以伯仲叔季爲名者，惟杜預注《左傳》謂“祭仲足名仲，字仲足”，他人無此謬也。

邽巽

邽巽字子斂。

《索隱》本“邽”作“邦”，云：“《家語》巽作選，字子斂。《文翁圖》作國選，蓋亦由避諱改之。劉氏作邽巽，邽音圭，所見各異也。”【引之曰】作“邦”者是也。古本若非“邦”字，何以避諱作“國”？《廣韻》：“邦，國也。又姓，出《何氏姓苑》。”而“邽”字下不云是姓，然則古無“邽”姓，不得作“邽”明矣。至唐初始誤爲“邽”，故劉伯莊音“圭”，而《通典·禮十三》《唐書·禮樂志》及宋《倉頡碑陰》，并仍其誤。《索隱》謂“《家語》巽作選”，而不云“邦作邽”，則《家語》亦作“邦”可知。今本家語作“邽”者，後人以誤本《史記》改之也。

商君列傳

諸庶孽公子

商君者，衛之諸庶孽公子也。

【念孫案】“公”字後人所加，《玉藻》“公子曰臣孽”，是“公子”即爲“孽子”。既言“諸庶孽子”，則無庸更言“公子”。《吕不韋傳》曰“子楚，秦諸庶孽孫”，亦不言“諸庶孽公孫”也。《文選·西征賦》《長笛賦》注引此皆無“公”字。

鞅欲變法

孝公既用衛鞅，鞅欲變法，恐天下議己。衛鞅曰："疑行無名，疑事無功。"

【念孫案】"鞅欲變法"，"鞅"字因上文而衍。此言孝公欲從鞅之言而變法，恐天下議己，非謂鞅恐天下議己也。孝公恐天下議己，故鞅有"疑事無功"之諫。若謂鞅恐天下議己，則與下文相反矣。《商子·更法》篇："孝公曰：'今吾欲變法以治，更禮以教百姓，恐天下之議我也。'公孫鞅曰：'疑行無成，疑事無功，君亟定變法之慮，殆無顧天下之議之也。'"是其明證矣。《新序·善謀》篇同。

收司

令民爲什伍，而相收司連坐。

【引之曰】"收"當爲"牧"，字之誤也。俗書"收"字作"収"，與"牧"相似。《晏子·雜》篇"蠶桑豢牧之處不足"、《吕氏春秋·論人》篇"不可牧也"、《淮南·原道》篇"中能得之，則外能牧之"，今本"牧"字，并誤作"收"。《方言》曰："監、牧，察也。"鄭注《周官》"禁殺戮"曰："司，猶察也。"凡相監察謂之牧司。《周官·禁暴氏》曰："凡奚隸聚而出入者，則司牧之，戮其犯禁者。"《酷吏傳》曰："置伯格長以牧司奸盗賊。"《漢書》訛作"收司"。顏師古以爲"收捕司察奸人"，非也。辯見下。皆其證也。《索隱》本作"牧司"，注云："牧司，謂相糾發也。一家有罪，則九家連舉發。"然則必先司察而後舉發，舉發而後收捕，不得先言"收"而後言"司"矣。《索隱》之"牧司，謂相糾發"，後人亦依正文改爲"收司"，而不知"收"非"糾發"之謂也。

小都

而集小都鄉邑聚爲縣。

【念孫案】都大而縣小，不得言集都爲縣，"都"即"鄉"字之誤而衍者也。《秦本紀》曰："并諸小鄉聚，集爲大縣。"《六國表》曰："初聚小邑爲三十一縣。"皆無"都"字。

蘇秦列傳

君而不任事

奉陽君妒，句。君而不任事。

【念孫案】"君而"當爲"而君"。言奉陽君既妒賢，而君又不任事也。《趙策》作"奉陽君妒，大王不得任事"，是其證。

取淇卷

據衛取淇卷，則齊必入朝秦。

【念孫案】"卷"上本無"淇"字，此後人據《趙策》加之也。《索隱》本出"據衛取卷"四字，注曰："《地理志》卷縣屬河南。《戰國策》云：據衛取淇。"《正義》曰："卷城在鄭州原武縣西北七里，言秦守衛得卷，則齊必來朝秦。"據此，則正文内有"卷"，無"淇"，故《索隱》《正義》皆釋"卷"字而不釋"淇"字，且《正義》但言"守衛得卷"，則無"淇"字明矣。又案，《索隱》言

"《戰國策》云據衛取淇"者，謂《史記》作"取卷"，而《戰國策》作"取淇"也。後人據《戰國策》加入"淇"字，則與《索隱》不合。乃或於引《戰國策》之下加"無卷字"三字以申明之，單行本無此三字。其意謂《史記》作"取淇卷"，而《戰國策》無"卷"字也。不知《史記》作"取卷"，與《戰國策》作"取淇"者不同，故《索隱》曰"《戰國策》云據衛取淇"。若《史記》作"取淇卷"，則但云《戰國策》無"卷"字足矣，何必更言"取淇"乎，此不思之甚也。

湯武之士不過三千　卒不過三萬

湯武之士不過三千，車不過三百乘，卒不過三萬。

《趙策》作"湯武之卒不過三千人，《後漢書·鄧禹傳》注引《趙策》"卒"作"士"。車不過三百乘"，無"卒不過三萬"句。【念孫案】"卒"即"士"也。既云"士不過三千"，不當又云"卒不過三萬"，蓋《史記》本作"湯武之士不過百里，即所謂"湯以七十里，文王以百里"。車不過三百乘，卒不過三千"，即所謂"革車三百兩，虎賁三千人"。① 與《趙策》小異。《文選·枚乘〈諫吴王書〉》"湯武之土不過百里"，李善注引《史記》蘇秦説趙王曰"湯武之土不過百里"，是其證。後人據《趙策》改"土不過百里"爲"士不過三千"，又改下文之"三千"爲"三萬"，斯爲謬矣。"卒不過三千"，言其少也。若作"三萬"，則非其指矣。下文蘇秦説魏王亦云"武王卒三千人"。

---

① "千"，本作"十"。《孟子·盡心下》："革車三百兩，虎賁三千人。"

見破於人 見臣於人

今西面而事之,見臣於秦。夫破人之與見破於人也,臣人之與見臣於人也,豈可同日而論哉。

【念孫案】下兩"見"字,皆涉上"見"字而衍。《索隱》本出"臣人之與臣於人"七字,注曰:"臣人,謂己爲彼臣也。臣於人,謂使彼臣己也。"案,《索隱》誤解,當從《正義》。《正義》曰:"破人,謂破敵也。破於人,謂被敵破。臣人,謂己得人爲臣。臣於人,謂己事他人。"則無兩"見"字明矣。《趙策》亦無兩"見"字。

距來

天下之强弓勁弩皆從韓出,谿子、少府時力、距來者,皆射六百步之外。

《索隱》曰:"距來者,謂弩勢勁利,足以距於來敵也。"單行本如是。今本《史記》此數語誤入《集解》内。《荀子注》引此不誤。【念孫案】小司馬緣文生義,非也。"距來"當爲"距黍","黍""來"隸書相近,故"黍"訛爲"來"。《韓策》作"距來",亦後人依《史記》改之。《藝文類聚·軍器部》《初學記·武部》《太平御覽·兵部》并引《廣雅》曰:"繁弱、鉅黍,弓也。"《荀子·性惡》篇曰:"繁弱、鉅黍,古之良弓也。"楊倞注:"黍當爲來。"即惑於小司馬之説。時力、距黍皆叠韻字,故《荀子》《廣雅》并作"鉅黍"。《文選·閑居賦》:"谿子巨黍,異絭同機。"李善注引《史記》作"巨黍"。"距""鉅""巨"古并通用。

不從

故爲大王計，莫如從親以孤秦。大王不從，秦必起兩軍，一軍出武關，一軍下黔中。

【念孫案】"大王不從"下脱"親"字，當依《楚策》補。從，即容反。

投從約書

乃投從約書於秦。

《索隱》曰："投，當爲設，今本并作投。言設者，謂宣布其從約六國之事以告於秦。若作投，甚爲易解。"【念孫案】《索隱》既云"投當爲設"，則不當又云"作投，甚爲易解"。蓋正文"投"字本作"設"，《索隱》之"投當爲設，今本并作投"本作"設當爲投，今本并作設"，此是各本皆作"設"，而小司馬以爲當作"投"，故曰"作投，甚爲易解"也。後人既改正文"設"字爲"投"，又改《索隱》以就之，而其義遂不可通矣。

愈充腹

臣聞飢人所以飢而不食烏喙者，爲其愈充腹而與餓死同患也。

《索隱》曰："劉氏以愈猶暫，非也。案，謂飢人食烏頭則愈益充腹，少時毒發而斃，亦與飢死同患也。"【念孫案】小司馬以"愈充腹"爲"愈益充腹"，亦非也。《燕策》作"偷充腹"，則"愈"即"偷"字也。鄭注《表記》曰："偷，苟且也。"言飢人食烏頭,雖苟且充腹,而與餓者同歸於死也。《齊世家》:"桓公欲無與魯地而殺曹沫。管仲曰:'夫劫許之而倍信殺之,愈一小快耳,而棄信於諸侯。'""愈一小快",即偷一小快也。《淮南王傳》"王亦偷欲休",《漢書》"偷"作"愈"。《韓子·難一》"偷取多獸",《淮南·人間》篇"偷"作"愈"。是"偷"與"愈"通也。"偷薄"字,《説文》本作"愉",從心、俞聲,《唐風·山有樞》篇"他人是愉",鄭箋:"愉,讀爲偷。"《周官·大司徒》"則民不愉"、桓七年《公羊傳注》"則民不愉"、《坊記》注"不愉於死亡",《釋文》并音"偷"。《大戴禮·文王官人》篇"欲色嘔然以偷",《逸周書》"偷"作"愉"。《荀子·王霸》篇"百姓貴之如帝,親之如父母,爲之出死斷亡而不愉"、漢《繁陽令楊君碑》"不愉禄求趨",并與"偷"同。其"心"字或在旁,或在下,轉寫小異耳。《鹽鐵論·非鞅》篇"猶食毒肉,愉飽而罹其咎也",彼言"愉飽",此言"愈充腹",其義一也。"愉""愈""偷"字異而義同。

抱柱

信如尾生,與女子期於梁下,女子不來,水至不去,抱柱而死。

【念孫案】"柱"上本有"梁"字,《文選·獄中上梁王書》注、《太平御覽·人事部》引此并作"抱梁柱而死",《燕策》及《莊子·盗跖》篇同。

北夷

夫以宋加之淮北,强萬乘之國也,而齊并之,是益一齊也。北夷方七百里，加之以魯衛，强萬乘之國也，而齊并之，是益二齊也。

《索隱》曰："北夷，謂山戎、北狄附齊者。"【念孫案】此文言"北夷方七百里，加之以魯衛"，是北夷之地去魯衛不遠，小司馬以"山戎北狄"當之，誤矣。"北夷"當爲"九夷"，字之誤也。《燕策》作"北夷"，亦後人依《史記》改之。《秦策》云："楚苞九夷，方千里。"《魏策》云："楚破南陽、九夷。"李斯《上始皇書》云："包九夷，制鄢郢。"是九夷之地，南與楚接。此言齊并淮北，淮北即楚地也，齊并宋與淮北，則地與九夷接，故又言齊并九夷也。《秦策》言"楚包九夷，方千里"，此言"九夷方七百里"，七百里即在千里之中，故言"楚包九夷"也。《淮南·齊俗》篇云："越王句踐霸天下，泗上十二諸侯，皆率九夷以朝。"是九夷之地，東與十二諸侯接，而魯爲十二諸侯之一，故此言齊并九夷與魯衛也。上文言齊舉宋而包十二諸侯，《田完世家》言"齊南割楚之淮北，泗上諸侯、鄒魯之君皆稱臣"，此言齊并宋與淮北，又言并九夷與魯衛，以上諸文，彼此可以互證。是今本之"北夷"乃"九夷"之誤，而不得以"山戎、北狄"當之也。

此苦言

王何不使辯士以此苦言說秦。

【念孫案】"苦"當爲"若"，字之誤也。此"若言"，猶云"此言"。《燕策》作"若此言"。上文云"王何不使辯士以此言說秦"，下文云"秦王聞若說"，若，亦此也。說，亦言也。連言"此若"者，古人自有複語耳。《管子·山國軌》篇曰："此若言何謂也?"《地數》篇曰:"此若言可得聞乎?"《輕重丁》篇曰:"此若言曷謂也?"《墨子·尚賢》篇曰:"此若言之謂也。"《禮記·曾子問》篇曰:"子游之徒有庶子祭者,以此若義也。"鄭讀"以此"爲一句,"若義也"爲一句,非是,辯見《經義述聞》。《荀子·儒效》篇曰:"此若義信乎人矣。"今本"若"譌作"君",辯見《荀子》。皆并用"此若"二字。

塞鄳阨

殘均陵,塞鄳阨。

【念孫案】"塞"本作"安",此後人依《燕策》改之也。《索隱》本作"安黽阨","安"即"閼"字也,閼,亦塞也。《説文》:"閼,遮壅也。"《列子·楊朱》篇"謂之閼聰",張湛曰:"閼,塞也。"《爾雅》:"大歲在甲曰閼逢。"李巡曰:"萬物鋒芒欲出,擁遏未通曰閼逢。"見《一切經音義》十七。《釋文》:"閼,烏割反,又於虔反。""於虔反"之音與"安"相近。"閼鄳阨"之爲"安鄳阨",猶"閼逢"之爲"焉逢"、見《史記·曆書》。"單閼"之爲"亶安"、徐廣《曆書》音義曰:"單閼,一作亶安。""董閼于"之爲"董安于"、定十三年《左傳》"董安于",《韓子·十過》篇作"董閼于"。"以遏徂旅"之爲"以按徂旅"也,後人依《燕策》改"安"爲"塞",不知"安"與"閼"同字,"閼"與"塞"同義,無煩改爲"塞"也。

趙得講於魏

兵困於林中,林中,魏地。徐廣曰:"河南苑陵有林鄉。"重燕趙,以膠東委於燕,以濟西委於趙,趙得講於魏。至公子延,因犀首屬行而攻趙。

【念孫案】“趙得講於魏”,當從《燕策》作“已得講於魏”。言秦兵困於魏之林中,恐燕趙來擊,則以膠東委於燕,以濟西委於趙,已得講於魏,則又移兵而攻趙也。下文曰“兵傷於譙石,遇敗於陽馬,而重魏,則以葉、蔡委於魏。已得講於趙,則劫魏不爲割”,是其證。今作“趙得講於魏”者,涉上下諸“趙”字而誤,此謂秦得講於魏,非謂趙得講於魏也。《索隱》曰:“講,和也,解也。秦與魏和也。”則小司馬本不誤。

張儀列傳

數讓之

因而數讓之。

《索隱》曰:“謂數設詞而讓之。讓亦責也。數音朔。”【念孫案】小司馬讀“數”爲“頻數”之“數”,非也。秦初不見儀,至是始一見,即責以數語而謝去之,未嘗數數責之也。“數”讀如“數之以王命”之“數”。高注《秦策》曰:“數,讓也。”《廣雅》曰:“數、讓,責也。”“數讓”連文,猶“誅讓”連文,古人自有複語耳。

王業

今三川、周室,天下之朝市也,而王不争焉,顧争於戎翟,去王業遠矣。

【念孫案】“去王”下本無“業”字,此涉上文“王業”而誤衍也。“王”讀“王天下”之“王”，此言秦不争於三川、周室，而争於戎翟，則不能王天下，故曰“去王遠矣”。下文司馬錯曰“三資者備而王隨之矣”，正對此句而言，則“王”下不當有“業”字。《索隱》本出“去王遠矣”四字，注曰“王音于放反”，則無“業”字明矣。《秦策》有“業”字，亦後人依誤本《史記》加之，故姚宏校本曰“曾、錢、劉無‘業’字”。《新序·善謀》篇亦無“業”字。

論其故

臣請論其故。

【念孫案】“論”本作“謁”，此後人以意改之也。《索隱》本作“謁”，注曰“謁者，告也”。今本既改正文作“論”，又改注文曰“論者，告也”。案，訓“謁”爲“告”，本於《爾雅》，若“論”字，則古無訓爲“告”者，後人之改，謬矣。《秦策》及《新序》并作“謁”。

折韓

秦折韓而攻梁，韓怯於秦，秦韓爲一，梁之亡可立而須也。

【念孫案】“折”讀爲“制”。言韓爲秦所制，不得不與之共攻梁也。“制”“折”古字通。《吕刑》“制以刑”，《墨子·尚同》篇作“折則刑”。《論語·顔淵》篇“片言可以折獄者”，魯讀“折”爲“制”。《魏策》作“秦挾韓而攻魏”，“挾”與“制”義亦相近。

雖無出甲

雖無出甲,席卷常山之險,必折天下之脊。

【念孫案】"雖"讀曰"唯","唯"與"雖"古字通。《大雅·抑》篇:"女雖湛樂從,弗念厥紹。"言女唯湛樂之從也。《管子·君臣》篇:"故民迂則流之,民流通則迂之。決之則行,塞之則止。雖有明君能決之,又能塞之。"言唯有明君能如此也。《楚辭·離騷》:"余雖修姱以鞿羈兮。"言余唯有此修姱之行,以致爲人所係纍也。《莊子·庚桑楚》篇:"唯蟲能蟲,唯蟲能天。"《釋文》:"一本唯作雖。"此承上文言秦兵之强如是,是"唯無出甲",出甲則席卷常山,而折天下之脊也。不更言"出甲"者,蒙上而省也。《留侯世家》曰:"楚唯無强,六國立者復橈而從之。"《集解》引《漢書音義》曰:"唯當使楚無强,强則六國弱而從之。"《莊子·人間世》篇曰:"若唯無詔,王公必將乘人而鬬其捷。"郭象注:"汝唯有寂然不言耳。言則王公必乘人而角其捷辯,以距諫飾非也。"語意并與此同。

待弱國之救

夫待弱國之救,忘强秦之禍,此臣所以爲大王患也。

【念孫案】"待"當爲"恃"。今作"待"者,涉上文"待諸侯之救"而誤也。上言秦之攻楚急,而諸侯之救楚緩,故曰"楚待諸侯之救,在半歲之外"。此言弱國不可恃,而强秦不可忽,若改"恃"爲"待",則非其指矣。《楚策》正作"恃弱國之救"。《楚策》上文"待諸侯之救","待"作"恃",亦涉下文"恃弱國之救"而誤,當依《史記》改。

兩虎相搏

此所謂兩虎相搏者也。

【引之曰】“搏”本作“據”，徐廣音“戟”，正是“據”字之音，後人不知“據”字之義，而改“據”爲“搏”，則與徐音不合，乃又於“音戟”上加“或”字，謬甚，辯見《楚策》。

飯菽

民之食，大抵飯菽、藿羹。

【念孫案】“飯菽”當爲“菽飯”。“菽飯”“藿羹”相對爲文。《韓策》作“豆飯”，豆，亦菽也。姚宏校《韓策》引《春秋後語》亦作“菽飯”。

督過之　過楚　不過

大王之威行於山東，敝邑愁居懾處，不敢動摇，唯大王有意督過之也。

《索隱》曰：“督者，正其事而責之。督過，是深責其過也。”【念孫案】督、過，皆責也。《晏子春秋·雜》篇曰：“古之賢君，臣有受厚賜而不顧其國族，則過之。臨事守職，不勝其任，則過之。”《楚辭·九章》曰：“信讒諛之溷濁兮，盛氣志而過之。”《吕氏春秋·適威》篇曰：“煩爲教而過不識，數爲令而非不從。”高誘注曰：“過，責也。”《廣雅》同。是督、過皆責也。若以“過”爲“過失”之“過”，則當言“督過”，不當言“督過之”矣。《甘茂傳》：“蘇代謂向壽曰：‘公奚不以秦爲韓求潁川於楚？此韓之寄地也。公求而得之，是令行於楚，而以其地德韓也。公求而不得，是韓楚之怨不解而交走秦也。秦楚争强，而公徐過楚以收韓，此利於秦。'”案，過楚，謂責楚也。《正義》謂“説楚之過失以收韓”，亦失之。《張釋之傳》曰：“釋之見謝，景帝不過也。”不過，亦謂不責之也。

趙服

約四國爲一以攻趙，趙服，必四分其地。

【念孫案】“服”字義不可通，“趙服”當爲“趙破”，字之誤也。《趙策》作“破趙而四分其地”，是其證。

入儀之梁

乃具革車三十乘入儀之梁。

【念孫案】“入儀之梁”本作“入之梁”。下文曰“故具革車三十乘而入之梁也”，是其證。“入”下有“儀”字，則文不成義，此因上下文“儀”字而誤衍也。《齊策》作“乃具革車三十乘内之梁”，内，即入也。

喜

乃使其舍人馮喜之楚。

《索隱》曰：“此與《戰國策》同。見《齊策》。舊本作憙，誤也。”【念孫案】《殷本紀》：“九侯女不憙淫。”《高祖本紀》：“秦人憙。”《封禪書》：“而天子心獨喜，其事祕。”《漢書・郊祀志》

作“憙”。又,《賈誼傳》:“遇之有禮,故群臣自憙。”桓六年《穀梁傳》:“陳侯憙獵。”《墨子·魯問》篇:“國家憙音湛湎。”《荀子·堯問》篇:“楚莊王以憂而君以憙。”漢有《聞熹長韓仁銘》。又,《太尉劉寬碑陰》“河東郡聞憙”,《泰山都尉孔宙碑》“逄祈字伯憙”,《郃陽令曹全碑陰》“故市掾,王尊文憙”。是“喜”字古通作“憙”,不得以《戰國策》改《史記》也。又案,《古今人表》之“司馬喜”,《中山策》作“憙”。《趙策》曰:“無憙志而有憂色。”是《戰國策》“喜”字亦通作“憙”也。

不得待異日

陳軫過梁,欲見犀首。犀首謝弗見。軫曰:“吾爲事來,公不見軫,軫將行,不得待《索隱》曰:“軫語犀首,言我故來,欲有教汝之事,何不相見?”異日。”犀首見之。

【念孫案】《索隱》本“軫語犀首”云云,本在上文“吾爲事來”之下,其“不得待異日”五字作一句讀。軫言“不得待異日”,故犀首即出見之也。今本列《索隱》於“不得待”之下,而以“不得待”爲句,“異日”爲句,大謬。

秦得燒掇焚杅君之國

中國無事,秦得燒掇焚杅今本此下載《索隱》曰:“掇,音都活反。謂焚燒而侵掠也。焚杅音煩烏,謂煩蹂而牽掣也。《戰國策》云:‘秦且燒焫獲君之國。’是説其事也。”君之國,此三字上屬爲句。有事,《索隱》曰:“謂山東諸國共伐秦。”秦將輕使重幣事君之國。

【念孫案】“中國無事”與“有事”相對爲文，“秦得燒掇焚杅君之國”與“秦將輕使重幣事君之國”相對爲文。《索隱》“掇音都活反”云云，本在“君之國”下，下注云“謂山東諸國共伐秦”，乃專釋“有事”二字。今本以“掇音都活反”云云，列入“燒掇焚杅”之下，“君之國”之上，而以“秦得燒掇焚杅”爲句，“君之國有事”爲句，其失甚矣，單行本亦誤。下文“此公孫衍所謂邪”，《索隱》曰：“謂上文犀首云‘有事，秦將輕使重幣事君之國’，故云衍之所謂。”今本“有事”上有“君之國”三字，亦後人所加，單行本同。

樗里甘茂列傳

議之

樗里子、公孫奭二人者，挾韓而議之，王必聽之。

【念孫案】“議”下本無“之”字，此涉下“聽之”而誤衍也。《群書治要》引此作“挾韓而議”，無“之”字，《秦策》及《新序·雜事》篇并同。

白起王翦列傳

邢丘

秦嘗攻韓，圍邢丘，困上黨。上黨之民皆反爲趙。

《集解》：“徐廣曰：‘平皋有邢丘。’”《正義》曰：“邢丘，今懷州武德縣東南二十里平皋縣城是也。”【念孫案】邢丘，魏地，非韓地，徐、張之説非也。此本作“攻韓圍邢”，“邢”下“丘”字衍文耳。《秦策》作“秦嘗攻韓邢，此脱“圍”字。困於上黨”，衍“於”字。是其證。“邢”即“陘”之借字也。上文曰：“昭王四十三年，白起攻韓陘城，拔五城。”《正義》曰：“陘庭故城在曲沃縣西北二十里。”案，今曲沃縣西北十里汾水旁有陘庭城，即桓三年《左傳》所謂“曲沃武公伐翼，次于陘庭。逐翼侯于汾隰”者也。《秦策》曰：“秦攻韓圍陘。”《韓策》曰：“秦攻陘，韓使人馳南陽之地。”《范雎傳》曰：“昭王四十三年，秦攻韓汾陘，拔之。”《韓世家》曰：“桓惠王九年，[1]秦拔我陘城汾旁。十年，秦擊我於太行，我上黨郡守以上黨降趙。”即此所謂“攻韓圍邢，困上黨，上黨之民皆反爲趙”者也。又案，宣六年《左傳》：“赤狄伐晉，圍邢丘。”杜注曰：“邢丘，今河内平皋縣，平皋故城在今温縣東。”《秦本紀》：“昭襄王四十一年，攻魏，取邢丘、懷。”徐、張彼注并與此注同。《范雎傳》曰：“使五大夫綰伐魏，拔懷，後二歲拔邢丘。”《秦策》曰：“舉兵而攻邢丘，邢丘拔而魏請附。”是邢丘爲魏地，非韓地，不得言“攻韓圍邢丘”也。

孟子荀卿列傳

不果所言

梁惠王不果所言，則見以爲迂遠而闊於事情。

【念孫案】果，信也。以爲迂遠而闊於事情，是不信所言

---

① “九年”，底本作“五年”，據《史記・韓世家》改。

也。《廣雅》曰:"果,信也。"《中庸》"果能此道矣",謂信能此道也。《孟子·離婁》篇"果有以異於人乎",謂信有以異於人也。凡書傳言"果然"者,皆謂信然也。

自騶衍與齊之稷下先生如淳于髡慎到環淵接子田駢騶奭之徒

【念孫案】此本作"自如騶衍與齊之稷下先生淳于髡、慎到、環淵、接子、田駢、騶奭之徒"。"自如"者,統下之詞。稷下先生,即指淳于髡諸人而言。下文曰"自如淳于髡以下",又曰"自如孟子至于吁子",《匈奴傳》曰"自如左右賢以下至當户",皆以"自如"二字連文。《田完世家》曰"自如騶衍、淳于髡、田駢、接子、慎到、環淵之徒",此尤其明證也。後人不曉"自如"二字之義,而移"如"字於"淳于髡"諸人之上,則文不成義矣。

爲

豈寡人不足爲言邪。

【念孫案】不足爲言,不足與言也。《李斯傳》:"斯其猶人哉,安足爲謀?"亦謂安足與謀也。"與""爲"一聲之轉,故謂"與"曰"爲"。《管子·戒》篇曰:"自妾之身之不爲人持接也。"尹知章注:"爲,猶與也。"《孟子·公孫丑》篇曰:"不得不可以爲悦,無財不可以爲悦。得之爲有財,古之人皆用之。"言得之與有財也。《齊策》曰:"犀首以梁爲齊戰於承匡而不勝。"言以梁與齊戰也。《韓策》曰:"嚴仲子辟人,因爲聶政語。"言與聶政語也。《韓詩外傳》曰:"寡人獨爲仲父言,而國人知之,何也?"言獨與仲父言也。

孟嘗君列傳

一與文等

食客數千人無貴賤,一與文等。

【念孫案】"文"當爲"之",字之誤也。上文曰"文果代立於薛,是爲孟嘗君",自此以下則皆稱"孟嘗君",而不稱"文"。此句獨稱"文",則與上下文不合,故知"文"爲"之"字之誤也。"之"字指食客言,非指孟嘗君言。《太平御覽·人事部》"待士"類引此正作"一與之等"。"賓客"類引作"一與文等",此後人依《史記》改之。

偶人

見木偶人與土偶人相與語。

【念孫案】"偶",《索隱》本作"禺",注曰:"音偶,又音寓。謂以土木爲之,偶類於人也。"是舊本作"禺",有"偶""寓"二音,後人改"禺"爲"偶",又改注文曰"偶音遇",斯爲謬矣。《封禪書》:"木禺龍欒車一駟。"《索隱》曰:"禺,一音寓,寄也,寄龍形於木。一音偶,亦謂偶其形於木也。"《後漢書·劉表傳論》曰:"其猶木禺之於人也。"是"偶人"之"偶",古通作"禺"。《管子·海王》篇:"禺策之商,日二百萬。"尹知章曰:"禺,讀爲偶。"《漢書·匈奴傳》:"此温偶駼王所居地也。"班固《燕然山銘》:"斬温禺以鼙鼓。""温禺"即"温偶"。

如有

如有不得還，君得無爲土偶人所笑乎。

【念孫案】如有，如或也。下文曰："如有齊覺悟，復用孟嘗君，則雌雄之所在，未可知也。"《袁盎傳》曰："如有遇霧露行道死，陛下竟有殺弟之名，奈何?"皆謂如或也。"或"與"有"古同聲而通用，説見《釋詞》。

意疑孟嘗君

人或毁孟嘗君於齊湣王，曰："孟嘗君將爲亂。"及田甲劫湣王，湣王意疑孟嘗君。

【念孫案】"意"下本無"疑"字。"意孟嘗君"者，意，即疑也，疑其使田甲劫王也。《文選・長楊賦》注引《廣雅》曰："意，疑也。"《吕氏春秋・去尤》篇曰："人有亡鈇者，意其鄰之子。"《梁孝王世家》曰："梁王陰使人刺殺袁盎及他議臣十餘人，於是天子意梁王。"《漢書・文三王傳》同。顔師古曰："意，疑也。"《張儀傳》曰："嘗從楚相飲，已而楚相亡璧。門下意張儀。"《直不疑傳》曰："其同舍有告歸，誤持同舍郎金，已去而金主覺，妄意不疑。"皆其證也。後人不知"意"之訓爲"疑"，故又加"疑"字耳。《太平御覽・人事部》引此無"疑"字。

爲雄雄者

此雄雌之國也，勢不兩立。爲雄雄者得天下矣。

顧子明曰:"'爲雄'下衍一'雄'字,'爲雄'二字屬下讀。"

朝趨市

君獨不見夫朝趨市者乎?明旦,側肩争門而入。日暮之後,過市朝者,掉臂而不顧。

【引之曰】"朝趨市"當作"趨市朝",朝音"潮"。下文"過市朝"者,即承此文言之。若讀"朝暮"之"朝",則與下"明旦"相複矣。《索隱》出"朝趣市"三字,云"趣音娶"。後又出"過市朝"三字,云"朝音潮。謂市之行位,有如朝列,因言市朝耳"。則所見本已訛爲"朝趣市"矣。李善注《文選・藉田賦》引此亦訛。李注引"朝趨市",而不引"明旦"二字,蓋亦以"明旦"與"朝"相複,故節之,而不知"朝趨市"乃"趨市朝"之訛也。

平原君虞卿列傳

罷癃之病

躄者至平原君門,請曰:"臣不幸有罷癃之病。"

《索隱》曰:"罷癃,背疾,言腰曲而背隆高也。"【念孫案】躄非背疾,則"罷癃之病"非謂腰曲而背隆高也。"罷癃"即指躄而言。《説文》:"癃,罷病也。"《廣雅》:"躄,癃也。"是"躄"爲罷癃之病也。故《淮南・地形》篇"林氣多癃",《天官書》正義引作"林氣多躄"。"癃""癃""躄""躄"字異而義同。

發

十九人相與目笑之而未發也。

《索隱》本"發"作"廢",注曰:"鄭氏云:'皆目視而輕笑之,未能即廢棄之。'"【念孫案】"廢"即"發"之借字,《召南·騶虞》篇"壹發五豝"、《小雅·賓之初筵》篇"獻爾發功",徐邈并讀如"廢"。"廢""發"古同聲,故字亦相通。《墨子·非命中》篇"發而爲刑政",《上》篇"發"作"廢"。《列子·仲尼》篇:"發無知,何能情? 發不能,何能爲?"《釋文》:"發,一本作廢。"《莊子·列御寇》篇:"先生既來,曾不發藥乎?"《釋文》:"發,司馬本作廢。"《齊策》:"王何不廢將而擊之?"廢將,即發將。謂目笑之而未發於口也。鄭氏不達,故誤解爲廢棄,然以此知正文之本作"廢"也,若作"發",則不得有此誤解矣。後人改"廢"爲"發",遂失其舊,乃或加"發,一作廢"四字,以牽合已改之正文,則其謬益甚矣。

衍文十六

今郝曰:"秦善韓魏而攻趙者,必以爲韓魏不救趙也,而王之軍必孤有以。自"以爲韓魏"至此,凡十六字,皆衍文,說見下。王之事秦不如韓魏也。"是使王歲以六城事秦也。

【念孫案】上文趙郝曰"今秦善韓魏而攻王,王之所以事秦,必不如韓魏也",故虞卿復舉其詞而駁之曰"是使王歲以六城事秦也"。然則此文當以"必王之事秦不如韓魏也"爲一句,而"必"字之下、"王之事秦"之上,不當有"以爲韓魏"云云十六字,明矣。此不知何處錯簡,與上下文皆不相屬,《趙策》及《新序·善謀》篇并無此十六字。

予秦地何如毋予孰吉

趙王與樓緩計之曰："予秦地何如毋予，孰吉？"

【念孫案】此本作："予秦地如毋予，句。孰吉？句。"如者，與也。《論語·先進》篇"方六七十，如五六十""宗廟之事如會同"，"如"字并與"與"同義。言予秦地與不予，二者孰吉也。《新序》作"予秦地與無予，孰吉"，是其明證矣。今本"如"上有"何"字者，後人據《趙策》加之也，《趙策》作："與秦城，句。何如不與？句。"今本"不與"下，又有"何如"二字，亦後人不曉文義而妄加之，辯見《趙策》。"何"與"孰"同義。《趙策》言"何如"，則不言"孰吉"，此言"孰吉"，則不言"何如"，後人又加"何"字，斯爲謬矣。後人不知"如"之訓爲"與"，故妄加"何"字。

强怒

天下將因秦之强怒，乘趙之弊瓜分之。

【念孫案】此"怒"字，非"喜怒"之"怒"。《廣雅》曰："怒，健也。"健，亦强也。《後漢書·第五倫傳》"鮮車怒馬"，李賢注："怒馬，謂馬之肥壯，其氣憤盈也。"義與此"怒"字同。"强怒"連文，又與下句"弊"字對文，《趙策》作"因秦之怒，乘趙之敝"，"怒"與"敝"對文，亦非"喜怒"之"怒"。是"怒"即"强"也。上文曰"吾且因强而乘弱"，是其證。

危哉　危反

危哉，樓子之所以爲秦者！

【念孫案】此“危”字，非“安危”之“危”，“危”讀爲“詭”。詭，詐也。言其爲秦之計甚詐也。樓緩使趙王割地爲和，以疑天下而慰秦心，實則示天下以弱而益秦之强，名以爲趙而實以爲秦，故曰“詭哉，樓子之所以爲秦者”。又，《李斯傳》：“今高有淫佚之志，危反之行。”“危”亦讀爲“詭”，詭，亦反也，言其行之反常也。曹大家注《幽通賦》曰：“詭，反也。”《吕氏春秋・淫辭》篇曰：“言行相詭，不祥莫大焉。”《賈子・傅職》篇曰：“天子燕業反其學，建本、潭本“反”訛作“及”，今從《續漢書・百官志》所引本。或作“燕辟廢其學”，後人以《學記》改之也。左右之習詭其師。”《淮南・齊俗》篇曰：“禮樂相詭，服制相反。”是“詭”與“反”同義。古字或以“危”爲“詭”。《漢書・天文志》“司詭星”，《史記・天官書》作“危”。《淮南・説林》篇“尺寸雖齊，必有詭”，《文子・上德》篇作“危”。

魏公子列傳

閒語

侯生乃屏人閒語。

《索隱》曰：“閒音閑。閒語，謂静語也。”【念孫案】“閒”讀“閒廁”之“閒”。閒，私也。《項羽紀》“沛公道茝陽閒行”，謂私行也。“漢王閒往從之”，謂私往也。“王可以閒出”，謂私出也。《韓子・外儲説右》篇：“秦惠王愛公孫衍，與之閒有所言。”謂私有所言也。《後漢書・鄧禹傳》：“因留宿閒語。”李賢注曰：“閒，私也。”

范雎蔡澤列傳

辯口

齊襄王聞雎辯口。

【念孫案】"辯口"本作"辯有口",謂辯給有口才也。《太平御覽·居處部》引此作"辯有口才","才"字後人所加。《人事部》"辯"類作"辯有口"。《陸賈傳》曰"名爲有口辯士",《朱建傳》曰"爲人辯有口",《武安傳》曰"蚡辯有口",皆其證。

湖關

王稽辭魏去,過載范雎入秦,至湖關。

【念孫案】"湖"下"關"字,後人妄加之也。《索隱》本出"至湖"二字,而釋之曰:"案,《地理志》京兆有湖縣,本名胡,武帝更名湖,即今湖城縣也。"《正義》説與《索隱》同,皆但言湖縣,而不言湖關。《地理志》"京兆尹湖,有周天子祠二所",亦不言有湖關。《水經·河水》注:"河水東逕湖縣故城北,昔范叔入關,此謂函谷關。遇穰侯於此。"亦但言遇穰侯於湖縣,而不言湖關。又,《文選·解嘲》注引《史記》曰"竊載范雎入秦至湖",則無"關"字明矣。

砥砨

周有砥砨。

【念孫案】"砨"本作"戹",此因"砥"字而誤加"石"旁耳。

《説文》《玉篇》《廣韻》皆無“硊”字，唯《集韻》有之，注云：“玉名。范睢曰：‘周有砥硊。’”則北宋時《史記》本已訛作“硊”。《秦策》正作“砥戹”。

亡其　亡意亦

意者臣愚而不概於王心邪？亡其言臣者賤而不可用乎？

《索隱》曰：“亡，猶輕蔑也。”【念孫案】小司馬以“亡”爲“輕蔑”，義不可通。“亡”讀如“無”，或言“亡”，或言“亡其”，皆轉語詞也。“亡”或作“無”。《漢書·貨殖傳》：“寧爵無刁。”孟康曰：“奴自相謂，寧欲免去作民有爵邪？無將止爲刁氏作奴乎？無，發聲助也。”《莊子·外物》篇曰：“抑固窶邪？亡其略弗及邪？”《吕氏春秋·審爲》篇曰：“君將攫之乎？亡其不與？”《愛類》篇曰：“必得宋乃攻之乎？亡其不得宋，且不義，猶攻之乎？”《韓策》曰：“聽子之謁而廢子之道乎？又亡其行子之術而廢子之謁乎？”是凡言“亡其”者，皆轉語詞也。《越語》曰：“道固然乎，妄其欺不穀邪？”《趙策》曰：“不識三國之憎秦而愛懷邪？妄其憎懷而愛秦邪？”“妄”亦讀如“無”。《魯仲連傳》：“亡意亦捐燕棄世東游於齊乎？”《索隱》斷“亡意”爲一句，注云：“言若必無還燕意，則捐燕而東游於齊。”案，小司馬以“亡意”爲“無還燕意”，亦非也。“亡意亦”者，“意亦”也。“意亦”者，“抑亦”也。“抑”“意”古字通。《論語·學而》篇：“求之與？抑與之與？”漢石經“抑”作“意”。《墨子·明鬼》篇：“豈女爲之與？意鮑爲之與？”《莊子·盜跖》篇：“知不足邪？意知而力不能行邪？”“意”并與“抑”同。《大戴禮·武王踐阼》篇：“黄帝、顓頊之道存乎？意亦忽不可得見與？”《荀子·修身》篇：“不識步道者將以窮無窮，逐無極與？意亦有所止之與？”

《秦策》:"誠病乎？意亦思乎？""意亦"并與"抑亦"同。或言"意",或言"意亦",或言"意亡",《墨子・非攻》篇:"爲其上中天之利,而中中鬼之利,而下中人之利,故譽之與？意亡非爲其上中天之利,而中中鬼之利,而下中人之利,故譽之與？"《非命》篇:"不識昔也三代之聖善人與？意亡昔三代之暴不肖人與？"或言"無意",《賈子・瑰瑋》篇:"陛下無意少聽其數乎？"或言"亡意亦",皆轉語詞也。《齊策》作"意者,亦捐燕棄世東游於齊乎",意者,亦轉語詞也。意者,猶言抑者。《漢書・叙傳》:"其抑者從横之事復起於今乎？"

繆爲

范雎繆爲曰:"秦安得王,秦獨有太后、穰侯耳。"

【念孫案】爲,猶謂也。言范雎以此言謬謂宦者也。"繆"與"謬"同。"謂""爲"一聲之轉,故"謂"或曰"爲"。説見《秦策》"蘇代僞爲齊王曰"下。

田文

臣居山東時,聞齊之有田文,不聞其有王。

《秦策》"田文"作"田單"。鮑彪曰:"《史》之田文非也,文去齊至是已十餘年,不得近舍'單'、遠論'文'也。"吴師道曰:"姚氏云:'《後語》亦作文。'愚謂舉齊事言,不必一時。"【念孫案】"田文",當依《秦策》作"田單",《後語》作"文"者,校書者依誤本《史記》改之耳。吴曲爲之説,非也。張載注《魏都賦》引《史記》正作"田單"。

萬世之後

臣竊爲王恐，句。萬世之後，有秦國者，非王子孫也。

【念孫案】《秦策》作"臣竊爲王恐，恐萬世之後，有國者非王子孫也"，此脱一"恐"字，則與下文義不相屬。

爲友　結友

貴而爲友者，爲賤也。富而爲交者，爲貧也。

【念孫案】上句"友"字，亦當作"交"。隸書"交"字或作"文"，形與"友"相似，又因下文"勝之友"而誤。《索隱》本作"貴而爲交"，注曰："言富貴而結交情深者，爲有貧賤之時，不可忘之也。"則上句亦作"交"明矣。又，《廉頗藺相如傳》："臣嘗從大王與燕王會境上，燕王私握臣手曰'願結友'。""友"亦"交"之誤。《文選·恨賦》注、《太平御覽·治道部》引此并作"願結交"。

持國秉政

吾聞先生相李兑曰："百日之内，持國秉政，有之乎？"

【念孫案】"政"字後人所加。《索隱》本出"持國秉"三字，而釋之曰："案，《左傳》云：'國子寔執齊秉。'見哀十七年《傳》。今本"秉"作"柄"。服虔曰：'秉，權柄也。'"據此，則"秉"下本無"政"字，"持國秉"即持國柄也。《絳侯世家》："許負相條侯，曰'君後三歲而侯，侯八歲爲將相，持國秉'。"是其明證矣。《説文》"柄"，或作"棅"，書傳通作"秉"。《齊語》"治國家不失其柄"，《管子·小匡》篇作"秉"。《史記·天官書》"二十八舍,主十二州,斗秉兼之"、《周官·鼓人》注"鐃如鈴,無舌,有秉",并讀與"柄"同。後人不知"秉"爲"柄"之借字,故妄加"政"字。《太平御覽·方術部》引此作"持國秉政",亦後人依《史記》加之,《人事部》引此正作"持國柄"。

曷鼻

先生曷鼻、巨肩、魋顏、蹙齃、膝攣。

【念孫案】"曷"讀爲"遏"。《商頌·長發》篇"則莫我敢曷",《荀子·議兵》篇引此,"曷"作"遏"。遏鼻者,偃鼻也。偃鼻者,仰鼻也。《廣雅》:"偃,仰也。"故徐廣曰"曷,一作仰"。《列女傳·辯通傳》曰鍾離春"極醜無雙,臼頭深目,[①]卬鼻結喉"是也。"偃""遏"一聲之轉。"偃鼻"之爲"遏鼻",猶"偃豬"之爲"遏豬","千金堰"之爲"千金遏"也。襄二十五年《左傳》"規偃豬"。鄭注《周官·稻人》曰:"偃豬,畜流水之陂也。"《禹貢》"滎波既豬",某氏傳曰:"滎澤波水,已成遏豬。"遏豬,即偃豬也。《文選·沈約〈三月三日詩〉》"東出千金堰",李善注:"堰,一作堨。"《水經·穀水》注引《河南十二縣境簿》曰"河南縣城東十五里,有千金堨",即千金堰也。"堰"音"偃",又於建反。"堨"音"遏"。小司馬不解"曷鼻"之義,而以爲"鼻如蝎蟲",其失甚矣。

不

豈不辯智之期與。

---

① "臼",底本作"曰",據《列女傳》改。

【念孫案】豈不，豈非也。上文曰："豈非士之願與？"又，《游俠傳》："不可謂不賢者矣。"不賢者，非賢者也。"非""不"一聲之轉，故謂"非"爲"不"，説見《釋詞》。

不知止　不知足

吾聞欲而不知止，失其所以欲。有而不知足，失其所以有。

【念孫案】"止""足"二字互誤。"足"與"欲"爲韻，"止"與"有"爲韻。"有"古讀若"以"。見《詩》及《楚辭》。

樂毅列傳

啗秦

令趙嚪秦以伐齊之利。"嚪"與"啗"同。

【念孫案】《索隱》本"嚪"下有"説"字是也。《集解》引徐廣曰："嚪，進説之意。"則正文内有"説"字明矣。説秦伐齊，其大指在嚪之以利，故曰"嚪，進説之意"。《高祖紀》曰："使酈生、陸賈往説秦將，啗以利。"義與此同也。

以身得察

臣竊觀先王之舉也，見有高世主之心，故假節於魏，以身得察於燕。

【念孫案】"察"讀爲"交際"之"際"。際，接也。見《爾雅》及

《左傳》昭四年注、《孟子·萬章》篇注。言假魏節使於燕，而以身得接見先王也。“際”與“察”古同聲而通用。《淮南·原道》篇“施四海，際天地”，《文子·道原》篇作“施於四海，察於天地”。

最勝

夫齊霸國之餘業，而最勝之遺事也。

【念孫案】“最”當爲“㝡”，字之誤也。“㝡”與“驟”同。“㝡”古“聚”字。《周官·獸醫》注“趨聚之節”，《釋文》：“聚，本亦作驟。”“驟”“聚”“㝡”三字，古聲并相近，故“驟”亦通作“㝡”。驟勝者，數勝也。齊嘗破燕、滅宋，取楚之淮北，故曰“驟勝之遺事也”。《燕策》正作“驟勝”。

顧反

具符節，南使臣於趙，顧反，句。命起兵擊齊。

【念孫案】顧反者，還反也。《文選·沈約〈鍾山詩〉》注引《蒼頡篇》曰：“顧，旋也。”《穆天子傳》“吾顧見女”，郭璞曰：“顧，還也。”故“還反”謂之“顧反”。《屈原傳》曰：“使於齊，顧反，諫懷王。”《吕氏春秋·觀表》篇曰：“郈成子爲魯聘於晉，過衛。右宰穀臣止而觴之。顧反，過而不辭。”《韓子·外儲説左》篇曰：“曾子之妻之市，其子隨之而泣，其母曰‘女還，顧反，爲女殺彘’。”《趙策》曰：“公子魏牟過趙。趙王迎之。顧反，至坐前。”《淮南·人間》篇曰：“陽虎赴圍而走，顧反，取其出之者，以戈推之。”皆謂“還反”也。

不化

子胥不蚤見主之不同量，是以至於入江而不化。

《索隱》曰："言子胥懷恨，故雖投江而神不化，猶爲波濤之臣也。"【念孫案】小司馬誤解"化"字。化者，變也。"至於入江而不化"，猶言至死不變耳。《燕策》作"故入江而不改"，改，亦變也。上文曰："吴王不寤先論之可以立功，故沈子胥而不悔。""不悔"與"不化"意亦相近。

廉頗藺相如列傳

廣成傳舍

舍相如廣成傳舍。

【念孫案】"傳"下本無"舍"字，此涉《索隱》"傳舍"而誤衍也。《索隱》本出"廣成傳"三字，而釋之曰"廣成是傳舍之名"，若正文本作"廣成傳舍"，則《索隱》爲贅語矣。《太平御覽・居處部》引此有"舍"字，則所見本已誤。左思《魏都賦》"廣成之傳無以疇"，張載注引此作"舍相如廣成傳"，與小司馬本同，足正今本之誤。

請奉盆缻

請奉盆缻秦王以相娱樂。

【念孫案】"奉"當爲"奏"，字之誤也。奏，進也。言請進盆缻於秦王前也。上文秦王曰"寡人竊聞趙王好音，請奏瑟”,故相如亦曰“趙王竊聞秦王善爲秦聲,請奏盆缻秦王,以相娱樂”。“請奏盆缻”正與“請奏瑟”相對。今本“奏”作“奉”,則非其指矣。《文選·西征賦》注、《太平御覽·器物部》引此并作“奏”。上文又云:“相如奉璧奏秦王。”

大功

我爲趙將,有攻城野戰之大功。

【念孫案】“大”字後人所加,“攻城野戰之功”對下文“徒以口舌爲勞”言之,而其大自見,無庸更加“大”字。《文選·西征賦》注、《後漢書·寇恂傳》注、《太平御覽·兵部》《人事部》《疾病部》引此并無“大”字,《群書治要》及《通鑑·周紀四》同。

廉頗　畏匿之

今君與廉頗同列,廉君宣惡言,而君畏匿之。

【念孫案】“廉頗”當爲“廉君”,下文作“廉君”即其證。今作“廉頗”者,涉上文而誤。《文選·盧諶〈覽古詩〉》注、曹攄《感舊詩》注引此并作“廉君”,《群書治要》同。“畏匿之”,《覽古詩》注引作“畏匿”,《感舊詩》注引作“畏之匿”。案,作“畏之匿”者是也。今本“之”字在“匿”字下,則文不成義。

秦破趙殺將扈輒

秦破趙,殺將扈輒於武遂城。

【念孫案】“趙”字本在“殺”字下，“秦破殺趙將扈輒於武遂城”作一句讀。上文云“大破殺匈奴十餘萬騎”，下文云“大破殺趙蔥”，皆以“破殺”連文，《史記》中若是者多矣。今本“趙”字在“殺”字上，則當以“秦破趙”爲句。案，破，謂破其軍，非謂破其國，不得言“秦破趙”明矣。《索隱》本正作“破殺趙將扈輒”。

魯仲連鄒陽列傳

過而爲政於天下

彼即肆然而爲帝，過而爲政於天下，則連有蹈東海而死耳，吾不忍爲之民也。

《索隱》解“過而爲政於天下”，云：“謂以過惡而爲政也。”《正義》讀至“過”字絶句，解云“言秦得肆志爲帝，恐有烹醢納管，遍行天子之禮過失也”。徐孚遠曰：“此解非也。言秦未能并滅六國，若尊之太過，使得稱帝，則爲政於天下矣。”【念孫案】司馬與張固失之，而徐亦未爲得也。“過而爲政於天下”，指秦言之，非謂尊之太過也。案，高誘注《吕氏春秋·知士》篇曰：“過，猶甚也。”言秦若肆然而爲帝，甚而遂爲政於天下，則吾有死而已，不忍爲之民也。“過”與“大”義亦相通。《秦策》曰：“弊邑之王所甚説者，無大大王，唯儀之所甚願爲臣者，亦無大大王。”言無過大王也。《魏策》曰：“吾所賢者，無過堯舜。吾所大者，無大天地。”大，亦過也。《韓策》曰“夫羞社稷而爲天下笑，無過此者矣”，《蘇秦傳》“過”作“大”。然則“過而爲政於天下”，猶言大而爲政於天下耳。《吕氏春秋》

注訓“過”爲“甚”,“甚”與“大”義亦相通,故趙岐注《孟子·梁惠王》篇曰“甚,大也”。

來吾君

子安取禮而來吾君。

【念孫案】“來”下脱“待”字,當依《趙策》補。

辭讓使者三　解紛亂

魯連辭讓使者三,終不肯受。

【念孫案】“辭讓”下不當有“使”字,蓋衍文也。《趙策》作“辭讓者三”。《藝文類聚·人部》《太平御覽·封建部》《人事部》引此并作“辭謝者三”。《文選·左思〈詠史詩〉》注、江淹《上建平王書》注引此并作“辭謝”,皆無“使”字。又案,諸書引《史記》作“辭謝”,而今本作“辭讓”,疑後人依《趙策》改之也。又,下文“爲人排患釋難解紛亂”,文與《趙策》同。而《類聚·人部》《御覽·人事部》、《文選·〈詠史詩〉》注、《北山移文》注、《後漢書·桓榮傳論》注、《荀彧傳》注引《史記》皆無“亂”字。

反外

食人炊骨,士無反外之心。

【念孫案】“外”當爲“北”,“北”古“背”字。《説文》:“北,乖也。從二人相背。”韋昭注《吴語》曰:“北,古之‘背’字。”《管子·君臣》

篇:“爲人君者,倍道棄法而好行私,謂之亂。爲人臣者,變故易常而巧官以諂上,謂之騰。亂至則虐,騰至則北。”“北”即此所謂“反北”也。言雖至食人炊骨而士卒終無反背之心也。《齊策》作“士無反北之心”,是其證。隸書“外”字或作“外”,見漢《司隸校尉魯峻碑》。形與“北”相近,故“北”誤爲“外”。《漢書・劉向傳》“孝文皇帝居霸陵,北臨廁”,《張釋之傳》“北”誤作“外”。《方言》“燕之北鄙”,今本“北”誤作“外”,是其證。

而能

捐子之之心,而能不説於田常之賢。

《漢書》作“而不説田常之賢。”《文選》同。《新序・雜事》篇作“能不説於田常之賢”。【念孫案】“能”與“而”同,《漢書》作“而”,《新序》作“能”,其實一字也。下文“獨化於陶鈞之上,而不牽於卑亂之語”,《新序》“而”作“能”,是其證也。《史記》作“而能”者,一本作“而”,一本作“能”,而後人誤合之耳。“能”字古讀若“而”,故與“而”通,説見《經義述聞》“能不我知”下。

包堯舜之術

雖包堯舜之術,挾伊管之辯。

【念孫案】“包”本作“蒙”,此後人以意改之也。《索隱》本作“蒙”,注曰“蒙被堯舜之道”,則舊本作“蒙”明矣。《新序》《漢書》《文選》并作“蒙”。

《史記》第五

屈原賈生列傳

濯淖

濯淖污泥之中。

《索隱》曰:"濯音濁。污音烏故反。泥音奴計反。"【念孫案】上言"洗濯",下言"淖",則文不相屬。"濯"字當讀"直教反"。濯、淖叠韻字。"濯淖污泥"四字同義。《説文》曰:"潘,淅米汁也。"又曰:"周謂潘曰泔。"又曰:"滫,久泔也。"《廣雅》曰:"濯,滫也。"曹憲音"直兒反"。《士喪禮》:"渜濯棄于坎。"鄭注曰:"沐浴餘潘水。"《釋文》:"濯,直孝反。"《喪大記》:"濡濯棄于坎。"皇侃疏曰:"濯,謂不淨之汁也。"《廣雅》曰:"淖,濁也。"是"濯""淖"皆污濁之名。

不獲

不獲世之滋垢,皭然泥而不滓者也。

【念孫案】獲者,辱也。言不爲滋垢所辱也。鄭注《士昏禮》曰"以白造緇曰辱"是也。下句"泥而不滓",即承"不獲"

言之。《廣雅》曰："獲，辱也。"又曰："濩、辱，污也。"濩，亦獲也，古聲、義同耳。

懲違

懲違改忿兮，抑心而自强。

【念孫案】"違"非"違逆"之"違"。懲，止也。違，恨也。言止其恨，改其忿，抑其心而自强勉也。《廣雅》曰："怨、愇、很，恨也。""愇"與"違"同。《無逸》曰："民否則厥心違怨，否則厥口詛祝。"違，亦怨也。詛，亦祝也。《正義》以"違"爲違命，失之。辯見《經義述聞》。《邶風·谷風》篇："中心有違。"《韓詩》曰："違，很也。"很，亦恨也。班固《幽通賦》："違世業之可懷。"曹大家曰："違，恨也。"《楚辭》"違"訛作"連"，王注以"連"爲"留連"，失之。

含憂

含憂虞哀兮。

《索隱》曰："《楚詞》作'舒憂娛哀'。"【念孫案】"含"當爲"舍"，字之誤也。隸書"含"或作"舍"，又作"舎"，①皆與"舍"字相似。舍，即舒字也。《説文》："舒，從予、舍聲。"《小雅·何人斯》篇"亦不遑舍"，與"車""盱"爲韻。《史記·律書》："舍者，日月所舍。舍者，舒氣也。"《左氏春秋》哀六年"齊陳乞弑其君荼"，《釋文》"荼"，音"舒"。《公羊》"荼"作"舍"。《聘禮記》"發氣

① "舎"，底本作"舍"，據同治本改。

怡焉”,鄭注曰:“發氣,舍息也。”舍息,即舒息。是“舒”與“舍”古同聲而通用。王注《楚詞》曰:“言己自知不遇,聊作詞賦,以舒展憂思,樂己悲愁。”是“舒憂”“娱哀”,義本相承,若云“含憂”,則與“娱哀”異義矣。

有命

人生有命兮,各有所錯兮。

【念孫案】“有命”,當從宋本作“稟命”,此涉下句“有”字而誤也。《楚辭》作“民生稟命”,王注曰:“言萬民稟受天命而生。”

曾傷爰哀永嘆喟兮世混不吾知心不可謂兮

浩浩沅湘兮,分流汩兮。修路幽拂兮,道遠忽兮。曾唫恒悲兮,永嘆慨兮。世既莫吾知兮,人心不可謂兮。懷情抱質兮,獨無匹兮。伯樂既殁兮,驥將焉程兮。人生有命兮,各有所錯兮。定心廣志兮,餘何畏懼兮。曾傷爰哀,永嘆喟兮。世混不吾知,心不可謂兮。知死不可讓兮,願勿愛兮。明以告君子兮,吾將以爲類兮。

【引之曰】“曾傷爰哀”四句,乃後人據《楚辭》增入,非《史記》原文也。“曾唫恒悲”四句,即“曾傷爰哀”四句之異文,特《史記》在“道遠忽兮”之下,《楚辭》在“余何畏懼兮”之下耳,後人據《楚辭》增入,而不知已見於上文也。“浩浩沅湘兮”以下,每句有“兮”字,而“增傷爰哀”“世混不吾知”二句下,獨無“兮”字,與《楚辭》相合,其增入之跡,尤屬顯然。“永嘆喟兮”,《集解》引王逸注曰:“喟,息也。”則後四句之增,蓋在裴駰以前矣。又案,此四句似當從《史記》列於“道遠忽兮”之下。今循其文義讀之,“世既莫吾知兮,人心不可謂兮”“懷情抱質兮,獨無匹兮”,皆言世莫能知也。“定心廣志兮,餘何畏懼兮”“知死不可讓兮,願勿愛兮”,皆言己不畏死也。其敘次秩然不紊,蓋子長所見《屈原賦》如此,較叔師本爲長。

自投

於是懷石遂自投汨羅以死。

《索隱》本“自投”作“自沈”。【念孫案】下文云“自屈原沈汨羅後”,又云“側聞屈原兮,自沈汨羅”,又云“觀屈原所自沈淵”,則作“自沈”者是也。東方朔《七諫》亦云:“懷沙礫以自沈。”

而寶康瓠

斡棄周鼎兮而寶康瓠。

《索隱》本無“而”字。【念孫案】下句云“騰駕罷牛兮驂蹇驢”,則無“而”字者是也。《漢書》《文選》“兮”字并在“寶康瓠”下,亦無“而”字。

請對以臆

服乃嘆息,舉首奮翼,口不能言,請對以臆。

【念孫案】《索隱》本“臆”作“意”,注曰“協音臆”。《正義》

曰“協韻，音憶”。據此，則正文本作“請對以意”，謂口不能言而以意對也。今本作“臆”者，後人以“意”與“息”“翼”韻不相協而改之也。不知“意”字古讀若“億”，正與“息”“翼”相協。《明夷·象傳》“獲心意也”，與“食”“則”“得”“息”“國”“則”爲韻。《管子·戒》篇“身在草茅之中，而無懾意”，與“惑”“色”爲韻。《楚詞·天問》“何所意焉”，與“極”爲韻。《吕氏春秋·重言》篇“將以定志意也”，與“翼”“則”爲韻。秦《之罘刻石》文“承順聖意”，與“德”“服”“極”“則”“式”爲韻。《論語·先進》篇“億則屢中”，《漢書·貨殖傳》“億”作“意”，皆其證也。此賦以“意”與“息”“翼”爲韻，故《索隱》《正義》并以“意”爲協韻。下文“好惡積意”，與“息”爲韻。《正義》亦云“協韻，音憶”。若“臆”字則本讀入聲，何煩協韻乎？又案，《文選》作“請對以臆”，亦是後人所改。據李善注云“請以意中之事對”，則本作“意”明矣。而今本并李注亦改作“臆”，惟《漢書》作“請對以意”，顔師古曰：“意字合韻，宜音億。”《索隱》《正義》皆本於此，今據以訂正。

其生若浮兮其死若休

其生若浮兮，其死若休。

【念孫案】《漢書》《文選》并作“其生兮若浮，其死兮若休”。《索隱》本出“其死兮若休”五字，則上句亦當與《漢書》《文選》同。今案，“其生兮若浮，其死兮若休。淡乎若深淵之静，泛乎若不繫之舟”，四句文同一例，且“浮”“休”“舟”三字，皆於句末爲韻，則《索隱》本是也。今本作“其生若浮兮，其死若休”，蓋蒙上文句法而誤。

養空而游

養空而游。

【念孫案】"游"當爲"浮",字之誤也。《索隱》本作"浮",注曰:"言體道之人,但養空性,而心若浮舟也。"《漢書》《文選》并作"浮",服虔曰"道家養空,虚若浮舟也",皆其證。上文"其生兮若浮",義亦同也。

吕不韋列傳

且自大君之門

且自大君之門,而乃大吾門。

【念孫案】"且"當爲"盍",字之誤也。盍,何不也。言何不自大君之門,而乃大吾門也。若作"且",則與"而乃"二字義不相屬矣。《太平御覽·居處部》引此作"盍自大君之門,顧乃大吾門"。高誘《吕氏春秋注·序》作"何不大君之門,乃大吾之門邪",皆其證。

所養母

莊襄王所養母華陽后。

【念孫案】"養"字後人所加,莊襄王乃夏姬所生,而華陽后爲夫人時,立以爲適嗣,故曰"莊襄王所母華陽后",對下文"真母夏姬"而言也。《索隱》本出"所母華陽后"五字,注曰:"劉氏本作'所生母','生'衍字也。今檢諸本并無'生'字。"

據此，則"養"字亦後人所加明矣。後人不解"所母"二字之義，故妄加"養"字。

刺客列傳

范中行氏

故嘗事范中行氏。

【念孫案】"范中行氏"本作"范氏及中行氏"，今本無"氏及"二字者，後人依《趙策》删之也。不知古人屬文，或繁或省，不得據彼以删此。下文言"范、中行氏"者，前詳而後略耳，亦不得據後以删前。《索隱》本出"事范氏及中行氏"七字，解云："范氏，謂范昭子吉射也。中行氏，中行文子荀寅也。"則有"氏及"二字明矣。《群書治要》引此亦作"范氏及中行氏"。

釋

卒釋去之。

【念孫案】"釋"本作"醳"，古多以"醳"爲"釋"字。《管蔡世家》："鄭降楚，楚復醳之。"《魏世家》："與其以秦醳衛，不如以魏醳衛。"《孔子世家》："陽虎因囚桓子，與盟而醳之。"《張儀傳》："掠笞數百，不服，醳之。"《燕策》："王欲醳臣。"漢《石門頌》："醳艱即安。"《析里橋郙閣頌》："醳散關之嶃漯。"《北海相景君銘》："農夫醳耒。"并以"醳"爲"釋"。《索隱》本作"醳"，注曰"音釋"。又，《田儋傳》"乃釋齊"，《索隱》本亦作"醳"，注曰"古釋字"。今本皆改"醳"爲"釋"，而删去其注，後人之妄也。

衆終莫能就　請益其

臣欲使人刺之，衆終莫能就。

【念孫案】“衆”與“終”一字也。《鄘風·載馳》篇“衆稚且狂”，“衆”即“終”字，猶言“終温且惠”“終寠且貧”也。說見《經義述聞》。《史記·五帝紀》“怙終賊刑”，徐廣曰：“終，一作衆。”《周頌·振鷺》篇“以永終譽”，《後漢書·崔駰傳》“終”作“衆”。是古字多借“衆”爲“終”也。今本作“衆終莫能就”者，一本作“衆”，一本作“終”，而後人誤合之耳。或讀“臣欲使人刺之衆”爲句，非也。“欲使人刺之”與“衆”字意不相屬。《韓策》作“臣使人刺之，終莫能就”，是其明證矣。又，下文“請益其車騎壯士，可爲足下輔翼者”，《韓策》“益其”作“益具”，於義爲長。

生得失

今殺人之相，相又國君之親，此其勢不可以多人。多人不能無生得失，生得失則語泄。

《索隱》本出“不能無生得”五字，解云：“《戰國策》作‘無生情’。言所將人多，或生異情，故語泄。此云‘生得’，言將多人往殺俠累，後又被生擒而事泄，亦兩通也。”【念孫案】如《索隱》說，則《史記》本作“不能無生得”，《齊語》：“若不生得以戮於群臣，猶未得請也。”昭二十三年《公羊傳》：“君死于位曰滅，生得曰獲。”《項羽紀》：“楚下滎陽城，生得周苛。”《淮陰侯傳》：“有能生得廣武君者,購千金。”今本“得”下有“失”字,乃後人以意加之也。又,《索隱》引《韓策》作“無生情”,而今本亦作“無生得失”,則又後人據《史記》改之也。

皮面

因自皮面決眼,自屠出腸。

《索隱》曰:“皮面,謂刀割其面皮,欲令人不識。”【念孫案】如小司馬説,則當云“割面皮”,不當云“皮面”矣。今案,《廣雅》曰:“皮,離也。”又曰:“皮,剥也。”然則“皮面”者,謂以刀自剥其面也。王褒《僮約》曰“落桑皮椶”,“皮”之爲言猶“披”也。《續列女傳》曰:“聶政自披其面。”是“皮”與“披”同義。

購縣之

韓取聶政屍暴於市,購問莫知誰子。於是韓購縣之,有能言殺相俠累者,予千金。

【念孫案】“購縣之”當爲“縣購之”。謂縣金以購之也。下文曰:“王縣購其名姓千金。”《韓策》曰:“縣購之千金。”皆其證。

目攝之

荆軻嘗游,過榆次,與蓋聶論劍,蓋聶怒而目之。荆軻出,人或言復召荆卿。蓋聶曰:“曩者吾與論劍,有不稱者,吾目之。試往，是宜去，不敢留。”使使往之主人，荊卿則已駕而去榆次矣。使者還報。蓋聶曰：“固去也，吾曩者目攝之。”

《索隱》曰：“攝，猶整也。謂不稱己意，因怒視以攝整之也。”《正義》曰：“攝，猶視也。”【念孫案】《索隱》解“攝”爲“整”，不合語意，《正義》解“攝”爲“視”，古無此訓，皆非也。“攝”讀爲“懾”。鄭注《樂記》曰：“懾，猶恐懼也。”言曩者吾怒目以懼之，彼固不敢不去也。恐謂之懼，使人恐亦謂之懼。昭十二年《左傳》“楚子圍徐以懼吴”是也。恐，謂之懾，使人恐，亦謂之懾。《吕氏春秋·論威》篇“威所以懾之”是也。襄十一年《左傳》：“武震以攝威之。”《釋文》曰：“攝，如字，又之涉反。”是“懾”與“攝”通。《衛將軍驃騎傳》“懾慴者弗取”，《漢書》作“攝讋”。《樂記》“柔氣不懾”，《説苑·修文》篇作“攝”。《韓詩外傳》曰：“上攝萬乘，下不敢敖乎匹夫。”

揕其匈

臣左手把其袖，而右手揕其匈。

《集解》：“徐廣曰：‘揕，一作抗。’”《索隱》曰：“揕，謂以劍刺其胸也。抗，拒也。其義非。”【念孫案】“抗”與“揕”聲不相近，“揕”字無緣通作“抗”。“抗”當爲“抌”。俗書從“冘”之字作“冗”，從“亢”之字作“冗”，二形相似，故“抌”訛爲“抗”。《説文》：“抌，深擊也。”《廣雅》曰：“抌，刺也。”《集韻》“抌”“揕”并陟甚切。“揕”之爲“抌”，猶“湛”之爲“沈”也。《燕策》作“右手揕抗其胸”，“抗”亦“抌”字之訛，且亦是一本作“揕”，一本作“抗”，而後人誤合之耳。姚宏校本云“一無抗字”，是其證矣。《列子·黄帝》篇：“攩拯挨抌。”《釋文》云：“抌，方言

'擊背也'。"一本作"抗",違拒也,亦未知"抗"即"抌"之訛耳。

腐心

此臣之日夜切齒腐心也。

【引之曰】"腐"讀爲"拊"。《爾雅》曰:"辟,拊心也。"郭注:"謂椎胸也。"《燕策》正作"拊心"。《索隱》訓"腐"爲"爛",非是。

李斯列傳

郡小吏

年少時爲郡小吏。

【念孫案】《索隱》本"郡"作"鄉",注曰:"劉氏云:'掌鄉文書。'"據此,則劉與小司馬本皆作"鄉",鄉,謂上蔡之鄉也。今本"鄉"誤爲"郡",又於注内加"郡,一作鄉"四字,斯爲謬矣。《太平御覽·獸部》引此作"郡",則所見本已誤。《藝文類聚·獸部》引此正作"鄉"。

胥人者去其幾也

胥人者,去其幾也。成大功者,在因瑕釁而遂忍之。

《索隱》解上二句曰:"胥人,猶胥吏小人也。去,猶失也。幾者,動之微。言小人不識動微之會,故每失時也。"《正義》曰:"胥,相也。幾,謂察也。言關東六國與秦相敵者,君臣機密,并有瑕釁,可成大功而遂忍之。”【念孫案】《索隱》誤解“胥”字,《正義》則大誤矣。胥者,須也。見《孟子·萬章》篇趙注、《漢書·敘傳》應劭注。須,待也。“去”當爲“失”,字之誤也。言人有釁可乘,不急乘其釁而待之,是自失其幾也,故下文曰“成大功者,在因瑕釁而遂忍之”。又曰:“今怠而不急就,諸侯復强,雖有黄帝之賢不能并也。”“怠而不急就”,即此所謂胥也。

竈上騷除

夫以秦之强,大王之賢,由竈上騷除,“由”與“猶”同,“騷”與“埽”同。足以滅諸侯,成帝業。

《太平御覽·人事部》引此,“竈”字上有“老嫗”二字。【念孫案】《索隱》曰:“言秦欲并天下,若炊婦埽除竈上之不淨,不足爲難。”據此,則正文内有“老嫗”二字明矣。

阿縞

阿縞之衣,錦綉之飾。

徐廣曰:“齊之東阿縣,繒帛所出。”【念孫案】徐以上文云“江南金錫,西蜀丹青”,故以“阿縞”爲東阿所出之縞也。今案,“阿縞之衣”與“錦綉之飾”,相對爲文,則“阿”爲“細繒”之名,非謂“東阿”也。“阿”字或作“絅”。《廣雅》曰:“絅、縞,練也。”《楚辭·招魂》“蒻阿拂壁”,“蒻”與“弱”同。阿,細繒也。言以弱阿拂牀之四壁也。王注以“蒻”爲蒻席,“阿”爲曲隅,皆失之,辯見《楚辭》。《淮南·修務》篇:“衣阿錫,曳齊紈。”高注曰："阿，細縠。錫，細布。"《列子·周穆王》篇張湛注同。《漢書·禮樂志》："曳阿錫，佩珠玉。"如淳曰："阿，細繒。錫，細布。"《司馬相如傳》："被阿錫，揄紵縞。"張揖注與如淳同。

快耳目

夫擊甕叩缻，彈箏搏髀，而歌呼嗚嗚快耳目者，真秦之聲也。

【念孫案】聲能快耳，不能快目，"目"字，後人所加，《文選》無"目"字。舊本《北堂書鈔·樂部六》出"彈箏快耳"四字，引《史記》"彈箏搏髀，而歌嗚嗚快耳者"，亦無"目"字。陳禹謨依俗本增"目"字。《藝文類聚·樂部四》《太平御覽·樂部十四》所引并無"目"字。

秋霜降 水摇動

故秋霜降者草華落，水摇動者萬物作。

【念孫案】《索隱》本出"水摇者萬物作"六字，注曰："水摇者，謂冰泮而水動也。"據此，則正文内本無"動"字，蓋因注文而誤衍也。此二句原文當本作"霜降者草華落，水摇者萬物作"，今本作"水摇動"，則多一字。後人不達，又於上句内加"秋"字以對下句耳，不知"霜降""水摇"相對爲文，若"秋霜降"與"水摇動"，則參差不協。且下句不言"春"，而上句獨言"秋"，亦爲不類矣。又案，《索隱》訓"摇"爲"動"，則正文内本無"動"字，後人不知"動"爲衍文，又改注文之"水動"爲"摇動"，以牽合正文，甚矣其謬也。

足以爲寒心

禍及子孫,足以爲寒心。

【念孫案】此本作"足爲寒心","足"下有"以"字,則文不成義。《文選·報任少卿書》注引此正作"足爲寒心"。《燕策》曰:"夫以秦王之暴,而積怨於燕,足爲寒心。"又其一證矣。

直馳道

又作阿房之宫,治直馳道。

【念孫案】"直馳道"當作"直道馳道"。《秦始皇紀》"二十七年治馳道",《集解》:"應劭曰:'馳道,天子道也,若今之中道然。'"《六國表》曰:"始皇三十五年,爲直道,道九原,通甘泉。"《蒙恬傳贊》曰:"蒙恬爲秦塹山堙谷,通直道。"是"直道"與"馳道"不同,今本"直"下脱"道"字,則文義不明。《群書治要》引此正作"治直道馳道"。

蒙恬列傳

敦於事

帝以高之敦於事也,赦之。

【念孫案】敦於事,勉於事也。《爾雅》曰:"敦,勉也。"《曲禮》曰:"敦善行而不怠。"《大戴禮·五帝德》篇曰:"長而敦敏。"秦《會稽刻石》文曰:"和安敦勉。"

張耳陳餘列傳

嫁庸奴亡其夫去

外黄富人女甚美，嫁庸奴亡其夫去，抵父客。

《集解》於"亡其夫"下注曰："一云：其夫亡也。"【念孫案】一本是也。"嫁"字後人所加，"亡"字本在"其夫"下，"庸奴其夫"爲句，"亡去"爲句，"抵父客"爲句。《漢書》作"外黄富人女甚美，庸奴其夫，師古曰："言不恃賴其夫，視之若庸奴。"亡邸父客"，如淳曰："父時故賓客也。"是其證也。因"亡"字誤在"其夫"之上，遂與"庸奴"二字，義不相屬。後人不得其解，輒於"庸奴"上加"嫁"字，而讀"嫁庸奴"爲句，《廿二史札記》謂"所嫁者乃庸奴，故逃之"，非也。既爲富人女而又甚美，則無嫁庸奴之理。"亡其夫"爲句，其謬甚矣。徐廣讀"其夫亡"爲句，亦非。

竊聞公之將死

竊聞公之將死，故弔。

【念孫案】"聞"字當從《漢書・蒯通傳》作"閔"，閔，憂也。

淮陰侯列傳

特劫於威强耳

項王所過無不殘滅者，天下多怨，百姓不親附，特劫於威强耳。

【念孫案】“强”讀“勉强”之“强”，“强”下當有“服”字。“劫於威”三字連讀，“强服”二字連讀。言百姓非心服項王，特劫於威而强服耳。下文云：“今楚强以威王此三人，秦民莫愛也。”語意正與此同。今本脱去“服”字，則當以“威强”連讀，而讀“强”爲“强弱”之“强”，非其指矣。《漢書》及《新序·善謀》篇“强”下皆有“服”字。顔師古曰“强，音其兩反”，是其證。

何所不

今大王誠能反其道，任天下武勇，何所不誅？以天下城邑封功臣，何所不服？以義兵從思東歸之士，何所不散？

【念孫案】三“所”字皆後人所加。《索隱》本出“何不誅”三字，注曰：“劉氏云：‘言何所不誅也。’”又出“何不散”三字，注曰：“劉氏云：‘用東歸之兵，擊東方之敵，無不散敗也。’”則正文内無三“所”字明矣。《漢紀》有三“所”字，亦後人據誤本《史記》加之。《漢書》《新序》并無三“所”字。《鹽鐵論·結和》篇：“夫以天下之力勤，何不摧？以天下之士民，何不服？”句法與此同。

欲反漢

漢之敗卻彭城，塞王欣、翟王翳亡漢降楚，齊趙欲反漢與楚和。

【念孫案】“欲反漢”，當依宋本、游本作“亦反漢”。亦者，承上之詞。此時諸侯皆反漢而與楚，非但欲反也。《漢書》正作"齊趙魏亦皆反，與楚和"。

倍則戰之

吾聞兵法，十則圍之，倍則戰之。

【念孫案】宋本"戰"下無"之"字是也。"十則圍之"者，言我兵十倍於彼則圍之也。"倍則戰"者，言我兵倍於彼則與之戰也。"戰"下不當有"之"字，此涉上句而誤衍耳。《太平御覽・兵部一》引《史記》無"之"字，《漢書》及《通典・兵十三》并同。《孫子・謀攻》篇："十則圍之，五則攻之，倍則分之，敵則能戰。"能，乃也。古謂"乃"爲"能"，説見《漢書》"能或滅之"下。言兵數相敵，乃與之戰也。今本"戰"下有"之"字，亦涉上文而衍。《御覽》引《孫子》亦無"之"字。

能

今韓信兵號數萬，其實不過數千，能千里而襲我，亦以罷極。

【念孫案】此"能"字非"才能"之"能"。能，猶乃也。言信兵不過數千，乃千里而襲我，亦已疲極也。又，《自序》述《佞幸傳》曰："非獨色愛，能亦各有所長。"能，亦乃也。言非獨以色見愛，乃亦各有所長也。"乃"與"能"古聲相近，故義亦相通，説見《釋詞》。

須臾

足下所以得須臾至今者，以項王尚存也。

【念孫案】此“須臾”與《中庸》“道不可須臾離”異義，須臾，猶從容、延年之意也。言足下所以得從容至今不死者，以項王尚存也。《漢書・賈山傳》：“願少須臾毋死，思見德化之成也。”少須臾，即少從容，亦延年之意也，故《武五子傳》：“奉天期兮，不得須臾。”張晏曰：“不得復延年也。”“從容”“須臾”，語之轉耳。

懷諸侯之德

案，齊之故有膠、泗之地，懷諸侯之德。

【念孫案】此當從游本作“懷諸侯以德”，今本“以”作“之”者，涉上兩“之”字而誤。《漢書》正作“懷諸侯以德”。

東殺龍且

南摧楚人之兵二十萬，東殺龍且，西鄉以報。

【念孫案】“東殺龍且”本作“遂殺龍且”。後人改“遂”爲“東”者，欲與上“南”下“西”相對耳。不知“摧楚兵”“殺龍且”，本是一事。若云“南摧楚兵”“東殺龍且”，①則分爲二事矣。《漢書》《漢紀》并作“遂斬龍且”。

① “東殺龍且”，諸本皆作“東龍殺且”，據《史記・淮陰侯列傳》改。

知者決之斷也

故知者,決之斷也。疑者,事之害也。

【念孫案】"知者決之斷"當作"決者知之斷",下句"疑者事之害",正與此相反也。有智而不能決,適足以害事,故下文又申之曰"智誠知之,決弗敢行者,百事之禍也"。

韓王信盧綰列傳

後復破之

至晉陽,與漢兵戰,漢大破之,追至於離石,後復破之。

【念孫案】此言漢兵破匈奴於晉陽,復追破之於離石。"復"上不當有"後"字,"後"即"復"之誤也。篆書"復"字作"","後"字作""。隸書"復"字作"","後"字作""。形并相似,故"復"誤作"後"。《穆天子傳》:"比及三年,將復而野。"《管子·任法》篇:"令出而復反之。"《荀子·成相》篇:"恨復遂過不肯悔。"《趙策》:"復合與踦重者,皆非趙之利也。"今本"復"字并誤作"後"。《史記·齊悼惠王世家》:"已而復聞齊初與三國有謀。"《絳侯世家》:"復擊破綰軍沮陽。"《漢書》"復"字并誤作"後"。今作"後復破之"者,一本作"復",一本作"後",而後人誤合之耳。《漢書·韓王信傳》無"後"字。

代上谷

聞冒頓居代上谷,高皇帝居晉陽,使人視冒頓,還報曰"可擊",上遂至平城。

【念孫案】"聞冒頓居代上谷"衍"上"字,《漢書》作"居代谷"是也。《管子·輕重戊》篇曰:"代王將其士卒葆於代谷之上。"《鹽鐵論·伐功》篇曰:"趙武靈王逾句注,過代谷。"《漢書·梅福傳》曰:"孝文皇帝起於代谷。"《水經·㶟水注》曰:"代谷者,恒山在其南,北塞在其北,谷中之地,上谷在東,代郡在西。"《主父偃傳》曰:"高皇帝聞匈奴聚於代谷之外而欲擊之。御史成進諫,不聽,遂北至於代谷,果有平城之圍。"是代谷與平城相近,若上谷,則去平城遠矣。又案,漢之沮陽爲上谷郡治,即唐之嬀州也。今本云"冒頓居代上谷",而《正義》於"上谷"下注云"今嬀州",則張氏所見本,已誤衍"上"字。

黥之

上自擊東垣,東垣不下,卒罵上。東垣降,卒罵者斬之,不罵者黥之。

【念孫案】"黥",當從《高祖紀》作"原"。原之,謂宥之也。今作"黥"者,"原"誤爲"京",隸書"原"或作"𠩄","京"或作"亰",二形相似,故"原"誤爲"京"。《檀弓》:"是全要領以從先大夫於九京也。"鄭注:"京,蓋字之誤,當爲原。"後人又加"黑"旁耳。若不罵者亦黥之,則人皆不免於罪矣。

田儋列傳

非直手足戚也

蝮螫手則斬手,螫足則斬足,何者?爲害於身也。今田假、田角、田間於楚趙，非直手足戚也，何故不殺？

《漢書》作"非手足戚，何故不殺"，《漢紀》作"豈有手足之戚，何故不殺"。【念孫案】此則"非直手足戚也"，"直"字當爲"有"字之訛。"直"字俗作"𥄂"，形與"有"相近。

無不　莫能圖

無不善畫者，莫能圖，何哉？

【念孫案】"無不"當爲"不無"，"莫能圖"當爲"莫圖"。此言田横之高節，與其客之慕義從死，天下非無善畫者，何故不爲之作圖，故曰"不無善畫者，莫圖，何哉"。今本"不無"作"無不"，"莫圖"作"莫能圖"，則非其指矣。《索隱》本出"不無善畫者，莫圖，何哉"九字，今本"不無"作"無不"，乃後人依誤本改之。注曰："言天下非無善畫之人，而不知圖畫田横及其黨慕義死節之事，何故哉？"是其證。

樊酈滕灌列傳

肩蔽

亞父謀欲殺沛公，令項莊拔劍舞坐中，欲擊沛公，項伯常肩蔽之。

【念孫案】"肩"當爲"屏"，字之誤也。《漢書》作"屏蔽"，謂以身屏蔽之，非謂以肩蔽之也。《項羽紀》曰："項莊拔劍起舞，項伯亦拔劍起舞，常以身翼蔽沛公。"彼言"翼蔽"，猶此言"屏蔽"矣。

張丞相列傳

即

是後戚姬子如意爲趙王，年十歲，高祖憂即萬歲之後不全也。

【念孫案】即，猶或也。言高祖憂萬歲之後，趙王或不全也。"即"與"或"古同義。《越語》："大夫種曰：'有帶甲五千人，將以致死。無乃即傷君王之所愛乎？'"言或傷君王之所愛也。《爾雅·釋地》曰："西方有比肩獸焉，與邛邛岠虚比，爲邛邛岠虚齧甘草，即有難，邛邛岠虚負而走。"言或有難也。"即"訓爲"或"，又訓爲"若"，互見《匈奴》《酷吏》二傳。

有堅忍質直

御史大夫周昌，其人有堅忍質直。

【念孫案】"堅忍質直"上不當有"有"字，蓋衍文也。《太平御覽·職官部》引此無"有"字，《漢書·周昌傳》作"其人堅忍伉直"，亦無"有"字。

子類

封爲北平侯。孝景前五年，蒼卒，子康代侯，八年卒，子類代侯。

《集解》："徐廣曰：'類，一作頵，音聵。'"《索隱》單行本注曰："案，《漢書》云：傳子至孫毅，有罪，國除。今此云'康代侯，八年卒，子藾代侯’，則藾即毅也。”以上《索隱》注。今《漢書·張蒼傳》作“類”。又，《史記·高祖功臣侯者表》作“預”，《漢表》作“類”。【念孫案】此字本作“纇”，或作“藾”，并讀如“聵聵”之“聵”。今本《史記》《漢書》作“類”，即“纇”之訛也。《易林·家人之咸》：“視聽聳纇。”今本“纇”訛作“類”。《説文》：“纇，癡顛不聰明也。從頁、豙聲。”“豙”音“毅”。《玉篇》音“毅”，又音“聵”。《集韻》“纇”“藾”并與“聵”同音，“藾”字注曰“漢有北平侯藾”，即此所謂“子藾代侯”者。故徐廣曰“纇，一作藾，音聵也”。若作“類”，則不與“藾”“聵”同音矣。隸書“類”字或作“纇”，見漢《外黄令高彪碑》。形與“纇”相似，故“纇”訛作“類”。《功臣表》作“預”，《索隱》引《漢書》作“毅”，皆“纇”之訛也。

他官

錯所穿非真廟垣，乃外堧垣，故他官居其中。

【念孫案】“他官”二字，義無所取，當從《漢書》作“宂官”。顏師古曰：“宂謂散輩，如今之散官是也。”《周官·槁人》：“掌共外内朝宂食者之食。”注：“宂食者，謂留治文書，若今尚書之屬諸上直者。”釋曰：“宂，散也。外内朝上直諸吏謂之宂吏，亦曰散吏。以上直不歸家宿，槁人供之，因名宂食者。”案，宂食者上直外内朝，與此言“宂官居其中”同義。“宂”與“它”字形相近，當是“宂”誤爲“它”，後人又改爲“他”耳。

酈生陸賈列傳

三皇

繼五帝三皇之業。

【念孫案】“三皇”,當從《漢書》《漢紀》《説苑・奉使》篇作“三王”。漢承周秦之後,故云“繼五帝、三王之業”。若作“三皇”,則非其指矣。《太平御覽・奉使部》引《史記》亦作“三王”。

劉敬叔孫通列傳

臚句傳

大行設九賓臚句傳。

【念孫案】“臚”下本無“句”字,此後人依《漢書》加之也。《索隱》本出“九賓臚傳”四字,注曰:“《漢書》云:‘設九賓臚句傳。’蘇林云:‘上傳語告下云臚,下傳語告上云句。’”則《漢書》有“句”字,而《史記》無“句”字,明矣。《集解》引《漢書音義》曰“傳從上下爲臚”,但釋“臚”字而不釋“句”字,又其一證也。又案,《索隱》引韋昭云:“九賓,則《周禮》九儀也。謂公、侯、伯、子、男、孤、卿、大夫、士。漢依此以爲‘臚傳’也。”又,《漢書・百官表・大鴻臚》:“應劭曰:‘郊廟行禮,讚九賓,鴻聲臚傳之也。’”應劭、韋昭皆但言“臚傳”,而不言“臚句傳”,與《史記》同,是言“臚”即可以該“句”也。後人於《史記》加入“句”字,則與注内“《漢書》云臚句傳”之語不合,乃或删去此語,以牽合已誤之正文,其失甚矣。

莫能習

先帝園陵寢廟，群臣莫能習。

【念孫案】"莫能習"，當從《漢書》作"莫習"。"莫習"者，謂群臣未習此禮，非謂莫能習也。"能"字後人所加，《北堂書鈔·設官部》《藝文類聚·職官部》引《史記》并無"能"字。

季布欒布列傳

黄金百斤

楚人諺曰：得黄金百斤，不如得季布一諾。

【念孫案】"百"與"諾"爲韻，"百"古讀若"博"。《莊子·秋水》篇"聞道百"，與"若"爲韻。《漢書·鄒陽傳》"鷙鳥絫百"，與"鶚"爲韻。蔡邕《獨斷》"蜡祝辭，歲取千百"，與"宅""壑""作"爲韻。"斤"字後人所加也。《漢書·食貨志》："馬至匹百金。"薛瓚曰："秦以一溢爲一金，漢以一斤爲一金。"見《平準書》集解。此言黄金百，即是百斤，無煩加"斤"字也。《漢書·季布傳》無"斤"字。

項王所以遂不能西徙以彭王居梁地

方上之困於彭城，敗滎陽、成皋間，項王所以遂不能西，徙以彭王居梁地，與漢合從苦楚也。

"徙"，宋本作"徒"。【念孫案】此當從《漢書》作"項王所以不能遂西，句。徒以彭王居梁地，與漢合從苦楚也"。宋本"遂"字誤在"不能"上，今本"徒"字又誤作"徙"，遂致文不成義。《太平御覽·人事部》引《史記》正與《漢書》同。

袁盎晁錯列傳

與

妾、主豈可與同坐哉？

【念孫案】與，猶以也，故《漢書》作“以”。《貨殖傳》曰：“智不足與權變，勇不足以決斷，仁不能以取予。”與，亦以也，互文耳。“以”“與”一聲之轉，故古或謂“以”爲“與”，説見《釋詞》。

乃以刀決張道從醉卒直隧出

乃以刀決張，道從醉卒直隧出。

《集解》：“如淳曰：決開當所從亡者之道。張音帳。”《漢書》顔師古注義同。【念孫案】“道”與“決張”，義不相屬，如、顔皆以“道”爲“道路”之“道”，上屬爲句，非也。“道”讀曰“導”，下屬爲句。“隧”字當在“直”字上。“醉卒隧”三字連讀，“直出”二字連讀。今本“直”字誤在“隧”字上，則文不成義。《漢書》作“道從醉卒直出”。“醉卒隧”者，當醉卒之道也，謂決開軍帳導之，從醉卒道直出也。《説苑·復恩》篇作“乃以刀決帳，從醉卒道出”。宋本《説苑》“從醉”誤爲“醉從”，今本又誤爲“率徒”。醉卒道，即醉卒隧也。“隧”訓爲“道”，則上“道”字非謂“道路”明矣。

後曹輩

梁刺客後曹輩果遮刺殺盎安陵郭門外。

【念孫案】"後曹"下本無"輩"字,曹,即輩也。且"後曹"二字,即承上"後刺君者十餘曹"而言,則"曹"下愈不當有"輩"字,蓋因上《集解》内有"如淳曰曹輩"而誤衍也,《漢書》無"輩"字。

張釋之馮唐列傳

一人

廷尉奏當,一人犯蹕,當罰金。

【念孫案】"一人"二字於義無取,當從宋本作"此人"。此涉上文"有一人從橋下走出"而誤也。《藝文類聚・水部》引《史記》作"一人",亦後人依誤本《史記》改之。《初學記・地部》《太平御覽・儀式部》引《史記》并作"此人",《漢書》同。

昂

匈奴新大入朝那,殺北地都尉昂。

【念孫案】"昂"本作"卬",淺學人改之也。《索隱》本作"卬",注云"都尉姓孫名卬"。今既改正文爲"昂",又删去注内"名卬"二字矣。《孝文紀》《匈奴傳》及《惠景間侯者表》并作"卬",《漢書》《漢紀》同。

萬三千

遣選車千三百乘，彀騎萬三千。

【念孫案】“萬三千”下脱去“匹”字。《蘇秦傳》曰“車千乘，騎萬匹”，又曰“車六百乘，騎五千匹”，皆以“乘”“匹”對文，此亦當然。《太平御覽·兵部》引此正作“彀騎萬三千匹”，《漢書·馮唐傳》同。《李牧傳》亦云：“具選車，得千三百乘。選騎，得萬三千匹。”

南友

西抑强秦，南友韓魏。

【念孫案】“友”，當從宋本、游本作“支”，字之誤也。《太平御覽·兵部九》引此正作“支”，《漢書》同。

田叔列傳

劇易處

邑中人民俱出獵，任安常爲人分麋鹿、雉兔，部署老小當壯劇易處。

【念孫案】“劇易”下本無“處”字。“部署老小當壯劇易”者，當，丁也。劇，難也。今俗作“劇”。言部署其人之老小丁壯及事之難易也。《群書治要》引《六韜·龍韜》篇曰：“知人飢飽，習人劇易。”《後漢書·章帝紀》曰：“鴐言出游，欲親知其劇易。”《列女傳》曰：“執務私事，不辭劇易。”李賢注：

“勮,猶難也。”是古謂難易爲勮易也,“勮易”下不當有“處”字。《太平御覽·人事部》《資産部》《獸部》引此皆無“處”字。

扁鵲倉公列傳

終日

終日扁鵲仰天嘆曰。

【念孫案】此“終日”非謂終一日也。終日,猶良久也。言中庶子與扁鵲語良久,扁鵲乃仰天而嘆也。《吕氏春秋·貴卒》篇曰:“所爲貴鏃矢者,今本“鏃”訛作“鏇”,辯見《淮南·兵略》篇。爲其應聲而至。終日而至,則與無至同。”言良久乃至,則與不至同也。高注“終一日乃至”,失之。《素問·脈要精微論》曰:“言而微,終日乃復言者,此奪氣也。”亦謂良久乃復言也。良久謂之終日,猶常久謂之終古矣。鄭注《考工記》曰:“齊人之言‘終古’,猶言‘常’也。”

破陰絶陽之色已廢脈亂

上有絶陽之絡,下有破陰之紐,破陰絶陽之色已廢脈亂,故形静如死狀。

【念孫案】“破陰絶陽”以下十字文不成義。此本作:“破陰絶陽,句。色廢脈亂,句。故形静如死狀。句。”上文“血脈治也”,正義引此文云“色廢脈亂,故形静如死狀”,是其證也。今本“色”上有“之”字,乃涉上文兩“之”字而衍。其“已”字即

"色"字之誤而衍者耳。《太平御覽·方術部》引此有"之""已"二字,乃後人依誤本《史記》加之,其《人事部》"脈"類引此無"之""已"二字。

疑殆

良工取之,拙者疑殆。

【念孫案】此"殆"字非"危殆"之"殆",殆,亦疑也,古人自有複語耳。言唯良工爲能取之,若拙工則疑而不能治也。襄四年《公羊傳注》曰:"殆,疑也。"《論語·爲政》篇:"思而不學則殆。"言無所依據,則疑而不決也。又曰:"多聞闕疑,慎言其餘,則寡尤。多見闕殆,慎行其餘,則寡悔。"殆,亦疑也。悔,亦尤也。變文協韻耳。《大雅·生民》篇"庶無罪悔",鄭箋曰:"無有罪過。"襄二十九年《公羊傳》:"天苟有吴國,尚速有悔於予身。"何注曰:"悔,咎也。"《吕氏春秋·去尤》篇"以黄金投者殆",《莊子·達生》篇作"以金注者殙"。殙,迷也。"殆"即"疑殆"之"殆",亦"迷惑"之意也。

體病

後五日,桓侯體病。

【念孫案】"體病"當爲"體痛",字之誤也。桓侯之病,由腠理而血脈,而腸胃,而骨髓,至此則病發而體痛,故《養生論》曰"桓侯以覺痛之日,爲受病之始"。若言"體病",則非其指矣。《太平御覽·人事部》《方術部》引此作"體病",則所見本已誤。《文選·爲石仲容與孫皓書》注引此正作"體痛"。

《韓子·喻老》篇、《新序·雜事》篇亦作"體痛"。

所

受讀解驗之,可一年所。

【念孫案】一年所,猶言一年許也。"許"與"所"聲近而義同。《小雅·伐木》篇"伐木許許",《説文》引作"伐木所所"。《漢書·疏廣傳》:"數問其家,金餘尚有幾所?"顔師古曰:"幾所,猶言幾許也。"是其證。下文曰:"要事之三年所。"又曰:"今慶已死十年所。"又曰:"臂部上及界要以下者,枯四分所。"又曰:"十八日所而病愈。"《續滑稽傳》曰:"率取婦一歲所者即棄去。"《漢書·游俠傳》曰:"原涉居谷口半歲所。"《檀弓》注:"封高四尺所。"《正義》曰:"所是不定之辭。"義并與此同。

蹷人中 前溲

齊郎中令循病,衆醫皆以爲蹷人中而刺之。臣意診之曰:涌疝也,令人不得前後溲。飲以火齊湯,一飲得前溲,再飲大溲,三飲而病愈。今本"病"誤作"疾",據宋本及《太平御覽》引改。

【念孫案】"蹷人中","人"當爲"入",字之誤也。"蹷"亦作"厥"。《釋名》曰:"厥,逆氣從下厥起,上行入心脇也。"故曰"蹷入中"。《太平御覽·方術部》引此正作"蹷入中"。下文:"齊北宫司空命婦出於病,衆醫皆以爲風入中,病主在肺,刺其足少陽脈。臣意診其脈曰:'病氣疝客於旁光,難於前後溲。’”事與此相類也。又案,“一飲得前溲”,“前”下當有“後”字,言一飲而前後溲始通,再飲則大溲也。“大溲”二字,兼前後言之,則上句原有“後”字明矣。《太平御覽》引此正作“一飲得前後溲”。下文“齊王太后病。臣意飲以火齊湯,一飲即前後溲”,事與此相類也。

順清

并陰者脈順清而愈。

【念孫案】“清”讀爲“動静”之“静”。上文“肝氣濁而静”,徐廣曰“一作清”。下文“病重而脈順清”,“清”并與“静”同。

流汗出滫

病得之流汗出滫。滫者,去衣而汗晞也。

“滫”,劉伯莊音“巡”。【引之曰】“滫”當爲“滫”,讀與“脩”同。《王風·中谷有蓷》篇:“暵其脩矣。”《毛傳》曰:“脩,且乾也。”《釋名》曰:“脯,又曰脩。脩,縮也。乾燥而縮也。”《小雅·湛露》傳曰:“晞,乾也。”是“脩”“晞”,皆乾也,作“滫”者,假借字耳。“流汗出滫”者,流汗出而乾也,故下文曰“滫者,去衣而汗晞也”。隸書“循”“脩”二字相似,故“滫”訛作“滫”。《繫辭傳》:“損,德之脩也。”《釋文》曰:“脩,馬作循。”《莊子·大宗師》篇:“以德爲循。”《釋文》:“循,本亦作脩。”《史記·曆書》“朕唯未能循明也”,《漢志》“循”作“脩”。《商君傳》“湯武不循古而王”,《索隱》曰:“《商君書》作脩古。”漢《北海相景君碑陰》:“故脩行都昌台丘暹。”《金石録》曰:“案,《後漢書·百官志》注‘河南尹官屬,有循行一百三十人’,而

《晉書·職官志》'州縣吏皆有循行',今此碑陰載故吏都昌台丘暹而下十九人,皆作'脩行'。他漢及晉碑數有之,亦與此碑陰所書同,豈'循''脩'字畫相近,遂致訛謬邪。《隸續》曰:'循、脩二字,隸法只争一畫,書碑者好奇,所以從省借用。'"考《説文》《玉篇》《廣韻》皆無"㴨"字。《集韻》"㴨,松倫切,流貌",引《史記》"汗出㴨㴨",既誤沿劉氏之音,又誤以"㴨㴨"二字連讀,而訓爲"流貌",其失甚矣。

關内

濟北王召臣意診脈諸女子侍者,各本脱"臣"字,據宋本補。至女子豎,豎無病。臣意告永巷長曰"豎傷脾,不可勞,法當春嘔血死""病得之流汗,流汗者同法,病内重,毛髪而色澤,脈不衰,此文有脱誤。此亦關内之病也"。

【念孫案】"關内"當爲"内關"。上文:"齊侍御史成自言病頭痛。臣意診其脈曰:'此内關之病也。'"此文云"此亦内關之病也","亦"字即承上文言之。下文:"齊丞相舍人奴從朝入宫,臣意望其色有病氣,即告宦者平曰:'此傷脾氣也,當至春鬲塞不通,不能食飲,法至夏泄血死。'《脈法》曰:'病重而脈順清者曰内關。'内關之病,人不知其所痛,心急然無苦。奴之病得之流汗數出,炙於火而以出見大風也。"事與此相類。以上三人皆内關之病,内關之病死不治,故三人皆如期而死。内關,猶内閉也。《靈樞經·終始》篇曰:"脈口四盛,且大且數者,名曰溢陰。溢陰爲内關,内關不通,死不治。"此之謂也。

諸客坐

齊王黄姬兄黄長卿家有酒，召客，召臣意諸客坐。

【念孫案】“諸客”上脱“與”字。《太平御覽》引此作“與諸客坐”。

即弄之

黄氏諸倩見建家京下方石，即弄之。

【念孫案】“即弄之”三字，文不成義。《太平御覽》引此作“取弄之”，於義爲長。

病蟯　寒薄吾

臨菑氾里女子薄吾病甚，臣意診其脈，曰“蟯瘕”，病蟯得之於塞濕。

【念孫案】“病蟯”之“蟯”，因上文而誤衍也。凡篇内稱病得之於某事者，皆不言其病名，并見上下文。以病名已見於上文也。又，下文“臣意所以知寒薄吾病”者，“寒”字亦因上文而衍。凡篇内稱所以知某之病者，皆不言其致病之由，亦見上下文。亦以致病之由已見上文也。或謂“寒”字當在“薄吾”下，非也。宋本無“寒”字。

皆異之

病名多相類，不可知，有數者皆異之，無數者同之。

【念孫案】“皆”，當從宋本作“能”，字之誤也。此言病同名而異實，唯有數者能異之，無數者則不能也。《索隱》本作“能異之”，注曰“謂有術數之人，乃可異其狀也”，是其證。

古傳方

臣意聞菑川唐里公孫光善爲古傳方。

【念孫案】“古傳方”當作“傳古方”。《索隱》曰：“謂好能傳得古方也。”《正義》曰：“謂全傳寫得古人之方書。”皆其證。

邪逆順

及氣當上下出入，邪逆順。

【念孫案】“邪”下脱“正”字。《太平御覽》引此作“邪正逆順”。

吴王濞列傳

益鑄錢

濞則招致天下亡命者，益鑄錢。

【念孫案】“益鑄錢”，當依《正義》作“盜鑄錢”，字之誤也。《文選·吴都賦》《蕪城賦》注引此并作“盜”，《漢書》亦作“盜”。

億亦

顧因時循理，棄軀以除患害於天下，億亦可乎？

【念孫案】“億”讀爲“抑與之與”之“抑”，《文王世子》注：“億可以爲之也。”《正義》曰：“億是發語之聲。”億亦，即抑亦也。《漢書》作“意亦”，《繫辭傳》作“噫亦”，并字異而義同，説見《經義述聞》“噫亦”下。

及

王苟以錯不善，何不以聞？及未有詔、虎符，擅發兵擊義國？

【念孫案】“及”當爲“乃”，言王何不以聞而乃擅發兵也？《漢書》亦誤作“及”。又，《朝鮮傳》：“將率不能前，及使衛山諭降右渠。”“及”亦當爲“乃”，言前以將帥不相能，乃使衛山往諭右渠也。《漢書》正作“乃”。

魏其武安列傳

子姪

蚡往來侍酒，魏其跪起如子姪。

【引之曰】古者唯女子謂昆弟之子爲姪，男子則否。“子姪”，當依《漢書》作“子姓”，顔師古曰“姓，生也。言同子禮，若己所生”是也。凌稚隆反以“姓”爲“姪”之訛，謬甚。古謂子孫曰姓，或曰子姓，説見《吕氏春秋》“子姪”下。

郡國諸侯

天下士郡國諸侯愈益附武安。

【念孫案】"國"字後人所加。郡諸侯，謂郡與諸侯也。《漢書·百官表》曰："列侯所食縣曰國。"此言郡諸侯，即是郡國。若既言諸侯，而又言國，則文不成義矣。《索隱》本出"士郡諸侯"四字，注曰："謂仕諸郡及仕諸侯王國者，猶言仕郡國也。"則正文内無"國"字明矣。《漢書》亦作"郡諸侯"，顔師古曰："郡及諸侯，猶言郡國也。"是其證。徐孚遠曰："《索隱》説小曲。天下士，士人也。郡國諸侯，列侯也。言此兩種皆附武安。"案，徐以"士"爲"士人"是也，而不知正文内本無"國"字，且云"郡國諸侯，列侯也"，斯爲謬矣。

李將軍列傳

大軍誘之

今我留，匈奴必以我爲大軍誘之，"大軍"本或作"大將軍"，非，《史詮》已辯之。必不敢擊我。

【念孫案】"大軍誘之"當作"大軍之誘"。言匈奴必以我爲大軍之誘敵者，不敢擊我也。上文曰"匈奴數千騎，見廣以爲誘騎"是也。若云"大軍誘之"，則非其指矣。《漢書·李廣傳》正作"大軍之誘"。

如

漢法,博望侯留遲後期,當死,贖爲庶人。廣軍功自如,無賞。

【念孫案】自如者,自當也。謂廣爲匈奴所敗,又能敗匈奴,其軍功與過自相當,故無賞也。《漢書》"自如"作"自當",是其證。又,《匈奴傳》"匈奴自度戰不能如漢兵",亦謂不能當漢兵也。《漢書》作"不能與漢兵","如""與"聲相近,與,亦當也。説見《漢書·朝鮮傳》"恐不能與"下。古者"如"與"當"同義。《衛策》曰:"夫宋之不足如梁也,寡人知之矣。"高注曰:"如,當也。"《漢書·董仲舒傳》:"乘富貴之資力,以與民争利於下,民安能如之哉?"言民不能當之也。

軍曲折

因問廣、食其失道狀,青欲上書報天子軍曲折。

《正義》曰:"言委曲而行迴折,使軍後大將軍也。"【念孫案】"軍曲折","軍"上當有"失"字。廣、食其軍,與大將軍軍相失,故曰"失軍"。"報失軍曲折"者,報失軍之委曲情狀也。《漢書》作"失軍曲折",師古曰"曲折,猶言委曲"是也。《正義》謂"委曲而行迴折",失其指矣。

《史記》弟六

匈奴列傳

槖駞　驒騱

其奇畜則槖駞、驢、蠃、駃騠、騊駼、驒騱。

【念孫案】"駞"當爲"佗"。《漢書·匈奴傳》作"槖佗"。字或作"它"。《大宛傳》"驢騾、槖它以萬數"是也。又作"他",《楚策》"趙代良馬槖他"是也。作"駞"者,俗字耳。《索隱》本作"槖他",注曰:"他或作駞。"今則正文、注文俱改爲"駞",下文"請獻槖他一匹","他"字尚未改。又删去"或作駞"三字矣。《説文》:"佗,負何也。"徐鉉曰:"《史記》'匈奴奇畜有槖佗'。"則徐所見本正作"佗"也。又,"驒騱",《索隱》本作"驒奚",注曰:"鄒誕本'奚'字作'騱'。"案,"驒"字,徐廣音"顛",而"騱"字無音,則本作"奚"可知。《漢書》亦作"奚",皆古字假借也。今則正文改爲"騱",又改注文曰"鄒誕本'騱'字作'奚'"矣。

彎

士力能彎弓。

【念孫案】“彎”本作“毌”，此後人據《漢書》改之也。《史記》“彎弓”字或作“貫”。《陳涉世家》“士不敢貫弓而報怨”、《五子胥傳》“貫弓執矢”是也。《説文》：“毌，穿物持之也。”是“毌”爲古“貫”字。《六國表》《田完世家》并云“齊宣公伐衛，取毌”，《正義》引《括地志》曰“故貫城即古貫國”。故“貫弓”之“貫”又作“毌”也。《索隱》本出“毌弓”二字，注曰“上音彎”。今本既改“毌”爲“彎”，又改注文曰“彎音烏還反”，不知“毌”爲“彎”之借字，故必須音釋。若本是“彎”字，則無須音釋矣。凡《史記》“彎弓”字，《索隱》皆無音。何不思之甚也。

侵燕代

南并樓煩、白羊河南王，侵燕代，悉復收秦所使蒙恬所奪匈奴地者。

【念孫案】“侵燕代”三字，因下文“遂侵燕代”而衍。冒頓既至河南，并樓煩、白羊，遂復收秦所奪地，二事正相因。秦所奪地，即河南地也。若加入“侵燕代”句，則别爲一事，與上下不相聯屬，且下文“遂侵燕代”四字爲贅語矣。《漢書》《漢紀》并無“侵燕代”三字。

青駹馬　烏驪馬

其西方盡白馬，東方盡青駹馬，北方盡烏驪馬，南方盡騂馬。

【念孫案】“青駹”“烏驪”下本無“馬”字,後人依上下文加之也。“西方盡白馬”“東方盡青駹”“北方盡烏驪”“南方盡騂馬”,皆五字爲句。其馬色之一字者,則加“馬”字以成文,兩字者則省“馬”字以協句。《爾雅·釋地》之説八方,東、西、南、北之下皆有“方”字,而東南、西南、西北、東北之下,皆無“方”字,例與此同也。後人不知古人屬文之體,而於“青駹”“烏驪”下各加一“馬”字,則累於詞矣。《藝文類聚·獸部上》《太平御覽·獸部五》引此,“青駹”“烏驪”下皆無“馬”字。

令約

匈奴無入塞,漢無出塞,犯令約者殺之。

【念孫案】“令約”當爲“今約”,謂犯今日之約也。《漢書》正作“今約”。

負私從馬

乃粟馬發十萬騎,負私從馬凡十四萬匹。

【念孫案】“負私從馬”文不成義。當依《漢書》作“私負從馬”,寫者誤倒耳。“負從馬”者,負衣裝以從之馬也,非公家所發,故曰“私負從馬”。顔師古曰:“私負衣裝者及私將馬從者。”分私負與從馬爲二事,亦非。《正義》曰:“謂負擔衣糧,私募從者。”則所見本“私負”已誤爲“負私”矣。下文曰“糧重不與焉”,《正義》言“負糧”,亦非。

士卒

初漢兩將軍大出圍單于，所殺虜八九萬，而漢士卒物故亦數萬，漢馬死者十餘萬。

【念孫案】“卒”字後人所加。“漢士”與“漢馬”對文。士，即卒也，無庸更加“卒”字。《索隱》本及《漢書》皆無“卒”字。

今單于能即前與漢戰

今單于能即前與漢戰，天子自將兵待邊。單于即不能，即南面而臣於漢。

【念孫案】“能即”當爲“即能”，“即能”與“即不能”文正相對。《漢書·西南夷傳》注曰：“即，猶若也。”昭十二年《左傳》：“即欲有事，何如？”言若欲有事也。莊三十二年《公羊傳》：“寡人即不起此病，吾將焉致乎魯國？”言若不起此病也。僖三十三年《傳》：“爾即死，必於殽之嶔巖。”言爾若死也。襄二十七年《傳》：“我即死，女能固納公乎？”言我若死也。《爾雅·釋地》：“西方有比肩獸焉，與邛邛岠虚比，爲邛邛岠虚齧甘草。即有難，邛邛岠虚負而走。”言若有難也。僖二十三年《左傳》“公子若反晉國，則何以報不穀”，《晉世家》作“子即反國，何以報寡人”。昭七年《傳》“我若獲没，必屬説與何忌於夫子”，《孔子世家》作“吾即没，若必師之”。尤其明證也，詳見《釋詞》。言單于若能與漢戰，則天子方自將待邊。若不能，則南面而臣於漢也。《酷吏傳》曰：“所治即上意所欲罪，予監史深禍者。即上意所欲釋，予監史輕平者。所治即豪，必舞文巧詆。即下户羸弱，時口言，雖文致法，上財察。”《續龜策傳》：“靈龜卜祝曰：‘某欲求某物，即得也，頭見足發，内外相應。即不得也，頭仰足肣，内外自隨。’”是“即”與“若”同義。今本作“能即”者，後人不解“即”字之義而顛倒其文耳。後人倒“能”字於上者，斷“今單于能”爲句，以對下文“單于即不能”，又斷“即前與漢戰”爲句，以對下文“即南面而臣於漢”也。不知“即能前與漢戰”之“即”訓爲“若”，與“即南面而臣於漢”之“即”不同。且“單于即不能”者，謂不能與漢戰也。不言“與漢戰”者，義見於上而文省於下也。若發端之句，不云“單于能與漢戰”，而但云“單于能”，則文不成義矣。《漢書·匈奴傳》正作“即能前與漢戰”。

衛將軍驃騎列傳

大將軍

驃騎所將常選，然亦敢深入，常與壯騎先其大將軍，軍亦有天幸，未嘗困絶也。

董份曰：“‘常與壯騎先其大將軍’爲句，‘軍亦有天幸’承上文來，皆言驃騎也。王右丞詩‘衛青不敗由天幸’，則是以‘大將軍’别起爲句矣。不知太史公此傳，專右大將軍而貶驃騎，謂驃騎受上寵，又有天幸，所以不困絶而成功也。”【念孫案】“先其大將軍”本作“先其大軍”。謂驃騎敢於深入，嘗棄其大軍而先進也。上文曰“與輕勇騎八百，直棄大軍數百里赴利”，是其證也。“棄大軍”，《漢書》亦誤作“棄大將軍”，蓋篇内稱大將軍者甚多，因而致誤矣。棄大軍而先進，則寡不敵衆，易致困絶，故下文曰“軍亦有天幸，未嘗困絶也”。若云“先其大將軍”，則“其”字之義不可通矣。王右丞詩“衛青不敗由天幸”，此是誤記“霍事”爲“衛事”，非以“大將軍”别起爲句也。如以

"大將軍"别起爲句，則上文"常與壯士先其"六字不能成句矣，恐右丞不如是之鹵莽也。董氏知正右丞之失，而不知"將"字之爲衍文，亦誤也。《漢書·衛青霍去病傳》無"將"字。

使人先遣使向邊境要遮漢人令報天子要邊

渾邪王與休屠王等謀欲降漢，使人先遣使向邊境，要遮漢人，令報天子要邊。

【念孫案】自"使人"至"要邊"十八字，蕪累不成文理。蓋正文但有"使人先要邊"五字，其"遣使向邊境要遮漢人令報天子"十三字乃《集解》之誤入正文者也。當在"使人先要邊"之下，今誤入"使人先"之下、"要邊"之上。《索隱》本出"先要邊"三字，注曰："謂先於邊境，要候漢人，言其欲降。"《漢書》作"使人先要道邊"，此皆其明證矣。

平津侯主父列傳

意忌

爲人意忌，外寬内深。

《索隱》曰："謂外寬内深，意多有忌害也。"【念孫案】小司馬以"意"爲"志意"之"意"，非也。"意忌"二字平列，意者，疑也，内多疑忌，故曰外寬内深也。《陳丞相世家》曰："項王爲人意忌、信讒。"《酷吏傳》曰："張湯文深、意忌。"義并與此同。古者謂"疑"爲"意"，説見《孟嘗君傳》。

恐竊病死

恐竊病死,無以塞責。

《索隱》曰:"案,人臣委質於君,死生由君,今若一朝病死,是竊死也。"

【念孫案】小司馬説甚迂。"恐竊"當爲"竊恐",寫者誤倒耳。《漢書》作"恐病死,無以塞責",意亦同也。

澤鹹鹵

地固澤鹹鹵,不生五穀。

【念孫案】"鹹"字後人所加。《集解》引瓚曰:"其地多水澤,又有鹵。"則"鹵"上本無"鹹"字。又引徐廣曰:"澤,一作斥。"《漢書》作"澤鹵",《漢紀》作"斥鹵",是"澤鹵"即"斥鹵"。"斥鹵"之間加一"鹹"字,則文不成義矣。又案,《夏本紀》"海濱廣潟",徐廣亦曰:"潟,一作澤,又作斥。"《禹貢》作"斥"。《河渠書》"溉澤鹵之地",《索隱》曰:"澤,一作舄,本或作斥。""舄鹵""澤鹵",并與"斥鹵"同。薛瓚以"澤"爲"水澤""鹵"爲"鹹鹵",分"澤""鹵"爲二義,亦失之。

下脩近世之失　脩其故俗　後世脩序

夫上不觀虞夏殷周之統,而下脩近世之失。

【念孫案】"脩"與"失"義不相屬。"脩",當依《漢書》作"循",謂因循近世之失而不改也。又,下文"秦不行是風而脩其故俗","脩",亦當依《漢書》作"循"。上文云"變風易俗”,與此正相反也。又,《太史公自序》:“扁鵲守數精明,後世脩序,弗能易也。”“脩”亦當爲“循”。《周頌·閔予小子》傳曰:“序,緒也。”言後世皆循其緒,莫之能易也。隸書“循”“脩”相似,傳寫易訛,説見《管子》“廟堂既脩”下。

朝鮮列傳

朝鮮不肯心附樓船

朝鮮大臣乃陰間使人私約降樓船,往來言,尚未肯決。左將軍數與樓船期戰,樓船欲急就其約,不會。左將軍亦使人求間郤降下朝鮮,朝鮮不肯,心附樓船。以故兩將不相能。

【念孫案】“朝鮮不肯心附樓船”,“朝鮮”二字,蒙上而衍。此言樓船不會左將軍,左將軍亦不肯心附樓船,故曰“兩將不相能”,非謂朝鮮不肯心附樓船也。《漢書》“不肯”上無“朝鮮”二字。

西南夷列傳

巴蜀

始楚威王時,使將軍莊蹻將兵循江上,略巴蜀、黔中以西。

【念孫案】“蜀”字因上文“巴蜀”而衍。莊蹻將兵循江上,自巴、黔中以西至滇池，不得至蜀也。《漢書》作"略巴、黔中以西"，是其證。又，《貨殖傳》"巴蜀寡婦清"，"蜀"字亦因下文"巴蜀"而衍。《索隱》曰："《漢書》作'巴寡婦清''巴寡婦之邑'，清，其名也。"

地方三百里

蹻至滇池地方三百里。

【念孫案】此言"滇池方三百里"，"池"下不當有"地"字。《索隱》本及《漢書》皆無"地"字。"池""地"字相似，又因下句"地"字而誤衍也。下句云"旁平地肥饒數千里"，乃始言池旁之地耳。

開蜀故徼

秦時常頞略通五尺道，諸此國頗置吏焉。十餘歲，秦滅，及漢興，皆棄此國而開蜀故徼。

【念孫案】"開"當爲"關"。言秦時常於諸國置吏，及漢初，則棄此諸國，而但以蜀故徼爲關也。《匈奴傳》："悉復收秦所使蒙恬所奪匈奴地者與漢關故河南塞。"彼言"關故河南塞"，猶此言"關蜀故徼"矣。下文曰"巴蜀民或竊出商賈"，即謂出此關也。若云"開蜀故徼"，則與上下文皆不合矣。"關"字俗書作"閞"，唐顏元孫《干禄字書》曰："閞關，上俗下正。""開"字俗書作"閞"，二形相似，故"關"誤爲"開"。《楚策》"大關天下之匈"，《淮南・道應》篇"東關鴻蒙之光"，《説文》："管，十二月之音。物關地而牙，故謂之管。"今本"關"字并誤作"開"。《漢書・西南夷傳》正作"關蜀故徼"。

道西北牂柯

蒙問所從來，曰："道西北牂柯，牂柯江廣數里，出番禺城下。"

【念孫案】"道西北牂柯"下，亦當有"江"字。道，從也。言從西北牂柯江來也。《索隱》本出"道牂柯江"四字。《漢書》《漢紀》并作"道西北牂柯江，江廣數里"，是其證。

司馬相如列傳

相如乃與馳歸家居徒四壁立

相如乃與馳歸，家居徒四壁立。

【念孫案】"馳歸"下脱"成都"二字，當從宋本補。《文選・左思〈詠史詩〉》注引此亦有"成都"二字，《漢書》同。"家居徒四壁立"本作"居徒四壁立"，居，即家也。"家居"二字，古聲義并相近，故《説文》曰："家，居也。"《周官・典命》注曰："國家，國之所居。"《索隱》引孔文祥云："家空無資儲，但有四壁而已。""家"字正釋"居"字，故《漢書》作"家徒四壁立"。宋本及各本皆作"家居徒四壁立"，則文不成義，此後人依《漢書》旁記"家"字，而寫者因誤入正文也。汲古閣單行《索隱》本本作"居徒四壁立"，後補入"家"字，而字形長短不一，補刻之迹顯然。《文選・〈詠史詩〉》注引作"居徒四壁立"，《六帖》二十二曰"司馬相如居徒四壁"，則無"家"字明矣。

不能復

是以王辭而不能復,何爲無用應哉。

【念孫案】"能"字後人所加,此言王不敢言游戲之樂,苑囿之大,又以客禮待先生,是以辭而不復,非無以應也。若云"不能復",則即是無以應,與下句義相反矣。《漢書》《文選》及《藝文類聚・產業部》引此并作"王辭不復",《索隱》本作"王辭而不復",皆無"能"字。

邛都

通零關道,橋孫水以通邛都。

【念孫案】"邛都"本作"邛筰",此淺學人改之也。上文言"邛筰、冉駹皆請爲内臣",下文言"朝冉從駹定筰存邛",則此不得但言通邛都也。《索隱》本出"通筰"二字,案,此脱"邛"字。注曰:"案,《華陽國志》云:相如卒開僰道,通南中,開越巂郡,韓說開益州,唐蒙開牂柯,斬筰王首,置牂柯郡。"則正文内有"筰"字明矣。《漢書》正作"通邛筰"。

結軌

結軌還轅。

【念孫案】《索隱》本"軌"作"軼",注曰:"音轍,《漢書》作軌。"據此,則《史記》本作"結軼",《孝文紀》"結軼於道",《田完世家》"伏式結軼西馳",凡《史記》《莊子》《戰國策》"轍"字多作"軼"。與《漢書》不同。今本依《漢書》改爲"結軌",又删去注内"音轍,

《漢書》作軌”六字，而加入“軌，車迹也”四字，斯爲謬矣。

阻深

阻深闇昧，得耀乎光明。

《索隱》本“阻深”作“曶爽”，注曰：“《三蒼》云：曶爽，早朝也。曶音昧。《字林》又音忽。”【念孫案】作“曶爽”者是也。《漢書》《漢紀》《文選》并作“曶爽”。“曶”，《説文》作“昒”，“尚冥也”。《封禪書》“昧爽”，《郊祀志》作“昒爽”，顔師古曰：“昒爽，未明之時也。昒音忽。”“曶爽”與“闇昧”義相近。若作“阻深”，則與下句“得耀乎光明”，義不相屬。蓋後人見上文有“山川阻深”之語，而妄改之也，乃或於注内加“阻深，《漢書》作曶爽”七字，以牽合已改之正文，則其謬益甚矣。

綢繆

綢繆偃蹇怵臭以梁倚。

【念孫案】“綢繆”本作“蜩蟉”，淺學人改之也。《漢書》作“蜩蟉”。張揖曰：“蜩蟉，掉頭也。”顔師古曰：“蜩，徒釣反。蟉，盧釣反。”音義與“綢繆”迥别。《索隱》本正作“蜩蟉”，注曰：“蜩，音徒弔反。蟉，音來弔反。”“徒弔”之音與“雕”相近，故《集解》引徐廣曰“蜩，一作雕”。今并《集解》《索隱》内之“蜩”字，皆改爲“綢”，而不知其與“徒弔”之音不合也。

泳沫

邇狹游原，迥闊泳沫。

【念孫案】"沫"本作"末"。"泳末"與"游原"相對，今作"沫"者，因"泳"字而誤加"水"旁耳。《文選》亦誤作"沫"，唯《漢書》不誤。

葴斯　沆溉　楟榛　荔枝　娬媚　杳渺　葳蕤

【念孫案】《索隱》本"葴蔪"作"葴析"。《子虛賦》"葴蔪苞荔"，《索隱》本"蔪"作"析"，注曰："針斯二音。析，《漢書》作'斯'。孟康云：斯，禾，似燕麥。《埤蒼》又云：生水中，華可食。《廣志》云'涼州地生析草，皆如中國燕麥'是也。"今本《漢書》作"析"，張揖曰："析似燕麥。"蘇林曰："析音斯。"《文選》作"菥"。案，《説文》無"菥蔪"二字，則作"析"、作"斯"者是也。"析""斯"聲相近，故古字通用，其作"菥"、作"蔪"者，皆因上下文而誤加"艸"耳。又案，此賦言"析草生於高燥"，則非《埤蒼》所云"生水中，華可食"者。張揖、孟康以爲似燕麥是也。"沆瀣"作"沆溉"。《上林賦》"澎濞沆瀣"，《索隱》本"瀣"作"溉"，注曰："溉亦作瀣。司馬彪云：'沆溉徐流。'郭璞云：'鼓怒鬱軋之貌也。'"《正義》曰："溉，胡代反。"案，《索隱》《正義》并作"溉"，蓋舊本相承如是。《説文》無"瀣"字，則作"溉"者是也。今本既改"溉"爲"瀣"，又改《索隱》之"溉亦作瀣"爲"瀣亦作溉"，斯爲謬矣。《漢書》《文選》并作"溉"。"楟榛"作"楟柰"。"楟榛厚朴"，《索隱》本"榛"作"柰"。"荔枝"作"離支"。"榙樑荔枝"，《索隱》本"荔枝"作"離支"，注曰："晉灼云：離支大如雞子，皮粗，剥去皮，肌如雞子中黄，其味甘多酢少。離字或作荔，音力智反。"案，《説文》："荔，艸也，似蒲而小。"不以此爲"荔枝"字，《索隱》本及《漢書》《文選》并作"離支"，是古皆通用"離支"也。今本正文及注皆改爲"荔枝"，又改注内之“離字或作荔”爲“荔字或作離”，斯爲謬矣。“娬媚”作“嫵媚”。“娬媚姌嫋”，《索隱》本“娬”作“嫵”，注曰：“《埤蒼》云：嫵媚，悦也。《通俗文》云：頰輔謂之嫵媚。”案，《漢書》《文選》并作“嫵”。《説文》：“嫵，媚也。”則作“嫵”者是。“杳渺”作“杳眇”。《大人賦》“紅杳渺以眩湣兮”，《集解》及《索隱》本、宋本“渺”并作“眇”。《集解》曰：“《漢書音義》曰：‘杳眇眩湣，闇冥無光也。’”《索隱》曰：“晉灼云：‘杳眇，深遠也。’”案，《漢書》正作“眇”，上文《上林賦》“俛杳眇而無見”，字亦作“眇”。此獨作“渺”者，後人妄改之耳，《説文》無“渺”字，古書中“杳眇”字亦無作“渺”者。“葳蕤”作“威蕤”。《封禪書》“紛綸葳蕤”，《索隱》本“葳”作“威”，注曰：“胡廣云：‘威蕤，委頓也。’張揖云：‘亂皃。’”案，《漢書》《文選》并作“威”，《説文》無“葳”字，則作“威”者是也。凡“威蕤”之“威”，或作“葳”者，皆因“蕤”字而誤。上文《子虛賦》“錯翡翠之威蕤”、張衡《東京賦》“羽蓋威蕤”，字并作“威”。又案，“威蕤”與“紛綸”連文，張揖以爲“亂皃”是也。陸機《文賦》“紛威蕤以馺遝”，義與此同，胡廣以爲“委頓”，失之。較之今本皆爲近古。

淮南衡山列傳

奉以二千石所不當得

聚收漢諸侯人及有罪亡者，匿與居，爵或至關内侯，奉以二千石所不當得。

《索隱》曰：“所不當得，謂有罪之人，不當得關内侯及二千石。”【念孫案】小司馬説非也。“所不當得”，衍“不”字，《漢書》作“奉以二千石所當得”，如淳曰：“賜亡畔來者，如賜其國二千石也。”薛瓚曰：“奉畔者以二千石之秩禄也。”《集解》引此二説爲解，則正文内本無“不”字明矣。

遂考

上即令丞相、御史遂考諸縣傳送淮南王不發封餽侍者，皆棄市。

【念孫案】“遂”，當從宋本作“逮”。逮，捕也。考，問也。言捕問之也。《漢書》正作“逮”。師古曰：“逮，追捕之也。”

道從長安來

諸使道從長安來。

【念孫案】道，即從也。《漢書》作“諸使者道長安來”，顏師古曰：“道，從也。”鄭注《禮器》曰：“道，猶由也，從也。”《晁錯傳》“道軍所來”，《集解》引薛瓚曰：“道，由也。”《大荒西經》“風道北來”，郭璞曰：“道，猶從也。”引《韓子·十過》篇曰“玄鶴二八，道南方來”。是“道”與“從”同義，今本《史記》作“道從長安來”者，一本作“道”，一本作“從”，而後人誤合之耳。《索隱》引姚丞云“道，或作從”，是其明證矣。《漢書·西南夷傳》“道西北牂柯江”，《漢紀》“道”作“從”。

爲僞　僞爲

使徐福入海求神異物，還爲僞辭曰。

【念孫案】“僞”上本無“爲”字，僞，即“爲”字也。“還僞辭”者，求神異物不得，既還而爲之辭也。後人誤讀“僞”爲“詐僞”之“僞”，故又加“爲”字，不知無其事而爲之辭，即是詐僞，無庸更言僞也。《太平御覽·珍寶部》引此作“還僞辭曰”,是其證。《堯典》“朕堲讒説殄行”,《五帝紀》作“殄僞”。“僞”與“爲”同字,“爲”與“行”同義。昭二十五年《左傳》“臧昭伯之從弟會爲讒於臧氏”,《魯世家》“爲”作“僞”。此傳下文“使人僞得罪而西”“僞失火宫中”,《漢書》并作“爲”。是《史記》“爲”字多作“僞”也。又,《堯典》“平秩南僞”,“僞”,衛包改作“訛”,今據《周官·馮相氏》注、影宋本《周官釋文》及《群經音辨》改正。《五帝紀》作“南爲”。今本“爲”作“譌”,亦後人依衛包改之,今據《索隱》改正。《唐風·采苓》篇“人之爲言”,《正義》曰:“定本作僞言。”《月令》:“毋或作爲淫巧。”鄭注曰:“今《月令》‘作爲’爲‘詐僞’。”成九年《左傳》“爲將改立君者”,《釋文》:“爲,本或作僞。”《爾雅》:“造,爲也。”《王風·兔爰》傳:“作,僞也。”《楚策》“孫子爲書謝”,《韓詩外傳》作“僞書”。今本作“僞喜”,亦後人所改。《逸周書·史記》篇“上衡氏僞義,弗克”,僞義,即爲義。《荀子·儒效》篇:“其衣冠行僞已同於世俗矣。”行僞,即行爲。“衣冠行僞”四字平列,下文“其言議談説,已無以異於墨子矣”,“言議談説”亦四字平列,考《韓詩外傳》正作“衣冠行爲”,楊倞注以爲“行僞而堅”,謬矣。凡《荀子》“爲”字多作“僞”,楊注皆失之。又,《正論》篇曰:“不能以義制利,不能以僞飾性。”《禮論》篇曰:“無性,則僞之無所加。無僞,則性不能自美。”《正名》篇曰:“心慮而能爲之動謂之僞,慮積焉、能習焉而後成謂之僞。”《性惡》篇曰:“人之性惡,其善者僞也。”《論衡·本性》篇引此而釋之曰“性惡者,人生皆得惡性也。僞者,長大之後,勉使爲善也”。案,此篇内“爲”字皆作“僞”。《淮南·俶真》篇曰“趨舍行僞”,《詮言》篇曰“道理通而人僞滅”,義并與“爲”同。是諸書“爲”字,亦多作“僞”也。又,此傳下文“僞爲丞相御史請書”“僞爲左右都司空、上林中都官詔獄書”,兩“爲”字亦後人所加,僞,即

“爲”字也,《漢書·伍被傳》作“爲丞相御史請書”“爲左右都司空、上林中都官詔獄書”,是其證。

王氣怨結而不揚涕滿匡而横流

於是王氣怨結而不揚,涕滿匡而横流,即起歷階而去。

【念孫案】“氣怨結而不揚”二句,指伍被而言,非指淮南王而言,“王”字衍文也。若指淮南王而言,則與下文“即起歷階而去”,不相承接矣。《漢書·伍被傳》作“被因流涕而起”,是其證。《通鑑·漢紀十一》作“王涕泣而起”,蓋所見《史記》本已衍“王”字,因以致誤耳。

汲鄭列傳

段宏

濮陽段宏。

【念孫案】《索隱》本“段宏”作“段客”,注曰:“《漢書》作段宏。”據此,則《史記》本作“段客”,而今本作“段宏”,則後人據《漢書》改之也。凡隸書“厷”字或作“𠫔”,形與“各”相似,故從“厷”、從“各”之字,傳寫往往相亂。《漢書·成帝紀》“中山憲王孫雲客”,《漢紀》作“中山憲王孫宏”。又,《外戚傳》“中黄門田客”,《漢紀》作“田閎”。《説文》:“閣,所以止扉也。”今本《爾雅》“閣”作“閎”。《越語》“王孫雒”,今本“雒”作“雄”。《海外西經》“肅慎之國,有樹名曰雄常”,“雄”或作“雒”。《吕氏春秋·聽言》篇“空洛之遇”,《淫辭》篇作“空雄”。

儒林列傳

從容

寬在三公位，以和良承意從容得久。

【念孫案】從容者，從諛也。言以承意從諛，故得久居其位也。《汲黯傳》"從諛承意"，是其證。下文曰："董仲舒以弘爲從諛。"《酷吏傳贊》曰："杜周從諛。""諛""容"一聲之轉。"從諛"之爲"從容"，猶"縱臾"之爲"從容"、《漢書・衡山王傳》"日夜縱臾王謀反事"，《史記》作"從容"。"鬼臾區"之爲"鬼容區"矣。《漢書・郊祀志》"問於鬼臾區"，師古曰："《藝文志》云'鬼容區'。"而此《志》作"臾區"，"臾""容"聲相近，蓋一也。

因以起其家

孔氏有《古文尚書》，而以今文讀之，因以起其家。《逸書》得十餘篇。

《索隱》出"起其家逸書"五字，解曰："起者，謂起發以出也。"【引之曰】當讀"因以起其家"爲句，"逸書"二字連下讀。起，興起也。家，家法也。《後漢書・順帝紀》曰："先能通經者，各令隨家法。"《儒林傳》曰："立五經博士，各以家法教授。"《徐防傳》曰："漢立博士十有四家。"漢世《尚書》多用今文，自孔氏治古文經，讀之、説之，傳以教人，其後遂有古文家。《論衡・感類》篇説《金縢》曰："古文家以周公奔楚，故天雷雨以悟成王。"是古文家法，自孔氏興起也，故曰"因以起其家"。《漢書・藝文志》曰："凡《書》九家。"謂孔氏古文、伏生《大傳》，歐陽、大小夏侯説，及劉向《五行傳》、許商《五行傳記》,《逸周書》《石渠議奏》也。《劉歆傳》曰:"數家之事,皆先帝所親論,今上所考視。"謂逸《禮》《古文尚書》《春秋左氏》也。是《古文尚書》自爲一家之證。《書序》正義引劉向《别録》曰:"武帝末,民間有得《泰誓》者,獻之,與博士使讀説之,數月皆起。"《後漢書·桓郁傳》注引《華嶠書》曰:"明帝問郁曰:'子幾人能傳學?'郁曰:'臣子皆未能傳學,孤兒子一人學方起。'上曰:'努力教之,有起者即白之。'"是"起"謂其學興起,非謂發書以出也。逸《書》已自壁中出,何又言起發以出邪?

酷吏列傳

罪常釋聞即奏事

罪常釋,聞即奏事,上善之。

《集解》斷"罪常釋聞"爲句,引徐廣曰:"詔答聞也,如今制曰聞矣。"【念孫案】如徐説,則"罪常釋聞"四字,義不相屬。"聞",當依《漢書》作"閒",字之誤也。"罪常釋"爲句,謂其罪常見開釋也,此結上之詞。"閒即奏事"爲句,"閒即"猶今人言"閒或"也,此起下之詞。"閒即奏事,上善之",對上文"奏事即譴"而言,兩"即"字并與"或"同義。言湯奏事,或遇譴責,則謝罪曰"正監掾史某,固爲臣議,如上責臣,臣弗用,以至於此",閒或奏事而上善之,則曰"臣非知爲此奏,乃正監掾史某爲之也"。下文曰"所治即上意所欲罪,予監史深禍者。即上意所欲釋,予監史輕平者。所治即豪,必舞文巧詆。即下户羸弱,時口言,雖文致法,上財察",此四"即"字,亦與"或"同義。

上黨郡

補上黨郡中令。

【念孫案】此本作“補上黨中令”，今本“上黨”下有“郡”字者，因《索隱》内“上黨郡”而誤也。《索隱》本出“上黨中令”四字，注曰：“謂補上黨郡中之令。”若正文内本有“郡”字，則《索隱》爲贅語矣。又案，篇内所稱郡名，凡一字者，其下必加“郡”字。若兩字者，則不加“郡”字。此文“上黨”下本不當有“郡”字，而《漢書》亦有，疑後人依誤本《史記》加之也。

捕其爲可使者

楊可方受告緡，縱以爲此亂民，部吏捕其爲可使者。

【念孫案】《索隱》本出“求爲可使”四字，注曰：“謂求楊可之使。”據此，則正文本作“求爲可使”者，今本作“捕其爲可使”者，疑後人依《漢書》改之也。

徒諸名禍猾吏

徒諸名禍猾吏與從事。

《集解》引徐廣曰：“有殘刻之名。”《索隱》本作“徒請名禍猾吏”。《漢書》作“徒請召猜禍吏”，應劭曰：“徒，但也。猜，疑也。取吏好猜疑作禍害者任用之。”【念孫案】此當作“徒請召猾吏與從事”，上文云“猾民佐吏爲治”是也。《索隱》本作“徒請名禍猾吏”，“名”即“召”之訛，“禍”即“猾”之訛而衍者也。隸書“猾”“禍”相似，説見《漢書·高祖紀》“禍賊”下。今本作“徒諸”，又“徒請”之訛。《漢書》作“徒請召猜禍吏”，“猜禍”二字，皆“猾”字之訛。此是一本作“猜”，一本作“禍”，而寫者又誤合之也。“禍猾吏”“猜禍吏”“名禍猾吏”，皆文不成義。

以焄大豪

舞文巧詆下户之猾，以焄大豪。

《集解》：“徐廣曰：‘焄音熏。’”《索隱》本作“熏”，注曰：“熏，猶熏炙之。謂下户之中有奸猾之人，今案之以熏逐大奸。”《漢書》作“動”，顔師古曰：“治下户之狡猾者，用諷動大豪之家。”【念孫案】《史記》舊本當作“勳”，“勳”即“動”之誤，故《漢書》作“動”也。《樂記》“讙以立動”，鄭注：“動，或爲勳。”其作“熏”、作“焄”者，又皆“勳”之誤，《吕氏春秋·離謂》篇“衆口動天”，高注：“動，感動也。”今本“動天”作“熏天”，此亦是“動”誤爲“勳”，又誤爲“熏”也。因文求義，當以作“動”者爲是。《索隱》“熏炙”之説，其失也迂矣。

小群盗

小群盗以百數。

【念孫案】“盗”字後人所加，上文“大群至數千人”，“群”下無“盗”字，即其證。蓋前既云盗賊滋起，故後但云“大群至數千人，小群以百數”，無庸更言“盗”也，《漢書》無“盗”字。

能因力行之

然獨宣以小致大，能因力行之，難以爲經。

【念孫案】“因”當爲“自”，言獨宣能自力行之，而他人則不能，故曰“難以爲經”也。隸書“因”字或作“囙”，見漢《泰山都尉孔宙碑》《魯相史晨饗孔廟後碑》。形與“自”相似，故“自”誤爲“因”。《漢書》作“能自行之”，是其證。

推減

天水駱璧推減。

《集解》：“徐廣曰‘一作成’。”《索隱》曰：“推減，上音直追反，下音減。‘一作成’是也。謂推繫之以成獄也。”【念孫案】“推減”者，“椎咸”之訛，“咸”又“成”之訛也。“椎”即“椎擊”之“椎”，故音“直追反”。若“推”字，則當音尺追、湯回二反，不當音直追反矣。“咸”有“減”音，故云音“減”。《萬石君傳》“九卿減宣”，《漢書》作“咸宣”，服虔曰：“咸音減損之減。”《考工記·輈人》注：“輪軹與軫轐大小之咸。”《釋文》：“咸，本又作減，同洽斬反。”《栗氏注》：“消湅之精，不復咸也。”《釋文》：“咸，洽斬反，本亦作減。”若本是“減”字，則不得云“音減”矣，且“咸”與“成”字相近，故徐廣曰“咸，一作成”也。注内“推擊”乃“椎擊”之訛，椎擊之以成獄，故曰“椎成”，所謂“棰楚之下，何求而不得也”。今本“椎咸”訛爲“推減”，又删去《索隱》内“下音減”三字，以牽合已誤之正文，斯爲謬矣。

蝮鷙

京兆無忌、馮翊殷周蝮鷙。

《索隱》曰：“蝮音蝮蛇，鷙音鷙鷹也。言其酷比之蝮毒鷹

子海精華編

主編　王承略　聶濟冬

讀書雜志　四

（清）王念孫　撰　竇秀艷　周明亮　點校

鳳凰出版社

《墨子》雜志

《墨子》弟一

親士

正天下

昔者文公出走而正天下，桓公去國而霸諸侯。

畢氏弇山云："'正'讀如'征'。"【念孫案】畢讀非也。《爾雅》曰："正，長也。"晉文爲諸侯盟主，故曰"正天下"，與下"霸諸侯"對文。又，《廣雅》："正，君也。"凡《墨子》書言"正天下""正諸侯"者，非訓爲"長"，即訓爲"君"，《尚賢》篇曰："堯舜禹湯文武之所以王天下、正諸侯者。"皆非征伐之謂。

焉可以

分議者延延，而支苟者諮諮，畢云："'支''苟'二字疑誤。"焉可以長生保國。

【念孫案】"焉"字下屬爲句，"焉"猶"乃"也。言如是，乃可以長生保國也。

"亟"代"苟","亟"行而"苟"廢矣,唯《非儒》篇"曩與女爲苟生""今與女爲苟義",其字尚作"苟"。《説文》:"但,裼也。"今經典皆以"袒"代"但","袒"行而"但"廢矣,唯《耕柱》篇"羊牛犓豢,雍與"饔"同。今本"雍"譌作"維"。人但割而和之",其字尚作"但"。又有傳寫之譌,可以考見古字者。"城郭"之"郭",《説文》本作"𩫏",今經典皆以"郭"代"𩫏","郭"行而"𩫏"廢矣,唯《所染》篇云:"晉文染於舅犯、高偃。"案,《國語》晉有"郭偃",無"高偃","郭"即"𩫏"之借字,知"高"爲"𩫏"之譌也。《説文》"𢼄,古文殺"字,今經典中有"殺"無"𢼄","殺"行而"𢼄"廢矣,唯《尚賢中》篇云:"率天下之民,以詬天侮鬼,賤傲萬民。"案,"賤傲"二字,語意不倫,"賤"乃"賊"字之譌,"殺"字古文作"𢼄",與"敖"相似,知"𢼄"譌作"敖",又譌作"傲"也。説詳本篇。《説文》:"㑞,以證反。送也。吕不韋曰:'有侁氏以伊尹㑞女。'"今經典皆以"媵"代"㑞","媵"行而"㑞"廢矣,唯《尚賢下》篇云:"昔伊尹爲莘氏女師僕。"案,有莘氏以伊尹㑞女,非以爲僕也,"㑞""僕"字形相似,知"僕"爲"㑞"之譌也。《説文》"衝突"字本作"衝",今經典皆以"衝"代"衝","衝"行而"衝"廢矣,唯《備城門》篇云:"以射衜及櫳樅。""衜""衝"形相似,知"衜"爲"衝"之譌也。衝,謂衝車。是書最古,故假借之字亦最多。如"胡"作"故",《尚賢中》篇:"故不察尚賢爲政之本也。""故"與"胡"同。"降"作"隆",《尚賢中》篇:"稷隆播種。"《非攻下》篇:"天命融隆火于夏之城。""隆"并與"降"同。"誠"作"情",又作"請",《尚同下》篇:"今天下王公大人士君子,中情將欲爲仁義,求爲上士。"《節葬下》篇:"今天下之士君子,中請將欲爲仁義,求爲上士。""情""請"并與"誠"同。後凡"誠"作"情"、作"請"者放此。"拂"作"費",《兼愛下》篇:"即此言行費也。"下文"費"作"拂"。"知"

作"智",《節葬下》篇"智不智",下"智"字與"知"同。後凡"知"作"智"者放此。"志"作"之",《天志中》篇:"子墨子之有天之。"下"之"字與"志"同,"天之",即"天志",本篇之名也。後凡"志"作"之"者放此。"宇"作"野",《非樂上》篇:"高臺厚榭,邃野之居。""野"與"宇"同。"佗"作"也",《小取》篇:"辟也者,舉也物而以明之也。"也物,即佗物。後凡"佗"作"也"者,放此。"佗"俗作"他"。"睎"作"欣",《耕柱》篇:"譬若築牆然,能築者築,能實壤者實壤,能欣者欣。""欣"與"睎"同。"管"作"關",《耕柱》篇:"古者周公旦非關叔。"《公孟》篇:"關叔爲天下之暴人。""關"并與"管"同。"悖"作"費",《魯問》篇"豈不費哉",上文"費"作"悖"。"從"作"松",《號令》篇"松上不隨下","松"與"從"同。皆足以見古字之借,古音之通,佗書所未有也。其脱誤不可知者,則概從闕疑,以俟來哲。道光十一年九月十三日,高郵王念孫叙,時年八十有八。

《墨子》雜志序

《墨子》書舊無注釋，亦無校本，故脱誤不可讀。至近時盧氏抱經、孫氏淵如始有校本，多所是正。乾隆癸卯，畢氏弇山重加校訂，所正復多於前，然尚未該備，且多誤改、誤釋者。予不揣寡昧，復合各本及《群書治要》諸書所引，詳爲校正。是書傳刻之本，唯《道藏》本爲最優，其《藏》本未誤而佗本皆誤及盧、畢、孫三家已加訂正者，皆不復羅列。唯舊校所未及及所校尚有未當者，復加考正。是書錯簡甚多，盧氏所已改者，唯《辭過》篇一條，其《尚賢下》篇、《尚同中》篇、《兼愛中》篇、《非樂上》篇、《非命中》篇及《備城門》《備穴》二篇，皆有錯簡，自十餘字至三百四十餘字不等。并見六卷末。其佗脱至數十字，誤字、衍字、顛倒字及後人妄改者尚多，皆一一詳辯之，以復其舊。此外脱誤不可讀者，尚復不少。蓋《墨子·非樂》《非儒》久爲學者所黜，故至今迄無校本，而脱誤一至於是。然是書以無校本而脱誤難讀，亦以無校本而古字未改，可與《説文》相證。如《説文》“亯”字，篆文作“”，隸作“享”，又省作“亨”，以爲“亨通”之“亨”，又轉爲普庚反，以爲“亨煮”之“亨”。今經典中“亨煮”字皆作“亨”，俗又作“烹”。“亨”行而“享”廢矣，唯《非儒》篇“子路享普庚反。豚”，其字尚作“享”。《説文》：“苟，讀若“亟其乘屋”之“亟”。自急敕也。”今經典皆以

一源

是故江河之水，非一源也。千鎰之裘，非一狐之白也。

畢於“源”上增“水之”二字，云：“據《初學記》《藝文類聚》引。”【念孫案】此本作“江河之水，非一源之水也”。今本脱“之水”二字，而“一源”二字則不誤。《北堂書鈔・衣冠部三》《初學記・器物部》引此并作“非一源之水”。《初學記・地部中》引作“非一源之流”，“流”字雖誤，而“一源”二字仍與今本同。畢謂《初學記》作“一水之源”，誤也。《太平御覽・服章部十一》引作“江河之水非一源，千鎰之裘非一狐”，皆節去下二字，而“一源”二字亦與今本同。其《藝文類聚・衣冠部》引作“非一水之源”者，傳寫誤耳。

逝淺

是故谿陜者速涸，逝淺者速竭。

【引之曰】“逝淺”二字，義不相屬。“逝”當爲“遊”。俗書“遊”字作“遊”，與“逝”相似而誤。“遊”即“流”字也，《曲禮》注“士視得旁遊目五步之中”，《釋文》“遊”作“游”，云“徐音流”。《漢書・項籍傳》：“必居上游。”文穎曰：“居水之上流也。”“游”或作“流”，《韋玄成傳》：“德盛而游廣。”如淳曰：“游，亦流也。”此即《荀子・禮論》篇所云：“積厚者流澤廣。”“流淺”與“谿陜”對文。

修身

譖慝

譖慝之言，無入之耳。

【念孫案】“譖慝”，即讒慝，《左傳》“間執讒慝之口”是也。僖二十八年。“讒”與“譖”古字通，故《小雅·巷伯》篇“取彼譖人”，《緇衣》注及《後漢書·馬援傳》并引作“取彼讒人”。“無入之耳”，言不聽讒慝之言也，故下文曰“雖有詖訐之民，無所依矣”。

義

貧則見廉，富則見義。

畢云：“‘義’字當作‘羛’。《説文》云墨翟書‘義’从‘弗’”，則漢時本如此，今書‘義’字皆俗改也。”【引之曰】“弗”於聲義均有未協。“弗”當作“𢦏”，“𢦏”，古文“我”字，與“弗”相似，故譌作“弗”耳。周《晉姜鼎銘》“我”字作“𢦏”，是其明證。“羛”之從𢦏聲，與“義”之從我聲一也。《説文》“我”字下重文未載古文作“𢦏”，故於此亦不知爲“𢦏”字之譌，蓋鍾鼎古篆，漢人亦不能徧識也。

幾

本不固者末必幾。

【念孫案】《爾雅》：“幾，危也。”《大雅·瞻印》傳、宣十二年《左傳注》并同。言木本不固者，其末必危也。畢引《廣雅》“幾，微也”，已非確詁，又引《説文》“禾，《玉篇》“古溉、古兮二切”。木之曲頭，止不能上也”，以“幾”爲“禾”，則失之愈遠矣。

所染

高偃

晉文染於舅犯、高偃。

畢云：“‘高偃’未詳。《吕氏春秋》‘高’作‘郤’，疑當爲‘郤’，晉有郤氏。”【念孫案】“高”當爲“𩫏”，“𩫏”即“城郭”之“郭”，形與“高”相近，因訛爲“高”。《賈子·過秦》篇“據億丈之𩫏”，今本“𩫏”訛作“高”。《墨子》多古字，後人不識，故傳寫多誤耳。《左傳》“晉大夫卜偃”，《晉语》作“郭偃”，韋注曰：“郭偃，晉大夫卜偃也。”《商子·更法》篇、《韓子·南面》篇并與《晉語》同，《吕氏春秋》作“郤偃”，“郤”即“郭”之訛，非“郤氏”之“郤”也。《太平御覽·治道部一》引《吕氏春秋》正作“郭偃”。

王孫雒

吴夫差染於王孫雒、大宰嚭。

畢改“雒”爲“雄”，云：“舊誤作‘雒’。”盧氏抱經《鍾山札記》曰：“今《外傳·吴語》‘王孫雄’，舊宋本作‘王孫雒’，《墨子·所染》篇同。《吴越春秋·夫差内傳》《句踐伐吴外傳》《越絶·請糴内傳》皆作‘王孫駱’，《説苑》作‘公孫雒’，《雜言》篇。唯《吕氏春秋·當染》篇作‘王孫雄’，《史記·越世家》作

‘公孫雄’。宋公序作《國語補音》，定作‘雄’字，且爲之説曰漢改‘洛’爲‘雒’，疑‘雒’字非吴人所名。今案，宋説殊誤。《周禮·職方氏》：‘豫州，其川熒雒。’《春秋》文八年經書‘公子遂會雒戎’，《傳》作‘伊雒之戎’，宣三年《傳》‘楚子伐陸渾之戎，遂至于雒’，是漢以前本有‘雒’字，豈東京創製此字乎？以‘駱’字證之，則‘雒’字是矣。”【念孫案】盧説是也，隸書“雄”字或作“碓”，與“雒”相似，故“雒”訛爲“雄”。《困學紀聞·左氏》類引《國語》《吕氏春秋》并作“雒”，《韓子·説疑》篇有“吴王孫頟”，“頟”即“雒”之訛，則其字之本作“雒”益明矣。

必擇所堪必謹所堪

子墨子言見染絲者而嘆曰：“染於蒼則蒼，染於黄則黄，故染不可不慎也。”非獨染絲然也，國亦有染，非獨國有染也，士亦有染。《詩》曰“必擇所堪，必謹所堪”者，此之謂也。

畢云：“‘堪’當爲‘媅’字假音。”【念孫案】“媅”訓爲“樂”，與“染”義無涉。“堪”當讀爲“湛”，“湛”與“漸漬”之“漸”同。《説文》作“瀸”，云：“漬也。”《月令》：“湛熾必絜。”鄭注曰：“湛，漬也。”《内則》説“八珍之漬”云：“湛諸美酒。”注曰：“湛，亦漬也。”《考工記·鍾氏》：“以朱湛丹秫。”注曰：“鄭司農云：‘湛，漬也。’玄謂‘湛’讀如‘漸車帷裳’之‘漸’。”是“湛”與“漸”同，湛、漬，皆染也。《楚辭·七諫》：“日漸染而不自知兮。”王注曰：“稍漬爲漸，汙變爲染。”《考工記·鍾氏》注曰：“漬，亦染也。”“必擇所湛”，猶云“必擇所染”耳。《荀子·勸學》篇曰：“蘭槐之根是爲芷，其漸之滫中，君子不近，庶人不服，其質非不美也，所漸者然也。"《晏子春秋·雜》篇曰:"今夫蘭本三年而成,湛之苦酒,則君子不近,庶人不佩。湛之麋醢,而賈匹馬矣。非蘭本美也,所湛然也,願子之必求所湛。"《説苑·雜言》篇曰:"今夫蘭本三年,湛之以鹿醢,既成,則易以匹馬,非蘭本美也,願子詳其所湛。既得所湛,亦求所湛。"義并與《墨子》同。

法儀

而可

三者莫可以爲治法而可,然則奚以爲治法而可。

【念孫案】既言"莫可以爲治法",則不當更有"而可"二字,此涉下句而衍。

脱文一

是以天欲人相愛相利,而不欲人相惡相賊也。

【念孫案】"是以"下有"知"字,而今本脱之,則文義不明。上文曰:"奚以知天之欲人之相愛相利,而不欲人之相惡相賊也。""奚以知"正與"是以知"相應。

七患

待禄　憂反

仕者待禄,游者憂反。

【念孫案】“待”當爲“持”，“憂反”當爲“愛交”。持，猶守也。《吕氏春秋·慎大》篇注。言仕者守其禄，游者愛其交，皆爲己而不爲國家也。《管子·明法》篇曰：“小臣持禄養交，不以官爲事。”《晏子春秋·問》篇曰：“士者持禄，游者養交。”“養交”與“愛交”同意。今本“持”作“待”，“愛交”作“憂反”，則義不可通。《逸周書·大開》篇“禱無愛玉”，今本“愛”訛作“憂”，隸書“交”字或作“㸚”，與“反”相似而訛。

故食不可不務也以下七句

故食不可不務也，地不可不力也，用不可不節也，五穀盡收，則五味盡御於主。不盡收，則不盡御。

畢本“力”訛作“立”，云：“立、節爲韻，主、御爲韻。”【念孫案】畢説非也。古音“立”在緝部，“節”在質部，則“立”“節”非韻。原本“立”作“力”，“力”在職部，“力”“節”亦非韻。“主”在厚部，“御”在御部，則“主”“御”非韻。畢未能了然於古音之界限，但知古人之合，而不知古人之分，故往往非韻而以爲韻，若一一辯正，徒煩筆墨，故發凡於此，以例其餘，明於三代兩漢之音者，自能辨之也。

五穀不孰謂之大侵

一穀不收謂之饉，二穀不收謂之旱，三穀不收謂之凶，四穀不收謂之餽，畢云：“‘餽’與‘饋’同，言須饋餉。”【念孫案】“須餽餉”不得謂之“餽”，畢説非也。邵氏二雲曰：“餽與匱通。鄭注《月令》曰：‘匱，乏也。’”案，邵説是。五穀不收謂之饑。

畢於此下增“五穀不孰謂之大侵”，云：“八字舊脱，据《藝文類聚》增。”【念孫案】既言“五穀不收謂之饑”，則不得又言“五穀不孰謂之大侵”，《藝文類聚·百穀部》引《墨子》“五穀不孰謂之大侵”者，乃涉上文引《穀梁傳》“五穀不升謂之大侵”而衍，故《太平御覽·時序部二十》《百穀部一》引《墨子》皆無此八字。《墨子》所記，本與《穀梁傳》不同，不可强合也。下文“饑則盡無禄”，畢依《類聚》於“饑”下增“大侵”二字，亦《御覽》所無。

雍食

諸侯之客，四鄰之使，雍食而不盛。

畢云：“‘雍食’，疑一‘饔’字之誤。”【念孫案】“雍食”當爲“雍飧”。《周官·外饔》“凡賓客之飧饔饔食之事”，鄭注曰：“飧，客始至之禮。饔，既將幣之禮。”“飧饔”，即饔飧也，“饔”“雍”古字通。

重其子此疚於隊

今有負其子而汲者，隊其子於井中，其母必從而道之。今歲凶民饑道餓句，重其子此疚於隊，其可無察邪？

【引之曰】“重其子此疚於隊”當作“此疚重於隊其子”。疚，病也。言此病較之“隊其子”者爲尤重也，今本顛倒不成文義。

辭過

帶茭

古之民未知爲衣服時,衣皮帶茭。

畢云:"《説文》云:'茭,乾芻。'"【念孫案】"乾芻"非可帶之物,畢説非也。《説文》:"筊,竹索也。"其草索則謂之茭。《尚賢》篇曰:"傅説被褐帶索。"謂草索也,此言"帶茭",猶彼言"帶索"矣,今楊州府人謂之草約音要。子。

夏則絺綌輕且清

冬則練帛之中,足以爲輕且煖。夏則絺綌,輕且清。

畢云:"脱'煖夏則絺綌輕且'七字,据《北堂書鈔》增。"【念孫案】"夏則絺綌,輕且清"本作"夏則絺綌之中,足以爲輕且清",與"冬則練帛之中,足以爲輕且煖"對文,《北堂書鈔·衣冠部三》引作"冬則練帛輕且煖,夏則絺綌輕且清",省文也。若下二句内獨少"之中足以爲"五字,則與上二句不對矣,《群書治要》所引,上下皆有此五字,當據補。

前方丈

厚作斂於百姓,以爲美食,芻豢蒸炙魚鱉,大國累百器,小國累十器,前方丈,目不能遍視,手不能遍操,口不能遍味。

畢改"前方丈"爲"美食方丈",云:"据《文選注》兩引改。"《七命》注、應璩《與從弟君苗君胄書》注。【念孫案】"美食"二字與上文相複，畢改非也。《群書治要》引作“前方丈”，則魏徵所見本正與今本同。《文選注》引作“美食方丈”者，此以上文之“美食”與下文之“方丈”連引，而節去“芻豢”以下十七字，乃是約舉其詞，不得據彼以改此也。“前方丈”，《太平御覽·治道部八》引作“前則方丈”，句法較爲完足。

故

故法令不急而行，民不勞而上足用，故民歸之。

【念孫案】上“故”字涉下“故”字而衍，《群書治要》無。

脱文二

是以其民饑寒并至，故爲奸邪，奸邪多，則刑罰深，形罰深則國亂。舊本兩“奸邪”脱其一，則義不可通，今據《群書治要》補。

三辯

聖王上脱文

程繁問於子墨子，曰：“聖王不爲樂。”

【念孫案】“聖王”上當有“夫子曰”三字，而今本脱之，則文義不明。下文“今夫子曰‘聖王不爲樂’”，是其證。

聆缶

農夫春耕夏耘，秋斂冬藏，息於聆缶之樂。

畢云"聆"當爲"瓴"。又云:"《太平御覽》引作'吟謡'是也。'缶'是'䍃'字之壞。"【念孫案】今本《墨子》作"聆缶"者,"聆"乃"瓴"字之訛,"瓴"即"瓴"字也,但移"瓦"於左,移"令"於右耳。《北堂書鈔·樂部七》、"缶"下。鈔本《太平御覽·樂部》三及二十二"缶"下。引《墨子》并作"吟缶","吟"亦"瓴"之訛,蓋《墨子》書"瓴"字本作"瓴",故今本訛作"聆",諸類書訛作"吟",而"缶"字則皆不訛也。其刻本《御覽》作"吟謡"者,後人不知"吟"爲"瓴"之訛,遂改"吟缶"爲"吟謡"耳。上文云"諸侯息於鐘鼓,士大夫息於竽瑟",此云"農夫息於瓴缶",鐘鼓、竽瑟、瓴缶,皆樂器也。《淮南·精神》篇:"叩盆拊瓴,相和而歌。"盆,即缶也。若"吟謡"則非樂器,不得言"吟謡之樂"矣。

命曰騶虞

周成王因先王之樂,命曰騶虞。

【念孫案】《御覽》引作"周成王因先王之樂,又自作樂,命曰騶吾"是也。上文云:"湯因先王之樂,又自作樂,命曰護。武王因先王之樂,又自作樂,命曰象。"即其證。今本脱去"又自作樂"四字,則義不可通。《困學紀聞》所引已同今本。書傳中"騶虞"字多作"騶吾",故《困學紀聞·詩》類引《墨子》尚作"騶吾",今作"騶虞"者,後人依經典改之。

尚賢上

古者

古者王公大人爲政於國家者。

【念孫案】此謂今之王公大人，非謂古也。“古者”當依《群書治要》作“今者”，義見下文。

親疏

今上舉義不辟親疏。

【念孫案】“親”字涉上文而衍。“不避疏”，義見上下文。

近

今上舉義不辟近。

【念孫案】“近”字涉上文而誤，“近”當爲“遠”，“不避遠”見下文。

名立而功業彰而惡不生

【念孫案】《群書治要》引作“名立而功成，美章而惡不生”是也。“功成”與“名立”對文，“惡不生”與“美彰”對文。今本脱“成”字，“美”字又譌作“業”，則文不對而句亦不協矣。“美”“業”字形相似，故譌。《漢書·賈誼傳》“一動而五美附”，今本“美”譌作“業”。

尚賢中

故　尚賢爲政之本

故一本作“胡”。不察尚賢爲政之本也。

盧云:“當云‘尚賢之爲政本’。”【念孫案】盧説非也,下文曰“胡不察尚賢爲政之本也,且以尚賢爲政之本者,亦豈獨子墨子之言哉”,與此文同一例,則不得倒“之”字於“爲政”上矣。“故”與“胡”同,故下文又曰“故不察尚賢爲政之本也”,今本脱“爲”字。《管子·侈靡》篇“公將有行,故不送公”,亦以“故”爲“胡”。

外有以

内有以食飢息勞,将養其萬民,外有以懷天下之賢人。

【念孫案】“外有以”三字,涉上文“外有以爲皮幣”而衍。下文曰:“内者萬民親之,賢人歸之。”是“養民”與“懷賢”皆内事,非外事也。

曰若法　猶若

既曰若法,未知所以行之術,則事猶若未成。

【念孫案】“曰”者,“有”之壞字也。若法,此法也。“若”與“此”同義,説見《釋詞》。言既有此法,而無術以行之,則事猶然未成也。猶若,即猶然,説見《釋詞》。畢以“若法”爲“順法”,失之。

予欝

《詩》曰:“告女憂恤,誨女予欝,孰能執熱,鮮不用濯。”

盧依《毛詩》改“予欝”爲“序爵”。【念孫案】“欝”爲“爵”之訛,[①]“予”則非訛字也。上文言“古聖王高予之爵,重予之禄”,下文言“今王公大人之用賢,高予之爵,而禄不從”,此引《詩》“誨女予爵”,正與上下文“予”字同義,則不得改“予”爲“序”矣。《毛詩》作“告爾憂恤,誨爾序爵,誰能執熱,逝不以濯”,今《墨子》兩“爾”字皆作“女”,“序”作“予”,“誰”作“孰”,“逝”作“鮮”,“以”作“用”,是《墨子》所見《詩》固有異文也。

執

則此語古者國君諸侯之不可以不執善承嗣輔佐也。

【念孫案】善,謂善待此承嗣輔佐之人,即上文所云“高予之爵,重予之禄,任之以事,斷予之令”也,“善”上不當有“執”字,蓋涉上下文“執熱”而衍。

毋無

古者聖王,唯毋得賢人而使之,般爵以貴之,裂地以封之,終身不厭。賢人唯毋得明君而事之,竭四肢之力以任君之事,終身不倦。

畢改“毋”爲“毌”,云:“毌,讀如‘貫習’之貫。”下凡作“毋”

① “欝”,底本作“鬱”,據同治本改。

者同。【念孫案】畢改非也。毋,語詞耳,本無意義,"唯毋得賢人而使之"者,唯得賢人而使之也,若讀"毋"爲"貫習"之"貫",則文不成義矣。《下》篇曰:"今唯毋以尚賢爲政其國家百姓,使國之爲善者勸,爲暴者沮。"又曰:"然昔吾所以貴堯舜禹湯文武之道者,何故以哉?以其唯毋臨衆發政而治民,使天下之爲善者可而勸也,爲暴者可而沮也。"《尚同中》篇曰:"上唯毋立而爲政乎國家,爲民正長,"唯"與"雖"同。曰'人可賞,吾將賞之'。若苟上下不同義,上之所賞,則衆之所非。上唯毋立而爲政乎國家,爲民正長,曰'人可罰,吾將罰之'。若苟上下不同義,上之所罰,則衆之所譽。"《下》篇曰:"故唯毋以聖王爲聰耳明目與?"唯"亦與"雖"同。豈能一視而通見千里之外哉?一聽而通聞千里之外哉?"《非攻中》篇曰:"今師徒唯毋興起,冬行恐寒,夏行恐暑,此不可以冬夏爲者也。春則廢民耕稼樹藝,秋則廢民穫斂。今唯毋廢一時,則百姓飢寒凍餒而死者,不可勝數。"《節用上》篇曰:"且大人唯毋興師以攻伐鄰國,久者終年,速者數月,男女久不相見,此所以寡人之道也。"《節葬下》篇曰:"今雖毋法執厚葬久喪者言,以爲事乎國家。""雖"與"唯"同。又曰:"今唯無以厚葬久喪者爲政。"《天志中》篇曰:"故唯毋明乎順天之意,奉而光施之天下,則刑政治,萬民和,國家富,財用足,百姓皆得煖衣飽食,便寧無憂。"《非樂上》篇曰:"今王公大人雖無造爲樂器,以爲事乎國家。""雖"與"唯"同。又曰:"今王公大人唯毋處高臺厚榭之上而視之。"又曰:"今王公大人,唯毋爲樂,虧奪民衣食之財,以拊樂如此多也。"此四句,篇内凡三見。又曰:"今唯毋在乎王公大人説樂而聽之,即必不能蚤朝晏退,聽獄治政","今唯毋在乎士君子説樂而聽之,即必不能竭股肱之力,亶其思慮之智，内治官府，外收斂關市山林澤梁之利，以實倉廪府庫。今唯毋在乎農夫説樂而聽之，即必不能蚤出暮入，耕稼樹藝，多聚叔粟。各本“叔”訛作“升”，辯見後“升粟”一條。今唯毋在乎婦人説樂而聽之，即必不能夙興夜寐，紡績織紝，多治麻絲葛緒綑布縿”。以上諸篇，其字或作“毋”，或作“無”，皆是語詞，非有實義也。孟康注《漢書·貨殖傳》曰：“無，發聲助也。”凡《詩》言“無念爾祖”“無競維人”“無競維烈”“無淪胥以敗”“無淪胥以亡”，《左傳》言“無寧兹許公，復奉其社稷”“無亦唯是一矢以相加遺”，皆孟康所謂“發聲助也”。《管子·立政九敗解》篇曰：“人君唯毋聽寢兵，則群臣賓客莫敢言兵”，“人君唯毋聽兼愛之説，則視天下之民如其民，視國如吾國”，“人君唯無好全生，則群臣皆全其生，而生又養”，“又”與“有”同。“人君唯無聽私議自貴，則民退静隱伏，窟穴就山，非世間上，輕爵禄而賤有司”，“人君唯無好金玉貨財，必欲得其所好，則必易之以大官尊位，尊爵重禄”，“人君唯毋聽群徒比周，則群臣朋黨，蔽美揚惡。人君唯毋聽觀樂玩好則敗”，“人君唯毋聽請謁任譽，則群臣皆相爲請”，“人君唯無聽諂諛飾過之言則敗”。以上諸條，其字或作“毋”，或作“無”，并與《墨子》同義。

失措

故雖昔者三代暴王，桀紂幽厲之所以失措其國家，傾覆其社稷者。

【念孫案】“措”字義不可通，當是“損”字之誤。《大戴記·曾子立事》篇曰：“諸侯日旦思其四封之内，戰戰惟恐失損之。”“損”讀爲“抎”，故《非命》篇作“失抎”，《説文》：“抎，有所失也。”

未知

故當若之二物者，王公大人未知以尚賢使能爲政也。

【念孫案】“未知”當作“未嘗不知”，義見上下文。

有慧

豈必智且有慧哉。

【念孫案】“智且慧”與前“貴且智”“愚且賤”文同一例，“慧”上不當有“有”字，蓋後人所加。

若處官者

若處官者，爵高而禄厚，故愛其色而使之焉。

【念孫案】“若”與“故”義不相屬，“若處官者”當爲“處若官者”，若官，此官也。“若”與“此”同義，説見上文。言以處此官者爵高而禄厚，故特用其所愛也，下文曰：“雖日夜相接以治若官。”是其證。

漁雷澤

【念孫案】“雷澤”本作“濩澤”，此後人習聞“舜漁雷澤”之事，而以其所知，改其所不知也。《漢書·地理志》“河東郡濩澤縣”，應劭曰：“有濩澤在西北。”濩澤在今澤州府陽城縣西，嶕嶢山下。《穆天子傳》：“天子四日休于濩澤。”郭璞曰：“今平陽濩澤縣是也。濩音獲。”《水經·沁水》注曰：“濩澤水出濩澤城西白澗渠，東逕濩澤，《墨子》曰：'舜漁濩澤。'又，東逕濩澤縣故城南，蓋以澤氏縣也。"又，《元和郡縣志》"河東道"下、《太平寰宇記》"河東道"下、《初學記·州郡部》、正文出"舜澤"二字，注曰："《墨子》曰'舜漁于濩澤'，在濩澤縣西。"今本《初學記》作"雷澤"，與注不合，明是後人所改。《太平御覽·州郡部九》《路史·疏仡紀》引《墨子》并作"濩澤"，是《墨子》自作"濩澤"，與他書作"雷澤"者不同。《下》篇"漁於雷澤"，亦後人所改。

賤　賤傲　殃傲

其爲政乎天下也，兼而憎之，從而賤之。

【念孫案】"賤"當爲"賊"，字之誤也。《尚同》篇："則是上下相賊也。"《天志》篇："上詬天，中詬鬼，下賊人。"《非儒》篇："是賊天下之人者也。"《趙策》："以私誣國，賊之類也。"今本"賊"字并誤作"賤"。此言桀紂幽厲之爲政乎天下，兼萬民而憎惡之，又從而賊害之，非謂賤其民也。上文云："堯舜禹湯文武之爲政乎天下也，兼而愛之，從而利之。""愛利"與"憎賊"正相反，《天志》篇曰："堯舜禹湯文武之兼愛天下也，從而利之。桀紂幽厲之兼惡天下也，從而賊之。"故知"賤"爲"賊"之誤。又，下文："率天下之民以詬天侮鬼，賤傲萬民。""賤"亦當爲"賊"，"傲"當爲"殺"。《説文》"敖"字本作"敖"，"殺"字古文作"㪊"，二形相似。"敖"古文"殺"字。誤爲"敖"，又誤爲"傲"耳。《墨子》多古字，後人不識，故傳寫多誤。此説桀紂幽厲之暴虐，故曰"詬天侮鬼，賊殺萬民"，非謂其"賤傲萬民"也。上文言"堯舜禹湯文武，尊天事鬼，愛利萬民"，"愛利"與"賊殺"亦相反。《法儀》篇曰"禹湯文武，兼愛天下之百姓，率以尊天事鬼，其利人多。桀紂幽厲，兼惡天下之百姓，率以詬天侮鬼，其賊人多”，故知“賤傲”爲“賊殺”之誤。《魯問》篇“賊敖百姓”，《太平御覽·兵部七十七》引“賊敖”作“賊殺”，是其明證也。又，《明鬼》篇“昔者夏王桀，上詬天侮鬼，下殃傲天下之萬民”，“殃傲”二字，義不相屬，亦是“殃殺”之誤。下文“殷王紂殃傲天下之萬民”同。

隆

稷隆播種，農殖嘉穀。

畢依《吕刑》改“隆”爲“降”。【念孫案】古者“降”與“隆”通，不煩改字。《非攻》篇：“天命融隆火于夏之城。”亦以“隆”爲“降”。《喪服小記》注：“以不貳降。”《釋文》：“降，一本作隆。”《荀子·賦》篇：“皇天隆物，以示下民。”“隆”即“降”字。《魏策》：“休祲降於天。”曾、劉本作“休烈隆於天”。《説文》：“隆，從生、降聲。”《書大傳》“隆谷”，鄭注：“隆，讀如‘厖降’之降。”是“隆”“降”古同聲，故“隆”字亦通作“降”。《荀子·天論》篇“隆禮尊賢而王”，《韓詩外傳》“隆”作“降”。《史記·司馬相如傳》“業隆於繦褓”，《漢書》“隆”作“降”。《淮南·泰族》篇：“攻不待衝降而拔。”衝降，即衝隆。

不究

此道也，大用之天下則不究，小用之則不困。

畢云：“‘究’一本作‘窕’，非。”【念孫案】作“窕”者是也，説見《管子·宙合》篇。

尚賢下

可而

使天下之爲善者可而勸也，爲暴者可而沮也。

【念孫案】“可而”，猶可以也，下文曰：“上可而利天，中可而利鬼，下可而利民。”與此文同一例。詳見《釋詞》。

僕

昔伊尹爲莘氏女師僕。

畢云：“僕，佚也。”“佚”今作“媵”。【念孫案】“僕”即“佚”之訛。此謂有莘氏以伊尹媵女，非以爲僕也。《説文》：“佚，送也。吕不韋曰：‘有侁莘同。氏以伊尹佚女。’”今本《吕氏春秋》《本味》篇。“佚”作“媵”。經傳皆作“媵”，而“佚”字罕見，唯《墨子》書有之，而字形與“僕”相似，因訛而爲“僕”。《淮南·時則》篇“具曲栚音朕。筥筐”，今本“栚”作“撲”，誤與此同。

女何擇言人

女何擇言人，何敬不刑，何度不及。

【引之曰】“言”當爲“否”。篆書“否”字作“𣎴”，“言”字作“䇂”，二形相似。隸書“否”字或作“㕻”，“言”字或作“音”，亦相似，故“否”誤爲“言”。“否”與“不”古字通，故下二句云“何敬不刑，何度不及”也。今書作“何擇非人，何敬非刑，何度非及"，"非""否""不"并同義。

言

今也天下言士君子，皆欲富貴而惡貧賤。

【念孫案】"言"當爲"之"，"今天下之士君子，皆欲富貴而惡貧賤"，又見下文。草書"言"與"之"相似，故"之"訛爲"言"。

脱文八

今天下之士君子，皆欲富貴而惡貧賤。然女何爲而得富貴，而辟貧賤哉？曰：莫若爲王公大人骨肉之親、無故富貴、面目美好者。自"莫若"以下二十字爲一句，舊本脱"故富貴面目美好者"八字，據上下文補。王公大人骨肉之親、無故富貴、面目美好者，此非可學而能者也。

無故

其所賞者已無故矣，其所罰者亦無罪。

【念孫案】"故"乃"攻"字之誤。"攻""故"字相似，又涉上文"無故富貴"而誤。"攻"即"功"字也，"無功"與"無罪"對文。

脱文十二

若此則飢者不得食，寒者不得衣，亂者不得治。舊本脱

“得食”以下十二字，今據上文補。

推而上之以

此五字與上下文義不相屬，蓋涉上文“推而上之”而衍。

尚同上

選天下之賢可者

是故選天下之賢可者。

【念孫案】“選”下有“擇”字，而今本脱之。下文及《中》《下》二篇皆作“選擇”，《太平御覽·皇王部二》引此同。

其

上以此爲賞罰，其明察以審信。

【念孫案】“其”當爲“甚”。“甚明察以審信”，見《中》篇。

今若天　故當若天降寒熱不節

今若天飄風苦雨，溱溱而至者，此天之所以罰百姓之不上同於天者也。

【念孫案】“今若天”，“天”當爲“夫”，“夫”與“天”字相似，篇内又多“天”字，故“夫”誤爲“天”。“今若夫”猶言今夫，《兼爱》篇曰：“今若夫攻城野戰，殺身而爲名，此天下百姓之所皆難也。”又曰：“今若夫兼相愛，交相利，此自先聖六王者親行之。”又曰：“今若夫兼相愛，交相利，此其有利且易爲也，不可勝計也。”《鴻烈·覽冥》篇曰：“今若夫申、韓、商鞅之爲治也。”皆其證矣。《中》篇云：“故當若天降寒熱不節，雪霜雨露不時，五穀不孰，六畜不遂，疾災戾疫，飄風苦雨荐臻而至者，此天之降罰也。”“故當若天”，“天”亦“夫”字之誤，“降”字則因下文“降罰”而衍。

尚同中

己有善 傍

己有善，傍薦之。上有過，規諫之。

【念孫案】“己”字義不可通，“己”當爲“民”，字之誤也。傍者，溥也，徧也。《説文》：“旁，溥也。”“旁”與“傍”通，説見《經義述聞·周易》“旁行而不流”下。言民有善，則衆共薦之，若《堯典》所云“師錫”也。《上》篇曰：“上有過則規諫之，下有善則傍薦之。”“下”亦“民”也。下文“己有善不能傍薦之”，“己”亦“民”之誤。

脱文三

鄉長治其鄉，而鄉既以治矣。舊本脱“鄉長治”三字，下文曰“國君治其國，而國既已治矣”，今據補。

運役

譬之若絲縷之有紀，而罔罟之有綱也，将以運役天下淫暴而一同其義也。

【念孫案】"運役"二字,義不可通,當依《上》篇作"連收",字之誤也。"連收"二字正承"絲縷罔罟"而言。

脱一字

非高其爵,厚其禄,富貴佚而錯之也。

【念孫案】"佚"上有"游"字,而今本脱之,則語意不完。《下》篇曰:"非特富貴游佚而擇之也。"是其證。游佚,即淫佚,語之轉耳。

情請爲通

故古者聖王,唯而畢云:"而"讀與"能"同。審以尚同以爲正長,是故上下情請爲通。

畢云:"《文選注》《東京賦》。引作'是故上下通情'。"【念孫案】此本作"是故上下請通","請"即"情"字也。《墨子》書多以"請"爲"情"。今作"情請爲通"者,後人旁記"情"字,而寫者遂誤入正文,又涉上文"以爲正長"而衍"爲"字耳。《文選注》引"情通"作"通情"者,乃涉賦文"上下通情"而誤。

談謀度

助之思慮者衆,則其談謀度速得矣。

【念孫案】"謀度"上不當有"談"字,蓋涉上文"言談"而衍。

也

即此語也，古者國君諸侯之聞見善與不善也，皆馳驅以告天子。

【念孫案】"即"與"則"同，說見《釋詞》。語，猶言也。"則此語"三字，文義直貫至"以告天子"而止，則"語"下不當有"也"字。凡《墨子》書用"則此語"三字者，"語"下皆無"也"字，此蓋後人不曉文義而妄加之。

尚同下

用說

故古者建國設都，乃立后王君公，奉以卿士師長，此非欲用說也。

【念孫案】"說"字義不可通，"說"當爲"逸"，字之誤也。《中》篇曰："夫建國設都，乃作后王君公，否用泰也。卿大夫師長，否用佚也。""否用佚"，即非用逸，是其證。否，猶非也，說見《尚賢下》。僞古文《說命》："建邦設都，樹后王君公，承以大夫師長，不惟逸豫。"即用《墨子》而小變其文。

助治天助明

唯辯而使助治天助明也。

【念孫案】下"助"字衍，"唯辯而使助治天明"者，"辯"讀爲"遍"，古"遍"字多作"辯"。說見《日知録》。天明，天之明道也。

哀二年《左傳》曰:"二三子順天明。"言所以設此卿士師長者,唯遍使助治天道也。《中》篇作"維辯使治天均"。

脱文六

故計上之賞譽不足以勸善,計其毁罰不足以沮暴。此何故以然句?則義不同也。然舊本脱此六字。案,"此何故以然"是問詞,"則義不同也"是答詞,"然則欲同一天下之義,將奈何可"又是問詞,舊脱中六字,則上下文皆不可通矣。今據上文補。則欲同一天下之義,將奈何可?

賞使家君

胡不賞使家君,試用家君,發憲布令其家。

【念孫案】"賞"字義不可通,"賞"當爲"嘗"。"嘗""賞"字相似,又涉上下文"賞罰"而誤。"使家君"三字,則涉下文"使家君"而衍。既言"用家君",則不得又言"使家君"。"胡不嘗試用家君發憲布令其家"作一句讀。

小用之

故當尚同之爲説也,尚用之天子,舊本"用"作"同",涉上句"尚同"而誤,今據下文改。可以治天下矣。中用之諸侯,可而治其國矣。小用之家君,可而治其家矣。

【引之曰】"小用之"當作"下用之",與"尚用之""中用之"對文。下文"小用之"則與"大用之"對文。今本"下用"作"小用”者，即涉下文“小用之”而誤。

窕 横

是故大用之治天下不窕，小用之治一國一家而不横者，若道之謂也。

畢云：“《爾雅》云：‘窕，閒也。’猶云‘無閒’。”【念孫案】畢説非也。窕，不滿也。説見《管子·宙合》篇。横，充塞也。《孔子閒居》：“以横於天下。”鄭注：“横，充也。”《祭義》曰：“置之而塞乎天地，溥之而横乎四海。”説見戴先生文集。以小居大則窕，以大入小則塞，唯此尚同之道，則大用之治天下而不窕，小用之治一國一家而不塞也。《大戴記·王言》篇曰：“布諸天下而不窕，内諸尋常之室而不塞。”

差論

其所差論以自左右羽翼者皆良。

【念孫案】差、論皆擇也。《爾雅》曰：“既差我馬，差，擇也。”《所染》篇曰：“故善爲君者，勞於論人，而佚於治官。”《吕氏春秋·當染》篇同，高注：“論，猶擇也。”詳見《漢書·武紀》。《非攻》篇：“差論其爪牙之士，比列其舟車之衆。”義與此同。

唯

唯欲毋與我同，將不可得也。

畢改“唯”爲“雖”。【念孫案】古者“雖”與“唯”通，不煩改字。説見《釋詞》。

情

今天下王公大人士君子,中情將欲爲仁義,求爲上士。舊本脱"上"字,據各篇補。上欲中聖王之道,下欲中國家百姓之利,故當尚同之説而不可不察。舊本脱"可不"二字,據各篇補。

【念孫案】"情"即"誠"字,言誠將欲爲仁義,則尚同之説不可不察也。《尚賢》篇曰:"且今天下之王公大人士君子,中實將欲爲仁義。"實,亦誠也。《非攻》篇曰:"情不知其不義也,故書其言以遺後世,若知其不義也,夫奚説書其不義以遺後世哉。""情不知",即誠不知。凡《墨子》書中"誠""情"通用者,不可枚舉。又,《齊策》"臣知誠不如徐公美",劉本"誠"作"情"。《吕氏春秋·具備》篇"三月嬰兒慈母之愛諭焉,誠也",《淮南·繆稱》篇"誠"作"情"。《漢書·禮樂志》"正人足以副其誠",《漢紀》"誠"作"情"。此皆古書"誠""情"通用之證。

《墨子》弟二

兼愛上

不愛其異室

盗愛其室，不愛其異室。

【念孫案】下句不當有“其”字，蓋涉上下文而衍。下文“不愛異家”“不愛異國”，皆無“其”字，是其證。《意林》引無“其”字。

脱文十一

若使天下兼相愛，愛人若愛其身，猶有不孝者乎？視父若其身，舊脱“猶有”以下十一字，今據下文補。惡施不孝？

脱文三

故不孝不慈無有。舊本脱“故不慈有”四字，畢據下文補“有”字，今以上下文考之，當作“故不孝不慈亡有”。“不孝不慈亡有”，總承上文而言，下文曰“故盗賊亡有”“故大夫之相亂家、諸侯之相攻國者亡有”，與此文同一例，今補。

脱文一

故天下兼相愛則治，交相惡則亂。舊本脱"交"字，今據下二篇補。

兼愛中

脱文九

昔者晉文公好士之惡衣，故文公之臣，皆牂羊之裘，韋以帶劍，練帛之冠，入以見於君，出以踐於朝。舊本脱"於"字，今據上句補。

【念孫案】"練帛之冠"下當有"大布之衣，且苴之屨"八字，而今本脱之。上文曰"晉文公好士之惡衣"，此但言冠，而不言衣，則與上文不合。"入以見於君"，是總承上文而言。"出以踐於朝"，則專指"且苴之屨"而言。且苴，即麤粗。麤，倉胡反。粗，才户反。説見《廣雅疏證·釋詁》"粗麤大也"下。今本脱"且苴之屨"四字，則"踐"字義不可通。《下》篇曰："大布之衣，牂羊之裘，練帛之冠，且苴之屨，入見文公，出以踐之朝。"是其證。

危

朝有黧黑之危。

【引之曰】"危"與"黧黑"二字,義不相屬。"危"當爲"色",人瘦則面色黧黑。義見上文。

脱文二

君說之,故臣爲之也。又下文"君說之,故臣能之也"。

【念孫案】上文"爲"上脱"能"字,下文"能"下脱"爲"字。前文曰:"苟君說之,則士衆能爲之。"後文曰:"若苟君說之,則衆能爲之。"皆其證。

荆楚于越南夷之民

南爲江漢淮汝東流之注五湖之處,以利荆楚、于越、南夷之民。

畢云:"'荆楚于越',舊作'楚荆越與',据《文選注》改。"《江賦》。【念孫案】畢改非也。《文選注》本作"荆楚、干古寒反。越之民",今本《墨子》作"楚荆、越與南夷之民",但誤倒"荆""楚"二字,又脱"干"字耳,若"與南夷"之"與",則不誤也。上文云"燕代、胡貉與西河之民",此文云"荆楚、干越與南夷之民","與"非誤字明矣。南夷,謂荆楚、干越以南之夷,故曰"荆楚、干越與南夷"。《文選注》無"與南夷"三字,省文耳。畢誤以"楚荆越與"連讀故删去"與"字耳。干越,即吴越,非《春秋》所謂"於越"也,畢改"干越"爲"于越"亦非,說見《漢書·貨殖傳》。

連獨無兄弟者

【引之曰】"連"與"獨"文義不倫,畢云:"'連'同'鰥',音相近,字之異也。經典或作'煢',或作'惸',皆假音。"案,無兄弟不得謂之鰥,"鰥""煢""惸"三字,聲與"連"皆不相近,畢説非。"連"疑當作"逴",與"連"相似而誤。"逴"猶"獨"也,故以"逴獨"連文。《莊子・大宗師》篇:"彼特以天爲父,而身猶愛之,而況其卓乎。"郭注曰:"卓者,獨化之謂也。"《秋水》篇:"吾以一足跉卓而行。"《玉篇》:"逴,敕角切,蹇也。"蹇者獨任一足,故謂之"逴","逴"與"卓"通。《漢書・河間獻王傳》:"卓爾不群。"《説苑・君道》篇:"踔然獨立。"《説文》:"稕,特止。"徐鍇曰:"特止,卓立也。""卓""踔""稕"并與"逴"同聲,皆獨貌也。

兼愛下

人與

人與爲人君者之不惠也,臣者之不忠也,父者之不慈也,子者之不孝也,此又天下之害也。又與今人衍"人"字。之賤人,執其兵刃毒藥水火,以交相虧賊,此又天下之害也。

【念孫案】"人與"當依下文作"又與"。與者,如也。《廣雅》:"與,如也。"説見《釋詞》。上文"若大國之攻小國也"云云,若,如也。此文兩言"又與",亦謂"又如"也。畢反欲改"又與"爲"人與",慎矣。

難哉　哉

用而不可，難哉亦將非之。

【念孫案】"難哉"二字與下文義不相屬，"難哉"當爲"雖我"，字之誤也。言兼愛之道，如其用而不可，則雖我亦將非之也。又，下文曰："不識於兼之有是乎？於别之有是乎？哉以爲當其於此也，天下無愚夫愚婦，雖非兼之人，必寄托之於兼之有是也。""哉"亦當爲"我"。下文又曰："我以爲當其於此也，天下無愚夫愚婦，雖非兼者，舊本"兼者"作"兼君"，涉上下文"兼君"而誤，今改正。必從兼君是也。"是其證。

誰

誰以爲二士，使其一士者執别，使其一士者執兼。

【引之曰】"誰"字義不可通，"誰"當爲"設"。言設爲二士於此，而使之各執一説也。隸書"設"字作"設"，"誰"字作"誰"，二形略相似，故"設"誤爲"誰"。

衍文三

又有君大夫之遠使於巴越齊荆，往來及否未及否未可識也。

【念孫案】此當作"往來及否，未可識也"，今本重出"及否未"三字。

費

即此言行費也。

畢依别本及下文改“費”爲“拂”。【念孫案】古者“拂”與“費”通，不煩改字。《大雅·皇矣》篇：“四方以無拂。”鄭箋曰：“拂，猶佹也。”《中庸》：“君子之道費而隱。”注曰：“費，猶佹也。”《釋文》：“費，本又作拂，同，扶弗反。”是其證。

子

然而天下之士，非兼者之言，猶未止也。曰“意可以擇士，而不可以擇君子”。

【念孫案】“子”當爲“乎”，字之誤也。“乎”與“意”文義相承，下文曰：“意不忠親之利，而害爲孝乎。”是其證。

有

其士偃前列，伏水火而死有不可勝數也。

【念孫案】“有”字文義不順，“有”當爲“者”，字之誤也。《中》篇曰“士聞鼓音，破碎亂行，蹈火而死者，左右百人有餘”，是其證。

脱文三

今若夫兼相爱，交相利。舊本脱“愛交相”三字，今補。

莫若

故君子莫若欲爲惠君、忠臣、慈父、孝子、友兄、悌弟，當若兼之不可不行也。

【念孫案】“若欲爲惠君、忠臣”云云，“若”上不當有“莫”字，蓋涉上文“莫若”而衍。

非攻上

也

至殺不辜人，也拖其衣裳，取戈劍者。

【念孫案】“也”即“拖”字之誤而衍者。

弗之而非

今至大爲不義攻國，則弗之而非。

畢云：“一本無‘而’字，是。”【念孫案】“之”當爲“知”，俗音“知”“之”相亂，故“知”誤爲“之”。上文“皆知而非之”，正與“弗知非”相對，且上下文皆作“弗知非”，則“之”爲“知”之誤明矣。

非攻中

古者　脱文一

古者王公大人爲政於國家者，情欲譽之審，賞罰之當，刑政之不過失。

【念孫案】"古者"當爲"今者"。說見《尚賢》篇。"譽"上有"毁"字,而今本脱之,則文義不明。《尚同》篇:"舉天下之人,皆欲得上之賞譽,而畏上之毁罰。"是其證。"過失"下有脱文,下文曰:"今者舊本亦作"古者",今改。王公大人,情欲得而惡失,欲安而惡危,故當攻戰而不可不非。"

往

與其牛馬肥而往,瘠而反,往死亡而不反者。

【念孫案】下"往"字涉上"往"字而衍。

食飯

食飯之不時。

【念孫案】"食飯"當爲"食飲"之誤。"食飲不時",見《下》篇。

王民

然則土地者,所有餘也。王民者,所不足也。

【念孫案】"王民"二字,義不可通,當是"士民"之誤。"士民"與"土地"對文。下文"王民"同。

徙大内

越王句踐收其衆以復其讐,入北郭,徙大内,圍王宫。

【念孫案】“徙大内”三字，義不可通。“大内”當爲“大舟”，隸書“舟”字或作“月”，與“内”相似而誤。《吴語》：“越王句踐襲吴，入其郛，焚其姑蘇，徙其大舟。”韋注曰：“大舟，王舟。”《吴越春秋·夫差内傳》亦作“徙其大舟”。

皆列

故差論其爪牙之士，皆列其舟車之衆。舊本脱下“其”字，今據上句補。

【念孫案】“皆”當爲“比”，《天志》篇：“比列其舟車之卒。”是其證。《下》篇“皆列”同。

乎

《詩》曰：“魚水不務，陸將何及乎。”

【念孫案】“陸將何及乎”，不類《詩》詞，“乎”字蓋淺人所加。

非攻下

脱文一

今天下之所譽善者，其説將何哉？舊本脱“哉”字，《天志》篇曰：“天下之所以亂者，其説將何哉。”今據補。

燔潰

攘殺其牲牷，燔潰其祖廟。

【引之曰】“燔”與“潰”義不相屬，“燔潰”當爲“燔燎”，隸書“尞”字或作“査”，與“貴”字相似，故字之從“尞”者，或誤從“貴”。《史記·仲尼弟子傳》索隱引《家語》有“申繚”，今本《家語·七十二弟子》篇作“申繢”，《趙策》“魏殺呂遼”，下文又作“呂遺”，皆其類也。“尞”與“貴”隸相似，故“燎”誤爲“熭”，又誤爲“潰”耳。此篇云：“攘殺其牲牷，燔燎其祖廟。”《天志》篇云：“焚燒其祖廟，攘殺其犧牷。”文異而義同也。

先列 無殺

又況先列北橈乎哉，罪死無殺。

【念孫案】“先列”二字，義不可通，當是“失列”之誤，謂失其行列也。“罪死無殺”，義亦不可通，當作“罪死無赦”，此涉上下文“殺”字而誤。

剥振神之位 攘殺其犧牲

此刺殺天民，剥振神之位，傾覆社稷，攘殺其犧牲。

【念孫案】“剥”與“振”義不相屬，“振”當爲“搌”，字之誤也。《説文》：“剥，裂也。”《廣雅》：“搌，曹憲音“必麥反”。裂也。”是“剥”“搌”皆裂也，故曰“剥搌神位”。自“刺殺天民”以下，皆以四字爲句，今本作“剥振神之位”，“之”字涉上文“取天之人”“攻天之邑”而衍。“攘殺其犧牲”，“其”字亦涉上文

“攘殺其牲牷”而衍。

周生之本

此爲周生之本，竭天下百姓之財用。

【念孫案】“周”字義不可通，“周”當爲“害”。財者，生之本也。用兵而費財，故曰“害生之本”。隸書“害”字或作“𡨦”，與“周”相似而誤。《逸周書·度邑》篇：“問害不寢。”《管子·幼官》篇：“信利害而無私。”《韓子·外儲説左》：“害主上之法。”今本“害”字并誤作“周”。

偏

偏具此物而致從事焉。

畢云：“‘偏’當爲‘徧’。”【念孫案】古多以“偏”爲“徧”，不煩改字。《非儒》篇：“遠施周偏。”《公孟》篇：“今子偏從人而説之。”皆是“徧”之借字，而畢皆徑改爲“徧”，則未達假借之旨也。《益》象傳：“莫益之，偏辭也。”孟喜曰：“偏，周帀也。”本或作“徧”者，借字耳，而王弼遂讀爲“偏頗”之“偏”，惠氏定宇已辯之。《檀弓》：“二名不偏諱，夫子之母名徵在，言‘在’不稱‘徵’，言‘徵’不稱‘在’。”“偏”亦“徧”之借字，故《曲禮》注云：“謂二名不一一諱也。”而《釋文》“偏”字無音，則亦誤讀爲“偏頗”字矣，毛居正《六經正誤》已辯之。又，《大戴記·勸學》篇：“偏與之而無私。”《魏策》：“偏事三晉之吏。”《漢書·禮樂志》：“海内偏知上德。”皆以“偏”爲“徧”。又，《漢書·郊祀志》：“其游以方偏諸侯。”《張良傳》：“天下不足以偏封。”《張湯傳》：“偏見貴人。”《史記》并作“徧”。若諸子書中以“偏”爲“徧”者，則不可枚舉。漢《三公山碑》：“興雲膚寸，偏雨四海。”亦以“偏”爲“徧”，然則“徧”之爲“偏”，非傳寫之訛也。

傺　之時　厠役

道路遼遠，粮食不繼，傺食飲之時，厠役以此飢寒、凍餒、疾病而轉死溝壑中者，不可勝計也。

【念孫案】"傺"字與上下文義不相屬，未詳。"之時"當爲"不時"。"食飲不時"與"粮食不繼"對文。并見《中》篇。"厠役"二字義無所取，當爲"厮役"之誤，宣十二年《公羊傳》："厮役扈養死者數百人。"是其證。

龍生廟　大哭　鬼呼國

昔者三苗大亂，舊本"者"下有"有"字，即"者"字之誤而衍者，今據《開元占經》《太平御覽》引删。天命殛之，日妖宵出，雨血三朝，龍生廟，大哭乎市。

【念孫案】"龍生廟"當作"龍生於廟"，方合上下句法。《太平御覽・禮儀部十》引此正作"龍生於廟"。下文"鬼呼國"，"呼"下亦當有"於"字，方合上下句法。"大哭乎市"，文義不明，"大"當爲"犬"，"犬哭乎市"與"龍生於廟"對文。《開元占經・犬占》引《墨子》曰"三苗大亂，犬哭于市"，《太平御覽・獸部十七》引《隨巢子》曰："昔三苗大亂，龍生于廟，犬哭于市。"皆其證。

乃命玄宫

高陽乃命玄宫。

【念孫案】此當作"高陽乃命禹於玄宫"，下文"禹征有苗",正承此文而言。又,下文"天乃命湯於鑣宫",與此文同一例,今本脱"禹於"二字,則文義不明。

磨

禹既已克有三苗,句。焉磨爲山川,别物上下。"焉"字下屬爲句,焉,猶於是也,乃也。下文"湯焉敢奉率其衆""武王焉襲湯之緒",義并與此同。説見《釋詞》。

【念孫案】"磨"字義不可通,"磨"當爲"磿","磿"與"歷"通。《周官·遂師》注曰:"磿者適歷。"適音滴。《中山經》"歷石之山",郭注或作"磿"。《史記·高祖功臣侯表》"磿簡侯程黑",《漢表》作"歷"。《春申君傳》"濮磿之北",《新序·善謀》篇作"歷"。《樂毅傳》"故鼎反乎磿室",《燕策》作"歷"。"歷"之言"離"也,《大戴記·五帝德》篇曰"歷離日月星辰",是"歷"與"離"同義。《淮南·精神》篇曰:"别爲陰陽,離爲八極。"然則"磿爲山川",亦謂"離爲山川"也。"離"與"磿"皆分别之義,故曰"磿爲山川,别物上下"。又,《天志中》篇:"磨爲日月星辰,以昭道之。""磨"亦當爲"磿","磿爲日月星辰",猶《大戴》言"歷離日月星辰"也。世人多見"磨",少見"磿",故書傳中"磿"字多訛作"磨"。《史記》及《山海經注》"磿"字,今本皆訛作"磨"。又,《逸周書·世俘》篇"伐磿",《楚策》"遠自棄於磿山之中",今本亦訛作"磨"。《顔氏家訓·勉學》篇曰:"太山羊肅讀《世本》'容成造磿'。"以"磿"爲"碓磨"之"磨"。則以"磿"爲"磨",自古已然矣。

還至　矢之所還　皆還父母妻子同産

還至乎夏王桀。

【念孫案】“還”字義不可通。或曰“還”即“旋”字。案,禹、桀相去甚遠,不得言“旋至乎桀”。“還”當爲“遝”,“遝”與“逮”同。説見《漢書·天文志》。逮,及也。“遝”與“還”字形相似而誤,下文“還至乎商王紂”同。又,《迎敵祠》篇“城之外,矢之所還”,“還”亦當爲“遝”,謂矢之所及也。下文“矢之所還”同。又,《號令》篇①:“自死罪以上,舊本脱“以”字,今補。皆還父母妻子同産。”“還”亦當爲“遝”,謂罪及父母妻子同産也。下文曰“歸敵者,父母妻子同産皆車裂”。

序

天不序其德。

【念孫案】序,順也。言天不順紂之德。《非樂》篇引湯之《官刑》曰“上帝不順”是也,《爾雅》曰:“順,叙也。”“叙”與“序”同。《法言·問神》篇曰:“事得其序之謂訓。”“訓”與“順”同。《周語》曰:“周旋序順。”序,亦順也。説見《經義述聞》。《逸周書·序》曰:“文王告武王以序德之行。”

兄

王兄自縱也。

【念孫案】“兄”與“況”同。況,益也。言紂益自放縱也。《小雅·常棣》篇“況也永嘆”,《毛傳》曰:“況,兹也。”“兹”與“滋”同。滋,益也。《晉語》“衆況厚之”,韋注曰:“況,益也。”《無

① “令”,底本作“合”,據同治本改。

逸》"則皇自敬德",漢石經"皇"作"兄",王肅本作"況",云"況滋益用敬德"。《大雅·桑柔》篇"倉兄填兮",《召閔》篇"職兄斯引",《傳》并曰:"兄,兹也。"

傅子

夫天下處攻伐久矣,譬若傅子之爲馬然。

畢改"傅"爲"傳",云:"傳子,言傳舍之人。"【念孫案】畢説非也。"傅"當爲"僮",字之誤也。"僮",今"童"字也。《説文》:"僮,未冠也。"《魯語》曰:"使僮子備官。"《史記·樂書》曰:"使僮男、僮女七十人俱歌。"《宋世家》曰:"彼狡僮兮。"《玉篇》曰:"僮,今爲童。"《耕柱》篇曰:"大國之攻小國,譬猶童子之爲馬也,童子之爲馬,足用而勞。今大國之攻小國也,攻者,農夫不得耕,婦人不得織,以守爲事。攻人者,亦農夫不得耕,婦人不得織,以攻爲事,故大國之攻小國也,譬猶童子之爲馬也。"是其證。

之絶

布粟之絶則委之,幣帛不足則共之。

【念孫案】"之絶"二字不詞,當是"乏絶"之誤。《月令》曰"賜貧窮,振乏絶"是也。"委"讀"委輸"之"委"。《後漢書·千乘貞王伉傳》:"租委鮮薄。"①注:"委,謂委輸也。"

① "千",底本作"于",據《後漢書》本傳改。

序利　有序

量我師舉之費，以争諸侯之斃，舊本"争"作"諍"，涉下文"諸"字從"言"而誤，今改。則必可得而序利焉。

【引之曰】"序利"當爲"厚利"，隸書"厚"字或作"厚"，見漢《荆州刺史度尚碑》。又作"庢"，見《三公山碑》。形與"序"相似而誤。《詩序》"厚人倫"，《釋文》："厚，本或作序，非。"《荀子·王霸》篇"桀紂即厚於有天下之勢"，《鹽鐵論·國病》篇"無德厚於民"，今本"厚"字并訛作"序"。此言量我興師之費，以争諸侯之斃者，則厚利必可得也。《明鬼》篇曰："豈非厚利哉。"今本"厚"作"序"，則義不可通。又，《備城門》篇："百步一亭，亭一尉，舊本脱下"一"字，據《太平御覽·職官部六十七》補。尉必取有序忠信可任事者。"畢云"有序，言有資格"，非也。"序"亦當爲"厚"，"厚"上當有"重"字，人必重厚忠信，然後可以任事，故曰"尉必取有重厚忠信可任事者"。《號令》篇曰："葆衛必取戍卒有重厚者，請擇吏之忠信者，無害可任事者，令將衛。"是其證。今本"厚"作"序"，"序"上又脱"重"字，則義不可通。

者此

今欲爲仁義，求爲上士，尚欲中聖王之道，下欲中國家百姓之利，故當若非攻之爲説，而將不可不察者此也。

【念孫案】"不可不察者此也"本作"不可不察此者也"。"此"字指"非攻之説"而言，言欲爲仁義，則不可不察此非攻之説也。今本"此""者"二字倒轉，則與上文"今欲"二字義不相屬矣。《節葬》篇："故當若節喪之爲政，而不可不察者此也。""者此"亦"此者"之誤。《尚賢》篇:"故尚賢之爲説,而不可不察此者也。"《明鬼》篇:"故當鬼神之有與無之别,以爲將不可以不明察此者也。"舊本脱下"不"字,今補。"此者"二字皆不誤。

節用上

脱文三

因其國家,去其無用之費。舊本脱"用之費"三字,今據下文及《中》篇補。

便民

其發令興事,便民用財也,無不加用而爲者。

【念孫案】"便民"二字與下句文意不合,"便民"當爲"使民"。言必有用之事,然後使民爲之也。

所

其欲蚤處家者,有所二十年處家。其欲晚處家者,有所四十年處家。

【念孫案】所,猶時也。言有時二十年,有時四十年也。文十三年《公羊傳》注曰:"所,猶時也。"詳見《經義述聞·左傳》昭三十一年。

籍斂 作斂 措斂

其使民勞,其籍斂厚。

【引之曰】籍斂,税斂也。《大雅·韓奕》篇“實畝實籍”,《箋》曰:“籍,税也。”《正義》引宣十五年《公羊傳》曰:“什一而籍。”“籍”古讀若“昨”。説見《唐韻正》。《辭過》篇:“厚作斂於百姓。”“作斂”與“籍斂”同。《非樂》篇:“厚措斂乎萬民。”“措”字以“昔”爲聲,“措斂”亦與“籍斂”同。

脱文一

去無用之費,聖王之道,天下之大利也。舊本脱“費”字,《中》篇曰“諸加費不加于民利者,聖王弗爲”,今據補。

節用中

鞼匏

凡天下群百工,輪車、鞼匏、陶冶、梓匠。

畢云:“鞼,《説文》云:‘韋綉也。’‘匏’當爲‘鞄’,《説文》云:‘柔革工也。’”【念孫案】“鞼”即《考工記》“函鮑韗韋裘”之“韗”,非謂韋綉也。“輪車”“梓匠”爲攻木之工,“陶”爲摶埴之工,“冶”爲攻金之工,然則“鞼匏”即“韗鮑”,爲攻皮之工也。凡“文”“吻”“問”與“脂”“旨”“至”,古音多互相轉,故“韗”字或作“鞼”。“鞄”之爲“匏”,亦借字耳,故《考工記》又借作“鮑”。

北降

南撫交阯，北降幽都，東西至日所出入。

【念孫案】"降"字義不可通，"降"當爲"際"。《爾雅》："際、接，捷也。"郭注曰："捷，謂相接續也。""際""降"字形相似，故傳寫易訛。《周易集解·豐》象傳："豐其屋，天降祥也。"引孟喜曰："天降下惡祥也。"王弼本"降祥"作"際翔"。"際""降"字相似，故《周易》與《墨子》互訛。

飲於土熘

【念孫案】"土熘"乃飯器，非飲器。"飲"乃"飯"字之誤。"飯土熘"已見畢注。

斗以酌

【念孫案】"斗"上脱一字，此與下文義不相屬，"酌"下必多脱文，不可考。

利

古者聖王爲大川、廣谷之不可濟，於是利爲舟楫。

【念孫案】"利"字義不可通，"利"當爲"制"。隸書"制"字或作"剞"，與"利"相似而誤，詳見《管子·五輔》篇。

節葬下

傳

若苟疑惑乎之二子者言，然則姑嘗傳而爲政乎國家萬民而觀之。

畢本"傳"作"傅"。【念孫案】"傅"字義不可通，當依舊本作"傳"，"傳"與"轉"通。《吕氏春秋・必己》篇："若夫萬物之情，人倫之傳。"高注曰："傳，猶轉。"《莊子・天運》篇："無方之傳，應物而不窮。"《漢書・劉向傳》："禹稷與咎繇傳相汲引。""傳"并與"轉"同。《淮南・主術》篇"生無乏用，死無轉尸"，《逸周書・大聚》篇"轉"作"傳"。襄二十五年《左傳注》"傳寫失之"，《釋文》："傳，一本作轉。"言若疑惑乎二子之言，則試轉而爲政乎國家萬民以觀之也。

且故

且故興天下之利，①除天下之害。

【念孫案】"且故"二字，文義不順，當爲"是故"之誤。興利、除害正承上文而言。

正夫

存乎正夫賤人死者。

畢云："'正'同'征'。"【念孫案】畢説非也。"正"當爲

---

① "興"，底本作"與"，據下文"興利""除害"改。

"匹",《白虎通義》曰:"庶人稱匹夫。"上文"王公大人"爲一類,此文"匹夫賤人"爲一類,無取於征夫也。隸書"匹"字或作"疋",與"正"相似而誤。《禮器》:"匹士大牢而祭謂之攘。"《釋文》:"匹,本或作正。"《緇衣》:"唯君子能好其正。"注:"正當爲匹。"

扶

財以成者,畢云:"'以'同'已'。"扶而埋之。

【引之曰】"扶"字義不可通,"扶"當爲"挾"。謂挾已成之財而埋之也。隸書"挾"字或作"挟",與"扶"相似而誤。《方言》:"挾,護也。"今本"挾"訛作"扶"。

者五　族人　月數

君死,喪之三年。父母死,喪之三年。妻與後子死,者五皆喪之三年。然後伯父、叔父、兄弟、孽子其,畢云:"同'期'。"族人五月,姑、姊、甥、舅皆有月數。

【念孫案】"者五"當爲"五者",謂君、父、母、妻與後子也。《非儒》篇曰:"妻後子三年。"今本"五者"二字倒轉,則義不可通。"族人"當爲"戚族人",謂族人之近者也,《非儒》篇正作"戚族人五月"。見《儀禮·喪服》。今本脱"戚"字,則義不可通。《公孟》篇"戚族人五月",今本亦脱"戚"字。"月數"當爲"數月",《公孟》篇正作"姑、姊、舅、甥皆有數月之喪",亦見《喪服》。今本"數月"二字倒轉,則文義不明。

三睘

夫衆盜賊而寡治者,"夫"字承上文而言,舊本"夫"訛作"先",今改正。以此求治,譬猶使人三睘而毋負己也。

畢云:"'三睘'未詳。"【引之曰】"睘"與"還"同,"還"讀"周還""折還"之"還",謂轉折也。使人三轉其身於己前,則或轉而向己,或轉而背己,皆勢所必然,如此而欲使其毋背己,不可得也,故曰"以此求治,譬猶使人三睘而毋負己也",亦言求治之必不可得也。負,亦背也。《明堂位》"天子負斧依",注:"負,之言背也。"《秦策》:"齊東負海,北倚河。"高注:"負,背也。""負"與"背"古同聲,而字亦相通,又通作"倍"。《史記·魯世家》:"南面倍依,以朝諸侯。"倍依,即負依。《主父偃傳》"南面負扆",《漢書》"負"作"背"。《漢書·高紀》"項羽背約",《史記》"背"作"負"。

脱文一

若苟寡,是城郭溝渠者寡也。

【念孫案】"城郭溝渠"上當有"修"字,而今本脱之,則義不可通。此"修"字正承上文"城郭修""城郭不修"而言。

反其所

則惟"惟"與"雖"同,説見《釋詞》。上帝鬼神降之罪厲之禍罰而弃之,"之禍罰",之,猶與也。謂罪厲與禍罰也。"之"字古或訓爲"與",説見《釋詞》。則豈不亦乃其所哉。

畢改"乃其所"爲"反其所"。【念孫案】畢改非也。"乃其所”，猶言固其宜，言以不事上帝鬼神而獲禍，固其宜也。襄二十一年《左傳》曰：“若上之所爲，而民亦爲之，乃其所也。”是其證。文二年《傳》：“吾以勇求右，無勇而黜，亦其所也。”哀十六年《傳》：“克則爲卿，不克則亨，固其所也。”若改爲“反其所”，則義不可通。

久哭

死者既以葬矣，生者必無久哭。

【念孫案】“久哭”當爲“久喪”。“喪”字，從哭、亾聲。《墨子》原文蓋本作“喪”，見《玉篇》《廣韻》。而傳寫脱去“亾”字耳。《節用》篇曰：“死者既葬，生者毋久喪用哀。”是其證。“久喪”二字，見於本篇及它篇者多矣，若作“久哭”，則語不該備。

南己

舜西教乎七戎，道死，葬南己之市。

【念孫案】“南己”，《後漢書·王符傳》注引作“南巴”，“巴”即“己”之誤。畢以作“巴”者爲是，且云：“九疑，古巴地。”案，《北堂書鈔》及《初學記·禮部下》引《墨子》并作“南己”，《後漢書·趙咨傳》注及《太平御覽》并引作“南紀”，《吕氏春秋·安死》篇“舜葬於紀市”，即所謂“南紀之市”，則“己”非誤字也，若是“巴”字，則不得與“紀”通矣。《墨子》稱舜所葬地，本不與諸書同，不必牽合“舜葬九疑”之文也。至謂“九疑”爲“古巴地”，以牽合“南巴”，則顯與上文“西教乎七戎”不合，此無庸辯也。

九夷

禹東教乎九夷。

畢云："《太平御覽》引作'教於越'者,以意改之。"【念孫案】鈔本《北堂書鈔》陳禹謨依今本改爲"九夷"。及《初學記》引此并作"於越",非作《御覽》者以意改也。今本作"九夷"者,後人因上文"七戎""八狄"而改之,不知此説堯舜禹所至之地,初非以"七戎""八狄""九夷"爲次序也。據下文云"葬會稽之山",會稽正在越地,則當以作"於越"者爲是。

土地

土地之深,下毋及泉,上毋通臭。

【念孫案】"土地"二字,文義不明。"土地"當爲"堀地",寫者脱其右半耳。下文曰"掘地之深,下無菹漏,氣無發泄於上",《節用》篇曰"堀穴深不通於泉",皆其證。

以爲如此葬埋之法

豈憂財用之不足哉,以爲如此葬埋之法。

畢云："《太平御覽》引作'以爲葬埋之法也'。"【念孫案】《北堂書鈔》《初學記》亦如是,於義爲長。

即

璧玉即具,戈劍鼎鼓壺濫,文綉素練,大鞅萬領,輿馬女樂皆具。

【念孫案】“即”字文義不順,“即”當爲“既”,言璧玉既具,而戈劍等物又皆具也。

請 謂

請可以富貧衆寡、定危治亂乎。

畢從一本改“請”爲“誠”。【念孫案】古者“誠”與“請”通,不煩改字。《尚同》篇“今天下之王公大人士君子,請將欲富其國家,衆其人民,治其刑政,定其社稷”,“請”即“誠”字也。又,本篇下文:“今天下之士君子,中謂將欲爲仁義,求爲上士。”“謂”即“請”之訛。畢徑改爲“誠”,皆未達假借之旨。後凡改“請”爲“誠”者放此。《墨子》書“情”“請”二字并與“誠”通,説見《尚同》篇。

猶

若以此若三國者觀之,則亦猶薄矣。若以中國之君子觀之,舊本脱“以”字,據上文補。則亦猶厚矣。

【念孫案】《爾雅》:“猶,已也。”言亦已薄,亦已厚也。

《墨子》弟三

天志上

所

若處家得罪於家長，猶有鄰家所避逃之。

【念孫案】所，猶可也。説見《釋詞》。言有鄰家可避逃也。下文同。畢引《廣雅》"所，居也"，失之。

幽門　幽澗

夫天不可爲林谷幽門無人，明必見之。

畢云："'門'當爲'澗'。"【念孫案】畢改"門"爲"澗"，據《明鬼》篇文也。余謂"門"當爲"閒"，"閒"讀若"閑"。言天監甚明，雖林谷幽閒無人之處，天必見之也。《賈子·耳痺》篇曰："故天之誅伐，不可爲廣虚幽閒，攸遠無人，雖重襲石中而居，其必知之乎。"《淮南·覽冥》篇曰："上天之誅也，雖在壙虚幽閒，遼遠隱匿，重襲石室，界障險阻，其無所逃之亦明矣。"義皆本於《墨子》，則"幽門"爲"幽閒"之誤明矣。又，《明鬼》篇："雖有深谿博林、幽澗毋人之所。""幽澗"亦"幽閒"之誤。“深谿博林、幽閒毋人”，即所謂林谷幽閒無人也。“幽閒毋人”正指“深谿博林”言之，若作“幽澗”，則與“深谿”相複。

脱文三

然而天下之士君子之於天也，忽然不知以相儆戒。舊本脱“士”字及“之於”二字，今據上下文補“士”字，又以意補“之於”二字。

脱文十五

然則天亦何欲何惡？天欲義而惡不義。然則率天下之百姓以從事於義，則我乃爲天之所欲也。然則我何欲何惡？我欲福禄而惡禍祟。若我不爲天之所欲，而爲天之所不欲，舊本脱“若我”以下十五字，今據《中》篇補。然則我率天下之百姓以從事於禍祟中也。

次

是故庶人竭力從事，未得次己而爲政，有士政之。“政”與“正”同，《下》篇皆作“正”。

畢云：“‘次’，‘恣’字省文。”【引之曰】畢説非也。次，猶即也。下文諸“次”字并同。此言士在庶人之上，故庶人未得即己而爲正，有士正之也。“次”“即”聲相近而字亦相通。《康誥》“勿庸以次女封”，《荀子·致士》《宥坐》二篇并作“勿庸以即女”，《家語·始誅》篇作“勿庸以即女心”，皆其證。《説文》“垐，古文作垔”，亦其例也。

天志中

脱文二

何以知義之爲善政也，曰："天下有義則治，無義則亂，是以知義之爲善政也。"舊本脱兩"爲"字，《下》篇曰："何以知義之爲正也？天下有義則治，無義則亂，我以此知義之爲正也。"今據補。

下出

先王之書曰"明哲維天，臨君下出"。

【引之曰】"下出"二字，義不可通，"出"當爲"土"。"明哲維天，臨君下土"，猶《詩》言"明明上天，照臨下土"耳。隸書"出"字或作"士"，若"敖"省作"敖"，"賣"省作"賣"，"歀"省作"款"之類。形與"土"相似，故"土"譌爲"出"。《漢書·外戚傳》"必畏惡吐棄我"，《漢紀》"吐"譌作"咄"，亦其類也。

雷降

雷降雪霜雨露，以長遂五穀麻絲。

【念孫案】"雷降雪霜雨露"，義不可通。"雷"蓋"賈"字之誤，"賈"與"隕"同。《左氏春秋經》莊七年"星隕如雨"，《公羊》"隕"作"賈"。《爾雅》"隕、降，落也"，故曰"賈降雪霜雨露"。

天胡説

若天不愛民之厚天胡説人殺不辜，而天予之不祥哉。

【念孫案】[1]“天胡説”之“天”當爲“夫”，此涉上下文“天”字而誤。夫，發聲也。言若天非愛民之厚，則人殺不辜而天予之不祥者，果何説哉。《節葬》篇曰：“厚葬久喪，果非聖王之道，夫胡説中國之君子爲而不已、操而不擇哉。”是其證。

既可得留而已　既可謂而知也

故夫愛人利人、順天之意、得天之賞者，既可得留而已。

畢云：“据下云‘既可謂而知也’，此句未詳。”【念孫案】“既可得留而已”當作“既可得而智已”。智，即知也。《墨子》書“知”字多作“智”，見於《經説》《耕柱》二篇者，不可枚舉。其他書作“智”者，皆見《管子·法法》篇。言順天之意，得天之賞者，既可得而知已。《尚賢》篇曰：“既可得而知已。”舊本作“既可得留而已”者，“智”誤爲“留”，又誤在“而”字上耳。下文云：“故夫憎人賊人，反天之意，得天之罰者，既可謂而知也。”亦當作“既可得而知也”。此因“得”與“謂”草書相似而誤，“既可得而知”五字前後相證，則兩處之誤字，不辯而自明。《下》篇亦云：“既可得而知也。”

天之意　天之志

故子墨子之有天之意也。

【念孫案】“天之意”本作“天之”，“天之”，即天志，本篇之名也。“子墨子之有天之”，已見上文。古“志”字通作“之”，説見《號令》

① “案”，底本脱，據同治本補。

篇“常司上之”下。後人不達，又見上下文皆云“順天之意”“反天之意”，故於“天之”下加“意”字耳。《下》篇曰“非獨子墨子以天之志爲法也”，又曰“當天之志而不可不察也，天之志者，義之經也”，三“志”字亦後人所加，“之”即“志”字也。

衍文三 脱文一

觀其行，順天之意，謂之善行，反天之意，謂之不善行。舊本“謂之善”下衍“意”字，“謂之不善”下脱“行”字，又衍“意非”二字，今據下文改正。

天志下

極戒

然而莫知以相極戒也。

【引之曰】“極”字義不可通，“極戒”當爲“儆戒”，字之誤也。《上》篇“相儆戒”三字，凡五見。

脱文三

今天下之士君子，皆明於天子之正天下也，而不明於天之正天子也。舊本“不明於天”下脱“之”字，“正”下又脱“天子”二字，今補。

禍福

天子賞罰不當，聽獄不中，天下疾病禍福。

【念孫案】“福”字義不可通，“禍福”當爲“禍祟”。下者，降也。言降之以疾病禍祟也。“疾病禍祟”，見《中》篇。

物

且天之愛百姓也，不盡物而止矣。

【念孫案】“物”字義不可通，“物”當爲“此”，“此”字指上文而言。《中》篇曰“不止此而已矣”，又曰“不止此而已”，舊本脱“不”字，今補。皆其證。

衍文一　脱文六

今天下之國，粒食之民，殺一不辜者，必有一不祥。舊本“民”下衍“國”字，今删。“殺一”下脱“不辜者必有一”六字，今據《上》《中》二篇補。

別

且天之愛百姓厚矣，天之愛百姓別矣。

【引之曰】“別”讀爲“遍”。言天遍愛百姓也。古或以“別”爲“遍”，説見《經義述聞·〈尚書·康誥〉》。

毁之賁不之廢也

是以天下之庶民屬而毁之，業萬世子孫繼嗣毁之賁，不之廢也。

畢云："句疑有脱誤。"【念孫案】"賁"當爲"者"，隸書"者"字或作"者"，見漢《衛尉卿衡方碑》《郃陽令曹全碑》。與"賁"相似而誤。"不之廢"，衍"之"字。廢者，止也。見《中庸》《表記》注。言業萬世子孫繼嗣而毁之者，猶不止也。《尚賢》篇云"萬民從而非之曰暴王，至今不已"是也。今本"者"訛作"賁"，下文又衍"之"字，則文不成義。

脱文一

今輪人以規，匠人以矩，以此知方圜之别矣。舊本脱"知"字，《中》篇曰："圜與不圜，方與不方，皆可得而知。"今據補。

溝境　御

入其溝境，刈其禾稼，斬其樹木，殘其城郭，以御其溝池。

【念孫案】"溝境"二字不詞，當依《非攻》篇作"邊境"，此涉下文"溝池"而誤也。【引之曰】"御"字義不可通，"御"當爲"抑"，"抑"之言"堙"也。謂壞其城郭，以塞其溝池，若《周語》所云"墮高堙庳"也。《史記·河渠書》"禹抑鴻水"，《索隱》曰："抑，《漢書·溝洫志》作堙。堙、抑，皆塞之也。"是"抑"與"堙"同義。《非攻》篇作"湮其溝池"，湮，亦堙也。隸書"抑"字或作"抑"，見漢《校官碑》。"御"字或作"御"，見《帝堯碑》。二形相似而誤。

係操

民之格者，則剄拔之。不格者，則係操而歸。

【引之曰】民可係而歸，不可操而歸，古亦無以"係操"二字連文者。"操"當爲"纍"，即《孟子》所謂"係累其子弟"也。"纍"誤爲"喿"，後人因改爲"操"耳。

舂酋

丈夫以爲僕圉、胥靡，婦人以爲舂酋。

畢云："《周禮》云：'其奴，男子入于臯隸，女子入于舂槁。'又，《説文》云：'酋，繹酒也。《禮》有大酋，掌酒官也。'未詳'婦人爲酋'之義。'酋'與'舀'聲形相近，《説文》：'舀，抒臼也。'亦'舂槁'義與？"【念孫案】畢以"酋"爲"或舂或舀"之"舀"，非也。《説文》："酋，繹酒也。從酉，水半見於上。《禮》有'大酋'，掌酒官也。"《月令》注："酒孰曰酋。"據此，則酒官謂之酋者，以其掌酒也，然則女奴之掌酒者，亦得謂之酋矣。《周官・酒人》："女酒三十人，奚三百人。"鄭注曰："女酒，女奴曉酒者。古者從坐男女没入縣官爲奴，其少才知以爲奚。"是其證。惠氏半農《禮説》曰："酒人之奚，多至三百。"則古之酒皆女子爲之，即《墨子》所謂"婦人以爲舂酋"也。

法美

爲人後子者，必且欲順其先君之行，曰："何不當發吾府庫，舊本脱“府”字，據上文補。視吾先君之法美。”

【念孫案】“法美”二字，義不相屬。“美”當爲“義”，字之誤也。《少儀》“言語之美”，鄭注：“美，當爲儀。”案，“美”乃“義”字之誤，“義”即古“儀”字。説見《經義述聞·禮記》“别之以禮義”下。法義，即法儀也。前有《法儀》篇云“天下從事者，不可以無法儀”，《非命》篇曰“先立義法”，即“儀法”。“當”讀爲“嘗”。《荀子·性惡》篇：“今當試去君上之勢，無禮義之化。去法正之治，無刑罰之禁。則天下之悖亂而相亡，不待頃矣。”《吕氏春秋·疑似》篇：“戎寇當至。”“當”并與“嘗”同。《史記·西南夷傳》“嘗擊南越者八校尉”，《漢書》“嘗”作“當”。嘗，試也。言試發吾府庫，視吾先君之法儀也。

蚤絫

與角人之府庫，“角”字有誤。竊人之金玉、蚤絫者乎。

【引之曰】“蚤絫”二字，義不可通。“蚤絫”當爲“布喿”。隸書“布”字作“𢂽”，“蚤”字作“蚤”，二形相似，故“布”訛爲“蚤”。《荀子·儒效》篇“必蚤正以待之也”，《新序·雜事》篇“蚤”作“布”。“喿”蓋“繰”之借字，“布繰”，即布帛。《説文》：“繰，帛如紺色。或曰深繒。讀若喿。”“繰”“喿”同音，故字亦相通。凡書傳中從喿、從參之字多相亂，故《非樂》篇“多治麻絲葛緒，綑布繰”，今本作“布縿”，而《檀弓》之“布幕，衛也。繰幕，魯也”，今本亦作“縿幕”，其它從喿之字，亦多變而從參。説見《詩本音·陳風·月出》篇。隸書“參”字作“叅”，與“絫”相似，因訛爲“絫”矣。《西伯戡黎》“乃罪多參在上”，馬融讀“參”爲“絫”，亦以其字形之相似。金玉、布繰皆府庫所藏，故曰“角人之府庫，竊人之金玉、布喿”。

脱文十

與逾人之欄牢，竊人之牛馬者，與入人之場園，竊人之【引之曰】舊脱"者與入人之場園竊人之"十字，當據上下文補。桃李瓜薑者。

文義

有能多殺其鄰國之人，因以爲文義。

【念孫案】"文義"二字，義不可通。"文"當爲"大"，字之誤也。謂多殺鄰國之人，聞之者不以爲不義，反以爲大義也。《非攻》篇曰"小爲非則知而非之，大爲非，攻國，則不知非，今本"不知"下衍"而"字。從而譽之謂之義"此之謂也。

明鬼下

借若

今若使天下之人借若信鬼神之能賞賢而罰暴也，舊本"罰暴"二字倒轉，據上文改。則夫天下豈亂哉。

【念孫案】上言"若使"，則下不得又言"借若"，余謂"若"字涉上文而衍，"借"乃"偕"字之誤，"偕"與"皆"通。《湯誓》"予及女皆亡"，《孟子・梁惠王》篇"皆"作"偕"。《周頌・豐年》篇"降福孔皆"，《晉書・樂志》"皆"作"偕"。言使天下之人皆信鬼神之能賞賢而罰暴，則天下必不亂也。

天下之

旦暮以爲教誨乎天下之,疑天下之衆。

畢於上“之”字下補“人”字。【念孫案】畢補非也。此文本作“旦暮以爲教誨乎天下句”,今本“天下”下有“之”字者,涉下句“天下之衆”而衍,畢不解其故,而於“之”下補“人”字,誤矣。下文“天下之衆”,即天下之人也。

脱文九

請或聞之見之,則必以爲有,莫聞莫見,舊脱“則必”以下九字,今據下文及《非命》篇補。則必以爲無。

敢問神

鄭穆公再拜稽首曰:“敢問神。”曰:“予爲句芒。”

畢據《太平御覽》《神鬼部二》。於“神”下加“明”字,云:“明,同名。”【念孫案】鈔本《御覽》正作“敢問神名”,刻本“名”作“明”,誤也。明,古讀若“芒”,不得與“名”通。

馳祖

燕將馳祖,燕之有祖,當齊之社稷,宋之有桑林,楚之有雲夢也。

畢釋“祖”字云:“祖道也。”【念孫案】畢説非也。《法苑珠林·君臣》篇作“燕之有祖澤,猶宋之有桑林,國之大祀也”,

據此則“祖”是澤名，故又以“雲夢”比之。下文“燕簡公方將馳於祖塗”，亦謂“祖澤之塗”也，然則“祖”非“祖道”之謂。

由　猶

齊君由謙殺之，恐不辜，猶謙釋之，恐失有罪。

【念孫案】由、猶，皆欲也。“謙”與“兼”同。言欲兼殺之、兼釋之也。《大雅・文王有聲》篇“匪棘其欲”，《禮器》作“匪革其猶”。《周官・小行人》“其悖逆暴亂作慝猶犯令者”，《大戴記・朝事》篇“猶”作“欲”。是“猶”即“欲”也，“猶”“由”古字亦通。

泏洫掘羊

於是泏洫𢯎羊而漉其血。

畢云：“《説文》云：‘泏，水皃，讀若窟。’‘洫’未詳，疑‘皿’字。言以水渫皿。《太平御覽・事類賦》引作‘以羊血灑社’，則‘漉’當爲‘灑’字之誤。‘𢯎’，字書無此字。”盧云：“《玉篇》有‘挜’字，云：‘摇也。烏可、烏寡二切。’”【引之曰】“𢯎”即“剄”字也。《廣雅》曰：“剄、曹憲音“乙牙反”。刑、刻，剄也。”《吴語》“自剄於客前”，賈逵曰：“剄，剄也。”作“𢯎”者，或字耳，此文本作“𢯎羊出血，而灑其血”，謂剄羊出血，而灑其血於社也。《太平御覽》《獸部十四》。① 引作“以羊血灑社”者，省文耳。今本“出血”作“泏洫”，涉下文“灑”字而誤加“氵”，又

① “十四”，底本作“十三”，據《太平御覽》改。

誤在“摠羊”之上，則義不可通。

請品先

請品先不以其請者，鬼神之誅至，若此其憯遬也。

畢云：“‘品’當爲‘盟’，下‘請’字當爲‘情’。”【引之曰】畢謂“品”當作“盟”是也。上“請”字當爲“諸”，“先”當爲“共”。隸書“先”字或作“先”，與“共”相似而誤，説見《經義述聞·左傳》僖三十一年。“共”字當在“盟”字上，“共盟”，見上文。“諸”猶今人言“諸凡”也。言凡共盟而不以其情者，必受鬼神之誅也。上文曰：“諸不敬慎祭祀者，鬼神之誅至，若此其憯遬也。”是其證。今本“諸”訛作“請”，“共”訛作“先”，“盟”訛作“品”，又升“品”字於“先”字上，則義不可通。下“請”字即“情”字也，《墨子》書通以“請”爲“情”，不煩改字。

菆位　禁社

且惟昔者虞夏、商、周三代之聖王，其始建國營都，必擇國之正壇，置以爲宗廟，必擇木之修茂者，立以爲菆位。

畢云：“‘菆’，‘蕝’字假音。《説文》云：‘朝會，束茅表位曰蕝。’《春秋國語》曰：‘茅蕝表坐。’韋昭曰：‘蕝謂束茅而立之，所以縮酒。’”【念孫案】畢説非也。“菆”與“叢”同，“位”當爲“社”，字之誤也。隸書“社”字或作“社”，又作“社”，因訛而爲“位”。漢《魯相韓敕造孔廟禮器碑》“潁川長社王玄君真”，字作“社”。《魯相史晨祠孔廟奏銘》“夫封土爲社”，字作“社”，是其證也。《急就篇》“祠祀社稷叢臘奉”，“叢”，一本作“菆”，鄭注《喪大記》曰：

"欑，猶菆也。"《釋文》："菆，才工反。本亦作'叢'。"《説文》曰："棷，菆也。"《淮南·原道》篇注曰"藂木曰棷"，"藂"亦與"叢"同。顔師古曰"叢，謂草木岑蔚之所，因立神祠"，即此所謂"擇木之修茂者，立以爲菆社"也。《秦策》："恒思有神叢。"高注曰："神祠叢樹也。"見《史記·陳涉世家》索隱。《莊子·人間世》篇曰："見櫟社樹，其大蔽牛。"《吕氏春秋·懷寵》篇曰："問其叢社大祠，民之所不欲廢者，而復興之。"《太玄·聚》次四曰："牽羊示于叢社。"皆其證也。"置以爲宗廟"承上"賞於祖"而言，"立以爲菆社"承上"僇於社"而言，則"位"爲"社"字之誤明矣。《史記·陳涉世家》："又間令吴廣之次近所旁叢祠中。"《索隱》引《墨子》云："建國必擇木之修茂者以爲叢位。"則所見本"社"字已誤作"位"，而"菆"字作"叢"，則不誤也。又，《耕柱》篇曰："季孫紹孟伯常治魯國之政，不能相信而祝於禁社。""禁社"乃"蘩社"之誤，"蘩"亦與"叢"同。《爾雅》："灌木，叢木。"《釋文》曰："叢，本或作蘩。"《漢書·東方朔傳》"蘩珍怪"，師古曰："蘩，古叢字。"漢《殽阬君神祠碑陰》"有蘩鶡伯鸞"。《説文》："丵，叢生艸也"，"叢，聚也。從丵、取聲"。聚艸謂之叢，聚木亦謂之叢，"叢""菆""蘩"三字或從丵，或從艸，或從林，其義一也。

古者聖王必以鬼神爲

【念孫案】"爲"下當有"有"字，而今本脱之，"必以鬼神爲有"見上文。其下仍有脱文，不可考。

咸

故書之竹帛，傳遺後世子孫，咸恐其腐蠹絶滅，後世子孫不得而記，故琢之盤盂，鏤之金石以重之。

【引之曰】"咸"字文義不順，當是"或"字之誤。言或恐竹帛之腐蠹絶滅，故又琢之盤盂，鏤之金石也。

慎無

先王之書，慎無一尺之帛，一篇之書，語數鬼神之有，重有重之，"有"與"又"同。亦何書有之哉。

【念孫案】"慎無"二字，義不可通。"慎無"當爲"聖人"。上文曰："故先王之書，聖人此下脱二字，或當云"聖人之言"。一尺之帛，一篇之書。"是其證。

矧住人面

《商書》曰："嗚呼，古者有夏方未有禍之時，百獸貞蟲，允及飛鳥，莫不比方，矧住人面，胡敢異心。"

畢改"住"爲"在"。【引之曰】古"惟"字但作"隹"，古鐘鼎文"惟"字作"隹"，石鼓文亦然。又，夏竦《古文四聲韻》載《道德經》"惟"字作"隹"。《墨子》多古字，後人不識，故傳寫多誤。此"住"字蓋"隹"字之誤，不當改爲"在"也。"矧惟"者，語詞。《康誥》曰："矧惟不孝不友。"又曰："矧惟外庶子訓人。"《酒誥》曰："矧惟爾事，服休服采。矧惟若疇，圻父薄違，農父若保，弘父"，皆其證也。《鹽鐵論・未通》篇曰："周公抱成王聽天下，恩塞海内，澤被四表，矧惟人面，今本"人"作"南"，此後人不曉文義而妄改之也。含仁保德，靡不得其所。"《繇役》篇曰："普天之下，惟人面之倫，莫不引領而歸其義。"《後漢書・章帝紀》曰："訖惟人面，靡不率俾。”《和帝紀》曰：“戒惟人面，無思不服。”并與《墨子》同意。

誤文二

此吾所以知《商書》之鬼也，且《商書》獨鬼，而《夏書》不鬼，則未足以爲法也。舊本上“商書”訛作“商周”，下“商書”訛作“禹書”，今據上文改。

事

賞於祖者何也？言分命之均也。僇於社者何也？言聽獄之事也。

【念孫案】事者，“中”之壞字也。中者，平也，與“均”字對文。上文曰：“僇於社者何也？言聽之中也。”是其證。

尚書

故尚書夏書，其次商周之書。

【念孫案】“尚書夏書”，文不成義。“尚”與“上”同，“書”當爲“者”。言上者則夏書，其次則商周之書也。此涉上下文“書”字而誤。

若以爲不然

【念孫案】此五字隔斷上下文義，蓋涉下文“若以爲不然”

而衍。

不可

鬼神之罰，不可富貴衆强、勇力强武、堅甲利兵，鬼神之罰必勝之。

畢依一本於“不可”下補“恃”字。【念孫案】“不可”下一字乃“爲”字，非“恃”字也。下文曰：“此吾所謂鬼神之罰，不可爲富貴衆强、勇力强武、堅甲利兵者，此也。”此文凡兩見。是其明證矣。上文曰：“鬼神之明，不可爲幽閒廣澤、山林深谷，鬼神之明必見之。”與此文同一例。“不可爲富貴衆强”云云，猶孔子言“仁不可爲衆也”。其一本作“不可恃”，“恃”字乃後人以意補之，與上下文不合。

主別

推哆大戲，主別兕虎，指畫殺人。

畢云：“‘主別’，《太平御覽》引作‘生捕’。”《皇王部七》。【念孫案】“主別兕虎”本作“生列兕虎”，“列”即今“裂”字也。《説文》：“列，分解也。”“裂，繒餘也”。義各不同。《艮》九三“列其夤”，《大戴記·曾子天圓》篇：“割列禳瘞。”《管子·五輔》篇：“博帶梨，大袂列。”皆是古“分列”字，今“分列”字皆作“裂”，而“列”但爲“行列”字矣。鈔本《太平御覽》引《墨子》作“生裂兕虎”，故知今本“主別”爲“生列”之譌，刻本作“生捕”者，淺人以意改之耳。

楚毒

楚毒無罪，刳剔孕婦。

【念孫案】“楚毒”本作“焚炙”，此因“焚”誤爲“楚”，則“楚炙”二字，義不可通。後人不得其解，遂以意改爲“楚毒”耳。“焚炙”，即所謂炮格之刑也。俗作“炮烙”，非。説見《史記·殷本紀》。“焚炙”“刳剔”，皆實有其可指之刑，若改作“楚毒”，則不知爲何刑矣。《北堂書鈔·政術部十五》出“焚炙無罪”四字，注曰“《墨子》云‘殷紂’”，則《墨子》之本作“焚炙無罪”甚明，僞古文《泰誓》“焚炙忠良，刳剔孕婦”，即用《墨子》而小變其文。

百走

衆畔百走。

【引之曰】“百”字義不可通，“百走”蓋“皆走”之誤。

脱文二

此非所以爲上士之道也。舊本脱“之”字、“也”字，上文曰“則非所以爲君子之道也”，與此文同一例，今據補。

非樂上

邃野

非以高臺厚榭邃野之居，以爲不安也。

【引之曰】“野”即“宇”字也，古讀“野”如“宇”，《周官·職方氏》：“其澤藪曰大野。”《釋文》：“野，劉音與。”“與”“宇”古同音，餘見《唐韻正》。故與“宇”通。《楚辭·招魂》：“高堂邃宇。”王注曰：“邃，深也。宇，屋也。”《鹽鐵論·取下》篇曰：“高堂邃宇，廣厦洞房。”《易林·恒之剥》曰：“深堂邃宇，君安其所。”皆其證。若“郊野”之“野”，則不得言“邃”，且上與“高臺厚榭”不倫，下與“之居”二字義不相屬矣。

意舍此

此下有脱文，不可考。

遲者　當年

將必不使老與遲者。又下文“將必使當年”。

【念孫案】“遲”讀爲“稺”，“遲”字本有“稺”音，“遲”“稺”又同訓爲“晚”。《廣雅》：“遲、稺，晚也。”故“稺”通作“遲”。當年，壯年也，或曰“丁年”，説見《經義述聞·爾雅》。

不與

其説必將與賤人，不與君子。

【念孫案】此本作“必將與賤人，與君子”，下文“與君子聽之，與賤人聽之”，即承此文而言。今本作“不與君子”，“不”字乃後人不曉文義而妄加之。

醜羸

食飲不美,面目顔色不足視也。衣服不美,身體從容醜羸不足觀也。

【念孫案】"醜羸"二字,後人所加也。《楚辭·九章》注曰:"從容,舉動也。"古謂"舉動"爲"從容",説見《廣雅疏證·釋訓》。"身體從容不足觀",謂衣服不美,則身體之一舉一動皆無足觀也。後人乃加入"醜羸"二字,夫衣服不美,何至羸其身體,且"身體從容不足觀"與"面目顔色不足視"對文,加"醜羸"二字,則與上文不對矣。鈔本《北堂書鈔·衣冠部三》引此作"身體從容不足觀",無"醜羸"二字。陳禹謨本删去。《太平御覽·服章部十》《飲食部七》所引并同。

升粟

農夫蚤出暮入,耕稼樹藝,多聚升粟。

【念孫案】"升"當爲"叔","叔"與"菽"同。《大雅·生民》篇"藝之荏菽",《檀弓》"啜菽飲水",《左氏春秋》定元年"隕霜殺菽",《釋文》并作"叔"。《管子·戒》篇:"出冬蔥與戎叔。"《莊子·列御寇》篇:"食以芻叔。"《漢書·昭帝紀》:"以叔粟當賦。"并與"菽"同。《尚賢》篇云:"蚤出莫入,耕稼樹藝,聚菽粟。"是其證也。草書"叔"字作"[illegible]","升"字作"[illegible]",二形相似。《晏子·諫》篇"合升斟之微,以滿倉廩",《説苑·正諫》篇"升斟"作"菽粟"。《齊策》"先生王斗",《文選·任昉〈齊竟陵文宣王行狀〉》注引作"王叔",《漢書·古今人表》作"王升"。《後漢書》"周章,字次叔","叔"或作"升"。《文選·左思〈魏都賦〉》注引"張升《反論》”，陳琳《荅東阿王牋》注作“張叔《及論》”，昭七年《左傳正義》作“張叔皮《論》”，皆以字形相似而誤。《非命》篇“多聚升粟”，誤與此同。

縿

多治麻絲葛緒綑布縿。

【念孫案】“縿”當爲“繰”，凡書傳中從喿之字，多變而從參，説見《詩本音·陳風·月出》篇。故“繰”誤爲“縿”。《集韻》：“綑，織也。”“綑布繰”，猶言綑布帛。《説文》：“繰，帛如紺色。或曰深繒。從系喿聲，讀若喿。”《玉篇》“子老切”。《廣雅》曰：“繰，謂之縑。”《檀弓》：“布幕衛也，繰幕魯也。”鄭注曰：“繰，縑也。繰讀如綃。”今本《檀弓》亦訛作“縿”。又，《説文》：“縿，旌旗之游也。從糸、參聲。”《玉篇》“所銜切”。兩字判然不同。《非命》篇“捆布縿”同。

脱文四

即必不能蚤出暮入，耕稼樹藝，多聚叔粟，是故叔粟不足。舊本脱“是故叔粟”四字，今據上下文補。

舞佯佯黄言孔章

畢云“舞”當爲“橆”，“橆”與“謨”音同。孔書作“聖謨洋洋”。又云：“黄”，孔書作“嘉”，是。【引之曰】畢説非也。“舞佯佯，黄言孔章，上帝弗常，“常”讀“肆皇天弗尚”之“尚”，説見《經義述聞》。九有以亡”，即下文之“萬舞翼翼，章聞于天，天用弗式”也。此承上文“恒舞于宫”而言，言耽於樂者，必亡其國，故下文云“察九有之所以亡者，徒從飾樂也”。東晉人改其文曰“聖謨洋洋，嘉言孔彰，惟上帝不常”，則與《墨子·非樂》之意了不相涉，而畢反據之以改原文，傎矣。

非命上

命壽則壽命夭則夭命

此下有脱文，不可考。

廢

廢以爲刑政。

盧云：“廢，置也。”【念孫案】盧説非也。“廢”讀爲“發”，故《中》篇作“發而爲刑政”，《下》篇作“發而爲政乎國”。“發”“廢”古字通，説見《史記·平原君傳》。

益蓋

今天下之士君子或以命爲有，句。益蓋嘗尚觀於聖王之事。

【念孫案】“或以命爲有”絶句。下文云“豈可謂有命哉”。“益”即“蓋”字之訛。“蓋”字俗書作“盖”，形與“益”相近，故“蓋”訛作“益”。《史記·楚世家》：“還蓋長城以爲防。”徐廣曰：“蓋，一作益。”今云"益""蓋"者,一本作"益",一本作"蓋",而後人誤合之耳。"蓋"與"盍"同,盍,何不也。《檀弓》曰:"子蓋言子之志於公乎。"《孟子·梁惠王》篇:"蓋亦反其本矣。"嘗,試也。"尚"與"上"同。言今天下之士君子或以命爲有,則何不試上觀於聖王之事乎?下文曰:"今天下之士君子,或以命爲有,句。益嘗尚觀於先王之書。""益"亦"蓋"字之訛。

則是以

與其百姓兼相愛,交相利,則是以近者安其政,遠者歸其德。

【念孫案】"是以"上不當有"則"字,蓋即"利"字之誤而衍者。上下文:"是以天鬼富之,諸侯與之,百姓親之,賢士歸之。""是以"上皆無"則"字。

脱文二

是故古之聖王,發憲出令,設以爲賞罰以勸賢。

畢云:"《中》篇作'勸沮',是。"【念孫案】原文是"勸賢",不得徑改爲"勸沮"。余謂"勸賢"下當有"沮暴"二字,"勸賢"承"賞"而言,"沮暴"承"罰"而言。《尚賢》篇曰:"賞不當賢而罰不當暴,則是爲賢者不勸,而爲暴者不沮矣。"《尚同》篇曰:"賞譽不足以勸善,而刑罰不可以沮暴。"皆其證。

持

此持凶言之所自生，而暴人之道也。

【念孫案】"持"字義不可通，"持"當爲"特"。《吕氏春秋·忠廉》篇注曰："特，猶直也。"言此直是凶人之言，暴人之道也。下文同。

心涂

昔上世暴王，舊本"昔"譌作"若"，據上文改。不忍其耳目之淫，心涂之辟。

畢云："涂，猶術。"【引之曰】畢説非也。"心涂"本作"心志"，"耳目之淫，心志之辟"，并見《中》篇。《下》篇作"心意"，亦"心志"之譌。

縱之棄

天亦縱之棄而弗葆。

【念孫案】"縱之棄"當作"縱棄之"，"縱棄"，猶放棄也。《中》篇作"天不亦棄縱而不葆"，《孟子·滕文公》篇注曰："不亦者，亦也。"畢本"不亦"作"亦不"，非。《天志》篇作"天亦縱棄紂而不葆"皆其證。

脱文三

上無以供粢盛酒醴，祭祀上帝鬼神，下無以降綏天下賢可之士。舊本脱“下無以”三字,今據上下文補。

非命下

遲樸

昔者暴王作之,窮人術之,此皆疑衆遲樸。

【引之曰】“遲”字義不可通,“遲”當爲“遇”,字之誤也。“遇”與“愚”同。《晏子春秋·外篇》“盛爲聲樂,以淫愚民”,《墨子·非儒》篇“愚”作“遇”。《莊子·則陽》篇:“匿爲物而愚不識。”《釋文》:“愚,一本作遇。”《韓子·南面》篇“愚贛窳惰之民”,宋乾道本“愚”作“遇”。《秦策》“今愚惑與罪人同心”,姚本“愚”作“遇”。言此有命之説,或作之,或述之,皆足以疑衆愚樸。“樸”謂質樸之人也,《中》篇作“教衆愚樸”,是其證。今本“愚樸”下衍“人”字。畢説非。

惟舌

今天下之君子之爲文學出言談也,非將勤勞其惟舌,而利其脣呡也。“呡”與“吻”同。

一本“惟舌”作“頰舌”。【念孫案】“惟”與“頰”形聲俱不相近,若本是“頰”字,無緣誤而爲“惟”,一本作“頰”者,後人以意改之耳。“惟舌”當爲“喉舌”,“喉”誤爲“唯”,因誤爲“惟”耳。《潛夫論·斷訟》篇“慎己喉舌,以示下民”,今本“喉”作“唯”,其誤正與此同。凡從侯、從隹之字,隸書往往訛混。隸書“侯”字作“矦”,“隹”字作“𨾴”,二形相似。《海内東經》“少室在雍氏南，一曰緱氏"，"緱"與"雍"形相近。《晏子·諫》篇"昔夏之衰也，有推侈大戲"，《韓子·説疑》篇"推侈"作"侯侈"。《淮南·兵略》篇"疾如鍭矢"，高注曰："鍭，金鏃翦羽之矢也，今本鍭作錐。"《後漢書·臧宫傳》"妖巫維汜"，"維"或作"緱"。《方言》"雞雛，徐魯之間謂之秋侯子"，今本作"秋侯子"。皆以字形相似而誤。

麻統

多治麻統葛緒。

畢云："《説文》：'統，絲曼延也。'"【念孫案】畢説非也。"統"當爲"絲"，《非樂》篇作"多治麻絲葛緒"，是其證。《墨子》書言"麻絲"者多矣，未有作"麻統"者，且"麻絲"爲古今之通稱，若"統"爲"絲曼延"，則不得與"麻"并舉矣。蓋俗書"絲"字作"綜"，與"絲"相似，故"絲"訛爲"統"，非《説文》之"絖"字也。

不使

上以事天鬼，天鬼不使。

畢云："'使'當爲'便'。"【念孫案】《爾雅》："使，從也。""天鬼不從"，猶上文言"上帝不順"耳。《小雅·雨無正》篇："云不可使，得罪于天子。"鄭《箋》訓"使"爲"從"。《管子·小匡》篇："魯請爲關内之侯，而桓公不使"，"邢請爲關内之侯，而桓公不使"。"不使"，謂不從也，"使"非"便"字之誤。

待養

下以待養百姓。

【念孫案】"待"字義不可通,"待養"當爲"持養",字之誤也,《周官·服不氏》"以旌居乏而待獲",注:"待,當爲持。"《天志》篇曰:"食飢息勞,持養其萬民。"《荀子·勸學》篇曰:"除其害者以持養之。"《榮辱》篇曰:"以相群居,以相持養。"楊倞注:"持養,保養也。"分言之,則曰"持"、曰"養",《管子·明法》篇曰"小臣持禄養交"、《晏子春秋·問》篇曰"士者持禄,游者養交"是也。

共抎

共抎其國家,傾覆其社稷。

【念孫案】"共"字義不可通,當是"失"字之誤。隸書"失"字或作"𡘰",與"共"相似。《説文》:"抎,有所失也。"《尚賢》篇云:"失損其國家,"抎""損"古字通。傾覆其社稷。"《天志》篇云:"國家滅亡,抎失社稷。"《齊策》云:"守齊國唯恐失抎之。"皆其證。

脱文六

今天下之士君子,中實將欲求興天下之利,除天下之害,當若有命者言也。

【念孫案】此本作"當若有命者之言,不可不强非也"。《淮南·修務》篇注曰:"强,力也。言有命之言,士君子不可不力非之也。”《中》篇作“不可不疾非”，疾，亦力也。見《吕氏春秋·尊師》篇注。下文曰：“將不可不察而强非者此也。”是其證。今本“言”上脱“之”字，“也”上脱“不可不强非”五字，則義不可通。

非儒下

親親有術

儒者曰：“親親有術，尊賢有等。”

【引之曰】此即《中庸》所謂“親親之殺，尊賢之等”。今云“親親有術”者，“殺”與“術”聲近而字通也。《説文》“殺”字“從殳、杀聲”，而無“杀”字。《五經文字》曰：“杀，古殺字。”案，“杀”爲古“殺”字，而後又加“殳”，猶“术”爲古“秫”字，而後又加“禾”也。今案，“杀”字蓋從乂、朮聲，《説文》：“乂，芟艸也，從丿乀相交。”《説文》“乀”讀與“弗”同，《玉篇》：“丿，普折切。”或從刀作“刈”，《廣雅》：“刈，殺也。”哀元年《左傳》：“艾殺其民。”“艾”與“乂”“刈”同。是“乂”即“殺”也，故“杀”字從乂，而以“朮”爲聲。“乂”字篆文作“乂”，今在“朮”字之上，故變曲爲直而作“乂”，《説文》“儿”字解云：“人在下，故詰詘。”此變直爲曲者也，與“乂”正相反。其實一字也。《説文》無“乂”部，故“杀”字無所附而不收。“杀”與“術”并從“朮”聲，故聲相近，轉去聲則“殺”音“色介反”，“術”音“遂”，見《月令》《學記》注。聲亦相近，故《墨子》書以“術”爲“殺”。

其

喪父母三年,其妻後子三年。

【念孫案】"其"字涉下文"伯父、叔父、弟兄、庶子其"而衍。《節葬》篇"父母死,喪之三年",下無"其"字,是其證。畢讀"其"爲"期",而以"喪父母三年其"爲句,大誤。

親伯父宗兄而卑子

若以尊卑爲歲月數,則是尊其妻子與父母同。上文云"喪父母三年,妻後子三年"。而親伯父宗兄而卑子也。

盧云:"似當云'而卑與子同也。'"【引之曰】"而卑子也"當作"卑而庶子也","而"讀爲"如"。言卑其伯父、宗兄如庶子也。上文云"伯父、叔父、弟兄、庶子其"。今本"卑""而"二字倒轉,又脱"庶"字。余謂"親伯父宗兄","親"當爲"視",言視伯父宗兄如庶子之卑也。"視""親"字相似,《淮南·兵略》篇"上視下如弟",今本"視"訛作"親"。又涉上下文"親"字而誤。

列尸弗

其親死,列尸弗。

畢讀"弗"字句絶,云:"弗與祓同。"【念孫案】喪禮無祓尸之事,畢説非也。此本作"列尸弗歛",今本脱"歛"字耳。死三日而後歛,則前二日猶未歛也,故曰"列尸弗歛"。列者,陳也。鈔本《北堂書鈔·地部二》引此正作"列尸弗歛"。陳禹謨本删去。

如其亡也

以爲實在,則戇愚甚矣,如其亡也,必求焉,僞亦大矣。

【引之曰】"如其亡也"二句,與"僞"字義不相屬。"如"當爲"知"。言既知其亡而必求之,則僞而已矣。

衹褍

取妻身迎,衹褍爲僕,秉轡授綏。

畢云:"《説文》:'衹,敬也。''褍,衣正幅'。則'褍'亦'正'意,與'端'同。"【念孫案】畢説非也。"衹"當爲"袨",隸書"衹"字作"袛",與"袨"相似,故"袨"誤爲"衹"。"袨褍",即玄端也。《周官·司服》:"其齊服有玄端、素端。"鄭注曰:"端者,取其正也。"服虔注昭元年《左傳》曰:"禮,衣端正無殺,故曰端。""端"與"褍"同,故《説文》以"褍"爲"衣正幅"也。《玉篇》:"袨,黑衣也。"《淮南·齊俗》篇:"尸祝袀袨,蔡邕《獨斷》曰"祠宗廟則長冠袀玄","袀玄"與"袀袨"同,"袀"亦黑色也。《文選·閑居賦》注引服虔《左傳注》曰:"袀服,黑服也。"大夫端冕。"高注曰:"袀,純服。袨,黑齋衣也。"即《周官》所云"齊服玄端"也。《莊子·達生》篇"祝宗人玄端",即《淮南》所云"尸祝袀袨"也。

脱文一　誤文一

吏不治則亂,農事緩則貧,貧且亂,政之本。此句有脱文。而儒者以爲道教,是賊天下之人者也。舊本脱"吏"字,今據上文補。"賊"譌作"賤",今以意改,後凡"賊"譌作"賤"者放此。

家翠

因人之家翠以爲，此下脱一字，恃人之野以爲尊。

畢云："《廣雅》：'臎，肥也。'此古字。"【引之曰】"因人之家肥"，文不成義。"翠"當讀爲"賥"，《玉篇》："賥，思醉切。"《廣韻》云："貨也。"謂因人之家財也，《韓子·説疑》篇"破家殘賥"是也，古無"賥"字，故借"翠"爲之。

服古言

君子必服古言然後仁。

【念孫案】"服古言"三字，文義不順，當依《公孟》篇作"必古言服然後仁"。

所謂古之者皆嘗新矣而古人服之則君子也然則必法非君子之服言非君子之言而後仁乎

【引之曰】此文當作"所謂古之言服者，皆嘗新矣，而古人言之服之，則非君子也。"非君子"見下。然則必服非君子之服，言非君子之言而後仁乎"。今本"古之言服"，脱"言服"二字。"古人言之服之"，脱"言之"二字。"則非君子也"，脱"非"字。"服非君子之服"，上"服"字訛作"法"。

何故相

仁人以其取舍是非之理相告，無故從有故也，弗知從有知也，無辭必服，見善必遷，何故相？

【念孫案】“何故相”下當有“與”字，而今本脱之，則義不可通。相與，謂相敵也。古謂“相敵”爲“相與”。襄二十五年《左傳》：“一與一，誰能懼我。”哀九年《傳》：“宋方吉，不可與也。”《越語》：“彼來從我，固守勿與。”“與”字并與“敵”同義，詳見《經義述聞·左傳》襄二十五年。言既爲仁人，則無辭必服，見善必遷，何故兩相敵也。上文曰：“若皆仁人也，則無説而相與。”是其明證矣。

傳術

因用傳術，令士卒曰：“毋逐奔，揜函勿射，施則助之胥車。”

【念孫案】“傳術”二字，義不可通。“傳術”當爲“儒術”。“毋逐奔”云云，皆儒者之言也，見上文。故曰“用儒術，令士卒”。隸書“儒”或作“僊”，“傳”或作“傳”，二形相似而誤。上文“儒者迎妻”，“儒”誤作“傳”。《晏子春秋·外篇》：“行之難者在内，而儒者無其外。”“儒”亦誤作“傳”。

也

暴亂之人也得活，天下害不除。

【念孫案】“也”字涉上下文而衍。此言暴亂之人爲天下害，聖人興師誅罰，將以除害也。義見上文。若用儒術令士卒，曰“毋逐奔”云云，則暴亂之人得活，而天下之害不除矣，是“暴亂之人”下本無“也”字。

昔 用偏 循身

昔大以治人,小以任官,遠施用偏,近以循身。

【念孫案】此文本作"皆大以治人,小以任官,遠施周偏,與"徧"同。近以脩身",言君子之行仁義,皆大以治人,小以任官,遠則所施周遍,近則以脩其身也。今本"皆"作"昔","周"作"用","脩"作"循",隸書"脩""循"相亂,説見《管子·形勢》篇。則義不可通。

行易而從

是以言明而易知也,行易而從也。

【念孫案】"行易而從",文不成義,當作"行明而易從",與上句文同一例。下文曰:"行義可明乎民。"又曰:"行義不可明於民。"皆其證。

儒學

儒學不可使議世。

畢云:"《晏子》'儒'作'博','議'作'儀'。"《外篇》。【念孫案】作"博"者是。此言孔子博學而不可以爲法於世,非譏其儒學也。今本作"儒學"者,"博"誤爲"傳",又誤爲"儒"耳。隸書"傳""儒"相似,説見上文。"儀""議"古字通。

爲享豚

子路爲享豚。

【念孫案】"爲"字後人所加,"享"即今之"烹"字也。經典省作"享"。後人誤讀爲"燕享"之"享",故又加"爲"字耳。《孔叢子·詰墨》篇、《藝文類聚·獸部中》《太平御覽·人事部百二十七》《飲食部十一》《獸部十五》引此皆作"子路烹豚",無"爲"字。

苟生 苟義

曩與女爲苟生,今與女爲苟義。

畢云:"苟,苟且。"【念孫案】畢説非也。"苟"讀爲"亟其乘屋"之"亟",亟,急也。《説文》:"苟,自急敕也。從羊省,從勹口。勹口,猶慎言也。"舊本誤作"從包省,從口。口,猶慎言也",今依段注改。與"苟且"之"苟"從艸者不同。"曩與女爲苟生,今與女爲苟義"者,"曩"謂在陳蔡時也,"今"謂哀公賜食時也,具見上文。苟,急也。言曩時則以生爲急,今時則以義爲急也。若以"苟"爲"苟且"之"苟",則"苟義"二字,義不可通矣。《文選·石崇〈王昭君辭〉》注引此亦誤以爲"苟且"之"苟"。案,"苟"字不見經典,唯《爾雅》:"亟,速也。"《釋文》曰:"亟,字又作苟,同,居力反。"此《釋文》中僅見之字,而通志堂本乃改"苟"爲"急",謬矣,盧氏抱經已正之。《釋文》而外,則唯《墨子》書有之,亦古文之僅存者,良可貴也。

贏飽

夫飢約則不辭妄取以活身，贏飽僞行以自飾。

【念孫案】"贏飽僞行以自飾"本作"贏飽則僞行以自飾"，"贏"之言"盈"也。僖二十八年《左傳》："我曲楚直，其衆素飽。"杜注曰："直氣盈飽。""盈飽"，即贏飽，正對上文"飢約"而言。今本"飽"下脱"則"字，"贏飽"又訛作"贏飽"，則義不可通。

亦

周公旦非其人也邪，何爲舍亦家室而托寓也。

【念孫案】"亦"字義不可通。"亦"當爲"亣"，"亣"，古"其"字也。《墨子》書"其"字多作"亣"，説見《公孟》篇。《耕柱》篇曰："周公旦辭三公，東處於商奄。"蓋即此所謂"舍其家室而托寓"者，盧改"舍亦"爲"亦舍"，非是。

《墨子》弟四

經上

端體之無序而最前者也

【引之曰】"序"當爲"厚"。《經説上》云:"端仳兩,"仳"與"比"通,比者,并也。有端而后可,次無厚而后可。"是其證也。無厚者,不厚也。訓"端"以"無厚"者,凡物之見端,其形皆甚微也。"厚"與"序"隸書相似而誤,説見《非攻下》篇。

纑間虚也

盧云:"'纑'猶'墳壚'之'壚'。"【引之曰】盧説非也。"纑"乃"櫨"之借字。《經説上》云"纑間虚也者,今本脱"間"字。兩木之間,謂其無木者也",則其字當作"櫨"。《衆經音義》卷一引《三倉》云:"櫨,柱上方木也。"櫨以木爲之,兩櫨之間則無木,故曰"櫨間虚也者,兩木之間,謂其無木者也"。

守彌異所也

畢云:“不移其所,故曰‘守’。”【引之曰】“彌異所”,非不移其所之謂也,畢説非是。今案,“守”當爲“宇”,字形相似而誤。彌,遍也。宇者,遍乎異所之稱也。《經説上》解此云“宇句,東西南北”,今本“東西”下衍“家”字。東西南北,可謂異所矣,而遍乎東西南北則謂之宇,故曰“宇,句。彌異所也”。高誘注《淮南·原道》篇云“四方上下曰宇”,蔡邕注《典引》云“四表曰宇”,“四表”即“東西南北”也。

經下

量一小而易一大而缶

鑑位,畢云:“當云‘鑑立’,古‘位’‘立’字通。案,上文云‘臨鑑而立’,此亦當云‘臨鑑立’。”量一小而易,一大而缶,與“正”同。説在中之。

【引之曰】“量”當作“景”,字相似而誤也。《經説下》云:“鑒中之内。鑒者近中,則所鑒大,景亦大。遠中,則所鑒小,景亦小,而必正起於中,緣正而長其直也。中之外,鑒者近中,則所鑒大,景亦大。遠中,則所鑒小,景亦小而必易合於,“於”下蓋脱“中”字,説見本篇。而長其直也。”彼文言“鑑”、言“景”、言“易”、言“正”,并與此同,是其證也。

過仵景不從説在改爲

【引之曰】"從"當爲"徙",徙,移也。《列子·仲尼》篇:"景不移者,説在改也。"張湛注云:"景改而更生,非向之景。"引《墨子》曰:"景不移,説在改爲也。"是其證。

一法者之相與也盡若方之相召也

【引之曰】"召"當作"合"。《經説下》云:"或木或石,不害其方之相台也。""台"亦"合"之誤。一,同也。一法,同法也。畢以"一"字屬上句,非。與,如也。見《廣雅》。盡,猶皆也。言同法者之彼此相如也,皆若物之方者之彼此相合也。

經説上

所爲不善名　所爲善名

行,句。所爲不善名,行也。所爲善名,巧也,若爲盗。

畢云:"言所爲之事無善名,是躬行也。有善名,是巧于盗名也。"【引之曰】"善"疑當爲"著",形相似而誤也。言所爲之事不著名,是躬行也。所爲之事著名,是巧于盗名者也。

故言也者諸口能之出民者也

【引之曰】當作"故言也者,出諸口能下脱一字。之民者也","出"字誤倒在下,"能"下又脱一字,"能"與"而"通。説詳

《毛詩述聞》"能不我知"下。謂言出諸口而加之民也。《繫辭傳》曰:"言出乎身,加乎民。"

今久古今且莫

【引之曰】上"今"字因下"今"字而衍,"且"當爲"旦"。言古今異時,旦莫異時,而遍歷古今旦莫,則久矣,故曰"久句,古今旦莫",故《經上》云"久,句。彌異時也"。彌,遍也。

損偏也者兼之體也其體或去存謂其存者損

【引之曰】《經上》云"損,偏去也",則此當云"損,偏去也者,兼之體也。其體或去或存,謂其去者損",寫者脱誤耳。

若夫過楹

止,句。無久之不止,當牛非馬,若夫過楹。

【引之曰】"夫"當作"矢"。矢之過楹,久則止而不行,故曰"無久之不止,若矢過楹"。《鄉射禮記》曰"射自楹間",故以矢過楹爲喻。

經説下

見之智也吉之使智也

【引之曰】"吉"當爲"告","智"與"知"同。欲使知之,故告之也。下文曰"告我則我智之"。

宇南北在且有在莫

宇徙而有處宇。畢讀絶句。宇南北,在且有在莫,宇徙久。【引之曰】《經説上》云"宇,東西南北",此不當言南北而不及東西,蓋有脱文。"且"當爲"旦","有"讀爲"又"。此言宇徙,則自南而北,自東而西,歷時必久,屢更旦莫,故云"宇徙久",又云"在旦又在莫"。《經説上》云"久古今旦莫"是也。今本"旦"亦訛作"且",辨見本條。

而必易合於而長其直也

【引之曰】"於"下蓋脱"中"字,上文云"必正起於中,緣正而長其直也",此亦當云"易合於中"。

亦遠

鑒,鑒者近,則所鑒大,景亦大。亦遠,所鑒小,景亦小。【引之曰】"亦遠"當作"亣遠"。"亣",古"其"字,説見《公孟》篇。與"亦"相似,又因上下文"亦"字而誤。

且且必然

且且必然,且已必已,且用工而後已者,必用工後已。【引之曰】"且且必然"當作"且然必然",以下三句文義例之,可知。“必用工後已”,“後”上亦當有“而”字。

一方貌盡俱有法而異或木或石
不害其方之相台也盡貌猶方也

【引之曰】當作“一方盡類,或木或石,不害其方之相合也,俱有法而不異,盡類猶方也”。“一方盡類”者,一,同也。言同具方形,則其方盡相類也。隸書“類”“貌”相似,見《大戴禮・文王官人》篇。故“類”誤爲“貌”,又誤倒於“盡”字上耳。“或木或石,不害其方之相合也”者,言物之方者,雖有方木方石之異,而不害其方之彼此相合也,作“台”者,字之誤耳。“俱有法而不異,盡類猶方也”者,言其法同,則彼此盡相類,亦猶方與方之盡相類也,傳寫者上下錯亂,又脱“不”字耳。“一方盡類”云云,則《經下》所謂“一法者之相與也,盡若方之相合也”。

用牛角馬無角

曰盧云:“‘曰’下當有‘牛’字。”之與馬不類,用牛角,馬無角,是類不同也。

盧云:“‘用牛’當爲‘牛有’。”【引之曰】“用”非誤字。用者,以也。以牛有角,馬無角,説牛與馬之不類,故云“曰牛與馬之不類,用牛有角,馬無角”也。下文:“若舉牛有角馬無角,以是爲類之不同也,是狂舉也。”以,亦用也。上文:“以牛有齒馬有尾,説牛之非馬也不可。”文義亦同,則“用”非誤字可知,但可云“用牛”下脱“有”字耳。

論誹誹之可不可以理之可誹雖多誹
其誹是也其理不可非雖少誹非也

【引之曰】當作“論誹之可不可,以理之可誹不可誹,理之可誹,雖多誹,其誹是也。其理不可誹,雖少誹,非也”。今本“論誹”下衍“誹”字,“以理之可誹”下脱“不可誹理之可誹”七字,“其理不可誹”,“誹”又譌作“非”。

大取

愛衆衆也　一若今之世人也　凡學愛人

愛衆衆也,畢云:“此與下‘寡也’,舊俱作‘世’,以意改。”與愛寡也相若,兼愛之有相若。愛尚世與愛後世,一若今之世人也。

【引之曰】“愛衆衆也”,下“衆”字衍,當作“愛衆也,與愛寡也相若”。“今之世人”當作“今世之人”,“今世”與“尚世”“尚”與“上”同。“後世”相對爲文也。又案,下文“凡學愛人”與“小圜之圜”云云,文義不相屬,疑當在“愛衆也”上。“凡學愛人”,乃統下文之詞。“愛衆也”云云,則承上句而詳言之也。古書錯簡耳。

鬼非人也兄之鬼兄也

【引之曰】“鬼非人也”當作“人之鬼,非人也”,寫者脱去“人之”二字耳。《小取》篇云:“人之鬼,非人也。兄之鬼,兄也。”是其證。

非殺臧也專殺盗非殺盗也

【引之曰】“非殺臧也”上有脱文，以下二句例之，當云“專殺臧，非殺臧也”。

愛獲之愛人也生於慮獲之利非慮臧之利也而愛臧之愛人也乃愛獲之愛人也

【引之曰】“生於慮獲之利”下，當更有“慮獲之利”四字。“慮獲之利，非慮臧之利也。而愛臧之愛人也，乃愛獲之愛人也”，相對爲文。

意指之人也

意指之人也，非意人也。

【引之曰】當作“意人之指，非意人也”。意，度也。言所度者人之指，非度人也。下文云：“一指非一人也。”是其證。

故一人指非一人也是一人之指乃是一人也

【引之曰】“故一”下衍“人”字，“一人之指”上衍“是”字，當作“故一指非一人也，一人之指乃是一人也”。

小取

舉也物而以明之也　無也故焉

辟也者,舉也物而以明之也。

畢云:"'舉也'之'也',疑衍。"【念孫案】"也"非衍字,"也"與"他"同。舉他物以明此物謂之譬,故曰"辟也者,舉他物而以明之也"。《墨子》書通以"也"爲"他",説見《備城門》篇。

又,下文云:"此與彼同類,世有彼而不自非也,墨者有此而非之,無故也焉。"

【引之曰】"無故也焉"當作"無也故焉","也故",即他故。下文云:"此與彼同類,今本脱"類"字。世有彼而不自非也,墨者有此而非之,今本"非"上衍"罪"字。無也故焉。"《藏》本如是,今本訛作"無故焉也"。文正與此同,今本"也故"二字倒轉,則義不可通。

其然也有所以然也同其所以然不必同
其取之也有以取之

【引之曰】"同其所以然不必同"當作"其然也同,其所以然不必同",承上文"其然與所以然"言之也。下文:"其取之也同,其所以取之不必同。"文義正與此合,寫者脱去上三字耳。又,下文"其取之也,有以取之","以"上當有"所"字,下文"其所以取之不必同",即承此言之也。上文"其然也,有所以然也",文義正與此合,寫者脱"所"字。

或一害而一不害

【引之曰】兩“害”字俱當作“周”，隸書“周”字與“害”相似，故誤爲“害”。下文“此一周而一不周者也”，與此相應，字正作“周”。

或一是而一不是也不可常用也故言多方殊類異故則不可偏觀也非也

【引之曰】此本作“或一是而一非也”，當以“非也”二字接“或一是而一”下。其“不可常用也”以下三句，則因上文而衍。“不是也”三字，又後人所增。蓋後人不知“不可常用”云云爲衍文之隔斷正文者，又不知“非也”二字本與“或一是而一”作一句，乃足以“不是也”三字耳。下文云“此乃一是而一非者也”，與此相應，當據以删正。

獲之視人也獲事其親非事人也

畢云：“‘視’當爲‘事’。”【引之曰】畢説非也。“視”乃“親”字之訛，“獲之親，句。人也。獲事其親，非事人也”，兩“親”字上下相應，猶下文云“其弟，美人也。愛弟，非愛美人也”，兩“弟”字亦上下相應。

所謂内膠外閉與心毋空乎内膠而不解也此乃是而然者也

【念孫案】上文“白馬，馬也”以下，但言是，不言非，故曰

“此乃是而然者也”。“獲之親人也”以下，言是，又言非，故曰“此乃是而不然者也”。“然”，今本誤作“殺”。“且夫讀書非好書也”以下，亦是非并言，而以此三句承之，則亦當云“此乃是而不然者也”，寫者脱去“不”字耳。

乘馬待周乘馬然後爲乘馬也有乘於馬因爲乘馬矣逮至不乘馬待周不乘馬而後不乘馬而後不乘馬此一周而一不周者也

【引之曰】“待周乘馬，然後爲乘馬也”，“待”上當有“不”字。“不待周乘馬”，所謂不周也。周，徧也。下文“待周不乘馬”，所謂周也，以相反爲義。“而後不乘馬”，“不”上當有“爲”字，猶上文云“然後爲乘馬也”，寫者脱去耳。其重出之“而後不乘馬”五字，則衍文也。

祭之鬼非祭人也

【引之曰】“祭之鬼”當作“祭人之鬼”，承上文“人之鬼”而言也，寫者脱“人”字。

之馬之目盼則爲之馬盼之馬之目大而不謂之馬大之牛之毛黄則謂之牛黄之牛之毛衆而不謂之牛衆

畢云：“‘之馬之目盼’上‘之’，疑當爲‘大’。‘則爲之馬盼’，‘爲’當作‘謂’。”【引之曰】上“之”非“大”字之訛，之，猶於也。説見《釋詞》。言於馬之目盼，則謂之馬盼。於馬之目大，而不謂之馬大。於牛之毛黄，則謂之牛黄。於牛之毛衆，而不謂之牛衆也。

一馬馬也馬或白者二馬而或白也

【引之曰】"一馬，馬也。二馬，馬也"，已見上文，此"一馬馬也"四字蓋衍。

耕柱

羊

駕驥與羊。

【念孫案】羊不可與馬并駕，"羊"當爲"牛"。《太平御覽·地部五》引此已誤作"羊"，《藝文類聚·地部》及《白帖》五并引作"牛"。

足以責

子墨子曰："何故敺也？"耕柱子曰："驥足以責。"

【念孫案】"驥足以責"本作"以驥足責"，言所以敺驥者，以驥之足責故也，此正答墨子"何故敺驥"之問。今本倒"以"字於"足"字之下，則非其旨矣。《類聚》《白帖》《御覽》并作"以驥足責"，下文本作"子墨子曰'我亦以子爲足責'"，此正荅耕柱子"以驥足責"之語。今本"足責"作"足以責"，亦誤，《類聚》《御覽》無"以"字。

折金　山川　陶鑄之

昔者夏后開使蜚廉折金於山川，而陶鑄之於昆吾。

畢據《文選注》《七命》。改"折"爲"採"。【念孫案】畢改非也。"折金"者，擿金也。"擿"音"剔"。《漢書·趙廣漢傳》："其發奸擿伏如神。"師古曰："擿，謂動發之也。"《管子·地數》篇曰："上有丹沙者，下有黄金。上有慈石者，下有銅金。上有陵石者，下有鉛錫、有銅。上有赭者，下有鐵。君謹封而祭之，然則與折取之遠矣。"彼言"折取之"，此言"折金"，其義一也。《説文》曰："硩，上擿山巖空青珊瑚墮之，從石、折聲。""硩"與"折"亦聲近而義同。《後漢書·崔駰傳》注、《藝文類聚·雜器物部》《初學記·鱗介部》《太平御覽·珍寶部九》《路史·疏仡紀》《廣川書跋》《玉海·器用部》引此并作"折金"。《文選注》作"採金"者，後人不曉"折"字之義而妄改之，非李善原文也。

折金於山川。

畢云："《山海經》云：'其中多金，或在山，或在水。'諸書引多無'川'字，非。"【念孫案】山水中雖皆有金，然此自言使蜚廉折金於山，[①]不兼川言之。《後漢書注》《文選注》《藝文類聚》《初學記》《太平御覽》引此皆無"川"字，則"川"字乃後人以意加之也。

"陶鑄之於昆吾"本作"鑄鼎於昆吾"，此淺人不曉文義而改之也。金可言"鑄"，不可言"陶"。上言"折金"，故此言"鑄鼎"。此言"鑄鼎"，故下言"鼎成"。若以"陶鑄"并言，則與上

---

① "蜚廉"，底本作"翁難乙"。據文意及《墨子間詁》《墨子校注》本引《雜志》改。

下文皆不合矣。《後漢書注》《文選注》《藝文類聚》《初學記》并作“鑄鼎”,《太平御覽》作“鑄之”,《路史》作“鑄陶”,《玉海》作“陶鑄之”,則羅長源所見本已有“陶”字,蓋唐宋間人改之也。

曰

是使翁難乙卜於白若之龜,舊本訛作“白苦之龜”,①畢據《藝文類聚》改爲“目若之龜”,引《爾雅》“左睨不類,右睨不若”以爲“目若”之證,殊屬附會。今考《初學記》《路史》《廣川書跋》《玉海》并引作“白若之龜”,“白”字正與今本同,未敢輒改。曰。

【念孫案】“曰”者,翁難乙既卜而言其占也,下文“乙又言兆之由曰”,即其證。自“鼎成四足而方”以下六句,皆是占詞,畢依《玉海》於“曰”上加“龜”字,非也。“龜曰”二字,義不可通。《藝文類聚》作“使翁難乙灼目若之龜成,句。曰”,則“曰”上本無“龜”字明矣。

三足

鼎成三足而方。

【念孫案】“三足”本作“四足”,此後人習聞“鼎三足”之説,而不知古鼎有四足者,遂以意改之也。《藝文類聚》《廣川書跋》《玉海》引此皆作“四足”,則“三”字必元以後人所改也。《博古圖》所載商周鼎四足者甚多,未必皆屬無稽。《廣川書

① “龜”,底本作“龜”。據《四部叢刊》及《道藏》本《墨子》改。

跋》曰:"祕閣二方鼎,其一受太府之量一秭七斗,又一受量損二斗三升,四足承其下,形方如矩,漢人謂鼎三足以象三德,又謂禹之鼎三足以有承也。韋昭以左氏説莒之二方鼎,乃謂其上則方,其下則圓,方其時,古鼎存者盡廢,其在山澤丘隴者未出,故不得其形制。"【引之曰】《左傳》"莒之二方鼎",服虔曰:"鼎三足者圓,四足者方。"則漢人説方鼎固有知其形制者。引《墨子》"鼎成四足而方",以爲古鼎四足之證。

一南一北一西一東

逢逢白雲,一南一北,一西一東,九鼎既成,遷於三國。

《藝文類聚》同,《太平御覽》《路史》《玉海》并作"一東一西"。【引之曰】作"一東一西"者是。"一東一西"當在"一南一北"之上。"雲"與"西"爲韻,"西"古讀若"駪駪征夫"之"駪"。説見《六書音均表》。"北"與"國"爲韻。《大雅·文王有聲》篇:"鎬京辟廱,自西自東,自南自北,無思不服。""廱"與"東"爲韻,"北"與"服"爲韻,是其例也。而諸書所引"一南一北"句皆在上,則其誤久矣。

諫

使聖人聚其良臣與其桀相而諫,豈能智與"知"同。數百歲之後哉?

【引之曰】"諫"字與上下文義不合,"諫"當爲"謀",字之誤也。《管子·立政九敗解》:"諫臣死而諂臣尊。"今本"諫"作"謀",與此文互誤。《淮南·主術》篇:"耳能聽而執正進諫。"高注:"諫,或爲謀。"

言雖聖人與良臣桀相共謀，必不能知數百歲之後也。

能欣者欣

譬若築牆然，能築者築，能實壤者實壤，能欣者欣，然後牆成也。

畢云："《説文》：'掀，舉出也。'與'欣'同。"【引之曰】舉出之事與築牆無涉。"欣"當讀爲"睎"。《説文》曰："睎，望也。"《吕氏春秋·不屈》篇曰："今之城者，或操大築乎城上，或負畚而赴乎城下，或操表掇以善睎望。"此云"能築者築"，即彼所云"操大築乎城上"也。"能實壤者實壤"，即彼所云"負畚而赴城下"也。"能欣者欣"，"欣"與"睎"同，即彼所云"操表掇以善睎望"也。"睎"通作"希"，《管子·君臣》篇曰："上下相希，若望參表。""睎"字從希得聲，古音在脂部。"欣"字從斤得聲，古音在諄部。諄部之音，多與脂部相通，故從斤之字，亦與從希之字相通。《説文》曰："昕，從日、斤聲，讀若希。"《左傳》"曹公子欣時"，《漢書·古今人表》作"郗時"，是其證也。

荆

子墨子游荆，耕柱子於楚。

【念孫案】"耕柱子"上不當有"荆"字。《魯問》篇曰"子墨子游公尚過於越"。"耕""荆"聲相近，則"荆"蓋"耕"字之誤而衍者。

脱文二 耶

巫馬子謂子墨子曰:"子之爲義也,舊本脱"曰、子"二字,今以意補。人不見而耶,鬼不見而富。"

【引之曰】"耶"字義不可通,蓋"服"之壞字也。"富"讀爲"福"。"福""富"古字通,説見《經義述聞·尚書》"惟訖于富"下。而,汝也。"人不見而服"者,未見人之服汝也。"鬼不見而富"者,未見鬼之福汝也。故下文曰"而子爲之,有狂疾也","服"與"福"爲韻。

商蓋

古者周公旦非關叔,畢云:"'關'即'管'字假音。"辭三公,東處於商蓋句,人皆謂之狂。

【念孫案】"商蓋"當爲"商奄","蓋"字古與"盇"通,"盇""奄"草書相似,故"奄"訛作"盇",又訛作"蓋"。《韓子·説林》篇"周公旦已勝殷,將攻商奄",今本"奄"作"蓋",誤與此同。昭二十七年《左傳》"吴公子掩餘",《史記·吴世家》《刺客傳》并作"蓋餘",亦其類也。畢以"商"字絶句,"蓋"字屬下句,失之。

度

天下莫不欲與其所好,度其所惡。

畢云:"度,謂渡去也。"【引之曰】畢説非也。"與"當爲"興","度"當爲"廢",皆字之誤也。"廢""度"草書相似,故"廢"訛作"度"。《史記·曆書》"名察廢驗",今本"廢"字亦訛作"度",辯見《史記》。“興”與“廢”,“好”與“惡”,皆對文。

貴義

何故則　何故也

今謂人曰:予子冠履而斷子之手足,子爲之乎?必不爲。何故則?冠履不若手足之貴也。又曰:予子天下而殺子之身,子爲之乎?必不爲。何故則?天下不若身之貴也。又,下文:“今有人於此,有子十人,一人耕而九人處,則耕者不可以不益急矣,何故則?食者衆而耕者寡也。”

【念孫案】“何故則”皆本作“何則”,後人誤以“則”字下屬爲句,故於何下加“故”字耳。“何則”與“何也”同義。《辭過》篇曰:“何則,其所道之然也。”《尚賢》篇曰:“何則,皆以明小物而不明大物也。”《荀子·宥坐》篇曰:“何則,陵遲故也。”《秦策》曰“臣恐韓魏之卑辭慮患,而實欺大國也,此何也”,《史記·春申君傳》作“何則”,是其證。詳見《釋詞》。《太平御覽·人事部》十一、六十二、《資産部二》引此并作“何則”,無“故”字。又,下文:“今有人於此,負粟息於路側,欲起而不能,君子見之,無長少貴賤必起之,何故也?曰義也。”“故”字亦後人所加,《御覽·人事部六十二》引無“故”字。

如

今天下莫爲義,則子如勸我者也,何故止我。

畢云:“《太平御覽》引‘子如勸我’作‘子宜勸我’。”《人事部六十二》《資產部二》。【念孫案】此不解"如"字之義,而以意改之也。如,猶宜也,言子宜勸我爲義也。"如"字古或訓爲"宜",説見《釋詞》。

成

子之言則成善矣。

畢改"成"爲"誠"。【念孫案】古或以"成"爲"誠",不煩改字,説見《逸周書·柔武》篇。

脱文二

言足以遷行者,常之。不足以遷行者,勿常。不足以遷行而常之,是蕩口也。舊本脱下"不足"二字,今據上句補。

脱文二

使之爲一犬一彘之宰。舊本脱"一犬"二字,今據《群書治要》補。《魯問》篇亦云:"竊一犬一彘。"

遺

今聞先王之遺而不爲,是廢先王之傳也。

【念孫案】"遺"字義不可通,"遺"當爲"道",此涉上文"傳遺"而誤也。上文曰:"古之聖王欲傳其道於後世。"故此文曰:"今聞先王之道而不爲,是廢先王之傳也。"

百人

若有患難,則使百人處於前,數百於後。

畢云:"'數百'下當脱'人處'二字。"【念孫案】"百人"亦當爲"數百人"。上文曰"千人有餘",故此分言之,曰"數百人處於前,數百人處於後"。今作"百人",則與上下文不合。

千盆

子墨子仕人於衛,所仕者至而反。子墨子曰:"何故?"對曰:"與我言而不當。"曰:"待女以千盆,授我五百盆,故去之也。"

畢改"盆"爲"益",云:"古無鎰字,只作益,或作溢。"【念孫案】古"鎰"字皆作"溢",無作"益"者。《漢書·食貨志》:"黄金以溢爲名。"孟康曰:"二十兩爲溢。"賈逵《國語注》云:"二十四兩。"【念孫案】此言"千盆""五百盆",皆謂粟,非謂金也。《荀子·富國》篇:"今是土之生五穀也,人善治之,則畝數盆。"楊倞曰:"蓋當時以盆爲量。"引《考工記》曰:"盆實二鬴。"又引《墨子》曰:"待女以千盆,授我五百盆。"則"盆"非"益"之訛也。《富國》篇又云:"瓜桃棗李,一本數以盆鼓。""鼓"亦量名。

以戊己殺黄龍于中方

且帝以甲乙殺青龍于東方,以丙丁殺赤龍於南方,以庚辛殺白龍于西方,以壬癸殺黑龍于北方。

畢於此下增"以戊己殺黄龍于中方",云:"此句舊脱,据《太平御覽》增。"《鱗介部一》。【念孫案】畢增非也。原文本無此句,今刻本《御覽》有之者,後人不知古義而妄加之也。古人謂東西南北爲四方者,以其在四旁也,若中央爲四方之中,則不得言中方,一謬也。行者之所向,有東有西,有南有北,而中不與焉,二謬也。鈔本《御覽》及《容齋續筆》所引皆無此句。

公孟

身也

是言有三物焉,子乃今知其一身也。

【引之曰】"身"字義不可通,"身"當爲"耳"。隸書"身"字或作"耳",見漢《荆州從事苑鎮碑》。與"耳"相似,故"耳"誤爲"身"。《管子·兵法》篇"教其耳以號令之數",今本"耳"誤爲"身"。所謂"是言有三物"者,不扣則不鳴者一,雖不扣必鳴者二,而公孟子但云"不扣則不鳴",是知其一而不知其二也,故曰"子乃今知其一耳"。今本"耳"誤爲"身","身"下又衍"也"字。

脱文十一 精

且有二生於此,善筮。舊本"筮"誤作"星",今據下文改。一行爲人筮者,一處而不出者。行爲人筮者舊脱"一處"以下十一字,今據上下文義補。與處而不出者,其精孰多?

【念孫案】"精"當爲"糈",字之誤也。《莊子·人間世》篇"鼓筴播精”，《釋文》：“精，如字。一音所，字則當作糈。”是“糈”與“精”字形相似而易訛也。郭璞注《南山經》曰：“糈，先吕反，今江東音所。”《説文》：“糈，糧也。”言兩人皆善筮，而一行一處，其得米孰多也。《史記·貨殖傳》云：“醫方諸食技術之人，焦神極能，爲重糈也。”是其證。

絳衣

昔者楚莊王鮮冠組纓，絳衣博袍。哀十四年《公羊傳》：“反袂拭面，涕沾袍。”何注曰：“袍，衣前襟也。”

【引之曰】“絳”當爲“絳”，字之誤也。“絳”與“縫”同。《集韻》：“縫，或省作絳。”漢《丹陽太守郭旻碑》“彌絳袞□”，“絳”即“縫”字，字從夅，不從夆。縫衣，大衣也。字或作“逢”，又作“摓”。《洪範》“子孫其逢”，馬注曰：“逢，大也。”某氏傳以“子孫其逢吉”爲句，訓“逢”爲“遇”，皆非是。説見《經義述聞》。《儒行》：“衣逢掖之衣。”鄭注曰：“逢，猶大也。大掖之衣，大袂禪衣也。”《莊子·盜跖》篇“摓衣淺帶”，向秀注曰：“儒服寬而長大。”見《列子·黄帝》篇《釋文》。《釋文》曰：“摓，本又作縫。”《荀子·非十二子》篇：“其冠進，其衣逢。”《儒效》篇：“逢衣淺帶，解果其冠。”楊倞注并曰：“逢，大也。”《列子·黄帝》篇曰：“女逢衣徒也。”“縫”“絳”“逢”“摓”字異而義同，“絳衣”與“博袍”連文，絳、博，皆大也。《淮南·齊俗》篇作“裾衣博袍”，高注曰：“裾，褒也。”褒，亦大也，《氾論》篇又云“褒衣博帶”。

亦

教人學而執有命，是猶命人葆此字未詳。而去亦冠也。

畢改“亦”爲“丌”，云：“丌，即其字。”【引之曰】古“其”字亦有作“亣”者，《玉篇》“亣，古文‘其’”，是其證。今本《墨子》“其”作“亦”，則是“亣”之譌，非“丌”之譌也。後凡“亣”譌作“亦”者放此。

無祥不祥

公孟子謂子墨子曰：“有義不義，無祥不祥。”

畢改“無祥不祥”爲“有祥不祥”，云：“据下文改。”【念孫案】畢改非也。公孟子之意，以爲壽夭、貧富皆有命，而鬼神不能爲禍福，故曰“有義不義，無祥不祥”。墨子執“非命”之説，以爲鬼神實司禍福，義則降之祥，不義則降之不祥，故曰“有祥不祥”。“有祥不祥”，乃墨子之説，非公孟子之説，不得據彼以改此也。

國治

國亂則治之，國治則爲禮樂。舊本脱“國”字，據下文補。國治則從事，國富則爲禮樂。

【念孫案】下“國治”當爲“國貧”，“治”與“亂”對，“富”與“貧”對。“國亂則治之”，即上文所謂“君子聽治”也。“國貧則從事”，即上文所謂“庶人從事”也。《非儒》篇曰“庶人怠於從事則貧”，故曰“國貧則從事”。今本“貧”作“治”者，涉上文“國治”而誤。

戾虚

是以身爲刑僇，國爲戾虚者，皆從此道也。

【念孫案】"戾虚"當爲"虚戾"。《魯問》篇曰："是以國爲虚戾，身爲刑戮也。"《趙策》曰："齊爲虚戾。"又曰："社稷爲虚戾，先王不血食。"戾，猶厲也。《非命》篇曰："國爲虚厲，身在刑僇之中。"是"虚戾"即"虚厲"也。《小雅·節南山》篇"降此大戾"，《大雅·瞻卬》篇"戾"作"厲"。《小宛》篇"翰飛戾天"，《文選·西都賦》注引《韓詩》"戾"作"厲"。《孟子·滕文公》篇"樂歲粒米狼戾"，《鹽鐵論·未通》篇"狼戾"作"梁厲"。《莊子·人間世》篇："國爲虚厲，身爲刑僇。"《釋文》："李云'居宅無人曰虚，死而無後爲厲'。"

此各

儒固無此各四政者，而我言之，則是毁也。

【念孫案】"此各"當爲"此若"，若，亦此也。言儒無此四政也。下文曰"今儒固有此四政者"，是其證。今本"此若"作"此各"，則文義不順。《墨子》書多謂"此"爲"此若"，説見《魯問》篇。

後坐

反，後坐，進復曰。

畢讀"反"爲一句，"後"爲一句，云："請反而後，後留之。"【念孫案】畢説非也。"後"當爲"復"。"復""後"字相似，故書傳中"復"字多譌作"後"。説見《史記·韓王信傳》。"反"爲一句，"復坐"爲一句，謂程子反而復坐也。今本"復"作"後"，則義不可通。"進復曰"者，"復"如《孟子》"有復於王者曰"之"復"，謂程子進而復於墨子也。

吾

厚攻則厚吾，薄攻則薄吾。

【引之曰】“吾”讀爲“利禦寇”之“禦”，①“禦”，古通作“吾”。《趙策》曰：“王非戰國守吾之具，其將何以當之乎？”是其證。

云

鳥魚可謂愚矣，禹湯猶云因焉。

【念孫案】云，猶或也。言鳥魚雖愚，禹湯猶或因之也。古者“云”與“或”同義，説見《釋詞》。

人哉

先生以鬼神爲明知，舊本“神爲”二字倒轉，今乙正。能爲禍人哉福，爲善者富之，“富”與“福”同。爲暴者禍之。舊本脱“爲”字，今補。

【念孫案】此當以“能爲禍福”連讀，不當有“人哉”二字。下文曰“先生以鬼神爲明，能爲禍福，爲善者賞之，舊本脱“爲”字，今補。爲不善者罰之”，是其證。今本“禍福”二字之間，衍“人哉”二字，則義不可通。

---

① “利”，《萬有文庫》本改作“列”，非。“利禦寇”出自《易・蒙卦》：“上九。击蒙。不利为寇，利禦寇。”

何遽

雖子不得福，吾言何遽不善，而鬼神何遽不明。

【念孫案】遽，亦何也，連言“何遽”者，古人自有複語耳。説見《漢書・陸賈傳》。

脱文二

百門而閉一門焉，則盜何遽無從入。舊本脱“閉”字、“入”字，今據《魯問》篇及《太平御覽・疾病部一》引補。

魯問

非願無可爲者

畢云：“非願，言非此之爲願。”【念孫案】畢説非也。“願”當爲“顧”，字之誤也。“顧”“願”草書相似。“顧”與“固”通，説見《釋詞》。“顧”上當有“此”字。言非此固無可爲者也。“此”字即指上數事而言，今本“顧”訛作“願”，又脱“此”字，則義不可通。

國太子

昔者吴王北伐齊，取國太子以歸於吴。

【念孫案】“國太子”本作“國子”，謂齊將國書也。吴敗齊於艾陵，獲國子，事見《春秋》哀十一年。淺人誤以“國”爲“國家”之“國”，因加“太”字耳。

用是

是以國爲虚戾，身爲刑戮用是也。

【念孫案】“用是”二字，涉上文而衍。上文“是以國爲虚戾，身爲刑戮也”，無“用是”二字，是其證。

此若言

此若言之謂也。

畢改“此若”爲“若此”。【念孫案】畢改非也。古者謂“此”爲“若”，連言之則曰“此若”。“此若言之謂也”，已見《尚賢》篇。又，《節葬》篇曰：“以此若三聖王者觀之。”又曰：“以此若三國者觀之。”《墨子》書言“此若”者多矣，它書亦多有之，詳見《釋詞》“若”字下。

脱文二

尚同而無下比，此文具見《尚同》三篇，舊本脱“同”字，今補。是以美善在上，而怨讎在下，安樂在上，而憂戚在臣。舊本脱“是”字，今據《尚賢》篇補。

䍐讐　費

是猶欲糶，糴讐則愠也，畢云：“‘售’字正作‘讐’。”豈不費哉。

【念孫案】“糴”當爲“糶”。《廣雅》：“糴，買也。”“糶，賣也”。故云“是猶欲糶，糶讐則慍也”。今本“糶”作“糴”，則義不可通。“豈不費哉”，“費”讀爲“悖”，即上文之“豈不悖哉”也。《緇衣》“口費而煩”，鄭注曰：“費，或爲悖。”案，作“悖”者正字，作“費”者借字也，説見《經義述聞》。

倒文四

翟慮耕而食天下之人矣。舊本“而食”二字在“天下”之下，今據下文乙正。

盛

盛句，然後當一農之耕。

【念孫案】“盛”與“成”同。下兩“盛”字放此。謂耕事已成也。古字或以“盛”爲“成”，説見《經義述聞·〈周易·説卦〉》。

脱文二

國家務奪侵凌，即語之兼愛非攻，故曰：擇務而從事焉。舊本脱“攻”“故”二字，今據上文及《非攻》篇補。

衍文二

子墨子曰出曹公子而於宋，三年而反。

畢云:"'子墨子曰出',未詳。"【念孫案】此本作"子墨子出曹公子於宋",猶上文言"子墨子游公尚過於越"也。今本衍"曰"字、"而"字,則義不可通。

脱文二

短褐之衣,藜藿之羹。舊本脱"藜"字、"之"字,今以意補。

脱文一　誤文一

今而以夫子之教,家厚於始也。【念孫案】此言吾始而家貧,今而以夫子之教,家厚於始也。今本脱"今"字,"教"字又誤作"政",則義不可通。

擢季

夫鬼神豈唯擢季拑肺之爲欲哉。

畢云:"'擢季拑肺',四字有誤。"【引之曰】"季"蓋"黍"字之訛。祭有黍有肺,故云"擢黍拑肺"。

執　函

昔者楚人與越人舟戰於江,楚人順流而進,迎流而退,見利而進,見不利則其退難。越人迎流而進,順流而退,見利而進,舊脱"而"字,今補。見不利則其退速,越人因此若執,句。函敗楚人。

【念孫案】“埶”字、“函”字，皆義不可通。“埶”當爲“執”，“執”即今“勢”字。“此若勢”者，此勢也。若，亦此也，古人自有複語耳。《墨子》書多謂“此”爲“此若”，説見上文。“函”當爲“亟”，俗書“函”字或作“凾”，與“亟”相似。讀“亟稱於水”之“亟”，亟，數也。言越人因此水勢，遂數敗楚人也。下文“楚人因此若執，函敗越人”同。

焉始

公輸子自魯南游楚，句。焉始爲舟戰之器。

【念孫案】“焉”字下屬爲句，焉，猶於是也。言於是始爲舟戰之器也。《月令》曰：“天子焉始乘舟。”今本“焉”字在“天子”上，屬上句讀，乃後人不曉文義而妄改之。説見《釋詞》。《晉語》曰：“焉始爲令。”《大荒西經》曰：“開焉始得歌《九招》。”今本“始”字在“得”字下，亦後人所改。此皆古人以“焉始”二字連文之證，詳見《釋詞》。

脱文一

公輸子削竹木以爲䧿，成而飛之，三日不下。

【念孫案】此當作“削竹木以爲䧿，䧿成而飛之”，今本少一“䧿”字，則文不足義。《太平御覽・工藝部九》所引已與今本同，《初學記・果木部》、《白帖》九十五并多一“䧿”字。

劉

子之爲䧿也，不如匠之爲車轄。舊本“匠”作“翟”，涉上下文

“翟”字而誤,今據《太平御覽・工藝部九》引改。須臾劉三寸之木,而任五十石之重。

畢云:“‘劉’,‘鏤’字假音。”【念孫案】畢説非也。“劉”當爲“㓶”。《集韻》“斵”或作“㓶”,《廣雅》曰:“㓶,斫也。”今本《廣雅》譌作“劉”,俗書“斵”字作“斲”,故“㓶”字亦作“𠜾”。形與“劉”相似,因譌爲“劉”。此言爲車轄者,斫三寸之木,而任五十石之重,非刻鏤之謂也。

公輸

子墨子聞之三句

子墨子聞之,起於齊,行十日十夜而至於郢。

畢云:“‘起於齊’,《吕氏春秋》云‘自魯往’,是。《愛類》篇。《文選注》引云:‘墨子聞之,自魯往,裂裳裹足,十日至郢。’”《廣絶交論》。【念孫案】《世説新語・文學》篇注引此作“墨子聞之,自魯往,裂裳裹足,日夜不休,十日十夜而至於郢”,《文選注》所引從略,然亦有“自魯往,裂裳裹足”七字。《吕氏春秋・愛類》篇曰:“墨子聞之,自魯往,裂裳裹足,日夜不休,十日十夜而至於郢。”正與《世説新語注》所引同,則其爲《墨子》原文無疑。《淮南・修務》篇曰:“墨子聞而悼之,自魯趨而往,十日十夜,足重繭而不休息,裂裳裹足至於郢。”文亦小異而大同。今本“自魯往”作“起於齊”,又無“裂裳裹足,日夜不休”八字,蓋後人删改之也。

必爲竊疾矣

【念孫案】《尸子·止楚師》篇及《宋策》并作“必爲有竊疾矣”，此脱“有”字，則文義不明。《耕柱》篇亦曰“有竊疾也”。

狐狸

宋所爲無雉兔狐狸者也。

畢云：“《太平御覽》引‘狐狸’作‘鮒魚’。”【念孫案】作“鮒魚”是也。“無雉兔”對上文“荆有犀兕麋鹿”言之，“無鮒魚”對上文“荆有魚鱉黿鼉”言之。若“狐狸”，則與“魚鱉黿鼉”不相應，此後人不曉文義而改之也。《尸子》《戰國策》并作“鮒魚”。

牒

子墨子解帶爲城，以牒爲械。

畢依《太平御覽》改“牒”爲“褋”，《兵部六十七》。引《説文》“南楚謂禪衣曰褋”，《玉篇》作“褋”。【念孫案】禪衣不可以爲械，畢改非也。《史記·孟子荀卿傳》集解引此正作“牒”，《索隱》曰：“牒者，小木札也。”《説文》：“札，牒也。”《廣雅》曰“牒，版也”，故可以爲械，《後漢書·張衡傳》注亦引作“牒”。

《墨子》弟五

備城門

容至

【引之曰】“容”字義不可通,“容”當爲“客”。“客”“容”字相似,又涉上文“容一人所”而誤。客至,謂敵人至城下也。下文曰“客馮面而蛾傅之”,即其證。

持水麻升草盆救之　傳火者必以布麻什革盆　二升　三十斤

畢云:“麻一升,草一盆也。”【念孫案】草一盆,非救火所用,畢説非也。“升”當爲“斗”。隸書“斗”字作“升”,因訛而爲“升”,後凡“斗”訛作“升”者放此。“草盆”當爲“革盆”,《備穴》篇曰:“傳火者必以布麻什革盆。”案,“傳火”當爲“持水”,草書“持”“傳”二字右畔相似,故“持”訛爲“傳”。“水”“火”亦字之訛。“什”亦當爲“斗”,隸書“斗”字作“什”,與“什伍”之“什”相似,《説文序》所云“人持十爲斗”也。後凡“斗”訛作“什”者放此。即《備城門》所云“持水麻斗革盆救之”也,然則“斗”與“革盆”皆所以持水,明矣。“革盆”又見《備蛾傳》篇。又,《備城門》篇“瓦石重二升以上”,“升”當爲“斤”。隸書“斤”字或作“斤”,因譌而爲“升”。後凡“斤”譌作“升”者放此。又,《備穴》篇“罌容三十斤以上”,“斤”當爲“斗”。隸書“斗”字或作“汁”,因譌而爲“斤”。後凡“斗”譌作“斤”者放此。“斗”“什”“升”“斤”四字相似,故傳寫多譌。

潒弋

一寸一潒弋,弋長二尺。

【引之曰】“潒”當爲“涿”,字本作“椓”。《説文》:“椓,擊也。”《周南・兔罝》傳曰“丁丁,椓杙聲”是也。“杙”與“弋”同。通作“涿”,《周官・壺涿氏》注曰“涿,擊之”是也。“涿弋”又見下文。《史記・趙世家》“伐魏,敗涿澤”,今本“涿”字亦誤作“潒”。凡經傳中從豖、丑玉反。從象之字多相亂,説見《漢書・天文志》。

火

城門上所鑿以救門火者,各一垂水火三石以上。

【念孫案】下“火”字義不可通,“火”當作“容”。下文言“容斗以上”“容石以上”者多矣,則“火”爲“容”之壞字無疑。

脱文一

二步一荅,廣九尺,袤十二尺。

【念孫案】此當作“二步一荅,荅廣九尺”,上文“二步一渠,渠立程丈三尺”,與此文同一例。今本少一“荅”字,則文不足意，如淳注《漢書・晁錯傳》引此重“荅”字。

衜

以射衜及櫳樅。

畢云：“‘衜’疑‘衝’字，文未詳。”【念孫案】“衝”，《説文》本作“衟”，今作“衜”者，即“衟”之訛。

脱文一

有奚，奚蠡大容一斗。

【念孫案】“有奚”下當有“蠡”字，下句“奚蠡”即承此而言。杜子春注《周官・鬯人》曰：“瓢，謂瓠蠡也。”“瓠蠡”“奚蠡”一聲之轉。

井屏

五十步一井屏，周垣之高八尺。

畢斷“五十步一井”爲句，又云：“屏當爲井。”【念孫案】下文言“百步一井”，則此不得又言“五十步一井”，此當以“五十步一井屏”爲句。下文“周垣之高八尺”，謂井屏之垣，非謂井垣也。《旗職》篇云：“其井爲屏，三十步而爲之圜，高丈。”是其證。《初學記・地部下》引此正作“五十步一井屏”。

立樓

二百步一立樓。

畢改“立”爲“大”，云：“据《太平御覽》。”【念孫案】畢改非也。《初學記·居處部》、鈔本《御覽·居處部四》《玉海·宫室部》所引并作“立樓”，刻本《御覽》譌作“大樓”，不足爲據。

夫

城上七尺一渠，長丈五尺，舊本脱“尺”字，據《雜守》篇補。貍三尺，去堞五寸，夫長丈二尺。

畢云：“‘夫’字未詳，疑即‘扶’字，所以著手。”【念孫案】畢説非也。“夫”當爲“矢”，隸書“矢”字或作“夫”，見漢《泰山都尉孔宙碑》。又作“兲”，見《成陽令唐扶頌》。并與“夫”相似，故譌作“夫”。《雜守》篇：“渠長丈五尺，其埋者三尺，矢長丈二尺。”其字正作“矢”，故知此篇諸“夫”字皆“矢”字之譌。後凡“矢”譌作“夫”者放此。

也

城上皆毋得有室，若也可依匿者。

畢改“也”爲“他”。【念孫案】“他”，古通作“也”，不煩改字。説見《史記·韓非傳》。

積藉

城下州道内，畢云：“即‘周道’。”百步一積藉，毋下三千石以上，善塗之。

【引之曰】"積藉"不知何物。"藉"當爲"薪"，"薪""藉"字形相似，又涉上文兩"藉"字而誤也。"積薪必善塗之"者，所以防火也。上文云："五十步積薪，毋下三百石，善蒙塗，毋令外火能傷也。"與此文同一例。特彼以城上言之，此以城下言之耳，《雜守》篇亦曰："塗積薪者，厚五寸已上。"

渠譫

城上之備：渠譫、藉車。

畢云："'渠譫'疑'渠荅'假音字，'譫'與'幨'同。《淮南子·氾論訓》云'渠幨以守'，高誘注云：'渠，壍也。"壍"今作"塹"。一曰甲名。'《國語》'奉文渠之甲'是也。幨、幰所以禦矢也。"【念孫案】"譫"非"荅"之假音字，"渠譫"與"渠荅"亦不同物，畢説非也。據高注前説以"渠"爲"塹"，"塹"非"幨"類，不得與"幨"并言之。後説以"渠"爲"甲"，引《吴語》"奉文渠之甲"，猶爲近之。今《吴語》作"奉文犀之渠"，韋注以"渠"爲"盾"是也。"盾"與"幨"皆所以禦矢，故并言之。"譫"蓋"襜"字之誤，《齊策》曰："百姓理襜蔽，舉衝櫓。""襜蔽"即高注所云"幨幰，所以御矢也"，故《廣雅》曰"幨謂之幰"，"幨"與"襜"字異而義同。

五十步

五十步一堞，下爲爵穴。

【引之曰】下文云"五步一爵穴"，則此亦當云"五步一堞”,不當云“五十步”,“十”字蓋涉下文“五十步一積竈”而衍。

兩後字　辛字

後使辛急爲壘壁,以蓋瓦後之。

【引之曰】此當作“復使卒急爲壘壁,以蓋瓦復之”,“復之”,即覆之。謂以蓋瓦覆壘壁也。今本兩“復”字皆訛作“後”,隸書“復”字作“ㄋ复”,與“後”相似。“卒”字又訛作“辛”,隸書“卒”字或作“卆”,與“辛”相似,則義不可通,畢以“辛”爲“薪”字,失之。

高磿㯕

城四面四隅,皆爲高磿㯕,使重室子居亓上候適。“亓”,古“其”字。

畢云:“高磿㯕,未詳。”【引之曰】“磿”當爲“磿”。郎擊反。字書無“㯕”字,蓋“㯕”先雞反。字之訛。磿㯕叠韻字,其音蓋如《説文》之“櫪㯕”,而義則不同。《説文》:“櫪㯕,柙指也。”磿㯕,蓋樓之異名也。《號令》篇曰:“他門之上,必夾爲高樓,使善射者居焉,女郭馮垣一人,一人守之,使重字子五十步一擊。”“重字子”即“重室子”之訛。二篇之意大略相同,彼之“高樓”即此之“高磿㯕”也。

函　選本　匝

適人爲穴而來,我函使穴師選本匝而穴之。

【念孫案】“函”當爲“亟”，俗書“函”“亟”相似，説見《魯問》篇。亟，急也。“選本”當爲“選士”。隸書“士”字或作“本”，因訛而爲“本”，畢改“本”爲“木”，非。“匝”當爲“迎”。草書“迎”字作“迊”，因訛而爲“匝”。言敵人爲穴而來，我急使穴師選善穴之士，鑿穴而迎之也。下文云：“適人穴土，急壍城内，穴亣土直之。”又曰：“審知穴之所在，鑿穴迎之。”今本“鑿穴”作“鑿内”，篆文“穴”字作“內”，因訛而爲“内”。皆其證也。又，《號令》篇曰：“凡守城者，以函傷敵爲上。”又曰：“部吏函令人謁之大將。”又曰：“卒民欲言事者，函爲傳言請之。”又曰：“城圍罷，主函發使者往勞。”《雜守》篇曰：“女子函走入。”又曰：“寇近，函收諸雜鄉金器，若銅鐵及他可以左守事者。”以上諸“函”字皆“亟”字之訛。

杵 蓋 凡

民室杵木瓦石，可以蓋城之備者，盡上之。

【引之曰】木瓦石皆可以作室，而杵非其類，“杵”當爲“材”，字之誤也。“材”本作“材”，“杵”本作“杵”，二形相似。《號令》篇“民室材木”即其證。“蓋城之備”四字，義不相屬。“蓋”當爲“益”，亦字之誤也。俗書“益”“蓋”相似，説見《非命》篇。言民室之材木瓦石，可以益守城之備也。又，《號令》篇：“悉舉民室材木凡若藺石數。”案，“凡”字義不可通，“凡”當爲“瓦”，亦字之誤也。隸書“瓦”字作“凡”，與“凡”相似。若，猶及也，與也。説見《釋詞》。謂民室之材木瓦及藺石也。“藺石”，又見《雜守》篇。《漢書·晁錯傳》曰：“具藺石，布渠答。”“材木瓦藺石”，即《備城門》篇之“材木瓦石”。

也

凡守圍城之法，厚以高，壕也深以廣。

畢云："'也'字，疑衍。"【引之曰】"也"當爲"池"，"壕池深以廣"爲句。其"厚以高"上當有與"壕池"對文者，而今本脱之。

左葆宫中　得

召三老左葆宫中者與計事，句。得。

【引之曰】"左"當爲"在"，《雜守》篇曰："父母昆弟妻子有在葆宫中者，乃得爲侍史。"是其證。"得"下有脱文，不可考。各本"得"下有"自爲之奈何"至"以謹"，凡二十四字，乃《備穴》篇之錯簡，説見六卷末。

此十四者具

此上有脱文，不可考。

本

城下樓本，率一步一人。

【念孫案】"樓本"當爲"樓卒"，謂守樓之卒也。隸書"卒"字或作"卆"，因訛而爲"本"。《淮南·詮言》篇："其作始簡者，其終卒必調。"《漢書·游俠傳》："卒發於睚眦。"今本"卒"字并訛作"本"。《備高臨》篇："足以勞本，不足以害城。""本"亦當爲"卒"。

守圍

乃足以守圍。

【念孫案】"守圍"二字義不可通。"圍"當爲"圉",字之誤也,《齊策》:"則是圉塞天下士而不利説途也。"《韓子·揚権》篇:"主將壅圉。"《淮南·詮言》篇:"以圉强敵。"今本"圉"字并誤作"圍"。"守圉",即守禦。《公輸》篇:"子墨子守圉有餘。"《淮南·主術》篇:"瘖者可使守圉。"《漢書·賈誼傳》:"守圉捍敵之臣。"并與"守禦"同。

千人

廣五百步之隊,丈夫千人,丁女子二千人,老小千人,凡千人而足以應之。

畢云:"上三'千'字皆當作'十','凡千人'當云'凡四十人'。"【引之曰】畢説非也。"丈夫千人,丁女子二千人,老小千人",則下句當云"凡四千人",不當改上三"千"字爲"十",而云"凡四十人"也。上文"五十步,丈夫十人,丁女子二十人,老小十人",共四十人,此廣五百步,則人數不得與上文同矣。

智知

令吏民皆智知之。

【念孫案】此本作"令吏民皆智之","智"即"知"字也。《墨子》書"知"字多作"智",説見《天志中》篇。今本作"智知之"者,後人旁記"知"字,而寫者因誤合之耳。

不可不審也

各本此下有“候望適人”至“穴土之攻敗矣”，凡三百四十五字，乃《備穴》篇之錯簡，説見六卷末。

斬艾與柴長尺

自此以下，多言鑿穴之事，亦當移置於《備穴》篇，然未知截至何句爲止，今姑仍其舊。

迎穴爲連

【引之曰】“連”下當有“版”字，而今本脱之。上文曰：“連版以穴高下廣狹爲度。”是其證。

皆爲穴月屋　覆以月

與柱交者穴二窯，皆爲穴月屋。

【引之曰】“皆爲穴月屋”當作“皆爲穴門上瓦屋”，謂於穴門上爲瓦屋也。《備突》篇曰“突門各爲窯竈，竇入門四五尺，爲亣門上瓦屋”，是其證。隸書“瓦”字作“⺆”，與“月”相似而誤，又脱“門上”二字，則義不可通。又，下文“爲作水甬，深四尺，堅幕貍之。十尺一，覆以月而待”，“月”亦當爲“瓦”。上文曰“鑿坎覆以瓦”，是其證。畢改“月”爲“穴”，非也。

身井

俟亣身井且通，居版上，而鑿其一偏。

【念孫案】“身”者，“穿”之壞字也。隸書“身”字或作“牙”，見漢《處士嚴發殘碑》。與“穿”字下半相似而誤。

苴

五步一爵穴，大容苴。

【引之曰】“苴”字義不可通，“苴”當爲“苣”，字之誤也。《説文》：“苣，束葦燒也。”此云“爵穴大容苣”，下云“内苣爵穴中”，二文上下相應，故知“苴”爲“苣”之訛。

自

疏數自適爲之。

畢云：“言視敵而爲疏促。‘自’，‘視’字之誤。”【引之曰】“自”蓋“因”字之誤。言因敵之多少而爲疏數也。隸書“因”字或作“囙”，與“自”相似而誤。

筵陜

城筵陜不可塹者勿塹。

【引之曰】“筵”字義不可通，“筵”當爲“⿱竹迮”。《玉篇》：“笮，狹也。亦作⿱竹迮。”與“筵”相似而誤。

入壇

入壇苣長五節。

【引之曰】"入壇"二字,義不可通。"入壇"當爲"人擅"。"擅"讀曰"撣",《説文》:"撣,提持也。"徒旱切。古通作"擅"。凡字之從單者,或從亶,若"癉"或作"癉","鱓"或作"鱣","墠"或作"壇"之類。"人擅苣"者,人持一苣也。《備水》篇曰:"臨三十人,人擅弩。"又曰:"三十人共船,亣二十人,人擅有方,畢改"方"爲"弓"。劍甲鞮瞀。十人,人擅苗。"今本脱一"人"字,畢云"苗"同"矛"。是凡言"人擅"者,皆謂人人手持之也。"人""入","擅""壇",字之誤。

三丈 下地至

高地三丈,下地至。

【引之曰】此本作"高地丈五尺,下地至泉三尺而止",《備穴》篇曰:"高地丈五尺,下地得泉三尺而止。"是其證。今本脱"下"字,辯見六卷末。今本"丈五尺"譌作"三丈","至"下又脱"泉三尺"三字,則義不可通。

賊

施賊亣中,上爲發梁而機巧之。

【引之曰】"賊"字義不可通,"賊"當爲"棧"。上文"城上之備"有"行棧""行樓",《説文》:"棧,棚也。"謂設棚於塹中,上爲發梁而機巧之,以陷敵也。義見下文。

而出佻且比

【引之曰】當作“而出佻戰，且北”。北，敗也。“佻”與“挑”同。言出而挑戰，且佯敗以誘敵也，故下文曰“適人遂入，引機發梁，適人可禽”。《備穴》篇曰：“穴中與適人遇，則皆圉而毋逐，且戰北以須鑪火之然。”彼言“且戰北”，猶此言“佻戰且北”也。今本脱“戰”字，“北”字又訛作“比”，則義不可通。畢改“且”爲“旦”，而以“佻旦”爲“佻達”，大誤。

備高臨

羊黔

薪土俱上，以爲羊黔。

畢云：“《雜守》作‘羊坽’，未詳其器。”【念孫案】《雜守》作“羊坽”，《集韻》：“坽，郎丁切，峻岸也。”非作“羊玲”也。“坽”與上下兩“城”字爲韻，則作“坽”者是。

羊黔者

子問羊黔者，將之拙者也。

畢云：“‘羊黔’下疑更有‘羊黔’二字。”【念孫案】當作“子問羊黔之守邪？羊黔者，將之拙者也”。《備梯》篇曰：“問雲梯之守邪？雲梯者，重器也，亓動移甚難。”《備蛾傅》篇曰：“子問蛾傅之守邪？蛾傅者，將之忽者也。”《雜守》篇曰：“子問羊坽之守邪？今本脱“之”字。羊坽者，攻之拙者也。”皆與此文同一例。今本脱“之守邪羊黔”五字,則文義不明。

備矣

然則羊黔之攻敗矣,備矣臨以連弩之車。

畢以“備矣”絶句,云:“備,同憊。”【引之曰】畢説非也。“備矣”之“矣”即因上“敗矣”而衍,“備臨以連弩之車”,當作一句讀。備臨,即備高臨也。《備蛾傅》篇:“然則蛾傅之攻敗矣。”下云“備蛾傅爲縣脾”,猶此云“備臨以連弩之車”也,若以“備矣”爲句,則下句“臨以連弩之車”,文不成義矣。

銅距

銅距臂,博尺四寸,厚七寸,長六尺。

【念孫案】“銅距”當爲“鉤距”,字之誤也。《説文》:“軗,車輢上曲鉤也。”今本“鉤”誤作“銅”。“鉤距”,見上文及《備穴》篇。

磨鹿

以磿鹿卷收。

畢云:“‘磨’疑‘麻’,‘鹿’乃‘麤’字之訛。”【引之曰】畢説非也。“磨鹿”當爲“磿鹿”。磿,郎擊反。上文云“備臨以連弩之車”,則此謂車上之磿鹿,轉之以收繩者也,故曰“以磿鹿卷收”。磿鹿,猶鹿盧,語之轉耳,《方言》曰:“繀車,趙魏之間謂之轣轆。”《廣雅》曰:“繀車,謂之曆鹿。”并字異而義同。

備梯

樵

以樵禽子。

畢云:"'樵'當爲'譙'。"【引之曰】《方言》:"自關而西,秦晉之間,凡言相責讓曰譙讓。"上文"子墨子甚哀之,乃管酒槐脯"云云,殊無"譙讓"之意。"樵"蓋"醮"之借字也,《士冠禮》注曰"酌而無酬酢曰醮",故上文言"酒脯"。

煙資

敢問客衆而勇,煙資吾池。

【念孫案】"煙"當爲"堙",堙,塞也。《備穴》篇"救闉池者","闉"與"堙"同。【引之曰】"資"疑當爲"填",堙、填,皆塞也。"堙""煙","填""資",亦皆字之誤。

闕文一

子墨子曰:"問雲梯之邪?"

【念孫案】此當作"問雲梯之守邪"。上文曰:"敢問守道?"又曰:"願遂問守道?"《備城門》篇曰:"問穴土之守邪?"《備蛾傅》篇曰:"子問蛾傅之守邪?"《雜守》篇曰:"子問羊坽之守邪?"舊脱"之"字,今補。皆其證。今脱"守"字,則文不成義。

錢

機衝錢城,廣與隊等。

【引之曰】"錢"字義不可通,當是"棧"字之誤。"衝",見《雜守》篇。《備城門》篇説"城上之備"有"行棧",即此所謂"棧"也。城,即行城,見上文。

沙炭

城上繁下矢石沙炭以雨之。

【引之曰】"炭"當爲"灰"。俗書"灰"字作"灰",與"炭"相似而誤。"灰",見《備城門》篇。沙灰皆細碎之物,炭則非其類矣,《雜守》篇亦誤作"炭",《太平御覽·兵部五十五》引此正作"灰"。

脱文一

城希裾門而直桀。

【引之曰】"城"下當有"上"字。"希"與"睎"同,"直"與"置"同,"桀"與"楬"同。言城上之人,望裾門而置楬也。《備蛾傅》篇作"城上希薄門而置楬",是其證。舊本"楬"誤作"搗",辯見《備蛾傅》篇。今本脱"上"字,則文不成義。

持鼓　撚火

皆立而持鼓而撚火。

畢云："《備蛾傳》云'待鼓音而燃'。俗"然"字。'待''持'，'燃''撚'字相似，然此義較長，不必改從彼。《説文》云：'撚，執也。'"【念孫案】此當依《備蛾傳》篇作"皆立而待鼓而然火"，謂燒門之人皆待鼓音而然火也。畢謂"持""撚"二字不必改，又訓"撚"爲"執"，皆非也。既"執火"，則不能又"持鼓"矣。

除火

適人除火而復攻。

【引之曰】"除"字義不可通，"除"當爲"辟"，"辟"與"避"同。言我然火以燒敵人，敵人避火而復攻城也。隸書"辟"字或作"辟"，見漢《益州大守高眹修周公禮殿記》及《益州大守高頤碑》。與"除"相似而誤，《備蛾傳》篇正作"敵人辟火而復攻"。

賁士

令賁士主將皆聽城鼓之音而出。

【引之曰】"賁"字義不可通，"賁"當爲"者"，字之誤也。隸書"者""賁"二字相似，説見《天志》篇。"者"與"諸"同，秦《詛楚文》"者侯"即"諸侯"。《泰山刻石》"者産得宜"，即"諸産得宜"。《大戴記·衛將軍文子》篇："道者孝悌。"《鹽鐵論·散不足》篇："者生無易由言。"《漢書·武五子傳》："其者寡人之不及與。"并以"者"爲"諸"。上文已令死士出擊矣，故諸士及主將皆聽城鼓之音而出，即可勝敵也。《號令》篇有"諸人士"，又云"諸吏卒民"。

素

因素出兵。

畢改"素"爲"數",云:"据《備蛾傳》改。"【念孫案】鄭注《喪服》曰:"素,猶故也。"因素出兵,猶言照舊出兵耳。畢改"素"爲"數",則義不可通。《備蛾傳》篇正作"素",不作"數"也。

備水

鞮瞀

人擅有"擅"與"撣"同,謂提持也。説見《備城門》篇。"有"字疑衍。方,畢改"方"爲"弓"。劍甲鞮瞀。

畢云:"《説文》云:'鞮,革履也。''瞀','鍪'字假音,《説文》云'鍑屬'。"【引之曰】畢分"鞮鍪"爲二物,非也。鞮鍪,即兜鍪也。兜鍪,胄也,故與"甲"連文。《韓策》曰:"甲盾鞮鍪。"《漢書·楊雄傳》:"鞮鍪生蟣蝨,介胄被霑汗。"師古曰:"鞮鍪,即兜鍪也。"字亦作"鞮鞪",《漢書·韓延壽傳》"被甲鞮鞪",皆其證。

備突

輔

寇即入,下輔而塞之。

畢云:“《後漢書注》引‘輔’作‘輪’。”《袁譚傳》。【念孫案】“輪”字是也,上文曰“吏主塞突門,用車兩輪”,是其證。

備穴

廣喪　表

樓四植,植皆爲通舄,下高丈,上九尺,廣喪各丈六尺。【念孫案】“喪”當爲“袤”,《廣雅》:“袤,長也。”又,下文“鑿廣三尺,表二尺”,“表”亦當爲“袤”。

丈六尺　長丈　毋傑堞三尺

渠長丈六尺,矢長丈。“矢”舊本訛作“夫”,辯見《備城門》篇。臂長六尺,亣貍者三尺,樹渠毋傑堞三尺。

【引之曰】“渠長丈六尺”當作“渠長丈五尺,廣丈六尺”,《備城門》篇曰“渠長丈五尺”,《雜守》篇曰“渠長丈五尺,廣丈六尺”,皆其證。今本“長丈”下脱“五尺廣丈”四字,則失其制矣。“矢長丈”當作“矢長丈二尺”,《備城門》篇、《雜守》篇并作“矢長丈二尺”,是其證。今脱“二尺”二字,則失其制矣。“樹渠毋傑堞三尺”當作“樹渠毋傅堞五寸”,謂渠與堞相去五寸也,《備城門》篇曰“渠去堞五寸”,《雜守》篇曰“樹渠毋傅葉五寸”,“葉”與“堞”同。皆其證。今本“傅”作“傑”,涉下“堞”字而訛。“五寸”又訛作“三尺”,則失其制矣。畢改“毋”爲“毌”,讀與“貫”同,大誤。

界

斬亣穴，深到界。

【引之曰】“界”字文義不明，“界”當爲“泉”，《備城門》篇“下地得泉，三尺而止”，今本脱“下”字，辨見六卷末。是其證。隸書“泉”字或作“宂”，見漢《郃陽令曹全碑》。“界”字作“畀”，見《衛尉卿衡方碑》。二形相似而誤。

備蛾傅

法程

敢問適人强弱，遂以傅城，後上先斷，以爲法程。

畢云：“‘法’字未詳。”【念孫案】法者，“法”之誤耳。言敵人蛾附登城，後上者則斷之，斷，斬也。《號令》篇曰：“不從令者斷，擅出令者斷，失令者斷。”以此爲法程也。《吕氏春秋·慎行》篇曰：“後世以爲法程。”《説苑·至公》篇曰：“犯國法程。”《漢書·賈誼傳》曰：“後可以爲萬世法程。”篆書“去”字作“厺”，“缶”字作“缶”，二形相似。隸書“去”字作“去”，“缶”字作“缶”，亦相似，故從去、從缶之字，傳寫多誤。《管子·輕重甲》篇“三月解匋”，“匋”字作“𠣾”。漢《冀州從事張表碑》“復攸陶父”，“陶”字作“陶”。此從“缶”之字而誤從“去”者也，亦有從“去”之字而誤從“缶”者。《説文》：“鼛，鼓鼙聲。從鼓、缶聲，土盍切。”“鼛”乃“䵽”字之誤，“䵽”從去聲，而音土盍切。“𡰪”從去聲，而音口盍切。“怯”從去聲，而音去劫切。“劫”從去聲，而音居怯切。其義一也。《玉篇》“䵽”字亦誤作“鼛”，後人又加“䵽”字，音七盍切，而不知“鼛”即“䵽”之誤也。《廣韻》有“䵽”無“鼛”，是其證矣。

“法”之爲“沍”，誤亦與“磬”同。

丈各

荅廣從音“縱横”之“縱”。丈各二尺。

【引之曰】“廣從丈各二尺”，義不可通，“丈各”當爲“各丈”。言荅之廣從各丈二尺也。

燒傳湯

燒傳湯斬維而下之。

【引之曰】“燒傳湯”三字，義不相屬，“燒”下當有“荅”字，而今本脱之。《備城門》篇“城上二步一荅”。上文兩言“燒荅”，是其證。

找

找長五尺。

畢云：“‘找’，未詳。”【引之曰】“找”當爲“杙”。《備城門》篇曰“杙間六寸，剡其末”，此亦云“剡其末爲五行，行間廣三尺”，故知“找”爲“杙”之訛。

搗

城上希薄門而置搗。

【引之曰】“搗”字義不可通，“搗”當爲“楬”，字之誤也。

楬，杙也。"希"與"睎"同，望也。言望薄門而立杙也。《備梯》篇"置楬"作"直桀"，"置""直"、"楬""桀"并通。《廣雅》："楬，杙也。"《爾雅》："雞栖於弋爲桀。"

《墨子》弟六

迎敵祠

請守　之氣

巫卜以請守，守獨智巫卜望之氣請而已。

【念孫案】“請”皆讀爲“情”。《墨子》書通以“請”爲“情”。此文當作“巫卜以請報守，守獨智與“知”同。巫卜望氣之請而已”，言巫卜以情報守，巫卜望氣之情，唯守獨知之而已，勿令他人知也。《號令》篇曰：“巫祝吏與望氣者，必以善言告民，以請上報守，舊本“上”字倒在“報守”下，今乙正。守獨知其請而已。”是其證。舊本脱“報”字，“氣之”二字又誤倒，則義不可通。

旗職《墨子》書“旗識”字如此，舊本從俗作“幟”，篇内放此。

雩旗

竞士爲雩旗。

畢云：“‘竞士’猶云‘强士’。‘雩’，‘虎’字假音。”【念孫案】"雩"即"虎"之訛,非其假音也。鈔本《北堂書鈔·武功部八》引此爲"虎旗",上脱二字,陳禹謨本作"土爲黄旗",此以意改之。而"虎"字則不誤。《通典·兵五》亦曰:"須戰士鋭卒,舉熊虎旗。"隸書虎字或作"帍",見漢《殺阬君神祠碑陰》。與"雩"字相似而誤。

金鐵

金鐵有積,粟米有積。

【念孫案】"金鐵"當爲"金錢",字之誤也。金錢、粟米皆守城之要物,故并言之,若"鐵"則非其類矣。《號令》篇曰"粟米、錢金、布帛",又曰"粟米、布帛、錢金",《雜守》篇曰"粟米、布帛、金錢",皆其證。《太平御覽·居處部二十》引此正作"金錢"。

輒部職如進數

有大寇傅攻前池外廉,城上當隊鼓三,舉一職。到水中周,鼓四,舉二職。到藩,鼓五,舉三職。到馮垣,鼓六,舉四職。到女垣,鼓七,舉五職。到大城,鼓八,舉六職。乘大城半以上,鼓無休,夜以火,如此數,寇卻解,輒部職如進數而無鼓。

【引之曰】"部"讀爲"踣",謂仆其識也。《周官·大司馬》"弊旗",鄭注曰:"弊,仆也。""仆""踣""部"古字通,《吕氏春秋·行論》篇引《詩》曰:"將欲踣之,必高舉之。""踣"與"舉"正相反,故寇來則舉識,寇去則踣識也。"如進數"者,如寇進之識數而遞減之。識之數，以六爲最多，故寇進則自一而遞加之，寇退則自六而遞減之也。畢以“部”爲“部署”，失之，又誤解“如進數”三字。

城上吏卒　脱五字

城上吏卒置之背，卒於頭上。城下吏卒置之肩，在軍於左肩，中軍置之胸。

【引之曰】“城上吏卒置之背”，“卒”字涉下文“吏卒”而衍。下文“卒置於頭上”，則不得又“置之背”也。“在軍於左肩”，惠氏《禮説》改“在”爲“左”。案，“左軍於左肩”下，當有“右軍於右肩”五字，而今本脱之。又案，頭上也，肩也，背也，胸也，皆識之所置也。《説文》：“徽，識也，以絳帛著於背。”張衡《東京賦》：“戎士介而揚揮。”同“徽”。薛綜曰：“揮謂肩上絳幟。”皆其證。今不言“識”者，“城上吏”之上，又有脱文耳。

當應鼓而不應不當應而應鼓

【念孫案】此當作“當應鼓而不應鼓，不當應鼓而應鼓”，今本上下二句皆脱一“鼓”字。

鐵蕹

其井置鐵蕹。

畢云：“《説文》云：‘蕹，弓曲也。’”【引之曰】“弓曲”之義與“鐵”字不相屬，且井旁亦非置弓之處。竊謂“蕹”乃“雍”字之訛，"雍"讀若"甕"。《大取》篇"其類在漏雍"，"雍"與"甕"同。《井》九二"甕敝漏"，《釋文》"甕"作"雍"。《北山經》"縣雍之山"，郭璞曰"音'汲甕'"，《水經·晉水》篇作"縣甕"。《漢紀·孝成紀》"申徒狄蹈甕之河"，《漢書·鄒陽傳》"甕"作"雍"。《備城門》篇云"百步一井，井十甕"，故曰"其井置鐵甕"。

荇　衣章微

城中吏卒民男女，皆荇異衣章微，令男女可知。

【引之曰】"荇"字義不可通，"荇"當爲"辨"，"辨異"二字連文。《周官·小行人》曰："每國辨異之。"隸書"辨"字或作"𨐨"，見漢《李翕析里橋郙閣頌》。因訛而爲"荇"。左畔之"丯"訛而爲"𦍌"，右畔之"𢆉"訛而爲"亍"，中央之"刂"訛而爲"氵"。【念孫案】"衣章微"當作"衣章微職"，《説文》"微，識也，'識'俗作'幟'。以絳帛著於背"，《墨子》書"微識"皆作"微職"。見《號令》《雜守》二篇。"章"亦"微識"之類也，故《齊策》云"變其徽章"。"徽"亦與"微"同。此言男女之衣章微識，皆有別也，故曰"皆辨異衣章微職，令男女可知"。且此篇以"旗職"爲名，則當有"職"字明矣。今本"辨"訛作"荇"，"微"下又脱"職"字，故義不可通。

號令

心其旁

門者及有守禁者，皆無令無事者得稽留，舊本"稽"下衍一"稽"字，今删。心其旁。

畢云："'心'當爲'必'。"【引之曰】改"心"爲"必"，義仍不可通，"心"當爲"止"。言勿令無事者得稽留而止其旁也。隸書"止""心"相似，故"止"訛爲"心"。

如今

"敵去邑百里以上，城將如今盡召五官及百長"云云。

畢云："'今'當爲'令'。"【引之曰】畢説非也。如，猶乃也。古或謂"乃"爲"如"，説見《釋詞》。言敵人將至，城將乃今召五官百長而命之也。下文曰："輔將如今賜上卿丞。"與此文同一例，則"今"非"令"之訛。

官符

以富人重室之親舍之官符。

【引之曰】"符"當爲"府"。言舍富人重室之親於官府也。下文云："其有符傳者，善舍官府。"是其證。篇内言"官府"者多矣，若云"舍之官符"，則義不可通，此涉上下文諸"符"字而誤。

父老小　不舉

里中父老小不舉守之事及會計者。

【引之曰】"父老"下不當有"小"字，蓋涉下文"老小"而衍。"舉"讀爲"吾不與祭"之"與"。"與""舉"古字通，説見《經義述聞·周官》"王舉則從"下。謂里中父老不與守城及會計之事者。

有分者

吏從卒四人以上有分者，大將必與爲信符。

【引之曰】"分"下當有"守"字，而今本脱之，則文義不明。"分守"，謂卒之分守者也。下文曰："男女老小先分守者，人賜錢千。"是其證。

三最

令吏民無敢三最并行。

【引之曰】"最"當爲"冣"，"冣"與"聚"通。謂三人相聚，二人并行也。《説文》："冣，才句切。積也。"徐鍇曰："古以聚物之'聚'爲'冣'。""冣"與"最"字相似，故諸書中"冣"字多譌作"最"，説見《漢書·馮唐傳》。

常司上之　松上

爲人下者，常司上之，句。隨而行，句。松上不隨下。

畢云："'司'即'同'字。"【引之曰】"司"非"同"字，乃古"伺"字也。"之"讀爲"志"。《墨子》書或以"之"爲"志"字，見《天志中》《下》二篇。《史記·刺客傳》"趙國志士"，《趙策》"志"作"之"。言爲人下者，常伺察上人之志，隨之而行也。"松"讀爲"從"，《學記》"待其從容"，鄭注"從或爲松"，是其例也。言從上不隨下也。

之取

非其分職而擅之取，若非其所當治而擅治爲之，斷。

【引之曰】“擅之取”當爲“擅取之”，與“擅治爲之”對文，今“取之”二字倒轉，則文不成義。

去者之父母妻子

此下有脱文，不可考。

父母

鄉長者、父老、豪傑之親戚父母妻子。又下文“及勇士父母親戚妻子”。

【引之曰】“父母”二字，皆後人所加也。古者謂父母爲親戚，説見《經義述聞·左傳》“親戚爲戮”下。故言“親戚”，則不言“父母”，後人不達，故又加“父母”二字耳。篇内言“父母妻子”者多矣，皆不言“親戚”。下文有“親戚妻子”，則但言“親戚”，而不言“父母”，是“親戚”即“父母”也。

時酒肉

及勇士親戚妻子，皆時酒肉。

【念孫案】“酒肉”上當有“賜”字，而今本脱之，則文義不明。下文曰：“父母妻子，皆同其宫，賜衣食酒肉。”是其證。

無

無與望氣妄爲不善言。

【引之曰】“無”即上文“巫”字，因聲同而誤。

占悉 款

民各自占家五種石斗數，《史記·平準書》：“各以其物自占。”《索隱》引郭璞云：“占，自隱度也。謂各自隱度其財物多少爲文簿送之於官也。”爲期。期盡，匿不占，占悉，令吏卒款得，皆斷。

【引之曰】“占悉”當作“占不悉”，“令吏卒款得”當作“令吏卒敚得”，“敚”與“覹”同。《説文》：“覹，司也。”“司”今作“伺”，“覹”字亦作“微”。上文曰：“守必謹微察。”《迎敵祠》篇曰：“謹微察之。”《史記·廉頗藺相如傳》曰：“趙使人微捕得李牧。”《漢書·游俠傳》：“使人微知賊處。”師古曰：“微，伺問之也。”言使民各自占其家穀而爲之期，若期盡而匿不占，或占之不盡，令吏卒伺察而得者，皆斬也。《史記·平準書》曰：“各以其物自占，匿不自占，占不悉，戍邊一歲，没入緡錢。”即用《墨子》法也。今本脱“不”字，“敚”字又訛作“款”，則義不可通。

牧 主人券

牧粟米、布帛、錢金，出内畜産，皆爲平直其賈，與主人券書之。

【念孫案】“牧”字義不可通，“牧”當爲“收”，字之誤也。《備城門》篇“收諸盆甕”，《備高臨》篇“以磿鹿卷收”，今本“收”字并訛作“牧”。《月令》“農有不收藏積聚者”，正義：“收，俗本作牧。”“收粟米”即承上文“令民自占五種數”而言。“布帛、錢金”，則連類而及之耳。【引之曰】“主人券”當作“主券人”。謂與主券之人，使書其價也。《雜守》篇曰:"民獻粟米、布帛、金錢、牛馬、畜産,皆爲置平賈,與主券書之。"是其證。今本"券人"二字誤倒,則義不可通。

贖士　士候

其不欲爲吏,而欲以受賜賞爵禄,若贖士親戚所知罪人者,以令許之。

【引之曰】"贖士"二字,義不可通,"士"當爲"出"。謂以財物贖出其親戚所知罪人也。上文云:"知識昆弟有罪,而欲爲贖,若以粟米、錢金、布帛、他財物免出者,許之。"是其證。又,下文:"士候無過十里。""士"亦當爲"出"。謂出候敵人,無過十里也。下文曰:"候者日暮出之。"是其證。隸書"出""士"二字相似,故諸書中"出"字多訛作"士",説見《經義述聞·大戴記》"稱以上士"下。

欲爲利　三石之侯

其不欲受賞而欲爲利者,許之三石之侯。

【念孫案】"利"當爲"吏",上文云:"不欲受賜而欲爲吏者。"即其證。"吏""利"俗讀相亂,故"吏"訛作"利"。【引之曰】"三石之侯"當作"三百石之吏"。上文"候三發三信,許之二百石之吏",此文"能入深至主國者,賞之倍他候,見上文。故許之三百石之吏",上文云:"有能捕告之者,封之以千家之邑。若非其左右及他伍捕告者,封之二千家之邑。"是其例也。今本"石"上脱"百"字,"吏"字又訛作"侯",則義不可通。

衍二字

其欲復以佐上者，其構賞、爵禄、罪人倍之。

【引之曰】“罪人”二字與上下文不相屬，蓋衍文。

北至城者三表

【念孫案】“北”字義不可通，“北”當爲“比”。比，及也。【引之曰】“三表”當爲“五表”，説見後“垂”字下。

可□　平而迹

人所往來者，令可□迹者無下里三人，平而迹。

【引之曰】此當作“人所往來者令可以迹，句。迹者無下里三人，平明而迹”，言人所往來之道，必令可以迹，《周官·迹人》注：“迹，之言跡，知禽獸處。”《雜守》篇曰：“可以迹知往來者少多。”其迹者之數，無下里三人，至平明時而迹之也。《雜守》篇云：“距阜山林皆令可以迹，平明而迹。”是其證。今本“可”下脱“以迹”二字，“平”下又脱“明”字，則義不可通。

少　無知可也

令卒之少居門内，令其少多無知可也。

【引之曰】此當作“令卒之半居門内，令其少多無可知也”，言令其卒半在門外，半在門内，不令人知我卒之多少也。《雜守》篇云：“卒半在内，令多少無可知。”是其證。上文云：“慎無令民知吾粟米多少。”意與此同。今本“半”作“少”者，涉下句“少多”而誤。“可知”又誤作“知可”，則義不可通。

垂 捶

望見寇，舉一垂。舊本脱“見寇”二字，《雜守》篇：“望見寇，舉一烽。入竟，舉二烽。”今據補。入竟，舉二垂。狎郭，舉三垂。入郭，舉四垂。舊本脱“郭”字，今據上文補。狎城，舉五垂。夜以火，皆如此。

【引之曰】“垂”字義不可通，“垂”當爲“表”。上文言候者各立其表，則此所舉者皆表也。又，此文曰“望見寇，舉一垂。入竟，舉二垂。狎郭，舉三垂。入郭，舉四垂。狎城，舉五垂”，即上文所謂“比至城者五表”也，今本“五”訛作“三”，與此文不合。則“垂”字明是“表”字之訛。隸書“表”字作“表”，“𠂹”字或作“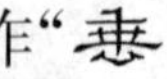”，見漢《魯相韓敕造孔廟禮器碑》。二形略相似，故“表”訛作“垂”。《通典·兵五》曰：“城上立四表以爲候視，若敵去城五六十步，即舉一表，橦梯逼城舉二表，敵若登梯舉三表，欲攀女牆舉四表，夜即舉火如表。”此“舉表”二字之明證也。又案，《雜守》篇“守表者三人，更音庚。立捶表而望”，當作“更立表而望”。蓋一本誤作“垂”，一本正作“表”，而校書者誤合之，淺人不知“垂”爲“表”之誤，又妄加“手”旁耳。

外空井 外空窒

外空井盡窒之，無令可得汲也。舊本脱“令”字。案，下文曰：“無令客得而用之。”《雜守》篇曰：“無令寇得用之。”今據補。外空窒盡發之，木盡伐之。

【引之曰】“外空井”當作“外宅井”。謂城外人家之井也，恐寇取水，故塞之，故下文云“無令可得汲也”。《雜守》篇云：“外宅溝井可窴塞。”是其證。“外宅”二字，《雜守》篇屢見。若空井，則無庸塞矣。“外空室”當作“外宅室”，謂城外人家之室也。發室伐木，皆恐寇得其材而用之也，故下文云“無令客得而用之”。《雜守》篇云：“寇薄，句。發屋伐木。”是其證。今本“外宅”作“外空”，誤與上文同。“室”之作“窒”，則又涉上文“盡窒之”而誤。

枚木　既燒之

當遂枚木，“遂”與“隧”同，道也。不能盡内，與“納”同。既燒之，無令客得而用之。

【引之曰】“枚木”文不成義，“枚”當爲“材”。“既燒之”當爲“即燒之”。言當道之材木，不能盡納城中者即燒之，無令寇得而用之也。《雜守》篇云：“材木不能盡入者燔之，無令寇得用之。”是其證。今本“材”作“枚”，涉上文“枚數”而誤。“即”字又誤作“既”，則義不可通。

伐之服罪

凡有司不使去，此字有誤。卒吏民聞誓令，伐之服罪。

【引之曰】“伐”字義不可通，“伐”當爲“代”。卒吏民不聽誓令者，其罪斬。若有司不使之聞誓令，則當代之服罪矣。

脱文一

門下謁者一長。

【引之曰】“長”下當有“者”字，而今本脱之。下文曰“吏中涓一長者”，是其證。

參食 劍驗

札書得，必謹案視參食者。

【念孫案】“參食”當爲“參驗”。《雜守》篇曰：“吏所解，皆札書今本“札”譌作“禮”，辯見《雜守》篇。藏之，以須告之至以參驗之。”是其證。此“驗”譌爲“僉”，又譌爲“食”耳。又，《雜守》篇：“守節出入，使主節必疏書，署其情，令若其事，而須其還報，以劍驗之。”“劍驗”亦當爲“參驗”，謂參驗其事情也。此“參”譌爲“僉”，隸書“參”或作“叅”，“僉”或作“㑒”，二形相似而誤。又譌爲“劍”耳。

雜守

少

多執數少，卒乃不殆。

【念孫案】“多執數少”，義不可通，“少”當爲“賞”。“賞”字脱去大半，僅存“小”字，因譌而爲“少”。言我之卒能多執敵人者，數賞之，則卒乃不怠也。“怠”“殆”古字通，説見《經義述聞·大戴記》“殆教”下。下文正作“多執數賞，卒乃不怠”。

椁

則以木椁之。

【引之曰】"椁"字義不可通,"椁"當爲"揨",字之誤也。《説文》:"朾,撞也。"朾,宅耕反。《廣雅》曰:"揨、撞,刺也。""揨"與"朾"同,謂以木撞其堙衝梯臨也。見上文。

賞審行罰

【念孫案】當爲"審賞行罰",今本"審賞"二字倒轉,則文義不順。《備梯》篇正作"審賞行罰"。

恚瘬

恚瘬高憤,民心百倍。

畢云:"《説文》云:'恚,恨也。''恿,古文勇'。則字当作'恿'。"【引之曰】畢以"瘬"爲"恿"之誤是也。"恚"當爲"恙",字之誤也。"恙"與"養"古字通。説見《經義述聞》"兑爲羔"下。"憤"與"奮"同。上文云"養勇高奮,民心百倍",是其明證也。

兄弟知

葆者或欲從兄弟知者,許之。

【引之曰】"知"下當有"識"字,而今本脱之,則文義不完。《號令》篇曰:"其有知識兄弟欲見之。"是其證。

寇至隨葉去

候無過五十，寇至隨葉去。

畢改“葉”爲“棄”。【引之曰】畢改非也。此當作“寇至葉，“葉”與“堞”同。上文“樹渠無傅葉五寸”，亦以“葉”爲“堞”。隨去之”，言候無過五十人，及寇至堞時，即去之也。《號令》篇曰“遣卒候者，無過五十人，客至堞去之”，是其證。今本“去”下脱“之”字，又升“隨”字於“葉”字上，則義不可通。

望見寇以下十句

望見寇，舉一烽。入境，舉二烽。射妻，舉三烽、一藍。郭會，舉四烽、二藍。城會，舉五烽、五藍。

【引之曰】“藍”字義不可通，蓋“鼓”字之誤。“鼓”字篆文作“𡔷”，上“艸”誤爲“卄”，中“𠙹”誤爲“臥”，下“业”誤爲“血”，遂合而爲“藍”字。此文當云“望見寇，舉一烽、一鼓。入境，舉二烽、二鼓。射妻，二字有誤。舉三烽、三鼓。郭會，舉四烽、四鼓。城會，舉五烽、五鼓”。上文曰“烽火以“已”同。舉，輒五鼓傳”，正與此“舉五烽、五鼓”相應。《史記·周本紀》“幽王爲㷭燧大鼓，有寇至，則舉㷭火”，是“有烽”即“有鼓”也。今本“舉一烽”“舉二烽”下，脱“一鼓”“二鼓”四字。“舉三烽、三鼓”“舉四烽、四鼓”，“鼓”字既皆誤作“藍”，而上句“三”字又誤作“一”，下句“四”字誤作“二”。唯下文“舉五烽、五藍”，“藍”字雖誤，而兩“五”字不誤，猶足見烽、鼓相應之數。而自“一烽、一鼓”以至“五烽、五鼓”，皆可次第而正之矣。下文曰“夜以火，如此數”，正謂如“五烽、五鼓”之數。《號令》篇“夜以火，皆如此”，亦謂如“五表”之數。則“藍”爲“鼓”字之誤甚明。畢以“藍郭”二字連讀，又謂“藍”“藺”聲相近，而以爲“蹂躪”字，大誤。

無迹　下城之應

平明而迹，“迹”字解見《號令》篇。無迹，各立其表，下城之應。

【引之曰】此本作“平明而迹，迹者無下里三人，各立其表，城上應之”，言迹者之數，每里無下三人，各立其表，而城上應之也。《號令》篇云“迹者無下里三人，平明而迹，各立其表，城上應之”，是其證。今本“迹者無下里三人”七字，祇存“無迹”二字，“城上應之”又訛作“下城之應”，則義不可通。

到傳到城正

【引之曰】上“到”字當爲“鼓”，“正”當爲“止”。“鼓傳到城止”，見下文。上文又曰：“烽火以舉，輒五鼓傳。”

水廉

池水廉。

【念孫案】“水廉”當爲“外廉”。鄭注《鄉飲酒禮》曰：“側邊曰廉。”“池外廉”，謂池之外邊近敵者也。下文曰：“前外廉三行。”《旗職》篇曰：“大寇傳攻前池外廉。”皆其證。隸書“外”字或作“”，見漢《司隸校尉魯峻碑》。與“水”相似而訛。

《史記·秦本紀》:"與韓襄王會臨晉外。"正義:"外,字一作水。"

歲不爲

令民家有三年畜蔬食,以備湛旱,歲不爲。

畢以"歲"字絶句,"不爲"屬下讀。【念孫案】"不爲"二字,與下文義不相屬。當以"歲不爲"連讀。湛旱,水旱也。《論衡·明雩》篇曰:"久雨爲湛。"言令民多畜蔬食,以備水旱,歲不爲也。《晉語》注曰:"爲,成也。"《廣雅》同。"歲不爲",猶《玉藻》言"年不順成"也。《賈子·孽産子》篇曰:"歲適不爲。"是其證。古謂五穀不成曰不爲,説見《漢書·食貨志》。

烏 毚

寇至,先殺牛羊雞狗烏鴈,收其皮革筋角脂𦞦此字未詳。羽毚。

畢云:"《説文》云:'鴈,鵝也。'此與'鴻雁'異。"【念孫案】畢説是也。烏非家畜,不得與牛羊雞狗鵝并言之。"烏"當爲"鳧",此"鳧"謂"鴨"也,亦非"弋鳧與鴈"之"鳧"。《廣雅》"鳧、鶩,䳗也","䳗"與"鴨"同,《晏子春秋·外篇》"君之鳧鴈,食以菽粟"是也。故曰"殺牛羊雞狗鳧鴈"。【引之曰】"毚"與"皮革筋角脂羽"并言之,亦爲不倫。"毚"字當在上文"牛羊雞狗"之間。《迎敵祠》篇亦云:"狗毚豚雞。"

步界 脱文一

吏各舉其步界中財物,可以左守備者"左"與"佐"同。上。

【引之曰】"步界"二字，義不可通，"步"當爲"部"。吏各有部，部各有界，故曰"部界"。《號令》篇云："因城中里爲八部，部一吏。"又云："諸吏卒民，非其部界而擅入。"皆其證也。俗讀"部""步"聲相亂，故"部"譌作"步"。"上"下當有"之"字，"上之"，謂上其財物也。《備城門》篇云："民室材木瓦石，可以益城之備者，盡上之。"與此文同一例。今本脱"之"字，則文義不明。

禮書

吏所解，皆禮書藏之，以須告之至以參驗之。

【引之曰】"禮書"當爲"札書"。古"禮"字作"礼"，與"札"相似，"札"譌爲"礼"，後人因改爲"禮"耳。《莊子・人間世》篇"名也者，相札也"，崔譔曰："札，或作禮。"《淮南・説林》篇"烏力勝日而服於鵻札"，今本"札"譌作"禮"。"札書"見《號令》篇。

錯簡六條

《尚賢下》篇　是故昔者堯有舜，舜有禹，禹有皋陶，湯有小臣，武王有閎夭、泰顛、南宫括、散宜生，而天下和，庶民阜。是以近者安之，遠者歸之，日月之所照，舟車之所及，雨露之所漸，粒食之所養，自"而天下和"至此，凡三十七字，舊本誤入下文"國家百姓之利"之下，今移置於此。得此莫不勸譽。且今天下之王公大人士君子，中實將欲爲仁義，求爲上士，上欲中聖王之道，下欲中國家百姓之利。自"得此莫不勸譽"至此，凡四十五字，舊本誤入上文"而天下和"之上，今移置於此。"得此莫不勸譽"，舊本脱

"莫"字,今補。"求爲上士",舊本脱"上"字,今據各篇補。故"尚賢"之爲説,而不可不察此者也。

《尚同中》篇　其爲正長若此,是故上者天鬼有厚乎其爲政長也,下者萬民有便利乎其爲政長也,天鬼之所深厚而能强從事焉,則自"上者天鬼"以下至此,凡三十八字,舊本誤入下文"入守固"之下,今移置於此。"而能强從事焉",舊本脱"能"字,今據下文補。天鬼之福可得也。萬民之所便利而能强從事焉,則萬民之親可得也。其爲政若此,是以謀事得,舉事成,入守固,出誅勝者,何故之以也?曰:唯以尚同爲政者也。故古者聖王之爲政若此,今天下之人曰:"方今之時,自"出誅勝"以下至此,凡三十八字,舊本誤入上文"上者天鬼"之上,今移置於此。天下之正長猶未廢乎天下也,而天下之所以亂者,何故之以也。"

《兼愛中》篇　是故諸侯相愛,則不野戰。家主相愛,則不相篡。人與人相愛,則不相賊。君臣相愛,則惠忠。父子相愛,則慈孝。兄弟相愛,則和調。天下之人皆相愛,强不執弱,衆不劫寡,富不侮貧,自"君臣相愛"以下至此,凡四十字,舊本誤入下文"今天下之士"之下,今移置於此。貴不敖賤,詐不欺愚。凡天下禍篡怨恨,可使毋起者,以相愛生也,是以仁者譽之,然而今天下之士自"貴不敖賤"以下至此,凡三十八字,舊本誤入上文"君臣相愛"之上,今移置於此。"凡天下禍篡怨恨,可使毋起者,以相愛生也,是以仁者譽之",舊本脱去"以相愛生也是"六字。案,上文云:"凡天下禍篡怨恨,其所以起者,以不相愛生也,是以仁者非之。"今據補。君子曰:"然而今天下之士君子曰"爲一句,舊本"君子曰"作"子墨子曰",此因與下文"子墨子言曰"相涉而誤,下文云"然而今天下之士君子曰",今據改。"然,乃若兼則善矣。雖然,天下之難物於故也。"

《非樂上》篇　今王公大人雖無造爲樂器,以爲事乎國家,“雖”與“唯”同,説見《釋詞》。無,語詞也,説見《尚賢中》篇。非直掊潦水,折壤坦而爲之也,句意未詳。將必厚措斂乎萬民,以爲大鍾、鳴鼓、琴瑟、竽笙之聲。古者聖王亦嘗厚措斂乎萬民,以爲舟車。既已成矣,曰“吾將惡許用之”,許,所也,説見《釋詞》。曰“舟用之水,車用之陸,君子息其足焉,小人休其肩背焉”。故萬民出財齎而予之,不敢以爲慼恨者,何也?以其反中民之利也。然則樂器反中民之利亦若此,即我弗敢非也。然則當用樂器,譬之若聖王之爲舟車也,即我弗敢非也。案,此文兩言“然則”,兩言“即我弗敢非也”,皆上下相應。舊本“譬之”以下十六字,誤入上文“竽笙之聲”之下,今移置於此。

《非命中》篇　初之列士桀大夫,慎言知行,此上有以規諫其君長,下有以教順其百姓。故上得其君長之賞,下得其百姓之譽,列士桀大夫聲聞不廢,傳流至今,而天下皆曰其力也,必不能曰我見命焉。是故昔者三代之暴王,不繆其耳目之淫,不慎其心志之辟,外之歐騁田獵畢弋,内沈於酒樂,而自“必不能曰”以下至此,凡四十五字,舊本誤入下文“身在刑僇之中”之下,今移置於此。不顧其國家百姓之政,繁爲無用,暴逆百姓,使下不親其上。是故國爲虚厲,身在刑僇之中。自“不顧其國家”以下至此,凡三十五字,舊本誤入上文“必不能曰”之上,今移置於此。舊本“不顧”上又衍“一”字,今據《下》篇删。不曰“我罷不肖,我爲刑政不善”,必曰“我命故且亡”。

《備穴》篇　禽子再拜再拜曰:“敢問適人有善攻者,舊本“適”作“古”,“古”乃“適”之壞字,今改正。穴土而入,縛柱施火,以壞吾城。城壞,或中人爲之奈何?”子墨子曰:“問穴土之守邪?備穴者,城内爲高樓,以謹【引之曰】自“爲之奈何”至“以謹”,凡二十四字,舊本誤入《備城門》篇,今移置於此。候望適人,適人爲變，築垣聚土非常者，若彭有水濁非常者。若，猶與也。説見《釋詞》。“彭”與“旁”通。此穴土也。急壍城内，穴亣土直之。穿井城内，五步一井，傅城足，高地丈五尺，地得泉三尺而止。【引之曰】當作“下地得泉，三尺而止”，“下地”與“高地”對文，今本脱“下”字。令陶者爲罌，容四十斗以上，固順之，以薄輅革置井中，使聰耳者伏罌而聽之，審知穴之所在，鑿穴迎之。舊本“穴”譌作“内”，辨見《備城門》篇。令陶者爲月明，畢云：“‘月明’未詳。”【引之曰】“月明”當爲“瓦罌”，《備城門》篇“瓦木罌容十升以上”，是其證。隸書“瓦”字作“凡”，與“月”相似而誤。明者，“罌”之壞字耳。長二尺五寸，六圍。“六圍”上當有“大”字，《備城門》篇“木大二圍”，即其證。中判之，合而施之穴中，偃一，覆一，柱之外，善周塗亣傅柱者勿燒。柱者勿燒，畢云：“四字衍。”柱善塗亣竇際，勿令泄。兩旁皆如此，與穴俱前，下迫地，置康若疾其中，勿滿。疾康長五竇，左右俱雜相如也。兩“疾”字，畢皆改爲“矢”。【引之曰】畢改非也。“疾”乃“灰”之誤，非“矢”之誤，《備城門》篇：“爨灰康粃。”即其證。康、灰皆細碎之物，故同置於穴中，矢則非其類矣。“灰”俗作“灰”，“疾”本作“疾”，二形相似，又涉下文“疾鼓橐”而誤耳。穴内口爲竈，令如窯，令容七八員艾，左右竇皆如此，竈用四橐。穴且遇，以頡皋衝之，疾鼓橐熏之，必令明習橐事者，勿令離竈口。連版，以穴高下廣狹爲度，令穴者與版俱前，鑿亣版，令容矛。参分亣疏數，令可以救竇。穴則遇，以版當之，以矛救竇，勿令塞竇。竇則塞，引版而卻，遇一竇而塞之，鑿亣竇，通亣煙，煙通，疾鼓橐以熏之，徒穴内聽穴之左右。畢改“徒”爲“從”。【引之曰】畢改非也。敵人穴土而來，我於城内鑿穴而迎之，此本無他穴可徒，不得言“徒穴”也。“徒”當爲“從”。謂從穴内聽之也。隸書“從”字作“從”，與“徒”相似而誤。《漢書・王莽傳》“司恭司從，司明司聰”，今本

"從"訛作"徒"。急絶亣前，勿令得行，若集客穴，塞之以柴塗，令無可燒版也。然則穴土之攻敗矣。"【引之曰】自"候望適人"至"穴土①之攻敗矣"，凡三百四十五字，舊本亦誤入《備城門》篇，今移置於此。"以謹候望適人"六字，文義緊相承接，不可分屬他篇，且上文曰"備穴者城内爲高樓"，下文曰"然則穴土之攻敗矣"，則爲《備穴》篇之文甚明。

① "土"，底本作"上"，據同治本改。

《荀子》雜志

《荀子》弟一

勸學

取之於藍

青，取之於藍而青於藍。

盧氏抱經曰："'青，取之於藍'，從宋本，《困學紀聞》所引同。元刻作'青出之藍'，無'於'字。"【念孫案】《困學紀聞》云："'青出之藍'作'青取之於藍'，監本未必是，建本未必非。"自注云："今監本乃唐與政台州所刊，熙寧舊本亦未爲善。"又云："請占之五泰。"注云："五泰，五帝也。監本改爲'五帝'而删注文。"是王以作"出"者爲是也。元刻作"出之藍"，即本於建本。監本作"取之於藍"者，用《大戴記》改之也。《荀子》本文自作"出於藍"，《藝文類聚·草部上》《太平御覽·百卉部三》及《意林》《埤雅》引此并作"出於藍"，《新論·崇學》篇同。《史記》褚少孫續《三王世家》引《傳》曰："青采出於藍而質青於藍者，教使然也。"即是此篇之文，則本作"出於藍"明矣。宋錢佃本從監本作"取之於藍"，而所引蜀本亦作"出於藍"。宋龔士卨《荀子句解》同。今從王説。

干越

干越夷貉之子。

楊注曰："干越，猶言吴越。《吕氏春秋》'荆有次非，得寶劍於干越'，高誘曰：'吴邑也。'"盧改"干越"爲"于越"，又改注文之"吴越"爲"於越"，云："于越，宋本作干越，【念孫案】此謂宋刻吕夏卿本也，宋刻錢佃本同。今從元刻，與《大戴禮》同。注'於越'舊作'吴越'，訛。"寶應劉氏端臨《荀子補注》曰："案，《淮南·原道訓》：'干越生葛絺。'高注：'干，吴也。'楊氏此注以'干越'爲'吴越'，蓋用高義，觀下文引《吕氏春秋》注可見，盧改非也。今《原道訓》作'于越'，亦妄庸人所改。"【念孫案】《道藏》本《淮南》及朱東光本皆作"干"，他本皆改爲"于"。【念孫案】劉説是也。"干越夷貉"，四者皆國名，不得改"干越"爲"于越"。古書言"干越"者多矣，凡改"干越"爲"于越"者，皆所謂知其一説，不知又有一説者也。《大戴記》之"于越"，亦後人所改，辯見《漢書·貨殖傳》。

絶江河

假輿馬者，非利足也，而致千里。假舟檝者，非能水也，而絶江河。

【念孫案】"江河"本作"江海"，"海"與"里"爲韻。下文"不積小流，無以成江海"，亦與"里"爲韻。今本"海"作"河"，則失其韻矣。《文選·海賦》注引此正作"絶江海"。《大戴記·勸學》篇、《説苑·説叢》篇并同。《文子·上仁》篇作"濟江海"，文雖小異，而作"江海"則同。

生

君子生非異也，善假於物也。

【念孫案】"生"讀爲"性"，《大戴記》作"性"。

蒙鳩

南方有鳥焉，名曰蒙鳩。

盧云："案，'蒙鳩'，《大戴禮》作'蛧鳩'，《方言》謂之'蔑雀'。'蛧'讀如'芒'，'蒙''蛧''蔑'一聲之轉，皆謂細也。'蒙'與'蠛''蠓'音義近，楊云當爲'蔑'，似非。"

蓬生麻中不扶而直

【念孫案】此下有"白沙在涅，與之俱黑"二句，而今本脱之，《大戴記》亦脱此二句。今本《荀子》無此二句，疑後人依《大戴》删之也。楊不釋此二句，則所見本已同今本。此言善惡無常，唯人所習，故"白沙在涅"與"蓬生麻中"，義正相反。且"黑"與"直"爲韻，若無此二句，則既失其義，而又失其韻矣。《洪範》正義云："荀卿書云：'蓬生麻中，不扶自直。白沙在涅，與之俱黑。'"褚少孫續《三王世家》云："《傳》曰'蓬生麻中，不扶自直。白沙在泥，今本"泥"下有"中"字，涉上文而衍。與之皆黑'者，土地教化使之然也。"《索隱》曰："'蓬生麻中'以下，并見《荀卿子》。"案，上文引《傳》曰"青采出於藍"云云，下文引《傳》曰"蘭根與白芷"云云，皆見《荀子》。則此所引《傳》亦《荀子》也。然則漢唐人所見《荀子》皆有此二句，不得以

《大戴》無此二句而删之也。又案,《群書治要·曾子制言》篇云:"故蓬生麻中,不扶乃直,《燕禮》注:"乃,猶而也。"白沙在泥,與之皆黑。"《大戴》同。考《荀子》書多與《曾子》同者,此四句亦本於《曾子》,斷無截去二句之理。

强自取柱

强自取柱,柔自取束。

楊注曰:"凡物强則以爲柱而任勞,柔自見束而約急,皆其自取也。"【引之曰】楊説"强自取柱"之義甚迂。"柱"與"束"相對爲文,則"柱"非謂"屋柱"之"柱"也。"柱"當讀爲"祝",哀十四年《公羊傳》"天祝予",十三年《穀梁傳》"祝髮文身",何、范注并曰:"祝,斷也。"此言物强則自取斷折,所謂太剛則折也。《大戴記》作"强自取折",是其明證矣。《南山經》:"招摇之山有草焉,其名曰祝餘。""祝餘"或作"柱茶",是"祝"與"柱"通也。"祝"之通作"柱",猶"注"之通作"祝"。《周官·瘍醫》"祝藥",鄭注曰:"祝,當爲注,聲之誤也。"

草木疇生禽獸群焉

劉云:"'群焉'當從《大戴禮》作'群居'。"【念孫案】"群居"與"疇生"對文。今本"居"作"焉"者,涉下文四"焉"字而誤。

積善成德而神明自得聖心備焉宋吕、錢本并如是。

盧依元刻改"備"爲"循"。【念孫案】作"備"者是也。此言積善成德而通於神明，則聖心於是乎備也。“成德”與“聖心備”上下正相應，元刻“備”作“循”，則與上文不相應矣。《儒效》篇云：“積善而全盡，謂之聖人。”彼言“全盡”，猶此言“聖心備”也，一也。“備”字古音鼻墨反。見吴棫《韻補》。正與“德”“得”爲韻，劉説同。二也。《大戴記》及《群書治要》并作“備”，《文選・謝瞻〈從宋公戲馬臺集送孔令詩〉》注、《張子房詩》注引此亦作“備”，張華《勵志詩》注引作“循”，與二注不合，乃後人以誤本《荀子》改之。三也。“備”字俗書作“偹”，“循”字隸書或作“循”，二形相似而誤。

騏驥一躍不能十步駑馬十駕功在不舍

楊注曰：“言駑馬十度引車，則亦及騏驥之一躍。據下云：‘駑馬十駕，則亦及之。’此亦當同，疑脱一句。”盧云：“案，‘不能十步’，‘十’當爲‘千’。《玉篇》引《大戴禮》‘騏驥一躒，不能千步’，今《大戴禮》‘步’作‘里’，此‘千’作‘十’，皆是訛字。‘里’‘海’爲韻，‘步’‘舍’爲韻，古音如是。”劉云：“案，‘不能十步’義最長，《大戴禮》作‘千里’，於義疏矣。若《玉篇》作‘千步’，直是訛字，盧反引以爲據，非也。‘十駕’，十日之程也。旦而受駕，至暮脱之，故以一日所行爲一駕，若‘十度引車’，則非駕義也。”【念孫案】《吕氏春秋・貴卒》篇曰：“所爲貴驥者，爲其一日千里也，旬日取之則與駑駘同。”《淮南・齊俗》篇曰：“夫騏驥千里，一日而通，駑馬十舍，旬亦至之。”此皆駑馬十日行千里之證。《大戴記》：“騏驥一躒，不能千里。”“里”與“舍”不合韻，乃涉上文“無以致千里”而誤，《玉篇》引作“千步”，“千”字雖訛，而“步”字不訛。辯見《大戴記述聞》。

六跪

蟹六跪而二螯。

盧云："案,《説文》:'蠏,有二敖八足。'《大戴禮》亦同。此正文及注'六'字皆'八'字之譌。"

衢道

行衢道者不至。

楊注曰:"《爾雅》云:'四達謂之衢。'孫炎云:'衢,交道四出也。'或曰:'衢道,兩道也。'下篇有'楊朱哭衢塗',《王霸》篇。今秦俗猶以'兩'爲'衢',古之遺言歟?"【念孫案】《爾雅》:"四達謂之衢。"又云:"二達謂之岐旁。""岐""衢"一聲之轉,則二達亦可謂之衢,故《大戴記》作"行岐塗者不至"。《勸學》篇下文言"兩君""兩視""兩聽",《王霸》篇下文言"榮辱安危存亡之衢",皆謂"兩"爲"衢"也。《大略》篇又云"二者治亂之衢"也。今本脱"治"字,辯見《大略》。則《荀子》書皆謂"兩"爲"衢"。

兩能字

目不能兩視而明,耳不能兩聽而聰。

盧删兩"能"字,云:"兩'不'字下,宋本俱有'能'字,錢本同。元刻無。"【念孫案】元刻無兩"能"字者,以上下句皆六字,此二句獨七字,故删兩"能"字以歸畫一,不知古人之文,不若是之拘也。若無兩"能"字,則文不足意矣。《大戴記》亦有兩“能”字。

梧鼠

梧鼠五技而窮。

楊注曰：“梧鼠，當爲鼫鼠，蓋本誤爲‘鼯’字，傳寫又誤爲‘梧’耳。”盧云：“案，《本草》云：‘螻蛄，一名鼫鼠。’《易釋文》及《正義》皆引之，崔豹《古今注》亦同。‘蛄’與‘梧’音近，楊説似未參此。”【念孫案】《本草》言“螻蛄，一名鼫鼠”，不言“一名梧鼠”也。今以“螻蛄”之“蛄”“鼫鼠”之“鼠”合爲一名，而謂之“蛄鼠”，又以“蛄”“梧”音相近，而謂之“梧鼠”，可乎？且《大戴記》正作“鼫鼠五伎而窮”，“鼫”與“梧”音不相近，則“梧”爲誤字明矣，當以楊説爲是。

草木潤

玉在山而草木潤，淵生珠而崖不枯。

元刻無“草”字。【念孫案】元刻是也。“木”與“崖”對文，故上句少一字，宋本“木”上有“草”字者，依《淮南·説山》篇加之也。案，《文選·吴都賦》：“林木爲之潤黷。”李善注引此作“玉在山而木潤”。《困學記聞》十引建本《荀子》同。《江賦》《文賦》注并同，《藝文類聚·木部》《太平御覽·木部一》所引亦同，而《草部》不引，則本無“草”字明矣。《大戴記》作“玉居山而木潤”，《續史記·龜策傳》作“玉處於山而木潤”，文雖小異，而亦無“草”字。

不積

爲善不積邪，安有不聞者乎。

【念孫案】“不積”之“不”，涉上下文而衍，當依《群書治要》删。説見《大戴記述聞・勸學篇》。

群類

禮者，法之大分，群類之綱紀也。

元刻無“群”字。宋龔本同。【念孫案】元刻是也。宋本作“群類”者，蓋不曉“類”字之義，而以意加“群”字也。不知“類”者，謂與法相類者也。此文云“法之大分，類之綱紀”，《非十二子》及《大略》篇并云：“多言而類，聖人也。少言而法，君子也。”《王制》《大略》二篇又云：“有法者以法行，無法者以類舉。”皆以“類”與“法”對文。據楊注云：“類謂禮法所無，觸類而長者，猶律條之比附。”則本無“群”字明矣。

口耳之間則四寸耳

楊注曰：“韓侍郎云：‘則當爲財，與纔同。’”劉云：“案，‘則’字自可通，不必如韓説。”

囋

故不問而告謂之傲，問一而告二謂之囋。

楊注曰：“傲，喧噪也。言與戲傲無異。或曰讀爲嗷，聲嗷嗷然也。'嘖'即'讃'字也，謂以言强讃助之，今贊禮謂之讃唱，古字'口'與'言'多通。"盧云："李善注《文賦》引《埤蒼》云：'嘈啈，聲貌。啈與嘖、囋同，才曷反。'《荀子》上句謂其躁，此句謂其多言。下文云：'如嚮，則不問不告，問一不告二。'楊注非也。"

學之經

學之經，莫速乎好其人，隆禮次之。

【念孫案】"經"讀爲"徑"，即下文所謂"蹊徑"，言入學之蹊徑，莫速乎好賢，而隆禮次之。《修身》篇云"治氣養心之術，莫徑由禮，此"徑"字訓爲"疾"，"莫徑"即本篇所謂"莫速"也。《漢書·張騫傳》："從蜀宜徑。"如淳曰："徑，疾也。"見《史記·大宛傳》集解。莫要得師，莫神一好"，語意略與此同。"學之經"，即"學之徑"，古讀"徑"如"經"，故與"經"通，《賈子·立後義》篇："其道莫經於此。""莫經"，即《荀子》之"莫徑"。楊以爲"學之大經"，失之。

識志

安特將學雜識志，順詩書而已耳。

【引之曰】此文本作"安特將學雜志，順詩書而已耳"，"志"即古"識"字也。今本并出"識""志"二字者，校書者旁記"識"字，而寫者因誤入正文耳。"學雜志""順詩書"，皆三字爲句，多一"識"字，則重複而累於詞矣。楊注本作"雜志，謂雜記之書，百家之説"，今本作"雜識志，謂雜志記之書，百家之説"，皆後人據已誤之正文加之，下注云："直學雜説，順

《詩》《書》而已。"文義甚明,足正後人竄改之謬。

頓之

若挈裘領,詘五指而頓之,順者不可勝數也。

楊注曰:"頓,挈也。"盧云:"頓,猶頓挫,提舉高下之狀,若頓首然。"【念孫案】楊訓"頓"爲"挈",於古無據,且上文已有"挈"字,此不得復訓爲"挈"。盧以"頓"爲頓挫,於義尤迂。今案,頓者,引也。言挈裘領者,詘五指而引之,則全裘之毛皆順也。《廣雅》曰:"扽,引也。"曹憲音頓,古無"扽"字,借"頓"爲之。《鹽鐵論·詔聖》篇曰:"今之治民者,若拙御馬,行則頓之,止則擊之。"頓之,引之也。《釋名》曰:"掣,制也,制頓之使順已也。"掣,亦引也。《鹽鐵論·散不足》篇曰:"吏捕索掣頓,不以道理。"褚少孫續《史記·滑稽傳》曰:"當道掣頓人車馬。"

不道

不道禮憲,以詩書爲之,譬之猶以指測河也,以戈舂黍也,以錐湌壺也,宋錢佃本"湌"作"飡",元刻作"殞"。案,《説文》:"飧,餔也。從夕、食。"思魂切。"餐,吞也。從食,𣦼聲。或從水作'湌'。"七安切。《玉篇》《廣韻》"飧"作"飱",而"飱""餐"二字皆異音異義。古音"餐"屬寒部,"飱"屬魂部,故《魏風·伐檀》首章之"餐",與"檀""干""漣""廛""貆"爲韻。三章之"飱"與"輪""漘""淪""囷""鶉"爲韻,兩字判然不同。自《爾雅釋文》始誤以"餐"爲"飱",而《集韻》遂合"餐""飱"爲一字矣,今俗書"飱"字作"殞",而钱本作"飡",自是"湌"之俗字,非

"飧"字也。盧從元刻作"飧"，云"飧"同"餐"，非是。不可以得之矣。

【念孫案】道者，由也。見《禮器》《中庸》注。言作事不由禮法，而以詩書爲之，則不可以得之也，故《修身》篇曰"由禮則治通，不由禮則勃亂提僈"。楊云："道，言説也。"失之。又，《富國》篇："不足以持國安身，宋吕本"以"下有"爲"字，乃涉注文而衍，盧本亦沿其誤，今據宋錢本删。故明君不道也。"道，亦由也，言此事人之術，不足以持國安身，故明君不由也。楊云："明君不言。"亦失之。

匪交匪舒

《詩》曰："匪交匪舒，天子所予。"

楊注曰："《詩·小雅·采菽》之篇，'匪交'當爲'彼交'，言彼與人交接，不敢舒緩，故受天子之賜予也。"盧云："案，'匪'亦有'彼'義，《左傳》襄廿七年引《詩》'匪交匪敖'，成十四年引仍作'彼交匪敖'。"【引之曰】此引《詩》"匪交匪舒"，正申明上文之"不傲、不隱、不瞽"，則作"匪"者正字，作"彼"者借字也。"交"讀爲"姣"，《廣雅》曰："姣，音絞。侮也。"言不侮慢，不怠緩也。説見《經義述聞·小雅·桑扈》篇。

爲其人以處之

楊注曰："爲擇賢人與之處也。"劉云："案，雖誦數思索，而不體之於身，則無以居之，故必自爲其人以居其道也。"

及至其致好之也目好之五色耳好之五聲口好之五味心利之有天下

楊注曰："致，極也。謂不學，極恣其性，欲不可禁也，心利之有天下之富也。或曰：學成之後，必受榮貴，故能盡其欲也。"劉云："案，言耳、目、口之好之，與五色、五聲、五味同，心利之，與有天下同。"

天見其明地見其光

天見其明，地見其光，君子貴其全也。

楊注曰："見，顯也，明謂日月，光謂水火金玉。天顯其日月之明，地顯其水火金玉之光，君子則貴其德之全也。"劉云："'光''廣'古通用。"【念孫案】劉讀"光"爲"廣"是也。明者，大也。《小雅·車舝》正義曰："明，亦大也。"《中庸》曰："高明所以覆物也。"成十六年《左傳》："《夏書》曰：'怨豈在明，不見是圖。'將慎其細也，今而明之，其可乎。"是"明"與"大"同義。大者，天之全體。廣者，地之全體。《繫辭傳》："廣大配天地。"承上文"大生""廣生"而言，謂大配天，廣配地也。《中庸》言："博厚配地，高明配天。"博，亦廣也。明，亦大也。故君子之德貴其全也。《儒效》篇曰："至高謂之天，至下謂之地，宇中六指謂之極，塗之人百姓積善而全盡，謂之聖人。"語意略與此同。楊注皆失之。

修身

自存

見善,修然必以自存也。見不善,愀然必以自省也。

【念孫案】《爾雅》:"在、存、省,察也。"《周官·司尊彝》:"大喪存奠彝。"注:"存,省也。"《大傳》"五曰存愛",注:"存,察也,察有仁愛者。"《大戴記·曾子立事》篇:"存往者,在來者。"在、存,皆察也。"見善必以自存"者,察己之有善與否也。"見不善必以自省"者,察己之有不善與否也。楊解"自存"云"自整飭,使存於身",失之。

不善在身

不善在身,菑然必以自惡也。宋吕、錢、龔本并如是。

盧從元刻,於"在身"下增"也"字。【念孫案】元刻"也"字乃涉上下文而衍。上文"見善""見不善"及"善在身"下,皆無"也"字。

扁善之度

【念孫案】"扁"讀爲"徧",《韓詩外傳》作"辯",亦古"徧"字也。説見《日知録》。"徧善"者,無所往而不善也。君子依於禮,則無往而不善,故曰"徧善之度"。下文"以治氣養生"六句,正所謂"徧善之度"也。楊讀"扁"爲"辨",而訓爲"辨别",則與"之度"二字不貫。盧讀"扁善"爲"平善",亦非下六句之意。

以修身自名

以治氣養生，則後彭祖。以修身自名，則配堯禹。

【引之曰】"以修身自名"，文義未安，當有脱誤。楊云："以修身自爲名號。"則所見本已同今本。《韓詩外傳》作"以治氣養性，與"生"同。則身後彭祖。以修身自强，今本脱"以"字。則名配堯禹"，於義爲長。《王霸》篇云："名配堯禹。"又云："名配禹舜。"

宜於時通

宜於時通，利以處窮。

【引之曰】時，亦處也。言既宜於處通，而又利以處窮也。《莊子·逍遥游》篇"猶時女也"，司馬彪曰："時女，猶處女也。"是"時"與"處"同義。《大雅·綿》篇"曰止曰時"，猶言"爰居爰處"耳。説見《經義述聞》。《韓詩外傳》作"宜於時則達，厄於窮則處"，未達"時"字之義，而增改其文，蓋失之矣。

治通

由禮則治通，不由禮則勃亂提僈。

【引之曰】下文以"節""疾"爲韻，"雅""野"爲韻，"生""成""寧"爲韻，唯此二句，韻不相協，"通"疑當依《外傳》作"達"。此涉上"宜於時通"而誤。"達"與"僈"爲合韻，凡願、月二部之字，古聲或相通。若"勞心怛怛"之"怛"，《齊·甫田》。字從旦聲，而與"桀"爲韻。"故事可勸也"之"勸"，《禮運》。與"列""藝"爲韻。"藝"古讀若"臬"。"不賞而民勸"《中庸》。與"鉞"爲韻。"以按徂旅"之"按"，《大雅·皇矣》。《孟子》引作"遏"，《梁惠王》。皆其例也。《外傳》作"不由禮則悖亂"，"亂"與"達"亦合韻。

夷固　倨固

容貌態度，進退趨行，由禮則雅，不由禮則夷固辟違，庸衆而野。

楊注曰："夷，倨也。固，陋也。"【引之曰】楊分"夷固"爲二義，非也。夷固，猶夷倨也。"夷固辟違"，猶言倨傲僻違，《不苟》篇云"倨傲僻違以驕溢人"是也。《修身》篇又云："體倨固而心埶詐。"今本"埶"譌作"執"，辯見後"埶詐"一條。是"固"與"倨"同義。楊注："固，鄙固也。"亦非。《祭義》曰："孝子之祭也，立而不詘，固也。"詘，卑詘也。固，倨也。"立而不詘"，是倨傲也。鄭注："詘，充詘形容，喜貌也。固，猶質陋也。"皆失之。《大戴禮·曾子立事》篇曰："弗知而不問焉，固也。"固，亦倨也。不肯下人，是倨傲也。《曾子制言》篇曰："今之弟子病下人，不能事賢，恥不知而又不問。"

以不善先人者謂之諂

楊注曰："諂之言陷也，謂以佞言陷之。"【念孫案】楊説"諂"字之義未確。"諂"之言"導"也，導人以不善也，故曰"以不善先人者謂之諂"。而《莊子·漁父》篇亦曰"希意道言謂之諂","道"與"導"同。《不苟》篇"非諂諛也",《賈子·先醒》篇"君好諂諛而惡至言",《韓詩外傳》并作"道諛"。是"諂諛"即"導諛"也。"導"與"諂"聲之轉,"諂諛"之爲"導諛","臽及"之爲"導及","禫服"之爲"導服",皆聲轉而字異也。說見《史記·越世家》。

秏俗作"耗"。

少而理曰治,多而亂曰秏。

楊注曰:"秏,虚竭也。凡物多而易盡曰秏。"【念孫案】楊讀"秏"爲"虚秏"之"秏",則與"多而亂"之義不合,故又爲之說曰"凡物多而易盡曰秏",其失也鑿矣。今案,"秏"讀爲"眊"。眊,亂也,《漢書·董仲舒傳》曰"天下眊亂"是也。"眊"與"秏"古同聲而通用,續《史記·日者傳》曰:"官秏亂不能治。"《漢書·景帝紀》:"不事官職秏亂者。"師古曰:"秏,不明也,讀與眊同。"《食貨志》:"官職秏廢。"《酷吏傳贊》:"浸以秏廢。"師古并曰:"秏,亂也,音莫報反。"《董仲舒傳》:"秏矣,哀哉。"[①]師古曰:"秏,虚也。言誅殺甚衆,天下空虚也,音呼到反。或曰:秏,不明也。言刑罰闇亂,音莫報反。"《淮南·原道》篇:"精神日秏而彌遠。"《精神》篇:"志氣日秏。"高注并曰:"秏,亂也。""少而理曰治,多而亂曰秏","秏"與"治"正相反,則"秏"爲"眊亂"之"眊"明矣。《吕刑》"耄荒",《釋文》:"耄,作秏。"賈昌朝《群經音辨》曰:"秏,老也。《書》'王秏荒',鄭康成

① "秏",底本作"秖",據同治本改。

讀。"賈音本於《釋文》，是《釋文》"毼，字本作秏"也。今作"毼"者，陳鍔依衛包所定今文改之耳。秏荒，亦昏亂之義，故昭元年《左傳》"老將知而毼及之"，杜注曰："八十曰毼。毼，亂也。"字亦作眊。《漢書·刑法志》曰："穆王眊荒。""秏""毼""眊"古并同聲，"毼荒"之"毼"通作"秏"，猶"眊亂"之"眊"通作"秏"矣。

知慮漸深則一之以易良

【念孫案】"漸"讀爲"潛"，《韓詩外傳》正作"潛"。《洪範》"沈潛剛克"，文五年《左傳》及《史記·宋世家》"潛"并作"漸"。《漢書·谷永傳》"忘湛漸之義"，漢《山陽大守祝睦後碑》"漸心於道"，《大尉劉寬碑》"演策沈漸"，"漸"并與"潛"同。楊訓"漸"爲"進"，又訓爲"浸"，而音"子廉反"，皆失之。

卑溼

卑溼、重遲、貪利，則抗之以高志。

【念孫案】卑溼，謂志意卑下也。《説文》："㬤，讀若蟄。下入也。"《論衡·氣壽》篇曰"兒生號啼之聲，鴻朗高暢者壽，嘶喝溼下者夭"，是"溼"爲"下"也。"㬤""溼"古字通。抗，舉也。見《小雅·賓之初筵》傳、《考工記·梓人》注、《士喪禮下》篇注、《文王世子》注。志意卑下，故舉之以高志也。楊云"卑溼，謂過謙恭而無禮者。或曰'卑溼亦謂遲緩也'"云云，混"卑溼""重遲"爲一事，皆失之。

一好

凡治氣養心之術，莫徑由禮，莫要得師，莫神一好。

楊注曰："一好，謂好善不怒惡也。"【念孫案】一好，謂所好不二也。《儒效》篇曰："并一而不二，則通於神明。"《成相》篇曰："好而壹之神以成。"皆其證，非"好善不怒惡"之謂。

志意修則驕富貴道義重則輕王公内省而外物輕矣宋本如是。

元刻於"富貴""王公"下，各加一"矣"字以對下文，又改下文之"而"字爲"則"字以對上文，而盧本從之。【念孫案】元刻非也。"内省而外物輕"，乃申明上文之詞，非與上文作對句也，今皆改爲對句，則失其旨矣。

愛人

體恭敬而心忠信，術禮義而情愛人。

【引之曰】"人"讀爲"仁"。言其體則恭敬，其心則忠信，其術則禮義，其情則愛仁也。愛仁，猶言仁愛。《廣雅》："惠、愛、恕、利、人，仁也。""恭敬""忠信""禮義""愛仁"，皆兩字平列，下文之"倨固""勢詐""順墨""雜汚"，亦兩字平列。古字"仁"與"人"通，此"人"字即"仁愛"之"仁"，非"節用而愛人"之"人"。

横行

横行天下，雖困四夷，人莫不貴。

楊注曰："横行，不順理而行也。"【引之曰】"横"讀爲"廣"。《堯典》"光被四表"，《今文尚書》作"横被"，漢《成陽靈臺碑》《成陽令唐扶頌》并作"廣被"。

埶詐

體倨固而心埶詐。

【引之曰】"埶詐"當爲"埶詐"，字之誤也。《議兵》篇曰："兵之所貴者埶利也，所行者變詐也。"又曰："隆埶詐，尚功利。"又曰："焉慮率用賞慶、刑罰、埶詐，險阨其下，獲其功用而已矣。""埶"與"詐"義相近。《後漢書·崔駰傳》："范蠡錯埶於會稽。"李賢曰："埶，謂謀略也。"

辟違

辟違而不愨。

楊注曰："乖僻違背，不能端愨誠信。辟，讀爲僻。"【念孫案】楊分"僻違"爲二義，非也。"僻""違"皆邪也。《周語》："動匱百姓，以逞其違。"《晉語》："若有違質，教將不入。"韋注并曰："違，邪也。"《堯典》"静言庸違"，《史記·五帝紀》作"共工善言，其用僻"，是"僻"即"違"也。上文曰："不由禮，則夷固辟違，庸衆而野。"《不苟》篇曰："倨傲僻違，以驕溢人。"《非十二子》篇曰："甚僻違而無類。"昭二十年《左傳》曰："動作辟違,從欲厭私。”義并與此同。《成相》篇曰:“邪枉辟回失道途。”辟回,即僻違。《小雅·鼓鍾》篇“其德不回”,《毛傳》曰:“回,邪也。”《大雅·大明》篇“厥德不回”,《毛傳》曰:“回,違也。”《堯典》“静言庸違”,文十八年《左傳》作“靖譖庸回”,杜注曰:“回,邪也。”昭二十六年《左傳》“君無違德”,《論衡·變虚》篇作“回德”。

擊戾

行而俯項,非擊戾也。

【念孫案】《淮南·主術》篇曰:“木擊折轊,水戾破舟。”又曰:“文武備具,動静中儀,舉動廢置,曲得其宜,無所擊戾,無不畢宜。”然則“擊戾”者,謂有所抵觸也。“行而俯項,非擊戾也”者,謂非懼其有所抵觸而俯項以避之也。與上下文同一例。楊云:“擊戾,謂項曲戾不能仰者,猶言了戾也。”失之遠矣。

學曰

故學曰“遲彼止而待我,我行而就之”。

【念孫案】“學曰”疑當作“學者”。謂學者或遲或速,或先或後,皆可同至也。見下文。今本“者”作“曰”,寫者脱其半耳。楊云:“學曰,謂爲學者傳此言也。”此不得其解而爲之詞。

或不爲爾宋吕、錢本并如是。

是無它故焉,或爲之,或不爲爾。

盧從元刻,於“不爲”下增“之”字,“爾”改“耳”。【念孫案】下句無“之”字者,蒙上而省也,《群書治要》亦無“之”字。“耳”“爾”古字通,當從宋本。

出入不遠

道雖邇,不行不至。事雖小,不爲不成。其爲人也多暇日者,其出入不遠矣。

楊注曰:“出入,謂道路所至也。”【念孫案】楊説非也。“出入”當爲“出人”。言爲學而多暇日,則或作或輟,其出人必不遠也。下文云:“好法而行,士也。篤志而體,君子也。齊明而不竭,聖人也。”正謂聖人之出人遠也。若云“出入不遠”,則義不可通。《文選·登樓賦》注引此已誤。《韓詩外傳》曰:“道雖近,不行不至。事雖小,不爲不成。日日多者,此句有誤。出人不遠矣。”義本《荀子》,今據以訂正。

篤志而體

篤志而體,君子也。

楊注曰:“厚其志而知大體者也。”【念孫案】《爾雅》:“篤,固也。”説見《經義述聞》。“體”讀爲“履”。“篤志而體”,謂固其志以履道,非謂厚其志而知大體也。《衛風·氓》篇“體無咎言”,《韓詩》“體”作“履”,《坊記》引《詩》亦作“履”。《管子·内業》篇“戴大圜而履大方”,《心術》篇“履”作“體”,是“履”“體”古字通。

齊明

齊明而不竭，聖人也。

【引之曰】齊者，智慮之敏也，故以“齊明”連文。楊曰：“齊，謂無偏頗也。”失之。説見《毛詩述聞·小雅》“人之齊聖”下。

渠渠然

有法而無志，其義則渠渠然。

太倉陳氏碩甫曰：“‘渠渠’猶‘瞿瞿’，《齊風》傳云：‘瞿瞿，無守之貌。’楊注：‘渠，讀爲遽，不寬泰之貌。’失之。”

舍亂妄無爲也

不是師法而好自用，譬之是猶以盲辨色，以聾辨聲也，舍亂妄無爲也。

楊注曰：“舍，除也。除亂妄之人，孰肯爲此也。”【念孫案】“舍亂妄無爲”，言所爲皆亂妄耳。楊説非。

遠思

君子之求利也略，其遠思也早。

盧《補校》云：“‘遠思’疑當是‘遠患’。”【念孫案】宋錢佃本作“遠害”。

懼

其避辱也懼，其行道理也勇。

【引之曰】懼者，怯也，故與“勇”對文。《吕氏春秋·知度》篇：“工拙、愚智、勇懼。”亦以“懼”對“勇”。

君子安燕而血氣不惰勞倦而容貌不枯

【念孫案】“枯”讀爲“楛”。《天論》篇“楛耕傷稼”，《韓詩外傳》作“枯”。《鄉射禮》注“肅慎氏貢楛矢”，《釋文》作“枯”。言君子雖安燕而血氣不懈惰，雖勞倦而容貌不楛僈。楛僈，猶苟且也。《榮辱》篇云：“其定取舍楛僈。”《富國》篇云：“其於禮義節奏也，芒軔僈楛。”《淮南·時則》篇云：“工事苦慢。”“苦慢”與“楛僈”同。《强國》篇云：“恭儉敦敬忠信而不楛。”《非十二子》篇云：“君子佚而不惰，勞而不僈。”此謂君子之容也，故曰“動容貌，斯遠暴慢矣”。《大略》篇云：“君子勞倦而不苟。”或言“苟”，或言“楛”，或言“僈”，或言“楛僈”，其義一而已矣。

安燕而血氣不惰柬理也《爾雅》：“柬，擇也。”勞倦而容貌不枯好交也

楊注曰：“以和好交接於物，志意常泰也。”【念孫案】“好交”二字與“容貌不枯”無涉，楊曲爲之説，非也。或引《榮辱》篇“豢之而俞瘠者交也”，以爲“容貌不枯，好交也”之證，斯爲巨謬矣。“交”當爲“文”，隸書“交”字或作“文”，見漢《尹宙碑》。與“文”相似而誤。上言“柬理”，下言“好文”。好，呼報反。

“理”與“文”皆謂禮也。《禮論》篇云:“孰知夫禮義文理之所以養情也。”又云:“貴本之謂文,親用之謂理。”《性惡》篇云:“出於辭讓,合於文理。”辭讓之心,禮之端也。《賦篇·禮賦》云:“非絲非帛,文理成章。”凡《荀子》書言“文理”者,皆謂禮也,故曰“安燕而血氣不惰,柬理也。勞倦而容貌不枯,好文也”。

不苟

故懷負石

故懷負石而赴河,是行之難爲者也。宋吕、錢本并如是。

元刻删“故懷”二字,而盧本從之,云:“宋本‘負石’上有‘故懷’二字。案,文不當有。”【念孫案】宋本是也。“故”字乃總冒下文之詞。“懷負石而赴河”者,負,抱也,見《内則》注、《淮南·説林》篇注。謂抱石於懷中而赴河也。《韓詩外傳》曰:“申徒狄抱石而沈於河。”是其證。鄒陽《獄中上梁王書》:“徐衍負石入海。”亦謂抱石也。盧未曉“負”字之義,而誤以爲“負擔”之“負”,故以“懷”字爲不當有,而并删“故”字。

申徒狄

楊注曰:“《莊子音義》曰:殷時人。”劉云:“案,服虔《漢書注》亦曰:‘殷之末世介士也。’高誘《説山訓》注亦曰:‘殷末人。’然《外傳》及《新序》并載申徒狄事,其答崔嘉有‘吴殺子胥、陳殺泄冶’語,據此言之,則非殷時人。”

易知　不辭

君子易知而難狎，易懼而難脅，交親而不比，言辯而不辭。

《韓詩外傳》“易知”作“易和”，“不辭”作“不亂”。【念孫案】《外傳》是也。“和”與“狎”義相近，“懼”與“脅”義相近，故曰“易和而難狎，易懼而難脅”，今本“和”作“知”，則於義遠矣。“不辭”二字，文不成義，亦當依《外傳》作“不亂”。楊云：“不至於騁辭。”加“騁”字以釋之，其失也迂矣。“和”“知”“亂”“辭”皆形近而誤。

寡立

君子寡立而不勝。

楊注曰：“雖寡立而不能勝。”【念孫案】楊説非也。“寡立”當爲“直立”，字之誤也。俗書“直”字作“直”，“寡”字作“寡”，二形略相似，故“直”誤爲“寡”。《文選·顔延之〈和謝監靈運〉詩》注引此已誤。“勝”讀若“升”，《漸》六四“終莫之勝”，虞翻曰：“勝，陵也。”《小雅·正月》篇“靡人弗勝”，《毛傳》曰：“勝，乘也。”乘，亦陵也。《管子·侈靡》篇：“得天者高而不崩，得人者卑而不可勝。”謂卑而不可陵也。此言君子雖特立獨行，而不以陵人，非謂人不能勝君子也。此文云：“君子廉而不劌，辯而不争，直立而不勝。”《榮辱》篇云：“辯而不説者，争也。直立而不見知者，勝也。廉而不見貴者，劌也。此小人之所務，而君子之所不爲也。”足與此文互相證明矣。

容

恭敬謹慎而容。

楊注曰:"不至於孤介也。"【念孫案】楊説"容"字之義未確,"容"之言"裕"也。言君子敬慎而不局促,綽綽有裕也。《非十二子》篇"修告導寬容之義",《韓詩外傳》作"寬裕",是"容""裕"古字通。古者東、侯二部共入而互轉,故《説文》"容""裕"二字皆以"谷"爲聲。《史記·平準書》"盜摩錢裏取鎔",《漢書·食貨志》"鎔"作"鋊",音浴,亦其例也。

義

正義直指,舉人之過。

【引之曰】"義"讀爲"議",《韓詩外傳》作"正言直行,指人之過",言,亦議也。《韓策》曰:"嚴遂政議直指,舉韓傀之過。"是其證。《趙策》"臣愚不達於王之議",《史記·趙世家》"議"作"義"。《史記·鄒陽傳》"畢議願知",《漢書》作"義"。又,《韓子·揚榷》篇:"上不與義之。"《東周策》:"秦王不聽群臣父兄之義。"《淮南·泰族》篇:"刺幾辯義。""義"并與"議"同。

天而道

君子大心則天而道,小人則畏義而節。

【念孫案】"天而道"三字,文義不明,當依《韓詩外傳》作"敬天而道",與"畏義而節"對文。楊注失之。

喜則和而理憂則静而理宋吕、錢本并如是。

楊注云:“皆當其理。”《外傳》作“喜即和而治,憂即静而違”。盧從《外傳》改下句爲“憂則静而違”。劉云:“案,注云‘皆當其理’,則楊氏所據本兩句并是‘理’字。盧據《外傳》改下‘理’字作‘違’。《易》曰‘樂則行之,憂則違之’,此‘違’字所本,然《易》言出處,此言性情,義各有當,《外傳》引《荀》頗多改竄,恐不得徑據彼以易此也。又,《仲尼》篇云:‘福事至則和而理,禍事至則静而理。’與此文義略同,彼注云:‘理,謂不失其道。和而理,謂不充屈。静而理,謂不隕穫也。’亦并是‘理’字,則不當依《外傳》作‘違’明矣。竊疑《荀子》本文上句作‘治’,下句作‘理’。唐初避諱,凡‘治’字悉改作‘理’,中葉以後,又復回改作‘治’,惟此兩處文義相混,校書者不能定其孰爲本文,故仍而不革。楊氏作注時未能審正,而從爲之辭耳。今上句依《外傳》作‘和而治’,下句作‘静而理’,庶幾得之。《仲尼》篇放此。”【念孫案】劉説甚允。

攫盗而漸　是漸之也　則下漸詐矣

小人知則攫盗而漸,愚則毒賊而亂。

楊注曰:“漸,進也。謂貪利不知止也。”【引之曰】楊未曉“漸”字之義。漸,詐欺也。小人之智,則攫盗而已矣,詐欺而已矣。《議兵》篇曰:“招近募選,隆勢詐,尚功利,是漸之也。”《正論》篇曰:“上幽險則下漸詐矣。”楊訓“漸”爲“進”,又訓爲“浸漬”,皆失之。義并與此同。《吕刑》曰:“民興胥漸。”言小民方興,相爲詐欺也,《傳》以“漸”爲“漸化”,失之,説見《經義述聞》。《莊子·胠篋》篇曰:“知詐漸毒。”李頤以“漸”爲“漸漬”,失之。此皆古人謂“詐”爲“漸”之證。説者都不尋省,望文生義,失其傳久矣。

君子養心莫善於誠

劉云:“案,誠者,君子所以成始而成終也。以成始,則《大學》之‘誠其意’是也。以成終,則《中庸》之‘至誠無息’是也。此言‘養心莫善於誠’,即‘誠意’之事,故下文亦言‘慎獨’。”栖霞郝氏蘭皋《荀子補注》云:“‘慎’當訓‘誠’,《釋詁》云:‘慎,誠也。’非‘謹慎’之謂。《中庸》‘慎獨’與此義别。楊注不援《爾雅》,而據《中庸》,謬矣。又云‘慎’字古多訓‘誠’,《詩》凡四見,毛、鄭俱依《爾雅》爲釋。《大學》兩言‘慎獨’,皆在《誠意》篇中,其義亦與《詩》同,惟《中庸》以‘戒慎’‘慎獨’爲言,此别義,乃今義也。荀書多古義,楊注未了,往往釋以今義,遂致舛誤。”【念孫案】《中庸》之“慎獨”,“慎”字亦當訓爲“誠”,非上文“戒慎”之謂,“莫見乎隱,莫顯乎微”,即《大學》之“十目所視,十手所指”,則“慎獨”不當有二義。陳云:“《中庸》言‘慎獨’,即是‘誠身’。”故《禮器》説“禮之以少爲貴者”曰“是故君子慎其獨也”,鄭注云“少其牲物,致誠慤”,是“慎其獨”即“誠其獨”也。“慎獨”之爲“誠獨”,鄭於《禮器》已釋訖,故《中庸》《大學》注皆不復釋。孔沖遠未達此旨,故訓爲“謹慎”耳。凡經典中“慎”字,與“謹”同義者多,與“誠”同義者少,訓“謹”、訓“誠”,原無古今之異,“慎”之爲“謹”,不煩訓釋,故傳注無文,非“誠”爲古義,而“謹”爲今義也。唯“慎獨”之“慎”,則當訓爲“誠”,故曰“君子必慎其獨”,又曰“君子必誠其意”,《禮器》《中庸》《大學》《荀子》之"慎獨",其義一而已矣。

無它事

致誠則無它事矣。

楊注曰:"極其誠則外物不能害。"【念孫案】君子非仁不守,非義不行,故曰"無它事"。下文"唯仁之爲守,唯義之爲行",是其明證。楊説非。

猶若

雖作於心,見於色,出於言,民猶若未從也。

楊注曰:"若,如也。雖出令,民猶如未從者。"【念孫案】若,猶然也。言雖出令,民猶然未從,非謂猶如未從也。古謂"猶然"爲"猶若",説見《釋詞》"若"字下。

端拜

君子審後王之道,而論於百王之前,若端拜而議。

楊注曰:"端,玄端,朝服也。端拜,猶言端拱,若服玄端拜揖而議,言其從容不勞也。"【念孫案】古無拜而議事之禮,且"端拜"二字義不相屬。"拜"當爲"𢪱","𢪱",今"拱"字也,《説文》:"収,竦手也。從𠂇、又","𢪱,楊雄説'収'從兩手","拱,斂手也。從手、共聲"。今經傳皆作"拱"。形與"拜"相似,因訛爲"拜"。"端拱而議",即楊注所云:"從容不勞也。"楊云:"端拜,猶端拱。"近之,乃又云:"拜揖而議。"則未知"拜"爲"𢪱"之訛耳。

室堂

故君子不下室堂，而海内之情舉積此者。

盧删"室"字，云："宋本有'室'字，今從元本删。"【念孫案】"室"非衍字也，《内則》曰"灑埽室堂"，書傳中言"室堂"者多矣。"君子不下室堂，而海内之情舉積此"，猶《老子》言"不出户，知天下"也，元本無"室"字者，後人以意删之耳。《群書治要》引此有"室"字。錢本、世德堂本同。

辨　治辯

物至而應，事起而辨。《解蔽》篇同。

楊注曰："物有至則能應之，事有疑則能辨之。"【念孫案】辨者，治也。謂事起而能治之，非謂事有疑而能辨之也。《説文》："辯，治也。"昭元年《左傳》："主齊盟者誰能辯焉。"杜注與《説文》同。《王霸》篇："儒者爲之，必將曲辯。"楊注曰："辯，治也。"字或作辨。《議兵》篇："城郭不辨。"注曰："辨，治也。"合言之則曰"治辯"。《儒效》篇曰："分不亂於上，能不窮於下，治辯之極也。"《王霸》篇曰："有加治辯强固之道焉。""有"讀爲"又"，舊本"有""加"二字倒轉，今據楊注乙正。楊以"辯"爲"分别"，失之。又曰："天下莫不平均，莫不治辯。"《議兵》篇曰："禮者，治辯之極也。"或作"治辨"。《榮辱》篇曰："君子修正治辨。"《正論》篇曰："上宣明，則下治辨矣。"《禮論》篇曰："君者，治辨之主也。"以上凡言"治辯"者，皆兩字同義。倒言之則曰"辯治"。《小雅·采菽》傳曰："平平，辯治也。"《荀子·君道》篇："君者，善班治人者也。""班"亦與"辯"同，《韓詩外傳》作“辯治”,《成相》篇“辯治上下”。

不以悖君

身之所長,上雖不知,不以悖君。

【引之曰】“悖”讀若“勃”。《玉篇》:“悖,蒲突切,又蒲輩切。”《廣韻》同。悖,怨懟也。謂君雖不知而不怨君也。《仲尼》篇曰“君雖不知,無怨疾之心”是也。《方言》曰:“侼,懟也。”《廣雅》曰:“勃,懟也。”“侼、怨、懟,恨也”。“悖”“侼”“勃”字異而義同。莊十一年《左傳》“其興也悖焉”,“悖”一作“勃”。《莊子·庚桑楚》篇“徹志之勃”,“勃”本又作“悖”。《秦策》“秦王悖然而怒”,悖然,即勃然。楊注云:“不怨君而違悖。”其失也迂矣。

竭

長短不飾,以情自竭,若是則可謂直士矣。

楊注曰:“不矜其長,不掩其短,但任直道而竭盡其情也。”郝云:“按,情,實也。竭,舉也。言短長皆以實自舉,不加文飾,所以爲‘直士’。”又,《王制》篇:“威嚴猛厲而不好假道人,則下畏恐而不親,周閉而不竭。”楊注曰:“隱閉其情,不竭盡也。”郝云:“竭,舉也。謂隱匿其情,不肯舉發也。”【念孫案】郝説是也。《説文》:“竭,負舉也。”“揭,高舉也”。《廣雅》:“揭,舉也。”《禮運》釋文:“竭,本亦作揭。”是“揭”“竭”古字通。

獨甚

畏法流俗，而不敢以其所獨甚。

【念孫案】“甚”當爲“是”。言不從流俗，而亦不敢用其所獨是也。隸書“甚”字作“㔶”，“是”字作“昰”，二形相似，故“是”訛爲“甚”。《荀子·賦》篇“嫫母力父是之喜”，《楚策》“是之喜”訛作“甚喜之”。《韓詩外傳》“《詩》曰‘瞻彼日月，悠悠我思，道之云遠，曷云能來’，急時辭也，是故稱之日月也”，《説苑·辯物》篇作“甚焉，故稱日月也”。《漢書·司馬相如傳》“閑雅甚都”，《史記》“甚”作“是”。《説文》“尟，是少也。從是少”，今俗作“尠”。皆其證也。楊注云“不敢以其所獨善而甚過人”，其失也迂矣。

人之所惡者吾亦惡之

盧云：“正文首疑當有‘人之所欲者，吾亦欲之’九字。”【念孫案】盧以注云“賢人欲惡，不必異於衆人”，故疑正文當有“人之所欲者”云云也，不知注言“欲惡不異”者，加一“欲”字以通其義，非正文所有也。下文皆言“惡”，不言“欲”，是其證。

榮辱

憍泄者人之殃也

楊注曰：“泄，與媟同，慢也。”劉云：“‘憍’當從元刻作

‘憍’。”【念孫案】宋錢本亦作“憍”。“憍泄”即“驕泰”之異文。《荀子》他篇或作“汏”、或作“忲”、或作“泰”，皆同。古字“世”“大”通用，“大室”亦爲“世室”，“大子”亦爲“世子”，“子大叔”亦爲“世叔”。“漏泄”之“泄”，古多與“外”“大”“害”“敗”等字爲韻，聲與“泰”亦相近也。《賈子》曰“簡泄不可以得士”，亦以“泄”爲“汏”。

傷人之言

故與人善言，暖於布帛。傷人之言，深於矛戟。

【念孫案】“傷人之言”，“之”本作“以”，謂以言傷人，較之以矛戟傷人者爲更深也。今本“以”作“之”，則與下句不甚貫注矣。《非相》篇：“故贈人以言，重於金石珠玉。勸人以言，美於黼黻文章。聽人以言，今本“以”字亦誤作“之”，辯見《非相》篇。樂於鍾鼓琴瑟。”三“以”字與此文同一例。《藝文類聚·人部三》《太平御覽·兵部八十四》引此并作“傷人以言”。

小涂則殆

巨涂則讓，小涂則殆。

楊注曰：“殆，近也。凡行前遠而後近，故‘近’者，亦後之義。謂行於道涂，大道并行則讓之，小道可單行則後之。”【念孫案】楊説迂回而不可通，余謂“殆”讀爲“待”。言共行於道涂，大道可并行則讓之，小道只可單行，則待其人過乃行也。作“殆”者，假借字耳。

不説

辯而不説者，争也。

楊注曰："不説，不爲人所稱説。或讀爲悦。"【念孫案】後説是。

廉

廉而不見貴者，劌也。

【念孫案】廉而劌，謂有廉隅而傷人也，如此則人不貴之矣。《不苟》篇注云："廉，棱也。劌，利傷也。"較此注爲勝。

憂忘其身

憂忘其身，内忘其親，上忘其君。

楊注曰："遭憂患刑戮而不能保其身，是憂忘其身也。或曰當爲'下忘其身'，'下'誤爲'夏'，又轉誤爲'憂'耳。"【念孫案】後説爲長。

唯利飲食之見

恈恈然唯利飲食之見。

【引之曰】"飲食"上本無"利"字。"唯飲食之見"，言狗彘唯見有飲食也。下文"恈恈然唯利之見"，與此文同一例。今本作"利飲食之見"，"利"字即涉下文"利"字而衍。

果敢而振

果敢而振，猛貪而戾。

【引之曰】“振”當爲“很”，字之誤也。“果敢而很”“猛貪而戾”，二句一意相承，故《廣雅》曰“戾，很也”，若“振”，則非其類矣。楊注“振，動也”，引《公羊傳》“桓公振而矜之”，此望文生意，而非其本旨。

儵鉢

儵鉢者，浮陽之魚也。

楊注曰：“今字書無‘鉢’字，蓋當爲‘鮍’，《説文》云即‘鱣鮪鮍鮍’字，蓋儵魚，一名儵鮍。”【念孫案】《衛風·碩人》篇“鱣鮪發發”，《説文》作“鮍鮍”，則“鮍”非魚名，且“儵魚”亦無“儵鮍”之名。楊説非也。竊疑“鉢”爲“魾”字之誤。《爾雅》云“魴，魾”，“魾”即“魴”之異名，則“儵魾”爲二魚也。隸書“丕”字或作“”，見漢《趙相劉衡碑》。“本”字或作“”，見《白石神君碑》。二形相似，故“魾”誤爲“鉢”與？

無志

知命者不怨天，怨天者無志。

【念孫案】“志”讀爲“知識”之“識”。古“知識”字通作“志”。説見《經義述聞·左傳》“昭二十六年”。不知命而怨天，故曰“無識”。《法行》篇正作“怨天者無識”，楊彼注云“無識，不知天命”是也。此注以“志”爲“志氣”之“志”，失之。

迂

自知者不怨人，怨人者窮，失之己，反之人，豈不迂乎哉？

楊注曰："迂，失也。"【念孫案】"失"與"迂"義不相近，古無此訓也。《廣雅》曰："迂，遠也。"《韓詩外傳》曰："身不善而怨他人，不亦遠乎？"語意正與此同。

材慤

材慤者，常安利。蕩悍者，常危害。

楊注曰："材慤，謂材性愿慤也。"汪氏容甫曰："'材'疑當作'朴'，字之誤也。'朴慤'與'蕩悍'、'安利'與'危害'、'樂易'與'幽險'、'壽長'與'夭折'，皆對文。"【念孫案】《大戴記·王言》篇"士信、民敦、工璞、商慤、女憧、婦空空"，《家語》作"士信、民敦而俗樸，'樸''朴''璞'并通。男慤而女貞"，王肅云："樸，慤愿貌。"

安利者常樂易危害者常憂險

【念孫案】險以心言，非以境言。憂險，猶憂危，謂中心憂危之也，故與"樂易"對文。下文："樂易者常壽長，憂險者常夭折。"亦以心言之也。《周語》云："君子將險哀之不暇，而何樂易之有焉。"亦以"險哀"對"樂易"，說見《經義述聞·周語》。

父子相傳以持王公

【念孫案】持,猶奉也。言官人百吏謹守其法則、度量、形辟、圖籍,見上文。父子相傳以奉王公也。《廣雅》:"奉,持也。"是"持"與"奉"同義。楊以"持"爲"保持",未確。

軥録 敦比其事業 敦比於小事

孝弟原慤,軥録疾力,以敦比其事業而不敢怠傲。

楊注曰:"軥,與拘同。拘録,謂自檢束也。敦,厚也。比,親也。"盧《補校》云:"案,《淮南·主術訓》'加之以勇力辨慧,捷疾劬録',正與此'軥録疾力'語相似。軥録,蓋勞身苦體之意。'孝弟原慤'以行言,'軥録疾力'以事言,楊讀爲'拘録',非也。又,《君道》篇'愿慤拘録'。"盧云:"案,《榮辱》篇作'軥録',注謂'軥'與'拘'同,蓋據此文。然吏材非僅取'愿慤''檢束'而已,必將取其勤勞趨事者,則作'劬録'義長。"【引之曰】楊云:"敦,厚也。比,親也。"亦非。敦、比,皆治也。《魯頌·閟宫》箋云:"敦,治也。"《孟子·公孫丑》篇:"使虞敦匠事。"謂治匠事也。"比"讀爲"庀"。襄二十五年《左傳》:"子木使庀賦。"《魯語》:"子將庀季氏之政焉。"韋、杜注并云:"庀,治也。"《周官·遂師》:"庀其委積。""故書庀爲比。鄭司農讀爲庀"。[①]《大司馬》:"比軍衆。""比或作庀"。[②] 是"庀"與"比"通。"敦比其事業",猶云治其事業耳。《强國》篇"敦

---

① 此爲鄭玄注語。

② 此爲鄭玄注語。

比於小事”,義與此同。楊注以爲“精審躬親”,亦失之。

陶誕

陶誕突盜,惕悍憍暴,以偷生反側於亂世之間。

楊注曰:“陶,當爲‘檮杌’之檮,頑嚚之貌。或曰當爲‘逃’,隱匿其情也。”【念孫案】楊釋“陶”字之義未安。余謂“陶”讀爲“謟”,音滔。“謟誕”,雙聲字,謟,亦誕也。《性惡》篇曰:“其言也謟,其行也悖。”謂其言誕也,即上所謂“飾邪説,文姦言”也。作“陶”者,借字耳。凡從舀、從匋之字多相通。《小爾雅》:“綯,索也。”“綯”即“宵爾索綯”之“綯”。《小雅·菀柳》篇“上帝甚蹈”,《一切經音義》五引《韓詩》“蹈”作“陶”。《楚辭·九章》“滔滔孟夏兮”,《史記·屈原傳》作“陶陶”。《説文》“搯搯,搯也”,《一切經音義》引《通俗文》曰:“搯出曰掏。”皆其證也。《强國》篇曰:“陶誕比周以争與,汙漫突盜以争地。”“陶誕突盜”四字,義并與此同。

疾

小人也者,疾爲誕,而欲人之信己也。疾爲詐,而欲人之親己也。

【念孫案】疾,猶力也。言力爲誕、力爲詐也。上文云:“軥録疾力,以敦比其事業。”《仲尼》篇云:“疾力以申重之。”是“疾”與“力”同義。《臣道》篇云:“事人而不順者,不疾者也。”言事上不力也。《吕氏春秋·尊師》篇:“疾諷誦。”高注云:“疾,力也。”

慮之難知也

【念孫案】此言小人之慮事不能知也。蓋公生明，私生暗，小人之思慮不足以知事，故曰“慮之難知”。下文“行之難安，持之難立”，與此文同一例。楊注云“慮之難知，謂人難測其奸詐”，則與下二句不合。

注錯

則君子注錯之當，而小人注錯之過也。

楊注曰：“注錯，謂所注意錯履也，亦與措置義同。”【念孫案】楊後説得之。“注錯”二字同義，《廣雅》：“措、鉒，置也。”措鉒，即注錯，是“注”“錯”同訓爲“置”，非“注意錯履”之謂也。下文曰：“是注錯習俗之節異也。”又曰：“在注錯習俗之所積耳。”舊本“注錯”上有“勢”字，涉下文“得勢”而衍。今據上文刪。《儒效》篇曰：“注錯習俗，所以化性也。”又曰：“謹注錯，慎習俗。”“注”“錯”二字，皆上下平列。

君子安雅

譬之越人安越，楚人安楚，君子安雅。

【引之曰】“雅”讀爲“夏”。夏謂中國也，故與“楚”“越”對文。《儒效》篇：“居楚而楚，居越而越，居夏而夏。”是其證。古者“夏”“雅”二字互通，故《左傳》“齊大夫子雅”，《韓子·外儲説右》篇作“子夏”。楊注云：“正而有美德謂之雅。”此下有“《詩》曰：‘弁彼鸒斯，歸飛提提。’鸒斯，雅烏也”十五字，乃後人妄加，非楊注原文。則與上二句不對矣。

習俗

是非知能材性然也,是注錯習俗之節異也。

楊注曰:"習俗,謂所習風俗"。【念孫案】"習俗"雙聲字,俗,即是習,非謂所習風俗也。《説文》:"俗,習也。"《廣雅》同。《周官·大司徒》注曰:"俗,謂土地所生習也。"《性惡》篇曰:"上不循於亂世之君,下不俗於亂世之民。"不俗,不習也。楊注"俗"謂從其俗,亦誤。又,《儒效》篇:"習俗移志,安久移質。"餘見前"注錯"下。《大略》篇曰:"政教習俗,相順而後行。"《史記·秦始皇紀》:"宣省習俗。"《漢書·食貨志》:"同巧拙而合習俗。""習俗"二字皆上下平列。

是又人之所生而有也是無待而然者也是禹桀之所同也

【念孫案】此二十三字涉上文而衍。下文"爲堯禹則常安榮,爲桀紂則常危辱"云云,與上文"在注錯習俗之所積"句緊相承接,若加此二十三字,則隔斷上下語脈,故知爲衍文。

今是

今是人之口腹。

【念孫案】今是,猶言今夫也,説見《釋詞》"是"字下。

無嗛於鼻

彼臭之而無嗛於鼻，嘗之而甘於口，食之而安於體，則莫不弃此而取彼矣。

【念孫案】“臭之而無嗛於鼻”，“無”，衍字也。嗛，苦簟反，快也。《莊子·盜跖》篇曰：“口嗛於芻豢醪醴之味。”《趙策》曰：“衣服之便於體，膳啖之嗛於口。”《魏策》曰：“齊桓公夜半不嗛，易牙乃煎敖燔炙，和調五味而進之。”高注：“嗛，快也。”“臭之而嗛於鼻”“嘗之而甘於口”“食之而安於體”三句文同一例。若“嗛”上有“無”字，則與下文不合矣。楊讀“嗛”爲“慊”，而訓爲“厭”，失之。汪説同。

靡之儇之　積靡使然也

人者，“人”與“仁”同，説見《修身》篇“愛人”下。好告示人，告之示之，靡之儇之，鈆之重之。

楊注曰：“靡，順從也。儇，疾也。靡之儇之，猶言緩之急之也。”【引之曰】楊説非也。“靡之儇之”，即《賈子》所云“服習積貫”也。《儒效》篇曰：“居楚而楚，居越而越，居夏而夏，是非天性也，積靡使然也。楊注：“靡，順也。順其積習故能然。”非是。故人知謹注錯，慎習俗，大積靡，則爲君子矣。”《性惡》篇曰：“身日進於仁義，而不自知者，靡使然也。”《方言》曰：“還，積也。”“還”與“儇”聲近而義同，是“靡之”“儇之”皆積貫之意也。

陋者俄且僩也

則夫塞者俄且通也，陋者俄且僩也，愚者俄且知也。

杨注曰："僩，與撊同，《方言》云：'晉魏之間謂猛爲撊。''陋者俄且僩'，言鄙陋之人，俄且矜莊有威儀也。《詩》曰'瑟兮僩兮'，鄭云：'僩，寬大也。'下板反。"盧云："案，此注説頗岐出，竊疑'僩'當爲'嫺雅'之義。賈誼書《傅職》篇云：'明僩雅以道之文。'又，《道術》篇云：'容志審道謂之僩，反僩爲野。'此以'僩'與'陋'相對，義亦合。"【念孫案】盧説是也。《修身》篇："多見曰閑，少見曰陋。""閑"與"陋"對文，是其證。"僩""閑"古字同耳。楊後説以"僩"爲"寬大"，近之。陳説略同。

是若不行則湯武在上曷益桀紂在上曷損

【念孫案】"是若不行"，"是"字承上文"告之示之"四句而言。言民從告示，故湯武在上則治，桀紂在上則亂。若民不從告示，則湯武在上何益，桀紂在上亦何損乎？楊注云："若不行告示之道，則湯武何益？桀紂何損？所以貴湯武，賤桀紂，以行與不行耳。"失之。

豈非

豈非人之情，固可與如此，可與如彼也哉？

【念孫案】"豈"本作"幾"，古"豈"字也。今作"豈"者，後人不識古字而改之耳。案，上文："幾直夫芻豢稻粱之縣糟糠爾哉。”注云:“幾,讀爲豈,下同。”下文:“幾不甚善矣哉。”注云:“幾,亦讀爲豈。”後注既言“幾,亦讀爲豈”,則前注不須更言“下同”。所謂“下同”者,正指此“幾”字而言,今改“幾”爲“豈”,則前注所謂“下同”者,竟不知何指矣。

幾不

非不欲也,幾不長慮顧後,而恐無以繼之故也。

【念孫案】“非不欲也”二句,文意緊相承接,中不當有“幾不”二字,蓋涉下文“幾不甚善”而衍。下文“幾”字有音,而此無音,則爲衍文明矣。

爲溝壑中瘠

是其所以不免於凍餓,操瓢囊爲溝壑中瘠者也。

【念孫案】“瘠”讀爲“掩骼埋胔”之“胔”。[①] 露骨曰骼,有肉曰胔。出蔡氏《月令章句》。言凍餓而轉死於溝壑,故曰“爲溝壑中胔”。作“瘠”者,借字耳。説見《管子·八觀》篇。楊以“瘠”爲“羸瘦”,失之。

其功盛姚遠矣　以觀其盛　饗其盛　嚮萬物之美而盛憂　兼萬物之利而盛害

先王之道,仁義之統,詩書禮樂之分,將爲天下生民之

① “埋”,底本作“理”,據同治本改。

屬，長慮顧後，而保萬世也。其流長矣，其温厚矣，“温”讀爲“薀”。薀，積也。《大雅·雲漢》篇“薀隆蟲蟲”，正義：“薀作温。”《内則》“柔色以温之”，《釋文》：“温，本又作薀。”是“薀”與“温”通。楊注：“温，猶足也。”非是。汪説、陳説同。其功盛姚遠矣。

楊注曰：“姚，與遥同。言功業之盛甚長遠也。”【引之曰】楊讀“盛”爲“茂盛”之“盛”，非也。“盛”讀爲“成”，成，亦功也。《爾雅》曰：“功，成也。”《大戴禮·盛德》篇曰“能成德法者爲有功”，《周官·典婦功》曰“秋獻功”，《稾人》曰“秋獻成”，是“成”與“功”同義。姚，亦遠也。言其功甚遠也。“成”與“盛”古同聲而通用。《説卦傳》：“終萬物始萬物者，莫盛乎艮。”言莫成乎艮也。“莫成乎艮”，即成言乎艮，説見《經義述聞》。《吕氏春秋·悔過》篇：“我行數千里以襲人，未至而人已先知之矣，此其備必已盛矣。”言其備已成也。高注：“盛，强也。”失之。《繫辭傳》：“成象之謂乾。”蜀才本“成”作“盛”。《左氏春秋》莊八年“師及齊師圍郕”，《公羊》“郕”作“成”，隱五年、十年、文十二年并作“盛”。《秦策》“今王使成橋守事於韓”，《史記·春申君傳》“成”作“盛”。《封禪書》“七曰日主，祠成山”，《漢書·郊祀志》“成”作“盛”。皆其證也。《王霸》篇曰：“論一相，陳一法，明一指，以兼覆之，兼炤之，以觀其盛。”言觀其成也。楊注：“盛，讀爲成。”《臣道》篇曰：“明主尚賢使能，而饗其盛。闇主妒賢畏能，而滅其功。”“盛”讀爲“成”，成，亦功也。楊注“盛”，謂大業，失之。故《説苑·臣術》篇作“上賢使能而享其功”，《正名》篇曰：“心憂恐，則口銜芻豢而不知其味，耳聽鍾鼓而不知其聲，目視黼黻而不知其狀，輕煖平簟而體不知其安。故嚮萬物之美而盛憂，兼萬物之利而盛害。”言美反成憂，利反成害也。

孰修爲

非孰修爲之君子莫之能知也。

【念孫案】《禮論》篇曰:“非順孰修爲之君子,莫之能知也。”楊倞注云:“順,從也。孰,精也。修,治也。爲,作也。”此文脱“順”字。楊又云:“孰,甚也。甚修飾作爲之君子。”直望文生義耳,當從《禮論》篇補“順”字。

以獨則足樂意者其是邪

夫詩書禮樂之分,固非庸人之所知也,以治情則利,以爲名則榮,以群則和,以獨則足樂。意者其是邪?

楊讀“以獨則足”爲句,注云:“知《詩》《書》《禮》《樂》,群居則和同,獨處則自足也。”又讀“樂意者其是邪”爲句,注云:“樂意莫過於此。”【念孫案】此當讀“以獨則足樂”爲句,言獨居而説《禮》《樂》,敦《詩》《書》,則致足樂也。“以群則和”“以獨則足樂”,“樂”與“和”義正相承,則“樂”字上屬爲句明矣。“意者其是邪”自爲一句,意者,語詞也。“其是邪”,指《詩》《書》《禮》《樂》而言。《吕氏春秋·重言》篇曰:“日之役者,有執蹠痛而上視者,意者其是邪。”句法正與此同。

然則

夫貴爲天子,富有天下,是人情之所同欲也。然則從人之欲,則勢不能容,物不能贍也。

【念孫案】然則,猶言然而也,説見《釋詞》“則”字下。

使有貴賤之等長幼之差知賢愚能不能之分

元刻無“賢”字。【念孫案】無“賢”字者是也。“知”讀爲“智”。“智”對“愚”,“能”對“不能”,則不得有“賢”字明矣。下文:“以仁厚知能盡官職。”“知能”二字正與此相應,是其證。宋本有“賢”字者,蓋誤讀“知”爲“知識”之“知”,故於“愚”上加“賢”字,而以爲“知賢愚能不能之分”也,不知“使有”二字,直貫至“知愚能不能之分”而止。若讀“知”爲“知識”之“知”,則與“使有”二字不相聯屬矣。

斬而齊枉而順不同而一

楊注曰:“斬而齊,謂强斬之使齊,若《漢書》云一切者。”劉云:“‘斬’讀如‘儳’。《説文》:‘儳,儳互不齊也。’《周語》‘冒没輕儳’,韋注云:‘儳,進退上下無列也。’言多儳互不齊,乃其所以爲齊也。”【念孫案】僖二十三年《左傳》:“鼓儳可也。”杜注:“儳巖,未整陳。”義與此同。“儳而齊”,即《正名》篇所謂“差差然而齊”。

《荀子》第二

非相

相人古之人無有也學者不道也

元刻“相”下無“人”字。宋龔本同。【念孫案】無“人”字者是。此謂古無相術，非謂古無相人也。謂學者不道相術，非謂不道相人也。下文云：“長短小大善惡形相，古之人無有也，學者不道也。”是其證。宋本作“相人”者，涉下“相人之形狀”而誤。

焉廣三寸

面長三尺，焉廣三寸。

盧云：“案，‘焉’字古多以爲發聲，如《淮南子》‘天子焉始乘舟’是也。荀書或用‘焉’，或用‘案’，或用‘安’，字異語同，皆以爲發聲。”

善於後世

仁義功名,善於後世。

【引之曰】"善"字文義不明,疑"著"字之譌。隸書"著"字或作"著",形與"善"相似。《史記·五帝紀》:"帝摯立,不善。"《索隱》:"古本作不著。"

越勁

筋力越勁,百人之敵也。

楊注曰:"越,過人也。"【念孫案】如楊説,則"越勁"二字,義不相屬。今案,越者,輕也。言筋力輕勁也。《説文》云"赲,輕勁有材力"是也。"越"字本作"娀",《説文》曰:"娀,輕也。"《廣雅》同。《玉篇》音"于厥切"。"娀"與"越"古字通。《吕氏春秋·本味》篇注曰:"越越,輕易之貌。"《緇衣》引《大甲》曰:"毋越厥命以自覆。"言毋輕發厥令以自傾覆也。鄭注以"越"爲"顛蹷",非是。説見《經義述聞》。《説文》:"跋,輕足也。"義亦與"越"同。

知士不能明

知行淺薄,曲直有與"又"同。以相縣矣。宋吕、錢本并如是,元刻脱"相"字,盧依元刻删"相"字,非。然而仁人不能推,知士不能明。

楊注曰:"曲直,猶能否也。言智慮德行至淺薄,其能否與人又相縣遠,而不能推讓明白之。言不知己之不及也。"

【念孫案】楊以“明”爲“明白”，非也。明者，尊也。言不能尊智士也。“仁人不能推，智士不能明”，“明”與“推”皆尊崇之謂也。古者多謂“尊”爲“明”。《禮運》“故君者所明也，非明人者也”，《大傳》：“庶子不祭，明其宗也。”鄭注并曰：“明，猶尊也。”《祭義》：“明命鬼神。”鄭注曰：“明命，猶尊名也。”《晉語》曰：“晉公子可謂賢矣，而君蔑之，是不明賢也。”《管子·牧民》篇曰：“明鬼神祇山川。”《墨子·明鬼》篇曰：“鬼神不可不尊明也。”皆其證矣。

三數行

人有此三數行者。

【引之曰】“三數行”，文不成義，當作“有此數行”。數行，謂上文之“三不祥”與“三必窮”也，其“三”字即涉上文而衍。

故曰　息

故曰：“文久而息，節族久而絶。”

【念孫案】“故”，衍字也。自“曰文久而息”以下，皆與上文“聖王有百，吾孰法焉”二句自相問荅，則“曰”上不當有“故”字明矣，蓋涉下文三“故曰”而衍。下文曰：“是以文久而滅，節族久而絶。”“滅”與“絶”爲韻，則此亦當然。今本“滅”作“息”，則失其韻矣。“息”字蓋涉注文“滅息”而誤。

守法數之有司極禮而褫

楊注曰:“褫,解也。有司世世相承,守禮之法數,至於極久,亦下脱也。”劉云:“極,疲極也。”【念孫案】“褫”之言“弛”也,言疲於禮而廢弛也。

欲觀聖王之迹則於其粲然者矣後王是也

楊注曰:“後王,近時之王也。夫禮法所興,以救當世之急,故隨時設教,不必拘於舊聞,而時人以爲君必用堯舜之道,臣必行禹稷之術,然後可,斯惑也。故荀卿深陳以後王爲法,而審其所貴君子焉。司馬遷曰:‘法後王者,以其近己而俗相類,議卑而易行也。’”劉云:“案,後王,謂文武也。楊注非。”汪云:“《史記》引‘法後王’,蓋如賦詩之斷章耳。此注承其誤,名爲解《荀子》而實汨之。”【念孫案】“後王”二字,本篇一見,《不苟》篇一見,《儒效》篇二見,《王制》篇一見,《正名》篇三見,《成相》篇一見,皆指“文武”而言,楊注皆誤。

欲知周道則審其人所貴君子

劉云:“案,其人,荀卿自謂也。所貴君子,其人之所宗仰,若仲尼、子弓也。”

以其治亂者異道宋吕本如是。

夫妄人曰:“古今異情,以其治亂者異道。”

宋錢本"以其"作"其以"。【念孫案】此文本作"其所以治亂者異道",謂古今之所以治亂者,其道不同也。錢本"其""以"之間脱"所"字,吕本"其以"又誤作"以其",則義不可通。《韓詩外傳》正作"其所以治亂異道"。

不欺

聖人何以不欺。

【念孫案】"不欺"當作"不可欺"。"聖人不可欺",正對上文"衆人可欺"而言。下文"鄉乎邪曲而不迷"云云,正所謂"聖人不可欺"也。今本脱"可"字,則失其義矣。楊注云:"人不能欺,亦不欺人。"則所見本已脱"可"字,故曲爲之説,而不知與上下文不合也。《外傳》正作"不可欺"。

古今一度也

故以人度人,度,徒落反。以情度情,以類度類,以説度功,以道觀盡,古今一度也。

【念孫案】"古今一度也"當作"古今一也"。言自"以人度人"以下,皆無古今之異,故曰"古今一也"。《强國》篇:"治必由之,古今一也。"《正論》篇:"有擅國,無擅天下,古今一也。"《君子》篇:"故尊聖者王,貴賢者霸,敬賢者存,慢賢者亡,古今一也。"文義并與此同,則"一"下不當更有"度"字,蓋涉上數"度"字而衍。楊注云:"古今不殊,盡可以此度彼。"則所見本已有"度"字,《外傳》無。

聞其詳

愚者聞其略而不知其詳，聞其詳而不知其大也。

【念孫案】“聞其詳”本作“聞其小”。“略”與“詳”對，“小”與“大”對。據楊注云：“惟聖賢乃能以略知詳，以小知大。”則本作“聞其小而不知其大”明矣。今本“小”作“詳”，涉上句“詳”字而誤。《外傳》作“聞其細，不知其大”，細，亦小也。

觀人以言　聽人以言宋吕、錢本并如是。

故贈人以言，重於金石珠玉。觀人以言，美於黼黻文章。聽人以言，樂於鍾鼓琴瑟。

【念孫案】“觀”本作“勸”。“勸人以言”，謂以善言勸人也，故曰“美於黼黻文章”。若觀人以言，則何美之有？楊注云：“謂使人觀其言。”則所見本已訛作“觀”。《太平御覽・人事部三十一》所引亦然，《藝文類聚・人部十五》正引作“勸人以言”。

“聽人以言”，元刻“以”作“之”，而盧本從之。案，此與上二句文同一例，“聽人以言”者，我言之而人聽之也。我言而人聽，則是我之以善及人也，故曰“樂於鍾鼓琴瑟”，若聽人之言，則何樂之有？此後人不曉文義而妄改之耳。據楊注云“使人聽其言”，則本作“聽人以言”明矣。《藝文類聚》《太平御覽》并引作“聽人以言”。

渠匽

府然若渠匽檃栝之於己也。

楊注曰:“渠匽,所以制水。檃栝,所以制木。”【引之曰】正文、注文“渠”字疑皆“梁”字之誤,《爾雅》:“隄謂之梁。”鄭仲師注《周官·𩀌人》云:“梁,水偃也。”“偃”與“匽”通,即“堰”字也。“梁”與“匽”同義,故以“梁匽”連文。“梁”“渠”形相似,遂誤爲“渠”耳。《史記·建元以來侯表》“輝渠忠侯僕多”,《廣韻》引《風俗通》“渠”作“梁”。《漢書·地理志》“彊梁原”,《水經·渭水》注作“荆渠原”。《後漢書·安帝紀》“高渠谷”,注引《東觀記》作“高梁谷”。

故君子之度己則以繩接人則用抴

楊注曰:“抴,牽引也。度己,猶正己也。君子正己則以繩墨,接人則牽引而致之。言急正己而馴致人也。或曰:抴當爲枻。枻,楫也。言如以楫櫂進舟船也。韓侍郎云:‘枻者,檠枻也,正弓弩之器也。’”劉云:“韓説是也。《淮南·説山訓》曰:‘檄不正而可以正弓。’此即用‘枻’之義。”“檄”同“檠”。【念孫案】《考工記·弓人》:“恒角而達,譬如終紲。”鄭注曰:“紲,弓鞁也。”《秦風·小戎》篇“竹閉緄縢”,《毛傳》曰:“閉,紲也。”《小雅·角弓》傳曰:“不善紲檠巧用,則翩然而反。”《士喪禮記》“弓有柲”,注曰:“柲,弓檠。弛則縛之於弓裏,備損傷也,以竹爲之。”“紲”與“枻”同,“閉”與“柲”“鞁”同,即《淮南》所謂“可以正弓”者也。“枻”與“繩”對文,若訓爲“牽引”,則與“繩”不對,若訓爲“楫”,則於義愈遠矣。

因求

故能寬容因求以成天下之大事矣。

【念孫案】"因求"二字,義不可通。"求"當爲"衆",字之誤也。唯寬容,故能因衆以成事。上文:"與時遷徙,與世偃仰。"正所謂"因衆"也。楊注云:"成事在衆。"言"衆"而不言"求",則"求"爲"衆"之誤甚明。

分别 譬稱

分别以喻之,譬稱以明之。

【念孫案】"分别"當在下句,"譬稱"當在上句。譬稱所以曉人,故曰"譬稱以喻之"。分别所以明理,故曰"分别以明之"。今本"譬稱"與"分别"互易,《韓詩外傳》及《説苑·善説》篇引此并作"譬稱以喻之,分别以明之"。

芬薌

欣驩芬薌以送之。

楊注曰:"芬薌,言至芳潔也。薌與香同。"【念孫案】芬薌,和也。《方言》:"芬,和也。"郭璞曰:"芬香和調。"《廣雅》與《方言》同。《周官·鬯人》注曰:"鬯,釀秬爲酒,芬香條暢於上下也。"《大雅·鳧鷖》篇曰:"旨酒欣欣,燔炙芬芬。"皆芬香和調之意。"欣驩芬薌",皆謂和氣以將之也。《議兵》篇曰:"其民之親我,歡若父母。其好我,芬若椒蘭。"義與此同。

謂爲

夫是之謂爲能貴其所貴,《傳》曰:“唯君子爲能貴其所貴。”

【引之曰】上“爲”字涉下“爲”字而衍。《韓詩外傳》《説苑》皆作“夫是之謂能貴其所貴”,無“爲”字。

謀救

起於下,所以忠於上,謀救是也。

【念孫案】“謀救”二字,於義無取。楊注以爲“嘉謀匡救”,於“謀”上加“嘉”字,以曲通其義,其失也迂矣。余謂“謀救”當爲“諫救”,字之誤也。《管子·立政九敗解》篇“諫臣死而諂臣尊”,今本“諫”誤作“謀”。《淮南·主術》篇“執正進諫”,高注:“諫,或作謀。”《周官》有“司諫”“司救”。《説文》:“救,止也。”《論語·八佾》篇:“女弗能救與。”馬注與《説文》同。然則諫止其君之過,謂之諫救,故曰“起於下,所以忠於上,諫救是也”。

故言君子必辯

志好之,行安之,樂言之,故言君子必辯。

楊讀“故言”爲一句,而釋之曰:“所以好言説,以此三者也。”【念孫案】楊説非也。“故君子必辯”爲一句,“故”下本無“言”字。此言君子志好之,行安之,樂言之,是以必辯也。上文云:“故君子之於言也,志好之,行安之,樂言之,故君子必辯。”是其證。今本作“故言君子必辯”,“言”字乃涉上文而衍。楊斷"故言"爲一句,以結上文,則"君子必辯"四字竟成贅語矣。

見本分

小辯不如見端,見端不如見本分。扶問反。

【引之曰】"本分"上本無"見"字,此涉上兩"見端"而衍。"本分"者,本其一定之分也。楊注云:"見端首,不如見本分。"則所見本已衍"見"字。下文:"小辯而察,見端而明,本分而理。"皆承此文言之,而"本分"上無"見"字,故知"見"爲衍文。

居錯

居錯遷徙,應變不窮。

楊注曰:"錯,置也。居錯,安居也。"【念孫案】"居"讀爲"舉"。言或"舉"、或"錯"、或"遷徙",皆隨變應之而不窮也。《王制》篇曰:"舉措應變而不窮。"《君道》篇曰:"與之舉錯遷移,而觀其能應變也。"《禮論》篇曰:"將舉錯之,遷徙之。"皆其證矣。"舉"與"居"古字通。《史記·越世家》曰:"陶朱公約要父子,耕畜廢居,候時轉業。"《仲尼弟子傳》曰:"子貢好廢舉,與時轉貨資。"廢舉,即廢居。《司馬相如傳》"族舉遞奏",《漢書》"舉"作"居"。《書大傳》"民能敬長憐孤,取舍好讓,舉事力者",《韓詩外傳》"舉"作"居"。

致實

文而致實，博而黨正。

【念孫案】“致”讀爲“質”。襄三十年《左傳》：“用兩珪質于河。”《釋文》：“質，如字。又音致。”昭十六年：“與蠻子之無質也。”《釋文》：“質，之實反。或音致。”《淮南·要略》：“約重致，剖信符。”重致，即重質，“質”“致”古同聲，故字亦相通，説見《唐韻正》。質，信也，見昭十六年、二十年《左傳》注、《魯語》《晉語》注。謂信實也。“致實”與“黨正”對文。楊注：“黨與讜同，謂直言也。”楊注：“致，至也。”失之。

非十二子

假今之世

“假今之世，飾邪説，文奸言，以梟亂天下”云云。

楊注曰：“假如今之世也。或曰：假，借也。今之世，謂戰國昏亂之世。言十二子借亂世以惑衆也。”【念孫案】《强國》篇云：“假今之世，益地不如益信之務也。”則前説爲是。

欺惑愚衆矞宇嵬瑣

元刻無“欺惑愚衆”四字。宋龔本同。【念孫案】元刻是也。宋本有此四字者，依《韓詩外傳》加之也。楊注但釋“矞宇嵬瑣”，而不釋“欺惑愚衆”，至下文“足以欺惑愚衆”，始釋之云“足以欺惑愚人衆人”，則此處本無“欺惑愚衆”四字明矣。《外傳》有此四字者，“欺惑愚衆”下文凡五見，而《外傳》

皆無之,故得移置於此處,若據《外傳》增入,則既與下文重複,又與楊注不合矣。

大儉約 僈差等

上功用,“上”與“尚”同。大儉約,而僈差等。

【念孫案】大,亦尚也。謂尊尚儉約也。《表記》“君子不自大其事,不自尚其功”,亦以“大”與“尚”并言之。《性惡》篇:“大齊信而輕貨財。”隱三年《公羊傳》:“故君子大居正。”并與此“大”字同義。楊讀“大”爲“太”,而以爲“過儉約”,失之。

“僈”讀爲“曼”。《廣雅》曰:“曼,無也。”《法言·寡見》篇:“曼是爲也。”《五百》篇:“行有之也,病曼之也。”皆謂“無”爲“曼”。《文選·四子講德論》:“空柯無刃,公輸不能以斵。但懸曼矰,蒲苴不能以射。”曼,亦無也。李善注訓“曼”爲“長”,失之。“曼差等”,即無差等,作“僈”者,借字耳。《富國》篇曰:“墨子將上功勞苦,與百姓均事業,齊功勞。”正所謂“無差等”也,故下文云“曾不足以容辨異,縣君臣”。楊以“僈”爲“輕慢”,亦失之。

下脩

尚法而無法,下脩而好作。

【念孫案】“下脩而好作”,義不可通。“下脩”當爲“不循”,謂不循舊法也。《墨子·非儒》篇:“道儒者之言曰:‘君子循而不作。’”此則反乎君子之所爲,故曰“不循而好作”也。

"不"與"下"、"循"與"脩",字相似而誤。隸書"循""脩"二字相亂,説見《管子·形勢》篇。楊注云:"以脩立爲下而好作爲。"失之。

取聽　取從

上則取聽於上,下則取從於俗。

【念孫案】"取聽""取從",言能使上下皆聽從之耳。楊云:"言苟順上下意。"失之。

及紃察之

終日言成文典,及紃察之,楊注:"紃,與循同。"則倜然無所歸宿。

元刻"及"作"反"。宋龔本同。【引之曰】元刻是也。反,復也。謂復紃察之也。楊注云:"雖言成文典,若反復紃察,則疏遠無所歸。"則"及"爲"反"之誤明矣。《榮辱》篇"反鉛察之",其字正作"反"。"紃""鉛"古聲相近,故字亦相通。《禮論》篇"則必反鉛",《三年問》"鉛"作"巡"。《祭義》"終始相巡",注"巡,讀如沿漢之沿"。皆其例矣。

甚察而不惠辯而無用

【念孫案】"惠"當爲"急",字之誤也。"甚察而不急",謂其言雖甚察而不急於用,故下句云"辯而無用"也。下文"無用而辯,不急而察","急"字亦誤作"惠"。《天論》篇云:"無用之辯,不急之察。"《性惡》篇云:"雜能旁魄而無用,析速粹孰而不急。”皆其明證也。楊訓“惠”爲“順”,失之。

類

甚僻違而無類。

楊注曰:“謂乖僻違戾而不知善類也。”【念孫案】楊説非也。僻、違,皆邪也。説見《修身》篇。類者,法也。言邪僻而無法也。《方言》:“類,法也。《廣雅》同。齊曰類。”《楚辭·九章》“吾將以爲類兮”,王注與《方言》同。《大玄·毅》次七“觥羊之毅,鳴不類。《測》曰:‘觥羊之毅。’”言不法也。是古謂“法”爲“類”。《儒效》篇:“其言有類,其行有禮。”謂言有法也。楊注:“類,善也。謂比類於善。”失之。《王制》篇:“飾動以禮義,聽斷以類。”謂聽斷以法也。楊注:“所聽斷之事,皆得其善類。”失之。《富國》篇:“誅賞而不類。”謂誅賞不法也。楊注“不以其類”,失之。“類”之言“律”也,律,亦法也。故《樂記》“律小大之稱”,《史記·樂書》“律”作“類”。《王制》篇曰:“其有法者以法行,無法者以類舉。”蓋“法”與“類”,對文則異,散文則通矣。

斂然

斂然聖王之文章具焉。

【引之曰】古無以“斂然”二字連文者,“斂”當爲“歙”,字之誤也。“歙然”者,聚集之貌。言聖王之文章,歙然皆聚於此也。《漢書·韓延壽傳》曰:“郡中歙然莫不傳相敕厲。”《匡衡傳》曰:“學士歙然歸仁。”字亦作“翕”,《史記·自序》曰:

"天下翕然大安殷富。"義并同也。楊注亦當作"歙然,聚集之貌",今隨正文而誤。

則六説者不能入也十二子者不能親也

元刻無"則"字。宋龔本同。【念孫案】無"則"字者是也。上文"若夫"二字總領下文十九句,而結之曰"是聖人之不得勢者也"。此二十句皆一氣貫注,若第十一句上加一"則"字,則隔斷上下語脈矣。《韓詩外傳》無"則"字。下文:"六説者立息,十二子者遷化。""六説"上亦無"則"字。

願以爲臣

成名況乎,案,此下有脱文,不可考。楊注非。諸侯莫不願以爲臣。

【引之曰】《儒效》篇"願"下有"得"字,彼文因此而衍,則此文當有"得"字也。宋龔本有。《非相》篇:"婦人莫不願得以爲夫,處女莫不願得以爲士。"文義正與此同。據楊注亦當有"得"字。

財萬物

一天下,財萬物,養長生民,兼利天下。

【念孫案】"財"如《泰》象傳"財成天地之道"之"財"。財,亦成也。説見《經義述聞》。"財萬物"與"養長生民,兼利天下"連文,是"財萬物"即"成萬物"。《繫辭傳》曰"曲成萬物而不遺"是也。《儒效》篇曰:"通乎財萬物,養百姓之經紀。"《王制》篇曰:"等賦政事,財萬物,所以養萬民也。"楊云:"裁制萬物。"失之。又曰:"序四時,裁萬物,"裁"與"財"同。兼利天下。"《富國》篇曰:"財萬物,養萬民。"義并與此同。

多少

故多言而類,聖人也。少言而法,君子也。多少無法而流湎然,"而"與"如"同。雖辯,小人也。

盧云:"此數語又見《大略》篇,彼作'多言無法',此'少'字似訛。"

知而險賊而神

楊注曰:"用智於險,又賊害不測如神也。"郝云:"按,小人雖有才智,而其心險如山川,賊害於物,而其機變若鬼神。楊注未了了。"【念孫案】"知而險"與"賊而神"對文,則知非美稱。知者,巧也。《淮南·覽冥》篇注:"智故,巧詐也。"《莊子·胠篋》篇:"知詐漸毒。"《淮南·原道》篇:"偶睋智故,曲巧僞詐。"并與此"知"字同義。故下句即云"爲詐而巧",言既智巧而又險巇也。

言無用而辯辯不惠而察

【念孫案】此本作"無用而辯,不急而察"。辯者,智也,慧也。《廣雅》:"辯,慧也。""慧"通作"惠"。《晉語》曰:"巧文辯惠則賢。"《逸周書·寶典》篇曰:"辯惠千智。"《商子·説民》篇曰:"辯慧亂之贊也。""辯"通作"辨"。《大戴記·文王官人》篇曰:"不學而性辨。"《荀子·性惡》篇曰:"性質美而心辯知。"《東周策》曰:"兩周辯知之士。"是"辯"與"智""慧"同義。非"辯論"之"辯",下文"言辯而逆",乃及言論耳。"無用而辯",即辯而無用,非謂言無用而辯也。今本"言"字涉下文"言辯"而衍。"不急而察",即察而不急,非謂辯不惠而察也。今本"辯"字涉上句而衍。上文云:"甚察而不急,今本"急"字亦誤作"惠",辯見前"甚察而不惠"下。辯而無用。"是其明證矣。楊説皆失之。

好

飾非而好。

楊注曰:"好,飾非也。"【念孫案】"飾非而好",言其飾之工也。"好"字當讀上聲,不當讀去聲,楊説非。

察辯

察辯而操僻淫。

楊注曰:"爲察察之辯,而操持僻淫之事。"【念孫案】"察辯"二字平列,"辯"字義見上。言能察能辯,而所操皆僻淫之術也。《勸學》篇曰:"不隆禮,雖察辯,散儒也。"《不苟》篇曰:"君子辯而不争,察而不激。"《荀子》書皆以"察""辯"對文,不可枚舉。

利足而迷負石而墜

楊注曰:"謂申徒狄負石投河,言好名以至此也,亦利足而迷之類。"郝云："按，'利足而迷'，所謂捷徑以窘步也。'負石而墜'，所謂力少而任重，高位實疾顛也。二句皆譬況之詞。"

高上尊貴不以驕人聰明聖知不以窮人齊給速通不争先人剛毅勇敢不以傷人

【念孫案】"不争先人"當依上下文作"不以先人"。今本"以"作"争"，涉下文"與人争"而誤也。《韓詩外傳》作"不以欺誣人"，《説苑·敬慎》篇作"無以先人"，文雖不同，而"以"字則同。

士仕

古之所謂士仕者。

【念孫案】"士仕"當爲"仕士"，與下"處士"對文。今本"仕""士"二字倒轉。下文同。楊曲爲之説，非。

觸抵

觸抵者也。

【念孫案】觸抵，謂觸罪過也。此對上文"遠罪過"而言。楊云："恃權勢而忤人。"失之。

離縱而跂訾

以不俗爲俗，楊云："以不合俗人，自爲其俗也。"離縱而跂訾者也。

【念孫案】楊有前後二説，前説讀“訾”爲“恣”，以“離縱”爲“離於俗而放縱”，“跂訾”爲“跂足違俗而恣其志意”，皆非也。後説謂“縱”爲“縰”之誤是也。《莊子·在宥》篇：“儒墨乃始離跂攘臂乎桎梏之間。”“離跂”，叠韻字。《荀子》云：“離縰而跂訾。”“離縰”“跂訾”，亦叠韻字，大抵皆自異於衆之意也。楊訓“縰”爲“步”，而以“離縰”爲“離於俗而步去”，“跂訾”爲“跂足自高而訾毁於人”，亦非。凡叠韻之字，其意即存乎聲，求諸其聲則得，求諸其文則惑矣。

士君子之所能不能爲宋吕、錢本并如是，世德堂本同。

盧删上“能”字，云：“宋本‘之所’下衍一‘能’字，今從元刻删。”又云：“或疑此句因下文首句而衍。”【念孫案】此文本作“士君子之所能爲不能爲”，乃總冒下文之詞。下文“君子能爲可貴，不能使人必貴己”六句，皆承此文而言。宋本脱上“爲”字，元刻又脱上“能”字。盧既依元刻删“能”字，又不知此句爲冒下之詞，而以爲承上之詞，遂劃出此句爲上段之末句，誤矣。又疑此句因下文而衍，則誤之又誤也。

仲尼

門人

仲尼之門人，五尺之豎子，言羞稱乎五伯。

【念孫案】“仲尼之門人”，“人”字後人所加也。下文同。

下文兩言"曷足稱乎大君子之門",皆與此"門"字相應,則無"人"字明矣。《春秋繁露·對膠西王》篇:"仲尼之門,五尺之童子,言羞稱五伯,爲其詐以成功,苟爲而已也,故不足稱於大君子之門。"《漢書·董仲舒傳》同。《風俗通義·窮通》篇:"孫卿小五伯,以爲仲尼之門,羞稱其功。"語皆本於《荀子》,而亦無"人"字。《文選·陳情事表》注、《解嘲》注兩引《荀子》,皆無"人"字。

固曷足稱乎大君子之門哉宋吕本如是。

其事行也,若是其險污淫汏也,固曷足稱乎大君子之門哉?

宋錢本"險污淫汏也"下有"如彼"二字,元刻無"如"字,以"彼"字屬下讀。【念孫案】元刻是也。下文云:"彼固曷足稱乎大君子之門哉。"正與此句相應,則"彼"字屬下讀明矣。錢本"彼"上衍"如"字,則以"如彼"與"若是"對文,與楊注不合矣。錢本及元刻"事行"作"行事",亦與楊注不合。

安　出

安忘其怒,出忘其讎,遂立以爲仲父。

【念孫案】安,語詞。《荀子》書通以"安""案"二字爲語詞,説見《釋詞》"安"字下。"忘其怒,忘其讎,遂立以爲仲父",三句文義甚明,則"忘其讎"上不當有"出"字,蓋衍文也。楊注云:"安,猶内也。出,猶外也。"此不得其解而爲之詞。

本政教

彼非本政教也，非致隆高也，非綦文理也。

【引之曰】五伯亦有政教，不得言五伯非本政教。“本”當爲“平”，字之誤也。隸書“本”字與“平”相似，故“平”誤爲“本”。《致士》篇曰：“刑政平而百姓歸之。”《孟子·離婁》篇曰：“君子平其政。”昭二十年《左傳》曰：“是以政平而不干。”《周南·芣苢序》箋曰：“天下和，政教平。”五伯猶未能平其政教，故曰“非平政教也”。“平政教”三字，本篇一見，《王制》篇兩見，《王霸》篇兩見，其誤爲“本政教”者四，楊注《王霸》篇曰：“雖有政教，未盡修其本也。”此不得其解而爲之説。唯《王制》篇之一未誤，今據以訂正。

畜積修鬭

鄉方略，審勞佚，畜積修鬭。

【引之曰】“修鬭”二字，殊爲不詞。楊注曰“修戰鬭之術”，加數字以解之，其失也迂矣。《王霸》篇作“鄉方略，審勞佚，謹畜積，修戰備”，疑此亦本作“謹畜積，修鬭備”，而傳寫有脱文也。此篇及《王霸》篇自“鄉方略”以下，皆以三字爲句，以是明之。

委然

委然成文以示之天下。

楊注曰：“委然，俯就之貌。言俯就人使成文理以示天下。"【引之曰】楊説迂回而不可通。竊謂委然，文貌也。"委"讀如"冠緌"之"緌"。《儒效》篇："綏綏兮其有文章也。"楊彼注云："綏，或爲'葳蕤'之蕤。""蕤"與"緌"同音。此云"委然成文"，即所謂"綏綏音蕤。有文章也"。《禮記》多以"綏"爲"緌"，而《説文》"飢餧"字，經典多作"餒"，是從委、從妥之字，古多相通。

安以無誅

文王誅四，武王誅二，周公卒業，至於成王，則安以無誅矣。

【念孫案】"安"下本無"以"字，此後人不知"安"爲語詞，而誤以爲"安定"之"安"，故妄加"以"字耳。《大略》篇："至成康則案無誅已。"案，亦語詞。"案"下無"以"字，是其明證。

嗛

主信愛之，則謹慎而嗛。

楊注曰："嗛，與歉同。"【引之曰】"嗛"與"謙"同，《周易釋文》曰："謙，子夏作嗛。"故與"謹慎"連文。

慎比

主安近之，則慎比而不邪。

【引之曰】慎比，即順比，《王制》篇曰："天下莫不順比從服。""順""慎"古多通用，不煩引證。言雖順比於君，而不諂諛也。楊分“慎比”爲二義，失之。

信而不忘處謙宋吕本如是，錢及各本俱無“忘”字。

盧《補校》云：“注讀‘謙’爲‘嫌’，云‘不處嫌疑間’，則‘忘’字衍。”

財利至則言善而不及也必將盡辭讓之義然後受

元刻無“言”字。【念孫案】無“言”字者是也。據楊注云“善而不及”，而，如也。則“善”上無“言”字明矣。注又云：“言己之善寡，如不合當此財利也。”此“言”字乃申明正文之詞，非正文所有也，宋本有“言”字，即涉注文而衍。

能耐任之　能而不耐任

求善處大重，理任大事，擅寵於萬乘之國，必無後患之術，莫若好同之，援賢博施，除怨而無妨害人。能耐任之，則慎行此道也。能而不耐任，且恐失寵，則莫若早同之，推賢讓能而安隨其後。

楊解“能耐任之”云：“耐，忍也。言人有賢能者，雖不欲用，必忍而用之。”又解“能而不耐任”云：“有能者，不忍急用之。”【念孫案】“能耐任之”“能而不耐任”，兩“能”字皆衍文。“耐”即“能”字也。《禮運》：“故聖人耐以天下爲一家，以中國爲一人者。”鄭注曰：“耐，古能字。傳書世異，古字時有存者，則亦有今誤矣。”《樂記》：“故人不耐無樂。”鄭注曰：“耐，古書‘能’字也。後世變之，此獨存焉。"成七年《穀梁傳》:"非人之所能也。"《釋文》:"能,亦作耐。"《管子·入國》篇"聾盲、喑啞、跛躄、偏枯、握遞、不耐自生者","耐"即"能"字。"耐任之,則慎行此道"者,言能任國家之大事,此承上"理任大事"而言。則慎行此道也。今作"能耐任之"者,後人記"能"字於"耐"字之旁,而傳寫者因誤合之也。"而不耐任"云云者,"而"讀爲"如",言如不能任其事,則莫若推賢讓能也。今作"能而不耐任"者,傳寫者既"能""耐"并録,而"能"字又誤在"而不"二字之上也。楊氏不得其解,故曲爲之詞。

輕舊怨

志驕盈而輕舊怨。

【念孫案】輕,謂輕忽也。以其處重擅權,見上文。故志驕盈而輕忽舊怨,以爲莫如予何也。楊云:"輕報舊怨。"於"輕"下加"報"字,失之。

儒效

屬

周公屏成王而及武王以屬天下。

【念孫案】屬,繫也。天子者,天下之所繫,言周公屏成王而及武王以繫屬天下,故下句云"惡天下之倍周也"。楊訓"屬"爲"續","續天下"之語不詞。

天下之籍

履天下之籍,聽天下之斷。

【念孫案】上“天下”當爲“天子”,此涉下句而誤也。下文“履天下之籍”,宋本作“天子”世德堂本同。是也。《文選·江淹〈雜體詩〉》注引此正作“履天子之籍”。《淮南·氾論》篇:“周公履天子之籍,聽天下之政。”語即本於《荀子》。籍者,位也,謂履天子之位也。下文言“周公反籍於成王”,是“籍”與“位”同義。《强國》篇曰:“夫桀紂勢籍之所存,天下之宗室也。”勢籍,即勢位,故《韓詩外傳》作“履天子之位,聽天下之政”。楊以“籍”爲“天下之圖籍”,非也。“圖籍”不可以言“履”。高注《淮南》以“籍”爲“圖籍”,誤與楊同。

變勢次序節然也

周公鄉有天下,今無天下,非擅也。成王鄉無天下,今有天下,非奪也,變勢次序節然也。

【引之曰】“節”上有“之”字,而今本脱之,則文義不明。此言周公鄉有天下而今無,成王鄉無天下而今有,皆變勢次序之節如此也。據楊注云:“節,期也。權變次序之期如此。”則正文原有“之”字明矣。《榮辱》篇曰:“是非知能材性然也,是注錯習俗之節異也。”文義與此相似。

抑亦變化矣宋吕、錢本并如是,世德堂本同。

因天下之和,遂文武之業,明枝主之義,抑亦變化矣,天下厭然猶一也。厭然，説見下條。

【念孫案】“抑亦變化矣”，承上文而言，言周公以枝代主，君臣易位，然後反籍於成王，以明枝主之義，其事抑亦變化矣，然而天下晏然如一也。“抑亦變化矣”五字，不須注釋，故楊氏無注。元刻“抑亦變化矣”作“仰易變化”，而妄爲之注曰“仰易，反易也”。案，諸書無謂“反易”爲“仰易”者，盧從元刻作“仰易變化”，增入注文，皆非。

厭然猶一　猒猒兮其能長久　厭焉有千歲之固　厭然與鄉無以異

天下厭然猶一也。

【念孫案】厭然，安貌。字本作“懕”，或作“猒”，又作“愔”。《方言》曰：“猒，安也。”《説文》曰：“懕，安也。”《玉篇》音“於廉切”。《爾雅》曰：“懕懕，安也。”《秦風·小戎》篇“厭厭良人”，《毛傳》曰：“厭厭，安静也。”《小雅·湛露》篇“厭厭夜飲”，《韓詩》作“愔愔”。昭十二年《左傳》“祈招之愔愔”，杜注曰：“愔愔，安和貌。”皆其證也。下文曰：“猒猒兮其能長久也。”《王霸》篇曰：“厭焉有千歲之固。”《正論》篇曰：“天下厭然與鄉無以異也。”義并與此同。乃楊注於“天下厭然猶一”，則云：“厭然，順從之貌，一涉反。”《正論》篇注又云“順服之貌”，古皆無此訓。於“猒猒兮其能長久”，則云：“猒，足也。”於“厭焉有千歲之固”，則云：“厭，讀爲黶。黶然深藏，千歲不變改。”皆由不知“厭”之訓爲“安”，故望文生義，而卒無一當矣。

勢在本朝

人主用之，則勢在本朝而宜。不用，則退編百姓而慤。

【念孫案】勢者，位也。言位在本朝也。《禮運》“在勢者去”，鄭注曰：“勢，勢位也。”下文曰“勢在人上”，《仲尼》篇曰“勢不在人上，而羞爲人下”，《正論》篇曰“勢位至尊”，是“勢”與“位”同義，楊以“勢”爲“權勢”，失之。

嗚呼

嗚呼而莫之能應。

楊注曰：“嗚呼，嘆辭也。”【念孫案】“嗚”當爲“嘄”，字之誤也。“嘄”與“叫”同。《爾雅》：“祈，叫也。”《周官·大祝》注“叫”作“嘄”。《小雅·北山》傳曰：“叫，呼也。”《周官·銜枚氏》曰：“禁嘂呼嘆嗚於國中者。”《淮南·原道》篇曰：“叫呼仿佛。”《漢書·息夫躬傳》曰：“狂夫嘄謼於東崖。”并字異而義同。上言“嘄呼”，故下言“莫之能應”，若作“嗚呼”，則與下文義不相屬矣。《新序·雜事》篇作“叫呼而莫之能應”，是其明證也。

窮閻漏屋

雖隱於窮閻漏屋，人莫不貴之。

楊注曰“窮閻，窮僻之處。閻，里門也。漏屋，弊屋漏雨者也。”【念孫案】《廣雅》曰：“閻謂之衖。”與“巷”同。“窮閻”即《論語》所云“陋巷”，非謂里門也。《新序·雜事》篇作“窮閭”,閭,亦巷也,故《祭義》“弟達乎州巷”,鄭注曰:“巷,猶閭也。”巷謂之閻,亦谓之閭。猶里門謂之閻,亦謂之閭。“漏”讀爲“陋巷”之“陋”。《説文》曰:“陋,阸狹也。”“陋屋”與“窮閻”同意,非謂弊屋漏雨也。《爾雅》曰:“漏,隱也。”《大雅·抑》篇“尚不愧于屋漏”,鄭箋曰:“漏,隱也。”是“陋”與“漏”通。《群書治要》引作“窮閻陋屋”,《韓詩外傳》作“窮巷陋室”,皆其明證矣。

豫賈

仲尼將爲司寇,魯之鬻牛馬者不豫賈。

楊注曰:“豫賈,定爲高價也。”【引之曰】楊説非也。豫,猶誑也。《周官·司市》注曰“使定物賈,防誑豫”是也。“豫”與“誑”同義。賈疏云:“恐有豫爲誑欺,故云‘防誑豫’。”失之。《晏子·問》篇曰:“公市不豫,宫室不飾。”《鹽鐵論·力耕》篇曰:“古者商通物而不豫,工致牢而不僞。”不豫,謂不誑也。又,《禁耕》篇曰:“教之以禮,則工商不相豫。”謂不相誑也。“豫”“猶”一聲之轉。《方言》曰:“猶,詐也。”詐,亦誑也。“惑”謂之“猶”,亦謂之“豫”。《老子》:“與兮若冬涉川,猶兮若畏四鄰。”“與”與“豫”同。詐説、惑人謂之猶,亦謂之豫,此轉語之相因者也。“豫”又作“儲”。《家語·相魯》篇:“孔子爲政三月,則鬻牛馬者不儲賈。”“儲”與“奢”古聲相近,《説文》曰:“奢,張也。”《爾雅》曰:“侜張,誑也。”亦古訓之相因者也。然則“市不豫賈”者,市賈皆實,不相誑豫也。《淮南·覽冥》篇曰:“黄帝治天下,市不豫賈。”《史記·循吏傳》曰:“子産爲相,市不豫賈。”《索隱》云:“謂臨時評其貴賤,不豫定賈。”失之。《説苑·反質》篇曰："徒師沼治魏，而市無豫賈。"義并與此同。説者皆讀"豫"爲"凡事豫則立"之"豫"，望文生義，失其傳久矣。

必蚤正以待之也

楊注曰："言仲尼必先正其身以待物，故得從化如此。"劉云："案，孔子將爲司寇，而魯之人蚤自修正以待之，所謂不動而變，無爲而成也。"【念孫案】楊説是也。"蚤正以待之"與下文"孝弟以先之"，皆指孔子而言，若謂魯人"蚤自修正以待"，則與下文不類矣。

罔不分

闕黨之子弟罔不分，宋吕、錢本并如是。有親者取多。

楊注曰："闕黨之子弟，罔不分，均有無，於分均之中，有父母者取多也。"元刻作"罔不必分"，盧從元刻。劉云："案，'罔不分'當作'罔罘分'。"【念孫案】《晏子春秋・内篇》曰："結罘罔。"罘，兔罟也。一曰麋鹿罟也。《新序》卷一作"畋漁分，有親者取多"，其卷五作"罔罟分，有親者取多"，與此文大同。元刻作"罔不必分"，妄增"必"字，不可從。

官

禮節修乎朝，法則度量正乎官。

【念孫案】"官"與"朝"對文。《曲禮》："在官言官，在朝言朝。"鄭注曰"官謂板圖文書之處"是也。《富國》篇亦曰："節奏齊於朝,百事齊於官。"楊云:"官,百官。"失之。

此君義

行一不義,殺一無罪而得天下,不爲也。此君義信乎人矣,通於四海,則天下應之如讙。

楊注曰:"以君義通於四海,故應之如讙。"【念孫案】楊説非也。"君"當爲"若",字之誤也。"此若義",猶云此義,若,亦此也。《論語·公冶長》篇曰:"君子哉若人。"連言"此若"者,古人自有複語耳。"此若義"三字,承上文而言,言此義信乎人,通乎四海,則天下莫不應之也。《新序·雜事》篇作"若義信乎人矣",是其明證也。《禮記·曾子問》篇曰:"子游之徒,有庶子祭者,以此若義也。"鄭讀"以此"爲一句,"若義也"爲一句,非是。説見《經義述聞》。《管子·山國軌》篇曰:"此若言何謂也?"《墨子·尚賢》篇曰:"此若言之謂也。"《史記·蘇秦傳》曰:"王何不使辯士以此若言説秦。"今本"若"訛作"苦",《燕策》作"若此言"。皆并用"此若"二字。

比中

比中而行之。

【念孫案】比,順也,從也,説見《經義述聞·比》彖傳。言從乎中道而行之也。楊以"比"爲"比類",未確。

有所正矣

楊注曰:"苟得其正,不必遍能。或曰:正當爲止,言止於禮義也。"【念孫案】後説是也。《解蔽》篇曰:"夫學也者,固學止之也。惡乎止之?曰止諸至足。曷謂至足?曰聖王也。"是其證。《群書治要》正作"有所止矣"。

然不然

不恤是非然不然之情。

【引之曰】"然不然"本作"然不",即然否也。《哀公》篇:"情性者,所以理然不取舍也。"是其證。"取舍"與"然不"對文,"是非"與"然不"亦對文,後人不知"不"爲"否"之借字,故又加"然"字耳。《性惡》篇:"不恤是非、然不然之情。"誤與此同。

若夫譎德而定次量能而授官

楊注曰:"譎,與商同。商度其德而定位次。本多作譎,譎與決同,謂斷決其德,故下亦有'譎德而序位'之語。"【念孫案】作"譎"者是也,作"譎"者,"譎"之訛耳。"譎""決"古字通。《睽》上九王注:"恢詭譎怪。"《釋文》:"譎,本亦作決。"謂決其德之大小而定位次也。下文:"譎德而序位。"是其明證。又,《君道》篇"譎德而定次",今本作"論德","論"字乃後人以意改之。《正論》篇:"論德而定次。"同。《韓詩外傳》作"決德",則《荀子》之本作"譎"甚明。或據《君道》篇改此篇之"譎德"爲"論德",非也。又,《正論》篇"圖德而定次",舊校云"一本作決德",亦當以作"決"者爲是,作"圖"者蓋亦後人所改。

行事

行事失中,謂之奸事。宋吕本如是。

宋錢本及各本,“行事”皆作“事行”,盧從吕本。【念孫案】上文云:“事行無益於理者廢之,知説無益於理者舍之。”此云:“事行失中謂之奸事,知説失中謂之奸道。”皆承上文而言,則作“事行”者是也。《仲尼》篇云:“其事行也,若是其險污淫汏也。”楊注:“事險而行污也。行,下孟反。”案,楊於《仲尼》篇已釋“事行”二字,故此不復釋。《王制》篇云:“立身則從傭俗,事行則遵傭故。”皆其證。

夫是之謂上愚

楊注曰:“有偏僻之見,非昧然無知,然亦不免於愚,故曰‘上愚’。”劉云:“上愚,猶言極愚。楊注非。”

敦慕焉

行之曰士也,敦慕焉,君子也。

楊注曰:“敦厚慕之。”【引之曰】楊説非也。敦、慕,皆勉也。《爾雅》曰:“敦,勉也。”《大戴記·五帝德》篇曰:“幼而彗齊,長而敦敏。”《内則》曰:“惇行孝弟。”“敦”“惇”古字通。是“敦”爲“勉”也。《説文》:“慔,莫故切。勉也。”《爾雅》曰:“慔慔,勉也。”《釋文》:“慔,音墓。亦作慕。”是“慕”爲“勉”也。《方言》:“侔莫,强也。北燕之外郊,凡勞而相勉,若言努力者,謂之侔莫。”《淮南·繆稱》篇:“猶未之莫與。”高注:“莫,勉之也。”“莫”與“慕”亦聲近而義同。此承上文而言，言能行之則爲士，行而加勉則爲君子，故《曲禮》云“敦善行而不怠，謂之君子”，非徒厚慕之而已也。

效門室之辨

鄉也效門室之辨，混然曾不能決也。

楊注曰：“效，白也。向者明白門室之别異，猶不能決，言所知淺也。”【引之曰】楊以“效”爲“明白”，既明白門室之别矣，何又不能決乎？乃又云“言所知淺也”，此則曲爲之解而終不可通。今案，效者，考也，驗也。并見《廣雅》。考驗門室之别，曾混然不能決，言其愚也。古謂“考”爲“效”，説見《經義述聞》“梓材”及《曲禮》。

胥靡

鄉也胥靡之人，俄而治天下之大器舉在此，豈不貧而富矣哉？

楊注曰：“胥靡，刑徒人也。胥，相。靡，繫也。謂鎖相聯相繫。”【引之曰】此“胥靡”非謂刑徒人也。“胥靡”者，空無所有之謂，故《荀子》以況貧。“胥”之言“疏”也。司馬彪注《莊子·應帝王》篇曰：“胥，疏也。”宣十四年《左傳》“車及于蒲胥之市”，《吕氏春秋·行論》篇作“蒲疏”。《史記·蘇秦傳》“東有淮潁、煮棗、無胥”，《魏策》作“無疏”。疏，空也。靡，無也。胥靡，猶言胥無，春秋齊有賓胥無，蓋取此義也。《漢書·楊雄傳》客難曰：“胥靡爲宰，寂寞爲尸。”“胥靡”與“寂寞”相對爲文，是“胥靡”爲空無所有之意。張晏曰:“胥,相也。靡,無也。言相師以無爲作宰者也。”案,張訓“靡”爲“無”是也。其訓“胥”爲“相”,則失之。

杅杅

是杅杅亦富人已。

杨注曰:“杅杅,即于于也,自足之貌。《莊子》曰‘聽居居,視于于’也。”【引之曰】“聽居居”“視于于”,與“富”意無涉。案,《方言》:“于,大也。”《文王世子》:“于其身以善其君。”鄭注曰:“于,讀爲迂。迂,猶廣也,大也。”《檀弓》:“易則易,于則于。”《正義》亦曰:“于,謂廣大。”重言之,則曰于于。上文曰:“治天下之大器在此。”又曰:“大富之器在此。”是言學之富如財之富也,故曰“是杅杅亦富人已”。

遵道

遵道則積,夸誕則虚。

【念孫案】“道”當爲“遁”,字之誤也。遵遁,即逡巡。《文選·上林賦》注引《廣雅》曰:“逡巡,卻退也。”《管子·戒》篇作“逡遁”,《小問》篇作“遵遁”,與《荀子》同。《晏子·問》篇作“逡遁”,又作“逡循”,《莊子·至樂》篇作“蹲循”,《漢書·平當傳》贊作“逡遁”,《萬章傳》作“逡循”,《三禮注》作“逡遁”,并字異而義同。“遵遁”與“夸誕”對文,“遵遁則積”,承上文“讓之則至”而言。“夸誕則虚”,承上文“争之則失”而言,故下文云“君子務積德於身,而處之以遵遁”,今本亦誤作“遵道”。言以退讓自處也,若作“遵道”,則與“夸誕”不對,且與上文不相應矣。楊依“遵道”爲解,故失之。

比周而譽俞少 推類接譽

比周而譽俞少,鄙争而名俞辱,煩勞以求安利,其身俞危。

【念孫案】“譽”非“名譽”之“譽”,即“與”字也。“與”“譽”古字通。《射義》:“則燕則譽。”鄭注:“譽,或爲與。”《堯典》“伯與”,《漢書·古今人表》作“柏譽”。《韓子·有度》篇“忘主外交以進其與”,《管子·明法》篇“與”作“譽”。言雖比周以求黨與,而黨與愈少也。《强國》篇曰:“比周以争與。”下句“鄙争而名俞辱”,乃言名譽耳。元刻“譽”作“與”,本字也。宋本作“譽”,借字也。《小雅·角弓》傳:“比周而黨愈少,鄙争而名愈辱,求安而身愈危。”語皆本於《荀子》。黨,亦與也。又,《臣道》篇:“推類接譽,以待無方。”楊注:“無方,無常也。”“譽”亦讀爲“與”,與,亦類也。《周語》:“少曲與焉。”韋注曰:“與,類也。”言推類接與,以待事之無常者而應之也。楊以“譽”爲“聲譽”,失之。

是猶傴伸而好升高也指其頂者愈衆

楊注曰:“傴,僂也。伸,讀爲身。傴身之人而强升高,則頭頂尤低屈,故指而笑之者愈衆。”劉云:“‘伸’蓋即‘僂’字之訛。”

交不相亂

是言上下之交不相亂也。

【念孫案】"交"如"上下交征利"之"交"。此承上文而言,分不亂於上,能不窮於下,是上下交不相亂也。"交不相亂"四字連讀。《富國》篇云:"上下俱富,交無所藏之。"文義正與此同。楊云:"交,謂上下相交接。"則誤以"上下之交"連讀矣。

以從俗爲善以貨財爲寶以養生爲己至道是民德也

楊注曰:"養生爲己至道,謂莊生之徒。民德,言不知禮義也。"【念孫案】"民"字對下"士""君子""聖人"而言。劉云:"案,養生,猶言治生,故曰民德未及乎莊生之徒。"

行法至堅

劉云:"案,《韓詩外傳》引此作'行法而志堅'。下同。據楊注云'行有法度',明'行法'與'志堅'對舉,不當作'至'。"【念孫案】法者,正也。言其行正,其志堅,楊云:"行有法度。"加"有"字以釋之,則於義稍迂。故下句云"不以私欲亂所聞也"。古謂"正"爲"法",説見《漢書·賈鄒枚路傳》。

博若一人　和傳而一

億萬之衆,而博若一人。

杨注曰:"雖博雜衆多,如理一人之少也。"《議兵》篇:"和傳而一。"注曰:"相傳以和,無有二心也。或以傳爲博。博,衆也。而一,如一也。言和衆如一也。"劉曰:"'博若一人',

'博'當作'傳','和傳而一'亦當作'和傳',皆字之誤也。而一,如一也。億萬之衆親附若一人,即所謂和傳如一也。"【念孫案】"博"與"傳"皆"摶"字之誤也,"摶"即"專一"之"專"。"億萬之衆,而專若一人",即所謂"和專如一"也。《管子·幼官》篇曰:"摶一純固,今本"摶"誤作"博"。則獨行而無敵。"《吕氏春秋·決勝》篇曰:"積則勝散矣,摶則勝離矣。"《淮南·兵略》篇曰:"武王之卒三千人,皆專而一。"古書多以"摶"爲"專",詳見《管子》。

聖人 如是則可謂聖人矣

如是則可謂聖人矣。

【念孫案】自"修百王之法"以下十句,非聖人不足以當之,故曰"如是則可謂聖人矣"。下文"如是則可謂聖人矣",乃涉此文而衍。自"井井兮其有理"以下十句,楊注皆以爲論大儒之德,則非論聖人明矣,此下安得又有"如是則可謂聖人矣"八字乎? 盧不知下文之衍,又以《哀公》篇孔子對哀公語有"如此則可謂賢人矣"一句,在"君子""大聖"之間,遂改此文之"聖人"爲"賢人",以別於下文之"聖人",不知本書之例,皆以士、君子、聖人分爲三等,與孔子對哀公者不同。上文云:"行之,曰士也。敦慕焉,君子也。知之,聖人也。"《修身》篇云:"好法而行,士也。篤志而體,君子也。齊明而不竭,聖人也。"《解蔽》篇曰:"嚮是而務,士也。類是而幾,君子也。知之,聖人也。"皆以士、君子、聖人分爲三等,與此文同一例,不得於君子之上,添出"賢人"名目,各本及《韓詩外傳》皆作"聖人",無作"賢人"者。上文之"篤厚君子",即賢人也,故《外傳》曰"篤厚君子,未及聖人也”。是“篤厚君子”之上，即是“聖人”，不得又添一“賢人”名目。

分分兮　分然

分分兮其有終始也。

楊注曰：“事各當其分，即無雜亂，故能有終始。分，扶問反。”【念孫案】楊説迂曲而不可通。余謂“分分”當爲“介介”，字之誤也。隸書“介”“分”相似，故傳寫多訛。説見《淮南·繆稱》篇。《修身》篇“善在身，介然必以自好也”，楊彼注云：“介然，堅固貌。”引《繫辭傳》“介如石焉”。此“介介”，亦堅固貌也。固守不變，終始如一，故曰“介介兮其有終始”。若作“分分”，則義不可通。又，《君子》篇：“刑罰不怒罪，爵賞不逾德，分然各以其誠通。”“分”亦當爲“介”，介然，堅固貌。言誠心介然，上下相通也。若作“分然”，則義不可通。楊彼注云：“善惡分然。”亦失之。

脩脩兮　用統類之行

脩脩兮，其用统類之行也。

【念孫案】“脩”讀爲“條”，《春秋繁露·如天之爲》篇曰：“行而無留，若四時之條條然。”是“條條”爲行貌，故曰“條條兮，其统類之行也”。作“脩”者，借字耳。《韓子·難》篇“百官脩通”，《管子·明法解》篇“脩”作“條”。《集韻》“脩，他彫切。縣名，周亞夫所封”，即《史記·絳侯世家》之“條侯”，是“條”“脩”古字通。楊以“脩脩”爲“整齊貌”，則與“行”字義不相屬。【引之曰】“統類”上不當有“用”字，蓋涉上句而衍。

故詩書禮樂之歸是矣

劉云:"'之'下當有'道'字,與上兩'之道'對文。"

負扆而坐

盧云:"'坐'當作'立'。又,《正論》篇:'居則設張容,負依而坐,諸侯趨走乎堂下。'汪亦云:'坐當爲立。'古無坐見諸侯之禮,鈔者淺陋,以意改之。"

汜

至汜而汎,至懷而壞。

楊注曰:"汜,水名,音祀。"汪云:"'汜'當作'氾',音汎。字从㔾,不从巳。"氾""汎""懷""壞",以音成義,注非。見乾隆丙申校本。【念孫案】汪說是也。然《荀子》所謂"至氾"者,究不知爲今何縣地。盧用汪說,而引《左傳》"鄙在鄭地氾"爲證。僖二十四年。案,杜注云"鄭南氾也,在襄城縣南",則非周師所至,不得引爲"至氾"之證矣。

至共頭而山隧

楊注曰:"共,河内縣名。共頭,蓋共縣之山名。隧,謂山石崩摧也。隧,讀爲墜。"盧云:"共頭,即共首,見《莊子》。"【念孫案】此八字亦汪校語也。"共首"見《讓王》篇,"共頭"又見《吕氏春秋·誠廉》篇。

跨天下而無蘄

楊注曰:"蘄,求也。越天下而無求,言自足也。"劉云:"案,'蘄'蓋與'圻'同。言四海一家,無封疆之限也。《淮南·俶真訓》:'四達無境,通於無圻。'高注:'圻,垠字也。'"

在一大夫之位以下三十二字

在一大夫之位,則一君不能獨畜,一國不能獨容,成名況乎諸侯,莫不願得以爲臣。

盧云:"此三十二字當爲衍文,《韓詩外傳》無,必删此三十二字,上下語勢方吻合。"【念孫案】此三十二字,涉《非十二子》篇而衍。

其衣冠行僞已同於世俗矣

楊注曰:"行僞,謂行僞而堅。行,下孟反。"劉云:"案,《荀子》書言'僞'者義皆作'爲',此'行僞',《韓詩外傳》作'行爲'。"【念孫案】"行僞"二字,行,讀如字。本篇一見,《非十二子》篇一見,《正論》篇一見,《賦》篇一見,其見於《正論》及《賦》篇者,後人皆已改作"爲",唯此篇及《非十二子》篇未改,而此篇注遂讀爲"詐僞"之"僞"矣。

然而不知惡者

【念孫案】"然而不知惡",烏路反。與下"然而明不能别"

對文,則“惡”下不當有“者”字。

隨其長子事其便辟舉其上客

【念孫案】“舉”讀爲“相與”之“與”,“與”,古通作“舉”,説見《經義述聞·左傳》昭三年。謂交其上客以求助也。楊以“舉”爲“褒美”,於義疏矣。

傀然若終身之虜而不敢有他志

楊注曰:“傀,字書無所見。”【念孫案】“傀”蓋“儓”字之誤。《説文》:“儓,安也。從人薏聲。”薏,於力切。《左傳》《國語》通作“億”,“億”行而“儓”廢矣。儓然,安然也。言俗儒居人國中,苟圖衣食,見上文。安然若將終身,而不敢有他志也。

内不自以誣外不自以欺

【念孫案】《唐風·羔裘》傳曰:“自,用也。”《大雅·綿》傳、《江漢》箋及《大傳》注并同。言内不用之以誣己,外不用之以欺人也。楊釋下句云“不自欺人”,失之。

法先王統禮義一制度以淺持博以古持今以一持萬

楊注曰:“先王,當爲後王。以古持今,當爲以今持古。”劉云:“案,後王,謂周也。以古持今,亦謂以文武周公之德持今世。楊謂‘當爲以今持古’,非。”

晻然

張法而度之,《韓詩外傳》"張"作"援"。則晻然若合符節。

【引之曰】晻然,同貌也。《韓詩外傳》作"奄然",《爾雅》:"弇,同也。"郭引《詩》"奄有龜蒙"。《魯頌·閟宫》。"弇""奄""晻"并通。楊云:"晻,與暗同。"失之。

一朝而伯

故人主用大儒,則百里之地久,而後三年,天下爲一,諸侯爲臣。用萬乘之國,則舉錯而定,一朝而伯。

楊注云:"伯,讀爲霸。言一朝而霸也。"【念孫案】楊讀"伯"爲"霸",非也。信如楊説,則是大儒用百里之地而可以王,用萬乘之國而僅止於霸也,斯不然矣。今案,"伯"讀爲"白"。《王制》正義引《元命包》曰:"伯,之爲言白也,明白於德也。"是"伯"與"白"義相通。古鍾鼎文"伯仲"字多作"白",是"伯"與"白"字亦相通。白,顯著也。言一朝而名顯於天下也。上文曰:"儒者爲人上,則貴名白而天下治。"《致士》篇曰:"貴名白,天下願,令行禁止,王者之事畢矣。"《樂論》篇曰:"名聲於是白,光輝於是大。"《王霸》篇曰:"如是,則夫名聲之部,發於天地之間也。豈不如日月雷霆然矣哉!故曰以國濟義,一日而白,湯武是也。""一日而白",猶一朝而白耳。《韓詩外傳》曰:"用萬乘之國,則舉錯而定,一朝而白。《詩》曰:'周雖舊邦,其命維新。'"可謂白矣,此尤其明證也。

云能　其云益乎

故人無師無法，而知則必爲盗，勇則必爲賊，云能則必爲亂。

楊注曰："云能，自言其能也。"盧《補校》曰："'云能'當如《易·繫辭傳》之'云爲'。蓋'云'有旋轉運動之義。'云能'二字，必當時有此成語。蓋即'營斡'之意。"【念孫案】下文云："人有師有法而知，則速通。勇，則速威。云能，則速成。"則"云能"非"自言其能"之謂也。知、勇、云能，皆出於天生，而非出於人爲，則"云能"非"營斡"之意也。今案，云者，有也。言無師無法而有能，則必爲亂。有師有法而有能，則其成必速也。楊注《非十二子》篇引《慎子》曰："云能而害無能則亂也。"云能，有能也。《法行》篇曾子曰："《詩》曰：'轂已破碎，乃大其輻，事以敗矣，乃重大息。'其云益乎？"云益，有益也。古者多謂"有"爲"云"。《大雅·桑柔》篇："民有肅心，荓云不逮。"言使有不逮也。"爲民不利，如云不克"，言如有不克也。"云"字或作"員"。《秦誓》曰："雖則員然。"言雖則有然也。今本"員"作"云"，乃衛包所改，今據《正義》及《漢書·韋賢傳》注改正。以上三條，説者多失其義，辯見《釋詞》。故《廣雅》曰："員、云，有也。"《文選·陸機〈答賈長淵〉》詩注引應劭《漢書注》曰："云，有也。"《晉語》："其誰云不從。"韋注曰："誰有不從。"

辯則速論

【念孫案】論，決也。言辯事則速決也。《後漢書·陳寵傳》："季秋論囚。"注云："論，決也。"楊説"論"字未了。

情　不足以獨立而治

師法者，所得乎情，非所受乎性，不足以獨立而治。性也者，吾所不能爲也，然而可化也。情也者，非吾所有也，然而可爲也。

楊釋"所得乎情"三句云："或曰：情當爲積，所得乎積習，非受於天性。既非天性，則不可獨立而治，必在化之也。"又釋"情也者"三句云："或曰：情亦當爲積，積習與天然有殊，故曰'非吾所有'。雖非所有，然而可爲之也。"

【念孫案】楊所稱或説改"情"爲"積"者皆是也。下文皆言"積"，不言"情"，是其證，前説皆非。又案，"不足以獨立而治"上當更有一"性"字，言性不足以獨立而治，必待積習以化之也。故下文曰"性也者，吾所不能爲也。然而可化也"。

人論　人臣之論

【念孫案】"人論"二字，乃目下之詞。"論"讀爲"倫"。倫，類也，等也。謂人之等類，即下文所謂衆人、小儒、大儒也。下文又云："人倫盡矣。"《榮辱》篇云："斬而齊，枉而順，不同而一，夫是之謂人倫。"作"論"者，借字耳。《屯》象傳："君子以經論。"荀爽曰："論者，理也。"《大雅・靈臺》篇："於論鼓鐘。"鄭箋："論，之言倫也。"《公食大夫禮》"倫膚七"，今文"倫"或作"論"。《王制》"必即天論"，"論"或爲"倫"。《逸周書・官人》篇"規小物而不知大倫"，《大戴記》"倫"作"論"。楊云："論人之善惡。論，盧困反。"失之。又，《臣道》篇："人臣之論，有態臣者，有篡臣者，有功臣者，有聖臣者。""論"亦讀爲"倫"，謂人臣中有此四等也。楊云："論人臣之善惡。"亦失之。

污漫

行不免於污漫。

【念孫案】漫,亦污也。《方言》:"浼,洿也。東齊海岱之間或曰浼。""洿"與"污"同,"浼"與"漫"同。《吕氏春秋·離俗》篇:"不漫於利。"高注曰:"漫,污也。"楊讀"漫"爲"謾欺"之"謾",分"污漫"爲二義,失之。凡《荀子》書言"污漫"者并同。

其愚陋溝瞀而冀人之以己爲知也

【念孫案】"其"字文義不順,當是"甚"字之誤。言甚愚而冀人之以己爲智也。

檢式

禮者,人主之所以爲群臣寸尺、尋丈檢式也。

【念孫案】檢、式,皆法也。《文選·演連珠》注引《蒼頡篇》云:"檢,法度也。"是"檢"與"式"同義。言治人以禮,如寸尺、尋丈之有法度也。楊云:"檢,束也。式,法也,度也。"分"檢式"爲二義,失之。

壇宇

君子言有壇宇,行有防表。

楊注曰:“言有壇宇,謂有所尊高也。”【念孫案】壇,堂基也。《獨斷》曰:“壇,謂築土起堂。”宇,屋邊也。“言有壇宇”,猶曰言有界域,即下文所謂“道不過三代,法不二後王”,非“有所尊高”之謂。

《荀子》第三

王制

中庸民

元惡不待教而誅，中庸民不待政而化。

【念孫案】"元惡""中庸"對文，"中庸"下不當獨有"民"字，此涉注文"中庸民"而衍。《韓詩外傳》無"民"字。

王者之政也

【念孫案】"王者"上當有"是"字，"是王者之政也"，乃總承上文之詞。下文"是王者之人也""是王者之制也""是王者之論也"，皆與此文同一例。今本脱"是"字，則語意不完。《韓詩外傳》有"是"字。

名聲日聞

名聲日聞，天下願，楊注："願，謂人人皆願。"令行禁止，王者之事畢矣。

【念孫案】“名聲日聞”,本無“聞”字,“日”本作“白”。“名聲白”者,白,明也,顯也。謂名聲顯著於天下也。《致士》篇曰:“貴名白,天下願,令行禁止,王者之事畢矣。”文正與此同。“貴名白”,即名聲白也。《樂論》篇曰:“名聲於是白,光輝於是大。”《堯問》篇曰:“名聲不白,徒與不衆,光輝不大。”皆其證也。“名聲白,天下願”二句相對爲文,若於上句内加一字,則句法參差矣。此因“白”字訛作“日”,後人不得其解,故於“日”下加“聞”字耳。

小事殆乎遂　廢易遂亡

凡聽威嚴猛厲而不好假道人,則下畏恐而不親,周閉而不竭,若是則大事殆乎弛,小事殆乎遂。

楊注曰:“弛,廢也。遂,因循也。下既隱情不敢論説,則大事近於弛廢,小事近於因循。”劉曰:“‘遂’如‘大夫無遂事’之‘遂’。威嚴猛厲,則小事不復關白,故曰‘遂’。”【念孫案】“遂”讀爲“墜”,“墜”與“弛”義相近。下畏恐而箝口,則百事墮壞而上不得聞,故大事近乎廢弛,小事近乎失墜也。下文曰:“法而不議,則法之所不至者必廢。職而不通,則職之所不及者必隊。”“隊”與“墜”同。義與此相承也。《正論》篇曰:“國雖不安,不至於廢易遂亡。”“遂”亦讀爲“墜”。《史記·倉公傳》:“陽脈下遂。”徐廣曰:“一作隊。”正義曰:“遂,音直類反。”“遂”“隊”并與“墜”同。“墜”之通作“遂”,猶“墜”之通作“隧”。《儒效》篇:“至共頭而山隧。”漢石經《論語》殘碑“未隧於地”,《漢書·王莽傳》:“不隧如髮。”并以“隧”爲“墜”。謂不至於廢弛墜失也。廢易,即廢弛。《爾雅》曰:“弛,易也。”《君道》篇曰:“境内之事,有弛易齵差者矣。”

凝止之宋吕、錢本并如是，世德堂本同。

和解調通，好假道人，而無所凝止之。

元刻"之"作"也"，盧從元刻。【念孫案】作"之"者是也。《解蔽》篇云："以可以知人之性，求可以知物之理，而無所疑止之。"文義正與此同。

故公平者職之衡也

劉云："案，注先解'聽'，後解'衡'，'職之衡'當作'聽之衡'，此涉上文'職'字致誤。"

偏

分均則不偏，分，扶問反。勢齊則不壹，衆齊則不使。

【念孫案】"偏"讀爲"徧"。言分既均，則所求於民者亦均，而物不足以給之，故不徧也。下文曰："勢位齊而欲惡同，物不能澹。"古"贍"字。正所謂"不徧"也。"徧""偏"古字通，說見《墨子·非攻》篇。

兩者字

子産，取民者也，未及爲政者也。管仲，爲政者也，未及修禮者也。

元刻"未及爲政""未及修禮"下皆無"者"字。宋龔本同。【念孫案】元刻是也。此兩"者"字皆涉上下文而衍。《韓詩外傳》《群書治要》及《文選·永明十一年策秀才文》注引此皆無兩“者”字，上文“未及取民也”，亦無“者”字。

下漏

筐篋已富，府庫已實，而百姓貧，夫是之謂上溢而下漏。

【引之曰】溢，滿也。“漏”之言“漉”也，字或作“盝”“盪”。《爾雅》曰：“盝、涸，竭也。”《方言》曰：“盪，涸也”，“漉，極也”。郭璞曰：“滲漉，極盡也。”《月令》曰：“毋竭川澤，毋漉陂池。”《淮南·本經》篇：“竭澤而魚。”高注曰：“竭澤，漏池也。”漏池，即所謂漉陂池也。“漉”“漏”古同聲，故“滲漉”或謂之“滲漏”。《本經》篇又曰：“禹疏三江五湖，流注東海。鴻水漏，九州乾。”亦謂鴻水涸也。“上溢而下漏”，即是上富而下貧。楊説“溢”“漏”二字，皆未了。

懷交接

諸侯莫不懷交接句，怨而不忘其敵。

楊注曰：“諸侯皆欲相連結怨國，而不忘與之爲敵。本多作‘壞交接’，言壞其與己交接之道也。”【念孫案】“壞”“懷”古字通。《禮論》篇“諸侯不敢壞”，《史記·樂書》作“懷”。襄十四年《左傳》“王室之不壞”，《釋文》：“壞，服本作懷。”楊後説以“壞交接”連讀是也。前説以“懷交接怨”連讀，失之。

知强大者不務强也

【引之曰】“强大”當爲“强道”。强道，謂所以致强之道，即下文所謂“以王命全其力，凝其德”也。不知此道而務以力勝，則務强而反弱，即下文所謂“非其道而慮之以王也”，故曰“知强道者，不務强也”。下文云“是知强道者也”，正與此句相應。又云“是知霸道者也”“是知王道者也”，皆與此句相應。此篇大旨，皆言王道、霸道、强道之不同，故此文云“知强道者，不務强也”。兩“强”字亦上下相應，則“强”下之字作“道”不作“大”，明矣。今本作“强大”，“大”字蓋涉上文三“强大”而誤。楊云：“知强大之術者，不務以力勝也。”則所見本已誤作“强大”。

慮以王命全其力　慮敵之者削　焉慮率用賞慶刑法勢詐

慮以王命全其力，凝其德。

楊注曰：“慮，計也。其計慮常用王命。”【念孫案】慮，猶大氐也。言知强道者，不務以力勝人，大氐以王命全其力，凝其德也。《議兵》篇曰：“諸侯慮敵之者削，反之者亡。”楊注以“慮”爲“謀慮”，亦非。又曰：“焉慮率用賞慶、刑罰、勢詐而已矣。”楊注以“慮”爲“大凡”，是。《漢書·賈誼傳》：“慮亡不帝制而天子自爲者。”師古曰：“慮，大計也。言諸侯皆欲同帝制，而爲天子之事。”是其證矣。

便備用

辟田野,實倉廩,便備用。

楊注曰:"備用,足用也。《左傳》曰'無重器備'。"襄五年。【念孫案】楊訓"備用"爲"足用","便足用"之語不詞,且與"田野""倉廩"不對。余謂"備用"二字平列。"備",《説文》本作"葡",字從用、從苟省。苟,音棘。《淮南·修務》篇注云:"備,猶用也。"故或謂之"器用",或謂之"器備"。"便備用",猶言便器用耳。"便備用"三字本篇凡三見,與"田野""倉廩"對文者二,與"功苦""完利"對文者一。其見於《儒效》篇者,則與"規矩""準繩"對文,見於《富國》篇者,亦與"田野""倉廩"對文。皆以二字平列。

則諸侯疏之矣

元刻無"之"字。【念孫案】無"之"字者是也。下文"則諸侯離矣","離"下無"之"字,是其證。宋本作"諸侯疏之",涉上文"諸侯親之""諸侯説之"而誤。

天下無王霸主則常勝矣是知霸道者也

【念孫案】"天下無王霸主"本作"天下無王主",上文説"强者"之事云"天下無王霸主,句。則常勝矣",言天下無王霸主,則强者常勝也。此文説"霸者"之事云"天下無王主,句。則常勝矣",言天下無王主,則霸者常勝也。"王""主"二字之間,不當更有"霸"字,蓋涉上文"王霸主"而衍。楊不知

"霸"字之衍,而讀"天下無王"爲句,"霸主則常勝矣"爲句,具見楊注。則句法與前不合。

眇天下

仁眇天下,義眇天下,威眇天下。

楊注曰:"眇,盡也。盡天下皆懷其仁,感其義,畏其威。"【念孫案】諸書無訓"眇"爲"盡"者,且正文但言"眇天下",而注言:"盡天下皆懷其仁,感其義,畏其威。"加數語以釋之,其失也迂矣。余謂"眇"者,高遠之稱,《漢書·王褒傳》:"眇然絶俗離世。"顔師古曰:"眇然,高遠之意。"《文選·文賦》:"志眇眇而臨雲。"李善曰:"眇眇,高遠貌。"言仁高天下,義高天下,威高天下耳。若"懷其仁,感其義,畏其威",自見下文,非此三句意。

飾動

飾動以禮義。

【念孫案】"飾"讀爲"飭"。古字通以"飾"爲"飭"。言動作必以禮義自飭也。楊分"飾動"爲二義,失之。

等宜 五儀

衣服有制,宫室有度,人徒有數,喪祭械用,皆有等宜。此五句又見《王霸》篇。

楊注曰:"皆有等級,各當其宜也。"【念孫案】楊注失之迂。"宜"讀爲"儀",《大雅·文王》篇"宜鑒于殷",《大學》引此"宜"作

“儀”。《楚語》“采服之儀”,《春官》注引此“儀”作“宜”。“儀”與“等”義相近。《周官·大司徒》曰:“以儀辨等則民不越。”《典命》曰:“掌諸侯之五儀,諸臣之五等之位。”《大行人》曰“以九儀辨諸侯之命,等諸臣之爵”是也。衣服有制,宫室有度,人徒有數,制度數與等儀,義亦相近。《哀公》篇曰:“人有五儀,有庸人,有士,有君子,有賢人,有大聖。”謂人有此五等也。楊以“儀”爲“儀法”,亦失之。

析愿　抃急

析愿禁悍,而刑罰不過。

【念孫案】“析愿”二字,義不可通。當從《韓詩外傳》作“折暴”,字之誤也。“折暴”與“禁悍”對文,下文曰:“如是而可以誅暴禁悍矣。”《富國》篇曰:“不足以禁暴勝悍。”皆以“暴”“悍”對文,則此亦當作“折暴禁悍”明矣。楊云:“析,分異也。分其愿慤之民,使與凶悍者異也。”此不得其解而爲之詞。又,下文:“抃急禁悍,防淫除邪。”“抃急”二字,語意不倫,當亦是“折暴”之誤。下文:“暴悍以變,奸邪不作。”正承此文而言,則當作“折暴禁悍”又明矣。楊云“抃”當爲“析”“急”當爲“愿”,亦失之。

王者之等賦政事財萬物所以養萬民也

【念孫案】“之”下當有“法”字,王者之法,乃總目下文之詞。下文“是王者之法也”,正與此句相應。上文“王者之人”“王者之制”“王者之論”,皆上下相應,此文脱“法”字,則上下不相應矣。"等賦"二字連讀,楊云:"賦稅有等,所以爲等賦。"《富國》篇云:"等賦府庫者,貨之流也。""政"讀爲"正"。言等地賦,正民事,以成萬物而養萬民也。財者,成也。説見《非十二子》篇。楊讀"王者之等賦"爲句,"政事財萬物"爲句,皆失之。劉云:"'所以'二字當在'財萬物'上。"

相地而衰政

楊注曰:"衰,差也。政爲之輕重。政,或讀爲征。"盧《補校》云:"案,《齊語》正作'相地而衰征',韋昭注曰:'視土地之美惡,及所生出,以差征賦之輕重也。'"

理道之遠近而致貢

【念孫案】《小雅・信南山》傳曰:"理,分地里也。"謂貢以遠近分也。上句:"相地而衰政。""衰"與"分"義相近。楊云:"理,條理也。"未確。

丹干

南海則有羽翮、齒革、曾青、丹干焉。

楊注曰:"丹干,丹砂也。蓋一名丹干,'干'讀爲'矸',胡旦反。或曰:丹,丹砂也。'干'當爲'玕'。《尚書・禹貢》:'雍州球琳琅玕。'孔云:'石而似玉者。'"【念孫案】楊前説以"丹干"爲"丹砂",未知是否。後説以"干"爲"琅玕",非也。"琅玕"不得但謂之"玕",《正論》篇云:"加之以丹矸,重之以曾青，犀象以爲樹，琅玕、龍兹、華覲以爲實。”丹矸，即丹干也。既言“丹矸”，又言“琅玕”，則“丹干”之“干”，非“琅玕”明矣。

夫是之謂大神

楊注曰：“能變通，裁制萬物，故曰大神也。”郝云：“按，《釋詁》：‘神，治也。’大神，即大治。”

始則終終則始

楊注曰：“始，謂類與一也。終，謂雜與萬也。”【念孫案】“始終”二字，泛指“治道”而言。下文曰：“君臣父子，兄弟夫婦，始則終，終則始。”義亦同也。“始”非謂“類”與“一”，“終”亦非謂雜與萬。

亦且

人有氣、有生、有知，亦且有義，故最爲天下貴也。

楊注曰：“亦且者，言其中亦有無義者也。”盧云：“‘亦且’二字，乃謂異於禽獸，注誤。”

人何以能群曰分分何以能行曰以義

盧云：“‘以義’，元刻無‘以’字。”宋龔本同。【念孫案】無“以”字者是也。“曰義”與“曰分”對文，《繫辭傳》：“何以守位曰仁,何以聚人曰財。理財正辭,禁民爲非曰義。"亦以"曰義"對"曰仁""曰財"。則不當有"以"字。宋本有"以"字者,涉上兩"以"字而衍。

乘白

司馬知師旅、甲兵、乘白之數。

楊讀"乘"爲《周官》"四丘爲甸"之"甸",云:"白,謂甸徒,猶今之白丁也。或曰:白當爲百,百人也。"劉云:"案,《管子·乘馬》篇:'白徒三十人奉車兩。'又,《七法》篇:'以教卒練士,擊歐衆白徒。"尹注云:"白徒,謂不練之卒,無武藝。"《吕氏春秋·決勝》篇:"厮輿白徒。"高注云:"白衣之徒。"【引之曰】"白丁""白徒",皆不得但謂之"白",竊謂"白"與"伯"同。《逸周書·武順》篇:"五五二十五曰元卒,此以二十五人爲卒,與《周官》"百人爲卒"不同。四卒成衛曰伯。"是百人爲"伯"也。《淮南·氾論》篇曰:"隊伯之卒。"《兵略》篇曰:"正行五,連什伯。"《史記·秦始皇紀》曰:"躡足行伍之間,而倔起什伯之中。"昭二十一年《左傳》:"不死伍乘,軍之大刑也。"彼言"伍乘",猶此言"乘伯"也。隱元年《傳》:"繕甲兵,具卒乘。"彼言"甲兵""卒乘",猶此言"甲兵""乘伯"也。作"白"者,借字耳。《史記·五子胥傳》"伯嚭",《吴越春秋》作"白喜",古鍾鼎文多以"白"爲"伯"。"乘"乃"車乘"之"乘",非"四丘爲甸"之"甸"。或謂"白"爲"甸"之訛,尤非。"乘"可言"數","甸"不可言"數","乘甸之數",則尤不成語。

塞備

塞備天地之間。

【引之曰】"塞備"二字，義不相屬，"備"當爲"滿"，字之誤也。"備"字俗書作"俻"，"滿"字俗書作"𣹢"，二形相似，故傳寫多訛。《管子·霸言》篇"文武具備"，今本"備"訛作"滿"。"塞滿天地之間"，即承上"上察於天，下錯於地"而言。

審詩商

修憲命，審詩商，禁淫聲，以時順修，使夷俗邪音不敢亂雅，大師之事也。

楊説"審詩商"云："詩商，當爲誅賞，字體及聲之誤，故《樂論》篇曰：'其在序官也，修憲命，審誅賞。'謂誅賞其所屬之功過者。或曰：詩謂四方之歌謡，商謂商聲，哀思之音，如甯戚之悲歌也。"【引之曰】"商"讀爲"章"，"章"與"商"古字通。《費誓》"我商賚女"，"商"，徐邈音章。《吕氏春秋·勿躬》篇"臣不如弦章"，《韓子·外儲説左》篇作"弦商"。太師掌教六詩，故曰"審詩章"。《賈子·輔佐》篇曰："觀民風俗，審詩商，命禁邪音，息淫聲。"語意略與此同，則"詩商"非"誅賞"之誤明矣。且"誅賞"非太師之職，而"商""賞"聲相近，《樂論》篇之"誅"字，恐轉是後人所改。楊謂："誅賞其所屬之功過者。"則曲爲之説耳。陳説同，又云："詩章，雅也。淫聲、夷俗，邪音也，審之禁之，使不亂也。"

百索

養山林藪澤草木魚鱉百索。

【引之曰】"百索"二字，義不可通，"索"當爲"素"，字之誤也。百素，即百蔬，《富國》篇曰："葷菜百疏。"《魯語》曰："能殖百穀百蔬。"作"素"者借字耳。《月令》曰："取蔬食。"《管子・禁藏》篇曰："果蓏素食。"是"蔬""素"古字通。楊云："百索，上所索百物也。"此望文生義，而非其本旨。

閒樹藝

【念孫案】"閒"與"閑"同。《爾雅》曰："閑，習也。"謂習樹藝之事也。楊云："閒之使疏密得宜。"失之。

賓旅安

以時順修，使賓旅安而貨財通，治市之事也。

【引之曰】"賓客"之事，非治市者所掌，且與通貨財無涉。"賓"當爲"賨"，字之誤也。《說文》："賨，行賈也。從貝、商省聲。"今通用"商"字。《考工記》："通四方之珍異以資之，謂之商旅。"鄭注曰："商旅，販賣之客也。"《月令》曰："易關市，來商旅，納貨賄。"故曰"使賨旅安而貨財通，治市之事也"。《王霸》篇："商旅安，貨財通。"是其明證矣。今本"貨財通"誤作"貨通財"。今經傳以"商"代"賨"，"商"行而"賨"遂廢，此"賨"字若不誤爲"賓"，則後人亦必改爲"商"矣。

制與在此亡乎人

【念孫案】"與"讀爲"舉"。說見《經義述聞・禮運》。舉，皆也。亡，不在也。說見《經義述聞・穀梁傳》僖三十一年。言其制皆在此而不在乎人也。下文“制與在我,亡乎人”同。

就能有與是鬬者與

【引之曰】“就”字義不可通,當是“孰”字之誤。“孰”“就”字相似。

好取侵奪宋吕本如是。

之所以接下之人百姓者,則好取侵奪。

宋錢本無“取”字,盧從吕本。【念孫案】“取”與“侵奪”意複,且不詞,作“好侵奪”者是也。上文云:“之所以接下之人百姓者,則庸寬惠。”句法正與此同。

富國

無宜而有用爲人數也

萬物同宇而異體,無宜而有用爲人,句。數也。

【念孫案】“無宜而有用爲人”爲一句,“數也”爲一句。“爲”讀曰“于”。“爲”“于”二字,古同聲而通用。説見《釋詞》“爲”字下。言萬物於人,雖無一定之宜,而皆有用於人,數也。“數也”云者,猶言道固然也。《吕氏春秋·壅塞》篇:“寡不勝衆,數也。”高注:“數,道數也。”“數也”與下文“生也”對文。楊以“爲人數也”四字連讀而下屬爲義,故失之。

生也

人倫并處,同求而異道,同欲而異知,生也。

【念孫案】"生"讀爲"性",故楊注云"此人之性也"。"生也"二字,本在楊注"倫,類也"之上,今本誤在楊注下,與下文相連。

故百技所成所以養一人也

楊注曰:"一人,君上也。言百工所成之衆物,所以養一人,是物多而所奉者寡,故能治也。"汪云:"此言一人之身,而百工之所爲備耳。注非。"

以無禮而用之

上雖好取侵奪,猶將寡獲也,而或以無禮而用之。

盧云:"元刻作'無禮節用之'。"【念孫案】元刻是也。上文云:"上以法取焉,而下以禮節用之。"楊注:"以禮節用,謂不妄耗費也。"與此三句正相反,是其證。《群書治要》正作"以無禮節用之"。錢本、世德堂本同。

糾譑

則必有貪利糾譑之名。

【念孫案】糾,收也。"譑"讀爲"撟",音矯。取也。言貪利而收取之也。僖二十四年《左傳》注云:"糾,收也。"《方言》

云:"撟、捎,選也。自關而西,秦晉之間,凡取物之上謂之撟捎。"《淮南·要略》:"覽取撟掇。"高注云:"撟,取也。"即上文之"好取侵奪"也。楊云:"糾,察也。譑,發人罪也。"則於"貪利"外別生支節矣。

出入相揜

皆使衣食百用,出入相揜。

【念孫案】《爾雅》曰:"弇,同也。"《方言》曰:"掩,同也。"《周頌·執競》傳曰:"奄,同也。""弇""奄""掩""揜"并通。"出入相同",謂不使出數多於入數也。楊訓"揜"爲"覆蓋",失之。

或佚或樂或劬或勞

故使或美或惡,或厚或薄,或佚或樂,或劬或勞。

【念孫案】下二句本作"或佚樂,或劬勞"。"美"與"惡"對,"厚"與"薄"對,"佚樂"與"劬勞"對。今本"樂"上、"勞"上又有兩"或"字,即涉上文而衍。據楊注云:"在位則佚樂,百姓則劬勞。"則正文本作"或佚樂,或劬勞"明矣,《群書治要》同。

出死斷亡而愉

百姓貴之如帝,親之如父母,爲之出死斷亡而愉。

楊注曰:"愉,歡也。"【念孫案】"愉"讀爲"偷","愉"上當有“不”字。“出死斷亡而不愉”者,民皆死其君事而不偷生也。楊所見本已脱“不”字,故誤以“愉”爲“歡愉”之“愉”。下文:“爲之出死斷亡而愉。”“愉”上亦脱“不”字。《王霸》篇曰:“爲之出死斷亡而不愉。”《群書治要》引作“不偷”,足正此篇之誤。楊不知“愉”爲古“偷”字,反以“不”爲衍文,謬矣。《説文》“偷薄”字本作“愉”,從心、俞聲。《爾雅》:“佻,偷也。”《小雅·鹿鳴》傳作“恌,愉也”。《周官·大司徒》:“則民不愉。”桓七年《公羊傳》注“則民不愉”,《坊記》注“不愉於死亡”,《釋文》并音“偷”。漢《繁陽令楊君碑》“不愉禄求趨”,亦與“偷”同。《唐風·山有樞》篇“他人是愉”,鄭箋:“愉,讀爲偷。”《大戴禮·文王官人》篇“欲色嘔然以偷”,《逸周書》“偷”作“愉”。經傳中“愉”字或作“偷”者,皆後人所改也,此篇之“出死斷亡而不愉”,若非脱去“不”字,則後人亦必改爲“偷”矣。

待之而後功

百姓之力,待之而後功。

楊注曰:“百姓雖有力,待君上所使,然後有功也。”【念孫案】如楊説,則“功”上須加“有”字,而其義始明。今案,力者,功也。《論語》曰:“管仲之力也。”“待之而後功”,功者,成也。言百姓之功待君而後成也。下文曰:“百姓之群,待之而後和。百姓之財,待之而後聚。百姓之勢,待之而後安。百姓之壽,待之而後長。”“和”“聚”“安”“長”與“功”相對爲文,是“功”爲“成”也。《爾雅》曰:“功,成也。”《大戴禮·盛德》篇曰:“能成德法者爲有功。”《周官·槀人》:“乃入功于司弓矢及繕人。”鄭注曰:“功,成也。”《管子·五輔》篇曰:“大夫任官辯事,官長任事守職,士修身功材。"言修身成材也。《莊子·天道》篇曰:"帝王無爲而天下功。"言無爲而天下成也。

天下之事

高者不旱,下者不水,寒暑和節,而五穀以時孰,是天下之事也。

【念孫案】"天下之事"當作"天之事"。"不旱""不水""寒暑和節",此皆出於天,而非人之所能爲,故曰"是天之事",正對下文"是聖君賢相之事"而言。今本"天下"之"下",乃涉上文"下者"而衍。楊曲爲之説,非。

墨子之言昭昭然爲天下憂不足

【念孫案】昭昭,小也。《中庸》:"今夫天,斯昭昭之多。"鄭注:"昭昭,猶耿耿,小明也。"《淮南·繆稱》篇:"昭昭乎小哉。"言墨子之所見者小也,故下文曰"夫不足非天下之公患也,特墨子之私憂過計也"。

使而功宋吕、錢、龔本并如是。

則天下大而富,楊注:"大,讀爲泰。優泰也。"使而功,撞鐘擊鼓而和。

楊注曰:"使,謂爲上之使也,可使則有功也。"元刻"使而功"作"使有功",盧從元刻。劉云:"此當作'佚而功',形近而訛也。"【念孫案】劉説是也。《王霸》篇:"守至約而詳,事至佚而功。”是其證。《强國》篇亦云：“佚而治，約而詳。”下文：“勞苦頓萃而愈無功。”正與“佚而功”相反。元刻作“使有功”者，涉注“有功”而誤。

頓萃

勞苦頓萃而愈無功。

楊注曰：“《説文》云‘頓，下首也’。萃與顇同。上下不能相制，雖勞苦頓顇，猶將無益也。”【念孫案】“頓”如“困頓”之“頓”。《管子·版法》篇：“頓卒怠倦以辱之。”尹注曰：“頓卒，猶困苦。”王褒《洞簫賦》：“桀跖鬻博，儡以頓顇。”“頓卒”“頓萃”并與“頓顇”同。

忠信調和均辨之至也

【念孫案】“辨”讀爲“平”，“平”“辨”古字通。若《堯典》“平章”之爲“辨章”，“平秩”之爲“辨秩”是也。説見段氏《古文尚書撰異》。“忠”與“信”，“調”與“和”，“均”與“辨”，皆同義。楊以“辨”爲“明察”，則與“均”異義矣。

速乎急疾　威乎刑罰

故君國長民者，欲趨事遂功，則和調累解，“累解”二字未詳，注非。速乎急疾。忠信均辨，説乎賞慶矣。必先修正其在我者，然後徐責其在人者，威乎刑罰。

【念孫案】“速乎急疾”“威乎刑罰”下，皆當有“矣”字，與

“説乎賞慶矣”對文。

勤屬

誅而不賞，則勤屬之民不勸。

楊注曰：“屬，謂著於事業。屬，之欲反，屬或爲厲。”【念孫案】作“厲”者是也。厲，勉也。《群書治要》作“勤勵”，“勵”即“厲”之俗書，則本作“厲”明矣。“厲”與“屬”字相似而誤。《韓子·有度》篇：“厲官威民。”《詭使》篇：“上之所以立廉恥者，所以厲下也。”今本“厲”字并誤作“屬”。楊曲爲之説，非。

取天下矣　保社稷也　危國家也

利而不利也，愛而不用也者，取天下矣。利而後利之，愛而後用之者，保社稷也。不利而利之，不愛而用之者，危國家也。

【念孫案】“取天下矣”“保社稷也”“危國家也”本作“取天下者也”“保社稷者也”“危國家者也”。今本或作“矣”，或作“也”，文義參差不協，當依《文選·五等諸侯論》注所引改正。

都邑露

入其境，其田疇穢，都邑露。

楊注曰：“露，謂無城郭牆垣。”【念孫案】楊未解“露”字之義，露者，敗也。謂都邑敗壞也。《方言》曰：“露，敗也。”《莊子·漁父》篇曰：“田荒室露。”《齊策》曰：“百姓罷而城郭露。”

并與此“都邑露”同義。“露”字或作“路”,又作“潞”,説見《管子》“振罷露”下。

躁者

污者皆化而修,悍者皆化而愿,躁者皆化而愨。

楊注曰:“躁,暴急之人也。”【引之曰】“躁”讀爲“剿”。剿,謂狡猾也。《方言》曰:“剿,獪也。秦晉之間曰獪,楚謂之剿。”“剿”與“躁”古字通。《商子·墾令》篇曰:“奸僞、躁心、私交、疑農之民。”《韓子·有度》篇曰:“聰智不得用其詐,險躁不得關其佞。”《説疑》篇曰:“躁詐之人,不敢北面立談。”又曰:“躁佻反覆謂之智。”皆其證也。“污”與“修”相反、“悍”與“愿”相反、“躁”與“愨”相反,是“躁”爲“狡猾”之義,非“暴急”之義也。

上好攻取功則國貧上好利則國貧

盧云:“元刻無‘攻取’二字。”【念孫案】宋錢佃校本亦云“上好攻取功”,諸本作“上好功”。案,諸本是也。上文以“不隆禮”“不愛民”對文,以“已諾不信”“慶賞不漸”“將率不能”對文,此以“好功”“好利”對文,則不當有“攻取”二字。宋本“攻”即“功”字之誤,又衍一“取”字。

以國持之　以國載之

以國持之,而不足以容其身。又下文“以國載之,則天下莫之能隱匿也”。

【念孫案】持,載也。載,持也。《中庸》曰“辟如地之無不持載”是也。楊説“持”字未確,説“載”字尤非。

伉隆高

仁人之用國,將修志意,正身行,伉隆高,致忠信,期文理。

楊注曰:“伉,舉也。舉崇高遠大之事。期當爲綦,綦,極也。極文理,謂其有條貫也。”【念孫案】楊説“伉”字之義非是。伉者,極也。《廣雅》曰:“亢,極也。”《乾·文言》曰:“亢龍有悔,與時偕極。”子夏《傳》曰:“亢,極也。”王肅曰:“窮高曰亢。”窮,亦極也。宣三年《左傳》:“可以亢寵。”杜注曰:“亢,極也。”《漢書·五行志》曰:“兵革抗極。”“亢”“抗”“伉”,字異而義同。桓九年《穀梁傳》:“伉諸侯之禮。”十八年《傳》:“以夫人之伉。”《釋文》并云:“伉,本又作亢。”《論語》“陳亢”,《説文》作“陳伉”。《史記·貨殖傳》“國君無不分庭與之抗禮”,《漢書》“抗”作“亢”。“伉隆高”“致忠信”“期文理”,伉、致、期,皆極也。“伉隆高”猶言致隆高。《仲尼》篇曰:“非致隆高也,非綦文理也。”《王霸》篇同。《王制》篇曰:“致隆高,綦文理。”皆其證矣。

境内之聚也保固視可午其軍取其將若撥麷

將辟田野,實倉廩,便備用,上下一心,三軍同力,與之遠舉極戰則不可。境内之聚也保固,視可,午其軍,取其將,若撥麷。

楊注曰："其境内屯聚，則保其險固，視其可進，謂觀釁而動也。午，讀爲迕，遇也。𪎊，麥之牙蘖也，至脆弱，故以喻之，若撥𪎊，如以手撥𪎊也。"

【念孫案】楊讀"保固視可"爲一句，非也。此當讀"境内之聚也保固"爲句。保，安也。言境内之聚，既安且固也。"視可午其軍"，"可"字因上文"不可"而衍。"視午其軍，取其將，若撥𪎊"者，午，觸也。言境内之聚安固，則視觸人之軍，取人之將，若撥𪎊也。

忿之

若是，則忿之者不攻也。

【引之曰】"忿之"當作"爲忿"。爲，于僞反。上文云"則爲名者不攻也""則爲利者不攻也"，下文云"爲名者否""爲利者否""爲忿者否"，皆其證。今本"爲忿"作"忿之"者，涉上文"誰能忿之"而誤。既言"誰能忿之"，則不得又言"忿之"。既言"忿之"，則不得又言"不攻"。

錙銖

割國之錙銖以賂之。

楊注曰："八兩爲錙。"【引之曰】"八兩爲錙"，用鄭氏《儒行》注也。案，二十四銖爲兩，八兩爲錙，錙與銖輕重相遠，不得并稱。古人言"錙"者，其數或多或少。《淮南·詮言》篇："割國之錙錘以事人。"高注曰："六兩曰錙，倍錙曰錘。"與鄭注"八兩曰錙"相近，此數之多者也。《説山》篇："有千金之璧而無錙錘之礛諸。”注曰：“六銖曰錙，八銖曰錘。”此與《詮言》篇注異，而與《説文》同，蓋許慎注也。《説文》亦曰：“錙，六銖也。”“錘，八銖也”。《一切經音義》二十引《風俗通》曰：“銖六則錘，二錘則錙。”又以“十二銖爲錙”，此數之少者也。此文及《儒行》皆以“錙銖”并稱，輕重必不相遠，則當以“六銖曰錙”爲正訓，鄭、楊皆以八兩爲錙，失之。

彌煩　遠方致願

事之彌煩，其侵人愈甚。

【念孫案】《韓詩外傳》“煩”作“順”，於義爲長。又，下文“近者競親，遠方致願”，《外傳》作“遠者願至”，亦於義爲長。

逢蒙視　君盧屋妾

辟之是猶使處女嬰寶珠、佩寶玉、負戴黄金，而遇中山之盜也。雖爲之逢蒙視，詘要橈膕，君盧屋妾，由將不足以免也。

楊注曰：“逢蒙，古之善射者。言處女如善射者之視物，謂微眇不敢正視也。‘盧’當爲‘廬’。‘君廬屋妾’，謂處女自稱是君廬屋之妾，卑下之辭也。”盧云：“逢蒙視，言不敢正視也，不必引善射人，《淮南子》有‘籠蒙目視’語。”【念孫案】《淮南》本作“籠蒙目”，目，即視也。今本衍“視”字。辯見《淮南·修務》篇。“君盧”句疑有訛字。【念孫案】逢蒙視，微視也。《賈子·勸學》篇“有風虿視”，今本訛作“虿虱視”。“風”“逢”聲相近，“虿”“蒙”聲相近。《淮南》謂之“籠蒙”，皆微視之貌。劉云：“‘君盧屋妾’,‘君’疑作‘若’。言詘要撓膕,若盧屋之妾也。《漢書·鮑宣蕭望之傳》皆有‘蒼頭盧兒’,注謂官府之給賤役者所居爲盧,因呼爲盧兒。”

巧繁

故非有一人之道也,直將巧繁拜請而畏事之,則不足以持國安身。

楊説“巧繁拜請而畏事之”云:“巧爲繁多拜請以畏事之。”【引之曰】楊説非也。“繁”讀爲“敏”。《説文》“繁”字本作“緐”,從糸、每聲,而“敏”字亦從每聲,“敏”與“繁”聲相近,故字亦相通。《楚辭·天問》“繁鳥萃棘”,《廣雅》作“鷩鳥”,曹憲音敏,是其例也。巧敏,謂便佞也。《臣道》篇云“巧敏佞説,善取寵乎上”是也。上文云:“逢蒙視,詘要橈膕,若盧屋妾。”即此所謂“巧敏拜請而畏事之”也。《韓詩外傳》作“特以巧敏拜請畏事之”,是其明證矣。

《荀子》第四

王霸

主

主之所極然，帥群臣而首鄉之者，則舉義志也。

【引之曰】"之所"上本無"主"字，此後人不曉文義而妄加之也。後人以下有"群臣"二字，故加"主"字。之，猶其也。見下及《釋詞》。言其所極然帥群臣而首鄉之者，則皆義志也。上文"之所"與"之所以"之上皆無"主"字，《王制》篇三言"之所以接下之人百姓者"，"之"上亦無"主"字。《議兵》篇作"其所以接下之人百姓者"，是"之"與"其"同義。據楊注"主所極信"云云，則所見本已有"主"字。

綦

是綦定也。

楊注曰："綦，當爲基。基，本也。言以義爲本。"劉云："案，此'綦'亦訓'極'，義如'皇極'之'極'，不必破爲'基'。"又，下文"國一綦明"，楊注曰："綦，亦當爲基。"劉云："案，

‘綦’亦訓‘極’，極，猶言標準。”【念孫案】前“極”謂“義”，後“極”謂“信”也。俱見上文。

襲然

使襲然終始猶一也。

【念孫案】襲然，合一之貌。《周语》及《淮南・天文》篇注并云“襲，合也”，故曰“襲然終始猶一”，楊以“襲”爲“相掩襲”，未確。

奏

然而天下之理略奏矣。

【念孫案】“奏”讀爲“湊”。《廣雅》：“湊，聚也。”謂天下之理，略聚於此也。“湊”“奏”古字通。《周官・合方氏》及《爾雅・釋獸》釋文并云：“奏，本或作湊。”《商子・算地》篇“名利之所奏”，亦與“湊”同。楊以“奏”爲“節奏”，失之。

然常欲人之有　啖啖然

内不脩正其所以有，然常欲人之有。又下文：“不好脩政其所以有，今本“脩”誤作“循”，據上文改。“政”與“正”同。啖啖然常欲人之有。”今本脱“然”字，據上文補。

【念孫案】下文言“啖啖然”，則上文“然”上亦當有“啖啖”二字，而今本脱之。【引之曰】啖啖，猶欿欿也。《説文》：“欿，欲得也，讀若貪。”“欿”與“啖”聲近而字通，故曰“啖啖然常欲人之有”。楊云:“啖啖,并吞之貌。”則誤讀爲“啖食”之“啖”矣。

北足以敗燕

盧云:“此句楊氏無注,脱耳。案,《史記·六國表》及《田敬仲完世家》皆不載,唯《燕世家》載之,當在齊閔王十年。”

錯之險

國者,天下之大器也,重任也,不可不善爲擇所而後錯之,錯之險則危。宋吕本如是。

宋錢本作“錯險則危”,無“之”字,元刻、世德堂本同。盧從吕本。【念孫案】“錯險則危”與“塗薉則塞”對文,則無“之”字者是也。吕本有“之”字者,涉上句“錯之”而衍。

道之

不可不善爲擇道,然後道之。

【念孫案】道之,行之也,故下文云“塗薉則塞”。下文“何法之道”及“道王者之法”云云,并與此“道”字同義,楊皆訓爲“導達”,失之。

故

“故道王者之法,與王者之人爲之,則亦王”云云。

【引之曰】"故"當爲"曰",上文"何法之道"云云,是問詞,此文"曰道王者之法"云云,是荅詞。下文兩設問荅之詞,皆有"曰"字,則此亦當然。今本"曰"作"故",則義不可通,此涉下文諸"故"字而誤。又,下文:"故一朝之日也,一日之人也,然而厭焉有千歲之固,何也?"【念孫案】"故"字亦涉上下文而衍,"一朝之日"云云,是問詞,則不當有"故"字明矣。《群書治要》無"故"字。

改王改行也

楊注曰:"改一王則改其所行之事。或曰:《國語》'襄王謂晉文公曰:先民有言曰:改玉改行'。玉,佩玉。行,步也。"盧云:"案,或説是。古'玉'字本作'王',與'王'字形近而訛。"【念孫案】《群書治要》正作"改玉改行"。

詩云如霜雪之將將如日月之光明
爲之則存不爲則亡此之謂也

盧云:"下二句楊注不以爲逸詩,《詩考》連引之爲是。"

急逐樂

闇君者必將急逐樂而緩治國。宋吕本如是。

錢本及元刻、世德堂本,"急"并作"荒"。盧從吕本。【念孫案】《逸周書・謚法》篇曰:"好樂怠政曰荒。"《管子・戒》篇曰:"從樂而不反謂之荒。"故曰"荒逐樂"。宋監本作"急逐樂"

者，據上文改之也，吕本多從監本，錢本及元刻則兼從建本，其作“荒逐樂”，蓋亦從建本也。《群書治要》正引作“荒作樂”。

一日而曲列之

貫日而治詳，一日而曲列之。

楊注曰：“貫日，積日也。積日而使條理詳備，一日而委曲列之，無差錯也。”劉曰：“‘一日’當作‘一目’，立一條目而委曲具列之，若簿書之類。”【念孫案】“一日”與“貫日”相對爲文，則“日”非“目”之訛也。《君道》篇作“一日而曲辨之”，今本“日”訛作“内”。“辨”與“别”古字通，《周官·小宰》“聽稱責以傅别”，故書“别”作“辨”，鄭大夫讀爲“别”。《朝士》“有判書”，故書“判”爲“辨”，鄭司農讀爲“别”。《諸子》“辨其等”，《燕義》“辨”作“别”。《大行人》“辨諸侯之命”、《小行人》“每國辨異之”，《大戴禮·朝事》篇“辨”并作“别”。《樂記》“别宜居鬼而從地”，《史記·樂書》“别”作“辨”。又，“男女無辨”“磬以立辨”，《樂書》“辨”并作“别”。又，“樂統同，禮辨異”，《荀子·樂論》篇“辨”作“别”。則“列”爲“别”之訛也。王逸注《離騷》云：“貫，累也。”言以累日之治，而辨之於一日也。

一天下

若是，則一天下，名配堯禹。

【引之曰】“一天下”上有“功”字，而今本脱之，則與下句不對。下文：“功壹天下，名配舜禹。”是其證。

人主者宋吕本如是。

人主者，守至約而詳，事至佚而功。

宋錢本“人”作“之”，元刻、世德堂本同，盧從吕本。【念孫案】錢本是也。“之主者”，是主也。“是主”者，指上文“功一天下，名配堯禹之主”而言，非泛論人主也。吕本作“人主者”，涉下文“人主者”而誤。

勢業

則雖臧獲，不肯與天子易勢業。

【念孫案】勢者，位也。説見《儒效》篇“勢在本朝”下。所居曰勢，所執曰業，楊以“勢”爲“權勢”，失之。臧獲無權勢，不得言與天子易權勢。

侈離

四方之國，有侈離之德。

楊注曰：“侈，奢侈。離，乖離。皆謂不遵法度。”【念孫案】楊分“侈離”爲二義，非也。侈，亦離也。《爾雅》曰：“誃，離也。”《説文》曰：“誃，離别也。”作“侈”者借字耳。陳説同。又云，《穀梁》僖四年傳：“於是哆然外齊侯也。”邵氏二雲云：“哆然，離散之貌。”“侈”“誃”“哆”同。

罣牢天下而制之

楊注誤解“罣”字。盧云：“案，《後漢書・馬融傳》‘皋牢陵山’,章懷注云:‘皋牢,猶牢籠也。’引此作‘皋牢’,‘皋’俗作‘臯’,亦轉爲‘睪’。”【念孫案】《困學紀聞》已辯之。

無偏貴賤

人主胡不廣焉,無卹親疏,無偏貴賤。

【念孫案】“偏”當爲“倫”,字之誤也。“倫”與“論”同。《大雅·靈臺》箋曰:“論,之言倫也。”是“論”與“倫”義相通。《王制》“必即天論”,“論”或爲“倫”,是“論”與“倫”字亦相通。言不卹親疏,不論貴賤也。《臣道》《性惡》二篇并云:“不卹是非,不論曲直。”是其證。

若是則人臣輕職業讓賢而安隨其後

【念孫案】“輕職”下本無“業”字,“輕職讓賢”與上文“争職妒賢”正相反,多一“業”字,則累於詞矣。輕職,謂重賢而輕職也,可言“輕職”,不可言“輕職業”,“業”字蓋涉下文“王業”而衍。

還

如是則舜禹還至,王業還起。

【念孫案】還至,即至也。還起,即起也。《漢書·董仲舒傳》“還至而立有效”是也。楊訓“還”爲“復”,失之。

楊朱哭衢涂曰此夫過舉蹞步而覺跌千里者夫

楊注曰："言此岐路，第過舉半步，則知差而哭，況跌千里者乎？"劉云："案，'覺跌千里'，言至千里而後覺其差。注似非。"

而國

兩者并行而國在上偏而國安，在下偏而國危。楊注："上偏，偏行上事也。謂治法多，亂法少，賢士多，罷士少之類。下偏反是。"

【念孫案】尋繹文義，"并行"下不當有"而國"二字，蓋涉下文兩"而國"而衍。案，此條未確，説見《補遺》。

其治法宋吕本如是。

故其治法，其佐賢，其民愿，其俗美。

宋錢本"其治法"作"其法治"。盧從吕本。【念孫案】錢本是也。上文"治法"與"亂法"對、"賢士"與"罷士"對、"愿民"與"悍民"對、"美俗"與"惡俗"對，此云"其法治，其佐賢，其民愿，其俗美"，皆承上文而言，則作"其法治"者是也。吕本作"其治法"，即涉上文"治法"而誤。

序於有天下之勢

桀紂即序於有天下之勢，索爲匹夫而不可得也。

【念孫案】"序"字義不可通，"序"當爲"厚"，字之誤也。

隸書"厚""序"相似,傳寫易訛。説見《墨子·非攻》篇。言桀紂有天下之勢雖厚,曾不得以匹夫終其身也。《仲尼》篇曰:"桀紂厚於有天下之勢,而不得以匹夫老。"《强國》篇曰:"厚於有天下之勢,索爲匹夫不可得也,桀紂是也。"皆其證。楊云:"即序於有天下之勢,謂就王者之次序爲天子。"此望文生義,而曲爲之説。

所以同

是百王之所以同也,而禮法之樞要也。

楊注曰:"是百王之同用愛民之道而得民也。"盧云:"正文'以同'疑當作'同以',觀注言'同用'可見。"【念孫案】盧説非也。"是百王之所以同","以",衍文也。上下文皆云:"是百王之所同,而禮法之大分也。"《禮論》篇云:"是百王之所同,古今之所一也。"皆言"所同",不言"所以同",則"以"爲衍文明矣。據楊注言"同用愛民之道",則所見本似已衍"以"字。

用挾　制度數量

以是用挾於萬物,尺寸尋丈,莫得不循乎制度數量,然後行。

【念孫案】"用挾"二字,文義不明。"用"當爲"周",字之誤也。周挾,即周浹,《君道》篇曰:"先王審禮,以方皇周浹於天下。"《禮論》篇曰:"方皇周挾,曲得其次序。"楊彼注曰:"挾,讀爲浹,帀也。言於是禮之中,徘徊周帀委曲,皆得其次序而不亂。”此注亦曰：“挾，讀爲浹。”則楊本正作“周挾”明矣。“制度數量”，盧云：“各本作‘制數度量’，今從宋本。”案，作“制數度量”者是也。《富國》篇曰：“無制數度量則國貧。”是其證。宋本“數”“度”二字互誤耳。《禮記·王制》“度量數制”，鄭注曰：“度，丈尺也。量，斗斛也。數，百十也。制，布帛幅廣狹也。”數制，即制數。

樞機者

是人君者之樞機者也。

楊注曰：“人君，當爲君人。”【念孫案】下“者”字涉上“者”字而衍。

則雖幽閒隱辟百姓莫敢不敬分安制以禮化其上

元刻無“禮”字。【念孫案】無“禮”字者是也。主相、臣下、百吏，各謹其所見聞，見上文。而民自化之，故曰“莫敢不敬分安制以化其上”。“化”上不當有“禮”字，俗書“禮”字或作“礼”，形與“化”相似，“化”誤爲“礼”，後人因改爲“禮”。《淮南·道應》篇“孔子亦可謂知化矣”，今本“化”誤爲“禮”。宋本作“禮化”者，一本作“禮”，一本作“化”，而寫者因誤合之也。《群書治要》正作“以化其上”，無“禮”字。

是過者也猶不及也

元刻作“過猶不及也”，語意較足，《群書治要》與元刻同。

天下之人百姓

辯政令制度，所以接天下之人百姓，有非理者如豪末，則雖孤獨鰥寡，必不加焉。

【念孫案】"天下之人百姓"，"天"字後人所加也。"下"者對"上"而言，上文云："上之於下，如保赤子，政令制度，所以接下之人百姓，有不理者如豪末，則雖孤獨鰥寡，必不加焉。"文正與此同。又，《王制》篇云："之所以接下之人百姓者，則庸寬惠。"又云："之所以接下之人百姓者，則好取侵奪。"又云："之所以接下之人百姓者，則好用其死力矣，而慢其功勞，好用其籍斂矣，而忘其本務。"《議兵》篇云："其所以接下之人百姓者，無禮義忠信。"《强國》篇云："今上不貴義，不敬義，如是則下之人百姓，皆有弃義之志，而有趨奸之心矣。""人百姓"，猶言衆百姓，《王霸》篇曰："朝廷群臣之俗若是，則夫衆庶百姓亦從而成俗，不隆禮義而好貪利矣。"語意略與此同。彼言"衆庶百姓"，猶此言"人百姓"也，又見下。皆其證也。又案，"下之人百姓者"，人，衆也，謂下之衆百姓也。《儒效》篇云："塗之人百姓，積善而全盡，謂之聖人，亦謂塗之衆百姓也。"《師》彖傳曰："師，衆也。"《爾雅》曰："師，人也。"郭注曰："謂人衆。"是"人"與"衆"同義。《春秋》隱四年："衛人立晉。"《公羊傳》曰："其稱人何？衆立之之辭也。"《穀梁傳》曰："衛人者，衆辭也。"《費誓》曰"人無嘩"，鄭注曰："人，謂軍之士衆。"《史記·鄒陽傳》"人無不按劍相眄者"，《漢書》"人"作"衆"。皆其證也。

適

孔子曰："審吾之所以適人，適人之所以來我也。"

【念孫案】下"適"字涉上"適"字而衍。據楊注云："審慎其與人之道，爲其復來報我也。"則無下"適"字明矣。《群書治要》無下"適"字。

詐故

不隆本行，不敬舊法，而好詐故。

【念孫案】故，亦詐也。《晉語》："多爲之故，以變其志。"韋注曰："謂多作計術，以變易其志。"《吕氏春秋·論人》篇："釋智謀，去巧故。"高注曰："巧故，僞詐也。"《淮南·主術》篇："上多故，則下多詐。"高注曰："故，巧也。"是"故"與"詐"同義。《王制》篇曰："進退貴賤，則舉幽險詐故。"《大戴記·文王官人》篇曰："以故取利。"《管子·心術》篇曰："恬愉無爲，去知與故。"《淮南·原道》篇曰："偶瞪智故，曲巧僞詐。"故，皆謂詐也，故曰"不隆本行，不敬舊法，而好詐故"。楊云："故，事變也。"則分"詐故"爲二義，失之矣。

敬節

則士大夫莫不敬節死制者矣。

盧云："'敬節'，元刻作'貴節'。"【引之曰】"敬"當作"敄"，"敄"與"務"古字通。《説文》："敄，强也。"《爾雅》："務，强也。""敄"與"敬"字相似而誤。"務節"，謂以節操爲務也。《曲禮》曰：

“士死制。”“務節”與“死制”同義。下文云：“士大夫務節死制。”是其證。今本作“敬節”，則於義疏矣，元刻作“貴節”者，以意改之耳。

佻其期日

百工佻其期日，而利其巧任。

楊注曰：“佻，與傜同，緩也，謂不迫促也。”盧《補校》云：“注當云‘佻，與窕同’。”案，《爾雅》曰：“窕，肆也。”古書“窕”字皆訓“寬肆”，不當作“傜”。

然而

士大夫務節死制，然而兵勁。

楊注曰：“然而，當爲然後。”【念孫案】楊以下文作“然後”，故云“當爲‘然後’”，不知此“然而”與他處言“然而”者不同。然，如是也，說見《釋詞》。言如是而兵勁也。《文王世子》曰：“然而衆知父子之道矣。”義與此“然而”同。

商賈敦愨無詐則商旅安貨通財而國求給矣

【念孫案】“商旅安，貨通財”當作“商旅安，貨財通”，“貨財通”與“商旅安”對文，今本作“貨通財”，則義不可通。《王制》篇“使賓旅安而貨財通”，是其證。今本“賓”誤作“賓”，辯見《王制》篇。

君道

嘖 乘是而後豐取刻與以無度取於民

斗斛敦概者，敦概，即準概。所以爲嘖也。上好貪利，則臣下百吏，乘是而後豐取刻與，以無度取於民。

盧本於"而後"下加"鄙"字，云："宋本、世德堂本皆無'鄙'字，今從元刻。"又云："嘖，情也。"引《繫辭傳》及《太玄·礥·測》爲證。【念孫案】元刻有"鄙"字者，後人以意加之也，後人以上文云"乘是而後欺""乘是而後偏""乘是而後險"，疑此處"乘是而後"下脱一字，又以上句言"貪利"，故加入"鄙"字耳。今案，上文云："合符節，别契券者，所以爲信也。上好權謀，則臣下百吏誕詐之人，乘是而後欺。探籌投鉤者，所以爲公也。上好曲私，則臣下百吏，乘是而後偏。衡石稱縣者，所以爲平也。上好傾覆，則臣下百吏，乘是而後險。""欺"與"信"相反，"偏"與"公"相反，"險"與"平"相反。此云："斗斛敦概者，所以爲嘖也。上好貪利，則臣下百吏，乘是而後豐取刻與，以無度取於民。""無度"與"嘖"亦相反。嘖者，齊也。《説文》："嫧，齊也。""嫧"與"嘖"通。又，《説文》："齰，齒相值也。"《釋名》曰："幘，賾也。下齊眉賾然也。"又曰："栅，賾也，以木作之，上平賾然也。"又曰："册，賾也。敕使整賾不犯法也。"并聲近而義同。無度則不齊，故與"嘖"相反。若云"乘是而後鄙"，則"鄙"與"嘖"義非相反，與上三條不合，且加一"鄙"字，則下文"豐取刻與"云云，竟成贅語矣。盧據元刻加"鄙"字，又訓"嘖"爲"情"，皆失之。宋吕、錢二本皆無"鄙"字。

難 𧬈

故君子恭而不難,敬而不𧬈。

【引之曰】"難"讀《詩》"不戁不竦"之"戁","𧬈"讀《方言》"蛩烘戰栗也"之"蛩",説見《經義述聞·大戴記》"曾子立事篇"。盧説"難""𧬈"二字,皆失之。

變態

并遇變態而不窮。宋本如是。

元刻改"變態"爲"變應",而盧本從之。【念孫案】元刻以下文有"應變故",故改"變態"爲"變應",而不知其謬也。"并遇變態而不窮"者,并,猶普也,遍也。説見《周易述聞》"并受其福"下。言遍遇萬事之變態,而應之不窮也。下文云:"其應變故也,齊給便捷而不惑。""變故"即此所謂"變態"也。改"變態"爲"變應",則反與下文不合矣。

不危

其所爲身也,謹修飾而不危。盧云:"'修飾',元刻作'修敕','飾'與'飭''敕',古皆通用。"

【念孫案】"危"讀爲"詭"。言君子修飭其身,而不詭於義也。《淮南·主術》篇注:"詭,違也。""詭""危"古字通,説見《經義述聞·緇衣》。

用天地

明達用天地，理萬變而不疑。

【念孫案】"用天地而不疑"，義不可通。"用"當爲"周"，字之誤也。言其智足以周天地、理萬變而不疑。

君者儀也儀正而景正君者槃也槃圓而水圓君者盂也盂方而水方

盧云："案，《帝範》注引'君者儀也'下，有'民者景也'句。'君者槃也'下，有'民者水也'句，無'君者盂也'二句。"【念孫案】《廣韻》"君"字注所引與《帝範》注同。既言"儀正而景正"，則當有"民者景也"句。既言"槃圓而水圓"，則當有"民者水也"句。宋錢本有"民者水也"句。既以"槃"喻"君"，則不必更以"盂"喻。二書所引，有"民者景也""民者水也"，而無"君者盂也"二句，於義爲長。《藝文類聚・雜器物部》《太平御覽・器物部三》并引作"君者盤也，民者水也，盤圓則水圓，盤方則水方"。

民之不親不愛而求其爲己用爲己死不可得也

元刻無"之"字。【念孫案】無"之"字者是也。下文"民不爲己用，不爲己死，而求兵之勁、城之固，不可得也"，"民"下無"之"字，是其證。《韓詩外傳》無"之"字。

敵至而求無危削不滅亡不可得也

元刻無上"不"字。【念孫案】元刻是也。宋本有上"不"

字者，涉上下諸"不"字而衍。無，亦不也。說見《釋詞》。"無危削滅亡"，即不危削滅亡也，《外傳》作"不危削滅亡"，是其證。

是狂生者也

危削滅亡之情，舉積此矣，而求安樂，是狂生者也。

盧云："元刻作'是聞難狂生者也'。"宋錢佃校本亦云"是狂生者也"，諸本作"是聞難狂生者也"。【念孫案】此文本作"危削滅亡之情，舉積此矣，而求安樂是聞，不亦難乎？是狂生者也"。今本脱"聞不亦難乎是"六字，此因兩"是"字相亂，而脱去六字。元刻亦僅存"聞難"二字。《外傳》作"夫危削滅亡之情，皆積於此，而求安樂是聞，不亦難乎？是枉生者也"，"枉"蓋"狂"之誤。《臣道》篇亦云："迷亂狂生。"

美國

欲修政美國，則莫若求其人。

【念孫案】《外傳》作"修政美俗"是也。上文曰："政令不煩而俗美。"《儒效》篇曰："在本朝則美政，在下位則美俗。"《王霸》篇曰："政令行，風俗美。"皆以"政"與"俗"并言之，蓋二者恒相因也。今本"美俗"作"美國"，則泛而不切矣。

于是　莫欲之　獨猶將爲之

以天下之王公莫好之也，然而于是獨好之。以天下之民莫欲之也，然而于是獨爲之。好之者貧，爲之者窮，然而于是獨猶將爲之也。

【念孫案】三“于是”，皆義不可通，當依《外傳》作“是子”。“是子”二字，對上文“王公”與“民”而言。下文曰：“非于是子莫足以舉之，故舉是子而用之。”是其證。今本作“于是”者，“是子”訛爲“是于”，後人因改爲“于是”耳。“莫欲之”亦當依《外傳》作“莫爲之”。“莫好之”與“獨好之”相應，“莫爲之”亦與“獨爲之”相應。今本作“欲之”，則既與“爲之”不相應，又與“好之”相複矣。“于是獨猶將爲之”當作“是子猶將爲之”，言雖好之者貧，爲之者窮，而是子猶將爲之也，“猶”上不當有“獨”字，蓋涉上文兩“獨”字而衍，《外傳》無。

是其人者也

【念孫案】衍“者”字，此句或爲結上之詞，或爲起下之詞，皆不當有“者”字，《外傳》作“則是其人也”，無“者”字。

道者何也曰君道也

【念孫案】此篇以“君道”爲題，而又釋之曰：“道者，何也？曰君道也。”則贅矣。《韓詩外傳》作“道者，何也？曰君之所道也”，於義爲長。君之所道，謂君之所行也。《儒效》篇曰：“道者，人之所道也。”與此文同一例，今本蓋脱“之所”二字。

使其人載其事

論德而定次，量能而授官，皆使其人載其事而各得其所宜。

【念孫案】"人載其事而各得其所宜"，謂人人皆載其事，而得其宜也。"使"下不當有"其"字，蓋涉下兩"其"字而衍。《榮辱》篇曰："皆使人載其事而各得其宜。"《正論》篇曰："皆使民載其事而各得其宜。""使"下皆無"其"字。

賞克

賞克罰偷，則民不怠。

【念孫案】"克"當爲"免"，字之誤也。"免"與"勉"同。言勉者賞之、偷者罰之也。《王制》篇曰："百吏免盡而衆庶不偷。"是其證也。又，《樂論》篇："弟子免學。"《漢書·薛宣傳》："宣因移書勞免之。"今本"免"作"勉"，乃後人所改，宋毛晃《增修禮部韻略》引此尚作"免"。《谷永傳》："閔免遁樂。"并以"免"爲"勉"，《韓詩外傳》正作"賞勉罰偷"。

不探

故職分而民不探，次定而序不亂。

【念孫案】"不探"二字，義不可通。《外傳》作"不慢"是也。下文曰："臣下百吏，至於庶人，莫不修己而後敢安正，與"政"同。誠能而後敢受職。"正所謂"職分而民不慢"也。隸書"曼"字或作"冐"，與"罙"字略相似，故"慢"誤爲"探"。

孽

好女之色，惡者之孽也。

【念孫案】孽，猶害也。下文云“衆人之痤”“污邪之賊”，義并與此同。《議兵》篇曰：“百姓莫不敦惡，莫不毒孽。”言莫不毒害也。《緇衣》引《大甲》曰“自作孽”，言自作害也。《小雅・十月》篇“下民之孽”，箋曰：“孽，妖孽。謂相爲災害也。”昭十年《左傳》：“藴利生孽。”杜注曰：“孽，妖害也。”

循乎道之人

循乎道之人，污邪之賊也。

【念孫案】“循道之人”與“好女之色”“公正之士”對文，則“循”下不當有“乎”字，《群書治要》無。

不

是豈不必得之之道也哉。

【念孫案】不，猶非也。説見《釋詞》。

速致遠

欲得善馭速致遠者。宋吕、錢本并如是。

元刻、世德堂本“速”上有“及”字。盧從宋本，云：“俗間本有‘及’字。”【念孫案】有“及”字者是也。“及速”與“致遠”對文，行速則難及，道遠則難致，故唯善馭者乃能及速致遠，非謂其致遠之速也，則不得以“速致遠”連讀。“善馭，及速致遠”與“善射，射遠中微”對文，若無“及”字，則與上文不對，一證也。《王霸》篇云：“欲得善射，射遠中微，則莫若羿、蠭門矣。欲得善馭，及速致遠，則莫若王良、造父矣。"與此文同一例，二證也。《淮南·主術》篇云："夫載重而馬羸，雖造父不能以致遠。車輕而馬良，雖中工可使追速。""追速致遠"，即及速致遠，三證也。《群書治要》有"及"字，四證也。

數十

古有萬國，今有數十焉。

【念孫案】《富國》篇"數十"作"十數"是也。當荀子著書時，國之存者，已無數十矣。

不還秩

不還秩，不反君。

【念孫案】"秩"當爲"私"，字之誤也。"還"讀爲"營"。言不營私，不叛君也。"營"與"還"古同聲而通用。《管子·山至數》篇曰："大夫自還而不盡忠。"謂自營其私也。《秦策》曰："公孫鞅盡公不還私。"謂不營私也。《成相》篇："比周還主黨與施。""還主"，謂營惑其主也。字或作"環"，《臣道》篇"朋黨比周，以環主圖私爲務"是也。又，《齊風·還》篇"子之還兮"，《漢書·地理志》"還"作"營"，亦以聲同而借用。"還"字或作"環"。《韓子·五蠹》篇曰："古者蒼頡之作書也，自環者謂之私。""私"本作"厶"，見下。《説文》"厶"字解引作"自營爲厶"。《管子·君臣》篇曰："兼上下以環其私。"《韓子·人主》篇曰："當途之臣，得勢擅事以環其私。"皆謂營其私也。

《荀子》弟五

臣道

環主

朋黨比周，以環主圖私爲務。

楊注曰："環繞其主，不使賢臣得用。"【念孫案】楊説甚迂。"環"讀爲"營"，營，惑也。謂營惑其主也。《吕氏春秋·尊師》篇注曰"營，惑也"，《大戴禮·文王官人》篇曰："煩亂以事而志不營。"又曰："臨之以貨色而不可營。"《荀子·宥坐》篇曰"言談足以飾邪營衆"皆是也。"營"訓爲"惑"，故或謂之"營惑"，《漢書·淮南王安傳》"營惑百姓"是也。"營"與"環"古同聲而通用。《春秋》文十四年："有星孛入于北斗。"《穀梁傳》曰："其曰入北斗，斗有環域也。"環域，即營域，猶"營繞"之爲"環繞"、"營衛"之爲"環衛"也。餘見前"不還秩"下。字或作"還"，《成相》篇云"比周還主黨與施"是也。楊注："還，繞也。"誤與此注同。"還"與"營"古亦通用，説見前"不還秩"下。

刑下

政令教化，刑下如影。

楊注曰："刑，制也。言施政令教化以制其下。"【念孫案】古無訓"刑"爲"制"者，"刑"如"刑于寡妻"之"刑"。刑，法也。言下之法上，如影之從形。

養交

偷合苟容，以持禄養交而已耳。

楊注曰："養交，謂養其與君交接之人，不忤犯使怒也。或曰：養其外交，若蘇秦、張儀、孟嘗君，所至爲相也。"【念孫案】後説是。"持禄養交"，見後《議兵》篇"持養"下。

補削

事聖君者，有聽從，無諫争。事中君者，有諫争，無諂諛。事暴君者，有補削，無撟拂。

楊注曰："補，謂彌縫其闕。削，謂除去其惡。言不敢顯諫，闇匡救之也。"【引之曰】楊分"補"與"削"爲二義，非也。"聽從""諫争""諂諛""補削""撟拂"，皆兩字同義。"補削"，謂彌縫其闕也。削者，縫也。《韓子·難》篇曰："管仲善制割，賓胥無善削縫，隰朋善純緣。衣成，君舉而服之。""制割""削縫""純緣"，亦兩字同義。舊注以"削"爲"翦削"，誤與楊注同。《吕氏春秋·行論》篇曰："莊王方削袂。"《燕策》曰："身自削甲札，妻自組甲絣。"蓋古者謂"縫"爲"削"，而後世小學書皆無此訓，失其傳久矣。

違其惡

則崇其美，揚其善，違其惡，隱其敗。

【念孫案】"違"讀爲"諱"。"諱其惡"與"隱其敗"同意。《曲禮》注曰："諱，辟也。""辟"與"避"同。《緇衣》注曰："違，辟也。""諱""違"皆從韋聲，而皆訓爲"避"，故字亦相通。《墨子·非命》篇："福不可請，而禍不可諱。""諱"與"違"同。

闟内

時闟内之。

楊注曰："闟，當爲開。内，與納同。言時以善道開納之也。或曰：以道闟通於君之心中也。"【念孫案】或説近之。凡通言於上曰闟，《周官·條狼氏》："誓大夫曰：'敢不闟，鞭五百。'"先鄭司農曰："不闟，謂不闟於君也。"《史記·梁孝王世家》曰："大臣及袁盎等，有所闟説於景帝。"《佞幸傳》曰："公卿皆因闟説。"《索隱》曰："闟，通也。謂公卿因之而通其詞説。"《漢書注》曰："闟説者，言由之而納説。"是"闟"與"納"義相近。《書大傳》："雖禽獸之聲，猶悉闟於律。"鄭注曰："闟，猶入也。"入，亦納也，下文曰"因其喜也，而入其道"。故曰"時闟内之"。不當改"闟"爲"開"。

辨其故

故因其懼也，而改其過。因其憂也，而辨其故。

楊注曰："辨其致憂之端。"【念孫案】楊説"辨"字、"故"字之義，皆誤。"辨"讀爲"變"。"變其故"，謂去故而就新也。"憂""懼"者，改過遷善之機，故曰"因其懼也，而改其過。因其憂也，而變其故"。變，亦改也。"辨"或作"辯"，《廣雅》曰："辯，變也。"《坤·文言》："由辯之不早辯也。""辯"，荀本作"變"。《莊子·逍遥游》篇："乘天地之正，而御陰陽之辯。""辯"與"變"同。

滅苦

故無德之爲道也，傷疾、墮功、滅苦，故君子不爲也。

楊注曰："傷疾、墮功、滅苦未詳，或恐錯誤耳。"【念孫案】"苦"當爲"善"，字之誤也。隸書"苦"字作"𦵔"，與"善"相似。"疾"與"功"已見上文，"善"即上文之"忠敬"也。傷疾、墮功、滅善皆承上文言之。

戰戰兢兢三句

《詩》曰："不敢暴虎，不敢馮河。人知其一，莫知其佗。戰戰兢兢，如臨深淵，如履薄冰。"此之謂也。

【引之曰】《荀子》引《詩》至"莫知其佗"而止，其"戰戰兢兢"三句，則後人取詩詞增入也。此承上文"人不肖而不敬，則是狎虎"而言。言人但知暴虎、馮河之害，而不知不敬小人之害與此同，故曰"'不敢暴虎，不敢馮河。人知其一，莫知其佗'，此之謂也"。"此之謂也"四字，正承"人知其一，莫知其佗"而言，若加入"戰戰兢兢"三句，則與"此之謂也"義不相屬矣。據楊注但釋"不敢暴虎"四句，而不釋"戰戰兢兢"三句，則所見本無此三句甚明，一證也。又，《小閔》傳曰：“他，不敬小人之危殆也。”箋曰：“人皆知暴虎馮河立至之害，而無知當畏慎小人能危亡也。”《傳》《箋》皆本於《荀子》，二證也。《吕氏春秋·安死》篇：“《詩》曰：‘不敢暴虎，不敢馮河。人知其一，莫知其他。’此言不知鄰類也。”所引詩詞至“莫知其他”而止，高注曰：“人皆知小人之爲非，不知不敬小人之危殆，故曰‘不知鄰類也’。”《淮南·本經》篇：“《詩》云：‘不敢暴虎，不敢馮河。人知其一，莫知其他。’此之謂也。”文與《荀子》正同，高注曰：“人皆知暴虎、馮河立至害也，故曰‘知其一’。而不知當畏慎小人危亡也，故曰‘莫知其他’。此不免於惑，故曰‘此之謂也’。”《吕覽》《淮南》高注皆本於《荀子》，三證也。

樂利

故君子安禮樂利，謹慎而無鬭怒。

【念孫案】“樂利”當爲“樂樂”，“樂樂”與“安禮”對文。“安禮樂樂”承上“禮樂”而言，“謹慎而無鬭怒”承上“謹慎、鬭怒”而言。今本作“樂利”者，涉上“利也”而誤。

致士

隱忌

隱忌雍蔽之人，君子不近。

楊注曰：“隱，亦蔽也。忌，謂妒賢。”【念孫案】楊誤分“隱忌”爲二義，且下文言“雍蔽”，則“隱忌”非“雍蔽”也。余謂

"隱忌"即"意忌",謂妒賢也。《史記·平津侯傳》云:"弘爲人意忌,外寬内深。"《酷吏傳》云:"張湯文深意忌。"唯其"意忌",是以"雍蔽"。《秦誓》曰:"人之有技,冒疾以惡之。"所謂"意忌"也。又曰:"人之彦聖,而違之俾不達。"所謂"雍蔽"也。"意""隱"聲相近,"意忌"之爲"隱忌",若《左氏春秋經》之"季孫意如",《公羊》作"隱如"矣。《史記·孝文紀》"故楚相蘇意",《漢紀》作"蘇隱"。凡之部之字,或與諄部相轉,上、去聲亦然。《樂記》"天地訢合",鄭注:"訢,讀爲熹。"《射義》"耄期稱道不亂者",《大雅·行葦》傳作"耄勤"。《左傳》"曹公子欣時",《公羊》作"喜時"。《荀子·性惡》篇"驊騮騹驥",即"騏驥"。皆其例也。

士其刑賞

定其當而當,然後士其刑賞而還與之。

【引之曰】"士"字義不可通,"士"當爲"出",字之誤也。隸書"出"字或省作"士",故諸書中"出"字或誤作"士"。説見《大略》篇"教出"下。高注《淮南·説林》篇曰:"當,丁浪反。猶實也。"言定其善惡之實而當,然後出其刑賞而還與之也。楊讀"士"爲"事",又訓"事"爲"行",展轉以求其通,鑿矣。

貴名白

能以禮挾而貴名白,天下願。

盧曰:"'貴名白',《王制》篇作'名聲日聞',此恐有訛。"【念孫案】《儒效》篇曰:"貴名白而天下治。"《君道》篇曰:"文王欲立貴道,欲白貴名。"則"貴名白"三字不訛。《韓詩外傳》

作“貴名自揚”,義亦同也。《王制》篇作“名聲日聞”,乃後人所改。辯見《王制》。

川淵枯則龍魚去之山林險則鳥獸去之

郝云:“‘險’當爲‘儉’,‘儉’與‘險’古通用。儉,如山之童,林木之濯濯,皆是。”【念孫案】郝説是也。“險”非“險阻”之“險”,乃“儉”之借字耳。《否》象傳:“君子以儉德辟難。”虞注:“儉,或作險。”《大戴記·文王官人》篇“多稽而儉貌”,《逸周書》“儉”作“險”。襄二十九年《左傳》“險而易行”,杜注:“險,當爲儉。”“山林儉”,則鳥獸無所依而去之,猶“川淵枯而龍魚去之”也。此與上文之“山林茂”正相反。

本作

故土之與人也,道之與法也者,國家之本作也。君子也者,道法之總要也。

楊注曰:“本作,猶本務也。”【念孫案】楊未解“作”字之義,“國家之本作”“道法之總要”相對爲文。作者,始也。始,亦本也。總,亦要也。上文云:“無土則人不安居,無人則土不守,無道法則人不至,故此四者,爲國家之本始也。”《魯頌·駉》篇傳曰:“作,始也。”《廣雅》同。《皋陶謨》:“烝民乃粒,萬邦作乂。”“作”與“乃”相對爲文,言烝民乃粒,萬邦始乂也。《禹貢》“萊夷作牧”,言萊夷水退始放牧也。“沱潛既道,雲夢土作乂”,“作”與“既”相對爲文,言沱潛之水既道,雲夢之土始乂也。并見《經義述聞》。

誠必

人主之患,不在乎不言用賢,而在乎誠必用賢。

盧云:"當作'而在乎不誠用賢'。"【念孫案】當作"而在乎不誠必用賢",言用賢之不誠不必也。《管子·九守》篇曰:"用賞者貴誠,用刑者貴必。"《吕氏春秋·論威》篇曰:"又況乎萬乘之國,而有所誠必乎?"《賈子·道術》篇曰:"伏義誠必謂之節。"《淮南·兵略》篇曰:"將不誠必,則卒不勇敢。"枚乘《七發》曰:"誠必不悔,決絶以諾。"皆以"誠必"連文,則"必"字不可删。

政之隆 隆正

臨事接民而以義變應,寬裕而多容,恭敬以先之,政之始也。然後中和察斷以輔之,政之隆也。然後進退誅賞之,政之終也。

【念孫案】"政之隆",謂政之中也。《孝經》曰:"夫孝始於事親,中於事君,終於立身。"彼以"中"對"始""終",此以"隆"對"始""終",是"隆"即"中"也。楊以"隆"爲"崇高",失之。又,《正論》篇:"凡議必將立隆正,然後可也。無隆正,則是非不分,而辯訟不決。""隆正",謂中正也。《王霸》篇曰:"君臣上下,貴賤長幼,至于庶人,莫不以是爲隆正。"下文:"天下之大隆。"亦謂"大中"也。楊以"隆"爲"崇高",亦失之。

節奏欲陵　節奏陵而文生民寬而安　陵謹

凡節奏欲陵而生民欲寬，節奏陵而文，生民寬而安。

楊注曰："節奏，謂禮之節奏。陵，峻也。侵陵，亦嚴峻之義。言人君自守禮之節奏，則欲嚴峻不弛慢，養民則欲寬容不迫切也。"又解"節奏陵而文"云："節奏雖峻，亦有文飾，不至於刻急。"【念孫案】楊説"陵"字之義及"節奏陵而文"皆非是。"節奏欲陵，而生民欲寬"者，陵，謂嚴密也，故與"寬"相反。《富國》篇曰："其於貨財取與計數也，寬饒簡易。其於禮義節奏也，陵謹盡察。""陵謹"與"寬饒"亦相反，"節奏陵謹"即此所云"節奏欲陵"也。楊訓"陵"爲"侵陵"，誤與此注同。"節奏陵而文，生民寬而安"者，而，猶則也，《孟子·公孫丑》篇"可以仕則仕，可以止則止，可以久則久，可以速則速"，《萬章》篇作"可以速而速，可以久而久，可以處而處，可以仕而仕"。言節奏陵則文，生民寬則安也。節奏密則成文章，《樂記》曰"節奏合以成文"是也。"陵"字或作"淩"，《管子·中匡》篇曰："有司寬而不淩。"

議兵

故兵要在乎善附民而已

元刻無"善"字。宋龔本同。【念孫案】無"善"字者是也。下文："臨武君曰：'豈必待附民哉。'"正對此句而言，則無"善"字明矣。宋本有"善"字者，涉上文"善附民者"而衍，《群書治要》亦無"善"字。

路亶

彼可詐者，怠慢者也，路亶者也，君臣上下之間，滑然有離德者也。

楊注曰："路，暴露也。亶，讀爲袒。露袒，謂上下不相覆蓋，《新序》作落單。"【念孫案】路單，猶羸憊也。上不恤民，則民皆羸憊，故下句云："君臣上下之間，滑然有離德也。"《孟子·滕文公》篇："是率天下而路也。"趙注云："是率導天下之人，以羸路也。"今本"羸路"作"羸困之路"，乃後人所改。辯見《管子·五輔》篇。《管子·五輔》篇云："匡貧窶，振罷露，資乏絶。"《韓子·亡徵》篇云："好罷露百姓。"《吕氏春秋·不屈》篇云："士民罷潞。""路""露""潞"并通，是"路"爲"羸憊"也。《爾雅》云："癉，病也。"《大雅·板》篇"下民卒癉"，《毛傳》云："癉，病也。""病"，亦謂羸憊也。《緇衣》引《詩》"下民卒擅"，《釋文》"擅"作"亶"。"癉""擅""亶"并通。《秦策》："士民潞病於内。"高注云："潞，羸也。""潞病"與"路亶"亦同義。《新序·雜事》篇作"落單"，《晏子·外篇》云："路世之政，單事之教。"或言"路亶"，或言"路單"，或言"落單"，其義一而已矣，楊説皆失之。

焉

若赴水火，入焉焦没耳。

【念孫案】焉，猶則也，説見《釋詞》。

延 兑

延則若莫邪之長刃,嬰之者斷。兑則若莫邪之利鋒,當之者潰。

楊注曰:"兑,猶聚也,與隊同,謂聚之使短。《新序》作鋭。"盧云:"'延',《韓詩外傳》作'延居'。'兑',作'鋭居'。案,'延'讀'延袤'之'延',謂衡布則其鋒長,嬰之者斷也。'兑'讀爲'鋭',謂直擣則其鋒利,當之者潰也。《外傳》兩'居'字,與下文'圜居'一例,可知注未是矣。"

案角鹿埵隴種東籠而退耳

劉云:"'角'字當爲衍文,蓋涉上而誤。案,語詞。"

設何道

請問王者之兵設何道何行而可?

【念孫案】道,術也。楊以"道"爲"論説教令",失之。

不足印

上足印,則下可用也。上不足印,則下不可用也。

楊注曰:"印,古仰字。不印,不足印也。"盧云:"以注觀之,正文當本是'上不印',衍'足'字。"

民齊者强不齊者弱

元刻"不齊"上亦有"民"字。宋龔本同。【念孫案】有"民"字者是也。上文之"政令",下文之"賞刑""械用兵革",皆於上下句兩見,則"民"字亦當兩見。

度

魏氏之武卒,以度取之。

楊注曰:"度取之,謂取其長短材力中度者。"汪云:"案,度,程也。下文所云是也,注非。"

負服矢

負服矢五十箇。

盧云:"元刻無'服'字,與《漢書》同。"【念孫案】此本作"服矢五十箇",服矢,即負矢,"負"與"服"古同聲而通用,《考工記·車人》"牝服",先鄭司農云:"服,讀爲負。"故《漢書》作"負"。今本作"負服矢"者,校書者依《漢書》旁記"負"字,而寫者誤合之也。元刻無"服"字,則又後人依《漢書》删之也。

其生民也陿阸其使民也酷烈

郝云:"陿阸,即狹隘也,謂民生計窮蹙,《王霸》篇云'生民則致貧隘',語意正同。注以'陿阸'爲'秦地險固',非也。下云'隱之以阸',亦非地險。"【念孫案】楊注沿《刑法志》注而誤。

有遇之者若以焦熬投石焉

盧云："此二句似專言天下無有能敵仁義者，注惟言'以魏遇秦'，殆以當時無湯武，并無桓文故也，然無妨據理爲說。或云此二句當并從齊說下。"【念孫案】或說是。

拱挹

拱挹指麾。

盧依《富國》篇改"挹"爲"揖"。【念孫案】"揖"與"挹"通，不煩改字，《宥坐》篇"挹而損之"，《淮南·道應》篇"挹"作"揖"。《晏子·諫》篇："晏子下車挹之。"挹，即揖字。諸本皆作"挹"。

治鄰敵

故兵大齊則制天下，小齊則治鄰敵。

楊注曰："治鄰敵，言鄰敵受其治化耳。"【念孫案】"治"讀爲"殆"。殆，危也。謂危鄰敵也。《王制》篇曰："威强未足以殆鄰敵。"《王霸》篇曰："威動天下，强殆中國。"《强國》篇曰："威動海内，强殆中國。""殆""治"古字通。《强國》篇："强殆中國。"楊注："殆，或爲治。"《史記·范雎傳》："夫以秦卒之勇，車騎之衆，以治諸侯，譬若馳韓盧而搏蹇兔也。"治諸侯，即殆諸侯。楊謂"受其治化"，則非用兵之事矣。

道

遇敵決戰，必道吾所明，無道吾所疑。

楊注曰："道，言也，行也。"【念孫案】當訓爲"行"。

慕其德

故近者親其善，遠方慕其德，兵不血刃，遠邇來服，德盛於此，施及四極。

【念孫案】"慕其德"，"德"本作"義"，後人改"義"爲"德"，以與"服""極"爲韻，而不知與下文"德"字相複也。《文選·爲袁紹檄豫州文》注、《石闕銘》注、《太平御覽·兵部五十三》引此并作"義"。

脱文八

《詩》曰："淑人君子，其儀不忒。"此之謂也。

陳云："玩上文語意，其下尚有'其儀不忒，正是四國'二句，今脱之也。儀即義也，故《尸鳩》篇'儀'皆讀爲'義'。"【念孫案】此正承上文"遠方慕義"而言，所引《詩》蓋本作"其義不忒"，今本"義"作"儀"者，後人據《詩》改之耳。

鞈

楚人鮫革犀兕以爲甲，鞈如金石。

楊注曰："鞈，堅貌。以鮫魚皮及犀兕爲甲，堅如金石之不可入。《史記》作‘堅如金石’。《禮書》。鞈，古洽反。《管子》曰：‘制重罪，入以兵甲犀脅二戟。輕罪，入蘭盾鞈革二戟。’”《小匡》篇。【念孫案】楊本作“鞈如金石”，與《史記》不同。然“鞈”訓“堅貌”，諸書未有明文。《説文》：“鞈，防扞也。”今本“扞”譌作“汗”，據《玉篇》《廣韻》改。尹注《管子》曰：“鞈革，重革，當心著之可以禦矢。”皆不訓爲“堅貌”。《史記》而外，《韓詩外傳》亦作“堅如金石”，《文選·三月三日曲水詩序》注引《荀子》正作“堅”，《太平御覽·兵部八十七》同。鈔本《北堂書鈔·武功部九》引作“牢如金石”，陳禹謨本改爲“堅”。此是避隋文帝諱，故改“堅”爲“牢”。然則虞所見本正作“堅”，與楊本異也。

然而兵殆於垂沙唐蔑死

盧云：“‘垂沙’，《史記》作‘垂涉’。”【念孫案】“垂”字古讀若“陀”。説見《唐韻正》。垂沙，蓋地名之叠韻者，《韓詩外傳》及《淮南·兵略》篇并作“兵殆於垂沙”，《楚策》云：“垂沙之事，死者以千數。”則作“垂沙”者是。

爲炮烙刑

楊注曰：“《列女傳》曰‘炮烙，爲膏銅柱，加之炭上，令有罪者行焉，輒墮火中’。烙，古責反。”盧云：“炮烙之刑，古書本作‘炮格之刑’。‘格’讀如‘庋格’之‘格’，古‘閣’‘格’一也。《史記索隱》鄒誕生音‘閣’。此注云‘烙，古責反’，可證楊時本尚作‘格也’。”【念孫案】此段氏若膺説也，説見《鍾山札記》。昔嘗聞盧校《荀子》，多用段説，故盧本前列參訂名氏，有金壇段若膺，而書中所引段説，則唯有《禮論》篇“持虎”一條。余未見段氏校本，無從采録，故但據所見之書，略舉一二焉。

溝池不抇

楊注曰："抇，古掘字。《史記》作'溝池不掘'，《文子》曰：'無伐樹木，無抇墳墓。'抇亦音掘。或曰：抇當作扫。篆文'扫'字與'抇'字相近，遂誤耳。"盧云："案，甘聲之'抇'，不當爲古'掘'字，注後説'當作扫'是也。《正論》篇'大古薄葬，故不扫'，又，《列子·説符》篇：'俄而扫其谷。'《吕覽·節喪》篇：'葬淺則狐狸扫之。'皆作'扫'字，知此'抇'字誤。"

然而國晏然不畏外而明内者無它故焉明道而分鈞之時使而誠愛之下之和上也如影嚮

楊注曰："内，當爲固，《史記》作'晏然不畏外而固'也。"【念孫案】此當依《史記》作"不畏外而固"，今本"而"下有"明"字者，涉下文"明道"而衍。"明道而分鈞之"，"分鈞"《史記》《韓詩外傳》并作"均分"，"均"與"鈞"通。亦當依《史記》《外傳》乙轉。

誅之

有不由令者，然后誅之以刑。

【念孫案】"誅之以刑"本作"俟之以刑"，此後人不解"俟"

字之義而妄改之也。《韓詩外傳》《史記》皆作“俟之以刑”，《正義》訓“俟”爲“待”。《王制》篇曰：“以不善至者，待之以刑。”足與此互相證明矣。《宥坐》篇亦曰：“躬行不從，然後俟之以刑。”今本“躬行”作“邪民”，辯見《宥坐》。

威厲而不試刑錯而不用

楊注曰：“厲，謂抗舉，使人畏之。”【念孫案】諸書無訓“厲”爲“抗舉”者。余謂厲，猛也。定十二年《左傳注》：“厲，猛也。”《王制》篇曰：“威嚴猛厲。”錯，置也。置，設也。言威雖猛而不試，刑雖設而不用也。《宥坐》篇：“威厲而不試，刑錯而不用。”義同。楊彼注云：“厲，抗也，但抗其威而不用也。錯，置也。如置物於地不動也。”亦非。“錯”訓“設置”之“置”，與《史記·周本紀》“刑錯四十餘年”之“錯”不同。

除阨

其所以接下之人百姓者，人百姓，衆百姓也。今本無“人”字，乃後人不曉古義而妄删之。説見前“天下之人百姓”下。無禮義忠信句，焉慮率用賞慶、刑罰、勢詐，除阨其下，獲其功用而已矣。

楊注曰：“焉慮，無慮，猶言大凡也。除，謂驅逐。阨，謂迫蹙。若秦劫之以勢，隱之以阨，狃之以慶賞之類。阨或爲險也。”【念孫案】焉，語詞也。説見《釋詞》。慮，大凡也。説見前“慮以王命全其德”下。“除阨”二字，義不相屬，楊以“除”爲“驅逐”，非也。“除”當爲“險”，俗書之誤也。俗書“險”字作“険”，形與“除”相似。“險”與“阨”同義，馮衍《顯志賦》“悲時俗之險阨”

是也。或作“險隘”,《楚辭·離騷》“路幽昧以險隘”是也。楊注“阨或爲險”當作“除或爲險”,今作“阨”者,因正文及注内三“阨”字而誤。“除”與“險”俗書相近,“阨”與“險”形、聲皆相遠,以是明之。

大寇則至　則失亡其群匹

大寇則至,使之持危城則必畔,遇敵處戰則必北,勞苦煩辱則必奔。

【念孫案】“大寇則至”,則者,若也,與下三“則”字異義。又,《禮論》篇“今夫大鳥獸則失亡其群匹”云云,則,亦若也。古或謂“若”爲“則”,説見《釋詞》“則”字下。

敦惡

則百姓莫不敦惡,莫不毒孽。

楊注曰:“敦,厚也。”又,《禮論》篇:“師旅有制,刑法有等,莫不稱罪,是君子之所以爲悖詭其所敦惡之文也。”楊注曰:“敦,厚也。厚惡,深惡也。或曰:敦,讀爲頓。頓,困躓也。”【念孫案】楊説皆非也。《説文》:“憝,怨也。”《廣雅》:“憝,惡也。”《康誥》“罔不憝”,《傳》曰:“人無不惡之者。”《孟子·萬章》篇引《書》作“譈”。《法言·重黎》篇:“楚憞群策而自屈其力。”李軌曰:“憞,惡也。”“譈”“憞”“敦”并與“憝”同。本篇之“敦惡”與“毒孽”對文,《禮論》篇之“敦惡”與“喜樂”“哀痛”對文,則“敦”不得訓爲“厚”,亦不得讀爲“困頓”之“頓”也。盧引《方言》:“諄憎,所疾也。諄,郭音之潤反。宋魯凡相惡謂之諄憎。""諄"與"敦"亦聲之轉。

脩上之法

然後百姓曉然皆知脩上之法,像上之志,而安樂之。

【念孫案】"脩"當爲"循",字之誤也。隸書"循""脩"二字,傳寫往往訛混。説見《管子·形勢》篇。循,順也,謂順上之法也。《説文》:"循,順行也。"鄭注《尚書·中候》曰:"循,順。"《君道》篇曰:"百姓莫敢不順上之法,象上之志,而勸上之事,而安樂之矣。"文略與此同。"順"與"循"古同聲而通用也。《大射儀》"順左右限",今文"順"爲"循"。《莊子·天下》篇"己之大順","順"或作"循"。《書大傳》"三正若循連環",《白虎通義》引此"循"作"順"。

持養

高爵豐禄,以持養之。

楊注曰:"持此以養之也。"【念孫案】"持養"二字平列,持,亦養也,非"持此以養之"之謂。《臣道》篇云:"偷合苟容,以持禄養交而已耳。"《管子·明法》篇云:"小臣持禄養交。"《晏子春秋·問》篇云:"仕者持禄,游者養交。"皆以"持禄""養交"對文。《荀子·正論》篇又以"持老""養衰"對文,故《吕氏春秋·異用》篇"仁人之得飴,以養疾持老也",高注曰:"持,亦養也。"今本"持"誤作"侍"。又,《勸學》篇云:"除其害者,以持養之。"《榮辱》篇云:"以相群居,以相持養。"《墨子·天志》篇云:"内有以食飢息勞,持養其萬民。"《非命》篇云:"上以事天鬼,下以持養百姓。"今本"持"誤作"侍"。《吕氏春秋·長見》篇云:“申侯伯善持養吾意。”亦皆以“持養”對文。

而順

“所存者神,所爲者化。句。而順,句。暴悍勇力之屬爲之化而愿”云云。

楊以“而順”二字屬下讀,注云:“順,從也。謂好從暴悍勇力之人,皆化而愿慤也。”汪云:“‘而順’上疑脱九字,此句與下三句一類,句末當是‘爲之化而順’,因上有‘化’字,遂相承脱去耳。”見丙申校本。盧用汪説,而小變其文,云:“‘爲之化而順’上脱六字,或若干字,不可知矣。”

矜糾收繚

暴悍勇力之屬爲之化而愿,旁辟曲私之屬爲之化而公,矜糾收繚之屬爲之化而調。

楊注曰:“矜,謂夸汰。糾,謂好發摘人過者也。收,謂掠美者也。繚,謂繚繞,言委曲也。四者皆鄙陋之人,今被化,則調和也。”【念孫案】《廣雅》曰:“矜,急也。”《一切經音義》卷二十三引《廣雅》曰:“糾,急也。”《齊語》注曰:“糾,收也。”“糾”“收”并從丩聲,而義亦相同。《説文》:“糾,繩三合也。”今人猶謂“糾繩”爲“收繩”。《楚辭·九章》注曰:“糾,戾也”,“繚,謂繚戾也”。《鄉飲酒禮》注曰:“繚,猶紾也。”《孟子·告子》篇注曰:“紾,戾也。”矜、糾、收、繚,皆急戾之意,故與“調和”相反。“暴悍勇力”與“愿”相反,“旁辟曲私”與“公”相反,“矜糾收繚”與“調”相反。楊説皆失之。

猶 既

《詩》曰:"王猶允塞,徐方既來。"宋吕、錢本并如是,與今《詩》同。

盧依元刻作"王猷允塞,徐方其來",云《君道》篇亦作"猷"字。【念孫案】"謀猶"字,《詩》皆作"猶",《説文》有"猶"無"猷"。作"猷"者,隸變耳。俗以"猶"爲"猶若"字,"猷"爲"謀猷"字,非也。《君道》篇作"猷"者,亦隸變耳。宋錢本作"猶"。且《君道》篇正作"徐方既來",不作"其來"也。元刻不可從,此處楊氏無注者,注已見於《君道》篇也。今本《君道》篇注文全脱。盧云:"此處當本有注,脱之耳。"亦非。

掌窖

則必發夫掌窖之粟以食之。

楊注曰:"地藏曰窖。掌窖,主倉廩之官。"【引之曰】"掌"當爲"稟","稟",古"廩"字也。《榮辱》篇有"囷窖",楊彼注云"圜曰囷,方曰廩",彼言"囷窖",猶此言"稟窖"。"稟""窖"皆所以藏粟,故云"發稟窖之粟以食之",若云"發掌窖之粟",則義不可通。隸書"掌"或作"掌",與"稟"略相似,故諸書"稟"字或訛爲"掌",説見《管子·輕重甲》篇"一掌"下。

期三年

已期三年,然後民可信也。

【引之曰】期者,周也。謂已周三年也。楊注非。

强國

黭然而雷擊之如牆厭之

劉云："案，《韓詩外傳》作'如雷擊之'，此'而'字義亦作'如'。"【念孫案】古書多以"而""如"互用，而其義則皆爲"如"。《小雅·都人士》篇："彼都人士，垂帶而厲。彼君子女，卷髮如蠆。"《大戴記·衛將軍文子》篇："滿而不滿，實如虚，見善如不及。"《孟子·離婁》篇："文王視民如傷，望道而未之見。"皆其證。

最

執拘則最，得間則散。

楊注曰："最，聚也。《公羊傳》曰：'會，猶最也。'何休曰：'最，聚也。'"【引之曰】"最"當爲"冣"，《説文》："冣，才句切。積也。"徐鍇曰："古以'聚物'之'聚'爲'冣'。""冣"與"最"字相似，世人多見"最"，少見"冣"，故書傳中"冣"字皆訛作"最"。《韓詩外傳》作"執拘則聚"，即"冣"字也。隱元年《公羊傳》及何注，皆本作"冣"，今訛作"最"。楊所見本已然。辯見《經義述聞》。

賁潰

如是，下比周賁潰以離上矣。

楊注曰："賁，讀爲憤。"郝云："'賁'與'奔'古字通。賁潰，謂奔走潰散而去也。‘賁’，《韓詩外傳》六作‘憤’，二義俱通，似不必依彼讀‘憤’也。陳説同。”

西伐蔡

子發將，子匠反。西伐蔡。

【念孫案】蔡在楚北，非在楚西，不得言“西伐蔡”。“西”當爲“而”，言子發將兵而伐蔡也。

屬

舍屬二三子而治其地。

楊注曰：“屬，請也。子發不欲獨擅其功，故請諸臣理其地也。”【念孫案】古無訓“屬”爲“請”者。屬，會也。見《孟子·梁惠王》篇注、《左傳》哀十三年注、《齊語》《晉语》《楚語》注。言會諸臣以治之也。

亶有之

相國之於勝人之勢，亶有之矣。

楊注曰：“亶，讀爲擅，本亦或作擅。或曰：亶，誠也。”【念孫案】或説是也。本或作“擅”者，借字耳。

曷若

曷若兩者孰足爲也。

【念孫案】"曷若"二字，與上下文義不相屬，此涉上文"曷若是"而衍。"兩者"二字，指上文"勝人之道"與"勝人之勢"而言，楊注："兩者，'勝人之道'與'勝人之勢'，一則天下歸一，一則爲天下笑，問何者可爲也。"則不當有"曷若"二字明矣。楊云："問以爲何如也。"此望文生義而曲爲之説。

勢籍

夫桀紂，聖王之後子孫也，有天下者之世也，勢籍之所存，天下之宗室也。

今本楊注曰："勢謂國籍之所在也。"【念孫案】楊注本作"勢位圖籍之所在也"，《禮運》："在勢者去。"鄭注："勢，勢位也。"是"勢"與"位"同義。《儒效》篇："履天子之籍。"楊彼注曰："籍，謂天下之圖籍也。"故此注亦曰"勢位圖籍之所在"。今本"位"作"謂"，"圖"作"國"，則義不可通。又案，楊以"籍"爲"圖籍"，非也。籍，亦位也。《儒效》篇曰："周公履天子之籍。"又曰："反籍於成王。"是"籍"與"位"同義，非謂"圖籍"也。《正論》篇曰："聖王之子也，有天下之後也，勢籍之所在也，天下之宗室也。"文義并與此同。盧云："勢籍，謂勢力憑藉也。"亦非。見《正論》篇。

修政

故自四五萬而往者强勝，非衆之力也，隆在信矣。自數百里而往者，安固非大之力也，隆在修政矣。

【念孫案】"政"非"政事"之"政"，修政，即修正也。古書通以"政"爲"正"。言必自修自正，然後國家可得而安也。《富國》

篇曰："必先修正其在我者。"《王霸》篇曰："内不修正其所以有。"皆其證。信，即上所謂"忠信"，對下"陶誕比周"而言。修正，即上所謂"禮義"，對下"污漫突盜"而言。《荀子》書多言"修正"，作"政"者，借字耳，非"修政事"之謂也。楊説"修政"二字未了。

安樂　歾頸

故人莫貴乎生，莫樂乎安，所以養生安樂者，莫大乎禮義。人知貴生樂安，而弃禮義，辟之是猶欲壽而歾頸，愚莫大焉。

【念孫案】"安樂"當爲"樂安"。"養生樂安"與"貴生樂安"，并承上"莫貴乎生，莫樂乎安"而言，今本"樂""安"二字倒轉，則與上下文不合。"欲壽而歾頸"，楊云："歾，當爲刎。"案，《説文》"歾"或作"殁"，《吕氏春秋·高義》篇："石渚殁頭乎王庭。"殁頭，即刎頭也。"歾""刎"皆從勿聲，故"歾"字又讀爲"刎"。《史記·循吏傳》："石奢即石渚。自歾而死。"《索隱》："歾，音亡粉反。"宋毛晃《增修禮部韻略》及《班馬字類》皆如是，今本則改"歾"爲"刎"，而删去其音矣。是"歾"字兼有"殁""刎"二讀，無煩改"歾"爲"刎"也。

剡其脛

安欲剡其脛而以蹈秦之腹。

楊注曰："剡，亦斬也。"【念孫案】"斬脛以蹈秦之腹"，義不可通。《玉藻》："弁行剡剡起屨。"正義："弁，急也。"是"剡剡"

爲"起屨"之貌,然則"剡其脛以蹈秦之腹",亦謂"起其脛以蹈秦之腹"也。《漢書・賈誼傳》:"剡手以衝仇人之匈。"義與此同。顔注:"剡,利也。"亦非。

此所謂廣大乎舜禹也

盧云:"此句或疑當在'强殆中國'下。"【念孫案】此汪説也。汪直移此句於上文"强殆中國"下是也。

於塞外

則雖爲之築明堂於塞外而朝諸侯,殆可矣。

楊注曰:"'於塞外'三字衍也,以前有'兵不復出於塞外',故誤重寫此三字耳。"【念孫案】此説是也,後説非。

不可勝

王者之功名不可勝,日志也。

楊注曰:"日記識其政事,故能功名不可勝数。"【念孫案】玩楊注,則正文"不可勝"下當有"數"字。

瞻曠

堂上不糞,則郊草不瞻曠芸。

【念孫案】此言事當先其所急,後其所緩,故堂上不糞除,則不暇芸野草也。"芸"上不當有"瞻曠"二字,不知何處脱文闌入此句中也。據楊注引《魯連子》"堂上不糞者，郊草不芸"，無"瞻曠"二字，即其證。楊注又曰："堂上猶未糞除，則不暇瞻視郊野之草有無也。"此則不得其解而曲爲之説。

白刃扞乎胸

白刃扞乎胸，則目不見流矢。

楊注曰："扞，蔽也。扞蔽於胸，謂見斬刺也。"【念孫案】扞蔽，非斬刺之義，楊説非也。"扞"之言"干"也。干，犯也。謂白刃犯胸，則不暇顧流矢也。《史記・游俠傳》："扞當世之文罔。"謂犯法也。《漢書・董仲舒傳》："抵冒殊扞。"文穎曰："扞，突也。"突，亦犯也。

天論

脩道而不貳　貳之則喪　貳則疑惑

脩道而不貳，則天不能禍。

【念孫案】"脩"當爲"循"，字之誤也。隸書"循""脩"相似，説見《管子・形勢》篇。循，順也。"貳"當爲"貣"，亦字之誤也。凡經傳中"貣"字多誤作"貳"，説見《管子・勢》篇。"貣"與"忒"同，《管子・正》篇："如四時之不貣。"《史記・宋世家》："二衍貣。"并以"貣"爲"忒"，字本作"忒"，又作"貸"，説見《管子・勢》篇。又作"慝"、作"匿"，説見後"匿則大惑"下。忒，差也。言所行皆順乎道而不差，則天不能禍也。下文曰："倍道而妄行，則天不能使之吉。"正與此相反。今本"循"作"脩"，"貣"作"貳"，則非其旨矣。楊不知

“貳”爲“貣”之誤，又見下文言“倍道妄行”，遂釋之曰：“貳，即倍也。”此望下文生義，而非本句之旨。《群書治要》作“循道而不忒”，足正楊本之誤。又，《禮論》篇：“萬物變而不亂，貳之則喪也。”“貳”亦當爲“貣”，貣，差也。言禮能治萬變而不亂，若於禮有所差忒，則必失之也。《大戴記·禮三本》篇作“貸之則喪”，是其證。貸，見上注。楊云：“貳，謂不一。”亦失之。又，《解蔽》篇：“心枝則無知，傾則不精，貳則疑惑。”“貳”亦當爲“貣”，言差忒則生疑惑也。“貣則疑惑”，猶《天論》篇言“匿則大惑”也。“匿”與“慝”“忒”通，説見“匿則大惑”下。彼以“中”“從”爲韻，“畸”“爲”爲韻，“匿”“惑”爲韻，此以“枝”“知”爲韻，“傾”“精”爲韻，“貣”“惑”爲韻。“忒”“貣”“慝”“匿”并通，故“貣”“匿”并與“惑”爲韻，“貳”則非韻矣。“貣”從弋聲，於古音屬之部。“貳”從弍聲，於古音屬脂部。

故水旱不能使之飢渴寒暑不能使之疾妖怪不能使之凶

劉云：“案，‘渴’字衍，此承上文而言。‘强本節用’，故‘水旱不能使之饑’。‘養備動時’，故‘寒暑不能使之疾’。‘修道不貳’，故‘妖怪不能使之凶’。”【念孫案】《群書治要》無“渴”字，下文“水旱未至而飢”，亦無“渴”字，注内“渴”字亦後人據已衍之正文加之。

未至

妖怪未至而凶。

【念孫案】“未至”二字與上文複。《群書治要》“至”作

“生”是也。下文:“妖是生於亂。”即其證。“生”“至”字相似,又涉上文“未至”而誤。

皆知其所以成莫知其無形夫是之謂天

楊注曰:“言天道之難知。或曰:當爲‘夫是之謂天功’,脱‘功’字耳。”【念孫案】或説是也。人功有形而天功無形,故曰“莫知其無形,夫是之謂天功”。“天功”二字,下文凡三見。

形能

耳目鼻口形能各有接而不相能也。

楊注曰:“耳目鼻口形,其所能皆可以接物,而不能互相爲用。”【念孫案】楊以“耳目鼻口形”連讀,而以“能”字屬下讀,於義未安。余謂“形能”當連讀,“能”讀爲“態”。《楚辭·招魂》注曰:“態,姿也。”形態,即形也。言耳目鼻口形態各與物接,而不能互相爲用也。古字“能”與“耐”通,説詳《唐韻正》。故亦與“態”通。《楚辭·九章》“固庸態也”,《論衡·累害》篇“態”作“能”。《漢書·司馬相如傳》“君子之態”,《史記》亦作“能”。徐廣本如是,今本作“熊”,非。《易林·无妄之賁》:“女工多能,亂我政事。”“能”即“態”字也,多態,謂淫巧。故以“形能”連文。《正名》篇以“耳目口鼻”與“形體”并列,彼言“形體”,猶此言“形態”。

所志於陰陽者已其見知之可以治者矣“已”與“以”同。

楊注曰:“知,或爲和。”【念孫案】作“和”者是也。上文云:“陰陽大化,萬物各得其和以生。”是其證。陰陽見其和而聖人法之以爲治,故曰“所志於陰陽者,以其見和之可以治者矣”。“和”與“知”字相似而誤。楊前注謂“知其生殺而效之,爲賞罰以治之”,此曲説也。

楚王後車千乘非知也君子啜菽飲水非愚也是節然也

楊注曰:“節,謂所遇之時命也。”劉引《正名》篇“節遇謂之命”。

心意

若夫心意修,德行厚,知慮明。

【念孫案】“心意”當爲“志意”,字之誤也。《荀子》書皆言“志意修”,無言“心意修”者。《修身》篇曰:“志意修則驕富貴。”《富國》篇曰:“修志意,正身行。”皆其證。又,《榮辱》篇曰:“志意致修,德行致厚,智慮致明。”《正論》篇曰:“志意修,德行厚,知慮明。”皆與此文同一例,此尤其明證也。

怪星之黨見

夫日月之有蝕,風雨之不時,怪星之黨見。

楊注曰:“黨見,頻見也。言如朋黨之多。”【念孫案】楊説甚迂，且訓"黨"爲"頻"，於古無據。惠氏定宇《九經古義》曰"黨見，猶所見也"，訓"黨"爲"所"，雖據《公羊注》，然"怪星之所見"，殊爲不詞。余謂"黨"，古"儻"字。儻者，或然之詞。"怪星之黨見"與"日月之有蝕""風雨之不時"對文，謂怪星之或見也。《莊子·繕性》篇："物之儻來，寄也。"《釋文》："儻，崔本作黨。"《史記·淮陰侯傳》："恐其黨不就。"《漢書·伍被傳》："黨可以徼幸。""黨"并與"儻"同。《韓詩外傳》作"怪星之晝見"，"晝"字恐是後人所改，《群書治要》引此正作"怪星之儻見"。

耘耨失薉

楛耕傷稼，耘耨失薉，政險失民。

楊注曰："失薉，謂耘耨失時使薉也。"盧云："《韓詩外傳》作'枯耕傷稼，枯耘傷歲'，'枯'與'楛'同，疑是也。此處句法不一律，注强爲之説，頗難通。"【念孫案】盧説是也。"楛耘失歲"，上對"楛耕傷稼"，下對"政險失民"，今本作"耘耨失薉"，則文不成義。"歲"之爲"薉"，乃涉下文"田稼薉惡"而誤，而楊所見本已然，故强爲之説，而不可通。

則父子相疑

内外無别，男女淫亂，則父子相疑，上下乖離。

【念孫案】"内外無别"二句爲一類，"父子相疑"二句爲一類，"父子"上不當有"則"字。《群書治要》無"則"字，《韓詩外傳》亦無。

三者錯

三者錯,無安邦。

【念孫案】錯,交錯也。《説文》作"逪",云:"迹逪也。"言此三妖交錯於國中,則國必危也。楊讀"錯"爲"措置"之"措",失之。

勉力不時則牛馬相生六畜作妖楊注:"勉力,力役也。"

【念孫案】吕本所載正文,此三句本在上文"禮義不修"之上。"勉力不時,則牛馬相生,六畜作妖",此是妖由人興,故曰"妖是生於亂"。自錢本始依楊注移置於下文"可怪也,而不可畏也"之上,楊注"勉力不時"三句云:"此三句直承'其菑甚慘'之下。"注"可怪也"二句云:"此二句承'六畜作妖'之下。"且删去楊注,而各本及盧本皆從之,謬矣。今録吕本原文於左,而加訂正焉。

星隊、木鳴,國人皆恐。曰:是何也?曰:無何也,是天地之變、陰陽之化,物之罕至者也,怪之可也,而畏之非也。夫日月之有蝕,風雨之不時,怪星之黨見,是無世而不常有之。上明而政平,則是雖并世起,無傷也。上闇而政險,則是雖無一至者,無益也。夫星之隊,木之鳴,是天地之變、陰陽之化,物之罕至者也,怪之可也,而畏之非也。物之已至者,人妖則可畏也。楛耕傷稼,耘耨失薉,政險失民,田薉稼惡,糴貴民飢,道路有死人,夫是之謂人妖。政令不明,舉錯不時,本事不理,夫是之謂人妖。案,此句當在下文"六畜作妖"之下,乃總上之詞,今倒在"勉力不時"之上,則文義不順。"政令不明,舉錯不時,本事不理,勉力不時",四句相連,"牛馬相生"二句,乃總承此四句而言,非專承"勉力不時"而言。勉力不時,則牛馬相生,六畜作妖。禮義不修,内外無别,男女淫亂,則父子相疑,上下乖離,寇難并至,夫是之謂人妖。妖是生於亂,三者錯,無安邦。其説甚爾,其菑甚慘,可怪也,而不可畏也。【引之曰】"不可畏也"當作"亦可畏也"。蓋星隊、木鳴,乃天地之變、陰陽之化,非人事之所招,故曰"怪之可也,而畏之非也"。若牛馬相生,六畜作妖,則政亂之所致,所謂"人妖"也,其説甚邇,其菑甚慘,可怪也,而亦可畏矣。上文云:"物之已至者,人妖則可畏也。"正與此句相應,若作"不可畏",則與上文相反矣。楊不知"不"爲"亦"之誤,故欲顛倒其文耳。《外傳》曰:"星墜、木鳴,國人皆恐,何也?曰:是天地之變、陰陽之化,物之罕至者也,怪之可也,畏之非也。夫日月之薄蝕,怪星之晝見,風雨之不時,是無世而不嘗有也。上明政平,是雖并至,無傷也。上闇政險,是雖無一至,無益也。夫萬物之有災,人妖最可畏也。曰:何謂人妖?曰:枯耕傷稼,枯耘傷歲,政險失民,田穢稼惡,糴貴民饑,道有死人,寇賊并起,上下乖離,鄰人相暴,對門相盜,禮義不循,牛馬相生,六畜作妖,臣下殺上,父子相疑,是謂人妖,是生於亂。"案,此文與《荀子》略同,"牛馬相生,六畜作妖"在"是謂人妖"之上,是"牛馬相生"二句,乃人妖也。然則《荀子》原文本作"政令不明,舉錯不時,本事不理,勉力不時,則牛馬相生,六畜作妖,夫是之謂人妖",明矣。

不睹乎外

珠玉不睹乎外,則王公不以爲寶。

【念孫案】"不睹乎外"四字,文義不明,"睹"當爲"睹"。《説文》:"睹,旦明也。從日、者聲。"《玉篇》"丁古切"。"睹"之言"著"也。上言日月不高,則光輝不赫。水火不積,則輝潤不博。則此言珠玉睹乎外,亦謂其光采之著乎外,故上文云"在物者莫明於珠玉"也。世人多見"睹",少見"睹",故"睹"誤爲"睹"。《夏小正傳》"蓋陽氣且睹也",今本"且睹"作"旦睹",誤與此同。

物畜而制之

大天而思之,孰與物畜而制之。從天而頌之,孰與制天命而用之。望時而待之,孰與應時而使之。因物而多之,孰與騁能而化之。

【念孫案】"物畜而制之","制"當爲"裁"。"思""裁"爲韻,"頌""用"爲韻,"待""使"爲韻,"多""化"爲韻。"思""裁"二字,於古音并屬之部,"制"字於古音屬祭部,不得與"思"爲韻也。又案,楊注云:"使物畜積,而我裁制之。"此釋正文"物畜而裁之"也,正文作"裁之",而注言"裁制之"者,加一"制"字以申明其義耳。今正文作"制之",即因注内"制之"而誤。

匿則大惑　匿而采

故道之所善,中則可從,畸則不可爲,匿則大惑。

楊注曰:"匿,謂隱匿其情。禮者,明示人者也,若隱匿則大惑。"【念孫案】"隱匿"與"大惑",義不相屬,楊曲爲之説,非也。"匿"與"慝"同。《逸周書·大戒》篇:"克禁淫謀,衆匿乃雍。"《管子·七法》篇:"百匿傷上威。"并以"匿"爲"慝"。又,《管子·明法》篇"比周以相爲匿",《明法解》"匿"作"慝"。《漢書·五行志》"朔而月見東方,謂之仄慝",《書大傳》"慝"作"匿"。慝,差也。《洪範》"民用僭忒",《漢書·王嘉傳》引此"忒"作"慝",而釋之曰:"民用僭差不壹。"董仲舒《雨雹對》曰："無有差慝。"言大惑生於差慝也。上文曰"亂生其差"，正謂此也。道貴乎中，畸則偏，差則惑矣，故曰"中則可從，畸則不可爲，慝則大惑"。又，《樂論》篇曰："亂世之徵，其聲樂險，其文章匿而采。""匿"亦讀爲"慝"，慝，邪也。言文章邪慝而多采飾也。《鄘風·柏舟》傳曰："慝，邪也。"《漢書·嚴安傳》："樂失而淫，禮失而采。"如淳曰："采，飾也。"

《荀子》弟六

正論

則不然

以桀紂爲常有天下之籍則然,親有天下之籍則不然,天下謂在桀紂則不然。

【引之曰】上"則不然"亦當作"則然","親有天下之籍則然,天下謂在桀紂則不然"者,言桀紂雖親有天下之籍,而天下之人心已去桀紂而歸湯武也。今本"則然"作"則不然",涉下句而誤耳。下文云:"有天下之後也,勢籍之所在也。"則桀紂固親有天下之籍矣,何得云"不然"乎?楊曲爲之説,非是。

不材不中

然而不材不中。

楊注曰:"不中,謂處事不當也。中,丁仲反。"【念孫案】"中"讀"中正"之"中"。《孟子·離婁》篇"中也養不中,材也養不材",是其證。楊説非。

天下未嘗有説

以天下之合爲君，則天下未嘗合於桀紂也，然則以湯武爲弑，則天下未嘗有説也。

【念孫案】"天下未嘗有説"，"天下"二字涉上文而衍。據楊注云"自古論説，未嘗有此"，則本無"天下"二字明矣。

行之爲

其知慮至險也，其至意至闇也，楊注："至意，當爲志意。"其行之爲至亂也。

【引之曰】"知慮""志意""行爲"相對爲文，則"行"下不當有"之"字。《荀子》書"行爲"字皆作"僞"，今作"爲"者，後人以其所知，改其所不知耳。

不容妻子之數

是不容妻子之數也。

楊注曰："不能容有其妻子，是如此之人數也，猶言不能保妻子之徒也。"【念孫案】楊未曉"數"字之意。數，猶道也。《吕氏春秋·壅塞》篇"寡不勝衆，數也"，高注："數，道數也。"言是不容妻子之道也。凡道有吉有凶，下文曰："故至賢疇四海，湯武是也。至罷不容妻子，桀紂是也。"然則如湯武者，是疇四海之道也，吉道也。如桀紂者，是不容妻子之道也，凶道也。

可以

可以奪之者，可以有國，而不可以有天下。

【念孫案】"奪"之上不當有"可以"二字，此涉上下文而衍。

墨黥慅嬰共艾畢菲對屨殺赭衣而不純

世俗之爲説者曰:"治古無肉刑而有象刑:墨黥。慅嬰。共,艾畢。菲,對屨。殺,赭衣而不純。"

楊注"墨黥"曰:"世俗以爲古之重罪,以墨涅其面而已,更無劓刖之刑也。或曰'墨黥'當爲'墨幪',但以墨巾蒙其頭而已。"注"慅嬰"曰:"當爲澡嬰,謂澡濯其布爲纓,凶冠之飾,令罪人服之。《禮記》曰:'緦冠澡纓。'鄭云:'有事其布以爲纓也。'《雜記》。慅,或讀爲草,《慎子》作草纓。"注"共,艾畢"曰:"共,未詳,或衍字耳。艾,蒼白色。畢與韠同,紱也,所以蔽前,令罪人服之,故以蒼白色爲韠也。"注"菲,對屨"曰:"菲,草屨也。對,當爲紨,傳寫誤耳。紨,枲也。《慎子》作紨,言罪人或菲或枲爲屨,故曰'菲,紨屨'。紨,方孔反。"注"殺,赭衣而不純"曰:"以赤土染衣,故曰'赭衣'。純,緣也。殺之所以異於常人之服也。純音準。殺,所介反。《慎子》曰'有虞氏之誅,以畫跪當黥,以草纓當劓,以紨履當刖,以艾畢當宫'。又,《尚書大傳》曰'唐虞之象刑,上刑赭衣不純,中刑雜屨,下刑墨幪'。"劉云:"'共'當作'宫','菲'當作'剕'。殺,當如字讀。言犯墨黥之罪者以草纓代之,宫罪以艾畢代之,刖罪以紨屨代之,殺罪以赭衣不純代之。注引《尚書大傳》及《慎子》之言,正可參證。"【念孫案】"墨黥"二字,語意未完,當有脱文,以《慎子》言"畫跪當黥",《書大傳》言"下刑墨幪"知之。"慅嬰"上蓋脱"劓"字,以《慎子》言"草纓當劓"知之。

赤旂宋吕本如是。

昔者武王伐有商，誅紂，斷其首，縣之赤旂。

宋錢本"旂"作"旆"，注"旂"字同。元刻、世德堂本同。【念孫案】《解蔽》篇云"紂縣於赤旆"，則作"旆"者是。

同儀

故諸夏之國同服同儀。

楊注曰："儀，謂風俗也。"【念孫案】"風俗"不得謂之"儀"，儀，謂制度也。下文"蠻夷戎狄之國，同服不同制"，正與此相反。

王者之至

夫是之謂視形勢而制械用，稱遠近而等貢獻，是王者之至也。

楊注曰："至，當爲志，所以志識遠近也。"【念孫案】"至"當爲"制"，上文云："彼王者之制也，視形勢而制械用，稱遠邇而等貢獻。"下文云："則未足與及王者之制也。"皆其證。楊説非。

代皋而食

楊注曰："皋，未詳，蓋香草也。或曰：皋，讀爲藁，即所謂'蘭茝藁本'也。或曰：當爲澤，澤蘭也。《士喪禮》'茵著用茶，實綏澤焉'，俗書'澤'字作'水'傍'皋'，傳寫誤遺其'水'耳。'代澤而食'，謂焚香氣歇，即更以新者代之。"劉云："案，'代皋'當爲'伐皋'。《淮南·主術訓》云'鼛鼓而食'，高注：

‘鼖鼓，王者之食樂也。’引《詩》‘鼓鐘伐鼖’。”【念孫案】《周官·大司樂》：“王大食，三侑，皆令奏鍾鼓。”又案，《淮南》亦本作“伐鼖而食”，與“奏雍而徹”對文，《淮南》即本於《荀子》也。高注引《詩》“鼓鐘伐鼖”，正釋“伐鼖”二字之義。今本正文作“鼖鼓”者，涉注文而誤，《玉海》一百九引《淮南》正作“伐鼖而食”。《考工記·韗人》作“皋鼓”。

雍而徹乎五祀執薦者百人侍西房

楊以“雍而徹乎”爲句，而釋之曰：“奏《雍》而徹饌，《論語》曰‘三家者以《雍》徹’，言其僭也。”又以“五祀”爲句，連下文“執薦者百人侍西房”而釋之曰：“《周禮·宗伯》‘以血祭祭社稷五祀’，或曰：此‘五祀’謂礿、祠、烝、嘗及大祫也。或曰：《國語》展禽曰：‘禘郊祖宗報，此五者，國之祀典也。’皆王者所親臨之祭，非謂户、竈、中霤、門、行之五祀也。薦，謂所薦陳之物，籩豆之屬也。”劉云：“案，此當以‘雍而徹乎五祀’爲句，‘徹乎五祀’，謂徹於竈也。《周禮·膳夫職》云：‘王卒食，以樂徹于造。’《淮南·主術訓》云：‘奏《雍》而徹，已飯而祭竈。’蓋徹饌而設之於竈，若祭然，天子之禮也。‘造’‘竈’古字通用。《大祝》‘六祈，二曰造’，故書‘造’作‘竈’。《吴語》‘係馬舌，出火竈’，《吴越春秋》作‘出火於造’。【念孫案】《史記·秦本紀》“客卿竈”，《秦策》作“造”。《管子·輕重己》篇“熯竈泄井”，《禁藏》篇作“造”。專言之則曰‘竈’，連言之則曰‘五祀’，若謂丞相爲三公，左馮翊爲三輔也。楊氏失其句讀，乃爲是多方駢枝之説，此言天子奉養之盛，而以祭祀爲言，何當乎？”【念孫案】劉説既得其句，而又得其義，確不可易。劉又云：“案，天子羞用百有二十品，執薦者百人，舉成數。”

居則設張容負依而坐

楊注曰："容，謂羽衛也。居則設張其容儀，負依而坐也。【念孫案】"坐"當爲"立"，說見《儒效》篇。或曰：《爾雅》曰：'容謂之防。'郭璞云：'如今牀頭小曲屏風，唱射者所以自防隱也。'言施此容於户牖間，負之而坐也。"郝云："案，'張'與'帳'同，古以'張'爲'帳'也。'容'則《爾雅》'容謂之防'。'張''容'二物，與'依'而爲三。"

夾道

庶士介而夾道。宋吕本如是。

宋錢佃本及元刻"夾道"并誤作"坐道"，而盧本從之。【念孫案】作"坐道"者非也。上文云："天子出，則三公奉軶持納，諸侯持輪挾輿先馬。"然則庶士豈得"坐道"乎？當從吕本作"夾道"，《周官・條狼氏》"王出入則八人夾道"是也。楊注本云："介而夾道，被甲夾於道側，以禦非常也。"而今本注文兩"夾"字亦誤爲"坐"矣。

不老者休也休猶有安樂恬愉如是者乎

楊注曰："不老，老也，猶言'不顯，顯也'。或曰：衍'不'字。夫'老'者，休息之名，言豈更有休息安樂過此者。"【念孫案】或説是。

不能以撥弓曲矢中

羿、蠭門者，天下之善射者也，不能以撥弓曲矢中。

陳云："案，'中'下脱'微'字，'撥弓曲矢不能中微'與下文‘辟馬毁輿，不能致遠’句法相同。《儒效》篇曰：‘輿固馬選矣，而不能以至遠，一日而千里，則非造父也。弓調矢直矣，而不能以射遠中微，則非羿也。’《王霸》篇曰：‘人主欲得善射，射遠中微，則莫若羿、蠭門矣。欲得善馭，及速致遠，則莫若王良、造父矣。’《君道》篇曰：‘人主欲得善射，射遠中微者。欲得善馭，及速致遠者。’《議兵》篇曰：‘弓矢不調，則羿不能以中微。六馬不和，則造父不能以致遠。’皆‘中微’與‘致遠’作對文，可證。《小雅》毛傳曰：‘殪，壹發而死。’言能中微而制大也，語本《荀子》。”

不以備不足足則以重有餘也

盧云：“下‘足’字衍。”

則求利之詭緩而犯分之羞大也

楊注曰：“詭，詐也。求利詭詐之心緩也。”郝云：“按，詭者，責也。言扣人冢墓以求利，國法必加罪責也。《漢書·趙充國傳》《陳湯》《京房》《尹賞》《王莽傳》及《後漢·孟嘗》《陳重傳》注皆以“詭”爲“責”。今人但知“詭詐”，不知“詭責”，楊氏亦習於今而忘於古矣，此“詭”訓“詐”，其義難通。

當厚

聖人之生民也，皆使當厚。

楊注曰：“當，謂得中也。丁浪反。”【念孫案】“當厚”二字不詞，楊説非也。“當厚”蓋“富厚”之誤，《秦策》：“勢位富厚。”下文“優猶知足”，正承“富厚”言之。舊本作“不知足”，楊云：“‘不’字衍。”

潮陷

是特奸人之誤於亂説，以欺愚者而潮陷之。

盧云："案，'潮'當作'淖'，古'潮'字作'淖'，故'淖'誤爲'淖'，又誤爲'潮'。"

豈鉅知

今俳優侏儒狎徒詈侮而不鬭者，是豈鉅知見侮之爲不辱哉！

楊注云："鉅，與遽同。言此倡優，豈速遽知宋子有見侮不辱之論哉。"盧删"速"字，非，各本皆有。【念孫案】"豈鉅知"者，豈知也。鉅，亦豈也，古人自有複語耳。或言"豈鉅"，或言"豈遽"，或言"庸詎"，或言"何遽"，其義一而已矣。説見《漢書·陸賈傳》。楊讀"鉅"爲"遽"，而云"豈速遽知"，失之。

與無益於人

將以爲有益於人邪，則與無益於人也。

楊注曰："與，讀爲預。本謂有益於人，反預於無益人之論也。"【念孫案】楊説甚迂。余謂"與"讀爲"舉"，"舉"，古通作"與"。説見《經義述聞·禮運》。舉，皆也。見《左傳》宣十七年注、哀六年注。言其説皆無益於人也。

枯磔

斬斷枯磔。

楊注曰："枯，弃世暴屍也。磔，車裂也。又曰《周禮》：'以疈辜祭四方百物。'注謂：'披磔牲也。'或者'枯'與'疈'

‘辜’義同歟?《韓子》曰‘采金之禁,得而輒辜磔’,疑‘辜’即‘枯’也。”【念孫案】後説是也。《周官·掌戮》:“殺王之親者,辜之。”鄭注曰:“辜,之言枯也,謂磔之。”

以爲成俗

聖王以爲法,士大夫以爲道,官人以爲守,百姓以爲成俗。

【念孫案】第四句本作“百姓以成俗”,與上三句對文。《晉語》注曰:“爲,成也。”《廣雅》同。“以成俗”,即以爲俗,今本“成”上有“爲”字,乃涉上三“爲”字而衍。《禮論》篇:“官人以爲守,百姓以成俗。”“成”上無“爲”字。

成文曲

今子宋子嚴然而好説,聚人徒,立師學,成文曲。

【念孫案】“成文曲”,義不可通。“曲”當爲“典”,字之誤也,故楊注云“文典,文章也”。今本注文亦誤作“文曲”。“成文典”,謂作《宋子》十八篇也。見《藝文志》。《非十二子》篇云:“終日言,成文典。”是其證。

禮論

五味調香

芻豢稻粱,五味調香,所以養口也。

【念孫案】香,臭也,非味也,與“五味調”三字義不相屬。下文云:“椒蘭芬苾,所以養鼻。”是香以養鼻,非以養口也。“香”當爲“盉”。《説文》:“盉,調味也。從皿、禾聲。”今通作

"和",昭二十年《左傳》曰:"和如羹焉,水火醯醢鹽梅以亨魚肉。宰夫和之,齊之以味,濟其不及,以泄其過。君子食之,以平其心。"故曰"五味調盉,所以養口也"。"盉"與"香"字相似,故"盉"誤爲"香",而楊注不釋"盉"字,則所見本已誤爲"香"矣。《説文》又曰:"鬻,與"羹"同。五味盉羹也。"《博古圖》所載商周器皆有"盉",蓋因其可以盉羹而名之,故其字從皿,而以"禾"爲聲。今經傳皆通用"和"字,而"盉"字遂廢,此"盉"字若不誤爲"香",則後人亦必改爲"和"矣。

持虎 彌龍

寢兕、持虎、蛟韅、絲末、彌龍,所以養威也。

楊注曰:"持虎,謂以虎皮爲弓衣,武士執持者也,《詩》曰'虎韔鏤膺'。"劉氏云:"畫虎於鈴竿及楯也。'彌龍',彌,如字,又讀爲'弭'。弭,末也。謂金飾衡軛之末爲龍首也。徐廣曰:'乘輿車以金薄繆龍爲輿倚較。'"盧云:"案,'持'當爲'特',字之誤也。寢兕、特虎謂畫輪爲飾也。劉昭注《輿服志》引《古今注》:'武帝天漢四年,令諸侯王朱輪,特虎居前,左兕右麋。小國朱輪,畫特熊居前,寢麋居左右。'《白虎通》亦曰:'朱輪特熊居前,寢麋居左右。'此謂朱輪每輪畫一虎居前,兕麋在兩旁,卻後而相并,故虎稱特。左右,謂每輪兩旁也。寢,伏也。大國畫特虎,兕麋不寢。小國則畫特熊,二寢麋,無兕。天子乘輿,蓋畫二寢兕居輪左右,畫特虎居前歟?此段若膺説。"【念孫案】向聞盧校《荀子》,多用段氏之説,而盧校本所引者,則唯此一條。又云:"案,'彌'即《説文》之'厗',《廣韻》引《説文》云:'厗,乘輿金耳也。'讀若'湃水',一讀若《月令》'靡艸'之'靡'。金耳,謂車耳,即重較也。徐廣説,爲得之。"【念孫案】此亦段説也。今本《説文》作“乘輿金飾馬耳也”,經段氏校正。説見段氏《説文注》。

道及

郊止乎天子,而社至於諸侯,道及士大夫。

楊注曰:“道,通也。言社自諸侯通及士大夫也。或曰:道,行神也。《祭法》‘大夫、適士,皆得祭門及行’,《史記》‘道’作‘啗’,司馬貞曰:啗音含,苞也。言士大夫皆得苞立社。倞謂當是‘道’誤爲‘蹈’,傳寫又誤以‘蹈’爲‘啗’耳。”【念孫案】楊注皆出於小司馬,其説“道”“啗”二字,皆非也。楊以“道”爲“行神”,亦非。“道及”者,覃及也。説見《史記·禮書》。

積厚

所以别積厚,積厚者流澤廣,積薄者流澤狹也。

盧云:“《大戴》及《史記》‘積厚’二字不重。”【念孫案】不重者是也。上文“所以别尊者事尊,卑者事卑”,與此文同一例,則“積厚”二字不當重。

不文

三年之喪,哭之不文也。

楊注曰:“不文,謂無曲折也。《禮記》曰:‘斬衰之哭,若往而不反。’”盧云:“‘不文’,《大戴禮》《史記》皆作‘不反’。觀注意,此亦似本作‘不反文’,字疑誤。”

至文以有别至察以有説

【念孫案】以，猶而也。説見《釋詞》。言至文而有别，至察而有説也。《史記》"以""有"二字皆倒轉，誤也。楊前説誤解"以"字，後用小司馬説，讀"説"爲"悦"，尤非。

足禮

不法禮，不足禮，謂之無方之民。法禮，足禮，謂之有方之士。

【念孫案】足禮，謂重禮也。不足禮，謂輕禮也。《儒效》篇云："縱性情而不足問學，則爲小人矣。"《樂論》篇云："百姓不安其處，不樂其鄉，不足其上。"與此言"不足禮"同，反是則"足禮"矣。上文云："禮者，人道之極也。"正"足禮"之謂也。楊云："足謂無闕失。"失之。

并行而雜

文理、情用，相爲内外表裏，并行而雜。

【念孫案】"雜"讀爲"集"。《爾雅》："集，會也。"言文理、情用并行而相會也。"集""雜"古字通。《月令》"四方來集"，《吕氏春秋·仲秋紀》"集"作"雜"。《論衡·别通》篇"集糅非一"，即"雜糅"。楊未達假借之旨。

人有是

是君子之壇宇宫廷也。人有是，士君子也。外是，民也。是，謂禮也。

【念孫案】"有"讀爲"域"。《孟子·公孫丑》篇注曰："域，居也。”人域是，人居是也，故與“外是”對文。《商頌・玄鳥》篇“奄有九有”，《韓詩》作“九域”。見《文選・册魏公九錫文》注。《魯語》：“共工氏之伯九有也。”韋注曰：“有，域也。”《漢書・律曆志》引《祭典》曰“共工氏伯九域”，是“域”“有”古通用。《史記・禮書》正作“人域是”。《索隱》：“域，居也。”

衣衾

然後皆有衣衾多少厚薄之數。

楊注曰：“衣，謂衣衾，《禮記》所謂‘君陳衣於庭百稱’之比者也。衾，謂君錦衾、大夫縞衾、士緇衾也。食，謂遣車所苞。遣，奠也。”盧云：“正文‘衣衾’，案注當本作‘衣食’，元刻於注頗有删節，今悉依宋本。”【念孫案】盧説是也。正文本作“然後皆有衣食多少厚薄之數”，“衣”字統“衣衾”而言。楊注本作“衣，謂衣衾。此釋正文“衣”字。衣，《禮記》所謂‘君陳衣於庭百稱’之比者也。衾，謂君錦衾、大夫縞衾、士緇衾也。此是楊氏自釋注内“衣衾”二字，非釋正文也，正文本無“衾”字。食，謂遣車所苞。遣，奠也”。此釋正文“食”字。宋本正文“食”字誤而爲“衾”，注文“禮記”上又脱一“衣”字，則義不可通，而元刻遂妄加删節矣。

屬

天子之喪，動四海，屬諸侯。

【念孫案】屬，合也。下文四“屬”字義并同。下文云“庶人之喪合族黨，動州里”是也。《周官・州長》：“各屬其州之民而讀法。”鄭注曰：“屬，猶合也，聚也。”《晉語》“三屬諸侯”，韋注曰：“屬，會也。”楊以“屬”爲“付托”，失之。

反其平

各反其平,各復其始。

【引之曰】"平"字文義不明,"平"當爲"本",字之誤也。本,亦始也。《吕氏春秋·孝行》篇注:"本,始也。"《晉語》注:"始,本根也。""反其本"即"復其始"。"復其始",謂若無喪時也。

卜日 卜宅

然後月朝卜日,月夕卜宅。

楊注曰:"月朝,月初也。月夕,月末也。先卜日,知其期,然後卜宅,此大夫之禮也,士則筮宅。《士喪禮》'先筮宅,後卜日'。此云'月朝卜日,月夕卜宅',未詳也。"【引之曰】當作"月朝卜宅,月夕卜日"。今本"宅""日"二字上下互誤耳,斷無先卜日、後卜宅之理。

時舉而代御

故文飾、粗惡,聲樂、哭泣,恬愉、憂戚,是反也,楊注:"是相反也。"然而禮兼而用之,時舉而代御。

【念孫案】此"時"字非謂"天時"。時者,更音庚。也。謂文飾與粗惡、聲樂與哭泣、恬愉與憂戚皆更舉而代御也。《方言》曰:"蒔,郭音侍。更也。"古無"蒔"字,故借"時"爲之。《莊子·徐無鬼》篇云:"堇也,桔梗也,雞廱也,豕零也,是時爲帝者也。"《爾雅》:"帝,君也。"《淮南·齊俗》篇云:"見雨則裘不用,升堂則蓑不御,此代爲帝者也。""帝",今本誤作"常"。《説林》篇云:"旱歲之土龍,疾疫之芻靈,是時爲帝者也。"今本脱"時"字,據高注補。《太平御覽·器物部十》引馮衍《詣鄧禹箋》云:"見雨則裘不用，上堂則蓑不御，此更爲適者也。”適，讀“嫡子”之嫡。《廣雅》：“嫡，君也。”或言“時爲”，或言“代爲”，或言“更爲”，是“時”“代”皆更也，《方言》：“更，代也。”《説文》：“代，更也。”故曰“時舉而代御”。楊説“時”字之義未了。

粗衰

粗衰哭泣憂戚。

【念孫案】“粗衰”本作“粗惡”，此後人不曉文義而妄改之也。“粗惡”對“文飾”，“哭泣”對“聲樂”，“憂戚”對“恬愉”，皆見上文。“粗惡”二字所包者廣，不止“粗衰”一事，不得改“粗惡”爲“粗衰”也。下注云：“立粗衰以爲居喪之飾。”則楊所見本已誤。

娩澤

故説豫娩澤，憂戚萃惡，是吉凶憂愉之情發於顏色者也。

【念孫案】“娩”讀若“問”。娩澤，謂顏色潤澤也。“説豫”與“憂戚”對文，“娩澤”與“萃惡”對文，故曰“是憂愉之情發於顏色者也”。《内則》“免薧”，鄭注：“免，新生者。薧，乾也。”《釋文》“免”音“問”。“娩”“免”古字通，《内則》以“免”對“薧”，猶此文之以“娩澤”對“惡萃”也。楊云：“娩，媚也，音晚。”則讀爲“婉娩”之“娩”，分“娩澤”爲二義，且與“萃惡”不對矣。

酒漿

芻豢、稻粱、酒醴、餰鬻、魚肉、菽藿、酒漿，是吉凶憂愉之情發於食飲者也。

【念孫案】"酒漿"當爲"水漿"。芻豢、稻粱、酒醴、魚肉，吉事之飲食也。餰鬻、菽藿、水漿，凶事之飲食也。今本"水漿"作"酒漿"，則既與凶事不合，又與上文"酒醴"相複矣，此"酒"字即涉上"酒醴"而誤。

卑絻

卑絻黼黻文織。

楊注曰："卑絻，與裨冕同，衣裨衣而服冕也。"【念孫案】《富國》篇曰："天子袾裷衣冕，諸侯玄裷衣冕，大夫裨冕，士皮弁。"《大略》篇曰："天子山冕，諸侯玄冠，大夫裨冕，士韋弁。"其制上下不同，此不當獨舉"裨冕"言之，楊以"卑絻"爲"裨冕"，未是也。"卑絻"疑當爲"弁絻"，"弁"即今"弁"字也。"弁絻""黼黻""文織"，皆二字平列，且"弁絻"二字，兼上下而言。此篇曰："弁絻黼黻文織。"《君道》篇曰："冠弁衣裳，黼黻文章。"《曾子問》曰："天子賜諸侯大夫冕弁服。"《禮運》曰："冕弁兵革。"昭元年《左傳》曰："吾與子弁冕端委。"九年《傳》曰："猶衣服之有冠冕。"宣元年《公羊傳》曰："已練可以弁冕。"僖八年《穀梁傳》曰："弁冕雖舊，必加於首。"或言"弁冕"，或言"冕弁"，或言"冠冕"，或言"冠弁"，皆二字平列，且兼上下而言，故知"卑絻"爲"弁絻"之誤。《説文》："覍，冕也。"籀文作"弁"，或作"卞"，今經傳皆作"弁"，而"覍""弁""卞"三字遂廢。此"弁"字若不誤爲"卑"，則後人亦必改爲"弁"矣。

説褻衣

楊注："《禮記》曰：'季康子之母死，陳褻衣。'鄭云：'褻衣非上服，陳之將以斂也。’”盧云：“正文‘説’字疑當是‘設’。”

不成内

薄器不成内。

楊注曰：“薄器，竹葦之器。不成内，謂有其外形，内不可用也。内，或爲用。《禮記》曰：‘竹不成用。’鄭云：‘成，善也。竹不可善用，謂邊無縢也。’”【念孫案】作“用”者是。“内”即“用”之訛，注前説非。

金革

金革轡靷而不入。

【念孫案】金革，即《小雅·蓼蕭》所謂“鞗革”也。《説文》“鞗”作“鋚”，云：“轡首銅也。從金、攸聲。”《石鼓文》及《寅簋文》作“鋚勒”，《焦山鼎》作“攸勒”，《伯姬鼎》作“攸勒”，《宰辟父敦》作“攸革”。《爾雅》曰：“轡首謂之革。”故曰“金革轡靷”。楊以“金”爲“和鸞”，失之。又曰“革，車鞅也”，宋本“鞅”訛作“軮”，今本訛作“軼”，盧又改“軼”爲“靯”，皆與“金革”無涉。

無帾

無帾絲歶縷翣，其貇以象菲帷幬尉也。

楊注曰：“無，讀爲幠。幠，覆也，所以覆尸者也。《士喪禮》‘幠用斂衾、夷衾’是也。”【念孫案】幠者，柳車上覆，即《禮》所謂荒也。《喪大記》曰：“飾棺：君龍帷，黼荒，素錦褚，加僞荒。”鄭注曰：“荒，蒙也。《鄘風·君子偕老》傳曰：“蒙，覆也。”在旁曰帷，在上曰荒，皆所以衣柳也。僞當爲帷，大夫以上有褚以襯覆棺，乃加帷荒於其上。”以上鄭注。“荒”“幠”一聲之轉,皆謂覆也,故柳車上覆謂之荒,亦謂之幠。“帾”即“素錦褚”之“褚”,“幠”“帾”皆所以飾棺。“幠”在上象幕,“帾”在下象幄,故曰“其須象菲帷幬尉也”。《周官・縫人》“掌縫棺飾”,鄭注曰“若存時居於帷幕而加文綉”是也。若“斂衾”“夷衾”,非所以飾棺,不得言“象菲帷幬尉”矣。《詩・公劉》傳曰:“荒,大也。”《閟宫》傳曰:“荒,有也。”《爾雅》曰:“幠,大也,有也。”是“幠”與“荒”同義。“幠”從無聲,“荒”從㠩聲,“㠩”從亡聲,“荒”之轉爲“幠”,猶“亡”之轉爲“無”,故《詩》“遂荒大東”,《爾雅》注引作“遂幠大東”。《禮記》“毋幠毋敖”,《大戴》作“無荒無傲”矣。

謂之墨

刻死而附生謂之墨,刻生而附死謂之惑,殺生而送死謂之賊。

楊注曰:“墨,墨子之法。”【念孫案】“墨”與“惑”“賊”對文,則“墨”非“墨子”之謂。上文云:“事生不忠厚,不敬文,謂之野。送死不忠厚,不敬文謂之瘠。”楊注:“瘠,薄。”此云:“刻死而附生謂之墨。”《樂論》云:“亂世之徵,其養生無度,其送死瘠墨。”又以“瘠墨”連文,則“墨”非“墨子”明矣。

父能生之不能養之

楊注曰:“養,或爲食。”【念孫案】作“食”者是也。下文:“母能食之,不能教誨之。君者已能食之矣,又善教誨之者也。”兩“食”字并承此“食”字而言。

志意思慕之情　志意之情者

祭者,志意思慕之情也。

【念孫案】"情"與"志意"義相近,可言"思慕之情",不可言"志意思慕之情"。"情"當爲"積",字之誤也。《儒效》篇:"師法者所得乎情。"楊注:"或曰:情,當爲積。"志意思慕積於中而外見於祭,故曰"祭者,志意思慕之積也"。下文"唈僾"注云:"氣不舒,憤鬱之貌。"正所謂"志意之積"也。又,下文:"則其於志意之情者,惆然不嗛。""情"亦當爲"積",言志意之積於中者不慊也。楊云:"忠臣孝子之情悵然不足。"則所見本已誤。

箾簡象

故鐘鼓管磬,琴瑟竽笙,《韶》《夏》《護》《武》,《酌》《桓》《箾》《簡》《象》。

楊注曰:"箾音朔。賈逵曰:'舞曲名。'《左傳》襄二十九年"見舞《象箾》《南籥》者"注。① 簡,未詳。"【念孫案】《箾象》即《左傳》之《象箾》也。自"鐘鼓管磬"以下,皆四字爲句,則"《箾象》"之間,不當有"簡"字,疑即"箾"字之誤而衍者。

修塗

齋戒修塗。

楊注曰:"修塗,謂修自宫至廟之道塗也。"【念孫案】"塗"讀爲"除"。《周官・典祀》:"若以時祭祀,則帥其屬而修除。"

---

① "九",底本作"八",據《左傳》改。

鄭注曰:“修除,芟埽之。”“修除”二字,專指廟中而言,作“塗”者,借字耳,非謂“修自宫至廟之道塗也”。

樂論

不諰

使其文足以辨而不諰。

盧云:“《禮記·樂記》作‘論而不息’,《史記·樂書》作‘綸而不息’,此作‘諰’,乃‘諰’之訛。《莊子·人間世》篇‘氣息茀然’,向本作‘諰’,崔本亦同。”案,《詩》:“南有喬木,不可休息。”“息”亦是“思”字,此二字形近易訛也。

美善相樂

故樂行而志清,禮修而行成,耳目聰明,血氣和平,移風易俗,天下皆寧,美善相樂。宋本如是。

盧從元刻改“美善相樂”爲“莫善於樂”。【念孫案】元刻以上文言“移風易俗”,又以《孝經》言“移風易俗,莫善於樂”,故改爲“莫善於樂”也,不知“美善相樂”正承上五句而言。唯其樂行志清,禮修行成,是以天下皆移風易俗而美善相樂。此“樂”字讀“喜樂”之“樂”。下文“君子樂得其道,小人樂得其欲”云云,皆承此“樂”字而言,若改爲“莫善於樂”,則仍讀“禮樂”之“樂”,與上下文皆不相應矣。《樂記》亦云:“故樂行而倫清,耳目聰明,血氣和平,移風易俗,天下皆寧。”此下若繼之曰“莫善於樂”,尚成文理乎?仍當依宋本作“美善相樂”

爲是。

簫和

聲樂之象，鼓大麗，宋本“大”作“天”。鐘統實，磬廉制，竽笙簫和，管籥發猛，塤篪翁博。

【引之曰】“竽笙簫和”，“簫”當爲“肅”，言竽笙之聲既肅且和也，《漢書·劉向傳》曰“雜遝衆賢，罔不肅和”是也。“竽笙肅和”“管籥發猛”“塤篪翁博”，三句相對爲文，今本“肅”作“簫”者，因與“竽笙”二字相連而誤加“竹”耳。又，下文云：“鼓似天，鐘似地，磬似水，竽笙管籥似星辰日月。”今本“竽笙”下有“簫和”二字，亦因上文而衍。

吾觀於鄉而知王道之易易也

盧云：“案，《禮記·鄉飲酒義》此爲孔子之言，句首‘孔子曰’三字，似當有。”

不酢而隆殺之義辨矣　終於沃者

盧云：“元刻‘而’下有‘降’字。下文‘終於沃者’，元刻‘沃’下有‘洗’字，皆與《禮記》同。”【念孫案】元刻是。下文：“焉知其能弟長而無遺也。”“焉”字下屬爲句。説見劉氏《經傳小記》。

《荀子》弟七

解蔽

雖走

是以與治雖走而是己不輟也。

楊注曰："既私其所習，妒繆於道，雖與治并馳，而自是不輟。雖，或爲離。"【念孫案】作"離"者是也。言與治離走而自是不已也。作"雖"者，字之誤耳。隸書"離""雖"相似，説見《淮南·天文》篇。前説非。

德道

德道之人，亂國之君非之上，亂家之人非之下，豈不哀哉？

【念孫案】德道，即得道也。《剥》上九"君子得輿"，《釋文》："得，京本作德。"《論語·泰伯》篇"民無得而稱焉"，《季氏》篇作"德"。《大戴記·文王官人》篇"小施而好大得"，《逸周書》作"德"。楊説失之。

故爲蔽宋吕、錢本并如是。

楊注曰:"數爲蔽之端也。"盧依元刻改正文之"故爲蔽"作"數爲蔽"。【念孫案】作"故"者是也。注言"數爲蔽之端"者,數,所主反,下文言"人之蔽有十",故先以"故爲蔽"三字總冒下文,然後一一數之於下。注言"數爲蔽之端",亦是總冒下文之詞,而正文自作"故",不作"數"也。若云"數爲蔽",則不詞甚矣。元刻作"數",即涉注文而誤。

亭山

桀死於亭山。

楊注曰:"亭山,南巢之山。或本作'鬲山'。案,《漢書·地理志》'廬江有灊縣',當是誤以'灊'爲'鬲',傳寫又誤爲'亭'。"【念孫案】作"鬲山"者是也。"鬲"讀與"歷"同,字或作"歷"。《太平御覽·皇王部七》引《尸子》曰"桀放於歷山",《淮南·修務》篇:"湯整兵鳴條,困夏南巢,譙以其過,放之歷山。"高注曰:"歷山,蓋歷陽之山。"案,漢歷陽故城,爲今和州治,其西有歷湖,即《淮南·俶真》篇所謂"歷陽之都,一夕反而爲湖"者也。《史記·夏本紀》正義引《淮南子》曰:"湯放桀於歷山,與末喜同舟浮江,奔南巢之山而死。"此所引蓋許注。歷山,即鬲山也。《史記·滑稽傳》"銅歷爲棺",《索隱》曰:"歷,即釜鬲也。"是"鬲""歷"古字通。楊以"鬲山"爲"灊山"之誤,非也。《魯語》"桀奔南巢",韋注曰:"南巢,楊州地,巢伯之國,今廬江居巢縣是。"是南巢地在漢之居巢,不在灊縣也。且廬江有灊縣,而無灊山,今以"鬲山"爲"灊山"之誤,則是以縣名爲山名矣,尤非。

有鳳有皇

《詩》曰："鳳皇秋秋，其翼若干，其聲若簫。有鳳有皇，樂帝之心。"

【念孫案】"有鳳有皇"本作"有皇有鳳"，"秋""簫"爲韻，"鳳""心"爲韻。《説文》"鳳"從凡聲，古音在侵部，故與"心"爲韻。"鳳"從凡聲，而與"心"爲韻，猶"風"從凡聲而與"心"爲韻也。"鳳"字古文作"朋"，又作"鵬"，而古音蒸、侵相近，則"朋""鵬"二字，亦可與"心"爲韻。《秦風・小戎》篇以"膺""弓""縢""興""音"爲韻，《大雅・大明》篇以"林""興""心"爲韻，《生民》篇以"登""升""歆""今"爲韻，《魯頌・閟宫》篇以"乘""縢""弓""綅""增""膺""懲""承"爲韻，皆其例也。後人不知古音而改爲"有鳳有皇"，則失其韻矣。王伯厚《詩考》引此已誤。《藝文類聚・祥瑞部》《太平御覽・人事部》《羽族部》引此并作"有皇有鳳"。先言"皇"而後言"鳳"者，變文協韻耳。古書中若此者甚多，後人不達，每以妄改而失其韻。若《衛風・竹竿》篇"遠兄弟父母"，與"右"爲韻，而今本作"遠父母兄弟"。《大雅・皇矣》篇"同爾弟兄"，與"王""方"爲韻，而今本作"同爾兄弟"。《莊子・秋水》篇"無西無東"，與"通"爲韻，而今本作"無東無西"。《逸周書・周祝》篇"惡姑柔剛"，與"明""陽""長"爲韻，而今本作"剛柔"。《管子・内業》篇"能無卜筮而知凶吉乎"，與"一"爲韻，而今本作"吉凶"。《淮南・原道》篇"與萬物終始"，與"右"爲韻，而今本作"始終"。《文選・鵩鳥賦》"或趨西東"，與"同"爲韻，而今本作"東西"。《荅客難》"外有廪倉"，與"享"爲韻，而今本作"倉廪"。皆其類也。

道人

以其不可道之心，與不道人論道人，亂之本也。

盧云:“下‘人’字可去。”【念孫案】盧説非也。“與不道人論道人”,道人,見上。謂與小人論君子,非謂與之論道也。上文云“得道之人,亂國之君非之上,亂家之人非之下,豈不哀哉”,正所謂“與不道人論道人”也。與不道人論道人,則道人退而不道人進,國之所以亂也,故曰“與不道人論道人,亂之本也”,故楊云“必有妒賢害善”。

非道

以其可道之心,與道人論非道,治之要也。

楊注曰:“必能懲奸去惡。”盧云:“正文‘非’字疑衍,注似曲爲之説。”【念孫案】盧説亦非也。“與道人論非道”,謂與道人論非道之人,非謂與之論道也。與道人論非道人,則非道人退而道人進,國之所以治也,故曰“與道人論非道,治之要也”。楊云:“必能懲奸去惡。”正釋“治之要”三字,非曲爲之説也。“非道”二字,上文凡兩見。

己所臧

不以己所臧,古“藏”字。害所將受,謂之虚。

盧云:“‘己所臧’,元刻作‘所已臧’。”【念孫案】“所已臧”與“所將受”對文,元刻是也。楊注“積習”二字,正釋“所已臧”三字,宋錢本、世德堂本并作“所已臧”。

作之則將須道者之虛則人將事道者之壹則盡將思道者静則察

楊注曰："此義未詳，或恐脱誤耳。或曰：此皆論虛壹而静之功也。作，動也。須，待也。將，行也。當爲'須道者虛則將，事道者壹則盡，思道者静則察'，其餘字皆衍也。'作之則行'，言人心有動作則自行也。以虛心須道，則萬事無不行。以一心事道，則萬物無不盡。以静心思道，則萬變無不察。"【引之曰】楊訓"將"爲"行"，而以"作之則將"絶句，又增删下文而强爲之解，皆非也。此當以"作之"二字絶句，下文當作"則將須道者之虛，虛則入。將事道者之壹，壹則盡。將思道者之静，静則察"。此承上文"虛一而静"言之。將，語詞也。道者，即上所謂"道人"也。言心有動作，則將須道者之虛，虛則能入。將事道者之壹，"事"如"請事斯語"之"事"。壹則能盡。將思道者之静，静則能察也。"虛則入"者，入，納也，猶言"虛則能受"也，故上文云"不以所已臧，害所將受，謂之虛也"。"壹則盡"者，言壹心於道，則道無不盡也。"静則察"者，言静則事無不察也。今本"入"誤作"人"，其餘又有脱文、衍文耳。

墨云

故口可劫而使墨云。

陳云："'墨'與'默'同。《楚辭·九章》'孔静幽默'，《史記·屈原傳》作'墨'，《商君傳》'殷紂墨墨以亡'。"

賈師

農精於田而不可以爲田師，賈精於市而不可以爲賈師，宋吕本如是。工精於器，而不可以爲器師。

宋錢本"賈師"作"市師"。【念孫案】作"市師"者是也。上文以兩"田"字相承，下文以兩"器"字相承，則此文亦當以兩"市"字相承。吕本作"賈師"者，涉上"賈精於市"而誤。

精於物者也

盧云："案，此句當在'不可以爲器師'之下，誤脱在此。"【念孫案】此汪説也，見丙申校本。

昔者舜之治天下也至惟明君子而後能知之

阮氏芸臺曰："此篇言知道者皆當專心壹志，虚静而清明，不爲欲蔽。故曰'昔者舜之治天下也，不以事詔而萬物成。處一危之，其榮滿側，養一之微，榮矣而未知。故《道經》曰人心之危，道心之微。危微之幾，惟君子而後能知之。'案，後人在《尚書》内解此者姑弗論，今但就《荀子》言《荀子》，其意則曰：舜身行人事而處以專壹，且時加以戒懼之心，所謂危之也。惟其危之，所以滿側皆獲安榮，此人所知也。舜心見道，而養以專壹，在於幾微，其心安榮，則他人未知也。如此解之，則引《道經》及'明君子'二句，與前後各節皆相通矣。楊注謂'危之'當作'之危'，非也。'危之'者，懼蔽於欲而慮危也。'之危'者，已蔽於欲而陷危也。謂'榮'爲'安榮'者，《儒效》篇曰：'爲君子，則常安榮矣。爲小人，則常危辱矣。

凡人莫不欲安榮而惡危辱。'據此則《荀子》常以'安榮'與'危辱'相對爲言。此篇言'處一危之,其榮滿側',若不以本書證之,則'危''榮'二字,難得其解矣。故解《道經》當以《荀子》此説爲正,非所論於《古文尚書》也。"【念孫案】此説是也。下文言"闢耳目之欲,遠蚊䖟之聲""可謂危矣,未可謂微也",言人能如舜之危,不能如舜之微也。然則所謂"危"者,非"蔽於欲而陷於危"之謂。

察理

故人心譬如槃水,正錯而勿動,則湛濁在下而清明在上,則足以見須眉而察理矣。

郝云:"'理'上當有'膚'字,《榮辱》《性惡》二篇并云'骨體膚理',是矣。"

乘杜

乘杜作乘馬。

楊注曰:"《世本》云'相土作乘馬',杜與土同。"【念孫案】古無謂"相土"爲"乘杜"者,"乘杜"蓋"桑杜"之誤。"相""桑"古同聲,故借"桑"爲"相"。《爾雅・釋蟲》"諸慮,奚相",《釋文》:"相,舍人本作桑。"隸書桑或作"桒","乘"或作"乗",見漢《安平相孫根碑》。二形相似,又因下文"乘馬"而誤爲"乘"耳。《漢書・王子侯表》"桑丘節侯將夜",今本"桑"誤作"乘"。楊云:"以其作乘馬之法,故謂之乘杜。"此則不得其解,而曲爲之説。

凡人之有鬼也必以其感忽之間疑玄之時正之

【念孫案】"正"當爲"定",聲之誤也。下文"正事"同。"必以其感忽之間、疑玄之時定之"者,必以感忽之間、疑眩之時,而定其有鬼也。據楊注云:"必以此時定其有鬼。"則所見本是"定"字明矣。"定"字上文凡六見。

故傷於濕而擊鼓鼓痺則必有弊鼓喪豚之費矣而未有俞疾之福也

【念孫案】自"鼓痺"以上脱誤不可讀,似當作"故傷於濕而痺,痺而擊鼓烹豚,則必有弊鼓喪豚之費矣,而未有俞疾之福也","俞"與"愈"同。楊云:"傷於濕則患痺,反擊鼓烹豚以禱神,何益於愈疾乎?"是其證。

法其法以求其統類類以務象效其人

元刻無下"類"字。【念孫案】元刻是也。"法其法,以求其統類,以務象效其人"三句一氣貫注,若多一"類"字,則隔斷上下語脈矣。宋本下"類"字,即涉上"類"字而衍。

故有知非以慮是以下十句　懼　修蕩

故有知非以慮是,則謂之懼。有勇非以持是,則謂之賊。察孰非以分是,則謂之篡。多能非以脩蕩是,則謂之知。辯利非以言是,則謂之詍。

【引之曰】"懼"字義不可通,"懼"當爲"攫",字之誤也。攫,謂攫取之也。《不苟》篇:"小人知,與"智"同。則攫盜而漸。"漸,詐也。説見《尚書述聞》"民興胥漸"下。故曰"有知非以慮是,則謂之攫"。"脩"讀爲"滌",《周官·司尊彝》"凡酒脩酌",鄭注:"脩,讀爲'滌濯'之滌。"謂滌蕩使潔清也。此言智也、勇也、察也、多能也、辯利也,皆必用之於是而後可,"是"字指"聖王之制"而言,見上文。若有智而不以慮是,則謂之攫。有勇而不以持是,則謂之賊。熟於察而不以分是,則謂之篡。多能而不以滌蕩是,則謂之智。智,謂智故也。《淮南·主術》篇注曰:"故,巧也。"《管子·心術》篇曰:"恬愉無爲,去知與故。"《莊子·胠篋》篇曰:"知詐漸毒。"《荀子·非十二子》篇曰:"知而險,賊而神,爲詐而巧。"《淮南·原道》篇曰:"偶瑳智故,曲巧僞詐。"并與此"知"字同義。辯利而不以言是,則謂之詍也。楊云:"詍,多言也。"《詩》曰:"無然詍詍。"楊説皆失之。

强鉗

案强鉗而利口。

楊注曰:"鉗,鉗人口也。"【念孫案】《方言》:"鉗,惡也。《廣雅》同。南楚凡人殘駡謂之鉗。"郭璞曰:"殘,猶惡也。"然則"强鉗"者,既强且惡也,非"鉗人口"之謂。

忍詬　忍謑詢

厚顔而忍詬。

楊注曰:"詬,詈也。"【念孫案】詬,耻也。《大戴禮·曾子立事》篇:"君子見利思辱,見惡思詬。"定八年《左傳》:"公以晉詬語之。"杜、盧注并曰:"詬,恥也。"字或作"訽"。昭二十年《左傳》:"余不忍其訽。"杜注曰:"訽,恥也。"又作"呞"。《大戴禮·武王踐阼》篇"口生呞",盧注曰:"呞,恥也。"又作"垢"。宣十五年《左傳》"國君含垢",杜注曰:"忍垢恥。"《漢書·路温舒傳》作"國君含詬"。"詬"訓爲"恥",故曰"厚顏而忍詬",非謂"忍詈"也。《楚辭·離騷》曰"忍尤而攘詬",王注:"詬,恥也。"《吕氏春秋·離俗》篇曰"强力忍訽",高注:"訽,辱也。"《淮南·氾論》篇曰"忍訽而輕辱",《史記·伍子胥傳》曰"剛戾忍訽",皆其證也。《非十二子》篇"無廉恥而忍謑訽",即此所謂"厚顏而忍詬"也。《説文》:"謑,恥也。或作謨","詬,謑詬,恥也。或作訽"。《廣雅》作"謨詬"。楊注以"謨訽"爲"詈辱",亦失之。

能

爲之無益於成也,求之無益於得也,憂戚之無益於幾也,則廣焉能弃之矣。

【念孫案】"能"讀爲"而","曠焉而弃之",謂遠弃之也。楊注:"廣,讀爲曠,遠也。"古多以"能"爲"而",説見《釋詞》。

正名

慮積焉能習焉而後成謂之僞

盧云:"此'僞'字元刻作'爲',非也。觀《荀》此篇及《禮論》等篇,‘僞’即今之‘爲’字,故曰‘桀紂,性也。堯舜,僞也’,謂堯舜不能無待於人爲耳。後儒但知有‘真僞’字,昧古六書之法,而訾之者衆矣。下兩‘而爲’承上文,亦必本是‘而僞’。”

所以知之在人者謂之知知有所合謂之智

盧云:“‘謂之智’亦當同上作‘謂之知’,而皆讀爲‘智’。下‘能’字亦可不分兩音。”

智所以能之在人者謂之能

盧云:“句首‘智’字衍。”

擅作名

故析辭擅作名以亂正名。

【念孫案】“析辭擅作”下本無“名”字,有“名”字則成累句矣,此“名”字涉下“正名”而衍。下文“離正道而擅作”,“作”下無“名”字,即其證。

與所緣有同異

元刻“有”作“以”。宋龔本同。【念孫案】作“以”者是也。下文云:“然則何緣而以同異。”又云:“此所緣而以同異也。”三“以”字前後相應,宋本作“有”者,涉上句“有名”而誤。

互紐

交喻異物,名實互紐。

【念孫案】“名實互紐”即上文所謂“名實亂”也。今本“互”字上下皆誤加點,楊所見本已然,故誤讀爲“胡涓切”,而所説皆非。

約名

是所以共其約名以相期也。

楊注曰:“所以共其省約之名,以相期會。”【念孫案】“約”非“省約”之謂。“約名”,猶言名約,上文云:“是謹於守名約之功也。”楊彼注云“約,要約”是也。下文云:“名無固宜,約之以命,約定俗成,謂之宜。名無固實,約之以命,今本“命”下有“實”字,辯見下。約定俗成謂之實名。”又其一證也。

洒酸

香臭、芬鬱、腥臊、洒酸、奇臭以鼻異。

楊注曰:“洒,未詳。酸,暑浥之酸氣也。或曰:洒,當爲漏,篆文稍相似,因誤耳。《禮記》曰:‘馬黑脊而般臂漏。’鄭音‘螻,螻蛄,臭’者也。”盧曰:“洒,從水、西聲,古音與‘辛’相同。‘洒酸’,猶辛酸、辣氣之觸鼻者。”【念孫案】辛、酸,皆味也,非臭也。宋玉《高唐賦》:“孤子寡婦,寒心酸鼻。”阮籍《詠懷詩》:“感慨懷辛酸,怨毒常苦多。”皆非“辣氣觸鼻”之謂。“西”古讀若“先”,“先”字古在諄部,“辛”字古在真部,不得言

"西""辛"古音相同，盧説非也。楊以"洒"爲"漏"之誤是也。余謂"酸"乃"庮"字之誤，"庮"從酉聲，與"酸"字左畔相同，又涉上文"辛酸"而誤也。《周官·内饔》及《内則》并云"牛夜鳴則庮"，先鄭司農云："庮，朽木臭也。"《説文》："庮，久屋朽木。"《周禮》曰："牛夜鳴則庮，臭如朽木。"《内則》注曰："庮，惡臭也。"《春秋傳》曰："一薰一庮。"僖四年。今《左傳》作"蕕"，杜注："蕕，臭草。""羶、腥、臊、漏、庮"，并見《周官》《禮記》，則"洒酸"必"漏庮"之誤也。酸，亦味也，非臭也。楊以爲"暑濕之酸氣"，亦失之。

莫不然謂之不知

五官簿之而不知，心徵之而無説，則人莫不然謂之不知。與"智"同。

【念孫案】"莫不然謂之不知"，"然"字涉上下文而衍。"五官"者，耳目鼻口與形體也，見上文。言五官能簿之而不能知，心能徵之而又無説，則人皆謂之不智也。楊注亦當作"五官，耳目鼻口體也"，今本"體"作"心"，乃後人不知其義而妄改之。上注云："天官，耳目鼻口心體也。"足正此注之誤。《天論》篇以"耳目鼻口形能"爲五官，"能"即"態"字。此篇以"耳目鼻口形體"爲五官，形體，即形態。

知異實者之異名也故使異實者莫不異名也不可亂也猶使異實者莫不同名也

楊解末句云："或曰：'異實'當爲'同實'。言使異實者異名，其不可相亂，猶使同實者莫不同名也。”【念孫案】此説是也。上文“同則同之，異則異之”，是其證，前説非。

共則有共

故萬物雖衆，有時而欲遍舉之，故謂之物。物也者，大共名也，推而共之，共則有共，至於無共，然後止。

【念孫案】“共則有共”之“有”讀爲“又”。謂共而又共，至於無共，然後止也。楊説失之。

遍舉之

有時而欲遍舉之，故謂之鳥獸。鳥獸也者，大别名也，推而别之，别則有别，至於無别，然後止。

【念孫案】此“遍”字當作“别”，與上條不同。上條以同爲主，故曰“遍舉之”。此條以異爲主，故曰“别舉之”。下文皆作“别”。鳥獸不同類，而鳥獸之中又各不同類，推而至於一類之中，又有不同，若雉有五雉，雇有九雇，牛馬毛色不同，其名亦異之類。故曰“鳥獸也者，大别名也，推而别之，别則有别，“有”讀爲“又”。見上條。至於無别，然後止”也。今本作“遍舉”，則義不可通，蓋涉上條“遍舉”而誤。楊説皆失之。

命實

名無固實，約之以命實，約定俗成，謂之實名。

【念孫案】“約之以命實”，“實”字涉上下文而衍。上文

“名無固宜，約之以命”，楊注云“約之以命，謂立其約而命之”，則此言“約之以命”，義亦與上同。若“命”下有“實”字，則義不可通，且楊必當有注矣。

辯勢

辯勢惡用矣哉。

盧《補校》云：“以注末釋‘辯説’觀之，則正文‘辯勢’乃‘辯説’之訛，注内更用‘辯勢’，‘勢’亦當作‘説’。下文屢云‘辯説’，則此之爲誤顯然，蓋因上有‘臨之以勢’語而誤涉耳。”

論

辭也者，兼異實之名以論一意也。

【念孫案】“論”當爲“諭”，字之誤也。《淮南·齊俗》篇“不足以諭之”，今本“諭”誤作“論”。諭，明也。言兼説異實之名以明之也。字或作“喻”。下文曰：“辯説也者，不異實名以喻動静之道也。”是其證。上下文言“喻”者甚多，此不應獨作“論”也。楊説以《春秋》云：“論公即位之一意。”則所見本已誤。

工宰

心也者，道之工宰也。

陳云：“工，官也。官宰，猶言主宰。《廣雅》：“官、主，君也。”《解蔽》篇曰：‘心者，形之君也，而神明之主也，出令而無所受令。'是其義。舊注:'工能成物,宰能主物。'失之。"

質請而喻

正名而期,質請而喻。

楊注曰:"質,物之形質。質請而喻,謂若形質自請其名然,因而喻知其實也。"【念孫案】楊説甚迂。質,本也。《繫辭傳》:"原始要終,以爲質也。"《曲禮》:"禮之質也。"鄭、虞注并曰:"質,本也。""請"讀爲"情"。情,實也。言本其實而曉喻之也,上文云:"名聞而實喻。"是其證也。"正名而期,質情而喻","情"即是"實","實"與"名"正相對也。古者"情""請"同聲而通用。《成相》篇:"明其請。"楊注:"請,當爲情。"《禮論》篇"情文俱盡",《史記·禮書》"情"作"請",徐廣曰:"古'情'字或假借作'請',諸子中多有此比。"《列子·説符》篇:"發於此而應於外者,唯請。"張湛曰:"請,當作情。"又,《墨子·尚同》《明鬼》《非命》諸篇,皆以"請"爲"情"。

不治

不治觀者之耳目,不賂貴者之權勢。

【念孫案】"治"字義不可通,"治"當爲"冶",字之誤也。不冶觀者之耳目,謂不爲妖辭以惑衆人之耳目也。妖辭,見上文。"冶"與"蠱"古字通,《集韻》上聲三十五"馬":"蠱,以者切,媚也。"《文選·南都賦》"侍者蠱媚",五臣本:"蠱音冶。劉良曰:'蠱媚,美容儀也。'"《舞賦》"貌嫽妙以妖蠱",五臣作"妖冶"。《後漢書·張衡傳》"咸姣麗以蠱媚",注曰:"蠱音野,謂妖麗也。"是"冶"即"蠱惑"之"蠱"也。"不冶觀者之耳目，不賂貴者之權勢”，二句一意相承。據楊注云：“其所辯説，不求夸眩於衆人。”則所見本當是“冶”字，若是“治”字，則不得言“夸眩於衆”矣，以是明之。

生死也　性之具也

有欲無欲，異類也，生死也，非治亂也。欲之多寡，異類也，情之數也，非治亂也。

楊注曰：“有欲無欲異類，如生死之殊，非治亂所繫。”又，下文：“故雖爲守門，欲不可去，性之具也。雖爲天子，欲不可盡。”楊注曰：“具，全也。若全其性之所欲，雖爲天子，亦不能盡。”【念孫案】“生死也”三字，與上下文義不相屬，楊曲爲之説，非也。“生死也”當作“性之具也”。“生”“性”字相近，又因下文有“生死”字而誤。下文：“性之具也。”即此句之衍文。有欲無欲，是生而然者也，故曰“性之具也”。“性之具也”“情之數也”，二句相對爲文。下文：“雖爲守門，欲不可去。雖爲天子，欲不可盡。”四句亦相對爲文，若闌入“性之具也”一句，則隔斷上下語氣。楊曲爲之説，亦非也。

以所欲以爲可得而求之宋錢、吕本并如是，世德堂本同。

盧從元刻删“所”字及下“以”字。【念孫案】“所”字不當删，下文曰：“所欲雖不可盡，求者猶近盡。”是其證。

故人無動而不可以不與權俱

【念孫案】上“不”字衍。此言人之舉動不可不與權俱。

權,謂道也。不與權俱,則必爲欲惡所惑,故曰"人無動而可以不與權俱"。今本"可"上有"不"字者,涉注文"不可不與道俱"而衍。

隱而難其察

有嘗試深觀其隱而難其察者。楊注:"有,讀爲又。"

【念孫案】"隱而難其察","其"字涉上文而衍,據楊注云:"隱而難察。"則無"其"字明矣。

故嚮萬物之美而不能嗛也假而與"如"同。得問而嗛之則不能離也

【念孫案】"得問"二字,義不可通,楊曲爲之説,非也。"得問"當爲"得間",古莧反。字之誤也。言憂恐在心,則雖享萬物之美,而心不慊,即使暫時得間而慊之,而其不慊者仍在也。

屋室廬庾葭槁蓐

楊注曰:"以廬庾爲屋室,葭槁爲席蓐,皆貧賤人之居也。"【念孫案】以廬庾爲屋室,而云"屋室廬庾",則文義不明,且與"葭槁蓐"文非一律。《初學記·器物部》引作"局室蘆簾稿蓐",於義爲長。《説文》:"局,促也。"局室,謂促狹之室。"蘆簾稿蓐",謂以蘆爲簾,以稿爲蓐也。"屋室"蓋"局室"之誤,"廬庾"蓋"蘆廉"之誤。"簾""廉"古字通。"稿蓐"與"蘆廉"

對文,則"稿"上不當有"葭"字,且"葭"即"蘆"也,又與"蘆"相複。

和樂

如是而加天下焉,其爲天下多,其和樂少矣。

【念孫案】"和"當爲"私",字之誤也。《管子·法禁》篇"修上下之交,以私親於民",今本"私"誤作"和"。言以是不貪之心治天下,則其爲天下必多,而爲己之私樂必少也。"私樂"對"天下之樂"而言,若云"和樂少",則義不可通。楊云:"爲己之私和樂少。"則未知"和"即"私"之誤也。

性惡

偏險

今人無師法,則偏險而不正。

【念孫案】《廣雅》:"險,邪也。"《成相》篇曰:"險陂傾側。"《大戴記·衛將軍文子》篇曰:"如商也,其可謂不險矣。"

今人之性生而離其朴離其資必失而喪之用此觀之然則人之性惡明矣

【念孫案】此下亦當有"其善者僞也"句,"人之性惡,其善者僞也"二句,前後凡九見,則此亦當然。

故陶人埏埴而爲器然則器生於工人之僞非故生於人之性也故工人斲木而成器然則器生於工人之僞非故生於人之性也

【念孫案】"器生於工人之僞",楊後説以此"工人"爲"陶人"之誤是也。此文本作"故陶人埏埴而爲器,然則器生於陶人之僞,非故生於陶人之性也,故工人斲木而成器,然則器生於工人之僞,非故生於工人之性也"。今本"陶人之性""工人之性"皆作"人之性",此涉上下文"人之性"而誤。下文云"瓦埴豈陶人之性""器木豈工人之性",是其明證矣。

故聖人化性而起僞音爲。僞起於性而生禮義

宋錢佃校本云:"'僞起於性而生禮義',諸本作'僞起而生禮義',無'於性'二字。"【念孫案】諸本是也。上文云"凡禮義者,是生於聖人之僞,非故生於人之性也",則不得言"僞起於性而生禮義"明矣。宋本有"於性"二字者,不曉《荀子》之意而妄加之也。禮義生於聖人之僞,故曰"僞起而生禮義"。下文云:"能化性,能起僞,僞起而生禮義。"是其明證矣。

倚而觀

今當試去君上之勢,無禮義之化,去法正之治,無刑罰之禁,倚而觀天下民人之相與也。若是,則夫强者害弱而奪之,衆者暴寡而嘩之,天下之悖亂而相亡不待頃矣。

楊注曰:"倚,任也。或曰:倚,偏倚,猶傍觀也。"【念孫

案】楊説非也。倚者,立也。言立而觀之也。《説卦傳》:“參天兩地而倚數。”虞翻曰:“倚,立也。”《廣雅》同。《楚辭·九辯》“淡容與而獨倚兮”,謂獨立也。《招隱士》:“白鹿麏麚兮,或騰或倚。”謂或騰或立也。《列子·黄帝》篇曰:“有七尺之骸,手足之異,戴髮含齒,倚而趣者,謂之人。”謂立而趣也。《淮南·氾論》篇曰:“立之於本朝之上,倚之於三公之位。”

節

故善言古者必有節於今。善言天者,必有徵於人。

楊注曰:“節,準。徵,驗。”【引之曰】諸書無訓“節”爲“準”者,節,亦驗也,《禮器》注云:“節,猶驗也。”下文曰:“凡論者,貴其有辨合,有符驗。”符驗,即符節。哀六年《公羊傳注》:“節,信也。”《齊策》注:“驗,信也。”或言“符節”,或言“符驗”,或言“符信”,一也。《漢書·董仲舒傳》作“善言古者必有驗於今”,是“節”即“驗”也。

孝具

天非私齊魯之民而外秦人也,然而於父子之義,夫婦之别,不如齊魯之孝具敬父者,何也?楊云:“‘敬父’當爲‘敬文’,敬而有文,謂夫婦有别也。”【念孫案】“敬文”見《勸學》《禮論》二篇。

【念孫案】“於父子之義,夫婦之别”上當有“秦人”二字,而今本脱之。又案,“孝具”二字不詞,且與“敬文”不對。“具”當爲“共”,字之誤也。孝共,即孝恭,“令德孝恭”,見《周語》。正與“敬文”對。楊云:“孝具,能具孝道。”此望文生義,而非其本旨。

今使塗之人伏術爲學專心一志

楊注曰："伏術，伏膺於術。"郝云："按，'伏'與'服'古字通。服者，事也。古書'服事'亦作'伏事'，'服膺'亦作'伏膺'。"【念孫案】術者，道也。見《大傳》注、《樂記》注、《魯語》《晉語》注。服術，猶言事道。

仁之所在無貧窮仁之所亡無富貴

楊注曰："唯仁所在爲富貴，《禮記》曰'不祈多積，多文以爲富'也。"盧云："案，此言仁之所在，雖貧窮甘之。仁之所亡，雖富貴去之也。注非。"【念孫案】此汪説也，見丙申校本。

同苦樂之

天下知之，則欲與天下同苦樂之。

楊注曰："得權位，則與天下之人同休戚。苦，或爲共。"【念孫案】作"共"者是也。此本作"欲與天下共樂之"，上言"仁之所在無貧窮，仁之所亡無富貴"，則此言"與天下共樂之"者，謂共樂此仁也。"樂"上不當有"苦"字，今本作"同苦樂之"者，"共樂"誤爲"苦樂"，後人又於"苦樂"上加"同"字耳。楊云："與天下同休戚。"此望文生義而爲之説耳。《太平御覽·人事部七十六》引作"欲與天下共樂之"，無"同"字，則宋初本尚有不誤者。

傀然

天下不知之，則傀然獨立天地之間而不畏。

楊注曰："傀，傀偉，大貌也，公回反。或曰：傀，與塊同，獨居之貌也。"【念孫案】後説是也。《君道》篇云："塊然獨坐。"

齊信

禮恭而意儉，大齊信焉而輕貨財。

楊注曰："大，重也。齊信，謂整齊於信也。"【念孫案】《爾雅》："齊，中也。"言大中信而輕貨財也。《顧命》"底至齊信"，《傳》以"齊信"爲"中信"，是其證。"齊信"與"貨財"對文，《非十二子》篇："大儉約而優差等。"與此文同一例，則"齊信"非"整齊於信"之謂。

苟免

輕身爲重貨，恬禍而廣解【念孫案】"廣解"未詳，楊説非。苟免，不恤是非、然不然之情，以期勝人爲意，是下勇也。

盧云："'苟免'上當脱三字，以上二句例之自明。"【念孫案】此亦汪説也。汪又云："'苟免'或是注文混入。"

鉅黍

繁弱、鉅黍，古之良弓也。

楊注曰："鉅，與拒同。黍，當爲來。《史記》蘇秦説韓王曰'谿子少府，時力距來'，司馬貞云：'言弓弩勢勁，足以拒於來敵也。'"【念孫案】作"鉅黍"者是，説見《史記·蘇秦傳》。

驥驥

驊騮、驥驥、纖離、緑耳。

【念孫案】"騏驥"之爲"驥驥"，猶"耄期"之爲"耄勤"也。凡之部之字，或與諄部相轉。説見《致士》篇"隱忌"下。楊云"驥"讀爲"騏"是也，而云"謂青驪文如博棋"，則非。

前必有

然而前必有銜轡之制，後有鞭策之威，加之以造父之馭，然後一日而致千里也。

【念孫案】"前必有"本作"必前有"，"前有""後有"，皆承"必"字而言。若作"前必有"，則與下句不貫矣。《群書治要》及《初學記·人部中》《太平御覽·人事部四十五》并引作"必前有"。

君子

兩人字

天下曉然皆知夫盗竊之人不可以爲富也，皆知夫賊害之人不可以爲壽也，皆知夫犯上之禁不可以爲安也。

【念孫案】"盜竊之""賊害之"下，皆本無"人"字，後人加兩"人"字，而以"盜竊之人""賊害之人"與"犯上之禁"對文，謬矣。盜竊不可以爲富、賊害不可以爲壽，皆指其事而言，非指其人而言，不得加入兩"人"字也。《群書治要》無"人"字。

不怒罪

刑罰不怒罪，爵賞不逾德。

【念孫案】怒、逾，皆過也。《淮南·主術》篇注："逾，猶過也。"《方言》曰："凡人語而過，東齊謂之弩。"又曰："弩，猶怒也。"是"怒"即"過"也。上言"刑不過罪"，此言"刑罰不怒罪"，其義一而已矣。

三族

故一人有罪而三族皆夷。

楊注曰："三族，父母妻族也。"汪云："案，三族，謂父昆弟、己昆弟、子昆弟也。《禮》曰：'惟是三族之不虞。'"盧云："鄭注《周禮·小宗伯》《禮記·仲尼燕居》皆云：'三族，父、子、孫。'"

當賢

先祖當賢，後子孫必顯。元刻無"後"字，《群書治要》同。

楊注曰："當賢，謂身當賢人之號也。當，或爲嘗。"【念孫案】"先祖當賢"即"先祖嘗賢"，作"當"者，借字耳。《正名》篇曰:“嘗試深觀其隱而難察者。”《性惡》篇曰:“當試去君上之勢。”當試,即嘗試也。楊謂“身當賢人之號”,失之。古多以“當”爲“嘗”,説見《墨子·天志下》篇注。

知所養

論法聖王,則知所貴矣。論知所貴,則知所養矣。

陳云:“養,取也。知所養,知所取法也。《周頌》毛傳云‘養,取也’,是‘養’有‘取’義,舊注‘養’謂‘自奉養’,失之。”

不流

貴賤有等,則令行而不流。

【念孫案】“流”讀爲“留”,貴賤各安其分,則上令而下從,故令行而不留也。《君道》篇曰“兼聽齊明而百事不留”是也。《群書治要》正作“令行而不留”,作“流”者,借字耳。《繫辭傳》:“旁行而不流。”《釋文》:“流,京作留。”《荀子·王制》篇“無有滯留”,《韓詩外傳》作“無有流滯”。楊以“流”爲“邪移”,失之。

忠者惇慎此者也

楊注曰:“慎,讀爲順。人臣能厚順此五者,則爲忠也。”郝云:“按,慎,誠也。説見《不苟》篇。言能惇厚誠信於此五者謂之忠。”

《荀子》第八

成相

楊云:“《漢書・藝文志》謂之《成相雜辭》,蓋亦賦之流也。或曰:成功在相,故作《成相》三章。”盧云:“‘成相’之義,非謂成功在相也。《禮記》‘治亂以相’,‘相’乃樂器,所謂舂牘。又,古者瞽必有相,篇首即稱‘如瞽無相,何倀倀’,義已明矣。首句‘請成相’,言請奏此曲也。《漢・藝文志》《成相雜辭》十一篇,惜不傳,大約托於瞽矇諷誦之詞,亦古詩之流也。”【引之曰】楊、盧二説皆非也。楊謂《漢書・藝文志》謂之《成相雜辭》,案,《志》所載《成相雜辭》在漢人雜賦之末,非謂《荀子》之《成相》篇也。楊又云“成功在相”,稍爲近之,然亦非《荀子》所謂“成相”也。盧以“相”爲樂器之舂牘,斯爲謬矣。以“相”爲樂器,則“成相”二字,義不可通。且樂器多矣,何獨舉舂牘言之乎?若篇首稱“如瞽無相”,乃指相瞽之人而言,非樂器,亦非樂曲也。竊謂“相”者,治也。昭九年《左傳》“楚所相也”,二十五年《傳》“相其室”,杜注并曰:“相,治也。”《小爾雅》同。“成相”者,成此治也。“請成相”者,請言成治之方也。自“世之殃”以下,乃先言今之不治,然後言成治之方也。下文“請布基”“請牧基”,皆言成治之方也,與“請成相”同義。下文云:“凡成相，辨法方。”又云：“請成相，道圣王。”又云：“請成相，言治方。”是“成相”即“成治”也。又云：“治之經，禮與刑”，“治之志，後勢富”，“治之道，美不老”。後言“托於成相以喻意”者，“成相”爲此篇之總名，謂托此一篇之詞以喻意，非謂托於矇瞽諷誦之詞也。

愚闇愚闇墮賢良

盧云：“案，‘愚闇’重言之者，即下文‘愚以重愚，闇以重闇’之意。”【念孫案】《大戴記・曾子制言》篇：“是以惑闇惑闇，終其世而已矣。”亦重言“惑闇”。

還主

比周還主黨與施。

【念孫案】“還”讀爲“營”。“比周營主”，謂朋黨比周以營惑其主也。施，張也。楊訓“還”爲“繞”，失之。説見《君道》篇“不還秩”下。

愛下民

上能尊主，愛下民。

【念孫案】“愛下民”當作“下愛民”，與“上能尊主”對文。《不苟》《臣道》二篇并云：“上則能尊君，下則能愛民。”是其證。

基畢輸

世之愚，惡大儒，逆斥不通孔子拘。展禽三絀，春申道綴基畢輸。

楊注曰："畢，盡也。輸，傾委也。言春申爲李園所殺，其儒術政治、道德基業盡傾覆委地也。"【念孫案】楊説"輸"字之義甚迂。輸者，墮也。言基業盡墮壞也。《公羊春秋》隱六年："鄭人來輸平。"《傳》曰："輸平者，何？輸平，猶墮成也。何言乎墮成？敗其成也。"《穀梁傳》亦曰："輸者，墮也。"《小雅・正月》篇"載輸爾載"，鄭箋曰："輸，墮也。"盧云："'春申'二字有誤，必非指黄歇。注非。"【念孫案】此汪説也，見丙申校本。

此之疑

讒人罔極，險陂傾側，此之疑。

【念孫案】疑，恐也，畏也。《既濟》象傳："終日戒，有所疑也。"《雜記》："五十不致毁，六十不毁，七十飲酒食肉，皆爲疑死。"鄭注："疑，猶恐也。"《宥坐》篇"其赴百仞之谷，不懼"，《大戴記・勸學》篇"懼"作"疑"。此之疑，此是畏也。言此險陂傾側之讒人，甚可畏也，《臯陶謨》曰"何畏乎巧言令色孔壬"是也。楊未喻"疑"字之義。

施

基必施，辨賢罷。

【念孫案】施，張也。言必欲張大其基業，當先辨賢、罷也。下文曰："道古賢聖，基必張。"上文曰："請布基。""布"與"張"亦同義。

不詳

慎墨季惠，百家之説誠不詳。

楊注曰："言四子及百家好爲異説，故不用心詳明之。詳，或爲祥。"【念孫案】"祥""詳"古字通。不祥，不善也。楊説失之。

仁人

暴人芻豢，仁人糟糠。

【引之曰】下"人"字涉上"人"字而衍。上已言"暴人"，則下"人"字可蒙上而省。此篇之例，兩三字句下，皆用七字句，以是明之。

相反

精神相反，一而不貳，爲聖人。

楊注曰："相反，謂反覆不離散。"【引之曰】"反"當爲"及"，字之誤也。精神相及，故一而不貳。楊説失之。

道之

君子道之順以達。

【念孫案】道，行也。言君子能行此言，則順以達也。楊云："道，言説也。"失之。

道聖王　道古賢聖　脱文四

請成相，道聖王。

【念孫案】"道聖王"，從聖王也。古謂"從"爲"道"，説見《史記·淮南衡山傳》。下文："道古賢聖，基必張。"義與此同。楊皆以"道"爲"言説"，失之。又案，"道古賢聖，基必張"上當有一四字句，而今本脱之。此篇之例，兩三字句、一七字句、一四字句，又一七字句。共五句爲一章，今少一四字句。此指當時之君而言，與上成湯異事，故知有脱文。

舜授禹以天下

楊注曰："舜所以授禹，亦以天下之故也。"【念孫案】此不言舜以天下授禹，而言舜授禹以天下者，倒文以合韻耳，"禹""下"爲韻。非有深意也，楊反以過求而失之。

勞心力

禹勞心力，堯有德，干戈不用三苗服。

【引之曰】"力"上本無"心"字，後人以《左傳》言"君子勞心，小人勞力"，故以意加"心"字耳，不知禹抑洪水，本是勞力於民，故《淮南·氾論》篇、《論衡·祭意》篇并言"禹勞力天下"，非"小人勞力"之謂也。且此篇之例，凡首二句皆三字，加一"心"字，則與全篇之例不符矣。

直成 爲輔

得益、皋陶，横革、直成爲輔。

楊注云："横革、直成，未聞。韓侍郎云：'此論益、皋陶之功，横而不順理者革之，直者成之也。'"盧云："《困學紀聞》曰：'《吕氏春秋》《求人》篇。得陶、化益、真窺、横革、之交，五人佐禹。陶，即皋陶也。化益，即伯益也。真窺，即直成也。'併横革、之交二人，皆禹輔佐之名。案，'窺'與'成'音同，與'窺'形似。《吕氏春秋》蓋本作'窺'，傳寫誤爲'窺'耳。'直'與'真'亦形似。"【念孫案】盧説是也。"横革直成爲輔"，此句例當用七字，今本脱一字，或在"爲"上，或在"爲"下，俱未可知。

脱文三

願陳辭，世亂惡善不此治。

【引之曰】"願陳辭"下脱一三字句。

良由奸詐

隱諱疾賢，良由奸詐鮮無災。

【念孫案】“良”當爲“長”，楊注“長用奸詐”，是其證。今本“長”作“良”者，涉注文“疾害賢良”而誤。注言“疾害賢良”者，加一“良”字以申明其義耳。若正文則以“隱諱疾賢”爲句，“長由奸詐鮮無災”爲句，無“良”字。

阪爲先

患難哉，阪爲先，聖知不用愚者謀。

楊讀“阪爲先聖”爲句，云：“阪，與反同，反先聖之所爲。”盧云：“‘患難哉’二句，句三字，‘聖知不用愚者謀’七字句，與‘辭’‘治’‘災’‘哉’‘時’韻。‘阪爲先’三字未詳，楊注不得其句。蓋此篇通例，兩三字句、一七字句、一四字句，又一七字句，如此五句爲一章也。”【念孫案】“阪爲先”，“先”疑當作“之”，此言爲治者當進聖知而退愚，今不用聖知而用愚，是反爲之也。楊謂“阪”與“反”同是也，但誤以“先聖”連讀耳。“之”字本作“㞢”，《説文》“先”字從儿、㞢，“儿”與“人”同。此文“之”字蓋本從古作“㞢”，寫者誤加“儿”耳。“㞢”字正與“辭”“治”“災”“哉”“謀”“時”爲韻。

前車已覆後未知更何覺時

楊讀“知”字句絶，云：“前車已覆，猶不知戒，更何有覺寤之時也。”盧云：“‘前車已覆’四字句。更，改也。”

豈獨無故

已無郵人，我獨自美，豈獨無故？

楊注曰:"或曰:下無'獨'字。"盧云:"無'獨'字,則與全篇句法合。"

恨後遂過

不知戒,後必有,恨後遂過不肯悔。

楊讀"後必有恨"爲句,云:"恨,悔也。"盧云:"'後必有'三字爲句,'有'讀曰'又',所謂貳過也。古音'戒''又''悔''態'爲韻。"【念孫案】盧説是矣,而未盡也。"恨後遂過"四字,義不相屬,"恨"與"很"同。《爾雅》:"鬩,恨也。"孫炎本作"很"。"後"當爲"復",字之誤也,"復""後"形相近,又因上文"後必有"而誤。"復"與"愎"同。《韓子·十過》篇"夫知伯之爲人也,好利而鶩愎",《趙策》"愎"作"復"。亦通作"覆"。《管子·五輔》篇"下愈覆鷙而不聽從"是也。又通作"蝮"。《史記·酷吏傳贊》"京兆無忌、馮翊殷周蝮鷙"是也。言很愎不從諫,以遂其過也。《莊子·漁父》篇曰:"見過不更,聞諫愈甚,謂之很。"《逸周書·謚法》篇曰:"愎很遂過曰剌。"

詐態

讒夫多進,反覆言語生詐態。

【念孫案】"態"讀爲"姦慝"之"慝"。下"人之態"同。言言語反覆,則詐慝從此生也。襄四年《左傳》:"樹之詐慝,以取其國家。"以"態"爲"慝"者,古聲不分去入也。《秦策》曰:"科條既備,民多僞態。"又曰:"上畏大后之嚴,下惑奸臣之態。"《淮南·齊俗》篇曰:"禮義飾,則生僞態之本。"《漢書·李尋傳》

曰:“賀良等反道惑衆,奸態當窮竟。”皆借“態”爲“慝”,非“姿態”之“態”也。

争寵嫉賢利惡忌

【念孫案】“利惡忌”三字,義不相屬,楊曲爲之説,非也。“利”當爲“相”,字之誤也,“相惡忌”正承“争寵嫉賢”言之。

孰公長父之難厲王流于彘

楊注曰:“孰,或爲郭。”盧云:“案,古‘郭’‘虢’字通。‘郭公長父’即《吕氏春秋·當染》篇之‘虢公長父’也。作‘郭’字爲是。‘之難’二字當屬下,爲七字句。”【念孫案】之,是也,言難厲王者,是此人也。《楚語》云:“秦徵衙實難桓、景。”實難,即是難。

欲衷對

欲衷對,言不從。

【念孫案】此篇之例,凡首句必入韻,唯此處“對”字與下文之“從”“凶”“江”不協。“衷對”當爲“剖衷”,言欲剖衷以諫,而無如言之不見聽也。《史記·蔡澤傳》:“披腹心,示情素。”即“剖衷”之謂。“欲剖衷,言不從”,即上文所謂“中不上達”也,“中”與“衷”古字同耳。“衷”字正與“從”“凶”“江”爲韻。今本作“欲衷對”者,“剖”誤爲“對”,又誤在“衷”字之下耳。楊説失之。

剄而獨鹿

恐爲子胥身離凶，進諫不聽，剄而獨鹿弃之江。

楊注曰："獨鹿，與屬鏤同，本亦或作'屬鏤'，吴王夫差賜子胥之劍名。《國語》里革曰'鳥獸成，水蟲孕，水虞於是禁罝罜麗'。此當是自剄之後，盛以罜麗棄之江也。賈逵云：'罜麗，小罟也。'"盧曰："案，楊云：'本或作屬鏤。'則訓劍不可易，《國語》以下，必後人采他説附益之。"【念孫案】後人讀"獨鹿"爲"罜麗"者，蓋未解"而"字之義故也。其意謂"獨鹿"果爲劍名，則不當言"剄而獨鹿"。故讀爲"罜麗"，謂是既剄之後，盛以罜麗而棄之江也。今案，而，猶以也。謂剄以獨鹿也。古者"而"與"以"同義。《顧命》曰："眇眇予末小子，其能而亂四方。"言其能以治四方也。某氏傳："能如父祖治四方。"非是。《墨子·尚賢》篇曰："使天下之爲善者可而勸也，爲暴者可而沮也。"言可以勸，可以沮也。《吕氏春秋·去私》篇曰："晉平公問於祁黄羊，曰：'南陽無令，其誰可而爲之。'"言誰可以爲之也。高注："而，能也。"非是。辯見《吕氏春秋》。"而"與"以"同義，故二字可以互用。《同人·彖傳》曰："文明以健，中正而應。"《繫辭傳》曰："蓍之德圓而神，卦之德方以知。"宣十五年《左傳》曰："易子而食，析骸以爨。"皆以二字互用。"而"與"以"同義，故又可以通用。《繫辭傳》"上古結繩而治"，《論衡·齊世》篇引此"而"作"以"。昭元年《左傳》"櫜甲以見子南"，《考工記·函人》鄭司農注引此"以"作"而"。

利往卬上

利往卬上，莫得擅與，孰私得。

楊注曰："利之所往，皆卬於上，莫得擅爲賜與，則誰敢私得於人乎？卬，與仰同。"【引之曰】"往"字文義不順，楊曲爲之説，非也。"往"當爲"隹"，"隹"，古"唯"字也。"唯"或作"惟""維"，古鐘鼎文"唯"字作"隹"，石鼓文亦然。言臣民之利，唯仰於上，莫得擅有所與也。凡隸書從彳、從亻之字多相亂，故"往"字或作"住"，與"隹"相似而誤。

刑稱陳

刑稱陳，守其銀。

楊注曰："稱，謂當罪。當罪之法施陳，則各守其分限。銀，與垠同。"【念孫案】楊説"稱陳"二字未安。余謂"陳"者，道也。文登畢氏恬谿説《尚書》曰："李斐注《漢書·哀帝紀》曰：'陳，道也。'是古謂'道'爲'陳'。《微子》云：'我祖厎遂陳于上。'謂致成道於上也。《君奭》云：'率惟兹有陳。'謂有道也。"【念孫案】《大戴記·衛將軍文子》篇："君陳則進，不陳則行而退。"亦謂"道"與"不道"也。言刑之輕重，皆稱乎道，而各守其限也。

修領　理續　主執持

五聽修領，莫不理續主執持。

【念孫案】領，猶治也，理也。言五聽皆修理也。《樂記》："領父子君臣之節。"鄭注："領，猶理治也。"《仲尼燕居》："領惡而全好。"

注:“領,猶治也。”《淮南·本經》篇:“神明弗能領也。”高注:“領,理也。”“續”當爲“績”,“主執持”當爲“孰主持”。“莫不理績孰主持”者,《爾雅》曰:“績,事也。”言百官莫不各理其事,夫孰得而主持之也。上文曰:“莫得輕重威不分。”正所謂“孰主持”也。又曰:“莫得擅與孰私得。”又曰:“莫得貴賤孰私王。”并與此文同一例。今本“績”誤作“續”,“孰”誤作“執”,“執”字又誤在“主”字下,則義不可通。楊説皆失之。

觀法不法見不視

楊注曰:“所觀之法非法,則雖見不視也。”郝云:“按,此言觀法於法不及之地,見物於視不到之鄉,所以謂之‘隱遠至’‘耳目顯’也。具見上下文。注非。”

各以宜舍巧拙

下不私請,各以宜舍巧拙。

盧云:“‘各以宜舍巧拙’句中脱一字,據楊注云:‘各以所宜,不苟求也。’或當作‘各以所宜舍巧拙’。”

臣謹脩

臣謹脩,君制變,公察善思論不亂。謂君臣之倫不亂也。“倫”“論”古字通,説見《儒效》篇。

【念孫案】“脩”當爲“循”,字之誤也。隸書“循”“脩”相亂,説見《管子·形勢》篇。此言臣當謹循舊法而不變,其制變則在君也。“循”與“變”“亂”“貫”爲韻。此以諄、元二部通用，凡諄、元二部之字，古聲皆不分平上去。此篇之例，首句無不入韻者，今本“循”作“脩”，則既失其義，而又失其韻矣。

賦

隆物　示下民　帝不齊均

《智賦》：“皇天隆物以示下民，或厚或薄，帝不齊均，桀紂以亂，湯武以賢。”

【念孫案】“隆”與“降”同。古字或以“隆”爲“降”，説見《墨子·尚賢中》篇。“示”本作“施”，俗音之誤也。《廣雅》曰：“施，予也。”“帝”本作“常”，字之誤也。“物”字即指“智”而言。言皇天降智，以予下民，厚薄常不齊均，故有桀紂、湯武之異也。今本“施”作“示”，“常”作“帝”，則義不可通。《藝文類聚·人部五》引此正作“皇天隆物，以施下民，或厚或薄，常不齊均”。楊説皆失之。

修潔之爲親而雜汚之爲狄

修潔之爲親，而雜汚之爲狄者邪。

楊注曰：“智修潔則可相親，若雜亂穢汚，則與夷狄無異，言險詐難近也。”【念孫案】親，近也。“狄”讀爲“逖”。逖，遠也。《大雅·瞻卬》篇“舍爾介狄”，《毛傳》曰：“狄，遠也。”是“狄”與“逖”同。此言智之爲德，近於修潔，而遠於雜汚也。楊説皆失之。陳説同。

也

明達純粹而無疵也，夫是之謂君子之知。

【引之曰】“疵”“知”爲韻，“也”字涉上文而衍，《藝文類聚》無。

大盈乎大寓

《雲賦》“精微乎毫毛，而大盈乎大寓”。與“宇”同。

宋錢佃校本云：“諸本作‘充盈乎大寓’，非。”【念孫案】作“充盈”者是也，下文：“充盈大宇而不窕。”即其證。“充盈”與“精微”對，監本作“大盈”，則既與下“大”字複，又與“精微”不對矣。楊云：“其廣大時，則盈於大宇之内。”則所見本已作“大盈”。《藝文類聚・天部上》引作“充盈乎天宇”。

忽兮其極之遠也攭兮其相逐而反也

忽兮其極之遠也，攭兮其相逐而反也。

楊注曰：“攭，與劙同。攭兮，分判貌。言雲或怳忽之極而遠舉，或分散相逐而還於山。”【念孫案】忽，遠貌。《楚辭・九歌》曰“平原忽兮路超遠”，《九章》曰“道遠忽兮”，是“忽”爲遠貌。極，至也。言忽兮其所至之遠也。攭者，雲氣旋轉之貌。《考工記・梟氏》：“鍾縣謂之旋。”程氏易疇《通藝録》曰：“旋，所以縣鍾者，設於甬上。《孟子》謂之‘追蠡’，言追出於甬上者乃蠡也。”“蠡”與“螺”通，《文子》所謂“聖人法蠡蚌而閉户”是也。螺小者謂之蜁蝸，郭璞《江賦》所謂“鸚螺蜁蝸”是也。曰“旋”、曰“蠡”，其義不殊，蓋爲金枘於甬上，以貫於縣之者之鑿中，形如螺然，如此，則宛轉流動，不爲聲病矣。《水經・睢水》注云："睢陽城内有高臺，謂之蠡臺。"《續述征記》曰："迴道如蠡，故謂之蠡臺。"是凡言"蠡"者，皆取旋轉之義。反，亦旋也，故曰"攭兮其相逐而反也"。楊説皆失之。

測意之

君子設辭，請測意之。

楊注曰："請測其意。"【引之曰】楊以"意"爲"志意"之"意"，非也。意者，度也。言請測度之也。《禮運》曰："聖人耐以天下爲一家，以中國爲一人者，非意之也。"《管子・小問》篇東郭郵曰："君子善謀，而小人善意，臣意之也。"是"意"爲"度"也。"意"之言"億"也，《韓子・解老》篇："先物行先理動之謂前識。前識者，無緣而忘意度也。""忘"與"妄"同。《莊子・胠篋》篇云"妄意室中之藏"是也。王褒《四子講德論》："今子執分寸而罔億度。""罔億度"，即妄意度。鄭注《少儀》曰："測，意度也。""意"，本又作"億"。《論語・先進》篇"億則屢中"，《漢書・貨殖傳》"億"作"意"。

不窕　行遠疾速而不可托訊者與　億忌　私置

此夫大而不塞者與？充盈大宇而不窕，入郤穴而不偪者與？行遠疾速而不可托訊者與？往來惛憊而不可爲固塞者與？暴至殺傷而不億忌者與？功被天下而不私置者與？

楊注"充盈大宇"二句云："窕，讀爲窱，深貌也。言充盈則滿大宇，幽深則入郤穴，而曾無偪側不容也。"【念孫案】楊訓"窕"爲"深貌"，又以"窕"字連下句解之，皆非也。"充盈大宇而不窕”爲句，窕者，間隙之稱。言充盈大宇而無間隙也。偪，不容也。“偪”與“窕”義正相反。《廣雅》曰：“窕，寬也。”昭二十一年《左傳》：“鍾小者不窕，大者不摦”，“窕則不咸，摦則不容”。杜注曰：“窕，細不滿也。摦，横大不入也”，“不咸，不充滿人心也。不容，心不堪容也”。《大戴禮·王言》篇曰：“布諸天下而不窕，内諸尋常之室而不塞。”《管子·宙合》篇曰：“其處大也不窕，其入小也不塞。”《墨子·尚賢》篇曰：“大用之天下則不窕，小用之則不困。”《吕氏春秋·適音》篇曰：“音，大鉅則志蕩，以蕩聽鉅，則耳不容，不容則横塞，横塞則振。大小則志嫌，以嫌聽小，則耳不充，不充則不詹，不詹則窕。”高注曰：“窕，不滿密也。”義并與此同。

“暴至殺傷而不億忌”，楊云：“億，謂以意度之，雷霆震怒，殺傷萬物，曾不億度疑忌，言果決不測也。”【念孫案】“億”讀爲“意”。“意”“億”古字通，説見前“測意之”下。意，疑也。言暴至殺傷，而曾無所疑忌也。《廣雅》曰：“意，疑也。”《漢書·文三王傳》“於是天子意梁”，顔師古注與《廣雅》同。《韓子·説疑》篇：“上無意，下無怪。”無意，無疑也。《史記·陳丞相世家》：“項王爲人意忌信讒。”《平津侯傳》：“弘爲人意忌，外寬内深。”《酷吏傳》：“湯雖文深、意忌。”皆謂疑忌也。楊以“億”爲“億度”，則分“億”與“忌”爲二義，失之矣。

“功被天下而不私置”，楊云：“天下同被其功，曾無所私置，言無偏頗。”【念孫案】“置”讀爲“德”，言功被天下而無私德也。《繫辭傳》：“有功而不德。”“德”，鄭、陸、蜀才并作“置”，鄭云：“置，當爲德。”《逸周書·官人》篇“有施而弗德”，《大戴禮·文王官人》篇作“有施而不置”。《荀子·哀公》篇“言忠信而心不德”，《大戴禮·哀公問五義》篇作“躬行忠信而心不置”。是“置”爲“德”之借字也。此段以“塞”“偪”“塞”“忌”“極”爲韻，“忌”讀如“極”，《左傳》“費無極”，《史記》作“費無忌”。“置”與“德”同。“行遠疾速而不可托訊”，“訊”下“者與”二字，蓋因上下文而衍。“訊”字不入韻，上文“充盈大宇而不窕”，“窕”字亦不入韻也。盧云“訊”不與前后韻協，疑是“訊托”誤倒，非是。“托”字於古音屬鐸部，“塞”“偪”等字於古音屬職部，改“托訊”爲“訊托”，仍不合韻。

與暴爲鄰

《蠶賦》“名號不美，與暴爲鄰”。

楊注曰：“侵暴者亦取名於蠶食，故曰‘與暴爲鄰’也。”【引之曰】如楊説，則“蠶”下必加“食”字而其義始明。竊謂《方言》：“慘，殺也。”《説文》：“慘，毒也。”字或作“憯”。《莊子·庚桑楚》篇曰：“兵莫憯于志，鏌鋣爲下。”“慘”“蠶”“憯”聲相近，故曰“與暴爲鄰”。

五泰

請占之五泰。

盧云：“此與下文‘五泰’，宋本皆作‘五帝’，無‘五泰，五帝也’五字注，今從元刻，與《困學紀聞》所引合。古者，‘帝’字不與‘敗’‘世’‘害’韻，五支、六脂之别也。”【念孫案】“敗”“世”“害”“泰”古音并屬祭部，非唯不與五支之去聲通，并不與六脂之去聲通。此盧用段説而誤也。説見戴先生《聲韻考》。

喜濕

喜濕而惡雨。

【念孫案】蠶性惡濕，不得言“喜濕”。《太平御覽・資産部五》引作“疾濕而惡雨”是也。“惡雨”與“疾濕”同意。楊云：“湿，謂浴其種。”乃曲爲之説耳。

簪以爲父

楊注曰：“簪形似針而大，故曰爲父。”盧云：“‘簪’當爲‘鑽’。子貫反。謂所以琢針之線孔者也，針賴以成形，故曰‘爲父’。”

幽晦

幽晦登昭，日月下藏。

元刻作“幽闇”。宋龔本同。【念孫案】元刻是也。楊注“幽闇之人”，是其證。宋本“闇”作“晦”者，涉上文“旦暮晦盲”而誤。《藝文類聚・人部八》引作“幽暗登照”，“暗”與“闇”同。

反見從横

公正無私，反見從横。

楊注曰：“言公正無私之人，反見謂從横反覆之志也。”【念孫案】“反見從横”四字，文不成義，此本作“見謂從横”，言公正無私之人反以從横見謂於世也。楊注内“見謂”二字即其證。凡見譽於人曰見謂，若《王霸》篇曰："齊桓公閨門之內，縣樂、奢泰、游抏之循，於天下不見謂修。"《賈子·修政語》篇曰"故言之者見謂智，學之者見謂賢，守之者見謂信，樂之者見謂仁，行之者見謂聖"是也。見毁於人亦曰見謂，若《莊子·達生》篇曰："居鄉不見謂不修，臨難不見謂不勇。"《漢書·兒寬傳》曰："張湯爲廷尉，盡用文史法律之吏，而寬以儒生在其間，見謂不習事。"《邶風·谷風》箋曰："涇水以有渭，故見謂濁。"今本"謂"訛作"渭"，據《正義》改。及此言"見謂縱横"皆是也。後人不曉"見謂"二字之義，又以楊注云"反見謂從横"，遂改正文"見謂"爲"反見"，不知楊注特加"反"字以申明其義，非正文所有也。《藝文類聚·人部八》引此正作"見謂從横"。

貳兵

憝革貳兵。楊注："憝，與儆同。"

【念孫案】"貳兵"二字文義不明，"貳"當爲"戒"，字之誤也。隸書"戒"字作"𢍁"，與"貳"相似。"戒兵"與"憝革"同義。楊云："貳，副也。"未安。

將將

道德純備，讒口將將。

楊注曰："將，去也。言以讒言相退送。或曰：將將，讀爲鏘鏘，進貌。"【念孫案】楊後説讀"將將"爲"鏘鏘"是也，而云"進貌"，則古無此訓。余謂"將將"，集聚之貌也。《周頌·執競》篇“磬管將將”,《毛傳》曰:“將將,集也。”然則“讒口將將”,亦謂讒言之交集也。《小雅·十月》篇“讒口囂囂”,《箋》云:“囂囂,衆多貌。”義亦與“將將”同。

雜布與錦

雜布與錦,不知異也。

【念孫案】此謂布與錦雜陳於前,而不知别異,《説文》:“布,枲織也。”言美惡不分也。楊以“雜布”二字連讀,而訓爲“粗布”,失之。

閭娵子奢

楊注曰:“閭娵,古之美女,《後語》作‘明陬’,蓋一名‘明陬’。《漢書音義》韋昭曰:‘閭陬,梁王魏嬰之美女。’‘子奢’當爲‘子都’,鄭之美人。《詩》曰‘不見子都’,《後語》作‘子都’。”盧云:“‘明’是‘閭’字之誤,楊未省昭耳。”[①]汪云:“‘都’‘奢’古本一音,不必改字。”

大略

教出　而後士

諸侯相見,卿爲介,以其教出畢行。

---

① “昭”,底本作“照”,據文意改。

楊注曰:"教,謂戒令。畢行,謂群臣盡行從君也。"【念孫案】"教出"當爲"教士",謂常所教習之士也。《大戴禮·虞戴德》篇云:"諸侯相見,卿爲介,以其教士畢行。"文與此同也。下文曰:"君子聽律習容而後士。"楊云:"言威儀如此,乃可爲士。"【念孫案】"士"當爲"出",言必聽律習容而後出也。楊云:"聽律,謂聽佩聲,使中音律也。"《玉藻》云:"習容觀玉聲乃出。"鄭注曰:"玉,佩也。"是其證也。隸書"士""出"二字相似,傳寫往往譌混。隸書"出"字或省作"士",若"敳"省作"敖","賣"省作"賣","歂"省作"款"是也。故諸書中"士""出"二字傳寫多誤。僖二十五年《左傳》"諜出曰'原將降矣'",《吕氏春秋·爲欲》篇"諜出"譌作"謀士"。《管子·大匡》篇"士欲通,吏不通",今本"士"譌作"出"。《史記·吕后本紀》"齊内史士",徐廣曰:"一作出。"《夏本紀》"稱以出",《大戴禮·五帝德》篇作"稱以上士"。皆其證也。楊説皆失之。

處之　非禮也　非義也

仁非其里而虛之,非禮也。義非其門而由之,非義也。

楊注曰:"虛,讀爲居,聲之誤也。"【念孫案】"虛"當爲"處",字之誤也。下文云:"君子處仁以義。"是其證。陳説同,又引《論語》:"里仁爲美,擇不處仁。"又案,楊云:"仁非其里,義非其門,皆謂有仁義而無禮也。"盧云"非義也"亦當爲"非禮也"。案,楊、盧之説皆非也。"非禮也"當作"非仁也"。劉説同。"非義也","義"字不誤。此文云:"仁非其里而處之,非仁也。義非其門而由之,非義也。"下文云:"君子處仁以義,然後仁也。行義以禮,然後義也。"前後正相呼應,以是明之。

不知

審節而不知,不成禮。

楊注曰:"知,或爲和。"【念孫案】作"和"者是也。禮以和爲貴,故審節而不和,則不成禮。下文"和而不發"正承此"和"字言之。今本"和"作"知",字之誤耳。隸書"和"字或作"和",與"知"相似。見漢《白石神君碑》。既能審於禮節,則不得謂之不知。楊云:"雖能明審節制,而不知其意。"於"不知"下加"其意"二字,失之。

殺大蚤

楊注曰:"《禮記》曰:'獺祭魚,然後虞人入澤梁。豺祭獸,然後田獵。'先於此爲早也。"【念孫案】此説是也,前説非。

君臣不得不尊父子不得不親兄弟不得不順夫婦不得不驩少者以長老者以養故天地生之聖人成之

汪云:"'君臣'以下四十一字錯簡,當在後'國家無禮不寧'之下。此因上'尚尊''尚親'之文而誤。"

寢不逾廟設衣不逾祭服

【念孫案】"設"當爲"讌",字之誤也,故楊注云"讌,宴也"。今注文"讌"字亦誤作"設"。"寢"對"廟"而言,"讌衣"對"祭服"而言,《王制》:"燕衣不逾祭服,寢不逾廟。"是其證。

霜降逆女冰泮殺内十日一御

楊以“殺内”二字連讀，云：“當爲‘冰泮逆女，霜降殺内’，故《詩》曰‘士如歸妻，迨冰未泮’。殺，減也。内，謂妾御也。十日一御，即殺内之義。冰泮逆女，謂發生之時合男女也。霜降殺内，謂閉藏之時禁嗜欲也。”盧云：“案，《詩·陳風·東門之楊》毛傳云：‘言男女失時，不逮秋冬。’《正義》引荀卿語，并云：‘毛公親事荀卿，故亦以秋冬爲昏期。’《家語》所説亦同。《匏有苦葉》所云：‘迨水未泮。’《周官·媒氏》：‘中春會男女。’皆是要其終，言不過是耳。楊注非。‘十日一御’，君子之謹游於房也，不必連‘冰泮’言。”【引之曰】此文本作“霜降逆女，冰泮殺止”，謂霜降始逆女，至冰泮而殺止也。《召南·摽有梅》及《陳風·東門之楊》正義兩引此文，皆作“冰泮殺止”。《周官·媒氏》疏載王肅論引此文及《韓詩傳》，亦皆作“冰泮殺止”。又，《春秋繁露·循天之道》篇亦云：“古之人霜降而逆女，冰泮而殺止。”《東門之楊》正義所引如是，今本作“殺内”，乃後人依誤本《荀子》改之。自楊所見本“殺”下始脱“止”字，而楊遂以“殺内”二字連讀，誤矣。“冰泮殺止”，指嫁娶而言，“内”字下屬爲句，“内十日一御”别是一事，非承“冰泮”而言。

大之

立視前六尺而大之，六六三十六，三丈六尺。

【引之曰】“大之”當爲“六之”。言以六尺而六之，則爲三丈六尺也。楊以“廣”釋“大”，則所見本已誤。

文貌 情用

文貌情用，相爲内外表裏。

【念孫案】文貌在外，情用在内，故曰“相爲内外表裏”。《禮論》篇曰：“文理繁，情用省，是禮之隆也。文理省，情用繁，是禮之殺也。文理情用，相爲内外表裏，并行而雜，是禮之中流也。”彼言“文理”，猶此言“文貌”，楊彼注云“文理謂威儀，情用謂忠誠”是也。此注失之。

修六禮明十教

楊注曰：“十，或爲七。”【念孫案】《王制》曰：“司徒修六禮以節民性，明七教以興民德。六禮：冠、昏、喪、祭、鄉、相見。七教：父子、兄弟、夫婦、君臣、長幼、朋友、賓客。”則作“七教”者是也。凡經傳中“七”“十”二字互誤者多矣，楊前注以《禮運》之“十義”爲“十教”，失之。

管仲之爲人力功不力義力知不力仁野人也不可以爲天子大夫

郝云：“按，此謂管仲尚功力而不修仁義，不可爲王者之佐，注以四子言，恐非。”

害靡國家

利夫秋豪，害靡國家。

楊注曰："靡，披靡也。利夫秋豪之細，其害遂披靡而來，及於國家。"【念孫案】楊説"靡"字之義，非是。靡者，滅也。言利不過秋豪，而害乃至於滅國家也。《方言》："靡，滅也。"郭璞曰："或作'摩滅'字，音糜。"《漢書·賈山傳》："萬鈞之所壓，無不糜滅者。"《司馬遷傳》："富貴而名摩滅。""摩"與"糜""靡"古同聲而通用。説見《唐韻正》。陳云："靡，累也。言所利在秋豪，而其害累及國家也。《詩·周頌》傳曰：'靡，累也。'是其義。"

場園

大夫不爲場園。

【念孫案】"場園"當爲"場圃"，字之誤也。《韓詩外傳》作"不爲場圃"，玩楊注，亦是"圃"字。《論語·子路》篇馬注及《射義》鄭注并云："樹菜蔬曰圃。"即楊注所本。

然故

然故民不困財，《群書治要》"財"作"則"，則以"民不困"爲句，"則"字下屬爲句。貧窶者有所竄其手。

【念孫案】"然故"，猶"是故"也，《堯問》篇"然故士至"同。説見《釋詞》"然"字下。

上好羞則民闇飾矣上好富則民死利矣二者亂之衢也

楊注曰："好羞貧而事奢侈，則民闇自修飾也。"【念孫案】

楊説迂曲而不可通。“羞”當爲“義”，“羞”字上半與“義”同，又涉上文兩“羞”字而誤也。“上好義，則民闇飾”者，言上好義，則民雖處隱闇之中，亦自修飾，不敢放於利而行也。《吕氏春秋·具備》篇載宓子賤治亶父，“使民闇行，若有嚴刑於旁”，即所謂“民闇飾”也。《賈子·大政》篇曰：“聖明則士闇飾矣。”“上好義”與“上好富”對文，故下文又云“欲富乎？與義分背矣”。“上好義，則民闇飾。上好富，則民死利”，即上文所云“上重義，則義克利。上重利，則利克義”也。《鹽鐵論·錯幣》篇：“上好禮，則民闇飾。上好貨，則下死利。”即用《荀子》而小變其文。劉云：“‘二者亂之衢’，‘二者’二字承上兩句而言，則‘亂’上當有‘治’字。”

臨患難而不忘細席之言

郝云：“按‘細席’，注皆未安，恐‘茵席’之形訛。蓋‘茵’借爲‘絪’，‘絪’又訛爲‘細’耳。”【念孫案】郝説是也。《漢書·霍光傳》：“加畫綉絪馮。”如淳曰：“絪，亦茵。”是其證。“茵席之言”，謂昔日之言，即《論語》所謂“平生之言”也，故《尸子》云“臨大事不忘昔席之言”。見楊注。

和之璧　爲天子寶

和之璧，井里之厥也，盧云：“‘厥’同‘橛’。《説文》：‘橛，門梱也。’《荀子》以‘厥’爲‘橛’，《晏子》以‘困’爲‘梱’，皆謂門限，《意林》不解，乃改爲‘璞’矣。”【念孫案】此段説也，見《鍾山札記》。玉人琢之，爲天子寶。

【念孫案】《文選·劉琨〈答盧諶詩序〉》：“天下之寶，當與天下共之。”注引此“和”下有“氏”字，《晏子春秋·雜》篇同。“爲天子寶”作“爲天下寶”，又引《史記·藺相如傳》：“和氏璧，天下所共傳寶也。”於義爲長。下文亦云：“子贛、季路爲天下列士。”

不立

君子疑則不言，未問則不立。

【念孫案】“立”字義不可通，“立”亦當爲“言”。下文“未問則不立”同。疑則不言、未問則不言，皆謂君子之不易以豉反。其言也。《大戴記·曾子立事》篇：“君子疑則不言，未問則不言。”此篇之文多與《曾子》同也。隸書“言”字或作“音”，若“졕”作“畓”，“詹”作“詹”，“善”作“善”之類皆是。因脱其半而爲“立”。《秦策》：“秦王愛公孫衍，與之間有所言。”今本“言”訛作“立”。楊曲爲之説，非。

少不諷

少不諷，壯不論議。

【念孫案】“少不諷”當從《大戴記》作“少不諷誦”，“諷誦”與“論議”對文，少一“誦”字，則文不足意矣。楊云：“諷，謂就學諷詩書。”則所見本已脱“誦”字。

學者非必爲仕而仕者必如學

郝云：“按，如，肖似也。此言仕必不可負所學，注云‘如，往’，非也。”

皋如　嵮如　鬲如

望其壙，皋如也、嵮如也、鬲如也。

楊注曰："皋，當爲宰。宰，冢也。宰如，高貌。嵮，與填同。謂土填塞也。鬲，謂隔絶於上。《列子》作宰如、墳如。"《天瑞》篇。盧云："《公羊》僖卅三年傳'宰上之木拱矣'，是'宰'即'冢'也。冢，大也，如大山也。'嵮'讀爲'顛'，山頂也。鬲如，形如實五轂之器也，山有似甗者矣。《列子》'嵮如'作'墳如'，如大防也。"劉云："案，今《列子》作'睪如也''宰如也'，睪，即皋，豈楊氏所見本異邪？'睪如''宰如'二句叠出，則不得破'皋'爲'宰'矣。"【念孫案】《家語・困誓》篇亦作"睪如也"，王肅曰："睪，高貌。"

其人　其人也　非其人也

君子也者而好之，其人，其人也而不教，不詳。非君子而好之，非其人也，非其人而教之，齎盜糧，借賊兵也。

盧云："此條言所好者君子，是爲得其人。非君子而好之，則所好非其人也。人可與言而不教，是爲不祥。不可與言而教之，則又資盜糧，借賊兵也。楊注不了。"【念孫案】"其人也而不教"，"也"字當在上句"其人"下。汪説同。下文："非君子而好之，非其人也，非其人而教之，齎盜糧，借賊兵也。"上"非其人"下有"也"字，下"非其人"下無"也"字，是其證。此言能好君子則爲可教之人，可教而不教之，是爲不詳。若所好非君子，則爲不可教之人，不可教而教之，則是齎盜糧，借賊兵也。盧説亦未了。

柳下惠與後門者同衣而不見疑非一日之聞也

楊注曰:"後門者,君之守後門至賤者。子夏言'昔柳下惠衣之弊惡,與後門者同,時人尚無疑怪者',言安於貧賤、渾迹而人不知也。'非一日之聞',言聞之久矣。"盧云:"案,'柳下惠'一條不當蒙上文。'與後門者同衣而不見疑',蓋即《毛詩·巷伯》詁訓傳所云'嫗不逮門之女,而國人不稱其亂'也。'非一日之聞',言素行爲人所信。又,《鍾山札記》引《吕氏春秋·長利》篇云:'戎夷違齊如魯,天大寒而後門。'高誘注:'後門,日夕門已閉也。'《韓非子·外儲説左下》云:'暮而後門。'"

争利如蚤甲而喪其掌

楊注蒙上文爲解。盧云:"此亦當别爲一條。"

來乘

凡物有乘而來乘,其出者是其反者也。

【念孫案】下"乘"字疑涉上"乘"字而衍。"凡物有乘而來"者,乘,因也。《文選·謝朓〈始出尚書省〉》詩注引如淳《漢書注》。言凡物必有所因而來。反乎我者,即出乎我者也,故曰"其出者是其反者也"。今本"來"下又有"乘"字,則義反晦矣。楊説失之。

禍之所由生也生自纖纖也

盧云:“元刻作‘禍之所由生,自纖纖也’,宋龔本同。與《大戴·曾子立事》篇同。汪從元刻。”

泔之 奥之

曾子食魚有餘,曰:“泔之。”門人曰:“泔之傷人,不如奥之。”

楊注曰:“泔與奥皆烹和之名,未詳其説。”盧氏《龍城札記》曰:“案,非烹和也。曾子以魚多,欲藏之耳。泔,米汁也。泔之,謂以米汁浸漬之。門人以易致腐爛,食之不宜於人,或致有腹疾之患,故以爲傷人。《説文》:‘奥,宛也。’‘宛,奥也’。‘奥’與‘宛’皆與‘鬱’音義同。今人藏魚之法,醉魚則用酒,腌魚則用鹽,置之甀中以鬱之,可以經久,且味美。‘奥’如‘鬱韭’‘鬱麴’之‘鬱’,鬱韭,見《説文》“蓝”字下。“鬱麴”,見《釋名》。皆謂治之藏於幽隱之處,今魚經鹽酒者,於老者、病者極相宜,正與傷人相反。”【念孫案】米泔不可以漬魚,盧謂以米汁浸漬之,非也。“泔”當爲“洎”。《周官·士師》“洎鑊水”,鄭注曰:“洎,謂增其沃汁。”襄二十八年《左傳》:“去其肉而以其洎饋。”《正義》曰:“添水以爲肉汁,遂名肉汁爲洎。”然則添水以爲魚汁,亦得謂之“洎”。洎之,謂添水以漬之也。《吕氏春秋·應言》篇:“多洎之,則淡而不可食。少洎之,則焦而不熟。”高注曰:“肉汁爲洎。”彼言“多洎之”“少洎之”,即此所謂“洎之”矣。以洎漬魚,則恐致腐爛而不宜於食,故曰“洎之傷人也”。隸書“甘”字或作“[illegible]”,與“自”字極相似,故“洎”誤爲“泔”耳。漢《西岳華山亭碑》"甘澍弗布","甘"字作"曰"。見《漢隸字原》。奥,亦非烹和之名,盧訓"奥"爲"鬱"是也。《釋名》曰:"𦞦,奥也。藏物於奥内,稍出用之也。"彼所謂"𦞦",即此所謂"奥之"矣。然盧謂"奥"與"宛""鬱"同音,則非也。"奥"與"宛""鬱"同義,而不同音,故諸書中"鬱"字有通作"宛"者,而"宛""鬱"二字無通作"奥"者,以"宛""鬱"釋"奥"則可,讀"奥"爲"宛""鬱"則不可。

唯

天下之人,唯各特意哉,然而有所共予也。

盧云:"'唯',元刻作'雖'。"【念孫案】唯,即雖字也,説見《經義述聞》桓十四年《穀梁傳》。

飲而不食者蟬也不飲不食者蜉蝣也

汪云:"此二語别是一義,與上文不相蒙。注非。"

宥坐

今生也有時

嫚令謹誅,賊也。今生也有時,斂也無時,暴也。不教而責成功,虐也。

【念孫案】"今"字當在"嫚令謹誅"上,總下三事言之,文義方順。《家語·始誅》篇作"夫慢令謹誅","夫"字亦總下之詞。

綦三年而百姓往矣

盧云:"'往'乃'從'之誤,下注同。"【念孫案】"從"下當有"風"字,今本無"風"字者,"從"誤爲"往",則"往風"二字義不可通,後人因删"風"字耳。據楊注云"百姓從化","化"字正釋"風"字。《太平御覽·治道部五》引此正作"百姓從風",《韓詩外傳》及《説苑·政理》篇并同。

邪民不從

邪民不從,然後俟之以刑。

【念孫案】"邪民"本作"躬行"。上文云:"上先服之,三年而百姓從風。"服者,行也,即此所謂"躬行"也,故云"躬行不從,然後俟之以刑"。隸書"躬"與"邪"相似,故"躬"誤爲"邪"。見《隸辨》。案,"躬行"作"邪行","邪"字誤而"行"字不誤。《外傳》亦誤作"邪行",唯《説苑》不誤。今本《荀子》"邪行"作"邪民",乃後人所改。辯見下。《家語·始誅》篇作"其有邪民不從化者,然後待之以刑"。案,《荀子》之"躬行不從"誤作"邪行不從",則義不可通,王肅不知"邪"爲"躬"之誤,故改"邪行不從"爲"邪民不從化",以曲通其義,而今本《荀子》亦作"邪民",則又後人以《家語》改之也。楊注云:"百姓既從,然後誅其奸邪。"則所見本已同今本。《説苑》正作"躬行不從,而后俟之以刑"。

任負車

百仞之山,任負車登焉。

楊注曰:“負,重也。任負車,任重之車也。”【念孫案】古無訓“負”爲“重”者,余謂“負”亦“任”也。《魯語》注曰:“任,負荷也。”《楚辭・九章》注曰:“任,負也。”連言“任負”者,古人自有複語耳。倒言之則曰“負任”,《齊語》“負任擔荷”是也。

陵遲故也

楊注曰:“遲,慢也。陵遲,言丘陵之勢漸慢也。王肅云:‘陵遲,陂陀也。’”盧云:“案,《淮南》:‘山以陵遲,故能高。’《泰族》篇。陵遲,猶迆邐、陂陀之謂,此注與《匡謬正俗》俱訓‘陵’爲‘丘陵’,似泥。”【念孫案】盧說是也。《說文》:“夌,夌徲也。”其字本作“夌”,則非謂“丘陵”明矣。詳見《漢書雜志》末卷。

馮而游

百仞之山,而豎子馮而游焉。

【念孫案】馮者,登也。《周官・馮相氏》注曰:“馮,乘也。相,視也。世登高臺,以視天文之次序。”《廣雅》曰:“馮,登也。”故《外傳》作“童子登而游焉”。《說苑》作“童子升而游焉”,升,亦登也。

大遍與諸生

夫水,大遍與諸生而無爲也,似德。

【念孫案】“遍與”上不當有“大”字，蓋涉上文“大水”而衍。據楊注云：“遍與諸生，謂水能遍生萬物。”則無“大”字明矣。《初學記·地部中》引此無“大”字，《大戴記·勸學》篇、《説苑·雜言》篇、《家語·三恕》篇并同。

洸洸乎

其洸洸乎不淈盡，似道。

楊注曰：“洸，讀爲滉。滉滉，水至之貌。淈，讀爲屈，竭也。《家語》作‘浩浩無屈盡之期’。”【念孫案】楊讀“洸”爲“滉”，“滉滉，水至之貌”，古無此訓。“洸洸”當從《家語》作“浩浩”，字之誤也。俗書“洸”字作“洸”，與“浩”略相似。《王制》曰“有餘曰浩”，故曰“浩浩乎不屈盡”。《初學記》引《荀子》正作“浩浩”，則所見本尚未誤，《太平御覽·地部二十三》同。

佚若聲響

其應佚若聲響。

楊注曰：“佚與逸同，奔逸也。”【念孫案】“奔逸”與“聲響”，義不相屬，楊説非也。“佚”讀爲“呹”，音逸。呹，疾貌也。言其相應之疾，若響之應聲也。《漢書·楊雄傳·甘泉賦》：“薌呹肸以掍根兮，聲駍隱而歷鍾。”師古曰：“言風之動樹，聲響振起，衆根合同，駍隱而盛，歷入殿上之鍾也。”“薌”讀與“響”同。呹音丑乙反，《文選》李善注曰：“呹，疾貌也。余日切。”正與“佚”字同音，古無“呹”字，故借“佚”爲之耳。

皆繼

鄉者賜觀於大廟之北堂，吾亦未輟，還復瞻被九蓋皆繼，被有説邪，匠過絶邪。

楊注曰："九，當爲北。被，皆當爲彼。蓋音盍，户扇也。與"闔"同。皆繼，謂其材木斷絶相接繼也。子貢問北盍皆繼續，彼有説邪？匠過誤而遂絶之邪？《家語》《三恕》篇。作'北蓋皆斷'，王肅云：'觀北面之蓋，皆斷絶也。'"【念孫案】"繼"與"輟""説""絶"韻不相協，"繼"當爲"𢇍"，字之誤也。《説文》："𢇍，古文絶。"正與"輟""説""絶"爲韻。"𢇍"爲古文"絶"，而此文以"𢇍""絶"并用者，古人之文，不嫌於複，凡經傳中同一字而上下異形者，不可枚舉，即用韻之文亦有之。《皋陶謨》曰："天聰明，自我民聰明。天明畏，自我民明威。"《釋文》："畏，馬本作威。"《周官·鄉大夫》注引作"天明威，自我民明威"，是"畏"即"威"也。《小雅·正月》篇云："燎之方揚，寧或滅之。赫赫宗周，褒姒烕之。"《釋文》："烕，本或作滅。"昭元年《左傳》引作"褒姒滅之"，是"烕"即"滅"也。《越語》云："死生因天地之刑，天地形之，聖人因而成之。"《管子·勢》篇作"死死生生，因天地之形"，是"刑"即"形"也。皆與此文之"𢇍""絶"并用同例。今本"𢇍"作"繼"，則既失其韻，而又失其義矣。楊云"皆繼，謂材木斷絶相接繼"，非也。"接繼"與"斷絶"正相反，下文云"匠過絶邪"，則此文之不作"繼"甚明。《家語》作"北蓋皆斷"。斷，亦絶也。

嘗有説

大廟之堂，亦嘗有説。

【念孫案】“嘗”讀爲“當”。“當”“嘗”古字通，《孟子·萬章》篇“是時孔子嘗阸”，《説苑·至公》篇“嘗”作“當”。言大廟之堂所以北蓋皆斷絶者，亦當有説也。下文“蓋曰貴文也”，正申明“亦當有説”之意。楊訓“嘗”爲“曾”，失之。①

因麗節文

官致良工，因麗節文。

楊注曰：“因隨其木之美麗節文而裁制之，所以斷絶。”【念孫案】“麗”非“美麗”之謂，麗者，施也。見《廣雅》及《多方》《顧命》《吕刑》傳、《士喪禮》注。言因良材而施之以節文也。良材，見下文。《家語》作“匠致良材，盡其功巧”，正謂“施之以節文”也。

子道

則不幸

故勞苦彫萃而能無失其敬，災禍患難而能無失其義，則不幸不順見惡而能無失其愛。

【念孫案】“則”與“即”同，説見《釋詞》。

---

① “失”，底本作“夫”，據《萬有文庫》本改。

則何以爲　脱一句

無此三者,則何以爲而無孝之名也。

【念孫案】"以"字衍,《韓詩外傳》無"以"字。下文"何爲而無孝之名也",亦無"以"字。又案,《外傳》此句下有"意者,所友非仁人邪"一句,玩本書亦似當有此句。下文"雖有國士之力"四句,正承此句而言。又,下文:"入而行不修,身之罪也。"承上"身不敬"三句而言。"出而名不章,友之過也",則承此句而言,若無此句,則與下文不相應矣。

法行

遠　反

内人之疏而外人之親,不亦遠乎? 身不善而怨人,不亦反乎?

【念孫案】"遠"當爲"反","反"當爲"遠"。内人親而外人疏,今疏内而親外,是反也,故曰"不亦反乎"。身不善而怨人,是舍近而求遠也,故曰"不亦遠乎"。下文曰:"失之己而反諸人,豈不亦迂哉。"迂,即遠也,是其證。今本"反"與"遠"互誤,則非其旨矣。《韓詩外傳》正作"内疏而外親,不亦反乎? 身不善而怨他人,不亦遠乎",楊説皆失之。

栗而理

温潤而澤,仁也。栗而理,知也。宋吕本如是。

宋錢佃本及元刻依《聘義》於“栗”上增“縝”字，而盧本從之。【引之曰】增“縝”字者誤也。楊注但釋“栗”“理”二字，而不釋“縝”字，則正文之無“縝”字甚明。《説苑·雜言》篇説玉曰“望之温潤，近之栗理”“望之温潤者，君子比德焉。近之栗理者，君子比智焉”，亦言“栗理”，而不言“縝”。栗者，秩然有條理之謂，故有似於智。楊依《聘義》注訓“栗”爲“堅貌”，亦非。説詳《經義述聞》“聘義”。

瑕適并見情也

【念孫案】“適”讀爲“謫”。經傳通以“適”爲“謫”。謫，亦瑕也，《老子》曰“善言無瑕謫”是也。《管子·水地》篇“瑕適皆見，精也”，“精”與“情”同，説見《管子》。尹知章曰：“瑕適，玉病也。”《吕氏春秋·舉難》篇：“寸之玉，必有瑕適。”《説苑》曰：“玉有瑕，必見之於外，故君子比情焉。”此言“瑕適”，而《説苑》但言“瑕”，是“適”即“瑕”也。“情”之言“誠”也，玉不自掩其瑕適，故曰“情”。《春秋繁露·仁義法》篇云：“自稱其惡謂之情。”義與此同。楊讀“適”爲“調適”之“適”，失之。

哀公

紳而搢笏　此賢乎

然則夫章甫絢屨、紳而搢笏者，此賢乎？

【念孫案】《大戴記·哀公問五義》篇、《家語·五儀》篇“紳”下有“帶”字，“賢”上有“皆”字，并於義爲長。

勤行　止交

勤行不知所務,止交不知所定。

盧云:"'止交',《大戴禮》《韓詩外傳》皆作'止立'。"【引之曰】作"止立"者是。"止交"二字,文不成義。楊云"交,謂接待於物",非也。"勤行"亦當依《大戴》作"動行",皆字之誤也。"動行"與"止立"對文,《外傳》作"動作"。

五鑿爲正心從而壞

楊注曰:"鑿,竅也。五鑿,謂耳、目、鼻、口及心之竅也,言五鑿雖似於正,而其心已從外物所誘而壞矣。一曰:五鑿,五情也。《莊子》曰'六鑿相攘',司馬彪曰'六情相攘奪'。"盧云:"案,《大戴禮》作'五鑿爲政',此'正'字義當與'政'同,注似非。"【念孫案】楊後説以"五鑿"爲"五情",頗勝前説。

大辨乎天地

是故其事大辨乎天地,明察乎日月。

【念孫案】"辨"讀爲"遍"。言其事大則遍乎天地,明則察乎日月也。與上"辨乎萬物之情性"不同。楊以"辨"爲"辨别",則與"大"字義不相屬矣。"遍""辨"古字通,説見《日知録》。

若天之嗣

若天之嗣，其事不可識。

【念孫案】“嗣”讀爲“司”。《鄭風·羔裘》傳曰：“司，主也。”言若天之主司萬化，其事不可得而知也。“司”“嗣”古字通，《大戴記》正作“若天之司”。《高宗肜日》“王司敬民”，《史記·殷本紀》“司”作“嗣”。楊云：“嗣，繼也。”失之。

焉不至

君以此思哀，則哀將焉不至矣。

盧云：“正文‘焉’下，元刻有‘而’字，下四句并同。宋龔本同。‘而’當訓爲‘能’，若以爲衍，不應四句皆然。”又，《補校》云：“考《齊策》管燕謂其左右曰：‘子孰而與我赴諸侯乎？’而，即能字。高誘注《吕氏春秋·去私》《士容》二篇皆訓‘而’爲‘能’，其注《淮南》亦然，《易·屯》釋文亦云鄭讀‘而’爲‘能’。然則此‘焉而’正當讀爲‘焉能’，不可易矣。”【念孫案】盧説是也。《文選·王文憲集序》注引此有“而”字，其引此無“而”字者，皆後人不知古訓而删之也。古書多以“而”爲“能”，詳見《淮南·人間》篇。

東野子之善馭乎

盧云：“《家語·顔淵》篇作‘子亦聞東野畢之善御乎’，此脱‘子亦聞’三字。又，‘子之’當作‘之子’。”【念孫案】“東野子”亦當作“東野畢”，下文皆作“東野畢”，是其證。《韓詩外傳》作"善哉！東野畢之御也",《新序·雜事》篇同。

是舜無失民造父無失馬也

盧云:"《新序》《家語》'是'下皆有'以'字。"【念孫案】《太平御覽·工藝部三》引此亦有"以"字,《韓詩外傳》同,當據補。

堯問

振寡人之過

天使夫子振寡人之過也。

【念孫案】振,救也。《説文》:"振,舉救也。"《月令》《哀公問》注、昭十四年《左傳》注、《周語》《魯語》《吴語》注、《吕氏春秋·季春》篇注、《淮南·時則》篇注并云:"振,救也。"《史記·蒙恬傳》曰:"過可振而諫可覺。"故曰"振寡人之過"。楊云:"振,舉也。"於義未該。

寠小

彼其好自用也,是所以寠小也。

楊注曰:"寠,無禮也。彼伯禽好自用而不諮詢,是乃無禮驕人而器局小也。"

【念孫案】楊分"寠"與"小"爲二義,非也。寠,亦小也。言其好自用也,是其器局之所以寠小也。《韓子·詭使》篇:

“惇慤純信，用心一者，則謂之寠。”言世人皆尚詐僞，故見惇慤純信，用心專一者，則謂之寠小也。《釋名》曰：“寠數，猶局縮，皆小意也。”《漢書·東方朔傳》：“乃覆樹上寄生，令朔射之。朔曰：‘是寠數也。’”師古曰：“寠數，戴器也。以盆盛物戴於頭者，則以寠數薦之。‘寄生’者，芝菌之類。淋潦之日，著樹而生，形有周圜，象寠數者，故朔云‘著樹爲寄生，盆下爲寠數’。”案，物在盆下，謂之寠數，亦局縮之意也。蔡邕《短人賦》“劣厥僂寠”，亦是短小之意。《詩傳》以“寠”爲“無禮”，謂“貧者不能備禮”，非謂“無禮驕人”也。

不聞即物少至

楊注曰：“物，事也。不見士則無所聞，無所聞則所知之事亦少。聞，或爲問。”【念孫案】“聞”即“問”字也，説見《經義述聞·旅·象傳》及《王風》。言不問則所知之事少也。“問”字正承上文“見士問曰”而言。

不息

多其功而不息。

劉云：“‘不息’，《韓詩外傳》《春秋繁露·山川頌》《説苑·臣術》篇并作‘不言’。”【引之曰】“言”與“息”形、聲皆不相近，若本是“言”字，無緣誤爲“息”。“息”當爲“悳”，“悳”，古“德”字，《繫辭傳》曰“有功而不德”是也。《韓詩外傳》《春秋繁露》《説苑》作“不言”，意與“不德”同。俗書“悳”字作“悳”，形與“息”相似而誤。《大戴禮·公冠》篇“靡不蒙悳”，今本誤作“靡不息”，是其證也。《家語·困誓》篇作“多其功而不意”，王肅曰：“功雖多而無所意也。”兩“意”字亦“悳”字之誤。《家語》本於《荀子》，則《荀子》之本作“悳”，明矣。《太平御覽·地部二》正引作“多其功而不德”。

《荀子》補遺

余昔校《荀子》，據盧學士校本而加案語，盧學士校本則據宋吕夏卿本而加案語。去年陳碩甫文學以手録宋錢佃校本異同，郵寄來都，余據以與盧本相校，已載入《荀子雜志》中矣。今年顧澗薲文學又以手録吕、錢二本異同見示，余乃知吕本有刻本、影鈔本之不同，錢本亦有二本，不但錢與吕字句多有不同，即同是吕本、同是錢本，而亦不能盡同。擇善而從，誠不可以已也。時《荀子雜志》已付梓，不及追改，乃因顧文學所録而前此未見者，爲《補遺》一編，并以顧文學所考訂及余近日所校諸條，載於其中，以質於好古之士云。道光十年五月二十九日高郵王念孫敘，時年八十有七。

勸學篇

以錐湌壺也。

宋吕本"湌"作"飡"，與錢本同。

修身篇

保利非義謂之至賊。

盧云："'非'元刻作'弃'。"【念孫案】盧本作"非"者，爲影鈔宋本所誤也，刻本正作“弃”。“弃”與“保”義正相反，作“非”者，字之誤耳。吕、錢本、元刻及世德堂本皆作“弃”。

其遠思也早。

吕本作“遠害”，與錢本同。

榮辱篇

橋泄者，人之殃也。

吕本“橋”作“憍”，與錢本、元刻同。

鯈鉢者，浮陽之魚也，胠於沙而思水，則無逮矣。

楊注曰：“胠，與祛同。《方言》云：‘祛，去也。’去於沙，謂失水去在沙上也。”【引之曰】魚在沙上，不得謂之“去於沙”，楊説非也。案，“胠”當爲“㑴”。字從人、𠓝聲。𠓝，其虐反，與“風俗”之“俗”從谷者不同。《玉篇》：“㑴，渠戟切，倦也。”《集韻》：“㣵，《方言》㑳也。”“㑳”與“倦”同。或作“㣵”“㑴”。漢司馬相如《子虚賦》：“徼𠜾受詘。”郭璞曰：“𠜾，疲極也。”《上林賦》：“與其窮極倦𠜾。”郭曰：“窮極倦𠜾，疲憊者也。”《説文》：“㣵，徼㣵受屈也。”“𠜾”“㣵”“㣵”并與“㑴”同。窮、極、倦、𠜾，其義一也。《廣雅》曰：“困、疲、羸、券、鄭注《考工記·輈人》曰：“券，今倦字也。”㣵、窮、㦃，與“憊”同。《遯·象傳》“有疾憊也”，鄭注：“憊，困也。”極也。”趙注《孟子·離婁》篇曰：“極，困也。”《吕刑》曰：“人極于病。”困、疲、羸、倦、㣵、窮、憊、極，其義一也。然則“㑴”者，窮困之謂，言魚困於沙而思水，則無及也。隸書“亻”旁或從篆作“刀”，見《隸辨》。與“月”相似。“𠓝”或作“去”，漢《冀州刺史王純碑》“卻掃閉門”，“卻”字作“却”，今俗書“郤”“腳”二字亦作“却”“脚”。與“去”相似，故“㑴”字訛而爲“胠”。

非相篇

以其治亂者異道。

吕本"以其"作"其以",與錢本同。前謂吕本作"以其",因盧本而誤。

故君子之於言也,志好之,行安之,樂言之,故君子必辯。

【引之曰】"故君子之於言也","言"當爲"善","善"字本作"譱",脱其半而爲"言",又涉上下文"言"字而誤也。"志好之,行安之,樂言之",三"之"字皆指"善"而言。下文云:"凡人莫不好言其所善,而君子爲甚。"此句凡兩見。是其明證矣。下文又云:"故君子之行仁也無厭,志好之,行安之,樂言之,故君子必辯。"今本"故"下衍"言"字,辯見前。仁,即所謂善也。今本"善"作"言",則下文三"之"字皆義不可通。

非十二子篇

縱情性,安恣睢,禽獸之行。

吕、錢本皆無"之"字。【念孫案】吕、錢本是也。據楊注云:"與禽獸無異,故曰'禽獸行'。"則無"之"字明矣。《性惡》篇云:"禽獸行,虎狼貪。"《司馬法》云:"外内亂,禽獸行。"句法并與此同。

仲尼篇

其事行也,若是其險污淫汏也,固曷足稱乎大君子之門哉?

吕本"淫汏也"下有"如彼"二字,與錢本同。

儒效篇

先王之道,仁人隆也,比中而行之。

吕本"仁人隆也"作"仁之隆也"。【念孫案】吕本是也。此言先王之道,乃仁道之至隆者也,所以然者,以其"比中而行之"也。比,從也,毗至反,説見前。楊云:"仁人之所崇高也。"失之。錢本以下作"仁人隆也",即涉注"仁人"而誤。

道者,非天之道,非地之道,人之所道也。

盧云:"宋本作'人之所以道也',下又有'君子之所道也'句,今從元刻删正。"【念孫案】盧説非也。"人之所以道"者,道,行也。謂人之所以行也。"君子之所道"者,道爲人之所以行,而人皆莫能行之,唯君子爲能行之也。二句本不同義,後人以爲重複而删之,謬矣。下文"君子之所謂賢者"八句,正承此"君子"而言,則此句之非衍文甚明。吕、錢本、世德堂本皆作"人之所以道也,君子之所道也",今據以補正。

如是,則貴名起之如日月,天下應之如雷霆。

盧云:"'起之',宋本無'之'字。"【念孫案】宋本是也。"貴名起如日月",言貴名之顯著也。《王霸》篇:"如是,則夫名聲之部,發於天地之間也,豈不如日月雷霆云乎哉?""起"下不當有"之"字,元刻及世德堂本有"之"字,乃涉下句"天下應之"而衍,吕、錢本皆無"之"字。

盡善挾洽之謂神。

吕、錢本"洽"并作"治"。【念孫案】吕、錢本是也。"挾"與"浹"同。全體皆善,故曰"盡善"。全體皆治,故曰"浹治"。

楊注:"挾,讀爲浹。浹,周洽也。"正文"挾治"二字,元刻及世德堂本并作"挾洽","洽"字乃涉注文"周洽"而誤,盧從元刻,非也。"挾治"與"盡善"對文,若作"挾洽",則與"盡善"不對矣。

萬物莫足以傾之之謂固。

【引之曰】此上當有"曷謂固曰"四字。"萬物莫足以傾之之謂固"與"曷謂固"上下正相呼應。"曷謂固"與上文之"曷謂一""曷謂神"皆文同一例。"曷謂神""曷謂固"承上"執神而固"言之,下文"神固之謂聖人"又承上"曷謂神""曷謂固"言之。今本脱去"曷謂固曰"四字,則與上下文不相應矣。

其愚陋溝瞀而冀人之以己爲知也。

吕本"其"作"甚",與余説合。

王制篇

析愿禁悍而刑罰不過。

【念孫案】"析"當爲"折","折"之言"制"也。《吕刑》"制以刑",《墨子·尚同》篇引作"折則刑"。《論語·顔淵》篇:"片言可以折獄者。"鄭注:"魯讀'折'爲'制'。""愿"讀爲"傆",《説文》:"傆,音與"愿"同。黠也。"言制桀黠之民,使畏刑也。作"愿"者,借字耳,余前説改"愿"爲"暴",未確。《韓詩外傳》作"折暴",恐是以意改,未可援以爲據。下文之"誅暴禁悍"、《富國》篇之"禁暴勝悍",文各不同,皆未可據彼以改此。又,下文"抃急禁悍,防淫除邪","抃"亦當爲"折","急"即"愿"之訛,前改"急"爲"暴",亦未確。"急"與"暴"形、聲皆不相似,若本是"暴"字,無緣訛而爲"急"。

東海則有紫紶魚鹽焉,然而中國得而衣食之。

楊注曰:"紫,紫貝也。紶,未詳,字書亦無'紶'字,當爲

‘蛄’。居業反。郭璞《江賦》曰：‘石蛄應節而揚葩。’注云：‘石蛄，龜形，春則生花。’蓋亦蚌蛤之屬。古以龜貝爲貨，故曰衣食之。”【引之曰】案，下文云“中國得而衣食之”，則“紫紶”爲可衣之物，“魚鹽”爲可食之物，較然甚明。“紫”與“茈”通，《管子·輕重丁》篇：“昔萊人善染，練茈之於萊純錙，緺綬之於萊亦純錙也。其周中十金。”是東海有“紫”之證。“紶”當爲“綌”，右旁“谷”字與“去”相似。“綌”之訛“紶”，猶“卻”之訛“却”也，説見《補遺·榮辱》篇。葛精曰絺，粗曰綌。《周南·葛覃》傳。《禹貢》：“青州，厥貢鹽、絺，海物惟錯。”有“絺”，則有“綌”矣。《管子·輕重丁》篇：“東方之萌，帶山負海，漁獵之萌也，治葛縷而爲食。”言以“葛”爲“絺綌”也，是東海有“綌”之證。“紫”與“綌”皆可以爲衣，故曰“中國得而衣之”，楊注大誤。

天地者，生之始也。禮義者，治之始也。君子者，禮義之始也。爲之，貫之，積重之，致好之者，君子之始也。

【引之曰】“君子之始也”，“之始”二字，蓋涉上三“之始”而衍。此言禮義爲治之始，而爲之，貫之，積重之，致好之者，則君子也，故君子又爲“禮義之始”。下文：“無君子，則天地不理，禮義無統。”仍是此意。此承上文“君子爲禮義之始”而申言之，則“君子”下不當更有“之始”二字，楊云：“君子以積學爲本。”則所見本已衍此二字。

故喪祭、朝聘、師旅一也。

【引之曰】“師旅”二字，後人以意加之也。此言祭祀、賓客、喪紀之事，而師旅不與焉，故楊注但言喪祭、朝聘，而不言師旅，則本無“師旅”二字明矣。

使百吏免盡而衆庶不偷。

【念孫案】“免盡”當爲“盡免”，“免”與“勉”同。盡、勉，皆勉也。“勉”與“偷”對文，《君道》篇曰“賞免罰偷”。今本“免”訛作“克”，辯見《君道》。

就能有與是鬬者與？

吕本“就”作“孰”，與引之説合。

富國篇

而或以無禮而用之。

吕本“而”作“節”，與錢本、元刻同。

掩地表畝。

【引之曰】“掩地”二字，義不可通。“掩”疑“撩”之訛，《説文》：“撩，理也。”《廣雅》同。《一切經音義》十四：“撩，力條反。《通俗文》云：‘理亂謂之撩理。’今多作‘料量’之‘料’字也。”以上《一切經音義》。“撩地表畝”，謂理其地，表其畝也。“撩”字俗書作“捺”，與“掩”相似而誤。楊云：“掩地，謂耕田使土相掩。”迂回而難通矣。

王霸篇

譬之猶衡之於輕重也，猶繩墨之於曲直也，猶規矩之於方圓也。正錯之，而人莫之能誣也。

盧云：“‘正’，各本作‘故’，今從宋本。”【念孫案】“正錯之”，吕、錢本皆作“既錯之”是也。衡既縣，則不可誣以輕重。繩墨既陳，則不可誣以曲直。規矩既設，則不可誣以方圓，故曰“既錯之，而人莫之能誣也”。盧謂宋本作“正”者，爲影鈔本所誤。影鈔本作“正”者，涉上文兩“正”字而誤。

欲調壹天下，制秦楚，則莫若聰明君子矣。

吕、錢本“欲”下皆有“得”字是也。上文兩言“欲得”，則此亦當然，元刻以下脱“得”字。

兩者并行而國在，上偏而國安在，下偏而國危。

【念孫案】國在，謂國存也。“在”字不屬下讀，“下偏”與“上偏”相對，“下偏”上不當有“在”字。據楊注云：“上偏，偏行上事也。謂治法多，亂法少。賢士多，罷士少之類。下偏反是。”則所見本作“下偏而國危”明甚，後人誤以“在上”二字連讀，又於“下偏”上增“在”字，而不知與正文、注文皆不合也。余前説謂“兩者并行”下衍“而國”二字，失之。

故其治法。

吕本作“故其法治”，與錢本同。前謂吕本作“其治法”，因盧本而誤。

是人君者之樞機者也。

吕、錢本“也”上皆無“者”字，與余説合。

大國之主也，不隆本行，不敬舊法，而好詐故。若是，則夫朝廷群臣亦從而成俗，不隆禮義而好傾覆也。

吕、錢本“成俗”下皆有“於”字。【念孫案】吕、錢本是也。“亦從而成俗於不隆禮義而好傾覆也”十五字爲一句，下文云：“則夫衆庶百姓亦從而成俗於不隆禮義而好貪利矣。”句法正與此同，元刻以下脱“於”字，則失其句矣。

君道篇

王猷允塞。

吕本“猷”作“猶”,與錢本同。前謂吕本作“猷”,因盧本而誤。見《議兵》篇。

君者槃也。

吕本此下有“民者,水也”句,與錢本同。

其不可以不知也,如是其危也。

吕、錢本“其”下皆有“中”字。【念孫案】吕、錢本是也。“其中”,謂廣與狹之中也。耳目之所及甚狹,其所不及者甚廣,其中之事或弛易齵差而人主不知,則必有拘脅蔽塞之患,并見上文。故曰“其中不可以不知,若是其危也”。元刻始脱“中”字。

議兵篇

君臣上下之間,滑然有離德者也。

楊注曰:“滑,亂也。音骨。”【引之曰】“滑然”非離德之謂,“滑”當爲“涣”。《説卦》曰:“涣者,離也。”《雜卦》曰:“涣,離也。”下文:“事大敵堅則涣然離耳。”是“涣”爲離貌,故曰“涣然有離德”。俗書“涣”字作“涣”,“滑”字作“滑”,二形略相似,故“涣”訛爲“滑”。《新序・雜事》篇正作“涣然有離德”,《韓詩外傳》作“突然有離德”,“突”乃“奂”之訛,“涣”“奂”古字通。《文選・琴賦》注引《蒼頡篇》云:“奂,散也。”

拱挹指麾。

吕本“挹”作“揖”,前謂“諸本皆作‘挹’,盧改爲‘揖’”,誤也。

正論篇

故凡言議期命,是非以聖王爲師。

【引之曰】"是非"當作"莫非"。正文云"莫非以聖王爲師",故楊注云"皆以聖王爲師","皆"字正釋"莫非"二字。凡本書中言"莫非""莫不"者,注悉以"皆"字釋之。今本"莫非"作"是非",則義不可通,蓋涉上文兩"是非"字而誤。

百姓以爲成俗。

吕本無"爲"字,與余説合。

子宋子曰:"人之情,欲寡,"人之情"三字連讀,"欲寡"二字連讀,非以"情欲"連讀。而皆以己之情欲爲多。"

【念孫案】"以己之情欲爲多",吕本作"以己之情爲欲多"是也。錢校亦云:"監本作'情爲欲多'。""己之情"三字連讀,"欲多"二字連讀,謂人皆以己之情爲欲多,不欲寡也。自錢本始誤作"以己之情欲爲多",則似以"情欲"二字連讀矣。互見下條。《天論》篇注引此正作"以己之情爲欲多"。

將使人知情欲之寡也。

楊注曰:"'情欲之寡'或爲'情之欲寡'。"【念孫案】或本是也。此謂宋子將使人知情之欲寡,不欲多也。下文云:"古之人以人之情爲欲多而不欲寡,今子宋子以人之情爲欲寡而不欲多也。"下"人之情",各本作"是之情"。案,"人之情"三字,上文凡七見,今據改。是其證。楊本作"情欲之寡",非。

禮論篇

不法禮,不足禮,謂之無方之民。法禮,足禮,謂之有方之士。

【念孫案】“足”當爲“是”。《爾雅》曰：“是，則也。”則，亦法也。《非十二子》篇曰：“不法先王，不是禮義。”《修身》篇曰：“不是師法而好自用。”猶此言“不法禮，不是禮”也。“是”與“足”字相似而誤，楊説及余前説，解“足”字皆未確。

君子以倍叛之心接臧穀，猶且羞之，而況以事其所隆親乎？

楊注曰：“所隆親，所厚之親也。”【引之曰】隆，尊也。見《經解》注。“隆親”二字平列，所隆，謂君也。所親，謂父母也。下文曰：“臣之所以致重其君，子之所以致重其親。”是其證。楊注非。

故天子棺椁十重，諸侯五重，大夫三重，士再重。

楊注曰：“十重，蓋以棺椁與杭木合爲十重也。”【引之曰】“十”疑當作“七”。凡經傳中“七”“十”二字多互譌，不可枚舉。禮自上以下，降殺以兩，天子七重，故諸侯減而爲五，大夫減而爲三也。楊注非。

各反其平。

【引之曰】“平”字不誤。下文曰“久而平”，楊注：“久則哀殺如平常也。”是其證。前謂“平”當爲“本”，失之。

説褻衣。

錢本“説”作“設”，與盧説合。

三月之殯。

楊注曰：“此殯謂葬也。”【引之曰】死三日而殯，三月而葬，則殯非葬也。三月之殯，謂既殯之後，未葬之前，約有三月之久也。上文曰“殯久不過七十日，速不損五十日”，楊彼注云“此皆據《士喪禮》，首尾三月者也”，是其義矣。下文曰

"將舉錯之,遷徙之,離宫室而歸丘陵也",乃言葬事耳。

先王恐其不文也,是以䌛其期,句。足之日也。

【引之曰】"䌛"讀爲"遥"。凡從䍃之字,多并見於蕭、尤二韻,故"傜役"之"傜",《漢書》多作"䌛"。"歌謡"之"謡",《漢書·李尋傳》作"䌛"。首飾之"步摇",《周官·追師》注作"䌛"。遥其期,謂遠其葬期也。足之日,謂足其日數也。楊云:"䌛其期,足之日,然後葬也。䌛,讀爲由,從也。"則誤讀"䌛"爲"由",且誤以"期足之日"連讀矣。

故天子七月,諸侯五月,大夫三月,皆使其須足以容事,事足以容成,成足以容文,文足以容備。

【引之曰】須者,遲也。《論語》樊須,字遲。謂遲其期,使足以容事也。楊云:"須,待也。謂所待之期也。"則失之迂矣。

解蔽篇

知賢之謂明,輔賢之謂强。勉之,强之,其福必長。

盧云:"'輔賢之謂强',宋本'强'作'能'。案,'强'字與上下韻叶。"【念孫案】盧説非也。"知賢之謂明",承上文"仁知且不蔽"而言。"輔賢之謂能",承上文"能持管仲""能持周公"而言。"勉之,强之,其福必長",承上文"名利福禄與管仲齊""與周公齊"而言。此四句本不用韻,元刻"能"作"强",乃涉下"勉之,强之"而誤,吕、錢本并作"能"。

賈精於市而不可以爲賈師。

吕、錢本"賈師"皆作"市師",與余説合。前謂吕本作"賈師",因盧本而誤。

處一危之,其榮滿側。養一之微,榮矣而未知。

【念孫案】《成相》篇云："思乃精，志之榮，好而壹之，神以成。"《賦》篇云："血氣之精也，志意之榮也。"四"榮"字并同義。

正名篇

形體色理以目異。

【引之曰】色理，膚理也。《榮辱》《性惡》二篇并云"骨體膚理"，彼言"骨體膚理"，此言"形體色理"，"形體"，猶骨體也，"色理"，猶膚理也。楊云："色，五色也。"失之。

驗之所以爲有名，而觀其孰行，則能禁之矣。

楊注曰："驗其所爲有名，本由不喻之患，困廢之禍。"見上文。下文："驗之所緣無以同異而觀其孰調，則能禁之矣。"注曰："驗其所緣同異，本由物一實，今本"實"譌作"貫"，據上文改。則不可分别。"【引之曰】"驗之所"下"以"字，"驗之所緣"下"無"字，皆後人所增。據注云"驗其所爲有名""驗其所緣同異"，則上無"以"字、下無"無"字明甚。上文云："所爲有名，爲，即以也，説見《釋詞》。與所緣以同異，不可不察也。"故此承上文而言之。又案，孰者，何也。説見《釋詞》。"觀其孰行"者，觀其何所行也。"觀其孰調"者，觀其何所調也。楊讀"孰"爲"熟"，而訓爲"精熟"，則義不可通。

性惡篇

夫感而不能然，必且待事而後然者，謂之生於僞。音爲。

【引之曰】"謂之僞"三字中不當有"生於"二字，此涉上

"生於"而衍也。上文曰:"可學而能,可事而成之在人者,謂之僞。"《正名》篇曰:"慮積焉,能習焉,而後成謂之僞。"皆其證。

故性善,則去聖王,息禮義矣。性惡,則興聖王,貴禮義矣。

吕、錢本"興"皆作"與"。【念孫案】《齊語》:"桓公知天下諸侯多與己也。"韋注曰:"與,從也。""與聖王",從聖王也。"與"與"去"正相反,則作"與"者是。盧從元刻作"興",非。

然則聖人之於禮義積僞也,亦陶埏而生之也。

吕、錢本"亦"下皆有"猶"字。【念孫案】上文云:"夫聖人之於禮義也,辟亦陶埏而生之也。"則此句内當有"猶"字,故楊注亦云:"聖人化性於禮義,猶陶人埏埴而生瓦。"

折速粹孰而不急。

吕、錢本"折速"皆作"析速"。【念孫案】楊注云:"析,謂析辭,今本注文亦訛作"折"。案,析辭,見《解蔽》《正名》二篇。若堅白之論者也。"則本作"析"明矣。盧從元刻作"折",非。

君子篇

治世曉然皆知夫爲奸,則雖隱竄逃亡之由不足以免也。

盧云:"'治世',元刻無'治'字。"【念孫案】無"治"字者是也。"世曉然",猶上文言"天下曉然",則"世"上不當有"治"字。自"聖王在上"以下至此,皆治世之事,則無庸更言治世,"治"字即上"流"字之誤而衍者。宋錢佃校本亦云:"諸本無'治'字。"

賦篇

大盈乎大寓。

吕、錢本作"盈大乎寓宙",蓋本作"充盈乎大寓",後脱"充"字,"乎大"又訛作"大乎",後人又因注内兩言"宇宙"而增"宙"字。案,"盈大",文不成義,"寓"與上文"下""鉅""矩""禹"爲韻,"寓"下不得有"宙"字。楊注釋"宇"字,而不釋"宙"字,則本無"宙"字明甚。前謂吕本作"大盈乎大寓",誤也。謂當作"充盈乎大寓",則不誤。

大略篇

君人者,不可以不慎取臣。匹夫者,不可以不慎取友。

【念孫案】"匹夫"下不當有"者"字,此涉上"君人者"而衍。吕、錢本"匹夫"下皆無"者"字。

無三王之治,天下不待亡,國不待死。

吕、錢本"治"皆作"法"是也,此承上"三王既已定法度"而言。

《荀子》佚文

桃李蒨粲於一時,時至而後殺。至於松柏,經隆冬而不凋,蒙霜雪而不變,可謂得其真矣。

右三十四字,見《文選·左思〈招隱詩〉》注,又分見於《蜀都賦》注、《上林賦》注、歐陽堅《臨終詩》注、《藝文類聚·果部上》《木部上》《太平御覽·木部三》。

有人道我善者,是吾賊也。道我惡者,是吾師也。

右十八字,見《文選·曹植〈與楊德祖書〉》注。

天下無二道,聖人無兩心。神人無功,聖人無名。聖人者,天下利器也。

右二十六字,見《太平御覽·人事部四十二》,又分見於《藝文類聚·人部四》《初學記·人事部上》。案,"天下無二道"二句,見今本《解蔽》篇,《御覽》此下有"神人無功"四句,《類聚》亦有"神人無功"二句,《初學記》亦有"聖人者"二句,而今本皆無之。且細繹下文文義,亦不當有此四句,則《御覽》諸書所引,當别是一篇,非《解蔽》篇文也。

何世之無才?何才之無施?良匠提斤斧,造山林,梁棟阿衡之才,櫨柱楣椽之朴,森然陳於目前,大夏之器具矣。

右四十二字,見《太平御覽·器物部九》,又分見於《文選·左思〈詠史詩〉》注。

元和顧氏澗薲校本

《修身》篇　事亂君而通，不如事窮君而順焉。

【千里按】“窮”“順”二字，疑當互錯。“順君”“亂君”對文也，“而通”“而窮”亦對文也。《荀子》每以“通”與“窮”爲對文，如本篇上文及《不苟》篇、《榮辱》篇、《儒效》篇皆有之，可以相證。楊注已互錯，望文説之，非也。

《不苟》篇　欲惡取舍之權，見其可欲也，則必前後慮其可惡也者。見其可利也，則必前後慮其可害也者。而兼權之，孰計之，然後定其欲惡取舍。

【千里按】“欲惡取舍之權”疑當作“欲惡利害，句。取舍之權句”，脱“利害”二字。“然後定其欲惡取舍”疑當作“然後定其取舍”，衍“欲惡”二字。《榮辱》篇：“其定取舍楛僈。”上下文皆即此義明甚。楊注已脱衍，非也。

《仲尼》篇　故道豈不行矣哉！文王載百里地而天下一，桀紂舍之，厚於有天下之勢，而不得以匹夫老。

【千里按】“載”下疑當有“之”字，“載之”“舍之”對文，二“之”字皆指“道”也，《富國》篇：“以國載之。”是其證矣。楊注“載”下已脱“之”字，非也。

《儒效》篇　是何也？則貴名白而天下治也。

【千里按】“治”疑當作“願”。《榮辱》篇：“身死而名彌白，小人莫不延頸舉踵而願。”楊注：“願，猶慕也。”《王制》篇：“若是名聲白，舊本誤“日”，下衍“聞”。見《雜志》弟三。天下願。”楊注：“願，謂人人皆願。”《致士》篇：“而貴名白，天下願。”楊注：“天下皆願從之也。”此“願”同《榮辱》篇之“願”，此“天下願”同《王制》篇、《致士》篇之“天下願”，明甚。楊此篇無注，蓋已誤爲“治”，其實非也。

《富國》篇　十年之後。

【千里按】“後”下疑脱“七年之後”四字，承上“故禹十年水，湯七年旱”言之。楊無注，宋本與今本同，蓋皆誤。

又　伐其本，竭其源，而并之其末。

【千里按】“末”下疑脱“缺之其流”四字，承上“知本末源流之謂也”言之。楊無注，宋本與今本同，蓋皆誤。

《王霸》篇　内不脩正其所以有。

【千里按】“内”字疑不當有，涉上“内則不憚詐其民”而衍也。下文：“不好脩，舊本誤“循”，見《雜志》弟四。正其所以有。”無“内”字，是其證矣。又按，“不”下疑亦同下文，當有“好”字，蓋上衍下脱。

又　國危則無樂君，國安則無憂民。

【千里按】“民”疑當作“君”，此文“憂”與“樂”皆言君，不言民也。楊無注，宋本與今本同，蓋皆誤。

又　此夫過舉蹞步，而覺跌千里者夫。楊注：“覺，知也。半步曰蹞。跌，差也。言此歧路，弟過舉半步，則知差而哭，況跌千里者乎？”

【千里按】“覺”疑當讀爲“較”，音校。《孟子音義·離婁下》《告子上》《盡心下》“覺，音校”凡三見。盧學士《鍾山札記》云云，在本書“覺有校義”一條。《文選·西京賦》注引《鄧析子》:“賢愚之相覺,若九地之下與重天之顛。”亦“覺”義之一證。則言此衢涂過舉弟半步,而其較之乃差千里,明甚。楊讀“覺”如字,以“覺知”爲義,非也。

又,下文:“君人者,千歲而不覺也。”楊注:“嘆君人者千歲而不知求誠能之士。”【千里按】“覺”讀爲“較”。不覺,言不較。“榮”“安”“存”三者與“辱”“危”“亡”三者之衢也,楊注以“不知”爲義,亦非也。

《君道》篇　貴名果明。

【千里按】“明”疑當作“白”。《荀子》屢言“貴名白”,上文“欲白貴名”,下文亦作“白”,不作“明”,又屢言“白”,皆其證也。《儒效》篇“一朝而白”,楊注:“白誤伯。”見《雜志》弟二。此篇楊注亡,宋本與今本同,蓋皆誤。《韓詩外傳四》有此句,正作“貴名果白”,亦其一證。

《致士》篇　能以禮挾。

【千里按】“禮”下疑當有“義”字,承上“禮義備而君子歸之,故禮及身而行修,義及國而政明”言之。楊注已無“義”字,非也。《韓詩外傳》五有此句,作“能以禮扶身”,疑“扶身”二字亦“義挾”二字之誤。

《議兵》篇　使天下之民所以要利於上者。

【千里按】“天”字疑不當有,此以“下之民”與“要利於上”相對爲文,謂“秦民”,非謂“天下之民”明甚。宋本與今本同,蓋皆誤。

《强國》篇　荀卿子説齊相曰。

【千里按】盧學士校語云:“此七字元本無,從宋本補。”宋錢佃本卷末云:“監本有七字,宋吕夏卿本有。”疑楊注所見與監本不同,或不止少七字,亦王伯厚所説“監本未必是”之類也。

《正論》篇　荒服者終王。

【千里按】"終"字疑不當有，觀上文四句"祭祀享貢"，不言"日月時歲"，知此句"王"不言"終"明甚。涉下"終王之屬也"及楊注而衍。

《禮論》篇　萬物變而不亂。

【千里按】"物"字、"而"字疑不當有。《大戴禮·禮三本》篇無此二字，可以爲證。

《樂論》篇　君子明樂，乃其德也。

【千里按】"德"字疑當作"人"，與上下韻。此篇楊注亡，宋本與今本同，蓋皆誤。

《解蔽》篇　罿罿廣廣。

【千里按】"廣廣"疑當有誤，與上文"恢恢廣廣"重出二字，以楊注"罿，讀爲睪"例之，則此句"廣"讀爲"曠"也。又，下文"孰知其形"。【千里按】"形"字不入韻，疑當作"則"。

《正名》篇　易使則公。

【千里按】"公"疑當作"功"，《荀子》屢言"功"，可以爲證。下文："則其迹長矣，迹長功成，治之極也。"承此"功"言之，不作"公"明甚。宋本與今本同，蓋皆誤。

又　志輕理而不重物者，無之有也。

【千里按】"不"下疑當有"外"字，下文："外重物而不内憂者，無之有也。行離理而不外危者，無之有也。外危而不内恐者，無之有也。"一氣承接"外重物"與"外危"二句，爲同例也。

《性惡》篇　不可學，不可事而在人者，謂之性。

【千里按】"而"疑當作"之"，"人"疑當作"天"。與下文"可學而能，可事而成之在人者，謂之僞”爲對文也。上文：“凡性者，天之就也，不可學，不可事。”亦其明證。

《成相》篇　慎聖人。

【千里按】“人”字疑當有誤，不入韻。本篇“人”字，下文兩見：一“平”“傾”“人”“天”韻，一“精”“榮”“成”“人”韻。此上韻“基”，下韻“治”“災”，互爲歧異，非原文耳。

又　宗其賢良，辨其殃孽。

【千里按】此句以前後例之，應十一字，今存八字，疑尚少三字，無可補也。下文：“道古賢聖，基必張。”亦應十一字，今存七字，尚少四字，見《讀書雜志》弟八。又，下文：“托於成相以喻意。”【千里按】此句例之，應十一字，亦疑尚少四字，無可補也。本篇之例，兩三字句、一七字句、一十一字句爲一章，每章凡四句，每句有韻。其十一字句，或上八下三，或上四下七，各見本篇。上八下三者，如“愚以重愚闇以重闇，成爲桀”之屬是也。上四下七者，如“主誠聽之，天下爲一海内賓”之屬是也。唯“下以教悔子弟，上以事祖考”，又“孰楊注：“孰，或爲郭。”公長父之難，厲王流于彘”兩處，則上六下五，雖變例，正可推知其十一字句矣。盧學士校語定上四下七爲兩句，言五句爲一章，以前後例之，不合。

又　五聽修領。楊注：“五聽，折獄之五聽也。”

【千里按】“五聽”疑即上文“君論有五約以明”也：弟一章“臣下職”云云，弟二章“守其職”云云，弟三章“君法明”云云，弟四章“君法儀”云云，弟五章“形稱陳”云云。下文接以“五聽修領”，謂五章爲五聽明甚。下文又接以“聽之經”，謂“聽”爲“五聽”，亦明甚。本屬一氣相承，而楊注别以“折獄之五聽”解之，非也。又於後注“耳目既顯，吏敬法令莫敢恣”，始云"此已上論君有五之事也",亦非也。

《大略》篇　和樂之聲,步中《武》《象》,趨中《韶》《護》。

楊注:"或曰:此和樂,謂在車和鸞之聲,步驟之節也。"【千里按】疑或説是也。《正論》篇、《禮論》篇"樂"皆作"鸞",可以爲證。

《法行》篇　公輸不能加於繩。

楊注:"繩墨之外,亦不能加也。"【千里按】正文"繩"字下,據注疑亦當有"墨"字,宋本同今本,蓋皆誤。

又　孔子曰:"君子有三恕。"

【千里按】盧學士刻本無"孔子曰"三字,與世德堂刻本合,與宋本不合,疑非也。

《淮南内篇》雜志

《淮南内篇》弟一

原道

旋縣　縣矣

旋縣而不可究，纖微而不可勤。

高注曰："縣，猶小也。勤，猶盡也。"【念孫案】諸書無訓"縣"爲"小"者，"縣"當爲"緜"，字之誤也。隸書"縣"字或作"縣"，"緜"字或作"綿"，二形相似，故"緜"誤爲"縣"。漢《緜竹令王君神道》"緜"字作"綿"，是其證也。《荀子・强國》篇"令巨楚緜吾前"，《史記・孝文紀》"歷日緜長"，今本"緜"字并誤作"縣"。《逸周書・和寤》篇曰："緜緜不絶，蔓蔓若何？"《説文》："緜，聯微也。"《廣雅》："緜，小也。"故高注亦訓爲"小"。旋，亦小也。《方言》："膔，短也。"郭璞曰："便旋，庳小貌。""膔"與"旋"同。此言道至微眇，宜若易窮，而實則廣大不可究也。此言"旋緜"，下言"纖微"，其義一也。又，《主術》篇："鞅鞈鐵鎧，瞋目扼掔，古"腕"字。其於以御兵刃縣矣。券契束帛，刑罰斧鉞，其於以解難薄矣。"高注曰："縣，遠也。比於德不及之遠。"案，"縣"亦當爲"緜"，緜，薄也。此言"緜"，下言"薄"，其義一也。《漢書・嚴助傳》"越人緜力薄材"，孟康曰："緜，薄也。"言德之所禦，折衝千里,若鞅鞈鐵鎧,瞋目扼掔,其於以禦兵刃,則薄矣。高訓"縣"爲"遠",而曰"比於德不及之遠",殆失之迂。

乘雲車入雲蜺

昔者,馮夷、大丙之御也,乘雲車,入雲蜺。

高注曰:"以雲蜺爲其馬也。"【念孫案】"雲車"與"雲蜺"相複,"雲"當爲"雷"。《太平御覽·天部十四》引此正作"乘雷車"。下文曰"電以爲鞭策,雷以爲車輪",《覽冥》篇曰"乘雷車,服應龍",今本"服"下誤衍"駕"字,辯見《覽冥》。皆其證也。"雷"與"雲"字相似,又涉下句"雲"字而誤。"入雲蜺"本作"六雲蜺",高注"以雲蜺爲其馬也"本作"以雲蜺爲六馬也"。"其"字古作"亓",形與"六"相似,故"六"誤爲"其"。《史記·周本紀》"三百六十夫",《索隱》曰:"劉氏音破'六'爲古'其'字。"《管子·重令》篇"明主能勝六攻",《淮南·地形》篇"通谷六",《易林·蠱之臨》"周流六虚",今本"六"字皆誤作"其"。此言以雷爲車,以雲蜺爲六馬,故曰"乘雷車,六雲蜺"。《齊俗》篇曰:"六騏驥,駟駃騠。"《藝文類聚·舟車部》引《尸子》曰:"文軒六駃題。"《韓子·十過》篇曰:"駕象車而六交龍。"司馬相如《上林賦》曰:"乘鏤象,六玉虬。"并與此"六雲蜺"同義。《文選·七發》:"六駕蛟龍,附從太白。"李善曰:"以蛟龍若馬而駕之,其數六也。《淮南子》曰:'昔馮遲太白之御,乘雷車,今本"雷"字亦誤作"雲"。六雲蜺。'"此尤其明證矣。今本作"入雲蜺",《太平御覽》引作"駕雲蜺",皆後人不曉"六"字之義而妄改之耳。若作"入雲蜺",則與注中"雲蜺爲六馬"之義了不相涉。若作"駕雲蜺",則注但當云"以雲蜺爲馬",無煩言"六馬"也。

怳忽　始終　宇内　刑罰　石礫　東西　度量　黍肉　梁柱

游微霧騖怳忽，歷遠彌高以極往，經霜雪而無迹，照日光而無景，扶摇抮抱，羊角而上。

【念孫案】"怳忽"當爲"忽怳"。注内"怳忽"同。《文選·七發》注引作"忽荒"，"荒"與"怳"通，《老子》曰："是謂忽怳。"賈誼《鵩鳥賦》曰："寥廓忽荒。""怳"與"往""景""上"爲韻，"景"古讀若"鞅"，下文"如響之與景"，與"像"爲韻。《大荒西經》"正立無景"，與"嚮""往"爲韻。《荀子·臣道》篇"形下如景"，與"響""象"爲韻。若作"怳忽"，則失其韻矣。下文曰："是故無所私而無所公，靡濫振蕩，與天地鴻洞。無所左而無所右，蟠委錯紾，與萬物始終。"案，"始終"當爲"終始"。上文云："水流而不止，與萬物終始。""公""洞"爲韻，高注："洞，讀'同異'之同。""鴻""洞"，叠韻字。"右""始"爲韻，"右"古讀若"以"，説見《唐韻正》。若作"始終"，則失其韻矣。《俶真》篇曰："若夫真人，則動溶於至虚，而游於滅亡之野。騎蜚廉而從敦圄，馳於外方，《道藏》本如是，各本"外方"作"方外"，乃劉績依《文子·精誠》篇改之。休乎宇内，燭十日而使風雨，臣雷公，役夸父，妾宓妃，妻織女。"案，"宇内"當爲"内宇"。内宇，猶宇内也，若谷中謂之中谷，林中謂之中林矣。"内宇"與"外方"相對爲文，"宇"與"野""圄""雨""父""女"爲韻，"野"古讀若"墅"，説見《唐韻正》。若作"宇内"，則失其韻矣。《天文》篇曰："不周風至，則修宫室，繕邊城。廣莫風至，則閉關梁，決刑罰。"案，"刑罰"當爲"罰刑"。説見後"決刑罰"下。"刑"與"城"爲韻，若作"刑罰"，則失其韻矣。《精神》篇曰："是故視珍寶珠玉猶石礫也，視至尊、窮寵猶行客也，視毛嫱、西施猶倛魄也。"今本作"頬醜"，非。説見後"頬醜"下。案，"石礫"當爲

“礫石”,“石”與“客”“魄”爲韻,若作“石礫”,則失其韻矣。説見後“石礫”下。《齊俗》篇曰:“古者,民童蒙不知東西。”案,“東西”當爲“西東”,“東”與“蒙”爲句中韻,猶《覽冥》篇言“浮游不知所求,罔兩不知所往”也,若作“東西”,則失其韻矣。《文子·道原》篇作“不知東西”,亦傳寫之誤,其《精誠》篇正作“不知西東”。《文選·鵩鳥賦》“或趨西東”,“東”與“同”爲韻。《易林·萃之鼎》“不知西東”,與“通”爲韻。今本并誤作“東西”。《兵略》篇曰:“無形則不可制迫也,不可度量也,不可巧詐也,不可規慮也。”案,“度量”當爲“量度”,“度”如不可度思之“度”,“迫”“度”爲韻,“迫”古讀若“博”。《楚辭·招魂》“遒相迫些”,與“簿”“白”爲韻。“白”古讀若“薄”。《釋名》曰:“薄,迫也。單薄相逼迫也。”“詐”“慮”爲韻。詐,古音則故反,《主術》篇曰:“上多故則下多詐,上多事則下多態。”《晉語》輿人誦惠公“詐之見詐”,與“賂”爲韻。《荀子·修身》篇“體倨固而心勢詐”,與“污”爲韻。《吕氏春秋·情欲》篇“胸中欺詐”,與“固”爲韻。《韓子·安危》篇“七曰有信而無詐”,與“惡”“度”“惡”“譽”“度”爲韻。若作“度量”,則失其韻矣。《説林》篇曰:“無鄉之社,易爲黍肉。無國之稷,易爲求福。”案,“黍肉”當爲“肉黍”。注内“黍肉”同。後人以“肉”與“福”韻相協,故改爲“黍肉”,不知“福”字古讀若“偪”,不與“肉”爲韻也。説見《唐韻正》。“社”“黍”爲韻,“社”古讀若“墅”。《説文》:“社,從示、土聲。”《甘誓》“不用命戮于社”,與“祖”爲韻。《郊特牲》“而君親誓社”,與“賦”“伍”“旅”爲韻。《左傳》閔二年“成季將生,卜辭,間于兩社”,與“輔”爲韻。《管子·揆度》篇“殺其身以釁其社”,與“鼓”“父”爲韻。《漢書·郊祀志》曰“社者,土也”,《左傳》昭二十二年“前城人敗陸渾于社”,《釋文》:“社,本或作杜。”“稷”“福”爲韻,若作“黍肉”,則失其韻矣。《人間》篇曰:“癰疽發於指,其痛遍於體,故蠹啄剖梁柱,蚊蝱走牛羊。”案,“梁柱”當爲“柱梁”。《説苑·説叢》篇作“蠹蝝仆柱梁,蚊蝱走牛羊”,“指”

“體”爲韻，“梁”“羊”爲韻，若作“梁柱”，則失其韻矣。以上諸條，或轉寫錯誤，或憑臆妄改，而前人用韻之文遂不可讀矣。

利鍛

末世之御，雖有輕車良馬，勁策利鍛，不能與之争先。

高注曰：“策，箠也。未之感也，言不能與馮夷、大丙争在前也。鍛，讀‘炳燭’之炳。”劉績本“鍛”作“錣”，注内“未之感也”作“錣，箠末之箴也”，“鍛，讀炳燭之炳”作“錣，讀焫燭之焫”，云“錣，舊作鍛，非”。【念孫案】劉本是也。錣謂馬策末之箴，所以刺馬者也。《説文》：“笍，羊車騶箠也，著箴其耑，長半分。”《玉篇》“陟衛切”。字或作“錣”。《玉篇》：“錣，竹劣、竹芮二切。針也。”《道應》篇：“白公勝到杖策，錣上貫頤。”彼注云：“策，馬捶，端有針以刺馬謂之錣。”“錣”音竹劣、竹芮二反，“錣”之言“鋭”也，其末鋭也。《韓子・喻老》篇作：“白公勝倒杖策而鋭貫頤。”《氾論》篇：“是猶無鏑銜策錣而御馯馬也。”注云：“錣，檔頭箴也。”《説文》：“檔，箠也。”義并與此注同。《修務》篇云：“良馬不待册錣而行。”“册”與“策”同。《韓子・外儲説右》篇云：“延陵卓子乘蒼龍與翟文之乘，前則有錯飾，後則有利錣，進則引之，退則策之。”《列子・説符》篇：“白公勝倒杖策，錣上貫頤。”《釋文》曰：“許慎注《淮南子》云：‘馬策端有利針，所以刺不前也。’”義亦與高注同。“錣”爲策末之箴，故“勁策”與“利錣”連文，今本“錣”作“鍛”，則義不可通矣。高注“錣，箠末之箴也”，《道藏》本作“未之感也”，此是“末”誤作“未”“箴”誤作“感”，又脱去“錣箠”二字耳。茅一桂本改“未之感也”爲“末世之御”，而莊伯鴻本從之，斯爲謬矣。“焫”音如劣反,聲與"錣"相近,故曰"錣,讀焫燭之焫"。焫燭,燒燭也。《郊特牲》曰:"焫蕭合羶薌。"《秦策》"秦且燒焫獲君之國",《史記·張儀傳》作"燒掇",是其例也。今本作"鍛,讀炳燭之炳",則不可通矣。

陰陽爲御

四時爲馬,陰陽爲御,乘雲陵霄,與造化者俱。縱志舒節,以馳大區,可以步而步,可以驟而驟。

顧氏寧人《唐韻正》曰:"'御'本作'騶'。'騶',古音則俱反,與'俱''區''驟'爲韻。《説文》:"騶,從馬、芻聲。"《曲禮》:"車驅而騶。"《釋文》:"騶,仕救反,又七須反。"《荀子·禮論》篇"趨中韶護",《正論》篇"趨"作"騶"。注'騶,御也','御'字正釋'騶'字,而今本爲不通音者,竟改本文'騶'字爲'御'。案,《韻補》引此正作'騶'。"【念孫案】顧説是也。今本作"御"者,後人依《文子·道原》篇改之耳。《太平御覽·天部八》《兵部九十》引此并作"騶"。

霄雿　無垠

上游於霄雿之野,下出於無垠之門。

高注曰:"霄雿,高峻貌也。無垠,無形狀之貌。"【念孫案】霄雿者,虛無寂漠之意,《俶真》篇曰"虛無寂漠,蕭條霄雿"是也。上言"霄雿",下言"無垠鄂",義本相近,高以正文言"上游",遂以"霄雿"爲高峻貌,非其本指也。"無垠"下有"鄂"字,今本正文及注皆脱去。《漢書·楊雄傳》:"紛被麗其亡鄂。”顔師古曰：“鄂，垠也。”“垠鄂”與“霄霓”相對爲文。《文選·西京賦》：“前後無有垠鄂。”李善注：“《淮南子》曰：‘出於無垠鄂之門。’許慎曰：‘垠鄂，端崖也。’”《七命》注同。是許本有“鄂”字。《太平御覽·地部二十》：“《淮南子》曰：‘下出乎無垠鄂之門。’高誘曰：‘無垠鄂，無形之貌也。’”是高本亦有“鄂”字。

四支不動

是故疾而不摇，遠而不勞，四支不動，聰明不損，而知八紘九野之形埒。

【念孫案】“動”當爲“勤”，字之誤也，《齊語》：“天下諸侯知桓公之爲己勤也。”《管子·小匡》篇“勤”作“動”。《史記·十二諸侯年表》“楚堵敖囏”，徐廣曰：“囏，一作勤。”今本“勤”誤作“動”。《修務》篇“四胑不勤”即其證。“四支不勤，聰明不損，而知八紘九野之形埒”，即上文所謂“遠而不勞”也。不勤，即不勞，意與“不損”相近。若“不動”，則意與“不損”相遠矣。且“摇”“勞”爲韻，“勤”“損”爲韻，若作“動”，則失其韻矣。

秉其要歸之趣

是故天下之事不可爲也，因其自然而推之。萬物之變不可究也，秉其要歸之趣。

【念孫案】“秉其要歸之趣”當作“秉其要趣而歸之”。秉，執也。要趣，猶要道也。言執其要道而萬變皆歸也。此與“因其自然而推之”相對爲文，且“歸”與“推”爲韻。今作“秉其要歸之趣”,則句法參差,而又失其韻矣。《文子·道原》篇正作“秉其要而歸之”。

默然

是故響不肆應,而景不一設,叫呼仿佛,默然自得。

【念孫案】《廣韻》去聲五十九鑑“黤”字注云“叫呼仿佛,黤然自得,音黯,去聲”,所引即《淮南》之文,而今本作“默然自得”,疑後人少見“黤”字,而以意改之也。

莫敢

以其無争於萬物也,故莫敢與之争。

【念孫案】“莫敢”本作“莫能”,此後人依《文子·道原》篇改之也。唯不與萬物争,故莫能與之争,所謂柔弱勝剛强也,若云“莫敢”,則非其指矣。下文曰:“攻大礦堅,莫能與之争。”《老子》曰:“夫唯不争,故天下莫能與之争。”又曰:“以其不争,故天下莫能與之争。”皆其證也。魏徵《群書治要》引此正作“莫能與之争”。

棋衛之箭　淇衛箘簬

【引之曰】《廣雅》:“箘、簬、䈿,箭也”。《禹貢》曰:“惟箘簵楛。”“簵”與“簬”同。戴凱之《竹譜》曰:“䈿,細竹也。出《蜀志》。薄肌而勁,中三續射博箭。䈿音衛,見《三倉》。”以上《竹譜》。字通作“衛”。《原道》篇曰:“射者扜烏號之弓,“扜”

讀若"紆",今本"扜"誤作"扞"。辯見《韓子》"扞弓"下。彎棋衛之箭。"《兵略》篇曰:"栝淇衛箘簬。""淇"與"棋"同。"淇衛""箘簬"對文,皆箭竹之名也。《方言》曰:"簙或謂之箭裹,或謂之棋。"《竹譜》曰:"籥竹中博箭。"是"籥"與"棋"一物也。以"籥"爲博箭,謂之"棋"。以"籥"爲射箭,則亦謂之"棋"耳。棋者,箭莖之名。《説文》曰:"萁,豆莖也。"豆莖謂之"萁",箭莖謂之"棋",聲義并同矣。乃高注《原道》篇云:"棋,美箭所出地名也。衛,利也。"注《兵略》篇云:"淇衛箘簬,箭之所出也。"《竹譜》引《淮南》而釋之云:"淇園,衛地,《毛詩》所謂'瞻彼淇奥,緑竹猗猗'是也。"案,淇乃衛之水名,先言淇,而後言衛,則不詞矣。晉有澤曰董,蒲之所出也,然不得曰"董晉之蒲"。楚有藪曰雲,竹箭之所生也,然不得曰"雲楚之竹箭"。且淇水之地,去堯都非甚遠,當禹作貢時,何反不貢箘簬,而貢者乃遠在荆州乎?

罟

張天下以爲之籠,《初學記》《太平御覽》引此并無"之"字。因江海以爲罟,又何亡魚失鳥之有哉!

高注曰:"罟,魚網也。《詩》云:'施罟濊濊。'"【念孫案】正文、注文内"罟"字皆當爲"罛"。"罛""罟"聲相近,又涉上文"網罟"而誤也。凡魚及鳥獸之網皆謂之罟,而罛則爲魚網之專稱。《爾雅》:"鳥罟謂之羅,兔罟謂之罝,麇罟謂之罞,彘罟謂之羉,魚罟謂之罛。"《衛風·碩人》篇"施罛濊濊",《毛傳》曰:"罛,魚罟。"此皆高注所本,若專訓"罟"爲魚網,則失其義矣。"罛"字必須訓釋,故引《詩》爲證。若"罟"字,則不須訓釋,上文“網罟”二字無注，即其證。且此文“失鳥”二字承上“籠”字言之，“亡魚”二字則承上“罛”字言之，若變“罛”言“罟”，則又非其指矣。《吕氏春秋·上農》篇“罛罟不敢入於淵”，高彼注云：“罛，魚罟也。《詩》云：‘施罛濊濊。’”正與此注同，足正今本之誤。《初學記·武部》“漁”類、《太平御覽·資産部》“罛”類引此并作“因江海以爲罛”。

繳不若無形之像

故矢不若繳，繳不若無形之像。

【念孫案】《初學記》引此作“矢不若繳，繳不若網，網不若無形之像”是也。上文言“射者不能與羅者競多”，故曰“繳不若網”。又言“張天下以爲籠，因江海以爲罛，又何亡魚失鳥之有”，故曰“網不若無形之像”。且“網”與“像”爲韻，今本脱去四字，則失其韻矣。

三仞

昔者夏鮌作三仞之城，諸侯背之。

【念孫案】“三仞”，《藝文類聚·居處部三》《太平御覽·居處部二十》并引作“九仞”是也。《初學記·居處部》引《五經異義》曰：“天子之城高九仞，公侯七仞，伯五仞，子男三仞。”此謂鮌作高城而諸侯背之，則當言“九仞”，不當言“三仞”也。

欲寅之心　自穴之獸

是故鞭噬狗、策蹄馬而欲教之，雖伊尹、造父弗能化。欲寅之心亡於中，則飢虎可尾，何況狗馬之類乎？

【念孫案】“欲寅之心”，“寅”當爲“宍”，字之誤也。“宍”與“肉”同。《干禄字書》云：“宍肉，上俗下正。”《廣韻》亦云：“肉，俗作宍。”《墨子·迎敵祠》篇：“狗彘豚雞食其宍。”《太玄·玄數》：“爲食爲宍。”“欲肉”者，欲食肉也。諸本及莊本皆作“欲害之心”，“害”亦“宍”之誤。“害”字，草書作“[illegible]”，與“宍”相似。《文子·道原》篇亦誤作“害”，劉績注云“古‘肉’字”，則劉本作“宍”可知，而今本亦作“害”，蓋世人多見“害”，少見“宍”，故傳寫皆誤也。《吴越春秋·勾踐陰謀外傳》“斷竹續竹，飛土逐宍”，今本“宍”誤作“害”。《論衡·感虚》篇“廚門木象生肉足”，今本《風俗通義》“肉”作“害”，“害”亦“宍”之誤。又，《齊俗》篇“夫水積則生相食之魚，土積則生自穴之獸”，“穴”亦“宍”之誤。“自肉”，謂獸相食也。“相食之魚”“自肉之獸”，其義一也。《太平御覽·禮儀部二》引此作“食肉之獸”，“食”字涉上句“相食”而誤，而“肉”字則不誤。《文子·上禮》篇正作“自肉之狩”。“狩”與“獸”同。

致遠之術

箠策繁用者，非致遠之術也。

【念孫案】“術”當爲“御”，字之誤也。《繆稱》篇曰：“急轡數策者，非千里之御也。”義與此同。《群書治要》引此正作“御”，《文子·道原》篇亦作“御”。

循誤爲脩

脩道理之數，因天地之自然。

【念孫案】"脩"當爲"循"。隸書"循""脩"二字相似，故"循"誤爲"脩"。説見《管子》"廟堂既脩"下。"循道理，因天地"，循，亦因也，若作"脩"則非其指矣。《太平御覽·地部二》《居處部八》引此并作"循"，《文子·道原》篇亦作"循"。又，《俶真》篇"賈便其肆，農樂其業，大夫安其職，而處士脩其道"，"脩"亦當爲"循"，此四者皆謂各因其舊也。《文選·西都賦》注引此正作"循"，《太平御覽·皇王部二》引此亦作"循"。又，《主術》篇："橋植直立而不動，俛仰取制焉。人主静漠而不躁，百官得脩焉。""脩"亦當爲"循"，言人主静漠而不躁，則百官皆得所遵循，猶橋衡之俯仰，取制於柱也。又，《齊俗》篇："守正脩理，不苟得者，不免乎飢寒之患。""脩"亦當爲"循"。《文選·東都賦》《東京賦》注引此并作"守道順理"，順，亦循也。又，《詮言》篇："法脩自然，己無所與。""脩"亦當爲"循"，謂循其自然而己不與也。《文子·符言》篇作"治隨自然"，隨，亦循也。又，"欲見譽於爲善，而立名於爲賢，今本"賢"誤作"質"。辯見《詮言》。則治不脩故，而事不須時"，"脩"亦當爲"循"，"須"當爲"順"，皆字之誤也。《文子》作"治不順理，而事不須時"，順，亦循也。又，"由其道則善無章，脩其理則巧無名"，"脩"亦當爲"循"，循其理，即由其道也。又，"由此觀之，賢能之不足任也，而道術之可脩明矣"，"脩"亦當爲"循"。《文子·道德》篇作"道術可因"，因，亦循也。又，《兵略》篇："條脩葉貫，萬物百族，由本至末，莫不有序。""脩"亦當爲"循"。循，謂順其序也。《俶真》篇曰"萬物之疏躍枝舉，百事之莖葉條棒,皆本於一根而條循千萬”是也。又,《泰族》篇:“今夫道者,藏精於内,栖神於心,静漠恬淡,訟繆胸中,邪氣無所留滯,四枝節族,毛蒸理泄,則機樞調利,百脈九竅,莫不順比。其所居神者,得其位也,豈節拊而毛脩之哉。”“脩”亦當爲“循”,“循”與“拊”同意也。

萍樹根於水

夫萍樹根於水。

高注曰:“萍,大蘋也。”【念孫案】“萍”本作“蘋”,《埤雅》引此已誤。高注“萍,大蘋也”本作“蘋,大萍也”。“萍”字或作“蓱”。《爾雅》:“苹,音平。蓱。音瓶。其大者蘋。”音頻。《召南·采蘋》傳曰:“蘋,大蓱也。”《説文》“蘋”作“薲”,亦云:“大蓱也。”此皆以小者爲“萍”,大者爲“蘋”,即高注所本也。《吕氏春秋·本味》篇:“菜之美者,昆侖之蘋。”高注曰:“蘋,大萍。”舊本“大萍”誤作“大蘋”,今改正。足與此注互相證明矣。後人既改正文“蘋”字爲“萍”,又互改高注“蘋”“萍”二字以就之,而不知其小大之相反也。

榛巢

木處榛巢,水居窟穴。

高注曰:“聚木曰榛。”【引之曰】“榛巢”連文,則“榛”即是“巢”,猶“窟穴”連文,則“窟”即是“穴”。“榛”當讀爲“橧”,《廣雅》:“橧,巢也。”《禮運》曰:“冬則居營窟,夏則居橧巢。”字亦作“曾”。《大戴禮·曾子疾病》篇:“鷹鶽以山爲卑,而曾巢其上。魚鱉黿鼉以淵爲淺，而蟨穴其中。”《群書治要》引《曾子》，“蟨穴”作“窟穴”。以“窟穴”對“曾巢”，正與此同。《禮運》之“橧巢”亦與“營窟”對文也。凡秦聲、曾聲之字，古或相通，若“溱洧”之“溱”，《説文》作“潧”是也。高以“榛”爲“榛薄”之“榛”，《主術》篇“入榛薄”，高注：“聚木爲榛，深草爲薄。”則分“榛”與“巢”爲二物，比之下句爲不類矣。《説林》篇曰：“榛巢者，處茂林安也。窟穴者，托埵防便也。”以“窟穴”對“榛巢”，亦與此同，彼言“榛巢者處茂林”，則榛巢非茂林也。此言“木處榛巢”，則榛巢亦非木也。若以“榛”爲“榛薄”之“榛”，則又合“榛”與“木”爲一物矣。

芄

禽獸有芄，人民有室。

高注曰：“芄，蓐。”劉本“芄”作“艽”，云：“艽，音仇，獸蓐也。與《詩》‘艽野’之‘艽’同字，舊訛作芄。”【念孫案】劉本是也。《廣韻》：“艽，獸蓐也。”正與高注合。《修務》篇曰：“虎豹有茂草，野彘有艽莦槎櫛，堀虚連比，以像宫室。”此云“禽獸有艽，人民有室”，其義一也。

干越

匈奴出穢裘，干越生葛絺。

高注曰：“干，吴也。”《道藏》本、朱東光本如是。劉本改“干”爲“于”，云：“于越，一作於越。夷言發聲也。”茅本又改“于”爲“於”。【念孫案】作“干”者是也。《春秋》言“於越”者，即是越，而以“於”爲發聲。此言“干越”者，謂吴越也。若是“于”字，則高注不當訓爲“吴”矣。《莊子·刻意》篇“夫有干越之劍者”，《釋文》：“司馬云：‘干，吴也。吴越出善劍也。’”《荀子·勸學》篇“干越夷貉之子”，楊倞曰：“干越，猶言吴越。”近時嘉善謝氏刻本改“干”爲“于”，又改楊注“吴越”爲“於越”，非是，辯見《荀子》。《漢書·貨殖傳》：“辟猶戎翟之與于越，不相入矣。”“于”亦“干”之誤，干、越皆國名，故言“戎翟”之與“干越”，猶《荀子》之言“干越夷貉”也。顔師古以爲《春秋》之“於越”，失之。司馬彪訓“干”爲“吴”，正與高注同，莊從劉本作“于”，則與高注相背矣。

被髮文身

九疑之南，陸事寡而水事衆，於是民人被髮文身，以像鱗蟲。

高注曰：“被，翦也。”【引之曰】諸書無訓“被”爲“翦”者，“被髮”當作“劗髮”，注當作“劗，翦也”。《漢書·嚴助傳》：“越方外之地，劗髮文身之民也。”晉灼曰：“《淮南》云：‘越人劗髮。’見《齊俗》篇。又曰：“越王勾踐劗髮文身。”張揖以爲古‘翦’字也。”字又作“鬋”，《逸周書·王會》篇曰：“越漚鬋髮文身。”《墨子·公孟》篇曰：“越王勾踐翦髮文身，以治其國。”《史記·趙世家》曰：“夫翦髮文身，甌越之民也。”此言九疑之南，正是越地，故亦曰“劗髮文身”也。《主術》篇：“是猶以斧劗毛。”高彼注曰：“劗，翦也。”“劗”讀“驚攢”之“攢”，故此注亦曰“劗，翦也”。後人見《王制》有“被髮文身”之語，遂改“劗”爲“被”，并注中“劗”字而改之，不知“劗”與“翦”同義，故云“劗，翦也”。若是“被”字，不得訓爲"翦"矣。《趙世家》之"翦髮",《趙策》作"祝髮",錢、曾、劉本并同,俗本亦改爲"被髮"。且越人以劗髮爲俗,若被髮則非其俗矣。《漢書·地理志》:"文身斷髮以避蛟龍之害。"應劭曰:"常在水中,故短其髮,文其身,以像龍子,故不見傷害。"即此所云"劗髮文身以像鱗蟲"也,高注訓"劗"爲"翦",亦與《漢書》"斷髮"同義。

俗尚氣力

雁門之北,狄不穀食,賤長貴壯,俗尚氣力。

【念孫案】"俗"本作"各",言狄人各尚氣力也。"各"誤爲"谷",漢《郃陽令曹全碑》"各獲人爵之報","各"作"谷",形與"谷"相似,"各""谷"草書亦相似。後人因加"人"旁耳。不知"不穀食"與下文"人不弛弓,馬不解勒"皆是狄人之俗,非獨尚氣力一事也。《太平御覽·兵部八十九》引此正作"各尚氣力"。

化而爲枳

故橘樹之江北,則化而爲枳,鴝鵒不過濟,貈渡汶而死。

高注曰:"見於《周禮》。"【念孫案】"枳"本作"橙",此後人依《考工記》改之也。不知彼言"橘逾淮而北爲枳",此言"樹之江北則爲橙",義各不同。注言"見《周禮》"者,約舉之詞,非必句句皆同也。《埤雅》引此作"化而爲枳",則所見本已誤。《文選·潘岳〈爲賈謐贈陸機〉詩》:"在南稱甘,度北則橙。"李善注引《淮南》曰:"江南橘樹之江北,化而爲橙。"《藝文類聚》《太平御覽·果部》"橘"下并引《考工記》曰:"橘逾淮而北爲枳。"又引《淮南》曰:"夫橘樹之江北,化而爲橙。"《御覽》“橙”下引《淮南》同。然則《考工》作“枳”，而《淮南》作“橙”，明矣。晉王子升《甘橘贊》曰：“異分南域，北則枳橙。”此兼用《考工》與《淮南》也。

與造化者爲人　下與造化爲人

故聖人不謀而當，不言而信，不慮而得，不爲而成。精通於靈府，與造化者爲人。又，《俶真》篇：“陶治萬物，與造化者爲人。”

高注并曰：“爲，治也。”【引之曰】高未解“人”字之義，故訓“爲”爲“治”。人者，偶也。言與造化者爲偶也。《中庸》：“仁者，人也。”鄭注曰：“人也，讀如‘相人偶’之人。以人意相存偶之言。”《檜風·匪風》箋曰：“人偶能割亨者，人偶能輔周道、治民者。”《聘禮》注曰：“每門輒揖者，以相人偶爲敬也。”《公食大夫禮》注曰：“每曲揖及當碑揖相人偶。”是“人”與“偶”同義，故漢時有“相人偶”之語。上文云“與造化者俱”，《本經》篇云“與造化者相雌雄”，《齊俗》篇曰“上與神明爲友，下與造化爲人”，曰“俱”，曰“爲友”，曰“爲人”，曰“相雌雄”，皆是相偶之意，故《本經》篇“與造化者相雌雄”，《文子·下德》篇作“與造化者爲人”，此尤其明證矣。《莊子·大宗師》篇“彼方且與造物者爲人”、《應帝王》篇“予方將與造物者爲人”、《天運》篇“久矣，夫某不與化爲人”，并與《淮南》同意，解者亦失之。

封壤

昔舜耕於歷山，期年而田者爭處磽埆，以封壤肥饒相讓。

【念孫案】"封壤"二字，義不相屬，"封壤"本作"封畔"，此後人以意改之也。封、畔，皆謂田界也。《周官・保章氏》注、《吕氏春秋・孟春》《樂成》二篇注，并云"封，界也"。《説文》："畔，田界也。"《史記・五帝紀》："舜耕歷山，歷山之人皆讓畔。"本出《韓子・難一》。《大雅・綿》傳亦云："耕者讓畔。""封畔"與"肥饒"相對爲文，下文"以曲隈深潭相予"，"曲隈""深潭"亦相對爲文。《覽冥》篇云："田者不侵畔，漁者不争隈。"此云："田者以封畔肥饒相讓，漁者以曲隈深潭相予。"其義一也。《太平御覽・皇王部六》《爾雅・釋草》疏引此并作"封畔"。

後者蹷之　屬腸

先者上高，則後者攀之。先者踰下，則後者蹷之。先者隤陷，則後者以謀。先者敗績，則後者違之。

高注曰："蹷，履也。音展，非展也。"【念孫案】"展"與"蹷"聲不相近，"蹷"皆當爲"蹍"，字之誤也。蹍，女展反，履也。言後者履先者而上也。"蹍"字或作"蹑"。《廣雅》："蹑，履也。"曹憲音"女展反"。《莊子・庚桑楚》篇"蹑市人之足"，司馬彪云："蹑，蹈也。"《淮南・説山》篇"足蹍地而爲迹"、《説林》篇"足所蹍者淺矣"、《修務》篇"猶釋船而欲蹍水也"，高注并云："蹍，履也。"蹍，音女展反而訓爲"履"，故此注云"蹍，履也。音展，非展也"。且"攀""蹍"爲韻，"謀""之"爲韻，謀，古讀若"媒"。説見《唐韻正》。若作"蹷"，則失其韻矣。

《兵略》篇:“白刃合,流矢接,涉血屬腸,輿死扶傷。”案,“屬腸”二字義不可通,“屬”亦當爲“蹷”,謂涉血履腸也。《吕氏春秋·期賢》篇曰:“塵氣充天,流矢如雨,扶傷與死,履腸涉血。”是其證也。“蹷”字本作“蹷”,其上半與“屬”相似,因誤爲“屬”矣。

脱四字

此俗世庸民之所公見也,而賢知者弗能避也。

高注曰:“以諭利欲,故曰有所屏蔽也。”【念孫案】如高注,則正文“避”字下當有“有所屏蔽”四字,而今本脱之也。此承上文而言,言先者有難,而後者無患,此庸人之所共見也,而賢知者猶不能避,則爲争先之見所屏蔽故也,故注云“故曰有所屏蔽也”。凡注内“故曰”云云,皆指正文而言,以是明之。

凝竭

非謂其底滯而不發,凝竭而不流。

【念孫案】“竭”之言“遏”也。《爾雅》曰:“遏,止也。”底滯、凝竭皆止也。《爾雅》:“底,止也。”《原道》篇注:“滯,止也。”《楚辭·九嘆》注:“凝,止也。”《天文》篇曰:“清妙之合專易,重濁之凝竭難。”《要略》曰:“凝竭底滯,捲握而不散。”皆其證也。《道藏》本、朱本、茅本皆作“凝竭”,劉績不知其義,而改“竭”爲“結”,莊本從之,謬矣。

無好憎

大包群生而無好憎，澤及蚑蟯而不求報。

【引之曰】"無好憎"本作"無私好"，此後人以意改之也，《文子·道原》篇正作"無私好"。此承上文"生萬物，成百事"而言，言水之利物，非有所私好而然也。下句"澤及蚑蟯而不求報"，亦是此意，加一"憎"字，則非其指矣。且"好"與"報"爲韻，上下文皆用韻。若作"無好憎"，則失其韻矣。劉本作"無所私"，亦非。

忽區

動溶無形之域，而翱翔忽區之上。

高注曰："忽怳之區上也。"《精神》篇："同精於太清之本，而游於忽區之旁。"高注曰："忽區，忽恍無形之區旁也。"【引之曰】"忽區"二字，文不成義，兩"區"字皆當作"芒"。隸書"芒"字作"苎"，與"區"相似而誤。《太平御覽·地部二十三》引《原道》篇已誤作"區"。忽芒，即忽荒也。《莊子·至樂》篇"芒乎芴乎而無從出乎，芴乎芒乎而無有象乎"，《釋文》："芒，音荒，又呼晃反。芴音忽。"是"芒"與"荒"同。《爾雅》："太歲在巳曰大荒落。"《史記·曆書》"荒"作"芒"。《三代世表》"帝芒"，《索隱》："芒，一作荒。"上文："游微霧，騖忽怳。"高注曰："忽怳，無形之象。"《文選·七發》注引作"騖忽荒"。忽芒乃無形之貌，故曰"動溶無形之域，而翱翔忽芒之上"也。《人間》篇曰"翱翔乎忽荒之上，析惕乎虹蜺之間"，是其明證矣。賈誼《鵩賦》"寥廓忽荒兮，與道翱翔"，亦謂翱翔於忽荒之上也。此篇及《精神》篇之"忽芒"，高注亦當云“忽芒無形之象”，而今本云“忽恍之區上”“忽恍無形之區旁”，則後人以已誤之正文改之也。

損

去其誘慕，除其嗜欲，損其思慮。

【念孫案】“損”當爲“捐”，字之誤也。“捐”與“去”“除”同意，作“損”則非其指矣，《文子·道原》篇正作“捐其思慮”。又，《精神》篇：“忘其五藏，損其形骸。”“損”亦當爲“捐”，“捐”與“忘”意相近，即《莊子》所謂“外其形骸”也，作“損”則義不可通矣。又，下文“殘亡其國家，損弃其社稷”，案，社稷可言弃，不可言損，當亦是“捐”字之誤。

不與物散

不與物散，粹之至也。

高注曰：“散，亂。”又，《精神》篇：“精神澹然無極，不與物散，而天下自服。”高注曰：“散，雜亂貌。”【引之曰】諸書無訓“散”爲“雜亂”者。《説文》：“散，雜肉也。”“雜”乃“離”之誤，辯見《説文考正》。“散”皆當爲“殽”，隸書“殽”或作“𣪊”，見漢《殽阬君神祠碑》。與“散”相似。“散”或作“𢿱”，見李翕《析里橋郙閣頌》。與“殽”亦相似，故“殽”誤爲“散”。《太平御覽·方術部一》引《原道》篇已誤。《莊子·齊物論》篇“樊然殽亂”，《釋文》：“殽，郭作散。”《太玄·玄瑩》：“晝夜殽者，其禍福雜。”今本“殽”誤作“散”，皆其證也。《説文》：“殽，相雜錯也。”《廣雅》：“殽，雜也，亂也。”并與高注同義，則“散”爲“殽”之誤明矣。“殽”訓爲"雜",義與"粹"正相反,故曰"不與物殽,粹之至也"。《文子·道原》篇作"不與物雜",雜,亦殽也。《莊子·刻意》篇作"不與物交","交"與"殽"聲、義亦相近。《精神》篇又曰:"審乎無瑕,而不與物糅。"糅,亦殽也。若云"不與物散",則非其指矣。

收之

中能得之,則外能收之。

高注曰:"不養也。"【念孫案】"收"當爲"牧"。高注"不養也"當爲"牧養也",此承上文"得其内"而言,能得之於中,則能養之於外。下文"筋力勁强,耳目聰明",所謂外能養之也。若云"外能收之",則非其指矣。且"牧"與"得"爲韻,牧,古讀若"墨"。説見《唐韻正》。若作"收",則失其韻矣。俗書"收"字作"収",形與"牧"相似,故"牧"誤爲"收"。《文子·道原》篇正作"牧"。

迫感

迫則能應,感則能動。

【念孫案】此當作"感則能應,迫則能動"。"感"與"應"相因,"迫"與"動"相因。《精神》篇曰:"感而應,迫而動。"《修務》篇曰:"感而不應,攱而不動。"①"攱",今本誤作"攻",辯見《修務》。《莊子·刻意》篇曰:"感而後應,迫而後動。"皆其證。今

① "攱"與"迫"同。

本"感""迫"二字互誤。

物穆

物穆無窮，變無形像。

高注曰："穆，美。"莊氏伯鴻曰："'物穆'疑當作'沕穆'。"【念孫案】《史記・賈生傳》："形氣轉續兮，變化而嬗，沕穆無窮兮，胡可勝言。"《漢書》作"沕穆無間"，顔師古曰："沕穆，深微貌。沕音勿。"《説苑・指武》篇亦云："昒穆無窮，變無形像。""沕""昒""物"古字通，高注專解"穆"字，蓋失之矣。

得道

故子夏心戰而臞，得道而肥。

【念孫案】"得道"本作"道勝"，淺學人改之也。"道勝"與"心戰"相對爲文，高注曰："先王之道勝，無所復思，故肥也。"則正文本作"道勝"明矣。《精神》篇曰："子夏見曾子，一臞一肥。曾子問其故，曰：'出見富貴之樂而欲之，入見先王之道又説之。兩者心戰，故臞。先王之道勝，故肥。'"是其事也。本出《韓子・喻老》篇。《太平御覽・人事部一百九》引此正作"道勝而肥"。

至極樂

無不樂則至極樂矣。

【念孫案】"至極樂"本作"至樂極"。"至樂"二字連讀，謂極樂也。極,至也。言人能無不樂,則極樂自至也。高注曰"至樂,至德之樂",是正文本以"至樂"連文。今本作"至極樂",則與注不合,《文子·九守》篇正作"即至樂極矣"。

我身

天下之要,不在於彼,而在於我。不在於人,而在於我身,身得則萬物備矣。

【念孫案】"不在於人而在於我身","我"字涉上句而衍,"彼""我","人""身"相對爲文,"身"上不當有"我"字。劉本移"我"字於下文"身得"之上,而讀"我身得"爲一句,亦非。《文子·九守》篇正作"不在於人而在於身,身得則萬物備矣"。

萬物玄同也

萬物玄同也,無非無是,化育玄耀,生而如死。

【念孫案】此四句皆以四字爲句,則"萬物玄同"下不當有"也"字,《文子·九守》篇無"也"字。

山峽

逍遥於廣澤之中,而仿洋於山峽之旁。

注曰:"兩山之間爲峽。"【念孫案】《水經·江水》注曰:"江水又東,逕赤岬城西。《淮南子》曰:'彷徨於山岬之旁。'注曰:'岬,山脅也。'"《文選·吴都賦》:"傾藪薄,倒岬岫。"李善曰："許慎《淮南子注》曰：'岬，山旁。'古狎切。"案，《水經注》所引亦作"岬"，而訓爲"山脅"，疑是高注。山脅，即山旁，義與許同也。今本"岬"作"峽"，注云："兩山之間爲峽。"與酈、李所引迥異，疑皆後人所改。《玉篇》："岬，古狎切，山旁也。亦作砰。"《廣韻》"砰，古狎切，山側也"，"峽，侯夾切，巫峽，山名"。二字音義判然，後人誤以山脅之"岬"爲"巫峽"之"峽"，故改訓爲"兩山之間"，不知正文明言"山岬之旁"，則"岬"爲山脅，而非兩山之間矣。校書者以注訓"兩山之間"，故又改"岬"爲"峽"，而不知其本非原注也。《集韻》："砰，古狎切，兩山之間爲砰。許慎説或作'岬'。"宋人皆誤以高注爲許注，故云"許慎説"。則所見已非原注，但"岬"字尚未改爲"峽"耳。

怨懟　不失

此齊民之所爲形植黎黑，"黑"舊本訛作"累"，《文選·江淹〈上建平王書〉》注引作"黑"，今據改。憂悲而不得志也。聖人處之不爲愁悴怨懟，而不失其所以自樂也。

高注曰："懟，病也。"【引之曰】"懟"與"病"義不相近，"懟"皆當爲"慰"，今作"懟"者，後人以意改之也。"怨"讀爲"苑"，"慰"讀爲"蔚"。苑、蔚，皆病也。《俶真》篇："形傷於寒暑燥濕之虐者，形苑而神壯。"高注曰："苑，枯病也。"《本經》篇："則身無患，百節莫苑。"高注曰："苑，病也。"《俶真》篇："五藏無蔚氣。"高注曰："蔚，病也。"是"苑""蔚"皆病也。《荀子·哀公》篇："富有天下而無怨財。"楊倞注引《禮運》："事大積焉而不苑。"是"苑"與"怨"通。《莊子·盜跖》篇："貪財而取慰，貪權而取竭，可謂疾矣。”疾，亦病也。《淮南·繆稱》篇曰：“侏儒瞽師，人之困慰者也。”是“蔚”與“慰”通，故高注云：“慰，病也。”後人不通古訓而改“慰”爲“懟”，其失甚矣。“不失其所以自樂”，“不”字涉上下文而衍，“不爲愁悴怨慰，而失其所以自樂也”作一句讀。

生之充　二者

夫形者，生之舍也。氣者，生之充也。神者，生之制也。一失位，則二者傷矣。

【念孫案】“充”本作“元”，此涉下文“氣不當其所充”而誤也。元者，本也，言氣爲生之本也。《文選·養生論》注引此正作“元”，《文子·九守》篇亦作“元”。王冰注《素問·刺禁論》云：“氣者，生之原。”語即本於《淮南》，“原”與“元”同。“一失位，則二者傷”，謂此三者之中，一者失位，則二者皆傷也。各本“二”作“三”，因下文“此三者”而誤。《文子》亦誤作“三”。唯《道藏》本、朱本作“二”，莊刻依諸本作“三”，非也。《文選注》引此正作“二”。

漠睧

貪饕多欲之人，漠睧於勢利，誘慕於名位。

高注曰：“漠睧，猶鈍睧，不知足貇。”“貇”與“貌”同，各本“貇”誤作“類”，今改正。【念孫案】“漠睧”皆當爲“滇眠”，字之誤也。隸書“眞”字作“真”，“莫”字作“莫”，二形相似而誤。《史記·高祖功臣侯者表》“甘泉戴侯莫摇”，《漢表》“莫摇”作“眞粘”。《朝鮮傳》“嘗略屬眞番”，徐廣曰：“眞，一作莫。”《新序・雜事》篇：“黄帝學乎大眞。”《路史・疏仡紀》曰：“大眞，或作大莫，非。”皆其例也。“眠”之爲“瞑”，則涉注文“鈍瞑”而誤。滇音顛，眠音莫賢反。“滇眠”或作“顛冥”。《文子・九守》篇作“顛冥乎勢利”，是其證也。《莊子・則陽》篇“顛冥乎富貴之地”，《釋文》：“冥，音眠。司馬云：‘顛冥，猶迷惑也。言其交結人主，情馳富貴。’”即此所云“滇眠於勢利，誘慕於名位”也。高以“滇眠”爲“不知足”，司馬以“顛冥”爲“迷惑”，“迷惑”與“不知足”，義相因也。又案，高云：“滇眠，猶鈍瞑。”“瞑”讀“齊湣王”之“湣”。見《集韻》。“滇眠”“鈍瞑”，皆叠韻也。“鈍瞑”或爲“鈍閔”，或爲“頓愍”。《方言》：“頓愍，惛也。江湘之間謂之頓愍。”《淮南・修務》篇：“精神曉泠，鈍閔條達。”高彼注云：“鈍閔，猶鈍惛也。”此注云：“鈍瞑，不知足貌。”“鈍惛”與“不知足”，義亦相因也。

植於高世

冀以過人之智，植於高世。

【念孫案】“植於高世”當作“植高於世”，故高注曰“植，立也”，庶幾立高名於世也。今本“高於”二字誤倒，則文不成義。《文子》作“位高於世”，位，亦立也。《周官・小宗伯》注：“鄭司農云：古者‘立’‘位’同字。”

《淮南内篇》弟二

俶真

垠堮

繁憤未發，萌兆牙櫱，未有形埒垠堮。

【念孫案】《覽冥》篇“不見朕垠”，高注：“朕，兆朕也。垠，形狀也。”《繆稱》篇“道之有篇章形埒者”，高注：“形埒，兆朕也。”是“垠堮”與“形埒”同義。既言“形埒”，無庸更言“垠堮”，疑“垠堮”是“形埒”之注，而今本誤入正文也。且此三句以“發”“櫱”“埒”爲韻，若加“垠堮”二字，則失其韻矣。

藋蔰

言萬物掺落，根莖枝葉，青葱苓蘢，藋蔰炫煌。

高注曰：“藋蔰炫煌，采色貌也。‘藋’讀曰‘唯’，‘蔰’讀曰‘扈’。”【念孫案】“藋”音“灌”，與“唯”字聲不相近。“藋”皆當爲“蓶”，字之誤也。“蓶”讀若“唯諾”之“唯”，字從艸、唯聲。“蓶扈”者，草木之榮華也。《後漢書・馬融傳・廣成頌》説植物云：“鋪于布濩，蓶扈蘳熒。”李賢曰：“蓶音以揆反，郭璞注《爾雅》云:‘草木華初出爲荓。’《爾雅》:“荓、葟、華,榮。”《説文》:“荓,艸之皇榮也。”‘荓’與‘蓶’通,‘扈’音‘户’。”以上《後漢書注》。此言根莖枝葉青葱苓蘢,蓶扈炫煌,義與彼同也。高注讀“蓶”爲“唯”,李賢音“以揆反”,正與高讀合。劉績不知“藋”爲“蓶”之誤,而改“藋”爲“萑”,斯爲謬矣。諸本及莊本同。又案,“蓶蔰”之“蔰”,當依《後漢書》作“扈”,注當作“扈,讀曰户”,正文作“蔰”者,因“蓶”字而誤加“艸”耳。後人不達,又改注文爲“蔰,讀曰扈”,以從已誤之正文,則其謬益甚矣。《説文》《玉篇》《廣韻》《集韻》《類篇》皆無“蔰”字。

間於無有

若光耀之間於無有,退而自失也。

陳氏觀樓曰:“‘間’當作‘問’,光耀問於無有。事見《莊子·知北游》篇。”

衡杓

欃槍衡杓之氣,莫不彌靡,而不能爲害。

高注曰:“欃槍,彗星也。杓,北斗柄第七星。”【引之曰】北斗之星,不聞爲害,高説非也。“衡”當爲“衝”,字形相似而誤。衝、杓,皆妖氣也。《晉書·天文志》引《河圖》曰:“歲星之精,流爲天槍、天衝、熒惑,散爲天欃。”《吕氏春秋·明理》篇曰:“其雲狀有若人,蒼衣赤首不動,其名曰天衝。”今本“衝”字亦誤作“衡”,據《太平御覽·咎徵部四》引改。《開元占經·妖星占》篇引劉向《洪範傳》曰:“天衝其狀如人,蒼衣赤首不動。”

《史記·天官書》曰:“五星蚤出者爲贏,晚出者爲縮,必有天應見於杓星。”《漢書·天文志》曰“太歲在寅,歲星正月晨出。在斗,牽牛。失次,杓,早水晚旱”是也。欃、槍、衝、杓,皆妖氣之名,故并言之。

茫茫沈沈　渾渾沉沉

茫茫沈沈是謂大治。

高注曰:“茫茫沈沈,盛貌也。茫,讀‘王莽’之莽。沈,讀‘水出沈沈白’之沈。”【念孫案】“沈”皆當爲“沆”。《玉篇》“何黨切”,《廣韻》“又音杭”。“茫茫”“沆沆”叠韻也。《説文》“沆”字注云:“莽沆,大水。一曰大澤。”《風俗通義·山澤》篇云:“沆者,莽也。”今本“沆”誤作“沉”,辯見《漢書·刑法志》“沈斥”下。言其平望莽莽無涯際也。“莽”與“茫”古同聲,茫茫沆沆,即莽莽沆沆,故高注以爲“盛貌也”。“莽沆”或作“漭沆”,張衡《西京賦》“滄池漭沆”是也。倒言之則曰“沆漭”,馬融《廣成頌》“瀇瀁沆漭”是也。又作“沆茫”,楊雄《羽獵賦》“鴻濛沆茫”是也。顔師古曰:“茫音莽。”沆茫,即沆莽,故曰“茫,讀王莽之莽”。《漢書·禮樂志》“西顥沆碭”,顔師古曰:“沆碭,白氣之貌。”故曰“沆,讀水出沆沆白之沆”。若作“沈沈”,則與正文、注文皆不合矣。又,《兵略》篇:“天化育而無形象,地生長而無計量。渾渾沉沉,孰知其藏。”“沉”亦當爲“沆”,渾渾沆沆,廣大貌也。《爾雅釋文》:“沄,沆也。”《説文》:“沄,轉流也。讀若混。一曰沆。”舊本脱此三字,今據《爾雅》補。“沄”“混”“渾”古同聲,渾渾沆沆,即沄沄沆沆。“沄”之轉爲“沆”,猶“渾”之轉爲“沆”也。且“沆”與“象”“量”“藏”爲韻,若作“沉沉”,則義既不合，而韻又不諧矣。《太平御覽·兵部二》引此已誤。凡從亢之字，隸或作"宂"，①故"沆"字或作"沇"，一誤而爲"沉"，再誤而爲"沈"，散見群書而學者莫之能辨也。詳見《漢書》。

炊以鑪炭

譬若鍾山之玉，炊以鑪炭，三日三夜而色澤不變。

【念孫案】"炊"當爲"灼"，字之誤也。玉可言灼，不可言炊。《藝文類聚·寶部上》《太平御覽·珍寶部四》引作"炊"，皆後人依誤本改之，其《御覽·地部三》引此正作"灼"，《白帖》七同。《吕氏春秋·士容》篇注作"燔以鑪炭"，燔，亦灼也。

唯體道能不敗

孟門終隆之山，不能禁也，舊本脱"也"字，今據下文補。唯體道能不敗。湍瀨旋淵吕梁之深，不能留也。太行、石澗、飛狐、句注之險，舊本"句注"作"句望"。劉績曰："當作句注。"今依劉注改。莊氏伯鴻曰："'句望'，今《漢書·地理志》作'句注'。以義考之，'注'應即'汪'字也。古'汪''望'同聲，凡古字通者，皆以聲同相通，若'汪'與'注'，乃字之誤耳。古'汪'字作'泩'，'注'字作'注'，後人但識'注'，不識古字'汪'，因之傳訛矣。"【念孫案】莊説非也。"句注"之爲"句望"，草書之誤耳。《漢書·文帝紀》"屯句注"，師古曰："句，音章句之句。"凡昆侖、空桐、薄落、岣嶁之屬，皆山名之疊韻者，"句注"亦是也。若作"句望"，則失其讀矣。諸書及本書《地形》篇皆作"句注"，無作"句望"

---

① "宂"，底本作"亢"，據文意改。

者，乃反以本書偶誤之字爲是，而以諸書之作“句注”者爲非？且以“注”爲“汪”之誤，“望”爲“汪”之通，見異思遷，展轉附會，此近日學者之公患也。不能難也。

【念孫案】“唯體道能不敗”六字與上下文義不相屬，乃上文“休於天鈞而不僞”之注，誤衍於此。上注云：“僞，敗也。天鈞，北極之地，積寒之野，休之輒敗，唯體道能不敗也。”

臺簡 引楯

其所居神者，臺簡以游太清，引楯萬物，群美萌生。

高注曰：“臺，猶持也。引楯，拔擢也。”錢氏獻之曰：“‘臺’當作‘臺’《説文》：‘臺，古文握字。’①故注訓爲‘持’。‘臺’與‘臺’形近致訛耳。”莊氏伯鴻曰：“注訓‘引楯’爲‘拔擢’，則‘楯’當作‘揗’，從手旁。”

無一橑 無一輻

若夫墨楊申商之於治道，猶蓋之無一橑，而輪之無一輻，有之可以備數，無之未有害於用也。

【念孫案】“蓋之無一橑，輪之無一輻”本作“蓋之一橑，輪之一輻”。此但言“一橑”“一輻”，下乃言其有無之無關於利害。若先言“無一橑”“無一輻”，則下文不必更言有無矣。此兩“無”字，皆因下文“無”字而衍。

---

① “臺”，底本作“臺”，據《説文》改。

彭濞

譬若周雲之蘢蓯，遼巢彭濞而爲雨。

高注曰："彭濞，蕴積貌也。"【念孫案】"彭濞"本作"彭薄"，《道藏》本作"彭潭"，注同。"潭"即"薄"之誤，後人不知而改爲"濞"，莊本從之，斯爲謬矣。"彭"古讀若"旁"，說見《唐韻正》。下文云"渾渾蒼蒼，純樸未散，旁薄爲一"，司馬相如《封禪文》"旁魄四塞"，義并與此同，故高注以"彭薄"爲"藴積貌"。若"彭濞"，則爲水聲，見《上林賦》。而非雲氣藴積之貌，與正文、注文皆不合矣。舊本《北堂書鈔・天部二》引此正作"彭薄"，陳禹謨删去。《太平御覽・天部八》同。

所得

今夫善射者有義表之度，如工匠有規矩之數，"如"讀爲"而"。此皆所得以至於妙。

陳氏觀樓曰："'所得'上脱'有'字，高注'有所得儀表規矩之巧也'，是其證。"

翱翔

雲臺之高，墮者折脊碎腦，而蚊蝱適足以翱翔。

高注曰："蚊蝱微細，故翱翔而無傷毁之患。"【念孫案】"適足以翱翔"當作"適足以翾"，高注"翱翔而無傷毁之患"當作"翾飛而無傷毁之患"。《說文》："翾，許緣反。小飛也。"《原道》篇曰："跂行喙息，蠉飛蝡動。""蠉"與"翾"同。下文曰"飛輕微細者猶足以脱其命”，“飛輕”二字正承“翾”字言之。若“翱翔”，則爲鳥高飛之貌，蚊蝱之飛可謂之翾，不可謂之翱翔也。又，下文“雖欲翱翔”，高注曰：“翱翔，鳥之高飛，翼上下曰翱，直刺不動曰翔。”而此注不釋“翱翔”之義，則正文本無“翱翔”二字明矣。隸書“翱”字或作“翶”，見漢《唐公房碑》。形與“翾”相近，故“翾”誤爲“翱”，後人不知“翱”爲“翾”之誤，因妄加“翔”字耳。《藝文類聚·蟲豸部》引此正作“蚊蝱適足以翾”。

夫受形於一圈

夫與蚑蟯同乘天機，夫受形於一圈，飛輕微細者，猶足以脱其命，又況未有類也。“也”與“邪”同。

【念孫案】下“夫”字因上“夫”字而衍。“夫與蚑蟯同乘天機”“受形於一圈”二句連讀，不當更有“夫”字。

使知之

今夫積惠重厚，累愛襲恩，以聲華嘔苻嫗掩萬民百姓，使知之訢訢然，人樂其性者，仁也。

【念孫案】“使”下不當有“知”字，此因上文所謂“知之”而誤衍也，劉本無“知”字，是。

梣木色青翳而蠃瘉蝸睆

夫梣木色青翳而蠃瘉蝸睆，此皆治目之藥也。

高注曰："梣木，苦歷木名也，生於山，剥取其皮，以水浸之，正青，用洗眼，瘉人目中膚翳，故曰色青翳，青色象也。此句内有脱文，蓋謂梣木色青，象目中青翳之色，故以同色者治之也。蠃蠡，薄蠃。蝸睆，目疾也。"【引之曰】"色青翳"當作"已青翳"，注内"色青翳"同。"已"與"瘉"相對爲文，已，亦瘉也，言梣木可以瘉青翳也。"瘉"今作"愈"。《吕氏春秋·至忠》篇："王之疾必可已也。"高注曰："已，猶愈也。"故此注云"用洗眼，瘉人目中膚翳"，故曰"已青翳"也。今正文及注皆作"色青翳"者，涉注内"青色"而誤耳。"蠃瘉蝸睆"當作"蠃蠡瘉燭睆"。注内"蝸睆"同。據高注云"蠃蠡，薄蠃"，則"蠃"下原有"蠡"字明矣。《太平御覽·鱗介部十三》引此作"蠃蠬瘉燭睆"，又引注云："蠃，附。蠃蠬，細長蠃也"，"燭睆，目中疾"。《一切經音義》二十引許慎注云："燭睆，目内白翳病也。"《名醫别録》曰："蝸籬，味甘無毒，主燭館，明目。""蠃蠬""蝸籬"并與"蠃蠡"同。《士冠禮》"蠃醢"，今文"蠃"爲"蝸"，《内則》作"蝸醢"。"燭館"與"燭睆"同。"蠃""蠡"聲相亂，故"蠃"下脱"蠡"字。"燭""蝸"草書相似，故"燭"誤爲"蝸"。宋《證類本草》引此已誤。

尺之鯉　丈之材　營宇狹小

夫牛蹏之涔，無尺之鯉，塊阜之山，無丈之材，所以然者，何也？皆其營宇狹小，而不能容巨大也。

莊氏伯鴻校本《自叙》云："《太平御覽》《地部三》。引作'牛蹏之涔，無徑尺之鯉，魁父之山，無營宇之材'，無下'營宇'二字，足證今本之脱訛。"【念孫案】此《御覽》誤，非今本誤也。"尺之鯉""丈之材"相對爲文，若作"營宇之材"，則文不成義,且與上句不對。營宇狹小,所以不能容巨大,若無"營宇"二字,則文義不明。鈔本《御覽》作"牛蹏之涔,無徑尺之鯉,魁父之山,無丈之材,營宇狹小,而不能容巨大也","尺"上有"徑"字,乃後人不識古文辭而妄加之。後人以"尺之鯉"文義未足,故加一"徑"字,此未識古人句法也。《原道》篇曰:"聖人不貴尺之璧,而重寸之陰。"《吕氏春秋·舉難》篇曰:"尺之木,必有節目,寸之玉,必有瑕適。"屬句并與此同,加一"徑"字,則與下句不對矣。《御覽·鱗介部八》引此又作"無盈尺之鯉","盈"字亦後人所加。其"無丈之材"及"營宇狹小"則皆與今本同。刻本《御覽》作"無營宇之材",而下文無"營宇"二字,此皆後人妄改,不足爲據。《藝文類聚·山部上》引作"牛蹏之涔,無尺之鯉,顀府之山,無丈之材",皆其營宇狹小而不能容巨大也,正與今本同,足證刻本《御覽》之誤。劉晝《新論·觀量》篇:"蹏窪之内,不生蛟龍,培塿之上,不植松柏,營宇隘也。"意皆本於《淮南》,彼言"營宇隘",猶此言"營宇狹小"耳,亦足證刻本《御覽》無"營宇"二字之誤。"尺"上無"徑"字,并足證鈔本《御覽》之誤。

有命在於外

使我可係羈者,必其有命在於外也。

【念孫案】"有命在於外"當作"命有在於外",言既爲人所係羈,則命在人而不在我也。今本"命有"二字誤倒,則文義不明。《文子·精誠》篇正作"必其命有在外者矣"。《莊子·山木》篇"物之所利,乃非己也,吾命有在外者也",即《淮南》所本。

吟德

吟德懷和。

高注曰："吟詠其德，含懷其和氣。"【念孫案】"吟"非"吟詠"之"吟"，乃"含"字也。《原道》篇"含德之所致也"，高彼注曰："含，懷也。"此云"含德懷和"，《本經》篇云"含德懷道"，"含""懷"一聲之轉，其義一也。"含"字從口、今聲，移"口"於旁，字體小異耳。若訓爲"吟詠"之"吟"，則與"懷和"不類矣。《漢書·禮樂志》"靈安留，吟青黄"，服虔曰："吟音含。"是"含"字古或作"吟"也。

晽晽

昧昧晽晽，皆欲離其童蒙之心，而覺視於天地之間。

高注曰："昧昧，欲明而未也。晽晽，欲所知之貌也。"【念孫案】《説文》《玉篇》《廣韻》《集韻》皆無"晽"字，"晽晽"當爲"楙楙"，注同。"昧昧""楙楙"一聲之轉，皆欲知之貌也。《説文》云："惀，欲知之皃。"《文子·上禮》篇作"昧昧懋懋"，"懋"與"楙"古字通。《皋陶謨》"懋遷有無化居"，《漢書·食貨志》"懋"作"楙"。今作"晽晽"者，"楙"誤爲"林"，又因"昧"字而誤加"日"旁耳。楊慎《古音餘》乃於侵韻收入"晽"字，吴志伊《字彙補》又云："晽音林。"并引《淮南子》"昧昧晽晽"，皆爲俗本所惑也。①

① "本"，底本作"木"，據同治本改。

乃至　非乃

乃至神農黄帝。

【念孫案】“乃”當爲“及”，字之誤也。《文子·上禮》篇正作“及”。又，《泛論》篇：“故聖人之見存亡之迹、成敗之際也，非乃‘鳴條之野’‘甲子之日’也。”“乃”亦當爲“及”，言夏殷之將亡，聖人早已知之，非及“鳴條之野”“甲子之日”而後知之也。《道藏》本、劉本并作“乃”，朱本改“乃”爲“待”，而莊本從之，義則是而文則非矣。

九埶

襲九窾，重九埶。

高注曰：“埶，形也。”【念孫案】《説文》《玉篇》《廣韻》《集韻》皆無“埶”字，“埶”當爲“垫”，字之誤也。《玉篇》“垫”，古文“垠”字。字從土、狀聲。《説文》：“狀讀若銀。”九垫，即九垠也。上文曰“蘆苻之厚，通於無垫”，無垫，即無垠也。《兵略》篇“不見朕垫”，《覽冥》篇作“朕垠”，彼注云“垠，形狀也”，故此注亦云“垫，形也”。

周室之衰

施及周室之衰。

【引之曰】“之衰”二字，後人所加也。尋繹上文，自伏羲氏以下皆爲衰世，則方其盛時，亦謂之衰，不待其衰而後爲衰也。下文“周室衰而王道廢”，始言周室之衰耳。若此句先言周室之衰，則下文不須更言衰矣。《文子·上禮》篇作"施及周室"，無"之衰"二字。

雜道以僞

澆淳散樸，雜道以僞，儉德以行，而巧故萌生。

高注曰："雜，粗。"【念孫案】"雜"當爲"離"，字之誤也。"儉"讀爲"險"。"險""儉"古字通。説見《經義述聞·大戴禮》"惠而不儉"下。《莊子·繕性》篇"德又下衰，澆淳散樸，離道以善，險德以行"，郭象注："有善而道不全，行立而德不夷。"此正《淮南》所本。《文子》作"離道以爲僞，險德以爲行"，又本於《淮南》，然則原文作"離道"明矣。高注訓"雜"爲"粗"，則所見本已誤作"雜"。又案，僞，古"爲"字。説見《史記·淮南衡山傳》"爲僞"下。爲，亦行也。《齊俗》篇"矜僞以惑世，伉行以違衆"，矜僞，猶伉行耳。上文曰："夫趨舍行僞者，爲精求於外也。"《荀子·儒效》篇曰："其衣冠，行僞，已同於世俗矣。"行僞，即行爲。離道以僞，險德以行，言所爲非大道，所行非至德也。與"詐僞"之"僞"不同，下句"巧故萌生"始言"詐僞"耳。《文子》改作"以爲僞以爲行"，失之。

疑聖

於是博學以疑聖，華誣以脅衆。

高注曰："博學楊墨之道，以疑孔子之術。"【引之曰】"疑"讀曰"擬"。"博學以擬聖"，謂博學多聞以自比於聖人也。鄭注《周官·司服》曰："疑之言擬也。"《史記·平準書》"人徒之費，擬於南夷”，《漢書·食貨志》“擬”作“疑”。《文子》作“狙學以擬聖”，是其證。《莊子·天地》篇“博學以擬聖，於于以蓋衆”，即《淮南》所本也，高説失之。

真清

水之性真清而土汩之，人性安静而嗜欲亂之。

【念孫案】“真”字於義無取，疑後人所加。《太平御覽·方術部一》引此作“夫水之性清而土汩之，人之性安而欲亂之”，於義爲長。《吕氏春秋·本生》篇云：“夫水之性清，土者扫之，故不得清。人之性壽，物者扫之，故不得壽。”“扫”與“汩”同。

芳臭

耳目之於聲色也，口鼻之於芳臭也。

【念孫案】下句本作“口鼻之於臭味”，謂口之於味，鼻之於臭也。後人誤讀“臭”爲“腐臭”之“臭”，而改“臭味”爲“芳臭”，則與“口”字義不相屬矣。《太平御覽》引此正作“鼻口之於臭味”。

淵清

是故神者，智之淵也，淵清則智明矣。智者，心之府也，智公則心平矣。

【念孫案】以下二句例之，則“淵清”當爲“神清”，此涉上句"淵"字而誤也。《太平御覽》引此正作"神清",《文子·九守》篇同。

流沫 沫雨

人莫鑑於流沫,而鑑於止水者,以其静也。

高注曰:"沫,雨。雨潦上沫起覆甌也。"舊本脱一"雨"字,今據《説山》篇注補。又,《説山》篇:"人莫鑑于沫雨,而鑑于澄水者,以其休止不蕩也。"注曰:"沫雨,雨潦上覆瓫也。沫雨或作流潦。"【念孫案】"流沫"本作"沫雨",故高注及《説山》篇俱作"沫雨"。又,《太平御覽·服用部十九》《方術部一》并引《淮南子》"人莫鑑於沫雨,而鑑於止水",今本作"流沫"者,後人以意改之耳。又案,"沫雨"者,"流雨"之訛也。水動則濁,静則清,故曰"人莫鑑於流雨,而鑑於止水者,以其静也"。"動"與"静"相對,"流"與"止"相對。"流"隸或作"⿰氵不",見《魯相史晨饗孔廟後碑》。形與"沫"形似,因訛爲"沫",高以爲"雨潦上覆甌",非也。據高云,"沫雨"或作"流潦",《文子·九守》篇亦作"流潦",《文選·江賦》注引作"流灤"。又引許慎注云:"楚人謂水暴溢爲灤。"則"沫"爲"⿰氵不"字之訛明矣。《莊子·德充符》篇"人莫鑑於流水而鑑於止水",崔譔本"流"作"沫",亦是"⿰氵不"字之訛。

以睹其易也 形物之性也

莫窺形於生鐵,而窺於明鏡者,以睹其易也。夫唯易且静,形物之性也。

【念孫案】"以睹其易也","以"下本無"睹"字。"以其静也""以其易也"相對爲文,則不當有"睹"字。《太平御覽·服用部十九》《方術部一》引此并無"睹"字。"夫唯易且静,形物之性也",語意未明,《御覽·方術部》引作"夫唯易且静,故能形物之性情也",高注:"形,見也。"較今本爲善。《文子》作"神清意平,乃能形物之情也"。

用也必假之於弗用也

由此觀之,用也必假之於弗用也。

【念孫案】"用也"二字文不成義。《太平御覽·方術部》引此作"用者,必假之於弗用者"是也。今本兩"者"字皆作"也",涉上文而誤耳。《文子》作"故用之者,必假於不用者",《莊子·知北游》篇曰"是用之者假不用者也",皆其證。

然而不免於儡身猶不能行也

孔墨之弟子皆以仁義之術教導於世,然而不免於儡,身猶不能行也,又況所教乎?

高以"儡身"二字連讀,云:"儡身,身不見用,儡儡然也。"【念孫案】高説非也。"儡"字上屬爲句。"不免於儡",謂躬行仁義而不免於疲也。"儡"之言"羸"也。《廣雅》曰:"傫傫,疲也。"《説文》曰:"儽,垂皃。"亦疲憊之意。《玉藻》"喪容纍纍",鄭注曰:"纍纍,羸憊貌也。"王褒《洞簫賦》曰:"桀跖鬻博,儡以頓顇。""儽""儡""傫""纍"并字異而義同。"身"字下屬爲句。《吕氏春秋·有度》篇曰:"孔墨之弟子、徒屬充滿天下,皆以仁義之術教導於天下,然而無所行教者，術猶不能行，又況乎所教。”句法正與此同。

真人之道

若夫神無所掩，心無所載，通洞條達，恬漠無事，無所凝滯，虛寂以待，此真人之道也。

【念孫案】“道”本作“游”，此後人以意改之也。《文子·九守》篇正作“游”。游者，行也，言真人之所行如此也。上文曰“心有所至，而神喟然在之，反之於虛，則銷鑠滅息，此聖人之游也”，高注曰：“游，行也。”《精神》篇“是故真人之所游”，高注亦曰：“游，行也。”《莊子·天運》篇“古之至人，假道於仁，托宿於義，以游逍遥之虚，食於苟簡之田，立於不貸之圃，古者謂是采真之游”，并與此“真人之游”同意。

澤潤玉石

不通此者，雖目數千羊之群，耳分八風之調，足蹀陽阿之舞，而手會緑水之趨，智終天地，明照日月，辯解連環，澤潤玉石，猶無益於治天下也。

高注曰：“澤，潤澤也。”【念孫案】“澤潤玉石”本作“辭潤玉石”。高注“澤，潤澤也”本作“潤，澤也”，此解“潤”字之義，非解“澤”字之義。“辭潤玉石”，謂其辭潤澤如玉石也。“目數千羊”二句，以耳目言之。“足蹀陽阿”二句，以手足言之。“智終天地”二句，以心言之。“辯解連環”二句，以口言之。若云“澤潤玉石”，則文不成義矣。今案，正文“澤”字涉注文“潤，澤也”而誤，《太平御覽·人事部一百五》引此已誤。後人不達，又於注内加一“澤”字，以從已誤之正文耳。《文子·九守》篇正作“辭潤玉石”。

知不能平

蠭蠆螫指而神不能憺，高注：“憺，定也。”蚉蝱噆膚而知不能平。

【念孫案】“知不能平”四字，義不相屬。“知”本作“性”，性，猶體也。《吕氏春秋·壅塞》篇：“牛之性不若羊，羊之性不若豚。”高注：“性，猶體也。”《少儀》曰：“受立、授立，不坐。性之直者，則有之矣。”《楚語》曰：“制城邑若體性焉，有首領股肱，至于手拇毛脈。”《月令》“安形性”，《後漢書·陳寵傳》作“安形體”。平，静也，《鬼谷子·摩篇》：“平者，静也。”謂體不能静也。《莊子·天運》篇“蚊虻噆膚則通昔不寐”是也。後人不知“性”之訓爲“體”，故妄改之耳，《太平御覽·蟲豸部二》引此正作“性不能平”。

一人養之十人拔之

今夫樹木者，一人養之，十人拔之，則必無餘栠。與“蘖”同。

【念孫案】“一”當爲“十”，“十”當爲“一”。此言養之者雖有十人，而一人拔之，則木必死也。下文曰：“今盆水在庭，清之終日，未能見眉睫，濁之不過一撓，而不能察方員。”意與此同。①《魏策》亦云：“十人樹楊，一人拔之，則無生楊矣。”今

---

① “與此”，底本作“此與”，據同治本改。

本“十”“一”二字互誤，則非其指矣。《太平御覽·資産部三》所引與今本同，亦後人依誤本改之，其《方術部一》引此正作“十人養之，一人拔之”。

草木不夭九鼎重味

當此之時，風雨不毁折，草木不夭，九鼎重味，珠玉潤澤。

《太平御覽·皇王部二》引此，“夭”下有“死”字。【念孫案】“風雨不毁折”“草木不夭死”相對爲文，則有“死”字者是也。《文子·道德》篇亦有“死”字。“九鼎重味”，“味”字於義無取，蓋即下文“珠”字之誤而衍者也。《御覽》引此作“九鼎重”，又引注云“王者之德休明，則鼎重”，此蓋許注。則無“味”字明矣。

《淮南内篇》第三

天文

太昭　道始於虚霩

天墬籀文"地"字。未形，馮馮翼翼，洞洞灟灟，故曰太昭，道始於虚霩。

【引之曰】書傳無言"天地未形，名曰太昭"者，馮、翼、洞、灟亦非昭明之貌。"太昭"當作"太始"，字之誤也。《易乾鑿度》曰："太始者，形之始也。"《太平御覽·天部一》引張衡《玄圖》曰："玄者，無形之類，自然之根，作於太始，莫之與先。"是太始無形，故天地未形，謂之太始也。"道始於虚霩"當作"太始生虚霩"，即承上文"太始"而言。王逸注《楚辭·天問》曰："太始之元，虚廓無形。""廓"與"霩"同。正所謂"太始生虚霩"也。後人以《老子》言道先天地生，故改"太始生虚霩"爲"道始於虚霩"，而不知與"故曰太始"句文不相承也。《御覽》引此作"道始生虚霩"，"太"字已誤作"道"，而"生"字尚不誤。

宇宙生氣氣有漢垠

宇宙生氣,氣有漢垠。

【念孫案】此當爲"宇宙生元氣,元氣有涯垠"。下文"清陽爲天,重濁爲地",所謂元氣有涯垠也。今本脱去兩"元"字,"涯"字又訛爲"漢"。《太平御覽·天部一》"元氣"下引此正作"宇宙生元氣,元氣有涯垠"。

積陽之熱氣生火　積陰之寒氣爲水　日月之淫爲

積陽之熱氣生火,火氣之精者爲日。積陰之寒氣爲水,水氣之精者爲月。日月之淫爲,精者爲星辰。

【引之曰】"積陽之熱氣生火""積陰之寒氣爲水",本作"積陽之熱氣久者生火""積陰之寒氣久者爲水"。言熱氣積久則生火,寒氣積久則爲水。今本無"久者"二字,後人删之也。《初學記·天部上》《太平御覽·天部四》并引此,云"積陰之寒氣久者爲水"。隋蕭吉《五行大義·辨體性》篇引此,云"積陽之熱氣反者爲火,積陰之寒氣反者爲水"。《藝文類聚·天部上》引此,云"積陰之寒氣大者爲水"。"反"與"大"皆"久"字之誤,則原有"久者"二字明矣。"日月之淫爲"本作"日月之淫氣",此因上下文"爲"字而誤,《廣韻》"星"字注引此,云"日月之淫氣,精者爲星辰"。"日月之淫氣"與"積陽之熱氣""積陰之寒氣"文正相對,"精者爲星辰"與"精者爲日""精者爲月"文亦相對。下文"天地之偏氣,怒者爲風。天地之合氣,和者爲雨",句法亦相同。

天之偏氣怒者爲風天地之含氣和者爲雨

天之偏氣，怒者爲風。天地之含氣，和者爲雨。

劉本删去下句"天"字，而莊本從之。【念孫案】《大戴禮·曾子天圓》篇："陰陽之氣，偏則風，和則雨。"《藝文類聚·天部下》引《曾子》曰："天地之氣，和則雨。"是風雨皆天地之氣，豈得以風屬之天，雨屬之地乎？下句當依《道藏》本作"天地"，上句當補"地"字。又案，"含氣"當爲"合氣"，"合""含"字相似，又涉上文"含氣"而誤也。"合氣"與"偏氣"正相對，作"含"則非其指矣。

月虚

月虚而魚腦減。

【念孫案】"虚"當爲"虧"，字之誤也。"虧"字脱去右半，因誤而爲"虚"。《埤雅》引此已誤。月可言盈虧，不可言虚實。《太平御覽·鱗介部十三》引此正作"月虧"，《藝文類聚·天部上》《御覽·天部四》引此并作"月毁"，蓋許慎本。毁，亦虧也。

鳥飛

故鳥飛而高，魚動而下。

【念孫案】"飛"本作"動"，此後人妄改之也。同一"動"也，而有高下之殊，故曰"鳥動而高，魚動而下"，猶《睽》彖傳言"火動而上，澤動而下"也。若鳥言飛，則魚當言游矣。《太平御覽·鱗介部七》引此正作"鳥動而高"。

五億萬里

天去地五億萬里。

【念孫案】《開元占經·天占》篇引此作“億五萬里”。《太平御覽·地部一》引《詩含神霧》亦云“天地相去億五萬里”。然則“億五”二字今本誤倒也。

二十八宿　凡二十八宿也

天有九野、五星、八風、二十八宿、五官、六府。

注曰:“二十八宿:東方角、亢、氐、房、心、尾、箕,北方斗、牛、女、虚、危、室、壁,西方奎、婁、胃、昴、畢、觜、参,南方井、鬼、柳、星、張、翼、軫也。”【引之曰】“二十八宿”四字及注“二十八宿”云云,皆後人所加也。下文於九野、五星、八風、五官、六府皆一一釋之,而不及二十八宿,但於所説九野中附以其星角、亢、氐云云。使有“二十八宿”四字,下文不應不爲解釋,且不應以二十八宿併入九野條内,使綱目不相當也,然則此處原文無“二十八宿”四字明矣。注於牽牛、須女、營室、東壁、觜觿、東井、輿鬼七星皆省一字稱之,文義苟簡,決非漢人所爲。《天文》《時則》二篇於“牽牛”“須女”等名皆不從省,《月令》《爾雅》及《吕氏春秋》十二紀、《有始覽》《史記·天官書》《漢書·天文》《地理》二志,無不皆然,唯此篇所列圖於“營室”“東壁”“觜巂”各省一字,而“牽牛”“須女”“東井”“輿鬼”七星皆不省。《漢書·律曆志》説十二次,於東井省“東”字,而“牽牛”“婺女”“營室”皆不省。説四方、星度,於“牽牛”“婺女”“東壁”“觜觿”“東井”“輿鬼”七星各省一字,而“營室”獨不省,此則後人改之而未盡者也。七星但稱星,則無以别於他星,牽牛謂之牛，營室謂之室，觜觿謂之觜，皆文不成義。又案，下文"星分度，角十二、亢九、氐十五、房五、心五、尾十八、箕十一四分一、斗二十六、牽牛八、須女十二、虚十、危十七、營室十六、東壁九、奎十六、婁十二、胃十四、昴十一、畢十六、觜巂二、參九、東井三十三、輿鬼四、柳十五、七星七、《道藏》本脱下"七"字，各本及莊本脱上"七"字，今補正。張、翼各十八、軫十七，凡二十八宿也"，凡"二十八宿"句，亦後人所加。此説星之分度，非説星之全數也，無緣得有此句。

四守 天阿 太一之庭

紫宫、太微、軒轅、咸池、四守、天阿。"阿"當作"河"，説見下。

高注曰："皆星名，下自解。"又，"太微者，太一之庭也。"太一"當作"五帝"，説見下。紫宫者，太一之居也。軒轅者，帝妃之舍也。咸池者，水魚之囿也。天阿者，群神之闕也。四守者，各本"守"作"宫"，涉上文"紫宫"而誤。今據上文"四守"及《北堂書鈔·天部二》《初學記·天部上》《太平御覽·天部六》所引改正。所以司賞罰"。各本"以"下衍"爲"字，今據舊本《北堂書鈔》《初學記》《太平御覽》所引删。注曰："四守：紫宫、軒轅、咸池、天阿。"【引之曰】據前注則"四守"亦星名，據後注則"四守"乃總括四星之稱，非星名也。前後注意迴殊，今細繹原文，前注是也。紫宫、太微、軒轅、咸池、四守、天阿，列其名也。太一之庭、太一之居、帝妃之舍、水魚之囿、群神之闕及所以司賞罰，則明其職也，故前注曰"皆星名，下自解"。後注以"四守"爲紫宫、軒轅、咸池、天阿，其不可通有三：太微、紫宫并舉，何以數紫宫而不數太微？其不可通一也。四守若爲紫宫、軒轅、咸池、天阿之總稱，則上文"四守"二字當列於"紫宫"前，爲統下之詞，或列於"天阿"後，爲統上之詞，其義乃通，何以雜厠諸星之間，而云"紫宫、太微、軒轅、咸池、四守、天阿"邪？其不可通二也。"軒轅，帝妃之舍"，"咸池，水魚之囿"，皆與賞罰之事無涉，其不可通三也。《初學記》《太平御覽》并引許慎注，曰"四守：紫宫、軒轅、咸池、天阿也"，然則此乃許注，後人移入高本，而前後遂相矛盾矣。

"天阿"本作"天河"，後人以"天河"非星名，故改爲"天阿"也。案，《開元占經·甘氏中官占》引甘氏曰："天阿一星在昴西，以察山林之妖變也。"與門闕之義無涉，且天阿非黄道所經，不得言群神之闕也。《北堂書鈔》《太平御覽》引此并作"天河"，又引高注曰："天河，星名。闕，猶門也。"各本脱"天河星名"四字。又，《初學記》《太平御覽》引許注以天河爲四守之一，是許本亦作"天河"。天河，蓋即北河、南河也，夾河之南北，故總謂之天河。《天官書》曰："鉞北，北河。南，南河。兩河、天闕間爲關梁。"《開元占經·石氏中官占》引郗萌曰："兩河戍與戉即"鉞"字。俱爲帝闕。"又，《占》曰："兩戍間爲天門，日月五星常出其門中。"故曰"天河者，群神之闕也"，高注訓"闕"爲"門"，正合郗萌之説。群神即日月、五星之神也。《韓子·飾邪》篇曰"豐隆、五行、太一、王相、攝提、六神、五括、天河、殷槍、歲星"，所謂"天河"蓋即指此。《天官書》曰："中官天極星，其一明者，太一常居也。環之匡衛十二星，藩臣。皆曰紫宫。"《開元占經·石氏中官占》引《春秋合誠圖》曰："紫微者，太一之常坐。"太一在紫宫之中，非太微中所有，不得言太微、太一之庭，諸書亦無言"太一之庭"者，此"太一"

二字蓋因下文“太一之居”而誤。《太平御覽》引此已誤。“太一之庭”當作“五帝之庭”。《天官書》曰：“太微匡衛十二星，藩臣。其内五星，五帝坐。”《太平御覽》引《天官星占》曰：“紫宫，太一坐也。太微之宫，天子之庭，五帝之坐也。”即此所云“太微，五帝之庭。紫宫，太一之居也”。《續漢書·天文志》注引張衡《靈憲》曰“紫宫爲皇極之居，太微爲五帝之廷”，“廷”“庭”古字通。又其一證矣。注内“太一，天神也”，亦當爲“五帝，天神也”，蓋正文既誤爲“太一”，後人又改注以從之耳。

歲鎮行一宿

鎮星以甲寅元始建斗，歲鎮行一宿。

【念孫案】“行”字因上下文而衍，即云“歲鎮一宿”，則無庸更言“行”。《開元占經·填星占》引此無“行”字，《史記·天官書》亦無。

太白元始以正月甲寅與熒惑晨出東方

太白元始以正月甲寅與熒惑晨出東方。

【引之曰】此本作“太白元始以甲寅正月，與營室晨出東方”，“甲寅正月”者，甲寅年之正月也。下文“太陰元始建於甲寅”，《開元占經·填星占》篇引舊注曰：“甲寅元始，曆起之年也。”《大衍曆議》引《洪範傳》曰：“曆記始於顓頊上元太始閼蒙、攝提格之歲，畢陬之月，朔月己巳立春，七曜俱在營室五度。”閼蒙與閼逢同。太歲在甲曰閼逢，在寅曰攝提格。閼逢、攝提格之歲者，甲寅之歲也。正月爲陬，畢陬之月者，正月也。七曜者，日、月及太白、歲星、辰星、熒惑、鎮星也。上元、太始、閼逢、攝提格之歲，畢陬之月，太白在營室，故曰"太白元始以甲寅正月與營室晨出東方"也。《天官書》説"太白"，曰"其紀上元，以攝提格之歲與營室晨出東方"，《開元占經·太白占》篇引甘氏亦曰"太白以攝提格之歲正月與營室晨出於東方"，皆其明證。後人不審其義，遂改"甲寅正月"爲"正月甲寅"，又改"營室"爲"熒惑"，不知"甲寅"者，甲寅年也，若云"正月甲寅"，則是甲寅日矣。《顓頊》曆元所起之日爲己巳，非甲寅也，其謬一也。甲寅正月，先年而後月，若云"正月甲寅"，則不知在何年矣，其謬二也。莊本改"甲寅"爲"建寅"，尤非。"太白與營室晨出東方"，猶下文"歲星與營室東壁晨出東方"，皆以所在之宿言之，若云與熒惑晨出東方，則不知在何宿矣，其謬三也。《漢書·天文志》晉灼注"太白常以正月甲寅，與熒惑晨出東方"，亦後人依誤本《淮南》改之。

當出而不出

當入而不入，當出而不出，天下興兵。

【念孫案】"當出而不出"已見上文，此當作"未當出而出"。太白主兵，故"當出而不出，未當入而入，則天下偃兵"。見上文。當入而不入，未當出而出，則天下興兵也。《史記·天官書》《漢書·天文志》及《開元占經·太白占》引《石氏星經》并云"未當出而出，當入而不入，天下起兵"，是其證。

祀四郊　決刑罰

景風至，則爵有位，案，有位則有爵，此言"爵有位"，於義不可通。《太平御覽·時序部八》引作“施爵位”,《文選·任昉〈王文憲集序〉》注引作“施爵禄”。賞有功。涼風至,則報地德,祀四郊。閶闔風至,則收縣垂,琴瑟不張。不周風至,則修宫室,繕邊城。廣莫風至,則閉關梁,決刑罰。

【念孫案】“祀四郊”本作“祀四鄉”。四鄉,四方也。《越語》:“皇天后土四鄉地主正之。”韋注曰:“鄉,方也。”故高注云“祀四方神”,即《月令》所謂“命主祠祭禽于四方”也。《易通卦驗》曰:“涼風至,報土功,祀四鄉。”《白虎通義》曰:“涼風至,報地德,祀四鄉。”皆其明證也。若作“四郊”,則失其義矣。且“鄉”與“功”“張”爲韻,“功”字合韻,讀若“光”。《月令》“神農將持功”,與“昌”“殃”爲韻。《老子》“不自伐,故有功”,與“明”“彰”“長”爲韻。“自伐者無功”,與“行”“明”“彰”“長”“行”爲韻。《韓子·主道》篇“去賢而有功”,與“明”“强”“常”“常”爲韻。《楚辭·惜誓》“惜傷身之無功”,與“狂”“長”爲韻。若作“郊”,則失其韻矣。“決刑罰”本作“決罰刑”,故高注云:“罰刑疑者,於是順時而決之。”下文曰“斷罰刑”,《時則》篇曰“休罰刑”,又曰“斷罰刑”,皆其證也。《太平御覽·時序部十二》引此亦作“斷罰刑”。“刑”與“城”爲韻,若作“刑罰”,則失其韻矣。

大終日月星辰復始甲寅之元

天一元始,正月建寅,日月俱入營室五度。天一以始建七十六歲,日月復以正月入營室五度,無餘分,名曰一紀,凡二十紀,千五百二十歲各本“千”上有“一”字,《開元占經》所引無,今從之。大終,日月星辰復始甲寅之元。

【引之曰】“大終”下當有“三終”二字。下文曰“一終而建甲戌，二終而建甲午，三終而復得甲寅之元”，蓋一終而建甲戌，積千五百二十歲，二終而建甲午，積三千四十歲，三終而復得甲寅之元，積四千五百六十歲，劉績謂每終二十年，三終共六十年。大誤。故曰“千五百二十歲大終。句。三終，日月星辰復始甲寅之元”也。千五百二十歲一終，但至甲戌不得復始甲寅之元，故知脱“三終”二字也。日月五星起於營室，乃《顓頊》曆元。見《太歲考》。《開元占經·古今曆積》篇曰“黄帝曆元法四千五百六十”，《顓頊曆》同，則《顓頊曆》以四千五百六十歲爲一元，若非三終，不得有此數矣。《漢書·律曆志》曰“三終而與元終”，《續漢志》曰“三終歲復，復青龍爲元”，是其例也。《開元占經·日占》篇引此已脱“三終”二字。

日行一度而歲有奇

日行一度而歲有奇，四分度之一。

【引之曰】“日行一度”本作“日行危一度”，後人删去“危”字耳。“日行危一度而歲有奇，四分度之一”者，言每歲日行至危之一度，而有四分一之奇零也。蓋四分度之一，微茫難辨，其所在本無定處，推步者，視周天之度，起於何宿，則附餘數於度所止之宿，如殷曆以冬至日躔起度，則度起牽牛而以四分度之一附於斗，《開元占經·北方七宿占》篇引石氏曰“斗二十六度四分度之一”是也。斗牽牛爲星紀，度起星紀，則以四分度之一附於析木，下文曰“星分度箕十一四分一”是也。尾箕，析木也。《顓頊曆》以立春日躔起度，則度起營室，而以四分度之一附於危，即此所云“日行危一度，而歲有奇四分度之一”是也。《廣雅》説七耀行道曰：“日月五星行黄道，始營室東壁。"又曰:"行須女虚危,復至營室。"是度起營室而止於危。《月令》所謂"日窮于次"也,故以四分度之一附於危焉。危不止一度,而獨附於一度者,星度多少,古今不同,唯第一度不異,故附於此耳。《開元占經·日占》篇引此正作"日行危一度",又引注曰"危,北方宿也",則有"危"字明矣。若如今本作"日行一度",則所謂"四分度之一"者,不知附於何宿矣,甚矣其不可通也。

鑿地

陰氣極則下至黄泉,北至北極,故不可以鑿地穿井。

【念孫案】《太平御覽·地部三十二》"池"下引此作"鑿池穿井",於義爲長。

十二月

十二月德居室三十日。

【念孫案】"十二月"當爲"十一月"。上文云"冬至德在室"是也。

升日行一度　熱升　升勺

兩維之間九十一度也,《道藏》本此下有高注"自東北至東南爲兩維"云云,凡二十九字。十六分度之五,而升日行一度,十五日爲一節,以生二十四時之變。

【念孫案】"九十一度十六分度之五"作一句讀,其高注

“自東北至東南”云云，本在“十六分度之五”下，《道藏》本誤入“九十一度”下。“度”下又衍“也”字，遂致隔斷上下文義，劉績本删去“也”字是也。乃又移高注於下文“而升”二字之下，而莊本從之，則其謬益甚矣。“升”當爲“斗”，字之誤也。隸書“斗”字作“㪷”，形與“升”相似，傳寫往往訛混。而“斗日行一度”作一句讀，言斗柄左旋，日行一度，而以十五日爲一節也。上文云“紫宫執斗而左旋，日行一度以周於天”，下文云“斗指子則冬至，加十五日指癸則小寒”，皆其明證也。又，《齊俗》篇：“糟丘生乎象樠，炮格生乎熱升。”炮格，謂爲銅格，布火其下，置人於上也。格，音如字，俗作烙，音洛，非。此段氏若膺説，見《鍾山札記》。“升”亦當爲“斗”。《北堂書鈔·服飾部四》《太平御覽·服用部十四》并引《淮南》“炮格始於熱斗”，又引許慎注曰“熱斗，熨斗也。紂見熨斗爛人手，遂作炮格之刑”是也。又，《兵略》篇：“章華之臺燒，以升勺沃而救之。”“升”亦當爲“斗”。鄭注《少牢饋食禮》曰：“枓𣂇，水器也。”“枓”與“斗”同。

冬至以後十二律　日冬至音比林鍾　雨水驚蟄　清明穀雨

冬至，音比黄鍾。小寒，音比應鍾。大寒，音比無射。立春，音比南吕。雨水，音比夷則。驚蟄，音比林鍾。春分，音比蕤賓。清明，音比仲吕。穀雨，音比姑洗。立夏，音比夾鍾。小滿，音比太蔟。芒種，音比大吕。夏至，音比黄鍾。小暑，音比大吕。太暑，音比太蔟。立秋，音比夾鍾。處暑，音比姑洗。白露，音比仲吕。秋分，音比蕤賓。寒露，音比林鍾。霜降，音比夷則。立冬，音比南吕。小雪，音比無射。大雪，音比應鍾。又下文曰：“日冬至，音比林鍾，浸以濁。日夏至,音比黄鍾,浸以清。以十二律應二十四時之變。”

【引之曰】“冬至,音比黄鍾”當爲“音比應鍾”,下當云“小寒,音比無射。大寒,音比南吕。立春,音比夷則。雨水,音比林鍾。驚蟄,音比蕤賓。春分,音比仲吕。清明,音比姑洗。穀雨,音比夾鍾。立夏,音比太蔟。小滿,音比大吕。芒種,音比黄鍾”。其“日冬至,音比林鍾”亦當爲“音比應鍾”,蓋音以數少者爲清,數多者爲濁。冬至以後逆推十二律,由清而濁。夏至以後順推十二律,由濁而清。冬至應鍾,其數四十二,爲最清。小寒無射,其數四十五,則濁於應鍾矣。大寒南吕,其數四十八,則又濁於無射矣。立春夷則,其數五十一,則又濁於南吕矣。雨水林鍾,其數五十四,則又濁於夷則矣。驚蟄蕤賓,其數五十七,則又濁於林鍾矣。春分仲吕,其數六十,則又濁於蕤賓矣。清明姑洗,其數六十四,則又濁於仲吕矣。穀雨夾鍾,其數六十八,則又濁於姑洗矣。立夏太蔟,其數七十二,則又濁於夾鍾矣。小滿大吕,其數七十六,則又濁於太蔟矣。芒種黄鍾,其數八十一,則最濁矣。故曰“日冬至,音比應鍾,浸以濁”也。夏至以後,與此相反,故曰“日夏至,音比黄鍾,浸以清”也。夏至音比黄鍾,爲音之最濁者,則冬至之音當爲最清者,最清者非應鍾而何?後人但知《月令》“仲冬,律中黄鍾”之文,遂改“冬至,音比應鍾”爲“音比黄鍾”,而移“應鍾”於“小寒”,且并“無射”以下遞移其次,高注亦遞移。而不知《月令》所言者“十二月之律”,此所言者“二十四時之律”,本不相同也。至改“日冬至音比應鍾”爲“音比林鍾”,則謬益甚矣。《宋書·律志》引此已誤。又案,驚蟄本在雨水前,穀雨本在清明前,今本驚蟄在雨水後,穀雨在清明後者,後人以今之節氣改之也。《漢書·律曆志》曰:“諏訾，中，驚蟄，今曰雨水。降婁，初，雨水，今曰驚蟄。大梁，初，穀雨，今曰清明。中，清明，今曰穀雨。”是漢初驚蟄在雨水前，穀雨在清明前也。桓五年《左傳正義》引《釋例》曰：“漢太初以後更改氣名，[①]以雨水爲正月中，驚蟄爲二月節。”《月令》正義引劉歆《三統曆》：“雨水正月中，驚蟄二月節。”又引《易通卦驗》：“清明三月節，穀雨三月中。”《藝文類聚・歲時部上》引《孝經緯》曰：“斗指寅爲雨水，指甲爲驚蟄，指乙爲清明，指辰爲穀雨。”三書皆出太初以後，故氣名更改。《三統曆》與緯書皆出西漢末。不應淮南王書先已如是，其爲後人所改明矣。《逸周書・周月》篇“春三月中氣，驚蟄、春分、清明”，今本作“雨水、春分、穀雨”。《時訓》篇“驚蟄、雨水、穀雨、清明”，今本“雨水”在“驚蟄”前，“清明”在“穀雨”前，皆後人所改。辯見盧氏紹弓校定本。《日知録》謂《淮南子》已先雨水，後驚蟄，失之。

陽氣凍解

距日冬至四十六日而立春，陽氣凍解。

【引之曰】“陽氣凍解”，文不成義，當作“陽凍解”。陽凍，地上之凍也。陰凍，地中之凍也。立春之日，地上之凍先解，故曰“陽凍解”。《管子・臣乘馬》篇曰“日至六十日而陽凍釋，七十日而陰凍釋”是也。今本“陽”下有“氣”字，因注内“陽氣”而衍。

---

① “太初”，底本作“本初”，據續修本、同治本改。

雷戒

秋分雷戒,蟄蟲北鄉。

【念孫案】"戒"當爲"臧",字之誤也。"臧"古"藏"字。"秋分雷藏"與上文"春分雷行"相應,《時則》篇云"八月雷不藏",是其證也。且"臧"與"鄉"爲韻,若作"戒",則失其韻矣。"藏"字古皆作"臧",故《説文》無"藏"字,今書傳中作"藏"者多,作"臧"者少,大抵皆後人所改也。此"臧"字若不誤爲"戒",則後人亦必改爲"藏"矣。

太歲

咸池爲太歲。

錢氏曉徵《答問》曰:"問:《淮南》以咸池爲太歲,與它書所言太歲異,何故?曰:《淮南》書云'斗杓爲小歲,咸池爲大歲。大時者,咸池也。小時者,月建也'。皆以大小相對,初未嘗指咸池爲太歲,其作'太歲'者,乃後人轉寫之訛。吴斗南《兩漢刊誤》謂《淮南》不名天一爲太歲,又自以咸池名之,則南宋本已誤矣。"【念孫案】錢説是也。

起右徙一歲而移十二歲而大周天

天維建元,常以寅始,句。起此字上有脱文。右徙一歲而移,十二歲而大周天,終而復始。

【引之曰】"起"字上當有脱文,蓋言甲寅之年,歲星在娵訾之次,營室,東壁也。詳見下條。是歲星所起也。"起"與二

"始"字、二"子"字韻也。二"子"字見下文。必言歲星所起者，太歲與歲星相應而行，故言太歲建元必以歲星也。《漢書·律曆志》曰："木金相乘爲十二，是爲歲星小周。小周乘巛策，爲一千七百二十八，是爲歲星歲數。"鄭注《周官·保章氏》曰："歲星爲陽，右行於天。太歲爲陰，左行於地。十二歲而小周。"馮相氏疏曰："太歲在地，與天上歲星相應而行。歲星爲陽，右行於天，一歲移一辰，又分前辰爲一百四十四分而侵一分，則一百四十四年跳一辰，十二辰帀，則總有千七百二十八年，十二跳辰帀。以此而計之，十二歲一小周，謂一年移一辰故也。千七百二十八年一大周，十二跳帀故也。歲左行於地，一與歲星跳辰年數同。"以上賈疏。然則右徙周天，皆謂歲星若建寅之太歲，左行於地，不得謂之右徙周天矣，"起"字之上有脱文無疑。"周天"上本無"大"字，後人加之也。歲星十二歲而小周天，不得謂之大周。淮南王時，未有歲星超辰之説，亦無大周、小周之分。上文曰"歲星歲行三十度十六分度之七，句。十二歲而周"，無"大"字。

太一在丙子

淮南元年冬，漢初以十月爲歲首，故言"元年冬"。太一在丙子。

高注曰："淮南王安即位之元年。"【引之曰】太一乃北極之神，與紀歲無涉。"太一"當作"天一"，此因"天"字脱去上畫，後人又加點於下耳。《廣雅》曰："天一，太歲也。"漢元封七年，太歲在丙子，上推至文帝十六年，下距元封七年，凡六十年。爲淮南王安始封之年，太歲亦當在丙子，故曰"天一在丙子”也。古者,天一、太歲、太陰,名異而實同,詳見《太歲考》。

冬至甲午立春丙子

《潛研堂文集》曰:“《淮南·天文訓》‘冬至甲午,立春丙子’必有訛,蓋冬至與立春相去四十五日有奇,古今不易,自甲午訖丙子僅四十三日,此理之所必無者,以術推之,是年冬至蓋己酉日,立春則甲午日耳。”【引之曰】錢説非也。下文:“日冬至子午,夏至卯酉,冬至加三日,則夏至之日也。歲遷六日,終而復始。”高注曰:“遷六日,今年以子冬至,後年以午冬至也。”則冬至之日,非“子”即“午”明矣。下文“壬午冬至,甲子受制”,謂立春也。與此“冬至甲午,立春丙子”其法正同,不得以“甲午”爲“己酉”之訛也。“立春丙子”與上文“始”“起”“始”“子”爲韻,若作“立春甲午”,則失其韻矣。冬至甲午至立春丙子四十三日,與後人曆法不同者,古法多疏故也。下文“壬午冬至”至“甲子受制”亦四十三日,以是明之。

二陰一陽

二陰一陽,成氣二。二陽一陰,成氣三。

【引之曰】“二陰”當作“一陰”,一陰一陽所以成氣二也。高注曰:“陰粗牄,故得氣少。陽精微,故得氣多。”正以一陰與一陰爲二,一陽與二陽爲三,陰數少而陽數多也。《續漢書·天文志》引《律術》曰“陽性動,陰性静。動者數三,静者數二”是也。二陰而分言之,則各爲一陰矣。

七十二日而歲終庚子受制　七十歲而復至甲子

七十二日而歲終，庚子受制。歲遷六日，以數推之，七十歲而復至甲子。

【引之曰】上文言“壬午冬至，甲子受制”，由“甲子受制，以歲遷六日”推之：一日乙丑，二日丙寅，三日丁卯，四日戊辰，五日己巳，六日庚午，則當作“庚午受制”。今本作“庚子”，涉上文“庚子”而誤也。由“甲子受制，每歲以遷六日”推之，至十歲而六十甲子，終而復始，則當作“十歲而復至甲子”，今本“十”上有“七”字，涉上文“七十二日”而衍也。

養老鰥寡

戊子受制，則養老鰥寡，行粰鬻，施恩澤。

【念孫案】“養老鰥寡”當作“養長老，存鰥寡”。今本脱“長”“存”二字，則句法與上下文不協。《時則》篇曰：“季夏存視長老，行稃鬻。仲秋養長老，行稃鬻，飲食。”《春秋繁露·治水五行》篇曰：“土用事，則養長老，存幼孤，矜寡獨，施恩澤。”《開元占經·填星占》篇引巫咸曰：“填星受制，則養老，蓋脱“長”字。存鰥寡，行饘粥，施恩澤。”皆其證。

大剛魚不爲

壬子干庚子，大剛魚不爲。

【引之曰】“大剛”二字義不可通，“大”字蓋因上文“大旱”而衍。“剛”當爲“則”，字之誤也。“則魚不爲”四字連讀，高注

“不成爲魚”。《春秋繁露·治亂五行》篇曰“水干金,則魚不爲”,是其證。

收其藏

以至於仲春二月之夕,夕,謂月之下旬也。《書大傳》“月之朝,月之中,月之夕”,鄭注曰:“上旬爲朝,中旬爲中,下旬爲夕。”字亦作昔,《吕氏春秋·任地》篇曰:“孟夏之昔,殺三葉而穫大麥。”乃收其藏而閉其寒。

高注曰:“收斂其所藏而閉之。”【念孫案】《太平御覽·時序部四》引此,本作“乃布收其藏而閉其寒”,引高注本作“收斂其所藏而出布之,閉其陰寒,令不得發泄”。後人既不解“布收”二字之義,而削去“布”字,又删改高注以滅其迹,甚矣其妄也。又案,“布收其藏”者,“布”讀爲“敷”,“敷”與“布”古字通。《臯陶謨》“敷同日奏罔功”,《禹貢》“篠簜既敷”,《史記·夏本紀》“敷”并作“布”。《顧命》“敷重蔑席”,《説文》引作“布”。《商頌·長發》篇“敷政優優”,成二年《左傳》引作“布”。《聘禮》“管人布幕于寢門外”,今文“布”作“敷”。《周頌·賚》篇箋云:“敷,猶遍也。”《堯典》“敷奏以言”,《史記·五帝紀》作“遍告以言”。言遍收其藏而閉其寒也。上文云“至秋三月地氣下藏,百蟲蟄伏”,故此言仲春之夕,乃布收其藏而閉其寒。“布”字在“收其藏”之上,本謂“遍收其藏”,非謂“收其所藏而出布之”也。高氏誤解“布”字,後人求其説而不得,遂以“布”爲衍文而削之矣。

禽鳥

女夷鼓歌,以司天和,以長百穀禽鳥草木。

【念孫案】"禽鳥"當爲"禽獸",《藝文類聚·歲時部上》引作"以養百穀禽獸草木",《太平御覽·時序部四》《百穀部一》并引作"以長百穀禽獸草木",是其證。

小還　大還

日至於昆吾,是謂正中。至於鳥次,是謂小還。至於悲谷,是謂餔時。至於女紀,是謂大還。

【念孫案】"小還""大還"當爲"小遷""大遷",字之誤也。"遷"之爲言"西"也,日至昆吾,謂之正中,至鳥次,則小西矣,故謂之"小遷"。至女紀,則大西矣,故謂之"大遷"。《漢書·律曆志》曰:"少陰者,西方。西,遷也,陰氣遷落物。"《白虎通義》曰:"西方者,遷方也。萬物遷落也。"是"遷"與"西"同義,若作"小還""大還",則義不可通矣。舊本《北堂書鈔·天部一》及《藝文類聚》《初學記·天部上》《太平御覽·天部三》引此并作"小遷""大遷"。陳禹謨依俗本改爲"大還""小還"。

淵虞

至於淵虞,是謂高舂。

【念孫案】"淵虞"當作"淵隅",注同。"隅""虞"聲相亂,又涉下文"虞淵"而誤也。桓五年《公羊傳疏》、舊本《北堂書鈔》及《藝文類聚》《初學記》《太平御覽》引此并作"淵隅",陳禹謨改爲"虞淵",大謬。《楚辭·天問》補注引此亦作"淵隅",則南宋本尚不誤。

至於

至於蒙谷是謂定昏。

【念孫案】"至"本作"淪",此涉上文諸"至"字而誤也。淪,入也,見《原道》《精神》《本經》三篇注及《漢書·叙傳》應劭注。没也。見《覽冥》篇注、《楚辭·九嘆》注及《説文》《廣雅》。"淪於蒙谷"與上"出於扶桑"相對,舊本《北堂書鈔》及《藝文類聚》《初學記》《太平御覽》引此并作"淪",陳禹謨依俗本改"淪"爲"至"。《楚辭補注》同。

禹以爲朝晝昏夜

日行九州七舍,有五億萬七千三百九里,禹以爲朝晝昏夜。

【念孫案】"禹"字義不可通,"禹"當爲"離",俗書"離"字作"䧳"。漢《北海相景君碑陰》"當離墓側",《魯相韓敕造孔廟禮器碑》"離敗聖輿",字并作"䧳",其左畔與"禹"相似,因誤爲"禹",《顔氏家訓·書證篇》論俗書曰"離則配禹",正謂此也。脱去右畔而爲"禹"耳。離者,分也,言分爲朝晝昏夜也。《精神》篇"别爲陰陽,離爲八極",文義與此同。

十二月指丑

帝張四維,運之以斗,月徙一辰,復反其所。正月指寅,十二月指丑,一歲而帀,終而復始。

【引之曰】"十二月指丑"本作"十一月指子",後人改之也。指寅、指子，皆曆元所起，故以二者言之。《晉書·律曆志》引《董巴議》曰："《顓頊曆》以今之孟春正月爲元，其時正月朔旦立春，五星會于天歷營室也。湯作殷曆，更以十一月朔旦冬至爲元首，下至周魯及漢，皆從其節。"是《顓頊曆》起寅月，殷曆起子月也，故下文"指寅，寅則萬物螾螾然也"。先言指寅，《顓頊曆》之遺法也。上文"斗指子則冬至"，先言指子，殷曆之遺法也。指寅、指子，皆言其始。"一歲而帀"，乃言其終，蓋起於寅者，至丑而帀，起於子者，至亥而帀也。後人不知古曆有二法，而改爲"十二月指丑"，非也。指丑則一歲已帀，不須更言一歲而帀矣。且"子"與"始"爲韻，若作"丑"則失其韻矣。《太平御覽·時序部一》引此正作"十一月指子"。

則萬物螾

指寅，則萬物螾。

【念孫案】此當作："指寅，句。寅，句。則萬物螾螾然也。句。""寅則萬物螾螾然"者，猶云"寅者，言萬物螾螾然"，故高注曰"動生貌"。《史記·律書》亦曰："寅者，言萬物始生螾然也。"今本"寅"下脱一"寅"字，"螾"下又脱"螾然也"三字，則文不成義，且句法與下文不協矣。《太平御覽·時序部一》引此正作"寅，則萬物螾螾然也"。

未昧也

未，昧也。

【念孫案】“未”下脱“者”字，自“午者，忤也”至“丑者，紐也”，皆有“者”字。“昧”本作“味”，後人以《漢書·律曆志》云“昧薆於未”，故改“味”爲“昧”，不知《淮南》自訓“未”爲“味”，與《漢書》不同也。《五行大義·論支幹名》篇及《太平御覽》引《淮南》并云“未者，味也”，《白虎通義》及《廣雅》并云“未，味也”，《説文》“未，味也。六月滋味也”，“六月”下有脱文。《史記·律書》“未者，味也。言萬物皆成有滋味也”，義并與《淮南》同。

其加卯酉三句

其加卯酉，則陰陽分，日夜平矣。

【引之曰】此三句不與上文相承，尋繹文義，當在“前日短而夜修”之下。云“其加卯酉”者，王弼注《老子》曰：“加，當也。”承“夏日至”“冬日至”言之，彼言冬夏至，此言春秋分也。言“陰陽分，日夜平”者，承“陽勝陰勝，日夜修短”言之，言至春秋分，則陰陽無偏勝，日夜無修短也。寫者錯亂在此，今更定其文如左：

夏日至則陰乘陽，是以萬物就而死。冬日至則陽乘陰，是以萬物仰而生。晝者陽之分，夜者，陰之分。是以陽氣勝則日修而夜短，陰氣勝則日短而夜修。其加卯酉，則陰陽分，日夜平矣。

引而止也　呻之也

林鍾者，引而止也。指申，申者，呻之也。

【念孫案】“之”字當在上文“引而止”下，今本誤在“呻”字下，則文不成義。自“午者，忤也”至“丑者，紐也”，“也”上皆無“之”字。《五行大義·論律吕》篇、《論支幹名》篇及《太平御覽》引此并云“林鍾者，引而止之也。申者，呻也”，是其證。

曰規

道曰規始於一。

【念孫案】“曰規”二字與上下文義不相屬，此因上文“故曰規生矩殺”而誤衍也。《宋書·律志》作“道始於一”，無“曰規”二字。

兵重三罕

故祭祀三飯以爲禮，喪紀三踊以爲節，兵重三罕以爲制。

【念孫案】“重”“罕”二字，義不可通。“重”當爲“革”，“祭祀”“喪紀”“兵革”皆相對爲文，“革”字古文作“革”，隸省作“革”，與“重”相似而誤。“罕”當爲“軍”，言兵革之事，以三軍爲制也。“軍”字草書作“军”，與“罕”相似而誤。

徵生宫宫生商

徵生宫，宫生商。

劉績曰：“當作‘宫生徵，徵生商’。”【念孫案】劉説是也。上文曰“黄鍾爲宫，太蔟爲商，林鍾爲徵”，又曰“黄鍾下生林鍾，林鍾上生太蔟”，所謂宫生徵，徵生商也。《宋書·律志》《晉書·律曆志》并作“宫生徵，徵生商”，《地形》篇亦曰：“變宫生徵，變徵生商。”高注：“變，猶化也。”

角生姑洗

角生姑洗。

【引之曰】音律相生，皆非同位者，上文曰“姑洗爲角”，則“角”與“姑洗”爲一，不得云“角生姑洗”也。“生”當爲“主”，上文“黄鍾主十一月”云云與此“主”字同義。“角主姑洗”，猶言“姑洗爲角”耳。“主”與“生”相似，又因上下文“生”字而誤，《宋書·律志》亦誤作“生”。秦氏《五禮通考》改作“角爲姑洗”，①非是。五音爲六律之綱，可言姑洗爲角，不可言角爲姑洗也。

比於正音

姑洗生應鍾，比於正音，故爲和。高注：“與正音比故爲和。”應鍾生蕤賓，不比於正音，故爲繆。各本脱“於”字，今據《宋書》補。

劉績曰：“以序論之，黄鍾爲宫，以次而商、角、徵、羽。姑洗生應鍾變宫，在南吕羽之後，故曰‘比於正音爲和’。應鍾生蕤賓變徵，間入正音角羽之間，故曰‘不比正音爲繆’。”【引之曰】劉説非也。七音之序，周回相次，變宫在羽之後，宫之前。變徵在角之後，徵之前，唐武后《樂書要録·説七聲次第》曰：“假令十一月黄鍾爲宫，隔一月以正月太簇爲商，又隔一月以三月姑洗爲角，又隔一月以五月蕤賓爲變徵，即以其次之月六月林鍾爲徵，又隔一月

① “禮”，底本作“體”，據同治本改。

以八月南吕爲羽,又隔一月以十月應鍾爲變宫,周迴還與十一月相比也。”其道相同,豈有順逆之分乎?“比”讀如“《易·比》卦”之“比”,比,入也,合也。閔元年《左傳》曰“屯固比入”,又曰“合而能固”是也。《説林》篇“黄鍾比宫,太蔟比商”,與此“比”字同義。“比於正音,故爲和”本作“不比於正音,故爲和”,注内“與正音比”本作“不與正音比”。“不比於正音”者,不入於正音也。言應鍾是宫之變音,故不入於正音。不入於正音,則命名當有以别之,故謂之曰“和”。和者,言其調和正音也。蕤賓是徵之變音,故亦不入於正音,不入於正音,則命名當有以别之,故謂之曰“繆”。音目。“繆”之言“穆”,穆,亦和也,《大雅·烝民》箋曰:“穆,和也。”“穆”“繆”古字通。言其調和正音也。《周語》“以七同其數,而以律和其聲,於是乎有七律”,昭二十年《左傳正義》釋其義曰:“變宫、變徵,舊樂無之,聲或不會,而以律調和其聲,使與五音諧會。”是應鍾、蕤賓二律皆所以調和其聲也。《漢書·楊雄傳·甘泉賦》説風聲曰:“陰陽清濁,穆羽相和兮,若夔牙之調琴。”“穆”與“繆”同,穆在變音之末,言穆而和可知矣。羽在正音之末,言羽而宫、商、角、徵可知矣。變聲與正聲相調和,故曰“穆羽相和”。張晏曰“穆然相和”,殆未達“穆”字之義。以律管言之,則變宫爲和,變徵爲穆。以琴弦言之,則當以少宫爲和,少商爲穆。琴亦有和、穆二音,故曰“穆羽相和,若夔牙之調琴”也。然則變音之“繆”本與“穆”同,而穆之命名,正取相和之義明矣。後人誤讀“繆”爲“紕繆”之“繆”,以爲“和”與“繆”相反,《宋書》引舊注曰“繆音相干也”,亦誤解“繆”字。遂於應鍾“不比於正音”句删去“不”字,以别於蕤賓,并注中“不”字而亦删之,古訓之不通,其勢必至於妄改矣。《宋書·律志》正作“姑洗生應鍾,不比於正音,故爲和”,載注文正作“不與正音比”。

《晉書·律曆志》引淮南王安曰"應鍾不比正音,故爲和",足證今本之謬。

脱文二句

黄鍾之律修九寸,物以三生,三九二十七,故幅廣二尺七寸。

【引之曰】"物以三生"下本有"三三九"一句,後人以上文已言"三三如九",故删去此句,不知上文"三三如九,九九八十一"與此文"三三九,三九二十七"皆上下相承爲義,"物以三生",故必先以三自乘而得九,然後以三乘九而得二十七,且上文與此相離甚遠,不得因彼而省此也,《宋書》正作"三三九,三九二十七"。"幅廣二尺七寸"下本有"古之制也"四字,故高注曰"古者,幅皆然也",各本"皆"上衍"比"字,今删。脱去此句,則注文爲贅設矣。《宋書》正作"故幅廣二尺七寸,古之制也"。

人修八尺　有形則有聲　匹者中人之度也

音以八相生,故人修八尺,尋自倍,故八尺而爲尋。有形則有聲,音之數五,以五乘八,五八四十,故四丈而爲匹。匹者,中人之度也。一匹而爲制。

【引之曰】此文多不可通。人修八尺,尋自倍,則丈六尺矣,而云"人修八尺,尋自倍,故八尺而爲尋",其不可通一也。音以八相生,音即聲也,何須更云"有形則有聲"?其不可通二也。匹長四丈,人之長安得有此,而云"匹者,中人之度"?

其不可通三也。蓋寫者訛舛失次,兼有脱文,《宋書》已與今本同,則後人以誤本《淮南》改之也。今更定其文而釋之如左:

有形則有聲,音以八相生,故人臂修四尺,尋自倍,故八尺而爲尋。尋者,中人之度也。音之數五,以五乘八,五八四十,故四丈而爲匹,一匹而爲制。云"有形則有聲"者,"有形",謂上文黄鍾之律修九寸也。"有聲",謂音以八相生也。云"人臂修四尺"者,《一切經音義》卷十七引《淮南》云"人臂四尺,尋自倍,故八尺曰尋"是也。云"尋者,中人之度也"者,《考工記》曰"人長八尺"是也。

秋分蔈定

秋分蔈定,蔈定而禾熟。"蔈"與"秒"同,秒,禾芒也。説見《主術》。

【念孫案】《隋書·律曆志》引此作"秋分而禾蔈定,蔈定而禾熟"是也,《宋書·律志》同。今本脱"而禾"二字,則文義不明。

十二蔈而當一粟十二粟而當一寸

律之數十二,故十二蔈而當一粟,十二粟而當一寸。律以當辰,音以當日,日之數十,故十寸而爲尺,十尺而爲丈。

【引之曰】十二蔈當一粟,十二粟當一寸,則百四十四蔈而當一寸也。《主術》篇"寸生於標","蔈""標"并與"秒"同。今本"標"誤作"稞",辯見《主術》。高注曰:"十二標爲一分,今本脱

"二"字。十分爲一寸,十寸爲一尺,十尺爲一丈。"《説文》亦曰:"律數十二秒而當一分,十分而寸。"則是百二十蔈而當一寸,與此不同也。許、高二家之説俱本於此篇,使原文作"十二蔈而當一粟,十二粟而當一寸",則二家之説何以并言"十二蔈爲分,十分爲寸"乎?且《主術》篇明言"寸生於𥝋",不得又以"粟"參之也,然則今本爲後人所改明矣。《宋書·律志》與今本同,則其誤已久,今依《主術》篇及許、高二家之説而更定之如左:

律之數十二,故十二蔈而當一分。律以當辰,音以當日,日之數十,故十分而爲寸,十寸而爲尺,十尺而爲丈。

其以爲量

其以爲量,十二粟而當一分,十二分而當一銖。

【念孫案】"量"當爲"重","重""量"字相近,又因上文"度量"而誤也。自"十二粟"以下,皆言其重之數,非言其量之數,《説文·禾部》注及《宋書·律志》并作"其以爲重"。

蒼龍在辰

太陰在寅,朱鳥在卯,句陳在子,玄武在戌,白虎在酉,蒼龍在辰。

【引之曰】下文"天神之貴者,莫貴於青龍,或曰天一,或曰太陰",是太陰即蒼龍也。既云"太陰在寅",不當復云"蒼龍在辰"矣。下文"凡徙諸神,朱鳥在太陰前一,鉤陳在後三,玄武在前五,白虎在後六",而不言蒼龍所在,正以太陰即蒼龍也。"蒼龍在辰"四字，蓋淺人所加。

子爲開主太歲丑爲閉主

《道藏》本：子爲開，主太歲。丑爲閉，主下有脱文。太陰在寅，歲名曰攝提格。【引之曰】"太陰"二字乃下屬爲句，與下文"太陰在卯"之屬相同。"主"下當别有所主之事，而今脱去。王應麟《小學紺珠》始誤讀"主太陰"爲句，劉本遂重"太陰"二字，而各本及莊本從之，非也。上文云"太陰在寅"，何得又言"主太陰"乎？且下文曰"天神之貴者莫貴於青龍，或曰天一，或曰太陰"，而無"太歲"之名。"天一元始""太陰元始"之屬，皆太歲也，而謂之天一、太陰，不謂之太歲。"咸池爲太歲"，則又"大歲"之訛，説見上。然則《天文》篇無稱"太歲"者也。此"太歲"亦當作"大歲"，寫者誤加點耳。"斗杓爲小歲，咸池爲大歲"，見上文。上文"酉爲危，主杓"，杓，小歲也。此文"子爲開，主大歲"，大歲，咸池也。太歲月從右行四仲，與歲從左行之太陰迴殊，①若作"大歲"，則與"太陰"無異。上言"太陰在寅"，下言"子主太歲"，是太陰主太陰矣，義不可通。《開元占經・歲星占》篇引此篇舊注曰"太陰謂太歲也"，蓋許慎注。《廣雅》"太陰，太歲也"，本此。使篇内太歲、太陰分爲二，注者必不爲此注矣。可見"太歲"乃"大歲"之訛，而太歲、太陰之未嘗分也。遍考書傳，亦無分太歲、太陰爲二者，或據《淮南》訛脱之文，以爲太歲、太陰不同之證，非也。

---

① "迴"，底本作"逥"，據同治本改。

歲星晨出東方之月

太陰在寅，歲星舍斗、牽牛，以十一月與之晨出東方。太陰在卯，歲星舍須女、虚、危，以十二月與之晨出東方。太陰在辰，歲星舍營室、東壁，以正月與之晨出東方。太陰在巳，歲星舍奎、婁，以二月與之晨出東方。太陰在午，歲星舍胃、昴、畢，以三月與之晨出東方。太陰在未，歲星舍觜、巂、參，以四月與之晨出東方。太陰在申，歲星舍東井、輿鬼，以五月與之晨出東方。太陰在酉，歲星舍柳、七星、張，以六月與之晨出東方。太陰在戌，歲星舍翼、軫，以七月與之晨出東方。太陰在亥，歲星舍角、亢，以八月與之晨出東方。太陰在子，歲星舍氐、房、心，以九月與之晨出東方。太陰在丑，歲星舍尾、箕，以十月與之晨出東方。

【引之曰】"十一月"當爲"正月"，"十二月"當爲"二月"，"正月"當爲"三月"，"二月"當爲"四月"，"三月"當爲"五月"，"四月"當爲"六月"，"五月"當爲"七月"，"六月"當爲"八月"，"七月"當爲"九月"，"八月"當爲"十月"，"九月"當爲"十一月"，"十月"當爲"十二月"。《史記·天官書》曰："歲陰左行在寅，歲星右轉居丑，以正月與斗牽牛晨出東方。歲陰在卯，星居子，以二月與婺女、虚、危晨出。歲陰在辰，星居亥，以三月與營室、東壁晨出。歲陰在巳，星居戌，以四月與奎、婁晨出。歲陰在午，星居酉，以五月與胃、昴、畢晨出。歲陰在未，星居申，以六月與觜、觿、參晨出。歲陰在申，星居未，以七月與東井、輿鬼晨出。歲陰在酉，星居午，以八月與柳、七星、張晨出。歲陰在戌，星居巳，以九月與翼、軫晨出。歲星在亥，星居辰，以十月與角、亢晨出。歲陰在子，星居卯，以十一月與氐、房、心晨出。歲陰在丑，星居寅，以十二月與尾、箕晨出。"《漢書·天文志》曰："太歲在寅，歲星正月晨出東方。在卯，二月出。在辰，三月出。在巳，四月出。在午，五月出。在未，六月出。在申，七月出。在酉，八月出。在戌，九月出。在亥，十月出。在子，十一月出。在丑，十二月出。"《開元占經·歲星占》篇引甘氏曰："攝提在寅，此攝提謂太陰。歲星在丑，以正月與建星、牽牛、婺女晨出於東方。"皆其證也。後人以《太初曆》"太歲在子，歲星十一月出，在建星、牽牛"，見《天文志》。故改"正月"爲"十一月"，以合太初之法，而自此以下皆遞改其所出之月。不知太陰在寅，則歲星亦以寅月出，《樂動聲儀》所謂"歲星常應太歲月建以見"也。見前"太一在丙子"下。若以十一月出，則是子而非寅，與太陰所在不相應矣。《太初曆》之"太歲始建於子"，故以歲星與日同次之十一月定之，所謂子年應子月也。《淮南》之"太歲始建於寅"，故以歲星晨出之正月定之，所謂寅年應寅月也。豈得以建子之法，雜入於建寅之法乎？况"太陰在寅"以下俱本於石氏。《天文志》"太歲在寅，歲星正月晨出東方"，石氏"在斗牽牛"，《天官書》索隱亦云："歲星正月晨見東方。"已下皆出《石氏星經》文。又豈有用其説而改其月者乎？《開元占經》引《淮南》已與今本同，則其誤改在唐以前矣。錢氏曉徵謂："《史記》'歲星正月晨出'，以天正言之，其實與《淮南》無别。"見《潛研堂文集》。今案，《天官書》曰："歲陰左行在寅，歲星右轉居丑，以正月與斗、牽牛晨出，色蒼蒼有光。歲陰在子，星居卯，以十一月與氐、房、心晨出，玄色甚明。"正月，德在木，故星色蒼。《天官書》凡言"正月"者七，皆謂"建寅之月"。十一月，德在水，故星色玄。若以正月爲天正，則是夏正之十一月矣。何以不云"色玄"而云"色蒼"乎？且寅年正月，日在娵訾，歲星在星紀，中隔玄枵一次，故歲星晨見有光。若十一月，則與日同次，其光不能見矣，安得云“蒼蒼有光”乎？此由不知《淮南》之“十一月”爲後人所改，故曲爲之説，而終不可通也。

日德　綱日　以至於癸　左前刑右背德

太陰所居，句。日德，句。辰爲刑，句。德，句。綱日自倍因，句。柔日徙所不勝。句。凡日，甲剛乙柔，丙剛丁柔，以至於癸。

【引之曰】“日德”，“日”下脱“爲”字，“日爲德”“辰爲刑”相對爲文也。“綱”當爲“剛”，“剛日”“柔日”，甲剛乙柔是也。“癸”上當有“壬”字，此以“剛”“柔”對言，不當但言“癸”也。

凡用太陰，左前刑，右背德。案，此當爲“右背刑，左前德”，寫者顛倒耳。《五行大義·論配支幹》篇曰：“從甲至癸爲陽，從寅至丑爲陰。陽則爲前、爲左、爲德，陰則爲後、爲右、爲刑。”“右背刑，左前德”者，所以順陰陽也。《史記·天官書》曰“太白出東爲德，舉事左之、迎之，吉。出西爲刑，舉事右之、背之，吉”，是其例矣。

十二月日所建之星

星，正月建營室，不言“日所建”者，承上文兩“日”字而省。高注以“星”爲“日”之誤，非也。二月建奎、婁，三月建胃，四月建畢，五月建東井，六月建張，七月建翼，八月建亢，九月建房，十月建尾，十一月建牽牛，十二月建虚。

【引之曰】“二月建奎婁”，備舉是月日所在之星也。由此推之，則正月當云“建營室東壁”，三月當云“建胃、昴”，四月當云“建畢、觜、巂、參”，五月當云“建東井、輿鬼”，六月當云“建柳、七星、張”，七月當云“建翼、軫”，八月當云“建角、亢、氐”，九月當云“建房、心”，十月當云“建尾、箕”，十一月當云“建斗、牽牛”，十二月當云“建須女、虚、危”。蓋《月令》日在某星，但舉一月之首言之，而此則舉其全也，後人妄加删節，每月但存一星之名，獨二月“建奎、婁”，尚仍其舊，學者可以考見原文矣。不然，豈有《月令》“季夏日在柳”，而此言“建張”。“仲秋日在角”，而此言“建亢”。“仲冬日在斗”，而此言“建牽牛”。“季冬日在婺女”，即須女。而此言“建虚”者乎？

斗牽牛越須女吴

斗牽牛越須女吴。

【引之曰】諸書無言“斗但主越、須女但主吴”者，“斗、牽牛，越。須女，吴”當作“斗、牽牛、須女，吴越”。《開元占經・分野略例》曰：“《淮南子》曰‘斗，吴越也’，“斗”下脱“牽牛須女”四字。高誘注《吕氏春秋》曰‘斗，吴也。牽牛，越也’。”以上《開元占經》。然則《吕氏春秋》注分言吴越，而《淮南》則合言之也，蓋分野之説，鄭魏趙并列，戰國時多謂“韓”爲“鄭”。則在三家分晉之後。其時吴地已爲越有，故但可合言吴越，若分言某星主越，某星主吴，則當時豈有吴國乎？後人以吴越二國不應同分野，故移“越”字於“斗、牽牛”下，而不知其不可分也。《晉書・天文志》引費直説《周易》、蔡邕《月令章句》曰“起斗至須女，吴越之分野”，又引陳卓、范蠡、鬼谷先生、張良、諸葛亮、譙周、京房、張衡并曰“斗、牽牛、須女，吴越”，足證今本之謬。

十二歲而一康

故三歲而一饑，六歲而一衰，十二歲而一康。

今本高注曰：“康，盛也。”【念孫案】“盛”當爲“虚”，此淺學人改之也。“康”之爲言“荒”也。康、荒，皆虚也。《小雅·賓之初筵》篇“酌彼康爵”，鄭箋：“康，虚也。”《爾雅》：“漮，虚也。”《方言》：“㝩，空也。”并字異而義同。郭璞《爾雅音義》曰：“漮本或作荒。”《大雅·桑柔》篇“具贅卒荒”，《毛傳》：“荒，虚也。”《泰》九二“包荒”，鄭讀爲“康”，云：“康，虚也。”“康”“荒”古字通。襄二十四年《穀梁傳》：“一穀不升謂之嗛，二穀不升謂之饑，三穀不升謂之饉，四穀不升謂之康。”范寧曰：“康，虚也。”《廣雅》：“四穀不升曰歉。”《説文》：“歉，飢虚也。”《逸周書·謚法》篇：“凶年無穀曰糠。糠，虚也。”并字異而義同。“康”與“荒”古字通，故《韓詩外傳》作“四穀不升謂之荒”。《史記·貨殖傳》曰“十二歲一大饑”，《鹽鐵論·水旱》篇曰“六歲一饑，十二歲一荒”，義與此同也。自“三歲一饑”以下皆年穀不登之名，但有小大之差耳。《太平御覽·時序部二》引此作“十二歲而一荒”，是“康”即“荒”也。若訓“康”爲“盛”，則與正文顯相違戾矣。且“四穀不升謂之康”乃《春秋》古訓，“十二年一荒”亦漢時舊語，是之不知而訓“康”爲“盛”，明是淺學人所改，漢人無此謬也。

癸越

甲齊，乙東夷，丙楚，丁南夷，戊魏，己韓，庚秦，辛西夷，壬衛,癸越。

《開元占經·日辰占邦》篇引此,"越"作"趙"。【念孫案】齊近東夷,楚近南夷,魏近韓,秦近西夷,衛近趙,則作"趙"者是也。若作"越",則與"南夷"相複矣。

以勝擊殺

以勝擊殺,勝而無報。

【引之曰】上文"子生母曰義,母生子曰保,子母相得曰專,母勝子曰制,子勝母曰困,其名有五",下文"以專從事,以義行理,以保畜養,以困舉事",分承"專""義""保""困"四字,不應於"制"字獨不相承。然則此句當作"以制擊殺"明矣。今本"制"作"勝"者,因上下文"勝"字而誤,"制"爲"母勝子"之名,若作"勝",何以别於"子勝母"乎?

月從一辰

北斗之神有雌雄,十一月始建於子,月從一辰。

【念孫案】"從"當爲"徙",字之誤也。上文云"帝張四維,運之以斗,月徙一辰,復反其所",是其證。

太陰所居辰爲厭日

太陰所居辰爲厭日。

【引之曰】"太陰所居辰"當作"雌所居辰",雌,北斗之神右行者也。月徙一辰,太陰則左行而歲徙一辰,兩者各不相涉,“太陰”二字因下文“太陰所居”而誤也。“爲厭日”,本無“日”字,此因下句“厭日”而衍也。厭者,鄭注《周官·占夢》曰:“天地之會,建厭所處之日辰。”疏曰“建,謂斗柄所建,謂之陽建,故左還於天。厭,謂日前一次,謂之陰建,故右還於天”是也。今人猶謂“陰建”爲“月厭”,是“雌所居辰”名爲“厭”,不名爲“厭日”也。

庚申　戊戌己亥

甲戌,燕也。乙酉,齊也。丙午,越也。丁巳,楚也。庚申,秦也。辛卯,戎也。壬子,代也。癸亥,胡也。戊戌、己亥,韓也。己酉、己卯,魏也。戊午、戊子。

錢氏《答問》曰:“‘庚申’當作‘庚辰’,八合,猶八會也。今依堪輿天老説推衍之:天老説,見《周官·占夢》疏所引《鄭志》内。正月,陽建寅破於申,陰建戌破於辰。二月,陽建卯破於酉,陰建酉破於卯,乙近卯,故二月乙酉爲八會之一。三月,陽建辰破於戌,陰建申破於寅,甲近寅,故三月甲戌爲八會之二。四月,陽建巳破於亥,陰建未破於丑,癸近丑,故四月癸亥爲八會之三。五月,陰陽建俱在午而破於子,壬近子,故五月壬子爲八會之四。六月,陽建未破於丑,陰建巳破於亥。七月陽建申破於寅,陰建辰破於戌。八月,陽建酉破於卯,陰建卯破於酉,辛近酉,故八月辛卯爲八會之五。九月,陽建戌破於辰,陰建寅破於申,庚近申,故九月庚辰爲八會之六。十月,陽建亥破於巳,陰建丑破於未,丁近未,故十月丁巳爲八會之七。十一月,陰陽建俱在子而破於午,丙近午,故十一月丙午爲八會之八。十二月,陽建丑破於未,陰建亥破於巳。此‘建厭’所在及‘八會’之名也。《淮南》所列甲戌至癸亥，蓋大會之日，其下又有戊戌、己亥、己酉、己卯、戊午、戊子，當是小會之日而尚缺其二，以例推之，當是戊辰、己巳也。”【念孫案】錢說是也。“戊辰”當在“戊戌”上，“己巳”當在“己亥”上。堪輿家所謂小會，三月戊辰、四月己巳、九月戊戌、十月己亥也。又戊辰、戊戌及戊午、戊子下皆當有所主之國，而今脱之。地在天下之中者，韓魏而外，更有趙宋衛中山及周，未知以何國當之也。

數來歲　五十日　一斗

以日冬至數來歲正月朔日。五十日者民食足，不滿五十日，日減一斗。有餘日，日益一升。

【念孫案】《太平御覽·時序部》十三、十四引此，“數”下有“至”字，數，色主反。“五十日”上有“滿”字，“一斗”作“一升”皆是也。

有其歲司也

有其歲司也。

【引之曰】此本作“其爲歲司也”。今本衍“有”字，因上文“有餘日”而衍。脱“爲”字，《太平御覽·時序部十三》引此正作“其爲歲伺也”，又引注曰“伺，候也”。“司”，古“伺”字。“爲歲司”者，爲歲候豐凶也。尋繹文義，“其爲歲司也”，乃起下之詞。下文“攝提格之歲，歲早水晚旱”云云，正謂候歲也，當直接此句下，作圖者誤列圖於此句之後，隔絶上下文義，遂使此句成不了之語。且自上文“以日冬至”至下文“民食一升”，皆言占歲之事，中間不應有圖，圖蓋後人所爲，故置之非其所耳。劉績不能是正，又移上文“帝張四維”一段於此句之下，大誤。

麥不爲昌

掩茂之歲，麥不爲昌。

【念孫案】“昌”上脱“菽”字，“麥不爲”爲句，上文曰“禾不爲”，又曰“菽麥不爲”。“菽昌”爲句，上文曰“菽麥昌”，又曰“稻昌”。《開元占經·歲星占》引此正作“麥不爲，菽昌”。

蠶稻　三斗

困敦之歲，蠶稻菽麥昌，民食三斗。

【念孫案】“蠶”下脱“登”字，“稻”下脱“疾”字。“蠶登”爲句，上文曰“蠶不登”，又曰“蠶登”。“稻疾”爲句，謂稻有疾也。上文曰“稻疾”，又曰“菽疾”，又曰“民疾”。“菽麥昌”爲句。“民食三斗”，“斗”當爲“升”，《開元占經》引此正作“蠶登，稻疾，菽麥昌，民食三升”。

《淮南内篇》弟四

地形

地形之所載

地形之所載，六合之間，四極之内。

【念孫案】此篇皆言地之所載，“地”下不當有“形”字，此因篇名而誤衍耳。高釋篇名云“紀東西南北，山川藪澤，地之所載，萬物形兆所化育也”，則正文本作“地之所載”明矣。《海外南經》云“地之所載，六合之間，四海之内”云云，此即《淮南》所本。

八極

天地之間，九州八極。

今本此下有注云“八極，八方之極也”。【念孫案】“八極”當作“八柱”，“柱”與“極”草書相近，故“柱”誤爲“極”，《玉海·地理部》引此已誤。《初學記·地部上》《太平御覽·地部一》及《白帖》一引此并作“天有九部八紀，地有九州八柱”。又，《太平御覽·州郡部三》引作“天地之間，九州八柱”，《楚辭·天問》曰"八柱何當,東南何虧",《初學記》引《河圖括地象》曰"地下有八柱,柱廣十萬里",皆其證也。又案,《文選·張協〈雜詩〉》注云:"《淮南子》曰:'八紘之外,有八極。'高誘曰:'八極,八方之極也。'"是高注云云,本在下文"八紘之外,乃有八極"下,後人不知此處"八極"爲"八柱"之譌,又移彼注於此,以曲爲附會,甚矣其謬也。

通谷其

水道八千里,通谷其,名川六百。

陳氏觀樓曰:"《吕氏春秋·有始》篇作'通谷六,名川六百',此'其'字當爲'六'之訛。"

三百仞　五十里　九淵

凡鴻水淵藪,自三百仞以上,二億三萬三千五百五十里,有九淵。

【念孫案】"三百仞"之"百","五十里"之"里","九淵"之"淵",皆衍文。此言鴻水淵藪,自三仞以上者,共有二億三萬三千五百五十九也。《廣雅》曰:"湋、潭,淵也。自三仞以上二億三萬三千五百五十有九。"即用《淮南》之文。

丹水

是謂丹水,飲之不死。

【念孫案】"丹水"本作"白水",此後人妄改之也。《水經·河水》注引此作“丹水”,亦後人依俗本改之。《楚辭·離騷》“朝吾將濟於白水兮”,王注曰:“《淮南》言‘白水出崑崙之原,飲之不死’。”《文選·思玄賦》“斢白水以爲漿”,李善即引王注。《太平御覽·地部二十四》亦云:“《淮南子》曰‘白水出崑崙之原,飲之不死’。”則舊本皆作“白水”明矣。又案,《楚辭·惜誓》“涉丹水而馳騁兮”,王注曰:“丹水,猶赤水也。《淮南》言‘赤水出崑崙也’。”此是引下文“赤水出東南陬”之語。若此文本作“丹水”,則王注當引以爲證,何置此不引,而别指赤水以當之乎?

赤水之東弱水出自窮石至於合黎餘波入於流沙

赤水之東,弱水出自窮石,高注:“窮石,山名也,在張掖北塞外。”至於合黎,餘波入於流沙,絶流沙南至南海。

【引之曰】昆侖四隅爲四水所出,説本《海内西經》。上文言“東北陬”“東南陬”,下文又言“西北陬”,無獨缺“西南陬”之理,此處原文當作“弱水出其西南陬,絶流沙,南至南海,其弱水出窮石,入於流沙”。及注“窮石,山名”云云,則當在下文“江出岷山”諸條間。王逸注《離騷》引《淮南子》“弱水出於窮石,入於流沙”,郭璞注《海内西經》引《淮南子》“弱水出窮石”,正與“江出岷山”諸條文義相同也。蓋弱水本出窮石,而《海内西經》言出昆侖西南陬,故兩存其説。此文言“河出昆侖東北陬”,下文又言“河出積石”,亦是兩存其説。後人病其不合,則從而合併之,於是取下文之“弱水出窮石,入於流沙”及注文,皆移置於此處,而删去“弱水出其西南陬”七字,又妄加“赤水之東”四字、“弱水出”下又加一“自”字。“至於合黎餘波”六字,而

《淮南》原文遂錯亂不可復識矣。今案,上文“赤水”次於“河水”,而不言在河水之某方,下文“洋水”次於“弱水”,而不言在弱水之某方,則“弱水”二字前,安得有“赤水之東”四字乎?《括地志》曰“蘭門山,一名合黎,一名窮石山”,引《淮南子》“弱水源出窮石山”,見《史記·夏本紀》正義。使《淮南》原文“弱水出窮石”下有“至於合黎”之文,則合黎非窮石矣。《志》何得言“合黎一名窮石山”乎?其爲後人取《禹貢》之文附入,較然甚明。况既言“絶流沙”,則弱水入其中可知,何必又言“入於流沙”?區區餘波,又安能絶流沙而過乎?後人但知取下文“入於流沙”句,增入“餘波”二字,而不知其與本文相抵牾也。高注“絶流沙”曰:“絶,猶過也。流沙,流行也。”“流行”下當有“之沙”二字。如有“餘波入於流沙”句在前,則注當先釋“流沙”,後釋“絶”字,不當先釋“絶”字,後釋“流沙”也。然則“絶流沙”前本無“餘波入於流沙”句,而“弱水出窮石,入於流沙”當在“江出岷山”諸條間明矣。

縣圃

或上倍之,是謂縣圃。

【念孫案】上文“縣圃、涼風、樊桐”,高注云:“皆崑崙之山名。”上文又云“崑崙之丘,或上倍之,是謂涼風之山”,則此“縣圃”下亦當有“之山”二字。《水經·河水》注引此作“是謂玄圃之山”,是其證。洪興祖《楚辭補注》引此亦有“之山”二字。

元澤

東南方曰具區、曰元澤。

高注曰："元，讀常山人謂伯爲穴之穴也。"莊氏伯鴻曰："案，古讀'元'爲'兀'，故《説文》'元'從一、從兀爲聲。又'髡'，一作'髨'，其從兀、從元皆爲聲，是此讀'元'爲'穴'之證。古聲'兀''穴'相同也。"【念孫案】莊説非也。"元澤"當爲"亢澤"，字之誤也。"亢"與"沆"同，《水經·巨馬河》注曰："督亢溝水，東逕督亢澤。"《風俗通》曰："沆，漭也。言平望漭漭無崖際也。"是"沆""亢"古字通。《爾雅》："沄，沆也。"郭璞曰："水流漭沆。"《説文》曰："沆，莽沆，大水。一曰大澤。"《風俗通義》引《傳》曰："沆者，莽也。言其平望莽莽無涯際也。"舊本"沆"訛作"沉"，今據《水經注》改。此言"亢澤"，亦取大澤之義。《初學記·地部上》《太平御覽·地部一》引此并作"沆澤"，是其證也。高注"常山人謂伯爲穴"，"穴"亦"亢"字之誤。伯，古"阡陌"字也。《管子·四時》篇曰："修封疆，正千伯。"《史記·酷吏傳》"置伯格長"，徐廣曰："街陌屯落，皆設督長也。"又，《漢書·食貨志》《地理志》"阡陌"字并作"仟伯"。"亢"與"䟘"同。《廣雅》曰："䟘、陌，道也。"《釋名》曰："鹿兔之道曰亢，行不由正，亢陌、山谷、草野而過也。"是"䟘""亢"古字通。《説文》曰"趙魏謂伯爲䟘"，漢之常山郡，戰國時趙地也，此云"常山人謂伯爲亢"，正與《説文》相合。"沆""䟘"古同聲，而并通作"亢"，故曰"亢，讀常山人謂伯爲亢之亢"。

各以其類生

土地各以其類生。

【念孫案】此本作“土地各以類生人”，今本衍“其”字，脱“人”字。陳祥道《禮書》引此已誤。《史記·天官書》正義、《藝文類聚·水部上》、《白帖》六、《太平御覽·天部十五》《地部二十三》《疾病部一》《疾病部三》引此并無“其”字，有“人”字。

障氣

是故山氣多男，澤氣多女，障氣多暗，風氣多聾。

【念孫案】“障氣”本作“水氣”，後人以“水”與“澤”相複，故妄改爲“障”耳。《禮書》引此已誤。不知凡水皆謂之水，而水鍾乃謂之澤。見《周官·大司徒》注。且“澤氣”與“山氣”相對，“水氣”與“風氣”相對，義各有取，改“水”爲“障”，則義不可通矣。《太平御覽·天部十五》《疾病部一》《疾病部三》此篇内兩引。引此并作“水氣”，《酉陽雜俎·廣知》篇同。

腫

岸下氣多腫。

【念孫案】“腫”本作“尰”，此亦後人妄改之也。《禮書》引此已誤。“腫”音諸勇反，“尰”音市勇反。凡腫疾皆謂之腫，而腫足則謂之尰。“尰”字從尣，“尣”讀若“汪”，跛曲脛也，見下條。故“尰”字從之。岸下氣下濕，故有腫足之疾，《小雅·巧言》篇：“居河之麋，既微且尰。”鄭箋曰：“居下濕之地，故生微尰之疾。”《爾雅》曰“既微且尰，骭瘍爲微，腫足爲尰”是也，若作“腫”則非其指矣。《太平御覽·天部十五》引此正作“尰”，又引高注云“岸下下濕，腫足曰尰”，今脱此注。又，《疾病部一》

《疾病部三》引此并同。

狂

谷氣多痹，丘氣多狂。

【念孫案】“狂”當爲“尪”，《説文》：“尢，跛，曲脛也。從尢，象偏曲之形，古文作‘尪’。”《一切經音義十八》引《蒼頡篇》曰：“痹，手足不仁也。”“痹”與“尪”皆肢體之疾，故連類而及之，若“狂”，則非其類矣。篆書“尪”“狂”二字相似，隸書亦相似，故“尪”誤爲“狂”。《天官書》正義、《太平御覽》引此作“狂”，亦傳寫之誤，《酉陽雜俎》正作“尪”。《吕氏春秋·盡數》篇：“輕水所多秃與癭人，重水所多尰與躄人，苦水所多尪與傴人。”“癭”“尰”“尪”“傴”四字皆與此篇同。

食葉

食葉者有絲而蛾。

高注曰：“蠶是也。”【念孫案】“食葉”本作“食桑”，後人以蟲之食葉者多化爲蛾，故改“食桑”爲“食葉”。不知正文本作“食桑”，故高注專訓爲“蠶”，若作“食葉”，則與高注不合矣。《爾雅》：“蛾，羅。”郭璞曰：“蠶，蛾。”《説文》：“䖸，蠶化飛蟲，或作蛾。”是古人言蛾者，多專指蠶蛾言之，故曰“食桑者有絲而蛾”，故高注專訓爲“蠶”也。《大戴禮·易本命》篇、《家語·執轡》篇并作“食桑”，《太平御覽·資産部五》“蠶”下引《淮南》亦作“食桑”，《意林》及《藝文類聚·蟲豸部》并同。

陰屬於陽

鳥魚皆生於陰,陰屬於陽。

【念孫案】下"陰"字蒙上而衍,此謂鳥魚皆屬於陽,非謂陰屬於陽也。《大戴禮》《家語》并作"鳥魚皆生於陰,而屬於陽",盧辯曰:"生於陰者,謂卵生也。屬於陽者,謂飛游於虚也。"則無下"陰"字明矣。《文選·辯命論》注、《太平御覽·羽族部一》引《淮南》皆無下"陰"字。

中濁

河水中濁而宜菽。

【念孫案】"中濁"二字,義不相屬,"濁"本作"調"。中調,猶中和也。上文曰"濟水通和而宜麥",義與此相近。今作"中濁"者,涉上文"汾水濛濁"而誤。《禮書》引此已誤。《後漢書·馮衍傳》注引此作"河水調宜菽"。《太平御覽·百穀部五》引此作"河水中調而宜菽"。

宜竹

漢水重安而宜竹。

【念孫案】《太平御覽·地部》二十三、二十七引此,"竹"下皆有"箭"字,今本脱之。《禮書》引此已無"箭"字。古人言物産者,多并稱竹箭,故曰:"漢水重安而宜竹箭。"《周官·職方氏》曰:"其利金、錫、竹箭。"《楚語》曰"楚有藪曰雲連徒洲,金、木、竹箭之所生"皆是也。

決朏

其人修形。《太平御覽》引此作“隋形”。兑上，大口，決朏。

【念孫案】“朏”當爲“眦”，字之誤也。《説文》：“眥，目匡也。”鄭注《鄉射禮》曰：“決，猶開也。”開眦，謂大目也。“大口”“決眦”意相近，曹植《鼙舞歌》曰：“張目決眥。”《太平御覽·人事部四》引此正作“眦”。

寒水

北方，寒水之所積也。

【念孫案】“寒水”當爲“寒冰”，字之誤也。上文“北方曰積冰”，高注曰“北方寒冰所積，因名爲積冰”是也。《太平御覽》引此正作“寒冰”。

其人憃愚禽獸而壽

其人翕形、短頸、大肩、下尻，竅通於陰，骨幹屬焉。黑色主腎，其人憃愚，禽獸而壽。“憃”，各本皆誤作“惷”，唯《道藏》本不誤。《説文》“惷，亂也。從心、春聲”，引昭二十四年《左傳》“王室日惷惷焉”。《玉篇》音“充允切”，今《左傳》“惷”作“蠢”，杜注曰：“蠢蠢，動擾貌。”又，《説文》：“憃，愚也。從心、舂聲。”《玉篇》音“丑江、書容二切”，是“惷亂”之“惷”字從春，“憃愚”之“憃”字從舂，聲、義絶不相同。《周官·司刺》“三赦曰憃愚”，鄭注曰：“憃愚，生而癡騃童昏者。”《士昏禮記》曰：“某之子憃愚。”《哀公問》曰：“寡人憃愚冥煩。”《表記》曰：“其民之敝憃而愚。”其字皆從舂，不從春。音“丑江、書容”二反，不音“充允反”。此言

“惷愚而壽”，則其字亦從春，①故高注曰“惷，讀人謂惷然無知之‘惷’”也。又，《本經》《氾論》二篇皆言“愚夫惷婦”，義亦與此同。又，《道應》篇“惷乎若新生之犢”，其字亦從春，故《莊子·知北游》篇作“瞳焉如新生之犢”，而《藏》本及各本“惷”字皆誤作“惷”。蓋俗讀“惷愚”之“惷”，聲如“蠢”，故其字遂誤爲“惷”，他書且有誤爲“蠢”者，今人動言愚蠢，其誤實由於此，唯三禮“惷愚”字皆不誤，則賴有《經典釋文》、唐石經故也。

【念孫案】自“翕形、短頸”以下六句皆承上“其人”二字言之，則“惷愚”上不當更有“其人”二字。上文東方、南方、西方皆無此二字，此即因上文“其人翕形”而誤衍也。《太平御覽》引此已誤。又案，“禽獸”二字，妄人所加也，“惷愚而壽”與上文“早知而不壽”文正相對，加入“禽獸”二字，則文不成義矣，《太平御覽》引無此二字。

中夏

薺冬生，中夏死。

【念孫案】此本作“薺冬生而夏死”，後人以薺死於中夏，因改爲“中夏”，不知上文“禾春生秋死”“菽夏生冬死”“麥秋生夏死”皆但言其時，而不言其月，薺亦然也。《藝文類聚·草部下》《太平御覽·百穀部一》《菜部五》引此并作“薺冬生而夏死”。

三十六國

凡海外三十六國。

① “春”，底本作“惷”，據文意改。

【引之曰】《論衡·無形》《談天》二篇并作“三十五國”。今歷數下文，自“修股民”至“無繼民”，實止三十五國，“六”字誤也。

華丘

崑崙華丘在其東南方，爰有遺玉、青鳥、舊本作“青馬”，劉據《山海經》改爲“青鳥”，今依劉本。視肉、楊桃、甘樝、甘華，百果所生。

劉績曰：“‘華丘’疑‘㠸丘’之誤。‘㠸’音‘嗟’。《山海經》：‘㠸丘，爰有遺玉、青鳥、視肉、楊柳、甘柤、甘華，百果所生。’”【念孫案】此《海外東經》文也。“㠸”與“華”形、聲皆不相近，若本是“㠸”字，無緣誤爲“華”。今案，“華”字當是“苹”字之誤，“苹”與“平”古字通。《堯典》“平秩東作”，馬融本“平”作“苹”。《周官·車僕》：“苹車之萃。”“故書‘苹’作‘平’。”①《説文》：“蒻，蒲子，可以爲平席。”王肅注《顧命》作“苹席”。《海外北經》曰：“平丘在三桑東，爰有遺玉、青鳥、視肉、楊柳、甘柤、甘華，百果所生。”此《淮南》所本也。隸書“華”字或作“芈”，見漢《北海相景君碑陰》。又作“芊”，見《桐柏淮源廟碑》。并與“苹”相似，故“苹”誤爲“華”矣。《説文》：“蒻，蒲子，可以爲平席。”《文選·秋興賦》注引作“華席”，亦是“平”通作“苹”，因誤爲“華”也。《史記·禮書》“大路越席”，正義：“越席，謂蒲爲華席。”亦是“苹席”之誤。

① 此爲鄭玄注語。

耽耳

夸父耽耳，在其北方。

高注曰："耽耳，耳垂在肩上。耽，讀'褶衣'之褶。舊本"衣"上脱"褶"字，今補。《喪大記》云："君褶衣、褶衾。"或作攝，以兩手攝耳，尻海中。"舊本"海"訛作"之"，今據《海外北經》改。【念孫案】"褶""攝"二字聲與"耽"不相近，"耽"字無緣讀如"褶"，亦無緣通作"攝"也。"耽"皆當爲"耴"，今作"耽"者，後人以意改之耳。《説文》："耴，耳垂也。從耳，下垂。象形。《春秋傳》曰'秦公子耴'，耴者，其耳下垂，故以爲名。"《玉篇》"豬涉切"，是耳下垂謂之耴，故高注云："耴耳，耳垂在肩上。"《廣韻》"耴耳，國名"，正謂此也。《春秋》"鄭公子輒，字子耳"，義與"耴"亦相近。字或作"聶"。《海外北經》云"聶耳之國，在無腸國東，爲人兩手聶其耳，縣居海水中"，即高注所云"以兩手聶耳，居海中"者也。"耴"與"聶"聲相近，故《海外北經》作"聶"。"耴"與"褶""攝"聲亦相近，故高讀"耴"如"褶"，而字或作"攝"。後人多見"耽"，少見"耴"，又以《説文》云"耽，耳大垂也"，故改"耴"爲"耽"，而不知其與高注大相抵牾也。

雎出荆山

雎出荆山。"雎"音"雎鳩"之"雎"，字從隹、且聲，舊本作"睢"，非。"睢"音"雖"，字從目、隹聲，今改正。《地理志》《水經》《説文》皆作"沮"。

高注曰："荆山，《禹貢》北條荆山，在左馮翊懷德縣之南，下有荆漂原，《地理志》作"下有强梁原"，《水經・渭水》注作"下有荆渠”。雎州浸也。”《水經·沮水》注曰:“沮水出東汶陽郡,沮陽縣西北景山,即荆山首也。《中山經》:“荆山之首曰景山,雎水出焉,東南流,注于江。”故《淮南子》曰‘沮出荆山’,高誘云‘荆山在左馮翊懷德縣’。蓋以洛水有漆沮之名故也,斯繆證耳。”【念孫案】此所謂沮水,乃“江漢雎漳”之“雎”,非“漆沮”之“沮”。所謂荆山,乃《禹貢》南條荆山,非北條荆山,故酈氏以高注爲繆證。莊伯鴻欲改“雎”爲“洛”,以合高注。不知洛水過荆山入渭,《地理志》:“左馮翊褱德,《禹貢》北條荆山在南,下有强梁原,洛水東南入渭。”則不得言洛出荆山,且下文明言洛出獵山,何不察之甚也。

汶出弗其西流合於濟

汶出弗其,西流合於濟。各本脱“西”字,今據《水經注》引補。

高注曰:“弗其山,在北海朱虚縣東。”《水經·汶水》注曰:“按誘説,是乃東汶,非《經》所謂入濟者也,蓋其誤證爾。”【引之曰】《漢書·地理志》,琅邪郡朱虚有“東泰山,汶水所出,東至安丘入維”。此高注所本也。其水入維,不入濟,故酈氏以爲誤證,《地理志》又曰,泰山郡萊蕪有“原山,《禹貢》汶水出西南句入泲”。古“濟”字。此則《淮南》之“汶”矣,汶出原山,而此云“出弗其”者,弗其蓋原山之别名。《淮南》與《地理志》似異而實同也。《禹貢錐指》因高注誤證而并以《淮南》爲誤,則過矣。“弗其”即是原山,在萊蕪縣,與不其縣之不其山名相似,而地則不同。漢萊蕪故城在今淄川縣東南,不其故城在今即墨縣西南,二縣相去甚遠。莊氏伯鴻以爲即“不其山”,謬矣。

丹水出高褚

丹水出高褚。

高注曰:"高褚,一名冢領山,在京兆上雒,丹水所出,東至均,入沔也。"劉績曰:"冢領山在陝西西安府商縣南,丹水出於此,東流至河南内鄉縣,與淅水合流入漢江,非此所謂丹水也。高褚,恐'高都'之訛。漢上黨高都縣莞谷,丹水所出,東南入絶水,見《地理志》。今山西澤州高平,即高都,有丹水,源出仙公山,南流合白水入沁河,此丹水是。"【念孫案】劉説是也。《北山經》曰:"沁水之東有林焉,名曰丹林,丹水出焉,舊本作"丹林之水",衍"林之"二字。今依《水經注》删。南流注于沁。"舊本作"注于河",涉上文"沁注于河"而誤。今依《水經注》改。《水經·沁水》注曰:"丹水出上黨高都縣故城東北阜下,東會絶水,又東南流,白水注之。又東南流注於沁。"《竹書紀年》:"晉出公五年,丹水三日絶不流。"皆謂此丹水也。漢高都故城在今澤州府鳳臺縣東北,此作"高褚",豈"都"字古通作"諸",因誤爲"褚"與?

股出嶕山

股出嶕山。

高無注。【引之曰】遍考地理書,無股水之名,"股"疑當爲"般"。隸書"舟"字多作"月",故"般"誤爲"股"。漢《巴郡太守張納功德叙》"般桓弗就",《司隸校尉魯峻碑陰》"平原般",并作"股",與"股"相似。《爾雅·釋水》"鈎般",《釋文》:"般,李本作股。"《漢書·地理志》"濟南郡般陽",應劭曰:"在般水之陽。"《水經·濟水》注曰:"般水出般陽縣東南龍山,俗亦謂之爲左阜。"龍山,蓋嶕山也,古今異名耳。

鎬出鮮于

鎬出鮮于。

《北山經》郭注引此,"鎬"作"薄"。劉績曰:"'鎬''薄'必有一誤。"【引之曰】《北山經·薄水》注引此文,則"薄"非誤字可知,"鎬"與"薄"形、聲皆不相似,"薄"字亦無緣誤爲"鎬"。蓋"鎬"字下有出某山之文,而今脱之,"薄出鮮于",又脱"薄"字,故混爲一條耳。

晉出龍山結給

晉出龍山結給。

高注曰:"結給合一名也。龍山在晉陽之西北,晉水所出,東入汾。"【引之曰】"晉出龍山結給"當作"晉出結絀","龍山"二字因注而衍。"絀"字右畔作"合",則因下句"合出封羊"而誤。注當作"結絀山,一名龍山",今本作"結給",亦隨正文而誤,又脱"山"字,衍"合"字、"也"字耳。《水經·晉水》注曰:"《晉書·地道記》及《十三州志》并言晉水出龍山,一云出結絀山,在晉陽縣西北。"《太平御覽·地部十》引《郡國志》曰"懸甕山,一名龍山,亦名結絀山,晉水出焉",是結絀山乃晉水所出,故曰"晉出結絀"。"結絀"叠韻字,"結"古讀若"吉"。若作"結給",則失其韻矣。且龍山即是結絀,不得并言"龍山""結絀"也。注言"結絀山,一名龍山"者,猶上注言"發包山,一名鹿谷山""薄落之山,一名笄頭山""猛山,一名高陵山"。其云"一名某山",乃高以當時山名釋之,不得闌入正文。

脱文

【引之曰】《説山》篇:"江出岷山,河出崑崙,濟出王屋,潁出少室,漢出嶓冢。"高注云:"已説在《地形》也。"今《地形》篇無"潁出少室"之文,蓋寫者脱去。

根拔

凡根拔木者,生於庶木。

【念孫案】"根拔"二字涉下文"根茇草"而誤衍也。下文言"根茇草"者,對後"浮生不根茇"者而言,若木則皆有根茇,不必别言之曰"根茇木"也。"凡木者,生於庶木",與上文"凡羽者,生於庶鳥""凡毛者,生於庶獸""凡鱗者,生於庶魚""凡介者,生於庶龜",文同一例,不當有"根拔"二字也。又下文:"根拔生程若,程若生玄玉,玄玉生醴泉,醴泉生皇辜,皇辜生庶草,凡根茇草者生於庶草。"高注"根拔生程若"曰:"根拔,根生草之先也。"今本"草""之"二字誤倒。據下注"浮生草之先"改。案,"根拔"皆當作"招摇",今作"根拔"者,亦因下文"根茇草"而誤。根茇草生於庶草,由庶草而上溯之,至於程若,是程若爲根茇草之先,不得言"根拔生程若"也。《酉陽雜俎·廣動植》篇作"招摇生程若",以下六句皆本《淮南》,則"根拔"爲"招摇"之誤明矣。

苹藻

蕈生苹藻，苹藻生浮草，凡浮生不根茇者，生於苹藻。

【念孫案】三“苹”字皆後人所加。《埤雅》引此已誤。蕈，一作“薸”。苹，一作“蓱”。《吕氏春秋·季春》篇注曰：“苹，水薸也。”今本“薸”誤作“藻”。《爾雅·釋草》注曰：“水中浮蓱，江東謂之薸。”則“蕈”即是“苹”，不得言“蕈生苹藻”。且“苹藻”爲二物，又不得言“苹藻生浮草”也。《酉陽雜俎》正作“蕈生藻，藻生浮草”。

正土之氣也

正土之氣也，御乎埃天。

【念孫案】“也”字衍，下文“偏土之氣”四段“氣”下皆無“也”字。《太平御覽·地部三十五》引此亦無。

生黄埃黄埃五百歲

埃天五百歲生缺，缺五百歲生黄埃，黄埃五百歲生黄澒。

【念孫案】此本作“埃天五百歲生缺，缺五百歲生黄澒”，其“生黄埃，黄埃五百歲”八字，皆因上下文而誤衍也。上文有“埃天”，下文有“黄泉之埃”。下文“青天八百歲生青曾，青曾八百歲生青澒”，與此文同一例，後二段并同。則不當有“生黄埃”以下八字明矣。《初學記·寶器部》《太平御覽·珍寶部九》引此并云“玦五百歲生黄澒”，又引注云：“玦，石也。”《御覽·地部二十五》引此，云：“埃天五百歲生砄，又引注云：“砄，石名也。”《玉篇》:“砄,音決,石也。”砄五百歲生黄澒。”是其證。

清天　清泉

偏土之氣,御乎清天,清天八百歲生青曽。

【念孫案】“清天”當爲“青天”,謂東方天也,下“清泉”同。《太平御覽·地部》引此正作“青天”“青泉”。

八百歲

青金八百歲生青龍。

【念孫案】“八百歲”當爲“千歲”,上文“黄金千歲生黄龍”即其證也。後二段并同。高注云:“東方木色青,其數八,故八百歲而一化。”此注本在上文“青澒八百歲生青金”之下,後誤入此句下,讀者因改“千”爲“八百”耳。《太平御覽》引此正作“青金千歲生青龍”。

壯土

壯土之氣,御乎赤天。

《太平御覽》引注云“壯土,南方土也”。【念孫案】“壯土”當爲“牡土”,此對下文“北方土爲牝土”而言。“牡”字俗書作“壮”,與“牝”相似而誤。

《淮南内篇》弟五

時則

桃李始華

始雨水，桃李始華，倉庚鳴。

【引之曰】次句内本無"始"字，今本有者，後人據《月令》旁記"始"字，因誤入正文也。高注曰"自冬冰雪至此春分、穀雨，案，"春分、穀雨"四字，乃後人所改，《逸周書·時訓》篇"雨水之日，桃始華"，則非春分穀雨時也。《吕氏春秋》注作"自冬冰雪至此，土發而耕"。故曰始雨水"，是首句有"始"字也。又曰"桃李於是皆秀華"，是次句無"始"字也。《月令》"桃始華，倉庚鳴"，皆三字爲句，若無"始"字，則句法參差矣。此文"桃李華，倉庚鳴"亦三字爲句，若加一"始"字，則句法又參差矣。故桃李華不言始，而桃華則言始。倉庚鳴不言始，而蟬鳴則言始。蟬鳴言始，而寒蟬鳴則不言始，皆變文協句也。《吕氏春秋·仲春》篇正作"桃李華"。

角斗稱

角斗稱。

高注曰："斗稱，量器也。"【念孫案】"稱"皆當爲"桶"，"桶""稱"字相近，又涉注内"衡、石，稱也"而誤。《説文》："桶，木方受六升。"《廣雅》曰："方斛謂之桶。"斗、桶爲一類，故高注以桶爲量器，若作"稱"，則非量器矣。《月令》作"角斗甬"，鄭注曰："甬，今斛也。"《吕氏春秋》作"角斗桶"，高彼注與此注同，《史記・商君傳》"平斗桶"，義亦同也。下文"仲秋之月，角斗桶"，"桶"字亦誤作"稱"。

撲曲

具撲曲筥筐。

高注曰："撲，持也，三輔謂之撲。撲，讀南陽人言山陵同。曲，薄也。"《吕氏春秋・季春》篇作"挾曲"，高注曰："挾讀曰朕，三輔謂之挾，關東謂之得。"《月令》作"曲植"，鄭注曰："植，槌也。"【念孫案】"撲"與"挾"皆"栚"字之誤。"栚"字本作"栚"，形與"撲"相近。"挾"字隸書作"挟"，形與"栚"亦相近。"栚"讀若"朕"，架蠶薄之木也。持，陟革反，《吕氏春秋》注"關東謂之得"，乃"㯓"字之誤。"㯓"與"持"同。見《玉篇》《廣韻》。《説文》："栚，槌之横者也。"《方言》作"㮳"，云："槌，宋魏陳楚江淮之間謂之植，自關而西謂之槌，其横關西曰㮳，齊部謂之持。"郭璞曰："槌縣蠶薄柱也。""朕"字古音本在蒸部，讀若"澄清"之"澄"。《説文》"賸""䑶""䞠""勝""騰""滕""䲢""縢""螣""塍""勝"十一字，并從朕聲。《淮南・要略》"形埒之朕"，與"應"爲韻。

又，《兵略》篇"凡物有朕，唯道無朕"，《文子·自然》篇"朕"作"勝"。《説文》"䑼"字從夊、朕聲，或作"凌"，從夊、夌聲。是"朕""夌"古同聲，故《吕氏春秋》注云"栚讀曰朕"，此注云"栚，讀南陽人言山陵同"。

以雉嘗黍

天子以雉嘗黍。

高注曰："雉，新雞也。"【念孫案】古無謂"新雞"爲"雉"者，"雉"皆當爲"雗"，字之誤也。《廣雅·釋言》云："雗，㺅也。"曹憲音"而絹、而緣"二反。郭注《爾雅·釋言》云："今呼少雞爲鷄。""鷄"與"㺅"同。少雞，即新雞，故高注云"雗，新雞也"。《月令》作"以雛嘗黍"，其義一也。左思《蜀都賦》"巖穴無豣豵，翳薈無麢鷄"，麢，鹿子也，義與"雗"亦相近。茅一桂不知"雉"爲"雗"之誤，而改"雉"爲"雛"，莊本同。義則是而文則非矣。

馬政

班馬政。

高注曰："馬政，掌馬官也。"【念孫案】"馬政"本作"馬正"，注同。故高以爲掌馬官。《吕氏春秋·仲夏》篇"班馬正"，高彼注亦云"馬正，掌馬之官"，是其證。《月令》作"馬政"，鄭注云："馬政，謂養馬之政教。"引《周官·廋人職》曰"掌十有二閑之政教"，鄭説是也。高不知"正"爲"政"之借字，故訓爲掌馬之官，若字本作"政"，則亦當訓爲政教矣。後人依《月令》改“正”爲“政”，而不知其戾於高注也。

白鍾

孟秋之月，西宫御女白色，衣白采，撞白鍾。

【念孫案】“白鍾”之“白”，因上文而衍。春鼓琴瑟，夏吹竽笙，秋撞鍾，冬擊磬石，“鍾”上不宜有“白”字，而《北堂書鈔·歲時部二》《藝文類聚·歲時部上》《太平御覽·時序部九》引此皆有“白”字，則其誤久矣。

其兵戈

其兵戈。

【念孫案】“戈”當爲“戉”，字之誤也。《説文》：“戉，大斧也。從戈、乚聲。”“乚”音“厥”。《司馬法》曰：“夏執玄戉，殷執白戚，周左杖、黄戉，右把白髦。”徐鍇曰：“今作鉞。”《説文》：“鉞，車鑾聲也。從金、戉聲。《詩》曰：‘鑾聲鉞鉞。’”今《詩》作“噦”。《藝文類聚》《太平御覽》引此并作“其兵鉞”，是其證也。四時之兵，春用矛，夏用戟，季夏用劍，秋用戉，冬用鎩，五者皆不同類。戈與戟同類，夏用戟，則秋不用戈矣。莊二十五年《穀梁傳》“天子救日，陳五兵”，徐邈曰：“矛在東，戟在南，鉞在西，楯在北，弓矢在中央。”彼言“鉞在西”，正與此“秋用戉”同義。又案，《説文》引《司馬法》作“戉”，今經傳皆作“鉞”，未必非後人所改，此“戉”字若不誤爲“戈”，則後人亦必改爲“鉞”矣。《史記·周本紀》“斬以玄鉞”，《太平御覽·皇親部一》引作“玄戈”，“戈”亦“戉”之誤。

迎秋

天子親率三公九卿大夫以迎秋於西郊。

【念孫案】"迎秋"本作"迎歲",後人依《月令》改之耳。上文"孟春""孟夏"及下文"孟冬"并作"迎歲",高注曰:"迎歲,迎春也。"又曰:"迎歲,迎夏也。"則此亦當云:"迎歲,迎秋也。"後人既改"迎歲"爲"迎秋",又删去高注,斯爲妄矣。"孟冬"下亦删去"迎歲,迎冬也"五字,而正文"迎歲"尚未改。

戴荏

命太僕及七騶咸駕戴荏。

劉績曰:"'戴荏',《記》作'載旌旐',疑'荏'乃'旌'字之誤。"【念孫案】劉説是也。隸書"旌"字或作"拴",與"荏"相似而誤。"載""戴"古字通。

至國而后已

通路除道,從境始,至國而后已。

【念孫案】"后"字後人所加,季春言"從國始,至境止",季秋言"從境始,至國而已"。已,亦止也,無庸加"后"字。

鵲加巢

鵲加巢。

高注曰:"鵲感陽而動,上加巢也。"【念孫案】"加"讀爲

"架",謂搆架之也。《召南·鵲巢》箋曰:"鵲之作巢,冬至架之,至春乃成。"《釋文》:"架之,俗本或作加功。"案,"之"作"功"者,非。"架"作"加",則古字通用。劉昌宗讀"加"爲"架"是也。《匡謬正俗》謂"加功力作巢",非是。《本經》篇"大夏曾加",高注謂"以材木相乘架",是"加""架"古字通。此言"鵲加巢",即鄭《箋》所謂"冬至架之"者,非謂增加其巢也。《天文》篇曰:"日冬至,鵲始加巢。"《月令》曰:"季冬之日,鵲始巢。"義并與此同。《召南》正義引《推度災》云"鵲以復至之月始作室家"是也。

青土

東方之極,自竭石,舊本"石"下有"山"字,後人所加也。《太平御覽·地部二》引此無"山"字,《尚書大傳》亦無,今據删。"碣""竭"古字通,《道藏》本、茅本并作"竭石",《史記·貨殖傳》"龍門竭石",字亦如此。劉本改"竭"爲"碣",而莊本從之,皆未達假借之義。過朝鮮,貫大人之國,東至日出之次,槫木之地,青土樹木之野。

【引之曰】"青土"當爲"青丘",字之誤也。《御覽》引此已誤。《本經》篇"繳大風於青丘之野",今本"野"誤作"澤",辯見《本經》。高注曰"青丘,東方之丘名",即此所云"東至青丘之野"也。《吕氏春秋·求人》篇亦云:"禹東至槫木之地,日出之野,青丘之鄉。"《海外東經》云:"青丘國在朝陽北。"《逸周書·王會》篇"青丘狐九尾",孔晁曰:"青丘,海東地名。"服虔注《漢書·司馬相如傳》云:"青丘國在海東三百里。"

閉關閭

閉關閭,大搜客。

【念孫案】古書無以"關""閭"二字連文者,"關"當爲"門",此涉上文"關梁"而誤也。上文及《天文》篇并云"閉門閭,大搜客",《春秋繁露·五行順逆》篇云"閉門閭,大搜索",《太平御覽·時序部十二》引此作"守門閭"。

以塞奸人已德

蚤閉晏開,以塞奸人,已德,執之必固。

【念孫案】"塞"本作"索",此後人以意改之也。"蚤閉晏開,以索奸人"即上文所謂"閉門閭,大搜客"也,下句"奸人已得",正謂索而得之,若改"索"爲"塞",則與下句義不相屬矣。"奸人"下當更有"奸人"二字,"德"讀爲"得"。"蚤閉晏開,以索奸人,奸人已得,執之必固",皆以四字爲句,若弟三句無"奸人"二字,則文不成義矣。《太平御覽·時序部十二》《地部二》引此,"塞"作"索","德"作"得"是也,但無"奸人"二字,則所見本已誤。

格

夏行冬令,格。

高注曰:"格,玹也。象冬斷刑,恩澤玹格不流下。"【引之曰】高説非也。"格"讀爲"落"。謂夏行冬令,則草木零落也。"格"字從木、各聲,古讀如"各"。説見《唐韻正》。"格"與"落"聲相近而字相通。[①]《史記·酷吏傳》"置伯格長",徐廣曰:

① "而",底本作"格",據同治本改。

"古村落字亦作格。""村落"之"落"通作"格",猶"零落"之"落"通作"格"也。《月令》云:"仲夏行秋令,則草木零落。"《管子·幼官》篇"夏行冬政,落",《四時》篇同。尹知章曰:"寒氣肅殺,故凋落也。"《春秋繁露·五行五事》篇云"秋行冬政則落",又云"夏行冬政則落",皆其明證矣。

《淮南内篇》弟六

覽冥

尚葈

夫瞽師、庶女，位賤尚葈，權輕飛羽。

高注曰："尚，主也。葈，葈耳，葈，《廣雅》作"枲"。菜名也。主是官者，至微賤也。"【引之曰】主枲耳之官，書傳未聞。尚枲，蓋即《周官》"典枲，下士二人"者。典，亦主也，見《周官·典婦功》注。言典枲本賤官，瞽師、庶女則又賤於典枲。枲，謂"麻枲"，非謂"枲耳"也。

右秉白旄　余任

武王伐紂，渡於孟津，陽侯之波，逆流而擊，疾風晦冥，人馬不相見。於是武王左操黄鉞，右秉白旄，瞋目而撝之曰："余任，天下誰敢害吾意者？"

【念孫案】"右秉白旄"，"秉"本作"執"，此後人依《牧誓》改之也，《論衡·感虚》篇引此正作"執"，《論衡》稱"傳書言武王伐紂，渡孟津"云云，共十二句，皆與此同，是所引即《淮南》之文也。《太平御覽・地部》二十六、三十六、《皇王部九》引此亦作"執"。《泰族》篇亦云"武王左操黄鉞,右執白旄","執"與"秉"同義,無煩據彼以改此也。"任"當爲"在",字之誤也,《道應》篇"本在於身","在"字亦誤作"任"。"余在"爲句,"天下誰敢害吾意者"爲句,《孟子》引《書》曰"四方有罪無罪,惟我在,天下曷敢有越厥志",句法與此相似。《論衡・感虚》篇、《藝文類聚・儀飾部》《太平御覽・地部》二十六、三十六、《皇王部九》《儀式部一》引此并作"余在"。"害"讀爲"曷",古字以"害"爲"曷",通見《詩》《書》。曷,止也,言誰敢止吾意也。《爾雅》:"曷、遏,止也。"《商頌・長發》篇"則莫我敢曷",《荀子・議兵》篇引作"則莫我敢遏"。

酒湛溢

故東風至而酒湛溢。

高注曰:"東風,木風也。酒湛,清酒也。米物下湛,故曰湛。木味酸,酸風入酒,故酒酢酢,即酸也,今本作"醉",乃後人所改。《文選・七啓》注、《太平御覽・天部九》引此并作"酢",今據改。而湛者沸溢,物類相感也。"【念孫案】如高説,以酒湛爲清酒,則當言"湛酒溢",不當言"酒湛溢",故又申之曰"酒酢而湛者沸溢",殆失之迂矣。今案,"湛溢"二字當連讀,"湛"與"淫"同。《爾雅》:"久雨謂之淫。"《論衡・明雩》篇"久雨爲湛",湛,即淫也。"湛"字或作"沈"。《微子》"我用沈酗于酒",沈酗,即淫酗。《史記・宋世家》"紂沈湎于酒",《太史公自序》:"帝辛湛湎。"楊雄《光禄勳箴》"桀紂淫湎",淫湎,即湛湎。《樂書》"流沔沈佚",沈佚,即淫泆。"淫"與"湛""沈"義同而字亦相通。《考工記・㡛氏》"淫之以蜃",杜子春云:"淫當爲湛。"

《齊語》“擇其淫亂者而先征之”,《管子·小匡》篇“淫”作“沈”。《莊子·天下》篇“禹沐甚雨”,崔譔本“甚”作“湛”,音淫。《淮南·修務》篇作“禹沐淫雨”。淫溢,猶衍溢也。酒性温,故東風至而酒爲之加長,《春秋繁露·同類相動》篇曰“水得夜,益長數分,東風而酒湛溢。故陽益陽而陰益陰”,義與此同也。

煙

旱雲煙火,涔雲波水。

【引之曰】“煙”當爲“熛”,字之誤也。高注同。《説文》:“熛,火飛也,讀若標。”《一切經音義》十四引《三倉》曰:“熛,迸火也。”“旱雲熛火,涔雲波水”,猶言旱雲如火,涔雲如水耳。“熛火”與“波水”對文,若作“煙火”則與下句不類矣。又,《齊俗》篇:“譬若水之下流,煙之上尋也。”“煙”亦當爲“熛”。“熛之上尋”,猶言火之上尋,故與“水之下流”對文。《天文》篇曰:“火上尋,水下流。”是其證也。若以“煙”“水”相對,則非其旨矣。《藝文類聚·火部》“煙”下引此作“煙之上尋”,則此字之誤已久。又,《人間》篇:“百尋之屋,以突隙之煙焚。”“煙”亦當爲“熛”,突隙之煙不能焚屋,明是“熛”字之誤。《説林》篇曰:“一家失熛,百家皆燒。”是其證也,《太平御覽·蟲豸部四》引此正作“突郤之熛”。世人多見“煙”,少見“熛”,故諸書中“熛”字多誤作“煙”。説見《吕氏春秋》“煙火”下。

夫陽燧

夫陽燧取火於日,方諸取露於月。

【念孫案】“夫陽燧”本作“夫燧”，今本有“陽”字者，後人所加也。彼蓋誤以“夫”爲語詞，又以《天文》篇“陽燧見日則然而爲火，方諸見月則津而爲水”，故加入“陽”字，不知“夫燧”即“陽燧”也，“夫燧”與“方諸”相對爲文。《周官》：“司烜氏掌以夫遂取明火於日。”“遂”與“燧”同。鄭注曰：“夫遂，陽遂也。”下文云“夫燧之取火，慈石之引鐵”，并以“夫燧”二字連文，故高注云“夫，讀大夫之夫”，則“夫”非語詞明矣。

故召遠者使無爲焉親近者使無事焉

故召遠者，使無爲焉。親近者，使無事焉。惟夜行者爲能有之。

高釋上四句曰：“欲致化四夷者，當以無爲，無爲則夷荒自至。欲親近者，當以無事，無事則近人自親附之。”【念孫案】高説非也。“親近者使無事焉”，“使”當作“言”，“無爲”“無事”，猶今人言無用也。此言使不足以召遠，言不足以親近，惟誠足以動之耳。今本“言”作“使”者，涉上句“使”字而誤，高云“欲親近者當以無事”，“以”字正釋“使”字，則所見本已誤作“使”。《管子·形勢》篇曰：“召遠者使無爲焉，親近者言無事焉，唯夜行者獨有之也。”《形勢解》曰：“民利之則來，害之則去。故欲來民者，①先起其利，雖不召而民自至。設其所惡，雖召之而民不來也。故曰‘召遠者使無爲焉’。道之純厚，遇之有實，雖不言曰‘吾親民’，而民親矣。道之不厚，遇之無實，雖言曰‘吾親民’，民不親也。故曰‘親近者言無事焉’。所謂夜行者，心行也，能心行德，②天下莫能與之争

① “欲”下脱“來”字，據《管子》補。
② “心”下衍一“行”字，據《管子》删。

矣，故曰‘唯夜行者獨有之也’。"此即《淮南》所本。《文子·精誠》篇曰："夫召遠者使無爲焉，親近者言無事焉，唯夜行者能有之。"又本於《淮南》也。或謂《文子》所用，乃《管子》之文，非《淮南》之文。今知不然者，《淮南》唯此五句與《管子》同，其上下文皆《管子》所無也，《文子》上下文皆與《淮南》同，則皆本於《淮南》明矣。又，《管子》作"唯夜行者獨有之"，《淮南》作"惟夜行者爲能有之"，《文子》與《淮南》同。是此五句亦本於《淮南》，非本於《管子》也。

欲以生殊死之人

是猶王孫綽之欲倍偏枯之藥，而欲以生殊死之人。

【念孫案】下"欲"字因上"欲"字而衍，"欲倍偏枯之藥，而以生殊死之人"作一句讀，不當更有"欲"字。高注曰"欲倍其劑，以生已死之人"，則無下"欲"字明矣。

取火於日

夫燧之取火於日。

【念孫案】"於日"二字因上文"取火於日"而衍。"夫燧之取火，慈石之引鐵""蟹之敗漆，葵之鄉日"各相對爲文，則此處不當有"於日"二字。

近之則遠　延之則疏

夫道之與德，若韋之與革，遠之則邇，近之則遠。不得其道，若觀鯈魚。

【念孫案】“近之則遠”，“遠”當作“疏”，此涉上句“遠”字而誤也。“德”“革”爲韻，“疏”“魚”爲韻，若作“遠”，則失其韻矣。《泰族》篇“遠之則邇，延之則疏”，亦與“除”“虚”“餘”爲韻。《泰族》篇之“延”字當作“近”。今據《泰族》之“疏”字，以正此篇“遠”字之誤，并據此篇之“近”字，以正《泰族》“延”字之誤。《文子・精誠》篇正作“近之即疏”。

聖若鏡

故聖若鏡，不將不迎，應而不藏。

【念孫案】“聖”下脱“人”字，《意林》及《太平御覽・人事部四十二》《服用部十九》引此并有“人”字。《莊子・應帝王》篇“至人之用心若鏡”，《文子・精誠》篇“是故聖人若鏡”，亦皆有“人”字。

非乃得之也

其得之，乃失之。其失之，非乃得之也。

【念孫案】“非”字義不可通，衍文也。高注云：“自謂失道，未必不得道也。”則無“非”字明矣。劉本作“其失之也，乃得之也”，此依《文子・精誠》篇改。

玄雲之素朝

若乃至於玄雲之素朝，陰陽交争，降扶風，雜湅雨。高注：“湅雨，暴雨也。”字從氵，不從冫，各本皆誤作“凍”，今改正。《爾雅》：“暴雨謂之涷。”郭璞曰：“今江東呼夏月暴雨爲涷雨。”《離騷》云“使涷雨兮灑塵”是也。涷，音“東西”之東。

【念孫案】“玄雲之素朝”，衍“之”字。高注曰：“玄，黑。素，白也。”是“玄雲”“素朝”相對爲文，“雲”下不當有“之”字，且兩句皆以四字爲句，加一“之”字，則句法參差矣。《文選·南都賦》《魏都賦》注引此皆無“之”字。

蛇鱓著泥百仞之中熊羆匍匐丘山磛巖

蛇鱓著泥百仞之中，熊羆匍匐丘山磛巖，虎豹襲穴而不敢咆，猨狖顛蹷而失木枝，又況直蛇鱓之類乎。

【念孫案】下言“又況直蛇鱓之類”，則上文“著泥百仞之中”者，非謂蛇鱓也，且蛇鱓在淺水之中，亦不得言百仞。“蛇”當作“蚖”，“蚖”與“黿”同。《史記·太史公自序》“黿鱓與處”，《索隱》本作“蚖鱓”，即“黿鼉”字也。《書大傳》“河魭江鱓”，亦與“黿鼉”同。“鱓”與“鼉”同。《説文》：“鱓，魚也。皮可以爲鼓。”《夏小正》傳：“剥鱓以爲鼓也。”《吕氏春秋·古樂》篇：“鱓乃偃寢，以其尾鼓其腹。”言蚖鱓徒何反。且伏於深淵而不敢出，況蛇鱓音善。之類乎？今本“蚖”作“蛇”者，涉上下文“蛇鱓”而誤。

【引之曰】磛巖乃高峻貌，龍乘風雨而熊羆畏避，則當伏於幽隱之地，山顛高峻，非所以藏身也。“磛巖”當作“之巖”。王逸注《七諫》曰：“巖，穴也。”《莊子·山木》篇：“豐狐文豹，伏於巖穴。”言熊羆匍匐於丘山之穴而不敢出也。下文“虎豹襲穴而不敢咆”正與此同義，且“蚖鱓著泥百仞之中，熊羆匍匐丘山之巖”二句相對爲文，若作“磛巖”，則義不明而句亦不協矣。“磛”字蓋出後人所改。後人誤讀“巖”爲“磛巖”之“巖”，故以意改之。

燕雀佼之

鳳皇之翔，至德也。燕雀佼之，以爲不能與之争於宇宙之間。

高注曰："燕雀以爲能佼健於鳳皇也。"【念孫案】高説非也。"佼"讀爲"姣"。《廣雅》曰："姣，侮也。"言燕雀輕侮鳳皇也。上文云"赤螭青虬之游冀州也，蛇鱓輕之，以爲不能與之争於江海之中"，是其證也。作"佼"者，借字耳。"姣侮"之"姣"通作"佼"，猶"姣好"之"姣"通作"佼"，《陳風·月出》篇"佼人僚兮"是也。

羽翼

羽翼弱水，暮宿風穴。

【念孫案】"羽翼弱水"四字，文不成義，"羽翼"當爲"濯羽"，故高注云"濯羽翼於弱水之上"，今本作"羽翼"，即涉注内"羽翼"而誤也。舊本《北堂書鈔·地部二》"穴"下引此正作"濯羽弱水，暮宿風穴"，陳禹謨本删去。《文選·辯命論》注、《白帖》九十四并同。《説文》"鳳濯羽弱水，暮宿風穴"即用《淮南》之文。

歸忽

騁若飛，騖若絶，縱矢躡風，追猋歸忽。

高注曰："縱，履也，足疾及箭矢。躡，蹈也。追猋及之，猋,光中有影者。忽然便歸,皆言疾也。”【念孫案】高謂“猋”爲“光中有影者”,於古無據。又言“忽然便歸”,亦失之。猋、忽,皆謂疾風也。《爾雅》:“扶摇謂之猋。”郭璞曰:“暴風從下上也。”《説文》:“飇,扶摇風也。”“颮,疾風也”。“飇颮”通作“猋忽”,張衡《思玄賦》曰“乘猋忽兮,馳虚無”是也。“追猋歸忽”即承上“躡風”而申言之。歸忽,猶言歸風,《説林》篇曰“以兔之走,使大如馬,則逮日歸風”是也。“縱矢躡風,追猋歸忽”二句相對爲文,若以“歸忽”爲“忽然便歸”,則與上文不類矣。

日入

朝發榑桑,日入落棠。

高注曰:“榑桑,日所出也。落棠,山名,日所入也。”【念孫案】“日入”當爲“入日”,今本作“日入”,蓋涉高注“日所入”三字而誤。不知高注自謂落棠山爲日所入,非正釋“入日”二字也。“入日”者,及日於將入也。“朝發榑桑”,謂與日俱出。“入日落棠”,謂與日俱入。上言“追猋”,此言“入日”,皆狀其行之疾也。若云“日入落棠”,則非其指矣。上文云“鳳皇徑躡都廣,入日抑節”,正與此“入日落棠”同意。《海外北經》:“夸父與日逐走,入日。”郭璞曰:“言及日於將入也。”意亦與此同。

踰於六馬

嗜欲形於胸中,而精神踰於六馬。

陳氏觀樓曰:"'踰'當爲'喻',字之誤也。喻,曉也,言馬曉人意也。《太平御覽·獸部八》引此正作'喻'。"

律治陰陽之氣

以治日月之行,律今本此下有高注云"律,度也"。治陰陽之氣,節四時之度。

陳氏觀樓曰:"'律'下本無'治'字,'律陰陽之氣'與上下相對爲文,讀者誤以'律'字上屬爲句,則'陰陽之氣'四字,文不成義,故又加'治'字耳。高注'律,度也'三字本在'律陰陽之氣'下,傳寫誤在'律'字之下,'陰陽'之上,隔斷上下文義,遂致讀者之惑。"【念孫案】《文子·精誠》篇作"調日月之行,治陰陽之氣",此用《淮南》而改其文也,後人不知"律"字之下屬爲句,故依《文子》加"治"字耳。

爁炎　浩洋

火爁炎而不滅,水浩洋而不息。

【念孫案】"炎"當爲"焱",字之誤也。《説文》:"焱,火華也。"《玉篇》"弋贍切",《廣韻》:"爁,力驗切。爁焱,火延也。"《太平御覽·皇王部三》引此作"爁焱",與《廣韻》合。"洋"當爲"漾",亦字之誤也。《玉篇》:"漾,弋沼切。"司馬相如《上林賦》"灝漾潢漾",郭璞曰:"皆水無涯際貌也。"左思《魏都賦》"河汾浩㵝而皓漾",李善注引《廣雅》曰:"皓漾,大也。""灝""皓"并與"浩"通。《御覽·地部二十四》引此作"浩漾"。《皇王部三》引此作"皓漾"。"爁焱""浩漾"皆叠韻,"浩洋"則非疊韻。蓋後人多見“炎”“洋”，少見“焱”“羕”，故“焱”誤爲“炎”，“羕”誤爲“洋”矣。

陰陽之所壅沈不通者

陰陽之所壅沈不通者，竅理之。逆氣戾物，傷民厚積者，絶止之。

【念孫案】“陰陽之所壅沈不通者”，當依《文子·精誠》篇作“陰陽所擁，“擁”“壅”古字通。沈滯不通者”。今本“所”上衍“之”字，“沈”下脱“滯”字，則句法參差，且與下文不對。若以“壅沈”二字連讀，則文不成義。

眄眄

當此之時，臥倨倨，興眄眄。俗書“眄”字如此。

高注曰：“倨倨，臥無思慮也。眄眄然，視無智巧貌也。”【念孫案】“眄眄”當爲“盱盱”。“盱”字本作“盱”，形與“眄”相近，故誤爲“眄”。《修務》篇“以身解於陽盱之河”，今本“盱”誤作“眄”。《晉書·陸機傳·豪士賦序》“偃仰瞪盱”，《文選》“盱”作“眄”。《莊子·應帝王》篇“其臥徐徐，其覺于于”，司馬彪曰：“于于，無所知貌。”正與高注“無智巧”之意相合。《盜跖》篇曰：“臥居居，起于于。”“于”與“盱”聲近而義同也。《説文》：“盱，張目也。”《俶真》篇曰：“萬民睢睢盱盱然，莫不竦身而載聽視。”《魯靈光殿賦》：“鴻荒朴略，厥狀睢盱。”張載曰：“睢盱，質朴之形。”《劇秦美新》曰：“天地未袪，睢睢盱盱。”故高云：“盱盱然，視無智巧貌也。”若“眄”爲邪視，則與“無智巧”之意不合矣，且《莊子》以“徐”“于”爲韻，“居”“于”爲韻，此以“倨”“盱”爲韻，若作“眄”，則失其韻矣。

蝮蛇

當此之時，禽獸、蝮蛇無不匿其爪牙，藏其螫毒。

【念孫案】“蝮蛇”本作“蟲蛇”，此後人妄改之也。“禽獸”“蟲蛇”相對爲文，所包者甚廣，改“蟲蛇”爲“蝮蛇”，則舉一漏百，且與“禽獸”二字不類矣。《文子·精誠》篇正作“禽獸蟲蛇”，《韓子·五蠹》篇亦云“人民不勝禽獸、蟲蛇”。

重萬物 服駕應龍 援絶瑞

名聲被後世，光輝重萬物，乘雷車，服駕應龍，驂青虬，援絶瑞。

【念孫案】“重”字義不可通。《爾雅·釋魚》疏引此作“光輝熏萬物”是也。熏，猶熏炙也，謂光輝熏炙萬物。《韓詩外傳》曰：“名聲足以薰炙之。”“薰”與“熏”同。故高注曰“使萬物有輝光也”。“服應龍”“驂青虬”相對爲文，故高注曰“在中爲服，在旁爲驂”。“服”下不當有“駕”字，此後人據高注旁記“駕”字，因誤入正文也。不知高注“駕應德之龍”是解“服應龍”三字，非正文内有“駕”字也。《一切經音義》一、《太平御覽·鱗介部二》及《爾雅疏》引此，俱無“駕”字。“援絶瑞”本作“援絶應”，此亦涉注文而誤也。案，正文作“絶應”，故注釋之曰“殊絶之瑞應”，若正文本作“絶瑞”，則無庸加“應”字以釋之矣。《爾雅疏》引此作“絶瑞”，則所見本已誤。《御覽》引此正作“絶應”。

墧裂

植社槁而墧裂。

【念孫案】《説文》《玉篇》《廣韻》《集韻》皆無"墧"字，"墧"當爲"㙤"，隸書之誤也。隸書"虖"字或作"雩"，"雩"字或作"雩"，二形相近，故"虖"誤爲"雩"。《漢書·王子侯表》"虖葭康侯澤"，《史記》作"雩殷"。又，《匈奴傳》"郎中係虖淺"，《史記》作"係雩淺"。《説文》："㯉，木也。"今作"樗"。《玉篇》："嫭，胡故切，好皃。或作嫮。"皆其例也。《説文》："罅，裂也。"又曰："㙤，坼也。""㙤""罅"古字通。《賈子·耳痹》篇作"置社槁而分裂"。

莎薠　無理

田無立禾，路無莎薠，金積折廉，璧襲無理，磬龜無腹，蓍策日施。

高解"路無莎薠"曰："莎薠，讀猿猴蹯蹂之蹯，案，《爾雅》曰："狸狐貒貈醜，其足蹯，其迹内。""内"與"蹂"同，故曰"猿猴蹯蹂"。各本"蹂"誤作"躁"，今改正。狀如葴。莎，草名也。"【引之曰】"莎薠"本作"薠莎"，故高注先釋"薠"，後釋"莎"，《道藏》本誤作"莎薠"。洪興祖《楚辭·九歌》補注引此已誤。注内"薠"上又衍一"莎"字，劉績不能是正，反移"莎"字之注於前，以就已誤之正文，斯爲謬矣。莊本同。"莎"與"禾""羸""施"爲韻。各本"羸"作"理"，乃後人所改，辯見下。"施"字古讀若"婆娑"之"娑"，説見《唐韻正》。若作"莎薠"，則失其韻矣。

高解"璧襲無理"曰："璧文、襲重，言用之煩數，皆鈍無復文理也。"《文子·上禮》篇"無理"作"無羸"。【引之曰】"羸"

當作"蠃",《淮南》原文當亦是"蠃"字,非"理"字。《本經》篇"冠無觚蠃之理",高彼注云:"蠃,讀指端蠃文之蠃。"今本"蠃"字皆誤爲"嬴",莊本改爲"蠃"是也。《晏子春秋·諫》篇"觚蠃"作"觚羸","羸"字古亦讀若"蠃",故與"蠃"通也。《本經》篇又曰"蠃鏤雕琢,詭文回波",蠃鏤,亦謂轉刻如蠃文也,故彼注云"蠃鏤,文章鏤"。今本"蠃"字亦誤爲"嬴"。指端蠃文,今人猶有此語,謂其文之旋轉如蠃也。璧形圓,故謂其文曰蠃,久而漫滅,故曰"無蠃"。此注"璧文"上當有"蠃"字,"蠃璧文"是釋"蠃"字之義,"襲重"是釋"襲"字之義,"言用之煩數皆鈍無復文理也"是統釋"璧襲無蠃"四字之義。《文子》作"無蠃",而此注言"無文理",故知其字之本作"蠃"也,後人不解"蠃"字之義,又見注内有"無文理"之語,遂改"蠃"爲"理",而不知注内"璧文"二字正釋"蠃"字也。且"蠃"與"禾""莎""施"爲韻,改"蠃"爲"理",則失其韻矣。

高重京

大衝車,高重京。

高注曰:"古者伐不敬,取其鯨鯢,收其骸尸,聚土而瘞之,以爲京觀,故曰高重壘,京觀也。"【念孫案】"高重京","京"當爲"壘",注云"故曰高重壘"即其證也。注"京觀也"上當更有一"壘"字,"壘,京觀也"四字,即承上注言之。今本正文"壘"作"京",涉注文"京觀"而誤,注内又脱一"壘"字。《文子·上禮》篇作"高重壘",是其明證矣。高以上文言"濫殺",故謂"重壘"爲"京觀"。今案,衝車所以攻,重壘所以守,此二句别爲一義,"高重壘",即所謂深溝高壘,非"京觀"之謂也。

枕格

厮徒馬圉，軵車奉饟，道路遼遠，霜雪亟集，短褐不完，人羸車弊，泥塗至膝，相携於道，奮首於路，身枕格而死。

高注曰："奮首，民疲於役，頓仆於路，僅能摇頭耳，言疲困也。格，搒牀也。言收民役賦不畢者，搒之於格上不得下，故曰'枕格而死'。"【念孫案】高説"枕格"之義，非也。"格"音胡格反，與"輅"同，謂輓車之横木也。《晏子春秋·外篇》曰"擁轅執輅"，《漢書·婁敬傳》"敬脱輓輅"，應劭曰："輅，謂以木當胸以輓輦也。"見《文選·西京賦》注。孟康音"胡格反"。"身枕格而死"，謂困極而仆，身枕輓車之木而死也。《兵略》篇曰"百姓之挽輅首路死者，一旦不知千萬之數"，高彼注曰："輅，輓輦横木也。""挽輅首路而死"，即此所謂"奮首於路，身枕格而死"也。《人間》篇又曰"羸弱服格於道，病者不得養，死者不得葬"，《兵略》篇作"輅"，此及《人間》篇作"格"，字異而義同也。"奮首於路，身枕格而死"，皆承上"人羸車弊"而言，若以"身枕格"句爲死於搒掠，則與上文全不相屬矣。

天而不夭於人虐　合而爲一家

故自三代以後者，天下未嘗得安其情性，而樂其習俗，保其修命，天而不夭於人虐也，所以然者何也？諸侯力征，天下合而爲一家。

【念孫案】"天而不夭於人虐也"，"天"字與上下文義不相屬，此因上文"天下"而誤衍也。《太平御覽·兵部七十》引此無"天"字。"天下合而爲一家"，"合"上脱"不"字，《太平御覽》引此有"不"字,《文子・上禮》篇同。

鑿竇而出水 毁瀆而止水

是猶抱薪而救火,鑿竇而出水。

【念孫案】"出"當爲"止",字之誤也。欲止水而鑿竇,則水從竇入,而愈不可止。若鑿竇而出水,則固其宜耳。《文子・精誠》篇"鑿渠而止水,抱薪而救火"即用《淮南》之文。又,《説林》篇"若被蓑而救火,毁瀆而止水","毁"當爲"鑿",《太平御覽・火部一》引此已誤。俗書"鑿"字或作"鑿",因誤而爲"毁"。《顔氏家訓・書證》篇説俗字云"鼓外設皮,鑿頭生毁"。"瀆"與"竇"同,《意林》引此正作"被蓑救火,鑿瀆止水"。今據《説林》之"止水"以正"出"字之誤,并據此篇之"鑿竇"以正《説林》"毁"字之誤。

井植生梓 林無柘梓

夫井植生梓而不容甕,溝植生條而不容舟。又,《本經》篇:"山無峻幹,林無柘梓。"

高注曰:"梓,滋生也。"【念孫案】"梓"皆當爲"梓"。"梓",古"蘖"字也。《説文》:"櫱,伐木餘也。《商書》曰:'若顛木之有甹櫱。'或作蘖,古文作梓。""梓"字從木、𢆉聲,《説文》:"𢆉,小羊也。從羊、大聲。或省作𢆉。"《爾雅》:"枿,餘也。"李巡曰:"枿,槁木之餘也。"《釋文》:"枿,本或作梓。"《盤庚》"若顛木之有由蘖",《釋文》:"蘖,本又作枿。馬云:'顛木而肄生曰枿。'"《魯語》"山不槎蘖",韋注曰:"以株生曰蘖。""蘖""枿"

“欁”并與“桻”同，是“桻”爲“伐木更生”之名，故高注曰“桻，滋生也”。又，《説文》“甹，木生條也。《商書》曰：‘若顛木之有甹枿。’”是“條”與“桻”義相近，故此篇云“井植生桻，溝植生條”。《俶真》篇“百事之莖葉條桻”，高注云：“桻，讀《詩·頌》‘苞有三櫱’同。”是其明證矣。又，《俶真》篇：“十人養之，一人拔之，今本“十”誤作“一”，“一”誤作“十”，辯見《俶真》。則必無餘桻。”高注亦讀“桻”爲“櫱”。“桻”字篆文作“𣏟”，隸變作“桻”，形與“梓”相似，因誤爲“梓”矣。

河九折注於海　崑崙之輸也

河九折注於海而流不絶者，崑崙之輸也。

【念孫案】《藝文類聚·水部上》《初學記·地部中》《太平御覽·地部二十六》及《文選·海賦》注引此并云“河水九折注海而流不絶者，有崑崙之輸也”，較今本爲長。

《淮南内篇》弟七

精神

二月而胅三月而胎四月而肌

一月而膏，二月而胅，三月而胎，四月而肌。

【念孫案】《文子·九守》篇作"一月而膏，二月而脈，三月而胚，四月而胎"，《廣雅·釋親》作"一月而膏，二月而脂，三月而胎，四月而胞"，與此或同或異。又，《爾雅·釋詁》釋文及《文選·江賦》注引此并作"三月而胚"，亦與今本異。

脱三字

是故肺主目，腎主鼻，膽主口，肝主耳。

【念孫案】《文子》作"肝主目，腎主耳，脾主舌，肺主鼻，膽主口"，説肝、腎、肺之所主，與此互異，而多"脾主舌"一句。案，此言五藏之主五官，不當獨缺"脾"與"舌"，下文"膽爲雲，肺爲氣，脾爲風，腎爲雨，肝爲雷"，即承此文言之，則此當有"脾主舌"一句，但未知次於何句之下耳。《白虎通義》亦曰"脾繫於舌"。

三百六十六日　三百六十六節

天有四時、五行、九解、三百六十六日。人亦有四支、五藏、九竅、三百六十六節。

【念孫案】"三百六十六日""三百六十六節"本作"三百六十日""三百六十節",後人以《堯典》言"期三百有六旬有六日",故於上句加"六"字,因併下句而加之也。不知三百六十日,但舉大數言之,《繫辭傳》曰"乾坤之策,凡三百有六十,當期之日"是也。若人之骨節,則諸書皆言"三百六十"。《吕氏春秋·本生》篇曰:"則三百六十節,皆通利矣。"《達鬱》篇曰:"三百六十節、九竅、五藏、六府。"《太平御覽·人事部一》引《公孫尼子》曰:"人有三百六十節,當天之數也。"皆其證矣。《春秋繁露·人副天數》篇曰:"天以終歲之數,成人之身,故小節三百六十分,今本"分"作"六",亦是後人所改,上文云"人有三百六十節,偶天之數也",即其證。今依上文改。副日數也。大節十二分,副月數也。"《淮南·天文》篇亦曰:"天有十二月,以制三百六十日。人亦有十二肢,以使三百六十節。"此皆以十二統三百六十,猶十二律之統三百六十音也,見《天文》篇。不得言"三百六十六"明矣。《太平御覽》引此已誤,《文子·九守》篇正作"三百六十日""三百六十節"。

肝爲風　脾爲雷

故膽爲雲,肺爲氣,肝爲風,腎爲雨,脾爲雷。

高注曰:"肝,木也。木爲風生,故爲風。"【念孫案】"肝爲風"本作"脾爲風",注"肝,木也"本作"脾,木也","脾爲雷"本作“肝爲雷”，皆後人改之也。上注曰“肝，金也”，是高不以肝爲木也。《時則》篇“春祭先脾”，注引“一説曰脾屬木，自用其藏也”，是“脾爲木”也。説詳《經義述聞·月令》脾屬木，而木爲風生，故曰“脾爲風”。“脾爲風”則“肝爲雷”矣。上四句皆有注，而“肝爲雷”下獨無注者，後人改“肝”爲“脾”，則與注不合，故删之耳。《五行大義·論人配五行》篇及《太平御覽·人事部一》引此并作“脾爲風，肝爲雷”，《文子·九守》篇同。

氣志

夫孔竅者，精神之户牖也，而氣志者，五藏之使候也。

【念孫案】“氣”可言五藏之使候，“志”不可言五藏之使候。“氣志”當爲“血氣”，此涉下文“氣志”而誤也。上文曰“血氣能專於五藏而不外越，則胸腹充而嗜欲省矣”，下文曰“五藏摇動而不定，則血氣滔蕩而不休矣”，故曰“血氣者，五藏之使候”。《文子·九守》篇正作“血氣”。

使口爽傷

是故五色亂目，使目不明。五聲嘩耳，使耳不聰。五味亂口，使口爽傷。趣舍滑心，使行飛揚。

高注曰：“爽病，病傷滋味也。”【念孫案】“使口爽傷”本作“使口厲爽”，注本作“厲爽，病傷滋味也”。《大雅·思齊》箋曰：“厲，病也。”《逸周書·謚法》篇曰：“爽，傷也。”《廣雅》同。故云“厲爽，病傷滋味也”。後人以韻書“爽”在上聲，與“明”“聰”“揚”三字音不相協，故改“厲爽”爲“爽傷”。不知“爽”字古讀若"霜",正與"明""聰""揚"爲韻,《衛風·氓》篇"女也不爽",與"湯""裳""行"爲韻。《小雅·蓼蕭》篇"其德不爽",與"瀼""光""忘"爲韻。《楚辭·招魂》"厲而不爽",與"方""梁""行""芳""羹""漿""鶬""餭""鴹""涼""妨"爲韻。案,"爽"字古皆讀若"霜",《毛詩》《楚辭》而外,不煩覼縷。故《老子》"五味令人口爽",亦與"盲""聾""狂""妨"爲韻,而《莊子·天地》篇:"五色亂目,使目不明。五聲亂耳,使耳不聰。五味濁口,使口厲爽。趣舍滑心,使性飛揚。"即《淮南》所本也。且"爽"即是"傷",若云"使口爽傷",則是"使口傷傷"矣。《文子·九守》篇作"使口生創",亦是後人所改。乃既改正文之"厲爽"爲"爽傷",又改注文之"厲爽"爲"爽病",甚矣其謬也。諸書無訓"爽"爲"病"者,又高注"不明,視而昏也""不聰,聽無聞也""厲爽,病傷滋味也。飛揚,不從軌度也",皆先列正文而後釋其義,今改"厲爽"爲"爽病",則與上下注文不類矣。

孰知

或者生乃徭役也,而死乃休息也。天下茫茫,孰知?

【念孫案】"孰知"下有脱文,劉本作"孰知之哉",此以意補,不可從。諸本及莊本同。

心之暴

夫悲樂者,德之邪也。而喜怒者,道之過也。好憎者,心之暴也。

【念孫案】"暴",當依《文子·九守》篇作"累",字之誤也。上文曰"好憎者,使人之心勞",故曰"好憎者,心之累也",作

“暴”,則非其指矣。《原道》篇曰:“喜怒者,道之邪也。憂悲者,德之失也。好憎者,心之過也。嗜欲者,性之累也。”語意略與此同。

静則與陰俱閉動則與陽俱開

其生也天行,其死也物化。静則與陰俱閉,動則與陽俱開。

【念孫案】“與陰俱閉”“與陽俱開”本作“與陰合德”“與陽同波”,後人以《原道》篇云“與陰俱閉”“與陽俱開”,故據彼以改此也。不知“波”與“化”爲韻,自“其生也,天行”至“不敢越也”,皆隔句用韻。若如後人所改,則失其韻矣。《文子·九守》篇“静即與陰合德,動即與陽同波”,即用《淮南》之文。《莊子·天道》篇“其生也天行,其死也物化。静而與陰同德,動而與陽同波”,《刻意》篇同。又《淮南》所本也。

正肝膽

正肝膽,遺耳目。

【念孫案】“正”當爲“亡”,字之誤也。“亡”與“忘”同。《邶風·緑衣》箋:“亡之言忘也。”《荀子·勸學》篇“怠慢忘身”,《大戴禮》作“亡”。《吕氏春秋·權勳》篇“是忘荆國之社稷,而不恤吾衆也”,《韓子·十過》篇作“亡”。又,《韓子·難二》“晉文公慕於齊女而亡歸”,《齊策》“老婦已亡矣”,《趙策》“秦之欲伐韓梁,東闚於周室甚,惟寐亡之”,并與“忘”同。“忘肝膽,遺耳目”,遺,亦忘也,若云“正肝膽”則義與下句不類矣。《莊子·大宗師》篇:“忘其肝膽,遺其耳目。”即

《淮南》所本。《俶真》篇又云："忘肝膽，遺耳目。"

如景之放

如光之耀，如景之放。

劉績依《文子·九守》篇改"放"爲"效"。【念孫案】劉改是也。"如景之效"，謂如景之效形也。"效"與"耀"爲韻，若作"放"，則失其韻矣。

石礫　欺醜

是故視珍寶、珠玉猶石礫也，視至尊、窮寵猶行客也，視毛嬙、西施猶䫏醜也。

今本注曰："䫏，頭也。方相氏黄金四目，衣赭，稀世之䫏貌，非生人也，但其像耳目。䫏醜，言極醜也。"此注既經後人妄改，又多訛脱。辯見下。【引之曰】"石礫"本作"礫石"。《説文》："礫，小石也。"《逸周書·文傳》篇云："礫石不可穀。"《楚辭·惜誓》："相與貴夫礫石。"王注云："相與貴重小石也。"《韓詩外傳》云："太山不讓礫石，江海不辭小流。"皆其證也。"石"與"客""魄"爲韻，若作"石礫"，則失其韻矣。古韻"石"在鐸部，"礫"在藥部，兩部絶不相通，此非精於三代秦漢之音者不能辯也。"䫏醜"本作"倛魄"，此"魄"誤爲"醜"，"醜"與"魄"草書相似。後人又改"倛"爲"䫏"耳。後人以《荀子·非相》篇："面如蒙倛。"楊倞曰："倛，方相也。"《周官·方相氏》注云："如今魌頭。""魌"與"䫏""倛"同。遂誤以"倛"爲"倛頭"之"倛"，又以《説文》"倛頭"字作"䫏"，故改"倛"爲"䫏"。不知"倛醜"本作

“倛魄”，乃請雨之土人，非逐疫之“䫏頭”也。“倛魄”，一作“欺魄”，又作“欺䫜”。《列子·仲尼》篇：“若欺魄焉而不可與接。”張湛曰：“欺魄，土人也。”《釋文》曰：“魄，片各反。字書作‘欺䫜’。”《文選·應璩〈與岑文瑜書〉》注曰：“《淮南子》曰：‘視西施、毛嬙猶倛魄也。’高誘曰：‘倛魄，請雨土人也。’”皆其明證矣。“視毛嬙、西施如倛魄”者，謂視如土偶，非謂視如䫏頭也。且“魄”與“石”“客”爲韻，若作“䫏醜”，則失其韻矣。《集韻》“倛”字注云：“《淮南》祈雨土偶人曰倛。”但言“倛”，而不言“倛魄”，似所見本“魄”字已誤作“醜”，然“倛”字尚未改作“䫏”，且高氏“請雨土人”之注，亦未嘗改也。今則正文既改，而高注亦非其舊矣。

生時干心

使神滔蕩而不失其充，日夜無傷而與物爲春，則是合而生時干心也。

高注曰：“若是者合於道，生四時，化其心也，言不干時害物也。”劉績曰：“案，《文子》作‘則是合而生時於心者也’，《九守》篇。《莊子》作‘是接而生時於心者也’，《德充符》篇。則‘干’乃‘于’字之誤。”【念孫案】高注“生四時，化其心也”當作“生四時之化于其心也”，此是釋“生時于心”之義。生時于心，而與物爲春，則是順時以養物，故注又云“言不干時害物也”。今本正文“于”字作“干”，即涉注文“干時”而誤。

無損於心

且人有戒形而無損於心，有綴宅而無秏精。

【念孫案】“無損於心”，“於”，衍字也。“戒形”與“損心”“綴宅”與“秏精”皆相對爲文，則“損”下不當有“於”字。《莊子·大宗師》篇“且彼有駭形而無損心，有旦宅而無情死”，即《淮南》所本。

樸桷

今高臺層榭，人之所麗也，而堯樸桷不斲，素題不枅。

高注曰：“樸，采也。”【念孫案】如高注，則“樸”爲“樣”之誤也。隸書“樸”或作“樸”，“樣”或作“樣”，二形相近，故“樣”誤爲“樸”。樣，即今“橡栗”字也。《説文》曰：“樣，栩實。”又曰：“栩，柔也，其實草。今借用“早”字，俗作“皁”。一曰樣。”又曰：“草斗，櫟實，一曰樣斗。”高注《吕氏春秋·恃君》篇曰：“橡，早斗也，其狀似栗。”應劭注《漢書·司馬相如傳》曰：“櫟，采木也。”《韓子·五蠹》篇曰：“堯之王天下也，茅茨不翦，采椽不斲。”《史記·太史公自序》索隱引韋昭《漢書注》曰：“采椽，櫟榱也。”合觀諸説，櫟，一名栩，一名柔，一名采，其實謂之早，亦謂之樣。是“樣”爲采實，而非采也。然司馬彪注《莊子·齊物論》篇云：“芧，橡子也。”“芧”與“柔”同。則采亦謂之樣矣，故《韓子》言“采椽不斲”，此言“樣桷不斲”，而高注亦訓“樣”爲“采”也。又案，《説文》“樣”字，今書傳皆作“橡”，蓋後人所改也。此“樣”字若不誤爲“樸”，則後人亦必改爲“橡”矣。

奇異

珍怪奇異,人之所美也,而堯糲粢之飯,藜藿之羹。

莊氏伯鴻曰:"'奇異'本皆作'奇味',唯《藏》本作'異'。"【念孫案】作"味"者是也。上文"高臺層榭",指宫室言之,與"樸桷素題"相對。下文"文綉狐白",指衣服言之,與"布衣鹿裘"相對。此文"珍怪奇味",指飲食言之,與"糲粢藜藿"相對。若云"珍怪奇異",則不專指飲食,失其指矣。《藝文類聚·帝王部一》《太平御覽·皇王部五》《百穀部六》《文選·劉琨〈答盧諶〉詩》注引此并作"奇味"。

天下之細

故睹堯之道,乃知天下之輕也。觀禹之志,乃知天下之細也。

【念孫案】"天下之細","天下"當爲"萬物",此涉上"天下之輕"而誤也。上文云"輕天下則神無累矣,細萬物則心不惑矣",又云"堯舉天下而傳之於舜,若解重負然,此輕天下之具也。禹視龍猶蝘蜓,龍乃弭耳掉尾而逃。禹之視物亦細矣",此文"知天下之輕"承上堯輕天下而言,"知萬物之細"則承上禹細萬物而言,今本"萬物"作"天下",則與上文不合。

獨住

輕舉獨住,忽然入冥。

【念孫案】"住"當爲"往",謂輕舉而獨行也。若作"住",

則與"忽然入冥"句義不相屬矣。隸書從彳、從亻,從㞢、從主之字多相亂,故"往"誤爲"住"。《莊子·養生主》篇郭注"不在理上往",《釋文》:"往,一本作住。"

乃性　乃使始

今夫窮鄙之社也,叩盆拊瓴,相和而歌,自以爲樂矣。嘗試爲之擊建鼓,撞巨鐘,乃性仍仍然知其盆瓴之足羞也。

【念孫案】"性"字義不可通,"性"當爲"始"。古人多以"乃""始"二字連文,《俶真》篇曰:"乃始昧昧楙楙,皆欲離其童蒙之心,而覺視於天地之間。"又曰:"儒墨乃始列道而議,分徒而訟。"《管子·版法》篇曰:"外之有徒,禍乃始牙。"《莊子·馬蹄》篇曰:"民乃始踶跂好知,争歸於利。"《在宥》篇曰:"之八者,乃始臠卷傖囊而亂天下也,而天下乃始尊之惜之。"《荀子·儒效》篇曰:"狂惑戇陋之人,乃始率其群徒,辯其談説,明其辟稱。"《韓子·外儲説右》篇曰:"王自聽之,亂乃始生。"《吕氏春秋·禁塞》篇曰:"雖欲幸而勝,禍乃始長。"乃始,猶然後也,《藝文類聚·禮部中》《太平御覽·人事部一百二十七》《禮儀部十一》《樂部二十二》《器物部三》引此并作"乃始"。又,《本經》篇:"愚夫惷婦皆有流連之心,悽愴之志,乃使始爲之撞大鐘,擊鳴鼓,吹竽笙,彈琴瑟,失樂之本矣。"案,"乃""始"二字之間不當有"使"字,此因"始""使"聲相亂而誤衍也。《主術》篇曰:"故民至於焦脣沸肝,有今無儲,而乃始撞大鐘,擊鳴鼓,吹竽笙,彈琴瑟,失樂之所由生矣。"是其證。

夫以天下爲者

藏詩書,修文學,而不知至論之旨,則拊盆叩瓴之徒也。

夫以天下爲者，學之建鼓矣。

【念孫案】“夫以天下爲者”，“以”上當有“無”字，“無以天下爲者”承上文“許由”而言。《莊子·逍遥游》篇：“許由曰：‘予無所用天下爲。’”《讓王》篇曰：“唯無以天下爲者，可以托天下。”“學之建鼓”對“拊盆叩瓴”而言，言無以天下爲者，其於世俗之學者，猶建鼓之於盆瓴也。今本“以天下”上脱“無”字，則義不可通，《文子·九守》篇正作“無以天下爲者”。

尊于天下

由此觀之，生尊于天下也。

【念孫案】“尊”本作“貴”，此涉上文“尊勢厚利”而誤也。此言生貴而天下賤，非言生尊而天下卑，高注故曰“生貴於天下”，即其證。《吕氏春秋·知分》篇注引此亦作“貴”，《泰族》篇亦云“身貴於天下”。

若眯

故覺而若眯，《道藏》本如是，尚存“眯”字左畔，别本作“昧”，尤非。生而若死，舊本“生”上衍“以”字，今删。終則反本未生之時，而與化爲一體。

高注曰：“眯，暗也，厭也。厭，於冉反，俗作“魘”。楚人謂‘厭’爲‘眯’。”【引之曰】“眯”與“厭”義不相近，“眯”皆當爲“眯”，音米。字之誤也。注中“暗也”二字，乃後人所加。《説文》：“寢，寐而厭也。”字通作“眯”。《西山經》：“鵸鵌服之使人不眯。”郭璞曰：“不厭夢也。”引《周書·王會》篇云：“服者不眯。"《莊子·天運》篇："彼不得夢，必且數眯焉。"司馬彪曰："眯，厭也。"是"眯"與"厭"同義，故高注亦云"眯，厭也，楚人謂'厭'爲'眯'"。後人不知"眛"爲"眯"之訛，而誤讀爲"暗昧"之"昧"，遂於注内加"暗也"二字，何其謬也。且"眯"與"死""體"爲韻，若作"眛"，則失其韻矣。

内總其德

外束其形，内總其德，鉗陰陽之和，而迫性命之情。

【念孫案】"總"字義不可通。"總"當爲"揫"，"揫"與"揫"同。《鄉飲酒義》："秋之爲言揫也。"鄭注："揫，讀爲揫。揫，斂也。"《説文》："揫，束也。"外束其形，内揫其德，其義一也，《俶真》篇："内愁五藏，外勞耳目。"義亦與此同。俗書"總"字或作"捴"，又作"揔"，與"揫"相似，"揫"誤爲"揔"，後人因改爲"總"耳。《文子·上禮》篇正作"外束其形，内揫其德"。

無益情者四句

無益情者不以累德，而便於性者不以滑和。

【念孫案】"便於性"二句義不可通，且與上文不對，劉績依《文子·九守》篇改爲"無益於情者不以累德，不便於性者不以滑和"，當是也。

貪富貴　直宜

推此志，非能貪富貴之位，不便侈靡之樂，直宜迫性閉欲,以義自防也。

高注曰:"宜,猶但也。"【念孫案】"貪"上當有"不"字,"直"下不當有"宜"字,"宜"即"直"之誤而衍者也。高注"宜"字亦當爲"直","直"之言"特"也。《祭義》曰:"參直養者也,安能爲孝乎?"《孟子·梁惠王》篇曰:"直不百步耳,是亦走也。"《莊子·德充符》篇曰:"某也,直後而未往耳。"《齊策》曰:"衍非有怨於儀,直所以爲國者不同耳。"義并與"特"同。《吕氏春秋·忠廉》篇:"特王子慶忌爲之賜而不殺耳。"高注曰:"特,猶直也。"《鄘風·柏舟》篇"實維我特",《韓子》"特"作"直"。《史記·叔孫通傳》"吾直戲耳",《漢書》"直"作"特"。言子夏非能不貪富貴,不樂侈靡,特以義自强耳。"特""但"一聲之轉,故云"直,猶但也"。

《淮南内篇》第八

本經

太清之始

太清之始也，和順以寂漠，質真而素樸。

高注曰："太清無爲之始者，謂三皇之時。"【念孫案】"太清之始"，"始"當爲"治"，字之誤也。自"和順以寂漠"以下二十三句，皆言太清之治如此也，高注當云"太清，句。無爲之治也句"，今本作"太清無爲之始者"，文不成義，後人所改也。《文選·東都賦》注、《後漢書·班固傳》注引此并作"太清之化"，又引高注曰"太清無爲之化也"，"治"字作"化"，避高宗諱也，則其字之本作"治"明矣。《太平御覽·天部十五》引作"太清之始"，亦後人依誤本改之，其《竹部一》引正作"太清之治"，《文子·下德》篇作"清静之治者，和順以寂寞，質真而素樸"，是其明證矣。

電霰

雷霆毁折，電霰降虐。

【念孫案】電、霰不同類，且電亦不得言降虐，“電”當爲“雹”，草書之誤也。雷、霆爲一類，雹、霰爲一類，《吕氏春秋・仲夏》篇云“雹霰傷穀”，故言降虐也，《文子・上禮》篇作“雹霜爲害”，是其證。

野莢

芠野莢，長苗秀。

高注曰：“莢，草也。”【引之曰】野草多矣，不應獨言“莢”，“莢”當爲“莽”，隸書“莽”字作“类”，漢《仙人唐公房碑》“王莽居攝二年”，《成陽靈臺碑陰》“仲莽，字叔武”，并作“类”。與“莢”極相似，故誤爲“莢”。《説文》作：“茻，衆艸也。”故野草謂之野莽。下文“野莽白素”，《楚辭・九嘆》“遵壄莽以呼風”是也。“壄”與“野”同。注“莢，草也”，亦當作“莽，草也”，《泰族》篇注“莽，草也”，正與此同。“莽”即草，故云“莽，草也”。若“莢”，則當訓爲“蒍”，不得泛訓爲“草”矣。

縣聯

夏屋宫駕，縣聯房植。

高注曰：“縣聯，聯受雀頭箸椈者。”【念孫案】“縣”皆當爲“緜”，字之誤也。隸書“緜”“縣”二字相似，説見《原道》“旋縣”一條下。《説文》：“櫋，屋櫋聯也。”又曰：“楣，秦名屋櫋聯也，齊謂之檐，楚謂之梠。”《方言》：“屋梠謂之櫺。”郭樸曰：“即屋檐也。亦呼爲連緜。”連緜，猶緜聯，語之轉耳。《釋名》：“梠，旅也。連旅，旅也。或謂之櫋。櫋，緜也。緜連榱頭，使齊平也。上入曰爵頭，形似爵頭也。”皆足與高注相證。“欂”與“䌖”，“聯”與“連”并字異而義同。《太平御覽·人事部一百三十四》引此正作“䌖聯”。

夏槁

是以松柏箘露夏槁。

《藝文類聚·治政部上》引此，“夏槁”上有“宛而”二字。【念孫案】“松柏箘露，宛而夏槁。江河三川，絶而不流”四句相對爲文，則有“宛而”二字者是也。“宛”與“苑”同。《俶真》篇“形傷於寒暑燥濕之虐者，形苑而神壯”，高注曰：“苑，枯病也。”“苑”讀“南陽宛”之“宛”。《莊子·天地》篇釋文云：“苑，本亦作宛。”是“苑”“宛”古字通。《素問·四氣調神大論》：“惡氣不發，風雨不節，白露不下，則菀槁不榮。”“菀”亦與“苑”同。《唐風·山有樞》篇“宛其死矣”，《毛傳》曰：“宛，死皃。”義與此“宛”字亦相近。

賢不肖

異貴賤，差賢不肖，經誹譽，行賞罰。

【念孫案】“差賢不”下本無“肖”字，“不”與“否”同。“貴賤”“賢不”“誹譽”“賞罰”皆相對爲文，後人不知“不”爲“否”之借字，故又加“肖”字耳。

一人之制　乘衆人之制

天地宇宙,一人之身也。六合之内,一人之制也。

【念孫案】"制"字義不可通,"制"當爲"刑",字之誤也。"刑"與"形"同,《淮南》多以"刑"爲"形"。"一人之形"即承"一人之身"言之,《文子·下德》篇正作"一人之形"。又,《主術》篇:"是故任一人之力者,則烏獲不足恃。乘衆人之制者,則天下不足有也。""制"亦當爲"刑","刑"與"形"同,《文子·自然》篇作"乘衆人之勢",勢,亦形也。劉績依《文子》改"制"爲"勢",義則是而文則非矣。

慶賀

無慶賀之利,刑罰之威。

陳氏觀樓曰:"'賀'當爲'賞',字之誤也。'慶賞'與'刑罰'相對,不當言'慶賀'。"

雷震

天地之大,可以矩表識也。星月之行,可以曆推得也。雷震之聲,可以鼓鍾寫也。風雨之變,可以音律知也。

【念孫案】"雷震"當爲"雷霆",字之誤也。"天地""星月""雷霆""風雨"相對爲文,《太平御覽·天部十三》引此正作"雷霆",《文子·下德》篇同。

有能治之者也

及僞之生也，飾智以驚愚，設詐以巧上，天下有能持之者，有能治之者也。

高注曰："有能持之者，桀紂之民。有能治之者，湯武之君也。"【念孫案】"有能治之者也"當作"未有能治之者也"。言詐僞并起，天下有能以法持之者，未有能以道治之者也，其能治之者，必待至人，下文"至人之治也"云云是也。《文子・下德》篇作"天下有能持之而未有能治之者也"，是其證。高所見本蓋脱"未"字。

能愈多

昔者，蒼頡作書而天雨粟，鬼夜哭。伯益作井而龍登玄雲，神栖昆侖，能愈多而德愈薄矣。

《太平御覽・鱗介部一》引此，"能愈多"作"智愈多"。【念孫案】當作"智能愈多"，"智能"二字總承上文言之，今本脱"智"字，《御覽》脱"能"字，《文子・下德》篇作"智能彌多而德滋衰"，是其證。

充忍

德交歸焉，而莫之充忍也。

高注曰："忍，不忍也。"【念孫案】高蓋誤讀"忍也"二字爲句，訓"忍"爲"不忍"，於正文無當也。今案，"充忍"二字當連讀，"忍"讀爲"牣"。《大雅・靈臺》篇："於牣魚躍。"《毛傳》

曰:“牣,滿也。”德交歸焉而莫之充滿,所謂大盈若虚也。《鄭風·將仲子》《大雅·抑》及《周官·山虞》釋文“忍”字并音“刃”,“忍”有“刃”音,故又與“牣”通。《史記·殷本紀》“充仞宫室”,《後漢書·章八王傳》“充牣其第”。“牣”“仞”“忍”并同聲而通用。“牣”“仞”之通作“忍”,猶“忍”之通作“仞”。《墨子·節葬》篇:“冬不仞寒,夏不仞暑。”“仞”即“忍”字。

鑿齒

猰貐、鑿齒,九嬰、大風,封狶、修蛇,皆爲民害。

【念孫案】《漢書·楊雄傳》應劭注、《文選·辯命論》注、《太平御覽·皇王部五》《兵部三十六》引此,“鑿齒”皆在“封狶”下,各本誤在“猰貐”下。又案,《道藏》本、劉本、朱本“猰貐”以下六者之注文本分見於下文六句之下,《文選·王融〈曲水詩序〉》注、《辯命論》注、《太平御覽·皇王部五》《兵部三十六》《羽族部十四》所引皆如是。故“鑿齒,獸名”云云,本在下文“誅鑿齒於疇華之澤”之下,自茅本始移六者之注於此文下,而次“鑿齒”之注於“猰貐”之下、“九嬰”之上,則是以已誤之正文改不誤之注文也,莊本從之,謬矣。

疇華之野　青丘之澤

堯乃使羿誅鑿齒於疇華之野,殺九嬰於凶水之上,繳大風於青丘之澤。

高注曰:“疇華,南方澤名。青丘,東方澤名也。”【念孫案】“疇華之野”,“野”本作“澤”,故高注云“南方澤名”。“青丘之澤”,“澤”本作“野”,《時則》篇云“東至青丘,樹木之野”是也。今本“丘”誤作“土”,辯見《時則》。高注本作“青丘,東方丘名也”,今本正文“澤”“野”二字互誤,高注“東方丘名”,“丘”字又誤作“澤”。《文選·王融〈三月三日曲水詩序〉》注引此作“青丘之澤”,亦後人依誤本改之。《辯命論》注引此正作“疇華之澤,青丘之野”。又,舊本《北堂書鈔·地部一》及《太平御覽·地部十八》《皇王部五》《兵部三十六》《資産部十二》引此并作“疇華之澤,青丘之野”。又,《皇王部五》《資産部十二》引高注并作“青丘,東方丘”。《論衡·感類》篇亦云“堯繳大風於青丘之野”。

爲璇室瑶臺象廊玉牀

晚世之時,帝有桀紂,爲璇室、瑶臺、象廊、玉牀。紂爲肉圃、酒池。

【念孫案】“爲璇室”上脱“桀”字,《大戴禮·少閒》篇注、《北堂書鈔·帝王部二十》《太平御覽·皇王部七》引此,“爲”上皆有“桀”字。

抅無窮之智

今至人生亂世之中,含德懷道,抅無窮之智。

【念孫案】“抅”字義不可通,劉本作“抱”是也。“含”“懷”“抱”三字同意。

成之迹

取成之迹，相與危坐而説之，鼓歌而舞之，故博學多聞而不免於惑。

陳氏觀樓曰："'取成之迹'當依《文子·精誠》篇作'取成事之迹'。"

秉太一者

帝者體太一，王者法陰陽，霸者則四時，君者用六律。秉太一者牢籠天地，彈壓山川，含吐陰陽，伸曳四時，紀綱八極，經緯六合。

【念孫案】"秉太一者"，"秉"字後人所加。下文"體太一者"云云，是釋上文"體太一"之義，此文"太一者"云云，是專釋"太一"二字之義，"太一者"之上不當有"秉"字也。且下文"陰陽者""四時者""六律者"皆與此文同一例，加一"秉"字，則與下文不合矣。《藝文類聚·帝王部一》引此作"體太一者"，亦與下文相複，《文選·魏都賦》《文賦》注引此皆作"太一者"，無"秉"字，亦無"體"字。

無原

羸縮卷舒，淪於不測，終始虚滿，轉於無原。

高注曰："轉化歸於無窮之原本也。"【念孫案】正文言"無原"，不言"無窮之原"，高説非也。原，度也，量也。言陰陽之化轉於無量也。《廣雅》："量、謜，度也。""謜"與"原"通。宋玉《神女賦》:"志未可乎得原。"《韓子·主道》篇:"掩其迹,匿其端,下不能原。"皆謂不可量度也。《漢書·王莽傳》:"功亡原者賞不限。"言有無量之功,則有不限之賞也。顔師古注:"無原,謂不可測其本原。"失之。是古謂"無量"爲"無原","淪於不測""轉於無原",其義一也。

有時

四時者,春生夏長,秋收冬藏,取予有節,出入有時。

【念孫案】"有時"本作"有量",此涉上文"四時"而誤也。"取予有節,出入有量","量"與"節"義相近,若作"時",則非其指矣。且"量"與"長""藏"爲韻,若作"時"則失其韻矣,《文子》正作"出入有量"。

外能得人

戴圓履方,抱表懷繩,内能治身,外能得人,發號施令,天下莫不從風。

【念孫案】"外能得人"本作"外得人心",高注"能得人之歡心"正釋"得人心"三字。今本作"外能得人",即涉注内"能得人"而誤。此文以"繩""心""風"爲韻,蒸、侵二部古或相通。《秦風·小戎》篇以"膺""弓""縢""興""音"爲韻,《大雅·大明》篇以"林""興""心"爲韻,《生民》篇以"登""升""歆""今"爲韻,《魯頌·閟宫》篇以"乘""縢""弓""綅""增""膺""懲""承"爲韻,《管子·小匡》篇:"子大夫受政,寡人勝任。子大夫不受政,寡人恐崩。"《心術》篇:"專於意,一於心,耳目端,知遠之證。"《淮南·本經》篇:"上下離心,氣乃上蒸。"《説山》篇:

"欲學歌謳者,必先徵羽樂風。欲美和者,始於陽阿采菱。"皆其證也。古音"風"字在侵部,"弓"字在蒸部,説見《唐韻正》。若作"外能得人",則失其韻矣,《文子》正作"内能治身,外得人心"。

精神

是故神明藏於無形,精神反於至真。

【念孫案】"精神"與"神明"意相複,"神"字即涉上句而誤。"精神"當爲"精氣",《淮南》一書多以"神"與"氣"對文也,《文子・下德》篇正作"精氣反於至真"。

身無患

故閉四關則身無患,百節莫苑,莫死莫生,莫虚莫盈。

【念孫案】"身無患",當依《文子・下德》篇作"終身無患"。"終身無患""百節莫苑"相對爲文,下二句亦相對爲文,脱去"終"字,則句法參差不協矣。

菱杼

木巧之飾,盤紆刻儼,嬴鏤雕琢,"嬴"當作"蠃",蠃鏤,謂轉刻如蠃文,故下句即云"詭文回波"也。下文"冠無觚蠃之理",高注云"蠃,讀指端蠃文之蠃",即其證。詭文回波,淌游瀷減,菱杼紾抱。

高注曰:"淌游瀷減皆文畫擬象水勢之貌。菱,芰。杼,采實。紾,戾也。抱,轉也。皆壯采相銜持貌也。"【引之曰】菱、杼,皆水草也。"杼"讀爲"芧",字亦作"苧"。《漢書・司馬相如傳〈上林賦〉》"蔣芧青薠",張揖曰:"芧,三棱也。"《文選》"芧"作"苧"。張衡《南都賦》曰:"其草則藨苧薠莞,蔣蒲蒹葭,藻茆菱芡,芙蓉含華。"是"芧"爲水草也。作"苧"者,或字作"杼"者,借字耳。《莊子·山木》篇"食杼栗",《徐無鬼》篇作"芧栗",是"芧"與"杼"通。畫爲菱杼,在水波之中,故曰"淌游瀷減,菱杼紾抱"也。高以"杼"爲采實,采實即橡栗,與"菱"爲不類矣。

接徑歷遠直道夷險　蹪蹈

修爲牆垣,甬道相連,殘高增下,積土爲山,接徑歷遠,直道夷險,終日馳騖而無蹪蹈之患。

高注曰:"接,疾也。徑,行也。道之阨者,正直之。夷,平也。"【念孫案】"接徑歷遠"當在"直道夷險"之下,此以"垣""連""山""遠""患"爲韻,若移"直道夷險"於下,則失其韻矣。高注"接,疾也。徑,行也",亦當在"夷,平也"之下,蓋正文爲寫者誤倒,後人又改注以從之耳。《文選·謝惠連〈秋懷詩〉》注引此已作"接徑歷遠,直道夷險",則其誤久矣。又案,"蹪蹈"當爲"蹪陷",字之誤也。俗書"陷"字作"陥",又因"蹪"字而誤從足。"蹪"與"隤"同。高注《原道》《説山》《説林》《修務》并云"蹪,躓也。楚人謂躓爲蹪"。《玉篇》:"陷,隤也。"《原道》篇曰:"先者隤陷,則後者以謀。"又曰:"蹪陷今本"陷"字亦誤作"蹈"。於汚壑穽陷之中。"皆其證也。

歌舞節

樂斯動,動斯蹈,蹈斯蕩,蕩斯歌,歌斯舞,歌舞節則禽獸跳矣。

【念孫案】"歌舞節"當作"歌舞無節"。

非强而致之

夫三年之喪,非强而致之。

高注曰:"非强行致孝子之情也,情自發於中。"【念孫案】"非强而致之","强"下當有"引"字,高注當作"非强引致孝子之情"。今本正文脱"引"字,注内"引"字又誤作"行",《群書治要》引此正作"非强引而致之"。

血流

血流千里,暴骸滿野。

【念孫案】"血流"當爲"流血"。"流血"與"暴骸"相對爲文,《群書治要》引此正作"流血",《兵略》篇亦云"流血千里,暴骸盈場"。

《淮南内篇》弟九

主術

謀無過事

是故慮無失策，謀無過事。

【念孫案】"謀"本作"舉"，此後人以意改之也。舉，猶動也。"慮無失策"，以謀事言之。"舉無過事"，以行事言之。若改"舉"爲"謀"，則與"無過事"三字義不相屬，且與上句相複矣。《群書治要》引此正作"舉無過事"，《賈子·保傅》篇："是以慮無失計，而舉無過事。"即《淮南》所本。《大戴禮·保傅》篇同。《文子·自然》篇"謀無失策，舉無過事"，又本於《淮南》也。

所守者少

故所理者遠，則所在者邇。所治者大，則所守者少。

【念孫案】"少"當爲"小"，字之誤也。《群書治要》引此正作"小"。

通於天道

太一之精，通於天道。

【念孫案】"通於天道"本作"通合於天"，今本脱"合"字，衍"道"字，"道"字涉下句"天道玄默"而衍。《文子·自然》篇正作"通合於天"。"天"與"精"爲韻，"天"字合韻，讀若"汀"，《小雅·節南山》篇"不弔昊天"，與"定""生""寧""醒""成""政""姓"爲韻。《大雅·雲漢》篇"瞻卬昊天"，與"星""贏""成""正""寧"爲韻。《瞻卬》篇"瞻卬昊天"，與"寧""定"爲韻。《乾》彖傳"乃統天，時乘六龍以御天"，與"形""成""命""貞""寧"爲韻。《坤》彖傳"乃順承天"，與"生"爲韻。《乾文言》"時乘六龍以御天也"，與"精""情""平"爲韻。《楚辭·九章》"瞭杳杳而薄天"、《九辯》"瞭冥冥而薄天"，并與"名"爲韻。凡周秦用韻之文，"天"字多有入耕部者，《詩》《易》《楚辭》而外，不可枚舉。若作"通於天道"，則失其韻矣，此文上下十八句皆用韻。

不殺

是故威厲而不殺，刑錯而不用。

【念孫案】"殺"本作"試"，此後人以意改之也。《荀子·議兵》《宥坐》二篇及《史記·禮書》并云"威厲而不試，刑錯而不用"，不試，猶不用也，若云"不殺"，則非其指矣。《太平御覽·皇王部三》引此正作"不試"，《文子·精誠》篇同。

拼梲

無以異於執彈而來鳥，拼梲而狎犬也。

陳氏觀樓曰:"《説山》篇作'執彈而招鳥,揮棿而呼狗',則'拼'字當爲'揮'字之訛,《説文》:'揮,奮也。'"

害其鋒　明有不害

昔孫叔敖恬臥而郢人無所害其鋒。

高注曰:"但恬臥養德,折沖千里之外,敵國不敢犯句害,此"害"字因上下文而衍,司馬彪注《莊子》曰:"言叔敖安寢恬臥,以養德於廟堂之上,折衝於千里之外,敵國不敢犯。"即用高注語,則"犯"下無"害"字明矣。故郢人不舉兵出伐,無所害其鋒於四方也。"

【念孫案】"害其鋒"三字,義不相屬,"害"當爲"用",字之誤也,隸書"害"字作"𡧪",其上半與"用"相似。高注亦當作"故郢人不舉兵出伐,無所用其鋒於四方也"。《莊子·徐無鬼》篇作"孫叔敖甘寢秉羽,而郢人投兵",投兵,亦謂無所用之也。又,《繆稱》篇:"夜行瞑目而前其手,事有所至而明有不害。"案,"不害"二字義不可通,"害"亦當爲"用"。"夜行者瞑目而前其手",是不用目而用手,故曰"明有不用也"。《説林》篇曰:"夜行者,掩目而前其手,涉水者解其馬,載之舟。事有所宜而有所不施。"施,亦用也。見《原道》《修務》二篇注。

往覿

簡子欲伐衛,使史黯往覿焉。

高注曰:"覿,觀之也。"【念孫案】"覿"訓爲"見",不訓爲"觀","覿"皆當爲"覰"。《廣雅》曰:"觀、覰,視也。"《玉篇》:"覰,七亦切,觀也。"義皆本於高注,後人多見"覿",少見

"靚",故"靚"誤爲"覲"矣。

民之化也

故民之化也,不從其所言而從所行。

【念孫案】"民之化也"本作"民之化上也",下句"其"字正指"上"而言,脱"上"字則義不相屬,《文子·精誠》篇正作"民之化上"。

樂聽其音

故曰樂聽其音,則知其俗,見其俗,則知其化。

【念孫案】"樂"字與下文義不相屬,當有脱文,《文子·精誠》篇作"聽其音則知其風,觀其樂即知其俗,見其俗即知其化"。

業貫

業貫萬世而不壅,横扃四方而不窮。

高注曰:"貫,通。壅,塞。"【念孫案】"業"當爲"葉",聲之誤也。葉,聚也,積也。貫,累也。言積累萬世而不壅塞也。《方言》曰:"葉,聚也。《廣雅》同。楚通語也。"《楚辭·離騷》:"貫薜荔之落蕊。"王注曰:"貫,累也。"《廣雅》同。《荀子·王霸》篇:"貫日而治詳。"楊倞曰:"貫日,積日也。"是"葉""貫"皆積累之意也。《俶真》篇曰:"枝解葉貫,萬物百族。"義與此"葉貫"同。《原道》篇曰:"大渾而爲一,葉累而無根。"葉累,猶葉貫也。《俶真》篇曰:"横廓六合,揲貫萬物。"揲貫,猶葉貫也。彼言"横廓六合",猶此言"横扃四方"。彼言"揲貫萬物",猶此言"葉貫萬世",故《廣雅》云:"揲,積也。"高注訓"貫"爲"通",失之矣。

不與焉

故爲治者,不與焉。

【念孫案】"不與"上當有"智"字。《老子》曰:"以智治國,國之賊。不以智治國,國之福。"故曰"爲治者,智不與焉"。脱去"智"字,則文不成義。高注曰:"治在道,不在智,故曰不與焉。""不與"上亦當有"智"字。則有"智"字明矣。《文子·下德》篇正作"知不與焉"。

幹舟

湯武,聖主也,而不能與越人乘幹舟而浮於江湖。

高注曰:"幹舟,小船也,越人習水,自能乘之。"【念孫案】古無謂小船爲"幹"者,"幹"當爲"軨",字之誤也。"軨"與"舲"同,字或作"䑢",《廣雅》曰:"䑢,舟也。"《玉篇》:"舲與䑢同,小船有屋也。"《楚辭·九章》"乘舲船余上沅兮",王注曰:"舲船,船有牎牖者。"《俶真》篇:"越舲蜀艇,不能無水而浮。"高注曰:"舲,小船也,越人所便習。"正與此注相同。《藝文類聚·舟車部》《太平御覽·舟部》引此并作"舲舟",《御覽》又引高注"舲舟,小船也",皆其證矣。

入榛薄險阻

伊尹,賢相也,而不能與胡人騎騵馬而服騊駼。孔、墨博通,而不能與山居者入榛薄險阻也。

【念孫案】"險阻"上脱"出"字。"入榛薄,出險阻"與"騎騵馬,服騊駼"相對爲文,《群書治要》引此有"出"字。

道之數　不達

不因道之數而專己之能,則其窮不達矣。

【念孫案】"道之數"本作"道理之數",此後人以意删之也。下文曰:"不循道理之數。"又曰:"拂道理之數,詭自然之性。"《原道》篇曰:"循道理之數,因天地之自然。"皆其證也。《群書治要》引此正作"道理之數",《文子·下德》篇同。"則其窮不達矣","達"當爲"遠",字之誤也。其窮不遠,謂其窮可立而待也,《文子·下德》篇正作"遠",《氾論》篇"人章道息,則危不遠矣",語意略與此同。

勇力

由此觀之,勇力不足以持天下矣。

【念孫案】"力"字因"勇"字而衍,"勇不足以持天下"與上文"智不足以治天下"相對爲文,不當有"力"字。《群書治要》及《太平御覽·人事部七十六》引此皆無"力"字,下文"勇不足以爲强",亦無"力"字。

豺狼

夫華騮、緑耳一日而至千里,然其使之搏兔,不如豺狼,伎能殊也。

《太平御覽·獸部八》引此,"豺狼"作"狼契"。【引之曰】狼、契,皆犬名也。《廣雅》曰:"狼、狐、狂、獚,犬屬也。"《玉篇》:"猰,公八切,雜犬也。"《廣韻》同。"猰"與"契"通。犬能搏兔而馬不能,故曰搏兔不如狼契也。後人不知"狼契"爲犬名,而改爲"豺狼",豺狼可使搏兔,所未聞也。

撮蚤蚊 瞋越

鴟夜撮蚤蚊,察分秋豪。晝日瞋越,不能見丘山,形性詭也。

高注曰:"鴟,鵂鶹也,謂之老菟,夜鳴人屋上也。夜則目明,合聚人爪以著其巢中,故曰察分秋毫。晝則無所見,故曰形性詭也。"【引之曰】《莊子·秋水》篇"鴟夜撮蚤,察豪末,晝出瞋目而不見丘山",司馬本"蚤"作"蚉",云"鴟夜取蚉食"。崔本作"爪",云"鵂鶹夜聚人爪於巢中也"。"爪""蚤"通用,故崔本作"爪"。"蚤""蚉"字形相似,故司馬本作"蚉"。然則"蚤""蚉"二字不得而并存矣,《淮南》作"蚤",故高氏但言"合聚人爪",而不言"食蚉",後人乃取司馬本之"蚉"字,增於此處"蚤"字之下,其失甚矣。《秋水》篇釋文曰:"《淮南子》'鴟夜聚蚤,察分豪末',許慎云'鴟夜聚食蚤蝨',不失也。"李善注《文選·演連珠》曰:"《淮南子》曰'鴟夜撮蚤,察分豪末,晝出瞋目而不見丘山',高誘曰'鴟鵂謂之老菟'。"據二書所引,則許、高本俱無"蚤"字明矣。"顛越"二字與"不見丘山"意不相屬,且高注但言"晝無所見",而不言"顛越"。《文選注》引此正作"瞋目而不見丘山",與《莊子》同,疑"瞋目"二字訛作"顛目",而後人遂改爲"顛越"也。"撮蚤"之説,許、高異義,揆之事理,則許注爲雅馴耳。

游霧而動

夫螣蛇游霧而動,應龍乘雲而舉。

【念孫案】上句本作"螣蛇游霧而騰",後人以"騰"與"螣"同音,因妄改爲"動"耳。不知"螣"是蛇名,而"騰"爲"升"義,本不相複,"騰"與"舉"亦同義,故下句云"應龍乘雲而舉",改"騰"爲"動",則文不成義矣。《太平御覽·鱗介部一》引此正作"騰",《説苑·説叢》篇同。《説苑》作"騰蛇游霧而騰,龍乘雲而舉",今本"騰"上有"升"字,此後人誤以"騰"字屬下句讀,因妄加"升"字也。《大戴禮·勸學》篇亦云"螣蛇無足而騰"。

不爲醜飾不爲僞善

是故得道者,不爲醜飾,不爲僞善。

【念孫案】此本作"不僞醜飾,不僞善極","僞"即"爲"字也。古"爲"字多作"僞",説見《史記·淮南衡山傳》"爲僞"下。"不僞醜飾,不僞善極"相對爲文,故高注云"不飾爲美,亦不極爲善也"。《道藏》本、劉本、朱本、茅本皆如是,莊改"不極"爲"不枉",謬甚。後人誤讀"僞"爲"詐僞"之"僞",而改上句"僞"字作"爲",又改下句作"不爲僞善",則既與上句不對,而又與高注不合矣,且"極"與"飾"爲韻，若作"不爲僞善"，則失其韻矣。

重爲惠若重爲暴

是故重爲惠，若重爲暴，則治道通矣。

【念孫案】"重爲惠，若重爲暴"，本無"若"字，後人以《詮言》篇云"重爲善，若重爲非"，故加"若"字也，不知彼文是言"爲善者必生事"，故曰"重爲善，若重爲非"。此言"惠""暴"俱不可爲，則二者平列，不得云"重爲惠，若重爲暴"也。下文"爲惠者生奸，爲暴者生亂"即承此文言之，則"惠""暴"平列明矣。《文子·自然》篇作"是故重爲惠，重爲暴，即道達矣"，無"若"字。

以避奸賊

人主深居隱處以避燥濕，閨門重襲以避奸賊。

【念孫案】下"避"字當作"備"，俗讀"備""避"聲相亂，又涉上"避"字而誤也。《吕氏春秋·節喪》篇："奸邪盜賊寇亂之患，慈親孝子備之者，得葬之情矣。"俗本"備"作"避"，亦因上文而誤。重門所以防賊，故言"備"，作"避"則義不可通矣。《文選·西京賦》注引此正作"備"。

員者運轉而無

主道員者運轉而無端，化育如神，虚無因循，常後而不先也。臣道員者運轉而無方者，劉本删去下"者"字，而莊本從之，非是。説見下。論是而處當，爲事先倡，守職分明，以立成功也。

【念孫案】"臣道員者運轉而無方者"本作"臣道方者"，其"員者運轉而無"六字，則因上文而誤衍也，《群書治要》引無此六字，《文子·上義》篇亦無。主道員，臣道方，方員不同道，故下文云"君臣異道則治，同道則亂也"，《吕氏春秋·圜道》篇亦云"主執圜，臣執方，方圜不易，其國乃昌"。

推而不可爲之勢

夫推而不可爲之勢，而不循道理之數，今本"循"誤作"脩"，辯見《原道》。雖神聖人不能以成其功。

高注曰："推，行也。"【念孫案】"推而不可爲之勢"，"而"字涉下文而衍。

不可使言

聾者可令嗺筋，嗺筋，未詳。《易林·蒙之離》亦云："抱關傳言，聾跛摧筋。"而不可使有聞也。瘖者可使守圉，而不可使言也。

【念孫案】"不可使言"本作"不可使通語"，今本"語"誤作"言"，又脱"通"字。"筋""聞"爲韻，"圉""語"爲韻，如今本，則失其韻矣。《太平御覽·疾病部三》引此正作"不可使通語"。

營事

人主貴正而尚忠，忠正在上位，執正營事，"正"與"政"同。

則讒佞奸邪無由進矣。

高注曰："營，典。"【引之曰】諸書無訓"營"爲"典"者，"營"當爲"管"，字之誤也。隸書"管"字或作"菅"，俗書"營"字作"营"，二形相似而誤。"管事"與"執政"義相近，《史記·李斯傳》曰"管事二十餘年"是也。管、典，皆主也，故訓"管"爲"典"，《秦策》："淖齒管齊之權。"高彼注曰："管，典也。"見《史記·范雎傳》索隱。正與此注同。

不可同群

夫鳥獸之不可同群者，其類異也。虎鹿之不同游者，力不敵也。

【念孫案】"不可同群"，"可"字後人所加，"鳥獸不同群""虎鹿不同游"相對爲文，則上句内不當有"可"字，後人熟於"鳥獸不可與同群"之文，因加"可"字耳。

一舉

是故人主之一舉也，不可不慎也。

【念孫案】此謂舉賢不可不慎，"舉"上不當有"一"字，蓋因下文"一舉不當"而衍。

抓

夫人之所以莫抓玉石，而抓瓜瓠者，何也？無得於玉石，弗犯也。

高注曰:“玉石堅,抓不能入,故不抓。”【念孫案】“抓”皆當爲“㧃”,字之誤也。《廣雅》:“㧃,裂也。”曹憲音“必麥反”。字從手、𠂢聲。𠂢,匹卦反。“㧃”之言“劈”也,瓜瓠可劈而玉石不可劈,故曰“玉石堅,㧃不能入也”。《方言》:“䤨,摫裁也。梁益之間裁木爲器曰䤨,裂帛爲衣曰摫。”郭璞音“劈歷”之“劈”,義亦與“㧃”同,若作“抓”,則非其義矣。《玉篇》:“抓,古華切,引也,擊也。”字從瓜。此字各本皆誤爲“抓”,茅一桂不得其解,乃讀爲“抓痒”之“抓”,其失甚矣。《玉篇》:“抓,側交切,抓痒也。”字從爪。

其以移風易俗矣

權勢之柄,其以移風易俗矣。

【念孫案】“其以移風易俗矣”文義未足,下文曰“攝權勢之柄,其於化民易矣”,則此亦當曰“權勢之柄,其以移風易俗易矣”。蓋上“易”爲“變易”之“易”,下“易”爲“難易”之“易”。《漢書·禮樂志》:“其感人深,其移風易俗易。”今《樂記》脱下“易”字,辯見《經義述聞》。顏師古曰:“易,音弋豉反。”是其證也。今本無下“易”字者,後人誤以爲複而删之耳。

而被甲兵不隨南畝　非所以都於國也

且夫不治官職而被甲兵,不隨南畝而有賢聖之聲者,非所以都於國也。騏驥、騄駬,天下之疾馬也,驅之不前,引之不止,雖愚者不加體焉。

【念孫案】“而被甲兵”,“而”當爲“不”,與上下兩“不”字文同一例,作"而"者,字之誤耳。"不隨南畂","隨"當爲"脩",謂不治南畂也。隸書"隨"字或作"隨",見漢《司隸校尉楊涣石門頌》。其右畔與"脩"相似,故"脩"誤爲"隨"。《史記·趙世家》"脩下而馮","脩"或作"隋"。《李斯傳》"隨俗雅化","隨俗"一作"脩使",皆以右畔相似而誤。"非所以都於國也","都"字義不可通,當是"教"字之誤。"教""都"草書相似。《韓子·外儲説右》篇曰:"不服兵革而顯,不親耕槈而名,非所以教於國也。今有馬於此,如驥之狀者,天下之至良也,然而驅之不前,卻之不止,則臧獲雖賤,不托其足。"即《淮南》所本也。

疾風

夫疾風而波興,木茂而鳥集,相生之氣也。

【念孫案】"疾風"當爲"風疾","風疾""木茂"相對爲文,《意林》引此正作"風疾"。

不斷

是故茅茨不翦,采椽不斷。

【念孫案】"斷"當爲"斲",字之誤也。《精神》篇作"樣桷不斲",高注:"樣,采也。桷,椽也。"《晉語》曰:"天子之室,斲其椽而礱之,加密石焉。諸侯礱之,大夫斲之,士首之,以采爲椽而又不斲,儉之至也。"《太平御覽·皇王部五》引此正作"斲",《韓子·五蠹》篇、《史記·李斯傳》并同。

不安其性

人主急兹無用之功,百姓黎民顦顇於天下,是故使天下不安其性。

高注曰:“不得安其正性,僞詐生也。”【念孫案】此注後人所改,“性”之言“生”也。“性”與“生”義同而字亦相通,説見《經義述聞·周語》。不安其生,即承上“黎民顦顇”言之。昭八年《左傳》曰:“今宫室崇侈,民力彫盡,怨讟并作,莫保其性。”義與此同。高注當云“性,生也”,後人熟於“性即理也”之訓,故妄改高注耳。下文“近者安其性”,高注曰“性,生也”,故知此注爲後人所改。

楫楔

大者以爲舟航柱梁,小者以爲楫楔。

【念孫案】“楫楔”本作“椄槢”,此後人以意改之也。“椄”“楫”并在葉韻,“槢”在緝韻,“楔”在薛韻。“椄槢”叠韻字也,“楫楔”則非叠韻矣。椄槢,謂梁之小者,對上文“大者爲柱梁”而言。《莊子·在宥》篇:“吾未知聖知之不爲桁楊椄槢也。”《釋文》:“崔云:‘椄槢、桎梏,梁也。’《淮南》曰:‘大者爲柱梁,小者爲椄槢也。’”案,小梁謂之椄槢,故桎梏之梁,亦謂之椄槢。《集韻》:“椄槢,梁也。《淮南子》‘大者爲柱梁,小者爲椄槢’。”蓋高注以“椄槢”爲梁而今本脱之也。據《集韻》引此作“椄槢”,則北宋本尚未誤。

脱文二句

無大小修短，各得其所宜。《群書治要》作“大小修短，皆得所宜”。規矩方員，各有所施。

【念孫案】《群書治要》引此“各有所施”下有“殊形異材，莫不可得而用也”二句，今本脱去。下文：“天下之物莫凶於奚毒，然而良醫槖而藏之，有所用也。”即承“莫不可得而用”言之，則原有此二句明矣。凡《治要》所引之書，於原文皆無所增加，故知是今本遺脱也。

鷄毒

天下之物莫凶於鷄毒。

【念孫案】“鷄毒”當爲“奚毒”，注同。此涉上文注内“枅讀如鷄”而誤也。《廣雅》《本草》并作“奚毒”，《群書治要》《意林》及《太平御覽·藥部七》引《淮南》亦作“奚毒”，《急就篇補注》引作“奚毒”，則南宋本尚不誤。無作“鷄毒”者。

并方外

或欲平九州，并方外，存危國，繼絶世。

【引之曰】“并”本作“從”。從，猶服也。襄十年《左傳注》：“從，猶服也。”言使方外之國服從也。《原道》篇曰“從裸國，納肅慎”，《人間》篇曰“王若欲從諸侯，不若大城城父，而令太子建守焉，以來北方”，司馬相如《難蜀父老》曰“朝冉從駹，定筰存邛”皆是也。後人不達“從”字之義，遂改“從”爲“并”，不知

“平九州，從方外，存危國，繼絶世”皆謂撫柔中外，非謂吞并之也，《群書治要》引此正作“從方外”。

以刀抵木

是猶以斧劗毛，高注：“劗，翦也。”以刀抵木也，皆失其宜矣。此言刀可以剃毛，斧可以伐木，易之則皆失其宜矣。劉本“刀”作“刃”，非也。凡刀、劍、戈、矛之屬皆有刃，泛言刃，則不知爲何物。《道藏》本、茅本并作“刀”，莊從劉本作“刃”，失之矣。

【念孫案】“木”當言“伐”，不當言“抵”，蓋“伐”誤爲“氏”，“伐”“氏”字形相似。後人因加“手”旁耳。《説山》篇云：“刀便剃毛，至伐大木，非斧不剋。”是其證。《群書治要》引此正作“以刀伐木”。

以天下之力争

人主者，以天下之目視，以天下之耳聽，以天下之智慮，以天下之力争。

【念孫案】“争”本作“動”，動謂舉事也。慮則用群策，動則用群力，故曰“以天下之智慮，以天下之力動”。今本“動”作“争”者，後人依《文子・上仁》篇改之耳，《藝文類聚・帝王部一》《太平御覽・皇王部二》引此并作“動”。

修通

百官修通，群臣輻湊。

劉本作"修同",云"同,一作通"。莊本從劉本作"同"。【念孫案】作"通"者是也。《藝文類聚》引此作"修道","道"即"通"之誤,《太平御覽》引此正作"修通",《文子·上仁》篇同。《韓子·難》篇"百官修通,群臣輻湊",即《淮南》所本,《管子·任法》篇亦云"群臣修通輻湊,以事其主"。

先而不弊

聰明先而不弊。"弊"與"蔽"同。高注曰:"弊,闇。"《秦策》"南陽之弊幽",高彼注曰:"弊,隱也。"是"蔽""弊"古字通。《齊語》"使海於有蔽",《管子·小匡》篇作"弊",是其證。《道藏》本、朱本、茅本并作"弊",劉本改"弊"爲"蔽",而莊本從之,皆未達假借之義。

【念孫案】"先"與"不弊"義不相屬,"先"當爲"光",字之誤也。光,明也。《太平御覽·皇王部二》引此正作"光"。

志達

然而群臣志達效忠者,希不困其身。

【念孫案】"志達"當爲"達志",寫者誤倒耳。"達志""效忠"相對爲文,《氾論》篇"不能達善效忠"即其證。

其主言可行

明主之聽於群臣,其計乃可用,不羞其位,其主言可行,不責其辯。

劉本作"其言可行而不責其辯"。【念孫案】此當作"其言而可行,不責其辯"。"其計乃可用""其言而可行"相對爲文。乃、而,皆如也,《道藏》本作"其主言可行","主"字因上下文而衍,又脱"而"字。劉本"而"字在"可行"下,皆非也。《文子·上仁》篇作"其言可行,不責其辯"。

縣法者法不法也

縣法者,法不法也。設賞者,賞當賞也。

【念孫案】"縣法者,法不法也",上二"法"字皆當爲"罰",與"設賞者,賞當賞也"相對爲文。下文"中程者賞",謂賞當賞也。"缺繩者誅",謂罰不法也。今本二"罰"字作"法",後人依《文子·上義》篇改之耳。

以其言

無爲者,非謂其凝滯而不動也,以其言莫從己出也。

【念孫案】"以其言"當作"以言其",與"非謂其"相對爲文,今本"言""其"二字誤倒,則文不成義,《文子·上義》篇正作"言其"。

稞

夫寸生於稞,稞生於日,日生於形,形生於景,此度之本也。

高注曰:"稞,禾穗稞孚榆頭芒也。十稞爲一分,"十"下當有"二"字。十分爲一寸,十寸爲一尺,十尺爲一丈,故爲度之本也。”【引之曰】《説文》《玉篇》《廣韻》《集韻》皆無“稞”字，“稞”當爲“標”，字之誤也。“標”與“秒”同。《説文》：“秒，禾芒也。”字或作“蔈”，通作“漂”，又通作“翲”。《天文》篇曰：“秋分而禾蔈定，蔈定而禾孰。律之數十二，故十二蔈而當一分。今本誤作“十二蔈而當一粟，十二粟而當一寸”，辯見《天文》。律以當辰，音以當日，日之數十，故十分而爲寸，十寸而爲尺，十尺而爲丈。”彼注云：“蔈，禾穗蔈孚榆之芒也。”古文作“秒”。《宋書·律志》曰：“秋分而禾標定，標定而禾孰。”注云：“標，禾穗芒也。”《玉篇》：“標，亡紹切。”《集韻》：“秒，禾芒也。或作‘標’。”皆其明證矣。又，《齊策》曰：“象牀之直千金，傷此若髪漂，賣妻子不足償之。”《史記·太史公自序》：“間不容翲忽。”正義曰：“翲，字當作秒。秒，禾芒表也。”然則“標”“蔈”“漂”“翲”四字并與“秒”同，而“稞”爲“標”之誤明矣。《字彙補》乃於禾部增入“稞”字，音“粟”，引《淮南子》“寸生於稞，稞生於日”，甚矣其謬也。莊以“稞”爲古“累黍”字，尤不可解。

所謂亡國　有法者

所謂亡國，非無君也，無法也。變法者，非無法也，有法者而不用，與無法等。

【念孫案】“有法者而不用”，“者”字當在上文“所謂亡國”下，與“變法者”相對爲文，今誤入此句内，則文不成義。

先自爲檢式儀表

是故人主之立法，先自爲檢式儀表，故令行於天下。

【念孫案】“先自爲檢式儀表”當作“先以身爲檢式儀表”，言以身爲度，則令無不行也，下文引孔子曰“其身正，不令而行”，是其明證矣。上下文“身”字凡四見。今本“身”誤爲“自”，“自”上又脱“以”字，《文子・上義》篇作“先以自爲檢式”，“自”亦“身”之誤，唯“以”字未脱。

心中

内得於心中，外合於馬志。

【念孫案】“心中”當爲“中心”，“中心”與“馬志”相對爲文。《太平御覽・治道部五》《獸部八》引此并作“中心”，《列子・湯問》篇、《文子・上義》篇皆同。

據除

夫據除而窺井底，雖達視而不能見其睛。

【引之曰】階除不得有井，“除”當爲“榦”，字之誤也。《莊子・秋水》篇：“吾跳梁乎井幹之上。”司馬彪曰：“井幹，井欄也。”《漢書・枚乘傳》：“單極之絖斷幹。”晉灼曰：“幹，井上四交之幹。《説文》作‘韓’，云‘井垣也’。”此言據井之欄，以窺井底耳。

觀其象　遠者治也

物至而觀其象，事來而應其化，近者不亂，遠者治也。

【念孫案】“物至而觀其象”，“象”當爲“變”，草書之誤也，

"變"與"化"同義。"觀其變",亦謂觀其變而應之也,作"象"則非其指矣。《文子·上義》篇正作"物至而觀其變",《氾論》篇亦曰:"物動而知其反,事萌而察其變,近者不亂,遠者治也。"《文子》作"近者不亂,即遠者治矣",亦於義爲長。

美者正於度　建於用

美者正於度而不足者建於用,故海内可一也。

【念孫案】"美"當爲"羨","正"當爲"止","建"當爲"逮",皆字之誤也。《文選·陸雲〈爲顧彦先贈婦〉詩》"佳麗良可羨",今本"羨"誤作"美"。《玉臺新詠》載此詩正作"羨"。羨,謂才有餘也。"羨者止於度而不足者逮於用",謂人主有一定之法,則才之有餘者,止於法度之中而不得過。其不足者,亦可逮於用而不患其不及也。"羨"與"不足"正相反,《文子·上義》篇作"有餘者止於度,不足者逮於用",是其明證矣。

與臣下争

君人者釋所守而與臣下争,則有司以無爲持位。守職者以從君取容,是以人臣藏智而弗用,反以事轉任其上矣。

【念孫案】"與臣下争"當作"與臣下争事",唯君與臣争事,是以臣藏智弗用,而以事轉任其上也。脱去"事"字,則文義不明,《文子·上仁》篇正作"與臣争事"。

與天下交

智不足以爲治，威不足以行誅，則無以與天下交也。

【念孫案】“與天下交”當作“與下交”。“下”，謂群臣也。“下”字上下文凡四見。上文曰“法律度量者，人主之所以執下”，舍是，則智不足以爲治，威不足以行誅矣，故曰“無以與下交”。《大學》曰“與國人交”。“下”上不當有“天”字，《文子·上仁》篇有“天”字，亦後人依誤本《淮南》加之，《群書治要》引《文子》無“天”字。

者欲

喜怒形於心者欲見於外。

【念孫案】“者”當爲“耆”，字之誤也。“耆欲”與“喜怒”相對爲文，《文子·上仁》篇作“嗜欲”，是其證。

馬糾於衡下

與馬競走，筋絶而弗能及，上車執轡，則馬糾於衡下。

陳氏觀樓曰：“‘糾’字義不可通，《文子·上仁》篇作‘馬服於衡下’是也。‘糾’本作‘𠮦’，‘服’或作‘服’，下半相似而誤。”

有爲

是故君人者，無爲而有守也，有爲而無好也。

【念孫案】"有爲"與"無爲"正相反,且下二句云"有爲則讒生,有好則諛起",則不當言"有爲"明矣。"有爲"本作"有立","有立而無好",謂有所建立而無私好也。高注"無所私好"。今本作"有爲"者,涉下句"有爲"而誤,《文子·上仁》篇正作"有立而無好"。

言建之無形也

故善建者不拔。

今本此下有注云"言建之無形也"。【念孫案】此六字乃正文,非注文也。"故善建者不拔"者,引《老子》語也,"言建之無形也"者,釋其義也。《精神》篇曰:"故曰其出彌遠者,其知彌少,以言夫精神之不可使外淫也。"亦是引《老子》而釋之,後人誤以此六字爲注文,故改入注耳,《文子》正作"故善建者不拔,言建之無形也"。

謂之塞

故中欲不出謂之扃,外邪不入謂之塞。

莊氏伯鴻曰:"《吕覽》作'外欲不入謂之閉',《君守》篇。據下'中扃外閉'云云,則此句疑當如《吕覽》。"【念孫案】"扃"與"閉"皆以門爲喻,"閉"字是也,《文子·上仁》篇亦作"閉"。

不伐之言　使自司

故有道之主,滅想去意,清虚以待,不伐之言,不奪之事,循名責實,使自司。

【念孫案】"不伐之言","伐"當爲"代","不代之言,不奪之事",謂臣所當言者,君不代之言。臣所當行者,君不奪之事也。《吕氏春秋·知度》篇"代"字亦誤作"伐"。案,上文云:"是猶代庖宰剥牲而爲大匠斲也。"《吕氏春秋》云:"是君代有司爲有司也。"則皆當作"代"明矣。"使自司"《道藏》本如是。當從《吕氏春秋》作"官使自司",謂使百官自司其事而君不與也,故下文云"如此則百官之事各有所守"。此文上下皆以四字爲句,脱去"官"字,則不成句矣。劉本作"使有司",《文子·上仁》篇作"使自有司",皆於義未安。莊從劉本作"使有司",非也。

景桓公　魯昭公　荆平王

衛君役子路,權重也。景桓公臣管晏,位尊也。

【念孫案】"公"字後人所加,"衛君役子路""景桓臣管晏"相對爲文,"景桓"下加"公"字,則文不成義矣。又,《人間》篇:"故蔡女蕩舟,齊師侵楚。今本"侵楚"上衍"大"字,辯見《人間》。兩人搆怨,廷殺宰予。簡公遇殺,身死無後。陳氏代之,齊乃無吕。兩家鬬雞,季氏金距。郈公作難,魯昭公出走。"案,"魯昭公"之"公"亦後人所加,自"蔡女蕩舟"以下,皆四字爲句,"魯昭"下加"公"字,則累於詞矣。又,《泰族》篇:"闔閭伐楚,五戰入郢,燒高府之粟,破九龍之鍾,鞭荆平王之墓,舍昭王之宫。"案,"荆平王"之"王"亦後人所加,"燒高府之粟"以下,皆五字爲句,"荆平"下加"王"字,則累於詞矣。《吕氏春秋·胥時》篇"鞭荆平之墳",亦無"王"字。

則輕重小大有以相制也

故枝不得大於幹，末不得强於本，則輕重、小大有以相制也。若五指之屬於臂，搏援攫捷，莫不如志，言以小屬於大也。

【念孫案】"則輕重、小大有以相制也"本作"言輕重、小大有以相制也"，此釋上之詞，與下"言以小屬於大也"文同一例，後人不達，而改"言"爲"則"，上言"不得"，下言"則"，則文義不相承接矣，《文子・上義》篇正作"言輕重、大小有以相制也"。

其存

所持甚小，其存甚大，所守甚約，所制甚廣。

【念孫案】"其存甚大"本作"所任甚大"。"所持甚小，所任甚大"，即下文所謂"十圍之木，持千鈞之屋也"。今本"所任"作"其存"者，"其"字因與上下三"甚"字相似而誤。"任"誤爲"在"，後人因改爲"存"耳。《文子》作"所在甚大"，"在"亦"任"之誤，《群書治要》引《文子》正作"所任甚大"。

制開闔

是故十圍之木，持千鈞之屋，五寸之鍵，制開闔。

【念孫案】"制開闔"三字文義未足，《説苑・説叢》篇作"而制開闔"，《文子》作"能制開闔"，能，亦而也。"而"字古通作"能"，説見《經義述聞》"能不我知"下。二書皆本於《淮南》，則《淮南》原文本作"五寸之鍵而制開闔"明矣。《道藏》本脱"而"字，劉績不能考正，乃於"制開闔"下加"之門"二字，而諸本及莊本皆從之，謬矣。上言"持千鈞之屋"，若無"之屋"二字，則文不成義。此言"制開闔"，則其義已明，無庸加"之門"二字。

離

故握劍鋒以離北宫子、司馬蒯蕢，不使應敵，操其觚，招其末，則庸人能以制勝。

【念孫案】"握劍鋒以"之下脱去一字，"離"字與上下文皆不相屬，當是"雖"字之誤。隸書"離"字或作"雔"，説見《天文》篇"禹以爲朝晝昏夜"下。形與"雖"相近，故"雖"誤爲"離"。《漢書·衛青霍去病傳》"大當户調雖"，《史記》作"銅離"。《秦策》"主雖困辱，悉忠而不解"，今本"雖"誤作"離"。"不使應敵"，"使"上當有"可"字，言手握劍鋒，則雖北宫黝、司馬蒯蕢，亦不可使應敵，若操其本而舉其末，則庸人亦能以制勝也。"可使"與"能以"文正相對。①

饑饉

人主租斂於民也，《群書治要》作"人主之賦斂於民也"。必先計歲收，量民積聚，知饑饉有餘不足之數，然後取車輿衣食供養其欲。

《群書治要》引此"饑饉"作"饒饉"。【念孫案】作"饒饉"

① "文正相對"，底本作"文相正對"，據同治本改。

者原文，作“饑饉”者後人所改也。“饒”與“饉”，“有餘”與“不足”皆相對爲文，《鹽鐵論・通有》篇：“多者不獨衍，少者不獨饉。”若作“饑饉”，則與“有餘”“不足”之文不類矣。此言人主必知民積聚之多寡，然後可以取於民，若上言“饑饉”，則下不得言“取車輿衣食供養其欲”矣。後人熟於“饑饉”之文，遂以意改之，而不知其與下文相抵牾也。

掘穴

高臺層榭，接屋連閣，非不麗也，然民無掘穴狹廬所以托身者，則明主弗樂也。各本脱“則”字，今據下文及《群書治要》《太平御覽》引補。

【念孫案】“掘穴”本作“堀室”，堀，古“窟”字。昭二十七年《左傳》“吴公子光伏甲於堀室而享王”，《史記・吴世家》作“窟室”是也。因“堀”誤爲“掘”，後人遂妄改爲“掘穴”耳。“窟室”與“狹廬”事相類，若云“掘穴狹廬”，則文不成義矣，《群書治要》引此正作“窟室”，又引注云：“窟室，土室。”《太平御覽・木部七》引此，①亦作“窟室”。又案，“民無掘穴狹廬，所以托身者”，《道藏》本如是。劉本作“民有掘穴狹廬，無所托身者”，此依下文改也。案，下文云“民有糟糠菽粟不接於口者”，又云“民有處邊城、犯危難、澤死暴骸者”，此云“民無堀室狹廬所以托身者”，文與下二條異，不當據彼以改此。且既有“狹廬”，則不得言“無所托身”，《群書治要》《太平御覽》引此并作“民無窟室狹廬”，則劉改非也。莊依劉本作“民有掘

① “木”，底本作“本”，據同治本改。

穴狹廬”，又依《道藏》本作“所以托身者”，兩無所據矣。

效善

故古之爲金石管弦者，所以宣樂也。兵革斧鉞者，所以飾怒也。觴酌俎豆酬酢之禮，所以效善也。高注：“效，致也。”衰絰菅屨，辟踊哭泣，所以諭哀也。

【念孫案】“效善”當爲“效喜”，字之誤也。此以喜、怒、哀、樂相對，作“善”則義不可通，《群書治要》引此正作“喜”。

有以

一人跖耒而耕，不過十畝，中田之獲，卒歲之收，不過畝四石，妻子老弱，仰而食之，《文子·上仁》篇作“仰之而食”。時有涔旱災害之患，有以給上之徵賦、車馬、兵革之費。

【念孫案】“有以”之“有”，各本多作“無”，惟《道藏》本及茅本作“有”，“有”字是也。“有”讀爲“又”。《淮南》通以“有”爲“又”，《史記》《漢書》及諸子并同。言終歲之收，僅足供一家之食，既時有水旱之災，而又以此給上之徵賦也。後人不知“有”爲“又”之借字，而改“有”爲“無”，斯爲謬矣，莊刻仍從諸本作“無”，故特辯之。

人君者

是故人君者。

【念孫案】“君”字當在“人”字上，《群書治要》引此正作

“君人者”。

以火燒田

昆蟲未蟄不得以火燒田。

高注曰:“不得用燒田也。”《道藏》本、劉本、朱本并如是,莊本作“用不得燒田也”,非。【念孫案】正文“燒”字,因注内“燒田”而衍。“不得以火田”,謂田獵不得用火,《爾雅》曰“火田爲狩”是也。高注“不得用燒田”,“燒”讀去聲。《管子·輕重甲》篇“齊之北澤燒”,尹知章注曰“獵而行火曰燒,式照反”是也。“燒”字正釋“火”字,若云“以火燒田”,則不詞矣。《王制》及《賈子·容經》篇并云“昆蟲未蟄,不以火田”,《説苑·修文》篇同。此即《淮南》所本,《文子·上仁》篇亦作“不得以火田”。

王皆坦然天下而南面焉

堯舜禹湯文武,句。王皆坦然天下而南面焉。

【念孫案】次句當作“皆坦然南面而王天下焉”,今本顛倒,不成文理,劉本删去“王”字,尤非。莊本同。

鼛鼓

鼛鼓而食,奏雍而徹,已飯而祭竈。

高注曰:“鼛鼓,王者之食樂也。《詩》云:‘鼓鍾伐鼛。’”【念孫案】“鼛鼓而食”當爲“伐鼛而食”,今作“鼛鼓”者,涉注文而誤也。《周官·大司樂》曰:“王大食三侑,皆令奏鍾鼓。”

奏鍾鼓而食,故曰"伐鼙而食"。高注引《詩》"鼓鍾伐鼙",正釋"伐鼙"二字之義。若云"鼙鼓而食",則文不成義矣。且"伐鼙而食""奏雍而徹"相對爲文,《荀子·正論》篇曰:"曼而饋,伐皋而食,今本"伐"誤作"代",辯見《荀子》。"皋"與"鼙"同,《考工記》"韗人爲皋鼓"是也。雍而徹乎五祀。"即《淮南》所本也。《玉海·音樂部》"樂器"類引此正作"伐鼙而食"。

伐紂

武王伐紂,發鉅橋之粟,散鹿臺之錢,封比干之墓,表商容之閭,朝成湯之廟,解箕子之囚。

【念孫案】"伐紂"本作"克殷",此後人妄改之也。下文"解箕子之囚",高注"武王伐紂,赦其囚執","伐紂"二字亦後人所加。下文所述六事皆在克殷以後,若改"克殷"爲"伐紂",則自"孟津觀兵"以後皆是伐紂之事,與下文不合矣,《群書治要》引此正作"武王克殷"。又,《齊俗》篇:"昔武王執戈秉鉞以伐紂勝殷,搢笏杖殳以臨朝。""伐紂"二字亦後人所加,"執戈秉鉞以勝殷""搢笏杖殳以臨朝"相對爲文,加入"伐紂"二字,則文不成義,且與下句不對矣。《太平御覽·兵部八十四》引此無"伐紂"二字,蓋後人熟於"武王伐紂"之語,遂任意增改而不顧文義,甚矣其妄也。

其所事者多

夫聖人之智固已多矣,其所守者有約,故舉而必榮。愚人之智。固已少矣,其所事者多,故動而必窮矣。

【念孫案】“其所事者多”，“多”上亦當有“有”字。“其所守者有約”“其所事者有多”，兩“有”字皆讀爲“又”，“又”與“固已”文義相承，《群書治要》引此正作“其所事者又多”。《荀子·王霸》篇引孔子曰：“知者之知固已多矣，有以守少，能無察乎？愚者之知固已少矣，有以守多，能無狂乎？”此即《淮南》所本。

捨其易成者

夫以正教化者，易而必成。以邪巧世者，難而必敗。凡將設行立趣於天下，捨其易成者，而從事難而必敗者，愚惑之所致也。

【念孫案】“捨其易成者”當作“捨其易而必成者”，今本脱“而必”二字，則與上文不合，《文子·微明》篇正作“捨其易而必成”。

仁智錯

故仁智錯，有時合。合者爲正，錯者爲權。

【念孫案】“故仁智錯，有時合”當作“故仁智有時錯，有時合”。

事可權者多愚之所權者少此愚者之所多患

人之情不能無衣食，衣食之道必始於耕織，萬民之所容見也。“容”與“公”古字通，劉本改作“公”，莊從劉本，非。物之若耕織者，始初甚勞，終必利也衆，句。愚人之所見者寡，事可權者多，愚之所權者少，此愚者之所多患。

【念孫案】"事可權者多"二句當作"事之可權者多，對上文"物之若耕織者，始初甚勞，終必利也衆"。愚人之所權者少"。對上文"愚人之所見者寡"。各本脱"之"字、"人"字，則文義不明。"此愚者之所多患"，劉本作"此愚者之以多患也"。案，當作"此愚者之所以多患也"，對下文"此智者所以寡患也"。《道藏》本脱"以"字、"也"字，劉本脱"所"字。

遲利

仁以爲質，智以行之，兩者爲本，而加之以勇力辯慧，捷疾劬録，巧敏遲利，聰明審察，盡衆益也。

【念孫案】"遲利"二字義不相屬，"遲"當爲"犀"，字之誤也。"犀"亦"利"也。《漢書・馮奉世傳》"器不犀利"，如淳曰："今俗刀兵利爲犀。"自"勇力"以下皆兩字同義。

懷給　棄驥而不式

故不仁而有勇力果敢，則狂而操利劍。不智而辯慧懷給，則棄驥而不式。

高注曰："不智之人，辯慧懷給，不知所裁之，猶棄驥而或，《道藏》本如是。① "棄"字雖誤，而"或"字尚未誤，各本或作"棄驥而式"，或作"棄驥不式"，皆後人據已誤之正文，改未誤之注文也，辯見下。不知所詣也。懷，佞也。"【念孫案】"懷"與"佞"義不相近，"懷"皆當爲

① "道藏本"，底本作"道本藏"，據同治本乙正。

“懁”,字之誤也。“懁”與“儇”同,字或作“譞”。《方言》曰:“儇,慧也。”《説文》同。又曰:“譞,譞慧也。”《廣雅》曰:“辯、儇,慧也。”即此所云“辯慧懁給”也。《楚辭·九章》:“忘儇媚以背衆兮。”王注曰:“儇,佞也。”正與高注同。“棄驥而不式”本作“乘驥而或”,因“乘”誤爲“棄”,隸書“乘”或作“𠅘”,“棄”或作“弃”,二形相似。“或”誤爲“式”,草書“或”“式”相似。後人遂於“式”上加“不”字耳,“或”與“惑”同,故高注云“不智之人辯慧、懁給,不知所裁之,猶乘驥而或,不知所詣也”。《吕氏春秋·當務》篇曰:“辯而不當論,信而不當理,勇而不當義,法而不當務,或而乘驥也,狂而操吴干將也。”《春秋繁露·必仁且知》篇曰:“不仁而有勇力材能,則狂而操利兵也。不知而辯慧獧給,則迷而乘良馬也。”是皆其明證矣。“獧”亦與“儇”同。

專誠

誠身有道,心不專一,不能專誠。

【念孫案】以上文例之,則“不能專誠”當作“不能誠身”。據高注云“不修其本而欲得悦親誠身之名,皆難也”,則正文本作“不能誠身”明矣。今作“不能專誠”者,涉上文“心不專一”而誤。《中庸》作“誠身有道,不明乎善,不誠乎身矣”,次句雖異義,而首句、三句則同。

《淮南内篇》弟十

繆稱

從天之道

黄帝曰："芒芒昧昧，從天之道，與元同氣。"

【念孫案】"道"本作"威"，今作"道"者，後人不解"威"字之義，而妄改之也。《文選·宋孝武宣貴妃誄》注引此已誤。案，威者，德也，言從天之德也。《廣雅》曰："威，德也。"《周頌·有客》篇："既有淫威，降福孔夷。"《正義》曰："言有德故易福。"《風俗通義·十反》篇曰："書曰：'天威棐諶。'言天德輔誠也。"是古謂"德"爲"威"也。後《泰族》篇及《吕氏春秋·應同》篇并云："黄帝曰：'芒芒昧昧，因天之威，與元同氣。'"《文子·上仁》篇："因天之威，與元同氣。"用《泰族》篇文也。上下文皆出《泰族》篇。《符言》篇："從天之威，與元同氣。"用此篇文也。下文"故至德，言同略，事同指"云云，皆出此篇。然則《泰族》作"因天之威"，此作"從天之威"，雖"因"與"從"不同，而"威"字則同矣。

仁義

君子非仁義無以生,失仁義則失其所以生。小人非嗜欲無以活,失嗜欲則失其所以活。故君子懼失仁義,小人懼失利。

【念孫案】三"仁"字皆原文所無,此後人依上文加之也,不知此八句與上異義。上文是言仁義不如道德,此文是言君子重義,小人重利,故以"義"與"利""欲"對言,而"仁"不與焉。《太平御覽·人事部六十二》"義"下引此無三"仁"字,《文子·微明》篇同。

致尊

聖人之道,猶中衢而致尊邪,過者斟酌,多少不同,各得其所宜。

【念孫案】"致尊"當爲"設尊",字之誤也。《藝文類聚·雜器物部》《太平御覽·居處部二十三》《器物部六》引此并作"設尊"。

得賢

己未必得賢,而求與己同者,而欲得賢,亦不幾矣。

【念孫案】"己未必得賢","得"字因下文"得賢"而衍,《群書治要》引此無"得"字。

物莫無所不用

物莫無所不用。

【念孫案】此當作"物莫所不用","莫"即"無"也。"無"字蓋涉下文"無所不用"而衍。

意而不戴

勇士一呼,三軍皆辟,其出之誠也,舊本"誠"字誤在"也"字下,今據《文子·精誠》篇乙正。故倡而不和,意而不戴,中心必有不合者也。

高説"意而不戴"云:"意,恚聲也。戴,嗟也。"【念孫案】高説非也。"戴"讀爲"載"。鄭注《堯典》曰:"載,行也。"言上有其意而不行於下者,誠不足以動之也。下文云:"上意而民載,誠中者也。"高注曰:"上有意而未言,則民皆載而行之。"是其證矣。《文子·精誠》篇正作"意而不載"。

王天下

故舜不降席而王天下者,求諸己也。

【念孫案】"王"當爲"匡",字之誤也。匡,正也。正己而天下自正,故曰"舜不降席而匡天下者,求諸己也"。己不正則不能正人,故下文曰"身曲而景直者,未之聞也"。下文又曰"故舜不降席而天下治",彼言"天下治",此言"匡天下",其義一也。今本作"王天下",則非其指矣。《文子·精誠》篇作"不下席而匡天下",《韓詩外傳》及《新序·雜事》篇并作"不降席而匡天下”。

感忽

説之所不至者，容貌至焉。容貌之所不至者，感忽至焉。

【念孫案】“感忽”者，精誠之動人者也，故下文曰“感乎心，明乎智，發而成形，精之至也。可以形勢接而不可以昭誋”。《廣雅》：“誋，告也。”《荀子·議兵》篇曰：“善用兵者，感忽悠闇，莫知其所從出。”義與此相近。《道藏》本、茅本并作“感忽”，《文子·精誠》篇同，劉本誤爲“感或”，而莊本從之，謬矣。

克不能及

中行繆伯，手搏虎而不能生也。高注：“力能殺虎而德不能服之。”蓋力優而克不能及也。高注：“克，猶能也。”

【念孫案】“克不能及”當爲“克不及”。克，能也，言搏虎之力雖優，而服虎之能則不及也。“優”與“不及”，義正相對，則“及”上不當有“能”字。高注“克，猶能也”，是指上句“能”字而言，正文“能”字即因上句“能”字而衍。

行斯乎其所結　釋近斯遠

終年爲車，無三寸之鎋，不可以驅馳。匠人斲户，無一尺之楗，不可以閉藏，故君子行斯乎其所結。《道藏》本如是。各本“斯”作“思”，乃後人以意改之，莊從各本作“思”，非。

【念孫案】"斯"當爲"期",字之誤也。言君子行事必期其所終也。高注:"結,要終也。"又下文"釋近斯遠,塞矣","斯"亦當爲"期"。"釋近期遠,塞矣",謂道在邇而求諸遠,則必塞也。《文子·精誠》篇作"舍近期遠",是其證。

遠害

故禹執干戚舞於兩階之間,而三苗服。鷹翔川,魚鱉沈,飛鳥揚,必遠害也。

【念孫案】"遠害"本作"遠實",此後人以意改之也。據高注云:"鷹懷欲宍"宍"與"肉"同。① 欲肉者,欲食肉也。各本"宍"字皆誤作"害",辯見《原道》篇"欲寅之心"下。之心,鳥魚知其情實,故遠之。"則本作"遠實"明矣,《太平御覽·鱗介部四》引此正作"遠實"。此承上文"忠信行於内,感動應於外"而言,言禹有忠信之實,故舞干戚而三苗服,鷹有欲肉之實,故魚鳥皆遠之。若無其實而能動物者,則未之有也。後人改"遠實"爲"遠害",失其指矣。

苟簡易

故君之於臣也,能死生之,不能使爲苟簡易。

【念孫案】"簡"字後人所加,高注云"君不能使臣爲苟合易行之義",則無"簡"字明矣。下文曰:"父之於子也,能發起之,不能使無憂尋。"與此相對爲文,加一"簡"字,則文不成

① "宍",底本作"宮",據《萬有文庫》本改。

義,且與下文不對矣。

慚乎景

夫察所夜行,周公慚乎景,故君子慎其獨也。

【念孫案】"慚"上當有"不"字,方與下意相屬。《文子·精誠》篇作"聖人不慚於景"。《晏子春秋·外篇》:"君子獨立不慚于景,獨寢不慚于魂。"

至至

故至至不容。

高注曰:"至道之人,不飾容也。"劉本改"至至"爲"至人"。各本及莊本同。又下文"故至至之人,不可遏奪也",高注曰:"言至道之人,其心先定,不可臨以利,奪其志也。"劉本又改"至至"爲"至道"。各本及莊本同。【念孫案】劉不解"至至"二字之意,又見高注兩言"至道之人",故或改爲"至人",或改爲"至道",不知"至至"即"至道"也,"至至之人"即"至道之人"也。下文云:"故聖人栗栗乎其内,而至乎至極矣。""至乎至極",即所謂至至也。《本經》篇:"未可與言至也。"高注亦曰:"至,至德之道也。"是"道之至極"即謂之至,"至乎道之至極"即謂之至至,故此兩注皆以"至至"爲"至道"也。劉不曉注意,而以注文改正文,謬矣。下文又云:"至至之人,唯此"至至"二字,劉本未改。不慕乎行,不慚乎善。""至至"二字,前後三見,何不察之甚也?

不身遁

不身遁，斯亦不遁人。

高注曰："遁，隱也。己不自隱身之行，亦不隱之於人也。"【念孫案】"不身遁"，"身"當爲"自"，字之誤也。據高注云"不自隱身之行"，則所見本已誤作"身"。上文"非自遁也"，高注云："遁，欺也。"《廣雅》同。"遁"字亦作"遯"。《修務》篇："審於形者，不可遯以狀。"高注曰："遯，欺也。"此言自遁，亦謂自欺也。不自欺，斯不欺人，故下二句云"若行獨梁，不爲無人不兢其容"，謂不自欺也。古者謂"欺"爲"遁"。《管子·法禁》篇曰："遁上而遁民者，聖王之禁也。"謂上欺君而下欺民也。《賈子·過秦》篇曰："奸僞并起，而上下相遁。"《史記·酷吏傳序》曰："奸僞萌起，其極也，上下相遁。"皆謂上下相欺也。

夫子曰弦則是也其聲非也

故心哀而歌不樂，心樂而哭不哀。夫子曰："弦則是也，其聲非也。"

高注曰："閔子騫三年之喪畢，援琴而彈其弦是也，其聲切切而哀。"事見《檜風·素冠》傳。【引之曰】上文申喜遇母及艾陵之戰，皆直敘其事，此未敘其事，而忽云夫子曰"弦則是也，其聲非也"，則不知所指爲何事矣。疑"閔子騫三年之喪畢，援琴而彈"十二字本是正文，在"夫子曰"上，而寫者誤入注也。

矜怚

矜怚生於不足。

高注曰："怚，驕也。"【念孫案】"慘怚"之"怚"，無訓爲"驕"者，"怚"皆當爲"怚"，字之誤也。《説文》："怚，驕也。"字從且，不從旦。《玉篇》"秦吕、子御"二切。《廣雅》曰："憍、通作"驕"。怚、傲、侮、慢，傷通作"易"。也。"高注《氾論》篇曰："駔，驕怚也。"并與此注同義。"怚"訓爲"驕"，故言"矜，怚也"。又，《吕氏春秋·審應》篇："使人戰者，嚴駔也。"高注曰："嚴，尊也。駔，驕也。"《説文》又云："媨，驕也。"《文選·嵇康〈幽憤詩〉》："恃愛肆姐，不訓不師。""怚""媨""姐""駔"，并字異而義同。

理詘傀倨佝

容貌顔色，理詘傀倨佝。

劉績云："後有'倨句詘伸'，見《兵略》篇。疑此作'詘伸倨句'，衍'理'字。"【念孫案】劉説是也。倨句，猶曲直也。《樂記》曰："倨中矩，句中鉤。""伸"誤爲"傀"，"句"誤爲"佝"，因"倨"字而誤加"人"旁。"理"字因下文"循理"而衍，各本"佝"字又誤爲"徇"，而莊本從之，謬矣。

刑於寡妻

刑於寡妻，至於兄弟，禪於家國。

【念孫案】"刑於寡妻"本作"施於寡妻"，此後人依《大雅》

改之也。不知“施於寡妻，禪於家國”皆用《詩》意而小變其文，與直引《詩》詞者不同，無煩據彼以改此也。《文選・漢高祖功臣頌》注引此正作“施於寡妻”。“施”讀若“施于孫子”之“施”。

大而章

君子之道，近而不可以至，卑而不可以登，無載焉而不勝，大而章，遠而隆。

【念孫案】“大而章”，“大”當爲“久”，字之誤也。此言君子之道，始於卑近，而終於高遠，是以久而彌章，遠而彌隆。上文云：“聖人之爲治，漠然不見賢焉，終而後知其可大也。”意正與此同。若云“大而章”，則義與下句不類矣。《文選・答賓戲》：“時暗而久章者，君子之真也。”李善注引此文云：“君子之道，久而章，遠而隆。”是其明證矣。

漂池

鑿地漂池，非止以勞苦民也。各從其蹠而亂生焉。

高注曰：“人或有鑿穿，或有填池，言用心異也。”【念孫案】如高注，則“漂池”當作“湮池”。“湮”訓爲“塞”，故注言“填池”也。“非止以勞苦民也”，“止”疑當作“正”，上文曰：“故人之甘甘，非正僞蹠也，“僞”與“爲”同。而蹠焉往。君子之憯怛，非正僞形也，而諭乎人心。”語意與此相似。

循性而行指

太公何力，比干何罪，循性而行指，或害或利。

【念孫案】“循性而行指”，謂率其性而行其志也。《吕氏春秋·行論》篇“布衣行此指於國”，高注曰：“指，猶志也。”劉本改“指”爲“止”，而諸本從之，莊本同。謬矣。

必其得福

故君子能爲善，而不能必其得福。不忍爲非，而未能必免其禍。

【念孫案】“必其得福”當依《文子·符言》篇作“必得其福”，與“必免其禍”相對爲文。

厚膊

故同味而嗜厚膊者，必其甘之者也。

高注曰：“厚膊，厚切肉也。”【念孫案】《説文》：“膊，薄脯膊之屋上也。”非切肉之義。“膊”皆當爲“膞”，字之誤也。《説文》：“膞，切肉也。”《玉篇》“旨兖切”，《廣雅》：“膞，臠也。”《説文》：“臠，切肉臠也。”字從叀，不從尃。“膞”之言“剸”也。鄭注《文王世子》曰：“剸，割也。”故高注以“膞”爲切肉。《鍾山札記》以“膊”爲“脟”字之誤，非也。

分分

福之萌也綿綿，禍之生也分分，福禍之始萌微，故民嫚之。

【念孫案】“分分”當爲“介介”，字之誤也。“介”本作“尒”，“分”俗作“䒑”，二形相似，故傳寫多訛。莊三十年《穀梁傳》：“燕、周之分子也。”《釋文》：“分，本或作介。”《周官・内宰》注“敘、介，次也”，《釋文》：“介，或作分，非。”《大宗伯》注“雉取其守介而死”，《釋文》：“介，或作分。”《莊子・庚桑楚》篇“介而離山”，《釋文》：“介，一本作分。”《春秋繁露・立元神》篇“介障險阻”，“介”訛作“分”，皆其證也。介介，微也。《豫》六二“介于石”，《繫辭傳》“憂悔吝者存乎介”，虞注并云：“介，纖也。”《齊策》曰：“無纖介之禍。”是“介”爲微小之稱。“禍之生也介介”與“憂悔吝者存乎介”意正相近。綿綿、介介，皆微也，故曰“福禍之始萌微”。《文子・微明》篇作“禍之生也紛紛”，則後人妄改之耳。

行政善善未必至也

周政至，殷政善，夏政行。行政善，善未必至也。至至之人，不慕乎行，不慚乎善。

【念孫案】“行政善，善未必至也”當作“行政未必善，善政未必至也”。今本上句脱“未必”二字，下句脱“政”字，則文義不明。高注“夏政行”曰“行尚粗也”，是行政未必善也。又注“殷政善”曰“善施教，未至於道也”，是善政未必至也。又注“周政至”曰“至於道也”，故曰“至至之人，不慕乎行，不慚乎善”。至至，即至道，説見上文“至至”下。

矣鐸

義之所加者淺，則武之所制者小，句。矣鐸以聲自毁，膏燭以明自鑠。

梁氏處素曰："'矣'當爲'吴'，字之誤也。'吴鐸'二字連讀，故高注云'鐸，大鈴，出於吴'。《鹽鐵論·利議》篇'吴鐸以其舌自破'是其證。《太平御覽·人事部一百》引此正作'吴鐸以聲自毁'。"

舉以大政　后稷爲大田師奚仲爲工

甯戚擊牛角而歌，桓公舉以大政。

【念孫案】"舉以大政"本作"舉以爲大田"，此後人以意改之也。"舉以大政"四字文不成義，蓋後人不知"大田"爲官名，故妄改之耳。《文選·江淹〈雜體詩〉》注引此作"舉以爲大田"，又引高注曰"大田，官也"。當作"大田，田官也"。今則既改正文，又删去高注矣。高注《詮言》篇曰："甯戚疾商，歌以干桓公，桓公舉以爲大田。"《晏子春秋·問》篇曰："桓公聞甯戚歌，舉以爲大田。"此皆其明證也。《管子·小匡》篇曰："墾草入邑，辟土聚粟，盡地之利，臣不如甯戚，請立爲大司田。"《吕氏春秋·勿躬》篇作"請置以爲大田"，《韓子·外儲説左》作"請以爲大田"。又，《齊俗》篇："后稷爲大田師，奚仲爲工。""師"字當在"工"字下。後人不知"大田"爲官名，故又移"師"字於"大田"之下。《太平御覽·皇王部五》引此已誤。大田，田官之長也。工師，工官之長也。《文子·自然》篇作"后稷爲田疇，奚仲爲工師"，是其證。

大弦組　小弦急

治國辟若張瑟，大弦組則小弦絶矣。

高注曰:"組,急也。"【念孫案】"組"皆當爲"縆",字之誤也。"縆"讀若"亘",字本作"揯",又作"緪",《説文》:"揯,引急也。"又曰:"緪,急也。"《楚辭·九歌》:"緪瑟兮交鼓。"王注曰:"緪,急張弦也。""縆"即"緪"之省文,馬融《長笛賦》云"縆瑟促柱"是也。《意林》及《太平御覽·治道部五》引此并作"大弦縆",是其證。《泰族》篇云:"故張瑟者,小弦縆而大弦緩。"義與此同也。高注亦云:"縆,急也。"今本則依《文子》改爲"小弦急",并删去高注矣。《藝文類聚·治政部上》《文選·長笛賦》注引此并作"小弦縆",又引高注"縆,急也",足正今本之謬。

積恨而成怨　桀紂之謗

壹快不足以成善,積快而爲德。壹恨不足以成非,積恨而成怨。故三代之善,千歲之積譽也。桀紂之謗,千歲之積毁也。

【念孫案】"積恨而成怨","怨"本作"惡"。"桀紂之謗","謗"亦本作"惡",皆後人妄改之也。"壹快不足以成善,積快而爲德"者,"德"亦"善"也。言一爲善而快於心,不足以成善。多爲善,則積快而爲德矣。"壹恨不足以成非,積恨而成惡"者,恨,悔也。《大雅·雲漢》傳:"悔,恨也。"《漢書·李廣傳》:"將軍自念豈嘗有恨者乎。"顔師古注:"恨,悔也。"非,亦惡也。言一爲不善,而悔於心,不足以成非。多爲不善,則積悔而成惡矣。"快"與"恨"對、"善"與"非"對、"德"與"惡"對,皆謂己之善惡,非謂人之恩怨也。後人誤以"德"爲"恩德","恨"爲"怨恨",故改"惡"爲"怨"耳。"三代之善,千歲之積譽也。桀紂之惡,千歲之積毁也","善"與"惡"對、"譽"與"毁"對,改"惡"

爲"謗",則既與"善"字不對,又與"毁"字相複矣,《文選·運命論》注引此正作"桀紂之惡"。

二鳳皇

昔二鳳凰至於庭。

劉本作"昔二皇鳳凰至於庭"。【念孫案】此本作"昔二皇鳳至於庭",《文選注》《藝文類聚》《太平御覽》《玉海》并引高注"二皇,宓羲、神農也",今本脱之。《原道》篇"泰古二皇",高彼注與此注同。《道藏》本"皇"字倒在"鳳"字下,因誤而爲"凰",劉本補"皇"字而未删"凰"字,各本及莊本同。皆非也。《文選·長笛賦》注、《藝文類聚·祥瑞部下》《太平御覽·羽族部二》及《爾雅翼》《玉海·祥瑞部》引此并作"二皇鳳至於庭",無"凰"字。

兼覆蓋 度伎能 兼覆而并之 技能其才

兼覆蓋而并有之,度伎能而裁使之者,聖人也。

高注曰:"裁,制也。度其伎能而裁制使之。"【念孫案】正文本作"兼覆而并有之,伎能而裁使之",注本作"度其能而裁制使之"。"伎"之言"支"也,支,度也。《大戴禮·保傅》篇:"燕支地計衆,不與齊均也。"盧辯注:"支,猶計也。"《賈子·胎教》篇作"度地計衆"。注言"度其能而裁制使之","度"字正釋"伎"字,今本注文作"度其伎能"者,涉正文而衍"伎"字也。《太平御覽》引此已誤。正文作"度伎能"者,又涉注文而衍"度"字也。《御覽》引此不誤。因正文衍"度"字,後人又於上句加"蓋"字以對下句,"兼覆蓋而并有之",斯爲不詞矣。《太平御覽·人事部一》引此正作“兼覆而并有之，技能而裁使之”，“技”與“伎”同。《文子·符言》篇同。又，《齊俗》篇：“若以聖人爲之中，則兼覆而并之。”案，彼文“并”下當有“有”字，“兼覆而并有之”，文與此同也。又，《兵略》篇：“必擇其人，技能其才，使官勝其任，人能其事。”案，“技能其才”，“能”字涉下文“能其事”而衍，“技其才”亦謂度其才也。“擇其人”“技其才”，“官勝其任”“人能其事”，皆相對爲文，則“技”下不當有“能”字，且“能”即是“才”，若云“技能其才”，則是“技能其能”矣。

《淮南内篇》第十一

齊俗

僞匿之本

夫水積則生相食之魚，土積則生自宍之獸，“宍”與“肉”同，各本“宍”誤作“穴”。辯見《原道》“欲寅之心”下。禮義飾則生僞匿之本。

《太平御覽·禮儀部二》引此，“僞匿之本”作“僞慝之儒”，又引注曰“僞詐慝奸”。【念孫案】“慝”“匿”古字通。説見《泰族》“民無匿情”下。“本”當爲“士”。“僞匿之士”與“相食之魚”“自肉之獸”相對爲文，若云“僞匿之本”，則與上文不類矣，《御覽》作“僞慝之儒”，儒，亦士也，隸書“士”字或作“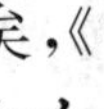”，見漢《仙人唐公房碑陰》。與“本”相似，又涉上文“禮義之本”而誤。

致暖　兵戈

其衣致暖而無文，其兵戈銖而無刃。高注：“楚人謂刃頓爲銖。”

【念孫案】此本作“其衣暖而無文，其兵銖而無刃”，後人於“暖”上加“致”字，於義無取。戈爲五兵之一，言兵而戈在其中，不當更加“戈”字，且“其衣致暖”與“其兵戈銖”不對，明是後人所改。《文子·道原》篇正作“其衣暖而無采，其兵鈍而無刃”。

抽箕　扣墳墓

故有大路龍旂、羽蓋垂緌、結駟連騎，則必有穿窬拊楗、抽箕逾備之奸。

高注曰：“抽，握也。備，後垣也。”【引之曰】“抽箕”當爲“扫墓”，高注“抽，握也”當作“扫，掘也”。“扫”字本作“搰”。《説文》曰：“搰，掘也。或作扫。”《廣雅》曰：“扫，掘也。”《荀子·正論》篇曰“扫人之墓”是也。《吕氏春秋·節喪》篇：“葬淺則狐狸扫之。”高注曰：“扫讀曰掘。”是“扫”與“掘”聲相近，字亦相通也。今本“扫墓”作“抽箕”者，“抽”與“扫”字相似，故“扫”誤作“抽”。《説林》篇“伏苓扫，兔絲死”，《藝文類聚·草部上》引此，“扫”作“抽”。《論衡·薄葬》篇“不畏罪法，而丘墓扫矣”，今本“扫”作“抽”。蓋世人多見“抽”，少見“扫”，故“扫”誤爲“抽”矣。“墓”與“基”字亦相似，“墓”以形誤爲“基”，《漢書·叙傳》“陵不崇墓”，《漢紀》“墓”字誤爲“基”。“墓”可誤爲“基”，故“基”亦可誤爲“墓”，《逸周書·大開》篇“兆基九開”，今本“基”誤爲“墓”是也。“墓”可誤爲“基”，故“莫”亦可誤爲“其”，《史記·孝文紀》“宗室、將相、王、列侯以爲莫宜寡人”，《漢書》“莫”誤爲“其”是也。“基”又以聲誤爲“箕”耳。“穿窬拊楗、扫墓逾備之奸”，皆謂盜賊也。楗，謂户牡也。拊楗，謂搏取户楗也。《吕氏春秋·異用》篇云“跖與企足得飴，以開閉取楗”是也。“備”與“培”同。下文“鑿培而遁之”,高注曰:“培,屋後牆也。”《吕氏春秋·聽言》篇亦作“培”,《莊子·庚桑楚》篇作“坏”,《漢書·楊雄傳》作“坏”。故此注云“備,後垣也”。又,《兵略》篇“毋扣墳墓”,“扣”亦“扫”字之誤,本或作“抉”者,後人以意改之耳。莊刻從或本作“抉”,非。

蝥苍

夫蝦蟇爲鶉,水蠆爲蝥苍。

高注曰:“青蛉也。”“青蛉”上當有“蟌”字。【念孫案】“水蠆爲蝥苍”本作“水蠆爲蟌”。《玉篇》:“蟌,千公切,蜻蛉也。”《廣韻》引《淮南子》“蝦蟇爲鶉,水蠆爲蟌”,《太平御覽·蟲豸部六》所引與《廣韻》同,又引注云“老蝦蟇化爲鶉,水中蠆蟲化爲蟌。蟌者,蜻蜓也”。此蓋許注。《説林》篇“水蠆爲蟌”,高注曰“水蠆化爲蟌。蟌,青蜓也”,皆其明證矣。今本作“水蠆爲蝥苍”者,“蝥”爲“蟌”之誤。“蟌”字從虫、悤聲。隸書“悤”或作“悪”,又作“毌”,其上半與“每”相近。“蟌”或作“蟌”,因誤爲“蝥”耳。《廣雅·釋草》:“䔢、薤,蔥也。”今本“蔥”作“蒵”。又“藜蘆,蔥菼也”,今本“蔥”作“蒵”,皆其證也。“苍”爲“茐”之誤,“茐”俗書“蔥”字也,與“蟌”同音,校書者記“茐”字於“蟌”字之旁,而寫者因誤合之耳。又案,高注“青蛉也”下各本皆有“音矛,音務”四字,蓋“蟌”“茐”二字,既誤爲“蝥苍”,後人遂妄加音釋耳。《字彙補》乃於虫部收入“蝥”字,音“矛”。又於艸部“苍”字下注云“音務”,引《淮南子》“水蠆爲蝥苍”,甚矣其惑也。

筐

柱不可以摘齒，“摘”讀若“剔”。筐不可以持屋。

高注曰：“筐，小簪也。”《太平御覽·居處部十五》引作“蓬不可以持屋”。【念孫案】“筐”與“蓬”皆“筳”字之誤也。“筳”讀若“庭”，又讀若“挺”，庭、挺，皆直也。《爾雅》：“庭，直也。”《考工記·弓人》注曰：“挺，直也。”小簪形直，故謂之筳。小簪謂之筳，小折竹謂之筳，草莖謂之莛，杖謂之梃，皆以直得名。“柱”與“筳”大小不同，而其形皆直，故類舉之，若“筐”與“蓬”則非其類矣。《玉篇》：“筳，徒丁切，小簪也。”義即本於高注。此言大材不可小用，小材不可大用，故柱可以持屋，而不可以摘齒。小簪可以摘齒，而不可以持屋也。“筳”字隸書或作“莛”，隸書從竹之字或從艸。形與“蓬”相似。“筐”與“筳”草書亦相似，故“筳”誤爲“筐”，又誤爲“蓬”矣。

函食不如簞　弊簞

夫明鏡便於照形，其於以函食不如簞。

【念孫案】“函食不如簞”本作“承食不如竹箅”。箅，博計反。今本“承”誤爲“函”，“箅”誤爲“簞”，“箅”誤爲“箄”，又誤而爲“簞”。又脱去“竹”字耳。《説文》：“箅，蔽也，所以蔽甑底。”“承”讀爲“烝之浮浮”之“烝”，謂用以烝食也。《漢書·地理志》“長沙國承陽”，師古曰：“承，音烝。”《續漢書·郡國志》作“烝陽”，是“烝”與“承”通。《太平御覽·器物部》引此作“蒸食”。今人猶謂甑中蔽爲箅子，《世説》云“客詣陳太丘宿，太丘使元方、季方炊，二人委而竊聽，炊忘箸箅，飯落釜中”是也。《説山》篇云：“弊箅甑甑,在旃茵之上,雖貪者不搏。”是“箅”爲物之賤者,然明鏡雖貴,若用以蔽甑底,則氣不上升,而食不熟。竹箅雖賤,而可以烝食,故下文云“物無貴賤,因其所貴而貴之,物無不貴。因其所賤而賤之,物無不賤也”。鏡形圓,箅形亦圓,故連類而及之,若簞笥之屬,則儗之不於其倫矣。且“箅”與“蜧”爲韻,蜧,音戾。若作“簞”,則失其韻矣。《太平御覽·服用部》“鏡”下引《淮南子》“明鏡便於照形,承食不如竹簞”,雖“承”字不誤,而“簞”字已與今本同,然《器物部》“箅”下又引《淮南子》“明鏡可鑑形,蒸食不如竹箅”,是則《服用部》作“簞”者,後人據誤本《淮南》改之耳。《北堂書鈔·服飾部》“鏡”下引作“承食不如竹簞”,“簞”亦“箅”之誤。又案,《説山》篇“弊箅甑瓾”,今本“箅”作“簞”,非也。《説文》:“箅,蔽也,所以蔽甑底,從竹、畀聲。”《玉篇》“博計切”,《急就篇》云“笹篅篧筥籅箅篝”是也。《説文》又云:“簞,篧簞也。從竹、卑聲。”《玉篇》“必匙、必是二切”,《急就篇》云“篧簞箕帚筐篋簍”是也。此言“弊箅甑瓾”,則是“甑箅”之“箅”,非“篧簞”之“簞”,字不當從“卑”。

代爲常

見雨則裘不用,升堂則蓑不御,此代爲常者也。

陳氏觀樓曰:“‘常’當爲‘帝’,字之誤也,《太平御覽·服章部十一》引此已誤。‘代爲帝’,謂裘與蓑迭爲主也。《説林》篇曰:‘旱歲之土龍,疾疫之芻靈,是時爲帝者也。’《莊子·徐無鬼》篇曰:‘堇也,桔梗也,雞廱也,豕零也,是時爲帝者也。’義并與此同。”

肆

譬若舟車楯肆窮廬，故有所宜也。

高注曰："沙地宜肆。"《修務》篇："水之用舟，沙之用肆，泥之用輴，山之用蔂。"【念孫案】"肆"當作"䦽"，《玉篇》"乃鳥切"。字相似而誤。《文子·自然》篇正作"沙用䦽"，朱本、茅本、莊本依《吕氏春秋》《慎勢》篇。改作"沙之用鳩"，非也。"鳩"與"肆"形、聲皆不相近，若是"鳩"字，不得誤爲"肆"矣。或又因《説文》無"䦽"字，而以"肆"爲"欙"，"欙"與"肆"形、聲亦不相近，且《修務》篇明言"沙用肆，山用蔂"，與"欙"同。"肆""欙"不同物，何得以"肆"爲"欙"乎？

過簫

若風之過簫，忽然感之，各以清濁應矣。

陳氏觀樓曰："各本'過'字皆誤作'遇'，莊本同。唯《道藏》本不誤。《文子·自然》篇正作'若風之過簫'。"

以物

凡以物治物者，不以物，句。以睦。句。治睦者，不以睦，以人。治人者，不以人，以君。

【念孫案】"凡以物治物者"，"以物"二字，因下文而衍，《吕氏春秋·貴當》篇、《文子·下德》篇皆無此二字。

哀可樂者

夫載哀者，聞歌聲而泣。載樂者，見哭者而笑。哀可樂者，笑可哀者，載使然也。

【念孫案】“哀可樂者”，“者”字因下句而衍。

水擊 智昏

故水擊則波興，氣亂則智昏。智昏不可以爲政，與“正”同。波水不可以爲平。

【念孫案】“水擊”當爲“水激”，聲之誤也，《群書治要》引此正作“激”。《氾論》篇亦云“水激興波”。“智昏不可以爲政”，“智昏”當爲“昏智”，“昏智”與“波水”相對，謂既昏之智不可以爲正，已波之水不可以爲平也。今本作“智昏”者，蒙上句而誤，《文子·下德》篇正作“昏智不可以爲正”。

萬物之情既矣

故聖王執一而勿失，萬物之情既矣，四夷九州服矣。

高注曰：“既，盡也。”各本脱此注，劉本有。【念孫案】“既”本作“測”，高注本作“測，盡也”，今本正文、注文皆作“既”，後人以意改耳，《群書治要》引此正作“測”。《原道》篇“水大不可極，深不可測”，《主術》篇“天道大不可極，深不可測”，《吕氏春秋·下賢》篇“昏乎其深而不測也”，高注并云：“測，盡也。”“測”與“盡”同義，詳見《經義述聞·禮記》“測深厚”下。後人但知“既”之訓爲“盡”，而不知“測”之訓爲“盡”，遂以其所知改其所不知,謬矣。且"測"與"服"爲韻,"服"字古讀蒲北反,説見《唐韻正》。若作"既",則失其韻矣。

人之所能已

不强人之所不能爲,不絶人之所能已。

陳氏觀樓曰:"'能已'上亦當有'不'字,《文子·上仁》篇正作'不絶人所不能已'。"

樂優以淫

禮飾以煩,樂優以淫。

【念孫案】《文子·上仁》篇"優"作"擾",於義爲長,擾,亦煩也。俗書"擾"字作"擾",與"優"相似而誤。

義者宜也禮者體也

義者,循理而行宜者也。下"者"字據下文及《太平御覽·禮儀部二》補。禮者,體情而制文者也。"而"字據上文及《太平御覽》補。義者宜也,禮者體也。

【引之曰】上二句即是訓"義"爲"宜",訓"禮"爲"體",不須更云"義者,宜也。禮者,體也"矣,疑後人取《中庸》《禮器》之文記於旁而寫者因誤入正文矣。

有虞氏之祀

有虞氏之祀,其社用土,祀中霤,葬成畝。

【念孫案】“有虞氏之祀”,“祀”當爲“禮”,此涉下文“祀中霤”而誤也。“有虞氏之禮”總下三事而言,不專指祭祀。下文“夏后氏之禮”、今本脱“之禮”二字,據下文補。“殷人之禮”“周人之禮”,皆其證。

遂反於樸

已淫已失,與“佚”同。復揆以一,既出其根,復歸其門。已雕已琢,遂反於樸。

【念孫案】“遂”當爲“還”,字之誤也。“還”字與上文兩“復”字同義,作“遂”則非其指矣,《原道》篇及《説苑·説叢》篇并云“已雕已琢,還反於樸”,是其明證也。《莊子·山木》篇云“既雕既琢,復歸於朴”,《韓子·外儲説左》篇云“既雕既琢,還歸其樸”,還,亦復也,此皆《淮南》所本。

草蔹

譬若芻狗土龍之始成,文以青黄,絹以綺綉,《太平御覽》引作“飾以綺綉”,《莊子·天運》篇作“巾以文綉”。纏以朱絲,尸祝袀袨,大夫端冕,以送迎之。及其已用之後,則壤土草蔹而已。

各本“蔹”下有“音出”二字。莊曰:“《太平御覽》‘蔹’作‘芥’。《皇王部二》。‘芥’正字,‘蔹’奇字。”【念孫案】“音出”二字後人所加,高注皆言讀某字,無言音某者,考《説文》《玉篇》《廣韻》《集韻》皆無“蔹”字,或音“出”,或以爲“芥”之奇字,皆不知何據。余謂“蔹”者,“蔪”之壞字也。草蔪,即草芥,《史記·賈生傳》“細故慸蔪兮”,今本“蔪”作“葪”,《文選·鵩鳥賦》注引《鶡冠子》作“細故袃葪”，①又云“袃葪”與“蔕芥”古字通。《玉篇》“葪，俗薊字”。《索隱》曰：“薊，音介。《漢書》作蔕芥。”是“芥”“薊”古字通，故此作“薊”，《御覽》作“草芥”也。

大雨

故當舜之時，有苗不服，於是舜修政偃兵，執干戚而舞之。禹之時，天下大雨，禹令民聚土積薪，擇丘陵而處之。

【念孫案】“天下大雨”，“雨”本作“水”，此後人妄改之也。唯天下大水，是以令民聚土積薪而處丘陵，若作“大雨”，則非其指矣。後人改“水”爲“雨”者，以與“舞”“處”二字爲韻耳，不知此文但以“舞”“處”爲韻，餘皆不入韻也。《要略》正作“禹之時，天下大水”。

故不爲三年之喪始

武王伐紂，載尸而行，海内未定，故不爲三年之喪始。禹有洪水之患，各本“有”作“遭”，乃後人以意改之，《文選·海賦》注、應璩《與從弟君苗君胄書》注、《太平御覽·禮儀部三十四》引此并作“有”，今據改。陂塘之事，故朝死而暮葬。

《道藏》本“不爲三年之喪始”下注云“三年之喪於武王”。【念孫案】“故不爲三年之喪始”當作“故爲三年之喪”，高注當作“三年之喪始於武王”。《藏》本“始”字誤入正文，正文“爲

① “袃”，底本作“褩”。按，此字字典、辭書未見。按，《類篇·衣部》：“袃，丑邁切，蠆芥，刺鯁也。”又，《文選注》：“《鶡冠子》曰：‘細故袃葪奚足以疑。’‘袃葪’與‘蔕芥’古字通，張揖《子虚賦注》曰：‘蔕芥，刺鯁也。’”據此，當爲“袃”字。

三年之喪"上又衍"不"字，則正文、注文皆不可讀矣。且上文以"舞""處"爲韻，此以"行""喪""葬"爲韻，若"喪"下有"始"字，則失其韻矣。此言武王爲三年之喪，而禹則朝死暮葬，與武王不同，非謂武王不爲三年之喪也。下文云："修干戚而笑钁插，知三年而非一日。"今本"非"上脱"而"字，據上句補。"干戚"二字承上文"舜舞干戚"而言，"钁插"二字承"禹令民聚土"而言，"一日"二字承"禹朝死暮葬"而言，"三年"二字則承"武王爲三年之喪"而言。若云"不爲三年之喪"，則與下文相反矣。《要略》云："武王誓師牧野，以踐天子之位。天下未定，海内未輯，武王欲昭文王之令德，使夷狄各以其賄來貢，遼遠未能至，故治三年之喪，殯文王於兩楹之間，以俟遠方。"彼言"武王治三年之喪"，正與此同。若云"不爲三年之喪"，則又與《要略》相反矣。《道應》篇述武王之事亦云"爲三年之喪，令類不蕃"。以上三篇皆謂武王始爲三年之喪，故高注云"三年之喪始於武王"也，《藏》本作"三年之喪於武王"者，"始"字誤入正文耳。劉績不知是正，又改注文爲"三年之喪於武王廢"，朱本又改爲"言始廢於武王也"，莊本同。皆由正文誤作"不爲三年之喪"，故又改注文以從之耳。

爲人

是故不法其以成之法，"以"與"已"同。而法其所以爲法。所以爲法者，與化推移者也。夫能與化推移爲人者，至貴在焉爾。

【念孫案】"夫能與化推移者"，乃復舉上文之詞，"推移"下不當有"爲人"二字，蓋涉下文"與造化爲人"而衍。

鉗且

鉗且得道以處崑崙。

莊氏伯鴻曰:"《莊子·大宗師》篇'堪坏得之以襲崑崙',陸德明《釋文》云:'堪坏,神名,人面獸形,司馬彪注。《淮南》作欽負。'是唐本'鉗且'作'欽負'也,字形近,故誤耳。"程文學據《山海經》云:"'是與欽䲹殺祖江于崑崙之陽',《西山經》。《後漢書注》引作'欽駓',《張衡傳》。皆古字通用。"錢别駕云:"古'丕'與'負'通,故《尚書》'丕子之責',《史記》作'負子'。'丕'與'負'通,因之從'丕'之字亦與'負'通也。'堪''欽'亦同聲。"【念孫案】程、錢、莊説皆是。

齊味

今屠牛而烹其肉,或以酸,或以甘,言或用酸,或用甘也。舊本作"或以爲酸,或以爲甘",兩"爲"字皆後人所加,《北堂書鈔·酒食部四》《太平御覽·資産部八》《飲食部十一》引此皆無兩"爲"字,今據删。煎敖燎炙,齊味萬方。

【念孫案】"齊味"當爲"齊咊",字之誤也。"齊"讀若"劑","咊"即今"和"字也,讀若"甘受和"之"和"。舊本《北堂書鈔》及《太平御覽》引此并作"齊和萬方",陳禹謨改"齊和萬方"爲"有萬方",謬甚。"和"與"齊"義相近。鄭注《周官·鹽人》云:"齊事,和五味之事。"又注《少儀》云:"齊,謂食羹醬飲有齊和者也。"高注《吕氏春秋·本味》篇云:"齊,和分也。"《本經》篇云:"煎熬焚炙,調齊和之適。"《鹽鐵論·通有》篇云:"庖宰烹殺胎卵,煎炙齊和,窮極五味。"《新序·雜事》篇云:"管仲善斷割之，隰朋善煎熬之，賓胥無善齊和之。”《漢書·藝文志》云：“調百藥齊和之所宜。”皆其證也。又案，“和”字，《説文》本作“咊”，今經傳皆作“和”，從隸變也。此“咊”字若不誤爲“味”，則後人亦必改爲“和”矣。

撥檖

伐楩柟豫樟而剖梨之，或爲棺槨，或爲柱梁，披斷撥檖，所用萬方。

高注曰：“撥，析理也。遂，順也。”【念孫案】如高注，則“檖”字本作“遂”，故訓爲“順也”。今作“檖”者，因上文“棺槨”“柱梁”等字而誤耳。茅本并注文亦改爲“檖”，而莊本從之，謬矣。

一體

故百家之言，指奏相反，其合道一體也，譬若絲竹金石之會樂同也。

【念孫案】“體”字因下文“不失於體”而衍。“合道一”與“會樂同”文正相對，則“一”下不當有“體”字。下文又云“其知馬一也”“其得民心鈞也”，皆與此文同一例。

刀以剃毛

屠牛坦，一朝解九牛，而刀以剃毛。

【念孫案】“刀”下當有“可”字，“刀可以剃毛”，《賈子》所謂“芒刃不頓”也。脱去“可”字，則文義不明。《白帖》十三、《太平御覽·兵部七十七》《資産部八》引此皆有“可”字。

刀如新剖

庖丁用刀十九年，而刀如新剖。

劉本於“剖”下增“硎”字。【念孫案】劉增是也。據高注云“硎，磨刀石”，則有“硎”字明矣。下“刀”字當作“刃”，“刃”“刀”字相似，又涉上“刀”字而誤也。“刃如新剖硎”，言刀刃不頓也。《莊子·養生主》篇：“今臣之刀十九年矣，而刀刃若新發於硎。”《吕氏春秋·精通》篇：“宋之庖丁好解牛，用刀十九年而刃若新磨研。”皆其證也。《太平御覽·資産部八》引此作“刃如新砥硎”，雖“砥”與“剖”不同，而字亦作“刃”。

所以巧

若夫規矩鈎繩者，此巧之具也，而非所以巧也。

【念孫案】“巧也”上當有“爲”字，下文云“故弦，悲之具也，而非所以爲悲也”，與此相對爲文。《太平御覽·工藝部九》引此正作“非所以爲巧”，《文子·自然》篇同。

心手衆虚之間

游乎心手衆虚之間。

【念孫案】“衆虚”二字，因上文“游乎衆虚之間”而誤衍也。上文説庖丁解牛“批卻導窾，游刃有餘”，故曰“游乎衆虚之間”。此是説工匠爲連鐖之事,不當言“衆虚”也。且心手之間,謂心與手之間也,則不當有“衆虚”二字明矣。《文子》作“游於心手之間”,無“衆虚”二字。

不知孰是孰非

今吾欲擇是而居之,擇非而去之,不知世之所謂是非者,不知孰是孰非。

陳氏觀樓曰:“‘不知孰是孰非’,‘不知’二字因上句而衍。”【念孫案】《群書治要》引此無“不知”二字。

趣舍合

故趣舍合,即言忠而益親。身疏,即謀當而見疑。

【念孫案】趣,謂志趣也。七句反。“趣合”與“身疏”相對爲文,則“趣”下不當有“舍”字,蓋即“合”字之誤而衍者也。《文子·道德》篇正作“趣合”。

不能致

常欲在於虚,則有不能爲虚矣。若夫不爲虚而自虚者,此所慕而不能致也。

【念孫案】“此所慕而不能致也”,義不可通,“不能致”當作“無不致”。上文“欲在於虚,則不能爲虚”,高注以爲“爲者敗之,執者失之”是也。聖人無爲,故無敗,無執,故無失,故曰“若夫不爲虚而自虚者,此所慕而無不致也”。所慕無不致，猶言所欲無不得，《精神》篇曰“達至道者，性有不欲，無欲而不得”，義與此同也。今本作“不能致”者，涉上文“不能爲虚”而誤。《文子・道德》篇正作“此所欲而无不致也”。

然忽不得

不通於道者，若迷惑，告以東西南北，所居聆聆，一曲而辟，然忽不得，復迷惑也。

【念孫案】“然忽不得”當作“忽然不得”。

俔

辟若俔之見風也，無須臾之間定矣。

高注曰：“俔，候風雨也，世所謂五兩者也。”莊氏伯鴻曰：“《文選注》引‘俔’作‘綄’。《玉篇》“乎官、乎管二切”。許慎注云：‘綄，候風也，楚人謂之五兩。’考古‘完’與‘見’字形相近，本多訛别，故《論語》‘莞爾’之‘莞’，陸德明又作‘莧’，此字義當作‘綄’爲是。”【念孫案】莊以“俔”爲“綄”之訛是也。《道藏》本、朱本注并作“俔，候風雨也”，“雨”乃“羽”字之訛，劉本改爲“候風雨者”，茅本又改爲“候風者也”，而莊本從之，誤矣。《廣韻》：“綄，船上候風羽。”《北堂書鈔・舟部二十》引注云“綄者，候風之羽也”，《太平御覽・舟部四》引許注云“綄，候風羽也”，今本“羽”訛作“扇”。則高注“雨”字明是“羽”字之訛。《文選・江賦》注引許注，作“候風也者”，傳寫脱“羽”字耳。

治世之體

治世之體易守也，其事易爲也，其禮易行也，其責易償也。

【念孫案】“治世之體”，《群書治要》引此，“體”作“職”是也。俗書“職”字作“軄”，“體”字作“軆”，“軄”誤爲“軆”，又改爲“體”耳。“職易守”“事易爲”“禮易行”“責易償”四者義并相近，若作“體”，則與“守”字義不相屬，且與下三句不類矣，《文子·下德》篇亦作“職易守”。下文云“萇弘、師曠不可與衆同職”，又其一證矣。

跖钁

故伊尹之興土功也，修脛者使之跖钁。

高注曰：“長脛以蹋插者，使入深。”《太平御覽·地部二》《器物部九》引此，“钁”并作“鏵”。【念孫案】“鏵”字是也。鏵，即臿也。跖，蹋也，《文選·舞賦》注引《淮南》許注如此。故高注言“蹋插”。《説文》：“苿，《玉篇》“胡瓜切”。兩刃臿也。宋魏曰苿，或作釫。”《玉篇》云：“今爲鏵。”《方言》云：“臿，宋魏之間謂之鏵。”高注《精神》篇云：“臿，鏵也。青州謂之鏵。”《釋名》云：“鍤，或曰鏵。鏵，刳也，刳地爲坎也。”“苿”“釫”“鏵”字異而義同，“臿”“鍤”“插”亦同。今人謂臿爲鏵鍬是也。使長脛者蹋臿，則入地深而得土多，故高注曰“長脛以蹋插者，使入深”也，後人不識“鏵”字，遂妄改爲“钁”。《埤雅》引此作“钁”，則所見本已然。案，《説文》：“钁，大鉏也。”鉏以手揮，非以足蹋，不得言跖钁，且高注明言“蹋插”，不言“蹋钁”。

毛嬙

待西施、毛嬙而爲配，則終身不家矣。

高注曰："西施、毛嬙，古好女也。"《群書治要》引此作"西施、絡慕"，又引注作"西施、絡慕，古好女也"。《太平御覽·獸部八》引作"落慕"。【念孫案】《廣韻》及《元和姓纂》"絡""落"皆姓也，"慕"蓋其名。《治要》《御覽》所引者，原文也。今本作"毛嬙"者，後人不知"絡慕"所出，又見古書多言毛嬙、西施，故改之耳，不知他書自作"毛嬙"，此自作"絡慕"，不必同也。

并用

然非待古之英俊而人自足者，因所有而并用之。

【念孫案】《群書治要》引此，"并"作"遂"，於義爲長。遂，即也，言因所有而即用之，故不待古之英俊而人自足也。今本作"并"者，後人依《文子·下德》篇改之耳。

危爲禁

亂世之法，高爲量而罪不及，重爲任而罰不勝，危爲禁而誅不敢。

【念孫案】"危爲禁"本作"危爲難"。"危爲難而誅不敢"者，危，猶高也。見《緇衣》鄭注。高爲艱難之事，而責之以必能，及畏難而不敢爲，則從而誅之，正與上二句同意。後人不察，而改"難"爲"禁"，禁之正欲其不敢，何反誅之乎？《文子·下德》篇正作“危爲難而誅不敢”。《莊子·則陽》篇:“匿爲物而愚不識,大爲難而罪不敢,重爲任而罰不勝,遠其塗而誅不至。”《吕氏春秋·適威》篇:“煩爲教而過不識,數爲令而非不從,巨爲危而罪不敢,重爲任而罰不勝。”文義并與此同。

易其處

道德之論,譬猶日月也,江南河北不能易其指,馳騖千里不能易其處。

【念孫案】下“易”字本作“改”,此因上“易”字而誤也。《意林》及《文選·月賦》注、《鮑照〈玩月城西門解中〉詩》注引此,下“易”字并作“改”。

處世

故六騏驥、四駃騠以濟江河,不若窾木便者,處世然也。

高注曰:“窾,空。”【念孫案】“處世”本作“處勢”,古者謂所居之地曰處勢。窾木,謂舟也。言乘良馬濟江河,不若乘舟之便者,處勢使然也。《莊子·山木》篇曰:“王獨不見夫騰猿乎?得柘棘枳枸之間,危行側視,振動悼慄,處勢不便,未足以逞其能也。”《新序·雜事》篇曰:“元蝯在枳棘之中,恐懼而悼慄,危視而蹟行,處勢不便故也。”《史記·蔡澤傳》曰:“翠鵠犀象,其處勢非不遠死也。”《漢書·陳湯傳》曰:“故陵因天性,據真土,處勢高敞。”又,《史記·楚世家》曰:“處既形便,勢有地利。”“有”與“又”同。《淮南·俶真》篇曰:“處便而勢利。”處勢或曰勢居。《逸周書·周祝》篇曰:“勢居小者不能爲大。"《賈子·過秦》篇曰:"秦地被山帶河以爲固,自繆公以來,至於秦王,二十餘君,常爲諸侯雄,其勢居然也。"《淮南·原道》篇曰:"故橘樹之江北,則化而爲橙,今本"橙"作"枳",乃後人據《考工記》改之,辯見《原道》。鴝鵒不過濟,貈渡汶而死。形性不可易,勢居不可移也。"或言"處",或言"勢",或言"處勢",或言"勢居",其義一也,後人不識古義,而改"處勢"爲"處世",其失甚矣。

箕子

王子比干非不知箕子被髪佯狂以免其身也,然而樂直行盡忠以死節,故不爲也。

【念孫案】"箕子"二字因下文"從箕子視比干"而衍。下文曰:"伯夷、叔齊非不能受禄任官以致其功也","許由、善卷非不能撫天下寧海内以德民也","豫讓、要離非不知樂家室安妻子以偷生也",皆與此文同一例,若有"箕子"二字,則文不成義,且與下文不對矣。

不足以論之

故其爲編户齊民無以異,然貧富之相去也,猶人君與僕虜不足以論之。

【念孫案】"論"當爲"諭",字之誤也。"諭"或作"喻",《太平御覽·人事部一百二十六》引此作"不足以喻之",又引注云"喻,猶方也",是其證。

由是

夫乘奇技,僞邪施者,"僞"與"爲"同。自足乎一世之間。守正循理,今本"循"誤作"脩",辯見《原道》。不苟得者,不免乎飢寒之患,而欲民之去末反本,由是發其原而壅其流也。

【念孫案】"由是"當爲"是由","由"與"猶"同,《群書治要》引此正作"是猶"。

仕鄙

故仕鄙,在時不在行。利害,在命不在智。

陳氏觀樓曰:"'仕鄙'當爲'仁鄙',字之誤也。'仁'與'鄙'相反,'利'與'害'相反,《論衡·命禄》篇引此正作'仁鄙'。《本經》篇曰:'毀譽仁鄙不立。'《漢書·董仲舒傳》曰:'性命之情,或夭或壽,或仁或鄙。'"

決沈　先升

故江河決沈,一鄉父子兄弟相遺而走,争升陵阪,上高丘,輕足先升,不能相顧也。

【念孫案】"沈"當爲"流",字之誤也。《荀子·勸學》篇"瓠巴鼓瑟而流魚出聽",《大戴禮》作"沈魚"。"江河決流"爲句,"一鄉"二字下屬爲句,非以"沈一鄉"爲句。江河之決,所沈非止一鄉也,《群書治要》引此正作"江河決流"。又"輕足先升","升"字與上文相複,《群書治要》引作"輕足者先",無"升"字,於義爲長。

求水

扣門求水,莫弗與者,所饒足也。

【念孫案】此用《孟子》語,則“水”下當有“火”字,《群書治要》《意林》引此皆作“求水火”。

《淮南内篇》第十二

道應

無爲知　弗知之深

“若是，則無爲知與無窮之弗知，孰是孰非？”無始曰：“弗知之深而知之淺，弗知内而知之外，弗知精而知之粗。”

【念孫案】“弗知之深”，“之”字當在上文“無爲”下。“無爲之知”與“無窮之弗知”相對爲文，今本“無爲”下脱“之”字，則文不成義。“弗知”下衍“之”字，①則與下二句不對，《莊子·知北游》篇作“若是，則無窮之弗知與無爲之知，孰是而孰非乎？無始曰：弗知深矣，知之淺矣。弗知内矣，知之外矣”，是其證。

形之不形

孰知形之不形者乎？

【念孫案】“形之不形”當依《莊子》作“形形之不形”，郭象

---

① “字”，底本作“事”，據同治本改。

曰:"形自形耳,形形者,竟無物也。"少一"形"字,則義不可通,《列子·天瑞》篇亦云:"形之所形者實矣,而形形者未嘗有。"

誰知

白公曰:"然則,人固不可以微言乎?"《道藏》本如是。案,《詩箋》《儀禮注》多云"以,猶與也",上文"人可以微言乎"即其證。劉本改"以"爲"與",而諸本及莊本皆從之,蓋未達古訓也。孔子曰:"何謂不可?謂,猶爲也。誰知言之謂者乎。"

【念孫案】"誰"當爲"唯",字之誤也。言唯知言之謂者,乃可與微言也。《吕氏春秋·精諭》篇作"唯知言之謂者爲可耳",《列子·説符》篇作"唯知言之謂者乎",《文子·微明》篇同。是其證。

先生

惠子爲惠王爲國法已成,而示諸先生,先生皆善之。

《太平御覽·治道部五》引此同。【念孫案】"先生"二字於義無取,《吕氏春秋·淫辭》篇"先生"皆作"民人"。《集韻》《類篇》"民"字古作"兇","人"字唐武后作"𤯔",疑"兇"誤爲"先","𤯔"誤爲"生"也。《宋策》"吾欲藉子殺人",今本"人"作"王",亦"𤯔"之誤。

曰善

以示翟煎曰善。

【念孫案】"曰善"上當更有"翟煎"二字。"以示翟煎，翟煎曰善"與上文"示諸先生，先生皆善之""奏之惠王，惠王甚説之"，文同一例。今本"翟煎"二字不重寫者，脱之也，《太平御覽》引此已誤。《群書治要》引此作"以示翟煎，翟煎曰善"，《吕氏春秋》作"以示翟翦，翟翦曰善也"，皆其證。

有禮

治國有禮，不在文辯。

【念孫案】"有禮"當爲"在禮"，字之誤也。"在"與"不在"相對爲文，《群書治要》引此正作"在禮"。

石乙

石乙入。

【念孫案】"石乙"當爲"石乞"，字之誤也。"乞"即"气"之省文，非從乙聲，不得通作"乙"。《人間》篇及哀十六年《左傳》《史記·楚世家》《五子胥傳》《墨子·非儒》篇、《吕氏春秋·分職》篇皆作"石乞"。

來附

攝女知，正女度，神將來舍。德將來附若美，而道將爲女居。惷乎若新生之犢，而無求其故。"惷"各本誤作"惷"，辯見《地形》篇"其人惷愚"下。

【念孫案】"德將來附若美"本作"德將爲若美"，此後人因上句“神將來舍”而妄改之也。若,亦女也。“德將爲若美”“道將爲女居”相對爲文,若改爲“德將來附”,則“若美”二字文不成義矣。此文以“度”“舍”“居”“故”爲韻,後人不知“舍”字之入韻,“舍”古讀若“庶”,故與“度”“居”“故”爲韻,後人讀“舍”爲始夜反,故不入韻。故改此句爲“德將來附”,以與“度”爲韻,不知古音“度”在御部,“附”在候部,説見《六書音均表》。“附”與“度”非韻也。《莊子·知北游》篇作“德將爲女美,而道將爲女居”,《文子·道原》篇作“德將爲女容,道將爲女居”,皆其證。

直實知

直實知,不以故自持。

【念孫案】“直實知”三字文不成義,當從《莊子》《文子》作“真其實知”,今本“真”誤爲“直”,又脱“其”字。《主術》篇注曰:“故,巧也。”“真其實知,不以故自持”,《莊子》所謂“去智與故,循天之理”也。《漢魏叢書》本改爲“直實不知,以故自持”,而莊本從之,斯爲謬矣。

攻翟　左人終人

趙襄子攻翟而勝之,左人終人。《道藏》本、劉本、朱本“左”字并作“尤”,俗書“左”字作“龙”,因誤而爲“龙”。茅本改“龙”爲“尤”,而莊本從之,斯爲謬矣。《吕氏春秋·慎大》篇作“老人”,亦“左人”之誤,《晉語》《列子》并作“左人”,《水經·滱水》注“滱水東逕左人城南,應劭曰‘左人城在唐縣西北四十里’”是也。今改正。

【念孫案】“攻翟”上當有“使”字,襄子使新稚狗攻翟,而未親往，故下文言“使者來謁”也。《群書治要》引此有“使”字，《晉語》曰：“趙襄子使新稚穆子伐狄。”《列子·説符》篇同，是其證。“左人終人”句與上句義不相屬，莊據《列子》於句首加“取”字，理或然也。

今一朝兩城下

今趙氏之德行無所積，今一朝兩城下，亡其及我乎？

【念孫案】“今一朝兩城下”本作“一朝而兩城下”，此後人嫌其與上文相複而改之也。不知此是復舉上文之詞，當與前同，不當與前異。若云“今一朝兩城下”，則與上句“今”字相複矣。《群書治要》引此正作“一朝而兩城下”，《列子》《吕氏春秋》并同。

勝非其難者也下脱六字

勝非其難者也。

劉本於此下增入“持之其難者也”一句，云“舊本無此句，非”。【念孫案】《列子》《吕氏春秋》皆有此句，《群書治要》引《淮南》亦有此句，則劉增是也。莊本作“持之者其難也”，則與上句不對，非是。

杓國門之關

孔子勁，杓國門之關，而不肯以力聞。

注：“杓，引也。古者縣門下，從上杓引之者難也。”【念孫

案】《列子釋文》引此作許注，今高注有之者，蓋後人以許注竄入也。又案，“杓”當爲“扚”，字從手，不從木。《玉篇》“杓，甫遥、都歷二切，斗柄也”，又“市若切”，“扚，丁激切，引也”。《廣韻》“杓，甫遥切，北斗柄”，“扚，都歷切，引也”。許注訓“扚”爲“引”，則其字當從手。《玉篇》《廣韻》訓“扚”爲“引”，即本於許注，其證一也。《史記·天官書》“用昏建者杓”，《索隱》：“《説文》‘杓，斗柄’，音匹遥反。”又，下文“扚雲如繩者”，《索隱》：“扚，《説文》音丁了反。許慎注《淮南》云：‘扚，引也。’”是“扚”音丁了反，而訓爲引，與“杓”字不同，其證二也。《晉書·天文志》“扚雲如繩”，何超《音義》“扚，音鳥”，“鳥”與“丁了”同音，其證三也。而今本《淮南》及《列子釋文》《史記》《漢書》“扚”字皆誤作“杓”，《晉書》又誤作“灼”。與《玉篇》《廣韻》不合。世人多見“杓”，少見“扚”，遂莫有能正其失者矣。

蹀足謦欬疾言

惠盂見宋康王，蹀足謦欬，疾言曰：“寡人所説者，勇有功也，不説爲仁義者也。”

【念孫案】“蹀足”上當更有“康王”二字，今本脱去，則文義不明，《列子·黄帝》篇作“惠盎見宋康王，康王蹀足謦欬，疾言”，是其證。“有功”當爲“有力”，字之誤也。“勇有力”對下句“仁義”而言，若作“有功”則非其指矣。下文皆言“有力”，不言“有功”，《列子》及《吕氏春秋·順説》篇并作“勇有力”，是其證。

人雖勇　雖巧有力

臣有道於此：人雖勇，刺之不入。雖巧有力，擊之不中。

【念孫案】“人雖勇”上當有“使”字，下文曰“臣有道於此：使人雖勇，弗敢刺。雖有力，不敢擊”，又曰“使人本無其意”，又曰“使天下丈夫、女子莫不歡然，皆欲愛利之”，皆其證也。今本脱“使”字，則與上句義不相屬，《列子》《吕氏春秋》皆有“使”字。又案，“有力”上本無“巧”字，此後人以《文子·道德》篇加之也。案，《文子》云“雖巧，擊之不中”，此云“雖有力，擊之不中”，文各不同，加“巧”字於“有力”之上，則文不成義矣。下文云“雖有力，不敢擊”，亦無“巧”字也，《列子》《吕氏春秋》皆無“巧”字。

愛利之心

臣有道於此，使天下丈夫、女子莫不歡然，皆欲愛利之心。

【念孫案】“愛利之”下不當有“心”字，此因上文“未有愛利之心”而誤衍也，《文子》《列子》《吕氏春秋》皆無“心”字。下文云“天下丈夫、女子莫不延頸舉踵而願安利之”，亦無“心”字。

故老子曰下脱五字

故《老子》曰：“勇於不敢則活。”

【念孫案】“《老子》曰”下脱“勇於敢則殺”一句，兩句相對爲文，單引一句，則文不成義，《文子・道德》篇亦有此句。

文君

杜赫以安天下説周昭文君，文君謂杜赫曰。

【念孫案】“文君謂杜赫曰”上脱“昭”字，當依上句及《吕氏春秋・務大》篇補。

爲人妾

魯人爲人妾於諸侯。

【念孫案】《吕氏春秋・察微》篇、《説苑・政理》篇、《家語・致思》篇“妾”上俱有“臣”字，於義爲長。

受教順

夫聖人之舉事也，可以移風易俗，而受教順，可施後世。

【念孫案】“教順”上本無“受”字，此因上文“不受金”而誤衍也。教順，即教訓也。“訓”“順”古多通用，不煩引證。“教訓”上有“受”字，則與下四字義不相屬矣，《説苑》《家語》并作“教導可施於百姓”，是其證。

知禮

孔子亦可謂知禮矣！故《老子》曰：“見小曰明。”

【念孫案】“知禮”本作“知化”，謂知事理之變化也。見子贛之不受金，而知魯人之不復贖人，達於事變，故曰“知化”，《齊俗》篇曰：“唯聖人知其化。”《吕氏春秋·驕恣》篇曰：“智短則不知化。”《知化》篇曰：“凡智之貴也，貴知化也。”非謂其知禮也。俗書“禮”字或作“礼”，形與“化”相近，“化”誤爲“礼”，後人因改爲“禮”耳。《齊俗》篇述此事而論之曰“孔子之明，以小知大，以近知遠”，即此所謂知化也，故下文引《老子》“見小曰明”之語。《吕氏春秋》論此事曰：“孔子見之以細，觀化遠也。”《説苑》曰：“孔子可謂通於化矣。”此皆其明證。

及至

桓公及至。

【念孫案】“及”當爲“反”，字之誤也。“反至”，謂桓公反而至於朝也，《吕氏春秋·舉難》篇、《新序·雜事》篇并作“反至”。

難合

且人固難合也，權而用其長者而已矣。

【念孫案】“合”當爲“全”，言用人不可求全也。“全”“合”字相近，又因上文“合其所以”而誤，《吕氏春秋》《新序》并作“全”。

所自來者

今受其先人之爵禄，則必重失之。所自來者久矣，而輕失之,豈不惑哉!

【念孫案】"所自來者"上當有"生之"二字,此承上文"保生"而言。言人皆重爵禄而輕其生也,脱去"生之"二字,則文不成義。《莊子·讓王》篇、《吕氏春秋·審爲》篇、《文子·上仁》篇皆有"生之"二字。

本任於身

臣未嘗聞身治而國亂者也,未嘗聞身亂而國治者也。故本任於身,不敢對以末。

【念孫案】"任"當爲"在",字之誤也。《覽冥》篇:"余在天下,誰敢害吾意者。""在"字亦誤作"任"。《吕氏春秋·執一》篇作"爲國之本在於爲身",《列子·説符》篇作"故本在身",皆其證。

輪人　其人在焉

桓公讀書於堂,輪人斲輪於堂下。釋其椎鑿而問桓公曰:"君之所讀書者,何書也?"桓公曰:"聖人之書。"輪扁曰:"其人在焉?"

高注曰:"輪扁,人名。問作書之人何在也。"【念孫案】"輪人"當依《莊子·天道》篇作"輪扁",輪扁之名當見於前,不當見於後也。高注"輪扁,人名"四字,本在此句之下,因"扁"誤爲"人",後人遂移置於下文"輪扁曰"云云之下耳。陳氏觀樓曰:"'其人在焉'當作'其人焉在',故高注云'問作書之人何在'。"

却宋君　却以危

子罕遂却宋君而專其政。

【念孫案】“却”當爲“劫”，字之誤也。《韓詩外傳》作“去”，“去”亦“劫”之誤。《韓子·外儲説右》篇作“劫宋君而奪其政”，是其證。《二柄》篇又云：“宋君失刑而子罕用之，故宋君見劫。”《史記·李斯傳》亦云：“司城子罕劫其君。”又，《説林》篇：“知己者不可誘以物，明於死生者不可却以危。”“却”亦當爲“劫”，《繆稱》篇曰：“有義者不可欺以利，有勇者不可劫以懼。”是其證。

藏書　焚書

王壽負書而行，見徐馮於周。徐馮曰：“事者應變而動，變生於時，故知時者無常行。書者，言之所出也，言出於知者，知者藏書。”於是王壽乃焚書而舞之。

【念孫案】“知者藏書”本作“知者不藏書”，與“知時者無常行”相對爲文。今本脱“不”字，則與上下文不相屬矣。《太平御覽·學部十三》引此有“不”字，《韓子·喻老》篇同。“焚書而舞之”，《御覽》引“焚”下有“其”字，《韓子》同，據高注云“自喜焚其書，故舞之也”，則正文本有“其”字。

莊王許諾下脱文

令尹子佩請飲莊王，莊王許諾。子佩跣揖，北面立於殿下，“跣”今本誤作“疏”，高注“跣，徒跣也”誤作“疏，徒跣也”。《太平御覽》引正文作"跣",與高注"徒跣"合,今據改。曰:"昔者君王許之,今不果往,意者臣有罪乎?"

【念孫案】《太平御覽·人事部一百九》引"莊王許諾"下有"子佩具於京臺,莊王不往,明日"共十二字,今本脱去,當補入。《文選·應璩〈與滿寵書〉》注引此,"子佩"作"子瑕",亦云"子瑕具於京臺,莊王不往"。"京""强"二字古同聲而通用,故今本"京臺"作"强臺"。

爲吴兵先馬走

越王句踐請身爲臣,妻爲妾,親執戈,爲吴兵先馬走。

【念孫案】"爲吴兵先馬走"當作"爲吴王先馬"。今本"吴王"作"吴兵",涉下文"襄子起兵"而誤,其"走"字則涉注文而衍也。據注云"先馬,句。走先馬前",《道藏》本、劉本、朱本并同,茅本於此下加"而走也"三字,蓋誤以"先馬走"絶句故也,莊本同。則正文無"走"字明矣。"爲吴王先馬"即上文所謂"身爲臣"也,若作"吴兵",則非其指矣。《越語》曰"其身親爲夫差前馬",《韓子·喻老》篇曰"身執戈,爲吴王洗馬","先""洗"古字通。皆其證。

攻圍之未合

趙簡子死,未葬,中牟入齊。已葬五日,襄子起兵攻圍之,未合,而城自壞者十丈。

【念孫案】此當作"襄子起兵攻之,句。圍未合,而城自壞者十丈",今本"之圍"二字誤倒,則文不成義。《太平御覽·

兵部四十九》引此不誤,《韓詩外傳》作“襄子興師而攻之,圍未帀而城自壞者十丈”,《新序·雜事》篇作“襄子率師伐之,圍未合,而城自壞者十堵”。

若亡其一

相天下之馬者,若滅若失,若亡其一。若此馬者,絶塵弭徹。

高讀“若滅若失若亡”爲句,云:“若滅,其相不可見也。若失,乍入乍出也。若亡,彷佛不及也。”【引之曰】此當以“若亡其一”爲句。《莊子·徐無鬼》篇:“天下馬有成材,若恤若失,若喪其一。”陸德明曰:“言喪其耦也。”《齊物論》篇:“嗒焉似喪其耦。”司馬彪曰:“耦,身也。身與神爲耦。”此言“若亡其一”,亦謂精神不動,若亡其身也。高讀至“若亡”爲句,則“其一”二字上下無所屬矣,且“一”與“失”“徹”爲韻,如高讀則失其韻矣。

供儋纏 纏索

臣有所以供儋纏采薪者。《道藏》本如是。案,以,猶與也。劉本改“以”爲“與”,而諸本及莊本皆從之,辯見前“誰知”一條下。

高注曰:“纏,索也。”【念孫案】“供”當爲“共”,此因“儋”字而誤加“人”旁也,《蜀志·郤正傳》注引此正作“共”,《列子·説符》篇同。“纏”字之義,諸書或訓爲“繞”,《説文》。或訓爲“束”,《廣雅》。無訓爲“索”者。“纏”當爲“纆”,字之誤也。《説文》作“纆”,云:“索也。字或作‘纆’。”《坎》上六:“係用徽纆。"馬融曰:"徽纆,索也。"劉表曰:"三股曰徽,兩股曰纆。"故高注云:"纆,索也。"若作"儋纏",則義不可通矣。《列子》及《郤正傳》注、《白帖》九十六"纆"字亦誤作"纏"。蓋世人多見"纏",少見"纆",故傳寫多誤耳,《管子・乘馬》篇"鎌纆得入焉",今本"纆"字亦誤作"纏",唯宋本不誤。《韓子・説疑》篇"或在囹圄、縲紲、纆索之中",今本亦誤作"纏"。唯《道藏》本、《列子釋文》作"纆,音墨",足正今本之誤。又,《説林》篇:"龜紐之璽,賢者以爲佩。土壤布在田,能者以爲富。予溺者金玉,今本"溺"上有"拯"字,乃涉注文而衍。此謂與溺者金玉,不如與之繩索,使得援之以出水,非謂與拯溺者也,高注自謂金玉非拯溺之具,亦非謂與拯溺者金玉也。《太平御覽・珍寶部九》引此有"拯"字,亦後人依誤本加之,其《人事部三十七》引此無"拯"字,《文子・上德》篇亦無,今據删。不若尋常之纏索。"案,"尋常之纏索"本作"尋常之纆",其"索"字則後人所加也。高注同。此文以"佩""富""纆"爲韻,若作"纏索",則失其韻矣。《文子》作"不如與之尺索",亦改《淮南》而失其韻。《太平御覽・人事部三十七》《珍寶部九》引此并作"尋常之纏",雖"纆"誤爲"纏",而"纏"下俱無"索"字。

求者

敗矣,子之所使求者。

【念孫案】"求"下脱"馬"字,《郤正傳》注及《白帖》引此并有"馬"字,《列子》同。

在内

得其精而忘其粗,在内而忘其外。

【念孫案】"在"下本有"其"字，後人以意删之也。《爾雅》曰："在，察也。"察其内即得其精也，忘其外即忘其粗也。後人不知"在"之訓爲"察"，故删去"其"字耳，《郤正傳》注引此正作"在其内而忘其外"，《列子》同。《白帖》引作"見其内而忘其外"，雖改"在"爲"見"，而"其"字尚存。

屈宜若

吴起爲楚令尹，適魏，問屈宜若。注："屈宜若，楚大夫，亡在魏者也。"

【念孫案】此許注也。"宜若"當爲"宜咎"，字之誤也。隸書"咎"字或作"咎"，與"若"相似。《史記・六國表》《韓世家》并作"宜臼"，《集解》引《淮南》許注云"屈宜臼，楚大夫，亡在魏者也"，正與此注同。《説苑・指武》篇亦作"屈宜臼"，《權謀》篇作"屈宜咎"，是"臼""咎"古字通，"屈宜臼"之爲"宜咎"，亦猶"平王宜臼"之爲"宜咎"矣。《晉語》及《小雅・小弁》傳、《白華》箋并作"宜咎"。

爲人

王不知起之不肖，而以爲令尹，先生試觀起之爲人也。

【念孫案】"爲人"本作"爲之"，此後人以意改之也。爲之，謂爲楚國之政也。下文"將衰楚國之爵，而平其制禄"云云，正承此句言之，若作"爲人"，則與上下文全不相涉矣，《説苑・指武》篇正作"爲之"。

時争利

砥礪甲兵，時争利於天下。

【念孫案】“時”上當有“以”字。謂因時而動，與天下争利也。脱去“以”字，則文義不明，《説苑》有“以”字。

子韋

是寡人之命固已盡矣，子韋無復言矣。

【念孫案】“韋”字因上下文而衍，《吕氏春秋·制樂》篇、《新序·雜事》篇、《論衡·變虚》篇皆作“子無復言矣”，無“韋”字。

必有三賞君

君有君人之言三，天必有三賞君。

【念孫案】次句“有”字因下文“故有三賞”而衍，《吕氏春秋》《新序》《論衡》皆作“天必三賞君”，無“有”字。

七里

星必三徙舍，舍行七里，三七二十一，故君移年二十一歲。

【念孫案】“七里”當爲“七星”，字之誤也。古謂二十八宿爲二十八星，七星，七宿也。《吕氏春秋》《新序》《論衡》皆作“舍行七星”。又，《新序》《論衡》“舍行七星”下皆有“星當一年”四字，於義爲長。舍行七星，三舍則行二十一星，星當一年，故延年二十一歲也，《吕氏春秋》亦云“星一徙當七年”。

故曰

故曰聖人之處世，不逆有伎能之士。

【念孫案】“故”下“曰”字，因下文“故《老子》曰”而衍，此因述公孙龍納善呼者一事，而言聖人不弃伎能之士，非引古語爲證，不當有“曰”字。下文“故《老子》曰”云云，方引《老子》之言以證之耳。下文曰：“故伎無細而能無薄，在人君用之耳。”今本“故”下有“曰”字，誤與此同。又曰：“故人主之嗜欲見於外，則爲人臣之所制。”又曰：“故周鼎著倕而使齕其指，先王以見大巧之不可爲也。”又曰：“故大人之行不掩以繩，至所極而已矣。”其下皆引書爲證，與此文同一例，而“故”下皆無“曰”字。

是以

吾爵益高，吾志益下。吾官益大，吾心益小。吾禄益厚，吾施益博。是以免三怨可乎？

【念孫案】“是以”當依《列子·説符》篇作“以是”。

使之時　其度安至

成王問政於尹佚曰：“吾何德之行，而民親其上？”對曰：“使之時而敬順之。”王曰：“其度安至？”曰：“如臨深淵，如履薄冰。"

【念孫案】"使之時而敬順之","順"與"慎"同。"時"上當有"以"字,《説苑·政理》篇、《文子·上仁》篇并作"使之以時",是其證。"其度安至",劉本改"至"爲"在",而莊本從之。案,"其度安至"者,謂敬慎之度何所至,猶言當如何敬慎也。下文"如臨深淵,如履薄冰"正言敬慎之度所至也,若云"其度安在",則謬以千里矣。《太平御覽·皇王部九》引此正作"其度安至",《説苑》同。

奚適其無道也

跖之徒問跖曰:"盜亦有道乎?"跖曰:"奚適其無道也?夫意而中藏者,聖也。入先者,勇也。出後者,義也。分均者,仁也。知可否者,智也。"

【念孫案】"奚適其無道也"本作"奚適其有道也"。"適"與"啻"同。《孟子·告子》篇"則口腹豈適爲尺寸之膚哉",《秦策》"疑臣者不適三人","適"并與"啻"同。《史記·甘茂傳》作"疑臣者非特三人"。言豈特有道而已哉!乃聖、勇、義、仁、智五者皆備也。後人不知"適"之讀爲"啻",而誤以爲"適齊""適楚"之"適",故改"有"爲"無"耳。《莊子·胠篋》篇本作"何適其有道邪","適"亦與"啻"同。今本作"何適而無有道邪","而無"二字,亦後人所改,唯"有"字尚存,《吕氏春秋·當務》篇正作"奚啻其有道也"。

偷也

楚將子發好求技道之士，楚有善爲偷者往見，曰："聞君求技道之士，臣，偷也，願以技齎一卒。"

【念孫案】"臣偷也"本作"臣，楚市偷也"，下文"市偷進請曰"即承此句言之。今本脱"楚市"二字，《太平御覽・人事部》一百十六、一百四十引此并作"臣，楚市偷也"。

何爲之禮

左右諫曰："偷者，天下之盜也，何爲之禮？"

【念孫案】"之禮"當爲"禮之"，上文"出見而禮之"即其證。《蜀志・郤正傳》注引此正作"何爲禮之"。

夜解齊將軍之幬帳

偷則夜解齊將軍之幬帳而獻之。

【念孫案】《郤正傳》注及《北堂書鈔・衣冠部一》《太平御覽・人事部》一百十六、一百四十、《服章部五》《服用部九》引此，"夜"下俱有"出"字，於義爲長。

明又 明日又

明又復往取其枕，子發又使人歸之。明日又復往取其簪，子發又使歸之。

【念孫案】"明又""明日又"，兩"又"字皆當爲"夕"。"夕"

“又”字相近，又因下句“又”字而誤。若以“又復”二字連讀，則“明”字文不成義。後人不知“又”爲“夕”之誤，故又加“日”字耳。偷以夜往，故言“夕”，上文曰“偷則夜出”是也。舊本《北堂書鈔·衣冠部一》引此作“明夕取枕”“明夕取簪”，陳禹謨依俗本於“取簪”上加“又”字，而“夕”字尚未改。《太平御覽》四引皆作“明夕復往取其枕”“明夕復往取其簪”。

楚君　則還師

將軍與軍吏謀曰：“今日不去，楚君恐取吾頭。”則還師而去。

【念孫案】“楚君”當爲“楚軍”，聲之誤也。《郤正傳》注、《太平御覽》引此并作“楚軍”。“則還師而去”，《道藏》本如是。“則”與“即”同，《郤正傳》注、《太平御覽》引此并作“即還師”。“即”“則”古多通用，不煩引證。劉績不曉“則”字之義，改“則”爲“乃”，而諸本從之，莊本同。斯爲謬矣。

故曰無細而能薄

故曰無細而能薄，在人君用之耳。

【念孫案】“故曰無細而能薄”本作“故伎無細而能無薄”，言人君能用人，則細伎薄能皆得效其用也。今本衍“曰”字，“曰”字因下文“故《老子》曰”而衍，説見前“故曰”下。又脱“伎”字及下“無”字，遂致文不成義。《太平御覽》兩引此文，并作“故伎無細，能無薄”。

尊重

齊王大説,遂尊重薛公。

【念孫案】“遂尊重薛公”本作“遂重薛公”,重,即尊也。《秦策》“請重公於齊”,高注:“重,尊也。”又,《西周策》《齊策》注、《吕氏春秋·勸學》《節喪》二篇注、《禮記·祭統》注并同。古書無以“尊重”二字連用者,《戰國策》《史記》《漢書》及諸子書皆但言“重”,無言“尊重”者。唯俗語有之,《群書治要》引此無“尊”字,蓋後人所加也。

意欲

故人主之意欲見於外,則爲人臣之所制。

【念孫案】古書無以“意欲”二字連用者,此涉上文“欲中王之意”而誤也。“意欲”本作“嗜欲”,《主術》篇曰“君人者,喜怒形於心,耆欲見於外,“耆”與“嗜”同。則守職者離正而阿上”,是其證。《群書治要》引此正作“嗜欲”。

淚注

深目而玄鬢,淚注而鳶肩。

今本高注云“淚水”。【念孫案】“淚注”當爲“渠頸”,高注“淚水”當爲“渠大”,皆字之誤也。俗書“渠”字或作“淭”,“淚”字或作“涙”,二形相似,故“渠”誤爲“淚”。《廣韻》“淭,强魚切”,引《方言》云:“杷,宋魏之間謂之淭挐。”“淭”即“渠”字。《玉篇》云:“淭,俗‘渠’字。”皆其證也。“頸”誤爲“注”者,“注”字右邊“主”,爲“頸”字左邊“巠”之殘文,又因“淚”字而誤加“水”旁耳。若高注内“大”字今作“水”,則後人以“淚”字從水而妄改之。渠頸，大頸也。渠之言巨也。《史記·蔡澤傳》“先生曷鼻巨肩”，徐廣曰：“巨，一作渠。”彼言“渠肩”，猶此言“渠頸”矣。杜子春注《周官·鍾師》引吕叔玉云：“《肆夏》《樊遏》《渠》，皆《周頌》也。渠，大也。言以后稷配天，王道之大也。”《荀子·强國》篇：“是渠衝入穴而求利也。”楊倞曰：“渠，大也。渠衝，攻城之大車也。”《漢書·吴王濞傳》：“膠西王、膠東王爲渠率。”顔師古亦云：“渠，大也。”是“渠”與“大”同義，故高注訓“渠”爲“大也”。《太平御覽·地部二》引作“淚注而鳶肩”，則所見本已誤。《蜀志·郤正傳》注引作“戾頸而鳶肩”，“戾”亦傳寫之誤。《論衡·道虚》篇作“雁頸而鳶肩”，“雁”字則後人以意改之，唯“頸”字皆不誤。《藝文類聚·靈異部上》引作“渠頸而鳶肩”，又引注云“渠，大也”，斯爲確據矣。

遯逃乎碑

慢然下其臂，遯逃乎碑。

【念孫案】“碑”下脱去“下”字。“碑”或作“崥”。《太玄·增》上九：“崔嵬不崩，賴彼峡崥。”《玉篇》“峡，於兩切”，“崥，方爾切”。范望曰：“峡崥，山足也。”下者，後也，見《大雅·下武》箋、《周語》注。謂遯逃乎山足之後，故高注曰“匿於碑陰也”。《太平御覽》引此已脱“下”字，《藝文類聚》引作“崥下”，《蜀志》注引作“碑下”，《論衡》同。

不渝

敖幼而好游，至長不渝。

【念孫案】此本作“至長不渝解”，今本無“解”字者，後人不曉“渝解”二字之義而削之也，不知“渝”與“解”同義。《太玄·格》次三：“裳格鞶鉤，渝。”范望曰：“渝，解也。”字亦作“愉”。《吕氏春秋·勿躬》篇：“百官慎職而莫敢愉綎。”高注曰：“愉，解也。綎，緩也。”又，《方言》“揄、撱，脱也”，“解、輸，脱也”。郭璞曰：“捝，猶脱耳。”《文選·七發》：“揄弃恬怠，輸寫淟濁。”李善注引《方言》：“揄，脱也。”脱，亦解也。“渝”“愉”“揄”“輸”并聲近而義同。《太平御覽》引作“至長不渝解”，《蜀志》注引作“長不喻解”，《論衡》作“至長不偷解”，字雖不同，而皆有“解”字。

東開鴻濛之光　無眴

若我南游乎罔㝗之野，舊本“罔”誤作“岡”。考《論衡》《蜀志》注、《太平御覽》及洪興祖《楚辭·遠游》補注并作“罔㝗”，今據改。北息乎沈墨之鄉，西窮窅冥之黨，東開鴻濛之光，《道藏》本如是，各本“光”字皆誤作“先”，而莊本從之。案，東方爲日所出，故曰“鴻濛之光”。《俶真》篇“以鴻濛爲景柱。”高注曰“鴻濛，東方之野日所出，故以爲景柱”是也。且“光”與“鄉”爲韻，若作“先”，則失其韻矣。《論衡》《蜀志》注、《太平御覽》《楚辭補注》并作“光”。此其下無地而上無天，聽焉無聞，視焉無眴。《道藏》本、劉本如是，各本皆作“視焉無矚”。

【念孫案】“東開鴻濛之光”，“開”當爲“闗”。“闗”字俗書作“関”，唐顏元孫《干禄字書》曰：“関闗，上俗下正。”“開”字俗書作

"開",二形相似,故"關"誤爲"開"。《莊子·秋水》篇:"今吾無所開吾喙。"《釋文》:"開,本亦作關。"《楚策》"大關天下之匈",今本"關"誤作"開"。《漢書·西南夷傳》"皆棄此國而關蜀故徼",《史記》"關"誤作"開"。《説文》:"管,十二月之音,物關地而牙,故謂之管。"今本亦誤作"開"。"關"與"貫"同。《雜記》:"輪人以其杖關轂而輠輪。"關轂,即貫轂。《漢書·王嘉傳》"大臣括髮關械",關械,即貫械。今人言"關通"即"貫通"。《鄉射禮》"不貫不釋",古文"貫"作"關"。《大戴禮·子張問入官》篇"察一而關於多",《家語·入官》篇"關"作"貫"。《史記·儒林傳》"履雖新必關於足",《漢書》"關"作"貫"。"東貫鴻濛之光",謂東貫日光也。見上注。司馬相如《大人賦》"貫列缺之倒景",義與此"貫"字同。《太平御覽》《楚辭補注》引此作"東開鴻濛之光",則所見本已誤。《論衡》作"東貫澒濛之光",《蜀志》注引此作"東貫鴻濛之光","貫""關"古字通,則"開"爲"關"之誤明矣。"視焉無眴"本作"視焉則眴"。"眴"與"眩"同。司馬相如《大人賦》云:"視眩泯而亡見。"楊雄《甘泉賦》云:"目冥眴而亡見。"其義一也。《楚辭·遠游》云:"下峥嶸而無地兮,上寥廓而無天。視儵忽而無見兮,聽惝怳而無聞。"此云"下無地而上無天,聽焉無聞,視焉則眴",義本《遠游》也。《蜀志》注引此正作"視焉則眴",《論衡》作"視焉則營","營"與"眴"古字通也。"眴"字從目、旬聲,《大雅·江漢》篇"來旬來宣",鄭箋曰:"旬,當作營。"《史記·天官書》"旬始",徐廣曰:"旬,一作營。""旬"之通作"營",猶"眴"之通作"營"矣。《道藏》本作"視焉無眴"者,涉上句"無"字而誤,《太平御覽》所引已與《道藏》同,後人不知"無眴"爲"則眴"之誤,遂改"眴"爲"矚",而莊本從之。案,《廣韻》:"矚,視也。"是"矚"與"視"同義,"視焉無視",斯爲不詞矣。且"眴"與"天"爲韻,若作"矚",則失其韻矣。

九垓之外　久駐

吾與汗漫期於九垓之外，吾不可以久駐。

高注曰："九垓，九天之外。"【念孫案】"九垓之外"本作"九垓之上"，高注本作"九垓，九天也"。《俶真》篇"徙倚於汗漫之宇"，高注引此文云"吾與汗漫期於九垓之上"。《漢書·禮樂志〈郊祀歌〉》："專精厲意逝九閡。"如淳曰："閡，亦陔也。《淮南子》曰：'吾與汗漫期乎九陔之上。'陔，重也，謂九天之上也。"《司馬相如傳·封禪文》"上暢九垓"，如淳注所引亦與前同。又，《論衡》及《蜀志》注、《太平御覽》、《文選·郭璞〈游仙詩〉》注、張協《七命》注并引作"九垓之上"。李白《廬山謡》："先期汗漫九垓上，願接盧敖游太清。"即用此篇之語，則李所見本，亦作"九垓之上"。《御覽》又引高注云"九垓，九天也"，此皆其明證矣。後人既改"九垓之上"爲"九垓之外"，復於注内加"之外"二字，以曲爲附會，甚矣其妄也。又案，"吾不可以久駐"，"駐"字亦後人所加，《論衡》作"吾不可久"，《蜀志》注、《文選注》《太平御覽》并引作"吾不可以久"，則"久"下原無"駐"字明矣。

止柸治

乃止駕，止柸治，悖若有喪也。

【念孫案】"止柸治"之"止"當爲"心"，隸書"心"字作"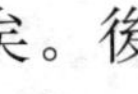"，"止"字或作"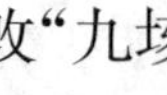"，二形相似，又涉上句"止"字而誤也。"乃止駕"爲句，"心柸治"爲句，"悖若有喪也"爲句。"柸治"叠韻字，言其心柸治然也。高注："楚人謂恨不得爲柸治也。"

《論衡》作“乃止喜,“喜”當爲“嘉”,“嘉”“駕”古字通。心不怠,悵若有喪”,“不怠”即“柸治”之借字,則“止”爲“心”字之誤明矣。莊本删去“止”字,非是。

朝菌

故《莊子》曰:“朝菌不知晦朔,蟪蛄不知春秋。”

高注曰:“朝菌,朝生暮死之蟲也。生水上,狀若蠶蛾,一名孳母。”【念孫案】“朝菌”本作“朝秀”,高注同。今作“朝菌”者,後人據《莊子·逍遥游》篇改之也。《文選·辯命論》“朝秀晨終”,李善注引《淮南子》“朝秀不知晦朔”。《太平御覽·蟲豸部》“兹母”下引《淮南子》“朝秀不知晦朔”,又引高注云“朝秀,朝生暮死之蟲也。生水上,似蠶蛾,一名兹母”。《廣雅·釋蟲》:“朝蜏,曹憲音“秀”。孳母也。”義本《淮南注》。是《淮南》自作“朝秀”,與《莊子》異文,不得據彼以改此也。

季子

季子治亶父三年。

《群書治要》引此,“季子”作“宓音“伏”。子”,《吕氏春秋·具備》篇同。【念孫案】諸書無謂“宓子賤”爲“季子”者,“季”當爲“孚”,字之誤也。“孚”與“宓”聲相近,“宓子”之爲“孚子”,猶“宓犧”之爲“庖犧”也。“伏犧”字,《漢書》皆作“宓”。“庖”字古讀若“浮”,故《吕氏春秋·本味》篇“庖人”作“烰人”。“浮”“宓”聲相近,故“宓犧”或作“庖犧”。《齊俗》篇“賓有見人於宓子者”,《太平御覽·人事部四十六》引作“孚子”,《群書治要》作“季子”,故知“宓”通作“孚”,“孚”誤作“季”也。

見夜魚釋之

見夜魚釋之。

朱本改爲“見得魚釋之”。莊本同。《太平御覽・鱗介部七》引作“見夜魚者釋之”。《群書治要》引作“見夜漁者得魚則釋之”。【念孫案】《群書治要》所引是也。《吕氏春秋》作“見夜漁者得則舍之”,《家語・屈節》篇作“見夜敓者得魚輒舍之”,是其證。《泰族》篇亦云“見夜漁者得小即釋之”。

誠於此

誠於此者刑於彼。

【念孫案】各本及莊本“誠”字皆誤作“誡”,唯《道藏》本不誤,《群書治要》引此正作“誠”,《吕氏春秋》《家語》并同。

就視

光耀不得問,而就視其狀貌。

【念孫案】“就視”當依《莊子・知北游》篇作“孰視”,字之誤也。“孰”與“熟”同。

師望之謂之

明日往朝,師望之謂之曰。

【念孫案】“望之謂之”當作“望而謂之”。今本“而”作“之”,因下“謂之”而誤。《太平御覽・工藝部三》引此正作“望而謂之”,《吕氏春秋・摶志》篇同。今本“摶”誤作“博”,辯見《吕氏春秋》。

瞑目教然攘臂拔劍

於是佽非瞑目教然攘臂拔劍。

【念孫案】“瞑目”二字與“攘臂拔劍”事不相類,“瞑目”當爲“瞋目”。隸書“眞”或作“真”,“冥”或作“寘”,二形相似而誤。《莊子・秋水》篇:“瞋目而不見丘山。”《釋文》:“瞋,本或作瞑。”《管子・小問》篇“桓公瞋目而視祝鳧已疵”,《韓子・守道》篇“瞋目切齒傾耳”,今本“瞋”字并誤作“瞑”。又案,“教然”二字當在“瞋目”之上,而以“教然瞋目攘臂拔劍”作一句讀。

失從心志

失從心志,而有不能成衡之事。《道藏》本、劉本皆如是。

【念孫案】“失從心志”當作“失從之志”,今本“之”作“心”者,因“志”字而誤。“有”與“又”同。此言魏王既不能合從,又不能連衡也。《吕氏春秋・離謂》篇作“失從之意,又失横之事”,是其證。《漢魏叢書》本改“有”爲“又”,而莊本從之,則昧於假借之義矣。

不可

故周鼎著倕而使齕其指,先王以見大巧之不可也。

【念孫案】“不可”下脱“爲”字,《吕氏春秋》作“先王有以見大巧之不可爲也”,是其證,《本經》篇亦云:“故周鼎著倕,使銜其指,以明大巧之不可爲也。”

予之將軍之節

墨者有田鳩者欲見秦惠王,約車申轅,留於秦,周年不得見。客有言之楚王者,往見楚王。楚王甚説之,予以節,使於秦。至,因見予之將軍之節,惠王而説之。

陳氏觀樓曰:“《吕氏春秋·首時》篇云:‘楚王説之,與將軍之節以如秦。至,因見惠王。’則此亦當云‘至,因見惠王而説之’。其‘予之將軍之節’六字,乃是上文‘予以節’句注語,今誤入此句中,文義遂不可曉。”【念孫案】陳説是也。莊本又加“見”字於“而説之”之上,非是。

此所謂管子梟飛而維繩者

故大人之行,不掩以繩,至所極而已矣。此所謂《管子》“梟飛而維繩”者。

高注曰:“言爲士者,上下無常,進退無恒,不可繩也。以喻飛梟,從下繩維之,而欲翱翔,則不可也。”陳氏觀樓曰:“‘此所謂《管子》’當作‘此《管子》所謂’,‘梟飛而維繩’當作‘鳥飛而準繩’。”案,《管子·宙合》篇曰“鳥飛準繩,此言大人之義也”云云,大意謂鳥飛雖不必如繩之直,然意南而南,意北而北,總期於還山集谷而後止,則亦與準於繩者無異,所謂“苟大意得,不以小缺爲傷”也,故此云“大人之行,不掩以繩,至所極而已矣。此《管子》所謂'鳥飛而準繩'者"。今本"鳥"誤作"梟","準"誤作"維","準"字俗省作"准",又因下"繩"字而誤從"糸"。則義不可通。注内"梟"字亦"鳥"字之誤,而云"從下繩維之",則高所見本已誤作"維"矣。

金鐵鍼

豐水之深千仞,而不受塵垢,投金鐵鍼焉,則形見於外。

【念孫案】"金鐵"下不當有"鍼"字,"鍼"即"鐵"之誤也。"鐵"或省作"鐵","形與"鍼"相近。今作"金鐵鍼"者,一本作"鐵",一本作"鍼",而後人誤合之耳。《文選・沈約〈貽京邑游好〉詩》注、《太平御覽・珍寶部十二》引此皆無"鍼"字。《文子・上禮》篇作"金鐵在中,形見於外"。《群書治要》所引如是,今本《文子》"金鐵"作"金石",乃後人所改。

陰蔽隱

是故石上不生五穀,禿山不游麋鹿,無所陰蔽隱也。"陰"與"蔭"同。

【念孫案】"隱"字蓋"蔽"字之注,而誤入正文者,《廣雅》:"蔽,隱也。"《文子》無"隱"字,是其證。

房心

昔吾見句星在房、心之間,地其動乎?

高注曰:"房星,句。句星守房心,則地動也。"劉本注文

"房星"作"駟房"。朱本、《漢魏叢書》本并同。【念孫案】正文本作"句星在駟、心之間",注本作"駟,句。房星。句。句星守房心,則地動也"。《道藏》本注文"房星"上脱"駟"字,劉本"房"下脱"星"字。若正文之"駟心"作"房心",則涉注文"守房心"而誤也。莊伯鴻不知正文"房"爲"駟"之誤,又改注文之"駟房"爲"房駟"以就之,斯爲謬矣。"駟"爲"房"之别名,故須訓釋。若"房心"爲二十八宿之正名,則不須訓釋,《爾雅》:"天駟,房也。"以"房"釋"天駟",不以"天駟"釋"房"。高注釋"駟"而不釋"心",即其證也。《晏子春秋·外篇》作"昔吾見鉤星在四、心之間",即《淮南》所本。"鉤"與"句"同,"四"與"駟"同。

揖而損之

子貢在側,曰:"請問持盈?"曰:"揖而損之。"

【念孫案】"揖"與"挹"同。《集韻》:"挹,或作揖。"《荀子·議兵》篇"拱挹指麾",《富國》篇作"拱揖"。《文選·爲幽州牧與彭寵書》注引《蒼頡篇》云:"挹,損也。""挹"與"損"義相近,故曰"挹而損之"。作"揖"者,借字耳。劉績不達而改"揖"爲"益",莊本從之,斯爲謬矣。《後漢書·杜篤傳》注引此正作"挹而損之",《荀子·宥坐》篇、《説苑·敬慎》篇并同。《韓詩外傳》作"抑而損之","抑"與"挹"聲亦相近,故諸書或言"抑損",或言"挹損"也。

儉 陋

多聞博辯,守之以儉。富貴廣大,守之以陋。

劉本改“儉”爲“陋”,“陋”爲“儉”,而莊本從之。【念孫案】《説文》:“儉,約也。”《廣雅》:“儉,少也。”正與“多聞博辯”相對,不當改爲“陋”。《説文》:“陋,陝也。”俗作“狹”。《楚辭·七諫》注曰:“陋,小也。”亦與“富貴廣大”相對,不當改爲“儉”。《杜篤傳》注引此正作“多聞博辯,守之以儉。富貴廣大,守之以陋”,與《道藏》本同。《文子·九守》篇作“多聞博辯守以儉,富貴廣大守以狹”,狹,亦陋也。

供其情

彼皆樂其業,供其情。

【念孫案】“供”當爲“佚”,“佚”與“逸”同,安也。“逸”“樂”義相近,若云“供其情”,則與上句不類矣。隸書“佚”或作“佚”,與“供”相似而誤。

載之木

於是乃去其瞀而載之木,解其劍而帶之笏。

高注曰:“瞀,被髮也。木,鶩鳥冠也。知天文者冠鶩。”各本脱“天”字,今據《爾雅翼》所引補。【引之曰】“載”與“戴”同,“木”當爲“朮”,字之誤也。“朮”即“鷸”字也,高注當作“朮,鷸鳥冠也,知天文者冠鷸”。今本“鷸”作“鶩”者,“鷸”“鶩”字相近,又涉上文“瞀”字而誤也。《爾雅翼》引此已誤。《説文》:“鷸,知天將雨鳥也。”《禮記》曰:“知天文者冠鷸。”《莊子·天地》篇:“皮弁鷸冠,搢笏紳修。”《釋文》:“鷸,尹必反,徐音述。”《玉篇》及《爾雅釋文》《漢書·五行志》注“鷸”字并“聿”

"述"二音。《匡謬正俗》曰:"案,鷸,水鳥,天將雨即鳴,古人以其知天時,乃爲冠,象此鳥之形,使掌天文者冠之。'鷸'字音'聿',亦有'術'音,故《禮》之《衣服圖》及蔡邕《獨斷》謂爲'術氏冠',亦因'鷸'音轉爲'術'耳。"以上《匡謬正俗》。《莊子釋文》曰:"鷸,又作鵴。"《續漢書·輿服志》引《記》曰:"知天者冠述。"《説苑·修文》篇作"冠鉥"。蓋"鷸"字本有"述"音,故其字或作"鵴",或作"述",或作"鉥",又通作"朮"耳。"朮"與"笏"爲韻,若作"木",則失其韻矣。鷸,即翠鳥,故古人以其羽飾冠,冠鷸帶笏皆所以爲飾,故《莊子》亦言"鷸冠搢笏"。若鶩無文采,則不可以爲飾矣,且鷸知天雨,故使知天文者冠之,若鶩則義無所取矣。諸書皆言知天文者冠鷸,無言冠鶩者。

《淮南内篇》第十三

氾論

不辱

古者有鍪而綣領以王天下者矣，其德生而不辱，予而不奪。

【念孫案】“不辱”本作“不殺”，故高注云“刑措不用”。今作“辱”者，後人妄改之也。“殺”與“生”相對，“奪”與“予”相對，若改“殺”爲“辱”，則非其指矣。且“殺”與“奪”爲韻，若作“辱”，則失其韻矣。《太平御覽·皇王部二》引此已誤作“辱”，張載《魏都賦》注及舊本《北堂書鈔·衣冠部三》引此并作“殺”，陳禹謨依俗本改爲“辱”。《文子·上禮》篇同。《晏子春秋·諫》篇：“古者嘗有紩衣攣領而王天下者矣，其義好生而惡殺。”《荀子·哀公》篇：“古之王者有務而拘領者矣，其政好生而惡殺。”此皆《淮南》所本。

作爲之　宫室

聖人乃作爲之築土構木，以爲宫室。

高讀“聖人乃作”爲句，注云“作，起也”。【念孫案】高説非也，“作爲之”三字連讀，下文曰：“而作爲之揉輪建輿，駕馬服牛。”又曰：“而作爲之鑄金鍛鐵，以爲兵刃。”皆其證也。又案，“以爲宫室”本作“以爲室屋”，淺學人多聞“宫室”，寡聞“室屋”，故以意改之也。案，《月令》曰“毋發室屋”，《管子·八觀》篇曰：“宫營大而室屋寡。”《荀子·禮論》篇曰：“壙壠，其貌象室屋也。”《吕氏春秋·懷寵》篇曰：“不焚室屋。”《史記·周本紀》曰：“營築城郭室屋。”俗本亦有改爲“宫室”者。《天官書》曰：“城郭、室屋、門户之潤澤。”則“室屋”固古人常語。且此二句以“木”“屋”爲韻，下三句以“宇”“雨”“暑”爲韻，若作“宫室”，則失其韻矣。《太平御覽·居處部二》引此正作“室屋”。

緂麻

伯余之初作衣也，緂麻索縷，手經指挂。

高注曰：“緂，鋭。索，功也。”【念孫案】高訓“緂”爲“鋭”，則與“麻”字義不相屬。今案，緂者，續也，緝而續之也。《方言》：“𦅾，續也。《廣雅》同。秦晉續折木謂之𦅾。”郭璞音“剡”。《人間》篇曰：“婦人不得剡麻考縷。”“𦅾”“剡”并與“緂”通。“索”如“宵爾索綯”之“索”，謂切撚之也。高云“索，功也”，“功”即“切”字之誤，顔師古注《急就篇》曰：“索謂切撚之，令緊者也。”《廣雅》曰：“紉，索也。”“紉”與“切”通。

乃爲鞙蹻而超千里肩負儋之勤也

乃爲鞙蹻而超千里,肩負儋之勤也,而作爲之揉輪建輿,駕馬服牛,民以致遠而不勞。

高注曰:"鞙蹻,鞙靸也。"【念孫案】"鞙"皆當爲"靻",字從旦,不從且。《説文》"靻,柔革也",《玉篇》"多達、之列二切"。"屩,履也","靸,小兒履也"。《釋名》云:"靸,韋履深頭者之名也。"今正文言"靻蹻",與"屩"同。注文言"靻靸",皆是"韋履"之名,則字當從旦。《廣韻》:"鞙,則古切,鞙勒名。"字從且,兩字聲、義判然,茅一桂不知"鞙"爲"靻"之誤,輒加"音祖"二字,其失甚矣。下文"蘇秦鞙蹻嬴蓋","鞙"亦"靻"字之誤。又案,"爲靻蹻"之"爲",音于僞反。"爲靻蹻而超千里,肩負儋之勤也"乃起下之詞,非承上之詞,"爲"上不當有"乃"字,此因上文"乃爲窬木方版"而誤衍也。下文云"爲鷙禽猛獸之害傷人而無以禁御也,而作爲之鑄金鍛鐵以爲兵刃","爲"上無"乃"字,是其證。"肩負儋之勤",《道藏》本、劉本及諸本并同,《漢魏叢書》本於"負儋"上加"荷"字,而莊本從之,斯爲謬矣。

所知

人各以其所知,去其所害,就其所利。

【念孫案】"人各以其所知"當作"人各以其知","知"與"智"同,言各用其智,以去害而就利也。今本"知"上有"所"字者,涉下兩"所"字而衍。《文子·上禮》篇正作"各以其智,去其所害,就其所利"。

音有本主於中

故通於禮樂之情者能作，句。音有本主於中，而以知榘矱之所周者也。

【念孫案】"音"當爲"言"，此承上句而釋其義也，今作"音"者，涉上文"中音"而誤。

詩書 聞得其言

誦先王之詩書，不若聞得其言。聞得其言，不若得其所以言。

【念孫案】"誦先王之詩書"，"詩"字因上文"《詩》《春秋》"而衍。先王之書，泛指六藝而言，非《詩》《書》之《書》也。"不若聞得其言""聞得其言"，兩"得"字皆因下句"得"字而衍。高注云"聞聖人之言，不如得其未言時之本意"，則"聞"下無"得"字明矣。《文子·上義》篇正作"誦先王之書，不若聞其言。聞其言，不若得其所以言"。

天子之籍 屬籍 圖籍 貌冠

履天子之籍，聽天下之政。

高注曰："籍，圖籍也。"【念孫案】籍，猶位也。言周公履天子之位也。若圖籍則不可以言履矣。下文云："成王既壯，周公屬籍致政。"亦謂屬位於成王也。《荀子·儒效》篇曰："周公履天子之籍，今本"天子"誤作"天下"，據宋本改。楊倞注以"籍"爲"圖籍"，誤與高注同。聽天下之斷。"又曰："周公歸周，反籍於成王。"此皆《淮南》所本。《强國》篇曰:"夫桀紂,聖王之後子孫也,有天下者之世也,勢籍之所存,天下之宗室也。"勢籍,即勢位,是"籍"與"位"同義也。《韓詩外傳》作"履天子之位,聽天下之政",尤其明證矣。又,下文"履天子之圖籍,造劉氏之貌冠",本作"履天子之籍,造劉氏之冠"。《史記·高祖紀》曰:"高祖爲亭長,以竹皮爲冠。及貴,常冠,所謂'劉氏冠'乃是也。"故曰"造劉氏之冠"。《漢書·高祖紀》詔曰:"爵非公乘以上,毋得冠劉氏冠。"蔡邕《獨斷》:"高祖冠,以竹皮爲之,謂之劉氏冠。"今本作"履天子之圖籍,造劉氏之貌冠"者,"貌"字涉高注"委貌冠"而衍,後人又誤以"籍"爲"圖籍",遂於"籍"上加"圖"字,以與"貌冠"相對,而不知"貌"爲衍文,且"圖籍"不可以言"履"也。

供嗜欲

人以其位,達其好憎。以其威勢,供嗜欲。

【念孫案】"供嗜欲"當作"供其嗜欲",與"達其好憎"相對。

治人之具

故法制禮義者,治人之具也,而非所以爲治也。

【念孫案】"人"字後人所加,高注云"言法制禮義可以爲治之基耳,非所以爲治",則無"人"字明矣。《文子·上義》篇無"人"字,《泰族》篇曰"故法者,治之具也,而非所以爲治也",亦無"人"字。

鏑銜橛

是猶無鏑銜橛，策錣而御馯馬也。

【念孫案】“銜”下本無“橛”字，高注曰：“鏑銜，口中央鐵。”言“鏑銜”，而不言“橛”，則無“橛”字明矣。“鏑銜”下有“橛”字，則文不成義，此後人熟於“銜橛”之語而妄加之耳。

槽柔

槽柔無擊，修戟無刺。

莊依《漢魏叢書》本改“柔”爲“矛”。【念孫案】各本皆作“柔”，《太平御覽·兵部二》引此亦作“柔”，《説苑·説叢》篇：“言人之惡，痛於柔戟。”字亦如此。蓋“矛”“柔”聲相近，故古書有借“柔”爲“矛”者，不宜輒改也。

獨聞之耳

必有獨聞之耳，獨見之明。

【念孫案】劉本“耳”作“聰”是也。《文子·上義》篇正作“獨聞之聰”。

道而先稱古

夫存危治亂，非智不能，道而先稱古，雖愚有餘。

【念孫案】“道”字當在“而”字下，“道先稱古”與“存危治亂”相對，《群書治要》引此正作“道先稱古”。

卷而伸

夫繩之爲度也，可卷而伸也，引而伸之，可直而晞。

【念孫案】“可卷而伸”，劉本作“可卷而懷”是也。此言繩之爲物，可曲可直，故先言“卷而懷”，後言“引而伸”。且“懷”與“晞”爲韻，若作“伸”，則失其韻矣，《文子·上仁》篇正作“可卷而懷”。

大臣將相

昔者，齊簡公釋其國家之柄，而專任大臣將相，各本“任”下衍“其”字，莊本從之，非是，今從《道藏》本。攝威擅勢，私門成黨，而公道不行。

高讀“大臣”絶句，注曰“大臣，陳成子也”，而以“將相”屬下讀。【引之曰】“大臣將相”四字當連讀，將相，即大臣也。“釋其國家之柄”“專任大臣將相”皆以六字爲句，“攝威擅勢”“私門成黨”“公道不行”皆以四字爲句，若以“將相”屬下讀，則句法參差不齊矣。且“柄”“相”“黨”“行”四字爲韻，“柄”古讀若“方”。“行”古讀若“杭”。并見《唐韻正》。讀“大臣”絶句，則失其韻矣。

陳成田常　陳成子恒

故使陳成田常、鴟夷子皮得成其難。

【引之曰】“陳成田常”本作“陳成常”。陳，其氏也。成，其謚也。常，其字也。恒，其名也。《人間》篇正作“陳成常”，

《吕氏春秋·慎勢》篇同。《吴越春秋·夫差内傳》作"陳成恒",《韓子·外儲説右》篇作"田成恒","田"與"陳"古字通,言"陳"則不言"田"矣,後人又加"田"字,謬甚。又,《説山》篇:"陳成子恒之劫子淵捷也。""子"字亦後人所加。

矜爲剛毅 矜於爲柔懦

今不知道者,見柔懦者侵,則矜爲剛毅。見剛毅者亡,則矜於爲柔懦。

【念孫案】"矜"皆當爲"務"。"務""矜"二字,隸書往往訛溷。《管子·小稱》篇"務爲不久",《韓子·難》篇作"矜僞不長"。《吕氏春秋·勿躬》篇"務服性命之情","務"誤作"矜"。言不知道者,中無定見,故見柔懦者侵,則務爲剛毅。見剛毅者亡,則務爲柔懦也。《主術》篇曰:"爲智者務爲巧詐,《道藏》本、劉本、茅本并同。朱本改"爲"作"於",非,莊本同。爲勇者務於鬭争。"是其證也。又案,此文本作"見柔懦者侵,則務爲剛毅。見剛毅者亡,則務於柔懦","於"下本無"爲"字。於,亦爲也。爲,亦於也。務爲剛毅,務於剛毅也。務於柔懦,務爲柔懦也。僖二十年《穀梁傳》曰:"謂之新宫,則近爲禰宫。"言近於禰宫也。《秦策》曰:"魏爲逢澤之遇,朝爲天子。"言朝於天子也。是"爲"與"於"同義。《郊特牲》曰:"郊之祭也,埽地而祭,於其質也。"言爲其質,不爲其文也。又曰:"祭天,埽地而祭焉,於其質而已矣。"《大戴禮·曾子本孝》篇曰:"故孝子之於親也,生則有義以輔之,死則哀以莅焉,祭祀則莅之以敬,如此而成於孝子也。"言如此而後成爲孝子也。《晉語》曰:"祁奚辭於軍尉。"言辭爲軍尉也。文六年《穀梁傳》曰:"閏月者,附月之餘日也，積分而成於月者也。"言積分而成爲月也。是"於"與"爲"亦同義，"爲""於"同義，故二字可以互用。《晉語》曰："稱爲前世，韋注曰："言見稱譽於前世。"義於諸侯。"《韓詩外傳》曰："民不親不愛，而求於己用，爲己死，不可得也。"皆以"爲""於"互用。此云"見柔懦者侵，則務爲剛毅。見剛毅者亡，則務於柔懦"，亦以"爲""於"互用。《主術》篇曰："爲智者務爲巧詐，爲勇者務於鬬争。"即其明證也。又，《史記・孟嘗君傳》"君不如令弊邑深合於秦"，《西周策》"於"作"爲"。《張儀傳》"韓梁稱爲東藩之臣"，《趙策》"爲"作"於"。蓋"爲""於"聲近而義同，故字亦相通也。然則"務於柔懦"即務爲柔懦，《道藏》本"於"下復有"爲"字者，後人不知"爲""於"之同義，故又加"爲"字耳。劉本、朱本同。茅本不删"爲"字，而删"於"字，斯爲謬矣，莊本同。

本無主

此本無主於中，而見聞舛馳於外者也。

陳氏觀樓曰："'本無主於中'當作'無本主於中'。上文云'有本主於中，而以知榘彠之所周'，正與此'無本主於中'相對，下文亦云'中有本主，以定清濁'。"

不謳

譬猶不知音者之歌也，濁之則鬱而無轉，清之則憔而不謳。各本"憔"誤作"燋"，依注改。

高注曰："謳，和也。"陳氏觀樓曰："'謳'當作'調'，故注訓爲'和',今作'謳'者,因下句'謳'字而誤。"

無不霸王者 無不破亡者

今謂强者勝則度地計衆,富者利則量粟稱金。若此則千乘之君無不霸王者,而萬乘之國無不破亡者矣。

【念孫案】"無不霸王""無不破亡",兩"不"字皆後人所加。此言千乘小,而萬乘大,若强者必勝,富者必利,則是千乘之君必無霸王者,萬乘之國必無破亡者矣。而不知國之興亡在得道與失道,不在大與小也,故下文曰"存在得道而不在於大,亡在失道而不在於小",後人不曉文義,而妄加兩"不"字,其失甚矣。

處强大勢位 何謀之敢當

二君處强大勢位,修仁義之道,湯武救罪之不給,何謀之敢當?

【念孫案】"處强大勢位"本作"處强大之勢",與"修仁義之道"相對爲文。今本脱"之"字,衍"位"字,"位"字因上文"務高其位"而衍。則與下句不對。高注云:"當其居强大之勢,各本"居"誤作"君","君"下又衍"也"字,今改正。不能自知所行之非。"則"勢"下無"位"字明矣。《群書治要》引此正作"處强大之勢"。又案,"何謀之敢當","當"字義不可通,《群書治要》引作"何謀之敢慮"是也。"慮"字隸書或作"慮",因誤而爲"當"。

溺死

直躬，其父攘羊而子證之。尾生，與婦人期而死之。直而證父，信而溺死，雖有直信，孰能貴之？

【念孫案】“信而溺死”本作“信而死女”，言信而爲女死，則信不足貴也。今本“死女”作“溺死”者，涉上注“水至溺死”而誤。“直而證父”“信而死女”相對爲文，且“女”與“父”爲韻，若作“溺死”，則文既不對，而韻又不諧矣，《文子·道德》篇正作“信而死女”。

局曲直

是故聖人論事之局曲直，與之屈伸偃仰，無常儀表。

【念孫案】此言屈伸偃仰，皆因乎事之曲直，“曲直”上不當有“局”字，蓋衍文也，《文子·道德》篇無“局”字。

卑弱柔　本矜

時屈時伸，卑弱柔如蒲韋，非攝奪也。剛強猛毅，志厲青雲，非本矜也。

【念孫案】“本”當爲“夸”，“夸矜”與“攝奪”相對爲文。“夸”字或書作“夲”，形與“本”相似，因誤爲“本”，《文選·甘泉賦》注引此正作“夸”。又案，蒲、韋皆柔弱之物，故曰“時屈時伸，弱柔如蒲韋”。“弱柔”上不當有“卑”字，此涉下文“屈膝卑拜”而誤衍也。《荀子·不苟》篇云：“言己之光美，擬於舜禹，參於天地，非夸誕也。與時屈伸，柔從若蒲韋，非懾怯也。剛强猛毅,靡所不信,非驕暴也。"語意略與此同,"柔從若蒲葦"之上亦無"卑"字。

車裂

昔者萇弘,周室之執數者也。天地之氣,日月之行,風雨之變,律曆之數,無所不通,然而不能自知,車裂而死。

《太平御覽·刑法部十一》引此同。【念孫案】《左傳》《國語》皆言周殺萇弘,而不言車裂,他書亦無車裂之事。案,《莊子·胠篋》篇"萇弘胣",《釋文》:"崔云:'胣,裂也。'《淮南子》曰:'萇弘鈹裂而死。'"據此則古本本作"鈹裂",今作"車裂"者,涉下文"蘇秦車裂"而誤也,注内"車裂"同。

無問

故人有厚德,無問其小節,而有大譽,無疵其小故。

【念孫案】"問"當爲"間",《方言》曰:"間,非也。"襄十五年《左傳》"且不敢間",《論語·先進》篇"人不間於其父母昆弟之言",《孟子·離婁》篇"政不足間也",趙岐、陳群、孔穎達諸儒皆訓"間"爲"非"。"疵"讀爲"訾"。《莊子·山木》篇"無譽無訾",《吕氏春秋·必已》篇作"疵"。《荀子·不苟》篇:"正義直指,舉人之過,非毀疵也。""無間"與"無訾"同義,故《廣雅》曰:"間、訾,諻也。""諻"與"毁"同。今本"間"誤爲"問",則非其指矣,《文子·上義》篇正作"無間其小節"。

顔喙聚

夫顔喙聚，梁父之大盗也，而爲齊忠臣。

【念孫案】“喙”當爲“啄”，字之誤也。“顔啄聚”，《左傳》哀二十七年、《吕氏春秋・尊師》篇、《韓子・十過》篇并作“顔涿聚”，《韓詩外傳》作“顔斲聚”，《説苑・正諫》篇作“顔燭趨”，《漢書・古今人表》作“顔燭雛”，《晏子春秋・外篇》作“顔燭鄒”，并字異而義同。“啄”與“涿”“斲”“燭”聲并相近，“喙”則遠矣。“啄”“喙”二字，書傳往往相亂。

季襄

季襄、陳仲子，立節抗行，不入污君之朝，不食亂世之食，遂餓而死。

高注曰：“季襄，魯人，孔子弟子。”【念孫案】孔子弟子無季襄，“襄”皆當爲“哀”，字之誤也。《史記・仲尼弟子傳》“公晳哀，字季次”，《索隱》引《家語》作“公晳克”，“克”亦“哀”之誤。此言季哀即季次也，故高注云然。《弟子傳》載孔子之言曰：“天下無行，多爲家臣仕於都，唯季次未嘗仕。”《游俠傳》曰：“季次、原憲懷獨行君子之德，義不苟合當世，終身空室蓬户，褐衣疏食不厭。”此云：“立節抗行，不入污君之朝，不食亂世之食。”説與《史記》略同。

一人

求於一人，則任以人力。自修，則以道德。

【念孫案】“求於一人”，劉本無“一”字是也。《道藏》本有“一”字者，因上文“責備於一人”而誤。“求於人”與“自修”相對爲文，“人”上不當有“一”字，下文“責人以人力，自修以道德”即其證。《文子·上義》篇作“於人以力，自修以道”。

得其賢

今志人之所短，而忘人之所修，而求得其賢乎天下，則難矣。

【念孫案】“得其賢乎天下”，衍“其”字，《藝文類聚·寶部上》引此無“其”字。

美之與惡　此皆相似

使人之相去也，若玉之與石，美之與惡，則論人易矣。夫亂人者，若芎藭之與槁本也，各本脱“若”字，今據上文及《群書治要》《史記索隱》《爾雅疏》《本草圖經》《埤雅》《續博物志》引補。蛇牀之與麋蕪也，此皆相似。

高注曰：“言其相類，但其芳臭不同，猶小人類君子，但其仁與不仁異也。”【念孫案】“美之與惡”本作“葵之與莧”，“葵”與“莧”不相似，故易辨。此言物之不相似者，下言物之相似者，皆各舉二物以明之，若云“美之與惡”，則不知爲何物矣。蓋俗書“美”字作“美”，“葵”字作“癸”，“癸”之上半與“美”相似，因誤而爲“美”，後人不解其故，遂改爲“美之與惡”耳。《群書治要》及《爾雅疏》《埤雅》《續博物志》引此并作“葵之與莧”，是其證。又案，上既言“亂人”，則下不必更言“相似”，且正文既言"相似",則注不必更言"言其相類"矣。《爾雅疏》引許注云"此四者,蘗草臭味之相似",然則"此皆相似"四字,蓋後人約記許注於正文之旁,而寫者因誤合之也,茅本又於"相似"下加"者"字,而莊本從之,謬矣。《史記·司馬相如傳》索隱、《爾雅疏》《本草圖經》《埤雅》《續博物志》所引皆無此四字。

天下爲忠之臣者　賞少而勸善者衆

故賞一人而天下爲忠之臣者,莫不終忠於其君,終,盡也,言莫不盡忠於其君也。茅一桂不曉"終"字之義,遂改"終忠"爲"願忠",而莊本從之,謬矣。《道藏》本、劉本、朱本并作"終忠"。此賞少而勸善者衆也。

【念孫案】"天下爲忠之臣者"當作"天下之爲臣者",《吕氏春秋·義賞》篇引孔子曰:"賞一人而天下之爲人臣者,莫敢失禮。"即《淮南》所本也。今本"之爲"二字誤倒,又衍一"忠"字。"此賞少而勸善者衆也"當作"此賞少而勸衆者也",上文云"古之善賞者,費少而勸衆",正與此句相應。下文曰"此刑省而奸禁者也""此用約而爲德者也""此入多而無怨者也",句法并與此同。今本"衆者"二字誤倒,又衍一"善"字。"善"字涉下文"勸善"而衍。

右服失馬　獲之

秦穆公出游而車敗,右服失馬。

高注曰:"服,中央馬。"《鄭風·叔于田》箋:"兩服,中央夾轅者。"義與高注同,各本"央"作"失",因正文而誤,今改正。【念孫案】

"右服失馬","馬"字因注文而衍。服爲中央馬,則不須更言馬矣,《吕氏春秋·愛士》篇正作"右服失"。"失"與"佚"同。又,"梁由靡扣穆公之驂,獲之",高注云"將獲穆公",則正文"獲"上有"將"字也。將獲未獲,故人得而救之,若已爲晉所獲,則不能救矣。

管金

越城郭,逾險塞,姦符節,盗管金。

高注曰:"金,印封,所以爲信。"【念孫案】如高注,則"金"字當爲"璽"字之誤。然"金"與"璽"字不相似,"璽"字無緣誤爲"金"。蓋俗書"璽"字或作"坌",因誤爲"金"矣,《五音集韻》云:"璽,俗作'坌'。"

法令者

夫法令者罔其奸邪,勒率隨其蹤迹,無愚夫惷婦,各本"惷"誤作"惷",辯見《地形》篇"其人惷愚"下。皆知爲姦之無脱也,犯禁之不得免也。

【念孫案】"法令"下衍"者"字,"法令罔其奸邪""勒率隨其蹤迹"相對爲文。

然而立秋之後

然而不材子不勝其欲,蒙死亡之罪,而被刑戮之羞。然而立秋之後,司寇之徒繼踵於門,而死市之人血流於路。

【念孫案】下“然而”二字因上“然而”而衍。“立秋之後”五句,即承上“死亡之罪,刑戮之羞”言之,不當更有“然而”二字。

夫今 斬首拜爵

夫今陳卒設兵,兩軍相當,將施令曰:“斬首拜爵,而屈撓者要斬。”

【念孫案】“夫今”當爲“今夫”,“斬首”下脱“者”字。“斬首者拜爵”“屈撓者要斬”相對爲文,《群書治要》引此有“者”字。

隊階

然而隊階之卒,皆不能前遂斬首之功,而後被要斬之罪。

【念孫案】“隊階”二字,義不可通,當從《群書治要》所引作“隊伯”,字之誤也。左畔作“阝”,因“隊”字而誤。右畔作“皆”,則因下文“皆”字而誤。《逸周書·武順》篇曰:“五五二十五曰元卒,四卒成衛曰伯。”是百人爲伯也。《兵略》篇曰:“正行五,連什伯。”《史記·秦始皇紀》曰:“躡足行伍之間,而倔起什伯之中。”《通典·兵一》引司馬穰苴曰:“五人爲伍,十伍爲隊。”是“隊”爲“伯”之半,故曰“隊伯之卒”。

波至而自投於水

楚人有乘船而遇大風者,波至而自投於水。

【念孫案】“波至而”下當有“恐”字，下文“惑於恐死而反忘生也”，即承此句言之。《群書治要》《意林》《藝文類聚·舟車部》、《白帖》六十三、《太平御覽·地部三十六》《舟部二》引此皆作“波至而恐”。

患弗過

夫動静得則患弗過也。

【念孫案】“過”當從劉本、朱本作“遇”，字之誤也。

可傳於後世

世俗言曰：葬死人者，裘不可以藏。裘不可以藏者，非能具綈綿曼帛温暖於身也。世以爲裘者，難得貴賈之物也，而可傳於後世，無益於死者，而足以養生，故因其資以讋之。

【念孫案】裘無益於死者，而足以養生，故曰“可傳於後世”。劉本作“不可傳於後世”，“不”字因上文“不可以藏”而衍，諸本與劉本同，莊本亦同。唯《道藏》本無“不”字。

不待户牖之行

使鬼神能玄化，則不待户牖之行。

【念孫案】“之”當作“而”，《太平御覽·居處部十二》引此正作“不待户牖而行”。

故馬免人於難者六句内脱文

故馬免人於難者，其死也，葬之。牛其死也，葬以大車爲薦。

【念孫案】《藝文類聚·獸部上》《太平御覽·禮儀部三十四》《獸部八》引此并作“故馬免人於難者，其死也，葬之以帷爲衾。牛有德於人者，其死也，葬之以大車之箱爲薦”，今本“葬之”下脱去“以帷爲衾”四字，“牛”下脱去“有德於人者”五字，“葬”下脱去“之”字，“大車”下脱去“之箱”二字，當補入。

炎帝於火　禹勞天下　后稷作稼穡

故炎帝於火，死而爲竈。各本“死而”皆誤作“而死”，惟《道藏》本作“死而”，與諸書所引合。莊刻仍從各本作“而死”，非是。禹勞天下，死而爲社。后稷作稼穡，死而爲稷。

【念孫案】“炎帝於火”本作“炎帝作火”，“於”字或書作“扵”，形與“作”相似而誤。《太平御覽·火部二》引作“於”，亦後人依誤本改之，其《居處部十四》引此正作“作”。《史記·孝武紀》索隱、《藝文類聚·火部》《廣韻》“竈”字注引此并作“作”。“禹勞天下”，“勞”下本有“力”字，故高注曰“勞力天下，謂治水之功也”。《道藏》本、劉本皆如是，各本無“力”字者，據已脱之正文，删未脱之注文耳。莊刻從各本，删“力”字，非是。高注《修務》篇亦云：“禹勞力天下，不避風雨。”今本無“力”字者，後人誤以爲衍文而删之耳。古者謂“勤”爲“力”，《大雅·烝民》箋：“力，猶勤也。”勞力天下，猶言勤勞天下，《泰族》篇曰“夙興夜寐而勞力之”是也。倒言之，則曰“力勞”，《主術》篇曰“民貧苦而忿争,事力勞而無功”是也。《藝文類聚·禮部中》引此無“力”字,亦後人依誤本删之,《太平御覽·禮儀部十一》引正文、注文并作“勞力”,《論衡·祭意》篇:“或曰炎帝作火,死而爲竈。禹勞力天下,死而爲社。”所引即《淮南》之文。“后稷作稼穡”,“后稷”本作“周棄”,此亦後人以意改之也。昭二十八年《左傳》曰:“周棄亦爲稷,自商以來祀之。”《魯語》曰:“夏之興也,周棄繼之,故祀以爲稷。”此皆《淮南》所本。《藝文類聚·禮部中》《太平御覽·禮儀部十一》引此并作“周棄”。高注當云“周棄,后稷也”,今本云“稷,周棄也”,此亦後人所改。

《淮南内篇》第十四

詮言

及宗

分而爲萬物，莫能及宗。

高注曰："謂及己之性宗。"【念孫案】"及"皆當爲"反"，字之誤也。宗者，本也。言莫能反其本也。下文云"能反其所生"，即反宗之謂，故高注曰"反己之性宗"也。《説山》篇曰："吾將反吾宗矣。"又曰："牆之壞，愈其立也。冰之泮，愈其凝也，以其反宗。"高注并云："宗，本也。"是其證。"分而爲萬物"，《文選・演連珠》注引作"分爲萬殊"。案，上文既云"物以群分"，此無庸復言"分爲萬物"，疑作"萬殊"者是也，今本"殊"作"物"，蓋涉下文"萬物"而誤。

亡乎萬物之中

物物者，亡乎萬物之中。

高注曰："物物者，造萬物者也。此不在萬物之中。"【念孫案】莊本改"亡"爲"存"，正與此義相反。

動有章則詞

星列於天而明，故人指之。義列於德而見，故人視之。人之所指，動則有章。人之所視，行則有迹。動有章則詞，行有迹則議。

【引之曰】“詞”當爲“訶”，凡隸書“可”字之在旁者，或作“司”，漢《魯相史晨饗孔廟後碑》“雅歌吹笙”，“歌”作“㪺”。《冀州從事郭君碑》“凋柯霜榮”，“柯”作“祠”。故“訶”字或作“詞”，形與“詞”相似，因誤爲“詞”。訶，謂相譏訶也。動有章則人訶之，行有迹則人議之也。《説林》篇曰：“有爲則議，多事固苛。”高注曰：“蘇秦爲多事之人，故見議、見苛也。”“苛”與“訶”同，“議”字古讀若“俄”，《小雅·北山》篇“或出入風議”，與“爲”爲韻，“爲”讀若“譌”。《淮南·俶真》篇“立而不議”，與“和”爲韻。《史記·太史公自序》“王人是議”，與“禾”爲韻。故此及《説林》篇皆以“訶”“議”爲韻，若作“詞”，則失其韻矣。

貴其所有

人莫不貴其所有，而賤其所短。

【念孫案】“貴”與“賤”相反，“長”與“短”相反，若“有”與“短”則非相反之名，“有”當爲“脩”，字之誤也。隸書“脩”字或作“㑌”，因殘缺而爲“有”字。脩，長也。言人皆貴其所長，而賤其所短也。淮南王避父諱，故不言“長”而言“脩”。

物莫不足滑其調　獨盡其調　五行異氣而皆適調六藝異科而皆同道　其美在調　日引邪欲而澆其身夫調

故通性之情者，不務性之所無以爲。通命之情者，不憂命之所無奈何。通於道者，物莫不足滑其調。

【念孫案】"物莫不足滑其調"當作"物莫足滑其和"。滑，亂也，見《原道》《俶真》《精神》三篇注及《周語》《晉語》注。言通於道者，物莫能亂其天和也。今本"莫"下衍"不"字，因上文兩"不"字而衍。"和"字又誤作"調"。《原道》篇曰："不以欲滑和。"《俶真》篇曰："不足以滑其和。"《精神》篇曰："何足以滑和。"《莊子·德充符》篇曰："不足以滑和。"諸書皆言"滑和"，無言"滑調"者，且"和"與"爲""何"爲韻，"爲"古讀若"譌"，説見《唐韻正》。若作"調"，則失其韻矣。又，《兵略》篇："敵若反静，爲之出奇，彼不吾應，獨盡其調。若動而應，有見所爲，彼持後節，與之推移。彼有所積，必有所虧。精若轉左，陷其右陂。敵潰而走，後必可移。"案，"獨盡其調"，"調"亦當爲"和"，注同。"和"與"奇""爲""移""虧""陂"爲韻，"奇""爲""移""虧""陂"，古音皆在歌部，説見《唐韻正》。若作"調"，則失其韻矣。又，《泰族》篇"五行異氣而皆適調，六藝異科而皆同道"，本作"五行異氣而皆和，六藝異科而皆通"，因"和"誤爲"調"，"通"誤爲"道"，後人遂於"道"上加"同"字，又於"調"上加"適"字，以成對句，而不知其謬也。《太平御覽·學部二》引作"五行異氣而皆和，六藝異科而皆道"，"道"字雖誤，而"和"字不誤，且上句無"適"字，下句無"同"字。舊本《北堂書鈔·藝文部一》引此正作"五行異氣而皆和，六藝異科而皆通"。《泰族》又云："聖人兼用而財制之，失本則亂，得本則治。其美在調，其失在權。

水火金木土穀,[1]異物而皆任。規矩權衡準繩,異刑而皆施。丹青膠漆,不同而皆用,各有所適,物各有宜。”案,“其美在調”,“調”亦當爲“和”。“之”“治”爲韻,“和”“權”“施”“宜”爲韻,“和”“施”“宜”古音在歌部,“權”在元部,歌、元二部古或相通,説見《泰族》“陰陽化一”條下。若作“調”,則失其韻矣,《文子·上禮》篇正作“其美在和,其失在權”。《泰族》又云:“今目悦五色,口嚼滋味,耳淫五聲,七竅交争以害其性,日引邪欲而澆其身夫調,身弗能治,奈天下何?”案,“日引邪欲而澆其身夫調”本作“日引邪欲而澆其天和”,即《原道》所云“以欲滑和”也,《文子·下德》篇作“日引邪欲,竭其天和,身且不能治,奈天下何”,是其明證矣。今本“澆其”下衍“身”字,因下文而衍。“天”誤爲“夫”,“和”誤爲“調”,遂致文不成義,且“聲”“争”“性”爲韻,“和”“何”爲韻,若作“調”,則失其韻矣。“和”“調”二字形、聲皆不相近,無因致誤,而以上五段“和”字皆誤作“調”,殊不可解。

以欲用害性

不貪無用,則不以欲用害性。

【念孫案】劉本無下“用”字是也,此因上“用”字而衍。

所無　所有

聖人守其所以有,“以”與“已”同。不求其所未得。求其所

---

① “木”,底本作“本”,據同治本改。

無,則所有者亡矣。修其所有,則所欲者至。

【念孫案】"求其所無"本作"求其所未得","修其所有"本作"修其所已有",此皆承上文而申言之,不當有異文。今本作"求其所無""修其所有",皆後人以意改之也。《群書治要》引此正作"求其所未得""修其所已有",《文子·符言》篇同。下文亦云:"不知道者,釋其所已有,而求其所未得。"

勸而就利者

故道不可以勸而就利者,而可以寧避害者。

【念孫案】"勸"下"而"字因下句而衍,《文子·符言》篇無"而"字。

不爲善

故不爲善,不避醜,遵天之道。不爲始,不專己,循天之理。不豫謀,不棄時,與天爲期。不求得,不辭福,從天之則。

【念孫案】"善"當爲"好","不爲好,不避醜,遵天之道",猶《洪範》言"無有作好,遵王之道"也。今作"不爲善"者,後人據《文子·符言》篇改之耳。"好""醜""道"爲韻,"始""己""理"爲韻,"謀""時""期"爲韻,"得""福""則"爲韻,若作"善",則失其韻矣。

旁禍 旁福

内無旁禍,外無旁福。

【念孫案】"旁"字義不可通,《文子·符言》篇作"奇禍""奇福"是也。俗書"奇"字作"竒","旁"字作"㝑",二形相似而誤。

生貴

爲善則觀,爲不善則議。觀則生貴,議則生患。

【引之曰】"貴"當爲"責",字之誤也。此言爲善則觀之者多,觀之者多,則責之者必備,下文曰"責多功鮮,無以塞之",正謂此也。《文子·符言》篇作"爲善即勸,勸即生責"。

受名　唯能勝理而爲受名名興則道行

名與道不兩明,人受名則道不用,道勝人則名息矣。

【念孫案】"受"當爲"愛",字之誤也。愛名則不愛道,故道不用也,《文子·符言》篇正作"愛"。又下文:"喜德者必多怨,喜予者必善奪。唯滅迹於無爲而隨天地自然者,唯能勝理而爲受名。名興則道行,道行則人無位矣。"案,此當作"唯滅迹於無爲而隨天地自然者,爲能勝理而無愛名。名興則道不行,道行則人無位矣","人"如"人心、道心"之"人"。上文高注云"無位,無所立也"。即上文所謂"人愛名則道不用,道勝人則名息"也。今本"爲能"誤作"唯能","無愛名"誤作"爲受名","道不行"又脱"不"字,則上下文皆不可通矣。《韓詩外傳》云:"唯滅迹於人能與"而"同。隨天地自然,爲能勝理而無愛名。名興則道不用,道行則人無位矣。"是其證,"勝理"二字,説見後"勝心"一條下。

貨數

欲尸名者必爲善，欲爲善者必生事，事生則釋公而就私，貨數而任己。

【引之曰】“貨”當爲“背”，字之誤也。“背數而任己”，謂背自然之數，而任一己之私，與上句“釋公而就私”同意。《文子·符言》篇作“倍道而任己”，“倍”與“背”同，下文又云“君好智，則倍時而任己，棄數而用慮”。

立名於爲質　忘爲質　不忘其容

欲見譽於爲善，而立名於爲質，則治不循故，而事不順時。今本“循”作“脩”，“順”作“須”，并誤。説見《原道》“循誤爲脩”下。

【念孫案】“質”當爲“賢”，“賢”“質”草書相似，故“賢”誤爲“質”。《逸周書·官人》篇“有隱於仁賢者”，《大戴禮》“賢”誤作“質”。“爲賢”與“爲善”義正相承，《文子》作“見譽而爲善，立名而爲賢”，是其證。又下文：“無須臾忘爲質者，必困於性。百步之中不忘其容者，必累其形。”案，此當作“無須臾忘其爲賢者，必困於性。百步之中不忘其爲容者，必累其形”。今本上二句内脱“其”字，下二句内脱“爲”字，“爲容”與“爲賢”相對。百步之中而必爲儀容，則形不勝勞，故曰“必累其形”，脱去“爲”字，則文義不明。“賢”字又誤爲“質”。此即承上“欲立名於爲賢，則治不循故，事不順時”言之，故高注曰“常思爲賢，不循自然，則性困也”。今本高注“賢”字亦誤爲“質”。《文子》作“夫須臾無忘其爲賢者，必困其性。百步之中無忘其爲容者，必累其形”，是其證。

不足以弊身

功之成也，不足以更責。高注："更，償也。"事之敗也，不足以斃身。

【念孫案】"不足以弊身"，"不"字涉上文而衍。此言功成則不足以償其責，事敗則適足以斃其身也，《文子・符言》篇作"事敗足以滅身"，是其證。

善説而亡國

公孫龍粲於辭而貿名，鄧析巧辯而亂法，蘇秦善説而亡國。

【念孫案】"亡國"當作"亡身"，故高注曰"蘇秦死於齊也"。今本"身"作"國"者，涉下文"治國"而誤。又案，高注本在"蘇秦善説而亡身"之下，今本在"亡"字之下、"國"字之上，則是以"亡"字絶句，而以"國"字下屬爲句，大謬。此句與上二句相對爲文，若讀"蘇秦善説而亡"爲句，則與上二句不對。下文"由其道則善無章，循其理則巧無名"，亦相對爲文，若讀"國由其道"爲句，則文不成義。

外釋交

若誠外釋交之策，而慎修其境内之事。

陳氏觀樓曰："'外釋交之策'當爲'釋外交之策'，上文'外交而爲援'是其證。"

不以位爲患

智者不以位爲事,勇者不以位爲暴,仁者不以位爲患,可謂無爲矣。

劉本"患"作"惠"。【念孫案】劉本是也。"不以位爲惠",謂不假位以行其惠也。"爲惠"與"爲暴"相對。《主術》篇曰:"重爲惠、重爲暴,則治道通矣。"義與此同。

圍

一人之力,以圍强敵。

【念孫案】"圍"當爲"圉",字之誤也。"圉"與"禦"同。劉績改"圍"爲"禦",而莊本從之,義則是而文則非矣。

勝心 勝欲 勝理

聖人勝心,衆人勝欲。

【念孫案】勝,任也。言聖人任心,衆人任欲也。耳目之官不思而蔽於物,心之官則思,聖人先立乎其大者,則其小者不能奪,故曰"聖人任心"也。若衆人則縱耳目之欲,而不以心制之,故曰"衆人任欲"也。下文曰:"食之不寧於體,聽之不合於道,視之不便於性,三關交争,高注:"三關,謂食視聽。"今本正文"三關"作"三官",注作"三官,三關,食視聽",皆後人以意改之也。《主術》篇曰"目妄視則淫,耳妄聽則惑,口妄言則亂。夫三關者,不可不慎守也",今據以訂正。以義爲制者,心也。"又曰:"耳目鼻口不知所取去,心爲之制,各得其所。"皆其證矣。《説苑・説叢》

篇曰:"聖人以心導耳目,小人以耳目導心。"即此所謂"聖人勝心,衆人勝欲"也。《説文》:"勝,任也。""任"與"勝"聲相近,"任心""任欲"之爲"勝心""勝欲",猶"戴任"之爲"戴勝"。《月令》"戴勝降于桑",《吕氏春秋·季春》篇作"戴任"。高解"聖人勝心"曰"心者,欲之所生也。聖人止欲,故勝其心",則誤以"勝"爲"勝敗"之"勝"矣。如高説,則是心與耳目口無以異,下文何以言"三關交争,以義爲制者心"乎?又解"衆人勝欲"曰"心欲之而能勝止也",心欲之而能勝止,則是賢人矣,安得謂之衆人乎?且下文言"欲不可勝",則"勝"之訓爲"任"明矣。《文子·符言》篇作"聖人不勝其心,衆人不勝其欲",此亦未解"勝"字之義,而以意改之也。又,下文"唯滅迹於無爲,而隨天地自然者,爲能勝理而無愛名",此句今本多誤字,辯見前"受名"下。勝,亦任也,言任理而不愛名也。隨天地自然,即所謂任理也。《吕氏春秋·適音》篇:"勝理以治身,則生全矣。"亦謂任理爲勝理也。高注曰:"理,事理情欲也,勝理去之。"以事理爲情欲,義不可通,皆由誤以"勝"爲"勝敗"之"勝",故多抵牾矣。

從事於性

故聖人損欲而從事於性。

【念孫案】此本作"故聖人損欲而從性",上文曰"欲與性相害,不可兩立",故此言"損欲而從性"也。後人改"從性"爲"從事於性",則似八股中語矣。《文子·符言》篇正作"損欲而從性",《太平御覽·方術部一》引此作"損欲而存性",雖"存"與"從"不同,而皆無"事於"二字。

因而不生

凡治身養性,節寢處,適飲食,和喜怒,便動静,内在己者得,而邪氣因而不生,豈若憂瘕疵之興,"興"與"發"同義,各本"興"誤作"與",今據《太平御覽》引改。痤疽之發,而豫備之哉!

【念孫案】"邪氣因而不生"本作"邪氣自不生"。言治身養性,皆得其道,則邪氣自然不生,非常恐其生而豫備之也。今本作"邪氣因而不生"者,"自"誤爲"因",隸書"因"或作"囙",與"自"字相似而誤。後人又加"而"字耳,《太平御覽》引此正作"邪氣自不生"。

在智　在力

故天下可得而不可取也,霸王可受而不可求也。在智,則人與之訟。在力,則人與之争。

【念孫案】"在"皆當爲"任",字之誤也。言當因時而動,不可任智、任力也。上文曰:"失道而任智者必危。"又曰:"獨任其智,失必多矣。故好智,窮術也。好勇,危術也。"皆其證。

不滅　不没

鼓不滅於聲,故能有聲。鏡不没於形,故能有形。

【念孫案】"滅"當爲"臧","没"當爲"設",皆字之誤也。"臧"字俗書作"㓕",形與"滅"相似。"設"與"没"草書亦相似。臧,古"藏"字。鼓本無聲,擊之而後有聲。鏡本無形,物來而後有形,故曰"鼓不藏於聲,鏡不設於形"。作"滅"、作"没",則義不可通矣。《文選·演連珠》注引此作"鏡不設形,故能有形",《文子·上德》篇作"鼓不藏聲,故能有聲。鏡不設形,故能有形",是其證。

弗吹弗聲

金石有聲,弗叩弗鳴。管簫有音,弗吹弗聲。

劉本依《文子》改"弗聲"爲"無聲",而諸本皆從之。莊本同。【念孫案】劉改非也。《白虎通義》曰:"聲者,鳴也。"言管簫有音,弗吹弗鳴也。《兵略》篇曰:"彈琴瑟,聲鍾竽。"亦謂鳴鍾竽也。劉誤以"聲"爲"聲音"之"聲",故依《文子》改之耳。"金石有聲""管簫有音",音,亦聲也。此謂"聲音"之"聲"。"弗叩弗鳴""弗吹弗聲",聲,亦鳴也。與"聲音"之"聲"異義。若云"弗吹無聲",則與上文不類矣。

怨

故譽生則毁隨之,善見則怨從之。

劉本依《文子·符言》篇改"怨"爲"惡"。【念孫案】劉改是也。"譽"與"毁"對,"善"與"惡"對,《道藏》本作"怨"者,涉上文兩"怨"字而誤。

焉可以托天下

能不以天下傷其國,而不以國害其身者,焉可以托天下也。

【念孫案】焉，猶則也。《老子》“故貴以身爲天下，則可寄天下”，《道應》篇引作“焉可以托天下”，是其證。《荀子·禮論》篇“三者偏亡，焉無安人”，《史記·禮書》作“則無安人”，是“焉”與“則”同義，詳見《老子》“信不足，焉有不信焉”下。《道藏》本、劉本、朱本并作“焉”，茅一桂不解“焉”字之義，而改“焉”作“爲”，莊本從之，謬矣。

持無所監

持無所監謂之狂生。

今本高注云：“持無所監，所監者非玄德，故爲狂生。”李善注《文選·任昉〈哭范僕射〉詩》曰：“《淮南子》曰：‘臺無所監謂之狂生。’高誘曰：‘臺，持也。所鑒者非玄德，故爲狂生。臺，古握字也。’”【念孫案】如李注所引，則今本正文及高注皆經後人删改明矣。又案，“臺”與“握”不同字，“臺”當爲“䑓”，[1]字之誤也。《説文》：“䑓，古文握。”故高注云：“䑓，持也。”又云：“䑓，古握字也。”後人不知“臺”爲“䑓”之誤，而改“臺”爲“持”，又改高注“臺，持也”爲“持無所監”，并删去“臺，古‘握’字也”五字以滅其迹，甚矣其妄也。

怨無所滅

民已受誅，怨無所滅，謂之道。

【念孫案】“怨無所滅”，《文子·道德》篇作“無所怨憾”是

① “䑓”，底本作“臺”，據《説文》改，下四處同。

也。道固當誅，故受誅者無所怨憾。今本“怨”字誤在“無所”上，“憾”字又誤作“滅”，則文不成義。

屈奇

聖人無屈奇之服，無瑰異之行。

高注曰：“屈，短。奇，長也。”【念孫案】屈奇，猶瑰異耳。《周官・閽人》：“奇服怪民不入宫。”鄭注曰：“奇服，衣非常屈奇之服，即奇服也。”司馬相如《上林賦》“摧崣崛崎”，義與“屈奇”相近。“屈奇”雙聲字，似不當分爲兩義也。

捉得其齊

善博者平心定意，捉得其齊，行由其理。

高注曰：“齊，得其適也。”【念孫案】“捉”當爲“投”。“投得其齊”，謂投箸也。《秦策》曰：“君獨不觀博者乎？或欲大投，或欲分功。”“行由其理”，謂行棋也。《楚辭・招魂》注曰“投六箸，行六棋，故爲六博”是也。隸書“投”字或作“投”，“捉”字或作“捉”，二形相似，故“投”誤爲“捉”，《太平御覽・工藝部十一》引此正作“投”。

馳

馳者，不貪最先，不恐獨後。

高注曰：“馳，競驅也。”劉曰：“馳，除救切。”莊曰：“‘馳’即‘騁’字省文，孫編修、程文學説皆如是。”孫氏頤谷《讀書脞録》曰："《玉篇》'騟，除救切'，《廣韻》在四十九宥，注皆訓爲'競馳'，與高注正合，非'騁'之省文也。"【念孫案】劉注及孫頤谷説是也。《玉篇》《廣韻》"競馳"之訓，既本於高注，則讀"騟"爲"胄"，亦必本於高注，今本高注有義無音，寫者脱之耳。"騟"之言"逐"也。"逐""騟"古同聲，《大畜》九三"良馬逐"，《釋文》："逐，如字。鄭本作逐逐，云兩馬走也。一音胄。"《海外北經》："夸父與日逐走。"郭注："逐，音胄。"晉灼注《漢書·五行志》曰："競走曰逐。"故高注言"競驅"，若是"騁"字，則但可訓爲"驅"，不可訓爲"競驅"矣。與人競驅，故云"不貪最先，不恐獨後"，若但曰"騁"，則無先後之可言矣。孫、程必以爲"騁"之省文者，徒以《説文》無"騟"字故耳。不知是書之字固有《説文》所不收者，且"馳"謂之"騁"，"競驅"謂之"騟"，一從甹聲，一從由聲，"騟"從由聲，與"胄""宙"同。不得以甲代乙也。

不通

有智而無術，雖鑽之不通。有百技而無一道，雖得之弗能守。

【念孫案】"通"本作"達"，此後人以意改之也。"術""達"爲韻，"道""守"爲韻，改"達"爲"通"，則失其韻矣。據高注云"無術不能達"，則正文作"達"甚明。

觳臑

周公觳臑不收於前，鍾鼓不解於縣。

高注曰："臑，那到反。前肩之美也。"【引之曰】《大雅·既醉》箋："殽，牲體也。"牲體多矣，不應獨言"臑"，"臑"當爲"腝"。奴低反。凡隸書從耎、從需之字多相亂，故"腝"誤爲"臑"。《説文》："腝，有骨醢也，或作臡。"《爾雅》："肉謂之醢，有骨者謂之臡。"《周官·醢人》"朝事之豆，其實有麋臡、鹿臡、麇臡"是也。殽，俎實也。腝，豆實也。殽腝，猶言俎豆耳。"殽腝""鍾鼓"各爲一物，文正相對。

弗能無害也

俎豆之列次，黍稷之先後，雖知弗教也，弗能無害也。

【念孫案】"弗能無害"，謂雖弗能，亦無害於事也。故下文云"弗能祝者，不可以爲祝，無害於爲尸"，莊本"害"上脱"無"字，蓋爲劉本所誤。

大本

故始於都者，常大於鄙。始於樂者，常大於悲。其作始簡者，其終本必調。

【念孫案】兩"大"字、一"本"字，皆義不可通。此文當作"故始於都者，常卒於鄙。始於樂者，常卒於悲。其作始簡者，其終卒必調"。《莊子·人間世》篇"且以巧鬭力者，始乎陽，常卒乎陰。以禮飲酒者，始乎治，常卒乎亂。凡事亦然，始乎諒，常卒乎鄙。其作始也簡，其將畢也必巨"，即《淮南》所本也。上文曰"故以巧鬭力者，始於陽，常卒於陰。以慧治國者，始於治，常卒於亂"，亦本《莊子》。今本上兩"卒"字作"大"，下一"卒"字作"本"者，隸書"卒"或作"卒"，"本"或作“夲”，二形相似，故“卒”誤爲“本”。《墨子・備高臨》篇：“足以勞卒，不足以害城。”《漢書・游俠傳》：“其陰賊著於心，卒發於睚眦。”今本“卒”字并誤作“本”。上兩“本”字又脱其下半，而爲“大”耳。

以相饗　反生鬬

今有美酒嘉肴以相饗，卑體婉辭以接之，欲以合歡，争盈爵之間反生鬬，鬬而相傷，三族結怨。

【念孫案】《文選・鮑照〈结客少年場行〉》注引此“以相饗”，“饗”上有“賓”字。“反生鬬”，“反”上有“乃”字，句法較爲完繕。

席之先雚蕈四句

席之先雚蕈，樽之上玄酒，各本“酒”作“樽”，因上“樽”字而誤。今據《藝文類聚》《太平御覽》引改。俎之先生魚，豆之先泰羹。

【念孫案】此本作“席之上先雚蕈，樽之上先玄酒，俎之上先生魚，豆之上先泰羹”，“席之上”三字連讀，“先雚蕈”三字連讀，下三句并同，後人不曉文義，而以意删之，或删“上”字，或删“先”字，斯爲謬矣。《藝文類聚・服飾部上》《太平御覽・服用部十》并引此“席之上先雚蕈，樽之上先玄酒”，《初學記・器物部》引此“豆之上，先太羹”，是其證。

衰其暑　大熱　質有之

大寒地坼水凝，火弗爲衰其暑。大熱爍石流金，火弗爲益其烈。寒暑之變，無損益於己，質有之也。

【引之曰】“火弗爲衰其暑”，“暑”當爲“熱”，“大熱爍石流金”，“熱”當爲“暑”，二字互誤。火可言熱，不可言暑，且“熱”與“烈”爲韻，若作“暑”，則失其韻矣。下文“寒暑”二字正承“大寒”“大暑”言之，若云“大寒”“大熱”，則又與下文不合矣。《太平御覽·火部二》引此，“熱”“暑”二字互誤，已與今本同。《文選·演連珠》注引此正作“火弗爲衰其熱，質有之也”，“之”當爲“定”，言火有一定之質，故不爲寒暑損益也。“定”字俗書作“㝎”，因誤而爲“之”，《御覽》引此已誤。

爾

自身以上至於荒芒，句。爾遠矣。自死而天地無窮，句。爾滔矣。高注：“滔，曼長也。”

【念孫案】兩“爾”字義不可通，劉本“爾”作“亦”是也。“介”字俗書作“尒”，與“亦”相似，“亦”誤爲“尒”，後人因改爲“爾”矣。《漢書·司馬相如傳》“兹亦於舜”，《後漢書·張衡傳》“亦要思乎故居”，今本“亦”并作“爾”，皆是“亦”誤爲“尒”，又改爲“爾”也。

累積其德

故中心常恬漠，累積其德。

【引之曰】“累積其德”當依《文子·符言》篇作“不累其

德”，“累”讀如“負累”之“累”，言中心恬漠，外物不能累其德也。下二句云：“狗吠而不驚，自信其情。”“自信其情”與“不累其德”文正相對。《吕氏春秋·有度》篇曰：“惡、欲、喜、怒、哀、樂，六者累德者也。”寫者脱去“不”字，校書者又誤讀“累”爲“積累”之“累”，因加“積”字耳。

《淮南内篇》第十五

兵略

大論

故至於攘天下，害百姓，肆一人之邪，而長海内之禍，此大論之所不取也。

【念孫案】"大"當爲"天"，字之誤也。"論"與"倫"同。《王制》："凡制五刑，必即天論。"鄭注："論，或爲倫。"《釋文》："論，音倫，理也。""倫""論"古多通用，莊本改"論"爲"倫"，未達假借之義。倫，道也，見《小雅·正月》篇毛傳、《論語·微子》篇包咸注。言爲天道之所不取也。《文子·上義》篇正作"天倫"。

其國

乃發號施令曰：《道藏》本無"曰"字，莊依劉本增"曰"字是也。《太平御覽》引此有"曰"字，《文子》同。其國之君，傲天侮鬼，決獄不辜，殺戮無罪。

【念孫案】"其"當爲"某"，字之誤也。《太平御覽·兵部二》引此正作"某國"，《司馬法·仁本》篇亦云："某國爲不道，征之。”

故不可得而觀

天圓而無端,故不可得而觀。地方而無垠,故莫能窺其門。

【念孫案】“不可得而觀”本作“不得觀其形”,後人以“形”與“端”韻不相協,故改爲“不可得而觀”也。不知元、耕二部,古或相通,《説文》“睘”從袁聲,而《唐風·杕杜》篇“獨行睘睘”,與“菁”“姓”爲韻。《齊風·還》篇“子之還兮”,與“閒”“肩”“儇”爲韻,而《漢書·地理志》引作“子之營兮”。《淮南·精神》篇曰:“以道爲紃,有待而然。抱其太清之本,而無所容與,而物無能營。”《齊俗》篇曰:“其歌樂而無轉,其哭哀而無聲。”《道應》篇曰:“爲三年之喪,令類不蕃。高辭卑讓,使民不争。”又,《莊子·大宗師》篇曰:“夫道有情有信,無爲無形,可傳而不可受,可得而不可見。”《逸周書·時訓》篇曰:“螻蟈不鳴,水潦淫漫。蚯蚓不出,嬖奪后命。王瓜不生,困於百姓。”《漢書·貢禹傳》曰:“何以孝弟爲?財多而光榮。何以禮義爲?史書而仕宦。何以謹慎爲?勇猛而臨官。”《外戚傳·悼李夫人賦》曰:“超兮西征,屑兮不見。”《太玄·進》次二曰:“進以中刑,大人獨見。”《聚·測》曰:“鬼神無靈,形不見也。燕聚嘻嘻,樂淫衍也。宗其高年,鬼待敬也。”《易林·姤之臨》曰:“禹召諸侯,會稽南山。執玉萬國,天下康寧。”《升之震》曰:“當變立權,擿解患難。涣然冰釋,大國以寧。”皆以元、耕二部通用。“形”字正與“端”爲韻也。人能觀天,而不能知其形,故曰“不得觀其形”,非謂“不可得而觀”也。《文子·自然》篇正作“故不得觀其形”。

極之

刑,兵之極也,至於無刑,可謂極之矣。

【念孫案】"刑"并與"形"同。"可謂極之矣"當作"可謂極之極矣"。形者,兵之極,至於無形,故曰"極之極"。《太平御覽》引此正作"可謂極之極矣"。鈔本如是,刻本作"可謂極矣",乃後人妄刪。

同欲相助

故同利相死,同情相成,同欲相助。

【念孫案】"同欲相助"當作"同欲相趨,趨,七句反,向也。同惡相助"。今本上句脱"相趨"二字,下句脱"同惡"二字。"同欲""同惡"相對爲文,且"利""死"爲韻,"情""成"爲韻,"欲""趨"爲韻,"惡""助"爲韻,"欲"與"助"則非韻矣。古韻"欲""趨"屬候部,"惡""助"屬御部,故"欲"與"助"非韻。《史記·吴王濞傳》:"同惡相助,同好相留,同情相成,同欲相趨,同利相死。"是其證。《文子·自然》篇作"同行者相助",此以意改耳,《吕氏春秋·察微》篇亦云"同惡固相助"。

兵交

未至兵交接刃而敵人奔亡。

【念孫案】"兵交"當爲"交兵",《文子·上義》篇正作"交兵接刃",下文亦云"不待交兵接刃"。

維枹綰

維枹綰而鼓之。

高注曰："綰，貫也。枹，係於臂，以擊鼓也。"【念孫案】"維枹綰而鼓之"，殊爲不詞。《一切經音義》二十引此作"綰枹而鼓之"，無"維"字是也。"枹"字本在"綰"字下，故高注先釋"綰"，後釋"枹"。因"枹"字誤在"綰"字上，後人又以高注言"枹係於臂"，因加"維"字耳。不知"綰"字已兼"維係"之義，無庸更言"維"也。

脱句

夫論除謹，動静時，吏卒辨，兵甲治，正行五，連什伯，明鼓旗，此尉之官也。前後"前後"上脱一字。知險易，見敵知難易，發斥不忘遺，此候之官也。隧路亟，行輜治，賦丈均，處軍輯，井竈通，此司空之官也。收藏於後，遷舍不離，無淫輿，無遺輜，此輿之官也。凡此五官之於將也，猶身之有股肱手足也。

【引之曰】下言五官，而上衹有四官，寫者脱其一也。"兵甲治"下當有"此司馬之官也"一句，自"論除謹"至"兵甲治"皆司馬之事，非尉之事，且句法亦與下不同。自"正行五"以下，乃是尉之事耳。司馬也、尉也、候也、司空也、輿也，所謂五官也。《左傳》成二年："晉軍有司馬、司空、輿帥、候正、亞旅。"襄十九年："晉軍有軍尉、司馬、司空、輿尉、候奄。"官名與此略同，而其數皆五，足以相證矣。《漢書·百官公卿表》："衛尉，秦官，諸屯衛、候、司馬皆屬焉。"《續漢書·百官志》："大將軍營五部，部校尉一人、軍司馬一人。部下有曲，曲有軍候一人。"《通典》"兵"類引："一説曰：凡立軍，二百人立候，四百人立司馬，八百人立尉。"

郯淮

昔者楚人地，南卷沅湘，北繞潁泗，西包巴蜀，東裹郯淮。

高注曰："巴蜀、郯淮，地名。"【念孫案】"郯淮"本作"郯邳"，注同。此後人妄改之也。淮乃水名，非地名，與高注不合。《太平御覽·州郡部十三》引此正作"郯邳"。沅、湘、潁、泗皆水名，巴、蜀、郯、邳皆地名。漢郯縣故城在今邳州東北，下邳故城在今邳州東，二縣相連，故并言之，《史記·楚世家》亦云"鄒費郯邳"。

山高尋雲谿肆無景

山高尋雲，谿肆無景。

【念孫案】《太平御覽》引作"山高尋雲霓，谿深肆無景"是也。"谿深"二字連讀，今本脱"深"字，則與上句不對。"肆無景"三字連讀，故高注云"肆，極也，極谿之深，不見景也"。若以"谿肆"連讀，則文不成義矣。《晉書·羊祜傳》"高山尋雲霓，深谷肆無景"，即用《淮南》語。

錐矢

疾如錐矢，合如雷電，解如風雨。

高注曰："錐，金鏃箭羽之矢也。"【引之曰】"錐"當爲"鍭"，注内"箭羽"當爲"翦羽"，皆字之誤也。《爾雅》："金鏃翦羽謂之鍭。"《説文》同。《方言》曰："箭，江淮之間謂之鍭。"《大雅·行葦》篇曰："四鍭既鈞。"《周官·司弓矢》曰："殺矢、鍭矢，用諸近射田獵。”《考工記·矢人》曰：“鍭矢參分，一在前，二在後。”隱元年《穀梁傳》曰：“聘弓鍭矢，不出竟埸。”“鍭”字亦作“猴”。《士喪禮記》曰：“猴矢一乘，骨鏃短衛。”是其明證矣。下文云“疾如鏃矢”，“鏃”亦“鍭”之誤。“侯”字隸書作“[illegible]”，“隹”字隸書作“[illegible]”，二形相似。“族”字隸書或作“[illegible]”，形與“侯”亦相似，故“鍭矢”之字，非誤爲“錐”，即誤爲“鏃”。《齊策》“疾如錐矢，戰如雷電，解如風雨”，文與此同，則“錐矢”亦是“鍭矢”之誤，高注以“錐矢”爲“小矢”，非也。《史記·蘇秦傳》又誤作“鋒矢”，《索隱》引《吕氏春秋·貴卒》篇“所爲貴錐矢者，爲其應聲而至”，今本《吕氏春秋》誤作“鏃矢”。《莊子·天下》篇“鏃矢之疾”，“鏃”亦“鍭”之誤，郭象音“族”，非也。《鶡冠子·世兵》篇“發如鏃矢”，“鏃”本或作“鍭”，亦當以作“鍭”者爲是。

大地

楚國之强，大地計衆，中分天下。

【念孫案】“大”當爲“支”，字之誤也。《氾論》篇云“度地計衆”，“度”與“支”皆計也，《大戴禮·保傅》篇“燕支地計衆，不與齊均”，盧辯曰：“支，猶計也。”《賈子·胎教》篇作“度地計衆”。

棘棗

伐棘棗而爲矜。

高注曰：“棘棗，酸棗也。矜，矛柄。”【念孫案】“棘棗”本作“樕棗”，注同。此亦後人妄改之也。《魏風·園有桃》傳云：“棘，棗也。”《説文》：“棘，小棗叢生者。”皆不訓爲“酸棗”。改“樕”爲“棘”，則與高注不合矣。《史記·司馬相如傳》“枇杷樕栜”,《索隱》:“徐廣曰:‘樕,棗也。而善反。’《説文》曰:‘樕,酸小棗也。’《淮南子》云:‘伐樕棗以爲矜。’”《索隱》引作“樕棗”,而“酸小棗”之訓又與高注合,則正文、注文皆作“樕棗”明矣。下句注云“撚矜以内鑽鑿”,“撚”即“樕”字之誤。

所以加　所勝

故文之所以加者淺,則勢之所勝者小。德之所施者博,則威之所制者廣。

【念孫案】上二句當作“故文之所加者淺,則勢之所服者小”,今本“加”上衍“以”字,“服”字又誤作“勝”。“服”“勝”左畔相似,又因上下文多“勝”字而誤。下言“威之所制者廣”,“威之所制”猶言“勢之所服”耳,“服”與“制”義相近,若作“勝”,則非其指矣。《漢書·刑法志》作“文之所加者深,則武之所服者大”,《文子·下德》篇作“文之所加者深,則權之所服者大”,皆其證。

者侔

德均則衆者勝寡,力敵則智者勝愚,者侔則有數者禽無數。

劉本改“者侔”爲“勢侔”,而莊本從之。【念孫案】劉改非也。“者”當爲“智”,字之誤也。“者”“智”下半相似,又因上下文“者”字而誤。“力敵”二字承“衆者勝寡”而言,言衆寡相等則智者勝愚也。“智侔”二字又承“智者勝愚”而言,言智相等則有數者禽無數也。劉改爲“勢侔”,則義與上句不相承,且與“力敵”相複矣。數,謂兵法也,《詮言》篇曰“慮不勝數,事不勝道”,故曰“智侔,則有數者禽無數”也,《文子・上禮》篇正作“智同則有數者禽無數”。

玄逐

神出而鬼行,星耀而玄逐,進退詘伸,不見朕埶。《玉篇》“埶,古文‘垠’字”。

【念孫案】“逐”當爲“運”。玄運,天運也。《後漢書・張衡傳》注引桓譚《新論》曰:“玄者,天也。”《釋名》曰:“天謂之玄。”言如星之耀,如天之運也。《覽冥》篇曰:“日行而月動,星耀而玄運,電奔而鬼騰,進退屈伸,不見朕垠。”是其明證也。“運”字古讀若“云”,《吕氏春秋・諭大》篇引《夏書》“天子之德廣運”,與“文”爲韻。《管子・形勢》篇“受辭者,名之運也”,與“尊”爲韻。《越語》“廣運百里”,韋注曰:“東西爲廣,南北爲運。”《西山經》“廣員百里”,廣員,即廣運。《墨子・非命上》篇“譬猶運鈞之上,而立朝夕者也”,《中》篇“運”作“員”。《莊子・天運》篇釋文曰:“天運,司馬作天員。”《管子・戒》篇“四時云下而萬物化”,“云”即“運”字。《説文》“鴆,一名運日”,劉逵《吴都賦》注作“雲日”。與“埶”爲韻,若作“逐”,則失其韻矣。

發如秋風疾如駭龍當以生擊死

發如秋風,疾如駭龍。當以生擊死,以盛乘衰,以疾掩遲,以飽制飢。

【念孫案】此本作“發如猋風,疾如駭電。以生擊死,以盛乘衰,以疾掩遲,以飽制飢”,今本“猋風”作“秋風”,字之誤也。俗書"猋"字作"㸔",形與"秋"相近。舊本《北堂書鈔·武功部六》引此作"炎風","炎"亦"猋"之誤。陳禹謨依俗本改爲"秋風"。"發如猋風",言其疾也。《漢書·韓長孺傳》:"匈奴,輕疾悍亟之兵也,至如猋風,去如收電。"顔師古曰:"猋,疾風也。"故《月令》"猋風暴雨總至",《吕氏春秋·孟春》篇作"疾風"。若作"秋風",則非其指矣。"疾如駭電",今本作"駭龍","龍"字涉上文"龍騰"而衍,"龍"下"當"字即"電"字之誤,後人誤以"當"字下屬爲句,"以生擊死"四句之上加一"當"字,則義不可通。故於"駭龍"之下妄加注釋耳。今本注云:"龍,魚也,飛之疾者也。"案,《海外西經》之"龍魚"不得謂之"駭龍",且與上句"猋風"不類,明是後人妄加此注,以附會"駭龍"二字之義,非高氏原文也。《楚辭·九嘆》"淩駕靁以軼駭電兮","駭電"與"猋風"事正相類,故以比用兵之神速。《管子·兵法》篇云"追亡逐遁若飄風,"飄"與"猋"同。《月令》"猋風",《淮南·時則》篇作"飄風"。《爾雅》"迴風爲飄",《月令》注作"回風爲猋"。《漢書·蒯通傳》:"飄至風起。"顔注:"飄讀曰猋。"擊刺若雷電",《吕氏春秋·决勝》篇云"若雷電飄風暴雨",《漢書》云"至如猋風,去如收電",義并與此同。舊本《北堂書鈔》引此正作"疾如駭電",無"龍當"二字。陳禹謨依俗本改爲"駭龍",又加"當"字。

不用達

若以水滅火,若以湯沃雪,何往而不遂?何之而不用達?劉績曰:"衍'用'字。"

親刃

故將以民爲體,而民以將爲心,心誠則支體親刃,心疑則支體撓北。

【念孫案】"親刃"二字,義不可通。劉本作"親力",義亦不可通。"刃"當爲"刅",寫者脱其半耳。《説文》:"刅,黏也。"引隱元年《左傳》"不義不刅",或作"刅"。今《左傳》作"暱"。親刅,即親暱也。"支體親暱",謂從心也。"支體撓北",謂不從心也。親暱之"暱",古音在職部,故與"北"爲韻。《小雅·菀柳》篇"無自暱焉",與"息""極"爲韻,是其證。

誠必

心不專一,則體不節勁。將不誠必,則卒不勇敢。

【念孫案】"誠必"與"專一"相對爲文,"勇敢"與"誠必"相因爲義。《管子·九守》篇曰:"用賞者貴誠,用刑者貴必。"《荀子·致士》篇曰:"人主之患,不在乎不言用賢,而在乎不誠必用賢。"《吕氏春秋·論威》篇曰:"又況乎萬乘之國而有所誠必乎?則何敵之有矣?"《賈子·道術》篇曰:"伏義誠必謂之節。"枚乘《七發》曰:"誠必不悔,決絶以諾。"是古書多以"誠必"連文。劉本"誠必"作"誠心",因上文"心誠"而誤,諸本與劉本同,唯《道藏》本作"誠必",莊不從《藏》本而從諸本,謬矣。

卻笠　發笱

硤路津關,大山名塞,龍蛇蟠,卻笠居,羊腸道,發笱門。

【念孫案】"卻笠居",《後漢書・杜篤傳》注引作"簦笠居"是也。"簦笠"與"龍蛇"相對爲文,謂山形偃覆如簦笠,故高注有"偃覆"之語。今本作"卻笠居",注云:"卻,偃覆也。笠,登。"《太平御覽》引同。案,"卻笠"二字,文不成義,訓"卻"爲"偃覆",亦義不可通,疑傳寫錯誤也。注内"登"字即"簦"字之誤,疑當作"偃覆如簦笠"。"發笱"二字於義無取,"發笱"當作"魚笱","羊腸""魚笱"相對爲文。高注:"發笱,竹笱,所以捕魚,其門可入而不得出。""發笱"二字亦因正文而衍。《太平御覽・兵部二》及《後漢書注》引此并作"魚笱門",《御覽》引注文亦無"發笱"二字。

擔擔

因其勞倦怠亂,飢渴凍暍,推其擔擔,擠其揭揭。

高注曰:"擔擔,欲卧也。揭揭,欲拔也。"【念孫案】《説文》《玉篇》《廣韻》《集韻》皆無"擔"字,"擔"當爲"搖",字之誤也。注同。"搖",古"搖"字也。《考工記》矢人"夾而搖之",《釋文》:"搖,本又作搖。"《漢書・天文志》:"元光中,天星盡搖。"注内"欲卧"當爲"欲仆",亦字之誤也。"搖搖"者,動而欲仆也,因其欲仆而推之,故曰"推其搖搖"。武王《户銘》曰"若風將至,必先搖搖",意與此相近也。《太平御覽・兵部二》引此正作"推其搖搖"。隸書"搖"字或作"搖",《漢書・司馬相如傳》:"消搖乎襄羊。"因誤而爲"擔"。《管子・白心》篇"夫不能自搖者,夫或擔之”,“揞”亦“搖”字之誤。蓋世人少見“揞”“搖”二字,故傳寫多差,而楊慎《古音餘》乃於“侵”韻收入“揞”字,引《淮南子》“推其揞揞,擠其揭揭”,不知其字,而以意爲之,斯爲謬矣。

設蔚施伏　敵人之兵

善用間諜,審錯規慮,設蔚施伏,隱匿其形,出於不意,敵人之兵,無所適備,此謂知權。

【念孫案】“設蔚施伏”當作“設施蔚伏”。高注“草木盛曰蔚”,伏兵於其中,故曰“蔚伏”。可言“設蔚伏”,不可言“設蔚”也。且“審錯規慮,設施蔚伏”相對爲文,若作“設蔚施伏”,則與上句不對。《太平御覽》引此已誤。下文云“設規慮,施蔚伏”是其明證矣。“敵人之兵,無所適備”,《太平御覽》引此,“敵人”上有“使”字,於義爲長。

得失

計定謀決,明於死生,舉錯得失,莫不振驚。

【念孫案】“失”當爲“時”,聲之誤也。《太平御覽》引此正作“舉錯得時”。

必勝之攻

故攻不待衝隆雲梯而城拔,戰不至交兵接刃而敵破,明於必勝之攻也。

【念孫案】“攻”當爲“數”，此涉上下文“攻”字而誤也。數，術也。《太平御覽》引此正作“必勝之數”。

持亂

静以合躁，治以持亂。

【念孫案】“持”當爲“待”，字之誤也。隸書“待”“持”二字相似。《公食大夫禮》“左人待載”，古文“待”爲“持”。《大戴禮・禮三本》篇“待年而食”，《荀子・禮論》篇作“持手而食”。待，猶禦也，言以治禦亂也。“待”與“禦”同義，説見《經義述聞・左傳》“待諸乎”下。作“持”則非其指矣。《孫子・軍争》篇：“以治待亂，以静待嘩。”即《淮南》所本。《文選・五等論》“以治待亂”，李善注引此文云“静以合躁，治以待亂”，尤其明證矣。

步鋗　趍曰何趍馳

人不及步鋗，車不及轉轂。

【引之曰】“鋗”字義不可通，“鋗”當作“趨”。隸書“趨”字作“趍”，見漢《武都太守李翕西狹頌》。與“鋗”相似而誤。《淮南》書中“趨”字多有作“趍”者，諸本多改作“趨”，唯《藏》本未改。故知“鋗”爲“趍”之誤。“人不及步趨”者，用兵神速，敵人不及走避也。“趨”字入聲，則音促，正與上下文之“木”“遬”“轂”“木”“角”“格”爲韻。

《説林》篇：“蘇秦步，曰何故。趍，曰何趍馳。”案，“馳”字非原文所有，蓋後人見字書、韻書“趍趙”之“趍”音“馳”，故旁記“馳”字，而寫者遂誤入正文也。不知此“趍”字七俱反。乃

“趨”之變體，與音“馳”之“趍”相似而實非也。步爲徐行，趨爲疾行，故先言“步”，後言“趨”，高注“步，徐行也”，正以别於下句之“趨”也。“步，曰何故”，“步”與“故”爲韻。“趨，曰何趨”，“趨”與“趨”爲韻。或曰當作“趍曰何馳”，今知不然者，“馳”乃馬疾行之名，人行不得言“馳”也。

開閉

風雨可障蔽，而寒暑不可開閉。

【念孫案】“開”當爲“關”。寒暑無所不入，故不可關閉，作“開”則義不可通矣。俗書“關”字作“閞”，“開”字作“開”，二形相似而誤。詳見《道應》篇“東開鴻濛之光”下。

腐荷之矰　獨射

夫栝淇衛箘簵，載以銀錫，雖有薄縞之幨，腐荷之矰，然猶不能獨射也。

今本注曰：“矰，猶矢也。”【念孫案】“腐荷之矰”，“矰”本作“櫓”。“不能獨射”，“射”本作“穿”。高注本作“櫓，大楯也”。《説文》及《儒行》注、襄十年《左傳注》并同。“楯”本作“盾”。此言栝淇衛箘簵而載之以銀錫，則雖薄縞之幨、腐荷之盾，亦不能穿。下文曰“若假之筋角之力、各本脱“若”字，今據舊本《北堂書鈔》及《藝文類聚》《太平御覽》引補。弓弩之勢，則貫兕甲而徑於革盾矣”，正與此相反也。《氾論》篇曰：“隆衝以攻，渠幨以守。”高彼注曰：“幨，幰也，所以禦矢也。”韋昭注《吴語》曰：“渠，楯也。”“幨”與“盾”皆所以禦五兵，故彼言“渠幨以守”，此言“薄縞之幨”。“腐荷之櫓”猶不能穿，《齊策》云“攻城之費，百姓理襜蔽，舉衝櫓”，“襜”與“幨”同。若“矰”，則非其類矣，且腐荷之櫓不能穿，謂矢不能穿櫓也。今本作“腐荷之矰”，“矰”即是矢，則其義不可通矣，後人不知“矰”爲“櫓”之誤，乃改“不能獨穿”爲“不能獨射”，以牽合“矰”字，又改高注之“櫓，大楯也”爲“矰，猶矢也”，以牽合正文，甚矣其謬也。舊本《北堂書鈔·武功部十三》引此正作“腐荷之櫓”。陳禹謨依俗本改“櫓”爲“矰”，下“不能獨穿”同。《太平御覽·兵部八十八》“楯”下引此同，又引高注云“櫓，大楯也”。又，今本“不能獨射”，舊本《北堂書鈔》及《藝文類聚·軍器部》、《太平御覽·兵部》七十八、八十八、《珍寶部十一》并引作“不能獨穿”，今據以訂正。

不外其爪　噬不見齒

夫飛鳥之摯也俛其首，猛獸之攫也匿其爪，虎豹不外其爪而噬不見齒。

【念孫案】“虎豹不外其爪”與上句“匿其爪”相複，“爪”當作“牙”，此即涉上句“爪”字而誤。“噬不見齒”，若仍指虎豹言之，則又與“不外其牙”相複，當作“噬犬不見其齒”，與上句相對爲文。今本脱去“犬”字、“其”字，舊本《北堂書鈔·武功部四》引此正作“虎豹不外其牙，噬犬不見其齒”，陳禹謨依俗本改爲“虎豹不外其爪而噬不見齒”。《太平御覽·兵部二》同。

民

兵之所以强者,民也。

【念孫案】《文子·上義》篇作"兵之所以强者,必死也",於義爲長。下句"民之所以必死者,義也",即承此句言之。上文曰"百人之必死,賢於萬人之必北。是兵之所以强者,必死也",今本作"兵之所以强者,民也","民"字疑涉下句而誤。

上親下

上視下如子,則必王四海。下視上如父,則必正天下。上親下如弟,則不難爲之死,下視上如兄,則不難爲之亡。

【念孫案】"上親下如弟","親"亦當爲"視",字之誤也,上文正作"上視下如弟"。

矢射　以共安危

合戰必立矢射之所及,以共安危也。

【念孫案】"矢射"當爲"矢石",聲之誤也。《太平御覽·兵部十三》引此已誤。《意林》引此正作"矢石",劉晝《新論·兵術》篇同。上文云"所以程寒暑""所以齊勞佚""所以同飢渴",則此"以共安危"上亦當有"所"字。

二積

主之所求於民者二,求民爲之勞也,欲民爲之死也。民之所望於主者三，飢者能食之，勞者能息之，有功者能德之。民以與"已"同。償其二積，而上失其三望，國雖大，人雖衆，兵猶且弱也。

【念孫案】"二積"當爲"二責"，此因上文諸"積"字而誤。"二責"，謂爲主勞、爲主死，故曰"主之所求於民者二"。求，猶責也。《太平御覽·兵部十二》引此正作"責"。

敦六博

彈琴瑟，聲鍾竽，敦六博，投高壺。

高注曰："敦者，致也。"【念孫案】古無訓"敦"爲"致"者，六博言致，亦於義無取。今案，"敦六博，投高壺"，"敦"亦"投"也，"敦"音都回反。《邶風·北門》篇"王事敦我"，鄭箋曰："敦，猶投擲也。"是"敦"與"投"同義。"投"，謂投箸也。《楚辭·招魂》注曰"投六箸，行六棋，故爲六博"是也。

負兵

便國不負兵，爲主不顧身，見難不畏死，決疑不辟罪。

高注曰："負，程。"【念孫案】"負"與"程"義不相近，"負"當爲"員"，草書之誤也。《太平御覽·兵部四》引此已誤。《説山》篇云："春至旦，不中員程。"《漢書·尹翁歸傳》云："責以員程。"是"員"與"程"同義，"員"爲"程式"之"程"，又爲"程量"之"程"。《儒行》曰："鷙蟲攫搏不程勇者，引重鼎不程其力。"鄭注曰："程，猶量也。"搏猛引重，不量勇力堪之與否也。此言"便國不員兵"，亦謂不程量其兵之衆寡，故高注訓"員"爲

“程”也。

至於

是謂至於窈窈冥冥，孰知其情。

【念孫案】“於”當爲“旍”，古書“旌”字或作“旍”，形與“於”相近，因誤爲“於”。《續漢書·天文志》“會稽海賊曾旍等千餘人”，今本“旍”誤作“於”。“旌”“冥”“情”三字爲韻，“旌”與“精”同。《主術》篇曰：“故至精之像，窈窈冥冥，不知爲之者誰而功自成。”《老子》曰：“窈兮冥兮，其中有精。”《莊子·在宥》篇曰：“至道之精，窈窈冥冥。”皆其證也。《列子·説符》篇“東方有人焉，曰爰旌目”，《後漢書·張衡傳》注引作“爰精目”，漢《濟陰太守孟郁修堯廟碑》“師工旌密”，即“精密”，是“精”與“旌”古字通。

奇正賌

明於奇正賌、陰陽、刑德、五行、望氣、候星、龜策、禨祥。

陳氏觀樓曰：“‘正’字後人所加，‘奇賌’以下皆二字連讀，上文云‘明於刑德、奇賌之數’，高注‘奇賌，陰陽奇祕之要’，是其證。《説文》作‘奇侅’，《史記·倉公傳》作‘奇咳’，《漢書·藝文志》作‘奇胲’，并字異而義同。”

社稷之命在將軍卽今國有難願請子將而應之

凡國有難，君自宮召將，詔之曰：“社稷之命在將軍卽，今國有難,願請子將而應之。”

【念孫案】“卽”當爲“身”,“在將軍身”爲句,“今國有難”爲句。隸書“身”字或作“身”,與“卽”字左半相似,因誤而爲“卽”。“願請子將而應之”,“請”字涉下文“還請”而衍,《藝文類聚·武部》、《太平御覽·兵部》五、七十一、《儀式部一》引此并作“社稷之命,在將軍身,今國有難,願子將而應之”,是其證。

亦以

臣既以受制於前矣,“以”與“已”同。鼓旗斧鉞之威,臣無還請,願君亦以垂一言之命於臣也。

【念孫案】“亦以垂一言之命”,“以”當爲“無”,今作“以”者,涉上文“既以”而誤。軍不可從中御,故曰“臣無還請,君亦無垂一言之命於臣”,兩“無”字相因爲義,今本下“無”字作“以”,則義不可通,《太平御覽·兵部五》引此正作“無”。

國之實

進不求名,退不避罪,唯民是保,利合於主,國之實也,上將之道也。

【念孫案】“實”當爲“寶”,字之誤也。《孫子·地形》篇:“故進不求名,退不避罪,唯民是保,而利合於主,國之寶也。”此即《淮南》所本。今作“國之實”,則義不可通矣,且“寶”與“保”“道”爲韻,若作“實”,則失其韻矣。上下文皆用韻。

《淮南内篇》第十六

説山

魂曰無有何得而聞也　吾聞得之矣

魄問於魂曰："道何以爲體?"曰："以無有爲體。"魄曰："無有,有形乎?"魂曰："無有,何得而聞也?"魂曰："吾直有所遇之耳。"

【念孫案】"何得而聞也"上本有"魄曰無有"四字。魄問魂曰"無有,何得而聞也",故魂答曰"吾直有所遇之耳",今本脱此四字,則義不可通。此因兩"魄曰無有"相亂,而脱其一。《藝文類聚·靈異部下》《太平御覽·妖異部一》所引并有此四字。又下文"魄曰'吾聞得之矣'","聞"字涉上文而衍。

小學

人不小學,不大迷。不小慧,不大愚。

【念孫案】"學"當爲"覺",字之誤也。"小覺"與"大迷"相對,"小慧"與"大愚"相對,今作"小學",則非其指矣,《文子·上德》篇正作"不小覺,不大迷"。又案,高注本作"小覺不能通道,故大迷也”,今本作“小學不博,不能通道”者,“覺”誤爲“學”,後人因加“不博”二字也。下注云“小慧不能通物,故大愚也”,與此相對爲文,則此注原無“不博”二字明矣。

千歲之鯉不能避　引輴者爲之止也

詹公之釣,千歲之鯉不能避。曾子攀柩車,引輴者爲之止也。老母行歌而動申喜,精之至也。

【念孫案】“千歲之鯉不能避”本作“得千歲之鯉”,高注“故得千歲之鯉也”是其證。今本作“千歲之鯉不能避”者,句首脱去“得”字,則文不成義,後人不解其故,遂於句末加“不能避”三字耳。《初學記·鱗介部》《太平御覽·資産部十四》《鱗介部八》引此并作“詹公之釣,千歲之鯉”,則所見本已脱“得”字,但尚無“不能避”三字。《埤雅》云:“詹何之釣,千歲之鯉不能避。”則所見本已有此三字矣。下文“引輴者爲之止”下又衍“也”字,因下文“精之至也”而衍。此文以“鯉”“止”“喜”三字爲韻,如今本則失其韻矣。

聽雷者聾

視日者眩,聽雷者聾。

【念孫案】人視日則眩,聽雷則未必聾也,《玉篇》:“聣,女江切,《淮南子》曰‘聽雷者聣’,注云:‘耳中聣聣然。’《埤蒼》云:‘耳中聲也。’”《廣韻》與《埤蒼》同。據此,則古本作“聽雷者聣”,今本“聣”作“聾”,而無“耳中聣聣”之注,則後人以意删改之耳。

不能有

爲者,不能有也。不能無爲者,不能有爲也。

【念孫案】"不能有也"本作"不能無爲也"。下文"不能無爲者"即承此句而申言之。高注云"好憎情欲,不能恬淡静漠,故曰不能無爲也",是其明證矣。今本作"不能有"者,涉下文"不能有爲"而誤,《文子·精誠》篇正作"爲者,不能無爲也"。

有言者 載無 之神者

人無言而神,有言者則傷。無言而神者載無,有言則傷其神句。之神者,今本此下有高注云:"道賤有言而多反有言,故曰'傷其神'。"鼻之所以息,耳之所以聽,终以其無用者爲用矣。

【念孫案】"無言而神""有言則傷"相對爲文,"有言"下不當有"者"字。此因上下文"者"字而誤衍也。下文"有言則傷其神","有言"下亦無"者"字。"無言而神者載無","無"下當有"也"字。上文云"人無爲則治,有爲則傷。無爲而治者,載無也",皆與此文同一例。

陳氏觀樓曰:"'有言則傷其神'絶句,高注"故曰'傷其神'",是以"神"字絶句。'之神者'三字乃起下之詞,不連上句讀。之,此也,言此神者,'鼻之所以息,耳之所以聽'也。高注'道賤有言'云云,本在'有言則傷其神'之下,後人誤以'則傷其神之神者'作一句讀,而移高注於'之神者'之下,則上下文皆不可讀矣。"【念孫案】《文子》作"有言則傷其神之神者",今本"有"字誤在"傷"字下,又脱"其"字。已誤讀《淮南》之文,後人移高注於"之神者"之下，即爲《文子》所惑也。

不可使長

鸚鵡能言而不可使長，長，竹丈反。高注："長，主也。"是何則？得其所言，而不得其所以言。

【念孫案】"不可使長"，"長"下當有"言"字，高注曰"不知所以長言"，下注又曰"不能自爲長主之言"，則有"言"字明矣。脱去"言"字，則文不成義。《藝文類聚·鳥部中》《太平御覽·羽族部十一》引此皆有"言"字。

一淵不兩蛟下脱文

故末不可以强於本，指不可以大於臂。下輕上重，其覆必易。一淵不兩蛟。

【念孫案】"一淵不兩蛟"即承上文言之，以明物不兩大之意，而語勢未了，其下必有脱文。《太平御覽·鱗介部二》引此，"一淵不兩蛟"下有"一栖不兩雄，《韓子·揚榷》篇曰："毋弛而弓，一栖兩雄。"一則定，兩則争"，凡十一字，又引高注云"以日月不得并明，一國不可兩君也"，上文"一淵不兩蛟"下引"鮫魚之長，其皮有珠"云云，與今本高注同，則此所引亦是高注。今本皆脱，當據補。《文子·上德》篇亦云："一淵不兩蛟，一雌不二雄，一即定，兩即争。"

子見子夏　見之

子見子夏曰："何肥也？"魏文侯見之反被裘而負芻也。

【念孫案】“子見子夏”當作“曾子見子夏”，事見《韓子·喻老》篇。“魏文侯見之反被裘而負芻也”當作“魏文侯之見反被裘而負芻也”，自“陳成子恒之劫子淵捷也”以下皆與此文同一例。魏文侯事見《新序·雜事》篇。

死市

拘囹圄者，以日爲修。當死市者，以日爲短。

【念孫案】“死市”本作“市死”。《初學記·政理部》《太平御覽·刑法部八》引此并作“市死”，《釋名》亦云“市死曰棄市”。

不用劍

夫至巧不用劍。

高注曰：“巧在心手，故不用劍。”【引之曰】“至巧不用劍”本作“至巧不用鉤繩”。高注同。《原道》篇曰：“規矩不能方員，鉤繩不能曲直。”《莊子·駢拇》篇曰：“待鉤繩規矩而正者，是削其性也。”又見下。《齊俗》篇曰：“規矩鉤繩者，此巧之具也，而非所以爲巧也。”即此所云“至巧不用鉤繩”也。《太平御覽·工藝部九》引《齊俗》篇注云“巧存於心也”，今《齊俗》篇脱此注。即此注所云“巧在心手，故不用鉤繩也”。然則今本正文及注内兩“劍”字皆“鉤”字之誤，而“鉤”下又脱“繩”字明矣。又案，《御覽》引此亦作“至巧不用劍”，而引高注則云“巧在心手，故不用劍繩”。然則《御覽》所引本作“鉤繩”，而今本作“劍”者，又後人據誤本《淮南》改之也。

誕者

申徒狄負石自沈於淵，而溺者不可以爲抗。弦高誕而存鄭，誕者不可以爲常。

【念孫案】"誕"下不當有"者"字，此涉上文"溺者"而誤，高注曰"誕，非正也，故曰不可以爲常"，則無"者"字明矣。《泰族》篇："弦高誕而存鄭，誕不可以爲常。"亦無"者"字。

千年之松

千年之松，下有伏苓，今本"伏"作"茯"，乃後人所改。《吕氏春秋·精通》篇注引此正作"伏"，《説林》篇"伏苓抇，兔絲死"，字亦作"伏"，今據改。上有兔絲，上有叢蓍，下有伏龜。

【念孫案】"千年之松"四字後人所加也，此言聖人從外知内，以見知隱，故上有兔絲，則知下有伏苓。以下二句例之，則此當云"上有兔絲，下有伏苓"，今云"下有伏苓，上有兔絲"者，變文協韻耳。上有叢蓍，則知下有伏龜。兔絲在伏苓之上，故曰"上有兔絲"，非謂在松之上也。伏苓在兔絲之下，故曰"下有伏苓"，亦非謂在松之下也。若云"千年之松，下有伏苓，上有兔絲"，則是以上下爲松之上下矣。然則"上有叢蓍，下有伏龜"又作何解乎？高注云"伏苓，千歲松脂也，兔絲生其上而無根"，此謂松脂入地，千年爲伏苓，《博物志》引《神仙傳》曰："松脂入地，千年化爲伏苓。"非謂"千年之松，下有伏苓"也，且注云"兔絲生其上"，"其"字指伏苓而言，不指松言，則正文内本無"千年之松"四字明矣。《吕氏春秋·精通》篇注、《太平御覽·藥部六》《嘉祐本草補注》《埤雅》引此皆無"千年之松"四字，《史記·續龜策傳》引"《傳》曰：下有伏靈，上有兔絲"，亦無"千年松"之語。

周之所存　身所以亡

大夫種知所以强越，而不知所以存身。萇弘知周之所存，而不知身所以亡。

【念孫案】下二句"存"上脱"以"字，"身"下脱"之"字。

修其歲

升之不能大於石也，升在石之中。夜之不能修其歲也，夜在歲之中。仁義之不能大於道德也，仁義在道德之包。

【念孫案】"修其歲"亦當作"修於歲"。

故國有賢君折衝萬里

水濁而魚噞，形勞則神亂，故國有賢君，折衝萬里。

【念孫案】"故國有賢君"二句與上意絶不相屬，蓋錯簡也。案，上文云"山有猛獸，林木爲之不斬。園有螯蟲，藜藿爲之不采"，此云"故國有賢君，折衝萬里"，"故"字正承彼文而言。"賢君"當作"賢臣"，謂國有賢臣，則敵國不敢加兵，亦猶山之有猛獸，園之有螯蟲也。《鹽鐵論·崇禮》篇："故《春秋傳》曰'山有虎豹，葵藿爲之不采。國有賢士，邊境爲之不割'。"《漢書·蓋寬饒傳》："臣聞山有猛獸，藜藿爲之不采。國有忠臣，奸邪爲之不起。"義并與此同。且"采"與"里"爲韻,今本下二句誤在此處,則既失其義,而又失其韻矣。且"賢臣"作"賢君"亦與上文取譬之義不合,高注有"賢君德不可伐"之語,恐是後人依已誤之正文改之也。觀注内引魏文侯禮下段干木而秦不敢伐之事,則本作"賢臣"明矣。《晏子春秋·雜》篇曰:"夫不出於尊俎之間,而知衝千里之外,其晏子之謂也。""知"與"折"同,後人不曉"知"字之義,而删去"衝"字,又於"晏子之謂也"下增"可謂折衝矣"五字,大謬,辯見《晏子》。《吕氏春秋·召類》篇曰:"夫修之於廟堂之上,而折衝乎千里之外者,其司城子罕之謂乎?"是凡曰"折衝千里"者,多指賢臣言之,且"國有賢臣"與"山有猛獸"云云同意,故《鹽鐵論》以虎豹喻賢士,而《漢書》亦以猛獸喻忠臣也。《文子·上德》篇:"山有猛獸,林木爲之不斬。園有螫蟲,葵藿爲之不采。國有賢臣,折衝千里。"皆用《淮南》之文,則此二句本在上文"山有猛獸"云云之下,而"賢君"本作"賢臣"明矣。又案,"萬里"亦當依《文子》作"千里",敵國之遠可言千里,不可言萬里也,據高注云"折衝車於千里之外",則正文本作"千里"明矣。

鈎

人不愛江漢之珠,而愛己之鈎。

高注曰:"鈎,釣也。"【念孫案】正文"鈎"字本作"釣",注本作"釣,鈎也"。"釣"爲"釣魚"之"釣",又爲"鈎"之别名,故必須訓釋,若"鈎"字,則不須訓釋矣。古多謂"鈎"爲"釣",故《廣雅》亦云"釣,鈎也"。下文云"操釣上山,揭斧入淵",《説林》篇云"一目之羅,不可以得鳥。無餌之釣,不可以得魚",以上兩"釣"字,高氏皆無注者,注已見於此也,然則此注本作"釣,鈎也"

明矣。《鬼谷子·摩》篇云："如操鈞而臨深淵。"東方朔《七諫》云："以直針而爲釣兮，又何魚之能得。"皆其明證矣。《道藏》本作"愛己之鉤"，注作"鉤，釣也"，此因正文"釣"誤爲"鉤"，後人遂顛倒注文以就之耳。劉績不得其解，又改高注爲"鉤，釣鉤也"，以曲爲附會，而舊本之蹤迹遂不可尋矣。諸本及莊本同。淺學人但知"釣"爲"釣魚"之"釣"，而不知其又爲"鉤"之别名，故書傳中"釣"字多改爲"鉤"，詳見《莊子》"鉤餌"下。

擁柱

使養由其射之，始調弓矯矢，未發而蝯擁柱號矣。

【念孫案】"擁柱"當爲"擁樹"，聲之誤也。《文選·幽通賦》注引此作"抱樹"，《太平御覽·兵部八十一》引作"擁樹"。

食草

故食草之獸不疾易藪，水居之蟲不疾易水。

【念孫案】"食草"本作"草食"，"草食"與"水居"相對爲文，寫者誤倒耳，《太平御覽·蟲豸部一》引此正作"草食"，《莊子·田子方》篇同。

禮而失禮

信有非禮而失禮。

【念孫案】當作"信有非而禮有失"，下文"此信之非""此禮之失"，皆承此句言之，今本"而禮"二字誤倒，又脱一"有"

字，衍一“禮”字，遂致文不成義。

不可慮

事或不可前規，物或不可慮。

【念孫案】“物或不可慮”，文義未明，且與上句不對。《文子·上德》篇：“事或不可前規，物或不可豫慮。”賈誼《鵩鳥賦》：“天不可豫慮兮，道不可豫謀。”即用《淮南》之文，今本蓋脱“豫”字。

既掭以犞

髡屯犁牛，既掭以犞，決鼻而羈，生子而犧，尸祝齊戒，以沈諸河。

高注曰：“掭無角，犞無尾。”【念孫案】《説文》《玉篇》《廣韻》《集韻》皆無“掭”“犞”二字，“掭”“犞”當爲“科”“橢”。橢，他果反。後人從牛作“犐”“犠”，傳寫者又誤爲“掭”“犞”耳。隸書“隋”字或作“隋”，又作“隋”，形與“脩”相似，故“橢”從隋聲，而誤爲“犞”。漢《司隸校尉楊涣石門頌》“更隨圍谷”，“隨”字作“随”。《武都太守李翕析里橋郙閣頌》“人物俱隋”，“隋”字作“隋”，皆其證也。又，《淮南·地形》篇“其人隋形兑上”，今本“隋”訛作“脩”。《史記·趙世家》“脩下而馮”，徐廣曰：“脩，或作隋。”《李斯傳》“隨俗雅化”，徐廣曰：“隨俗，一作脩使。”皆以隸書“隋”“脩”相亂，遂致傳寫異文。“科”與“橢”皆秃貌也，“秃”“橢”一聲之轉，《脩務》篇云：“甕瓴盆盂，其方員鋭橢不同。”“橢”與“鋭”相對，是“橢”爲秃也。《墨子·脩身》篇：“華髮隳顛，而猶弗舍。”“隳”與“橢”同，“隳顛”謂秃頂也。故高注云“科無角，橢無尾”，其實無角亦可謂之橢。《吕氏春秋·至忠》篇：“荆莊哀王獵於雲夢，射隨兕。”“隨”與“橢”同，《齊俗》篇“窺面於盤水則員，於杯則隨”，“隨”即“橢”字。《説苑·立節》篇作“射科雉”，“雉”與“兕”同，《集韻》：“兕，或作雉。”《史記·齊世家》：“蒼兕，蒼兕。”徐廣曰：“本或作‘蒼雉’。”《管蔡世家》“曹惠伯兕”，《十二諸侯年表》“兕”作“雉”。“隨兕”“科雉”皆謂兕之無角者也。《太玄·窮》次四“土不和，木科橢”，范望曰：“科橢，枝葉不布。”《集韻》引宋惟幹説云：“科橢，木首杌也。”義與此“科橢”相近。“橢”字，《集韻》又音“徒禾切”，故《太玄》與“和”爲韻，此與“羈”“犧”“河”爲韻，“羈”古讀若“歌”，下文“遺人馬而解其羈”，與“艤”“多”爲韻。“艤”讀若“俄”，“犧”古讀若“訶”。《魯頌·閟宫》篇“享以騂犧”，與“宜”“多”爲韻。“宜”亦讀若“俄”。今誤作“觿”，則失其韻矣。

寒顫

故寒顫，懼者亦顫，此同名而異實。

【念孫案】“寒”下亦當有“者”字，上文“狂者東走，逐者亦東走”，與此文同一例。

必先始於

欲學歌謳者，必先徵羽樂風。欲美和者，必先始於《陽阿》《采菱》。

【念孫案】下“必先”二字，因上“必先”而衍，“始於”與“必先”相對爲文，不當更有“必先”二字。《北堂書鈔·樂部一》《藝文類聚·樂部一》《太平御覽·樂部三》引此并作“始於

《陽阿》《采菱》"，無"必先"二字。

甑瓾

弊箄甑瓾，[1]各本"箅"誤作"箄"，辯見《齊俗》"弊箄"下。在旃茵之上，各本"旃"誤作"袡"，《太平御覽》引作"旃"，今據改。"旃"與"氈"同。茵，褥也，《原道》篇曰"席旃茵，傅旄象"是也。雖貪者不搏。

高注曰："瓾，甑帶。瓾，讀'鼃黽'之黽也。"【念孫案】《說文》《玉篇》《廣韻》《集韻》《類篇》皆無"瓾"字，"瓾"當作"㼥"，字之誤也。《說文》："窐，甑空也。""空"與"孔"通。《玉篇》："䵷，或作'㼥'，亦作'窐'，胡圭、古畦二切。甑下空也。"《楚辭・哀時命》"璋珪雜於甑窐兮"，"璋珪"與"甑窐"美惡相縣，故以爲喻。此云"弊箅甑㼥，在旃茵之上，雖貪者不搏"，亦爲其惡也。見下文。"㼥"字不得音"黽"，注當作"㼥，讀鼃黽之鼃"。"㼥""鼃"皆從圭聲，故讀"㼥"如"鼃"。《太平御覽・器物部二》引此已誤作"瓾"，洪興祖《楚辭補注》所引與《御覽》同，唯注內音"鼃"尚不誤。楊慎《古音餘》於"梗"韻收入"瓾"字，引高注"瓾，讀鼃黽之黽"，則爲俗本所惑也。

縱之其所而已

爲魚德者，非挈而入淵。爲蝯賜者，非負而緣木，縱之其所而已。

【念孫案】"縱之其所而已"，"所"下當有"利"字。淵者魚

---

① "箄"，據注文當作"箅"。

之所利，木者蝯之所利，故曰"縱之其所利而已"。高注"故曰'縱之其利而已'也"，"利"上當有"所"字，各本正文脱"利"字，《困學紀聞》引此已誤。而注文"利"字尚存，莊本又改"利"字爲"所"字，則并注文亦無"利"字矣。《文子・上德》篇作"縱之所利而已"，與高注"利"字合，則正文原有"利"字明矣。

予車轂

郢人有買屋棟者，求大三圍之木，而人予車轂。

【念孫案】《意林》及《太平御覽・居處部十五》引此，"予"下并有"之"字，於義爲長。

大相去之遠

視方寸於牛，不知其大於羊。總視其體，乃知其大相去之遠。

【念孫案】"乃知其大"，"大"字因上文而衍。"乃知其相去之遠"文義甚明，句中不當有"大"字。

謾他

媒但者，非學謾他，但成而生不信。立懂者，非學鬭争，懂立而生不讓。

【念孫案】"但"與"誕"同，故高注曰"但，猶詐也"。"他"與"詑"同。謾詑，詐欺也。《説文》："謾，欺也。"又曰："沇州謂欺曰詑。"《玉篇》"湯何""達可"二切。《急就篇》"謾訑首匿愁勿聊”，顔師古曰：“謾訑，巧黠不實也。”或謂之訑謾。《楚辭·九章》“或訑謾而不疑”，“詑”“訑”“他”字異而義同，《燕策》：“燕王謂蘇代曰：‘寡人甚不喜訑者言也。’蘇代對曰：‘周地賤媒，爲其兩譽也。之男家曰女美，之女家曰男富。’”故曰“媒但者，非學謾他，但成而生不信也”。“謾他”與“鬬争”相對爲文，各本“謾他”并誤作“謾也”，或又於“鬬争”下加“也”字，以與“謾也”相對，其謬滋甚，惟《道藏》本不誤。莊刻仍依各本作“謾也”，又於“鬬争”下加“也”字，故特辯之。

一人

三人比肩，不能外出户。一人相隨，可以通天下。

【念孫案】一人不得言相隨，“一人”當作“二人”。二人不并行，則可以通天下，故高注云“言不并也”。

棄荏席後黴黑

文公棄荏席，後黴黑，咎犯辭歸。

高注曰：“晉文公棄其臥席之下黴黑者，咎犯感其捐舊物，因辭歸。”【引之曰】高讀“棄荏席後黴黑”爲一句，非也。“棄荏席”爲句，“後黴黑”爲句。謂於衽席則棄之，於人之黴黑者則後之也。《韓子·外儲説左》篇云：“文公反國至河，令籩豆捐之，席蓐捐之，手足胼胝、面目黧黑者後之。咎犯聞之，再拜而辭。”是其證。《説苑·復恩》篇同。

桑葉

故桑葉落而長年悲也。

【念孫案】"桑葉"當爲"木葉"。長年見木落而悲，不當專指桑葉言之。庾信《枯樹賦》引此正作"木葉"，《文選·蜀都賦》注、《文賦》注、《太平御覽·人事部一百二十九》所引并與《枯樹賦》同。

鼎錯

鼎錯日用而不足貴，周鼎不爨而不可賤。

高注曰："錯，小鼎。"【引之曰】古無謂小鼎爲"錯"者，"錯"當爲"鏏"，"鏏"字本在"鼎"字上，鏏鼎，小鼎也。言小鼎雖日用而不足貴，周鼎雖不爨而不可賤也。《説文》曰："鏏，鼎也。《廣雅》同。讀若彗。"《説林》篇："水火相憎，鏏在其間，五味以和。"彼注云："鏏，小鼎。"正與此注相同，則"錯"爲"鏏"之誤明矣。鏏，小貌也。小鼎謂之鏏，小棺謂之槥，小星貌謂之嘒，其義一也。

知其且赦　所利害

或曰知其且赦也而多殺人，或曰知其且赦也而多活人，其望赦同，所利害異。

【念孫案】兩"知其且赦也"，"其"皆當爲"天"。"天"字或作"兲"，"其"字或作"亓"，二形相似而誤。知天且赦而多殺人，若漢桓帝時"河内張成善説風角，推占當赦，遂教子殺人"

是也。《意林》引此作“或知天將赦而多殺人,或知天將赦而多活人”,《太平御覽·刑法部十八》引作“或曰知天且赦也而殺人,或曰知天且赦也而活人”,是其證。“其望赦同,所利害異”,“所”上亦當有“其”字,《御覽》引此正作“其所利害異”。

徑天高

朱儒問徑天高於修人。

【念孫案】“天高”上不當有“徑”字,蓋衍文也。《意林》及《太平御覽·人事部十八》引此皆無“徑”字。

《淮南内篇》第十七

説林

舟桅

遽契其舟桅。

高注曰："桅，船弦板。"弦"與"舷"同。桅，讀如《左傳》'襄王出居鄭地氾'之氾也。"【念孫案】"桅"與"氾"聲不相近，遍考書傳，亦無謂船舷板爲"桅"者。"桅"當爲"⿰木范"，"⿰木范"與"氾"同聲，故讀從之。"⿰木范"字本作"舧"。《廣雅》曰："舧謂之舷。"，謂船兩邊也。《集韻》《類篇》并云："舧，或作⿰木范。""⿰木范"字草書作"[illegible]"，因譌爲"桅"矣。楊慎《古音餘》於"陷"韻收入"桅"字，引《淮南子》"遽契其舟桅"，音氾，則爲俗本所惑也。

足以蹍

足以蹍者淺矣，然待所不蹍而後行。智所知者褊矣，然待所不知而後明。

【念孫案】"足以蹍"，"以"亦當爲"所"，《文子·上德》篇作“足所踐”，是其證。

鵻禮

月照天下而蝕於詹諸，騰蛇游霧而殆於蝍蛆，烏力勝日而服於鵻禮。

【引之曰】“禮”當爲“札”，“札”譌爲“礼”，後人因改爲“禮”耳。《廣雅》：“札，甲也。”今本“札”譌作“禮”，《莊子·人間世》篇“名也者，相札也”，崔譔曰：“札，或作禮。”《埤雅》引此作“鵻禮”，則所見本已誤。《廣雅》曰：“車搖，焦札也。”鈔本《太平御覽》引《廣雅》作“鷦礼”，刻本作“鵻禮”，亦是鈔本譌“札”爲“礼”，刻本又改爲“禮”也。今本《廣雅》作“鷦杔”，“杔”亦“札”之譌。“鷦”“鵻”二字，往往相亂。《説文》曰：“鵻，祝鳩也。”昭十七年《左傳》注則云：“祝鳩，鷦鳩也。”然則《淮南》之“鵻札”，即《廣雅》之“鷦札”也。此六句以“諸”“蛆”爲韻，“日”“札”爲韻，成十六年《左傳》“七札之札”，徐邈音“側乙反”，正與“日”字相協。若作“禮”，則失其韻矣。

内爲之掘

是故所重者在外，則内爲之掘。

高注曰：“掘律，氣不安祥。”陳氏觀樓曰：“‘掘’即‘拙’字也。《莊子·達生》篇作‘凡外重者内拙’，是其證。《史記·貨殖傳》‘田農掘業’，徐廣曰：‘古拙字亦作掘。’”

戴致之

均之縞也，一端以爲冠，一端以爲絑，冠則戴致之，絑則蹍履之。

【念孫案】“戴致”二字，義不相屬，“致”當爲“攱”，字之誤也。“致”字俗書或作“致”，與“攱”相似而誤。《時則》篇注“格，攱也”，劉本誤作“致”。《廣韻》：“攱，攱戴物也。”攱，亦戴也。蹍，亦履也。“攱”之言“攱閣”也。《廣雅》曰：“攱、閣，載也。”又曰：“載、閣，攱也。”“載”與“戴”古字通。《文子·上德》篇作“冠則戴枝之”，《爾雅》曰：“支，載也。”“支”“枝”與“攱”亦聲近而義同。《太平御覽·布帛部六》引此無“致”“蹍”二字，此以意删，不可從。

泛杭

設鼠者機動，釣魚者泛杭。

高注曰：“泛釣浮杭動，動則得魚。”《太平御覽·獸部二十三》引此，“杭”作“抗”。【念孫案】“杭”“抗”二字義與“動”皆不相近，字當爲“扤”。“扤”誤爲“抗”，又誤爲“杭”耳。《説文》：“扤，動也。”《小雅·正月》篇“天之扤我”，《毛傳》曰：“扤，動也。”《考工記·輪人》“則是以大扤”，鄭注曰：“扤，摇動貌。”司馬相如《上林賦》曰“楊翠葉，扤紫莖”，“扤”字亦作“抈”。《晉語》“故不可抈也”，韋注曰：“抈，動也。”“設鼠者機動，釣魚者泛扤”，扤，亦動也，機動則得鼠，泛動則得魚，故高注云“扤動，動則得魚也”。

蘭芝　芝若

蘭芝以芳，未嘗見霜。

【念孫案】“芝”當爲“芷”，字本作“茝”，即今之白芷也。隸書“止”與“之”相亂，因誤而爲“芝”。古人言香草者，必稱蘭芷，芝非香草，不當與蘭并稱。古人所謂“芝”者，祇是木上所生。《内則》“人君燕食有芝栭”，盧植曰：“芝，木芝也。”庾蔚曰：“無華葉而生者曰芝栭。”與《神農經》所稱“五色神芝”者不同，然《神農經》亦但稱“五色神芝爲聖王休祥”，而不以爲香草也。凡諸書中言“蘭芝”、言“芝蘭”者，皆是“芷”字之誤。《廣雅·釋天》“天子祭以鬯，諸侯以薰，大夫以茝蘭”，《周官·鬱人》疏引《王度記》作“芝蘭”。《荀子·宥坐》篇“芷蘭生於深林，非以無人而不芳”，《説苑·雜言》篇作“芝蘭”。《説苑·雜言》篇“如入蘭芷之室，久而不聞其香”，《家語·六本》篇作“芝蘭”。皆字形相近而誤，其他可以類推。《太平御覽·天部十四》引此已誤作“蘭芝”，《文子·上德》篇正作“蘭芷”。又，下文“蘭芝欲修，而秋風敗之”，“芝”亦“芷”之誤。又，《修務》篇“佩玉環，揄步，“步”上脱一字，説見《修務》。雜芝若”，高注曰：“雜佩芝若香草。”案，“芝”亦“芷”之誤。司馬相如《子虚賦》“衡蘭芷若”，張揖曰：“芷，白芷也。若，杜若也。”故注云“雜佩芷若香草”，若“芝”則非其類矣。《賈子·勸學》篇正作“雜芷若”，《列子·周穆王》篇同。

但　氐

使但吹竽，使氐厭竅，雖中節而不可聽。

高注曰：“但，古不知吹人。‘但’讀燕言‘鉏’同也。”【念孫案】高讀與燕言“鉏”同，則其字當從且，不當從旦。《説文》：“伹，拙也。從人、且聲。”《玉篇》“七閭、祥閭二切”，引《廣雅》云“伹，鈍也”。今本《廣雅》“伹”誤作“但”，辯見《廣雅疏證》。《廣韻》：“伹，拙人也。”意與高注“不知吹人”相近。又，高注“讀燕言‘鉏’同”與《説文》“從人、且聲”及《玉篇》“七閭、祥閭”二音并相近，若然，則“但”爲“伹”之誤也。“使氐厭竅”，“氐”當爲“工”。隸書“工”字或作“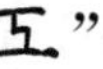”，“氐”字或作“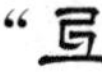”，二形相似，故“工”誤爲“氐”。《大戴禮·帝繫》篇“青陽降居江水”，今本“江”誤作“泜”，是其例也。“厭”與“擪”同。《説文》：“擪，一指按也。”《玉篇》“烏協切”。《泰族》篇曰：“所以貴扁鵲者，貴其擪息脈血，知病之所從生也。”《韓子·外儲説右》篇曰：“田連、成竅，天下善鼓瑟者也。然而田連鼓上，成竅擫下，而不能成曲，共故也。”《楚辭·九辯》“自壓按而學誦”，“壓”一作“厭”。“擪”“擫”“壓”“厭”并字異而義同。言使不善吹者吹竽，而使樂工爲之按竅，音雖中節，而不可聽也。《文子·上德》篇作“使工捻竅”，“捻”與“厭”同義。《文選·笙賦》“厭焉乃揚”，李善曰：“厭，猶捻也。”則“氐”爲“工”之誤明矣。

自藜藿

爲客治飯而自藜藿，名尊於實。

【念孫案】“自藜藿”本作“自食藜藿”，今本脱“食”字，則文義不明。舊本《北堂書鈔·酒食部三》出“爲客治飯，自食藜藿”八字，注云“《淮南子》云‘爲客治飯而自食藜藿，名尊於實也’”，陳禹謨本“食”字誤在“藜藿”下。《太平御覽·飲食部八》引同。

蔏苗

蔏苗類絮而不可以爲絮。各本脱“以”字，今據下文及《太平御覽》引補。曆不類布而可以爲布。

今本注曰：“蔏苗，荻秀，楚人謂之蔏。蔏，讀‘敵戰’之敵。幽、冀謂之荻苕也。”【念孫案】“蔏”本作“薍”，注同。故注讀如“敵戰”之“敵”。注内“荻秀”本作“藋秀”，“楚人謂之蔏”本作“楚人謂之薍苗”。“薍”與“荻”同。《玉篇》：“薍，徒歷切，藋也。或作‘荻’。”“薍苗”者，荻之穗也。苗，音他六、徒歷二反，字從由，不從田。荻華如絮而不温，故曰“類絮而不可以爲絮”。荻，或謂之藋。《廣雅》曰：“薍，藋也。”《齊民要術》引陸機《毛詩疏》曰：“亂，或謂之荻，至秋堅成，即謂之藋。”是“藋”“薍”一物也，其穗則謂之薍苗，故注云“薍苗，藋秀，楚人謂之薍苗”。《玉篇》“苗”音“他六、徒歷二切”，“苗”與“苕”一聲之轉，故幽、冀謂之荻苕也。《豳風·鴟鴞》傳曰：“荼，藋苕也。”正義曰：“謂亂之秀穗也。”藋苕，即荻苕。荻苕，猶薍苗耳。《太平御覽·布帛部六》《百卉部七》引此并作“薍苗類絮而不可以爲絮”，又引高注“薍苗，藋秀也”。今本“薍”字皆誤作“蔏”，《説文》：“蔏，艸也。從艸、商聲。”《玉篇》“舒羊切”，引字書“蔏陸，蓫募也”，音、義與此迥異。注内“楚人謂之薍”下又脱“苗”字，注言“楚人謂藋秀爲薍苗”，脱去“苗”字，則義不可通。《太平御覽》引此已誤。“藋秀”又改爲“荻秀”，而不知“荻”即“薍”字也。莊本改“蔏”爲“蔐”，而又不知《説文》《玉篇》《廣韻》《集韻》之皆無“蔐”字也。

醯酸不慕蜹蜹慕於醯酸

羊肉不慕螘，螘慕於羊肉，羊肉羶也。醯酸不慕蜹，蜹慕於醯酸。

【念孫案】下三句當作“醯不慕蜹，蜹慕於醯，句。醯酸也”，與上三句相對爲文。① 今本“醯不慕蜹”句内衍一“酸”字，“醯酸也”句内又脱“醯”字、“也”字，則文不成義。《太平御覽·蟲豸部二》引此已誤，唯“也”字未脱。

可以灌四頃

十頃之陂可以灌四十頃，而一頃之陂，可以灌四頃，大小之衰然。

【念孫案】“可以灌四頃”當作“不可以灌四頃”。此言以十頃之陂可以灌四十頃例之，則一頃之陂亦可以灌四頃，然而不可以灌四頃者，十頃大而一頃小，大則所灌者多，小則所灌者少，故曰“大小之衰然”也。下文云“百梅足以爲百人酸，一梅不足以爲一人和”，意與此同。今本脱去“不”字，則失其義矣。

遠望尋常之外

明月之光可以遠望，而不可以細書。甚霧之朝，可以細書，而不可以遠望尋常之外。

---

① “上三句”，底本作“下三句”，據《萬有文庫》本改。

莊云:"《太平御覽》《天部十五》。作'不可以望尋常之外',無'遠'字爲是。"【念孫案】莊説是也。"遠"字即因上文"遠望"而衍,舊本《北堂書鈔·天部二》引此亦無"遠"字。

來乍

虎豹之文來射,蝯狖之捷來乍。

高注曰:"乍,暫疾。以其操捷,來使人疾擊而取之。""操"當爲"躁",各本脱"人"字,今據上句注補。【念孫案】《繆稱》篇作"猨狖之捷來措",高注"措,刺也"。"措"與"乍"古同聲而通用,當以彼注爲是。

戰兵死

戰兵死之鬼憎神巫。

【念孫案】"戰"字後人所加。古人所謂兵者,多指五兵而言。"兵死",謂死於兵也。《曲禮》曰:"死寇曰兵。"《釋名》曰:"戰死曰兵。言死爲兵所傷也。"《周官·冢人》曰"凡死於兵者,不入兆域"皆是也。後人謂戰士爲兵,故妄加"戰"字耳。"兵死之鬼憎神巫,盗賊之輩醜吠狗"二句相對爲文,加一"戰"字,則文不成義,且與下句不對,據高注云"兵死之鬼,善行病人",則無"戰"字明矣。《説文》:"兵死及牛馬之血爲粦。"《論衡·偶會》篇:"軍功之侯,必斬兵死之頭。"

目不可以瞥　耳不可以察

鱉無耳,而目不可以瞥,精於明也。瞽無目,而耳不可以察，精於聰也。

高注曰："不可以瞥，瞥之則見也。不可以察，察之則聞也。"【引之曰】正文、注文皆義不可通。正文當作"鱉無耳，而目不可以弊，精於明也。瞽無目，而耳不可以塞，精於聰也"，注當作"不可以弊，視之則見也。不可以塞，聽之則聞也"。"弊"與"蔽"通，《主術》篇"聰明光而不弊，耳目達而不闇"，《秦策》"南陽之弊幽"，高注："弊，隱也。"《齊語》"使海於有蔽"，《管子・小匡》篇作"弊"。是"蔽""弊"古字通。今作"瞥"者，涉上文"目"字而誤。《太平御覽・鱗介部三》引此已誤。塞，猶蔽也，鄭注《郊特牲》曰："管氏樹塞門，塞，猶蔽也。"作"察"者，亦字之誤，後人不知其誤，故妄改注文以從之耳。《文子・上德》篇正作"鱉無耳，而目不可以蔽，精於明也。瞽無目，而耳不可以蔽，精於聰也"。

未嘗適亡適

當凍而不死者，不失其適。當暑而不暍者，不亡其適，高注："亡，亦失也。"未嘗適，亡適。

【引之曰】"未嘗適亡適"當作"未嘗不適亡適"。上言"不亡其適"，乃"亡失"之"亡"，此言"亡適"，乃"遺忘"之"忘"。"忘"字古通作"亡"。《要略》曰："齊景公獵射亡歸。"《韓子・難二》曰："晉文公慕於齊女而亡歸。"《齊策》曰："老婦已亡矣。"《趙策》曰："秦之欲伐韓梁，東窺於周室甚，惟寐亡之。"并與"忘"同。《荀子・勸學》篇"怠慢忘身，禍災乃作"，《大戴禮》"忘"作"亡"。《吕氏春秋・權勳》篇"是忘荆國之社稷而不恤吾衆也"，《淮南・人間》篇"忘"作"亡"。言人心有所謂適，則有所謂不適。當凍而不死，當暑而不暍者，能不失其適矣，而猶未忘乎其爲適也。若隨所往而未嘗不適者，則忘乎其爲適矣。《莊子・達生》篇曰"忘足,屨之適也。忘要,帶之適也。知忘是非,心之適也。不内變,不外從,事會之適也。始乎適而未嘗不適者,忘適之適也",郭象注:"識適者,猶未適也。"此即《淮南》所本。高解"未嘗不適亡適"云"亡,無。言不涷不暍,何適之有",未達正文之意,然據此,則正文本作"未嘗不適",而今本脱"不"字明矣。

二十二日

蠶食而不飲,二十二日而化。

【念孫案】"二十二"當爲"三十二",《爾雅翼》引此已誤。盧辯注《大戴禮・易本命》篇及《太平御覽・資産部五》《蟲豸部一》并引作"三十二日"。

弗掘無泉

槁竹有火,弗鑽不爇。與"然"同。土中有水,弗掘無泉。

【念孫案】"弗掘無泉"本作"弗掘不出"。謂不掘則泉不出,非謂無泉也。後人改"不出"爲"無泉"者,取其與"爇"字爲韻耳。不知此四句以"火"與"水"隔句爲韻,"火"古讀若"毁",説見《唐韻正》。而"鑽"與"爇","掘"與"出",則於句中各自爲韻,若云"弗掘無泉",則反失其韻矣。《太平御覽・火部二》引此已誤。且泉即水也,既云"土中有水",則不得又言"無泉"矣。《文子・上德》篇正作"土中有水,不掘不出"。

以飯死

有以飯死者，而禁天下之食，則悖矣。

【念孫案】《太平御覽·疾病部四》"噎"下引此，"飯"作"噎"是也。"噎"通作"饐"，因誤而爲"飯"。《吕氏春秋·蕩兵》篇："夫有以饐死者，欲禁天下之食，悖。"即《淮南》所本也。今俗語猶云"因噎廢食"，若云"以飯死"，則文不成義。

罧者 罜者

釣者静之，罧者扣舟，罩者抑之，罜者舉之。

高注曰："罧者，以柴積水中以取魚。扣，擊也。魚聞擊舟聲，藏柴下，壅而取之。罧讀沙糝。今兖州人積柴水中捕魚爲罧，幽州人名之爲涔也。"【念孫案】《説文》《玉篇》《廣韻》《集韻》皆無"罧"字，"罧"當爲"罧"，字之誤也。注同。《説文》："罧，積柴水中以養魚。從网、林聲。"《字林》"山沁反"，見《毛詩》《爾雅》釋文。故高注云"罧讀沙糝"也。《太平御覽·飲食部八》引《通俗文》曰"沙入飯曰糝"。《周頌·潛》篇"潛有多魚"，《毛傳》曰："潛，糝也。"《爾雅》："糝謂之涔。"孫炎曰："積柴養魚曰糝。""糝"與"罧"同，兖州謂之罧，幽州謂之涔，方俗語有輕重耳。"罜"非取魚之具，《意林》《埤雅》及《初學記·武部》《太平御覽·資産部十四》引此并作"罾者舉之"是也。罩者，下罩而得魚，故言抑。罾者，舉罩而得魚，故言舉。

或謂簦下脱文

或謂冢,或謂隴;或謂笠,或謂簦。頭虱與空木之瑟,名同實異也。

【念孫案】“或謂簦”下當有“名異實同也”五字,言“冢”與“隴”、“笠”與“簦”名異而實同。“隴”本作“壠”。《方言》:“冢,秦晉之間或謂之壠。”《廣雅》:“簦,謂之笠。”若“頭虱”與“空木之瑟”,則名同而實異也。

爲其不出户而堁之也

蒙塵而眯,固其理也,爲其不出户而堁之也。

高注曰:“爲不出户而塵堁眯之,非其道。”【引之曰】如高注,則正文“爲其不出户而堁之”下當有“非其道”三字,而寫者脱之也。道,亦理也。“固其理也”“非其道也”相對爲文。爲,猶謂也。“爲”字古與“謂”同義,説見《釋詞》。蓋出户而後蒙塵,蒙塵而後眯,若謂不出户而堁之,則無是理也。今本無“非其道”三字,則文不成義,且與上文不對矣。又,“道”與“理”爲韻,《恒》彖傳“久於其道也”,與“已”“始”爲韻。《月令》“毋變天之道”,與“理”“紀”爲韻。《管子·心術》篇“心處其道”,與“理”爲韻。《正》篇“臣德咸道”,與“紀”“理”“止”“子”爲韻。若無此三字,則失其韻矣。下文“雖欲養之,非其道”亦與“酒”爲韻。

羹藿　爲車者　陶者　狹廬

屠者羹藿,爲車者步行,陶者用缺盆,匠人處狹廬。

【念孫案】“羹藿”本作“藿羹”，“藿羹”與“步行”相對爲文。諸書多言“藿羹”，無言“羹藿”者，此寫者誤倒也。“爲車者步行”本作“車者步行”。古者，百工各以其事爲名，故《考工記》曰：“攻木之工，輪輿弓廬匠車梓。”此言“車者”，猶《考工記》言“車人”也。後人誤以“車”爲“車馬”之“車”，故又加“爲”字耳。“陶者”本作“陶人”，與“匠人”相對爲文，今本“人”作“者”，因上二句而誤。“盧”與“廬”同，《荀子·富國》篇“若盧屋妾”，即廬屋。《孟子》“屋廬子”，《廣韻》作“屋盧子”。《道藏》本、劉本并作“盧”，莊改“盧”爲“廬”，未達假借之義。《太平御覽·器物部三》引此正作“屠者藿羹，車者步行，陶人用缺盆，匠人處狹盧”。《意林》引作“屠者食藿羹，爲車者多步行，陶人用缺盆，匠人處狹盧”，“食”字、“爲”字、“多”字皆馬總以意加之，①餘與《御覽》同。

提提者射

昒昒者獲，提提者射，故大白若辱，大德若不足。

高注曰：“昒昒，明，爲衆所見，故獲。提提，安，言譬若鳥不飛、獸不走、提提安時，故爲人所射。”【念孫案】注訓“提提”爲“安”，雖本《爾雅》，然非此所謂“提提”也。昒昒、提提，皆明也，語之轉耳。“提”與“題”同。《説文》：“題，音“提”。顯也。”顯，亦明也。《莊子·養生主》篇曰：“爲善無近名，爲惡無近刑。”《管子·白心》篇曰：“爲善乎，毋提提。爲不善乎，將陷於刑。”是“提提”爲“明”也。“昒昒者獲，提提者射”，即

① “馬總”下脱“以”字，據同治本補。

《莊子》《山木》篇。所謂"飾知以驚愚，修身以明污，昭昭乎如揭日月而行，故不免者也"，故下文即云"大白若辱，大德若不足"。若訓"提提"爲"安"，則既與上句不類，又與下文不屬矣。

至陵

褰衣涉水，至陵而不知下，未可以應變。

【念孫案】"陵"當爲"陸"，字之誤也。"陸"與"水"相對，作"陵"則非其指矣。《意林》引此正作"陸"。

絲衣帛

人性便絲衣帛，或射之，則被鎧甲，爲其所不便，以得所便。

陳氏觀樓曰："'便絲衣帛'當作'便衣絲帛'，'衣絲帛'與'被鎧甲'相對，《文子·上德》篇作'衣綿帛'。"

或惡爲故

布之新不如紵，紵之弊不如布。或善爲新，或惡爲故。

【念孫案】"或惡爲故"本作"或善爲故"。言紵善爲新，布善爲故也。今本作"或惡爲故"者，後人不曉文義而妄改之耳。《太平御覽·布帛部七》引此正作"或善爲故"。

譏

䩉輔在頰則好，在顙則醜。綉以爲裳則宜，以爲冠則譏。

高注曰："譏，人譏非之也。"【念孫案】"譏"本作"議"，高注本作"議，人譏非之也"。今本"議"皆作"譏"者，後人以"議"與"宜"韻不相協而改之，因并改高注耳。不知"宜"字古讀若"俄"，説見《唐韻正》。與"譏"字不相協，而"議"字古亦讀若"俄"，《小雅·北山》篇"或出入風議"，與"爲"爲韻。"爲"古讀若"譌"。《淮南·俶真》篇"立而不議"，與"和"爲韻。《詮言》篇"行有迹則議"，與"訶"爲韻。《史記·太史公自序》"王人是議"，與"禾"爲韻。與"宜"字正相協也。《太平御覽·布帛部二》引此正作"以爲冠則議"，《詮言》篇云："行有迹則議。"又其一證也。

少自其質

石生而堅，蘭生而芳，少自其質，長而愈明。

【念孫案】"少自其質"，"自"當依劉本作"有"，字之誤也。《文子·上德》篇作"少而有之，長而逾明"。

大旱

再生者不穫，華大旱者不胥時而落。

陳氏觀樓曰："'大'與'太'同。'旱'當爲'早'，字之誤也。再生者不穫，以其不及時也。華太早者先落，以其先時也。《文子·上德》篇作'華太早者，不須霜而落'。"

自然之勢

疾雷破石，陰陽相薄。

今本注曰："自然之勢。"【念孫案】"自然之勢"四字乃是正文，非注文。言疾雷破石，此陰陽相薄，自然之勢也。《太平御覽・火部二》引此，四字在正文內，是其證。

吟於巷　精相往來也

行者思於道，而居者夢於牀，慈母吟於巷，適子懷於荆。

今本注曰："精相往來也。"【念孫案】"巷"當爲"燕"，字之誤也。"道"與"牀"相對，"燕"與"荆"相對，今本"燕"作"巷"，則非其指矣。"精相往來也"五字，乃是正文，非注文。《吕氏春秋・精通》篇："身在乎秦，所親愛在於齊，死而志氣不安，精或往來也。"高彼注曰："《淮南》記曰'慈母在於燕，適子念於荆'，言精相往來也。"《太平御覽・人事部十九》："《淮南子》曰：適子懷於燕，慈母吟於荆，情相往來也。"詞雖小異而字皆作"燕"，且"精相往來"句皆與上二句連引。

聖人行於水衆人行於霜

聖人行於水，衆人行於霜。

【念孙案】此本作"聖人行於水，無迹也。衆人行於霜，有迹也"。今本脱"無迹也""有迹也"六字，則文義不明。《文選・洛神賦》注引此作"聖足行於水，無迹也。衆生行於霜，有迹也"。《太平御覽・天部十四》引此作"聖人行於水無迹，衆人行於霜有迹",是其證。據高注云"水有形而不可毁,故聖人行之無迹",則正文本有"無迹也"三字明矣。下注當云"霜雪有形而可毁,故衆人行之有迹",今本云"霜雪履有迹,故衆人行之也",則後人依已誤之正文改之耳。

批伉

故解捽者,不在於捌格,在於批伉。

高注曰:"批,擊。伉,推。"劉本"伉"作"伔"。諸本及莊本同。【引之曰】"伉"與"伔"皆"抌"字之誤也。隸書"冘"字或作"冗","亢"字或作"冗",二形相似,故"抌"字右邊或誤爲"冗",或誤爲"亢"。其左邊"手"旁又誤爲"人"旁,故《藏》本作"伉",劉本作"伔"也。《列子》"攩拯挨抌",《釋文》:"抌,一本作抗。"此"冘"誤爲"亢"之證也。俗書"沈"字作"沉",此"冘"誤爲"冗"之證也。注内"推"字當爲"椎"。《方言》曰:"拯、抌,椎也。郭璞曰:"抌,都感反,亦音甚。"今本《方言》"椎"字亦誤作"推"。《一切經音義》卷四、卷八所引并作"椎",今據改。南楚凡相椎搏曰拯,或曰攩。"《列子·黄帝》篇曰:"攩拯挨抌。"《説文》"椎,擊也","搥,反手擊也","抌,深擊也"。"搥"與"批"同,故高注云"批,擊。抌,椎"矣。或謂《史記·孫子傳》"夫解雜亂紛糾者不控捲,救鬬者不搏撠。批亢擣虚,形格勢禁,則自爲解耳",語意略與此同,此言"批伉",即《史記》之"批亢"。今知不然者,《史記》"批亢擣虚"是謂"批其亢,擣其虚",《日知録》曰:"亢,與《劉敬傳》'搤其肮'之'肮'同,謂喉嚨也。"此文"捌格""批抌",皆兩字平列,則與《史記》異義,且高注訓"抌"爲"椎",則非"伉"字明矣。

志遠

蹠巨者志遠，體大者節疏。

【念孫案】蹠者，足也。“足大”與“志遠”義不相通，“志”當爲“走”。言足大者，舉步必遠也，《氾論》篇曰“體大者節疏，蹠距者舉遠”，是其證。隸書“走”“志”相似，故“走”誤爲“志”。

賊心㤀

狂者傷人，莫之怨也。嬰兒詈老，莫之疾也。賊心㤀。

高注曰：“賊，害。”陳氏觀樓曰：“‘㤀’字當爲‘亡也’二字之訛。亡，無也。言狂者與嬰兒皆無賊害之心，故人莫之怨也。《意林》引此作‘無心也’，蓋脱‘賊’字。”

《淮南内篇》第十八

人間

智　曉自然以爲智知存亡之樞機禍福之門户

居智所謂，謂，猶爲也。下文曰："國危不能安，患結不能解，何謂貴智？"僖五年《左傳》曰："一之謂甚，其可再乎？"《大戴禮・少閒》篇曰："何謂其不同也？"《韓詩外傳》曰："王欲用女，何謂辭之？"《列女傳・仁智傳》曰："知此謂誰？"《新序・雜事》篇曰："何謂至於此也？"《漢書・文帝紀》曰："是謂本末者，[①]無以異也。"以上諸"謂"字，并與"爲"同義。又，《莊子・讓王》篇"其何窮之爲"，《吕氏春秋・慎人》篇"爲"作"謂"。《吕氏春秋・精諭》篇"胡爲不可"，《淮南・道應》篇"爲"作"謂"。《漢書・高帝紀》"酈食其爲里監門"，《史記》"爲"作"謂"，皆語之轉耳。劉本依《文子》改"謂"作"爲"，而諸本從之，蓋未通古義也。行智所之，事智所秉，動智所由。

【念孫案】四"智"字并讀爲"知"，"智"字古有二音二義：一爲"智慧"之"智"，一爲"知識"之"知"。説見《管子・法法》篇"不智"下。劉本依《文子・微明》篇改"智"爲"知"，[②]而諸本多從之，莊本

---

① "末"，底本作"未"，據同治本改。
② "本"，底本作"木"，據同治本改。

同。蓋未達假借之義也。又，下文："曉自然以爲智，知存亡之樞機、禍福之門户，舉而用之，陷溺於難者，不可勝計也。"案，"然"字當在"曉"字下，"智"即"知"字也，不當更有"知"字。"曉然自以爲智存亡之樞機、禍福之門户"十六字連讀，後人不識古字，而讀"曉然自以爲智"絶句，故又加"知"字以聯屬下文耳。今本"然"字又誤在"自"字下，則更不可讀矣。

病疽將死

孫叔敖病疽將死，謂其子曰。

【念孫案】此事又見《列子·説符》篇、《吕氏春秋·異寶》篇，皆不言孫叔敖病疽死，"病疽將死"當作"病且死"。《史記·滑稽傳》"孫叔敖病且死，屬其子曰"，《賈子·胎教》篇"史鰌病且死，謂其子曰"，文義并與此同。《列子》《吕氏春秋》作"孫叔敖疾將死"，將，亦且也。今作"病疽將死"者，"且"字因與"病"字相連而誤爲"疽"，後人以下文"謂其子曰"云云，乃未死以前之事，故於"死"上加"將"字，而不知"疽"爲"且"之誤也。

吾則死矣

吾則死矣，王必封女。

【念孫案】"吾則死"下本無"矣"字，此後人不曉"則"字之義，而妄加之也。則，猶若也。言吾若死，王必封女也。《列子》《吕氏春秋》并作"爲我死"，爲，亦若也。"爲"字古與"若"同義，《管子·戒》篇："管仲寢疾，桓公往問之。管仲曰：'夫江黄之國近於楚,爲臣死乎,君必歸之楚而寄之。'"是也。若我死,猶言吾若死。吾若死,猶言吾則死也。古者"則"與"若"同義。《三年問》曰:"今是大鳥獸,則失喪其群匹,越月逾時焉,則必反巡。"言若失喪其群匹也。《荀子·議兵》篇曰:"大寇則至,使之持危城則必畔,遇敵處戰則必北。"言大寇若至也。《趙策》曰:"彼則肆然而爲帝,過而遂正於天下,則連有赴東海而死矣。"言彼若爲帝而正於天下也。《史記·魯仲連傳》"彼則"作"彼即",即,亦若也。説見下。《燕策》:"太子丹謂荆軻曰:'誠得劫秦王,使悉反諸侯之侵地,則大善矣。則不可,因而刺殺之。'"言若不可也。《韓詩外傳》曰:"臣之里有夫死三日而嫁者,有終身不嫁者,則自爲娶,將何娶焉。"言若自爲娶也。《史記·項羽紀》"項王謂曹咎等曰'謹守成皋,則漢欲挑戰,慎勿與戰'",《漢書·項籍傳》作"即漢欲挑戰","則"與"即"古字通,而同訓爲"若",《漢書·西南夷傳》注:"即,猶若也。"故《史記·高祖紀》作"若漢挑戰"也。襄二十七年《公羊傳》:"甯殖病將死,謂喜曰:'我即死,女能固内公乎?'"《賈子·胎教》篇:"史鰌病且死,謂其子曰:'我即死,治喪於北堂。'"《史記·孔子世家》:"季桓子病,顧謂其嗣康子曰:'我即死,若必相魯。'"彼言"我即死",此言"吾則死",皆謂"吾若死"也。"吾若死"之下加一"矣"字,則文不成義矣。

而受沙石　之間有寢丘者　确石

女必讓肥饒之地,而受沙石此下有脱文。之間有寢丘者,其地确石而名醜。荆人鬼,越人禨,人莫之利也。

【引之曰】"受沙石"下有脱文,此當作"女必讓肥饒之地,而受沙石之地，楚越之間有有寑之丘者，其地确而名醜”云云。今本“沙石”下脱“之地”二字，“之間”上又脱“楚越”二字，“有有寑之丘者”又脱一“有”字及“之”字，“确”下又衍“石”字。下文云“孫叔敖請沙石之地”，則此當作“受沙石之地”明矣。《列子》云“楚越之間有寑丘者”，《吕氏春秋》云“楚越之間有有寑之丘者”，則此亦當作“楚越之間”，故下文云“荆人鬼，越人禨”也。“有有寑之丘者”，今本作“有寑丘者”，涉注文而誤也。注但言“寑丘者”，詳言之則曰“有寑之丘”，略言之則曰“寑丘”，故《列子》作“寑丘”，而《吕氏春秋》作“有寑之丘”。今本亦脱“有”字，唯“之”字未脱。下文云“其子請有寑之丘”，又云“孫叔敖請有寑之丘”，則此亦當作“有寑之丘”明矣。“地确”，謂瘠薄之地，《墨子·親士》篇曰“墝埆者，其地不育”是也。“墝埆”與“磽确”同。不專指石而言，且“地确”“名醜”相對爲文，“确”下尤不當有“石”字，此因上文“沙石”而誤衍耳。

楚國之俗功臣二世而爵禄

楚國之俗，功臣二世而爵禄，唯孫叔敖獨存。

【引之曰】“俗”當爲“法”，隸書“去”“谷”二字相似，隸書“去”字或作“厺”，形與“谷”相似，故從“去”之字或誤爲“谷”。《廣雅》“渡，去也”，“去”誤爲“谷”。“袪，開也”，“袪”誤爲“裕”，皆其類也。《列子·説符》篇“白公遂死於浴室”，《吕氏春秋·精諭》篇作“法室”，亦以相似而誤。“法”誤爲“浴”，後人因改爲“俗”耳。此謂楚國之法如是，非謂其俗也。“功臣二世而爵禄”文不成義，當有脱誤，《韓子·喻老》篇作“楚邦之法，禄臣再世而收地，唯孫叔敖獨在”。

兵横行天下

兵横行天下而無所綣，威服四方而無所絀。

【念孫案】“兵行天下”“威服四方”相對爲文，“横”字蓋後人所加。

憤然

孔子讀《易》至《損》《益》，未嘗不憤然而嘆。

【念孫案】“憤然”非嘆貌，“憤”當爲“喟”，“喟”與“喟”同。“喟”誤爲“嘖”，隸書“賁”字或作“賁”，形與“貴”相近，故從貴、從賁之字或相亂。《莊子・天運》篇“乃憤吾心”，“憤”本又作“憒”，《潛夫論・浮侈》篇“懷憂憒憒”，《後漢書・王符傳》作“憤憤”。是其例也。後人又改爲“憤”耳。《太平御覽・學部三》引此作“喟然而嘆”，《説苑・敬慎》篇、《家語・六本》篇并云“孔子讀《易》至於《損》《益》，喟然而嘆”，是其明證矣。《説文》：“喟，太息也。或作‘嘳’。”徐鍇曰：“《韓詩外傳》‘嘳然太息’作此字。”《文選・舞賦》“嘳息激昂”，李善亦引《外傳》云“魯哀公嘳然太息”，今《外傳》“嘳”作“喟”，後人改之也。又，《晏子・雜》篇“晏子嘳然而嘆”，亦作此“嘳”字。

欲以利之　門户

事或欲以利之，適足以害之，或欲害之，乃反以利之。利害之反，禍福之門户，不可不察也。

【念孫案】“或欲利之”“或欲害之”相對爲文，“利之”上不當有“以”字，此因下句“以”字而誤衍也，《太平御覽·學部三》引此無“以”字。“禍福之門户”，“户”字亦因上文“禍福之門户”而衍。“利害之反”“禍福之門”相對爲文，則“户”字可省，《覽冥》篇“利害之路，禍福之門”即其證。《太平御覽》引此無“户”字，《文子·微明》篇同。

天下探之不窮

陽虎爲亂於魯，魯君令人閉城門而捕之。得者有重賞，失者有重罪。圍三帀，而陽虎將舉劍而伯頤，門者止之曰“天下探之不窮，高注：“不窮言深遠。”我將出子”。

【念孫案】“門者止之曰”下不當有“天下探之不窮”六字，蓋錯簡也。高注同。《太平御覽·兵部八十二》引此作“門者止之曰：‘我將出子。’”無“天下探之不窮”六字。

與子反

出之者怨之曰：“我非故與子反也，爲之蒙死被罪，而乃反傷我。”

【念孫案】“我非故與子反也”，“反”當爲“友”。言素與陽虎無交，而爲之蒙死被罪也。今作“反”者，涉上下文“反”字而誤。

以爲下脱文

魯君聞陽虎失，大怒，問所出之門，使有司拘之。以爲傷者受大賞，而不傷者被重罪。

【念孫案】“以爲”二字與下文義不相屬，《太平御覽》引此作“以爲傷者戰鬭者也，不傷者爲縱之者。傷者受厚賞，不傷者受重罪”是也。今本無“傷者戰鬭”以下十三字，此因兩“傷者”相亂，故寫者誤脱之耳。

反利　反取

此所謂害之而反利者也。

【念孫案】“利”下脱“之”字，《太平御覽》引此有“之”字，上文云“或欲害之，乃反以利之”，是其證。又，下文“此所謂與之而反取者也”，“取”下亦脱“之”字，上文云“或與之而反取之”，是其證。

心痛

恭王欲復戰，使人召司馬子反，子反辭以心痛。《道藏》本、劉本如是。各本脱去下“子反”，而莊本從之，非是。

【念孫案】“心痛”本作“心疾”，此後人以意改之也。《後漢書·文苑傳》注引此作“辭以疾”，蓋脱“心”字。《吕氏春秋·權勳》篇、《韓子·十過》《飾邪》二篇、《説苑·敬慎》篇并作“辭以心疾”。

不率吾衆

是亡楚國之社稷而不率吾衆也。

【念孫案】"亡"與"忘"同。"率"當爲"恤",聲之誤也。《吕氏春秋》《韓子》《説苑》并作"不恤吾衆"。

爲僇

斬司馬子反爲僇。

【念孫案】《後漢書注》引此,"爲僇"上有"以"字是也。今本脱"以"字,則詞意不完。《吕氏春秋》《韓子》《説苑》皆有"以"字。

病温而强之食

夫病温而强之食,病暍而飲之寒,此衆人之所以爲養也,而良醫之所以爲病也。

【念孫案】劉本"温"作"濕",莊本又改爲"溼",皆非也。病温者不可以食,若作"病溼",則非其指矣。《文子·微明》篇作"病温而强餐之熱,病暍而强飲之寒",《説林》篇云:"病熱而强之餐,救暍而飲之寒。"熱,亦温也。又案,"强之食","食"當依《説林》篇作"餐",字之誤也。"餐""寒"爲韻,"養""病"爲韻,病,古音蒲浪反,説見《唐韻正》。若作"食",則失其韻矣。

有論者　能論之

悦於目,悦於心,愚者之所利也,然而有論者之所辟也。

【念孫案】劉本依《文子》改"有論"爲"有道",而莊本從之,非也。“有論”,謂有知也,對上文“愚者”而言。言悦目、悦心,愚者之所欲,而有知者不以此傷性,若作“有道”,則非其指矣。古或謂“知”爲“論”。《説山》篇:“以小明大,以近論遠。”《吕氏春秋·直諫》篇:“凡國之存也,主之安也,必有以也。不知所以,雖存必亡,雖安必危,所以不可不論也。”高注并云:“論,知也。”《大戴禮·保傅》篇,①“天子不論先聖王之德,不知君國畜民之道”。論,亦知也。《荀子·解蔽》篇:“坐於室而見四海,處於今而論久遠。”謂知久遠也。又,《修務》篇:“故夫孿子之相似者,唯其母能知之。玉石之相類者,唯良工能識之。書傳之微者,唯聖人能論之。”“論”與“知”“識”同義,彼注訓“論”爲“叙”,失之。

輪

夫虞之與虢,若車之有輪,輪依於車,車亦依輪。

【念孫案】“輪”本作“輔”,此後人妄改之也。《韓子·十過》篇云“夫虞之有虢也,如車之有輔,輔依車,車亦依輔”,《吕氏春秋·權勳》篇同,此皆《淮南》所本。僖五年《左傳》亦云“輔車相依”。

雲起

山致其高而雲起焉。水致其深,而蛟龍生焉。

【念孫案】“雲”下脱“雨”字,“雲雨”“蛟龍”相對爲文。

---

① “傅”,底本作“傳”,據同治本改。

《太平御覽·鱗介部二》引此正作“雲雨起焉”，《説苑·貴德》篇、《文子·上德》篇及《論衡·龍虚》篇引傳并同。《荀子·勸學》篇：“積土成山，風雨興焉。積水成淵，蛟龍生焉。”亦以“風雨”“蛟龍”相對。

陰行

夫有陰德者，必有陽報。有陰行者，必有昭明。

【念孫案】“陰行”本作“隱行”，此涉上文“陰德”而誤也。“陰”與“陽”相對，“隱”與“昭”相對。今本“隱”作“陰”，則非其指矣。《説苑》《文子》并作“隱行”，下文“有陰德也”“有隱行也”，即承此文言之。

好善者

昔者宋人好善者。

【念孫案】“好善”上脱“有”字，《列子·説符》篇作“宋人有好行仁義者”，《論衡·福虚》篇作“宋人有好善行者”，皆有“有”字。

近塞

近塞上之人，有善術者。

【念孫案】“近塞”本作“北塞”，此後人以意改之也。北塞，謂北方之塞，若改爲“近塞”，則不知爲何方之塞矣。《漢書·叙傳》“北叟頗識其倚伏”，顔師古注引此正作“北塞上之人”。《後漢書·蔡邕傳》“得北叟之後福”，李賢注云：“北叟，塞上叟也。”《藝文類聚·禮部下》《獸部上》《太平御覽·禮儀部四十》《獸部八》引此并作“北塞上之人”。下文“近塞之人死者十九”，亦本作“塞上之人”，《漢書》《後漢書注》及《藝文類聚》《太平御覽》《文選·幽通賦》注并引作“塞上之人”。

何遽不爲福

此何遽不爲福乎？

【念孫案】“何遽不爲福”本作“何遽不能爲福”。“能”與“乃”同，“乃”“能”古字通。説見《漢書·谷永傳》“能或滅之”下。言何遽不乃爲福也。下文曰“此何遽不能爲禍乎”，即其證。此及下文兩“何遽不爲福”，《藝文類聚·禮部》《太平御覽·禮儀部》并引作“何遽不乃爲福”。又，“何遽不能爲禍”亦引作“何遽不乃爲禍”。

良馬

家富良馬，其子好騎，墮而折其髀。

【念孫案】“良馬”本作“馬良”，與“家富”相對爲文。《漢書》《後漢書注》《藝文類聚》《太平御覽》引此并作“家富馬良”。

引弦

丁壯者引弦而戰。

【念孫案】“引”本作“控”，此亦後人以意改之也。《文選·幽通賦》注、《太平御覽·禮儀部》引此并作“控弦而戰”。《漢書注》及《藝文類聚·禮部》《獸部》《太平御覽·獸部》并引作“皆控弦而戰”，《藝文類聚》又引注云“控，張也”，則本作“控”明矣。

不害於事　不可用　不同於時

或直於辭而不害於事者，或虧於耳以忤於心而合於實者。

劉本删去“不”字。【念孫案】“不害”當爲“不周”，隸書“害”作“周”，與“周”相似而誤。《道應》篇“周鼎著倕而使齕其指”，《文子·精誠》篇“周”誤作“害”。宣六年《公羊傳》“靈公有周狗，謂之獒”，《爾雅·釋畜》注誤作“害”。《楚辭·離騷》“雖不周於今之人兮”，王注曰：“周，合也。”《氾論》篇曰：“苟周於事，不必循舊。”謂合於事也。此言“不周於事”，亦謂不合於事也。此言“直於辭而不周於事”，下言“虧於耳忤於心而合於實”，合，亦周也。下文高陽魋命匠人爲室之言，所謂“直於辭”也。室成而終敗，所謂“不周於事”也。若云“不害於事”，則與此意相反矣。劉績不知“害”爲“周”之誤，故删去“不”字耳。又，下文“此所謂直於辭而不可用者也”，“不可用”亦當作“不周於事”。凡言“此所謂”者，皆復舉上文之詞，不當有異，此因“周”誤作“用”，後人遂改爲“不可用”，而不知其與上文不合也。又，下文：“仁者，百姓之所慕也。義者，衆庶之所高也。然世或用之而身死國亡者，不同於時也。”“同”亦當爲“周”，不周於時，不合於時也，《齊俗》篇曰“事周於世則功成，務合於時則名立”是也。《文子·微明》篇正作“不周於時”。隸書“害”“用”“同”三字并與“周”相似,故傳寫多誤。

而不

國危而不安,患結而不解。何謂貴智?

【念孫案】“謂”與“爲”同。“爲”“謂”古字通,説見《秦策》“蘇代僞爲齊王曰”下。“國危而不安,患結而不解”本作“國危不而安,患結不而解”。“不而”者,不能也。“能”“而”古聲相近,故“能”或作“而”,《原道》篇“而以少正多”,高注:“而,能也。能以寡統衆。”又注《吕氏春秋·去私》《不屈》《士容》三篇并云:“而,能也。”《逸周書·皇門》篇曰:“譬若衆畋,常扶予險,乃而予于濟。”《墨子·尚同》篇曰:“故古者聖王唯而審以尚同,以爲正長,是故上下情通。”又曰:“天下之所以治者,何也?唯而以尚同一義爲政故也。”《非命》篇曰:“不而矯其耳目之欲。”《莊子·逍遥游》篇曰:“知效一官,行比一鄉,德合一君,而徵一國。”《荀子·哀公》篇曰:“君以此思哀,則哀將焉而不至矣?”《楚辭·九章》曰:“不逢湯武與桓繆兮,世孰云而知之。”《齊策》:“管燕謂其左右曰:‘子孰而與我赴諸侯乎?’”又,“秦始皇使遺君王后玉連環曰:‘齊多知,而解此環不?’”“而”字并與“能”同,故鄭注《屯》卦讀“而”爲“能”。《堯典》“柔遠能邇”,漢《督郵班碑》作“渘遠而邇”。《皋陶謨》“能哲而惠”,《衛尉衡方碑》作“能悊能惠”,《史記·夏本紀》作“能知能惠”。《論語·憲問》篇“愛之能勿勞乎”,《鹽鐵論·授時》篇“能”作“而”。《吕氏春秋·不侵》篇“能治可爲管商之師”,《齊策》“能”作“而”。又,《禮運》正義曰:“劉向《説苑》‘能’字皆作‘而’。”今《説苑》中“能”字無作“而”者,皆後人改之也,唯《論衡》之《感虚》《福虚》《亂龍》《講瑞》《指瑞》《感類》《定賢》諸篇“能”字多作“而”,其作“能”者,亦是後人所改。後人不曉“而”字之義,故改“不而”爲“而不”耳。此言所貴乎智者,國危能安,患結能解也。若國危不能安,患結不能解,則何爲貴智乎?下文張孟談對趙襄子曰“亡不能存,危弗能安,無爲貴智”,語意正與此同。《吴語》:“危事不可以爲安,死事不可以爲生,則無爲貴智矣。”不可,猶不能也。後人改爲“國危而不安,患結而不解”,非也。若謂“國不安,患不解”,則與“何爲貴智”四字義不相屬。若謂“國危而不安之,患結而不解之”,則是不仁而非不智矣。

臣聞之有裂壤土以安社稷者

臣聞之,有裂壤土以安社稷者,聞殺身破家以存其國者,不聞出其君以爲封疆者。

【念孫案】首句本作“臣聞裂壤土以安社稷者”,與下二句文同一例,因“臣聞”下衍“之”字,後人遂於“之”下加“有”字,而句法參差不協矣。

天下之所賞

故義者,天下之所賞也。

【念孫案】“賞”當爲“貴”,此承上句“其言有貴者也”言之,《文子·微明》篇作“仁義者,天下之尊爵也”,是其證。今本“貴”作“賞”者,涉上文“雍季先賞”而誤。

先一時之權而後萬世之利

吾豈可以先一時之權而後萬世之利也哉!

【念孫案】此本作“吾豈可以一時之權而先萬世之利也哉”,“先”音悉薦反,後人誤讀爲“悉前反”,遂改爲“先一時之權,而後萬世之利”,失之矣。《太平御覽·兵部四十四》引此正作“吾豈可以一時之權,而先萬世之利哉”,《吕氏春秋·義賞》篇作“焉有以一時之務,先百世之利者乎”,皆其證。

城下

智伯率韓魏二國伐趙,圍晉陽,決晉水而灌之,城下緣木而處,縣釜而炊。

【念孫案】《太平御覽·兵部五十二》引此,“城下”作“城中”是也。《趙策》及《韓子·十過》篇、《史記·趙世家》并作“城中”。

糧食匱乏大夫病

城中力已盡,糧食匱乏,大夫病。

【念孫案】“糧食匱乏”,《太平御覽》引此無“乏”字是也。今本“乏”字,蓋高注之誤入正文者耳。高注《主術》《要略》二篇并云:“匱,乏也。”此處脱去注文,“乏”字又誤入正文耳。力盡糧匱,士大夫病。“盡”“匱”“病”相對爲文,則“匱”下不當有“乏”字,《韓子》《趙策》皆無“乏”字,是其證。“大夫病”,《御覽》引作“武夫病”。案,此本作“武大夫病”。《淮南》一書通謂“士”爲“武”,《韓子》作“士大夫羸”,《趙策》作“士大夫病”,此作“武大夫病”,一也。下文:“中行穆伯攻鼓,餽聞倫曰:‘請無罷武大夫,而鼓可得也。’”是其明證矣。《御覽》作“武夫病”者,不解“武大夫”之語，而删去“大”字也。今本作“大夫病”者，亦不解“武大夫”之語，而删去“武”字也。士大夫皆病，而但言“大夫”，則偏而不舉矣。

智伯

亡不能存，危弗能安，無爲貴智伯。《道藏》本如是。

【念孫案】“伯”字因上下文而衍，劉本依《趙策》改“智伯”爲“智士”，非也。此謂亡不能存，危不能安，則無爲貴智，非謂“無爲貴智士”。上文：“牛子謂無害子曰：‘國危不能安，患結不能解，何謂貴智。’”“智”下亦無“士”字。《吴語》亦云：“危事不可以爲安，死事不可以爲生，則無爲貴智矣。”《趙策》誤衍“士”字，而劉據之以改本書，謬矣。莊本同。《太平御覽》引此作“無爲貴智”，《韓子》作“則無爲貴智矣”，皆無“士”字。

君爲之次　出君之口

今智伯率二君而伐趙，趙將亡矣。趙亡，則君爲之次矣。

【念孫案】“君爲之次”，“君”上脱“二”字。《太平御覽》引此已誤。上下文皆作“二君”，《韓子》《趙策》亦云“趙亡，則二君爲之次”。又，下文言“出君之口，入臣之耳”，“君”上亦脱“二”字，《太平御覽》引此正作“言出二君之口”，《韓子》《趙策》作“謀出二君之口”。

陰謀

二君乃與張孟談陰謀，與之期。

【念孫案】《太平御覽》引此作“二君乃與張孟談謀，句。陰與之期”是也。“陰與之期”，謂陰約舉事之期也。《趙策》作“陰約三軍，與之期日夜”，是其證。今本“陰”字誤入上句“謀”字上，則非其指矣。

灌智伯

趙氏殺其守隄之吏，決水灌智伯。

【念孫案】“智伯”下當有“軍”字，下句“智伯軍救水而亂”即承此句言之。《太平御覽》引此已脱“軍”字，《韓子》《趙策》皆作“灌智伯軍”。

故君子曰

故君子曰：“美言可以市尊，美行可以加人。”

【念孫案】“君子”本作“老子”，此淺學人改之也。今《老子》作“美言可以市，尊行可以加人”，無下“美”字，而以“市”字絶句，“尊”字下屬爲句。《道應》篇引《老子》亦有下“美”字，則所見本異也。

能道

子能道則可，不能，將加誅於子。

【念孫案】"子能道",《太平御覽·治道部八》引作"子能變道"是也。變道,謂易其道也。《晏子春秋·雜》篇:"崔杼謂晏子曰:'子變子言,則齊國吾與子共之。子不變子言,戟既在脰,劍既在心。唯子圖之。'"語意與此相似,今本脱去"變"字,則文不成義。

今王

今王欲爲霸王者也。

【念孫案】"今王"當爲"今君",此涉上下文"王"字而誤也。魏自惠王始稱王,此對文侯言之,不當稱王。下文云"君以爲不然",則本作"君"明矣。《太平御覽》引此正作"君"。

負輦粟

負輦粟而至。

【念孫案】《太平御覽》引此作"服摙載粟而至"是也。據高注云"服,駕牛也",則"負"本作"服"。今作"負"者,聲之誤耳。《一切經音義》十一引此作"摙載粟米而至",與《御覽》所引小異,而皆有"載"字,則今本脱"載"字明矣。"摙"與"輦"同,謂人挽車也。"服輦載粟而至"者,或服或輦,載粟而至也。《管子·海王》篇曰:"行服連軺輂者,必有一斤一鋸一椎一鑿,若其事立。""連"亦與"輦"同。《周禮·鄉師》注:"故書輦作連,鄭司農云:連,讀爲輦。巾車,連車組輓。"《釋文》:"連,本亦作輦。"服、輦,皆車名,故《管子》《淮南》皆并稱"服輦",許、高注皆訓"輦"爲"檐",於義少疏矣。許注見《一切經音義》。

暑以强耘　以伐林而積之

民春以力耕,暑以强耘,秋以收斂,冬間無事,以伐林而積之,負軛而浮之河。是用民不得休息也。

【念孫案】"暑以强耘"當從《齊民要術》所引作"夏以强耘"。"夏"與"春""秋""冬"相對,變"夏"言"暑",則與上下文不類矣。"以伐林而積之",當從《太平御覽》所引作"又伐林而積之","又"字承上春耕、夏耘、秋收而言,今本"又"作"以",則義不可通矣。此因上文三"以"字而誤。

反還

莊王以討有罪,"以"與"已"同。遣卒戍陳,大夫畢賀。申叔時使於齊,反還而不賀。

【念孫案】諸書有言"還反"者,無言"反還"者,"反"當爲"及"。謂大夫畢賀之時,申叔時尚未還,及其還而獨不賀也。《太平御覽·兵部三十六》引此正作"及還而不賀"。

牽牛蹊人之田

申叔時曰:"牽牛蹊人之田,田主殺其人而奪之牛。"

【念孫案】"牽牛蹊人之田",《太平御覽》引作"人有牽牛而徑於人之田中"是也。今作"牽牛蹊人之田"者,後人據《左傳》改之耳。案,宣十一年《左傳》申叔時曰"夏徵舒弒其君,其罪大矣,討而戮之,君之義也。抑人亦有言曰'牽牛以蹊人之田而奪之牛'"云云,《史記·陳杞世家》作"鄙語有之:牽牛徑人田，田主奪之牛"，此文無"夏徵舒"以下四句，又無"人亦有言"之語，而即云"牽牛以蹊人之田"，則語無倫次，故必詳言之曰"人有牽牛而徑於人之田中"。後人不察文義，遂據彼以改此，而不自知其謬也。

興兵而攻因以誅罪人

今君王以陳爲無道，興兵而攻，因以誅罪人，遣人戍陳。

【念孫案】"興兵而攻"本作"興兵而政之"。"政"與"征"同，古字多以"政"爲"征"，不煩引證。今本"政"誤作"攻"，又脱"之"字。夏徵舒弑其君，故曰"興兵而征之"，若言"攻"，則非其指矣，《太平御覽》引此正作"舉兵而征之"。"因以誅罪人"本作"以誅罪人"，"以"與"已"同，言莊王已誅罪人而遣人戍陳也。下文云"諸侯聞之，以王爲非誅罪人也，貪陳國也"，則此本作"以誅罪人，遣人戍陳"明矣，上文云"莊王以討有罪，遣卒戍陳"，尤其明證也。後人不知"以"與"已"同，故加"因"字耳。莊王之伐陳，本以誅罪人，不得言"因以誅罪人"也，《太平御覽》引此已誤。

無故有顯名者勿處也

非其事者勿仞也，非其名者勿就也。無故有顯名者勿處也，無功而富貴者勿居也。

【引之曰】"無故有顯名者勿處也"，義與上句無别，當即是上句之注，而今本誤入正文也。下文云"夫就人之名者廢，仞人之事者敗，無功而大利者，後將爲害"，皆承上文言之，而此句獨不在内,則非正文明矣。

積力

是故忠臣之事君也,今本脱"之"字,據《初學記》《白帖》《太平御覽》引補。計功而受賞,不爲苟得,積力而受官,不貪爵禄。

【念孫案】"積力"本作"量力",此後人以意改之也。下文云"辭所不能而受所能",正所謂量力而受官也。若改"量力"爲"積力",則非其指矣。《初學記·政理部》、《白帖》四十九、《太平御覽·治道部十四》引此皆作"量力"。

楚王

楚王若欲從諸侯,不若大城城父,而令太子建守焉,以來北方。

【念孫案】"王"上不當有"楚"字,此因下文"楚王悦之"而衍。

黍粢

食芻豢,飯黍粢,服輕暖,乘牢良。

【念孫案】"粢"當爲"粱",此涉上文"糲粢"而誤。上文云"糲粢之飯,藜藿之羹",是"粢"爲食之粗者,賈逵注《晉語》云"粱,食之精者",見《文選·陸機〈君子有所思行〉》注。此與"芻豢"對文,則當言"黍粱",不當言"黍粢"。上文云"養以芻豢黍粱五味之膳",是其明證也。且"粱"與"良"爲韻,若作"粢",則失其韻矣。

今反乃以人之所爲遲者反爲疾

夫走者，人之所以爲疾也。步者，人之所以爲遲也。今反乃以人之所爲遲者反爲疾。

【念孫案】此當作"今乃反以人之所以爲遲者爲疾"，上文曰"此衆人所以爲死也，而乃反以得活"，即其證。今本"乃反"二字誤倒，又脱一"以"字，衍一"反"字。

離朱掇

故黄帝亡其玄珠，使離朱、掇索之。

高注曰："離朱明目，物捷疾。掇搏善拾於物。二人皆黄帝臣也。"【念孫案】"掇"與"掇"通，"掇"上當有"攫"字。《修務》篇曰"離朱之明，攫掇之捷"，高彼注曰"離朱，黄帝時人，明目，能見百步之外秋毫之末。攫掇，亦黄帝時捷疾者"是也。此注當作"離朱明目，見物捷疾。攫掇，善於搏拾物。高注《修務》篇曰："攫，搏也。"注《要略》曰："掇，拾也。"二人皆黄帝臣也"，今本正文脱"攫"字，注文尤多脱誤，劉績不能釐正，乃於"掇"上增"捷"字，諸本及莊本同。與《修務》篇不合，非也。

雞定

故禍之所從生者，始於雞定。及其大也，至於亡社稷。

【念孫案】"雞定"當依劉本作"雞足"，字之誤也。上文云季氏與郈氏鬬雞，爲之金距，故曰“禍始於雞足”。且“足”與“稷”爲韻，《泰族》篇“獄訟止而衣食足”，亦與“息”“德”爲韻。《老子》“禍莫大於不知足”，與“得”爲韻。若作“定”，則失其韻矣。莊伯鴻以“定”爲“麟之定”之“定”，大誤。

大侵楚

故蔡女蕩舟，齊師大侵楚。

【念孫案】“侵”上不當有“大”字，此因上文“及其大也”而衍。

非常

釐負覊止之曰：“公子非常也。”

【念孫案】“非常”下脱“人”字，《韓子·十過》篇作“晉公子非常人也”。

見之密

夫牆之壞也於隙，劍之折必有嚙。聖人見之密，故萬物莫能傷也。

陳氏觀樓曰：“‘密’當爲‘蚤’，字之誤也。上文‘禍生而不蚤滅’，即其證。”

投戹漿

令尹子國啜羹而熱，投戹漿而沃之。

【念孫案】下既言“沃之”，則上不當更言“投”。舊本《北堂書鈔·酒食部三》引此，“投”作“援”是也。陳禹謨依俗本改“援”爲“投”。援，引也，謂引卮漿而沃之也。作“投”者，字之誤耳。《太平御覽·飲食部十九》所引與《書鈔》同，唐余知古《渚宫舊事》亦同。

夫仕者先避之見終始微矣

夫仕者先避，此下有脱文。之見終始微矣。

【念孫案】“夫仕者先避”當作“夫上仕者，先避患而後就利，先遠辱而後求名”，“仕”與“士”同。《曲禮》“前有士師”，鄭注：“士，或爲仕。”《爾雅》：“士，察也。”《小雅·節南山》篇“弗問弗仕”，鄭箋：“仕，察也。”《豳風·東山》篇“勿士行枚”，《大雅·文王有聲》篇“武王豈不仕”，《毛傳》并云：“事也。”漢《郎中馬江碑》“士喪儀宗”，《成陽靈臺碑》“故有靈臺，嗇夫魚師衛士”，“士”皆作“仕”。“避患”“遠辱”，謂上文太宰子朱辭官之事。今本“仕”上脱“上”字，“先避”下脱“患而後就利，先遠辱而後求名”凡十二字，《文子·微明》篇作“故上士先避患而後就利，先遠辱而後求名”，是其證。“之見終始微矣”上當有“太宰子朱”四字，此亦承上文而言。子朱見令尹之輕行簡禮，而知其必將辱人，即辭官而去，可謂見其始而知其終，故曰“太宰子朱之見終始微矣”。

無以

使監禄無以轉餉，又以卒鑿渠而通糧道。高注：“監禄，秦將。”

【念孫案】“無以”二字,後人所加。此言使監禄轉餉,又使用卒鑿渠而通糧道也。《史記·主父傳》“使監禄鑿渠運糧深入越”,是其證。“使監禄”下加“無以”二字,則文不成義矣,《困學紀聞》引此無“無以”二字。

鵲

夫鵲先識歲之多風也,去高木而巢扶枝。

【念孫案】“鵲”上脱“烏”字,下文“烏鵲之智”,即其證。《初學記·天部上》《太平御覽·天部九》、《白帖》二引此皆有“烏”字。

行游

孔子行游,馬失,與“佚”同。食農夫之稼。

【念孫案】“孔子行游”四字,文不成義,此本作“孔子行於東野”,下文“野人”二字即承此句言之。今本“於”誤作“游”,又脱“東野”二字,《太平御覽·地部二十》“野”下引此正作“孔子行於東野”,《吕氏春秋·必己》篇同。今本作“孔子行道而息”,乃後人所改,辯見《吕氏春秋》。

子貢往説之　卑辭

子貢往説之,卑辭而不能見也。

【念孫案】“子貢”上脱“使”字,《太平御覽》引此有“使”字。“卑”當爲“畢”,字之誤也。俗書“卑”字作“早”,“畢”字作

“罷”,二形相似。畢辭,謂竟其辭也。《太平御覽》引此作“畢辭而弗能得”,《吕氏春秋》作“畢辭野人不聽”,皆其證。

不若此延路陽局

夫歌《采菱》,發《陽阿》,鄙人聽之,不若此《延路》《陽局》。

高注曰:“《延路》《陽局》,鄙歌曲也。”【念孫案】“不若此”,“此”字因上文“若此其無方”而衍。“路”本作“露”,脱去上半耳。“陽局”本作“以和”,因上文“發陽阿”而誤爲“陽阿”,“阿”又誤爲“局”也。左畔“阝”字誤爲“戶”,右畔“可”字誤爲“可”。劉本改“局”爲“局”,而莊本從之,謬矣。“不若《延露》以和”者,言《采菱》《陽阿》,曲之至美者也,而鄙人聽之,曾不若歌《延露》以相唱和,《説山》篇:“欲美和者,始於《陽阿》《采菱》。”所謂曲高和寡也。李善注《吴都賦》《月賦》《舞賦》《長笛賦》《七啓》引此并作“不若《延露》以和”,是其明證。注中“陽局”二字,亦隨正文而衍,《吴都賦》注引高誘曰“《延露》,鄙歌曲也”,無此二字。

不同

故善鄙不同,誹譽在俗。趨舍不同,逆順在君。

【念孫案】兩“不”字,後人所加,此言善鄙同而或誹或譽者,俗使然也。趨舍同而或逆或順者,君使然也。故下文云:“狂譎不受禄而誅,段干木辭相而顯,所行同也,而利害異者,時使然也。”後人於“同”上加“不”字,則義不可通矣,《文子·

微明》篇作"善否同，非譽在俗。趨行等，逆順在時"，是其證。《齊俗》篇云"趨舍同，誹譽在俗。意行鈞，窮達在時"，語意正與此同。

任於世

知天之所爲，①知人之所行，則有以任於世矣。

【念孫案】"任於世"三字，義不相屬，"任"當爲"徑"。徑，行也。見《本經》篇注及僖二十五年《左傳注》。言知天知人，則有以行於世也。下文云"知天而不知人，則無以與俗交。知人而不知天，則無以與道游"，皆謂其不可行於世也。"徑"字或作"徑"，因誤而爲"任"。《詮言》篇"下之徑衢，不可勝理"，《文子·道德》篇"徑衢"誤作"任懼"。《文子·微明》篇作"即有以經於世矣"，"經""徑"古字通，經，亦行也。《莊子·外物》篇曰："不可與經於世。"

河中

荆佽非犯河中之難，不失其守，而天下稱勇焉。

【念孫案】"河"當爲"江"，字之誤也。"犯江中之難"，事見《道應》篇及《吕氏春秋·知分》篇。

九夷歸之　天下懷其德　戰武士必其死

湯教祝網者，而四十國朝。文王葬死人之骸，而九夷歸

① "天"，底本作"人"，據《淮南子》改。

之。武王蔭暍人於樾下，左擁而右扇之，而天下懷其德。越王句踐一決獄不辜，援龍淵而切其股，血流至足，以自罰也，而戰武士必其死。

《太平御覽・疾病部四》引此，“九夷歸之”作“九夷順”，無“之”字。“天下懷”下無“其德”二字。又，《疾病部四》《刑法部五》引此，“戰武士必其死”并作“戰士畢死”，下有“感於恩也”四字。《初學記・帝王部》引此，云“武王蔭暍人於樾下，而天下懷之，感於恩也”。【念孫案】“九夷歸”“天下懷”與“四十國朝”相對爲文，則“歸”下本無“之”字，“懷”下亦無“其德”二字。“戰武士必其死”下當有“感於恩也”四字，此四字乃總承上文言之，不專指越王，故《初學記》引武王事下亦有此四字也。陳氏觀樓曰：“‘戰武士必其死’，‘士’字、‘其’字皆後人所加，《淮南》一書皆謂‘士’爲‘武’，戰武，即戰士也，故《御覽》引作‘戰士畢死’，‘畢’‘必’古字通。”

吴王　孰

今衛君朝於吴王，吴王囚之，而欲流之於海。孰衛君之仁義而遭此難也？

【念孫案】“朝於吴王”，“王”字涉下句“吴王”而衍，上下文四言“朝於吴”，“吴”下皆無“王”字，是其證。孰，何也，言何衛君之仁義而遭此難也。《晉語》：“孰是人斯而有是臭也？”《越語》：“孰是君也，而可無死乎？”昭二十五年《公羊傳》：“孰君而無稱？”“孰”字并與“何”同義。朱東光不曉“孰”字之義，而於“孰”下加“意”字，斯爲謬矣。莊本同。

不若然而然 不然而若然

或若然而不然者,或不若然而然者。

【引之曰】"不若然而然"當作"若不然而然"。"若不然而然"者,謂越王句踐之事吳,請身爲臣,妻爲妾,若不叛吳,而實欲滅吳也。見下文。"若不然而然"與"若然而不然"文正相對。《道藏》本作"不若然而然",則義不可通矣。劉本删"若"字,尤非。下文"何謂不然而若然者"亦當作"何謂若不然而然者"。

立務

游俠相與言曰:"虞氏富樂之日久矣,而常有輕易人之志,吾不敢侵犯,而乃辱我以腐鼠,此如不報,"如"與"而"同。《列子·説符》篇作"此而不報",舊本"此"字誤在"如"字下,今乙正。無以立務於天下。"

高注曰:"務,勢也。"【引之曰】"務"與"勢"義不相近,"務"當爲"矜",字之誤也。"矜""務"二字,隸書往往譌混。《管子·小稱》篇"務爲不久",《韓子·難》篇作"矜僞不長"。又,《管子·法法》篇"矜物之人,無大士焉"、《韓詩外傳》"矜而自功",今本"矜"字并誤作"務"。《列子·説符》篇"立矜"作"立慬","慬"與"矜"古同聲而通用,猶"穜"之爲"矜"也。張湛注《列子》云:"慬,勇也。"此注云:"矜,勢也。""勢"與"勇"亦同義。《説山》篇云:"立慬者非學鬭争,慬立而生不讓。"《氾論》篇云:"立氣矜,奮勇力。"《韓詩外傳》云:"外立節矜而敵不侵擾。"是"立矜"即"立慬"也。《趙策》云:"勇哉,氣矜之隆。"《史記·王翦傳》云:

"李將軍果勢壯勇。"是"矜"與"勢""勇"并同義。

滅其家下脱文

請與公僇力一志,悉率徒屬,而必以滅其家。

【念孫案】此處叙事未畢,當有脱文。《太平御覽》引此,"滅其家"下有"其夜乃攻虞氏,大滅其家"十字是也。上文云"鳶墮腐鼠而虞氏以亡",此處必有此十字,方與上文相應,因兩"滅其家"相亂,故寫者誤脱之耳。《列子》作"至期日之夜,聚衆積兵,以攻虞氏,大滅其家",是其證。

令尹

子發爲上蔡令,民有罪當刑,獄斷論定,決於令尹前。

【念孫案】"尹"字後人所加。"決於令前",謂決於上蔡令之前,非謂令尹也。《太平御覽·刑法部二》引此無"尹"字。

視決吾罪

子發視決吾罪而被吾刑。

【念孫案】"視"當爲"親",字之誤也。"親決吾罪"即上文所云"決於令前"也。《韓子·外儲説左》篇載子皋出走之事,與此相似,云:"子皋問跀危曰:'吾不能虧主之法令而親跀子之足。'"彼言"親跀子足",此言"親決吾罪",其義一也。

隱居爲蔽

委社稷,效民力,隱居爲蔽,而戰爲鋒行。

【念孫案】"隱居爲蔽"當作"居爲隱蔽"。言越之事吴,居則爲隱蔽,而戰則爲前行也。今本"隱"字誤在"居爲"之上,則文不成義。《韓策》云"韓之於秦也,居爲隱蔽,出爲雁行",語意正與此同。雁行、鋒行,皆謂前行也。《燕策》云:"使弱燕爲雁行,而强秦制其後。"

捕雉　彌耳

夫狐之捕雉也,必先卑體彌耳,以待其來也。

【念孫案】"捕"當爲"搏",字之誤也。"彌耳"當爲"弭毛","毛"字因"弭"字而誤爲"耳",後人又改"弭"爲"彌"耳。《楚辭·離騷》注曰:"弭,按也。"言卑其體,按其毛,以待雉之來也。《太平御覽·人事部一百三十五》《獸部二十一》并引此云"夫狐之搏雉也,必卑體弭毛,以待其來也"。高注《吕氏春秋·決勝》篇云"若狐之搏雉,俯體弭毛",即用《淮南》之文。《吴越春秋·句踐歸國外傳》亦云:"猛獸將擊,必弭毛帖伏。"

《淮南内篇》第十九

修務

疾病

時多疾病毒傷之害。

【念孫案】“疾病”本作“疹病”，後人誤讀“疹”爲“瘖疹”之“疹”，以“疹病”二字爲不類，故改爲“疾病”。而不知此“疹”字即“疢疾”之“疢”，非“瘖疹”之“疹”也。《小雅·小弁》篇及《左傳》成六年、哀五年《釋文》并云：“疢，或作疹。”《廣雅音》云：“疢，今‘疹’字也。”襄二十三年《左傳》“季孫之愛我，疾疢也”，《吕氏春秋·長見》篇注引此，“疢”作“疹”。《文選·思玄賦》“思百憂以自疹”，《後漢書·張衡傳》作“疢”。《小雅·小宛》釋文引《韓詩》云：“疹，苦也。”《越語》云：“疾疹貧病。”是“疹”與“疢”同也。《史記·貨殖傳》正義、《太平御覽·皇王部三》《資産部三》《鱗介部十三》引此并作“疹病”，是其證。又，《泰族》篇“以調陰陽之氣，以合四時之節，以辟疾病之菑”，亦是本作“疾疹”，而後人改爲“疾病”也。《太平御覽·治道部五》引此已誤。《文子·上禮》篇作“疾疢之灾”，是其證。

土地宜

相土地宜,燥濕肥墝高下。

【念孫案】"宜"上脱"之"字,《太平御覽·皇王部三》引此有"之"字。

遇七十毒

當此之時,一日而遇七十毒。

【念孫案】"遇"字後人所加,《太平御覽·皇王部三》《資産部三》《百卉部一》及寇宗奭《本草衍義序例》引此并作"一日而七十毒",無"遇"字,《路史·禪通紀》同。

沐浴霪雨

禹沐浴霪雨,櫛扶風。

【念孫案】"沐"下本無"浴"字,此涉高注"沐浴"而誤衍也。"沐霪雨""櫛扶風"相對爲文,多一"浴"字,則句法參差矣。劉本又於"櫛"上加"梳"字,以對"沐浴",尤非。《藝文類聚·帝王部一》《太平御覽·皇王部七》《文選·謝朓〈和王著作八公山詩〉》注引此皆無"浴"字。《莊子·天下》篇"禹沐甚雨,櫛疾風",此即《淮南》所本。

海内之事

又況贏天下之憂,而海内之事者乎?

【念孫案】“海内”上脱“任”字,《藝文類聚·人部四》《雜器物部》《太平御覽·人事部一百一十》《器物部六》引此皆有“任”字。

禹之爲水　湯旱　桑山之林

是故禹之爲水,以身解於陽眄之河。莊本改“眄”爲“盱”。案,“盱”本作“旴”,因誤而爲“眄”。説見《覽冥》“眄眄”下。湯旱,以身禱於桑山之林。

【念孫案】“禹之爲水”,《蜀志·郤正傳》注、《齊民要術序》《文選·應璩〈與岑文瑜書〉》注、《太平御覽·皇王部七》《禮儀部八》引此并無“之”字。“湯旱”,《蜀志》注、《齊民要術序》《文選注》并引作“湯苦旱”,《太平御覽》引作“湯爲旱”。案,爲者,治也。水可言“爲”,旱不可言“爲”,作“苦旱”者是也。“禹爲水”“湯苦旱”相對爲文。今本“禹”下衍“之”字,“湯”下又脱“苦”字耳。劉本作“湯之旱”,亦非。“桑山之林”,《蜀志》注、《齊民要術序》《文選注》引作“桑林之際”,《太平御覽》引作“桑林之下”。案,《主術》篇曰“湯以身禱於桑林之際”,則作“際”者是也。今本作“桑山之林”者,涉注文而誤。高注“桑山之林”,是解“桑林”二字,非正文本作“桑山之林”也。《吕氏春秋·順民》篇:“湯乃以身禱於桑林。”高注亦云:“桑林,桑山之林。”

事起天下利

是以聖人不高山,不廣河,蒙恥辱以干世主,《藝文類聚》《太平御覽》引此,“主”下并有“者”字。非以貪禄慕位,欲事起天下利而除萬民之害。

【念孫案】“事起天下利”本作“事天下之利”，故高注云：“事，治也。”今本“利”上脱“之”字，其“事”下“起”字則後人依《文子》加之也。“事天下之利”“除萬民之害”相對爲文，“事”下不當有“起”字，《藝文類聚·人部四》、《太平御覽·人事部》四十二、七十二引此并作“欲事天下之利，除萬民之害也”，是其證。

因資而立權自然之勢

若吾所謂無爲者，循理而舉事，因資而立，權自然之勢，而曲故不得容者。

【念孫案】“因資而立”下脱一字，當依《文子·自然》篇作“因資而立功”。“立功”與“舉事”相對爲文，《氾論》篇曰：“聖人隨時而動静，因資而立功。”《説林》篇曰：“聖人者，隨時而舉事，因資而立功。”皆其證也。“事”“功”二字承上文“必事”“必加功”言之，下文“事成”“功立”又承此文言之。今本脱“功”字，則既與上句不對，又與上下文不相應矣。“權自然之勢”，當依《文子》作“推自然之勢”，字之誤也。《原道》篇曰：“天下之事，不可爲也，因其自然而推之。”《主術》篇曰：“推不可爲之勢，而不循道理之數。”高注：“推，行也。”今本“推”作“權”，則非其指矣。

政事

政事而身弗伐，功立而名弗有。

【念孫案】“事”下脱“成”字，劉依《文子》補入是也。“政”當爲“故”，字之誤也。“故事成而身弗伐，功立而名弗有”，乃結上之詞，劉不審文義，而删去“政”字，誤矣。莊本同。

攻

感而不應，攻而不動。

【引之曰】“攻”當爲“敀”，敀，今“迫”字也，故《文子》作“迫而不動”，《原道》篇云：“感則能應，迫則能動。”舊本“感”“迫”二字互誤，辯見《原道》。《精神》篇云“感而應，迫而動”，《莊子·刻意》篇云：“感而後應，迫而後動。”皆其證也。《説文》：“敀，迮也。”徐鍇曰：“迮，猶切近也。”《玉篇》曰：“敀，附也。”是古“迫迮”字本作“敀”，今諸書皆作“迫”，未必非後人所改也。此“敀”字若不誤爲“攻”，則後人亦必改爲“迫”矣。

因高爲田

因高爲田，因下爲池。

【念孫案】“田”當爲“山”，字之誤也。“因高爲山”，所謂爲高必因丘陵也，若田則有高原、下濕之分，不得但言“因高”矣，《文子·自然》篇正作“因高爲山”。

趨而　裂衣裳

昔者楚欲攻宋。墨子聞而悼之，自魯趨而十日十夜，足重繭而不休息，裂衣裳裹足，至於郢。

【念孫案】“趨而”下脱“往”字,《北堂書鈔·衣冠部三》《太平御覽·服章部十三》《工藝部九》引此皆有“往”字,《吕氏春秋·愛類》篇作“自魯往”,皆其證。“裂衣裳裹足”,衍“衣”字。《太平御覽·工藝部》引此有“衣”字,亦後人依俗本加之。舊本《北堂書鈔·衣冠部》“裳”下、陳禹謨依俗本加“衣”字。《太平御覽·服章部》“裳”下引此皆作“裂裳裹足”,《吕氏春秋·愛類》篇同。《文選·廣絶交論》“裂裳裹足”,李善注引《墨子·公輸》篇亦同。《後漢書·郅惲傳》注引《史記》,亦云“申包胥足腫蹠盭,裂裳裹足”。今見《吴越春秋》。若云“裂衣裳裹足”,則累於詞矣。

剉

頓兵剉鋭。

高注曰:“剉,辱折。”【念孫案】《漢魏叢書》本改“剉”爲“挫”,而莊本從之,非也。《道藏》本、劉本并作“剉”,《太平御覽·工藝部》引此亦作“剉”,則舊本皆作“剉”明矣。《説文》:“剉,折傷也。”《莊子·山木》篇、《吕氏春秋·必己》篇并云“廉則剉”。今本《莊子》作“挫”,《釋文》作“剉”,云:“本亦作挫。”高注《吕氏春秋》云:“剉,缺傷也。”經傳或作“挫”者,借字耳。後人多見“挫”,少見“剉”,遂改“剉”爲“挫”,謬矣。高注本訓“剉”爲“折”,今本“折”上有“辱”字,亦後人所加。此“剉”字訓爲“折”,不訓爲“辱”,後人熟於“挫辱”之語,故妄加“辱”字耳。

趹蹏

夫墨子趹蹏而趨千里以存楚宋。

高注曰:“趹,疾行也。蹄,趨走也。”【引之曰】書傳無訓“趹”爲“疾行”者,“趹”當作“趹”,音“决”。注當作“趹蹄,疾行也,趨走也”。見《説文》。今本“趹”字皆誤作“趹”,注内“蹄”字又誤在“趨走也”之上。《廣雅》“駃,奔也”,“赽,疾也”。“駃”“赽”并與“趹”通。《玉篇》:“趹,疾也。”下文“欶蹻趹步”,高彼注云:“趹,趣也。”“趣”與“趨”通。是疾行爲趹也。《説文》:“赽,踶也。”《漢書·武帝紀》:“馬或奔踶而致千里。”踶,亦奔也。顔師古誤訓“踶”爲“蹋”,辯見《廣雅疏證》。“踶”“蹄”古字通,《集韻》“蹄”或作“踶”。是疾行又爲蹄也,合言之則曰“趹蹄”。古馬之善走者謂之駃騠,“駃騠”之言“趹蹄”也,疾行謂之趹蹄,故曰“趹踶而趨千里”。

歷險塹

及至圉人擾之,良御教之,掩以衡軶,連以轡銜,則雖歷險塹弗敢辭。

【念孫案】“險”與“塹”不同義,諸書亦無以“險塹”連文者,《太平御覽·工藝部三》《獸部八》引此并作“歷險超塹”是也。超,越也。

帽憑

發憤而成,“成”下脱一字,劉本補“仁”字,而諸本從之,未知是否。帽憑而爲義。

高注曰:“帽憑,盈滿積思之貌。”【念孫案】“帽”當爲“愲”,字之誤也。《廣雅》曰:“愲、恲、忼,慨也。”愲,音謂。恲,普耕反。“愲恲”與“帽憑”聲近而義同,“愲憑而爲義”,猶言“忼慨而爲義”耳。《楚辭·離騷》注云:“楚人名滿曰憑。”故高注云“愲憑,盈滿積思之貌”。又,《離騷》:“喟憑心而歷兹。”王注云:“喟然舒憤懣之心。”“喟憑”與“愲憑”義亦相近。

下不及

夫上不及堯舜,下不及商均。

【念孫案】“下不及”當爲“下不若”,言不似商均之不肖也。比上則言“不及”,比下則言“不若”。下文“美不及西施,惡不若嫫母”,即其證。今作“下不及”者,因上句“及”字而誤。《文選·辯命論》注引此正作“下不若商均”。

一飽

今以爲學者之有過而非學者,則是以一飽之故,絶穀不食,以一蹪之難,輟足不行,惑也。

【念孫案】“以一飽之故絶穀”,義不可通,“飽”當爲“餲”,字之誤也。注同。“餲”與“噎”同。《説文》:“噎,飯窒也。”字又作“饐”。《漢書·賈山傳》:“祝餲在前,祝鯁在後。”顔師古曰:“餲,古饐字。”“一饐而不食”與“一蹪而不行”高注:“蹪,躓也。”事正相類。《説苑·説叢》篇:“一噎之故,絶穀不食。一蹶之故,郤足不行。”語即本於《淮南》。今俗語猶云“因噎廢食”。

橘柚

夫橘柚冬生，而人曰冬死，死者衆。薺、麥夏死，而人曰夏生，生者衆。

【念孫案】“橘柚”本作“亭歷”。《時則》篇：“孟夏之月，靡草死。”高注曰：“靡草，薺、亭歷之屬也。”《吕氏春秋·孟夏》篇注及鄭注《月令》引舊説并同。《吕氏春秋·任地》篇：“孟夏之昔，殺三葉而穫大麥。”高注曰：“三葉，薺、亭歷、菥蓂也。是月之季枯死。”本書《天文》篇曰：“五月爲小刑，薺、麥、亭歷枯，冬生草木必死。”案，亭歷、薺麥皆冬生夏死，此言亭歷冬生，薺、麥夏死者，互文耳，後人改“亭歷”爲“橘柚”，斯爲不倫矣。《太平御覽·藥部十》“亭歷”下引此正作“亭歷冬生”。

禹生於石　五聖　四俊

若夫堯眉八彩，九竅通洞，而公正無私，一言而萬民齊。舜二瞳子，是謂重明，作事成法，出言成章。禹耳參漏，是謂大通，興利除害，疏河決江。文王四乳，是謂大仁，天下所歸，百姓所親。皋陶馬喙，是謂至信，決獄明白，察於人情。契生於卵，禹生於石，舊本“禹生於石”在“契生於卵”之上。案，此段以“私”“齊”爲韻，“明”“章”爲韻，“通”“江”爲韻，“仁”“親”“信”“情”爲韻，“石”“射”爲韻，若“禹生於石”句在前，“契生於卵”句在後，則失其韻矣。今改正。史皇産而能書，羿左臂修而善射。若此九賢者，千歲而一出，猶繼踵而生。今無五聖之天奉，四俊之才難，欲棄學而循性，是謂猶釋船而欲蹍水也。高説“禹生於石”云：“禹母修己，感石而生禹，坼胸而出。”又説“五聖”云：“堯、舜、禹、湯、周文王也。”説“四俊”云：“謂皋陶、稷、契、史皇。”

【引之曰】案，《太平御覽·皇親部一》引《河圖著命》曰：“修己見流星，意感生禹。”又引《禮含文嘉》曰：“夏姒氏祖以薏苡生。”又引《孝經鉤命決》曰：“命星貫昴，修紀夢接，生禹。”是禹之生，或以爲感流星，或以爲吞薏苡，無言生於石者。《史記·六國表》“禹興於西羌”，《集解》引皇甫謐曰：“孟子稱禹生石紐，西夷人也。”《蜀志·秦宓傳》曰：“禹生石紐，今之汶山郡是也。”注引譙周《蜀本紀》曰：“禹本汶山廣柔縣人也，生於石紐，其地名刳兒坪。”《水經·沫水》注曰“廣柔縣有石紐鄉，禹所生也”，是“石紐”乃地名。“禹生石紐”，猶言舜生於諸馮、文王生於岐周，非謂感石而生也。遍考諸書，無禹生於石之説，“禹”當爲“啓”。郭璞注《中山經》“泰室之山”云：“啓母化爲石而生啓，在此山，見《淮南子》。”是《淮南》古本有作“啓生於石”者。及考《漢書·武帝紀》詔曰：“朕至於中岳，見夏后啓母石。”應劭曰：“啓生而母化爲石。”師古曰：“禹治鴻水，通轘轅山，化爲熊，謂塗山氏曰：‘欲餉，聞鼓聲，乃來。’禹跳石，誤中鼓。塗山氏往，見禹方作熊，慚而去，至嵩高山下化爲石，方生啓。禹曰‘歸我子’，石破北方而啓生。事見《淮南子》。”又，《御覽·地部十六》引《淮南》與師古注略同。又，《北堂書鈔·后妃部一》亦引《淮南》“石破生啓”，蓋許慎本作“啓生於石”，《書鈔》《御覽》及師古注所引即許慎之注，郭璞所云“啓母化爲石而生啓，見《淮南子》”者，亦用許慎注也。且此段以堯、舜、禹、文王、皋陶、契、啓、史皇、羿九人言之，故謂之九賢，又謂之五聖、四俊。若既言“禹耳參漏”，又言“禹生於石”，則僅八人，不得稱九矣。高據誤本“禹生於石”爲説，則九賢内少一賢，而五聖四俊亦不能如數。不得已,乃據上文所稱五聖“神農、堯、舜、禹、湯”,而取湯入五聖。又據上文言“后稷之智”,而以稷入四俊,不知彼此各不相蒙也。且彼處五聖内有神農,何以舍之而取湯?此段九賢内有羿,又何以不得與列?若此者皆不可解矣。以文義求之,五聖蓋即堯、舜、禹、文王、皋陶,四俊蓋即契、啓、史皇、羿也。

純釣

夫純釣魚腸之始下型,擊則不能斷,刺則不能入。

高注曰:“純釣,利劍名。”【念孫案】“釣”皆當爲“鈞”,字之誤也。《覽冥》篇曰:“區冶生而淳鈞之劍成。”《齊俗》篇曰:“淳均之劍,不可愛也,而區冶之巧可貴也。”皆其證。《道藏》本、劉本皆誤作“釣”,朱本改“釣”爲“鈞”是也。茅本又改爲“鉤”,而莊本從之,且并《覽冥》篇亦改爲“鉤”,斯爲謬矣。舊本《北堂書鈔・武功部》“劍”下三引此文,皆作“純鈞”。陳禹謨改其一爲“純鉤”,而删其二。《越絶外傳記寶劍》篇曰:“一曰湛盧,二曰純鈞。”《廣雅》曰:“醇鈞,劍也。”其字亦皆作“鈞”,且《齊俗》篇作“淳均”,若是“鉤”字,不得與“均”通矣。左思《吴都賦》:“吴鉤、越棘、純鈞、湛盧。”上句言“吴鉤”,下句言“純鈞”,若作“純鉤”,則“鉤”字重出矣。

粉以玄錫

明鏡之始下型,曚然未見形容,及其粉以玄錫,摩以白旃,則鬢眉微毛,可得而察。舊本脱“則”字,今以上文例之,當有“則”字。又,《初學記》《太平御覽》引此并有“則”字,今據補。

高注曰："於，摩。"《道藏》本如是，各本皆作"摩，磨"。【念孫案】"粉以玄錫"本作"扢以玄錫"。扢者，摩也。高注云"於，摩"，"於"即"扢"字之誤。隸書"於"字或作"扵"，形與"扢"相似，故"扢"誤爲"於"。《廣雅》曰："扢，磨也。""磨"與"摩"通。《玉篇》："扢，柯礙、何代二切，摩也。"《淮南·要略》"濡不給扢"，高注曰："扢，拭也。"《漢書·禮樂志·郊祀歌》"扢嘉壇"，孟康曰："扢，摩也。"此云"扢以玄錫，摩以白旃"，是"扢"與"摩"同義，故高注云"扢，摩"。《道藏》本正文"扢"字誤作"粉"，注内"扢"字又誤作"於"，後人不得其解，遂改高注"於，摩"爲"摩，磨"，莊本又改爲"旃，摩"，斯爲謬矣。《初學記·器物部九》引此并作"粉以玄錫"，亦後人依誤本《淮南》改之。《太平御覽·學部一》《服用部十九》《珍寶部十一》并引作"扢以玄錫"。又，高注《吕氏春秋·達鬱》篇云："鏡明見人之醜，而人扢以玄錫，摩以白旃。"即用此篇之語，是其明證矣。

有餘

知者之所短，不若愚者之所修。賢者之所不足，不若衆人之有餘。

【念孫案】"有餘"上亦當有"所"字。

順風

夫雁順風以愛氣力，銜蘆而翔，以備矰弋。

【念孫案】"順風"下本有"而飛"二字，與"銜蘆而翔"相對爲文，今本脱此二字，則與下文不對。《藝文類聚·鳥部中》

《白帖》九十四、《太平御覽・羽族部四》引此并作"從風而飛，以愛氣力"，《説苑・説叢》篇作"順風而飛，以助氣力"，皆其證。

景以蔽日

堀虚連比，以像宫室，陰以防雨，景以蔽日。

【引之曰】"景"即日之光，不得言"景以蔽日"，"景"當爲"晏"，字之誤也。《繆稱》篇："暉日知晏，陰諧知雨。"高注曰："晏，無雲也。"《文選・羽獵賦》注引許注同。《説文》："晏，天清也。"又曰："曣，星無雲也。""曣"與"晏"通，字亦作"曕"。《小雅・角弓》篇"見晛曰消"，《韓詩》作"曕晛聿消"，云"曕晛，日出也"，《荀子・非相》篇作"晏然聿消"。《史記・封禪書》"至中山曕温"，《漢書・郊祀志》"曕"作"晏"，如淳曰："三輔謂日出清濟爲晏。"《韓子・外儲説左》篇曰："雨霽日出，視之晏陰之間。""晏"與"陰"正相對，故曰："陰以防雨，晏以蔽日。"言穴居之獸，陰則有以防雨，晴則有以蔽日也。

不出門

今使人生於辟陋之國，長於窮櫚漏室之下，長無兄弟，少無父母，目未嘗見禮節，耳未嘗聞先古，獨守專室，而不出門，使其性雖不愚，然其知者必寡矣。

【念孫案】"門"下當有"户"字，"不出門户"與"獨守專室"相對爲文。且"户"與"下""母""古""寡"爲韻，"下"讀若"户"。"寡"讀若"古"。母，合韻，音莫補反。并見《唐韻正》。若無"户"字，則失其韻矣。

知其六賢之道

周室以後，無六子之賢而皆修其業。當世之人，無一人之才，而知其六賢之道者何？

【念孫案】“知其六賢之道”，“其”字涉上文“修其業”而衍。

分白黑利害

閒居静思，鼓琴讀書，追觀上古及賢士大夫，學問講辯，日以自娱，蘇援世事，分白黑利害，籌策得失，以觀禍福，設儀立度，可以爲法則。

【念孫案】“分白黑利害”本作“分别白黑”。高注内“分别白黑”四字即本於正文。“白黑”下本無“利害”二字，今作“分白黑利害”者，“分”下脱去“别”字，遂不成句，後人以高注云“知利害之所在”，因加“利害”二字以足句耳。案，高注云“分别白黑，知利害之所在”，此是因正文而申言之。謂分别白黑，則可以知利害之所在，非正文内本有“利害”二字也。有白黑，斯有得失，有得失，斯有禍福，故云“分别白黑，籌策得失，以觀禍福”。“禍福”即高注所謂“利害”也。若此句先言利害，則下文不必更言禍福矣。“蘇援世事”“分别白黑”“籌策得失”皆相對爲句，若云“分白黑利害”，則句法參差矣。且此段以“書”“夫”“娱”爲韻，“黑”“福”“則”爲韻，若云“分白黑利害”，則失其韻矣。

軟蹻趹　重跰

昔者南榮疇耻聖道之獨亡於己，身淬霜露，軟蹻趹，跋涉山川，冒蒙荆棘，百舍重跰，不敢休息。

高注曰："軟，猶著。蹻，履。趹，趣。跰，足生胝也。"各本"生胝"二字誤倒，今乙正。【念孫案】"軟蹻趹"，"趹"下本有"步"字。趹步，疾行也。《説文》："趹，馬行皃。"又云："赽，踶也。"《廣雅》云："駃，奔也。"《史記·張儀傳》："探前趹後，蹄間三尋。"《索隱》曰："言馬之走勢疾也。"《莊子·齊物論》篇"麋鹿見之決驟"，崔譔曰："疾走不顧爲決。""趹""赽""駃""決"并字異而義同。故注訓"趹"爲"趨"。《莊子·庚桑楚》釋文引此正作"軟蹻趹步"，今本脱去"步"字，則文不成義。且自"身淬霜露"以下皆以四字爲句，又以"露""步"爲韻，"棘""息"爲韻，脱去"步"字，則句既不協，而韻又不諧矣。"重跰"當爲"重趼"，字之誤也。高注同。"趼"讀若"繭"。《莊子·天道》篇："百舍重趼而不敢息。"《釋文》："趼，古顯反。司馬云：'胝也。'許慎云：'足指約中斷傷爲趼。'"所引許注即此篇"重趼"之注也。司馬訓"趼"爲"胝"，與高注"足生胝"同義，劉晝《新論·惜時》篇云"南榮之訪道，重趼而不休"，即用此篇之文，則"跰"爲"趼"之誤明矣。"趼"字亦作"繭"。《賈子·勸學》篇云"南榮跦百舍重繭而不敢久息"是也。《宋策》"墨子百舍重繭"，高彼注云："重繭，累胝也。"亦與此注同義。

欣然七日不食如饗太牢

南見老聃，受教一言，精神曉泠，鈍閔條達，案，"閔"與"惛"

聲相近，故高注云“鈍閔，猶鈍惛”。《方言》曰：“頓愍，惛也。江湘之間謂之頓愍。”《文子·精誠》篇作“屯閔條達”，并與“鈍閔”同。舊本“閔”誤作“聞”，今改正。欣然七日不食，如饗太牢。

【引之曰】“七日不食”上當有“若”字，“如”讀爲“而”。言聞老聃之言，若七日不食而饗太牢也。《賈子》云：“南榮跦既遇老聃，見教一言，若飢十日而得太牢。”是其證。《文子·精誠》篇襲用此文，而改之曰“勤苦七日不食，如享太牢”，失其指矣。

葉語

稱譽葉語，至今不休。

高注曰：“葉，世。言榮疇見稱譽，世傳相語，至今不止。”【念孫案】“葉”當爲“華”，俗書“華”字作“華”，與“葉”相似而誤。《東周策》“謀之於葉庭之中”，姚宏曰：“《春秋後語》作‘章華之庭’。”《秦策》“華陽君”，《趙策》作“葉陽君”。《史記·范雎傳》“華陽君”，徐廣曰：“華，一作葉。”華，榮也。稱譽華語，至今不休，言榮名常在人口也。高所見本已誤作“葉”，故訓“葉”爲“世”。《文子》正作“稱譽華語”。

蹷沙石

申包胥贏糧跣走，跋涉谷行，獵蒙蘢，蹷沙石，蹠達膝，此下缺一字，《楚策》作“蹠穿膝暴”。曾繭重胝。

高注曰：“蹷，僵。蹠，足。達，穿也。”【念孫案】“蹷”訓爲“僵”，雖本《説文》，而此“蹷”字則非其義。蹷者，蹋也，謂足蹋沙石也。"蹷"或作"蹶"。《説文》作"蹷",云"蹠也"。《主術》篇注曰:"蹠,蹈也。"《楚辭·九章》注曰:"蹠,踐也。"《文選·舞賦》注引許慎《淮南注》曰:"蹠,蹋也。"《吕氏春秋·知化》篇:"子胥兩袪高蹶而出於廷。"高注曰:"蹶,蹈也。"司馬相如《上林賦》"蹷石闕",郭璞曰:"蹷,蹋也。"《漢書·申屠嘉傳》"材官蹶張",如淳曰:"材官之多力,能脚蹋强弩張之,故曰蹶張。"是足蹋謂之蹷也。申包胥跋涉谷行,故足蹋沙石,而蹠爲之穿,若訓"蹷"爲"僵",則與上下文不相貫注矣。

權説

謝子山東辯士,固權説以取少主。

【引之曰】"權"本作"奮","奮"字上半與"權"字右半相似,又涉注内"權"字而誤也。高注曰:"常發其巧説,以取少主之權。""發"字正釋"奮"字。《史記·樂書》集解引孫炎《樂記》注曰:"奮,發也。""以取少主之權",乃加"之權"二字以申明其義,非正文有"權"字也。《吕氏春秋·去宥》篇正作"將奮於説以取少主"。

以爲狗羹 盡寫其食

楚人有亨猴而召其鄰人,以爲狗羹也而甘之,後聞其猴也,據地而吐之,盡寫其食。

【念孫案】"鄰人"下當更有"鄰人"二字,今本脱去,則文義不明。《北堂書鈔·酒食部三》《初學記·器物部》《太平御覽·飲食部十九》《獸部二十二》引此并叠"鄰人"二字。"盡寫其食”亦當依《初學記》《太平御覽》引作“盡寫其所食”。

鋋

苗山之鋋，羊頭之銷。

【念孫案】“鋋”當爲“鋌”，字之誤也。“鋌”音“挺”。《説文》：“鋌，銅鐵樸也。”《文選·七命》注引此篇“苗山之鋌，《七發》注同。羊頭之銷”，又引許慎注曰“鋌，銅鐵樸也。高注：“苗山，楚山。利金所出。”義與許同。銷，生鐵也”，是其證。

濫脇號鍾

鼓琴者，期於鳴廉修營而不期於濫脇號鍾。

高注曰：“濫脇，音不和。號鍾，高聲。非耳所及也。”劉績曰：“濫脇、號鍾，皆古琴名。梁元帝《纂要》以爲齊桓公琴是也，作‘藍脅’。”【念孫案】劉説是也。“濫”與“藍”古字通。《廣雅》：“藍脅、號鍾，琴名也。”《楚辭·九嘆》“破伯牙之號鍾兮”，王注云：“號鍾，琴名。”馬融《長笛賦》亦云：“若緪瑟促柱，號鍾高調。”《宋書·樂志》云：“齊桓曰號鍾，楚莊曰繞梁，事出傅玄《琴賦》。”

以爲知者也

曉然意有所通於物，故作書以喻意，以爲知者也。

高注曰：“喻，明也。作書者，以明古今傳代之事，以爲知者施也。”【念孫案】如高注，則“喻意”當作“喻事”。“知者”下當有"施"字。施，設也，言作書以明事，爲後之知己者設也。又，下文"故師曠之欲善調鍾也，以爲後之知音者也"，"以爲後之知音者"與"以爲知者施"同意，各本"知音"上有"有"字，因上文"若有知音者"而衍。《吕氏春秋·長見》篇作"以爲後世之知音者也"，無"有"字。注曰"喻上句作書爲知者施也"，各本"知者"作"知音"，因正文"知音"而誤。今據上注改。則正文有"施"字明矣。今本"喻事"作"喻意"，涉上句"意"字而誤。"知者"下脱"施"字，則文義不明。

揄步　籠蒙目視

佩玉環，揄步，雜芷若，今本"芷"誤作"芝"，辯見《説林》"蘭芝"下。籠蒙目視，冶由笑，目流眺，口曾撓，奇牙出，䶩酺摇。

【念孫案】《説文》："揄，引也。""揄步"之間脱去一字，自"佩玉環"以下皆三字爲句，此獨兩字，則與上下不協。《新書·勸學》篇作"揄鋏陂"，今本"揄"誤作"榆"，辯見《賈子》。亦三字爲句也。"籠蒙目視"四字，文不成義，且與上下句不協，劉績曰衍"目"字。【念孫案】此當衍"視"字，高注"目，視也"，則正文作"籠蒙目"明矣。今本"目"下有"視"字，即涉注文而誤。《廣雅》亦云："目，視也。"《史記·項羽紀》曰"范增數目項王"是也。籠蒙目，即籠蒙視，與"冶由笑"相對爲文。《賈子》作"風蚩視"。今本"風蚩"誤作"蚩虱"。"風蚩""籠蒙"，語之轉耳。

憚悇

無不憚悇癢心而悦其色矣。

高注曰："憛悇，貪欲也。"錢氏獻之曰："憚，注讀'探'，必非'憚'字。據《楚辭》及《馮衍賦》應作'憛悇'爲是，形之譌耳。"【念孫案】錢謂"憚"當作"憛"是也。然《楚辭·七諫》"心悇憛而煩冤兮"，王注云："悇憛，憂愁貌。"《後漢書·馮衍傳》"終悇憛而洞疑"，李賢注引《廣蒼》云："悇憛，禍福未定也。"皆與高注"貪欲"之義不同，唯《賈子·勸學》篇"孰能無悇憛養心"，義與此同。《廣韻》："悇，抽據切。憛悇，愛也。"義蓋本於《淮南》。

扶於　便媢　若騖

今鼓舞者，繞身若環，曾撓摩地，扶於猗那，動容轉曲，便媢擬神，身若秋藥被風，髮若結旌，騁馳若騖。

高注曰："扶轉周旋更曲意更爲之。"【念孫案】高注傳寫脱誤，當作"扶於，周旋也。轉，更也。曲竟更爲之"，今本脱去"於"字、兩"也"字，"轉"字誤在"周旋"上，"竟"字又誤作"意"，遂致文不成義。正文内"扶於"二字，各本多誤作"扶旋"，"旋"字即涉注文而誤。唯《道藏》本、茅本不誤。"扶於""猗那"皆疊韻也，若作"扶旋"，則失其讀矣。《史記·司馬相如傳》"扶輿猗靡"，《集解》引郭璞曰："《淮南》所謂'曾折摩地，扶輿猗委'也。"扶輿，即扶於。《相如傳》又云："垂條扶於。"《太平御覽·樂部十二》引此正作"扶於"，又引高注曰："轉，更也。曲竟更爲也。"是其證。《楚辭·九懷》："登羊角兮扶輿。"洪興祖《補注》引此亦作"扶於"，而莊刻乃從諸本作"扶旋"，謬矣。"便媢擬神"，"媢"當爲"娟"，"媢"字俗書作"娟"，與"娟"相似而誤。《楚辭·大招》："豐肉微骨，體便娟只。"王注云:"便娟,好貌也。""便娟"亦叠韻,若作"便嫺",則失其讀矣。《後漢書·文苑傳》注及《太平御覽》引此并作"便娟"。"騁馳若鶩","鶩"當爲"鶩",高注"言其疾也",正釋"若鶩"二字。今本"言其疾"上有"騁馳"二字,此涉正文而衍。[1] 張衡《西京賦》説舞曰"紛縱體而迅赴,若鶩鶴之群罷"是也。"鶩""鶩"字相近,因誤爲"鶩"。《莊子·知北游》篇注:"理未動而志已驚。"《釋文》:"驚,本亦作鶩。""鶩"與"騁馳"同義,若云"騁馳若鶩",則是騁馳若騁馳矣,且"地""那"爲韻,"地"古讀若"沱"。説見《唐韻正》。"神""旌""驚"爲韻,此以真、耕通爲一韻,《周易》《楚辭》及《老》《莊》諸子多如此。若作"鶩",則失其韻矣。《太平御覽》引此正作"騁馳若驚"。

且夫

且夫觀者莫不爲之損心酸足。

【念孫案】"且"當爲"則",字之誤也。"則夫"二字承上"今鼓舞者"以下二十一句而言,上文云"則布衣韋帶之人,莫不左右睥睨而掩鼻",又云"則雖王公大人,有嚴志頡頏之行者,無不憚悇癢心而悦其色矣",語意并與此同。

眇勁　淹浸漬

夫鼓舞者非柔縱,而木熙者非眇勁,淹浸漬漸靡使然也。高注曰:"眇,絶也,言其非能自有絶妙之强力也。淹,

① "衍",底本作"行",據同治本改。

久。浸，漬。"【念孫案】高訓"眇"爲"絶"，而以"眇勁"爲"絶妙之强力"，於義未安。今案，"眇勁"與"柔縱"相對爲文，"眇"讀爲"訬"。訬勁，猶輕勁也。上文曰："越人有重遲者，而人謂之訬。"高彼注曰："訬，輕利急疾。舊本脱"疾"字，據《文選注》補。'訬'讀燕人言躁操善趨者謂之'訬'同也。"《後漢書·馬融傳》"或輕訬趫悍"，李賢曰："訬，輕捷也。"《文選·吴都賦》"輕訬之客"，李善曰："高誘《淮南子注》曰：'訬，輕利急疾也。'訬音眇。"是"訬""眇"同聲而通用也。"淹浸漬漸靡"，"漬"字涉注文而衍。"淹浸""漸靡"皆兩字連讀，不當有"漬"字，且注訓"淹"爲"久"、"浸"爲"漬"，則正文無"漬"字明矣。

藜藿

藜藿之生，蠕蠕然日加數寸，不可以爲櫨棟。

【念孫案】"藜藿"當爲"藜藋"，徒弔反。字之誤也。"藋"即今所謂灰藋也。《爾雅》："拜，蔏藋。"郭注曰："蔏藋似藜。"昭十六年《左傳》曰"斬其蓬蒿藜藋"，《莊子·徐無鬼》篇曰"藜藋柱乎鼪鼬之徑"是也。藜、藋皆生於不治之地，其高過人，故曰"蝡蝡然日加數寸"。若"藿"爲豆葉，豆之高不及三尺，斯不得言日加數寸矣。藜、藋皆一莖直上，形似樹而質不堅，故曰"不可以爲櫨棟"，若"藿"則非其類矣。《太平御覽·木部六》引此作"藜藿"，亦傳寫之誤，其《百卉部》"藋"下引此正作"藜藋"。後人多聞"藜藿"，寡聞"藜藋"，故諸書中"藜藋"字多誤爲"藜藿"。説見《史記·仲尼弟子傳》。

《淮南内篇》弟廿

泰族

雨露所以濡生萬物瑶碧玉珠翡翠瑇瑁

天地所包，陰陽所嘔，雨露所以濡生萬物，《道藏》本如是。瑶碧玉珠，翡翠瑇瑁，瑇，各本作“玳”，俗字也，今據《太平御覽》引改，依《漢書》當作“毒冒”。文彩明朗，潤澤若濡，摩而不玩，久而不渝。

【念孫案】“雨露所以濡生萬物”本作“雨露所濡，以生萬殊”，“瑶碧玉珠”本在“翡翠瑇瑁”之下。《道藏》本“濡以”二字誤倒，“萬殊”誤作“萬物”，“翡翠瑇瑁”又誤在“瑶碧玉珠”之下。案，“雨露所濡”爲句，“以生萬殊”爲句，如《藏》本則失其句矣。且此段以“嘔”“濡”“殊”“珠”“濡”“渝”爲韻，如《藏》本則失其韻矣。劉本作“雨露所濡生萬物”，又脱去“以”字，《漢魏叢書》本乃於“生萬物”上妄加“化”字，而莊本從之，斯爲謬矣。《太平御覽·工藝部九》引此正作“雨露所濡，以生萬殊，翡翠瑇瑁，瑶碧玉珠”。

日月合明鬼神合靈

故大人者，與天地合德，日月合明，鬼神合靈，與四時合信。

【念孫案】此用《乾·文言》語也。"日月""鬼神"上并脱"與"字，《文子·精誠》篇正作"與日月合明，與鬼神合靈"。

衍四海

故聖人懷天氣，抱天心，執中含和，不下廟堂而衍四海。

【念孫案】《文選·東都賦》注引此作"不下廟堂而行於四海"，於義爲長，《文子·精誠》篇亦作"不下堂而行四海"。

陰陽化列星朗非有道而物自然

天致其高，地致其厚，月照其夜，日照其晝，陰陽化，列星朗，非有道而物自然。

【念孫案】下三句本作"列星朗，陰陽化，非有爲焉，正其道而物自然"。自"天致其高"至"列星朗"，是説天地、日月、星。而"陰陽化"一句，則總承上文言之，今本"列星朗"句在後，則失其次矣。且"厚""晝"爲韻，"化""焉""然"爲韻，"化"字古音在歌部，"焉""然"二字在元部，歌、元二部古或相通。《陳風·東門之枌》篇以"差""原""麻""娑"爲韻，《小雅·桑扈》篇以"翰""憲""難""那"爲韻，《隰桑》篇以"阿""難""何"爲韻。《逸周書·時訓》篇："鴡鳥猶鳴，國有訛言。虎不始交，將帥不和。荔挺不生，卿士專權。"《莊子·天運》篇："孰隆施是？孰居無事淫樂而勸是。"《淮南·詮言》篇[①]："爲善則觀，爲不善則議。觀則生責，議則生患。"《説林》篇："百梅足以爲百人酸，一梅不足以爲一人和。"《泰族》篇："其美在和，其失在權。水火金木土穀，異物而皆任。規矩權衡準繩，異形而皆施。丹青膠漆，不同而皆用。各有所適，物各有宜。"皆其證也。"差""施""議""宜"四字，古在歌部。説見《唐韻正》。若"列星朗"句在後，則失其韻矣。"非有爲焉，正其道而物自然"者，然，成也。《廣雅》："然，成也。"《大戴禮·武王踐阼》篇"毋曰胡殘，其禍將然"，謂其禍將成也。《莊子·繕性》篇"莫之爲而常自然"，謂常自成也。《楚辭·遠游》"無滑而魂兮，彼將自然"，謂彼將自成也。又見下。言天地、陰陽非有所爲，但正其道，而萬物自成也。《原道》篇云"萬物固以自然，"以"與"已"同。聖人又何事焉"，語意正與此同。下文云"故陰陽四時，非生萬物也。雨露時降，非養草木也。神明接，陰陽和，而萬物生矣"，即此所謂"非有爲焉，正其道而物自然"也。《道藏》本"非有"下脱"爲焉正其"四字，則文不成義。劉本作"正其道而物自然"，無"非有爲焉"四字，亦非。若本無"非有爲焉"四字，則《藏》本不得有"非有"二字矣。《主術》篇曰"是故繩正於上，木直於下，非有事焉，所緣以修者然也"，語意正與此同。莊本作"非其道而物自然"，則其謬益甚。《文子·精誠》篇作"列星朗，陰陽和，非有爲焉，正其道而物自然"，是其明證矣。"和"字亦與"焉""然"爲韻。

流源　淵深

流源千里，淵深百仞，非爲蛟龍也。

---

① "詮"，底本作"銓"，據《淮南子》改。

【念孫案】《太平御覽·鱗介部二》引此,“流源”作“源流”“淵深”作“深淵”是也。“源流”者,有源之流,《原道》篇云“源流泉浡,沖而徐盈”是也。今作“流源”,則文不成義。“深淵”與“源流”相對爲文,猶上文言“高山深林”“大木茂枝”也,今作“淵深”,則與上文不類矣。

滎水

故丘阜不能生雲雨,滎水不能生魚鱉者,小也。

【念孫案】滎水,小水也。《説文》:“滎,絶小水也。”《韓詩外傳》曰:“滎澤之水,無吞舟之魚。”《漢書·楊雄傳》“梁弱水之濎濙兮”,服虔曰:“昆侖之東有弱水,度之若濎濙耳。”師古曰:“濎濙,小水之皃。”“濙”與“滎”同,《道藏》本、劉本皆作“滎”,《太平御覽·鱗介部四》引此同,朱本改“滎”爲“涔”,而莊本從之,斯爲謬矣。朱不知“滎”爲小水,而誤以爲《禹貢》“熒波既豬”之“熒”,故妄改之。

卵割

夫蛟龍伏寢於淵,而卵割於陵。

【念孫案】“割”當爲“剖”,字之誤也。《漢書·高惠高后文功臣表》“剖符世爵”,今本“剖”誤作“割”。剖,謂破卵而出也。《原道》篇“羽者嫗伏”,高注曰:“嫗伏,以氣剖卵也。”《文選·海賦》“剖卵成禽”,李善曰:“剖,猶破也。”《初學記·鱗介部》、《白帖》九十五、《太平御覽·鱗介部二》引此并作“卵剖”。《開元占經·龍魚蟲蛇占》引作“卵孚”,又引許慎注曰:“孚謂卵自孚也。”“孚”“剖”聲相近，故高注曰“蛟龍乳於陵而伏於淵，其卵自孚也”。今本“自孚”作“自孕”，此後人妄改之也。《説文》：“孕，裹子也。”“孚，卵孚也”。其義迥殊。《一切經音義》二引《通俗文》曰“卵化曰孚”，《淮南・人間》篇曰：“夫鴻鵠之未孚於卵也，一指蔑之，則靡而無形矣。”

訟繆

静漠恬淡，訟繆胸中。“繆”與“穆”通。顔師古注《漢書・東方朔傳》曰：“穆，静思貌。”故高注曰“繆，静也”。各本“繆”作“謬”，左畔“言”字因上“訟”字而誤。今改正。

高注曰：“訟，容也。繆，静也。”【引之曰】高所見本作“訟”，故訓爲“容”。“訟”“容”古同聲也，其實“訟”乃“説”字之誤。説，古“悦”字，“繆”與“穆”同，穆，亦和悦也。《大雅・烝民》箋曰：“穆，和也。”《管子・君臣》篇“穆君之色”，尹知章曰：“穆，猶悦也。”“説繆胸中”者，所謂不改其樂也。《文子・精誠》篇正作“悦穆胸中”。

所責

秦穆公爲野人食駿馬肉之傷也，飲之美酒，韓之戰，以其死力報，非券之所責也。

【念孫案】“責”上脱“能”字。上文云“非令之所能召也”，下文云“非刑之所能禁也”“非法之所能致也”，是其證。

市買不豫賈

孔子爲魯司寇，道不拾遺，市買不豫賈。

【念孫案】"買"字即"賈"字之誤而衍者也。"市不豫賈"，謂市之鬻物者，不高其價，以相誑豫，誑豫，見《周官·司市》注。非謂買者也。《荀子·儒效》篇作"魯之鬻牛馬者不豫賈"，《淮南·覽冥》篇及《史記·循吏傳》并云"市不豫賈"，多一"買"字，則文不成義，且與上句不對矣。

正心

夫矢之所以射遠貫牢者，弩力也。其所以中的剖微者，正心也。

【念孫案】"正心"本作"人心"，與"弩力"相對爲文，今作"正心"者，後人妄改之耳。《群書治要》及《太平御覽·工藝部二》引此并作"人心"。

化則細

聖人之治天下，非易民性也，拊循其所有而滌蕩之，"滌蕩"與"條暢"同。《文子》作"條暢"。故因則大，化則細矣。

【念孫案】"化"字義不可通，"化"當爲"作"，字之誤也。"作"字本爲"𠈌"，與"化"相似而誤。聖人順民性而條暢之，所謂因也，反是則爲"作"矣。《原道》篇曰："任一人之能，不足以治三畝之宅也。循道理之數，因天地之自然，則六合不足均也。"故曰"因則大，作則細矣"。高注本作"能循則必大也，欲作則小矣”,今本“欲作”上有“化而”二字,則後人依已誤之正文加之耳。《文子·道原》篇作“因即大,作即細”,《自然》篇作“因即大,作即小”,皆其證。《吕氏春秋·君守》篇曰:“作者擾,因者平。”《任數》篇曰:“爲則擾矣,因則静矣。”語意略與此同。

饗飲

饗飲習射,以明長幼。

【念孫案】“饗”當爲“鄉”,字之誤也。《經解》《射義》并云“鄉飲酒之禮,所以明長幼之序”,是其證。《群書治要》引此正作“鄉飲”。

故立父子之親　清濁五音

乃澄列金木水火土之性,故立父子之親而成家。别清濁五音六律相生之數,以立君臣之義而成國。察四時季孟之序,以立長幼之禮而成官。

【念孫案】“故立父子之親”亦當爲“以立父子之親”,與下文相對,《文子·上禮》篇正作“以立”。“清濁五音”亦當依《文子》作“五音清濁”。

以歸神及其淫也反其天心

神農之初作琴也,以歸神及其淫也,反其天心。

【念孫案】此文本作“神農之初作琴也,以歸神杜淫,反其天心。《白虎通義》曰:“琴者,禁也。所以禁止淫邪,正人心也。”《琴操》曰:“昔伏羲氏作琴,所以禦邪僻防心淫,以修身理性,反其天真也。”及其衰也,流而不反,淫而好色,至於亡國”,“流而不反”正對“反其天心”言之,“淫而好色”正對“杜淫”言之。下文曰“夔之初作樂也,皆合六律,而調五音,以通八風。及其衰也,以沈湎淫康,不顧政治,至於滅亡”,句法皆與此相對。此以“淫”“心”爲韻,“色”“國”爲韻,下文以“音”“風”爲韻,“風”字古音在侵部,説見《唐韻正》。“康”“亡”爲韻。《文子·上禮》篇作“聖人之初作樂也,以歸神杜淫,反其天心。至其衰也,流而不反,淫而好色,今本此下有“不顧正法,流及後世”八字,蓋後人所加,《群書治要》引《文子》無此八字。至於亡國”,是其明證矣。《文選·長笛賦》注引上三句云“神農之初作瑟,“瑟”字與今本不合,所引蓋許慎本。以歸神反望,及其天心”,“杜淫”作“反望”“反其”作“及其”,皆傳寫之誤,“反望”之“反”,蓋涉下“反其天心”而誤。“淫”“望”,“反”“及”皆以形近而誤。而句法正與《文子》同。若今本則錯脱不成文理,且失其韻矣。

志遠

蒼頡之初作書,以辯治百官,領理萬事,愚者得以不忘,智者得以志遠。

【念孫案】“志遠”本作“志事”,以書記事,無分於遠近,不當獨言“志遠”。後人以兩“事”字重出,故改“志事”爲“志遠”耳,不知古人之文不嫌於複,且兩“事”字自爲韻,上下文皆用韻。若作“志遠”,則失其韻矣。《文子》正作“智者以記事”。

罷民之力

馳騁獵射，以奪民時，罷民之力。

【念孫案】“罷民之力”當作“以罷民力”，與上句相對爲文。上文“以解有罪，以殺不辜”，與此文同一例，《文子》正作“以罷民力”。

推舉

朋黨比周，各推其與，廢公趨私，内外相推舉，奸人在朝，而賢者隱處。

【念孫案】“内外相推舉”，句法與上下文不協，且“推”字與上文“各推其與”相複，蓋衍文也。《文子》無“推”字。

故易之失也卦六句

故《易》之失也卦，《書》之失也敷，《樂》之失也淫，《詩》之失也辟，《禮》之失也責，《春秋》之失也刺。

【念孫案】此六句非《淮南》原文，乃後人取《詮言》篇文附入而加以增改者也。《詮言》篇曰：“《詩》之失辟，《樂》之失刺，《禮》之失責。”此文“《詩》之失也辟，《禮》之失也責”，全用《詮言》篇文，而改“《樂》之失刺”爲“《春秋》之失也刺”，又加“《易》之失也卦，《書》之失也敷”二句，以合六藝之數。下文云“故《易》之失鬼，《樂》之失淫，《詩》之失愚，《書》之失拘，《禮》之失忮，《春秋》之失訾”，與此六句相距不過數行，而或前後重出，或彼此參差，其不可信一也。下文“《易》之失鬼”六句，高氏皆有注，而此獨無注，若原文有此六句，不應注於後，而不注於前，其不可信二也。《太平御覽·學部二》所引有下“《易》之失鬼”六句，而無此六句，其不可信三也。

乖居

《關雎》興於鳥，而君子美之，爲其雌雄之不乖居也。

【念孫案】“乖”當爲“乘”，字之誤也，羅願《爾雅翼》引此已誤。乘者，匹也。言雌雄有別，不匹居也。《廣雅》曰：“雙、耦、匹、乘，二也。”《月令》“乃合累牛騰馬”，鄭注曰：“累、騰，皆乘匹之名。”《家語·好生》篇曰：“《關雎》興于鳥，而君子美之，取其雌雄之有別。”《毛詩傳》亦云：“雎鳩摯而有別。”鄭箋曰：“摯之言至也，謂王雎之鳥，雌雄情意至，然而有別。”戴先生《毛鄭詩考正》曰：“案，古字‘鷙’通用‘摯’，《夏小正》‘鷹始摯’、《曲禮》‘前有摯獸’，是其證。《春秋傳》郯子言少皞以鳥名官，雎鳩氏，司馬也，説曰‘鷙而有別，故爲司馬，主法制’，義本《毛詩》，不得如《箋》所云明矣。”【念孫謹案】《淮南·説林》篇：“神龍不匹，猛獸不群，鷙鳥不雙。”義與《毛詩》同。“有別”即此所云“不乘居也”。漢張超《誚青衣賦》亦曰“感彼關雎，性不雙侣”，《列女傳·仁智傳》曰：“夫雎鳩之鳥，猶未嘗見其乘居而匹處也。”張華《鷦鷯賦》云：“繁滋族類，乘居匹游。”此尤其明證矣。

可謂忠臣也而未可謂弟也

周公誅管叔、蔡叔，以平國弭亂，可謂忠臣也，而未可謂弟也。

【念孫案】此當作“可謂忠臣矣，而未可謂弟弟也”，上文云“可謂養性矣，而未可謂孝子也”，是其證。

必簡

小見不達必簡。

【念孫案】“必簡”上當更有“達”字。此言見大者達，達則必簡，猶《樂記》言“大樂必易，大禮必簡”也。《文子・上仁》篇作“道小必不通，通則必簡”，是其證。

陰陽無爲故能和

河以逶蛇故能遠，山以陵遲故能高，陰陽無爲故能和，道以優游故能化。

【念孫案】“陰陽無爲故能和”後人所加也。此以河之逶蛇、山之陵遲喻道之優游，若加入“陰陽無爲”二句，則與“逶蛇”“陵遲”“優游”之義咸不相比附矣。且“陰陽無爲”與“河以逶蛇”三句句法亦屬參差。《太平御覽・地部二十六》引《淮南》無此二句，《説苑・説叢》篇、《文子・上仁》篇并同。

而猶

故法者，治之具也，而非所以爲治也，而猶弓矢，中之具，而非所以中也。

【念孫案】“而猶”當爲“亦猶”。隸書“而”“亦”下半相似，故“亦”誤爲“而”。《趙策》“趙雖不能守，亦不至失六城”，舊本“亦”誤作“而”。

治之上

此治之上也。

【念孫案】“治之上”當爲“治之本”，對下文“治之末”而言。上文“養性之本”“養性之末”即其證。今作“治之上”者，涉上文“治國太上養化”而誤，《文子·下德》篇正作“治之本”。

萬一

夫欲治之主不世出，而可與興治之臣不萬一，以萬一求不世出，此所以千歲不一會也。

【念孫案】“以萬一求不世出”當作“以不萬一求不世出”，“不萬一”三字即承上句言之。《文子·下德》篇作“以不世出求不萬一”，《吕氏春秋·觀世》篇注引《淮南》，作“以不萬一待不世出”，皆其證。

乘衰

掘其所流而深之，茨其所決而高之，使得循勢而行，乘衰而流。

高注曰：“衰，下也。”【引之曰】“衰”與“下”義不相近，“衰”當爲“衺”，字之誤也。《説文》：“窊，污衺下也。”字通作“邪”。《史記·滑稽傳》“污邪滿車”，《集解》引司馬彪曰“污邪下地田也”，故高注訓“衺”爲“下”。

繩之法法

若不修其風俗，而縱之淫辟，乃隨之以刑，繩之法法，雖殘賊天下，弗能禁也。

【念孫案】“繩之法法”，文不成義，當依劉本作“繩之以法”。茅本作“繩之以法，法雖殘賊天下”，以次“法”字屬下讀，亦非。莊本同。《文子·下德》篇作：“棄之以法，隨之以刑，雖殘賊天下，不能禁其奸矣。”則劉本是也。

抱寶牽馬而去

荀息伐之，兵不血刃，抱寶牽馬而去。

【念孫案】“去”當爲“至”，此涉上文“越疆而去”而誤，僖二年《公羊傳》正作“虞公抱寶牽馬而至”。

越爲之

夫刻肌膚，鑱皮革，被創流血，至難也，然越爲之，以求榮也。

【念孫案】“越”下脱“人”字，高注“越人以箴刺皮”即其證，《群書治要》引此正作“越人”。

義理

上唱而民和，上動而下隨，四海之内，一心同歸，背貪鄙而向義理，其於化民也，若風之摇草木，無之而不靡。

【念孫案】“義理”本作“仁義”，此後人妄改之也。貪則不義，鄙則不仁，“貪鄙”與“仁義”正相反，《本經》篇曰：“毁譽、仁鄙不立。”《齊俗》篇曰：“仁鄙在時不在行。”《漢書·董仲舒傳》曰：“或夭或壽，或仁或鄙。”故曰“背貪鄙而向仁義”，若作“義理”，則失其指矣。且“義”與“和”“隨”“靡”爲韻，“義”“隨”“靡”三字，古音皆在歌部。説見《唐韻正》。若作“義理”，則失其韻矣，《文子·上禮》篇正作“背貪鄙，嚮仁義”。

直大道

將欲以直大道，成大功。

【念孫案】《群書治要》引此，“直”作“興”是也。“興大道”“成大功”文義正相比附，今作“直大道”者，涉下文“不得直道”而誤。

自爲辟

醜必托善以自爲解，邪必蒙正以自爲辟。

【念孫案】“辟”字義不可通，當是“辭”字之誤。“辭”或作“辤”，與“辟”相似。“自爲辭”，猶“自爲解”耳。

踳馳

趣行踳馳。

【念孫案】"踳"與"舛"同。《説文》云楊雄作"舛"字如此。《莊子·天下》篇"其道舛駁",《文選·魏都賦》注引作"踳駁",又引司馬彪注曰"踳與舛同"。踳馳,謂相背而馳也。《俶真》篇曰:"二者代謝舛馳。"《説山》篇曰:"分流舛馳。"《玉篇》引作"僢馳"。《氾論》篇曰:"見聞舛馳於外。"《法言叙》曰:"諸子各以其知舛馳。""舛""踳""僢"字異而義同。《道藏》本作"踳",各本皆誤爲"踼踳"之"蹐",而莊本從之,斯爲謬矣。又,下文"知能踳馳",各本亦誤作"蹐"。

知者不妄發

夫知者不妄發,擇善而爲之,計義而行之,故事成而功足賴也,身死而名足稱也。

【念孫案】"夫知者不妄發",《群書治要》引作"夫知者不妄爲,勇者不妄發"是也。下文"擇善而爲之"及"事成而功足賴"皆承"知者不妄爲"而言。"計義而行之"及"身死而名足稱"皆承"勇者不妄發"而言。今本脱"爲"字及"勇者不妄"四字,此因兩"不妄"相亂,故寫者誤脱之。則與下文不合。《説苑·説叢》篇亦云:"夫智者不妄爲,勇者不妄發。"今本"發"誤作"殺"。

欲成霸王之業

欲成霸王之業者，必得勝者也。能得勝者，必强者也。能强者，必用人力者也。能用人力者，必得人心者也。能得人心者，必自得者也。

【念孫案】“欲成霸王之業”，“欲”亦當爲“能”，言必得勝而後能成霸王之業也。下文四“能”字皆與此文同一例，若云“欲成霸王之業”，則與下句不合，且與下文不類矣。《詮言》篇“能成霸王者，必得勝者也”以下八句，并與此同，是其證。

節用

故爲治之本務在寧民，寧民之本在於足用，足用之本在於勿奪時，勿奪時之本在於省事，省事之本在於節用，節用之本在於反性。未有能摇其本而静其末，濁其源而清其流者也。

【念孫案】“節用”皆當爲“節欲”，此因上文“足用”而誤也。《文子·下德》篇作“節用”，亦後人以誤本《淮南》改之。《齊俗》篇云：“治欲者，不以欲以性。”又云“欲節事寡”，故曰“省事之本在於節欲，節欲之本在於反性”。今本“節欲”作“節用”，則非其指矣。《詮言》篇云“省事之本在於節欲，節欲之本在於反性”，以上八句皆與此同。《齊民要術》引此亦作“節欲”，又引注云“節，止。欲，貪”，此皆其明證矣。或謂《齊民要術》所引爲《詮言》篇文，非也。案，《詮言》篇“節欲之本在於反性”下有“反性之本在於去載”二句，而無“未有能摇其本而静其末”二句，今《要術》引“節欲之本在於反性”下，即繼以“未有能摇其本”云云，是所引乃

《泰族》篇文，非《詮言》篇文也。

一人之德

紂有南面之名，而無一人之德，此失天下也。

【念孫案】“德”本作“譽”。“無一人之譽”，謂無一人稱譽之也。此言紂失人心，故雖有南面之名，而實無一人之譽。“譽”與“名”相對爲文，後人改爲“無一人之德”，則文不成義矣。《太平御覽·皇王部八》引此正作“無一人之譽”，《文子·下德》篇同。《御覽·皇王部七》又引譙周《法訓》云“桀紂雖有天子之位，而無一人之譽”。

周處酆鎬之地方不過百里

周處酆鎬之地方不過百里。

【念孫案】“酆鎬”下衍“之”字，此以“周處酆鎬”爲句，“地方不過百里”爲句，兩句中不當有“之”字，《吕氏春秋·疑似》篇亦以“周宅酆鎬”爲句。

挺朒

乃折枹毁鼓，偃五兵，縱牛馬，挺朒而朝天下。《道藏》本、劉本如是，各本“挺朒”皆作“搢笏”。

【念孫案】“朒”當爲“曶”。曶，古“笏”字也。《臯陶謨》“在治忽”，鄭本作“曶”，注云：“曶者，笏也。臣見君所秉，書思對命者也，君亦有焉。”見《史記·夏本紀》集解。《穆天子傳》

曰“天子搢曶”。今作“肳”者,“曶”變爲“吻”,又誤爲“肳”耳,無煩改爲“笏”也。“挺”當爲“捷”,隸書“捷”字或作“揵”,凡從走、從建之字多相亂,説見《漢書》“揵之江”下。形與“挺”相似,因誤爲“挺”。《説苑·説叢》篇“猿得木而捷,魚得水而鶩”,《續史記·孝武紀》“薦紳之屬”,《索隱》:“薦,音搢。搢,捷也。”今本“捷”字并誤作“挺”。“捷”與“插”同,言插笏而朝天下也。《小雅·鴛鴦》篇“戢其左翼”,《韓詩》曰:“戢,捷也。捷其噣於左也。”《士冠禮》注“扱柶於醴中”、《鄉射禮》注“搢,插也”、《大射儀》注“搢,扱也”、《内則》注“搢,猶扱也”,《釋文》“插”“扱”二字并作“捷”。《管子·小匡》篇“管仲詘纓捷衽”,字并與“插”同。捷曶,猶搢笏也,後人不知“挺”爲“捷”之誤,而改“挺”爲“搢”,義則是而文則非矣。

相率而爲致勇之寇　方面

昭王奔隨,百姓父兄携幼扶老而隨之,乃相率而爲致勇之寇,皆方面奮臂而爲之鬬。

【念孫案】此當作“乃相率致勇而爲之寇”,與下句相對爲文,各本“而爲”二字誤在“致勇”之上,則文不成義。“方面”與“奮臂”亦相對爲文,《道藏》本、劉本皆作“方面”,《漢魏叢書》本“面”誤爲“命”,而莊本從之,斯爲謬矣。

將卒

當此之時,無將卒以行列之,各致其死。

【念孫案】“卒”當爲“率”,“率”與“帥”同。將帥所以統三軍，故無將帥則無行列，若"卒"，則即在行列之中，不得言"無將卒以行列之"也。隸書"率"或作"卛"，見漢《韓勑造孔廟禮器碑》。形與"卒"相似，故書傳中"率"字多誤爲"卒"。説見《史記・建元以來侯者年表》"將卒"下。

快然而嘆之

穿隙穴，見雨零，則快然而嘆之。

【念孫案】"嘆"與"快然"義不相屬，"快然而嘆之"當作"快然而笑"，衍"之"字。下文"肆然而喜，曠然而樂"與此文同一例，俗書"笑"字作"咲"，"嘆"字作"嘆"，二形相似而誤。《文選・求自試表》注、《太平御覽・人事部百二十》并引《吕氏春秋・愛士》篇"繆公笑曰"，今本"笑"誤作"嘆"。

又況

又況登太山，履石封，以望八荒，視天都若蓋，江河若帶，又況萬物在其間者乎？

【念孫案】下"又況"因上"又況"而衍，萬物在其間，即承上文言之，非有二義。

射快

人欲知高下而不能，教之用管準則説。欲知輕重而無以，予之以權衡則喜。欲知遠近而不能，教之以金目則射快。高注："金目，深目，所以望遠近射準也。"

陳氏觀樓曰："'則快'二字與'則說''則喜'相對爲文，'快'上不當有'射'字，蓋因高注'射準'而衍。下文'豈直一說之快哉'正與此句相應，莊本依劉本作'快射'，亦非。"

害人

人莫不知學之有益於己也，然而不能者，嬉戲害人也。

【念孫案】"害人"本作"害之"，此涉上下文"人"字而誤。《群書治要》及《太平御覽・學部一》引此并作"嬉戲害之也"。

一性也

本末一體也，其兩愛之一性也。

【念孫案】下"一"字因上"一"字而衍，此言本末兼愛，人性皆然。"性也"二字與《孟子》"食色性也"同義，"性"上不當有"一"字，劉依《文子・上義》篇删去"一"字是也。

所在

君子與小人之性非異也，所在先後而已矣。

【念孫案】"所在"當爲"在所"。

天地之性也天地之生物也

天地之性也。天地之生物也有本末。

【念孫案】此本作"天地之性物也有本末"，"性"即"生"字也,《淮南》書中"生"字多作"性"。後人不識古字,乃於"天地之性"下加"也"字,又加"天地之生"四字,斯爲謬矣。上文"食其口而百節肥"二句皆指人事言之,與"天地之生物"無涉,不得於"天地之性"下加"也"字以承上文也。

棄義

且法之生也,以輔仁義。今重法而棄義,是貴其冠履,而忘其頭足也。

【念孫案】"義"上脱"仁"字,《太平御覽·治道部五》引此已誤,上下文皆言"仁義",無但言"義"者。

故亡其國語曰

趙政不增其德而累其高,故滅。知伯不行仁義而務廣地,故亡。其國語曰:"不大其棟,不能任重。重莫若國,棟莫若德。"

【念孫案】"亡"下本無"其"字,"故亡"爲句,"國語曰"爲句。後人誤以"故亡國"爲句,"語曰"爲句,因妄加"其"字耳。"不大其棟"四句,《魯語》文也。

本固

國主之有民也,猶城之有基、木之有根。根深即本固,基美則上寧。

【念孫案】"本"當爲"木",上文"木之有根"即其證。

山水

趙王遷流於房陵,思故鄉,作爲山水之謳。

【念孫案】“山水”當爲“山木”,字之誤也。高注同。《史記·趙世家》集解、正義及《文選·恨賦》注引此并作“山木”。

吠聲

故無聲者,正其可聽者也,其無味者,正其足味者也。吠聲清於耳,兼味快於口,非其貴也。

【念孫案】“吠聲清於耳”義不可通,“吠”當爲“呋”,字之誤也。“呋”與“咬”同。張衡《東京賦》:“咸池不齊度於𩐨咬。”薛綜曰:“𩐨咬,淫聲也。”《玉篇》:“呋,於交切,婬聲。”《廣韻》:“咬,於交切,淫聲。”是“呋”與“咬”同,故曰“呋聲清於耳,非其貴也”。

琴不鳴

琴不鳴而二十五弦各以其聲應。

【念孫案】劉本“琴”作“瑟”,與下文“二十五弦”合,《文子·微明》篇亦作“瑟”。

然後成曲

弦有緩急小大,然後成曲。車有勞軼動静,而後能致遠。案,《史記》《漢書》多以“軼”爲“逸”,《道藏》本、劉本皆作“軼”。《漢魏叢書》本改"軼"爲"逸",而莊本從之,未達假借之義。

【念孫案】"成曲"上亦當有"能"字,《文子·微明》篇正作"然後能成曲"。

下不相賊 民無匿情

至治寬裕,故下不相賊,至中復素,"中"與"忠"同,劉本依《文子》改"中"爲"忠",而莊本從之,亦未達假借之義。故民無匿情。

【念孫案】"下不相賊","相"字後人所加。賊,害也。政寬則不爲民害,故曰"至治寬裕,則下不賊"。若云"下不相賊",則非其指矣。《文子·微明》篇作"至治優游,故下不賊",是其證。"民無匿情","情"字亦後人所加,"匿"與"慝"同。《齊俗》篇曰:"禮儀飾,則生僞匿之士。"《逸周書·大戒》篇曰:"克禁淫謀,衆匿乃雍。"《管子·七法》篇曰:"百匿傷上威。"《韓子·主道》篇曰:"處其主之側,爲奸匿。"《荀子·樂論》篇曰:"亂世之文章匿而采。"字并與"慝"同。又,《管子·明法》篇"比周以相爲匿",《明法解》"匿"作"慝"。《韓詩外傳》"仁義之匿,車馬之飾",《新序·節士》篇"匿"作"慝"。《史記·酷吏傳》"上下相爲匿",《漢書》"匿"作"慝"。《後漢書·班固傳·〈典引〉》"慝亡迴而不泯",《文選》"慝"作"匿"。言至忠復素,則民無奸慝也。後人誤以"匿"爲"藏匿"之"匿",而於"匿"下加"情"字,則非其指矣,且"匿"與"賊"爲韻,若作"匿情",則失其韻矣。《群書治要》引此作"至德樸素,則民無慝",是其證。

減爵禄之令

商鞅爲秦立相坐之法,而百姓怨矣。吴起爲楚減爵禄之令，而功臣畔矣。

【引之曰】“滅爵禄之令”本作“張滅爵之令”。張，施也。施滅爵之令也。《秦策》云“吴起爲楚悼損不急之官”，即此所謂滅爵也。高注云“滅爵者，收滅群臣之爵禄”，則正文本作“滅爵”明矣。《道應》篇載吴起之言曰“將衰楚國之爵而平其制禄”，蓋滅爵則禄亦因之而滅，故注言“收滅群臣之爵禄”，非正文内本有“禄”字也。“張滅爵之令”與“立相坐之法”相對爲文，今本作“滅爵禄之令”，則文不成義，此因高注而誤衍“禄”字，又脱去“張”字也。《文子·微明》篇曰“相坐之法立，則百姓怨。滅爵之令張，則功臣叛”，語皆本於《淮南》，則此文本作“立相坐之法”“張滅爵之令”明矣。

禍福

聖人見禍福於重閉之内，而慮患於九拂之外者也。

【念孫案】“禍”字因上文兩“禍”字而衍。“見福於重閉之内”此承上文鮑叔輔小白、咎犯輔重耳及句踐修政於會稽言之。“慮患於九拂之外”此承上文史蘇嘆晉獻、子胥憂吴王及襄子再勝而有憂色言之。相對爲文，則“福”上不當有“禍”字。《文子·微明》篇無“禍”字。

再收

原蠶一歲再收，非不利也，然而王法禁之者，爲其殘桑也。

【念孫案】“收”本作“登”，此後人以意改之也。《爾雅》

曰:"登,成也。"《天文》篇曰"蠶登""蠶不登"是也。《爾雅翼》引此作"收",則所見本已誤。《齊民要術》《本草圖經》及《太平御覽·資産部五》《木部四》引此并作"登",《太平御覽·木部》又引注云"登,成也",是其證。

初絻

聘納而取婦,初絻而親迎。"絻"與"冕"同。

【引之曰】"初"字義不可通,"初"當作"冠"。字書"冠"字左畔作"完",與"衣"相似,"寸"與"刀"相似,故"冠"誤爲"初"。冠,謂弁也。《齊風·甫田》傳曰:"弁,冠也。"《士昏禮》"主人爵弁",鄭注曰"爵弁,玄冕之次。大夫以上親迎冕服"是也。"冠絻而親迎",兼貴賤言之,劉本改作"紱絻",諸本及莊本同。則但有大夫以上,於義爲不備矣,且"紱"與"初"字不相似,若是"紱"字,無緣誤爲"初"也。

然而傷和睦之心而構仇讎之怨

使民居處相司,有罪相覺,於以舉奸,非不掇也,然而傷和睦之心,而構仇讎之怨。

【念孫案】末二句當從《群書治要》所引作"然而不可行者,爲其傷和睦之心,而構仇讎之怨也",今本"然而"下脱去"不可行者爲其"六字及"也"字,則語意不完,且與上五條不對矣。

弗庳

昌羊去蚤蝨而人弗庳者，爲其來蛉窮也。

【念孫案】"庳"當爲"席"，字之誤也。昌羊，昌蒲也。蛉窮，蚰蜒也。并見《説林》注。言昌蒲能致蚰蜒，故人不以爲席也。《太平御覽·蟲豸部八》引此正作"席"。

此三代之所昌

上無煩亂之治，下無怨望之心，則百殘除而中和作矣，此三代之所昌。

【念孫案】"此三代之所昌"當從《群書治要》所引作"此三代之所以昌也"，今本脱去"以"字、"也"字，則文義不明。

《淮南内篇》弟廿一

要略

瀸濇

執其大指，以内洽五藏，瀸濇肌膚。

【念孫案】《説文》："濇，不滑也。""瀸濇"二字義不相屬，"濇"當爲"漬"，隸書"嗇"字或作"啬"，形與"責"相近，故"漬"誤爲"濇"。"瀸漬"與"漸漬"同，言内則浹洽於五藏，外則漸漬於肌膚也。《説文》曰："瀸，漬也。"《廣雅》同。莊十七年《公羊傳》："瀸者何？瀸積也。"《釋文》："積，本又作漬。"

通迴

使人知遺物反己，審仁義之間，通同異之理，觀至德之統，知變化之紀。説符玄妙之中，通迴造化之母也。

【念孫案】"通迴"二字義不相屬，"迴"當爲"迵"，音"洞"。字之誤也。迵，亦通也。"通迵造化之母"，謂通乎造化之原也。《吕氏春秋·貴同》篇"禹通三江五湖，決伊闕，迵溝陸"，《上德》篇"德迵乎天地"，高注并云："迵，通也。"今本"迵"字皆誤作"迴",辯見《吕氏春秋》。《史記·倉公傳》"臣意診其脈曰迵風",《集解》曰:"迵,音洞。言洞徹入四肢也。""迵""洞"同音,故"迵"或作"洞"。《俶真》篇"通洞條達",即"通迵"也。世人多見"迴",少見"迵",故"迵"誤爲"迴"。下文"使人通迵周備",其字正作"迵"。《道藏》本、劉本如是,他本皆誤作"迴",而莊本從之,謬矣。

并明

精神者,所以原本人之所由生,而曉寤其形骸九竅,取象於天句,合同其血氣,句。與雷霆風雨。句。比類其喜怒,句。與晝宵寒暑,句。并明。

【念孫案】"并明"二字後人所加也。與者,如也。《廣雅》:"與,如也。"司馬相如《子虚賦》:"楚王之獵,孰與寡人乎?"郭璞曰:"與,猶如也。"《漢書·高帝紀》"今某之業所就,孰與仲多",顔師古曰:"與,如也。"案,古書多謂"如"曰"與",詳見《釋詞》。言血氣之相從,如雷霆風雨。喜怒之相反,如晝宵寒暑也。後人不知"與"之訓爲"如",而讀"與雷霆風雨比類"爲一句,故又於"晝宵寒暑"下加"并明"二字,以成對文耳,不知"合同其血氣""比類其喜怒"相對爲文。今以"比類"二字上屬爲句,而"其喜怒"三字自爲一句,則句法參差矣。"與雷霆風雨""與晝宵寒暑"亦相對爲文,今加"并明"二字,則句法又參差矣。且此文以"生""天"爲韻,"雨""怒""暑"爲韻,今加"并明"二字,則失其韻矣。又案,"取象於天"爲句,"合同其血氣"爲句,《漢魏叢書》本改"於天"爲"與天",莊本同。以與下兩"與"字相對,則又誤以"於天合同"爲句矣,皆由不知兩"與"字之訓爲"如",故紛紛妄改耳。

因作任

主術者,君人之事也。所以因作任督責,使群臣各盡其能也。

【念孫案】"因作任督責"當作"因任督責",謂因任其臣而督責其功也,今本"作"字即"任"字之誤而衍者耳。《主術》篇曰:"因循而任下,責成而不勞。"《韓子·揚摧》篇曰:"因而任之,使自事之。"《吕氏春秋·知度》篇曰:"因而不爲,責而不詔。"并與此"因任督責"同義。《莊子·天道》篇:"形名已明,而因任次之。"

風氣

齊俗者,所以一群生之短修,同九夷之風氣,通古今之論,貫萬物之理,財制禮義之宜,擘畫人事之終始者也。

【念孫案】"風氣"本作"風采"。《文選·魏都賦》"壹八方而混同,極風采之異觀",李善曰:"《淮南子》曰:'同九夷之風采。'高誘曰:'風,俗也。采,事也。'"是其證。後人既改"風采"爲"風氣",復删去高注以滅其迹,甚矣其妄也。且"采"與"理""始"爲韻,若作"氣",則失其韻矣。

擊危

誠明其意,進退左右,無所擊危,句。乘勢以爲資,清静以爲常。

【念孫案】"無所擊危"者,"危"與"詭"同。《説林》篇:"尺寸雖齊,必有詭。"《文子·上德》篇"詭"作"危"。《漢書·天文志》"司詭星",《史記·天官書》作"司危星"。擊詭,猶今人言違礙也,謂進退左右無所違礙也。《睽》釋文曰:"詭,戾也。"《文選·長笛賦》"窊隆詭戾",李善注:"詭戾,乖違貌。"《主術》篇曰:"舉動廢置,曲得其宜,無所擊戾。"又曰:"木擊折轊,水戾破舟。"彼言"無所擊戾",此言"無所擊詭",其義一也,作"危"者,借字耳。劉績不解"無所擊危"之義,乃於"無所"下加"失"字,諸本及莊本同。讀"無所失"絶句,而以"擊危"二字下屬爲句,其失甚矣。

結細　説捍　明事埒事

解墮結細,説捍摶囷,而以明事埒事者也。

【念孫案】墮,亦解也。《廣雅》:"墮,脱也。"《論衡·道虚》篇曰:"龜之解甲,蛇之脱皮,鹿之墮角。"是"墮"與"解""脱"同義。《易林·噬嗑之小畜》曰"關柝開啓,衿帶解墮"是也。"細"當爲"紐",字之誤也。紐,亦結也,《楚辭·九嘆》王注曰:"紐,結束也。"《管子·樞言》篇曰"先生不約束,不結紐"是也。"説"與"脱"同,"捍"當爲"擇",字之誤也。隸書"擇"字或作"擇",與"捍"相似。見漢《成陽靈臺碑》。"擇"與"釋"同,《墨子·節葬》篇曰:"爲而不已,操而不擇。"《易林·恒之蒙》曰:"郊耕擇耜,有所疑止。"《韓子·五蠹》篇"布帛尋常,庸人不釋",《論衡·非韓》篇引《韓子》"釋"作"擇",皆是也。脱、釋,皆解也,"摶囷"者,卷束之名。《考工記》"鮑人卷而摶之",注:"鄭司農云:摶,讀爲'縳一如填'之縳,謂卷縳韋革也。"《説文》:"稛,絭束也。”“稇”與“囷”聲近而義同。“解墮結紐”“説擇摶囷”，其義一也。“明事埒事”，下“事”字因上“事”字而衍。“明事埒”者，明百事之形埒以示人也。高注《繆稱》篇曰“形埒，兆朕也”，故此注亦曰“埒，兆朕也”。

與塞而無爲也同

故通而無爲也，與塞而無爲也同。其無爲則同，其所以無爲則異。

【念孫案】“與塞而無爲也”下不當有“同”字，此因下文“同”字而衍。

酒白

夫江河之腐胔不可勝數，然祭者汲焉，大也。一杯酒白，蠅漬其中，匹夫弗嘗者，小也。

【念孫案】“一杯酒白”，“白”字義不可通，《藝文類聚·雜器物部》引此，“白”作“甘”是也。言酒雖甘，而蠅漬其中，則人弗飲也。隸書“甘”字或作“”，與“白”相似而誤。漢《西岳華山亭碑》“甘澍弗布”，“甘”字作“”。見《漢隸字原》。

不悦

墨子學儒者之業，受孔子之術，以爲其禮煩擾而不悦。

高注曰：“悦，易也。”【念孫案】如注義，則“悦”當爲“侻”。他活反。《本經》篇“其行侻而順情”，彼注云：“侻，簡易也。”義與此注同。莊本改"悦"爲"説",未達高氏之旨。

服傷生而害事

厚葬靡財而貧民,服傷生而害事。

【念孫案】"服傷生而害事",文義未明。"服"上當有"久"字,"厚葬""久服"相對爲文。《墨子·節葬》篇多言厚葬久喪,《晏子春秋·外篇》:"厚葬破民貧國,久喪遁哀費日。"皆《淮南》所本也。

虆垂

禹之時天下大水,禹身執虆垂,以爲民先。

莊云:"《太平御覽》《皇王部七》《禮儀部三十四》《器物部九》《部十》皆引此。'虆垂'作'畚插'爲是,此誤也。"【念孫案】"垂"字誤,而"虆"字不誤。虆,謂盛土籠也。"垂"當爲"臿",臿,今之鍬也。《大雅·緜》傳云:"捄,虆也。"箋云:"築牆者,捊聚壤土,盛之以虆,而投諸版中。""虆"字或作"蔂"。《説山》篇"蔂成城",高注云:"蔂,土籠也。"《韓子·五蠹》篇:"禹之王天下也,身執耒臿,以爲民先。"此即《淮南》所本。"耒"與"虆"聲相近,耒臿即虆臿也。《孟子·滕文公》篇:"蓋歸反虆梩而掩之。"趙注云:"虆、梩,籠臿之屬,可以取土者也。"彼言"虆梩",亦即此所謂"虆臿"也。《廣雅》:"梩,臿也。"《管子·山國軌》篇"梩籠纍箕","纍"亦與"虆"同。《太平御覽》引此,"虆"作"畚",所見本異耳,不得據彼以改此也。"垂"者,"臿"之誤,非"插"之誤,俗書"臿"字或作"函",見《廣韻》。"垂"字或作“垂”，見漢《富春丞張君碑》。二形相似，故“臿”誤爲“垂”矣。

閒服

當此之時，死陵者葬陵，死澤者葬澤，故節財、薄葬，閒服生焉。

【念孫案】“閒”與“簡”同，《莊子・天運》篇“食於苟簡之田”，《釋文》：“簡，司馬本作閒。”簡服，謂三月之服也，《宋書・禮志》引《尸子》曰“禹治爲喪法，使死於陵者葬於陵，死於澤者葬於澤，桐棺三寸，制喪三月”是也。《道藏》本、劉本作“閒服”，他本“閒”字皆誤作“閑”，而莊本從之，謬矣。《文選・夏侯常侍誄》注及《路史・後紀》引此并作“簡服”。

恃連與國

恃連與國，約重致，剖信符，結遠援，以守其國家，持其社稷。

【念孫案】“連與”二字連讀，高注：“恃怙連與之國。”《漢書・武五子傳》“群臣連與成朋”是也。“恃連與”“約重致”“剖信符”“結遠援”皆三字爲句，則“連與”下不當有“國”字，[①]蓋涉注文而衍。

---

① “國”，底本作“邦”，據上文及《萬有文庫》本改。

《淮南内篇》弟廿二[①]

《淮南内篇》舊有許氏、高氏注，其存於今者，則高注，非許注也。前有高氏叙一篇，《天文》篇注又云“鍾律上下相生，誘不敏也”，則其爲高注無疑。其自唐以前，諸書所引許注，有與今本同者，乃後人取許注附入，非高氏原文也。凡注内稱“一曰”云云者，多係許注，則其爲後人附入可知。宋人書中所引《淮南注》略與今本同，而謂之許注，則考之未審也。《道藏》本題“許慎記上”，蓋沿宋本之誤。是書自北宋已有譌脱，故《爾雅疏》《埤雅》《集韻》《太平御覽》諸書所引已多與今本同誤者，而南宋以後無論已。余未得見宋本，所見諸本中，唯《道藏》本爲優，明劉績本次之，其餘各本皆出二本之下。兹以《藏》本爲主，參以群書所引，凡所訂正共九百餘條，推其致誤之由，則傳寫譌脱者半，馮意妄改者亦半也。

有因字不習見而誤者。若《原道》篇：“先者逾下，則後者蹷之。”蹷，女展反，故高注云：“蹷，履也。音展，非展也。”而各本乃誤爲“蹷”矣。凡據諸書以正今本者，具見於本條下，後皆放此。《兵略》篇：“涉血蹷腸，輿死扶傷。”蹷，亦履也，而各本又誤爲“屬”矣。《齊俗》篇：“穿窬拊楗，抇墓逾備之奸。”抇，户

---

① 原無篇題，據文例及版心、篇題補。

骨反，掘也，各本“扫”誤爲“抽”，“墓”誤爲“箕”，高注：“扫，掘也。”“掘”字又誤爲“握”，則義不可通。《兵略》篇：“毋扫墳墓。”《藏》本“扫”字又誤爲“扣”矣。《説山》篇：“鏏鼎日用而不足貴，周鼎不爨而不可賤。”“鏏”讀若“彗”，高注曰：“小鼎也。”各本“鏏”誤爲“錯”，又誤在“鼎”字下矣。《説林》篇：“設鼠者機動，釣魚者泛杌。”泛，釣浮也。“杌”讀若“兀”，動也。機動則得鼠，泛動則得魚，故高注云“杌動，動則得魚”也，而各本“杌”字乃誤爲“杭”矣。“使伹吹竽，使工厭竅，雖中節而不可聽”，伹，拙人也，讀若“瘻疽”之“疽”，字從且，不從旦，故高注云：“伹，讀‘燕言鉏’，同也。”而各本乃誤爲“但”矣。“使伹吹竽，使工厭竅”者，厭，於葉反，與“擪”同，“一指按也”，言使伹吹竽，而使樂工爲之按竅也。隸書“工”字或作“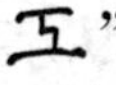”，“氏”字或作“”，二形相似，而各本“工”字遂誤爲“氏”矣。《修務》篇：“墨子趹蹄而趨千里。”“趹”讀若“決”，高注：“趹蹄，疾行也，趨走也。”各本“趹”誤作“跌”，高注又誤作“跌，疾行也。蹄，趨走也”，則義不可通矣。“以一餶之故絶穀不食”，“餶”即“噎”字也，而各本乃誤爲“飽”矣。“藜藋之生，蠉蠉然日加數寸”，藋，徒弔反，即今所謂灰藋也，藜藋之高過人，故云“日加數寸”，世人多聞“藜藿”，寡聞“藜藋”，而各本“藋”字遂誤爲“藿”矣。《泰族》篇：“呑聲清於耳，兼味快於口。”呑，於交反，與“咬”同，淫聲也，字從夭，而各本乃誤作“吠”矣。

有因假借之字而誤者。《覽冥》篇：“蚖鱓著泥百仞之中。”“蚖鱓”與“黿鼉”同，各本“蚖鱓”誤爲“蛇鱓”，則與下文“蛇鱓”相亂矣。《道應》篇：“孚子治亶父三年。”孚子，即宓子賤也。“宓”“孚”聲相近，故字相通，而各本乃誤爲“季子”矣。

有因古字而誤者。《時則》篇:“孟秋之月,其兵戉。”戉,古“鉞”字也,而各本乃誤爲“戈”矣。《齊俗》篇:“煎敖燎炙,齊味萬方。”“齊”讀爲“劑”,“咊”即“甘受和”之“和”。“咊”與“味”字相似,而各本遂誤爲“味”矣。《修務》篇:“感而不應,敀而不動。”敀,古“迫”字也,而各本乃誤爲“攻”矣。

有因隸書而誤者。《時則》篇:“具栚曲筥筐。”高注:“栚,持也。三輔謂之栚。”案,“栚”讀若“朕”,架蠶薄之木也。隸書“栚”字或作“栚”,而各本遂誤爲“撲”矣。《覽冥》篇:“井植生梓,溝植生條。”《本經》篇:“山無峻幹,林無柘梓。”梓,古“櫱”字,伐木之更生者也。隸書“梓”字或作“梓”,而各本遂誤爲“梓”矣。《精神》篇:“樣桷不斲,素題不枅。”樣,即今“橡栗”字也。隸書“樣”字或作“樣”,而各本遂誤爲“樸”矣。《本經》篇:“芟野莽,長苗秀。”高注:“莽,草也。”隸書“莽”字或作“美”,而各本遂誤爲“菼”矣。《道應》篇:“於是攸非教然瞋目,攘臂拔劍。”隸書“眞”字或作“真”,與“冥”相似,而各本“瞋目”遂誤爲“瞑目”,且誤在“教然”之上矣。《氾論》篇:“剛强猛毅,志厲青雲,非夸矜也。”隸書“夸”字或作“夲”,而各本遂誤爲“本”矣。《兵略》篇:“疾如鍭矢。”高注:“鍭,金鏃翦羽之矢也。”隸書“侯”字作“矦”,“隹”字作“隺”,二形相似,而各本“鍭”字遂誤爲“錐”。下文“疾如鍭矢,何可勝偶”,“鍭”字又誤爲“鏃”矣。《説林》篇:“故解捽者,不在於捌格,在於批扰。”扰,竹甚反,深擊也,字從冘,“冘”讀若“淫”,故高注云:“批,擊。扰,椎。”隸書“冘”字或作“冗”“亢”字或作“亢”,二形相似,而《藏》本“扰”字遂誤爲“伉”,劉本又誤爲“伉”矣。

有因草書而誤者。《齊俗》篇:“柱不可以摘齒,筳不可以持屋。”高注:“筳,小簪也。”案,“筳”讀若“廷”,言小簪可以摘齒，而不可以持屋也。"筳"與"筐"草書相似，而各本遂誤爲"筐"矣。

有因俗書而誤者。《原道》篇："欲宍之心亡於中，則飢虎可尾。"宍，俗"肉"字也。《藏》本"宍"誤作"寅"，而各本又誤作"害"矣。《齊俗》篇："夫水積則生相食之魚，土積則生自宍之獸。""宍"亦"肉"字也，而各本又誤作"穴"矣。《天文》篇："日行九州七舍，有五億萬七千三百九里，離以爲朝晝昏夜。"離者，分也。俗書"離"字作"離"，各本則脱其右半而爲"禹"矣。《氾論》篇："奸符節，盗管璽。"高注："璽，印封。"俗書"璽"字作"坌"，而各本遂誤爲"金"矣。《詮言》篇："寒暑之變，無損益於已，質有定也。"俗書"定"字作"㝎"，而各本遂誤爲"之"矣。《説林》篇："若被蓑而救火，鑿竇而止水。"俗書"鑿"字作"鑿"，各本則脱其下半而爲"毁"矣。

有兩字誤爲一字者。《説林》篇："狂者傷人，莫之怨也，嬰兒詈老，莫之疾也，賊心亡也。"賊，害也。亡，無也。言狂者與嬰兒皆無害人之心也。各本"亡也"之"也"誤爲"山"，又與"亡"字合而爲"㐰"矣。

有誤字與本字并存者。《主術》篇："鴟夜撮蚤，察分秋毫。""蚤"或誤作"蚉"，又轉寫而爲"蚊"，而各本遂誤作"撮蚤蚊"矣。《道應》篇："豐水之深千仞，而不受塵垢，投金鐵焉，則形見於外。""鐵"字或省作"鉄"，因誤而爲"鍼"，而各本遂誤爲"金鐵鍼"矣。

有校書者旁記之字而闌入正文者。《兵略》篇："明於奇賌陰陽刑德五行，望氣候星，龜策禨祥。""賌"讀若"該"。"奇賌"者，奇祕之要、非常之術也。校書者不曉"奇賌"之義，而欲改爲"奇正"，故記"正"字於"賌"字之旁，而各本遂誤爲"奇正賁"矣。《説林》篇:"蘇秦步,曰何故。趨,曰何趨。""步"與"故"爲韻,"趨"與"趨"爲韻。隸書"趨"或作"趍",故《淮南》書中"趨"字多作"趍",校書者以《説文》"趍趙"之"趍"音"馳",故旁記"馳"字,而各本遂誤作"趍曰何趍馳"矣。

有衍至數字者。《俶真》篇:"孟門終隆之山,不能禁也。湍瀨旋淵之深,不能留也。太行石澗、飛狐、句注之險,不能難也。"各本"不能禁也"下衍"唯體道能不敗"六字,則上下文皆隔絶矣。

有脱數字至十數字者。《原道》篇:"此俗世庸民之所公見也,而賢知者弗能避,有所屏蔽也。"高注云:"以諭利欲,故曰有所屏蔽也。"各本正文脱"有所屏蔽"四字,則注文不可通矣。《道應》篇"令尹子佩請飲莊王,莊王許諾,子佩具於强臺,莊王不往,明日子佩跣揖北面立於殿下"云云,各本脱"子佩具於强臺"至"明日"十二字,則上下文不可通矣。《氾論》篇:"故馬免人於難者,其死也葬之,以帷爲衾。牛有德於人者,其死也葬之,以大車之箱爲薦。"各本"葬之"下脱"以帷爲衾"四字,"牛"下脱"有德於人者"五字,"葬"下脱"之"字,"大車"下脱"之箱"二字,則文不成義矣。《説山》篇:"魄問於魂曰:'道何以爲體?'曰:'以無有爲體。'魄曰:'無有有形乎?'魂曰:'無有。'魄曰:'無有,何得而聞也?'"各本"何得而聞"上脱"魄曰無有"四字,則上下文不可通矣。"一淵不兩蛟,一栖不兩雄,一則定,兩則争",高注云:"以日月不得并明,一國不可兩君也。"各本脱"一栖不兩雄"以下十一字,又脱去注文,則"一淵不兩蛟"句孤立無耦矣。《説林》篇:"或謂冢,或謂隴,或謂笠,或謂簦,名異實同也。頭蝨與空木之瑟,名同實異也。"各本脱"名異實同也"五字,則義不可通矣。《人間》

篇:"魯君聞陽虎失,大怒,問所出之門,使有司拘之,以爲傷者、戰鬭者也,不傷者爲縱之者。傷者受大賞,而不傷者被重罪。"各本脱"傷者戰鬭"至"縱之者"十三字,則上下文不可通矣。"夫上仕者,先避患而後就利,先遠辱而後求名。太宰子朱之見終始微矣","仕"與"士"同,各本"仕"上脱"上"字,"先避"下又脱"患而後就利"至"太宰子朱"十六字,則上下文不可通矣。"請與公僇力一志,悉率徒屬而必以滅其家,其夜乃攻虞氏,大滅其家",各本脱"其夜"以下十字,則叙事未畢,且與上文"虞氏以亡"句不相應矣。

有誤而兼脱者。《原道》篇:"輕車良馬,勁策利鍛。"高注:"策,箠也。錣,箠末之箴也。錣,讀'焫燭'之焫。"錣,竹劣反。焫,如劣反。《藏》本"錣"誤作"鍛",注文誤作"策,箠也,末之感也。鍛,讀'炳燭'之炳",則義不可通矣。

有正文誤入注者。《主術》篇:"故善建者不拔,言建之無形也。"此引《老子》而釋其義也,各本"言建之無形也"六字皆誤作注文矣。《説林》篇:"疾雷破石,陰陽相薄,自然之勢。"各本"自然之勢"四字誤入注,則上二句爲不了語矣。"行者思於道,而居者夢於牀,慈母吟於燕,適子懷於荆,精相往來也",各本"精相往來也"五字,亦誤入注矣。

有注文誤入正文者。《道應》篇:"田鳩往見楚王,楚王甚説之,予以節,使於秦,至,因見惠王而説之。"高解"予以節"云"予之將軍之節",各本此六字誤入正文"因見"之下,"惠王"之上,則文不成義矣。《人間》篇:"非其事者勿仞也,非其名者勿就也,無功而富貴者勿居也。"高解"非其名者勿就"云"無故有顯名者勿處也",而各本此九字皆誤入正文矣。

有錯簡者。《天文》篇:"陽氣勝,則日修而夜短。陰氣勝，則日短而夜修。其加卯酉，則陰陽分，日夜平矣。"各本"其加卯酉"三句，錯簡在下文"帝張四維，運之以斗"一節之下，則既與上文隔絶，又與下文不相比附矣。

有因誤而致誤者。《俶真》篇："昧昧楙楙，皆欲離其童蒙之心，而覺視於天地之間。""楙"讀若"懋"，高注云："楙楙，欲所知之貌也。""昧昧""楙楙"一聲之轉，各本"楙楙"誤作"晽晽"，字書所無也，而楊氏《古音餘》乃於侵韻收入"晽"字，引《淮南子》"昧昧晽晽"矣。《主術》篇："夫寸生於穛，穛生於日。""穛"與"秒"同。秒，禾芒也。各本"穛"誤爲"穲"，字書所無也。而吴氏《字彙補》乃於禾部收入"穲"字，音"粟"，引《淮南子》"寸生於穲"矣。《齊俗》篇："夫蝦蟇爲鶉，水蠆爲螅。"高注："螅，蜻蛉也。"隸書"螅"字或作"蟌"，因誤而爲"蟌"，字書所無也。"螅"讀若"蔥"，"蔥"字俗書作"苾"，校書者記"苾"字於"螅"字之旁，因誤而爲"芒"，傳寫者又以"芒"字誤入正文，故水蠆爲螅，各本皆誤作"水蠆爲蟌芒"。後人又爲之音，曰"音矛""音務"，皆不知何據，而《字彙補》遂於虫部收入"蟌"字，"音矛"，又於艸部"芒"字下注云"音務"，引《淮南子》"水蠆爲蟌芒"矣。"譬若水之下流，熛之上尋也"，"熛"讀若"標"，火飛也。"熛之上尋"，猶言火之上尋。各本"熛"誤作"煙"，而《藝文類聚》引此亦作"煙"，且在《火部》"煙"下，則唐初本已誤矣。《兵略》篇："推其搖搖，擠其揭揭。"高注："搖搖，欲仆也。揭揭，欲拔也。""搖"，古"搖"字，因其欲仆而推之，故曰"推其搖搖"。隸書"搖"字或作"搖"，各本遂誤作"揞"，字書所無也，而《古音餘》乃於侵韻收入"揞"字，引《淮南子》"推其揞揞"矣。《説山》篇："弊箄甑瓾。"高注："瓾，甑帶。瓾，讀'鼃黽'之鼃也。""瓾""鼃"皆從圭聲，故讀“瓺”如“鼅”，各本“瓺”誤作“甀”，字書所無也。高注“鼅鼄之鼅”又誤作“鼅鼄之鼄”，而《古音餘》遂於“梗”韻收入“甀”字，引高注“甀，讀鼅鼄之鼄”矣。《説林》篇：“遽契其舟桅。”高注：“桅，船舷板。桅，讀如《左傳》‘襄王出居鄭地氾’之氾也。”“范”與“危”草書相似，故各本“桅”字皆作“桅”，而《古音餘》遂於“陷”韻收入“桅”字，引《淮南子》“遽契其舟桅”，音“氾”矣。

有不審文義而妄改者。《原道》篇：“乘雷車，六雲蜺。”謂以雲蜺爲六馬也，後人不曉“六”字之義，遂改“六雲蜺”爲“入雲蜺”矣。《主術》篇：“夫華騮緑耳，一日而至千里，然其使之搏兔，不如狼契。”契，公八反。狼、契，皆犬名也，後人不知“狼契”爲何物，而改爲“豺狼”，其失甚矣。《齊俗》篇：“故六騏驥，四駃騠，以濟江河，不若窾木便者，處勢然也。”“窾木”，謂舟也，古者謂所居之地曰處勢。言乘良馬，濟江河，不若乘舟之便者，處勢使然也。後人不識古義，而改“處勢”爲“處世”，其失甚矣。《道應》篇：“故《莊子》曰：‘朝秀不知晦朔。’”高注：“朝秀，朝生暮死之蟲也。”後人依今本《莊子》改爲“朝菌”，不知《淮南》自作“朝秀”，不得據彼以改此也。《修務》篇：“夫亭歷冬生，而人曰冬死，死者衆。薺麥夏死，而人曰夏生，生者衆。”亭歷、薺麥皆冬生夏死，故互言之，後人不知“亭歷”爲何物，而改爲“橘柚”，其失甚矣。

有因字不習見而妄改者。《齊俗》篇：“故伊尹之興土功也，修脛者使之跖鏵。”“鏵”读若“華”，臿也。跖，蹋也。故高注云：“长脛以蹋插者，使入深也。”後人不識“鏵”字，而改“鏵”爲“钁”，不知钁爲大鉏，鉏以手揮，不以足蹋也。《説山》篇：“視日者眩，聽雷者聾。”聾，女江反，耳中聲也。後人不識“聽”字，而改“聽”爲“聾”，其失甚矣。

有不識假借之字而妄改者。《道應》篇：“跖之徒問跖曰：‘盗亦有道乎？’跖曰：‘奚適其有道也。’”“適”讀曰“啻”，言奚啻有道而已哉，乃聖、勇、義、仁、智五者皆備也。後人不知“適”與“啻”同，而誤讀爲“適齊”“適楚”之“適”，遂改“有道”爲“無道”矣。

有不審文義而妄加者。《覽冥》篇：“夫燧取火於日，方諸取露於月。”夫燧，陽燧也，故高注曰：“夫，讀大夫之夫。”後人乃誤以“夫”爲語詞，而於“燧”上加“陽”字矣。《氾論》篇：“故使陳成常、鴟夷子皮得成其難。”後人於“陳成”下加“田”字而不知“田”即“陳”也。“今不知道者，見柔懦者侵，則務爲剛毅。見剛毅者亡，則務於柔懦”，於，亦爲也，而後人又於“於”下加“爲”字矣。《人間》篇：“曉然自以爲智存亡之樞機、禍福之門户。”“智”即“知”字也，“曉然”以下十六字連讀，後人不識古字，而讀“曉然自以爲智”絶句，又於“智”下加“知”字，以聯屬下文，各本“然”字又誤在“自”字下，則更不可讀矣。“故善鄙同，誹譽在俗。趨舍同，逆順在君”，此言善鄙同，而或誹或譽者，俗使然也。趨舍同，而或逆或順者，君使然也。後人不達，乃於兩“同”字上加兩“不”字，則意相反矣。“越王句踐一決獄不辜，援龍淵而切其股，血流至足，以自罰也，而戰武必死”，戰武，戰士也。“必”與“畢”同，言戰士皆致死也。《淮南》一書，通謂“士”爲“武”，後人不達，又於“武”下加“士”字，“必”下加“其”字矣。

有不識假借之字而妄加者。《本經》篇：“異貴賤，差賢不，經誹譽，行賞罰。”賢不，即賢否也。後人不知“不”爲“否”之借字，遂於“不”下加“肖”字矣。《泰族》篇：“天地之性物也有本末。”性物，即生物也。後人不知“性”爲“生”之借字，乃於“天地之性”下加“也”字，又於“物也”上加“天地之生”四字，其失甚矣。

有妄加字而失其句讀者。《泰族》篇“趙政不增其德而累其高，故滅。知伯不行仁義而務廣地，故亡。句。國語曰”云云，後人誤以“故亡國”絶句，遂於“國”上加“其”字矣。《要略》曰：“進退左右無所擊危。”“危”與“詭”同，詭，戾也。《主術》篇曰：“舉動廢置，無所擊戾。”意與此同。劉績不解“無所擊危”之義，而於“無所”下加“失”字，讀“無所失”絶句，而以“擊危”下屬爲句，其失甚矣。

有妄加數字至二十餘字者。《天文》篇：“天有九野、五星、八風、五官、五府。”此先舉其綱，而下文乃陳其目，後人於“八風”下加“二十八宿”四字，又於注内列入二十八宿之名，而不知皆下文所無也。又，下文“星分度”一節，乃紀二十八宿分度之多寡，非紀二十八宿之名，後人不察，又於其末加“凡二十八宿也”六字，斯爲謬矣。“太陰在寅，朱鳥在卯，句陳在子，玄武在戌，白虎在酉”，後人於此下加“蒼龍在辰”四字，而不知“蒼龍”即“太陰”也。《泰族》篇：“天地之道，極則反，盈則損。”後人於“天地之道”上加“故《易》之失也卦，《書》之失也敷，《樂》之失也淫，《詩》之失也辟，《禮》之失也責，《春秋》之失也刺”六句，此取《詮言》篇文而增改之也，不知下文自有“《易》之失鬼，《樂》之失淫，《詩》之失愚，《書》之失拘，《禮》之失忮，《春秋》之失訾”六句，若先加此六句，則文既重出，而義復參差矣。“河以逶蛇，故能遠。山以陵遲，故能高。道以優游，故能化”，此以河之逶蛇、山之陵遲諭道之優游也。後人於“道以優游”句上加入“陰陽無爲故能和”七字，則與

“逶蛇”“陵遲”“優游”之義，咸不相比附矣。

有不審文義而妄删者。《道應》篇：“敖幼而好游，至長不渝解。”渝解，猶懈怠也。後人不知其義，遂以“至長不渝”絶句，而删去“解”字矣。《人間》篇：“城中力已盡，糧食匱，武大夫病。”武大夫，士大夫也。《淮南》書謂“士”爲“武”，後人不達，遂删去“武”字矣。

有不識假借之字而妄删者。《人間》篇：“此何遽不能爲福乎？”“能”讀曰“乃”，言何遽不乃爲福也。後人不知“能”與“乃”同，遂删去“能”字矣。

有不識假借之字而顛倒其文者。《人間》篇：“國危不而安，患結不而解，何謂貴智？”“而”讀曰“能”，言危不能安，患不能解，則無爲貴智也。後人不知“而”與“能”同，遂改爲“國危而不安，患結而不解”矣。

有失其句讀而妄移注文者。《説山》篇：“無言而神者載無也，有言則傷其神。句。之神者，鼻之所以息，耳之所以聽。”高解“有言則傷其神”云：“道賤有言而多反有言，故曰‘傷其神’。”據此則當以“則傷其神”絶句，其“之神者”三字，乃起下之詞。之，此也，言此神者，鼻之所以息，耳之所以聽也。後人誤以“則傷其神之神者”爲句，而移注文於“之神者”下，則上下文皆不可讀矣。

有既誤而又妄改者。《氾論》篇：“使人之相去也，若玉之與石，葵之與莧，則論人易矣。”“玉”與“石”“葵”與“莧”皆不相似，故易辨也。俗書“葵”字作“㚘”，“美”字作“羙”，“㚘”之上半與“羙”相似，因誤而爲“美”，後人又改爲“美之與惡”，則不知爲何物矣。《人間》篇：“喟然而嘆。”喟然，即喟然。隸書“𧶠”字或作“賷”，形與“貴”相似，故“𧷤”誤爲“喟”，而後人遂改爲“憤”矣。《修務》篇:“明鏡之始下型,矇然未見形容,及其扢以玄錫,摩以白旃,則鬢眉微毛,可得而察。”“扢”讀若“概”,高注云:“扢,摩。”《藏》本正文“扢”字誤作“粉”,注文“扢”字又誤作“於”,劉本又改“於,摩”爲“摩,磨”,則誤之又誤矣。《泰族》篇:“捷昒而朝天下。”“捷”與“插”同,“昒”與“曶”同,古“笏”字也。插笏,搢笏也。隸書“捷”字或作“揵”,形與“挺”相似,故《藏》本“捷”字誤爲“挺”,“昒”字又誤爲“肳”,朱東光本改“挺肳”爲“搢笏”,義則是而文則非矣。“聘納而取婦,冠絻而親迎”,俗書“冠”字作“𠖘”,與“初”字相似,故《藏》本“冠絻”誤爲“初絻”,而劉本又改爲“紱絻”矣。

有因誤字而誤改者。《道應》篇:“孔子亦可謂知化矣。”“知化”,謂知事理之變化也。“化”誤爲“礼”,而後人遂改爲“禮”矣。《詮言》篇:“自身以上,至於荒芒,亦遠矣。自死而天地無窮,亦滔矣。”兩“亦”字皆誤爲“尔”,而後人遂改爲“爾”矣。

有既誤而又妄加者。《俶真》篇:“雲臺之高,墮者折脊碎腦,而蚑蟲適足以翾。”翾,許緣反,小飛也。“翾”誤爲“翺”,後人遂於“翺”下加“翔”字,不知蚑蟲之飛,可謂之翾,不可謂之翺翔也。《覽冥》篇:“治日月之行,律陰陽之氣。”高注:“律,度也。”此三字傳寫誤在“律”字之下、“陰陽”之上,以致隔絶上下文義,後人遂以“律”字上屬爲句,而於“陰陽”上加“治”字矣。《主術》篇:“不智而辯慧懁給,則乘驥而或。”“懁”與“儇”同,“或”與“惑”同,高注云:“不智之人辯慧懁給,不知所裁之,猶乘驥而或,不知所詣也。懁,佞也。”傳寫以“懁”誤爲“懷”,“乘”誤爲“棄”,“或”誤爲“式”,後人又於“式”上加“不”字,則文不成義矣。《人間》篇:“孫叔敖病且死。”“且”字因與“病”字相連而誤爲“疽”，後人以下文“謂其子曰”云云，乃未死以前之事，故又於“死”上加“將”字，而不知“疽”爲“且”之誤。且，即將也。

有既誤而又妄删者。《主術》篇：“堯、舜、禹、湯、文、武皆坦然南面而王天下焉。”《藏》本作“王皆坦然天下而南面焉”，顛倒不成文理，劉本又删去“王”字，則誤之又誤矣。《人間》篇：“或直於辭而不周於事者，或虧於耳以忤於心而合於實者。”周，亦合也，謂不合於事也。隸書“周”與“害”相似，故《藏》本“周”誤爲“害”，而劉績不達，遂於“害”上删“不”字矣。下文曰：“此所謂直於辭而不周於事者也。”即承此文言之，傳寫誤爲“不用於事”，而後人又改爲“不可用矣”。

有既脱而又妄加者。《主術》篇：“是故十圍之木，持千鈞之屋，五寸之鍵，而制開闔。”《藏》本脱“而”字，劉績不能補正，又於“制開闔”下加“之門”二字矣。《詮言》篇：“故中心常恬漠，不累其德。”“累”讀“負累”之“累”，傳寫脱去“不”字，後人又誤以“累”爲“累積”之“累”，遂於“累”下加“積”字矣。

有既脱而又妄删者。《天文》篇：“天地之偏氣，怒者爲風。天地之合氣，和者爲雨。”《藏》本上句脱“地”字，劉本又删去下句“天”字，則是以風屬天、雨屬地，其失甚矣。

有既衍而又妄加者。《氾論》篇：“履天子之籍，造劉氏之冠。”“冠”上誤衍“貌”字，後人遂於“籍”上加“圖”字，以與“貌冠”相對，而不知“圖籍”不可以言“履”也。

有既衍而又妄删者。《主術》篇：“主道員者，運轉而無端，化育如神，虚無因循，常後而不先也。臣道方者，論是而處當，爲事先倡，守職分明，以立成功也。”《藏》本“臣道方者”作“臣道員者，運轉而無方者”，以上十字，《藏》本原文。其“員者運轉而無”六字乃涉上文而衍，劉績又讀“臣道員者”爲句，“運轉而無方”爲句，而於“方”下删“者”字，則誤之又誤矣。

有既誤而又改注文者。《原道》篇：“夫蘋樹根於水。”高注：“蘋，大萍也。”正文“蘋”字誤作“萍”，後人遂改注文之“蘋，大萍”爲“萍，大蘋”，以從已誤之正文矣。

有既誤而又增注文者。《俶真》篇：“辯解連環，辭潤玉石。”高注：“潤，澤也。”正文“辭”字涉注文而誤爲“澤”，後人又於注文“潤，澤也”上加一“澤”字，以從已誤之正文矣。《精神》篇：“故覺而若眯，生而若死。”“眯”讀若“米”，高注：“眯，厭也。楚人謂厭爲眯。‘厭’即今‘魘’字。”傳寫以“眯”誤作“昧”，後人遂誤讀爲“暗昧”之“昧”，而於注内加“暗也”二字矣。《説山》篇：“人不小覺，不大迷。”高注：“小覺不能通道，故大迷也。”兩“小覺”并誤爲“小學”，後人又於注文“小學”下加“不博”二字，以牽合正文矣。《泰族》篇：“故因則大，作則細矣。”高注：“能循則必大也，欲作則小矣。”古“作”字爲“伦”，形與“化”相似，因誤爲“化”，後人又於注文“欲作”上加“化而”二字矣。

有既誤而又移注文者。《地形》篇曰：“天地之間，九州八柱。”下文曰：“八紘之外，乃有八極。”高注：“八極，八方之極也。”正文“八柱”誤爲“八極”，而後人遂移“八極”之注於前，以從已誤之正文矣。《道應》篇：“輪扁斲輪於堂下。”高注：“輪扁，人名。”正文“輪扁”誤爲“輪人”，而後人遂移注文於下文“輪扁曰”云云之下矣。《詮言》篇：“蘇秦善説而亡身。”高注：“蘇秦死於齊也。”正文“亡身”誤爲“亡國”，後人又移注文於“亡”字之下、“國”字之上，則是以“亡”字絶句，而以已誤之“國”字下屬爲句，其失甚矣。

有既改而又改注文者。《原道》篇："干越生葛絺。"高注："干，吴也。"劉本改"干越"爲"于越"，并改高注，而不知"于"之不可訓爲"吴"也。"九疑之南，民人劗髪文身，以像鱗蟲"，"劗"讀若"鑽"，又讀若"欑"。高注："劗，翦也。"後人不識"劗"字，遂改"劗髪"爲"被髪"，并改高注，而不知"被"之不可訓爲"翦"也。"聖人處之，不爲愁悴怨懟"，"怨"讀爲"苑"。苑、懟，皆病也，故高注云："懟，病也。"後人改"怨懟"爲"怨懟"，并改高注，而不知"懟"之不可訓爲"病"也。《地形》篇："夸父耴耳。"高注："耴，讀褶衣之褶。"後人改"耴耳"爲"耽耳"，并改高注，而不知"耽"之不可讀爲"褶"也。《氾論》篇："周棄作稼穡。"高注："周棄，后稷也。"後人改正文"周棄"爲"后稷"，又改注文爲"稷，周棄也"，斯爲謬矣。《兵略》篇："西包巴蜀，東裹郯邳。"高注："巴蜀、郯邳，地名。"後人改"邳"爲"淮"，并改高注，而不知"淮"乃水名，非地名也。"伐櫠棗而爲矜"，櫠，而善反。高注："櫠棗，酸棗也。"後人不識"櫠"字，遂改"櫠"爲"棘"，并改高注，而不知棘非酸棗也。

有既改而復增注文者。《道應》篇："吾與汗漫期於九垓之上。"高注："九垓，九天也。"後人改"之上"爲"之外"，又於注文"九天"下加"之外"二字矣。《詮言》篇："三關交争，以義爲制者，心也。"高注："三關，謂食、視、聽。"後人改"三關"爲"三官"，又於注文"三關"上加"三官"二字，其失甚矣。

有既改而復删注文者。《時則》篇："迎歲於西郊。"高注："迎歲，迎秋也。"後人依《月令》改"迎歲"爲"迎秋"，又删去注文矣。《繆稱》篇："甯戚擊牛角而歌，桓公舉以爲大田。"高注："大田，田官也。"後人改"大田"爲"大政"，又删去注文矣。

《詮言》篇:“㚒無所監,①謂之狂生。”高注:“㚒,持也。所監者非玄德,故爲狂生。㚒,古‘握’字也。”後人改“㚒”爲“持”,又改注文之“㚒,持也”爲“持無所監”,并删去“㚒,古‘握’字也”五字矣。《泰族》篇:②“故張瑟者,小弦絙而大弦緩。”高注:“絙,急也。”後人依《文子》改“絙”爲“急”,又删去注文矣。

有既脱且誤而又妄增者。《人間》篇:“故黄帝亡其玄珠,使離朱、攫掇索之。”攫,搏也。“剟”與“掇”同,拾也。故高注云:“攫剟善於搏拾物。”《藏》本正文脱“攫”字,注文作“剟搏善拾於物”,脱誤不成文理。劉績不達,乃於正文“剟”上加“捷”字,斯爲謬矣。

有既誤且改而又改注文者。《俶真》篇:“萑扈炫煌。”高注:“萑讀曰唯。扈讀曰户。”《藏》本“萑”誤作“藋”,“扈”誤作“蔰”,注文誤作“蔰讀曰扈”。劉績不能釐正,又改“藋”爲“萑”,并改高注,而不知“萑”之不可讀爲“唯”也。“譬若周雲之蘢蓯遼巢,彭薄而爲雨”,高注:“彭薄,蕰積貌也。”《藏》本“彭薄”誤爲“彭濞”,劉績又改爲“彭濞”,并改高注,而不知“彭濞”乃水聲,非雲氣蕰積之貌也。《兵略》篇:“夫栝淇衛箘簬,載以銀錫,雖有薄高之幨,腐荷之櫓,然猶不能獨穿也。”高注:“櫓,大盾也。”案,腐荷之櫓不能穿,謂矢不能穿盾也。傳寫以“櫓”誤爲“矰”,矰,即矢也,則義不可通。後人不知“矰”爲“櫓”之誤,乃改“不能獨穿”爲“不能獨射”以牽合“矰”字。又改注文之“櫓,大盾也”爲“矰,猶矢也”以牽合正文,甚

① “㚒”,底本作“㚓”,據《説文》改,下五處同。
② “泰”,底本作“秦”,據同治本改。

矣其謬也。

有既誤且衍而又妄加注釋者。《兵略》篇："發如猋風，疾如駭電。""駭"下衍"龍"字，"電"字又誤作"當"，後人遂讀"疾如駭龍"爲句，而以"當"字屬下讀，且於"駭龍"下妄加注釋矣。若夫入韻之字，或有譌脱，或經妄改，則其韻遂亡，故有因字誤而失其韻者。《原道》篇："中能得之，則外能牧之。""牧"與"得"爲韻，高注："牧，養也。"各本"牧"誤作"收"，注文又誤作"不養也"，則既失其義，而又失其韻矣。《俶真》篇："茫茫沆沆，是謂大治。"沆，胡朗反。高注："茫，讀王莽之莽。沆，讀水出沆沆白之沆。""茫茫沆沆"，叠韻也，各本作"茫茫沈沈"，則非叠韻矣。《兵略》篇："天化育而無形象，地生長而無計量，渾渾沆沆，孰知其藏。""渾渾沆沆"，雙聲也。且"沆"與"象""量""藏"爲韻，各本作"渾渾沉沉"，則既非雙聲，而又失其韻矣。《天文》篇："秋分雷臧，蟄蟲北鄉。"臧，古"藏"字，與"鄉"爲韻。各本"臧"誤作"戒"，則既失其義，而又失其韻矣。《覽冥》篇："臥倨倨，興眄眄。""眄"即"盱"字。高注："眄眄然視，無智巧貌也。""眄眄"與"倨倨"爲韻，各本"眄眄"作"眄眄"，則既失其義，而又失其韻矣。《齊俗》篇："夫明鏡便於照形，其於以承食，不如竹箅。""承"讀爲"烝"，謂烝飯也。箅，博計反，竹箅，所以蔽甑底也。"箅"與"蜧"爲韻。各本"承"誤作"函"，"箅"誤作"簞"，又脱"竹"字，則既失其義，而又失其韻矣。《道應》篇："西窮窅冥之黨，東關鴻濛之光。""關"讀曰"貫"。"鴻濛之光"，謂日光也，東方爲日所出，故曰東貫鴻濛之光。"光"與"鄉"爲韻。《藏》本"關"誤作"開"，各本"光"字又誤作"先"，則既失其義，而又失其韻矣。"於是乃去其督而載之朮，解其劍而帶之笏"，高注："朮，鷸鳥冠也。

知天文者冠鷸。”“朮”即“鷸”之借字,與“笏”爲韻,各本“朮”誤作“木”,注文“鷸”字又誤作“鷸”,則既失其義,而又失其韻矣。《詮言》篇:“動有章則詞,行有迹則議。”“詞”,謂相譏訶也。“詞”與“議”爲韻,隸書“訶”字或作“詞”,因誤而爲“詞”,則既失其義,而又失其韻矣。“大寒地坼水凝,火弗爲衰其熱。大暑爍石流金,火弗爲益其烈”,“熱”與“烈”爲韻,各本“熱”“暑”二字互誤,則既失其義,而又失其韻矣。《兵略》篇:“是謂至旍,窈窈冥冥,孰知其情。”“旍”即“旌旗”之“旌”,“旌”與“精”古字通,“至旌”者,至精也。“旌”與“冥”“情”爲韻。各本“旍”誤爲“於”,則既失其義,而又失其韻矣。《説山》篇:“髡屯犂牛,既科以橢。”橢,他果反,與“羈”“犧”“河”爲韻。高注云:“科無角,橢無尾。”俗從牛作“犐”“犞”,又誤而爲“稱”“犒”,則失其韻矣。

有因字脱而失其韻者。《原道》篇:“故矢不若繳,繳不若網,網不若無形之像。”“網”與“像”爲韻,各本“繳不若”下脱去四字,則既失其義,而又失其韻矣。《兵略》篇:“同欲相趨,同惡相助。”“同欲”“同惡”相對爲文,“欲”“趨”爲韻,“惡”“助”爲韻,各本“同欲”下脱“相趨”二字,“相助”上脱“同惡”二字,則既失其義,而又失其韻矣。

有因字倒而失其韻者。《原道》篇:“游微霧,騖忽怳。”“怳”與“往”“景”“上”爲韻,各本作“怳忽”,則失其韻矣。“蟠委錯紾,與萬物終始”,“始”與“右”爲韻,各本作“始終”,則失其韻矣。《俶真》篇:“馳於外方,休乎内宇。”“宇”與“野”“圄”“雨”“父”“女”爲韻,各本作“宇内”,則失其韻矣。《天文》篇:“閉關梁,決罰刑。”“刑”與“城”爲韻,各本作“刑罰”,則失其韻矣。《精神》篇:“視珍寶珠玉,猶礫石也。”“石”與“客”“魄”

爲韻，各本作“石礫”，則失其韻矣。《兵略》篇：“不可制迫也，不可量度也。”“度”與“迫”爲韻，各本作“度量”，則失其韻矣。《人間》篇：“蠹啄剖柱梁，蚊蝱走牛羊。”“梁”與“羊”爲韻，各本作“梁柱”，則失其韻矣。

有因句倒而失其韻者。《修務》篇：“契生於卵，啓生於石。”“石”與“射”爲韻，各本“啓生於石”在“契生於卵”之上，則失其韻矣。

有句倒而又移注文者。《本經》篇：“直道夷險，接徑歷遠。”“遠”與“垣”“連”“山”“患”爲韻。高注云：“道之阸者，正直之。夷，平也。接，疾也。徑，行也。”傳寫者以“直道”二句上下互易，則失其韻，而後人又互易注文以從之。《文選·謝惠連〈秋懷詩〉》注引《淮南》亦如此，則唐時本已誤矣。

有錯簡而失其韻者。《説山》篇：“山有猛獸，林木爲之不斬。園有螯蟲，藜藿爲之不采。故國有賢臣，折衝千里。”此言國有賢臣，則敵國不敢加兵，亦如山之有猛獸、園之有螯蟲也。各本“故國有賢臣”二句，錯簡在下文“形勞則神亂”之下，與此相隔甚遠，而脈絡遂不可尋，且“里”與“采”爲韻，錯簡在後，則失其韻矣。

有改字而失其韻者。《原道》篇：“四時爲馬，陰陽爲騶。”高注：“騶，御也。”“騶”與“俱”“區”“驟”爲韻，後人依《文子》改“騶”爲“御”，則失其韻矣。《天文》篇：“正月指寅，十一月指子，一歲而帀，終而復始。”“指寅”者，《顓頊曆》所起也，至丑而一帀。“指子”者，殷曆所起也，至亥而一帀。故“指寅”“指子”皆一歲而帀，且“子”與“始”爲韻，後人改“十一月指子”爲“十二月指丑”，則既失其義，而又失其韻矣。《精神》篇：“静則與陰合德，動則與陽同波。”“波”與“化”爲韻，後人依《原道》篇改爲“静則與陰俱閉,動則與陽俱開”,則失其韻矣。《氾論》篇:“其德生而不殺,予而不奪。”“殺”與“奪”爲韻,後人改“殺”爲“辱”,則既失其義,而又失其韻矣。“聖人乃作,爲之築土構木,以爲室屋”,此二句以“木”“屋”爲韻,下三句以“宇”“雨”“暑”爲韻,後人多聞宫室,寡聞室屋,而改“室屋”爲“宫室”,則失其韻矣。《詮言》篇:“故不爲好,不避醜,遵天之道。不爲始,不專己,循天之理。”“好”“醜”“道”爲韻,“始”“己”“理”爲韻,後人依《文子》改“好”爲“善”,則失其韻矣。《泰族》篇:“四海之内,一心同歸,背貪鄙而向仁義。”“義”與“和”“隨”“靡”爲韻,後人改“仁義”爲“義理”,則失其韻矣。

有改字以合韻而實非韻者。《道應》篇:“攝女知,正女度,神將來舍,德將爲若美,而道將爲女居。惷乎若新生之犢,而無求其故。”此以“度”“舍”“居”“故”爲韻,後人不知“舍”字之入韻,而改“德將爲”三字爲“德將來附”,以與“度”爲韻,則下文“若美”二字,文不成義矣,且古音“度”在御部,“附”在候部,“附”與“度”非韻也。

有改字以合韻而反失其韻者。《説林》篇:“無鄉之社,易爲肉黍。無國之稷,易爲求福。”“社”“黍”爲韻,“稷”“福”爲韻,後人不識古音,乃改“肉黍”爲“黍肉”,以與“福”爲韻,而不知“福”字古讀若“偪”,不與“肉”爲韻也。“槁竹有火,弗鑽不爇。土中有水,弗掘不出”,“爇”與“然”同,此以“水”與“火”隔句爲韻,而“鑽”與“爇”,“掘”與“出”,則於句中各自爲韻,後人不達,而改“弗掘不出”爲“弗掘無泉”,以與“爇”爲韻,則反失其韻矣。

有改字而失其韻,又改注文者。《精神》篇:“五味亂口,使口厲爽。"高注:"厲爽,病傷滋味也。"此是訓"厲"爲"病",訓"爽"爲"傷"。"爽"字,古讀若"霜",與"明""聰""揚"爲韻,後人不知,而改"厲爽"爲"爽傷",又改注文之"厲爽"爲"爽病",甚矣其謬也。《説林》篇:"綉以爲裳,則宜。以爲冠,則議。"高注:"議,人譏非之也。""宜""議"二字古音皆在歌部,後人不知,遂改"議"爲"譏",以與"宜"爲韻,并改高注,而不知"宜"字古讀若"俄",不與"譏"爲韻也。

有改字而失其韻,又删注文者。《要略》曰:"一群生之短修,同九夷之風采。"高注:"風,俗也。采,事也。""采"與"理""始"爲韻,後人改"風采"爲"風氣",并删去注文,則既失其義,而又失其韻矣。

有加字而失其韻者。《泰族》篇:"至治寬裕,故下不賊。至中復素,故民無匿。"賊,害也,言政寬則不爲民害也。"匿"讀爲"慝",謂民無奸慝也。"匿"與"賊"爲韻,後人於"賊"上加"相"字,"匿"下加"情"字,則既失其義,而又失其韻矣。

有句讀誤而又加字以失其韻者。《要略》曰:"精神者,所以原本人之所由生,而曉寤其形骸九竅,取象於天。句。合同其血氣,句,與雷霆風雨。句。比類其喜怒,句。與晝宵寒暑。句。"與者,如也,言血氣之相從,如雷霆風雨。喜怒之相反,如晝宵寒暑也。"暑"與"雨""怒"爲韻,後人不知"與"之訓爲"如",而讀"與雷霆風雨比類"爲句,遂於"與晝宵寒暑"下加"并明"二字以對之,則既失其句,而又失其韻矣。

有既誤且脱而失其韻者。《泰族》篇:"神農之初作琴也,以歸神杜淫,反其天心。及其衰也,流而不反,淫而好色,至於亡國。""淫""心"爲韻,"色""國"爲韻,各本作"神農之初作琴也,以歸神。及其淫也,反其天心",錯謬不成文理,又脱去

“及其衰也”以下十六字，則既失其義，而又失其韻矣。

有既誤且倒而失其韻者。《泰族》篇：“天地所包，陰陽所嘔，雨露所濡，以生萬殊。翡翠瑇瑁，瑶碧玉珠，文彩明朗，潤澤若濡，摩而不玩，久而不渝。”“嘔”“濡”“殊”“珠”“濡”“渝”爲韻，《藏》本“雨露所濡，以生萬殊”誤作“雨露所以濡生萬物”，“瑶碧玉珠”又誤在“翡翠瑇瑁”之上，則既失其句，而又失其韻矣。

有既誤且改而失其韻者。《覽冥》篇：“田無立禾，路無薠莎，金積折廉，璧襲無嬴。”嬴，璧文也，與“禾”“莎”爲韻。“薠莎”誤爲“莎薠”，後人又改“嬴”爲“理”，則失其韻矣。《道應》篇：“此其下無地，而上無天，聽焉無聞，視焉則眴。”“眴”讀曰“眩”，與“天”爲韻。《藏》本“則眴”誤作“無眴”，朱本又改“眴”爲“矚”，則既失其義，而又失其韻矣。

有既誤而又加字以失其韻者。《説林》篇：“予溺者金玉，不若尋常之纆。”“纆”讀若“墨”，索也。“纆”與“佩”“富”爲韻。“纆”誤爲“纏”，後人又於“纏”下加“索”字，則既失其義，而又失其韻矣。

有既脱而又加字以失其韻者。《説山》篇：“詹公之釣，得千歲之鯉。”“鯉”與“止”“喜”爲韻。“千歲之鯉”上脱“得”字，則文不成義，後人不解其故，而於“千歲之鯉”下加“不能避”三字，則失其韻矣。《修務》篇：“蘇援世事，分别白黑。”“黑”與“福”“則”爲韻，“分”下脱“别”字，遂不成句，後人又於“黑”下加“利害”二字，而以“分白黑利害”爲句，則既失其句，而又失其韻矣。以上六十四事，略舉其端以見例，其餘則遽數之不能終也。其有訛謬太甚，必須詳説者，具見於本條下，兹不更録，以省繁文。若人所易曉者，則略而不論。嗟乎！學者讀古人書,而不能正其傳寫之誤,又取不誤之文而妄改之,豈非古書之大不幸乎!至近日武進莊氏所刊《藏》本,實非其舊,其《藏》本是而各本非者,多改從各本。其《藏》本與各本同誤者,一概不能釐正。更有未曉文義而輒行删改及妄生異説者。并見各條下。竊恐學者誤以爲《藏》本而從之,則新刻行而舊本愈微,故不得不辯。

高注囊括六藝,旁通百家,訓詁既詳,音讀尤審,急氣緩氣、閉口籠口諸法實足補前人所未備。然瑜不揜瑕,亦時有千慮之一失。若《原道》篇:"精通於靈府與造化者爲人。"人者,偶也,説見本條下,後皆放此。言與造化者爲偶也。高注訓"爲"爲"治",則誤以"人"爲"人民"之"人"矣。《俶真》篇:"人莫鑑於沫雨而鑑於止水者,以其静也。""沫雨"乃"流雨"之誤,"流雨"與"止水"相對爲文,而高注乃以"沫雨"爲"雨潦上覆甌"矣。"孔墨之弟子皆以仁義之術教導於世,然而不免於傴句,身猶不能行也,又況所教乎",傴,疲也。謂躬行仁義而不免於疲也。高以"傴身"二字連讀,而釋之云:"傴身,身不見用,傴傴然也。"則下文"猶不能行也"五字,文不成義矣。《時則》篇:"夏行冬令,格。""格"讀曰"落",謂草木零落也。而高注乃讀爲"庋閣"之"閣",謂"恩澤不下流"矣。《覽冥》篇:"夫瞽師庶女,位賤尚葈。"尚,主也。"葈"即"麻枲"之"枲"。"尚枲"即《周官》之"典枲",言典枲爲賤官,而瞽師庶女又賤於典枲也。而高注乃以"葈"爲"枲耳"矣。"故東風至而酒湛溢","湛"讀曰"淫"。"酒淫溢"者,東風至而酒爲之加長也。而高乃以"酒湛"二字連讀,而訓爲"清酒"矣。"大衝車,高重壘",衝車所以攻,重壘所以守也。而高注乃以"重壘"爲"京觀"矣。"厮徒馬圉,軵車奉饟,道路遼遠,霜雪亟集，短褐不完，人羸車弊，泥塗至膝，相携於道，奮首於路，身枕格而死”，格，胡客反，輓車之横木也。謂困極而仆，身枕輓車之木而死也。高注以“格”爲“挌牀”，則與上文全不相屬矣。《本經》篇：“德交歸焉，而莫之充忍也。”充忍，即充牣。牣，滿也。“德交歸焉，而莫之充滿”，所謂“大盈若虚”也。高乃以“忍也”二字别爲句，而訓“忍”爲“不忍”矣。“木巧之飾，盤紆刻儼，羸鏤雕琢，詭文回波，淌游瀷減，菱杼紾抱”，菱、杼，皆水草也。“杼”讀曰“芧”，謂三棱也。畫爲菱芧在水波之中，故曰“淌游瀷減，菱杼紾抱”。高注以“杼”爲“采實”，采實，即橡栗，斯與“菱”不類矣。《繆稱》篇：“故唱而不和，意而不戴，中心必有不合者也。”“戴”讀曰“載”。載，行也，言上有其意，而不行於下者，誠不足以動之也，故下文曰“上意而民載，誠中者也”。高訓“意”爲“恚”聲，“戴”爲“嗟”，則與下文不合矣。《道應》篇：“相天下之馬者，若滅若失句，若亡其一句，若此馬者，絶塵弭徹。”高以“若亡”絶句，則“其一”二字上下無所屬矣。“此《管子》所謂‘鳥飛而準繩’者”，各本誤作“此所謂《管子》‘梟飛而維繩’者”，“準”字俗書作“准”，因誤而爲“維”，高注云“從下繩維之”，則所見本已誤爲“維”矣。《氾論》篇：“昔者齊簡公釋其國家之柄，而專任大臣將相，句。攝威擅勢，私門成黨，而公道不行。”“相”與“柄”“黨”“行”爲韻。高讀“大臣”絶句，而以“將相”屬下讀，則句法參差，而又失其韻矣。《詮言》篇：“周公殽臑不收於前，鍾鼓不解於縣。”臑，奴低反，有骨醢也。殽，俎實也。臑，豆實也。殽、臑、鍾、鼓，皆各爲一物，隸書從耎、從需之字多相亂，故“臑”誤爲“臑”，而高注遂以“臑”爲“前肩”矣。《説山》篇：“文公棄荏席句，後黴黑。”黴黑，謂面黑之人也。“棄荏席”一事，“後黴黑”

又一事，高乃以六字連讀，而釋之云“棄其臥席之下黴黑者”矣。《修務》篇説堯、舜、禹、文王、皋陶、契、啓、史皇、羿九人，而總謂之九賢。又謂堯、舜、禹、文王、皋陶爲五聖，契、啓、史皇、羿爲四俊。文義本自明了，衹因“啓生於石”，高本誤作“禹生於石”，遂爲之注云“禹母修己感石而生禹”，而遍考諸書，皆無“禹生於石”之事。且九賢之内無啓，則衹有八賢，而四俊衹有三俊矣。乃又據上文之“神農、堯、舜、禹、湯”，而以湯入五聖，又據上文“后稷之智”，而以稷入四俊，不知彼此各不相蒙也。凡若此者，皆三復本書而申明其義，不敢爲苟同，亦庶幾土壤之增喬岳，細流之益洪河云爾。嘉慶廿年，歲在乙亥季冬之廿日，高郵王念孫書。時年七十有二。

《淮南内篇》補

顧校《淮南子》各條

歲在庚辰，元和顧澗蘋文學寓書於顧南雅學士，索家大人《讀書雜志》。乃先詒以《淮南雜志》一種，而求其詳識宋本與《道藏》本不同之字及平日校訂是書之訛爲家刻所無者，補刻以遺後學。數月書來，果録宋本佳處以示，又示以所訂諸條，其心之細、識之精，實爲近今所罕有，非孰於古書之體例而能以類推者，不能平允如是。家大人既以數年之力校成《淮南雜志》，而又得文學所校以補而綴之，蓋至是搜剔靡遺矣。今年將補刻所校，爰揚搉之，以爲讀書者法。道光元年二月既望，高郵王引之叙。

原道

馳要褭。

注："騆，駕。"宋本注首有此二字，《道藏》本同。新刻本删去，非。【顧曰】"馳"疑當作"騆"，故注如此也。《齊俗》篇"騆，駃騠"，亦可證。

俶真

涅非緇也,青非藍也。

【顧曰】"涅""緇"二字疑當互易,承上文"以涅染緇",與下句承上文"以藍染青"一例。

美者不能濫也。

注:"濫,覦也。或作監。不能使之過濫。"【顧曰】正文"濫"疑當作"監",注疑當作"監,覦也。或作濫"云云。監,即闞也。《左傳》"闞止",《韓策》作"監止"。《説文》:"闞,望也。"《華嚴經音義上》引《珠叢》曰:"覦,謂有所冀望也。""闞"與"覦"同義,而字通作"監",故曰"監,覦也"。注兩解,前"監"後"濫",誤以後解之字爲正文,而又互改其注也。又按,《覽冥》篇"手微忽怳",注兩解,前"微"後"徵",而正文作"徵"。又,"席羅圖",注兩解,前"羅"後"蘿",而正文作"蘿"。《本經》篇"徼大風於青丘之澤",注兩解,前"徼"後"繳",而正文作"繳"。皆以後解之字爲正文,其誤與此同也。

天文

是故火曰外景。

【顧曰】"曰"疑當作"日"。

是故水曰内景。

【顧曰】"水曰"疑當作"金水"。《大戴禮·曾子天圓》篇云:"故火日外景,而金水内景。"即《淮南子》所本,可證也。高注《精神》篇云"金内景",蓋又據此而言之。

時則

毋燒灰。

注:“是月草木未成,不夭物也。”【顧曰】“灰”疑當作“炭”,《吕氏春秋》作“炭”,其注與此略同。季秋草木黄落,乃伐薪爲炭,高意蓋據之而言也。是其證也。“灰”字蓋依《月令》改耳。

執弓操矢以獵。

注:“以取禽也。”【顧曰】“獵”疑當作“射”。注“取”亦疑當作“射”,《吕氏春秋》作“射”,注作“以射禽也”,是其證也。《月令》作“獵”,鄭注云:“今《月令》‘獵’爲‘射’。”考《淮南子》及《吕氏春秋》每有與今《月令》同者,然則改“射”爲“獵”誤。

是月命太祝禱祀神位,占龜策。

【顧曰】“神位占”三字疑衍。《吕氏春秋》“祝”作“卜”,“祀”作“祠”,無“神位占”三字,注云“故命太卜禱祠龜策”。《月令》作“命太史釁龜策”,鄭注云:“今《月令》曰‘釁祠’,‘祠’衍字。”皆可證無此三字。

精神

子求行年五十有四。

【顧曰】“求”疑當作“永”。《莊子·大宗師》釋文載崔譔引此作“子永”,是其證矣。《抱朴子·外篇〈博喻〉》云:“子永嘆天倫之偉。”亦作“永”字。

本經

而萬物不繁兆，萌牙卵胎而不成者。

【顧曰】上"不"字疑當作"之"，與下文"草木之句萌銜華戴實而死者"一例。

主術

必參五行之，陰考以觀其歸。

【顧曰】"行之"二字疑衍。"參五陰考"四字連讀，與下句"并用周聽"四字對文也。《要略》"主術者"云云，"考之參伍"即此，"五""伍"同字。是其明證。

匡牀蒻席。

注："匡，安也。蒻，細也。"【顧曰】"蒻"疑當作"弱"，故注如此也。注"蒻"疑亦"弱"之誤。《詮言》篇云："筐牀衽席。"注云："衽，柔弱也。"可證此"弱"字之不從艸，蓋後人因他書多言"蒻席"而改之。彼"匡"作"筐"，高不更解，疑當同此作"匡"。又，"衽"字高解爲"柔弱"，疑當作"荏"，亦後人因他書多言"衽席"而改之。

堯舜禹湯武。宋本如此，各本"武"上有"文"字，非。

【顧曰】"禹"疑當作"與"，上文但有"堯舜湯武"而無"禹"也。【引之按】"禹"衍字，後人習聞堯舜禹湯而誤增之也，《吕氏春秋·自知》篇作"堯舜湯武"，是其證。

繆稱

非以偕情也。

【顧曰】“偕”疑當作“倩”。“倩”“背”同字。

氾論

故魏兩用樓翟、吴起，而亡西河。

注：“魏文侯任樓翟、吴起，不用他賢。秦伐，喪其西河之地。”【顧曰】正文“吴起”二字疑衍。《韓非子·難一》云：“魏兩用樓、翟而亡西河，楚兩用昭、景而亡鄢郢。”《淮南》此文所本也。“樓、翟”二人與“昭、景”二人對文，所謂兩用也，不得更有“吴起”甚明。“樓、翟”二人者，以《戰國策》考之，樓爲樓廪，翟爲翟强。《魏策》云：“魏王之所用者，樓廪、翟强也。”又云：“翟强欲合齊秦，外楚以輕樓廪。樓廪欲合秦楚，外齊以輕翟强。”又云：“鼻之與强，“鼻”“廪”同字。猶晉人之與楚人也。”故《韓非子》謂之“争事而外市”，《韓非子》舊注云“樓緩、翟璜也”，臆説，甚誤。正兩用而亡西河之證矣，其事蓋在襄王時。注“魏文侯”云云，疑皆非高誘元文也，解“魏”爲“魏文侯”，其誤一。解“樓、翟”爲一人姓名，其誤二。解“兩用”爲“不用他賢”，其誤三。皆不可通，蓋後來妄改，而高注云何，已不可復知矣。唯《吕氏春秋·長見》《觀表》二篇皆載“吴起守西河之外，王錯譖之於魏武侯，吴起果去魏入楚。有間，西河畢入秦”，然仍於“兩用樓翟”“争事外市”全不相當，非《韓非子》及此之證也。

詮言

不知利害嗜，慾也。

【顧曰】“嗜”疑當作“者”，“不知利害者”與下文“以義爲制者”一例。“慾也”二字另爲句,承“衆人勝欲”,“欲”“慾”同字。與下文“心也”承“聖人勝心”一例。

兵略

與飄飄往,與忽忽來,莫知其所之。與條出,與間入,莫知其所集。

【顧曰】“飄飄”“忽忽”疑皆不當重,“條”疑當作“倏”,“間”疑當作“闇”。“飄”“忽”,“倏”“闇”皆同義。《荀子·議兵》篇“善用兵者,感忽悠闇,莫知其所從出”,《新序》作“奄忽”。“倏”即“悠”也,“闇”即“奄”也。楊倞注“感忽、悠闇,皆謂倏忽之間也”,是矣。又云“悠闇,遠視不分辨之貌”,則非。“飄往”“忽來”與“倏出”“闇入”對文。

説山

小馬非大馬之類也,小知非大知之類也。

注:“小馬不可以進道致千里,故得與大馬同類。”宋本注如此,《道藏》本同,各本“得”上有“不”字,非。【顧曰】上“非”字疑衍,注“不”字疑當作“亦”。此言小馬爲大馬之類,而小知則非大知之類也。《吕氏春秋·别類》篇“小方,大方之類也。小馬,大馬之類也。小智,非大智之類也”,是其證。

人間

西屬流沙,北擊遼水,東結朝鮮。

【顧曰】“擊”疑當作“繫”。《史記》所謂“屬之遼東”也，屬、繫、結，皆同義。楊子《法言・淵騫》篇“起臨洮，擊遼水”，誤與此同。

夫徐偃王爲義而滅，燕子噲行仁而亡。

【顧曰】“義”“仁”二字疑當互易，下文“仁義儒墨”即依此爲次。

而四君獨以仁義儒墨而亡者。

【顧曰】此承上文“滅亡削殘”言之，不須又言“亡”矣，“而亡”二字疑出後人所加。

非仁義儒墨不行。

【顧曰】“不”下疑當有“可”字。

泰族

師延爲平公鼓朝歌北鄙之音。

【顧曰】“延”疑當依注作“涓”。《韓非子・十過》篇、《史記・樂書》《論衡・紀妖》篇并作“涓”。《原道》篇注兩見：一“延”“涓”互易，一誤“涓”爲“延”。與此正文同，皆非。

要略

原道之心，合三王之風。

【顧曰】“道”下疑當有“德”字，與下句對文也。《精神》篇“深原道德之意”，亦可證。

《淮南子》宋本未誤者各條

第一卷

欲宎之心亡於中。
宋本"宎"未誤"寅"。

第三卷

積陰之寒氣者爲水。
宋本"者"字未脱。
十二月指子。
宋本"子"未誤"丑"。

第四卷

決眦。
宋本"眦"未誤"胔"。
寒冰之所積也。
宋本"冰"未誤"水"。
牡土之氣。
宋本"牡"未誤"壯"。

第五卷

以索奸人。

宋本“索”未誤“塞”。

第七卷

則是合而生時于心也。
宋本“于”未誤“干”。
輕舉獨往。
宋本“往”未誤“住”。

第八卷

大清之治也。
宋本“治”未誤“始”。

第九卷

采椽不斲。
宋本“斲”未誤“斷”。
夫據榦而窺井底。
宋本“榦”未誤“除”。
而不足者逮於用。
宋本“逮”未誤“建”。
知饒饉有餘不足之數。
宋本“饒”未誤“饑”。

第十卷

故君子懼失義。

宋本"義"上未衍"仁"字。

第十一卷

故不爲三年之喪。

注:"三年之喪始於武王。"宋本"始"字未誤入正文。

而刀如新剖硎。

宋本"硎"字未脱。《道藏》本亦未脱,但分爲"刑石"二字,而誤入注中。

處勢然也。

宋本"勢"未誤"世"。

是由發其原。

宋本"是由"未誤倒。

第十三卷

石乞入曰。

注:"石乞,白公之黨也。"宋本"乞"皆未誤"乙"。

在其内而忘其外。

宋本上"其"字未脱。

楚軍恐取吾頭。

宋本"軍"未誤"君"。

於是飲非瞋目教然。

宋本"瞋"未誤"瞑"。

第十六卷

夜之不能修於歲也。
宋本"於"未誤"其"。
故寒者顫。
宋本"者"字未脱。

第十七卷

罾者舉之。
宋本"罾"未誤"罜"。
不若尋常之纆索。
注:"故曰'不如尋常之纆索'。"宋本"纆"皆未誤"纏"。
或善爲故。
宋本"善"未誤"惡"。
賊心亡止。
宋本"亡止"二字未誤合而爲"㞦"字。

第十八卷

無爲貴智。
宋本"智"下未衍"伯"字。
今君欲爲霸王者也。
宋本"君"未誤"王"。

聖人見之蚤。
宋本“蚤”未誤“密”。
居隱爲蔽。
宋本“居”字未誤在“隱”下。

第十九卷

欣若七日不食。
宋本“若”未誤“然”。
无不憛悇癢心。
宋本“憛”未誤“憚”。

第廿卷

雨露所濡，以生萬物。
宋本“濡以”未誤倒。
與鬼神合靈。
宋本“與”字未脱。
而卵剖於陵。
宋本“剖”未誤“割”。
挺曶而朝天下。
宋本“曶”未誤“肳”。

第廿一卷

禹身執虆臿。

宋本“臿”未誤“垂”。

《淮南子》宋本之異者各條

第一卷

而大與宇宙之總。

《道藏》本無“與”字。

“大道坦坦”至“往而復反”。

注：“近，謂身也。”此一節在“能存之此”上，今本在“迫則能應”上。《道藏》本無此四句及注。【引之按】“能存之此，其德不虧”上承“沕穆無窮”以下八句，所謂“穆忞隱閔，純德獨存”也，中間不得有此四句。“迫則能應，感則能動”上承“湫漻寂寞，爲天下梟”，所謂“寂然不動，感而遂通”也，中間亦不得有此四句。且《文子·道原》篇：“大道坦坦，去身不遠，求之遠者，往而復反。”《自然》篇：“夫道可親不可疏，可近不可遠，求之遠者，往而復反。”蓋言道不在遠，往求於遠，必將無所得而復反也。今乃云“求之近者，往而復反”，則義不可通矣。正文及注皆後人妄加，當以《藏》本爲是。

第四卷

西方有刑殘之尸。

《道藏》本“刑”作“形”。

第七卷

千枝萬葉,莫得不隨也。

《道藏》本無"得"字。【引之按】《繆稱》篇:"辟若伐樹而引其本,千枝萬葉,則莫得弗從也。"與此同義,當有"得"字。

吾安知夫刺灸而欲生者之非或也。又弟九卷"智者不可或也",又弟十三卷"論事如此,豈不或哉",又弟十八卷"虞公或於璧与馬"。

《道藏》本"或"并作"惑"。【引之按】此淺人不知"或"爲"惑"之假借而改之也,惟《氾論》篇"故劍工或劍之似莫邪者"尚未改。

視毛牆、西施。又弟十九卷"今夫毛牆、西施"。

《道藏》本"牆"并作"嬙"。【引之按】《說文》無"嬙"字。

故儒者非能使人弗欲也,欲而能止之。非能使人勿樂也,樂而能禁之。

《道藏》本上無"也欲"二字,下無"也樂"二字。

第八卷

推移而無故。

《道藏》本無"移"字。

第九卷

東至湯谷。

《道藏》本"湯"作"暘"。【引之按】此淺人以《堯典》改之也，惟《説林》篇"日出湯谷"未改。

還反報曰："蘧伯玉爲相。"

《道藏》本無"反"字。

少力而不能勝也。

《道藏》本"少力"作"力少"。

是故臣盡力死節以與君計，君垂爵以與臣市。

《道藏》本"市"作"是"。

无小大修短，皆得其所宜。

《道藏》本"皆"作"各"，無"所"字。【引之按】上"无"下"皆"文義相應，不當作"各"。

堯舜禹湯武。

《道藏》本"武"上有"文"字。【引之按】"文"字衍，上文不言"文王"，"禹"字亦衍，辯見前。

第十卷

斯顔害儀。

《道藏》本"顔"作"頚"。【引之按】"顔"乃"頚"之訛。斯頚，即斯須也。

第十一卷

固有所宜也。又弟十七卷"固謂之斷"。

《道藏》本"固"并作"故"。

第十二卷

吾問道於無窮。無窮曰:“吾弗知之。”

《道藏》本不重“無窮”二字。

國家之福。

《道藏》本無“家”字。

國人皆知殺戮之制專在子罕也。

《道藏》本“制專”作“專制”。

枉則正。

《道藏》本“正”作“直”。【引之按】此淺人以今本《老子》改之也。唐傅奕校定古本《老子》及《邢州龍興觀碑》并作“枉則正”,見王氏《金石萃編》。與“窪則盈”“敝則新”爲韻。古音“正”“盈”在耕部,“新”在真部,《周易》《管子》《老子》《莊子》《楚詞》多以二部合韻。然則《淮南》所引作“正”,乃《老子》原文,未可以今本改之也。

非以無私。

《道藏》本“以”下有“其”字,“私”下有“邪”字。

無所不極。

《道藏》本“極”作“及”。【引之按】《爾雅》:“極,至也。”淺人不知而改爲“及”。

馳騁於天下之至堅。

《道藏》本無“於”字。【引之按】於,猶乎也,夫也。淺人不知而删之,非是。惟《原道》篇“馳騁於天下之至堅”尚未删。

今日將教子以秋駕。

《道藏》本無“將”字。

其政惛惛。

《道藏》本"惛惛"作"悶悶"。【引之按】此淺人以今本《老子》改之也,不知《淮南子》所引不必與今本同。

第十三卷

今時之人。

《道藏》本"時之"作"之時"。

舜無植錐之地。

《道藏》本"植"作"置"。

又第十四卷"一植一廢"。

《道藏》本"植"作"值"。

第十四卷

少則昌狂。

《道藏》本"昌"作"猖"。【引之按】《説文》無"猖"字,古但作"昌",《漢書·趙充國傳》"先零昌狂"。

時去我走。

《道藏》本"走"作"先"。

第十五卷

扤泰山。

《道藏》本"扤"作"抗"。【引之按】《小雅·正月》篇《毛傳》曰:"扤,動也。"言泰山爲之摇動也。"扤"與"抗"相似,世人多見“抗”，少見“抗”，故“抗”訛爲“抗”矣。

前朱鳥。

《道藏》本“鳥”作“雀”。【引之按】高注正作“朱鳥”。《天文》篇兩言“朱鳥”，皆作“鳥”，無作“雀”者。

第十六卷

故有所善，則有不善矣。

《道藏》本無下“有”字。

第十七卷

故小快害大利。

《道藏》本“快”下有“而”字。【引之按】“而”字因上句而衍。

第十八卷

然而戴冠履履者。

《道藏》本“戴”作“冠”。

第十九卷

作爲雲梯之械。

《道藏》本無“爲”字。

務之可趣也。

《道藏》本無“之”字。

弟廿卷

四時千乘。

《道藏》本“乘”作“乖”。

其於以監觀。

《道藏》本“於”作“所”。

弟廿一卷

静精神之感動。

《道藏》本無“静”字。

作爲炮格之刑。

《道藏》本“格”作“烙”。【引之按】此《吕氏春秋·過理》篇所謂“肉圃爲格”也，後人多改“炮格”爲“炮烙”，段氏若膺嘗正其誤。見盧氏《鍾山札記》。《齊俗》篇“炮烙生乎熱斗”，亦當作“炮格”。

漢隸拾遺

漢隸拾遺序

余曩未講求金石文字，家藏漢隸亦甚少，前官運河道時，友人以漢碑拓本相贈，余因於殘闕剥落之中推求字畫。凡宋以後諸家所已及者略之，有其字而未之及與誤指爲佗字者補之，凡二十五事，名曰《漢隸拾遺》。蓋當時目尚未衰，故注視久之，亦能得其一二，今則并此而不能矣，益以見讀碑之時，適當力能讀之時爲可幸也。兒子引之請以付梓，因綴數語以質於當世之通金石文字者。道光十一年三月二十一日，高郵王念孫叙，時年八十有八。

漢隸拾遺

三公山碑

右《三公山碑》，元初四年立，字在篆隸之間，無額，今在正定府元氏縣城外野陂上。

是碑出於乾隆甲午年，翁氏覃谿《兩漢金石記》、黄氏小松《小蓬萊閣金石文字》及趙氏晉齋《跋》釋之已詳。間有未安者，别而論之。弟三行"蝗旱鬲□"，"鬲"下一字，翁作"我"，黄作"并"。黄云："按，《漢書》安帝時，尚書僕射陳忠上書云'隔并屢臻'，當是'鬲并'二字。"【念孫案】黄説是也。《管子》《漢書》、漢碑多以"鬲"爲"隔"，李賢注《陳忠傳》云："隔并，謂水旱不節也。"又，《順帝紀》云："政失厥和，陰陽隔并。"《郎顗傳》云："歲無隔并，太平可待。"《陳蕃傳》云："并隔水旱之困。"并隔，猶隔并也。又，《翟酺傳》注引《益都耆舊傳》云："詔問酺陰陽失序，水旱隔并。"《參同契》亦云："湯遭厄際，水旱隔并。"是漢人多有"隔并"之語。《劉瑜傳》云："天地之性，陰陽正紀，隔絶其道，則水旱爲并。"此説"隔并"二字之義最明，蓋水旱不節皆謂之隔并。此云"蝗旱鬲并"，則專指旱災言之。"并"字碑文本作"幵"，故與"我"字相似，黄氏改書作"羿"，則非其原文矣。弟四行"乃耑道要，本祖其原”，翁、黄皆以“𣥼”爲“来”字。案，“乃来道要”，義不可通，王氏蘭泉《金石萃編》改爲“乃来道叟”，亦非。此字碑文本作“𣥼”，其首筆作曲形，自右而左，與上文“由是之来”作“来”者不同。“𣥼”即“求”字，謂求道之要而本祖其原也。《斥彰長田君斷碑》“究𦥷道要”，義與此同。“求”字篆文作“𧰨”，隸作“求”，又變而爲“𣥼”，與“来”字相似而不同。此碑字體在篆隸之間，故作“𣥼”。《張遷碑》“紀行求本”，“求”字作“𣥼”，是其證。《吕刑》“惟貨惟來”，馬融本“來”作“求”，注云：“求，有求請賕也。”蓋漢律有“受賕”之條，即經所云“惟貨”也。又有“聽請”之條，即經所云“惟求”也。二者相因，故馬注云云，以兼釋“惟貨惟求”之義。“求”字傳寫作“𣥼”，故與“来”字相似。而某氏傳遂訓爲“往来”之“来”，失之矣。“求”“来”二字，書傳多互譌。《管子·任法》篇“富人用金玉事主而求焉”，《小稱》篇“以求美名”，今本“求”字皆譌作“來”。《孟子·離婁》篇“舍館定，然後來見長者乎”，《史記·李斯傳》“來丕豹、公孫支於晉”，今本“來”字又皆譌作“求”。《隸釋》所載《成陽靈臺碑》云“厥後堯来祖統，慶都告以河龍”，碑陰云“来索忠良”，揆其文義，皆本是“求”字。而洪氏不言與“求”同，則直以爲“來”字矣。今世所傳雙鉤本亦作“堯来祖統”，蓋自宋以降，不復知“𣥼”爲“求”之異文，故傳寫皆作“来”也。

開母廟石闕銘

右《開母廟石闕銘》，延光二年立，篆書有二層，下層前有題名十二行，其銘詞則上下各廿四行，在河南府登封縣北十里。

題名第一行，諸家皆未之見，中有“二月”二字。第二行之末乃“潁川郡陽”四字，[①]“川”上一字已泐，以《漢志》考之，知是“潁”字。第三行之首乃“城縣”二字，“城”字已泐，“縣”字右邊泐，左邊缺，連上行讀之，則爲“潁川郡陽城縣”也。“縣”下一字是“爲”字，右邊微缺，翁氏《兩漢金石記》以此爲“縣”字，非也。第四行之首是“治”字，右邊已泐，左邊“氵”字尚存其末，連上行讀之，則爲“爲去聲。開母廟興治神道闕”，《少室石闕銘》亦云“興治神道”矣。第五行之首乃是“京兆”二字，“京”字上半已泐，但存下半，“兆”字作“兆”，尚分明，連上行讀之，則爲“大守京兆朱寵”，已見《大室石闕銘》，漢碑題名，固有書郡不書縣者，《禮器碑》有“京兆劉安初”，尤其明證也。武氏虚谷《授堂金石跋》謂是“杜陵”二字，則非其原文矣。

銘詞前十二行皆以四字爲句，第一行“□□□□□防百川”，弟一字是“昔”字，下半已泐，而上半分明。弟三、弟四是“共工”二字，“共”字雖模糊而可辨，“工”字分明。“防”上一字是“範”字，上半“竹”字模糊，而下半“軋”字分明。弟二行“□□□原”，“原”上一字是“其”字，雖模糊而可辨。案，《周語》曰：“昔共工虞于湛樂，淫失其身，欲壅防百川，墮高堙庳以害天下。其在有虞，有崇伯鮌播其淫心，稱遂共工之過。”韋注曰：“稱，舉也。舉遂共工之過，謂障洪水也。”即此所云“昔□共工，範防百川，柏鮌稱遂，□□其原”也。弟三行“□□□功”，弟一字是“禹”字，下半模糊，而上半分明。此説禹治水之事，故曰“禹□□功，疏河寫玄”，水色黑，故曰“玄”也。弟四行“□□□文”，弟一字是“咸”字，上半“戌”字分明，

① “末”，底本作“未”，據同治本改。

唯“口”字模糊。弟三字是“無”字，篆作“𣞤”，上半雖模糊，而下半“林”字可辨，合觀之，乃是“咸秩無文”四字。弟二字雖泐，然在“咸”與“無文”之間，其爲“秩”字無疑。此言洪水既平，而祀典畢舉也。《雒誥》曰“咸秩無文”，謂不在禮文者，皆秩次而祀之。“九山甄旅，咸秩無文”，皆用《尚書》之文，猶言“望于山川，遍于群神”耳。“爰納□山，辛癸之間”，“山”上一字是“塗”字，雖字首稍泐，而大段分明，即《臯陶謨》所云“娶于塗山，辛壬癸甲”也。弟五行“同心濟□”，“濟”下一字篆作“阝𦍌”，讀爲“艱厄”之“厄”。《説文》：“𨼸，烏懈切。陋也。從𨺅，𦍌聲。”“𦍌”，籀文“嗌”字。籀文作“隘”，碑則省“𨼸”爲“阝𦍌”，又借爲“艱厄”之“厄”，字或作“阨”。言啓母與禹同心以濟厄運也。崔瑗《司隸校尉箴》曰：“以濟難阨。”《魏都賦》曰：“能濟其厄。”弟六行“□□□𤴓”，“𤴓”，古文“正”字，與上“民”下“秦”爲韻，漢人多以真、庚通用也。“杞繒漸替”，王氏蘭泉《金石萃編》曰：“繒與鄫同，鄫亦姒姓之國，慨禹後之衰，故云‘杞鄫漸替’，其爲借用字無疑。王、翁皆誤爲‘繪’字，王且於‘繪’下注云：疑即‘檜’字。何其疏歟！”案，蘭泉説是也。凡《左傳》“鄫”字，《穀梁傳》皆作“繒”。又，《周語》云：“杞繒由大姒。”《魏策》云：“繒恃齊以悍越。”《史記·夏本紀贊》云：“禹後有杞氏、繒氏。”《漢書·地理志》云：“東海郡，繒故國，禹後。”皆其證矣。《左傳》哀八年：“鄫人漚菅。”《考工記·㡃氏》注引作“繒人渥菅”，是鄭所見《左傳》亦作“繒”也。弟七行“□□□亨”，“亨”上是“聖漢禋”三字，“聖漢”二字雖模糊而可辨，“禋”字左邊尚存，右邊“垔”字上半模糊，而下半分明。“亨”即“享”字，《周語》曰：“精意以享，禋也。”漢立啓母廟而祀之，故曰“聖漢禋享，於兹馮神”也。兩漢人奏疏及漢碑中多稱“聖漢”。弟八行“□祥符瑞”弟一字，葉氏井叔《嵩陽石刻記》、王氏虚舟《題跋》并以爲“貞”字，翁氏以爲“原”字。案，碑文作“[illegible]”，乃“貞”字，非“原”字。貞祥，即禎祥也。作“[illegible]”者，篆體小異耳。“靈支梃生”，“支”與“枝”同，即下文所云“木連理”也，而葉、王、翁皆以“靈支”爲“靈芝”，誤矣。《廣韻》“支”在五“支”，“芝”在七“之”，今音雖若近似，而古音絶不相通，故從支、從之之字古無通用者，此非精於三代兩漢之音者，不能辨也。弟九行“□□□化”，“化”上一字是“鬻”字，上半模糊，而下半分明。“鬻”與“育”同。育化者，生化也。《樂記》“毛者孕鬻”，鄭注曰：“鬻，生也。”唯陰陽爲能生化，故曰“□□鬻化，陰陽穆清”也。弟十行“□□□□”，弟四字是“盈”字，上半多泐，而下半分明。景氏《説嵩》以爲“寍”字，非也。“寍”爲古“甯”字，上從宀、從心，今碑文上半“及”字，仍存其尾，明是“盈”字，非“寍”字。“興雲降雨，□□□盈”，言膏澤滿盈也。弟十一行“相□我君”，“相”下一字，葉、王以爲“宥”字，翁以爲“肩”字。案，“相肩我君”，文不成義，碑文作“[illegible]”，明是“宥”字，非“肩”字，但右邊稍泐耳，“宥”即“祐”字也。《管子·侈靡》篇：“擇天之所宥，擇鬼之所富。”“宥”與“祐”同，“富”與“福”同。今本“天”下衍“下”字，“富”字又訛作“當”，辯見《管子》。《漢書·禮樂志》“神若宥之”，師古曰：“宥，祐也。”故曰“福禄來彶，相宥我君”，相、宥，皆助也。

自“重曰”以下，皆六字爲句，而剥蝕更甚於前。弟廿行“□□□□□化”，“化”上一字上半已泐，而下半尚可辨，葉氏以爲“慕”字是也。黄氏《中州金石考》誤以爲“恭”字。此言四夷慕化而來朝，故下句云“咸來王而會朝”也。“慕”上一字是“而”字，與下句“而”字對文，字雖模糊而可辨。弟廿一行

“□□□□□静”，“静”上是“其清”二字，“其”字模糊而可辨，“清”字上半模糊，下半分明。“其清静”三字正與下句“其修治”對文也。“九域𡭴其修治”，翁云：“‘𡭴’字，顧、王二家俱闕未録。案，《説文》：‘𡭴，子結切。少也。讀若輟。’正當援是銘以詁義爾。”案，“九域少其修治”，義不可通，余謂“𡭴”讀爲“九有有截”之“截”。《玉篇》《廣韻》《廣雅音》“𡭴”字并音子列切。“𡭴”“截”聲相近，故字亦相通。謂九域之内截然修治也。作“𡭴”者，假借字耳。《大雅·常武》篇“截彼淮浦”，《毛傳》曰：“截，治也。”《商頌·長發》篇“海外有截”，鄭箋曰：“截，整齊也。四海之外率服，截爾整齊。”《正義》引王肅云：“截然整齊而治。”下文“九有有截”，箋曰：“九州齊一截然。”皆謂治也。《玄鳥》篇“奄有九有”，《韓詩》作“九域”，見《文選·册魏公九錫文》注。則“九有有截”，《韓詩》亦必作“九域”，《魯語》“共工氏之伯九有也”，韋注：“有，域也。”《漢書·律曆志》引《祭典》曰：“共工氏伯九域。”“域”“有”古同聲而通用，説見《釋詞》。故曰“九域截其修治”，義本《韓詩》也。《晉書·樂志·四廂樂歌》曰：“九域有截。”是其明證矣。弟廿二行“□□□□□福”，“福”上一字是“祈”字，其左“示”右“斤”之末尚分明。此言祀啓母以祈福，故下句即云“祀聖母虖山隅”也。弟廿三行“神□亨而飴格”，“亨”上是“禋”字，字雖模糊而可辨。“禋”“享”二字已見上文。精意以享，則神降之福，故曰“神禋享而飴格，釐我后以萬祺”也。

北海相景君銘

右《北海相景君銘》，漢安二年立，并陰俱八分書，篆額，在濟寧州儒學中。

弟五行“根道核藾”,“核”與“荄”同,《漢書・五行志》“孕毓根核”,師古曰“核,亦荄字”是也。《漢隸字原》《隸辨》於入聲二十一麥“核”字下引此文,則誤讀爲“果核”之“核”矣。弟七行“辨秩東衍”,“辨秩”即《堯典》之“平秩”也。《周官・馮相氏》注:“仲春辨秩東作。”《疏》云:“據書傳而言。”“衍”讀曰“埏”,《集韻》云:“埏,方也。”“辨秩東衍”,猶言“平秩東方”耳。“衍”字古讀若“延”,故與“埏”通。《周官・大祝》“衍祭,男巫望祀、望衍”,鄭注并讀爲“延”。《唐風・椒聊》篇“蕃衍盈升”,《一切經音義》十九引作“蕃延”。弟九行“鴞梟不鳴”,“鴞”與“鴟”同,《隸釋》《漢隸字原》“鴞”字并誤作“鴞”,唯《隸辨》不誤。“梟”字上從鳥,《隸釋》《隸辨》從俗作“梟”,誤也。《説文》:“梟,不孝鳥也。日至,捕梟磔之。從鳥在木上。”俗省作“梟”,俗書“흿”字作“皃”,“島”字作“島”,誤與此同。傳寫《説文》者,因誤爲“梟”,後人不知,又改其注爲“從鳥頭在木上”,以牽合已誤之篆文,謬矣。俗書“梟”字,其上半“鳥”形已具,但無足耳,何云“鳥頭在木上”乎?《説文》“梟”字在木部,《玉篇》以“梟”是鳥名,遂改入鳥部,是《玉篇》“梟”字亦從鳥也,而今本《玉篇》亦誤爲“梟”。《廣韻》以下并同。張參《五經文字》説此字云“從鳥在木上,隸省”,據此,則《説文》“梟”字本從鳥,而注内本無“頭”字明矣。今經傳中“梟”字皆從俗作“梟”,唯此碑作“梟”,中間四點分明,與《説文》“從鳥在木上”之解相合,足證《五經文字》之不謬,而《隸釋》《隸辨》復誤作“梟”,若非此碑至今尚在,誰能正其失乎?陽湖孫氏淵如云:“縣首於木上謂之梟首,故‘梟’字‘從鳥頭在木上’。”【念孫案】“梟首”字本作“𥄉”,從到首,今借“梟鳥”字爲之,非其本字也。“日至捕梟,磔之木上”,故其字“從鳥在木上”,非謂縣其首於

木上也，何得云“鳥頭在木上”乎？孫又謂“從鳥在木上”，則是“巢”字，非“梟”字。案，《説文》“鳥在木上曰巢，在穴曰窠”，此釋其義，非釋其字也。若釋其字，則下從木，而上象巢形，故《説文》云“巢，從木，象形”，謂象鳥巢在木上之形，非謂從鳥在木上也。且“巢”爲象形之字，故云“從木，象形”。“梟”爲會意之字，故云“從鳥在木上”，豈得謂“從鳥在木上”即是“巢”字乎？弟十二行“歔欷賁絶，奄忽不辻”，“不”下當是“遲”字，其右邊“犀”字之末二筆尚存。奄忽，疾貌也。《商頌·長發》傳云：“不遲，言疾也。”《説文》：“溘，奄忽也。”“奄忽不遲”，猶今人言“溘逝”也，“遲”與“危”“回”“摧”“歸”“哀”“佪”“褱”爲韻，於古音正協，或以爲“違”字，於義疏矣。弟十四行“大命□期，寔惟天□”，諦審碑文，“天”下是“授”字，與下文“就”“留”爲韻。上文云“于何穹倉，布命授期，有生有死，天寔爲之”，是其證也。

碑陰上列弟十四行“平壽淳于閪”，“閪”即“闓”字，隸書“豆”字或省去上畫，如《張遷碑》“豎”字作“豎”，石經《尚書》殘碑“於戲”字作“戲”是也。《隸續》《隸辨》直書作“闓”，則非其原字矣。中列弟十一行“營陵力遅”，“力”即“力”字，《廣韻》“力”字注云：“又姓，黄帝佐力牧之後。”隸書“力”字或從篆作“力”，録此碑者，或作“多遅”，非也。古有力姓，無多姓，諦視碑文，明是“力”字，非“多”字也。

敦煌長史武斑碑

右《敦煌長史武斑碑》，建和元年二月立，并額俱八分書，在濟寧州嘉祥縣武氏祠中。

弟六行“追昔劉向、辩、賈之徒”，“辩”即“班”字也。《外黄令高彪碑》亦云“章文襘袉，類乎斑賈”，“班”“斑”“辯”古字通。《荀子·君道》篇“善班治人者也”，《韓詩外傳》“班”作“辯”。字亦作“辨”。《士虞禮記》“明日以其班袝”，鄭注：“古文‘班’或爲‘辨’。”

司隸校尉楊涣石門頌

右《司隸校尉楊涣石門頌》，建和二年十一月立，并額俱八分書，在漢中府褒城縣棧道中磨崖。

弟六行“上則縣峻，屈曲流顛。下則入冥，廎與“傾”同。寫輸淵”，冥者，深也，言水從高入深也。《豫》上六“冥豫”，《釋文》引王廙云：“冥，深也。”《爾雅》：“冥，幼也。”孫炎本“幼”作“窈”，注云：“冥，深闇之窈也。”見《小雅·斯干》正義。《太玄·達》初一“中冥獨達”，范望云：“心深稱冥。”《論衡·道虚》篇云：“其書深冥奇怪。”是“冥”與“深”同義。“平阿涼泥，常蔭鮮晏”，“涼”即“泉”，“蔭”即“陰”字。晏，温也。言平阿之地，水泉泥濘，常寒少温也。《小爾雅》云：“晏，陽也。”《吕氏春秋·誣徒》篇云：“心若晏陰，喜怒無處。”《太玄》踦贊云“凍登赤天，晏入黄泉”，范望云：“凍，至寒也。晏，至熱也。”《漢書·郊祀志》云：“至中山晏温。”《封禪書》“晏”作“曣”。《廣雅》：“曣，煗也。”是古謂“温暖”爲“晏”也。《漢隸字原》讀“平阿涼”爲句，《隸辨》讀“涼泥常蔭”爲句，皆失之。弟七行“臨危槍碭”，“槍”音七羊反，“碭”音“唐”。《説文》云：“踼，趺踼也。一曰槍也。”《廣韻》云：“趺踼，行失正。”“踼”與“碭”通。“惡虫蔣狩”，“狩”與“獸”同。《隸釋》以“蔣”爲“斃”字，非也。“蔣”與“憋”同。《方言》：“憋，惡也。”郭璞音“方滅反”。字亦作“敝”。《後漢書·董卓傳》“敝腸狗態”，李賢云：“言心腸敝惡也。"《續漢書》"敝"作"憋"。憋,亦惡也。"惡虫""憋獸"互文耳。"虵蛭毒蟃","蛭"音大結反,字本作"蛈",《爾雅》:"蛈,蠆。"郭璞云:"蝮屬,大眼,最有毒,今淮南人呼蠆子。"蠆,猶惡也。"蟃"與"曼"通。《魯頌·閟宫》傳云:"曼,長也。""虵蛭毒蟃",言毒長也。《説文》:"蛈,蠆也,蛇毒長。今本訛作"蛇惡毒長也",據《爾雅釋文》所引及《玉篇注》訂正。從長,失聲。"是其證。《隸辨》以"蛭"爲水蛭,又引"蟃"爲螟蛉蟲,皆失之。"未秋截霜,稼苗夭殘","截"與"夭札"之"札"聲近而義同,故《釋名》云:"札,截也。氣傷人如有斷截也。"《管子·五行》篇"旱札苗死民厲",尹知章云:"札,夭死也。"是"苗夭死"亦謂之"札"。札,猶截也,故云"未秋截霜,稼苗夭殘"矣。弟十三行"綏億衙强",綏、億,皆安也。韋注《晉語》云:"億,安也。""衙"與"禦"同,言能安强禦之人也。"禦强"即"强禦",倒文協韻耳。弟十五行"揆往卓今",《廣雅》云:"卓,明也。"言以古知今也。弟十七行"世世嘆誦","誦"讀若"容",與"通""廱""同""功"爲韻。《小雅·節南山》篇"家父作誦",與"訩""邦"爲韻。《楚辭·九辯》"自壓桉而學誦",與"通""從""容"爲韻。是其證也。《武榮碑》"萬世諷誦",亦與"功""同"爲韻。弟廿一行"或解高格,下就平易","格"即"棧閣"之"閣",《析里橋郙閣頌》云"減西□之高閣,就安寧之石道",意與此同也。《開通褒余道石刻》"始作橋格"、《辛李造橋碑》"棧格陵陵",并以"格"爲"閣"。

魯相韓敕造孔廟禮器碑

右《魯相韓敕造孔廟禮器碑》,永壽二年七月立,并碑陰兩側皆八分書，無額，在兖州府曲阜縣孔廟中。

弟二行“莫不𩥅思，嘆卬師鏡”，案，《易是類謀》云“在主𩥅用”，鄭注云：“𩥅，庶幾也。”《廣雅》云：“𩥅，企也。”《文王世子》注引《孝經説》云：“大夫勤於朝，州里𩥅於邑。”字或作“冀”，又作“覬”，并同。《隸釋》《漢隸字原》《隸辨》并以“𩥅”爲“驥”字，則義不可通矣。弟七行“尊琦大人之意，逴𢐀之思”，《漢隸字原》《隸辨》皆以“𢐀”爲“彌”字，錢氏辛楣《金石文跋尾》云：“逴𢐀，即卓爾也。”【念孫案】古書“爾”字無通作“𢐀”者，婁、顧以“𢐀”爲“彌”是也。漢碑“彌”字多作“𢐀”。逴、彌，皆遠也。《説文》：“逴，遠也。”字亦作“卓”。《楚辭·九章》云：“道卓遠而日忘。”杜預注哀二十五年《左傳》、薛綜注《西京賦》并云：“彌，遠也。”此言“逴彌之思”，下言“逴越絶思”，其義一也。弟八行“皇戲統華胥”，錢云：“自‘皇戲統華胥’而下五十二句，句皆四言，獨‘皇戲’句五言，而‘皇’字特跳上一格書之，殊不可解。竊意此字後人妄加。”案，錢説是也。原碑“皇”字出格，至《隸釋》則與各行平列矣。《兩漢金石記》乃謂“皇”字筆法與前後正合，非後人妄加，則是不論行之高下、句之長短，而但以其筆法相似，遂定爲真迹，獨不思此碑“皇”字凡四見，後人固能依放而爲之乎？“皇戲統華胥”，殊爲不詞，且碑中之字，上下相距，自有定式，唯“皇戲”二字相距不及四分，與諸字疏密縣殊，則“皇”字爲後人所加無疑。弟十二行“天與厥福，永享牟壽”，牟壽，大壽也。《吕氏春秋·謹聽》篇“賢者之道，牟而難知”，高注云：“牟，猶大也。”《太平御覽·工藝部十一》引《淮南注》亦云：“牟，大也。”陳氏子文《金石遺文録》謂“牟壽”即“眉壽”，非是。【引之云】弟一行“霜月之靈”，“霜月”即《爾雅》之“七月爲相”也。“霜”“相”古同聲，故“霜”字以“相”爲聲。《淮南·原道》篇“釣射鸘鷞”,《中山經》注引作“弋釣潚湘”,《太平御覽·地部三十》引作“射釣潚湘”,“潚湘”之爲“鸘鷞”,亦猶“相月”之爲“霜月”矣。“霝”讀爲“令”。《般庚》“弔由靈”,某氏傳云“靈,善也”,《正義》以爲《爾雅·釋詁》文,今《爾雅》“靈”作“令”。《周齊侯鎛鍾銘》“霝命難老”,即“令命”。《微繺鼎銘》“永令霝冬”,即“永命令終”。“令”“霝”“靈”古同聲而通用。《士冠禮》祝辭云:“令月吉日。”又云:“以歲之正,以月之令。”“霜月之令,皇極之日”,謂七月五日也。《史晨饗孔廟後碑》云:“乃以令日,拜謁孔子。”意與此同。《集古録》以“霜月”爲九月,非是。以九月霜降而謂之霜月,則正月雨水,亦可謂之雨月乎?以此紀月,未之前聞也。弟五行“雷洗觴觚,爵鹿柤梪,籩柉禁壺”,趙氏《金石録》云:“所謂鹿者,禮圖不載,莫知爲何器。後見汶陽陳氏所藏古彝,爲伏鹿之形,近歲青州獲一器,亦全爲鹿形,疑所謂鹿者,亦因其形而名之耳。”《隸釋》云:“柉,音凡,木名也,皮可爲索。”《隸辨》云:“柉可爲索,非禮器也。”《博雅》:“盄,杯也。”《集韻》音“凡”,與“柉”同音,或是借“柉”爲“盄”。案,碑所陳禮器,皆禮所必用之器,器形似鹿,古無其名,趙説非也。顧以“柉”爲“盄”,差爲近之,然古祭祀燕饗,無用杯者,禮器亦不當有盄。錢氏穀《校金石録記》云:“射禮有鹿中,爲鹿形,背設圜箭以納算籌。又有乏,如屏風,所以爲獲者御矢。鹿即鹿中。柉,恐即乏也。”案,盛算之器,《鄉射禮》但謂之中,或謂之鹿中而不謂之鹿。若但謂之鹿,則不知爲何物矣。“雷洗觴觚,爵鹿柤梪,籩柉禁壺”,皆飲酒所用,非射所用,若雜以鹿中與乏,斯爲不倫矣,錢説亦非也。今案,鹿,即角也。柉,即豐也。皆聲之假借。古音“角”與“鹿”同,《周南·麟之趾》以“角”“族”爲韻,《召南·行露》以

"角""屋""獄""足"爲韻，《周頌·良耜》以"角""續"爲韻。《喪大記》"寔于緑中"，鄭注云："緑，當爲角，聲之誤也"。《史記·留侯世家》"角里先生"，李濟翁《資暇録》引荀悦《漢紀》作"祿里"。今本《漢紀》作"角里"，乃後人依《史記》改之。"角""祿""緑""鹿"四字古并同音，故"角"通作"鹿"。《特牲饋食禮記》"實二爵二觚四觶一角一散"，鄭注引舊説云："爵一升，觚二升，觶三升，角四升，散五升。"《禮器》云："宗廟之祭，貴者獻以爵，賤者獻以散，尊者舉觶，卑者舉角。"是"角"與"爵""觚""觶""散"同爲飲器，故碑於"觴觚""爵"之下次以"角"也。觴，即觶也，《説文》："寔曰觴，虛曰觶。"古音"柉"與"豐"相近，鄭注《士喪禮下》篇云："今文窆爲封。"又注《檀弓》《王制》《曾子問》并云："封當爲窆。""窆"之爲"封"，亦猶"豐"之爲"柉"也。《説文》："覂，覆也。從襾、乏聲。方勇切。"《漢書·食貨志》"大命將泛"，孟康曰："泛，音方勇反，覆也。""覂""泛"從乏聲而音方勇反，亦猶"柉"從乏聲而讀爲"豐"也。《説文》："豐，豆之豐滿者也。從豆，象形。"《鄉射禮》"命弟子設豐"，注云："豐，所以承爵也，形蓋似豆而卑。"《大射儀》"司宫尊於東楹之西，兩方壺，膳尊兩甒在南，有豐"，注云："豐，以承尊也，説者以爲若井鹿盧，其爲字從豆、曲聲，近似豆，大而卑矣。"是"豐"與"豆"相類，故碑於"梪籩"之下次以"豐"。"豐"或作"柉"，字從木，與"柤""梪"之從木同義。豐又可承尊，與棜、禁同類，故碑於"豐"下次以"禁"也。

郎中鄭固碑

右《郎中鄭固碑》，延熹元年四月立，八分書，篆額，在濟寧州儒學中。是碑中斷後遂失其下段，而上段尾復陷入土中，故向來拓本唯存不全之上段。雍正六年，州人李鵾得下段於泮池旁，乾隆四十三年，其子東琪與定海藍嘉瑄復將上段升高出土，而此碑遂全。

弟六行"詔拜郎中，非典好也"，案，碑内"其"字或作"其"，或作"其"，唯此"其"字作"典"，上從由，亦猶《楊著碑》"基"字之作"基"也。《隸釋》《漢隸字原》《隸辨》皆作"基"，今此碑已亡，而世間拓本直改"基"爲"基"矣。典者，"其"之借字也。《説文》："畁，舉也。從廾、音拱。由聲。《春秋傳》曰：'晉人或以廣隊，楚人畁之。'"今《春秋傳》"畁"作"惎"。《説文》："綥，帛蒼艾色。從糸、畁聲。《詩》曰：'縞衣綥巾。'"今《詩》"綥"作"綦"。《廣韻》云："畁，《説文》音其。""其"與"畁"同音，故字亦相通。《校官碑》"雅容其閑"，"其"字作"畁"，正與《説文》同。此碑作"典"，下從丌，音"基"。則與《説文》小異，其實一字也。《隸釋》直書作"其"，則非其原文矣。弟八行"君大男孟子有楊烏之才"，楊烏，即《法言》所謂"吾家之童烏"也。《問神》篇。劉貢父謂子雲本姓揚，從手，不從木，據此可以正其謬矣。説見《漢書》。弟十行："昔姬公□武，句。弟述其兄，句。綜□□，句。□□行，句。於蔑陋，句。歍曷敢忘，句。乃刊石，句。以旌遺芳。句。""於蔑陋"者，"於"音"烏"，嘆詞也。蔑陋，謂鄙小也。郑注《君奭》云："蔑，小也。"高注《淮南・修務》篇云："陋，鄙小也。"《漢書・韋玄成傳》云"於蔑小子"，與此"於蔑陋"同義。"兄""行""忘""芳"爲韻，"兄"讀若"荒"，"行"讀若"杭"，《隸辨》以"行於蔑陋"四字爲句，則既失其義，而又失其韻矣。

泰山都尉孔宙碑

右《泰山都尉孔宙碑》，延熹七年七月立，并陰俱八分書，篆額，在曲阜縣孔廟中。

弟六行"□□祠兵，遺畔未寧"，祠兵，即治兵也。《左氏春秋》莊八年"甲午治兵"，《公羊》作"祠兵"。宙傳《嚴氏春秋》，故書此碑者，亦從《公羊》作"祠兵"也。弟十三行"帝賴其勳，民斯是皇"，皇，正也，言民歸於正也。《爾雅》："皇、匡，正也。"《豳風·破斧》篇"四國是皇"，《毛傳》："皇，匡也。"【引之云】弟十二行"乃綏二縣，黎儀以康"，"黎儀"即《皋陶謨》之"萬邦黎獻"也。某氏傳云："獻，賢也。""獻"與"儀"古同聲而通用，《周官·司尊彝》"鬱齊獻酌"，先鄭司農讀"獻"爲"儀"，餘見下。《大誥》之"民獻有十夫"，《傳》亦訓爲"賢"，而《大傳》作"民儀有十夫"，王莽仿《大誥》亦云"民儀九萬夫"。見《漢書·翟方進傳》。今本"儀"上有"獻"字，後人依《古文尚書》加之也。孟康釋"民儀"云"民之表儀，謂賢者"，則正文本無"獻"字。辯見《漢書》。凡古文作"獻"者，今文多作"儀"，此碑云"黎儀以康"，《斥彰長田君碑》云"安惠黎儀"，《堂邑令費鳳碑》云"黎儀瘁傷"，漢碑多用《今文尚書》，此三碑皆言"黎儀"，則《皋陶謨》之"黎獻"，今文必作"黎儀"矣。《廣雅》云："儀，賢也。"蓋用今文説也。《隸釋》跋《費鳳碑》以"黎儀"之"儀"爲"反其旄倪"之"倪"，失之矣。

碑陰上列弟十七行"東郡東武陽腾穆"，"腾"即"凌"字也。"腾""凌"二字皆從二，二者，"仌"之省文。今俗作"冰"，乃古"凝"字。《説文》："滕，仌出也。從仌、朕聲。《詩》曰：'内于滕陰。'""夌""滕"或從夌，是其證。"滕"，隸省作"腾"，故《廣雅》云："腾，仌也。""腾"爲"凌"之本字，故凌姓之"凌"，古亦作"塍",此碑之"塍穆"是也。《隸釋》《漢隸字原》《隸辨》《兩漢金石記》并書作"滕",則以甲代乙矣。

執金吾丞武榮碑

右《執金吾丞武榮碑》,無年月,據碑稱遭桓帝喪卒,則當在建寧改元之初,并額俱八分書,在濟寧州儒學中。

弟二行"藐然高厲",藐然,高貌也。字亦作"邈",《楚辭·離騷》"神高馳之邈邈"是也。厲,亦高也。《吕氏春秋·季冬》篇注云:"厲,高也。"《廣雅》同。《皋陶謨》"庶明厲翼",《史記·夏本紀》作"衆明高翼",劉歆《遂初賦》云"天烈烈以厲高兮",是"厲"與"高"同義,故曰"藐然高厲"。弟八行"陵惟哮虎","陵"與"棱"同。俗作"稜"。棱,威也。《漢書·李廣傳》:"威棱憺乎鄰國。"李奇云:"神靈之威曰棱。"後漢馬棱,字伯威,是"棱"與"威"同義。《集韻》"棱"又音"陵",是"棱"與"陵"同音,故曰"陵惟哮虎",言其威棱如哮虎也。《辛李造橋碑》"棧格陵陵",亦以"陵"爲"棱"。

衛尉卿衡方碑

右《衛尉卿衡方碑》,建寧元年九月立,并額俱八分書,在兖州府汶上縣西南。

弟四行"少以文塞,長以欽明",案,《古文尚書·堯典》"欽明文思安安",今文"思"作"塞"。《後漢書·和熹鄧后紀》注、《第五倫傳》注、《陳寵傳》注并引《尚書考靈耀》云:"堯文塞晏晏。"《魏受禪碑》亦云:"九德既該,欽明文塞。"又,《郅壽傳》注引鄭注《考靈耀》云："道德純備謂之塞，寬容覆載謂之晏。"緯書皆用今文，故"文思"作"文塞"。漢碑亦多用今文，故與緯書同也。第十七行"鐫茂伐，祕將來"，伐，功也。祕，告也。言刻石紀功以告來世。《廣韻》曰："毖，告也。"《酒誥》曰"厥誥毖庶邦庶士"，言誥告庶邦庶士也。又曰"女典聽朕毖"，言女常聽朕告也。舊訓"毖"爲"慎"，失之。説見《經義述聞》。《車騎將軍馮緄碑》曰："刊石表績，以毖來世。"此碑曰："鐫茂伐，祕將來。""祕"與"毖"古字通。第十九行"邊民是鎮"，"鎮"讀平聲，與上下文爲韻，《廣韻》"鎮"字又音"陟鄰切"。《周官・天府》"凡國之玉鎮"，《釋文》："鎮，又音珍。"《周語》"是陽失其所而鎮陰也"，宋庠《補音》云："鎮，音珍。"馮衍《顯志賦》"覽聖賢以自鎮"，與"元""親""神"爲韻。《平都相蔣君碑》"社稷之鎮"，與"銀""均""年""昆"爲韻。皆其證。今高郵人謂"壓物曰鎮"，聲如"珍"也。

魯相史晨奏出王家穀祀孔子碑

右《魯相史晨奏出王家穀祀孔子碑》，建寧二年三月立，八分書，無額，在曲阜縣孔廟中。

第七行"修定禮義"，"義"與"儀"同。古"禮儀"字本作"義"。《説文》："義，己之威儀也。"《小雅・楚茨》篇"禮儀卒度"，《韓詩》"儀"作"義"。《周官・肆師》"治其禮儀"。"故書儀作義。先鄭司農云：'義，讀爲儀。'古者書'儀'但爲'義'，今時所謂'義'爲'誼'。"①又，《大司徒》"以儀辨等"，《典命》"掌諸侯之五儀"，故書"儀"并作"義"。《大行人》"掌大

① "故書"句爲鄭玄注文。

賓之禮及大客之儀”,《大戴記・朝事》篇“儀”作“義”。《漢書・禮樂志》“制之禮儀”,《樂記》“儀”作“義”。禮儀,即《中庸》之“禮儀三百”也。此述孔子正禮樂之事,故曰“修定禮儀”,非“仁義禮智”之“義”。

史晨饗孔廟後碑

右《史晨饗孔廟後碑》,八分書,刻於前碑之陰。

第三行“述脩辟廱,社稷品制”,“脩”即“循”字。《説文》:“述,循也。”故云“述循辟廱,社稷品制”。前碑云:“臣輒依社稷出王家穀。”依,亦循也。隸書“循”“脩”二字相似,寫者多亂之,然皆形之誤,非聲之通也。或者不察,遂謂“循”“脩”二字古通,誤矣。韻書“循”在諄部,“脩”在尤部,“尤”與“諄”可通用乎? 是碑“循”字左邊作“亻”,乃“彳”字之省,其右邊則仍是“盾”字,但缺末畫耳。而録此碑者皆作“脩”,則直是“脩”字矣。

博陵太守孔彪碑

右《博陵太守孔彪碑》,建寧四年七月立,并陰俱八分書,篆額,在曲阜縣孔廟中。

第二行“皭焉氾而不俗”,“氾”音“氾濫”之“氾”。《方言》云:“氾,洿也。自關而東曰氾。”“洿”與“污”同,《廣雅》云:“氾,污也。”《漢書・王褒傳》云:“水斷蛟龍,陸剸犀革,忽若彗氾畫塗。”彗者,埽也。《後漢書・光武紀》注云:“彗,埽也。”班固《東都賦》云:“戈鋋彗雲,羽旄埽霓。”氾者,污也。謂如以帚埽穢、以刀畫泥也。如淳、顔師古以“彗”爲“帚”，“氾”爲“氾灑地”，皆失之。《史記·屈原傳》云：“濯淖污泥之中，蟬蜕於濁穢，以浮游塵埃之外，不獲世之滋垢，皭然泥而不滓。”即此所云“浮斿塵埃之外，皭焉氾而不俗也”。弟四行“遵王之素”，素，謂成法也。鄭注《士喪禮》云“形法定爲素”，宣十二年《左傳》云“不愆于素”是也。案，《洪範》云“無偏無頗”“無偏無黨”，又云“遵王之義”“遵王之道”“遵王之路”，此云“無偏無黨，遵王之素”者，約舉《書》詞而小變其文，猶下文言“惇懿允元”耳。或以爲“遵王之路”之異文，非也。《漢書·叙傳》云“遵王之法”，亦是約舉《書》詞也。“薦可黜否”，“否”字原文疑本作“不”，“不”即“否”字也，故經傳多以“不”爲“否”，今碑文作“否”，“口”字甚小，局促於“不”字之下，不成字體，疑後人補刻也。而《隸釋》《漢隸字原》皆作“否”，則南宋時碑文已然矣。弟五行“祇用既平”，此用《易·坎》九五爻辭也。《坎》九五“祇既平”，王注云：“祇，辭也。”《釋文》：“祇，音支。”案，“祇”字從氏，與“祗”字不同。“祗”音“脂”，敬也，字從氐。此兩字一屬五支，一屬六脂，聲、義既殊，而字形亦異。碑文“祇”字已泐，僅餘“八”形，而其字從氏，不從氐，尚灼然可辨，與上文“所在祗肅”之“祗”作“𥘵”者不同。《隸釋》作“祗”，失之矣。弟九行“去位闔□，以孝竭□，餘暇徲徲，彈琴擊磬，□□之味，而不改其静”，“竭”下疑是“情”字，《禮器》云“竭情盡慎”是也。今“情”字左邊尚隱隱可辨，“磬”“静”二字，古讀平聲，正與“情”爲韻也。《樂記》“石聲磬”，《史記·樂書》“磬”作“硜”。《易林·升之未濟》云：“荷蕢擊磬，隱世無聲。”晉董京《答孫楚詩》云：“夫古之至人，藏器於靈，緼袍不能令暖，軒冕不能令榮。動如川之流，静如川之渟。鸚鵡能言，泗濱浮磬，衆人所翫，豈合物情！”是

“䜭”字古讀平聲。《表記》“文而静”,鄭注云:“静,或爲情。”《大戴記·文王官人》篇“飾貌者不情”,《逸周書》“情”作“静”。《六韜·守國》篇云:“春道生,萬物榮。夏道長,萬物成。秋道歛,萬物盈。冬道藏,萬物静。”楊雄《解嘲》云:“爰清爰静,游神之庭。”是“静”字古亦讀平聲。弟十行“□疾彌流”,“流”與“留”同。《逸周書·謚法》篇云:“彌,久也。”《顧命》云“病日臻,既彌留”是也。弟十一行“群臣號咷,靡所復逞”,逞者,解也,言悲痛不可解也。《方言》云:“逞,解也。”成元年《左傳》:“知難而有備,乃可以逞。”杜注與《方言》同。弟十二行“□是□吏崔□□□王沛等”,“是”上當是“於”字,“吏”上當是“故”字。“於”字左邊尚隱隱可辨也。弟十六行“邈矣不意”,“意”讀入聲,與“惻”“極”“息”“力”爲韻,《明夷》象傳“獲心意也”,與“食”“則”“得”“息”“國”爲韻。《楚辭·天問》“何所意焉”,與“極”爲韻。《吕氏春秋·重言》篇“將以定志意也”,與“翼”“則”爲韻。秦《之罘刻石》文“承順聖意”,與“德”“服”“極”“則”“式”爲韻,皆其證也。

武都太守李翕西狹頌

右《武都太守李翕西狹頌》,建寧四年六月立,八分書,額有“惠安西表”四篆字,在階州成縣棧道中磨崖。

弟九行“緣崖俾閣”,“俾”與“比”同,言閣相比次也。《小雅·漸漸之石》篇“俾滂沱矣”,《論衡·明雩》篇作“比滂沱矣”。《大雅·皇矣》篇“克順克比”,《樂記》作“克順克俾”。是“比”“俾”古通用。十四行“鏙燒破析”,“鏙”與“鐫”同,謂燒鑿山石而破析之也。《説文》:“鐫,琢石也。”《淮南·本經》篇“鐫山石”,高注云:“鐫,猶鑿也。”下文云“鏙山浚瀆”,《天井道碑》云"鏌鎚西坂",義并同也。

李翕天井道碑題名

右《李翕天井道碑題名》,建寧五年四月立,八分書,亦在成縣棧道中。

今《天井碑》世無拓本,唯《題名》尚存,翁氏覃谿、趙氏晉齋皆云本在《西狹頌》後,而《隸續》誤以爲《天井碑題名》。余謂《隸續》不誤,請以四證明之:《隸釋》所載《西狹題名》,祗有二行,今此碑《題名》有十二行,較多十行,而《隸釋》所載《天井題名》則正是十二行,一也。《隸釋·西狹題名》是小字,非大字,《隸續》碑式又云"《西狹頌》末有小字題名二行,低四字許",①今此碑《題名》十二行,皆是大字,則非《西狹》之《題名》矣,二也。《隸釋·西狹題名》弟一行云"丞右扶風陳倉吕國字文寶",弟二行云"故府掾□□□□孟字□□",共缺六字,今此碑弟一行與《隸釋》所載同,弟二行則云"門下掾下辨李虔字子行",與《隸釋》所載異,且一字不缺,而《隸續》所載《天井題名》之弟二行則正與此同,其與《西狹題名》同者,唯弟一行耳,豈得以一行相同而即定爲《西狹題名》乎?三也。《西狹題名》小字二行,近世拓碑者皆遺之,余家所藏本亦然,然末行之左有殘字一行,則"丞右扶風陳倉吕國字文寶"十一字,皆各存其右半,此行低四格,與前行"六月"之"六"字相平。且是小字,非大字,始知洪氏之言信而有徵,四也。

---

① "四字許",底本作"四寸許",據《隸釋》改。

李翕析里橋郙閣頌

右《李翕析里橋郙閣頌》，建寧五年二月立，并額皆八分書，在漢中府略陽縣棧道中磨崖。

是碑有申如塤重刻本，字甚拙惡，又於缺處妄補五十二字，諸家論之詳矣。此拓本是原刻，非申本也。弟一行“涉秋霖漉”，霖漉，謂山水下注也。《説文》云：“淋淋，山水下也。”《一切經音義》二引《三倉》云：“淋漉，水下也。”“淋漉”與“霖漉”同。弟二行“漢水逆讓”，《管子·君臣》篇注云：“讓，猶拒也。”言漢水暴漲，逆拒溪水，不得下注也。弟三行“郙閣尤甚”，案，《廣雅》：“陠，衺也。”曹憲音“布乎反”，其字從自、甫聲，碑文作“郙”者，移“自”於右耳，非從邑也。下文説郙閣之狀云“緣崖鑿石，處隱定柱，臨深長淵，三百餘丈”，蓋棧閣傾邪不平，因謂之郙閣矣。弟四行“處隱定柱”，隱，安也，於安處立柱也。下文云“改解危殆，即便求隱”，便、隱，皆安也，言去危而即安也，故《廣雅》云：“便、隱，安也。”弟十行“醳散關之嶃漯”，“醳”與“釋”同，“漯”即“燥溼”之“溼”也。“沛漯”之“漯”，《説文》本作“㶟”，隸省作“濕”，又作“漯”，其右邊作“累”者，省“絲”爲“糸”，又變“日”爲“田”耳。《金石文字記》釋此碑“漯”字，引《漢書·功臣表》“濕陰定侯昆邪”，《霍去病傳》《王莽傳》皆作“漯陰”，以證“濕”“漯”之本爲一字。《兩漢金石記》謂“濕陰”之“濕”音“它合反”，與“燥溼”之“溼”不同，不當援以爲證。又疑此碑不當以“漯”爲“溼”。今案，“濕”字從水、㬎聲，“㬎”音五合反，而古聲則與“溼”相近，故《説文》“溼”字即從㬎省聲也。凡入聲合部中從合、從及、從立、從集、從㬎之字，古聲皆在緝部，故“溼”從㬎省聲，而“原隰”之“隰”亦從㬎聲也。

“原隰”之“隰”與“沛濕”之“濕”皆從㬎聲，故“隰”字亦通作“濕”。《漢書・地理志》“西河郡隰成縣”，《王子侯表》作“濕成”。“濕”音它合反，而古聲亦與“溼”相近，故經傳“溼”字多通作“濕”，“濕”與“漯”本是一字，此碑以“漯”爲“溼”，猶經傳之以“濕”爲“溼”也。《漢書・功臣表》“濕沃公士”，“濕”音它合反，《水經注》作“漯沃”。案，此縣爲漯水之所經，故有“漯沃”之名，而《地理志》作“溼沃”，是“溼”“漯”可以互通。“燥溼”之“溼”通作“漯”，猶“沛漯”之“漯”通作“溼”，無足異也。洪氏筠軒《平津讀碑記》以“漯”爲“㟼”字之借，引《說文》“絫，壘也”，“壘，山形”，《玉篇》“㟼，同絫，力罪切”爲證。案，“嶃”“巖”“㟼”“壘”等字，古無作“水”旁者，遍考諸書，“漯”字亦無“力罪”之音，且“嶃”者“平”之反、“溼”者“燥”之反，故云“醳散關之嶃漯，從朝陽之平燥”，若以“漯”爲“㟼”，則與下句不對矣。第十五行“□□□樂，行人夷欣”，“樂”上似是“歡”字，其下半尚隱隱可辨也。第十六行“巛兑之間”，“巛”，古“坤”字，坤在西南方，兑在西方，言其地當二方之間也。第十八行“□□救傾兮，全育□遺”，“救傾”上似是“扶跛”二字，其右邊皆隱隱可辨。《說文》：“跛，蹎跛也。”故云“扶跛救傾”。“遺”上是“孑”字，碑文作“孑”，惟左邊殘闕耳。

司隸校尉楊淮銘

右《司隸校尉楊淮銘》，熹平二年二月立，八分書，無額，在褒城縣棧道中磨崖。

弟五行“兄弟功德牟盛”，“兄”即“兄”字也。此碑自“故司隸校尉楊君厥諱淮”至“河南尹”，皆叙楊淮歷官之事。自

“伯邳從弟諱弼字穎伯”至“下邳相”，皆叙楊弼歷官之事。此云“兄弟功德牟盛，當究三事，不幸早隕”，乃總承上文而言，故下文云“二君清□，約身自守，俱大司隸孟文之元孫也”。今本《隸續》“兄弟”作“元弟”，乃傳刻之訛，若云“元弟功德牟盛，當究三事”，則是專美楊弼，而不及楊淮，無是理也。洪氏《跋》云：“凡稱元子、元兄、元舅之類，皆以‘長’言之。二楊俱曰‘元孫’，猶‘元士’然，以‘元’爲美稱也。”此但擇“元孫”，而不及“元弟”，故知今本“元弟”爲傳刻之訛也。而葉氏九苞《金石録補》乃云：“獨悼穎伯未登三公之位而卒，故稱元弟以美之。”謬矣。蓋今拓本“兄”上“口”字右邊一直微缺，而下一横較長，與“元”字相似，葉氏既爲誤本《隸續》所惑，遂不復細審而爲之説也。

司隸校尉魯峻碑

右《司隸校尉魯峻碑》，熹平二年四月立，并額及碑陰，俱八分書，在濟寧州儒學中。

弟三行“博覽群書，無物不栞”，《隸釋》云“以‘栞’爲‘看’”，《隸辨》云“栞，乃‘刊正’之刊”，《兩漢金石記》云“栞，即刊字，猶筆削勘定之義”。【念孫案】《廣雅》云：“記、栞、志，識也。”“識”即“多學而識之”之“識”，“博覽群書，無物不栞”，即《曲禮》所謂“博聞强識”，非謂“觀看”，亦非謂“刊正”也。弟八行“蠲細舉大，榷然疏發”，榷然，猶較然，明貌也。《廣雅》云：“較，明也。”曹憲音“角”。《史記·平津侯主父傳》“較然著明”，《索隱》云：“較，音角。”《漢書·張安世傳》云“賢不肖較然”，《一切經音義》七云：“較，古文榷，同，古學反。”“較然”之爲“榷然”，猶“較崇”之爲“榷崇”，《考工記·輿人》“以其隧之半爲之較崇”，鄭注：“故書‘較’爲‘榷’，杜子春云：當爲‘較’。”《釋文》：“較，古學反。”“大較”之爲“大榷”，《史記·律書》：“世儒闇於大較。”《索隱》：“較，音角。”《續漢書·律曆志》“其可以相傳者，唯大榷常數而已”，大榷，即大較。“辜較”之爲“辜榷”也。《漢書·陳咸傳》“没入辜榷財物”，晉灼注：“《鄭當時傳》作辜較。”銘詞云“礌落彰较”，義亦同也。“较”與“較”同。《史記·伯夷傳》“此其尤大彰明較著者也”，“彰明較著”即此所謂“彰较”。“内懷温潤”，“温”字作“溋”，《説文》：“温，從水、𥁕聲。”“𥁕”從皿、從囚，此碑“温”字右邊作“𥁑”，其上半即“人”字也，有“人”無“囗”音圍。者，隸省耳。《隸釋》《漢隸字原》并作“温”，今本《隸釋》又訛作“溫”，此依明萬曆本。《兩漢金石記》作“溫”，皆非其原文也，唯《隸辨》不誤。第十七行“�矣昀昀”，洪云：“昀字，易‘火’以‘日’。”案，《説文》：“昀，明也。從日、勺聲。”《小雅·賓之初筵》云：“發彼有昀，俗作“的”。以祈爾爵。”然則“昀”字古讀若“勺”，故與“较”“爍”“綽”“逴”“虐”“邈”“榷”“惸”“樂”爲韻，“昀”訓爲“明”，故曰“晚矣昀昀”，非字本作“灼”，而易“火”以“日”也。

碑陰上列弟一行“河内褱管懿”，“褱”與“懷”同，《漢書》、漢碑多以“褱”爲“懷”。謂河内郡懷縣也。“褱”字下半微缺，而張氏亟齋遂釋爲“夏”字，誤矣。下列弟六行“東郡樂平邢顥□□”，“顥”下一字似“䵺”字。

武都太守耿勳碑

右《武都太守耿勳碑》，熹平三年四月立，八分書，無額，在成縣棧道中磨崖。

是碑經後人重鑿，頗多謬誤。《兩漢金石記》辯之已詳，其未經重鑿而誤釋者，尚有數字，今具論之。弟三行"壓難和戎，武霈慷慨"，《隸續》作"武慮慷慨"。案，此句弟一字右邊已泐，而"武"字在左，則非"武"字也。弟二字亦非"慮"字，諦審碑文，似是"虣虎"二字。"虣"，古"暴"字也。《周官》、漢碑"暴"字多作"虣"。"暴虎慷慨"，喻其赴敵之勇耳。《論語》"暴虎馮河"，亦謂行三軍之事也。弟五行"考績有成，苻筴乃胙"，《兩漢金石記》"筴"字作"䇲"，説云"䇲"即"筭"字。《蕩陰令張遷碑》"八月䇲民"，即此字。"苻䇲乃胙"者，"胙"即"福祚"之"祚"，古通用也。【念孫案】"符筭乃祚"，義無所取，且碑文明是"筴"字，非"䇲"字也。苻筴，即符策。胙者，賜也。言考績有成，乃賜之以符策，命爲太守也。韋注《齊語》云："胙，賜也。"隱八年《左傳》"胙之土而命之氏"是也。下文云"天胙顯榮"，義亦同也。弟六行"喜不縱慝，感不戮仁"，《隸續》"感"作"戚"。案，碑文是"感"字，非"戚"字，古字以"感"爲"憾"。憾，恨也，不以忿恨而戮及仁人也。《説文》無"憾"字，昭十一年《左傳》"唯蔡於感"，"感"即"憾"字。宣十二年"二憾往矣"、成二年"大國朝夕釋憾於敝邑之地"，唐石經并作"感"。宣二年"以其私憾"、襄十六年"以齊人之朝夕釋憾於敝邑之地"、二十九年"美哉！猶有憾"，《釋文》并作"感"。《逸周書·大戒》篇"内姓無感，外姓無讁"、《韓策》"感忿睚眦之意"、《鹽鐵論·備胡》篇"士卒失職，而老母妻子感恨"、《漢書·張安世傳》"何感而上書歸衛將軍富平侯印"、《杜鄴傳》"内無感恨之隙"，并以"感"爲"憾"。弟十行"捄活□□千有餘人"，《隸續》"捄活"作"扶活"。案，碑文作"捄"，明是"捄"字，非"扶"字也。"捄"即"救"字，《漢書·董仲舒傳》"將以捄溢扶衰"是也。弟二十行"拯阨捄傾"，字作"捄"，《隸續》亦誤作

“扶”。“赤子遺慈”，“遺”字碑文作“䢍”，《隸續》作“遺”。案，“赤子遺慈”，文義殊晦，且碑文是“遺”字，非“遺”字也。“赤子遺慈，以活以生”，言赤子遭慈母而生活也。

校官碑

右《校官碑》，光和四年十月立，并額俱八分書，在江寧府溧水縣儒學中。

第一行，《隸釋》於“三百八十有七載”之下缺三字，其下有“于”字，今案碑文非“于”字。“畀諫曰”，“畀”即《説文》“𢍏”字，上從由，下從廾，音拱。今碑省“𢍏”作“畀”，而以爲“其”之借字。說見《鄭固碑》。《隸釋》《金薤琳琅》作“畀”，皆不誤。《兩漢金石記》改“畀”爲“其”，非也。第十一行“宗懿招德”，宗，尊也。“招”與“昭”同，昭，明也。猶言“尊賢育才，以彰有德”也。“昭”古通作“招”。《左傳》“楚康王昭”，《史記·楚世家》《論衡·吉驗》篇“昭”并作“招”。《史記·建元已來王子侯者表》“劇魁侯昭”，《漢表》作“招”。昭十二年《左傳》“作祈招之詩”、張衡《東京賦》“招有道於側陋”，賈逵、薛綜注并云：“招，明也。”《周語》“好盡言以招人過”，亦謂彰人之過，韋注訓“招”爲“舉”，非也。說見《經義述聞》。“發彼有的，雅容□閑”，“閑”上一字，諸家皆缺，今諦審碑文，亦是“𢍏”字，但“由”字不省作“田”，與上“畀”字小異耳。

郃陽令曹全碑

右《郃陽令曹全碑》，中平二年十月立，并陰俱八分書，無額,在同州府郃陽縣儒學中。

弟三行"巴郡朐忍令",段氏若膺《説文注》云:"《曲禮》'左朐右末',鄭云'屈中曰朐',引伸爲凡屈曲之稱。漢巴郡有朐忍縣,《十三州志》曰:'其地下濕,多朐忍蟲,因名。'朐忍蟲,即蚯蚓,今俗云曲蟺也。漢碑、古書皆作'朐忍',不知何時'朐'訛'朐'、'忍'訛'肕'。闞駰上音'春',下音'閏'。《通典》上音'蠢',下音'如尹切'。《廣韻》則上音'蠢',下音'閏'。而大徐乃於肉部增'朐肕'二篆,上音'如順',下音'尺尹',不知爲'朐忍'之字誤,且謂其地在漢中,又不知漢朐忍在今夔州府雲陽縣西,去漢中甚遠也。"【念孫案】《淮南·時則》篇"蚯螾出",高注云:"蚯螾,蠢�也。""蠢螺""蠢閏"聲相近,是蚯蚓舊有此名,非闞駰之妄作,唯"朐忍"之爲"朐肕",乃是後人之訛耳。弟九行"諸國禮遺,且二百萬,悉以薄官",又下文"主薄王歷",此兩"薄"字,皆今之"簿"字也。《説文》無"簿"字,古借"薄"字爲之。《孟子·萬章》篇:"孔子先簿正祭器。"《音義》云:"簿,本多作薄,誤。"而不知作"薄"者,乃古本也。漢碑中"主簿"字作"薄"者不可枚舉,作"簿"者僅見耳。而《金薤琳琅》"薄官"字改爲"簿",《金石文字記》《兩漢金石記》兩"薄"字皆改爲"簿",誤矣。弟十行"兖豫荆楊","楊"字從木。案,《藝文類聚·州部》《初學記·州郡部》、鈔本《太平御覽·州郡部三》引《尚書》《周官》《爾雅》"楊州"字皆從木。《佩觿》云:"楊,柳也,亦州名。"又云:"按,《禹貢》'淮海惟楊州',《正義》云:'江南其氣燥勁,厥性輕揚。'則非當從木。"據此,則郭氏所見本尚從木也。宋本《爾雅》"江南曰楊州"、宋本《史記·夏本紀》"淮海維楊州",字并從木。唐許嵩《建康實録》引《春秋元命苞》云"地多赤楊,因取名焉",其説雖不足爲據,然亦可見"楊州"字之本從木矣。自張參《五經文字》以從木者爲非,而唐石經遂定從手旁。《廣韻》"揚,舉也。又州名",亦踵張氏之誤。《禹貢正義》引李巡《爾雅注》云:"兩河間,其氣清,厥性相近,故曰冀。冀,近也。濟河間,其氣專質,厥性信謹,故曰兖。兖,信也。淮海間,其氣寬舒,厥性安徐,故曰徐。徐,舒也。江南,其氣燥勁,厥性輕揚,故曰楊。楊,揚也。今本作"揚,輕也",乃後人所改,辯見下。荆州,其氣燥剛,厥性强梁,故曰荆。荆,强也。河南,其氣著密,厥性安舒,故曰豫。豫,舒也。河西,其氣蔽壅,厥性急凶,故曰雍。雍,壅也。""冀,近""兖,信""徐,舒""楊,揚""荆,强""豫,舒""雍,壅",皆同聲而異字。後人徒以"厥性輕揚"之語,遂謂"楊州"字當從手旁,不知以"揚"釋"楊",猶以"壅"釋"雍"也。若改"楊州"爲"揚州",則亦將改"雍州"爲"壅州"乎?"楊州"字既改爲"揚",則"楊,揚也"之文不可通,故又改爲"揚,輕也"以彌縫其闕,不知李釋九州皆取同聲之字爲訓,"輕"與"揚"不同聲也。又,《公羊》莊十年疏及《爾雅》《廣韻》所引李注皆無"楊,揚也"三字,蓋後人改"楊"爲"揚",遂删此三字耳。據《尚書正義》所引,有"揚,輕也"三字,亦足證後人之妄删矣。《公羊疏》所引有"冀,近也""豫,舒也""雍,壅也""荆,强也""兖,信也""徐,舒也""幽,要也""營,均也",而無"楊,揚也"。《爾雅釋文》於"荆""徐""營"三州,未引李注,所引六州有"冀,近也""豫,舒也""雍,壅也""兖,信也""幽,要也",而亦無"楊,揚也",較《尚書正義》所引獨少一句,明是後人所删。今書傳中"楊州"字,皆改從手旁,唯漢碑從木,人不能改,故至今尚存耳。《竹邑侯相張壽碑》"遭江楊劇賊"、《酸棗令劉熊碑》"出省楊土",其字亦從木。《隸釋》所載《冀州刺史王純碑》"出使楊州"、《荆州刺史度尚碑》"楊賊畔於□□”、《車騎將軍馮緄碑》“督使徐楊二州”、此碑今本訛作“揚”，依萬曆本改。《大尉陳球碑》“陸梁荆楊”、《陳球後碑》“剥落荆楊”、《無極山碑》“楊樾之椛□倏蕩”、《巴郡太守張納碑》“楊州寇賊”，其字皆從木，是漢碑“楊州”字無從手者。

蕩陰令張遷頌

右《蕩陰令張遷頌》，中平三年二月立，并陰俱八分書，篆額，在泰安府東平州儒學中。

弟二行“在帷幕之内”，“幕”字蓋本作“莫”，《史記·廉頗藺相如傳》“市租皆輸入莫府”、《馮唐傳》“上功莫府”、以下二傳，《漢書》同。《李將軍傳》“莫府省約文書籍事”、《後漢書·吴漢傳》“莫府上兵簿”，皆以“莫”爲“幕”。《史記索隱》引崔浩云：“古者出征爲將帥，軍還則罷，治無常處，以幕帟爲府署，故曰莫府。”是漢時“帷幕”字通作“莫”也。今碑文作“幕”，“巾”字甚小，局促於“莫”字之下，不成字體，蓋後人補刻也，碑中字上下相距，自有定式，今於“莫”下加“巾”字，則字形太長，致與下字迫近，比之諸字，疏密縣殊矣。而《金薤琳琅》已作“幕”，則明時碑文已然矣。弟五行“爰既且於君”，《金石文字記》云：“‘既且’者，‘暨’之誤。此以一字離爲二字也。”《金石文跋尾》云：“‘爰既且於君’，詳其文義，謂張氏仕漢，世世有德，後有興者，且於君也。顧以‘既且’爲‘暨’之誤，乃由臆斷，遽詆碑爲訛謬，豈其然乎？”《兩漢金石記》云：“錢説頗似牽强。下文‘藝於從政’，‘政’字亦誤作‘畋’。想東漢時能書胥史固不乏人，竟似草稿審視未明而茫然下筆者。然則‘暨’之爲‘既且’，亦是誤筆，未可執一而論矣。”【念孫案】翁説是也。“爰既且於君”，義不可通，明是“爰暨於君”之誤，《魏元丕碑》“爰暨于君”即其明證矣。第十二行“紀行来本”，“来”即“求”字，言紀其行而求其始也。始，謂初生時也，故下文云“蘭生有芬，克岐有兆”矣。“来”字首筆作曲形，自右而左，與上文“三代以来”之“来”字不同，而《金薤琳琅》乃直作“來”矣。隸書“求”字或作“来”，與“来”字相似，説見前《三公山碑》。《兩漢金石記》以“来”字爲誤筆，亦非也。

仙人唐公房碑

右《仙人唐公房碑》，無年月，并陰俱八分書，篆額，在漢中府城固縣。

弟六行“鼠嚙輾車被具”，輾車，即藩車也。襄二十三年《左傳》：“以藩載欒盈。”杜注云：“藩車之有障蔽者。”《漢書·游俠傳》云“乘藩車，入閭巷”、《嚴舉碑》“位至蕃車”、《夏承碑》“轓軒六轡”，字并與“藩”同。《説文》：“軒，曲輈藩車也。”“輾，車耳反出也”。義各不同，此則借“輾”爲“藩”也。

碑陰弟六行“南鄭祝岱字子華”，弟八行“祝恒字仲華”，弟十行“祝崇字季華”，“崇”即“嵩”字也。《周語》“融降于崇山”，韋注：“崇，崇高山也。”《史記·封禪書》云：“以三百户封太室奉祠，命曰崇高邑。”《漢書·地理志》云：“古文以崈高爲外方山。”是“崇高”即“嵩高”也。“崈”與“崇”同。此三人或名“岱”、或名“恒”、或名“崇”，而皆以“華”爲字，是名與字皆取諸五岳也。弟十一行“祝榮字文華”，則取“榮華”之義，而其字亦作“華”，後人以“華山”之“華”讀去聲，“榮華”之“華”讀平聲，據此，則古無異音也。《初學記》引《白虎通義》云：“西方華山，少陰用事，萬物生華，故曰華山。”是“崋山”之“崋”與“榮華”之“華”，義亦相通也。

豫州從事孔褒碑

右《豫州從事孔褒碑》，無年月，并額皆八分書，在曲阜縣孔廟中。是碑於雍正三年始出，故向來諸家皆未著録，剥蝕過半，僅存百七十餘字。

第二行："治家業《春秋□》，句。綜□□典，句。蒿藉靡遺。句。""春秋"下一字諸家并缺，諦審，當是"經"字，字雖泐而遺迹猶存。《孔宙碑》云"治《嚴氏春秋》"，褒爲宙之長子，世傳其學，故云"治家業《春秋經》"也。"綜"下一字，牛氏階平《金石圖》以爲"極"字，今案，碑文作"𣏾"，而右邊殘缺，當是"核"字。"綜核"者，綜理而研核之，《漢書·宣帝紀贊》云"綜核名實"是也。第十二、十三兩行："□磐□□，句。逢□百□。句。""逢"下當是"此"字，"百"下當是"凶"字，今"此"字已不可見，而"凶"字尚存"㇄"形，褒以匿張儉事獲禍，故云"逢此百凶"，《王風·兔爰》文。"凶"字與上"隆"下"頌"爲韻，"頌"讀若"容"。

武梁石室畫象三石

右《武梁石室畫象三石》，無年月，字皆八分書，在嘉祥縣武氏祠中。

碑石湮没已久，唯楊州馬秋玉家有舊拓本，所存者，伏戲至丁蘭十四幅而已。乾隆丙午秋，黄司馬小松於嘉祥縣紫雲山下搜得原石，乃就其地爲堂垣，而砌諸石於内，榜曰"武氏祠堂”,誠盛事也。於是命工椎榻,分遺同好。較馬氏所藏本多十之七八,又補洪氏所缺者七十餘字。余今所藏本,即此本也。弟一石弟二層弟二幅“祝誦氏無所造爲,末有耆欲,刑罰未施”,《隸釋》“末”作“未”,蓋傳寫誤也。末者,無也。“無所造爲”“末有耆欲”互文耳。下文“刑罰未施”,其字始作“未”。弟九幅“夏禹長於地理,脈泉知陰”,此用《尚書刑德放》文也。《藝文類聚·職官部三》《太平御覽·職官六》并引《尚書刑德放》云:“禹長於地理,水泉九州,得括象圖,故堯以爲司空。”脈,莫狄反,相也,猶《詩》言“相彼泉水”也。《説文》作“䀎”,又作“覛”。《爾雅》云:“覛,相也。”《周語》:“古者,大史順時覛土。”韋注云:“覛,視也。”作“脈”者,借字耳,《魏策》云“前脈地形之險阻”是也。所圖禹象,其冠上鋭下廣,如笠形,手持兩刃臿。《説文》:“茉,兩刃臿也。”《玉篇》“胡瓜切”,云“今爲鏵”,俗語所謂“鏵鍬”是。案,《莊子·天下》篇引《墨子》云:“禹之湮洪水,決江河,親自操橐耜,司馬彪云:“橐,盛土器也。”崔譔云:“耜,插也。”“插”與“臿”同。沐甚雨,櫛疾風。”《淮南·修務》篇云:“禹沐霪雨,櫛扶風,決江疏河。”《要略》云:“天下大水,禹身執虆臿,以爲民先。”今本“臿”訛作“垂”,辯見《淮南》。此圖頭戴笠,手執臿,正所謂“櫛風沐雨,身執虆臿”者也。朱氏竹垞《跋》云:“禹冠頂鋭而下卑,殆《士冠禮》《郊特牲》所云‘毋追’者是。睹此,可悟聶崇義《三禮圖》之非。”【念孫案】朱氏此説其不可通者有三:王者受命,然後異器械,别衣服,禹之治水,在帝堯之時,安得遽有“毋追”之制?一也。毋追,禮冠也,非治水時所宜用,頭戴禮冠,手持畚臿,則尤爲不倫,二也。《續漢書·輿服志》云“委貌冠,長七寸,高四寸,制如覆杯,前高廣,後卑鋭,所謂夏之毋追、殷之章甫者也”,今此圖冠形上鋭,不似覆杯,且無前高後卑之别,豈“毋追”之制乎?據《輿服志》所云,則三代冠制相去不遠,故《三禮圖》引舊《圖》云“毋追、章甫、委貌,其制相比”,今此冠上鋭而下廣,作三角形,禮冠皆無此制,三也。

弟十二幅“子騫衣寒,御車失棰”,“棰”與“箠”同,《説文》:“箠,擊馬箠也。”今本脱“箠”字,據《玉篇》補。字或作“棰”,《莊子·天下》篇“一尺之棰”、《漢書·路温舒傳》“棰楚之下”、《急就篇》“柍棰檛杖棁柲杸”,“棰”字并從木。《隸釋》“失”字上下各缺一字,某氏《跋》云:“洪本僅存一‘失’字,今全文可讀,乃是‘御車失䄬’,‘䄬’與‘鞅’同。”【念孫案】此説非也。原文作“棰”,明是“棰”字,非“䄬”字。《説文》“𠂹,艸木華葉𠂹,象形”,“垂,遠邊也。從土、𠂹聲”,“𦈢,小罌也。從缶、𠂹聲”。隸書“𠂹”“垂”“𦈢”三字多書作“垂”,凡漢碑中作“垂”、作“垂”者,皆“𦈢”之省文,非“垂”之省文也。此碑“棰”字,右邊作“垂”,亦是“𦈢”之省文。棰爲御者所執,衣寒則手僵,手僵則失棰,若“鞅”爲馬頸靼,非御者所執,馬失其鞅,與閔子衣寒曾不相涉,不得言“子騫衣寒,御車失鞅”也。且上文以“明”“方”“綱”爲韻,下文以“連”“驪”“焉”爲韻,“父”“與”爲韻,此以“移”“棰”爲韻,若以“棰”爲“䄬”,則失其韻矣。憶乙未之冬,余在郡城,始晤汪君雪礓。雪礓新得馬秋玉家所藏石室畫象舊拓本,屬余作跋。余爲題數十字,且言某氏以“棰”爲“䄬”之誤,即翁閣學《跋語》内所云“高郵王石臞説此字凡數條”者是也。後此本歸於黄君小松,小松作《小蓬萊閣金石文字》曾用余説,而惜其言之不詳也。自乙未至今五十六年,雪礓、小松皆已下世,而余年亦八十有八矣。此原石拓本,小松所手贈也,書此爲之憮然。

讀書雜志·餘編

《讀書雜志・餘編》目録

上卷

下卷

先子所著《讀書雜志》十種，自嘉慶十七年以後陸續付梓，至去年仲冬甫畢。中月而先子病没，敬檢遺稿，十種而外，猶有手訂二百六十餘條，恐其久而散失，無以遺後學，謹刻爲《餘編》二卷，以附於全書之後。道光十二年四月朔日哀子引之泣書。

讀書雜志·餘編上

後漢書

聖迹滂流

《章帝紀》 追惟先帝勤民之德，底績遠圖，復禹宏業，聖迹滂流，至于海表。

【念孫案】"滂"當作"旁"，此因"流"字而誤加水旁耳。旁，溥也，遍也。流，行也。謂聖迹遍行天下，至于海表也。此言聖迹，非言聖澤，則"旁流"之"旁"不當作"滂"。《説文》曰："旁，溥也。"溥，亦遍也。《繫辭傳》曰"旁行而不流"，謂遍行而不流也。説見《經義述聞》。《周官》："男巫曰：旁招以茅。"謂遍招於四方也。《晉語》曰："乃使旁告於諸侯。"謂遍告於諸侯也。《楚語》曰："武丁使以象夢旁求四方之賢。"謂遍求四方之賢也。秦《之罘刻石》文曰："威燀旁達，莫不賓服。"謂威燀遍達也。"旁"與"方"古字通。《堯典》"共工方鳩僝功"，《史記·五帝紀》作"旁"。《臯陶謨》"方施象刑惟明"，《新序·節士》篇作"旁"。《吕刑》"方告無辜于上"，《論衡·變動》篇作"旁"。《士喪禮》"牢中旁寸"，鄭注："今文'旁'爲'方'。"《立政》曰："其克詰爾戎兵，以陟禹之迹，方行天下，《齊語》曰："君有此士也三萬人，以方行於天下。"《漢書·地理志》曰:"昔在黄帝,作舟車以濟不通,旁行天下。"其義一也。至于海表,罔有不服。"此云"底績遠圖,復禹宏業,聖迹旁流,至于海表",意本於《立政》也。

奉盤錯鍉

《隗囂傳》 牽馬操刀,奉盤錯鍉,遂割牲而盟。

李賢注曰:"按,蕭該《音》引《字詁》:'鍉即題,音徒啓反。'《方言》曰:'宋楚之間謂盎爲題。'據下文云'鍉不濡血',明非盆盎之類。《前書·匈奴傳》云:'漢遣韓昌等與單于及大臣俱登諸水東山,刑白馬,單于以徑路刀、金留犁撓酒。'應劭云:'留犁,飯匕也。撓,攪也。'以匕攪血而歃之,今亦奉盤措匙而歃也。以此而言,'鍉'即'匙'字。錯,置也,音七故反。"【引之曰】"鍉"當爲"缇",其字從缶,不從金。《廣韻》:"鍉,都奚切,歃血器。"《集韻》:"鍉,歃器。"皆沿誤本《後漢書》。注内"題"字當爲"甈",其字從瓦,不從頁。《方言》:"甂,陳魏宋楚之間謂之甈。"郭璞曰:"今河北人呼小盆爲甈子,杜啓反。"《廣雅》曰:"甈,甌甂也。"《太平御覽》引《通俗文》曰:"小甌曰甈。"凡從瓦之字,或從缶,故《字詁》"缇"與"甈"同。《玉篇》:"缇,徒啓切,亦作甈","甈,徒啓切,小盆也"。《集韻》亦曰"甈"或從缶作"缇"。皆其證矣。賢意謂據"缇"字,則爲盆盎之"甈",據下文,則當訓爲"匙"耳。案,《周官·玉府職》:"合諸侯則共珠槃玉敦。"鄭注曰:"合諸侯者,必割牛耳,取其血歃之以盟,珠槃以盛牛耳,尸盟者執之。玉敦,歃血玉器。"《戎右職》:"盟則以玉敦辟盟,遂役之。贊牛耳桃茢。"注曰:"役之者,傳敦血,授當歃者。血在敦中,以桃茢拂之。耳者盛以珠盤，尸盟者執之。”若然，則盤以盛耳，敦以盛血，二器并設矣。今傳曰“奉盤”，盤外當更有盛血之器。下文曰：“有司奉血鍉進，護軍舉手揖諸將軍曰：‘鍉不濡血，歃不入口，是欺神明也。’”明“鍉”者，盆盎之類，所以盛血，如古之有敦耳，不得如賢注所云，且隗囂遵用古禮，何肯效法匈奴乎？

首施兩端

《鄧訓傳》《西羌傳》并云：首施兩端。

注曰：“首施，猶首鼠也。”【念孫案】《史記·魏其武安傳》：“何爲首鼠兩端？”故李本之爲注。今案，“施”讀如“施于中谷”之“施”。首施，猶首尾也。“首尾兩端”即今人所云“進退無據”也。《春秋》魯公子尾字施父，是“施”與“尾”同意。服虔注《漢書》曰：“首鼠，一前一卻也。”則“首鼠”亦即“首尾”之意。

胎養

《魯恭傳》　今始夏，百穀權輿，陽氣胎養之時。

注曰：“萬物皆含胎長養之時。”【念孫案】胎，亦養也。《方言》曰：“台、胎，養也。晉衛燕魏曰台，汝潁梁宋之間曰胎。”《列女傳·頌義小序》曰：“胎養子孫，以漸教化。”是“胎”與“養”同義。此言陽氣胎養萬物，非謂萬物含胎也。《方言注》曰：“台，猶頤也。音怡。”《序卦傳》曰：“頤者，養也。”“胎”“台”“頤”聲近而義同。

或裴回藩屏或躑躅帝宫

《蘇竟傳》 太白辰星,或裴回藩屏,或躑躅帝宫。

注曰:"帝宫,北辰也。藩屏,兩傍之星也。"【念孫案】北辰在紫宫之中,與左右兩藩皆非黄道所經,太白辰星無緣到此。今案,帝宫謂太微宫,藩屏謂太微之兩藩,皆五星所經也。《史記·天官書》曰:"太微,三光之廷。匡衛十二星,藩臣。"《淮南·天文》篇曰:"太微者,太一之廷也。""太一"當作"五帝",辨見《淮南》。故云"裴回藩屏,躑躅帝宫"。

百獸駭殫

《班固傳〈兩都賦〉》:"遂繞酆鎬,歷上蘭,六師發胄,"胄"與"逐"同。百獸駭殫。"

注曰:"駭殫,言驚懼也。"【念孫案】李訓"駭殫"爲"驚懼",則"殫"字本作"憚",今作"殫"者,後人據誤本《文選》改之也。韋昭注《周語》曰:"憚,懼也。""懼"與"驚"義相通,《爾雅》:"驚,懼也。"《方言》:"懼,驚也。"故《楚辭·招魂》:"君王親發兮憚青兕。"王逸注曰:"憚,驚也。"《淮南·人間》篇曰:"驚憚遠飛。"司馬相如《上林賦》曰:"驚憚讋伏。"驚憚,即駭憚,故《廣雅》曰:"駭、憚,驚也。"言六師發逐而百獸皆驚也。又案,《文選》"百獸駭殫","殫"字,李善無注,張銑注曰:"言天子縱六軍,逐百獸,駭驚踐蹋,十分殺其二三。"駭驚,即駭憚,"踐蹋"即下文之"蹂躪",而獨不爲"殫"字作解,然則李善及五臣本皆作"百獸駭憚",而今本作"殫",亦是後人所改明矣。後人改"憚"爲"殫"者,以"憚"音徒案反,與"蘭"字韻不相協故耳。不知“憚”從單聲,古音徒丹反,故與“蘭”爲韻。《莊子·達生》篇“以鉤注者憚”,《釋文》:“憚,徒丹反。”是其證也。後人不曉古音,而妄改爲“殫”。殫者,盡也。“百獸駭盡”,則甚爲不詞,且此句但言“百獸驚駭”,下文乃言“蹂躪其十二三”,卒乃言“草木無餘,禽獸殄夷”,若先言“百獸已盡”,則下文皆成贅語矣。此字蓋近代淺學人所改,而各本《後漢書》《文選》皆相承作“殫”,莫能正其失,良可怪也。

保界河山

子實秦人,矜夸館室,保界河山。

注曰:“保,守也。謂守河山之險以爲界。”【念孫案】《賦》言“保界河山”,非謂保河山以爲界也。今案,“界”讀爲“介”。保、介,皆恃也。言恃河山以爲固也。僖二十三年《左傳》:“保君父之命,而享其生禄。”《吕氏春秋·誠廉》篇:“阻兵而保威。”高、杜注并曰:“保,恃也。”襄二十四年《左傳》:“以陳國之介恃大國,而陵虐於敝邑。”介,亦恃也。《史記·十二諸侯年表》:“晉阻三河,齊負東海,楚介江淮。”阻、負、介,皆恃也。《索隱》:“介音界。言楚以江淮爲界。一云:介者,夾也。”皆失之。《漢書·五行志》:“虢介夏陽之阸,怙虞國之助。”介、怙,皆恃也。顔師古曰:“介,隔也。”失之。《南粤傳》:“欲介使者權。”師古曰:“介,恃也。”是保、介皆恃也。作“界”者,假借字耳。“界”與“介”古字通。《漢書·楊雄傳》“界涇陽,抵穰侯而代之”,《文選》“界”作“介”。《史記·晉世家》“文公環綿上山中而封之,以爲介推田,號曰介山”,《續漢書·郡國志》作“界山”。《春秋繁露·立元神》篇“介障險阻”,《淮南·覽冥》篇“介”作“界”。《郭有道碑》“介休”作“界休”。“矜夸館室”，夸，亦矜也。“保界河山”，界，亦保也。“矜夸”“保界”皆兩字平列。

藴孔佐之宏陳

《典引》　蓄炎上之烈精，藴孔佐之宏陳。

注曰：“藴，藏也。孔佐，謂孔子制作《春秋》及緯書以佐漢也。宏陳，謂大陳漢之期運也。”【念孫案】李云“大陳漢之期運”，則“弘陳”之下，必須加數字以解之，而其義始明矣。今案，陳者，道也。言藴蓄聖人之大道也。李斐注《漢書・哀帝紀》曰：“陳，道也。”《微子》曰“我祖厎遂陳于上”，言致成道於上也。《君奭》曰“率惟兹有陳”，言有道也。《大戴禮・衛將軍文子》篇曰“君陳則進，不陳則行而退”，言君道則進，不道則退也。并見《經義述聞》。“宏陳”與“烈精”相對爲文，則“宏陳”之爲“大道”明矣。

微胡瑣而不頤

慝亡迴而不泯，微胡瑣而不頤。

注曰：“瑣，小也。頤，養也。言微細者，何小而不養也。”【念孫案】李以“微”爲“細”，細，即小也。“小胡小而不頤”，則不詞之甚矣。今案，“微”讀曰“徽”。《爾雅》曰：“徽，善也。”《立政》“予旦已受人之徽言”，漢石經“徽”作“微”，是“微”與“徽”通。“徽”“慝”二字正相對。慝，惡也。言惡者無遠不滅，善者無小不養也。

有靦其面

《樂成靖王黨傳》 安帝詔曰："萇有靦其面，而放逸其心。"

注曰："靦，姡也。言面姡然無愧。姡，音胡八反。"【念孫案】李訓"靦"爲"姡"，本於《爾雅》。然云"面姡然無愧"，則未解"靦"字之義，并未解"姡"字之義也。今案，《説文》："靦，人面皃也。"今本"人面皃"譌作"面見"。案，《爾雅釋文》引舍人曰："靦，擅也。一曰面貌也。"《越語》"靦然而人面"，韋昭曰："靦，面目之貌。"是"靦"爲人面貌也。《小雅·何人斯》正義引《説文》"靦，面見人"，亦是"人面皃"之譌，今訂正。或沿"面見人"之誤，解爲"無面目相見"，失之。"姡，面靦也"。《爾雅》訓"靦"爲"姡"，《説文》訓"姡"爲"面靦"，其義一也。今本"面靦"譌作"面醜"。《何人斯》釋文引《説文》"姡，面醜也"，亦後人據誤本《説文》改之。今據《何人斯》正義及《爾雅·釋言》疏所引訂正。又案，《説文》"嫙，好也"，"嬐，材也"，"姡，面靦也"，"嬥，直好皃"，"姡"字在"嫙""嬐""嬥"三字之間，則其義亦與"好"相近，故《何人斯》箋曰"姡然有面目"，則"姡"非面醜之貌明矣。《爾雅》："靦，姡也。"李巡、孫炎注并曰："人面姡然也。"見《釋文》。然則"靦"與"姡"皆人面之貌，而非無恥之貌明矣。《小雅·何人斯》篇"爲鬼爲蜮，則不可得。有靦面目，視人罔極"，《毛傳》曰："靦，姡也。"鄭箋曰："使女爲鬼爲蜮也，則女誠不可得見也，姡然有面目，女乃人也，人相視無有極時，終必與女相見。"是"靦"爲人面目之貌，故對"鬼蜮"言之。若以"靦"爲無恥，則與《詩》意相違矣。又，《越語》："余雖靦然而人面哉，吾猶禽獸也。"韋注曰："靦，面目之貌。"是"靦"爲人面目之貌，故對"禽獸"言之。若以"靦"爲無恥，則與"靦然人面"之文不合矣。此詔云"萇有靦其面,而放逸其心",義亦與《越語》同。言萇雖靦然人面,而放逸其心,實與禽獸無異。下文"風淫于家,娉取人妻",是其事也。李以"靦"爲"面姡然無愧",失之矣。又案,《方言》:"悈,慚也。荆揚青徐之間曰悈。"此與"有靦面目"之"靦"異義。而左思《魏都賦》云:"有靦瞢容,神蘂形茹。"任昉《彈曹景宗奏》云:"惟此人斯,有靦面目。"《玉篇》亦云:"靦,慚皃。"則是誤以"靦"爲"悈"矣。總之,"靦"爲人面目之貌,或以爲恥,或以爲無恥,皆非也。或誤解《説文》之"靦"爲"悈",云"悈從心,慚在中。靦從面,愧在外",亦沿左思、任昉之誤,不知《説文》之"靦"爲面貌,不與訓"慚"之"悈"同義也。

不震厥教

萇慢易大姬,不震厥教。

注曰:"大姬,即萇所繼之母也。震,懼也。"【念孫案】"震"讀爲"祗"。祗,敬也。言不敬承其教,非謂不懼其教也。"祗"與"震"古同聲而通用。《盤庚》"爾謂朕曷震動萬民以遷",漢石經"震"作"祗"。《無佚》"治民祗懼",《史記・魯世家》"祗"作"震"。"震"字或作"振"。《皋陶謨》"日嚴祗敬六德",《夏本紀》"祗"作"振"。《費誓》"祗復之",《魯世家》"祗"作"敬",徐廣曰:"敬,一作振。"《内則》"祗見孺子",鄭注曰:"祗,或作振。"皆其證也。"祗"從氏聲,古音在脂部。"震"從辰聲,古音在諄部。諄部之音,多與脂部相通,故從"辰"之字亦與從"氏"之字相通。《説文》"蚳"從氏聲,或作"蜃",從辰聲,又其一證也。《恒》上六"振恒",《説文》引作"榰恒"。《曲禮》"畛於鬼神",鄭注曰:"畛,或爲祗。""畛"之與"祗"、"振"之與"榰",猶"震"之與"祗"也。

游不倫黨

《崔駰傳》　游不倫黨,苟以徇己。

注曰:“倫,謂等倫。”【念孫案】倫,擇也。“游不倫黨”,謂交不擇類也。《説文》:“掄,擇也。”《周官·山虞》曰:“邦工入山林而掄材。”《少牢饋食禮》“雍人倫膚九”,鄭注曰:“倫,擇也。”是“倫”與“掄”通。《荀子·勸學》篇曰:“君子居必擇鄉,游必就士。”

補綻

《崔實傳》　期於補綻決壞,枝柱邪傾。

注曰:“綻,音直莧反。《禮記》曰:‘衣裳綻裂,紉箴請補綴。’”【念孫案】李以“綻”爲“綻裂”,非也。綻,亦補也。“補綻決壞,枝柱邪傾”相對爲文,若以“補綻”爲“補其綻裂”,則“補綻決壞”四字文不成義,且與下句不對矣。“綻”字本作“組”,又作“綻”。《説文》:“組,補縫也。”《廣雅》曰:“組,縫也。”《急就篇》:“針縷補縫綻紩緣。”顔師古曰:“修破謂之補,縫解謂之綻。”古辭《艷歌行》曰:“故衣誰當補,新衣誰當綻。”

得之不休不獲不吝

《張衡傳〈應間〉》“得之不休,不獲不吝”。

注曰:“休,美也。吝,恥也。”【念孫案】休,喜也。吝,恨也。言得之不喜,不得不恨也。《小雅·菁菁者莪》篇曰:“我心則喜,我心則休。”休,亦喜也。《吕刑》曰:“雖畏勿畏,雖休勿休。"言雖喜勿喜也。并見《經義述聞》。《周語》曰:"爲晉休戚。"韋注曰:"休,喜也。"《廣雅》同。今俗語猶云:"休戚相關。"《楚語》曰:"教之世而爲之,昭明德而廢幽昏焉,以休懼其動。"言喜懼其動也。《説文》曰:"吝,恨惜也。"《屯》六三"往吝",馬融注曰:"吝,恨也。"《廣雅》同。下文《思玄賦》曰:"柏舟悄悄吝不飛。"字或作"恡",《方言》曰:"恡,恨也。"

豈愛惑之能剖

《思玄賦》"通人闇於好惡兮,豈愛惑之能剖"。

注曰:"剖,分也。言通人尚闇於好惡,況愛寵昏惑者,豈能分之。"【念孫案】李以"愛"爲"愛寵",非也。愛者,蔽也。《説文》:"僾,蔽不見也。"《廣雅》曰:"僾、壅、蔽,障也。"《爾雅》:"薆,隱也。"郭璞曰:"謂隱蔽。"《方言》:"掩、翳,薆也。"郭璞曰:"謂薆蔽也。"引《詩·邶風·静女》篇"薆而不見",今《詩》"薆"作"愛"。《楚辭·離騷》云:"衆薆然而蔽之。""僾""薆""愛"古字通,皆謂障蔽也。此言通人尚闇於好惡,豈蔽惑之人所能分剖也。"蔽"與"惑"義相近,"蔽惑"與"通人"義相反,若以"愛"爲"愛寵",則與上下文俱不相涉矣。《文選》"愛惑"作"昏惑",蓋後人不曉"愛"字之義而改之也。

左概嵩岳　箕背王屋

《馬融傳〈廣成頌〉》"右矕三塗,左概嵩岳,面據衡陰,箕背王屋"。

【念孫案】"概"當爲"枕",字之誤也。草書"概"字作"",

“枕”字作“𣏍”，二形相似。《水經·汝水》注、《太平御覽·地部》引此并作“左枕嵩岳”。“箕背”當爲“背箕”，“背箕”與“面據”相對。“箕”讀爲“基”，《立政》“以并受此丕丕基”，漢石經“基”作“其”。《周頌·昊天有成命》篇“夙夜基命宥密”，《孔子閒居》“基”作“其”。《説文》：“其，籀文‘箕’字。”基，亦據也。《釋名》曰：“基，據也。在下物所依據也。”言前據衡陰，後據王屋也。《水經·汝水》注引此正作“背基王屋”。

脰完羝搗介鮮　梏羽群

絹猑蹄，鏦特肩，脰完羝，搗介鮮，散毛族，梏羽群。

注曰：“絹，繫也。與‘罥’通，音工犬反。鏦，猶撞也，音楚江反。脰，頸也，謂中其頸也。梏，諸家并古酷反。案，字書‘捁’從手，即古文‘攪’字，謂攪擾也。”【念孫案】李訓“脰”爲“頸”，“頸完羝”則爲不詞，故又釋之曰“謂中其頸”，殆失之迂矣。今案，“脰”讀爲“剅”。《廣雅》曰：“剅，裂也。”《玉篇》曰：“小裂也。”作“脰”者，借字耳。“絹”“鏦”“脰”“搗”“散”“梏”六字，字法皆相似，若訓“脰”爲“頸”，則與上下文不類矣。“介”“鮮”二字亦爲不類，“鮮”當爲“鱗”，凡隸書從粦之字或作“𡗝”，故“鱗”字或作“鮻”，形與“鮮”相近，因訛爲“鮮”，以下文“毛”“羽”例之，則此當爲“介鱗”也。《説文》曰：“搗，裂也。”謂裂介鱗也。“梏”讀爲“嚳”。《廣雅》曰：“嚳，分也。”脰、搗，皆裂也。散、梏，皆分也。李以“梏”爲“攪擾”之“攪”，亦失之。

儀建章

《杜篤傳〈論都賦〉》"規龍首,撫未央,"撫"與"摹"同。覛平樂,儀建章"。

注曰:"覛,視也。""儀"字無注。【念孫案】儀者,望也。《吕氏春秋·處方》篇"射者儀毫而失牆,畫者儀髪而易貌",《淮南·説林》篇"射者儀小而遺大",高注并曰:"儀,望也。""儀"古讀若"俄",字或作"睋"。定八年《公羊傳》注訓"睋"爲"望"。班固《西都賦》曰:"睎秦領,睋北阜。""睋"與"儀"古今字耳。"規龍首,撫未央",撫,亦規也。"覛平樂,儀建章",儀,亦覛也。"睎秦領,睋北阜",睋,亦睎也。

田田相如

厥土之膏,畝價一金,田田相如。

注曰:"相如,言地皆沃美相類也。"【念孫案】"如"讀爲"紛挐"之"挐"。"田田相挐",猶今人言"犬牙相錯"也。楊雄《豫州箴》曰:"田田相挐,廬廬相距。"是其證。

三十鍭

《南蠻傳》 其民户出雞羽三十鍭。

注曰:"《毛詩》:'四鍭既均。'《儀禮》:'鍭矢一乘。'鄭注曰:'鍭,猶候也,候物而射之也。'"【念孫案】鍭者,矢名。此言"雞羽三十鍭",則非謂鍭矢也。"鍭"讀爲"翭"。《方言》:"翭,本也。"《廣雅》同。郭璞曰:"今以鳥羽本爲翭。"《説文》

曰："翭，羽本也。"《九章算術·粟米章》："買羽二千一百翭。"劉徽曰："翭，羽本也。數羽稱其本，猶數草木稱其根株也。"義與此"雞羽三十翭"同，作"鍭"者，借字耳。

汾隰

《西羌傳》　晉人敗北戎于汾隰。[①]

注曰："二水名。"【念孫案】李以"隰"爲水名，非也。汾隰，謂汾水旁下濕之地。《爾雅》曰："下濕曰隰。"桓三年《左傳》："逐翼侯于汾隰。"杜注曰"汾隰，汾水邊"是也。

老子

信不足焉有不信焉

王弼本第十七章　信不足，焉有不信焉。

河上公本無下"焉"字。【念孫案】無下"焉"字者是也。"信不足"爲句，"焉有不信"爲句。焉，於是也。言信不足，於是有不信也。《吕氏春秋·季春》篇注曰："焉，猶於此也。"《聘禮記》曰"及享，發氣焉盈容"，言發氣於是盈容也。《月令》曰："天子焉始乘舟。"今本"焉"字在上句"乃告舟備具於天子"之下，此後人不曉文義而妄改之，今據《吕氏春秋·季春》篇、《淮南·時則》篇訂正。言天子於是始乘舟也。《晉語》曰："焉始爲令。"言於是始爲令也。《三年問》曰："故先王焉爲之立中制節。"言先

① "隰"，底本作"濕"，據文意及《後漢書》改。

王於是爲之立中制節也。《荀子・禮論》篇“焉作安”,楊倞曰:“安,語助。或作安,或作案。《荀子》多用此字。”“焉”“安”“案”三字同義,詳見《釋詞》。《大荒南經》曰:“雲雨之山,有木名曰欒,群帝焉取藥。”言群帝於是取藥也。《管子・揆度》篇曰:“民財足,則君賦斂焉不窮。”言賦斂於是不窮也。《墨子・非攻》篇曰:“天乃命湯於鑣宫,用受夏之大命,湯焉敢奉率其衆,以鄉有夏之境。”言湯於是敢伐夏也。《楚辭・九章》曰:“焉洋洋而爲客。”又曰:“焉舒情而抽信兮。”言於是洋洋而爲客,於是舒情而抽信也。又,僖十五年《左傳》“晉於是乎作爰田”“晉於是乎作州兵”,《晉語》作“焉作轅田”“焉作州兵”。《西周策》“君何患焉”,《史記・周本紀》作“君何患於是”。是“焉”與“於是”同義。莊八年《公羊傳》:“吾將以甲午之日,然後祠兵於是。”《管子・小問》篇:“且臣觀小國諸侯之不服者,唯莒於是。”是“於是”與“焉”同義。河上公注云:“君信不足於下,下則應之以不信而欺其君也。”“則”字正解“焉”字之義。《祭法》曰:“壇墠有禱焉祭之,無禱乃止。”言壇墠有禱則祭之也。《大戴禮・曾子制言》篇曰:“有知焉謂之友,無知焉謂之主。”言有知則謂之友,無知則謂之主也。《荀子・禮論》篇“三者偏亡,焉無安人”,《史記・禮書》“焉”作“則”。《老子》第十三章“故貴以身爲天下,則可寄天下”,《淮南・道應》篇引此,“則”作“焉”。是“焉”與“則”亦同義。後人不曉“焉”字之義,而讀“信不足焉”爲一句,故又加“焉”字於下句之末,以與上句相對,而不知其謬也。

又,王弼本二十三章　信不足,焉有不信焉。

河上公本亦有下“焉”字。案,河上公注云:“君信不足於下,下則應君以不信也。”與十七章注正同,則正文亦以“焉有不信"爲句明矣。乃後人既以"信不足焉"爲句，而加"焉"字於下句之末，又移此注於"信不足焉"之下，而改注内"應君以不信"爲"應君以不足"，甚矣其謬也。又案，王弼注十七章云："信不足，則有不信，此自然之道也。""則有不信"即"焉有不信"，是王弼亦以"焉有不信"爲句。今本王注作"信不足焉，則有不信"，"焉"字亦後人所加。二十三章注云："忠信不足於下，焉有不信也。"《永樂大典》本如此。今本"也"字作"焉"，亦後人所改，此皆由不曉"焉"字之義，而讀"信不足焉"爲一句，故訓詁失而句讀亦舛，既於下句末加"焉"字，遂不得不改注文以就之矣。

夫佳兵者不祥之器

三十一章　夫佳兵者不祥之器，物或惡之，故有道者不處。

《釋文》："佳，善也。"河上云："飾也。"【念孫案】"善""飾"二訓皆於義未安。古所謂兵者，皆指五兵而言，故曰"兵者不祥之器"。見下文。若自用兵者言之，則但可謂之不祥，而不可謂之不祥之器矣。今案，"佳"當作"隹"，字之誤也。隹，古"唯"字也。"唯"或作"惟"，又作"維"。唯兵爲不祥之器，故有道者不處。上言"夫唯"，下言"故"，文義正相承也。八章云："夫唯不争，故無尤。"十五章云："夫唯不可識，故强爲之容。"又云："夫唯不盈，故能蔽不新成。"二十二章云："夫唯不争，故天下莫能與之争。"皆其證也。古鐘鼎文"唯"字作"隹"，石鼓文亦然。又，夏竦《古文四聲韻》載《道德經》"唯"字作"𨾴"，據此，則今本作"唯"者，皆後人所改，此"佳"字若不誤爲"佳",則後人亦必改爲"唯"矣。

爲天下正

王弼本三十九章　侯王得一以爲天下貞。

河上公本"貞"作"正",注云:"爲天下平正。"【念孫案】《爾雅》曰:"正,長也。"《廣雅》曰:"正,君也。"《吕氏春秋·君守》篇:"可以爲天下正。"高注曰:"正,主也。""爲天下正",猶《洪範》言"爲天下王"耳。下文"天無以清,地無以寧",即承上文"天得一以清,地得一以寧"言之。又云"侯王無以貴高","貴高"二字正承"爲天下正"言之。是"正"爲"君長"之義,非"平正"之義也。王弼本"正"作"貞",借字耳。

唯施是畏

五十三章　行於大道,唯施是畏。

王弼曰:"唯施爲之是畏也。"河上公注略同。【念孫案】二家以"施爲"釋"施"字,非也。"施"讀爲"迆"。迆,邪也。言行於大道之中,唯懼其入於邪道也。下文云:"大道甚夷而民好徑。"河上公注:"徑,邪不正也。"是其證矣。案,"徑"即上文所謂"施"也。邪道足以惑人,故曰"唯施是畏"。王注曰:"言大道蕩然正平,而民猶尚舍之而不由,好從邪徑,況復施爲以塞大道之中乎?"於正文之外又增一義,非是。《説文》:"迆,邪行也。"引《禹貢》"東迆北,會于匯"。①《孟子·離婁》篇"施從良人之所之",趙注

① "于",底本作"干",據同治本改。

曰："施者，邪施而行。"丁公著音"迆"。《淮南·齊俗》篇"去非者，非批邪施也"，高注曰："施，微曲也。"《要略》篇"接徑直施"，高注曰："施，邪也。"是"施"與"迆"通。《禹貢》"東迆北，會于匯"，馬融曰："迆，靡也。"《文選·甘泉賦》"封巒石關，迆靡乎延屬"，《漢書·楊雄傳》"迆"作"施"。《史記·賈生傳》"庚子日施兮"，《漢書》"施"作"斜"。斜，亦邪也。《韓子·解老》篇釋此章之義曰："所謂大道也者，端道也。所謂貌施也者，邪道也。所謂徑也者，佳麗也。佳麗也者，邪道之分也。"此尤其明證矣。

莊子

培風

《逍遥游》篇　風之積也不厚，則其負大翼也無力。故九萬里，則風斯在下矣。而後乃今培風。

《釋文》曰："培，重也。本或作陪。"【念孫案】"培"之言"馮"也。馮，乘也。見《周官·馮相氏》注。風在鵬下，故言負。鵬在風上，故言馮。必九萬里而後在風之上，在風之上而後能馮風，故曰"而後乃今培風"。若訓"培"爲"重"，則與上文了不相涉矣。"馮"與"培"聲相近，故義亦相通。《漢書·周緤傳》："更封緤爲鄘城侯。"顏師古曰："鄘，吕忱音陪。"而《楚漢春秋》作"馮城侯"。"陪""馮"聲相近，是其證也。"馮"字古音在蒸部，"陪"字古音在之部，之部之音與蒸部相近，故"陪""馮"聲亦相近。《説文》曰："陪，滿也。"王注《離騷》曰："馮，滿也。""陪""馮"聲相近，故皆訓爲"滿"。文穎注《漢書·文帝紀》曰："陪，輔也。"張晏注《百官公卿表》曰："馮，輔也。"《説文》曰："倗，輔也。""陪""馮""倗"聲并相近,故皆訓爲"輔"。《説文》曰:"倗,從人、朋聲,讀若陪位。""鄘,從邑、崩聲,讀若陪"。《漢書·王尊傳》"南山群盗傰宗等",蘇林曰:"傰音朋。"晉灼曰:"音倍。"《墨子·尚賢》篇"守城則倍畔",《非命》篇"倍"作"崩"。皆其例也。

朝菌

朝菌不知晦朔,蟪蛄不知春秋。

《釋文》:"司馬云:'朝菌,大芝也。天陰生糞上,見日則死,一名日及,故不知月之終始也。'支遁云:'一名舜,朝生暮落。'潘尼云:'木槿也。'"【引之曰】《淮南·道應》篇引此,"朝菌"作"朝秀",今本《淮南》作"朝菌",乃後人據《莊子》改之。《文選·辯命論》注及《太平御覽·蟲豸部六》引《淮南》并作"朝秀",今據改。《廣雅》作"朝蜏"。高注曰:"朝秀,朝生暮死之蟲也。生水上,狀似蠶蛾,一名孳母。"據此,則"朝秀"與"蟪蛄"皆蟲名也。"朝秀""朝菌"語之轉耳,非謂芝菌,亦非謂木槿也。上文云"之二蟲又何知",謂"蜩"與"學鳩"。此云"不知晦朔",亦必謂朝菌之蟲。蟲者,微有知之物,故以"知""不知"言之,若草木無知之物,何須言"不知"乎?

蚊蝱僕緣

《人間世》篇　夫愛馬者,以筐盛矢,以蜄盛溺,適有蚊蝱僕緣而拊之不時,則缺銜毁首碎胸。

向秀解"蚊蝱僕緣"曰:"僕僕然蚊蝱緣馬稠概之貌。"崔譔曰:"僕,御。"【念孫案】向、崔二説皆非也。"僕"之言"附"

也,言蚊蝱附緣於馬體也。“僕”與“附”聲近而義同。《大雅·既醉》篇“景命有僕”,《毛傳》曰:“僕,附也。”鄭箋曰:“天之大命又附著於女。”《文選·子虛賦》注引《廣雅》曰:“僕,謂附著於人。”案,今《廣雅》無此語,“廣雅”疑“廣倉”之訛。

診其夢

匠石覺而診其夢。

向秀、司馬彪并云:“診,占夢也。”【念孫案】下文皆匠石與弟子論櫟社之事,無占夢之事。“診”當讀爲“畛”。《爾雅》:“畛,告也。”郭注引《曲禮》曰:“畛於鬼神。”“畛”與“診”古字通,此謂匠石覺而告其夢於弟子,非謂占夢也。

與造物者爲人　不與化爲人

《大宗師》篇　彼方且與造物者爲人,而游乎天地之一氣。《應帝王》篇　子方將與造物者爲人。

郭象曰:“任人之自爲。”《天運》篇:“久矣夫丘不與化爲人。”①郭曰:“夫與化爲人者,任其自化者也。”【引之曰】郭未曉“人”字之義。人者,偶也。爲人,猶爲偶也。《中庸》“仁者,人也”,鄭注曰:“人也,讀如相人偶之人,以人意相存偶之言。”《檜風·匪風》箋曰“人偶能割亨者”“人偶能輔周道治民者”。《聘禮》注曰:“每門輒揖者,以相人偶爲敬也。”《公食大夫禮》注曰:“每曲揖及當碑揖,相人偶。”是“人”與“偶”同義,

① “丘”,底本作“某”,避孔子諱,今據《莊子》補。

故漢時有"相人偶"之語。《淮南・原道》篇"與造化者爲人",義與此同。高注"爲,治也",非是。互見《淮南》。《齊俗》篇曰:"上與神明爲友,下與造化爲人。"是其明證也。

以己出經式義度人孰敢不聽而化諸

《應帝王》篇　君人者,以己出經式義度,人孰敢不聽而化諸。

《釋文》曰:"'出經'絶句。司馬云:'出,行也。經,常也。'崔云:'出,典法也。''式義度人'絶句。式,法也。崔云:'式,用也。'用仁義以法度人也。"【念孫案】此當以"以己出經式義度"爲句,"人孰敢不聽而化諸"爲句。"義"讀爲"儀"。"儀"與"義"古字通。《説文》:"義,己之威儀也。"《文侯之命》"父義和",鄭注:"義,讀爲儀。"《周官・肆師》"治其禮儀",鄭注:"故書'儀'爲'義'。鄭司農云:'義,讀爲儀。'古者書'儀'但爲'義',今時所爲'義'爲'誼'。"《小雅・楚茨》篇"禮儀卒度",《韓詩》作"義"。《周官・大行人》"大客之儀",《大戴禮・朝事》篇作"義"。《樂記》"制之禮義",《漢書・禮樂志》作"儀"。《周語》"示民軌儀",《大射儀》注引作"義"。儀,法也。見《周語》注、《淮南・精神》篇注、《楚辭・九嘆》注。"經式儀度",皆謂法度也,解者失之。

波流

吾與之虚而委蛇,不知其誰何,因以爲弟靡,因以爲波流。

郭象曰:"變化頹靡,世事波流,無往而不因也。"《釋文》

曰:"波流,崔本作'波隨',云:'常隨從之。'"【念孫案】作"波隨"者是也。"蛇""何""靡""隨"爲韻。"蛇"古音徒禾反。"委蛇"之"委",古音於禾反。"委蛇",叠韻字也。《召南·羔羊》篇"委蛇委蛇",與"皮""紽"爲韻,"皮"古音"婆"。《莊子·庚桑楚》篇"與物委蛇",與"爲""波"爲韻,"爲"古音"譌"。"委蛇"或作"委佗"。《鄘風·君子偕老》篇"委委佗佗",與"珈""河""宜""何"爲韻,"宜"古音"俄"。"靡"古音"摩"。《中孚》九二"吾與爾靡之",與"和"爲韻。《莊子·知北游》篇"安與之相靡",與"化""多"爲韻。成二年《左傳》"師至于靡笄之下","靡"一音"摩"。《史記·蘇秦傳》"期年,以出揣摩",鄒誕本作"揣靡"。"隨"古亦音"徒禾反"。"波隨"叠韻字。《詩序》"男行而女不隨"、《老子》"前後相隨"、《管子·白心》篇"天不始不隨"、《吕氏春秋·審應》篇"人先我隨"、《韓子·解老》篇"大奸作則小盗隨"、《淮南·泰族》篇"上動而下隨"、《史記·太史公自序》"主先而臣隨",并與"和"爲韻。又,《吕氏春秋·任數》篇"無先有隨",與"和""多"爲韻。《賈子·道術》篇"有端隨之",與"和""宜"爲韻。《淮南·原道》篇"禍乃相隨",與"多"爲韻。《説文》:"隨,從辵、隋聲。""隋"音他果反。《史記·天官書》:"前列直斗口三星,隨北端兑。"《索隱》曰:"隨,音他果反。"

擢德塞性

《駢拇》篇　枝於仁者,擢德塞性以收名聲。

【念孫案】"塞"與"擢"義不相類,"塞"當爲"搴"。擢、搴皆謂拔取之也。《廣雅》曰:"搴,取也,《楚辭·離騷》注及《史記·叔孫通傳》索隱引許慎并與《廣雅》同。《方言》作"攓",云:"取也。南楚曰攓。"《説文》作"摶",云:"拔取也。"拔也。"樊光注《爾雅》及李奇注《漢書·季布欒布田叔傳贊》并與《廣雅》同。此言世之人皆擢其德,搴其性,務爲仁義以收名聲,非謂塞其性也。《淮南·俶真》

篇曰:"俗世之學,擢德攓性,内愁五藏,外勞耳目,乃始招蟯振繬物之豪芒,摇消掉捎仁義禮樂,暴行越智於天下,以招號名聲於世。"又曰:"今萬物之來,擢拔吾性,攓取吾情。"皆其證也。隸書"手"字或作"扌",若"舉"字作"舉"、"拳"字作"拳"之類。故"搴"字或作"搴",形與"塞"相似,因訛而爲"塞"矣。

刻之雒之

《馬蹄》篇 伯樂曰:"我善治馬,燒之剔之,刻之雒之。"

司馬彪曰:"雒,謂羈絡其頭也。"【念孫案】"雒"讀爲"鉻",音"落"。字或作"剺",通作"雒",又通作"落"。"鉻"之言"落"也。剔去毛鬣爪甲謂之鉻。《説文》曰:"鉻,鬄也。"《廣雅》曰:"剺,剔也。"《吴子·治兵》篇説畜馬之法云"刻剔毛鬣,謹落四下",此云"燒之剔之,刻之雒之",語意略相似。司馬以"鉻"爲"羈絡",非也。下文"連之以羈馽",乃始言"羈絡"耳。

仁義存焉 義士存焉

《胠篋》篇 彼竊鈎者誅,竊國者爲諸侯,諸侯之門,而仁義存焉。

【引之曰】"存焉"當爲"焉存"。焉,於是也。言仁義於是乎存也。《吕氏春秋·季春》篇注曰:"焉,猶於此也。"《聘禮記》曰:"及享,發氣焉盈容。"言發氣於是盈容也。《月令》曰:"天子焉始乘舟。"今本"焉"字在上句"乃告舟備具于天子"之下,此後人不曉文義而妄改之,今據《吕氏春秋·季春》篇、《淮南·時則》篇訂正。

言天子於是始乘舟也。《晉語》曰“焉始爲令”，言於是始爲令也。《三年問》曰：“故先王焉爲之立中制節。”言先王於是爲之立中制節也。《荀子·禮論》篇“焉”作“安”，楊倞曰：“安，語助。或作安，或作案，《荀子》多用此字。”“焉”“安”“案”三字同義，詳見《釋詞》。《大荒南經》曰：“雲雨之山有木名曰欒，群帝焉取藥。”言群帝於是取藥也。《管子·揆度》篇曰：“民財足，則君賦斂焉不窮。”言賦斂於是不窮也。《墨子·非攻》篇：“天乃命湯於鑣宫，用受夏之大命，湯焉敢奉率其衆，以鄉有夏之境。”言湯於是敢伐夏也。《楚辭·九章》曰：“焉洋洋而爲客。”又曰：“焉舒情而抽信兮。”言於是洋洋而爲客，於是舒情而抽信也。又，僖十五年《左傳》“晉於是乎作爰田”“晉於是乎作州兵”，《晉語》作“焉作轅田”“焉作州兵”。《西周策》“君何患焉”，《史記·周本紀》作“君何患於是”。是“焉”與“於是”同義。莊八《公羊傳》：“吾將以甲午之日，然後祠兵於是。”《管子·小問》篇：“且臣觀小國諸侯之不服者，唯莒於是。”是“於是”與“焉”同義。此四句以“誅”“侯”爲韻，“門”“存”爲韻，其韻皆在句末。《史記·游俠傳》作“竊鉤者誅，竊國者侯，侯之門，仁義存”，是其明證也。《盗跖》篇：“小盗者拘，大盗者爲諸侯，諸侯之門，義士存焉。”“存焉”亦當作“焉存”，此皆後人不曉“焉”字之義而妄改之耳。

鉤餌

鉤餌網罟罾笱之知多，則魚亂於水矣。

【念孫案】“鉤”本作“釣”，“釣”即“鉤”也，今本作“鉤”者，後人但知“釣”爲“釣魚”之“釣”，而不知其又爲“鉤”之異名，故以意改之耳。今案,《廣雅》曰:"釣,鉤也。"《田子方》篇曰:"文王觀於臧,見一丈夫釣,而其釣莫釣。非持其釣,有釣者也,常釣也。"以上六"釣"字,唯"其釣"與"持其釣"兩"釣"字指"鉤"而言,餘四"釣"字皆讀爲"釣魚"之"釣"。《鬼谷子·摩》篇曰:"如操釣而臨深淵。"《淮南·説山》篇曰:"操釣上山,揭斧入淵。"《説林》篇曰:"一目之羅,不可以得鳥。無餌之釣,不可以得魚。"東方朔《七諫》曰:"以直針而爲釣兮,又何魚之能得?"是古人謂"鉤"爲"釣"也。又案,《釋文》云:"餌,如志反","罾音曾","笱音苟"。此是釋"餌""罾""笱"三字之音。下又云:"釣,鉤也。餌,魚餌也。《廣雅》云'罟謂之网','罾,鱼网也'。《爾雅》云'嫠婦之笱謂之罶'。"此是釋"釣餌""綱罟""罾笱"六字之義,後人既改正文"釣"字爲"鉤",又改《釋文》"笱,音苟。釣,鉤也"六字爲"笱音鉤。釣,鉤也",其失甚矣。又,《外物》篇"任公子爲大鉤巨緇",《釋文》:"鉤,本亦作釣。"亦當以作"釣"者爲是。《文選·七啓》注、《傅咸〈贈何劭王濟〉詩》注、《謝靈運〈七里瀨〉》詩注及《太平御覽·資產部十四》引此并作"釣"也。又,《列子·湯問》篇:"詹何以芒針爲釣。"後人改"釣"爲"鉤",不知《御覽》引此正作"釣"也。又,下文"投綸沈釣",今本"釣"作"鉤",亦是後人所改。《韻府群玉》"釣"字下引《列子》"投綸沈釣",則所見本尚作"釣"也。又,《齊策》"君不聞海大魚乎?網不能止,釣不能牽",後人改"釣"爲"鉤",不知《御覽·鱗介部七》引此正作"釣",《淮南·人間》篇亦作"釣"也。又,《淮南·説山》篇:"人不愛江漢之珠而愛己之釣。"高注云:"釣,鉤也。"後人既改正文"釣"字爲"鉤",又改注文爲"鉤,釣也",則其謬滋甚,蓋後人不知"釣"爲"鉤"之異名,故以其所知改其所不知,而古義寖亡矣。

吐爾聰明

《在宥》篇　墮爾形體，吐爾聰明。

【引之曰】"吐"當爲"咄"，"咄"與"黜"同。《徐無鬼》篇"黜耆欲"，司馬本作"咄"。韋昭注《周語》曰："黜，廢也。""黜"與"墮"義相近。《大宗師》篇："墮枝體，黜聰明。"即其證也。隸書"出"字或省作"士"，若"𣪊"省作"敖"、"賣"省作"賣"、"𣢾"省作"款"之類。故"咄"字或作"吐"，形與"吐"相似，因訛而爲"吐"矣。"咄"之訛作"吐"，猶"吐"之訛作"咄"。《漢書·外戚傳》"必畏惡吐棄我"，《漢紀》"吐"訛作"咄"。

天下功

《天道》篇　天不產而萬物化，地不長而萬物育，帝王無爲而天下功。

郭象曰："功自彼成。"【念孫案】如郭解，則"功"下須加"成"字，而其義始明，不知"功"即"成"也。言無爲而天下成也。《中庸》曰："無爲而成。"《爾雅》曰："功，成也。"《大戴禮·盛德》篇曰："能成德法者爲有功。"《周官·稾人》："乃入功于司弓矢及繕人。"鄭注曰："功，成也。"《管子·五輔》篇曰："大夫任官辯事，官長任事守職，士修身功材。"功材，謂成材也。《荀子·富國》篇曰："百姓之力，待之而後功。"謂待之而後成也。"萬物化""萬物育""天下功"相對爲文，是"功"爲"成"也。

厲蠆

《天運》篇　其知憯於厲蠆之尾。

《釋文》曰:"厲,敕邁反,又音例,本亦作厲。郭音賴,又敕介反","蠆,許謁反,或敕邁反。或云:依字上當作'蠆',下當作'蠍'"。【引之曰】陸讀"厲"爲"蠆",讀"蠆"爲"蠍",皆非也。"厲"音"賴",又音"例",陸云本亦作"厲",即其證也。"蠆"音敕邁反,"蠍"音許謁反,"厲""蠆"皆蠍之異名也。《廣雅》曰:"蠆、蝲,蠍也。"今本《廣雅》脱"蝲"字,《一切經音義》卷五引《廣雅》"蠆、蝲,蠍也",《集韻》引《廣雅》"蝲,蠆也",今據補。"蝲"音盧達反,"蠆""蝲"皆毒螫傷人之名。"蠆"之言"蛆","蛆"音"哲",《一切經音義》卷十引《字林》曰:"蛆,螫也。"僖二十二年《左傳》正義引《通俗文》曰:"蠍毒傷人曰蛆。""蝲"之言"瘌"也。"瘌"音盧達反,郭璞注《方言》曰:"瘌,辛螫也。"字或作"剌"。左思《魏都賦》曰:"蔡莽螫剌,昆蟲毒噬。"《廣雅·釋詁》云:"毒、蛆、瘌,痛也。"是其義矣。"蝲"與"厲"古同聲,《莊子》作"厲",《廣雅》作"蝲",其實一字也。《史記·秦本紀》"厲共公",《始皇紀》作"剌龔公"。"剌"之通作"厲",猶"蝲"之通作"厲"矣。

井鼃

《秋水》篇　井鼃不可以語於海者,拘於虚也。

【引之曰】"鼃"本作"魚",後人改之也。《太平御覽·時序部七》《鱗介部七》《蟲豸部一》引此并云"井魚不可以語於海",則舊本作"魚"可知。且《釋文》於此句不出"鼃"字,直至下文"埳井之鼃",始云"鼃本又作蛙,户蝸反",引司馬注云:

“鼃,水蟲,形似蝦蟇。”則此句作“魚”,不作“鼃”明矣。若作“鼃”,則“户蝸”之音、“水蟲”之注,當先見於此,不應至下文始見也。再以二證明之:《鴻烈·原道》篇:“夫井魚不可與語大,拘於隘也。”梁張綰文:“井魚之不識巨海,夏蟲之不見冬冰。”《水經·贛水》注云:“聊記奇聞以廣井魚之聽。”皆用《莊子》之文,則《莊子》之作“井魚”益明矣。《井》九三“井谷射鮒”,鄭注曰:“所生魚無大魚,但多鮒魚耳。”見劉逵《吴都賦》注。《困學紀聞》卷十。引《御覽》所載《莊子》曰“用意如井魚者,吾爲鉤繳以投之”,《吕氏春秋·諭大》篇曰“井中之無大魚也”,此皆“井魚”之證,後人以此篇有“埳井鼃”之語,而《荀子》亦云“坎井之鼃,不可與語東海之樂”,見《正論》篇。遂改“井魚”爲“井鼃”,不知井自有魚,無煩改作“鼃”也。自有此改,世遂動稱“井鼃”“夏蟲”,不復知有“井魚”之喻矣。

拘於虚

崔譔注“拘於虚”曰:“拘於井中之空也。”

【念孫案】崔訓“虚”爲“空”,非也。“虚”與“墟”同,故《釋文》云:“虚,本亦作墟。”《廣雅》曰:“墟,凥也。”“凥”,古“居”字。《文選·西征賦》注引《聲類》曰:“墟,故所居也。”凡經傳言“丘墟”者,皆謂故所居之地。言井魚拘於所居,故不知海之大也。魚居於井,猶河伯居於涯涘之間,故下文曰“今爾出於涯涘,觀於大海,乃知爾醜也”。

鴟鵂

鴟鵂夜撮蚤,察豪末。

【引之曰】"鵂"字涉《釋文》内"鴟鵂鶹"而衍。《埤雅》引此已誤。案,《釋文》曰:"鴟,尺夷反。崔云:'鴟,鵂鶹。'"而不爲"鵂"字作音,則正文内本無"鵂"字明矣。《淮南·主術》篇亦云"鴟夜撮蚤"。

無東無西

無南無北,奭然四解,淪於不測。無東無西,始於玄冥,反於大通。

【念孫案】"無東無西"當作"無西無東","北""測"爲韻,"東""通"爲韻。

腞楯之上聚僂之中

《達生》篇　苟生有軒冕之尊,死得於腞楯之上,聚僂之中,則爲之。

《釋文》:"司馬云:'腞,猶篆也。楯,猶案也。聚僂,器名也,今冢壙中注爲之。一云:聚僂,棺椁也。一云:聚當作菆,僂當作蔞,謂殯於菆塗蔞翣之中。"【念孫案】"腞"讀爲"輇",謂載柩車也。《雜記》"載以輲車",鄭注曰:"輲,讀爲輇。"《釋文》:"輇,市專反,又市轉反。"《士喪禮記》注曰:"載柩車,《周禮》謂之蜃車,《雜記》謂之團。或作輇,或作槫,聲讀皆相附耳。其車之轝,狀如牀,中央有轅,前後出,設前後輅。翣上有四周，下則前後有軸，以輇爲輪，許叔重說‘有輻曰輪，無輻曰輇’。”“輇”“輲”“槫”“團”并字異而義同，此作“腞”，義亦同也。“楯”讀爲“輴”，亦謂載柩車也。《檀弓》曰：“天子之殯也，菆塗龍輴以椁。”又曰：“天子龍輴而椁幬，諸侯輴而設幬。”《喪大記》曰“君殯用輴”，鄭注曰：“天子之殯，居棺以龍輴，諸侯輴不畫龍，大夫廢輴。”《士喪禮下》篇注曰：“軹狀如長牀，穿桯前後著金而關軸焉。大夫諸侯以上，有四周謂之輴。”此謂朝廟時所用。“輴”與“楯”古字通。《雜記》注曰：“載柩以楯。”是其證也。聚僂，謂柩車飾也。衆飾所聚，故曰“聚僂”，亦以其形中高而四下，故言“僂”也。《雜記》注曰：“將葬載柩之車飾曰柳。”《周官·縫人》“衣翣柳之材”，注曰：“柳之言聚，諸飾之所聚。”《釋名》曰：“輿棺之車，其蓋曰柳。柳，聚也。衆飾所聚，亦其形僂也。”《檀弓》曰：“設蔞翣。”《荀子·禮論》篇曰：“無帾絲歶縷翣，其貇以象菲帷幬尉也。”“柳”“蔞”“縷”“僂”并字異而義同。《吕氏春秋·節喪》篇“僂翣以督之”，其字亦作“僂”。《釋文》所引或說以“僂”爲“蔞翣”字是也，餘說皆失之。

殺鴈而亨之

《山木》篇　莊子舍於故人之家，故人喜，命豎子殺鴈而亨之。

《釋文》：“亨，普彭反，煑也。”【念孫案】“亨”讀爲“享”。“享之”，謂享莊子，故人喜莊子之來，故殺鴈而享之。“享”與“饗”通，《吕氏春秋·必己》篇作“令豎子爲殺鴈饗之”，是其證也。古書“享”字作“亨”,“烹”字亦作“亨”,故《釋文》誤讀爲“烹”,而今本遂改“亨”爲“烹”矣。原文作“亨”,故《釋文》音“普彭反”,若作“烹”,則無須音釋。

必取其緒

食不敢先嘗,必取其緒。

《釋文》曰:“緒,次緒也。”【念孫案】陸説非也。緒者,餘也。言食不敢先嘗,而但取其餘也。《讓王》篇:“其緒餘以爲國家。”司馬彪曰:“緒者,殘也。謂殘餘也。”《楚辭·九章》“欸秋冬之緒風”,王注曰:“緒,餘也。”《管子·弟子職》篇:“奉椀以爲緒。”尹知章曰:“緒,然燭燼也。”燼,亦餘也。見《方言》《廣雅》。

真泠禹曰

舜之將死,真泠禹曰:“女戒之哉。”

《釋文》曰:“真,司馬本作直。泠音零。司馬云:‘泠,曉也。謂以直道曉語禹也。泠或爲命,又作令。命,猶教也。’”【引之曰】“直”當爲“卥”。“卥”,籀文“乃”字,隸書作“迺”。“卥”形似“直”,《嶧山碑》“乃今皇帝”,“乃”字作“卥”,形似“直”字。故訛作“直”,又訛作“真”。“命”與“令”古字通,《周官·司儀》“則令爲壇三成”,《覲禮》注引此,“令”作“命”。僖九年《左傳》“令不及魯”,“令”本又作“命”。《莊子·田子方》篇“先君之令”,“令”本或作“命”。《周官·大卜》注“以命龜也”,“命”亦作“令”。作“命”、作“令”者是也。“卥令禹”者,“乃命禹”也。

目大運寸

莊子游乎雕陵之樊，睹一異鵲自南方來者，翼廣七尺，目大運寸。

司馬彪曰："運寸，可回一寸也。"【念孫案】司馬以"運"爲"轉運"之"運"，非也。"運寸"與"廣七尺"相對爲文，"廣"爲横，則"運"爲從也。"目大運寸"，猶言"目大徑寸"耳。《越語》"勾踐之地，廣運百里"，韋注曰："東西爲廣，南北爲運。"是"運"爲從也。《西山經》曰："是山也，廣員百里。""員"與"運"同。《周官・大司徒》"周知九州之地域廣輪之數"，《士喪禮記》"廣尺，輪二尺"，鄭注并曰："輪，從也。""輪"與"運"聲近而義同，廣輪，即廣運也。

三月不庭

莊周反入，三月不庭。藺且從而問之："夫子何爲頃間甚不庭乎？"莊周曰："今吾游於雕陵而忘吾身，異鵲感吾顙，游於栗林而忘吾真，栗林虞人以吾爲戮，吾所以不庭也。"

《釋文》曰："三月不庭，一本作三日。司馬云：'不出，坐庭中三月。'"【念孫案】如司馬説，則"庭"上須加"出"字，而其義始明。下文云"夫子何爲頃間甚不庭乎"，若以"甚不庭"爲"甚不出庭"，則尤不成語。今案，"庭"當讀爲"逞"。不逞，不快也。甚不逞，甚不快也。忘吾身，忘吾真，而爲虞人所辱，是以不快也。《方言》曰："逞、曉，快也。自關而東，或曰曉，或曰逞。江淮陳楚之間曰逞。"桓六年《左傳》"今民餒而君逞欲”,《周語》“虢公動匱百姓以逞其違”,韋、杜注并曰:“逞,快也。”“逞”字,古讀若“呈”,聲與“庭”相近,故通作“庭”。張衡《思玄賦》“怨素意之不逞”,與“情”“名”“聲”“營”“平”“崢”“禎”“鳴”“榮”“寧”爲韻。《説文》:“逞,從辵、呈聲。”僖二十三年《左傳》“淫刑以逞”,《釋文》“逞”作“呈”。《方言》“逞,解也”,《廣雅》作“呈”。“三月不庭”,一本作“三日”是也。下文言“夫子頃間甚不庭”,若“三月”之久,不得言“頃間”矣。

臣有守也

《知北游》篇　大馬之捶鉤者,年八十矣,而不失豪芒。

大馬曰:“子巧與?有道與?”曰:“臣有守也。”【念孫案】“守”即“道”字也。《達生》篇:“仲尼曰:‘子巧乎?有道邪?’曰:‘我有道也。’”是其明證矣。“道”字古讀若“守”,故與“守”通。凡九經中用韻之文,“道”字皆讀若“守”,《楚辭》及《老》《莊》諸子并同。秦《會稽刻石》文“追道高明”,《史記·秦始皇紀》“道”作“首”。“首”與“守”同音。《説文》:“道,從辵、首聲。”今本無“聲”字者,二徐不曉古音而削之也。

簡髮而扻

《庚桑楚》篇　簡髮而扻,數米而炊。

《釋文》:“扻,莊筆反。又作櫛,亦作楖,皆同。郭音節,徐側冀反。”【引之曰】《玉篇》:“扻,苦敢切,打扻也。”不得音“莊筆反”,又“音節”。“扻”當爲“揿”,即《玉篇》“搸”字,隸書轉寫“手”旁於左耳。《玉篇》:“搸,七咨切,挐也。”此借爲“櫛髮”之“櫛”,故音“莊筆反”,又“音節”。凡從次聲之字,可讀爲“即”,又可讀爲“節”。《説文》:“垐,以土增大道上,從土、次聲。古文垐,從土、即聲。”引《虞書》“朕堲讒説殄行”,《玉篇》音“才資、才即二切”。《説文》:“楶,欂櫨也。從木、咨聲。”咨,從口、次聲。即是“山節藻梲”之“節”。《康誥》“勿庸以次女封”,《荀子·致士》篇引此,“次”作“即”。皆其例也。“抆”爲“櫛髮”之“櫛”,當讀入聲,而其字以“次”爲聲,則亦可讀去聲,故徐邈音側冀反。

吉凶

能抱一乎？能勿失乎？能無卜筮而知吉凶乎？能止乎？能已乎？能舍諸人而求諸己乎？

【念孫案】“吉凶”當爲“凶吉”。“一”“失”“吉”爲韻,“止”“已”“己”爲韻,《管子·心術》篇:“能專乎？能一乎？能毋卜筮而知凶吉乎？”是其證。《内業》篇“凶吉”亦誤爲“吉凶”,唯《心術》篇不誤。

儒以金椎控其頤

《外物》篇　儒以《詩》《禮》發冢。大儒臚傳曰:“東方作矣,事之何若？”小儒曰:“未解裙襦,口中有珠。《詩》固有之曰:‘青青之麥,生於陵陂。生不布施,死何含珠爲？’接其鬢,壓其顪，儒以金椎控其頤，徐別其頰，無傷口中珠。”①

【念孫案】“儒以金椎控其頤”，《藝文類聚·寶玉部》引此，“儒”作“而”是也。而，汝也。自“未解裙襦”以下，皆小儒答大儒之詞，言汝以金椎控其頤，徐別其頰，無傷其口中之珠也。“而”“儒”聲相近，上文又多“儒”字，故“而”誤作“儒”。

哽而不止則跈

凡道不欲壅，壅則哽，哽而不止則跈，跈則衆害生。

郭象曰：“當通而塞，則理有不泄而相騰踐也。”《釋文》：“跈，女展反。《廣雅》云：‘履也，止也。’本或作蹍，同。”【念孫案】“踐履”與“壅塞”二義不相比附，郭云“理有不泄而相騰踐”，所謂曲説者也。“本或作蹍”，亦非也。今案，“跈”讀爲“抮”。抮，戾也。言哽塞而不止，則相乖戾，相乖戾，則衆害生也。《廣雅》曰：“抮，盭也。”“盭”與“戾”同。《方言》曰：“軫，戾也。”郭璞曰：“相了戾也。”《孟子·告子》篇：“紾兄之臂而奪之食。”趙岐曰：“紾，戾也。”此云“哽而不止則跈”，義并與“抮”同。

① 宋林希逸（1193～1271）《莊子口義》卷八：“‘接其鬢’以下，大儒教小儒之語。……言歌此詩，教其徒徐取其珠，而欲無所損也。”林與王句讀不同。今周啓成校注林希逸《莊子鬳齋口義》把“《詩》固有之曰”句斷爲小儒語，“接其鬢”以下斷爲大儒語，（中華書局，1997 年，第 420 頁）則錯解林氏之意。馬敘倫《莊子義證》（商務印書館，1930 年）、鍾泰《莊子發微》（上海古籍出版社，1988 年，第 633—634 頁。）、鍾氏、方勇、陸永品著《莊子詮評》（巴蜀書社，1998 年，第 742 頁）、陳鼓應《莊子今注今譯》、歐陽景賢、歐陽超《莊子釋譯》（湖北人民出版社，1986 年，第 298—299 頁）、楊柳橋《莊子譯詁》（上海古籍出版社，1991 年，第 561—562 頁）、姚漢榮《莊子直解》（復旦大學出版社，2000 年，第 722 頁）皆依林氏之説。

上謀而下行貨

《讓王》篇　今周見殷之亂而遽爲政，上謀而下行貨，阻兵而保威。

【念孫案】"上謀而下行貨"，"下"字後人所加也。"上"與"尚"同。"上謀而行貨""阻兵而保威"句法正相對，後人誤讀"上"爲"上下"之"上"，故加"下"字耳。《吕氏春秋·誠廉》篇正作"上謀而行貨，阻兵而保威"。

病瘦

《盗跖》篇　除病瘦死喪憂患，其中開口而笑者，一月之中不過四五日而已矣。

《釋文》："瘦，色又反。"【念孫案】"瘦"當爲"瘐"，字之誤也。瘐，亦病也。病、瘐爲一類，死、喪爲一類，憂、患爲一類。"瘐"字本作"瘉"。《爾雅》曰："瘉，病也。"《小雅·正月》篇："胡俾我瘉。"《毛傳》與《爾雅》同。《漢書·宣帝紀》："今繫者或以掠辜，若飢寒瘐死獄中。"蘇林曰："瘐，病也。囚徒病，律名爲瘐。"師古曰："瘐音庾，字或作瘉。"《王子侯表》曰："富侯龍下獄瘐死。"

無轉而行

無轉而行，無成而義，將失而所爲。

【念孫案】"無轉而行"，"轉"讀爲"專"。《山木》篇云"一龍一蛇，與時俱化，而無肯專爲"，即此所謂"無專而行"也。

此承上文"與時消息,與道徘徊"而言,言當隨時順道,而不可專行仁義,若專而行,成而義,則將失而所爲矣,故下文云"正其言,必其行,故服其殃,離其患也"。"必其行",即此所謂"專而行"也。《秋水》篇"無一而行,與道參差",一亦專也。"無專而行",猶言"無一而行"也。"專"與"轉"古字通,又通作"摶"。《史記·吴王濞傳》:"燕王摶胡衆入蕭關。"《索隱》曰:"摶音專。謂專統領胡兵也。"《漢書》"摶"作"轉"。

馮氣

今富人侅溺於馮氣,若負重行而上也,可謂苦矣。

《釋文》曰:"馮氣,馮音憤。憤,滿也。言憤畜不通之氣也。"【念孫案】馮氣,盛氣也。昭五年《左傳》:"今君奮焉震電馮怒。"杜注曰:"馮,盛也。"《楚辭·離騷》:"馮不猒乎求索。"王注曰:"馮,滿也。楚人名滿曰馮。"是"馮"爲盛滿之義,無煩改讀爲"憤"也。

達於知者肖

《列御寇》篇　達生之情者傀,達於知者肖。

郭象曰:"傀然大恬解之貌。肖,釋散也。"【念孫案】郭以"傀"爲"大"是也。以"肖"爲"釋散"則非。《方言》曰:"肖,小也。"《廣雅》同。"肖"與"傀"正相反。言任天則大,任智則小也。肖,猶宵也。《學記》"宵雅肄三",鄭注曰:"宵之言小也。""宵""肖"古同聲,故《漢書·刑法志》"肖"字通作"宵"。《史記·太史公自序》"申吕肖矣",徐廣曰:"肖音痟。"痟,猶衰微,義亦相近也。

天下多得一察焉以自好

《天下》篇　天下大亂,賢聖不明,道德不一,天下多得一察焉以自好。

郭象斷"天下多得一"爲句,《釋文》曰:"得一,偏得一術。"【念孫案】"天下多得一察焉以自好"當作一句讀,下文云"天下之人各爲其所欲焉以自爲方"句法正與此同。一察,謂察其一端而不知其全體,下文云"譬如耳目鼻口,皆有所明,不能相通",即所謂"一察"也。若以"一"字上屬爲句,"察"字下屬爲句,則文不成義矣。

吕氏春秋

蟄蟲始振　蟄蟲咸動

《孟春》篇　蟄蟲始振。

高注曰:"蟄伏之蟲乘陽始振動蘇生也。"

《仲春》篇　蟄蟲咸動。

注曰:"蟄伏之蟲皆動蘇。"【念孫案】如高注,則"始振"及"咸動"下皆當有"蘇"字,今本無"蘇"字者,後人依《月令》删之耳。"蘇"本作"穌"。《淮南·時則》篇:"蟄蟲始振穌。"高注曰:"振,動。穌,生也。"又,"蟄蟲咸動穌",注曰:"穌,生也。"足與此文互相證明矣。

其誰可而爲之

《去私》篇　晉平公問於祁黄羊曰："南陽無令，其誰可而爲之?"

高注曰："而，能也。"【念孫案】"而""能"古雖同義，此"而"字不可訓爲"能"。而，猶以也。言誰可以爲之也。"誰可以爲之"，猶言"誰能爲之"。若云"誰可能爲之"，則不辭矣。古者"而"與"以"同義，故"可以"或曰"可而"。《功名》篇曰："故當今之世，有仁人在焉，不可而不此務。有賢主，不可而不此事。賢不肖，不可以不相分。""而"與"以"同義，故二字可以互用。《不屈》篇曰："惠子曰：'若王之言，則施不可而聽矣。'"《用民》篇曰："處次官，執利勢，不可而不察於此。"《墨子·尚賢》篇曰："使天下之爲善者可而勸也，爲暴者可而沮也。"又曰："上可而利天，①中可而利鬼，下可而利人。"《尚同》篇曰："上用之天子，可以治天下矣。中用之諸侯，可而治其國矣。下用之家君，可而治其家矣。"皆其證也。餘見《荀子》"到而獨鹿"下。

達帝功

《古樂》篇　昔葛天氏之樂，三人操牛尾，投足以歌八闋，六曰達帝功。

畢氏弇山改"達"爲"建"，説云："《文選·上林賦》注張揖引作'徹帝功'，李善謂以'建'爲'徹'誤，則當作'建'也。"【念孫案】《上林賦》注張揖曰："葛天氏八曲，六曰徹帝功。"李善

① "天"，底本作"大"，據《墨子》改。

曰:"《吕氏春秋》'六曰達帝功',今注以'達'爲'徹',誤。"【念孫謂】徹者,通也。通,亦達也。《釋名》曰:"達,徹也。"昭二年《左傳》"徹命于執事",《周語》"其何事不徹",韋、杜注并云:"徹,達也。""徹"與"達"義同而聲亦相近,故張揖引此,"達"作"徹",李善駁之,誤也。至今本《文選注》"達"作"建",乃傳寫之誤。"建"與"徹"聲義皆不相近,若本是"建"字,張揖無緣改"建"爲"徹"。考《初學記·樂部上》《太平御覽·樂部四》引此并作"達帝功",則作"達"者是也。《史記·司馬相如傳》索隱引作"建帝功",亦後人據誤本《文選》改之。今據誤本《文選》以改本書,失之矣。

水道壅塞不行其原

昔陶唐氏之始,陰多滯伏而湛積,水道壅塞,不行其原。

舊校云"一作陽道壅塞,不行其次"。孫氏詒穀云:"李善注《文選·傅武仲〈舞賦〉》《張景陽〈七命〉》,俱引作'陽道壅塞'。"【念孫案】作"陽道"者是也。"陽道壅塞"與"陰多滯伏"正相對。後人以高注云"故有洪水之災",遂改"陽道"爲"水道",不知高注自謂陽道壅塞,故有洪水之災,非正文内本有"水"字也。"原"當爲"序",字之誤也。《莊子·則陽》篇:"隨序之相理。"《釋文》:"序,或作原。"陽道壅塞,故行不由序。别本作"不行其次",次,亦序也。《漢書·司馬相如傳》注引此正作"陽道壅塞,不行其序"。

苓管

吹苓管壎篪。

【引之曰】"苓"當爲"笭",即"笙"字也,古從生聲之字,或從令聲。"笙"之爲"笭",猶"旌"之爲"旍"也。《玉篇》云"旍"同"旌",見《禮記》。《爾雅·釋天》釋文云:"旌本又作旍。"《月令》"載旌旐",《吕氏春秋·季秋》篇"旌"作"旍"。隸書從⺮之字,多變從艹,故"笭"訛作"苓"。或曰"籥"字之訛,"竹"誤爲"艹",又脱下半耳。

賢者益疑

《禁塞》篇　救守之説出,則不肖者益幸也,"也"當作"矣",與下句文同一例,今作"也"者,因與上文"不肖者之幸也"相涉而誤。賢者益疑矣。

高注曰:"疑怪其何以益幸也。"【念孫案】高説非也。疑者,恐也。言不肖者益幸,而賢者益恐也。古者謂恐曰疑。《雜記》曰:"五十不致毁,六十不毁,七十飲酒食肉,皆爲疑死。"鄭注曰:"疑,猶恐也。"《大戴禮·曾子立事》篇曰:"君子見善,恐不得與焉。見不善,恐其及己也,是故君子疑以終身。"《管子·小問》篇曰:"駮食虎豹,故虎疑焉。"《荀子·宥坐》篇"其赴百仞之谷不懼",《大戴禮·勸學》篇"懼"作"疑"。皆其證也。上文云"守無道而救不義,則禍莫大焉,爲天下之民害莫深焉",故此言"救守之説出,則不肖者益幸,而賢者益恐"。

憂恨

《懷寵》篇　憂恨冒疾，遂過不聽。

【引之曰】"憂恨"與"遂過不聽"，義不相屬。"憂"當爲"复"，"复"與"愎"同。古無"愎"字，故借"复"爲之，或通作"復"。《韓子·十過》篇"夫知伯之爲人也，好利而鷙愎"，《趙策》"愎"作"復"是也。又通作"覆"。《管子·五輔》篇"下愈覆鷙而不聽從"是也。又通作"蝮"。《史記·酷吏傳贊》"京兆無忌、馮翊殷周蝮鷙"是也。隸書"复"字或作"夏"，"憂"字或作"夏"，二形相似而誤。《書·堯典》正義"夏侯等書'心腹腎腸'曰'憂賢陽'"。《史記·秦始皇紀〈刻碣石門辭〉》"文復無罪"，徐廣曰："復，一作憂。"蓋"腹""復"并通作"复"，因誤爲"憂"也。"恨"與"很"同。《爾雅》："鬩，恨也。"孫炎本"恨"作"很"。又，《荀子》見下。《莊子·漁父》篇曰："見過不更，聞諫愈甚，謂之很。"《説文》曰："很，不聽從也。"宣十二年《左傳》注曰："愎，很也。"故曰"愎很冒疾，遂過不聽"。《逸周書·謚法》篇曰："愎很遂過曰刺。"《荀子·成相》篇曰："恨復遂過不肯悔。"恨復"與"很愎"同，今本"復"訛作"後"，辯見《荀子》。義并與此同。

奮投

《愛士》篇　晉惠公之右路石，奮投而擊繆公。

【念孫案】"投"當爲"杸"，字之誤也。《説文》："杸，軍中士所持殳也。從木、從殳。"引《司馬法》"執羽從杸"。《急就篇》曰："鐵錘檛杖棁柲杸。"今經傳通作"殳"。

載旍旐輿受車以級

《季秋》篇　命僕及七騶咸駕，載旍旐輿，"旍"與"旌"同。受車以級，整設于屏外。

高注曰："田僕掌佐車之政，令獲者植旍，故載旍也。輿，衆也。衆當受田車者，各以等級陳于屏外也。"【引之曰】注言"載旍"，而不及"旐"，則"旍"下無"旐"字，"旐"字蓋後人據《月令》加之也。《淮南・時則》篇作"戴荏"，"荏"即"旌"之訛，"荏"下亦無"旐"字，當删去。其"輿"字當讀爲"旟"，屬上句讀。《月令》云"載旌旐"，此云"載旍旟"，"旟""旐"皆旌旗之屬，各舉一物言之耳，高以"輿"字屬下句讀，又訓爲"衆"，皆失之。

剗而類揆吾家

《知上》篇　静郭君大怒曰："剗而類，揆吾家，苟可以傔劑貌辨者，吾無辭爲也。"

高注曰："剗，滅也。而，汝也。傔，足也。揆度吾家，誠可足劑貌辨者，吾不辭也。"【念孫案】"剗"與"殘"同，《觀世》篇"以兵相剗"，《謹聽》篇"剗"作"殘"，是其證也。"揆"與"睽"同。《後漢書・馬融傳》注曰："睽，離也。"言雖殘害汝類，離析吾家，苟可以快劑貌辨者，吾不辭也。《齊策》作"剗而類，破吾家"，"破"與"睽離"義亦相近，高以"揆"爲"揆度"，則與上句不類矣。

官人事

《安死》篇　憚耕稼采薪之勞，不肯官人事。

高注曰："既憚耕稼，又不肯居官修治人事也。"【念孫案】官，猶事也。"事"如"請事斯語"之"事"。言不肯事其民事也。《樂記》："禮樂明備，天地官矣。"鄭注曰："官，猶事也。"人事，即指耕稼而言，高誤以"官"爲"居官"，遂分"耕稼"與"人事"爲二。

爲我死

《異寶》篇　孫叔敖疾，將死，戒其子曰："爲我死，王則封女，必無受利地。"

畢曰："'爲'字衍，《後漢書·郭丹傳》注引此無。"【念孫案】爲，猶如也。言如我死而王封汝，汝必無受利地也。古或謂"如"曰"爲"。《管子·戒》篇："管仲寢疾，桓公往問之。管仲曰：'夫江黄之國近於楚，爲臣死乎，君必歸之楚而寄之。'"言如臣死也。《秦策》："秦宣太后病，將死，出令曰：'爲我葬，必以魏子爲殉。'"言如我葬也。《長見》篇："魏公叔痤對惠王曰：'臣之御庶子鞅，願王以國聽之也。爲不能聽，勿使出竟。'"言如不能聽也。《韓子·内儲説》："荆王新得美女，鄭袖教之曰：'王甚喜人之掩口也，爲近王，必掩口。'"言如近王也。《秦策》："公孫衍謂義渠君曰：'中國無事於秦，則秦且燒焫獲君之國。中國爲有事於秦，則秦且輕使重幣而事君之國。'"言中國如有事於秦也。考《列子·説符》篇，亦作"爲我死"，則"爲"非衍字明矣。《後漢書注》引此無"爲"字者，注内引書例得從省，不可援以爲據也。

侍老

《異用》篇　仁人之得飴，以養疾侍老也。

高注曰："侍，亦養也。"【念孫案】正文及注内兩"侍"字，皆當爲"持"。持老，謂養老也。《長見》篇曰："申侯伯善持養吾意。"《管子·明法》篇曰："小臣持禄養交，不以官爲事。"《墨子·天志》篇曰："内有以食飢息勞，持養其萬民。"《荀子·勸學》篇曰："除其害者以持養之。"《榮辱》篇曰："以相群居，以相持養。"《議兵》篇曰："高爵豐禄以持養之。"是"持"與"養"同義，故注云"持，亦養也"。

而人不知以奚道相得

《不侵》篇　天下輕於身，而士以身爲人。以身爲人者，如此其重也，而人不知，以奚道相得？"以"字後人所加，説見下。

高讀"而人不知奚道相得"爲一句，説云："不知以何道得人，乃令之爲己死也。"【念孫案】高説非也。"而人不知"爲句，"奚道相得"爲句。道者，由也。言士之輕身重義如此而人不知，則何由與士相得哉。不相知則不能相得，故下文云"賢主必自知士，故士盡力竭智，直言交争，而不辭其患"。《下賢》篇曰："有道之士固驕人主，人主之不肖者亦驕有道之士，日以相驕，奚時相得？"《知接》篇曰："智者其所能接遠也，愚者其所能接近也。所能接近而告之以遠化，奚由相得？"語意略與此同。《有度》篇："若雖知之，奚道知其不爲私。"言何由知其不爲私也。《晏子春秋·雜》篇："君何年之少而弃國之蚤，奚道至於此乎？"言何由至於此也。《韓子·孤憤》篇："法術之士，奚道得進。”言何由得進也。“奚道”上不當有“以”字,蓋後人不能正高注之誤,又因注而加“以”字耳。

極星與天俱游而天極不移

【念孫案】《爾雅》:“北極謂之北辰。”昭十七年《公羊傳》疏引孫炎注曰:“北極,天之中,以正四時,謂之北辰。”《開元占經·石氏中官占》引《黄帝占》注曰:“北極紐星,天之樞也。天運無輟而極星不移。”案,極星,即北辰也。或言北辰,或言北極,或言極星,或言紐星,或言樞星,皆異名而同實。古者,極星正當不動之處,故曰“居其所而衆星共之”。《爾雅》“北極謂之北辰”,與角、亢以下同在星名之列。《公羊傳》以北辰、心、伐爲三大辰,《鄉飲酒義》謂之三光,皆指極星言之。《考工記》:“匠人建國,夜考之極星,以正朝夕。”偏東爲朝,偏西爲夕。鄭注曰:“極星,謂北辰。”尤爲明據。《晏子春秋·雜》篇曰:“古之立國者,南望南斗,北戴樞星,彼安有朝夕哉。”《春秋繁露·深察名號》篇曰:“正朝夕者視北辰。”併與《考工》相合。《楚辭·九嘆》:“綴鬼谷於北辰。”王注曰:“北辰,北極星也。”亦與鄭注相同。賈逵、張衡、蔡邕、王蕃、陸績以紐星爲不動處是也。梁祖暅測不動處,距紐星一度有餘。今紐星又移,而不動之處乃在鈎陳大星與紐星之間,此因恒星東徙,是以極星移度,後儒遂謂經文之“北辰”,皆指無星之處言之,失其指矣。《吕氏春秋·有始》篇曰:“衆星與天俱游,而極星不移。”高注曰:“極星,北辰星也。《語》曰‘譬如北辰,居其所而衆星拱之’,故曰‘不移’。”蓋周秦之間,極星未移,故《吕氏》之言正與《考工》相合,故高注引《論語》以證極星之不移。後人見極星已移，乃妄改之曰“極星與天俱游，而天極不移”，或又改爲“天樞不移”，以强合無星之説，而不知其與高注大相抵牾也。凡言辰者，皆在天成象而可以正時者也。日月星謂之三辰，極星謂之北辰，北辰、星、伐謂之大辰，[①]其義一也。是以《堯典》言“歷象日月星辰”，《中庸》言“日月星辰繫焉”，《祭法》言“日月星辰，民所瞻仰”，皆指天成象者言之，後儒謂天之無星處皆辰，則無稽之言耳。

乃參于上

冬至，日行遠道，周行四極。夏至，日行近道，乃參于上。

高注曰：“遠道，外道也，故曰周行四極。近道，内道也，乃參倍于上，夏日高也。”【引之曰】高讀“參”爲“三”，非也。“參”如“立則見其參於前”之“參”。參，猶值也。言正值人上也。夏至日行北道，日中之時，正值人上，故曰“近”。《墨子・經》篇曰：“直，參也。”“直”與“值”同。《淮南・説山》篇：“越人學遠射，參天而發，適在五步之内。”高注曰：“越人習水便舟而不知射。射遠，反直仰向天而發矢，勢盡而還，故近在五步之内。參，猶望也。”案，“參天而發”，謂值天而發也，高訓“參”爲“望”，亦失之。

煙火

《應同》篇　旱雲煙火，雨雲水波。《淮南・覽冥》篇作“涔雲

① 此“星”當指“心星”，及上文“《公羊傳》以北辰、心、伐爲三大辰”之“心”。

波水”。

【引之曰】“煙”當爲“熛”，字之誤也。《淮南》亦誤作“煙”，辯見《淮南》。《説文》：“熛，火飛也。讀若標。”《一切經音義》十四引《三倉》曰：“熛，迸火也。”“旱雲熛火，雨雲水波”，猶言“旱雲如火，雨雲如水”耳。若云“旱雲煙火”，則與下句不類矣。《藝文類聚·天部上》《初學記·天部》《太平御覽·天部八》引此并誤作“煙”，唯舊本《北堂書鈔·天部二》出“熛火”二字，引《吕氏春秋》“旱雲如熛火”，陳禹謨依俗本改爲“烟火”。則所見本尚未誤。《慎小》篇曰：“突泄一熛，而焚宫燒積。”今本“熛”字亦誤作“煙”，畢校本已改正，《一切經音義》十三引此正作“熛”。《韓子·喻老》篇曰：“百尺之室，以突隙之熛焚。”《淮南·人間》篇亦曰：“百尋之屋，以突隙之熛焚。”《淮南·齊俗》篇曰：“譬若水之下流，熛之上尋也。”《説林》篇曰：“一家失熛，百家皆燒。”《史記·淮陰侯傳》曰：“熛至風起。”《漢書·叙傳》曰：“勝、廣熛起，梁、籍扇烈。”皆其證也。魏徵《群書治要》引《尸子·貴言》篇曰：“熛火始起，易息也。”《吴越春秋·勾踐入臣外傳》曰：“目若熛火，聲如雷霆。”此尤“熛火”二字之明證，而今本《晏子》《韓子》及《淮南·覽冥》《齊俗》《人間》三篇，“熛”字皆誤作“煙”，唯《史記》《漢書》《吴越春秋》《淮南·説林》及《群書治要》《一切經音義》、舊本《北堂書鈔》所引不誤，世人多見“煙”，少見“熛”，固宜其沿誤而不知也。

財物資盡

《務本》篇　今有人於此，修身會計則可耻，臨財物資盡則爲己。

高讀"盡則爲己"爲一句,説云:"盡,猶略也。無不充仞,以爲己有。"【念孫案】高説"盡"字之義非是。"盡"讀爲"賮"。張載注《魏都賦》引《倉頡篇》云:"賮,財貨也。""賮"與"盡"古字通。《孟子・公孫丑》篇作"贐",《史記・高祖紀》作"進"。《管子・乘馬》篇云:"黄金一溢,百乘一宿之盡也。"是其證。"財物資盡"四字連讀,"修身會計則可恥,臨財物資盡則爲己"句法正相對。若讀"臨財物資"爲句,"盡則爲己"爲句,則句不成義,且與上文不類矣。

厚用

《孝行》篇　此五者代進而厚用之,可謂善養矣。

高注曰:"代,更。更次用之,以便親性,可謂爲善養親也。"【引之曰】"厚"當爲"序",隸書"厚"字或作"厚",見漢《荆州刺史度尚碑》。又作"厚",見《三公山碑》。形與"序"并相近,故"序"訛爲"厚"。"代進而序用之"者,序,亦代也。《燕禮》"序進",鄭注曰:"序,次第也,猶代也。"《郊特牲》:"昏禮不賀,人之序也。"鄭注曰:"序,猶代也。"是"序"與"代"同義,《楚辭・離騷》"春與秋其代序"是也。高訓"代"爲"更",序,亦更也。《周官》"御僕以序守路鼓"、《公食大夫禮》"序進"、《仲尼燕居》"夏籥序興",鄭注并曰:"序,更也。""序"與"次"亦同義,故高云"更次用之"。

雋觾

《本味》篇　肉之美者,雋觾之翠。

【念孫案】《説文》《玉篇》《廣韻》《集韻》皆無"觽"字,"雋觽"當爲"觿燕"。"觿"與"巂"同,"巂""觿"并户圭反。《爾雅·釋鳥》云:"巂周、燕燕,鳦。"郭璞以"燕燕"二字連讀,而以"巂"與"周"爲一物,"燕燕"與"鳦"爲一物,《説文》云:"巂,巂周,燕也。"俗本脱下"巂"字,今依段氏注補。則以"巂周"二字連讀,而以"巂周"與"燕"爲一物,此云"巂燕之翠",義與《説文》同,作"觿"者,借字耳,因右畔"巂"字訛作"雋",左畔"角"字又下移於"燕"字之旁,故訛爲"雋觽"二字。《北堂書鈔·酒食部四》《太平御覽·飲食部十一》《羽族部十》及《文選·七命》注并引作"巂燕"。《初學記·器物部十四》引作"攜燕","攜"即"觿"之訛。

勝左人中人

《愼大》篇　趙襄子攻翟,勝左人、中人。今本"左人"作"老人"。案,俗書"左"字作"𠂇",形與"老"相近,因誤爲"老"。《太平御覽·兵部五十三》引此正作"左人",《晉語》及《列子·説符》篇亦作"左人",《淮南·道應》篇作"𠂇人","𠂇"即俗書"左"字之誤。《水經·滱水》注:"滱水東逕左人城南。"應劭曰:"左人城在唐縣西北四十里。"今據改。

高注曰:"襄子使辛穆子伐翟,勝之。下左人、中人城。"【念孫案】如高注,則"勝"字自爲一句,"左人、中人"之上須加"下"字,而其義始明矣。今案,"勝左人、中人"五字作一句讀。勝者,克也。克左人、中人二城也。凡戰而克謂之勝,攻而克亦謂之勝,襄十年《左傳》曰"城小而固,勝之不武,弗勝爲笑"是也。隱二年《傳》:"司空無駭入極,費庈父勝之。"宣十二年《公羊傳》:"莊王伐鄭,勝乎皇門。"《晉語》曰:"趙襄子使新稚穆子伐狄，勝左人、中人。”義與此同。《列子・説符》篇曰：“趙襄子使新稚穆子攻翟，勝之，取左人、中人。”此則以“勝之”爲句，“取左人、中人”爲句，與《國語》《吕氏春秋》不同。

天下之適

《下賢》篇　士所歸，天下從之帝。帝也者，天下之適也。王也者，天下之往也。高注曰：“適，主也。”【念孫案】高説非也。適，亦往也。“天下之適”“天下之往”皆承上“天下從之”而言。

無望

以天爲法，以德爲行，以道爲宗，與物變化，而無所終窮，精充天地而不竭，神覆宇宙而無望。

高注曰：“無望，無界畔也。”【引之曰】正文及注内兩“望”字，皆“埒”字之誤。“望”或作“朢”，“埒”俗書或作“垺”，二形相似而誤。《淮南・原道》篇云：“知八紘九野之形埒。”是“埒”爲界畔之名，故高云“無埒，無界畔也”。若作“望”，則與“界畔”之義無涉，且“宗”“窮”爲韻，“竭”“埒”爲韻，若作“望”，則失其韻矣。

溝迴陸　德迴乎天地

《貴因》篇　禹通三江五湖，決伊闕，溝迴陸。

高注曰：“迴，通也。”【念孫案】書傳無訓“迴”爲“通”者，

"迵"當爲"迵","溝迴陸"當爲"迵溝陸"。《玉篇》:"迵,徒東切,通達也。"昭四年《左傳注》曰:"陸,道也。""迵溝陸"者,通溝道也。《淮南·本經》篇"平通溝陸",正與此同義。"迵"之言"洞"也。《史記·倉公傳》"臣意診其脈曰迵風",《集解》曰:"迵音洞,言洞徹入四肢也。"《淮南·要略》篇"通迵造化之母",今本"迵"誤爲"迴",辨見《淮南雜志》。又云"使人通迵周備",迵,亦通也。又,《上德》篇"德迴乎天地",高注曰:"迴,通也。""迴"亦"迵"之誤,世人多見"迴",少見"迵",故"迵"誤爲"迴"矣。

愁慮

《察微》篇　故智士賢者相與積心愁慮以求之。

高注曰:"積累其仁心,思慮其善政,以求致治也。"【引之曰】高解"愁慮"二字之義未明。"愁"讀爲"揫",揫,聚也。"積心""揫慮",其義一也。《爾雅》曰:"揫,聚也。"《説文》曰:"䪨,收束也。或作揫。"又曰"揫,束也",引《商頌·長發》篇"百禄是揫"。今《詩》作"遒",《毛傳》曰:"遒,聚也。"《鄉飲酒義》:"秋之爲言愁也,愁之以時察守義者也。"鄭注曰:"愁,讀爲揫。揫,斂也。"《漢書·律曆志》曰:"秋,䪨也,物䪨斂乃成孰。""䪨""揫""愁""遒"古同聲而通用。

從

《正名》篇　人主雖不肖,猶若用賢,猶若聽善,猶若爲可者。其患在乎所謂賢從不肖也,所爲善而從邪辟,"爲"與"謂"

同義，説見《秦策》"蘇代僞爲齊王曰"下。"邪辟"下當有"也"字。所謂可從悖逆也。

【念孫案】三"從"字皆當爲"徒"，高注《異用》篇云："徒，猶但也。"言所謂賢者，非賢也，但不肖耳。所謂善者，非善也，但邪辟耳。所謂可者，非可也，但悖逆耳。隸書"從"字作"従"，形與"徒"相似，故"徒"誤爲"從"。《禁塞》篇"承從多群"，"從"，一本作"徒"。《齊風・載驅》箋"徒爲淫亂之行"，"徒"，一本作"從"。《列子・天瑞》篇"食於道徒"，"徒"，一本作"從"。《史記・仲尼弟子傳》"壤駟赤，字子徒""鄭國，字子徒"，《家語・七十二弟子》篇"徒"并作"從"。高不知"從"爲"徒"之誤，而云"使人從不肖""使人從邪辟"，又云"從悖逆之道"，皆失之。

天無形　至精無象

《君守》篇　天無形而萬物以成，至精無象而萬物以化，大聖無事而千官盡能。

《群書治要》引此，"天"上有"昊"字。【念孫案】下文"至精無象"句，注云"説與'昊天'同"，則"天"上原有"昊"字明甚。本句下注云"天無所制而物自成"，不言"昊天"者，省文耳。"昊天無形""至精無象""大聖無事"，皆相對爲文也。又案，"至精無象而萬物以化"，"象"當作"爲"。《老子》曰："道常無爲而無不爲，侯王若能守之，萬物將自化。"又曰："我無爲而民自化。"《莊子・天地》篇曰："無爲而萬物化。"皆其證也。隸書"象"字或作"𤉢"，形與"爲"相似，故"爲"誤作"象"。"形""成"爲韻，"爲""化"爲韻，"事""能"爲韻。"爲"古讀若"譌"，"能"古讀若"而"。并見《唐韻正》。若作"象"，則失其韻矣。《管子·兵法》篇:"無設無形焉,無不可以成也。無形無爲焉,無不可以化也。""形""成"爲韻,"爲""化"爲韻,正與此同。

煤室

《任數》篇　嚮者煤室入甑中。

高注曰:"煤室,煙塵也。"《文選·陸機〈君子行〉》注引此,"煤室"作"炱煤",又引高注"炱煤,煙塵也"。"炱"讀作"臺",《家語·在厄》篇"炱煤"作"炱墨"。今本《家語》"炱"誤爲"埃",蓋"炱"字似"矣"而誤爲"矣",後人又加"土"旁耳。"墨""煤"古同聲,説見《唐韻正》。《説文》:"炱,灰炱煤也。"《一切經音義》十五引《通俗文》云:"積煙爲炱煤。"【引之曰】"煤室"當作"臺煤"。"臺"與"室"字形相似而誤,蓋正文借"臺"爲"炱",而注讀"臺"爲"炱"也。今本"臺煤"二字誤倒,"臺"字又訛作"室",而注内復有脱文。《文選注》所引"炱煤"亦當作"臺煤",其引高注"炱讀作臺",當是"臺讀作炱"。今本《文選》亦後人所改,"炱"爲正字,"臺"爲借字,故云"臺讀作炱",若云"炱讀作臺",則是反以假借之字易正字,不可通矣。畢校本據《文選注》改"煤室"爲"煤炱",非也。"炱"與"室"形聲俱不相近,若本是"炱"字,無緣誤爲"室",且《文選注》及《説文》《玉篇》《一切經音義》皆作"炱煤",非作"煤炱"也。

形性彌羸　莫敢愉綖

《勿躬》篇　凡君也者,處平静,任德化以聽其要。若此,則形性彌羸而耳目愈精,百官慎職而莫敢愉綖,人事其事以充其名。

高注曰:"愉,解。綖,緩。"【念孫案】"嬴"當爲"羸",字之誤也。"羸"與"盈"古字通。言人君能處平静,任德化,則形性充盈而耳目聰明也。"綖"當爲"綎",亦字之誤也。"綎"讀爲"挺"。《仲夏》篇"挺衆囚",高注曰:"挺,緩也。"鄭注《月令》曰:"挺,猶寬也。"寬,亦緩也。《後漢書・臧宫傳》"宜小挺緩,令得逃亡"、《傅燮傳》"賊得寬挺",李賢并云:"挺,解也。"解,亦緩也。故《序卦傳》云:"解者,緩也。""挺"與"綎"古字通,"愉"即"安肆日偷"之"偷"。偷,古作"愉",見《周官・大司徒》。故注訓"愉"爲"解",與"懈"同。"綎"爲"緩"也。此以"羸""精""綎""名"爲韻,若作"綖",則失其韻矣。

手足矜

《重言》篇　艴然充盈,手足矜者,兵革之色也。

高注曰:"矜,嚴也。"【念孫案】矜,猶奮也。言手足奮動也。《燕策》曰"矜戟砥劍",言奮戟也。《墨子・所染》篇曰:"其友皆好矜奮。"《荀子・正名》篇曰:"有兼聽之明,而無奮矜之容。"《淮南・説林》篇曰:"吕望使老者奮,項托使嬰兒矜。"是"矜"與"奮"同義。《管子・小問》篇作:"漻然豐滿而手足拇動者,兵甲之色也。"此尤其明證矣。

倒而投之鸂水

《用名》篇　宋人有取道者,其馬不進,倒而投之鸂水。

高注曰:"倒,殺。"【念孫案】"倒"與"殺"義不相近,"倒"

當爲“剄”,《説文》曰:“剄,刑也。”故高訓爲“殺”。今本作“倒”者,俗書“剄”字作“到”,形與“到”相似,“剄”訛爲“到”,《史記·韓世家》“不如出兵以勁之”,“勁”訛作“到”,是其例。後人又加“人”旁耳。《群書治要》引此作“剄而投之谿水”。《論衡·非韓》篇云:“宋人有御馬者,不進,剄而棄之於溝中。”此皆其明證矣。又案,《水經·淮水》注云:“雞水出雞陂。《吕氏春秋》曰‘宋人有取道者,其馬不進,投之雞水是也。’”據此,則“雞”爲水名。然《論衡》言“剄而棄之溝中”,“溝”與“谿”同類,則作“谿”者是也。此直謂殺而投之谿中耳,非謂水名也。“谿”“雞”形近而訛,酈氏因以爲汝南思善之雞水,誤矣。“谿”或作“溪”,“雞”或作“鷄”,今本作“鸂”,則又“溪”“鷄”二字之合訛也。

謀士

《爲欲》篇 晉文公伐原,與士期七日,七日而原不下,命去之。謀士言曰:“原將下矣,師吏請待之。”

【念孫案】原之將下,謀士無由知之,“謀士”當爲“諜出”,字形相似而誤,“諜”旁“世”字,唐人避諱作“廿”,遂與“謀”相似而誤。《漢書·藝文志》“《大歲諜日晷》二十九卷”,今本“諜”誤作“謀”。《史記·夏本紀》“稱以出”,《大戴禮·五帝德》篇訛作“稱以上士”。《墨子·號令》篇“若贖出親戚所知罪人者,以令許之”,又云“出候無過十里”,“出”字并訛作“士”。《荀子·大略》篇“君子聽律習容而後士”,“士”亦“出”之訛。僖二十五年《左傳》及《晉語》正作“諜出”。蓋諜者入城探知其情,出而告晉侯也。

焉不知其所由

《召類》篇　以龍致雨，以形逐景，禍福之所自來，衆人以爲命，焉不知其所由。

【念孫案】“焉不知其所由”本作“焉知其所”。其“不知其所由”五字乃是高注，非正文也。今本作“焉不知其所由”者，正文脱去“知其所”三字，而注内“不知其所由”五字，又誤入正文耳。此以“雨”“景”“所”爲韻，“景”字古音在養部，養部之音多與語部相通，故“景”與“雨”“所”爲韻。《樂記》“和正以廣”，與“旅”“鼓”“武”“雅”“語”“古”“下”爲韻。《淮南·原道》篇“翱翔忽區之上”，與“下”“野”“與”“後”爲韻。《繫辭傳》“易之序也”，虞翻本“序”作“象”。《考工記》“陶瓬”，鄭司農云：“瓬，讀爲甫始之甫。”皆其例也。若“所”下有“由”字，則失其韻矣。前《應同》篇曰：“故以龍致雨，以形逐景。師之所處，必生棘楚。禍福之所自來，衆人以爲命，安知其所。”高注云：“凡人以爲天命，不知其所由也。”是其明證矣。

子姪

《疑似》篇　梁北有黎丘部，有奇鬼焉，善效人之子姪昆弟之狀。舊本“善”訛作“喜”，《文選·思玄賦》注引此作“善”，今據改。

《太平御覽·神鬼部三》引此，“子姪”作“子姓姪”，《文選·思玄賦》注引作“子姪”。【引之曰】古者唯女子謂昆弟之子爲“姪”，男子則否。“子姪”本作“子姓”，“姓”與“姪”草書相似，故“姓”訛爲“姪”。《漢書·田蚡傳》“跪起如子姓”，師古曰：“姓，生也。言同子禮，若己所生。”《史記》訛作“子姪”，是其證也。《御覽》作“子姓姪”者,後人據誤本《吕氏春秋》旁記“姪”字,而傳寫者因誤合之。《文選注》作“子姪”,則後人據誤本改之耳。古者謂子孫曰“姓”,《周南·麟之趾》曰“振振公子”“振振公姓”。昭四年《左傳》曰:“問其姓,對曰‘余子長矣’。”杜注曰:“問其姓,問有子否。”三十二年《傳》曰:“三后之姓,於今爲庶。”《漢書·儒林傳》曰:“丁姓,字子孫。”《廣雅》曰:“姓,子也。”是“姓”爲子孫之通稱,字亦通作“生”。《商頌·殷武》曰:“以保我後生。”鄭箋曰:“以此全守我子孫。”或曰“子姓”。《特牲饋食禮》曰:“子姓兄弟如主人之服。”鄭注曰:“所祭者之子孫,言子姓者,子之所生。”《曲禮》曰:“納女於天子曰備百姓。”鄭注曰:“姓之言生也,天子皇后以下百二十人,廣子姓也。”《玉藻》曰:“縞冠玄武,子姓之冠也。”注曰:“謂父有喪服,子爲之不純吉也。”《喪大記》曰:“卿大夫父兄子姓立于東方。”注曰:“子姓,謂衆子孫也,姓之言生也。”《楚語》曰:“帥其子姓,從其時享。”韋注曰:“姓,同姓也。”非是。下文曰“比爾兄弟親戚”,乃始言同姓耳。《越語》曰:“凡我父兄昆弟及國子姓。”韋注曰:“國子姓,年在衆子同姓之列者。”亦非是。《列子·説符》篇曰:“秦穆公謂伯樂曰:‘子之年長矣,子姓有可使求馬者乎?’伯樂對曰:‘臣之子皆下才也。’”《韓子·八經》篇曰:“亂之所生者六也:主母、后姬、子姓、弟兄、大臣、顯賢。”《史記·外戚世家》曰:“既驩合矣,或不能成子姓。”

皃之

《原亂》篇　慮福未及,慮禍過之,舊本脱“過”字,《淮南·人間》篇云:“計福勿及,慮禍過之。”今據補。所以皃之也。

畢云:“‘皃’,疑‘免’字之誤。”【念孫案】“皃”當爲“完”。

完,全也。言所以全其身也。隸書“完”字作“完”,因譌而爲“皃”。《黄庭經》云“保守完堅身受慶”,又云“玉户金籥身完堅”,字并作“皃”。

博志

《不苟論》　凡六篇,五曰《博志》。

【念孫案】“博”當爲“摶”,“摶”與“專”同。謂專一其志也。篇内云:“用志如此其精也,何事而不達?何爲而不成?”是其明證矣。古書以“摶”爲“專”,傳寫者多誤作“博”,説見《管子》“博一純固”下。

似無勇而未可恐狼執固横敢而不可辱害

《士容》篇　似無勇而未可恐狼,執固横敢而不可辱害。

高讀“似無勇而未可恐”爲句,云:“未可恐以非義之事也。”又讀“狼執固横敢而不可辱害”爲句,云:“狼,貪獸也,所搏執堅固。横敢,猶勇敢,士之若此者,不可辱,亦不可害也。”“横敢,猶勇敢”,舊本“横”下脱“敢”字,今補。“士之若此者”,舊本“士之”二字誤倒,下注云:“士之如此者,使即南面之君位,亦處義而已。”今據以乙正。【念孫案】高説非也。“狼”當爲“猲”,字之誤也。隸書“狼”字作“狼”,形與“猲”相似。“恐猲”二字連讀,猶今人言“恐嚇”也。《一切經音義》一云:“或言恐嚇,或言恐喝,皆一義也。”《趙策》曰“以秦權恐猲諸侯”,《史記·蘇秦傳》作“恐愒”,《索隱》曰:“謂相恐脅也。”《漢書·王子侯表》:“葛魁侯戚,坐縛家吏,恐猲受賕。平城侯禮,坐恐猲取雞。”《王莽傳》:“各爲權勢，恐猲良民。"皆其證也。"似無勇而未可恐猲"爲句，"執固横敢而不可辱害"爲句，《論威》篇云："深痛執固，不可摇蕩。"二句相對爲文，若以"狼執固横敢"五字連讀，則文不成義矣。此段以"大""猲""害""越""大""外""賴""世""揭""衛""厲""折"十二字爲韻，若以"恐"字絶句，則失其韻矣。

田之際

《辯土》篇　農夫知其田之易也，不知其稼之疏而不適也。知其田之際也，不知其稼居地之虚也。

【念孫案】"際"字於義無取，蓋"除"字之誤。上言"田之易"，此言"田之除"，"易"與"除"皆治也。《曲禮》"馳道不除"，鄭注曰："除，治也。"且"易""適"爲韻，"除""虚"爲韻，若作"際"，則失其韻矣。

韓子

去舊去智

《主道》篇　去好去惡，臣乃見素。去舊去智，臣乃自備。

【念孫案】"去舊去智"本作"去智去舊"，"惡""素"爲韻，"舊""備"爲韻。"舊"古讀若"忌"。《大雅・蕩》篇"殷不用舊"，與"時"爲韻。《召閔》篇"不尚有舊"，與"里"爲韻。《管子・牧民》篇"不恭祖舊"，與"備"爲韻。皆其證也。後人讀"舊"爲巨救反，則與"備"字不協，故改爲"去舊去智"，不知古音"智"屬支部，"備"屬之部，兩部絶不相通，自唐以後始溷爲一類,此非精於三代兩漢之音者,不能辨也。

奸臣

弒其主,代其所,人莫不與,故謂之虎。處其主之側,爲奸臣,聞其主之忒,"聞"蓋"閒"之譌。閒,伺也。故謂之賊。

【念孫案】"臣"當爲"匿",字之誤也。"匿"讀爲"慝"。謂居君側而爲奸慝也。《逸周書·大戒》篇:"克禁淫謀,衆匿乃雍。"衆匿,即衆慝。《管子·七法》篇:"百匿傷上威。"百匿,即百慝。《明法》篇"比周以相爲匿",《明法解》"匿"作"慝"。《漢書·五行志》"朔而月見東方,謂之仄慝",《書大傳》作"側匿"。是"匿"與"慝"古字通。"主""所""與""虎"爲韻,"側""匿""忒""賊"爲韻,若作"臣",則失其韻矣。

屬官　屬下

《有度》篇　屬官威民,退淫殆,止詐僞,莫如刑。

舊注曰:"屬官,欲令官之屬己。"【念孫案】舊注甚謬。"屬"當爲"厲",字之誤也。"厲官威民",義正相近。《詭使》篇:"上之所以立廉恥者,所以屬下也。""屬"亦"厲"之誤。俗書"屬"字作"属",形與"厲"相近,故"厲"誤作"屬"。《荀子·富國》篇:"誅而不賞,則勤厲之民不勸。"今本"厲"誤作"屬"。

此道奚出

《十過》篇　衛靈公之晉,晉平公觴之於施夷之臺,酒酣,靈公起曰：舊本"曰"上衍"公"字，今據《論衡·紀妖》篇删。"有新聲，願請以示。"平公曰："善。"乃召師涓，令坐師曠之旁，援琴鼓之，未終，師曠撫止之曰："此亡國之聲，不可遂也。"平公曰："此道奚出？"

【念孫案】"此道奚出"本作"此奚道出"。道者，由也。言此聲何由出也。《史記·樂書》作"是何道出"，舊本脱"是"字，今據《太平御覽·地部》所引補。《論衡·紀妖》篇作"此何道出"，皆其明證矣。《孤憤》篇："法術之士，奚道得進。"《晏子春秋·雜》篇："景公問魯昭公曰：'君何年之少，而棄國之蚤，奚道至於此乎？'"《吕氏春秋·有度》篇："客問季子曰：'若雖知之，奚道知其不爲私？'"《史記·趙世家》："簡子曰：'此其母賤，翟婢也，奚道貴哉？'"義并與此同。今作"此道奚出"者，後人不知"道"字之義而妄改之耳。

墨染

禹作爲祭器，墨染其外，而朱畫其内。

【念孫案】"染"當爲"漆"，謂黑漆其外也。俗書"漆"字作"柒"，因訛而爲"染"。《困學紀聞》引此已作"染"，《太平御覽·人事部百三十四》引此正作"漆"，《説苑·反質》篇亦作"漆"。

輕誣强秦之實禍

聽楚之虚言而輕誣强秦之實禍，則危國之本也。

【引之曰】此言韓王聽虚言而輕實禍，則"輕"下不得有

“誣”字,“誣”即“輕”之訛。《韓策》及《史記·韓世家》俱無“誣”字,是其證也。今作“輕誣强秦之實禍”者,一本作“輕”,一本作“誣”,而後人誤合之耳。凡從巠、從巫之字,傳寫往往訛溷,説見《經義述聞·大戴禮》“喜之而觀其不誣”下。

突隙之烟

《喻老》篇　千丈之堤,以螻蟻之穴潰。百尺之室,以突隙之烟焚。

【引之曰】突隙之烟不能焚室,“烟”當爲“熛”,“熛”誤爲“煙”,又轉寫爲“烟”耳。舊本《北堂書鈔·地部十三》引此正作“熛”,陳禹謨本删去。《説文》:“熛,火飛也,讀若標。”《一切經音義》十四引《三倉》云:“熛,迸火也。”《吕氏春秋·慎小》篇曰:“巨防容螻,而漂邑殺人。突泄一熛,而焚宫燒積。”今本“熛”字亦誤作“煙”,《一切經音義》十三引此正作“熛”。《淮南·人間》篇曰:“千里之堤,以螻螘之穴漏。百尋之屋,以突隙之熛焚。”今本亦誤作“煙”,《太平御覽·蟲豸部四》引此正作“熛”。語意并與此同。世人多見“煙”,少見“熛”,故諸書中“熛”字多誤作“煙”,説見《吕氏春秋》“煙火”下。

輒行　輒還

《説林上》篇　秦康公築臺三年,荆人起兵,將以攻齊。任妄曰:“臣恐其以攻齊爲聲,而以襲秦爲實也,不如備之。”戍東邊,荆人輒行。

【念孫案】“輒”當爲“輟”。輟,止也。言荆人知秦之有備而止其行也。後“魏文侯借道於趙而攻中山”章云:“彼知君利之也,必將輟行。”是其證矣。又,《内儲説下》篇:“鄴令襄疵陰善趙王左右。趙王謀襲鄴,襄疵常輒聞而先言之魏王。魏王備之,趙乃輒還。”“輒還”亦當爲“輟行”。言趙王知魏之有備而止其行也。“輟”字既譌作“輒”,後人不得其解,故改“輒行”爲“輒還”,不知上言趙謀襲鄴,則兵尚未出,不得言還也。

削地

韓宣王謂樛留曰:“吾欲兩用公仲、公叔,其可乎?”對曰:“不可。王兩用之,其多力者樹其黨,寡力者借外權。群臣有内樹黨以驕主,有外爲交以削地,則王之國危矣。”

【念孫案】“削地”當爲“列地”。列,古“裂”字。《艮》九三曰:“艮其限,列其夤。”《大戴禮·曾子天圓》篇曰:“割列禳瘗。”《管子·五輔》篇曰:“博带梨,大袂列。”《荀子·哀公》篇曰:“兩驂列,兩服入厩。”裂,分也。言借外權以分地也。《韓策》作“或外爲交以裂其地”,是其明證矣。“列”字本作“㓞”,形與“削”相似,因誤爲“削”。《説文》“㓞,分解也。從刀、肖聲”,“裂,繒餘也。從衣、㓞聲”。今九經中“分列”之字多作“裂”,未必非後人所改,此“列”字若不誤爲“削”,則後人亦必改爲“裂”矣。

執鞅持扞　扞弓

《説林下》篇　羿執鞅持扞,操弓關機,越人争爲持的。

弱子扞弓,慈母入室閉户。

【引之曰】“鞅”爲馬頸靼,非射所用。“鞅”當爲“決”,“決”誤爲“泱”,後人因改爲“鞅”耳。決,謂韘也。著於右手大指,所以鉤弦也。扞,謂韝也,或謂之拾,或謂之遂。著於左臂,所以扞弦也,故曰“執決持扞,操弓關機”。《衛風·芄蘭》篇:“童子佩韘。”《毛傳》曰:“韘,玦也。”《小雅·車攻》篇:“決拾既佽。”《毛傳》曰:“決,鉤弦也。拾,遂也。”《周官·繕人》:“掌王之用弓弩矢箙矰弋抉拾。”鄭注引鄭司農云:“抉,謂引弦彄也。拾,謂韝扞也。”《鄉射禮》“袒決遂”,鄭注曰:“決,猶闓也,以象骨爲之,著右大擘指,以鉤弦闓體也。遂,射韝也,以韋爲之,著左臂,所以遂弦也。”《内則》曰:“右佩玦捍。”《賈子·春秋》篇曰:“丈夫釋玦靬。”“抉”“玦”并與“決”同,“捍”“靬”并與“扞”同。其“弱子扞弓”之“扞”當作“扜”,字從于,不從干。扜弓,引弓也。《説文》:“弙,滿弓有所鄉也。字或作扜。”《大荒南經》:“有人方扜弓射黄蛇。”郭注曰:“扜,挽也。音紆。”《吕氏春秋·壅塞》篇:“扜弓而射之。”高注曰:“扜,引也。”《淮南·原道》篇:“射者扜烏號之弓。”高注曰:“扜,張也。”弱子扜弓,則矢必妄發,故慈母入室閉户。若作“扞禦”之“扞”,則義不可通。今本《吕覽》《淮南》“扜”字皆誤作“扞”,唯《山海經》不誤,則賴有郭音也。

得無微

《内儲説下》篇　堂下得無微有疾臣者乎?

【引之曰】“無”字後人所加,得微,即得無也。《邶風·式微》傳曰:“微,無也。”《晏子春秋·雜》篇曰:“諸侯得微有故乎？國家得微有事乎？"《莊子·盗跖》篇曰："得微往見跖邪？"皆其證也。後人加"無"字於"微"字之上，而其義遂不可通矣。

糲餅

《外儲説左下》篇　孫叔敖相楚，棧車牝馬，糲餅菜羹。

【念孫案】"餅"當爲"飦"，"飦"與"飯"同。見《玉篇》《廣韻》。"糲飯菜羹"，猶言"疏食菜羹"耳。"飦"與"餅"字形相似，傳寫往往訛混。《廣雅》曰："飦，食也。"《方言注》曰："篣，盛飦筥也。"《爾雅·釋言》釋文曰："飦，字又作飦。"今本"飦"字并訛作"餅"。《初學記·器物部》引此正作"糲飯"。

侵孟

《難二》篇　昔者文王侵孟，克莒，舉酆。

【引之曰】"孟"當爲"盂"，字之誤也。《竹書紀年》："帝辛三十四年，周師取耆及邗。"《書大傳》："文王受命二年，伐邗。"《史記·周本紀》："文王敗耆國，明年伐邗。"作"盂"者，借字耳。

侯侈

《説疑》篇　桀有侯侈。

【念孫案】"侯"當作"隹"，形相似而誤。隸書從隹、從侯之字，往往訛溷，説見《墨子·非命》篇"惟舌"下。《墨子·所染》篇、

《明鬼》篇并作“推哆”,《晏子·諫》篇、《漢書·古今人表》并作“推侈”。“隹”與“推”聲相近,故通作“推”也,其爲“隹”字無疑。

法言

多哇

《吾子》篇　中正則雅,多哇則鄭。

李軌曰:“多哇者,淫聲繁越也。”【引之曰】“多”讀爲“哆”,哆,邪也。下文云“述正道而稍邪哆者有矣,未有述邪哆而稍正也”,“哆”與“多”古字通。《孟子·梁惠王》篇“放辟邪侈”,字亦與“哆”同。多、哇,皆邪也。“邪”本作“衺”。《廣雅》曰:“哇,衺也。”“哇”或作“䵷”。《漢書·王莽傳贊》“紫色䵷聲”,應劭曰:“䵷,邪音也。”《文選·東京賦》“咸池不齊,度於䵷咬”,李善曰:“《法言》曰‘哇則鄭’,李軌曰:‘哇,邪也。’哇與䵷同。”案,今李注内無“哇,邪也”之訓,蓋已非完本矣。中,亦正也。正則雅,邪則鄭,“多哇”與“中正”正相反也。李以“多”爲“繁越”,則分“多”與“哇”爲二義,失其指矣。所惡於鄭聲者,惡其邪耳,非惡其繁越也。

俄而

《問神》篇　天俄而可度,則其覆物也淺矣。地俄而可測,則其載物也薄矣。

吴祕曰:“俄,猶俄頃。”【念孫案】吴説非也。“俄而”之言“假如”也。言天假如可度,則覆物必淺。地假如可測,則載物必薄也。“俄”與“假”聲近而義同。《周頌·維天之命》篇“假以溢我”,《説文》引作“誐以溢我”,是其例也。“而”“如”古字通,見《日知録》卷三十二。

允哲 哲民情

《問明》篇 或問:“堯將讓天下於許由,由恥,有諸?”曰:“好大者爲之也,顧由無求於世而已矣!允哲堯儃舜之重,則不輕於由矣。”

宋咸曰:“堯以允哲之道禪舜,豈輕之於許由也。”司馬光曰:“信以堯禪舜之重爲智,則必不輕授天下於由矣。”【念孫案】二説皆非也。哲者,知也。“知”讀平聲,不讀去聲。言信知堯禪舜之重,則必不輕禪於許由也。《方言》:“曉、哲,知也。”“知”字平、去二聲皆可讀,故《方言》以“曉”“哲”同訓爲“知”,今人猶謂不知事爲不曉事也。《文選·游天台山賦》:“之者以路絶而莫曉。”李善注引《方言》:“曉,知也。”“知”字正作平聲讀。《春秋繁露·五行五事》篇曰:“明作哲。哲者,知也。王者明,則賢者進,不肖者退,天下知善而勸之,知惡而恥之矣。”“哲”字亦作“悊”。《漢書·刑法志》:“《書》云‘伯夷降典,悊民惟刑’。”師古曰:“悊,知也。言伯夷下禮法以道民,民習知禮,然後用刑也。”以上二條,訓“哲”爲“知”,“知”字皆讀平聲,宋與司馬皆訓“哲”爲“智慧”之“智”,失其指矣。又,《法言序》云:“中和之發,在哲民情。”李軌曰:“哲,智。”吴祕曰:“《五行傳》曰:‘哲,知也。’中和之發,則民之情僞,無不先知。”【念孫案】吴説是也。“哲民情”,即知民情。《漢書·楊雄傳》:“中和之發,在於哲民情。”師古曰:“哲,知也。”“知”字亦讀平聲。

及其名

《五百》篇　或性或强,及其名一也。

李軌曰:"功業既成,其名一也。"【念孫案】李以"名"爲"名譽"之"名",非也。名者,成也。言或性或强,及其成,則一也。《廣韻》引《春秋説題辭》曰:"名,成也。"《廣雅》同。

忽眇綿

《先知》篇　敢問先知,曰:"不知。知其道者,其如視忽眇綿作昞。"

李軌斷"其如視"爲句,"忽眇綿作昞"爲句,注云:"眇綿,遠視。"宋咸讀"其如視忽眇綿作昞"爲一句,注云:"忽,輕也。眇,細也。綿,遠也。昞,謂炳然光明也。此言先知之道,臨事則悟,如明目之視忽輕、眇細、綿遠之物,皆炳然而見也。李從'其如視'隔爲一句,復以'眇綿'爲一事,釋之頗失其義。"【念孫案】宋説近之,而未盡然也。忽、眇、綿,皆微也。《一切經音義》五引《三蒼》云:"昞,著明也。""視忽眇綿作昞"者,見微而知著也。《漢書·律曆志》"無有忽微",孟康曰:"忽微,若有若無,細於髮者也。"《大戴禮·文王官人》篇曰:"微忽之言,久而可復。"是"忽"爲"微"也。《方言》曰:"眇,小也。"《顧命》曰:"眇眇予末小子。"是"眇"爲"微"也。《説文》曰:"綿,聯微也。"《廣雅》曰:"綿,小也。"《大雅·綿》篇"綿綿瓜瓞",鄭箋曰:"綿綿然若將無長大時。"司馬相如《上林賦》曰:"微睇綿藐。"是"綿"爲"微"也。《廣雅》曰:"緫、紗、緢,微也。"曹憲"緫音忽","紗音眇","緢音蔑"。《集韻》"緢又音綿”。“緫”“紗”“綅”與“忽”“眇”“綿”同義,《孫子算經》曰:“蠶所吐絲爲忽,十忽爲秒。”“忽”與“緫”同,“秒”與“紗”同。《説文》:“緬,微絲也。”《玉篇》“綅”與“緬”同。然則“緫”“紗”“綅”皆絲之微者。李以“眇綿”爲“遠視”,宋以“忽”爲“輕”,“綿”爲“遠”,皆失之。

璜璜

《孝至》篇　武義璜璜,兵征四方。

吴祕曰:“璜璜,猶言煌煌也。”【念孫案】“璜”讀爲“洸”。《爾雅》曰:“洸洸,武也。”《釋文》:“洸,舍人本作僙。”《邶風·谷風》篇“有洸有潰”,《大雅·江漢》篇“武夫洸洸”,《毛傳》并與《爾雅》同。《鹽鐵論·繇役》篇引《詩》作“武夫潢潢”,“洸”“潢”“僙”“璜”古同聲而通用。

郡勞王師

龍堆以西,大漠以北,郡勞王師,漢家不爲也。

李軌曰:“勞王師而郡縣之,漢家不爲也。”【念孫案】李以“郡”爲“郡縣”之“郡”,則與“勞王師”三字義不相屬。今案,郡者,仍也。仍,重也,見《晉語》注。數也。見《周語》注。言數勞王師於荒服之外,漢家不爲也。《爾雅》曰:“郡、仍,乃也。”“乃”與“仍”同。《周官·司几筵》“凶事仍几”,“故書‘仍’爲‘乃’,鄭司農云‘乃,讀爲仍’”。①《吴語》“邊遽乃至”,《左傳·哀十三年》正義引

① “故書”句,爲鄭玄注文。

此,“乃”作“仍”。《大雅·雲漢》箋:“天仍下旱災,亡亂之道。”正義曰:“定本《集注》‘仍’字皆作‘乃’。”《史記·匈奴傳》“乃再出定襄”,《漢書》“乃”作“仍”。《小雅·正月》篇“又窘陰雨”,鄭箋曰:“窘,仍也。”“窘”與“郡”同。

即

《法言序》案,舊本十三篇之《序》,列於書後,蓋自《書序》《詩序》以來,體例如是。宋咸移置於各篇之首,非也,今仍依舊本列於後。雄見諸子各以其知舛馳,大氐詆訾聖人,即爲怪迂,析辯詭辭,以撓世事。

司馬光曰:“‘氐’下脱‘不’字。”【念孫案】司馬未解“即”字之義,故謂“氐”下脱“不”字耳。即,猶或也。言諸子之書,大氐詆訾聖人,或爲怪迂之説以撓世事也。《漢書·楊雄傳》“大氐”下亦無“不”字,是其證矣。“即”與“或”古同義。《越語》曰:“若以越國之罪爲不可赦也,將焚宗廟,係妻孥,沈金玉於江。有帶甲五千人,將以致死,無乃即傷君王之所愛乎?”言或傷君王之所愛也。《爾雅·釋地》:“西方有比肩獸焉,與邛邛岠虚比,爲邛邛岠虚嚙甘草,即有難,邛邛岠虚負而走。”言或有難也。《史記·張丞相傳》:“戚姬子如意爲趙王,年十歲,高祖憂即萬歲之後不全也。”言或萬歲之後不全也。

讀書雜志·餘編下

楚辭

余雖修姱以鞿羈兮謇朝誶而夕替

《離騷》 余雖修姱以鞿羈兮，今本"修"上有"好"字。臧氏用中《拜經日記》曰："王注云：'言己雖有絶遠之智、姱好之姿。''絶遠之智'釋'修'字，'姱好之姿'釋'姱'字，不言'好修'。'余雖修姱以鞿羈兮'與上'苟余情其信姱以練要兮'同一句法，舊本'修'上有'好'字者，因下文多言'好修'而衍。"今依臧説删。謇朝誶而夕替。

王注曰："鞿羈，言爲人所係累也。誶，諫也。替，廢也。言己雖有絶遠之智、姱好之姿，然已爲讒人所鞿羈而係累矣，故朝諫謇謇於君，夕暮而身廢弃也。"【念孫案】"雖"與"唯"同。言余唯有此修姱之行，以致爲人所係累也。"唯"字古或借作"雖"。《大雅·抑》篇曰："女雖湛樂從，弗念厥紹。"言女唯湛樂之從也。《無逸》曰："惟耽樂之從。"《管子·君臣》篇："故民迂則流之，民流通則迂之。決之則行，塞之則止。雖有明君能決之，又能塞之。"言唯有明君能如此也。《莊子·庚桑楚》篇："唯蟲能蟲，唯蟲能天。"《釋文》曰："一本唯作雖。"皆其證也。"謇"讀《惜誦》"謇不可釋"之"謇"，謇，詞也，非上文

"謇謇爲患"之"謇"。

長余佩之陸離

高余冠之岌岌兮,長余佩之陸離。

王注曰:"陸離,猶參差衆貌也。"【念孫案】"陸離"有二義:一爲參差貌,一爲長貌。下文云:"紛總總其離合兮,斑陸離其上下。"司馬相如《大人賦》云:"攢羅列聚叢以蘢茸兮,衍曼流爛痑以陸離。"皆參差之貌也。此云"高余冠之岌岌兮,長余佩之陸離","岌岌"爲高貌,則"陸離"爲長貌,非謂"參差"也。《九章》云:"帶長鋏之陸離兮,冠切雲之崔嵬。"義與此同。

啓九辯與九歌兮夏康娱以自縱不顧難以圖後兮五子用失乎家巷

啓《九辯》與《九歌》兮,夏康娱以自縱。不顧難以圖後兮,五子用失乎家巷。

王注曰:"啓,禹子也。《九辯》《九歌》,禹樂也。言禹平治水土以有天下,啓能承先志,纘叙其業,育養品類,故九州之物皆可辯數、九功之德皆有次序而可歌也。《左氏傳》曰:'六府三事,謂之九功。九功之德皆可歌也,謂之《九歌》。'夏康,啓子太康也。娱,樂也。縱,放也。圖,謀也。言太康不遵禹、啓之樂,而更作淫聲,放縱情欲以自娱樂,不顧患難,不謀後世,卒以失國,兄弟五人家居閭巷,失尊位也。《尚書序》曰:'太康失國,昆弟五人須于洛汭,作《五子之歌》。'此佚篇也。"洪氏補曰:"《山海經》云'夏后開上三嬪於天,得《九辯》

與《九歌》以下'，注云：'皆天帝樂名，啓登天而竊以下用之。'《天問》亦云：'啓棘賓商，《九辯》《九歌》。'王逸不見《山海經》，故以爲禹樂。巷，里中道也。此言太康娱樂放縱以至失邦耳。五子之失乎家巷，太康實使之。"戴先生《屈原賦注》曰："言啓作《九辯》《九歌》，示法後王，而夏之失德也。康娱自縱，以致喪亂。""康娱"二字連文，篇内凡三見。【引之曰】洪釋《九辯》《九歌》，戴釋"康娱"，皆郅確矣。其以"夏"爲"夏后氏"之"夏"，則與王注同。今案，"夏"當讀爲"下"，《左氏春秋》僖二年"虞師晉師滅下陽"，《公羊》《穀梁》皆作"夏陽"。即《大荒西經》所謂"夏后開上三嬪于天，得《九辯》與《九歌》以下，此大穆之野，高二千仞，開焉始得歌《九招》"者也。郭璞注引《開筮》曰"不得竊《辯》與《九歌》以國於下"，亦其證也。自"啓《九辯》與《九歌》"以下，皆謂啓之失德耳。言啓竊《九辯》《九歌》於天，因以康娱自縱於下也。詒謀不善，子姓姦回，故下文有"不顧難以圖後"云云也。《墨子·非樂》篇引《武觀》曰："啓乃淫溢康樂，于野飲食。將將銘管磬以力，湛濁于酒，渝食于野，萬舞翼翼，章聞于天，天用弗式。"《竹書》："帝啓十年，帝巡守，舞《九招》于大穆之野。"皆所謂"下康娱以自縱"者也。解者誤以"啓《九辯》與《九歌》"爲美啓之詞，又誤以"夏"爲"夏后氏"之"夏"，是以詰籟爲病矣。又案，"五子用失乎家巷"，"失"字因王注而衍，注内"失國""失尊位"，乃釋"家巷"二字之義，非以文中有"失"字而解之也。"五子用乎家巷"者，"用乎"之文，與"用夫""用之"同，下文云"日康娱而自忘兮，厥首用夫顛隕。后辛之菹醢兮，殷宗用之不長"是也。若云"五子用失乎家巷"，則是所失者家巷矣，注何得云"兄弟五人家居閭巷，失尊位"乎？《文選》李周翰注云："五弟失尊位，家於閭巷。”“失尊位”三字在“五弟”之下,則唐本已誤衍“失”字。楊雄《宗正箴》曰:“昔在夏時,太康不恭,有仍二女,五子家降。”“降”與“巷”古同聲而通用,亦足證“家巷”之文爲實義,而“用乎”之文爲語詞也。“巷”讀“孟子鄒與魯鬨”之“鬨”,劉熙曰:“鬨,構也。構兵以鬭也。”五子作亂,故云“家鬨”。義見下。家,猶内也。若《詩》云“蟊賊内訌”矣。“鬨”字亦作“閧”,《吕氏春秋·慎行》篇:“崔杼之子相與私閧。”高誘曰:“閧,鬭也。”私閧,猶言家鬨。“鬨”之爲“閧”,猶“鬨”之爲“巷”也。“鬨”之通作“巷”,猶“巷”之通作“鬨”。《法言·學行》篇“一鬨之市”,“鬨”即“巷”字。《宗正箴》作“五子家降”,降,亦鬨也。《吕氏春秋·察微》篇:“楚卑梁公舉兵攻吴之邊邑。吴王怒,使人舉兵侵楚之邊邑。吴楚以此大隆。”大隆,謂大鬭也。“隆”與“降”通。《書大傳》“隆谷”,鄭注曰:“隆,讀如厖降之降。”《荀子·天論》篇“隆禮尊賢而王”,《韓詩外傳》“隆”作“降”。《齊策》“歲八月降雨下”,《風俗通義·祀典》篇“降”作“隆”。是“隆”與“降”通也。《吕氏春秋》“吴楚大隆”,高誘曰:“隆當作格。格,鬭也。”案,“隆”亦格鬭之名,字可不改。《逸周書·嘗麥》篇曰:“其在殷之五子,“殷”當作“夏”。忘伯禹之命,假國無正,用胥興作亂,遂凶厥國。皇天哀禹,賜以彭壽,思正夏略。”“五子胥興作亂”,所謂家鬨也。五子,即五觀也。《楚語》曰:“堯有丹朱,舜有商均,啓有五觀,湯有太甲,文王有管蔡。是五王者,皆元德也,而有姦子。”“五觀”或曰“武觀”。《竹書》:“帝啓十年,帝巡守,舞《九招》于大穆之野。十一年,放王季子武觀于西河。十五年,武觀以西河叛,彭伯壽即《周書》所謂“彭壽”。帥師征西河,武觀來歸。”《墨子》引“武觀”亦言“啓淫溢康樂于野”,是五觀之作亂,實啓之康娱自縱有以開之,故云“啓《九辯》與《九歌》兮,夏康娱以自縱。不顧難以圖後兮,五子用乎家巷”也,王注以“家巷”爲“家居閭巷”,失之矣。五子家巷,即當啓之世,楊雄《宗正箴》及王注以爲太康時,亦失之矣。

又何芳之能祗

椒專佞以慢慆兮,榝又欲充夫佩幃。既干進而務入兮,又何芳之能祗?

王注曰:“祗,敬也。言苟欲自進,求入於君,身得爵禄而已,復何能敬愛賢人而舉用之也。”【引之曰】“祗”之言“振”也。言干進務入之人,委蛇從俗,必不能自振其芬芳,非不能敬賢之謂也。上文云“蘭茝變而不芳”,意與此同。《逸周書·文政》篇“祗民之死”,謂振民之死也。“祗”與“振”聲近而義同,故字或相通。《臯陶謨》“日嚴祗敬六德”,《史記·夏本紀》“祗”作“振”。《費誓》“祗復之”,《魯世家》“祗”作“敬”,徐廣曰:“一作振。”《内則》“祗見孺子”,鄭注曰:“祗,或作振。”

簫鍾兮瑶簴

《九歌》 緪瑟兮交鼓,簫鍾兮瑶簴,鳴篪兮吹竽。

“簫”一作“蕭”。“簫鍾”句,王氏無注。洪補曰:“瑶簴,以美玉爲飾也。”洪邁《容齋續筆》曰:“洪慶善注《東君》篇‘簫鍾’,一蜀客過而見之,曰:‘一本簫作㩋,《廣韻》訓爲擊也。’蓋是擊鍾,正與‘緪瑟’爲對耳。”【念孫案】讀“簫”爲“㩋”者是也。《廣雅》曰:“㩋,擊也。”《玉篇》音“所育切”。《廣韻》又音

"蕭"。"擯"與"簫""蕭"古字通也。"瑶"讀爲"摇",摇,動也。《招魂》曰"鏗鍾摇簴",王注曰:"鏗,撞也。摇,動也。"《文選》張銑注曰:"言擊鍾則摇動其簴也。"義與此同。作"瑶"者,借字耳。"絙瑟"以下三句,皆相對爲文,若以"瑶"爲"美玉",則與上下文不類矣。

不能固臧　羌不知余之所臧

《天問》　白蜺嬰茀,胡爲此堂?安得夫良藥,不能固臧?

王注曰:"茀,白雲逶移若蛇者也。臧,善也。言崔文子學仙於王子僑,子僑化爲白蜺而嬰茀,持藥與崔文子。崔文子驚怪,引戈擊蜺,中之,因墮其藥,俯而視之,王子僑之尸也。故言得藥不善也。"【念孫案】如王所述崔文子事,則"臧"字當讀爲"藏",古無"藏"字,借"臧"爲之。《説文》無"藏"字,《魯語》曰:"掩賊者爲臧。"《管子·侈靡》篇曰:"天子臧珠玉,諸侯臧金石。"《墨子·耕柱》篇曰:"不舉而自臧,不遷而自行。"《荀子·解蔽》篇曰:"心未嘗不臧也,然而有所謂虚。"《漢書·禮樂志》"臧於理官",顔師古曰:"古書'懷藏'之字,本皆作'臧'。《漢書》例爲'臧'耳。"漢《敦煌長史武班碑》"勳臧王府",《衛尉衡方碑》"用行舍臧",并以"臧"爲"藏"。崔文子引戈擊蜺而墮其藥,故云"得夫良藥,不能固臧",若訓"臧"爲"善",則義與"固"字不相屬矣。又,《九章》云"夫惟黨人鄙固兮,羌不知余之所臧","臧"亦讀爲"藏",謂美在其中,而人不知也。下文云"材朴委積兮,莫知余之所有",意與此同也。王訓"臧"爲"善",亦失之。

設張辟以娱君兮

《九章》 矰弋機而在上兮，罻羅張而在下。設張辟以娱君兮，願側身而無所。

王注曰："辟，法也。言讒人設張峻法以娱樂君。"【念孫案】此以"張辟"連讀，非以"設張"連讀，"張"讀"弧張"之"張"。《周官》："冥氏掌設弧張。"鄭注曰："弧張，罿罦之屬，所以扃絹禽獸。""辟"讀"機辟"之"辟"。《墨子·非儒》篇曰："大寇亂，盜賊將作，若機辟將發也。"《莊子·逍遥游》篇曰："中於機辟，死於罔罟。"司馬彪曰："辟，罔也。""辟"疑與"繴"同。《爾雅》："繴謂之罿。罿，罬也。罬謂之罦。罦，覆車也。"郭璞曰："今之翻車也。有兩轅，中施罥以捕鳥。"《山木》篇曰："然且不免於罔羅機辟之患。"《鹽鐵論·刑德》篇曰："罻羅張而縣其谷，辟陷設而當其蹊。"《楚辭·哀時命》曰："外迫脅於機臂兮，上牽聯於矰隿。""機臂"與"機辟"同。王注以"機臂"爲"弩身"，失之。此承上文"矰弋""罻羅"而言，則"辟"非"法"也。

心絓結而不解兮

心絓結而不解兮，思蹇産而不釋。

王注曰："絓，懸也。蹇産，詰屈也。"【念孫案】絓，亦結也。《廣韻》："絓，絲結也。"《史記·律書》曰："秦二世結怨匈奴，絓禍於越。"是"絓"與"結"同義。"絓結"，雙聲也。"蹇産"，疊韻也。凡雙聲、疊韻之字，皆上下同義。

悲江介之遺風

哀州土之平樂兮,悲江介之遺風。

王注曰:"遠涉大川,民俗異也。"【念孫案】上文云"欸秋冬之緒風",王注:"欸,嘆也。"下文云:"悲秋風之動容兮。"又云:"悲回風之摇蕙兮。"則此云"悲江介之遺風",亦謂"風雨"之"風",非"風俗"之"風"也。《文選·聖主得賢臣頌》:"追奔電,逐遺風。"李善曰:"遺風,風之疾者。"楊雄《甘泉賦》:"輕先疾雷,而馺遺風。"曹植《雜詩》"江介多悲風",義本於此。

願摇起而横奔兮

願摇起而横奔兮。

王注曰:"欲摇動而奔走。"【念孫案】摇起,疾起也。"疾起"與"横奔"文正相對。《方言》曰:"摇,疾也。《廣雅》同。燕之外鄙,朝鮮洌水之間曰摇。"《淮南·原道》篇曰:"疾而不摇。"《漢書·郊祀志》曰:"遙興輕舉。""遙"與"摇"通,彼言"遙興",猶此言"摇起"矣。説見《漢書》。

懲連改忿兮

懲連改忿兮,抑心而自强。

王注曰:"懲,止也。言止己留連之心,改其忿恨。"【念孫案】"連"當從《史記·屈原傳》作"違",字之誤也。違,恨也。言止其恨,改其忿也。"恨"與"忿"義相近。若云"留連之心",則非其類矣。班固《幽通賦》"違世業之可懷",曹大家曰:“違,恨也。”《漢書・叙傳》“違”作“愇”。《廣雅》:“愇,恨也。”《無逸》曰:“民否則厥心違怨。”《邶風・谷風》篇“中心有違”,《韓詩》曰:“違,很也。”很,亦恨也。《廣雅》:“很,恨也。”

曾傷爰哀

曾傷爰哀,永嘆喟兮。

王注曰:“爰,於也。”【引之曰】王訓“爰”爲“於”,“曾傷於哀”,則爲不詞矣。今案,“爰哀”,謂哀而不止也。“爰哀”與“曾傷”相對爲文。《方言》曰:“凡哀泣而不止曰咺。”又曰:“爰、暖,哀也。”“爰”“暖”“咺”古同聲而通用。《齊策》“狐咺”,《漢書・古今人表》作“狐爰”,是其證也。

逢此世之俇攘

《九辯》 悼余生之不時兮,逢此世之俇攘。

王注曰:“卒遇譖讒而遽惶也。”【念孫案】俇攘,亂貌。“逢此世之俇攘”,言與亂世相遭也。《哀時命》曰“摡塵垢之枉攘兮”,王注曰:“枉攘,亂貌。”“枉攘”與“俇攘”同,此注以爲“遇讒而惶遽”,失之。

不能復用巫陽焉乃下招曰

《招魂》 巫陽對曰:“掌夢上帝其難從。若必筮予之,恐後謝之,“謝之”,一本作“之謝”,非。不能復用。”

王注曰:“謝,去也。巫陽言如必欲先筮,問求魂魄所在,然後與之,恐後世怠懈,必去卜筮之法,不能復修用。"《文選》吕延濟注略同。下文"巫陽焉乃下招曰",王注曰:"巫陽受天帝之命,因下招屈原之魂。"【念孫案】此則"不能復用"爲句,"巫陽焉乃下招曰"爲句,明矣。"焉乃"者,語詞,猶言"巫陽於是下招"耳。王注"因下招屈原之魂","因"字正釋"焉乃"二字。《遠游》篇"焉乃逝以俳佪",是其證。《列子·周穆王》篇"焉迺觀日之所入","迺"與"乃"同。今本《楚辭》及《文選》皆以"不能復用巫陽焉"爲句,非也。"不能復用"者,謂不用卜筮,非謂不用巫陽,且"用"字古讀若"庸",與"從"字爲韻。《小雅·小閔》篇"不臧覆用",與"從""邛"爲韻。《管子·樞言》篇"坦坦之備不爲用",與"功"爲韻。《趙策》"士爲知己者用",與"容"爲韻。《堯典》"徵庸三十",①《論衡·氣壽》篇引此,"庸"作"用"。《皋陶謨》"五刑五用哉",《後漢書·梁統傳》引此,"用"作"庸"。若以"不用巫陽"連讀,則失其韻矣。今據王、吕二注訂正。

氾崇蘭些

光風轉蕙,氾崇蘭些。

王注曰:"崇,充也。言充實蘭蕙,使之芬芳。"《文選》吕延濟注曰:"崇,高也。"【念孫案】二説均有未安。崇蘭,猶叢蘭耳。《文子·上德》篇:"叢蘭欲茂,秋風敗之。"《説文》:"叢,聚也。"《廣雅》:"崇,聚也。"《酒誥》曰:"矧曰其敢崇飲?"《大雅·鳧鷖》篇曰:"福禄來崇。"隱六年《左傳》曰:"芟夷藴崇之。"是"崇"與"叢"同義。

---

① "三",底本作"二",據《尚書》改。

蒻阿拂壁

蒻阿拂壁，羅幬張些。

王注曰："蒻，蒻席也。阿，曲隅也。拂，薄也。言以蒻席薄牀四壁及與曲隅復施羅幬也。"【念孫案】王以"阿"爲"牀隅"，則上與"蒻"字不相承，下與"拂壁"二字不相連屬矣。今案，"蒻"與"弱"同。阿，細繒也。言以弱阿拂牀之四壁也。弱阿，猶言弱緆。《淮南·齊俗》篇曰"弱緆羅紈"是也。"阿"字或作"絅"。《廣雅》曰："絅，練也。"《史記·李斯傳》曰："阿縞之衣，錦綉之飾。"徐廣以"阿"爲"東阿縣"，非是，辯見《史記》。《淮南·修務》篇："衣阿錫，曳齊紈。"高注曰："阿，細穀。錫，細布。"《漢書·禮樂志》："曳阿錫，佩珠玉。"如淳曰："阿，細繒。錫，細布。"《司馬相如傳》："被阿錫，揄紵縞。"張揖注與如淳同。

臑若芳些

肥牛之腱，臑若芳些。

王注曰："腱，筋頭也。臑若，熟爛也。言取肥牛之腱爛熟之，則肥濡膭美也。"【念孫案】臑，熟也。若，猶而也。言既熟而且芳也。顧懽《老子義疏》曰："若，而也。"《夬》九三曰"遇雨若濡"，言遇雨而濡也。《金縢》曰"予仁若考"，言予仁而巧也。說見《經義述聞》。莊二十二年《左傳》曰："幸若獲宥，及於寬政。"言幸而獲宥也。"而""若"語之轉耳。"若"無"熟"義，不得與"臑"同訓。

不沾薄只

《大招》 吴酸蒿蔞，不沾薄只。

王注曰："沾，多汁也。薄，無味也。言其味不濃不薄，適甘美也。"【念孫案】王以"沾"爲"多汁"，非也。沾，亦薄也。言其味不薄也。《廣雅》曰："沾，襑也。"曹憲音"他緜反"。"襑"與"薄"同。《漢書·魏其傳》注云："今俗言薄沾沾。"

察篤夭隱

察篤夭隱，孤寡存只。

王注曰："篤，病也。早死爲夭。隱，匿也。言察知萬民之中被篤疾病、早夭死及隱逸之士，存視孤寡而振贍之也。"洪補曰："篤，厚也。"【念孫案】二説均有未安。"篤"與"督"同。昭二十二年《左傳》"晉司馬督"，《漢書·古今人表》作"司馬篤"。《漢書·張騫傳》"身毒國"，李奇曰"一名天篤"，《後漢書·文苑傳》作"天督"。《鹽鐵論·詔聖》篇："渫篤責而任誅斷。"篤責，即督責。《説文》曰："督，察也。"是"督"與"察"同義。隱，窮約也。昭二十五年《左傳》："隱民多取食焉。"杜注曰："隱約窮困。"定三年《傳》："君以弄馬之故，隱君身，弃國家。"言察督夭死及窮約之人，存視孤寡也。

昭質既設

昭質既設，大侯張只。

王注曰："昭質，謂明旦也。明旦既設禮，張施大侯，使衆射之。"【引之曰】"昭"讀爲"招"。招質，謂射埻的也。"埻"通作“準”。《吕氏春秋·本生》篇曰:“萬人操弓,共射一招。”高注曰:“招,埻的也。”《盡數》篇曰:“射而不中,反循于招,何益於中?”《别類》篇曰:“射招者,欲其中小也。”《小雅·賓之初筵》篇“發彼有的”,《毛傳》曰:“的,質也。”《荀子·勸學》篇曰:“質的張而弓矢至焉。”是“埻的”謂之“質”,又謂之“招”,合言之則曰“招質”。《魏策》曰:“今我講難於秦,兵爲招質。”謂以趙兵爲秦之招質也。《韓子·存韓》篇曰:“秦必爲天下兵質矣。”《説林》篇曰:“且君何釋以天下圖智氏,而獨以吾國爲智氏質乎?”是其明證也。作“昭”者,假借字耳。《春秋》襄二十八年“楚子昭”,《史記·楚世家》作“招”。《管蔡世家》“司徒招”,《索隱》曰:“或作昭。”設,謂設昭質,非謂設禮。昭質在侯之中,故即繼之以大侯,猶《詩》言“大侯既抗”,而繼之以“發彼有的”也。若以“昭質”爲“明旦”,則義與下文不相屬,且“明旦”謂之“質明”,不謂之“昭質”也。

正法弧而不公

《七諫》 邪説飾而多曲兮,正法弧而不公。

王注曰:“弧,戾也。言世俗之人推佞以爲賢,進富以爲能,故君之正法膠戾不用,衆皆背公而鄉私也。”【念孫案】“正法弧而不公”,“公”與“容”同。謂己之正法,戾於流俗而不見容,非謂君之正法,膠戾不用,亦非謂衆皆背公而鄉私也。“衆背公而鄉私”已在上句内,此但言己之不容於世耳。“邪説飾而多曲”,即所謂邪曲害公也。“正法弧而不容”,即所謂方正不容也。“容”與“公”古同聲而通用,故“容貌”之“容”本作“頌”,從頁、公聲。“容受”之“容”古作“宊”,從宀、公聲。

《淮南·主術》篇"萬民之所容見也","容"與"公"同。《齊俗》篇:"望君而笑,是公也。""公"與"容"同。

款冬而生兮

《九懷》 款冬而生兮,凋彼葉柯。

王注曰:"物叩盛陰,不滋育也。"【引之曰】《急就篇》"款東貝母薑狼牙",顔師古曰:"款東,即款冬,亦曰款涷。以其淩寒叩冰而生,故爲此名。"師古以"款涷"爲"叩冰",義本於王注也。然反復《九懷》文義,實與王注殊指。其曰:"款冬而生兮,凋彼葉柯。瓦礫進寶兮,捐弃隨和。鉛刀厲御兮,頓弃太阿。"總言小人道長,君子道消耳。"款冬""瓦礫""鉛刀"以喻小人,"葉柯""隨和""太阿"以喻君子。《七諫》云:"鉛刀進御兮,遥弃太阿。拔搴玄芝兮,列樹芋荷。"彼言"玄芝",猶此言"葉柯"也。彼言"芋荷",猶此言"款冬"也。"鉛刀""太阿",取譬正與此同。此言陰盛陽窮之時,款冬微物,乃得滋榮,其有名材,柯葉茂美者,反凋零也。"款冬而生",指款冬之草,不得以爲物叩盛陰。草之名"款冬",其聲因"顆涷"而轉,《爾雅》:"菟奚,顆涷。"郭璞曰:"款冬也。"更不得因文生訓。《爾雅·釋魚》:"科斗,活東。"舍人本作"顆東",科斗非冬生之物而亦名"顆東",則謂取"淩寒叩冰"之意者,謬矣。傅咸《款冬花賦》云:"維兹奇卉,款冬而生。"亦仍王注之誤。

行叩誠而不阿兮

《九嘆》 行叩誠而不阿兮,遂見排而逢讒。

王注曰:"叩,擊也。言己心不容非,以好叩擊人之過,故遂爲讒佞所排逐也。"【念孫案】王訓"叩"爲"擊",則"叩誠"二字義不相屬。今案,叩誠,猶言款誠。《廣雅》曰:"款,誠也。""款"與"叩"一聲之轉,"款誠"之爲"叩誠",猶"叩門"之爲"款門"也。重言之則曰"叩叩",繁欽《定情詩》曰:"何以致叩叩,香囊繫肘後。"《廣雅》曰:"叩叩,誠也。"轉之則又爲"款款"矣。

巡陸夷之曲衍兮

巡陸夷之曲衍兮。

王注曰:"大阜曰陸。夷,平也。衍,澤也。言巡行陵陸,經歷曲澤之中。"【念孫案】"巡陸夷"及注内"大阜曰陸",兩"陸"字皆當作"陵",義見《爾雅》。此因"陵""陸"字相似,又涉注内"陸"字而誤。又案,"陵夷"者,漸平之稱。"陵夷"二字,上下同義,不可分訓,説見《漢書》"連語"下。下平曰衍。見《釋名》及《周官》《左傳》《國語》注。陵夷,即曲衍之貌。王以"陵"爲"大阜","衍"爲"澤",皆失之。

律魁放乎山間

偓促談於廊廟兮,律魁放乎山間。

王注曰:"偓促,拘愚之貌。律,法也。魁,大也。言拘愚蔽闇之人,反談論廊廟之中,明於大法賢智之士,弃在山間而不見用也。"【念孫案】王以"律"爲"法","魁"爲"大"。又云"明於大法賢智之士",殆失之迂矣。今案,律魁,猶魁壘也。

“壘”“律”聲相近。《漢書·司馬相如傳》“隱轔鬱壘”,師古曰:“壘音律。”《路史·餘論》曰“《山海經》云‘神荼鬱壘二神人,主執惡害之鬼’”,《風俗通》作“鬱律”。案,今本《風俗通》仍作“鬱壘”,蓋後人不通古音而改之也。《藝文類聚·果部上》《太平御覽·果部四》并引作“鬱律”。《漢書·鮑宣傳》曰:“朝臣亡有大儒骨鯁,白首耆艾,魁壘之士。”服虔曰:“魁壘,壯貌也。”轉之則爲“律魁”。《小雅·蓼莪》篇曰:“南山律律。”《史記·留侯世家贊》曰:“魁梧奇偉。”是“律”“魁”皆高大之意,正與“偓促”相對。司馬相如曰“委瑣握齪”,“握齪”與“偓促”同。“偓促”“律魁”皆叠韻也。凡叠韻之字,皆上下同義,不宜分訓。

蒯聵登於清府

烏獲戚而驂乘兮,燕公操於馬圉。蒯聵登於清府兮,咎繇棄而在野。

王注云:“燕公,邵公也,封於燕,故曰燕公也。蒯聵,衛靈公太子也。”【念孫案】邵公、咎繇,皆古之賢臣,而衛蒯聵與烏獲,行不相類。蒯聵,謂趙之蒯聵也。《史記·太史公自序》曰:“司馬氏在趙者,以搏劍論顯,蒯聵其後也。”《漢書·司馬遷傳》與此同,如淳曰:“《刺客傳》之‘蒯聵’也。”《淮南·主術》篇曰:“故握劍鋒以,今本此下脱一字,下“雖”字訛作“離”。雖北宫子司馬蒯蕢,不便應敵。“蕢”與“聵”通。高注曰:“司馬蒯蕢在趙,以善擊劍聞。”操其觚,招其末,則庸人能以制勝。今使烏獲、藉蕃從後牽牛尾,尾絶而不從者,逆也。若指之桑條以貫其鼻,則五尺童子牽而周四海者,順也。”然則趙之蒯聵以搏劍聞,故與烏獲并舉之。《淮南》稱“北宫子蒯聵”,而并及於"烏獲、藉蕃",可以互證矣。自"烏獲"以下四句,皆謂貴武士而賤賢臣也。

文選

度宏規而大起

《西都賦》 圖皇基於億載,度宏規而大起。

李善曰:"《小雅》曰:'羌,發聲也。''度'與'羌'古字通,'度'或爲'慶'也。"【念孫案】"度"與"羌"聲不相近,絶無通用之理,蓋李善本"度"字本作"慶"。今本作"度"者,後人據五臣本及《班固傳》改之耳。善注原文當云:"《小雅》曰:'羌,發聲也。'慶與羌古字通,《漢書·楊雄傳〈反離騷〉》曰:"懿神龍之淵潛兮,慶竢雲而將舉。"宋祁校本云:"蕭該《音義》曰:'慶音羌。'今《漢書》亦有作'羌'字者。"又"慶夭顇而喪榮",張晏曰:"慶,辭也。"師古曰:"慶亦與羌同。"又,《甘泉賦》"厥高慶而不可虙疆度",《叙傳·幽通賦》"慶未得其云已",師古并云:"慶,發語辭。讀與羌同。"慶或爲度。""慶"字草書作"庆",與"度"相似,故"慶"誤爲"度"。《史記·建元以來侯者年表》"平津侯公孫慶",《漢表》"慶"作"度"。《説文》:"㲋,有大慶也。"今本"慶"訛作"度"。今本作"度"與"羌"古字通、"度"或爲"羌"者,後人既改正文作"度",復改注文以就之,而不知"度"與"羌"之不可通也。又案,善本作"慶"是也。慶,語詞。"宏規"與"大起"相對爲文,言肇造都邑,先宏規之而後大起之也。

捉建章而連外屬 洞枍詣以與天梁

凌隥道而超西墉,捉建章而連外屬。

五臣本“掍”作“混”。【念孫案】“連”字後人所加也，建章宫在西城之外，故云“掍建章而外屬”，“外”上不當有“連”字。上文“未央”“桂宫”，皆宫名，故云“自未央而連桂宫”，與此句異義。且既言“屬”，則不得更言“連”，故張銑注曰：“混，通也。”閣道出城，通達建章宫，與外相屬，其無“連”字明矣，《後漢書·班固傳》正作“混建章而外屬”也。又案，下文“經駘盪而出馺娑，洞枍詣以與天梁”，“駘盪”“馺娑”“枍詣”皆殿名，“天梁”，宫名。“以”字與下三字義不相屬，亦是後人所加，《班固傳》無“以”字。

奮泰武乎上囿　緣於泰山之阿　結根泰山阿

爾乃盛娱游之壯觀，奮泰武乎上囿。

五臣本“泰”作“太”，《班固傳》作“大”，注云：“大武，謂大陳武事也。”【念孫案】作“大”者是也。“大”訛爲“太”，又訛爲“泰”耳。《逸周書》有《大武》篇，《秦策》引《詩》云“大武遠宅不涉”，皆其證也。《風賦》：“緣於泰山之阿。”李善本無“於”字，五臣本有。《藝文類聚》引此與五臣同。今以上下文例之，當有“於”字。五臣本作“太”，亦是“大”字之訛，今合上下文讀之：風生於地，起於青蘋之末，侵淫谿谷，盛怒於土囊之口，緣於大山之阿，舞於松柏之下。此其由卑而高，由谷而山，所在皆然，不獨泰山也。若此句獨指泰山言之，則與上下文不類矣。《古詩》：“冉冉孤生竹，結根泰山阿。”“泰”亦“大”之訛。李周翰曰：“泰山，衆山之尊。夫者，婦之所尊，故以喻之。”此曲説也。此以竹喻婦，山喻夫，謂婦之托於夫，如竹之結根於山耳。

芳草被隄

茂樹蔭蔚，芳草被隄，蘭茝發色，曄曄猗猗，若摛錦布綉，爛耀乎其陂。

李善説"芳草被隄"引《説文》曰："隄，塘也。"【念孫案】"被"讀若"披"。"被隄"者，芳草之貌，非謂芳草覆隄也。"蔭蔚"，雙聲也。"被隄"，叠韻也。"曄曄""猗猗"，重字也。以上皆形容草木之盛，然後總而言之曰"若摛錦布綉，爛耀乎其陂"。"陂"與"隄"一物也，《陳風·澤陂》傳曰："陂澤，障也。"《一切經音義》二引李巡《爾雅注》曰："隄，障也。"若上言"隄"，而下言"陂"，則複矣。

填流泉而爲沼

《東都賦》 填流泉而爲沼。

李善曰："順流泉而爲沼，不更穿之也。昭明諱'順'，故改爲'填'。"【引之曰】"填"當爲"慎"，草書之誤也。"慎""順"古字通，故昭明改"順"爲"慎"。

嘉祥阜兮集皇都

《白雉詩》 啓靈篇兮披瑞圖，獲白雉兮效素烏，嘉祥阜兮集皇都。

【念孫案】"嘉祥"句蓋後人所加，此句詞意膚淺，不類孟堅手筆，且《寶鼎》詩亦可通用，其可疑一也。下文"發皓羽兮奮翘英"，正承"白雉""素烏"言之，若加入此句，則上下文義隔斷,其可疑二也。《明堂》《辟雍》《靈臺》三章,章十二句。《寶鼎》《白雉》二章,章六句,若加入此句,則與《寶鼎》詩不協,其可疑三也。李善及五臣本此句皆無注,其可疑四也。《後漢書·班固傳》無此句,其可疑五也。

錫用此土而翦諸鶉首

《西京賦》 昔者大帝説秦繆公而覲之,饗以鈞天廣樂。帝有醉焉,乃爲金策,錫用此土,而翦諸鶉首。

薛綜曰:"翦,盡也。"李善曰:"盡取鶉首之分,爲秦之境也。"【引之曰】薛訓"翦"爲"盡","盡諸鶉首",殊爲不詞。李云"盡取鶉首之分",亦與"翦諸"之文不合。今案,"翦"讀爲"踐",《文王世子》"不翦其類也",《周官·甸師》注引"翦"作"踐"。《玉藻》:"凡有血氣之類,弗身踐也。"注:"踐當爲翦。"踐,居也。謂居之於鶉首之虚也。《晉語》曰:"實沈之虚,晉人是居。"《方言》曰:"慰、廛、度,尻也。"尻"今通作"居"。東齊海岱之間或曰踐。"趙注《孟子·盡心》篇曰:"踐,履居之也。"《晏子·問》篇曰:"後世孰踐有齊國者。"皆其證也。

意亦有慮乎神祇宜其可定以爲天邑

及帝圖時,意亦有慮乎神祇,宜其可定以爲天邑。

薛綜曰:"言高帝圖此居之時,意亦以慮於天地陰陽,而思可宜定以爲天邑。"【念孫案】意亦,猶抑亦也。"抑"與"意"古字通。《論語·學而》篇:"求之與?抑與之與?"漢石經"抑"作"意"。《大戴禮·武王踐阼》篇曰:"黄帝、顓頊之道存乎?意亦忽不可得見與?"

《荀子·修身》篇曰:"將以窮無窮逐無極與?意亦有所止之與?"《秦策》曰:"誠病乎?意亦思乎?"并與"抑亦"同。"宜"讀曰"儀"。儀,度也。度其可安定之地,以爲天邑也。《説文》曰:"儀,度也。"《周語》曰:"儀之于民而度之于群生。"又曰:"不度民神之義,不儀生物之則。""儀"與"宜"古字通。《小雅·角弓》篇"如食宜饇",《韓詩》"宜"作"儀"。《楚語》"采服之儀",《周官·春官》鄭司農注引作"宜"。薛云"思可宜定以爲天邑",失之。

嗟内顧之所觀　嗟難得而覼縷　嗟難得而備知　嗟孰可爲言己　咣見偉於疇昔

【念孫案】王逸注《離騷》曰:"羌,楚人語詞也。"《文選》内"羌"字多作"咣",因訛而爲"嗟"。俗書"嗟"字作"嗟","咣"字作"唴",二形相似而誤。後人多見"嗟",少見"咣",故莫能正之耳。《西京賦》"嗟内顧之所觀",李善注:"《小雅》曰:'嗟,發聲也。'"兩"嗟"字皆"咣"字之訛。《西都賦》"慶宏規而大起",李注:"《小雅》曰:'羌,發聲也。'""慶"與"羌"古字通,是其證。若"嗟"則嘆聲,非發聲也,五臣本作"嗟",訓爲"嘆聲",失之矣。《吴都賦》"嗟難得而覼縷",劉逵注:"《小雅》曰:'嗟,楚人發語端也。'"兩"嗟"字亦"咣"字之訛,既云"楚人發語端",其爲"咣"字明矣。《古文苑·王延壽〈王孫賦〉》"羌難得而覼縷",本書王融《曲水詩序》"羌難得而稱計",章樵、李善注引《吴都賦》并作"羌"。《雪賦》"嗟難得而備知",義本《吴都》,亦是"咣"之訛也。《思玄賦》"嗟孰可爲言己","嗟"亦"咣"之訛,《後漢書·張衡傳》作"羌",是其證也。《蜀都賦》"咣見偉於疇昔",其字正作"咣"。張伯顔本如此,他本則訛作"嗟"矣。蔡邕

《瞽師賦》"咲求煩以愁悲",字亦作"咲"。

交綺豁以疏寮

何工巧之瑰瑋,交綺豁以疏寮。

李善曰:"交結綺文,豁然穿以爲寮也。《蒼頡篇》曰:'寮,小窗也。'"【念孫案】"交綺豁以疏窗",殊爲不詞。今案,交綺,即窗也。《廣雅》曰:"豁、寮,空也。"《一切經音義》一引《蒼頡篇》曰:"寮,小空也。"《説文》曰:"疏,通也。""豁以疏寮",皆空虚之貌。既言"豁",而又言"疏寮"者,文重詞複,以申明其意,若《大人賦》言"麗以林離,叢以蘢茸,疹以陸離"矣。

若驚鶴之群罷

紛縱體而迅赴,若驚鶴之群罷。

【念孫案】"若驚鶴之群罷",文不成義。"罷"字與"伎""氏""綺""豸""纚"爲韻,蓋"罷"字之訛。韋注《吴語》曰:"罷,歸也。"《廣雅》同。言若驚鶴之群歸也。

莫我能形

《東京賦》 飛閣神行,莫我能形。

薛綜曰:"人不見行往,故曰神。形,謂天子之形容。言我無能説其形狀也。"【念孫案】薛説甚迂。《廣雅》曰:"形,見也。"言行於飛閣之中,莫我能見也。《史記·秦始皇紀》正義引應劭曰:“於馳道外築牆,天子於中行,外人不見。”

感懋力以耘耔

兆民勸於疆埸,感懋力以耘耔。

【念孫案】“感”字與下五字義不相屬,蓋“咸”字之誤。咸,皆也。言皆勉力也。

時乘六龍

天子乃撫玉輅,時乘六龍,發鯨魚,鏗華鍾。

李善曰:“《周易》曰‘時乘六龍’,此謂各隨其時而乘之。”【念孫案】如李注,則正文本作“乘時龍”,故先引《周易》“時乘六龍”,而即繼之曰“此謂各隨其時而乘之”,言此與《周易》異義也。“各隨其時”,謂若“春乘蒼龍,夏乘赤騮”之屬是也。《東都賦》亦云“登玉輅,乘時龍”,此作“時乘六龍”者,因注引《周易》而誤。“撫玉輅”以下四句,句各三字,此句獨多一字,與上下不協。

盈溢天區

聲教布濩,盈溢天區。

薛綜曰:“天區,謂四方上下也。”【引之曰】據薛注,則“天區”當爲“六區”。《思玄賦》“上下無常窮六區”,李善亦云:“六區,上下四方也。”“天”“六”二字,篆、隸皆相似,故“六”訛作“天”。

西朝顛覆而莫持

臣濟奓以陵君,忘經國之長基,故函谷擊柝於東,西朝顛覆而莫持。薛綜曰:"謂王莽之兵,猶擊柝守函谷關,而三輔兵已自入長安宫,朝廷顛隕,無復扶持也。"

【念孫案】薛説非也。"西朝顛覆",謂王莽篡漢耳。言臣陵其君,國本隳壞,故王莽得爲篡逆。函谷雖擊柝於東,西京已顛覆而莫持,明患不在外而在内也。若以三輔兵誅王莽爲西朝顛覆,則與上文"臣濟侈以陵君"二句義不相屬,且平子不當稱亡新爲西朝也。

亂北渚兮揭南涯

《南都賦》 爾乃撫輕舟兮浮清池,亂北渚兮揭南涯。

李善曰:"《爾雅》曰:'正絶流曰亂。'《説文》曰:'揭,高舉也。'"吕向曰:"揭,猶指也。"【念孫案】李解"揭"爲"高舉",與"南涯"二字義不相屬。吕解"揭"爲"指",古無此訓,皆非也。今案,"揭"讀爲"愒",《廣韻》"愒""揭"并"去例切",聲相同,故字相通。愒,息也。言自北渚絶流而渡,息乎南涯也。《小雅・菀柳》篇"不尚愒焉",《毛傳》曰:"愒,息也。"《召南・甘棠》篇作"憩",字又作"偈"。《甘泉賦》"度三巒兮偈棠黎",韋昭曰:"偈,息也。"句法正與此同。

酌清酤

《蜀都賦》 酌清酤,割芳鮮。

五臣本“清酤”作“醪酤”。【念孫案】“醪酤”與“芳鮮”相對爲文，則作“醪”者是也。今作“清酤”者，後人以李注引《詩》“既載清酤”而改之耳，不知李注自解“酤”字，非兼解“清酤”二字，其“醪”字已見《南都賦》，故不重注也。《北堂書鈔·酒食部八》引此正作“酌醪酤”。

齷齪而算

《吴都賦》 齷齪而算，顧亦曲士之所嘆也。旁魄而論都，抑非大人之壯觀也。

【念孫案】“齷齪而算”下當有“地”字。“齷齪而算地”“旁魄而論都”相對爲文。劉逵注云：“言算量蜀地，亦是曲僻之士。”則“算”下原有“地”字明矣。

英雄之所躔

翫其磧礫而不窺玉淵者，未知驪龍之所蟠也。習其弊邑而不睹上邦者，未知英雄之所躔也。

李善曰：“《方言》曰：‘躔，歷行也。’”吕延濟曰：“不見上國，不知英雄之所行歷也。”【念孫案】李、吕以“躔”爲“行歷”，非也。躔，居也。“英雄之所居”，謂吴都也。吴都爲英雄之所居，猶玉淵爲驪龍之所蟠，故曰“不窺玉淵，未知驪龍之所蟠。不睹上邦，未知英雄之所躔也”。李注《月賦》引韋昭《漢書注》曰：“躔，處也。”處，亦居也。《方言》曰：“廛，凥也。“凥”，古“居”字。東齊海岱之間曰廛。”《魏風·伐檀》傳曰：“一夫之居曰廛。”孟康注《漢書·王莽傳》曰：“纏，居也。”“廛”

“躔”“纏”字異而義同。

雜插幽屏　宋玉於是陋其結緑

赬丹明璣，金華銀樸。紫貝流黄，縹碧素玉。隱賑崴𡾋，雜插幽屏。精曜潛熲，李善曰：“潛熲，謂潛深而有光熲。”《爾雅》曰：“熲，光也。”今李善本“熲”字皆誤作“潁”。五臣本作“熲”，李周翰曰：“雖在幽僻之處，常熲然有異光。”今據改。哲陊山谷。碕岸爲之不枯，林木爲之潤黷。隋侯於是鄙其夜光，宋玉於是陋其結緑。

李善曰：“幽屏，謂生處也。”李周翰曰：“雜插幽屏，謂雜生隱僻之處。屏，僻也。”【念孫案】“幽屏”當爲“幽屋”，字之誤也。幽屋，謂山也。言衆寶隱賑崴𡾋，雜插於山中也。幽屋，猶言幽室。謝靈運《登永嘉緑嶂山》詩云“懷遲上幽室”是也。“屋”與“樸”“玉”“谷”“黷”“緑”爲韻，若作“屏”，則失其韻矣。“宋玉”當爲“宋王”，劉逵注引《史記》“宋有結緑”，是“結緑”爲宋之寶，故曰“宋王於是陋其結緑”。“宋王”與“隋侯”相對爲文，無取於“宋玉”也。

悠悠旆旌

悠悠旆旌者，相與聊浪乎昧莫之坰。

【念孫案】“悠悠旆旌者”當作“悠悠旆旆者”。《詩》曰“悠悠旆旌”，又曰“彼旟旐斯，胡不旆旆”是也。今本“旆旆”作“旆旌”，即因《詩》“悠悠旆旌”而誤。“悠悠旆旆”，皆旌旗之貌，故云“悠悠旆旆者，相與聊浪乎昧莫之坰”。上文云“趁譚猵猭，若離若合者，相與騰躍乎莽罠之野"，文義正與此同，若云"悠悠旆旌者"，則"者"字之義不可通。李善及五臣皆不釋"旆旆"二字，蓋所見本已誤爲"旆旌"矣。

與夫唱和之隆響　有殷坻穨於前

若此者，與夫唱和之隆響，動鍾鼓之鏗耾，有殷坻穨於前，曲度難勝。

【念孫案】"與夫唱和之隆響"二句，句法參差，而文義不協。"與夫"二字，乃一"舉"字之誤。舉，亦動也。"舉唱和之隆響，動鍾鼓之鏗耾"句法正相對。"有殷坻穨於前"，"於前"二字，後人所加也。"有殷坻穨"，言其聲殷然若坻穨也，《漢書·楊雄傳》"響若坻隤"，應劭曰："天水有大坂，名曰隴坻。其山堆傍著，崩落作聲，聞數百里，故曰坻隤。"見《文選·解嘲》注。"隤"與"穨"同。句法與《詩》"有瀰濟盈""有鷕雉鳴"相似。若云"有殷坻穨於前"，則不成句法，且"有殷坻穨""曲度難勝"，皆以四字爲句，若上句多二字，則句法參差矣。後人以李周翰注云"其聲若山穨於前"，故加"於前"二字，不知李注自加"於前"二字以申明其義，非正文所有也。不審文義而據注妄增，其失甚矣。

若吾子之所傳

若吾子之所傳，孟浪之遺言，略舉其梗概，而未得其要妙也。

【念孫案】吾者，東吴王孫自謂也。"吾"下"子"字，後人妄加之耳。吕向注云"如我所傳",則"吾"下原無"子"字明矣。

冒六英五莖

《魏都賦》 冠韶夏,冒六英五莖。

【念孫案】"冒六英五莖",句法甚累,且"英莖"與"韶夏"相對爲文,若加"六""五"二字,則與上句不協。後人以李善注引《樂動聲儀》"帝嚳樂曰六英,帝顓頊樂曰五莖",因加"六""五"二字,不知李注自解"英""莖"二字,非并解"六""五"二字也。

判殊隱而一致

覽《大易》與《春秋》,判殊隱而一致。

【念孫案】此本作"判隱顯而一致",言《易》與《春秋》雖有隱顯之分,而其致一也。張載注云:"《春秋》推見以至隱,《易》本隱以之顯,所言雖殊,其合德一也。"李善云:"言《大易》《春秋》隱顯殊而合德若一。"皆其明證矣。後人以張、李二注内皆有"殊"字,遂加入"殊"字,而删去"顯"字。不知注内"殊"字是解正文"判"字,而正文内本有"顯"字,故二注皆言"隱顯"也。若云"判殊隱而一致",則文不成義矣。

亡國肅乎臨淵

《甘泉賦》 襲琁室與傾宫兮,若登高眇遠,亡國肅乎臨淵。

服虔曰："桀作琁室，紂作傾宫，以此微諫也。"應劭曰："登高遠望，當以亡國爲戒，若臨深淵也。"【念孫案】正文内"亡國"二字，後人所加也。應云"以亡國爲戒"者，承上"琁室""傾宫"言之，以申明"肅乎臨淵"之意。後人不審，輒於正文内增入"亡國"二字，"亡國肅乎臨淵"，斯爲不詞矣。五臣本及《漢書・楊雄傳》皆無此二字。

友仁義與之爲朋

《羽獵賦》　建道德以爲師，句。友仁義與之爲朋。

【念孫案】"友仁義與之爲朋"，殊爲不詞，蓋後人不解"與"字之義，因於"與"下加"之"字耳。今案，"建道德以爲師，友仁義與爲朋"句法正相對。友，親也。見《廣雅》。與，猶以也。言親仁義以爲朋也。《漢書・楊雄傳》作"友仁義與爲朋"，是其明證矣。《召南・江有汜》篇曰"不我以"，又曰"不我與"，鄭箋曰："以，猶與也。""以"可訓爲"與"，"與"亦可訓爲"以"。《繫辭傳》曰："是故可與酬酢，可與祐神矣。"言可以酬酢，可以祐神也。《論語・陽貨》篇曰："鄙夫可與事君也與哉。"言不可以事君也。《中庸》曰："知遠之近，知風之自，知微之顯，可與入德矣。"言可以入德也。《史記・袁盎傳》曰："妾主豈可與同坐哉。"言不可以同坐也。"以""與"聲相近，故二字可以互用。《管子・形勢》篇曰："譕巨者可以遠舉，今本"巨"訛作"臣"，辯見《管子》。顧憂者可與致道。"《吕氏春秋・樂成》篇曰："故民不可與慮化舉始，而可以樂成功。"《史記・貨殖傳》曰："智不足與權變，勇不足以決斷，仁不能以取予。"

“以”“與”二字互用，正與此同也。“以”“與”聲相近，故又可以通用。《鄉射禮》“各以其耦進”，今文“以”爲“與”。《越語》“節事者與地”，《史記·越世家》“與”作“以”。《論語》“鄙夫可與事君也與哉”，《匡謬正俗》引此，“與”作“以”。《史記》“妾主豈可與同坐哉”，《漢書》“與”作“以”。

忿戎王之淫狡

《北征賦》 忿戎王之淫狡，穢宣后之失貞。

李善曰：“杜預《左氏傳注》曰：‘狡，猾也。’”【念孫案】李説非也。“狡”讀爲“姣”。姣，亦淫也。襄九年《左傳》：“弃位而姣，不可謂貞。”杜注曰：“姣，淫之别名。”作“狡”者，借字耳。

才難

《西征賦》 當音、鳳、恭、顯之任勢也，乃熏灼四方，震耀都鄙而死之日，曾不得與夫十餘公之徒隸齒，才難，不其然乎？今李善本如此。

六臣本作“名才難，不其然乎”，五臣作“名難，不其然乎”。吕延濟曰：“音、鳳之流，其死之日，曾不得與蕭、曹等十餘公之僕隸齒列，名器之難，其如此矣。”【念孫案】作“名難”者是也。音、鳳、恭、顯，生前赫奕而死後無名，是富貴易得而名難得，故曰“名難”。“不其然乎”，此用《論語》句法，故李善引“才難，不其然乎”爲證。其實《論語》言“才難”，此言“名難”，句法雖同而意不同也。六臣本作“名才難”者，後人以李善引《論語》“才難”，故旁記“才”字，而傳寫者遂誤合之也。今李善本作“才難”者，又後人以“名才難”三字文不成義，而删去一字也，乃不删“才”字，而删“名”字，斯爲謬矣。

昭列顯於奎之分野

《魯靈光殿賦》　承明堂於少陽，昭列顯於奎之分野。

【念孫案】“昭列顯於奎之分野”，句法甚累，既言“昭”，而又言“顯”，亦爲重沓。蓋正文本作“昭列於奎之分野”，後人以李善注云“其光昭列，顯於奎之分野”，因於正文内加“顯”字，不知注内“顯”字乃承上“昭列”而申言之，非正文所有也。不審文義而據注妄增，各本相沿不改，其亦弗思之甚矣。

參旗九旒

《景福殿賦》　參旗九旒，從風飄揚。

李善曰：“《周禮》曰：‘熊旗六斿以象伐。’毛萇《詩傳》曰：‘參，伐也。’然伐一星，以旗象參，故曰參旗。《周禮》曰：‘龍旂九斿。’今云‘參旗九旒’，蓋一指旗名，一言旒數，可以相明也。”李周翰曰：“參，三也。旗上畫日月星。九旒，九旗也。”【念孫案】二李之説皆非也。“參旗九旒”皆星名。言旌旗之旒，從風飄揚，象天之有參旗九旒也。“參旗”一名“天旗”，“九旒”或作“九游”。《史記・天官書》曰：“參爲白虎，其西有句曲九星，三處羅：一曰天旗、二曰天苑、三曰九游。”《晉書・天文志》曰：“參旗，一曰天旗。”《開元占經・石氏外官占》引石氏曰：“參旗九星在參西。”又，《甘氏外官占》引甘氏曰：“九游九星，在玉井西南。"

決陂潢而相湲

《海賦》 於是乎禹也乃鏟臨崖之阜陸，決陂潢而相湲，啓龍門之岝嶺，墾陵巒而嶄鑿。

李善曰："《説文》曰：'湲，灌也。'"【念孫案】"湲"爲"潺湲"字，義與"灌"不相近。"湲"當爲"渼"。"渼"，古"沃"字。沃，灌也。言決陂潢之水而相灌也，故李注引《説文》"渼，灌也"以釋之。隸書"夭"字或作"犮"，故"渼"字或作"湠"，形與"湲"相似，因誤爲"湲"。五臣本作"浚"，"浚"又"湲"之誤也。"渼"與"鑿"爲韻，猶《詩·唐風》"從子于沃"，與"白""石""鑿""鑿"爲韻，若作"湲"、作"浚"，則失其韻矣。

淙大壑與沃焦

《江賦》 出信陽而長邁，淙大壑與沃焦。

李善曰："《説文》曰：'淙，水聲也。'"【念孫案】李訓"淙"爲"水聲"，則與下五字義不相屬。今案，淙者，灌也。言江水東流入海，灌大壑與沃焦也。李引《玄中記》曰"東海之沃焦，水灌之而不已"，即其證也。《廣雅》曰："澆、沃、淙、曹憲音"士降反"。灌，漬也。"是"淙"與"灌"同義。

鯪鯥踦躧於垠隒

鯪鯥踦躧於垠隒。今李善本如此。

李善曰："《埤蒼》曰：'踦、𨄯，跳也。求悲切。'《聲類》曰：'偏舉一足曰跔蹄也，渠俱切。'"舊本"跔"誤作"踽"，今據李善音及《史記·張儀傳》索隱改。【念孫案】如李注，則"踦𨄯"本作"踦跔"，謂二魚跳躍於水厓也。《楚辭·天問》"鯪魚何所"，王注曰："鯪魚，鯪鯉也。有四足，出南方。"《南山經》曰："柢山有魚焉，其狀如牛，陵居，蛇尾，有翼，其名曰鯥。"是"鯪""鯥"皆魚之有足者，故云"踦跔於垠隒"。《史記·張儀傳》："虎賁之士，跿跔科頭。"《集解》曰："跿跔，跳躍也。"《索隱》引《韻集》云："偏舉一足曰跔蹄。"義與《聲類》同。又案，吕向注云："踦𨄯，行貌。"然則今李善本作"踦𨄯"者，後人據五臣本改之耳。

憯悽惏慄

《風賦》 故其風中人狀，直憯悽惏慄，清涼增欷。

【引之曰】"憯悽惏慄"當爲"惏慄憯悽"，寫者誤倒耳。"惏慄""清涼"，皆謂風之寒也。李善注曰："惏，寒貌。慄，寒氣也。""憯悽""增欷"，皆感寒之貌也。二句相對爲文，且"悽""欷"爲韻，古音俱在脂部。若"慄"字，則在質部，質與脂古韻不同部，"慄"字古通作"栗"，《詩》三百篇"栗"字皆與質部之字爲韻，無與脂部之字爲韻者。其作"慄"之字，《詩·黄鳥》與"穴"爲韻，《楚辭·九辨》與"瑟"爲韻。"慄""穴""瑟"，皆質部也。不可與"欷"爲韻矣。《高唐賦》"令人惏悷憯悽，脅息增欷"，"悷""慄"聲相近，惏悷憯悽，猶惏慄憯悽也，彼賦亦以"悽""欷"爲韻。《楚辭·九辯》"憯悽增欷兮薄寒之中人，愴怳懭悢兮去故而就新"，"悽"與"欷"爲韻，"愴怳"與"懭悢"爲韻，又其一證矣。

何今日之兩絶

《鵩鵩賦》 何今日之兩絶,若胡越之異區。

【念孫案】王粲《贈蔡子篤》詩:"風流雲散,一别如雨。"李善注引此賦曰:"何今日之雨絶?"又引陳琳《檄吴將校》曰"雨絶于天"。江淹《雜體詩》"雨絶無還雲",李注亦引此賦。據此,則李善本本作"雨絶"明矣。吕向注曰:"何今日兩相隔絶,各在一方。"然則今本作"兩絶"者,後人據五臣本改之耳。

竦余身而順止兮

《思玄賦》 竦余身而順止兮,遵繩墨而不跌。

舊注曰:"竦,立也。止,禮也。"【念孫案】竦,敬也。言敬余身而循禮也。《説文》曰:"竦,敬也。"字或作"聳"。《周語》曰"身聳除潔,外内齊給,敬也","身聳"即此所謂"竦余身"也。《楚語》曰:"昔殷武丁能聳其德。"韋注曰:"聳,敬也。"

游塵外而瞥天兮

遇九皋之介鳥兮,怨素意之不逞。游塵外而瞥天兮,據冥翳而哀鳴。

舊注曰:"瞥,裁見也。"《後漢書・張衡傳》注曰:"瞥,視也。"【念孫案】此皆以"瞥"爲"瞥見"之"瞥",非也。"瞥"讀爲"擎"。擎,擊也,"擊"如"鳳皇上擊九千里"之"擊"。拂也。"拂"如"鳴鳩拂其羽"之"拂"。高注《吕氏春秋・季春紀》曰:"拂擊其羽,直刺上飛數十丈。"言鶴游塵外而上拂天也。《説文》曰:"擎,擊也。"字或作“撇”。《漢書·楊雄傳·甘泉賦》:“歷倒景而絶飛梁兮,浮蔑蠓而撇天。”此云“游塵外而瞥天”,下文云“浮蔑蒙而上征”,語意與《甘泉賦》略同。顔師古曰:“撇,猶拂也。”李善引張揖《三蒼注》同,作“瞥”者,借字耳,亦通作“蔽”。《史記·刺客傳》“跪而蔽席”,《索隱》曰:“蔽,音匹結反。蔽,猶拂也。”《燕策》作“跪而拂席”。

漱飛泉之瀝液

漱飛泉之瀝液兮,咀石菌之流英。

李善曰:“《説文》曰:‘漱,蕩口也。所又切。’”【引之曰】李以“漱”爲“蕩口”,非也。此“漱”字當讀爲“欶”。《説文》:“欶,吮也。”《玉篇》“所角切”。字或作“嗽”。《一切經音義》二引《三蒼》曰:“嗽,吮也。”又引《通俗文》曰:“含吸曰嗽,所角反。”《釋名》曰:“嗽,促也。用口急促也。”《漢書·佞幸傳》:“文帝嘗病癰,鄧通常爲上嗽吮之。”顔師古曰:“嗽,音山角反。”《後漢書·方術傳》:“嗽舌下泉咽之。”李賢曰:“嗽音朔。”《論衡·驗符》篇曰:“建初四年,甘露下泉陵、零陵、洮陽、始安、泠道五縣,民嗽吮之,甘如飴蜜。”張載注《魏都賦》引司馬相如《梨賦》曰:“刷嗽其漿。”其或作“漱”者,假借字耳。《楚辭·九章》曰:“吸湛露之浮涼兮,漱凝霜之雰雰。”“漱”與“吸”義相近,故《通俗文》曰:“含吸曰嗽。”《楚辭·遠游》云“吸飛泉之微液”,猶此云“漱飛泉之瀝液”也。《遠游》曰:“湌六氣而飲沆瀣兮,漱正陽而食朝霞。”《後漢書·列女傳》注引《論語撰考讖》曰:“水名盜泉,仲尼不漱。”劉伶《酒德頌》曰:“銜杯漱醪。”陸機《文賦》曰:“傾群言之瀝液,漱六藝之芳潤。”以上諸

“潄”字,皆音“所角反”,説者多讀爲“盥潄”之“潄”,音“所又反”,非也。今俗語猶謂含吸曰嗽,音如“煩數”之“數”。

翾鳥舉而魚躍兮

翾鳥舉而魚躍兮,將往走乎八荒。

舊注曰:“《廣雅》曰:‘翾,飛也。’”《張衡傳》注同。【念孫案】“飛鳥舉而魚躍”,甚爲不詞,且訓“翾”爲“飛”,則既與“魚躍”不協,又與“鳥舉”相複矣。今案,翾者,疾也。猶言倏鳥舉而魚躍也。《方言》:“儇,疾也。”郭璞曰:“謂輕疾也。”“儇”與“翾”通。《荀子·不苟》篇“小人喜則輕而翾”,《韓詩外傳》“翾”作“快”。快,亦疾也。《説文》:“趯,疾也。”義亦與“翾”同。

偉關睢之戒女

愐河林之蓁蓁兮,偉《關睢》之戒女。

舊注引《關睢》首章四句,又曰:“偉,異也。”《張衡傳》注曰:“偉,美也。”【念孫案】李賢訓“偉”爲“美”是也。“戒女”二字,諸家説之未明。今案,《漢書·杜周傳》:“杜欽説大將軍鳳曰:‘佩玉晏鳴,《關睢》嘆之。知好色之伐性短年,離制度之生無厭,天下將蒙化,陵夷而成俗也。故詠淑女,幾以配上,忠孝之篤,仁厚之作也。’”李奇曰:“后夫人雞鳴佩玉,去君所。周康王后不然,故詩人嘆而傷之。”薛瓚曰:“此《魯詩》也。”《後漢書·明帝紀》注引薛君《韓詩章句》曰:“人君退朝,入于私宫,后妃御見,去留有度,應門擊柝,鼓人上堂,退反晏處,體安志明。今時大人内傾于色,賢人見其萌,故詠《關雎》,説淑女,正容儀以刺時。"如《魯》《韓》詩説,則《關雎》所以申女戒,故曰"偉《關雎》之戒女"。《杜周傳贊》云:"欽以建始之初,深陳女戒,庶幾乎《關雎》之見微。"義與此同也。

怨高陽之相寓兮

怨高陽之相寓兮,佃顓頊而宅幽。

舊注曰:"寓,居也。"【念孫案】"寓"訓爲"寄",不訓爲"居"。"寓"當作"寓",字之誤也。《説文》:"寓,籀文宇字。"《荀子·賦》篇:"精微乎毫毛,而大盈乎大寓。"《漢書·高惠高后文功臣表》:"高其位,大其寓。"《東京賦》:"威振八寓。"漢《史晨祠孔廟奏銘》:"周孔舊寓。"《蕩陰令張遷碑》:"開定畿寓。"字并與"宇"同。《大雅·綿》傳、《桑柔》傳、《魯頌·閟宮》箋及《周語》注并云:"宇,居也。"此言"相寓",謂相其所居之地,故舊注訓"寓"爲"居",而李善、李賢皆不爲"寓"字作音,蓋所見本已訛爲"寓"矣。

姑純懿之所廬

安和静而隨時兮,姑純懿之所廬。

舊注曰:"懿,美也。廬,居也。"李善曰:"杜預曰:'姑,且也。'"《張衡傳》注同。【念孫案】二李訓"姑"爲"且",非也。"且純懿之所廬",則爲不詞矣。今案,姑者,息也。言自安於和静,而息乎大美之所居也。《廣雅》曰:"䀇,息也。"曹憲音"姑"。古無"䀇"字,借"姑"爲之。《檀弓》曰"細人之愛人也以姑息",姑,亦息也。《爾雅》曰:"苦,息也。""苦"讀爲"盬",

聲與"姑"近而義同。説見《經義述聞》"王事靡鹽"下。

後委衡乎玄冥

前長離使拂羽兮,後委衡乎玄冥。今李善本如此。

舊注曰:"委,屬也。水衡,官名也。"見《漢書·百官表》。六臣本作"後委水衡乎玄冥",五臣作"委水衡乎玄冥",《張衡傳》與五臣同。【念孫案】五臣本及《張衡傳》是也。昭二十九年《左傳》曰"水正曰玄冥",故曰"委水衡乎玄冥",言以水衡之職,屬之玄冥也。舊注云"水衡,官名",則正文内原有"水"字明矣。六臣本作"後委水衡乎玄冥"者,後人以上句有"前"字,故加"後"字以對之。"後委水衡乎玄冥",斯爲不詞矣。今李善本作"後委衡乎玄冥"者,又校書者嫌其不詞,而删去一字也,乃不删"後"字,而删"水"字,其謬益甚矣。

陪京泝伊

《閒居賦》 於是退而閒居于洛之涘。陪京泝伊,面郊後市。

李善曰:"《南都賦》曰'陪京之南',薛綜《東京賦》注曰:'泝,向也。'"

【念孫案】《南都賦》"陪京之南",本取"陪輔"之義,此言"陪京泝伊,面郊後市",則"陪"字當讀爲"倍","倍""陪"古字通。《禹貢》"至于陪尾",《漢書·地理志》作"倍尾"。《左傳》僖三十年"焉用亡鄭以陪鄰",《定四年》"分之土田陪敦",《釋文》并作"倍"。"倍"

即今“向背”字也。言家在洛水之涘，背京向伊，前郊後市也。《漢書·張良傳》云：“背河鄉雒。”《東京賦》云：“泝洛背河。”義并與此同也。《晉書·潘岳傳》正作“背京泝伊”。

芳酷烈之誾誾

《長門賦》 桂樹交而相紛兮，芳酷烈之誾誾。

李善曰：“誾誾，香氣盛也。誾，魚斤切。”【引之曰】上文之“心”“音”“宫”“臨”“風”“淫”“陰”“音”“襜”，下文之“吟”“南”“中”“宫”“崇”“窮”“音”，皆以東、侵、鹽三部之字爲韻，此古人合韻之常例也。“誾”爲諄部之字，古無以東、侵、鹽、諄四部合用者，殆誤字也。“誾誾”當爲“闇闇”，“闇”與“馣”同。《廣雅》曰：“馣，香也。”又曰：“馣馣，香也。”曹憲音“烏含反”。凡字之從奄聲、音聲者多通用，“闇”之爲“馣”，猶“暗”之爲“晻”也。《高唐賦》“越香掩掩”，“掩”亦與“馣”同。

委參差以槺梁

施瑰木之欂櫨兮，委參差以槺梁。

李善曰：“言以瑰奇之木爲欂櫨，委積參差以承虚梁。《方言》曰：‘康，虚也。’‘康’與‘槺’同，音康。”【念孫案】如李説，則“槺梁”之上必加“承”字，而其義始明，且以“梁”爲屋梁，則與上文“飾文杏以爲梁”相複矣。今案，“參差”，雙聲也。“槺梁”，叠韻也。“槺梁”者，中空之貌。言衆欂櫨羅列參差而中空也。《方言》：“康，空也。”郭璞曰：“康㝗，空貌。”《説文》曰：“康，屋康㝗也”，“㝗，康也”。“康㝗”與“槺梁”

同。《説文繫傳》"㝗,力量反",正與"梁"同音,蓋《説文》舊音也。《玉篇》音"郎","郎"與"梁"古今聲有侈弇耳。

遂積思而就牀　靁嘆積息

無面目之可顯兮,遂積思而就牀。

李善曰:"《廣雅》曰:'積,壞也。'言壞其思慮而就牀。"【引之曰】李説非也。"思"當爲"息",字之誤也。馬融《長笛賦》曰:"靁嘆積息。"靁,嘆聲也。下文"靁叩鍛之岌峇兮","靁"亦謂叩鍛聲也。積,猶嘖也,太息之聲也。李善曰"嘆聲若雷,息聲若積",引《爾雅》"焚輪謂之積",皆失之。陸機《弔魏武帝文》曰:"循膚體而積嘆。"陸雲《登遐頌》曰:"絶音積息。""積"之言"嘖"也,嘖然太息而就牀也。傅毅《舞賦》"嘖息激昂",李善曰:"《韓詩外傳》曰:'魯哀公嘖然太息。'《説文》曰:'嘖,太息也。''嘖'與'喟'同。"以上李善注。《易林·師之咸》曰:"絶無以北,憪然嘖思。""思"亦"息"之誤。《噬嗑之復》曰:"絶無以北,憪然憤息。""憤"又"嘖"之誤也。

故亦非華説之所能精

《文賦》　是蓋輪扁所不得言,故亦非華説之所能精。今李善本如此。

【念孫案】"故亦非華説之所能精",李善本有"亦"而無"故",五臣本有"故"而無"亦",今李善本兼有之者,後人據五臣本旁記"故"字,而傳寫者因誤合之也。六臣本作"亦非華説之所能精",又云:"'亦',五臣作'故'。"劉良曰"文章之妙,故非此輩所能精察而言”,是其明證矣。

故聞其悲聲

《洞簫賦》 故聞其悲聲,今李善本如此。則莫不愴然累欷,擎涕抆淚,其奏歡娛,則莫不憚漫衎凱,各本“衎”字皆訛作“衍”。案,五臣音“苦汗切”,其爲“衎”字明矣。“憚漫”爲叠韻,“衎凱”爲雙聲,《藝文類聚》引此亦作“衎”,今改正。阿那腲腇者已。

【念孫案】李善本“故聞其悲聲”本作“故爲悲聲”,五臣本作“故其爲悲聲”。見六臣本注。今作“故聞其悲聲”者,後人以意改之也。不知“爲悲聲”“奏歡娛”皆指吹簫者言之,下文“愴然累欷”云云,方指聽簫者言之。若云“聞其悲聲”,則已指聽簫者言之,與下文“其奏歡娛”句不類,自亂其例矣。《藝文類聚・樂部》引此正作“故其爲悲聲”。

瞪瞢忘食

是以蟋蟀斥蠖,蚑行喘息。螻蟻蝘蜓,蠅蠅翊翊。遷延徙迆,魚瞰雞睨。垂喙蜿轉,瞪瞢忘食。況感陰陽之龢,而化風俗之倫哉!

【念孫案】“瞪瞢忘食”,“食”當爲“飧”,字之誤也。“息”“翊”爲韻,“迆”“睨”爲韻,“飧”“倫”爲韻,《藝文類聚》引此已作“食”,則此字之誤久矣。

狀若捷武 毅武孔猛

狀若捷武,超騰逾曳迅漂巧兮。又似流波,泡溲泛㨗,趨巘道兮。

【念孫案】“狀若捷武”，武者，士也。言狀如趫捷之士，超騰逾曳也。《淮南·覽冥》篇：“勇武一人，爲三軍雄。”高注曰：“武，士也。江淮間謂士曰武。”《齊俗》篇：“顏闔爲天下顯武。”《修務》篇：“勇武攘捲一擣。”高注并曰：“楚人謂士爲武。”《漢書·伍被傳》“即使辯士隨而説之”，《史記·淮南厲王傳》“士”作“武”。“捷武”與“流波”相對爲文，是“武”爲“士”也，而李善云“捷武，言捷巧”，如李注，則“狀若捷武”之下，必加“之人”二字，而其義始明。蓋謂“士”爲“武”，唐人已不知有此訓矣。《七發》云：“毅武孔猛，袒裼身薄。”毅武，亦謂果毅之士也。

噫可以進乎

《舞賦》《激楚》《結風》《陽阿》之舞，材人之窮觀，天下之至妙。噫可以進乎？

李善曰：“孔氏《尚書傳》曰：‘噫，恨辭也。’”李周翰曰：“噫，嘆聲。嘆其美，可進爲群臣之樂。”【念孫案】二李斷“噫”字爲句，非也。“噫可以進乎”五字作一句讀，“噫”讀爲“抑”，語詞也。言楚舞之妙如此，抑者可進之以樂群臣乎。抑者，猶言意者。説見下。“抑”字或作“意”，《論語·學而》篇“抑與之與”，漢石經“抑”作“意”。《墨子·非攻》篇曰：“意將以爲利天乎？”《莊子·駢拇》篇曰：“意仁義其非人情乎？”“意”并與“抑”同。或言“意亦”。《大戴禮·武王踐阼》篇曰：“黄帝、顓頊之道存乎？意亦忽不可得見與？”《秦策》曰：“誠病乎？意亦思乎？”“意亦”與“抑亦”同。或言“意者”。《晏子春秋·雜》篇曰：“意者非臣之罪乎？”《墨子·節葬》篇曰：“意者可邪？”

《漢書·叙傳》曰:"其抑者從横之事,復起於今乎?""抑者"與"意者"同。又作"億",《震》六二及《文王世子》注見下。《史記·吴王濞傳》"億亦可乎","億亦"與"抑亦"同。《魏都賦》"億若大帝之所興作,二嬴之所曾聆","億若"與"抑若"同。下文云:"抑若春霆發響,而驚蟄飛競。潛龍浮景,而幽泉高鏡。"即其證也。李周翰訓"億"爲"遠",非是。又作"噫"。《小雅·十月》篇"抑此皇父",鄭箋曰:"抑之言噫。"《震》六二"億喪貝",王弼曰:"億,辭也。"《釋文》曰:"億,本又作噫。"《文王世子》注:"億可以爲之也。"正義曰:"億是發語之聲。"《釋文》曰:"億,本又作噫。"《繫辭傳》曰:"噫亦要存亡吉凶,則居可知矣。""噫亦"與"抑亦"同。《釋文》《正義》斷"噫"字爲句,訓爲"嘆聲",非是,説見《經義述聞》。《莊子·外物》篇曰:"噫其非至知厚德之任與?"《新序·雜事》篇曰:"噫將使我追車而赴馬乎?投石而超拒乎?逐麋鹿而搏豹虎乎?噫將使我出正辭而當諸侯乎?决嫌疑而定猶豫乎?"《韓詩外傳》"噫"作"意"。《法言·五百》篇曰:"噫者吾於觀庸邪。""意""億""噫"并與"抑"同,説者多以"噫"爲嘆聲,失之矣。

惟籦籠之奇生兮

《長笛賦》 惟籦籠之奇生兮,于終南之陰崖。

吕向曰:"奇生,謂生奇質也。"【念孫案】如吕説,則"奇"下須加"質"字,而其義始明。今案,"奇"讀爲"寄"。寄,托也。言托生於山崖也,故下文即云"托九成之孤岑"。《洞簫賦》曰:"原夫簫幹之所生兮,于江南之丘墟。"意與此同。《楚辭·七諫》曰:"便娟之修竹兮,寄生乎江潭。"尤其明證矣。

膺陗阤腹陘阻

膺陗阤,腹陘阻。

李善曰:"言以膺服於陗阤而腹突於陘阻也。《淮南子》曰'岸陗者必阤',許慎曰:'陗,峻也。'《字林》曰:'阤,小崩也。'《爾雅》曰:'山絶陘。'郭璞曰:'連山中斷也。'"【念孙案】李説"阤""陘"二字皆失其義。《廣雅》曰:"阤,險也。"《考工記》:"則於馬終古登阤也。"鄭注曰:"阤,阪也。"義亦相近。《上林賦》曰:"巖阤甗錡,摧崣崛錡。"①是"阤"爲險貌也。《廣雅》又曰:"陘,阪也。"《孟子・盡心》篇:"山徑之蹊間介然。"趙注曰:"山徑,山之領。"《法言・吾子》篇曰:"山峌之蹊不可勝由矣。""徑""峌"并與"陘"同,是"陘"爲"阪"也。此言山阪險峻,伐竹者匍匐而上,故曰"膺陗阤,腹陘阻"。"阤"非"崩阤"之"阤","陘"亦非"連山中斷"之"陘"也。

中息更裝

蓋滯抗絶,中息更裝。

李善曰:"許慎《淮南子注》曰:'裝,束也。'謂更裝而奏之。"李周翰曰:"此吹笛聲也,而云'更裝'者,謂中道息聲,更調理而吹之,亦如人之將裝結而出也。"【念孫案】二李説"更裝"二字,皆不得其解而爲之辭。今案,"裝"讀爲"壯"。壯,盛也。言笛聲中息而復盛也。"壯"字古讀若"莊",故與"裝"通。《楚辭・遠游》"精醇粹而始壯",與"行""鄉""陽""英""放"爲韻,

① "上",底本作"土",據同治本改。

“放”讀若“方”。《莊子·在宥》篇“物將自壯”，與“藏”爲韻。《晉語》“趙簡子問於壯馳兹”，舊音曰“壯”音“莊”。《檀弓》“衛有大史曰柳莊”，《漢書·古今人表》作“柳壯”。《莊子·天下》篇“不可與莊語”，《釋文》曰：“莊，一本作壯。”《鄘風·君子偕老》箋“顔色之莊”，《釋文》曰：“莊，本又作壯。”此下二句云“奄忽滅没，曄然復揚”，“奄忽滅没”，所謂中息也。“曄然復揚”，所謂更壯也。

丸挻彫琢

丸挻雕琢，刻鏤鑽笮。

李善曰：“《韓詩》曰‘松柏丸丸’，薛君曰：‘取松與柏。’然則‘丸，取也’。《漢書音義》如淳曰：‘挻，擊也。舒連切。’”今李善本此下有“一作埏，《老子》曰‘挻埴以爲器’”云云，凡四十九字，皆與李注不合，蓋後人取他書附入者，六臣本無此四十九字。【念孫案】李説非也。“丸”之言“和”也，和土以爲器也。“和”“丸”聲相近，故凡字之讀若“丸”者，或讀若“和”，其讀若“和”者亦然。《禹貢》“和夷厎績”，《水經·桓水》注引鄭注曰：“和，讀曰桓。”如淳注《漢書·酷吏傳》曰：“陳宋之俗，言桓聲如和。”《説文》：“萑，鴟屬也。讀若和。”皆其例也。《淮南·俶真》篇曰：“挻挏萬物，揣丸變化。”義與此“丸”字相近。挻，亦和也。《老子》：“挻埴以爲器。”河上公曰：“挻，和也。埴，土也。和土以爲飲食之器。”《太玄·玄文》：“與陰陽挻其化。”蕭該《漢書·叙傳》音義引宋忠注曰：“挻，和也。”《淮南·精神》篇：“譬猶陶人之剋挻埴也。”蕭該引許慎注曰：“挻，揉也。”《齊策》：“桃梗謂土偶人曰：‘子西岸之土也，挻子以爲人。’”高誘曰：“挻，治也。”義與“和”并相近，“丸”“挻”二字，承上文“暴辛爲塤”而言，鄭注《周官·小師》曰：“塤，燒土爲之。”

心慷慨以忘歸

《琴賦》 羨斯岳之宏敞,心慷慨以忘歸。

李善曰:"《爾雅》曰:'愷慷,樂也。'《史記》曰:'穆天子見西王母,樂之忘歸。'"【念孫案】如李注,則正文本作"心康愷以忘歸",今作"慷慨"者,後人據五臣本改之也。《爾雅》曰:"愷康,樂也。"《説文》曰:"愷,康也。"則李注引《爾雅》本作"康",今作"慷"者,又後人據已誤之正文改之也。《神女賦》曰:"心凱康以樂歡。""凱"與"愷"同。此言山形宏敞,令人樂而忘歸,故李注又引《史記》"樂之忘歸"爲證。若改"康愷"爲"慷慨",則與上下文都不相屬矣,五臣本作"慷慨",訓爲"嘆聲",皆非是。

狀若詭赴

或間聲錯糅,狀若詭赴。

李善曰:"言其狀若詭詐而相赴也。"吕延濟曰:"詭,疾也。言間聲緒雜,狀如疾而相赴。"【念孫案】"詭詐相赴",於義未安,訓"詭"爲"疾",尤未之前聞。今案,詭者,異也。高誘注《淮南・説林》篇曰:"詭,不同也。"薛綜注《西京賦》曰:"詭,異也。"赴,趨也。言間聲錯出,若與正聲異趨也。下文曰"初若將乖,後卒同趣",是其明證矣。

若浮海而望碣石

《高唐賦》 崪中怒而特高兮,若浮海而望碣石。

【念孫案】“石”字後人所加，“碣”與上文之“會”，下文之“礚”“厲”“濿”“霈”“邁”“喙”“竄”、李善注引《字林》：“竄，七外切。”“摰”爲韻，《後漢書·竇憲傳》“封神丘兮建隆碣”，與“裔”“外”“界”“世”爲韻。《國三老袁良碑》“曜其碣”，與“厲”“際”“濊”“邁”“乂”“世”爲韻，并與此同。若加“石”字於下，則失其韻矣。《史記·天官書》：“勃碣海岱之間氣皆黑。”《貨殖傳》：“夫燕，亦勃碣之間一都會也。”正義曰：“勃海碣石在西北。”是“碣石”亦可謂之“碣”，不必加“石”字也。李善注曰：“言水怒浪如海邊之望碣石。”引《尚書》孔注：“碣石，海畔山也。”而不單舉“碣”字作解云“碣，碣石山也”，則所見本已衍“石”字。

窐寥窈冥

俯視峭嶸，窐寥窈冥。

李善曰：“窐寥，空深貌。窐，苦交切。”【念孫案】“窐”字，從穴、圭聲，不得有“苦交”之音。蓋其字本作“窯”，從穴、羔聲，故李音“苦交切”。“窯寥”，疊韻字也，《集韻》“窯，丘交切，“丘交”與“苦交”同音。窯寥空寂”，是其明證矣。燒瓦竈謂之窯，音餘昭反，亦取空中之義。《長笛賦》：“庨窌巧老，港洞坑谷。”李注曰：“庨窌巧老，深空之貌。庨，苦交切。窌，郎交切。”“庨窌”與“窯寥”同，“窯”“窐”二字草書相似，故“窯”字譌而爲“窐”。《墨子·備突》篇“置窯竈”，《後漢書·袁紹傳》注引此，譌作“窐”，是其證也。考《玉篇》《廣韻》，“窐”字皆無“苦交”之音，《集韻》爻部内收“窯”字，音“丘交切”，是矣。乃又收“窐”字，音“於交切”，云“窐寥，深遠貌”，則已爲誤本《文選》所惑。

當年遨游

王睢鸝黄，正冥楚鳩。姊歸思婦，垂雞高巢，其鳴喈喈，當年遨游。

李善曰："一本云'子當千年萬世遨游'，未詳。"【引之曰】"年"當爲"羊"，草書之誤也。當羊，即尚羊，"尚"讀如"常"。古字假借耳。《楚辭·惜誓》"托回飈乎尚羊"，王注曰："尚羊，游戲也。"正與"遨游"同義。或作"常羊"，或作"徜徉"，并字異而義同。其一本作"子當千年萬世遨游"，詞理甚爲紕繆，且賦文兩句一韻，多一句則儳互不齊，蓋後人妄改之也。

九竅通鬱精神察滯

九竅通鬱精神察滯，延年益壽千萬歲。

李善曰："《吕氏春秋》曰：'凡人九竅五藏，惡之精氣鬱。'案，《吕氏春秋·達鬱》篇云："凡人三百六十節，九竅五藏六府，病之留，惡之生也，精氣鬱也。"此所引有脱文。高誘曰：'鬱，滯不通也。'"【念孫案】"九竅通鬱精神察"，"察"下本無"滯"字，此與"延年益壽千萬歲"，皆以七字爲句，今本作"精神察滯"者，後人以"察"字與上下文韻不相協，又見注内有"鬱滯不通"之語，因加入"滯"字以協韻耳，不知李注自解"鬱"字，非解"滯"字，又不知"察"字古讀若"際"，《繫辭傳》"萬民以察"，與"契"爲韻。《越語》"先無陽察"，與"蔽""藝"爲韻。《淮南·原道》篇"施四海，際天地"，《文子·道原》篇"際"作"察"。正與"旆""蓋""逝""會""害""逮""歲"爲韻也。"精神察"者，《爾雅》曰："察，清也。"鄭注《禮器》曰："察，明也。"若云"精神察滯"，則不詞之甚矣，五臣本無“滯”字。

志未可乎得原

《神女賦》 時容與以微動兮，志未可乎得原。

李善曰：“原，本也。”【念孫案】原者，度也。言其志未可忖度也。《廣雅》曰：“謜，度也。”“謜”與“原”古字通。《韓子·主道》篇曰：“掩其迹，匿其端，下不能原。”《列女傳·頌義小序》曰：“原度天道，禍福所移。”皆其證也。下二句云“意似近而既遠兮，若將來而復旋”，正申明“志不可原”之意。

於赫君子

韋孟《諷諫詩》 興國救顛，孰違悔過？追思黄髪，秦繆以霸。歲月其徂，年其逮耇。於赫君子，庶顯于後。

李善曰：“嘆美昝之君子，能庶幾自悔，故光顯于後。”【念孫案】如此注，則李善本本作“於昝君子”，《漢書·韋賢傳》亦作“昝”，顔師古曰：“言昝之君子，庶幾善道，所以能光顯於後世也。”“於昝君子”，謂秦繆也。“追思黄髪”“歲月其徂”，皆約舉《秦誓》文也。李周翰注曰：“於赫，美也。言何不美君子之道，庶光明於後代。”據此，則五臣本已作“於赫君子”，今李善本亦作“赫”，則後人據五臣改之耳。“昝”字俗書作“昔”，“赫”字俗書作“赤”，二形相近，故“昝”訛爲“赫”。“於赫，美也”，古亦無此訓。

未若托蓬萊

郭璞《游仙詩》 朱門何足榮,未若托蓬萊。

【念孫案】"蓬萊"本作"蓬藜",後人以此是游仙詩,故改"蓬藜"爲"蓬萊"也。不知此章但言仕不如隱,未及神仙之事。"朱門何足榮"承上"京華游俠窟"而言,"未若托蓬藜"承上"山林隱遯栖"而言。蓬藜,隱者所居,《鹽鐵論·毀學》篇云"包丘子飯麻蓬藜,修道白屋之下"是也。《漢書·司馬遷傳》注云:"藜草似蓬。"蓬、藜皆穢草,而形相似,故書傳多并稱之。《月令》曰:"藜莠蓬蒿并興。"昭十六年《左傳》曰:"斬之蓬蒿藜藋。"《管子·小匡》篇曰:"蓬蒿藜藋并興。"下文"靈谿可潛盤,安事登雲梯。漆園有傲吏,萊氏有逸妻",仍是此意。"登雲梯",猶言致身青雲耳。李善云:"仙人升天,因雲而上,故曰雲梯。"非是。此章"藜"字與"栖""荑""梯""妻""羝""齊"爲韻,於古音屬脂部。第六章"高浪駕蓬萊",與"災""臺""杯""頤""垓""孩""才"爲韻,於古音屬之部,二部不相通用,此非精於周秦兩漢之音者,不能辨也。李善注引《封禪書》"安期生仙者,通蓬萊中",則所見本已作"蓬萊"矣。

結綬生纏牽

左思《招隱詩》 結綬生纏牽,彈冠去埃塵。

李善曰:"《説文》曰:'纏,繞也。'"【念孫案】"纏"當爲"纆",《坎》上六"係用徽纆",馬融曰:"徽纆,索也。"劉表曰:"三股曰徽,兩股曰纆。"《韓策》:"段干越謂新城君曰:王良之弟子駕千里馬,遇造父之弟子。造父之弟子曰:'馬不千里。'

王良之弟子曰：'馬，千里之馬也，服，千里之服也，而不能取千里，何也？'曰：'子纆牽長。故纆牽於事，萬分之一也，而難千里之行。'"張華《勵志詩》"纆牽之長，實累千里"，顔延之《應詔觀北湖田收》詩"取累非纆牽"，李注并引《韓策》爲證。此"纏牽"即"纆牽"之誤，而李讀爲"纏繞"之"纏"，蓋偶未檢也。張華《答何劭》詩云："吏道何其迫，窘然坐自拘。纓緌爲徽纆，文憲焉可逾。"與此"結綬生纆牽"同意。

反稅事巖耕

顔延之《車駕幸京口侍游蒜山》詩　空食疲廊肆，反稅事巖耕。

李善曰："《説文》曰：'稅，租也。'"李周翰曰："言己素餐，疲倦於廊廟之列，今欲反輸國稅，事耕巖石之下。"【念孫案】二李以"稅"爲"租稅"，非也。"稅"讀如"稅駕"之"稅"，《爾雅》曰："稅，舍也。"言反舍於家而事巖耕也。

誰肯相爲言

古辭《飲馬長城窟行》　入門各自媚，誰肯相爲言。

李善曰："人入門咸各自媚，誰肯爲言乎？皆不能爲言也。"李周翰曰："誰肯相爲訪問而言者。"【念孫案】二李皆未解"言"字之意，言，即問也。謂誰肯相爲問也。《爾雅》曰："訊，言也。"郭璞曰："相問訊。"《廣雅》曰："言，問也。"《聘禮》："若有言，則以束帛如享禮。"鄭注曰："有言，有所告請，若有所問也。"《曲禮》："君言不宿於家。"注曰："言，謂有故所問也。"《曾子問》:"召公言於周公。"正義曰:"言,猶問也。"《哀公問》:"寡人願有言,然冕而親迎,不已重乎?"《史記·倉公傳》:"臣意言王曰:'才人女子豎何能?'"此皆古人謂"問"爲"言"之證。

長夜無荒

陸機《短歌行》　來日苦短,去日苦長。今我不樂,蟋蟀在房。樂以會興,悲以别章。豈曰無感,憂爲子忘。我酒既旨,我肴既臧。短歌有詠,長夜無荒。

李善曰:"《毛詩》曰:'好樂無荒。'"【念孫案】荒者,虚也。言無虚此長夜也。《爾雅》:"漮,虚也。""漮"本或作"荒"。《釋文》引郭璞《音義》如此。《大雅·召閔》正義引某氏曰:"《周禮》云:'野荒民散則削之。'"《大雅·桑柔》篇"具贅卒荒",《召閔》篇"我居圉卒荒",《周語》"田疇荒蕪",《毛傳》、鄭《箋》、韋注并云:"荒,虚也。"此詩但言及時行樂,與《唐風》"好樂無荒"異義。

猶將銷鑠而挺解也

《七發》　雖有金石之堅,猶將銷鑠而挺解也。

李善曰:"高誘《吕氏春秋》注曰:'挺,猶動也。'"【念孫案】李訓"挺"爲"動",則分"挺"與"解"爲二義矣。今案,鑠,亦消也。挺,亦解也。《吕氏春秋·仲夏紀》:"挺衆囚,益其食。"高注曰:"挺,緩也。"鄭注《月令》曰:"挺,猶寬也。"義與"解"亦相近。字或作"綎"。《吕氏春秋·勿躬》篇:"百官慎職,而莫敢愉綎。"今本"綎"訛作"綖",辯見上卷。注曰:"愉,解也。綎,緩也。”緩，亦解也，故《序卦傳》曰：“解者，緩也。”《後漢書·臧宫傳》：“宜小挺緩，令得逃亡。”《傅燮傳》：“賊得寬挺。”李賢注并曰：“挺，解也。”下文“筋骨挺解”，義與此同。

寂漻薵蓼

寂漻薵蓼，蔓草芳苓。

李善曰：“言水清淨之處，生薵蓼二草也。《字書》曰：‘薵，藸草也。’毛萇《詩傳》曰：‘蓼，水草也。’”【念孫案】李説非也。“寂漻薵蓼”，四字皆叠韻，謂草貌也。既言“寂漻”，而又言“薵蓼”者，文重詞複以形容之，若《風賦》之“被麗披離”、《子虚賦》之“罷池陂陀”、《上林賦》之“崴磈嵔廆”“偨池茈虒”矣。

乘牡駿之乘

駕飛軨之輿，乘牡駿之乘。

【念孫案】“牡”當爲“壯”。《爾雅》曰：“駿、壯，大也。”又曰：“奘，駔也。”《方言》曰：“奘，大也。秦晉之間，凡人之大謂之奘，或謂之壯。”《説文》曰：“壯，大也。”“奘，駔大也”。“駔，壯馬也”。《楚辭·九嘆》“同駑嬴與乘駔兮”，王注曰：“乘駔，駿馬也。”《魏都賦》曰：“冀馬填厩而駔駿。”然則“壯”“奘”“駔”“駿”四字，名異而實同，壯駿，即駔駿也，作“牡”者，字之誤耳。

《管子》雜志序

《管子》書八十六篇，見存者七十六篇，中多古字古義，而流傳既久，訛誤滋多。自唐尹知章作注，已據訛誤之本，强爲解釋，動輒抵牾。明劉氏績，頗有糾正，惜其古訓未閑，讐校猶略。曩余撰《廣雅疏》成，則於家藏趙用賢本《管子》詳爲稽核，既又博考諸書所引，每條爲之訂正。長子引之，亦婁以見質疑，因取其説附焉。余官山東運河兵備道時，孫氏淵如采宋本與今不同者，録以見示。余乃就曩所訂諸條，擇其要者，商之淵如氏，淵如見而韙之。而又與洪氏筠軒稽合異同，廣爲考證，誠此書之幸也。及余《淮南子》校畢，又取《管子》書而尋繹之，所校之條，差增於舊。歲在己卯，乃手録前後諸條，并載劉氏及孫、洪二君之説之最要者，凡六百四十餘條，編爲十二卷。學識淺陋，討論多疏，補而正之，以竢來哲。嘉慶二十四年三月既望，高郵王念孫叙，時年七十有六。

《管子》弟一

牧民

政之所興

政之所興,在順民心,政之所廢,在逆民心。

【念孫案】"政之所興",唐魏徵《群書治要》及《藝文類聚·治政部上》《太平御覽·治道部五》引此并作"政之所行"。今作"政之所興"者,後人改"行"爲"興",以對下文"政之所廢"耳,不知此四句,本謂"政順民心則行,不順民心則廢"。下文曰:"令順民心,則威令行。"是其證。改"行"爲"興",則失其旨矣。

形勢

得幽

蛟龍得水而神可立也,虎豹得幽而威可載也。

【念孫案】"得幽"當依明仿宋本及朱東光本作"托幽",此涉上句"得"字而誤,後《形勢解》正作"托幽"。

循誤爲脩

上無事，則民自試，抱蜀不言而廟堂既脩。

尹知章注曰："蜀，祠器也。君人者，但抱祠器，以身率道。雖復静然不言，廟堂之政既以脩理矣。"朱曰："'蜀'乃'器'字之誤書耳。"【念孫案】朱以"蜀"爲"器"之誤是也。後《形勢解》作"蜀"，亦誤。"脩"當爲"循"，亦字之誤也。隸書"循""脩"二字，傳寫往往譌混。《繫辭傳》："損德之脩也。"《釋文》："脩，馬本作循。"《莊子·大宗師》篇"以德爲循"，《釋文》："循，本亦作脩。"《晉語》"矇瞍脩聲"，《王制》正義引作"循聲"。《史記·商君傳》："湯武不循古而王。"《索隱》曰："《商君書》作脩古。"《荀子·議兵》篇："循上之法。"《吕氏春秋·盡數》篇："射而不中，反循于招，何益于中。"《韓子·五蠹》篇："聖人不期循古。"《趙策》："循禮無邪。"今本"循"字并譌作"脩"。漢《北海相景君碑陰》"故脩行都昌台丘暹"，《金石録》曰："案，《後漢書·百官志》注'河南尹官屬，有循行一百三十人'，而《晉書·職官志》'州縣吏皆有循行'。今此碑陰載故吏都昌台丘暹而下十九人，皆作'脩行'。他漢及晉碑數有之，亦與此碑陰所書同，豈'循''脩'字畫相近，遂致譌謬邪？"《隸續》曰："循、脩二字，隸法只争一畫，書碑者好奇，所以從省借用。""事""試"爲韻，"循""言"爲韻。循，順也，《説文》："循，順行也。"鄭注《尚書·中候》曰："循，順也。"從也。《文選·陸雲〈答張士然〉詩》注引《廣雅》曰："循，從也。"言人君抱器不言，而廟堂之中已順從也。《形勢解》云："人主立其度量，陳其分職，明其法式，以莅其民，而不以言先之，則民循正。所謂抱蜀者，祠器也。故曰'抱蜀不言，而廟堂既循'。"今本"循"字亦誤作"脩"，今據上文"則民循正"改。是其證矣。《宙合》篇曰："明墨章畫，今本"畫"譌作"書"，辯見《宙合》。道德有常，則後世人人脩理而不迷。""脩"亦當爲"循"，言君子道德有常，如工人之明墨章畫，則後世皆循其理而不迷也。《君臣》篇曰:"權度不一,則脩義者惑。"又曰:"能上盡言於主,下致力於民,而足以脩義從令者,忠臣也。"兩"脩"字皆當爲"循",循,亦從也。下文云:"下之事上不虚,則循義從令者審也。"是其證矣。《四稱》篇曰:"不脩天道,不鑒四方。"又曰:"不脩先故,變易國常。"兩"脩"字亦當爲"循",言不順天道,不遵先故也。《侈靡》篇曰:"緣故脩法以政治道。""脩"亦當爲"循"。緣,亦循也。《廣雅》:"緣,循也。""政"與"正"同,言緣順故常,遵循法度,以正治道也。尹注"緣順故常,脩理法制,爲政不違於道",失之。《勢》篇曰:"慕和其衆,以脩天地之從。"又曰:"脩陰陽之從,而道天地之常。"兩"脩"字亦當爲"循"。循,順也。從,行也。《廣雅》:"從,行也。"《夏小正》傳曰:"不從者弗行。"言順天地之行,順陰陽之行也。"道天地之常","道"與"循"義亦相近也。尹注:"道,從也。"《正》篇曰:"明之以察其生,必脩其理。"《九守》篇曰:"因之脩理,故能長久。"兩"脩"字亦當爲"循"。循理,順理也。《九守》篇又曰:"脩名而督實,按實而定名。""脩"亦當爲"循"。循,因也,因名而責實也。《韓子·定法》篇曰:"因任而授官,循名而責實。"《淮南·主術》篇曰:"循名責實,官使自司。"《後漢書·王堂傳》曰:"循名責實,察言觀效。"《蜀志·諸葛亮傳》評曰:"循名責實,虚僞不齒。"皆本於《管子》也。《地數》篇曰:"修河濟之流,南輸梁趙宋衛濮陽。""脩"亦當爲"循",言循河濟而南也。

獨有

唯夜行者,獨有也。

【念孫案】“獨有也”當從朱本作“獨有之也”。尹注云：“故獨有之也。”後《解》云：“故曰‘唯夜行者獨有之也’。”今本“也”誤作“乎”，據此文改。皆其證。《淮南·覽冥》篇作“惟夜行者爲能有之”，亦有“之”字。

平原之隰

平原之隰，奚有於高。

後《解》云：“所謂平原者，下澤也，雖有小封，不得爲高，故曰‘平原之隰，奚有於高’。”【念孫案】此當作“平隰之封，奚有於高”，後《解》當作“所謂平隰者，下澤也。雖有小封，不得爲高，故曰‘平隰之封，奚有於高’”。尹注云：“言平隰之澤，雖有小封，不成於高。”是其明證也。下濕曰隰，故言“下澤”。積土曰封，故言“雖有小封，不得爲高”。後人既改此文“平隰之封”爲“平原之隰”，遂并後《解》而改之，弗思甚矣。

譕臣

譕臣者，可以遠舉。顧憂者，可與致道。

【引之曰】“譕”與“謨”同。《集韻》曰：“謨，古作譕。”《爾雅》曰：“謨，謀也。”“臣”當作“巨”，字形相似而誤。巨，大也。“譕巨”者，謀及天下之大，而非一家一國之謀也。《形勢解》曰：“明主之慮事也，爲天下計者，謂之譕臣。”“臣”亦當作“巨”。曰“慮”、曰“計”，釋“譕”字也。曰“天下”，則釋“巨”字也。若作“譕臣”，則其義不可通矣。且“巨”與“舉”爲韻，“憂”與“道”爲韻。二字古音同在幽部。若作“臣”字，則又失其韻矣。尹注非。

故曰

故曰:伐矜好專,舉事之禍也。

劉績曰:"經文不應有'故曰',此二字疑衍。"【念孫案】"伐矜好專"二句,與上文義不相屬,則不當有"故曰"二字,此涉上注"故曰參之天地"而衍。

邪氣入内

邪氣入内,正色乃衰。

【念孫案】"入"當依宋本、朱本作"襲"。後《解》及《文選·長門賦》注、《七發》注引此并作"襲"。襲,即入也。《晉語》韋注、《淮南·覽冥》篇高注、《莊子·大宗師》篇司馬彪注、《吴都賦》劉逵注并云"襲,入也"。無庸改"襲"爲"入",孫氏淵如説同。

天下

有聞道而好定萬物者,天下之配也。

【念孫案】"天下"當爲"天地"。人君能定萬物,則可以配天地。上文云:"能與而無取者,天地之配也。"即其證。今作"天下"者,涉上文"天下之人"而誤。《黄氏日鈔》亦云"地"誤作"下"。

釋之

莫知其釋之。

【念孫案】宋本"釋"作"澤",古字假借也。說見《戒》篇"澤其四經"下。今本作"釋"者,後人不識古字而改之。

違之

其功逆天者,天違之。

【念孫案】宋本"違"作"圍",下文"天之所違"及後《解》并同。古字假借也。"違"之通作"圍",猶"圍"之通作"違"耳。《繫辭傳》:"範圍天地之化而不過。"《釋文》:"範圍,馬、王肅、張作'犯違'。"今本作"違"者,亦後人不識古字而改之。

烏鳥之狡

烏鳥之狡,雖善不親。

【念孫案】"烏鳥之狡"當作"烏集之佼"。"佼"與"交"同。《說文》:"佼,交也。"《七臣七主》篇:"好佼友而行私請。"又,《明法》篇"民務交而不求用",《明法解》"交"作"佼"。《趙策》"夫齊、韓事趙,宜爲上交",《史記·趙世家》"交"作"佼"。後《解》云:"與人佼,宋本如是,今本改"佼"爲"交"。多詐僞,無情實,偷取一切,謂之烏集之佼。"是其證也。尹注非。

見與之交　見哀之役

見與之交,幾於不親。見哀之役,幾於不結。

【念孫案】“見與之交”當從朱本作“見與之友”，後《解》亦作“友”。隸書“交”字作“㚇”，與“友”相似而誤。後《解》云：“以此爲友則不親，以此爲交則不結。”是此文上句作“友”，下句作“佼”也。“見哀之役”，“哀”與“愛”古字通。《吕氏春秋·報更》篇“人主胡可以不務哀士”，《淮南·説林》篇“各哀其所生”，高注并云：“哀，愛也。”《樂記》“肆直而慈愛者”，鄭注：“愛，或爲哀。”“役”當爲“佼”，字之誤也。“役”字古文作“伇”，與“佼”相似。“佼”與“交”同，後《解》作“見愛之交”，是其證也。尹注非。

獨王

獨王之國，勞而多禍。

劉曰：“當依《解》作‘獨任之國’。”【念孫案】“任”字古通作“壬”，因訛而爲“王”。尹注非。

權修

民無取

民衆而兵弱者，民無取也。

洪氏筠軒曰：“‘取’當作‘恥’，謂民無愧厲，雖衆而弱。《北堂書鈔》二十七引下文‘則民無取’，《文選·射雉賦》李善注引下文‘民無取’，‘取’皆作‘恥’。尹注非。”

民力

欲爲天下者，必重用其國。欲爲其國者，必重用其民。

欲爲其民者,必重盡其民力。

孫云:"'民力'之'民',因上文而衍。"【念孫案】《群書治要》引此無"民"字。

婦言人事

婦言人事,則賞罰不信。

洪曰:"當作'婦人言事'。尹注非。"

不可不審

欲民之可御,則法不可不審。

【念孫案】"審"本作"重"。此言人主重民而輕法,則民不畏。民不畏,則不可御。故曰"欲民之可御,則法不可不重"。《法法》篇曰:"法重於民,不爲愛民枉法律。"義與此同也。今作"不可不審"者,涉下文兩"不可不審"而誤。鈔本《北堂書鈔·刑法部一》明陳禹謨本删去。《太平御覽·刑法部四》引此并作"不可不重"。

立政

大德

大德不至仁,不可以授國柄。

【念孫案】至仁,即大德,未有大德而不仁者。《群書治要》引此,"德"作"位"是也。今作"德"者,涉上章諸"德"字而誤。大位而不至仁,則必失衆心,故下文曰"卿相不得衆,國之危也"。卿相,即大位也。尹注非。

不救於火

山澤不救於火,草木不殖成。

孫曰:"'救'當作'敬',下文'修火憲,敬山澤'其證也。'敬'與'儆'通,言山澤無焚萊之禁,則草木不殖成。"

博出入 博民於生穀

一道路,博出入,審閭閈,愼管鍵。

【念孫案】"博"字義不可通。"博"當爲"摶",字之誤也。俗書"摶"字作"摶",因訛而爲"博"。《商子·農戰》篇:"民不嘗,則國力摶。"《衛策》:"願王摶事秦,無有佗計。"《韓詩外傳》:"好一則摶。"今本"摶"字并訛作"博"。"摶"與"專"同。"一道路,專出入","專"與"一"正同義。"審閭閈,愼管鍵",亦所以專出入也。下文曰:"置閭有司,以時開閉,閭有司觀出入者,以復于里尉。"即專出入之謂也。古書多以"摶"爲"專"。《霸言》篇曰:"夫令不高不行,不摶不聽。""摶"與"專"同。尹讀"摶"爲摶聚之"摶",非是。劉已辯之。《内業》篇曰:"能摶乎?能一乎?"今本"摶"訛作"搏",劉已辯之。《心術》篇作"專"。《繫辭傳》"其静也專",陸績本"專"作"摶"。昭二十五年《左傳》"若琴瑟之專一",董遇本作"摶"。《史記·秦始皇紀》"摶心揖志",《索隱》曰"摶,古專字",引《左傳》"如琴瑟之摶一",從董本也。《商子·農戰》篇曰:"摶民力以待外事。"凡《商子》"專"字皆作"摶"。《吕氏春秋·

適音》篇曰:"耳不收,則不摶。"高注曰:"不摶,入不專一也。"《史記·田完世家》:"韓馮因摶三國之兵。"徐廣曰:"摶音專。"《漢書·天文志》"卒氣摶",如淳曰:"摶,專也。"此皆借"摶"爲"專"之證。又,《八觀》篇:"先王之禁山澤之作者,博民於生穀也。""博"亦當爲"摶",即《商子》所云"摶民力"也。又見《幼官》篇"博一純固"下。

圈屬

凡出入不時,衣服不中,圈屬群徒,不順於常者。

尹注曰:"圈屬,羊豕之類也。"洪云:"'圈'讀'圈聚'之'圈'。屬,係也。群徒謂朋輩,言環結交游之人。《幼官》篇:'强國爲圈,弱國爲屬。'即其證也。尹注非。"

致于鄉屬

五鄉之師出朝,遂于鄉官,致于鄉屬,及于游宗,皆受憲。

【引之曰】"致"下不當有"于"字,此涉上下兩"于"字而衍。鄉官,謂鄉師治事處也。言五鄉之師出朝,遂于治事之處,致其鄉屬,下及于游宗,皆來受憲也。下文云:"五屬大夫至都之日,遂於廟,致屬吏,皆受憲。"是其證。

由田

相高下,視肥墝,觀地宜,明詔期,前後農夫,以時均修焉,使五穀桑麻皆安其處,由田之事也。

【念孫案】“由”即“田”字之誤，今作“由田”者，一本作“田”，一本作“由”，而後人誤合之也。田，謂農官也。《月令》“命田舍東郊”，鄭注曰：“田，謂田畯，主農之官也。”《法法》篇曰：“皋陶爲李，后稷爲田。”《小匡》篇曰：“弦子旗爲理，甯戚爲田。”

修

修生則有軒冕、服位、穀禄、田宅之分，死則有棺槨、絞衾、壙壟之度。

【念孫案】“生”上不當有“修”字，此涉上文“鈞修”而衍。《春秋繁露·服制》篇文與此同，無“修”字。

服絻

刑餘戮民，不敢服絻。“絻”與“冕”同。

“絻”，一本作“絲”。【念孫案】刑餘戮民，不得與四民同服，非但不敢服絻而已。一本“絻”作“絲”是也。《春秋繁露》作“刑餘戮民，不敢服絲玄纁”是其證。古者爵弁服，玄衣纁裳，皆以絲爲之。洪説同。

乘馬

太山

凡立國都，非於太山之下，必於廣川之上。

【念孫案】“太”當爲“大”。“大山”“廣川”相對爲文，無取於“太山”也。

正不正

正不正，則官不理。

【念孫案】“正不正”當作“地不正”，此承上文“正地”而言。“地不正，則官不理”，即上文所云“地不平均和調，則政不可正也”。今本“地”作“正”者，涉上下文“正”字而誤。尹注非。

百利不得

是故百貨賤，則百利不得。百利不得，則百事治。

【念孫案】“百利不得”當作“百利得”，言百貨賤，則民之得貨多而百利得，百利得則百事治矣。上文云“何以知事之治也，曰‘貨多’”是其證。今作“百利不得”者，涉下文六“不”字而誤，《太平御览・資産部七》引此正作“百利得”。尹注非。孫説同。

地之小大

是知諸侯之地，千乘之國者，所以知地之小大也，所以知任之輕重也。

【念孫案】“地之小大”當作“器之小大”。上文云“諸侯之地，千乘之國者，器之制也”，故此文云“是知諸侯之地，千乘之國者，所以知器之小大也，所以知任之輕重也”。下文“不知任”“不知器”正承此二句言之。今本“器”作“地”者，涉上文“諸侯之地”而誤。

樊棘

樊棘雜處，民不得入焉。

【引之曰】草木無名“樊”者，“樊”當爲“楚”，字形相似而誤。楚，荆也。“楚棘雜處”，謂荆棘叢生也。《地員》篇曰：“其草宜楚棘。”

鎌纏

藪鎌纏得入焉。

【念孫案】“纏”當從宋本作“纆”。《説文》作“纆”，云“索也”。《坎》上六“係用徽纆”，馬融曰：“徽纆，索也。”劉表曰：“三股曰徽，兩股曰纆。”案，“鎌”者所以刈薪，“纆”者所以束之。《列子·説符》篇曰“擔纆采薪”是也。今本“纆”訛作“纏”，據殷敬順《釋文》改。“采薪”訛作“薪菜”，據《淮南·道應》篇改。“鎌”與“纆”皆入藪采薪者之所用，故曰“藪鎌纆得入焉”。若“纏”爲“纏繞”之義，非繩索之名，不得與“鎌”并舉矣。世人多見“纏”，少見“纆”，故諸書“纆”字多訛作“纏”。辯見《淮南·道應》篇。

一馬

一馬，其甲七，其蔽五。四乘，其甲二十有八，其蔽二十。

【念孫案】一馬之所用，不得有七甲五蔽，"一馬"當爲"一乘"。四乘有二十八甲、二十蔽，則一乘當有七甲、五蔽也。今本"乘"作"馬"者，涉上文"四馬"而誤。

奉車兩

白徒三十人，奉車兩。

【念孫案】"奉車兩"當爲"奉車一兩"。《山至數》篇"方六里而一乘，二十七人而奉一乘"是也。

十一仞見水輕征十分去二三二則去三四

十一仞見水輕征，十分去二三，二則去三四，四則去四，五則去半。

【引之曰】以"五則去半"推之，則當爲"一仞見水輕征，十分去一，二則去二，三則去三，四則去四，五則去半"，謂一仞見水，則去常征十分之一，二仞則去十分之二，三仞則去十分之三，四仞則去十分之四，五仞則去十分之五也。今本譌脱，而又有衍文，幾不可讀。

十分去一

五尺見水，十分去一，四則去三，三則去二，二則去一。

劉曰:"此言當旱之時,若汚下地五尺見水,則常征十分免四。四尺見水則免三,三尺見水則免二,二尺見水則免一。'十分去一'當作'十分去四',乃字之誤也。"

三尺而見水

三尺而見水,比之於澤。

【引之曰】上文由五尺而四尺,四尺而三尺,三尺而二尺,則此當爲一尺矣。若三尺而見水,則地猶高燥,不得比之於澤,蓋寫者誤耳。

閉則類

民之生也,辟則愚,閉則類。

【念孫案】"生"讀爲"性"。見《周官·大司徒》注。"閉"當爲"閑",字之誤也。《廣雅》曰:"閑,正也。"《爾雅》曰:"類,善也。"言民之性入乎邪僻則愚,由乎中正則善也。尹注非。

七法

檐竿

不明於則而欲出號令,猶立朝夕於運鈞之上,檐竿而欲定其末。

【引之曰】"檐"當爲"搖"。"搖",古"搖"字。《考工記》:"矢人夾而搖之。"《釋文》:"搖,本又作搖。"《漢書·天文志》:"附耳搖動。"

言鈎運則不能定朝夕，竿搖則不能定其末也，故《心術》篇曰“搖者不定，趮者不静”。“搯”與“檐”字相似，世人多見“檐”，少見“搯”，故“搯”誤爲“檐”。《史記·建元以來王子侯者表》“千鐘侯劉搖”，《漢表》作“劉擔”。《文選·上林賦》“消搖乎襄羊”，汪文盛本《漢書·司馬相如傳》作“消擔”，皆是“搯”字之誤。尹注訓“檐”爲“舉”，非是。

倍招而必拘之

不明於心術，而欲行令於人，猶倍招而必拘之。

【引之曰】“倍”與“背”同。招，射之旳也。《吕氏春秋·本生》篇曰：“萬人操弓，共射一招。”高注：“招，埻旳也。”《别類》篇曰：“射招者，欲其中小也。”“拘”當爲“射”，字之誤也。草書“射”“拘”相似。射招者，必向招而射。若背招，則招不可得而射矣。上文云“實也，誠也，厚也，施也，度也，恕也，謂之心術”，若無此六者，則令必不行於民，故曰“不明於心術，而欲行令於人，猶背招而必射之也”。尹注非。

百匿傷上威　比周以相爲匿是忘主死交以進其譽

百匿傷上威。

尹注曰：“百，百官也。言百官皆匿情爲私，則上威傷。”【念孫案】尹説甚迂。“匿”與“慝”同。百匿，衆慝也，言奸慝衆多，共持國柄，則上失其威也。《逸周書·大戒》篇：“克禁淫謀，衆匿乃雍。”《韓子·主道》篇：“處其主之側，爲奸匿。”今本“匿”訛作“臣”，辯見《韓子》。“匿”并與“慝”同。《漢書・五行志》"朔而月見東方謂之仄慝",《書大傳》作"側匿"。《漢書・酷吏傳》"上下相爲慝",《史記》"慝"作"匿"。《後漢書・班固傳・典引》"慝亡迴而不泯",《文選》"慝"作"匿"。是"匿"與"慝"古字通。又,《明法》篇:"比周以相爲匿,是忘主死交以進其譽。"尹讀"比周以相爲匿是"爲句,注云:"比周者,凡有公是之事,皆匿而不行也。"其説甚謬。此當讀"比周以相爲匿"爲句,"匿"亦與"慝"同。"比周以相爲慝",猶言朋比爲奸也。"是"下當有"故"字,後《明法解》作"比周以相爲慝,是故忘主死佼以進其譽",是其明證也。又案,"忘主死交",《韓子・有度》篇"死"作"外"是也,故《明法解》云"群臣皆忘主而趨私佼"。"外""死"字相近,故"外"訛作"死"。尹注云"爲交友致死",非也。劉以"死"爲"私"之誤,亦非也。

見危

人君泄,見危。

【念孫案】"見"當爲"則",故尹注曰:"君泄其事,則其位危。"

實也　萬世之實

世主所貴者,實也。

【念孫案】"實"當從朱本作"寶",下文"令貴於寶",是其證。又,《侈靡》篇"萬世之國,必有萬世之實,必因天地之道"。【念孫案】"實"亦當從朱本作"寶",下文"棄其國寶",

是其證。"寶"與"道"爲韻,下文"聖稱其寶",亦與"道"爲韻。

百匿

右四傷百匿。

【念孫案】朱本無"百匿"二字是也。"四傷"是篇目,"百匿"乃"四傷"之一,不得與"四傷"并列。

精材

故聚天下之精財,論百工之鋭器。

【念孫案】"財"當爲"材"。《幼官》篇:"求天下之精材,論百工之鋭器。"尹注云"精材,可以爲軍之器用者"是也。今本"材"作"財"者,涉上文"聚財"而誤。孫説同。

故攻國救邑不恃權與之國

不遠道里,故能威絶域之民。不險山河,故能服恃固之國。獨行無敵,故令行而禁止。故攻國救邑,不恃權與之國,故所指必聽。

【念孫案】"故攻國救邑","故"字涉上下文而衍。"不遠道里""不險山河""獨行無敵""攻國救邑",皆承上文言之,則皆不當有"故"字。"不恃權與之國","恃"當爲"待"。《幼官》《事語》二篇,并云"不待權與",是其證。今本"待"作"恃"者,涉上文"恃固"而誤。尹注同。

版法

置不能圖

衆之所忿,置不能圖。

劉曰:"當依《解》作'寡不能圖'。注非。"

宥過

頓卒怠倦以辱之,罰罪宥過以懲之,殺僇犯禁以振之。

【念孫案】"宥過"當從朱本作"有過"。此謂怠倦者頓卒之,有過者罰罪之,犯禁者殺僇之也。後《解》正作"有過"。

倚邪乃恐

植固不動,倚邪乃恐。

【念孫案】"倚邪"即《周官》之"奇邪"。"奇"與"倚"古字通,後《解》及《明法》篇并作"奇邪乃恐"。又見後"隱行辟倚"下。言法立而不動,則奇邪之人皆恐也。尹注非。

象法

法天合德,象法無親。

【念孫案】"象法"當從朱本作"象地"。"象地"與"法天"相對爲文,故尹注曰:"地之資生,無所私親。"後《解》正作"象地無親"。

佐於四時

參於日月，佐於四時。

【念孫案】“佐”當從朱本作“伍”，字之誤也。“參於日月”，與日月而三也。“伍於四時”，與四時而五也。後《解》正作“伍於四時”。

悦在施有衆在廢私　說在愛施

臧氏用中曰：“‘悦在施有衆在廢私’，尹注四字爲句者，誤也。後《解》作‘說在愛施，有衆在廢私’，而宋本作‘四説在愛施’。其上文云‘愛施俱行，則説君臣，説朋友，説兄弟，説父子’，此‘四説’之明證也。然則此文實五字爲句，本篇脱‘四’字、‘愛’字，後《解》有‘愛’字，而脱‘四’字，合之宋本，而‘四説’之旨乃明。”

修長　高安　不修

修長在乎任賢，高安在乎同利。

【念孫案】“修長”當從後《解》作“備長”，言備長久之道，在乎任賢也。“高安”當從後《解》作“安高”，言安上之道，在乎與民同利也。今本“備長”作“修長”，則義不可通。俗書“備”字作“俻”，與“修”相似而誤。“安高”作“高安”，則與上句不對矣。又，《八觀》篇：“宫垣關閉，不可以不修。”“修”亦當爲“備”。下文曰：“宫垣不備，雖有良貨，不能守也。”是其證。

《管子》第二

幼官

若因夜虛守静人物人物則皇

尹讀“若以夜虛”爲句，“守静人物”爲句，“人物則皇”爲句。注云：“必因夜虛之時，守其安静，以聽候人物，此時人物則皇暇。”劉云：“後《中圖》作‘處虛守静，人物則皇’，此‘人物’字疑衍，《黄氏日鈔》亦云：“衍‘人物’二字。”當以‘處虛守静’爲句，‘人物則皇’爲句。”臧云：“‘處虛’與‘守静’對文，《老子》所謂‘致虛極，守静篤’也。‘處’與‘夜’字形相似而誤。《秦策》“江上之處女”，《初學記·器物部》引“處”誤作“夜”。尹注非。”【念孫案】劉、臧説是。

攻之以官　威之以誠

期之以事，攻之以官，發之以力，威之以誠。

【念孫案】後《中方本圖》，“攻之以官”作“攻之以言”。一本作“攷之以言”，一本是也。《堯典》曰“詢事考言”，故曰“期之以事，攷之以言”。尹注非也。“威之以誠”，“威”當爲

"感"。"攷""攻"、"言""官"、"感""威",皆字之誤。

搏大

九本搏大,人主之守也。

【念孫案】"搏大"當爲"博大"。尹注非。

十官

十官飾勝備威,将軍之守也。

【念孫案】此在"八分"之下,"六紀"之上,則"十官"當爲"七官"。

介蟲

以介蟲之火爨。

【引之曰】上文言"倮獸""羽獸""毛獸",下文言"鱗獸",則此亦當言"介獸"。後人多聞"介蟲",寡聞"介獸",故改"獸"爲"蟲"也。不知羽、毛、鱗、介、倮,皆可謂之蟲,亦皆可謂之獸。《月令》曰:"其蟲羽,其蟲倮,其蟲毛。"是羽者、倮者、毛者,亦謂之蟲也。其羽者、介者、鱗者,亦皆可謂之獸,故此言"羽獸""介獸""鱗獸"。《曲禮》曰:"前朱鳥而後玄武,左青龍而右白虎。"鄭注曰:"以此四獸爲軍陳。"《正義》曰:"玄武,龜也。"龜爲四獸之一,即此所謂介獸也。《淮南·天文》篇亦曰:"北方其獸玄武。"

利周

信利周而無私。

劉云:"'周'當依後《圖》作'害'。"【念孫案】隸書"害"字或作"害",與"周"相似而誤。尹注非。

置大夫以爲廷安入共受命焉　必足三年之食安以其餘修兵革　其外安榮　下安無怨咎　凡道無所善心安愛　其陽則安樹之五麻　群木安逐　群藥安生　群藥安聚　群木安逐鳥獸安施

置大夫以爲廷,安入,共受命焉。

【念孫案】此當以"置大夫以爲廷"爲句,"安入"爲句,"共受命焉"爲句。廷,官名,言以大夫爲此官也。安,語詞,猶乃也,言諸侯乃入而共受命也。尹讀"置大夫以爲廷安"絶句,甚爲不詞。其注亦甚謬,不足辯。又,《大匡》篇曰:"必足三年之食,安以其餘修兵革。"言必足三年之食,乃以其餘修兵革也。尹讀"必足三年之食安"絶句,注云"有三年食,然後可安",非是。《内業》篇曰:"精存自生,其外安榮。"言精生於中,其外乃榮也。尹訓"安"爲"静",非是。《山國軌》篇曰:"民衣食而繇,下安無怨咎。"言下乃無怨咎也。《内業》篇又曰:"凡道無所,善心安愛。""愛"當爲"處",字之誤也。隸書"處"字或作"𠙮",與"愛"相似。安,猶是也。處,居也。言道無常所,唯善心是居也。下文曰"心静氣理,道乃可止",是其明證也。此二句以"所""處"爲韻,下文以"理""止"爲韻,"遠""産"爲韻,"離""知"爲韻。尹讀"凡道無所善"爲句,"心安愛"爲句,注云:"言道無他善,唯愛心安也。"非是。又,《地員》篇曰:"其陰則生之楂藜,其陽安樹之五麻。"

“安”與“則”相對爲文。安,亦則也,言其陽則樹之五麻也。今本“安”上有“則”字,乃後人不曉文義而妄加之。《地員》篇又曰:“其山之淺,有蘢與斥。群木安逐。”安,於是也。《爾雅》曰:“逐,强也。”言群木於是强盛也。尹注以“安”爲“和易”,非是。又曰“群藥安生”,又曰“群藥安聚”,又曰“群木安逐,鳥獸安施”,“施”當爲“旇”。《白虎通義》曰:“旇,湊也,聚也。”言鳥獸於是聚也。上文“群藥安聚”,即其證也。“旇”字上與“漉”“穀”“逐”爲韻,下與“鹿”爲韻,“旇”與“施”字相近,因訛而爲“施”。尹注云“施,謂有以爲生”,謬矣。義并同也。語詞之“安”,或爲“乃”,或爲“則”,或爲“是”,或爲“於是”,其義并相近。字或作“案”,又作“焉”。《荀子·勸學》篇:“上不能好其人,下不能隆禮,安特將學雜識志,順《詩》《書》而已耳。”楊倞曰:“安,语助。或作安,或作案,《荀子》多用此字。《禮記·三年問》作焉,《戰國策》‘謂趙王曰:秦與韓爲上交,秦禍案移於梁矣。秦與梁爲上交,秦禍案攘於趙矣’,見《趙策》。《吕氏春秋》‘吴起謂商文曰:今日置質爲臣,其主安重。釋璽辭官,其主安輕’,見《執一》篇。蓋當時人通以‘安’爲語助。”【念孫案】字之作“安”者,《管子》《荀子》《吕氏春秋》《戰國策》而外,又見於《國語》《吴語》曰:“王安挺志。一日惕,一日留,以安步王志。”又曰:“王安厚取名而去之。”《老子》“往而不害,安平太”。《墨子》。《非樂》篇曰:“然即當爲之撞巨鍾,擊鳴鼓,彈琴瑟,吹竽笙,而揚干戚,民衣食之財,將安可得而具乎?即我以爲未必然也。”又曰:“然即當爲之撞巨鍾,擊鳴鼓,彈琴瑟,吹竽笙,而揚干戚,天下之亂,將安可得而治與?即我以爲未必然也。”其作“案”者,《荀子》《戰國策》而外,又見於《逸周書》。《武寤》篇曰:“約期于牧,案用師旅。商不足滅,分禱上下。”其作“焉”者,則《禮記·三年問》而外,見於經史諸子者甚多。見《釋詞》。尹氏不知“安”

爲語詞，固宜其説之多謬也。

習勝之

必得文威武官習勝之。

【念孫案】“習勝”者，習勝敵之術也。“勝”下不當有“之”字，此涉下文“勝之”而衍。注内“勝之”同。宋本、朱本皆無“之”字。

綸理

定綸理勝，定死生勝，定成敗勝，定依奇勝，定實虚勝，定盛衰勝。

【念孫案】綸理，即倫理。“倫”與“綸”古字通，故《漢書·律曆志》“泠倫”作“泠綸”。依奇，即依倚也。《説卦傳》“參天兩地而倚數”，《釋文》：“倚，蜀才作‘奇’。”《周官·大祝》“奇拜”，注：“杜子春云：或云‘奇’讀曰‘倚’。”《漢書·外戚傳》“欲倚兩女”，《史記》“倚”作“奇”。“綸理”“死生”“成敗”“依奇”“實虚”“盛衰”皆兩字平列。尹注非。

奇舉發

奇舉發不意，則士歡用。

【念孫案】“舉發不意”即下文所云“發不意”也。“舉發”上不當有“奇”字，此涉上文“依奇”而衍。自“舉機誠要”至“執務明本”，皆四字爲句。尹注非。

博一純固則獨行而無敵慎號審章則其攻不待權與明必勝則慈者勇

博一純固,則獨行而無敵。

尹注曰:"德博而一,行純而固,誰能敵之?"【念孫案】"博"字與"一純固"三字,義不相屬。尹云"德博而一",則曲爲之説也。"博"當爲"摶",字之誤也。説見前"博出入"下。"摶"即"專"字也。"專一"與"獨行",義正相承。唯其專一純固,故能獨行而無敵。《兵法》篇曰:"一氣專定,則傍通而不疑。"是其證也。古書多以"摶"爲"專"。説見前"博出入"下。又案,下文云"慎號審章,則其攻不待權與。明必勝則慈者勇",尹讀"則其攻不待"爲句,注云"慎號令,審旗章,則攻者争先登,豈顧後而相待乎"。又讀"權與明必勝"爲句,注云"權謀明略,必能勝敵"。【念孫案】尹注甚謬,此當讀"則其攻不待權與"爲句。權與,謂與國也,言能慎號審章,則攻人之國,不待與國之相助也。即上文"獨行無敵"之意。《七法》篇曰:"攻國救邑,不待權與之國。"《事語》篇曰:"獨出獨入,莫之能禁止,不待權與。"今本"與"字皆作"輿",此後人不曉文義而妄改之也,唯宋本作"與"。《輕重甲》篇曰:"數欺諸侯者無權與。"是其證也。下文:"明必勝,則慈者勇。器無方,則愚者智。攻不守,則拙者巧。"六句文同一例,則"明必勝"三字不與"權與"連文,益明矣。

數也動慎十號

數也,動慎十號,明審九章,飾習十器,善習五官,謹修三官。

尹讀“數”爲“煩數”之“數”，而以“數也動愼”連讀，注曰“兵既數動必愼”。孫曰：“‘數’讀如‘計數’之‘數’。‘數也’爲句，‘動愼十號’爲句，與下文‘明審九章’云云，句法爲一例。”【念孫案】孫説是也。“數也”云者，猶言道固然也，乃總結上文之詞。《荀子·仲尼》篇曰：“桓公兼此數節者而盡有之，其霸也宜哉，非幸也，數也。”《吕氏春秋·壅塞》篇：“寡不勝衆，數也。”高注曰：“數，道數也。”本書《權修》篇曰：“教訓成俗而刑罰省，數也。”《法法》篇曰：“上無固植，下有疑心，國無常經，民力必竭，數也。”皆其證。洪曰：“《兵法》篇云：‘三官不謬，五教不亂，九章著明。’此‘五官’當作‘五教’。”

稱材

收天下之豪傑，有天下之稱材。

【念孫案】“稱材”當爲“精材”，即上文所云“求天下之精材”也。《七法》篇云：“聚天下之精材，論百工之鋭器。”《小問》篇云：“選天下之豪傑，有天下之精材。”意并同也。隸書“稱”字或作“稱”，與“精”相似而誤。尹注非。

經不知

器成不守，經不知。教習不著，發不意。

【念孫案】經，過也。謂兵過敵境而敵不知也。“經不知”“發不意”相對爲文。“經”之言“徑”也，《兵法》篇云“徑乎不知，發乎不意”，是其證。尹注非。

死亡不食

死亡不食，不過四日而軍財在敵。

尹注曰："死亡者不享食，鬼神必怨怒，故軍財在敵。"【引之曰】"死亡不食"，義不可通。尹曲爲之説，非也。"亡"蓋"士"之訛。死士，敢死之士也。見定十四年《左傳》杜注。食，猶饗也。"饗死士"，若田單之盡散飲食饗士、李牧之日擊數牛饗士是也。《秦策》曰："廢文任武，厚養死士。綴甲厲兵，效勝於戰場。"是死士所以克敵效勝，今吝惜資財，不肯饗之，則死士不爲之用，將無以勝敵而爲敵所勝，故軍財在敵也。後《幼官圖》篇同。

適勝

察數而知治，審器而識勝，明謀而適勝。

【念孫案】"適勝"當爲"勝適"。"適"即"敵"字也。《兵法》篇云"察數而知治，審器而識勝，明理而勝敵"，是其證。今作"適勝"者，涉上句"識勝"而誤。

則人君從會請命於天地

使國君得其治，則人君從。會請命於天地，知氣和，則生物從。

【念孫案】"則人君從"絶句，與上下之"民人從""大人從""生物從"文同一例，"會"字下屬爲句。會，合也，合請命於天地也。尹以"人君從會"爲句，非是。

不執

著於取與之分，則得地而不執。

【念孫案】“執”字義不可通，尹曲爲之説，非也。“執”當爲“報”。報，復也，反也。《周官·宰夫》注：“復，之言報也，反也。”言明乎取與之分，則得敵之地，而敵不能復取吾地也。《越語》曰：“戰勝而不報，取地而不反。”是其證。隸書“執”字或作“㓨”，見漢《淳于長夏承碑》。形與“報”相似，故“報”譌爲“執”矣。《漢書·王子侯表》“騶丘原侯報德”，《史表》“報”作“執”。

幼官圖

則功得而無害也

審於動静之務，則功得而無害也。

【念孫案】“也”字衍，前篇無“也”字，以上下文例之，亦不當有“也”字。

五輔

上彌殘苟而無解舍下愈覆鷙而不聽從　苟於民

上彌殘苟而無解舍，下愈覆鷙而不聽從。

尹注曰：“居上位者小人，故殘賊苟且也。覆，察也。鷙，疑也。上既賊苟而不舍，故下伺察而懷疑。”劉曰：“‘殘苟’當作‘殘苛’，乃字之誤也。”【念孫案】尹注甚謬，劉以“苟”爲

"苛"之誤是也。凡隸書從可、從句之字往往訛混。《説文》"抲"字解引《酒誥》"盡執抲",今本作"盡執拘"。《考工記》"妢胡之笱",注:"故書笱爲筍,杜子春云:筍當爲笱。"漢《巴郡太守張納碑》"犴無拘紲之人","拘"字作"抲"。《冀州從事郭君碑》"凋柯霜榮","柯"字作"柯",其右畔極相似。又見下。故"苛"誤作"苟",下文"薄税斂,毋苛於民","苛"字亦誤作"苟"。尹注謂"無苟取於民",非是。《莊子·天下》篇:"君子不爲苛察。"《釋文》:"苛,一本作苟。"《楚策》"以苛廉聞於世",《史記·甘茂傳》作"以苟賤不廉聞於世",《説文敘》曰"廷尉説律,至以字斷法,'苛人受錢','苛'之字'止句'也",隸書"苛"字或作"苛",上從艸,下與"句"相似。而此云"'苛'之字'止句'"者,蓋隸書從"止"之字或作"艹",與從艸者相亂故也。皆其證矣。"覆"讀爲"愎",愎、鷙,皆很也。言上殘苛而不已,則下很戾而不從也。《廣雅》曰:"愎、鷙,很也。"宣十二年《左傳》"剛愎不仁",杜預曰:"愎,很也。"《漢書·匈奴傳》"天性忿鷙",顔師古曰:"鷙,很也。""愎"字從心、复聲,故與"覆"通。字又作"復",《趙策》云"知伯之爲人好利而鷙復"是也。《韓子·十過》篇"復"作"愎"。又作"蝮",《史記·酷吏傳贊》云"京兆無忌、馮翊殷周蝮鷙"是也。

利壇宅

辟田疇,利壇宅。

尹注曰:"壇,堂基。"【念孫案】尹説非也。"利"當爲"制",字之誤也。隸書"制"字或作"𠛒",形與"利"相似。"壇"讀爲"廛",謂制爲廛宅也。《荀子·王制》篇曰:"順州里,定廛宅。"《鹽鐵論·相刺》篇曰"經井田,制廛里"是也。《魏風·伐檀》傳曰："一夫之居曰廛。"《周官·載師》注曰："廛，民居之區域也。"《遂人》注曰："廛，城邑之居。""廛"與"壇"古同聲而通用，《周官·廛人》"故書廛作壇。杜子春讀壇爲廛"。[1] 又，《載师》："以廛里任國中之地。""故書廛或作壇，鄭司農云'壇，讀爲廛'"，[2]是其證。

振罷露　國家乃路　國家踣

振罷露。

尹注曰："疾憊裸露者振救之。"【念孫案】上文云"養長老，慈幼孤，恤鰥寡，問疾病，弔禍喪，此謂匡其急"，此云"衣凍寒，食飢渴，匡貧寠，振罷露，資乏絶，此謂振其窮"。是上言"問疾病"，乃匡急之事，非振窮之事。此言"振罷露"，乃振窮之事，非匡急之事。尹以"罷"爲"疾憊"，非也。至以"露"爲"裸露"，則尤未解"露"字之義。今案，罷露，謂室家疲敝也，"罷"與"疲"同。"匡貧寠""振罷露""資乏絶"，三者義相近。"露"之言"羸"也，《方言》曰："露，敗也。"昭元年《左傳》："勿使有所壅閉湫底，以露其體。"杜注曰："露，羸也。"案，《廣雅》："疲、羸，極也。"疲羸，猶罷露，故云"露，羸也"。《正義》曰："羸，義與'倮'相近。倮，露形也。羸，露骨也。"誤與尹注同。《列子·湯問》篇："氣甚猛，形甚露。"張湛曰："有膽氣而體羸虚。"《逸周書·皇門》篇曰："自露厥家。"《莊子·漁父》篇曰："田荒室露。"《荀子·富國》篇曰："田疇穢，都邑露。"楊倞注："露，謂無城郭牆垣。"

---

① 此爲鄭玄注文。
② 此爲鄭玄注文。

此亦未解"露"字之義。義并同也。字或作"路",又作"潞"。《孟子·滕文公》篇:"是率天下而路也。"趙注曰:"是率導天下之人以羸路也。"今本"羸路"作"羸困之路",此後人不曉"路"字之義而妄改之也。案,《音義》曰:"丁、張并云'路'與'露'同。"又所列注文内無"困之"二字,今據删。《秦策》:"士民潞病於内。"高注曰:"潞,羸也。"《韓子·初見秦》篇"潞病"作"疲病",是"罷"與"露"同義,故《齊策》曰:"其百姓罷而城郭露。"合言之則曰"罷露"矣。《韓子·亡徵》篇曰:"好罷露百姓。"《外儲説左》篇"罷露"作"罷苦"。《秦策》曰:"諸侯見齊之罷露。"《吕氏春秋·不屈》篇曰:"士民罷潞。"高注曰:"潞,羸也。"皆其證矣。又,《四時》篇:"不知五穀之故,國家乃路。""路"亦與"露"同,露,敗也。尹注云"路,謂失其常居",亦失之。又,《七臣七主》篇:"故設用無度,國家路,舉事不時,必受其災。""度""路"爲韻,"時""菑"爲韻,今本"路"作"踣",乃後人不知古義而妄改之耳。下文"亡國路家",今本"路"作"踣",亦是後人所改。

失

貧富無度則失。

【念孫案】"失"讀爲"佚",謂放佚也。古字多以"失"爲"佚",見《九經古義》。尹注非。

辯事　功材

大夫任官辯事,官長任事守職,士修身功材。

尹注曰:"辯,明也。能明所任之事也。材,謂藝能,士既修身，必於藝能有功也。”【念孫案】辯，治也。昭元年《左傳》曰“主齊盟者，誰能辯焉”是也。功，成也，謂修身成材也。《爾雅》曰：“功，成也。”《大戴禮·盛德》篇曰：“能成德法者爲有功。”《周官·稾人》：“乃入功于司弓矢及繕人。”鄭注曰：“功，成也。”《莊子·天道》篇曰：“帝王無爲而天下功。”言無爲而天下成也。《荀子·富國》篇曰：“百姓之力，待之而後功。”言待之而後成也。“修身功材”與“任官辯事”“任事守職”皆相對爲文，是“功”爲“成”也。尹説皆失之。

雕琢采

是故博带梨，大袂列，文綉染，刻鏤削，雕琢采。

尹注曰：“采雕琢爲純漫。”【引之曰】“采”字義不可通。“采”疑當爲“平”，《説文》曰：“平，古文平。”形與“采”相似，故誤爲“采”也。“雕琢平”者，金曰雕，玉曰琢，皆篆刻爲文章，今則磨之使平也，與上文“刻鏤削”正同義。尹注非。

不失

古之良工，不勞其知巧以爲玩好，是故無用之物，守法者不失。

【念孫案】“失”當爲“先”，字之誤也。《吕氏春秋·先己》篇注云：“先，猶尚也。”言守法之人，不尚此無用之物也。尹注非。

宙合

王施

王施而無私，則海内來賓矣。

【念孫案】“王”當爲“正”。施之無私，故曰“正施”。

如此

章道以教，明法以期，民之興善也如此，湯武之功是也。

【念孫案】“如此”當從宋本作“如化”，《吕氏春秋・懷寵》篇曰：“兵不接刃而民服若化。”

不究

其處大也不究，其入小也不塞。

尹注曰：“究，窮也。”【念孫案】“究”當爲“窕”，字之誤也。窕，不滿也。塞，不容也。以小處大則窕，以大入小則塞，唯因物施宜，則處大而不窕，入小而不塞矣。《廣雅》曰：“窕，寬也。”昭二十一年《左傳》：“鍾小者不窕，大者不摦。窕則不咸，摦則不容。”杜注曰：“窕，細不滿也。摦，横大不入也。不咸，不充滿人心也。不容，心不堪容也。”《吕氏春秋・適音》篇：“音太鉅則志蕩，以蕩聽鉅，則耳不容，不容則横塞，横塞則振。太小則志嫌，以嫌聽小，則耳不充，不充則不詹，不詹則窕。”高注曰：“窕，不滿密也。”《淮南・本經》篇：“小而行大，則滔窕而不親。大而行小，則狹隘而不容。”高注曰：“滔窕，不滿密也。”《大戴禮・王言》篇曰：“布諸天下而不窕，内諸尋常之室而不塞。”《淮南・氾論》篇亦云：“舒之天下而不窕，内之尋常而不塞。”《墨子・尚賢》篇曰：“大用之天下則不窕，小用之則不困。”“窕”本或誤作“究”，《尚同》篇云：“大用之，治天下而不窕。小用之，治一國一家而不横。”足正“究”字之誤。《荀子・賦》篇曰：“充盈大宇而不窕，入郤穴而不偪。”《淮南・原道》篇曰：“處小而不逼，處大而不窕。”《俶真》篇曰：“處小隘而不塞，横扃天地之間而不窕。”皆其證也。草書“窕”字或作“究”，“究”字或作“究”，二形相似，故“窕”誤爲“究”。尹氏不察，而訓“究”爲“窮”，失之矣。

法崖

地化生無法崖。

【引之曰】“法”當爲“泮”。《衛風・氓》篇“隰則有泮”，鄭箋曰：“泮，讀爲畔。畔，涯也。”故曰“地化生無泮崖”，尹注云“物之生化，無有崖畔”是其證。今本“泮”作“法”者，涉注文“法天地”而誤。

巨獲

成功之術，必有巨獲。

【念孫案】“巨獲”讀爲“榘矱”，“榘”，今省作“矩”。《説文》：“巨，規巨也。或作榘。”“蒦，度也。或作彠”。《楚詞》曰：“求榘彠之所同。”今《楚詞》作“榘矱”，王注曰：“榘，法也。矱，度也。”下文曰：“必周於德，審於時。時德之遇，事之會也，若合符然。”正所謂“成功之術,必有椝矱”也。尹注非。

涅儒

此言聖人之動静、開闔、詘信、涅儒,取與之必因於時也。

【念孫案】“涅”當爲“浧”,“儒”當爲“偄”,皆字之誤也。《幼官》篇“藏温偄”,宋本“偄”誤作“儒”,今本又誤作“濡”。凡隸書從“耎”之字,多誤從“需”。若“碝”之爲“礝”,“麌”之爲“鸁”,“蝡”之爲“蠕”,皆是也。“浧”與“盈”同,《左氏春秋》昭二十三年“沈子浧”,《穀梁》作“沈子盈”。《左氏傳》“欒盈”,《史記》作“欒浧”。又,《左氏傳》昭四年“浧其心以厚其毒”,《新序·善謀》篇“浧”作“盈”。“偄”與“緛”同。盈緛,猶盈縮也。《廣雅》:“緛,縮也。”曹憲音“而兗反”。《素問·生氣通天論》“大筋緛短,小筋弛長”,王冰曰:“緛,縮也。”《漢書·天文志》:“已出三日而復微入,三日乃復盛出,是爲耎而伏。”晉灼曰:“耎,退也。”《太玄·耎》曰:“陽氣能剛能柔,能作能休,見難而縮。”范望曰:“耎而自縮,故謂之耎。”是“緛”與“縮”同義,“緛”“偄”“耎”古字通,“盈縮”與“詘伸”義相因也。《淮南·人間》篇曰:“得道之士,内有一定之操,而外能詘伸、嬴縮、卷舒,與物推移。”詘伸嬴縮,即詘信盈緛。

含愁

是以古之士有意而未可陽也,故愁其治言,含愁而藏之也。

尹注曰:“有意濟世,時亂方殷,未可明論,故曰理代之言,陰愁而藏之。”“治世”作“理代”,此避太宗、高宗諱。【念孫案】

注言“陰愁而藏之”，則正文“含”字當是“侌”字之誤。“侌”，古“陰”字也。“愁”與“揫”同，《鄉飲酒義》“秋之爲言愁也”，鄭注曰：“愁，讀爲揫。揫，歛也。”“陰”與“陽”正相反，故曰“有意而未可陽也，故揫其治言，陰揫而藏之也”，謂陰歛其治世之言而藏之也。下文“沈抑以辟罰，静默以侔免”，正申“陰揫而藏之”之義。

辟之也

知道之不可行，則沈抑以辟罰，静默以侔免。辟之也，猶夏之就清，冬之就温焉。

【念孫案】“辟之”之“辟”讀曰“譬”，下屬爲句。“也”字後人所加。後人讀“辟”爲賢者辟世之“辟”，而誤以爲承上之詞，故於“辟之”下加“也”字。

故曰

故曰欲而無謀。

【念孫案】“故曰”二字，涉下文而衍。

循發蒙也

通於可不與“否”同。利害之理，循發蒙也。

【念孫案】“循”字義不可通。“循”當爲“猶”，字之誤也。隸書“猶”字或作“猶”，與“循”相似。上言“若覺臥、若晦明”，此言“猶發蒙”，猶，亦若也，《仲尼燕居》曰“昭然若發矇”是也。尹注非。

義失正

夫行私、欺上、傷民、失士，此四者用，所以害君義失正也。

【念孫案】“義失正”當爲“失義正”，下文曰“爲君上者，既失其義正”，是其證。

先帝常

大人之行，不必以先帝常，義立之謂賢。

【念孫案】“帝”即“常”字之誤而衍者，尋尹注亦無“帝”字。先常，猶言故常，“不必以先常”句絶，言大人之行，不必遵守故常，唯義立之爲賢也。

勸則告

政易民利，利乃勸，勸則告。

劉曰：“‘告’當作‘吉’，對下‘凶’字。注非。”

言易政利民也

故曰：讂充末衡，言易政利民也。

【念孫案】“言”字涉下文“言中正以蓄慎也”而衍，此復述上文“讂充末衡，易政利民”之語，不當有“言”字。

美色淫聲

外淫于馳騁田獵,内縱于美色淫聲。

【念孫案】"美色淫聲"當從宋本、朱本作"美好音聲",此後人以意改之也。美好音聲,即美色淫聲,且與"馳騁田獵"對文,後人之改謬矣。

心怨

國家煩亂,萬民心怨。

【引之曰】"心怨"當爲"懟怨"。上文曰"萬民懟怨",又曰"煩亂以亡其國家",此文即承上言之。

可沈可浮

可淺可深,可沈可浮,可曲可直,可言可默。

【引之曰】"可沈可浮"當從上文作"可浮可沈"。"深""沈"爲韻,"直""默"爲韻。

名爲之説

聖人由此知言之不可兼也,故博爲之治,而計其意。知事之不可兼也,故名爲之説,而况其功。

【念孫案】"名"當爲"各"。事不可兼,故必各爲之説而後備。上言"博爲之治",下言"各爲之説",其義一也。下文曰:"此各事之儀,其詳不可盡也。"是其證。尹注非。

半星辰序各有其司

日有朝暮,夜有昏晨。半星辰序,各有其司。

【念孫案】“半星辰序”二句,即承“夜有昏晨”言之。“半星”者,中星也。《説文》:“半,物分中也。”《玉篇》:“中,半也。”是“半”與“中”同義。中星居天之半,故曰“半星”。辰序,十二辰之序也。司,主也。十二辰之昏中、旦中,各有其序,以主十二月,故曰“半星辰序,各有其司”。尹注非。孫説同。

審别良苦

可正而視,言察美惡,審别良苦,不可以不審。

【念孫案】“察美惡”“别良苦”相對爲文。“别”上“審”字,涉下“審”字而衍。

章書

深而迹,言明墨章書,道德有常,則後世人人循理而不迷。今本“循”作“脩”,非,辯見前“循誤爲脩”下。

【念孫案】“書”當爲“畫”,字之誤也。此言君子之道德有常,如工之明其繩墨,章其規畫,則後人皆循其理而不迷也。《楚辭·九章》“章畫志墨兮,前圖未改”,王注曰“言工明於所畫,念其繩墨,循前人之法,不易其道,以言人遵先王之法度,循其仁義,不易其行”,語意略與此同。此釋上文“深而迹”之意。而,汝也。“墨”與“畫”,所謂“迹”也。“明墨章畫”,所謂“深而迹”也。今本“章畫”作“章書”,則義不可通矣。

萬物之橐也

天地萬物之橐也,宙合有橐天地。"有"與"又"同。

【念孫案】"也"字衍。"天地萬物之橐,宙合有橐天地"已見上文,此復舉上文而釋之,不當有"也"字。

下泉於地之下

宙合之意,上通於天之上,下泉於地之下。

【引之曰】"泉"字義不可通,"泉"當爲"臮"。"臮",古"暨"字也。《説文》:"臮,衆與詞也。從㐺、自聲。《虞書》曰:臮咎繇。"暨,及也,至也。《周語》注。《禹貢》"朔南暨",《漢書·地理志》作"朔南臮"。言宙合之意,上通於天之上,下至於地之下也。"臮"與"泉"字相似,後人多見"泉",少見"臮",故"臮"訛爲"泉"矣。

而山

散之至于無間,不可名而山。

劉曰:"'山'乃'止'字誤。注非。"

樞言

貴在

帝王者,審所先所後。先民與地則得矣,先貴與驕則失矣。是故先王慎貴在所先所後。

【念孫案】“貴在”二字涉下文“慎貴在舉賢”而衍。

將戰士

王主積于民，霸主積于將戰士。

【念孫案】“將”字後人所加。霸主欲强兵，必重戰士之賞，故曰“霸主積于戰士”。據尹注云“卒勇奮”，則無“將”字明矣。朱本删“戰”字，尤非。

與人相胥　胥令而動

人進亦進，人退亦退，人勞亦勞，人佚亦佚。進退勞佚，與人相胥。

尹注曰：“胥，視也，常視人，與之俱進退、勞佚也。”【念孫案】諸書無訓“胥”爲“視”者。胥，待也，言與人相待也。《君臣》篇：“胥令而動者也。”尹注“胥，視也”，亦非。

宗至

誠信者，天下之結也。賢大夫不恃宗至，士不恃外權。

【念孫案】“至”當依宋本作“室”，言不恃宗室，不恃外權，而唯恃誠信也。

衍文六句

衆人之用其心也。爱者,憎之始也。德者,怨之本也。唯賢者不然。

【念孫案】此六句皆涉下文而衍。下文云:"衆人之用其心也。爱者,憎之始也。德者,怨之本也。其事親也,妻子具,則孝衰矣。其事君也,有好業,家室富足,則行衰矣。爵禄滿,則忠衰矣。唯賢者不然。"此則重出而脱其太半矣。又,下文尹氏有注,而此無注。若果有此六句,則尹氏何以注於後而不注於前?然則尹所見本無此六句明矣。

梁池

故善游者死于梁池,善射者死于中野。

【念孫案】梁,即橋也,非池之類,且與"善游"意不相屬。"梁"當爲"渠",字之誤也。《史記·建元以來侯者表》"輝渠忠侯僕多",《廣韻》引《風俗通》"輝渠"作"渾梁"。《衛將軍驃騎傳》"膺庇爲輝渠侯",《正義》曰:"輝渠,《表》作'順梁'。"《漢書·地理志》"禹貢北條荆山下,有强梁原",《水經·渭水》注作"荆渠原"。《後漢書·安帝紀》"敗五原郡兵於高渠谷",注:"《東觀記》曰:'戰九原高梁谷。'渠、梁相類,必有誤也。"渠,溝也。言善游者死于溝池。

未嘗之有

無善事而有善治者,自古及今,未嘗之有。

【引之曰】"未嘗之有"當作"未之嘗有"。《五輔》篇"古之聖主,所以取明名廣譽、厚功大業,顯於天下,不忘於後世,非得人者未之嘗聞”,文義與此同。

衍文一句

故先王不滿也。在“唯賢者不然”下。

【念孫案】此句與上文義不相屬,亦涉下文而衍也。下文云:“釜鼓滿,則人概之,人滿則天概之,故先王不滿也。”此亦重出而脱其太半。

《管子》弟三

八觀

猥計

以人猥計其野,草田多而辟田少者,雖不水旱,飢國之野也。

尹注曰:"猥,衆也。以人衆之多少,計其野之廣狹也。"孫曰:"猥,猶總也,謂以人總計其野。《漢書·董仲舒傳》云:'科別其條,勿猥勿并。'與此'猥'字同意。尹以'人猥'二字連讀,非也。"

國城

夫國城大而田野淺狹者,其野不足以養其民。

【念孫案】"國城"當爲"國域"。下文云"城域大而人民寡,宮營大而室屋寡",營,亦域也。城在國中,宮在城中。若作"國城大",則即是下文之"城域大"矣。"域"與"城"字相似,又涉下文"城"字而誤。

遺苞

大凶，則衆有遺苞矣。今本“遺”上有“大”字。洪曰：“‘大’字涉上文而衍，下文作‘衆有遺苞’，無‘大’字。”【念孫案】尹注亦無“大”字，今删。

尹注曰：“時既大凶，無復畜積，但苞裹升斗以相遺也。”洪曰：“‘苞’讀爲‘塗有餓莩’之‘莩’。遺，棄也。謂年大凶，則衆棄餓死之人於道旁。”【念孫案】洪説是也。凡從包、從孚之字，古聲相近，故字亦相通。《穀梁傳》隱五年：“苞人民、毆牛馬曰侵”，“苞”即“俘”字。《漢書・楚元王傳》“浮丘伯者，孫卿門人也”，《鹽鐵論・毀學》篇作“苞丘子”。《左氏春秋》隱八年“公及莒人盟于浮來”，《公羊》《穀梁》并作“包來”。《投壺》“若是者浮”，鄭注：“浮，或作匏。”《説文》“捊，引取也。或作抱”，“枹，擊鼓杖也”，《禮運》《明堂位》并作“桴”。“罦，覆車也”，《王風・兔爰》篇作“罦”。

什一之師三句

什一之師，什三毋事，則稼亡三之一。

劉云：“前言‘計師役’，則此‘師’乃‘師役’也。謂興師役一分，則相逮者衆而爲三分，是十分中有三分不事農之人，而亡税三之一矣。”【念孫案】劉説是也。下文云“什一之師，三年不解”，則“師”爲“師役”明矣。尹注不足辯。

損瘠　損其正心

稼亡三之一，而非有故蓋積也，則道有損瘠矣。

【念孫案】“損”當爲“捐”,字之誤也。“瘠”讀爲“掩骼埋胔”之“胔”。露骨曰骼,有肉曰胔。出蔡氏《月令章句》。作“瘠”者,借字耳,《荀子·榮辱》篇曰:“不免於凍餓,爲溝壑中瘠。”楊倞注以“瘠”爲“羸瘦”,誤與尹注同。字亦作“脊”,《度地》篇曰:“春不收枯骨朽脊。”《周官·蜡氏》“掌除骴”,與“胔”同。鄭注曰:“故書骴作脊。”《漢書·食貨志》:“堯禹有九年之水,湯有七年之旱,而國無捐瘠。”蘇林曰:“瘠,音漬。”颜師古以“瘠”爲“瘦病”,誤與尹注同,《日知録》已辯之。“道有捐瘠”與上文“衆有遺苞”同意。捐,棄也,謂棄胔於道也。尹注曰:“道行之人有毁損羸瘠者。”非是。又,《任法篇》:“倍其公法,損其正心。”“損”亦當依宋本作“捐”。尹注同。

喪蒸

鄉毋長游,里毋士舍,時無會同,喪蒸不聚,禁罰不嚴,則齒長輯睦,毋自生矣。

尹注曰:“蒸,冬祭名。”【念孫案】“喪蒸”二字,文不相類,且四時皆有祭,何獨舉“蒸”言之乎?“蒸”蓋“葬”字之誤。《周官·大司徒》:“四閭爲族,使之相葬。”所以教民睦也,故喪葬不聚,則民不輯睦。“蒸”字本作“烝”,“葬”俗書作“塟”,二形相似而誤。

本求朝

入朝廷,觀左右本求朝之臣。

尹注曰:“謂原本尋求朝之得失。”【念孫案】尹説非也。

"觀左右本朝之臣"作一句讀,"求"即"本"字之誤。今作"本求朝"者,一本作"本",一本作"求",而寫者誤合之也。下文故曰"入朝廷,觀左右本求朝之臣",宋本無"求"字,即其證。本朝,即朝廷也,《重令》篇曰:"謹於鄉里之行,而不逆於本朝之事。"《大戴禮記·保傅》篇曰:"賢者立於本朝。"《晏子春秋·諫》篇曰:"本朝之臣,慚守其職。"《孟子·萬章》篇曰:"立乎人之本朝而道不行。"《荀子·仲尼》篇曰:"本朝之臣,莫之敢惡。"《吕氏春秋·應言》篇曰:"諸侯之士,在大王之本朝。"

法禁

財厚博惠以私親於民者正經而自正矣

昔者聖王之治其民也不然,廢上之法制者,必負以恥。財厚博惠,以私親其民者,此下有脱文。正經而自正矣。

尹注曰:"臣厚財而作福,則正禮經以示之,其人自正矣。"【念孫案】"財厚"當依注作"厚財",此言廢上之法制及厚財博惠以私親於民者,皆聖王之所禁也。"厚財博惠以私親於民者"與"正經而自正矣"文義不相連屬,兩句之間,當有脱文,尹强爲之解而終不可通也。

亡黨　壺士以爲亡資脩田以爲亡本

故舉國之士以爲亡黨,行公道以爲私惠。

【念孫案】"亡黨"二字,義不可通。"亡"當爲"人己"之

"己",字之誤也。上言"己黨",下言"私惠",義正相同。下文曰"進則相推於君,退則相譽於民,各便其身而忘社稷,以廣其居",即所謂"舉國之士以爲己黨"也。又案,下文"壺士以爲亡資,脩田以爲亡本",文義皆不可通,兩"亡"字亦當爲"己"。"壺"當爲"壹",晉灼注《漢書·薛宣傳》曰:"書篆形'壹关'字象'壺矢'。""脩"當爲"備",俗書"備"字作"偹",與"脩"相似而誤。皆字之誤也。《玉藻》"壹食之人一人徹",鄭注曰:"壹,猶聚也,爲赴事聚食也。"是"壹"可訓爲"聚"。資,用也,言收聚衆士,以爲己用。即所謂"舉國之士以爲己黨"。備置田疇,以爲己業也。上文曰"交人則以爲己賜,舉人則以爲己勞",是其明證矣。尹注皆謬。

威群

聚徒威群,上以蔽君,下以索民。

洪曰:"'威群'當爲'成群',下文云'常反上之法制以成群於國',《法法》篇云'人臣黨而成群'。尹注非。"

隱行辟倚　遁上而遁民

卑身雜處,隱行辟倚,側入迎遠,遁上而遁民者,聖王之禁也。

尹注曰:"倚,依也。自隱其行,以避所依也。卑身雜處,所以遁上。隱行避倚,所以遁民。"劉曰:"隱,'索隱行怪'之'隱'。辟、倚,皆邪也。"【念孫案】尹注甚謬,劉説"辟倚"是也。《版法》篇曰"植固不動,倚邪乃恐","倚邪"即《周官》之"奇邪"。《樞言》篇曰"名正則治，名倚則亂"，《荀子・榮辱》篇曰"飾邪説，文奸言，爲倚事"，是"倚"爲"邪"也。隱行辟倚，謂隱行其僻邪之事也。劉以"隱"爲"索隱行怪"之"隱"，亦非。"遁上而遁民者"，遁，欺也，言上欺君而下欺民也。《廣雅》曰："遁，欺也。"《賈子・過秦》篇曰"奸僞并起，而上下相遁"，《史記・酷吏傳》序曰"奸僞萌起，其極也上下相遁"，皆謂上下相欺也。"遁"字亦作"遯"。《淮南・修務》篇"審於形者，不可遯以狀"，高注曰："遯，欺也。"

和親

莫敢布惠緩行，修上下之交，以和親於民。

【念孫案】"和親"當爲"私親"，字之誤也，上文曰"厚財博惠以私親於民"，是其證。

漁利蘇功

莫敢超等逾官，今本"莫"上有"故"字，涉上文"故士莫敢"而衍，兹據上句删。漁利蘇功，以取順其君。

尹注曰："因少搆多，謂之蘇功。蘇，生息也。"【念孫案】尹説甚迂。蘇者，取也，言漁利取功也。《楚辭・離騷》："蘇糞壤以充幃兮。"王注曰："蘇，取也。"《淮南・修務》篇："蘇援世事。"高注曰："蘇，猶索也。"索亦取也。《説文》："穌，把取禾若也。"《廣雅》曰："穌，取也。""穌"與"蘇"字異而義同。

重令

綦組

而女以美衣錦綉，綦組相稚也。

【念孫案】“綦”當爲“纂”，字之誤也。隸書“纂”或作“纂”，與“綦”相似而誤。《爾雅·釋天》注“用纂組飾旒之邊”，今本“纂”誤作“綦”。《説文》曰：“纂似組而赤。”《七臣七主》篇曰：“文采纂組者，燔功之窯也。”《楚辭·招魂》曰：“纂組綺縞，結琦璜些。”《淮南·齊俗》篇、《漢書·景帝紀》并曰：“錦綉纂組，害女工者也。”是其證。

其攻

明主能勝其攻，今本“主”訛作“王”，以意改。故不益於三者，而自有國正天下。亂主不能勝其攻，故亦不損於三者，而自有天下而亡。

【念孫案】“其攻”皆當爲“六攻”，字之誤也。“其”字古作“亓”，與“六”相似，故“六”訛爲“其”。《史記·周本紀》“三百六十夫”，《索隱》曰：“劉氏音破‘六’爲古‘其’字。”《淮南·地形》篇“通谷六”，《易林·蠱之臨》“周流六虚”，今本“六”字并訛作“其”。勝六攻，即承上文“攻而毀之者六”而言。下文“六攻者，何也”，又承此文“勝六攻”而言，《版法解》亦曰“明君能勝六攻”，“不肖之君不能勝六攻”。

三者字

雖不聽而可以得存者，雖犯禁而可以得免者，雖毋功而可以得富者。

【念孫案】三“者”字皆因下文而衍，下文曰：“凡國有不聽而可以得存者，則號令不足以使下。有犯禁而可以得免者，則斧鉞不足以威衆。有毋功而可以得富者，則禄賞不足以勸民。”上有“有”字，則下當有“者”字。此文上無“有”字，則下不當有“者”字。《版法解》無。

則戰不勝以下三句

若此，則民毋爲自用，民毋爲自用，則戰不勝，戰不勝而守不固，守不固則敵國制之矣。

【念孫案】“則戰不勝”以下當作“則戰不勝而守不固，戰不勝而守不固，則敵國制之矣”。此文之兩“民毋爲自用”、兩“戰不勝而守不固”，義皆上下相承，今則下三句顛倒而失其指矣。《七法》篇曰：“國貧而用不足，則兵弱而士不厲。兵弱而士不厲，則戰不勝而守不固。戰不勝而守不固，則國不安矣。”文義正與此同。

法法

民力必竭

故曰：“上無固植，下有疑心，國無常經，民力必竭，數也。”

【引之曰】“必”字因注而誤，當作“不竭”，此承上文言之。號令禮義、度量刑法者，國之經也。今皆變易無常，則民無所勸懲，莫肯竭力以事其上矣。《君臣》篇曰：“群臣盡智竭力以役其上。”故曰“國無常經，民力不竭”也。上云“民不勸”“民不畏”，此云“民力不竭”，義相因也。上無固植，則下有疑心，國無常經，則民力不竭，乃理之必然者，故曰“數也”。尹注曰：“數，理也。國無常經，民力必竭，而曰‘不竭’者，此非理之言也。”蓋誤解“民力不竭”爲“民力不窮”。然據其説，則正文之本作“不竭”可知。蓋注“民力必竭”，乃反言以起下之詞，而曰“不竭”者云云，則依正文作解也，其所見本之爲“民力不竭”明甚。若如今本作“民力必竭”，則注但言“必竭”可矣，何必迂迴其詞，而論“不竭”之非理乎？

礦石

故赦者，奔馬之委轡也。今本脱“也”字，據《群書治要》及《初學記・政理部》《藝文類聚・治政部》《太平御覽・兵部八十九》《刑法部十八》所引補。毋赦者，痤雎與“疽”同。之礦石也。

《初學記・政理部》《太平御覽・兵部八十九》引此亦作“礦石”。《説文繫傳》引作“磏石”。【念孫案】“礦”字本作“磺”。《説文》：“磺，銅鐵樸也。”“磏，厲石也”。皆非治痤疽者所用。《群書治要》及《太平御览・刑法部十八》引此并作“砭石”是也。《説文》：“砭，以石刺病也。”《素問・異法方宜論》曰：“東方之民，其病皆爲癰瘍，其治宜砭石。”故曰“痤雎之砭石”。

所以

是故先王制軒冕，所以著贵賤，不求其美。設爵禄，所以守其服，不求其觀也。

宋本上“所以”作“足以”。【念孫案】兩“所以”皆當作“足以”，“足”與“不求”文義正相承。下文曰“明君制宗廟，足以設賓祀，不求其美。爲宫室臺榭，足以避燥濕寒暑，不求其大。爲雕文刻鏤，足以辨貴賤，不求其觀”，是其明證也。後人改“足以”爲“所以”，則非其指矣。《群書治要》及《藝文類聚·封爵部》《太平御覽·封建部一》引此并作“足以著貴賤”“足以守其服”，《文選·羽獵賦》注引作“足以章貴賤”。

胥足上尊時而王　頃時而王

君子食於道，則上尊而民順；小人食於力，則財厚而養足。上尊而民順，財厚而養足，四者備體，則胥足上尊時而王，不難矣。

【念孫案】“胥足上尊時而王”，“足上尊”三字，因上文而衍。胥，待也，言待時而王也。尹注“胥，相也”，失之。又，《君臣》篇：“上尊而民順，財厚而備足。四者備體，頃時而王，不難矣。”“頃”當爲“須”，須，亦胥也。

信密

號令必著明，賞罰必信密。

【念孫案】“密”本作“必”，後人罕聞“信必”之語，故以意改之。不知"信必"者,信賞必罰也。《八觀》篇曰:"賞慶信必,則有功者勸。"《九守》篇曰:"刑賞信必於耳目之所見。"《版法解》曰:"無遺善,無隱奸,則刑賞信必。"皆其證。

不與大慮始

故民未嘗可與慮始,而可與樂成功。是故仁者、知者、有道者不與大慮始。

【念孫案】"大"當爲"人",民不可與慮始,而可與樂成功,故有道者不與人慮始。人,亦民也。尹注"大,猶衆也","大"亦當爲"人"。

雖

故巧者能生規矩,不能廢規矩而正方圜。雖聖人能生法,不能廢法而治國。

【念孫案】"雖"字涉上下文兩"雖有"而衍,《群書治要》引此無"雖"字。

不智　智静之修

六者謂生、殺、貧、富、貴、賤。在臣期年,臣不忠,君不能奪。在子期年,子不孝,父不能奪。故《春秋》之記臣有弑其君、子有弑其父者,得此六者,而君父不智也。

尹注曰:"令臣子得此六者,是君父之不智也。"【念孫案】尹讀"智"爲"智慧"之"智",非也。"智"與"知"同,《小問》篇"恃不信之人而求以外知”,《九變》篇作“恃不信之人而求以智”。言權已下移而上不知,故有弑父、弑君之禍也。《君臣》篇曰:“四者一作,而上不知也,則國之危,可坐而待也。”語意正與此同。“智”字古有二音二義:一爲“智慧”之“智”,一爲“知識”之“知”。《説文》:“智,識詞也。”是“智”即“知識”之“知”。《廣雅》曰:“覺、叡、聞、曉、哲,智也。”“叡”“哲”爲“智慧”之“智”,“覺”“聞”“曉”爲“知識”之“知”,是“智”有二音二義也。《墨子·節葬》篇曰:“力不足,財不贍,智不智。”上“智”字去聲,下“智”字平聲。《經説》篇曰:“逃臣不智其處,狗犬不智其名。”此篇内“智”字甚多,皆與“知”字同義。《耕柱》篇曰:“豈能智數百歲之後哉。”此篇内“知”字亦多作“智”。《吕氏春秋·忠廉》篇曰:“若此人者固難得,其患雖得之有不智。”“有”與“又”同。《韓子·孤憤》篇曰:“智不類越,而不智不類其國,不察其類者也。”《秦策》曰:“楚智横門君之善用兵。”姚本如是,鮑本“智”作“知”。《淮南·詮言》篇曰:“有智若無智,有能若無能。”以上諸“智”字,皆與“知”字同義。後人但知“智慧”之“智”或作“知”,而不知“知識”之“知”又作“智”,故凡古書中“知識”之“知”作“智”字者,皆改爲“知”字。此“智”字若非尹氏誤解,則後人亦必改爲“知”矣。又案,《勢》篇:“智静之修,居而自利,智作之從,每動有功。”“智”亦“知”字也。尹氏作注時,下“智”字已改爲“知”,而上“智”字尚未改,故解之曰“既多智而又安静”,蓋不識“智”爲古“知”字,故誤分“智静”爲二也。今本則并上“智”字亦改爲“知”,而古字淪亡矣。

事君　非敢　不敢

牽瑕蔽壅之事君者,非敢杜其門而守其户也,爲令之有所不行也。

【念孫案】“牽瑕蔽壅之事君者”，衍“事”字。“非敢杜其門而守其户也”，衍“敢”字。“爲令之有所不行也”，爲，猶謂也。古者“爲”與“謂”同義，説見《釋詞》。言所謂牽瑕蔽壅之君者，非杜其門而守其户也，謂其令之有所不行也。此三句皆指“君”言之，非指“臣”言之，則首句内不當有“事”字，次句内亦不當有“敢”字，皆後人妄加之耳。下文曰：“蔽塞障逆之君者，不敢杜其門而守其户也，爲賢者之不至，令之不行也。”首句無“事”字是也，次句“敢”字亦後人所加。《群書治要》引作“不杜其門而守其户也”，“不”下無“敢”字，是其證。上文曰：“滅絶侵壅之君者，非杜其門而守其户也，爲政之有所不行也。”首句無“事”字，次句亦無“敢”字，此尤其明證矣。《明法解》曰：“夫蔽主者，非塞其門守其户也，然而令不行，禁不止，所欲不得者，失其威勢也。”文義亦與此同。

務物

務物之人，無大士焉。

【念孫案】“務”當從宋本作“矜”，字之誤也。注内“務”字同。下文兩“矜”字皆承此“矜”字而言。

古今　此二者　不廢

兵當廢而不廢，則古今惑也。此二者不廢而欲廢之，則亦惑也。

【念孫案】此文本作“兵當廢而不廢，則惑也。不當廢而欲廢之，則亦惑也”。今本“古今”二字，涉上文“古今”而衍。“此二者”三字，涉下文“此二者”而衍。“不廢而欲廢之”，“不”下又脱“當”字。尹注非。

所謂擅

故明君知所擅，知所患。國治而民務積，此所謂擅也。動與静，此所患也。

【念孫案】“此所謂擅也”，“謂”字後人所加，“所擅”“所患”皆承上文而言，則“擅”上不當有“謂”字。尹注曰：“擅，專也。君之所專爲，在於國家治而民務積聚也。”則無“謂”字明矣。

則内亂自是起

蔽美揚惡，則内亂自是起。

【念孫案】宋本“起”下有“矣”字是也。上文曰“則外難自是至矣”，正與此句相應。

兵法

因其利

得地而國不敗者，因其民也。因其利，則號制有發也。

【念孫案】“因其利”當從朱本作“因其民”，此復舉上文而申其義也。今作“因其利”者，涉上下文“利”字而誤。

不巧

器械不巧,則朝無定。

【念孫案】"巧"當爲"功",字之誤也。《七法》篇作"器械不功",尹彼注曰"功,謂堅利"是也。器械堅利,則用之可久,故下文曰"器械功則伐而不費",今本亦誤作"巧",《七法》篇作"功"。無取於"巧"也。孫説同。

教其身

一曰教其目以形色之旗,二曰教其身以號令之數。

洪云:"'身'當爲'耳'。號令之數,耳所聽也,因字形相似而誤。尹注非。"

韗

舉韗章則載食而駕。

尹注曰:"韗,韜也。"【念孫案】"韗"本作"皋",即"櫜"字也。《詩·彤弓》《時邁》傳并曰:"櫜,韜也。"莊十年《左傳正義》曰:"《樂記》云'倒載干戈,包之以虎皮,名之曰建櫜',鄭玄以爲'兵甲之衣曰櫜'。櫜,韜也,其字或作'建皋'。"是"櫜""皋"古字通,故尹注云"皋,韜也"。今本作"韗"者,因"韜"字而誤加"韋"耳,《白帖》五十八引此已誤。考《説文》《玉篇》《廣韻》皆無"韗"字,唯《集韻》云"櫜或作韗",則爲俗本《管子》所惑也。

大匡

惕而有大慮　惕而亟驕　吾君惕

小白之爲人，無小智，惕而有大慮。

尹注曰："言雖無小智，能惕懼而有大慮。"【念孫案】"惕懼"與"有大慮"義不相屬，尹説非也。"惕"當爲"愓"，字之誤也。《説文》："愓，放也。"今通作"蕩"。言小白之爲人跌蕩而有大慮也。跌蕩則爲人所不容，故下句即云"非夷吾莫容小白"也。下文曰"臣聞齊君惕而亟驕"，"惕"亦當爲"愓"，《荀子·榮辱》篇曰"愓悍憍暴"是也。"憍"與"驕"同。又下文"吾君惕"，"惕"亦當爲"愓"。

兄

召忽曰："犯吾君命而廢吾所立，奪吾糾也，雖得天下，吾不生也。兄與我齊國之政也。"

《困學紀聞·諸子》類引張嵲《讀管子》曰："兄，古況字。"而注乃謂"召忽謂管仲爲兄"，陋矣。

脅之

使公子彭生乘魯侯，脅之，公薨于車。

尹注曰："拉其脅而殺之。"【引之曰】彭生之殺魯侯，固由斷其脅骨，然"脅之"之"脅"，則非謂"脅骨"也。"脅"即"搚"字之假借。《説文》曰："搚，摺也。一曰拉也"，"摺，敗也"，

“拉，摧也”，“摧，折也”。《玉篇》“拹”音“吕闔、虚業二切”，“虚業切”之音正與“脅”同，故借“脅”爲“拹”。莊元年《公羊傳》説此事曰“拹幹而殺之”，何注曰：“拹，折聲也，以手拹折其幹。”《釋文》：“拹，本又作搚，亦作拉。”然則“脅之”者，以手摧折之也，若以爲“胸脅”之“脅”，則當云“折其脅”，不得云“脅之”矣。今使折人之首而曰“首之”。折人之足而曰“足之”，其可通乎？

歸死

禮成而不反，無所歸死，請以彭生除之。

【念孫案】“無所歸死”當依《左傳》作“無所歸咎”，字之誤耳。

徒人費

誅屨於徒人費。

【引之曰】“徒人費”本作“侍人費”，此後人據誤本《左傳》改之也，辯見《經義述聞》。

彼知能弱齊

夷吾受之，則彼知能弱齊矣。夷吾不受，彼知其將反於齊也，必將殺之。

【念孫案】“彼知能弱齊”本作“彼能弱齊”，彼，謂魯也。《小匡》篇作“則魯能弱齊矣”，是其證。“彼”下“知”字，涉下文"彼知"而衍。

及齊君之能用之也

臣聞齊君惕而亟驕,雖得賢,庸必能用之乎? 及齊君之能用之也,管子之事濟也。

尹注曰:"及,猶就也。就令能用之,管子之事必濟也。"【念孫案】尹未曉"及"字之義。及,猶若也,言若齊君能用之,則管子之事必濟也。《樂記》曰:"樂極則憂,禮粗則偏矣,及夫敦樂而無憂,禮備而不偏者,其唯大聖乎?"及夫,若夫也。《中庸》曰:"今夫天,斯昭昭之多,及其無窮也,日月星辰繫焉,萬物覆焉。"及其,若其也。言自其一處言之,則惟此昭昭之多。若自其無窮言之,則日月星辰萬物皆在其中。下文"及其廣厚""及其廣大""及其不測",并同此意,非謂天地山川之大,由於積累也。《老子》曰:"吾所以有大患者,爲吾有身,及吾無身,吾有何患?"言若吾無身也。又曰:"取天下常以無事,及其有事,不足以取天下。"言若其有事也。

不能待 不能止待

夫管仲,天下之大聖也,今若殺之,此鮑叔之友也。鮑叔因此以作難,君必不能待也。

尹注曰:"待,猶擬也。"【引之曰】尹訓"待"爲"擬",於義無取。今案,待者,禦也。言鮑叔作難,君必不能禦之也。《魯語》曰:"帥大讎以憚小國,其誰云待之。"《楚語》曰:"其獨何力以待之。"韋注并曰:"待,禦也。"昭七年《左傳》曰:"晉師必至，吾無以待之。”《墨子·七患》篇曰：“桀無待湯之備，故放。紂無待武之備，故殺。”《孟子·梁惠王》篇曰：“諸侯多謀伐寡人者，何以待之。”是“待”爲“禦”也。禦敵謂之待，故爲宫室以禦風雨亦謂之待。“重門擊柝，以待暴客”，“上棟下宇，以待風雨”，其義一也。《墨子·辭過》篇“宫室足以待雪霜雨露”，《節用》篇“待”作“圉”。“圉”與“禦”同。又，《制分》篇曰：“故莫知其將至也，至而不可圉。莫知其将去也，去而不可止。敵人雖衆，不能止待。”止待，即止禦也，“止”字承上“不可止”而言，“待”字承上“不可圉”而言。尹以“待”字下屬爲句，大謬，劉已辯之。

踐位

桓公二年，踐位，召管仲。

【念孫案】“桓公踐位”已見上文，此自謂桓公二年召管仲耳。“踐位”二字乃涉上文而衍。尹氏不察，而云“入國二年，方得踐位”，謬矣。

外亂之本

内奪民用，士勸於勇，外亂之本也。

【念孫案】“外亂之本也”本作“亂之本也”。“亂”上“外”字涉下文“外犯諸侯”而衍。内奪民用，士勸於勇，其事皆在内而不在外，下文“外犯諸侯”，乃始言外事耳。尹注非。

其智多誨　自及

吾君惕，“惕”當爲“愓”。愓，放也。説見前“愓而有大慮”下。其智多誨，姑少胥，其自及也。

【引之曰】“智”與“知”同，説見《法法》篇“不智”下。“誨”與“悔”同。《繫辭傳》：“慢藏誨盜，冶容誨淫。”《釋文》：“誨，虞作‘悔’，謂悔恨。”《論語·述而》篇：“吾未嘗無誨焉。”《釋文》：“誨，魯讀爲‘悔’字。”“及”當爲“反”，字之誤也。下同。管仲言吾君之爲人愓，及自知其過，則必多悔，悔則必能自反，故曰“姑少胥，其自反也”，而鮑叔則曰：“比其自反也，國無闕亡乎。”尹注皆非。

甲十萬　車三百乘

同甲十萬，車五千乘。

【引之曰】下文“桓公築緣陵以封杞，予車百乘，甲一千”“築夷儀以封邢，予車百乘，卒千人”，又曰“大侯，車二百乘，卒二千人。小侯，車百乘，卒千人。”皆車一乘，甲十人。此文“車五千乘”，則當云“甲五萬”，今作“十萬”者，因下文“带甲十萬”而誤也。下文“天下之國，带甲十萬者不鮮矣”，其數多於桓公之甲，故曰“吾欲發小兵以服大兵，國欲無危，得已乎”。又案，下文“桓公築楚丘以封衛，與車三百乘，甲五千”，“三”乃“五”之誤。每車一乘，甲十人，甲五千，則車五百乘，不得云“三百”也。《霸形》篇云“車五百乘，卒五千人，以楚丘封衛”，是其證。

博於糧

季友之爲人也，恭以精，博於糧，多小信，可游於魯。尹注曰："博於糧，謂多委積。"

劉曰："案，《小匡》作'公子舉博聞而知禮，好學而辭遜，請使游於魯'，疑即一人，'糧'乃'禮'字誤也。"

蒙孫博於敎

蒙孫博於敎而文巧於辭。

劉曰："'蒙孫'，《小匡》作'曹孫宿'。"【念孫案】隸書"蒙"字或作"蒙"，其上半與"曹"相似，故"曹"訛作"蒙"。孫謂"曹""蒙"聲近而字通，非也。"博於敎"當作"博於斆"，"斆"與"學"同。見《説文》及漢《外黄令高彪碑》。"斆""敎"字相似，又涉上文"楚國之敎"而誤。

諸侯許諾

桓公告諸侯曰："請救伐。"諸侯許諾。"大侯車二百乘，卒二千人。小侯車百乘，卒千人。"諸侯皆許諾。

【引之曰】"諸侯許諾"四字，因下文"諸侯皆許諾"而衍。"請救伐"以下五句，皆桓公告諸侯之詞，此四字不得闌入。

君臣

桓公使鮑叔識君臣之有善者，晏子識不仕與耕者之有善者，高子識工賈之有善者。

【引之曰】“君”當爲“群”，群臣大夫也，下文云“令鮑叔進大夫”是也。晏子識不仕者之善，鮑叔則識已仕者之善。下文曰“凡仕者近宫，不仕與耕者近門，工賈近市”，仕者，即群臣矣。又案，《問》篇“君臣有位而未有田者幾何人”，“君”亦當爲“群”，下文“群臣有位事官大夫者幾何人”是也。

出欲通

凡庶人欲通，鄉吏不通，七日囚。出欲通，吏不通，五日囚。貴人子欲通，吏不通，三日囚。

尹解“出欲通”，曰：“出，謂欲適他國。”劉曰：“‘出’疑‘士’字誤。”【引之曰】劉説是也。士在貴人子與庶人之間，猶下文選舉之事，士在貴人子與農工賈之間也。隸書“出”字或省作“士”，若“敳”省作“敖”，“賣”省作“賣”，“歂”省作“款”之類。故諸書中“士”“出”二字多相亂。《荀子·大略》篇“以其教士畢行”，今本“士”訛作“出”。又，“習容而後出”，今本“出”訛作“士”。《史記·吕后紀》“齊内史士”，徐廣曰：“一作出。”

爲次　多不發　多而發

從政，治爲次，野爲原，又多不發，起訟不驕，次之。

【念孫案】“爲次”二字涉下文“得二爲次”而衍。“次之”二字總承上文“從政治”以下四句而言，則不當更有“爲次”二字，且“從政治，野爲原，又多不發，起訟不驕”，正對下文之“從政雖治而不能野原，又多發，起訟驕”而言，若有“爲次”二字，則既於本文不協，又與下文不對矣。尹注非。洪云："'發'讀爲'廢'，謂開闢荒野爲原田，又教以樹藝之功，不廢其地利。尹以'發'爲'相告發'，非。"【念孫案】下文"從政不治，不能野原，又多而發"，衍"而"字。

行此三者爲下

勸國家得之，成而悔，從政雖治而不能野原，又多發，起訟驕，行此三者爲下。

【引之曰】"行此三者"四字，因下文而衍。"勸國家得之"以下，優劣相間凡五事，不得云"行此三者"也。

耕者農農用力

耕者農，農用力。

【念孫案】此文内多一"農"字，後人所加也。"耕者農用力"，此"農"字非謂農夫。《廣雅》曰："農，勉也。"言耕者勉用力也。下文云："耕者用力不農。"亦謂用力不勉也。《吕刑》曰："稷降播種，農殖嘉穀。"言勉殖嘉穀也。説見《經義述聞》。襄十三年《左傳》曰："君子上能而讓其下，小人農力以事其上。"言勉力以事其上也。農力，猶努力，語之轉耳。後人不知"農"訓爲"勉"，而誤以爲"農夫"之"農"，故又加一"農"字，不知"耕者"即是"農夫"，無煩更言"農"也。上文云："士處靖，敬老與貴，交不失禮，行此三者爲上舉，得二爲次，得一爲下。"下文云："工賈應於父兄，事長養老，承事敬，行此三者爲上舉，得二爲次，得一爲下。"此云："耕者農用力，應於父兄，事賢多，行此三者爲上舉，得二爲次，得一爲下。”“耕者”二字上與“士”對，下與“工賈”對，是“耕者”即“農夫”，而“農用力”之“農”，自訓爲“勉”，非謂農夫也。

兩者字

行此三者爲上舉，得二者爲次，得一者爲下。

【念孫案】下兩“者”字因上“者”字而衍。“得二爲次，得一爲下”，上文凡三見，皆無“者”字。

處華下交好飲食

貴人子處華，下交，好飲食。

尹讀“處華下”爲句，“交好”爲句，“飲食”爲句，注云：“處華屋之下，則淫佚。重交好，則挾朋黨。嗜飲食，則道情薄。”劉曰：“‘處華’爲句，對上‘處不華’。‘下交’爲句，謂以貴陵人，使友居下也，對上‘友有少長’。‘好飲食’爲句。”【念孫案】劉説是。

有可無赦

【念孫案】當依上文作“有罪無赦”。尹注云：“今所有罪，必無赦之也。”即其證。今本“罪”作“可”者，涉上句“可無斂”而誤。

《管子》第四

中匡

刑罰

死罪以犀甲一戟，刑罰以脅盾一戟。

【引之曰】"刑罰"當爲"刑罪"。"死罪以犀甲一戟"是承上"死罪不殺"而言，"刑罪以脅盾一戟"是承上"刑罪不罰"而言。《齊語》作"重罪贖以犀甲一戟，輕罪贖以韇盾一戟"，重罪即死罪，輕罪即刑罪也。今作"刑罰"者，涉上文"薄刑罰"而誤。

金軍

過罰以金軍，句。無所計而訟者，成以束矢。

【引之曰】"軍"當爲"鈞"。"鈞""軍"聲相亂，又涉上文"軍事"而誤。"過罰以金鈞"者，謂過失之罰，令出金一鈞也。《小匡》篇作"小罪入以金鈞"，是其證。若無"鈞"字，則所罰之金無定數矣。下文"無所計而訟者"，别是一事，《小匡》篇作"無坐抑而訟獄者"，句法亦相同。尹以"軍"字屬下讀，謂

"不計於軍事而以私訟者",非也。此是獄訟之事,與軍事無涉。

救敵之國

公曰:吾欲誅大國之不道者,可乎?對曰:安卿大夫之家,而後可以危救敵之國。

【引之曰】"救敵"與"仇敵"同。《集韻》:"仇,讎也。一曰匹也,或作𠂼。"《方言》:"𠂼,仇也。"今本"𠂼"訛作"杋",據《集韻》引改。郭璞曰:"謂怨仇也。"《太玄·内》初一:"謹于嫛𠂼。"范望曰:"𠂼,匹也。"《釋文》曰:"嫛,與妃同。𠂼音仇。一作救。"嫛𠂼,即妃仇。桓二年《左傳》:"嘉耦曰妃,怨耦曰仇。"而"𠂼"又作"救",是"仇""𠂼""救"古字通也。"救"即"仇敵"之"仇",非"救助"之"救"。《小問》篇作"先定卿大夫之家,然後可以危鄰之敵國",是其證。尹注未了。

兩必字

是故先王必有置也而後必有廢也,必有利也而後必有害也。

【念孫案】兩"而後"下皆不當有"必"字,此涉上文而衍。《小問》篇云:"是故先王必有置也,然後有廢也。必有利也,然後有害也。"是其證。

寬而不淩

有司寬而不淩。

【念孫案】淩者,嚴急之意,字或作"陵"。《荀子·致士》篇曰:"凡節奏欲陵,而生民欲寬。"《富國》篇曰:"其於貨財取與計數也,寬饒簡易。其於禮義節奏也,陵謹盡察。"是"淩"與"寬"正相反也。尹注非。

小匡

爲其君動　動於時

公曰:"管夷吾親射寡人,中鉤,殆於死,今乃用之,可乎?"鮑叔曰:"彼爲其君動也。"

莊九年《左傳正義》引此,"動"作"勤",《齊語》作"動"。洪云:"'勤'字是。僖二十八年《左傳注》曰:'盡心盡力,無所愛惜曰勤。'"【念孫案】《小問》篇:"力地而動於時,則國必富矣。""動"亦當爲"勤"。《治國》篇曰:"田墾則粟多,粟多則國富。"故曰"力地而勤於時,則國必富"也。尹注非。

戮群臣

寡君有不令之臣在君之國,願請之以戮群臣。

【念孫案】"戮群臣"當從朱本作"戮於群臣"。"戮於群臣"者,下文曰"願生得之以徇於國,爲群臣僇"是也。脱去"於"字,則義不可通。《左傳正義》引此正作"願請之以戮於群臣”,《齊語》作“欲以戮之於群臣,故請之”。

請受而甘心焉

管仲,讎也,請受而甘心焉。

【念孫案】《左傳正義》引作“請受而戮之”是也。下文“施伯曰:非戮之也”,正對此句而言,則本作“請受而戮之”明矣。今作“請受而甘心焉”者,後人依《左傳》改之,而不知與下文不合也。且是書之文,不必皆與《左傳》同也。

所謂

若不生得,是君與寡君賊比也,非弊邑之君所謂也。

【念孫案】“謂”當爲“請”,字之誤也。《左傳正義》引作“非弊邑之所請也”,《齊語》作“若不生得以戮於群臣,猶未得請也”。上文“請”字凡五見,皆其證。

夫鮑叔之忍不僇賢人

夫鮑叔之忍不僇賢人,其智稱賢以自成也。

《左傳正義》引作“鮑叔之不忍戮賢人,其知知稱賢以自成也”。洪云:“《正義》所引是。”【念孫案】“夫鮑叔之不忍僇賢人”,語意亦未了,當作“夫鮑叔之仁,不忍僇賢人,其智知稱賢以自成也”,“仁”與“智”正相對,《正義》所引脱“仁”字,尹本則大誤矣,尹注亦非。

將何如是昭德以貳君也

有得力死之功，猶尚可加也。顯生之功將何如，是昭德以貳君也。

【念孫案】"將何如"爲句，"是昭德以貳君也"爲句，尹以"是"字上屬，非是。

插衽

管仲詘纓插衽。

【念孫案】"插"當從宋本作"捷"，"捷"，古"插"字也。《小雅・鴛鴦》篇"戢其左翼"，《韓詩》曰："戢，捷也。捷其噣於左也。"《士冠禮》注："扱柶於醴中。"《鄉射禮》注："搢，插也。"《大射儀》注："搢，扱也。"《内則》注："搢，猶扱也。"《釋文》"插""扱"二字并作"捷"。《淮南・泰族》篇："捷昒而朝天下。"捷昒，即插笏。今作"插"者，後人所改耳，《太平御覽・服章部三》引此正作"捷"。鈔本如是，刻本"捷"訛作"揵"。孫説同。

應公之賜

應公之賜，殺之黄泉，死且不朽。

【念孫案】應者，受也。《廣雅》："應，受也。"《周語》："其叔父實應且憎。"韋注曰："應，猶受也。"《周頌・賚》篇曰："我應受之。"襄十三年《左傳》曰："應受多福。"《逸周書・祭公》篇曰："應受天命。"是"應"與"受"同義。《康誥》曰："應保殷民。"言受保殷民也。僖十二年《左傳》曰："余嘉乃勳，應乃懿德。"言受乃懿德也。桓公郊迎管仲而禮之，故仲稱“受公之賜,死且不朽”。尹以“賜”爲“賜死”,大謬。

戎馬

戎馬待游車之弊。

【念孫案】“戎馬”當依《齊語》作“戎車”,據尹注,亦作“戎車”。

十邑爲率　三鄉爲屬屬有帥五屬一大夫

制五家爲軌,軌有長。六軌爲邑,邑有司。十邑爲率,率有長。十率爲鄉,鄉有良人。三鄉爲屬,屬有帥。五屬一大夫。

劉曰:“《齊語》作‘制鄙三十家爲邑,邑有司。十邑爲卒,卒有卒帥。十卒爲鄉,鄉有鄉帥。三鄉爲縣,縣有縣帥。十縣爲屬,屬有大夫。五屬,故立五大夫,各使治一屬焉’。案,後‘屬退而修連,連退而修鄉’,則此當作‘三鄉爲連,連有帥。十連爲屬’。今‘三鄉’下缺‘爲連連有帥十連’七字,但《齊語》以‘連’爲‘縣’耳。”【念孫案】“十邑爲率”,“率”,當依《齊語》作“卒”。下同。下文“鄉退而修卒”,亦與《齊語》同也。隸書“率”字或作“卛”,見漢《韓敕造孔廟禮器碑》。形與“卒”相似,故“卒”誤爲“率”。“屬有帥”當作“屬有大夫”,此涉上文“連有帥”而誤。“五屬一大夫”,“一”當爲“五”。下文云:“正月之朝,五屬大夫復事於公,擇其寡功者而譙之,曰:‘列地分民者若一,何故獨寡功?’”是每屬有一大夫,故《齊语》云“五大夫各治一屬”,不得言“五屬一大夫”也。

權節具備其械器用

審其四時，權節具備其械器用。

劉曰："下二句當作'權節其用，備其械器'，乃字誤亂耳。《齊語》作'權節其用'是也。注皆非。"

穀芨

比耒耜穀芨。

孫云："'穀芨'，當依《齊語》作'耞芟'。宋明道本如是。韋注："耞，拂也，所以擊草也。芟，大鐮，所以芟草也。"宋庠本"耞"作"枷"。宋本作'殺芨'，'殺'即'耞'字之壞，今又訛爲'穀'矣。尹注非。"

旦暮

以旦暮從事於田野。

【引之曰】"旦暮"本作"旦昔"，此後人據《齊語》改之也，不知《齊語》作"旦莫"，《管子》自作"旦昔"。上文言"士"，下文言"工與商"，皆云"旦昔從事於此"，不應此處獨作"旦暮"也。"昔"與"夕"通。

敬畏

是以聖王敬畏戚農。

【念孫案】"敬畏戚農"當作"敬農戚農"，言農民耕則多粟,仕則多賢,是以聖王敬之親之也。“農”與“畏”字形相近而誤。尹注非。

論比計

權節其用,論比計。

【引之曰】“計”當作“汁”,字形相似而訛。“汁”與“協”通。《周禮·大行人》“協辭命”,故書“協”作“汁”,《大戴禮·朝事》篇訛作“計”。《史記·曆書》“祝犁協洽”,單行《索隱》本“協”作“汁”,訛作“計”。“汁”下當有“材”字,《齊語》正作“論比協材”,韋注曰:“協,和也,和其剛柔也。”

犧牲不勞

無奪民時,則百姓富。犧牲不勞,則牛馬育。

尹注曰:“過用謂之勞。”【念孫案】尹説非也。“勞”讀爲“撈”。《方言》曰:“撈,取也。”《廣雅》同。古無“撈”字,借“勞”爲之。《齊語》作“犧牲不略,則牛羊遂”,韋注曰:“略,奪也。”“略”與“勞”一聲之轉,皆謂奪取也。“無奪民時”,不輕用民也。“犧牲不勞”,不妄取於民也。今俗語猶謂略取人物曰撈矣。

止民用

舉財長工以止民用。

【念孫案】“止”當爲“足”。尹注非。

則其制令

鄉有行伍卒長,則其制令。

孫云:"當依《通典》百四十八作'則有制令'。"

師

五鄉一師,故萬人爲一軍,今本脱"爲"字,據上文四"爲"字及《齊語》《通典》補。五鄉之師率之。

【念孫案】"師"皆當依《齊語》《通典》作"帥",上文"三鄉一帥",[①]即其證。

政定

是故卒伍政定於里,軍旅政定於郊。

《通典》作"卒伍定於里,軍政定於郊"。"政"當爲"旅"。《齊語》作"卒伍整於里,軍旅整於郊"。【念孫案】"政"即"正"字也,"正"與"定"古字亦通。《堯典》"以閏月定四時",《史記・五帝紀》"定"作"正"。《齊語》"正卒伍",《漢書・刑法志》"正"作"定"。今"政定"并出者,一本作"政",一本作"定",而後人誤合之也。《齊語》作"整","整"與"正""定"聲亦相近。

聞

有居處爲義好學,聰明質仁,慈孝於父母,長弟聞於鄉

① "上",底本作"土",據同治本改。

里者。

【念孫案】上言"慈孝於父母",則下當言"長弟於鄉里","於"上不當有"聞"字,下文"長弟聞於鄉里"同。此後人據《齊語》加之也。《齊語》作"有居處好學,慈孝於父母,聰惠質仁,發聞於鄉里者",文與此異,不得據彼以改此。《墨子·非命》篇曰:"入則孝慈於親戚,出則弟長於鄉里。"文義正與此同。下文云"不慈孝於父母,不長弟於鄉里",尤其明證也。

時使

維順端愨以待時,使使民恭敬以勸。

【念孫案】上"使"字因下"使"字而衍。尹注曰:"待時,待可用之時也。"則無"使"字明矣。今本注文"可用之時"下有"而使之"三字,乃後人所加,宋本無。《齊語》作"惟慎端愨以待時",韋注曰:"待時,動不違時也。"是其證。

可立而時

省相其質,以參其成功成事,可立而時。

【念孫案】"可立而時",《齊語》作"誠可立而授之",韋注曰:"言可立以爲大官而授之事也。"此作"可立而時"者,"之""時"古字通。古"時"字作"旹",以"㞢"爲聲,故二字可以通用。《吕氏春秋·胥時》篇"事在當時"作"事在當之"。《漢書·張蒼傳》"草立土德,時曆制度",《史記》作"草土德,之曆制度"。又脱去"授"字耳。尹注非。

不肉

設問國家之患而不肉。

【念孫案】尹解“肉”字甚謬。劉依《齊語》以“肉”爲“疚”之誤,是矣,而未盡也。“肉”與“疚”形不相近,若本是“疚”字,無緣誤爲“肉”,蓋其字本作“夂”。隸書或從篆作“**肉**”,形與“肉”相似,因誤爲“肉”。《説文》:“夂,貧病也。從宀、久聲。《詩》曰:‘煢煢在夂。’”今《詩》“夂”作“疚”,未必非後人所改,此“夂”字若不誤爲“肉”,則後人亦必改爲“疚”矣。

兩故字

是故匹夫有善,故可得而舉也。匹夫有不善,故可得而誅也。

【念孫案】下兩“故”字,皆涉上“故”字而衍,《齊語》無。下文“匹夫有善,可得而舉。匹夫有不善,可得而誅”,亦無兩“故”字。

鮑叔牙

故使鮑叔牙爲大諫。

【念孫案】“鮑叔牙”本作“東郭牙”。下文管仲曰:“犯君顔色,進諫必忠,不辟死亡,不撓富貴,臣不如東郭牙,請立以爲大諫。”是其證。《晏子春秋·問》篇、《吕氏春秋·勿躬》篇、《韓子·外儲説左》篇、《新序·雜事》篇并同。世人多聞“鮑叔牙”,寡聞“東郭牙”,故以意改之耳。

徐開封

徐開封處衛。

【念孫案】"徐"當爲"衛",字之誤也。"開封"當爲"開方",聲之誤也。開方,衛人也,故曰"衛開方"。《大匡》篇曰"游公子開方於衛",故曰"衛開方處衛"。孫説同。

八千人

又游士八千人。

【引之曰】"八千人"爲数太多,當從《齊語》作"八十人"。韋昭注《齊語》曰:"州十人,齊居一州。"《爾雅》曰"齊曰營州"是也。"又"讀爲"有",古字"又"與"有"通。《周語》:"是三子也,吾又過於四之無不及。""又"與"有"同。《齊語》作"爲",爲,亦有也。説見《釋詞》。

河陼 綱山

使海於有弊,渠彌於河陼,綱山於有牢。

【念孫案】"河陼"當依《齊語》作"有陼",與上下兩"有"字文同一例。且下文亦作"有陼",不作"河陼"也。"綱山",《齊語》作"環山",韋注曰:"環,繞也。"《後漢書·馬融傳》注引《齊語》"繯山於有牢",贾注曰:"繯,還也。"是賈本作"繯山",與韋異也。今《管子》作"綱山"者,蓋俗書"綱"字作"縕",與"繯"字相似。"繯"訛爲"縕",又訛爲"綱"耳。尹注皆非。

吉臺

反其侵地吉臺、原、姑與柒里。

【念孫案】“吉”字疑即“臺”字之誤而衍者也。《齊語》作“臺、原、姑與漆里”，韋注曰“衛之四邑”，無“吉”字。

八百乘

有教士三萬人，革車八百乘。

【引之曰】“八”當爲“六”。上文云“五十人爲小戎”，積而至於三萬人，則六百乘矣，《齊語》作“八百乘”，亦誤，説見韋注。

方地

濟汝水，逾方地。

劉曰：“‘地’乃‘城’字誤，後亦作‘方城’。”謂《霸形》篇。【念孫案】《齊語》及《太平御覽·治道部七》引，并作“方城”。尹注非。

投柎

方舟投柎。

【念孫案】“投柎”當依朱本及《齊語》作“設柎”。

卑耳之貉

縣車束馬,逾大行與卑耳之貉。

【念孫案】"貉"當爲"谿",字之誤也。《齊語》作"辟耳之谿","辟""卑"古字通。鈔本《北堂書鈔·武功部二》引此正作"卑耳之溪",明陳禹謨本依今本《管子》改"溪"爲"貉"。《小問》篇亦云"未至卑耳之谿十里"。尹注非。

以誓要于上下薦神

與諸侯飾牲爲載書,以誓要于上下薦神。

尹注曰:"謂以上下之神祇爲盟誓,又以其牲薦之於神。"劉曰:"'薦'當依《齊語》作'庶'。"【念孫案】劉說是也。下文"庶神不格",即其證。"誓要"當爲"要誓",《齊語》作"約誓",約,亦要也。謂以盟載之詞,要誓於上下衆神也。尹不知"薦"爲"庶"之訛,而以"薦神"二字别爲句,謬矣。

壘

甲不解壘。

【念孫案】"壘"當依宋本、朱本、《齊語》作"纍"。韋注曰:"纍,所以盛甲也。"《補音》:"纍,律追反。"

縷帛布　四分

諸侯以縷帛布、鹿皮四分以爲幣,齊以文錦、虎豹皮報。

【念孫案】“縷帛布”本作“縵帛”。《説文》:“縵,繒無文也。”《韓子·十過》篇曰:“縵帛爲茵。”“縵帛”與“文錦”正相對。《霸形》篇曰:“以虎豹皮、文錦使諸侯,諸侯以縵帛、鹿皮報。”文義正與此同,則本作“縵帛”明矣。今本作“縷帛”者,後人以《齊語》改之也。《齊語》作“縷纂以爲奉”,韋注曰:“縷纂,以縷織纂,不用絲。”則非謂“帛”明矣,不得據彼以改此。其“布”字,則因“帛”字而誤衍耳。【引之曰】“鹿皮四分”,“分”當爲“介”,“介”即今“个”字也。古字有“介”,無“个”,説見《經義述聞·通説》“个”字下。《齊語》作“鹿皮四个”,韋注曰:“个,枚也。”宋庠本如是,明道本“个”譌作“分”。注内“枚”字又譌作“散”,辯見《經義述聞·通説》。“鹿皮四个”,即《聘禮》所謂“乘皮”。“个”字古書作“介”。《廣韻》云:“介,俗作‘分’。”形與“分”相似,因譌作“分”。尹謂“四分其鹿皮”,失之矣。

社丘

築五鹿、中牟、鄴蓋與社丘。

【引之曰】地無名“社丘”者,當從朱本作“牡丘”。《春秋》僖十五年:“公會齊侯、宋公、陳侯、衛侯、鄭伯、許男、曹伯,盟于牡丘。”是其地也,《齊語》正作“牡丘”。

姑姊

寡人有污行,不幸而好色,而姑姊有不嫁者。

孫云:“《意林》、《白帖》九十三引‘姊’下有‘妹’字。《荀子·仲尼》篇:‘齊桓内行,則姑姊妹之不嫁者七人。’”

辭結

足恭而辭結。

劉曰："《大匡》作'博於教而文巧於辭'。【念孫案】"教"當作"斆"，"斆"與"學"同。説見《大匡》。則'辭結'當作'辭給'。注非。"

大司田　賓胥無　大司理

墾草入邑，辟土聚粟多衆，盡地之利，臣不如甯戚，請立爲大司田。平原廣牧，車不結轍，士不旋踵，鼓之而三軍之士視死如歸，臣不如王子城父，請立爲大司馬。決獄折中，不殺不辜，不誣無罪，臣不如賓胥無，請立爲大司理。

【念孫案】"大司田"本作"司田"，"大司理"本作"大理"，此因"大司馬"之文而誤衍也。《群書治要》作"請立以爲司田"，無"大"字。《群書治要》"立"下皆有"以"字，《吕氏春秋》《韓子》《新序》同。又作"請立以爲大理"，無"司"字。《吕氏春秋·勿躬》篇、《韓子·外儲説左》篇、《新序·雜事》篇皆作"大理"。

孫云："'賓胥無'，《韓子·外儲説》作'弦商'，《晏子春秋·問上》篇、《吕氏春秋·勿躬》篇作'弦章'，《新序·雜事》篇作'弦寧'。上文'弦子旗'，即其字也。"【念孫案】"賓胥無"本作"弦章"，後人以上文云"其相曰夷吾、大夫曰甯戚、隰朋、賓胥無、鮑叔牙，用此五子者何功"，遂改"弦章"爲"賓胥無"，不知上文自謂用此五人而成霸功，不謂以賓胥無爲大理也。《大匡》篇曰："賓胥無堅强以良，可以謂西土。"則不使爲大理明矣。又，上文云："使東郭牙爲大諫，今本作"鮑叔牙"，亦後人所改，辯見上。王子城父爲將，弦子旗爲理，甯戚爲田，隰朋爲行。”此文云：隰朋爲大行，甯戚爲司田，王子城父爲大司馬，東郭牙爲大諫，皆與上文同。而“弦子旗”即“弦章”之字，則爲大理者，乃弦章而非賓胥無矣。《吕氏春秋》《韓子》《新序》并云“以弦章爲大理”，即本於《管子》也。《韓子》作“弦商”，“商”與“章”古字通。《費誓》：“我商賚女。”商，徐邈音“章”。《荀子·王制》篇“審詩章”作“審詩商”是也。《新序》作“弦寧”，即“弦章”之訛。而《困學紀聞》乃謂“弦章在景公時，當以《管子》作‘賓胥無’者爲正”，不知桓公時亦有弦章，不嫌與後人同名，且上文“弦子旗”即“弦章”之字，則此文當作“弦章”明矣。上文是記事之詞，故稱弦子旗。此文是管仲告君之詞，故稱弦章。而《群書治要》所載亦作“賓胥無”，則唐初本已誤。

《管子》第五

霸形

當言

管子對曰："君有霸王之心，而夷吾非霸王之臣也，是以不敢對。"桓公曰："仲父胡爲然？ 盍不當言，寡人其有鄉乎？"

尹注曰："何不陳當言，令寡人有所歸向。"【念孫案】尹未解"當言"二字之義。當言，讜言也。讜言，直言也。蔡邕注《典引》曰："讜，直言也。"《皋陶謨》"禹拜昌言"，《孟子·公孫丑》篇注引作"禹拜讜言"。字亦作"黨"。《逸周書·祭公》篇曰："王拜手稽首黨言。"《爾雅》："昌，當也。"郭注曰："《書》曰：'禹拜昌言。'""昌""讜""黨""當"并聲近而義同。

書而不賦

關譏而不征，市書而不賦。

劉曰："'書'乃'廛'字誤。注非。"

霸言

伐不謂貪

故貴爲天子，富有天下，而伐不謂貪者。

尹注曰："得地均分，可以臣彼。地自利彼，於我何貪。"【念孫案】如尹注，則"伐"字當爲"我"字之訛。"我不謂貪"，我不爲貪也。古者"謂"與"爲"同義，説見《釋詞》。

夫先王取天下也術術乎大德哉

尹以上"術"字屬上讀，下"術"字屬下讀。洪云："'術術乎大德哉'作一句讀。'術'古通作'遂'。《爾雅》：'烝烝、遂遂，作也。'郭注：'皆物盛興作之貌。'尹注非。"【念孫案】上文云"以遂德之行，結諸侯之親"，"遂德"即此所云"術術乎大德"也。

宫門

重宫門之營，而輕四竟之守。

【念孫案】《群書治要》"宫門"作"宫闕"，於義爲長。

繼

知蓋天下，繼最一世，材振四海。

【引之曰】"繼"字義不可通，當是"計"字之訛。"計最一世”,言計謀爲一世之最也。“知”“計”“材”相對爲文,“計”與“繼”同聲,又涉上文“繼絶世”而誤。尹注非。

諸侯皆令

諸侯皆令,己獨孤,國非其國也。

【念孫案】“令”當爲“合”,字之誤也。下文云:“諸侯合則强,孤則弱。”是其證。尹注非。

下苴

夫上狹而下苴。今本“狹”訛作“夾”,據尹注改。國小而都大者弑。

【念孫案】“苴”與“粗”同。《莊子·讓王》篇:“苴布之衣。”“上狹而下苴”,謂上小而下大也,與下句文同一例。尹注非。

方心

夫先王之争天下也以方心,其立之也以整齊,其理之也以平易。

【念孫案】“方心”當爲“方正”。隸書“正”“心”二字相似,又涉上文“王者之心方而不最”而誤。“方正”“整齊”“平易”,三者相對爲文。尹注非。

一而伐之　文武具滿

一而伐之，武也。服而舍之，文也。文武具滿，德也。

【念孫案】"一而伐之"，"一"當爲"二"，"二"與"貳"同。僖十五年《左傳》："貳而執之，服而舍之。"文義正與此同。尹注非。【引之曰】"文武具滿"，"滿"當爲"備"，字之誤也。俗書"滿"字作"滿"，"備"字作"備"，右邊相似。尹注非。

伐

驥之材而百馬伐之，驥必罷矣。强最一伐而天下共之，國必弱矣。

【念孫案】"百馬伐之"，"伐"當依宋本作"代"。代，迭也。言以驥之材，而百馬迭與之逐，則驥必罷也。"强最一伐"，"伐"亦當依宋本作"代"，言强爲一代之最，而天下共伐之，則國必弱也。"代""伐"字相似，又涉上文諸"伐"字而誤。

制節

小國得之也以制節，其失之也以離强。

尹注曰："制度合節故得，離强則乖節者也，故失。"【引之曰】"制"讀爲"折"，《廣雅》曰："制，折也。""折"之爲言卑詘相下也，《廣雅》曰："折，下也。"又曰："折、詘，曲也。""詘、曲，折也"。折節者，卑詘其節，以事强大之國。下文曰"折節事强以避罪，小國之形也"是也。古字"制"與"折"通。《吕刑》"制以刑"，《墨子·尚同》篇"制"作"折"。《論語·顔淵》篇"片言可以折獄者"，魯讀“折”爲“制”。“離强”者，謂不肯附於强大之國也。尹注非。

善攻

理世不在善攻。“理”本作“治”，此避高宗諱改。

【念孫案】“治世”與“善攻”兩不相涉。《通典·兵三》引作“治世不在善政”是也。“治世不在善政”，所謂有治人無治法也，故尹注云“在於權宜”。今本“政”作“攻”者，涉上文諸“攻”字而誤。

争刑

夫争强之國，必先争謀、争刑、争權。

【念孫案】“刑”與“形”同。“形”“刑”古多通用，不煩枚舉。上文云：“夫國小大有謀，强弱有形。”又云：“必先定謀慮，便地形，利權稱。”故此文亦云：“必先争謀、争刑、争權。”自此以下“刑”字凡四見，皆“形”之借字也。尹注非。

問

行此道也

【念孫案】此總承上文以起下文也，尹連上文“則衆不亂”作一句讀，大謬。

來從

外人之來從而未有田宅者，幾何家。

【引之曰】外人，他國之人也。“從”當爲“徙”，字形相似而誤。隸書“徙”字作“徙”，“從”字作“從”，二形相似。他國之人，來徙於齊，不可無田宅以安之也。《王制》曰：“自諸侯來徙家，期不從政。”此“來徙”二字之證。

亂普而德

毋使讒人亂普而德。

【念孫案】“普”當爲“䇓”。“普”本作“暜”，形與“䇓”相似。尹注“普廢其德”，“普”亦當爲“䇓”，“䇓”與“替”同，故注言“䇓廢”。

視其名

身外事謹，則聽其名，視其名，視其色，是其事，稽其德，以觀其外。

【引之曰】“視其名”三字，因上下文而衍。尹解“聽其名”曰“當聽其名之真僞”，解“視其色”曰“既知其名，又須視其色之是非”，而不爲“視其名”作解，則無此三字明矣。

邊信傷德厚和構四國

小利害信，小怒傷義，邊信傷德厚，和構四國，以順貌德。

【念孫案】“德厚”二字連讀，“厚”字上屬爲句，不與“和構”

相連。德厚,猶言仁厚。《形勢解》篇曰:"無德厚以安之,無度數以治之。"《樂記》曰:"廣其節奏,省其文采,以繩德厚。"《鄉飲酒義》曰:"主人者,接人以仁,以德厚者也。"《荀子·君道》篇曰:"德厚者進,而佞説者止。"《韓子·外儲説右》篇曰:"德厚以與天下齊行。"《齊策》曰:"德厚之道,得貴士之力也。"《史記·秦本紀》曰:"施德厚骨肉而布惠於民。"漢景帝詔曰:"德厚侔天地,利澤施四海。"晁錯《對策》曰:"今以陛下神明德厚。"鄒陽《獄中上梁王書》曰:"墮肝膽,施德厚。"司馬相如《子虚賦》曰:"今足下不稱楚王之德厚,而盛推雲夢以爲高。"皆以"德厚"連文。尹以"厚"字下屬爲句,非是。

令守法之官日行度必明

令守法之官日,行度必明,無失經常。舊本脱"無"字,今據尹注補。

尹讀"令守法之官日行"爲句,注云:"令守法之官日行邊鄙關塞。"又讀"度必明"爲句,"無失經常"爲句,注云:"其巡行之時,必明其制度,無得失於經常。"【念孫案】尹注甚謬,"日"當爲"曰",字之誤也。"令守法之官曰"爲句,上文"問於邊吏曰"云云,即其證。"行度必明"爲句,行度,行法度也。"無失經常"爲句。

戒

猶軸轉斛

桓公將東游,曰:"我游猶軸轉斛,南至琅邪。"

【引之曰】“猶”讀爲“欲”，古字“猶”與“欲”通。《大雅・文王有聲》篇“匪棘其欲”，《禮器》引作“匪革其猶”。《周官・小行人》“其悖逆暴亂、作慝猶犯令者爲一書”，《大戴禮・朝事》篇“猶”作“欲”。“軸”當爲“由”，“由轉”二字相連，寫者遂誤加“車”旁矣。“轉斛”當爲“轉鮒”。丁氏升衢曰：“《孟子》‘轉附’，《寰宇記》引《齊都賦》《晏子春秋》并作‘轉鮒’。魚與角、付與斗，均形近而訛。”案，丁説是也。“鮒”字右畔之“付”與隸書“斗”字作“升”者相似，故誤爲“斗”。“我游猶由轉鮒，南至琅邪”，言我之游也，欲由轉鮒之山，南至於琅邪，與《孟子》“吾欲觀於轉附、朝儛，遵海而南，放于琅邪”，文義正同。尹注不能釐正，而曲爲之説，非也。

期而遠者

任之重者莫如身，塗之畏者莫如口，期而遠者莫如年。

【念孫案】“期而遠者”本作“期之遠者”，與上二句文同一例。《群書治要》《北齊書・魏收傳》《文選・陸機〈長歌行〉》注引此并作“期之遠者”。孫説同。

乃能

以重任行畏塗，至遠期，唯君子乃能矣。

【念孫案】“唯君子乃能矣”本作“唯君子爲能及矣”，今本脱“爲”字，“及”誤爲“乃”，又誤在“能”字上。《群書治要》《北齊書》并作“唯君子爲能及矣”。

不相告

不動而疾，不相告而知，不爲而成，不召而至。

【念孫案】"不相告而知"，衍"相"字。

云下

故天不動，四時云下而萬物化。

【引之曰】"下"字因下文"政令陳下"而衍，尹注同。"云"即"運"字，言四時運而萬物化也。"運"字古讀若"云"，故與"云"通。説見《淮南·兵略》篇"元逐"下。

澤其四經　澤命

内不考孝弟，外不正忠信，澤其四經而誦學者，是亡其身者也。

尹注曰："四經，謂《詩》《書》《禮》《樂》。既無孝弟忠信，空使四經流澤，徒爲誦學者，即四經可以亡身也。"【念孫案】尹以"澤"爲"流澤"，"四經"爲"《詩》《書》《禮》《樂》"，皆非也。"澤"讀爲"舍其路而弗由"之"舍"。"舍""釋""澤"三字，古同聲而通用。《周頌·載芟》篇"其耕澤澤"，《正義》引《爾雅》作"釋釋"。《夏小正》"農及雪澤"，《管子·乘馬》篇作"農耕及雪釋"。《考工記》"水有時以凝，有時以澤"，是"釋"與"澤"通也。《周官·占夢》"乃舍萌于四方"，鄭注曰："舍，讀爲釋。古者'釋菜''釋奠'，多作'舍'字。"《鄉飲酒禮》"主人釋服"、《大射儀》"獲而未釋獲"，古文"釋"并作"舍"。《月令》"命樂正習舞釋菜"，《吕氏春秋·仲春》篇"釋"作"舍"，是"釋"與"舍"通也。《管子・形勢》篇"莫知其爲之,莫知其澤之",《形勢解》"澤"作"舍",是"舍"與"澤"通也。又見下。經,常也。四經,猶言五常。四經,即孝弟忠信。内不孝弟,外不忠信,故曰"舍其四經"。又,《小問》篇"語曰:'澤命不渝,信也。'"即《鄭風・羔裘》之"舍命不渝"。《困學紀聞・諸子》類引張嵲讀《管子》曰:"澤命不渝,'澤',古'釋'字,而注乃以爲'恩澤之命',陋矣。"

濟大水之有舟楫

雖鴻鵠之有翼,濟大水之有舟楫也,其將若君何。

【念孫案】"濟大水之有舟楫"七字,後人所加也。後人以《霸形》篇云"寡人之有仲父也,猶飛鴻之有羽翼也,若濟大水有舟楫也",故增入此句,不知此文"雖鴻鵠之有翼也,其將若君何",是管仲對桓公語,而上文桓公但云"鴻鵠有羽翼",不云"濟大水有舟楫"。若闌入此句,則所答非所問矣。尹不審文義而爲之作注,失之。《太平御覽・治道部八》所引無此七字。

握路家

舉齊國之幣,握路家五十室。

尹注曰:"握,持也。持與路旁之家。"【引之曰】"握"當爲"振"。"辰"與"屋"字形相近,又因下文"室"字而誤。《説文》曰:"振,舉救也。""路"讀爲"露"。露家,窮困之家也。《方言》:"露,敗也。"《莊子・漁父》篇曰:"田荒室露。"字亦作"潞"。《秦策》曰:"士民潞病於内。"《吕氏春秋・不屈》篇曰:

“士民罷潞。”“罷”與“疲”同。高注并曰：“潞，羸也。”亦作“路”。《孟子·滕文公》篇：“是率天下而路也。”趙注曰：“是率導天下之人以羸路也。”俗本改作“羸困之路”，辯見前“振罷露”下。《五輔》篇：“衣凍寒，食飢渴，匡貧窶，振罷露，資乏絶，此謂振其窮。”“振罷露”即此所謂“振露家”也。尹注非。

其孰能一人之上也

公又問曰：“不幸而失仲父也，二三大夫者，其猶能以國寧乎？”管仲對曰：“君請矍已乎？鮑叔牙之爲人也好直，賓胥無之爲人也好善，甯戚之爲人也能事，孫在之爲人也善言。”公曰：“此四子者，其孰能一人之上也，寡人并而臣之，則其不以國寧，何也？”

【引之曰】“其孰能一人之上也”若作一句讀，則文不成義，當以“其孰能”絶句。言此四子者，其孰能以國寧也。“其孰能”下當有管仲謂其不能以國寧之語。“一人之上也”三句，則桓公不解其何以不能，又從而問之也。今本有脱文耳，不然則“不以國寧”之問，何自而來邪？一，皆也。《大戴禮·衛將軍文子》篇：“則一諸侯之相也。”盧注曰：“一，皆也。”“一人之上”，言四子之材，皆在人之上也。而尹注曰：“言四子皆有超絶之材，無人能過其上。”則所見已是脱誤之本，故連“其孰能”三字解之。然如其説，則是“孰能在四子之上”，豈所謂一人之上乎？失之矣。

爲臣死乎

夫江黄之國近於楚，爲臣死乎，君必歸之楚而寄之。

【念孫案】爲，猶如也。言如臣死，則君必歸江黄於楚也。古或謂“如”曰“爲”。《列子·説符》篇：“孫叔敖戒其子曰：‘爲我死，王則封女，女必無受利地。’”言如我死也。《秦策》：“秦宣大后出令曰：‘爲我葬，必以魏子爲殉。’”言如我葬也。《吕氏春秋·長見》篇：“魏公叔痤對惠王曰：‘臣之御庶子鞅，願王以國聽之也。爲不能聽，勿使出竟。’”言如不能聽也。《韓子·内儲説》：“荆王新得美女，鄭袖教之曰：‘王甚喜人之掩口也，爲近王必掩口。’”言如近王也。《秦策》：“公孫衍謂義渠君曰：‘中國無事於秦，則秦且燒焫獲君之國。中國爲有事於秦，則秦且輕使重幣而事君之國。’”言中國如有事於秦也。尹説大謬，劉説近之，然亦未釋“爲”字之義。

旦暮欲齧我猳而不使也

東郭有狗嘊嘊，當作“啀”。《玉篇》：“啀，魚佳切，狗欲齧。”《廣韻》：“啀，犬鬬。”字皆作“啀”，無作“嘊”者。《集韻》：“啀，或作嘊。”則所見《管子》本已誤。旦暮欲齧我，猳而不使也。

尹注曰：“猳，謂以木連狗，取聲爲義，即國家也。言易牙終能亡國滅家，此不當使，必須去之也。”注内“猳”字，宋本、朱本作“枷”。【引之曰】作“枷”者是也。注云“以木連狗”，則其爲“枷”字明甚。注爲“枷”字作解，則正文之本作“枷”可知。若如今本作“猳”，則注當訓爲“牡豕”，“猳”即“豭”之俗字。豭，牡豕也。安得云“以木連狗”乎？《白帖》九十八引此作“猳”，蓋後人據誤本《管子》改之也。但注讀“旦暮欲齧我枷”爲句，則非。

尋繹文義，當以“旦暮欲嚙我”爲句，“枷”字則屬下讀。枷者，“迦”字之假借。《説文》：“迦，迦互令不得行也。”《玉篇》作“迦牙令不得進也”。“枷而不使”者，謂迦互之，不使進而嚙人也。今世嚙人之狗，繫木於其頸，使任重難進是也。下文同。

是所願也得於君者是將欲過其千乘也

今夫衛公子開方，去其千乘之太子而臣事君，是所願也，得於君者，是將欲過其千乘也。

洪云：“‘願’下衍‘也’字，‘願得於君’四字連讀。”【念孫案】尋尹注，亦無“也”字，下“是”字亦涉上“是”字而衍。

地圖

苴草

苴草、林木、蒲葦之所茂。

尹注曰：“苴草，謂其草深茂，能有所覆藏。”【念孫案】苴，采古反。亦草也，語之轉耳，字或作“蘆”。《廣雅》曰：“蘆，草也。”《吕氏春秋·貴生》篇：“其土苴以治天下。”高注曰：“苴，草薊也。”草薊，即草芥。今本“薊”訛作“蒯”，辯見《吕氏春秋》。《逸周書·大聚》篇曰：“陂溝道路，藂苴丘墳。”《靈樞經·癰疽》篇曰：“草蘆不成，五穀不殖。”草謂之苴，故枯草亦謂之苴。《楚辭·九章》：“草苴比而不芳。”王注曰“生曰草，枯曰苴”是也。“苴草”“林木”“蒲葦”，皆兩字平列。尹注非。

制分

治者所道富也治而未必富也

治者所道富也，治而未必富也。富者所道强也，而富未必强也。强者所道勝也，而强未必勝也。勝者所道制也，而勝未必制也。

【念孫案】“治而未必富也”當依朱本作“而治未必富也”，方與下文一例。道者，由也。見《禮器》《中庸》注。尹注誤解“道”字。

君臣上

官治者

官治者，耳目之制也。

【引之曰】“治”字因下文“官治”而衍。尹注曰：“官稟君命而後行，若耳目待上制而後用。“上”字誤，當爲“心”。故曰‘官者，耳目之制’。”則無“治”字明矣。此但言“官”，下文乃言“官治”也。

謂之矯　謂之勝

是以上及下之事謂之矯，下及上之事謂之勝。

【念孫案】《淮南・俶真》篇注曰：“矯，拂也。”上而及下之事，則拂乎爲上之道，故下文云“爲上而矯，悖也”。勝者，陵也。下而及上之事，是陵其上也，故下文云"爲下而勝，逆也"。《侈靡》篇曰："得天者高而不崩，得人者卑而不可勝。"謂卑而不可陵也。《易·漸》六四："終莫之勝。"虞注曰："勝，陵也。"尹注皆失之。

綧制

衡石一稱，斗斛一量，丈尺一綧制。

【念孫案】"綧"讀若"準"，字或作"淳""敦""純"，并同耳。《周官·内宰》"出其度量淳制"，鄭注曰："故書淳爲敦。杜子春讀敦爲純。純謂幅廣也，制謂匹長，玄謂純制。《天子巡守禮》所云：'制幣丈八尺，純四䊷與。'"《質人》："同其度量，壹其淳制。"杜注與《内宰》同。《聘禮·釋幣》"制玄纁束"，注曰："《朝貢禮》云：'純四只，"咫""䊷""只"并同。制丈八尺。'"《士喪禮下》篇："贈用制幣玄纁束。"注曰："丈八尺曰制。"《内宰》疏引鄭答趙商問曰："巡守禮，制丈八尺，純四咫，咫八寸，四咫三尺二寸，太廣。'四'當爲'三'，三八二十四，二尺四寸，幅廣也。古'三''四'積畫，是以'三'誤爲'四'也。"《韓子·外儲説右》篇曰："終歲布帛取二制焉。"《淮南·天文》篇曰："四丈而爲匹，一匹而爲制。"《地形》篇曰："門間四里，里間九純，純丈五尺。"此所言純制之度，與鄭所引逸《禮》不合，所傳者異也。尹注皆未考。

慶

是故天子有善，讓德於天。諸侯有善，慶之於天子。大夫有善,納之於君。民有善,本於父,慶之於長老。

【念孫案】兩"慶"字皆當作"薦"。薦,進也。言下有善,則進之於上也。《祭義》曰:"天子有善,讓德於天。諸侯有善,歸諸天子。卿大夫有善,薦於諸侯。士庶人有善,本諸父母,荐諸長老。"今本"荐"訛作"存",辯見《經義述聞》。是其證。隸書"薦"字或作"蕟",見漢《魯相史晨饗孔廟後碑》。形與"慶"相似而誤。《大戴禮·四代》篇:"臣聞之弗薦,非事君也。"《晏子春秋·問》篇:"薦善而不有其名。"今本"薦"字并訛作"慶"。《史記·司馬相如傳〈封禪文〉》"將以薦成",《漢書》"薦"作"慶"。尹注非。

不敢殺

爲人君者,執要而待之,則下雖有奸僞之心,不敢殺也。

【念孫案】"殺"當爲"試",言不敢試其奸僞也。下文云:"然則躁作、奸邪、僞詐之人,不敢試也。"語意正與此同。今作"不敢殺"者,"試"訛爲"弑",又訛爲"殺"耳。尹注非。

非茲是無以理人

夫道者虚設,其人在則通,其人亡則塞者也。非茲是無以理人,"人"當作"民",唐人避諱改之。非茲是無以生財。民治財育,其福歸於上,是以知明君之重道法而輕其國也。

【引之曰】茲,此也,謂道也。"是"字屬下讀。《爾雅》曰:"是,則也。"蓋理民者道也,非道則無以理民。生財者道也,非道則無以生財。上文所謂"治民有常道,生財有常法"也。尹不知"是"之爲"則",而以"茲是"連讀,失之。

威罰

有善者不留其賞，故民不私其利。有過者不宿其罰，故民不疾其威。威罰之制，無逾於民，則人歸親於上矣。

劉曰："'威罰'之'威'當作'賞'。注非。"

君臣下

是故明君二句

是故明君審居處之教，而民可使居治、戰勝、守固者也。

尹以"可使"絶句，注云"民從教則可使"。又注下文云："居處既治，戰則勝，守則固。"劉曰："'而民可使'以下十二字連讀，謂使民居則治，戰則勝，守則固也。注非。"

裹

旌之以衣服，富之以國裹。

尹注曰："裹，謂財貨所包裹而藏也。"【引之曰】書傳無謂"財貨"爲"裹"者，"裹"當爲"稟"，字形相似而誤。"稟"，古"廩"字。"富之以國廩"，謂食以國之廩粟，所謂禄以馭其富也。《周官·廩人》："掌九穀之數，以待國之匪頒、賙賜、稍食。"鄭注曰："稍食，禄廩。"

異幸

上無淫侵之論,則下無異幸之心矣。

【念孫案】“異幸”當依朱本作“冀幸”。

巧官

爲人臣者,變故易常而巧官以諂上,謂之騰。

【引之曰】“官”當爲“言”,字形相似而誤。《幼官》篇“考之以言”,今本誤作“攻之以官”,説見《幼官》篇。是其證。

騰至則北

亂至則虐,騰至則北。

【念孫案】“北”與“背”同,言不忠之臣必背其君也。《説文》曰:“北,乖也。從二人相背。”韋注《吴語》曰:“北,古之‘背’字。”《齊策》曰:“食人炊骨,士無反北之心。”反北,即反背,尹注非。孫説同。

四者　敗

四者有一,至敗敵人謀之。

【念孫案】“至”字因上文兩“至”字而衍。“敗”當作“則”,字之誤也。言四者若有一於此,則敵人謀之矣。四者,謂亂也、騰也、虐也、北也。尹注非。

故施舍優猶以濟亂

故施舍優猶以濟亂，舊本"故"上有"則"字，涉下句"則"字而衍，今删。則百姓悦。

尹讀"故施舍優"爲句，"猶以濟亂"爲句，注云："言施恩厚，舍罪罰。二者優厚，雖非用法，猶能濟亂。"【念孫案】尹説非也。"故施舍優猶以濟亂"當作一句讀。優猶，即優游。《荀子・正論》篇曰"優猶知足"是也。濟，止也。《鄘風・載馳》篇"不能旋濟"，《毛傳》曰："濟，止也。"《莊子・齊物論》篇曰："厲風濟則衆竅爲虚。"施舍以厚之，優游以畜之，則可以止亂矣。

不布其民非其民也

民有三務，不布，其民非其民也。

【引之曰】"布"當爲"務"，蓋"務"字脱左畔之"矛"，其右畔之"务"，與隸書"布"字作"衤"者相似，"衤"，見《校官碑》。因訛爲"布"矣。尹注曰："農人不務之，則餒餓成變，故民非其民也。"是所據本正作"務"字。"其民非其民也"，上"其"字因下"其"字而衍，下文："民非其民，則不可以守戰。"即承此句言之，不當有上"其"字，注曰"故民非其民也"，則無上"其"字可知。

威黨

能易賢不肖，而可威黨於下。

劉績曰："'威'當作'爲'，謂能易賢不肖，而可以爲朋黨於下。"【念孫案】"威"當作"成",謂成朋黨於下也。《淮南·氾論》篇曰:"私門成黨,而公道不行。"

陷

有與"乂"同。能以民之財力上陷其主,而可以爲勞於下。

【引之曰】"陷"字義不可通,"陷"疑當作"啗",字形相似而誤。"上啗其主",謂啗之以利也。《史記·樂毅傳》:"令趙嚪説秦以伐齊之利。"今本脱"説"字,辯見《史記》。"嚪"與"啗"同。《高祖紀》曰"使酈生、陸賈往説秦將,啗以利"是也。尹注非。

環其私

兼上下以環其私,爵制而不可加,則爲人上者危矣。

尹注曰:"上則擅君之柄,下則用人財力。上下之利,皆用遶身,故曰環其私也。"【念孫案】尹未曉"環"字之義。"環"之言"營"也,謂兼上下以營其私也。"營"與"環"古同聲而通用。《韓子·五蠹》篇曰:"古者蒼頡之作書也,自環者謂之私。""私"本作"厶",見下。《説文》"厶"字解引作"自營爲厶"。《韓子·人主》篇曰:"當途之臣,得勢擅事以環其私。"謂自營其私也。"環"字亦作"還"。《管子·山至數》篇曰:"大夫自還而不盡忠。"謂自營也。《秦策》曰:"公孫鞅盡公不還私。"謂不營私也。《荀子·臣道》篇:"朋黨比周以環主圖私爲務。"環主,謂營惑其主也。《成相》篇:"比周還主黨與施。""還"與"環"同。《春秋》文十四年:"有星孛入于北斗。"《穀梁傳》曰:"其曰:'入北斗,斗有環域也。'"環域,即營域。"環"與"營"同義,故"環繞"即"營繞""環衛"即"營衛"。又,《齊風·還》篇"子之還兮",《漢書·地理志》"還"作"營",亦以聲同而借用也。

上下不知

四者一作而上下不知也,則國之危可坐而待也。

【念孫案】"上下不知"當從朱本作"上不知"。一者,皆也。《大傳》:"五者一得於天下,民無不足,無不贍者。"言五者皆得於天下也。莊十六年《穀梁傳》:"外内寮一疑之。"言皆疑之也。《大戴禮·衛將軍文子》篇:"若吾子之語審茂,則一諸侯之相也。"盧辯曰:"一,皆也。"《家語·弟子行》篇"一"作"壹"。又,《三年問》:"壹使足以成文理。"王肅注并云:"壹,皆也。"言四奸皆作而君不知,則國必危也。此本作"上下不知","下"即"不"字之誤而衍者。

是故以人役上三句

是故以人役上,以力役明,以刑役心。

劉曰:"'以人役上',自君臣言。'以力役明',自等類言。'以刑役心',自一身言。'刑'乃'形'字訛,下同。注皆非。"【念孫案】"以力役明",所謂"君子勞心,小人勞力"也。"形""刑"古字通。

戒心

道德定於上,則百姓化於下矣。戒心形於内,則容貌動於外矣。

【念孫案】“戒”當爲“成”，字之誤也。“成”與“誠”通。《禁藏》篇：“賞罰莫若成必。”“成”即“誠”字。《小雅·我行其野》篇“成不以富”，《論語·顔淵》篇“成”作“誠”。誠心形於内，容貌動於外，所謂“誠於中，形於外”也。此以身之從心，喻民之從君，不當專以“戒心”言之。尹注非。

民流通則迂之

故民迂則流之，民流通則迂之。

尹注曰：“人太迂曲不行，則流通之。人太流蕩，則迂屈之。”【引之曰】“民流”下“通”字，因注而衍。注於上“流”字訓爲“流通”，下“流”字訓爲“流蕩”，則“民流”下無“通”字明甚。若有“通”字，不得訓爲“流蕩”矣。

威私

此先王所以明德圉奸、昭公威私也。

劉曰：“‘威’乃‘戒’字誤。”

無事

禁淫務，勸農功，以職其無事。

【念孫案】“無”當爲“典”。典，常也。常事，即指農功而言。禁淫務，勸農功，則民皆職其常事矣。隸書“無”字作“𣞤”，“典”字或作“𣞤”，漢《益州太守高頤碑》“游心典籍”，“典”字作

“𠕋”。二形相似,故“典”訛爲“無”。尹注非。

明立寵設六句

明立寵設,不以逐子傷義。禮私愛驩,勢不并倫。爵位雖尊,禮無不行。

劉曰:“言庶子雖有才、有寵,亦不以逐嫡子而傷義,故禮愛隆而不敢并嫡子,爵位尊而亦事嫡子也。注皆非。”【念孫案】明,猶尊也。《禮運》:“故君者所明也,非明人者也。”《大傳》:“庶子不祭,明其宗也。”鄭注并曰:“明,猶尊也。”《祭義》:“明命鬼神。”注曰:“明命,猶尊名也。”本書《牧民》篇曰:“明鬼神,祇山川。”《墨子·明鬼》篇曰:“鬼神不可不尊明也。”言庶子雖尊寵,不以代嫡子也。

《管子》弟六

小稱

來美名　來足　用金玉事主而來　所以來

我托可惡以來美名，又可得乎？

【念孫案】"來"當爲"求"，下文云："以求美名，又可得乎？"即其證。又，《侈靡》篇："不出百里而來足。""來"亦當爲"求"，言不出百里而所求者足也。又，《任法》篇："富人用金玉事主而來焉。""来"亦當爲"求"。下文云："近者以偪近親愛，有求其主。"即其證。又，《九守》篇："君因其所以來，因而予之。""來"亦當爲"求"。《鬼谷子·符言》篇正作"求"。隸書"來"字作"來"，"求"字或作"來"，漢《三公山碑》："乃求道要，本祖其原。""求"字作"**来**"。《蕩陰令張遷碑》："紀行求本，蘭生有芬。""求"字作"**来**"，皆與"来"字相似。唯首畫作曲形，自右而左，與"来"字不同。二形相似，故"求"訛爲"來"。"求""來"二字，書傳多互訛。《吕刑》："惟貨惟求。"馬注云："求，有求，請賕也。"案，《漢律》有"受賕"之條，即經所云"惟貨也"。又有"聽請"之條，即經所云"惟求也"，二者相因，故馬注云云，以兼釋"惟貨惟求"之義。"求"字傳寫作"**来**"，故與"来"字相似，而某氏傳遂訓爲"往來"之"來"，失之矣。《孟子·離婁》篇：

"舍館定,然後來見長者乎?"《史記·李斯傳》:"來丕豹、公孫支於晉。"今本"來"字又皆訛作"求"。尹注皆非。

歸之於民則民怒反之於身則身驕

今夫桀紂不然,《群書治要》"不然"上有"則"字。有善則反之於身,有過則歸之於民,歸之於民則民怒,反之於身則身驕。

【念孫案】《群書治要》作"有過而歸之於民則民怒,有善而反之於身則身驕"是也。上文云:"有過而反之身則身懼,有善而歸之民則民喜。"是其證。今本無"有過而""有善而"六字者,後人以意删之耳。

可得料

匠人有以感斤欘,故繩可得料也。

【念孫案】"料"當爲"斷"。斤欘所以斷繩,故曰"繩可得斷"。隸書"料"字作"㪷",其右邊與"斷"相似。俗書"斷"字作"断",其左邊與"料"相似。故"斷"訛作"料"。亦有"料"訛作"斷"者。《史記·淮陰侯傳》"大王自料",《新序·善謀》篇"料"作"斷"是也。《太平御覽·資産部三》引此正作"斷"。

入察

大哉恭遜敬愛之道,吉事可以入察,凶事可以居喪。

【念孫案】"察"當爲"祭"。祭,吉事也。喪,凶事也。二句相對爲文。

故臣且謁之

微君之命臣也,故臣且謁之。

【引之曰】當作“臣故且謁之”。“故”與“固”同,言臣固將謁之也。《韓子·難一》作“臣故將謁之”,是其證。

喜宫

公喜宫而妒。

【引之曰】“喜宫”當依朱本作“喜内”,故下句云“豎刀自刑,而爲公治内”。《左傳》《史記》皆言“桓公好内”。《韓子》作“君妒而好内”,是其證。

脱十字

公子開方事公十五年,不歸視其親。齊衛之間,不容數日之行。

【念孫案】此下脱“於親之不愛,焉能有於公”十字,《群書治要》有,《吕氏春秋·知接》篇作“其父之忍,又將何有於君”,《韓子》作“其母不愛,安能愛君”,皆其證。上文云“於子之不愛,將何有於公”“於身之不愛,將何有於公”,文義正與此相對。

務爲

臣聞之,務爲不久,蓋虚不長。

【引之曰】"爲"即"僞"字也。《兵法》篇"僞詐不敢嚮",《幼官》篇作"爲詐"。成九年《左傳》"爲將改立君者","爲"即"僞"字,與僖二十五年《傳》"僞與子儀、子邊盟者",文義正同。定十二年《傳》"子僞不知",《釋文》:"僞,作爲。"《史記·封禪書》"果是僞書",《漢書·郊祀志》作"果爲書"。《淮南衡山傳》"使人僞得罪而西",《漢書》亦作"爲"。"僞"與"虚"正相對。《韓子》及《説怨·説叢》篇并作"務僞不長",是其證。今本《韓子》"務"訛作"矜"。尹注非。洪説同。

憎 廢之官

公憎四子者廢之官。

【念孫案】《群書治要》作"公召四子者廢之"是也。今本"召"作"憎","廢之"下有"官"字,皆後人所增改。桓公非憎四子,特因管仲之言而廢之耳。

苛病起兵

逐堂巫而苛病起兵,逐易牙而味不至,逐豎刀而宫中亂,逐公子開方而朝不治。

【念孫案】"苛病起"下不當有"兵"字,尹曲爲之説,非也。《群書治要》《吕氏春秋》皆無"兵"字。

素幭

桓公乃援素幭以裹首而絶。

尹注曰:"幭,所以覆軨也。"【念孫案】尹以"幭"爲"鞹鞃淺幭”之“幭”，非也。幭，謂帊幞也。《廣韻》：“帊，帊幞。《通俗文》曰：‘帛三幅曰帊。’普駕切。”今人言手帊是也。《方言》曰：“幡褦謂之幭。”郭璞曰：“即帊幞也。”《廣雅》曰：“幭、帊、幡褦，幞也。”《説文》曰：“幭，蓋幭也。”《吕氏春秋·知化》篇：“夫差乃爲幎以冒面而死。”事與此相類，“幎”即“幭”字也。帊幞可以覆面，故云“援素幭以裹首”，非車上之覆軨也。

十一日

死十一日，蟲出於户。

洪云：“‘十一’當爲‘七’，因字形而訛。《周禮·職方氏》：“方三百里則七伯。”鄭注云：“以方三百里之積，以九約之得十一有奇。”云“七伯者”，字之誤也。《戒》篇‘公死七日不斂’，其證也。據《史記·齊世家》‘桓公尸在牀上六十七日，尸蟲出于户’，《説苑·權謀》篇：‘桓公死六十日，蟲出於户。’俱與此不同。”

出如莒時

使公毋忘出如莒時也，使管子毋忘束縛在魯也，使甯戚毋忘飯牛車下也。

【念孫案】上二句當依《群書治要》作“使公毋忘出而在於莒也，使管仲毋忘束縛在於魯也”。“在於莒”與“在於魯”對文，“莒”與“魯”“下”爲韻。今本“出而在於莒”作“出如莒時”，則失其韻矣。《藝文類聚·人部七》《太平御覽·人部一百》引此并作“在莒”。《吕氏春秋·直諫》篇作“出奔在於莒”，《新序·雜事》篇作“出而在莒”，皆無“時”字。

四稱

以繬緣繬　曲薔　薔石　天嗇

以繬緣繬，吾何以知其美也。

劉績曰："繬，所力切。"【念孫案】劉音非也。"繬"當爲"緇"。下文云："以素緣素，吾何以知其善也。""素"與"緇"正相對，是"繬"爲"緇"之訛也。"緇"從甾聲，"繬"從嗇聲，隸書"嗇"字作"啬"，"甾"字或作"𠙹"，《玉篇》："菑，或作𦱛。"《集韻》："淄，俗作𣸸。"是"𠙹"爲"甾"之變體也。二形相似，故"甾"訛爲"嗇"矣。又，《輕重甲》篇曰："越人果至，隱曲薔以水齊。"【念孫案】"薔"亦當爲"菑"。曲菑，菑水之曲處也。菑水東流過臨菑城南，又折而北，過其東。見《水經注》。故有曲菑之名，若後人之言曲江矣。隱，塞也。上文云"請以令隱三川"，謂塞三川也。《小雅·魚麗》傳"士不隱塞"，《正義》曰："爲梁，止可爲防於兩邊，不得當中皆隱塞。"是"隱"與"塞"同義。謂塞曲菑以灌齊都也。《輕重甲》篇又曰："楚之有黄金，中齊有薔石也。"【念孫案】"薔"亦當爲"菑"。中，當也，言楚之有黄金當齊之有菑石也。《輕重丁》篇曰："使玉人刻石而爲璧。"①尹注曰："刻石，刻其蕾石。""薔石""蕾石"，皆"菑石"之訛也。又，《輕重丁》篇曰："今彗星見於齊之分，請以令朝功臣世家，號令於國中曰：'彗星出，寡人恐服天下之仇，請有五穀、叔粟、布帛、文采者，舊本"叔"訛作"收"，辯見《輕重丁》。皆勿敢左右，國且有大事，請以平賈取之功臣之家。'人民百姓皆獻其穀、菽粟、帛布，舊本"帛

① "輕重丁"，底本作"輕重乙"，據《管子》改。

布"訛作"泉金",辯見《輕重丁》。歸其財物,以佐君之大事,此謂乘天嗇而求民鄰財之道也。"【念孫案】"嗇"亦當爲"菑","菑"即"災"字。《史記·秦始皇紀》"菑害絶息",今本"菑"作"葘",後人所改也。宋毛晃《增修禮部韻略》、婁機《班馬字類》引此并作"菑"。漢《冀州從事郭君碑》"降此殲菑",字亦作"菑"。彗星,天災也。因彗星出而斂財物,故曰"此謂乘天災而求民鄰財之道"。

服之

君若有憂,則臣服之。

【引之曰】憂,謂國有大患也。"服"當爲"死",范雎言主憂臣辱,主辱臣死,義與此相近。"死"本作"𣦵","服"或作"𦙍",下半相似而誤。《淮南·主術》篇"馬服於衡下",今本"服"訛作"死"。尹注非。

亡己

昔者無道之臣,委質爲臣,賓事左右,執説以進,不蘄亡己。

【念孫案】"亡"當爲"正",字之誤也。《賈子·過秦》篇"天下莫不引領而觀其正",今本"正"誤作"亡"。言但賓事左右,執邪説以進於君,而不求正己也。尹注非。

唯趣人詔

不彌人争,唯趣人詔。

【念孫案】“趣”讀爲“促”。“詔”當爲“訟”,字之誤也。“訟”“詔”草書相似。不彌人争,唯趣人訟,意正相承,且“訟”與“從”爲韻。“訟”字古讀平聲。《召南·行露》篇“何以速我訟”,與“墉”“從”爲韻。《管子·問》篇“則人不易訟”,與“功”“宗”爲韻。《堯典》“嚚訟可乎”,“訟”,馬本作“庸”。《史記·吕后紀》“未敢訟言誅之”,“訟”,一作“公”。若作“詔”,則失其韻矣。尹注非。

乘等

遷損善士,捕援貨人。入則乘等,出則黨駢。

尹注曰:“其貨賄之人,與之入國,則同乘而等至。其出也,又朋黨而駢并。”【念孫案】尹以“乘”爲“同乘”,則“乘等”二字,義不相屬。今案,乘者,匹耦之名。《廣雅》曰:“雙、耦、匹、乘,二也。”《方言》曰:“飛鳥曰雙,雁曰乘。”《淮南·泰族》篇曰:“關雎興於鳥而君子美之,爲其雌雄之不乘居也。”今本“乘”訛作“乖”。辯見《淮南》。“乘”爲“匹耦”之名,故“二”謂之“乘”,“四”亦謂之“乘”。《周官·校人》“乘馬”,鄭注曰:“二耦爲乘。”凡經言“乘禽”“乘矢”“乘壺”“乘韋”之屬,義與此同也。等,亦乘也。《廣雅》曰:“等,輩也。”“入則乘等,出則黨駢”,“乘等”與“黨駢”,其義一也。

侈靡

一踦腓一踦屨

其獄一踦腓一踦屨而當死。

【引之曰】“腓”讀爲“扉”，乃草屨之名，非謂足腨也。《方言》：“扉，粗履也。”《釋名》：“齊人謂草屨曰扉。”字亦作“菲”。《喪服傳》曰：“菅屨者，菅菲也”，“繩屨者，繩菲也”。《疏》：“屨者，藨蒯之菲也。”是“扉”爲屨之粗者。《荀子·正論》篇：“治古無肉刑而有象刑：墨黥，慅嬰，共艾畢，劉氏端臨曰：“‘共’當爲‘宫’。”菲對屨，[①]殺，赭衣而不純。”楊倞注曰：“菲，草屨也。”引《尚書大傳》曰：“唐虞之象刑，上刑赭衣不純，中刑雜屨，下刑墨幪。”《白虎通義》曰：“五帝畫象者，其衣服象五刑也，犯宫者履雜扉。”《漢書·刑法志》亦曰：“墨黥之屬，菲履赭衣而不純。”是象刑有“扉屨”也。“一跨扉一跨屨”，謂足著一隻屨，一隻草屨，明罪人之屨異於常人也。“屨”與“扉”對文，蓋以絲作之者。《方言》：“絲作之者謂之履。”履，即屨也。

滿稽

今周公斷指滿稽，斷首滿稽，斷足滿稽。

【引之曰】稽者，計罪人名之簿書，言斷指、斷首、斷足之罪人，名滿於計簿也。《周官·小宰》“聽師田以簡稽”，先鄭司農云：“簡稽，士卒兵器簿書。簡，猶閲也。稽，猶計也，合也。合計其士之卒伍，閲其兵器，爲之要簿也。”引《吴語》“黄池之會，吴陳其兵，皆官師擁鐸拱稽”，是其證。尹訓“稽”爲“考”，失之。

① “對”，諸本皆作“封”，據宋本《荀子》等改。

兩而字

賤有實，敬無用，則人可刑也。故賤粟米而如敬珠玉，好禮樂而如賤事業。

【引之曰】兩"而"字後人所加。如，即而也。"賤粟米如敬珠玉，好禮樂如賤事業"，謂賤粟米而敬珠玉，好禮樂而賤事業，正所謂"賤有實，敬無用"也。尹注不得其解，乃云"言粟，常人賤之，賢者貴之，如常人之敬珠玉。末業，常人貴之，賢人賤之。今則賢者之好禮樂，如常人貴末業"，失其指矣，然所見本猶未有"而"字也，後人惑於尹注，又加"而"字以足之，謬甚。

陰之陰

珠者，陰之陽也，故勝火。玉者，陰之陰也，故勝水。

【念孫案】"陰之陰"當作"陽之陰"。珠生於水，爲陰，而其形圓，故曰"陰之陽"。玉生於山，爲陽，而其形方，故曰"陽之陰"。《大戴禮・勸學》篇作"玉者陽之陰"。《淮南・地形》篇："水圓折者有珠，方折者有玉。"高注曰："圓折者，陽也，珠，陰中之陽。方折者，陰也，玉，陽中之陰。"皆其證。《太平御覽・珍寶部三》引此正作"陽之陰"。尹注非。

牧之　牧貧病　牧漁

則强者能守之，智者能牧之。

【念孫案】"牧"字於義無取。"牧"當爲"收"，謂强者能以力守之，智者能以術收之也。俗書"收"字作"収"，與"牧"相似而誤。又,《輕重甲》篇:“以振孤寡,牧貧病。”“牧”亦當依朱本作“收”,謂收恤之也。又,《明法解》篇:“牧漁其民,以富其家。”“牧”亦當爲“收”,謂收漁民財以自富也。

夏之静雲　乃及

藹然若夏之静雲乃及人之體。

孫云:“‘夏之静雲’當作‘夏雲之静’,與上文‘秋雲之遠’相對。”【念孫案】此當作“藹然若夏雲及人之體”,九字作一句讀,言君子教澤及人,藹然若夏雲之爲雨而及人之體,莫不沾濡也。今本作“若夏之静雲”,“之静”二字涉下文“若鴗之静”而衍。據尹注但言“夏雲之起,油然含潤”,而不言其静,則本無“之静”二字明矣。其“乃”字,則“及”字之誤而衍者耳。

好任　仕任

君親自好事,强以立斷,仁以好任。

【引之曰】“仁以好任”當作“仁以好仕”,字之誤也。“仕”與“士”同,《爾雅》:“士,察也。”《小雅·節南山》箋作:“仕,察也。”《曲禮》“前有士師”,注曰:“士,或爲仕。”漢《郎中馬江碑》“士喪儀宗”,《成陽靈臺碑》“故有靈臺嗇夫,魚師衛士”,“士”皆作“仕”。此承上“士可戚”而言,且“仕”與“事”爲韻。尹注非。又,《白心》篇:“滿盛之國,不可以仕任。”“任”即“仕”字之誤而衍者。説見《白心》。

遮

六畜遮育,五穀遮熟。

洪云:"'遮''庶'古字通。《易·晉》卦'用錫馬蕃庶',《釋文》云:'庶,鄭止奢反,謂蕃遮禽也。'"

君長

吾君長来獵君長虎豹之皮。

【念孫案】此當作"吾君長来獵虎豹之皮",尹注云"君好虎豹皮,故來獵",是其證。其下"君長"二字,則因上而衍。

用其臣 父繫而伏之 禮我

用其臣者,予而奪之,使而輟之,徒以而富之,父繫而伏之,予虛爵以驕之,收其春秋之時而消之,有雜禮我而居之,時舉其强者而譽之。

【念孫案】"用其臣者"四字統下八句而言,尹以"用"字上屬爲句,非也。"父繫而伏之","父"字義不可通,當是"又"字之訛。篆文"又""父"相似。"又"者,承上之詞。尹注非。【引之曰】"有雜禮我而居之","有"讀爲"又",亦承上之詞。"禮我"當爲"禮義",今脱其上半耳。尹注非。

故法

故法而守常。

【念孫案】此當作"法故而守常","法故"與"守常"對文。"法故而守常"與下文"尊禮而變俗,上信而賤文",文亦相對。尹注非。

變其美

變其美者應其時。

【念孫案】此當作"變之美者應其時",與上句"化之美者應其名"相對爲文。尹注云"事應其時,故變美也",即其證。今本"之"作"其"者,涉上下諸"其"字而誤。

天下　所當

擇天下之所宥,擇鬼之所當,擇人之所戴。舊本"人"下有"天"字,涉上文"天下"而衍,今據尹注删。

【念孫案】"天下之所宥"當作"天之所宥","天"與"人""鬼"對文,不當有"下"字。"宥"讀爲"自天祐之"之"祐"。《漢書·禮樂志〈郊祀歌〉》:"神若宥之。"師古曰:"宥,祐也。"尹注非。"鬼之所當","當"宜爲"富",字之誤也。《郊特牲》曰:"富也者,福也。"故尹注云"爲神所福助"。《大雅·瞻卬》篇"何神不富",《毛傳》曰:"富,福也。"《大戴禮·武王踐阼》篇"勞則富",盧辯注曰:"躬勞終福。"《謙》彖傳:"鬼神害盈而福謙。"京房"福"作"富"。"富"與"宥""戴"爲韻。"富"古讀若"背"。"宥"古讀若"異",并見《唐韻正》。

大有臣

大有臣甚大,將反爲害。

【念孫案】上"大"字涉下"大"字而衍。尹注非。

仕異國之人

毋仕異國之人。

【引之曰】"仕"當爲"任",字之誤也。尹注同。上文"疏貴戚者謀將泄",言不可疏其所親也。此言毋仕異國之人,言不可親其所疏也。今本"任"作"仕",則非其旨矣。

囂亡

若是者,必從是囂亡乎。

洪云:"'囂'疑'喪'字之訛。喪,蘇浪反,俗作'喪'。"【念孫案】尋尹注,亦似作"喪"字解。

言人之無患

利人之有禍,言人之無患。

【念孫案】"言"當爲"害",字之誤也。隸書"害"字或作"害","言"字或作"言",二形相似。謂所利在人之有禍,所害在人之無患也。昭十五年《左傳》:"楚費無極害朝吴之在蔡也。"哀十五年《傳》:"莊公害故政,欲盡去之。""利"與"害"、"有禍"與"無患",相對爲文。尹注非。

是故之時　可以行今也

是故之時,陳財之道可以行。今也利散而民察,必放之身然後行。

尹注曰："管氏云此乃古之陳設致財之道，亦可行求於今，然利散於下，人則察而知之，置之於身，勿令下知，然後可以行。"【引之曰】據注，則正文"故"字乃"古"字之譌，但注讀"可以行今也"爲句，而解爲"亦可行求於今"，則非也。"可以行"爲句，"今也"二字屬下讀，言古之時陳財之道如是，則可以行矣。"今也則利散而民察，必放之身然後行"，是今不同於古也。

故不

中寢諸子告宫中女子曰："公將有行，故不送公。"

【念孫案】"故"當爲"胡"。尹注非。

不令

若江湖之大也，求珠貝者不令也。

洪云："'令'當作'舍'。劉逵《蜀都賦注》引此作'舍'。尹注非。"

强能不服

不欲强能不服，智而不牧。

【引之曰】能，亦而也。"能"與"而"古聲相近，故字亦相通。《衛風·芄蘭》篇："雖則佩觿，能不我知。"言童子雖則佩觿，而實不與我相知也。《荀子·解蔽》篇："爲之無益於成也，求之無益於得也，憂戚之無益於幾也，則廣焉能棄之矣。"《趙策》："建信君入言於王，'厚任葺以事能重責之'。""能"并與"而"同。詳見《釋詞》。"强能不服"，言强而不服於上也。上文曰"强而可使服事"，正與此相反。牧，治也，治人謂之牧，治於人亦謂之牧。"智而不牧"，言智而不受治於上也。《法法》篇曰"上不行君令，下不合於鄉里，變更自爲，易國之成俗者，命之曰'不牧之民'"是也。古書多以"能""而"互用，《任法》篇："是貴能威之，富能禄之，賤能事之，近能親之，美能淫之也。"下文五"能"字皆作"而"。《晏子春秋·外篇》："入則求君之嗜欲能順之，君怨良臣，則具其往失而益之。"《墨子·天志》篇："少而示之黑謂黑，多示之黑謂白，少能嘗之甘謂甘，多嘗之甘謂苦。"《韓詩外傳》："貴而下賤，則衆弗惡也。富能分貧，則窮士弗惡也。智而教愚，則童蒙者弗惡也。"崔駰《大理箴》："或有忠能被害，或有孝而見殘。"皆以"能""而"互用。且"服"與"牧"爲韻，尹以"能"字絶句，"不服"二字屬下讀，則既失其義，而又失其韻矣。

亟

則人君日退，亟則溪陵山谷之神之祭更，應國之稱號亦更矣。

【念孫案】"亟"字下屬爲句，"亟"與"極"同。上文"其亟而反"，亦以"亟"爲"極"。言世之亂也，婦人爲政而人君日退，其亂之極，則溪陵山谷之神之祭更，應國之稱號亦更也。尹以"亟"字上屬爲句，非是。

心術上

充益

嗜欲充益，目不見色，耳不聞聲。

【念孫案】“充益”當爲“充盈”,字之誤也。上以“道”“理”爲韻,“道”字合韻讀若“峙”。下文“上離其道”,與“事”爲韻。《白心》篇“天之道也”,與“殆”“已”爲韻。《正》篇“臣德咸道”,與“紀”“理”“止”“子”爲韻。《恒》彖傳“久于其道也”,與“已”“始”爲韻。《月令》“毋變天之道”,與“起”“始”“理”“紀”爲韻。凡周秦用韻之文,“道”字多如此讀,不可枚舉。此以“盈”“聲”爲韻,此篇中多用韻之文。

智乎

人皆欲智,而莫索其所以智乎。

【念孫案】“智”下不當有“乎”字,此涉下文兩“智乎”而衍。

正人無求之 虛無

夫正人無求之也,故能虛無,虛無無形謂之道。

【念孫案】上二句本作“夫聖人無求也,故能虛”,今本“聖人”作“正人”,聲之誤也。“無求”下有“之”字,乃涉上文“求之”而衍,尹注非。“故能虛”下有“無”字,則後人所加也。下解云:“唯聖人得虛道。”又曰:“虛者,無臧也,故去知,則奚求矣。今本“故”下衍“曰”字,“奚”下衍“率”字,辯見後。無臧則奚設矣,無求無設則無慮,無慮則反覆虛矣。”皆是釋此文“夫聖人無求也,故能虛”九字,且但言“虛”而不言“虛無”,今據以訂正。“虛無無形”本作“虛而無形”,洪云:“《文選·游天台山賦》注、《嘯賦》注、左太沖《詠史詩》注引此并作‘虛而無形’。”案,今本《文選·嘯賦》及《詠史詩》注皆作“虛無無形”,蓋後人以誤本《管子》改之，唯《游天台山賦》注未改。【念孫案】下解云“天之道，虚其無形”，則此文本作“虚而無形謂之道”明矣。今本“虚而”作“虚無”，亦後人所改。

直人

直人之言，不義不顧。

【念孫案】“直人”當爲“真人”，説見下解。

不言　不與萬物異理

故必知不言無爲之事，然後知道之紀，殊形異勢，不與萬物異理，故可以爲天下始。

【念孫案】“不言”下脱“之言”二字。“不與萬物異理”，“不”字涉上文“不言”而衍，并見下解中。尹注非。

不怵乎好

是以君子不怵乎好，不迫乎惡。

【念孫案】尹所見本本作“不休乎好”，故云“休，止也。不止人好利之情”，且云“下解中作‘怵’”，則此不作“怵”明矣。今作“怵”者，後人據下解改之也，但改注文“休，止也”爲“怵，止也”，則於義不可通。又案，下解作“怵”是也。“怵”與“訹”通。《説文》曰：“訹，誘也。”《漢書・賈誼傳・服賦》：“怵迫之徒，或趣西東。”孟康曰：“怵，爲利所誘怵也。迫，迫貧賤也。”此云“怵乎好，迫乎惡”，即承上“好利惡死”而言，故下解云

“人迫於惡,則失其所好。怵於好,則忘其所惡”。尹注非。

人皆欲知而莫索之其所以知彼也

人皆欲知而莫索之,其所以知彼也,其所以知此也。

【念孫案】此當作“人皆欲知而莫索其所以知,其所知彼也,其所以知此也”。“人皆欲知”云云,覆舉上文也。“其所知”云云,乃釋上文之詞。今本“莫索”下衍“之”字,“彼也”上又脱“其所知”三字,遂致文不成義。

故曰　奚率求

故曰心術者,無爲而制竅者也。故曰:君,無代馬走,無代鳥飛。

【念孫案】凡言“故曰”者,皆覆舉上文之詞,此文“心術者”二句,是釋“無代馬走,無代鳥飛”之意,不當有“故曰”二字,蓋涉上下文而衍。又,下文“故曰去知則奚率求矣”,“故”下亦衍“曰”字,“奚”下不當有“率”字,此即“奚”字之誤而衍者。“去知則奚求”“無臧則奚設”相對爲文,則無“率”字明矣。尹注非。

位逆

無形則無所位逆。

尹注曰“逆,逆也”,而不解“位”字。【引之曰】“位逆”二字,義不相屬。“位”當爲“低”。下同。低逆,即抵牾也。《説文》:"牾,逆也。"《漢書·司馬遷傳》"或有抵梧",如淳曰:"梧,讀曰迕,相觸迕也。""牾""梧""迕""䟘",并字異而義同。凡物之有所抵牾者,以其有形也。道無形則無所抵牾,故下文曰"無所低䟘,故遍流萬物而不變也"。《史記·天官書》"其前抵者戰勝",《漢書·天文志》"抵"作"低"。《漢書·食貨志》"封君皆氐首仰給焉",晉灼曰:"氐,音'抵距'之抵。"《史記·平準書》作"低"。是"抵""低"古字通。隸書"低"字作"𠀤",《干禄字書》曰:"𠀤、氐,上通下正。諸從氐者并準此。"形與"位"相似,因訛而爲"位"矣。

間之理者

以無爲之謂道,舍之之謂德,故道之與德無間,故言之者不别也。間之理者謂其所以舍也。

尹注曰:"道德之理可間者則有所舍,所以舍之異也。"【引之曰】"之理"二字因注而衍,"間者"上又脱"無"字。"無間者",謂其所以舍也。言道之與德所以謂之"無間者",謂德即道之所舍,上文曰:"德者道之舍。"故無間也。尹所見本已脱"無"字,故以爲"可間",豈有上言"無間",而下又言"可間"者乎?失之矣。

禮出乎義義出乎理理因乎宜

義者,謂各處其宜也。禮者,因人之情,緣義之理,而爲之節文者也,故禮者謂有理也,理也者明分以諭義之意也,故禮出乎義,義出乎理,理因乎宜者也。

【引之曰】“禮出乎義”當作“禮出乎理”。禮者，謂有理也，故曰“禮出乎理”。“義出乎理”當作“理出乎義”。“理也者，明分以諭義之意也”，故曰“理出乎義”。“理因乎宜”當作“義因乎宜”，義者，各處其宜也，故曰“義因乎宜”。寫者錯亂耳。不然，則“義者，宜也”，上言“禮出乎義”，而下又别言“理因乎宜”，是分“義”與“宜”爲二也，殆不可通。

莫人言至也不宜言應也

莫人，言至也。不宜，言應也。應也者，非吾所設，故能無宜也。

【念孫案】此釋上文“眞人之言，不義不顧”也。上文“眞人”譌作“直人”。“莫人”當爲“眞人”。隸書“眞”字作“**真**”，“莫”字作“**莫**”，二形相似。《史記·高祖功臣侯者表》“甘泉戴侯莫摇”，《漢表》“莫摇”作“眞粘”。《朝鮮傳》“嘗略屬眞番”，徐廣曰：“眞，一作莫。”《新序·雜事》篇“黄帝學乎大眞”，《路史·疏仡紀》曰：“大眞或作大莫，非。”上文作“直人”，此文作“莫人”，故知其皆“眞人”之譌也。“言至也”三字，語意未明，疑有脱誤。“宜”與“義”古字通，“不宜”即上文之“不義”也。義者，度也。説見《經義述聞·左傳》“婦義事也”及《國語》“比義”下。言事至而後應之，不先爲量度也，故曰“不宜言應也。應也者，非吾所設，故能無宜也”。尹不知“莫”爲“眞”之譌，又不知“不宜”即上文之“不義”，遂讀“莫人言”爲句，“不宜言”爲句，而强爲之説矣。

務其應所以成之

應也者，以其爲之人者也。執其名，務其應所以成之應之道也。

【引之曰】"務其"下"應"字、"所以成"下"之"字，皆衍文也。尹注曰："物既有名，守其名而命合之，"合"蓋"令"之訛。則所務自成。"則正文作"務其所以成"明矣。此以"名"與"成"爲韻。下文曰"以其形，因爲之名，此因之術也"，亦以"形"與"名"爲韻。

不得過實

此言不得過實，實不得延名。

【念孫案】"不得過實"上當有"名"字。

心術下

而天下治實不傷不亂於天下

凡物載名而來，聖人因而財之，而天下治。實不傷不亂於天下，而天下治。

【念孫案】此以兩"治"字絕句，"實不傷不亂於天下"八字連讀。"實"與"名"正相對也。尹以"天下治實不傷"連讀，大謬。

可知於顏色　和於形容

全心在中。舊本"全"訛作"金"。劉曰："當依《内業》篇作'全'。"今據改。尹曲爲之説，非。不可匿，外見於形容，可知於顏色。

【念孫案】“可知於顔色”本作“知於顔色”。知,亦見也,謂外見於顔色也。《吕氏春秋·報更》篇“齊王知顔色”,“知”下當有“於”字。高注曰:“知,猶發也。”《自知》篇:“文侯不説,知於顔色。”注曰:“知,猶見也。”《淮南·修務》篇曰:“奉爵酒,不知於色。挈石之尊,則白汗交流。”《趙策》曰:“趙王不説,形於顔色。”或言“形”,或言“知”,皆發見之謂也。“見於形容”“知於顔色”互文耳。今本“知”上有“可”字者,後人不曉“知”字之義而加之也。又,《内業》篇:“全心在中,不可蔽匿。和於形容,見於顔色。”劉曰:“‘和’乃‘知’字誤。”案,劉説得之。“知”與“見”亦互文耳。今本作“和”者,亦後人不曉“知”字之義而改之也。《齊策》“齊王知於顔色”,今本作“和其顔色”,亦後人所改。

以爲原　表裏遂通　被服四固　一言解之

是故内聚以爲原,泉之不竭,表裏遂通,泉之不涸,四支堅固,能令用之,被服四固,是故聖人一言解之。上察於天,下察於地。

【念孫案】“以爲原”當依《内業》篇作“以爲泉原”,下文“泉之不竭”即承此句言之,劉以爲缺“泉”字是也。“表裏遂通”,“通”當爲“達”,“達”與“竭”爲韻。《内業》篇亦誤作“通”。“被服四固”當爲“被及四圄”。據尹注但言“被及”,而不言“被服”,則正文本作“被及”明矣。“服”字右半與“及”相似,故“及”誤爲“服”。僖二十四年《左傳》“子臧之及,不稱也夫”,今本“及”誤作“服”。“圄”與“固”亦相似,又涉上文“堅固”而誤耳。“圄”即“圉”字也。《説文》“囹圉,所以拘罪人”,今經傳皆作“囹圄”。

《左氏春秋》定四年“衛孔圉”,《公羊》作“孔圄”。《淮南・人間》篇“使馬圉往説之”,《論衡・逢遇》篇“圉”作“圄”。孫炎注《爾雅》曰:“圉,國之四垂也。”此言“被及四圄,察於天地”,《内業》篇言“窮天地,被四海”,其義一也。不言“四海”而言“四圄”者,變文協韻耳。“一言解之”當依《内業》篇作“一言之解”。“解”與“地”爲韻。尹注皆非。

《管子》弟七

白心

建當立有以靖爲宗　非吾當　當故

建當立有，以靖爲宗，以時爲寶，以政爲儀，和則能久。非吾儀，雖利不爲。非吾當，雖利不行。非吾道，雖利不取。

尹讀"建當立"爲句，"有以靖爲宗"爲句，注云："凡所建，必建其當立者也。"【念孫案】尹説甚謬，"當"當爲"常"，"有"當爲"首"，皆字之誤也。"建常立首"爲句，"以靖爲宗"爲句。"首"即"道"字也，"道"字古讀若"首"，故與"寶""久"爲韻。凡九經中用韻之文，"道"字皆讀若"首"，《楚辭》及《老》《莊》諸子并同。《説文》："道，從辵、首聲。"今本無"聲"字者，二徐不曉古音而削之也。"道"字古讀若"首"，故與"首"通。秦《會稽刻石》文"追道高明"，《史記・秦始皇紀》"道"作"首"，是其證也。"寶"字古讀若"缶"，故《説文》"寶"從缶聲。《大雅・崧高》篇"以作爾寶"，與"舅""保"爲韻。"保"亦讀若"缶"。《管子・侈靡》篇："百姓無寶。"與"首"爲韻。《吕氏春秋・侈樂》篇："不知其所以知之謂棄寶。"與"道""咎"爲韻。《韓子・主道》篇："静退以爲寶。"與"道""巧""咎"爲韻。"巧"讀若"糗"。"建常立道"者，建，亦立也。立之而可行謂之道，立之而可久謂之常，其實一也。静以守之，時以成之，正以準之，則常可建而道可立矣。故曰“建常立道，以靖爲宗，“靖”與“静”同。以時爲寶，以政爲儀”也。“政”與“正”同。儀，法也。言以正爲法也。尹以“政”爲“政事”之“政”，亦非。下文“非吾當”，“當”字亦當爲“常”。“非吾儀”“非吾常”“非吾道”，即承此文“建常立道，以政爲儀”而言。下文又云：“置常立儀，能守貞乎？常事通道，能官人乎？”亦承此文而言。又，《正》篇“當故不改曰法”，“當”亦當爲“常”，尹注同。法一成而不改，故曰“常故不改曰法”。

不隨

故其人也不廢，其事也不隨。

【念孫案】“隨”當爲“墮”，字本作“隓”。《方言》曰：“隓，壞也。”《吕氏春秋·必己》篇注曰：“墮，廢也。”“不廢”“不墮”義正相承。今作“不隨”者，涉上文“不始不隨”而誤。尹注非。

物至而名自治之

是以聖人之治也，静身以待之，物至而名自治之。

【引之曰】“名自”二字，因下文“正名自治”而衍。“物至而治之”，謂事來而後理之也。尹注以“循名責實”解之，則所見本已衍“名自”二字。

正名自治之奇身名廢

正名自治之，奇身名廢。

【念孫案】此皆以四字爲句,“治”下“之”字涉上文“物至而治之”而衍。“奇身名廢”當作“奇名自廢”。“自”與“身”相似,又因下文兩“身”字而誤爲“身”,又誤倒於“名”字之上耳。尹注曰:“奇,謂邪不正也。”“正名自治”“奇名自廢”相對爲文,謂名正則物自治,名不正則物自廢也。《樞言》篇曰“名正則治,名倚則亂”,是其證矣。“倚”與“奇”通。

其人入　從於適

兵之出,出於人。其人入,入於身。兵之勝,從於適。德之來,從於身。

【念孫案】“其人”之“人”涉上句“人”字而衍,尋尹注,亦無“人”字。洪云:“適,古敵字。”“敵”與“身”對言之,上二句亦以“人”與“身”對。尹注非。

去善之言

去善之言,爲善之事,事成而顧反無名。

劉曰:“‘去’乃‘云’字誤。云善言,爲善事,反無名,即下文‘能者無名’也。注非。”【念孫案】郭璞注《穆天子傳》云:“顧,還也。”下文曰:“孰能棄功與名而還反無成?”

有中有中

有中有中,孰能得夫中之衷乎?

尹注上句云“舉事雖得其中而不爲中,乃是有中也”,注下句云“得於中之損折中者，其唯忘中乎”。劉曰：“此即前‘心之中又有心意’。”【念孫案】尹説殊不可解，劉説近之。今案，“有中有中”當作“中有有中”。上“有”字讀爲“又”。經傳通以“有”爲“又”。“中又有中”者，中之中又有中也。下句云“孰能得夫中之衷乎”，是其明證矣。《内業》篇云：“心以藏心，心之中又有心焉。”義與此同。“中”“有”二字誤倒，故尹不得其解而强爲之詞。

有貴其成

無成有貴其成也，有成貴其無成也。

【念孫案】“有貴其成”當作“貴其有成”，與下文“貴其無成”相對。“無成貴其有成”者，功未成則貴其有成也。“有成貴其無成”者，功成而不有其功，即上文所云“棄功與名而還反無成”也。尹注皆非。

己無己

孰能己無己乎？效夫天地之紀。

【念孫案】“己無己”當作“亾己”，“亾”與“忘”同。《韓子·難二》：“晉文公慕於齊而亡歸。”《趙策》：“秦之欲伐韓梁，東闚於周室甚，唯寐亾之。”并與“忘”同。《荀子·勸學》篇“怠慢忘身，禍災乃作”，《大戴禮》“忘”作“亾”。《吕氏春秋·權勳》篇“是忘荆國之社稷，而不恤吾衆也”，《韓子·十過》篇“忘”作“亾”。《史記·主父傳》“天下忘干戈之事”，《漢書》“忘”作“亾”。言唯忘己之人，能效天地之紀也。尹注云“天地忘形者也，能效天地者，其唯忘己乎”，是其證。《莊子·天地》篇云:"有治在人,忘乎物,忘乎天,其名爲忘己。忘己之人,是之謂入於天。"意與此同也。今本作"己無己"者,俗書"亾"字作"亡",與"己"相似,下文又有"己"字,故"亾"訛爲"己"。兩"己"之間又衍"無"字,"無"字涉上文"無成"而衍。遂致文不成義。

揺

夫不能自搖者,夫或揺之。

【念孫案】"揺"當爲"搯"。"搯",古"搖"字也。見《七法》篇"擔竿"下。隸書"搯"字或作"搈",《漢書·司馬相如傳》"消搈乎襄羊"。因訛而爲"揺"。《淮南·兵略》篇"推其搖搖,擠其揭揭","搖"亦"搯"字之訛。本書《七法》篇"搯竿而欲定其末","搯"字又訛作"擔"。蓋世人多見"搖",少見"搯",故傳寫多差也。朱本徑改"揺"爲"搖",則非其本字矣。

夫或者何若然者也

劉曰:"'或者',指上'或揺之'之'或'。上言天地尚有所以維載之者,豈人而無治之者乎?故此問'治之者'之狀,下遂詳其無聲無臭之妙,而口耳目手足等,莫不本之,注皆指爲'風',殊不可解。"

集於顔色知於肌膚

灑乎天下滿,不見其塞,集於顔色,知於肌膚。

【引之曰】下二句當作“集於肌膚，知於顔色”，此以“塞”與“色”隔句爲韻也。知，見也，道見於面，故曰“知於顔色”也。《心術》篇“外見於形容，知於顔色”。今本“知”上衍“可”字，辯見前。《吕氏春秋·自知》篇：“文侯不説，知於顔色。”高注曰：“知，猶見也。”皆謂見於面也。今本倒“肌膚”於下，則既失其義，而又失其韻矣。尹注已誤。

上聖之人　物至而命之耳

上聖之人，口無虚習也，手無虚指也，物至而命之耳。

【念孫案】“上聖之人”四字，意屬下，不屬上。尹注非。劉曰：“耳，語辭。注以爲‘耳目’之‘耳’，屬下爲句，非。”

祥其神矣

故曰：“濟於舟者，和於水矣。義於人者，祥其神矣。”

尹注曰：“與人理相宜，則神與之福祥也。”【引之曰】“其”當爲“於”。正文及注“神”字皆當爲“鬼”。上文曰“祥於鬼者義於人”是也。“鬼”與“水”爲韻，後人改“於”爲“其”，改“鬼”爲“神”，則既失其義，而又失其韻矣。“鬼”“神”對文則異，散文則通，故“神”亦謂之“鬼”。定元年《左傳》：“宋仲幾曰：‘縱子忘之，山川鬼神其忘諸乎？’士伯怒，謂韓簡子曰：‘薛徵於人，宋徵於鬼，宋罪大矣。且己無辭而抑我以神，誣我也。’”或曰“鬼神”，或曰“鬼”，或曰“神”，其義一也。《論語·先進》篇：“季路問事鬼神。子曰：‘未能事人，焉能事鬼？’”上言“鬼神”，下但言“鬼”，言“鬼”即可以該“神”也，“鬼”亦訓“神”，無須改爲“神”字。

事有適四句

事有適,而無適若有適,觿解,不可解而后解。

【引之曰】此當作:“事有適句,無適而后適,句。觿有解,句。不可解而后解。句。”言事之有適也必無適而后適,觿之有解也必不可解而后解。下文云“善舉事者,國人莫知其解”,正所謂“不可解而后解”也。事之無適而后適,亦猶是也。今本“無適而”誤作“而無適”,“后”誤作“若”,“觿有解”之“有”又誤入上句内,遂致文不成義。尹注及句讀皆非。

提提

爲善乎,毋提提。爲不善乎,將陷於刑。

【念孫案】提提,顯著之貌,謂有爲善之名也。“提”與“題”同。《説文》曰:“題,音“提”。顯也。”爲善而有名,則必爲人所嫉。爲不善,則陷於刑。《莊子·養生》篇曰:“爲善無近名,爲惡無近刑。”語意正與此同。又,《山木》篇曰:“子其意者飾知以驚愚,修身以明污。昭昭乎如揭日月而行,故不免也。”《淮南·説林》篇曰:“旳旳者獲,提提者射。高注誤釋“提提”二字,辯見《淮南》。故大白若辱,大德若不足。”皆是“爲善毋提提”之意。尹注非。

仕任　與交

滿盛之國不可以仕任,滿盛之家不可以嫁子,驕倨傲暴之人不可與交。

【念孫案】"任"即"仕"字之誤。今作"仕任"者,一本作"仕",一本作"任",而後人誤合之也。尹注云"不可任其仕",則所見本已衍"任"字矣。"交"當爲"友",亦字之誤也。隸書"交"字或作"𠅆",與"友"相似。"仕""子""友"爲韻。"友"古讀若"以",説見《唐韻正》。

水地

根菀

地者,萬物之本原,諸生之根菀也。

【引之曰】"菀"與"根"義不相屬,尹曲爲之説,非也。"根菀"當爲"根荄"。下文曰:"水者,何也?萬物之本原,諸生之宗室也。"本原、根荄、宗室,皆謂根本也。隸書"亥"字或作"[illegible]","宛"字或作"宛",二形相似,故"荄"訛爲"菀"。

鄰以理

夫玉鄰以理者,知也。

【引之曰】鄰,堅貌也。《聘義》曰:"縝密以栗,知也。"鄭注:"栗,堅貌。"《荀子·法行》篇曰:"縝栗而理,知也。""栗"與"鄰"一聲之轉耳。本書《五行》篇"五穀鄰熟",尹彼注曰:"鄰,緊貌。"《爾雅》釋竹類曰:"粼,堅中。"郭注曰:"其中實。"義與此并相近也。尹此注訓"鄰"爲"近",非是。洪説同。

精也

瑕適皆見，精也。

【念孫案】“精”與“情”同。《逸周書·官人》篇：“復徵其言，以觀其精。”“精”即“情”字。《荀子·修身》篇：“術順墨而精雜污。”楊倞曰：“精，當爲情。”“情”之言“誠”也，不匿其瑕，故曰“情”。《春秋繁露·仁義法》篇云：“自稱其惡謂之情。”義與此“情”字同。《荀子·法行》篇作“瑕適并見，情也”。《聘義》曰：“瑕不揜瑜，瑜不揜瑕，忠也。”忠，亦情也。尹注非。孫説同。

茂華

茂華光澤，并通而不相陵，容也。

【引之曰】“茂”字蓋因上文“羽毛豐茂”而誤。《太平御覽·珍寶部三》引此已誤。“茂華”當作“英華”。《説文》曰：“瑻，玉英華相帶如瑟弦。”“瑮，玉英華羅列秩秩”。

五肉

五肉已具，而後發爲九竅。

【念孫案】此承上文“心生肉”而言，則“肉”上不當有“五”字，蓋涉上文“五藏已具”而衍。《太平御覽·人事部一》引此無“五”字。

肺發爲竅

脾發爲鼻，肝發爲目，腎發爲耳，肺發爲竅。

【念孫案】“肺發爲竅”，隋蕭吉《五行大義》三引作“肺發爲口，心發爲下竅”是也。《太平御覽》亦作“肺爲口，心爲下竅”。今本“肺發爲”下脱“口心發爲下”五字，則義不可通。孫説同。

麤麤

心之所慮，非特知於麤麤也，察於微眇。

【念孫案】“麤麤”當依朱本作“麤粗”。“麤粗”與“微眇”對文。凡書傳中“麤粗”二字連文者，皆上倉胡反，下才户反。“麤”字亦作“麄”，“粗”字亦作“觕”，俗作㹔。又作“苴”。《説文》：“觕，角長皃。從角、爿聲，讀若麤觕。”《晏子春秋·問》篇曰：“縵密不能麄苴，學者詘。”《淮南·氾論》篇曰：“風氣者，陰陽麤觕者也。”《春秋繁露·俞序》篇曰：“始於麤粗，終於精微。”《漢書·藝文志》曰：“庶得麤觕。”《論衡·量知》篇曰：“夫竹木，麤苴之物也。”隱元年《公羊傳注》曰：“用心尚麤觕。”并上倉胡反，下才户反，二字義同而音異，學者不能分别，故傳寫多誤。

此乃其精也精麤濁蹇能存而不能亡者也

是以水集於玉而九德出焉，凝蹇而爲人而九竅五慮出焉。此乃其精也，精麤濁蹇，能存而不能亡者也。

【引之曰】上“也”字及下“精”字，皆後人所加。“此乃其精麤濁蹇，能存而不能亡者也”十五字當作一句讀，謂生人與玉乃水之精麤濁蹇能存而不能亡者也，下文曰“是以水之精贏濁蹇能存而不能亡者,生人與玉”是也。尹誤讀“此乃其精”爲句,注云:“九竅五慮,是身之精。”又誤讀“贏濁蹇能存而不能亡者也”爲句,注云:“謂人之稟氣贏濁而蹇,但能存而不能亡也。”遂使一句之中,文義上下隔絶,後人不知其誤,又增“也”字於“此乃其精”之下,增“精”字於“贏濁蹇”之上,而文義愈隔絶矣。朱本無上“也”字及下“精”字,仍是《管子》原文,可合而讀之以正尹注之誤。

蓍龜

伏闇能存而能亡者,蓍龜與龍是也。

【念孫案】“蓍龜”本作“神龜”。下文“神龜與龍”即其證。此言龜與龍能存而能亡,無取於蓍也。今作“蓍龜”者,後人不曉文義而妄改之耳。據尹注亦無“蓍”字。

涸川　其形　可以

涸川之精者生蟡。舊本“蟡”上衍“於”字,今據上文删。蟡者,一頭而兩身,其形若蛇,其長八尺,以其名呼之,可以取魚鼈。

【念孫案】“涸川之精”,《法苑珠林·六道》篇、《太平御覽·妖異部二》引此,“川”下并有“水”字,據下文云“此涸川水之精也”,則有“水”字者是。上文尹注亦云“涸川水有時而絶”。“其形若蛇”,《北山經》注、《法苑珠林》《太平御覽》引此,“形”并作“狀”,據上文云“慶忌者其狀如人”,則作“狀”者是。“可以取魚鼈”,《北山經》注、《法苑珠林》引此,“可以”并作“可使”,據上文云“可使千里外一日反報”,則作“可使”者是。《太平御覽》作"可以",則所見本已誤。

能存而亡　蓍龜　或不見

伏闇能存而亡者,蓍龜與龍。或世見或不見者,蟡與慶忌。

【念孫案】"能存而亡"當依朱本及上文作"能存而能亡"。"或不見"亦當依上文作"或世不見"。"蓍龜"當爲"神龜",辨見上。

道躁

夫齊之水道躁而復。

【念孫案】"道"當爲"遒",字之誤也。隸書"酋"字或作"首",形與"首"相似,故"遒"字訛而爲"道"。《荀子·議兵》篇"鰌之以刑罰",《漢書·刑法志》"鰌"作"道",即"遒"字之訛。遒,急也,字本作"逎"。《説文》曰:"逎,迫也。"《廣雅》曰:"逎,急也。"《楚辭·招魂》曰:"分曹并進,遒相迫些。"是"遒"爲"急"也。"遒躁"二字連讀,猶言"急躁"耳。下文之"淖弱而清""濁重而洎""泔最而稽""淤滯而雜""枯旱而運""萃下而弱""輕勁而清",并與此相對爲文。尹不知"道"爲"遒"之訛,而以"水道"二字連讀,失之矣。

齊晉

齊晉之水。

【念孫案】自“齊之水”以下七條，皆專指一國而言，無兼兩國者，此“齊”字涉上文而衍。尹曲爲之説，非也。《意林》無“齊”字。

一

一則欲不污，民心易則心無邪。

【念孫案】“一則欲不污”本作“民心正則欲不污”，與下句對文。“民心正”“民心易”皆承上文言之。今本“正”誤作“一”，涉上文“水一”而誤。又脱“民心”二字。尹注非。

四時

信明　信聖　信明聖　天禍

故天曰信明，地曰信聖，四時曰正。其主信明聖，“主”與“臣”相對爲文，各本作“王”，非。其臣乃正，何以知其主之信明信聖也？曰：慎使能而善聽信之，使能之謂明，聽信之謂聖。信明聖者，皆受天賞，使不能爲惛，惛而忘也者，皆受天禍。

【引之曰】“天曰信明，地曰信聖”當作“天曰明，地曰聖”，“其主信明聖”當作“其主明聖”，“何以知其主之信明信聖也”當作“何以知其主之明聖也”，“信明聖者”當作“明聖者”。“信”字皆衍文也。蓋因兩言“聽信”而衍。尹注“故天曰明”二句，云：“言能信順天地之道，則而行之者，曰明曰聖也。”則“曰”下無“信”字明甚。注“其主明聖”二句，云：“君明聖則能用賢材，故正也。”則“其主”下無“信”字明甚。“信明聖者，皆受天賞”，注云“信明者，天福也”，當作“明聖者，天福也”，蓋正文既衍“信”字，後人又據之以改注文耳。“皆受天禍”當作“皆受天殃”，“殃”與“賞”爲韻也。襄二十八年《左傳》：“善人富謂之賞，淫人富謂之殃。”亦以“賞”“殃”爲韻。尹注云：“惛忘則動皆違理，故受天殃也。”則正文本作“天殃”明甚，後人改“殃”爲“禍”，遂失其韻矣。

其德喜嬴而發出節時其事號令

【念孫案】“時”字絶句。“發出節時”，謂以時節發出萬物也。“其事號令”别爲句，乃總領下文之詞，春夏秋冬皆有之。尹以“節”字絶句，“時”字下屬爲句，大謬。

弊梗

修除神位，謹禱弊梗。

【引之曰】“弊”與“幣”同。“幣”古通作“弊”，説見《史記·貨殖傳》。梗，禱祭也。幣梗者，梗用幣也。《周官·女祝》：“掌以時招梗禬禳之事，以除疾殃。”鄭注曰：“梗，禦未至也。”《淮南·時則》篇曰：“修除祠位，幣禱鬼神。”文義正與此同。尹以“弊梗”爲“弊敗梗塞”，非也。洪説同。

絶芋　拊竿

毋蹇華絶芋。

尹注曰：“蹇，拔也。芋之屬，其根經冬不死，不絶之也。”

洪云:"《藝文類聚》二、《太平御覽》十、《事類賦注》三引俱作'無絶華莩'。俗作"萼"。'蹇'是衍字。'華絶'二字誤乙。'芋'即'莩'字之訛。尹注非。"【念孫案】"蹇華絶莩",類書引作"絶華莩",所見本異耳。《説文》:"攓,拔取也。"引《離騷》"朝攓阰之木蘭",今本作"搴"。《爾雅》:"芼,搴也。"樊光曰:"搴,猶拔也。"《釋文》:"搴,九輦反。"《漢書・季布傳贊》:"身履軍搴旗者數矣。"李奇注與樊光同。《莊子・至樂》篇:"攓蓬而指之。"司馬彪曰:"攓,拔也。""攓""搴""蹇"皆"攓"之或字。尹訓"蹇"爲"拔"是也,但未知"芋"爲"莩"之訛耳。又,《禁臧》篇:"毋夭英,毋拊竿。"尹注曰:"竿,笋之初生也。"案,"拊"當爲"折",俗書"折"字或作"**扸**",因訛而爲"拊"。"竿"亦當爲"莩"。隸書從艸、從竹之字多相亂,故"莩"又訛爲"竿"。《小雅・常棣》箋曰:"承華者曰莩。"夭英,即蹇華,"蹇"與"搴"同。《廣雅》:"搴、夭,拔也。"折莩,即絶莩也。尹注非。

苟時

五政苟時,春雨乃來。

孫云:"《太平御覽》十、《事類賦》三引作'五政徇時'是也。《左傳》文十一年注云:'徇,順也,謂順其時序。'《白帖》二引作'順時'。"

動陽氣

賞賜賦爵,受禄順鄉,謹修神祀,量功賞賢,以動陽氣。

【念孫案】"動"當爲"助",字之誤也。據尹注云:"陽氣主仁，故行恩賞以助之也。”則本作“助”明矣。

九暑

九暑乃至，時雨乃降。

【引之曰】“九”當爲“大”，字之誤也。“大暑乃至”與下“大寒乃至”對文。“大暑乃至，時雨乃降”，猶《月令》言“土潤溽暑，大雨時行”耳。尹注非。

順旅

順旅聚收。

洪云：“‘順’讀爲‘慎’。旅，謂旅處在野之農。下文曰‘慎旅農，趣聚收’，其證也。尹注非。”

温怒

其德淳越，温怒周密。

【引之曰】“温”讀爲“愠”。愠，亦怒也。尹注非。

作教而寄武

是故聖王務時而寄政焉，作教而寄武，作祀而寄德焉。

【念孫案】次句亦當有“焉”字。

德生正正生事

道生德,德生正,正生事。

【念孫案】"正"與"政"同。尹注非。

五行

水上

修概水上。

【念孫案】"上"當爲"土"。概,平也,謂修平水土也。尹注非。

奢龍

得奢龍而辯於東方。

【念孫案】"奢"當爲"蒼"。《北堂書鈔·帝王部十一》《太平御覽·皇王部四》引此并作"蒼龍"。

天地治

黄帝得六相而天地治。

【念孫案】"天地治",《初學記·帝王部》《北堂書鈔·帝王部十一》《太平御覽·皇王部四》并引作"天下治"是也。

作五聲

昔黄帝以其緩急作五聲，以政五鍾。“政”與“正”同。

孫云：“《北堂書鈔》一百八引作‘作立五聲，以正五鍾’。【念孫案】鈔本如是，陳禹謨本删“立”字。以下文‘作立五行，以正天時’句證之，《書鈔》所引本是。”【念孫案】今本無“立”字者，後人不曉文義而删之也。“作立”者，始立也。《魯頌·駉》篇傳曰：“作，始也。”《廣雅》同。《皋陶謨》“烝民乃粒，萬邦作乂”，“作”與“乃”相對爲文，謂萬邦始乂也。《禹貢》“萊夷作牧”，謂萊夷水退，始放牧也。“沱濳既道，雲土夢作乂”，“作”與“既”相對爲文，謂雲土夢始乂也。《史記·夏本紀》以“爲”字代“作”字，失之。辯見《經義述聞》。此言“作立五聲”，亦謂始立五聲也，後人不知“作”之訓爲“始”，而誤以爲“造作”之“作”，則“作立”二字，義不可通，故删去“立”字耳。據尹注云“調政治之緩急作五聲也”，但言“作”而不言“立”，則所見本已删去“立”字。獨賴有《北堂書鈔》所引及下文“作立五行”之語，可以考見原文，而《太平御覽·樂部十三》所引并删去下文“立”字，總由不知“作”之訓爲“始”，故紛紛妄删耳。

士師

天子出令，命左右士師内御。

【念孫案】“士師”當爲“土師”，見上文。

賦祕賜

賦祕,賜賞於四境之内。

尹讀"賦祕賜"爲句,注曰:"祕藏之物,出而賦賜之也。"【引之曰】此當以"賦祕"爲句,"賜賞於四境之内"爲句。賦,布也。《大雅·烝民》篇毛傳。布散其所祕藏之物也。下文曰"發臧古"藏"字。任君賜賞","賦祕",猶言"發臧"也。"賜賞於四境之内",猶言"任君賜賞"也。尹注非。

水解 區萌

然則水解而凍釋,草木區萌。

【念孫案】"水"當爲"冰","區萌"即"句芒"。《樂記》曰"草木茂,區萌達"是也。尹注非。

七十二日

七十二日而畢。

尹注曰:"春當九十日,而今'七十二日而畢'者,則季月十八日屬土位故也。"劉曰:"上文'甲子木行御',下文'丙子火行御',自甲子起,周一甲子,六十日,又十二日得丙子,故曰'七十二日而畢',下皆放此。蓋五七三百五十日,又五二爲十日,通三百六十日,一年之數也。注非。"

農事爲敬　敬行急政

不誅不貞，農事爲敬。

尹注曰："夏時農事尤盛，順而敬之也。"【念孫案】"敬"當作"亟"，讀如"亟其乘屋"之"亟"。亟，急也。言夏時不行誅罰，唯農事爲急也。又，下文云"天子敬行急政旱札"，"敬"亦當作"亟"，讀如"亟稱於水"之"亟"。亟，數也。言天子數行急政，則有旱札之災也。《集韻》"亟"或作"茍"，因訛而爲"敬"。《大戴禮·文王官人》篇"亟爯其説"，"爯"與"稱"同。今本"亟爯"訛爲"敬再"，是其證也。

御

天子出令，命左右使人内御。御其氣足，則發而止。

【念孫案】下"御"字衍。據尹注云"其閉藏之氣足，則發令休止也"，則"其氣"上無"御"字。

《管子》第八

勢

必其將亡之道

人既迷芒，必其將亡之道。

尹注曰："凡此二事，皆滅亡之道也。"【引之曰】"之道"二字，因注而衍。"人既迷芒""必其將亡"，言其將亡可必也。皆以四字爲句，且"芒"與"亡"爲韻也，若增"之道"二字，則亂其文義而又失其韻矣。

不貳

正静不争，動作不貳。

【念孫案】"貳"當爲"貣"，貣音他得反。不貣，不差也。《説文》："忒，失常也。"字或作"忒"。《曹風·鳲鳩》篇"其儀不忒"是也。又作"貸"，《月令》"宿離不貸"是也。又作"貣"，《豫》彖傳"四時不忒"，京房"忒"作"貣"。《洪範》"衍忒"，《史記·宋世家》作"貣"，《管子·正》篇"如四時之不貣"是也。"貣"與下文"極""極""德""極""力""代"爲韻，

"代"讀如"特"。"貳"則非韻矣。"貣"從弋聲,於古音屬之部。"貳"從弍聲,於古音屬脂部。又,《輕重乙》篇:"調則澄,"澄"當爲"憕",說見《輕重乙》。澄則常,常則高下不貳。""貳"亦當爲"貣"。貣,差也,言衡數有常,則高下不差也。"貣"與"貳"字相近,故"貣"訛作"貳"。《大射儀》注引《周語》"平民無忒",今本"忒"作"貳"。《月令》注引此亦作"貳"。案,《正義》引《周語》注云"平民使不貸","貸"即"貣"字,則鄭注本作"貣"明矣。且此注與《大射儀》注所引不當有異也。韋注云:"成民之志,使無疑貳。"則所見本已作"貳"矣。《月令》正義引舊注"平民使不貸",蓋賈注也。《緇衣》引《詩》"其儀不忒",《釋文》:"忒,他得反。本或作貳,音二。""貳"即"貣"字之訛,《釋文》"音二",非也。《家語·五帝德》篇"其言不忒",《大戴禮》"忒"作"貳"。《大戴禮·禮三本》篇"貸之則喪",《荀子·禮論》篇"貸"作"貳"。皆是"貣"字之訛。"貣"雖訛作"貳",而"貣""貸"等字不可讀爲"貳",乃《月令》之"宿離不貸""毋或差貸""毋有差貸",三"貸"字,《吕氏春秋》并作"忒"。《釋文》皆音"二",則并"貸"字亦讀爲"貳",其失甚矣。

順守其從

既成其功,順守其從。

尹注曰:"從,順也。功成矣,則以順理守之,所謂逆取順守者也。"【引之曰】"順"字因注"逆取順守"而誤。"順"當爲"則"。既成其功,則守其從,與上文"已得天極,則致其力"文義正同。注內"則以順理守之",正釋"則守其從"四字也。"從"即是"順",若如今本作"順守其從",則是"順守其順",不復成文義矣。

天地之形

天地之形，聖人成之。

【念孫案】"天地之形"當依上文作"天地形之"，"形"與"成"爲韻。尹注非。

正

終其欲　明之毋徑

令之以終其欲，明之毋徑。

劉曰："'明之毋徑'當作'毋使民徑'。"【念孫案】劉説是也。"毋使民徑"與下"毋使民幸"文同一例。今本"毋"上衍"明之"二字。涉上文"道以明之"而衍。"毋"下又脱"使民"二字。尹注非。又案，"終"當爲"絶"，字之誤也。尹注同。《廣雅》曰："徑，邪也。"民有欲，則入於邪，故曰"絶其欲，毋使民徑"，下文亦云"遏之以絶其志意"。

缺二句

致政其民，服信以聽。

劉曰："此下缺'致法其民'二句。"

九變

州縣鄉黨

不然,則州縣鄉黨與宗族足懷樂也。

孫云:"《通典》一百四十八、《太平御覽》二百七十引此,俱無'縣鄉'二字,是後人所加。"

不然則

不然,則罰嚴而可畏也。不然,則賞明而足勸也。

洪云:"'賞明'上衍'不然則'三字,《通典》《太平御覽》俱無此三字。必無此三字,方合九變之數。《墨子·備城門》篇:'不然,則賞明可信,而罰嚴足畏也。'文義與此同。

任法

閒識

無閒識博學辯説之士。

【念孫案】"閒識"當爲"聞識"。下文"聞識博學之人",即其證。尹注非。

失度量

故聖君失度量,置儀法。

洪云:"《藝文類聚》五十二、《太平御覽》六百二十四引此,俱作'設度量','失'即'設'字之壞。尹注非。"【念孫案】"設"與"失",聲之誤也。"置儀設法",上文凡兩見。

後反之

法立而還廢之,令出而後反之。

【念孫案】"後"當依朱本作"復",字之誤也。"復反"與"還廢"相對爲文。

明法

以執勝 百官識

夫尊君卑臣,非計親也,以執勝也。百官識,非惠也,刑罰必也。

劉曰:"'執'當作'埶',後《解》作'勢'同。'百官識'當依《解》作'百官論職',乃字有缺誤。注皆非。"

令求不出 下情求不上通

令求不出謂之滅,出而道留謂之擁,下情求不上通謂之塞,下情上而道止謂之侵。

【念孫案】"令求不出","求"當爲"本"。"下情求不上通",衍"求"字,并見後《解》。尹注非。

能匿

故能匿而不可蔽,敗而不可飾也。

【念孫案】“能”下本無“匿”字。後《解》作“能不可蔽,敗不可飾”。《韓子・有度》篇作“能者不可弊,敗者不可飾”,則無“匿”字明矣,據尹注亦無“匿”字。

正世

失非在上

夫萬民不和,國家不安,失非在上,則過在下。

【念孫案】“失非在上”當作“非失在上”。“非”與“則”對文,“失在上”與“過在下”對文。

得齊

治莫貴於得齊。

【引之曰】《爾雅》:“齊,中也。”言莫貴於得中也。尹注非。

治國

河汝

常山之東,河汝之間,早生而晚殺,五穀之所蓄孰也。

【念孫案】“河汝”當爲“河海”，字之誤也。篆文“海”“汝”相似。常山在海西河北，故曰“常山之東，河海之間”，若汝水，則去常山遠矣。《初學記·地部上》《太平御覽·地部四》引此并云“其山北臨代，南俯趙，東接河海之間，早生而晚殺，五穀之所蕃孰”，文多於今本，而皆作“河海之間”。

民不惡

國富，則安鄉重家。安鄉重家，則雖變俗易習，驅衆移民，至於殺之而民不惡也。

【念孫案】“至於殺之而民不惡也”當依《群書治要》作“至於殺之而不怨也”，今作“不惡”，則非其指矣。上文“安鄉重家”，即指民而言，無庸更加“民”字。

王之本事

粟者，王之本事也。

【念孫案】《群書治要》“王”下有“者”字，當據補。

内業

可迎以音　彼道之情惡音與聲修心静音　道乃可得　音以先言音然後形

是故此氣也，不可止以力，而可安以德。不可呼以聲，而可迎以音。敬守勿失，是謂成德。德成而智出，萬物果得。

尹解“可迎以音”句云“調其宫商,使之克諧,氣自來也”。【念孫案】尹説甚謬,“音”即“意”字也,言不可呼之以聲,而但可迎之以意也。“音”與“力”“德”“德”“得”爲韻,明是“意”之借字。“意”古讀若“億”,故與“力”“德”“德”“得”爲韻。《明夷》象傳“獲心意也”,與“食”“則”“得”“息”“國”“則”爲韻。《管子・戒》篇:“身在草茅之中,而無懾意。”與“惑”“色”爲韻。《楚詞・天問》:“何所意焉。”與“極”爲韻。《吕氏春秋・重言》篇:“將以定志意也。”與“翼”“則”爲韻。秦《之罘刻石》文“承順聖意”,與“德”“服”“極”“則”“式”爲韻。《論語・先進》篇“億則屢中”,《漢書・貨殖傳》“億”作“意”。皆其證也。若讀爲“聲音”之“音”,則失其韻矣。

又,下文云“彼道之情,惡音與聲,修心静音,道乃可得”。尹注曰:“音聲者,所以亂道,故惡之也。”【念孫案】“惡音與聲”本作“惡心與音”,“音”即“意”字也。道體自然,而人心多妄,不修其心静其意,則不可以得道,故曰“彼道之情,惡心與意,修心静意,道乃可得”也。“意”之爲“音”,借字耳。“修心静音”,“音”與“得”爲韻,明是“志意”之“意”,非“聲音”之“音”也。後人誤以“音”爲“聲音”之“音”,遂改“惡心與音”爲“惡音與聲”。尹氏不察而曲爲之説,其失甚矣。

又,下文云“音以先言,音然後形,形然後言”,兩“音”字亦讀爲“意”,謂意在言之先,意然後形,形然後言也。尹注“言從音生,故音先言”,亦是曲爲之説。前《心術》篇云“意以先言,意然後形,形然後思,思然後知”,是其明證也。《説文》:“意,從心、音聲。”徐鍇本如此,徐鉉本作從心、從音,此鉉不曉古音而妄改之也。“音”“意”聲相近,故“意”字或通作“音”。《史記・淮陰侯傳》“項王喑啞叱咤”,《漢書》作“意烏猝嗟”。“喑”之通作“意”,猶“意”之通作“音”矣。

果得

德成而智出，萬物果得。

【念孫案】“果”當爲“畢”，字之誤也。尹注“物皆得宜”，“皆”字正釋“畢”字。《心術》篇亦云“正形飾德，萬物畢得”。

謀乎

謀乎莫聞其音。

【念孫案】“謀”字義不可通，尹曲爲之説，非也。“謀”當爲“訹”。《説文》：“宋，今作寂。無人聲也。或作訹。”故曰“訹乎莫聞其音”。俗書“謀”字作“謀”，與“訹”相似，後人多見“謀”，少見“訹”，故“訹”誤爲“謀”矣。

地之枝

春秋冬夏，天之時也。山陵川谷，地之枝也。喜怒取予，人之謀也。

【念孫案】“枝”當爲“材”，字之誤也。《樞言》篇曰：“天以時使，地以材使。”《大戴禮·五帝德》篇曰：“養材以任地，履時以象天。”《周語》曰：“高山、廣川、大藪能生之良材。”故曰“山陵川谷，地之材也”。“材”與“時”“謀”爲韻。“謀”古讀若“媒”，説見《唐韻正》。若作“枝”，則既失其義，而又失其韻矣。“時”“材”“謀”於古音屬之部，“枝”於古音屬支部，兩部絶不相通。説見段氏《六書音均表》。尹注非。

公之謂也

一言得而天下服,一言定而天下聽,公之謂也。

【念孫案】“公之謂”本作“此之謂”。“此”字指上文“治心在於中”以下四句而言,故尹注云“治心之謂”,今本作“公之謂”者,後人不審文義而妄改之。

照乎知萬物　中義守不忒

神明之極,照乎知萬物,中義守不忒。

洪云:“‘照’與‘昭’通,‘乎’字衍,‘昭知萬物’爲句。《心術下》篇云‘神莫知其極,昭知天下,通於四極’,其證也。劉説略同。”【念孫案】“中義守不忒”,“義”字涉上文“天仁地義”而衍。據尹注云“若常守中,則無差忒”,則無“義”字明矣。

至定

嚴容畏敬,精將至定。

【念孫案】“至”當爲“自”,上文“精將自來”即其證。尹注非。

吉凶

能摶乎?“摶”即“專”字,尹讀“摶結”之“摶”,非是,劉已辯之。能一乎?能無卜筮而知吉凶乎?

【念孫案】“吉凶”當依《心術》篇作“凶吉”。“吉”與“一”

爲韻。

遇亂

愛欲静之,遇亂正之。

【念孫案】“遇”當爲“過”,字之誤也。“過亂”與“愛欲”對文,言當静其愛欲,正其過亂也。尹注非。

理丞而屯泄

得道之人,理丞而屯泄,匈中無敗。

尹注曰:“謂腠理丞達,屯聚泄散,故匈中無敗。”【引之曰】尹以“屯”爲“屯聚”,非也。“丞”讀爲“烝”。“烝”與“丞”古字通。《列子·天瑞》篇“舜問乎丞”,《釋文》曰:“丞,一本作烝。”《漢書·翟方進傳》“太保後丞丞陽侯甄邯”,師古曰:“丞陽侯,音烝。”《地理志》作“承陽”,《續漢書·郡國志》作“烝陽”。烝,升也。泄,發也。“屯”當爲“毛”,字之誤也。“屯”隸省作“乇”,“毛”隸省作“乇”,二形相似,故傳寫多訛。《史記·魯世家》“子屯立,是爲康公”,《漢書·律曆志》“屯”作“毛”。《漢書·溝洫志》:“河北決於館陶,分爲屯氏河。”師古曰:“屯,音大門反,而隋室分析州縣,誤以爲毛氏河,乃置毛州,失之甚矣。”又,《儒林傳》:“魯伯授太山毛莫如少路。”宋祁《筆記》引蕭該《音義》曰:“案,《風俗通·姓氏》篇:‘混屯氏,太昊之良佐。漢有屯莫如爲常山太守,又有毛姓,云毛伯,文王子也。漢有毛樗之,爲壽張令。’案,此‘莫如’姓非毛,乃應作‘屯’字,音徒本反。但‘毛’‘屯’相類,容是傳寫誤耳。”言得道之人,和氣四達,烝泄於毛理之間,故匈中無敗也。《淮南·泰族》篇曰:“今夫道者,静莫恬淡,訟繆胸中,邪氣無所留滯,四枝節族,毛蒸理泄。”“蒸”與“烝”同。《小雅·小弁》篇："不屬于毛，不離于裏。""裏"與"理"同。則機樞調利，百脈九竅，莫不順比。"是其證也。《淮南》言"毛烝理泄"，此言"理烝毛泄"，互文耳。泄，亦烝也。前《幼官》篇云："冬行春政，烝泄。"言冬行春政，則陽氣不收而烝泄也。《月令》曰："孟冬行春令，則地氣上泄。"亦謂陽氣上烝也。泄音私列、以制二反。《曲禮》"葱渫處末"，鄭注云："渫，烝葱也。"《釋文》："渫，以制反。"烝謂之泄，烝葱謂之渫，其義一也。

封禪

尹云："元篇亡，今以司馬遷《封禪書》所載《管子》言以補之。"洪云："《封禪》篇唐初尚未亡，《史記·封禪書》索隱云：'今《管子·封禪》篇是也。'《尚書序》正義、《王制》正義、《文選·羽獵賦》注引此篇'古者封泰山，禪梁父'以下皆作'《管子》'，是孔、李、司馬皆及見之。"

小問

公曰吾聞之也

管子對曰："誅暴禁非，存亡繼絶而赦無罪，則仁廣而義大矣。"公曰："吾聞之也，夫'誅暴禁非而赦無罪'者，必有戰勝之器，攻取之數，而後能誅暴禁非而赦無罪。"公曰："請問戰勝之器。"

【念孫案】"公曰吾聞之也"當作"夷吾聞之也"，此皆管仲對桓公語。下文"請問戰勝之器"，方是桓公問語。

取之

然則取之若何？

【念孫案】"取之"當爲"取士"，下文"則天下之士至矣"，正對此句而言。又，下文"致天下之精材若何""來工若何"，是承上文"致天下之精材，來天下之良工"而言。此文"取士若何"，是承上文"選天下之豪傑"而言。今本"取士"作"取之"者，涉上文"攻取之數"而誤。尹注非。

鶩距

止之以力，則往者不反，來者鶩距。

尹注曰："鶩，疑也。距，止也。"【念孫案】"鶩"當爲"驁"，字之誤也。驁、距，皆止也，言來者止而不前也。《説文》曰："樊，驁不前也"，今本"驁"訛作"鶩"。"驁，馬重貌也"。《史記·秦本紀》曰："晉君還而馬驁。"《晉世家》曰："惠公馬驁不行。"今本亦訛作"鶩"，唯《秦本紀》不誤。《太玄·玄錯》曰："進欲行，止欲驁。"今本亦訛作"鶩"。字或作"駤"，《廣雅》曰："駤，止也。""距"本作"歫"，《説文》曰："歫，止也。"是"驁""距"皆止也。世人多見"鶩"，少見"驁"，故"驁"訛爲"鶩"。尹氏不能釐正，而訓"鶩"爲"疑"，①既不合語意，又於古訓無徵，斯爲謬矣。

---

① "訓"，底本作"馴"，據同治本改。

仁也

非其所欲,勿施於人,仁也。

尹注曰:"仁者,忠於人也。"【引之曰】"仁"字後人所改,此承上文"信""忠""嚴""禮"而分釋之,論忠,非論仁也。《中庸》曰:"忠恕違道不遠,施諸己而不願,亦勿施於人。"故曰"非其所欲,勿施於人,忠也",不得改爲"仁"字,尹所見本已誤。

有時先恕

有時先事,有時先政,有時先德,有時先恕。

【念孫案】原文内本無"有時先恕"四字,後人以下文言"先之以恕",故增此四字也。今案,下文但言"此謂先之以事""此謂先之以政""此謂先之以德",而不言"此謂先之以恕",則本無"有時先恕"句明矣。又,下文云"發倉廩山林藪澤,以共其財。舊本"倉"訛作"食",依朱本改。後之以事,先之以恕,以振其罷,此謂先之以德",則"先之以恕"即是"先之以德"。既言"有時先德",則無庸更言"有時先恕"矣。後人據下文增入此句,而不知正與下文不合也。

百川道

百川道。

尹注曰:"百川之流,皆從故道。"【念孫案】道,猶順也。《楚語》曰"違而道,從而逆",是其證。"百川道""年穀熟""糴貨賤”，三句相對爲文。尹注非。

其臣教

古之王者，其君豐，其臣教。

【引之曰】“教”當爲“殺”，色介反。“殺”與“豐”正相對，尋尹注亦是“殺”字也。“殺”字或書作“敉”，與“教”相似而誤。

公遵遁繆然遠二三子遂徐行而進

【念孫案】“公遵遁繆然遠”爲句，“二三子遂徐行而進”爲句。“遵遁”與“逡巡”同。《戒》篇云：“桓公蹵然逡遁。”尹注大謬。

若

除君苛疾，與若之多虚而少實。

【引之曰】“若”當爲“君”。下文云“又與君之若賢”，是其證也。尹注非。

瞑目

桓公不説，瞑目而視祝鳧已疵。

【念孫案】“瞑目”當爲“瞋目”。隸書“眞”字或作“真”，“冥”字或作“真”，二形相似而誤。《莊子·秋水》篇：“瞋目而不見丘山。”“瞋”，本或作“瞑”。《韓子·守道》篇：“瞋目切齒傾耳。”《淮南·

道應》篇："佽非教然瞋目，攘臂拔劍。"今本"瞋"字并譌作"瞑"。

放春

桓公放春三月觀於野。

洪云："'放'古字通作'方'。《堯典》'方命圮族'，《漢書·傅喜傳》《朱博傳》俱作'放命'。《荀子·子道》篇'不放舟'，注讀爲'方'。尹注非。"

兹免

至其成也，由由乎兹免，何其君子也。

程氏易疇《九穀考》曰："'兹免'云者，免，俯也。兹，益也。謂其穗益俯而向根也。《淮南·繆稱》篇注云：'禾穗垂而向根，故君子不忘本也。'今諸穀惟禾穗向根可驗也。"【念孫案】程説是也。禾成而穗益俯，若君子之德高而心益下，故曰"由由乎兹免，何其君子也"。《趙策》曰："馮忌接手免首，欲言而不敢。"姚本如是，鮑本改"免"爲"俛"。《韓策》曰"免於一人之下，而信於萬人之上"，《漢書·陳勝傳贊》曰"免起阡陌之中"，是"俛"字古通作"免"。尹注非。

見是

桓公闟然止，瞠然視，援弓將射，引而未敢發也，謂左右曰："見是前人乎？"

【念孫案】"見是前人乎"本作"見前人乎"。其"是"字即

"見"字之誤而衍者。《藝文類聚·武部》《太平御覽·地部三十二》《兵部六十》引此皆無"是"字。《太平御覽·神鬼部二》引此有"是"字。此卷内所引多與今本同,蓋所見本已誤也。其《地部》《兵部》所引皆不誤,則承用舊類書也。

冠

今者,寡人見人,長尺而人物具焉,冠右祛衣。

【念孫案】"冠右祛衣",《藝文類聚·武部》《太平御覽·兵部》《開元占經·人及神鬼占》并引作"冠冠右祛衣"是也。冠冠者,首戴冠也。《吕氏春秋·知士》篇:"冠其冠,帶其劍。"今本脱一"冠"字,則文義不明。

若右涉其大濟

【念孫案】劉逵《吴都賦注》《水經·濡水》注、《藝文類聚·武部》《太平御覽·兵部》并引作"已涉大濟",當據改。《太平御覽·神鬼部》引作"已涉其大濟","其"字誤,與今本同。唯"已""涉"二字不誤。《説苑·辯物》篇作"已渡事果濟"。

脱七字

甯子其欲室乎?

【念孫案】《藝文類聚·人部十九》《太平御覽·人事部一百四十一》引此句下,并有"仲以其言告桓公"七字,與上文"桓公使管仲求甯戚"句相應,當據補。

視上

夫日之役者，有執席食以視上者。

【念孫案】“視上”當爲“上視”，故尹注云“私目上視”。《北堂書鈔·武功部二》引此正作“上視”，《吕氏春秋·重言》篇、《説苑·權謀》篇亦作“上視”。

而上

桓公令儐者延而上，與之分級而上。

【念孫案】“分級而上”，“上”當爲“立”，此涉上句而誤也。《吕氏春秋》《説苑》及《論衡·知實》篇并作“分級而立”。

善意

君子善謀，而小人善意。

尹注曰：“善以意度之也。”【念孫案】“意”讀爲“億”，即度也。尹注非。

唯莒於是

日者臣視二君之在臺上也，口開而不闔，是言莒也。舉手而指，勢當莒也。且臣觀小國諸侯之不服者，唯莒於是，臣故曰伐莒。

尹解“唯莒於是”句云“唯莒不服，於是知之”。【念孫案】尹未曉“於是”二字之義。“於是”二字與“焉”字同訓。言臣觀小國諸侯之不服者,唯莒焉,臣故曰伐莒也。莊八年《公羊傳》"吾將以甲午之日,然後祠兵於是",於是,即焉也。僖十五年《左傳》"晉於是乎作爰田""晉於是乎作州兵",《晉語》作"焉作轅田""焉作州兵"。《西周策》"君何患焉",《史記·周本紀》作"君何患於是",此其明證矣。《吕氏春秋·季春》篇注曰:"焉,猶於此也。"於此,即於是。《聘禮記》曰"及享,發氣,焉盈容",言於是盈容也。《三年問》曰:"故先王焉爲之立中制節。"言先王於是爲之立中制節也。

《管子》弟九

七臣七主

申主

申主任勢守數以爲常。

尹注曰:"申,謂陳用法令。"劉曰:"'申'乃'中'字之誤,蓋謂得中道之主。"【引之曰】"申"讀曰"信"。《漢書·高惠高后文功臣表》注曰:"古'信''申'同義。""信"之通作"申",猶"申"之通作"信"也。出政而信於民,故曰"信主",據下文云"皆要審則法令固,賞罰必則下服度",則"申主"之即"信主"明矣。尹、劉二説皆失之。

振怒

臣下振怒,不知所錯。

【引之曰】"怒"當爲"恐",此涉上文"喜怒"而誤也。振恐,即震恐。

植

盡自治其事,則事多,多則昏,昏則緩急俱植。

洪云:"'植',古'置'字,謂緩急皆置而不行也。尹注非。"

虞而安

故主虞而安,吏肅而嚴,民樸而親。

【念孫案】"虞"與"娱"同,樂也,言國有道則主樂而安也。尹訓"虞"爲"度",非是。又案,"故主虞而安"以下七句,與上文不相承接,其上當有脱文。

女不緇

夫男不田,女不緇。

【引之曰】"緇"字義不可通,尹訓爲"黑繒",非也。"緇"當爲"績","男不田,女不績",猶《揆度》篇之"農不耕,女不織"也。隸書"甾"字或作"甴",形與"責"相似,故"績"訛爲"緇"。

桀

何以效其然也,曰昔者桀紂是也。

【念孫案】"桀"字後人所加,下文"遇周武王"云云,專指紂而言,則無"桀"字明矣。

義不足

歲有敗凶,故民有義不足。

【念孫案】"義"當爲"羡",字之誤也。後《國蓄》篇、《輕重乙》篇多言"羡不足"。尹注非。

倮大衍

無割大陵,倮大衍,伐大木。

尹注曰:"倮,謂焚燒,令蕩然俱盡。"洪云:"'倮'當爲'僇',《輕重己》篇作'毋戮大衍',古通作'勠',謂盡其力也。"【念孫案】洪謂"倮"當爲"僇"是也。俗書"僇"字或作"㑲","倮"字或作"𠈃",二形相似而誤。"僇"即"膠"字也。《説文》:"膠,燒穜也。《漢律》曰:'膠田茠艸。'"《玉篇》:"力周切,田不耕火種也。"《淮南·地形》篇注曰:"下而污者爲衍。""膠""僇"古字通。"僇大衍"者,謂火焚其草木也。《輕重己》篇"僇"作"戮"。古者"戮""勠"二字并與"膠"同音。《湯誥》釋文曰:"勠,《説文》'力周反'。"成十三年《左傳》"勠力同心",《釋文》:"勠,稽康'力幽反',吕静《韻集》與'飂'同。"《漢書·高祖紀》:"臣與將軍戮力攻秦。"師古曰:"勠,音力竹反,又力周反。"《古今人表》"廖叔安",師古曰:"《左氏傳》作戮,同,音力周反,又力授反。"是"戮""勠"二字音與"膠"同也。故"膠"通作"戮",又通作"僇"也。《吕氏春秋·上農》篇曰"山不敢伐材下木",即此所謂"無伐大木"也。又曰"澤人不敢灰僇",即此所謂"無僇大衍"也。

收穀賦

收穀賦。

【念孫案】《續漢書·五行志》注引作"收穀賦錢"是也。《説文》:"賦,斂也。""賦錢"與"收穀"對文。

五穀

冬無傷伐五穀。

【念孫案】"五穀"當依朱本作"五藏",《禁藏》篇云"冬收五藏"是也。今作"五穀"者,涉注文而誤。注云"五穀之藏",是釋"五藏",非釋"五穀"。《續漢書·五行志》注引此正作"五藏"。

火暴

大水漂州流邑,大風漂屋折樹,火暴焚地燋草。

【念孫案】"火暴"當爲"暴火",與"大水""大風"對文。"焚地燋草"亦與上二句對文,"燋"與"焦"同。尹注非。

蟲蠹

山多蟲蠹。

【念孫案】蟲蠹,即蟲螟,《月令》曰"蟲螟爲害"是也。注内"蠹即蚊"三字,蓋後人妄加,非尹注也。

人主道

能去此取彼，則人主道備矣。

【念孫案】“人主道備”，《續漢書·五行志》注引作“王道備”，於義爲長。

不克其罪

數出重法，而不克其罪，則奸不爲止。

尹注曰：“克，謂勝伏。”【引之曰】“克”讀爲“核”。“不克其罪”，謂不核其罪之虚實也。《吕刑》曰：“其罪惟均，其審克之。”《漢書·刑法志》引作“其審核之”，是其證矣。尹注非。

有百姓

故法不煩而吏不勞，民無犯禁，故有百姓無怨於上。

劉曰：“‘有’字疑衍。”【念孫案】“有”即“百”字之誤而衍者。

臣法

上亦法，臣法。

【念孫案】“臣”下當有“亦”字。“上亦法，臣亦法”，謂君臣皆守法也。下文“君法”“臣法”即承此文言之。尹注非。

佼反

好佼反而行私請。

劉曰："'佼'與'交'同,'反'當作'友',注非。"【念孫案】《明法》篇曰"民務交而不求用",又曰"十至私人之門,不一至於庭",《明法解》"交"作"佼"。

愚忠

故記稱之曰愚忠讒賊。

【念孫案】"愚忠"本作"愚臣",即承上文"愚臣"而言,故尹注亦作"愚臣"。此作"愚忠"者,唐武后改"臣"爲"恧",因脱其上畫而爲"忠"矣。

禁藏

先易者

夫先易者後難,先難而後易,萬物盡然。

【念孫案】"先易者後難","者"當依下句作"而"。尹注云"無刑至有刑,故曰'先易而後難'",即其證。孫説同。

樂其殺

故必誅而不赦,必賞而不遷者,非喜予而樂其殺也。

【念孫案】"其"字涉上文"知其然"而衍。尹注無。

不法法

夫不法法則治。

【念孫案】"不"字涉上文而衍。法法者，守法也。《周官·小宰》"五曰廉法"，鄭注："法，守法不失也。"言能守法，則國必治也，故下文曰"不失其法，然後治"。若反是，則謂之"不法法"，故《法法》篇曰"不法法，則事毋常也"。尹注非。

刑賞

刑賞不當，斷斬雖多，其暴不禁。

【念孫案】"賞"字與下二句義不相屬，此涉下文"賞雖多"而衍。

深源

故利之所在，雖千仞之山，無所不上。深源之下，無所不入焉。

【念孫案】"深源"當爲"深淵"，《意林》"淵"作"泉"，避唐高祖諱也，則本作"淵"明矣。

萩室熯造　樵室　墐竈

當春三月，萩室熯造，鑽燧易火，杼井易水，所以去兹毒也。

尹解"萩室熯造"云："熯，謂以火乾也。三月之時，陽氣盛發，易生温疫，楸木鬱臭，以辟毒氣，故燒之於新造之室以禳祓也。"【念孫案】尹説甚謬。《輕重己》篇曰："教民樵室鑽鐩，墐竈泄井，所以壽民也。""鑽鐩""泄井"，即此所謂"鑽燧易火，杼井易水"也。"樵"與"萩"古字通，萩室，即樵室也。《公羊春秋》桓七年"焚咸丘"，《傳》曰："焚之者何，樵之也。樵之者何，以火攻也。""樵室"與"熯竈"同意，"熯"，古"然"字也。《霸形》篇："楚人燒炳熯，焚鄭地。"《論衡·感虚》篇："熯一炬火，爨一鑊水。""熯"并與"然"同。《淮南·天文》篇"陽燧見日，則然而爲火"，《華嚴經》十三音義引"然"作"熯"。《説林》篇"一膊炭熯"，《文子·上德》篇"熯"作"然"。《説文》曰："然，燒也。""墐"與"熯"字相似，故"熯"訛作"墐"。"造"即"竈"字也。《周官·膳夫》曰："王日一舉，以樂侑食，卒食，以樂徹于造。"《淮南·主術》篇曰："伐䕢而食，奏雍而徹，已飯而祭竈。"《淮南》之"祭竈"即《周官》之"徹于造"。蓋徹饌而設之於竈，若祭然也。《周官·大祝》："二曰造。""故書造作竈。"[①]《史記·秦本紀》"客卿竈"，《秦策》"竈"作"造"。《吴越春秋·夫差内傳》"勒馬銜枚，出火於造"，即《吴語》所謂"係馬舌出火竈"也。

約地之宜　不求而約

順天之時，約地之宜。

【念孫案】"約"字於義無取，"約"當爲"得"。"得""約"草書相似，故"得"訛爲"約"也。又，下文"故奔亡者無所匿，遷徙者無所容，不求而約，不召而來"，"約"亦草書"得"字之誤。

---

① 此爲鄭玄注文。

"得"與"來"爲韻也。古"來"字亦讀入聲。《小雅·出車》篇"謂我來矣",與"牧""載""棘"爲韻。《大東》篇"職勞不來",與"服"爲韻。《大雅·靈臺》篇"庶民子來",與"亟""囿""伏"爲韻。《常武》篇"徐方既來",與"塞"爲韻。《通典·食貨三》引此正作"不求而得"。

必成

故德莫若博厚,使民死之。賞罰莫若必成,使民信之。

【念孫案】"必成"本作"成必"。"成"即"誠"字也。説見《君臣下》篇"戒心"下。《九守》篇云"用賞者貴誠,用刑者貴必",故曰"賞罰莫若誠必,使民信之"。"誠必"與"博厚"相對爲文,作"成"者,假借字耳。後人不解"成必"二字之義,遂改爲"必成",而不知其謬以千里也。《荀子·致士》篇曰:"人主之患,不在乎不言用賢,而在乎不誠必用賢。"《吕氏春秋·論威》篇曰:"又況乎萬乘之國,而有所誠必乎,則何敵之有。"《賈子·道術》篇曰:"伏義誠必謂之節。"枚乘《七發》曰:"誠必不悔,決絶以諾。"①《淮南·兵略》篇曰:"將不誠必,則卒不勇敢。"皆以"誠""必"連文。《九守》篇又曰:"刑賞信必於耳目之所見。"信必,亦誠必也。

備追

故民無流亡之意,吏無備追之憂。

【引之曰】"備追"當爲"追捕",民不流亡,則吏不追捕。

---

① "枚",底本作"牧",據同治本改。

《漢書·韓延壽傳》亦云“吏無追捕之苦,民無棰楚之憂”。今本“追捕”二字誤倒,而“捕”字又誤爲“備”,則義不可通。尹注内“備”字亦當爲“捕”。案,注云:“人不流亡,何所捕而追之?”則所見本“追捕”已誤爲“捕追”。今則注文“捕”字,又因正文而誤爲“備”矣。《通典》引作“備追”,則所見本已誤。

素食

果蓏素食當十石。

【引之曰】“素”讀爲“疏”,字或作“蔬”。《月令》“取蔬食”,鄭注曰:“草木之實爲蔬食。”《淮南·主術》篇曰:“夏取果蓏,秋畜疏食。”即此所謂“果蓏素食”也。《墨子·辭過》篇:“古之民未知爲飲食時,素食而分處。”亦以“素”爲“疏”。尹注非。

視其陰所憎

視其陰所憎,厚其貨賂,得情可深。

【念孫案】“陰”字涉下文“陰内辯士”而衍。“視其所憎”與上文“視其所愛”相對。據尹注云“視敵所憎者,多與之賂”,則“所憎”上無“陰”字明矣。

可以成敗

遺以竽瑟美人,以塞其内。遺以諂臣文馬,以蔽其外。外内蔽塞,可以成敗。

尹注曰："内外蔽塞，則理擁而見惑，故莫不敗。"【引之曰】此欲其敗，非欲其成也。"成"字義不可通，"成"當爲"或"，字形相似而誤。"或"與"惑"通。《四稱》篇"迷或其君"，即"迷惑"字。《論語·顏淵》篇："子張問崇德辨惑。"《釋文》："惑，本亦作或。"《大戴禮·曾子制言》篇："貧賤吾恐其或失也。"盧注曰："或，猶惑也。"《孟子·告子》篇："無或乎王之不智也。"《魏策》曰："臣甚或之。"皆以"或"爲"惑"。"可以惑敗"，謂可令其以熒惑致禍敗也。注内"理擁而見惑"，正解"或"字。

典之同生

必深親之，如典之同生。

孫云："'典'當爲'與'。尹注非。"

離氣

離氣不能令，必内自賊。

【念孫案】"離氣"本作"離意"，即承上"使有離意"而言，故尹注云："君臣意離别，不可使令。"

入國

四旬五行

入國四旬，五行九惠之教。

洪云："四旬，四十日也。五行，行五次也。《史記·管仲傳》正義引《管子》云‘相齊以九惠之教’，是約其義也。尹注非。”

六曰問疾　疾甚者以告

一曰老老，二曰慈幼，三曰恤孤，四曰養疾，五曰合獨，六曰問疾，七曰通窮，八曰振困，九曰接絶。

【引之曰】“問疾”當爲“問病”，下文曰：“凡國都皆有掌病，士人有病者，“人”當作“民”。掌病以上令問之。”又曰：“掌病行於國中，以問病爲事。”此之謂“問病”，與此前後相應，則作“問病”明矣。若作“問疾”，則與“四曰養疾”之“疾”，無所區别，蓋傳寫之訛也，《北堂書鈔・政術部十三》引此已誤。又案，下文所謂“問疾者”“疾甚者以告”，二“疾”字皆當作“病”。所謂“問病者”，與此之謂“問病”正相應也。“士人有病者，掌病以上令問之”，“病甚者以告，上身問之”，“有病”與“病甚”亦相應也。今本作“疾”者，蓋“六曰問病”已誤作“疾”，後人又據已誤之上文，改不誤之下文耳，幸其改之不盡，尚可據以更正。

膌胜

必知其食飲飢寒，身之膌胜而哀憐之。

尹注曰：“膌，瘦也。胜，肥也。”【念孫案】訓“胜”爲“肥”，於古無據，且與下文“哀憐”二字義不相屬。今案，胜，讀如“減省”之“省”。胜，亦瘦也。字或作“眚”，又作“瘄”，又作“省”。《周官・大司馬》“馮弱犯寡則眚之”，鄭注曰：“眚，猶人眚瘦也。”《釋名·釋天》篇曰：“眚，瘠也。如病者瘠瘦也。”又，《釋言語》篇曰：“省，瘠也。臞瘠，約少之言也。”《吕氏春秋·審時》篇“失時之稼約”，高注曰：“約，眚病也。”晉灼注《漢書·外戚傳》曰：“三輔謂憂愁面省瘦曰嫶冥。”《後漢書·袁閎傳》注引《謝承書》曰：“面貌省瘦。”并字異而義同。

皆有掌養疾 皆有通窮

所謂養疾者，凡國都皆有掌養疾。

【引之曰】“皆有掌養疾”，“養”字因上文而衍。上文説“老老”云“凡國都皆有掌老”，説“慈幼”云“凡國都皆有掌幼”，説“恤孤”云“凡國都皆有掌孤”，説“問病”云“凡國都皆有掌病”。則此亦當言“掌疾”明甚。又案，下文曰“所謂通窮者，凡國都皆有通窮”，亦當言“皆有掌窮”，今作“皆有通窮者”，因上文而誤。

殊身

上收而養之，官而衣食之，殊身而後止。

【念孫案】《説文》“殊，死也”，猶言歿身而後止也。尹注非。

歲凶庸

歲凶庸，句。人訾厲，多死喪。

【引之曰】“庸”字義不可通，“庸”疑當作“康”，字形相似而誤。凶康，即凶荒也，古聲“康”與“荒”通。故襄二十四年《穀梁傳》“四穀不升謂之康”，《韓詩外傳》“康”作“荒”。《逸周書·謚法》篇“凶年無穀曰穅”，《史記正義》“穅”作“荒”。《淮南·天文》篇“三歲而一饑，六歲而一衰，十二歲而一康”，《太平御覽·時序部二》引作“十二歲而一荒”。

九守

四曰上下左右前後熒惑其處安在

一曰天之，二曰地之，三曰人之，四曰上下、左右前後，熒惑其處安在？

尹注曰：“又須知法星所在也。”【念孫案】尹以“熒惑”爲“法星”，非也。熒惑，猶眩惑也。《逸周書·史記》篇曰：“熒惑不治。”《趙策》曰：“蘇秦熒惑諸侯。”或作“營惑”，又作“營或”。《史記·吴王濞傳》“御史大夫晁錯，熒惑天子”，《漢書》作“營或”。《淮南·厲王傳》“熒惑百姓”，《漢書》作“營惑”。《鬼谷子·符言》篇“四曰”作“四方”，“其處”作“之處”，於義爲長。“四方”作“四曰”，因上文“一曰”“二曰”“三曰”而誤。“四方上下”承天地而言，“左右前後”承人而言。熒惑，謂不明於天地人之道也，問心所眩惑之處，在四方上下乎，抑在左右前後乎？故曰“四方上下、左右前後，熒惑之處安在”，非謂法星安在也。尹注《鬼谷子》曰：“熒惑，天之法星所居，災眚吉凶尤著。故曰雖有明天子，必察熒惑之所在，故亦須知也。”【念孫案】“雖有明天子”二句，出《史記·天官書》，非此所謂“熒惑”也。蓋緣彼文云“必視熒惑所在”，此亦云“熒惑之處安在”，因而誤會矣。

闗閈

闗閈不開，善否無原。

【引之曰】“闗閈”當爲“闗閉”。尹注同。《説文》曰：“闗，以木横持門户。”又曰：“閉，闔門也。從門，‘才’所以歫門。”蓋“闗”與“閉”皆歫門之木，因謂“闔門”爲“闗閉”也。《八觀》篇曰：“宫垣闗閉，不可以不備。”今本“備”誤作“脩”，辨見《版法》。是“闗”“閉”皆歫門之木，故曰“闗閉不開”也。若“閈”爲里門，而與“闗”并舉之，則爲不類。《八觀》篇既云“闗閉不可以不備”，又云“閭閈不可以毋闔”，是“閭閈”爲一類，“闗閉”爲一類也。“閉”字本作“閉”，與“閈”相似而誤。《鬼谷子》正作“闗閉不開”。今本《鬼谷子》“闗”誤作“開”，“不”下又脱“開”字，而“閉”字獨不誤。

度地

經水若澤

故聖人之處國者，必於不傾之地而擇地形之肥饒者，鄉山左右，經水若澤。

尹注曰：“其國都或在山左，或向山右。及緣水澤，然後建。”【引之曰】“經”字義不可通，地在水旁，非經過之謂也，蓋因下文“命曰經水”而誤。“經”當作“緣”。緣者，因也，因水及澤而建都也。注内“緣水澤”三字，即覆舉正文也。

州者

州者謂之術，不滿術者謂之里。

【引之曰】“州者”上亦當有“不滿”二字。下文“里十爲術，術十爲州”，故曰“不滿州者謂之術，不滿術者謂之里”。尹注非。

出於他水

水之出於他水，溝流於大水及海者，命曰川水。

【念孫案】“出於他水”本作“出於地”，下文“出地而不流者，命曰淵水”，正對此“出地而流者”言之。今作“出於他水”者，“地”“他”字相似，又涉上文“别於他水”而誤。《水經·河水》注引此正作“出於地”。上文云：“水别於他水，入於大水及海者，命曰枝水。”若此文亦云：“水出於他水，溝流於大水及海。”則與上文之“枝水”無異。

往之

此五水者，因其利而往之可也，因而扼之可也。

【念孫案】“往”當爲“注”，字之誤也。隸書“往”字或作“注”，與“注”相似。“注之”與“扼之”意正相反。據尹注云“謂因地之勢，疏引以溉灌”，則當作“注”明矣。

雨輂

雨輂什二。

尹注曰:“車華所以禦雨,故曰‘雨華’。”【念孫案】《説文》“華,大車駕馬也”,“華”非所以禦雨,“華”當爲“釜”,扶遠、步本二反。字之誤也。釜,謂車蓋弓也。《方言》“車枸簍,西隴謂之榆”,郭注曰:“即車弓也。”“榆”與“釜”同。《釋名》曰:“釜,藩也,藩蔽雨水也。”故注云“車釜所以禦雨,故曰雨釜”。

獨水

獨水蒙壤,自塞而行者,江河之謂也。

【念孫案】“獨水”當爲“濁水”,見下文。

地員

檽擾桑

黄唐,其木宜檽擾桑。

尹注曰:“擾,柔,又曰柔桑也。”【引之曰】尹以“擾桑”爲“柔桑”,非也。《豳風·七月》篇“爰求柔桑”,自謂求桑之稚者,以養初生之蠶耳,非謂“柔桑”爲桑名也。檽、擾、桑,三者皆木名。“擾”讀爲《唐風》“隰有杻”之“杻”。《爾雅》:“杻,檍。”郭璞曰:“似棣,細葉,葉新生可飼牛,材中車輞。關西呼杻子,一名土橿。”《西山經》曰“英山,其上多杻橿”是也。“擾”字古讀若“狃”,故與“杻”通。《左傳》“公山不狃”,《論語》作“弗擾”,是其證也。

黄而糗流徙

其泉黄而糗,流徙。

【念孫案】“黄而糗”,《後漢書·馮衍傳》注引作“黄而有臭”是也。上文云“其水白而甘”,下文云“其泉鹹”,又云“其水黑而苦”,則此文當作“其泉黄而有臭”,無取於“糗”也。尹注非。“流徙”上當有“水”字,下文云“斥埴其泉鹹,水流徙”,是其證。

主一

先主一而三之。

【引之曰】“主”當爲“立”,字之誤也。《史記·律書》云:“置一而九三之以爲法。”置一,即立一。

品榆

其木乃品榆。

【引之曰】“品榆”當爲“區榆”。“區”與“榆”同類,故并言之。字本作“藲”,或作“樞”,又作“櫙”,并讀如“謳歌”之“謳”。《爾雅·釋木》:“櫙,荎。”郭注曰:“今之刺榆。”《唐風·山有樞》傳曰:“樞,荎也。”《釋文》并“烏侯反”,云“本或作藲”。《爾雅疏》引陸機《詩疏》曰“其針刺如柘,其葉如榆。瀹爲茹,美滑於白榆”是也。“區”字本有“謳”音,故“藲”通作“區”。今則脱其“匸”胡禮反。字而爲“品”矣。

莧

虆下於莧，莧下於蒲，蒲下於葦，葦下於雚。

【念孫案】“莧”當爲“莞”。《爾雅·釋草》：“莞，苻蘺。”某氏曰：“《本草》云：‘白蒲，一名苻蘺，楚謂之莞蒲。’”《小雅·斯干》篇“下莞上簟”，鄭箋曰：“莞，小蒲之席也。”《釋文》曰：“莞，草叢生水中，莖圓，江南以爲席，形似小蒲而實非也。”莞似蒲而小，故曰“莞下於蒲”，若“莧”則非其類矣。《逸周書·文傳》篇曰：“潤濕不穀，樹之竹葦莞蒲。”《穆天子傳》曰：“爰有雚葦莞蒲。”此文云“莧下於蒲，蒲下於葦，葦下於雚”，則“莧”字明是“莞”字之訛。隸書“完”字或作“完”，形與“見”相似，故諸書中“莞”字多訛爲“莧”。《夬》九五“莧陸夬夬”，虞注曰：“莧讀‘夫子莧爾而笑’之莧。”“莧”即“莞”字之訛，故《釋文》云：“莧，一本作莞。”《論語·陽貨》篇：“夫子莞爾而笑。”《釋文》：“莞，作莧。”《楚辭·漁父》：“漁父莞爾而笑。”“莞”一作“莧”。《列子·天瑞》篇“老韭爲莞”，《釋文》：“莞，一作莧。”《文選·辨亡論》“莞然坐乘其敝”，李善本作“莧”。

每州

九州之土，爲九十物，每州有常，而物有次。

【念孫案】“每州有常”，《困學紀聞·周禮》類引作“每土有常”是也。下文“上土”“中土”“下土”，各有三十物，故曰“每土有常，而物有次”，不當言“每州”也，此涉上文“九州”而誤。

蟲易

五沃之狀，剽忞橐土，蟲易全處。

尹注曰："槖土，謂其土多竅穴若槖多竅，故蟲處之易全。"【引之曰】"蟲易全處"，殊爲不詞。"易"當爲"豸"，"豸"與"易"篆文相似，故"豸"訛作"易"。《爾雅》曰："有足謂之蟲，無足謂之豸。"《漢書·五行志》曰："蟲豸之類謂之孽。"

不類

大者不類，小者則治。

劉曰："'類'當作'纇'，疵節也。言大麻疏美無疵節，小麻條理易治也。注非。"【念孫案】"纇""類"古字通。昭十六年《左傳》"刑之頗類"，服虔讀"類"爲"纇"。二十八年"忿纇無期"，服本作"類"。《老子》"夷道若纇"，河上公本作"類"。

青忢以落及

五位之狀，不塥不灰，青忢以落及。

尹注曰："謂色青而細密，和落以相及也。"【引之曰】尹説甚謬。"落"與"灰"爲韻，"及"字蓋衍文耳。下文云："五隱之狀，黑土黑落，青怵以肥，芬然若灰。"亦以"落""灰"爲韻。

箭

其山之末，有箭與苑。

【念孫案】"箭"當爲"葥"。《爾雅·釋草》曰："葥，王篲。"郭注："王帚也，似藜，其樹可以爲埽篲，江東呼之曰落帚。"《説文》作"蒴"，義同。《爾雅》又曰："葥，山莓。"郭注："今之木莓也，實似藨莓而大，亦可食。"《説文》作"葥"，義同。草之名"葥"者有二，則未知此所謂"葥"者，爲"王篲"與？爲"山莓"與？唯與"苑"并言之，則亦是草名，而非"竹箭"之"箭"，故知"箭"爲"葥"之訛也。"苑"與"菀"通。《急就篇》曰"牡蒙甘草菀藜蘆"，顔師古注："菀，謂紫菀、女菀之屬。"

若苑

其葉若苑。

【念孫案】"苑"即上文"有葥與苑"之"苑"。尹注非。

大蕢細蕢

剽土之次曰五沙，其種大蕢、細蕢，白莖、青秀、以蔓。

尹注曰："蕢，草名。"【引之曰】尹説非也。此篇凡言"其種某某"者，皆指五穀而言。上文云"群土之長，是唯五粟"，"其種大重、細重，白莖白秀"。"粟土之次曰五沃"，"其種大苗、細苗，赨莖黑秀，箭長"。"沃土之次曰五位"，"其種大葦無，細葦無，赨莖白秀"。"位土之次曰五隱"，"其種櫑葛，赨莖黄秀，恚目，其葉若苑"。"隱土之次曰五壤"，"其種大水腸、細水腸，赨莖黄秀"。"壤土之次曰五浮"，"其種忍蘟，忍葉如藿葉，以長狐茸，黄莖黑莖黑秀，其粟大"。"中土曰五忲"，"其種大稷、細稷，赨莖黄秀，細粟如麻"。"忲土之次曰五纑"，"其種大邯鄲、細邯鄲，莖葉如扶樔，①其粟大"。"纑土之次曰五壏"，"其種大荔、細荔，青莖黄秀"。"壏土之次曰五剽"，"其種大秬、細秬，黑莖青秀"。下文云

① "樔"，諸本皆作"穮"，《管子》宋楊忱刻本、明趙用賢本、黎翔鳳《管子校注》等作"樔"，據改。

"沙土之次曰五塥","其種大穋杞、細穋杞,黑莖黑秀"。"下土曰五猶","其種大華、細華,白莖黑秀"。"猶土之次曰五弙","其種青粱,黑莖黑秀"。"弙土之次曰五殖","其種雁膳,黑實朱跗黄實"。"殖土之次曰五觳","其種大菽、細菽,多白實"。"觳土之次曰五鳧","其種陵稻,黑鵝馬夫"。"鳧土之次曰五桀","其種白稻,長狹"。以上凡言"其種某某"者,皆指五穀之大名,與其別類而言。尹注以大邯鄲、細邯鄲、大華、細華、忍蘬、雁膳、黑鵝、馬夫爲草名,皆非也。若草木則於五穀之外別言之,不得稱"種"也。"萯"讀爲《大雅》"維秬維秠"之"秠"。《爾雅》曰:"秬,黑黍。秠,一稃二米。"郭注曰:"秠,亦黑黍,但中米異耳。"上文云"其種大秬、小秬",此云"其種大萯、小萯",是"萯"即"秠"也。"萯"字從草、負聲。"負"古讀若"倍",説見《唐韻正》。聲與"秠"相近。"秠"之通作"萯",猶"丕"之通作"負"也。《金縢》"是有丕子之責于天",《史記·魯世家》"丕"作"負"。《月令》"王瓜生",鄭注曰:"今《月令》云王萯生。"《吕氏春秋·孟夏》篇作"王菩生"。《穆天子傳》"爰有萑葦、莞蒲、茅萯",郭注曰:"萯,今菩字,音倍。"《中山經》"萯山",郭注曰:"萯,音倍。"《漢書·宣帝紀》"行幸萯陽宫",李斐曰:"萯,音倍。"《東方朔傳》"萯陽"作"倍陽",是"萯"字古讀若"倍",聲與"秠"相近,故字亦相通也。

僕累

五塥之狀,累然如僕累。

尹注曰:"僕,附也,言其地附著而重累也。"洪云:"《山海經·中山經》'墠渚多僕累',郭璞注云:'僕累,蝸牛也。'此上下文'若糠以肥''如屑塵厲''如糞''如鼠肝',皆舉物以喻其土。尹注非。"【念孫案】洪説是也。"僕累"即《爾雅》之"蚹蠃",聲相近。

大樛杞細樛杞

其種大樛杞、細樛杞,黑莖、黑秀。

【念孫案】"樛"當爲"穋","杞"當爲"芑"。"穋"即"黍稷重穋"之"穋","芑"即"維穈維芑"之"芑"。上文云"大重、細重""大秬、細秬""大萯、細萯","重"即"重穋"之"重","萯"即"維秬維秠"之"秠"。《大荒南經》:"維宜芑苣,穋楊是食。"郭注曰:"《管子》説地所宜云'其種穋芑,黑秀',皆禾類也。"是其證。尹注"木名",亦"禾名"之譌。《集韻》"杞,禾名",引《管子》"其種穋杞",義本尹注也。

五殖

五殖之次曰五觳。

【念孫案】"五殖"當爲"殖土",例見上下文。

《管子》第十

形勢解

臣之高行

忠者，臣之高行也。

【念孫案】"臣之高行"當依朱本作"臣下之高行"，下文"臣下"字凡七見。《初學記・人部上》《太平御覽・人事部五十九》并引作"臣下之高行"。

隨

臣下隨而不忠，則卑辱困窮。

【念孫案】"隨"當依宋本作"墮"。"墮"與"惰"同，言怠惰而不盡其力也。上文云臣下"能盡力事上，則當於主"，正與此文相對。洪説同。

美行

民之所歌樂者，美行德義也，而明主鴻鵠有之。

【念孫案】"美行"當爲"美貌"。"美貌"謂鴻鵠,"德義"謂明主,并見上文。今作"美行"者,涉上文"行之美者"而誤。

弓弦

射者,弓弦發矢也。

【引之曰】"弓"當爲"引",此因上文兩"弓"字而誤。

善馭馬

造父,善馭馬者也。

【念孫案】"羿,善射者也","造父,善馭者也",文同一例。"馭"下"馬"字涉下文而衍,《太平御覽·工藝部三》引此無"馬"字。

車器

奚仲之爲車器也。

【念孫案】"器"字涉下文兩"器"字而衍,《藝文類聚·舟車部》《太平御覽·車部二》引此皆無"器"字。

備利

枉道而取容,適主意而偷説,備利而偷得。

【念孫案】"備"當爲"循"。隸書"循"字作"循","備"字作"俻",二形相似而誤。《荀子·勸學》篇"聖心備焉","備"誤作"循"。

事其主

人主能安其民，則事其主如事其父母。

【念孫案】"事其主"上脱"民"字，當依《群書治要》補。下文云"則民不爲用"，正與此文相對。

萬事之任　異起

故曰："萬事之任也，異起而同歸。"

【念孫案】《形勢》篇作"萬事之生也，異趣而同歸"是也。"生""任"，"趣""起"，皆字形相近而誤。

動者

弱子，慈母之所愛也，不以其理動者，下瓦則慈母笞之。

【念孫案】宋本無"動者"二字是也，《太平御覽・刑法部十五》引此亦無，此涉下文兩"動者"而衍。孫説同。

而身死國亡

桀紂貴爲天子，富有海内，地方甚大，戰卒甚衆，而身死國亡，爲天下僇者，不知爲之之術也。

【念孫案】《群書治要》"而身死"上有"然"字，當據補。然而者，如此而也，古書中若是者多矣。《孟子》曰："七十者衣帛食肉，黎民不飢不寒，然而不王者，未之有也。"又曰："夫環而攻之，必有得天時者矣。然而不勝者，是天時不如地利也。"又曰："犧牲既成，粢盛既絜，祭祀以時，然而旱乾水溢，則變置社稷。”《孟子》而外，不可枚舉。

衆人

亂主獨用其智，而不任衆人之智。

【念孫案】“衆人”當依朱本作“聖人”，此涉下文“不任衆人之力”而誤也。上文云“明主不用其智，而任聖人之智”，正與此文相對。《群書治要》亦作“聖人之智”。

多黨

左右多黨比周以壅其主。

【引之曰】“多”當爲“朋”，字之誤也。古文“多”字作“𡖋”，形與“朋”相似，故“朋”誤爲“多”。説見《秦策》“公仲侈”下。《立政九敗解》曰：“人主聽群徒比周，則群臣朋黨，蔽美揚惡。”《荀子·臣道》篇曰：“朋黨比周，以環主圖私爲務。”《韓子·孤憤》篇曰：“朋黨比周以弊主。”《飾邪》篇曰：“群臣朋黨比周以隱正道，行私曲。”《齊策》曰：“夫從人朋黨比周，莫不以從爲可。”皆其證也。

使人有禮遇人有理

【念孫案】《群書治要》上作“理”、下作“禮”是也。“使人有理”，謂使之必以道也。“遇人有禮”，謂待之必以禮也。《賈子·階級》篇曰“遇之有禮，故群臣自喜”是也。今本“理”“禮”二字互易，則非其指矣。

立政九敗解

朋黨

如是,則朋黨者處前,寡黨者處後。

【念孫案】"朋"當爲"多"。下"朋黨"同。"多"與"寡"正相對,"多""朋"字形相似,又涉上文"朋黨"而誤。

任譽

人君唯毋聽請謁任譽,【念孫案】"唯毋聽請謁任舉"者,唯聽請謁任舉也。毋,語詞。説見《墨子·尚賢》篇。則群臣皆相爲請。

孫云:"'譽'當爲'舉',《立政》篇本作'舉',《任法》篇亦兩言'請謁任舉'。"【念孫案】朱本正作"舉"。

求用

群臣務佼而求用。

【念孫案】"求用"上當有"不"字。《明法》篇曰:"以黨舉官,則民務佼而不求用。"《解》曰:"群臣相推以美名,相假以功伐,務多其佼而不爲主用。"是其證。

謀臣

如是,則謀臣死而諂臣尊矣。

【念孫案】"謀"當爲"諫"。《八觀》篇云"諫臣死而諛臣尊”，是其證。“諫臣”與“諂臣”正相對，無取於“謀臣”也，此因字形相似而誤。《白虎通義》引《禮・保傅》曰“大夫進諫”，今《賈子・保傅》篇及《漢書・賈誼傳》“諫”并作“謀”。《淮南・主術》篇：“耳能聽而執正進諫。”高注：“諫，或爲謀。”

版法解

版法者

版法者，法天地之位，象四時之行。

【念孫案】“版”字涉上《版法解》而衍。“法天地之位”云云，乃釋“法”字，非釋“版法”二字，諸解皆不釋篇名，故知“版”爲衍文也。鈔本《北堂書鈔・刑法部上》陳禹謨本删去。《藝文類聚・刑法部》《太平御覽・刑法部四》引此皆無“版”字。

下饒

疏遠微賤者無所告訴，則下饒。

洪云：“‘饒’當作‘撓’。撓，屈也。”

畢

冬既閉藏，百事盡止，往事畢登，來事未起。

【念孫案】宋本“畢”作“必”，古字假借也。《立政》篇“小大必舉”，《列子・楊朱》篇“無不必致之”，《韓子・大體》篇“物不必載”，《秦策》"四國必從","必"并與"畢"同。《漢書·王褒傳〈聖主得賢臣頌〉》"萬祥畢臻",《文選》"畢"作"必"。今作"畢"者,後人不識古字而改之。

從事之勝任

欲衆之親上鄉意也,欲其從事之勝任也。

【念孫案】"從事之勝任","之"字涉上句而衍。"從事勝任"與"親上鄉意"對文。下文云"如此,則衆親上鄉意,從事勝任矣",是其證。

事無機

凡國無法,則衆不知所爲。無度,則事無機。

洪云:"《藝文類聚》五十四、《太平御覽》六百三十八引'機'俱作'儀'。"《任法》篇云:"聖君置儀設法而固守之。"又云:"置儀設法,以度量斷者,上主也。"《禁藏》篇云:"法者,天下之儀也。"《形勢解》云:"法度者,萬民之儀表也。"此作"機"字,誤。

則國治

明君能勝六攻而立三器,則國治。

【念孫案】"則國治"當依《群書治要》作"故國治",與下"故國不治"對文。

脱一字

六攻者，何也？親也，貴也，貨也，色也，巧佞也，玩好也。

【念孫案】“何也”下脱“曰”字，當依《群書治要》補。上下文“何也”下皆有“曰”字。

明法解

所職

孤寡老弱不失其所職。

【念孫案】《群書治要》無“所”字是也。“不失其職”者，《爾雅》曰：“職，常也。”言孤寡老弱皆有所養而不失其常也。《漢書·武帝紀》：“賜年九十以上及鰥寡孤獨帛，人二匹，絮三斤。八十以上米，人三石。有冤失職，使者以聞。”師古曰：“職，常也。失職者，失其常業及常理也。”《宣帝紀》：“其加賜鰥寡孤獨高年帛，毋令失職。”并與此“失職”同義，加一“所”字，則義不可通。

明主

明主者，上之所以一民使下也。私術者，下之所以侵上亂主也。

【念孫案】“明主”當爲“明法”。“明法”與“私術”相對爲文。下文“法廢而私行”，即承此“法”字而言。今作“明主”者，涉上下文“明主”而誤。

愛爵禄

百官之奉法無奸者，非以愛主也，欲以愛爵禄而避刑罰也。今本脱“刑”字，據上下文補。

【念孫案】“愛爵禄”之“愛”，當依朱本作“受”。“受”“愛”字相似，又涉上“愛主”而誤。

案其當宜

明主之治國也，案其當宜，行其正理。

【念孫案】《群書治要》作“案賞罰，行其正理”是也。下文“當賞”“當罰”，即承此句而言。今本“賞”字作“其當”二字，涉下文“其當賞者”而誤。又脱一“罰”字，衍一“宜”字。

私意

夫舍公法，用私意，明主不爲也。

【念孫案】“私意”當依朱本作“私惠”，義見上下文。《群書治要》亦作“私惠”，此作“私意”者，涉上文兩“私意”而誤。

服德

故威勢獨在於上，則群臣畏敬。法政獨出於主，則天下服德。

【念孫案】“服德”當依朱本作“服聽”，字之誤也。服聽，猶言服從。《燕策》及《史記·淮陰侯傳》并云“天下服聽”是也。下文“法政出於臣，則民不聽”，正與此文相反，且“聽”與“敬”爲韻。

邪之所務事者

是故邪之所務事者。

【念孫案】朱本及《群書治要》“邪”上皆有“奸”字，當據補。上下文皆作“奸邪”。

不能勿惡也

是方正之與奸邪不兩進之勢也，奸邪在主之側者，不能勿惡也。

【念孫案】“惡也”當依《群書治要》作“惡之”。下文曰：“惟惡之，則必候主間而日夜危之。”三“之”字文義相承。

務其黨重臣

故群臣皆務其黨重臣而忘其主。

【念孫案】上“其”字涉下“其”字而衍，“務黨重臣”四字連讀。

不官

任人而不官，故不肖者不困。

【念孫案】“不官”當依《群書治要》作“不課”。任人而不課其功，則賢否無由而見，故不肖者不困也。下文曰"以官任其身而課其功"，是其證。上文曰："聽言而不試，故妄言者得用。"試，亦課也。《説文》："課，試也。"今本"課"作"官"者，涉上下文諸"官"字而誤。

臣乘馬

暑耘

使農夫寒耕暑耘。

【念孫案】《藝文類聚·歲時部下》《太平御覽·時序部十九》、《白帖》四引此，"暑"并作"熱"。"熱"與"暑"義得兩通，然諸書所引俱作"熱"，且俱在"熱"類下，則"暑"字乃後人所改也。

女勤於纖微而織歸於府

使農夫寒耕暑耘，力歸於上，女勤於纖微而織歸於府。

【念孫案】"女勤於纖微而織歸於府"當依《事語》篇作"女勤於緝績徽織，功歸於府"。《説文》曰："緝，績也。""績，緝也"。連言之則曰"緝績"，《陳風·東門之池》箋曰"於池中柔麻，使可緝績作衣服"是也。徽織，即徽識。"徽"，《説文》作"微"。"識"，今作"幟"。《周官·司常》注曰："徽識，旌旗之細也。""識"或作"織"，《小雅·六月》篇"織文鳥章"，《箋》曰"織，徽織"是也。"功歸於府"與"力歸於上"對文。今本脱"緝績功"三字，"徽"誤作"微"，又衍"纖而"二字。"纖"即"織"

字之誤而衍者。

二十七日

百畝之夫，予之策，率二十七日，爲子之春事。

【引之曰】"七"當爲"五"，上文曰"一農之重，壤百畝也，春事二十五日之内"是也。古"五"字作"乂"，與"七"相似，故"五"訛爲"七"。

春秋

春秋子穀大登。

【念孫案】"春秋"當爲"泰秋"，此涉上文"春事"而誤。泰秋，即秋也，見《山國軌》《山至數》二篇，其《輕重乙》《輕重丁》二篇并作"大秋"。"大"與"泰"同。

乘馬數

五年之餘

人君之守高下，歲藏三分，十年則必有五年之餘。

【引之曰】"五"當爲"三"，歲藏十分之三，至十年則餘三十分，每十分而當一年，故三十分而爲三年之餘也。

賤策乘馬

賤策乘馬之數奈何？

【念孫案】“賤”字涉上文“獨貴獨賤”而衍。下文云“此之謂策乘馬之數也”,無“賤”字。

下樂上

故相壤定籍而民不移,振貧補不足,下樂上。

【念孫案】“下樂上”上亦當有“而”字。

海王

臺雉

吾欲藉於臺雉,何如?

【引之曰】臺爲宫室之名,雉乃築牆之度。定十二年《公羊傳》曰:“五板而堵,五堵而雉。”《坊記》鄭注曰:“雉,度名也。高一丈長三丈爲雉。”“臺雉”二字,意義不倫,徧考諸書,無以“臺雉”并稱者。《國蓄》篇曰“夫以室廡藉謂之毁成”,《輕重甲》篇曰“寡人欲藉於室屋”,以此例之,“臺”下之字,亦當爲宫室之名。“雉”蓋“躲”之訛也。“躲”與“射”同,見《説文》。即“榭”字之假借。《楚語》“榭不過講軍實”,劉逵《吴都賦注》引作“射”。《邾敦銘》“王格于宣射”,即宣十六年《春秋》之“成周宣榭”也。古字偏旁,或左右互易,如“猶”或作“猷”,“獨”或作“獸”,“鶉”或作“鯙”,“虵”或作“蚢”,“鄰”或作“隣”之類是也。則“躲”字亦可作“矦”,形與“雉”相似,因訛爲“雉”矣。《乘馬數》《事語》《地數》《輕重甲》諸篇,言“臺榭”者屢矣,則此亦當然,《爾雅》曰:“闍謂之臺,有木者謂之榭。”

問口

萬乘之國人數問口千萬也。

孫云:"'問'當依宋本作'開',《揆度》篇亦作'開',《通典》十引同。"

九百萬也

萬乘之國正,九百萬也。月人三十錢之籍,爲錢三千萬。今吾非籍之諸君吾子,而有二國之籍者六千萬。

【引之曰】"正"與"征"同,"萬乘之國正"絶句。"萬乘之國正",常征也,欲言征鹽策之善,故以常征相比校也。"九百萬也"者,"九"當爲"人",篆文"人"字作"𠆢",與"九"相似而誤。《揆度》篇曰:"萬乘之國,爲户百萬户,爲開口千萬人,爲當分者百萬人。"是萬乘之國,雖有開口千萬人,其當分之人但有百萬。萬乘之國征,但征其當分之人百萬,故曰"萬乘之國征,人百萬也"。"月人三十錢之籍,爲錢三千萬"者,當分之人每月籍其錢,人各三十,《輕重丁》篇曰"請以令籍人三十泉"是也。一人三十錢,百萬人則當爲錢三千萬,故曰"月人三十錢之籍,爲錢三千萬"也。"今吾非籍之諸君吾子,而有二國之籍者六千萬"者,言一國之常征,每月但有三千萬錢而已,今吾之征鹽策也,不待明發號令,籍之諸君吾子,而每月自有六千萬錢,上文曰"一月六千萬"。倍於一國三千萬之籍,是有二國之籍也,故曰"今吾非籍之諸君吾子,而有二國之籍者六千萬"也。尹不知"九百萬也"爲"人百萬也"之訛,又不知"爲錢三千萬"乃百萬人一月之籍,故其説皆不確。

今夫給之鹽策　今鍼之重加一也

今夫給之鹽策。

孫云:"'今'當作'令'。"【念孫案】《通典》正作"令"。又案,下文"今鍼之重加一也","今"亦"令"之訛。上文云"令鹽之重升加分强",文義正與此同。

輂

行服連軺輂者。

【念孫案】"輂"當依朱本作"輦",《通典》引此亦作"輦",故尹注云:"大車駕馬。"

耜鐵之重加七

耜鐵之重加七,三耜鐵,一人之籍也。

【引之曰】"七"當爲"十"。上文曰"月人三十錢之籍",謂每一人,月有三十錢之籍也。今每一耜鐵,籍之加十錢,三耜鐵,則三十錢,而當每月一人之籍矣,故曰"耜鐵之重加十,三耜鐵,一人之籍也"。上文:"今鍼之重加一也,"今"當爲"令",説見上。三十鍼一人之籍。刀之重加六,五六三十。五刀,一人之籍也。"皆以三十錢當一人之籍,是其例也。尹説非。

釜十五

有海之國,讎鹽於吾國,釜十五,吾受而官,出之以百。

【引之曰】“十五”當爲“五十”。“釜五十”者，升加分也。“出之以百”者，升加一也。上文曰“鹽百升而釜。令鹽之重升加分强，釜五十也。升加一强，釜百也”。分者，半也。“有海之國，讎鹽於吾國”，每升加錢之半，十升而加五錢，百升而加五十錢，故“釜五十”也。吾國受而使鹽官出之，則倍其數而升加一錢，十升而加十錢，百升而加百錢，故“以百”也。若作“釜十五”，則與“出之以百”多寡不相因矣。尹説非。

國蓄

累於上

故人君挾其食，守其用，據有餘而制不足，故民無不累於上也。

【念孫案】《通典·食貨十二》引此，“累”作“繫”。又引尹注云：“食者，民之司命。”言人君唯能以食制其事，所以民無不繫於號令，今本“繫”譌作“累”，又全脱尹注。

租籍者所以强求也

劉云：“後《輕重乙》作‘租籍，君之所宜得也。正籍者，君之所强求也’，此有缺誤。洪云‘正’讀爲‘征’。”

人君

人君鑄錢立幣，民庶之通施也。

【念孫案】“人君”當爲“今君”。此與上文“君引錣量用”云云，皆指桓公而言，非泛言人君也。今作“人君”者，涉上下文“人君”而誤。尹注非。《通典·食貨八》所引亦誤，《輕重甲》篇正作“今君鑄錢立幣”。

若干

人有若干百十之數矣。舊本“十”爲作“干”，據《輕重甲》篇及《通典》引改。

【念孫案】“若干”二字涉上文“人有若干步畝之數”而衍。上文“步畝之數”無定，故言“若干”。此既云“人有百十之數”，則不得更言“若干”矣。《通典》所引已誤，《輕重甲》篇無“若干”二字。

并藏

然而人事不及、用不足者，何也？利有所并藏也。

【念孫案】“利有所并藏也”，“藏”字涉上文“穀有所藏”而衍。“并”與“屏”同，《弟子職》篇曰：“既徹并器。”《輕重丁》篇曰：“大夫多并其財而不出。”《史記·吴王濞傳》曰：“願并左右。”“并”皆與“屏”同。屏，即藏也。上言“穀有所藏”，此言“利有所并”，互文耳，《漢書·食貨志》引此正作“利有所并”也。《輕重甲》篇云：“有餓餒於衢閭者，何也？穀有所藏也。”又云：“民有賣子者，何也？財有所并也。”《鹽鐵論·錯幣》篇亦云：“交幣通施，民事不及，物有所并也。計本量委，民有飢者，穀有所藏也。”則“并”下本無“藏”字明矣。據尹注云“豪富并藏財貨”，則所見本已衍“藏”

字。《通典》引尹注“并藏財貨”，則所見即是尹本，而又於正文内删去“并”字，尤非。

秩相勝

故人君御穀物之秩相勝。

【念孫案】“秩”讀爲“迭”。迭，更也。穀貴則物賤，穀賤則物貴，是穀與物更相勝也。《集韻》“秩”“迭”并徒結切，聲相同，故字相通。尹注非。

夫國

夫以百乘衢處危懾圍阻千乘萬乘之間。夫國之君不相中，舉兵而相攻，必以爲扞挌蔽圉之用。

【念孫案】“夫國”當爲“大國”，此涉上“夫”字而誤。大國，即千乘萬乘之國。不相中，不相得也。《史記・封禪書》：“康后與王不相中。”《索隱》引《三倉》云：“中，得也。”

脱文十九

先王以守財物，以御民事，而平天下也。

【念孫案】《通典・食貨八》引此，“平天下也”下有“是以命之曰衡。衡者，使物一高一下，不得有調也”十九字，又引尹注云：“若五穀與萬物平，則人無其利，故設上中下之幣，而行輕重之術，使一高一下，乃可權制利門，悉歸於上。”今本正文、注文皆脱去。

《管子》弟十一

山國軌

過移

民有過移長力。

【念孫案】"過"當爲"通"。《地數》篇、《輕重甲》篇作"通移",《國蓄》篇作"通施","施"與"移"同。

有道予

桓公問於管子曰:"不籍而贍國,爲之有道予?"

【念孫案】"予"當依宋本作"于",聲之誤也。"于"即"乎"字也,《吕氏春秋·審應》篇"魏昭王謂田詘曰'然則先生聖于'",高注曰:"于,乎也。"《莊子·人間世》篇"不爲社者,且幾有翦乎",《釋文》曰:"乎,崔本作于。"《列子·黄帝》篇"今女之鄙至此乎",《釋文》曰:"乎,本又作于。"《周穆王》篇"王乃嘆曰'於乎'",《釋文》:"乎,作于。"《論語·爲政》篇引《書》"孝乎惟孝",《釋文》:"乎,作于。"皇侃本及漢石經并同。《管子·九守》篇"寂乎其無端也",《鬼谷子·符言》篇"乎"作"于"。是"乎"字古通作

"于"也。《通典·食貨十二》徑改爲"乎",義則是而文則非矣。

捍寵　勝

捍寵纍箕,勝籯屑糗。

洪云:"'寵'當作'籠'。"【念孫案】"勝"當爲"縢",字之誤也。"勝"字本作"滕",與"縢"極相似。《説文》:"縢,音騰。囊也。"《商子·賞刑》篇曰:"贊茅岐周之粟,以賞天下之人,不得人一縢。"今本亦訛作"勝"。《趙策》曰"贏縢負書擔橐",《秦策》"縢"作"縢",義同。屑,碎米也,《廣雅》作"糏"。劉曰:"'糗','糗'字之誤。糗,乾飯也。"【引之曰】"捍"蓋"梩"字之誤。《説文》:"梠,音似。臿也。或作梩。"《方言》曰:"臿,東齊謂之梩。"《周官·鄉師》注引《司馬法》曰:"輂一斧、一斤、一鑿、一梩、一鉏。"《孟子·滕文公》篇:"虆梩而掩之。"趙注曰:"虆梩,籠臿之屬。"謂虆爲籠屬,梩爲臿屬也,故《管子》亦以"梩籠"并言之。

山權數

賣子者

湯七年旱,禹五年水,民之無檀《通典》載尹注"檀,糜也。檀,章延反"七字,今本脱。賣子者。

【念孫案】"民之無檀賣子者"當依《通典·食貨八》所引作"民之無檀,有賣子者",言無檀之民,有賣其子者也。今本脱"有"字者,涉下文"民之無糧賣子者"而誤。

三年與少半　十一年與少半

故王者歲守十分之參,三年與少半。成歲三十一年,而藏十一年與少半,藏參之一,不足以傷民,而農夫敬事力作。

【引之曰】"三年"二字因下文而衍,當作"歲守十分之參與少半",言一歲之穀,分爲十分,守其三分與一分之少半,是所守者爲十分中三分之一也。成歲者,順成之歲也。"藏十一年",衍"一"字,當作"藏十年",言順成之歲三十一年,而藏其十年與一年之少半,是所藏者,爲三十一年中三分之一也,故曰"藏參之一"。

泄者

泄者,失權也。見射者,失策也。

【念孫案】"泄者"上亦當有"見"字。"見泄""見射",皆承上文而言。

亂之之本

此刑法之所起,而亂之之本也。

【念孫案】"亂之之本也",衍一"之"字。

庸田

高田十石，間田五石，間田，中田也。《乘馬數》篇："郡縣上臾之壤，守之若干，間壤守之若干，下壤守之若干。"是"間"爲"中"也。庸田三石。

【引之曰】"庸"字義不可通，"庸"當爲"庳"，字形相似而誤。庳田，下田也。

粟賈三十

粟賈一，粟賈十，粟賈三十，粟賈百。其在流策者，百畝從中千畝之策也，然則百乘從千乘也，千乘從萬乘也。

【引之曰】"粟賈三十"，衍"三"字。"粟賈一"者，令增其賈而爲十。"粟賈十"者，令增其賈而爲百。故百畝可以當千畝，百乘之國可以當千乘，千乘可以當萬乘也。

蕃袞

民之能樹瓜瓠葷菜百果，使蕃袞者

劉曰："'袞''育'同。"【念孫案】劉說非也。"袞"當作"衮"，字之誤也。《玉篇》《廣韻》"衮"字并與"裕"同。蕃裕，猶蕃衍耳。世人多見"裕"，少見"衮"，故"衮"訛爲"袞"。劉以上文言"蕃育六畜"，故以"蕃袞"爲"蕃育"，而不知其謬也。朱本徑改爲"育"字，則謬益甚矣。洪說同。

此國策之者也

謹聽其言而藏之官，使師旅之事無所與，此國策之者也。

【念孫案】"國策之"下當有"大"字。上文云"不以狹畏廣，不以少畏多，此國策之大者也"，是其證。

相困揲而㳖　不資　可資

國用相靡而足，相困揲而㳖。

【引之曰】"㳖"當爲"澹"，字之誤也。隸書"澹"字作"澹"，因訛而爲"㳖"。"澹"，古"贍"字也。《荀子·王制》篇"物不能澹"，楊倞曰："澹，讀爲贍。"《漢書·食貨志》："猶未足以澹其欲也。"師古曰："澹，古贍字也。"凡《漢書》"贍"字多作"澹"，不可枚舉。又，漢《巴郡太守張納功德叙》"恤澹凍餒"，《隸釋》曰："以澹爲贍。"上句言"足"，下句言"贍"。贍，亦足也。《侈靡》篇曰："山不童而用贍，澤不弊養足。"《國蓄》篇曰："豈壤力固不足，而食固不贍也哉。"《禮記大傳》曰："民無不足、無不贍者。"皆以"贍""足"對文，義與此同也。"相困揲而㳖"當爲"相揲而澹"，《廣雅》曰："揲，積也。"言國用相積而贍也。"相揲而贍"與"相靡而足"對文，"困"蓋衍字耳。劉以"㳖"爲"咨"字，則義不可通，朱本徑改爲"咨"，則謬益甚矣。又，《輕重甲》篇："飢者得食，寒者得衣，死者得葬，不資者得振。"宋本"資"作"㳖"，亦是"澹"字之訛。民不贍，故振之，《山國軌》篇曰"振其不贍"是也。後人不知"㳖"爲"澹"之訛，因改爲"資"耳。下文"不資者振之"及《山至數》篇"散振不資者"，"不資"皆當爲"不澹"。又，《國蓄》篇："千乘可足，萬乘可資。""資"與"足"對文，亦當是"澹"字。

掘闕

北郭有掘闕而得龜者。

尹注曰："掘，穿也，求物反。穿地至泉曰闕，求月反。"【引之曰】"闕"即"掘"字之假借，《玉篇》《廣韻》"掘"音"其勿、其月二切"，"其月"與"求月"同，是"掘"字本有"求月反"之音，故"闕"與"掘"通，亦音"求月反"。"掘""闕"二字音義無異也，蓋《管子》本作"闕"，校書者因其音義與"掘"同，而旁記"掘"字，傳寫者遂誤入正文耳。尹不能釐正，而强爲分別，失之。

蓄飾

萬乘之國，不可以無萬金之蓄飾。千乘之國，不可以無千金之蓄飾。百乘之國，不可以無百金之蓄飾。

【引之曰】"飾"字義不可通，"飾"當作"餘"。"餘""飾"二字，篆文右畔相似，故"餘"誤爲"飾"。"蓄餘"者，蓄所餘也。"萬金""千金""百金"，所餘之數也。《輕重甲》篇曰："蓄餘藏羨而不息。"

山至數

貧之

彼善爲國者，不曰使之，使不得不使。不曰貧之，使不得不用。

【念孫案】“貧”字義不可通,《揆度》篇“貧”作“用”是也。兩“使”字、兩“用”字,皆上下相應。

存予

泰秋田穀之存予者若干。

洪云:“‘予’當爲‘子’。《臣乘馬》篇:‘泰秋子穀大登。’又曰:‘幣之在子者,以爲穀而廩之州里。’皆其證。”【念孫案】《通典·食貨十二》引此正作“子”。

請散

請散棧臺之錢,散諸城陽。鹿臺之布,散諸濟陰。

【念孫案】“請散”之“散”涉下文而衍,《太平御覽·資産部十六》引此無“散”字。

三大夫之家　二十七人

始取夫三大夫之家,方六里而一乘,二十七人而奉一乘。

【引之曰】“大”字衍。“三夫之家”,謂三夫爲一家也,《乘馬》篇曰“邑成而制事,四聚爲一離,五離爲一制,五制爲一田,二田爲一夫,三夫爲一家”是也。《乘馬》篇又曰:“白徒三十人,奉車兩。”“兩”上脱“一”字,辯見《乘馬》篇。此“二十七人”亦當作“三十人”,蓋“三”誤爲“二”,又衍“七”字也。

唐圉

唐圉牧食之人。

【念孫案】“唐圉”當爲“唐園”，字之誤也。“食”與“飼”同，謂唐園中牧飼之人也。《輕重甲》篇曰：“以唐園爲本利。”《晏子春秋·問》篇曰：“治唐園，考菲履。”皆其證。

地數

出銅之山二句

出銅之山，四百六十七山。出鐵之山，三千六百九山。

【念孫案】《史記·貨殖傳》正義、《太平御覽·地部一》引此，“出銅之山”上并有“凡天下名山五千三百七十”一句，《中山經》亦有之，當據補。又引“出銅之山”二句作“出銅之山四百六十七，出鐵之山三千六百有九”，今本二句末皆衍“山”字，案，兩“山”字皆後人所加。次句中又脱“有”字，亦當依二書訂正。洪説同。

此之所以

此之所以分壤樹穀也。

孫云：“‘之所以’上脱‘天地’二字。”

牛氏

夫玉起於牛氏邊山。

【念孫案】"牛氏"當作"禺氏",見《國蓄》《揆度》《輕重甲》《輕重乙》四篇。

丈夫

陽春農事方作,令民毋得築垣牆,毋得繕冢墓,丈夫毋得治宫室,毋得立臺榭。

洪云:"'丈夫'當爲'大夫',《輕重甲》篇:'孟春既至,農事且起。大夫毋得繕冢墓,治宫室,立臺榭,築牆垣。'其證也。《太平御覽》八百六十五引此作'大夫'。"

天高

天高我下。

【念孫案】"天高"當作"天下高",義見上文。《輕重丁》篇作:"天下高,我獨下。"

揆度

其勝禽獸之仇

其勝禽獸之仇,以大夫隨之。

【引之曰】"禽獸之仇",義不可通,禽獸安得有仇乎?下文曰"猛獸勝於外"，則所勝者"禽獸"，非"禽獸之仇"也。"之仇"二字，蓋因下文"若從親戚之仇"而衍。尹不能釐正，而曲爲之説，非。

桓公曰

桓公曰："事名二，正名五，而天下治。"

【念孫案】"桓公曰"當作"管子曰"，下文"何謂事名二""何謂正名五"，方是桓公問語。

鑪櫜

吾非埏埴摇鑪櫜而立黄金也。

【念孫案】"鑪櫜"當爲"鑪橐"，字之誤也。《周官·韗氏》注"故書𦉮爲橐"，"橐"譌作"櫜"。《韓子·八説》篇："干城距沖，不若堙穴伏橐。"今本亦譌作"櫜"。《老子》："天地之間，其猶橐籥乎？"王注曰："橐，排橐也。"《淮南·本經》篇："鼓橐吹埵，以銷銅鐵。"高注曰："橐，冶鑪排橐也。"《齊俗》篇曰："鑪橐埵坊設，非巧冶不能以冶金。"《論衡·量知》篇曰："工師鑿掘，鑪橐鑄鑠乃成器。"故曰"摇鑪橐而立黄金"。

賣其子

事再其本，民無饘者賣其子。

【念孫案】"賣"上當有"不"字。"糧"即"饘鬻"之"饘"。言事再其本，則民雖無饘，而亦不賣其子也。《輕重甲》篇曰：

“事再其本,則無賣其子者。”是其證。

國準

菹菜

彼菹菜之壤,非五穀之所生也。

【念孫案】“菹菜”當爲“菹萊”,字之誤也。俗書“萊”字作“莱”,“菜”字作“莱”,二形相似。“菹”或作“沮”,《孟子·滕文公》篇注曰“菹,澤生草者也”,《王制》注曰:“沮,謂萊沛。”《周官·縣師》注曰:“萊,休不耕者。”是“菹”“萊”皆生草之地也。《輕重乙》篇:“菹萊、鹹鹵、斥澤、山間、堤壘不爲用之壤。”“萊”字亦誤作“菜”,唯《輕重甲》篇“山林、菹澤、草萊”,“萊”字不誤。

輕重甲

端噪晨

昔者桀之時,女樂三萬人,端噪晨樂聞於三衢。

【念孫案】《太平御覽·人事部一百三十四》引作“晨噪於端門,樂聞於三衢”是也。今本既脱且倒,則文不成義。孫説同。

一掌

請使州有一掌,里有積五窌。

【引之曰】“掌”字義不可通，當是“稟”字之訛。隸書“掌”或作“𡑒”，與“稟”字略相似。“稟”，古“廩”字也，“廩”與“窌”皆所以藏穀。《晏子春秋·問》篇：“命吏計公稟之粟。”《荀子·議兵》篇：“則必發夫稟窌之粟以食之。”今本“稟”字并訛作“掌”。楊注《荀子》曰：“掌窌，主倉稟之官。”失之。辯見《荀子》。

夫妻服簞輕

杠池平之時，夫妻服簞，輕至百里。

宋本、朱本“簞”作“箪”。【引之曰】“箪”字義不可通，蓋“輦”字之訛。“輦”字隸或作“輂”，見《韓勑碑》。字從車、從㚘。《説文》“㚘”讀若“伴侣”之“伴”。“㚘”字上畔之“卄”，與隸書竹頭作“卄”者相似，因訛爲“⺮”。下畔之“𠘧”，與“吅”字相似，因訛爲“吅”，又脱去“車”字上一畫，因訛爲“箪笥”之“箪”，後又訛爲“莞簞”之“簞”耳。“夫妻服輦”者，言杠池平之時，民間夫妻服輦而行，不用牛馬，亦不假多人輓之也，《海王》篇“行服連軺輂”者，服連，即服輦也。《周官·鄉師》注：“故書輦作連。鄭司農云：‘連，讀爲輦。’”《巾車》“連車組輓”，《釋文》：“連，本亦作輦。”字亦作“摙”。《淮南·人間》篇“負輦載粟而至”，今本脱“載”字，説見《淮南》。《太平御覽·治道部八》引作“服摙”是也。高注訓“服”爲“駕牛”，“摙”爲“擔”，皆失之。“服”之言“負”也，任重之名也。《考工記》“車人牝服”，鄭司農云：“服，讀爲負。”《小雅·大東》篇“睆彼牽牛，不以服箱”，謂“負箱”也。《史記·貨殖傳》：“卓氏見虜略，獨夫妻推輦行。”蓋服輦者，或推或輓，前後各一人，故夫妻可以服輦也。下文云：“今高杠柴池，東西南北不相睹。天酸然雨，十人之力不能上。”正謂推輦不能上高梁也。《韓子·外儲説右》篇"兹鄭子引輦上高梁,而不能支"是也。蓋杠池平之時,夫妻二人,即可以服輦而過。及其高杠柴池也,天雨苟下,則雖十人之力不能服輦而登,地高而輦重也。若作"服簞",則盛食之器甚輕,何至十人舁之而猶不能上乎?輦,今人謂之二把手,前後各兩轅,一人兩手持轅輓於前,一人如之推於後。亦有夫婦推輓者,婦以繩輓於前,夫持兩轅推於後,則此所謂"夫妻服輦"也。

所無因

天酸然雨,十人之力不能上。廣澤遇雨,十人之力不可得而恃。夫舍牛馬之力所無因。

【念孫案】"所無因"當作"無所因"。人力不足恃,則必借牛馬之力,故曰"夫舍牛馬之力無所因"。

通遠

鵝騖之舍近,鵾雞鵠鶬之通遠。

【念孫案】"通"當爲"道",字之誤也。《韓子·外儲説右》篇:"甘茂之吏,道穴聞之。"《吕氏春秋·知化》篇:"接土鄰境,壤交道屬。"今本"道"字并誤作"通"。鵝騖去人近,鵾雞鵠鶬去人遠,故曰"鵝騖之舍近,鵾雞鵠鶬之道遠"。

解匃

三月解匃,弓弩無匡軫者。

【引之曰】《説文》《玉篇》《廣韻》《集韻》皆無“匋”字，“匋”當爲“匋”。篆書“缶”字作“缶”，“去”字作“去”，二形相似。隸書“缶”字作“缶”，“去”字作“去”，亦相似，故隸書“匋”字多訛作“匋”。漢《冀州從事張表碑》“退攸陶父”，《司隸校尉魯峻碑陰》“濟陰定陶“是也。“匋”讀與“韜”同，弓衣也。《廣雅》曰：“韜，弓藏也。”《小雅·彤弓》篇“受言櫜之”，《毛傳》曰：“櫜，韜也。”《釋文》：“韜，本又作弢。”《説文》曰：“弢，弓衣也。”古者“舀”“匋”同聲。《小爾雅》曰：“綯，索也。”“綯”即“宵爾索綯”之“綯”。《小雅·菀柳》篇“上帝甚蹈”，《一切經音義》五引《韓詩》“蹈”作“陶”。《楚辭·九章》“滔滔孟夏兮”，《史記·屈原傳》“滔滔”作“陶陶”。《説文》：“搯，搯捾也。”《一切經音義》七引《通俗文》曰：“捾出曰掏。”是其證也。“韜”從舀聲，故通作“匋”。

棐檠

彼十鈞之弩，不得棐檠，舊本訛作“擏”，今正。不能自正。

【念孫案】《説文》《玉篇》《廣韻》《集韻》皆無“棐”字，當是“棐”字之訛。《説文》曰：“棐，輔也。”徐鍇曰：“輔，即弓檠也，故從木。”《説文》又曰：“榜所以輔弓弩。”又曰：“檠，榜也。”“棐”“榜”“檠”三字皆從木，其義一也。此文曰：“彼十鈞之弩，不得棐檠，不能自正。”《荀子·性惡》篇曰：“繁弱、鉅黍，古之良弓也，然而不得排檠，則不能自正。”《説苑·建本》篇曰：“烏號之弓雖良，不得排檠，不能自正。”“排檠”與“棐檠”同。《韓子·外儲説右》篇曰：“榜檠者，所以矯不直也。”《鹽鐵論·申韓》篇曰：“若隱栝輔檠之正弧刺也。”“棐”“輔”“榜”

一聲之轉，或言“榜檄”，或言“輔檄”，或言“棐檄”，其義一也。

此何故也

故三月解匌，而弓弩無匡軩者，此何故也？以其家習其所也。

【念孫案】“此何故也”四字，涉上文而衍。上是桓公問語，此是管仲對桓公語，不當言“何故”。

忽然

桓公忽然作色。

【念孫案】“忽然”非作色之貌，“忽然”當爲“忿然”。隸書“忿”字或作“忩”，形與“忽”相近而誤。《晏子春秋·諫》篇曰：“公忿然作色。”《莊子·天地》篇曰：“爲圃者忿然作色。”《齊策》曰：“王忿然作色。”皆其證。

大身

立大舟之都，大身之都有深淵，壘十仞。

【念孫案】“大身之都”亦當爲“大舟之都”。此復舉上文以起下文也。“舟”與“身”字形相近而誤。“都”即《禹貢》“大野既豬”之“豬”，馬注云：“水所停止，深者曰豬。”《史記·夏本紀》“豬”作“都”。

齊之北澤燒火光照堂下

【引之曰】“燒”字絶句，“火”字下屬爲句。尹注“獵而行火曰燒，式照反”九字，本在“燒”字下，今本移入“火”字下，則誤以“齊之北澤燒火”爲句矣。

空聞

則空聞有以相給資。

【念孫案】“空聞”當依宋本作“空閒”，謂以空閒之地給貧民。

吾

使夷吾得居楚之黄金，吾能令農毋耕而食，女毋織而衣。

【念孫案】“吾”字涉上句“夷吾”而衍。

菹薪

請君伐菹薪，煮沸水爲鹽。舊本“水”譌作“火”，據朱本改。

【念孫案】下文云“山林菹澤草萊者，薪蒸之所出”也。尹注非。

也國

請以令糶之梁趙宋衛濮陽，彼盡餽食之也國，無鹽則腫。

【念孫案】朱本"國"字在"也"字上是也。尹注云"本國自無遠饋而食",是其證。"無鹽則腫"自爲句,《地數》篇作"惡食無鹽則腫"。

交殷

然後可以通財交殷也。

【念孫案】"殷"字義不可通,"殷"當爲"叚"。即今"假"字。交叚,謂交借財也。隸書"殷"字作"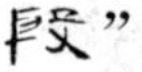","叚"字作"",二形相似,故"叚"訛爲"殷"。《史記·高祖功臣表》"故市侯閻澤赤遷爲假相",《漢表》作"殷相","殷"乃"叚"之訛。又,《漢書·地理志》"琅邪郡雩叚",《王子侯表》作"虖葭",《史記·建元以來王子侯表》訛作"雩殷"。《説文》"假,非真也","叚,借也",是"假借"之字本作"叚",今經傳相承作"假",而"叚"字不復用。此"叚"字若不誤爲"殷",則後人亦必改爲"假"矣。

包止

遺財不可包止。

洪云:"'包'當作'拘',拘,留也。《揆度》篇作'貨財不安於拘'。"【念孫案】朱本正作"拘"。

正食

民食三升,則鄉有正食而盜。食二升,則里有正食而盜。食一升,則家有正食而盜。

【引之曰】“正”字義不可通，“正”當爲“乏”。乏者，匱也，絶也，《史記·高祖紀》曰“漢軍乏食”是也。乏食，則不忍飢餓而爲盗矣。“乏”字本作“𤿺”，形與“正”相似，因訛而爲“正”。宣十五年《左傳》曰：“文反‘正’爲‘乏’。”

有人

民人之食，有人若干畝之數。

【念孫案】“有人若干畝”當依《國蓄》篇作“人有若干畝”。

粟賈平四十則金賈四千

【引之曰】當作“粟賈平，釜四十，金賈四千”，言今之粟賈平，每粟一釜，其賈四十錢。金賈，每一金《孟子·公孫丑》篇趙注曰：“古者以一鎰爲一金。鎰，二十兩也。”四千錢，二者皆當時之賈也。下文：“粟賈釜四十，則鍾四百也，十鍾四千也，二十鍾者，爲八千也。”即承“粟賈平，釜四十”言之。“金賈四千，則二金中八千也”，即承“金賈四千”言之。今本“四十”上脱“釜”字，“金賈”上衍“則”字，因下文“粟賈釜四十，則鍾四百”而衍。而文義遂不可通。

珠象而以爲幣

吴越不朝，珠象而以爲幣乎？

【念孫案】“珠象”上脱“請”字，下文皆有，當據補。

《管子》第十二

輕重乙

推徐疾

推徐疾羡不足。

【念孫案】"推"當爲"準","準"省作"准",因訛而爲"推"。《事語》篇作"准徐疾贏不足",是其證。

旁山

玉出於禺氏之旁山。

孫云:"'旁山',《地數》《揆度》二篇皆作'邊山'。因'邊''旁'字形相近而訛。"

十倍而不足

十倍而不足,或五分而有餘者。

【念孫案】"十倍"上亦當有"或"字,與下句對文。

霜露

故樹木之勝霜露者，不受令於天。

【念孫案】“露”當爲“雪”。木勝霜雪，則經冬而不凋，故曰“不受令於天”。今本“雪”作“露”，則非其旨矣。《侈靡》篇云：“樹木之勝霜雪者，不聽於天。”是其證。

期軍士

期於泰舟之野期軍士。

【念孫案】下“期”字當依《群書治要》作“朝”，言與軍士期於泰舟之野而朝之也。今作“期”者，即涉上文“期於”而誤。

易牙　五子

甯戚、鮑叔、隰朋、易牙、賓胥無，皆差肩而立。

【念孫案】“易牙”二字，後人所加也。《小匡》篇云：“其相曰夷吾，大夫曰甯戚、隰朋、賓胥無、鮑叔牙。”易牙小臣，豈得與四大夫差肩而立乎？《藝文類聚·居處部四》引此無“易牙”二字，明是後人所加。下文“五子曰善”，“五子”本作“四子”，因增入“易牙”，故又改“四”爲“五”耳。

見其

見其若此其厚，而不死列陳，可以反於鄉乎？

【念孫案】“見其”當依《群書治要》作“見禮”，“見禮”二字總承上文而言。今本“禮”作“其”者，涉上下文諸“其”字而誤。

脱四字

請以令與大夫城藏。

【引之曰】此當作“請以令與卿諸侯，令大夫城藏”。城藏者，藏粟於城中也。下文曰“下令卿諸侯，令大夫城藏”，正承此句言之，其曰“使卿諸侯藏千鍾，令大夫藏五百鍾，列大夫藏百鍾”，則分承此句言之也。今本“大夫”上脱“卿諸侯令”四字，則與下文不合。

常固

衡者，使物一高一下，不得常固。

【念孫案】“固”當爲“調”，下文兩“固”字并同。“調”誤爲“周”，又誤爲“固”耳。下文“衡數不可調”，即承此句而言。《國蓄》篇曰：“衡者，使物一高一下，不得有調也。”今本脱此文，説見《國蓄》篇。是其證。

調則澄澄則常

調則澄，澄則常，常則高下不貳。“貳”當爲“貣”，説見《勢》篇。

【引之曰】“澄”訓爲“清”，與“調”字、“常”字義不相承，當是“憕”字之誤。《説文》：“憕，音懲。平也。”物之高者有時而下，下者有時而高，其數不能均平，調之則前後相等而高下平矣，故曰"調則憕"。平則高者常高，下者常下矣，故曰"憕則常"。古書篆作立心，與"水"相近，鄭氏《周易注》。見《小雅・采薇》正義。故"心"旁誤爲"水"旁。

分有四時

夫歲有四秋，而分有四時。

【念孫案】此言以四秋分屬四時也，"分"下不當有"有"字，蓋涉上"有"字而衍。下文同。《太平御覽・時序部二》引此作"歲有四秋，而分四時"，無下"有"字。

而大秋

而大秋成五穀之所會。

【念孫案】"大秋"上衍"而"字，上下文皆無此例，《太平御覽》引此亦無。

輕重丁

布泉　泉布　泉金

天下諸侯，載黄金、珠玉、五穀、文采、布泉、輸齊以收石璧。

【念孫案】"泉"當爲"帛"，下文亦云"有五穀、叔粟、布帛、文采者"，《通典・食貨十二》引此正作"布帛"。又，下文："大夏,帷蓋衣幕之奉不給,謹守泉布之謝。”案,“泉布”亦當爲“帛布”,“布帛”或曰“帛布”,下文“帛布絲纊之賈”,即其證。此承上文“帷蓋衣幕之奉”而言,則當云“帛布”,不當云“泉布”。“帛”“泉”字相似,又涉上文“泉金”而誤也。又,下文:“功臣之家、人民百姓皆獻其穀菽粟、泉金。”案,“泉金”亦當爲“帛布”,上文作“五穀、叔粟、布帛、文采”,是其證。今作“泉金”者,亦涉上文“泉金”而誤。

禪籍　不如令者不得從天子下諸侯

諸從天子封於太山、禪於梁父者,必抱菁茅一束以爲禪籍,不如令者不得從,天子下諸侯載其黄金,争秩而走。

【念孫案】“以爲禪籍”,“禪”字涉上文“禪於梁父”而衍。“籍”當爲“藉”,藉,薦也。《史記·封禪書》曰:“江淮之間,一茅三脊,所以爲藉也。”是其證。【引之曰】“不如令者不得從”爲句,“天下諸侯”連讀,其“子”字則因上文“從天子”而衍。

反此

令衡籍吾國之富商、蓄賈、稱貸家,以利吾貧萌,農夫不失其本事,反此有道乎?

【念孫案】“反此有道乎”當依前後文作“爲此有道乎”,今本“爲”作“反”者,涉下“反之”而誤。

幾何千家

其受息之萌，幾何千家？

【念孫案】“幾何千家”當作“幾何家”，其“千”字則涉下文“千鍾”而衍。

其出之鍾

其出之鍾也一鍾。

洪云：“上‘鍾’字當作‘中’，下文‘其出之中伯伍也’‘其出之中鍾五釜也’‘其出之中伯二十也’，字皆作‘中’，此涉下‘鍾’字而誤。”

苦處　上斷福

東方之萌，帶山負海，苦處，上斷福。

【念孫案】“苦處”當爲“谷處”，上文“山居谷處”即其證。隸書“谷”字作“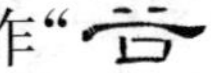”，“苦”字作“苦”，二形相似而誤。“上斷福”三字義不可通。案，上文云“上斫輪軸，下采杼栗”，則此“上斷福”當是“上斫輻”之訛。上言“斫輪軸”，此言“斫輻”，若《詩》之言“伐輪”“伐輻”矣。

曰

故稱貸之家曰皆再拜受。

【念孫案】衍“曰”字。

墾田發

夫墾田發，務上之所急，可以無庶乎？

【引之曰】"發"下蓋脱"草"字，《國蓄》篇曰："耕田發草，上得其數矣。"《輕重甲》篇曰："今君躬犁墾田，耕發草土。"又曰"强本趣耕發草立幣而無止"是也。"務"字屬下讀，"務上之所急"者，務農也。農者，上之所急也。

鏂

今齊西之粟釜百泉，尹注"五鏂爲釜"，今本"鏂"誤作"鍾"，《通典》所引已誤。則鏂二十也。齊東之粟釜十泉，則鏂二泉也。今本此"泉"字獨作"錢"，乃後人所改。請以令籍，人三十泉，得以五穀菽粟決其籍。若此，則齊西出三斗而決其籍，齊東出三釜而決其籍。

【念孫案】齊西之粟，三斗三十錢，則二斗二十錢也。而鏂亦二十錢，則是二斗爲一鏂也，尹注云"斗二升八合曰鏂"，失之矣。

釜十

然則釜十之粟，皆實於倉廩。

【念孫案】"十"當爲"斗"。"釜斗之粟"，即承上"三斗""三釜"而言。隸書"斗"字作"𣁬"，後人誤以爲"什"字，而改爲"十"。《通典·食貨十二》引此已誤。

阬而不遂　報上

溝瀆阬而不遂，谿谷報上之水，不安於藏。

【引之曰】"阬"當爲"阸"，"報"當爲"鄣"，皆字之誤也。《立政》篇曰："溝瀆不遂於隘，鄣水不安其藏。"又曰："通溝瀆，修障防，安水藏。""隘"與"阸"同，"鄣"與"障"同。

収粟

請有五穀、収粟、布帛、文采者，皆勿敢左右。

【念孫案】"収"當爲"叔"，"叔"即"菽"字，《戒》篇："出冬蔥與戎叔。"《莊子・列御寇》篇："食以芻叔。"《漢書・昭帝紀》："以叔粟當賦。"并與"菽"同。《大雅・生民》篇："蓺之荏菽。"《檀弓》："啜菽飲水。"《左氏春秋・定元年》："隕霜殺菽。"《釋文》并作"叔"。見下文。《輕重甲》篇亦云："子大夫有五穀菽粟者，勿敢左右。""叔"字草書作"ゐ"，因訛而爲"収"。

請之

請以令召城陽大夫而請之。

【念孫案】"請之"當爲"謫之"，下文"滅其位，杜其門"，是"謫之"之事也。今作"請之"者，涉上"請以令"而誤。

此何以洽

【念孫案】"洽"當爲"給"，下文云"國中大給"，即其證也。

"給""洽"草書相似,故"給"訛爲"洽"。尹注非。

表稱貸之家

【念孫案】"表"當依宋本作"旌",故尹注云:"旌,表也。"今作"表"者,涉注文而誤。

民之父母也

《詩》曰:"愷悌君子,民之父母也。"

【念孫案】"也"字涉下文"父母也"而衍,《通典·食貨十二》引無"也"字。

蚊虵

投蚊虵巨雄。

孫云:"'虵'當依上文作'虻'。"

賣賤

四郊之民賣賤,何爲不富哉!

【念孫案】"賣賤"當作"買賤",言四郊之民多買賤物,所以致富也。今作"賣賤"者,涉上文"賤賣"而誤。

何故

此其何故也?

【念孫案】當作“此其故何也”，下文同。

洋

洋龍夏，其於齊國，四分之一也。

洪云：“《山至數》篇‘龍夏以北至于海莊，禽獸羊牛之地也’。此‘洋’字本‘海莊’二字訛并作一字。”【念孫案】洪説是也。俗書“莊”字作“庄”，隸書“莊”字作“荘”，俗又省作“庄”。因訛而爲“庠”，加“氵”則爲“洋”矣。

操辭

君動言操辭。

【引之曰】“操”當作“搖”。搖辭，即動言，古人自有複語耳。《輕重甲》篇云“動言搖辭，萬民可得而親”，是其證。今本“搖”作“操”者，涉上文兩“操”字而誤。

一可以爲百

湯之以高下，“湯”讀爲“蕩”，《陳風·宛丘》曰：“子之湯兮。”注之以徐疾，一可以爲百。

【念孫案】“一可以爲百”當作“一可以爲十，十可以爲百”，《山權數》篇云“徐疾之數，輕重之策，一可以爲十，十可以爲百”，此二句篇中凡兩見。是其證。

身不竭

源泉有竭,鬼神有歇。守物之終始,身不竭。

【念孫案】"身"上當有"終"字,上文"終身無咎"即其證。

輕重戊

帛牢

立帛牢,服牛馬,以爲民利。

【念孫案】"帛"當爲"皁",字之誤也。《史記·五宗世家》"彭祖衣皁布衣",《漢書·景十三王傳》"皁"誤作"帛"。皁以養馬,牢以養牛,故曰"立皁牢,服牛馬"。

其行義

公曰:"其行義奈何?"

【念孫案】"其"字涉上文"公其行義"而衍。

脱一字

則是魯梁不賦於民,財用足也。

【念孫案】"財用"上脱"而"字,下文云"則是楚不賦於民而財用足也",即其證。

紲繑

紲繑而踵相隨。

【念孫案】“繑”與“屩”同,《集韻》“屩或作繑”。“紲”當作“曳”。曳,引也,言引屩而踵相隨也。今作“紲”者,因“繑”字而誤加“糸”耳。尹注非。

不居

室屋漏而不居。

【念孫案】“居”當爲“治”,字之誤也,《齊民要術》一、《太平御覽・木部一》引此并作“治”。下文“室屋漏者得居”,二書“居”亦作“治”。

不埍

齊者,夷萊之國也,一樹而百乘息其下者,以其不埍也。

【念孫案】“埍”當爲“俏”,“俏”與“肖”同,《列子・力命》篇:“佹佹成者,俏成也,初非成也。”張湛注:“俏,似也。”《釋文》云:“與‘肖’字同。”又,《楊朱》篇“人肖天地之類”,《釋文》作“俏”。言此息於樹下者,皆游惰之民,故曰“齊者,夷萊之國也,一樹而百乘息其下者,以其不肖也”。下文“三不歸”,皆承“不肖”言之。宋本作“捎”,《齊民要術》作“稍”,皆“俏”字之譌。

歸市

歸市亦惰倪,終日不歸。

【念孫案】“歸市”下當有“者”字。“歸市者”對上文“丁壯者”及“父老”而言。

貴買 令其買

代人忘其難得,喜其貴買。

【念孫案】“貴買”當爲“貴賈”。《藝文類聚·武部》《獸部下》《太平御覽·獸部二十一》引此并作“貴價”,是其證。下文亦云“不敢辯其貴賈”。今作“貴買”者,涉上文“公貴買之”而誤。又,下文“衡山之君告其相曰‘天下争吾械器,令其買再什以上’”,案,“買”當依朱本作“賈”,上文云“衡山之械器,必倍其賈”,即其證。此亦涉上文諸“買”字而誤。

公因

公因令齊載金錢而往。

【念孫案】“公因”當爲“公其”,上文曰:“君其鑄莊山之金以爲幣。”下文曰:“公其令人貴買衡山之械器而賣之。”皆其證。

輕重己

搢玉總

天子東出其國四十六里而壇,服青而絻青,搢玉總,带玉監,朝諸侯卿大夫列士,循於百姓,號曰祭日,犧牲以魚。

朱本“總”作“揔”。【念孫案】“總”與“揔”皆“忽”之訛，“忽”即“笏”字也。《皋陶謨》“在治忽”，鄭作“曶”，注云：“曶者，笏也。臣見君所秉，書思對命者也，君亦有焉。”見《史記·夏本紀》集解。《士喪禮》“竹笏”，今文“笏”作“忽”。《墨子·公孟》篇曰“公孟子載章甫，搢忽”，是“笏”與“忽”通也。桓二年《左傳》“衮冕黻珽”，杜注曰：“珽，玉笏也。”此云“天子搢玉忽”，即《玉藻》所謂“天子搢珽”，《考工記》玉人所謂“大圭長三尺，天子服之”者也。《周官·典瑞》云“王晉大圭以朝日”，此云“天子搢玉忽祭日”，正與《周官》合。《左傳正義》引《管子》云“天子執玉笏以朝日”，即此篇之文。

又橿權渠緷緤

【念孫案】“又”當爲“乂”，“乂”與“刈”通。《齊語》云“槍刈耨鎛”是也。《説文》“橿，鉏柄名”，《鹽鐵論·論勇》篇云：“鉏耰棘橿以破衝隆。”“權渠”，下文作“穫渠”，未詳。“緷”即“繩”字之誤。隸書“黽”字或作“罨”，又作“黾”，形與“晁”相似。“黽”之爲“晁”，與“鼂”之爲“晁”，其下半亦相類也。緤，亦繩也。

此三人者

民生而無父母謂之孤子，無妻無子謂之老鰥，無夫無子謂之老寡。此三人者，皆就官而衆。此字疑誤。

【引之曰】“人”字衍，民之窮者，有此三類，非謂僅有三人也。《孟子·梁惠王》篇：“老而無妻曰鰥，老而無夫曰寡，老而無子曰獨,幼而無父曰孤。此四者,天下之窮民而無告者。”文義與此同。

服黄而静處

春盡而夏始,天子服黄而静處。

【引之曰】下文曰:“秋盡而冬始,天子服黑絻黑而静處。”則此當云“天子服赤絻赤而静處”,寫者脱誤耳。

同族者人

天子祀於太宗,同族者人,殊族者處。

【念孫案】“人”當爲“入”。處,止也。言同族者則入祭,異族者則止也。

脱四字

以秋至日始,數九十二日。

【念孫案】此下當有“謂之冬至”四字。上文云“以冬至日始,數九十二日,謂之春至。以春至日始,數九十二日,謂之夏至。以夏至日始,數九十二日,謂之秋至”,是其證。

《晏子春秋》雜志

《晏子春秋》雜志序

《晏子春秋》舊無注釋，故多脱誤。乾隆戊申，孫氏淵如始校正之，爲撰《音義》，多所是正，然尚未該備，且多誤改者。盧氏抱經《群書拾補》據其本復加校正，較孫氏爲優矣，而尚未能盡善。嘉慶甲戌，淵如復得元刻影鈔本，以贈吴氏山尊，山尊屬顧氏澗薲校而刻之。其每卷首皆有總目，又各標於本篇之上，悉復劉子政之舊，誠善本也。澗薲以此書贈予，時予年八十矣，以得觀爲幸。因復合諸本及《群書治要》諸書所引，詳爲校正，其元本未誤而各本皆誤及盧、孫二家已加訂正者，皆世有其書，不復羅列，唯舊校所未及，及所校尚有未確者，復加考正。其《諫下》篇，有一篇之後脱至九十餘字者。《問上》篇，有併兩篇爲一篇而删其原文者。其他脱誤及後人妄改者尚多，皆一一詳辯之，以俟後之君子。道光十一年三月九日，高郵王念孫敘，時年八十有八。

《晏子春秋》弟一

内篇・諫上

不顧于行義　昔夏之衰也以下十三句

莊公奮乎勇力，不顧于行義。勇力之士，無忌于國。

孫氏淵如《音義》從一本改"行義"爲"仁義"，云"本多作'行義'，非"。【念孫案】此文本作"莊公奮乎勇力，不顧于行。"行"字絶句，讀去聲。尚勇力之士，無忌于國"。"不顧于行"與"無忌于國"對文。"尚勇力之士，無忌于國"，本指莊公而言，今本"尚"作"義"，則以"義"字上屬爲句，而以"勇力之士"二句連讀，則"無忌于國"者，專指"勇力之士"而言，非其旨矣。案，下文曰"勇力之行也"，又曰"下無替罪誅暴之行"，又曰"行本淫暴"，又曰"循滅君之行"，此四"行"字，正對莊公"不顧于行"而言。又曰"崇尚勇力，不顧義理"，正所謂"尚勇力之士，無忌于國"也。今本作"不顧于行義"者，涉下文諸"義"字而誤。一本作"仁義"者，又涉下文"仁義"而誤。《太平御覽・人事部七十七》引此正作"莊公奮乎勇力，不顧於行。尚勇力之士，無忌於國"。下文"今公自奮乎勇力，不顧乎行。尚勇力之士，無忌于國"，今本"尚"作"義"，誤與此同。又，此章標題云“莊公矜勇力，不顧行義”，“義”字亦涉下文“行義”而衍。

昔夏之衰也有推移、大戲，殷之衰也有費仲、惡來，足走千里，手裂兕虎，任之以力，淩轢天下，威戮無罪，崇尚勇力，不顧義理，是以桀紂以滅，殷夏以衰。

孫曰：“‘戲’‘來’‘里’‘力’‘罪’‘理’‘滅’‘衰’爲韻，‘虎’‘下’爲韻，周秦之語多相協，以輕重、開合、緩急讀之。”【念孫案】“戲”字古韻在歌部，“來”字在之部，“里”“理”在止部，“力”在職部，“罪”在旨部，“滅”在月部，“衰”在脂部，此十三句，唯“虎”“下”爲韻，“理”字或可爲合韻，其餘皆非韻也。淵如於古韻未能洞徹，但知古人之合，而不知古人之分，故往往以非韻者爲韻。又見高注《吕覽》《淮南》有急氣緩氣、閉口籠口諸法，遂依放而爲之，不自知其似之而非也。故《音義》中，凡言某某爲韻、某某聲相近及急讀緩讀者，大半皆謬於古音，若一一辯正，徒費筆墨，故但發凡於此，以例其餘，明於三代兩漢之音者，自能辨之也。

若是孤之罪也

公曰：“若。是孤之罪也。”

【念孫案】“若”當爲“善”。公曰“善”者，善晏子之言也。“是孤之罪也”别爲一句，不與上連讀。《外篇上》記景公命去禮，晏子諫之事，略與此同，彼文亦作“公曰善”也。今本“善”作“若”，則既失其句，而又失其義矣。“善”“若”字相似，又涉上文“若欲無禮”而誤。《諫下》篇“善其衣服節儉”，《雜下》篇“以善爲師”，今本“善”字并誤作“若”。

欲飲酒

君欲飲酒七日七夜。

【念孫案】"飲酒"上不當有"欲"字,蓋即"飲"字之誤而衍者,上文"景公飲酒七日七夜不止",無"欲"字。

懷寶 三日而畢後者若不用令之罪 嗛齊

《諫上》篇 霖雨十有七日矣,各本脱"霖雨"二字,據上文補。懷寶鄉有數十,飢氓里有數家。

孫曰:"懷寶,言富家也。"【念孫案】自此句以下皆言百姓飢寒困苦之事,若云"富家鄉有數十",則與下文不類矣。下文説賑恤之事,云"懷寶二千七百家,用金三千",謂以金散給之也,孫云"言富民出金也",尤非。若是富家,則無庸賑恤矣。予謂"懷寶"當爲"壞室","壞室"與"飢氓"對文,下文云"室不能禦者,予之金",是其證也。"懷"與"壞"字相似,俗書"寶"字作"宝",與"室"亦相似,故"壞室"誤爲"懷宝",後人不達,又改"宝"爲"寶"耳。

巡求氓寡用財乏者死,案,"寡用財乏"當爲"寡用乏財"。"死"字與上下文義不相屬,蓋衍字也。三日而畢,句。後者若不用令之罪。

【案】此言巡氓者限三日而畢事,如有後期者,則以不用令之罪罪之也。下文云"三日吏告畢上",是其證。孫以"畢後"連讀,云"畢後,謂後葬也",蓋因上文"死"字而誤。

辟拂嗛齊,酒徒減賜。

孫曰:"辟拂,言屏去之。《説文》'嗛,口有所銜也','嚌,嘗也’。‘齊’與‘嚌’同，言減去口味。”【念孫案】孫云“減去口味”是也，而引《説文》“嗛，口有所銜也”“嚌，嘗也”，則非此所謂“嗛齊”者矣。予謂“嗛”者，快也。《莊子・盜跖》篇曰：“口嗛於芻豢、醪醴之味。”《釋文》：“嗛，苦簟反。”《趙策》曰：“膳啖之嗛於口。”《魏策》曰：“齊桓公夜半不嗛，易牙乃煎敖燔炙，和調五味而進之。”高注：“嗛，快也。”“齊”讀若“劑”。鄭注《周官・鹽人》曰：“齊事，和五味之事。”又注《少儀》曰：“齊，謂食羹醬飲有齊和者也。”高注《吕氏春秋・本味》篇曰：“齊，和分也。”《淮南・本經》篇曰：“煎熬焚炙，調齊和之適。”然則，此所云“嗛齊”者，謂齊和之嗛於口者也。

莫之從　讒諛之民　立惡

景公燕賞于國内，萬鍾者三，千鍾者五，令三出而職計莫之從。公怒，令免職計，令三出而士師莫之從。

元人刻本云“職計莫之從”“士師莫之從”，一作“職計筭之”“士師筭之”，明沈啓南本與此同。《群書治要》作“職計筴之”“士師筴之”。【念孫案】《群書治要》是也。“筴”，隸書“策”字也，據下文云“請從士師之策”，則本作“策之”明矣。策之，蓋謂以策書諫也，故曰“請從士師之策”。一本作“筭之”者，俗書“筭”字或作“筽”，與“筴”字相似，故“筴之”誤爲“筭之”。今本作“莫之從”者，“筭”字或作“算”，而隸書從竹、從艸之字多相亂，故“算”字或書作“莫”，形與“莫”相似，故“算之”又誤爲“莫之”。後人不解“莫之”二字之義，又見下文有“令吏必從”之語，因加“從”字以曲爲附會耳。

今君賞讒諛之民。

【案】“民”本作“臣”。凡以讒諛事君者，皆臣也，非民也。《下》篇云：“景公信用讒佞，賞無功，罰不辜。”則此篇之“萬鍾”“千鍾”，皆是賞讒諛之臣，而非賞民也，《群書治要》正作“賞讒諛之臣”。

先王之立愛以勸善也，其立惡以禁暴也。

【案】“立惡”本作“去惡”，去惡斯可以禁暴。今作“立惡”，則文義相反矣。“去”本作“厺”，“立”本作“亽”，二形相似，又涉上句“立愛”而誤也。《群書治要》正作“去惡”。

尤佚　蔽諂　忠臣之常有災傷　順教

民愁苦約病，而奸驅尤佚。

【念孫案】尤，過也，甚也。見《左傳》襄二十六年注。“佚”與“溢”同。昭三年《左傳》曰“道殣相望，而女富溢尤”，此云“民愁苦約病，而奸驅尤佚”，句法正相似。尤佚，即溢尤。

隱情奄惡，蔽諂其上。

【案】蔽者，擁蔽。諂者，諂諛。二字義不相近，不當以“蔽諂”連文。“諂”當爲“謟”，字之誤也。“謟”讀若“滔”，謟者，惑也。謂隱其情，掩其惡，以蔽惑其君也。《爾雅》“蠱、謟，疑也”，疑，即惑也。《管子·五輔》篇曰“上謟君上，而下惑百姓”，是以“忠臣之常有災傷也”。案，“之”字衍。

不能順教以至此極。

【案】“順教”，即“訓教”。

君子所誡

且《詩》曰:“載驂載駟,君子所誡。”

孫曰:“《小雅·采菽》之詩‘誡’作‘屆’,《箋》‘極也’。案,當從此。《説文》:‘誡,敕也。’”【念孫案】孫説非也。《晏子》引《詩》亦作“屆”,今作“誡”者,俗音亂之也。屆者,至也。“君子所屆”者,君子至也。所,語詞耳。説見《釋詞》。案,君子,謂來朝之諸侯也。鄭《箋》:“屆,極也。”諸侯將朝王,則驂乘乘四馬而往,此之服飾,君子法制之極也,與《詩》意不合。若改“屆”爲“誡”,而訓爲“誡敕”,則其不可通者有二:“屆”字以“凷”爲聲,“凷”,古“塊”字,於古音屬至部。於古音屬至部,其上聲則爲旨部,其入聲則爲質部。《詩》中用“屆”字者,《小雅·節南山》與“惠”“戾”“闋”爲韻,《小弁》與“嘒”“淠”“寐”爲韻,《采菽》與“淠”“嘒”“駟”爲韻,《大雅·瞻卬》與“疾”爲韻。以上與“屆”爲韻之字,古音皆在至部。若“誡”字,則以“戒”爲聲,於古音屬志部,其上聲則爲止部,其入聲則爲職部。詩中用“戒”字者,《小雅·采薇》與“翼”“服”“棘”爲韻,《大田》與“事”“耜”“畝”爲韻,《大雅·常武》與“國”爲韻,《易·震》象傳與“得”爲韻,《楚辭·天問》與“代”爲韻。以上與“戒”爲韻之字,古音皆在志部。此兩部之音,今人讀之相近,而古音則絶不相通,至於《老》《莊》諸子,無不皆然,此非精於三代兩漢之音者,固不能辨也。今改“屆”爲“誡”,則與“淠”“嘒”“駟”之音不協,此其不可通者一也。下文云“夫駕八,固非制也,今又重,此其爲非制也,不滋甚乎”,是晏子之意,謂古之諸侯,所駕不過四馬,今駕八,則非制矣,况又倍之乎,故引《詩》“載驂載駟”云云以諫也。若云“載驂載駟,君子所誡”,則三馬四馬,亦當誡矣。三馬四馬當誡,則諸侯但可駕兩馬矣,豈其然乎?此其不可通者二也。檢王伯厚《詩考》所載異字,曾無"君子所誡"之文,蓋伯厚所見本,尚未誤作"誡"也,乃反以子書中之誤字爲是,而以經文爲非,見異思遷,而不顧其安,是惑也。

置大　而長

夫以賤匹貴,國之害也。置大立少,亂之本也。

【念孫案】"置大"本作"置子"。今本"子"作"大"者,後人不曉"子"字之義,而妄改之也。子,即太子也。"置子立少",謂廢太子而立少子也。上章公謂五子之傅曰"勉之,將以而所傅爲子",本章曰"立子有禮,故孽不亂宗",皆其明證矣。《群書治要》正作"置子立少"。

夫陽生而長,國人戴之。

孫本於"而長"上加"生"字,云"今本脱一'生'字,以意增"。【念孫案】孫加"生"字,非也。此文本作"夫陽生長而國人戴之",言陽生長於荼,而爲國人所戴也。今本"長而"誤作"而長",又加"生"字於其上,則贅矣。《群書治要》正作"夫陽生長而國人戴之"。

數其常多先君桓公

使史固與祝佗巡山川宗廟。犧牲珪璧,莫不備具,數其常多先君桓公。

【念孫案】"數其常多先君桓公",文不成義,當作"其數常多於先君桓公"。謂所用犧牲珪璧之數,常多於桓公也,故下文曰“桓公一,則寡人再”。今本“其數”誤作“數其”,又脱“於”字。

曰 鄙臣

曰:“使君之嗣,壽皆若鄙臣之年。”

【念孫案】“曰”上原有“封人”二字,“鄙臣”作“鄙人”,與上下文同一例。今本脱“封人”二字,“鄙人”又誤作“鄙臣”。《群書治要》正作“封人曰:‘使君之嗣,壽皆若鄙人之年。’”

導裔款 有七年

楚巫微,微,蓋楚巫之名。《太平御覽》作“徵”。導裔款以見景公。

孫曰:“導,引之。”【念孫案】孫説非也。“導”本作“道”,此後人不曉文義而改之也。道者,由也。裔款,齊之佞臣,故薦楚巫於景公,是楚巫由裔款以見景公也。下文曰“裔款以楚巫命寡人”,是其證。若作“導”而訓爲“引”,則是楚巫引裔款以見景公,與本事相反矣。《太平御覽·人事部九十七》引此正作“道”。

公即位有七年矣。

【案】“有”上有“十”字,而今本脱之。“有”讀爲“又”,若云“即位有七年”,則“有”字可删矣,《太平御覽》引此正作“十有七年”。

卜云 祠靈山 無益 出野居

吾使人卜云"祟在高山廣水"。

【念孫案】"卜云"本作"卜之",此草書之誤也。若作"云",則當别爲一句,破碎不成文理矣。《藝文類聚·災異部》《太平御覽·咎徵部六》并引作"吾使人卜之",《説苑·辯物》篇同。

寡人欲少賦斂,以祠靈山。

盧氏抱經《群書拾補》曰:"'祠',《御覽》八百七十九作'招'。案,《周禮》'男巫,旁招以茅,招四方之所望祭者',他卷亦或作'祠'、作'祀'。"【念孫案】作"招"者誤字也,《御覽》固多誤字,不必附會以《周官》之"旁招"。且"祠"是祭名,而"招"非祭名,可言"祠靈山""祠河伯",不可言"招靈山""招河伯"也。《周官》"男巫,掌望祀","望"衍。"旁招以茅","望"是祭名,而"招"非祭名。故可言"望于山川",不可言"招于山川"。案,下文晏子曰"祠此無益也",公曰"吾欲祠河伯",其字皆作"祠"。又,此章標題云"景公欲祠靈山河伯",其字亦作"祠",則此文之本作"祠靈山"明矣。《御覽·咎徵部》雖作"招靈山",而下文之"祠此無益"及"祠河伯",仍作"祠",則"招"爲"祠"之誤明矣。《初學記·天部下》《御覽·時序部二十》并引作"祀靈山","祀""祠"古字通,則仍是"祠"字。《藝文類聚·山部》《災異部》及《御覽·天部十一》并引作"祠靈山",《説苑》同。

祠之無益。

【案】"無益"本作"何益"。上文已言"祠此無益"矣,故復作問詞以終之曰“祠之何益”。[1] 若云“祠之無益”，則直與上文相複矣。《説苑》作“無益”，亦後人依誤本《晏子》改之。下文論“祠河伯”之事，先言“無益”，而後言“何益”，正與此文相應。《藝文類聚·山部》《災異部》及《御覽·天部》《咎徵部》《地部三》并引作“祠之何益”。《御覽·時序部》作“祀之何益”，皆是“何”字。

于是景公出野居暴露。

【案】“野”下本無“居”字。“出野暴露”四字連讀，後人誤以“出”字絶句，故又於“野”下加“居”字耳。《初學記》《太平御覽》引此皆無“居”字，《説苑》同。

將觀于淄上　而聲欲保之　謀因豎刀　誅虐　待于君使

景公將觀于淄上，與晏子閒立。

【念孫案】“將”字後人所加，“與晏子閒立”，即謂立於淄上也，則上句本無“將”字明矣。《群書治要》及《太平御覽·人事部六十九》，皆無“將”字。

今君以政亂國，以行棄民久矣，而聲欲保之，不亦難乎？

【案】“聲”字義不可通，蓋衍文也，《群書治要》無。

怠于德而并于樂，身溺于婦侍而謀因豎刀。俗作“刁”。

【案】“因”下亦有“于”字，與上句對文，而今本脱之，《群書治要》有。

肆欲于民，而誅虐于下。

【案】“誅虐”本作“虐誅”，“虐誅”與“肆欲”對文，倒言之

① “詞”，底本作“祠”，據同治本改。

則文義不順。《群書治要》正作"虐誅"。

嬰之年老，不能待于君使矣。

【案】"于"字涉上文四"于"字而衍。《外上》篇曰"嬰老不能待君之事"，文義與此同，則本無"于"字明矣。《群書治要》無。

人之没　御六馬　何如　今據也甘君亦甘　出背而立

昔者上帝以人之没爲善。

孫本改"没"爲"死"，云"一本作'没'，非"。【念孫案】没，亦死也，不必依上下文改"没"爲"死"。元刻本及《群書治要》皆作"没"，自是舊本如此。

梁丘據御六馬而來。

【案】"御"本作"乘"，此後人以意改之也。"梁丘據乘六馬而來"，言其僭也。若改"乘"爲"御"，則似爲景公御六馬矣。《群書治要》及《初學記・人部中》引此并作"乘六馬"。

公曰："是誰也？"晏子曰："據也。"公曰："何如？"

【案】"何如"二字，與上下文義不相屬，疑當作"何以知之"，言何以知其爲據。故晏子對曰"大暑而疾馳，非據孰敢爲之"，今本"知"誤作"如"，又脱"以""之"二字。

今據也甘，君亦甘，所謂同也，安得爲和。

【案】"今據也甘，君亦甘"本作"今據也，君甘亦甘"。"君甘亦甘"，謂據之同於君，非謂君之同於據也。若倒言之，則非其旨矣。《群書治要》及《太平御覽・人事部六十九》并作"今據也，君甘亦甘"。

"及晏子卒，公出背而立曰"云云。

孫改“立”爲“泣”，云“《初學記》作‘出位屏而泣’，《白帖》亦作‘泣’，三十九。今本‘泣’作‘立’，非”。【念孫案】此文本作“公出屏而立”，立，即“泣”字也。古者天子外屏，諸侯内屏。此言晏子卒，而朝無諫言，見下文。景公出屏而見群臣，因思晏子而泣也。今本“出屏”作“出背”，則義不可通。《初學記》引作“出位屏而泣”，“位”字乃衍文耳。“泣”，各本皆作“立”，考《集韻》“泣”字又音“立”，云“𣵀泣，疾貌”，是“泣”與“立”同音，故“哭泣”之“泣”，亦通作“立”。《群書治要》正作“公出屏而立”。

其年

據四十里之氓，不服政其年。

【念孫案】“其”讀爲“期”。“不服政期年”，即《王制》所云“期不從政”也。下文“公三月不出游”，“三月”與“期年”正相對。

坐堂側陛　與飢寒

公被狐白之裘，坐堂側陛。

【念孫案】“坐堂側陛”本作“坐於堂側階”。今本脱“於”字，“階”字又誤作“陛”。凡經傳中言坐於某處者，“於”字皆不可省。《群書治要》及鈔本《北堂書鈔·衣冠部三》明陳禹謨本依俗本《晏子》改“階”爲“陛”，而“於”字尚未删。并引作“坐於堂側階”。《意林》及《文選·何晏〈景福殿賦〉》注、曹植《贈丁儀詩》注、謝朓《郡内登望詩》注并引作“坐於堂側”，雖詳略不同,而皆有“於”字。又,經傳皆言“側階”,《顧命》“立于側階”,《雜記》“升自側階”。無言“側陛”者,當依《群書治要》《北堂書鈔》作“坐於堂側階”。

乃令出裘發粟與飢寒。

【案】“與”上有“以”字,“寒”下有“者”字,而今本脱之,則語意不完。《群書治要》作“以與飢寒”,鈔本《北堂書鈔·天部四》作“以拯飢寒”,陳依俗本改爲“與飢寒”。《文選·雪賦》注作“以與飢人”,《藝文類聚·天部下》《太平御覽·天部十二》《時序部十九》并作“以與飢寒者”,今從《類聚》《御覽》。

獨何以當

天下大國十二,皆曰諸侯,齊獨何以當。

【念孫案】此承上文兩“當之”而言,則“當”下亦有“之”字,而今本脱之。

國家無有故乎　吾　可得

夫子何爲遽?國家無有故乎?

【念孫案】“無”上有“得”字,而今本脱之。《雜上》篇“諸侯得微有故乎?微,無也。國家得微有事乎”,文義正與此同。《韓詩外傳》十作“得無有急乎”。《藝文類聚·人部八》《産業部下》、《太平御覽·人事部》十七、九十七并引作“得無有故乎”,皆有“得”字。

吾爲夫婦獄訟之不正乎?

【案】“爲”上不當有“吾”字,蓋衍文也。《韓詩外傳》《太平御覽》皆無。

若乃心之有四支而心得佚焉，可得令四支無心，十有八日，不亦久乎？

【案】“可得”二字與上下文義皆不貫，“可得”本作“則可”。“則可”者，承上之詞，與下文“不亦久乎”相應。今本作“可得”者，“得”字涉上文“得佚”而衍，又脱去“則”字耳。《韓詩外傳》作“人心有四肢而得代焉，則善矣。令四肢無心，十有七日，不死乎”，文雖異而義則同。《藝文類聚·産業部》引作“若心有四支而得佚，則可”，《太平御覽·人事部九十七》引作“乃若心之有四支，而心得佚焉，則可”，今據以訂正。

自今已後

自今已後，弛鳥獸之禁。

【念孫案】“自今已後”本作“自今已來”。後人習聞“自古已來”之語，罕見“自今已來”之文，故改“來”爲“後”也，不知“自今已來”，猶言自今已往也。“來”與“往”意相反，而謂“往”爲“來”者，亦猶“亂”之爲“治”“故”之爲“今”“擾”之爲“安”也。《晉語》“自今已往，知忠以事君者，與詹同”，《吕氏春秋·上德》篇作“自今已來”。《吕氏春秋·察微》篇“自今已往，魯人不贖人矣”，《淮南·道應》篇作“自今已來”。《吕氏春秋·淫辭》篇：“自今已來，秦之所欲爲，趙助之。趙之所欲爲，秦助之。”《韓策》：“顔率曰‘自今已來，率且正言之而已矣’。”《史記·秦始皇紀》：“自今已來，操國事不道，如嫪毐、不韋者，籍其門。”皆謂“自今已往”也。餘見《史記·太史公自序》及《經義述聞·大雅》。《群書治要》及《太平御覽·人事部九十七》《羽族部一》引《晏子》皆作“自今已來”。

圉人　暴死　晏子止　堯舜支解人　矍然　此不知其罪而死　臣爲君數之　公喟然嘆曰四句

景公使圉人養所愛馬，暴死。

【念孫案】此本作“景公使人養所愛馬”，無“圉”字，今本有之者，後人依《説苑·正諫》篇加之也。案，《説苑》曰“景公有馬，其圉人殺之”，下文曰“使吾君以馬之故殺圉人”，二“圉人”上下相應，此文但言使人養馬，而無“圉人”之文，故下文亦但言殺養馬者，而不言殺圉人。若此文作“圉人”，則與下文不相應矣。又，此章標題本作“景公所愛馬死，欲誅養馬者”，今本“養馬者”作“圉人”，亦後人所改。《群書治要》及《藝文類聚·獸部上》《太平御覽·人事部九十七》《獸部八》引此皆無“圉”字。又案，“暴死”二字，文義不明，《藝文類聚·人部八》作“暴死”，亦後人以俗本《晏子》改之。《群書治要》及《太平御覽·人事部》皆作“暴病死”，《藝文類聚·獸部》《太平御覽·獸部》皆作“馬病死”，文雖不同，而皆有“病”字，於義爲長。

左右執刀而進，晏子止。

【案】“止”下有“之”字，而今本脱之，則語意不完。《群書治要》及《太平御覽·人事部》皆有“之”字。

堯舜支解人，從何軀始。

【案】《群書治要》作“敢問古時堯舜支解人，從何軀始”是也。今本脱“敢問古時”四字，則語意唐突，《太平御覽·人事部》亦有“古時”二字。

公矍然。

【案】“矍”本作“懼”，此後人不曉“懼然”之義，而以意改之也。不知“懼然”即“瞿然”也。《説文》：“眲，九遇切。舉目驚眲然也。”經傳通作“瞿”，《檀弓》“公瞿然失席”是也。又通作“懼”，《大戴記·用兵》篇“公懼焉曰”，“懼焉”，即“瞿然”。《莊子·庚桑楚》篇“南榮趎懼然顧其後”，《史記·孟子傳》“王公大人初見其術，懼然顧化”，《漢書·惠紀贊》“聞叔孫通之諫，則懼然”，《説苑·君道》篇“哀公懼焉有間”，皆驚貌也。《群書治要》及《太平御覽·人事部》并作“公懼然”。鈔本《御覽》如是，刻本改爲“懼然”。

此不知其罪而死。

【案】《群書治要》及《太平御覽·人事部》皆無此七字，今有之者，亦後人依《説苑》加之。

臣爲君數之。

【案】《説苑》作“臣請爲君數之”，《群書治要》及《藝文類聚·人部》《獸部》、《太平御覽·人事部》《獸部》、《白帖》三十九皆作“請數之”。今本依《説苑》加“臣爲君”三字，而脱去“請”字。案，下文“公曰可”，即可晏子之請也，則原有“請”字明矣，故《説苑》亦有“請”字。《外上》篇記諫殺顔濁鄒事，亦曰“請數之，以其罪而殺之”。

公喟然嘆曰：“夫子釋之，夫子釋之，勿傷吾仁也。”

【案】《群書治要》及《藝文類聚·人部》《獸部》、《太平御覽·人事部》《獸部》皆但有“公喟然曰赦之”六字，今本“夫子釋之”三句，皆後人依《説苑》加之，“嘆”字亦後人所加。

内篇・諫下

立得　寸之煙

今夫胡貉戎狄之蓄狗也，多者十有餘，寡者五六，然不相害傷。今束雞豚妄投之，其折骨決皮，可立得也。

【念孫案】“得”字義不可通，當是“待”字之誤，可立而待也，見《孟子》。

五尺童子，操寸之煙，天下不能足之以薪。

【引之曰】火能燒薪，煙則不能燒薪，“煙”當爲“熛”。下“操煙”同。《説文》：“熛，火飛也，讀若標。”《一切經音義》十四引《三倉》曰：“熛，迸火也。”《淮南・説林》篇曰：“一家失熛，百家皆燒。”《史記・淮陰侯傳》曰：“熛至風起。”《漢書・叙傳》曰：“勝廣熛起，梁籍扇烈。”是“熛”即火也，故曰“操寸之熛，天下不能足之以薪”。“熛”“煙”字相似，世人多見“煙”，少見“熛”，故諸書“熛”字多誤作“煙”，説見《吕氏春秋》“煙火”下。

不辜　餕食

刑殺不辜謂之賊。

【念孫案】“不辜”本作“不稱”，此後人以意改也。不稱，謂不當也。下文曰“刑殺不稱，賊民之深者”，即承此文言之。《太平御覽・人事部九十七》引此正作“刑殺不稱謂之賊”。《列女傳・辯通傳》作“不正”，亦是“不稱”之意。故知“辜”字爲後人所改。

今君窮民財力,以羡餒食之具,繁鍾鼓之樂,極宫室之觀。

【案】"餒食"二字,義不可通。《列女傳》作"美飲食之具","美"與"羡"義得兩通,"飲食"與"鍾鼓""宫室"對文,則"餒"爲"飲"之誤明矣。

曲沃 金與玉焉

丁公伐曲沃。

【念孫案】"曲沃"本作"曲城",此後人妄改之也。"曲城"一作"曲成",《漢書·地理志》:"東萊郡有曲成縣,高帝六年封蟲達爲曲成侯者也。其故城在今萊州府掖縣東北。"《史記·齊世家》云:"太公東就國,萊侯來伐,與之争營丘。"又云:"營丘邊萊。"然則齊、萊接壤,故丁公有伐曲城之事。若春秋之曲沃,即今之絳州聞喜縣,東距營丘二千餘里,丁公安得有伐曲沃之事乎?《藝文類聚·人部八》引此正作"伐曲城"。

則其中金與玉焉。

【案】"金"上有"有"字,而今本脱之,則文義不明。《藝文類聚》有"有"字。

摶治

景公令兵摶治。

孫曰:"疑'摶埴','埴''治'聲相近。"【念孫案】治者,甎也。摶治,謂摶土爲甎。《廣雅》曰:"治,甎也。"

凍餒之者　喟然嘆而流涕

景公使國人起大臺之役，歲寒不已，凍餒之者鄉有焉。

盧曰："'之'字疑衍。"【念孫案】此文本作"役之凍餒者鄉有焉"，今本"之"字誤在"凍餒"下，又脱去"役"字。《藝文類聚·歲時部下》《初學記·人部中》《太平御覽·時序部十九》并引作"役之凍餒者"。

喟然嘆而流涕。

【案】"嘆而"二字，後人所加。上言"喟然"，下言"流涕"，則"喟然"之爲嘆可知，無庸更加"嘆而"二字。《藝文類聚》《初學記》并引作"喟然流涕"，無"嘆而"二字。《諫上》篇"公喟然"，後人加"嘆"字，謬與此同。説見《諫上》篇。

穗乎　張躬

穗乎不得穫，秋風至兮殫零落。

【念孫案】"穗乎"本作"穗兮"，與下句文同一例。隸書"兮""乎"相似，故"兮"誤爲"乎"。《太平御覽·人事部九十七》引此正作"穗兮"。

張躬而舞。

孫曰："《太平御覽》作'張掖而舞'。"【念孫案】張躬，即張肱也，"躬"字古讀若"肱"，故與"肱"通。漢《司隸校尉楊涣石門頌》"川澤股躬"，"躬"，即"肱"字。故《左傳》"鄭公孫黑肱字子張"。鈔本《御覽》脱"躬"字，刻本作"張掖"，乃後人以意補耳，不可從。

明君不屈民財　不窮民力　又不息也乾溪之役　而息也

明君不屈民財者不得其利,不窮民力者不得其樂。

【念孫案】此文本作"君屈民財者不得其利,窮民力者不得其樂"。屈者,竭也。見《吕氏春秋·慎勢》篇注、《淮南·原道》篇注。言君竭民之財,將以求利也,而必不得其利。窮民之力將以爲樂也,而必不得其樂。故下文云"嬰懼君有暴民之行,而不睹長庲之樂也"。今本"君"上衍"明"字,此涉下文"不遵明君之義"而衍。"屈""窮"二字上又各衍一"不"字,此涉下文兩"不得"而衍。則義不可通矣。《群書治要》正作"君屈民財者,不得其利。窮民力者,不得其樂"。

昔者,楚靈王作頃宫三年,未息也。又爲章華之臺五年,又不息也。乾溪之役八年,百姓之力不足而息也。

【案】自"又爲章華之臺"以下,文有脱誤。《群書治要》作"又爲章華之臺五年,未息也。而又爲乾溪之役八年,百姓之力不足而自息也",文義較爲順適。

尸坐堂上　公曰諾

臣聞介胄坐陳不席,獄訟不席,尸坐堂上不席,三者皆憂也。

【念孫案】"尸"爲死人,則不得言"坐堂上"。《太平御覽·百卉部七》引作"尸在堂"是也。《檀弓》:"知悼子在堂。"今本"在"作"坐"者,涉上下諸"坐"字而誤,"上"字疑亦後人所加。

公曰:"諾。"

【案】“諾”本作“善”。“公曰善”者，善晏子之席而後坐也。凡晏子有所請於公者，則下有“公曰諾”之文。此是晏子自言其所以設席之故，非有所請於公，公無爲諾之也。蓋“善”與“若”字相似，“善”誤爲“若”，後第十四“善其衣服節儉”，《諫上》篇“公曰善”，《雜下》篇“以善爲師”，今本“善”字并誤作“若”。後人因改爲“諾”耳。《北堂書鈔·服飾部二》《藝文類聚·服飾部上》《太平御覽·服用部十一》引此并作“公曰善”。

今君之履　公苦

今君之履，冰月服之，是重寒也。

【念孫案】“今君之履”本作“今金玉之履”。上文曰“景公爲履，黄金之綦，飾以銀，連以珠，良玉之朐，其長尺，冰月服之以聽朝”，故曰“今金玉之履，冰月服之，是重寒也”。今本作“今君之履”，而無“金玉”二字，則與“重寒”之義了不相涉矣。《藝文類聚·寶部下》《太平御覽·人事部三十四》《服章部十四》引此并作“今金玉之履”。

公苦，請釋之。

【案】“公”下脱“曰”字，“苦”上亦有脱文。蓋謂魯工之爲此履甚苦也。“請釋之”别爲一句。下文晏子曰“苦身爲善者，其賞厚。苦身爲非者，其罪重”，二“苦”字正與此相應。今本“公苦”二字之間脱去數字，則文不成義。

居其室　若其衣服節儉　隅肶之削　與民而讐

法其節儉則可，法其服，居其室，無益也。

【念孫案】"居其"二字衍，上文以"居聖王之室"與"服聖王之服"對文，此文則以"法其服室"與"法其節儉"對文，不當更有"居其"二字，《太平御覽·居處部二》引無。

天下懷其德而歸其義，若其衣服節儉而衆悦也。

【案】"若"當爲"善"，字之誤也。《諫上》篇"公曰善"，《雜下》篇"以善爲師"，今本"善"字并誤作"若"。"懷其德""歸其義""善其節儉"，三者相對爲文。惟其善之，是以悦之，今本"善"誤作"若"，則義不可通。

衣不務于隅肶之削。

孫曰："'肶'，《玉篇》同'膍'，婢脂切。《淮南·本經訓》'衣無隅差之削'，高誘注：'隅，角也。差，邪也。古者質，皆全幅爲衣裳，無有邪角。削，殺也。'此作'肶'，蓋言連。"【念孫案】孫訓"肶"爲"連"，則下與"削"字不相屬，上與"隅"字不相比附矣。予謂"肶"當爲"眦"，字之誤也。"眦"或作"眥"，《淮南·齊俗》篇"衣不務於奇麗之容，隅眥之制"是也。隅眦者，隅差也。隅，角也。差，邪也。幅之削者，必有隅差之形，故曰"衣不務于隅眦之削"，即《淮南》所云"衣無隅差之削"也。《原道》篇又云："隅睉智故，曲巧僞詐。"隅睉，即隅差，亦即隅眦也。凡字之從此、從差者，聲相近，而字亦相通。《鄘風》"玼兮玼兮"，沈重云："玼本或作瑳。"《小雅》"屢舞傞傞"，《説文》引作"姕姕"。《月令》"掩骼埋胔"，《吕氏春秋·孟春》篇"胔"作"髊"。皆其例也。

則亦與民而讐矣。

【案】"而"本作"爲"，此草書之誤也，"亦"字正承上文"與民爲讐"而言。

嚴居朝

公曰:“嚴居朝,則曷害於治國家哉?”

【念孫案】“嚴居朝”本作“朝居嚴”,寫者誤倒之耳。上下文皆作“朝居嚴”,此文不當獨異,《説苑·正諫》篇正作“朝居嚴”。

兩而字 謂於民 爲璿室

君欲節於身而勿高,使人高之而勿罪也。

【念孫案】兩“而”字并與“則”同義,“而”與“則”同義,故二字可以互用。《雜上》篇曰:“君子有力於民則進爵禄,不辭貴富。無力於民而旅食,不惡貧賤。”《雜下》篇曰:“德厚而受禄,德薄則辭禄。”而,亦則也,詳見《釋詞》。

古者之爲宫室也,足以便生,不以爲奢侈也。故節於身,謂於民。

孫曰:“‘謂’字疑誤。”【念孫案】“謂”當爲“調”,形相似而誤也。《集韻》引《廣雅》“詋,調也”,今本“調”作“謂”。調者,和也。言不爲奢侈以勞民,故節於身而和於民也。《鹽鐵論·遵道》篇曰“法令調於民,而器械便於用”,[①]文義與此相似。後《問上》篇曰“舉事調乎天,籍斂和乎民”,亦與此“調”字同義。

爲璿室玉門。

【案】“爲”上有“作”字,與下“作爲傾宫靈臺”對文,而今本脱之,《文選·甘泉賦》注引有。

---

① “遵道”,底本缺,據同治本補。

何以易

公曰："然，何以易？"

【念孫案】"易"下當有"之"字，而今本脱之。下文晏子對曰"移之以善政"，移之，即易之。

擁格 當如之何 古之及今 生民

吾將左手擁格，右手梱心，立餓枯槁而死，以告四方之士曰"於何不能葬其母者也"。

孫曰："'擁格'者，《説文》：'格，木長皃。''梱心'者，'梱'同'稛'，《説文》：'稛，豢束也。'《爾雅》云：'樕樸，心。''心'蓋木名。或曰：格，即骼。則心即人心。"盧曰："格，杙也。'梱'當爲'捆'，叩椓也。"【念孫案】孫説"擁格""梱心"皆謬，盧以"格"爲"杙"，亦非。予謂"格"即"輅"字，謂柩車轅上横木，所以屬引者也。《士喪禮下》篇："賓奉幣，當前輅。"《釋文》"輅，音路。"鄭注曰："輅，轅縛，所以屬引。"《疏》曰："謂以木縛於柩車轅上，以屬引於上而輓之。"《外上》篇："盆成适請合葬其母曰：'若此而不得，則臣請輓尸車，而寄之於國門外宇溜之下，身不敢飲食，擁轅執輅，木乾鳥栖，袒肉暴骸，以望君愍之。'"輅爲轅縛，故云"擁轅執輅"，作"格"者，借字耳。盧以"梱"爲"叩椓"是也。《孟子·滕文公》篇"梱屨織席"，《音義》作"捆"，俗書也。趙注曰："梱，猶叩椓也。"《説文繫傳》曰："謂織屨畢，以椎叩之，使平易也。"然則"梱心"云者，猶《禮》言拊心耳。

有逢于何者，母死，兆在路寢，當如之何？願請合骨。

【案】"當如之何"本作"當牖下"。上文逢于何曰："于何之母死，兆在路寢之臺牖下，“牖”，俗“墉”字，謂兆在路寢臺之牆下也。“牖”本或作“牖”，非。願請合骨。”故晏子如其言以入告也。下文“逢于何遂葬其母路寢之牖下”，即承此文言之。今本作“當如之何”，則與上下文全不相應，且不言“兆在牖下”，而但請合葬，則不知合葬於何所矣。《群書治要》正作“當牖下”。

古之及今，亦嘗聞請葬人主之宫者乎？

【案】“古之及今”本作“自古及今”，下文梁丘據亦曰“自古及今，《群書治要》如是，今本“古”作“昔”。未嘗聞求葬公宫者也”。今作“古之及今”，則文不成義，蓋涉下文“古之人君”而誤。《群書治要》及《北堂書鈔·禮儀部十三》《太平御覽·禮儀部三十四》并引作“自古及今”。

古之人君，其宫室節，不侵生民之居。臺榭儉，不殘死人之墓。

【案】“生民”本作“生人”。“民”與“人”雖同義，然與“死人”對文，則當言“生人”，不當言“生民”也。《群書治要》《太平御覽》并作“生人”。下文“奪人之居，殘人之墓”，亦以兩“人”字對文。

導害　間　即畢斂　修哀

從邪者邇，導害者遠。

【念孫案】“導害”二字，義不可通。“導害”當爲“道善”，字之誤也。道，亦從也，見《禮器》注。“道善”與“從邪”正相反。下文“讒諛萌通”，言從邪者邇也。“賢良廢滅”，言道善者遠也。

是以諂諛繁於間，邪行交於國也。

【案】"間"字義不可通,當是"闈"字之誤。闈,謂宫門也。《月令》"命奄尹申宫令,審門闈",成二年《公羊傳》:"二大夫出,相與踦閭而語。"何注:"閭,當道門。""諂諛繁於闈",謂門内皆諂諛之人也。"繁於闈"與"交於國"對文。

即畢斂,不留生事。

【案】"即畢斂"三字,語意不完。"即"上當有"死"字,而今本脱之。"死即畢斂",正承上文"斂死"而言。

今朽尸以留生,廣愛以傷行,脩哀以害性。

【案】"脩"字於義無取,當爲"循"字之誤。隸書"循""脩"相似,故"循"誤爲"脩"。説見《管子·形勢》篇。元刻本作"脩",孫本改"脩"爲"修",失之愈遠矣。"循"之言"遂"也,"遂哀",謂哀而不止也。《三年問》曰:"三年之喪,二十五月而畢,若駟之過隙,然而遂之,則是無窮也。"《喪服四制》曰"毁不滅性",故曰"循哀則害性"。《墨子·非儒》篇曰"宗喪循哀,不可使慈民",此"循哀"二字之證。"循""遂"一聲之轉,《史記·孔子世家》及《孔叢子·詰墨》篇皆作"崇喪遂哀",是"循哀"即"遂哀"也。

脱文九十九

梁丘據死,景公召晏子而告之曰:"據忠且愛我,我欲豐厚其葬,高大其壟。"晏子曰:"敢問據之忠與愛於君者,可得聞乎?"公曰:"吾有喜於玩好,有司未能我共也,則據以其所有共我,《群書治要》"是以"上有"吾"字,與下"吾是以"對文。是以知其忠也。每有風雨,暮夜求必存,吾是以知其愛也。"晏子曰:"嬰對則爲罪,不對則無以事君,敢不對乎?嬰聞之,臣專其君謂之不忠,子專其父謂之不孝,妻專其夫謂之嫉。事君之道，導《群書治要》作"爲臣道君以"，"道君以"屬下讀。親於父兄，有禮於群臣，有惠於百姓，有信於諸侯，謂之忠。爲子之道，《治要》"之道"作"道父"，屬下讀。以鍾愛其兄弟，施行於諸父，慈惠於衆子，誠信於朋友，謂之孝。爲妻之道，《治要》無"之道"二字。使其衆妾皆得歡忻於其夫，謂之不嫉。今四封之民，皆君之臣也，而維據盡力以愛君，此下各本脱去九十九字，據《群書治要》補。何愛者之少邪？四封之貨，皆君之有也，而維據也以其私財忠於君，何忠者之寡邪？據之防塞群臣，壅蔽君，無乃甚乎？"公曰："善哉！微子，寡人不知據之至於是也。"遂罷爲壟之役，廢厚葬之令，令有司據法而責，群臣陳過而諫。故官無廢法，臣無隱忠而百姓大説。《太平御覽·禮儀部三十七》作"晏子曰：'不可。'公遂止"，乃取《晏子》原文而約舉之，故與《治要》不同。

傲細民之憂

傲細民之憂，而崇左右之笑。

【念孫案】傲，輕也。崇，重也。言輕小民之憂，而重左右之笑也。《問上》篇曰："景公外傲諸侯，内輕百姓。"《管子·法法》篇曰："鬬士食於功，則卒輕患而傲敵。"《韓子·六反》篇曰："民慕其利而傲其罪，故奸不止也。"《吕氏春秋·士容》篇曰："傲小物而志屬於大。"是"傲"爲"輕"也。《般庚》曰："高后丕乃崇降罪疾。"是"崇"爲"重"也。

不以　不可　若冶視之

内不以禁暴，外不可威敵。

【念孫案】上文曰“内可以禁暴，外可以威敵”，則此當云“内不可以禁暴，外不可以威敵”。今本上句脱“可”字，下句脱“以”字，則句法不協。

津人皆曰“河伯也”，若冶視之，則大黿之首。

【案】“冶視之”上不當有“若”字，此涉下文“若冶之功”而衍。《爾雅·釋水》疏引無“若”字。

内篇·問上

暴國之邪逆　聽賃賢者　逆愎諫傲賢者之言　其晏子可謂廉矣

重士民之死力者，能禁暴國之邪逆。

【念孫案】“逆”字涉下文“逆諫”而衍，《群書治要》無。

聽賃賢者，能威諸侯。

【案】“聽賃賢者”本作“中聽任賢者”。今本“任”誤作“賃”，此因“賢”字而誤加“貝”。而“聽”上又無“中”字者，後人誤以“聽賃”二字連讀，又不解“中聽”二字之意，故删去“中”字也。案，“中聽”者，聽中正之言也，言聽中正之言而任賢者，則能威諸侯也。後第十八曰“中聽以禁邪”，《問下》篇曰“中聽則民安”，此“中聽”二字之明證。“中聽任賢者”與下文“逆諫傲賢者”對文，若删去“中”字，則與下文不對矣。《群書治要》作“中聽任聖者”，雖“聖”與“賢”異文，而“中聽”二字則不誤。

輕士民之死力者，不能禁暴國之邪。句。逆愎諫傲賢者之言，不能威諸侯。

【案】“逆愎諫傲賢者之言”本作“逆諫傲賢者”，與“中聽任賢者”對文，無“愎之言”三字。後人誤以“逆”字上屬爲句，故於“諫”上加“愎”字，又於“賢者”下加“之言”二字，不知“傲賢”與“任賢”對文，不當有“之言”二字也。《群書治要》正作“逆諫傲賢者”。

盡忠不豫交，不用不懷禄，其晏子可謂廉矣。

【案】“其”字衍。

藜藋　兹於兑

堂下生藜藿，門外生荆棘。

【念孫案】“藜藿”當爲“藜藋”。徒弔反。藋，即今所謂灰藋也。藜、藋，皆穢草，故與“荆棘”并言，若“藿”則非其類矣。“藋”“藿”字形相似，世人多聞“藜藿”，寡聞“藜藋”，故諸書中“藜藋”多誤作“藜藿”。説見《史記·仲尼弟子傳》。《外上》篇“堂下生藜藿”，誤與此同。

西伐晉，取朝歌，及大行、孟門，兹於兑。

孫曰：“兹於兑，未詳。”【念孫案】“兑”讀爲“隧”。兹於兑者，且于之隧也。且，子餘反。此言莊公還自伐晉，遂襲莒，入且于之隧也。“且于”“兹於”聲相近，“隧”“兑”聲相近，但上有脱文耳。《檀弓》“齊莊公襲莒于奪”，鄭注曰：“魯襄二十三年，齊侯襲莒是也。《春秋傳》曰‘杞殖、華還載甲夜入且于之隧’，‘隧’‘奪’聲相近，或爲兑。”《釋文》：“奪，徒外反。注‘兑’同。”故知“兹於兑”，即《左傳》“且于之隧”、《檀弓》之“奪”、鄭注之“兑”也。

意使令　其君離

厚藉斂，意使令，無以和民。

孫曰："'意使令'者，任意使人。"【念孫案】"意"字文義不順，孫加"任"字以釋之，亦近於牽强。"意"，疑是"急"字之誤。令急則民怨，故曰"無以和民"。

其君離，上怨其下。

【案】"其君離"三字，文不成義，當作"民離其君"，與"上怨其下"對文。今本"離"字誤在"其君"下，又脱去"民"字耳。

不興　不爲與

貴戚離散，百姓不興。

【念孫案】"興"字於義無取，當是"與"字之誤。"百姓不與"，即上文之"百姓不親"也，《繫辭傳》曰"民不與"。

景公自爲而小國不爲與，爲人而諸侯爲役。今本"爲人"上有"在"字，乃上文之脱字誤入此文内，孫氏《音義》已及之。

【案】"小國不爲與"，"爲"字涉上下諸"爲"字而衍。"小國不與"與"諸侯爲役"對文，則"與"上不當有"爲"字，"百姓不與""小國不與"，兩"與"字正同義。

景公問晏子曰至公曰善

景公問晏子曰："吾欲善治齊國之政，以干霸王之諸侯。"晏子作色對曰：案，"對曰"上不當有"作色"二字，蓋涉下文"公作色"而衍。"官未具也。臣數以聞，而君不肯聽也。故臣聞仲尼居處惰倦，廉隅不正，則季次、原憲侍。氣鬱而疾，志意不通，則仲由、卜商侍。德不盛，行不厚，則顏回、騫雍侍。今君之朝臣萬人，兵車千乘，不善政之所失于下，霣墜于民者衆矣，未有能士敢以聞者。臣故曰‘官未具也’。”公曰：“寡人今欲從夫子而善齊國之政，《群書治要》無“今”字，《説苑》同。可乎？”對曰：“嬰聞國有具官，然後其政可善。”公作色不説曰：“齊國雖小，則可謂官不具？”對曰：“此非臣之所復也。昔吾先君桓公身體惰懈，辭令不給，則隰朋暱侍。左右多過，獄讞不中，則弦甯暱侍。田野不修，民氓不安，則甯戚暱侍。軍吏怠，戎事偷，則王子成甫暱侍。居處佚怠，左右懾畏，繁乎樂，省乎治，則東郭牙暱侍。德義不中，信行衰微，則管子暱侍。先君能以人之長續其短，以人之厚補其薄，是以辭令窮遠而不逆，兵加於有罪而不頓，是故諸侯朝其德，而天子致其胙。今君之過失多矣，未有一士以聞也。《群書治要》“聞”下有“者”字，《説苑》同。故曰‘官不具’。”公曰：“善。”

【念孫案】自“公曰寡人今欲從夫子而善齊國之政”以下，别是一章，本在《問下》篇内。其首句本作“景公問晏子曰”，後人以其問答之指，大略相同，遂併後章入前章，而改“景公問晏子曰”爲“公曰”，以泯其迹。又，前章標題云“景公問欲善齊國之政以干霸王，晏子對以‘官未具’”，則後章亦當有標題。今既併後入前，遂删去後章之標題矣。不知前章是“景公欲善齊國之政以干霸王”，而晏子對以“官未具”。後章是“景公欲與晏子善齊國之政”，而晏子對以“官不具”。前章是言侍孔子者，有季次、原憲、仲由、卜商、顏回、騫雍，而景公無一士。後章是言侍桓公者，有隰朋、弦甯、甯戚、王子成甫、東郭牙、管仲，而景公無一士。且問答之詞，皆前略而後詳，則非一篇可知,今併爲一篇,則既云"今君不善政之所失于下,賈墜於民者衆矣,未有能士敢以聞者,臣故曰'官未具也'",又云"今君之過失多矣,未有一士以聞也,故曰'官不具'"。古人之文,有如是之複者乎?《晏子》各章,大同小異者多矣,又可一切删而併之乎?《群書治要》後章在《問下》篇,其首句作"景公問晏子曰",今據以訂正。《説苑·君道》篇有後章,無前章。《孔叢子·詰墨》篇及《意林》皆有前章,無後章。則前後之非一章甚明。

翌州 惛憂

糾合兄弟,撫存翌州,吴越受令,荆楚惛憂。

【念孫案】"翌州"二字,義不可通。"翌"當爲"冀"。王肅注《家語·正論》篇曰"中國爲冀",僖四年《公羊傳》曰"桓公救中國而攘夷狄,卒怗荆",故曰"撫存冀州,荆楚惛憂"也。今本作"翌州"者,"冀"誤爲"翼",又誤爲"翌"耳。孫云"翌、冀,聲之緩急",非是。

荆楚惛憂。

【案】惛者,"悶"之借字也。《吕氏春秋·本生》篇"下爲匹夫而不惛",高注曰:"惛讀'憂悶'之悶。"故曰"荆楚惛憂"。孫引《説文》"惛,不憭也",亦非。

大之事小

大之事小,弱之事强,久矣。

【念孫案】"大之事小"當作"小之事大"。今本"小""大"

互易，則義不可通。

則爲人主所案據腹而有之　公狗之猛主安得無壅國安得無患乎

不誅之則爲亂，誅之則爲人主所案據，腹而有之。

孫曰："據腹，言據君之腹心也。"【念孫案】孫以"據腹"連讀，非也，此當以"案據"連讀。《方言》曰："據，定也。"《廣雅》同。僖五年《左傳注》曰："據，猶安也。""案據"，謂安定之也。《史記·白起傳》曰："趙軍長平，以案據上黨民。"正與此"案據"同義。《爾雅》曰："腹，厚也。"《小雅·蓼莪》篇："出入腹我。"《毛傳》與《爾雅》同。昭二十年《左傳》注曰"有，相親有"也，"腹而有之"，謂恩厚而親有之，即"案據"之意也。《説苑·政理》篇文與此同，今本《説苑》"案"誤作"察"，《群書治要》引不誤。《韓子·外儲説右》篇作"安據"，猶案據也。今本《韓子》有脱誤，元和顧氏千里已辯之。而今本《韓子》《説苑》皆有脱誤，唯《晏子》不誤，又經淵如誤讀，故釋其義如此。

公狗之猛。

【案】當依《韓詩外傳》《説苑》作"公之狗猛"。

主安得無壅，國安得無患乎？

元刻本曰：或作"則道術之士不得用矣，此治國之所患也"。沈本同。【案】或本是也。"此治國之所患也"，正對景公"治國何患"之問，與各篇文同一例。今本作"主安得無壅，國安得無患乎"，乃後人取《韓子》竄入，又改《韓子》之"無亡"爲"無患"，以牽合《晏子》，《韓子》云："主焉得無壅，國焉得無亡乎？"斯兩失之矣。《説苑》正與或本同。

圭璋

寡人意氣衰，身病甚。今吾欲具圭璋、犧牲，令祝宗薦之乎上帝宗廟。

【念孫案】“圭璋”本作“圭璧”，此後人以意改之也。古者祈禱皆用圭璧，無用璋者。《金縢》曰：“植璧秉珪，乃告大王、王季、文王。”《大雅·雲漢》曰：“圭璧既卒，寧莫我聽。”《諫上》篇曰：“寡人之病病矣，使史固與祝佗巡山川宗廟，犧牲、珪璧，莫不備具。”是其證。《群書治要》正作“圭璧、犧牲”。

歲事　爲政尚相利故下不以相害行　生有遺教　公不圖晏子曰　不豫

盡智導民而不伐焉，勞力歲事而不責焉。

【念孫案】“歲事”本作“事民”。事，治也。見《吕覽》《淮南》《戰國策》注。謂盡智以導民而不自矜伐，勞力以治民而不加督責也。後人不解“事民”二字之義，而改“事民”爲“歲事”，則既與“勞力”不相承，又與上句“導民”不對矣。《群書治要》正作“勞力事民而不責”。

爲政尚相利，故下不以相害行。教尚相愛，故民不以相惡爲名。

【案】上二句本作“政尚相利，故下不以相害爲行”，去聲。與“教尚相愛”二句對文。後人誤以“故下不以相害”爲一句，“行平聲。教尚相愛”爲一句，“故民不以相惡”爲一句，遂移“爲”字於“政尚相利”之上，而以“爲政尚相利”連讀，以對“行教尚相愛”之文，則既失其義，又失其句，而下文“爲名”二字，遂成衍文矣。《群書治要》正作“政尚相利,故下不以相害爲行。教尚相愛,故民不以相惡爲名”。

生有遺教。

【案】《群書治要》作“生有厚利,死有遺教”是也。今本脱去“厚利死有”四字,則文不成義。

公不圖,晏子曰。

【案】此六字衍文也。晏子對景公以“盛君之行”既畢,即繼之以“臣聞問道者更正”云云,其中不得有“公不圖晏子曰”六字也。今本有此六字者,“公不圖”三字,涉下文“公不圖”而衍,校書者不知此三字之爲衍文,故加“晏子曰”三字,以别於上文耳。案,此章標題云“景公問‘古之盛君,其行如何’,晏子對以‘問道者更正’”,然則“問道者更正”云云,即是對景公之語,而其上更無“公不圖晏子曰”六字明矣。

公市不豫。

【引之曰】豫,猶誑也,説見《荀子·豫賈》下。

民有如利　及義而謀信民而動　度其義建謀者及義興事傷民

國有義勞,民有如利,以此舉事者必成矣。

孫曰:“‘如’字疑誤。”【念孫案】“如”當爲“加”字之誤。“民有加利”,謂一舉事而利加於民也。前第四章曰“上有羡獲,下有加利”,語意與此相似。又曰“破釐之臣,東邑之卒,皆有加利”,此皆“加利”二字之證。

故臣聞義謀之法者,“者”當爲“也”,與下對文。民事之本也。故及義而謀,信民而動,未聞存者也。

【念孫案】“及義而謀，信民而動”，與下句文義不合。“及”當爲“反”，“信”當爲“倍”。倍，亦反也。義爲謀之法，民爲事之本，故反義而謀，倍民而動，未有能存者也。“未聞存者也”，一本作“未聞不存者也”。“不”字乃後人所加，蓋不知“及”“信”二字爲“反”“倍”之誤，故於此句内加“不”字，以牽合上文耳。上文云“逃人而謨，“人”當作“義”，方與上下文合。雖成不安。傲民舉事，雖成不榮”，正與此文相應。《群書治要》作“反義而謀，背民而動”，“背”與“倍”古字通，故知“信”爲“倍”之誤。

昔三代之興也，謀必度其義，事必因于民。

【案】“度其義”本作“度於義”，度，待洛反。“度”之言“宅”也。薛瓚注《漢書·韋玄成傳》曰“古文‘宅’‘度’同”。《堯典》“宅西”，《周官·縫人》注“宅”作“度”。“五流有宅”，《史記·五帝紀》作“度”。《禹貢》“是降丘宅土”，《風俗通義》作“度”。“三危既宅”，《夏本紀》作“度”。《立政》“文王惟克厥宅心”，漢石經作“度”。《大雅·皇矣》篇“此維與宅”，《論衡·初稟》篇作“度”。《文王有聲》篇“宅是鎬京”，《坊記》作“度”。宅者，居也，謂謀必居於義也。文十八年《左傳》“不度於善，而皆在於凶德”，杜注曰：“度，居也。”《大雅·綿》及《皇矣》傳并同。是“度於義”即“居於義”也。“度於義”與“因於民”對文，上文“謀度於義者必得，事因於民者必成”，是其明證。今本作“度其義”，則迴非“居於義”之謂，且與上下文不合矣。《群書治要》正作“謀必度於義”。

及其衰也，建謀者及義，興事傷民。

【案】“及”亦當爲“反”。一本作“建謀不及義”，“不”字亦後人所知。“興事”下當有“者”字，與上句對文。

榮君　富則視其所不取

如此則不爲行以揚聲，不掩欲以榮君。

【引之曰】“榮”讀爲“營”。營，惑也。見《吕氏春秋》《淮南》注。“掩欲以營君”者，外爲廉絜以自掩其貪，將以惑君也。第二十一篇説佞人之事君曰“以僞廉求上采聽，而幸以求進”，正謂此也。“營”“榮”古字通，説見《經義述聞》“不可榮以禄”下。

故通則視其所舉，窮則視其所不爲，富則視其所不取。

【念孫案】“通”與“窮”對，“富”與“貧”對。《群書治要》作“富則視其所分，貧則視其所不取”是也。今本脱“分”字及“貧則視其所”五字，則文不成義。

君尊　防下隱利二句　而不以身害之

爲君節養其餘以顧民，則君尊而民安。

【念孫案】“君尊”當爲“身尊”，此承上文“身尊民安”而言。今本“身”作“君”者，涉上下文“君”字而誤。

防下隱利而求多，句。從君不陳過而求親。

【案】“從君不陳過而求親”，謂臣在君側，不陳君過而但求親近也。“求親”與“求多”對文，孫以“求多從君”連讀，而釋之曰“求其多從君欲”，非是。

苟有所求于民，而不以身害之。

【案】“而”字衍。後第十八章“苟所求于民，不以身害之”，無“而”字。

麤苴學

緦密不能，麤苴學者詘。

【念孫案】當作"緦密不能，麤苴不學者詘"，"麤苴"與"麤粗"同。"麤"，倉胡反。"粗"，在户反。二字義同而音異，説見《廣雅疏證》一。言緦密之事既不能，緦密，猶綿密，謂事之精微者。麤苴之事又不學，則未有不詘者也。下文曰"身無以用人，而又不爲人用者卑。善人不能戚，惡人不能疏者危。交游朋友，從無以説於人，"從"字疑衍。又不能説人者窮。事君要利，大者不得，小者不爲者餧。修道立義，大不能專，小不能附者滅"，語意并與此同。今本脱去"不"字，則其義相反，且與上文不對矣。《外上》篇曰"微事不通，麤事不能者必勞。大事不得，小事不爲者必貧。大者不能致人，小者不能至人之門者必困"，語意亦與此同。微事不通，麤事不能，正所謂"緦密不能，麤苴不學"也，以是明之。

行己　常行者也

行己不順，治事不公，不敢以莅衆。

【念孫案】"行己"本作"身行"。"行"讀去聲。此後人習聞"行己"之語，而罕見"身行"之文，故改之耳。不知"身"即"己"也。《玉篇》："己，身也。"下文"身行順，治事公"，正承此文言之，未見全文，而輒以意改，粗心人大抵皆然。《群書治要》正作"身行不順"。

三者，君子之常行者也。

【案】"常行"下衍"者"字。"常行"讀去聲，若云"常行者"，則當讀平聲矣。上文"景公問君子常行曷若",即其證。《群書治要》無"者"字。

不務於上　下之勸從其教　不害之以實　愛民爲法　相親爲義　不相遺　明王教民之理

所求於下者不務於上,所禁於民者不行於身。

【引之曰】"不務於上",義不可通。"不務"當作"必務",此涉上下文諸"不"字而誤也。《群書治要》亦作"不務",則唐初本已然。案,"所禁於民者,不行於身",謂無諸己而後非諸人也。"所求於下者,必務於上",謂有諸己而後求諸人也。則當作"必務"明矣。下文云"苟所求於民,不以身害之。苟所禁於民,不以事逆之",即承此四句而言。

故下之勸從其教也。

【念孫案】"之"字衍。下文曰"故下不敢犯其上也",文義正與此同,則不當有"之"字明矣。《群書治要》無。

不窮之以勞,不害之以實。

【案】"害之以實",義不可通。"實"本作"罰",謂不以刑罰害民也。"窮之以勞,害之以罰",皆虐民之事。《群書治要》正作"不害之以罰"。

上愛民爲法,下相親爲義,是以天下不相遺。

【案】《群書治要》作"上以愛民爲法,下以相親爲義,是以天下不相違"是也。上文云"明王修道,一民同俗",故云"天下不相違"。今本脱兩"以"字,"違"字又誤作"遺",則文義皆不協。

此明王教民之理也。

【案】本作“此明王之教民也”。上章“賢君之治國若此”，正對“賢君治國若何”之問。本章“此明王之教民也”，亦正對“明王教民何若”之問。今本作“此明王教民之理也”，詞意庸劣，乃後人所改。《群書治要》正作“此明王之教民也”。

可謂忠乎

君有難不死，出亡不送，可謂忠乎？

【念孫案】“可謂忠乎”本作“其説何也”。下文晏子對詞，正申明“不死”“不送”之説。今本作“可謂忠乎”者，後人依《説苑·臣術》篇、《論衡·定賢》篇改之，《群書治要》及《太平御覽·治道部二》引此并作“其説何也”。《雜上》篇高糾謂晏子曰：“臣事夫子三年，無得，而卒見逐，其説何也？”

定禄　權居

稱身就位，計能定禄。

【念孫案】禄由君定，非由臣定也。“定禄”本作“受禄”，下文“受禄不過其量”，即其證。《群書治要》正作“計能受禄”。

不權居以爲行，不稱位以爲忠。

【案】“權居”二字，義不可通。“居”當爲“君”，字之誤也。權，稱也。《周語》“權輕重以振救民”，韋注：“權，稱也。”言忠臣之行去聲。必準於道，不稱君以爲行也。《群書治要》正作“不權君以爲行”。

聖人之得意何如　藉斂和乎百姓樂及其政　天明象而贊

聖人之得意何如?

【念孫案】"聖人"上脱"公曰"二字,《群書治要》有。

舉事調乎天,藉斂和乎百姓,樂及其政,遠者懷其德。

【案】《群書治要》作"舉事調乎天,藉斂和乎民,百姓樂其政,遠者懷其德"是也。既言"民"而又言"百姓"者,古人之文不嫌於複。"子庶民則百姓勸",即其證也。此四句皆五字爲句,而兩兩相對,今本脱一"民"字,衍一"及"字,而文義皆參差不協矣。

天明象而贊,地長育而具物。神降福而不靡,民服教而不僞。

下三句皆六字,唯首句少一字。孫曰:"當云'天明象而贊地',今本脱一'地'字,因下有'地'字故。"【念孫案】《群書治要》作"天明象而致贊"是也。"致贊",謂天致禎祥以贊王者,昭元年《左傳》"天贊之也",杜注:"贊,佐助也。"非贊地之謂也。《淮南·本經》篇曰"四時不失其叙,風雨不降其虐,日月淑清而揚光,五星循軌而不失其行",正所謂"天明象而致贊"。

不危　不弱

古者君民而不危,用國而不弱,惡乎失之?

【念孫案】兩"不"字,涉下文"不危""不弱"而衍。景公問"君民而危,用國而弱者,惡乎失之",故下文晏子之對,皆言其所以危、弱之故。若云"不危""不弱",則不得言"惡乎失之",且與下文相反矣。

地不同生

地不同生，而任之以一種，責其俱生不可得。

【念孫案】“地不同生”，文義不明，《群書治要》“生”作“宜”是也。今作“生”者，涉下文“俱生”而誤。《周官》“草人掌土化之法，以物地相其宜，而爲之種”，故曰“地不同宜”。

好辯以爲忠　如寇讎　此古離散其民隕失其國所常行者也

好辯以爲忠。

【念孫案】《群書治要》作“好辯以爲智，刻民以爲忠”是也。今本脱“智刻民以爲”五字，則文不成義。

今民聞公令如寇讎。

盧曰：“‘寇’上當有‘逃’字，《下》篇有。”【念孫案】“民聞公令如寇讎”，語意自明了，不必定加“逃”字。《諫上》篇亦云“今君臨民若寇讎”，《下》篇直用左氏之文，故有“逃”字，不得執彼以例此也。元刻本及標題皆無“逃”字，《群書治要》亦無。

此古離散其民、隕失其國所常行者也。

【案】此文本作“此古之離散其民、隕失其國者之常行也”。上文景公問曰“古者離散其民而隕失其國者，其常行何若”，正與此文相應，且“常行”之“行”讀去聲，不讀平聲。今本“古”下脱“之”字，“國”下脱“者”字，則文不成義。“之常行也”，作“所常行者也”，則“行”字當讀平聲矣。《群書治要》作“此古之離其民、隕其國者之常行也”。校今本少“失”“散”二字者，省文也。

内篇・問下

觀於轉附朝舞　尊海　夏諺曰　從南　公掌　貧民者

吾欲觀於轉附、朝舞，尊海而南，至於琅邪。

【念孫案】《群書治要》載此文本作“吾欲循海而南，至於琅邪”。《續漢書・郡國志》注亦云“齊景公曰‘吾循海而南’”，今本“吾欲”下有“觀於轉附、朝舞”六字，“循海”作“尊海”，皆後人以《孟子》改之。

夏諺曰。

【案】《群書治要》本作“夏語曰”。今本“語”作“諺”，亦後人以《孟子》改之。

夫從南歷時而不反謂之流，從下而不反謂之連。《群書治要》此句中亦有“歷時”二字。

【案】“南”字義不可通，乃“高”字之誤，“高”與“下”正相對。《孟子》作“從流下而忘反謂之流，從流上而忘反謂之連”。趙注：“浮水而下，樂而忘反，謂之流。連者，引也。使人徒引舟船上行而忘反以爲樂，故謂之連。”據《孟子》及趙注，則此文當云“從高歷時而不反謂之連，從下而不反謂之流”。今以“從高”爲“流”，“從下”爲“連”，與《孟子》相反，未知孰是。上，亦高也，見《説文》。《群書治要》正作“從高”。

令吏計公掌之粟。

【引之曰】“掌”字義不可通，當爲“稟”字之誤。“稟”，古“廩”字也，下文“發廩出粟”，是其證。隸書“掌”或作“㕑”，與“稟”字略相似，故諸書“稟”字或誤爲“掌”。説見《管子・輕重甲》篇“一掌”下。

吏所委發廩出粟以予貧民者三千鍾，公所身見癃老者七十人。

【念孫案】“民”字後人所加，“貧者”與“癃老者”對文，則不當有“民”字明矣。《群書治要》無“民”字。

君之賊者　逮桓公之後者

管仲，君之賊者也。

【念孫案】賊，害也。管仲射桓公中鉤，故曰“君之賊”。“賊”下不當有“者”字。僖三十三年《左傳》“管敬仲，桓之賊也”，亦無“者”字。《下》篇“又焉可逮桓公之後者乎”，亦衍“者”字。上文“可以逮先君桓公之後乎”，無“者”字。《群書治要》亦無。

廉政

廉政而長久。

【念孫案】“政”與“正”同。《文選・運命論》注引作“廉正”。《史記・循吏傳》“堅直廉正”。

慶善

慶善而不有其名。

【念孫案】“慶”字於義無取。“慶”本作“薦”。“不有其名”，謂不以薦善自居也。隸書“薦”字或作“蔆”，形與“慶”相似而誤。説見《管子・君臣》篇。《群書治要》正作“薦善”。

高山仰止景行行止之者其人也

《詩》云"高山仰止，景行行止"，之者其人也。

盧曰下"止"字衍。又曰："案，今《詩》作'景行行止'，而古來所引，每作'行之'。王伯厚《詩考》引《史記·孔子世家》作'行之'，今《史記》改作'行止'矣。《禮記·表記》釋文云：'行止'，《詩》作'行之'。又互異也。此書必本作'行之'，後人以今《詩》'止'字注其旁，遂誤入正文耳。"【念孫案】盧説是矣，而未盡也。此文本作"《詩》云'高山仰之，景行行之'，鄭《箋》、孔《疏》皆作"仰之""行之"。《釋文》作"仰止"，云"或作'仰之'"。唐石經依《釋文》。鄉者其人也"。"鄉"讀"南鄉北鄉"之"鄉"。鄉者，謂鄉道而行者也。《表記》引此詩而申言之曰"鄉道而行，中道而廢，忘身之老也，不知年數之不足也。俛焉日有孳孳，斃而后已"，即此所云"鄉者其人也"。故下文云"列士并學，終善者爲師"，鄉道不已，斯謂之終善者矣。《淮南·説山》篇曰："故'高山仰止，景行行止'，鄉者其人也。"語即本於《晏子》。《史記》亦曰"《詩》有之'高山仰之，景行行之'，雖不能至，然心鄉往之"。《三王世家》載"武帝制"又曰："'高山仰之，景行嚮之'，朕甚慕焉。"《列女傳·賢明傳》曰："《詩》云'高山仰止，景行行止'，言當常嚮爲其善也。"若今本《晏子》，則兩"之"字僅存其一，又脱去"鄉"字矣。

今吾以魯一國迷慮之不免于亂　國之所以治也

吾聞之，莫三人而迷，今吾以魯一國迷慮之，不免于亂，何也？

【念孫案】既言“迷”，不當更言“亂”，此“迷”字蓋涉上“迷”字而衍。“魯”字當在“不免于亂”上。“今吾以一國慮之，魯不免於亂”者，以，猶與也，言吾與一國慮之，而魯猶不免于亂也。《韓子·内儲説》作“今寡人與一國慮之，魯不免於亂”，是其證。今本“迷”字重出，“魯”字又誤在“一國”上，則文不成義。

夫偪邇于君之側者，距本朝之勢，國之所以治也。

【案】“治”上當有“不”字，此言大臣專本朝之權，國之所以不治也。下文“行之所以衰也”“身之所以危也”，并與此文同一例。上文“魯不免于亂”，亂，即不治也。今本脱“不”字，則義不可通，且與上下文不合。

夫

夫儼然辱臨弊邑。

孫曰：“‘夫’，一本作‘大夫’，然作‘夫’亦是。《秦二世刻石》‘夫’下積二畫以爲大夫。”【念孫案】一本作“大夫”者是，孫説謬。

請問莊公與今孰賢

【念孫案】“今”下脱“君”字，“今君”見下文。

國都之市　無私與

孫曰：“《左傳》作‘國之諸市’，非。”【念孫案】《晏子》本作

"國之都市"。"都""諸"古字通,都市,即諸市也。國中之市非一,故曰"諸市",後人不知"都"爲"諸"之借字,而誤以爲"都邑"之"都",故改爲"國都之市",不知古所謂"國",即今所謂"都"也。《吴語》注:"都,國也。"《吕氏春秋·明理》篇注:"國,都也。"經傳皆謂"都中"爲"國中"。既言"國"而又言"都",則贅矣。乃淵如反以爲是,而以《左氏》爲非,不過欲抑《左氏》,以尊《晏子春秋》耳。不知所尊者,乃俗改之本,非原本也。

無私與,維德之授。

【案】以上下文考之,則"無私與"上當有"民"字,而今本脱之。

不正爵禄　喪亡

事君盡禮行忠,不正爵禄。

【念孫案】"不正爵禄",義不可通。"正"當爲"丐"。《廣雅》曰"丐,求也",謂以禮與忠事君而不求爵禄也。下文"持諛巧以正禄","正"亦當爲"丐",謂持諛巧之術以求禄也。俗書"丐"字作"丏",與"正"相似而誤。襄三十一年《左傳釋文》:"丏本或作正。"昭六年《釋文》:"古本'士丏'或作'王正'。"《管子·輕重甲》篇:"民食三升,則鄉有丏食而盗。"今本"丏"誤作"正"。

是以進不喪亡,退不危身。

【案】"進不喪亡",文不成義。"亡"當爲"己",字之誤也。《管子·法禁》篇"舉國之士,以爲己黨",又曰"壹士以爲己資,備田以爲己本",今本"己"字并誤作"亡"。喪己,失己也。"失己"與"危身"對文,下文"交通則辱,生患則危",辱,謂喪己。危,謂危身。正與此相反。

不阿久私　外不顧其身游

不阿久私，不誣所能。

孫本“久”作“以”，云“一本作‘久’，非”。【念孫案】當作“所”，與下句文同一例，言於人則不阿所私，於己則不誣所能也。作“久”、作“以”，皆於文義不合。

内不恤其家，外不顧其身游。

【案】家可以言“内”，身不可以言“外”，且“身游”二字，義不相屬。“身”字乃後人所加也。“内不恤其家，外不顧其游”者，游，謂交游也。下文曰“身勤於飢寒，不及醜儕”，正所謂“外不顧其游”也。《荀子·非十二子》篇注引此正作“外不顧其游”。

不緣　不狡　不銓

君子之大義，和調而不緣，溪盎而不苛，莊敬而不狡，和柔而不銓，刻廉而不劌。

孫曰：“緣，緣飾也。‘溪’當爲‘谿’，言谿刻也。‘盎’即‘詇’假音，《説文》：‘詇，早知也。’‘谿盎而不苛’，言不矜明察。狡，狡猾，僞爲恭敬也。‘銓’，疑‘耎’字假音，《説文》‘耎，讀若畏偄’。”盧曰：“‘狡’與‘佼’同，言非務爲美好也。”【念孫案】《廣雅》：“緣，循也。”《莊子·列御寇》篇：“緣循偃佒，困畏不若人。”郭象曰：“緣循，仗物而行者也。”“和調而不緣”，言雖與俗和調，而不循俗以行，猶言“君子和而不同”也。“溪盎”，未詳。“狡”者，《文選·洞簫賦》注曰：“狡，急也。字通作絞。”《論語·泰伯》篇鄭注曰：“絞，急也。”昭元年《左傳》

注曰:“絞,切也。”“莊敬而不狡”,謂從容中禮,而不急切也。“銓”者,《説文》:“跧,卑也。”《廣雅》:“跧,伏也。”作“銓”者,借字耳。“和柔而不銓”,謂和柔而不卑屈也。“和調而不緣,莊敬而不狡,和柔而不銓,刻廉而不劌”,皆謂其相似而不同。孫以“緣”爲“緣飾”,則與“和調”不相似。以“狡”爲“狡猾”,則與“莊敬”不相似。“莊敬而不狡猾”,則義不相屬,故加“僞爲恭敬”四字,以曲成其説。又讀“銓”爲“叀”,尤非。盧讀“狡”爲“佼”,而云“務爲美好”,亦非。“莊敬而不美好”,則義不相屬,故加“務爲”二字,以曲成其説。

可以爲下

有明上可以爲下,遭亂世不可以治亂。

【念孫案】“可以爲下”上亦當有“不”字,言此反天地之衰,倍先聖之道,塞政教之途者,有明上則足以危身,明上,謂明君也。前弟二十曰“狂僻之民,明上之所禁也”,義與此同。遭亂世則足以惑世,故曰“有明上不可以爲下,遭亂世不可以治亂”。“遭亂世不可以治亂”,即上文所云“世行之則亂”也,“有明上不可以爲下”,即上文所云“身行之則危”也。今本脱去“不”字,則義不可通。

危行　從重　從輕

正道直行則不容于世,隱道危行則不忍。

【念孫案】此“危行”與《論語》之“危言危行”不同。“危”讀曰“詭”,“詭行”與“直行”正相反,作“危”者,借字耳。《漢書·天文志》"司詭星",《史記·天官書》"詭"作"危"。《淮南·説林》篇"尺寸雖齊,必有詭",《文子·上德》篇"詭"作"危"。

從重不爲進,從輕不爲退。

【案】當作"從輕不爲進,從重不爲退"。輕,易也。見《吕氏春秋·知接》篇注。重,難也。見《漢書·元紀》注。謂不見易而進,不見難而退也。今本"輕""重"互易,則義不可通。《家語·三恕》篇作"從輕勿爲先,從重勿爲後",注曰"赴憂患,從勞苦,輕者宜爲後,重者宜爲先",語意正與此同。

《晏子春秋》弟二

内篇・雜上

三年毁聞于國

景公使晏子爲阿宰，今本“阿”上有“東”字，乃後人所加。盧已辯之。三年毁聞于國。

【念孫案】“三年”下有“而”字，而今本脱之。下文云“三年而譽聞于國”，又云“三年而毁聞于君”“三年而譽聞于君”，則此亦當有“而”字。《群書治要》及《藝文類聚・職官部六》《太平御覽・職官部六十四》皆作“三年而毁聞于國”。

喟然嘆曰令吏養之

公悲之，喟然嘆曰：“令吏養之。”

【念孫案】“嘆曰”二字，後人所加。“公悲之”“喟然”“令吏養之”，皆是記者之詞，《諫上》篇“令吏誅之”，《下》篇“令吏謹守之”，《雜下》篇“令吏葬之”，皆記者之詞。後人加“嘆曰”二字，則以“令吏養之”爲景公語，謬以千里矣。《説苑・貴德》篇有“嘆曰”二字，亦後人依俗本《晏子》加之。《藝文類聚・火部》引

《晏子》作“公喟然令吏養之”，無“嘆曰”二字。《諫上》篇“公喟然曰”，後人加“嘆”字。《下》篇“喟然流涕”，後人加“嘆而”二字，謬皆與此同。辯見《諫上》《諫下》。

不待時而入見

晏子聞之，不待時而入見。各本此下有“景公”二字，乃涉上文而衍。今據《群書治要》删。

【念孫案】“不待時而入見”本作“不時而入見”。時，即“待”字也。“不待而入見”，謂先入見也。古書“待”字多作“時”，説見《經義述聞》“遲歸有時”下。《外下》篇“晏子不時而入見”，即其證。後人不知“時”爲“待”之借字，故又加“待”字耳。《説苑・貴德》篇作“不待請而入見”，“請”字亦後人所加，其謬更甚。《群書治要》無“待”字。

天子大夫

寡人以天子大夫之賜，得率百姓以守宗廟。

【念孫案】“天”字後人所加。“以子大夫之賜，得率百姓以守宗廟”，猶宋穆公言“若以大夫之靈，得保首領以没”也。後人不解古書文義，乃妄加一“天”字，“天子”“大夫”并稱，斯爲不倫矣。《説苑・正諫》篇有“天”字，亦後人依俗本《晏子》加之。《群書治要》正作“子大夫”。

將軍　君子曰以下七句

願與將軍樂之。

孫曰："《説苑》'將軍'作'夫子'，謬。"《正諫》篇。【念孫案】此文本作"願與夫子樂之"，與上文答晏子之言，文同一例。後人以此所稱是司馬穰苴，故改"夫子"爲"將軍"耳，不知春秋之時，君稱其臣，無曰"將軍"者。《説苑》作"夫子"，即用《晏子》之文。《群書治要》所引正作"夫子"。

君子曰：聖賢之君，皆有益友，無偷樂之臣，景公弗能及，故兩用之，僅得不亡。

【案】《群書治要》及《太平御覽·人事部百九》《飲食部二》所引皆無此文，《説苑》有此文，而無"君子曰"三字，疑後人依《説苑》增入，而又加"君子曰"也。

既醉以酒既飽以德

孫曰："《小雅·賓之初筵》篇無此二句。"【念孫案】此二句後人所加。晏子引《賓之初筵》以戒景公，前後所引，皆不出本詩之外，忽闌入《既醉》之詩，則大爲不倫，其謬一也。《既醉》之詩，是説祭宗廟、旅酬、無筭爵之事，非賓主之禮，今加此二句，則與下文"賓主之禮也"五字不合，其謬二也。《説苑·反質》篇有此二句，亦後人依俗本《晏子》加之，斷不可信。

犯其禮　知千里之外　可謂折衝矣

臣欲犯其禮，而太師知之。

【念孫案】"禮"本作"樂"，此涉上文"不知禮"而誤。太師掌樂，故曰"臣欲犯其樂，而太師知之"。若禮，則非太師所掌，且上文屢言“成周之樂”，則此不得言“禮”明矣。《新序·雜事一》作“禮”，亦校書者依俗本《晏子》改之。《韓詩外傳》八及《文選·張協〈雜詩〉》注、陸機《演連珠》注引《晏子》，并作“欲犯其樂”。

仲尼聞之曰：“夫不出於尊俎之間，而知千里之外，其晏子之謂也，可謂折衝矣。”

【案】此文本作“夫不出於尊俎之間，而知衝千里之外，其晏子之謂也”，無“可謂折衝矣”五字。“知衝”，即“折衝”也。“知”“折”聲相近，故字亦相通。説見《經義述聞·大戴記》。《荀子·勸學》篇“鍥而舍之，朽木不折”，《大戴記》“折”作“知”，宋元明本皆如是，俗本依《荀子》改“知”爲“折”。辯見《經義述聞》。是其證也。舊本“知”下脱“衝”字，而後人不知，又於“晏子之謂也”下，加“可謂折衝矣”五字，謬矣。高注《吕氏春秋》云“衝車，所以衝突敵軍而陷破之也。有道之國，不可攻伐，使欲攻己者，折還其衝車於千里之外，不敢來也”，故曰“不出於尊俎之間而折衝千里之外”，作“知衝”者，借字耳。不當更有“可謂折衝矣”五字。《新序》與此同，亦校書者依俗本《晏子》改之。《後漢書·馬融傳》注、《太平御覽·器物部六》引《晏子》，并作“起於尊俎之間，而折衝千里之外”。《文選·張協〈雜詩〉》注、《册魏公九錫文》注、《爲袁紹檄豫州文》注、《爲石仲容與孫皓書》注、《演連珠》注、《楊荆州誄》注并引作“不出尊俎之間，而折衝千里之外，晏子之谓也”，皆無“可謂折衝矣”五字。《大戴記·王言》篇“明王之守也，必折衝乎千里之外”，《吕氏春秋·召類》篇“夫修之於廟堂之上，而折衝乎千里之外者，其司城子罕之謂乎”，文義并與《晏子》同。《韓詩外傳》“孔子聞之曰‘善乎晏子，不出俎豆之間，折衝千里’”，即本於《晏子》。且據《後漢書》《文選注》

《太平御覽》所引，皆作“折衝千里之外”，則今本《晏子》“知千里之外”，“知”下脱去“衝”字，而“知衝”即是“折衝”，不當更有“可謂折衝”句明矣。

陰水厥　不知

陰水厥，陽冰厚五寸。

盧曰：“‘陰水厥陽’，《文選·海賦》注引作“陰冰凝陽”，《御覽》“水”亦作“冰”。《地部三十三》。【念孫案】盧讀“陰水厥陽”爲句，非也。此文本作“陰冰凝，句。陽冰厚五寸”。《海賦》“陽冰不冶”，本此。“陰冰”者，不見日之冰也。“陽冰”者，見日之冰也。言不見日之冰皆凝，見日之冰，則但厚五寸也。《文選注》及《御覽》皆作“陰冰凝”，自是舊本如此。今本作“陰水厥”，誤也。

不知，以告晏子。

【案】“不知”上脱“公”字。

發其視之

景公游於紀，得金壺，發其視之。

【念孫案】“發其視之”本作“發而視之”。今本“而”作“其”，則文不成義。《太平御覽·器物部六》《獸部八》《玉海十四》引此并作“發而視之”。一本作“乃發視之”，亦後人以意改。

棄國 齊公 君何年之少而棄國之蚤 是則 孤其根以下三句 不問墜

魯昭公棄國走齊,齊公問焉。

【念孫案】"棄國"本作"失國",此後人依《説苑·敬慎》篇改之也。《群書治要》及《藝文類聚·草部下》《太平御覽·百卉部四》并作"失國"。"齊公問焉","齊"字涉上句"走齊"而誤,當從《御覽》作"景公問焉"。《治要》作"齊景公問焉",亦衍"齊"字。

君何年之少而棄國之蚤,奚道至於此乎?

【案】《類聚》《御覽》并作"子之年甚少,奚道至於此乎"。道,由也。言何由至於此也,"此"字正指"失國"而言。《説苑》作"君何年之少而棄國之蚤",無"奚道至於此乎"六字。今既從《説苑》作"君何年之少而棄國之蚤",又從《晏子》作"奚道至於此乎"。既言"何",又言"奚"。既言"棄國",又言"至於此",則累於詞矣。

人多愛我者,吾體不能親。人多諫我者,吾志不能用。是則内無拂而外無輔。

【案】"則"本作"以","是以"二字,乃推言其所以無輔弼之故。今本作"是則",亦後人以《説苑》改之。《群書治要》《類聚》《御覽》并作"是以"。今本《類聚》脱"以"字,《御覽》脱"是"字,唯《治要》不誤。

譬之猶秋蓬也,孤其根而美枝葉,秋風一至,根且拔矣。

【案】《群書治要》作"孤其根荄,密其枝葉,春氣至,僨以揭也"。僨,仆也。揭,蹶也。《大雅·蕩》篇"顛沛之揭"。秋蓬末大而本小,故春氣至則根爛而仆於地。《類聚》《御覽》并作

“孤其根本，密其枝葉”，今本云云，亦後人以《説苑》竄改。《説苑》作“惡於根本而美於枝葉，秋風一起，根且拔矣”。程氏易疇《通藝録》曰：“蓬之根孤而枝葉甚繁，既枯，則近根處易折，折則浮置於地。大風舉之，乃戾於天，故言飛蓬也。《説苑》言‘拔’，蓋考之不審矣。曹植詩云‘吁嗟此轉蓬，居世何獨然’，又云‘願爲中林草，秋隨野火燔。糜滅豈不痛，願與根荄連’，可見蓬轉而飛，不得與根荄連，是‘折’而非‘拔’也。司馬彪詩云：‘秋蓬獨何辜，飄颻隨風轉。長飆一飛薄，吹我之四遠。搔首望故株，邈然無由返。’若蓬遇風而拔，則故株隨枝而逝，安得云搔首望故株邪?”【念孫案】程説甚核。又案，《晏子》作“孤其根荄，密其枝葉”，“密”與“孤”正相對。《説苑》作“惡於根本，美於枝葉”，“美”與“惡”亦相對。今本《晏子》作“孤其根而美枝葉”，“美”與“孤”不相對。兩用《晏子》《説苑》之文，斯兩失之矣。

溺者不問墜，迷者不問路。

【案】“墜”本作“隊”，“隊”與“隧”同。《廣雅》曰：“隊，道也。”《大雅·桑柔》傳曰：“隧，道也。”“溺者不問隊”，謂不問涉水之路，故溺也。“不問隊”“不問路”，其義一而已矣。《荀子·大略》篇“迷者不問路，溺者不問遂”，楊倞曰“遂，謂徑隧，水中可涉之徑也”，是其證。後人誤以“隊”爲“顛墜”之“墜”，故妄加“土”耳。《群書治要》正引作“溺者不問隧”。

脱文六

晏子出，仲尼送之以賓客之禮。不計之義，維晏子爲能行之。

【念孫案】"不計之義",《初學記·文部》引作"不法之禮",上有"反,句。命門弟子曰"六字。然則"不計之義"二句,乃孔子命門弟子之語,今脱去上六字,則不知爲何人語矣。《外上》篇曰"晏子出,仲尼送之以賓客之禮,再拜其辱。反,命門弟子曰"云云,文義正與此同。《韓詩外傳》載此事,亦云"孔子曰:'善。禮中又有禮。'"

縻醢

湛之縻醢,而賈匹馬矣。

【念孫案】"縻醢"當作"麋醢",字之誤也。《周官·醢人》"麋臡""鹿臡",鄭注曰:"臡,亦醢也。鄭司農云'有骨爲臡,無骨爲醢'。"《内則》有"麋腥醢醬",《説苑·雜言》篇、《家語·六本》篇并作"湛之以鹿醢",則"縻"爲"麋"之誤明矣。①《文選·王粲〈贈蔡子篤詩〉》注、《太平御覽·香部三》引此并作"麋醢"。

嬰誠革之

嬰誠革之,乃令糞灑改席,尊醮而禮之。

【念孫案】"誠"讀爲"請"。革,改也。向者不辭而入,今者糞灑改席而禮之,則改乎向者之爲矣,晏子以此爲請,故曰"嬰請革之"也。"請"與"誠"聲相近,故字亦相通。《趙策》趙王謂樓緩曰"誠聽子割矣,子能必來年秦之不復攻我乎",《新序·善謀》篇

① "麋",底本作"縻",據同治本改。

“誠”作“請”。《墨子·尚同》《節葬》《明鬼》《非樂》諸篇,并以“請”爲“誠”,此“誠”之通作“請”者也。《吴語》“員請先死”“請問戰奚以而可”,《吴越春秋·夫差内傳》《句踐伐吴外傳》“請”并作“誠”,此又“請”之通作“誠”者也。

養其親

養其親者,身伉其難。

【念孫案】“養其親”本作“養及親”。養及於親,則德莫大焉,故必身伉其難也。今本“及”作“其”,即涉“伉其難”而誤。《藝文類聚·人部十七》《太平御覽·人事部百一十》引此并作“養及親”,《吕氏春秋·士節》篇、《説苑·復恩》篇同。

内篇·雜下

女子而男子飾　賣馬肉於内　逾月

寡人使吏禁女子而男子飾,裂斷其衣帶,相望而不止者,何也?

【念孫案】“飾”下有“者”字,而今本脱之,上文“女子而男子飾者”,是其證。此“者”字與下“者”字不同義,非複也。《説苑·政理》篇有“者”字。

君使服之於内,而禁之於外,猶縣牛首於門,而賣馬肉於内也。“賣”與“鬻”同,字本作“𧶠”,從貝,𡏳聲。“𡏳”,古文“睦”字。“賣”與“賣”不同,賣,莫邂反,字本作“𧷓”,從出、買聲。《御覽》引《晏子》正作“鬻”。

盧曰:"'内',《御覽》作'市',《資産部八》。似非。"【念孫案】作"市"者是也。"縣牛首於門",喻服之於内也。"賣馬肉於市",喻禁之於外也,則當作"市"明矣。若云"賣馬肉於内",則義不可通,蓋涉上下文三"内"字而誤。

逾月而國莫之服。

【案】"逾月"本作"不逾月"。不逾月,言其速也。若無"不"字,則非其旨矣。《御覽》引此正作"不逾月",《説苑》作"不旋月",文雖小異,而亦有"不"字。

棄去之

下車而棄去之。

【念孫案】"而棄去之"本作"棄而去之",謂棄車而去之也。今本"棄""而"二字倒轉,則文義不順。《太平御覽·車部二》引此正作"棄而去之",《説苑·政理》篇同。

故殺之斷其頭而葬之

昔者先君靈公畋,五丈夫罟而駭獸,故殺之,斷其頭而葬之。

【念孫案】既言"斷其頭",則無庸更言"殺之"。"殺之"二字,後人所加也。《説苑·辯物》篇有此二字,亦後人依俗本《晏子》加之。《文選·上建平王書》注引作"悉斷其頭而葬之",《太平御覽·人事部五》作"斷其頭而葬之",《人事部四十》作"故并斷其頭而葬之",皆無"殺之"二字。

不踊　昔者

景公爲路寢之臺，成而不踊焉。

孫曰："'踊'，《説苑》作'通'，言不到也。'踊'當是'通'之誤。"【念孫案】作"踊"者是也。成二年《公羊傳》"蕭同姪子踊于棓而闚客"，何注曰："踊，上也。凡無高下有絶加躡板曰棓。"然則"踊于棓"即登于棓，故何訓"踊"爲"上"也。此言"不踊"，亦謂臺成而公不登也。《説苑・辯物》篇作"通"者，非字之誤，即聲之通。孫以"不通"爲"不到"，失之。

有梟昔者鳴。

盧曰："'者'字衍。昔鳴，夜鳴也。"【念孫案】盧説非也。古謂夜曰昔，或曰昔者，《莊子・田子方》篇曰"昔者寡人夢見良人"是也。後弟六云"夕者，瞢與二日鬬"，"夕者"與"昔者"同，則"者"非衍字明矣。《説苑・辯物》篇亦作"昔者"。

室何爲夕

公召大匠曰："室何爲夕？"

【念孫案】以下文"立室""立宫"例之，則"室"上當有"立"字，而今本脱之。

公瞢二日與公鬬　故病將已　以臣之言對

公瞢二日與公鬬，不勝。

【念孫案】此當作"公瞢與二日鬬，不勝"，與上文文同一例。"不勝"，謂公不勝也。今既顛倒其文，又衍一"公"字，則義不可通矣。《風俗通義·祀典》篇正作“公夢與二日鬭”。

一陰不勝二陽，故病將已。

【案】故者，申上之詞，上文未言“病將已”，則此不得言“故病將已”。“故”當爲“公”，下文占瞢者對曰“一陰不勝二陽，公病將已”，即用晏子之言，則此文本作“公病將已”明矣。今本“公”作“故”者，涉上文“故請君占瞢”而誤。《太平御覽·疾病部六》引此正作“公病將已”，《風俗通義》同。

占[①]瞢以臣之言對，故有益也，使臣言之，則不信矣。

孫依今本作“占瞢以占之言對”，云“《風俗通》‘占’作‘臣’，非”。【念孫案】作“臣”者是也。此言以臣之言，而出之占瞢者之口，故有益。若使臣自言之，則公必不信也。後人不達，而改“臣之言”爲“占之言”，謬矣。元刻本及《太平御覽》并作“臣之言”。

成陰

張袂成陰，揮汗成雨。

孫曰：“‘陰’，《說苑》《意林》《藝文類聚》《太平御覽》皆作‘帷’。据下云‘成雨’，則此當作‘陰’。”【念孫案】“張袂成帷，揮汗成雨”，甚言其人之衆耳。“成帷”與“成雨”，其意本不相因。《齊策》云“連衽成帷，舉袂成幕，揮汗成雨”，“成帷”“成幕”與“成雨”，意亦不相因也。今本作“成陰”，恐轉是後人以意改之。《說苑》《意林》《藝文類聚》《太平御覽》皆作“成帷”，則本作“帷”明矣。

---

① “占”，底本作“古”，據同治本改。

晏子將楚　楚聞之　爲其來也

晏子將楚。

【念孫案】“將”下脱“使”字。本或作“晏子將至楚”，此因下文有“晏子至楚”，而以意加“至”字耳。《意林》及《北堂書鈔·政術部十四》《藝文類聚·人部九》《果部上》《太平御覽·果部三》并引作“晏子使楚”，但省去“將”字耳，《説苑·奉使》篇作“晏子將使荆”。今據以訂正。

楚聞之，謂左右曰。

【案】“楚”下脱“王”字。

爲其來也，臣請縛一人過王而行。

【案】爲其來，於其來也。古者或謂“於”曰“爲”，説見《釋詞》。

君之賜卿位以尊其身　寵以百萬以富其家

【念孫案】“之賜”當作“賜之”，“寵以”當作“寵之”。與上文文同一例，如今本，則文義參差矣。《説苑·臣術》篇正作“賜之”“寵之”。

相相然

名山既多矣，松柏既茂矣，望之相相然，盡目力不知厭。

【念孫案】“相相”二字，於義無取。“相”當爲“相”，音“忽”。《説文》：“相，高貌。從木，冃音“忽”。聲。”故山高貌亦謂之相。“相”與“相”字相似，世人多見“相”，少見“相”，故

“相”誤爲“相”，此言“望之相相然”，下言“登彼相相之上”，則“相”爲“相”之誤明矣。

怨利生孽　維義可以爲長存

怨利生孽。

孫曰：“《左傳》‘怨’作‘蘊’，昭十年。杜預注：‘蘊，畜也。孽，妖害也。’‘蘊’與‘怨’聲相近，然据此文，凡有血氣者，皆有争心，則‘怨’字直是‘怨惡’之‘怨’。左氏取此書，改其文，顯然可見。”【念孫案】孫説非也。争利而相怨，可謂之怨人，不可謂之怨利，若以“怨”爲“怨惡”，則“怨利”二字，義不可通矣。《左傳》作“蘊利”，本字也。此作“怨利”，借字也。《大戴記・四代》篇“委利生孽”，“委”，亦“蘊”也。“蘊”“怨”“委”一聲之轉。前《諫上》篇“外無怨治，内無亂行”，言君勤於政，則外無蘊積之治，内無昏亂之行也，是《晏子》書固以“怨”爲“蘊”矣。《荀子・哀公》篇“富有天下而無怨財”，楊倞曰：“怨，讀爲蘊，言雖富有天下，而無蘊畜私財也。”彼言“怨財”，猶此言“怨利”，乃淵如皆不之省，而必以“怨”爲“怨惡”。蓋淵如之意，必欲謂《晏子春秋》在《左傳》之前，凡《左傳》之文與《晏子》不同者，皆是左氏誤改《晏子》，故必訓“怨”爲“怨惡”，以異於左氏，而不知其説之不可通也。其《音義》中多有此論，皆不足深辯。

維義可以爲長存。

【案】當作“維義爲可以長存”。今本“爲”字在“可以”下，則文義不順。

慶氏之邑足欲至所謂幅也　與晏子邶殿至何獨弗欲

晏子對曰："慶氏之邑足欲，故亡。吾邑不足欲也，益之以邶殿，乃足欲。足欲，亡無日矣。在外不得宰吾一邑，不受邶殿，非惡富也，恐失富也。且夫富，如布帛之有幅焉，爲之制度，使無遷也。夫民今本脱"民"字。生厚而用利，于是乎正德以幅之，使無黜慢，謂之幅利。利過則爲敗，吾不敢貪多，所謂幅也。"

元刻本曰：或作"晏子對曰：先人有言曰'無功之賞，不義之富，禍之媒也'。夫離治闕求富，禍也。慶氏知而不行，是以失之。我非惡富也，諺曰'前車覆，後車戒'，吾恐失富，不敢受之也"。盧改或本爲正文，而改今本正文入注，云："《文選·六代論》《五等論》兩注并引諺曰'前車覆，後車戒'，可知唐時本如是，後人輒以《左傳》'慶氏之邑足欲'以下竄易之，元刻不知此爲本文，而反以爲或本。然猶幸有此異文，今得考而復之。"【念孫案】盧改是也。《西征賦》注、《嘆逝賦》注、《運命論》注、《劍閣銘》注并引《晏子》"前車覆，後車戒"，合之《六代》《五等諸侯》二論注，凡六引。

【又案】上文"慶氏亡，分其邑，與晏子邶殿，其鄙六十，晏子弗受。子尾曰'富者，人之所欲也，何獨弗欲'"，《初學記·人部中》引《晏子》本作"慶氏亡，分其邑與晏子，晏子不受。人問曰'富者，人所欲也，何獨不受'"，今本"邶殿"云云及"子尾"二字，皆後人以《左傳》改之，其標題内之"子尾"及"足欲則亡"四字，亦後人所改。

安邦而度家

安邦而度家,宗君而處身。

孫曰:"'度'讀如'剫'。"【念孫案】"剫家"二字,義不可通。《説文》:"剫,判也。"《爾雅》:"木謂之剫。"郭引《左傳》"山有木,工則剫之"。予謂"度"讀爲"宅"。"宅""度"古字通。説見《問上》篇"度其義"下。《爾雅》:"宅,居也。"《大雅·綿》傳曰:"度,居也。"《文王有聲》篇"宅是鎬京",《坊記》"宅"作"度"。"安邦而度家,宗君而處身",度,亦處也。處,亦居也。

割地將封晏子

旦日,割地將封晏子,晏子辭不受。

【念孫案】"割地將"三字,原文所無也。其"封晏子"下有"以都昌"三字,而今本脱之。都昌,齊地名也。《水經·濰水》注曰:"濰水又北,逕都昌縣故城東。漢高帝六年,封朱軫爲侯國。北海相孔融爲黄巾賊管亥所圍於都昌也。"案,都昌故城在今萊州府昌邑縣西。鈔本《北堂書鈔·封爵部下》出"晏子都昌辭而不受"八字,注引《晏子》云"景公封晏子以都昌,晏子辭不受",陳禹謨依俗本《晏子》删去注文"以都昌"三字,而正文尚未改。《太平御覽·飲食部七》同。《太平寰宇記》曰:"都昌故城,齊頃公封逢丑父食采之邑。《晏子春秋》云'齊景公封晏子以都昌,辭而不受',即此城也。"則此文原有"以都昌"三字明矣。其"割地將"三字,則後人以意加之。既言封晏子以都昌,則無庸更言割地,此是俗本既脱"以都昌"三字,後人因加"割地將"三字也。《書鈔》《御覽》《寰宇記》所引皆無此三字,而陳禹謨又依俗本加之。

脱粟之食

晏子相齊,衣十升之布,脱粟之食。

【念孫案】"脱粟"上當有"食"字,後弟二十六云"食脱粟之食",即其證。今本脱"食"字,則文義不明,且與上句不對。《後漢書·章帝紀》注、《北堂書鈔·酒食部三》《初學記·器物部》《太平御覽·飲食部八》引此并云"晏子相齊,食脱粟之飯"。

恨君

田桓子謂晏子曰:"君歡然與子邑,必不受以恨君,何也?"

【念孫案】"恨"非"怨恨"之"恨",乃"很"之借字也。很者,違也。君與之邑,而必不受,是違君也,故曰"必不受以很君"。《説文》:"很,不聽從也。"《吴語》"今王將很天而伐齊",韋注曰:"很,違也。"古多通用"恨"字。《齊策》:"秦使魏冉致帝於齊。蘇代謂齊王曰'今不聽,是恨秦也'。"恨秦,違秦也。《新序·雜事》篇"嚴恭承命,不以身恨君",亦謂違君也。《漢書·外戚傳》:"李夫人病篤,上自臨候之。夫人蒙被謝曰'妾久寢病,形貌毁壞,不可以見帝'。上欲見之,夫人遂轉鄉歔欷而不復言,於是上不説而起。夫人姊妹讓之曰'貴人獨不可一見上屬托兄弟邪? 何爲恨上如此'。"亦謂違上也。此皆古人借"恨"爲"很"之證。

不任

夫子之禄寡邪？何乘不任之甚也？

【念孫案】“不任”本作“不佼”。“佼”與“姣”同，好也。晏子乘敝車，駕駑馬，見上。故景公曰“何乘不佼之甚也”。《陳風·月出》篇“佼人僚兮”，《毛傳》曰：“僚，好貌。”《釋文》：“佼，字又作姣。”引《方言》云：“自關而東，河濟之間，凡好謂之姣。”《荀子·成相》篇曰：“君子由之佼以好。”是“姣”“佼”古字通。後人不知“佼”字之義，而改“不佼”爲“不任”，謬矣。《群書治要》正作“不佼”，《説苑·臣道》篇作“不任”，亦後人依俗本《晏子》改之。《太平御覽·車部三》引《説苑》正作“不佼”，下有注云“佼，古巧反”。

耳矣

食脱粟之食，炙三弋五卵苔菜耳矣。

孫曰：“‘耳矣’，前文作‘而已’，與此音相近。”【念孫案】“耳矣”者，而已矣也。疾言之則曰“耳矣”，徐言之則曰“而已矣”。凡經傳中語助用“耳”字者，皆“而已”之合聲也。説見《釋詞》。

未有老辭邑者矣

自吾先君定公至今，用世多矣，齊大夫未有老辭邑者矣。

【念孫案】下“矣”字涉上“矣”字而衍。

發書之言曰

及壯,發書之言曰。

【念孫案】此本作"及壯發書句,書之言曰",今本少一"書"字,則文義不明。《白帖》十引此重一"書"字,《説苑·反質》篇同。

外篇·重而異者

釋衣冠自鼓缶　君子　畏禮義　召衣冠以迎晏子　用三獻

釋衣冠,自鼓缶。

【念孫案】《群書治要》及《北堂書鈔·衣冠部三》《太平御覽·人事部百九》《服章部十三》并引作"去冠被裳,自鼓盆甕",《御覽·器物部三》又引"自鼓盆甕"。今本云云,乃後人依《新序·刺奢》篇改之。

群臣皆欲去禮以事君,嬰恐君子之不欲也。

【案】"子"字涉上下文諸"子"字而衍。《諫上》篇曰:"今君去禮,則群臣以力爲政,彊者犯弱,而日易主,君將安立矣。"故曰"嬰恐君之不欲也"。今作"恐君子之不欲",則非其旨矣。《群書治要》無"子"字。

今齊國五尺之童子,力皆過嬰,又能勝君,然而不敢亂者,畏禮義也。

孫本删"義"字,云"据《韓詩外傳》九、《新序》無'義'字"。【念孫案】孫删"義"字,非也。此"義"字非"仁義"之"義",乃

“禮儀”之“儀”。《周官·大司徒》:“以儀辨等,則民不越。”鄭注曰:“儀,謂君南面臣北面、父坐子伏之屬。”故曰“不敢亂者,畏禮儀也”。古書“仁義”字本作“誼”,“禮儀”字本作“義”,後人以“義”代“誼”,以“儀”代“義”,亂之久矣。說見《經義述聞·禮記》。此文作“義”,乃古字之僅存者,良可寶也。《韓詩外傳》《新序》無“義”字者,言禮而儀在其中,故文從省耳,不得據彼以删此。各本及《群書治要》皆有“義”字。

公令人糞灑改席,召衣冠以迎晏子。

【案】“召衣冠”三字,文不成義。且“易衣革冠”已見上文,不當重出。“衣冠以迎”四字,乃後人所加,當從《群書治要》作“召晏子”。

晏子入門,三讓升階,用三獻焉。

【案】《群書治要》作“用三獻禮焉”,於義爲長。

泰山之上　三人　天之變

景公置酒于泰山之上。

孫本改“上”爲“陽”,云“《太平御覽》作‘陽’”。【念孫案】山南爲陽,山北爲陰,《管子·小匡》篇曰齊地“南至於岱陰”,則景公不得置酒於泰山之陽。《御覽·人事部百三十二》引作“泰山之陽”,乃後人以意改之。元刻本、沈本及《御覽·人事部三十二》皆作“泰山之上”。

今日見怯君一,諛臣三人。

【案】“人”字涉上文“三人”而衍。“諛臣三”與“怯君一”對文,則不當有“人”字。《藝文類聚·人部三》及《太平御覽》引此皆無“人”字。《諫上》篇亦云“不仁之君見一,諂諛之臣見二”。

自是觀之，茀又將出。天之變，彗星之出，庸可懼乎！“可”讀曰“何”，“何”“可”古字通。庸，亦何也，古人自有複語耳。文十八年《左傳》“庸何傷”，襄二十五年《傳》“將庸何歸”，皆其證也。各本“懼”作“悲”，涉上文兩“悲”字而誤，今據諸書所引改。

【案】“天之變”三字，與上下文皆不相屬，蓋衍文也。《下》篇曰：“茀星又將見瞢，奚獨彗星乎？”《諫上》篇曰：“何暇在彗，茀又將見矣。”此文曰：“茀又將出，彗星之出，庸何懼乎？”語意前後相同，則不當有“天之變”三字明矣。《續漢書·天文志》注引作“孛又將出，彗星之出，庸何懼乎”，《困學紀聞》六同。《太平御覽·咎徵部二》引作“孛又將出，彗星庸可懼乎”，《史記·齊世家》作“茀星將出，彗星何懼乎”，皆無“天之變”三字。

正諫

不聽正諫。

【念孫案】“正”與“証”同。《説文》：“証，諫也。”《齊策》“士尉以証靖郭君”是也。亦通作“正”，《吕氏春秋·慎大》篇“不可正諫”，《達鬱》篇“使公卿列士正諫”是也。

奏鬷無言

【念孫案】昭十二年《左傳》作“鬷嘏無言”，此篇全用《左傳》，則此文亦當與彼同。今作“奏鬷無言”者，後人依《中庸》旁記“奏”字，而寫者誤合之，又脱去“嘏”字耳，當依《左傳》

改正。

偪介之關

【引之曰】“偪介”本作“偪邇”。“偪邇之關”，謂迫近國都之關也。今本作“偪介”者，後人依誤本《左傳》改之。辯見《經義述聞》。

鳧鴈

文繡被臺榭，菽粟食鳧鴈。

【引之曰】鳧，鴨也。鴈，鵝也。此云“菽粟食鳧鴈”，下云“君之鳧鴈，食以菽粟”，則鳧鴈乃家畜，非野鳥也。《爾雅》：“舒鳧，鶩。”郭璞曰：“鴨也。”《廣雅》曰：“鳧、鶩，𩿡也。”“𩿡”與“鴨”同。即此所謂“鳧”也。故對文則“鳧”與“鶩”異，散文則“鶩”亦謂之“鳧”。《爾雅》：“舒鴈，鵝。”郭璞曰：“今江東呼䲔。”《方言》曰：“鴈，自關而東，謂之䲔鵝。南楚之外，謂之鵝。”《説文》曰：“鵝，鴈也”，“鴈，鵝也”。《廣雅》曰：“䲔鵝，鴈也。”即此所謂鴈也。故對文則“鵝”與“鴈”異，散文則“鵝”亦謂之“鴈”。《莊子·山木》篇：“命豎子殺鴈而亨之。”謂殺鵝也。《説苑·臣術》篇：“秦穆公悦百里奚之言，公孫支歸，取鴈以賀。”鵝是家畜，故歸而取之甚便。《漢書·翟方進傳》：“有狗從外入，嚙其中庭群鴈數十。”皆謂“鵝”爲“鴈”也。詳見《經義述聞·周官》“膳夫”下。《楚辭·七諫》：“畜鳧駕鵝，滿堂壇兮。”今本“駕鵝”下有“雞鶩”二字，乃後人所加，與王注不合。《齊策》：“士三食不得饜，而君鵝鶩有餘食。”《韓詩外傳》及《説苑·尊賢》

篇并作“鴈鶩有餘粟”，即此所謂“菽粟食鳧鴈”也。孫以“鴈”爲“鴨”，云“鴈”“鴨”聲相近，又引《本草》“鴈肪”，皆失之。

雍門之橚

景公登箐室而望，見人有斷雍門之橚者。

孫曰：“《説文》：‘橚，長木貌。’”【引之曰】此“橚”字非謂長木貌，乃木名也。橚，即“楸”字也。《説文》：“楸，梓也。”徐鍇曰：“《春秋左傳》‘伐雍門之楸’，作‘萩’同。”襄十八年。《中山經》：“其狀如橚。”郭璞曰：“即‘楸’字也。”是“雍門之橚”即“雍門之楸”。

美哉其室將誰有此乎　國澤是

【念孫案】“美哉其室，將誰有此乎”當作“美哉室，其誰將有此乎”。今本“其”字誤入上句内，則文義不順，“誰將”又誤作“將誰”。案，本篇標題曰“景公坐路寢曰‘誰將有此’”，“誰將”二字尚不誤，則作“將誰”者誤也。後弟十五云“後世孰將踐有齊國者乎”，“孰”字亦在“將”字上。昭二十六年《左傳》正作美哉室，其誰有此乎。

今公家驕汏而田氏慈惠，國澤是將焉歸。

【案】澤，古“舍”字也。説見《管子·戒》篇。

夜者　子胥忠其君二句　足以爲臣

寡人夜者聞西方有男子哭者。

盧曰："'夜者'，'者'乃'昔'之訛，'夜'字衍。"【念孫案】盧説非也，古謂"夜"爲"昔"，故或曰"昔者"，説見《雜下》篇"昔者"下。或曰"夜者"。"夜"曰"夜者"，故"晝"亦曰"晝者"，《雜上》篇"晝者進膳"是也。《雜下》篇曰"夜者公夢與二日鬬"，本篇弟三章曰"夜者寡人夢見彗星"，與此"夜者"而三矣，然則"夜"非衍字，"者"亦非"昔"之訛也。

子胥忠其君，故天下皆願得以爲子。

【案】此文原有四句，今脱去中二句，則文不成義。《秦策》云"子胥忠其君，天下皆欲以爲臣。孝己愛其親，天下皆欲以爲子"，文義正與此同。下文"今爲人子臣"云云，正承上四句言之。

足以爲臣乎？

【案】"臣"上亦當有"子"字。

長患　小寡人　公怨良臣　日不足　抈寡人止之

此國之長患也。

【念孫案】"長"當作"常"，與上下文同一例。《群書治要》作"此治國之常患"。

公忿然作色，不説曰："夫子何小寡人甚也？"

【案】"小"本作"少"，此後人不解"少"字之義而改之也。《史記·李斯傳》："二世曰'丞相豈少我哉'。"《曹相國世家》："惠帝怪相國不治事，以爲豈少朕與。"《索隱》曰："少者，不足之詞。"并與此"少"字同義。《群書治要》正作"少"。

入則求君之嗜欲能順之，"能"與"而"同。公怨良臣，則具其往失而益之。

【念孫案】“公”本作“君”，此涉上文“公不能去”而誤。上文“公不能去”，是指景公而言。此文“君怨良臣”，則泛指爲君者而言，與上句“君”字同義。《群書治要》正作“君怨良臣”。

先聖之治也，審見賓客，聽治不留，日不足。元刻本有此三字，孫本無。

【案】“審見賓客”二句，皆四字爲句。“日不足”句，獨少一字，且語意未明，當依《群書治要》作“患日不足”。“聽治不留，患日不足”，言其敏且勤也。

然則夫子扐寡人止之。

盧曰：“‘扐’，孫本改‘助’，而《音義》仍作‘扐’，亦疑而未定也。”【念孫案】“扐”字義不可通，孫改爲“助”是也，《群書治要》正作“助”。孫本“助”字係剜改，蓋《音義》先成，而剜改在後，未及追改《音義》耳。

見不足以知之　而

臣聞見不足以知之者，智也。

【念孫案】“不”字衍，下文“臣奚足以知之”，即其證。孫曰“言見所不足而能知之”，非是。

君臣易施，“施”讀爲“移”。易移，猶移易也。《荀子・儒效》篇“充虚之相施易也”，《漢書・衛綰傳》“人之所施易”，“施”字并讀爲“移”。倒言之，則曰“易施”，《莊子・人間世》篇“哀樂不易施乎前”是也。陳氏專國而君失其柄，故曰“君臣易施”。而無衰乎。

【念孫案】“而”即“能”字也。“能”古讀若“而”，故與“而”通。説見《淮南・人間》篇。元刻本作“而”，今本徑改爲“能”，而古字亡矣。

非一也

故三君之心非一也,而嬰之心非三心也。

【念孫案】"非一也"本作"非一心也",與"非三心也"對文。今本"一"下脱"心"字。《群書治要》有。

櫂宗 脱一字

陂池之魚,入于櫂宗。

【念孫案】"櫂宗",當依《説苑·政理》篇作"櫂家",字之誤也。

君乃反迎而賀臣,愚不能復治東阿。

【案】"君乃反迎而賀臣"絶句,與上"君反以罪臣"對文。"臣"下當更有一"臣"字,屬下句讀。今本脱一"臣"字,則文義不明。《説苑》亦脱"臣"字。

君之惶

恐君之惶也。

孫引《説文》"惶,恐也"。【念孫案】此"惶"字與"惑"同義,言恐君爲子之所惑也。"惶""惑"語之轉,字亦作"遑"。《後漢書·光武紀》曰"遑惑不知所之",《蜀志·吕凱傳》曰"遠人惶惑,不知所歸",是"惶"與"惑"同義。《淮南·道應》篇作"恐公之欺也","欺"與"惑"義亦相近。

外篇·不合經術者

道哀

厚葬，破民貧國。久喪，道哀費日，不可使子民。

【念孫案】"道"當爲"遁"，字之誤也，"遁"與"循"同。《墨子·非儒》篇曰："宗喪循哀，不可使慈民。"文義正與此同。《問上》篇曰："不淫於樂，不遁哀。"即"循哀"也。《問下》篇："晏子逡遁而對。"又曰："晏子逡遁對。"《外上》篇："晏子遵循而對。"是"遁"即"循"也。《管子·戒》篇："桓公蹵然逡遁。"《小問》篇"公遵遁"，亦以"遁"爲"循"。"循"之言"遂"也。"遂哀"，謂哀而不止也。説見《諫下》篇"修哀"下。

路世之政單事之教

此三者，路世之政，單事之教也。元刻本如是。

別本"單"作"道"。孫云："言市名于道路，一本'道'作'單'，非。"【引之曰】作"單"者是也。"單"讀爲"癉"，《爾雅》："癉，病也。"字或作"殫"。《大雅·板》篇："下民卒殫。"《毛傳》曰："殫，病也。""路"與"單"義相近，《方言》"露，敗也"，《逸周書·皇門》篇曰："自露厥家。"《管子·四時》篇曰："不知五穀之故，國家乃路。""路""露"古字通。路，敗也。尹知章注"路，謂失其常居"，失之。言此三者，以之爲政，則世必敗。以之爲教，則事必病也。孫以"路"爲"道路"，失之。

嬰爲三心

嬰爲三心，三君爲一心故。

【念孫案】“嬰”上當有“非”字，言嬰所以事三君而得順者，非嬰爲三心，乃三君爲一心故也。上篇曰“嬰之心非三心也”，是其證。今本脱“非”字，則義不可通。

譏之

今某失之於夫子，譏之，是吾師也。

【念孫案】“譏之”上當更有“夫子”二字，而今本脱之，則文義不明。上文曰“君子不及人，以爲師”，故此曰“夫子譏之，是吾師也”。

處君之中

處民之中，其過之識，況乎處君之中乎。

【念孫案】“處君之中”本作“處君子之中”，下文曰：“舜者，處民之中，則自齊乎士。處君子之中，則齊乎君子。”是其證。今本脱“子”字，則義不可通。

爲何者也　何以老爲妻

出於室，爲何者也。

【念孫案】當作“何爲者也”，《雜上》篇：“使人問焉，曰‘子何爲者也’。”《下》篇：“王曰‘縛者，曷爲者也’。”文義并與此同。言此出於室者,何等人也。今本作“爲何者也”,則文不成義。《韓詩外傳》正作“何爲者也”。

位爲中卿,田七十萬,何以老爲妻。

【案】當作“何以老妻爲”,言富貴如此,何用老妻爲也。今作“何以老爲妻”,則文不成義。《韓詩外傳》作“何用是人爲”,文義亦同。

今日

乃今日而後,自知吾不肖也。

【念孫案】“日”字後人所加。凡書傳中言“乃今而後”者,加一“日”字,則累於詞矣。《太平御覽·人事部六十七》引此無“日”字。

足游浮雲六句　頸尾咳於天地乎

足游浮雲,背凌蒼天,尾偃天間,躍啄北海,頸尾咳於天地乎。然而漻漻不知六翮之所在。

【念孫案】“足游浮雲”上原有“鵬”字。自“足游浮雲”以下六句,皆指“鵬”而言,今本脱去“鵬”字,則不知爲何物矣。《太平御覽·羽族部十四》“鵬”下引此作“鵬足游浮雲”云云,則有“鵬”字明矣。

立於閭

皆操長兵而立於閭。今本“操”誤作“摽”,依孫本改。

【念孫案】下文作"立於衢閭",則此亦當有"衢"字,而今本脱之。"衢閭",謂當衢之閭也。《管子·輕重甲》篇:"有餓餒於衢閭者。"《楚策》:"彼鄭周之女,粉白黛黑,立於衢閭。"

伏尸而號

行哭而往,伏尸而號。

【念孫案】"伏尸而號"上有"至"字,而今本脱之,則叙事不備。行哭而往,尚未至也,則"至"字必不可少。《説苑·君道》篇及《群書治要》《太平御覽·人事部百二十八》并作"至,伏尸而號"。今本《御覽》"至"誤作"制"。《文選·褚淵碑》注、《齊安陸昭王碑》注并作"至則伏尸而哭"。

末章缺文

晏子没十有七年,景公飲諸大夫酒。公射出質,堂上唱善,若出一口,公作色太息,播弓矢。弦章入,公曰:"章。"各本注曰"下缺",孫本不缺,云"据《太平御覽》增",而所增之文,與元刻本及《御覽》皆不合,乃雜取諸書補入者,不足爲據。今録元刻於左。

公曰:"章,吾失晏子,未嘗聞吾不善。"章曰:"臣聞君好臣服,君嗜臣食,尺蠖食黄身黄,食蒼身蒼,君其食諂人言乎?"公曰:"善。"賜弦章魚五十乘。弦章歸,魚車塞途,章撫其僕曰:"曩之唱善者,皆欲此魚也。"固辭不受。此元刻也,與《御覽·鱗介部七》所引皆合,然尚非全文。今録《群書治要》所引於左。

公曰:"章,自吾失晏子,於今十有七年矣,未嘗聞吾不善。今射出質,唱善者如出一口。”弦章對曰:“此諸臣之不肖也,智不足以知君之不善,勇不足以犯君之顔。然而有一焉,臣聞君好之則臣服之,君嗜之則臣食之,尺蠖食黄其身黄,食蒼其身蒼,君其猶有食諂人之言乎?”公曰:“善。”此文較詳於元刻,惜所引至此而止,而下文皆未引。考《御覽·人事部六十七》引下文亦較詳於元刻,今録於左。

公以五十乘魚賜弦章。弦章歸,魚車塞塗,章撫其御之手曰:“昔者晏子辭賞以正君,故過失不掩。今諸臣諂諛以干利,吾若受魚,是反晏子之義,而順諂諛之欲也。”固辭魚不受。君子曰:“弦章之廉,晏子之遺行也。”

《漢書》第一

高紀

高帝紀

《高帝紀》第一。

【念孫案】宋景祐、監本無"帝"字,下文《惠帝紀》至《平帝紀》亦皆無"帝"字,景祐本是也。《叙傳》云"述《高紀》第一",下至"述《平紀》第十二",皆無"帝"字。又,《項籍傳》云"語在《高紀》",他篇言"語在某紀"者并同。師古注《惠紀》云"解在《高紀》",他篇注言"解在某紀"者并同。皆其證。

欲奇此女

公始常欲奇此女,與貴人。師古曰:"奇,異也。謂顯而異之而嫁於貴人。"

朱子文曰:"'欲'字宜在'女'字之下,當曰'公始常奇此女,欲與貴人',於文爲順。"【念孫案】朱説非也。"欲"字本在"奇"字上,《外戚傳》:"霍光夫人顯謂淳于衍曰:'將軍素愛小女成君,欲奇貴之。'"語意與此相似。《史記》亦作"常欲奇此女，與貴人”，不得移“欲”字於“與貴人”上也。

逾城保高祖

沛令閉城，欲誅蕭曹。蕭曹恐，逾城保高祖。

《史記集解》引韋昭曰：“以爲保鄣。”師古曰：“保，安也。就高祖以自安。”【念孫案】韋、顔二説皆失之迂。保者，依也。僖二年《左傳》：“保於逆旅。”杜注訓“保”爲“依”。《史記・周本紀》曰：“百姓懷之，多從而保歸焉。”保歸，謂依歸也。《荆燕世家》曰：“與彭越相保。”《莊子・列御寇》篇：“人將保女矣。”司馬彪注曰：“保，附也。”附，亦依也。王逸注《七諫》曰：“依，保也。”

所殺者

由所殺蛇白帝子，所殺者赤帝子故也。

【念孫案】下“所”字涉上“所”字而衍。殺者，謂殺蛇者也，則“殺者”上不當有“所”字。《文選・王命論》注引此無“所”字。《史記》同。《郊祀志》曰：“蛇，白帝子，而殺者赤帝子也。”“殺者”上亦無“所”字。《史記・封禪書》同。

追北

沛公、項羽追北。

服虔曰：“師敗曰北。”韋昭曰：“古‘背’字也，背去而走也。”師古曰：“北，幽陰之處，故謂退敗奔走者爲北。《老子》

曰：‘萬物向陽而負陰。’許慎《説文解字》云：‘北，乖也。’《史記·樂書》曰：‘紂爲朝歌北鄙之音，朝歌者不時。北者，敗也。鄙者，陋也。’是知‘北’則訓‘乖’、訓‘敗’，無勞借音，韋昭之徒并爲妄矣。”【念孫案】《説文》：“北，乖也。從二人相背。”《廣雅》曰：“背，北也。”北音背。則“北”爲古“背”字明矣。《管子·君臣》篇曰：“爲人君者倍道棄法而好行私謂之亂，爲人臣者變故易常而巧官以諂上謂之騰。亂至則虐，騰至則北。”北謂背其君也。尹知章注以“北”爲“敗北”，非是。《齊策》曰：“食人炊骨，士無反北之心。”反北，即反背也。“北”取“乖背”之義，故敗走亦謂之北。桓九年《左傳》：“以戰而北。”《釋文》：“北，嵇康音胸背。”《吴語》：“吴師大北。”韋昭曰：“軍敗奔走曰北。北，古之‘背’字。”是“敗北”之“北”古讀爲“背”，取“背而去之”之義。《甘誓》正義云：“奔北，謂背陳走也。”《説文》訓“北”爲“乖”，正與此義相合。而師古乃云：“北幽陰之處，故謂退敗奔走者爲北。”其失也鑿矣。《後漢書·臧宫傳》注：“人好陽而惡陰，北方幽陰之地，故軍敗者皆謂之北。”此亦襲師古之謬説，唯《荀子·議兵》篇注“北者，乖背之名，故以敗走爲北”，尚能遵用古訓，不爲顔説所惑。師古不讀“北”爲“背”者，特以“北”爲入聲，“背”爲去聲，不可合而一之耳。不知“背”“北”古同聲，故“北”爲古“背”字，而“背”“邶”二字，并從北聲，“敗北”之“北”，亦取“乖背”之義，故嵇康、韋昭相承讀爲“背”。《樂書》訓“北”爲“敗”，安知其不讀爲“背”乎？《大雅·行葦》之“黄耇台背”，與“翼”“福”爲韻。《桑柔》之“職涼善背”，與“極”“克”“力”爲韻。《瞻卬》之“譖始竟背”，與“忒”“極”“慝”“識”“織”爲韻，“背”字皆讀入聲，此“背”“北”同聲之明證也。膠柱之見，亦可以廢然而反矣。

猾賊 猜猾吏

項羽爲人慓悍猾賊。

師古曰:"猾賊者,好爲猾害而殘賊也。"【念孫案】"猾賊"當從《史記》作"猾賊"。《一切經音義》一引《三倉》曰"猾、黠,惡也",《酷吏傳》曰"甯成猾賊任威"是也。《史記》作"滑賊"。"猾賊"與"慓悍"義相承,"猾賊"則非其義矣。隸書"猾"字或作"猧","猾"字或作"猧",二形相近,故"猾"誤爲"猾"。漢安帝《賜豫州刺史馮煥詔》:"儇輕狡猾。""猾"字作"猧",是其證。"儇輕狡猾",猶言"慓悍猾賊"耳。《晉語》"齒牙爲猾",《史記·晉世家》"猾"字亦誤作"猾"。"猾"之爲"猾",猶"渦"之爲"滑"。《吕氏春秋·開春》篇"昔王季歷葬於渦山之尾",《論衡·死僞》篇作"滑山"。又,《酷吏傳》:"徒請召猜猾吏與從事。""猜猾"二字皆"猾"字之訛,辯見《史記》。

道碭

乃道碭。

孟康曰:"道由碭。"【念孫案】道,即由也。見《禮器》《中庸》注。不當分爲二義,後皆放此。

大破之

與南陽守齮戰犨東,大破之。

【念孫案】"大"字後人所加,景祐本無,《史記》亦無。

遲明

沛公乃夜引軍還，遲明，圍宛城三帀。

服虔曰："遲明，欲天疾明也。"文穎曰："遲，未也。天未明之頃，已圍其城矣。"師古曰："此言圍城事畢，然後天明。明遲於事，故曰遲明，變爲去聲，音丈二反。《史記》遲字作遾，亦徐緩之意也，音黎。"今本《史記》"遾"作"黎"。《索隱》曰："黎，猶比也。謂比至天明也。"【念孫案】小司馬説是也。"黎""遲"聲相近，故《漢書》作"遲"。黎明、遲明，皆謂比明也。《通典·兵十一》載此事用文穎説，又别出一解云："黎，黑也。亦未明之候也。"亦非。《史記·南越傳》之"犂旦"，一作"比旦"。《衛將軍傳》之"遲明"，一作"黎明"，《漢書》作"會明"，則"黎"之不訓爲"黑"可知。後人皆謂"黎明"爲將明未明之時，與"昧爽""昧旦"同義，其誤實由於此。此言高祖夜引軍還至宛城，比及天明，已圍城三帀耳。"黎"字亦作"犂"。《史記·吕后紀》："帝晨出射，太后使人持酖飲趙王。犂孝惠還，趙王已死。"徐廣曰："犂，猶比也。"今本"犂"下有"明"字，《集解》内有"諸言犂明者將明之時"九字，皆後人所加，辯見《史記》。《漢書·外戚傳》作"遲帝還，趙王死"，"遲帝還"，比帝還也。《史記·南越傳》"犂旦，城中皆降伏波"，"犂"一作"比"，《漢書》作"遲"。《史記·衛將軍傳》"遲明，行二百餘里"，一作"黎明"，《漢書》作"會明"。"會"亦"比及"之意。《魏志·張郃傳》："諸葛亮急攻陳倉。帝問郃曰：'遲將軍到，亮得無已得陳倉乎？'郃對曰：'比臣未到，亮已走矣。'"是"遲"與"比"同義。服虔以"遲明"爲"欲天疾明"，文穎以爲"未明"，師古以爲"明遲於事"，故曰"遲明"，皆非是。

生此

此沛公左司馬曹毋傷言之,不然籍何以生此?

【念孫案】“生”當爲“至”,字之誤也。《史記·項羽紀》《高祖紀》并作“至”,《通鑑·漢紀一》同。

拔劍舞

因拔劍舞,項伯亦起舞。

【念孫案】下句言“亦起舞”,則上句“舞”上亦當有“起”字,而今本脱之也。舊本《北堂書鈔·樂部三》、明陳禹謨本改引《史記》。《太平御覽·兵部七十三》、所引《御覽》乃鈔本,非刻本也,後皆放此。《文選·西征賦》注引此并作“拔劍起舞”,《史記·項羽紀》曰:“項莊拔劍起舞,項伯亦拔劍起舞。”皆其證。

春正月

元年春正月。

如淳注曰:“以十月爲歲首,而正月更爲三時之首。”【引之曰】歲有四時,自歲首冬十月至十二月已歷一時矣,而春夏秋三時更以春正月爲首,故曰“十月爲歲首,正月爲三時之首”,各本下“首”字誤作“月”,而文義遂不可通。金氏《禮箋》不能釐正,而曰“三時之月謂三正月”,非也。三時凡九月,三正月纔三月耳,不得謂之三時。且正月謂人正建寅之月,不兼天正、地正言之,何得以爲三正?服虔曰:“漢正月也。”【引之曰】上下文皆言楚項羽事,而中間言春正月,恐人不知爲何代之正月,故注表之曰“漢正月也”,謂事在漢高帝元年之正月也。金氏不達注意而强解之，曰"謂漢太初改正之月與前襲秦正者不同"，其説亦非。上文秦二世二年及此元年，皆先言十月，次十一月，次十二月，次正月，俱謂建寅之月爲正月也。秦曆以十月爲歲首，漢《太初曆》以正月爲歲首，歲首雖異，而以建寅之月爲正月則同。太初元年正曆但改歲首耳，未嘗改月號也，辯見下。顔師古曰："凡此諸月號，皆太初正曆之後記事者追改之，非當時本稱也。以十月爲歲首，即謂十月爲正月。上文"秦二年十月"，文穎注曰："秦謂十月爲正月。"則已誤説秦之月號矣，師古之説本此。今此真正月，當時謂之四月耳。他皆類此。"【引之曰】如説是，顔説非也。古者三正迭用，夏以寅月爲歲首，商以丑月爲歲首，周以子月爲歲首，而皆謂之正月。正者，長也，十二月之長也。獨秦自謂獲水德之瑞，於是詔改年始，朝賀自十月朔，《史記·曆書》謂之"正以十月"，又謂之"秦正朔，漢初襲用之"。《孝文紀》所謂"今水德，始明正十月"也。然當時以十月爲歲首，究未嘗以爲四時之首，四時之首惟春耳。萬物孳萌於子，紐芽於丑，引達於寅，故夏之寅月，商之丑月，周之子月，皆謂之春。若亥月，則天地閉塞，不可謂之春矣。《秦始皇紀》："維二十九年，時在中春，陽和方起。"云"陽和方起"，則爲建卯之月可知。然則孟春在建寅之月，而建亥之月不謂之春矣。不可謂之春，則不可以爲正月，故《史記·秦始皇紀》《漢·高》《惠》《高后》《文》《景紀》《秦楚之際月表》及本書《武帝紀》，元封六年以前，凡歲首皆稱十月，無以爲正月者，其所謂正月，則在建寅之月，蓋當時曆用《顓頊》。見《史記·張蒼傳贊》及本書《律曆志》。建寅之月，《顓頊曆》之正月也。《大衍曆議》引《洪範傳》曰："曆記始於顓頊上元太始閼蒙即閼逢。攝提格之歲，畢陬之月，朔旦，己巳立春，七曜俱在營室五度。"見《唐書·曆志》。案，《爾雅》："月在甲曰畢。正月爲陬。"畢陬之月，正月，月在甲也。蔡邕《明堂月令論》引《顓頊曆術》亦曰："天元正月己巳朔旦立春，日月俱起於天廟營室五度。"其以建寅之月爲正月明矣。秦及漢初皆用《顓頊曆》，正月安得不建寅乎？曆譜最重建元，又安得於曆元所起之寅月不謂之正月，而以非曆元所起之亥月爲正月乎？請更以十七證明之。《月令》："季秋之月，合諸侯，制百縣，爲來歲受朔日。"鄭注曰："秦以建亥之月爲歲首。於是歲終使諸侯及鄉遂之官受此法焉。"案，秦雖以建亥之月爲歲首，然《月令》謂之孟冬。若建寅之月爲秦弟四月矣，而《月令》謂之孟春，且以冠十二月之首，則秦所謂正月者，仍是建寅之月矣。其證一也。《史記・秦紀》："昭襄王四十八年十月，韓獻垣雝。秦軍分爲三軍，武安君歸。王齕將伐趙武安、皮牢，拔之。司馬梗北定太原，盡有韓上黨。正月，兵罷，復守上黨。"案，先言十月，後言正月，則十月爲歲首建亥之月，正月爲建寅之月矣。其證二也。《始皇紀》："三十七年十月癸丑，始皇出游。七月丙寅，始皇崩於沙丘平臺。九月，葬始皇酈山。"《六國表》："秦二世元年十月戊寅，大赦罪人。十一月爲兔園，十二月就阿房宫。其九月郡縣皆反。"案，自十月至九月，同在一年之内，則十月爲歲首，九月爲歲終，而十月後之弟三月爲正月，明矣。其證三也。《秦楚之際月表》："二世元年，先十月，次十一月，次十二月，次端月。"《索隱》曰："二世二年正月也，秦諱正，故曰端月。"案，《月表》始十月，而端月在其後弟三月，則建亥之月爲歲首十月，而建寅之月爲正月矣。若當時謂建亥之月爲正月，則端月之名當在十月，豈得在十月後之弟三月乎？其證四也。《史記・高祖紀》："十年十月，淮南王黥布、梁王彭越、燕王盧綰、荆王劉賈、楚王劉交、齊王劉肥、長沙王吴芮，皆來朝長樂宫。春夏無事，七月，太上皇崩櫟陽宫。”案，“春夏無事”，謂自正月至六月皆無事也。若當時謂十月爲正月，則正月爲孟夏四月、六月爲季秋九月。《紀》當言夏秋無事，不得言春夏矣。其證五也。此《紀》下文曰：“十一年二月，詔曰：‘令諸侯王通侯皆以十月朝獻。’”案，詔云“十月朝獻”，則爲歲首可知。若當時謂十月爲正月，則何以不云正月朝獻，而云十月乎？其證六也。《文帝紀》：“二年十一月癸卯晦，日有食之。詔曰：‘乃十一月晦，日有食之，適見於天，災孰大焉。’”《史記·孝文紀》同。案，當時若謂十月爲正月，則十一月爲二月，詔當云“二月晦”，不得云“十一月”矣。其證七也。《文帝紀》又曰：“十五年春，黄龍見於成紀，上乃下詔議郊祀。夏四月，上幸雝，始郊見五帝。”若當時謂十月爲正月，則夏四月當爲秋七月矣。然《史記》云：“有司禮官皆曰：‘古者，天子夏躬親禮祀上帝於郊。’於是天子始幸雝，郊見五帝，以孟夏四月荅禮焉。”則當時之四月，實爲孟夏建巳之月，上推正月，則孟春建寅之月矣。其證八也。《文帝紀》又曰：“元年三月詔曰：‘方春和時，草木群生之物皆有以自樂。’”案，詔云“方春和時”，則三月爲建辰之月可知。三月爲建辰之月，則上推正月爲建寅之月。若云當時謂正月爲四月，則三月當爲六月，可謂之夏，不可謂之春矣，詔何以云“春和”乎？其證九也。《賈誼傳》：“單閼之歲，四月孟夏，庚子日斜，服集余舍。”案，“單閼之歲”，文帝六年丁卯歲也。據《文帝紀》：“三年冬十月丁酉晦，日有食之。十一月丁卯晦，日有食之。”下推至五年後九月，據《文帝紀》及《百官公卿表》，高后八年有後九月，爲閏法一章之弟三閏，至文帝二年爲弟四閏，五年爲弟五閏。晦日當在己卯。再推至六年三月，晦日當在丙子。然則四月二十四日當在庚子也。若云當時之四月爲今之正月，則六年正月有庚戌、庚申、庚午，而無庚子，於義不可通矣。其證十也。《淮南・天文》篇："天一元始，正月建寅，日月俱入營室五度，天一以始建七十六歲，日月復以正月入營室五度無餘分，名曰一紀。"案，淮南王安以元狩元年誅，在《太初曆》未作以前，當時猶用顓頊曆，而其書所謂正月者，在日月俱入營室之月，正《月令》所謂"孟春日在營室"也，非建寅之月而何？其證十一也。秦及漢初以十月爲歲首，九月爲歲終，而歸餘於終，故閏月謂之"後九月"。《史記・吕后紀》《秦楚之際表》《高祖功臣侯表》《建元以來侯表》《王子侯表》《將相名臣表》及本書《高祖紀》《異姓諸侯王表》《王子侯表》《百官公卿表》，皆言"後九月"是也。若當時謂十月爲正月，則九月爲十二月，閏月當爲"後十二月"矣。何以紀、表皆言"後九月"乎？其證十二也。本書《武帝紀》："元光四年冬，魏其侯竇嬰有罪，棄市。春三月乙卯，丞相蚡薨。"而《史記・魏其武安侯傳》曰："魏其以十二月晦論棄市渭城。其春，武安侯病，死。"案，十二月謂之冬，建丑之月也。三月謂之春，建辰之月也。先冬後春，同在一年，故有"其春"之文。若當時以建亥之月爲正月，則建丑之月爲三月，建辰之月爲六月，可云"其夏"，不可云"其春"矣。其證十三也。《武帝紀》元封元年詔曰："其以十月爲元封元年。"案，是年下距太初元年凡六年，曆猶未改也。若當時謂歲首十月爲正月，則詔當云"以正月爲元封元年"，必不稱十月矣。其證十四也。《武帝紀》又曰："太初元年夏五月，正曆，以正月爲歲首。"師古注曰："謂以建寅之月爲正也。未正曆之前，謂建亥之月爲正。今此言以正月爲歲首者，史追正其月名。"何氏屺瞻《讀書記》曰："既曰'正曆以正月爲歲首'，明前此不改月，固以建寅之月爲正月矣。若前此果謂建亥之月爲正，則當云以建寅之月爲正也。”案，何説是也。《史記·將相名臣表》同。蓋建寅之月前此本謂之正月，而不以爲歲首，直至是時始以正月爲歲首也，故《武帝紀》太初元年以前歲首皆書“冬十月”，而春正月在其後。二年以後，歲首皆書“春正月”，而冬十月在其後。此改歲首而不改月之明證。若謂漢初以建亥之月爲正月，建寅之月爲四月，則《史表》《漢紀》當云“太初元年，以四月爲歲首”，或云“以四月爲正月”，其義始明。何得但云以正月爲歲首，而無以别於建亥之正月乎？其證十五也。《史記·秦楚之際表》：“漢元年正月，項羽分關中爲漢。二月，漢王始，故沛公。三月，都南鄭。”《將相名臣表》：“高皇帝元年春，沛公爲漢王，之南鄭。”蓋事在正月、二月、三月，故統謂之春也。若謂當時以正月爲四月，二月爲五月，三月爲六月，則是夏而非春矣，《將相名臣表》何以云春乎？其證十六也。《史記·律書》説十二律始於十月，律中應鐘。終於九月，律中無射。《正義》曰：“漢初，依秦以十月爲歲首，故起應鐘。”案，律書雖依秦法以十月爲首，然但謂之十月，不謂之正月，其所謂正月，乃在律中泰蔟之月。然則建寅之月爲正月，建亥之月爲十月矣。其證十七也。合考諸書，則知亥月爲十月，寅月爲正月，乃當時本稱如是，非太初以後記事者所追改也。《史記·叔孫通傳》：“諸侯群臣皆朝十月。”《索隱》曰：“按，小顔云：‘漢以十月爲正，故行朝歲之禮，史家追書十月也。’見本書《叔孫通傳》注。按，諸書云十月爲歲首，不言以十月爲正月。《古今注》亦云‘群臣始朝十月也’。”以上《索隱》。然則師古追改之説，小司馬固已非之矣。蓋師古但知“正以十月”之文，以爲秦及漢初之正月必在此月，及其不合，則以爲後人追改。不知所謂

"正以十月"者,謂歲首以十月,非謂改十月之號爲正月也。當時所用《顓頊曆》術,惟以建寅之月爲正月,若以亥月爲正月,則《顓頊曆》無此法,故當時不能謂十月爲正月也。《顓頊曆》術湮廢已久,後世鮮有習之者,宜乎昧於秦人月號之所由來而妄生臆説矣。且秦及漢初之月號若與太初有異,記事者正當存之以表沿革,何以改爲?子長、孟堅身爲漢臣,何敢擅改武帝以前之月號乎?本書所載高帝、文帝詔書及武帝太初以前之詔,所稱月號悉與《太初曆》合。詳見前。孟堅縱欲遵《太初曆》法,亦安敢舉先帝詔書而改之乎?然則追改之説其不足信亦明矣。或曰《賈山傳》:"願少衰射獵,以夏歲二月定明堂,造太學,修先王之道。"師古注曰:"時以十月爲歲首,則謂夏正之二月爲五月。今欲定制度,循於古法,故特云用夏歲二月也。"然則漢初謂建卯之月爲五月,與夏時之稱二月者不同,上推歲首建亥之月,當爲正月矣,何以必謂當時之正月爲建寅乎?曰夏與漢之二月皆建卯之月也,因修先王之道,故以三代言之,而稱夏歲二月,欲明所用之二月合於古耳,非謂漢之二月在子月,不在卯月也。《漢紀·文帝紀》載此文,正作"歲二月",無"夏"字。蓋漢初之二月與夏同,故或言"夏歲二月",或言"歲二月",義得兩通。若漢初以夏之二月爲五月,則漢月之名與夏絶殊,荀悦不得省"夏"字矣。未可據此以證亥月之爲正月,而伸追改之説也。近世秦尚書蕙田《五禮通考》、金修撰榜《禮箋》皆惑於顔氏追改之説,故具論之。

楚子諸侯人

羽使卒三萬人從漢王,楚子、諸侯人之慕從者數萬人。

文穎曰："楚子，猶言楚人也。諸侯人，猶諸侯國人。"【念孫案】訓"楚子"爲"楚人"，於義未安。"子"當爲"予"，字之誤也。"予"即"與"字。"與共"之"與"通作"予"，猶"賜予"之"予"通作"與"。《大雅·皇矣》篇"此維與宅"，《漢書·郊祀志》《谷永傳》并作"予"。《論語·顔淵》篇"君孰與足"，《漢書·谷永傳》作"予"。《史記·衛將軍驃騎傳》"與壯士爲剽姚校尉"，《儒林傳》"與博士弟子崇鄉里之化"，《漢書》并作"予"。言楚國與諸國之人皆慕從漢王也。《史記》作"楚與諸侯之慕從者數萬人"，是其明證矣。

往從之

漢王往從之。

【念孫案】"往"字後人所加，景祐本無，《史記·高祖紀》亦無。

圍漢

項羽圍漢滎陽。

【念孫案】"漢"下脱"王"字，則文義不明。《文選·幽通賦》注引此無"王"字，亦後人以誤本《漢書》删之。其《漢高祖功臣頌》注引此正作"項羽圍漢王滎陽"，《漢紀》《通鑑》并作"楚圍漢王於滎陽"。

與苦甚　與嘉之

兵不得休八年，萬民與苦甚。

如淳曰："與，音'相干與'之'與'。"師古曰："音弋庶反。"劉攽曰："與，讀曰歟，助辭。"又，《文帝紀》："今乃幸以天年終，今本脱"終"字，據如、顔注及《史記》《漢紀》補。得復供養于高廟，朕之不明與嘉之，其奚哀念之有！"如淳曰："與，發聲也。四字師古删去，據《史記集解》引補。得卒天年，已幸矣。"晉灼曰："若以朕不明，當嘉善朕之儉約，何哀念之有也。"師古曰："如、晉之説，非也。與讀曰歟。帝自言或者豈朕見之不明乎？以不可嘉爲嘉耳。然朕自謂得終天年，供養高廟，爲可嘉之事，無所哀念也。"劉攽曰："言得以天年供養於高廟，案，劉所見本已脱"終"字。我之不明而蒙此歟，是可嘉也，其奚哀念乎？"【念孫案】如解《文帝紀》以"與"爲"發聲"是也。"萬民與苦甚"，萬民苦甚也。"朕之不明與嘉之"，朕之不明嘉之也。"與"皆助句之詞，本無意義，亦不當讀爲"歟"。"與嘉之"三字連讀，顔、劉以"與"字絶句，尤非也。僖二十三年《左傳》曰："夫有大功而無貴仕，其人能靖者與有幾？"言能靖者有幾也。與，語助也。"與有幾"三字連讀。《釋文》曰："其人能靖者與？音餘。"絶句誤與顔、劉同。襄二十九年曰："是盟也，其與幾何？"言其幾何也。《周語》曰："若壅其口，其與能幾何？"言能幾何也。韋注："與，辭也。"《晉語》曰："諸臣之委室而徒退者，將與幾人？"言將幾人也。韋注："與，辭也。"又，昭十七年《左傳》曰："其居火也久矣，其與不然乎？"言其不然乎也。《周語》曰："余一人其流辟於裔土，何辭之與有？"言何辭之有也。《晉語》曰："亡人何國之與有？"言何國之有也。《越語》曰："如寡人者，安與知恥？"言安知恥也。"與"字皆爲語助。

辨告

吏以文法教訓辨告,勿笞辱。

【念孫案】"辨"讀爲"班"。班告,布告也。謂以文法教訓、布告衆民也。《王莽傳》曰:"辨社諸侯。"孟康曰:"辨,布也。"師古曰:"辨,讀曰班。"又曰:"非五威將帥所班。"蕭該曰:"班,舊作辨。"韋昭曰:"辨,布也。音班。"皆其證。《士虞禮記》:"明日以其班祔。"古文"班"或爲"辨"。襄二十五年《左傳》:"男女以班。"劉炫曰:"哀元年,蔡人男女以辨。"與此同。師古曰:"辨告者,分别義理以曉喻之。"此望文生訓,而非其本旨。

吾知與之矣

陳豨反。上問豨將,皆故賈人。上曰:"吾知與之矣。"乃多以金購豨將。

師古曰:"與,如也。言能如之何也。"【念孫案】顔説甚迂。與,猶敵也。言吾知所以敵之矣。《史記》作"吾知所以與之"。襄二十五年《左傳》:"閭丘嬰與申鮮虞乘而出,行及弇中,將舍。嬰曰:'崔慶其追我。'鮮虞曰:'一與一,誰能懼我?'"與,敵也。懼,病也。出《方言》。言狹道之中,一以敵一,雖崔慶之衆,不能病我也。《秦策》曰:"以此與天下,天下不足兼而有也。"言以此敵天下也。《史記·孫子傳》曰:"今以君之下駟,與彼上駟。取君上駟,與彼中駟。取君中駟,與彼下駟。"《燕世家》曰:"龐煖易與耳。"《白起傳》曰:"廉頗易與。"《淮陰侯傳》曰:"吾平生知韓信爲人易與耳。"與,皆謂敵也。

各以其口數率

及郡，各以其口數率，人歲六十三錢，以給獻費。

師古以"率"字屬上讀，云："率，計也。"劉攽曰："'率'當屬下句，大率也。"【念孫案】顏讀是也。《文紀》云："以户口率，置三老、孝弟、力田常員。"《鹽鐵論・未通》篇云："以口率，被墾田而不足。"鄭注《周官・大宰》云："賦，口率出錢也。""率"字皆屬上讀。

疾可治不醫曰可治

上問醫曰："疾可治不？"醫曰："可治。"

【念孫案】景祐本作："上問醫，句。曰疾可治。句。"無"不醫曰可治"五字是也。"上問醫"者，問疾之可治否也。"曰疾可治"者，醫言可治也。《史記》作"高祖問醫，醫曰病可治"，是其證。後人誤以"上問醫曰"連讀，則下文義不可通，故增此五字耳。宋祁亦曰："舊本及越本并無'不醫曰可治'五字。"

滎陽

陳平、灌嬰將十萬守滎陽。

宋祁曰："'滎'舊本作'熒'。"又，《高后紀》："灌嬰至滎陽。"宋祁曰："景德本'滎'作'熒'。"【念孫案】作"熒"者是也。凡《史記》《漢書》中"熒陽"字作"滎"者，皆後人所改，唯此二條作"熒"，乃舊本之僅存者，而子京未能訂正也。段氏若膺

《古文尚書撰異》曰："考'熒澤'字，古從火，不從水。《周官經》'其川熒雒'、《逸周書》同。《詩·定之方中》鄭箋'及狄人戰於熒澤'、《春秋左氏傳·閔公二年》'及狄人戰于熒澤'、《宣十二年》'及熒澤'、杜預《後序》云'即《左傳》所謂熒澤也'、《爾雅注》'圃田在熒陽'，《釋文》凡六'熒'字，皆從火。《隱元年》注'虢國，今熒陽縣'，《釋文》云'本或作滎，非'，尤爲此字起例。《玉篇·焱部》'熒'字下云'亦熒陽縣'、漢《韓敕後碑》'河南熒陽'、《劉寬碑陰》'河南熒陽'、《鄭烈碑》'熒陽將封人也'，字皆從'火'。而唐盧藏用撰書《紀信碑》'嘗以百萬之兵，困高祖於熒陽'，字正從火。至今明畫，[①]《隋書·王劭傳》上表言符命曰：'龍鬭於熒陽者，熒字三火，明火德之盛也。'然則'熒澤''熒陽'古無從水者。《尚書·禹貢》'熒波既豬'，唐石經及諸本從水，[②]《釋文》亦同者。《崇文總目》云：宋開寶中，詔以德明所釋乃《古文尚書》與唐明皇所定今文駁異，令太子中舍陳鄂删定其文，改從隸書，蓋今文自曉者多，故音切彌省。然則衛包庸妄，改'熒'作'滎'，而陳鄂和之，所當訂正者也。至於經典、《史記》《漢書》《水經注》'熒'字多作'滎'，蓋天寶以前確知熒陽、熒澤不當從水，而其後淺人以爲水名不當從火，遂爾紛紛改竄，[③]然善本亦時有存者。"又曰："《説文·水部》'滎'字下曰：'滎濘，絶小水也。從水、熒省聲。'户扃切。'濘'字下曰：'滎濘也。從水、甯聲。'奴泠切。此依《文選·七命》李善注所引訂正。閻氏《潛丘札記》以'絶小水'爲

① "至今明畫"下尚有"《逸周書》'其川熒雒'"七字，見段玉裁《古文尚書撰異》(皇清經解本)。

② "熒波既豬，唐石經及"八字，王念孫補入。下"諸"字，段玉裁作"今"。

③ "紛紛改竄"上"遂爾"二字衍文，段氏書原無。

《爾雅》'正絶流曰亂'之'絶',與《禹貢》'沛泆爲滎'相發明,其穿鑿傅會由不知《禹貢》字本作'熒'故爾。'中斷曰絶',絶者,窮也,故引伸爲極至之用。'絶小水'者,極小水也。【念孫案】絶小水者,最小水也。"絶""最"聲相近,"最"之爲"絶",猶"綿蕝"之爲"綿蕞"矣。餘見《唐韻正》"絶"字下。'正絶流曰亂'者,中斷之意也,字同而義別矣。"至"熒澤",則非小水之名,與此言"絶小水"者無涉。

惠紀

民有罪

元年冬十二月,民有罪,得買爵三十級,以免死罪。

【念孫案】"民有罪"上當有"令"字,《高紀》曰"令郎中有罪耐以上請之",是其例也,故師古曰"令出買爵之錢以贖罪"。今本脱"令"字,則文義不明。《太平御覽・封建部一》引此已脱"令"字,舊本《北堂書鈔・封爵部下》引此有"令"字。陳禹謨本删去。

懼然 瞿然

聞叔孫通之諫,則懼然。

師古曰:"懼讀曰瞿。瞿然,失守貌,音居具反。"【念孫案】懼然,驚懼貌也。叔孫諫築復道事,帝懼曰"急壞之"是也。又,《吴王濞傳》:"膠西王瞿然駭。"師古曰:"瞿然,無守之貌。"案,瞿然,即駭貌也。訓爲"無守貌",轉失之迂。又,

《鄒陽傳》："長君懼然曰：'將爲之奈何？'"師古曰："懼讀曰瞿。瞿然，無守之貌。"《東方朔傳》："於是吴王懼然易容。"師古曰："懼然，失守之貌。"案，懼然，皆驚貌也，師古訓爲"失守貌""無守貌"者，《齊風·東方未明》篇"狂夫瞿瞿"，《毛傳》云："瞿瞿，無守之貌。"此師古注所本。不知《傳》以下文言"不能辰夜，不夙則莫"，故以"瞿瞿"爲"無守貌"，與此言"瞿然"者，不同也。李頤注《莊子·徐无鬼》篇曰："瞿然，驚貌。"《檀弓》曰："曾子聞之，瞿然曰呼。"又曰："公瞿然失席。"《雜記》曰："見似目瞿，聞名心瞿。"皆謂驚貌也。《莊子·庚桑楚》篇："南榮趎懼然顧其後。"《史記·孟子傳》："王公大人初見其術，懼然顧化。"義并與"瞿然"同。《説文》本作"界"，云："舉目驚界然也。"

高后紀

猶豫

計猶豫未有所決。

師古曰："猶，獸名也。《爾雅》曰：'猶如麐，善登木。'此獸性多疑慮，常居山中，忽聞有聲，即恐有人且來害之，每豫上樹，久之無人，然後敢下，須臾又上，如此非一，故不決者稱猶豫焉。一曰：隴西俗謂犬子爲猶，犬隨人行，每豫在前，待人不得，又來迎候，故云猶豫也。"【念孫案】猶豫，雙聲字，猶《楚辭》之言"夷猶"耳。非謂獸畏人而豫上樹，亦非謂犬子豫在人前，師古之説皆襲《顏氏家訓》而誤，説見《廣雅》。

文紀

郢

宗正臣郢。

文穎曰："劉郢。"【念孫案】此及《儒林傳》"郢"下皆脱"客"字,《史記》同。《諸侯王表》《王子侯表》《百官公卿表》《楚元王傳》及《史記·惠景間侯者表》皆作"郢客"。

其宜

宗室、將相、王、列侯以爲其宜寡人,寡人不敢辭。

【念孫案】"其"字文義不順。當依《史記》作"莫",字之誤也。漢《武都太守李翕析里橋郙閣頌》:"雖昔魯班,亦莫儗象。""莫"字作"其"。"莫宜寡人",言無若寡人之宜者也。上文"丞相平等曰'大王奉高祖宗廟最宜稱,雖天下諸侯、萬民皆以爲宜'",故曰"宗室、將相、王、列侯以爲莫宜寡人"。

廢遷蜀嚴道死雍

淮南王長謀反,廢遷屬嚴道,死雍。

【念孫案】"死雍"上當更有一"道"字,而今本脱之。師古曰:"行至扶風雍縣,在道而死。"此正釋"道死雍"三字也。《五行志》云:"淮南王遷于蜀,道死廱。"《史記·將相名臣表》云:"廢淮南王,遷嚴道,道死雍。"皆其證。

罘罳

未央宫東闕罘罳災。

宋祁曰:"江南本'罳'作'思'。"【念孫案】江南本是也。《説文》無"罳"字。《漢書》作"罘思",《考工記・匠人》注作"浮思",《明堂位》注作"桴思",皆古字假借,他書或作"罘罳"者,皆因"罘"字而誤加"网"也,且顔注"罘"字有音,而"罳"字無音,則本作"思"明矣。《五行志》正作"罘思"。

景紀

薦草莽

郡國或地磽陿,今本脱"地"字,據《通典・食貨一》補。"地磽陿"與下"地饒廣"對文。無所農桑毄畜。或地饒廣,薦草莽,水泉利,而不得徙。

如淳曰:"莊周云:'麋鹿食曰薦。'一曰草稠曰薦,深曰莽。"【念孫案】如以"薦"爲草,則"薦草莽"三字,詞意重複。余謂薦者,聚也,言地饒廣而草莽聚其中也。"薦"與"荐"同。襄四年《左傳》:"戎狄荐居。"《晉語》:"戎狄荐處。"韋、杜注并云:"荐,聚也。"《漢書・翟義傳》:"薦樹之棘。"師古曰:"薦,讀曰荐。荐,重也,聚也。""地饒廣"爲句,"薦草莽"爲句,"水泉利"爲句。

其薨葬

其薨葬，國得發民輓喪、穿復土，治墳，無過三百人，畢事。

【念孫案】“其薨葬”，“薨”字涉上文四“薨”字而衍。諸王侯薨事，已見上文，此文則專指葬事言之，故師古云“畢事，畢葬事也”，不當更有“薨”字。《漢紀・孝景紀》無“薨”字。

武紀

則

然則於鄉里先耆艾，奉高年，古之道也。

【念孫案】景祐本“然則”作“然即”，古字通以“即”爲“則”，今作“則”者，後人不識古字而改之也。

有如日

夏四月戊申，有如日夜出。

【念孫案】此言星狀如日而夜出也，“有”下脱“星”字，則文義不明。《漢紀・孝武紀》《通鑑・漢紀九》并作“有星如日夜出”。

率俾

日月所燭，莫不率俾。

師古曰:“率,循也。俾,使也。言皆循其貢職而可使也。”【引之曰】率俾,猶率從也。説見《經義述聞·尚書》。

治雁門阻險

發巴蜀,治南夷道。又發卒萬人,治雁門,阻險。

師古曰:“所以爲固,用止匈奴之寇。”劉攽曰:“予謂治險阻者,通道令平易,以便伐匈奴耳。”【念孫案】劉説非也。《匈奴傳》云:“因邊山險,塹谿谷,可繕者繕之。”即此所云“治阻險”,若謂“通道以便伐匈奴”,則匈奴之入寇亦便矣。未聞欲伐人而先自去其阻險者也。且上句是治道,下句是治阻險,各爲一事,不得以上句例下句也。

續食

徵吏民有明當世之務、習先聖之術者,縣次續食,令與計偕。

宋祁曰:“舊本‘續’作‘給’。”【念孫案】舊本是也。據注云:“縣次給之食。”則本作“給食”明矣。《平紀》亦有“縣次給食”之語,若作“續食”,則義不可通。《通鑑·漢紀十》作“續食”,則所見《漢書》本已誤。《太平御覽·治道部九》引此正作“給食”,《通典·選舉一》同。

旅耆老

故旅耆老,復孝敬。

師古曰："旅耆老者，加惠於耆老之人，若賓旅也。"【念孫案】《廣雅》曰："旅，養也。"即《王制》所云"養耆老"。

内長文

夫刑罰所以防奸也，内長文所以見愛也。

晉灼曰："長，音長吏之長。"張晏曰："長文，長文德也。"師古曰："言有文德者，即親内而崇長之，所以見仁愛之道。"《困學紀聞》曰："或云：古寫本無注，《漢書》'内長文'三字作'而肆赦'。"【念孫案】舊注皆牽强，或説"内長文"作"而肆赦"，雖無明據，而於上下文義甚合，下文云"其赦天下"可證也。"而"與"内"，"肆"與"長"，"赦"與"文"皆字形相近而誤。

方聞

故詳延天下方聞之士，咸薦諸朝。

師古曰："方，道也。聞，博聞也。言悉引有道博聞之士而進於朝也。一曰：'方，謂方正也。'"【念孫案】訓"方"爲"道"，或訓爲"方正"，皆與"聞"字義不相屬。余謂"方聞之士"，即博聞之士也。《廣雅》曰："博、方、廣，大也。"是"方"與"博"同義。上文曰："今禮壞樂崩，朕甚閔焉。"下文曰："其令禮官勸學，講議洽聞，舉遺興禮，以爲天下先。"是武帝欲舉博聞之士以興禮樂，非舉賢良方正也。若舉賢良方正，則建元元年已有詔矣，《儒林傳》亦載此詔。

齊氏息園曰："案，《史記》作'詳延天下方正博聞之士'，義甚明皙，當是《漢書》寫本脱'正博'二字。"【念孫案】齊説亦非也。《史記》有“正博”二字者,後人襲取顏注,增成意義耳。《漢書》兩載此詔,皆作“方聞之士”,且皆本《史記》,則《史》《漢》皆無“正博”二字明矣。

論臣　諭三老孝弟

孔子對哀公以論臣。

如淳曰:“《韓非》云:哀公問政,仲尼曰‘政在選賢’。”見《難》篇。【念孫案】《韓子》言選賢,此言論臣。論,亦選也。《齊語》“論比協材”,《吕氏春秋·當染》篇“善爲君者,勞於論人”,高、韋注并云:“論,擇也。”擇,亦選也。字本作“掄”。《説文》:“掄,擇也。”

諭三老孝弟,以爲民師。舉獨行之君子,徵詣行在所。

【念孫案】“諭”當爲“論”,字之誤也。論,選也。謂選三老孝弟以爲民師也。下云:“舉獨行之君子。”“舉”與“論”義相近,故古書或以“論”“舉”連文。《荀子·成相》篇云:“天乙湯,論舉當。”論舉,即選舉也。若云:“諭三老孝弟。”則與“以爲民師”四字,義不相屬矣。

怵於邪説

淮南、衡山兩國接壤,怵於邪説而造簒弑。

服虔本“怵”作“怢”,云“怢音裔”。案,《釋詁》釋文云:“怢,音逝。”張揖《雜字》音曳,“曳”與“裔”同音,故服云“怢音裔”。應劭曰:“狃怢也。”如淳本作“怵”,云:“怵,音怵惕。見誘怵於邪説也。”師古曰:“作‘怢’者非。如説云‘見誘怵’,其義是也,而音'怵惕',又非也。'怵'或體'訹'字耳。訹者,誘也。音如'戌亥'之'戌'。《南越傳》曰:'不可怵好語入朝。'諸如此例,音義同耳。"【念孫案】作"忕"者是也。《晉語》注云:"狃忕也。"《後漢書·馮異傳》注云:"狃忕,猶慣習也。"言淮南、衡山兩國接壤,故習於邪説,而謀叛逆也。《淮南衡山傳贊》云:"剸懷邪辟之計,謀爲畔逆,此非獨王也,亦其俗薄,臣下漸靡使然。"漸靡者,習於邪説之謂也。又,《史記·漢興以來諸侯表》云:"諸侯驕奢,忕邪臣計謀爲淫亂。"《索隱》曰:"忕音誓。忕訓習,言習於邪臣之謀。"彼云"忕邪臣計",此云"忕於邪説",其義一也,故服、應本皆作"忕",而訓爲"狃忕",至如本始作"怵",而訓爲"誘怵"耳。蓋俗書"忕"字作"忲",今書傳中"狃忕"字多作"忲",猶"杕杜"之"杕",俗作"杖"也。與"怵"相似而誤。若《韓長孺傳》之"訹邪臣浮説"、《南越傳》之"怵好語",則其字皆從"术",而訓爲"誘怵",然不可以彼而例此也。

戰死

兩軍士戰死者數萬人。

【念孫案】"戰"字後人所加。云:"死者數萬人。"則戰死可知。景祐本無"戰"字,《匈奴傳》作"漢士物故者萬數",亦無"戰"字。

崇嵩

翌日親登崇嵩。

【念孫案】"嵩"當依景祐本作"高",崇高,即嵩高。

崇高

以山下户三百爲之奉邑，名曰崇高。

師古曰："謂之崇者，示尊崇之。"又，《郊祀志》："以山下户凡三百封崈高，爲之奉邑。"師古曰："崈，古'崇'字耳。以崇奉嵩高之山，故謂之崈高奉邑。"【念孫案】崇高，即嵩高。師古分"崇""嵩"爲二字，非也。詔曰"翌日親登崇高"，《志》曰"以山下户凡三百封崈高"，則"崇高"本是山名，而因以爲邑名，非以崇奉中岳而名之也。古無"嵩"字，以"崇"爲之，故《説文》有"崇"無"嵩"，經傳或作"嵩"，或作"崧"，皆是"崇"之異文。《地理志》"潁川郡崈高"下云"古文以崈高爲外方山"，《周語》："融降于崇山。"韋注云："崇，崇高山也。"是"嵩高"之"嵩"，本作"崇"也。漢《仙人唐公房碑陰》"南鄭祝岱字子𡸫，祝恒字仲𡸫，祝崇字季𡸫"，"崇"即"嵩"字，此三人之名與字皆取諸五岳。《郊祀志》又云："祠中岳泰室於嵩高"，是邑名之"崇高"字亦作"嵩"也。《爾雅》："嵩、崇，高也。""嵩""崇"聲近而義同，故"崇"或作"嵩"。《列子·湯問》篇："塊然見之若嵩山之阿。"謂崇山之阿也。楊雄《河東賦》："瞰帝唐之嵩高兮。"謂堯德之崇高也。漢《桐柏淮源廟碑》"宫廟嵩峻"、《三公山碑》"厥體嵩厚，畯極于天"、《成陽令唐扶頌》"如山如岳，嵩如不傾"、《大尉劉寬後碑》"公以嵩高之門，好謙儉之操"，"嵩"字并與"崇"同。嵩如不傾，即崇而不傾。是經傳中泛言"崇高"者，其字亦作"嵩"也。山名嵩高，本取崇高之義。《爾雅》："山大而高，崧。"郭璞曰"今中岳嵩高山蓋依此名"是也。後世小學不明，遂以"崇"爲泛稱，"嵩"爲中岳。漢靈帝時，中郎將堂谿典請改崇高山爲嵩高山，《後漢書·靈帝紀》注引《東觀記》云。則已分"崇""嵩"爲二字，而魏晉以下皆沿其誤。

皆來觀

作角抵戲，三百里内皆來觀。

【念孫案】“來”字後人所加，景祐本無，《太平御覽・工藝部十二》引此亦無。《漢紀》作“三百餘里内人皆觀”。

射蛟

自尋陽浮江，親射蛟江中，獲之。

師古曰：“許慎云：‘蛟，龍屬也。’”【念孫案】蛟爲神物，不可得而射。“蛟”當讀爲“鮫”，謂江中大魚也。《説文》：“鮫，海魚也。皮可飾刀。”《史記・秦始皇紀》：“方士徐市等入海求神藥不得，乃詐曰：‘常爲大鮫魚所苦，故不得至。’始皇乃令入海者齎捕巨魚具，而自以連弩候大魚出射之。至之罘，射殺一魚。”事與此相類也。鮫爲海魚，而江中亦有之者。《吕氏春秋・季夏》篇：“令漁師伐蛟取鼉，升黿取黿。”高注曰：“蛟、鼉、黿皆魚屬。”《中山經》曰：“荆山，漳水出焉，而東南流注于睢，其中多鮫魚。”是他水中亦有鮫魚也。《月令》《吕覽》《淮南》“鮫魚”字并作“蛟”。《荀子・議兵》篇“楚人鮫革犀兕以爲甲”，《韓詩外傳》及《淮南・兵略》篇亦作“蛟”。此言射蛟江中，亦是借“蛟”爲“鮫”也。《漢紀・孝武紀》作“親射鮫魚于江中”，是其證。

妻子

丞相屈氂下獄要斬，妻子梟首。

【念孫案】"妻"下"子"字乃後人依《劉屈氂傳》加之也。《劉屈氂傳》云:"妻子梟首華陽街。"景祐本無"子"字,宋祁亦曰"舊本無'子'字"。據鄭氏注云:"妻作巫蠱,夫從坐,但要斬也。"則鄭所見本無"子"字明矣。《五行志》曰:"屈氂坐祝禮要斬,妻梟首。"《漢紀》曰:"屈氂妻坐爲巫蠱祝詛,屈氂要斬,妻梟首。""妻"下皆無"子"字。

昭紀

捕斬反虜重合侯馬通

大將軍光、左將軍桀皆以前捕斬反虜重合侯馬通功,封光爲博陸侯,桀爲安陽侯。

《漢紀·孝昭紀》"重合侯馬通"上有"侍中僕射莽何羅"七字。【念孫案】《武帝紀》曰:"侍中僕射莽何羅與弟重合侯通謀反,侍中駙馬都尉金日磾、奉車都尉霍光、騎都尉上官桀討之。"《霍光金日磾傳》具載其事,則此《紀》脱去"侍中僕射莽何羅"七字明矣,當據《漢紀》補。

宣紀

吉

廣川王吉有罪。

宋祁曰:"'吉',一作'去'字。"【念孫案】一本是也。作"吉"者,字之誤耳。《諸侯王表》及《景十三王傳》并作"去",

《漢紀》同。

魯郡

鳳凰集魯郡。

齊氏息園曰："案，魯是時尚爲國，不得稱郡。《通鑑》但云'集魯'，可謂至慎。"【念孫案】漢有魯國，無魯郡，"郡"字後人所加。魯，即魯國，猶上文言鳳皇集膠東耳。《通鑑》作"鳳皇集魯"，即用《漢書》之文，非《漢書》有"郡"字，而《通鑑》删之也。《文選·四子講德論》注、《藝文類聚·祥瑞部下》《太平御覽·刑法部十八》《羽族部二》引此并作"鳳皇集魯"，《宋書·符瑞志》同。

粲而不殊

蓋聞象有罪，舜封之。骨肉之親，粲而不殊。

師古曰："粲，明也。殊，絶也。當明於仁恩，不離絶也。"【念孫案】師古訓"粲"爲"明"，"骨肉之親，明而不殊"，則文不成義，故又加數字以解之曰"當明於仁恩，不離絶"，甚矣其鑿也。今案，"粲"之言"散"也，言骨肉之親，雖分散而終不殊絶也。《文選·求通親親表》："骨肉之恩，爽而不離。"李善曰："《漢書》宣帝詔曰：'骨肉之親，粲而不殊。'如淳曰：'粲或爲散。'"是其明證矣。《武五子傳》載此詔作"骨肉之親，析而不殊"，析，亦散也。《説文》："𥼶，𥻷𥼶，散之也。"昭元年《左傳》："周公殺管叔而蔡蔡叔。"杜注曰："蔡，放也。"《釋文》曰："上'蔡'字音素葛反，放也。《説文》作𥼶。"《正義》曰："'𥼶'

爲放散之義,故訓爲'放'也。""散""粲""蔡""粲"語之轉,皆謂分散也。"蔡"之爲"粲",猶"翠蔡"之爲"翠粲"矣。《文選·琴賦》:"新衣翠粲。"李善曰:"《子虛賦》曰:'翕呷翠蔡。'張揖曰:'翠蔡,衣聲也。'班婕妤《自傷賦》曰:'紛翠蔡兮紈素聲。'《洛神賦》曰:'披羅衣之璀粲。'字雖不同,其義一也。"此注甚合古人同意相受之旨。惠氏《左傳補注》謂《漢書》《文選》"粲"字皆"粲"字之誤,非也。如淳曰:"粲或爲散。""散""粲"聲相近,則"粲"非"粲"之誤。且《洛神賦》之"璀粲",即"翠粲"之轉,固不可改爲"璀粲"也。應瑒《迷迭賦》亦云:"振纖枝之翠粲。"吴仁傑《兩漢刊誤補遺》謂隸書改"粲"作"粲",遂失本體。誤與惠氏同。

晦

五鳳四年,夏四月辛丑,晦,日有食之。

【念孫案】"晦"當爲"朔"。《五行志》云:"五鳳四年,四月辛丑朔,日有食之。是爲正月朔,慝未作,《左氏》以爲重異。"則當作"朔"明矣。下文詔曰:"皇天見異,以戒朕躬。"諸日食不言異,而此獨言異,亦以其在正月之朔也。《漢紀·孝宣紀》《通鑑·漢紀十九》并作"朔"。

元紀

蓋寬饒

大臣楊惲、蓋寬饒等。

【念孫案】景祐本"蓋"作"盇",古字假借也。"蓋寬饒"之"蓋",本音公盇反,故與"盇"通。《藝文類聚·鳥部上》引《韓詩外傳》"船人蓋胥跪而對"，今本作"盇胥"。後人依本傳改"盇"爲"蓋"，未達假借之旨。

令就農

其罷甘泉、建章宫衛，令就農。百官各省費。

宋祁曰："唐本、監本'衛'字下有'各'字。"【念孫案】唐本、監本是也。"各令就農""各省費"，兩"各"字文義相承。《漢紀》作"令各就農"，亦有"各"字。

人人

人人自以得上意。

宋祁曰："'人人'，南本只一个'人'字。"【念孫案】南本是也。今本多一"人"字者，後人依《匡衡傳》加之。正文只一"人"字，故注申之云"人人各自以當天子之意"，若正文本作"人人"，則無庸注矣。《匡衡傳》："人人自以爲得上意。"師古無注，即其證。

爲父後者

賜吏六百石以上爵五大夫，勤事吏二級，爲父後者民一級。

【念孫案】"爲父後者"四字涉上文而衍，景祐本無此四字是也，宋祁亦云越本無此四字，《漢紀》亦無。上文：以立皇太子故，"賜天下當爲父後者爵一級"，初元二年四月。此不當有。其初元二年正月、四年三月、永光元年正月、二年二月、建昭五年三月，賜民爵一級，皆無“爲父後者”之文，他篇放此。

原上

以渭城壽陵亭部原上爲初陵。

【念孫案】“原”字上有“北”字，而今本脱之，則不知在何方矣。《漢紀》正作“北原上”，《宣紀》云：“以杜東原上爲初陵。”《哀紀》云：“以渭城西北原上永陵亭部爲初陵。”皆其例也。

脱四字

益三河大郡大守秩。

【念孫案】《漢紀》“秩”下有“中二千石”四字是也。大守秩二千石，益之，則爲中二千石。下文“令三輔都尉、大郡都尉秩皆二千石”，與此文同一例。若無“中二千石”四字，則文義不明。

藍田地

建昭四年夏六月，藍田地沙石雍霸水。

【念孫案】此文當依《漢紀》《通鑑》作“藍田地震，山崩，沙石雍霸水”，此因地震，故山崩而沙石壅水也。今本脱“震山崩”三字，則叙事不明。《太平御覽・咎徵部七》引此正作“地震”。下文“安陵岸崩”，亦承地震言之。

成紀

云

乃著令,令大子得絶馳道云。

師古曰:“言云者,此舉著令之文。”【念孫案】師古説非也。云,猶焉也,足句之詞,本無意義。《封禪書》“乃令祠官進畤犢牢具,色食所勝,而以木禺馬代駒焉”,《郊祀志》“焉”作“云”,是其證,《漢書》中若是者多矣,若必求“云”字之義,則皆不可通。

孝景廟闕

孝景廟闕災。

【念孫案】“闕”上當有“北”字,《五行志》及《漢紀》皆作“孝景廟北闕災”。又,《文紀》“未央宫東闕罘思災”,《景紀》“未央宫東闕災”,《元紀》“孝宣園東闕災”,皆其例也。

哀紀

延于側陋

其與大司馬、列侯、將軍、中二千石、州牧守相,舉孝弟惇厚、能直言、通政事、延于側陋、可親民者,各一人。

【念孫案】“延于側陋”四字與上下文義不相屬,此四字當别爲一句,在“州牧守相”之下,而以“舉孝弟惇厚、能直言、通政事、可親民者”十五字連讀，則上下文皆貫通矣。師古注云：“孝弟惇厚、直言、通政事之人，雖在側陋，可延致而任。”則所見本已與今本同。

建平四年春

建平四年春，大旱。關東民傳行西王母籌。

《五行志》曰：“建平四年正月，民驚走，持稾或棷一枚，①傳相付與曰行詔籌。”【念孫案】依《五行志》，則此《紀》“建平四年春”下當有“正月”二字。下文曰“二月，封帝大大后從弟侍中傅商爲汝昌侯”，則此所紀爲正月事明矣。《漢紀·孝哀紀》亦有“正月”二字。

① “棷”，底本作“掫”，據《漢書》改。

《漢書》弟二

異姓诸侯王表

章文繆獻

秦起襄公，章文繆，獻孝昭莊稍蠶食六國。①

顔師古斷“章文繆獻”爲句，“孝昭莊”爲句，解上句云：“至文公、繆公、獻公，更爲章著也。”【念孫案】獻公在繆公之後十六世，而與文、繆并數之，既爲不倫，且上下句法亦屬參差，當斷“章文繆”爲句，“獻孝昭莊”爲句。孝公，即獻公之子也。“章文繆”，據春秋時言之。“獻孝昭莊蠶食六國”，則據戰國時言之，文義甚明。《史記・秦楚之際月表序》曰：“秦起襄公，章於文繆，獻孝之後稍以蠶食六國。”是其明證也。師古不以“獻孝昭莊”爲句者，其意以蠶食六國，自孝公始，不當并及於獻耳。今案，《史記・六國表》曰：“秦獻公十九年敗韓魏洛陰。”舊本“陰”訛作“陽”，今據《魏世家》集解所引改正。《周本紀》曰：“顯王五年，賀秦獻公，獻公稱伯。”《秦本紀》曰：“獻公二十一年，與晉戰於石門，斬首六萬，天子賀以黼黻。二十三

① “莊”，底本作“嚴”，避漢明帝劉莊諱，今回改。

年，與晉戰少梁，虜其將公孫痤。”舊本“晉”上有“魏”字，今删，説見《史記》。則秦之强寔自獻公始。《六國表序》曰：“秦始小國僻遠，諸夏賓之，比於戎狄，至獻公之後常雄諸侯。”此又一證也。

初置

孝惠七年，初置淮陽国。

【念孫案】“初置”當依《史表》作“復置”。《地理志》云：“淮陽国，高帝十一年置。”《高五王傳》云：“趙幽王友，十一年立爲淮陽王。孝惠元年，徙王趙。”是既徙之後國除爲郡，至惠帝崩後，高后復置淮陽国以封所詐立惠帝子强，不得言初置也。此涉上文“初置鲁国”而誤。

諸侯王表

共王不周

河間獻王德　共王不周嗣。

【念孫案】“不周”當爲“不害”，字之誤也。隸書“害”字或作“𡨧”，與“周”相似而誤。《景十三王傳》及《史表》《五宗世家》皆作“不害”。

三年

常山憲王舜　真定，元鼎三年，頃王平以憲王子紹封。

泗水，元鼎三年，思王商以憲王少子立。

【念孫案】“三年”皆當爲“四年”，此涉上文“元鼎三年，王勃嗣”而誤。《武紀》云：“元鼎四年，立常山憲王子商爲泗水王。”《地理志》云：“真定國，武帝元鼎四年置。泗水國，故東海郡，武帝元鼎四年别爲泗水國。”《史記·漢興以來諸侯表》云：“元鼎四年，思王商元年，頃王平元年。”《漢興以來將相名臣表》云：“元鼎四年，立常山憲王子平爲真定王，商爲泗水王。”《五宗世家》云：“真定王平，元鼎四年，用常山憲王子爲真定王。泗水思王商，元鼎四年，用常山憲王子爲泗水王。”皆其證。

王子侯表

脱二字

沈猷夷侯歲

【念孫案】《史表》“猷”作“猶”。《索隱》曰：“《漢表》在高苑。”又，《楚元王傳》：“封元王子歲爲沈猶侯。”晉灼曰：“《王子侯表》屬‘千乘高苑’。”《地理志》作“高宛”。今本末一格脱“高苑”二字，當補入。

豫章

安城思侯蒼　豫章。

【念孫案】“安城”，《史表》作“安成”。《地理志》安成屬長沙，不屬豫章。“豫章”本在下條“宜春侯成”下，因此條脱“長沙”二字，而“豫章”二字遂移入此條矣。《史表》索隱引此已誤。《水經·贛水》注云：“《十三州志》稱：廬水西出長沙安成縣。今本“安成”作“安復”，乃後人所改，依新校本訂正。武帝元光六年，封長沙定王子劉蒼爲侯國。”是其證。

脱二字

宜春侯成

【念孫案】此條末一格當有“豫章”二字，今誤入上條。《地理志》：“豫章郡宜春。”《水經·贛水》注云：“牽水西出宜春縣。漢武帝元光六年，封長沙定王子劉成爲侯國。”是其證。

勝容　勝侯客

勮俗作劇。原侯错　侯勝容嗣。

【念孫案】“勝容”二字，義無所取，當是“勝客”之訛。《高祖功臣表》有樊噲曾孙勝客，《恩泽侯表》有丙吉元孫勝客，《急就篇》有薛勝客，未有名“勝容”者。又，《高祖功臣表》：“河陵頃侯郭亭。”“河陵”當作“阿陵”，説見《功臣表》。下云：“勝侯客嗣。”“勝侯客”亦當依《史表》作“侯勝客”。

東海

臨朐夷侯奴　東海。

【念孫案】《地理志》東海無臨朐縣，此涉下條“東海”而誤也，“東海”當爲“東萊”。《地理志》曰：“東萊郡臨朐。”《水經·巨洋水》注曰：“巨洋水逕臨朐縣故城東。漢武帝元朔二年，封菑川懿王子劉奴爲侯國。”是其證。

雷侯

雷侯狶

【念孫案】“雷”當爲“盧”，《史表》亦誤作“雷”。《地理志》城陽國有盧縣，今本“盧”誤作“慮”，或云“盧”“慮”古字通，非也，辯見《地理志》。《水經·沂水》注云：“盧川水東南流，逕城陽之盧縣，故蓋縣之盧上里也。漢武帝元朔二年，封城陽共王弟劉狶爲侯國。”是其證。《周官·職方氏》：“其浸盧維。”鄭注云：“盧維當爲雷雍，字之誤也。”隸書“盧”字作“䨓”，其上半與“雷”相似，故《周官》之“雷”誤作“盧”，而《史》《漢表》之“盧”又誤作“雷”。或謂古字通用，非也。韻書“盧”在模部，“雷”在灰部，灰部之字，不得與模部通，故鄭不云“聲之誤”，而云“字之誤”。

辟土

辟土節侯壯

【念孫案】《史表》“辟”下無“土”字，蓋“壁”“辟”古字通，成二年《左傳》“辟司徒”，杜注：“主壘壁者。”《爾雅·釋天》“營室東壁”，《曲禮》注“壘，軍壁也”，《釋文》“壁”并作“辟”。故《漢表》作“壁”，而寫者誤分爲二字，師古音“闢”，非也。《水經·沭水》注云：“葛陂水西南流，逕辟城南，世謂之辟陽城。漢武帝元朔二年,封城陽共王子劉壯爲侯國。”則作“辟土”者誤也。漢之辟城在城陽莒縣,見《沭水》注。與東海相近,故《表》在東海也。

平城 脱二字

平城侯禮

【念孫案】“平城”當依《史記》作“成平”。《水經·濁漳水》注云:“成平縣故城,漢武帝元朔三年封河間獻王子劉禮爲侯國。”《地理志》成平、南皮俱屬勃海,故《索隱》云“《表》在南皮”,縣相近故也,若平城,則在北海,去南皮遠矣。又,末一格脱“南皮”二字,當依《索隱》補。

前侯

前侯信

師古曰:“字或作菆,音側流反。”【念孫案】“前”即“菆”字之誤,隸书“菆”字作“䓣”,因訛而爲“前”。《史记》作“叢”,徐廣曰:“一作散。”《索隐》曰:“叢音緅。”蓋書傳“叢”字或作“菆”,“叢”“菆”皆以“取”爲聲,故皆有“緅”音也。《公羊春秋》僖三十三年:“公伐邾婁,取叢。”《釋文》:“叢作菆。”《疏》云:“叢,有作‘鄹’字者。”其作“散”者,亦“菆”之訛。

二月

胡毋侯楚 二月癸酉封。

【念孫案】“二月”當依《史表》作“十月”,自蒲领侯以下二十四侯,皆以元朔三年十月癸酉封,若此侯獨以“二月”封,則不當列於正月之前矣。

安意

象氏節侯贺　侯安意嗣。

【念孫案】“安意”當作“安悳”。“悳”,古“德”字,與“意”相似而誤,《史表》正作“安德”。又,《高后功臣表》有齊受玄孫安德。

脱二字

建成侯拾

【念孫案】《史表》索隐云:“《表》在豫章。”今本末一格脱“豫章”二字,當補入。《地理志》建成屬豫章郡,《水經·贛水》注云:“濁水東逕建成縣。漢武帝元朔四年,封长沙定王子劉拾爲侯國。”是其證。

敦侯　敷侯

臨樂敦侯光

師古曰:“敦字或音弋灼反。又作敫,古穆字。”【念孫案】“敦”字無“弋灼反”之音,“敫”亦非古“穆”字,此傳寫脱誤,當作“敦字或作敫,音弋灼反。又作敹,古穆字。”《説文》:“敫,读若龠。”正合“弋灼反”之音。《玉篇》:“穆,古文作敹。”《集韻》云:“穆,古作敹。”皆其證。《玉篇》作“敹”,與俗書“敦”

字尤相似。“敦”與“敫”皆《周書·謚法》所無,《史記》亦作“敦”,《索隱》引《謚法》“善行不怠曰敦”,未詳所出。則皆“㪕”之訛也。“㪕”古“穆”字,《謚法》曰“布德執義曰穆,中情見貌曰穆”是也。

下文“定敷侯越”,“敷”亦《謚法》所無。《史記》作“敫侯”,“敫”爲“㪕”之訛,“敷”又“敫”之訛耳。今本《史記》“敫侯”作“敬侯”,後人以意改之也。《索隱》單行本作“敫”,引《説文》“敫,讀如躍”,則司馬所見本正作“敫”,而《謚法》無“敫”,則其爲“㪕”字之訛可知。今本《史記》既改“敫”爲“敬”,又改《索隱》云“《漢表》作敷。《説文》云‘敷讀如躍’”,殊爲可笑,或又謂《漢表》“敷”字爲“敬”字之訛,不知“敬”字左畔與“敷”字絶不相似,若本是“敬”字,無緣訛爲“敷”也。“敫”字左畔與“敬”字亦不相似,又不得改“敫”爲“敬”也。

三十五年

牟平共侯渫　元狩三年,節侯奴嗣,三十五年薨。大始二年敬侯更生嗣。

【念孫案】“三十五年”當依景祐本作“二十五年”,自元狩三年至大始二年,凡二十六年,侯奴之薨,在前一年,故曰“二十五年”。

歊

歊安侯延年

師古曰:“歊,音許昭反。”【念孫案】“歊”當依《史表》作

“鄗”。李奇注《韓信傳》曰：“鄗，音羹臛之臛。”《地理志》鄗縣屬常山，即《左傳》哀四年“齊國夏伐晉，取鄗”者也。延年爲趙敬肅王子，故封於常山，鄗縣故城在今趙州柏鄉縣北。後有鄗侯舟，亦敬肅王子。蓋延年以元鼎五年坐酎金失侯，故又封舟於鄗也。“鄗侯舟”下書“常山”，則此亦當有“常山”二字，而寫者脱之。“鄗”與“歊”字形相似而誤，師古望文爲音，失之矣。

乘丘

乘丘節侯將夜

【念孫案】“乘丘”當依《史表》作“桑丘”。《史記・趙世家》：“韓舉與齊魏戰，死于桑丘。”《正義》曰：“《括地志》云：‘桑丘城在易州遂城縣界。’今保定府安肅縣西南有桑丘城，漢之北新城地也。”《地理志》作“北新成屬中山國，將夜爲中山靖王子，故封於中山。若乘丘則屬泰山，故城在兖州府滋陽縣西北，去中山遠矣”。《水經・洙水》注云：“洸水西南逕泰山郡乘丘縣故城東，趙肅侯二十三年，韓將舉與齊魏戰於乘丘，即此縣也。漢武帝元朔五年，封中山靖王子劉將夜爲侯国。”蓋所見《赵世家》《王子侯表》之“桑丘”，皆誤爲“乘丘”，遂有此謬證矣。隸書“桑”字作“桒”，“乘”字或作“來”，見漢《安平相孫根碑》。二形相似，故“桑”訛作“乘”耳。又《史表》之“桑丘”，《索隱》云：“《表》在深澤。”蓋《地理志》“深澤”與“北新成”皆屬中山，地相近故也。今末一格脱“深澤”二字，當補入。

脱一字

柳宿夷侯蓋

【念孫案】此條末一格有“涿”字，而今本脱之。《史表》“柳宿”，《索隱》云：“《表》在涿郡。”是其證。涿與中山相連，此侯爲中山靖王子，故封邑在涿也。

蕢　脱二字

蕢侯方

師古曰：“蕢，音口怪反。字或作費，音扶未反，又音祕。”【念孫案】“蕢”字從艸、貴聲，音求位、口怪二反，不音“扶未反”，亦不“音祕”，且不得與“費”通。“蕢”當爲“蕡”字之誤也。隸书“賁”字作“賁”，形與“貴”相近，故“蕡”訛作“蕢”。《列子·楊朱》篇“宋國有田夫，常衣縕黂”，今本“黂”訛作“黂”。《莊子·天運》篇：“乃憤吾心。”“憤”本又作“憒”，皆其類也。“蕡”字從艸、賁聲，“賁”音“奔”，又音彼義反，故“蕡”音“墳”，又音扶未反，又音“祕”，聲與“費”同，故字亦相通。《内則》：“菽麥蕡稻黍粱秫。”《釋文》：“蕡，扶云反。徐扶畏反。”《爾雅》：“黂，枲實。”《釋文》：“黂，本或作蕡，符分反，或扶沸反。”《方言》：“蘇，周鄭之間謂之公蕡。”郭注曰：“蕡，音翡翠。”皆其證也。師古不知“蕢”爲“蕡”之訛，故音口怪反。《史記》“蕡”作“費”，《索隱》曰：“費，音祕，又扶味反。”汲古閣所刻《索隱》單行本如是。今本《史記》作“蕢”，《索隱》曰“或作費”，此後人據《漢書注》改之。“蕡”與“費”字異而義同，即《地理志》之“東海費縣”也。又《索隱》云：“《表》在琅邪。”琅邪、東海二郡相連，故《志》在東海，而《表》在琅邪，今本末一格脱“琅邪”二字,當補入。

瓡

瓡節侯息

師古曰:“瓡,即瓠字也。瓠音狐。又音孤。”《地理志》“北海郡瓡”,師古曰:“瓡,即執字。”《史記·建元以來王子侯者表》“報侯劉息”,今本“報”作“瓡”,乃後人據《漢書》改之。《集解》:“徐廣曰:‘一作瓡。’”今本作“報”,亦後人轉改。《索隱》單行本曰:“報,今本删此字。縣名,《志》屬北海,《表》作瓡,韋昭以‘瓡’爲諸蟄反。”“《表》作瓡”以下十一字,今本删。【念孫案】“瓡”與“報”,皆“執”字之譌也。隸書“執”字或作“瓡”,見漢《淳于長夏承碑》。故譌爲“瓡”,又譌爲“報”。《史記·建元以來王子侯者表》“鈞丘侯劉執德”,《漢表》“執”作“報”。《家語·七十二弟子》篇“子若執其書曰‘吾斯之未能信’”,今本“執”譌作“報”。《史表》之“報侯息”,即《漢表》之“瓡侯息”,而韋昭音“諸蟄反”,則非“報”字明矣。《地理志》之“瓡”,師古以爲即“執”字,正與諸蟄之音相合,而《説文》《玉篇》皆有“執”,無“瓡”,隸書“執”字又與“瓡”相似,則“瓡”爲“執”之譌明矣。凡“執持”之“執”,《史》《漢》中無作“瓡”者,惟縣名之“執”作此字,蓋“執持”之“執”,隸書作“瓡”者,人皆知其爲“執”字之譌,故隨處改正,惟縣名之“瓡”,不敢輒改,遂相沿至今。師古既云“瓡即執字”,又云“瓡即瓠字。又音孤”,前後自相矛盾,則涉河東郡之“瓡讘”而誤也。辯見下。《廣韻》入聲二十六緝“瓡,之入切,縣名,在北海”,而平聲十一模無“瓡”字,是讀“瓡”爲“執”,而不讀爲“瓠”矣,但未知“瓡”爲“執”之譌耳。又案,《説文》“㚔”女涉反。字注云"讀若瓠,一曰讀若籋女涉反。","瓠"亦"執"之譌也。隸書"瓠"或作"瓡",執或作"执",二形相似,故"執"譌爲"瓠"。"執"與"籋"聲相近,故"羍"讀若"執",又讀若"籋",如讀若"瓠",則聲與"籋"遠而不可通矣。又,《説文》:"執,從丮居逆反。從羍、羍亦聲。""羍"讀若"執",故"執"從羍聲,如讀若"瓠",則聲又與"執"遠而不可通矣。

千乘

枸侯賢今本"枸"譌作"拘",據《索隱》引改。《史表》"枸"字又譌作"栒"。千乘。

【念孫案】枸者,"朐"之借字也。"千乘"當爲"東海"。《索隱》引《漢表》正作"東海",《地理志》朐縣屬東海,是其證。朐縣故城在今海州南,去漢之千乘郡尚遠,不得言枸在千乘也。

淯

淯侯不疑

【念孫案】"淯"當依《史表》作"涓"。《水經·濰水》注云:"涓水出馬耳山,北注於濰水。"馬耳山在今青州府諸城縣西南,涓水出於其陰,北過諸城縣西,又北入濰水。此侯封於涓,蓋鄉聚之以水得名者。若淯水,則在南陽,此侯爲城陽頃王子,不當遠封南陽也。俗書"涓"字作"涓",與"淯"相似而誤。師古音"育",失之矣。《地理志》琅邪有諸縣,其故城在今諸城縣西南,而琅邪與東海相近,故《表》在東海也。

桑丘

桑丘侯頃

【念孫案】“桑丘”當爲“乘丘”。《地理志》“泰山郡乘丘”，師古曰：“《春秋》‘莊公十年，敗宋師于乘丘’，即此是也。”此侯爲東平思王子，故封於乘丘，其地與東平相近。下文之“桃鄉頃侯宣”“富陽侯萌”皆思王子。富陽、桃鄉與乘丘并屬泰山，亦與東平相近。桃鄉故城在今兖州府汶上縣東北，乘丘故城在滋陽縣西北。又，上文之“栗鄉頃侯護”、下文之“西陽頃侯并”亦皆思王子。栗鄉、西陽并屬山陽，去東平亦不甚遠也。若中山國北新城縣之桑丘城，則在今保定府安肅縣西南，去東平遠矣。説見前“乘丘”下。《史記・趙世家》：“韓舉與齊魏戰，死于桑丘。”此中山之桑丘城。《集解》曰：“《地理志》云：泰山有桑丘縣。”則所見《地理志》泰山郡之“乘丘”，亦誤爲“桑丘”，故謬引爲“桑丘”之證，《正義》駁之是也。《史記・六國表》：“楚悼王二年，三晉來伐我，至乘丘。”今本亦訛作“桑丘”。隸書“桑”“乘”相似，故“乘”訛爲“桑”，互見前“乘丘”下。

疌 埶 嘷

廣城侯疌

師古曰：“疌，音竹二反。”【念孫案】“疌”音“捷”，不音竹二反。“疌”當爲“疐”。《息夫躬傳》：“卑爰疐强盛。”師古曰“疐，音竹二反”，是“疌”爲“疐”之訛。又，《古今人表》“衛疌，明監本依《詩正義》改“疌”爲“建”，非也，辯見下。嗣伯子”，“疌”亦當爲“疐”。“疐”下當有“伯”字，《史記・三代世表》“衛疌伯”，

《索隱》曰:“疌音捷。”《衛世家》:“嗣伯卒,子疌伯立。”今本作“庢”,即“疌”之俗書。《玉篇》《廣韻》《集韻》皆無此字。徐廣《音義》曰:“疌音捷。”《索隱》曰“世本作摯伯”,余謂“疌”與“摯”聲不相近,無由通借,當本是“疐”字,聲與“摯”相近,故字亦相通也。徐及小司馬音“捷”,皆失之。隸書“疐”“疌”相似,故“疐”訛作“疌”。《邶風·終風》篇“願言則嚏”,《釋文》作“疌”,云“本又作疐”。《豳風·狼跋》篇“載疐其尾”,《釋文》:“疐,本又作疌。”晉灼注《息夫躬傳》曰:“疐,音《詩》‘載疐其尾’之疐。”師古曰:“以字言之,晉音是。而《匈奴傳》服虔乃音‘獻捷’之捷,既已失之,末俗學者又改‘疐’字爲‘疌’,以應服氏之音,尤離真矣。”“摯伯”之“摯”,或作“疐”,而今本訛作“疌”,猶上文“帝摯”之“摯”或作“疐”,而《路史·後紀》訛作“疌”也。《邶譜》正義引《史記》作“建伯”,“建”又“疌”之訛矣。隸書“疌”“建”亦相似,説見《賈誼傳》“揵之江”下。又,《律曆志》:“魯獻公即位五十年,子慎公埶立,嚊。”“埶”當爲“摯”,“嚊”當爲“嚏”。慎公之名或作“摯”,或作“嚏”,故并記之。上文“子考公就立,酋”,師古曰:“又記此‘酋’者,諸説不同,而名字或異也,下皆放此。”師古曰:“嚊,音皮祕反。又音許器反。”《史記·十二諸侯年表》“魯真公濞”。“慎”“真”古字通。《索隱》曰:“《世本》作‘慎公摯’。鄒誕本作‘慎公嚊’。”《魯世家》:“獻公卒,子真公濞立。”《索隱》曰:“濞,《世本》作摯,或作鼻。鄒誕本作‘慎公嚊’。”余謂《志》作“埶”者,“摯”訛爲“執”,又訛爲“埶”也。其或作“嚊”者,則“嚏”之訛。“嚏”即“疐”之借字,見上注。而聲與“摯”近,故世本作“摯”,《漢志》作“嚏”也。《史表》及《世家》作“濞”者,又爲“嚊”之訛,其或作“鼻”者,則“疐”之訛也。師古望文爲音,失之矣。

高惠高后文功臣表

黄河

使黄河如帶，泰山若厲。

【念孫案】“黄”字乃後人所加，欲以“黄河”對“泰山”耳，不知西漢以前無謂河爲黄河者，且此誓皆以四字爲句也。《北堂書鈔》《藝文類聚·封爵部》引此皆有“黄”字，則所見本已誤。《漢紀》及《吴志·周瑜傳》有“黄”字，亦後人依誤本《漢書》加之。《史表》無“黄”字，如淳注《高紀》引《功臣表》誓詞云“使河如帶，大山若厲”，此引《漢表》，非引《史表》也，《史表》作“如厲”，《漢表》作“若厲”。而亦無“黄”字。則“黄”字爲後人所加，甚明。

虞夏以之

昔唐以萬國致時雍之政，虞夏以之多群后饗共己之治。

【念孫案】“以”下“之”字，涉上下文而衍，《漢紀·孝成紀》無。

豈無刑辟

燕齊之祀與周并傳，子繼弟及，歷載不墮，豈無刑辟？繇祖之竭力，故支庶賴焉。

師古曰：“言國家非無刑辟，而功臣子孫得不陷罪辜而能長存者，思其先人之力，令有嗣續也。”【念孫案】“刑辟”當爲

"邪辟",字之誤也。"辟"與"僻"同。言燕齊後世,豈無邪僻之君,皆賴其先祖之功以免於禍也。成八年《左傳》:"三代之令王皆數百年保天之禄。夫豈無辟王?賴前哲以免也。"杜注曰:"言三代亦有邪辟之君,但賴其先人以免禍耳。"杜業之説即本於《左傳》,若謂國家"豈無刑辟",則非其指矣。《漢紀》正作"豈無邪辟"。

以綴續前記

以綴續前記,究其本末,并序位次,盡于孝文,以昭元功之侯籍。

【念孫案】"以綴"上當有"是"字,而今本脱之。《諸侯王表叙》云:"是以究其終始强弱之變,明監戒焉。"《外戚恩澤侯表叙》云:"是以別而叙之。"皆其例也。

清河

清河定侯王吸

【念孫案】"清河"當依《史表》作"清陽"。考《元和郡縣志》後漢始省信成縣置清河縣,前漢無此縣也。蓋漢之清陽縣本爲清河郡治,見《地理志》。因此而誤矣。然下文汾陰悼侯周昌,功比清陽侯,則此文本作"清陽",而"清河"乃後人所改也。《水經·河水》注作"清河",則所見《漢表》已誤。《史記索隱》引《楚漢春秋》亦作"清陽侯"。

定漢

曲周景侯酈商以將軍從起岐，攻長社以南，別定漢。

【念孫案】“漢”下脱“中”字，當依《史記》補。“定漢中”，事見《商傳》。

費侯

費侯陳賀

師古曰：“費，音扶味反。説者以爲季氏邑，非也。”【念孫案】《地理志》東海郡費，故魯季氏邑。《水經·沂水》注云：“治水東南逕費縣故城南，《地理志》東海之屬縣也，爲魯季孫之邑。漢高帝六年，封陳賀爲侯國。”是陳賀所封之費即故季氏邑也。“費”字當音彼冀反，今師古音“扶味反”，又云非季氏邑，皆所未詳。又，《史表》作“圉侯陳賀”，此脱“圉”字。《謚法》：“威德剛武曰圉。”

陽信

陽信胡侯吕青

【念孫案】“陽信”當依《史表》作“新陽”。《地理志》“汝南郡新陽”，應劭曰：“在新水之陽。”新陽故城在今潁州府太和縣西北。《水經·潁水》注曰：“新溝水東北逕新陽縣故城南。漢高帝六年，封吕青爲侯國。”即《陳勝傳》所云“吕臣爲蒼頭軍起新陽”者也。若陽信，自屬勃海郡，乃文帝時劉揭所封，非吕青所封。蓋“新”字古通作“信”，《王子侯表》之“新鄉侯”，《王莽傳》作“信鄉侯”，師古曰：“古者，新、信同音。”《史記・高祖紀》“吕青爲令尹”，《索隱》曰：“案，《表》青封信陽侯也。”是小司馬所見《史表》正作“信陽”。又倒在“陽”字下耳。

沛公

武强嚴侯嚴不職以舍人從起沛公霸上。

景祐本“霸上”上有“至”字。【念孫案】此當作“以舍人從起沛，至霸上”。沛，謂沛縣也。上文“平陽懿侯曹參，以中涓從起沛，至霸上”，即其證，後文若此者多矣。沛下“公”字，乃淺學人所加。景祐本衍“公”字，此本又脱“至”字矣。

建御史大夫陽

侯青翟坐爲丞相，建御史大夫陽不直，自殺。

【念孫案】“建”當爲“逮”，注同。“陽”當爲“湯”，皆字之誤也。“逮御史大夫湯不直”者，言青翟爲丞相，與長史謀逮張湯，其事不直也。《史記》作“坐爲丞相，與長史朱買臣等逮御史大夫湯不直”，是其證。陳氏少章曰：“‘建’下疑脱‘治’字。建議劾治謂之‘建治’。見《谷永傳》。”案，“建治”二字，文不成義，亦是“逮治”之訛。説見《谷永傳》。陳説非。

票客

淮陰侯韓信　爲連敖票客。

師古曰：“《高紀》及《信傳》并云爲治粟都尉，而此云票客,參錯不同。或者以其票疾而賓客禮之,故云票客也。"【念孫案】《百官表》有"治粟内史掌穀貨"。《高紀》及《信傳》并云"信爲治粟都尉",《漢紀》同。則"票"爲"粟"字之訛甚明。《史表》索隱引《漢表》正作"粟客",而師古本獨訛作"票客",遂望文生義而曲爲之説矣。

迫騎

祁穀侯繒賀以連敖擊項籍。漢王敗走,賀擊楚迫騎。

【念孫案】"迫"當依《史記》作"追",字之誤也。"楚追騎"正承上漢王敗走而言。

底

魯侯奚涓　涓亡子,封母底爲侯。

【念孫案】"底",《史表》作"疵",而徐廣引《漢書》云:"涓死無子,封母疵。"是徐所見《漢表》正作"疵",今本作"底",誤也。草書"疵"字作"[illegible]",因訛作"底"。《考工記》"車人爲耒,庛長尺有一寸",今本《月令》正義"庛"訛作"底",是其例也。

河陵　陽河

河陵頃侯郭亭

【念孫案】"河陵"當依《史表》作"阿陵"。《索隱》云:"縣名,屬涿郡。"見《地理志》。而不言《漢表》作"河陵",則今本"河陵"爲傳寫之訛也。又,下文"陽河齊侯其石,七年十月甲子封”，今本“十”下衍“一”字，據《漢書考證》删。“陽河”亦當作“陽阿”，《史表》亦作“陽河”，而《索隱》云“縣名，屬上黨”，則當作“陽阿”。《地理志》曰“上黨郡陽阿”，《水經·沁水》注曰：“陽泉水東逕陽陵城南，即陽阿縣之故城也。漢高帝七年，封下訢爲侯國。”案，《水經注》作“下訢”，而《表》作“其石”，未知孰是。是其證。“阿”“河”形聲相亂，故“阿”訛作“河”，互見《五行志》“河陽主”下。

終陵

終陵齊侯華毋害

【念孫案】《地理志》無終陵縣，“終陵”當爲“於陵”，濟南郡之屬縣也。於陵故城在今濟南府長山縣西南，本齊於陵邑。下文有“毋害曾孫於陵大夫告”，則毋害之封於陵明矣。上文“南安嚴侯宣虎有曾孫南安簪裹”、“護肥如敬侯蔡寅有曾孫肥如大夫福”、“高宛制侯丙猜有元孫之孫高宛大夫齮”，下文若此者不可枚舉。篆文“於”字作“𣃩”，與“終”相似而誤。《史表》作“絳陽”，則又“終陵”之誤。《水經·澮水》注以爲“河東之絳縣”，非也。

類

北平文侯張蒼　孝景後元年，侯，類嗣。又，《張蒼傳》“至孫類有罪，國除”。

【念孫案】“類”皆當爲“頪”，讀如“聾聵”之“聵”，説見《史記》。此字師古無音，則所見本已訛作“類”矣。

盧綰

栒舊本訛作"揗"。案,《説文》《玉篇》《廣韻》《集韻》皆無"揗"字,當作"栒",此即右扶風栒邑縣也。作"揗"者,借字耳。《説文》:"栒,大木,可爲鉏柄。"《廣韻》"相倫、祥勻"二切。故師古曰:"栒音詢,又音旬也。"《史記》作"拘",即"栒"之誤。今改正。頃侯温疥,以燕相國定盧綰。

【念孫案】"盧綰"當依《史記》作"盧奴"。盧奴,縣名,故言定,猶上文費侯陳賀之定湖陽也。若云"定盧綰",則文不成義矣。"綰"字,蓋淺學人所改。

稾祖侯陳鍇

稾祖侯陳鍇

師古曰:"稾音公老反,鍇音口駭反。"《史記》作"稾祇侯陳錯"。【念孫案】"稾"當爲"橐",字之誤也。《水經·泗水》注曰:"泗水又南逕高平縣故城西,縣故山陽之橐也。漢高帝七年,封將軍陳錯爲橐侯。"《漢書·五行志》:"山陽橐茅鄉社有大槐樹。"師古曰:"橐,縣名也,音拓。"《地理志》"山陽郡橐",薛瓚曰:"音拓。"則其字本作"橐",師古此注"音公老反",失之矣。《史記索隱》曰:"《漢志》橐縣屬山陽。"則司馬所見本正作"橐",故引《漢志》爲解,而今本《索隱》亦作"稾",則後人以師古注改之也。古無以"祖"爲謚者,"祖"當依《史記》作"祇",亦字之誤也。隸書"氏"字或作"互",又作"[illegible]",形與"且"相似,故"祇"字訛而爲"祖"。《地理志》"常山郡元氏,泜水首受中丘西山窮泉谷",今本"泜"訛作"沮",是其例也。蔡邕《獨斷》説《謚法》

曰“治典不殺曰衹”，是其證。殺，色界反。《史記正義·〈謚法解〉》注曰“秉常不衰”是也。今本《獨斷》“衹”作“祈”，亦是隸書之誤。一本作“震”。“震”“衹”古字通，則本作“衹”明矣，説見惠氏《尚書古義》。師古不解“衹”字，蓋所見本已訛爲“祖”矣。“鍇”與“錯”未知孰是，《史記索隱》亦云“錯，《漢表》作鍇”，引《三蒼》云“九江人名鐵曰鍇”。

閼氏

閼氏節侯馮解散。閼，於乾反。氏音支。

《水經·清漳水》注曰：“梁榆城，即閼與故城也。秦伐韓閼與，惠文王使趙奢救之，奢破秦於閼與，謂此也。司馬彪、袁山松《郡國志》并言涅縣有閼與聚。漢高帝八年，封馮解散爲侯國。”全氏謝山曰：“閼氏非閼與。《索隱》曰‘在安定’，亦非。”趙氏東潛曰：“《史》《漢表》之閼氏，《索隱》以爲在安定，蓋即《地理志》安定郡之烏氏縣也，《續漢志》作‘烏枝’。古篆文‘烏’與‘於’相似，後人又加一‘門’。疑馮解散之封宜在彼，全氏以小司馬爲非，未之審耳。”【念孫案】趙云“閼氏即烏氏”是也。云篆文“烏”“於”相似，後人又加“門”，則非也。“烏”之爲“閼”，乃聲之通，非字之誤。“閼”字本以“於”爲聲，而“於”即古文“烏”字。“烏氏”之爲“閼氏”，猶“商於”之爲“商安”也。《鹽鐵論·非鞅》篇“封之於商安之地”，商安，即商於。“於”“烏”古同聲，“閼”“安”古同聲。“於”之爲“安”，猶“烏”之爲“閼”矣。又，襄二十九年《公羊傳》：“僚焉得爲君乎？”《釋文》：“焉，本又作惡。”《荀子·禮論》篇：“無天地，惡生？無先祖，惡出？無君師，惡治？”《大戴記·禮三本》篇“惡”并作“焉”。《楚辭·天問》“焉有石林”，劉逵《吴都賦注》

引“焉”作“烏”。《吕氏春秋・季春》篇“天子焉始乘舟”,《淮南・時則》篇“焉”作“烏”。“烏”與“惡”之爲“焉”,亦猶“烏”之爲“閼”矣。故《史記・酈商傳》“破雍將軍烏氏”,《索隱》本作“焉氏”,音“於然反”。《匈奴傳》:“涇北有烏氏之戎。”《吕氏春秋・當賞》篇:“秦公子連去,入翟,從焉氏塞。”高注云:“塞在安定。”焉氏,即烏氏,故曰“塞在安定”。此皆聲近而通,非字之誤也。而《水經注》乃以安定之“閼氏”爲上黨涅氏之“閼與聚”,失之矣。或謂《史》《漢表》之“閼氏”皆“閼與”之誤,不知“與”“氏”二字,形、聲皆不相近,“與”字何由誤爲“氏”?又謂其地在涅氏縣,因“涅氏”訛作“閼氏”,則尤爲曲説。

十二年

安丘懿侯張説　孝文十三年,共侯奴嗣,十二年薨。孝景三年,敬侯執嗣。

【念孫案】“十二年”當依景祐本作“十三年”。自孝文十三年至孝景三年,凡十四年,侯奴之薨,在前一年,故曰“十三年”。

平

平嚴侯張瞻師

《史表》“平”作“繁”。或曰《漢表》作“平”誤。前有平悼侯工師喜,豈一地兩封乎?【念孫案】此平縣即繁縣也,《地理志》繁縣屬蜀郡。“繁”“平”聲近而字通,若《詩》之“平平左右”,《左傳》作“便蕃左右”矣。見襄十一年。

侯意

長修平侯杜恬　侯意嗣。

【念孫案】"意"當爲"憙"。"憙"與"喜"古字通,故《史表》作"喜",而師古無音,則所見本已訛爲"意"矣。《古今人表》之"司馬喜",《中山策》作"憙"。《史記·張儀傳》之"馮喜",舊本作"憙",餘見《史記》。

單右車

中牟共侯單右車

【念孫案】"單右車"《史表》作"單父聖"。《索隱》曰:"《漢表》作'單父左車'。"單父,複姓也。今本脱"父"字,"左車"訛作"右車"。古無名"右車"者,《韓信傳》有李左車,《高祖功臣表》有周昌之孫左車,則作"左"者是也。又案,"左"疑當讀爲"佐"。《少儀》曰:"乘貳車則式,佐車則否。"鄭注曰:"貳車、佐車皆副車也。朝祀之副曰貳,戎獵之副曰佐。""左車"之名,蓋取於此。

季必　二十年

戚圉侯季必

師古曰:"《灌嬰傳》云'李必',今此作'季'。《表》《傳》不同,當有誤。"【念孫案】《灌嬰傳》是也,《史表》亦作"李必"。又《灌嬰傳》索隱引《漢紀》云:"桓帝追録李必後黄門丞李遂爲晉陽關内侯。"《百官表》云:"元狩四年,戚侯李信成爲太常，即必之曾孫。”見下文。《水經・河水》注云：“故瀆東北逕戚城西。漢高帝十二年，封將軍李必爲侯國。”皆其證也。又，下文：“建元三年，侯信成嗣，二十年，元狩五年，坐爲太常縱丞相侵神道，爲隸臣。”【念孫案】“二十年”當依景祐本作“二十一年”，自建元三年至元狩五年，凡二十一年。

以列侯入

高梁共侯酈疥父食其以列侯入。

【念孫案】“入”下脱“漢”字，上下文言“入漢”者多矣。舊本《北堂書鈔・封爵部中》引此正作“入漢”，陳禹謨删“漢”字。《史表》同。

《漢書》弟三

景武昭宣元成功臣表

脱八字

江陽康侯蘇息《史表》作“蘇嘉”。

【念孫案】此條第三格内當有“四月壬申封，三年薨”八字。四月者，景帝六年四月也。至中元年凡三年，而康侯息薨。其中二年，則爲懿侯盧之元年。《史表》云：“六年四月壬申，康侯蘇嘉元年。”是其證。其“中二年，懿侯盧嗣”云云，則當在第四格内，今本第三格内脱去八字，而第四、第五、第六三格内之字，皆以次移上一格，當改正。

陸强

迺侯陸强

【念孫案】“陸强”，《史表》作“隆强”。《釋名》謂車蓋弓爲“隆强”，云：“隆强，言體隆而强也。”《索隱》本作“李隆强”，案，今本《史》《漢表》及《水經注》皆無“李”字。而不言《漢表》作“陸强”，則今本作“陸”者訛也。《水經・巨馬河》注云：“淶水東南流逕迺縣故城東。漢景帝中三年,以封匈奴降王隆强爲侯國。"字亦作"隆"。

擕侯徐盧

容城擕侯徐盧

【念孫案】"擕"當爲"唯",且當在"侯"字下。"容城侯唯徐盧"者,唯徐,其姓也。盧,其名也。《史表》作"侯唯徐盧"。宋本、王本、游本、毛本皆如是。或改"唯"爲"擕"者,非。《水經·易水》注曰:"易水東逕容城縣故城南。漢景帝中三年,以封匈奴降王唯徐盧爲侯國。"《百官表》曰:"太始三年,容城侯唯塗光爲太常。"唯塗,即唯徐,光乃盧之孫也。或以《謚法》"息政外交曰攜",而謂"攜"爲謚,非也。此字各本皆作"擕",不作"攜",乃是"唯"之誤字耳。後人既誤以"擕"爲謚,又誤以"徐盧"二字爲上姓下名,遂改"侯擕徐盧"爲"擕侯徐盧",而不自知其謬也。"容城侯唯徐盧"與上文之"安陵侯于軍""桓侯賜""桓",《史表》作"垣",縣名也。"迺侯陸彊",下文之"易侯僕黚""翕侯邯鄲"皆匈奴降王,而皆無謚,唯"范陽侯代""亞谷侯盧它之"有謚耳。又,《周勃傳》:"匈奴王徐盧等五人降漢。"師古曰:"《功臣表》云'睢徐盧'。"案,彼文"徐盧"上脱"唯"字,《史記》同。而注文之"睢徐盧",即"唯徐盧"之誤,則此文之本作"唯徐盧"益明矣。【引之曰】"徐"疑當作"涂"。"涂"與"塗"同,故《百官表》作"唯塗"。"涂""徐"字形相似,世人多見"徐",少見"涂",故"涂"訛爲"徐"矣。

范代

范陽靖侯范代

【念孫案】下“范”字衍,《史表》作“靖侯代”,《水經·易水》注曰:“易水逕范陽縣故城南。漢景帝中三年,封匈奴降王代爲侯國。”皆無“范”字。《史記·孝景紀》正義引《漢表》亦無“范”字。上文之“桓侯賜”,下文之“翕侯邯鄲”,皆不書姓,則匈奴降王固有不書姓者。

舞陽

親陽侯月氏　舞陽。

【念孫案】“舞陽”當作“舞陰”,此涉下文“舞陽”而誤也。《史表》索隱云:“《漢表》在舞陽。”則所見本已誤。“親”與“潁”同。《説文》《地理志》《水經》并言“潁水出南陽舞陰”,今本《説文》訛作“舞陽”,據《漢志》《水經》改。此侯所封在潁水之北,舞水之南,故曰潁陽侯,而其地則屬於舞陰也。舞陰與潁水皆在舞水之南,今潁水出南陽府泌陽縣東北,漢舞陰故城在泌陽縣西北。而舞陽乃在舞水之北,舞陽故城在今舞陽縣西。則潁陽之不屬舞陽審矣。

安樂　昌

安樂侯李蔡　昌。

【念孫案】“安樂”當爲“樂安”。《地理志》樂安屬千乘郡。《水經·濟水》注曰:“濟水東北逕樂安縣故城南。漢武帝元朔五年，封李蔡爲侯國。”《史表》《百官公卿表》及《史》《漢》《李廣傳》《衛青傳》皆作“樂安”，唯此《表》作“安樂”，故《李廣傳》注以此爲誤也。“昌”上當有“博”字，寫者脱之耳。《索隱》引此已誤。《地理志》博昌、樂安并屬千乘，樂安故城在今青州府博興縣北，博昌故城在博興縣南。二縣本相近，蓋封於樂安而食邑在博昌，故上書“樂安侯”而下書“博昌”，小司馬以爲琅邪之昌縣，非也。

軹　陟軹

軹侯李朔

【念孫案】“軹”上有“涉”字，而寫者脱之。據《表》云在西安，《地理志》西安屬齊郡，則非河内之軹縣也。《史表》及《衛將軍傳》并作“涉軹”，本書《衛青傳》作“陟軹”，字之誤耳。“涉軹”乃侯名，非縣名。《史表》索隱云：“涉軹，猶從驃，皆當時意也，故上文有涉安侯。”

匈奴河

從票侯趙破奴　元封三年，以匈奴河將軍擊樓蘭，封浞野侯。

【念孫案】“奴”字涉上下文“匈奴”而衍，《史表》無“奴”字。《武紀》云：“遣匈河將軍趙破奴出令居。”薛瓚曰：“匈河，水名，在匈奴中，去令居千里。見《匈奴傳》。”《匈奴傳》：“從票侯趙破奴將萬餘騎出令居數千里，至匈河水。”今本“匈”下亦衍“奴”字。《衛霍傳》亦云：“趙破奴爲匈河將軍，攻胡至匈河水。”《史記》

同。又,《大宛傳》云:“遣從驃侯破奴將兵至匈河水。”

龍侯　龒侯

龍侯摎廣德　又,《南粵傳》:“封摎樂子廣德爲龒侯。”

晉灼曰:“龒,古龍字。”各本“龒”訛作“龔”。《説文》《玉篇》《廣韻》《集韻》皆無“龔”字,今據《史傳》索隱引改。《史表》作“龍亢”,《索隱》曰:“晉灼云‘龍,闕’。《左傳》‘齊侯圍龍’,龍,魯邑。蕭該云‘廣德所封止是龍,有亢者,誤也’。”《南越傳》亦作“龍亢”,《索隱》曰:“龍亢屬譙國。”【念孫案】此當依《史表》作“龍亢侯”,《漢表》作“龍侯”者,傳寫脱“亢”字耳。《南粵傳》作“龒侯”者,“龍亢”二字合訛爲一字,而“亢”又訛爲“木”耳。“龒”乃房室之疏,非古“龍”字。晉灼以《表》作“龍侯”,故强爲之説。《集韻》“龍”古作“龒”,即沿晉灼之誤。而蕭該遂以有“亢”字者爲非。《地理志》龍亢屬沛郡,龍亢故城在今鳳陽府懷遠縣西。後漢屬沛國,晉改屬譙郡,《史表》《史傳》皆以“龍亢”爲廣德封邑,必確有所據,不得以《漢書》之訛脱而謂“龍”下本無“亢”字也。小司馬云“龍亢屬譙國”本不誤,而其注《史表》又爲蕭該所惑,且附會以魯之龍邑,則其謬滋甚矣。

下鄘

下鄘侯左將黄同

師古曰:“鄘音孚。”【念孫案】師古音,非也。“鄘”當爲“酈”,南陽郡之屬縣也。如淳曰:“酈,音蹢躅之蹢。”《史表》作“下酈”。《水經・湍水》注曰:“湍水東南流逕南陽酈縣故城東。漢武帝元封元年,封左將黄同爲侯國。”字皆作“酇”,且《表》在南陽,則是“酇”字明矣。若鄘縣,則在左馮翊,不在南陽也。

瓡讘

瓡讘侯扜者

師古曰:“瓡讀與狐同。讘音之涉反。”《地理志》曰:“河東郡狐讘。”《史記·建元以來侯者表》:“瓡讘侯扜者。”《集解》:“徐廣曰:‘在河東,瓡音胡。’”《索隱》曰:“即狐字。”【念孫案】《功臣表》之“瓡讘”即《地理志》之“狐讘”,則“瓡”乃“瓠”之譌也。隸書“瓠”或作“瓡”,因譌爲“瓡”,又譌爲“瓡”耳。《説文》《玉篇》皆無“瓡”字,《廣韻》十一模亦無“瓡”字。《集韻》十一模“瓠,洪孤切。瓠讘,晉地名”,又“攻乎切。瓠讘,漢侯國,在河東”。則“瓡讘”爲“瓠讘”之譌明矣。師古注《王子侯表》之“瓡音執。節侯息”云“瓡,即瓠字。又音孤”,即涉此而誤也。

康侯最

涅陽康侯最　以父朝鮮相路人,漢兵至,首先降,道死,子侯。

【念孫案】“最”上當有“路”字。

題侯 邘侯

題侯張富昌 以山陽卒,與李壽共得衛大子,侯鉅鹿。謂食邑鉅鹿。

邘侯李壽 以新安令史得衛大子,侯河内。謂食邑河内。

師古曰:"邘,音于。"《百官表》亦作"邘侯"。

又,《武五子傳》詔曰:"其封李壽爲邘侯,張富昌爲題侯。"

韋昭曰:"邘在河内。"孟康曰:"題,縣名也。"晉灼曰:"《地理志》無也。《功臣表》食邑鉅鹿。"師古曰:"晉説是也。"《漢紀·孝武紀》"題侯"作"踶侯","邘侯"作"抱侯"。【念孫案】《漢紀》是也。"踶"音特計反。《莊子·馬蹄》篇:"馬怒則分背相踶。"李頤云:"踶,蹋也。""封張富昌爲踶侯"者,[①]爲其足蹋開户以救大子,上文云"大子入室,距户自經。山陽男子張富昌爲卒,足蹋開户"是也。《廣韻》"踶""題"并特計切,聲相同,故字相通。而師古"題"字無音,則已不知其爲"踶"之借字矣。"封李壽爲抱侯"者,爲其抱解大子,上文云"新安令史李壽趨抱解大子"是也。《功臣表》"在河内"者,謂抱侯之食邑在河内,非謂河内有抱縣也。隸書"抱"字或作"抱","邘"字或作"𨚗",二形相似,故"抱"訛作"𨚗",後人以河内野王縣有邘城,僖二十四年《左傳》:"邘晉應韓。"杜注:"河内野王縣西北有邘城。"正與《功臣表》之"河内"相合,遂改"𨚗"爲"邘",不知"𨚗"乃"抱"字之訛,且踶侯、抱侯皆以救大子得名,非

① "張富昌",底本作"李壽"。據《漢書·武五子傳》"其封李壽爲邘侯,張富昌爲題侯"及文意改。

舊有之縣名也。韋云"邘在河内",則已誤認爲"邘城"之"邘"。《水經·沁水》注亦云:"邘城當大行南路。漢武帝封李壽爲侯國。"蓋此字之訛已久,不始於師古。《漢紀》云:"男子張富昌爲卒,足蹋開户,新安令史李壽趨抱解大子。上乃封李壽爲抱侯,張富昌爲踶侯。"即用《漢書》之文,足正諸家之謬矣。

厲温敦　呼連累

義陽侯厲温敦　以匈奴謼連累單于率衆降,侯。

【念孫案】"厲"上當有"烏"字。烏厲,其姓。温敦,其名也。"連"當爲"遬",字之誤也。《宣紀》:"五鳳二年,匈奴呼遬累單于帥衆來降。"《匈奴傳》:"呼韓邪單于左大將烏厲屈與父呼遬累烏厲温敦,率其衆數萬人南降。"師古并曰:"遬,古速字。"

外戚恩澤侯表

漢陽

建成康侯吕釋之　漢陽侯禄。

【念孫案】"漢陽"當作"湖陵",《史表》作"胡陵"。《地理志》湖陵屬山陽郡,若漢陽則屬犍爲郡。犍爲自武帝始開,則吕禄斷無封漢陽之理。"湖漢""陵陽"皆字之誤。

侯祖

周陽懿侯田勝　侯祖嗣。

【念孫案】《史表》作“侯彭祖”，此脱“彭”字。

發平

發平侯登

景祐本“發平”作“發于”。【念孫案】當依《史記》作“發干”，《建元以來侯者表》。《衛青傳》亦作“發干”。《地理志》“東郡發干”，莽曰“戢栫”，則當作“干”明矣。

濟陽

陽城侯田延年　下云“濟陽”。

【念孫案】《續史表》“陽成田延年”，“城”“成”古字通。《索隱》云：“《表》在濟陰，非也。濟陰有成陽縣耳，而潁川、汝南又各有陽城縣，‘城’字從土，在‘陽’之下。”據此，則今本作“濟陽”，乃“濟陰”之誤。濟陰有成陽縣，而潁川、汝南皆有陽城縣，考延年所封之邑，此《表》及《宣紀》《酷吏傳》并作“陽城”，則非濟陰之屬縣矣。而《表》云“濟陰”，故小司馬非之。若濟陽，則是陳留之屬縣，與陽城、成陽皆不相涉。

十八年

陽城繆侯劉德　五鳳二年節侯安民嗣，十八年薨。初元元年,釐侯慶忌嗣。

【念孫案】“十八年”當依景祐本作“八年”。自五鳳二年至初元元年,凡九年,安民之薨在前一年,故云“八年”。

侯輔

建成定侯黄霸　陽朔四年,忠侯輔嗣,二十七年薨。居攝二年,侯輔嗣。

【念孫案】忠侯之子不當與父同名,考《黄霸傳》云:“忠侯輔薨,子忠嗣侯。”是輔之子名忠,不名輔也。此即因上文“忠侯輔”而誤。

百官公卿表

左内史

内史,周官,秦因之。景帝二年,分置左内史。

【念孫案】此本作“分置左右内史”,今本脱“右”字,下文之“右内史”“左内史”皆承此句言之,據注云“《地理志》武帝置左右内史”,而此《表》云“景帝分置”,誤矣。則此文本作“景帝分置左右内史”甚明。《史記正義・論例》及《北堂書鈔・設官部二十八》、《白帖》七十六、《太平御覽・職官部五十》引此正作“左右内史”,《漢紀・孝惠紀》《通典・職官十五》并同。

掌北軍壘門内外掌西域

中壘校尉掌北軍壘門内外，掌西域。

師古曰："掌北軍壘門之内，而又外掌西域。"【念孫案】師古説，非也。此條自城門校尉以下，所掌皆京師及畿輔之事，不當兼掌西域。下條西域都護，護西域三十六國，有副校尉，此自别爲一官，與中壘校尉無涉。《續漢書·百官志》云："舊有中壘校尉，領北軍營壘之事，武帝置。中興省中壘，但置中候，以監五營。"亦不言兼掌西域也。"西域"當爲"四城"，謂掌北軍壘門内外及四城之事也。《漢紀·孝惠紀》云："中壘校尉掌北軍壘門内外及掌四城。"是其證。"四""西""城""域"，字相似，又涉下文"西域"而誤耳。據《漢紀》，則"外"字當屬上讀，舊本《北堂書鈔·設官部十三》引此，云"掌北軍壘門内外"，陳禹謨本於此下加"掌西域"三字，又引師古注爲證。亦以"外"字上屬，《太平御覽·職官部》三十八、四十并同。師古以"外"字屬下讀，亦非。

將大夫

中黄門有給事黄門，位從將大夫。

【念孫案】"將"下有"軍"字，而今本脱之。上文云"所加或列侯、將軍、卿大夫"是其例也。《藝文類聚·職官部四》引此正作"將軍、大夫"，《漢紀》同。

皇大后

皇大后、皇后、公主所食曰邑。

【念孫案】"皇大后"三字,後人以意加之也。不言皇大后者,言后與公主,則大后可知。《漢紀》及《通典·職官十五》并作"皇后、公主所食曰邑"。今本并作"皇大后","大"字乃後人依誤本《漢書》加之。《史記·吕后紀》集解、本書《高紀》注并引如淳曰"《百官表》皇后、公主所食曰邑",無"皇大后"三字,張晏注《高紀》亦同。

戊戌

孝文後二年八月,戊戌,丞相倉免。《通鑑·漢紀七》同。

【念孫案】"戊戌"當爲"戊辰",其後二日爲庚午,故下文云"庚午,御史大夫申屠嘉爲丞相",下文又云:"八月庚午,開封侯陶青爲御史大夫。"《漢紀》亦云:"八月庚午,御史大夫申屠嘉爲丞相,開封侯陶青爲御史大夫。"則"庚午"二字不誤。若戊戌,則在庚午前三十二日,乃七月,非八月矣。《漢紀·孝文紀》正作"戊辰"。

殷容

元朔五年　中尉殷容。

【念孫案】"殷容"當爲"殷宏",草書之誤也。《史記·淮南衡山傳》:"元朔五年,遣漢中尉宏即訊驗王。"《漢書》同。《索隱》曰:"案,《百官表》姓殷也。"則此文之作"殷宏"甚明。

錯簡十九字

元狩三年　三月壬辰，廷尉張湯爲御史大夫。六年，有辠自殺。

【念孫案】此十九字當在“二年”下。二年三月壬辰，御史大夫李蔡爲丞相，而張湯即以是日爲御史大夫，不得遲至三年也。《史表》書御史大夫湯，正在二年下。《漢紀》亦云：“二年三月壬辰，御史大夫李蔡爲丞相，張湯爲御史大夫。”

錯簡十二字

地節三年　七月壬辰，大司馬禹下獄要斬。

【念孫案】此十二字當在“四年”下。“七月”二字與上文相複，則其爲四年之七月可知。《宣紀》《外戚表》《五行志》及《漢紀》《通鑑》載誅霍禹事，皆在四年。

七月

綏和元年　七月甲寅，大司馬根賜金、安車駟馬，免。

【念孫案】“七月”當爲“十月”。《漢紀》云：“綏和元年秋八月庚戌，中山王興薨。冬十月甲寅，大司馬根病免。”則《漢表》本作“十月”明矣。《通鑑·漢紀二十四》云：“綏和元年冬十月甲寅，王根病免。”亦本於《漢表》。

十一月

二年　十一月丁卯,大司馬莽賜金、安車駟馬,免。

《漢紀》"十一月丁卯"作"七月丁巳",《通鑑·漢紀二十五》作"七月丁卯"。《考異》曰:"《公卿表》:'十一月丁卯,大司馬莽免。庚午,師丹爲大司馬,四月徙。'又曰:'十月癸酉,丹爲大司空。'《荀紀》:'七月丁巳,大司馬莽免。'"案,丹若以十一月爲司馬,四月徙官,不得以十月爲司空也。七月丁卯朔,無丁巳,《年表》月誤,《荀紀》日誤。

古今人表

柏夷亮父

柏夷亮父,顓頊師。

【引之曰】"亮"即"夷"字之訛。隸書"夷"字或作"𡗝",形與"亮"相似,因訛爲"亮"。今作"柏夷亮父"者,一本作"夷",一本作"亮",而後人誤合之耳。《海内經》:"伯夷父生西岳。"郭璞曰:"伯夷父,顓頊師。""伯"與"柏"古字通,故《表》中"伯仲"之"伯",多作"柏"。《穆天子傳》注云"古'伯'字多以木"是也。《吕氏春秋·尊師》篇:"帝顓頊師伯夷父。"皆其證。《路史》分"柏夷父""柏亮父"爲二人,非也。

邢侯

邢侯、鬼侯。又,《史記·魯仲連傳》:"昔者,九侯、鄂侯、

"鄂"俗書作"鄂"。文王,紂之三公也。"徐廣曰:"九,一作鬼。"《明堂位》:"脯鬼侯以饗諸侯。"《正義》曰:"鬼侯,《殷本紀》作九侯。""九"與"鬼"聲相近,故有不同也。"鄂"一作"邢"。"邢",一本作"邘"。《趙策》作"鄂"。《殷本紀》:"以西伯昌、九侯、鄂侯爲三公。"徐廣曰:"鄂,一作邘。"《竹書紀年》曰:"帝辛元年,命九侯、周侯、邘侯。"羅泌《路史·國名紀》曰:"九侯、鄂侯,紂三公,邢侯亦紂三公。或云邢侯即鄂侯,或云即邘侯,俱非。《世紀》邢侯事紂以忠諫死,而邘爲文王所伐,文王豈伐賢哉?"

【念孫案】羅説,非也。《魯仲連傳》之"鄂侯",一作"邢侯",又作"邘侯"。《殷本紀》之"鄂侯",一作"邘侯"。《紀年》有"邘侯",而無"鄂侯"。《趙策》有"鄂侯",而無"邘侯"。《古今人表》有"邢侯",而無"鄂侯"。是"邘"即"鄂"之訛,而"邢"又"邘"之訛也。《趙策》曰:"紂醢鬼侯,鄂侯争之急、辨之疾,故脯鄂侯。"此即《世紀》所謂"鄂侯以忠諫死"者也。作"邢"者,字之誤耳。羅謂鄂侯、邢侯皆紂之三公,非也。鬼侯、鄂侯、文王爲三公,若加邢侯,則爲四公矣。

寺人

齊寺人費。

師古曰:"即徒人費也。"【引之曰】《左傳》"徒人費"本作"侍人費","侍"與"寺"同,説見《經義述聞》。

雍人稾

【念孫案】此當作"雍稾人"。"稾",古"廩"字。《左傳》莊八年："初，公孫無知虐于雍廩。九年春，雍廩殺無知。"賈注曰："雍廩，渠丘大夫也。"見《史記·齊世家》集解。昭十一年《傳》："齊渠丘實殺無知。"杜注曰："渠丘，齊大夫雍廩邑。"《史記》則謂之"雍林人"。"廩""林"聲近而字通。《秦本紀》曰："齊雍林人殺無知、管至父等。"今本"雍林人"作"雍廩"，乃後人依《左傳》改之，辯見《史記》。《齊世家》曰："齊君無知游於雍林。雍林人嘗有怨無知，及其往游，雍林人襲殺無知。"不曰"雍林"，而曰"雍林人"者，當史公時，《左傳》尚未有章句，故誤以"雍林"爲邑名，而言雍林人殺無知也。此《表》作"雍稟人"，亦沿史公之誤，而今本作"雍人稟"，則義不可通。或以"人"爲衍字，亦未合班氏之旨。

陳應

梁氏曜北《人表考》曰："未詳。"【念孫案】《潛夫論·慎微》篇曰："楚莊出陳應，爵命管蘇，故能中興，强霸諸侯。"則"應"爲楚莊王臣，故列於五參、申公子培之間。

衛殤公焱

衛殤公焱。

師古曰："《春秋》焱作剽。"襄二十六年。【念孫案】"焱"當爲"猋"，字之誤也。"猋""焱"字形相似，書傳傳寫多訛，不可枚舉。"剽""猋"聲相近，故字相通。襄十四年《左傳》："衛人立公孫剽。"《釋文》："剽，匹妙反，一音甫遥反。""甫遥"則與"猋"同音。《蒯通傳》："飄至風起。"師古曰："飄，讀曰猋。"《月令》"猋風"，《淮南·時則》篇作

"飄風"。《爾雅》"迴風爲飄",《月令》注作"回風爲猋"。"飄"之爲"猋",猶"剽"之爲"猋"矣。《史記·十二諸侯表》作"狄",《衛世家》作"秋","狄"與"秋"又皆"焱"之訛也。《淮南·兵略》篇"發如猋風",今本"猋"作"秋",亦是"猋"訛爲"焱",又訛爲"秋"也。或謂"秋"亦音七遥反,與"剽""猋"音近而通,失之。

琴牢

【引之曰】"牢"本作"張",後人據《家語》改之也。《人表》所載皆經傳所有,昭二十年《左傳》及《孟子·盡心》篇皆作"琴張",《莊子·大宗師》篇作"子琴張",無作"琴牢"者。《論語·子罕》篇:"牢曰:子云'吾不試,故藝'。"鄭注以爲"子牢",蓋據《莊子·則陽》篇"長梧封人問子牢"之文,然亦不以爲"琴張"。"牢"與"琴張"本非一人也,惟《家語·弟子》篇始云:"琴牢,衛人,字開,一字張。"又,《序》云:"《語》云:'牢曰:子云吾不試故藝。'"談者不知爲誰,多妄爲之説。《孔子家語》:"弟子有琴張,一名牢,字子開,亦字張,衛人也。"是琴牢,字張,始見於《家語》,乃王子雍所僞撰,何得據之而改《漢書》乎?杜預《左傳注》:"琴張,字子開,名牢。"殆爲《家語》所惑。賈逵、鄭衆注《左傳》以琴張爲顓孫師,而服虔駁之曰:"子張少孔子四十餘歲,孔子是時四十,知未有子張。"趙岐注《孟子》亦以琴張爲子張,云:"子張善鼓琴,號曰琴張。"如《漢書》有琴牢,則《論語》鄭注、《孟子》趙注、《左傳》賈、鄭、服三家注,何不據之以釋"牢曰"及"琴張"乎?然則《人表》不作"琴牢"明甚。

盂丙

【念孫案】"孟"當爲"盂"。昭二十八年《左傳》:"孟丙爲盂大夫。"《杜解補正》改"孟"爲"盂",説云:"《漢書·地理志》云:'盂,晉大夫盂丙邑。'以其爲盂大夫而謂之盂丙,猶魏大夫之爲魏壽餘、閻大夫之爲閻嘉、邯鄲大夫之爲邯鄲午也。"案,顧説是也。《左傳釋文》:"盂音于。下文同。""盂音于"者,指盂丙而言。"下文同"者,指盂大夫而言。是陸氏所見本兩"盂"字皆作"盂"也。或謂"下文同"三字,指注文之太原盂縣而言,非也。若然則當云"注同",不當云"下文同"矣。《廣韻》"盂"字注云:"又姓,《左傳》晉有盂丙。"《廣韻》本於《唐韻》,是孫愐所見本亦作"盂"也,自唐石經始訛爲"孟丙",而各本遂沿其誤。蓋世人多聞孟姓,少聞盂姓,故"盂"訛作"孟"。下文之"狐鸁",師古曰"即盂鸁","盂"字亦訛作"孟"也。《地理志》作"盂丙",而此表作"孟丙",明是後人以誤本《左傳》改之。或謂此字師古無音,則當是"孟"字,不知《地理志》之盂縣,師古亦無音,蓋"盂"字,本不須作音也。《水經·汾水》注云:"洛陰水西逕盂縣故城南。《春秋左傳》昭公二十八年,分祁氏七縣爲大夫之邑,以盂丙爲盂大夫。"即本於《地理志》。今本作"孟丙",亦是後人所改,或據此以駁顧,非也。《續漢書·郡國志》亦云:"盂,晉大夫盂丙邑。"明汪文盛本如是,他本或作"孟丙",亦後人所改。《元和郡縣志》:"陽曲縣,故盂城,漢盂縣也,本春秋時晉大夫祁氏邑,晉滅祁氏,以盂丙爲盂大夫。"《太平寰宇記》同。此皆本於《水經注》,而"盂丙"之"盂",無作"孟"者。

榮聲期

榮聲期。

師古曰:"即榮啟期也。聲或作啟。"《考異》曰:"'聲'當爲'罄'之訛。'啟''磬'聲相近。"【念孫案】此因隸書"啟"字作"启",形與聲近而訛耳。據師古注,則他本固有作"啟"者矣,不必迂其説而以爲"罄"之訛也。

蕩疑

蕩疑。

師古曰:"即薄疑也。"【念孫案】"蕩"即"薄"之訛,雖姓亦有蕩,然據《元和姓纂》薄姓下引《風俗通義》云"衛賢人薄疑",《通志·氏族略》《通鑑·周紀四》注并同。則當作"薄"明矣。《吕覽》《務本》《審應》。《韓子》《内》《外儲説》。《淮南内篇》《道應》。并作"薄疑",無作"蕩疑"者。

脱三字

慎靚王。

【念孫案】此下各本皆脱"顯王子"三字,當依景祐本補。

《漢書》第四

律曆志

比黄鍾之宫

制十二筩以聽鳳之鳴。其雄鳴爲六，雌鳴亦六，比黄鍾之宫而皆可以生之。

【念孫案】“比黄鍾之宫”本作“以比黄鍾之宫”，與上文“以爲黄鍾之宫”句同一例，今本脱“以”字。《舜典》及《左傳》昭二十年正義、《文選・琴賦》注、《七命》注、《白帖》三十一引此并作“以比黄鍾之宫”。《吕氏春秋・大樂》篇、《説苑・修文》篇及《晉書・律曆志》并同。

著於其中

中吕，言微陰始起未成，著於其中，旅助姑洗，宣氣齊物也。

【念孫案】著者，居也。居中以助陽也。《史記・貨殖傳》：“子贑廢著鬻財於曹魯之間。”徐廣曰：“《子贑傳》云‘廢居’，著猶居也，著讀音如貯。”《漢書》“廢著”作“發貯”，“貯”

與“著”皆居也。“著”又音直略反。《樂記》“樂著大始而禮居成物”，著，亦居也，故鄭注云“著之言處也”。《漢紀》作“中吕，陰始起未發，居中而助陽也”，是其證。

振美

振美於辰。

【念孫案】“美”當爲“羨”，字之誤也。《淮南·主術》篇：“羨者止於度，而不足者逮於用。”《文選·陸雲〈爲顧彦先贈婦〉詩》：“佳麗良可羨。”今本“羨”字并訛作“美”。“羨”之言“延”也。三月陽氣方盛，句萌奮發，萬物莫不振起而延長，故曰“振羨於辰”。《周官·典瑞》“璧羨”，鄭仲師曰：“羨，長也。”《考工記》“玉人璧羨”，康成曰：“羨，猶延。”張衡《東京賦》：“乃羨公侯卿士。”薛綜曰：“羨，延也。”《周官·冢人》注曰：“隧，羨道也。”隱元年《左傳》注作“延道”。是“羨”爲延長之義也。《太玄·玄數》“辰戌丑未”，范望曰：“辰取其延長。”是“辰”亦延長之義也。《釋名》曰：“辰，伸也。物皆伸舒而出也。”“伸”亦延長之義。“振”“羨”二字，俱是“辰”字之訓。孳萌於子、引達於寅、冒茆於卯、咢布於午、昧薆於未、申堅於申、留孰於酉、該閡於亥，皆以兩字共釋一字。若作“振美”，則非其指矣。《月令》正義引作“美”，亦後人以誤本《漢志》改之。《續漢書·律曆志》《史記·律書》索隱引此并作“振羨於辰”。

斂更

斂更於庚。

【念孫案】“歛更”二字，義不相屬，諸書亦無訓“庚”爲“歛”者。“歛”當爲“改”，字之誤也。鄭注《月令》云：“庚之言更也，萬物皆肅然改更。”范望注《太玄・玄數》云：“庚取其改更。”皆其證也。《續漢書》注引作“歛”，亦後人依誤本《漢志》改之。《月令》正義引此正作“改更於庚”。

一爲一分

以子穀秬黍中者，一黍之廣度之，九十分黄鍾之長，一爲一分。

【念孫案】“一爲一分”本作“一黍爲一分”，脱去“黍”字，則文義不明。《周官・司市》疏、《典同》疏、《合方氏》疏、《大行人》疏、《月令》正義、《左傳》文六年正義及《隋書・律曆志》、《史記・五帝紀》正義引此皆作“一黍爲一分”，《漢紀》同。

四千六百一十七歲

乃以前曆上元泰初四千六百一十七歲，至於元封七年，復得閼逢攝提格之歲。

《漢書考異》曰：“歲陰與大歲案，歲陰，即大歲也，不當分以爲二。皆百四十四歲而超一辰，故四千六百一十七歲而復其初。”【引之曰】大歲超辰之説始於劉歆《三統曆》，説詳《大歲考》。當大初元年議造《漢曆》，安得有超辰之法？錢説非也。今案，“四千六百一十七歲”本作“四千五百六十歲”，此後人以《三統曆》改之也。《史記・曆書》索隱引此已誤。凡甲子六十而周，周而復始，由上元泰初甲寅之歲，四千五百六十歲，立以爲法,展轉相承,每一元皆如是,至於元封七年,又逢甲寅,故曰"復得閼逢攝提格之歲"。若四千六百一十七歲則得辛亥,而非甲寅矣。後人因下文《三統曆》曰"凡四千六百一十七歲,與一元終",故據彼以改此,不知前曆乃《殷曆》,説見下。與《三統曆》不同。《開元占經·古今曆積》篇、劉歆《三統曆》上元庚戌,元法四千六百一十七,而《黄帝曆》上元辛卯,則元法四千五百六十,《顓頊》上元乙卯、《夏曆》上元乙丑、《殷曆》上元甲寅、《周曆》上元丁巳、《魯曆》上元庚子,元法皆與《黄帝曆》同。此云前曆上元泰初閼逢攝提格之歲,正所謂《殷曆》上元甲寅也,則當依《殷曆》元法四千五百六十,不當依《三統術》矣。緯候之書多據《殷曆》,《大衍曆議》曰:"緯所據者,《殷曆》也。"故《易乾鑿度》曰:"曆元名握先,紀日甲子歲甲寅,七十六爲一紀,二十紀爲一部首。"注曰:"此法三部首而一元,一元而大歲復於甲寅。一部首一千五百二十歲,三之則四千五百六十歲矣。"《續漢書·律曆志》注引《樂叶圖》曰:"天元以四千五百六十爲紀,甲寅窮。"此紀即元也。《周髀算經注》引《考靈曜》曰:"青龍甲寅,攝提格孳。今本"孳"誤作"并",依《太平御覽·時序部二》改。四千五百六十歲積反初。"反,復也,謂復於甲寅也。今本作"及",誤,今據《初學記·人事部上》引改。正與前曆復得甲寅之歲相合,不當如今本所云。

大歲在子

中冬十一月甲子朔旦,冬至,日月在建星,大歲在子,已得大初本星度。

【引之曰】"大歲在子","子"當爲"寅",後人改之也。《玉海·律曆部》引此已誤。大歲在寅曰攝提格,上言攝提格之歲,則下當言大歲在寅。蓋所謂前曆者,《殷曆》也,黄帝以下六曆,惟《殷曆》元用甲寅。見《續漢書·律曆志論》及《開元占經·古今曆積》篇。《殷曆》上元泰初中冬十一月甲子朔旦,冬至,《大衍曆議》曰:"湯作《殷曆》,以十一月甲子合朔冬至爲上元。"日月在建星,大歲在寅,故得閼逢攝提格之歲。元封七年與《殷曆》上元泰初同,故復得閼逢攝提格之歲也。一元四千五百六十歲爲甲寅者,七十有六,而惟上元泰初甲寅年冬至,七曜皆起於丑宫,故以其年爲曆元。後漢劉洪上言曰:見《續漢志》。"甲寅元,天正正月,夏十一月。甲子朔旦冬至七曜之起,始於牛初。"《太平御覽·時序部二》引《尚書考靈曜》曰:"月首甲子冬至,日月五緯俱起牽牛初,青龍甲寅,今本誤作"甲子",《周髀算經注》引此正作"甲寅"。案,《御覽》引《考靈曜注》曰:"青龍,歲也。歲在寅曰攝提格。"則當作"甲寅",故《續漢志》曰:"《考靈曜》有甲寅元。"攝提格孳。"建星、牽牛皆丑宫之星,日月起於丑宫而曰青龍甲寅,正與此同法也。《易乾鑿度》曰:"曆元名握先,紀日甲子歲甲寅。"《太平御覽·天部一》引《禮稽命徵》曰:"太素十一月,閼逢之歲在攝提格之紀。"其曰"紀日甲子"、曰"太素十一月",即此所謂"十一月甲子朔旦冬至"也。其曰"歲甲寅"、曰"閼逢之歲在攝提格之紀",即此所謂"大歲在寅"也。古人言大歲皆用夏正,自元封六年正月,至七年前十二月,七年,即大初元年,據《武帝紀》大初元年五月正曆,以正月爲歲首,故是年九月以後獨多三月,凡十五月。其十月、十一月、十二月,皆前後兩見。爲夏正甲寅年之一歲。六年正月,日在亥宫,歲星在丑宫,據《漢志》,七年前十一月朔,歲星在婺女六度,卻數至六年正月朔,當在斗十五度。《天官書》所謂"歲陰在寅,歲星居丑,正月與斗、牽牛晨出東方"也。

與日隔子宫而晨見東方，晨見之月斗建於寅，故大歲應之，而在寅七年前十一月，乃夏正甲寅年之仲冬，故曰“大歲在寅”也。詳見《大歲考·殷曆甲寅元表》。後人見下文《歲術》曰“數從丙子起”，又説大初元年引《漢志》曰“歲名困敦”，遂改“寅”爲“子”，不知“歲名困敦”，乃漢《大初曆》之大歲，應歲星與日同次之子月者也。説見《大歲考》。“大歲在寅”，乃《殷曆》之大歲，應歲星辰見之寅月者也。在寅則不在子，在子則不在寅，豈有攝提格之歲而大歲在子者乎？錢氏曉徵不悟“在子”之文爲後人所改，而見其與攝提格之歲不合，乃爲之説曰：“大歲在子爲大歲，攝提格之歲則爲大陰。”見《潛研堂文集》。豈知“在子”本爲“在寅”，即上文之攝提格，而無庸强爲分别乎？或曰：漢《大初曆》元固丙子也，大歲在子，安知非《大初曆》法而必以爲《殷曆》，而謂其在寅何與？曰：請以上句“日月在建星”例之。《續漢志》載賈逵論曰：“《大初曆》冬至日在牽牛，古黄帝、夏、殷、周、魯冬至日在建星。”然則“日月在建星”，乃《殷曆》之文，而非《大初曆》法。“日月”“大歲”二句相連，其皆爲《殷曆》之法明矣。更以下句“已得泰初本星度”例之，“已得泰初本星度”，謂得《殷曆》泰初之建星，則此句以上皆《殷曆》之法可知。豈有上下句皆言《殷曆》，而中間乃言漢《大初曆》者乎？《殷曆》紀元爲攝提格之歲，大歲安得不在寅乎？據《漢志》及《續漢志》，謂大史令張壽王挾甲寅元以非《漢曆》，壽王曆乃大史官《殷曆》也，是《殷曆》爲大史官所有之書。元封七年，大史令司馬遷與公孫卿、壺遂議造《漢曆》，故用大史官《殷曆》，而以甲寅爲元，至鄧平造曆，更以丙子爲元，徐幹《中論·曆數》篇：“成哀之間，劉歆用鄧平術而廣之，以爲《三統曆》。”案，《三統曆》以丙子爲元，歆用鄧平術，則鄧平所定曆元，亦丙子也。下文載《三統曆世篇》曰："《漢曆》,大初元年前十一月甲子朔旦冬至,歲在星紀婺女六度,故《漢志》曰:歲名困敦,正月歲星出婺女。"據此,則《三統曆》所引《漢志》已謂"大初元年歲名困敦"。"困敦"者,大歲在子之號也,然則《漢曆》本以丙子爲元,不始於《三統曆》矣,非鄧平所定而何?《禮樂志》:"大初四年《西極天馬歌》曰:'天馬徠,執徐時。'"應劭注曰:"大歲在辰曰執徐。謂四年歲在庚辰也。"上推元年在丁丑,而是年之前三月,則爲丙子年之冬。曆起丙子年之十一月甲子朔旦冬至,則大初之元在丙子矣,而是歌作於鄧平定曆之後三年,則鄧平之術以丙子爲元可知。而虧四分日之三,去小餘七百五分。見下文。故壽王挾甲寅元以非之,豈得預改《殷曆》之大歲在寅,以從《鄧平曆》之丙子乎?曰:司馬遷等議造《漢曆》,何以元用甲寅?及鄧平造曆,何以又用丙子也?曰:《史記自序》曰:"大初元年,十一月甲子朔旦冬至,天曆始改。"謂《顓頊曆》以立春爲蔀首,詳見《大歲考》。今改用冬至爲蔀首也。蔀首起於十一月甲子朔旦冬至,惟《殷曆》甲寅元而已,故曰"閼逢攝提格之歲"。又曰:大歲在寅,然六曆建元之歲,古今不相沿襲,若黄帝元用辛卯,顓頊用乙卯,夏用丙寅,殷用甲寅,周用丁巳,魯用庚子。見《續漢志·論》。曆元所在,代有變易,《殷曆》元用甲寅,而《漢曆》因之,則無以别於《殷曆》,故又取是年《顓頊曆》之大歲,而以丙子爲元。《顓頊曆》是年歲在丙子,詳見《大歲考》。以表一代之制作,此甲寅、丙子之所以不同也。《史記·封禪書》説大初元年事曰"十一月甲子朔旦,冬至,推曆者以本統。夏漢改曆,以正月爲歲首",本書《武紀》則以爲五月正曆。蓋《漢曆》成於鄧平,鄧平之曆成於大初元年之五月,下文所謂選鄧平等造漢《大初曆》也。曆元之改用丙子,必在此時,而當司馬遷等議造《漢曆》,則在前此之十一月,所謂天曆始改也。是時,鄧平猶未造曆,安得有丙子元法?《史記·曆書》

載武帝詔曰:“其更以七年爲大初元年,年名焉逢攝提格,月名畢聚。”此詔當亦在十一月議造《漢曆》之時,而云“年名焉逢攝提格”,則是時之曆元惟用甲寅,若謂是時已用丙子爲元,則詔何以不云“游兆困敦”,而云“焉逢攝提格”乎?是時曆元猶未改爲丙子,安得云“大歲在子”乎?曰“攝提格之歲”即謂大歲在寅也,何須更言“大歲在寅”乎?曰:寅者,大歲所在之辰。攝提格者,大歲在寅之號。上言其號,下指其辰,相承爲義也。《史記·天官書》曰:“攝提格歲,歲陰左行在寅。”《尚書考靈曜》曰:“青龍甲寅,攝提格孳。”《後漢書·張純傳》曰:“今攝提之歲,蒼龍甲寅。”既言攝提格,又言在寅,正與此同。此《志》下文引《漢志》曰:“歲在大棣,名曰敦牂,大歲在午。”亦相承爲義也。大歲在午曰敦牂。“大歲在寅”,承上攝提格之歲,猶大初本星度,承上日月在建星矣。考之曆法,案之文義,“大歲在子”當爲“在寅”明甚。

初六

黄鍾初九,律之首,陽之變也。因而六之,以九爲法,得林鍾初六,吕之首,陰之變也。

【念孫案】“林鍾”下更有“林鍾”二字。“林鍾初六”與“黄鍾初九”對文,而今本脱之,則文義不完,當依《周官·大師》疏引補。

易九厄

《三統閏法·易九厄》曰:“初入元百六,陽九,次三百七十四，陰九。”

孟康注曰：“《易傳》俗本“傳”下衍“也”字，《文選·左思〈魏都賦〉》注、陸機《樂府》注、江淹《雜體詩》注、劉琨《勸進表》注、袁宏《三國名臣序贊》注、曹植《王仲宣誄》注所引并無。所謂陽九之厄百六之會者也。”《漢書考異》曰：“‘九厄’當爲‘无妄’。《易·雜卦》傳：‘无妄，災也。’京房説：‘无妄，以爲大旱之卦，萬物皆死，無所復望。’應劭云：‘萬物無所望于天，災異之最大者也。’漢儒引伸其義，故有陽九、陰九，經歲、災歲之説，此亦緯書之類。孟康以爲《易傳》，猶《稽覽圖》稱《中孚傳》也。劉淵林注《吴都賦》引《漢書》此條正作‘《易·无妄》’，可證魏晉時本尚未誤，李善注《文選》屢引此條，并作‘陽九厄’，則唐時已訛，不始於近代矣。”【引之曰】作“陽九厄”者是也。下文孟康注曰：“一元之中，有五陽四陰，陽旱陰水。九、七、五、三，皆陽數也，故曰‘陽九之厄’。”此正釋“陽九厄”三字。“陽九厄”蓋《三統曆》篇名也，陽厄五、陰厄四，合之則九，水旱之九、七、五、三，又皆陽數，故以“陽九厄”名篇。“《三統閏法·陽九厄》曰”者，言《三統閏法·陽九厄》篇有云也。孟康注曰“《易傳》所謂陽九之厄百六之會者”，謂《三統·陽九厄》篇所云，即《易傳》所謂“陽九之厄”也。俗本“陽”字誤而爲“易”，注内《易傳》下又衍“也”字，讀者遂以“易九厄”爲“易傳”，何不察之甚也。據李善注左思《魏都賦》、陸機《樂府》、江淹《雜體詩》、劉琨《勸進表》、袁宏《三國名臣序贊》、曹植《王仲宣誄》，六引《漢書》，皆作“陽九厄”，足正今本之誤。至劉逵《吴都賦注》曰：“《易·無妄》曰：災氣有九，陽厄五、陰厄四，合爲九，一元之中，四千六百一十七歲，各以數至。《漢書·律曆志》具有其事。”以上《吴都賦》注。案，“陽厄五、陰厄四，合爲九，一元之中,四千六百一十七歲,各以數至”,此約舉《漢志》文也。而“災氣有九”,則《易緯》説“無妄”之語。蓋連引《易·無妄》説及《漢志》,非謂“《易·無妄》”云云,亦《漢志》所有也。若《漢志》“陽九厄”果爲“《易·無妄》”之訛,則“陽九厄曰”下,亦當有“災氣有九”四字,與《吴都賦》注所引“《易·無妄》”之文相同。今無此語,則非“《易·無妄》”也。且《志》文若作“《易·無妄》”,則孟康及師古必釋“無妄”二字之義,何得但云“《易傳》所謂陽九之厄百六之會”,而不及“《易·無妄》”邪?錢説非。

脱一字

實如法得一,句。陰一陽,各萬一千五百二十。

【念孫案】“實如法得一”下當更有“一”字。

大歲日

算盡之外,則大歲日也。

《漢書考異》曰:“‘日’字誤,當云‘大歲所在’。”【引之曰】“日”字不誤,“日”下蓋脱“辰”字。“日辰”,謂十日十二辰也。紀歲必以日辰,六十甲子周而復始,故謂之“大歲日辰”。《爾雅》曰:“大歲在甲曰閼逢。”此大歲所在之日名也。又曰:“大歲在寅曰攝提格。”此大歲所在之辰名也。《淮南·天文》篇曰:“大陰所居,日爲德、辰爲刑。”大陰所居,謂大歲所在也。上文曰“數從丙子起”,丙子即大歲所起之日辰。

三月

粤若來三月，五字連讀，説見《經義述聞·尚書》。既死霸。

【引之曰】"三"當爲"二"，此引《書》以證上文之"二月朔日"，則當爲"二月"明矣。《武成》正義引此正作"越若來二月"，《逸周書·世俘》篇同。

二十二度

歲在大棣之東井二十二度，鶉首之六度也。

【念孫案】"二十二度"當爲"二十一度"。上文云"鶉首初井十六度"，然則鶉首之六度，井之二十一度也。景祐本作"二十度"，亦非。

禮樂志

夫婦之道苦

故婚姻之禮廢則夫婦之道苦，而淫辟之罪多。

孟康曰："苦，音盬。夫婦之道，行盬不固也。"師古曰："苦，惡也。不當假借。"【念孫案】孟説是也。行盬，謂不堅固也。《周官·司市》"凡治市之貨賄，六畜珍異，利者使阜，害者使亡。"鄭注曰："利，利於民，謂物實厚者。害，害於民，謂物行苦者。"《釋文》曰："行，遐孟反，又如字，聶胡剛反。苦音古。"行苦，即行盬。《唐律·雜律》曰："諸造器用之物及絹布之屬，有行濫短狹而賣者，杖六十。"注曰："不牢謂之行。不真謂之濫。"《潛夫論·浮侈》篇曰:"以完爲破,以牢爲行。""行"與"牢"正相反,今京師人謂貨物不牢曰行貨,與聶氏"胡剛反"之音合,高郵人言之則"下庚反",皆古之遺語也。《小雅·四牡》傳曰:"盬,不堅固也。"《齊語》"辨其功苦",韋注曰:"功,牢也。苦,脆也。"夫婚姻之禮,敬慎重正而後親之,所以成男女之别,而立夫婦之義也。婚姻之禮廢,則夫婦之道行盬不固,而淫辟之端以起,故曰"夫婦之道盬,而淫辟之罪多",作"苦"者,假借字耳。師古乃云"苦,惡也。不當假借",不知"苦惡"之"苦",古正讀如"盬"。《食貨志》"器苦惡",如淳曰"苦或作盬,不攻嚴也"是也。而師古彼注又讀爲"甘苦"之"苦"矣,辯見《食貨志》。

曲爲之防

事爲之制,曲爲之防,故稱禮儀三百,威儀三千。

顔師古解上二句云:"言每事立制,委曲防閑也。"【念孫案】大事曰事,小事曰曲。事爲之制,禮儀三百也。曲爲之防,威儀三千也。《禮器》"曲禮三千",鄭注曰:"曲,猶事也。"《中庸》"其次致曲",注曰:"曲,猶小小之事也。"《淮南·繆稱》篇"察一曲者",高誘注曰:"一曲,一事也。"《主術》篇曰:"不偏一曲,不黨一事。""事爲之制""曲爲之防",相對爲文,則"曲"非"委曲"之謂。

未嘗

自古以來,未嘗以亂濟亂大敗天下如秦者也。

【念孫案】"未嘗"下脱"有"字,則文義不明,當依《董仲舒傳》補。

壽何以不若高宗

則俗何以不若成康？壽何以不若高宗？

師古曰："高宗享國五十九年，故云壽。"【念孫案】《古文尚書》"肆高宗之享國五十有九年"，《今文尚書》作"百年"。《漢書》所引皆《今文》，此云壽若高宗，正謂享國百年也。漢石經正作"百年"。《五行志》曰："高宗致百年之壽。"《劉向》《杜欽傳》亦云"百年"。《論衡·氣壽》篇曰："高宗享國百年，周穆王享國百年，并未享國之時，皆出百三四十歲矣。"皆與漢石經同，則皆用《今文尚書》也。師古不見今文，又未旁考他書，故引《古文》"五十九年"以釋之。實與王吉所引不合，上文言"中宗享國七十五年"，若高宗享國五十九年，則年數不及中宗矣，吉何以不言中宗而言高宗乎？又，《王吉傳》："壽何以不若高宗？"師古曰"高宗享國百年"，此則承用《漢書》舊注，是以不誤也。

大不備

是去小不備而就大不備，大不備或莫甚焉。

師古曰："大不備者，事之虧失莫甚於此。"【念孫案】此文兩言"大不備"，語意重複，下"大不備"當是衍文。"或"，古"惑"字，言去小不備而就大不備，惑莫甚於此也。注非。

以功定天下

武,言以功定天下也。

【念孫案】"功"上脱"武"字,則文義不明。《白帖》六十一引此正作"以武功定天下",《漢紀》及《風俗通義・聲音》篇、今本無"武"字,乃後人依《漢書》删之,《意林》引有。《通典・樂一》并同。

詩語

音聲足以動耳,詩語足以感心。

【念孫案】自漢以前無以"詩語"二字連文者。"詩語"當爲"詩謌",字之誤也。《説文》"歌"或作"謌",《五行志》:"怨謗之氣發於謌謡。"上文曰:"和親之説難形,則發之於詩歌詠言,鍾石管弦。"又引《堯典》:"詩言志,歌詠言,聲依詠,律和聲,八音克諧。"此文"音聲足以動耳",承上"聲律八音"而言,"詩謌足以感心",承上"詩歌"而言,則"語"爲"謌"字之誤明矣。《漢紀・孝惠紀》正作"詩謌足以感心"。上文"詩歌詠言",《漢紀》亦作"謌"。蓋此篇内"歌"字,本皆作"謌",後人多見"歌",少見"謌",故皆改爲"歌"也。此"謌"字若不誤爲"語",則後人亦必改爲"歌"矣。

鄭衛宋趙

桑間濮上,鄭衛宋趙之聲并出。

【念孫案】《漢紀》"趙"作"楚"是也。自"設兩觀,乘大路"以下,皆述春秋時事,春秋時未有趙也。下文"至於六國"以下，乃及六國時事耳。此以楚從疋，趙從走，二形相似而誤。

營亂富貴之耳目　爲妻妾役使所營

巧僞因而飾之，以營亂富貴之耳目。

師古曰："營，猶回繞也。"【念孫案】師古訓"營"爲"回繞"，所謂望文生義者也。營者，惑也。言惑亂富貴之耳目也。"營"字本作"䁝"。《説文》曰："䁝，惑也。從目、熒省聲。"《玉篇》"唯并、胡亭二切"。或作"熒"，通作"營"，又通作"榮"，《漢紀》作"榮亂富貴之耳目"。《否·象傳》"不可榮以禄"，虞翻本"榮"作"營"，言不可惑以禄也。説見《經義述聞》。《莊子·人間世》篇"而目將熒之"，向、崔本"熒"作"營"。《大戴禮·文王官人》篇曰："煩亂以事而志不營。"又曰："臨之以貨色而不可營。"《楚策》曰："好利可營也。"《荀子·宥坐》篇曰："言談足以飾邪營衆。"是"營"與"惑"同義。《吕氏春秋·尊師》篇："心則無營。"《淮南·原道》篇："精神亂營。"高注并曰："營，惑也。"亂營，猶營亂耳。《李尋傳》："爲妻妾役使所營。"亦謂爲其所惑也。師古訓"營"爲"繞"，誤與此同。"營"訓爲"惑"，故或謂之"營惑"，説見後"連語"下。

永至

皇帝入廟門，奏《永至》。《通典·樂一》同。

【念孫案】"永至"二字，於義無取。《漢紀》作"禮至"是也。上言"大祝迎神于廟門，奏《嘉至》"，嘉神之至也。此言"皇帝入廟門，奏《禮至》"，謂皇帝以禮至于廟中，故下文云

“以爲行步之節，猶古采薺肆夏也”。“禮”字，古文作“礼”，“永”字，隸書作“[illegible]”，二形相似，又涉下文“永安之樂”而誤。

高祖廟

高祖廟奏《武德》《文始》《五行》之舞，孝文廟奏《昭德》《文始》《四時》《五行》之舞，孝武廟奏《盛德》《文始》《四時》《五行》之舞。

【念孫案】“高祖廟”，“祖”字涉上下文而衍，景祐本作“高廟”是也。高祖廟之但稱高廟，猶孝文帝、孝武帝廟之但稱孝文、孝武廟也。《漢書》凡稱“高祖廟”者，皆曰“高廟”。《景紀》曰：“高廟酎，奏《武德》《文始》《五行》之舞。”文義正與此同，其他不可枚舉。《後漢書·章帝紀》注、鈔本《北堂書鈔·樂部三》陳禹謨本依俗本《漢書》增“祖”字。《初學記·樂部上》《通典·樂一》引此皆無“祖”字。

曰

《文始舞》者，曰本舜《招舞》也。

【念孫案】此不當有“曰”字，蓋涉下文“更名曰”而衍。《通典》有“曰”字，亦後人依誤本《漢書》加之，《續漢書·禮儀志》注、《後漢書·明帝紀》注、《藝文類聚·樂部三》《太平御覽·樂部十二》引此皆無“曰”字，《漢紀》同。下文云：“《五行》舞者，本周舞也。”亦無“曰”字。

明示

《四時》舞者，孝文所作，以明示天下之安和也。蓋樂己所自作，明有制也。樂先王之樂，明有法也。

【念孫案】上一“明”字涉下兩“明”字而衍。上言“示”，下言“明”，明亦示也，無庸更加“明”字。景祐本作“以示天下之安和也”，無“明”字。宋祁亦曰：“邵本無‘明’字。”《通典》所引與二本同。上文云“以示不相襲也”，亦無“明”字。

慶陰陰

靈之至，慶陰陰。

師古曰：“言垂陰覆遍於下。”【念孫案】“慶”讀爲“羌”，發聲也。

帝臨中壇　制數以五　后土富媪

帝臨中壇，四方承宇。

師古曰：“言天神尊者，來降中壇，四方之神，各承四宇也。”劉攽曰：“予謂此帝，指天子耳。”【念孫案】《郊祀志》云：“具泰一祠壇。五帝壇環居其下。”猶此歌之言“帝臨中壇”也。又云“其下四方地爲腏食”，猶此歌之言“四方承宇”也。若如劉説以帝爲天子，則與“四方承宇”句，義不相屬。第十五章云：“神之揄臨壇宇。”此云：“帝臨中壇，四方承宇。”文義相同，則顔説是也。又，下文“制數以五”，即《月令》所云“其神后土，其數五”。張晏以爲祭后土之歌是也。劉云“謂武帝改服色而尚黄，數用五”，亦非。《郊祀志》有司議曰：“陛下親祠后土，宜於澤中圜丘爲五壇，而從祠衣上黄。”又云：“禪泰山下阯東北肅然山，如祭后土禮，衣上黄。”故此歌云“后土富媼，昭明三光。穆穆優游，嘉服上黄”也。劉謂“漢以土德”，故言“后土富媼”，亦非。信如劉説，則非祭后土之歌矣，何以列於《郊祀》之二章乎？

巉處

霆聲發榮，巉處頃聽。

晉灼曰：“巉，穴也。謂蟄蟲驚聽也。”師古曰：“巉，與巖同。言靁霆始發，草木舒榮，①則蟄蟲處巖崖者，莫不傾聽而起。頃讀曰傾。”【念孫案】晉説是也。古書多以“巖穴”連文，故《説文》“敻”字注及《楚辭・七諫》注并云“巖，穴也”。蟄蟲皆穴處，故曰“霆聲發榮，巉處頃聽”。師古以“巉”爲“巖崖”，非也。蟄蟲處處皆有，不當獨指山崖言之。

西顥

《郊祀歌》：“西顥沆碭，秋氣肅殺。”

韋昭曰：“西顥，西方少昊也。”師古曰：“沆碭，白氣之貌也。”【念孫案】韋以“顥”爲“少昊”，非也。西顥，謂西方顥天也。《吕氏春秋・有始覽》：“西方曰顥天。”高注曰：“金色白，故曰顥天。”《淮南・天文》篇作“晧天”，高注同。《説文》：“顥，白

---

① “木”，底本作“本”，據同治本改。

貌。"《楚詞》曰："天白顥顥。"故曰"西顥沆碭，秋氣肅殺"，師古以"沆碭"爲"白氣"是也。四時之歌：春《青陽》，夏《朱明》，秋《西顥》，冬《玄冥》。則"顥"爲白色明矣。《爾雅》曰："春爲青陽，夏爲朱明，秋爲白藏，冬爲玄英。"彼言"白藏"，猶此言"西顥"也。若"少昊"，則對"大昊"以立名，非白色之義矣。

遠姚

五音六律，依韋饗昭，雜變并會，雅聲遠姚。

師古曰："姚，僄姚，言飛揚也。"【念孫案】"姚"讀爲"遥"，"遥"，亦遠也。古人自有複語耳。昭二十五年《左傳》："遠哉遥遥。"《荀子·榮辱》篇："其功盛姚遠矣。"案，"盛"與"成"同，成，亦功也，説見《荀子》。楊倞曰："姚與遥同。"是其證。注非。

闢流離

闢流離，抑不詳。

師古曰："流離不得其所者，爲開道路，使之安集。違道不祥善者，則抑黜之以申懲勸也。"【念孫案】師古以"闢"爲"開"、以"流離"爲"不得其所者"，則"闢流離"三字，義不相屬，故增數字以釋之曰"爲開道路使之安集"，其失也迂矣。余謂流離者，梟也，所以喻惡人。《邶風·旄丘》篇"流離之子"，陸機曰："流離，梟也。自關而西謂梟爲流離。""闢"之言"屏除"，謂屏除惡人也。《荀子·解蔽》篇"闢耳目之欲"，楊注："闢，屏除也。"字亦作"辟"。《周官·小司寇》"前王而辟"，先鄭司農注："辟除奸人。""闢流離，抑不詳"，兩句同義，皆承上文"圖匈虐，熏鬻殛"而言。

求其清流

猶濁其源而求其清流，豈不難哉？

【念孫案】上句當作"猶濁其源而求清其流"，今本"清""其"二字倒轉，則文義不順。

刑法志

沈斥

除山川沈斥、城池邑居、園囿術路，三千六百井。

薛瓚曰："沈斥，水田舄鹵也。"師古曰："沈，謂居深水之下也。"【念孫案】"沈"當爲"沆"。胡朗反。沆，大澤也，其字或作"甿"，或作"坑"，或作"亢"。又爲鹽澤之名，其字或作"鹹"，或作"坑"。《説文》："沆，大澤也。"徐鍇《傳》引《博物志》曰："停水，東方曰都，一名沆。"《廣雅》曰："甿、斥、澤，池也。"《玉篇》曰："鹹，鹽澤也。"《太平御覽·地部四十》引《述征記》曰："齊人謂湖曰沆。""沆"與"斥"同類，故《志》以"沆""斥"連文，故薛瓚以爲"水田舄鹵"。《漢紀·孝文紀》作"除山川坑斥、"坑"與"沆"同。"斥"今本作"塹"，非。蓋後人誤以"坑"爲"坑塹"字，因改"斥"爲"塹"。城池邑居、園囿街路，三千六百井"。《王制》正義引《異義》："《左氏》説曰：'賦法積四十五井，除山川坑斥，"斥"，今本作"岸"，非。"斥"本作"㡿"，省作"厈"，因誤而爲"岸"。三十六井，定出賦九井。'"此皆其明證矣。凡從亢之字，隸或作"冘"，故"沆"字或作"沉"，一誤而爲"沉"，再誤而爲"沈"。師古不達，乃曰"沈，謂居深水之下"，其失甚矣。

"沆""坑""亢"三字，諸書或誤爲"沉"，或誤爲"沈"，或誤爲"坈"，或誤爲"元"，而學者莫之能辨也。凡從亢、從元、從冘之字，傳寫易致差謬。《爾雅·釋木》："杬，魚毒。"今本"杬"誤作"杭"。《廣雅·釋宮》："䟘，道也。"今本"䟘"誤作"䟓"。《齊語》"至于石抗"，《補音》："抗，苦浪反。作'枕'者非。"《列子·黄帝》篇"攩拯挨扰"，《釋文》："扰，一本作抗。"《淮南·説林》篇"在於批伉"，今本"伉"誤作"伔"。《楚辭·七諫》"與麋鹿同坑"，今本"坑"誤作"坈"。《史記·仲尼弟子傳》"原亢籍"，《正義》"亢"作"冗"。《漢紀·孝昭紀》"楚亢陽舉兵於外"，今本"亢"誤作"冗"。《後漢書·光武紀》"臧宫與延岑戰於沈水"，注"本或作沅水及沉水者，并非"。《風俗通義》曰："謹案，《傳》曰：'沆者，莽也。'言其平望莽莽無涯際也。沆澤之無水，斥鹵之類也。今俗語亦曰沆澤。"數"沆"字，皆"沆"字之誤。"沆"與"莽"聲相近，皆大澤之貌。《説文》所謂"莽沆，大水。一曰大澤者也"，故曰"沆者，莽也。言其平望莽莽無涯際也"。《淮南·俶真》篇："茫茫沈沈，是謂大治。"高注："茫茫沈沈，盛貌也。茫，讀'王莽'之莽。沈，讀'水出沈沈白'之沈。"數"沈"字，亦"沆"字之誤。茫茫沆沆，即莽莽沆沆，故高注以爲"盛貌"。《漢書·禮樂志》"西顥沆碭"，師古曰"沆碭，白氣之貌也"，故曰"沆，讀'水出沆沆白'之沆"。若作"沈沈"，則非其義矣。又，《兵略》篇："天化育而無形象，地生長而無計量，渾渾沉沉，孰知其藏。""沉"亦"沆"之誤。"沆"與"象""量""藏"爲韻，"渾"與"沆"一聲之轉，渾渾沆沆，猶言茫茫沆沆耳，若作"沉沉"，則義既不合，而韻又不諧矣。"沆"又爲鹽澤，故曰"斥鹵之類"，《水經·巨馬河》注曰："督亢溝水東逕督亢澤，澤包方城縣。《風俗通》曰：'沆，漭也。言乎淫淫漭漭無崖際。'"是其證也。《太平御覽》引作"言其平望沆莽無崖際也"。《水經·河水》注曰："濕水東北爲馬常坈。坈東西八十里，南北三十里。"又，《膠水》注曰："膠水北歷土山，注於海。土山以北悉鹽坈。"數"坈"字，皆"坑"字之誤，

《北堂書鈔·酒食部五》引《齊地記》曰:“齊有皮丘坑,民煮坑水爲鹽。”是其證也。《淮南·地形》篇:“東南方曰具區,曰元澤。”元者,“亢”之誤。說見《淮南》。《初學記·地部上》《太平御覽·地部一》引《淮南》,并作“沆”,是其證也。又,《文選·西京賦》:“游鷮高翬,絶阬逾斥。”“阬”與“斥”同類,皆謂澤也,“阬”即“沆”字也,故《漢書·趙充國傳》曰“出鹽澤,過長阬”,李善注“阬”音“剛”,失之。《後漢書·馬融傳》:“彌綸阬澤,皋牢陵山。”“陵”與“山”同類,“阬”與“澤”同類。李賢注以“阬”爲“壑”,亦失之。

載旆

《詩》曰:“武王載旆,有虔秉鉞。”

【念孫案】“旆”本作“發”,今作“旆”者,後人依《毛詩》改之也。《荀子·議兵》篇、《韓詩外傳》并引《詩》“武王載發”,此《志》上下文所引皆《議兵》篇文,故其字亦作“發”,“發”謂興師伐桀也。《豳風·七月》箋曰:“載之言則也。”“武王載發”,武王則發也。《律曆志》述周武王伐紂之事曰“癸巳,武王始發”,與此“發”字同義,《毛詩》作“旆”者,借字耳。《毛傳》訓“旆”爲“旗”,非也,説見《經義述聞》。據師古注云:“言湯建號興師,本由仁義,雖執戚鉞,以敬爲先。”“興師”二字,正釋“發”字,而不言“載旆”,則所見本是“發”字明矣。

憐之

或犇走赴秦,號哭請救。秦人憐之,爲之出兵。

【念孫案】景祐本無“憐之”二字。《通典·兵一》亦無，疑後人所加。

入舂槁

其奴，男子入于罪隸，女子入舂槁。

【念孫案】“女子入”下亦有“于”字，而今本脱之，當依《周官·司厲》補。

議事以制

昔先王議事以制，不爲刑辟。

李奇曰：“先議其犯事，議定，然後乃斷其罪，不爲一成之刑鑄於鼎也。”

【引之曰】“議”讀爲“儀”。儀，度也。謂度事之輕重以斷其罪，不豫設爲定法也。古字多以“議”爲“儀”，説見《經義述聞·左傳》。

失本惠矣

且除肉刑者，本欲以全民也。今去髡鉗一等，轉而入於大辟，以死罔民，失本惠矣。

【念孫案】“本惠”當爲“本意”，字之誤也。除肉刑以全民，文帝之本意也，今以死罔民，則失其本意。“本意”二字，承上“本欲以全民”而言，若作“本惠”，則非其指矣。《漢紀·孝成紀》作“非其本意矣”，是其證。唐魏徵《群書治要》所引已誤。

食貨志

農民户人

農民户人已受田，其家衆男爲餘夫，亦以口受田如比。

【念孫案】“農民户人”本作“農民户一人”。“一人”二字對下“衆男爲餘夫”言之，下文“士工商家受田五口乃當農夫一人”，又承此“農民户一人”言之，今本脱“一”字，則文義不明。《通典·食貨一》無“一”字，亦後人依誤本《漢志》删之。《周官·載師》注及疏引此并作“農民户一人”，陳氏《禮書》引同，則北宋本尚未誤。

燎

所以省費燎火。

【念孫案】景祐本“燎”作“寮”。毛晃《增修禮部韻略》、黄公紹《古今韻會》所引，并與景祐本同。又引顔注“寮以爲明，火以爲温”，今則正文、注文皆改爲“燎”矣。

世　天之行

世之有飢穰，天之行也。

李奇曰：“天之行，氣不能常孰也。或曰‘行，道也’。”【念孫案】或説是也。世，猶歲也。《史記·貨殖傳》曰：“六歲穰，六歲旱，十二歲一大饑。”是歲之有飢穰，乃天之道也。《剥·彖傳》曰：“君子尚消息盈虚，天行也。”天行，即天道，説見《經義述聞》“乾行也”下。《曲禮》“去國三世”，《釋文》“盧、王云：‘世，歲也。萬物以歲爲世。’”《晏子春秋·雜》篇曰：“以世之不足也，免粟之食飽。”謂歲之不足也。《史記·淮南王傳》曰：“萬世之後，吾寧能北面臣事豎子乎？”謂萬歲之後也。《楚策》曰：“寡人萬歲千秋之後。”《荀子·非相》篇“千世之傳”，《韓詩外傳》“世”作“歲”。是“世”與“歲”同義，故《漢紀·孝文紀》作“歲有飢餓，天之常行”。

慈母

雖慈母不能保其子，君安能以有其民哉？

【念孫案】“慈母”當依景祐本作“慈父”，此以父喻君、子喻民，則作“慈父”者是也。《通典·食貨一》《通鑑·漢紀七》并作“慈父”。

聚於力

粟米布帛，生於地，長於時，聚於力，非可一日成也。

【念孫案】粟米布帛之生長與聚，皆由人力，不當專以“聚”言之。“力”當爲“市”。市者，粟米布帛之所聚，故曰“聚於市”。言始而生於地，繼而長於時，終而聚於市，其爲時甚久，故曰“非可一日成也”。“力”字本作“𠡠”，與“市”相似而誤。《太平御覽·百穀部一》引此已誤作“力”，《漢紀·孝文紀》正作“市”。

暴虐　暮改

急政暴虐，賦斂不時，朝令而暮改。

景祐本"暴虐"作"暴賦"。【念孫案】景祐本是也。"政"讀爲"征"。《周官》通以"政"爲"征"。征賦斂，其義同，言急其征，暴其賦，而斂之又不以時也。下文"賣田宅、鬻子孫"皆承"急征暴賦"言之，作"政"者，借字耳。"政"字，師古無音，則已誤讀爲"政令"之"政"，後人不達，而改"暴賦"爲"暴虐"，失之遠矣。《白帖》八十四引此正作"急政暴賦"，《漢紀》及《通典·食貨一》《通鑑·漢紀七》并同。"朝令而暮改"，"改"本作"得"，言急征暴賦，朝出令而暮已得，非謂其朝令而暮改也。今作"改"者，後人不曉文義而妄易之耳。《通典》已誤作"改"，《漢紀》正作"朝令暮得"。

生葉　稍耨隴草　隴盡

后稷始甽田，以二耜爲耦，廣尺、深尺曰甽，長終晦，一晦三甽，一夫三百甽，而播種於甽中。苗生葉以上，稍耨隴草，因隤其土以附苗根，故其《詩》曰"或芸或芓，黍稷儗儗"。芸，除草也。秄，附根也。言苗稍壯，每耨輒附根，比盛暑，隴盡而根深，能風與旱，故儗儗而盛也。

【念孫案】"苗生葉以上，稍耨隴草"，本作"苗生三葉以上，稍壯，耨隴草"。言自生三葉以上禾苗稍壯，乃耨去隴草，而隤其土以附苗根也。苗生三葉以上，故曰"稍壯"。今本脱"三"字，則"以上"二字，義不可通。下文云"言苗稍壯，每耨輒附根"，則此文之作"稍壯耨隴草"甚明。今本脱"壯"字，則

“稍”字可删矣。“隴盡而根深”本作“隴盡平而根深”，言每耨輒隤隴土以附苗根，及盛暑之時，則隴與甽平，而苗根深固也。今本脱“平”字，則文義不明。《小雅·甫田》正義所引與今本同，亦後人依誤本《漢書》删之。《左傳》昭元年正義引此正作“苗生三葉以上，稍壯”，又作“隴盡平而根深”。

庸輓犂

教民相與庸輓犂。

師古曰：“庸，功也。言换功共作也。義亦與‘庸賃’同。”【念孫案】庸者，更也，迭也，代也。《方言》曰：“庸、佽、比、侹、更、佚，與“迭”同。代也。《廣雅》同。齊曰佚，江淮陳楚之間曰侹，餘四方之通語也。”《説文》：“庸，用也。從用、庚。庚，更事也。”又曰：“代，更也。”然則“庸輓犂”者，猶言“更輓犂”“代輓犂”也。昭十六年《左傳》云“昔我先君桓公與商人庸次即《方言》“佽”字。比耦，以艾殺此地，斬其蓬蒿藜藋，而共處之”是也。上文“代田”二字已明著其訓矣。師古謂换功共作與庸賃同義，是矣，而仍訓“庸”爲“功”，則未考《方言》也。

減其賈而糶

以穀賤時，增其賈而糴，以利農。穀貴時減其賈而糶。今本脱下“其”字，依上文及《太平御覽》引補。

【念孫案】此下有“以利民”三字，上文載李悝説云“糴甚貴，傷民。甚賤，傷農”，故壽昌請以穀賤時增賈而糴以利農，穀貴時減賈而糶以利民。此“民”字對“農”而言，下文“民便之”三字,則兼"農"而言。今脱去"以利民"三字,則語意不完。《通典·食貨十二》無此三字,亦後人依誤本《漢書》删之。《白帖》十一、《太平御覽·居處部十八》引此并作"減其賈而糶以利民",《漢紀》作"減賈而糶以贍貧民",義亦同也。

脱三字

凡輕重斂散之以時,則準平。使萬室之邑必有萬鍾之臧,臧繦千萬。千室之邑,必有千鍾之臧,臧繦百萬。

【念孫案】景祐本"則準平"下有"守準平"三字是也。《義門讀書記》曰:"上'準平'句,其始事也,必行之經久而後能有藏蓄。'守'字極有關係。"《通典·食貨十二》亦有此三字,《管子·國蓄》篇曰"故守之以準平,使萬室之都,必有萬鍾之藏"云云,是其證。

五穀不爲多

賈誼諫曰:"今農事棄捐而采銅者日蕃,釋其耒槈,冶鎔炊炭,奸錢日多,五穀不爲多。"

師古曰:"言皆采銅鑄錢,廢其農業,故五穀不多也。爲,音于僞反。不爲多,猶言爲之不多也。"【念孫案】師古之説甚迂。"五穀不爲多","多"字因上文"奸錢日多"而衍。《群書治要》引此已誤。"爲"音于嬀反,不音于僞反。"五穀不爲"者,爲,成也,言五穀不成也。《晉語》:"黍不爲黍,稷不爲稷。"韋注曰:"爲,成也。"《廣雅》同。《吕氏春秋·任地》篇曰:"種稑禾不爲稑,種重禾不爲重。"言不成稑,不成重也。《墨子·雜守》篇曰:“歲不爲。”《賈子·孽産子》篇曰:“歲適不爲。”皆言歲不成也。《史記·天官書》曰:“風從西北來,戎菽爲。”《集解》引孟康《漢書注》曰:“爲,成也。”《淮南·天文》篇曰:“敦牂之歲,禾不爲。協洽之歲,菽麥不爲。”《本經》篇曰:“君臣不和,五穀不爲。”高注曰:“不爲五穀。”《續漢書·律曆志》注引《易緯》曰:“小寒晷未當至而至,來年麻不爲。穀雨晷當至不至,水物雜稻等不爲。”是“不爲”即“不成”也。此言民皆棄其農事而鑄錢,故五穀不成。《賈子·銅布》篇曰:“采銅者棄其田疇,家鑄者捐其農事,穀不爲則鄰於飢。”此尤其明證矣。

謀馬邑

王恢謀馬邑。

【念孫案】《群書治要》引此,“謀”上有“設”字是也。漢伏兵馬邑旁,誘單于而擊之,王恢實設此謀,故曰“設謀馬邑”。今本脱去“設”字,則文義不明,《史記》亦有“設”字。

十餘萬衆

衛青比歲十餘萬衆擊胡。

【念孫案】《群書治要》引此,“十餘萬衆”上有“將”字是也。脱去“將”字,則文義不明,《史記》亦有“將”字。

富商賈

而富商賈或滯財役貧。

【念孫案】"賈"上有"大"字,而今本脱之。《文選·蜀都賦》注引此正作"富商大賈",《史記》《通鑑》并同。下文云:"富商大賈亡所牟大利。"《張湯傳》云:"排富商大賈。"《貨殖傳》云:"關中富商大賈。"皆有"大"字。

苦惡

見郡國多不便縣官作鹽鐵,句。器苦惡,賈貴。

如淳曰:"苦或作鹽,不攻嚴也。"臣瓚曰:"謂作鐵器,民患苦其不好也。"師古曰:"二説非也。鹽既味苦,器又脆惡,故總云苦惡也。"【念孫案】如説是也。"苦"讀與"盬"同。《唐風·鴇羽》傳云:"盬,不攻致也。"言鐵器既盬惡,而鹽鐵之價又貴也。《史記·平準書》作"見郡國多不便縣官作鹽鐵,鐵器苦惡,賈貴",《鹽鐵論·水旱》篇云:"今縣官作鐵器多苦惡。"皆其證。師古讀"苦"爲"甘苦"之"苦",而以"鹽鐵器苦惡"連讀,斯文不成義矣。《高惠高后文功臣表》云:"道橋苦惡。"《息夫躬傳》云:"器用盬惡。"《匈奴傳》云:"不備善而苦惡。"《管子·度地》篇云:"取完堅,補弊久,去苦惡。"書傳言"苦惡"者多矣,若讀"甘苦"之"苦",則其義皆不可通。

九寸

公龜九寸。

【念孫案】"九寸"下有"以上"二字,與下"侯龜""子龜"文同一例,而今本脱之,《通典·食貨八》已與今本同。《禮器》正義、《初學記·鱗介部》引此皆作"九寸以上"。

五均司市稱師

更名長安東西市令及雒陽、邯鄲、臨甾、宛、成都市長皆爲五均司市稱師。東市稱京，西市稱畿，雒陽稱中，餘四都各用東西南北爲稱。

【念孫案】第一“稱”字，涉下四“稱”字而衍。“五均司市師”者，“司市師”即上文所云“市令”“市長”，《貨殖傳》云“王莽以王孫卿爲京司市師”是也。“師”上不當有“稱”字。《文選·西都賦》注、鮑照《詠史詩》注、《永明十一年策秀才文》注、《運命論》注引此并作“五均司市師”，無“稱”字。《通典·食貨十一》《通鑑·漢紀二十九》，并作“五均司市”，無“稱師”二字。

蝗蟲

枯旱蝗蟲相因。

【念孫案】“蝗蟲”本作“蟲蝗”。“枯旱”“蟲蝗”相對爲文，後人不解“蟲蝗”二字之義，故改爲“蝗蟲”。案，蟲蝗，猶言蟲螟，見《月令》。亦猶《禮》言草茅、《傳》言鳥烏、《荀子》言禽犢、今人言蟲蟻耳。《五行志》引《京房易傳》曰：“厥風微而温，生蟲蝗，害五穀。”《月令》曰：“孟夏行春令，則蟲蝗爲災。”今本改爲“蝗蟲”，辯見《經義述聞》。《説文》曰：“禽獸蟲蝗之怪謂之蠥。”皆其證也。又，《荆燕吴傳》“蝗蟲起”，《史記》亦誤作“蝗蟲”。《夏侯勝傳》“蝗蟲大起”，皆本作“蟲蝗”，而後人改之。凡言“蟲蝗”者，非獨蝗爲災也，他蟲亦有焉。考《五行志》自武帝元光五年至征和四年兼有螟蝗之災，故夏侯勝總而言之曰

“蟲蝗大起”,不得改“蟲蝗”爲“蝗蟲”也。又,《酷吏傳》“河南界中又有蝗蟲”,“蟲”字亦後人所加。凡《漢書》之紀“蝗”,猶《春秋》之書“螽”也,加一“蟲”字,則大爲不詞。《後漢書・酷吏傳》注引《漢書》無“蟲”字。

《漢書》弟五

郊祀志

民以物序

故神降之嘉生,民以物序。

孟康曰:"各有分叙也。"【念孫案】"序"當依《楚語》作"享"。應劭曰:"嘉生,嘉穀也。"嘉穀既生,則民取之以供粢盛,故曰"神降之嘉生,民以物享"也。嘉穀不生,則民無以供粢盛,故《楚語》又曰"嘉生不降,無物以享",與此文正相應也。《楚語》"享"字凡四見。若云"民以物序",則義無所取,且與"無物以享"之文不相應。孟云"各有分叙",此則望文生義,而非其本旨矣。"享""序"篆文相似,《趙策》"享萬古之勳",《史記·趙世家》"享"誤作"序"。又涉上文"各司其序"而誤耳。《史記·曆書》亦作"民以物享"。

野雞

其神常以夜,光輝若流星,從東方來,集于祠城,若雄雉,其聲殷殷云,【念孫案】"殷殷"云者,殷殷然也。上文曰:"文公獲若石云，于陳倉北阪。”亦謂若石然也。僖二十九年《左傳》：“介葛盧聞牛鳴曰：‘是生三犧，皆用之矣，其音云。’”謂其音然也。《史記·周本紀》曰：“其色赤，其聲魄云。”謂其聲魄然也。師古曰：“云傳聲之亂也。”則誤讀爲“紛紜”之“紜”矣。野雞夜鳴。如淳曰：“野雞，雉也。吕后名雉，故曰野雞。”見《史記·封禪書》集解。

師古曰：“上言雄雉，下言野雞，史駮文也。”【引之曰】“雉”字之見於《史記》《漢書》者甚多，皆不爲吕后諱，何獨於此而諱之？《五行志》云：“有飛雉集于庭。”又云“天水冀南山，大石鳴，野雞皆鳴”，一篇之中既言雉，又言野雞，正與《郊祀志》同，不應駮文若是之多也。蓋書傳中稱“野雞”者有二：一爲雉之别名，《杜鄴傳》云“野雞著怪，高宗深動”是也。一爲野地所畜之雞，則此云“野雞夜鳴”是也。《易林·睽之大壯》云：“鷹飛雉遽，兔伏不起。狐張狼鳴，野雞驚駭。”四句之中而“雉”與“野雞”并見，則“野雞”非“雉”也。又，《急就篇》説“飛鳥”云“鳳爵鴻鵠雁鶩雉”，其説“六畜”則云“豭豶狡犬野雞雛”，然則野雞爲常畜之雞矣。師古注《急就篇》云：“野雞生在山野，鷮雞、鶡雞、天雞、山雞之類。”如此，則非復常畜者矣，何以《急就篇》數六畜而及之乎？“野雞夜鳴”，猶《淮南》言雄雞夜鳴耳。見《泰族》篇。《郊祀志》之“雄雉野雞”、《五行志》之“野雞飛雉”，皆判然兩物，謂野雞避吕后諱者，惑於荀悦之説也。《史記·封禪書》作“野雞夜聲”，義與《漢書》同。聲，亦鳴也。《白虎通義·禮樂》篇云：“聲者，鳴也。”鄭注《論語·先進》篇云：“鳴鼓，聲其罪以責之。”《淮南·兵略》篇云：“彈琴瑟，聲鍾竽。”是“聲”與“鳴”同義。宋王觀國《學林》引《封禪書》曰“野雞夜聲”，又引《郊祀志》曰“野雞夜鳴”，是王所見《史記》正作“夜聲”，而今本《史記》作“夜雊”，“雊”字，《集解》《索隱》《正義》皆無音釋，明是後人誤以“野雞”爲“雉”而妄改之。

盛山

七曰日主，祠盛山。

齊氏息園曰："案，《封禪書》作'成山'，此《志》後文云'成山於不夜''成山祠日'，又，《地理志》亦作'成山'，則此文'盛'字譌也。然師古注云'盛音成'，則唐初本已作'盛山'矣。"【念孫案】古字多以"盛"爲"成"，則"盛"非譌字。《繫辭傳》"成象之謂乾"，蜀才本"成"作"盛"。《公羊春秋》莊八年"師及齊師圍成"，隱五年、十年、文十二年"成"并作"盛"。《左傳》文十八年"以誣盛德"，《正義》本"盛"作"成"，引服虔曰"成德，謂成就之德"。《秦策》"今王使成橋守事於韓"，《史記·春申君傳》"成"作"盛"。《荀子·王霸》篇："以觀其盛。"楊倞注："盛，讀爲成。"

怪迂

然則怪迂、阿諛、苟合之徒自此興。

師古曰："迂，謂回遠也。"【念孫案】"迂"讀爲"訏"。《説文》："訏，詭譌也。"字又作"謣"。《説文》："謣，妄言也。"《法言·問明》篇曰："謣言敗俗，謣好敗則。""訏""謣"并與"迂"通。"妄言"與"詭譌"同義。怪迂，猶詭怪也。《周語》："郤犫見，其語迂。單子曰：'迂則誣人。'"迂，亦謂詭譌也，故《賈子·禮容語》篇"迂"作"訏"。説見《經義述聞》。下文曰："海上燕齊怪迂之方士。"又曰："言神事如迂誕。"《楊雄傳》曰："爲怪迂，析辯詭辭，以橈世事。"《史記·孟子荀卿傳》曰："作怪迂之變。"義并同也。

參辰南北斗 風伯雨師

雍有日、月、參、辰、南北斗、熒惑、大白、歲星、填星、辰星、二十八宿、風伯、雨師、四海、九臣、十四臣、諸布、諸嚴、諸逐之屬，百有餘廟。

師古曰："風伯，飛廉也。雨師，屏翳也。而説者乃謂'風伯，箕星也。雨師，畢星也'，此《志》既言二十八宿，又有風伯、雨師，則知非箕、畢也。"【念孫案】《周官·大宗伯》："以櫄燎祀司中、[①]司命、飌師、雨師。"鄭司農云："風師，箕也。雨師，畢也。"鄭注《堯典》及《獨斷》《風俗通義》并與此同。此漢儒相承之舊説，若飛廉爲風伯，屏翳爲雨師，雖見於《楚辭注》，而其名爲祀典所不載，不得援以爲據也。風伯、雨師雖已在二十八宿之中，而既有專祀，則不得不別言之，猶之上文參、辰、南斗，已在二十八宿之中，而既有專祀，不得不別言之也。案，《晉語》曰：辰、參，天之大紀也。故與南北斗并有專祀。《史記·封禪書》索隱引《漢書舊儀》曰"祭參辰星於池陽谷口"，是其證。大宗伯職既言祀星辰，而又言祀司中、司命、風師、雨師，其義亦猶是也。考《史記·封禪書》文，正與此同，而劉奉世乃謂"參"與"南斗"爲衍字，《義門讀書記》又讀"參辰"爲"三辰"，其謬滋甚。蓋諸家皆以後世屬辭之例，求古人之文，故辯論紛紛，而卒無一當也。

---

① "櫄"，本作"穜"。《説文·木部》："櫄，積火燎之也。《周禮》：'以櫄燎祠司中、司命。'"《周禮注疏》卷十八作"櫄"，阮元校勘記稱"然則此經櫄字，當以從木從火爲正"，見中華書局 1980 年版《十三經注疏》，第 764 頁中欄。"穜"，《玉篇·禾部》"物縮小也"。蓋"櫄""穜"形近而訛。

冬

二年冬,東擊項籍而還入關。

【念孫案】景祐本無"冬"字是也。《高紀》云:"二年三月,漢王自臨晉渡河。六月,還櫟陽。"是高帝以三月東擊楚,以六月還入關,皆非冬時也。又,下文詔曰:"今上帝之祭及山川諸神當祠者,各以其時,禮祠之如故。"而《高紀》云:"六月,令祠官祀天地、四方、上帝、山川,以時祠之。"是詔祠上帝山川諸神,亦是六月時事,非冬也。"冬"字乃後人所加,故《史記》無"冬"字。《通典·禮二》《禮五》并同。

祠稷

有司請令縣常以春二月及臘祠稷以羊彘。

【念孫案】"稷"上脱"社"字,下文"民里社各自裁以祠",即其證。《初學記·歲時部下》《太平御覽·時序部十八》引此并作"祠社稷",《史記》同。

臣望東北汾陰直有金寶氣

臣望東北汾陰,直有金寶氣。

師古曰:"汾陰直,謂正當汾陰也。"【念孫案】師古以"汾陰直"三字連讀,非也。當以"直有金寶氣"五字連讀。直,猶特也。言東北汾陰之地,特有金寶氣也。"直""特"古字通,説見《史記》"直墮其履汜下"下。

奇書

迺爲帛書以飯牛，陽不知，言此牛腹中有奇書。殺視，得書，書言甚怪。

【念孫案】"奇書"之"書"，後人以意加之也。少翁若言牛腹中有書，則恐人覺其僞，故但言此牛腹中有奇。及殺，視之，乃得帛書，而其言甚怪，正所以惑人也。後人不達，而於"奇"下加"書"字，謬矣。景祐本無"書"字，《史記·封禪書》《續孝武紀》皆無。

憙

而天子心獨憙。其事祕，世莫知也。

師古曰："憙，讀曰喜，喜好也，音許吏反。"【念孫案】景祐本"憙"作"喜"是也。喜，樂也，音許里反。憙，好也，音許吏反。桓六年《穀梁傳》："陳侯憙獵。"《釋文》："憙，虛記反。"獨憙，獨好也。而景祐本作"喜"者，借字耳，注當作"喜，讀曰憙。憙，好也，音許吏反"。今本既改正文作"憙"，又互改注内"喜""憙"二字，而其義遂不可通。《太平御覽·神鬼部一》引《漢書》正作"喜"，《史記》同。又，《賈誼傳》："遇之有禮，故群臣自喜。"《賈子·階級》篇同。"喜"亦借字也，故師古曰"喜讀曰憙，音許吏反"。憙，好也，好爲志氣也，而今本正文亦改爲"憙"，注文"喜""憙"二字，亦互改矣。唯"憙，好也"之"憙"未改。

上雍

其秋，上雍，且郊。

師古曰："雍地形高，故云上也。"【念孫案】"上雍"當從《封禪書》《續孝武紀》作"上幸雍"。上，謂武帝也。"且郊"者，上將郊也。下文云"上遂郊雍"，即其證。本書言"幸雍"者多矣，此文偶脱"幸"字，師古遂望文生義而爲之説，《索隱》本從師古作"上雍"，皆非。

冕侯

黄帝得寶鼎冕侯。

"冕侯"，《封禪書》作"宛朐"，《續孝武紀》作"宛侯"。【念孫案】"冕"當爲"冤"。冤句，音劬。濟陰之縣也。《地理志》《郡國志》并作"冤句"，《水經·濟水》篇作"冤朐"，《王子侯表》《楚元王傳》并作"宛朐"。今作"冕侯"者，"冤""冕"形近而誤，"句""侯"聲近而通，故《續孝武紀》作"宛侯"也。

封禪

漢帝亦當上封禪，封禪則能仙登天矣。

【念孫案】景祐本作"漢帝亦當上封，上封則能仙登天矣"是也。下文曰："秦皇帝不得上封，陛下必欲上，稍上，即無風雨，遂上封矣。"此涉上文兩"封禪"而誤，《封禪書》《續孝武紀》并與景祐本同。

君七千　君之　君畜産

黄帝萬諸侯，而神靈之封君七千。

【念孫案】“君”當依《封禪書》作“居”。《孝武紀》亦作“居”。言黄帝時有萬諸侯，而神靈之封居其七千也。今本“居”作“君”，則義不可通。蓋“居”“君”字形相似，又涉注文“汪芒氏之君”而誤。上文“昔三代之居皆在河洛之間”，《史記·封禪書》“居”訛作“君”。《義門讀書記》曰：“封君七千，當如李奇之説，此方士自爲地也。”念孫案，張晏曰“神靈之封，山川之守也”，以“封”字絶句，則“封”下無“君”字明矣。李奇曰“説仙道得封者七千國”也，此是誤解“神靈之封”四字。謂諸侯萬國而以仙道得封者，居其七千耳，非若今本作“封君七千”也。“居”誤爲“君”，而即以“封君”連讀，則誤之又誤矣。

又，《張騫傳》：“大月氏王既臣大夏而君之。”

師古曰：“以大夏爲臣，爲之作君也。”【念孫案】師古説非也。既言臣大夏，則爲大夏之君矣，無庸更言“君之”。《西域傳》但云“西擊大夏而臣之”，不更言爲之君也。“君”亦當依《史記·大宛傳》作“居”，《索隱》欲改“居”爲“君”，殆爲師古注所惑。謂居其地也。下文“地肥饒，少寇”，正承“居之”二字而言。

又，《薛宣傳》：“禮，下公門，式路馬，君畜産且猶敬之。”

【念孫案】“君畜産”本作“居處畜産”。居處，謂公門。畜産，謂路馬也。若但云“君畜産”，則遺去“下公門”一事矣。此“居”誤爲“君”，又脱去“處”字也，《通典·刑四》正作“居處畜産”。

泰一鏠旗

以牡荆畫幡日月、北斗、登龍,以象大一三星,爲泰一鏠旗,命曰靈旗。

【念孫案】“鏠旗”之“旗”,後人以意加之也,景祐本無“旗”字,注同。宋祁亦曰“新本云‘泰一鏠’,無‘旗’字”。此謂畫日月、北斗、登龍於幡上,又畫三星於大一之前,爲泰一鏠,“鏠”與“鋒”同。命之曰靈旗,不得謂之“泰一鏠旗”也。《封禪書》《續孝武紀》皆無“旗”字,《集解》引晉灼云“畫一星在後,三星在前,爲泰一鋒”,亦無“旗”字。

空侯

作二十五弦及空侯瑟自此起。

蘇林曰:“作空侯與瑟。”【念孫案】景祐本“空侯”作“坎侯”,是也。宋祁亦曰:“邵本‘空’作‘坎’。”《風俗通義》曰:“謹按,《漢書》孝武皇帝命樂人侯調依琴作坎侯之樂,言其坎坎應節奏也。侯以姓冠章耳。或説空侯取其空中。琴瑟皆空,何獨坎侯邪?斯論是也。《詩》云‘坎坎鼓我’,是其文也。”據此,則應所見《漢書》正作“坎侯”。《藝文類聚·樂部四》引《凡將篇》云“鍾磬竽笙筑坎侯”。蘇林曰“作空侯與瑟”,此是以“空侯”釋“坎侯”,非正文本作“空侯”也。今本作“空侯”者,後人誤以蘇注改之耳,《文選·曹植〈箜篌引〉》注引《漢書》,亦作“坎侯”。坎侯,即空侯也,故《封禪書》作“空侯”。

改元爲元封

下詔改元爲元封。

【念孫案】景祐本作“下詔改元封元年”是也，此後人以意改之耳。《武紀》詔曰“其以十月爲元封元年”，《封禪書》亦曰“以今年爲元封元年”。

東萊

遂至東萊，東萊宿留之。

宋祁曰：“淳化本無下‘東萊’二字。”【念孫案】淳化本是也。“東萊”二字不當重見，景祐本及《史記》皆無。

明堂

濟南人公玉帶上黄帝時明堂圖，明堂，句。中有一殿，四面無壁，以茅蓋通水，水圜宫垣，爲復道，上有樓，從西南入，名曰昆侖。

【念孫案】“明堂中有一殿”，“明堂”下亦當有“圖”字。此“圖”字統下九句而言，今本脱之，則文義不明。《太平御覽·禮儀部十二》引此已脱“圖”字。《初學記·禮部上》引作“明堂圖中有一殿”，《史記·封禪書》《孝武紀》并同。《續漢書·祭祀志》注、《藝文類聚·禮部上》《初學記·居處部》并引作“圖中有一殿”，此省去“明堂”二字。《水經·汶水》注同。

商中

其西則商中數十里虎圈。

如淳曰:"商中,商,庭也。"師古曰:"商,金也。於序在秋,故謂西方之庭爲商庭。"【念孫案】"商中"本作"唐中",如注本作"唐中,唐,庭也",《封禪書》《孝武紀》并作"唐中"。《索隱》曰:"如淳云:'唐,庭也。'今本脱此三字,據《後漢書注》《文選注》補。下文"《詩》云:'中唐有甓。'"云云,乃小司馬語,非如淳語。《詩》云:'中唐有甓。'鄭玄曰:'唐,堂塗也。'《爾雅》以'廟中路謂之唐',《西京賦》曰'前開唐中,彌望廣象'是也。"以上《史記索隱》。班固《西都賦》:"前唐中而後太液。"《後漢書注》《文選注》引《漢書》并作"唐中"。又引如注云:"唐,庭也。"是二李、司馬所見本并作"唐中",師古所見本訛作"商中",如注亦訛作"商庭"也。乃又誤以"商庭"二字連讀,而訓爲"西方之庭",其失甚矣。篆書"唐""商"相似,故"唐"訛作"商"。《韓詩外傳》:"淳于髡曰:'昔者揖封生高商,而齊人好歌。杞梁之妻悲哭而人稱詠。'"與《孟子》所稱"綿駒處於高唐,而齊右善歌。華周、杞梁之妻善哭其夫,而變國俗"者,略相似。"高商"即"高唐"之訛。

脩

脩武帝故事。又,《王褒傳》:"宣帝時,脩武帝故事。"又,《王吉傳》:"是時宣帝頗脩武帝故事。"又,《匡衡傳》:"君遵脩法度。"又,《孔光傳》:"守法度,脩故事。"又,《外戚傳》:"脩許后故事。"

【念孫案】“脩”皆當爲“循”。凡言“循”者，皆率由舊章之謂，作“脩”則非其旨矣。《劉向》《何武傳》并云：“宣帝循武帝故事。”《杜欽傳》云：“鳳不能自立法度，循故事而已。”《貢禹傳》云：“大臣循故事。”皆其證也。《太平御覽·皇親部二》引《外戚傳》，正作“循”，隸書“循”“脩”相似，傳寫易訛。説見《管子·形勢》篇。

孝惠帝

自大上皇、孝惠帝諸園寢廟皆罷。

【念孫案】“帝”字後人所加，説見《禮樂志》“高祖廟”下。景祐本無“帝”字，《韋玄成傳》云：“太上皇、孝惠、孝文、孝景廟皆親盡宜毁。”亦無“帝”字。

莫大乎承天之序

帝王之事，莫大乎承天之序。承天之序，莫重於郊祀。

【念孫案】“莫大乎承天”下本無“之序”二字，此因下文而衍也。“帝王之事，莫大乎承天”“承天之序，莫重於郊祀”，四句相對爲文。序，亦事也。《周頌·閔予小子》傳曰：“序，緒也。”《爾雅》曰：“緒，事也。”猶言帝王之事莫大乎承天。承天之事，莫重於郊祀耳。《孟子·萬章》篇：“孝子之至，莫大乎尊親。尊親之至，莫大乎以天下養。”文義正與此同。若弟二句内有“之序”二字，則詞重意複矣。《通典·禮二》有此二字，則所見《漢書》本已誤，《漢紀·孝成紀》無此二字。《續漢書·祭祀志》注引《黄圖》，載王莽奏亦云：“帝王之義，莫大於承天。承天之序，莫重於郊祀。”

竢

歌《大吕》，舞《雲門》，以竢天神。歌大蔟，舞咸池，以竢地祇。

【念孫案】竢，來也。來天神地祇，即所謂天神降、地祇出也。《説文》“䅀”字解云：“《詩》曰：‘不䅀不來。’此文有誤。從來、矣聲。”《爾雅》：“不俟，不來也。”《釋文》：“俟，作䅀。”是“䅀”與“來”同義，故其字從來也。“䅀”“俟”“竢”古字通。

遙興輕舉

世有僊人，服食不終之藥，遙興輕舉，登遐倒景。

如淳曰：“遙，遠也。”師古曰：“遙，古遥字也。興，起也。謂起而遠去也。”【念孫案】“遥興”者，疾興也。“疾興”與“輕舉”義正相承。《方言》曰：“摇，疾也。《廣雅》同。燕之外鄙、朝鮮洌水之間曰摇。”又曰：“遥，疾行也。”《楚辭·九章》曰：“願摇起而横奔兮。”《淮南·原道》篇曰：“疾而不摇。”“摇”與“遥”通。此但言其“疾興輕舉”，下文“登遐倒景”，乃言其遠去耳。

足以揆今

夫周秦之末，三五之隆，已嘗專意散材，厚爵禄，竦精神，舉天下以求之矣。曠日經年，靡有毫氂之驗，足以揆今。

【念孫案】“足以揆今”上脱“往事之迹”四字，則語意缺而不完，當依《漢紀》補。

燔尞南郊　瘞于北郊

天用牲左及黍稷，燔尞南郊。墬用牲右及黍稷，瘞于北郊。

【念孫案】“燔尞南郊”“瘞于北郊”，當依《通典·禮二》作“燔尞於南郊”“瘞薶于北郊”。上文云“燔尞瘞薶，用牲一”，即其證。

天文志

背穴

暈適背穴，抱珥虹蜺。

孟康曰：“‘背’形如‘北’字也。各本“北”作“背”，涉上文而誤。案，韋注《吴語》曰：“北，古之背字。”《説文》：“北，乖也。從二人相背。”然則日兩旁氣外向者爲背，形與“北”字相似，故孟云“‘背’形如‘北’字也”。今改正。“穴”多作“鐍”，其形如半鐍也。”如淳曰：“凡氣在日上爲冠、爲戴，在旁直對爲珥，在旁如半鐶，向日爲抱，向外爲背，有氣刺日爲鐍。鐍，抉傷也。”【念孫案】“抱”“珥”皆内向之名，“背”“鐍”皆外向之名。“背”字或作“倍”。“鐍”字或作“譎”，又作“僪”。《吕氏春秋·明理》篇：“日有倍僪，有暈珥。”高注曰：“皆日旁之危氣也。在兩旁反出爲倍，在上反出爲僪，在上内向爲冠，兩旁内向爲珥。”《淮南·覽冥》篇曰："君臣乖心，則背譎見於天。"然則"背""鐍"同義，特有在旁、在上之分耳。《莊子·天下》篇曰："墨者俱誦墨經，而倍譎不同。"謂其各守所見，分離乖異也。如以"氣刺日爲鐍"，失之。

中宫

中宫天極星。

【念孫案】"宫"當爲"官"。下文"東宫""南宫""西宫""北宫"并同。説見錢氏《史記考異》。

宗廟

亢爲宗廟。

【念孫案】"宗廟"本作"疏廟"。《天官書》"亢爲疏廟"，篇内凡兩見。《索隱》曰："《文耀鈎》云：'亢爲疏廟。'宋均以爲'疏，外也'。"《晉書·天文志》曰："亢四星，天子之内朝也。一曰疏廟。"《隋書·天文志》同。皆作"疏廟"，無作"宗廟"者。此後人不曉"疏"字之義，而以意改之耳，《爾雅·釋天》疏引此已誤。

曰哀烏

後聚十五星，曰哀烏郎位。

【念孫案】"曰"字本在"哀烏"下。《史記》作"後聚一十五星，蔚然曰郎位"，徐廣曰："蔚然，一云哀烏。"《索隱》曰："《漢書》作哀烏，則哀烏、蔚然皆星之貌狀，其星爲郎位。”以上《索隱》。是“郎位”爲星名，而“哀烏”乃衆星相聚之貌，故曰“後聚十五星，哀烏，句。曰郎位”。今本作“曰哀烏郎位”，則“哀烏”亦似星名矣。《晉書·天文志》“郎位十五星在帝坐東北，一曰依烏郎府也”，尤非。依烏，即哀烏。【引之曰】“烏”疑當作“焉”，字相似而誤。哀焉，猶依然也。依然，猶蔚然也。“蔚”與“依”皆衆盛之貌。《小雅·出車》篇“楊柳依依”，薛君《韓詩章句》曰：“依依，盛貌。”見《文選·潘岳〈金谷集詩〉》注。《車舝》篇“依彼平林”，《毛傳》曰“依，茂木貌”是也。“哀”“依”古同聲，哀，即依也。焉者，狀事之詞，與“然”同義，若《小弁》“惄焉如擣”、《秦誓》“其心休休焉”之類是也。衆星相聚，依然甚多，故曰“後聚十五星哀焉”。

隨星

廷藩西有隨星四。

齊曰：“案，《天官書》作‘隋星’，注‘隋，音他果反’，此作‘隨星’，蓋誤。”【念孫案】“隨”字古音在歌部，讀與“隋”相近，説見《唐韻正》。故字亦相通，“隨”非誤字也。上文“前列直、斗、口三星，隨北耑鋭”，《史記索隱》亦云：“隨，音他果反。”《淮南·齊俗》篇：“鬩面於盤水則員，於杯則隨。”“隨”與“橢”同，“橢”亦音他果反。

鳥喙　喙爲鳥星

柳爲鳥喙。

【念孫案】"喙"當爲"啄"，音晝。字之誤也。《淮南·氾論》篇"顔啄聚"，今本譌作"顔喙聚"。凡隸書從豕、從彖之字多相亂。字本作"味"，或作"噣"，通作"啄"，又通作"注"。《説文》："味，鳥口也。""噣，喙也"。《玉篇》引《曹風·候人》篇"不濡其噣"，今《詩》作"味"，《毛傳》曰："味，喙也。"《考工記·梓人》"以注鳴者"，《釋文》："注，陟又反。"《韓詩外傳》引《傳》曰："鳥之美羽句啄者，鳥畏之。"《漢書·東方朔傳》："尻益高者，鶴俛啄也。"師古曰："啄，鳥觜也。音竹救反。""味""噣""注""啄"古同聲而通用，"喙"則聲遠而不可通。《天官書》作"柳爲鳥注"，"注""啄"古字通，則此"喙"字明是"啄"字之譌，而師古無音，則所見本已作"喙"矣。"喙"字不須作音，若"啄"字則當音竹救反。《五行志》引劉歆説"於天文，南方喙爲鳥星"，"喙"亦"啄"之譌。《爾雅》曰："味，謂之柳。柳，鶉火也。"襄九年《左傳》曰："味爲鶉火，心爲大火。"是柳星謂之味，不謂之喙，不得言"喙爲鳥星"。《爾雅釋文》："味，猪究反。本或作喙，許穢反。"則亦未知"喙"爲"啄"之譌也。

大白還之　鬼魅不能自還

故熒惑從大白，軍憂。當其行，大白還之，破軍殺將。

【念孫案】"還"當爲"逮"，字之誤也。"逮"之誤爲"還"，猶"鰥"之誤爲"鱞"。《律曆志》："癸巳，武王始發。丙午，逮師。戊午，度于孟津。""逮"與"逮"同，今本誤作"還"，《漢書考異》已辯之。《墨子·非攻》篇"逮至乎夏王桀"，今本亦誤作"還"。"逮"與"逮"同。《中庸》"所以逮賤也"，《釋文》"逮"作"逮"。哀十四年《公羊傳》"祖之所逮聞也"，漢石經"逮"作"逮"。漢《太尉陳球後碑》："逮完徂齊，實爲陳氏。"

《太尉劉寬碑》:"未還誅討,亂作不旋。"《吉成侯州輔碑》:"還事和熹后、孝安帝安思皇后。"并以"還"爲"逮"。又《墨子》見上。逮,及也。言熒惑行而大白及之,則主破軍殺將也。考《史記·天官書》及《開元占經·五星占》引《春秋文耀鉤》,并作"大白逮之"。又,《天官書》曰:"熒惑與他星鬭,光相逮,爲害。不相逮,不害。"皆其明證也。

又,《楊雄傳·甘泉賦》:"鬼魅不能自還兮,半長途而下顛。"

師古曰:"言屋之高深,雖鬼魅亦不能至其極而反,故於長途之半而顛墜也。還讀曰旋,或作逮。逮,及也。"【念孫案】作"還"者,亦"還"之誤。"還"與"逮"同,故一本作"逮"也。《文選》亦作"逮"。張載《魏都賦注》引《甘泉賦》亦作"逮"。此言臺之高峻,鬼魅不能及其顛,故半途而下墜,非謂其不能還也。若云不能至其極而還,則加數字以解之,已非其本義矣。

歷大白右

辰星歷大白右,數萬人戰,主人吏死。

【念孫案】《説文》:"歷,過也。"言過大白右,則與下文"出大白右"無異。"歷"當爲"摩",字之誤也。摩,謂相切摩而過也,《繫辭傳》"剛柔相摩",王注云:"相切摩也。"《釋文》:"京云:'相磑切也。'馬云:'摩,切也。'"《盖寬饒傳》云:"摩切左右。"《天官書》正作"摩大白右",《開元占經·五星占》引《石氏》同。又引《春秋文耀鉤》云"辰星摩大白,入相傾",此三字有誤。又引《荆州占》云:"辰星從大白,光芒相及若摩之,其下有數萬人戰。"

從填以重

從填以重。

韋昭曰："謂以威重得。"【念孫案】重，謂厚重也。説見《史記》。

揚

牽牛婺女揚州。又《地理志》"揚州藪""揚州川""揚州山"，又《晁錯傳》"南攻揚粤"。

景祐本"揚"字并作"楊"。【念孫案】景祐本是也。凡"楊州"字，古皆從木，不從手。遍檢汪本，如《何武傳》之"遷楊州大守"、《儒林傳》之"楊州牧"、《南粤傳》之"略定楊粤"、《王莽傳》之"荆楊之民""大將軍楊州牧"，其字皆作"楊"，與景祐本同。若他篇，則景祐本亦有作"揚"者，至明監本，則全書皆作"揚"矣。案，《藝文類聚·州部》《初學記·州郡部》《太平御覽·州郡部三》引《尚書》《周官》《爾雅》"楊州"字皆從木。宋本《爾雅》"江南曰楊州"，字亦從木。宋本《史記·天官書》"牽牛婺女楊州"及《夏本紀》"淮海維楊州"、《楚世家》"伐庸楊粤"、《三王世家》"楊州保疆"、《蔡澤傳》"南收楊越"、《南越傳》"略定楊越"，其字亦從木。《佩觿》云："楊，柳也。亦州名。"又云："按，《禹貢》：'淮海惟楊州。'《正義》云：'江南其氣燥勁，厥性輕揚。'則非當從木。"據此，則郭氏所見本尚從木也。唐許嵩《建康實録》引《春秋元命苞》云："地多赤楊，因取名焉。"其説雖不足爲據，然亦可見"楊州"字之本從木矣。《夢溪筆談·雜志》篇亦云："楊州宜楊，荆州宜荆。"自張參《五經文字》以從木者爲非，而唐石經遂定從手旁，《廣韻》："揚，舉也。又州名。"亦踵張氏之誤。《禹貢》正義引李巡《爾雅注》云："兩河間其氣清，厥性相近，故曰冀。冀，近也。濟河間其氣專質，厥性信謹，故曰兖。兖，信也。淮海間其氣寬舒，厥性安徐，故曰徐。徐，舒也。江南，其氣燥勁，厥性輕揚，故曰楊。楊，揚也。今本作"揚，輕也"，乃後人所改。辯見下。荆州，其氣燥剛，厥性强梁，故曰荆。荆，强也。河南，其氣著密，厥性安舒，故曰豫。豫，舒也。河西，其氣蔽壅，厥性急凶，故曰雍。雍，壅也。"冀、近，兖、信，徐、舒，楊、揚，荆、强，豫、舒，雍、壅，皆同聲而異字。後人徒以"厥性輕揚"之語，遂謂"楊州"字當從手旁，不知以"揚"釋"楊"，猶以"壅"釋"雍"也。若改"楊州"爲"揚州"，則亦將改"雍州"爲"壅州"乎。"楊州"字既改爲"揚"，則"楊，揚也"之文不可通，故又改爲"揚，輕也"，以彌縫其闕，不知李釋九州皆取同聲之字爲訓，"輕"與"揚"不同聲也。又《公羊》莊十年《疏》及《爾雅釋文》《廣韻》所引李注，皆無"楊，揚也"三字，蓋後人改"楊"爲"揚"，遂删此三字耳。據《尚書正義》所引有"揚，輕也"三字，亦足證後人之妄删矣。《公羊疏》所引有"冀，近也""豫，舒也""雍，壅也""荆，强也""兖，信也""徐，舒也""幽，要也""營，均也"，而無"楊，揚也"。《爾雅釋文》於荆、徐、營三州，未引李注，所引六州，有"冀，近也""豫，舒也""雍，壅也""兖，信也""幽，要也"，而亦無"楊，揚也"，較《尚書正義》所引，獨少一句，明是後人所删。今書傳中"楊州"字皆改從手旁，唯漢魏碑從木，人不能改，故至今尚存。《酸棗令劉熊碑》"出省楊土"、《郃陽令曹全碑》"兖豫荆楊"、《魏公卿上尊號》"奏領楊州刺史"，其字皆從木。《隸釋》所載《冀州刺史王純碑》"出使楊州"、《荆州刺史度尚碑》"楊賊畔於□□"、《車騎將軍馮緄碑》"督使徐楊二州”、此碑今本訛作“揚”，依萬曆本改。《大尉陳球碑》“陸梁荆楊”、《陳球後碑》“剥落荆楊”、《無極山碑》“楊越之桅□條蕩”、《巴郡太守張納碑》“楊州寇賊”，其字亦皆從木。王獻之《進書訣帖》“乞食楊州市上”，其字亦從木，足正唐以後歷代相沿之誤。

寅趙

子周、丑翟、寅趙、卯鄭、辰邯鄲、巳衛、午秦、未中山、申齊、酉魯、戌吴越、亥燕代。

【念孫案】邯鄲即趙也，辰爲邯鄲，則寅非趙矣。隋蕭吉《五行大義》引此作“寅楚”是也，《淮南・天文》篇及《廣雅》并作“寅楚”。

路踵

《石氏》曰名路踵。

【念孫案】“踵”本作“歱”。《説文》“歱，跟也”，“踵，追也”，義各不同，今經傳中“足歱”字皆作“踵”，而“歱”字遂廢。《天官書》“路踵”作“跰踵”，《索隱》曰《天文志》作“路歱”，引《字詁》云“歱今作踵”。是小司馬所見《漢志》本作“歱”，與《史記》不同。而今本亦作“踵”，則後人依《史記》改之也。漢《冀州從事張表碑》“繼歱相承”，其字正作“歱”。

其後發病

見而去，其後發病，雖勝亡功。

【念孫案】“其後發病”當依《天官書》作“其發疾”。疾，速也。言氣暈既見而速去也。今本“疾”作“病”，涉上文而誤，“後”字亦涉上文而衍，景祐本“疾”字不誤。

戰居上

雲氣有戰居上者勝。

【念孫案】“戰”當依《天官書》作“獸”，字之誤也。《開元占經·雜雲氣占》曰：“雲氣如伏虎居上者，不可攻。”是其證。

前方而後高者鋭

前方而後高者，鋭。後鋭而卑者，卻。

【念孫案】當作“前方而高、後鋭而卑者，卻”，説見《史記》。

相遇

氣相遇者，卑勝高，鋭勝方。

【念孫案】“遇”本作“禺”。“禺”讀爲“偶”。謂兩氣相敵偶也。“偶”“禺”古字通。《管子·海王》篇“禺策之”，尹知章曰：“禺，讀爲偶。偶，對也。”《史記·封禪書》：“木禺龍欒車一駟，木禺車馬二匹。”《索隱》曰：“禺，一音偶。謂偶其形於木也。”又下文“以木禺馬代駒”，《孝武紀》"禺"作"耦"。《史記》作"遇",《索隱》曰:"遇音偶。《漢書》作'禺'。"據此,則司馬所見本正作"禺",今作"遇"者,後人以《史記》改之耳。或曰:若本作"禺"而讀爲"偶",則師古何以無音?不知師古此篇之注甚少,而音亦甚略,後人正以師古無音,故徑改之耳。

穹閭

北夷之氣如群畜穹閭。

【念孫案】《天官書》文與此同,《索隱》曰:"鄒氏云:一作弓閭。《天文志》作'弓'字,音'穹'。"據此,則《漢志》本作"弓"而讀爲"穹",與《史記》作"穹"者異文,而今本亦作"穹",則後人以《史記》改之也。案,"車蓋弓",《說文》謂之"穹隆",《說文》:"淮陽名車穹隆轒。"《考工記》謂之"弓",《釋名》云:"弓,穹也。張之穹隆然也。""穹""弓"聲近而義同,故字亦相通。

枯槁

城郭門閭,潤息枯槁。

【念孫案】"枯槁"當依景祐本作"槁枯"。汲古閣本亦作"槁枯"。"枯"與"閭"爲韻,上下文亦皆用韻也。《天官書》亦誤作"枯槁",《史記考異》已辨之。

十月五星聚于東井

漢元年十月,五星聚于東井。以曆推之,從歲星也。

劉敞曰:"按曆,太白辰星去日率不能一兩次,今十月而從歲星於東井，非其理也。然則五星以秦之十月聚東井耳，秦之十月，今七月，日當在鶉尾，故太白辰星得從歲星也。”

【引之曰】此用崔浩“前三月聚東井”之說，見《魏書·高允傳》。其實非也。下文“客謂張耳曰：‘東井秦地，漢王入秦，五星從歲星聚，當以義取天下。’”是五星聚東井在入秦之月。《高紀》曰：“秦三年九月，趙高立二世兄子子嬰爲秦王。”下遂云：“元年冬十月，五星聚于東井，沛公至霸上，秦王子嬰封皇帝璽符節，降枳道旁。”是入秦在十月。上與九月相接，非建亥之月而何？若七月，則沛公猶未入秦，不足爲受命之符矣。《史記·張蒼傳》“張蒼爲計相時，緒正律曆，以高祖十月始至霸上，因故秦時以十月爲歲首，弗革”，若以十月爲今七月，則非秦之歲首矣。據《秦楚之際月表》，歲首建十月而終於九月，其弟四月避諱改正月爲端月。《漢·高》《惠》《文》《景紀》及《武紀》，元封六年以前正月皆在弟四月，無以十月爲正月者，亦無以七月爲十月者。蓋秦用《顓頊曆》，自正月建寅至十二月建丑，未嘗易其次也，豈得謂“秦之十月，今七月”乎？辨見《高紀》“春正月”下。十月，五星聚東井，乃事之必無者，高允以爲史官欲神其事，不復推之於理，見《高允傳》。是也。必欲强爲之說，以遷就之，則謬矣。

三年 旦去

孝景中元年，填星當在觜觿、參，去居東井。其三年三月丁酉，彗星夜見西北，色白，長丈，在觜觿。旦去，益小，十五日不見。

【念孫案】“中三年”在下文，則此“三年”當作“二年”也。

《開元占經・彗星占中》引此正作"中二年"。"旦去"當爲"且去"。且，將也。言始出長丈，將去，則益小，至十五日則不見也。下文云"流星始出小且入大"，即其證。《開元占經》引此正作"且去"。又下文"六月壬戌，蓬星見西南，在房南，大如二斗器，色白。丁卯在箕北，近漢稍小，旦去時，大如桃，壬申去"，"旦"亦當爲"且"，《開元占經・妖星占中》引此亦作"且去"，《太平御覽・咎徵部二》同。

傷成於戊

占曰："傷成於戊，木爲諸侯，誅將行於諸侯也。"

【念孫案】"戊"當依景祐本作"戉"。"戉"，古"鉞"字，故曰"誅將行於諸侯"。上文"傷成戉"，今本"戉"訛作"戎"，齊氏息園已辯之。《天官書》作"鉞"，是其證。下文兩"斧戉"字，亦訛作"戊"，皆當依景祐本改。

斗樞極

孝昭元鳳四年九月，客星在紫宮中斗樞極間。

【念孫案】"樞"上本無"斗"字。樞，左右樞也。極，北極也。北極五星在紫宮中，而左樞、右樞爲紫宮前門，故曰"在紫宮中樞極間"。後人以樞爲北斗第一星，故加"斗"字，不知北斗在紫宮外，不得言"紫宮中斗樞極間"也。《開元占經・客星占七》引此無"斗"字。

西羌反

後二歲餘西羌反。

【念孫案】上文言七國反，則并及漢滅七國事。言南越反，則并及滅南越事。下文言夜郎王歆大逆不道，則并及捕殺歆事。此不當但言西羌反，而不及平羌事也。《開元占經·彗星占中》引此文云："西羌反，右將軍奉世擊平之。"今本脱八字，當補入。

東方有赤白色　南方有

孝成永始二年二月癸未夜，東方有赤白色，大三四圍，長二三丈，索索如樹。南方有大四五圍，下行十餘丈，皆不至地滅。

劉奉世曰："'南方有'之下當有'氣'或'色'字，脱也。"【念孫案】"東方有赤白色"下亦當有"氣"字，而今本脱之。下文"東方客之變氣，狀如樹木"，正承此"氣"字而言。《太平御覽·咎徵部四》"氣"下引此作"東方有赤白色氣"，是其證。又下文"一日有兩氣同時起"，"兩氣"二字，兼上文東、南兩方而言，則"南方有"下所脱亦是"氣"字，非色字。

西南行一刻而止

哀帝建平元年正月丁未日出時，有著天白氣，廣如一匹布，長十餘丈，西南行，讙如雷，西南行一刻而止。

【念孫案】下"西南行"三字，涉上文而衍，《太平御覽·咎徵部二》引無此三字。“一刻而止”本作“一刻所止”，此後人不知“所”字之義，而妄改之也。“一刻所”，猶言一刻許。“許”與“所”聲近而義同，《小雅·伐木》篇“伐木許許”，《説文》引作“伐木所所”。《漢書·疏廣傳》：“數問其家，金餘尚有幾所。”師古曰：“幾所，猶言幾許也。”言讙聲如雷者，一刻許而止也。上文云“有流星在斗西北子亥間，留一刻所”，又曰“有流星從東南入北斗，二刻所息”，皆其證也。《檀弓》注：“封高四尺所。”《正義》曰：“所，是不定之辭。”《游俠傳》曰：“原涉居谷口半歲所。”《史記·倉公傳》曰：“受讀解驗之，可一年所。”并與此“所”字同義。《開元占經·妖星占中》引此正作“一刻所止”。

五行志

施

上陽施不下通，下陰施不上達。

兩“施”字師古無音。【念孫案】“陽”可言“施”，“陰”不可言“施”，“施”皆讀爲“弛”。經傳通以“施”爲“弛”。弛，解也，言陰陽俱解，故上下不交也。《開元占經·冰占》篇引此正作“弛”。

中山

宣帝甘露元年，四月丙申，中山太上皇廟災，甲辰，孝文廟災。

【念孫案】景祐本無“中山”二字是也。《宣紀》云：“甘露元年,夏四月丙申,太上皇廟火,甲辰,孝文廟火。”《漢紀》“火”作“災”,皆無“中山”二字。

有水旱之災　大水

若乃奢淫驕慢,則土失其性。有水旱之災,而草木百穀不孰,是爲稼穡不成。

【念孫案】景祐本、毛本“有水旱”作“亡水旱”是也。此言土失其性,則雖無水旱之災,而不能成稼穡。下文云:“劉向以爲,不書水旱,而曰‘大亡麥禾’者,土氣不養,稼穡不成者也。”是其證。《左氏春秋》莊二十八年:“冬,大無麥禾。”《正義》曰:“此年不言水旱而得無麥禾者,服虔曰‘陰陽不和,土氣不養,故禾麥不成也’。”即用劉向之説。此篇但説稼穡不成之事,若水旱之災,則在後篇“水不潤下”及“厥罰恒陽”下,後人既改下文之“大亡麥禾”爲“大水亡麥禾”,故又改此文之“亡水旱”爲“有水旱”以從之,而不自知其謬也。

嚴公二十八年冬,大水亡麥禾。

【念孫案】景祐本無“水”字是也。後人以下文云“董仲舒以爲夫人哀姜淫亂,逆陰氣,故大水也”,遂增入“水”字,不知三家經文皆無“水”字。且下文云:“不書水旱而曰‘大亡麥禾’。”則“大”下本無“水”字明矣。董仲舒獨言“大水”者,其意以爲無麥禾由於大水,大水由於夫人之淫亂,此是揣度之詞,非經文實有“水”字也。何注《公羊傳》云:“此蓋秋水所傷,夫人淫泆之所致。”即用仲舒之説。

燕壞民室

藍田山水出，流九百餘家，燕壞民室八千餘所，殺三百餘人。

【念孫案】“燕壞民室”本作“漢水出，壞民室”，今本“漢”訛作“燕”，《孔龢碑》“爲漢制作”，“漢”字作“𣶶”，其右邊與“燕”相似而誤。又脱“水出”二字矣。“漢水出”與“藍田山水出”，文同一例。若不言水出，而但言壞室，則敘事不明。《漢紀·孝文紀》正作“漢水出，壞民室八千餘所”。

五曰思　思曰容　容作聖　思慮　宫爲土①　爲信爲思

經曰五事：一曰貌、二曰言、三曰視、四曰聽、五曰思。貌曰恭、言曰從、視曰明、聽曰聰、思曰容。恭作肅、從作艾、明作哲、聰作謀、容作聖。應劭曰：“容，通也。古文作睿。”

錢氏曉徵《考異》曰：“按，《伏生傳》本作‘容’。董生《春秋繁露》述‘五行五事’云：‘思曰容，容者言無不容。’又云：‘容作聖。聖者，設也。王者心寬大無不容，則聖能施設，事各得其宜也。’此《志》説‘思心之不容’，云‘容，寬也’。孔子曰：‘居上不寬，吾何以觀之哉？’言上不寬大包容臣下，則不能居聖位，則爲‘包容’之‘容’，非‘睿智’字明矣。今《漢書》刊本作‘容’，非‘容’、非‘睿’，亦失班氏之舊。”【念孫案】錢説是也。本《志》下篇曰“宋襄公區霿自用，不容臣下”，正所謂“思心之不容”也。《説苑·君道》篇：“尹文曰：人君之事，無

① “土”，底本作“士”，據同治本改。

爲而能容下，大道容衆，大德容下，聖人寡爲而天下理矣。《書》曰‘容作聖’。”今本“容”作“睿”，乃後人所改，與上文不合。此又一證也。今本《漢書》“思曰容”本作“思心曰容”，“思心”，説見下。應注“容，通也，古文作睿”本作“容，寬也，古文作睿”。“容，寬也”，即用班氏原文。“睿”與“容”不同字，故别之曰“古文作睿”。若正文本作“容”，而訓爲“通”，則“容”“睿”聲義并同，何必别言之乎？下文“容作聖”，亦本是“容作聖”，其注文張晏曰“容通達以至於聖”，七字文不成義，亦是後人所改也。又案，上文“五曰思”本作“五曰思心”，注文應劭曰“思，思慮”本作“心思慮”，此是釋“思心”二字之義，非專釋“思”字之義。下篇曰：“思心之不容，是謂不聖。思心者，心思慮也。”此即應注所本。後人既於正文内删去“心”字，又改注文“心思慮”爲“思，思慮”，甚矣其妄也。其《春秋繁露》之“五曰思，思曰容”，“思”下無“心”字，亦是後人所删。《洪範·五行傳》曰：“次五事曰思心，思心之不容，是謂不聖。”今本改作“次五事曰心維思，思之不容，是谓不聖”。據鄭注及《續漢書》《晉书》《隋书·五行志》所引訂正。又，本《志》中篇曰：“劉歆以爲屬思心不容。”又曰：“劉歆以爲思心羸蟲孽也。”下篇曰：“思心氣毁，故有牛禍。”又曰：“凡思心傷者，病土氣。”又曰“劉歆《思心傳》曰：‘時則有羸蟲之孽。’”又曰：“思心失，逆土氣。”又曰：“貌、言、視、聽、思心五事皆失。”《藝文志》曰：“貌、言、視、聽、思心失，而五行之序亂。”“思”下皆有“心”字。蓋《古文尚書》作“五曰思，思曰睿，睿作聖”，《今文尚書》作“五曰思心，思心曰容，容作聖”，《漢書》及《五行傳》《春秋繁露》《説苑》皆本今文，故與古文不同，後人見古文而不見今文，故以其所知改其所不知也。又本志下篇曰：“梁孝王田北山，有獻牛,足上出背上。劉向以爲近牛禍,内則思慮霿亂,外則土功過制,故牛既作。""思慮"亦本作"思心",而後人改之也。下文曰"周景王思心霿亂",《叙傳》曰:"思心既霿,牛既告妖。"《漢紀·孝景紀》曰:"梁王北獵梁山,有獻牛,足出背上。"本《志》以爲:"牛禍,思心瞀亂之咎也。"皆其證矣。又,《律曆志》"宫爲土、爲信、爲思","思"下無"心"字,亦是後人所删。《天文志》曰:"填星曰中央季夏土,信也,思心也。"義正與此同。下文"貌言視聽以心爲主","心"上亦當有"思"字。《漢紀·孝武紀》曰"宫爲土,爲信,爲思心",此尤其明證。今本作"爲思爲心",下"爲"字因上而衍。

不可以終

民所不則以在民上,不可以終。

【念孫案】"不可以終",各本及《左傳》并同,景祐本作"何以終世"。僖十一年《左傳》:"禮不行則上下昏,何以長世?"文義與此相似。疑向、歆所見《左傳》與今本不同,而各本作"不可以終",轉是後人以《左傳》改之也。

天虖

趙孟曰天虖。

【念孫案】"天"當從景祐本作"夭"。下文"其幾何"正承"夭"字言之。今本《左傳》亦訛作"天",昭元年。唯唐石經不誤。

丙之晨

《左氏傳》晉獻公時童謡曰：丙之晨，龍尾伏辰。

景祐本“丙”下有“子”字。【念孫案】景祐本是也。“丙子之晨”正與“丙子旦”之文相應，且此謡皆以四字爲句也，若但云“丙之晨”，何以知其必爲丙子乎？此《志》所論《左傳》事，文皆本於劉歆，蓋歆所見傳文“丙”下有“子”字，故所引如是。自賈、服以下，諸本皆脱“子”字，故《釋文》《正義》不言他本有“子”字，而《晉語》亦作“丙之晨”，韋注“丙，丙子也”，則《晉語》亦脱“子”字矣。若今本《漢書》無“子”字，則後人依《左傳》删之耳。《律曆志》引《傳》作“丙子之辰”，正與此志同，足徵景祐本之不謬。《律曆志》亦本於劉歆也。

介夏陽之阸

是時虢爲小國，介夏陽之阸，怙虞國之助。

師古曰：“介，隔也。”【念孫案】介、怙，皆恃也。説見《史記・十二諸侯年表》。

摇摇

鸜鵒之巢，遠哉摇摇。

師古曰：“摇摇，不安之貌。”【念孫案】以“摇摇”爲不安貌，則與“遠”字義不相屬，師古説非也。摇摇即遠貌，“遠哉摇摇”，猶言殆哉岌岌耳。《漢書考異》曰：“《春秋傳》作‘遙遙’，《説文》無‘遙’字，當從《漢志》。”

河陽

過河陽主，作樂，見舞者趙飛燕而幸之。

【念孫案】“河陽”當作“陽阿”。《外戚傳》云：“孝成趙皇后本長安宫人，屬陽阿主家，學歌舞，號曰飛燕。成帝嘗微行，出，過陽阿主，作樂，見飛燕而説之。”師古曰：“陽阿，平原之縣也。案，《地理志》陽阿屬上黨，阿陽屬平原。師古以“陽阿”爲“平原之縣”，失之。今俗書‘阿’字作‘河’，又或爲‘河陽’，皆後人所妄改耳。”《文選·曹植〈箜篌引〉》“陽阿奏奇舞”，李善注引《外戚傳》《漢紀·孝成紀》亦作“陽阿”，則作“河陽”者，誤也。互見《高祖功臣表》“陽河”下。

無冰

小奥不書，無冰然後書。

【念孫案】“無”當依上下文作“亡”，此後人依《春秋》改之也。凡《漢書》“無”字皆作“亡”，其或作“無”者，即是後人所改，他皆放此。

共御

所謂六沴作見，若是共御，五福乃降，用章于下者也。

師古曰：“共讀曰恭，御讀曰禦，言恭己以禦災也。一説，御，治也，恭治其事也。”【念孫案】下文云：“改行循正，共御厥罰。”又云：“人君能循政，共御厥罰。”則“禦災”之説是也，故鄭注《五行傳》“共御”曰“御，止也”。一説非是。

故冬華華者

冬當殺，反生，象驕臣當誅，不行其罰也。故冬華華者，象臣邪謀有端而不成，至於實，則成矣。

【念孫案】“故冬華華者”，景祐本作“故冬華者”是也。“華”字不宜叠。

而葉

元帝永光二年八月，天雨草，而葉相摎結，大如彈丸。平帝元始三年正月，天雨草，狀如永光時。

師古曰：“摎，繞也。摎音居虯反。”【念孫案】“葉”本作“莎”，先禾反。即《爾雅》所謂“薃，侯莎”者也。“天雨草而莎”者，“而”讀曰“如”，謂天雨草，其狀如莎也，草必有狀，故曰“如莎”。下文又云“天雨草，狀如永光時”，不得泛言雨草也。“相摎結”者，謂其草皆互相摎結，不專指葉言之，後人不知“而”之讀爲“如”，遂不得其解，而改“莎”爲“葉”，其失甚矣。“而莎”二字，師古皆無音釋，則所見已是誤本。《太平御覽·咎徵部四》引此誤，與今本同。《漢紀·孝元紀》云：“永光二年，天雨草如莎，相摎結如彈丸。”《孝平紀》云：“元始三年，天雨草，狀如莎，相摎结如弹丸。”皆本《漢志》，今據以訂正。

不然

大司馬車騎將軍王音對曰：“今即位十五年，繼嗣不立，日日駕車而出，失行流聞。“失”，古“佚”字，各本皆作“泆”，今從景祐本及《文選·求自試表》注引改。外有微行之害，内有疾病之憂，皇天數見災異，欲人變更，終已不改。如有不然，老母安得處所？尚何皇太后之有！高祖天下當以誰屬乎！”

師古曰：“不然者，謂不如所諫而自修改也。老母，帝之母，即太后也。言帝不自修改，國家危亡，太后不知處所，高祖天下無所付屬也。”【念孫案】師古以“不然”爲“不如所諫自修改”，非也。“終已不改”已見上文。此言“如有不然”者，不然，謂非常之變也。非常之變，即師古所謂危亡也，故下文即云“老母安得處所，高祖天下當以誰屬”。師古以“不然”爲不從諫，則與下文不相貫注，故又加“國家危亡”四字，以聯合上下耳。言漢家如有非常之變，則太后不知處所，高祖天下無所付屬也。古謂非常之變曰“不然”。《墨子·辭過》篇：“府庫實滿，足以待不然。”言足以待非常也。《漢書·司馬相如傳》：“發巴蜀之士各五百人以奉幣，衛使者不然。”張揖曰：“不然之變也。”

雪

元鼎二年三月，雪。

【念孫案】上下文皆言“雨雪”，則此亦當有“雨”字，雨，于具反。《太平御覽·咎徵部五》引此正作“雨雪”。

建昭　三月

建昭四年三月，雨雪，燕多死。

【念孫案】“建昭四年”當爲成帝建始四年。今本作“建昭”者，涉上文“元帝建昭二年”而誤，又脱“成帝”二字，據下文云“其後許后坐祝詛廢”，則爲成帝時事明矣。且下文“陽朔四年”上無“成帝”二字，即蒙此文而省也。“三月”本作“四月”，後人以下文“谷永對云：皇后桑蠶，以治祭服，正以是日大寒雨雪”，故改“四月”爲“三月”，不知漢時行親蠶禮，亦有用四月者。《續漢書·禮儀志》：“三月，皇后帥公卿、諸侯夫人蠶。”注云：“案，谷永對稱：‘四月壬子，皇后蠶桑之日也。’則漢桑亦用四月。”據此則《志》文本作“四月”明矣，《成紀》云：“建始四年夏四月，雨雪。”此尤其明證。

十月 霍皇后廢

宣帝地節四年十月，大司馬霍禹宗族謀反，誅，霍皇后廢。

【念孫案】“十月”當爲“七月”。《宣紀》《百官表》及《漢紀》《通鑑》載誅霍禹事皆在七月。《太平御覽·咎徵部五》引此《志》亦作“七月”，其“霍皇后廢”上原有“八月”二字，後人以八月不當在十月後，故删此二字，而不知“十月”爲“七月”之訛也。《宣紀》及《漢紀》《通鑑》載廢霍后事皆在“八月”，《太平御覽》引此《志》，亦云“八月霍皇后廢”。

臨延登受策

御史大夫朱博爲丞相，少府趙玄爲御史大夫，臨延登受策，有大聲如鍾鳴。

【念孫案】“臨延登受策”本作“臨拜，句。延登受策”。今本脱去“拜”字，則文義不完。《通鑑》無“拜”字，則所見《漢書》本已然。《世説新語・言語》篇注引此正作"臨拜,延登受策",《朱博傳》亦云:"博、玄并拜於前殿,延登受策,有音如鍾聲。"

力政

天子弱,諸侯力政。

師古曰:"政,亦征也。言専以武力相征討。一説諸侯之政,當以德禮,今王室微弱,文教不行,遂乃以力爲政,相攻伐也。"又,《游俠傳》:"合從連衡,力政争强。"師古曰:"力政者,棄背禮義,専任威力也。"又,《南粤傳》:"天子微弱,諸侯力政。"師古曰:"力政,謂以兵力相加也。"又,《藝文志》:"王道既微,諸侯力政。"又,《吾丘壽王傳》:"諸侯力政,强侵弱,衆暴寡。"又,《東方朔傳》:"諸侯不朝,力政争權,相禽以兵。"師古皆無注。【念孫案】"政"讀爲"征",謂以力相征伐也。若讀"政令"之"政",則"力政"二字,義不相屬,必須改作"以力爲政"四字,而其義始明矣。《逸周書・度訓》篇曰:"力争則力政,力政則無讓。"《大戴記・用兵》篇曰:"諸侯力政,不朝於天子。"義并與此同。古字多以"政"爲"征",不可枚舉也。《項籍傳贊》曰:"霸王之國,欲以力征。"其字正作"征"。《吴語》曰:"將不長弟,以力征一二兄弟之國。"

夫人

燕有黄鼠銜其尾舞王宫端門中,往視之,鼠舞如故,王使夫人以酒脯祠鼠。

【念孫案】"夫人"二字有誤。夫人在宫中,不當使至端門祠鼠。上文記此事云:"王使吏以酒脯祠鼠。""吏"字是也。

專禄

嗣子無德專禄,兹謂不順。厥震動丘陵,涌水出。

【念孫案】《太平御覽·咎徵部七》引此,"專禄"上有"臣"字是也。此言嗣子無德而臣專禄則地震,故上文云"臣事雖正,專必震也"。臣專禄,故曰"兹謂不順",若無"臣"字,則義不可通。

綏和二年

綏和二年九月丙辰,地震。

【念孫案】"綏和"上脱"成帝"二字。

齊楚地山二十九所

文帝元年四月,齊楚地山二十九所同日俱大發水,潰出。

【念孫案】此當依《漢紀·孝文紀》作"齊楚地震,山崩二十九所,同日俱大發水,潰出",此因地震,故山崩而水潰出也。且上下文皆紀山崩之事,則此亦當有"崩"字明矣,《文紀》亦云:"齊楚地震,二十九山同日崩,大水潰出。"

脱一字

京房《易傳》曰:"亡天子,諸侯相伐,厥妖馬生人。"

【念孫案】《開元占經·馬占》引此，“亡”上有“上”字是也。“上無天子”，語出《公羊傳》。

夫死父 下不壹 足多

平帝元始元年二月，朔方廣牧女子趙春病死，斂棺積六日，出，在棺外，自言見夫死父曰“年二十七不當死”。

【念孫案】“見夫死父”當作“見死夫、死父”，今脱一“死”字，則文不成義，《漢紀·孝平紀》作“見死夫與父”，是其證。

又，下文曰：“六月，長安女子有生兒，兩頭異頸，面相鄉，四臂共匈，俱前鄉。”又曰：“凡妖之作，以譴失正，各象其類。二首，下不壹也。足多，所任邪也。”

【念孫案】“下不壹”當爲“上不壹”。人首在上，故上不專壹則人生二首，上文所謂“各象其類”也。今作“下”者，涉上下文諸“下”字而誤，《漢紀》作“二首，上不一也”，是其證。“足多”當爲“手多”，此承上文“四臂共匈”而言，故曰手多。今作“足”者，亦涉下文“足”字而誤，《漢紀》作“手多，下僭濫也”，《開元占經·人占》篇引此志，作“手多，所任邪也”，是其證。

十月 門衛户者 而覺得

成帝建始三年十月丁未，京師相驚，言大水至。渭水虒上小女陳持弓，年九歲，走入横城門，入未央宫尚方掖門，殿門門衛户者莫見，至句盾禁中而覺得。

【念孫案】“十月”當爲“七月”，字之誤也。《成紀》曰“建始三年秋，關内大水。七月，虒上小女陳持弓聞大水至，走入横城門”云云，是其證。《開元占經·人占》篇引《五行志》正作“七月”也。又案，“門衛户者”當作“門户衛者”。言門户之衛者，皆莫之見也。今作“門衛户者”，則文不成義。《開元占經》引此正作“門户衛者”。又，“至句盾禁中而覺得”，師古曰：“覺得，事覺而見執得也。”案，此當作：“至句盾禁中，句。覺而得。句。”即師古所謂“事覺而見執也”，今作“而覺得”，亦文不成義，《漢紀·孝成紀》正作“覺而得”。

其明甚著

其明甚著。

【念孫案】“其”當爲“甚”，謂所陳災異之象甚明甚著也。《漢紀·孝哀紀》作“甚明著”，是其證。

左氏春秋日食分野

【引之曰】劉歆説《左氏春秋》“日食分野”凡三十七事，後人傳寫訛誤者六事。“昭公十五年‘六月丁巳朔，日有食之’，劉歆以爲，三月魯衛分”。“魯”當爲“齊”。周之三月，今正月，是月之朔，日躔去危而入營室。危，齊也。營室，衛也。故曰“齊衛分”。若作“魯”，則爲奎之分野，奎爲二月之朔，日躔所在非正月之宿矣。“定公五年‘三月辛亥朔，日有食之’，劉歆以爲，正月二日燕趙分”。“趙”當爲“越”。周之正月，今十一月，是月二日，日躔去箕而入斗。箕，燕也。斗，越也。故曰“燕越分”。若作“趙”，則爲胃之分野，胃爲三月之朔，日躔所在非十一月之宿矣，此國名之誤也。“昭公十七年‘六月甲戌朔,日有食之’,劉歆以爲,六月二日魯趙分”。“六月”當爲“五月”。周之五月,今三月,是月二日,日躔去婁而入胃。婁,魯也。胃,趙也。故曰“魯趙分”,“嚴公二十五年[①]‘六月辛未朔,日有食之’,劉歆以爲五月二日,魯趙分”,是其證也。若作“六月”,則爲今之四月。四月之朔,日躔去畢而入參,當云趙晉,不當云魯趙矣。且凡歆以爲某月者,皆與《經》不同。《經》云六月,則歆之所定必非六月也。“定公十二年‘十一月丙寅朔,日有食之’,劉歆以爲,十二月二日楚鄭分”。“十二月”當爲“十月”。周之十月,今八月。八月二日,日躔去軫而入角。軫,楚也。角,鄭也。故曰“楚鄭分”,“桓公十七年‘十月朔,日有食之’,劉歆以爲楚鄭分”,是其證也。若作十二月,則爲今之十月。十月之朔,日躔去心而入尾,當云宋燕分,不當云楚鄭分矣。“僖公十二年‘三月庚午朔,日有食之’,劉歆以爲,三月齊衛分”。“朔”衍字也,檢《左氏》《公羊》《穀梁》皆無“朔”字。《春秋》日食,言“日”不言“朔”者凡七。《公羊》以爲“二日”,《穀梁》以爲“晦日”,故下文云“《穀梁》晦七,《公羊》二日七”:一隱公三年二月己巳,二僖公十二年三月庚午,三文公元年二月癸亥,《公羊》衍“朔”字,辯見《經義述聞》。四宣公八年七月甲子,五宣公十年四月丙辰,六宣公十七年六月癸卯,七襄公十五年八月丁巳也。此七者皆言“日”不言“朔”,故或以爲晦日,或以爲二日。若有“朔”字,則非晦亦非二日,而《穀梁》之“晦”、《公羊》之“二日”皆不得有七矣。且下文曰“《春秋》日食三十六,《左氏》以爲朔十六”,今遍數上下文,劉歆以爲朔者已滿十六之數,若僖公十二年三月庚午

① 嚴公,即魯莊公,蓋班固爲避東漢明帝劉莊諱改。下同。

日食又書"朔",而歆無異辭,則以爲朔者十七,與下文不符矣。"三月"當爲"二日"。凡《春秋》日食不書"朔"者,劉歆皆實指其晦朔與二日,若隱公三年二月己巳日食,劉歆以爲正月二日。嚴公十八年三月日食,劉歆以爲晦。僖公十五年五月日食,劉歆以爲二月朔。文公元年二月癸亥日食,劉歆以爲正月朔。宣公十七年六月癸卯日食,劉歆以爲三月晦朓。襄公十五年八月丁巳日食,劉歆以爲五月二日是也。今僖公十二年三月庚午日食不書"朔",則歆亦當實指其晦朔與二日,不當但言"三月"也。下文曰"《左氏》以爲二日十八",又曰"當春秋時,侯王率多縮朒不任事,故食二日仄慝者十八",今遍數上下文,劉歆以爲二日者十六,"哀公十四年,五月庚申朔,日有食之",劉歆以爲三月二日齊、衛分。此獲麟後事,不在日食三十六之內,故不數也。尚缺其二,蓋一爲僖公十二年三月二日,一爲宣公十年四月二日也。不然,則凡言"劉歆以爲"者,月、日皆與經文不同,若經文言"三月",而歆無異辭,則但言"齊、衛分"可矣,"桓公十七年十月朔日有食之",劉歆以爲楚、鄭分是也。何須重複經文而言"三月"乎?"宣公十年四月丙辰日有食之。劉歆以爲二月魯、衛分","二月"當爲"二日",蓋周之四月,今二月。是月二日,日躔去東壁而入奎。東壁,衛也。奎,魯也。故曰"魯、衛分"。若作"二月"則義不可通。周之二月,今十二月。十二月二日,日躔去須女而入虚,當言"越、齊分",不當言"魯、衛分"矣。自僖公十二年三月之"二日"訛爲"三月",宣公十年四月之"二日"訛爲"二月",而《左氏》以爲二日之十八,遂缺其二矣。此月、日之誤也。

《漢書》弟六

地理志

以建萬國

是故《易》稱先王以建萬國,親諸侯。

【念孫案】“建”上本無“以”字,此後人依《易·象傳》加之也。孟堅引《易》以證上文“百里之國萬區”,加一“以”字,則累於詞矣。景祐本無“以”字。

達于泲

浮于汶,達于泲。

【念孫案】“達”本作“通”。凡《古文尚書》言“達于某水”者,《今文尚書》皆作“通”,《漢書》皆用今文,故亦作“通”,上文“通于河”是也。《史記》亦作“通”,其間有作“達”者,皆後人以古文改之也。凡古、今文之不同,段氏《古文尚書撰異》已詳言之。

達于河

浮于淮泗,達于河。

師古曰:"渡二水而入于河。"【念孫案】"河"當依《説文》作"菏",師古依文作解而不知其謬也。又下文"山陽郡湖陵,《禹貢》浮于淮泗,今本訛作"泗淮"。通于河,水在南","河"亦當作"菏"。《尚書》《史記》皆訛作"河",自《韻會舉要》始正其誤,而近世閻百詩、胡朏明言之益詳,毋庸復辯。《地理志》"菏"字多作"荷",下文"道荷澤""又東至于荷"及"濟陰郡"下,①云"《禹貢》荷澤在定陶東"是也。《水經注》亦作"荷",《泗水》注引《地理志》曰:"荷水在南。"《五經文字》云:"菏,古本亦作荷。"

逾于洛

逾于洛。

【念孫案】"洛"本作"雒",此後人以俗本《尚書》改之也。凡"伊雒瀍澗"之"雒"字從隹旁各。"涇渭洛"之"洛"字從水旁各。一爲豫州川,一爲雍州浸,載在《職方》,不相假借,故《説文・水部》"洛"字注内但有雍州之"洛",而無豫州之"雒"。今經傳中"伊雒"之"雒",多作"洛"者,後人惑於魏文帝之言而改之也。《尚書》有豫州之雒,無雍州之洛,其字古、今文皆作"雒",而今本作"洛",則又衛包以俗書改之也。此《志》"弘農郡上雒"下云"《禹貢》雒水出冢領山,東北至鞏入

① "郡",底本作"群",據同治本改。

河，豫州川”，“左馮翊褱德”下云“洛水東南入渭，雍州寖”，其秩然不紊如此，而後人猶改“雒”爲“洛”，弗思之甚也。然下文之“伊雒瀍澗，其川熒雒”今本“熒”作“榮”，辯見《高紀》“滎陽”下。及弘農郡“盧氏”“黽池”“新安”“上雒”四縣下之“雒”字，河南郡“穀成”下之“雒”字，則仍然未改，幸其參差不一，猶可考見班氏原文。“雒”“洛”二字之辯，《古文尚書撰異》言之甚詳，今舉其大略如此。

貕養

東北曰幽州，其藪曰貕養。

【念孫案】“貕”本作“奚”，此後人依《職方氏》文改之也。杜子春讀“貕”爲“奚”，是“奚”爲本字，“貕”爲借字，故班《志》作“奚”。下文“琅邪郡長廣，奚養澤在西，幽州藪”，是其證。《説文》“藪”字注及《風俗通義》并作“奚”。若《志》文作“貕”，則注當云“貕音奚”，今注内無音，則本是“奚”字明矣。

七年

京兆尹新豐　秦曰驪邑，高祖七年置。

【念孫案】“七年”當爲“十年”。《史記·高祖紀》“十年七月，更命酈邑曰新豐”是其證。

古國有扈谷亭

右扶風鄠　古國，有扈谷亭。扈，夏啓所伐。

【念孫案】"古國","國"上當有"扈"字。下文"扈,夏啓所伐",即承此"扈"字言之。《甘誓》正義及《史記·夏本紀》索隱、正義引此《志》并曰"扶風鄠縣,古扈國"。前京兆尹"新豐"下曰"驪山,故驪戎國","杜陵"下曰"故杜伯國",左馮翊"臨晉"下曰"芮鄉,故芮國",皆其例也。又案,"有扈谷亭","亭"上當有"甘"字。《説文》曰:"扈,夏后同姓所封,戰于甘者,在鄠有扈谷甘亭。"《玉篇》同。《續漢書·郡國志》曰:"右扶風鄠有甘亭。《帝王世紀》曰:'在縣南。'"《水經·渭水》注曰:"甘水北逕甘亭西,亭在水東鄠縣南。昔夏啓伐有扈,作《誓》於是亭,故馬融曰'甘有扈,南郊地名也'。"是其證。

潏水

有潏水北過上林苑入渭。

師古曰:"潏音決。"【念孫案】"潏"當爲"澇",字或作"潦",通作"勞"。《史記·封禪書》曰"霸、産、長水、灃、澇、涇、渭",《説文》曰:"澇,水,出右扶風鄠,北入渭。"《水經·渭水》注曰:"澇水出南山澇谷,《郊祀志》作"勞谷"。北逕鄠縣故城西。又北注甘水,而亂流入於渭,即上林故地也。"據《説文》《水經注》,則出右扶風鄠,北過上林苑入渭者,乃澇水,非潏水也。又案,《説文》"潏水在京兆杜陵",則非在扶風鄠也。《司馬相如傳》"酆鎬潦潏",師古曰:"潦水出鄠縣西南山潦谷,而北流入于渭。"《地理志》"鄠縣有潏水,北過上林苑入渭",而今之鄠縣,則無此水。許慎云"潏水在京兆杜陵",此即今所謂沈水,從皇子陂西北流,經昆明池入渭者也。蓋爲字或作水旁穴,與"沈"字相似,俗人因名"沈水"乎?《水經·

渭水》注曰："沈水上承皇子陂，於樊川西北流注渭。"亦謂是水爲潏水。將鄠縣潏水，今則改名，人不識也。案，師古以"沈水"爲"泬水"之訛是也。但未知《地理志》"潏水"乃"澇水"之訛，故明知鄠縣無潏水，而仍有改名不識之疑。

惠公

雍　秦惠公都之。

【念孫案】"惠公"當爲"悳公"。"悳"，古"德"字也。《史記·秦本紀》曰："德公元年，初居雍城大鄭宫。"《始皇紀》同。《封禪書》曰："秦德公既立，卜居雍。"《郊祀志》同。《詩譜》亦曰："秦德公徙於雍。""悳""惠"字相似，又涉下文"惠公"而誤，《史記·陳杞世家》："杞共公卒，子德公立。"徐廣曰："《世本》曰惠公。""惠"亦"悳"字之誤。而師古不云"悳，古德字"，蓋所見本已誤爲"惠"矣。

所都

栒邑　有豳鄉，《詩》豳國，公劉所都。

【念孫案】"都"本作"邑"，後人改之也。上文"美陽"下云"《禹貢》岐山在西北中水鄉，周大王所邑"，即其證。景祐本正作"邑"，《詩譜》正義、《文選·北征賦》注引此并作"邑"。

脱四字

杜陽　杜水南入渭。

【念孫案】景祐本此下有“詩曰自杜”四字是也。顏注云：“《大雅·綿》之詩曰：‘民之初生，自土沮漆。’今本“沮漆”誤作“漆沮”，辯見《經義述聞》“自土沮漆”下。《齊詩》作‘自杜’，言公劉避狄而來，居杜與沮漆之地。”此正釋“詩曰自杜”四字，若無此四字，則顏注爲贅設矣。引“自杜沮漆”，而但曰“自杜”者，省文也，猶下文引“芮阸之即”，而但曰“芮阸”矣。王氏《詩考》及胡氏《通鑑·周紀》注引《漢志》并有此四字。

至南鄭

武功　斜水出衙領山，北至郿入渭。褒水亦出衙領，至南鄭入沔。

【念孫案】“至南鄭”當作“南至南鄭”，與“北至郿”對文。今褒水自漢中府鳳縣東界，流過褒城縣東入漢，皆南流。

伊水出　汝水出　灌水出　毋血水出　女水出

弘農郡盧氏　熊耳山在東，伊水出，句。東北入雒。

【念孫案】“出”上當有“所”字，言此山爲伊水所出也。脱去“所”字，則易與下句連讀矣。《禹貢》正義引此正作“伊水所出”。凡上言某山，則下言某水所出，班《志》皆然。若《續漢書·郡國志》則但言某水出，而不言其所入，故例不用“所”字也。又汝南郡“定陵”下云“高陵山，汝水出”，“廬江郡”下云“金蘭西北有東陵鄉，灌水出”，今本“灌”作“淮”。辯見後“淮水出”下。益州郡“弄楝”下云“東農山，毋血水出”，甾川國“東安平”下云“菟頭山，女水出”，《水經·淄水》注引作“女水所出”。

“出”上皆脱“所”字。考各郡國下言某水所出者，凡八十有六，唯此五條脱“所”字，當補入。

雍州

陝　故虢國，北虢在大陽，東虢在滎陽，西虢在雍州。

【念孫案】“西虢在雍州”，“州”字後人所加也。“西虢在雍”，謂雍縣，非謂雍州也。大陽、滎陽、雍皆縣名。漢雍縣故城在今陝西鳳翔縣南，春秋時爲秦都，後置雍縣。僖十三年《左傳》“秦輸粟於晉，自雍及絳相繼”，《史記·秦本紀》“秦德公元年，初居雍城大鄭宫”，上文“右扶風雍，秦惪公都之”，舊本“惪”譌作“惠”，辯見前“惠公”下。皆其證也。《秦本紀》：“武公十一年滅小虢。”《集解》引班固曰：“西虢在雍。”今本“雍”下有“州”字，亦後人據誤本《地理志》加之。《路史·國名紀》引《漢志》曰“西虢在雍”，則羅泌所見本尚無“州”字。《水經·渭水》注曰：“雍縣，《晉書·地道記》以爲西虢地，《漢書·地理志》以爲西虢縣，《太康記》曰虢叔之國矣。”是漢之雍縣爲西虢地，故曰“西虢在雍”，不得言在雍州也。《後漢書·和帝紀》：“元興元年夏五月癸酉，雍地裂。”李賢曰：“流俗本‘雍’下有‘州’字者，誤。”蓋淺學人不知“雍”爲縣名，故每於“雍”下加“州”字耳。

春秋

陸渾　春秋遷陸渾戎於此。

【念孫案】《地理志》述春秋時事皆不加“春秋”二字，其加“春秋”二字者，皆承上之詞，若河南郡“雒陽”下云“周公遷殷民，是爲成周”、《春秋·昭公三十二年》“晉合諸侯于狄泉，以其地大成周之城，居敬王”是也。若非承上之詞，則皆不加“春秋”二字，若河東郡“絳”下云“晉武公自曲沃徙此”是也，他皆放此。且但言“遷陸渾戎”，而不言遷之者，則文義不明。“春秋”當爲“秦晉”，僖二十二年《左傳》“秦晉遷陸渾之戎于伊川”是也。此因“秦”誤爲“春”，後人遂改爲“春秋”耳。

晉武公

河東郡聞喜　故曲沃，晉武公自晉陽徙此。

【念孫案】“武公”本作“成侯”，此後人妄改之也。《水經·涑水》注云：“左邑縣故城，故曲沃也，晉武公自晉陽徙此。”“武公”二字亦後人依誤本《漢志》改之。案，《詩譜》云：“唐者，帝堯舊都之地，今曰太原晉陽。成王封母弟叔虞於此，曰唐侯。至子燮改爲晉侯，至曾孫成侯南徙居曲沃。”《正義》引《地理志》云：“河東郡聞喜縣，故曲沃也。晉成侯自晉陽徙此。”據此則自晉陽徙曲沃者，乃成侯，非武公也。又，下文“絳縣”下云“晉武公自曲沃徙此”，是武公自曲沃徙絳，非自晉陽徙曲沃也。且武公之祖桓叔，已封於曲沃矣，何得謂武公徙曲沃乎？

班氏

襄陵　有班氏鄉亭。

【念孫案】《水經·汾水》注曰：“汾水又南，歷襄陵縣故城西，晉大夫郤犨之邑也，故其地有犨氏鄉亭矣。”據此則善長所見本作“犨氏”,而今本作“班氏”。《廣韻》“犨”字注曰“又姓”,引《風俗通》云“晉大夫郤犨之後”,然則犨氏爲郤犨之後,而襄陵又爲犨之故邑,故其地有犨氏鄉亭,作“班”者,非也。蓋“犨”字或通作“讎”,《潛夫論·志氏姓》篇作“郤讎”。與“班”相似而誤。下文“南陽郡犨”,師古音“昌牛反”,而此處無音,則所見本已誤爲“班”矣。

河主

太原郡廣武　河主、賈屋山在北。

【念孫案】“河主”當爲“句注”,此因“句”字訛作“可”,漢《巴郡太守張納碑》“犴無拘紲之人”,“拘”字作“抲”。“朐忍蠻夷”,“朐”字作“胢”。《冀州從事郭君碑》“凋柯霜榮”,“柯”字作“柯”。其右畔極相似,故從句、從可之字,往往訛混。《説文》“抲”字解引《酒誥》“盡執抲”,今本作“盡執拘”。《考工記》“妢胡之笴”,注:“故書笴爲笱。杜子春云:笱當爲笴。”《説文叙》曰:“廷尉説律,至以字斷法,‘苛人受錢’,‘苛’之字,止句也。”《管子·五輔》篇:“上彌殘苛而無解舍。”“苛”今本訛作“苟”。《莊子·天下》篇:“君子不爲苛察。”“苛”,一本作“苟”。皆其證也。而“注”字之“水”旁,又移置於“可”字之側,故訛爲“河主”二字也。又案,後雁門郡下云“句注山在陰館”,而此言在廣武北者,漢廣武故城在今代州西十五里,陰館故城在朔州東南八十里,句注山在陰館之南廣武之北,故兩記之。《史記·劉敬傳》正義曰“廣武故城在句注山南”,是其證也。賈屋山在今代州東北,西與句注相連,故言“句注、賈屋山在北”。《史記·趙世家》《正義》曰:“《括地志》云:夏屋山,一名賈屋山,在代州雁門縣東北三十五里,與句注山相接。”是其證也。案,《趙世家》曰:"趙襄子北登夏屋,請代王。"而《張儀傳》曰:"趙襄子約與代王遇於句注之塞。"或言"夏屋",或言"句注",蓋二山相連,遂得通稱也。

入海

上黨郡屯留　桑欽言絳水出西南,東入海。

【念孫案】"入海"本作"入漳"。後人以信都國"信都"下云"《禹貢》絳水亦入海",故改"入漳"爲"入海"也。不知彼是班氏之説,此是班氏引桑欽説,不可强同也。《水經·濁漳水》注曰:"絳水東逕屯留縣故城南,東北流,入於漳。故桑欽云'絳水出屯留西南,東入漳'。"後又曰:"《地理志》云絳水發源屯留,下亂漳津。"則此文本作"入漳"明矣。

大黽谷

沾　大黽谷,清漳水所出。

【念孫案】"黽"當爲"嬃",字之誤也。"叜"即"要領"之"要"。《玉篇》"叜"與"要"同,"於宵切,又於笑切"。漢《斥彰長田君斷碑》:"究届道要。""要"字作"嬃",上缺一點者,省筆耳。此"大叜谷"當讀"要領"之"要",謂谷之中廣者也。後北地郡有大叜縣,師古曰"叜,即古要字。音一遥反",是其證也。《説文》曰:"清漳出沾少山大要谷。"舊本脱"少"字,今據《山海經》《水經》補。《水經》曰:"清漳出上黨沾縣西北少山大要谷。"舊本訛作"黽",今據注改。是"大黽"爲"大叜"之訛。"黽"與"叜"字形相似,"叜"之訛爲"黽",猶"黽"之訛爲"叜"。《後漢書·趙岐傳》:"岐著《要子章句》。""要"爲"孟"字之訛,此因"孟""黽"聲相近,而借"黽"爲"孟",因訛爲"要"也。説見吴仁傑《兩漢刊誤補遺》。而"鄍"字師古無音,至後"北地郡大叓",始音"一遥反",是則"大叓谷"之"叓",唐時本已訛作"黽"矣。

滎陽

穀遠　羊頭山世靡谷,沁水所出,東南至滎陽入河,過郡三,行九百七十里。

師古曰:"今沁水至懷州武陟縣界入河,此云至滎陽,疑傳寫錯誤。"【念孫案】《水經》云:"沁水至滎陽縣北,東入於河。"即本於《地理志》。則"滎陽"非誤文也。又,《汳水》注云"丹沁亂流於武德,絶河,南入滎陽合汳",即此《志》沁水"至滎陽入河"之説也。但不當先言至滎陽,後言入河耳。又案,《志》言"沁水過郡三",謂上黨、河内、河南也。若僅至武德,武德故城在今武陟縣東南。則有上黨、河内,而無河南,不得言"過郡三"矣。《水經》云:"沁水出上黨涅縣,過穀遠、陭氏、陽阿、沁水、野王、州縣、懷縣、武德,至滎陽入河。"涅縣、穀遠、陭氏并屬上黨,沁水、野王、州縣、懷縣、武德并屬河内,滎陽屬河南,故曰"過郡三"。

内黄澤

河内郡蕩陰　蕩水東至内黄澤。

【念孫案】此文本作"蕩水東至内黄,入黄澤"。下文"魏郡内黄",應劭曰:"黄澤在西。"下文曰:"羑水亦至内黄入蕩。"文義正與此同。脱去“入黄”二字,則文不成義。《説文》曰:“蕩水出河内蕩陰,東入黄澤。”《水經》曰:“蕩水東北至内黄縣入於黄澤。”皆本《地理志》。

保忠信鄉

河南郡　莽曰保忠信鄉。

【念孫案】“鄉”當爲“卿”。《王莽傳》曰:“分三輔爲六尉郡,河東、河内、弘農、河南、潁川、南陽爲六隊。郡置大夫,職如大守,屬正職如都尉,更名河南大尹,曰保忠信卿。”是保忠信卿乃官名,非地名也,若作“保忠信鄉”,則義不可通。今本《水經・穀水》注亦誤作“鄉”,惟《王莽傳》不誤。保忠信卿乃官名,而列於《地理志》者,與京兆尹、左馮翊、右扶風同義,後漢謂之河南尹,義亦同也。

二十二年

雒陽　《春秋》昭公二十二年,晉合諸侯于狄泉,①以其地大成周之城。

【念孫案】“二十二年”,當依《春秋》作“三十二年”。

有筦叔邑

中牟　有筦叔邑。

① “于”,底本作“干”,據同治本改。

【念孫案】此當作"有筦城,故筦叔邑"。上文弘農郡"陜有焦城,故焦國",是其例也。《志》文若是者多矣,今本脱"筦城故"三字,則文義不明。《續漢書·郡國志》曰:"中牟有管城。"宣十二年《左傳》:"次于管。"杜注曰:"熒陽京縣東北有管城。"《正義》引《土地名》曰:"古管國也。"《水經·渠水》注曰:"不家溝水東北逕管城西,故管國也,周武王以封管叔矣。"皆本《地理志》。

范

東郡　范。

【念孫案】景祐本"范"作"笵",此古字之僅存者。漢《廬江太守范式碑》碑額篆文亦作"笵",今則范縣、范姓字皆從艸,無從竹者矣。

南燕

南燕　南燕國。

【念孫案】上"南"字涉下"南"字而衍,國有南北燕,而縣無南北燕。可言南燕國,不可言南燕縣也。燕縣於戰國時爲魏地,秦置燕縣,而漢因之。《魏策》:"蘇秦説魏王曰:'大王之地,北有河外、卷、衍、燕、酸棗。'"又,《秦策》:"王舉甲而攻魏,拔燕酸棗、虛、桃人。"高注曰:"燕,南燕也。"《史記·高祖紀》曰:"復擊破楚軍燕郭西。"《索隱》曰:"故南燕國也,在東郡,秦以爲縣。"《曹丞相世家》曰:"程處反於燕。"《集解》:"徐廣曰:東郡燕縣。"《灌嬰傳》曰:"擊破柘公王武軍於燕西。"

《漢書》并同。《後漢書·樊儵傳》曰:“徙封燕侯。”《續漢書·郡國志》曰:“東郡燕,本南燕國。”《水經·河水》注曰:“河水又東逕燕縣故城北。”《濟水》注曰:“濮渠又東北逕燕城南,故南燕,姞姓之國也。有北燕,故以南氏國。”今本“國”作“縣”,乃後人依誤本《漢書》改之,與上文不合。皆其證也。《通典·州郡十》云:“漢南燕縣,古南燕國。”《元和郡縣志》云:“古之燕國,漢爲南燕縣。”則杜、李所見《漢志》皆衍“南”字。隱五年《左傳注》:“南燕國,今東郡燕縣。”《正義》引此志云“東郡燕縣南燕國”,則唐初本尚不誤。師古注《高紀》曰:“燕,縣名,古南燕國。”則所見本亦不誤。今據以訂正。

二年

潁川郡　周承休侯國,元帝置,元始二年更名鄭公。

【念孫案】“二年”當爲“四年”。《水經·汝水》注引此已誤。《平紀》云:“元始四年,改周承休公曰鄭公。”《漢紀》同。《恩澤侯表》亦云:“周承休,侯。綏和元年進爵爲公,元始四年爲鄭公。”

鮦陽

《通雅》曰:“《漢書·地理志》‘汝南郡鮦陽’,孟康曰:‘鮦音紂紅反。’襄四年《左傳注》:‘繁陽,楚地,在汝南鮦陽縣。’鮦音紂,每訝其奇。《後漢書·陰興傳》:‘汝南之鮦陽。’注:‘鮦音紂。’《廣韻》‘鮦’字下云:‘又直冢、直柳二切。’此皆《地理志》注之‘音紂紅’而訛失其下‘紅反’二字也。”錢氏曉徵

《漢書考異》曰:“《高惠高后文功臣表》:‘敬侯劉到,曾孫鮦陽公乘咸。’師古曰:‘鮦音紂。’按‘鮦’從魚、同聲,不得有‘紂’音。《地理志》‘鮦陽’,孟康曰‘鮦音紂紅反’,正合‘同’聲。俗儒不通翻切,妄謂‘鮦’有‘紂’音,大可怪也。”【引之曰】孟康但音“鮦”爲“紂”,“紂”下“紅反”二字,乃後人妄加之也,請列七證以明之。《玉篇》:“鮦,直壟切。又直久切。”“直久”正切“紂”字,而獨無“紂紅”之音。若孟康音“紂紅反”,則自魏以來相承之音,不應缺略,今《玉篇》有“直久”而無“紂紅”,則孟康音“紂”可知,其證一也。《廣韻》平聲一東“鮦,徒紅切”,引《爾雅》“鰹,大鮦”。上聲二腫,“鮦,直隴切。魚名”,皆未引“鮦陽縣”。至四十四有,“鮦,除柳切”,始云“鮦陽縣在汝南”。《集韻》《類篇》并與《廣韻》同,則是《地理志》之“鮦陽”,孟康但音“紂”,其證二也。顏師古注《高紀》曰:“鮦陽音紂,蓮勺音酌。當時所呼,别有意義,豈得即定其字以爲正音乎。”然則“鮦陽音紂”,師古方不解其意,則其爲孟康之音,而非師古所創甚明,其證三也。《後漢書·陰興傳》“汝南之鮦陽”、《吴祐傳》“鮦陽侯相”,李賢注并曰:“鮦音紂。”《晉書·地理志》:“汝陰郡鮦陽。”何超《音義》曰:“鮦音紂。”若孟康音“紂紅反”,而師古音“紂”,二子不應舍自古相承之音,而從近代一人之臆見。即不以音“紂”爲非,亦當兼存“紂紅”之音,而“紂”外更無他音,則孟康與師古并音“紂”,其證四也。《太平御覽·州郡部》“河南道”,引《漢志》“鮦陽屬汝南郡,鮦音紂”,此是引孟康之音,非引師古之音,而“紂”下亦無“紅反”二字,其證五也。襄四年《左傳釋文》曰:“鮦陽,孟康音紂,直九反。”若孟康音“紂紅反”,《釋文》何得言“孟康音紂,直九反”?其證六也。又考景祐本、汪本《地理志》“鮦音紂”下原無"紅反"二字,則此二字之妄加,寔自明監本始,其證七也。汲古閣本亦無"紅反"二字,蓋從舊本也。説者皆謂"鮦"從同聲,不當音"紂",不知"紂"字古音在幽部,"同"字古音在東部,東部多與幽部相通。如《大戴禮·勸學》篇以"從""由"爲韻,《楚辭·天問》以"龍""游"爲韻。又,《齊風·南山》篇:"衡從其畝。"《韓詩》"從"作"由"。昭五年《左傳》:"吴子使其弟蹶由犒師。"《韓子·説林》篇"由"作"融"。《説文》:"東北曰融風。"《易通卦驗》"融"作"調"。見隱五年《左傳正義》。"調"從周聲,古讀若"稠",而《小雅·車攻》篇、《楚辭·離騷》《七諫》《韓子·揚搉》篇,并以"同"與"調"韻。"銅"從同聲,而《史記·衛青傳》"大當户銅離",徐廣曰"一作稠離",《漢書》作"調雖"。"同"與"調""稠"同聲,則與"紂"聲相近,故"鮦"從同聲,而亦讀如"紂"。《説文》"鮦,讀若絝襱","襱,從衣、龍聲。或作襩,從衣、賣聲"。"賣"字古音在幽部,"龍"字古音在東部。則"襱"字即是東、幽兩通之字。"鮦,讀若襱",固宜其轉入幽韻,而音"紂"矣。《洪範》"曰雺"之"雺",音武工反,而其字以"矛"爲聲。"尻"字以"九"爲聲,而《吕氏春秋·觀表》篇注"讀如'穹窮'之穹",此諧幽部之聲而讀入東部也。"牢"字古讀若"留",而《説文》從冬省聲。"猛"字從狃聲,古讀與"狃"近,而《齊風》"遭我乎猛之間兮",《漢書·地理志》引作"嶩",其字以"農"爲聲,此諧東部之聲,而讀入幽部也,又何疑於"鮦"之音"紂"乎。

樂家

博陽　莽曰樂家。

【念孫案】“樂家”,《水經·潁水》注作“樂嘉”,於義爲長。

脱四字

定陵　高陵山,汝水出,“出”上脱“所”字,説見前“伊水出”下。東南至新蔡入淮,過郡四,行千三百四十里。

【念孫案】此下脱“莽曰定城”四字,《水經·汝水》注曰“汝水又東南逕定陵縣故城北,王莽更之曰定城”,是其證。

北筮山

南陽郡宛　縣南有北筮山。

【念孫案】宛縣故城,爲今南陽府治,其地無北筮山。“山”當爲“聚”。“筮”即“澨”字也。《水經·淯水》注曰:“淯水左右,舊有二澨,所謂南澨、北澨。澨者,水側之濆,《楚辭·九歌》注:“澨,水涯也。”聚在淯陽之東北。”下文“育陽有南筮聚”,則此當爲“北筮聚”明矣。

蔡

舞陰　中陰山,《説文》作“中陽”。瀙水所出,東至蔡入汝。

【念孫案】“蔡”上脱“上”字。上蔡屬汝南郡,沛郡有下蔡,故加“上”,《水經》云:“瀙水東過上蔡縣南,東入汝。”是其證。今瀙水東北過上蔡縣界,又東南過汝陽縣入汝,漢上蔡故城,在今上蔡縣西。

比陽

比陽

應劭曰:“比水所出,東入蔡。”今本《水經》作“泚水”,云:“泚水出泚陽東北大胡山。”趙氏東潛曰:“案,泚陽,《漢志》《續志》皆作‘比陽’,誤也。應劭曰‘比水東入蔡’,或是傳寫之訛。《後漢書·光武紀》:‘與甄阜梁丘賜戰于沘水西。’章懷注云:‘沘水在今唐州沘陽縣南,廬江灊縣亦有沘水,與此别也。沘音比。’竟作‘比’字矣,大非。”【念孫案】作“比”者正字,作“沘”者或字,作“泚”者訛字也。若《志》文本作“泚陽”,則當音“且禮反”,今注内無音,則其爲“比”字甚明,何得指爲傳寫之訛乎?洪氏《隸釋》載漢《北軍中候郭仲奇碑》云:“舉廉比陽長。”又,《吉成侯州輔碑陰》有“比陽張超”,其字皆作“比”,豈亦傳寫之訛乎?《水經》曰:“比水東南過比陽縣南,今本作“泚”,非。據新校本改。泄水從南來注之。”善長駁之云:“比陽無泄水,蓋誤引壽春之沘、泄耳。”“比”與“沘”同音,故《水經》誤以爲壽春之沘水。若字本作“泚”,則不得有斯誤,以此知《水經》之本作“比”也。又,“比水”或謂之“泌水”,唐置泌陽縣,即因水以立名。漢比陽故城即在今泌陽縣西。“比”“泌”一聲之轉,猶壽春之沘水,或謂之淠水也。若本名泚水,則不得轉而爲“泌”矣。《後漢書·和帝紀》《劉聖公傳》《東海恭王傳》《清河孝王傳》“比陽”字皆不誤。而《章德竇皇后紀》《桓帝鄧皇后紀》《竇融傳》《鮑昱傳》皆訛作“泚陽”。“比”或作“沘”,因訛而爲“泚”。《吕氏春秋·處分》篇:今本“分”訛作“方”。據篇内三“分”字改。“章子與荆人夾沘水而軍。”今本亦訛作“泚水”。蓋後人多見“泚”,少見“沘”,故“沘”訛作“泚”。然各史志中之“比陽縣”,則無作“沘陽”者。《漢志》《續志》《晉志》《宋志》《後魏志》皆作“比陽”,正與漢碑相合。《光武紀》作“沘”,章懷注云:“沘水在今唐州沘陽縣南,音比。”其言亦必有所據,乃趙氏皆以爲非,而唯誤本《水經》是從,顛矣。

有長城

葉　楚葉公邑,有長城,號曰方城。

【念孫案】“有長城”上原有“南”字,而今本脱之。《史記·齊世家》:“楚方城以爲城。”《索隱》曰:“《地理志》葉縣南有長城,號曰方城。”是其證。《左傳·僖四年》注亦云“方城山在南陽葉縣南”。

魯山

魯陽　魯山,滍水所出。

【念孫案】“魯山”當爲“堯山”,此涉上文“魯山”而誤。《説文》曰:“滍水,出南陽魯陽堯山。”《水經》曰:“滍水出南陽魯陽縣西之堯山。”皆本《地理志》。今滍水出魯山縣西界之堯山,若魯山則在縣東,非滍水所出。

脱四字

又有昆水,東南至定陵入汝。

【念孫案】此下脱“莽曰魯山”四字。縣在魯山之陽,故曰魯陽,王莽因改爲魯山。《水經注》曰:“滍水又東逕魯陽縣故城南,王莽之魯山也。”是其證。

淮水出

盧江郡 金蘭西北有東陵鄉,淮水出。“出”上脱“所”字。説見前“伊水出”下。

【念孫案】“淮”當爲“灌”,即下文“灌水北至蓼入決”者也。《水經·決水》注曰:“灌水導源廬江金蘭縣西北,東陵鄉大蘇山。舊本此下有“即淮水也”四字,乃後人惑於誤本《漢書》而妄加之。近時全氏、趙氏皆爲其所惑,今依新校本删。許慎曰:‘出雩婁縣,褚先生所謂神龜出於江灌之間、嘉林之中。’今《史記·龜策傳》作“在江南嘉林中”,乃後人所改,辯見《史記》。蓋謂此水也。灌水東北逕蓼縣故城西,而北注決水也。故《地理志》曰:‘決水北至蓼入淮,灌水亦於蓼入決。’”據此,則“淮水”爲“灌水”之誤明矣。今灌水自商城縣流入固始縣界,北流入決水。大蘇山在商城縣東南,雩婁廢縣在商城縣東北,蓼縣故城在固始縣東北。全氏謝山、趙氏東潛并以爲班《志》原是“淮”字,淮水即灌水,非出桐柏之淮水也。余案,《説文》:“灌,水出廬江雩婁,北入淮。”若灌水一名淮水,則是淮水入淮也。且信如全、趙之説,則《志》文上言淮水出東陵鄉,下言灌水入決,一水而上下異名,學者何以知淮水之即爲灌水乎?世人多聞淮水,寡聞灌水,故“灌”誤爲“淮”,不必曲爲之説也。或又曰:“廬江郡下有灌水,雩婁縣下復有灌水,非重出乎?”曰“非也”。灌水出金蘭西北東陵鄉,是紀其所出也。灌水北至蓼入決,是紀其所入也。《志》文固有一水而兩見者,説見後“北地郡”下。

陶丘亭

濟陰郡定陶　《禹貢》陶丘在西南。句。陶丘亭。

【念孫案】"陶丘亭"三字，文義未明，其下蓋脱"在南"二字。《詩譜》正義所引已與今本同。《水經·濟水》注曰："菏水東逕陶丘北。《地理志》曰：《禹貢》陶丘在定陶西南，今本訛作"《禹貢》定陶西南有陶丘"。據新校本改。陶丘亭在南。"是其證。陶丘在今定陶縣西南七里，定陶故城在縣西北四里。

錯叔綉所封

沛郡公丘　故滕國，周懿王子錯叔綉所封。

景祐本"錯叔綉"下有"文公"二字。【念孫案】景祐本是也。今本無"文公"二字者，後人以滕文公不當與祖同謚而删之也，不知子孫不可與祖父同名，未嘗不可同謚。周公之謚曰"文"，固與文王同謚矣，魯之文公又與周公同謚矣，推之他國，亦多有此，豈得憑臆妄删乎？《水經·泗水》注云："公丘縣故城在滕西北，《地理志》：周懿王子錯叔綉文公所封也。"正與景祐本同。《路史·後紀十》"叔綉"下亦有"文公"二字。

垓下

洨　垓下，高祖破項羽。

【念孫案】"垓下"下脱"聚"字。《續漢書·郡國志》曰："洨有垓下聚，高祖破項羽。"《水經·淮水》注曰："洨縣有垓下聚，漢高祖破項羽所在也。"皆本《地理志》。《高紀》："圍羽垓下。”李奇曰：“沛洨縣聚邑名也。”此言“垓下聚”，而《高紀》但言“垓下”者，猶上文言“蕲鄉”，高祖破黥布，而《黥布傳》但言“蕲”也。此記各縣鄉聚之名，則必當言“蕲鄉”“垓下聚”矣。故垓下聚在今鳳陽府靈壁縣東南。

育成

莽曰育成。

【念孫案】“育成”當爲“肴成”，字之誤也。師古曰：“洨音肴。”是“洨”“肴”同音，故莽改“洨”爲“肴成”，猶上文“鄲縣”之改“鄲城”、“蕲縣”之改“蕲城”也。《水經注》作“育城”，亦後人以誤本《漢書》改之，新校本改爲“肴城”是也，汲古閣本作“有城”，亦誤。

沙

魏郡沙

《續漢書·郡國志》同。《水經·濁漳》《清漳》二水注“沙”并作“涉”。趙氏東潛曰：“兩《漢志》本作‘沙縣’，至三國時，始有‘涉’名。《魏書》云‘太祖圍鄴，涉長梁岐以縣降’是也。”【念孫案】趙説非也。《水經》：“清漳水東過涉縣西，屈從縣南。”注云：“《地理志》魏郡之屬縣也，漳水於此有涉河之稱，蓋名因地變也。”是善長所見《漢志》本作“涉”，不作“沙”，且漳水至涉縣，而有涉河之名，則涉縣之名，由來已久，不然，漳水何以無沙河之名乎？《魏志·武帝紀》稱“涉長梁岐”，則“涉”乃漢時舊名，非自三國時始。《元和郡縣志》云：“涉縣本漢舊縣,屬魏郡,因涉河水爲名。"《太平寰宇記》同。亦不言本名"沙縣",後改爲"涉縣"也。趙氏以兩《漢志》皆作"沙",遂謂"涉縣"本名"沙縣",今考《王子侯表》云:"離石侯綰後更爲涉侯。"則涉縣乃西漢時舊名,而今本兩《漢志》作"沙",皆傳寫之誤明矣。

市樂

鉅鹿郡新市　莽曰市樂。

【念孫案】"市樂"當依《水經·濁漳水》注作"樂市"。

沮水　黄河

常山郡元氏　沮水首受中丘西山窮泉谷,東至堂陽入黄河。

【念孫案】"沮"當爲"泜",字之誤也。凡隸書從"氐"之字,或作"互",又作"且",故"泜"字或作"沍",《玉篇》曰:"泜,俗作沍。"又作"洰",形與"沮"字相似,因訛而爲"沮"。《史記·高祖功臣侯者年表》"槁祗侯陳錯",《漢表》"祗"作"祖",亦是"祗"或作"𥘵",因訛爲"祖"也。下文"濟水,東至廮陶入泜",《風俗通義》訛作"入沮",是其明證也。《説文》曰:"泜,水,在常山。"郭璞注《北山經》曰:"今泜水出中丘縣西山窮泉谷,東至堂陽縣,入於漳水。"皆本《地理志》,則"沮水"爲"泜水"之訛甚明。而"泜"字,師古無音,至下文"洨水東南至廮陶入泜",始云"泜音脂,又音丁計反"。又,《史記·張耳陳餘傳》:"斬陳餘泜水上。"《索隱》曰:"郭景純注《山海經》云:泜水出常山中丘縣。"

不引《地理志》而引郭注，似唐時《地理志》“泜”字已訛作“沮”。然《文選·吴質〈在元城與魏太子箋〉》：“重以泜水，漸漬疆宇。”李善注曰：“《漢書》恒山郡元氏縣有泜水，首受中丘西山窮泉谷，東入黄河。”則唐時本尚有作“泜”者矣。又案，《北山經》注言“泜水入漳”，而此云“入黄河”者，蓋本借“章”爲“漳”，《禹貢》“至于衡漳”，《地理志》“漳”作“章”。又，信都國“信都”下云“故章河在北”。“章”與“黄”字形相近，因訛而爲“黄”也。隸書“章”字作“章”，“黄”字作“黄”，二形相近。漢之堂陽，即今之新河，乃漳水所經，《水經》曰：“漳水過堂陽縣西。”非河水所經，《地理志》亦不謂“河”爲“黄河”也，而《文選注》亦作“黄”，則後人以誤本《漢書》改之耳。

北谷

上曲陽　恒山北谷在西北。

《義門讀書記》曰：“北谷，即飛狐口。《後書注》引《晉地道記》：‘自縣北行四百二十五里，恒多山坂，《史記正義》作“得恒山岋”。名飛狐口。’”【念孫案】飛狐口無北谷之名，“北谷”疑當作“代谷”。《管子·輕重戊》篇曰：“代王將其士卒，葆於代谷之上。”《鹽鐵論·伐功》篇曰：“趙武靈王逾句注，過代谷。”《史記·趙世家》曰：“從常山上臨代，代可取也。”《正義》曰：“《地道記》云：‘恒山在上曲陽縣西北百四十里，北行四百五十里，得恒山岋，號飛狐口，北則代郡也。’”《水經·㶟水》注引梅福上事曰：“代谷者，恒山在其南，北塞在其北。”蓋恒山與代谷相連，故并及之也。大原郡“廣武”下云“句注、賈屋山在北”，文義與此同。

石濟水

房子　贊皇山，石濟水所出。

【念孫案】“濟水”上衍“石”字。《説文》：“濟，水，出常山房子贊皇山。”《風俗通義》同。案，應劭誤以此“濟水”爲四瀆之濟，則“濟”上本無“石”字明矣。《續漢書・郡國志》曰：“常山國房子有贊皇山，濟水出。”“濟”上皆無“石”字。

世祖即位更名高邑　明帝改曰漢陽

鄗　世祖即位，更名高邑，莽曰禾成亭。

【念孫案】後漢所改郡縣，皆班《志》所不載。“世祖”以下八字非班氏原文，蓋應劭注語也，且當在“莽曰禾成亭”之下，今則前後倒置，又脱“應劭曰”三字矣。考後漢所改郡縣，如河東郡皠縣“順帝改曰永安”，河内郡隆慮“避殤帝名改曰林慮”，東郡觀縣“世祖更名衛國，以封周後”，清縣“章帝更名樂平”，壽良“世祖叔父名良，改曰壽張”，汝南郡鄏縣“世祖更名固始”，新鄓“章帝封殷後，更名宋”，山陽郡胡陵“章帝封東平王倉子爲侯，更名湖陸”，沛郡敬丘“明帝更名大丘”，芒縣“世祖更名臨睢”，清河郡厝縣“安帝以孝德皇后葬于厝，改曰甘陵”，勃海郡千童“靈帝改曰饒安”，平原郡富平“明帝更名厭次”，千乘郡“和帝更名樂安”，狄縣“安帝更名臨濟”，武陵郡索縣“順帝更名漢壽”，中山國苦陘“章帝更名漢昌”，安險“章帝更名安憙”，信都國“明帝更名樂安，安帝改曰安平”，梁國甾縣“章帝改曰考城”。以上二十條，皆是應注，則“鄗”之更名“高邑”，亦是應注明矣。又，“天水郡”下云“明帝改曰漢陽”，明帝上亦當有“應劭曰”三字。

白陸谷

南行唐　牛飲山白陸谷，滋水所出。

考異曰：“《説文》作‘白陘谷’。”【念孫案】作“陘”者是也。《爾雅》曰：“山絶陘。”考河北八陘有“白陘”之目，見《元和郡縣志》引《述征記》。與此“白陘谷”義相近也。若作“白陸谷”，則義無所取。蓋俗書“陘”字作“陉”，與“陸”相似而誤。

⿱林心題

清河郡⿱林心題

師古曰：“⿱林心，古莎字。”《廣韻》《集韻》亦作“⿱林心”。【引之曰】字從“心”聲者，不得有“莎”音，“⿱林心”當爲“⿱林尐”。《説文》：“沙或作⿰氵尐。”故“⿱林沙”從沙聲而或作“⿱林⿰氵尐”。今作“⿱林尐”者，“⿱林⿰氵尐”之省文也。隸書“心”作“⿺乚八”，與“尐”相似而誤。尐，少也，讀若“輟”。

也

涿郡故安　閻鄉，易水所出，東至范陽入濡也。

【念孫案】“也”字涉注文“入淶也”而衍。

水亦至范陽

水亦至范陽入淶。

【念孫案】"水"上脱"濡"字,此承上文而言。言易水至范陽入濡,濡水亦至范陽入淶也。《説文》曰:"濡,水,出涿郡故安,東入淶。"今本"淶"字訛作"漆涑"二字,據《一切經音義》六引改。《水經·易水》注曰:"濡水出故安縣西北,窮獨山南谷,東南合易水而注巨馬水。"又,"巨馬河"注曰:"巨馬河,即淶水也。"此易水入濡,濡水入淶之明證。師古所見本已脱"濡"字,乃曲爲之説曰"言易水又至范陽入淶也",斯爲謬矣。又案,"遼西郡肥如"下云:"濡水南入海。"今本"海"下衍"陽"字,辯見後"海陽"下。此"濡"字音乃官反,《水經·濡水》注所謂"濡、難聲相近"者也。此云"易水至范陽入濡","濡"音而于反,昭七年《左傳》"盟于濡上"是也。而師古曰:"濡,音乃官反。"則又誤以"涿郡之濡"爲"遼西之濡"矣。又案,遼西之"濡"字本作"渜"。説見後"泒水"下。

南東

良鄉　垣水,南東至陽鄉入桃。

【念孫案】"南東"當爲"東南"。

民曰

勃海郡成平　虖池河,民曰徒駭河。

《禹貢錐指》曰:"漳,故徒駭也,土俗猶能識之,故不言漳滹沱,仍曰徒駭。"【念孫案】某河民曰某河,《地理志》文無此例,"民曰"當爲"或曰",字之誤也。上文"河南郡開封,逢池在東北,或曰宋之逢澤也。成臯,故虎牢,或曰制"、下文"北海郡營陵，或曰營丘。琅邪郡姑幕，或曰薄姑"，皆其證。

五百六十里　八百九十里　七百五十里

平原郡　平原有篤馬河，東北入海，五百六十里。

【念孫案】"五百"上脱"行"字。又"武陵郡無陽，無水首受故且蘭，南入沅，行八百九十里。辰陽三山谷，辰水所出，南入沅，行七百五十里"，今本并脱"行"字。

二年

濟南郡　故齊，文帝十六年，别爲濟南國，景帝二年爲郡。

【念孫案】"二"當爲"三"。《史記·齊悼惠王世家》曰："濟南王辟光十一年與吴楚反。漢擊破，殺辟光，以濟南爲郡，地入于漢。"濟南王十一年，景帝三年也。見《高五王傳》及《史記·漢興以來諸侯表》。

臨樂子山　至蓋

泰山郡蓋　臨樂子山，洙水所出，西北至蓋入泗水。今本"泗水"作"池水"，以字形相近而誤。《水經注》已辯之。又沂水南至下邳入泗。

【念孫案】"臨樂子山"，"子"字涉上注"肥子國"而衍。自景祐本以下皆作"子"，毛本又訛作"于"。臨樂山，在今沂州府蒙陰縣東北。《説文》云："洙水出泰山蓋臨樂山，北入泗。"《水經》

云："洙水出泰山蓋縣臨樂山。"注引《地理志》曰："臨樂山，洙水所出。"是其證。又《水經》云："沂水出泰山蓋縣、艾山。"注云："或云出臨樂山。"是洙水、沂水同出臨樂山，故《志》云"又沂水南至下邳入泗"也。"至蓋"當爲"至卞"，此涉正文"蓋縣"而誤。既言洙水出蓋，則不得又言"至蓋"，且《水經》與注并言"洙水至卞縣入泗"。卞縣有泗水，而蓋縣無泗水，又不得言"至蓋入泗"也。今本《水經注》引《地理志》作"至蓋"，此後人以誤本《漢志》改之，與經、注皆不合。下文言"泗水出卞"，卞縣故城在今兗州府泗水縣東，故云洙水至卞入泗水，而今之洙水乃在曲阜縣北，上源既不遠，而下流又入沂，不入泗，與《漢志》《水經》故道迥殊矣。

丹

東萊郡腄　丹水所出，丹東北入海。

【念孫案】下"丹"字衍。

沂

曲成陽丘山　治水所出，南至沂入海。

【念孫案】沂非縣名，不得言"南至沂"。若沂水則去此甚遠，東萊一郡之水皆不得至沂也。"至沂"當爲"至計斤"，計斤縣屬琅邪。因脱去"計"字，後人遂於"斤"旁加"水"耳。《説文》："治，水出東萊曲成陽丘山，南入海。"《玉篇》"除之切"。治水即古之尤水，今之小沽河也，出萊州府掖縣之馬鞍山，即陽丘山，在掖縣東南三十里。南流至平度州東南，與大沽河合。

又南逕即墨縣西，至膠州之麻灣口入海。大沽河，即古之姑水也。昭二十年《左傳》：“姑尤以西。”杜注曰：“姑水、尤水皆在城陽郡東句，南入海。”《齊乘》曰：“姑即大沽河，尤即小沽河。”曲成故城在今掖縣東北，計斤故城在今膠州西南，二沽入海之處，即漢計斤縣地，則“沂”爲“計斤”之誤明矣。“尤”字古讀若“飴”，說見《唐韻正》。聲與“治”相近，故“治”字亦有“飴”音。下文“雁門郡陰館有治水”，師古曰：“治，音弋之反。”《左傳》作“尤”，《漢志》作“治”，古今字異耳。而全氏謝山乃謂《漢志》《說文》皆誤以“沽水”爲“治水”，是未曉古音，而輕議前人也。

東至

琅邪郡　邞，膠水東至平度入海。

【念孫案】《水經·膠水》注引此“東至”作“北至”是也。漢之邞縣在今膠州西南，平度故城在今平度州西北，而平度州正當膠州之北，則當言“北至平度”，不當言“東至”也。今膠水出膠州之膠山，北流過高密縣東，又北過平度州西，又北過掖縣西，又北至海倉口入海。

黝

丹陽郡黝　漸江水出南蠻夷中，東入海。

師古曰：“黝，音伊，字本作黟，其音同。”【念孫案】《說文》曰：“黟，黑木也。從黑、多聲。丹陽有黟縣。”又曰：“漸水出丹陽黟南蠻中，東入海。”則《地理志》本作“黟”明矣。《水經注》引此亦作“黟”。“黟”從多聲，於古音屬歌部，於今音屬支部。若“黝”從幼聲，則古今音皆屬幽部。幽部之字，無與支、歌部通者，“黟”字不得借作“黝”也，此因字形相似而誤耳。各史志或作“黟”，或作“黝”，其作“黝”者，皆爲誤本《漢志》所惑。《玉篇》“黝”字無“伊”音，《廣韻》“黝，於脂切。縣名，屬歙州”，誤與各史志同。

在

豫章郡餘汗　餘水在北，至鄡陽入湖漢。

【念孫案】衍“在”字。餘水自餘汗北至鄡陽，則在餘汗可知，不必更言“在”矣。凡言“某水至某縣入某水”者，皆無“在”字，若弘農郡盧氏下云“育水南至順陽入沔”是也。其言“某水在縣之某方”者，皆不兼及他縣，若右扶風漆縣下云“水在縣西”是也。他皆放此。

南水

宜春　南水東至新淦入湖漢。

【念孫案】“南水”當爲“牽水”。隸書“牽”字或作“南”，與“南”相似而誤。《水經・贛水》注曰：“牽水西出宜春縣，東逕新淦縣，而注於豫章水，湖漢及贛并通稱也。”是其證。

入湖

桂陽郡郴　耒山，耒水所出，西至湘南入湖。

【念孫案】“入湖”當爲“入湘”，“湘”“湖”字相似，又涉下文“入湖”而誤也。《水經》曰：“耒水出桂陽郴縣南山，北入於湘。”《湘水》注引《地理志》曰：“郴縣有耒水，出耒山，西至湘南入湘。”是其證。

滙

臨武　秦水東南至湞陽入滙。“秦”讀爲“溱”。

師古曰：“滙，音胡罪反。”又，下文“桂陽，滙水，南至四會入鬱”。今本“鬱”下有“林”字，辯見下條。【念孫案】“滙”皆當爲“洭”，字之誤也。“洭”讀若“匡”，隸省作“洭”。《説文》曰：“洭，水，出桂陽盧聚，南出洭浦關爲桂水。“出”字舊本訛作“山”，“山”上又脱“南”字，今據《水經》訂正。從水、匩聲。”又曰：“溱，水，出桂陽臨武入洭。”“洭”字或作“匯”，形與“滙”相似，因訛而爲“滙”。案，《方言》：“南楚瀑洭之間。”郭璞曰：“洭音匡。洭水在桂陽。”《水經》曰：“洭水出桂陽縣盧聚，今本訛作“滙”。東南過含洭縣，南出洭浦關爲桂水。”《史記·南越傳》：“出桂陽，下匯水。”今本訛作“滙”。《漢書》作“湟水”。《水經注》曰“匯水，《山海經》謂之湟水”。今《山海經·海内東經》作“潢水”。“洭”與“湟”聲相近，故字相通。若作“滙”，則聲與“湟”遠而不可通矣。《魏策》：“楚王登强臺而望崩山，左江而右湖，以臨彷徨。”一本作“方湟”，《説苑·正諫》篇、《後漢書·文苑傳》并作“方淮”。“淮”亦“洭”之訛，故與“湟”通。下文有含洭縣，南海郡有洭浦關，舊本“關”訛作“官”。今據《説文》《水經》改。其字正作“洭”，不作“滙”也。又案，漢《成陽令唐扶頌》曰：“賦政于外，爰及鬼方，匯夷來降，寇賊迸亡。”“匯”即“洭”字。洭夷，謂洭水上之夷也。上文云:"除豫章鄡陽長,夷粵抪掜,忮强難化。君奮威颺武,視以好惡。蠻貉振叠,稽顙帥服。"以今輿地考之,滙水發源於連州,南至廣州府之三水縣入於鬱水,鬱水,今謂之西江。於漢爲桂陽、南海兩郡之地,故云夷粵抪掜。① 又云"滙夷來降"也,而《隸釋》乃讀"滙"爲"匯",而以爲匯澤之盜。《漢隸字原》又讀爲"淮夷來同"之"淮",胥失之矣。據漢碑及《方言》《説文》,則此《志》之匯水明是滙水之訛。而《史記》《水經》亦訛作"匯"。唯含洭縣、洭浦關,兩"洭"字不訛。師古又有"胡罪反"之音,後之學者多見"匯",少見"滙",遂莫有能正其失者矣。

鬱林

桂陽　洭水南至四會入鬱林。

宋祁曰:"景本無'林'字。"【念孫案】無"林"字者是也。後人不知"鬱"爲水名,故加"林"字耳。《水經》曰:"溱水過湞陽縣,出洭浦關,與桂水合,即洭水。南入於海。"注云:"溱水南注於鬱,而入於海。"是其證。餘見上條。下文"武陵郡鐔成玉山,潭水所出,東至阿林入鬱","鬱"下無"林"字是也,而宋祁乃云當添"林"字,謬矣。又,"零陵郡,零陵陽海山,有離水,東南至廣信入鬱林","林"字亦後人所加。《史記·南越傳》正義引此已有"林"字。《水經》曰:"灕水出陽海山,南至廣信縣入於鬱水。"是其證。今灕水出桂林府興安縣陽海山,南至蒼梧縣入鬱。

① "抪",底本作"捬",據同治本改。

陽山

陽山　侯國。

應劭曰："今陰山也。"師古曰："下自有陰山，應説非也。"【念孫案】《水經》曰："洣水西北過陰山縣南。"注云："縣本陽山縣，即長沙孝王子宗之邑也。見《王子侯表》。形家言其勢王，故塹山堙谷改爲陰山縣。"是後漢之陰山即前漢之陽山，故應云"今陰山也"，師古自未之考耳。

監原

武陵郡　臨沅，莽曰監原。

【念孫案】"監原"當依《水經·沅水》注作"監沅"，聲之誤也。凡縣名上一字稱"臨"者，王莽多改爲"監"，而下一字不改。

《漢書》第七

鬵谷水　在谷水

漢中郡，安陽。鬵谷水，出西南，北入漢。在谷水出北，南入漢。

【念孫案】“鬵谷水”，“谷”字涉下文“在谷水”而衍，《水經》“鬵”作“涔”。《沔水》篇云：“沔水東過魏興安陽縣南，涔水出自旱山，北注之。”注云：“涔水出西南而東北入漢。”即《地理志》文也。《涔水》篇曰：“涔水出漢中南鄭縣東南旱山，北至安陽縣南入於沔。”“涔”下皆無“谷”字。“涔”或作“潛”，《史記·夏本紀》索隱：“潛出漢中安陽縣西，北入漢。”亦無“谷”字。“在谷水”，《沔水》注作“左谷水”，亦於義爲長。

新都谷

廣漢郡雒，章山，雒水所出，南至新都谷入湔。

【念孫案】“新都”下衍“谷”字，新都乃縣名，非谷名也。《華陽國志》曰：“李冰導洛，通山，水出瀑口，經什邡，與郫别江會新都大渡。”《水經·江水》注曰：“洛水出洛縣章山，又南逕洛縣故城西，又南逕新都縣，與綿水、湔水合。”是其證。漢新都故城在今新都縣東。

小江入

蜀郡，有小江入，并行千九百八十里。

【念孫案】"入"當爲"八"，字之誤也。謂此八小江并行千九百八十里也，下文曰"遼西郡有小水四十八，并行三千四十六里"，"鬱林郡有小谿川水七，并行三千一百一十里"，"九真郡有小水五十二，并行八千五百六十里"，"日南郡有小水十六，并行三千一百八十里"，皆其證也。

木官

嚴道有木官。

【念孫案】"木"當爲"橘"，寫者脱其右半耳。左思《蜀都賦》："户有橘柚之園。"劉逵注引《地理志》曰："蜀郡嚴道有橘官。"下文巴郡朐忍、魚復二縣，并云有橘官。

七　二千

湔氐道，《禹貢》嶓山，在西徼外，江水所出，東南至江都入海，過郡七，行二千六百六十里。

趙氏《水經注釋》曰："今本《漢書》誤也，宋本是。過郡九，行七千六百六十里。《禹貢錐指》曰：'今江水所過於漢爲蜀郡、楗爲、巴郡、南郡、長沙、江夏、豫章、廬江、丹陽、會稽、廣陵，凡十郡一國。'易祓曰：'江源自松州交川縣至夷陵，凡四千三百三十里。自夷陵至泰州，凡三千六百三十里。是江自松潘至泰州行七千九百六十里，自泰州至海門又四百里，通計八千三百餘里。’據此則俗本《漢書》固非，而宋本亦未合也。”以上《水經注釋》。【念孫案】後人所記江行里數未必與班《志》原文相符，且《志》但云“至江都”，則里數固不及八千也。《錐指》又云：“行二千六百六十里，二當作八，或是七。”其言“或是七”者，正與趙氏所見宋本合。又，《說文繫傳·水部》“江”下引《漢志》云：“過郡九，行七千六百六十里。”郡數、里數皆與宋本同，則是舊本相承如此，今據以訂正。

郁鄢

犍爲郡，郁鄢。

【念孫案】“郁”本作“存”，此因“鄢”字而誤加“阝”也。《說文》曰：“存鄢，犍爲縣。”宋本如是，今本改“存”爲“郁”。而無“郁”字，自《玉篇》始有之，而字書、韻書皆仍其誤。《水經》作“郁鄢”，亦後人所改。《華陽國志》《晉書》尚作“存鄢”，且師古注“鄢”字有音，而“郁”字無音，則本作“存”明矣。

則禺同山

越巂郡青蛉則禺同山，有金馬碧雞。

【念孫案】《華陽國志》曰：“青蛉縣禺同山有碧雞金馬。”《續漢書·郡國志》《後漢書·西南夷傳》《水經·淹水》注并同。劉逵注《蜀都賦》引《地理志》曰：“金馬碧雞在越巂青蛉縣禺同山。”則“禺同山”上不當有“則”字，未知何字之誤，或此處尚有脱文也。

池

益州郡，俞元，池在南，橋水所出，東至毋單入温。

【念孫案】“池”上脱“南”字，池在縣南，故曰“南池”。《水經·温水》注曰：“橋水上承俞元之南池，東流至毋單縣，注於温。”即本《地理志》。

臘

收靡，南山臘，涂水所出。

【念孫案】“臘”下脱“谷”字。《水經·若水》注曰：“涂水導源收靡縣南山臘谷。”即本《地理志》。

脱三字

巴郡，秦置，屬益州。

【念孫案】桓九年《左傳》：“巴子使韓服告于楚。”《正義》曰：“《地理志》巴郡，故巴國。”據此則“巴郡秦置”下，當有“故巴國”三字，而今本脱之。應注云“《左氏》巴子使韓服告楚”，正釋此三字也。

潛水　徐谷

宕渠，符特山在西南，潛水西南入江。明監本“入江”訛作

“入灊”,而胡氏東樵遂引之以駁《水經》,大誤。趙氏東潛已辯之。不曹水出東北,南入灊徐谷。

【念孫案】“潛水”本作“灊水”,即下文“入灊”之“灊”。今作“潛”者,後人以《水經》改之也。《説文》“灊,水,出巴郡宕渠,西南入江”,“潛,涉水也。一曰漢爲潛”。是“出巴郡宕渠入江”者,字本作“灊”,《水經》作“潛”者,借字耳。又案,“不曹水出東北,南入灊”,“灊”下不當有“徐谷”二字,《水經·潛水》注云:“宕渠縣西北有不曹水,南逕其縣,下注潛水。”不言“入灊徐谷”也。“徐谷”二字,未知何字之譌。

東漢水

武都郡,武都,東漢水受氐道水,一名沔。

【念孫案】“東”字後人所加,下文“隴西郡氐道”下云“養水東至武都爲漢”,今本脱“東”字,辯見後。不言“東漢”也。《志》言西漢水者,别於漢水而言之。若漢水,則本無東漢之稱。

循成道

循成道。

【念孫案】“循”當爲“脩”。隸書“循”“脩”二字相似,傳寫易譌。説見《史記·倉公傳》。《魏書·地形志》《隋書·地理志》《水經·漾水》注并作“脩城”。

至武都

隴西郡,氐道,《禹貢》養水所出,齊曰:"'養'當作'漾',前文引《禹貢》'嶓冢道漾',即其證也。"【念孫案】《説文》"漾"古文作"瀁",今《志》作"養"者,"瀁"之假借字也。《續漢書·郡國志》亦作"養",《淮南·地形》篇作"洋",高注云:"洋或作養。"是古書多以"養"爲"漾"。至武都爲漢。

【念孫案】"至"上脱"東"字,《禹貢》"嶓冢導漾,東流爲漢",即班《志》所本。《説文》:"漾,水,出隴西豲道。"今本"豲"訛作"柏",據《水經注》引改。豲道非漾水所出,當依《漢志》作"氐道",《水經注》已辯之。"東至武都爲漢",《水經》云:"漾水出隴西氐道縣嶓冢山,東至武都沮縣爲漢水。"皆本班《志》。

西漢

西,《禹貢》嶓冢山,西漢所出。

【念孫案】"西漢"下脱"水"字。

脱三字

東南至江州入江。

【念孫案】此下脱"有鹽官"三字。《水經·漾水》注曰:"鹽官水北有鹽官,在嶓冢西五十許里,相承營煮不輟,味與海鹽同,故《地理志》云:西縣有鹽官。"是其證。

脱七字

金城郡,河關。

【念孫案】《水經·河水》注引《地理志》曰"漢宣帝神爵二年,置河關縣",則此"縣"下當有"宣帝神爵二年置"七字,而今本脱之也。

宣帝神爵二年置

破羌,宣帝神爵二年置。

《水經注》曰:"湟水東逕破羌縣故城南,應劭曰:'漢宣帝神爵二年置。'"全氏謝山據此謂:"'宣帝神爵二年置'七字,乃應劭注,非班《志》原文,今本脱'應劭曰'三字。"【念孫案】上文之"河關",下文之"允街",并云"宣帝神爵二年置",則此亦班《志》原文,非應劭注也,《水經注》所引乃應劭《地理風俗記》耳。《淇水》注曰:"白溝又東北逕平恩縣故城東,《地理風俗記》曰:漢宣帝地節三年置。"是其比例也。或曰既係班《志》原文,善長何以不引班《志》,而引《地理風俗記》乎?曰"西河郡鴻門"下云"有天封苑火井祠,火從地中出",此班《志》原文也,而《水經·河水》注以爲《地理風俗記》文。"日南郡"下云"故秦象郡,武帝元鼎六年開",此班《志》原文也,而《水經·温水》注亦以爲《地理風俗記》文。然則《水經注》中,固有不引班《志》,而引《地理風俗記》者矣。"右扶風渭城"下云"故咸陽",此班《志》原文也,而《水經·渭水》注則云"渭城,文穎以爲故咸陽"。彼言"文穎以爲故咸陽",猶此言"應劭曰:宣帝神爵二年置"也。豈得因"應劭曰"三字而遂謂其非班《志》原文乎？

修遠　溝搜

允街，莽曰“修遠”。

【念孫案】“修遠”下脱“亭”字，王莽改“允吾”爲“修遠”，故改此縣爲“修遠亭”也。又，朔方郡，莽曰“溝搜”。渠搜，莽曰“溝搜亭”，今本亦脱“亭”字，皆當依《水經注》補。

鹽羌

臨羌，莽曰“鹽羌”。

【念孫案】“鹽羌”當依《水經注》作“監羌”。凡縣名上一字稱“臨”者，王莽多改爲“監”。

南籍端水　其澤

敦煌郡，冥安，南籍端水出南羌中，西北入其澤，溉民田。

應劭曰：“冥水出北，謂出縣北。入其澤。”【念孫案】“南籍端水”，“南”字涉下文“南羌”而衍，《太平御覽·州郡部十一》引此作“籍端水出羌中”，無“南”字。又案，“西北入其澤”及應注“冥水出北入其澤”，兩“其”字疑皆“冥”字之訛。蓋縣曰“冥安”，本因冥水以得名，而冥水所入之澤，因謂之冥澤，《元和郡縣志》云：“晉昌縣本漢冥安縣，因縣界冥水爲名也。”又云：“冥水自吐谷渾界流入大澤，東西二百六十里，南北六十里，豐水草，宜畜牧。”猶菏水出於菏澤，因謂之菏水也，故曰“冥水出北，入冥澤”。冥澤既爲冥水所入，又爲籍端水所入，故曰“籍端水西北入冥澤”也，若云“入其澤”，則大爲不詞。

威成

北地郡，莽曰“威成”。

【念孫案】“威成”當依《水經注》作“威戎”。

出東西入洛

直路，沮水出東，西入洛。

【念孫案】洛在沮東，不得言“西入洛”。《説文》作“瀘”，云：“瀘，水，出北地直路西，東入洛。”《水經》曰：“沮水出北地直路縣，東過馮翊祋祤縣北，東入於洛。”則此文本作“沮水出西，東入洛”明矣。

入河

歸德，洛水出北蠻夷中，入河。

又，前左馮翊“褱德”下云“洛水東南入渭”。《禹貢錐指》曰：“‘歸德’下云‘洛入河’，‘褱德’下云‘入渭’，蓋雜采古記，故有不同。其曰‘入河’者，以二水合流，渭亦可稱洛耳。”【念孫案】“入河”二字，後人妄加之也。“洛水出北蠻夷中”，記其所出也。“洛水東南入渭”，記其所入也。《説文》云：“洛，水，出北地歸德北夷界中，東南入渭。”今本“北地”作“左馮翊”。案，歸德屬北地，不屬左馮翊，此後人不明地理而妄改之，今正。《淮南·

地形》篇“洛出獵山”，高注云“獵山在北地西北夷中”“洛水東南流入渭”，皆本《地理志》，而但言“入渭”，不言“入河”，則《志》無“入河”之文明矣。或曰：許、高所據，乃左馮翊“褱德”下“入渭”之注，非北地“歸德”下“入河”之注。曰：不然。許云“洛水出北地歸德北夷界中”，高云“獵山在北地西北夷中”，皆據“北地歸德”之注，而皆言“入渭”，則“褱德”下有“入渭”之文，而“歸德”下無“入河”之文明矣。記大川所入而前後異文，《漢志》從無此例，東樵曲爲之説，非也。或曰：一水而前後兩見，或記其所出，或記其所入，《漢志》亦有此例乎？曰：有。隴西郡“氐道”下云：“《禹貢》養水所出，東至武都爲漢。”今本脱“東”字，辯見前“至武都”下。“武都郡武都”下云：“漢水受氐道水，今本“漢”上有“東”字，辯見前“東漢水”下。一名沔，過江夏謂之夏水，入江。”漁陽郡“白檀”下云：“濡水出北蠻夷中。”今本“濡”訛作“洫”，又脱“中”字，辯見後“洫水”下。遼西郡“肥如”下云：“濡水南入海。”今本“海”下衍“陽”字，辯見後“海陽”下。“臨渝”下云：“渝水首受白狼，東入塞外。”“交黎”下云：“渝水首受塞外，南入海。”鬱林郡“臨塵”下云：“有斤員水。”“領方”下云：“斤員水入海。”皆一水兩見而分記其出入，洛水亦猶是也。下文“郁郅”下云“泥水出北蠻夷中”，亦不記其所入。此與洛水、濡水文同一例，或謂“蠻夷中”下有脱文，非也。《説文》“泥，水，出北地郁郅北蠻中”，亦不言其所入。

圜水

上郡，白土，圜水出西，東入河。

師古曰：“圜，音銀。”又，下文“西河郡，圜陰，惠帝五年置。莽曰‘方陰’”，師古曰：“圜，字本作‘圁’，縣在圁水之陰，因以爲名也。王莽改爲‘方陰’,則是當時已誤爲‘圜’字,今有銀州、銀水即是舊名猶存,但字變耳。”又,下文“圜陽”,師古曰:“此縣在圁水之陽。”又,《匈奴傳》“居于西河圜洛之間”,晉灼曰:“圜,音嚚,《三倉》作圁。”師古説與《地理志》同。又,《史記·匈奴傳》“居于西河圜洛之間”,《集解》:“徐廣曰:‘圜在西河,音銀。’”《索隱》:“圜,晉灼音嚚,《三蒼》作圁。今本《史記》正文“圜”作“圁”,《集解》作“徐廣曰‘圁在西河’”,《索隱》作“《三蒼》圁作圜”,此校書者以注文改正文,而後人復據已改之正文,轉改注文也。今據《索隱》單行本及晉灼注訂正。《地理志》云:‘圜水出上郡白土縣西,東流入河。’韋昭云:‘圜,當爲圁。’《續郡國志》及《太康地志》并作‘圁’字也。”以上《索隱》。【念孫案】“圜”與“圁”聲相近,古無“圁”字,故借“圜”爲之,韋、顔并以“圜”爲“圁”之誤,非也。《水經·河水》注引《地理志》“圜水”作“圁水”,全氏谢山校本曰:“覩善長所見之本,卻不錯,豈後人因王莽有‘方陰’之名,而妄改爲‘圜’字以實之乎?”案,全説非也。若《漢志》本是“圁”字,則韋不當云“圜,當爲圁”矣。《水經注》引作“圁”者,據韋注改之耳。乃謂善長所見本不錯,後人始改“圁”爲“圜”,何不察之甚也。王莽誤以“圜”爲“方圜”之“圜”,故改“圜陰”爲“方陰”,而“圜陰”之“圜”,實非誤字。《史記》《漢書》之“圜水”“圜陰”“圜陽”“圜洛”,其字皆不作“圁”。漢《平周鉦》所紀縣名有平周、平定、圜陰,三縣皆屬西河。漢印有“圜陽宰印”,《少室神道石闕銘》《開母廟石闕銘》并有“西河圜陽馮寶”,《劉宽碑陰》有“西河圜陽田植”,是“圁水”之“圁”,古皆作“圜”也。王莽誤改“圜陰”爲“方陰”,即古無“圁”字之明證,故《説文》有“圜”無“圁”。

可𤏙

高奴有洧水可𤏙。

師古曰:“𤏙,古然火字。”【念孫案】“可𤏙”本作“肥可𤏙”。肥者,膏也。此謂水上之肥可然,非謂水可然也。脱去“肥”字,則文不成義。《水經注》引《地理志》曰:“高奴縣有洧水,肥可𤏙。”又云:“水上有肥,可接取用之。《博物志》稱:酒泉延壽縣南山出泉水,大如筥,注地爲溝,水有肥如肉汁,取著器中,始黄,後黑,如凝膏,然極明,與膏無異。水肥亦所在有之,非止高奴縣洧水也。”以上《水經注》。據此則《志》文原有“肥”字,而師古不爲作解,蓋所見本已脱之矣。古者謂膏爲肥,故此云“肥可𤏙”,而《説文》亦云“膏,肥也”,“肪,肥也”,“脟,腸間肥也”。段氏《説文注》不得其解,乃謂此三“肥”字,皆“脂”字之譌,豈其然乎?

火從地出

西河郡鴻門有天封苑火井祠,火從地出也。

【念孫案】“地”下脱“中”字。“火從地中出”,謂從井中出也。《郊祀志》“祠天封苑火井於鴻門”,如淳曰:“《地理志》西河鴻門縣有天封苑火井祠,火從地中出。”《水經注》引《地理風俗記》文與此同,皆有“中”字。

原高

五原郡成宜,中部都尉治原高,西部都尉治田辟。

《水經·河水》注“原高”作“原亭”，云：“河水又東，逕成宜縣故城南，又東逕原亭城南。闞駰《十三州志》曰：‘中部都尉治。’”【念孫案】作“原亭”者是也。亭，所以守也，中部都尉治原亭，西部都尉治田辟。師古讀“辟”爲“壁”，壁亦謂築城以守也，《匈奴傳》曰“漢使光禄徐自爲出五原塞，築城障列亭至盧朐”是也。

樓煩鄉　富代

雁門郡，陰館樓煩鄉，景帝後三年置，莽曰富代。

【念孫案】“樓煩”上當有“故”字。言陰館縣乃故樓煩鄉，景帝後三年始置縣也。《志》文若是者多矣，脱去“故”字，則文義不明。《水經·纝水》注正作故樓煩鄉“富代”，《水經注》作“富臧”，亦於義爲長。

入沽

代郡且如，于延水出塞外，東至廣甯入沽。舊本脱“廣”字，今據《水經注》補。

師古曰：“沽，音姑，又音故。”又，下文“平舒祁夷水北至桑乾入沽”。

【念孫案】“沽”皆當爲“治”，字之誤也。上文“雁門郡陰館累頭山，治水所出，東至泉州入海”，師古曰：“治，音弋之反。”即此水也。《水經·纝水》注曰：“纝水，一曰治水。”舊本“纝”訛作“濕”，《説文》曰：“纝，水，出雁門陰館累頭山，東入海。或曰治水也。從水、纍聲。”《玉篇》音“力追切”，今據改。又曰：“纝水東逕下洛縣故城南，《地理志》作“下落”。又東，左得于延水口，水出塞外柔玄鎮西，長川城南小山，東至且居縣故城南，東南流注於灅水。《地理志》曰‘于延水東至廣甯入治’，非矣。”案，注曰：“于延水又東逕大甯縣故城南。《地理志》云‘廣甯也’。”又，“東南逕茹縣故城北”，又，“南逕且居縣故城南，東南流注於灅水”，是于延水至廣甯尚未入治，故云“《地理志》曰‘于延水東至廣甯入治’，非矣”。趙氏東潛未解“非矣”二字之意，而改“入治”爲“入沽”，謂六朝時《漢志》已訛“治”爲“沽”，故道元以爲非，蓋誤會也。又案，注言“灅水左會于延水於下洛縣故城東南”，灅水即今之桑乾河，漢下落故城在今直隸保安州西。于延水即今之洋河，源出山西天鎮縣邊外，東至保安州入桑乾河，與《水經注》合。是于延水入治，非入沽也。又案，《灅水》注曰：“祁夷水出平舒縣東，東北至桑乾故城東而北流注於灅水。《地理志》曰‘祁夷水出平舒縣北至桑乾入灅’是也。”灅水，即治水，是祁夷水入治，非入沽也。祁夷水即今之壺流河，源出山西廣靈縣西，東北至直隸蔚縣入桑乾河，即此志所謂“至桑乾入治”者也。漢桑乾故城在今蔚縣東北。又案，下文漁陽郡“漁陽，沽水出塞外東南，至泉州入海”，此即今之白河，源出直隸赤城縣邊外，東南至天津縣，由直沽入海者也，非于延、祁夷二水所入，且廣寧、桑乾皆治水所經，非沽水所經，則此《志》“入沽”，明是“入治”之訛。師古音“姑”，又音“故”，胥失之矣。

参合　虖池别

鹵城，虖池河東至參合入虖池别。

齊曰：“‘參合’當是‘參户’之訛。參户縣屬勃海，虖池所經也，若參合故城在北塞之外，限隔重山，非虖池所得至矣。”

【念孫案】齊説是也。“虖池别”下當有“河”字,下文河間國“弓高”下云“虖池别河首受虖池河”,是其證。

溫餘水

上谷郡軍都,溫餘水東至路南入沽。

【念孫案】“溫餘”本作“灅餘”,灅,力追反。“灅”省作“漯”,與“濟濕”之“濕”相亂,因訛而爲“濕”,濕,它合反,即“㶟”字之省,故今本《水經注》作“濕餘水”。又訛而爲“溫”。“濕”字俗書作“湿”,“溫”字俗書作“温”,二形相似而誤。戴先生《水經注》校本已詳辯之,而師古“灅”字無音,則所見本已訛爲“溫”矣。

樂陽水　入海

且居,樂陽水出東,東入海。

【念孫案】“樂陽”當爲“陽樂”,“入海”當爲“入沽”。《水經·沽水》注曰:“陽樂水出且居縣。”引《地理志》曰:“水出縣東。”又曰:“陽樂水東南合赤城河,又東南入沽水。”是其證。今猶謂之陽樂河,出宣化府龍門縣西娘子山,東南至鵰鶚堡合南河,即赤城河。又東至赤城縣入沽河,與《水經注》合,其入沽之處在赤城縣南界,尚未出山,不得言入海也,此涉下文“沽水入海”而誤。

厗奚

漁陽郡,厗奚。

孟康曰："厗，音題。"【念孫案】"厗"皆當爲"虒"，韻書"虒""厗"二字并有"題"音，易於相亂。又隸書"虒"字或作"虒"，形與"厗"亦相亂，案，古諺云：書三寫，魚成魯，帝成虎。蓋俗書"虎"字作"虒"，與"帝"字相似，故二字互訛也。今經傳相承，"嗁"字作"啼"，"蹏"字作"蹄"，皆其類。然則"虒奚"之作"厗奚"，當亦是傳寫者以"虒"爲"席"，因訛而爲"厗"矣。故"虒"誤作"厗"，《續漢書·郡國志》《水經·鮑丘水》注并作"傂奚"。"傂"字以"虒"爲聲，則《漢志》之本作"虒奚"甚明。《集韻》"厗""虒"二字并"田黎切"，"厗"字注引《説文》"唐厗石也"，"虒"字注云"虒奚，縣名"，是"厗"字自爲唐厗石，而"虒"字則爲虒奚縣，作"厗奚"者誤也。《太平御覽·州郡部八》引《十道志》云"檀州本漢虒奚縣"，又引《漢志》"虒奚屬漁陽"，"虒"音"題"，則宋初本尚不誤。

泏水 蠻夷

白檀，泏水出北蠻夷。

師古曰："泏，音呼鶻反。"《漢書考異》曰："案《水經注》：'濡水流逕漁陽白檀縣故城，《地理志》曰濡水出縣北蠻夷中。'【念孫案】今《地理志》脱"中"字。蓋酈元所見之《漢書》本作'濡水'，不知何時訛'濡'爲'泏'，師古不能正也。漢之白檀縣在今古北口外，灤水所經，'濡''灤'古今字别，無'泏水'之名。"【念孫案】錢説是矣，而未盡也。余謂出漁陽白檀塞外之濡水，字本作"渜"，從水、耎聲，"耎"俗作"軟"，故"渜"從其聲而音"乃官反"，聲相近故也。若出涿郡故安之濡水，則字從需聲，而讀若"儒"，兩字判然各異。《説文》："濡，《玉篇》音

“濡”。水，出涿郡故安，東入淶。”不言出漁陽白檀北蠻夷中也。今本《漢志》《水經》“渜”字皆訛作“濡”，學者莫能是正。余謂隸書“需”字或作“㝹”，《易·需》卦釋文曰：“需字從雨，重‘而’者非。”與“耎”相似，故從“耎”之字，多訛從需。若“愞”之爲“懦”，“揅”之爲“擩”，“碝”之爲“礝”，“蝡”之爲“蠕”，皆是。“渜水”之爲“濡水”，猶《士喪禮》“渜濯棄于坎”之“渜”，《喪大記》訛作“濡”也。“渜”與“洫”字形相似，故“渜”訛爲“洫”，若本是“濡”字，不得訛爲“洫”矣。世人多見“濡”，少見“渜”，故“渜水”字今皆作“濡”，此“渜”字若不訛爲“洫”，則後人亦必改爲“濡”矣。又，考《水經注》“濡水，一名難水”，又云：“濡、難聲相近，狄俗語訛耳。”蓋其字本從耎聲，故聲與“難”相近。“渜水，一名難水”，猶“有骨醢”謂之“腝”，而字或作“臡”也。今人謂之灤河，聲與“耎”亦相近也。《集韻》平聲二十六“桓”：“渜，奴官切，水名，在遼西肥如，或作濡。”《類篇》同。云“渜水在遼西肥如”，即本於《漢志》，而又云“或作濡”，則仍爲俗本所惑。然以“渜”爲正文，而以“濡”爲或字，則固非無據而云然矣。是書已將付梓，而友人以段氏若膺《經韻樓集》見贈，其中“渜”“濡”“灤”三字考，大旨與予同，而引證互有詳略，因并記之。

灅水

右北平郡，俊靡，灅水南至無終東入庚。

師古曰：“灅，音力水反，又音郎賄反。”宋祁曰：“‘灅’當作‘瀠’。”【念孫案】《説文》：“灅，水，出右北平俊靡，東南入庚，從水、壘聲。”《玉篇》“力水切”。《水經·鮑丘水》注云：“灅水出右北平俊靡縣，東南流逕石門峡，又西南入於庚水。”

引《地理志·灅水》云云，其字皆作“灅”，不作“㶟”。子京言“灅當作㶟”，蓋誤以爲出雁門陰館之㶟水矣。《説文》：“㶟，水，出雁門陰館絫頭山，東入海，從水、纍聲。”《玉篇》“力追切”。此即今之桑乾河，與出右北平俊靡之灅水了不相涉。

海陽

遼西郡，肥如，濡水南入海陽。

【念孫案】“陽”字涉上文“海陽”而衍。《水經》雖云“濡水東南過海陽縣西，南入於海”，然可言入海，不可言入海陽也。且善長駁之云“濡水東南至絫縣碣石山，南入海，而不逕海陽西也”，蓋經誤證耳。據此，則溴水入海之處在絫縣而不在海陽也。漢海陽故城在今灤州西南，絫縣故城在今昌黎縣南。

四年

玄菟郡，武帝元封四年開。

【念孫案】“四年”，《水經·遼水》注作“三年”是也。《武帝紀》《朝鮮傳》并作“三年”，《史記·朝鮮傳》《漢紀》并同。“樂浪郡”下亦云“元封三年開”。

水

鬱林郡，定周，水首受無斂入潭。

【念孫案】“水”上脱“周”字。《水經》曰：“存水出犍爲郁鄢縣，東南至鬱林定周縣爲周水，又東北至潭中縣，注於潭。”

注云:"存水東逕牂柯郡之毋斂縣北,而東南與毋斂水合,又東逕鬱林定周縣爲周水。"案,此所叙周水來源與班《志》不同,而周水之在定周則同,其言合毋斂入潭,亦與《志》同,則《志》文"水"上當有"周"字明矣。又,《温水》注曰:"潭水東流逕鬱林郡潭中縣,周水自西南來注之。"皆其證。

入高要

合浦郡,臨允,牢水北入高要入鬱。

【念孫案】"入高要"當爲"至高要"。《水經·温水》注曰:"牢水出交州合浦郡臨允縣,北流逕高要縣,入於鬱水。"高要縣屬蒼梧,即今肇慶府高要縣也,臨允縣在今新興縣南。

十八年

甾川國,故齊,文帝十八年别爲國。

【念孫案】"十八年"當爲"十六年"。《水經·巨洋水》注作"十八年",則善長所見本已誤。《高五王傳》曰:"分齊爲六國,盡立前所封悼惠王子列侯見在者六人爲王。齊孝王將閭、濟北王志、菑川王賢、膠東王雄渠、膠西王卬、濟南王辟光,孝文十六年同日俱立。"《諸侯王表》及《史記·漢興以來諸侯表》《齊悼惠王世家》并同,《漢紀》亦同。上文"濟南郡"下云"故齊,文帝十六年别爲濟南國",下文"膠東國"下云"故齊,文帝十六年别爲國","高密國"下云"故齊,文帝十六年别爲膠西國",皆與《表》《傳》相符,唯"甾川"不合。

三石山

膠東國，下密，有三石山祠。

【念孫案】"三石"當爲"三户"，字之誤也。《水經·濰水》注引此正作"三户"。《郊祀志》曰："宣帝祠三户山於下密。"山在今平度州西南七十里。

慮

城陽國，慮。

【念孫案】"慮"當爲"盧"，字之誤也。《水經·沂水》注曰："盧川水東南流，逕城陽之盧縣，故蓋縣之盧上里也。"是其證。全氏謝山曰："今本《漢書》'盧'作'慮'，'慮'有'廬'音，如'昌慮''取慮'之類。"【念孫案】全説非也。"慮"字雖有"廬"音，而古書"盧"字無通作"慮"者，若"盧"通作"慮"，則注當云"慮音盧"，今注内無音，則本是"盧"字明矣。

脱四字

淮陽國，圉。

【念孫案】《王莽傳》："其以益歲以南付新平。"蘇林曰："陳留圉縣，莽改曰'益歲'。"然則"圉縣"下當有"莽曰益歲"四字，而今本脱之也。

脱三字

梁國,睢陽,《禹貢》盟諸澤在東北。

【念孫案】此下當有"青州藪"三字。

屬豫州

魯國屬豫州。

【念孫案】《續漢書·郡國志》云:"魯國本屬徐州,光武改屬豫州。"此記前漢郡國,則當云"屬徐州",不當云"屬豫州",蓋後人所改。

沛　沛渠

下,泗水西南至方與入沛。

【念孫案】"入沛"當爲"入泲渠",今本"泲"譌作"沛",又脱"渠"字。"泲渠"者,泲水分出之渠,東入於泗水,一名荷水,即前"山陽郡湖陵"下所云"《禹貢》浮于淮泗,通于荷,水在南"者也。《水經》曰:"濟水東至乘氏縣西,分爲二。其一水東南流者,東過方與縣北爲荷水,又東過湖陸縣南,東入於泗水。"湖陸,即湖陵,章帝更名。又曰:"泗水又南過方與縣東,荷水從西來注之。"注云:"荷水即濟水之所苞注以成湖澤也,而東與泗水合於湖陵縣西六十里穀庭城下。"即此所云"泗水西南至方與入泲渠"者也。《水經·泗水》注云:"泗濟合流,故地記或言濟入泗,泗亦言入濟,互受通稱。"又,下文"蕃"下云:"南梁水西至胡陵入沛渠。""沛渠"亦當爲"泲渠"。《水經注》引此正作“泲渠”。今本《水經注》脱“渠”字。此言入“泲渠”,則知上文“泗水至方與入泲”,“泲”下當有“渠”字矣。

荆州 十一年 四年

廣陵國,高帝六年屬荆州,十一年更屬吴,景帝四年更名江都。

《漢書考異》曰:“‘州’字衍。高帝六年封劉賈爲荆王,兼有廣陵之地,故云‘屬荆’。其時未設諸州刺史,不得言‘荆州’也。”【念孫案】錢説是也。“十一年”當爲“十二年”。《文選·蕪城賦》注引此已誤。《諸侯王表》曰:“高祖十二年十月辛丑,吴王濞以故代王子沛侯立。”《史記·漢興以來諸侯表》曰:“高祖十二年,更荆爲吴。十月辛丑,初王濞元年。”故曰“高帝十二年更屬吴”也。景帝“四年”當爲“三年”。《諸侯王表》曰:“江都易王非以景帝二年三月甲寅立爲汝南王。二年徙江都。”“二年”者,景帝之“三年”也。《史表》誤在“四年”,梁氏曜北《史記志疑》已辯之。《史記·孝景紀》曰:“三年六月乙亥,徙汝南王非爲江都王。”《漢紀》同,故曰“景帝三年更名江都”也。

山川林澤

邑居道路,山川林澤,群不可墾。

【念孫案】“山川林澤”當依《漢紀》作“山林川澤”,見《周官·大司徒》。

其剛柔緩急

凡民函五常之性，而其剛柔緩急，音聲不同。

【念孫案】“其”本作“有”，言五常之性不同，故民函五常之性，亦有剛柔緩急及音聲之不同也。今本“有”作“其”，字之誤耳。《管子·小匡》篇“則有制令”、《史記·律書》“非有聖心以乘聰明”，今本“有”字并誤作“其”。《周南·關雎》正義、《小雅·谷風》正義、《采菽》正義、《左傳·文六年》《昭二十一年》正義、《文選·東都賦》注、《後漢書·班固傳》注引此并作“有”。

秦豳

故秦地，天下三分之一而人衆不過什三，然量其富，居什六。秦豳吴札觀樂，爲之歌秦。

【念孫案】“秦豳”二字，與上下文皆不相屬，蓋涉上文“兼秦、豳兩國”而衍。

洋洋

《邶》詩曰“河水洋洋”。

師古曰：“今《邶》詩無此句。”段氏《詩經小學》引盧氏紹弓説曰：“《玉篇·水部》：‘泮，亡爾切，亦瀰字。’《集韻》：‘瀰或作泮。’然則‘洋洋’乃‘泮泮’之譌，即《新臺》之‘河水瀰瀰’也。《廣雅·釋丘》有‘泮’字，今亦譌爲‘洋’。”【念孫案】《廣雅·釋丘》：“涘，厓也。”宋本“涘”譌作“浲”，《集韻》遂誤收入“浲”字，音“迷浮切”，引《廣雅》“浲，厓也”。今本《廣雅》又譌“浲”爲“洋”。盧以

“洋”爲“洋”之誤，非也。“河水洋洋”之“洋”，不得訓爲“匡”。【念孫案】盧説是也。“洋”字本作“洋”，以“芈姓”之“芈”爲聲，俗書“芈姓”字作“芊”，與篆文“羊”字無異，故“洋”訛爲“洋”也。下文引《衛》詩“河水洋洋”，則此“洋洋”爲“洋洋”之訛，明矣。

巫鬼

婦人尊貴，好祭祀，用史巫，故其俗巫鬼。

【念孫案】“巫鬼”上原有“好”字，此言大姬好祭而用巫，故其民化之而皆好巫鬼也。脱去“好”字，則文義不明。《詩譜》云：“大姬無子，好巫覡禱祈鬼神歌舞之樂，民俗化而爲之。”《正義》引此志正作“其俗好巫鬼”。又云：“在女曰巫，在男曰覡。”巫是總名，故《漢書》唯言“好巫”，《正義》兩引此皆云“好巫”，則有“好”字，明矣。《匡衡傳》亦云：“陳夫人好巫而民淫祀。”

一都之會

宛，西通武關，東受江淮，一都之會也。

【念孫案】“都”“會”之間不當有“之”字，篇内皆言“一都會”，無“之”字。《史記·貨殖傳》亦無。

昴畢

趙地，昴、畢之分野。

【引之曰】"昴"上當有"胃"字。《史記·天官書》正義引《星經》曰:"胃、昴,趙之分野。"《晉書·天文志》引費直《周易分野》曰:"自婁十度至畢八度,胃、昴在其中。趙之分野。"又引蔡邕《月令章句》曰:"自胃一度至畢五度,趙之分野。"高注《吕氏春秋·有始》篇、《淮南·天文》篇并曰"胃、昴、畢,趙之分野",皆其證。《漢紀·高后紀》云:"胃、昴、畢,趙也。"《廣雅》同。即本《漢書》,尤其明證矣。《史記正義·論例》引此已脱"胃"字。

冰紈

織作冰紈綺綉純麗之物。

如淳曰:"紈,白熟也。"臣瓚曰:"冰紈,紈細密堅如冰者。"師古曰:"如説非也。冰謂布帛之細,其色鮮潔如冰者也。紈,素也。"【念孫案】"冰紈"謂素色鮮潔如冰也。師古分"冰、紈"爲二物,亦非。

溝洫志

釃二渠

乃釃二渠以引其河。

孟康曰:"釃,分也。"師古曰:"釃,音山支反。"【念孫案】"釃"本作"灑",注内"釃"字并同。此後人不識古字而以意改之也。《河渠書》作"廝",《索隱》曰:"廝,《漢書》作灑。"《史記》舊本亦作"灑",字從水。韋昭云:"疏決爲灑。"據此,則《漢書》本作"灑"明矣。《司馬相如傳》"決江疏河，灑沈澹災"、《楊雄傳》"灑沈菑於豁瀆"，師古并云："灑，分也，所宜反。"則此注亦作"灑"明矣。《墨子・兼愛》篇"灑爲九澮"，字亦作"灑"。《文選・南都賦》"開竇灑流"，李善曰："《漢書音義》曰'灑，分也'，所引即孟康注。"

溉注

渠成而用溉注填閼之水，溉舃鹵之地四萬餘頃。

【念孫案】上"溉"字涉下"溉"字而衍，下言"溉舃鹵之地"，則此句不得先言"溉"，據注云："引淤濁之水灌鹹鹵之田。"則上句無"溉"字明矣。上文云："并北山，東注洛，欲以溉田。"亦是先言注而後言溉也。《史記》及《水經・瀘水》注、《通典・食貨二》皆無上"溉"字。

慮殫爲河　慮亡不帝制而天子自爲者　慮莫不王　慮有德色　慮非顧行也　慮不動於耳目

瓠子決兮將奈何？浩浩洋洋，慮殫爲河。

師古曰："慮，猶恐也。"【念孫案】師古訓"慮"爲"恐"，謂"恐殫爲河"，非也。下句云："殫爲河兮，地不得寧。"則是已殫爲河矣。今案，慮，猶大氐也。言河水所漫之地，浩浩洋洋，大氐盡爲河矣。《荀子・議兵》篇："焉慮率用賞慶、刑罰、勢詐而已矣。"楊倞曰："慮，大凡也。"《漢書・賈誼傳》："慮亡不帝制而天子自爲者。""亡"與"無"同。師古曰："慮，大計也。言諸侯皆欲同帝制而爲天子之事。"下文曰："宗室子孫慮莫不王。”亦言大氐莫不王也。師古曰:“慮,計也。”計,亦謂大計也。今本“慮莫”訛作“莫慮”。《賈子·五美》篇曰:“宗室子孫,慮莫不王。”今據改。又曰:“借父櫌鉏,慮有德色。”言大氐有德色也。又曰:“逐利不耳,慮非顧行也。”言大氐非顧行也。師古曰:“念慮之中,非顧行之善惡。”失之。又曰:“慮不動於耳目,以爲是適然耳。”言大氐不動於耳目也。是“慮”爲“大氐”之稱也。或謂之“無慮”,疊韻字也。高誘注《淮南·俶真》篇曰:“無慮,大數名也。”《漢書·食貨志》曰:“天下大氐無慮皆鑄金錢矣。”師古以“無慮”爲“無小計慮”,非是,辯見《經義述聞》。或作“亡慮”。《趙充國傳》“亡慮萬二千人”,師古曰:“無慮,大計也。”“慮”與“閭”古同聲而通用,宣十一年《左傳注》“無慮計功”,《釋文》曰:“無慮,如字,一音力於反。”《爾雅·釋木》:“諸慮,山櫐。”《釋文》曰:“諸慮,如字,又力余反。”又,《地理志》“河内郡隆慮”“東海郡昌慮”“臨淮郡取慮”“遼西郡且慮”“遼東郡無慮”,并音“閭”。故《河渠書》作“閭殫爲河”,猶遼東之無慮縣,因醫無閭山以爲名也。裴駰謂“州閭盡爲河”,尤失之。

弗鬱

吾山平兮鉅野溢,魚弗鬱兮柏冬日。

孟康曰:“鉅野滿溢,則衆魚弗鬱而滋長,近冬日乃止也。”師古曰:“孟説非也。汪本“非”作“是”,涉上注“韋説是也”而誤,據景祐本改,别本或删此四字,尤非。弗鬱,憂不樂也。水長涌溢,濊濁不清,故魚不樂,又迫於冬日,將甚困也。‘柏’讀與‘迫’同。”【念孫案】顔説亦非也。河水本濁,不待泛濫而始濁,魚本生於河中,亦不以水濁而不樂也。余謂“弗鬱”讀爲

“沸渭”。《河渠書》作“沸鬱”。沸渭，猶汾沄，魚衆多之貌也。楊雄《長楊賦》“汾沄沸渭”，李善曰：“汾沄沸渭，衆盛貌也。”河溢鉅野，則其地皆魚矣，故曰“魚弗鬱”。下文“蛟龍騁兮放遠游”，意亦與此同。“迫冬日”者，言時已近冬而水猶泛濫也。“迫冬日”，指水災言之，非指魚言之。《武紀》元鼎二年詔曰：“今水潦移於江南，迫隆冬至，朕懼其饑寒不活。”與此“迫冬日”同意。

鬲

自鬲以北至徒駭間，相去二百餘里。

【念孫案】“鬲”下有“津”字，而今本脱之。“鬲津”爲九河之一，而“鬲”乃縣名，非河名。九河以徒駭爲極北，鬲津爲極南，故曰“自鬲津以北至徒駭”，不當言“自鬲以北”也。《周頌·般》正義引此無“津”字，亦後人依誤本《漢志》删之。案，《正義》云：“徒駭是九河之最北者，鬲津是九河之最南者。”此正釋“自鬲津以北至徒駭”之文，則有“津”字明矣。《禹貢》正義、《爾雅·釋水》疏引此并作“自鬲津以北”。

住十餘歲

近黎陽南故大金隄，從河西西北行，至西山南頭，乃折東，與東山相屬。民居金隄東，爲廬舍，住十餘歲，更起隄，從東山南頭直南與故大隄會。

【念孫案】上既言“居”，則下不得更言“住”，“住”當爲“往”，言故大隄在河西，而民居在隄東，與水相迫，故往十餘歲時，民更於大隄内築直隄以自衛也。下文云：“内黄界中有澤,方數十里,環之有隄,往十餘歲,太守以賦民,民今起廬舍其中。”是其證。隸書從彳、從亻之字多相亂,故“往”訛作“住”。

藝文志

與不得已

漢興,魯申公爲《詩訓故》,而齊轅固、燕韓生皆爲之傳。或取《春秋》,采雜説,咸非其本義,與不得已,魯最爲近之。

師古曰:“與不得已者,言皆不得也。三家皆不得其真,而魯最近之。”【念孫案】既言“咸非其本義”,則無庸更言“皆不得其真”。余謂“與”者,如也。《廣雅》:“與,如也。”説見《釋詞》。“不得已”者,必欲求其本義也。言三家説《詩》皆非其本義,如必求其本義,則魯最爲近之也。《孟子》曰:“是謀非吾所能及也,無已,則有一焉。”語意與此相似。

后倉

《曲臺后倉》九篇。

【念孫案】“后倉”下脱“記”字,則文義不明。據如注云:“行禮射於曲臺,后倉爲記,故名曰《曲臺記》。”則有“記”字明矣。《儒林傳》云:“后倉説禮数萬言,號曰《后氏曲臺記》。”《初學記·居處部》《太平御覽·居處部五》引此并作“《曲臺后倉記》”。

法式

君舉必書，所以慎言行、昭法式也。

【念孫案】"式"本作"戒"，字之誤也。隸書"戒"字，或作"戎"，與"式"相似而誤。言行之是者，可以爲法。非者，可以爲戒，故曰"慎言行，昭法戒"，《劉向傳》云"言得失，陳法戒"是也。若作"法式"，則非其旨矣。《太平御覽·職官部三十三》引作"式"，則宋時本已然。舊本《北堂書鈔·設官部七》作"戢"，"戢"亦"戒"之誤。陳禹謨不知"戢"爲"戒"之誤，遂依俗本《漢書》改爲"式"。《左傳序》正義引此正作"戒"。

魯論語

傳《魯論語》者。

【念孫案】"語"字涉上文而衍。"論"下無"語"字者，省文也。上文"傳《齊論》者"，亦無"語"字。皇侃《論語疏叙》引劉向《别録》云："魯人所學，謂之《魯論》。齊人所學，謂之《齊論》。合壁所得，謂之《古論》。"皆其證也。舊本《北堂書鈔·藝文部二》引此正作"傳《魯論》者"，無"語"字。陳禹謨依俗本《漢書》增"語"字。

芊子

《芊子》十八篇，名嬰，齊人。

師古曰："芊，音弭。"《史記·孟子荀卿傳》："楚有尸子長盧，阿之吁子焉。"《索隱》曰："吁，音芋。《别録》作'芋子'。

今'吁'亦如字也。"《正義》曰:"《藝文志》'《芋子》十八篇',顔師古云'音弭'。案,芋子是齊人,阿又屬齊,恐顔公誤也。"【念孫案】《正義》説是也。"芋"有"吁"音,故《别録》作"芋子",《史記》作"吁子"。《小雅·斯干》篇"君子攸芋",《毛傳》:"芋,大也。"《釋文》:"芋,香于反,或作'吁'。"作"芊"者,字之誤耳。

武帝時説

《捷子》二篇,齊人武帝時説。

【念孫案】《古今人表》捷子在尸子之後、鄒衍之前,或作"接子"。《史記·田完世家》"自如騶衍、淳于髡、田駢、接子、慎到、環淵之徒",《正義》曰:"接子,齊人。《藝文志》云'《接子》二篇',在道家流。"《孟子荀卿傳》正義同。是捷子乃六國時人,不言六國時者,蒙上條而省。非武帝時人。"武帝時説"四字,乃涉下條注"武帝時説於齊王"而衍。

君人

此君人南面之術也。

【念孫案】"君人"當爲"人君"。《穀梁傳序》疏、《爾雅序》疏引此皆不誤。

非禮

見儉之利,因以非禮。

【念孫案】《群書治要》引此,"禮"下有"樂"字是也。《墨子》有《節用》《節葬》《非樂》三篇，故曰“見儉之利，因以非禮樂”。《穀梁序》疏引此已脱“樂”字。

作賦以風

大儒孫卿及楚臣屈原離讒憂國，皆作賦以風。師古曰：“風，讀曰諷。”

【念孫案】“風”下原有“諭”字，而今本脱之。下文云：“枚乘、司馬相如下及楊子雲競爲侈麗閎衍之詞，没其風諭之義。”“風諭”二字，正承此文言之。《文選・皇甫謐〈三都賦序〉》注、《藝文類聚・雜文部二》《太平御覽・文部三》引此并作“作賦以風諭”。

門人

如孔氏之門人用賦也，則賈誼登堂，相如入室矣。

【念孫案】“門”下“人”字，涉上文兩“人”字而衍。據注云：“孔氏之門不用賦。”則無“人”字明矣。此文本出《法言・吾子》篇，而《法言》亦無“人”字。鈔本《北堂書鈔・藝文部八》陳禹謨本删去。《藝文類聚・雜文部二》《太平御覽・文部三》引此皆無“人”字。

傳周

耿昌《月行度》二卷，傳周《五星行度》三十九卷。

【念孫案】“傳”當爲“傅”。耿昌、傅周皆上姓下名。

太歲謀

《太歲謀日暑》二十九卷。

【引之曰】“謀”當爲“諜”。應劭注《楊雄傳》曰:“諜,譜也。”上文有“《漢元殷周曆諜》今本訛作“諜曆”。十七卷”,下文有“《帝王諸侯世譜》二十卷”,唐人避太宗諱,書“諜”字作“諜”,因訛而爲“謀”矣。僖二十五年《左傳》“諜出曰‘原將降矣’”,《吕氏春秋・爲欲》篇“諜出”訛作“謀士”。

奇胲

《五音奇胲用兵》二十三卷,《五音奇胲刑德》二十一卷。

如淳曰:“胲,音該。”師古曰:“許慎云:‘胲,軍中約也。’”【念孫案】《説文》:“奇侅,非常也。”《淮南・兵略》篇:“明於刑德奇賌之數。”即此所云“奇胲”“刑德”。又曰:“明於奇賌、陰陽、刑德、五行、望氣、候星、龜策、禨祥。”高注云:“奇賌陰陽,奇祕之要,非常之術。”《史記・倉公傳》:“受其脈書上下經、五色診、奇咳術。”然則“奇侅”者,非常也。“侅”正字也,“胲”“咳”“賌”皆借字耳。脈法之有“五色診”“奇侅術”,猶兵法之有五音奇侅,皆言其術之非常也。師古徒以“奇胲用兵”四字連文,遂以“胲”爲軍中約,不知軍中約之字自作“該”,《説文》:“該,軍中約也。”字從言。非“奇胲”之義。且“奇胲”二字,同訓爲“非常”,若以“胲”爲“軍中約”,則與“奇”字義不相屬矣。

所施

而用度箴石湯火所施,調百藥齊和之所宜。

【念孫案】“所施”上亦當有“之”字,方與下句一例。《文選·東方朔畫贊》注引此有“之”字。

瘲瘛

《金創瘲瘛方》三十卷。

【念孫案】師古注“瘛”音在前,“瘲”音在後,則“瘲瘛”當爲“瘛瘲”。《説文》:“瘛,小兒瘛瘲病也。”諸書皆言“瘛瘲”,無言“瘲瘛”者。

《漢書》弟八

陳勝項籍列傳

次所

又間令廣之次所旁叢祠中，夜構火，狐鳴呼曰："大楚興，陳勝王。"

張晏曰："戍人所止處也。"師古曰："張説非也。此言密於廣所次舍處旁側叢祠中爲之，非戍人所止也。"【念孫案】張説是也。下文言"卒皆夜驚恐"，則此次所明是戍卒所止處，非廣所止處也。且構火狐鳴所以驚戍卒也，若非戍卒所止處，則構火狐鳴何爲乎？

兩勝廣

旦日，卒中往往指目勝、廣，勝、廣素愛人，士卒多爲用。

【念孫案】此文本作"旦日，卒中往往指目勝，句。廣素愛人，士卒多爲用"。上文魚腹中書及構火狐鳴之語皆曰"陳勝王"，故卒中往往指目陳勝，而吴廣不與焉。吴廣素得士卒心，故忿尉辱己以激怒其衆，見下文。而陳勝不與焉。《史記·陳涉世家》作"旦日,卒中往往語,皆指目陳勝。句。吴廣素愛人,士卒多爲用者",是其證。今本"指目勝"下有"廣"字,"廣素愛人"上又有"勝"字,則與上下文不合。

張楚

勝乃立爲王,號張楚。

劉德曰:"若云張大楚國也。"張晏曰:"先是楚爲秦滅,已弛,今立楚爲張也。"師古曰:"張説是也。"【念孫案】《張耳陳餘傳》曰:"陳王今以張大楚。""以"與"已"同。則劉説不誤。

蠭起

楚蠭起之將。

師古曰:"蠭起,如蠭之起,言其衆也。"【念孫案】"蠭起"本作"蠭午",説見《史記》。

諸軍

願爲諸軍決戰。

【念孫案】"諸軍"當依《史記》《漢紀》作"諸君",羽此時但有二十八騎,不得言"諸軍"也。下文亦作"諸君"。

脱二字

兼韓、魏、燕、趙、宋、衛、中山之衆。

【念孫案】《史記·秦始皇紀》"燕"下有"楚齊"二字是也。下文兩言"九國之師",又云"陳涉之位,不齒於齊、楚、燕、趙、韓、魏、宋、衛、中山之君",是其證。今本《漢書》及《史記·陳涉世家》《賈子》《文選》并脱"楚齊"二字。

仰關

仰關而攻秦。

【念孫案】"仰"本作"卬",古"仰望"字皆如此作,師古注當云:"卬,讀曰仰。此四字見於師古注者不可枚舉。秦之地形高,而諸侯之兵欲攻關中者皆仰嚮,故云'仰關'也。今流俗書本'卬'字作'叩',非也。"以上師古注。今本則正文、注文"卬"字皆改爲"仰",又删去"卬讀曰仰"四字矣。"卬""叩"字相似,故"卬"誤爲"叩"。若本是"仰"字,何緣誤爲"叩"乎?

阡陌

躡足行伍之間,而免起阡陌之中。

如淳曰:"時皆辟屈在阡陌之中也。"【念孫案】"阡陌"本作"什伯",此因"什伯"誤作"仟伯",故又誤作"阡陌"耳。今本《漢書》及《史記·陳涉世家》《賈子》《文選》皆誤作"阡陌",唯《秦始皇本紀》作"什伯"。《群書治要》引同。《集解》引《漢書音義》曰:"首出十長、百長之中。"如淳曰:"時皆辟屈在十百之中。"據此,則正文及如注皆本作"什伯"明矣。《陳涉世家》索隱亦作"什伯",注云:"謂在十人、百人之長也。"今本"什伯"

誤作"仟伯"，"十人"誤作"千人"，與《匈奴傳》索隱不合，且下文云"將數百之衆"，則不得言"千"明矣。《匈奴傳》索隱引《續漢書·百官志》云："里魁掌一里百家，什主十家，伍長五家。"又引《過秦論》云："俛起什百之中。"此皆其明證。上言"行伍"，故下言"什伯"。《淮南·兵略》篇所謂"正行伍，連什伯"也。或謂陳涉起於田間，當以作"阡陌"者爲是，不知陳涉起於大澤，乃爲屯長時事，非爲耕夫時事。上文先言"甿隸之人"，後言"遷徙之徒"，此文"行伍""什伯"皆承"遷徙之徒"言之。下文"適戍之衆"又承"行伍""什伯"言之。"躡足行伍之間，免起什伯之中，率罷散之卒，將數百之衆"，四句一意相承，皆謂戍卒也。若作"阡陌"，則與上下文不類矣。

棘矜

鉏櫌棘矜不敵於鉤戟長鎩。

服虔曰："以鉏柄及棘作矛穫也。"師古曰："服説非也。櫌，摩田器也。棘，戟也。矜，與穫同，謂矛鋋之把也。言往者秦銷兵刃，陳涉起時，但用鉏櫌及戈戟之穫以相攻戰也。"【念孫案】《方言》曰："矜，謂之杖。"棘矜，謂伐棘以爲杖也。《淮南·兵略》篇曰："陳勝伐檪棗而爲矜。"義與此同。伐棘爲矜，即上文所云"斬木爲兵"也。後《徐樂傳》曰："陳涉起窮巷，奮棘矜。"《嚴安傳》曰："陳勝、吴廣起窮巷，杖棘矜。"《史記·淮南厲王傳》曰："適戍之衆，鐖鑿棘矜。"義并與此同。師古以"棘"爲"戟"，非也。下文"鉤戟長鎩"，乃始言"戟"耳。

張耳陳餘傳

庸奴其夫亡邸父客

外黄富人女甚美，庸奴其夫，亡邸父客。

王楙曰："《史記》謂'嫁庸奴，亡其夫'，是夫本庸奴，又亡去也。班史削去'嫁''亡'二字，義便不同。"【念孫案】王説非也。《史記》本作"庸奴其夫，亡去抵父客"，無"嫁"字，辯見《史記》。

乃

乃求得趙歇。

宋祁曰："'乃求'舊本作'仍求'，非是。"【念孫案】《説文》"仍"從乃聲，"仍""乃"聲相近，故字亦相通。《周官·司几筵》"凶事仍几"，"故書仍爲乃，鄭司農讀爲仍"，①是"仍"字古通作"乃"也。《爾雅》："仍，乃也。"則"仍"可訓爲"乃"。《史記·匈奴傳》"乃再出定襄"，《漢書》"乃"作"仍"。《淮南·道應》篇"盧敖乃與之語"，今本脱"乃"字，據《蜀志·郤正傳》注引補。《論衡·道虚》篇"乃"作"仍"，是"乃"字古亦通作"仍"也。《東方朔傳》"迺使大中大夫吾丘壽王"，《水經·渭水》注引"迺"作"仍"。《閩粤傳》"迺悉與衆處江淮之間"，《通典·邊防二》"迺"作"仍"。子京未識古字，故以爲非而改之。

---

① 此爲鄭玄注語。

尚魯元公主

尚魯元公主如故。

師古曰:"尚,猶配也。《易·泰》卦九二爻辭曰:'得尚于中行。'王弼亦以爲配也。案,尚之爲配,古無此訓,辯見《周易》。諸言尚公主者,其義皆然,而説者乃云'尚公主'與'尚書''尚食'同意,訓尚爲主,言主掌之,失其理矣。公主既尊,又非物類,不得以主掌爲辭。"《史記索隱》曰:"韋昭曰:'尚,奉也。不敢言取。'崔浩曰:'奉事公主。'小顔云:'尚,配也。'恐非其義。"【引之曰】小司馬説是也。公主尊,故以奉事爲辭。《王吉傳》:"漢家列侯尚公主,諸侯則國人承翁主,使男事女,夫詘於婦。"則所謂尚者,乃奉事之稱。"國人承翁主",承,亦奉也,不得以尚爲配。

又,《司馬相如傳》:"卓王孫自以得使女尚司馬長卿晚。"

師古曰:"尚,猶配也。義與尚公主同。今流俗書本此'尚'字作'當',蓋後人見前云'文君恐不得當',故改此文以就之耳。"【念孫案】此"尚"字即"當"字也,與"尚公主"之"尚"不同。古字"當"與"尚"通,《史記·魏其武安傳》"非大王立,當誰立哉",《漢書》"當"作"尚"。故一本作"當"。《廣雅》:"配,當也。""當"可訓爲"配","尚"則不可訓爲"配"。

魏豹田儋韓王信傳

陽爲

儋陽爲縛其奴,從少年之廷,欲謁殺奴。

師古曰:“陽縛其奴,爲殺奴之狀也。今流俗書本‘爲’字作‘僞’,非也。陽,即僞耳,不當重言之。”【念孫案】“爲”字古通作“僞”,古書“爲”字多作“僞”,説見《史記·淮南衡山傳》。陽僞,即陽爲。《史記》作“爲”,本字也。《漢書》作“僞”,借字也。師古不識古字而讀爲“詐僞”之“僞”,故改“僞”作“爲”,而反以古本爲俗本。

韓彭英盧吴傳

蓐食

乃晨炊蓐食。

張晏曰:“未起,而牀蓐中食。”【引之曰】《方言》:“蓐,厚也。”厚食,猶言多食。説見《經義述聞》“秣馬蓐食”下。

又

淮陰少年又侮信。

【念孫案】此“又”字非承上之詞。“又”讀爲“有”,言少年中有侮信者也。古字通以“又”爲“有”。説見《釋詞》。《史記》正作“少年有侮信者”。或曰:《漢書》何以無“者”字?曰:“者”字,可有可無,下文“人有言上”亦無“者”字。

唯信亦以爲大王弗如也　唯天子亦以爲國器　唯上亦難焉　唯其人之贍知哉

信曰:“大王自料,勇悍仁强,孰與項王?”漢王默然良久,曰："弗如也。"信再拜，賀曰："唯信亦以爲大王弗如也。"師古斷"唯"字爲句，注云："唯，應辭。"

【念孫案】"唯信亦以爲大王弗如也"當作一句讀。"唯"讀爲"雖"，言非獨大王以爲弗如，雖信亦以爲弗如也。"雖"字古多借作"唯"，《少儀》"雖有君賜"，《雜記》"雖三年之喪可也"，鄭注并曰："雖，或爲唯。"《表記》"唯天子受命於天"，注曰："唯，當爲雖。"《荀子·性惡》篇曰："今以仁義法正爲固無可知可能之理邪？然則唯禹不知仁義法正，不能仁義法正也。"楊倞曰："唯，讀爲雖。"《秦策》曰："弊邑之王所甚説者，無大大王，唯儀之所甚願爲臣者，亦無大大王。弊邑之王所甚憎者，無先齊王，唯儀之所甚憎者，亦無先齊王。"《史記·張儀傳》"唯"皆作"雖"。《史記·汲黯傳》"弘、湯深心疾黯，唯天子亦不説也"，《漢書》"唯"作"雖"。又，《大戴禮·虞戴德》篇曰："君以聞之，唯某無以更也。"《墨子·尚同》篇曰："唯欲毋與我同，將不可得也。"《荀子·大略》篇曰："天下之人，唯各持意哉，然而有所共予也。"《趙策》曰："君唯釋虚僞疾，文信猶且知之也。"《史記·范雎傳》曰："須賈問曰：'孺子豈有客習於相君者哉？'范雎曰：'主人翁習知之，唯雎亦得謁。'"《司馬相如傳》曰："相如使時，蜀長老多言通西南夷不爲用，唯大臣亦以爲然。""唯"并與"雖"同。又借作"惟"。《淮南·精神》篇："不識天下之以我備其物與？且惟無我而物無不備者乎？""惟"與"雖"同。《史記·淮陰侯傳》作"惟信亦爲大王不如也"，則不得斷"惟"字爲句而讀爲"唯諾"之"唯"矣。又案，《韓長孺傳》曰："士以此稱慕之，唯天子亦以爲國器。"今本"亦"字誤在上句"士"字下，據顔注云："天子一人，亦以爲國器。"則"亦"字在下句明矣。《史記·汲黯傳》："弘、湯深心疾黯，唯天子亦不説也。"語意正與此同，今改正。《史記·韓長孺傳》"亦"字亦在上句，則後人依誤本《漢書》改之耳。"唯"讀爲"雖"，言不獨士稱慕之，雖天子亦以國器許之也，師古曰："言臣下皆敬重之，天子一人亦以爲國器。"云"天子一人"，則是訓"唯"爲"獨"，失其指矣。又,《金安上傳》曰:“敞爲人正直,敢犯顔色,左右憚之,唯上亦難焉。”“唯”亦讀爲“雖”,言不獨左右憚之,雖上亦難之也。師古曰:“臣下皆敬憚,唯有天子一人亦難之。”又失之矣。又,《楊雄傳》曰:“唯其人之贍知哉,亦會其時之可爲也。”“唯”亦讀爲“雖”,《文選·解嘲》正作“雖”。師古曰:“非唯其人贍知,乃會時之可爲也。”又失之矣。

令齊趙

令齊趙共擊楚彭城。

【念孫案】“令”當依《史記》作“合”,謂漢與齊趙合而共擊楚也。

必不爲二子所禽矣

願君留意臣之計,必不爲二子所禽矣。

【念孫案】“必不爲二子所禽矣”,本作“不,句。必爲二子所禽矣”。“不”與“否”同,言若不用臣之計,則必爲二子所禽也。《史記》作“否,必爲二子所禽矣”,是其證。後人不知“不”字自爲一句,而以“不”“必”二字連讀,遂不得其解,而改“不必”爲“必不”,以爲陳餘用李左車之計,則必不爲二子所禽。不知上文明言“兩將之頭,可致戲下”,豈特不爲所禽而已乎？弗思甚矣。《通典·兵十三》作“不然,必爲所禽矣”,《通鑑·漢紀二》作“否,則必爲二子所禽矣”。

未肯擊前行恐吾阻險而還

且彼未見大將旗鼓，未肯擊前行，恐吾阻險而還。

師古以“前行”屬上句，云：“行，音户郎反。”劉奉世曰：“‘前行’當屬下句。言我若前行，又恐阻險而還耳，所以先使萬人陳也。行，如字。”【念孫案】劉説非是。“恐吾阻險而還”者，趙軍恐漢軍阻險而還也。若謂韓信自恐阻險，則當曰“吾恐阻險而還”，不當云“恐吾阻險而還”矣。下文“使萬人先行出”，正所謂“前行”也，而趙軍不擊之，正所謂“未見大將旗鼓，未肯擊前行”也。“行”字仍當音“户郎反”，而以“前行”屬上句。

幾是乎

少時，客相之，當刑而王。及壯，坐法黥，布欣然笑曰：“人相我當刑而王，幾是乎。”

薛瓚曰：“幾，近也。”【念孫案】“幾”讀爲“豈”，言人相我當刑而王，今豈是乎。《史記·黥布傳》亦作“幾”，《集解》引徐廣曰：“幾，一作豈。”《索隱》曰：“《楚漢春秋》作‘豈是乎’。”是其明證矣。“豈”與“幾”古同聲而通用。趙岐注《孟子·告子》篇曰：“幾，豈也。”《荀子·榮辱》篇曰：“是其爲相縣也，幾直夫芻豢之縣糟糠爾哉。”又曰：“幾不甚善矣哉。”楊倞并曰：“幾，讀爲豈。”《韓子·姦劫弑臣》篇曰：“幾不亦難哉？”《續史記·滑稽傳》曰：“幾可謂非賢大夫哉？”“幾”并與“豈”同。

夏漢誅梁王彭越

十一年,高后誅淮陰侯,布因心恐。夏,漢誅梁王彭越,盛其醢以遍賜諸侯,至淮南,淮南王方獵,見醢,因大恐。

【念孫案】《高紀》云:"十一年三月,梁王彭越謀反,夷三族。"《漢紀》同。則不得言"夏"也,且上下文皆不紀時,而此獨紀時,亦爲不類。《史記》作"夏",亦誤也。"夏,漢誅梁王彭越"當作"漢復誅梁王彭越"。復者,承上之詞。蓋布見淮陰侯誅而心恐,復見醢彭越之事,遂大恐也。"復"字右邊與"夏"相似,因誤而爲"夏",又誤在"漢"字上耳。《群書治要》引作"復誅彭越",是其證。

入漢

及高祖初起沛,綰以客從入漢。

齊曰:"《史記》作'從入漢中'是也。此文'漢'下脱'中'字。"【念孫案】"從入漢"即"從入漢中",非有脱文也。《功臣表》云,"曹參以中涓從起沛,以將軍入漢","蕭何以客初從入漢。樊噲以舍人起沛從,以郎入漢"。皆其證。

荆燕吴傳

避不肯與戰

楚兵擊之,賈輒避,不肯與戰。

【念孫案】"避"本作"壁"。"壁不肯與戰",謂築壘壁而守之,不肯與戰也。《吴王濞傳》曰:"條侯壁,不肯戰。"是其證。《後漢書・耿弇傳》注曰:"壁,謂築壘壁也。"後人不知其義而改"壁"爲"避",其失甚矣。《史記・荆燕世家》正作"壁不肯與戰"。

間招

使人間招楚大司馬周殷。

【念孫案】《後漢書・鄧禹傳》注曰:"間,私也。"謂使人私招之也。《史記・項羽紀》"沛公道茝陽間行",謂私行也。"漢王間往從之",謂私往也。"王可以間出",謂私出也。師古曰:"間,謂私求間隙而招之也。"則於義轉迂矣。

同情相求

同惡相助,同好相留,同情相求,同欲相趨,同利相死。

《史記》"同情相求"作"同情相成"。【念孫案】"惡""助"爲韻,"好""留"爲韻,"情""成"爲韻,"欲""趨"爲韻,"利""死"爲韻,則作"成"者是也。《淮南・兵略》篇亦曰:"同利相死,同情相成。""成"字隸或作"𢦩",與草書"求"字相似,因訛而爲"求"矣。昭二十年《左傳》"虚以求媚",《晏子・外篇》"求"作"成"。

轉胡衆

燕王北定代、雲中,轉胡衆入蕭關。

“轉”字,師古無音。【念孫案】“轉”讀爲“專”。專,謂統領之也。《史記》作“摶”,《索隱》曰:“摶,音專。專,謂專統領胡兵。”又,《田完世家》“摶三國之兵”,徐廣曰:“摶,音專。專猶并合制領之謂也。”下文云“王專并將其兵”,義與此同。“專”“摶”“轉”聲相近,故“專”又通作“轉”。《莊子·盜跖》篇“無轉而行,無成而義”,即《山木》篇所謂“與時俱化而無肯專爲”也。

渡淮

於是吴王乃與戲下壯士千人夜亡去,度淮,走丹徒。

【念孫案】“淮”當爲“江”,丹徒即在江南,故曰“度江,走丹徒”。若度淮,則去丹徒尚遠,此涉上文“吴王之度淮”而誤。《史記》正作“度江,走丹徒”,《漢紀》亦云“吴王亡走江南,保丹徒”。

漢兵還

王太子德曰:“漢兵還,臣觀之,已罷,可襲。”

【念孫案】此時漢兵尚未還,不得言“漢兵還”也。“還”當依《史記》作“遠”,字之誤也。行遠則兵罷,故曰“已罷可襲”。

及未有詔虎符

王苟以錯爲不善,何不以聞?及未有詔虎符,擅發兵擊義國。

【念孫案】"及"當爲"乃",説見《史記》。

圖之

乃出詔書,爲王讀之,曰:"王其自圖之。"

【念孫案】下"之"字後人所加,景祐本及《史記》并無。

豈不危哉

劉澤發於田生,權激吕氏,然卒南面稱孤者三世,事發相重,豈不危哉?

晉灼曰:"劉澤以金與田生,以事張卿,言之吕后而劉澤得王,故曰'事發相重'也。"師古曰:"重,猶累也。言澤得王,本由田生行説,若其事發覺,則相隨入罪,事相累誤。累音力瑞反。"劉攽曰:"太史公作'偉哉',美其有成。班固作'危哉',謂其艱難幸成也。然觀上言'稱孤者三世',疑'危'亦本是'偉'字,後人不曉,改之。"【念孫案】"事發相重",晉説是也。"豈不危哉","危"讀爲"詭"。詭者,奇異之稱,猶言豈不偉哉耳。高誘注《淮南·本經》篇曰:"詭文,奇異之文也。"薛綜注《西京賦》曰:"詭,異也。"《莊子·德充符》篇曰:"彼且蘄以諔詭幻怪之名聞。"《吕氏春秋·侈樂》篇曰:"俶詭殊瑰,耳所未嘗聞,目所未嘗見。"司馬相如《封禪文》曰:"奇物譎詭,俶儻窮變。"王逸《天問章句序》曰:"琦瑋譎詭。""譎詭"與"琦瑋"同義,故《史記》作"偉"。"偉"與"瑋"通。《漢書》作"危","危"與"詭"古同聲而通用。《漢書·天文志》"司詭星",《史記·天官書》"詭"作"危"。《淮南·説林》篇"尺寸雖齊,必有詭”,《文子·上德》篇“詭”作“危”。是其證也。張衡《西京賦》曰:“四海同宅西秦,豈不詭哉?”文義正與此同。師古讀“危”爲安危之“危”,遂以“事發”爲“事發覺”,“相重”爲“相累誤”。貢父又疑“危”字爲後人所改,皆由不知“危”爲“詭”之借字,遂致紛紛之説。

楚元王傳

路少

德,字路少,修黄老術。

【念孫案】“路少”本作“路叔”,隸書“叔”字或作“尗”,見漢《北海相景君碑陰》《泰山都尉孔宙碑陰》。因訛而爲“少”。宋祁曰“‘路’字下疑有‘叔’字”,而不言“少”字之誤,則是以“少”爲“幼少”之“少”,屬下句讀矣。案,此言“少修黄老術”,下又言“少時數言事”,則詞意重複,明此“少”字乃“叔”字之訛,非謂“幼少”也。《文選·兩都賦序》注、《初學記·職官部下》、《白帖》七十四、七十五、七十七、《太平御覽·職官部二十八》引此并作“字路叔,修黄老術”。今本《文選注》“修”上有“少”字,乃後人依誤本《漢書》加之。《初學記》《白帖》《太平御覽》皆無“少”字。

肺附

臣幸得托肺附。

師古曰:“舊解云:肺附,謂肝肺相附著,猶言心膂也。一説:肺,謂斫木之肺札也,自言於帝室,猶肺札附於大材木也。"【念孫案】一説近之。然既言"附",又言"托",則語意重出。余謂"肺""附"皆謂木皮也。《説文》曰"朴,木皮也","柿,削木札朴也"。作"肺"者,假借字耳,《後漢書・方術傳》云"風吹削肺"是也。今本"肺"誤作"哺",《顔氏家訓》已辯之。《小雅・角弓》箋曰:"附,木桴也。"《正義》曰:"桴,謂木表之粗皮也。""桴""附""朴"聲并相近。"肺附",語之轉耳。言已爲帝室微末之親,如木皮之托於木也。下文云"臣幸得托末屬",是其證矣。《田蚡傳》曰"蚡以肺附爲相",《中山靖王傳》曰"得蒙肺附",《衛青傳》曰"青幸得以肺附待罪行間",《宣元六王傳》曰"博幸得肺附",《師丹傳》曰"肺附何患不富貴",《王莽傳》曰"伏自惟念得托肺附",《史記・惠景間侯者表序》曰"諸侯子弟若肺附",今本"附"作"腑",因"肺"字而誤。凡"肺附"字作"肺腑"者,皆誤。古書"藏府"字亦無作"腑"者。《後漢書・盧芳傳》曰"以肺附之故",《太玄・親》次八曰"肺附乾餱,其幹已良",義并同也。若以"肺"爲"肺肝"之"肺",則義不可通。

通所聞

誠見陰陽不調,不敢不通所聞。

【念孫案】通,猶道也。謂道其所聞也。《夏侯勝傳》:"上謂勝曰:'先生通正言,無懲前事。'"師古彼注曰:"通,謂陳道之也。"

不可勝原　功無原

棺槨之麗,宫館之盛,不可勝原。

師古曰:"言不能盡其本數。"【念孫案】師古以"原"爲"本數",非也。原者,量也,度也。言其麗與盛,不可勝量也。《廣雅》曰:"量、謜,度也。""謜"與"原"古字通。宋玉《神女賦》曰:"志未可乎得原。"《韓子·主道》篇曰:"掩其迹,匿其端,下不能原。"《列女傳·頌義小序》曰:"原度天道,禍福所移。"皆其證也。又,《王莽傳》曰:"功亡原者,賞不限。"原,亦量也,有無量之功,故有不限之賞。《淮南·本經》篇:"贏縮卷舒,淪於不測,終始虛滿,轉於無原。"無原,亦謂無量也。師古曰:"無原,謂不可測其本原。"亦失之。高注《齊策》曰:"度,計也。""計"與"度"同義,故"計"亦謂之"原"。《東方朔傳》曰:"其山出玉石、金、銀、銅、鐵、豫章、檀、柘,異類之物不可勝原。"謂不可勝計也。師古曰:"原,本也。言說不能盡其根本。"亦失之。

忤恨　恨其父　常連恨勝　争恨　相恨　恨上

稱譽者登進,忤恨者誅傷。

【念孫案】"恨"讀爲"很",忤,逆也。很,違也。謂與王鳳相違逆,非謂相怨恨也。《吴語》:"今王將很天而伐齊。"韋注曰:"很,違也。"《説文》:"很,不聽從也。一曰:盭也。"盭,亦違也。"盭"通作"戾",鄭注《大學》云:"違,猶戾也。"《齊策》:"秦使魏冉致帝於齊,蘇代謂齊王曰:'今不聽,是恨秦也。'"恨秦,即違秦,是"很"與"恨"通也。又,《李廣傳》:"李敢怨大將軍青之恨其父。""恨"亦讀爲"很"。很,違也。謂廣欲居前部以當單于,而青不聽也。又,《龔勝傳》:"夏侯常連恨勝。""恨"亦讀爲"很"。很者,相争訟也,謂常屢與勝相争訟也。上文曰:"勝以手推常,曰:'去。'"又曰:"常恚,謂勝曰:'君欲小與衆異,外以采名，君乃申徒狄屬耳。'"下文云"御史中丞劾奏勝、常不崇禮義，而居公門下相非恨，讀爲"很"。疾言辯訟"是也。《曲禮》"很毋求勝"，鄭注曰："很，鬩也，謂争訟也。"《小雅·常棣》篇"兄弟鬩于牆"，《毛傳》曰："鬩，很也。"《爾雅》："鬩，恨也。"孫炎本作"很"，云："相很戾也。"李巡云："相怨恨。"失之，辯見《經義述聞》。作"恨"者，借字耳。又，《魏相傳》："争恨小故，不忍憤怒者，謂之忿兵。""恨"亦讀爲"很"，謂相争鬬也。《孟子》言"好勇鬬很"，是"很"與"争鬬"同義，故以"争""很"連文。作"恨"者，亦借字耳。又，《匈奴傳》："漢邊吏侵侮右賢王，右賢王與漢吏相恨。""恨"亦讀爲"很"，謂相争鬬也。《史記》作"與漢吏相距"，義亦同也。又，《外戚傳》："李夫人病篤，上自臨候之，夫人蒙被謝曰：'妾久寢病，形貌毁壞，不可以見帝。'上欲見之，夫人遂轉鄉，歔欷而不復言，於是上不説而起。夫人姊妹讓之曰：'貴人獨不可一見上屬托兄弟邪？何爲恨上如此？'""恨"亦讀爲"很"。很，違也，謂不從上意也。作"恨"者，亦借字耳。《晏子·雜》篇曰："君歡然與子邑，子必不受以恨君，何也？"《新序·節士》篇曰："嚴恭承命，不以身恨君。""恨"并與"很"同。而六傳内"恨"字，師古皆無音。又注《李廣傳》云："令其父恨而死也。"則是皆讀爲怨恨之"恨"，而不知其爲"很"之借字矣。

根垂地中　首垂泥中

今王氏先祖墳墓在濟南者，其梓柱生枝葉，扶疏上出屋，根垂地中。

宋祁曰："'垂'作'臿'，一作'臿'。"《通鑑·漢紀二十二》

作“凾”。司馬康曰：“凾，測洽切。”胡三省曰：“字書‘測洽’之‘臿’，從干、從臼。與今‘凾’字不同。《漢書》作‘根垂地中’，意‘凾’即‘垂’字也。”【念孫案】《漢書》作“垂”，乃“凾”字之誤。《淮南·要略》“禹身執虆臿，以爲民先”，今本“臿”誤作“垂”。“凾”即“臿”之俗體，司馬音及宋校皆是也。梓柱得地氣而復生，故其根臿入地中，地中非空虛之處，不可以言“垂”，則作“臿”者是也。《廣韻》：“臿，俗作凾。”《周官·典瑞》注“插之於紳帶之間”，《釋文》“插”作“凾”，初洽反。胡以“凾”爲“垂”字，誤矣。《漢紀·孝成紀》作“根插地中”。“插”“臿”古字通，則《漢書》作“臿”明矣。又，《儒林傳》：“先毆旄頭劍挺墮墜，首垂泥中。”宋祁曰：“‘垂’字當是‘臿’字。”亦是也。泥中可言“臿”，不可言“垂”。《太平御覽·儀式部一》引此正作“臿”。又，舊本《北堂書鈔·儀飾部》《太平御覽·禮儀部四》《方術部八》引此并作“插”。

積思

專積思於經術。

【念孫案】“積思”當爲“精思”，字之誤也。《藝文類聚·雜文部一》《太平御覽·學部十》并引作“專精經術”。《北堂書鈔·藝文部三》《論語序》疏并引作“專精思於經術”，《漢紀·孝宣紀》同。文雖小異，而字皆作“精”。《董仲舒傳》“蓋三年不窺園，其精如此”，《兒寬傳》“帶經而鉏，休息輒讀誦，其精如此”。

帝舜戒伯禹毋若丹朱敖

臣聞帝舜戒伯禹，毋若丹朱敖。

師古曰:“事見《虞書·益稷》篇。”劉奉世曰:“此禹戒舜之語,非舜戒禹之辭也。”【念孫案】《史記·夏本紀》云:“帝曰:‘毋若丹朱敖,維慢游是好,毋水舟行,朋淫于家,用絶其世。予不能順是。’禹曰:‘予辛壬娶塗山,癸甲生啓。’”云云,《論衡·問孔》篇云:“《尚書》曰:‘毋若丹朱敖,惟慢游是好。’謂帝舜敕禹毋子不肖子也。禹曰:‘予娶若時辛壬癸甲,開呱呱而泣,予弗子。’效己不敢私不肖子也。”《譴告》篇云:“舜戒禹曰:‘毋若丹朱敖。’”蓋司馬、劉、王所稱皆《今文尚書》,故與古文不同。師古不見今文,故不能言其同異,而但云“見《虞書·益稷》篇”也。若仲馮據今本《尚書》以駁子政,固無譏焉。

高五王傳

既欺

琅邪王劉澤既欺,不得反國。

【念孫案】“既欺”本作“既見欺”,謂見欺於齊王而不得反其國也。今本脱“見”字,則文不成義。《燕王劉澤傳》注引此有“見”字,《史記·齊悼惠王世家》同。

後聞　後擊　後見熊

擊破三國兵,解圍。已後聞齊初與三國有謀,將欲移兵伐齊。

【念孫案】“已後聞”三字文義不順。“後”當爲“復”,言欒布等破三國兵,解齊圍。已而復聞齊與三國有謀,遂欲伐齊也。《通鑑·漢紀八》作“後”,則所見《漢書》本已誤,《史記》正作"已而復聞齊初與三國有謀"。《西南夷傳》云:"王侯受詔,已復相攻。"又,《周勃傳》"破綰軍上蘭,後擊綰軍沮陽","後擊"亦當依《史記》作"復擊"。又,《武五子傳》:"昌邑王賀嘗見白犬,高三尺,無頭,其頸以下似人,而冠方山冠。後見熊,左右皆莫見。"宋祁曰:"浙本'後'作'復'。"案,浙本是也。見犬見熊皆一時之事,故總而言之曰"左右皆莫見",不當云"後見熊"也,《太平御覽·皇王部十四》引此正作"復見熊"。"復""後"二字,篆隸皆相似,故"復"訛作"後"。説見《史記·韓王信傳》。

臝

或白晝使臝伏。

【念孫案】景祐本"臝"作"𧝝",此古字之僅存者。《説文》:"𧝝,袒也。從衣𣎆聲。"或從果聲,作"裸",俗作"臝",不合六書之義。世人多見"臝",少見"𧝝",而經傳中"𧝝"字皆訛爲"臝"矣。

蕭何曹參傳

魏將孫遬

别與韓信東攻魏將孫遬東張。蘇林曰:"東張屬河東。"

宋祁曰:"浙本'遬'字下有'軍'字。"【念孫案】浙本是也。上下文皆言"攻某軍""擊某軍",脱去"軍"字,則語意不完。《水經·涑水》注引此有"軍"字,《史記》同。

少朕

惠帝怪相國不治事,以爲豈少朕與。

師古曰:"言豈以我爲年少故也。"《史記索隱》曰:"案,少者,不足之詞。故胡亥亦云:'丞相豈少我哉?'"【念孫案】小司馬説是也。《晏子春秋·外篇》亦云:"夫子何少寡人之甚也?"《群書治要》所引如是,今本"少"訛作"小"。

載其清靖

載其清靖,民以寧壹。

【念孫案】載,行也,見《堯典》鄭注、昭十年《左傳》注、《周語》注、《淮南·俶真》篇注。謂行其清靖之治也。師古訓"載"爲"乘",失之。

張陳王周傳

汜上

良嘗閒從容步游下邳汜上。今本"汜"作"圯",乃張佖所改。劉攽、宋祁已辯之。

服虔曰:"汜,音頤,楚人謂橋曰汜。"應劭曰:"汜水之上也。"文穎曰:"沂水上橋也。"師古曰:"下邳之水,非汜水也,又非沂水。服説是也。"【念孫案】《水經·沂水》注曰:"沂水於下邳縣北西流,分爲二水。一水逕城東,屈從縣南,注泗,謂之小沂水。水上有橋,徐泗間以爲圯,昔張子房遇黄石公于圯上，即此處也。”據此，則文穎以“汜”爲“沂水上橋”是也。師古不審地望而非之，誤矣。

直墯其履

有一老父衣褐至良所，直墯其履汜下。

師古曰：“直，猶故也。一曰：‘正也。’”【念孫案】直，猶特也，説見《史記》。

斂衽

楚必斂衽而朝。

師古曰：“衽，衣襟也。”【念孫案】衽，謂袂也。《廣雅》曰：“袂、衽，袖也。衽，袂也。”此云“斂衽而朝”，《貨殖傳》云“海岱之間斂袂而往朝焉”，是“衽”即“袂”也。《管子·弟子職》篇曰“攝衽盥漱”，又曰“振衽埽席”，《趙策》曰“攝衽抱几”，《列女傳·母儀傳》曰“文伯引衽攘捲而親饋之”，皆謂袂也。

鹿臺之財

散鹿臺之財。

【念孫案】“財”當依《史記》作“錢”，此後人依晚出《古文尚書》改之也，辯見《史記·周本紀》。

天下不復輸積

息牛桃林之野,天下不復輸積。

宋祁曰:"浙本'天'字上有'示'字。"【念孫案】浙本是也。《史記》《漢紀》及《新序・善謀》篇皆有"示"字。

有故怨

雍齒與我有故怨。

【念孫案】"怨"字因注文而衍。蓋正文本作"雍齒與我有故",故服注申之曰:"未起之時與我有故怨。"若正文有"怨"字,則服注爲贅語矣。有故,即有怨,《吕氏春秋・精諭》篇:"齊桓公與管仲謀伐衛。退朝而入,衛姬望見君,下堂再拜,請衛君之罪。公曰:'吾與衛無故,子曷爲請?'"無故,即無怨也。《史記》作"雍齒與我故",《文選・幽通賦》注、《太平御覽・居處部二十三》引《漢書》,并作"雍齒與我有故",《新序・善謀》篇同,皆無"怨"字。

上終不使不肖子居愛子上

上終不使不肖子居愛子上,明其代大子位必矣。

景祐本"上"字下有"曰"字。劉攽曰:"'曰'字,後人妄加。"【念孫案】劉説非也。"不使不肖子居愛子上",是四皓述高帝之語如此,《外戚傳》曰:"大子爲人仁弱,高祖以爲不類己,常欲廢之而立如意,'如意類我'。"故下文曰"明其代大子位必矣"。若無"曰"字,則爲四皓語矣,是四皓以大子爲不肖也,豈其然乎?《史記》亦有"曰"字。

避逃我

吾求公,避逃我。

【念孫案】"避逃"上更有一"公"字,而今本脱之,則語意不完。《外戚恩澤侯表序》注、《文選·謝瞻〈張子房詩〉》注、班彪《王命論》注引此并作"吾求公,公避逃我"。《史記》及《新序·善謀》篇作"吾求公数歲,公避逃我",皆重一"公"字。

所與

所與從容言天下事甚衆。

宋祁曰:"浙本'所與'下有'上'字。"【念孫案】浙本是也。無"上"字,則文義不明。《史記》亦有"上"字。

绛灌等或讒平　議者或言　竹柏或枯

绛、灌等或讒平。

《史記》"或"作"咸"。【念孫案】既言"绛、灌等",則讒平者非止一人,作"咸"者是也。又,《匈奴傳》:"單于遣右臯林王伊邪莫演等奉獻朝正月,伊邪莫演言'欲降'。下公卿議,議者或言宜如故事受其降。"《漢紀·孝成紀》"或"作"咸"。案,下文云"光禄大夫谷永、議郎杜欽以爲不如勿受",是議者皆言宜受其降,唯永、欽以爲不可也,亦以作"咸"者爲是。又,《王莽傳》"天鳳三年二月,大雨雪,深者一丈,竹柏或枯",

“或”亦當從《漢紀・孝平紀》作“咸”，皆字之誤也。《北堂書鈔・天部四》引《王莽傳》正作“咸”。

爲匈奴圍

至平城，爲匈奴圍。

宋祁曰：“‘圍’字上疑有‘所’字。”【念孫案】《文選・劉琨〈重贈盧諶〉詩》注、陸機《漢高祖功臣頌》注引此皆有“所”字，《史記》同。

女弟

樊噲，帝之故人，又吕后女弟吕須夫。

【念孫案】“弟”上本無“女”字，後人以意加之也。“女弟”而但曰“弟”者，省文耳，景祐本及《史記》皆無“女”字。《樊噲傳》云：“噲以吕后弟吕須爲婦。”《五行志》云：“趙皇后弟昭儀。”《高五王傳》云：“紀大后取其弟紀氏女爲王后。”“弟”上皆無“女”字。

固請之

因固請之，得宿衛中。

宋祁曰：“‘之’字可删。”【念孫案】宋説是也。此時平尚未得宿衛中，但請之耳。下文大后以爲郎中令，然後得其所請，若云“因固請之，得宿衛中”，則是平已得宿衛，而下文爲贅語矣。“之”字涉下文兩“之”字而衍，《史記》無。

唼血而盟

始與高帝唼血而盟,諸君不在邪?

宋祁曰:“浙本無‘而’字。”【念孫案】浙本是也。景祐本作“唼而盟”,“而”即“血”之誤。此作“唼血而盟”者,一本作“血”,一本作“而”,而寫者誤合之耳。《史記·吕后紀》作“喋血盟”,無“而”字。

各有主者

平曰:“各有主者。”

宋祁曰:“越本無‘各’字。”【念孫案】越本是也。景祐本亦無“各”字。此涉下文“苟各有主者”而衍。下文平曰:“陛下即問決獄,責廷尉,問錢穀,責治粟内史。”故文帝曰:“苟各有主者,而君所主何事?”此文但言“有主者”而已,不須言“各”。《北堂書鈔·政術部下》《藝文類聚·職官部一》《太平御覽·職官部二》引此皆無“各”字,《史記》亦無。

續封之

願得續封之,然終不得也。

宋祁曰:“浙本無‘之’字。”【念孫案】浙本是也。“封”下不當有“之”字,《後漢書·袁安傳》注引此無“之”字。

樊酈滕灌傅靳周傳

擁輕車騎

別擊西丞白水北,擁輕車騎雍南,破之。

【念孫案】“擁”當依景祐本作“雍”。“擊雍輕車騎雍南”者,上“雍”是“章邯爲雍王”之“雍”,下“雍”是雍縣也。二“雍”字,并於用反。《史記》正作“雍輕車騎”,《正義》音“於拱反”,則已誤讀爲“擁”矣。《酈商傳》亦云“破雍將軍烏氏”,後人改“雍”爲“擁”,則義不可通。

攻其前垣

從擊黥布,攻其前垣,陷兩陳。

李奇曰:“前鋒堅蔽若垣牆也。或曰:軍前以大車自障若垣也。”師古曰:“二説皆非也。謂攻其壁壘之前垣。”《史記》作“攻其前拒”,《集解》云:“徐廣曰:‘拒,一作和。’駰謂‘拒,方陳也’。”【念孫案】《史記》作“拒”,《漢書》作“垣”,皆“桓”字之訛也。“垣”與“桓”聲相同,“拒”與“桓”字相近。《莊子·應帝王》篇“鯢桓之審爲淵”,崔譔本“桓”作“拒”。“桓”讀爲“和”,“和”與“桓”聲相近,故《史記》一本作“和”。如淳注《漢書·酷吏傳》曰:“陳宋之俗言‘桓’聲如‘和’。”案,“和”“桓”聲相近,“桓”之讀爲“和”,猶“和”之讀爲“桓”。《水經·桓水》注引《禹貢》“和夷厎績”,鄭注曰:“和,讀曰桓。”《逸周書·時訓》篇“將帥不和”,與“言”“權”爲韻,亦讀爲“桓”。和,謂軍門也。《周官·大司馬》“以旌爲左右和之門”,鄭注曰:“軍門曰和。今謂之壘門,立兩旌以爲之。”《孫子·軍争》

篇："合軍聚衆，交和而舍。"魏武帝注曰："軍門爲和門，兩軍相對爲交和。"《韓子·外儲説左》篇曰："李悝與秦人戰，謂左和曰：'速上，右和已上矣。'又馳而至右和曰：'左和已上矣。'"《燕策》曰："齊韓魏共攻燕，楚王使景陽將而救之，三國乃罷兵。魏軍其西，齊軍其東，楚師欲還不可得也。景陽乃開西和門，通使於魏。"《唐開元禮》："仲冬講武，除地爲場，四出爲和門。"言"四出"，則左右前後皆有和門，故此言"攻其前和"也。軍前門謂之前和，猶棺前蔽謂之前和。《吕氏春秋·開春論》曰"昔王季歷葬於渦山之尾，欒水嚙其墓，見棺之前和"是也。"和"與"桓"聲相近，軍門兩出謂之和，《周官》所謂"左右和"。猶木雙植謂之桓也。《周官·大宗伯》"公執桓圭"，鄭注曰："雙植謂之桓。"軍門四出謂之和，猶木四植謂之桓也。《檀弓》"三家視桓楹"，鄭注曰："四植謂之桓。"軍門四出謂之和，而字或爲"桓"，猶木貫柱四出謂之桓，而聲或爲"和"也。《漢書·酷吏傳》"瘞寺門桓東"，如淳曰："舊亭傳於四角面百步築土四方，上有屋，屋上有柱出，高丈餘，有大板貫柱四出，名曰桓表。縣所治夾兩邊各一桓。陳宋之俗言'桓'聲如'和'，今猶謂之和表。"師古曰："即華表也。"然則《史記》作"拒"，《漢書》作"垣"，皆"桓"字之訛也。李奇、顔籀以"垣"爲"牆垣"，裴駰以"拒"爲"方陳"，皆失之。訓"拒"爲"方陳"，則與下文"陷兩陳"相複，且"桓"與"和"聲相近，故《史記》一本作"和"。若作"拒"，則聲與"和"遠而不可通矣。

將軍

得丞相、守相、大將軍各一人，小將軍二人。

宋祁曰："越本、景祐本無二'軍'字。"【念孫案】越本、景祐本是也。《史記》亦無二“軍”字。《周勃傳》“得丞相、大將各一人”,《灌嬰傳》“斬其小將十人”,皆無“軍”字。

鄲侯

景帝復封緤子應爲鄲侯。

蘇林曰:“鄲,音多,屬沛國。”《水經·淮水》注曰:“苞水東逕鄲縣故城南。漢景帝中元年,封周應爲侯國,音多。”沈氏繹旃曰:“《漢書·周緤傳》‘封緤子應爲鄲侯’,蘇林音‘多寒反’,讀如邯鄲之‘鄲’也。《史記·周緤傳》亦引蘇音,則但曰‘音多’,《漢志》引孟康之音亦曰‘多’,丁度遂造爲‘當何反’之音以附會之。觀酈注,則六朝本已如是,不始於小顏、小司馬也。”見趙氏《水經注釋》。【念孫案】“沛郡鄲縣”之“鄲”,蘇林、孟康皆音“多”,“多”下“寒反”二字,乃明監本妄加之也。今考景祐本、汪本、毛本、《周緤傳》注并作“音多”,獨明監本有“寒反”二字而沈氏遂爲其所惑。凡《漢書注》中所引漢魏人音皆曰“某音某”,或曰“音某某之某”,未有曰“音某某反”者。明監本《地理志》“鮦陽”下孟康曰:“鮦,音紂紅反。”辯見《地理志》。此傳“鄲侯”下,蘇林曰:“鄲,音多寒反。”皆不類漢魏人語,則“紅反”“寒反”四字,明是監本所加。考“鄲縣”之“鄲”,蘇林、《周緤傳》注。孟康、《地理志》注。酈道元、《淮水》注。顔籀、《高惠高后文功臣表》注、《百官公卿表》注。司馬貞《高祖功臣侯表》索隱。皆音“多”,自是舊讀如此,非有脱文。《史記·周緤傳》索隱引蘇林正作“音多”,則本無“寒反”二字明矣。《地理志》之鄲縣,孟康音“多”,正與蘇音相合,豈亦脱去“寒反”二字邪?且蘇林在孟康之前,若蘇音“多寒反”,而孟音“多”，則後人當兩存其音，不當獨用孟音也。今諸家皆音“多”，而不音“多寒反”，則蘇、孟同音可知。又，《高紀》“上自東至邯鄲”，“邯鄲”二字皆無音，而“鄲侯”之“鄲”獨有音，則其音“多”而不音“單”又可知。《水經注》音“多”，即本於蘇、孟，乃云“六朝本已如是，不始於小顏、小司馬”，則豈酈、顏、司馬及丁度所見本，及景祐本、汪本、毛本皆不足據而唯明監本爲足據邪？沈氏之意，徒以“單”在寒韻、“多”在歌韻，“鄲”從單聲，不當讀如“多”。此明監本所以加“寒反”二字也。不知寒、歌二韻古聲相近，故“單”聲之字多有轉入歌韻者，并有轉入哿、箇二韻者。《説文》：“驒，從馬、單聲。”而《魯頌·駉》篇“有驒有駱”之“驒”，音徒河反。《説文》：“奲，富奲奲貌，從奢、單聲。”丁可切鼉字，《説文》亦從單聲，而《淮南·主術》篇“水殺黿鼉”，已與“犧”“羆”爲韻。“犧”古讀若“訶”，“羆”古讀若“波”，説見《唐韻正》。又，《爾雅》：“癉，勞也。”癉音丁賀反。《小雅·大東》篇“哀我憚人”，《小明》篇“憚我不暇”，“憚”字并音丁佐反。《四牡》篇“嘽嘽駱馬”，《説文》引作“痑痑駱馬”，丁可切。凡此皆“單”聲之字而轉入歌、哿、箇三韻者也，其寒韻中字，非從單聲，而轉入歌、哿、箇者，則不可枚舉。又何疑於“鄲”之音“多”乎？而全氏謝山《經史問答》且謂沈説足發二千年之謬，不知明監本加“寒反”二字，乃二千年未有之謬也。

摧吕禄

夫賣友者，謂見利而忘義也。若寄父爲功臣而又執劫，雖摧吕禄以安社稷，誼存君親可也。

《史記·酈商傳》集解引此同，《漢紀》引“摧吕禄”作“權賣吕禄”。【念孫案】“權賣吕禄”正承上“賣友”言之，於義爲長，蓋仲豫所見《漢書》本如是，“權”與“摧”字形相似而誤，又脱去“賣”字耳。

《漢書》弟九

張周趙任申屠傳

自卒史

於是苛昌自卒史從沛公。

宋祁曰:“越本‘自’作‘以’,校改‘以’爲‘自’。”汪本從宋改。【念孫案】宋改“以”爲“自”,從《史記》也。然“自”“以”皆“由”也,則改猶不改耳。景祐本亦作“以”。

期期

昌爲人吃,又盛怒,曰:“臣口不能言,然臣期期知其不可。陛下欲廢大子,臣期期不奉詔。”

師古曰:“以口吃,故每重言‘期期’。”劉攽曰:“期,讀如《荀子》‘目欲綦色’之‘綦’,楚人謂‘極’爲‘綦’。”案,《荀子·王霸》篇:“目欲綦色,耳欲綦聲。”楊注但云“綦,極也”,劉云“楚人謂‘極’爲‘綦’”,未知所據。【念孫案】顔説是也。“臣期期知其不可”,臣知其不可也。“臣期期不奉詔”,臣不奉詔也。“期期”,乃吃者語急之聲,本無意義。劉讀“期”爲“綦”,而訓爲“極”。“臣極不奉詔”,斯爲不詞矣。胡三省訓“綦”爲“近”,尤非。

請問

高祖獨心不樂,悲歌,群臣不知上所以然,堯進請問。

景祐本“間”作“問”。宋祁曰:“‘問’疑作‘間’。”汪本從宋改。【念孫案】原本作“請問”,義自可通,不當輒以意改也。《史記》亦作“請問”。

尤好書

蒼尤好書,無所不觀,無所不通,而尤邃律曆。

宋祁曰:“學官本‘尤’作‘凡’,陽夏公謂當從凡,若從尤,則師古當音‘好’字,作去聲。浙本‘凡’作‘尤’。”【念孫案】作“尤”,則與下文“尤”字重出。作“凡”者是也。景祐本亦作“凡”,“凡”當讀爲“汎”。上言“汎好書”,故下言“無所不觀,無所不通,而尤邃律曆”。“尤邃”二字,正對“汎好”言之,“好”字仍當讀去聲,不當讀上聲。《史記》作“蒼本好書”,則讀去聲明矣。陽夏公以“好”字師古無音而讀上聲,非也。上文“張蒼好書律曆”,師古亦無音。

見寵

其見寵如是。

宋祁曰:“越本無‘見’字。”【念孫案】“見”字蓋後人所加,景祐本及《群書治要》所引皆無“見”字。《史記》亦無。

酈陸朱婁叔孫傳

然吏

爲里監門然吏,縣中賢豪不敢役。

【念孫案】"吏縣中賢豪"殊爲不詞,《史記》"吏"字在"然"字上,與"監門"連讀,謂食其爲監門小吏,而賢豪皆莫敢役使也。《漢書》寫本"吏然"二字誤倒,而師古遂曲爲之説,非是。劉辰翁反以《漢書》誤本爲是,謂縣吏中之賢豪者不敢役一監門,謬矣。如劉説,則當云"縣吏中賢豪",不當云"吏縣中賢豪"也。

輟洗起衣

於是沛公輟洗起衣,延食其上坐,謝之。

師古曰:"起衣,著衣也。"【念孫案】古無謂著衣爲起衣者,此文本作"輟洗起,句。攝衣,句。延食其上坐"。鄭注《士冠禮》曰:"攝,猶整也。"謂整衣而延之上坐也。《史記·管晏傳》曰:"晏子戄然攝衣冠謝。"師古所見本脱"攝"字,遂以"起衣"連讀,而訓爲"著衣",誤矣。《史記》正作"攝衣",《文選·王粲〈七哀詩〉》注、傅玄《雜詩》注、班彪《王命論》注、《太平御覽·人事部一百四》引《漢書》皆作"攝衣",《人事部一百十五》無"攝"字,乃後人以顔本《漢書》删之,與前所引不合。是所見本與師古不同也。《高紀》亦云"於是沛公起,攝衣謝之"。

負處

漢王起蜀漢之兵,擊三秦,出關而責義帝之負處。

宋祁曰:"或無'負'字。"【念孫案】無"負"字者是。"責義帝之處"者,責,問也,處,所也,猶言問義帝安在也。"處"上加一"負"字,則義不可通。此涉下文"殺義帝之負"而衍,《史記》及《新序·善謀》篇皆無"負"字。

何遽不若漢

使我居中國,何遽不若漢。

師古曰:"言有何迫促而不如漢也。"【念孫案】師古以"遽"爲"迫促",非也。遽,亦何也,連言"何遽"者,古人自有複語耳。"遽"字或作"詎""距""鉅""巨",又作"渠"。《墨子·公孟》篇曰:"雖子不得福,吾言何遽不善,而鬼神何遽不明?"《淮南·人間》篇曰:"此何遽不能爲福乎?"《韓子·難》篇曰:"衛奚距然哉?"《秦策》曰:"君其試焉,奚遽叱也?"《史記·甘茂傳》作"何遽叱乎"。《荀子·王制》篇曰:"豈渠得免夫累乎?"《正論》篇曰:"是豈鉅知見侮之爲不辱哉?"《吕氏春秋·具備》篇曰:"豈遽必哉?"《莊子·齊物論》篇曰:"庸詎知吾所謂知之非不知邪? 庸詎知吾所謂不知之非知邪?"《釋文》曰:"詎,徐本作'巨'。李云:'詎,何也。'"《淮南·齊俗》篇曰:"庸遽知世之所自窺我者乎?"《史記·張儀傳》曰:"且蘇君在,儀寧渠能乎?"《索隱》曰:"渠,音詎。古字少,假借耳。"或言"何遽",或言"奚遽",或言"豈遽",或言"庸遽",或言"寧渠",其義一也。"何遽不若漢",《史記》作"何渠不若漢",則"遽"爲語詞,而非"急遽"之"遽"明矣。

馬上治

馬上得之,寧可以馬上治乎?

【念孫案】"治"下亦當有"之"字,與上"得之"對文。《太平御覽·人事部一百七》《治道部四》引此并作"治之"。《史記》《漢紀》《通鑑》同。

淮南衡山濟北傳

刑

命從者刑之。

《日知録》曰:"'刑之',《史記》作'剄之',當從'剄',音相近而訛。下文'大子自刑不殊',又云'王自刑殺',《史記》亦皆作'剄'也。"【念孫案】《説文》"刑,剄也",《廣雅》同。案,《説文》"荆,罰辠也。從刀、井,井亦聲","刑,剄也。從刀、幵聲"。是"刑"訓爲"剄",與"荆罰"之"荆"不同。"剄,刑也",是"刑"與"剄"同義,不必改"刑"爲"剄"。

輂車

以輂車四十乘反谷口。

師古曰:"輂車,人輓行以載兵器也。"【念孫案】輂車爲人輓行之車,則不得言四十乘。乘車,四馬車也。"輂車"當依《史記》作"輦車"。《説文》:"輦,大車駕馬也。"《周官·鄉師》"與其輦輂",鄭注曰:"輦,駕馬。輂,人輓行。"故曰"輦車四十乘”。世人多見“輂”，少見“葦”，故“葦”訛爲“輂”。《管子·海王》篇“行服連軺葦者”，今本“葦”訛爲“輂”。

令復之

吾特苦之耳，令復之。

【念孫案】“令”當依《史記》作“今”。“今復之”，即復之也。師古注：“暫困苦之，令其自悔，即追還也。”“即”字正釋“今”字，各本“今”作“令”，即涉注中“令”字而誤。《史記·汲黯傳》：“君薄淮陽邪？吾今召君矣。”《索隱》曰：“今，猶即今也。”餘見《釋詞》。

不相容

一尺布尚可縫，一斗粟尚可舂，兄弟二人不相容。

臣瓚曰：“一尺布可縫而共衣，一斗粟可舂而共食，況以天下之廣而不相容也。”【念孫案】正文、注文之“不相容”皆本作“不能相容”，此歌上四句皆三字，下二句皆四字，且“不能”與“尚可”對文，則“能”字斷不可少。今本正文、注文皆無“能”字者，正文脱“能”字，而後人并删注文也。《太平御覽·布帛部七》引此無“能”字，則所見本已誤。《世説新語·方正》篇注及《藝文類聚·布帛部》引此皆有“能”字，《史記》同。高誘《鴻烈解叙》亦同。又，《史記集解》引瓚注亦有“能”字。

離騷傳

使爲《離騷傳》，旦受詔，日食時上。

師古曰:"傳,謂解説之,若《毛詩傳》。"【念孫案】"傳"當爲"傅"。"傅"與"賦"古字通。《皋陶謨》"敷納以言",《文紀》"敷"作"傅",僖二十七年《左傳》作"賦"。《論語·公冶長》篇:"可使治其賦也。"《釋文》:"賦,梁武云《魯論》作'傅'。""使爲《離騷傅》"者,使約其大旨而爲之賦也。安"辯博,善爲文辭",見上文。故使作《離騷賦》。下文云:"安又獻《頌德》及《長安都國頌》。"《藝文志》有淮南王賦八十二篇,事與此并相類也。若謂使解釋《離騷》若《毛詩傳》,則安才雖敏,豈能旦受詔而食時成書乎?《漢紀·孝武紀》云:"上使安作《離騷賦》,旦受詔,食時畢。"高誘《淮南鴻烈解叙》云:"詔使爲《離騷賦》,自旦受詔,日早食已。"此皆本於《漢書》。《太平御覽·皇親部十六》引此作"《離騷賦》",是所見本與師古不同。

愈欲休

王亦愈欲休。

【念孫案】"愈"讀爲"偷",故《史記》作"王亦偷欲休",言偷安而不欲發兵也。上文云"王鋭欲發",此云"王偷欲休",二語正相反。《史記·齊世家》:"桓公欲無與魯地而殺曹沫。管仲曰:'夫劫許之而倍信殺之,愈一小快耳,而棄信於諸侯。'"謂偷一小快也。《燕策》"人之饑所以不食烏喙者,以爲雖偷充腹而與死同患也",《史記·蘇秦傳》"偷"作"愈"。《韓子·難一》"偷取多獸",《淮南·人間》篇"偷"作"愈"。是"偷"與"愈"通也,而"愈"字,師古無音,則已不知其爲"偷"字矣。

鍛矢 鏃矢

作輣車鍛矢。“鍛”俗作“鍜”。

《漢書考證》曰:“《史記》作‘鏃矢’是也。本書《膠東王傳》亦作‘鏃矢’。”【念孫案】矢必有鏃,無庸更言。“鏃矢”,《膠東王傳》作“兵車鏃矢”,師古曰“鏃矢,大鏃之矢”,加“大”字以釋之,其失也迂矣。此作“鍛矢”,亦無義。“鏃”與“鍛”皆當爲“鍭”,字形相近而誤也。説見《淮南·兵略》篇。《爾雅》説“矢”云:“金鏃翦羽謂之鍭。”《大雅·行葦》篇云:“四鍭既鈞。”《周官·司弓矢》云:“殺矢、鍭矢用諸近射、田獵。”《考工記·矢人》云:“鍭矢參分,一在前,二在後。”《士喪禮記》作“猴矢”。

漸靡

亦其俗薄,臣下漸靡使然也。又,《枚乘傳》“泰山之霤穿石,單極之統斷幹,漸靡使之然也”。

【念孫案】“漸”讀“漸漬”之“漸”。“靡”與“摩”同。《學記》曰:“相觀而善之謂摩。”鄭注:“摩,相切磋也。”《荀子·性惡》篇曰:“擇良友而友之,得賢師而事之,身日進於仁義而不自知也者,靡使然也。”“靡”即“摩”字。《莊子·馬蹄》篇:“馬喜則交頸相靡。”李頤曰:“靡,摩也。”“靡”字,古讀若“摩”,故與“摩”通,説見《唐韻正》。漸靡,即漸摩,《董仲舒傳》云“漸民以仁,摩民以誼”是也。師古於“漸”字無音,於“靡”字則前訓爲“相隨從”,後訓爲“盡”,皆失之。

蒯伍江息夫傳

接刃

將争接刃於公之腹。

【念孫案】"接"讀爲"插"。《説文》："插，刺内也。""内"與"入"同。大徐本訛作"刺肉也"，據小徐本改。《玉篇》《廣韻》并作"刺入也"。謂以刃刺入公腹，作"接"者，借字耳。《周官·廩人》"共其接盛"，鄭注曰："接，讀爲'一扱再祭'之扱。"《釋文》"初洽反"。是"接"有"插"音，故與"插"通也。上文云："事刃於公之腹。"李奇曰："東方人以物臿地中爲事。""臿"與"插"同。此云"接刃於公之腹"，是"事"與"插"同義，"插"與"接"同字，《史記》"接刃"作"傳刃"，是其明證也。"傳"與"事"同。而"接"字，師古無音，則是誤讀爲"交接"之"接"矣。

墮肝膽

臣願披心腹，墮肝膽。

師古曰："墮，毁也。"【念孫案】墮者，輸也。謂輸肝膽以相告也。昭四年《左傳》："屬有宗祧之事於武城，寡君將墮幣焉。"服虔曰："墮，輸也。言將輸受宋之幣於宗廟。"是古謂"輸"爲"墮"也，《史記·淮陰侯傳》作"披腹心，輸肝膽"，尤其明證矣。又，《鄒陽傳》："披心腹，見情素，墮肝膽。"義與此同，師古亦誤訓爲"毁"。

數行

河東上黨與河内趙國界者通谷數行。

如淳曰:“其谿谷可得通行者有數處。”【念孫案】如以“行”爲“可得通行”,則“數行”二字義不相屬,故增字以釋之曰:“可得通行者有數處。”殆失之迂矣。余謂《爾雅》《毛傳》并云:“行,道也。”“通谷數行”,言谿谷之可通者有數道也。

被服冠

自請願以所常被服冠見上。

宋祁曰:“浙本‘冠’字上有‘衣’字。”【念孫案】浙本是也。既言“被服”,則當有“衣”字。下文“衣紗縠襌衣”,即承此“衣”字言之,脱去“衣”字,則上與“被服”不相屬,下與“襌衣”不相應矣。《太平御覽·居處部一》引此無“衣”字,亦後人依誤本《漢書》删之。其《人事部二十》《布帛部三》引此皆有“衣”字。

東崖

如使狂夫嘄謼於東崖,匈奴飲馬於渭水。

師古曰:“東崖,謂東海之邊也。嘄,古‘叫’字。”【念孫案】東崖,猶東方耳,非必東海之邊也。《廣雅》曰:“厓,方也。”是“厓”與“方”同義,故《文選·蘇武詩》曰“各在天一方”,《古詩》曰“各在天一涯”,李善注引《廣雅》“涯,方也”。“厓”“涯”并與“崖”通。

文三王傳

猥自發舒　猥被以大罪

案事者乃驗問惡言,何故猥自發舒。

師古曰:“猥,曲也。”【念孫案】猥,猶猝也。言案事者所問乃怨望朝廷之言耳。若淫亂之事,問所不及,何故猝自發舒也?《月令》“寒氣總至”,鄭注曰:“總,猶猥卒也。”“卒”與“猝”同。《廣雅》曰:“猥,頓也。”頓,亦猝也。成十八年《公羊傳疏》引《春秋説》曰:“厲公猥殺四大夫。”言猝殺四大夫也。馬融《長笛賦》曰:“山水猥至。”言猝至也。又,《王莽傳》:“嚴尤奏言,貉人犯法,不從騶起,騶,高句驪侯名。正有它心,正,猶即也。説見《終軍傳》。宜令州郡且尉安之。今猥被以大罪,恐其遂畔。”言今若猝加以大罪,則恐其遂畔也。師古曰:“猥,多也,厚也。”亦失之。

賈誼傳

更奏之

乃草具其儀法,色上黄,數用五,爲官名,悉更奏之。

【念孫案】“悉更奏之”當依《史記》作“悉更秦之法”。“秦”“奏”相似而誤,又脱“法”字耳。“色尚黄”以下三句,皆是更秦之法,故言此以總之。若謂奏之於上,則但當言“奏”,不當言“更奏”也。師古所見本正作“更秦之法”,故云“更,改也”,亦謂“改秦法”,非謂“改奏”。

遥增擊而去之

鳳皇翔于千仞兮，覽德輝而下之。見細德之險徵兮，遥增擊而去之。

如淳曰："遥，遠也。增，高高上飛意也。"李奇曰："增，益也。"并見《文選注》。師古曰："增，重也。言重擊其羽而高去。"【念孫案】如以"增"爲"高高上飛"之意是也。《梅福傳》曰："夫鳶鵲遭害，則仁鳥增逝。愚者蒙戮，則知士深退。""增逝"與"深退"對文，是"增"爲"高"也。"增"或作"曾"。《淮南·覽冥》篇"鳳皇曾逝萬仞之上"，高注曰："曾，猶高也。"高擊，謂上擊也，宋玉對楚王問曰"鳳皇上擊九千里"是也。李訓"增"爲"益"，顏訓爲"重"，皆失之。遥者，疾也。《方言》曰："摇，疾也。《廣雅》同。燕之外鄙，朝鮮洌水之間曰摇。"又曰："遥，疾行也。"《楚辭·九章》曰："願摇起而横奔兮。"《淮南·原道》篇曰："疾而不摇。""摇"與"遥"通。此言鳳皇必覽德輝而後下，若見細德之險徵，則速高擊而去之也。如訓"遥"爲"遠"，亦失之。

來崪①

異物來崪。

孟康曰："崪，音萃。萃，聚集也。"【念孫案】上文衹有一服，不得言聚集也。崪者，止也。其字從止，故上文言"止於坐隅"。《廣雅》"崪，待也""止、待，逗也"。逗，亦止也。見《説

① "崪"，底本作"崒"，據同治本改。

文》。《楚辭・天問》:"北至回水萃何喜?"王注云:"萃,止也。"《史記》"崪"作"集",集,亦止也,見《唐風・鴇羽》傳、《晉語》注。非聚集之謂。

怵迫

怵迫之徒,或趨西東。

孟康曰:"怵,爲利所誘訹也。迫,迫貧賤。西東,趨利也。"師古曰:"'誘訹'之'訹',則音戌。或曰怵,怵惕也,音丑出反。其義兩通。"【念孫案】孟説是也。《管子・心術》篇曰:"人之可殺,以其惡死也。其可不利,以其好利也。是以君子不怵乎好,不迫乎惡。"然則"怵迫"者,怵乎利,迫乎害也。"趨西東"者,趨利避害也,不得以"怵"爲"怵惕"明矣。

意變

大人不曲,意變齊同。

【念孫案】"意"讀"億萬年"之"億"。《説文》本作"意"。《史記》正作"億"。億變,猶上文言"千變萬化"也。"億變齊同",即《莊子》齊物之旨。作"意"者,借字耳。《文選》劉良注云"意與變化齊同",失之。

好惡積意

衆人惑惑,好惡積意。

李奇曰:"所好所惡,積之萬億也。"薛瓚曰:"言衆懷好惡,積之心意也。"師古曰:"瓚説是也。"【念孫案】李、薛二説皆非也。意者,滿也。言好惡積滿於中也。"意"字本作"意",或作"億",《文選》作"好惡積億"。又作"臆"。《説文》曰:"意,滿也。"《方言》曰:"臆,滿也。"《小雅・楚茨》篇曰:"我倉既盈,我庾維億。"億,亦盈也。説見《經義述聞》。襄二十五年《左傳》曰:"今陳介恃楚衆以馮陵我敝邑,不可億逞。"億逞,即億盈。言其欲不可滿盈也。"盈"與"逞"古字通,説見《經義述聞》。"意""億""臆"并與"意"同。

不治

此時而欲爲治安,雖堯舜不治。

宋祁曰:"浙本'治'字上有'能'字。存'能',則語成文。"【念孫案】當作"此時而欲爲治安,雖堯舜不能",浙本作"不能治","治"字蓋涉上句而衍,各本則又脱"能"字矣。《賈子・宗首》篇作"雖堯舜不能",無"治"字。

將不合諸侯而匡天下虖

夫以天子之位,乘今之時,因天之助,尚憚以危爲安,以亂爲治,假設陛下居齊桓之處,將不合諸侯而匡天下虖?

【念孫案】"將不合諸侯而匡天下虖",《賈子》同,《漢紀・孝文紀》作"將能九合諸侯而一匡天下乎"。今案,作"將能"者是也。言文帝得位乘時,尚不能安危治亂,假令居齊桓之處,必不能一匡九合也。下文曰"臣又知陛下有所必不能矣","能"與"不能",上下正相應。下文又曰:"當是時而陛下即天子位，能自安虖？臣有以知陛下之不能也。”又曰：“當是時，陛下即位，能爲治虖？臣又知陛下之不能也。”語意并與此同，《賈子》作“將不”，恐後人據《漢書》改之也。

乃在

長沙乃在二萬五千户耳。

【念孫案】“在”讀爲“纔”。《廣韻》：“纔，僅也。”言僅二萬五千户也。字或作“財”，《文紀》：“大僕見馬遺財足。”又作“裁”。《高惠高后文功臣表》：“裁什二三。”《説文》“在”從才聲，故與“纔”“財”“裁”通用，而“在”字，師古無音，則讀如本字矣。《賈子・藩强》篇正作“乃纔二萬五千户”。

制從

令海内之勢如身之使臂，臂之使指，莫不制從。《通鑑・漢紀六》同。

【念孫案】“制從”當爲“從制”，謂莫不從其節制也。今本作“制從”，則文義不順。《賈子・五美》篇、《漢紀・孝文紀》并作“莫不從制”。

病非徒瘇　跋盭

病非徒瘇也，又苦跋盭。

【念孫案】“病非徒瘇”當作“非徒病瘇”，“病瘇”與“苦跋盭”對文，則“病”字當在“瘇”字上，不當在“非徒”上。《賈子・

大都》篇亦誤作“病非徒尰”。《太平御覽·疾病部三》引此正作“非徒病瘇”。下文云:“臣故曰:非徒病瘇也,又苦跊盭。”此尤其明證矣。下文又云:“非亶倒縣而已,又類辟,且病痱。”

師古曰:“跊,古‘蹠’字也,音之石反。足下曰蹠,今所呼脚掌是也。盭,古‘戾’字。言足蹠反戾,不可行也。”《考異》曰:“案,《説文》無‘跊’字,小顔讀爲‘蹠’,恐亦臆説,當是‘跻’字之訛。《説文》:‘跻,脛肉。一曰曲脛。讀若逵。’‘跻盭’,謂足脛反戾不便行動。”【念孫案】《説文》:“跖,足下也。”作“蹠”者借字。《説文》:“楚人謂跳躍曰蹠。”作“跊”者,别體耳。或從石聲,或從庶聲,或從炙聲,一也。“石”與“炙”聲相近,“石”與“庶”聲亦相近,故“盗跖”或作“盗蹠”。“庶”與“炙”聲亦相近,故《小雅·楚茨》篇“或燔或炙”,與“爲”“豆”“孔”“庶”爲韻。《後漢書·郅惲傳》注引《史記》曰:“申包胥晝夜馳驅,足腫蹠盭。”是古有“蹠盭”之語,即此傳之“跊盭”。師古讀“跊”爲“蹠”,非臆説也,脚掌反戾故曰“跊盭”,《賈子·大都》篇亦作“跊盭”,錢以“跊”爲“跻”字之訛,非也。《説文》以“跻”爲“曲脛”,《廣雅》曰“盭,曲也”,是“跻”“盭”皆有“曲”義。上既言“跻”,則下不得復言“盭”。《史記》《漢書》之字,固有不見於《説文》者,必别指一字以當之,則鑿矣。

廉愧

終不知反廉愧之節、仁義之厚。

【念孫案】古無以“廉愧”二字連文者,“愧”當爲“醜”,字之誤也。廉醜,即廉耻,語之轉耳,故《賈子·時變》篇作“廉耻”。又,下文“棄禮誼,捐廉耻,禮義廉耻,是謂四維”,《賈子·俗激》篇并作“廉醜”。凡《賈子》書“恥”字多作“醜”,《逸周書》亦然,《吕氏春秋·不侵》篇:“秦昭王欲醜之以辭。”高注:“醜,或作恥。”《莊子·讓王》篇“君子之無恥也若此乎”,《吕氏春秋·慎人》篇“恥”作“醜”。《韓子·説難》篇“在知飾所説之所矜,而滅其所恥”,《史記·韓非傳》“恥”作“醜”。《燕策》“雪先王之恥”,《新序·雜事》篇“恥”作“醜”。《淮南·修務》篇“南榮疇恥聖道之獨亡於己”,《賈子·勸學》篇“恥”作“醜”。故知此“廉愧”爲“廉醜”之誤。

因恬而不知怪

而大臣特以簿書不報期會之間,以爲大故,至於俗流失,“失”與“泆”同。《禮樂志》作“風俗流溢”。世壞敗,因恬而不知怪。

【念孫案】“因”當爲“固”,字之誤也。“固”與“顧”同。顧,反也。見《秦策》及《吕氏春秋·審分》篇、《淮南·説山》篇注。恬而,恬然也。古謂“然”爲“而”,説見《釋詞》。言大臣但以簿書期會爲急,至於俗流泆、世壞敗,反恬然不以爲怪也。《賈子·俗激》篇正作“固恬弗知怪”。

則是豈可不爲寒心哉

《管子》曰:“禮義廉恥,是謂四維。四維不張,國乃滅亡。”使管子愚人也則可,管子而少知治體,則是豈可不爲寒心哉。

師古曰:“若以管子爲微識治體,則當寒心而憂之。”【念孫案】“則是豈可不爲寒心哉”,當從《賈子·俗激》篇作“則是豈不可爲寒心哉”,“是”字指“四維不張”而言。言使管子而少知治體，則今之四維不張，豈不可爲寒心哉，"可爲寒心"者，危之之詞，非謂當寒心而憂之也。《群書治要》引此已誤。《史記·田單傳》曰："吾懼燕人掘吾城外冢墓，僇先人，可爲寒心。"《漢書·杜欽傳》曰："小卞之作，可爲寒心。"

而群臣衆信上不疑惑

奸人亡所幾幸，而群臣衆信上不疑惑。

【念孫案】"而群臣衆信上不疑惑"本作"群衆信上而不疑惑"。今本"群"下衍"臣"字，此涉上文"君君臣臣"而衍。"而"字又誤在"群臣"上，師古遂以"群臣衆信"爲句，師古曰："衆信，謂共爲忠信也。""上不疑惑"爲句矣。不知此謂"衆不疑惑"，非謂"上不疑惑"也。"奸人亡所幾幸"對上文"奸人幾幸"而言，"群衆信上而不疑惑"對上文"衆心疑惑"而言。群衆，即衆也，古人自有複語耳。《楚辭·七諫》曰："群衆成朋。"《賈子·俗激》篇正作"群衆信上而不疑惑"。

瞽史

瞽史誦詩，工誦箴諫。

【念孫案】上既言"有記過之史"，則此不當更言"史"，且誦詩乃瞽之事，非史之事。襄十四年《左傳》曰："史爲書，瞽爲詩，工誦箴諫。"《周語》曰："瞽獻曲，史獻書，師箴，瞍賦，矇誦。"《楚語》曰："史不失書，矇不失誦。"又，《賈山傳》見下。《大戴禮記·保傅》篇作"瞽夜誦詩"是也。盧辯注反以"夜"爲"史"之誤，失之。《列女傳·母儀傳》曰"夜則令瞽誦詩"，是其證。《後漢書·馬廖傳》亦曰："願置章坐側，以當瞽人夜誦之音。"今本"夜"作"史"者，涉上文而誤。《賈子·保傳》篇亦作"史"，則後人以誤本《漢書》改之耳。

視已成事

鄙諺曰："不習爲吏，視已成事。"

【念孫案】"視已成事"本作"如視已事"，此後人不解"如"字之義而改之也。已事，即成事，無庸更加"成"字。如者，當也。古者"如"與"當"同義。昭二十一年《左傳》："君若愛司馬，則如亡。"杜注："言若愛司馬，則當亡走。"定五年《傳》"不能如辭"，杜注："言自知不能，當辭勿行。"或訓"如"爲"不如"者，非也，説見《釋詞》。言不習爲吏，則當視已事以爲法也。《説苑·尊賢》篇亦云："案往世而視已事。"下文云："三代之所以長久者，其已事可知也。""已事"二字，正承此文言之，是其明證矣。師古注下文云"已事，已往之事"，而於此無注，則所見本已誤。《群書治要》所引亦誤。《大戴禮》正作"如視已事"，《賈子》作"而視已事"，而，亦如也。

智誼之指

開於道術，句。智誼之指，則教之力也。

【念孫案】"智誼之指"本作"智誼理之指"，"智"讀曰"知"，古字多以"智"爲"知"，説見《管子·法法》篇。與"開"字相對爲文。謂開通於道術，識義理之指也。後人誤讀"智"爲"智慧"之"智"，則"智誼理"三字義不相屬，故删去"理"字，而不知“智誼”二字義亦不相屬也。《通鑑》無“理”字,則所見《漢書》本已然。《大戴禮》《賈子》并作“知義理之指”。舊本《賈子》皆如是。近時盧氏紹弓刻本又删“理”字。

司寇

輸之司寇,編之徒官,司寇小吏詈罵而榜笞之。

【念孫案】兩“司寇”皆當作“司空”。司空掌役使罪人之事,故曰“輸之司空,編之徒官”。徒,謂役徒也。《周官·大司寇》曰:“桎梏而坐諸嘉石,役諸司空。”《史記·儒林傳》:“安得司空城旦書乎?”徐廣曰:“司空,主刑徒之官也。”皆其證。“司空小吏詈罵而榜笞之”者,謂力作不中程,則小吏從而笞辱之。《陳咸傳》曰:“咸爲南陽太守,豪猾吏及大姓犯法,輒論輸府,以律程作司空,爲地臼木杵,舂不中程,輒加罪笞。”事與此相類也。後人不解“輸之司空”之語,故改兩“司空”爲“司寇”,不知役使罪人非司寇所掌,且司寇定其罪而後輸之司空,則不得更言“輸之司寇”也。師古曰“司寇,主刑罰之官”,則所見本已誤作“司寇”。《賈子·階級》篇作“司寇”,亦後人以誤本《漢書》改之。《百官表》:“宗正屬官有都司空令丞。”如淳曰“律,司空主水及罪人”,引此文“輸之司空,編之徒官”,是其明證矣。

而

夫天子之所嘗敬,衆庶之所嘗寵,死而死耳。賤人安宜得如此而頓辱之哉?

【念孫案】“死而死耳”，猶言“死則死耳”也。又，《鄒陽傳》：“夫全趙之時，武力鼎士，袨服叢臺之下者，一旦成市，而不能止幽王之湛患。淮南連山東之俠，死士盈朝，不能還厲王之西也。然而計議不得，雖諸賁不能安其位，亦明矣。”然而，猶然則也，故《文選》作“然則”。古者“而”與“則”同義，説見《釋詞》。

縣屬

今淮南地遠者或數千里，越兩諸侯而縣屬於漢。

師古曰：“爲縣而屬。”劉奉世曰：“‘縣’讀如‘懸’。”【念孫案】劉音是也。《淮南・主術》篇注曰：“縣，遠也。”言越兩國之地而遠屬於漢也。上文云：“淮南地遠者或數千里。”是其證矣。《荀子・修身》篇：“彼人之才性之相縣也，豈若跛鱉之與六驥足哉？”相縣，謂相遠也。《史記・高祖紀》“縣隔千里”，謂遠隔也。

揵之江

梁起於新郪以北著之河，淮陽包陳以南揵之江。

如淳曰：“揵，謂立封界也。或曰：揵，接也。”師古曰：“揵，音鉅偃反。”【念孫案】“揵”當爲“楗”，字之誤也。隸書“楗”字或作“揵”，與“揵”字相似，因誤而爲“揵”。漢《巴郡太守張納功德叙》“收功獻楗”，“楗”字作“揵”，是其證也。《士冠禮》“建柶”，今本訛作“捷柶”。《史記・衛世家》“嗣伯卒，子疌伯立”，《邶風譜》正義引作“建伯”。蓋從疌、從建之字，傳寫往往訛混。“楗”之言

"接"也。如淳前説是解"捷"字,故訓爲"立",後説是解"捷"字,故訓爲"接",後説是也。諸書無訓"揵"爲"接"者,而"捷"與"接"同義。如淳讀"揵"爲"捷",故訓爲"接"也。《爾雅》:"接,捷也。"郭璞曰:"捷,謂相接續也。"《公羊春秋·莊十二年》"宋萬弒其君接"、《僖三十二年》"鄭伯接卒"、《文十四年》"晉人内接菑于邾婁",《左氏》《穀梁》皆作"捷"。《莊子·則陽》篇"接子",《漢書·古今人表》作"捷",是"捷"與"接"字異而義同。"梁起於新鄭以北著之河"者,"著"音直略反,謂相聯屬也。"淮陽包陳以南捷之江"者,"捷"與"接"同,亦謂相聯屬也。此言梁之地北屬於河,淮陽之地南屬於江也。如淳前説訓"揵"爲"立",非也。"淮陽包陳以南立之江",斯爲不詞矣。

頤指

今陛下力制天下,頤指如意。

如淳曰:"但動頤指麾,則所欲皆如意。"【念孫案】人之動頤不能指麾,如説非也。"頤"當爲"顧"。顧指,謂目顧人而指使之也。"顧"與"頤"草書相似,因訛而爲"頤"。左思《吴都賦》"搴旗若顧指",劉逵注引此傳曰"顧指如意",是所見本與如本不同也。《莊子·天地》篇曰:"手撓顧指,四方之民莫不俱至。"是其證。《釋文》"顧"本亦作"頤",此亦草書之誤。《貢禹傳》曰:"家富勢足,目指氣使。"師古曰:"動目以指物,出氣以使人。"《燕策》曰:"馮几據杖,眄視指使。"《後漢書·仲長統傳》曰:"睇眄則人從其目之所視,喜怒則人隨其心之所慮。"義與"顧指"并相近。

言問其臣

臣聞聖主言問其臣而不自造事。

師古曰:"欲發言則問其臣。"【引之曰】師古以"言"爲"發言",非也。言,亦問也,連稱"言問"者,古人自有複語耳。《爾雅》曰:"訊,言也。"郭注曰:"相問訊。"《廣雅》曰:"言,問也。"《聘禮》:"若有言,則以束帛如享禮。"鄭注曰:"有言,有所告請,若有所問也。"《曲禮》:"君言不宿於家。"注曰:"言謂有故所問也。"《曾子問》:"召公言於周公。"《正義》曰:"言,猶問也。"《哀公問》曰:"寡人願有言,然冕而親迎,不已重乎?"昭二十五年《左傳》曰:"叔孫氏之司馬鬷戾言於其衆曰:'若之何?'"此古人謂"問"爲"言"之證。《周官·冢人》"言鸞車象人",注曰:"鄭司農云:'言,言問其不如灋度者。'"《大祝》"言甸人",注曰:"鄭司農云:'甸人主設復梯,大祝主言問其具梯物。'"《小雅·出車》篇"執訊獲醜",鄭箋曰:"訊,言也。執其可言問所獲之衆以歸。"《大雅·皇矣》篇"執訊連連",箋曰:"訊,言也。執所生得者而言問之。"此"言問"二字連用之證。

財幸 裁察 財擇 財哀 財留神 財覽

唯陛下財幸。

師古曰:"財與裁同。裁擇而幸從其言。"【念孫案】如師古説,則"財""幸"二字,意不相屬。今案,財,猶少也。"唯陛下財幸"者,唯陛下少幸從之,猶下文言"願陛下少留計也"。《諸葛豐傳》曰:"唯陛下裁幸。"《佞幸傳》曰:"唯陛下哀憐財幸。”義并同也。《晁錯傳》曰：“唯陛下裁察。”又曰：“唯陛下財察。”皆言唯陛下少察之也。《晁錯傳》又曰：“唯陛下財擇。”《王吉傳》曰：“唯陛下財擇焉。”皆言唯陛下少擇之也。《張安世傳》曰：“唯天子財哀以全老臣之命。”言唯天子少哀之也。《李尋傳》曰：“唯財留神反覆，覆愚臣之言。”言唯陛下少留神，猶賈誼言願陛下少留計也。師古以“財”爲裁量，非是。《師丹傳》曰：“唯陛下財覽衆心。”言唯陛下少覽衆心也。“財”與“裁”古通用，亦通作“纔”。《李陵傳》注曰：“財，僅也。”《廣雅》曰：“堇，少也。”“堇”與“僅”同。

爰盎晁錯傳

本兵柄

是時絳侯爲大尉，本兵柄。

師古曰：“執兵權之本。”【念孫案】師古説非也。本者，主也。言主兵柄也。《大戴禮·曾子疾病》篇曰：“言有主，行有本。”《繫辭傳》：“樞機之發，榮辱之主也。”《説苑·説叢》篇“主”作“本”，是“本”與“主”同義。《史記》作“主兵柄”，是其明證矣。

遇霜露

如有遇霜露，行道死，陛下有殺弟名，奈何？

【念孫案】“霜”當爲“霧”。“霧”字《説文》本作“霚”，形與“霜”相近，因訛而爲“霜”。考《史記·袁盎傳》《淮南厲王傳》

及《漢書・淮南厲王傳》,并作“霧露”。《後漢書・謝弼傳》:“如有霧露之疾,陛下當何面目以見天下。”語意即本此。

不可用

未嘗不止輦受其言,不可用,置之。言可采,未嘗不稱善。

【念孫案】“受其言”下當更有一“言”字,“言不可用”正與“言可采”對文,今本脱一“言”字。《太平御覽・人事部一百二》引此正作“言不可用”,《史記》同。

乃以刀決帳道從醉卒直出

乃以刀決帳,句。道從醉卒直出。

師古曰:“於醉卒之處決帳而開,令通道得亡也。”【念孫案】“道”讀曰“導”,謂決開軍帳導之,從醉卒處直出也。説見《史记》。

金鼓之音

趨利不及,避難不畢,前擊後解,與金鼓之音相失。

宋祁曰:“學官本、越本并作‘金鼓之指’,據云‘金鼓’,則‘音’爲是,作‘指’非。”【念孫案】作“指”者是也。景祐本亦作“指”,指者,意也。鼓之意主於進,金之意主於止。若趨利弗及,避難不畢,前擊後解,則與金鼓之意相失,非謂與其音相失也。顔注“鼓所以進衆,金所以止衆”,正釋“指”字之義,宋改“指”爲“音”，而各本皆從之，誤矣。《通典·邊防十》作“音”，亦後人以俗本《漢書》改之，《漢紀》正作“指”。

材官騶發

材官騶發，矢道同的。

蘇林曰：“騶，音馬驟之驟。”如淳曰：“騶，矢也。”師古曰：“騶謂矢之善也。《春秋左氏傳》作‘菆’字，其音同耳。騶發，發騶矢以射也。蘇音失之矣。”【引之曰】訓“騶”爲“矢”，則與下句“矢”字相複。蘇讀“騶”爲“驟”是也。驟發，謂疾發也。字或作“趨”。《韓子·八説》篇：“貍首射侯，不當强弩趨發。”“趨發”“騶發”并與“驟發”同。《曲禮》“車驅而騶”，《釋文》：“騶，仕救反。”是“騶”有“驟”音也。《荀子·禮論》篇“步中武象，趨中韶護”，《正論》篇“趨”作“騶”，《史記·禮書》作“驟”。是“騶”“趨”并與“驟”通也，《漢紀·孝文紀》正作“材官驟發”。

積死

且夫起兵而不知其勢，戰則爲人禽，屯則卒積死。

“積”字師古無注。【念孫案】“積”讀爲“漬”。漬死，病死也。勢，謂地勢也。此言邊地苦寒，戍卒不耐其水土，則生疾病相漸漬而死也。《周官·蜡氏》注引《曲禮》“四足死者曰殰”，今本“殰”作“漬”，注云：“漬，謂相瀸污而死也。”引莊二十年《公羊傳》：“大災者何？大漬也。”今本“漬”作“瘠”，何注云：“瘠，病也。齊人語也。”又，十七年：“齊人瀸于遂。”《傳》

曰:“瀸者何? 瀸積也。”瀸積,即漸漬。注云:“瀸之爲死,積死非一之辭,故曰瀸積衆多也。”《釋文》:“積,本又作漬。”“殨”“漬”“積”“瘠”并字異而義同。

相募

使先至者安樂而不思故鄉,則貧民相募而勸往矣。

【念孫案】“募”當爲“慕”,民慕先至者之安樂而欲往,故曰“相慕而勸往”,不當云“相募”也。此涉上文“募民”而誤。《通典·邊防十》作“募”,亦後人以誤本《漢書》改之。《通鑑·漢紀七》正作“慕”。

實廣虚　横術何廣廣兮

徙遠方以實廣虚。

師古曰:“所以充實寬廣空虚之地。”【念孫案】“廣”與“曠”同。曠,空也。“虚”與“墟”同,謂徙遠方之民以實空曠之墟也。《漢紀》作“實空虚”,是其證矣。“丘墟”字古皆作“虚”。《五行志》:“師出過時兹謂廣。”李奇曰:“廣,音曠。”是“曠”與“廣”通。廣虚,猶言曠土耳。若以“廣”爲“寬廣”,“虚”爲“空虚”,則“廣虚”之下,必加“之地”二字而其義始明矣。又,《武五子傳》:“横術何廣廣兮,固知國中之無人。”蘇林曰:“廣,音曠。”薛瓚曰:“術,道路也。”師古曰:“廣,讀如本字。”案,蘇説是也。“曠曠”者,虚無人之貌,故下句云“固知國中之無人”。若讀“廣”爲“廣大”之“廣”,則與下句意不相屬矣。《莊子·天道》篇曰:“廣廣乎其無不容也。”《荀子·非十二子》篇曰:"恢恢然、廣廣然。"義并與"曠"同。

不孽

通關去塞,不孽諸侯。

應劭曰:"接之以禮,不以庶孽畜之。"如淳曰:"孽,疑也。去關禁,明無疑於諸侯。"師古曰:"應説是。"【念孫案】《廣雅》:"讞,疑也。""讞"今作"讞"。"讞"與"孽"同聲,故字亦相通。"不疑諸侯",即承上句言之,如説是也。《賈子·壹通》篇"疏山東孽諸侯",亦謂"疑諸侯"也。

張馮汲鄭傳

外臨厠

從行至霸陵,上居外臨厠。

【念孫案】"外臨厠"當依《史記》作"北臨厠",《劉向傳》亦作"北臨厠",謂"北臨霸水之厓也"。服虔曰:"厠,側近水也。"李奇曰:"霸陵山北頭側近霸水,帝登其上以遠望也。"【念孫案】"厠"與"側"通。《魏風·伐檀》篇:"寘之河之側兮。"《毛傳》:"側,亦厓也。"此時帝北向,故下文指北山言之,而《漢紀》亦云:"上望北山,悽然傷懷。"則當作"北臨厠"明矣。隸書"外"字或作"外",見漢《司隸校尉魯峻碑》。形與"北"相似,故"北"誤爲"外"。《史記·魯仲連傳》"士無反北之心",《方言》"燕之北鄙",今本"北"字并誤作"外"。

中渭橋

上行出中渭橋。張晏曰:“在渭橋中路。”

劉奉世曰:“渭上有橋非一,此在中,故曰中渭橋。張説非也。”【念孫案】劉説襲《史記索隱》而誤,辯見《史記》。

且罪等然以逆順爲基

且罪等,然以逆順爲基。

如淳曰:“俱死罪也。盗玉環不若盗長陵土之逆。”劉奉世曰:“‘等’讀如‘等級’之‘等’,言凡罪之等差。”【念孫案】如劉説,則下句當删去“然”字矣。《史記》作“然以逆順爲差”,若以“等”爲“等差”,則是“且罪差,然以逆順爲差”也,豈其然乎?齊曰:“‘基’字《史記》作‘差’,文義甚明。”【念孫案】如云:“盗玉環不若盗長陵土之逆。”正釋“差”字之義,則《漢書》亦是“差”字。作“基”者,字之誤耳。

王恬咸

與梁相山都侯王恬咸。

《史記》“恬咸”作“恬開”,徐廣曰:“《漢書》作‘啟’。啟者,景帝諱也,故或爲開。”【念孫案】《史記》以避諱作“開”,則《漢書》作“啟”明矣。《高惠高后文功臣表》《百官公卿表》并作“啟”。此作“咸”者,俗書“啟”字或作“启”,因訛而爲“咸”。宋祁反以作“咸”者爲是,謬矣。

欲見

欲免去,懼大誅至。欲見,則未知何如。

【念孫案】"欲見"當依《史記》作"欲見謝",謂欲見帝而謝罪也。下文"卒見謝",即承此句言之,則此句内原有"謝"字明矣。

爲將

吾獨不得廉頗、李牧爲將。

【念孫案】《群書治要》引此,"牧"下有"時"字是也。今本無"時"字者,後人不解其義而删之耳。"時"讀爲"而",言吾獨不得廉頗、李牧而爲將也。"而""時"聲相近,故字相通。《賈誼傳》"故自爲赤子而教固已行矣",《大戴禮・保傅》篇"而"作"時"。《聘義》曰"然而用財如此其厚者",《大戴記・朝事》篇"而"作"時"。《史記・大史公自序》"專決於名而失人情",《漢書・司馬遷傳》"而"作"時",是其證。《史記》亦有"時"字。

顔聚

令顔聚代之。

宋祁曰:"'聚'一作'最'。《史記索隱》亦曰:'聚,《漢書》作最。'又,《廉頗藺相如傳》之'顔聚',《趙策》作'顔最'。"【念孫案】作"最"者,皆"冣"之訛也。《説文》:"冣,才句切。積也。"徐鍇曰:"古以'聚物'之'聚'爲'冣'。""冣"與"最"字相似，世人多見"最"，少見"冣"，故書傳中"冣"字皆訛作"最"。隱元年《公羊傳》："會，猶冣也。"何注："冣，聚也。"《樂記》："會以聚衆。"鄭注："聚，或爲冣。"《史記·殷本紀》："大冣樂戲於沙丘。"徐廣曰："冣，一作聚。"《周本紀》："則固有周聚以收齊。"徐廣曰："聚，一作冣。"今諸書"冣"字皆訛作"最"。此作"聚"者，校書者依《史記》改之耳。

河内

河内失火，燒千餘家。上使黯往視之，還報曰："家人失火，屋比延燒，不足憂。臣過河内，河内貧人傷水旱萬餘家，或父子相食，臣謹以便宜持節發河内倉粟以振貧民。"

《史記》"臣過河内"及"河内貧人""河内倉粟"，三"河内"并作"河南"，唯上文"河内失火"作"河内"。【念孫案】《史記》是也。蓋河内失火，武帝使黯往視，道經河南，見貧民傷水旱，因發倉粟振之。是黯未至河内，先過河南，故曰"臣過河南"。若黯已至河内而發粟振民，則當云"臣至河内"，不得言過矣。《漢書》後三"河内"，皆因上文"河内失火"而誤。

門下

當時爲大吏，戒門下：客至，亡貴賤，亡留門下者。

宋祁曰："'門下者'，邵本無'下'字。"【念孫案】景祐本亦無"下"字，蓋涉上文"戒門下"而衍。《白帖》三十四、《太平御覽·職官部三十》《人事部一百十六》引此皆無"下"字，《史記》同。

賈鄒枚路傳

比諫

史在前書過失,工誦箴諫,瞽誦詩諫,公卿比諫,士傳言諫過,庶人謗於道,商旅議於市。

李奇釋"公卿比諫"曰:"相親比而諫也。或曰:比方事類以諫也。"師古曰"比方是也"。【念孫案】二説均有未安,余謂"比諫"當爲"正諫",字之誤也。言工誦箴諫,瞽誦詩諫,而公卿則正諫其非也。《東方朔傳贊》曰:"正諫似直。"《叙傳》曰:"正諫舉郵。"《韓詩外傳》曰:"主有失敗,皆交争正諫。"《説苑·正諫》篇曰:"諫有五,一曰正諫。"《漢紀》作"比諫",亦後人以誤本《漢書》改之。《吕氏春秋·達鬱》篇曰:"使公卿列士正諫,好學博聞獻詩,矇箴,師誦,庶人傳語,近臣盡規,親戚補察。"《淮南·主術》篇曰:"公卿正諫,博士誦詩,瞽箴,師誦,庶人傳語,史書其過,宰徹其膳。"説與此略同,而皆作"正諫"。《大戴記·保傳》篇"瞽夜誦詩,工誦正諫",疑亦本作"工誦箴諫,公卿正諫",而今本脱去"箴諫公卿"四字也。

道諛

是以道諛媮合苟容。

師古曰:"道,讀曰導。導引主意於邪也。"【念孫案】"道諛"即"諂諛"之轉聲,説見《史記·越世家》。

訟

又訟淮南王無大罪。

舊本"訟"作"誦"。宋祁曰:"'誦'疑作'訟'。誦是'誦説'字,非是。"各本皆依宋説改爲"訟"。【念孫案】"訟"古通作"誦"。《史記·吕后紀》"未敢訟言誅之",《漢書》作"誦"。《漢書·陳湯傳》"谷永上疏訟湯",《漢紀》作"誦",皆其證也。子京疑"誦"當作"訟",而後人輒改之,皆未達六書假借之旨。

縣衡

臣聞秦倚曲臺之宫,應劭曰:"始皇帝所治處也,若漢家未央宫。"縣衡天下。

服虔曰:"關西爲衡。"應劭曰:"衡,平也。"如淳曰:"衡,猶稱之衡也。言其縣法度於其上也。"師古曰:"此説秦自以爲威力强固,非爲平法也。下文言'陳勝連從兵之據',則是説從横之事耳,服釋是也。"【念孫案】如説是也。"縣衡天下",謂法度加於天下耳。李善注《文選》仍用如説,引《申子》曰:"君必有明法正義,若權衡以稱輕重,所以一群臣也。"若讀"衡"爲"從横"之"横",則"縣衡"二字義不可通。且始皇已滅六國,無庸連横也。下文"張耳、陳勝連從兵之據",乃説二世時事,與此無涉,亦非以"從""横"對文。

蹈雍之河

是以申徒狄蹈雍之河,徐衍負石入海。

服虔曰:"雍之河,雍州之河也。"師古曰:"雍者,河水溢出爲小流也。言狄初因蹈雍,遂入大河也。《爾雅》曰:'水自河出爲雍。'雍音於龍反。"【念孫案】"雍"讀爲"甕",謂蹈甕而自沈於河也。《井》九二:"甕敝漏。"《釋文》:"甕,作雍。"《北山經》"縣雍之山",郭璞曰"音汲甕",《水經·晉水》篇作"縣甕"。是"甕"與"雍"古字通也。《史記》作"申徒狄自沈於河",《索隱》曰:"《新序》作'抱甕自沈於河'。"今《新序·雜事》篇作"蹈流之河",後人改之也。彼言"抱甕",此言"蹈甕",義相近也。"蹈甕之河""負石入海"皆欲其速沈於水耳。《莊子》謂"申徒狄負石自投於河",意與此同。《漢紀·孝成紀》荀悦曰:"雖死,猶懼形骸之不深,魂神之不遠,故徐衍負石入海,申徒狄蹈甕之河。"此尤其明證也。服虔以爲"蹈雍州之河",師古以爲"初蹈雍,遂入河",皆失之遠矣。

情素

披心腹,見情素。

師古曰:"素,謂心所向也。"【念孫案】師古以鄭注《中庸》訓"素"爲"向",故以"素"爲"心所向",然非此所謂"素"也。情素,猶情實也。下文云"濟北見情實",即此所謂"見情素"也。《文選·謝靈運〈還舊園〉詩》注引《史記》"披心腹,示情素",《蔡澤傳》。而釋之曰:"素,猶實也。"俗作"愫"。《集韻》曰:"愫,誠也。""情素"與"心腹"對文,則"素"非"心所向"之謂。

荆軻

荆軻湛七族，要離燔妻子。

應劭曰："荆軻爲燕刺秦始皇不成而死，其族坐之，湛没也。"師古曰："此説云'湛七族'，無'荆'字也。尋諸史籍，荆軻無湛族之事，不知陽所云者，定何人也。"劉敞曰："王充書言'秦怨荆軻，并殺其九族'，殺則是湛矣，非必沈之水也。"宋祁曰："淳化本作'荆軻'，景祐本無'荆'字。案，浙本、郭本去'荆'字，云據注無'荆'字。南本、徐鍇亦滅'荆'字。"【念孫案】劉説是也。《論衡·語增》篇云："傳語云'町町若荆軻之閭'，言荆軻爲燕太子丹刺秦王，秦王誅軻九族，其後恚恨不已，復夷軻之一里，一里皆滅，故曰'町町'，此言增之也。夫秦雖無道，無爲盡誅荆軻之里。或時誅軻九族，九族衆多，同里而處，好增事者則言'町町'也。"仲任不信"町町"之説，而信"滅九族"之語。九族、七族，小異而大同，則漢時傳語固有荆軻滅族之事矣。且"荆軻湛七族""要離燔妻子"相對爲文，則正文内當有"荆"字，若無"荆"字，則應注當云"軻，荆軻也"。今直云"荆軻爲燕刺秦始皇"，則正文原有"荆"字甚明。師古所見本偶脱"荆"字，遂云不知何人，誤矣。諸校本去"荆"字，即惑於師古之説也。《史記》《新序》《文選》皆有"荆"字。

開忠

欲開忠於當世之君。

師古曰："開，謂陳説也。"《文選》李善注引《小雅》曰：

“開,達也。”【念孫案】李説是。

法而不譎

孔子曰:“齊桓公法而不譎。”

【念孫案】法,猶正也,故《論語》作“正而不譎”。僖公二十年《穀梁傳》:“南門者,法門也。”法門,即正門。《史記·賈生傳》:“改正朔,易服色,法制度,定官名。”法制度,即正制度。《荀子·性惡》篇云:“明禮義以化之,起法正以治之。”又云:“凡禹之所以爲禹者,以其爲仁義法正也。”《家語·七十二弟子》篇云:“高柴爲人,篤孝而有法正。”《大戴禮·勸學》篇“夫水,出量必平,似正”,《荀子·宥坐》篇“正”作“法”。是“法”與“正”同義,師古以“法”爲“守法”,則於義稍迂。

勁不足以扞寇

權不足以自守,勁不足以扞寇。

【念孫案】“勁”當爲“埶”,字之誤也。俗書“埶”字作“𡚶”,“勁”字作“㔞”,二形相似。權輕則不足以守國,埶弱則不足以扞寇,“埶”與“權”正相對,若作“勁”,則與“權”不相對矣。師古云“權謀勁力不能扞守”,加“謀”“力”二字,以曲通其義,而不知“勁”爲“埶”之譌也。《漢紀·孝景紀》作“勢不足以扞寇”,以是明之。

所以爲大王惑

此愚臣之所以爲大王惑也。

宋祁曰:"景德本云'此愚臣之所大惑也',無'以爲王'三字。"【念孫案】景德本是也。有此三字,則文義不順。後人以下文《復説吴王書》云"此臣所以爲大王患也",遂妄加此三字耳。景祐本及《漢紀》《文選》《群書治要》皆無此三字,《説苑・正諫》篇同。

不知

人性有畏其景而惡其迹者,卻背而走,迹愈多,景愈疾,不知就陰而止,景滅迹絶。

【念孫案】"知"當爲"如",字之誤也。"不如"二字與下文兩"莫若"、一"不如"文同一例。"不如就陰而止",與下文"不如绝薪止火而已",亦文同一例,若作"不知",則與下文不合矣。或曰:《莊子・漁父》篇:"人有畏景惡迹而去之走者,舉足愈數而迹愈多,走愈疾而景不離身,不知處陰以休景,處静以息迹,愚亦甚矣。""不知"二字,正與此同。曰:否。《莊子》上言"不知",故下言"愚甚"。若作"不如",則與下文不合矣。此文上言"不如",故下言"景滅迹絶",言與其愈走而迹愈多、景愈疾,不如就陰而止,則景自滅,迹自絶也。若作"不知",則又與下文不合矣。下文云:"不如絶薪止火而已。"若改作"不知",其可乎?《文選》正作"不如"。

南距羌筰之塞

昔者秦西舉胡戎之難,北備榆中之關,南距羌筰之塞,東當六國之從。

劉攽曰:“邛、筰武帝始通,此云秦南距羌筰之塞,非。”【念孫案】《史記·西南夷傳》云:“秦時常頞略通五尺道,諸此國頗置吏焉。十餘歲,秦滅。及漢興,皆棄此國而關蜀故徼。”《漢書》同。是秦已通西南夷,而於諸國置吏,及漢初復棄之,而關蜀故徼也。《司馬相如傳》載相如之言,亦云:“邛筰冉駹,秦時嘗通爲郡縣,至漢興而罷。”此言秦“南距羌筰”,正與二傳合,貢父特未之考耳。

方輸錯出

夫漢并二十四郡十七諸侯,方輸錯出,運行數千里,不絶於道。

張晏曰:“四方更輸,錯互更出,攻也。”師古曰:“方軌而輸,雜出貢賦,入於天子。”【念孫案】方,猶并也。言郡國之貢賦并輸雜出,運行不絶也。高誘注《淮南·氾論》篇曰:“方,并也。”《微子》曰“小民方興,相爲敵讎”,《史記·宋世家》“方”作“并”。《荀子·正論》篇曰“故象刑殆非生於治古,并起於亂今也”,《漢書·刑法志》“并”作“方”,是“方”與“并”同義。《吕刑》曰:“方告無辜于上。”謂并告無辜也。說見《經義述聞》。《鄉射禮》曰“不方足”,謂不并足也。《爾雅》曰:“大夫方舟。”謂并兩舟也。

所以爲大王樂

此臣之所以爲大王樂也。

宋祁曰："景祐本無'以'字。"【念孫案】景祐本是也。此"以"字，涉上文"此臣所以爲大王患也"而衍。上文當有"以"字，此不當有，三復之而其義自明。《漢紀》《文選》皆無"以"字。

讒惡

與冗從争，見讒惡。

師古曰："惡，謂冗從言其短惡之事。"【念孫案】師古以"惡"爲"短惡之事"，非也。"惡"與"証"同。《説文》："証，相毁也。"《玉篇》"烏古切"，《廣韻》又"烏路切"，俗作"謳"。字通作"惡"。"見讒惡"，即見讒毁。上文"勝等疾陽，惡之孝王"，師古彼注曰："惡，謂讒毁也。"《戰國策》《史記》《漢書》皆謂"相毁"爲"惡"。

上得之

皋上書北闕，自陳枚乘之子。上得之，大喜。

宋祁曰："'得之'，越本無'之'字。"【念孫案】越本是也，景祐本亦無"之"字。"上得"者，即謂上得之，無庸更加"之"字。《張耳陳餘傳》："陳涉生平數聞耳、餘賢。見，大喜。"但言"見"而不言"見之"，文義正與此同。《漢紀·孝武紀》："相如作《子虚賦》，上得，讀而善之。"亦但言"得"，而不言"得之"也。《文選·兩都賦序》注、《藝文類聚·雜文部二》《太平御覽·文部》三及十六引此并作"上得"，無"之"字。

變化之後　異舊之恩

夫繼變化之後，必有異舊之恩。

《漢紀·孝宣紀》"變化"作"變亂"，"異舊之恩"作"儁異之德"。【念孫案】上文曰："禍亂之作，將以開聖人。"下文曰："深察禍變之故，乃皇天之所以開至聖。"則作"變亂"者是也。宣帝繼昌邑王之後，故曰"繼變亂之後"。作"變化"，則非其義矣。"異舊"，亦當依《漢紀》作"儁異"，今本"儁"誤爲"舊"，又誤在"異"字之下耳。宣十五年《左傳注》曰："儁，絶異也。""儁異之恩"，謂非常之恩。下文曰："滌煩文，除民疾，存亡繼絶以應天意。"所謂儁異之恩也。若作"異舊之恩"，則非其義矣。《群書治要》所引已誤。

始受命

宜改前世之失，正始受命之統。

【念孫案】"命"字涉上文"受命"而衍，上文云："《春秋》正即位，大一統而慎始也。"故此云"正始受之統"，且與"改前世之失"對文，則本無"命"字明矣。《漢紀》及《説苑·貴德》篇皆無"命"字。

周内

上奏畏卻，則鍛練而周内之。

晉灼曰："精孰周悉，致之法中也。"【念孫案】晉注"精孰"是解"鍛練"二字，"周悉"是解"周"字，"致之法中"是解"内之"二字。如此,則"周内"分爲二義矣。今案,"内"讀爲"納"。納者,補也,周密也。此承上"上奏畏卻"而言,謂密補其奏中之罅隙,非謂致之法中也。鍛練而周内之,謂鍛練其文而周納其隙。《廣雅》曰:"紩,納也。"又曰:"衲,補也。"《論衡·程材》篇曰:"納縷之工,不能織錦。""納""衲""内"古字通。今俗語猶謂破布相連處爲"納頭"矣。

《漢書》弟十

竇田灌韓傳

矯先帝詔害

乃劾嬰矯先帝詔害，罪當棄市。鄭氏曰："矯詔有害、不害也。"

《義門讀書記》曰："《史記》無'害'字，此衍文，鄭注迂鑿。"【念孫案】《漢書》凡言坐矯詔罪者，皆有害、不害之分，《史記》亦有之。《武功臣表》："浩侯王恢坐使酒泉矯制害，當死。"《史記》同。如淳曰："律，矯詔大害，要斬。有矯詔害、矯詔不害。"《外戚侯表》："宜春侯衛伉，坐矯制不害，免。"《史記》同。《終軍傳》："張湯劾徐偃矯制大害，法至死。"皆其證。何以"害"爲衍文，蓋未考漢律也。

小苛禮

今大后以小苛禮責望梁王。

【念孫案】"小苛禮"，《史記》作"小節苛禮"是也。此脱"節"字，則文義不完。

自上古弗屬

今匈奴遷徙鳥集，難得而制，得其地不足爲廣，有其衆不足爲强，自上古弗屬。師古曰："不内屬於中國。"

《史記》作"自上古不屬爲人"，《索隱》曰："案，晉灼云：'不内屬於漢爲人。'"【念孫案】如晉注，則《漢書》本作"自上古弗屬爲人"，而顔注云"不内屬於中國"，則所見本已脱"爲人"二字矣。《史記》："主父偃《諫伐匈奴書》亦云：'禽獸畜之，不屬爲人。'"

天下之功　功義

夫聖人，以天下爲度者也，不以己私怒傷天下之功。

【念孫案】"傷天下之功"本作"傷天下之功義"，"功"與"公"同。"公義"與"私怒"相對爲文。報讎雪恥，一己之私怒也，按兵恤民，天下之公義也。故曰："不以己私怒傷天下之公義。""公"借爲"功"，又脱去"義"字，詞意遂不完備。《群書治要》引此已誤。《新序·善謀》篇作"不以己之私怒傷天下之公義"，《漢紀·孝武紀》作"不以私怒傷天下公議"，皆其證也。"議"與"義"同，《莊子·齊物論》篇"有倫有義"，《釋文》："義，崔本作議。"《史記·留侯世家》"義不爲漢臣"，《新序·善謀》篇作"議"。《司馬相如傳》"義不反顧"，《酷吏傳》"義不受刑"，《漢書》并作"議"。又，《杜鄴傳》"及陽信侯業，皆緣私君國，非功義所止"。"功"亦與"公"同，"公"與"私"相對，言鄭業緣私恩而得封，非公義所在也。師古曰："非有功而侯。"則"功義"二字，義不相屬矣。

逗橈

廷尉當恢逗橈，當斬。

服虔曰："逗，音企。"應劭曰："逗，曲行避敵也。橈，顧望也。案，"橈"字之訓未確。軍法語也。"蘇林曰："逗，音豆。"如淳曰："軍法行而逗留畏懦者要斬。"師古曰："服、應二説皆非也。逗，謂留止也。橈，屈弱也。"【念孫案】"逗"當爲"迟"。《説文》："迟，曲行也。從辵、只聲。"《玉篇》"音丘戟切"。《説文》又云："乚，讀若"隱"。匿也，象迟曲隱蔽形。"《莊子・人間世》篇"吾行郤曲"，《釋文》："郤，字書作迟。郤曲，即迟曲也。"《廣雅》云："橈迟，曲也。"是"橈"與"迟"同義，恢不擊單于輜重而輒罷兵，故曰"迟橈當斬"，《淮南・氾論》篇云"令曰：屈橈者要斬"是也。"迟"與"逗"字相似，世人多見"逗"，少見"迟"，故"迟"訛爲"逗"。《史記・韓長孺傳》同。逗，止也。橈，曲也。二字各爲一義，不得以"逗橈"連文。服、應所見本正作"迟"，故服云："迟，音企"，以"企""迟"聲相近也，若"逗"字，則聲與"企"遠而不可通矣。應云："迟，曲行避敵也。""曲行"二字，正用《説文》"迟"字之訓，若"逗"字，則不得訓爲"曲行"矣。蘇、如所見本始訛作"逗"，故誤訓爲"逗留"。師古不知"逗"爲"迟"之訛，反是蘇、如而非服、應，失之矣。

至它

於梁舉壺遂、臧固、至它，皆天下名士。

師古曰："於梁舉二人，至於他餘所舉，亦皆名士也。"《史記》"至它"作"郅他"。《索隱》曰："上音質，下徒何反，謂三人姓名也:壺遂也、臧固也、郅他也。若《漢書》則云'至他',言至於他處亦舉名士也。"【念孫案】"至"與"郅"通,"它",古"他"字。壺遂、臧固、至它皆人姓名,謂長孺舉此三人皆天下名士也。若云"至於他餘所舉",亦皆天下名士,則名士不應若是之多,且"至它"二字文不成義,必加"所舉"二字於下而其義始明矣。小司馬以"至它"爲"至於他處",尤非。解《漢書》者,不以"至它"爲人姓名,徒以"郅"讀入聲,"至"讀去聲耳,不知"至"字古讀若"質"聲,與"郅"同,故字亦相通。《豳風·東山》篇"我征聿至",與"垤""室""窒"爲韻。《小雅·杕杜》篇"期逝不至",《蓼莪》篇"入則靡至",并與"恤"爲韻。《月令》"寒氣總至",與"室"爲韻。《莊子·刻意》篇"道德之質",《天道》篇"質"作"至"。《漢書·司馬相如傳》"爰周郅隆",文穎曰:"郅,至也。"郅隆,即至隆。《史》《漢》中人姓人名,類多借字,"郅""至"之通亦是也。

灌夫用一時決策而各名顯

竇嬰、田蚡皆以外戚重,灌夫用一時決策師古曰:"謂馳入吴軍,欲報父讎也。"而各名顯。

【念孫案】"名"上本無"各"字,今作"各名顯"者,一本作"名",一本作"各",而後人誤合之也。"用一時決策而名顯"者,"用",亦"以"也,言竇、田皆以外戚重,而灌夫則以一時決策而名顯也。"名顯"專指灌夫,下文并位卿相,乃總承竇、田、灌言之耳。師古不知"各"爲"名"之誤衍,而以"各名顯"爲總上之詞,遂以"灌夫用一時決策"爲句,不與下連讀,失之矣。《史記》正作"灌夫用一時決策而名顯"。

景十三王傳

頃王子

復立頃王子畯弟部鄉侯閔爲王。

宋祁曰:"兩浙本無'頃王子'三字。"【念孫案】兩浙本是也。閔爲畯弟,則爲頃王子可知,無庸更言頃王子矣。上文云:"復立元弟上郡庫令良。"下文云:"立尊弟高。"皆不言某王子,是其例也。

淮陽

建異母弟定國爲淮陽侯。

【念孫案】淮陽乃王國,非侯國。"陽"當爲"陵",《王子侯表》云:"淮陵侯定國,江都易王子。"是其證。漢淮陵故城在今泗州盱眙縣西北,與江都相近。

覆我

漢廷使者即復來覆我,我決不獨死。

師古曰:"覆,治也。"【念孫案】訓"覆"爲"治",於古無據。《爾雅》:"覆、察,審也。"鄭注《考工記·弓人》云:"覆,猶察也。"言使者若復來審問我,則我必叛也。

帛布單衣

每相二千石至，彭祖衣帛布單衣，自行迎除舍。

【念孫案】“帛布”當從《史記·五宗世家》作“皁布”。皁布單衣，賤者之服也。“皁”與“帛”字相似，因誤爲“帛”。《管子·輕重戊》篇“立皁牢，服牛馬”，今本“皁”誤作“帛”。衣帛則不衣布，衣布則不衣帛，不得言衣帛布也。師古曰：“或帛或布以爲單衣。”斯爲曲説矣。

李廣蘇建傳

將數十騎從

上使中貴人從廣，勒習兵，擊匈奴。中貴人將數十騎從，見匈奴三人，與戰，射傷中貴人，殺其騎且盡，中貴人走廣。

張晏解“將數十騎從”云：“放縱游獵也。”師古曰：“張讀作‘縱’，此説非也。直言將數十騎自隨，在大軍前行而忽遇敵也。”【念孫案】師古以“從”爲“隨從”，非也。既在大軍前，則不得言隨從，若謂以騎自隨，則當云“從數十騎”，下文云“李敢從數十騎”。不當云“將數十騎從”也，張讀“從”爲“放縱”是也。而云“放縱游獵”，亦非。今案，“從”讀爲“縱兵”之“縱”，謂馳擊之也。《史記》作“中貴人將騎數十縱”，徐廣曰：“放縱馳騁。”蓋得其意矣。下文曰：“聞鼓聲而縱，聞金聲而止。”《史記·高祖紀》曰：“高祖與項羽決勝垓下，孔將軍、費將軍縱。”《匈奴傳》曰：“漢兵約單于入馬邑而縱。”《朝鮮傳》曰：“率遼東兵先縱。”并與“將數十騎從”之“從”同義。

不去

彼虜以我爲走，今解鞍以示不去。

【念孫案】"去"當爲"走"，字之誤也。"走"與"不走"文正相對，不當變"走"言"去"。《太平御覽·兵部二十五》引此正作"不走"。《史記》及《通典·兵六》《通鑑·漢紀十六》并同。

有恨

將軍自念，豈嘗有恨者乎？

【念孫案】"恨"上有"所"字，而今本脱之，則語意不完。《藝文類聚·封爵部》《太平御覽·封建部一》引此皆有"所"字，《史記》同。

惑失道　不爲利惑

惑失道，後大將軍。

師古曰："惑，迷也。"【念孫案】正文、注文皆本作"或"，今作"惑"者，後人不識古字而改之也。以字本作"或"，故師古釋之曰："或，迷也。"《衛青霍去病傳》："或失道。"師古亦曰："或，迷。"若作"惑"，則不煩訓釋矣。《文選·范彦龍〈效古〉詩》注、《太平御覽·兵部五》引此并作"或"，《史記》同。又，《卜式傳》"不爲利惑"，字亦本作"或"。宋祁曰："一作或。"故師古曰："言不惑於利。"若作"惑"，則又不煩訓釋矣。

客遇之

如浞野侯爲虜所得，後亡還，天子客遇之。

宋祁曰："浙本'客'作'容'。"【念孫案】"客"字義不可通。《衛霍傳》但云："浞野侯趙破奴以浚稽將軍擊匈奴左王，爲虜所得，遂没其軍。居匈奴中十歲，復與其大子安邦亡入漢。"無所謂"天子客遇之"之事。"客"當依浙本作"容"，字之誤也。容，寬也。見《五行志》。遇，待也。見《管子·任法》篇注。寬待之，謂不問其没軍之罪。

何以女爲見

武駡律曰："女爲人臣子，不顧恩義，畔主背親，爲降虜於蠻夷，何以女爲見？"

師古曰："言何用見女爲也。"【念孫案】"見"字當本在"女"字上。"何以見女爲"，猶《論語》言"何以文爲""何以伐爲"耳。若云"何以女爲見"，則文不成義矣。《漢紀·孝昭紀》作"何用見女爲兄弟乎"，"爲"下加"兄弟"二字，遂失其指。然據此，知《漢書》本作"何以見女爲"也。

絶不飲食

乃幽武，置大窖中，絶不飲食。

【念孫案】此本作"絶不與飲食"，師古所見本脱"與"字，則義不可通，乃曲爲之説曰"飲，於禁反，食讀曰飤"，誤矣。舊本《北堂書鈔·設官部十五》陳禹謨依顔本《漢書》删"與"字。

《服飾部三》此卷“與”字未删。《藝文類聚·天部下》《太平御覽·天部十二》《人事部百二十七》《服用部十》引此皆作“絶不與飲食”，是諸家所見本皆與師古異也。《漢紀》本於《漢書》，而亦作“絶不與飲食”，是仲豫所見本正與諸家同也。今據以訂正。《新序·節士》篇亦作“絶不與飲食”。

網紡繳

武能網紡繳，檠弓弩。

宋祁曰：“‘網’字上疑有‘結’字。”【念孫案】“結網”與“紡繳”對文，宋説是也。《太平御覽·人事部百二十七》引此正作“結網紡繳”，《漢紀》同。

某澤

言天子躲上林中，得雁，足有係帛書，言武等在某澤中。

【念孫案】“某澤”二字文義不明。“某”當爲“荒”，字之誤也。隸書“荒”字或作“茉”，與“某”相似。荒澤，即上文所云“北海上無人處”也。凡塞外大澤通謂之海，海邊無人之地，故曰“荒澤中”。《吴子·論將》篇曰：“軍居荒澤，草楚幽穢。”言天子射雁得書，知武等在荒澤中也。《藝文類聚·鳥部中》引作“某澤”，則此字之譌已久，《漢紀·孝昭紀》正作“荒澤”。

物故

前以降及物故，凡隨武還者九人。

師古曰:"物故,謂死也,言其同於鬼物而故也。一説不欲斥言,但云其所服用之物皆已故耳。"宋祁曰:"'物'當從南本作'歾',音'没'。又,《釋名》曰:'漢以來謂死爲物故,言其諸物皆就朽故也。'此師古後説所本。《史記·張丞相傳》集解引高堂隆《答魏朝訪》曰:'物,無也。此是讀"物"爲"勿"。故,事也。言無所能於事。'"【念孫案】子京説近之。"物"與"歾"同。《説文》:"歾,終也。或作歿。""歾""物"聲近而字通,今吴人言"物"字聲如"没",語有輕重耳。歾故,猶言"死亡"。《楚元王傳》云:"物故流離以十萬數。"《夏侯勝傳》云:"百姓流離物故者過半。""物故"與"流離"對文,皆兩字平列,諸家皆不知"物"爲"歾"之借字,故求之愈深而失之愈遠也。

著節

以武著節老臣,令朝朔望,號稱祭酒,甚優寵之。

【念孫案】"著節"本作"苦節",字之誤也。舊本《北堂書鈔·設官部十九》出"蘇武苦節優寵"六字,注引此傳云:"宣帝以武苦節老臣,令朝朔望。"陳禹謨本仍改"苦"爲"著"。《藝文類聚·職官部二》同。

衛青霍去病傳

當云何

建當云何?

師古曰:"謂處斷其罪,法何至也。"【念孫案】注言"處斷其罪”,則誤以“當”爲“廷尉當”之“當”。《楊惲傳》:“廷尉當惲大逆無道。”師古曰:“當,謂處斷其罪。”解“云何”二字亦未了。余謂“云何”者,如何也。問建棄軍之罪當如何也。“如”“云”語之轉。《李陵傳》“所與博德言者云何”,《東方朔傳》“隱云何”,《王莽傳》“五聲八音,條各云何”,皆謂“如何”也。

三年

去病侯三歲,元狩三年春,爲票騎將軍,將萬騎出隴西,有功。

宋祁曰:“‘三年’,越本作‘二年’。”【念孫案】越本是也。景祐本及《史記》并作“元狩二年”,本書《武紀》亦云:“元狩二年春,遣驃騎將軍霍去病出隴西。”《漢紀》同。又,《史記·建元以來侯者表》云:“冠軍景桓侯霍去病以元朔六年從大將軍擊匈奴,斬相國功侯。元狩二年,以驃騎將軍擊匈奴至祁連益封。”自元朔六年至元狩二年,凡三年,故曰“侯三歲”。

道邊

渾邪王與休屠王等謀,欲降漢,使人先要道邊。

師古曰:“道,猶言也。先爲要約,來言之於邊界。”【念孫案】“使人先要道邊”當依《史記》作“使人先要邊”,《集解》云“遣使向邊境要遮漢人,令報天子”是也。今本《集解》誤入正文内,辯見《史記》。道,即“邊”字之誤而衍者。師古曲爲之説,非也。或謂道邊爲路旁,尤不成語。

渾邪裨王將

渾邪裨王將見漢軍而多欲不降者。

【念孫案】"渾邪裨王將"當依《史記》作"渾邪王裨將"。

涉獲

票騎將軍去病絶大幕,涉獲單于章渠。

師古曰:"涉,謂涉水也。章渠,單于之近臣也。涉水而破獲之。"【念孫案】上文曰"涉狐奴",又曰"涉鈞耆,濟居延",下文曰"濟弓盧",凡言"涉"、言"濟"者,其下皆是水名。今不言所涉之水,而但言"涉獲",則"涉"非"涉水"之謂矣。余謂"涉"猶"入"也,入其軍,獲其近臣,故曰"涉獲單于章渠"。《高紀贊》:"涉魏而東。"晉灼曰:"涉,猶入也。"是其證。

失期

以將軍出北地,後票騎失期。

宋祁曰:"景德本無'失'字。"【念孙案】景德本是也。"後票骑期",即失期也,無庸更加"失"字。景祐本及《史记》皆無"失"字。

爲侯

趙信以匈奴相國降,爲侯。

【念孫案】"侯"上脱"翕"字,當依《史記》補。"翕侯"又見

《武功臣表》及《匈奴傳》。《史記》同。

董仲舒傳

褎然

今子大夫褎然爲舉首,朕甚嘉之。

張晏曰:"褎,進也,爲舉賢良之首也。"師古曰:"褎然,盛服貌也。《詩・邶風・旄丘》之篇曰:'褎如充耳。'"【念孫案】"褎然"者,出衆之貌,故曰"褎然爲舉首"。《大雅・生民》篇"實種實褎",《毛傳》曰:"褎,長也。"義與"褎然爲舉首"之"褎"相近。張晏訓"褎"爲"進",猶爲近之。師古訓爲"盛服貌",則與"爲舉首"三字義不相屬,且下句云"朕甚嘉之"者,嘉其賢良出衆,非嘉其盛服也。

桀紂之行

陵夷至虖桀紂之行,王道大壞矣。

宋祁曰:"浙本'行'下有'作'字。"【念孫案】浙本是也。此言桀紂之行作而王道大壞,脱去"作"字,則語意不完。《群書治要》及《文選・移讓太常博士書》注引此皆有"作"字。

辭之所謂大也

臣謹案:《春秋》謂一元之意。一者,萬物之所從始也。元者,辭之所謂大也。

師古曰:"《易》稱'元者,善之長也'。故曰'辭之所謂大也'。"【念孫案】"大"當爲"本"。下文曰:"謂一爲元者,視大始而欲正本也。""視大始",承上"始"字而言。"欲正本",承上"本"字而言。又曰"《春秋》深探其本而反自貴者始",①仍承"始"字、"本"字而言,則上文本作"辭之所謂本"明矣。"本"字上半與"大"相似,又涉下文"視大始"而誤。"元"字雖可訓爲"大",而仲舒則訓"元"爲"本",以起下"欲正本"之語,非訓爲"大"也。《春秋繁露·王道》篇曰:"《春秋》何貴乎元而言之？元者,始也,言本正也。"《重政》篇曰:"《春秋》變一謂之元。元,猶原也。其義以隨天地終始也。故元者爲萬物之本,而人之元在焉。"以上二條,皆訓"元"爲"本",又訓爲"始",始,亦本也。《晉語》注曰:"始,本根也。"《吕氏春秋·孝行》篇注曰:"本,始也。"若訓"元"爲"大",則别出一義,非仲舒正本之指矣。《漢紀·孝武紀》正作:"元者,辭之所謂本也。"

未以位爲樂

臣聞堯受命,以天下爲憂,而未以位爲樂也。

【念孫案】《群書治要》引此,"未"下有"聞"字,語意較完。

又盡善也

《韶》盡美矣,又盡善也。

錢氏《養新録》曰:"《漢書·董仲舒傳》引孔子曰'《韶》盡美

① "深",底本作"探",據《漢書·董仲舒傳》改。

矣,又盡善矣',又引'《武》盡美矣,未盡善也',上'矣'下'也',語意不同,當是《論語》古本,今《漢書》亦改作'也',唯景祐本是'矣'字。《西漢策要》與景祐本同。"【念孫案】錢説是也。據顔注云:"故聽其樂而云盡美、盡善矣。"則正文本是"矣"字。《群書治要》引作"《韶》盡善矣",文雖從省,而亦是"矣"字。

所謂

且古所謂功者,以任官稱職爲差,非所謂積日累久也。

【念孫案】下"所"字涉上"所"字而衍,景祐本作"非謂積日累久也"。《通典·選舉一》《通鑑·漢紀九》并同。《漢紀》作"不謂積日累久也",皆無"所"字。

予之齒

予之齒者去其角。

師古曰:"謂牛無上齒則有角,其餘無角者則有上齒。"宋祁曰:"'齒'字上,古本、浙本同,有'上'字,據注亦當有。只云'予之齒',是通上下,殊非義理。"【念孫案】《群書治要》引作"予上齒者去其角",無"之"字,與下句相對,句法較爲整齊。《春秋繁露·度制》篇亦云:"有角不得有上齒。"

如之

因乘富貴之資力,以與民争利於下,民安能如之哉。

【念孫案】如,猶當也,説見《史記·李將軍傳》。

司馬相如傳

奏之天子天子大說

奏之天子,天子大說。

師古曰:"説,讀曰悦。"【念孫案】正文、注文皆後人加之,景祐本所無也。賦奏在下文,則此不得先言奏,且下"其辭曰"三字,乃總承上文言之,忽插此二句,則語意中斷矣。後人以下文云"相如既奏《大人賦》,天子大説",遂增此二句,而不自知其謬也。《史記》有此二句,亦後人所加。

隆崇律崒

《子虚賦》:"其山則盤紆岪鬱,隆崇律崒,岑崟參差,日月蔽虧。"

宋祁曰:"越本無'隆崇律崒'四字。"【念孫案】景祐本亦無此四字,而《史記》《文選》有之,疑皆後人所加也,注引郭璞曰:"詰屈竦起也。岪音佛。""詰屈"是釋"盤紆"二字,《文選注》"詰屈"作"隆崇",乃後人不曉注意而妄改之。"竦起"是釋"岪鬱"二字,而"隆崇律崒"不與焉。且"岪"字有音,而"崒"字無音,其可疑一也。《文選》"律崒"作"嵂崒",而兩字皆無音,其可疑二也。《西都賦》"巖峻崷崒",《西京賦》"隆屈崔崒",皆有音。《藝文類聚·産業部下》引《子虚賦》云:"其山則盤紆岪鬱,岑崟參差,日月蔽虧。"而無"隆崇律崒"四字,與越本、景祐本同,其可疑三也。後人加此四字而以"鬱""崒"爲韻,不知此三句,但以"差""虧"爲韻,而首句不入韻也。

軼 轊

軼野馬，轊騊駼。

張揖曰："軼，過也。"郭璞曰："轊，車軸頭也。"師古曰："轊，謂軸頭衝而殺之也。軼音逸。"【念孫案】"軼"讀若"迭"。隱九年《左傳》："懼其侵軼我也。"杜注曰："軼，突也。"僖三十二年"將有西師過軼我"，《釋文》并云："軼，直結反。"成十三年"迭我殽地"，"迭"與"軼"同。此言"軼野馬"，亦是侵軼之意，當讀若"迭"，而訓爲"突"也。"轊"讀爲"躛"，躛，蹋也。《莊子·馬蹄》篇釋文引《廣雅》曰："踶，蹋也。"《説文》："踶，躛也。躛，踶躛也。"舊本訛作"衛也"。今據"踶"字注及牛部"犫"字注改。是"躛"爲"蹋"也。"躛""轊"二字，并音"衛"，故字亦相通，言突野馬而蹋騊駼也。《上林賦》之"轊白鹿"，義與此同。"蹵蛩蛩，轔距虚，軼野馬，轊騊駼"，皆上文所云"陵狡獸"也。張訓"軼"爲"過"，郭訓"轊"爲"軸頭"，顔謂"軸頭衝而殺之"，案，軸頭不能殺獸，雖强爲之解而不可通。皆非是。

揚旌栧

浮文鷁，揚旌栧。

張揖曰："揚，舉也。析羽爲旌，建於船上。栧，拖也。"《史記》作"揚桂枻"，《集解》引韋昭曰："枻，檝也。"《文選》作"揚旌栧"，本作"枻"，李善避太宗諱，故改爲"栧"。李善注引郭璞曰："栧，船舷，樹旌於上。"【念孫案】當從《史記》作"揚桂枻"，韋昭訓"枻"爲"檝"是也。"桂枻"，謂以桂爲檝，猶《楚辭》言"桂櫂兮蘭枻"也。"浮文鷁，揚桂枻，張翠帷，建羽蓋"，皆相對爲文。“旍”字隸書或作“旌”，與“桂”字相似。“枻”與“抴”亦相似，故“桂枻”訛爲“旍抴”。張揖謂“建旍於船上”，而訓“抴”爲“拖”，郭璞訓“枻”爲“船舷”，而謂樹旍於其上，揆之本句及上下文義，均有未安。

勺藥

勺藥之和具而後御之。

伏儼曰：“勺藥以蘭桂調食。”文穎曰：“五味之和也。”韋昭曰：“和齊鹹酸美味也。勺，丁削反。藥，旅酌反。”見《文選·子虛賦》及《七發》注。晉灼曰：“《南都賦》曰：‘歸雁鳴鵽，香稻鮮魚，以爲勺藥，酸恬滋味，百種千名。’①文說是也。”師古曰：“諸家之説皆未當也。勺藥，藥草名，其根主和五藏，又辟毒氣，故合之於蘭桂五味以助諸食，因呼五味之和爲勺藥耳。讀賦之士不得其意，妄爲音訓以誤後學。今人食馬肝、馬腸者，猶合勺藥而煮之，豈非古之遺法乎？”《文選》李善注曰：“枚乘《七發》曰‘勺藥之醬’，然則和調之言，於義爲得。”【引之曰】師古説非，諸家之説是也。韋云“勺，丁削反。藥，旅酌反”者，勺藥之言“適歷”也。適歷，均調也。《説文》曰：“曆，和也。從甘、厤。厤，調也。”曆音甘，厤音歷。《周官·遂師》注曰：“磿者，適歷。”②疏曰：“分布希疏得所，名爲適歷也。”然則均調謂之適歷，聲轉則爲勺藥。楊雄《蜀都賦》曰：“乃使有

① “千”，底本作“干”，據同治本改。

② “歷”，底本作“歷”，清人避高宗諱而改用此字。張之洞《輶軒語·敬避字》：“高宗純皇帝廟諱，下一字，《書》‘天之口數在爾躬’，用‘歷’字恭代。‘歷’字本從厂、從秝、從止，今從厂、從林、從心。”

伊之徒，調夫五味，甘甜之和，勺藥之羹。”《論衡・譴告》篇曰：“釀酒於罌，烹肉於鼎，皆欲其氣味調得也。時或鹹苦酸淡，不應口者，由人勺藥失其和也。”嵇康《聲無哀樂論》曰：“大羹不和，不極勺藥之味。”張協《七命》曰：“味重九沸，和兼勺藥。”皆其證矣。服虔注此賦，列或説云：“以勺藥調食。”見《文選注》。蕭該亦云：“芍藥，香草，可和食。”見《廣韻》。師古襲用其説，遂謂勺藥根主和五藏，故合之於蘭桂五味以助諸食。不知五味之和，總謂之勺藥，故云“勺藥之和具”。若專指一物，何以得言具乎？然且歷詆諸家“妄爲音訓”，斯爲謬矣。此賦及《蜀都賦》之“勺藥”，皆謂“五味之和”。陸機《詩疏》引此以證《鄭風》之“勺藥”，亦與師古同誤。

赤螭

《上林賦》：“於是蛟龍赤螭。”

文穎曰：“龍子爲螭。”張揖曰：“赤螭，雌龍也。”如淳曰：“螭，山神也，獸形。”師古曰：“許慎云：离，山神也。字則單作离，形若龍子，乃從虫。此作‘螭’，别是一物，既非山神，又非雌龍、龍子。三家之説皆失之。”

【念孫案】《吕氏春秋・舉難》篇：“龍食乎清而游乎清，螭食乎清而游乎濁。”高注曰：“螭，龍之别也。”自“蛟龍赤螭”以下九句，皆指水族言之，且“赤螭”與“蛟龍”連文，則螭爲龍屬甚明。若山神獸形之离，則非其類矣。而師古乃云：“既非山神，又非雌龍、龍子。”則果爲何物乎？

崇山矗矗巃嵸崔巍

於是乎崇山矗矗，巃嵸崔巍。

【念孫案】"矗矗"二字，後人所加也。"崇山巃嵸崔巍"，六字連讀，後人加"矗矗"二字，而以"崇山矗矗"爲句，失之矣。《史記》作"崇山巃嵸，崔巍嵳峩"，《文選·西都賦》注引作"崇山巃嵸崔巍"，而皆無"矗矗"二字。且"矗矗"二字，《漢書》《文選》皆無音釋，其爲後人所加無疑。《吴都賦》之"橚矗森萃"，《蕪城賦》之"矗似長雲"，李善皆有音釋而此獨無，則本無"矗矗"二字可知。

巖突洞房

夷嵕築堂，累臺增成，巖突洞房。

【念孫案】"突"當從《史記》作"宎"，字之誤也。"宎""突"字相似，傳寫往往訛混。《莊子·徐無鬼》篇"鶉生於宎"，《釋文》："宎，烏弔反。郭徒忽反，字則'穴下犬'。"①《淮南·地形》篇"宎生海人"，今本"宎"誤作"突"。《文選》作"窔"，李善引郭璞注曰："言於巖窔底爲室，潛通臺上也。"《説文》："窅窔，深穻皃。""窔"與"宎"同。"巖宎洞房"，皆言其幽深，故下句曰"頫杳眇而無見"。《甘泉賦》曰："雷鬱律於巖窔兮。"《文選》如是。《楊雄傳》作"雷鬱律而巖突兮"，"而"字、"突"字皆誤，而師古無音，則所見本已作"突"矣。《魯靈光殿賦》曰"巖宎洞出，逶迤詰屈"，皆其證也。師古不知"突"爲"宎"之誤，乃曰："於巖穴底爲室，若竈突然潛通臺上。"襲

① "字則"，《經典釋文》作"字林"。

郭注而小變之，强爲“突”字作解，斯爲謬矣。

娭游往來

若此者，數百千處，娭游往來，宫宿館舍。

師古曰：“娭，戲也。娭音許其反。”今本“娭音許其反”，“娭”字作“戲”，此後人所改也。後人以“娭”與“許其”，音不相協，而“戲”字可讀平聲，故改“娭”爲“戲”以牽合“許其”之音耳。不知“戲”字讀平聲者，乃是“伏戲”之“戲”，非“游戲”之“戲”。且“戲”讀平聲，亦在支部，不在之部，音“許宜反”，不音“許其反”也。此“娭”字乃“娭”字之訛。“娭”非常見之字，故須爲之作音，若“游戲”之“戲”，則不須作音矣。後人之改，甚矣其謬也。《文選》李善注曰：“《説文》曰：‘娭，戲也。’許其切。”【念孫案】“娭”音“虞”，不音“許其反”。《説文》“娭”訓爲“樂”，不訓爲“戲”。以顔、李二説考之，則“娭”爲“娭”字之訛也。《説文》：“娭，戲也。”《玉篇》“音虚基切”。“虚基”與“許其”同音。又，《楚辭·招魂》“娭光眇視”，王注曰：“娭，戲也。”《漢書·禮樂志》“神來宴娭”，師古曰：“娭，戲也。娭，音許其反。”音訓正與此同，則“娭”爲“娭”之誤明矣。娭，即“嬉戲”之“嬉”，故顔、李并音“許其反”。《史記·司馬相如傳》作“嬉游往來”，此尤其明證也。下文《大人賦》“吾欲往乎南娭，泛監水娭”，《史記》并作“嬉”。又案，《楚辭·九章》“屬貞臣而日娭”，洪興祖曰：“娭，一作娭，非是。”《招魂》“縣人以娭”，“娭，一作娭”。《漢書·楊雄傳〈羽獵賦〉》“踔夭蟜，娭澗門”，五臣本《文選》“娭”作“嬉”，李善本作“娭”，蓋後人多見“娭”，少見“娭”，故“娭”字多誤爲“娭”矣。

下磧歷之坻

陵三嵕之危，下磧歷之坻。

師古曰："磧歷，沙石之貌也。坻，水中高處也，音遲。"【念孫案】師古說"坻"與"磧歷"之義皆非也。坻，謂山阪也。《說文》曰："秦謂陵阪曰阺。"字或作坻，《玉篇》："坻，直飢切。水中可居曰坻。又音底。"《埤蒼》云："坂也。"是"陵阪"之"坻"音"底"，與水中之"坻"音"遲"者不同，張衡《南都賦》曰"坂坻巀嶭而成甗"是也。《文選·西京賦》"右有隴坻之隘"，李善注引應劭《漢書注》曰："天水有大坂，曰隴坻。"張揖曰："磧歷，不平也。"見《文選注》。案，"磧歷"叠韻字，謂山阪不平，磧歷然也。師古以"磧"與沙石同類，輒云："磧歷，沙石之貌。"望文生義，失其本指矣。故曰"下磧歷之坻"。"坻"爲山阪，故言"下"。若水中之"坻"，則不得言"下"矣。"陵三嵕之危，下磧歷之坻"，皆言山而不言水，下文"越壑厲水"，乃始言涉水耳。"坻"讀如"底"，與下文"水""豸""氏""豕"爲韻，非與"危"爲韻。"危"字，古音魚戈反。説見《史記》"劉氏危"下。亦不與"坻"爲韻也。

要褭

羂要褭，射封豕。

【念孫案】"要"當依景祐本作"𡍚"。《隸續·斥彰長田君斷碑》"究屆道𡍚"，《跋》引《漢書》"羂𡍚褭"，又引注云"𡍚，古'要'字"。今則正文改作"要"，又削去注文矣。

族居

巴俞宋蔡，淮南干遮，[1]文成顛歌，族居遞奏，金鼓迭起。

師古曰："族，聚也，聚居而遞奏也。"【念孫案】歌聲可言"起"，不可言"居"。師古言"聚居"，非也。"居"讀爲"舉"。"族舉"者，具舉也。"遞奏"者，更奏也。《荀子·王制》篇云："舉錯應變而不窮。"《非相》篇云："居錯遷徙，應變不窮。"居錯，即舉錯。《書大傳》"民能敬長憐孤、取舍好讓、舉事力者"，《韓詩外傳》"舉"作"居"。是"舉""居"古字通也，《史記》正作"族舉遞奏"。

綿藐

長眉連娟，微睇綿藐。

郭璞曰："綿藐，視遠貌。"【念孫案】下文云："色授魂予，心愉於側。"則此非謂"視遠貌"也。今案，綿藐，好視貌也。《方言》曰："南楚江淮之間驢瞳子謂之矊。"郭璞曰："言綿邈也。"《楚辭·招魂》曰："靡顔膩理，遺視矊些。""矊"與"綿"同義。藐，音莫角、莫沼二反。《楚辭·九歌》"目眇眇兮愁予"，王注曰："眇眇，好貌。""眇"與"藐"同義，合言之則曰"綿藐"。《方言》注作"綿邈"，張衡《西京賦》曰："眳藐流眄，一顧傾城。"薛綜以眳爲眉睫之間，失之。并字異而義同。

---

① "干"，底本似"千""于"，《漢書·司馬相如傳》作"干"，顔師古注："干，曲名也。"

奉幣使　繇使吏

今奉幣使至南夷,即自賊殺,或亡逃抵誅。

宋祁曰:"越本'使'作'役'。"【念孫案】越本是也。景祐本亦作"役"。奉幣役,謂奉幣之役,即上文所云"發巴蜀之士各五百人以奉幣"者也。發役奉幣以衛使者,則當言"奉幣役",不當言"奉幣使"也。"役"字,古文作"伇",與"使"相似而誤。《史記》《文選》及《藝文類聚·雜文部四》并作"役"。又,《韓延壽傳》"取官錢帛,私假繇使吏","使"亦當依浙本作"役"。《漢紀》作"私假傜役吏民",是其證。

衍溢

昔者洪水沸出,泛濫衍溢。

【念孫案】李善本《文選》"衍溢"作"湓溢"。注曰:"張揖曰:'湓,溢也。'《字林》'匹寸切',古《漢書》爲'湓',今爲'衍',非也。"據此,則李所見古本作"湓",與顏異也。《溝洫志》"河水湓溢",師古曰:"湓,踊也。"崔瑗《河隄謁者箴》亦曰:"湓溢滂汩。"《後漢書·陳忠傳》:"徐岱之濱,海水盆溢。"漢《武都太守李翕析里橋郙閣頌》:"涉秋霖漉,盆溢口漏。""盆"并與"湓"同。《文選·江賦》注引《淮南子》曰:"人莫鑒於流瀿而鑒於澄水。"見《説山》篇。許慎曰:"楚人謂水暴溢爲瀿,扶園切。""瀿"與"湓"聲近而義同。

銜橜

且夫清道而後行,中路而馳,猶時有銜橜之變。

張揖曰:"銜,馬勒銜也。橜,騑馬口長銜也。"師古曰:"橜,謂車之鉤心也。'銜橜之變',言馬銜或斷,鉤心或出,則致傾敗以傷人也。"【念孫案】師古説非也。遍考諸書,無謂車鉤心爲橜者。《説文》:"钀,馬口中橜也。"《史記索隱》引周遷《輿服志》云:"鉤逆上者爲橜,橜在銜中,以鐵爲之,大如雞子。"此與張説小異,而皆以爲馬口中橜,字或作"橛"。《莊子・馬蹄》篇云:"前有橛飾之患,而後有鞭筴之威,而馬之死者已過半矣。"《韓子・姦劫弑臣》篇云:"無棰策之威,銜橛之備,雖造父不能以服馬。"《鹽鐵論・刑德》篇云:"猶無銜橛而御捍馬也。"是"銜""橛"皆所以制馬。若"鉤心",則在輿之下、軸之上,《釋名》云:"鉤心,從輿心下鉤軸也。"《小畜》正義引鄭注云"輹謂輿下縛木,與軸相連,鉤心之木"是也。與馬何涉乎,當從張説爲是。又,《王吉傳》"其樂豈徒銜橛之間哉",義亦與此同。

列僊之儒

列僊之儒,居山澤間,形容甚臞。

師古曰:"儒,柔也,術士之稱也。凡有道術皆爲儒,今流俗書本作'傳'字,非也,後人所改耳。"《史記》作"列仙之傳",《索隱》曰:"案,傳者,謂相傳以列仙居山澤間。小顔及劉氏并作'儒',云'儒,柔也,術士之稱',非。"【念孫案】司馬説是也。《郊祀志》云:"此三神山者,其傳在勃海中。"與此"傳"字同義。"儒"與"列仙"意不相屬。劉、顔曲爲之説,而終不可通。隸書"傳"或作"傅","儒"或作"儁",二形相似,故"傳"訛爲"儒"矣。

大行

《封禪文》"文王改制,爰周郅隆,大行越成"。

文穎曰:"行,道也。"應劭曰:"大行,道德大行也。"【念孫案】文説是。"大行越成"者,大道於是始成也。古謂"道"爲"行",説見《經義述聞·周易》。

垂統理順

垂統理順。

張揖曰:"理,道也。其道和順。"【念孫案】理,亦順也。《説文》曰:"順,理也。"《廣雅》曰:"理,順也。"《説卦傳》曰:"和順於道德而理於義。"《考工記·匠人》曰:"水屬不理孫謂之不行。"是"理"與"順"同義。"軌迹夷易,湛恩厖洪,憲度著明,垂統理順",夷、易皆平也。厖、洪,皆大也。著、明皆明也。理、順皆順也。

卒業

皇皇哉斯事,天下之壯觀,王者之卒業。

師古曰:"皇皇,盛貌也。卒,終也,字或作本,或作丕。丕,大也。"【念孫案】《爾雅》云:"壯,大也。""壯觀""丕業",皆承上"皇皇哉斯事"言之,則作"丕"者是也。作"卒"、作"本",

則非其旨矣。隸書“丕”或作“平”，本或作“夲”，“卒”或作“卆”，三者皆相似，故“丕”訛作“卒”，又訛作“本”。《史記》正作“丕”，五臣本《文選》同。

詩大澤之博

總公卿之議，詢封禪之事，詩大澤之博，廣符瑞之富，遂作頌。

孟康曰：“詩所以詠功德，謂下四章之頌也。”【念孫案】“詩”字若訓爲“詩賦”之“詩”，則“詩大澤之博”，殊爲不詞，且字法與“總公卿之議”“詢封禪之事”“廣符瑞之富”，皆爲不類矣。《顔氏家訓·書證》篇曰：“相如《封禪書》曰：‘導一莖六穗於庖，犧雙觡共抵之獸。’”此“導”訓“擇”，《光武詔》云“非徒有豫養導擇之勞”是也。而《説文》云“導”是禾名，引《封禪書》爲證：“禾一莖六穗於庖”，豈成文乎？縱使相如天才鄙拙，强爲此語，則下句當云“麟雙觡共抵之獸”，不得云“犧”也。案，“導一莖六穗於庖”，“導”字訓爲“禾”，與“詩大澤之博”，“詩”字訓爲“詩賦”之“詩”，皆語不成詞，且與上下文不類也。今案，詩者，志也。志者，記也。謂作此頌以記大澤之溥博，廣符瑞之富饒也。“詩”訓“志意”之“志”，又訓“志記”之“志”。《詩序》曰：“詩者，志之所之也。在心爲志，發言爲詩。”《詩譜》正義引《春秋説題辭》曰：“在事爲詩，未發爲謀。恬澹爲心，思慮爲志，詩之爲言志也。”是“詩”訓爲“志意”之“志”也。《賈子·道德説》篇曰：“書者，著德之理於竹帛而陳之，令人觀焉，以著所從事，故曰‘書者，此之著者也’。詩者，志德之理而明其指，令人緣之以自成也，故曰‘詩者，此之志者也’”，是“詩”又訓爲“志記”之“志”也。

兹爾

兹爾於舜，虞氏以興。

【念孫案】"爾"字於義無取，當依《史記》《文選》作"亦"。《文選》吕延濟注曰："言此獸於舜亦見也。"今本作"爾"者，"亦"訛爲"尔"，後人因改爲"爾"矣。《淮南・詮言》篇："自身以上至於荒芒亦遠矣。"《後漢書・張衡傳》："亦要思乎，故居。"今本亦并作"爾"，誤與此同。

公孫弘卜式兒寬傳

策詔諸儒

上策詔諸儒，制曰。

【念孫案】景祐本"儒"下有"曰"字是也。"制曰"二字即策中之語，則上句"曰"字不可省。《董仲舒傳》云："天子乃復册之曰：制曰。"即其證。

治民之本

此八者，治民之本也。

宋祁曰："江南本無'民'字。"【念孫案】江南本是也。"民"字涉上下文而衍。上文八事，皆治道之大者，不專指民而言。《漢紀》無"民"字，下文"凡此四者，治之本"，亦無"民"字。

得其要

得其要。

宋祁曰:"浙本云'得其要術'。"【念孫案】"術"字承上文"謂之術"而言,下文"不得其術",又對"得其要術"而言,則有"術"字者是也。《群書治要》引此亦有"術"字,《漢紀》同。

和起

天德無私親,順之和起,逆之害生。

【念孫案】"和"當爲"利",草書之誤也。"順""逆""利""害"皆對文,若作"和",則與"害"不相對矣。《漢紀》作"和",亦後人以誤本《漢書》改之。《文選·永明十一年策秀才文》注引此正作"利"。

郡國

兒寬,千乘人也,以郡國選詣博士。

【念孫案】千乘,郡名,非邦名。"邦"字蓋後人所加。[①]《文選·兩都賦序》注引此作"以郡選詣博士"。《史記·儒林傳》:"兒寬以文學應郡舉,詣博士受業。""郡"下皆無"邦"字。

---

① 此處王念孫校"國"爲衍文,"國"作"邦"者,蓋漢人避劉邦諱改"國"爲"邦"。

《漢書》第十一

張湯傳

必奏先爲上分別其原

奏讞疑，宋祁曰："浙本'疑'字下有'事'字。"【念孫案】《北堂書鈔》《太平御覽》引《漢書》皆有"事"字。《史記》《通典》同。師古曰"爲讞疑奏之"，則所見本無"事"字。必奏先爲上分別其原。

【念孫案】下"奏"字涉上"奏"字而衍。《史記》作"奏讞疑事，必豫先爲上分別其原"，則無下"奏"字明矣。舊本《北堂書鈔·設官部五》陳禹謨本依俗本《漢書》加"奏"字。《太平御覽·職官部二十九》引《漢書》皆無下"奏"字，《通典·職官七》同。"奏讞疑"乃起下之詞，非承上之詞，師古連上文"平亭疑法"釋之，非也。

豈有私謝邪絶弗復爲通

嘗有所薦，其人來謝。安世大恨，以爲舉賢達能豈有私謝邪？絶，弗復爲通。

宋祁曰:“南本、浙本并云‘豈有私邪?謝絶,弗復爲通’。”【念孫案】南本、浙本是也。“豈有私邪”,謂薦賢本無私也。“謝絶,弗復爲通”,謂謝絶其人,不復與相見也。後人以上文云“其人來謝”,遂移“謝”字於“私”字之下,而以“豈有私謝”連讀,失之矣。據師古注云:“有欲謝者,皆不通也。一曰,告此人而絶之,更不與相見也。”“告”字正釋“謝”字,師古注《高紀》及《周勃車千秋趙廣漢傳》并云:“謝,告也。”則師古所見本正作“謝絶,弗復爲通”明矣。今本“謝”字移入上句内,則與注不合。

郎淫官婢

郎淫官婢。

【念孫案】此本作“郎有淫官婢”,與上“郎有醉,小便殿上”文同一例。今本脱去“有”字,則語意不完。舊本《北堂書鈔・設官部五》陳禹謨本删“有”字。《初學記・職官部下》《太平御覽・職官部二十七》引此皆有“有”字,《通典・職官七》同。

問千秋

將兵隨度遼將軍范明友擊烏桓。還,謁大將軍光,問千秋戰鬬方略、山川形勢。

【念孫案】“問”上更有一“光”字,而今本脱之,則語意不完。《北堂書鈔・藝文部二》《太平御覽・人事部七十三》引此皆重一“光”字。

杜周傳

京師故

茂陵杜鄴與欽同姓字，俱以材能稱，京師故衣冠謂欽爲“盲杜子夏”以相别。

【念孫案】“俱以材能稱”絶句，“故”字當在“京師”上，而以“故京師衣冠”五字連讀。“京師衣冠”，謂京師士大夫也。師古曰：“衣冠，謂士大夫。”《白帖》十二引此作“京師衣冠謂欽爲‘盲杜子夏’”，《太平御覽·疾病部三》同，則“京師衣冠”四字連讀明矣。《漢紀》作“俱好學，以才能稱。故京師謂欽爲‘盲子夏’”，則“故京師”三字連讀又明矣。

失在巖穴

賢俊失在巖穴，大臣怨於不以。

師古曰：“失在巖穴，謂隱處巖穴，朝廷失之也。”【念孫案】“失”讀爲“放佚”之“佚”。“佚”字又作“逸”。謂賢俊自放於巖穴，非謂朝廷失之也。古多以“失”爲“佚”。見《九經古義》。

治之

當世治之所務也。

【念孫案】“治之”當爲“之治”。上文策曰“當世之治何務”，故欽對曰“抑文尚質，廢奢長儉，表實去僞，當世之治所務”也。今本“之治”二字倒轉，則文義不順。

關雎之見微

欽以建始之初，深陳女戒，終如其言，庶幾乎《關雎》之見微。

師古曰："《關雎》，國風之始，言夫婦之際，政化所由，故云'見微'。微，謂微妙也。"【念孫案】師古説"見微"之義未確，上文欽説大將軍鳳曰："佩玉晏鳴，《關雎》嘆之，知好色之伐性短年，離制度之生無厭，天下將蒙化陵夷而成俗也。"《史記·十二諸侯年表》曰："周道缺，詩人本之衽席，《關雎》作。"李奇曰："后夫人雞鳴佩玉去君所，周康王后不然，故詩人嘆而傷之。"薛瓚曰："此魯《詩》也。"此云"《關雎》見微"，即指上文言之，用魯《詩》説也。睹佩玉晏鳴而知治化之將衰，故曰"見微"。馮衍《顯志賦》亦云："美《關雎》之識微兮，愍王道之將崩。"

張騫李廣利傳

負私從者　私負從馬

歲餘而出敦煌六萬人，負私從者不與。

【念孫案】此謂負私裝以從者，不在六萬人中也。師古曰"負私糧食及私從者"，則誤分"負私"與"從"爲二事矣。《匈奴傳》："私負從馬凡十四萬匹。"亦謂私負裝以從之馬也。師古曰"私負衣裝者及私將馬從者"，亦誤分爲二事。

錯簡正文六十九字注文二十九字

圍其城,攻之四十餘日。其外城壞,虜宛貴人勇將煎靡。師古曰:"宛之貴人爲將而勇者,名煎靡也。煎音子延反。"宛大恐,走入中城,相與謀曰:"漢所爲攻宛,以王毋寡自"其外城壞"至此,凡三十二字,又注文"師古曰宛之貴人"云云,凡二十一字,舊本并誤入下文"共殺王"之下。今依《史記·大宛傳》移置於此。匿善馬,殺漢使。師古曰:"毋寡,宛王名。"今殺王而出善馬,漢兵宜解。即不,乃力戰而死,未晚也。"宛貴人皆以爲然,共殺王,自"匿善馬"至此,凡三十七字,又注文"師古曰:毋寡,宛王名"八字,舊本并誤入上文"其外城壞"之上,今依《史記》移置於此。舊本"匿善馬"之上又衍"宛貴人謀曰王毋寡"八字,今依《史記》删。持其頭,遣人使貳師。

司馬遷傳

武信君

當始皇之時,蒯聵玄孫卬爲武信君將而徇朝歌。

師古曰:"武信君即武臣也。未爲趙王之前,號武信君。《項籍傳》曰'趙將司馬卬',是知爲武臣之將也。"劉攽曰:"此言當始皇時爲武信君將,則武信君非武臣也。"【念孫案】《蒯通傳》云:"武臣略定趙地,號武信君。"是武信君即武臣也。此秦二世時事,而云"當始皇之時",記者之誤耳。誤本《史記》。始皇之時,卬安得爲武信君將而徇朝歌乎?貢父據此一句而輒生異説,謬矣。

糲粱

糲粱之食，藜藿之羹。

【念孫案】“粱”當爲“粢”。説見《史記自序》。

興舍

有法無法，因時爲業。有度無度，因物興舍。

師古曰：“興，起也。舍，廢也。”【念孫案】《史記》作“因物與舍”，於義爲長。舍者，居也。言因物與居而無成心也。《鶡冠子·世兵》篇亦云：“聖人捐物，從理與舍。”“因物與舍”與“因時爲業”相對爲文。

而流俗人之言

若望僕不相師用，而流俗人之言，僕非敢如是也。

【念孫案】蘇林曰：“而，猶如也。”見《文選注》。“不相師用，而流俗人之言”，謂視少卿之言，如流俗人之言而不相師用也。《文選》張銑注曰：“而，如也。言少卿書若怨望我不相師用，以少卿勸戒之辭，如流俗之人所言，我非敢如此。”流俗人猶言世俗人，師古謂“隨俗人之言而流移其志”，非也。齊曰：“《文選》作‘若望僕不相師，而用流俗人之言’，倒‘用’字於‘而’字下，甚順。”【念孫案】齊説亦非也。今本《文選》“用”字在“而”字下，乃後人所改，辯見《文選》。

而世又不與能死節者比

假令僕伏法受誅,若九牛亡一毛,與螻蟻何異? 而世又不與能死節者比,特以爲智窮罪極,不能自免,卒就死耳。

【念孫案】"不與能死節者比","比"字後人所加。據師古注云:"與,許也。不許其能死節。"則無"比"字明矣。《文選》李善本無"比"字,注云:"與,如也。言時人以我之死不如能死節者。"皆其明證也。劉良注云:"言世人輕我見誅死,不與死王事者相比。"則所見本已有"比"字。今五臣本作"而世俗又不能與死節者次比",既將"與能"二字倒轉,又於"世"下加"俗"字,"比"上加"次"字,揆之李、劉二注,均不相符。此後人妄改,非五臣原本也。蓋"與"字,顏訓爲"許",李訓爲"如",於義均有未安。後人不得其解,因於句末加"比"字耳。今案,與,猶謂也。言世人不謂我能死節者,特謂我罪固當死,無可解免耳。古者"與"與"謂"同義。《夏小正傳》曰:"獺獻魚,其必與之獻,何也?"與之獻,謂之獻也。"來降燕,乃睇室。舊本脱"室"字,今據傳文補。與之室,何也",與之室,謂之室也。《韓詩外傳》"子路與巫馬期曰",與巫馬期,謂巫馬期也。《史記·高祖紀》"劉季乃書帛射城上,謂沛父老曰",《漢書》"謂"作"與"。是"與"與"謂"同義。不與能死節,即不謂能死節也。後人不達而於句末加"比"字,斯爲謬矣。"與"字,顏訓爲"許",李訓爲"如",若於句末加"比"字,則"許""如"二訓皆不可通矣。

具罪

彭越、張敖南鄉稱孤,繫獄具罪。

師古曰："或繫於獄，或至大罪也。"【念孫案】如師古注，則正文本作"繫獄氐罪"。氐者，至也，故注言"至大罪"。"氐"字或作"抵"。《禮樂志》："大氐皆因秦舊事焉。"師古曰："其後字或作抵，音義并同。"《文選》作"繫獄抵罪"，是其明證也。今本作"具罪"者，"氐"訛爲"且"，隸書"氐"字或作"𠀡"，又作"𠀡"，形與"且"相似，因訛爲"且"。《史記·高祖功臣侯者年表》"槁祇侯陳錯"，《漢表》"祇"作"祖"。《地理志》"常山郡元氏泜水，首受中丘西山窮泉谷"，今本"泜"訛作"沮"，皆其例也。後人又改爲"具"耳。《説文》曰："氐，至也。"《吕氏春秋·必己》篇："宋桓司馬抵罪出亡。"高誘曰："抵，當也。"《漢書·高帝紀》："傷人及盜抵罪。"應劭曰："抵，至也，當也。除秦酷政，但至於罪也。"見《史記集解》。《杜延年傳》："或抵其罪法。"師古曰："抵，至也。致之於罪法。"以上凡言"抵罪"者，皆謂"至於罪也"。"抵"與"氐"同，故此注云"或至大罪"，若改"氐罪"爲"具罪"，則非其義矣。

函糞土之中

隱忍苟活，函糞土之中而不辭。

【念孫案】"函"訓爲"容"。容糞土之中，則爲不詞。"函"當爲"臽"，"臽"本作"𦥑"，形與"函"相似，因訛而爲"函"。説見《經義述聞》。李善本《文選》作"幽於糞土之中"，"幽"又"函"之訛。《説文》："臽，小阱也。"今經史通作"陷"。《廣雅》曰："臽，坑也。"漢《武都太守李翕天井道碑》"堅無臽潰"、《西狹頌》"刻臽確嵬"，其字皆作"臽"。今經史相承作"陷"，未必非後人所改也。此傳"臽糞土之中"，若非訛爲"函"，則後人亦必改爲"陷"矣。臽者，墜入之謂，《玉篇》：

"陷，墜入地也。"故曰"臽糞土之中"，猶僖四年《公羊傳》云"大陷于沛澤之中也"。《漢紀》作"身陷糞土之中"，是其明證矣。《楚語》："若合而函吾中。"韋注曰："函，入也。""函"亦"臽"字之訛，故韋訓爲"入"，舊音及補音皆音"咸"，失之矣。説見《經義述聞》。《史記·禮書》："函及士大夫。"《集解》曰："函，音含。"《索隱》作"啗"，云："啗，音含。鄒誕生音徒濫反。"案"函"亦"臽"之訛，"臽""啗"聲相近，故鄒誕生本作"啗"。裴駰、司馬貞音"含"，亦失之矣。經史中"臽"字既相承作"陷"，而《國語》之"臽吾中"、《史記》之"臽及士大夫"及此傳之"臽糞土之中"，又皆訛而爲"函"。後人多見"函"，少見"臽"，遂莫有能正其失者矣。

左丘明

及如左丘明無目、孫子斷足。

宋祁曰："越本無'明'字。"【念孫案】越本是也。無"明"字者，省文便句耳。上文"左丘失明"即其證。後人不達，而增入"明"字，則累於詞矣。景祐本及《文選》皆無"明"字。

左氏國語

故司馬遷據《左氏》《國語》。

【念孫案】"左氏"下脱"春秋"二字，則文義不全。《漢紀·孝武紀》引此贊，正作"據《左氏春秋》《國語》"。

武五子傳

悼皇

愚以爲親謚宜曰"悼皇"。

景祐本無"皇"字。【念孫案】景祐本是也。下文云:"比諸侯王園。"則不得稱"悼皇"明矣。此涉下文"悼園宜稱尊號曰皇考"而誤。《通典·禮三十二》《通鑑·漢紀十六》并作"宜曰悼",《漢紀》作"宜曰悼考",皆無"皇"字。

職吏事

詐言以武帝時受詔,得職吏事。

如淳曰:"諸侯不得治民與職事,是以爲詐言受詔,得知職事也。"【念孫案】《爾雅》:"職,主也。"謂得主其國中之吏事耳。如解"職"字之義未確。

不及下究

惡吏廢法立威,主恩不及下究。

【念孫案】景祐本無"及"字,疑后人所加。據注云:"不終竟於下。"則正文但作"不下究",而無"及"字明矣。《武紀》亦云:"化不下究。"

井水泉竭

是時天雨,虹下屬宫中飲井水,井水泉竭。

宋祁曰:"越本無'泉'字。"【念孫案】越本是也,景祐本亦無。"井水"二字,即承上文言之,不當更有"泉"字。此是一本作"水",一本作"泉",而後人誤合之也。《開元占經·虹蜺占》篇、《初學記·天部下》、《白帖》二引此并作"井水竭",《漢紀》同。

毋桐好逸

毋桐好逸,毋邇宵人。

應劭曰:"無好逸游之事,邇近小人也。"張晏曰:"桐,音同。"師古曰:"桐,音通。桐,輕脱之貌也。"【念孫案】"桐"字若訓爲"輕脱之貌",則"毋桐好逸"殊爲不辭。今案《史記·三王世家》作"毋侗好佚"。"佚"與"逸"同。褚先生釋之曰:"無長好佚樂,馳騁弋獵。"是"侗"訓爲"長"也。"侗"爲"長久"之"長",亦爲"長大"之"長"。《論衡·齊世》篇曰"上世之人,侗長佼好"是也。作"桐"者,假借字耳。"侗"與"桐"古字通,《楊子·學行》篇"桐子之命",宋咸曰:"桐,當爲侗。""侗"之爲"長",乃漢人常訓,故應注但言"無好逸游",而不釋"桐"字。

庸身

死不得取代,句。庸身自逝。

師古曰:"言死當自去,不如他傜役得顧庸自代也。"【念孫案】"庸""用"古字通。《堯典》"徵庸二十",《論衡·氣壽》篇"庸"作"用"。《皋陶謨》"五刑五用哉",《後漢書·梁統傳》"用"作"庸"。"帝庸作歌",《史記·夏本紀》"庸"作"用"。《蒼頡》篇曰:"用,以也。"見《一切經音義》七。言死不得取代,當以身自往也。如師古説,則當以"死不得取代庸"爲句,大爲不詞矣。

左側

陛下左側讒人衆多。

【念孫案】君側有讒人,不當獨指左側言之。"左側"當爲"在側",字之誤也。《藝文類聚·蟲豸部》《太平御覽·蟲豸部一》引此并作"在側"。

三十九年

秦始皇即位三十九年。

【念孫案】"九"當爲"七",見《史記·秦始皇紀》及《六國表》。《太平御覽·皇王部十一》引此作"九",亦後人以誤本《漢書》改之,其《人事部四》引此正作"七"。

嚴朱吾丘主父徐嚴終王賈傳

不振

今小國以窮困來告急,天子不振,尚安所訴。

師古曰:"振,舉也,起也。"【念孫案】振,救也。見《月令》

《哀公問》注、昭十四年《左傳》注及《周語》《魯語》《吴語》注。故《漢紀》作"天子不能救"。

癉熱

南方暑濕，近夏癉熱。

師古曰："癉，黄病也。"【念孫案】訓"癉"爲"黄病"，則"癉熱"二字義不相屬，顔説非也。今案，癉者，盛也。《周語》曰"陽癉憤盈"，言陽盛憤盈也。字通作"僤"，又作"憚"。《大雅・板》篇"下民卒癉"，《釋文》"癉"作"僤"。《爾雅・釋詁》注引《小雅・大東》篇"哀我癉人"，今本"癉"作"憚"。《大雅・桑柔》篇曰"逢天僤怒"，言盛怒也。《秦策》曰"王之威亦憚矣"，言威之盛也。説見《秦策》。《吕氏春秋・重己》篇："衣不燀熱。"高注曰："燀，讀曰亶。亶，厚也。"義與"癉熱"亦相近。癉熱，即盛熱，言南方暑濕之地，近夏則盛熱也。下文"疾癘多作"，乃始言疾病耳。

持久

曠日持久，士卒勞倦。

宋祁曰："越本'持'作'引'。"【念孫案】景祐本亦作"引"。"引"與"持"字不相似，若本是"持"字，無緣訛而爲"引"。疑後人熟於"曠日持久"之語而輒改之也。"引久"者，長久也。《過秦論》曰"曠日長久而社稷安"是也。《漢紀》作"曠日彌久"，彌，亦長也。《説文》作"镾"。

皆從

一方有急，四面皆從。

"從"字，師古無音。【念孫案】"從"讀爲"聳"。聳，動也。言一方有急而四方皆聳動也。"聳"或作"竦"。《文選・海賦》"莫振莫竦"，李善曰："竦，動也。"《韋賢傳》云："一方有急，三面救之，是天下皆動而被其害也。"彼言"皆動"，猶此言"皆聳"也。作"從"者，借字耳，故《漢紀》作"四面皆聳"。

逾領

是時，漢兵遂出，逾領。適會閩越王弟餘善殺王以降。

宋祁曰："一本'逾'字上有'未'字。"【念孫案】一本是也。《漢紀》作"兵已出，未逾五嶺"，《南粤》《閩粤》兩傳皆云"兵未隃領"，《史記》同。

將卒

上嘉淮南之意，美將卒之功。

宋祁曰："浙本'卒'作'率'。"【念孫案】浙本是也。"率"即"帥"字。《漢紀》作"美將帥之功"，是其證。隸書"率"與"卒"相似，因訛爲"卒"。説見《史記・建元以來侯者表》。

入視之　臥内

其故人素輕買臣者入視之。

景祐本"入"下有"内"字。【念孫案】景祐本是也。今本無"内"字者,後人不曉古義而删之耳。"入内",即上文所云"入室中"也。古者謂室爲内,故謂入室爲入内。《武紀》云:"甘泉宫内中産芝。"師古曰:"内中,謂後庭之室也。"《淮南傳》云:"閉大子使與妃同内。"《晁錯傳》云:"家有一堂二内。"皆是也。其他書謂"室"爲"内"者甚衆。具見《經義述聞》"子有廷内"下。《太平御覽·職官部五十七》引此正作"入内視之"。室謂之内,故臥室謂之臥内。《盧綰》及《楚元王傳》并云:"出入臥内。"《周仁傳》云:"入臥内。"《霍光傳》云:"皆拜臥内牀下。"《金日磾傳》云:"直趨臥内,欲入。"《史丹傳》云:"直入臥内。"皆是也。而師古注《霍光傳》云:"天子所臥牀前。"注《金日磾傳》云:"天子臥處。"皆未曉"臥内"二字之義。

澤鹵

地固澤鹵,不生五穀。

師古曰:"地多沮澤而鹹鹵。"【念孫案】此用薛瓚注而誤。澤鹵,即斥鹵,非謂沮澤也。説見《史記·主父傳》。

築城

偃盛言朔方地肥饒,外阻河,蒙恬築城以逐匈奴。

【念孫案】"築"字後人加之,景祐本所無也。城,即築城也,《小雅·出車》曰"城彼朔方"是也,無庸更加"築"字。《史記》作"蒙恬城之以逐匈奴"。

燕郡

徐樂，燕郡無終人也。

《日知録》曰："《地理志》無燕郡，而無終屬右北平。考燕王定國以元朔二年秋，有罪自殺，國除。而元狩六年夏四月，始立皇子旦爲燕王，而其間爲燕郡者十年，而《志》軼之也。徐樂上書當在此時，而無終以其時屬燕，後改屬右北平耳。"【念孫案】景祐本及《文選·别賦》注引此并作"燕無終人也"，《群書治要》引作"燕人也"，皆無"郡"字。顧據俗本《漢書》作"燕郡"，謂徐樂上書在元朔二年改國爲郡之後，非也。《主父偃傳》云："元光元年，偃西入關，見衛將軍。衛將軍數言上，上不省。資用乏，留久，諸侯賓客多厭之，乃上書闕下。是時徐樂、嚴安亦俱上書言世務。上召見三人，拜爲郎中。"《史記》同。是樂之上書即在元光元年之後，故《漢紀》列其事於元光二年，在元朔二年之前，凡六年。其時燕國尚未改爲郡，不得稱燕郡也。"郡"字乃後人所加。

鄉曲之譽

身非王公大人、名族之後，鄉曲之譽。

【念孫案】《史記·主父傳》作"無鄉曲之譽"是也。此脱"無"字，則文義不明。

南挂於越

秦禍北構於胡，南挂於越。

師古曰："挂，縣也。"【念孫案】"挂"讀爲"絓"。絓，結也。言禍結於越也。《廣韻》："絓，絲結也。"《楚辭·九章》曰："心絓結而不解兮。"上句云："秦禍北構於胡。"構，亦結也。《史記·律書》曰："秦二世結怨匈奴，絓禍於越。"尤其明證矣。

薦居

北胡隨畜薦居。

蘇林曰："薦，草也。"師古曰："蘇説非也。薦讀曰荐。荐，屢也。言隨畜牧屢易故居，不安住也，《左傳》'戎狄荐居'者也。"【念孫案】師古訓"薦"爲"屢"，隨畜屢居，則爲不辭，故於"屢"下加"易故"二字，以曲成其説，謬矣。蘇林訓"薦"爲"草"是也。"隨畜薦居"，謂隨畜牧而草居也。《史記·匈奴傳》曰："逐水草遷徙，毋城郭常處耕田之業。"《漢書·趙充國傳》曰："今虜亡其美地薦草。"襄四年《左傳》："戎狄荐居。"服虔曰："荐，草也。言狄人逐水草而居徙無常處。"杜預曰："荐，聚也。"《晉語》："戎狄荐處。"韋昭亦曰："荐，聚也。"案韋、杜之説雖與服異，而"荐"字皆不訓爲"屢"，師古訓"荐"爲"屢"，而引《左傳》"戎狄荐居"，斯爲誤證矣。劉炫："案，《莊子》云'麋鹿食荐'，則'荐'是草也，服言是。"今本《莊子·齊物論》篇"荐"作"薦"，《釋文》："薦，司馬云'美草也'。郭璞注《三蒼》云'六畜所食曰薦'。"《管子·八觀》篇曰："薦草多衍，則六畜易繁也。"《問》篇曰："其就山藪林澤食薦者幾何？"《韓子·七術》篇曰："猶獸鹿也，唯薦草而就。"《説文》："薦，獸之所食艸，從廌、艸。古者神人以廌遺黄帝，帝曰：'何食？'曰：'食薦。'"此皆古人謂"草"爲"薦"之證。

正

且鹽鐵，郡有餘臧，正二國廢，國家不足以爲利害。

【念孫案】正，猶即也。言即廢二國之鹽鐵，亦無關於國家之利害也。又，《循吏傳》："黄霸謂督郵曰：'許丞廉吏，雖老，尚能拜起送迎，正頗重聽，何傷？'"言即頗重聽，亦無傷也。又，《酷吏傳》："尹賞戒其諸子曰：'丈夫爲吏，正坐殘賊免，追思其功效，則復進用矣。'"言即使坐殘賊免，猶可以前功復用也。又，《游俠傳》："或譏原涉曰：'正復讎取仇，猶不失仁義，何故遂自放縱爲輕俠之徒乎？'"言即復讎取仇，猶不失仁義也。又，《王莽傳》："嚴尤奏言'貉人犯法，不從騶起，正有它心，宜令州郡且尉安之'。"言騶即有它心，亦宜且慰安之也。此五"正"字，師古皆無注，故具解之。

發使使匈奴

當發使使匈奴。

景祐本少一"使"字。【念孫案】注云："漢朝欲遣人爲使於匈奴也。"則正文似衹有一"使"字。

彗氾

《聖主得賢臣頌》："水斷蛟龍，陸剸犀革，忽若彗氾畫塗。"

如淳曰："若以彗掃於氾灑之處也。"見《文選注》。師古曰："彗，帚也。氾，氾灑地也。塗，泥也。如以帚埽氾灑之地，以刀畫泥中，言其易。"【念孫案】如、顔以"彗"爲"帚"，"氾"爲"氾灑地"，則"彗氾"二字義不相屬，必於"氾"字之上加一"埽"字，而其義始明矣。今案，"彗氾"與"畫塗"相對爲文。彗者，埽也。氾者，污也。謂如以帚埽穢，以刀畫泥耳。《後漢書·光武紀》注曰："彗，埽也。"班固《東都賦》曰"戈鋋彗雲，羽旄埽霓"是也。"彗"或作"篲"。枚乘《七發》曰："凌赤岸，篲扶桑。"謂濤勢之大，凌赤岸而埽扶桑。李善以"篲"爲"埽竹"，非是，辯見《文選》。是"彗"爲埽也。《方言》曰："氾，洿也。""洿"與"污"同。《廣雅》："氾，污也。"自關而東或曰氾。漢《博陵太守孔彪碑》曰："浮旂塵埃之外，皭焉氾而不俗。"是"氾"爲"污"也。

乘旦

及至駕齧厀，驂乘旦，王良執靶，韓哀附輿。

張晏解"乘旦"曰："駕則旦至，故以爲名。"【引之曰】張以"駕則旦至"釋"乘旦"二字，甚爲迂曲。今案，"乘旦"當爲"乘且"，字之誤也。"且"與"駔"同。駔者，駿馬之名。謂之"乘駔"者，猶言"乘黄""乘牡"耳。《説文》："駔，壯馬也。"《楚辭·九嘆》："同駑贏與乘駔兮。"王注曰："乘駔，駿馬也。"乘駔，即乘且。《爾雅》："奘，駔也。"樊光、孫炎本"奘"作"將"、"駔"作"且"。駿馬謂之"乘駔"，亦謂之"繁駔"。《晏子春秋·外篇》"景公乘侈輿，服繁駔"，《韓子·外儲説左》篇作"趨駕煩且之乘"。"繁駔"之爲"煩且"，猶"乘駔"之爲"乘且"，是"駔"與"且"字異而義同。此頌内多用韻之句，"乘且"之"且"，古讀若"苴"，故與"輿"爲韻，張讀爲"旦暮"之"旦"，則失其韻矣。

逐遺風　馭遺風

追奔電，逐遺風。

師古曰："《吕氏春秋》云'遺風之乘'，言馬行尤疾，每在風前，故遺風於後。今此言'逐遺風'，則是風之遺逸在後者，馬能逐及也。"【念孫案】師古之説甚迂。"追奔電，逐遺風"，奔、遺，皆疾意也。鄭注《考工記・弓人》曰："奔，猶疾也。""遺"讀曰"隧"。隧風，疾風也。《大雅・桑柔》篇曰："大風有隧。""有隧"者，狀其疾也。説見《經義述聞》。《楚辭・九歌》"衝風起兮横波"，王注曰："衝，隧也。遇隧風，大波涌起。"是古謂"疾風"爲"隧風"也。"隧"與"遺"，古同聲而通用。《小雅・角弓》篇"莫肯下遺"，《荀子・非相》篇"遺"作"隧"。《南山經》"旄山之尾，其南有谷曰育遺"，"遺"或作"隧"，皆其證也。凡從㒸、從貴之字，聲義多相近。《説文》："隤，下隊也。"《小雅・小旻》篇："是用不潰于成。"《毛傳》曰："潰，遂也。"《白虎通義》曰："襚之爲言遺也。"《説文》："旞，或作旝。"《史記・項羽紀》"乃分其騎以爲四隊四嚮"，《漢書》作"於是引其騎，因四隤山而爲圜陳，外嚮"。皆其例也。《楊雄傳》"輕先疾雷，以馭遺風"，《楚辭・九章》"悲江介之遺風"，義并與此同。《吕氏春秋・本味》篇："馬之美者，遺風之乘。"亦以其疾如隧風而名之，非謂行在風前也。李善注《文選》曰"遺風，風之疾者"，於義爲長。

遞鍾

雖伯牙操遞鍾。

晉灼曰："遞，音遞迭之遞。二十四鍾各有節奏，擊之不常，故曰遞。”薛瓚曰：“《楚辭》云‘奏伯牙之號鍾’，號鍾，琴名也。”馬融《笛賦》曰：“號鍾高調，謂伯牙以善鼓琴，不聞説能擊鍾也。”師古曰：“琴名是也，字既作‘遞’，則與《楚辭》不同，不得即讀爲‘號’，當依晉音耳。”【念孫案】琴無“遞鍾”之名，作“遞”者，“號”之訛耳。《淮南·修務》篇亦云：“鼓琴者，期於鳴廉修營，而不期於濫脅、號鍾。”

放獵

數從褒等放獵。

師古曰：“放士衆大獵也。一曰游放及田獵。”【念孫案】“放獵”當爲“斿獵”，字之誤也。“斿”與“游”同，古書言“游獵”者多矣，未有言“放獵”者。舊本《北堂書鈔·設官部八》陳禹謨本仍改“游”爲“放”。①《藝文部八》此卷“游”字未改。《藝文類聚·雜文部二》《太平御覽·文部三》引此并作“游獵”。

蠻荆

南不過蠻荆。又，下文：“《詩》云‘蠢爾蠻荆’。”

【念孫案】“蠻荆”當依《通典·兵四》作“荆蠻”。《小雅·采芑》篇“蠢爾蠻荆”，段氏若膺《詩經小學》曰：“《漢書·韋玄成傳》引《詩》‘荆蠻來威’，案，毛云‘荆州之蠻也’。然則《毛詩》固作‘荆蠻’，傳寫誤倒之也。”【念孫案】今本《毛傳》云：“蠻荆，荆州之蠻也。”“蠻荆”二字，亦後人所改。《世説新語·排

① “本”，底本作“木”，據同治本改。

調》篇注引此正作“荆蠻，荆州之蠻也”。《商頌·殷武》傳云：“荆楚，荆州之楚國也。”文義與此同。《晉語》：“叔向曰：‘楚爲荆蠻。’”韋注：“荆州之蠻。”正用《毛傳》爲説。又，《齊語》“萊、莒、徐夷、吴、越”，韋注“徐夷，徐州之夷也”，可證荆蠻文法。又案，《吴都賦》“跨躡蠻荆”，李善注引《詩》“蠢爾荆蠻”，然則唐初《詩》不誤，左思倒字以與“并”“精”“坰”爲韻耳。《後漢·李膺傳》應奉疏曰：“緄前討荆蠻，均吉甫之功。”毛刻不誤，汪文盛本訛倒作“蠻荆”。注引“蠻荆來威”者，俗人所改易也。《文選·王仲宣誄》“遠竄荆蠻”，注引《詩》“蠢爾荆蠻”，亦誤倒。顧氏千里曰：“《正義》云‘宣王承厲王之亂，荆蠻内侵’。”是《正義》本作“荆蠻”，下文皆作“蠻荆”，後人依經注本倒之而有未盡也。臧氏和貴曰：“《漢書·陳湯傳》引《詩》‘蠻荆來威’，師古曰‘令荆土之蠻亦畏威而來’，是本作‘荆蠻’。”【念孫案】段、顧、臧説是也。經傳皆言“荆蠻”，或作“蠻荆”者，後人依誤本《毛詩》倒之耳。《太平御覽·兵部五十八》引《漢書》正作“蠢爾荆蠻”。荆蠻者，群蠻之一，若《史記》之言“楚蠻”，《楚世家》：“周成王封熊繹於楚蠻。”不當倒言“蠻荆”也。楊雄《楊州牧箴》：“獷矣淮夷，蠢蠢荆蠻。翩彼昭王，南征不旋。”“蠻”與“旋”爲韻。後魏肅宗詔亦云：“蠢爾荆蠻，氛埃不息。”傅休奕《鼓吹曲》：“蠢爾吴蠻，虎視江湖。”句法亦本於《詩》。

求來獻

朕不受獻也，其令四方毋求來獻。

宋祁曰：“浙本去‘求’字。”【念孫案】浙本是也。“求”即“來”之誤字。今作“求來獻”者，一本作“來”，一本作“求”，而後人誤合之耳。《藝文類聚·獸部上》引此無“求”字。《漢紀·孝元紀》《通典·邊防四》并同,《文紀》亦云:“令郡國無來獻。”

制南海 八郡 七郡

制南海以爲八郡。

《漢紀·孝元紀》作“南制南海,以爲八郡”。【念孫案】上文言“西連諸國,東過碣石,北卻匈奴”,即此亦當云:“南制南海。”今本“制”上無“南”字者,因兩“南”字相亂而脱其一耳。“八郡”當爲“九郡”。《南粵傳》云:“遂以其地爲儋耳、珠崖、南海、蒼梧、鬱林、合浦、交阯、九真、日南九郡。”《漢紀·孝武紀》同。《孝元紀》亦誤作“八郡”。《五行志》云:“元鼎五年,四將軍衆十萬征南越,開九郡。”皆其證矣。《通典·邊防四》正作“制南海以爲九郡”。案,《通典》“制”上亦脱“南”字。又,《韋玄成傳》:“南滅百粤,起七郡。”“七”亦當爲“九”。

無以爲

臣愚以爲非冠帶之國,《禹貢》所及,《春秋》所治,皆可且無以爲。

師古曰:“爲,猶用也。”【引之曰】“皆可且無以用”,殊爲不詞。今案,無以者,無用也。爲,語助耳。《曾子問》正義引“一解云:無用爲者,無用此之爲。‘爲’是助語”。言非《禹貢》所及、《春秋》所治者,其地皆可無用也。凡言“無以爲”“何以爲”者,皆謂無用也。《郊祀志》曰:“寶鼎事已決矣,尚何以爲。”言此書尚何用也。《論語》:“叔孫武叔毁仲尼。子貢曰:‘無以爲也。'"言無用毁也。又曰"何以文爲""何以伐爲",言何用文、何用伐也。又曰"雖多,亦奚以爲",言雖多何用也。"爲"字皆是語助,古書若是者多矣,詳見《釋詞》。

東方朔傳

而去之

昨賜肉不待詔,以劍割肉而去之,何也?

劉攽曰:"之,衍字。"《日知録》曰:"'以劍割肉而去之'者,裴松之注《魏志》云:'古人謂藏爲去。'音"舉",字或作"弆"。《蘇武傳》:'掘野鼠去中實而食之。'師古曰:'去,謂藏之也。'"【念孫案】上文云:"拔劍割肉,即懷肉去。"此云:"以劍割肉而去。"兩"去"字前後相應,則"去"是"來去"之"去",非"藏去"之"去"。而"去"下本無"之"字明矣。《太平御覽·治道部十四》引此有"之"字,亦後人依誤本《漢書》加之。其《時序部十六》《人事部一百七》引此皆無"之"字。《藝文類聚·食物部》《初學記·歲時部下》引此亦皆無"之"字,劉以"之"爲衍字是也。

微行始出

初,建元三年,微行始出。

【念孫案】"微行"上脱"上"字。《藝文類聚·職官部一》《太平御覽·職官部四十》引此并作"上微行始出"。《文選·西京賦》注、《東京賦》注、《答魏太子箋》注引此并作"武帝微行始出”。《選注》以“武帝”代“上”字，則有“上”字明矣，《通鑑》亦云：“建元三年，上始爲微行。”

斥而營之

斥而營之，垣而囿之。

師古曰：“斥，卻也。”【念孫案】“卻而營之”，殊爲不詞。“斥”之言“度”也，謂量度而經營之也。《史記·李將軍傳》索隱引許慎《淮南注》曰“斥，度也”。

從東司馬門

引董君從東司馬門，東司馬門更名東交門。

【念孫案】“從東司馬門”下當有“入”字，而今本脱之。據蘇注云：“以優從此門入交會於内，故以名焉。”則有“入”字明矣。《太平御覽·居處部二》引此有“入”字。

遺行

意者尚有遺行邪？

師古曰：“可遺之行，言不盡善也。”【念孫案】此言“遺行”，不言“可遺之行”，顔説非也。遺者，失也。謂尚有過失之行。

不稱

進不稱往古以厲主意，退不能揚君美以顯其功。

【念孫案】"進不"下亦有"能"字,而今本脱之。《文選》及《藝文類聚·人部八》皆作"進不能",又"厲"字皆作"廣"。

損百姓之害

上以拂主之邪,下以損百姓之害。

師古曰:"損,減也。"【念孫案】師古注非也。"損"當爲"捐"。言將以捐除百姓之害,非但"減之"而已也。《文選》及《群書治要》亦誤作"損",唯《漢紀》作"除",則"損"爲"捐"字之誤可知。

囹圄

囹圄空虚。

【念孫案】毛晃《增修禮部韻略》引此"圄"作"圉",《古今韻會》同,今則各本皆改爲"圄"矣。《説文》:"圉,囹圉,所以拘辠人也。""圄,守之也"。兩字不同義。《司馬遷傳》"深幽囹圉之中",《史記·秦始皇紀贊》引《過秦論》"虚囹圉而免刑戮",其字并作"圉"。

楊胡朱梅云傳

終生

且夫死者,終生之化,而物之歸者也。

"終"字,師古無音,蓋讀"始終"之"終"。【念孫案】《淮南・精神》篇注云:"化,猶死也。"既言"終"而又言"化",則複矣。"終"當讀爲"衆",《祭義》曰"衆生必死,死必歸土",故曰"死者,衆生之化而物之歸者也"。"衆"之爲"終",借字耳。古字多以"終"爲"衆",説見《經義述聞・祭法》。《漢紀》正作"衆生之化"。

丞相故安昌侯

丞相故安昌侯張禹。

劉攽曰:"'故'字當在'丞相'上。禹時罷相,侯如故也。"【念孫案】《群書治要》引此正作"故丞相安昌侯張禹"。

佞臣一人

臣願賜尚方斬馬劍,斷佞臣一人,以厲其餘。

【念孫案】"佞臣一人"下,原有"頭"字,而今本脱之。《後漢書・楊賜傳》注、《初學記・人部中》、《白帖》十三、九十二、《太平御覽・兵部七十三》、《人事部》六十八、九十三引此并作"斷佞臣一人頭",《漢紀》《通鑑》同。

勢陵

故淮南王安緣間而起,所以計慮不成而謀議泄者,以衆賢聚於本朝,故其大臣勢陵不敢和從也。

【念孫案】此言漢多賢臣,故淮南大臣不敢與王俱叛,故曰"其大臣不敢和從也"。"勢陵"二字與上下文皆不相屬,蓋涉後文“勢陵於君”而衍，而服注以爲“臣勢陵君”，則所見本已衍此二字矣。

亡益於時

故高祖棄陳平之過而獲其謀，晉文召天王，齊桓用其讎，亡益於時，不顧逆順，此所謂伯道者也。“伯”與“霸”同。

【念孫案】“亡益於時”四字与上下文義不相属，“亡”當爲“有”。此承上文高祖、晉文、齊桓而言，言霸主之舉事，但求有益於時，而不顧理之逆順也。今本作“亡益於時”，蓋涉後文“亡益於時，有遺於世”而誤。

一矣

自陽朔以來，天下以言爲諱，朝廷尤甚，群臣皆承順上指，莫有執正。何以明其然也？取民所上書，陛下之所善，試下之廷尉，廷尉必曰“非所宜言，大不敬”。以此卜之，一矣。

【念孫案】“一矣”二字文不成義。“一矣”本作“可見矣”。言以此卜之，可見群臣之承順上指也。“可見矣”三字，與上文“何以明其然也”正相呼應。今作“一矣”者，脱去“見”字，又脱去“可”字下半耳。《漢紀·孝成紀》正作“以此卜之，可見矣”。

《漢書》弟十二

霍光金日磾傳

太宗

太宗亡嗣，擇支子孫賢者爲嗣。

【念孫案】"太宗"當爲"大宗"，各本皆誤。

御衣

光遣宗正劉德至曾孫家尚冠里，洗沐，賜御衣。

【念孫案】"御衣"當爲"御府衣"，《史記·李斯傳》"公子高曰'御府之衣，臣得賜之。中廄之寶馬，臣得賜之'"是也。下文云："入未央宫見皇大后，封爲陽武侯。已而光奉上皇帝璽綬。"則此時未得遽賜御衣也。《宣紀》正作"賜御府衣"。

温明

東園温明。

【念孫案】"温明"下有"祕器"二字，而今本脱之。據服注云:"東園處此器形如方漆桶。"顔注云:"東園,署名也。其署主作此器。"皆是釋"祕器"二字,後《孔光傳》:"光父霸薨,賜東園祕器。光薨,賜乘輿祕器。"師古皆無注,以注已見於此篇也。《太平御覽·禮儀部三十二》引此已脱"祕器"二字,《文選·齊竟陵文宣王行狀》注引此正作"東園温明祕器",《漢紀》同。《北堂書鈔·禮儀部十三》引《晉公卿禮秩》云:"安平王孚薨,給東園温明祕器。"

亡如也

百官以下但事馮子都、王子方等,視丞相亡如也。

師古曰:"亡如,[1]猶言無所象似也。"【念孫案】師古之説甚迂。亡如,猶云蔑如。言百官以下皆蔑視丞相也。《東方朔傳贊》曰:"其流風遺書,蔑如也。""蔑"與"亡"一聲之轉。《史記·范雎傳》索隱曰:"亡,猶輕蔑也。"《宣元六子傳》曰"今乃遭命,離于惡疾,夫子所痛曰'蔑之命矣夫'",《論語·雍也》篇"蔑"作"亡",《論衡·問孔》篇作"無","無"與"亡"古字通,故《大雅·桑柔》傳曰"蔑,無也"。是書已成,始見錢氏曉徵《三史拾遺》,其説正與予同,因并記之。

皆讎有功

皆讎有功。晉灼曰:"讎,等也。"

《日知録》曰:"晉説非也。此如《詩》'無言不讎'之'讎'。

---

① "亡",本作"無",據文意及《漢書》改。

《詩正義》:“相對謂之讎。”《左傳·僖五年》:‘無喪而戚憂必讎焉。’注:‘讎,猶對也。’《律曆志》:‘廣延宣問以理星度,未能讎也。’鄭德曰:‘相應爲讎也。’《郊祀志》:‘其方盡多不讎。’《伍被傳贊》:‘忠不終而詐讎。’《魏其傳》:‘上使御史簿責嬰所言,灌夫頗不讎。’”【念孫案】晉説是也。《爾雅》曰:“讎,匹也。”《廣雅》曰:“等、匹、讎,輩也。”晉灼曰:“讎,等也。”其義一而已矣。《召誥》曰:“敢以王之讎民百君子。”是“讎”爲“相等”之義也。此言張、章諸人皆讎有功,則“讎”當訓爲“等”,不當訓爲“對”,故師古曰“言其功相等類也”。若《詩》之“無言不讎”、《左傳》之“憂必讎焉”,則與此訓爲“等”者異義。至所引《律曆志》以下諸條,則去此益遠矣。

十匹

上乃賜福帛十匹。

【念孫案】告霍氏者皆封侯,而徐福僅賜帛十匹,則輕重相去太遠。“十匹”當爲“千匹”,《通鑑》作“十匹”,則所見《漢書》本已誤。《太平御覽·居處部十四》《治道部十四》引此并作“千匹”,《漢紀》同。

上未起

明旦,上未起。

【念孫案】“未起”上脱“臥”字,《通鑑》無“臥”字,則所見《漢書》本已然。《文選·西征賦》注、《太平御覽·人事部五十八》引此并作“上臥未起”,《漢紀》同。

奉車

賞爲奉車,建駙馬都尉。

【念孫案】"奉車"下亦有"都尉"二字,而今本脱之。《百官表》云:"奉車都尉掌御乘輿車,駙馬都尉掌駙馬。"《藝文類聚·人部十七》《太平御覽·儀式部三》引此并作"賞爲奉車都尉,建駙馬都尉"。

趙充國辛慶忌傳

親見視

武帝親見視其創,嗟嘆之。

【念孫案】"見"即"視"字之誤,今作"見視"者,一本作"視",一本作"見",而後人誤合之。《太平御覽·職官部四十六》引此無"見"字。

恐怒亡所信鄉

義渠安邦,召先零諸豪三十餘人,以尤桀黠,皆斬之。縱兵擊其種人,斬首千餘級,於是諸降羌及歸義羌侯楊玉等恐怒,亡所信鄉,遂劫略小種背畔。

師古解"恐怒亡所信鄉",曰:"恐中國泛怒,不信其心而納嚮之。鄉讀曰嚮。"劉奉世曰:"恐怒,且恐且怒也。羌未有變,而漢吏無故誅殺其人,故楊玉等謂漢無所信嚮,於是與他族皆叛也。"【念孫案】顔、劉二説皆非也。"恐怒"二字,義不相屬。“恐”當爲“怨”,字之誤也。《吕氏春秋·長攻》篇:“財匱而民怨。”《韓子·六反》篇:“賦斂常重,則用不足而下怨上。”今本“怨”字并誤作“恐”。怨怒無所信嚮,謂怨怒漢吏不親信而歸嚮之也。《後漢書·西羌傳》述其事曰:“安邦召先零豪四十餘人,斬之。因放兵擊其種,斬首千餘級。於是諸羌怨怒,遂寇金城。”此文大略本於《漢書》,“怨怒”二字亦本《漢書》也。《王莽傳》曰:“五威將帥出,改句町王以爲侯,王邯怨怒不附。”文義亦與此相似。

士寒

將軍士寒,手足皸瘃。

【念孫案】“士”上有“將”字,而今本脱之。將士皆寒,不當獨言“士寒”也。《太平御覽·疾病部五》引此已脱“將”字。舊本《北堂書鈔·歲時部四》出“將士皸瘃”四字,注引此傳云:“將軍將士寒,手足皸瘃。”足補今本之缺。陳禹謨本删注内“將”字,而正文尚未删。

空一字

已詔中郎將卬將胡越佽飛射士、步兵二校□,益將軍兵。

“校”下空一字。【念孫案】景祐本“校”下是“尉”字,當據補。上文云詔卬“將八校尉”,是其證,各本“校”下不空一字,非。

今

益積畜，省大費。今大司農所轉穀至者，足支萬人一歲食。

【念孫案】"今"當爲"令"。令，使也。言務積畜省費，使穀足支一歲食也。上文云："冰解漕下，繕鄉亭，浚溝渠，治道橋七十所，令可至鮮水左右。"與此"令"字文同一例。今本"令"作"今"，則與上文義不相屬矣。《通典·食貨二》作"今"，亦後人以誤本《漢書》改之，《太平御覽·兵部六十四》引此正作"令"。

不足以故出兵

上賜報曰："大幵、小幵前言曰：'我告漢軍先零所在，兵不往擊，久留，得亡效五年時不分別人而并擊我？'其意常恐。今兵不出，得亡變生，與先零爲一？"充國奏曰："校尉臨衆，幸得承威德，奉厚幣，拊循衆羌，諭以明詔，宜皆鄉風。雖其前辭嘗曰'得亡效五年'，宜亡它心，不足以故出兵。"

【念孫案】"不足以故出兵"本作"不足以疑故出兵"。疑故者，疑事也。襄二十六年《左傳》注、昭三十一年《公羊傳》注、《周語》注、《吕氏春秋·本生》篇注并曰："故，事也。"宣帝以罕幵前言，而疑其生變，故急欲出兵，充國則謂罕幵雖有前言，而既聞明詔，宜皆鄉風，無有異心，不足因此疑事而出兵也。今本脱去"疑"字，則文不成義。《漢紀·孝宣紀》正作"不足以疑故出兵"。

傅常鄭甘陳段傳

投石拔距

投石拔距,絶於等倫。

應劭曰:"投石,以石投人也。拔距,即下'超逾羽林亭樓'是也。"張晏曰:"《范蠡兵法》'飛石重十二斤,爲機發,行三百步',延壽有力,能以手投之。拔距,超距也。"師古曰:"投石,應説是也。拔距者,有人連坐相把據地,距以爲堅而能拔取之,言其有手掣之力。超逾亭樓,又言其趫捷耳,非拔距也。今人猶有拔介之戲,蓋拔距之遺法。"【念孫案】左思《吴都賦》:"袒裼徒搏,拔距投石之部。"劉逵曰:"拔距,謂兩人以手相案,能拔引之也。"師古之解"拔距",蓋本於此。今案,"投石拔距"者,石,擿也。投石,猶言投擿。擿,亦投也。《廣雅》曰:"擿,投也","石,擿也"。《賈子·連語》篇曰"提石之者,猶未肯止"是也。提,亦擿也。《史記·刺客傳》"荆軻引其匕首以擿秦王",《燕策》"擿"作"提"。拔距,超距也,故下文即云"超逾亭樓"。《史記·王翦傳》:"方投石超距。"徐廣曰:"超,一作拔。"應劭以"拔距"爲"超逾"是也。距,亦超也。僖二十八年《左傳》"距躍三百",杜注曰:"距躍,超越也。"《吕氏春秋·悔過》篇注曰:"超乘,巨踊車上也。""巨"與"距"同。超,亦拔也。"投石拔距""投石超距"皆四字平列,《管子·輕重丁》篇"戲笑超距",亦四字平列。應劭謂"投石"爲"以石投人",劉逵謂"拔距"爲"兩人以手相案,能拔引之",皆非是。

如得此二國　郅支單于雖所在絶遠

今郅支單于威名遠聞，侵陵烏孫、大宛，常爲康居畫計，欲降服之。如得此二國，北擊伊列，西取安息，南排月氏、山離烏弋，數年之間，城郭諸國危矣。

【念孫案】“二國”當爲“三國”。三國，謂烏孫、大宛、康居也。《漢紀・孝元紀》作“如得此三國”，是其證。

又，下文曰：“郅支單于雖所在絶遠，蠻夷無金城强弩之守，如發屯田吏士，毆從烏孫衆兵，直指其城下，彼亡則無所之，守則不足自保，千載之功，可一朝而成也。”

【念孫案】“郅支單于雖所在絶遠”本作“郅支單于分離句，所在絶遠句”。上文曰“郅支單于西奔康居”，[①]康居在大宛之西，北去匈奴甚遠，故曰“郅支單于分離，所在絶遠也”。去國既遠，又無金城强弩之守，則攻之易克。下文“守則不足自保”，承上“無金城强弩”而言。“亡則無所之”，承上“所在絶遠”而言。若云“雖所在絶遠”，則與下文義不相屬矣。隸書“離”字或作“離”。漢《北海相景君碑陰》“當離墓側”，《魯相韓敕造孔廟禮器碑》“離敗聖輿”，字并作“離”。《顔氏家訓・書證》篇“離則配禹”，正謂此也。形與“雖”相似，因誤爲“雖”。《荀子・解蔽》篇：“是以與治雖走而是己不輟也。”“雖”或作“離”。《史記・衛將軍驃騎傳》“大當户銅離”，《漢書》作“調雖”。“雖”上又脱去“分”字耳。《太平御覽・職官部四十九》不得其解，而删去“雖”字，謬矣。《漢紀》正作“郅支分離，所在絶遠”。

---

① “于”，底本作“干”，據同治本改。

行事

"昔齊桓前有尊周之功,後有滅項之罪。君子以功覆過而爲之諱句,行事貳師將軍李廣利"云云。"行事"二字,統下文而言。

師古曰:"行事,謂滅項之事。"劉敞曰:"諱行事,非辭也,'諱'以上爲句。行事者,言已行之事,舊例成法也。漢世人作文,言'行事''成事'者,意皆同。"錢氏《考異》曰:"小顔解'行事'爲'滅項之事'是也。劉欲以'行事'屬下句,淺陋可笑。"【念孫案】"行事"二字,乃總目下文之詞,劉屬下讀是也。行者,往也。見《秦風·無衣》傳及《廣雅》。往事,即下文所稱李廣利、常惠、鄭吉三人之事。《漢紀》改"行事"爲"近事","近事"亦往事也。《儒林傳》:"谷永疏曰:'近事,大司空朱邑、右扶風翁歸德茂夭年,孝宣皇帝愍册厚賜。'""近事"二字,亦總目下文之詞。然則"行事"爲總目下文之詞,明矣。若以"行事"上屬爲句,則大爲不詞。《通典·邊防十一》載此疏,亦以"行事"屬上讀,而改其文云:"君子以功覆過而爲之諱其行。"亦爲顔注所惑。錢以顔説爲是,劉説爲淺陋,失之矣。《春秋繁露·俞序》篇云:"仲尼之作《春秋》也,引史記,理往事。"又引:"孔子曰:'吾因其行事而加乎王心焉。'"行事即往事,謂《春秋》二百四十年之事也。《史記·自序》云:"子曰:'我欲載之空言,不如見之於行事之深切著明也。'"本書《藝文志》云:"仲尼與左丘明觀魯史記,據行事。"《劉向傳》云:"采傳記行事,著《新序》《説苑》,凡五十篇。"《司馬遷傳》云:"考之行事,稽其成敗興壞之理。"《李尋傳》云:"案行事,考變易訛言之效,未嘗不至。"《王尊傳》云:"府問詔書行事,尊無不對。"《翟方進傳》云:"時慶有章劾,自道行事以贖論。"師古彼注亦誤解"行事"二字。劉敞云:"漢時人言'行事''成事',皆謂已行、已成事也。王充書亦有之。"案,劉説是也。《論衡》一書,言"行事"者甚多,皆謂往事也。其《問孔》篇云:"行事,雷擊殺人,水火燒溺人,牆屋壓殺人。""行事"二字,乃總目下文之詞,與《陳湯傳》之"行事"同。又云:"成事,季康子患盜。孔子對曰:'苟子之不欲,雖賞之不竊。'""成事"二字,亦是總目下文。故劉云漢人言"行事""成事"者,意皆同也。《儒林傳》云:"因魯《春秋》舉十二公行事。"《貨殖傳序》云:"故列其行事以傳世變云。"《匈奴傳贊》云:"察仲舒之論,考諸行事,乃知其未合於當時而有闕於後世也。"又云:"若乃征伐之功,秦漢行事,嚴尤論之當矣。"《王莽傳》云:"近觀行事,高祖之約,非劉氏不王。"《叙傳·王命論》云:"歷古今之得失,驗行事之成敗。"又,《藝文志》:"天文家有《漢五星彗客行事占驗》八卷、《漢日旁氣行事占驗》三卷、《漢流星行事占驗》八卷、《漢日旁氣行事占驗》十三卷、今本脱"事"字。《漢日食月暈雜變行事占驗》十三卷。""行事占驗"皆謂吉凶已然之效,即李尋所云"案行事,考變易"也。皆謂"往事"爲"行事"也。又,《魏相傳》云:"相以爲方今務在奉行故事而已,數條漢興已來國家便宜行事,奏請施行。"是所謂行事者,即故事也。又云:"故事,句。諸上書者皆爲二封,署其一曰副,領尚書者先發副封,所言不善,屏去不奏。""故事"二字,亦是總目下文。凡《漢書》中"故事"二字絶句者,皆總目下文之詞。與"行事"文同一例。

奔逝

卒興師奔逝,横厲烏孫,逾集都賴。師古曰:"卒,讀曰猝。厲,度也。逾,讀曰遥。"

【念孫案】“奔”當爲“猋”，字之誤也。猋逝，言如猋風之逝。司馬相如《封禪文》云“武節猋逝”是也。《韓長孺傳》云：“匈奴輕疾悍亟之兵也，至如猋風，去如收電。”司馬相如《子虛賦》云：“雷動猋至，星流霆擊。”曰“猋逝”、曰“横厲”、曰“遥集”，皆言其行軍之速，若作“奔逝”，則非其旨矣。此字師古無音，則所見本已誤作“奔”。《漢紀·孝成紀》正作“興師猋逝”。

漢國之盛

至今奉使外蠻者，未嘗不陳郅支之誅以揚漢國之盛。《通鑑·漢紀二十五》同。

【念孫案】“盛”當爲“威”，字之誤也。上文云“揚威昆山之西”，又云“爲聖漢揚鈞深致遠之威”，皆其證。今本“威”作“盛”，則非其旨矣。《漢紀》正作“揚漢國之威”。《太平御覽·人事部九十三》引作“陳郅支之誅夷，以揚漢國之威棱”，文雖小異而字亦作“威”。

雋疏于薛平彭傳①

立莫敢發言

丞相御史中二千石至者，立莫敢發言。

《群書治要》引此同。【念孫案】“立”字於義無取，“立”當爲“并”。并，皆也，謂丞相以下皆莫敢發言也。《漢紀·孝昭

① “于”，底本作“千”，據同治本改。

紀》作“并不敢言”，是其證。

一姓張

一姓張名延年。

【念孫案】“一”下本有“云”字，上言“姓成名方遂”，此言一云“姓張名延年”，所謂傳聞異辭也。脱去“云”字，則文義不明。《漢紀》正作“一云姓張名延年”。

設祖道供張

公卿大夫故人邑子設祖道供張東都門外。

【念孫案】“設”上脱“爲”字。爲，于僞反。《文選・西征賦》注、《别賦》注、張協《詠史詩》注、《藝文類聚・人部十三》《太平御覽・人事部百三十》引此皆有“爲”字。

生怨

吾既亡以教化子孫，不欲益其過而生怨。《通鑑・漢紀十七》同。

宋祁曰：“南本、浙本‘生’字下有‘其’字。”【念孫案】南本、浙本是也。“益其過”“生其怨”，兩“其”字皆指子孫言之，少一“其”字，①則語意不完。《漢紀・孝宣紀》正作“生

① “字”，底本作“宇”，據同治本改。

其怨”。①

食酒

定國食酒至數石不亂，冬月治請讞，飲酒益精明。

如淳曰：“食酒，猶言喜酒也。”師古曰：“食酒者，謂能多飲，費盡其酒，猶云食言焉。今流俗書本輒改‘食’字作‘飲’字，失其真也。”劉攽曰：“《論語》云‘沽酒市脯不食’，然則酒自可云食也。然此下則云‘飲酒益精明’，共説一事耳，兩字不同，疑當作‘飲’爲真。”【念孫案】劉説是也。上下文皆作“飲酒”，如本上“飲”字偶誤爲“食”，遂以“食酒”爲“喜酒”。顔又以爲“費盡其酒”，皆非也。《北堂書鈔・酒食部八》、《藝文類聚・食物部》、《白帖》十五、四十六、《太平御覽・刑法部五》《飲食部一》引此并作“飲酒至數石”，《漢紀》同。

連上書

民多冤結，州郡不理，連上書者交於闕廷。

宋祁曰：“‘連’字，南本、浙本并作‘遠’。”【念孫案】“遠”字是。

---

① “紀”，底本作“史”，據《漢紀》改。

王貢兩龔鮑傳

毋有所發

今大王以喪事徵,宜日夜哭泣悲哀而已,慎毋有所發。

師古曰:"發,謂興舉衆事。"宋祁曰:"南本、浙本'毋有所發'上有'毋有所言'一句,一本'發'作'言'。"【念孫案】發,謂發言也。上文云:"高宗諒闇,三年不言。"下文云:"南面之君,何言哉。"則"毋有所發"即指發號施令而言,師古以爲"興舉衆事",非也。别本或加"毋有所言"一句,或改"發"爲"言",皆非。

自在

以意穿鑿,各取一切,張晏注《翟方進傳》曰:"一切,權時也。"權譎自在。

【念孫案】"自在"二字,於義無取,"在"當爲"任"之誤。言事不師古而自任權譎也。

俗吏 任子

今使俗吏得任子弟,率多驕驁,不通古今。

宋祁曰:"南本、浙本無'俗'字。"【念孫案】南本、浙本是也。子弟以父兄得官,則多驕驁而不通古今,非獨俗吏之子弟爲然也。"俗"字涉上文"今俗吏"而衍。《通鑑·漢紀十八》有"俗"字,則所見本已誤。《群書治要》及《太平御覽·治道部九》引此皆無"俗"字,《通典・選舉一》同。又,下文"除任子之令","子"下脱"弟"字,當依諸書引補。

十餘

宫女不過十餘,廄馬百餘匹。

【念孫案】"十餘"下脱"人"字,則文義不全,且與下句不對。《漢紀・孝元紀》《通鑑・漢紀二十》皆有"人"字。上文亦云:"宫女不過九人,秣馬不過八匹。"

虷日

白虹虷日。

【念孫案】"虷"字從虫,無義,蓋字本作"干"。干,犯也。因"虹"字而誤加"虫"耳。師古曰"虷音干",此望文爲音也。《説文》《玉篇》皆無"虷"字。《莊子・秋水》篇"還虷蟹與科斗",《釋文》:"虷,音寒。井中赤蟲也。"亦與"干日"之義無涉。《廣韻》"虷"字有"寒"音而無"干"音,《集韻》"虷"音"寒","井中赤蟲"。又音"干","蟲名,一曰犯也"。蓋爲師古注所惑。

摧辱宰相

丞相孔光四時行園陵,官屬以令行馳道中,宣出逢之,使吏鉤止丞相掾史,没入其車馬,摧辱宰相,事下御史。

【念孫案】"摧辱"上原有"以"字,言哀帝以宣摧辱宰相,遂下其事於御史也。今本脱去“以”字，則文義不明。《通典·職官十四》無“以”字，亦後人依誤本《漢書》删之。《太平御覽·職官部四十八》引此正作“以摧辱宰相，事下御史”，《漢紀》作“宣坐摧辱宰相，事下御史”，文異而義同也。

小臣欲守箕山之節

堯舜在上，下有巢由，今明主方隆唐虞之德，小臣欲守箕山之節也。

【念孫案】“小臣”上原有“亦猶”二字，言小臣之慕巢由，亦猶明主之慕唐虞也。後人不解其意而删去“亦猶”二字，謬矣。《通鑑》無“亦猶”二字，則所見《漢書》本已然。《文選·薦譙元彦表》注、《逸民傳論》注、《太平御覽·逸民部一》引此皆有“亦猶”二字，《漢紀》同。

韋賢傳

南顧

乃眷南顧，授漢于京。

師古曰：“高祖起在豊沛，於秦爲南，故曰南顧。”劉奉世曰：“秦視沛猶在東北，安得云‘南’也？盂意以漢興於巴蜀，故云爾。”【念孫案】沛在秦之東南，故秦始皇曰“東南有天子氣”，非在東北也。高祖起於沛，非起於巴蜀也，劉説殊憒憒。

祁祁

厥賜祁祁。

師古曰:“祁祁,行來貌。”【念孫案】祁祁,言賜予之衆多也。上文曰:“祁祁我徒,戴負盈路。”亦謂弟子之衆多也。《豳風·七月》篇“采蘩祁祁”,《商頌·玄鳥》篇“來假祁祁”,傳、箋并曰:“祁祁,衆多也。”《大雅·韓奕》篇:“諸娣從之,祁祁如雲。”義亦同也。

厲其庶而

誰謂華高,企其齊而。誰謂德難,厲其庶而。

【念孫案】“庶”與“齊”韻不相協。“庶”當作“幾”,與“齊”爲韻。幾,亦庶也,故《史記·韓非傳》索隱云“幾,庶也”。高注《淮南·要略》云:“幾,庶幾也。”“誰謂德難,厲其幾而”,言道德雖難而自勉者,可以庶幾也,故師古曰“道德不易,克厲然庶幾可及也”。今正文作“庶”者,即涉注文“庶幾”而誤。

脱三字

禮,王者始受命,諸侯始封之君,皆爲大祖。以下五廟而迭毁。

宋祁曰:“‘大祖’下疑有‘繼大祖’三字。”【念孫案】宋説是也。《通典·禮七》載此奏,正作“繼大祖以下五廟而迭毁”,《漢紀》作“繼大祖五廟皆迭毁”,下文亦云:“繼祖以下五廟而迭毁。”今本脱“繼大祖”三字則文義不全。

不私其利

孝文皇帝除誹謗，去肉刑，躬節儉，不受獻，罪人不帑，不私其利。

師古曰："重罪之人不及妻子，是不私其利也。"【念孫案】"不私其利"承上"不受獻"言之，非承"罪人不帑"言之。"除誹謗，去肉刑，罪人不帑"，稱其仁也。"躬節儉，不受獻，不私其利"，稱其廉也。"罪人不帑"二句，别言之者，上以三字爲句，此以四字爲句，各從其類耳。《景紀》詔曰："孝文皇帝除誹謗，去肉刑。"又曰："減耆欲，不受獻，不私其利也。"此即許嘉等奏議所本。

賓賜

賓賜長老，收恤孤獨。

宋祁曰："'賓'字，浙本作'賞'。"【念孫案】"賓賜"二字，義不相屬，當依浙本作"賞賜"，字之誤也，《景紀》正作"賞賜長老"。

獫狁

獫狁最强。

宋祁曰："'狁'，浙本作'允'。"【念孫案】《説文》無"狁"字，則浙本是也。凡經傳中作"獫狁"者，皆因"獫"字而誤。《衛青傳》《匈奴傳》《叙傳》并作"獫允"，引《詩》亦作"獫允"。今《詩》作"玁狁"，"玁"字亦《説文》所無，當作"獫"。《小雅・采薇》釋文云:“玁,本或作獫。狁,本亦作允。”《大雅·韓奕》箋“爲玁狁所逼”,《釋文》作“獫允”。

魏相丙吉傳

豈

豈宜褒顯。

朱子文曰:“‘豈’字於文爲悖,恐是‘直’字,當爲‘直宜褒顯’。”《漢書考異》曰:“‘豈宜’者,猶言宜也。古人語急,以‘豈不’爲‘不’,‘不可’爲‘可’。此當言‘豈不宜’,亦語急而省文耳。朱子文疑當爲‘直’字,非孟堅之旨。”【念孫案】古人無謂“豈不”爲“豈”者,錢説亦未安。余謂“豈”猶“其”也,言武帝曾孫病已有美材如此,其宜褒顯也。《吴語》曰:“天王豈辱裁之?”《燕策》曰:“將軍豈有意乎?”《史記·魏公子傳》曰:“我豈有所失哉?”“豈”字并與“其”同義。

然

君侯爲漢相,奸吏成其私,然無所懲艾。

【念孫案】然,猶乃也。言奸吏成其私,而君乃無所懲艾也。古者“然”與“乃”同義,説見《釋詞》。

車上

醉歐丞相車上。

【念孫案】"車"下有"茵"字，而今本脱之，則文義不明。後師古注"茵，蓐也。音因"五字，本在此注内，因此文脱去"茵"字，校書者遂移入後注耳。《太平御覽·職官部二》《人事部百三十八》《車部五》引此并作"醉歐丞相車茵上"，《白帖》四十八作"歐丞相車茵"，《漢紀》作"醉嘔吐吉車茵"，皆有"茵"字。

大熱

方春少陽用事，未可大熱。

宋祁曰："'大熱'，浙本作'以熱'。"【念孫案】浙本是也。"以"與"已"同。鄭注《檀弓》曰："以與已字本同。"鄭注《考工記》云："已，太也，甚也。"後人不知"以"爲"已"之借字，故改"以熱"爲"大熱"耳。《群書治要》及舊本《北堂書鈔·設官部二》陳禹謨依俗本改"以"爲"大"。《太平御覽·職官部二》《獸部十》引此并作"未可以熱"，《通典·職官三》同。《漢紀》作"未可以暑"，"暑"上亦是"以"字。

職當憂

三公典調和陰陽，職當憂。

宋祁曰："'當'字上疑有'所'字。"【念孫案】《群書治要》及《北堂書鈔·設官部》《太平御覽·職官部》《獸部》引此皆有"所"字，《漢紀》《通典》同。

眭兩夏侯京翼李傳

乘輿

昌邑王數出,勝當乘輿前諫。

宋祁曰:"'輿'字下疑有'車'字。"【念孫案】宋説是也。後人以"乘輿"即是車,故删去"車"字,不知此"乘輿"謂天子也。乘輿車,即天子車。蔡邕《獨斷》曰:"《律》曰:'敢盜乘輿服御物。'謂天子所服食者也。天子至尊,不敢渫瀆言之,故托之於乘輿。"《百官表》曰:"奉車都尉掌御乘輿車。"《周勃傳》曰:"滕公召乘輿車,載少帝出。"《武五子傳》曰:"騶奉乘輿車。"《薛廣德傳》曰:"當乘輿車,免冠頓首。"《儒林傳》曰:"劍刃鄉乘輿車。"皆其證矣。《通鑑·漢紀十六》無"車"字,則所見《漢書》本已誤。《後漢書·儒林傳》注引此正作"乘輿車"。

此君

齊桓公、秦二世亦嘗聞此君而非笑之。

【念孫案】"此君"本作"此二君"。二君,謂幽、厲也。今本脱"二"字,則文義不明。《群書治要》無"二"字,亦後人依誤本《漢書》删之。《通鑑》同。《太平御覽·治道部四》引此有"二"字,《漢紀》同。

以往知來

唯有道者能以往知來耳。

宋祁曰："江南本云'能以性智求耳'，徐鍇改'往知來'，非是。"【念孫案】京房曰："齊桓公、秦二世何不以幽、厲卜之而覺寤乎？"故元帝曰："唯有道者能以往知來耳。""以往知來"正對上文"以幽、厲卜之"而言。江南本作"性智求"者，"智"與"知"同。古書"知"字多作"智"，説見《管子·法法》篇。"往""性"、"來""求"，則字形相似而誤耳。《世説新語·規箴》篇注及《群書治要》《太平御覽》引此并作"以往知來"，《漢紀》亦然，則楚金之改不誤。

上曰以下十二字

"陛下視今爲治邪？亂邪？"上曰："亦極亂耳，尚何道！"房曰："今所任用者誰與？"《通鑑》同。

【念孫案】景祐本作："陛下視今爲治邪？亂邪？所任用者誰與？"無"上曰"以下至"房曰今"十二字是也。下文："上曰：然幸其瘉於彼，又以爲不在此人也。"云"幸其瘉於彼"，是對上文"治邪、亂邪"而言。云"不在此人"，是對上文"所任用者誰"而言，故師古曰："言今之災異及政道猶幸勝於往日，又不由所任之人也。"若如今本云"亦極亂耳，尚何道"則與下文"瘉於彼"之語相左，然則"上曰"以下十二字皆後人所加明矣。《世説新語》注、《群書治要》皆無此十二字，《漢紀》亦無。

房止

上令陽平侯鳳承制詔，房止無乘傳奏事。

《通鑑》同。【念孫案】"房止"當依《漢紀》作"止房"。今二字倒轉,則文義不順。

風以大陰下抵建前

乃正月癸未日加申,有暴風從西南來。未主奸邪,申主貪狼,風以大陰下抵建前。

張晏注曰:"初元二年,歲在甲戌,正月二十二日癸未也,大陰在大歲後。"孟康曰:"時大陰在未,月建在寅,從未下至寅南也。"【引之曰】此"大陰"謂"大歲"也。下文"大陰建於甲戌",指大歲言之,則此亦當然。奉"上封事"在初元元年,元年大歲在癸酉,酉在西方,未與申皆在西南,風從西南來,則在未、申之交而當西下,故曰"大陰下"也。孟康誤以歲後二辰之"大陰"説之,以爲是年大歲在酉,則大陰後二辰而在未。若然,則未即在西南,風從西南來,正當大陰,不得謂之"大陰下"矣。張晏又誤以元年事爲二年事,其意蓋謂大歲在戌,則大陰後二辰而在申,欲以牽合正文之"日加申",而竟忘奉"上封事"之在元年癸酉,其失不已甚乎?大歲,一名大陰,與歲後二辰之"大陰"迥異。説見下。

苑囿

損大官膳,減樂府員,省苑囿。

景祐本"苑囿"作"苑馬"。【念孫案】景祐本是也。《元紀》云:"初元元年六月,令大官損膳,減樂府員,省苑馬。"是其證。

大陰建於甲戌

今年大陰建於甲戌。

《漢書考異》曰："古法大陰與大歲不同。奉'上封事'在初元二年，以今法推之，大歲正在甲戌。蓋以大歲爲大陰，實自奉始矣。漢初言大歲者，皆用超辰之法，故大初之元，歲在丙子。依此下推，初元二年，歲當在癸酉，而云甲戌者，以《三統歲術》計之。大初元年歲星在婺女六度，已是星紀之末，則大歲亦在丙子之末。大歲與歲星每年多行一分，至大始二年，歲星已度壽星而入大火，大歲亦超乙酉而在丙戌矣。故算至初元二年，大歲得在甲戌也。"【引之曰】錢以大初元年歲在丙子，下推初元二年當在癸酉，故以甲戌爲超辰，不知大初以前皆以十月爲歲首而終於九月。自大初元年五月改曆，二年以後遂以正月爲歲首，故元年九月以後，獨多亥、子、丑三月，凡十五月。前三月爲丙子年之冬，歲星以建子之月與日同次於丑宫星紀，故大歲應之而在子。後十二月爲丁丑年之春夏秋冬，歲星以建丑之月與日同次於子宫玄枵，故大歲應之而在丑，蔡邕曆議所謂"大初元用丁丑"也。由丁丑下推五十七年而至初元二年，大歲實在甲戌，何待超辰而後爲甲戌乎？大歲超辰之法始於劉歆《三統曆》，而前此無之，不得云"漢初言大歲者，皆用超辰之法"。超辰之期必待百四十四年，自大初元年距初元二年才五十七年，未及超辰之期，亦不得以爲大歲超辰。且大陰爲大歲之一名，大歲建辰有二法，或應歲星與日隔次而晨見之月，或應歲星與日同次之月，而皆謂之大歲，亦皆謂之大陰，又不得分大陰、大歲爲二也。説詳《大歲考》。

注："孟康曰：大歲在甲戌，則大歲在子。"【引之曰】此誤以歲後之"大陰"當之也。大陰有二：一爲主歲之大陰，即大歲之别名，《淮南·天文》篇所言"大陰在寅"之屬是也。一爲歲後二辰之大陰，張晏注《楊雄傳》曰"大陰歲後二辰"，今陰陽家所謂歲后也。大初元年歲在丁丑，五十七年而至初元二年，大歲在甲戌矣。大歲，一名大陰，故曰"今年大陰建於甲戌"，其爲主歲之大陰明甚。若以爲歲後二辰之"大陰"，則大歲在戌，大陰當在申，不得言"大陰建於甲戌"矣。且是年大歲在戌而以爲在子，可乎？孟説失之。錢氏《考異》謂"大陰在戌，大歲當在申"，其説亦誤。"大陰建於甲戌"，即指大歲言之，又豈有在申之大歲乎？

東方作

其於東方作，日初出時。

師古曰："作，起也。日出之時，人物并起。"【引之曰】如師古説，則是"人物作"，非"東方作"矣。東方作者，日未出而光已起，若《詩》之言"明發"、俗語之言"東方發白"也。分而言之，則曰"東方作，日初出"，合而言之，則"日出"亦謂之"東方作"，故《莊子·外物》篇"東方作矣"，司馬彪曰"謂日出也"。

戚戚

治國故不可以戚戚，欲速則不達。

"戚戚"二字無注。【念孫案】"戚"讀爲"蹙"。蹙蹙，急也。故,事也。言治國事不可急也。《考工記》:"無以爲戚速也。"鄭注云:"齊人有名疾爲戚者。《春秋傳》曰:莊三十年《公羊傳》。'蓋以操之爲已戚矣。'"今鄭注"戚"作"蹙",乃後人依《公羊傳》改之。《釋文》:"戚,徐、劉將六反,李音促。"今《公羊傳》作"蹙"。

覆愚臣之言

唯財留神,反覆覆愚臣之言。

【念孫案】下"覆"字訓爲"察"。謂反覆察臣之言也。《谷永傳》云:"唯陛下留神,反覆熟省臣言。"文義正與此同。《爾雅》曰:"覆、察,審也。"《考工記·弓人》:"覆之而角至。"鄭注曰:"覆,猶察也。"定四年《左傳》"藏在周府,可覆視也",謂可察視也。《月令》:"命舟牧覆舟。"謂察舟也。《孫子·行軍》篇:"軍行有險阻、潢井、葭葦、山林翳薈者,必謹覆索之。"謂察索之也。然則下"覆"字訓爲"察",與上"覆"字異義,劉原父以爲衍一"覆"字,蓋未達古訓也。

趙尹韓張兩王傳

二人劫之

富人蘇回爲郎,二人劫之。

師古曰:"劫取其身爲質,令其家將財物贖之。"【念孫案】師古言"劫取其身爲質",則正文"劫"下當有"質"字。下文曰"無得殺質",此處師古無注,以"質"字已解於上也。又曰"釋質束手”，皆承此“質”字而言。今本脱去“質”字，則下文及師古注皆不可通矣。《漢紀·孝宣紀》作“二人私劫質之”，尤爲明證。

治罪

事下廷尉治罪。

【念孫案】“罪”字後人所加。“事下廷尉治”者，治其事之曲直，非謂治罪也。上文“魏相上書自陳，願下明使者治廣漢所驗相家事”，故宣帝使廷尉治其事。既而廣漢所驗皆誣，乃治廣漢之罪，此不得先言治罪也。景祐本無“罪”字。

便從

除補卒史，便從歸府。案事發奸，窮竟事情。

【念孫案】“便”當爲“使”。謂除補翁歸卒史，遂使從歸府中案事也。今本“使”作“便”，則非其旨矣。《太平御覽·職官部五十一》引此正作“使”。

待用之

召見門卒，卒本諸生，聞延壽賢，無因自達，故代卒。延壽遂待用之。

【念孫案】“待”讀爲“特”。若讀“徒亥反”，則“待用”二字義不可通。謂特用此門卒爲掾也。《莊子·逍遥游》篇“彭祖乃今以久特聞”，崔譔本“特”作“待”。“待”“特”聲相近，故字相通,而師古無音,則已不知其爲"特"之借字矣。《漢紀》正作"遂特用之"。

千人

假司馬、千人持幢旁轂。《通鑑·漢紀十九》同。

【念孫案】既云"旁轂",則不得有千人之多,"千人"當依《漢紀》作"十人"。①

鳴玉佩

進退則鳴玉佩。

【念孫案】"鳴玉佩"本作"鳴佩玉"。謂鳴所佩之玉也。《玉藻》云:"行則鳴佩玉。"《大戴禮·保傅》篇同。《尚書大傳》云:"夫人鳴佩玉於房中。"見《召南·小星》正義。皆敞書所本也。《漢紀》正作"進退則鳴佩玉"。《杜欽傳》:"佩玉晏鳴,《關雎》嘆之。"

縱欲

今大后資質淑美,慈愛寬仁,諸侯莫不聞,而少以田獵縱欲爲名。

【念孫案】"縱欲"當爲"縱恣"。"縱恣"二字即指田獵言之。《徐樂傳》云:"陛下逐走獸,射飛鳥,弘游燕之囿,淫從恣

---

① 底本作"司馬千人皆官名見百官表荀悦漢紀作假司馬十人非",據同治本及《漢書補注》改。

之觀,極馳騁之樂。”義與此同。且“田獵縱恣”四字皆見上文,則當爲“縱恣”明矣。“恣”與“慾”字相似,“恣”訛爲“慾”,又訛爲“欲”耳。《漢紀》正作“縱恣”。

下臣

令后姬得有所法則,句。下臣有所稱頌。

宋祁曰:“‘臣’字可删。”【念孫案】宋説非也。“下臣”當依《漢紀》作“臣下”,與上句對文。

違

靖言庸違。

師古曰:“違,僻也。”宋祁曰:“浙本作‘庸韋’,注云:‘韋,違也。’”【念孫案】浙本是也。《説文》:“韋,相背也。”是古“違背”字本作“韋”。《古文尚書·酒誥》“薄韋農父”,見《群經音辨》。馬注:“韋,違行也。”見《釋文》。是其證。後人依今本《尚書》改“韋”為“違”,故又改注文耳。

立不動

及水盛隄壞,吏民皆奔走,唯一主簿泣在尊旁,立不動。

宋祁曰:“‘立’字上疑有‘尊’字。”【念孫案】宋説是也。下文詔曰“大守身當水衝”,正指此言之。脱去“尊”字,則文義不明。《水經·河水》注、《太平御覽·職官部六十三》引此并作“尊立不動”,《漢紀》同。

蓋諸葛劉鄭孫毋將何傳

强禦

不畏强禦。

師古曰:“强禦,强梁而禦善者也。”劉奉世曰:“禦,禁也。言威力足以禁制於人,《爾雅》云。”【念孫案】禦,亦强也。説見《經義述聞》“曾是强禦”下。

今日

今日鷹隼始擊。

【念孫案】“日”字後人所加,今“鷹隼始擊”即承上文“立秋日”言之,無庸更加“日”字。《太平御覽·時序部十》引此有“日”字,亦後人依誤本《漢書》加之。其《職官部五十一》《羽族部十三》引此皆無“日”字。又,《文選·西征賦》注、舊本《北堂書鈔·歲時部三》陳禹謨本同。《設官部二十九》陳本加“日”字。《藝文類聚·歲時部上》《鳥部中》《初學記·歲時部上》、《白帖》三引此亦皆無“日”字。

分當相直

我與稚季幸同土壤,素無睚眥,顧受將命,分當相直。

師古曰:“言自顧念受郡將之命,分當相值遇也。分音扶問反。直讀曰值。”【念孫案】師古以“顧”爲“顧念”,“直”爲“值遇”,皆非也。顧,猶特也。凡《漢書》中“顧”字在句首者,如《張耳陳餘傳》"顧其勢初定""顧爲王實不反",《韓信傳》"顧王策安決""顧諸君弗察耳""顧恐臣計未足用",皆當訓爲"特",師古皆訓爲"念",非也。他篇放此。直,繩也。言我與稚季本無宿怨,特受郡將之命,分當相繩耳。《説卦傳》曰:"巽爲繩直。"《大雅·抑》箋云:"内有繩直,則外有廉隅。"《淮南·繆稱》篇曰:"行險者不得履繩,出林者不得直道。"高注曰:"繩,亦直也。""繩"訓爲"直",故"直"亦訓爲"繩"。《月令》曰:"先定準直,農乃不惑。"準直,即準繩也。"直"爲"準繩"之"繩",又爲"相繩"之"繩"。《後漢書·循吏傳》:"繩正部郡,風威大行。"李賢注曰:"繩,直也。"《百官公卿表》曰:"丞相司直,掌佐丞相舉不法。"《大戴禮·衛將軍文子》篇曰:"蘧伯玉直己而不直人。"《淮南·主術》篇曰:"堯置敢諫之鼓,舜立誹謗之木,湯有司直之人。"

魚澤障

上以林朋黨比周,左遷敦煌魚澤障候。

【念孫案】敦煌之魚澤障,自武帝時已改爲效穀縣,此云"魚澤障候"者,仍舊名也。《地理志》"敦煌郡效穀",班氏自注云:"本魚澤障也。"桑欽説:"孝武元封六年,濟南崔不意爲魚澤尉,教力田。以勤效得穀,因立爲縣名。"今本注首有"師古曰"三字,後人所加也。胡氏東樵已辯之。

越嶲郡上

會越嶲郡上黄龍游江中。《通鑑·漢紀二十七》同。

【念孫案】"上"下本有"言"字。"上言"二字,見於本書者多矣，今本脱“言”字，則文義不明。《漢紀·孝平紀》有“言”字。

蕭望之傳

洽平

將以流大化，致於洽平。

【念孫案】古無以“洽平”二字連文者，師古曲爲之説，非也。“洽平”當爲“治平”，字之誤也。《王嘉傳》“以致治平”，即其證。

國兵在外軍以夏

京兆尹張敞上書言：“國兵在外，軍以夏。”

【念孫案】“國兵在外，軍以夏”本作“充國兵在外，軍以經夏”。上文曰：“西羌反，漢遣後將軍征之。”後將軍即趙充國也。“以”與“已”同。“充國兵在外，軍已經夏”，言其在外已久也。《宣帝紀》曰：“神爵元年夏四月，遣後將軍趙充國、强弩將軍許延壽擊西羌。”此傳下文曰：“竊憐涼州被寇，方秋饒時，民尚有飢乏病死於道路。”則敞之上書已在秋時，故曰“軍已經夏”也。今本脱去“充”字、“經”字，則文不成義。《藝文類聚·刑法部》所引已與今本同。《漢紀·孝宣紀》正作“充國兵在外，已經夏”。

堯在上

堯在上，不能去民欲利之心。

【念孫案】下文云："雖桀在上，不能去民好義之心。"則此文"堯"上亦當有"雖"字。《漢紀》及《藝文類聚·刑法部》《太平御覽·治道部四》引此皆有"雖"字。

自以托師傅懷終不坐

弘恭、石顯等建白："望之深懷怨望，教子上書，歸非於上，自以托師傅，懷終不坐。"

師古曰："言恃舊恩，自謂終無罪，坐懷此心。"【念孫案】師古讀"懷終不坐"爲句，非也。"懷"當爲"德"，字之誤也。"懷"字，俗書作"懷"，形與"德"相近，又涉上文"深懷怨望"而誤。"自以托師傅德"爲句，"終不坐"爲句，言望之自以托於師傅之德，終不坐罪也。《漢紀·孝元紀》作"自以托師傅恩德，終不坐"是其證。

其

其於爲民除害，安元元而已。

【念孫案】"其"與"期"同。《中山策》："與不其衆少，其於當厄。怨不其深淺，其於傷心。"《淮南·説林》篇："其滿腹而已。""其"并與"期"同。《繫辭傳》"死期將至"，《釋文》作"其"。《韓子·十過》篇"至於期日之夜"，《淮南·人間》篇作"其"。《燕策》"樊於期"，漢《武梁石室畫象》作"其"。

《漢書》第十三

馮奉世傳

萬二千人騎

於是遣奉世將萬二千人騎。

宋祁曰:"浙本、南本無'人'字。"【念孫案】無"人"字者是也。此涉上文"二千人"而衍,《漢紀》亦無"人"字。

令告則得

令告則得,詔恩則不得,失輕重之差。

【念孫案】"令"當爲"今",此涉上下諸"令"字而誤。案,上文云:"今有司以爲予告得歸,賜告不得,是一律兩科,失省刑之意。"下文云:"今釋令與故事而假不敬之法,甚違闕疑從去之意。"此云:"今告則得,詔恩則不得,失輕重之差。"三"今"字文同一例,則當作"今"明矣。《藝文類聚·刑法部》、《白帖》四十三、《太平御覽·治道部十五》引此并作"今"。

進退

參爲人矜嚴，好修容儀，進退恂恂，甚可觀也。

【念孫案】“進退”本作“進止”，此後人以意改之也。《北堂書鈔·設官部十》《初學記·職官部下》引此并作“進止”，《漢紀》同。《薛宣傳》云：“宣爲人好威儀，進止雍容，甚可觀也。”文義正與此同。

鞠躬履方

鞠躬履方，擇地而行。

師古曰：“履方，踐方直之道也。”【念孫案】師古訓“方”爲“方直”，而加“之道”二字以增成其義，殆失之迂矣。今案，方，即道也。履方，猶言踐道。《樂記》曰：“樂行而民鄉方。”又曰：“是先王立樂之方也。”《經解》曰：“隆禮由禮，謂之有方之士。”《論語·雍也》篇曰：“可謂仁之方也已。”孔傳、鄭注并曰：“方，道也。”

又案，師古云“鞠躬，謹敬貌”是也。而宋子京云：“注當云：‘鞠躬，曲躬也。’”案，《聘禮記》：“執圭入門，鞠躬焉，如恐失之。”《論語·鄉黨》篇：“入公門，鞠躬如也，如不容。”孔傳云：“斂身也。”“踧踖”“鞠躬”皆雙聲以形容之，故皆言“如”。孔傳本謂“鞠躬”爲斂身之貌，非訓“鞠”爲“斂”，“躬”爲“身”也。皇侃疏云：“鞠，曲斂也。躬，身也。”則“如”字之義不可通，訓“鞠躬”之“躬”爲“身”，其誤實始於此，而邢疏因之，子京更無論已。“斂身”即“謹敬”之意，故又訓爲“謹敬”。《史記·韓長孺傳贊》云：“壺遂之内廉行修，斯鞠躬君子也。”《太史公自序》云:"敦厚慈孝,訥於言,敏於行,務在鞠躬,君子長者。"是"鞠躬"爲"謹敬"也。《廣雅》:"匔匑,謹敬也。"曹憲上音"丘六",下音"丘弓"。"匔匑"與"鞠躬"同。

宣元六王傳

告之

顯具得此事告之。房漏泄省中語。

宋祁曰:"'之'字當删。"【念孫案】《漢紀》無"之"字。

匡張孔馬傳

不譽

夫富貴在身而列士不譽,是有狐白之裘而反衣之也。

【念孫案】"譽"當爲"舉",此涉上文"令聞休譽"而誤也。"列士不舉"正對上文"所舉不過私門賓客乳母子弟"而言。《白帖》十二、四十三引此并作"不舉",《漢紀》同。

以身設利

苟合徼幸以身設利。

師古曰:"設,施也。"【引之曰】"以身施利",殊爲不辭。"設"當爲"没",草書相似而誤也。没,謂貪冒也。"冒""没",語之轉耳。《秦策》:"没利於前而易患於後。"高注曰:"没,貪也。”一本“没利”作“設利”，誤與此同。《史記·春申君傳》及《新序·善謀》篇并作“没利”。《晉語》：“再拜不稽首，不没爲後也。”韋注曰：“没，貪也。”下文又曰：“退而不私，不没於利也。”《史記·貨殖傳》曰：“吏士舞文弄法，刻章僞書，不避刀鋸之誅者，没於賂遺也。”皆其證。

在職

賢者在位，能者在職。

宋祁曰：“‘在職’，越本作‘布職’，别本同。”【念孫案】景祐本亦作“布職”。毛本同。《元紀》曰：“明王在上，忠賢布職。”《廣雅》曰：“布，列也。”疑舊本作“布職”，而後人依《孟子》改之也。

商邑翼翼四方之極

《诗》曰：“商邑翼翼，四方之極。”

【念孫案】此引《詩》本作“京邑翼翼，四方是則”，乃《齊詩》，非《毛詩》。下文“今長安天子之都”，是承“京邑翼翼”言之。“郡國來者，無所法則”，是承“四方是則”言之。今本“京”作“商”，“是則”作“之極”，皆後人以《毛詩》改之也，師古所見本已誤，説見《經義述聞》。

歸誠

上親拜禹牀下，禹頓首謝恩，句。歸誠，言“老臣有四男一女”云云。

宋祁曰：“‘恩’字下當有‘因’字。”【念孫案】宋說是也。“因歸誠”三字下屬爲義。若無“因”字，則語意不完，此以“恩”“因”二字相似，故寫者脱去“因”字耳。《通典·禮二十七》有“因”字。

奸忠直

以爲章主之過，以奸忠直，人臣大罪也。

師古曰：“奸，求也。求忠直之名也。奸音干。”【念孫案】如師古說，則“忠直”下須加“之名”二字，而其義始明矣。《漢紀·孝成紀》作“以訐爲忠直”是也，“訐”字正承“章主之過”而言，且用《論語》“訐以爲直”之文。今本“訐”誤爲“奸”，又脱“爲”字耳。

右與

天右與王者。

師古曰：“右，讀曰佑。佑，助也。”景祐本作“天左與王者”，注作“左，讀曰佐。佐，助也”。宋祁曰：“案，《王商傳》‘擁佑大子’，注‘佑，助也’。凡‘右’爲親，‘左’爲遠，故‘左遷’‘左道’，皆離背去正之義，不得訓‘左’爲‘助’也。”【念孫案】子京改“左”爲“右”，而各本皆從之，非也。古無“佐”字，但作“左”。《說文》：“左，則箇切。𠂇手相左也。𠂇，則可切。徐鍇本譌作“手𠂇相左也”，徐鉉改爲“手相左助也”，尤非，今訂正。從𠂇、工。”《爾雅》曰“詔、亮、左、右、相，導也”，“詔、相、導、左、右、助，勴也”，“左、右，亮也”。凡經典中“佐佑”字皆作“左右”。師古注《韋玄成傳》《師丹傳》并云“左、右，助也。‘左’讀曰佐，‘右’讀曰佑”。子京不知“左”爲古“佐”字，故有此謬説。

可甲卒

將作穿復土，可甲卒五百人。

劉奉世曰：“‘可’字疑非。”【念孫案】“可甲”當爲“河東”，字之誤也。此謂將作穿復土，用河東卒五百人。《霍光傳》云：“發三河卒穿復土。”與此事同一例。《太平御覽·禮儀部三十二》引此正作“河東卒”。

長安子

故霸還長安子福名數於魯，奉夫子祀。

宋祁曰：“江南、淳化本作‘長安’，浙本作‘遷長子福名數於魯’，無‘安’字。晏公論羨‘安’字甚堅。案，霸既詔許以八百户祀孔子，即是令長子福還名數於魯，以此八百户爲祀矣。雖浙本作‘遷’，‘遷’與‘還’小異而大同。言‘長安’，則後人妄添，且復終始無義。昔穎川陳彭年亦以‘安’字爲衍。”①【念孫案】陳、晏、宋説是也。或引龔説，以此傳前言“霸徙名數於長安”，故此言“還長安子福名數”，其説殊謬，不足辯。景祐本及《太平御覽·禮儀部四》所引，并作“長子福”，無“安”字。

---

① “穎”，當爲“潁”。按，潁川以潁水名，今屬河南，陳彭年父曾官河南潁川，彭年因以爲地望。

王商史丹傅喜傳

皇大子

皇大子希得進見。

【念孫案】景祐本“皇”下有“后”字是也。“皇后、大子希得進見”,正對上文“傅昭儀及定陶王常在左右”言之。下文“皇后、大子皆憂”,又承此句言之,則當有“后”字明矣。若但言“大子希得進見”,則文偏而不具。《太平御覽·人事部九十三》引此正作“皇后、大子”,《通鑑》同。《元后傳》亦云:“皇后自有子後,希復進見。”

子嗣

喜以壽終,子嗣。

師古曰:“史不得其子名也。”【念孫案】《表》云:“高武貞侯傅喜薨,侯勁嗣。”此文傳寫脱“勁”字耳,非史失其名也。

薛宣朱博傳

賊取

賊取錢財數十萬。

宋祁曰:“‘賊’,浙本作‘賦’。”【念孫案】浙本是也。“賦”“賊”字相似,據注云“斂取錢財”,則當作“賦”明矣。

手傷

沉首爲惡，明手傷，功意俱惡。

【念孫案】"手傷"下原有"人"字，"沉首爲惡""明手傷人"相對爲文。今本脱"人"字，則文義不明，而句法亦不協矣。據孟康注云："手傷人爲功，使人行傷人者爲意。"則正文本作"手傷人"明矣。《通典·刑四》無"人"字，則所見本已誤。《漢紀·孝哀紀》有"人"字。

痏人

《傳》曰："遇人不以義而見疻者，與痏人之罪鈞，惡不直也。"

應劭曰："以杖手毆擊人，剥其皮膚，腫起青黑而無創瘢者，《律》謂之疻痏。遇人不以義爲不直，雖見毆，與毆人罪同也。"師古曰："疻，音侈。痏，音鮪。"【念孫案】正文之"痏人"本作"疻人"，"遇人不以義而見疻者，與疻人之罪鈞"，兩"疻"字上下相應。應注云："雖見毆，與毆人罪同。"兩"毆"字，亦上下相應。若下句變"疻"言"痏"，則與上句不相應矣。應云"《律》謂之疻痏"，此是引《律》以釋正文"疻"字，非釋"痏"字也。師古曰"痏，音鮪"，自爲應注"痏"字作音，非爲正文作音也。凡師古注爲舊注作音者，全部皆然，不可枚舉。後人不察，遂謂正文内有"痏"字，而改"疻人"爲"痏人"，斯爲謬矣。師古注《急就篇》云："毆人皮膚腫起曰疻，毆傷曰痏。"是"疻""痏"大同而小異，又不得徑改"疻人"爲"痏人"也。《白帖》四十八、九十二并作"遇人不以義而見疻者，與疻人之罪鈞"，《通典·

刑四》同。

何與

莽治況，發揚其罪，使使者以大皇大后詔賜主藥。主怒曰："劉氏孤弱，王氏擅朝，排擠宗室，且嫂何與取妹披抉其閨門而殺之？"

師古曰："敬武公主，宣帝女也，故謂元后爲嫂。'與'讀曰'豫'。豫，干也。言此事不干於嫂也。"【念孫案】"與"讀如字。何與，猶何爲也。古者謂"爲"曰"與"。説見《釋詞》。主與況私亂，而莽矯元后詔賜之死，故主怒曰"嫂何爲取妹披抉其閨門而殺之也"。師古讀"與"爲"豫"，而以"且嫂何與"絶句，則與下文義不相屬矣。

間步

博去吏，間步至廷尉中，候司咸事。

師古曰："間步，謂步行而伺間隙以去。"【念孫案】"候司"在下文，則此非"伺間隙"之謂也。間者，私也。謂私步至廷尉中也。古謂"私"爲"間"，説見《史記·魏公子傳》。

大丈夫

大丈夫固時有是。

【念孫案】"大"字後人所加。尚方禁以盜人妻見斫，面有瘢，故博笑謂之曰"丈夫固時有是"。據顔注云："言情欲之事,人所不免。”則不得言“大丈夫”明矣。景祐本及《白帖》四十一引此皆無“大”字。

用禁

馮翊欲洒卿恥,抆拭用禁,能自效不?

【念孫案】“禁”當爲“卿”,此涉上下文“禁”字而誤也。“欲洒卿恥,抆拭用卿”,兩“卿”字上下相承。《白帖》四十一、四十八引此并作“用卿”。

尚相得死

匹夫相要,尚相得死,何況至尊!《通鑑·漢紀二十六》同。

【念孫案】“尚相得死”文不成義,當依《漢紀·孝哀紀》作“尚得相死”。

翟方進傳

大都授

候伺常大都授時。

【引之曰】“大”字涉注文“大講授”而衍。都,即大也。不當更有“大”字。《廣雅》:“都,大也。”《五行志》:“豕出圂,壞都竈。”師古注:“都竈,烝炊之大竈也。”《武五子傳》:“將軍都郎羽林。”注:“都,大也,謂大會試之。”《鄭吉傳》:“故號都護。”注:“都,猶大也,總也。”《漢紀·孝成紀》有“大”字,亦後人依誤本《漢書》加之。據師古注云:"都授,謂總集諸生大講授。"則正文本無"大"字。

簿

官簿皆在方進之右。

宋祁曰:"'簿'一作'薄'。"【念孫案】《説文》無"簿"字,則一本是也。今《漢書》中"簿"字無作"薄"者,此一本作"薄",乃古字之僅存者耳。漢《郃陽令曹全碑》"諸國禮遺且二百萬,悉以薄官",其字正作"薄"。又各碑中"主簿"字作"薄"者,不可枚舉。是古字以"薄"爲"簿"也。

如勿收

義部掾夏恢等收縛立,傳送鄧獄。恢白義,可因隨後行縣送鄧。義曰:"欲令都尉自送,則如勿收邪!"

師古曰:"言若都尉自送至獄,不如本不收治。"【念孫案】師古以"如勿收"爲"不如勿收",則與"邪"字語意不合。余謂"如"猶"將"也。言汝欲令都尉自送,則將勿收邪。古者"如"與"將"同義。説見《釋詞》。

奔走

若涉淵水,予惟往求朕所濟度,奔走以傳近奉承高皇帝所受命。

師古以"奔走"屬上讀。【念孫案】"奔走"二字與"涉水"義不相屬。當以"予惟往求朕所濟度"爲句,此效經文之"予惟往求朕攸濟”也，“奔走以傅近奉承高皇帝所受命”爲句。“奔”與“賁”，“傅”與“敷”，古字通用。此效經文之“敷賁敷前人受命”也，莽《大誥》皆用《今文尚書》，疑今文無上“敷”字，但作“奔傅前人受命”，而莽以“奔”爲“奔走”，“傅”爲“傅近”，亦用今文説也。

犯祖亂宗

誕敢犯祖亂宗之序。

【引之曰】當作“誕敢犯亂祖宗之序”。

民獻儀九萬夫

宗室之儁有四百人，民獻儀九萬夫。

孟康曰：“民之表儀，謂賢者。”【引之曰】正文本作“民儀九萬夫”，今本“儀”上有“獻”字者，後人據古文《大誥》加之也。下文師古注曰“我用此宗室之儁及獻儀者共謀圖國事”，則師古所見本已有“獻”字。然考孟注及下文皆言“民之表儀”，而不言“民獻”，下文曰：“亦惟宗室之俊、民之表儀。”則此句内本無“獻”字明矣。案，古文《大誥》“民獻有十夫”，傳訓“獻”爲“賢”，《大傳》作“民儀有十夫”。孟康曰：“民之表儀，謂賢者。”《廣雅》亦曰：“儀，賢也。”蓋皆用《今文尚書》説也。古聲“儀”與“獻”通。《周官·司尊彝》“鬱齊獻酌”，鄭司農讀“獻”爲“儀”。郭璞《爾雅音》曰：“轙，音儀。”《説文》曰：“轙，從車、義聲。或作钀，從金、獻聲。”皆其證也。漢《斥彰長田君碑》曰：“安惠黎儀，伐討奸輕。”《泰山都尉孔宙碑》曰：“乃綏二縣，黎儀以康。"《堂邑令費鳳碑》曰："黎儀瘁傷，泣涕連漉。""黎儀"即《皋陶謨》之"萬邦黎獻"也。漢碑多用經文，此三碑皆言"黎儀"，則《皋陶謨》之"黎獻"，今文必作"黎儀"矣。然則今文之"民儀"，即古文之"民獻"。王莽本用今文，故曰"民儀九萬夫"。今據古文加入"獻"字，"民獻儀九萬夫"，斯爲不詞矣。班固《竇車騎將軍北征頌》曰"民儀響慕，群英景附"，亦用今文也。

易定

粵天輔誠，爾不得易定。

師古曰："天道輔誠，爾不得改易天之定命。"【念孫案】不言"易天之定命"，而言"易定"，則文義不明。余謂"定"當爲"㝎"，《説文》"㝎"，古文"法"字，形與"定"相似而誤。《大誥》作"爾時罔敢易法"，是其證。

静言

兄宣静言令色，外巧内嫉。

師古曰："静，安也。令，善也。言其陽爲安静之言，外有善色而内實嫉害也。"【念孫案】"静言令色"即"巧言令色"。下文"外巧"二字，統承"静言令色"言之，則"静"非"安静"之謂也。《古文尚書·秦誓》"惟截截善諞言"，今文作"惟諓諓善静言"。《漢書》皆用今文，故作"静言"也。"静"字或作"竫"，又作"靖"。文十二年《公羊傳》引《書》作"惟諓諓善竫言"，王注《楚辭·九辯》曰："静言諓諓而無信。"又注《九嘆》

曰:“諓諓,讒言貌也。”引《書》曰“諓諓靖言”。《潛夫論・救邊》篇曰:“諓諓善靖。”并字異而義同。《越語》:“又安知是諓諓者乎?”賈逵注曰:“諓諓,巧言也。”見《公羊釋文》。而《今文尚書》曰“惟諓諓善静言”,是“静言”即“巧言”也。師古不見今文,故訓“静言”爲“安静之言”,而加“陽爲”二字以足其義。

群雁

有狗從外入,齧其中庭群雁數十,比驚救之,已皆斷頭。

【引之曰】雁者,鵝也,故曰“中庭群雁”。古謂“鵝”爲“雁”,説見《經義述聞・周官》“膳用六牲”下。

谷永杜鄴傳

亦惟先正克左右

《經》曰:“亦惟先正克左右。”

師古曰:“《周書・君牙》之辭也。”齊曰:“案,《君牙》篇作‘亦惟先王之臣克左右亂四方’,所可疑者,西都祇行伏生今文,今文缺《君牙》篇,惟孔氏古文有之。然則谷永亦嘗見《古文尚書》者邪?”【念孫案】顔、齊二説皆非也。此所引乃《文侯之命》,非晚出古文之《君牙》,師古誤記耳。

則不深察

陛下則不深察愚臣之言,忽於天地之戒,咎根不除,水雨之灾，山石之異，將發不久。

【念孫案】“則不深察”，若不深察也。古者“則”與“若”同義，説見《釋詞》。

變改

如使危亡之言輒上聞，則商周不易姓而迭興，三王不變改而更用。

【念孫案】“變”“改”“更”三字，語意重叠，“改”當爲“政”。謂變其政而更用之也。“變政”與“易姓”對文，此因字形相似而誤。

能或滅之

《詩》云：“燎之方陽，能或滅之。赫赫宗周，褒姒威之。”

師古曰：“言火燎方熾，寧有能滅之者乎？而宗周之盛，乃爲褒姒所滅，怨其甚也。”【念孫案】師古此注殆沿鄭《箋》之誤，此引《詩》作“能或滅之”，非謂“寧有能滅之者”也。案，能者，乃也。言燎火方熾而乃有滅之者，以喻赫赫之宗周而竟爲褒姒所滅也。“能”字古讀若“耐”，説見《唐韻正》。聲與“乃”相近，故義亦相同。昭十二年《左傳》：“中美能黄，上美爲元，下美則裳。”“能”“爲”“則”三字相對爲文。能者，乃也，言中美乃黄，上美爲元，下美則裳也。《孫子·謀攻》篇：“故用兵之法，十則圍之，五則攻之，倍則分之，敵則能戰，少則能守，不若則能避之。”言敵則乃戰，少則乃守，不若則乃避之也。《魏策》曰：“奉陽君約魏，魏王將封其子。謂魏王曰：‘王嘗身濟漳,朝邯鄲,抱葛薛、陰、成以爲趙養邑,而趙無爲王有也。王能又封其子河陽、姑宓乎? 臣爲王不取也。'"言王乃又封其子乎? 臣爲王不取也。《史記·淮陰侯傳》曰:"今韓信兵號數萬,其實不過數千,能千里而襲我,亦以罷極。"言韓信兵不過數千,乃千里而襲我亦已疲極也。《太史公自序·序佞幸傳》曰:"非獨色愛,能亦各有所長。"言非獨以色見愛,乃亦各有所長也。《列女傳·賢明傳》曰:"先生以不斜之故能至於此。"言以不斜之故,乃至於此也。"能"與"乃"同義,故二字可以互用,《後漢書·荀爽傳〈陳便宜策〉》曰"鳥則雄者鳴鴝,雌能順服。獸則牡為唱導,牝乃相從"是也。"能"與"乃"同義,故又可以通用。《淮南·人間》篇:"此何遽不能爲福乎?"《藝文類聚·禮部下》引此"能"作"乃"。《漢書·匈奴傳》"東援海代,南取江淮,然後乃備",《漢紀》"乃"作"能"是也。"能"與"寧"一聲之轉,故此作"能或滅之"。《毛詩》作"寧或滅之"。宋祁曰:"姚本'能'作'寧',此依《毛詩》改也。"寧,亦乃也,鄭《箋》誤解"寧"字,説見《經義述聞》"寧或滅之"下。

炮烙

榜箠瘠於炮烙。

【念孫案】"炮烙"本作"炮格"。格,音古伯反,不音"洛",故師古曰"膏塗銅柱,此句釋"格"字。加之火上,令罪人行其上,輒墮炭中"。此三句釋"炮"字。《江鄰幾雜志》引《漢書》,正作"炮格"。今諸書皆作"炮烙"者,後人不知古義而改之也,説見《史記·殷本紀》。

建治

反除白罪，建治正吏。

【念孫案】"建治"二字義不相屬。師古以爲"建議劾治"，此曲爲之説也。"建"當爲"逮"。逮，捕也。言罪之明白者則反而除之，吏之公正者則逮而治之也。《王莽傳》："莽遣三公大夫逮治黨與。"隸書"建"字或作"建"，見漢《北海相景君銘》《郎中鄭固碑》。與"逮"相似，故"逮"訛作"建"。

婧出

悉罷北宫私奴車馬婧出之具。

師古曰："婧，亦'惰'字耳。惰出，惰游也。"宋祁曰："姚本'婧'作'媨'，音又，耦也。蕭該《音義》亦作'媨'，音'侑'。"【念孫案】"婧出"二字義不相屬。師古强訓爲"惰游"，非也。當依蕭該本作"媨出"。《説文》："媨，耦也。從女、有聲，讀若祐。或從人，作侑。"然則"媨出"者，耦出也。"車馬耦出"，謂與北宫私奴共乘車馬而出也。上文云："陛下挺身晨夜，與群小相隨，閔免遁樂，晝夜在路。"故此云"絶群小之私客，悉罷北宫私奴車馬媨出之具"也。"媨"與"婧"字相似，世人多見"婧"，少見"媨"，故"媨"訛爲"婧"矣。

貫行

以次貫行，固執無違。

師古曰："貫，聯續也。謂上所陳衆條諸事，宜次第相續行之，不當更違異也。”【念孫案】“貫”可訓爲“聯”，不可訓爲“續”。今案，貫行，猶言服行。謂以次服行之也。《後漢書·光武十王傳》“奉承貫行”，義與此同。《爾雅》曰：“服、貫，事也。”《廣雅》曰：“服、貫，行也。”是“貫”與“服”“行”同義。《論語·衛靈公》篇：“子貢問曰：‘有一言而可以終身行之者乎？’子曰：‘其恕乎！’”《里仁》篇：“子曰：‘吾道一以貫之。’曾子曰：‘夫子之道，忠恕而已矣。’”一以貫之，即一以行之也。

三朝之會　燕告急齊

今年正月己亥朔，日有食之三朝之會。師古曰：“歲、月、日三者之始，故云三朝。”

【念孫案】“三朝”上原有“於”字。於，猶在也。言日食在三朝之會也。今脱去“於”字，則上下義不相屬。《後漢書·班固傳》注、《文選·東都賦》注、鮑照《數詩》注引此并作“日有食之於三朝之會”。又，《匈奴傳》：“山戎伐燕，燕告急齊。”“齊”上亦脱“於”字。《太平御覽·四夷部二十一》引此有“於”字，《史記》同。

法出而後駕

願陛下保至尊之重，秉帝王之威，朝覲法出而後駕，陳兵清道而後行。

【念孫案】“法出而後駕”當作“法駕而後出”，謂法駕既具而後出也。如淳注《文帝紀》曰：“法駕者，侍中驂乘、奉車郎御屬車三十六乘。”今本“駕”“出”二字互誤，則文不成義。《漢紀·孝成紀》正作“朝覲法駕而後出”。

專攻

前後所上四十餘事，略相反覆，專攻上身與後宫而已。

【念孫案】“攻”字義不可通。“攻”當爲“政”，字之誤也。“政”與“正”同。正，諫也。《景十三王傳》云：“廣川王去……師數諫正去。”《王吉傳》云：“忠直數諫正。”《鮑宣傳》云：“唐林數上疏諫正。”《吕氏春秋·慎大》篇云：“不可正諫。”《説文》作“証”，云“諫也”。《齊策》云：“士尉以証靖郭君。”言永所諫正者，唯在“上身與後宫而已”，不言王氏專權之事也。《漢紀》正作“正上身與後宫”。

奥内

所白奥内唯深察焉。

師古曰：“奥内，室中隱奥之處也。”【念孫案】奥，亦内也。奥内，猶隱奥也。謂所言隱奥，唯將軍深察之，非謂“室中隱奥之處也”。《堯典》：“厥民奥。”今本作“隩”，乃衛包所改。《尚書撰異》已辯之。《書大傳》：“壇四奥。”鄭注并云：“奥，内也。”昭十三年《左傳》：“國有奥主。”《正義》曰：“奥主，國内之主。”字或作“隩”。《周語》：“宅居四隩。”韋注云：“隩，内也。”是“奥内”二字同義。《爾雅》：“厓内爲隩。”《釋文》：“烏到、於六二反。”“隩”與“奥”亦同義。

文母

雖有文母之德，必繫於子。

師古曰："文母，文王之妃大姒也。"劉奉世曰："文母，文王之母也，所謂'繫於子'也，何預大姒？"【引之曰】文母，謂文德之母，非因文王而稱之，劉説非也，辯見《經義述聞》"亦右文母"下。

何武王嘉師丹傳

學宫

行部必先即學宫，見諸生。

師古曰："學宫，學舍也。"【念孫案】正文、注文之"學宫"，景祐本、毛本皆作"學官"是也。《賈誼傳》："學者所學之官也。"注曰："官，謂官舍。"《韓延壽傳》："修治學官。"注曰："學官，謂庠序之舍也。"《文翁傳》："修起學官。"注曰："學官，學之官舍也。"此傳注亦云"學舍"，則正文本作"學官"明矣。舊本《北堂書鈔·設官部二十四》陳禹謨本改"官"爲"宫"。《藝文類聚·職官部六》《太平御覽·職官部五十四》引此傳并作"學官"。

此人

此人顯於世者，何侯力也。

【念孫案】"此人"當作"此四人"，謂兩龔、兩唐也。見上文。今本脱"四"字，則文義不明。

不宜

往時孝惠、孝昭少主之世，外戚吕、霍、上官持權，幾危社稷。今孝成、孝哀比世無嗣，方當選立親近，輔幼主，不宜令異姓大臣持權，親疏相錯，爲國計便。

師古曰："異姓，謂非宗室及外戚。"宋祁曰："南本、徐鍇去'不'字，予據顔注去之爲'允'。"劉敞曰："《周禮》：'時揖異姓。'異姓，婚姻也，正謂外戚耳，恐不當去'不'字。"【念孫案】宋説是，劉説非也。下文云："親疏相錯，爲國計便。""便"字正承"宜"字而言。若作"不宜"，則與下文義不相屬。"不"字乃後人妄加之耳。《漢紀》作"今不宜置異姓大臣持權，親疏相錯，爲國計不便"，兩"不"字皆後人妄加。外戚親而異姓疏，故曰"宜令異姓大臣持權，親疏相錯，爲國計便"。然則，異姓非謂外戚也，故顔注曰"異姓，謂非宗室及外戚"。下文云："於是武舉公孫禄，而禄亦舉武。"武與禄皆異姓而非外戚，是其明證矣。《翼奉傳》云："今左右亡同姓，獨以舅后之家爲親，異姓之臣又疏，二后之黨滿朝。"此"異姓"亦非指外戚。劉引《周官》"時揖異姓"，非此所謂"異姓"也。此所謂"異姓"，乃《周官》所謂"庶姓"耳。《太平御覽·治道部十一》引此正作"宜令異姓大臣持權"。

光禄大夫龔勝　勝獨以爲

事下將軍中朝者。光禄大夫孔光、左將軍公孫禄、右將軍王安、光禄勳馬宫、光禄大夫龔勝劾嘉迷國罔上不道，請與廷尉雜治。勝獨以爲嘉坐薦相等罪，微薄，今本脱"罪"字，依《漢紀》補。以應迷國罔上不道,恐不可以示天下。

【念孫案】"劾嘉"之上不當有"光禄大夫龔勝"六字。下文"勝獨以爲"上當有"光禄大夫龔"五字,此謂諸臣皆劾嘉迷國罔上,而光禄大夫龔勝獨以爲不然,故師古曰"孔光以下衆共劾嘉,而勝獨爲異議也"。若"劾嘉"上有"光禄大夫龔勝"六字,則與"勝獨以爲"之語相反。校書者不知此六字之爲衍文,反删去下文之"光禄大夫龔"五字,斯爲顛倒矣。《漢紀·孝哀紀》云:"事下將軍中朝者,皆劾嘉迷國罔上不道。光禄大夫龔勝獨以爲嘉坐薦相等,罪微薄。應以迷國罔上不道,不可以示天下。"足正今本之誤。又,《龔勝傳》云:"左將軍公孫禄、司隸鮑宣、光禄大夫孔光等十四人,皆以爲嘉應迷國不道法,勝獨曰'嘉舉相等,過微薄'。"尤足與此傳互相證明。

尊卑

今定陶共皇大后、共皇后,欲立官置吏,車服與大皇大后并,非所以明尊卑亡二上之義也。

【念孫案】"卑"字涉上文兩"尊卑"而衍。此言傅昭儀、丁姬不得與元后并尊,故曰"尊無二上",語出《曾子問》《坊記》。"尊"下不當有"卑"字。《通典·禮三十二》《通鑑·漢紀二十五》皆無"卑"字。

楊雄傳

段氏若膺曰:"'贊曰雄之《自序》云爾',乃總上一篇之辭,故師古注曰'自《法言》目之前,皆是雄本《自序》之文也'。

《漢書》記雄之年壽卒葬，皆於贊中補載，而不繫諸《傳》，與他篇體例不同，則《傳》文爲録雄《自序》，不增改一字無疑。唐初《自序》已無單行之本，師古特就贊首一語明之。劉貢父《漢書注》云：'楊氏兩族，赤泉氏從木，子雲《自叙》其受氏從扌，而楊修書稱修家子雲，又似震族。'貢父所見雄《自序》必是唐以後僞作。雄果《自序》其受氏從扌，不從木，《漢書音義》及師古注必載其説，何唐以前并無此論，至宋而後有之？且班氏用《序》爲傳，但曰'其先食采於楊，因氏焉''楊在河、汾之間'，考《左氏傳》，霍、楊、韓、魏皆姬姓國，而滅於晉。羊舌肸食采於楊，故亦稱楊肸，其子食我亦稱楊石。《漢書·地理志》'河東郡楊縣'，應仲遠謂即'楊侯國'，説《左傳》《漢書》家未有謂其字從'手'者，則雄何得變其受氏之始而從'手'也？修與雄姓果不同字，斷不曰'修家子雲'，以啓臨淄侯之嗤笑。修語正可爲辨僞之一證矣。作僞《自序》者，殆因班《傳》'無它楊於蜀'一語，不知師古注但云'蜀諸姓楊者，皆非雄族'，不云諸姓楊者皆從'木'，與雄從'扌'異也。《廣韻》'揚'字注不言姓，'楊'字注則云：'姓，出弘農、天水二望，本自周宣王子尚父，幽王邑諸楊，號曰楊侯，後并於晉，因爲氏。'然則姓有'楊'，而無'揚'甚明。今貢父所見僞《自序》，不知存否。而據班《贊》，知班《傳》之外别無《自序》，其謂雄姓從'手'者，僞説也。"【念孫案】若膺之論致確。景祐本、汪本、毛本"楊""揚"二字雜出於一篇之中，而明監本則皆改爲"揚"，其分見於各志、各傳者。《五行》《地理》《藝文》三志，《趙充國》《谷永》《游俠》《匈奴》《元后》五傳及《叙傳》，又，《劉向》《馮唐》《司馬相如》《司馬遷》《東方朔》五傳《贊》，《趙尹韓張兩王傳贊》《王貢兩龔鮑傳》序。景祐本、汪本、毛本從"木"者尚多，而監本則否。余考漢《郎中鄭固碑》云“君之孟子有楊烏之才”，烏即雄之子也，而其字從“木”，則雄姓之不從“手”益明矣。

反離騷

乃作書，往往摭《離騷》文而反之，名曰《反離騷》。又旁《離騷》作重一篇，名曰《廣騷》。

【念孫案】“《反離騷》”，“離”字涉上下文而衍。下文獨載《反離騷》，同。曰《反騷》、曰《廣騷》，其篇名皆省一“離”字。《後漢書·梁竦傳》：“感悼子胥、屈原以非辜沈身，乃作《悼騷賦》。”《應奉傳》：“追愍屈原，因以自傷，著《感騷》三十篇。”篇名皆省一“離”字，義與此同也。《文選·頭陀寺碑文》注引作“《反離騷》”，“離”字亦後人依誤本《漢書》加之。其《魏都賦》注、《贈秀才入軍詩》注、《陳情表》注、《與稽茂齊書》注、《運命論》注、《辯命論》注皆引作“《反騷》”。又《水經·江水》注、《後漢書·馮衍傳》注、舊本《北堂書鈔·藝文部八》陳禹謨本加“離”字。《藝文類聚·雜文部二》、《白帖》六十五、八十六、《太平御覽·文部十二》《百卉部三》亦皆引作“《反騷》”。吴氏《刊誤補遺》引此作“《反騷》”，則吴所見本尚無“離”字。

畔牢愁

又旁《惜誦》以下至《懷沙》一卷，名曰《畔牢愁》。

李奇曰：“畔，離也。牢，聊也。與君相離，愁而無聊也。”【念孫案】如李説，則“畔牢愁”三字，義不相屬。訓“牢”爲“聊”，而又言“無聊”，義尤不可通。余謂“牢”讀爲“懰”，《廣韻》:"懰,力求切,烈也。"《廣雅》曰:"烈烈,憂也。"是"懰"爲"憂"也。《集韻》:"懰慄,憂也。"《外戚傳》:"懰慄不言。"師古曰:"懰慄,哀愴之意也。"義并相近。"牢"字古讀若"劉",說見《古韻標準》。故與"懰"通。"牢愁"叠韻字也。畔者,反也。或言《反騷》,或言《畔牢愁》,其義一而已矣。

天軌之不辟

惟天軌之不辟兮,何純絜而離紛。

師古曰:"天軌,猶言天路。辟,開也。離,遭也。紛,難也。言天路不開,故使純善貞絜之人遭此難也。"【念孫案】天軌,猶天道也。《周語》及《淮南·本經》篇注并曰:"軌,道也。"辟,明也。見《王制》《祭統》及《洪範·五行傳》注。言天道不明,故使純絜之人遭此難也。若云天路不開,則去遭難之意尚遠。

竢慶雲而將舉

《反離騷》曰:"懿神龍之淵潛兮,竢慶雲而將舉。"

【念孫案】龍潛於淵,得雲而舉,不必"竢慶雲"也。"竢慶雲而將舉",本作"慶竢雲而將舉",此後人不知"慶"之讀爲"羌"而妄改之耳。王逸注《離騷》曰:"羌,楚人語辭也。""羌"與"慶"古字通。後《甘泉賦》曰:"厥高慶而不可虖疆度。"《叙傳·幽通賦》曰:"慶未得其云已。"師古并云:"慶,發語辭。讀與'羌'同。"晉灼曰:"龍竢風雲而後升。"師古曰:"龍潛居待雲。"皆但言"雲",而不言"慶雲",則"慶"爲語辭明矣。又,下文:"慶天顇而喪榮。"張晏曰:"慶,辭也。"師古曰:"慶,亦與'羌'同。"明汪文盛本如此，監本改“亦”爲“讀”，非是。亦者，承上之辭，然則此注内本有“慶與羌同”之文，而後人妄删之也。宋祁説此句云：“蕭該《音義》曰：‘慶，音羌。’今《漢書》亦有作‘羌’字者。”此尤其明證矣。

鷤𪁉

【引之曰】杜鵑，一名鷤𪁉，一名買䳊，一名子𫛳。鷤𪁉，一作鵜鴂，一作䳏鴂。《楚辭·離騷》：“恐鵜鴂之先鳴兮，使夫百草爲之不芳。”王注曰：“鵜鴂，一名買䳊，常以春分鳴。”《反騷》：“徒恐鷤𪁉之將鳴兮。”服虔曰：“鷤𪁉，一名鵙，伯勞也，順陰氣而生，賊害之鳥也。”王逸以爲春鳥，謬也。見《文選·思玄賦》注。案，服意蓋謂春分之時，衆芳始盛，不得言百草不芳，因以爲五月始鳴之鵙，五月陰氣生，故百草爲之不芳也。今案，《離騷》言此者以爲小人得志則君子沈淪，野鳥群鳴則芳草衰謝，此乃假設爲文，不必實有其事，亦如《九章》云：“鳥獸鳴以號群兮，草苴比而不芳。”豈謂鳥獸群號之時，實有不芳之草哉？若然，則子𫛳争鳴而衆芳歇絶，可無以春鳥爲疑矣。況“鷤𪁉”“杜鵑”，一聲之轉，方俗所傳，尤爲可據。《玉篇》：“鷤𪁉，又名杜鵑。”《思玄賦》注引《臨海異物志》曰：“䳏鴂，一名杜鵑，至三月鳴，晝夜不止。”宋祁《筆記》引蕭該《漢書音義》曰：“蘇林鷤𪁉，音殄絹。”是“𪁉”“鵑”同聲也。“子𫛳”，《太平御覽》引《蜀王本紀》作“子𪁉”，《華陽國志》作“子鵑”。“子𪁉”之爲“子鵑”，猶“鷤𪁉”之爲“杜鵑”矣。故《廣雅》亦以“鷤𪁉”爲“子𫛳”也。而師古注《漢書》乃牽就其説云：“鷤𪁉常以立夏鳴，鳴則衆芳將歇。”張衡《思玄賦》舊注則云：“䳏鴂以秋分鳴。”《廣韻》又云：“䳏鴂春分鳴,則衆芳生。秋分鳴,則衆芳歇。”此皆於王、服兩家之説,不能決定,故爲游移兩可之詞,而不知鶗鴂春月即鳴,不得遲至立夏,物候皆記其始,又不得兼言秋分也。

雄鴂

抨雄鴂以作媒兮,何百離而曾不壹耦。

師古曰:“《離騷》云:‘吾令鴆爲媒兮,鴆告余以不好。雄鳩之鳴逝兮,余猶惡其佻巧。’故云‘百離不一耦也’。”宋祁曰:“‘鴂’,江南本作‘鳩’,監本作‘鴂’,今從監本。”【念孫案】宋校非也。《離騷》本作“雄鳩”,此文及注亦本作“雄鳩”。《離騷》先言“鴆”而後言“雄鳩”,此文但言“雄鳩”,又云:“百離而曾不壹耦。”則不言“鴆”,而“鴆”在其中,故注必兼引“鴆”與“雄鳩”而其義乃全。而監本作“雄鴂”,即因注内“鴆”字而誤。雄鳩善鳴,故曰“雄鳩之鳴逝兮”,《淮南·天文》篇亦云:“雄鳩長鳴。”若作“雄鴂”,則非其指矣。遍考諸書,亦無“雄鴂”之文。子京不察,且并改注文之“雄鳩”爲“雄鴂”,則豈有上言“鴆”,而下又言“雄鴂”者乎? 弗思甚矣。

八神

《甘泉賦》:“八神奔而警蹕兮。”

師古曰:“自招摇至獝狂,凡八神也。”劉攽曰:“此八神,齊之八神也。”劉奉世曰:“擊而出之,固非八神也,蓋自有八神耳。”《文選》李善注曰:“《漢書·武紀》曰:‘用事八神。’文穎曰:‘八方之神也。’”【念孫案】李説是也。《萬石君傳》:“巡方州，禮嵩岳，通八神，以合宣房。”亦謂八方之神也。孟康曰：“八神，《郊祀志》八神也。”師古曰：“此説非也。自言致禮中岳，通敬八神耳。”《楚辭·九嘆》：“合五岳與八靈。”王注亦云：“八靈，八方之神。”

鳥盺

柴虒參差，魚頡而鳥盺。

師古曰：“頡盺，上下也。盺，胡岡反。”《文選》李善注云：“頡盺，猶頡頏也。”【念孫案】盺者，肹之譌。“肹”字古讀胡罔反，《史記·龜策傳》：“壯士斬其肹。”與“狂”爲韻。故借爲“頡頏”之“頏”，不知何時“肉”旁譌作“目”旁，而《集韻》十一“唐”遂收入“盺”字矣。《説文》《玉篇》《廣韻》皆無“盺”字。

唐其壇曼

平原唐其壇曼兮。

鄧展曰：“唐，道也。”師古曰：“言平原之道，壇曼然廣大。”【念孫案】訓“唐”爲“道”，雖本《爾雅》，然“平原道其壇曼”殊爲不詞。今案，唐者，廣大之貌。唐其者，形容之詞。既言“唐”而又言“壇曼”者，言重詞複以形容之，若上文言“灕乎幓纚”矣。《説文》曰：“唐，大言也。”《白虎通義》曰：“唐，蕩蕩也。蕩蕩者，道德至大之貌也。”是“唐”爲“廣大”之名。

往往

往往離宫般以相燭兮。

應劭曰："言秦離宫三百，武帝復往往修治之。"師古曰："往往，言所往之處則有之。"《文選》李善注曰："往往，言非一也。"【念孫案】李説是。

柍桭

列宿乃施於上榮兮，日月纔經於柍桭。

服虔曰："柍，中央也。桭，屋梠也。"師古曰："柍，音鞅。"今本"鞅"譌作"央"。考《玉篇》《廣韻》《集韻》《類篇》"柍"字俱無"央"音。宋祁引蕭該《音義》"柍，於兩反"，李善《文選注》同。今據以訂正。【念孫案】"柍"當作"央"，今作"柍"者，因"桭"字而誤加"木"旁耳。凡字有上下相因而誤者，如"璿機"之爲"璿璣"，"鳳皇"之爲"鳳凰"，"窀夕"之爲"窀穸"，"展轉"之爲"輾轉"，"蓑笠"之爲"簑笠"，"畎畝"之爲"畎畝"，皆"柍桭"之類也。"桭"與"宸"同。《説文》："宸，屋宇也。"即服注所謂"屋梠"。鄭注《士喪禮》曰："宇，梠也。"即今人所謂"屋檐"，"央桭"謂半檐也。"日月纔經於半檐"，極言臺之高也。"央桭"與"上榮"相對爲文，則"央"字不當作"柍"。服虔訓爲"中央"，則所見本亦必作"央"也。蕭該《音義》曰："柍，於兩反。"則所見本已譌作"柍"矣。《西京賦》曰："消雰埃於中宸，集重陽之清澂。"彼言"中宸"，猶此言"央桭"，則"央"之不當作"柍"益明矣。《魏都賦》："旅楹閑列，暉鑒柍桭。"張載曰："柍，中央也。"則其字亦必作"央"。今本作"柍"，亦是傳寫之誤。《説文》"柍，柍梅也"，於京切。《玉篇》"於兩切"，此即《爾雅》所謂"時英梅"者也，與"央桭"之義無涉。《集韻》："柍，屋中央也。"則爲誤本《漢書》所惑矣。

穆羽相和

陰陽清濁穆羽相和兮，若夔牙之調琴。

張晏曰："聲細不過羽，穆然相和也。"【引之曰】羽聲穆然相和，不得謂之穆羽，且於五音之中獨言"羽"，則相和之義不著，張説非也。今案，"和"讀"唱和"之"和"。穆，變音也。羽，正音也。《淮南·天文》篇説律曰："徵生宫，宫生商，商生羽，羽生角，角主姑洗。今本"主"譌作"生"，辯見《淮南》。姑洗生應鍾，不比於正音，今本脱"不"字，辯見《淮南》。故爲和。此"和"字讀"和睦"之"和"，下凡言"和穆"者并同。應鍾生蕤賓，不比於正音，故爲繆。""繆"與"穆"同。和穆，謂變宫、變徵也。穆在變音之末，言穆而和可知矣。羽在正音之末，言羽而宫、商、角、徵可知矣。變聲與正聲相應，故曰"穆羽相和"。"唱和"之"和"。以律管言之，則變宫爲和，變徵爲穆。以琴弦言之，則當以少宫爲和，少商爲穆，琴有和穆二音，而風聲似之，故曰"穆羽相和，若夔牙之調琴"也。

熛訛碩麟

炎感黄龍兮，熛訛碩麟。

師古曰："言光炎熛盛，感神物也。訛，化也。熛，音必遥反。"《文選》李善本"炎"作"焱"，注曰："言焱熛熾盛，感動神物也。《字林》曰：'焱，火光也。'《爾雅·釋草》釋文引《字林》"弋劍反"。《説文》曰：'熛，火飛也。'毛萇《詩傳》曰：'訛，動也。'"【念孫案】李説是。

爪華蹈衰

《河東賦》:"秦神下讋,跖魂負沴,河靈矍踢,爪華蹈衰。"

服虔曰:"沴,河岸之坻也。"晉灼曰:"沴,渚也。"蘇林曰:"華,華山也。衰,衰山也。"宋祁曰:"江鄰幾云:'趙師民指中條山曰:此所謂襄山,楊雄賦"爪華蹈襄"。'檢余靖初校《漢書》監本作'衰',馳介問之,云'据《郊祀志》'。'衰'字誤矣。《郊祀志》云:'自華以西名山七,華山、薄山。薄山者,襄山也。'《史記·封禪書》卻作'衰山',徐廣云:'蒲坂縣有衰山。'則知二字紛錯久矣。又'衰',一本作'嶐'。蕭該《音義》曰:'該案,《說文》《字林》并無嶐字,未詳其音,請俟來哲。'李善注《西京賦》引《河東賦》云:'河靈矍踢,掌華蹈衰。'"【念孫案】"衰"與"沴"爲韻,則作"衰"者是也。今當先審定"沴"字之音,則"衰""襄"二字之孰是孰非,不辯而自明。案,《秦風·蒹葭》篇"宛在水中坻",《毛傳》曰:"坻,小渚也。""坻"與"沴"同字,故晉灼訓"沴"爲"渚"。李善注《南都賦》引郭璞《上林賦》注曰:"坻,岸也。""坻"與"沴"同字,故服虔訓"沴"爲"河岸之坻"。張衡《思玄賦》曰:"伏靈龜以負坻。"此賦曰"跖魂負沴",負沴,即負坻,此尤其明證也。"沴"字從"㐱"得聲,古音在諄部。"沴"又爲"災沴"之"沴"。《漢書·孔光傳》:"六沴之作。"宋祁曰:"韋昭云:'沴,謂皇極五行之氣,相沴戾不和,音持軫反。'服虔曰:'沴,音戾。'"案,韋昭音持軫反,則在諄部。服虔音"戾",則又在脂部。"坻"字從氐得聲,古音在脂部。脂部之音,多與諄部相通,故從氐之字,亦與從㐱之字相通。《曲禮》:"畛於鬼神。"鄭注曰:"畛,或爲祇。"《小雅·無將大車》篇曰:"無思百憂,祇自疷兮。"《思玄賦》曰:"思百憂以自疹。"自疹,即自疷,是其證也。然則"負沴"之"沴",古讀若"坻",故與"衰"爲韻。若改"衰"爲"褱",則與"沴"字不協。余靖初校本作"衰"是也。蕭該所見一本作"嵔"者,雖非正體,然加"山"作"嵔",則其字之本作"衰"明矣。《郊祀志》作"褱"者,傳寫誤耳,未可引以爲據。宋祁所引《封禪書》及《西京賦》注并作"衰",而今本皆作"褱",則又後人據《郊祀志》改之也。《封禪書》正義尚作"衰",音"色眉反",則"褱"字爲後人所改無疑。《義門讀書記》云:從汲古後人得小字宋本《史記》,"褱"字正作"衰"。《水經·河水》注引《封禪書》《河東賦》并作"褱",恐亦後人所改。

驂 服

麗鉤芒與驂蓐收兮,服玄冥及祝融。

宋祁曰:"'驂'字可删。'服'字當作'驂'。"【念孫案】宋説是也。"麗鉤芒與蓐收",所謂"兩服上褱也"。"驂玄冥及祝融",所謂"兩驂雁行"也。顔注"麗,并駕也",是釋上句。"驂,三馬也",是釋下句。"言皆役服",是總釋二句之義,而正文内本無"服"字也。今本"驂"誤作"服",而上句又衍一"驂"字,則上句文不成義,且與下句不對矣。

豈或

《羽獵賦》:"或稱戲農,豈或帝王之彌文哉。"

師古曰:"設或人云:'言儉質者,皆舉伏羲、神農爲之首,是則豈謂後代帝王彌加文飾乎?'"【念孫案】師古以"豈謂"二字代"豈或",非也。或者,有也。"或"與"有"聲相近,義相同,而字亦相通。説見《釋詞》。言伏羲、神農豈有後世帝王之彌文哉？

數千萬里

蕭條數千萬里外。

【念孫案】“萬”字後人所加，《文選》無。

列眥

逢蒙列眥。

師古曰：“列，整也。”蕭該曰：“案，《淮南》曰：‘瞋目裂眥。’”《泰族》篇。【念孫案】蕭説是也。《韓彭英盧吴傳贊》：“咸得裂土，南面稱孤。”《燕王劉澤傳》：“裂十餘縣，王之。”《史記》“裂”并作“列”。《内則》：“衣裳綻裂。”《釋文》云：“裂，本又作列。”《艮》九三“列其夤”，《大戴記·曾子天圓》篇“割列禳瘞”，《管子·五輔》篇“大袂列”，《荀子·哀公》篇“兩驂列”，楊倞注：“列與裂同。”皆古“分裂”字也。《説文》：“列，分解也。”“裂，繒餘也”，義各不同。今則“分列”字皆作“裂”，而“列”但爲“行列”字矣。

光純天地　黎淳耀于高辛

光純天地。

李奇曰：“純，緣也。”李善引《方言》曰：“純，文也。”【念孫案】二李説皆非也。“純”讀曰“焞”。焞，明也。光焞天地，猶言光耀天地也。《説文》：“焞，明也。”引《鄭語》“焞耀天地”。

今本“焞”作“淳”,云:“夫黎爲高辛氏火正,以淳耀敦大、天明地德、光昭四海,故命之曰祝融。”韋注曰:“祝,始也。融,明也。”“焞”“淳”“純”古并通用。《叙傳》“黎淳耀于高辛”,義與《鄭語》同。應劭訓“淳”爲“美”,亦失之。《太玄·玄測序》:“盛哉,日乎!丙明離章,五色淳光。”范望亦曰:“淳,明也。”

沈沈　噱虖紭中

沈沈容容,遥噱虖紭中。

宋祁曰:“‘沈’,蕭該本作‘沇’,音餘水反。《文選》亦作‘沇沇’。”【念孫案】蕭本是也。“沇容”,雙聲字,謂禽獸衆多之貌也。上文“萃傱允溶”,《文選》亦作“沇溶”,李善曰:“沇溶,盛多之貌也。《上林賦》曰‘沇溶淫鬻’,沇,以水切。今本“水”訛作“永”,據《上林賦》注改。溶音容。”是其證。“沇”“沈”草書相似,故“沇”訛爲“沈”。《史記·六國表》索隱“鱄,音屬沇反”,今本“沇”訛爲“沈”。而師古無音,則所見本已作“沈”矣。

晉灼曰:各本“晉灼”作“師古”。案,下有“師古曰”,則此非師古之注,今據《文選注》改。“口之上下名爲噱,言禽獸奔走倦極,皆遥張噱吐舌於紭罔之中也。”師古曰:“噱,音其略反。紭,古紘字。”

【念孫案】晉以口之上下爲“噱”,則“噱”“虖”“紭”“中”四字,義不相屬,故又言“張噱吐舌”以曲通其義,殆失之迂矣。余謂“噱”讀爲“窮極倦谻”之“谻”,字本作“𠊲”,又作“𠍽”。《方言》曰:“𠍽,傍也。”“傍”與“倦”同。《説文》作“𠊲”。《玉篇》《廣韻》并“其虐切”。《廣雅》曰:“疲、羸、券、𠊲,極也。”“券”亦與“倦”同。“𠊲”,曹憲音巨略、去逆二反。《司馬相如傳·子虛賦》“徼谻受詘”,郭璞曰:“谻,疲極也。”《上林賦》:“與其窮極倦谻,驚憚讋伏。”郭璞曰:“窮極倦谻,疲憊也。”然則“遥噱虖紘中”,謂禽獸皆遥倦谻於羅網之中也。作“噱”者,假借字耳。“谻”“噱”并音其略反,故字亦相通。

儲胥

《長楊賦》:“木雍槍纍以爲儲胥。”

蘇林曰:“木擁栅其外,又以竹槍纍爲外儲也。”師古曰:“儲,峙也。胥,須也。以木擁槍及纍繩連結以爲儲胥,言有儲蓄以待所須也。”宋祁曰:“黄朝英云:‘漢武作儲胥館。儲胥,猶言皇居也。不必言有儲蓄以待所須。’《甘泉賦》云:‘近則洪崖旁皇,儲胥弩陆。’皆宫館名。”【念孫案】儲胥,猶言儲蓄也。謂驅禽獸於陆中,外則木擁槍纍以爲儲蓄也。儲胥叠韻字。師古謂“有儲蓄以待所須”,分“儲胥”爲二義,已失之迂。若黄説以“儲胥”爲宫館名,則與“以爲”二字義不相屬,其失甚矣。

掮邑

所麾城掮邑,下將降旗。

李奇曰:“掮,音‘車幰’之幰。”師古曰:“掮,舉手擬之也。”《文選》“掮”作“摲”,李善曰:“《蒼頡篇》曰:‘摲,拍取也。’”鄭玄《禮記注》曰:“摲之言芟也。”《禮器》有“摲而播也”注。《字林》曰:“摲,山檻切。”宋祁校《漢書》引韋昭曰:“摲,并也。音芟。”【念孫案】“掮”當從韋本作“摲”,《玉篇》《廣韻》皆無

“揶”字，蓋即“撕”字之訛。

平不肆險

故平不肆險，安不忘危。

服虔曰：“肆，棄也。”師古曰：“肆，放也。不放心於險，言常思念也。”【念孫案】“不棄險”“不放險”，於義皆有未安。若云“不放心於險”，則必加“心於”二字而其義始明矣。今案，“平不肆險，安不忘危”，肆，亦忘也。“肆”讀曰“悚”。《廣雅》曰：“悚，忘也。”又曰：“悚，緩也。”高誘注《淮南·精神》篇曰：“肆，緩也。”是“肆”與“悚”通。

赤吾之族

客徒欲朱丹吾轂，不知一跌將赤吾之族也。

師古曰：“見誅殺者必流血，故云赤族。”宋祁曰：‘竇革云：‘古人謂空盡無物曰赤。如赤地千里、《南史》稱其家赤貧是也。’赤族，言盡殺無遺。師古注以爲流血赤其族，大謬。”【念孫案】顔説是也。上言“朱丹”，下言“赤”，其義一也，猶云：“客徒欲赤吾之轂，不知一跌將赤吾之族耳。”“赤”字正指“血色”言之，而竇乃以“空盡無物爲赤”，引“赤地”“赤貧”爲證。夫“赤地千里”，謂徒有地在也。“其家赤貧”，謂其家一無所有，亦是徒有家在也。若“赤族”，則非徒有族在之謂矣，以“赤地”“赤貧”解“赤族”，所謂似是而非者也。

五剖

往者周罔解結，群鹿争逸，離爲十二，合爲六七，四分五剖，并爲戰國。

宋祁曰："'剖'，韋本作'揊，匹力反'。"【念孫案】《文選》亦作"剖"。"剖"與"揊"義得兩通，然恐本是"副"字，而後人改之也。《説文》："揊，判也。"又曰："副，判也。籀文作𠟊。"《玉篇》"揊""副"并普逼切。《大雅·生民》篇"不坼不副"，《正義》曰："坼、副，皆裂也。"引《曲禮》"爲天子削瓜者，副之"是也。後人誤讀"副"爲去聲，遂不得其解而改"副"爲"剖"耳。《匡謬正俗》曰："副，本音普力反，義訓'剖''劈'，後之學者但以爲'副貳'字。讀《詩》'不坼不副'，乃以朱點發'副'字。"而此字師古無音，則所見本已作"剖"矣。"副"與"揊"同音，而俱訓爲"判"，故韋本作"揊"。若本是"剖"字，不得與"揊"通矣。且"結""逸""七"爲一韻，古音在質部。"副""國"爲一韻，古音在職部。若改"副"爲"剖"，則失其韻矣。《史記·楚世家》："陸終生子六人，坼副而産焉。"今本"副"作"剖"。《太平御覽·人事部二》引《史記》，作"坼𠟊而生"。郭注《海内經》引《啓筮》曰："鮌死三歲不腐，副之以吴刀。"今本亦作"剖"。《初學記·武部》引《歸藏》曰："大副之以吴刀，是用出禹。"《吕氏春秋·行論》篇亦曰："殛之於羽山，副之以吴刀。"皆後人不識古字而妄改之也。

徽以糾墨

徽以糾墨，制以質鈇。

師古曰："徽、糾、墨，皆繩也。"【念孫案】師古訓"徽"爲

"繩",義本《坎卦》之"係用徽纆",不知"徽以糾墨"與"制以質鈇"對文,則"徽"非"徽纆"之"徽"。今云"徽、糾、墨皆繩",則是"繩以繩"也。今案,《廣雅》:"徽,束也。"束以糾墨,猶言係用徽纆耳。《太玄·養》次七云:"小子牽象,婦人徽猛。"猛,虎也。見范望注。是"徽"爲"束"也。《文選》李注引服虔曰:"徽,縛束也。"今本"徽"訛作"制"。應劭曰:"徽,音以繩徽弩之徽。"今本訛作"束以繩徽弩之徽"。據宋祁引蕭該《音義》改。則舊注皆不誤。下文"免於徽索"之"徽",乃訓爲"繩"耳。

雀　鳥　乘雁　雙鳧

譬若江湖之雀,勃解之鳥,乘雁集不爲之多,雙鳧飛不爲之少。

應劭曰:"乘雁,四雁也。"師古曰:"雀,字或作厓。鳥,字或作島。其義兩通。"臧氏玉林《經義雜記》曰:"古'島'字有通借作'鳥'者,《書·禹貢》'鳥夷',孔讀'鳥'爲'島'可證。此言江湖之厓,勃解之島,其地廣闊,故雁鳧飛集不足形其多少。子雲借'鳥'爲'島',淺者因改'厓'作'雀'以配之。師古不能定,因謂其義兩通也。若此文先言'雀''鳥',則下文之'乘雁''雙鳧'爲贅語矣。《文選》載此,正作'江湖之崖,渤澥之島'。"【念孫案】臧説是也。又案,應以"乘雁"爲"四雁",非也。"雙鳧"當爲"隻鳧"。"乘雁隻鳧",謂一雁一鳧也。子雲自言生逢盛世,群才畢集,有一人不爲多,無一人不爲少,故以一鳥自喻,不當言"四雁雙鳧"也。"乘"之爲數,其訓不一:有訓爲"四"者,若經言"乘馬""乘禽""乘矢""乘壺""乘皮"之屬是也。有訓爲"二"者,《廣雅》曰:"雙、耦、匹、乘,二也。"

《淮南·泰族》篇曰:“《關雎》興於鳥而君子美之,爲其雎雄之不乘居也。”今本“乘”訛作“乖”,辯見《淮南》。《列女傳·仁智傳》曰:“夫雎鳩之鳥,猶未見其乘居而匹處也。”是“乘”又訓爲“二”也。有訓爲“一”者,《方言》曰:“絓、挈、儝、介,特也。楚曰儝,晉曰絓,秦曰挈。物無耦曰特,獸無耦曰介,飛鳥曰隻,今本“隻”作“雙”,義與上文不合,乃後人所改。辯見《方言疏證補》。鴈曰乘。”《廣雅》曰:“乘、壹,弌也。”“弌”古“一”字。《管子·地員》篇曰:“有三分而去其乘。”尹知章曰:“乘,三分之一也。”是“乘”又訓爲“一”也。“乘鴈隻鳧”,即《方言》所謂“飛鳥曰隻,鴈曰乘”矣。應仲遠但知“乘”之訓爲“四”,而不知其又訓爲“一”,故以“乘鴈”爲“四鴈”,後人又改“隻鳧”爲“雙鳧”以配“四鴈”,殊失子雲之旨。《文選》作“雙鳧”亦誤。李善注引《方言》:“飛鳥曰雙,四鴈曰乘。”“四”字亦後人所加,《方言》無“四”字。

頜頤

蔡澤頜頤折頞。

師古曰:“頜,曲頤也,音欽。”宋祁曰:“‘頜’一作‘顉’,蕭該《音義》作‘顩’。韋昭曰:‘曲上曰顩。’該案,《字林》曰:‘顩,狹面鋭頤之貌也。’《倉頡篇》亦云。”【念孫案】作“顉”者正字,作“顩”者借字,作“頜”者訛字也。注内“頜”字同。《玉篇》:“顉,音欽,曲頤也。”《廣韻》及殷敬順《列子·湯問》篇釋文并同。音義與師古同。上文“蔡澤雖噤吟”,師古曰:“噤吟,顉頤之貌。”其字正作“顉”,故知此“頜”字爲“顉”字之訛。《玉篇》《廣韻》“頜”字皆無“欽”音。《集韻》“顉,袪音切,曲頤也。或作頜。”此即惑於俗本《漢書》而誤。《文選》作“顩”,《後漢書·周燮傳》

“變生而欽頤折頞”，皆“鎖”之借字。

涬滃雲

《解難》：“泰山之高不嶕嶢，則不能涬滃雲而散歊烝。”

師古曰：“涬，盛也。各本“涬”下衍“滃”字，今删。滃，雲氣貌。”【念孫案】“涬滃雲”與“散歊烝”對文，則“涬”當訓爲“作”。《孟子》：“天油然作雲。”《爾雅》：“涬，作也。”郭注曰：“涬然興作貌。”字或作“悖”，又作“勃”。莊十一年《左傳》“其興也悖焉”，《孟子・梁惠王》篇“則苗涬然興之矣”，《莊子・天地》篇“則勃然作色”，皆興作之貌。

獿

獿人亡，則匠石輟斤而不敢妄斲。

服虔曰：“獿，古之善塗塈者也，施廣領大袖以仰塗，而領袖不污，有小飛泥誤著鼻，因令匠石揮斤而斲，知石之善斲，故敢使之也。”師古曰：“塈，則今之仰泥也。獿，抆拭也。故謂塗者爲獿人，獿音乃高反，又乃回反。”“乃高反又”四字，乃後人所加，辯見下。【念孫案】“獿”當作“𢅻”。《説文》“𢅻，今本訛作“㟝”，《玉篇》《廣韻》同。墀地。《説文》：“墀，涂地也。”“涂”與“塗”同，故服注訓爲“塗塈”。以巾撋之。此即師古所謂“抆拭”。從巾、夒聲。“夒”，籀文“婚”字，今本“夒”訛作“夓”。讀若水温㬈。”“㬈”字注云“安㬈，温也”，《玉篇》“奴旦切”。徐鉉依《唐韻》“乃昆切”，《玉篇》“奴回”“奴昆”二切，《廣韻》“乃回”“乃案”二切。《廣雅》曰：“墀、塈、𢅻，塗也。”今本“𢅻”字，亦訛作“㟝”。“𢅻”字，曹憲音“奴回”。《鹽鐵論·散不足》篇曰:“富者,堊幔壁飾。”今本“幔”訛作“憂”。《莊子·徐無鬼》篇:“郢人堊慢其鼻端,若蠅翼,使匠石斲之。”《釋文》曰:“郢人,《漢書音義》作幔人。今本“幔”訛作“懮”。服虔云:此下引服注與今本同。幔音温𪐝。今本脱“𪐝”字,近時盧氏紹弓刻本改“音温”爲“音鐃”,大謬。韋昭:乃回反。”以上《莊子釋文》。要而論之,此字本作“幔”,從巾、㥏聲,非從夒聲,音“乃昆”“乃回”二反,非音“乃高反”。“㥏”籀文“婚”字,故“幔”從其聲而讀“乃昆反”。《車部》之“轗”字,亦從“㥏”聲,而讀若“閔”,是其例也。許、服并讀“幔”爲“温𪐝”,與“乃昆”之音相近,韋讀“乃回反”,則師古之音所本也。《廣韻》“乃昆”之音在魂部,“乃回”之音在灰部,古音魂、灰二部多相轉,故“幔”字亦兼“乃昆”“乃回”二音。若“夒”字,則在豪部,音“乃高反”,與“幔”字之音迥不相涉,衹以世人多見“夒”,少見“㥏”,故《漢書》《説文》《廣雅》之“幔”字遂訛爲“懮”,與諧聲之理不合。然《玉篇》音“奴回”“奴昆”二切,曹憲音“奴回”,師古音“乃回”,則字雖訛而音尚未訛也。不知《漢書》“懮”字,何時又訛而爲“獿”,後人不察,遂增“乃高”一音於“乃回”之上,以從“獿”字之音,則誤之又誤矣。案,《説文》“獿,獿獶也。從犬、夒聲”,女交切。《玉篇》:“獿與猱同,獸也。乃刀切。”此與“乃昆”“乃回”二反之“幔”字訓爲“塗墍”者,截然兩字。今服讀若“温𪐝”,而訓爲“塗墍”。顔音“乃回反”,而訓爲“抆拭”,明是“幔”字,非“獿”字也,何得加以“乃高”之音乎?且“獿”字本無“乃回”之音,亦不得云“又乃回反”也。《玉篇》《廣韻》“獿”字皆無“乃回”之音,《集韻》上平聲十五灰“獿,奴回切,古之善塗墍者”,下平聲六豪“夒,奴刀切”,《説文》“貪獸也,或作獿,一曰獿善塗墍者”,此皆惑於俗本《漢書》而誤。今本《莊子釋文》引《漢書》作“㥚”，其“心”旁即“巾”旁之訛，然則《漢書》“幱”字之從巾不從犬甚明。今改“獿”爲“幱”以正其字，削去“乃高反”，以正其音，而正文、注文乃各還其舊矣。

即

大氐詆訾聖人，即爲怪迂，析辯詭辭，以撓世事。

宋祁曰：“司馬温公云：‘大氐’下脱‘不’字。”【念孫案】司馬説非也。即，猶或也。或爲怪迂，析辯詭辭也。師古注不誤，但未釋“即”字耳。“即”與“或”古同義。説見《釋詞》。

哲民情

中和之發，在於哲民情。

師古曰：“哲，知也。”“知”讀如字。宋祁曰：“司馬温公云‘哲，當作晳。晳，明也’，言將發中和之政，在先明民情。”【念孫案】顔説是也。吴祕注亦云：“《五行傳》曰：‘哲，知也。’”中和之發，則民之情僞，無不先知。古書皆訓“哲”爲“知”，不當改爲“晳”。説見《法言·開明》篇。

《漢書》第十四

儒林傳

六學

六學者，王教之典籍，先聖所以明天道、正人倫、致至治之成法也。

【念孫案】景祐本"六學"作"六藝"是也，此承上句"六藝"之文而言。今本作"六學"者，涉下文"六學從此缺"而誤。

分析合二十九篇

世所傳百兩篇者，出東萊張霸，分析合二十九篇以爲數十。

【引之曰】"合"字與上下文意不相屬，蓋"今"字之誤。"今"謂伏生所傳之《書》也，分析今之二十九篇以爲數十也，上文曰"伏生求其《書》，亡數十篇，獨得二十九篇"是也。

不在

爲治者不在多言，顧力行何如耳。

【念孫案】“不在”，景祐本、毛本并作“不至”是也。今作“不在”者，後人以意改之耳。《霍去病傳》云：“上嘗欲教之吴、孫兵法。對曰：‘顧方略何如耳，不至學古兵法。’”《鹽鐵論·水旱》篇云：“議者貴其辭約而指明，可於衆人之聽，不至繁文稠辭。”文義并與此相似。舊本《北堂書鈔·設官部八》陳禹謨本改“至”爲“在”。《太平御覽·人事部百一十五》引此并作“不至”，《史記》《通鑑》同，《漢紀》作“不致”。

博士

韋賢治《詩》，事博士大江公及許生。

【念孫案】景祐本無“博士”二字是也。晉灼曰：“大江公，即瑕丘江公也。以異下‘博士江公’，故稱‘大’。”則此文但作“大江公”而無“博士”二字明矣。今本有者，即涉注内“博士江公”而誤。《經典釋文·序録》云：“韋賢受《詩》於江公及許生。”即本此傳，而亦無“博士”二字。

狗曲

江翁曰：“經何以言之？”式曰：“在《曲禮》。”江翁曰：“何狗曲也？”

師古曰：“意怒，故妄發言。言狗者，輕賤之甚也。”戴先生曰：“當作‘何拘曲也’。”語含刺譏，不至妄詈，注非。

下固

乃假固利兵，下固刺彘。

【念孫案】上已言“假固利兵”，則無庸更言“固”。“下固”當依《史記》作“下圈”，即承上“使固入圈擊彘”而言。謂假以利兵，使之下圈刺彘，不當言“下固”也。“圈”“固”字相似，又涉上下文“固”字而誤。

循吏傳

廪廪

此廪廪庶幾德讓君子之遺風矣。

師古曰：“廪廪，言有風采也。”【念孫案】師古以序言君子之遺風，故云“廪廪有風采”，所謂望文生義者也。今案，廪廪者，漸近之意，即所謂“庶幾”也。言此數人者，廪廪乎幾於德讓君子矣。《史記·孝文紀贊》曰：“漢興至孝文四十有餘載，德至盛也，廪廪鄉改正服封禪矣。”襄二十三年《公羊傳注》曰“廪廪近升平”，并與此“廪廪”同義。

惇厚篤於故舊

爲人惇厚篤於故舊。

【念孫案】“惇”下本無“厚”字，惇、篤，皆厚也。“爲人惇篤於故舊”作一句讀。《金安上傳》：“惇篤有智。”加一“厚”字，則分爲兩句而贅於詞矣。舊本《北堂書鈔·政術部十一》陳禹謨本加“厚”字。《藝文類聚・人部》六及十八、《太平御覽・人事部》七十及百十七引此皆無“厚”字。

果然

民果然共爲邑起冢立祠。

【念孫案】“然”字後人所加。凡言“果然”者，皆謂“果如此”也。下既言“爲邑起冢立祠”，則“然”字爲贅文矣。《文選・潘尼〈贈河陽〉詩》注、《藝文類聚・禮部上》《太平御覽・禮儀部》四及三十二引此皆無“然”字。

酷吏傳

上下相遁

昔天下之罔嘗密矣，然奸軌愈起，其極也，上下相遁。

師古曰：“遁，避也。言吏避於君，民避於吏。”【念孫案】如師古說，是下遁上，非“上下相遁”也。今案，遁者，欺也。言奸軌并起而上下相欺，猶《左傳》言“上下相蒙”也。《廣雅》曰：“遁，欺也。”《賈子・過秦》篇曰：“奸僞并起而上下相遁。”義與此同也。《管子・法禁》篇曰：“遁上而遁民者，聖王之禁也。”言爲人臣而上欺其君、下欺其民者，聖王之所禁也。“遁”字亦作“遯”。《淮南・修務》篇：“審於形者，不可遯以狀。”高注曰：“遯，欺也。”

大笑之

下士聞道大笑之。

師古曰："《老子·德經》之言也。"今本"德"訛作"道"。據《老子》改。【念孫案】"大笑之"本作"大而笑之"。大而笑之，猶言迂而笑之也。《文王世子》："況于其身以善其君乎？"鄭注曰："于，讀爲迂。迂，猶廣也、大也。"是"大"與"迂"同義。《老子》又云："天下皆謂我道大，似不肖。"《莊子·逍遥游》篇云："今子之言大而無用，衆所同去也。"并與"大而笑之"同義。"上士聞道，勤而行之。中士聞道，若存若亡。下士聞道，大而笑之"，皆以四字爲句，且"大而笑之"與"勤而行之"句法相對，後人不得其解而删去"而"字，今本《老子》《史記》《漢書》皆然。則既失其義而又失其句矣。牟子引《老子》正作"大而笑之"。《晉書·葛洪傳》引《抱朴子序》云："世儒徒知服膺周孔，莫信神仙之書，不但大而笑之，又將謗毁真正。"《抱朴子·微旨》篇亦云："大而笑之其來久矣。"是牟、葛所見《老子》皆作"大而笑之"。又案，師古注云："大道玄深，非其所及，故致笑也。""大道玄深"，是釋"大"字。"故致笑也"，是釋"笑之"二字，則《漢書》亦是"大而笑之"明矣。今本作"大笑之"亦與顔注不合。

偶人

匈奴至爲偶人象都。

師古曰："以木爲人，象都之形也。偶，對也。"【念孫案】《史記》文與此同。《索隱》曰："偶人，《漢書》作'寓人'。寓，即偶也。謂刻木偶類人形也。”據此，則《漢書》本作“寓人”，注當云：“寓，讀曰偶。偶，對也。”今則正文“寓”字，既依《史記》改爲“偶”，且并删注文矣。“偶”與“寓”古同聲而通用，字或作“耦”。《史記·孝武紀》“以木耦馬代駒”，《漢書·郊祀志》“耦”作“寓”，是其證。後人不通古音，故必改“寓”爲“偶”而後可。

恣治

義縱爲内史，憚之，未敢恣治。

宋祁曰：“或無‘治’字。”【念孫案】《史記》有“治”字，然據師古注云：“言温舒憚縱，不得恣其酷暴。”但釋“恣”字而不釋“治”字，則《漢書》似無“治”字也。“治”字或後人依《史記》加之。

收司

置伯落長以收司奸。

師古曰：“置伯及邑落之長，以收捕司察奸人也。”【念孫案】《史記》作“置伯格長以牧司奸盗賊”，徐廣曰：“街陌屯落，皆設督長也。”據此，則“伯”與“陌”同，故《食貨志》《地理志》“阡陌”字并作“仟伯”。《管子·四時》篇亦云：“修封疆，正千伯。”伯，音莫白反。“伯落長”三字連讀，而師古云“置伯及邑落之長”，則“伯”讀如字，且分“伯”與“落長”爲二，斯爲謬矣。【引之曰】“收”當依《史記》作“牧”，説見《史記·商君傳》。

湯素稱以爲廉武帝使督盜賊

以刀筆吏稍遷至御史，事張湯。湯素稱以爲廉武，句。帝使督盜賊。

【念孫案】"帝"字後人所加，此言張湯素稱尹齊之廉武，使之督盜賊，上文《王温舒傳》曰："事張湯，遷爲御史，督盜賊。"下文《楊僕傳》曰："河南守舉爲御史，使督盜賊關東。"非謂武帝使督盜賊也。《史記》"使督"上無"帝"字，是其明證矣。後人誤以"廉"字絶句，而以"武"字屬下讀，因妄加"帝"字耳。下文曰"上以爲能，拜爲中尉"，方指武帝言之。

以避文法

故盜賊浸多，上下相爲匿，以避文法焉。

【念孫案】"以避文法"本作"以文避法"。《史記》作"以文辭避法"，徐廣曰"詐爲虚文，言無盜賊"是也。今本"文避"二字倒轉，則非其旨矣。《後漢書·杜林傳》注引《漢書》正作"以文避法"。

自乞之

今縣官出三千萬自乞之。

師古曰："自，句。謂乞與之也。乞音氣。"宋祁曰："'自乞之'，江南本作'自之'。徐鍇改'自'作'丐'。"【念孫案】"乞"字後人所加。"自"當爲"匃"。《廣雅》曰："匃，與也。"謂出三千萬與之，故師古曰"匃，謂乞與之也"。《漢紀》作"出三千萬錢與之”，是其證。隸書“匃”字作“㔭”，形與“自”相似，因訛爲“自”。徐鍇改“自”作“丐”，即“匃”字也。江南本作“自之”，“自”下本無“乞”字，後人以師古云“乞音氣”，遂增入“乞”字，不知師古自爲注中“乞”字作音，非正文所有也。《西域傳》“我匃若馬”，師古曰：“匃，乞與也。乞音氣。”文義正與此同。《通鑑·漢紀十六》作“自乞之”，則所見《漢書》本已誤。

廢立

延年劾奏光“擅廢立，亡人臣禮”。

宋祁曰：“‘立’下當有‘主’字。”【念孫案】宋説是也。景祐本有“主”字，《漢紀》作“擅廢立主上”。

謂延年

母畢正臘，謂延年。

【念孫案】“謂”上原有“已”字，猶言已而謂延年也。上文云：“趙禹爲中大夫，嘗中廢，已爲廷尉。”《郊祀志》云：“新垣平言上曰‘闕下有寶玉氣來者’，已視之，果有獻玉杯者。”《灌夫傳》云：“田蚡起爲壽，坐皆避席伏。已竇嬰爲壽，獨故人避席。”《李廣傳》云：“廣生得一人，果匈奴射鵰者也。已縛之上山。”《外戚傳》云：“匃沐沐我，已飯我。”今本無“已”字者，後人不解其意而删之耳。《通鑑》無“已”字，則所見《漢書》本已誤。《文選·辯命論》注、《太平御覽·時序部十八》引此皆有“已”字。

爲彈

相與探丸爲彈。

師古曰："爲彈丸，作赤、黑、白三色而共探取之也。下文云："得赤丸者斫武吏，黑者斫文吏，白者主治喪。"彈音徒旦反。"【念孫案】正文内本無"爲彈"二字，"丸"即"彈丸"也。既言"探丸"，則不得更言"爲彈"。師古云"爲彈丸，作赤、黑、白三色而共探取之"者，皆自釋"相與探丸"四字，非正文内有"爲彈"二字也，云"彈音徒旦反"者，此自爲注内"彈"字作音，非爲正文作音也。凡師古自音其注内之字者，全部皆然，不可枚舉。後人不察，而於正文内加"爲彈"二字，斯爲謬矣。《太平御覽·兵部八十一》引此有"爲彈"二字，亦後人依誤本《漢書》加之，其《地部二》《刑法部九》所引皆無此二字。

阿邑

張湯以知阿邑人主，與俱上下。

蘇林曰："邑，音'人相悒納'之悒。"師古曰："如蘇氏之説，'邑'字音烏合反。然今之書本或作'色'字，此言阿諛觀人主顔色而上下也。其義兩通。"【念孫案】"邑"當音"烏合反"。阿邑人主，謂曲從人主之意也。"阿邑"雙聲字，或作"阿匼"，烏合反。《唐書·蕭復傳》云"盧杞諂諛阿匼"是也。師古欲從俗本作"色"，"以知阿色人主"，則大爲不詞，乃爲之説曰"言阿諛，觀人主顔色而上下"，其失也迂矣。

貨殖傳

䅿

山不䅿蘖。

師古曰:"䅿,古'槎'字也。音士牙反。"【引之曰】"䅿"從在聲,古音屬之部。"槎"從差聲,古音屬歌部,二部絶不相通,無緣借"䅿"爲"槎"。"䅿"蓋"差"字之訛也。"差""槎"古同聲,故通用,隸書"差"字或作"䒖",漢《太尉劉寬碑》"咨嗟"是也。後人誤認"䒖"上之"卝"爲"艸"頭,又因師古言古"槎"字,乃依篆文"艸"頭作"𦭪",與"䅿"字相似,因訛而爲"䅿"矣。《玉篇》《廣韻》"䅿"字并"士之切",無"槎"音。《集韻》以"䅿""槎"爲一字,引《漢書》"山不䅿蘖",則北宋時《漢書》已訛作"䅿",故作韻者誤收,而《類篇》以下諸書并沿其誤。

于越

辟猶戎翟之與于越,不相入矣。

孟康曰:"于越,南方越名也。"師古曰:"于,發語聲也,戎蠻之語則然。于越,猶句吴耳。"【念孫案】"于越"本作"干越"。"干"音"干戈"之"干"。干越者,吴越也。《墨子·兼愛》篇曰:"禹南爲江漢淮汝,東流之注五湖之處,以利荆楚、干越與南夷之民。"今本脱"干"字,據《文選·江賦》注引補。《莊子·刻意》篇曰:"夫有干越之劍者。"《釋文》:"司馬云:'干,吴也。吴越出善劍也。'案,吴有谿名干谿,越有山名若邪,并出善鐵，鑄爲名劍也。”以上《莊子釋文》。《荀子·勸學》篇曰：“干越，夷貉之子。”楊倞曰：“干越，猶言吴越。”宋本如是。近時嘉善謝氏刻本改“干”爲“于”，又改楊注“吴越”爲“於越”，非是。《淮南·原道訓》篇曰：“干越生葛絺。”高注曰：“干，吴也。”《道藏》本如是。俗本改“干”爲“于”，與高注不合。是“干越”即“吴越”也。“干”“越”爲二國，故云“戎翟之與干越”，猶《墨子》之言“荆楚干越”、《荀子》之言“干越夷貉”也。若《春秋》之“於越”即是“越”，而以“於”爲發聲，視此文之“干越”與“戎翟”對舉者不同，孟康所見本正作“干越”，故云“干越，南方越名也”，其意以“干越”爲“越”之一種，若漢時之有“閩越”“甌越”“駱越”耳。若“於越”則即是“越”，不得言“南方越名”矣。案，孟康之解“干越”，雖與高誘、司馬彪不同，然亦是“干”字，非“于”字。《文選·吴都賦》“包括干越”，宋尤延之本如是。今本或與宋本同，或改“干”爲“于”。李善注引此文正作“干越”，又引《音義》云：“干，南方越名也。”此下有“《春秋》曰‘于越入吴’，杜預注曰：于，越人發語聲”十七字，乃後人所加，與李注不合。《太平御覽·州郡部十六》引此亦作“干越”，又引韋昭注云：“干越，今餘干縣，越之别名。”案，韋以“干越”爲“餘干”，雖非確詁，然亦是“干”字，非“于”字。是其證。師古改“干”爲“于”，而以《春秋》之“於越”釋之，誤矣。“於”“于”古雖通用，而《春秋》之“於越”未有作“于越”者。學者多聞“於越”，寡聞“干越”，故子史諸書之“干越”或改爲“于越”，皆沿師古之誤。

圉奪成家

篡弑取國者爲王公，圉奪成家者爲雄桀。

師古曰:"圉,謂禁守其人也。"【念孫案】師古以"圉"爲"禁守",則"圉奪"二字義不相屬。今案,"圉"讀曰"禦"。"禦""圉"古字通。《大雅·桑柔》篇"孔棘我圉",鄭箋:"圉,當作禦。"《逸周書·寶典》篇:"不圉我哉。"《管子·大匡》篇:"安能圉我。"《墨子·辭過》篇:"邊足以圉風寒。"《莊子·繕性》篇:"其來不可圉。"并與"禦"同。又,《大雅·烝民》篇"不畏强禦",《漢書·王莽傳》作"强圉"。《莊子·讓王》篇"列禦寇",《楚策》作"圉寇"。"圉奪成家"者,禦人而奪其財以成其家也。《孟子·萬章》篇:"今有禦人於國門之外者。"趙注曰:"禦人,以兵禦人而奪其貨。"即此所謂"圉奪"也。《漢紀·孝文紀》作"劫奪成家",義與"圉奪"同。

發貯

子贑發貯鬻財曹魯之間。

師古曰:"多有積貯,趣時而發,鬻賣之也。"【念孫案】師古説"發"字之義非是。"發"讀爲"廢"。宣八年《公羊傳注》曰:"廢,置也。"《周官·籥師》疏引《鄭志》同。謂廢置之、積貯之以轉鬻於曹魯之間也。《史記》作"廢著鬻財於曹魯之間",徐廣曰"著,讀音如貯",是其證也。廢貯,猶廢居也。《平準書》云:"富商大賈,或蹛財役貧,轉轂百數,廢居居邑。"徐廣曰:"廢居者,貯畜之名也。有所廢,有所畜,言其乘時射利也。"有所廢,謂有所廢置也。師古注《食貨志》亦云:"有所廢置,有所居畜。"劉伯莊以"廢"爲"出賣",非是。《越世家》云:"陶朱公約要父子耕畜,廢居,候時轉物。""廢居"或作"廢舉"。《仲尼弟子傳》:"子貢好廢舉,與時轉貨資。"裴駰曰:"廢舉,謂停貯。"此即《貨殖傳》所云"子贑發貯鬻財"者也,"廢"與"發",古同聲而通用。《爾雅》曰:"廢、税,舍也。"《方言》曰:"發、税、舍,車也。"是"發"與"廢"同。《論語·微子》篇"廢中權","廢",鄭作"發"。《莊子·列御寇》篇:"曾不發藥乎?""發",司馬本作"廢",云"置也",張湛注《列子·黄帝》篇同。《荀子·禮論》篇"大昏之未發齊也",《史記·禮書》"發"作"廢"。《史記·扁鵲傳》:"色廢脈亂。"徐廣曰:"一作發。"

千合

蘖麴鹽豉千合。

師古曰:"麴蘖,以斤石稱之,輕重齊則爲合。鹽豉則斗斛量之,多少等亦爲合。合者,相配耦之言耳。今西楚荆沔之俗賣鹽豉者,鹽豉各一升,則各爲裹而相隨焉,此則合也。説者不曉,乃讀爲'升合'之合。又改作台,競爲解説,失之遠矣。"【引之曰】師古以"合"爲"相配耦",所謂曲説者也。上文云:"答布、皮革千石,桼千大斗。"下文云:"鮐鮆千斤,鯫鮑千鈞。"此獨不言斗斛,不言斤石,而以相配耦爲名,有是理乎?今考《史記·貨殖傳》作"蘖麴鹽豉千答",徐廣曰:"或作台,器名,有瓵。孫叔然云:今本作"孫叔敖","敖"字乃淺學人所改。'瓵,瓦器,受斗六升。'台當爲瓵,音貽。"案,徐説是也。《爾雅》:"甌、瓿,謂之瓵。"郭注曰:"瓿甊,小甖。長沙謂之瓵。"徐所引"瓵,瓦器,受斗六升",即孫炎《爾雅注》也。《列女傳·仁智傳》:"臧文仲曰:'斂小器,投諸台。'""台"與"瓵"同。《史記》或本作"台"是也。今本"台"作"答",乃"荅"字之訛。"荅""台"古同聲,故得通用。《漢書》作"合",則又"台"之訛也。《史記·高祖功臣侯表》"貰齊侯吕",徐廣曰:"吕,一作台。"《漢書》作"合"。師古不達,反以作"台"者爲誤,而强爲"合"字作解,其失甚矣。

人争取賤賈任氏獨取貴善富者數世

人争取賤賈,任氏獨取貴善,富者數世。

師古斷“任氏獨取貴”爲句,注云:“言其居買之物,不計貴賤,唯在良美也。賈讀曰價。”又斷“善富者數世”爲句,注云:“折節力田,務於本業,先公後私,率道閭里,故云善富。”【念孫案】師古讀“賈”爲“價”,又以“善富”二字連讀,皆非也。此當以“任氏獨取貴善”爲句,“富者數世”爲句。“人争取賤賈”者,“賈”讀爲“盬”,謂物之粗惡者也。《唐風·鴇羽》傳曰:“盬,不攻致也。”《小雅·四牡》傳曰:“盬,不堅固也。”《漢書·息夫躬傳》“器用盬惡”,鄧展曰:“盬,不堅牢也。”其字或作“楛楛”之“楛”,楊倞注《荀子·勸學》篇曰:“凡器物堅好者謂之功,濫惡者謂之楛。”《議兵》篇曰:“械用兵革窳楛不便利。”或作“甘苦”之“苦”,《周官·典婦功》“辨其苦良”,鄭司農讀“苦”爲“盬”,謂“分别其縑帛與布紵之粗細”。《齊語》“辨其功苦”,韋注曰:“功,牢也。苦,脆也。”《淮南·時則》篇“工事苦慢”,高注曰:“苦,惡也。”《史記·平準書》曰“鐵器苦惡”。或作“沽酒”之“沽”,《喪服傳》:“冠者沽功也。”鄭注曰:“沽,猶粗也。”《士喪禮記》曰:“弓矢之新沽功。”《釋文》“沽”,并音“古”。或作“榮枯”之“枯”,《荀子·天論》篇“楛耕傷稼”,楊倞曰:“楛耕,謂粗惡不精也。”《韓詩外傳》“楛”作“枯”。或作“古今”之“古”,《士喪禮記》“沽功”,今文“沽”作“古”。此傳則作“商賈”之“賈”,《史記》同。皆以聲相近而字相通。賤賈,猶言賤惡。争取賤賈,謂争取賤惡之物,非謂争取賤價也。謂人之買物皆争取其賤而惡者,任氏獨取其貴而善者。“貴善”與“賤惡”正相對也。若以“任氏獨取貴”爲句，則與上句不對。以“善富者數世”爲句，則文不成義矣。師古以“先公後私，率道閭里”爲善，所謂曲説者也。此但言其所居之物，必取貴善，故富及數世耳。下文云：“然任公家約，公事不畢，則不得飲酒食肉，以此爲閭里率。”方叙及其“先公後私，率道閭里”之事，若此處先稱其善，則下文皆成贅語矣。《史記索隱》曰：“謂買物必取貴而善者，不争賤價。”斷“任氏獨取貴善”爲句是也。唯讀“賈”爲“價”，亦與師古同誤。《索隱》引晉灼曰“争取賤賈金玉也”，則晉灼已誤讀“賈”爲“價”矣。

游俠傳

飲其德

然終不伐其能，飲其德。

孟康曰：“有德於人而不自美也。”師古曰：“飲，没也。謂不稱顯之。”劉奉世曰：“‘飲’字當蒙‘不’字言，‘没’非義也。飲者，猶飲物自飫。言不飲有其德。”【念孫案】“飲”蓋“欽”字之譌。隸書從金從倉之字多相亂。《孟子·盡心》篇：“是以言銛之也。”今本“銛”譌作“餂”。《史記》作“歆”。歆，喜也。言不以德自喜也。《周語》：“民歆而德之。”韋注曰：“歆，猶喜服也。”《學記》：“不興其藝。”鄭注曰：“興之言喜也，歆也。”《正義》引《爾雅》“歆、喜，興也”。今《爾雅》作“廞、熙，興也”。是“歆”爲“喜”也。“歆”“欽”聲相近，“歆”之通作“欽”，猶“歆”之通作“廞”矣。見上注。《小雅·鼓鍾》篇“鼓鍾欽欽”，《毛傳》曰：“欽欽，言使人樂進也。”是“欽”字，亦有喜樂之義，故曰“不伐其能，欽其德”。又案，孟云：“有德於人而不自美。”非“飲”字之義，蓋所見本正作"欽"也。

大將軍

天下騷動,大將軍得之若一敵國云。

宋祁曰"浙本無'軍'字。"【念孫案】浙本是也。條侯以大尉將諸軍擊吴楚,故曰"大將"。"將"下"軍"字,後人以意加之耳。且其時大將軍乃竇嬰,非條侯也。《藝文類聚·人部十七》、《白帖》五十一、《太平御覽·兵部六》《後漢書·吴漢傳》注引此并無"軍"字。

静悍

解爲人静悍。

師古曰:"性沈静而勇悍。"【念孫案】"静"與"精"同,故《史記》作"精悍"。《藝文類聚·人部十七》《太平御覽·人事部百七十三》引《漢書》亦作"精悍"。"精"與"悍"義相近,故以"精悍"連文。《儒林傳》:"韓嬰,其人精悍。"《酷吏傳》:"嚴延年爲人短小精悍。"作"静"者,聲近而字通耳。若以"静"爲"沈静",則與"悍"字義相遠矣。

剽攻　休乃鑄錢掘冢

臧命作奸剽攻,師古曰:"剽,劫也。攻,謂穿窬而盜也。"劉攽曰:"攻,直謂攻奪而取之耳。何因知其是'穿窬'也?然'剽'是用刀淺小之稱,'攻'則用力重害,二者異耳。"【念孫案】"剽"字顔説是,"攻"字劉説是。“剽攻”是一事，不分盗賊，亦不分大小。休乃鑄錢掘冢。

齊曰：“《史記》作‘藏命作奸剽攻不休’，則‘休’字屬上句。《漢書》省去‘不’字，遂屬下句。”【念孫案】《史記》原文亦作“藏命作奸剽攻，休乃鑄錢掘冢”，“休”字本屬下句讀，因“乃”字譌作“及”字，後人不得其解，遂於“休”上加“不”字，而以“休”字屬上句讀，非孟堅省去“不”字，乃後人誤讀《史記》也，辯見《史記》。

其陰賊著於心本發於睚眥

其陰賊著於心，本發於睚眥。

師古曰：“著，音直略反。心本，猶言本心也。”【念孫案】師古斷“陰賊著於心本”爲句，而訓“心本”爲“本心”，所謂强解者也。今案，當以“其陰賊著於心”爲句，“本”當依《史記》作“卒”。“卒”字下屬爲句。卒，猶終也。言其陰賊在心而終發於睚眥也。隸書“本”字或作“夲”。“卒”字或作“卆”，二形相似，故“卒”譌爲“本”。《司馬相如傳》“王者之卒業”，師古曰：“卒，字或作本。”《墨子·備高臨》篇：“足以勞卒，不足以害城。”今本“卒”譌作“本”，皆其證也。

見哀

萬章曰：“吾以布衣見哀於石君。”

師古曰：“言爲石顯所哀憐。”【念孫案】哀者，愛也。言吾以布衣之賤，見愛於石君，上文曰“章與石顯相善”是其事也。

《吕氏春秋·報更》篇:"人主胡可以不務哀士?"《淮南·説林》篇:"鳥飛反鄉,兔走歸窟,狐死首丘,寒將翔水,各哀其所生。"高注并曰:"哀,愛也。""哀"與"愛"聲相近而義相通,故字亦相通。《樂記》"肆直而慈愛者",鄭注曰:"愛,或爲哀。"《管子·形勢解》"見愛之交,幾於不結",《形勢》篇"愛"作"哀"。

谷子雲筆札樓君卿唇舌

長安號曰"谷子雲筆札,樓君卿唇舌"。

【念孫案】此本作"谷子雲之筆札,樓君卿之唇舌",後人删去兩"之"字,則句法局促不伸。《太平御覽·人事部百三十六》引此無兩"之"字,亦後人依誤本《漢書》删之,其《人事部百四》、《文部》十一、二十二引此皆有兩"之"字。又,《北堂書鈔·藝文部》九及十、《藝文類聚·人部十七》《雜文部四》《文選·陸厥〈答内兄希叔〉詩》注引此亦皆有兩"之"字,《漢紀》同。又,《白帖》三十引"樓君卿之唇舌"。

獨死

涉性略似郭解,外温仁謙遜而内隱好殺。睚眦於塵中,獨死者甚多。

【念孫案】"獨死"二字義不可通。"獨"當爲"觸",草書之誤也。塵中,猶言塵市中也。言涉於塵市中,數以睚眥之怨而殺人,故曰"睚眥於塵中,觸死者甚多"。《郭解傳》云:"少時陰賊感槩不快意,所殺甚衆。"義亦與此同。《漢紀·孝哀紀》作"獨死",亦後人以誤本《漢書》改之。《孝武紀》云:"郭解任俠,睚皆觸死於塵中者甚衆。”即用此篇之文，故知《孝哀紀》“獨”字爲後人所改。《後漢書·王允傳》：“是時宦者横暴，睚眥觸死。”注引此文云：“睚眥於塵中，觸死者甚多。”《文選·西京賦》注所引同，足正今本之誤。

佞幸傳

推上天

文帝嘗夢欲上天不能，有一黄頭郎推上天。

【念孫案】“推”下有“之”字，而今本脱之，則文義不暢。《太平御覽·人事部》十七及四十引此并作“推之上天”。《史記》《漢紀》同。

賢父子親屬宴飲

後上置酒麒麟殿，賢父子親屬宴飲。

【念孫案】“賢”上脱“與”字，則上下句義不相屬。《太平御覽·人事部九十三》引此正作“與賢父子親屬宴飲”，《漢紀》同。

匈奴傳

肉食

兒能騎羊，引弓射鳥鼠。少長，則射狐菟，肉食。士力能彎弓,盡爲甲騎。

師古解"肉食"二字,云:"言無米粟,唯食肉。"【念孫案】師古説非也。"肉食"二字若承上文"少長"言之,則肉食固匈奴之俗,自幼時已然,不待少長也。若不承"少長"言之,則"肉食"二字與上下文皆不相屬。今案,"肉食"當爲"用食",字之誤也。隸書"肉"字作"月","用"字作"用",二形相似,故"用"訛爲"肉"。用,猶以也。言射狐兔以食也。《史記》作"少長則射狐兔用爲食",是其明證也。"以"訓爲"用",故"用"亦訓爲"以"。《一切經音義》七引《倉頡篇》曰:"用,以也。""用"與"以"義同而聲亦相近,故"用"亦可讀爲"以"。《剥》象傳"終不可用也",與"災""尤""載"爲韻。《豐》象傳"終不可用也",與"災""志""事"爲韻。"用"字并讀爲"以"。《太玄·止》測曰:"反弓馬,恨終不可以也。"即用《易·象傳》文,則《象傳》"用"字之讀爲"以"明矣。"用"可讀爲"以",故與"以"字通用。《井》九三"可用汲",《史記·屈原傳》引作"可以汲"。《吕刑》"報虐以威",《論衡·譴告》篇引作"報虐用威"。《大雅·板》篇"勿以爲笑",《荀子·大略》篇引作"勿用爲笑"。《桑柔》篇"逝不以濯",《墨子·尚賢》篇引作"逝不用濯"。《士喪禮》"用二鬲",《周官·小祝》注引作"盛以二鬲"。《明堂位》"加以璧散、璧角",《周官·司尊彝》注引作"加用璧散、璧角"。《雜記》"杝以桑",《特牲饋食禮》注引作"杝用桑"。《史記·吕后紀》"以强吕氏",《平準書》"張湯以峻文決理",《韓長孺傳》"治天下終不以私亂公",《平津侯傳》"以不能罷歸",《漢書》"以"并作"用"。《漢書·司馬相如傳》"何爲無以應哉",《貨殖傳》"以貧求富",《史記》"以"并作"用",皆其證也。此言匈奴習於騎射,自爲兒時,已能騎羊射鳥鼠,少長則射狐兔，及長而爲士，則力能彎弓者，盡爲甲騎，非記其飲食之事也。下文云"自君王以下咸食畜肉"，乃始言食肉耳。

作鳴鏑

冒頓乃作鳴鏑。

【念孫案】"作"下原有"爲"字，後人以"爲"即是"作"，故删去"爲"字，不知古書言"作爲"者多矣。《通鑑·漢紀三》已脱"爲"字。《文選·左思〈詠史詩〉》注、曹植《名都篇》注、陸機《從軍行》注、張協《七命》注、丘遲《與陳伯之書》注、顔延之《陽給事誄》注，六引《漢書》，皆作"作爲鳴鏑"，《史記》同。

隔昆龍

後北服渾窳、屈射、丁零、隔昆龍、新萆之國。

師古曰："五小國也。"【念孫案】五小國者：一渾窳、二屈射、三丁零、四隔昆、五薪藜，"龍"字蓋涉上文"龍城"而衍，《史記》《漢紀》皆無"龍"字。

天下莫不咸嘉使

朕與單于俱由此道，順天恤民，世世相傳，施之無窮，天下莫不咸嘉使。漢與匈奴鄰敵之國。

劉奉世曰："'鄰'上宜有'有'字，不然，衍'使'字。"【念孫案】劉説非也。"天下莫不咸嘉使"本作"天下莫不咸便"。便，安也。言順天恤民，天下咸安之也。下文"漢與匈奴鄰敵之國”，乃起下之詞，非承上之詞。“便”與“使”形相近，因誤爲“使”。後人不得其解，遂於“咸”下增“嘉”字，讀“天下莫不咸嘉”爲句，而以“使”字下屬爲句。“使”字屬下讀，則其義不可通，故劉疑“使”爲衍文，而不知其爲“便”字之誤也。《史記》作“天下莫不咸便”，是其證。

跂行喙息

跂行、喙息、蠉動之類。

師古曰：“跂行，凡有足而行者也。喙息，凡以口出氣者也。蠉蠉，動貌。”【念孫案】跂者，行貌也。喙者，息貌也。謂跂跂而行，喙喙而息，蠉蠉而動也。《禮樂志·郊祀歌》：“跂行畢逮。”《公孫弘傳》：“跂行喙息，咸得其宜。”義并與此同。《説文》曰：“蠉，動也。”“跂，行也”。《文選·洞簫賦》注、《七發》注并引《説文》云：“蚑，行也。凡生類之行皆曰蚑。”較今本多一句。《東方朔傳》云：“跂跂脈脈善緣壁。”“跂”與“蚑”通。《方言》曰：“喙，息也。自關而西，秦晉之間或曰喙。”《廣雅》曰：“喘、喙，息也。”喙息，猶言喘息。《新語·道基》篇曰：“跂行喘息，蜎飛蠉動之類。”王褒《洞簫賦》曰：“蟋蟀，蚸蠖，蚑行喘息。”是其證也。《逸周書·周祝》篇曰：“跂動噦息。”《淮南·俶真》篇曰：“蠉飛蠉動，跂行噲息。”“噦”“噲”并與“喙”通。“喙”訓爲“息”，故病而短氣亦謂之喙，《晉語》：“余病喙矣。”韋注曰“喙，短氣貌”是也。懼而短氣亦謂之“喙”，宋玉《高唐賦》曰“虎豹豺兕，失氣恐喙”是也。師古以“跂”爲“足”，“喙”爲“口”，則與“蠉動”之文不類矣。

縱兵

漢兵約單于入馬邑而縱兵。

師古曰:“放兵以擊單于。”【念孫案】“縱”下“兵”字,後人以意加之也。《史記》作“漢兵約單于入馬邑而縱”,“縱”謂縱兵擊之也。《史》《漢》中多謂“縱兵”爲“縱”。《史記・高祖紀》曰:“高祖與項羽決勝垓下。孔將軍、費將軍縱。”《李廣傳》曰:“中貴人將騎數十縱。”《漢書》“縱”作“從”,師古誤訓“從”爲“隨”。辯見前“將數十騎從”下。又曰:“聞鼓聲而縱,聞金聲而止。”《朝鮮傳》曰:“率遼東兵先縱。”以上二條,《漢書》同。本書《王莽傳》曰:“今年刑在東方,誅貉之部先縱焉。”皆其證也。“縱”下本無“兵”字,故師古釋之曰“放兵以擊單于”,若本作“縱兵”,則無煩訓釋矣。《韓長孺傳》:“約單于入馬邑,縱兵。”師古無注。後人加“兵”字,何弗思之甚也。

并軍介 介弟兵

趙信以前將軍與右將軍并軍介,獨遇單于兵,故盡没。

師古曰:“介,特也。本雖并軍,至遇單于時特也。”【念孫案】介,即獨也。《廣雅》:“介,獨也。”既言“獨”,不必又言“介”,且既與右將軍并軍,何以獨遇單于?今案,“并軍介”當依《史記》作“并軍分行”。謂始而并軍,繼而分行,故獨遇單于兵而盡没也。“分”誤爲“介”,“介”本作“尒”,“分”俗作“个”,二形相似,故“分”誤爲“介”。《杜周傳》:“執進退之分。”師古曰:“分,字或作介。”莊三十年《穀梁傳》:“周之分子也。”《釋文》:“分,本或作介。”《莊子・漁父》篇:“遠哉其分乎道也!”《釋文》:“分,本又作介。”又脱去“行”字。師古以“介獨”二字連讀,非也。又,《南粤傳》:“嘉遂出,介弟兵就舍。”李奇曰:“介,被也。”師古曰:“介,甲也。被甲而自衛也。”【念孫案】“被弟兵”“甲弟兵”皆文不成義。“介弟兵”亦當依《史記》作“分弟兵”,小司馬謂“分取其兵”是也。蓋吕嘉之弟,本將兵居宫外,今王太后欲殺嘉,故嘉分取其兵以自衛也。李、顔二説皆非。

爲

單于陽許曰:“吾爲遣其大子入質於漢,以求和親。”

【念孫案】爲,猶將也。言吾將遣大子入質也。下文“漢使王烏等如匈奴。匈奴紿王烏曰:吾欲入漢見天子,面相結爲兄弟”,彼言“欲”猶此言“爲”矣。古者“爲”與“將”同義。《盧綰傳》曰:“綰妻與其子亡降,會高后病,不能見,舍燕邸,爲欲置酒見之。”言高后將欲置酒見之也。《霍去病傳》曰:“去病始爲出定襄當單于。捕虜,虜言單于東,乃更令去病出代郡。”言始將出定襄,後更出代郡也。《史記》并同。《孟子·梁惠王》篇:“克告於君,君爲來見也。”趙注曰:“君將欲來。”然則“吾爲遣大子”,即吾將遣大子也。師古不曉“爲”字之義,乃云“言爲王烏故遣大子入質”,失之矣。

莫相勸而歸

軍吏畏亡將而誅,莫相勸而歸。

【念孫案】此言浞野侯已爲匈奴所獲,軍吏皆恐失將而誅,故莫相勸歸也。“勸”下不當有“而”字,蓋涉上句而衍。

《史記》無。

追邪徑

御史大夫軍至追邪徑,句。無所見,句。還。

師古曰:"從疾道而追之,不見虜而還也。"【念孫案】下文有"速邪烏",是地名,則此"追邪徑"亦是地名。言御史大夫軍至此地,不見虜而還也。師古以"邪徑"爲"疾道","追邪徑"爲"從疾道追之",皆是臆説。且"御史大夫軍至追邪徑"作一句讀,與下"重合侯軍至天山"文同一例,若如師古所云,則"御史大夫軍至"當别爲一句矣。但言至,而不言所至之地,恐無是理也。

護發兵烏孫西域

及校尉常惠使護發兵烏孫西域。

【念孫案】次句顛倒,不成文理,當云"使護烏孫兵發西域"。《宣紀》云:"校尉常惠持節護烏孫兵。"《常惠傳》云:"以惠爲校尉,持節護烏孫兵。"《西域傳》云:"遣校尉常惠,使持節護烏孫兵。"皆其證。

逗遛

祁連知虜在前,逗遛不進,下吏自殺。

【念孫案】"遛"本作"留",此依俗改也。若正文作"遛",則師古當有音。今"逗"字有音而"遛"字無音,則本作"留"明矣。《宣紀》云:“祁連將軍廣明有罪,自殺。”晉灼曰:“廣明坐逗留。”如淳注《韓長孺傳》云:“軍法,行而逗留、畏愞者要斬。”其字并作“留”,故知此“遛”字爲後人所改也。《説文》有“逗”字,無“遛”字。《後漢書·光武紀》:“不拘以逗留法。”其字亦作“留”。又,《元后傳》“吏畏愞逗遛當坐者”,“遛”字,師古無音,亦是後人所改。《文選·范彦龍〈效古〉詩》注引《匈奴傳》、舊本《北堂書鈔·政術部十四》引《元后傳》并作“逗留”。

爲

屠耆單于使日逐王先賢撣兄右奥鞬王爲烏藉都尉,各二萬騎,屯東方。

劉攽曰:“衍‘爲’字。”劉奉世曰:“‘爲’當作‘與’。”【念孫案】《管子·戒》篇曰:“自妾之身之不爲人持接也。”尹知章曰:“爲,猶與也。”是“爲”字可訓爲“與”。《孟子·公孫丑》篇曰:“不得不可以爲悦,無財不可以爲悦,得之爲有財,古之人皆用之。”言得之與有財也。《齊策》曰:“犀首以梁爲齊戰於承匡而不勝。”言以梁與齊戰也。《韓策》曰:“嚴仲子避人,因爲聶政語。”言與聶政語也。《韓詩外傳》曰:“寡人獨爲仲父言,而國人知之,何也?”言獨與仲父言也。《史記·淳于髡傳》曰:“豈寡人不足爲言邪?”言不足與言也。《李斯傳》曰:“斯其猶人哉?安足爲謀?”言安足與謀也?然則“右奥鞬王爲烏藉都尉”,即右奥鞬王與烏藉都尉也。或以“爲”爲衍字,或以爲誤字,皆未曉古人文義,“與”“爲”一聲之轉,故“爲”有“與”義,“與”亦有“爲”義,互見《薛宣傳》“何與”下。

群臣

詔單于毋謁,其左右當户之群臣皆得列觀。

【念孫案】"臣"字後人所加,"左右當户之群"統當户以下衆官而言,猶言左右當户之屬耳。上文云:"匈奴置左右大當户。"《宣紀》云:"其左右當户之群皆列觀。"是其證。後人於"群"下加"臣"字,則義不可通。《通鑑》删去"之群"二字,亦非。

逢擊 逢受

勒兵逢擊烏孫,破之。

師古曰:"以兵逆之,相逢即擊,故云逢擊。"【念孫案】《方言》:"逢,迎也。自關而西或曰迎,或曰逢。"逢擊,猶迎擊耳,師古之説迂矣。《西域傳》:"單于執二王以付使者。莽使中郎王萌待西域惡都奴界上逢受。"亦謂迎受之也。師古曰:"逢受,謂先至待之,逢見即受取。"亦非。

聞甌脱皆殺之

郅支單于遣使上書求侍子,漢遣谷吉送之。郅支殺吉,漢不知吉音問,而匈奴降者言聞甌脱皆殺之。

師古曰:"於甌脱得聲問,云'殺之'。"劉敞曰:"郅支殺谷吉,漢不聞音問,而降者言甌脱殺吉,甌脱屬呼韓邪,故漢責其使也。言'皆'者,吉有徒衆。"【念孫案】劉説是矣,而未盡也。上言"郅支殺吉,漢不知吉音問",則此"殺之"二字乃專謂殺吉,非兼徒衆言之,不得云"皆殺之"也。余謂"皆"字當在“言”字上，謂匈奴降者皆言聞甌脱殺之耳。

携國歸死

逮至元康、神爵之間，大化神明，鴻恩溥洽，而匈奴内亂，五單于争立，日逐、呼韓邪携國歸死，扶服稱臣。

【念孫案】“歸死”二字，於義不可通。“歸死”當爲“歸化”，字之誤也。此承上“大化神明”而言，謂單于携一國之人來歸王化也。下文曰“今單于歸義，懷款誠之心”，歸義，猶歸化耳。《通鑑·漢紀二十六》作“歸死”，則所見《漢書》本已誤。《漢紀·孝哀紀》《通典·邊防十一》并作“歸化”。

印

漢賜單于印，言璽不言章，又無漢字，諸王已下乃有漢言章。今印去璽，加新，與臣下無别。

【念孫案】景祐本“今印”作“今即”是也。即者，若也。《西南夷傳》注：“即，猶若也。”餘見《釋詞》，不能備載。言今若去璽加新，則與臣下無别也。今本“即”作“印”者，後人不曉“即”字之義而以意改之耳。《太平御覽·儀式部四》引此正作“即”。

物土貢

故先王度土中，立封畿，分九州，列五服，物土貢，制外内。

師古曰：“物土貢者，各因其土所生之物而貢之也。”【念孫案】《贊》言"物土貢",非謂"各因其土所生之物而貢之"也。今案,物,猶類也。言類九州、五服之土貢,若《禹貢》某州貢某物、《周官》某服貢某物也。《周官》:"載師,掌任土之法,以物地事。草人掌土化之法,以物地。"義并與"類"同。桓六年《左傳》及《晉語》注并曰:"物,類也。"《學記》曰:"比物醜類。"文十八年《左傳》曰:"醜類惡物。"《正義》曰:"物,亦類也。"《周語》曰:"象物天地,比類百則。"

西南夷兩粵朝鮮傳

出不意

竊聞夜郎所有精兵可得十萬,浮船牂柯,出不意,此制粵一奇也。

【念孫案】"出"下脱"其"字,則語意不暢。《通典·邊防三》無"其"字,即沿誤本《漢書》也。舊本《北堂書鈔·政術部十四》陳禹謨本删"其"字。《太平御覽·州郡部十七》引《漢書》皆有"其"字。《史記》《漢紀》同。

巴莋關

乃拜蒙以郎中將。劉攽曰:"當作中郎將。"將千人,食重萬餘人,從巴莋關入。

【念孫案】"巴莋關"本作"巴符關"。《水經》云:"江水東過符縣,北邪東南。此三字有誤。鰼部水從符關東北注之。"注云:"縣故巴夷之地也。漢武帝建元六年,以唐蒙爲中郎將,從萬人出巴符關者也。"是"符關"即在"符縣",而縣爲故巴夷之地,故曰巴符關也。漢之符縣,在今瀘州合江縣西,今合江縣南有符關,仍漢舊名也。若莋地則在蜀之西,不與巴相接,不得言"巴莋關"矣。隸書"符"字作"苻",與"莋"相似,又涉上下文"莋"字而誤。《史記》作"巴蜀筰關",《通鑑·漢紀十》同。多一"蜀"字,於義尤不可通,蓋因上文"巴蜀"而衍。上文"略巴、黔中以西","巴"下亦衍"蜀"字。辯見《史記》。舊本《北堂書鈔·政術部十四》引《漢書》正作"巴符關"。陳禹謨依俗本《漢書》改"符"爲"莋"。

保就

稍令犍爲自保就。

【念孫案】保就,猶言保聚,僖二十六年《左傳》"我敝邑用不敢保聚"是也。"聚""就"一聲之轉。[①]《逸周書·謚法》篇曰:"就,會也。"是"就"有"聚會"之義。師古訓"就"爲"成",則與"保"字義不相屬,乃云:"令自保守,且修成其郡縣。"則增字爲解而非其本旨矣。

一州王

各自以一州王,不知漢廣大。

【念孫案】"王"當爲"主"。上文云:"名爲外臣,實一州主。"《南粤傳》云:"此亦一州之主。"皆其證。《太平御覽·四

① "轉",底本作"傳",據《萬有文庫》本改。

夷部十一》引此正作“主”,《史記》及《通鑑·漢紀十一》同。

南擊邊邑

閩粵王郢興兵南擊邊邑。

【念孫案】此本作“閩粵王郢興兵擊南粵邊邑”。今本“擊南”二字誤倒,又脱“粵”字,則文義不明。且南粵在閩粵之西,不當言“南擊”也。《文選·長楊賦》注引此正作“興兵擊南越邊邑”,《史記》及《通典·邊防四》《通鑑·漢紀九》并同。

鏦嘉以矛

大后怒,鏦嘉以矛,王止大后。

宋祁曰:“‘鏦’字上,别本有‘欲’字。”【念孫案】别本是也。若無“欲”字,則與下文不合。景祐本及《史記》皆有“欲”字。

東粵

東粵請舉國徙中國。

【念孫案】“東粵”當依上文作“東甌”,此涉下文“東粵”而誤。下文“立餘善爲東粵王”,始有東粵之名,此不當稱“東粵”也。《史記》及《通典·邊防二》《通鑑·漢紀九》并作“東甌”。

甌駱將左黄同

故甌駱將左黄同,斬西于王,封爲下鄜侯。

【念孫案】"故甌駱將左黄同"當作"故甌駱左將黄同"。《功臣表》云:"下鄜侯左將黄同,以故甌駱左將斬西于王,功侯。"《史表》作"左將軍黄同",《索隱》曰:"《漢書·西南夷傳》甌駱將左黄同。"則"左"是姓,恐誤。《漢表》云"左將黄同",則"左將"是官不疑。

始燕時

自始燕時,嘗略屬真番、朝鮮。

【念孫案】"始燕時"本作"始全燕時"。"全燕"者,指戰國時燕國言之,所以别於漢之燕國也。《鄒陽傳》曰:"全趙之時。"《枚乘傳》曰:"今漢據全秦之地。"今本脱"全"字,則文義不明。《後漢書·東夷傳》注引此正作"全燕時",《史記》《通典》《通鑑》同。

恐不能與

獨左將軍并將,戰益急,恐不能與。

如淳曰:"不能與左將軍相持也。"師古曰:"此説非也。不能與,猶言不如也。"《史記》"恐不能與"下有"戰"字。【念孫案】如、顔皆未曉"與"字之義,《史記》"與"下有"戰"字,則後人妄加之也。與,猶敵也。言左將軍并將兩軍而戰益急,恐不能敵也。古者謂"相敵"曰"與"。《匈奴傳》曰:"單于自度戰不能與漢兵。”言不能敵漢兵也。《史記》作“不能如漢兵”，如，亦敵也。《董仲舒傳》曰：“乘富貴之資力，以與民争利於下，民安能如之哉？”言安能敵之也。《宋策》曰：“夫宋之不足如梁也，寡人知之矣。”高注曰：“如，當也。”當，亦敵也。言宋不足以敵梁也。《廣雅》曰：“與，如也。”此言“不能與”，即《史記·匈奴傳》之“不能如”。師古曰“不能與，猶言不如”，雖訓“與”爲“如”，而非“相敵”之謂，則非特未曉“與”字之義，并未曉“如”字之義也。襄二十五年《左傳》曰：“閭丘嬰與申鮮虞乘而出，行及弇中，將舍。嬰曰：‘崔慶其追我。’鮮虞曰：‘一與一，誰能懼我？’”懼，病也。説見《經義述聞》“一與一誰能懼我”下。言狹道之中，一以敵一，雖崔慶之衆，不能病我也。哀九年《傳》曰：“宋方吉，不可與也。”言宋不可敵也。《越語》曰：“彼來從我，固守勿與。”《老子》曰：“善勝敵者不與。”皆謂兩軍相敵也。《管子·輕重戊》篇曰：“即以戰鬭之道與之矣。”與之，敵之也。《秦策》曰：“以此與天下，天下不足兼而有也。”言以此敵天下也。《淮南·人間》篇曰：“大之與小，强之與弱也，猶石之投卵，虎之啗豚。”言以大敵小，以强敵弱也。《史記·燕世家》曰：“龐煖易與耳。”《白起傳》曰：“廉頗易與。”《淮陰侯傳》曰：“吾平生知韓信爲人，易與耳。”易與，皆謂易敵也。《高祖紀》曰：“上自東往擊陳豨，聞豨將皆故賈人也。上曰：‘吾知所以與之。’”言吾知所以敵之也。後人不知“與”之訓爲“敵”，故或曰“不能與左將軍相持”，或曰“不能與，猶言不如”，又或於《史記》“恐不能與”之下，妄加“戰”字，蓋古義之失其傳久矣。杜預注《左傳》“不可與”，曰“不可與戰”。韋昭注《越語》“固守勿與”，曰“勿與戰”。王弼注《老子》“善勝敵者不與”，曰“不與争”。蓋皆誤釋“與”爲“與共”之“與”，而以“戰”字、“争”字，增成其義，不知“與”訓爲“敵”，即是“戰”“争”之義也。如淳曰“不能與左將軍相持”，亦是增字以成其義，而讀《史記》者遂於“與”下加“戰”字矣。

沮陽

最以父死頗有功，爲沮陽侯。

【念孫案】"沮陽"，《史記》作"温陽"，"沮""温"皆"涅"字之誤。隸書"沮"字，或作"浧"，與"涅"相似。《景武昭宣元成功臣表》云："涅陽康侯最，以父朝鮮相路人，漢兵至，首先降。道死，子侯。"《史表》略同。《水經·湍水》注云："涅水東南逕涅陽縣故城西。《地理志》："涅陽屬南陽郡。"①漢武帝元封四年，封路最爲侯國。"皆其證。舊本《北堂書鈔·封爵部中》引此正作"涅陽侯"。陳禹謨依俗本改"涅"爲"沮"。

① "地"，底本作"也"，據同治本改。

《漢書》第十五

西域傳

三百餘里　三百里

蒲昌海，一名鹽澤者也。去玉門、陽關三百餘里，廣袤三百里。

戴先生《水地記》曰："玉門關在故壽昌縣西百一十八里，陽關在縣西六里。壽昌本漢龍勒縣地，今安西府西百五十里有壽昌城。鹽澤去玉門千三百餘里，《前》《後書》皆脱去'千'字。"【念孫謹案】郭璞《西山經》注及《爾雅音義》引《漢書》見《釋水》釋文。皆無"千"字，蓋後人據《漢書》删之也。《漢紀·孝武紀》作"去陽關三千餘里"，即"千三百餘里"之誤。《水經·河水》注作"東去玉門陽關一千三百里"。以二書考之，則《漢書》原有"千"字明矣。又案，"廣袤三百里"本作"廣袤三四百里"，謂澤之廣袤不能知其確數，大約在三四百里之間也。《水經注》無"四"字，亦後人據《漢書》删之。《太平御覽·地部三十七》引《水經注》作"廣輪四百里"，又脱去"三"字。然據此知《水經注》原有"四"字也。《漢紀》作"廣長三四百里"，《西山經》注及《通典·州郡四》并作"廣袤三四百里"，郭璞《爾雅音義》引《漢書》作“廣輪三四百里”,《禹貢》正義及《史記·大宛傳》正義、《爾雅·釋水》疏并引作“廣袤三四百里”,則今本脱去“四”字明矣。

焉耆

北道西逾葱領,則出大宛、康居、奄蔡、焉耆。

【念孫案】景祐本無“耆”字是也。“焉”字絶句。“焉”下“耆”字則後人妄加之也。大宛、康居、奄蔡皆在葱領之西,自都護治所西至大宛四千三十一里,至康居五千五百五十里,又自康居西北至奄蔡可二千里,并見下文。故曰“西逾葱領出大宛、康居、奄蔡”也。若焉耆,則在葱領之東,且在都護治所之東北四百里,亦見下文。豈得云“西逾葱領,出焉耆”乎?《漢紀·孝武紀》《後漢書·西域傳》《通典·邊防七》“焉”下皆有“耆”字,此後人依誤本《漢書》加之耳。《通鑑·漢紀十二》無“耆”字與景祐本同,則北宋本尚未誤也,故知諸書内“耆”字皆後人所加。

得職

自貳師將軍伐大宛之後,西域震懼,多遣使來貢獻,漢使西域者益得職。

師古曰:“賞其勤勞,皆得拜職也。”胡三省曰:“顔説非也。此言漢使入西域,諸國不敢輕忽,爲得其職耳。得職者,不失其職也。”【念孫案】胡解“職”字亦未了。“職”非“職事”之“職”。職,猶所也。言自大宛王以殺漢使見誅,西域諸國皆不敢輕忽漢使，故漢之使西域者皆得其所也。哀十六年《左傳》“克則爲鄉，不克則烹，固其所也”，《史記・五子胥傳》作“固其職也”。是“職”與“所”同義。《景紀》曰：“令亡罪者失職。”《武紀》曰：“有冤失職，使者以聞。”《宣紀》曰：“其加賜鰥寡孤獨高年帛，毋令失職。”《管子・明法解》篇曰：“孤寡老弱不失其職。”失職，皆謂失所也，故“得所”亦謂之“得職”。《趙廣漢傳》曰：“廣漢爲京兆尹，廉明，威制豪强，小民得職。”師古彼注曰：“得職，各得其常所也。”是其證。《高五王傳》：“朱虛侯章忿劉氏不得職。”《鹽鐵論・輕重》篇：“衆人未得其職。”

孔道

婼羌國辟在西南，不當孔道。

師古曰：“辟，讀曰僻。孔道者，穿山險而爲道，猶今言穴徑耳。”【念孫案】師古之説甚迂。孔道，猶言大道。謂其國僻在西南，不當大道也。《老子・道經》“孔德之容”，河上公注曰：“孔，大也。”《太玄・羨》次五曰：“孔道夷如，蹊路微如。”“孔”字亦作“空”，《張騫傳》“樓蘭、姑師小國當空道”是也。《説文》曰：“孔，通也。”故“大道”亦謂之“通道”。今俗語猶云通衢大道矣。

山國　脱四字

鄯善國，王治扜尼城，西北去都護治所千七百八十五里，至山國千三百六十五里，西北至車師千八百九十里。

【念孫案】“山國”當作“墨山國”，寫者脱“墨”字耳。《漢紀》及《後漢書·西域傳》作“山國”，皆後人依顏本《漢書》改之。《水經·河水》注曰：“扜泥城西北去烏壘千七百八十五里，上文云：“都護治烏壘城。”至墨山國千八百六十五里，本傳“八”作“三”，未知孰是。西北去車師千八百九十里。”皆本此傳。墨山，山名也，因以爲國名，若但云“山國”，則不知爲何山矣。而師古云：“此國山居，故名山國。”則曲爲之説也。又，下文“山國王西至尉犁二百四十里”，“山國”亦當作“墨山國”。“墨山國王”下當有“治墨山城”四字，《水經注》曰“墨山國，治墨山城，西至尉犁二百四十里”，亦本此傳。是國與城皆以墨山得名。“墨山國王治墨山城”，猶上文之“皮山國，王治皮山城”也，寫者脱去“墨”字及“治墨山城”四字，而師古遂云：“常在山下居，不爲城治也。”亦是曲説。

依耐國王治　難兜國王治

依耐國王治。

【念孫案】上文皆言某國王治某城，此“依耐國王治”下不言某城者，闕文也。下文“難兜國王治”同。

盧城

無雷國王治盧城。

【念孫案】此本作“無雷國王治無雷城”，猶之“且末國王治且末城”“精絶國王治精絶城”也。隸書“盧”字作“盧”，其上半與“雷”相似，故“雷”訛作“盧”。《周官·職方氏》：“其浸盧維。”鄭注：“盧維當爲雷雍，字之誤也。”又脱“無”字耳，《太平御览・四夷部十八》引此正作"無雷城"。

好治食

織罽,刺文綉,好治食。

【念孫案】"治食"二字,義無所取,《通典・邊防八》"治"作"理",避高宗諱也,則唐本《漢書》已誤作"治"。《漢紀》作"好酒食"是也。下文"大宛俗耆酒",義與此同。今本"酒"作"治"者,涉上文"治園田""治宫室"而誤。

市列

有金銀銅錫以爲器,市列。《通典》同。

【念孫案】"市列"上脱"有"字,則文不成義,《漢紀》作"有市肆",肆,即列也。

鎖

後軍候趙德使罽賓,與陰末赴相失。陰末赴鎖琅當德,殺副已下七十餘人。

【念孫案】"琅當"上本無"鎖"字,乃後人誤取注文加之也。古者以鐵連環係罪人,謂之"琅當"。《説文》作"鋃鐺",云"瑣也"。"瑣"古"鎖"字。琅當德,即鎖德也,故師古云"琅當,長鎖也",不得又於"琅當"上加"鎖"字。又,《王莽傳》"以鐵鎖琅當其頸","鎖"字亦後人所加,琅當其頸,即鎖其頸,不得又加"鎖"字。《太平御覽・刑法部十》引《王莽傳》有"鎖"

字，則所見本已誤。《白帖》四十五引作“以鐵琅當其頸”，無“鎖”字。

所以爲

凡中國所以爲通厚蠻夷，愜快其求者，爲壤比而爲寇也。

【念孫案】上“爲”字涉下“爲”字而衍。

悔過來

前親逆節，惡暴西域，故絶而不通，今悔過來。

【念孫案】“悔過來”本作“悔過来順”。“順”字與上文“逆”字相應，而今本脱之，則語意不完。《通鑑·漢紀二十二》已與今本同。《後漢書·西域傳》注引此正作“悔過來順”。

大馬爵

安息國有大馬爵。

【念孫案】“爵”上亦有“大”字，而今本脱之，則爲不詞矣。《太平御览·四夷部十四》引此正作“有大馬大爵”。《漢紀·孝武紀》《通典·邊防八》并同。

書革

書革，旁行爲書記。

【念孫案】上“書”字本作“畫”，胡脈反。謂畫革爲字，而旁行之，以爲書記也。師古曰“今西方胡國及南方林邑之徒，書皆横行，不直下”，此是釋“旁行爲書記”五字，非釋“書革”也。今作“書革”者，即涉下文“書記”而誤。《漢紀》《通典》作“書革”，皆後人以誤本《漢書》改之。《史記・大宛傳》作“畫革”，《索隱》曰“畫音獲”，引韋昭《漢書注》爲解，不言《漢書》作“書革”也。《太平御覽・四夷部十四》引《漢書》正作“畫革”，《水經・河水》注同。

月氏

老上單于殺月氏，以其頭爲飲器。

【念孫案】“月氏”下脱“王”字，當依《張騫傳》補。

皆絲漆

其地皆絲漆，不知鑄鐵器。

【念孫案】“皆”本作“無”。“無絲漆，不知鑄鐵器”，皆言其與中國異也。今作“其地皆絲漆”者，涉上文“其人皆深目”而誤。《通典・邊防八》正作“無絲漆”。

相接

東與匈奴，西北與康居、西與大宛、南與城郭諸國相接。

【念孫案】“相”字後人所加。此《傳》凡言某國與某國接者，“接”上皆無“相”字，則此亦當然。《漢紀・孝武紀》《通典・邊防八》并作“南與城郭諸國接”，無“相”字。

以肉爲食

穹廬爲室兮旃爲牆，以肉爲食兮酪爲漿。

【念孫案】“肉”上本無“以”字，後人以上下文皆八字爲句，而此句獨少一字，故加“以”字耳。不知“穹廬爲室”“旃爲牆”“肉爲食”“酪爲漿”，皆相對爲文，不得獨於“肉”上加“以”字也。《太平御覽・樂部八》所引已誤，《北堂書鈔・樂部二》《藝文類聚・樂部三》《文選・答蘇武書》注所引皆無“以”字。

采繒

賜金二十斤，采繒。

【念孫案】下文“賜姑莫匿等金人二十斤、繒三百匹”，則此文“采繒”下，亦當有匹數，而今本脱之也。

烏孫男女

公主與烏孫男女三人俱來至京師。

【念孫案】“烏”字涉上下文“烏孫”而衍。“孫男女三人”者，公主之孫男、孫女共三人也，“孫”上不當有“烏”字，下文“公主卒，三孫留守墳墓”，是其證。《漢紀》有“烏”字，亦後人依誤本《漢書》加之。《太平御覽・禮儀部三十二》引此無“烏”字。

不可乏

食宜給足，不可乏。

【念孫案】此承上文而言，既有美田可以種穀，又以錐刀、黄金、采繒易穀於他國，則食宜給足不乏也。“不”“乏”二字之間不當有“可”字，此涉上文“可以易穀”而衍。《日知録》云“不可乏”當作“可不乏”，非也。既言“宜給足”，又言“可不乏”，則文義重複。

匈奴困敗

《易》之卦得《大過》，爻在九五。匈奴困敗。《通典·邊防七》同。

【念孫案】“匈奴”上有“曰”字，今本脱之，則文義不明。曰者，衆人之言也。《大過》九五《象傳》曰：“枯楊生華，何可久也！”故衆人皆曰“匈奴必困敗矣”。《漢紀·孝武紀》有“曰”字。

卦諸將

卦諸將，貳師最吉。《通典》同。

師古曰：“上遣諸將，而於卦中貳師最吉也。”【念孫案】師古所説，於文義不順。“卦”當作“卜”。言卜諸將孰吉，則貳師最吉也，下文云“卜漢軍一將不吉”，即其證。今作“卦”者，涉上下文“卦”字而誤，《漢紀》正作“卜”。

狐胡　車師柳谷

狐胡國王治車師柳谷。

【念孫案】國名無上下二字同音者，“狐胡”當依《太平御覽》所引作“孤胡”，《四夷部十八》。字之誤也。孤胡、龜兹皆國名之叠韻者。龜兹，應劭音“丘慈”。案，古讀“丘”如“欺”。又案，孤胡與車師異地，不當云“治車師柳谷”。“師”字蓋涉下文“車師”而衍，《御覽》作“治車柳谷”，無“師”字。

表河曲

乃表河曲，列四郡。

【念孫案】“曲”當爲“西”，字之誤也。武帝所開四郡，武威、張掖、酒泉、敦煌。皆在河西，故云“表河西，列四郡”。《食貨志》云：“初置張掖、酒泉郡，而上郡、朔方、西河、河西開田官，斥塞卒六十萬人戍田之。”《霍去病傳》云：“開河西、酒泉之地。”《後漢書·西羌傳》云：“武帝開河西，列置四郡。”皆其證。四郡非在河曲中，不得言“表河曲”也。《漢紀·孝武紀》作“河曲”，乃後人以誤本《漢書》改之。《通典·邊防八》《太平御覽·四夷部十三》引此《贊》，并作“河西”。

犀布

故能睹犀布、瑇瑁，則建珠崖七郡。

【念孫案】“犀布”連文，殊爲不類。“布”當爲“象”。“象”“布”二字篆文下半相似，故“象”訛作“布”。犀象、瑇瑁皆兩粤所産，故曰“睹犀象、瑇瑁，則建珠崖七郡”也。下文云：“明珠、文甲、通犀、翠羽之珍，鉅象、師子、猛犬、大雀之群。”正與此“犀象、瑇瑁”相應，則當作“象”明矣。《太平御覽·珍寶部六》引此已誤作“犀布”，《漢紀·孝武紀》《通典·邊防八》引此并作“犀象”。

外戚傳

適

適稱皇后。師古曰：“適，讀曰嫡。”

【念孫案】此文本作“正適稱皇后”，後人以“適”即是“正”，故删去“正”字。案，《大雅·大明》傳曰：“紂，殷之正適也。”《初學記·儲宮部》引《白虎通義》曰：“周以天子之正嫡爲王后，秦稱皇后，漢因之。”是古書多以“正適”連文。《後漢書·皇后紀》注、《班固傳》注、《文選·西都賦》注、《後漢書·皇后紀論》注、《藝文類聚·后妃部》《初學記·中宮部》、《太平御覽·皇親部》一及十一引此并作“正適稱皇后”，《通典·職官十六》同。

充依視千石　良人視八百石

八子視千石，充依視千石。

【念孫案】“充依”不當與“八子”同視千石，當依《漢紀》作“充依視九百石”，此涉上“千石”而誤。《文選注》《太平御覽》引此皆誤。又，下文“七子視八百石，良人視八百石”。案，“良人”

亦不當與“七子”同視八百石，當依《漢紀》作“良人視七百石”，此亦涉上“八百石”而誤。《御覽》引此亦誤。《文選注》引此正作“視七百石”。

誅之

乃召趙王誅之。

【念孫案】“誅之”上有“欲”字，而今本脱之，則文義不明。此時趙王尚未至，不得遽言誅之也。《太平御覽・皇親部二》引此正作“欲誅之”，《漢紀》同。

脱三字

孝惠張皇后，宣平侯敖尚帝姊魯元公主，有女。

【念孫案】此文本作“孝惠張皇后，宣平侯敖女也。敖尚帝姊魯元公主，有女”。今本脱“女也敖”三字，則上下文義不貫。此因兩“敖”字相亂，而脱去三字。《太平御覽・皇親部二》引此有“女也敖”三字。又，《皇親部十一》《人事部百三十五》引首二句，皆有“女也”二字。

即爲所爲

大后安能殺吾母而名我！我壯即爲所爲。

師古曰：“爲其所爲，謂所生之母也。并音于僞反。”【念孫案】兩“爲”字皆讀平聲。爲所爲者，謂爲變也。爲變者，殺吕后以報母仇也，故下文云“大后恐其作亂”。《史記》作“我壯即爲變”，尤其明證矣。若讀“爲”爲去聲，而云“爲所生之母”，則詞不達意。

觀津

竇皇后親蚕卒，葬觀津。

師古曰：“觀津，清河之縣也。”【念孫案】《地理志》“觀津”屬信都，不屬清河。

逃匿

女逃匿。

【念孫案】“逃匿”下有“牀下”二字，而今本脱之。《太平御覽·封建部五》引此正作“女逃匿牀下”。《續史記·外戚世家》亦云：“女亡匿内中牀下。”

吐棄我意

今見我毁壞，颜色非故，必畏惡，句。吐棄我意，句。尚肯復追思閔録其兄弟哉！

【念孫案】“吐棄”上有“有”字，而今本脱之，則文義不明。《太平御覽·皇親部二》引此正作“有吐棄我意”，《漢紀》同。

元始

元始三年生昭帝。

【念孫案】“元始”當依景祐本作“大始”。

鉤弋

聞昔堯十四月而生，今鉤弋亦然。

【念孫案】“鉤弋”下原有“子”字。上文云：“生昭帝，號鉤弋子。”下文云：“鉤弋子年五六歲，壯大多知。”皆其證。今“鉤弋子亦然”對上句“堯十四月而生”言之。下句云：“乃命其所生門，曰堯母門。”其所生者，鉤弋子所生也，脱去“子”字，則上下句皆不可通矣。《太平御覽·皇親部二》引此已脱“子”字，《漢紀·孝武紀》有“子”字。

恐事急

後人有上書告諸醫侍疾無狀者，皆收繫詔獄，劾不道。顯恐事急，即以狀具語光。

【念孫案】“急”上本無“事”字。“恐急”者，既恐且急，猶言惶遽耳。言顯既恐且急，即具以毒殺許后之事告光也。《霍光傳》：“霍山謂顯曰：‘聞民間讙言霍氏毒殺許皇后，寧有是邪？’顯恐急，即具以實告。”文義正與此同。後人不達，而於“急”上加“事”字，失其旨矣。景祐本及《漢紀·孝宣紀》《通鑑·漢紀十六》皆無“事”字。

署衍勿論

其後奏上，署衍勿論。李奇曰：“光題其奏也。”

師古曰："言之於帝，故解釋耳，光不自署也。"胡三省曰："據《霍光傳》，光薨後，帝始聞毒許后事。光於是時，安敢言之於帝邪？李説爲是。"

成君

既使淳于衍陰殺許后，顯因爲成君衣補，治入宫具。

【念孫案】"成君"上脱"女"字，則文義不明，《太平御覽》引此正作"女成君"。

禁闥扃

應門閉兮禁闥扃。

師古曰："扃，短關也。"【念孫案】扃，亦閉也。《淮南·主術》篇"中扃外閉"，亦以"扃""閉"對文。

銅沓冒

切皆銅沓冒黄金塗。

師古曰："切，門限也。沓冒，其頭也。"【念孫案】"冒"字涉注文而衍，景祐本無"冒"字是也。冒，即沓也，注訓"沓"爲"冒"，則正文無"冒"字明矣。《後漢書·班固傳》注、《文選·西都賦》注、《藝文類聚·居處部一》《太平御覽·皇親部十》引此皆無"冒"字，《漢紀》及《續列女傳》亦無。

不使

少主幼弱則大臣不使。

師古曰:"不使,不可使從命也。"【念孫案】注説稍迂。余謂《爾雅》曰:"使,從也。"不使,即不從也。《管子·小匡》篇曰:"魯請爲關内之侯,而桓公不使也。"《史記·龜策傳》曰:"大將不强,卒不使令。"《春秋繁露·五行相勝》篇曰:"將帥不親,士卒不使。""不使"皆謂"不從"。

妒媚

誣汚先帝傾惑之過,成結寵妾妒媚之誅。

【念孫案】"妒媚"二字,義不相屬,"媚"當爲"娼"。鄭注《大學》云:"娼,妒也。"《五行志》:"桓有妒娼之心。"《史記·五宗世家》:"王后以妒娼,不常侍病。"《黥布傳贊》:"妒娼生患。"皆其證。隸書"眉"或作"肙",見漢《涼州刺史魏元丕碑》。與"冐"相似,故書傳中"娼"字或譌作"媚",《顔氏家訓》已辯之。

富平侯家

成帝每微行出,常與張放俱而稱富平侯家。

【念孫案】"家"下當有"人"字。富平侯即張放,故帝與放俱而稱富平侯家人也。脱去"人"字,則文義不明,《五行志》正作"稱富平侯家人"。

六人

鄭氏、傅氏侯者凡六人。

【念孫案】"六"當爲"四",此涉下文"六人"而誤。四人者:一傅喜、二傅晏、三傅商、四鄭業也,并見上文。《五行志》注引此正作"四人"。

元后傳

西白虎

土山漸臺西白虎。

宋祁曰:"浙本'西'字上有'象'字。"今本"上"訛作"下"。【念孫案】浙本是也。師古曰:"皆放效天子之制也。""放效"二字,正釋"象"字,且此歌以四字爲句,脱去"象"字,則文義不明,而句法亦不協矣。下文曰"園中土山漸臺似類白虎殿",似類,亦象也。《水經·渭水》注、《文選·西征賦》注、《太平御覽·人事部一百六》引此皆作"象西白虎",《漢紀》同。

户青瑣

殿上赤墀,户青瑣。

【念孫案】"户"下原有"下"字。"起土山""立兩市""殿上赤墀""户下青瑣",皆相對爲文。今本脱"下"字,則句法參差矣。《藝文類聚·産業部》《太平御覽·資産部七》引此皆有

“下”字。

漢高祖

初漢高祖入咸陽。

【念孫案】“高祖”上不當有“漢”字，此涉下文“漢傳國璽”而衍。《北堂書鈔·儀飾部二》《太平御覽·儀式部三》引此皆無“漢”字。

飲酒食

大后至漢家正臘日，獨與其左右相對飲酒食。

【念孫案】《太平御覽·服章部五》引此，“食”下有“肉”字，於義爲長。

王莽傳

不嗣

《書》曰：“舜讓于德，不嗣。”

師古曰：“言舜自讓德薄，不足以繼帝堯之事也。”【念孫案】“不嗣”本作“不台”。《古文尚書》“舜讓于德弗嗣”，今文作“不怡”，《漢書》皆用今文，故作“不台”。《史記·五帝紀》：“舜讓於德不懌。”徐廣曰：“《今文尚書》作‘不怡’。怡，懌也。”又，《自序》曰：“唐堯遜位，虞舜不台。”皆用今文也。《文選·典引》：“有于德不台，淵穆之讓。”李善曰：“《尚書》曰：

‘舜讓于德不嗣。’《漢書音義》韋昭曰：‘古文台爲嗣。’”《後漢書·班固傳》注曰：“前書曰：‘舜讓于德不台。’《音義》曰：‘台讀曰嗣。’”據此，則二李所見《漢書》，皆作“不台”。師古依古文改“台”爲“嗣”，而取僞孔傳以釋之，不自知其圜鑿而方枘也。

逡儉

逡儉隆約以矯世俗。

師古曰：“逡，退也。”【引之曰】“逡儉”與“隆約”對文，則“逡”非“退”也。“逡”讀爲“遵”。遵，循也。謂循儉尚約以矯世俗之奢侈也。“遵”與“逡”古字通。《爾雅》曰：“遵，循也。”《方言》曰：“逡，循也。”《集韻》“逡”亦作“逡”。故“遵儉”之爲“逡儉”，亦猶“遵循”之爲“逡循”。“遵”之通作“逡”，亦猶“逡”之通作“遵”。《晏子春秋·外篇》：“晏子遵循而對。”遵循，即逡巡。

陷假

霍光即席常任之重，“即”與“則”同。乘大勝之威，未嘗遭時不行，陷假離朝。

服虔曰：“言光未嘗陷假不遇而離去朝也。莽嘗退就國，是陷假也。”師古曰：“假，升也。陷假者，被陷害而去所升之位。”【念孫案】師古訓“假”爲“升”，則“陷假”二字義不相屬，乃云“被陷害而去所升之位”，其鑿也甚矣。余謂“假”讀爲“瑕”。“陷瑕離朝”，謂陷於瑕謫而去其位，服説是也。“瑕”與“假”古字通。《淮南·精神》篇“審乎無瑕”，《莊子·德充符》篇

“瑕”作“假”。《古今人表》“公肩瑕”,《檀弓》作“假”。《高祖功臣表》“中水夷侯吕瑕”,《史表》作“假”。

平作

越若翊辛丑,諸生、庶民大和會。十萬衆并集,平作二旬,大功畢成。

師古曰:“平作,謂不促遽也。‘平’字或作丕。丕,亦大也。”《義門讀書記》曰:“《書》‘庶殷丕作’,字當爲‘丕’也。”【念孫案】何説是也。上文云:“公以八月載生魄庚子奉使朝用書臨賦營築。”亦用《雒誥》文也。隸書“丕”字或作“平”,與“平”字相近,因訛而爲“平”。《後漢書·劉玄傳》“右輔都尉嚴本”,“本”或作“平”,或作“丕”,《耿秉傳》“太醫令吉不”,“不”或作“平”,皆其證也。

拂其頸

方今天下聞崇之反也,咸欲騫衣手劍而叱之。其先至者,則拂其頸,衝其匈,刃其軀,切其肌。

師古曰:“拂,戾也。”【念孫案】師古訓“拂”爲“戾”,望文生義,非其本指也。“拂”讀爲“刜”。刜,斫也。謂以劍斫其頸也。“拂其頸”“衝其匈”“刃其軀”“切其肌”,皆承上文“手劍”而言。《説文》曰:“刜,擊也。”《廣雅》曰:“刜,斫也。”昭二十六年《左傳》:“苑子刜林雍,斷其足。”《正義》曰:“今江南猶謂刀擊爲刜。”《齊語》曰:“刜令支,斬孤竹。”《楚辭·九嘆》:“執棠谿以刜蓬兮。”王注亦曰:“刜,斫也。”作“拂”者,假借字耳。《説苑・雜言》篇曰："干將鏌鋣，拂鐘不錚。"亦借"拂"爲"刜"也。若以"拂其頸"爲"戾其頸"，則上與"手劍"不相承，下與"衝其匈"三句，皆不相比附矣。

荷鍤

父子兄弟負籠荷鍤。

"荷"，舊本作"倚"。宋祁曰："'倚'當作'荷'。"各本皆從宋改。【念孫案】"倚"字古讀"阿"，上聲。《老子》："禍兮福所倚，福兮禍所伏。""禍""倚"爲韻，"福""伏"爲韻。詳見《唐韻正》。是"倚"字古讀與"荷"相近，故字亦相通。《説文》："何，儋也。"是"儋何"字本作"何"，作"荷"者，借字耳。借字本無一定，何必"荷"之是而"倚"之非乎？

師禮侯

其以杜衍户千封嘉爲師禮侯。

【念孫案】"師禮"當爲"帥禮"，"帥"與"率"同。下文云"明德侯劉龔，率禮侯劉嘉等"，是其證。《太平御覽・封建部四》引此正作"帥"。

備

所征殄滅，盡備厥辜。

"備"字，師古無注。【念孫案】"備"讀爲"伏"。《漢書》言"伏辜"者多矣，字或作"服"。"服""伏""備"三字，古皆讀如

“匍匐”之“匐”，説見《六書音均表》。故字亦相通。《趙策》“今騎射之服”，《史記·趙世家》“服”作“備”，是其例也。

阿乳母

以大鴻臚府爲定安公第，皆置門衛使者監領，敕阿乳母不得與語。

【念孫案】“阿”下當有“保”字，謂敕阿保及乳母也。《李尋傳》云“諸保阿乳母”，史傳皆以“阿保”并言。若云“敕阿乳母”，則於文爲不詞，於事爲不備矣。《漢紀·孝平紀》正作“敕阿保乳母”。

欲諫

令王路設進善之旌，非謗之木，欲諫之鼓。

【念孫案】“欲諫”當依景祐本及《賈誼傳》作“敢諫”。

赤繢

侍郎王盱見人衣白布單衣，赤繢方領。

師古曰：“繢者，會五采也。以布爲單衣，以赤加繢爲其方領也。”【引之曰】正文明言“赤繢”，則非五采也。赤繢方領，謂以赤色之組爲方領也。説見《經義述聞·周官》“繢純”下。

堂威

命堂威侯王奇。

【念孫案】"堂威"當依下文作"掌威",後放此。隸書"掌"字或作"坣",與"堂"相似而誤。

病悖

大師王舜自莽篡位後病悖寖劇。

宋祁曰:"'悖'舊作'喘'。"【念孫案】此本作"病喘悖",舊本、新本各脱其一字耳。"喘""悖"二形不相似,無緣彼此互譌,故知原有兩字,而新、舊本各脱其一也。韋昭注《酷吏傳》云"心中喘息曰悖"是也。見宋祁校本。《太平御覽·疾病部四》引此正作"病喘悖"。

民怨

莽知民怨。

《通典·食貨一》作"莽知民愁"。【念孫案】作"愁"者原文,作"怨"者後人不曉古義而改之也。愁,即怨也。《説文》:"慍,怨也。"今本"怨"作"怒",乃後人所改。據《詩·綿》正義及《一切經音義》卷五、卷九、卷十三、卷十九引訂正。"恚,恨也"。《廣雅》:"慍、愁,恚也。"《後漢書·明帝紀》云:"百姓愁怨,情無告訴。"是"愁"與"怨"同義。《秦策》云:"上下相愁,民無所聊。"謂上下相怨也。《淮南·詮言》篇云:"己之所生,乃反愁人。"謂反怨人也。下文"天下愈愁",即承此"愁"字而言,則本作

"愁"明矣。又,"莽知民愁"四字,《食貨志》凡兩見。

部監二十五人見禮如三公

置州牧、部監二十五人,見禮如三公。監位上大夫,各主五郡。

【念孫案】此文本作"置州牧,其禮如三公。郡監二十五人,監位上大夫,各主五郡"。"其禮如三公",謂州牧之禮秩如三公也,下文云"州牧位三公",是其證。"郡監"以下謂分天下爲百二十五郡,見下文。郡監二十五人,人主五郡也。今本"其禮"誤作"見禮",①"郡監"誤作"部監",而"部監二十五人"又誤在"見禮如三公"之上,遂致文不成義。《後漢書・隗囂傳》注所引已與今本同。《漢紀》作"置州牧,其禮如三公,郡監二十五人,位上大夫,各主五郡",足正今本之失。

訛言

訛言黄龍墮死黄山宫中。

【念孫案】"訛言"上脱"民"字,則語意不完。《漢紀・孝平紀》《通鑑・漢紀三十》皆有"民"字。或謂"民"字與下文"百姓"相複,非也。古人之文往往如是,子庶民則百姓勸,豈嫌於複乎?

不渫

前後相乘,憒眊不渫。

---

① "本",底本作"木",據同治本改。

師古曰:“渫,散也,徹也。”【念孫案】“不散”“不徹”皆與“憒眊”義不相屬。余謂“渫”者,治也。言事務煩多,故莽憒眊而不能治也。《井》九三:“井渫不食。”荀爽曰:“渫去穢濁,清潔之意也。”《釋文》引黄穎云:“渫,治也。”《史記·屈原傳》:“《易》曰‘井泄不食’。”《集解》引向秀曰:“泄者,浚治去泥濁也。”皆其證。

七部

大司馬保納卿、言卿、仕卿、作卿、京尉、扶尉、兆隊、右隊、中部左洎前七部。

劉奉世曰:“‘七部’當爲‘七郡’,然共有二十二郡,尚未及二十五郡,疑字當有誤者。”【念孫案】“七部”當爲“十郡”,合下文之“五郡”“十郡”,共二十五郡也。

愁民

又坐鄰伍鑄錢、挾銅,奸吏因以愁民。民窮,悉起爲盜賊。

“愁”字師古無注。【念孫案】“愁”讀爲“揫”。子由反。揫,斂也。言民坐鄰伍鑄錢、挾銅,奸吏遂借此以斂取民財,故下句云“民窮,悉起爲盜賊”也。《爾雅》曰:“揫、斂,聚也。”《鄉飲酒義》:“秋之爲言愁也。”鄭注曰:“愁,讀爲揫。揫,斂也。”是“揫”與“愁”古字通。

在御旁

威斗既成，令司命負之。莽出在前，入在御旁。

【念孫案】此本作"莽出則在前，入則御旁"。御，侍也。此常訓，不煩引證。言出則在前，入則侍側也。後人不曉"御"字之義，而改"入則御旁"爲"入在御旁"，又删去上句"則"字，其失甚矣。《通鑑》已與今本同，《太平御覽·人事部百二十七》《器物部十》引此并作"出則在前，入則御旁"。

僊上天

大一黄帝皆僊上天。

【念孫案】此本作"皆仙而上天"，今本脱"而"字，則句法局促不伸。《初學記·地部上》《太平御覽·時序部一》引此并作"仙而上天"。

帝虞

二曰帝虞始祖昭廟。

【念孫案】"帝虞"當爲"虞帝"。

帶高

帶高增下。

師古曰："本因高地而建立之，其旁下者更增築。"【念孫案】因高地而立廟，不得謂之帶高。"帶"當爲"席"。《劉向傳》“吕産、吕禄席太后之寵”,《蒯通傳》“乘利席勝”,師古并云:“席,因也。”然則“席高增下”,即因高增下,故此注云“本因高地而建立之,其旁下者更增築也”。隸書“席”字或作“庽”,見漢《司隸從事郭究碑》《益州大守高眹修周公禮殿記》。俗作“廗”,《鹽鐵論·論功》篇“旃席爲蓋”,今本“席”作“廗”。《顔氏家訓·書證》篇論俗書云“席中加帶”,正謂此也。又脱其“广”而爲“帶”矣。

黄衣幘

力士三百人,黄衣幘。

【念孫案】“幘”上原有“赤”字。力士赤幘者,《續漢書·輿服志》云:“武吏常赤幘,成其威也。”今本脱“赤”字,則義既不明而句又不安矣。《太平御覽·車部一》引此正作“黄衣赤幘”。

經博

平原女子遲昭平能説經博以八投。

【念孫案】“經博”當爲“博經”,故服注云:“博弈經,以八箭投之。”“弈”字疑衍。

杜陵史氏女爲皇后

進所徵天下淑女,句。杜陵史氏女爲皇后。

【念孫案】“杜陵”上原有“立”字,謂於所徵淑女中,選立史氏女爲后也。今本脱“立”字,則文不成義。《太平御覽·

皇王部十四》引此有“立”字,《通鑑》同。

復思

遣使壞渭陵、延陵園門罘罳,曰:“毋使民復思也。”

【念孫案】此本作“毋使民復思漢也”。今本脱“漢”字,则文義不明。《太平御覽・皇王部十四》《居處部十三》引此正作“復思漢”,《漢紀・孝平紀》《水經・穀水》注并同。

叙傳

州城

方今雄桀帶州城者,皆無七國世業之資。

宋祁曰:“‘城’或作‘域’。”【念孫案】作“域”者是也。“雄桀帶州域”者,謂雄桀并立,各帶一州之域也。《周官・大司徒》曰:“九州之地域。”《史記・天官書》曰:“天則有列宿,地則有州域。”《漢書・食貨志》曰:“有國强者兼州域。”若作“州城”,則非其指矣。“域”與“城”字形相似而誤。《管子・八觀》篇“國域大而田野淺狹”、《吕氏春秋・勿躬》篇“平原廣域”、《史記・天官書》“爲其環域千里内占”、《大宛傳》“漢遣驃騎,破匈奴、西域”,今本“域”字并誤作“城”。《漢紀・孝平紀》《後漢書・班彪傳》《宋書・符瑞志》并作“州域”。

短褐之褻

《王命論》:夫餓饉流隸,飢寒道路,思有短褐之褻,儋石之畜。

師古曰："褻，謂親身之衣也。音先列反。"【念孫案】"褻"與"褻"不同字。褻，親身衣也，從衣、埶聲，讀若"漏泄"之"泄"。先列反。褺，重衣也，字本作"褺"，從衣、執聲，讀若"重疊"之"疊"，大篋反。其"執"字或在衣中作"褺"，轉寫小異耳，與"褻衣"之"褻"，字從埶者不同。此言"短褐之褺"，謂飢寒之人，思得短褐以爲重衣，非謂親身之褻衣也。《漢紀》及《文選》并作"短褐之襲"，李善曰："《説文》曰：'襲，重衣也。'《字林》曰：'襲，大篋反。'"舊本"反"譌作"也"，據宋祁引蕭該《音義》改。此即"褺"之借字也，何以明之？《説文》："褺，重衣也。從衣、執聲。"《一切經音義》十五"褺，與"褺"同。徒俠反"，引《通俗文》曰："重衣曰褺。"宋祁引蕭該《音義》曰："《字林》曰：'褺，重衣也。'舊本"重衣"作"衷衣"，乃後人誤以爲"褻衣"而改之。今據《説文》《玉篇》《廣韻》訂正。大篋反。"舊本"大"譌作"丈"，據《文選注》引改。正與李善所引同，則"襲"爲"褺"之借字明矣。《説文》以"襲"爲左衽袍，以"褺"爲重衣，今經史中，"重衣"之字皆作"襲"，而"褺"字遂廢。唯此一處作"褺"，與"褺"同。乃古字之僅存者。而師古云："褺，謂親身衣也，先列反。"是直不辨"褻""褺"之爲兩字矣。《廣韻》"褻"在十七薛，"襲"在二十六緝，"褺"在三十怗。"褺"與"襲"聲相近，故《漢紀》《文選》皆作"襲"。若"褻"與"襲"，則聲遠而不可通矣。

幺麿

又況幺麿尚不及數子。

鄭氏曰："麿，音麼，小也。"晉灼曰："此骨偏麿之麿也。"

師古曰："鄭音是也。幺、䯢皆微小之稱也。䯢，音莫可反。'骨偏䯢'自音'摩'。各本"摩"訛作"麻"，據《説文》《玉篇》《廣韻》改。案，鄭氏曰"䯢音麼"，《玉篇》"麼，亡可切，又亡波切"，是"䯢""麼"古同聲。師古必分平、上二讀，非也。與此義不相合，晉説失之。"《漢書考異》曰："案，《説文》無'麼'字，徐鉉等新附。而有'䯢'字。'䯢，煸病也'，與'䯢'同。幺言其小，䯢言其病。童謡所稱，見一蹇人，言欲上天，隗囂少病蹇，以是刺之也。晉説得之。"【念孫案】錢説非也。"䯢"之言"靡"也。張揖注《上林賦》曰："靡，細也。"①"幺䯢"二字連文，俱是微小之意。《廣雅》："纱、麼，小也。""纱"與"幺"同。《漢紀》《文選》并作"幺麼不及數子"，李善注引《鶡冠子》曰："無道之君任用幺麼，有道之君任用俊雄。"見《道端》篇。又引《通俗文》曰："不長曰幺，細小曰麼。"作"䯢"者，古字假借耳。"幺䯢不及數子"，謂囂勇不如信、布，强不如梁、籍，成不如王莽，非譏其病蹇也。若以"䯢"爲病蹇，則上與"幺"字不相比附，下與"不及數子"之文不相連屬矣。《説文》："䯢，煸病也。煸，半枯也。"此即今偏枯之病，亦非蹇病也。

苟昧於權利

而苟昧於權利，越次妄據，外不量力，内不知命。

【念孫案】"於"字衍。"苟昧權利"以下，句法相同，首句多一"於"字，則累於詞矣。《漢紀》《文選》皆無"於"字。

① "上"，底本作"士"，據《文選》改。

畏若禍戒

英雄誠知覺寤，畏若禍戒。

師古曰："若，順也。"【念孫案】"畏順禍戒"殊爲不詞。"禍戒"可以言畏，不可以言順也。今案，上文云："喪保家之主，失天年之壽，遇折足之凶，伏鈇鉞之誅。"即此所謂"禍戒"也。此云"畏若禍戒"者，若猶此也，言畏此禍戒也，"若"字即指上四者而言。隱四年《公羊傳》："公子翬恐若其言聞乎桓。"謂此其言也。莊四年《傳》："有明天子，則襄公得爲若行乎？"謂此行也。《論語·公冶長》篇："君子哉若人。"謂此人也。

嬴取威於百儀

嬴取威於百儀兮，姜本支虖三止。

應劭曰："嬴，秦姓也，伯益之後也。伯益爲虞，有儀鳥獸百物之功，秦所由取威於六國也。"【念孫案】《廣雅》曰："威，德也。"《周頌·有客》篇："既有淫威，降福孔夷。"《正義》曰："言有德故易福。"《風俗通義·十反》篇曰："《書》曰'天威棐諶'，言天德輔誠也。"《吕氏春秋·應同》篇曰："黄帝曰：'因天之威，與元同氣。'"是"威"與"德"同義。此言伯益有儀百物之德，而嬴氏以興，故曰"嬴取威於百儀"，非謂取威於六國也。而劉仲馮乃云"百儀則柏翳也，語訛耳"，不知"百儀"與"三止"相對爲文，應劭曰："止，禮也。齊，伯夷之後，伯夷爲秩宗，典天地人鬼之禮也。"《鄭語》："伯夷能禮於神以佐堯，伯翳能議百物以佐舜。"《地理志》"伯翳"作"伯益"，"議"作"儀"。且"儀"字古讀若

“俄”。見《唐韻正》。不得與“翳”通也。

旦筭祀于挈龜

《幽通賦》:“嬀巢姜於孺筮兮,旦筭祀于挈龜。”

李奇曰:“筭,數也。祀,年也。周公卜居雒,得世三十,年七百也。”劉敞曰:“‘筭祀挈龜’,亦言田完耳,其兆有五世、八世,是祀也。”【念孫案】祀者,年也。故《左傳》曰:“卜年七百。”宣三年。又曰“載祀六百”。若五世、八世,乃父子相傳之代,不得謂之祀。且“旦”者,周公之名也。若謂“筭祀挈龜”,指“田完”言之,則“旦”字當作何解?弗思甚矣。“旦”與“嬀”相對爲文,此賦以上下句對文者,皆各指一事言之,劉謂兩句皆指“田完”言之,謬矣。

皓頤志而弗營

皓頤志而弗營。

師古曰:“皓,四皓也。處商洛深山,高祖求之不得,自養其志,無所營屈。”【引之曰】師古説“營”字之義未當。營者,惑也,《説文》本作“嫈”,云“惑也”。字亦作“熒”,又作“榮”。言自養其志,而不惑於利禄也。高誘注《吕氏春秋·尊師》篇、《淮南·原道》篇并云:“營,惑也。”《否·象傳》“不可榮以禄”,虞翻本“榮”作“營”。營,惑也。言不可惑以禄也。説見《經義述聞》。《大戴禮·文王官人》篇曰:“煩亂以事而志不營。”又曰:“臨之以貨色,而不可營。”《淮南·俶真》篇曰:“耳目不耀,思慮不營。”《東都賦》曰:“形神寂漠,耳目弗營。”漢《老子銘》

曰:“樂居下位,禄勢弗營。”《堂邑令費鳳碑》曰:“退己進弟,不營榮禄。”義并與此同。下文云:“四皓遯秦,古之逸民,不營不拔,嚴平鄭真。”即此所謂“皓頤志而弗營也”。《文選》“弗營”作“弗傾”,蓋後人不曉“營”字之義而改之耳。

風雲

彼皆躡風雲之會,履顛沛之勢。

【念孫案】“風雲”當依《文選》作“風塵”,此涉上文“跨騰風雲”而誤。“風塵之會”,謂七國兵争時也。商鞅、李斯之遇合,與下文所稱周望、漢良者不同,皆不得言“風雲之會”。

據徼

據徼乘邪,以求一日之富貴。

師古曰:“徼,要也。據可以要迎之時也。徼音工堯反。”【念孫案】“據可以要迎之時”,不得謂之據要。《老子釋文》云:“徼,小道也。古弔反。”班固《西都賦》“徼道綺錯”,謂小道相錯也。然則“據徼乘邪”云云,猶言據小道,乘邪途,以求富貴耳。

説難既酋

《説難》既酋,其身乃囚。

應劭曰:“酋,音酋豪之‘酋’。酋,雄也。”宋祁引蕭該《音義》曰:“酋,鄭氏曰:‘酋,孰也。’”“孰”與“熟”同。今本“孰”譌作

"執"。據《方言》《廣雅》及《月令》《鄭語》注改。韋昭曰:'酋,終也。'"【念孫案】"酋"讀爲"就"。就,成也。言《説難》之書既成,而其身乃囚也。《太玄·玄文》曰:"酋,西方也,秋也。物皆成象而就也。"又曰:"酋考其就。"范望曰:"考,成也。物咸成就也。"《史記·魯世家》:"魯公伯禽卒,子考公酋立。"《索隱》曰:"酋,《世本》作就。""就"與"酋"聲近而義同,故字亦相通也。韋訓"酋"爲"終","終"與"就"義相近,故《爾雅》"酋""就"并訓爲"終"。鄭訓"酋"爲"熟",則於義稍疏。應訓爲"雄",則於義甚疏,而師古獨取其説,誤矣。

邳沂

漢良受書於邳沂。

晉灼曰:"沂,崖也。下邳水之崖也。"師古曰:"沂音牛斤反。"宋祁曰:"'沂',韋昭作'垠',今本"垠"訛作"恨"。曰:'垠,限也,謂橋也。吾恩反。'《文選》亦作'垠'。"【念孫案】下邳,縣名,非水名,則不得言邳崖。韋本作"垠",而訓爲"橋"是也。良受書於老父,本在橋上,非在水濱。邳垠,即《良傳》所云"下邳汜上"也。服虔曰:"汜音頤。楚人謂橋曰汜。""汜""垠"語之轉,作"沂"者借字耳。

罔漏于楚

秦人不綱,罔漏于楚。

師古曰:"言秦失綱維,故高祖因時而起。罔漏于楚,謂項羽雖有害虐之心,終免於患也。一説楚王陳涉初起,後又破滅也。”【念孫案】高祖不爲項羽所害，豈得謂之漏罔？且與上“秦人不綱”誤分兩事。陳勝破滅，尤與“罔漏”之義無涉，二説皆謬。罔漏于楚，謂陳勝作亂，而秦不能制也，此但言秦罔漏於陳勝，下乃言高祖起兵之事。李注《文選》引項岱曰“網漏於楚，謂陳涉反而不能誅”是也。

同晷

應天順民，五星同晷。

師古曰：“晷，景也。”【念孫案】五星光不及地，則不得有景，師古説非也。“晷”即“軌”字。軌，道也。五星同道，謂高帝元年五星聚東井也。《淮南・本經》篇：“五星循軌而不失其行。”高注云：“軌，道也。”《廣雅》《周語》注并同。是其證。“軌”“晷”聲相同，故字相通。《説文》：“氿，音軌。水厓枯土也。”引《爾雅》“水醮曰氿”，今《爾雅》作“厬”。“氿”之通作“厬”，猶“軌”之通作“晷”矣。《太平御覽・天部五》引此正作“五星同軌”。

方命

孝景涖政，諸侯方命。

孟康曰：“《尚書》云：‘方命圮族。’”【念孫案】正文、注文之“方命”，皆本作“放命”。《今文尚書》作“放命”，本字也。《古文尚書》作“方命”，借字也。《釋文》馬云：“方，放也。”《正義》曰：“鄭、王以‘方’爲‘放’，謂放棄教命，是馬、鄭、王皆讀‘方’爲‘放’也。”《漢書》皆用今文，孟注所引，亦是今文，故皆作“放命”。後人見古文而不見今文，故皆改爲“方命”耳。《文選·五等論》：“放命者七臣。”李善曰：“班固《漢書》述曰：‘孝景莅政，諸侯放命。’韋昭曰：‘放命，不承天子之制。’”今本李注“放命”作“方命”。“韋昭曰放命”作“韋昭曰方放命”，皆與正文不合，明是後人所改。《太平御览·皇王部十三》引此亦作“放命”，則所見皆是未改之本，今據以訂正。《傅喜傳》：“同心背畔，放命圮族。”《朱博傳》：“今晏放命圮族。”其字皆作“放”，桓九年《穀梁傳》亦云：“則是放命也。”今本“放”訛作“故”，據范注及唐石經改。

亦有紹土

景征吴楚，武興師旅。後昆承平，亦有紹土。

宋祁曰：“監本、浙本、越本作‘亦猶有紹’。”【念孫案】監本、浙本、越本是也。“紹”字在小韻，“楚”“旅”二字在語韻。二韻古聲相近，故漢人多有通用者。下文曰：“河圖命庖，雒書賜禹，八卦成列，九疇逌叙。世代寔寶，光演文武，春秋之占，咎徵是舉。告往知來，王事之表。”又曰：“大上四子，伯兮早夭，仲氏王代，斿宅于楚。戊實淫軼，平陸乃紹。”又曰：“宗幽既昏，淫于褒女，戎敗我驪，遂亡豐鄗。”又曰：“西戎即序，夏后是表。周穆觀兵，荒服不旅。”皆以語、小二韻通用，本《傳》而外，可無須别證也。後人不知古音，而改爲“亦有紹土”，則文不成義矣。師古曰：“言景武之時，以軍功，故封侯者多，昭宣以後，雖承平，尚有以勳獲爵土者。”據注云“尚有”，則正文原有“猶”字明矣。紹，繼也。原注當云“尚有能繼之者”，而今本云“尚有以勳獲爵土者”，蓋既改正文爲“亦有紹土”，遂并改注文耳。

薰胥

嗚呼！史遷薰胥以刑。

晉灼曰："《齊》《韓》《魯詩》作'薰'。薰，帥也。從人得罪相坐之刑也。"師古曰："晉説近是矣。《詩・小雅・雨無正》之篇曰：'若此無罪，淪胥以鋪。'胥，相也。鋪，遍也。言無罪之人，遇於亂政，横相牽率，遍得罪也。《韓詩》'淪'字作'薰'。薰者，謂相薰蒸，亦漸及之義耳，此《叙》言史遷因坐李陵横得罪也。"【念孫案】晉説是也。"淪""薰"聲相近，故《爾雅》《毛詩》訓"淪"爲"率"。《韓詩》訓"薰"爲"帥"。"帥"與"率"同。"薰胥以刑"，謂相率而入於刑也。若以"薰胥"爲相薰蒸，則望文生義，而失其本旨矣。説詳《經義述聞》"淪胥以鋪"下。

如台不匡

矧乃齊民，作威作惠。如台不匡，禮法是謂。

如淳曰："台，我也。我國家也。"【念孫案】"台"字若訓爲"我"，則"如我不匡，禮法是謂"二句文意上下不相聯屬矣。今案，如台，猶奈何也。言游俠之徒，以齊民而作威作惠如此，奈何不匡之以禮法也？《湯誓》"夏罪其如台"，《史記・殷本紀》作"有罪其奈何"。《高宗肜日》"乃曰其如台"，《史記》作"乃曰其奈何"。《西伯戡黎》"今王其如台"，《史記》作"今王其奈何"。是古謂"奈何"爲"如台"也。《盤庚》"卜稽曰其如台"，亦謂卜問曰其奈何也。《法言・問道》篇："莊周、申、韓不乖寡聖人而漸諸篇，則顔氏之子、閔氏之孫，其如台。"言莊周、申、韓，若不詆訾聖人，則顔、閔之徒其奈之何也。班固《典引》："伊考自遂古，乃降戾爰兹，作者七十有四人，今其如台而獨闕也?"言今其奈何而獨闕也。説者皆訓"台"爲"我"，而其義遂不可通。段氏若膺《古文尚書撰異》辨之詳矣。

外寓

攸攸外寓，閩越東甌。

【念孫案】"寓"當爲"寓"，字之誤也。《説文》"寓"，籀文"宇"字。閩越東甌皆在漢之南徼外，故曰"外寓"，王粲《鶡賦》"震聲發乎外寓"。猶下文言"燕之外區"也。若作"寄寓"之"寓"，則義不可通。劉逵《吴都賦》注引此作"悠悠外宇"，故知"寓"爲"寓"之譌。張衡《思玄賦》"怨高陽之相寓兮"，《風俗通義·祀典》篇"營寓夷泯"，今本"寓"字并譌作"寓"。而此字師古無音，則所見本已譌作"寓"矣。

《漢書》弟十六

連語

凡連語之字，皆上下同義，不可分訓，説者望文生義，往往穿鑿而失其本指，如訓“流貤”，則曰“無有差次，不得流行”。《武紀》：“受爵賞而欲移賣者，無所流貤。”應劭曰：“貤音移。言軍吏士斬首虜，爵級多無所移與，今爲置武功賞官，爵多者分與父兄子弟及賣與他人也。”師古曰：“此説非也。許慎《説文解字》云：‘貤，物之重次弟也。’此詔言欲移賣爵者，無有差次，不得流行，故爲置官級也。貤音弋賜反。今俗猶謂凡物一重爲一貤也。”【念孫案】“貤”讀與“施于中谷”之“施”同。《敘傳》曰：“貤于子孫。”貤，即施也。《周南·葛覃》傳曰：“施，移也。”故今人猶謂“移封”爲“貤封”。《喪服傳》：“絶族無施服。”鄭注曰：“在旁而及曰施。”《大傳》“施”作“移”。是“施”與“移”通也。此言“流貤”，亦取旁及之義，故應劭讀爲“移”。若以“貤”爲“重次弟”，則“流貤”二字義不相屬，且此詔“貤”字在“流”字之下，若如師古説以爲“無有差次，不得流行”，則當移“貤”字於“流”字之上，仍須加數字以解之，而其義始明，何其謬也！《説文》以“貤”爲“重次弟物”，乃“貤”字之本訓。此詔借“貤”爲“流移”之“移”，則非重次弟之謂矣。《記》曰：“夫言豈一端而已，夫各有所當也。”

“撟虔”則曰“矯稱上命以貨賄用爲固”，或曰“稱詐爲矯，强取爲虔”。《武紀》：“將百姓所安殊路，而撟虔吏因乘勢以侵蒸庶邪？何紛然其擾也。”孟康曰：“虔，固也。矯稱上命以貨賄用爲固。《尚書》曰：‘敓攘矯虔。’”韋昭曰：“凡稱詐爲矯，强取爲虔。”師古曰：“撟與矯同。矯，托也。虔，固也。妄托上命而堅固爲邪惡者也。”【念孫案】諸説分“撟虔”爲二義，皆非也。《吕刑》“敓攘矯虔”，《周官·司刑》疏引鄭注曰：“‘矯虔謂撓擾。’《春秋傳》曰‘虔劉我邊垂’，謂劫奪人物，以相撓擾也。”如鄭君説，是“矯虔”爲“撓擾”之義，故與“敓攘”連文。此詔於“撟虔吏”下即云“乘勢以侵蒸庶”，又云“紛然其擾”，則“撟虔”之爲“撓擾”益明矣。

“奔踶”則曰“乘之即奔，立則踶人”。《武紀》：“故馬或奔踶而致千里。”師古曰：“踶，蹋也。奔踶者，乘之即奔，立則踶人也。”【念孫案】師古分“奔踶”爲二義，非也。踶，亦奔也。踶之言馳，奔踶，猶奔馳耳。《説文》曰：“趆，踶也。”“趆”字或作“蹊”。《史記·張儀傳》：“探前蹊後。”《索隱》曰：“言馬之走勢疾也。”《淮南·修務》篇：“墨子跌蹏而趨千里。”高注曰：“跌，疾行也。蹏，趨走也。”“蹏”與“踶”同，是疾行謂之踶也。馬行疾則能致遠，故曰“馬或奔踶而致千里”。馬行疾則恐有覆車之患，故下文曰“泛駕之馬，亦在御之而已”。若訓“踶”爲“蹋”，則與下文都不相涉矣。

“勞倈”則曰“勞者恤其勤勞，倈者以恩招倈”。《宣紀》：“今膠東相成勞來不怠，流民自占八百餘口。”師古曰：“勞來者，言慰勉而招延之也。”又，《平當傳》：“使行流民幽州，舉奏刺史二千石勞倈有意者。”師古曰：“勞倈，謂勸勉也。勞者恤其勤勞，倈者以恩招倈之。”【念孫案】“勞來”雙聲字，來亦勞也，字本作“勑”。《説文》曰：“勑，勞勑也。”經史通作“來”，又作“倈”。“勞來”二字有訓爲勸勉者,有訓爲恩勤者。《孟子・滕文公》篇曰:"勞之來之。"《成帝紀》曰:"勉勸農桑,出入阡陌,致勞來之。"《龔遂傳》曰:"勞來循行,郡中皆有畜積。"此皆訓爲勸勉者也。《爾雅》曰:"勞、來,勤也。"《小雅・大東》篇:"職勞不來。"《毛傳》曰:"來,勤也。"《正義》曰:"以不被勞來爲不見勤,故《采薇序》曰杕杜以勤歸,即是勞來也。"《鴻雁序》曰:"萬民離散,不安其居,而能勞來還定安集之。"此皆訓爲恩勤者也。《宣紀》之"勞來",對下文"流民八百餘口"而言。《平當傳》之"勞倈",亦承上文"行流民"而言,皆是恩勤之義。師古訓爲"勸勉",已失其指。又以"倈"爲"招倈",而分"勞倈"爲二義,愈失之矣。

"陵夷"則曰"若丘陵之漸平"。《成紀》:"帝王之道日以陵夷。"師古曰:"陵,丘陵也。夷,平也。言其頹替,若丘陵之漸平也。"又曰:"陵遲,亦言如丘陵之逶遲,稍卑下也。他皆類此。"【念孫案】師古以"陵"爲"丘陵",非也。"陵"與"夷"皆平也。《文選・長楊賦》注引薛君《韓詩章句》曰:"四平曰陵。"是"丘陵"之"陵"本取"陵夷"之義,非"陵夷"之取義於"丘陵"也。《史記・高祖功臣侯年表》曰:"始未嘗不欲固其根本,而枝葉稍陵夷衰微也。""陵夷衰微"四字平列,"陵夷"不可謂如陵之夷,猶"衰微"不可謂如衰之微也。"陵夷"之爲"陵遲"猶"逶夷"之爲"逶遲",故王肅《家語注》曰"陵遲,猶陂陁也"。《淮南・泰族》篇曰:"河以逶蛇故能遠,山以陵遲故能高。""逶蛇""陵遲"相對爲文。"陵遲"不可謂如陵之遲,猶"逶蛇"不可謂如逶之蛇也。又案,《説文》:"夌,夌徲也。"其字作"夌",不作"陵",則非"丘陵"之"陵"益明矣。

"儀表"則曰爲"禮儀之表率",或曰"有儀形可表明者"。

《哀紀》云:"爲宗室儀表。"《酷吏傳贊》云:"其廉者足以爲儀表。"【念孫案】立木以示人謂之"儀",又謂之"表"。《説文》:"檥,榦也。從木、義聲。"經傳通作"儀",故《爾雅》云:"儀,榦也。"《吕氏春秋·慎小》篇注云:"表,柱也。"故德行足以率人者,亦謂之儀表。《緇衣》曰:"上之所好惡,不可不慎也,是民之表也。"鄭注:"言民之從君,如景逐表。"《荀子·君道》篇曰:"君者,儀也。儀正而景正。"是"儀"即"表"也。《管子·形勢解》篇曰:"法度者,萬民之儀表也。禮義者,尊卑之儀表也。"《淮南·主術》篇曰:"言爲文章,行爲儀表。"文六年《左傳》曰:"陳之藝極,引之表儀。"或言"儀表",或言"表儀",其義一也。師古注《哀紀》則云:"言爲禮儀之表率。"注《酷吏傳》則云:"謂有儀形可表明者。"望文生義,而注各不同,皆由不知"儀表"之同爲立木,又不知"儀"爲"檥"之借字故也。

"狙詐"則曰"狙,伺也"。《諸侯王表》:"秦據勢勝之地,騁狙詐之兵。"應劭曰:"狙,伺也。因間伺隙出兵也。狙音若蛆。"【念孫案】應分"狙詐"爲二義,非也。"狙詐"疊韻字,狙亦詐也。《荀子·大略》篇:"藍苴路作,似知而非。"楊倞注引趙蕤注《長短經·知人》篇曰"姐者類智而非智","苴""姐"并與"狙"同。狙詐者有似於智,故曰"藍苴路作,似知而非"。"作"即"詐"字也。《月令》曰:"毋或作爲淫巧,以蕩上心。"鄭注曰"今《月令》'作爲'爲'詐僞'"是也。《叙傳》曰:"吴孫狙詐,申商酷烈。""狙""詐"同義,"酷""烈"同義,是其明證矣。

"囹圄"則曰"囹,獄也。圄,守也"。《禮樂志》:"囹圄空虚,四十餘年。"師古曰:"囹,獄也。圄,守也。"【念孫案】師古分"囹圄"爲二義,非也。鄭注《月令》曰:"囹圄,所以禁守繫者,若今别獄矣。"然則"囹圄"爲獄名,而又取禁守之義,不得訓"囹"爲

"獄",訓"圄"爲"守"也。囹之言令,圄之言敔也。《説文》曰:"敔,禁也。"《廣雅》曰:"令、敔,禁也。"是"囹""圄"皆禁守之義。或但謂之"圄",《晏子春秋·諫》篇曰"拘者滿圄,怨者滿朝"是也。《月令》正義引蔡邕《章句》曰:"囹,牢也。圄,止也。所以止出入。"《釋名》曰:"囹,領也。圄,禦也。領録囚徒,禁禦之也。"皆誤分"囹圄"爲二義。又案,《説文》曰:"囹,獄也。"又曰:"囹圉所以拘罪人。"是《説文》"囹圄"字本作"圉"。《説文》又曰:"圄,守之也。"此自訓"圄"爲"守",非謂囹圉也。師古曰:"囹,獄也。圄,守也。"蓋用《説文》,而未考其實。

"提封"則曰"舉四封之内"。"無慮"則曰"大率無小計慮"。"辜榷"則曰"辜,固也。榷,專也。謂規固販鬻,專略其利",或曰"言己自專之,它人取者,輒有辜罪"。"揚搉"則曰"揚,舉也。搉,引也。舉而引之,陳其趣也"。《刑法志》:"一同百里,提封萬井。"蘇林曰:"提音祇。陳留人謂舉田爲祇。"李奇曰:"提,舉也。舉四封之内也。"師古曰:"李説是也。提,讀如本字,蘇音非也。説者或以爲積土爲封,謂之堤封,既改文字,又失義也。"【念孫案】諸説皆非也。《廣雅》曰:"堤封,都凡也。"都凡者,猶今人言"大凡""諸凡"也。"堤"與"提"古字通。"都凡"與"提封"一聲之轉,皆是大數之名。"提封萬井"猶言通共萬井耳。《食貨志》曰:"地方百里,提封九萬頃。"《地理志》曰:"提封田一萬萬四千五百一十三萬六千四百五頃。"①《匡衡傳》曰:"樂安鄉本田提封三千一百頃。"《王莽傳》曰:"於是遂營長安城南,提封百頃。"義并與此同。若訓"提"爲"舉",訓"封"爲"四封",而

① "一萬萬",底本、校本均作"一萬",據《漢書》改。

云"舉封若干井""舉封若干頃",則甚爲不詞。又,《東方朔傳》曰:"乃使大中大夫吾丘壽王與待詔能用算者二人,舉籍阿城以南、盩厔以東、宜春以西,提封頃畝及其賈直。"亦謂舉籍其頃畝之大數及其賈直耳,若云"舉封頃畝",則尤爲不詞。且上言"舉籍",下不當復言"舉封",以此知諸説之皆非也。"提",《廣雅》作"堤",蘇林音祇,曹憲音時。《集韻》音常支切,字作"隄",引《廣雅》"隄封,都凡也"。李善本《文選·西都賦》"提封五萬",五臣本及《後漢書·班固傳》并作"隄封"。"提封"爲"都凡"之轉,其字又通作"堤""隄",則亦可讀爲都奚反。凡假借之字,依聲托事,本無定體,古今異讀,未可執一。師古以蘇林音"祇"爲非,《匡謬正俗》又謂"提封"之"提"不當作"隄"字,且不當讀爲都奚反,皆執一之論也。

《食貨志》:"天下大氐無慮皆鑄金錢矣。"師古曰:"大氐,猶言大凡也。無慮,亦謂大率無小計慮耳。"無,字或作亡。《趙充國傳》:"亡慮萬二千人。"師古曰:"亡慮,大計也。"【念孫案】師古以"無慮"爲"大計"是也。而又云"無小計慮",則是以"無"爲"有無"之"無","慮"爲"計慮"之"慮",其失甚矣。今案,"無慮"叠韻字也。"慮"古讀若"閭"。《溝洫志》"浩浩洋洋,慮殫爲河",《河渠書》"慮"作"閭",宣十一年《左傳釋文》曰"無慮,如字。一音力於反"是其證也。《廣雅》曰:"無慮,都凡也。"高誘注《淮南·俶真》篇曰:"無慮,大數名也。"《周髀算經》:"無慮後天十三度十九分度之七。"趙爽曰:"無慮者,粗計也。"《後漢書·光武紀》:"將作大匠竇融上言:園陵廣袤,無慮所用。"李賢曰:"謂請園陵都凡制度也。"是"無慮"爲"都凡"之名,非"無小計慮"之謂也。"無慮"或但謂之"慮"。《荀子·議兵》篇:"焉慮率用賞慶刑罰,勢詐而已矣。"楊倞曰:

“慮，大凡也。”《賈誼傳》：“慮亡不帝制而天子自爲者。”師古曰：“慮，大計也。言諸侯皆欲同帝制而爲天子之事。”是“慮”亦“都凡”之意也。總計物數謂之“無慮”，故總度事宜亦謂之“無慮”。《禮運》曰：“聖人耐以天下爲一家，以中國爲一人者，非意之也。”鄭注曰：“意，心所無慮也。”心所無慮，謂心揣其大略也，《正義》乃云：“謂於無形之處用心思慮。”失其指矣。宣十一年《左傳》：“使封人慮事，以授司徒。”杜注曰：“慮事，無慮計功。”無慮計功，猶言約略計功也。《正義》乃云：“城築之事，無則慮之，訖則計功。”愈失之矣。

《陳萬年傳》：“没入辜榷財物。”師古曰：“辜，罪也。榷，專固也。”《翟方進傳》：“多辜榷爲奸利者。”師古曰：“榷，專也。辜榷者，言已自專之，它人取者輒有辜罪。”【念孫案】“辜榷”或作“辜較”，又作“嫴榷”。《一切經音義》二十引《漢書音義》曰：“辜，固也。較，專也。謂規固販鬻，專略其利。”分“辜榷”爲二義，已失之迂，師古乃訓“辜”爲“罪”，訓“榷”爲“專”，又云：“已自專之，它人取者輒有辜罪。”則其謬滋甚。今案，“辜榷”雙聲字也。《廣雅》曰：“嫴榷，都凡也。”故總括財利謂之辜榷，略陳指趣亦謂之辜榷。《孝經》：“蓋天子之孝也。”孔傳曰：“蓋者，辜較之辭。”劉炫曰：“辜較，猶梗概也。孝道既廣，此纔舉其大略也。”“梗概”與“辜榷”一聲之轉。分言之則或曰“辜”，或曰“榷”。《武帝紀》“初榷酒酤”，韋昭曰：“以木渡水曰榷，謂禁民酤釀，獨官開置，如道路設木爲榷，獨取利也。”《王莽傳》曰：“豪吏猾民，辜而榷之。”《廣雅》曰：“嫴，榷也。”是“辜”“榷”二字分而言之，亦都凡之意也。

《叙傳》：“揚搉古今，監世盈虚。述《食貨志第四》。”師古曰：“揚，舉也。搉，引也。揚搉者，舉而引之，陳其趣也。”【念孫案】揚

搉，猶辜榷也。《廣雅》曰："揚搉，都凡也。""揚搉古今"猶言約略古今，非舉而引之之謂也。上文曰："略存大綱，以統舊文。述《禮樂志第二》。"下文曰："略表山川，彰其剖判。述《地理志第八》。"皆是此意。《莊子·徐無鬼》篇"則可不謂有大揚搉乎"，《淮南·俶真》篇作"物豈可謂無大揚搉乎"，高誘注曰："揚搉猶無慮，大數名也。"《莊子釋文》引許慎注曰："揚搉，粗略法度也。"然則"大揚搉"者，猶言大略也。左思《蜀都賦》："請爲左右揚搉而陳之。"劉逵注曰："韓非有《揚搉》篇，班固曰'揚搉古今'，其義一也。"然則"揚搉而陳之"，猶言約略而陳之也。張晏注《古今人表》曰："略舉揚較，以起失謬。""較"與"搉"同，或謂之"大較"。《史記·律書》："世儒闇於大較。"《索隱》曰："較，音角。大較猶大略耳。"或但謂之較。《文選·養生論》"較而論之"，李善音"角"。"較而論之"，猶言約而論之耳。"提封""無慮""辜榷""揚搉"，皆大數之名，故《廣雅》通訓爲"都凡"也。

"寖尋"則曰"尋，用也"，或曰"尋，就也"。《郊祀志》："上始巡幸郡縣，寖尋於泰山矣。"鄭氏曰："尋，用也。"晉灼曰："寖尋，遂往之意也。"師古曰："二説皆非也。寖，漸也。尋，就也。"《史記·孝武紀》作"侵尋"，《索隱》曰："侵尋，即浸淫也，故晉灼云'遂往之意也'。小顏云：'浸淫，漸染之意。'蓋'尋''淫'聲相近，假借用耳。"【念孫案】晉及司馬説是。

"營惑"則曰"營謂回繞之也"。《吴王濞傳》："御史大夫朝錯營或天子。"《劉向傳》："營或耳目。"《淮南王安傳》："營惑百姓。"師古并曰："營，謂回繞之也。"【念孫案】師古訓"營"爲"回繞"，則分"營"與"惑"爲二義，失其指矣。今案，營，亦惑也。營惑，即熒惑。字本作"謍"。《説文》曰："謍，惑也。從目、熒省聲。"《玉篇》

"唯并""胡亭"二切。字或作"熒",通作"營",又通作"榮"。高誘注《吕氏春秋·尊師》篇及《淮南·原道》篇并曰"營,惑也"。《否》象傳"不可榮以禄",虞翻本"榮"作"營",謂不可惑以禄也。《大戴禮·文王官人》篇曰:"臨之以貨色而不可營。"《莊子·人間世》篇"而目將熒之",向、崔本"熒"作"營"。《淮南·齊俗》篇曰:"無以自見,則動而惑營。"惑營,猶營惑也。《史記·孔子世家》"匹夫而熒惑諸侯",司馬貞本作"營惑"。《漢書·吴王濞傳》《淮南王安傳》之"營惑",《史記》并作"熒惑",則"營"非"回繞"之義明矣。餘見前"營亂富貴之耳目"條下。

"感概"則曰"感念局狹,爲小節概"。《季布欒布傳贊》:"夫婢妾賤人,感概而自殺。"師古曰:"感概,謂感念局狹,爲小節概。"《游俠傳》:"少時陰賊感概,不快意,所殺甚衆。"師古曰:"感概者,感意氣而立節概也。"【念孫案】師古以"概"爲"節概",則"感概"二字,義不相屬,故必加數字以曲成其説也。今案,感概而自殺,《史記》作"感慨而自殺"。"感概不快意",《史記》作"慨不快意",是"感概"即"感慨"也。"感慨"之爲"感概",猶"慨然"之爲"概然",《莊子·至樂》篇曰"是其始死也,我獨何能無概然"是也。又案,"感概不快意"當作一句讀。感概,即不快意之貌也。師古斷"少時陰賊感概"爲句,尤非。

"魁梧"則曰"梧者,言其可驚悟"。"魁岸",則曰"岸者,有廉棱如崖岸"。《張陳王周傳贊》:"其貌魁梧奇偉。"應劭曰:"魁梧,丘虚壯大之意也。"蘇林曰:"梧,音悟。"師古曰:"魁,大貌也。悟者,言其可驚悟。今人讀爲吾,非也。"【念孫案】師古以"梧"爲"驚悟",則義與"魁大"不相屬,故又加一"可"字以增成其義,其失也鑿矣。今案,魁、梧皆大也。梧之言吴也。《方言》曰:"吴,大

也。”《後漢書·臧洪傳》:“洪體貌魁梧。”李賢曰:“梧,音吾。”蓋舊有此讀。“魁梧奇偉”四字平列,“魁”與“梧”同義,“奇”與“偉”同義,應劭以“魁梧”爲“丘虚壯大之意”是也。

又,《江充傳》:“充爲人魁岸,容貌甚壯。”師古曰:“魁,大也。岸者,有廉稜如屋岸之形。”【念孫案】《傳》言“魁岸”,不言“魁如岸”,師古説非也。今案,“魁岸”者,高大之貌。《小爾雅》曰:“岸,高也。”《廣雅》曰:“魁岸,雄傑也。”魁岸,猶魁梧,語之轉耳。

“留落”則曰“留謂遲留,落謂墜落”。《霍去病傳》:“諸宿將常留落不耦。”師古曰:“留謂遲留,落謂墜落。故不諧耦而無功也。”【念孫案】“留落”即“不耦”之意。耦之言遇也,言無所遇合也,故《史記》作“留落不遇”。留落者,牢落也。陸機《文賦》“心牢落而無偶”,是“牢落”即“無偶”之意。《易林·比之否》曰:“失意懷憂,如幽狴牢。”《明夷之旅》曰:“膠目啓牢,振冠無憂。”《姤之大壯》曰:“亡羊補牢,毋損於憂。”《釋名·釋衣服》曰:“留幕,留牢也。幕,絡也。言牢絡在衣表也。”是“牢”字古讀若“留”,故“牢落”通作“留落”。今人言“流落”,義亦相近也。“留落”雙聲字,不得分爲兩義。“留落”與“不耦”亦不得分爲兩義。

“狼戾”則曰“狼性貪戾”。《嚴助傳》:“今聞越王狼戾不仁。”師古曰:“狼性貪戾,凡言狼戾者,謂貪而戾。”【念孫案】師古以“狼”爲“豺狼”之“狼”,非也。狼,亦戾也。“戾”字或作“盭”。《廣雅》曰:“狼、戾,很也。”又曰:“狼、很,盭也。”是“狼”與“戾”同義。《燕策》曰:“趙王狼戾無親。”《淮南·要略》曰:“秦國之俗貪狼。”“狼戾”“貪狼”,皆兩字平列,非謂“如狼之戾”“如狼之貪”也。《文選·洞簫賦》:“貪饕者聽之而廉隅,狼戾者聞